启示录注疏（上卷）

A Commentary on the Book of Revelation

罗伟 著

上海三联书店

谨以此书纪念

我的父亲罗翁之先生

（1918—2002）

和我的母亲林木英牧师

（1921—2001）

以及我的姐姐罗洁

（1947—1971）

目录

CONTENTS

上卷

导论 INTRODUCTIONG

注疏 COMMENTS

附录 EXCURSUS

自序

FOREWORD

位在圣经最后的启示录一书，虽以"启示('Αποκάλυψις)"为其名(1:1)，但对许多华人信徒而言，约翰借着这卷书所要传递的信息，却一直是个奥秘。为了要解决这个问题，汉语基督徒学者在过去的十余年间，可说是十分努力的。就《启示录导论》来说，吴献章老师在基道出版社所发行之圣经导论丛书中，就给了我们一个相当不错的简介；而就启示录一书的研究而论，邓绍光老师(主编)、陈嘉式老师和曾思瀚老师，也分别以《认知解读启示录》、《启示录—其历史、文学与神学》和《启示录的刻划研究》等三书，加深了我们对启示录的认识。更令人感到振奋和安慰的是，在这段时间之内，不幸早逝的杨牧谷博士，以及张永信博士、陈济民博士、黄彼得博士、鲍会园博士、周联华博士、李群牧师、孙宝玲博士和曾思瀚博士等人，也都提笔为文，出版了他们的启示录注释书。因此从这个角度来看，我们也许还不能以"成果丰硕"来形容华人神学界近年对启示录一书的研究结果，但"遍地花开"却恐怕是一个离事实不远的描述。

此一"遍地花开"的现象，的确叫人兴奋，但这个现象恐怕也会让本书的读者在心中产生一个疑问：既然我们已经有了这么多启示录的注释书和专论，为何你还要在其上再加一本呢？此一问题至关重要，因为这不单是笔者不断问自己的问题，也是这本书之所以会出现在你眼前的原因。第一，欧美神学界在过去约三十年的时间中，对启示录所属的文学环境，也就是那些写于公元前 200 年到公元 100 年间的启示文学作品，不单进行了许多的探究，而且也有了一些初步的成果和结论。这些研究当然叫我们对这些启示文学作品以及写成这些作品的时代，有了更深刻和更全面的认识；但如是研究也同时建立了一个平台，让我们可以在其上将启示录一书和其他的类似作品做一个比较，并因此就对这卷圣经有了更多和更准确的掌握。在后面经文注释的部分，如是对比，将会在经文所论及的一些特别议题上不断出现；如若读者对这个问题有特别且无法久候的兴趣，可先行阅读导论中"启示录的释经学"和"启示录的神学思想"这两个小节；因为在其中，笔者已尝试将学界对启示文学作品之研究结果应用在启示录一书之中。

第二，在过去的三十年间，欧美神学界除了对启示录之外在文学环境多有探究，研究启示录的学者也同时注意到，这卷新约书信虽然有着启示文学的外在形式，但其内容和结构却多由旧约而来。换句话说，约翰虽然让启示录穿着一件启示文学的外衣，但其骨架、血脉和筋络却多以旧约为本。因此，若我们要理解启示录一书的信息，旧约的背景就成为我们不可或缺的一把钥匙。在我们前面所提及的启示录注释书中，此一释经观点当然没有缺席，但对约翰如何使用旧约素材，以及他是以怎样的方式和观点来理解旧约启示的问题，可能因着篇幅的限制就少有人着墨了。为了补充这一点，也为了让我们对约翰的思维逻辑有更多的理解，笔者在后面经文注释部分，会不厌其烦地带读者回到旧约，并从这个背景来理解启示录的含义。对许多华人信徒来说，旧约是我们比较不熟悉的部分，因此，笔者在此要吁请读者，以最大的耐心和我一起踏上旧约之旅；因为这是约翰在启示录中所放下的几个重要解经线索之一。此一解经钥匙是如此的重要，因此在导论部分，笔者也就以一个独立的小节来处理这个问题。对此议题有兴趣的读者，可先行阅读导论中“启示录中的旧约”这部分。

第三，欧美新约学者对启示录一书的兴趣，可说是从未退烧。而此现象，在过去的十年间，更为明显，因为除了那些以一般信徒为对象的注释书之外，在 1997—2002 年短短六年之内，至少就有三本大部头的启示录注释书上市。第一本乃由翁氏（D. E. Aune）所写，共有三册，超过 1500 页；第二本书的作者则是笔者的老师比尔（G. K. Beale）；而此书也有 1200 余页；第三本则有近 900 页的分量，是由释经大师奥斯邦（G. R. Osborne）所作。翁氏一书的学术重量无庸置疑，而他在确定启示录原始经文一事上的努力（启示录经文鉴别学），也有目共睹。不单如此，他在关乎希腊罗马历史和文学作品上的专业知识，也充分反映在他的注释书中。因此，对那些想要以宗教比较的角度来研究启示录的人而言，他的著作可说是首选。至于比尔之注释书的特色，则是“以旧约以及当代犹太背景为主要释经线索”；因此在这本注释书中，我们将会看到许多由旧约和犹太文献而来的亮光。与翁氏和比尔的作品相较，奥斯邦的注释书则以“整理分析各家见解，并在其中择一”见长。因此，若读者想要尽快了解学界对某一个特定议题有哪些不同之见解和主张，奥斯邦的注释书将会是个很好的选择。①这三本注释书各有特色，也在相当程度上反映了近年学界对启示录研究的成果，因此为了让华人教会在这一方面能和西方教会及学界接轨，笔者这本“站在巨人肩膀上”的汉语注释书，也就成为必要的了。在这本注释书中，笔者所参考的前人之作，当然

① 由 S. Gregg 所编辑，出版于 1997 年的 *Revelation：Four Views*，也提供了学界对启示录不同的见解和主张。但和 Osborne 的注释书相较，Gregg 只做整理归纳的工作，而没有进一步进行评论、分析和衡量，并据此做出他自己的判断。就此而言，R. L. Thomas 出版于 1992－95 年间的启示录注释书，就和 Osborne 的作品相当类似，只是后者所能涵盖的学者，因其写作时间较晚，就比 Thomas 所能提及的更多。

不只这三部作品，但单就这三部大型注释书已然面世的事实，我们就已经有足够的理由在诸多汉语启示录注释书中再加上这一本。

写这本启示录注释书的理由，应该已经十分充分，但师出有名并不必然表示有名之师就可以拔营出关，上阵杀敌；因为若无后勤支持，上了阵的军旅，不必等敌人的刀落下，恐怕就已经死在路途之上了。因此在这里笔者也要借着这个机会，特别向那些直接或是间接让本书得以完成的人，致以最深的谢意。

在笔者神学养成教育的过程中，笔者的父母以及岳父黄顺成先生，都曾甘心乐意地做我们一家的经济后盾。而美国麻州罗威尔教会中的弟兄姐妹们，也曾乐意地接待我们，让我们在美求学的起步年岁中有一个属灵的家。不单如此，这个教会中的江世明和林美纯夫妇，也在他们持续为我们的奉献中显示了他们的爱心。若没有上述这些人，以及其他笔者无法一一提名之弟兄姐妹们的支持，笔者长达十余年的从台湾到美国、再到英国的神学教育之旅，是不可能走完的。

2002 年暑假，笔者辞去了道生神学院的教职，好专心写这本启示录注释书，并以此作为事奉神的途径。那时，笔者在银行中的“存粮”大约只够我们一家四口节约地过个半年。但四年后，在完稿之时，我们一家四口却也还好好地活着。从笔者父母而来的遗泽，是我们这四年“旷野岁月”中的主要经济来源，而台北石牌信友堂为此一写作计划所提供给笔者使用的“六楼阁楼”，则是这本注释书写成的所在。

要感谢的也还有笔者的太太黄慧心，以及我们的一对儿女。儿子小杰是大女儿八岁时我们所生的第二个孩子。在这四年写注释书的日子中，我必须为了要送他上学而早起；因此每天都可以早早到教会六楼研究写作，在这件事上他功不可没。女儿小薇柔顺和乖巧，常常是我们喜乐的来源；而她为这本启示录注释书所画的插画，不单省去了我为取得插画版权而必须有的文书往还和花费，也让本书生色不少。至于慧心，任何感谢的话语都是不够的。伴夫游学海外之苦，在两个不同的国家生产，并独立照应一双儿女和一个埋首书堆的老公，似乎都击不倒她。而在这四年“看天吃饭”的日子中，在将先人遗泽都丢在这个写作事工的决定上，她都全力相挺。柴米油盐酱醋茶，房租、学费和书钱，样样都不能少，因此在银行存款日日减少的情况下能依旧持守信心，应该不是一件简单的事。她的恒忍之功，是我所万万不能及的。

本书得以出版，是一件很感恩的事。书中可能存在的误谬，责任尽在笔者，而所有的荣耀，都归于至高者。

罗伟
2014 年 1 月

缩写表

ABBREVIATIONS TABLE

ABD	D. N. Freeman(ed.), *Anchor Bible Dictionary*, 6 vols.
ANRW	*Aufsteig und Niedergang der römischen Welt*
ASOR	*American Schools of Oriental Research*
ASV	American Standard Version
AUSS	*Andrews University Seminary Studies*
BA	*Biblical Archaeologist*
BAGD	W. Bauer, W. F. Arndt, F. W. Gingrich, and F. W. Danker, *A Greek-English Lexicon of the New Testament and Early Christian Literature*, 2nd.
BASOR	*Bulletin of the American Schools of Oriental Research*
BDB	F. Brown, S. R. Driver, and C. A. Briggs, *Hebrew-Aramaic and English Lexicon of the Old Testament*
BDF	F. Blass, A. Debrunner, and R. W. Funk, *A Greek Grammar of the New Testament*
Bib	*Biblica*
BR	*Biblical Research*
BSac	*Bibliotheca Sacra*
BT	*The Bible Translator*
CBQ	*Catholic Biblical Quarterly*
ConNT	*Coniectanea neotestamentica*
CTJ	*Calvin Theological Journal*
DBY	The English Darby Bible
DLNT	R. P. Martin and P. H. Davids (eds.), *Dictionary of the Later New Testament and Its Developments*
DNTT	C. Brown(ed.), *The New International Dictionary of the New Testament Theology*, 3 vols.
EDNT	H. Balz and G. Schneider(eds.), *Exegetical Dictionary of the New Testament*, 3 vols.
EstBib	*Estudios Biblicos*
ESV	English Standard Version
EvQ	*Evangelical Quarterly*
Exp	*The Expositor*
ExpT	*Expository Times*
GNV	Geneva Bible
GraceTJ	*Grace Theological Journal*

HTR	*Harvard Theological Review*
IDB	*Interpreter's Dictionary of the Bible*
Int	*Interpretation*
ISBE	G. W. Bromiley(ed.), *International Standard Bible Encyclopedia*, revised, 4 vols.
JAOS	*Journal of the American Oriental Society*
JBL	*Journal of Biblical Literature*
JETS	*Journal of the Evangelical Theological Society*
JPS	Jewish Publication Society
JSNT	*Journal for the Study of the New Testament*
JSOT	*Journal for the Study of the Old Testament*
JTS	*Journal of Theological Studies*
KJV	King James Version
Louw-Nida	J. P. Louw and E. A. Nida, *Greek-English Lexicon of the New Testament Based on Semantic Domains*, 2 vols.
LSJ	H. G. Liddell and R. Scott, *A Greek-English Lexicon*
LXX	The Septuagint(七十士译本)
MHT III	Turner, N. '*Syntax*,' in *A Grammar of New Testament Greek*. vol. III.
MHT IV	Turner, N. '*Style*,' in *A Grammar of New Testament Greek*. vol. IV.
MM	J. H. Moulton and G. Milligan, *The Vocabulary of the Greek Testament*
MT	Masoretic Text
NAB	The New American Bible
NAS	The New American Standard Bible(1977)
NAU	The New American Standard Bible(1995)
NedTTs	*Nederlands Theologisch Tijdschrift*
Neot	*Neotestamentica*
NIV/NIB	The New International Version
NKJ	The New King James Version
NovT	*Novum Testamentum*
NRS	New Revised Standard Version
NTS	*New Testament Studies*
OTP	J. H. Charlesworth(ed.), *The Old Testament Pseudepigrapha*
RSV	The New Revised Standard Version
SBLSP	*Society of Biblical Literature Seminar Papers*
SJT	*Scottish Journal of Theology*
ST	*Studia Theologica*
TCGNT	B. M. Metzger, *A Textual Commentary on The Greek New Testament*
TDNT	G. Kittel and G. Friedrich(eds.), *Theological Dictionary of the New Testament*, 10 vols.
TDOT	G. J. Botterweck and H. Ringgren(eds.), *Theological Dictionary of the Old Testament*
TrinJ	*Trinity Journal*
TS	*Theological Studies*
TWOT	R. L. Harris(ed.), *Theological WordBook of the Old Testament*, 2 vols.

TynB	*Tyndale Bulletin*
TZ	*Theologische Zeitschrift*
VT	*Vetus Testamentum*
WTJ	*Westminster Theological Journal*
ZAW	*Zeitschrift für die Alttestamentliche Wissenschaft*
ZNW	*Zeitschrift für die Neutesamentliche Wissenschaft*
ZPEB	M. C. Tenney(ed.), *The Zondervan Pictorial Encyclopedia of the Bible*, 5 vols.

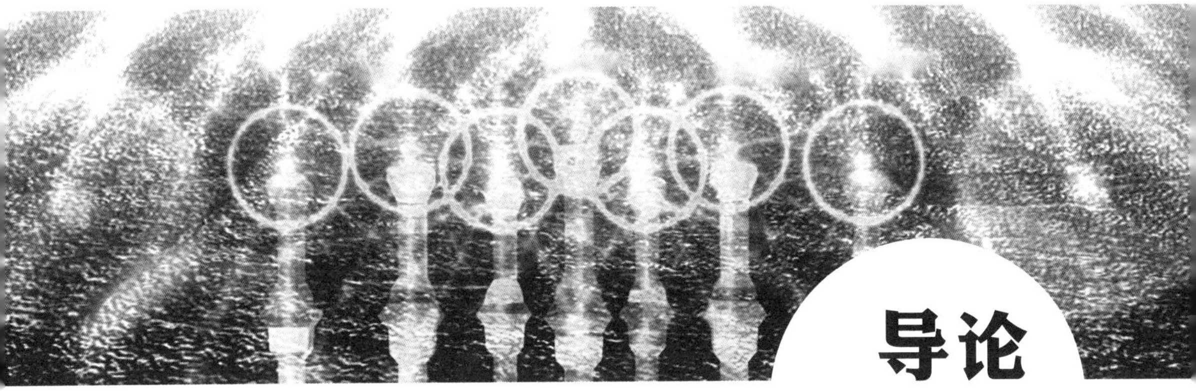

导论

INTRODUCTION

I 启示录的作者

在新约诸书信中,启示录一书的特殊性是众所周知的。不论就文体、解释途径或是希腊文文法的角度来看,启示录与其他新约书卷之间,都有极大的差异,并因此引发了许多的讨论。① 而此现象,也一样在"这卷书的作者究竟是谁"的问题上出现;因为从使徒约翰,到施洗约翰、长老约翰、匿名约翰、马可约翰、"约翰学校",再到"作者是谁并不重要"等各式主张,都曾被提出来。因此,若我们以"百花齐放"来形容学界对此议题的看法,应该不算太过夸张。但究竟这"百花"中的哪一朵,比较可能是"真花"呢? 而我们又要根据什么理由来做判断呢?

内在线索

在这卷书中,作者四次提及他自己的名字,约翰(Ἰωάννης;1:1,4,9;22:8)。此名乃希伯来文"约哈难"(יוֹחָנָן = 神是恩惠的)的希腊文音译,②而从被掳之后,这个名字也普遍地为犹太人所使用。③ 因此单就这个名字来看,我们所能确定的是一个名叫约翰的犹太人写了启示录。但在启示录中,作者除了告诉我们他的名字之外,他也说他与天使同为神的仆人(19:10;22:9),是传递耶稣基督启示的见证人(1:1,4)。不单如此,因他宣称他所写下来的乃是"预言"(1:3;22:7,10,18),因此也就暗示了他所具有的先知职分。此一"暗示",不单在他所写书信的"性质"中可见,也一样反映在他蒙神呼召的事件中(1:9),因为他的呼召和旧约先知蒙召的形式是完全

① 相关议题,见笔者在后面所作的分析。
② Aune, *Revelation* 17-22, xlix-l。参,王下 25:23;代上 3:24;26:3;拉 10:6;尼 6:18;12:22;耶 40:8,13,15;42:1;43:2 等等。
③ Swete 指出,"约翰"在历代志、以斯拉和尼希米记中,一共出现了 15 次;而在玛加比书、约瑟夫的著作及新约中,分别被使用了 5 次、17 次和 5 次(*Revelation*, clxxv)。

一样的。① 因此,正如旧约先知所经历的,他也遭遇了患难,即,被放逐在拔摩海岛上;而如是经历,却也让他成为收信人的弟兄,因为他和他们一样,都因着在基督国度中的缘故,不单经历了患难,也必须以忍耐来应对(1:9)。

但除了这些显而易见的线索之外,我们从他所写下来的内容,也可以晓得这个作者的某些特性。第一,从他大量暗引旧约的手法来看,他显然对旧约十分熟悉;②而从他对圣殿物件和圣殿建筑结构的理解来看(8:3-5;11:1-2),他显然也熟知圣殿礼仪。因此这两个特性和他所使用的名字"约翰",都相当一致的指向他属犹太人的背景。

第二,在2-3章的分析中我们将要看见,启示录的作者对小亚细亚地区的地理情况和历史背景也有某一个程度的了解,因此他也很可能是个移民至小亚细亚地区的犹太人。我们不清楚他是在什么时候,或是因着什么原因(遭逼迫或是传福音)而移民至此,但他对这个地区之地理历史背景的深入了解,显示他曾在那里居住了一段不算短的时日。③

第三,在后面我们将会看见,启示录一书的希腊文,可说是十分特别的。④ 至少从表面上看来,这卷书的希腊文水平不算太高,因为其中有许多文法歧异,甚至是文法"错误"的地方。对此现象,学界有许多解释,但不论是"作者以希伯来文思考,而以希腊文来写作",或是"本书乃从希伯来文(或是亚兰文)翻译而来"的见解,都指向"希腊文恐怕不是作者之母语"的结论。

第四,就文体而言,本书的绝大部分(特别是4-22章)都属"启示文学"。就我们今日所知,这个犹太启示文学传统并不见于四散的犹太人中,因此从本书的作者熟悉此一传统的现象来看,他的"根"恐怕是在巴勒斯坦一地。⑤

上述的四个观察和推论,虽然加增了我们对此书作者的认识,但对"启示录的作者究竟是哪一个约翰"的问题而言,却不具有决定性的重量。从这些观察中,我们晓得启示录的作者是一个源出巴勒斯坦,但曾长期居住在小亚细亚地区的犹太人,而此框架,就将上述几个可能人选中的马可约翰排除在外了;因为此一约翰虽然曾参与保罗和巴拿巴的第一次宣教之旅,但却没有随同他们进入小亚细亚地区,而转回了耶路

---

① 详见页229-31。
② 详见导论中"在启示录中的旧约"之段落。
③ 有关使徒约翰是否曾在以弗所居住的问题,见 Beckwith, *Apocalypse*, 366-93。
④ 详见导论中"启示录的希腊文"之段落。
⑤ 亦参,Aune, *Revelation* 17-22, 1。

撒冷(参,徒 12:12,25;13:5,13;15:37)。① 因此若要合理并完整地回答"作者是谁"的问题,我们还必须考量外在证据。

外在证据

在启示录成书不久之后,早期教会领袖们就认为西庇太的儿子,也就是耶稣所呼召的门徒之一,使徒约翰,是这卷书的作者。② 举例来说,(1)殉道于第二世纪中叶的犹斯丁(Justin),在其著作中就曾提及,"我们之中有一个名叫约翰之人,是基督的使徒之一;他借着向他显明的启示曾说:相信我们的基督之人,将要在耶路撒冷居住一千年。而在此之后,关乎永恒的复活和审判,就要发生了"。③ 对犹斯丁有关千禧年的见解(地上的,字面的),我们或许可以有不同的意见(参,启 20:4-6 的注释),但关乎历史的部分,也就是,使徒约翰乃是启示录的作者,他的见解却不能轻忽以对,因为他说这话的日子十分靠近启示录的成书之日。(2)第二世纪的教父爱任纽(Irenaeus)在其著作中,不单多次引用启示录来驳斥异端,并且也指出此书乃"主的门徒约翰"所作。④ 这个"名号"虽然不是"使徒约翰",但从其著作中我们晓得,爱任纽所指的乃是使徒约翰。⑤ (3)和爱任纽一样,教父革利免(Clement of Alexandria;AD 150-212),在其著作中,亦多次引用启示录,并以使徒约翰为作者。⑥ (4)活跃于第二到第三世纪的教父特土良(Tertullian),在其著作中引用了许多启示录的经文(涵盖了 18 章的范围),并且也认为使徒约翰乃是这卷书的作者。⑦ (5)除此之外,教父帕皮厄斯(Papias)、⑧美利托(Melito of Sardis)、⑨俄利根(Origen)⑩和希坡律陀(Hippolytus)⑪

---

① 此乃第三世纪教父丢尼修(Dionysius of Alexandria)拒绝马可约翰为此书作者的原因(Eusebius, *Hist. Eccl.* 7.25)。在确认此一马可约翰为马可福音之作者的前提下,Mounce 也指出,这两卷书之间的差异也降低了他作为启示录作者的可能性(*Revelation*, 25)。

② 参,太 4:21;10:2;可 1:19-20;3:17;路 5:10。

③ *Dial. with Trypho* 81.15。犹太史学家优西比乌并不同意犹斯丁的看法,但他却也记录了犹斯丁的主张(*Hist. Eccl.* 7.25)。

④ *Adv. Haer.* 3.11.1;4.20.11;4.35.2;5.26.1。

⑤ Mounce, *Revelation*, 27。

⑥ *Paed.* 2.108,119;*Quis Div. Salv.* 42;*Strom.* 6.106-7。

⑦ 参,*Adv. Marc.* 3.14,24。

⑧ 学界对帕皮亚的相关见解有疑虑,但他晓得启示录,并以使徒约翰为作者的主张,应该没有太大的问题;相关讨论,见 D. A. Carson, D. J. Moo and L. Morris, *An Introduction to the New Testament* (Grand Rapids: Zondervan, 1992), 468。

⑨ 参,Eusebius, *Hist. Eccl.* 4.26.2; Jerome *Vir. ill.* 24。

⑩ *Com. in Joh.* 2.5。

⑪ *Antichr.* 36-42,50;亦参,Eusebius, *Hist. Eccl.* 3.18.1。

等人,在此议题上也都持相同看法。(6)不单如此,在1945年才被发现,估计写于公元150年左右的约翰伪经中(Apocryphon of John),该书作者亦引用了启示录1:19,并在此书的起头部分自称为约翰、雅各的兄弟、西庇太的儿子。此书当然是冒名之作,但由于它乃是以基督徒为对象,因此,若作者在此冒名写作的事上,犯了错误,那么他的书信就绝对无法被其读者所接受。因此这个文献所反映的是第二世纪教会对启示录作者的普遍看法。①

一言以蔽之,在作者是谁之问题上,早期教会对启示录所能提供的线索和证据,都要比其他新约书信来得更多和更"古老",因此在这个问题上,启示录也具有其特殊性。

但早期教会对此问题的看法并非一面倒。公元2-3世纪的反道派(Alogoi),因着反对孟他努派(Montainsm)对启示录一书的狂热态度,就一并拒绝了使徒约翰乃启示录作者的主张。而与此派类似的,也有罗马教会中的长老,该犹(Gaius);而他在拒绝使徒约翰的同时,也和反道派一样,认为启示录乃由克林萨斯(Cerinthus)冒约翰之名所写。② 这两个反对意见并不构成真正的挑战,因为他们都是为了反对某一个神学立场而产生的。

在教会历史中,对启示录之"使徒性"提出具体挑战的第一人,乃德高望重,职任亚历山大城主教的丢尼修(Dionysius of Alexandria;AD 190-264)。他认为,(1)启示录的作者虽然自称为"约翰",但他却从未以"使徒"自居,也未像约翰福音的作者,以"耶稣所爱的门徒"自称。(2)在神学概念和编排上,启示录和约翰福音以及约翰一书之间,有着相当明显的差异。不单如此,(3)在希腊文风格的方面,启示录和这两卷书也有着极大的差异;因此,若使徒约翰乃约翰福音和约翰一书的作者,那么他就不是启示录的作者了。但启示录的约翰会是谁呢?丢尼修在此提出一个他所听见的传闻:在以弗所有两个名为约翰的墓碑;因此,启示录就有可能是另一个"约翰"所写的了。③

时至今日,丢尼修之见依旧不乏跟随者,④也是许多学者拒绝使徒约翰为启示录作者的主要理由。但丢尼修对教会传统看法所提出来的挑战,真的有那么凌厉吗?第一,启示录的约翰的确没有自称为使徒,也未提及耶稣的生平,以及他和耶稣之间

---

① 相关讨论,见 A. Helmbold, 'A Note on the Authorship of the Apocalypse,' *NTS* 8(1961), 77-79。有关早期教会对此议题的见解,详见 Alford, *Apocalypse*, 198-229。

② Epiphanius, *Haer*. 51.3-6; Eusebius, *Hist. Eccl*. 3.28.1-2.

③ Eusebius, *Hist. Eccl*. 7.25.7-27.

④ 举例来说,Charles 认为丢尼修之见已不属假设范围,而是一个满有基础的结论(*Revelation I*, xl)。

亲密的关系，但这并不表示他就一定不是“使徒约翰”。在见证耶稣乃“神之道在人间显现”的约翰福音中（约 20:31;21:24），作者和祂之间的“师生关系”，当然是一个必须要强调的重点；但在凸显“复活并升天的耶稣，乃教会之主和世界之王”的启示录中，约翰所扮演的角色，乃是一个传递如是启示的信差（启 1:1），因此以神的仆人自居（启 19:10;22:9），并以一个记录异象之人的角色出现在这卷书中（1:11,19），就已足够了。若他能在自己的名字前面加上“使徒”之称号，当然会增加本书的权威性；但对本书作者而言，他之所以没有使用如是“称号”的原因，恐怕是因为他认为他，以及他所写书卷的权柄，乃源自神（详见后面的注释）。而此从神而来的权柄，不单只止于“使徒”，而是根源于旧约的先知群，因为他和他们一样，都是“在灵里借着异象”（启 1:10;4:2;17:3;21:10），得着属天的启示。换句话说，约翰之所以没自称为“使徒”，乃因他有意将自己和旧约先知并列（启 1:3;22:7,10,18），并借着暗引旧约的方式，而让启示录成为解释并呈现神永恒计划的一卷书。

第二，就神学概念而论，启示录和约翰福音之间，似乎也有着显著的差异。怎么说呢？（1）约翰福音中的神，乃以爱为特色（约 3:16），而启示录中的神，则是坐在天庭中，藉其爱子审判世界（七印七号和七碗），并要在末日刑罚恶人的上帝（启 4－5;20:11－15）。（2）约翰福音中的基督，是救赎主，除去世人罪孽的羔羊（约 1:29），而启示录中的基督，虽然也是“被杀的羔羊”，但祂也同时是“犹大支派中的狮子”（启 5:5），是那要用铁杖管辖列国的战士弥赛亚（启 2:27;12:5;19:15）。（3）约翰福音中的圣灵，乃是保惠师（约 14:16）；而启示录中的圣灵，乃是满有能力（七角和七眼），奉差遣往天下去的“七灵”（启 4:5;5:6）。（4）学界中有人认为，约翰福音的神国乃是“已实现的”，而启示录则在“尚未实现”的部分多所着墨。不单如此，（5）约翰福音和启示录的作者的确使用了一些共同的语词（例如，道［λόγος］①），或是使用了相同的概念（例如，以羔羊为牧人②），但这些语词在这两卷书中却有着不同的意思。③

这些差异的确让人产生“两个不同作者”的印象，但实情真是如此的吗？就“审判”的议题而言，约翰福音也曾多次提及“神将审判之事交给子”，④而就“救赎”的题目而论，启示录也多次论及基督藉其宝血所显示的爱（启 1:5;5:9－10）；因此神的公义和怜悯，或是祂的审判和慈爱，都曾出现在这两卷书中。它们的重点和比重在这两

---

① 约 1:1,2;10:35;启 1:2;19:13;20:4 等等。

② 约 10:1;启 7:17。

③ 相关讨论和例子，见 Charles, *Revelation I*, xxxi-xxxii; E. Schüssler Fiorenza, 'The Quest for the Johannine School: The Apocalypse and the Fourth Gospel,' *NTS* 23(1976－77), 402－27。

④ 约 5:22,27,30;9:39;12:31,47－48。

卷书中容或不同,但这并不就必然指向不同作者的结论。再者,约翰福音的焦点是"道在人间",而启示录的重心则是"死和复活之后的道,对教会和世界的意义",因此这个在角度上的不同,也是使"羔羊"以及许多类似语词在这两卷书中会具有不同意义的原因。而同样的情况,恐怕也是圣灵在这两卷书中以不同形态出现的原因了:在耶稣即将离世之际,祂所应许那将要来临的圣灵,自然是那要带给门徒安慰的"保惠师"(约 14 - 17);但在神要成就其永恒计划的启示录中,圣灵就必须是那创立教会,并透过教会之福音行动来建立神国的"七灵(= 满有能力)"了。① 至于这两卷书在神国"已实现"和"尚未实现"之角度上的差异,恐怕也没有表面上看起来那么大。在后面的注释中我们将会看见,启示录虽然充满着对"尚未实现之神国"的盼望和描述,但在此同时,约翰却也以暗引旧约应许,并将之应用在基督和圣徒身上的方式,凸显了神国"已然实现"的面向。② 因为对他而言,"尚未实现之神国(新耶路撒冷)"之所以可能成为我们的盼望,乃因"神国已然开始实现(教会 = 祭司国度)"。一言以蔽之,启示录和约翰福音之间的确有差异,但若我们透过"目的和焦点"的透镜来读这两卷书,这些表面上的差异或许不至于完全消失,但却没有如某些学者所认为的那么巨大和严重。③

事实上,启示录和约翰福音(以及约翰一书)之间的相似处是不胜枚举的。举例来说,

A 关乎基督的,有:(1)基督以"我是……"来宣告祂属性的手法,都出现在这两卷书中;④(2)基督是道(λόγος)⑤和见证;⑥(3)基督的血具有赎罪的功效;⑦(4)基督是主和王;⑧(5)基督乃得胜者;⑨(6)基督是圣殿,因此地上圣殿礼仪也就不再需要举行;⑩(7)基督与神同坐宝座。⑪

---

① 详见 4:5 的注释。

② 详见 1:1c,7;2:7,23;3:5 - 6,10;7:14;22:16,17 等处经文的注释。

③ 相关讨论,亦见 P. Whale, 'The Lamb of John: Some Myths about the Vocabulary of the Johannine Literature,' *JBL* 106(1987), 289 - 95。在详细地检验了 Charles(*Revelation I*, xxxi-xxxii)所观察到的差异之后,Whale 认为 Charles 有夸大事实的嫌疑。

④ 约 6:35;8:12;10:7,9,11,14;11:25;14:6;15:1,5;启 1:8,17;21:6;22:13。

⑤ 约 1:1,2;10:35;启 1:2;19:13;20:4 等等。在新约中,以"道"表耶稣的,只有这两卷书。

⑥ 约 4:44;7:7;8:14;13:21;18:37;启 1:5;3:14;22:16,18,20。

⑦ 约 10:11,17f;19:34;约壹 1:7 - 9;启 1:5;7:14;12:11。

⑧ 约 5:22f,27;启 19:11 - 16。

⑨ 约 16:33;启 3:21;5:5;17:14;19:11 - 16。

⑩ 约 2:19 - 22;4:21;启 21:22;22:1。

⑪ 约 10:30,38;14:9 - 11;17:1 - 5,21 - 23;启 3:21;5:6f;14:1;21:22f;22:1。

B　关乎圣灵的,有(1)圣灵见证基督;①和(2)圣灵向教会说话。②

C　关乎天使的,有(1)天使居住在天上;③(2)是神的仆人。④

D　关乎撒但的,有(1)它乃统管世界之王和首领;⑤(2)古蛇;⑥和(3)"敌基督"。⑦

E　关乎教会的,有(1)教会乃真以色列;而拒绝耶稣的以色列,则成为"撒但一会的";⑧(2)教会成为新以色列12支派;⑨(3)教会是弥赛亚的新妇,⑩神的儿女,⑪神所牧养的群羊,⑫和见证人;⑬因此他们就必须持守所传给他们的道或是命令。⑭

F　关乎末日论的,有(1)已实现的神国;⑮(2)神国与世界之间的争战;⑯和末日的复活和审判。⑰

G　这两卷书都同样以"活水"⑱和"吗哪"⑲来表永恒的生命。

H　就文学手法而言,这两书都喜爱使用:

(1)对比——光和黑暗,⑳真理和虚假;㉑

---

① 约15:26;启19:10。
② 约14:26;16:13;启2:7,11,17,29;3:6,13,22。
③ 约1:51;启5:11;8:2,15。
④ 约1:51;启1:20;19:10;22:9,16。
⑤ 约12:31;14:30;16:11;启12:7-12;19:19-21;20:7-10。
⑥ 约8:44;启12:9;20:2。
⑦ 约5:43;约壹2:18,22;4:3;约贰7;启12:17-13:10。
⑧ 约4:22;8:44,55;启2:9;3:9;亦参,约10:7-10;启21:27;22:14-15。
⑨ 约10:16;11:52;启7:2-8;14:1-5。
⑩ 约3:29;启19:7-9;21:2,9;22:17。
⑪ 约贰4;启12:17。
⑫ 约10:1-16,26-28;启7:17;14:4。
⑬ 约15:27;19:35;21:24;启1:2,9;2:13;6:9;12:11,17;20:4。
⑭ 约8:51;14:15,21,23,24;15:10,20;17:6;约壹2:3-5;3:22,24;5:3;启1:3;2:26;3:3,8,10;12:17;14:12;22:7,9。
⑮ 约16:33;约壹2:13-14,18;4:4;启1:5-6;5:5,9;12:11;15:2;20:4-6。
⑯ 约12:31;14:30;16:11;启6:9-11;11:3-13;12:7-12;20:4-6。
⑰ 约5:28;6:54;启2:7,10;3:5;7:17;19:20-21;20:9,11-15;21:6,8;22:14。
⑱ 约4:10-14;7:37-39;启7:16-17;21:6;22:1,17。
⑲ 约6:30-35,48-59;启2:17。
⑳ 约1:5;3:19;8:12;12:35,46;约壹1:5-7;2:8-10;启1:12,14,16,20;9:2;16:10;19:12;21:11,23-25;22:5。
㉑ 约8:44;14:6,17;15:26;16:13;约壹2:4,21-22,27;4:6,20;5:6-7;启2:2,9;3:7,9,14;6:10;14:5;19:9,11;21:5,8,27;22:6,15。

(2)譬喻——葡萄树,①酒,②新妇和新郎,③妇人生产之事,④母亲和孩子之间的关系,⑤门;⑥

(3)七的文学结构——例如,约翰福音的(a)七个"我是",⑦(b)七个神迹;⑧(c)耶稣分别以七天来开展和结束祂的事工;⑨以及启示录中的(a)七封书信(2-3),(b)七福,⑩和(c)三个系列的七灾等等。⑪

在约翰福音19:37和启示录1:7中,撒迦利亚书12:10都被作者所引用;而其所依据的经文,并非马索拉旧约(MT),亦非七十士译本(LXX),而是西奥多旬译本(Theodotion)。⑫

这两卷书在语词和概念上彼此平行的现象,实在多到不能叫人忽视,因此为了要调和这两卷书之间既"相似又相异"的关系,学界中就有人主张,这两卷书乃(1)由两个源出同一个"学校/学派"的作者所作⑬(或是所编辑⑭);或是(2)由两个源出不同"学校",但彼此有共同背景之作者所写。⑮ 就其所要达到的目的而言,如是主张是有其优势的,因为在"共同学派"的旗帜之下,启示录和其他约翰著作之间的相似处,就有了解释;而在"同学派但不同作者"的主张中,约翰著作之间的差异也有了答案。但此说的困难在于,它在本质上乃是为了要解释我们所观察到的现象(又相似又相异)而重建的"历史"。而如是"重建的历史",在我们前面所提,教会历史对启示录一书

① 约15:1-5;启14:18-20。

② 约2:1-11;启14:8,10;16:19;17:2;18:3;19:15。

③ 约3:29;启19:7;21:2,9;22:17。

④ 约16:21;启12:2-5。

⑤ 约贰4,13;启2:20-23;12:17。

⑥ 约10:7,9;启3:8,20。

⑦ 约6:35(生命的粮);8:12(世界的光);10:7(羊的门);10:11(好牧人);11:25(复活和生命);14:6(道路真理生命);15:1(葡萄树)。

⑧ 约2:11;4:54;5:2-9;6:1-14,16-21;9:1-12;11:1-44。

⑨ 约1:19-2:11;13-19。除此之外,在某些段落中(例如,9:1-41;18:28-19:16),约翰福音的作者也以"七个小段落"为经文结构(C. R. Koester, *Symbolism in the Fourth Gospel* [Minneapolis: Fortress Press, 1995], 264, note 15)。

⑩ 启1:3;14:13;16:15;19:9;20:6;22:7,14。

⑪ 启6:1-17;8:1;8:7-9:21;11:15-19;16:1-21。

⑫ 上述资料乃由O. Böcher而来('Das Verhöltnis der Apokalypse des Johannes zum Evangelium des Johannes,' in *L'Apocalypse johannique et l'Apocalyptique dans le Nouveau Testament*, ed. J. Lambrecht (Gembloux: Duculot, 1980), 295-301。但笔者亦在其上做了一些调整和加增。类似表列,亦参,Charles, *Revelation I*, xxxii-xxxiii;黄彼得,《认识得胜的基督》,页96-99。

⑬ 例如,Charles, *Revelation I*, xxix; xxix。

⑭ 例如,Aune, *Revelation* 1-5, liv-lvi。

⑮ 例如,E. S. Fiorenza, *The Book of Revelation: Justice and Judgment* (Philadelphia: Fortress, 1985), 85-113。

作者的证据面前，却是站不住脚的。①

第三，由于“相似又相异”所牵涉到的，包括了释经者对经文的解释，因此丢尼修所提出来的第二个挑战，并不对启示录的“使徒性”构成真正的威胁。但我们要如何来面对他所提出来的第三个挑战呢？即，为何约翰福音的希腊文是如此的简洁和正确，而启示录的希腊文却有着如此多的歧异，不合文法，甚至是“错误和出格”呢？对此现象，学界提出了几个不同的解释。

(1)在启示录和约翰福音乃分别写于公元60和90年代的假设之下，这两卷书在希腊文方面的差异就有了合理的答案，即，约翰的希腊文在60年代还很生涩，而在30年之后，就有了长足的进步。② 此说看来颇能响应这个挑战，但在后面我们将会看见，启示录的写作日期，恐怕比较可能是在90年代的；因此在学界中，这个解释就没有赢得太多的跟随者。再者，启示录希腊文的歧异，并非如初学者在写作时所会呈现的“错误连篇”，而是集中在几个特别的地方（例如，一个语词在格、数和性别上的“错误”）。不单如此，在这些特别的文法结构中，作者也非一贯地犯错，而是在某些经文中，有了不合文法之处。因此以“初学者”来解释启示录希腊文的特殊性，也和我们对此书希腊文特性的理解有所扞格。在后面我们将会看见，在大部分的情况中，约翰都依循着文法，但只有在某些地方，让其文法出格。换句话说，约翰是晓得正确文法规则的，只是在一些特定的地方，他似乎有意地要其文字以一种比较少见的方式出现。

(2)由于作者认为他的著作乃“预言”(1:3;22:7,10,18)，而他又强调他乃是“在灵里”领受了启示(1:10;4:2;17:3;21:10)，因此在学界中也就有人据此而主张，让启示录之希腊文如此特殊的缘由，乃因作者在写作时身处在“出神”的状态之中。换句话说，由于作者处在“身不由己”的情况里面，因此他也就无法尽心地来修饰他所写下来的文字了。③ 此说看似合理，但我们在后面的注释中将会看见，约翰的确是“在灵里”而领受了启示，但他却没有因此就失去了“自主”的能力。恰恰相反的，在数不清的经文中，他显示了他行文之准确和细腻，因此启示录希腊文的特殊之处，恐怕不是以“在灵里”的理由就可以一笔轻松带过的。

---

① A. Y. Collins, *Crisis and Catharsis*(Philadelphia: The Westminster Press, 1984), 33; D. A. Carson, D. J. Moo and L. Morris, *An Introduction to the New Testament*, 151－57.

② F. A. J. Hort, *The Apocalypse of St. John 1－III*(London: Macmillan, 1908), xii; B. F. Westcott, *The Gospel According to St. John*(London: Murray, 1880), lxxxvi.

③ T. Zahn, *Introduction to the New Testament*, 3 vols. trans. J. M. Trout, et al. (1909; reprint, Grand Rapids: Kregel, 1953), 3:432f; Hendriksen, *More than Conquerors*, 12－13; 但 Hendriksen 也认为约翰暗引旧约的习惯，也是造成此一现象的原因之一。

(3)由于古人有口述书信,而由"缮写者/秘书"代笔写下来的习惯,①因此有学者据此而认为,约翰福音乃由约翰的秘书代笔写成,因此其希腊文就十分顺畅和准确;但启示录则因约翰身在拔摩海岛上,无秘书在旁协助,因此就与约翰福音之希腊文有了差异。② 此说也颇能解释我们所面对的问题,但它的困难在于这两卷书对是否使用秘书代笔之事都保持沉默,因此在本质上,这个主张也只能归属于"揣测"的范畴。

(4)在后面有关"启示录的希腊文"的讨论中我们将会看见③,造成启示录希腊文如此特殊的原因,不单有(a)作者以希腊文来表达希伯来人的思想,或是(b)作者有意以"破格文法"作为他引导其读者回到他所暗引旧约经文中的工具,甚或是(c)作者刻意以"破格文法"来凸显他所要传达真理的几种可能。④ 因此启示录在希腊文风格上,之所以会和约翰福音有别,并不一定是"两个作者"所造成的;而可能是作者为了要达到某些特定目的而产生的。过去一百年学界对启示录希腊文的研究,都指向这个方向,而近日的一份研究报告也显示,在"连接词"如何被使用的议题上,启示录1:1-8和1:17b-3:22,是和约翰福音以及约翰书信十分相近的;而此现象,却没有出现在启示录4-22章之中。⑤ 换句话说,启示录的作者在那些与约翰福音(故事)和约翰书信同属一类文体的段落中(1:1-8;1:17b-3:22),他以相同的方式使用了连接词,但在比较接近于"启示文体"的4-22章中,他却以另一种方式来使用连接词。而这个现象正显示,为了要达到某一个目的,即,让启示录4-22章具有启示文学的风味,同一个作者是可以用不同的文法风格和形式来写作的。

在这四个见解中,最后一个当然是比较合理的,因为它的基础建立在许多实际的研究和比较之上。而若我们从此角度来看启示录和约翰其他著作之间的差异,那么丢尼修对启示录作者的挑战就消失于无形了。启示录和约翰其他著作在希腊文的风格上,的确有显著的差异,但这个现象并不必然指向"两个作者",而可以是同一个作者在有意识作为之下,所产生的结果。

综上所述,早期教会对启示录一书作者的传统见解,虽然受到了丢尼修以及那些跟随他之学者的质疑,但他们所提出来的理由却不完全站得住脚。在经过深入和审

---

① 参,罗16:22;林前16:21;加6:11;西4:18;帖后3:17。

② 例如,Beckwith, *Apocalypse*, 356(视之为可能性之一);Morris, *Revelation*, 40; Ladd, *Revelation*, 7-8。

③ 详见页35-50。

④ 举例来说,在以"父神+羔羊"为主词的前提中(复数),约翰却以单数动词来论述他们的行动(11:15;亦参,22:3-4)。

⑤ V. S. Poythrees, 'Johannine Authorship and the Use of Intersentence Conjunctions in the Book of Revelation,' *WTJ* 47(1985), 329-36. 相关讨论,亦见 C. G. Ozanne, 'The Language of the Apocalypse,' *Tyndale House Bulletin* 16(1965),3-9。

慎的研究之后,他们所观察到的现象,并不只能以"两个作者"来解释。从我们上面的分析来看,即便如"希腊文有差别"的客观现象,也因着过去一百年的研究而有了不同解释的可能。因此在"启示录的作者是谁"的问题上,本书将会跟随早期教会的传统,以西庇太的儿子,耶稣的门徒,使徒约翰为这卷书的作者。在没有更多和更新的证据出现之前,此一选择应是最合理,也是经得起考验的。①

其他见解的困难

在前面我们已经提及,除了使徒约翰之外,学界对启示录作者是谁的问题,还提出了另外的几个答案。因此在接受早期教会的见解之时,我们也应看看其他选择的可能性。在我们所提及的几个"候选人"中,"马可约翰"和"约翰学校"之见解的困难,已在前文中有所交待,因此在这里我们就不再重复了。

长老约翰

教父帕皮厄斯(Papias)在其所写《主谕评注》一书(Λογίων κυριακῶν ἐξήησις)的序言中曾说:

> 然而,无论何时,只要是我从长老们那里小心学到,又清楚记得的学问,我都会毫不犹豫,有条理地给予解释,并为你们写下来,以确保真实……因此,倘若有跟随过长老的人来访,我会就长老的话向他询问,问安得烈或彼得说了什么话,又或是腓力,多马,雅各,约翰,马太,或是主的门徒说了什么,以及阿理斯蒂安(Aristion)和长老约翰等主的门徒说了什么。因为我一向不认为书本所能给我的知识,可媲美我从那活生生的,永恒之声音中所能得到的裨益。②

在此段文字中,帕皮厄斯似乎暗示,在初代教会中,除了有耶稣的门徒约翰之外,

---

① 学界对早期教会传统所提出来的质疑,当然不只有上述三项,但这三样却是最出名,也最具有杀伤力的。若读者想要对此问题有更多的理解,可见 D. Guthrie, *New Testament Introduction*, 4th ed. (Downers Grove: Intervarsity Press, 1990), 932 - 948。有关"约翰在 70 年之前就已殉道,因此就不可能是启示录作者"的问题和答辩,见 Beckwith, *Apocalypse*, 366 - 93。

② 此乃记录在教父优西比乌(Eusebius)的教会历史一书中(*Hist. Eccl.* 3. 29. 2 - 4)。译文出处,黄锡木编著,《四福音与经外平行经文合参》(香港:国际圣经协会,2000),449;但笔者亦在其上略作润饰。

还有一个长老约翰。而记录此段文字的教父优西比乌(Eusebius),也就据此而主张,门徒约翰(=使徒约翰)乃是约翰福音的作者,而长老约翰则是下笔写启示录的人。①若参照教父丢尼修所提及,在以弗所有两个以约翰为名之坟墓的传说,那么这个见解似乎就有了更多的支持。

但情况果真是如此的吗?帕皮厄斯真的有意区隔两个约翰吗?对此见解曾有学者提出了不同的看法,②但即便帕皮厄斯真的有意区隔门徒约翰和长老约翰,这并不立即就表示启示录乃由后者所写。事实上,由于我们对此"长老约翰"的认识是趋近于零的;因此任何我们从启示录中所能归纳出有关作者的特性,都可以套用在他的身上。③ 也就是说,我们事实上是没有任何其他的历史记录,可以让我们将此"长老约翰"和启示录的作者来作对比,并因此而判定他究竟是不是该书的作者。若他乃下笔写启示录的人,而他又有别于"使徒约翰",那么他在启示录中单单提及他自己乃"约翰"的手法,必然会造成收信教会的困扰,特别是那被使徒约翰所牧养的以弗所教会。而教会历史却也对此完全沉默;因此这个见解至多也只能是个不能证实的揣测。将一个主张建立在一个具有争议性的历史文件之上,并非明智之举。④

施洗约翰

此一见解乃由福特女士(J. M. Ford)所提出。⑤ 她认为(1)启示录4-11章是施洗约翰在耶稣出来传道之前所得到的启示;(2)12-22章则是在公元70年之前,由施洗约翰的一个门徒所写;(3)1-3章则是由一个犹太基督徒所加上去的。⑥ 因此这卷书基本上是"施洗约翰学校"的产物,而其中所包含的,是最原始的基督教教义。⑦对此主张,福特自己也承认这是一个大胆的假设,而她希望学界因此就能有更多的讨论。⑧ 但就事论事,我们今日所知道的是,初代教会在确认正典范围的时候,曾将许多具有浓厚犹太色彩的启示文学作品排除在外,因此福特之见的最根本问题在于她要如何解释,如果启示录如她所言,乃是犹太文献之一,那么教会为何会将之收录在

---

① *Hist. Eccl.* 7.25.12-16.

② T. Zahn, *Introduction to the New Testament*, 2:452; S. S. Smalley, *Thunder and Love: John's Revelation and John's Community* (Milton Keynes: Nelson Word Ltd., 1994), 38.

③ D. Guthrie, *New Testament Introduction*, 945.

④ Mounce, *Revelation*, 26.

⑤ *Revelation*, 28-46, 50-56.

⑥ 同上,3-4。

⑦ 同上,56。

⑧ 同上,xi。

正典之中？在后面的注释中我们将会一而再、再而三地看见，约翰的确大量暗引了旧约，但他却也在使用这些旧约素材的同时，以基督的角度来解释，并应用在教会身上。而这恐怕正是教会接纳此一深具犹太色彩之书卷的原因了。对耶稣而言，施洗约翰的确是个开路的先锋，但他却恐怕不是启示录的作者。

匿名约翰和"作者是谁不重要"

在"托古人之名来写书"的时代背景中，"启示录乃由匿名作者冒约翰之名而写作"的说法并非完全不可能。① 但在这些"冒名写作"的书中，我们常常看见的作者为解释"为何此书至今才面世"而有的文字和叙述，却在启示录中完全不见踪影。不单如此，若启示录乃冒名之作，作者为何也没有在"约翰"之前加上那能让其读者信服的"称号"（例如，使徒）呢？单单以那十分普遍被使用之"约翰"来自称，是不足以对此书的权威性增加半点的重量的。因此匿名之说，也有其困难。也难怪今日已少有人采纳此见。

至于"作者是谁并不重要"的看法，②虽然很"安全"，也可以接受，但在"我们事实上拥有许多历史见证"的情况中，以此方式来回避此一议题，并无太大意义。和一卷书的"内容，信息和观点"相较，"作者是谁"的议题，对该书的权威性的确只占有一个比较不重要的地位；但若"我们既有这许多的见证人，如同云彩围着我们"，那么为启示录之约翰寻找一个比较可能的定位，就应该是我们不可避免的责任了。③

---

① 此乃许多 19 世纪学者的见解。见，Beckwith, *Apocalypse*, 345。

② Beale, *Revelation*, 34 – 36.

③ 与"作者是谁"之问题息息相关的，乃是"启示录在何时被接纳为正典"的问题，因为当使徒约翰被认为是此书之作者时，启示录自然就会被接纳为正典，而反之亦然。因此若从我们前面所提及的历史来看，西方教会显然在很早的时候，就已经接纳启示录为正典了，因为教父们，像是犹斯丁（Justin; AD 100 – 165）、爱任纽（Irenaeus; AD 130 – 202）、革利免（Clement of Alexandria; AD 150 – 212）、特土良（Tertullian; AD 160 – 220）、俄利根（Origen; AD 185 – 254）和希坡律陀（Hippolytus; AD 160 – 236）等人，都认为使徒约翰乃启示录的作者。由是在第二世纪末叶的"穆拉多利正典（Muratorian Canon）"中，也就是目前我们所知最早的经目里面，启示录就已经名列其中了。但东方教会，正如前述，因着亚历山大主教丢尼修（Dionysius of Alexandria; AD 190 – 264）对启示录之"使徒性"所提出来的质疑，就让启示录的正典地位，受到了挑战。与丢尼修持类似见解的，有优西比乌（Eusebius; AD 260 – 340）、区利罗（Cyril of Jerusalem; AD 315 – 386）和屈梭多模（Chrysostom; AD 347 – 407）等等。由是在公元 360 年左右所举行的老底嘉会议中，启示录就没有被接纳为新约正典。但第四世纪的教父亚他那修（Athanasius; AD 297 – 373）却力挺启示录，将之列在他的新约经目中，因此在第三次的迦太基会议里面（The Third Council of Carthage; AD 397），启示录也就被接纳为正典；而此会议中的决议，也在公元 680 年的第三次君士坦丁堡会议（The Third Council of Constantinople）再次得着肯定。相关历史，详见 Swete, *Revelation*, cvii-cxix; Mounce, *Revelation*, 36 – 39; 周联华，《启示录》（香港：基督教文艺，2001），页 1 – 4。

Ⅱ 启示录的写作时间

和“启示录作者是谁”的问题一样,学界对启示录于何时写成的问题,也有不同意见。除了极少数的人之外,①学者们的主张可以归纳为两大类:公元 60 年代或是 90 年代;而若支持者之数量是有意义的话,后者之见可说是今日学界的主流看法。从 1900 余年之后的今天来看,这两个日期也不过只有短短三十年的差异,因此为如是微小的差距而争论不休,似乎没有太大意义。但情况果真是如此的吗?恐怕不是,因为在这三十年间,曾发生了一件对犹太人和新生教会都具有重大意义的事,那就是,耶路撒冷圣殿在公元 70 年被罗马军队所摧毁。因此若启示录乃在 60 年代所写,而我们又将启示录 17:1 - 19:10 中的大淫妇巴比伦,等同于“拒绝耶稣之犹太教”的话,那么约翰在这段经文中所说的,就可以是他对这件事的预言了。换句话说,启示录写成日期(圣殿被毁之前或之后)所牵涉到的,不单只是一个历史的问题,而是与我们所最关切的“启示录释经问题”息息相关。在下面的分析中,我们将会先聚焦于“90 年代写成”的意见,而后才及于“60 年代”的主张。

公元 90 - 96 年的主张

正如前述,以公元 90 年代作为启示录写作日期的,是近日多数释经者的见解。但他们所依据的理由是什么呢?

---

① 例如,(1)第四世纪的主教依皮法纽(Epiphanius)认为,启示录可能写于罗马皇帝革老丢任内(Claudius;AD 41 - 54);(2)第六世纪的修道士多柔修斯(Dorotheus)则认为,启示录乃在罗马皇帝图拉真(Trajan;AD 98 - 117)的时代写成(资料来源,Mounce, *Revelation*, 31);而(3)若我们将罗马皇帝维斯帕先(Vespasian)视为启示录 17:10 中的“第六王”,那么启示录的写作日期就落在公元 69 - 79 年间了(持此见解的有 B. Weiss 等人;资料出处,D. Guthrie, *New Testament Introduction*, 4th ed. [Downers Grove: Intervarsity Press, 1990], 932 - 48)。

教会面对逼迫

在启示录中,约翰多次提及教会面对逼迫的事。第一,在1:9那里,他说他自己乃是"为神的道,并为我所给耶稣作的见证",而被放逐到拔摩海岛上。第二,在别迦摩书信中,他也提及安提帕殉道之事(2:13)。第三,在羔羊揭开第五印之时,约翰看见在祭坛之下有那些"为神的道,为他们所持守之见证而被杀害之人的灵魂"(6:9);而在千禧年的异象中,他也看见那些坐在宝座上的,也就是那些"为了持守耶稣之见证,并为了神之道而被斩者的灵魂"(20:4)。但他们是死在谁的手中的呢?第四,从约翰对大淫妇巴比伦的描述来看,即,"喝醉了圣徒的血和为耶稣作见证之人的血"(17:6),下手杀害圣徒的,乃罗马。① 而若从13:15来看,即,"又有权柄赐给它(陆兽)……使它能杀害所有不拜兽像的人",那么要为圣徒之死而负责的,也包括了七教会所在城市中的"地方政要"。② 第五,在论及教会之所以可以胜过邪灵撒但之时,约翰不单指出"弟兄胜过它,是因羔羊的血",他也清楚告诉我们,"他们虽然面对死亡,也不爱惜自己的性命"(12:11)。第六,在提及圣徒之"福分"时,约翰所说的是,"从今以后,凡在主里死去的人,是有福的!"(14:13);而在论及巴比伦之所以要面对神的审判时,他则是指出"先知和圣徒并地上一切被杀之人的血,都在这城里看见了"(18:24)。第七,在13:7那里,约翰明白地告诉我们,神"又任凭它(海兽罗马)与圣徒争战,并且得胜。也把权柄赐给它,制服各族各民各方各国"。第八,不单如此,在13:10中,约翰更以那几乎无法叫人下咽的话来鼓励他的读者,以忍耐来应对他们所无法避免的苦难:"要被掳掠的,就被掳掠吧!要被刀杀的,就被刀杀吧!圣徒的忍耐和信心就是在此。"第九,除了这些之外,约翰在2:10中也提及士每拿教会所将要经历的"十日患难"。因此借着这些经文,约翰已然为我们描绘了一幅"教会已经,现在,并且将来还要受患难"的图画。

但如是情况比较可能发生在公元60年代还是90年代呢?尼禄皇帝(Nero)在公元64年对基督徒的迫害,是无庸置疑的史实,③但此一不幸事件,并非因着基督徒坚守信仰而发生的,而是尼禄皇帝为了转移罗马大火所引发之民怨而有的结果。④ 再

---

① 详见该经文的注释。

② 详见13:1, 11的注释。

③ Tacitus, *Annals* 15.38, 44;亦参,Suetonius, *Nero* 16.2。根据几个文献的记载,保罗和彼得则是在公元66年,尼禄的任内,殉道于罗马(以赛亚升天记4:2–3; Eusebius, *Hist. Eccl.* 2.4–5; 3.1; Epiphanius, *Pan.* 27.6.6;革利免一书5;资料来源,Aune, *Revelation* 1–5, lxvi)。

④ 此一民怨起初并不针对基督徒,而是冲着尼禄而来,因为他在罗马大火之后,趁机在废墟之上大盖皇宫。

者,此一不幸事件的范围,恐怕也只局限在罗马城内,而没有蔓延至小亚细亚地区。

那么90年代豆米田皇帝统治下的情况,是不是就比较靠近约翰所描绘的图画呢?根据某些当代的著作,①许多释经者都认为豆米田皇帝是一个独裁、残暴、偏激和疯狂的皇帝;②因为在他的任内,他不单要求其子民以"主和神"的方式来称呼他,也曾以"无神(ἀθεότης)"之罪名而处决了他的表兄弟,并且放逐了他表兄弟的太太。③ 因此和如是记录对照,启示录似乎比较可能是在豆米田皇帝的任内,特别是在他任期的尾声所写的,因为此时他的统治,是比他刚刚上任之时要来得更为残暴和自大。④

但对此认知,近日有学者提出了不同的见解。汤普森(L. L. Thompson)就主张释经者对豆米田的传统印象,多从那些在政治上与他站在对立面,并曾被他压迫之人所写的作品中归纳而来。⑤ 与这些文献相较,豆米田皇帝在当代其他的文学作品中,却也有其温和的一面。⑥ 因此若我们意欲从豆米田统治下的情况来确定启示录的写作日期,是有其困难的。

但如是为豆米田皇帝"翻案"的见解,是不是就完全没有问题呢?那些曾被豆米田皇帝迫害之人在豆米田死后所写的作品,当然不会是完全客观的。但若我们一股脑地就将这些记录都扔进垃圾桶内,却也有矫枉过正的嫌疑。不论豆米田皇帝的动机为何(与元老院之间的权力斗争,或是有某些紧急情况发生),在他任期的尾声,有不少元老院的成员死于他的手中,却是个不争的事实。而历史文献或许没有清楚明白地告诉我们,他曾定规要其子民以"主和神"来称呼他,但当其子民和臣宰为了达到奉承他并因此而得蒙恩宠之目的,或是在审判中为了要避免刑罚,而以此方式来称呼他之时,他却显然是欣然接受如是称号的。⑦ 不单如此,若我们从豆米田当政其间所铸造之钱币来看,他显然要比前任的皇帝更热衷于那些能显示他是如何伟大的称号;

---

① 这些文献包括了塔西佗(Tacitus;约 AD 65 - 120)的 *Agricola*, *Germania* 和 *Histories*;小普林尼(Pliny the Younger;约 AD 61 - 113)的 *Panegyricus* 和 *Letters*;狄奥屈梭多模(Dio Chrysostom;约 AD 40 - 112)的 *Discourses*;犹文拿(Juvenal;约 AD 60 - 128)的 *Satires*;绥屯纽(Suetonius;约 AD 70 - 112)的 *Lives of the Caesars*;狄奥卡西乌(Dio Cassius;约 AD 150 - 235)的 *Roman History*;腓罗斯他杜(Philostratus;约 AD 170 - 245)的 *Lives of the Sophists* 和 *Life of Apollonius of Tynan*。资料来源,L. L. Thompson, *The Book of Revelation*, 97。相关史料,亦参,革利免一书,1;优西比乌的 *Hist. Eccl.* 3. 18.4;以及瑟弗鲁斯(Sulpicius Severus)的 *Chronicle* 2.31。

② Flavius Clemens;Flavia Domitilla. 此乃狄奥卡西乌(Dio Cassius)的记录(*Roman History* 67.14)。

③ 例如,Mounce, *Revelation*, 34;如是见解乃多数释经者的看法。

④ *ABD* 2:221.

⑤ *The Book of Revelation*, 98 - 115; Thompson 之见亦为 Aune 所接纳(*Revelation* 1 - 5, lxvii-lxix)。

⑥ 文献索引,见 Aune, *Revelation* 1 - 5, lxviii。

⑦ Beale, *Revelation*, 9 - 12.

而其中也包括了那些能显示他具有"神性"的名号。① 换句话说,此一意欲为豆米田平反的企图,或许和那些意欲将豆米田"妖魔化"的举措,都有过分夸张的嫌疑。

就我们今日所知,在第一世纪之中,罗马政府应该没有对教会进行系统性、大规模的逼迫;但偶发性的,从犹太人而来,或是由犹太人激活,而罗马官府也参与其间的迫害,却也持续在发生之中。② 而这些现象,对身为犹太人的约翰而言,已经足以让他认定"教会乃在罗马手下受苦"了。事实上,在后面我们将会更进一步看见,对"在灵里"的约翰而言,罗马对教会的敌意(耶稣乃死在罗马兵丁的手下),其实只是天上灵界争战在地上的反映而已(参,12-13 章的注释)。而此争战是早已在伊甸园中就已经展开的了。因此教会容或没有全面性地遭受逼迫,但一些个别的事件,就已经足够让人晓得此一争战依旧在进行中。不单如此,在 13 章那里我们也将要看见,亚细亚行省的地方政要,为了要向罗马输诚,并藉此而巩固他们在当地的地位和权势,曾不遗余力地推行"帝王崇拜";因此在如是氛围之下,那些拒绝参与此事的基督徒,自然就成为"众矢之的"了。

一言以蔽之,约翰对历史的看法,和罗马史学家,不论他是站在豆米田皇帝那一边,或是反对他的,都必然有所差别。就整体而言,我们也许不必完全跟随某些罗马史学家的看法,即,将豆米田皇帝"妖魔化"到"他曾有系统逼迫教会"的程度,但若要在他和尼禄之间做一个选择,启示录中之教会所经历的,恐怕比较可能发生在豆米田皇帝的时期。

帝王崇拜

正如前述,启示录中之教会所面临的挑战之一,即"帝王崇拜"(参,启 13:3-8,15-16;14:9-11;15:2;16:2;19:20;20:4)。此事从一开始,虽然包含了信仰的仪式,但其主要意涵,乃是政治性的。举例来说,小亚细亚地区的"贵胄",在奥古斯督(Augustus)和安东尼(Antony)为争帝位而有的冲突中选错了边,因此在事后就必须重新宣示他们的效忠。而为了要显示他们的臣服,亚洲的贵胄们就请求奥古斯督,准许他们在别迦摩城中,为罗马和奥古斯督盖了一个神庙(AD 29);③也在以弗所城内

---

① E. P. Janzen, 'The Jesus of the Apocalypse Wears the Emperor's Clothes,' in *SBLSP* 1994, ed. E. H. Lovering(Atlanta: Scholars, 1994), 637-61. 豆米田也曾想要将九月和十月的名字,以他的名字替代之(Germanicus[德国的征服者];Domitianus)。而这两个月,正在七月(July[Julius Caesar;凯撒大帝])和八月(August[Augustus;奥古斯督])之后;因此他的"雄心"可见一斑(Friesen, *Imperial Cults and the Apocalypse of John*, 248)。

② 参,徒 18:12-17;19:23-26:32;以及我们在上面所列出的启示录经文。

③ 有关此事的来龙去脉,见 2:12 的注释。

设立了一块为纪念罗马和奥古斯督之父(凯撒;Julius Caesar)的圣地。① 和奥古斯督"被动"接受立庙的态度相较,卡里古拉皇帝(Caligula;AD 37－41)对此事则是热心得多。他命令各地设立他的雕像,并要求人在其雕像前致敬;而当犹太人不接受他自比为神的举动时,他更威胁要在耶路撒冷的圣殿中立一个他的雕像。此事因着希律亚基帕王(Hero Agrippa)的阻止而未实现,②但从其中我们已经可以看出他对帝王崇拜之事的态度了。至于尼禄皇帝,我们在前面已经提及,他虽然癫狂,也曾迫害基督徒,但其原因却不是本于"帝王崇拜",而只是拿他们作为他大盖皇宫所引发之民怨的代罪羔羊而已。和尼禄相较,豆米田皇帝则是对"帝王崇拜"之事,要来得更为热心。在他的任内,一个占地广大的帝王神庙,在小亚细亚的首府以弗所城中被建立了起来(24×34 公尺),而此神庙所事奉的,正是豆米田的父亲维斯帕先(Vespasian),豆米田的哥哥提多(Titus)和他本人。③ 此一神庙的建立和他以各种名号来宣称自己之伟大的企图,都见证了豆米田皇帝"自比为神"的心态。因此启示录里面有关帝王崇拜的描绘,在第一世纪之中,比较符合豆米田统治晚期的情况。④

启示录七教会的情况

在启示录中,人子曾要约翰写信给那在小亚细亚地区的七个教会。而在这些书信中,人子曾对这七个教会有所针砭。举例来说,祂对以弗所教会的"失去起初的爱心"(2:4),对撒狄教会徒有教会之名却无教会之实的情况(3:1),以及对老底嘉教会自以为富足,但却十分贫乏的状况(3:17),都曾发出祂的谴责。从新约其他的记录来看,这三个教会中的以弗所和老底嘉,都与保罗的宣教有关,⑤因此若启示录乃在 60 年代所写,那么这两个教会竟然会在这么短的时间之内就有了如此严重的属灵衰退,实在令人难以想象。换句话说,如是属灵衰退的情况,是比较可能在经过了一段时间,当第二代基督徒没有承继教会成立时所领受的异象之后才会发生的。再者,在公元 60 年,老底嘉城曾因着一个强烈地震的袭击,而受伤惨重,因此若启示录乃在 65 年左右所写,那么这个城市,以及在其中的教会,要在短短几年的时间之内,重新变为"富足,一样都不缺"(3:17),也是件叫人难以想象的事。由此观之,以 95 年为写作

---

① 相关讨论,见 2:1 的注释。

② *ABD* 1:821.

③ 相关论述,见 2:1 的注释。

④ 有关豆米田皇帝所行其他疯狂之事的论述,见 L. W. Barnard, 'Clement of Rome and the Persecution of Domitian,' *NTS* 10(1964), 251－60;特别是 252－53。Barnard 对革利免一书的分析也显示,启示录是比较可能在豆米田皇帝的任内所写成的。

⑤ 参,徒 18:18－21;24－28;19:11－41;西 2:1;4:13,15。

日期，就变的比较可能了，因为30余年的光阴，恐怕才足够让一个古代城市，重振其往日的繁华和光辉。

在以弗所和别迦摩书信中，我们也看见人子对他们拒绝或是跟从“尼哥拉党之教训”的肯定和谴责(2:6,15)。此一异端，虽然也曾出现在教父们的著作中，但我们对它的源起，却所知不多。① 但在此值得注意的是，在论及此一异端时，约翰所给我们的印象，乃是此一让别迦摩教会跌倒的异端，似乎已经有了一定的规模(党)，而其教训，也在某一个程度上，有了“定型化”的特色(出现在两个不同的教会中)。而这两个现象显示，此一异端恐怕已经出现并存在了一段时日。因此从此角度来看，公元95年要比公元65年更符合约翰对此异端的描述。

不单如此，士每拿主教坡旅甲(Polycarp)曾写信给腓立比教会，在其中他指出：保罗曾为你们夸口说，在诸教会中，你们是最先认识主的；而其时我们还不认识祂。②从使徒行传中，我们晓得保罗建立腓立比教会的时间乃在50－60年间，③因此士每拿教会在此时恐怕还不存在。与此相较，在启示录中的士每拿教会，乃是一个经历患难，但却依旧持守信仰的教会(2:9－10)。因此若启示录在65年所写，此一教会之“成熟度”和她“初生”的情况，是两幅不太容易融合在一起的图画。④

就上述个别的论点而言，我们也许可以用某些理由来解释65年之说的可能性，但就整体而论，启示录所描述的教会情况比较可能发生在95年左右。

尼禄复生之传说在启示录中的使用

在启示录13章中，约翰三次论及海兽受了死伤，但却又活了过来的事(13:3,12,14;亦参17:8,11)。对此描述，许多释经者都认为，约翰在此乃是以当代“尼禄将要复生”的传说为本，好让海兽(罗马)和那曾从死里复活的基督有个鲜明的对比。在13:2之后的附录九中，我们将会看见，此一当代的传言，不单曾在那写于公元80年代的西卜神谕三书和四书中出现，也在第二世纪初叶的西卜神谕五书中现身；而此传说，也只能在尼禄皇帝于68年自尽之后才开始出现和流传；因此若约翰果真在启示录中使用了这个当代的传说，那么启示录在60年代写成的看法，就站不住脚了。当然并非所有持90年代之见的学者，都认为约翰在启示录中使用了如是传说，但我们

① 详见2:6的注释。

② 此乃Charles之见(*Revelation I*, xciv)；坡旅甲之言出自*Ad. Phil.* 11.3。

③ 学界对腓立比书写作日期有不同的意见，但多数人的看法都落在50－60年间。

④ 对此C.C. Torrey曾表示不同意见(*Apocalypse*, 78f)，他认为坡旅甲的意思，只在强调士每拿教会没有像腓立比教会有那么长久的历史。但Charles对坡旅甲之言的理解，恐怕比较接近原意。

在附录九中的分析显示,约翰使用此一传说的可能性是相当高的。因此 90 年代的主张,就有了更进一步的支持。

"巴比伦"一词在启示录中的使用

就历史而言,犹太人已经在以斯拉和尼希米的带领之下回到了以色列地。但由于他们依旧身在罗马的统治之下,而神在以西结书 40－48 章中所应许的新圣殿和新以色列国也还未重建,因此当代的犹太人就认为他们依旧还在"被放逐在外"的情况中。① 在新约之中,我们因此也就看见身在罗马的彼得,写信给那分散在小亚细亚地区之教会时,说:在巴比伦与你们同蒙拣选的教会,问你们安(彼前 5:13)。② 不单如此,在罗马提多(Titus)将军于公元 70 年将圣殿拆毁了之后,罗马更是"巴比伦"了,因为她和公元前第六世纪之巴比伦一样,都将圣殿给毁灭了(王下 25)。由是在公元 70 年之后所写成的犹太文献中,罗马也就有了"巴比伦"之名(以斯拉四书 3:1－2,28－31;巴录二书 10:1－3;11:1;67:7;西卜神谕篇 5:143,159－60)。但约翰是如何使用"巴比伦"的呢?也就是说,在启示录中,巴比伦是"被放逐之地"还是"压迫者"?从 17:6,18;18:24 和 19:2 来看("喝醉了圣徒的血"等等),约翰显然是以后者的方式,来界定巴比伦(罗马)。因此从这个角度来看,启示录的成书之日,也应该在 70 年之后。

"12 使徒"一词在启示录中的使用

在新耶路撒冷城的异象中,约翰看见此一新圣城有着 12 样的根基;而在其上有"12 使徒的名字(δώδεκα ὀνόματα τῶν δώδεκα ἀποστόλων)"(21:24)。就"这 12 位(οἱ δώδεκα)"一词而言,它可能在耶稣复活之前就已经成为指向"12 使徒"的专有名词(林前 15:5);而在福音书中也被大量使用。③ 但就"12 使徒(οἱ δώδεκα ἀποστόλοι)"而论,此一语词只被马太福音的作者使用过一次(太 10:2);而未出现在公元 80 年之前的著作中。因此这个语词在启示录中的出现,也显示启示录的写作日期比较可能是在

---

① 相关讨论,见 G. K. Beale, 'The Old Testament Background of Reconciliation in 2 Corinthians 5－7 and Its Bearing on the Literary Problem of 2 Corinthians 6:14－18,' *NTS*(1989), 550－81; J. M. Scott, 'Restoration of Israel,' in *Dictionary of Paul and His Letters*, ed. G. F. Hawthorne, R. P. Martin and D. G. Reid(Downers Grove: InterVarsity, 1993), 796－805。

② Eusebius, *Hist. Eccl.* 2.15.2; J. R. Michaels, 1 *Peter* (Waco: Word Books, 1988), 310－11; P. H. Davids, *The First Epistle of Peter*(Grand Rapids: Eerdmans, 1990), 202－03.

③ 例如,太 10:5;20:17;26:14;可 10:32;14:10,20;路 22:47;约 6:67,70;20:24。

90 年代。①

教父们的见解

在论及“666”究竟是谁的问题时(启 13:18),教父爱任纽(Irenaeus;AD 130 - 202)指出:在此我们并不想要冒着将敌基督之名字说出来的危险;因为如果有显明此人之名字的需要,那么领受启示的那一位自然就会告诉我们。此一启示是在不久之前,几乎就在我们的年代中,在豆米田统治的末期被看见的。② 准此,许多在爱任纽之后的教父和释经者,就跟随他的脚步,认为启示录乃在豆米田皇帝任期的结尾时所写。③

但在此同时,第四世纪之叙利亚教父伊皮法纽(Epiphanius)却认为约翰被放逐到拔摩海岛的时间,乃在革老丢(Claudius;AD 41 - 54)的任内;④而第六世纪初所翻译的叙利亚文圣经(Syr^{ph};AD 507/508),则是在启示录的经文之前指出,约翰乃是在尼禄皇帝任内被放逐到拔摩海岛上的。⑤ 再者,十一世纪的教宗德非拉(Theophylact)在其约翰福音注释中,也显示他与叙利亚文圣经持相同的见解。⑥

因此就外在证据而言,我们似乎至少有三个不同的看法。但教父伊皮法纽之见显然有问题,因为他错把罗马皇帝尼禄革老丢(Nero Claudius)当成了在尼禄之前的革老丢(Claudius),⑦因此我们事实上只有两个选择。但在爱任纽和叙利亚译本(以及德非拉)之间,哪一个是比较可能的呢?就时间上来说,第二世纪末叶的爱任纽,当然要比第六世纪的译本早了三百年;而就关系而论,爱任纽更是使徒约翰之门徒坡旅甲(Polycarp;AD 70 - 155)的门生,⑧因此他的见解,自然要比叙利亚译本来得更为可

---

① 此乃 Aune 的观察(*Revelation* 1 - 5, lxiv)。

② *Adv. Haer.* 5.30.3。有学者认为爱任纽之言中的“它被看见(ἑωράθη)”,所指的不是约翰所见的“启示”,而是约翰本人。因此爱任纽的意思在显示约翰究竟活到什么时候(K. L. Gentry, *Before Jerusalem Fell*. rev. ed. [K. L. Gentry, 1998], 48 - 57)。但以“被动语态”来显示一个人究竟活到什么时候的手法,却十分少见;因此这个主张恐怕不容易站得住脚(参,Aune, *Revelation* 1 - 5, lix)。

③ Victorinus, *Comm. in Apoc.* 10.11; Eusebius, *Hist. Eccl.* 3.18.3; 5.30.3; Ps-Augustine, *Quaest. Vetus et Novum Text.* 76.2; Jerome, *De virr. illustr.* 9;亦参,Clement of Alexandria, *Quis div.* 42; Origen, *Hom. in Matt.* 16.6.

④ *Haer.* 51.13.33.

⑤ 有关这个圣经版本的简介,见 K. Aland & B. Aland, *The Text of the New Testament*. Tr. E. F. Rhodes(Leiden: Brill, 1987), 197 - 99; Aune, *Revelation* 1 - 5, clvi; 麦子格(B. M. Metzger)著,康来昌译,《新约经文鉴别学》(台北:华神,1981),页 63 - 64。

⑥ *PG* CXXIII. 1133 - 34.

⑦ D. Guthrie, *New Testament Introduction*, 956.

⑧ *Adv. Hear.* 3.3.4.

靠了。而此事实,应该也是那些在爱任纽之后的释经者和历史学家,之所以会跟随他的原因。在前述的各样论证之中,爱任纽所提供的见证,恐怕具有最关键性的地位和重量。①

公元60年代的主张

就人数而言,以60年代作为启示录写作时间的学者,是少于"90年代"之阵营的。但这并不表示他们的论点就不值得我们仔细考量。因此在下面的段落中,我们也将一样样地来查考他们所提出来的论证。

圣殿和耶路撒冷

在启示录11章的异象中,约翰告诉我们:"有一根作量尺用的芦苇赐给了我;且有话说,你起来,将神的殿,祭坛,并在那里敬拜的人,都量一量。但要留下殿外的部分,不要量它,因为这是给了外邦人的;他们要践踏圣城四十二个月。"(11:1-2)不单如此,在11:8那里,约翰也说:他们(两个见证人)的"尸首就倒在大城里的街道上。这城按着灵意叫所多玛,又叫埃及,就是他们的主被钉十字架的地方"。因此,从这些论述来看,耶路撒冷城和其中的圣殿,在启示录写作之时,似乎依旧存在。再者,在启示录之中,我们也完全没有看见约翰提及圣殿被毁的事,因此启示录应是在此一重大不幸事件之前所写成的。②

---

① 除了这些论点之外,学界也提出了另外的两个论证。(1)公元92年,豆米田皇帝因着橄榄油和葡萄酒生产过剩而谷物不足的问题,下达了一个"去葡萄树改种谷类"的命令。而若启示录6:6中,"油和酒不可蹧蹋"的命令,乃是以此为背景,那么启示录的成书之日,就必须在92年之后了(Hemer, *Local Setting*, 158)。但由于在第一世纪的历史中,饥荒发生的次数甚多,而我们也无法完全确定这节经文和豆米田皇帝命令之间是否有直接的关联,因此我们也就不将这个主张,列为支持"90年代"的证据了(亦参,Aune, *Revelation* 1-5, lxiii)。(2)在启示录和马太福音之间,有许多平行的经文(参,Charles, *Revelation I*, lxxxiii),因此若约翰在启示录中使用了马太福音,而若我们采纳这卷福音书乃在85年左右写成的说法,那么启示录的成书之日也就必须是在这个日期之后了。但这两卷书之间的平行现象,可能是他们都使用了一个共同的传统所致,而L. A. Vos的研究也显示(*The Synoptic Traditions in the Apocalypse*, 54-111),约翰虽然使用了许多耶稣的教训,但他恐怕不是本于福音书的。因此这个论点也无法成为支持"90年代之见"的证据。

② J. A. T. Robinson, *Redating the New Testament*(Philadelphia: Westminster, 1976), 238-42; J. C. Wilson, 'The Problem of the Domitianic Date of Revelation,' *NTS* 39(1993), 587-605, 特别是604-05; K. L. Gentry, *Before Jerusalem Fell*, 165-92。对Robinson之见的评论,参,A. Y. Collins, *Crisis and Catharsis: The Power of the Apocalypse*(Philadelphia: Westminster, 1984), 64-69。

从表面上看起来，这个论点似乎还蛮合理。但在后面我们将要看见，启示录的文学特色之一，乃是它大量使用了各样的“象征”；而此特色在上列的三节经文中，则是反映在“丈量的动作”、“42 个月”、“按着灵意”以及“大城 = 所多玛 = 埃及 = 主被钉十字架的地方”等等的语句和手法之中。换句话说，若我们以“字面”的方式来读这几节经文，那么约翰似乎暗示圣殿和圣城依旧站立，但如是“读经法”对启示录而言却是不合适的。① 事实上，在 3:12 和 21:2,9－10 等处经文中，约翰已经清楚告诉我们，他所关心的，不是地上的圣殿，而是那从天上，由神那里降下来的新圣城，也就是以神和羔羊为殿的新耶路撒冷（21:22）；即，教会。② 因此 11 章中关乎圣殿和圣城的经文，恐怕并不指向公元 70 年前地上的耶路撒冷城和圣殿，而是那以基督耶稣为头块房角石，并以圣徒为建材，具有属天性质的“教会 = 灵宫”。

七王

在解释大淫妇巴比伦所乘骑海兽之奥秘时，将异象带给约翰的天使说：“那七头就是女人所坐的七座山，又是七位王；五位已经倾倒了，一位还在，另一位还没有来到。他来的时候，必须存留片时。那先前有，如今没有的兽，就是第八位；它和那七位同列，并要走向灭亡。”（启 17:9b－11）从此经文来看，这七王所指的似乎是罗马的皇帝；而其中“一位还在”的第六位，乃是现任的皇帝。因此（1）若我们从凯撒（Julius Caesar）算起，那么尼禄皇帝（Nero；AD 54－68）就是第六位王了，③而（2）若我们从第一个宣称自己是皇帝（Imperator）的奥古斯督算起，那么第六位王就是接续尼禄帝位之高尔巴了（Galba；AD 68－69）。④

这两个算法都有其理据，而其结果也都显示启示录有可能是在 70 年圣殿被毁之前所写的。但在后面 17:9－10 的注释中我们将会看见，学界对于我们应该从哪一个皇帝算起的问题，有许多不同的意见，甚至对“王”所指的是“王”还是“帝国”，也有不同的看法。更有甚者，约翰在此是否有意要我们掐着手指头来数点罗马皇帝，也是个十分值得怀疑的问题；因为当他（1）以深具象征意义的“七”王（又等于“七山”）来表达兽的特性，而又（2）让这“七王”以“五位已经倾倒了，一位还在，另一位还没有来到”之形态出现（过去，现在，将来），都显示他并没有要我们以“字面”的方式来理解

---

① 详见页 140－44。
② 详见上述经文的注释。
③ K. L. Gentry, *Before Jerusalem Fell*, 153－59.
④ F. A. J. Hort, *The Apocalypse of St. John 1－III* (London: Macmillan, 1908), xxvi; J. A. T. Robinson, *Redating the New Testament*, 242－48.

这段经文。因此根据“七王 = 七个罗马皇帝”的理解来决定启示录写作日期的作法，是和启示录的文学特性彼此冲突。

666

“在这里要有智慧。凡有悟性的，就让他计算兽的数目；因为这是人的数目，其数值为六百六十六。”（启 13:18）在启示录的诸多难题之中，这节经文中的“666”可说是其中的佼佼者。学界对此数目所指究竟是谁的问题，可说是大有兴趣。从罗马皇帝卡里古拉（Caligula），到罗马公教（*Italika Ekklisia* = 拉丁教会），罗马帝国（*He Letana Basileia* = 拉丁王国），教皇（*Papeiskos*），马丁路德（*Loutherana*；*Saxoneios*），再到“尼哥拉党”等类的建议，都曾被提出来（详见该经文的注释）；而在其中，尼禄皇帝不单占有一席之地，也是个热门的候选人。[①] 因此若此皇帝乃是“666”之后的“藏镜人”，那么启示录就有可能是在他任内所写的了。[②]

但正如前述，学界对“666”究竟是谁的问题，有许多不同的解读，因此以“666 = 尼禄”作为决定启示录写作日期之线索，并不完全牢靠。再者，若“666”真的指向尼禄，他在启示录 13 章中所扮演的角色，乃是海兽罗马帝国的代表，而非一个个别的皇帝（详见 13 章的注释）；因此从这个角度来看，“666 = 尼禄”之见也不必然支持“60 年代”的主张。

“看哪！祂驾着云降临”

约翰在启示录序言（1:1－8）的结尾之处，以基督和父神的两个宣告为结（1:7，8）；而前者是，“看哪！祂驾着云降临。众人都要看见祂，连那些曾刺过祂的人也要看见祂。地上的万族都要因祂而哀哭。是的，阿们。”

对某些以“过去角度”来解读启示录的人而言，[③]上述经文不单总结了启示录一书的主题，而其所指射的，更是神在公元 70 年时，藉罗马兵丁之手来刑罚以色列人的事（圣殿被毁），因为在这节经文中，（1）“那些曾刺过祂的人”的确是罗马兵丁，但引发此一不幸事件，并要负最后责任的，乃犹太人；（2）“万族”在约翰所暗引的撒迦利亚书亚 12:10 中是“大卫家和耶路撒冷的居民”；因此他们（以色列人）自然就是神所要刑罚的对象，并且也是那些将要在圣殿被毁之时而哀哭的人了；（3）“地上”一语所

① 若将“尼禄凯撒”译为希伯来文，其结果是קסר נרון = 100 + 60 + 200 + 50 + 200 + 6 + 10 + 50 = 666。
② K. L. Gentry, *Before Jerusalem Fell*, 193－219.
③ 学界对如何解读启示录的问题，有“过去，历史，未来，理想和折衷”等五个答案。相关讨论，详见 145－51 的分析。

指的可以是“世界”，但在撒迦利亚书的背景中（12:12），“地”所指的是“以色列地”，因此我们不一定得将之视为“全世界”。①

此说之理由看来洋洋洒洒，也颇能支持“60年代”之说，但我们在1:7的注释中将要看见，约翰在这节经文中的确暗引了撒迦利亚书12:10（仰望被扎的）和12:12a（地上一族一族的都必哀哭），但他却将之与基督降世之事（参，但7:13）结合在一起。而此结合的结果，乃是将此旧约应许，应用在教会的身上了。换句话说，在基督第一次降临，并建立了教会的事上，神在但以理书和撒迦利亚书中向以色列人所发的应许，已经开始应验了。而此已经开始应验的事实，也就成为基督将要第二次再来的保证。准此，1:7并非“70年圣殿被毁”的预言，而是约翰对启示录一书的权威所挂上的保证。②

结论

就支持“90年代”和“60年代”的个别论点而言，它们都有着各自的优缺；而我们也就可以对这些个别的论点提出接纳或是拒绝的主张。但就整体而论，支持“90年代”的论点却在下面的几方面要超越那些支撑“60年代”的论证。第一，上述有关“60年代”的论点，多建立在学者对经文的解释之上，因此若我们对经文有了不同的解读，如是证据的立足点就消失于无形了。在新约的研究中，启示录研究的特色之一就是各人对经文都有各自的解读。因此若我们将“启示录日期”的问题全然建立在某一个解释之上，那么这个主张就不十分牢靠了。与此相较，“90年代”之见的论证，虽然也包含了我们对经文的解释，但支持此见的学者们，却也都尝试将其解释和当代历史对比，好得着最合理的答案。因此就方法论而言，“90年代”阵营的论据，是比较可靠的。

第二，“90年代”的论证中也包括了那些完全与经文解释无关的论点。举例来说，“巴比伦”和“12使徒”之语词在启示录中的使用，就是最好的例子。而如是论点，除非我们又发现新的史料和事证，是比那些牵涉到经文解释的论证，要可靠得多。

第三，对早期教父们的见证，特别是爱任纽的见解，我们或许可以有不同的解读，但基本上他所说的，乃是与启示录写作日期之事直接相关。因此若双方阵营的论点不分上下，爱任纽的见解恐怕是让天平倾向“90年代之说”的最后一根稻草。他以及其他教父们的见证，在这个关乎历史问题的事上，恐怕不是那么容易就可以解释的。

① K. L. Gentry, *Before Jerusalem Fell*, 121–32.

② 有关Gentry在这个问题上的困难，亦参Beale的分析（*Revelation*, 25–26）。

在释经的问题上,他们和我们一样,都可能会犯错,但在这个关于启示录写作时间的议题中,他们不单在时间上比我们更为接近这卷书的成书之日,也在人际关系上比我们更靠近这卷书的作者(特别是爱任纽),因此他们的见解应该受到我们足够的尊重。

Ⅲ 启示录的经文

对许多华人基督徒来说,印行在圣经中的白纸黑字,就是神的话,就是神借着祂所拣选先知和使徒之手所写给信徒的宝贵信息。因此努力研读圣经,为要明白神的心意,为的是要让基督徒的人生,能和神永恒的计划同步。这种对圣经的态度是十分值得鼓励的,因为这是讨神喜悦的事。但是在研读并且遵循神话语的同时,也需要对圣经的来龙去脉有一点了解。也就是说,我们应该对先知和使徒们所写下来的书信是如何成为我们手中圣经的过程,有一点了解。因为这方面的知识可以让我们免去一些不必要的困扰,特别是因着不同圣经版本之间差异而产生的困扰。不单如此,有关经文传承过程的知识,也可以让我们不再只以某一个版本的圣经为"圣经"(例如和合本),因而失去了从研读其他版本圣经而来的益处。

启示录的经文鉴别学

就启示录来说,约翰所写下来的原始启示录经文并没有被保存下来。我们现在手中所有的,只是三百余份启示录手抄本。在这些手抄本当中,有的相当完整,包括了全卷启示录;有的只是残片,记录了几节经文而已。这些手抄本十分珍贵,因为借着这些历史文稿我们才有可能知道,神藉约翰所要向我们传达的信息是什么。但是在比较这些手抄本的时候,我们发现这些手抄本之间,有着一定程度的差异。这些差异可能是因着抄经者的无心之过而产生的(例如跳行,不够专心等等),或者是抄经者为了要调和前后经文之间的不同而刻意做的更动。① 但是不管原因为何,这些抄本之间的确存在着许多彼此相异的经文(variant readings)。面对着这个事实,圣经学者

---

① 若读者想要更多了解文士在抄写经文时所可能犯的错误,参,麦子格(B. M. Metzger)著,康来昌译,《新约经文鉴别学》(台北:华神,1981),页 187 - 205。

便比较这些手抄本,衡量他们的年代,类别(所谓的外在证据),以及作者和抄经者的特色(所谓的内在证据),①而推论出一个最可能是圣经作者所写下来的原始经文。②而这个从不同手抄本中重建原始经文的过程,就是所谓的经文鉴别学。③

在进行经文鉴别工作的时候,由于手抄本的数量相当多,因此为这些手抄本编目就变得十分重要了。依据书写材料和所使用的文字形态,众多的手抄本被分为三类。第一类是蒲草纸抄本(Papyri)。由其名我们可知,这些手抄本是以蒲草纸为书写材料,④因此这些手抄本就以$\mathfrak{P}$为其代号(例如$\mathfrak{P}^{18}$)。第二类是大楷体抄本(Uncials),因为其上文字是大写字体。这类手抄本是以前面带零的阿拉伯数字为代号(例如01)。第三类手抄本则是小楷体抄本(Minuscules),其上文字类似于英文中的草写;而他们以字头不带零的阿拉伯数字为代号(例如2053)。

这些手抄本依照地缘关系和特色,可以分为几个系统。第一个系统是拜占庭经文(Byzantine Text),就是那些在东罗马帝国(首都拜占庭)中,被希腊正教所保存下来的经文。⑤ 属于这个系统的大楷体抄本有 A(02)⑥,C(04),E(07),F(09),G(011),H(013/014),W(032)等等;以及大部分第十世纪之后的小楷体抄本。在几个不同的系统中,拜占庭系抄本的数量最多,但是由于他们都是本于路西安版本(Lucian of

① 举例来说,中文和合本的启示录8:13 是,“我又看见一个鹰飞在空中,并听见它大声说……”但是在另外一些手抄本中,飞在空中大声说话的不是鹰,而是天使。因此在释经之前,我们必须先行判断何者比较可能是原始经文。就这个例子来说,“鹰”除了出现在那些比较可靠的手抄本之外(ℵ A 046 等等),“鹰”也比较能够解释为什么文士想要把“鹰”改为“天使”,因为约翰在这里所描述的,比较像是天使所做的事。不单如此,在启示录 14:6 那里,飞在空中并且说话的是天使,而不是鹰。也就是说,为了调和前后经文的差异,某些文士就把“鹰”改为“天使”了。当然不是所有的文士都这么“勇敢”,在某些抄本中,我们看见有人选择走中间路线,以“如鹰般的天使”一语来解决这个问题(参 B. M. Metzger, *A Textual Commentary on The Greek New Testament* [NY: UBS, 1971], 741)。

② 有关经文鉴别的准则,详见麦子格,《新约经文鉴别学》,页 207 - 41。

③ 有关如何判断哪一个“异文”最可能是原始经文的问题,读者可参麦子格,《新约经文鉴别学》,页 207 - 41。在重建原始经文的时候,除了手抄本之外,我们也应该考虑早期教父的著作,因为在其中,我们可以找到许多他们所引用的启示录经文。不单如此,在重建原始经文时,新约圣经的早期译本(例如叙利亚文译本,拉丁文译本,衣索匹亚译本等等),也应该列入考量。但是这两者在重建启示录原始经文的工作中,并不像手抄本一样具有决定性的位置,因此我们在这里就不详细论述这两方面的资料了。若读者想要了解这方面的事情,可见 Aune, *Revelation* 1 - 5, cxlviii-clvi。

④ 蒲草纸抄本上的经文也是大楷体,但因其使用材料不同,因而被分为另外一类。

⑤ 亦称普通话经文(Koine Text)。

⑥ 早期大楷体抄本的编目是用拉丁文和希腊文的大写字母(再加上一个希伯来文字母ℵ)作为代号,但是后来所发现的大楷体抄本的数量,超过了这些字母的总和,所以贵格利(C. R. Gregory)就将他们重新以带零的阿拉伯数字来编目。目前我们至少有 250 份以上的大楷体抄本(麦子格,《新约经文鉴别学》,页 21 - 22)。

Antioch)，即，一个已经被不当增修的版本，因此在经文鉴别的工作中，它们的证据力就比别的经文系统要来得弱了。

第二个系统是西方经文（Western Text），因为在地缘上他们多数是和意大利、高卢、北非有关。属于这一个系统的手抄本，在时间上早于拜占庭经文，并且是以希腊文和拉丁文并列的手抄本（D^{p}［06］，F^{p}［010］，G^{p}［012］等等），古拉丁文抄本，以及拉丁教父们的引经为主。这个系统的特色是在经文中加上长短不等的增添，①或是大段经文的省略。由于属西方系统的经文并不完全来自西方（相对于东罗马帝国），所以有学者以 D 作为这个系统的代号，因为编目为 D(05)的伯撒抄本在这个系统中占了最重要的位置。除了大楷体抄本之外，蒲草纸抄本中的$\mathfrak{P}^{29}$，$\mathfrak{P}^{38}$，$\mathfrak{P}^{48}$等，也属于这个系统。在经文鉴别的历史中，有些学者认为西方经文不具有参考价值，因为他们认为其中经文已经被破坏了。但是有人反对这个意见，认为西方经文应该是我们重建原始经文时的主要依据。对启示录来说，这个争论并无太大意义，因为保存了启示录经文的手抄本中，没有一个是属于这个系统的。

手抄本的第三个系统是亚历山大经文（Alexandrian Text）。这些手抄本不单古老，并且是由那些在亚历山大城中受过学院式训练的文士所抄写下来的经文。因此这个系列的经文可说是最古老的校订本，并且也相当接近原始经文。② 和其他系统的经文相比，亚历山大经文通常都是最短的（最长的是西方经文）。在这个系统中，比较重要的手抄本包括了$\mathfrak{P}^{45}$，$\mathfrak{P}^{46}$，$\mathfrak{P}^{66}$，$\mathfrak{P}^{75}$，א，B(03)等等。③

根据麦子格（B. M. Metzger）的统计，目前大约有五千份的新约手抄本。④ 在这些手抄本当中，抄录了启示录经文的并不算太多。在蒲草纸抄本中有五份；⑤在大楷体抄本中则有 11 份；⑥而属于小楷体抄本的则有 293 份。⑦ 在重建原始启示录经文时，这三百余份的手抄本，并不都具有相同的重要性。根据亚兰和亚兰（K. Aland & B. Aland）的

① 举例来说，D 抄本中之使徒行传，就比其他手抄本长了十分之一。可参麦子格，《新约经文鉴别学》，页 47。

② 参，麦子格，《新约经文鉴别学》，页 212－13。

③ 也有学者在这三个系统之外，再区隔出该撒利亚经文系统（Caesarean Text；例如 θ，f^{1}，f^{13}）。但是由于这些经文之间有着相当程度的差异，所以它们是否可以归为一类，是值得商榷的事。

④《新约经文鉴别学》，页 37。

⑤ $\mathfrak{P}^{18}$，$\mathfrak{P}^{24}$，$\mathfrak{P}^{43}$，$\mathfrak{P}^{47}$，$\mathfrak{P}^{85}$.

⑥ א(01)，A(02)，C(04)，P(025)，046，051，052，0163，0169，0207，0229.

⑦ 这些小楷体手抄本的年代大都在第十世纪之后。有关上述三类手抄本的详细资料，可见 Aune, *Revelation* 1－5, cxxiv-cxlviii。

意见,这些文献中,比较重要的手抄本可以分为如下的四个等级:①

手抄本	年代(世纪)	启示录经文
第一级		
$\mathfrak{P}^{18}$	3-4	1:4-7
$\mathfrak{P}^{24}$	4	5:5-8;6:5-8
$\mathfrak{P}^{47}$	3	9:10-17:2(其中有些经文段落遗失了)
א(01)	4	全部
A(02)	5	全部
2053	13	全部
2062	13	第1章;15-22章
2344	11	大多数的启示录经文
第二级		
$\mathfrak{P}^{43}$	6-7	2:12-13;15:8-16:2
$\mathfrak{P}^{85}$	4-5	9:19-10:2,5-9
C(04)	5	1:3-3:19;5:15-7:13等约一半的启示录经文
1006	11	全部
1611	12	大多数的启示录经文
1841	9-10	大多数的启示录经文
1854	11	全部
2050	12	1-5章;20-22章
2329	10	全部
第三级		
0169	4	3:19-4:3
0163	5	16:17-20
0207	4	9:12-15

① 以下表列的资料是Beale所提供的(*Revelation*, 70-71)。而这份资料是由两份材料合并而成:(1)K. Aland & B. Aland, *The Text of the New Testament*. Tr. E. F. Rhodes(Leiden: Brill, 1987),第三章;(2)NA^{26},684-710。根据两位亚兰的看法,手抄本的重要性可以分为五级。但是由于启示录手抄本中,并没有属于第四级的文献(lectionary;为崇拜中读经所需而抄写的经文),所以就启示录的经文鉴别工作来说,我们只有四个等级的手抄本。

续 表

手抄本	年代(世纪)	启示录经文
0229	8	18:16－17;19:4－6
2351	10	1:1－13:17;14:4－5
2377	14	13:10－14:4;19:21－20:6;20:14－21:16
第四级		
P(025)	9	1:1－16:11;17:2－19:20;20:10－22:5
046	10	全部
052	10	7:16－8:12

第一级的抄本是由第三和第四世纪的蒲草纸抄本,大楷体抄本和亚历山大系的小楷体抄本所组成。在经文重建的工作中,它们是最重要的手抄本。第二级的抄本是那些受到拜占庭经文影响的手稿。它们的数量虽然最多,但是由于它们是由路西安版本而来,所以在重建原始经文的工作中,其证据力比第一级中的手抄本要来得弱。第三级的抄本则是那些不属于亚历山大、拜占庭或是其他系统的手抄本。因为它们不属于任何一个系统,所以它们在经文重建的工作中,扮演着一个参照性的角色。在两位亚兰的分类中,第四级的抄本的重要性最低,因为它们主要都是拜占庭系的经文。①

就个别的手抄本来说,史密得(J. Schmid)②则认为手抄本 A 和 C 保存了最多的原始经文,③因此它们是最重要的手抄本。而 ℵ(01)和𝔓[47]虽然在年代上比较古老,但是在启示录的经文鉴别工作中却只站在第二位。因为它们所保存的原始经文比较

① 有些学者对两位亚兰所提出来的手抄本分级方式并不表赞同,因为他们似乎以一个已经经过"认证程序"的原始经文为准,再将各类手抄本与之比较,从而得到不同的级等。这个分级的方法基本上是犯了循环论证的毛病。参,B. D. Ehrman, 'A Problem of Textual Circularity: The Alands on the Classification of New Testament Manuscripts,' *Bib* 70(1989), 377－88。为了这个缘故,我们在下面将介绍另一个学者的看法。

② J. Schmid, Studien zur Geschichte des Griechischen Apocalypse-Texts(Munich: Zink, 1955－56)。Schmid 在这本书中,对 H. C. Hoskier 所搜集之启示录手抄本(*Concerning the Text of the Apocalypse* [London: Quaritch, 1929])作了详细的研究。这两个学者在这方面的研究,让我们对启示录经文传承的历史,以及启示录原始经文的重建,有了一个相当全面的认识。他们的努力,让启示录的经文鉴别学,在新约诸多书信中,占有一个特别的地位。若读者想要了解 Schmid 之作,可参 J. N. Birdsall, 'The Text of the Revelation of Saint John: A Review of its Materials and Problems with Especial Reference to the Work of Joseph Schmid,' *EvQ* 33(1961), 228－37。

③ 以及那些同属于一个系统的手抄本,例如 2053。

少。① 在新约其他书卷的经文鉴别工作中，一贯具有龙头地位的ℵ抄本，在启示录的领域中却退居第二位。至于那些为数众多，被学者们冠以“$\mathfrak{M}$”（Majority Text）代号的小楷体抄本，在启示录的经文重建工作中，则是位居第三顺位。$\mathfrak{M}$在其他新约书信的经文鉴别工作中，都是以一个整体的方式出现，但是在启示录的领域中，$\mathfrak{M}$却可以分为$\mathfrak{M}^{A}$和$\mathfrak{M}^{K}$两部分。前者是那些本于该撒利亚的安德烈（Andreas of Caesarea）所著之启示录注释而有的抄本；②而后者则是拜占庭系的抄本（或作普通话抄本；Koine）。③安德烈没有对启示录经文做更动，而其后本于他的手抄本也保持了这个特色，所以$\mathfrak{M}^{A}$在经文鉴别的工作中，要比拜占庭系的$\mathfrak{M}^{K}$来得重要。④

本书所采用的圣经版本

由上所述，我们对启示录的经文鉴别学已经有了一点了解。从其中我们也可以看出经文鉴别工作的复杂性。就理论上来说，一个认真的释经者应该对每一个“相异经文”的个案都详加研究，并做出他自己的判断。但从实践的角度来看，这个工作却会占去许多宝贵的时间。在时间的限制之下，笔者将以联合圣经公会所出版之新约希腊文圣经为本，⑤来进行释经的工作。这本希腊文圣经是五位顶尖经文鉴别学者的研究成果，因此是相当可靠的一个版本。基本上我们将会采纳他们的意见，但是在一些必要的地方，笔者将会参考其他学者的看法，并且做出自己的判断。

---

① 在诸多的经文差异中，ℵ单独贡献了6个原始经文，而$\mathfrak{P}^{47}$虽然有八处经文是和其他的手抄本完全不一样，但是其中没有一个是原始经文。

② 第六到第七世纪，加帕多家（Cappadocia）的主教。

③ 读者若有兴趣知道$\mathfrak{M}^{A}$和$\mathfrak{M}^{K}$各包含了哪些手抄本，可见 Aune, *Revelation* 1－5, clvii。

④ 根据拜占庭系统中的少数抄本，荷兰学者伊拉斯姆（D. Erasmus）在1516年出版了第一本在市场上贩售的新约希腊文圣经。他所出版的新约后来广为流传，并且成为所谓的“公认经文（*Textus Receptus*）”。而1611年所出版的英王钦定本（King James Version），就是根据“公认经文”而翻译的。有关于这一部分的历史，见麦子格，《新约经文鉴别学》，页99－104。

⑤ *The* Greek *New Testament*, 4th edition, eds. K. Aland et al.（NY: United Bible Society, 1994）。这个版本的经文和另一本广为学者采用的希腊文新约圣经（NA^{27}）完全一致。

Ⅳ 启示录的希腊文

在新约诸多书信中,启示录除了在文体,以及它和旧约之间的关系等方面显得十分特殊之外,这卷书的希腊文也是相当独特的。早在第三世纪的时候,亚历山大的丢尼修(Dionysius of Alexandria)①就已经注意到启示录这一方面的特色了,他说:约翰的希腊文是不准确的,他使用了许多怪异的谚语(ἰδιώμασίν τε βαρβαρικοῖς),并且在某些地方有文法上的错误(σολοικίζοντα)。② 对某些华人信徒来说,丢尼修的这句话也许有些刺耳,但他的评论其实是相当中肯的。③ 为了让读者明白为什么丢尼修会有如此看法,我们将在下面的篇幅中列举学者们所观察到启示录希腊文的一些特殊现象,以为佐证。在这些例证当中,有一些包含了明显的文法错误,有一些则具有十分罕见的文法结构。在这个阶段,我们并不打算对所列举的个案做详细的解释,我们只希望读者能够对启示录的这一方面的问题有一点认识。启示录希腊文的特殊现象,当然是许多学者所关心的焦点,所以在这些例证之后,我们将简介学者们对这个特殊现象所提出来的解释。

启示录希腊文的特殊现象

在以下的篇幅中,我们将把启示录希腊文的特殊现象分为四大类:(1)不规则文法,(2)多余的代名词,(3)冗言赘语,和(4)不对称的句子结构。这些例证旨在显示启示录希腊文的特殊性,所以我们并没有打算将所有的例子都列举出来。事实上这也是不可能的事,因为在某些个案中,连希腊文的专家们也难以决定,究竟在我们眼前的,是一个罕见的文法结构,一个地方性希腊文的特殊用法(vernacular Greek),还

---

① 卒于公元264-265年间。

② Eusebius, *Hist. Eccl.* 7.25.26.

③ "有勇气但不失公正"是Swete对丢尼修一语的看法(*Revelation*, cxxiii)。

是一个文法的错误。① 因此我们以下所提供的,是那些十分明显,并且比较不具争议性的例子。

不规则文法

1:4b ἀπὸ ὁ ὢν καὶ ὁ ἦν καὶ ὁ ἐρχόμενος(从那今在昔在将要再临的)

在这个出名的例子中,跟在介系词ἀπο后面的三个带冠词的分词都应该是所有格,而不是主格。约翰事实上是知道这个文法规则的,因为在紧接着下去的词组中(ἀπὸ τῶν ἑπτὰ πνευμάτων ἃ ἐνώπιον τοῦ θρόνου αὐτοῦ;从祂宝座前的七灵),我们就看见了正常的文法形式。

1:5a καὶ ἀπὸ Ἰησοῦ Χριστοῦ, ὁ μάρτυς ὁ πιστός(并从那信实作见证的……耶稣基督)

在这个词组中,"那信实作见证的(ὁ μάρτυς ὁ πιστός)"是"耶稣基督(Ἰησοῦ Χριστοῦ)"的同位语,所以它应该是以所有格,而不是以主格的形态出现。② 类似的情况也在2:13 中出现?(καὶ ἐν ταῖς ἡμέραις Ἀντιπᾶς ὁ μάρτυς μου ὁ πιστός μου;在我忠心见证人安提帕的日子里),因为在这一句话里面,除了安提帕(Ἀντιπᾶς)这个专有名词应该是所有格之外(Ἀντιπᾶ),"那信实作见证的(ὁ μάρτυς和ὁ πιστός)"也应该是所有格,因为他们是安提帕的同位语。

1:10b-11a ἤκουσα ὀπίσω μου φωνὴν μεγάλην ὡς σάλπιγγος, λεγούσης, Ὃ βλέπεις γράψον εἰς βιβλίον(我听见在我后面有如号角般的大声音,说:你要把你所看见的写在书上)

从第10 节来看,第11 节λεγούσης(说)的前述词应该是φωνὴν(声音),因此正确的形态应该是直接受格单数的λέγουσαν。③ 同样的情况也出现在4:1(ἡ φωνὴ ἡ πρώτη ἣν ἤκουσα ὡς σάλπιγγος λαλούσης;我初次听见好像吹号的声音,对我说),因为在此我们所应该有的是和φωνὴ一致的λαλοῦσα(说)。

1:15a ὡς ἐν καμίνῳ πεπυρωμένης(好像在炉中锻炼过的)

在这个例子中,πεπυρωμένης(被锻炼过的)似乎和上下文中的任何字没有关联。

---

① 想要对启示录希腊文这个问题深究的读者,可以参考下列三本书:Stuart, *Apocalypse I*, 232-57; Charles, *Revelation I*, cxvii-clix; Aune, *Revelation* 1-5, clx-ccvii。

② 紧接在后面的ὁ πρωτότοκος(首先的)和ὁ ἄρχων(元首)也应该是所有格。

③ Stuart 认为λεγούσης所修饰的是σάλπιγγος(号角),因此在此说话(发声)的是号角(*Apocalypse II*, 41);但如是推测有一点牵强。

虽然它有可能是以独立所有格的方式被使用,①但是在启示录中,这却是十分罕见的情况。② 诸多手抄本中的差异也告诉我们,抄写经文的文士们对这个问题的困惑。③因此我们就看见他们很自然地以πεπυρωμένῳ(间受单数)或是πεπυρωμένοι(间受复数)来替代πεπυρωμένης,以求得文法上的一致。

1:20a τὸ μυστήριον τῶν ἑπτὰ ἀστέρων οὓς εἶδες ἐπὶ τῆς δεξιᾶς μου καὶ τὰς ἑπτὰ λυχνίας τὰς χρυσᾶς(至于你所看见在我右手中的七星和七个金灯台的奥秘)

若"七个金灯台(τὰς ἑπτὰ λυχνίας τὰς χρυσᾶς)"在文法结构上是依附于"奥秘(τὸ μυστήριον)"的话,那么它应该和"七星(τῶν ἑπτὰ ἀστέρων)"一样,以所有格的形式出现,而不是直接受格。④

2:20b ἀφεῖς τὴν γυναῖκα Ἰεζάβελ, ἡ λέγουσα ἑαυτὴν προφῆτιν(你容让那自称是先知的妇人耶洗别)

"耶洗别(Ἰεζάβελ)"是个不会发生格变的专有名词。在这个句子中,它是"这妇人(τὴν γυναῖκα)"的同位语,所以是个直接受格的名词。因此在后面修饰它的分词(ἡ λέγουσα;那称[自己为先知的]),也应该是直接受格,而不是主格。类似的情况也出现在9:14(λέγοντα τῷ ἕκτῳ ἀγγέλῳ, ὁ ἔχων τὴν σάλπιγγα;吩咐那吹号的第六位天使,说),因为修饰"第六位天使(τῷ ἕκτῳ ἀγγέλῳ)"的"那吹号的(ὁ ἔχων τὴν σάλπιγγα)",应该和"第六位天使"同为间接受格,而不是主格。

2:21b καὶ οὐ θέλει μετανοῆσαι ἐκ τῆς πορνείας αὐτῆς(她却不肯为她的淫行悔改)

在启示录中,"μετανοέω + ἐκ + 所有格"的文法结构,是作者用来表达"从某一种情况中悔改"的固定模式(2:20,21;9:20,21;16:11)。在新约其他部分,以及七十士译本和教父们的著作中,"悔改"一词所带的介系词都是ἀπό(从),而非ἐκ(从)。所以在这里我们有一个十分罕见的表达方式。⑤

3:12b καὶ γράψω ἐπ' αὐτὸν τὸ ὄνομα ..... τῆς καινῆς Ἰερουσαλὴμ ἡκαταβαίνουσα ἐκ τοῦ οὐρανοῦ ἀπὸ τοῦ θεοῦ μου(我又要将……我神城的名,就是那从天上,从我神那里降下来的新耶路撒冷……都写在他身上)

---

① MHT III, 158.

② Charles, *Revelation I*, cxxviii-ix;根据 Aune 的统计,在新约的其他部分,这种文法型式一共出现了241 次(*Revelation* 1-5, clxxxviii)。

③ UBS[4], 838.

④ 虽然我们有可能以直接受格的方式来理解"奥秘"一词,因此就文法的角度来说,"七个金灯台"和"奥秘"就达成一致了。但是即便如此,这一节经文的文法结构还是十分罕见的(见 Aune, *Revelation* 1-5, 67-68)。

⑤ 在亚伯拉罕遗训 12:13 中,这个文法结构也出现了一次(Aune, *Revelation* 1-5, clxxx)。

在这个句子中,“从……而降的(ἡ καταβαίνουσα)”是“新耶路撒冷(τῆς καινῆς Ἰερουσαλήμ)”的同位语,所以应该是以所有格的形态出现才是(τῆς καταβαινούσης)。

6:1b καὶ ἤκουσα ἑνὸς ἐκ τῶν τεσσάρων ζῴων λέγοντος ὡς φωνὴ βροντῆς(我听见四活物中的一个活物,声音如雷,说)

当ὡς(如)用在比较的情况之下时,跟在它后面的名词应该和被比较之物同格。因此在此如雷的“声音(φωνὴ)”应该和“一个活物(ἑνὸς)”同格,即φωνῆς。

7:9 Μετὰ ταῦτα εἶδον, καὶ ἰδοὺ ὄχλος πολύς, ὃν ἀριθμῆσαι αὐτὸν οὐδεὶς ἐδύνατο, ἐκ παντὸς ἔθνους καὶ φυλῶν καὶ λαῶν καὶ γλωσσῶν ἑστῶτες ἐνώπιον τοῦ θρόνου καὶ ἐνώπ ιον τοῦ ἀρνίου περιβεβλημένους στολὰς λευκάς καὶ φοίνικες ἐν ταῖς χερσὶν αὐτῶν(此后我观看,见有许多的人,没有人能数过来,是从各国各族各民各方来的,站在宝座和羔羊面前,身穿白衣,手拿棕树枝)

在这个例子中,我们看见了四个文法上的困难。第一,在“没有人能数过来(ὃν ἀριθμῆσαι αὐτὸν οὐδεὶς ἐδύνατο)”的这个关系代名词所带领的子句中,有一个多余的代名词(αὐτὸν)。① 第二,“各国(παντὸς ἔθνους)”和“各族各民各方(φυλῶν καὶ λαῶν καὶ γλωσσῶν)”在数的方面不一致:前者是单数,而后三者是复数。② 第三,分词“身穿(περιβεβλημένους)”,应该和前面的另一个分词(ἑστῶτες;站在)同格。但“身穿”却以直接受格,而不是主格出现。περιβεβλημένους当然有可能是因为“我看见(εἶδον)”这个动词的影响而带直接受格。但果真如此的话,“站在”这个分词也应该以直接受格的方式出现。第四,在这个例子中的最后一个困难是,单数集合名词“许多的人(ὄχλος πολύς)”却依附着“站在”和“身穿”这两个复数分词。

8:9a καὶ ἀπέθανεν τὸ τρίτον τῶν κτισμάτων τῶν ἐν τῇ θαλάσσῃ τὰ ἔχοντα ψυχάς(海中的活物死了三分之一)

在此描述海中生物(τῶν κτισμάτων)的词组是“有生气的”(τὰ ἔχοντα ψυχάς),所以τὰ ἔχοντα应该和“生物”同为所有格,而不是主格。

8:9b τὸ τρίτον τῶν πλοίων διεφθάρησαν(船只也坏了三分之一)

在希腊文中,“三分之一(τὸ τρίτον)”是单数的,但是它却带了一个复数的动词,“坏了(διεφθάρησαν)”。同样的情况也出现在9:18中(ἀπεκτάνθησαν τὸ τρίτον τῶν ἀνθρώπων;三分之一的人都被杀了),因为在这里“三分之一”所带的,也是一个复数的动词

① 若直译为中文,应该是“没有人能数过他们来”,或是“他们的数目没有人能数过它来”。

② 在启示录中,类似的词组不是以全部复数的方式出现(11:9;17:15),就是以全部单数的方式出现(5:9;13:7;14:6)。

(ἀπεκτάνθησαν)。主词和动词不一致的情况,也出现在下列的经文中。(1)13:3-4,ἐθαυμάσθη ὅλη ἡ γῆ ὀπίσω τοῦ θηρίου...καὶ προσεκύνησαν τῷ δράκοντι;"全地的人(单数)都希奇(单数)跟从那兽,又拜(复数)那龙。"(2)19:1,Μετὰ ταῦτα ἤκουσα ὡς φωνὴν μεγάλην ὄχλου πολλοῦ ἐν τῷ οὐρανῷ λεγόντων;"此后,我听见好像群众(单数)在天上大声说(复数)。"

9:13b-14a καὶ ἤκουσα φωνὴν μίαν... λέγοντα τῷ ἕκτῳ ἀγγέλῳ(我就听见有声音……吩咐第六位天使)

在9:13中的"一个声音(φωνὴν μίαν)"是阴性的名词,但是在9:14中修饰它的,却是一个阳性分词(λέγοντα)。①

10:8a Καὶ ἡ φω νὴ ἣν ἤκουσα ἐκ τοῦ οὐρανοῦ πάλιν λαλοῦσαν μετ' ἐμοῦ καὶ λέγουσαν(我先前所听见从天而来的声音,又吩咐我说)

在这个句子中,我们有一个主词,"声音(ἡ φωνη)",以及三个修饰它的文法单位:(1)"我从前从天上所听见的(ἣν ἤκουσα ἐκ τοῦ οὐρανοῦ πάλιν)",(2)"向我说(λαλοῦσανμετ' ἐμοῦ)",和(3)"说(λέγοῦσαν)"。但是除此之外,我们没有一个正式的动词。不单如此,那两个修饰主词的分词(λαλοῦσαν;λέγουσαν)也应该和主词的格一致,但是它们两个却都是主格,而不是受格。

11:4 οὗτοί εἰσιν αἱ δύο ἐλαῖαι καὶ αἱ δύο λυχνίαι αἱ ἐνώπιον τοῦ κυρίου τῆς γῆς ἑστῶτες(他们就是立在世界之主面前的那两棵橄榄树和两个灯台)

就文法结构而言,"立在世界之主面前的",是"两棵橄榄树,两个灯台"的修饰语,所以应该和他们同性别(阴性)。但是在此我们却有一个带阴性冠词的阳性分词(αἱ ... ἑστῶτες;立在……的)。

12:5a καὶ ἔτεκεν υἱόν ἄρσεν(妇人生了一个男孩子)

修饰"孩子(υἱόν)"的形容词"男(ἄρσεν)",照理应该和它所修饰的名词一致(阳性),但是在这里它却是中性的。

12:7ab Καὶ ἐγένετο πόλεμος ἐν τῷ οὐρανῷ, ὁ Μιχαὴλ καὶ οἱ ἄγγελοι αὐτοῦ τοῦ πολεμῆσαι μετὰ τοῦ δράκοντος(在天上就有了战争。米迦勒和他的天使与龙争战)

在一般的情况之下,若是我们打算将不定词(τοῦ πολεμῆσαι)当成动词来使用的时候,该句子的主词就要以直接受格的形式出现。但是在这里,"米迦勒和他的使者

① 类似的情况也出现在启示录4:1;11:4,15;17:3。

(ὁ Μιχαὴλ καὶ οἱ ἄγγελοι αὐτοῦ)"却是主格。①

14:3b καὶ οὐδεὶς ἐδύνατο μαθεῖν τὴν ᾠδὴν εἰ μὴ αἱ ἑκατὸν τεσσεράκοντα τέσσαρες χιλιάδες, οἱ ἠγορασμένοι ἀπὸ τῆς γῆς(除了从地上买来的那十四万四千人以外,没有人能学这歌)

在这个例子中,"买赎而来的(οἱ ἠγορασμένοι)"一词是"十四万四千人"(阴性)的修饰语,应该也以阴性的形态出现,但它却是阳性的。

14:6-7a Καὶ εἶδον ἄλλον ἄγγελον…λέγων ἐν φωνῇ μεγάλῃ(我又看见另一位天使……大声说)

由于在14:7中大声说话的是14:6中的"另一位天使",所以"说(λέγων)"这个分词应该和"另一位天使"一样,以直接受格而不是主格的形态出现,所以在此我们有一个破格的文法结构。这个现象在启示录中其实是屡见不鲜的。因为在启示录这卷书中,"说(λέγω)"这个动词的现在分词一共出现了53次,而在其中有12次是和它所依附的主词在文法上不一致的。②

14:14b καὶ ἐπὶ τὴν νεφέλην καθήμενον ὅμοιον υἱὸν ἀνθρώπου(云上坐着一位好像人子的)

在绝大多数的情况里面,跟在形容词ὅμοιος(好像)后面的,应该是间接受格,但是在此我们却有一个带直接受格的"儿子"(υἱὸν)。

14:19c ἔβαλεν εἰς τὴν ληνὸν τοῦ θυμοῦ τοῦ θεοῦ τὸν μέγαν(丢在神忿怒的大酒醡中)

"酒醡(τὴν ληνὸν)"是阴性名词,但是修饰它的形容词"大(τὸν μέγαν)",却是阳性的。

17:3b καὶ εἶδον γυναῖκα καθημένην ἐπὶ θηρίον κόκκινον, γέμον ὀνόματα βλασφημίας, ἔχων κεφαλὰς ἑπτὰ καὶ κέρατα δέκα(我就看见一个女人骑在朱红色的兽上;兽身写满了亵渎的名号,并有七头和十角)

在这个句子中,"遍体有亵渎的名号"和"有七头十角"这两个词组都是在修饰"兽"(θηρίον;直接受格/单数/中性),因此在这两个词组中的分词在格数性三方面,都应该和"兽"一致。"遍体有(γέμον)"这个分词反映出这个事实,③但是"有"

---

① 有关学者对这个问题的见解,参 Beale, *John's Use of the Old Testament in Revelation*(Sheffield: Sheffield, 1998), 332-35。

② 4:1,8;5:12,13;6:10;11:15;13:14;14:7;15:3;19:1,6,17(Aune, *Revelation* 1-5, ccvi).

③ 若γέμοντα是原始经文的话(见 UBS[4]; NA[27]),那么它在数方面就和"兽"不一致了。

(ἔχων;主格/单数/阳性)却在格和性别两方面,都和"兽"不一致。我们在这里应该看到的是ἔχον。在启示录 4:7,8;5:6 和 21:14 等四处经文,同样情况也一再出现。

19:20c οἱ δύο εἰς τὴν λίμνην τοῦ πυρὸς τῆς καιομένης ἐν θείῳ(它们两个就活活地被扔进烧着硫磺的火湖里)

在这个句子中,如果带冠词的分词"烧着"(τῆς καιομένης;所有格/单数/阴性)是"湖(τὴν λίμνην)"的修饰语,那么它应该和"湖"同为直接受格;但如果这个分词在修饰"火(τοῦ πυρὸς)",那么它应该和"火"同为中性。所以不论"烧着"所修饰的对象是谁,它在格或者在性别两方面,总有一边和它所打算修饰的对象不一致。

20:2a καὶ ἐκράτησεν τὸν δράκοντα, ὁ ὄφις ὁ ἀρχαῖος(他捉住那龙,那条古蛇)

"古蛇(ὁ ὄφις ὁ ἀρχαῖος)"在此是"龙(τὸν δράκοντα)"的同位语,所以它应该以直接受格,而不是主格的形态出现。

21:9a Καὶ ἦλθεν εἷς ἐκ τῶν ἑπτὰ ἀγγέλων τῶν ἐχόντων τὰς ἑπτὰ φιάλας τῶν γεμόντων τῶν ἑπτὰ πληγῶν τῶν ἐσχάτων καὶ ἐλάλησεν μετ᾽ ἐμοῦ λέγων(拿着七个盛满了末后七灾之碗的七位天使中,有一位前来对我说)

在这一节经文中,描述"七个金碗(τὰς ἑπτὰ φιάλας)"中有着什么东西的分词"盛满(τῶν γεμόντων)",应该和"七个金碗"同为直接受格,但是在此它却是所有格。

从以上所列的例证中,读者们应该已经可以稍微明白,为什么丢尼修在第三世纪的时候,会对启示录的希腊文,下了一个似乎是不太友善的评论。因为从这些例子里面,我们的确看见了启示录希腊文的不规则性。事实上除了这方面的困难之外,启示录的希腊文还有一些其他的特色。在接下来的篇幅中,我们将一样的以例证的方式,把这些特色展现出来,好让读者能对启示录的希腊文有更多的认识。

多余的代名词

在启示录的好些地方,我们看见人称代名词,或是指示代名词,重复出现在一个句子中。① 以下就是一些比较明显的例子。

---

① 依照 W. F. Bakker 之见(*Pronomen Abundans and Pronomen Coniunctum: A Contribution to the History of the Resumptive Pronoun with the Relative Clause in Greek*[Amsterdam: North-Holland, 1974]),在新约中一共有 19 处经文含有多余的代名词。其中 4 个在马可福音(1:7;7:25;9:3;13:9),四个在路加福音(3:16,17;8:12[MS];12:43[D]),一个在马太福音 3:11-12,一个在约翰福音 1:27;而其他的九个都在启示录中。参 S. Thompson, *The Apocalypse and Semitic Syntax*, 111-12; Aune, *Revelation* 1-5, clxvi-clxvii; ccii; Charles, *Revelation I*, cxlix。

2:7b τῷ νικῶντι δώσω αὐτῷ φαγεῖν ἐκ τοῦ ξύλου τῆς ζωῆς(得胜的,我必将生命树的果子赐给他吃)

在希腊文中,这个句子里的指示代名词"他(αὐτῷ)",是个多余的文法单位,因为它的存在与否并不直接影响到这个句子的意思。若是我们定意要将这个句子直译出来,它将会类似于如下的句子:我必将生命树的果子赐给凡是得胜的他吃。

3:8b ἰδοὺ δέδωκα ἐνώπιόν σου θύραν ἠνεῳγμένην, ἣν οὐδεὶς δύναται κλεῖσαι αὐτήν(看哪! 我在你面前给你一个敞开的门,是无人能关的)

在这个例子中,指示代名词"它(αὐτήν)"显然是多余的。因此若是我们将它直译出来,在这节经文中的关系子句就变成"是无人能关上*它*的"。和合本的译者显然明白这个道理,所以很明智地把*它*给省略了。

7:2b καὶ ἔκραξεν φωνῇ μεγάλῃ τοῖς τέσσαρσιν ἀγγέλοις οἷς ἐδόθη αὐτοῖς ἀδικῆσαι τὴν γῆν καὶ τὴν θάλασσαν(他就大声向那得着权柄能伤害地和海的四位天使喊着说)

在本节中的关系子句是οἷς ἐδόθη αὐτοῖς,若我们直译,它的意思是"向他们,那些被给予权柄的他们"。所以"给他们(αὐτοῖς)"这个代名词,显然重复了关系代名词"向他们(οἷς)"。

12:6a καὶ ἡ γυνὴ ἔφυγεν εἰς τὴν ἔρημον, ὅπου ἔχει ἐκεῖ τόπον ἡτοιμασμένον ἀπὸ τοῦ θεοῦ(妇人就逃到旷野,在那里有神给她预备的地方)

由ὅπου所带领的关系代名词子句的直译是:在那里有神给她预备的地方在那里。所以很明显的"在那里(ἐκει)"一词是多余的指示代名词。①

冗言赘语

在启示录里面,我们看见许多"冗言赘语"。在下面这些例子中,有冗言赘语之处将以***粗黑斜体***的方式来呈现。②

3:12b ***ἔξω*** οὐ μὴ ἐξέλθῃ ἔτι(他也必不再从那里出去*到外面*)

5:12 λέγοντες φωνῇ μεγάλῃ, "Ἀξιόν ἐστιν τὸ ἀρνίον τὸ ἐσφαγμένονλαβεῖν τὴν δύναμιν ***καὶ*** πλοῦτον ***καὶ*** σοφίαν ***καὶ*** ἰσχὺν ***καὶ*** τιμὴν ***καὶ*** δόξαν ***καὶ*** εὐλογίαν(大声说,曾被杀的羔羊,是配得权柄、和丰富和智慧、和能力、和尊贵、和荣耀、和颂赞的)③

---

① 在启示录中,多余的代名词亦在下列经文中出现,7:9;12:14;13:8,12;17:9;20:8;20:11。

② MHT IV, 147.

③ 这个例子和下一个例子(7:12)是连接词过多使用的个案。

7:12 λέγοντες, Ἀμήν, ἡ εὐλογία ***καὶ*** ἡ δόξα ***καὶ*** ἡσοφία ***καὶ*** ἡ εὐχαριστία ***καὶ*** ἡ τιμὴ ***καὶ*** ἡ δύναμις ***καὶ*** ἡ ἰσχὺς τῷ θεῷ ἡμῶν εἰς τοὺς αἰῶνας τῶν αἰώνων· ἀμήν(说,阿们。颂赞、*和*荣耀、*和*智慧、*和*感谢、*和*尊贵、*和*权柄、*和*大力,都归与我们的神,直到永永远远。阿们)

9:21 καὶ οὐ μετενόησαν ἐκ τῶν φόνων ***αὐτῶν*** οὔτε ἐκ τῶν φαρμάκων ***αὐτῶν*** οὔτε ἐκ τῆς πορνείας ***αὐτῶν*** οὔτε ἐκ τῶν κλεμμάτων ***αὐτῶν***(他们也不从*他们的*凶杀,*他们的*邪术,*他们的*奸淫,和*他们的*偷窃中悔改)

10:3-4a καὶ ***ἔκραξεν*** φωνῇ μεγάλῃ ὥσπερ λέων μυκᾶται. καὶ ὅτε ***ἔκραξεν***, ***ἐλάλησαν*** αἱ ἑπτὰ βρονταὶ τὰς ἑαυτῶν φωνάς. καὶ ὅτε ***ἐλάλησαν*** αἱ ἑπτὰ βρονταί…(他大声呼喊,好像狮子吼叫。当*他呼喊*时,就有*七雷发声*。当*七雷发声*时……)

14:2 καὶ ***ἤκουσα φωνὴν*** ἐκ τοῦ οὐρανοῦ ὡς φωνὴν ὑδάτων πολλῶν καὶ ὡς φωνὴν βροντῆς μεγάλης, ***καὶ ἡ φωνὴ ἣν ἤκουσα*** ὡς κιθαρῳδῶν κιθαριζόντων ἐν ταῖς κιθάραις αὐτῶν(我听见有声音从天而来,好像众水的声音,又如大雷的声音;*并且我所听见的*,也像琴师弹琴时所发出的声音)

18:22b καὶ πᾶς τεχνίτης ***πάσης τέχνης*** οὐ μὴ εὑρεθῇ ἐν σοὶ ἔτι(*各行手艺中的*各样手艺人,在你中间再也找不到了)

不对称的句子结构

从前面的诸多例证当中,我们已经看见启示录希腊文在文法方面的不规则性。在彼此相属的文法小单位之间,存在着格,数,或者是性别方面不一致的情况。而这种不协调的现象,也一样出现在彼此相属的句子之间。从下面的例子当中,我们就看见在应该出现分词的地方,却有了动词,因此造成句子之间的不平衡。

1:5b-6a (1)Τῷ ἀγαπῶντι ἡμᾶς καὶ(2)λύσαντι ἡμᾶς ἐκ τῶν ἁμαρτιῶν ἡμῶν ἐν τῷ αἵματι αὐτοῦ, καὶ(3)ἐποίησεν ἡμᾶς βασιλείαν, ἱερεῖς τῷ θεῷ καὶ πατρὶ αὐτου, αὐτῷ ἡ δόξα καὶ τὸ κράτος εἰς τοὺς αἰῶνας [τῶν αἰώνων] ἀμήν(祂爱我们,用祂的血把我们从我们的罪中释放①出来,又使我们成为一个国度,一群事奉父神的祭司。愿荣耀权柄归给祂,直到永永远远,阿们。)

---

① 有古卷作洗去(λούσαντι;*TR* 025 046 等等),但是在𝔓[18] א A C 1611 等较可靠的抄本中,是释放(λύσαντι)。

这一段经文中三个子句的目的，都在告诉我们为什么应该归荣耀给耶稣。这三个子句原本都应该以间接受格的分词为始，但是在第三个子句当中，我们却有了一个动词"使……成为"(ἐποίησεν)，因此造成前两个子句和第三个句子之间的不平衡。①

1:16 (1) ἔχων ἐν τῇ δεξιᾷ χειρὶ αὐτοῦ ἀστέρας ἑπτά καὶ (2) ἐκ τοῦ στόματος αὐτοῦ ῥομφαία δίστομος ὀξεῖα ἐκπορευομένη καὶ (3) ἡ ὄψις αὐτοῦ ὡς ὁ ἥλιος φαίνει ἐν τῇ δυνάμει αὐτοῦ(祂右手拿着七星；从祂口中出来一把两刃的利剑；面貌如同烈日放光)

这节经文包含了三个描述人子形象的子句。和前一个例子一样，这三个子句中的前两个都是分词子句(ἔχων; ἐκπορευομένη)，但是当我们来到第三个子句，我们却发现这个句子中有了一个动词(φαίνει)。因此在这节经文中，有一个不对称的文法结构。

2:2c－d καὶ ἐπείρασας (1) τοὺς λέγοντας ἑαυτοὺς ἀποστόλους καὶ (2) οὐκ εἰσίν καὶ εὗρες αὐτοὺς ψευδεῖς(你不能容忍恶人，因此你曾试验那自称为使徒却不是使徒的，因为你看出他们是假的)

在这节经文中，"自称为使徒"和"却不是使徒"是两个互补的子句。但是前者以分词为始(λέγοντας)，而后者却以动词(εἰσίν)取代了应该出现的分词ὄντας。②

2:23b ἐγώ εἰμι (1) ὁ ἐραυνῶν νεφροὺς καὶ καρδίας, καὶ (2) δώσω ὑμῖν ἑκάστῳ κατὰ τὰ ἔργα ὑμῶν(我是那察看人肺腑心肠的；并要照你们的行为报应你们各人)

在这里的两个子句都是要表明，究竟向推雅推喇教会说话的是怎样的一位。在前面的子句中，有的是带冠词的分词(ὁ ἐραυνῶν)，但是在第二个子句中，分词却变成了动词(δώσω)。

7:2 καὶ εἶδον ἄλλον ἄγγελον (1) ἀναβαίνοντα ἀπὸ ἀνατολῆς ἡλίου (2) ἔχοντα σφραγῖδα θεοῦ ζῶντος, καὶ (3) ἔκραξεν φωνῇ μεγάλῃ τοῖς τέσσαρσιν ἀγγέλοις οἷς ἐδόθη αὐτοῖς ἀδικῆσαι τὴν γῆν καὶ τὴν θάλασσαν(我又看见另有一位天使，从日出之地上来，拿着永活之神的印。他就大声向那得着权柄能伤害地和海的四位天使喊着说)

这个例子再一次让我们看见，在彼此相属子句中的第三个，又是以动词(ἔκραξεν)替代了分词(κράζοντα)。

---

① 学者们认为这类型的文法结构是受到了希伯来文文法的影响。参，MHT IV, 155; Charles, *Revelation I*, cxlv-cxlvi; Aune, *Revelation* 1－5, cc; Thompson, *The Apocalypse and Semitic Syntax*, 66－67。所以若是我们依他们之见，将第三个子句中的动词以分词视之，那么这段经文应该可以译为：但愿荣耀、权能归给那爱我们，又用自己的血使我们脱离罪恶，并且使我们成为国民和父神祭司的那一位。如此翻译应该可以让1:4－6的文理更为流畅。

② 和2:2一样的情况也出现在2:9和3:9中。

13:11 Καὶ εἶδον ἄλλο θηρίον (1) ἀναβαῖνον ἐκ τῆς γῆς, καὶ (2) εἶχεν κέρατα δύο ὅμοια ἀρνίῳ καὶ ἐλάλει ὡς δράκων(我又看见另有一兽从地而出;它有两角如同羔羊,说话却像龙)

在这里,"从地中上来"和"有两角如同羊羔"之词组的目的,都在让读者知道这兽是谁。但在此我们再次看见,第二个子句中的分词又为动词所取代了(εἶχεν)。①

13:15 καὶ ἐδόθη αὐτῷ (1) δοῦναι πνεῦμα τῇ εἰκόνι τοῦ θηρίου, ἵνα καὶ λαλήσῃ ἡ εἰκὼν τοῦ θηρίου καὶ (2) ποιήσῃ [ἵνα] ὅσοι ἐὰν μὴ προσκυνήσωσιν τῇ εἰκόνι τοῦ θηρίου ἀποκτανθῶσιν(又有权柄赐给它,可以把气息赐给兽像;使兽像不单能说话,也能杀害所有不拜兽像的人)

是谁叫所有不拜兽像的人都被杀害的?是从地而出之兽(13:11),还是被这只地兽所立,并且被它赋予生命的"海兽雕像"呢?(13:14)从第二个子句的动词来看(ποιήσῃ;叫),显然它是和第一个子句中的"能说话(λαλήσῃ)"平行。所以经文似乎告诉我们,杀人的是兽像,而不是地兽。但若是我们采纳查尔斯之见,把"叫"当成不定词来了解(希伯来式的希腊文),那么"叫"就和第一个子句中的不定词"叫/给(δοῦναι)"平行了。② 因此是地兽让海兽雕像兽说话,并且是地兽叫所有不拜兽像的人都被杀害的。所以在这个例子中,第二个子句中的动词,不单让整个句子不平衡,也使得文意变得不明确。这个例证和前面的例证不一样,因为它是以动词取代不定词。但即便如此,这个例子还是属于文法结构不对称的范畴。

学界对启示录希腊文特殊现象的解释③

从以上所列举的例证中,我们应该能够对启示录希腊文的特殊现象有了一点了解。但为什么启示录的作者会让他的作品中,出现这么多的不合文法之处呢?他又为什么要使用罕见的文法结构呢?对这一类的问题,学者们提供了几种不同的答案。

第一种,也是最简单的答案就是,本书作者的希腊文程度不好,所以在某一些地

① 除了以上这些例证之外,在2:20;7:14;14:2f;15:2f等四处经文中,也有以动词取代分词的情况出现。

② *Revelation I*, cxlvi.

③ 在此我们只会提及1900年之后的学者之见。若读者想要了解从第三到二十世纪,有关于这个问题的简史,可参 G. Mussies, *The Morphology*, 3–12。

方,他犯了明显的错误。① 这一个答案直截了当,但是它却没有办法解释,为什么在大部分的情况中,约翰都遵循正常的文法规则,而只在少数的地方让他的文法出格。举例来说,在启示录里面,作者一共使用了介系词"从(ἀπό)"32 次,而其中只有在 1:4 里面,发生了文法出格的情况。我们也许可以说,在这里约翰所犯的错误是无心之过,但是我们很难解释为什么在同一节经文中,当约翰再次使用同一个介系词的时候,他却遵循了正常的文法规则。由于这个原因,这一种解释在学界并没有引起太大的回响。

对启示录希腊文特殊现象的成因,另外有一些学者认为这是因为约翰的希腊文,受到了七十士译本,②或是其他旧约希腊文译本的影响。③ 他们认为约翰在启示录中引用旧约的时候,他所根据的旧约版本不单只有希伯来经文,他也知道包括七十士译本在内的旧约希腊文译本。所以在启示录的经文中,我们就看见这些希腊文译本的影子。在一篇论文中,史密得用启示录中暗引(allusion)但以理书的经文作为例子,将它们和两个旧约希腊文译本做比较。④ 这两个译本是七十士译本,和名为西奥多旬(Theodotion)的希腊文旧约译本。⑤ 而他之所以选择西奥多旬译本的原因,是因为这个版本较七十士译本更接近希伯来旧约圣经,更能反映出"希伯来"的特色。从他所举的例证看来,启示录的希腊文的确比较接近七十士译本,因此这些例子证实了七十士译本对启示录希腊文的影响。

对启示录这一方面特色的第三种解释,应该可以用查尔斯广为人知的话作为代表。他说:约翰以希腊文写作,但是他却以希伯来文来思想。⑥ 换句话说,查尔斯认为本书希腊文方面的困难,主要是来自于作者的思想模式,而比较少受到七十士译本的影响。为了要明白某些特别困难经文的意思,查尔斯因此建议我们把经文翻译回

---

① 例如,E. C. Selwyn, *The Christian Prophets and the Prophetic Apocalypse* (London: Macmillan, 1900), 258。和 Selwyn 比较,G. B. Winer 就委婉多了,因为他认为启示录文法上的问题,是因为作者处在"出神"(ecstasies)的状态中而产生的(见 Mussies, *Morphology*, 6)。不过 Winer 的说法所造成的问题更严重,因为他把启示录不规则文法的责任,从作者身上转移到让约翰进入出神状态的圣灵那里了。

② 例如,T. C. Laughlin, *The Solecisms of the Apocalypse*(Princeton: Princeton University, 1902), 21。

③ 例如,Trudinger, *The Text*, 175;以及同一个作者的'O AMHN'(Rev. III: 14), and the Case for a Semitic Original of the Apocalypse,' *NovT* 14(1972), 277 – 79。

④ D. D. Schmidt, 'Semitisms and Septuagintalisms in the Book of Revelation,' *NTS* 37(1991), 592 – 603.

⑤ 这个版本的旧约希腊文译本,可能是由希伯来旧约直译而来的,或是本着希伯来旧约而对七十士译本所做的一个修正版本。

⑥ *Revelation I*, cxliii.

希伯来文。①

在查尔斯的影响之下，许多后来的学者也开始对这个问题发生兴趣，并且也提出了不同的见解。本于查尔斯之见，史考特就进一步指出，启示录希腊文的特殊性，不只是受到作者希伯来式思考模式的影响，而更是因为这卷书在一开始就是以闪族语言（希伯来文或是亚兰文）来书写的，而后才翻译为希腊文。所以对史考特而言，启示录文法方面的问题，是肇因于不良的翻译。② 对于史考特的见解，有人认为还不够明确，所以我们就看见托利和蓝司罗提对这个问题的后续研究。但是他们的结论却刚好相反，因为前者认为启示录的原始文字是亚兰文，而不是希伯来文；③而后者则认定，启示录的原始文字应该是希伯来文，而不是亚兰文。④ 面对如此分歧的意见，穆氏对这个问题的看法，倒十分值得我们参考。他认为亚兰文和希伯来文原本就是两个十分相近的语言，因此除非我们能够证明，这两种语言之间的细微差异，在他们的希腊文翻译中，依旧可以清楚地区别出来，我们最好还是不要做这种努力。穆氏认为用“闪族语言”这个比较宽广的架构，来解释启示录希腊文的特色，就已经足够了。⑤也许是因为穆氏所指出方法论上的困难，史考特、托利或是蓝司罗提对启示录原始语言的见解，在学界都没有获得太多的回响。

除了在原始语言方面引起更多的探究之外，查尔斯的研究也让后来学者更多关注启示录希腊文的问题。虽然查尔斯在其注释书中，已经对“希伯来式希腊文”的问题做了一些论述，但对后面的学者来说，他的研究却是不够的。因此我们看见透纳在其新约希腊文文法书中，就尝试区隔亚兰文和希伯来文对启示录的影响。⑥ 而穆氏进而在一篇论文中，指出一个很有趣的现象，那就是，启示录的作者似乎刻意避免使用“独立所有格”（genitive absolute）和“直接受格 + 不定词”的文法形式。这两种结构在希腊文中是相当普遍的，但是我们在希伯来文和亚兰文当中，却找不到和它们对等的表达方式。不单如此，一些在希伯来文和亚兰文当中经常出现，但是在希腊文里面却没有的文法形式，反倒在启示录中出现了。因此从这两种角度的对比中，穆氏再一

① 同上，cxliv-clii。

② R. B. Y. Scott, *The Original Language of the Apocalypse*（Toronto: University of Toronto, 1928）, 6, 25.

③ C. C. Torrey, *The Apocalypse of John*（New Haven: Yale University, 1958）, xi, 16. 读者若想要知道其他学者对史考特和托利之见的评论，可见 C. G. Ozanne, ‘The Language of the Apocalypse,’ *Tynbul* 16（1965）, 3 – 4; S. E. Porter, ‘The Language of the Apocalypse in Recent Discussion,’ *NTS* 35（1989）, 582 – 603。

④ A. Lancellotti, *Sintassi ebraica nel greco dell’ Apocalisse*; *I. Uso delle forme verbali*; Collectio Assisiensis I, Assisi, 1964；资料出处，Mussies, *Morphology*, 11, note 1。

⑤ Mussies, *Morphology*, 11.

⑥ N. Turner, MHT IV, 150 – 58.

次肯定了闪族语言对启示录希腊文的影响。① 除了这两个学者之外,我们也看见汤普森从句子结构的角度,特别是和动词有关的句子结构的角度来处理这个问题。他透过分析"非希腊文式"的时态,语态和语气,以及不定词和分词在启示录中的使用方式,让读者明白闪族语言对启示录希腊文的影响。用他自己的比喻来说,启示录的骨架是闪族的,但是包在外面的,却是一层薄薄的希腊文表皮。② 汤普森以及那些在他之前,和他持类似看法的众学者之见,在翁氏的注释书中得着呼应。因为在有关启示录文法的专章中,翁氏除了依序介绍启示录的文法之外,也以一个特别的段落来处理闪族语法的问题。③

综上所述,我们知道有相当多的学者,在面对启示录希腊文的特殊现象时,都以"闪族语法"作为他们的答案。但是在学界中,也有一些人持不同的意见。举例来说,波特认为,启示录的希腊文在某些地方的确显得不规则。但是这个现象不一定是因为闪族语言的影响所致,而只是反映出一种少见,但是可以接受的希腊文形式。而这种希腊文形式,在当代希腊文中也曾出现。④ 因此在这里,我们看见了学者对同一个问题所提出来的第四种答案。⑤

除了上述的四种答案之外,在上一个世纪即将结束之际,比尔却另辟蹊径,提出了第五种看法。⑥ 他认为启示录希腊文的问题,特别是那些牵涉到格、数、性和人称方面不一致的文法问题,可能是作者故意所为。因为从一些个案来看,⑦约翰似乎希望透过这些破格的文法让读者能够停下来,进而意识到作者在此暗引了旧约的经文。因此比尔认为,破格文法是作者为读者所设的指路标,是要引导读者回到旧约的设计。换句话说,破格文法迫使读者从旧约的背景来了解他眼前的文字。

以上所归纳的,是上一个世纪中学者们对启示录希腊文特殊现象所提出来的解释。这个归纳虽然很简短,并且也没有涵盖所有学者的意见,但从其中我们已经可以看出这个问题的复杂性了。在这些不同的解释当中,除了第一个看法比较有问题之

---

① G. Mussies, 'The Greek of the Book of Revelation,' in *L'Apocalypse johannique et l'Apocalypti que dans le Nouveau Testament*, ed. J. Lambrecht(Gembloux: Duculot, 1980), 167 - 77.

② S. Thompson, *The Apocalypse and Semitic Syntax*, 108.

③ *Revelation* 1 - 5, cxcix-cciii.

④ S. E. Porter, 'Language of the Apocalypse in Recent Study,' *NTS* 35(1989), 582 - 603;亦见同一个作者的专论,*Verbal Aspect in the Greek of the New Testament with Reference to Tense and Mood*(New York: Lang, 1989), 111 - 61。J. F. Moulton 和 W. F. Howard 两位文法专家也持同样的看法,见 MHT III, 315。

⑤ 本段资料来源,G. K. Beale, *John's Use of the Old Testament in Revelation*(Sheffield: Sheffield, 1998), 302。

⑥ G. K. Beale, *John's Use of the Old Testament in Revelation*, 318 - 55.

⑦ Beale 在书中一共提供了 18 个例证。

外（即，约翰的希腊文不及格），其余的答案虽然在程度上有差异，但大致上都是可取的。因为这些不同的解释，都反映出启示录希腊文的某一个面向。何以见得？

第一，从后面有关“启示录引用旧约”的论述当中，我们知道启示录的作者的确知道七十士译本的存在，因此他在引用旧约的时候，当然会受到七十士译本的影响。史密得的研究显示出这个事实。

第二，从后面“启示录引用旧约”的论述当中，我们也知道约翰十分熟悉希伯来旧约圣经，而从有关启示录作者的论述当中，我们也知道约翰很可能是生长在巴勒斯坦地区的犹太人，因此他也通晓亚兰文；因此当他在写启示录的时候，他的希腊文写作模式，当然就很可能受到了他母语的影响。诸多学者以“闪族语言”作为这个问题的答案，不是没有道理的。

第三，约翰的希腊文是不是也反映出一种当时少见的希腊文模式呢？对波特而言，这个问题的答案当然是肯定的。但是对那些持“闪族语言”意见的学者来说，他们的答案会是什么呢？我想他们的答案应该不会是百分之百的否定。比如说，在翁氏讨论启示录文法的段落中，我们看见他除了列举启示录特殊文法的例子之外，他也在某些地方指出，这些特殊文法形式也在当代希腊文中出现。① 因此我们的问题应该不是“有没有”，而是“多少/程度”的问题。准此，若是我们问自己，究竟启示录希腊文主要是受到哪一个因素的影响？从众学者的研究中，我们应该可以很合理地说，闪族语言。但若是如此，我们又应该如何看待比尔的见解呢？

从后面“启示录结构”和“启示录引用旧约”的讨论中，我们的确看见约翰尝试将他的作品，以他所引用旧约的文学模式来呈现。但是他这方面的努力，会不会“用力过度”？也就是说，他会不会为了达到这个目的，而不管他正在使用的希腊文文法？从比尔所提出来的个案来看，有一些例子的确显示作者打算用破格文法，来达到他引导读者回到旧约的目的。但比尔自己也承认，并不是所有类似的个案，都具有相同的目的。② 因此我们可以说，约翰在这一方面的企图，的确是造成启示录希腊文出格的部分原因，但是这并不表示这一个解释，就可以涵盖所有的个案。和其他的学者一样，比尔的研究为启示录希腊文的问题，提出了一个解释。也就是说，他们都回答了“如何”（How）的问题。但和其他学者所不同的是，比尔的答案也同时回答了“为什么”（Why）的问题。

在本段讨论的一开始我们曾经说，丢尼修对启示录希腊文的评价，在某些华人信

① 举例来说，在讨论有关“多余代名词”的问题时，Aune 指出被许多人认为是反映闪族语言特色的多余代名词，“对他/给他”（א），也出现在通俗希腊文中（*Revelation* 1－5，clxvii）。

② 见 *John's Use of the Old Testament in Revelation*，345－55。

徒的耳中也许有些刺耳，因为在我们原先的观念里面，圣经是无误的。而这个无误的概念，不单是内容的无误，也应该涵盖了文法方面的无误（至少我们如此假设）。但若我们纯粹从文法的角度来看，显然我们原先无误的概念，就无法站立得住。请本书读者不要误会，笔者并不是一个圣经有误论者。我在此所想要说明的，只是圣经无误的概念，或许并不如我们原先所认知的那样严格，那样没有弹性。从上一个世纪诸多学者们的努力里面，我们事实上是看见了启示录希腊文的问题，并不只能以"有误"来解释。相反的，他们研究的结果让我们更为肯定，启示录作者所思所想，以及他所写下来的，是深深地根植于旧约之中的。启示录大部分的经文都遵循着正常的文法规则，只有很少数的地方有出格的现象。而这些出格也不会严重到我们完全无法理解经文意思的地步。若我们相信圣经包含了神超自然启示的元素，那么为什么我们一定得要求受到灵感的作者，百分之百地依照"正常的"文法规则来写作呢？为了达到一个特殊目的，为什么他（祂）不能以文法出格的方式，来显示出启示的超然性呢？①

---

① 如是论点听来有些不可思议，也好像有些强词夺理，但在启示录中，我们却不是完全没有例证的。举例来说，在以"父神 + 羔羊"为国度之主的前提下（复数），约翰却以单数动词来论述他们"作王（ℵ）"的动作（11:15）。类似的情况，亦出现在22:3－4中，因为在那里约翰先告诉我们，神和羔羊的宝座将要在新耶路撒冷城中设立，但随后他则是说，他的仆人要事奉他；他们要见他的面，而他的名字也要写在他们的额上。换句话说，为了要显示"羔羊人子"与神同格，约翰就让祂与父同为王，也同坐宝座，但在此同时，他也谨守"三位一体"的真理，让他们的"做王"，以及他们仆人事奉的对象，都以单数动词和单数代名词出现。纯就文法而言，这是个"错误"，但为凸显真理，这却是必须的。

V 启示录中的旧约

对一个认真读圣经的人来说，特别是对那些十分熟悉旧约的人来说，启示录是一卷令人困惑的书。因为当我们细细研读这卷书的时候，我们一方面觉得这卷书的内容实在不容易理解，但是在另外一方面，我们却又有一种似曾相识的感觉。因为在这卷书的字里行间，我们不断遇见我们曾经在旧约中所读到的人、事、物。从这卷书的一开始，我们就遇见站在七个金灯台中，好像人子的那一位（1:12－13）。没有多久，我们又碰见了尼哥拉、巴兰和耶洗别这一伙旧约中的狐群狗党（2:6，14，20）。而在和这些人分手之后，我们又和约翰一起上了天庭，见到了坐在宝座上的那一位，和那些似狮如牛，像人又像鹰的四活物（4:1－8）。当我们还没能回过神来之际，四匹分别是白色、红色、黑色和灰色的骏马，又依序从我们眼前奔驰而过（6:1－8）。这种似乎有一点陌生，但又有一点熟悉的感觉，在我们阅读这卷书的过程中，一直不曾消失。因为即使我们来到了启示录的最后一章，我们发现我们不只是身在新耶路撒冷城中，我们也似乎是在伊甸园里面。环绕在我们身旁的是生命河，而覆盖在我们头上的，是生命树的果子和绿叶（22:1－5）。

若本书读者读启示录时有这种印象，其实是十分正常的。因为早在十九世纪的时候，在一本希腊文新约圣经的附录中，就告诉我们一个我们也许没有注意到的现象。那就是，在启示录405节的经文中，有278处含有从旧约而来的材料。[1] 因此若这个估计是离事实不远的话，那么我们可以说，在启示录70%的经文中，我们都将看见旧约的影子。这一个现象当然解释了为什么我们读启示录时，会有似曾相识的感觉，但是这个现象还有另外一层更为重要的意义。因为这个现象迫使我们问自己一个问题，那就是，为什么约翰要使用这么多的旧约材料？而这些旧约材

---

① B. F. Westcott and J. J. A. Hort ed., *The New Testament in the Original Greek*（London: Cambridge University, 1881）.

料的背景,又对我们解释经文的工作,有什么助益?为了要回答这个关乎释经的重大问题,在下面的篇幅当中,我们将介绍过去一百年来,学者们在这方面的研究成果,好让华人教会在这一方面,可以和西方教会接轨。但是在简介先圣先贤的研究成果之前,我们将先行处理启示录引用旧约方式的问题,因为约翰的引经方式,如果用中国人的语言来说,是相当"暗藏玄机"的。因此若我们对他引经的方式没有了解,我们可能就无法和约翰同游于他借着旧约所呈现的异象中。而在这一方面的缺失,当然也会严重地影响到我们对这卷书的解释。

启示录引用旧约的方式

在新约书信当中,一个新约作者若是想要引用旧约经文来支持他的论点,他通常会以"经上记着说"、"难道你没有念过"①或是"为要应验经上的话"等方式作为开场。② 但是这类型的引经方式,却完全没有出现在启示录中。若用今日的神学词汇来说,约翰的引经方式是所谓的"暗引"(allusion)。也就是说,当约翰试图让他的读者回想起一段旧约经文时,他并不采用逐字抄录的方式,而是让他所写下来的文字,带着该段旧约经文的特色或是内容。③ 因此在启示录中,我们就很少看见有三个以上连续的词汇和旧约经文一致的个案。④ 和直接引用(quotation)相比,这一种引用旧约的方式当然比较难以辨别,因此约翰的引经方式,也让学者们相当头痛。因为他们对于"如何确认约翰在某一处经文中暗引了旧约"的问题莫衷一是。查尔斯也许是采取了一套比较严格的标准,所以他认为启示录中,只有 250 处经文暗引了旧约。但

---

① 这种引经方式只出自耶稣之口,见,太 12:3,5;可 12:10。

② 除了上述三种方式之外,有时候新约作者只用"因为"(γάρ;彼前 3:10 – 12)或"并且"(δέ;林后 10:17)作为他所引述经文的前言。

③ M. C. Tenney, *Interpreting Revelation* (Grand Rapids: Eerdmans, 1957), 102。

④ A. Vanhoye 曾经指出,在启示录中有三处经文直接引用以西结书。这三处经文是 1:15,10:10 和 18:1;因为他们分别出自以西结书 43:2,3:3 和 43:2('L'utilisation du livre d'Ézéchiel dans l'Apocalypse,' *Biblica* 43[1962], 436 – 76)。但若是我们把连接词和定冠词不算在内的话,这三个个案恐怕和我们所了解的直接引用(quotation)之间,恐怕还有一段距离。在启示录中,这三个个案可以算是相当少见的,因为和其他暗引旧约的例证比较,它们的确和旧约经文十分接近,但是严格来说,他们还够不上"直接引用"的标准。

对斯塔贺林(J. Staehelin)来说,700 才应该是个正确的答案。① 从差距如此巨大的对比当中,我们因此就知道,建立一套客观的标准来确认约翰是否暗引旧约,是十分必要的。

在过去三十年的时间里面,学界对于建立一套客观方法论的需要是十分关注的。② 在诸多研究当中,我们将介绍保林(J. Paulien)所建立的方法论,因为就笔者所知,他的方法论是最完善的一套系统。③ 保林认为,在判断约翰是否在某一段经文中暗引旧约时,我们应该考虑两方面的证据。第一个是外部证据,也就是那些和经文没有直接相关的证据。在衡量这方面的证据时,保林认为我们必须回答下列的问题:我们认为约翰所暗引的那一本书,在第一世纪是不是十分普遍为大家所知道? 约翰手上是否有这一本书? 他在他自己其他的著作中,是否也曾经引用过这本书? 这本书是否也曾经被他的门徒们所引用过? 这本书是否有“摘要版”的存在,而约翰是否有可能拥有这个“摘要版”? 保林认为若是我们从历史文献中,可以给这些问题一个正面的答案,那么约翰在此暗引这本书可能性就自然增加了。反之,若答案是否定的,那么这个个案的可能性当然就降低了。

除了外部证据之外,保林也认为我们应该考虑内部证据,也就是那些和经文直接相关的证据。他认为我们在这个部分,应该先从两段经文在字面上的联系开始(verbal parallelism)。除了定冠词和连接词之外,若是我们发现有两个以上的词汇,在两边的经文中都出现,那么我们就可能有一个暗引的个案。④ 除了字面的联系之外,我们也应该比较两边的经文,看看它们在主题方面是不是互相呼应(thematic

---

① 见 J. Fekkes, *Isaiah and Prophetic Traditions in the Book of Revelation: Visionary Antecedents and their Development*(Sheffield: Sheffield, 1994), 62。除了这两个学者之外,Fekkes 也列出另外四位学者和一本希腊文新约所统计的数字。这些数字相当平均地分布在 250 和 700 之间。事实上 700 并不是最大的数字,有其他的学者甚至认为启示录中有 1000 个暗引旧约的案例(见 Beale, *Revelation*, 77, note 16)。在中文学者当中,黄彼得则认为约翰引用旧约一共 447 次(《认识得胜的基督》,页 197)。

② 有关于这方面问题近三十年的简史,可见笔者博士论文,*Ezekiel in Revelation: Literary and Hermeneutic Aspects*(The University of Edinburgh, 1999), 30-44。论文中译见:《承先启后》(香港:汉语圣经协会,2014)。

③ J. Paulien, *Decoding Revelation's Trumpets: Literary Allusions and the Interpretation of Revelation 8:7-12*(Berrien Springs: Andrews University Press, 1987), 165-94.

④ 举例来说,启示录 18:12-13 是一个包含了 28 样货物的清单。而在其中,我们发现有一半以上的货物,也出现在以西结书 27:12-25 节中。因此我们所面对的问题是,约翰在编排这 28 样货物的清单时,以西结书中的货物清单是否在他的脑海中? 若我们给这个问题的答案是肯定的,那么我们接下来就必须回答和释经有关的问题了:为什么约翰要暗引以西结的这段经文呢? 他的目的何在?

parallelism)。[①] 最后,保林也建议我们观察这两段经文,看看他们在结构方面也是不是彼此平行(structure parallelism)。[②] 若是我们观察到这个现象,那么我们应该可以十分确定,作者在此的确暗引了旧约。

透过衡量外部和内部证据的机制,保林建议我们将启示录中引用旧约的例证,分为从可能性最高的,到可能性最低的五个等级:确定的,十分可能的,可能的,不确定的,完全不可能的。[③] 在解释最前面两个等级的经文时,我们应该考虑旧约的背景,因为这应该是作者的意图。但是在处理最后两个等级的个案时,我们不应该把旧约背景列入考虑。因为在这些个案当中,作者所使用的词汇的确来自旧约,但是它却已经和旧约的背景无关了。[④] 至于属于中间这一级的个案,保林呼吁我们小心处理,因为我们并不十分确定,作者是不是希望我们能从旧约的角度,来了解他在这里的意思。

在诸多学者的建议中,保林所提出来的方法论的确是最完整的。因此在本书后面的注释中,我们将遵循他的方法,测试那些可能的暗引个案。当然在应用这个方法论的同时,我们也将测试他的方法论,看看这个机制是不是仍旧有改善的空间,或者是在什么地方需要加强。

① 举例来说,在启示录10:8-11中,天使要求约翰把一个书卷吃下去的事件,显然是从以西结书2:8-3:3而来。因为在两边的经文当中,食卷一事所代表的意义是相同的,那就是,要将从神而来的信息消化吸收,然后忠实地传讲出去。因此这两段经文不单在字面上有许多联系,在主题上也互相呼应。

② 为了让读者明白两段经文在结构上彼此平行的意思,我们在此以一个例子来说明。从下列对比中,我们应该不难看出启示录7:13-17在内容的编排上,和出埃及记互相呼应。

内容	出埃及记	启示录
1 一大群人从患难中出来	4:31	7:14
2 洗衣服	19:10,14	7:15
3 被血洒	24:8	7:15
4 帐幕	25:1ff	7:15
5 食物,水,保护,安慰	24:11,25:1ff	7:16-17

③ 即,certain allusion; probable allusion; possible allusion; uncertain allusion; nonallusion。见 *Decoding Revelation's Trumpets*, 193。

④ 正如我们使用"此地无银三百两"时,这个谚语的背景恐怕不在我们的脑海中。

旧约在启示录中的引用

史威特和查尔斯(H. B. Swete and R. H. Charles)

在二十世纪的上半叶,史威特和查尔斯在他们的注释书里面,都以专章的方式,来论述旧约在启示录中如何被使用的问题。就史威特而言,①他首先将200个引用旧约的例证,依经文的顺序陈列出来。他将启示录的经文放在左边,而旧约希伯来经文,或是旧约希腊文译本(包括了七十士译本、亚魁拉译本②、西奥多旬译本和萨马邱译本③)放在右边,因此将他们之间的联系,很清楚地显示了出来。在这个经文比较之后,他就对这些例证做了如下的分析:(1)约翰所引用的旧约涵盖了旧约的三个部分,并且大部分的旧约书卷都曾出现在启示录当中。在其中,诗篇、以赛亚书、以西结书和但以理书,是被引用最多的书卷。(2)约翰的引用可以分为两种,一种是明指旧约,而另外一种则和旧约之间的关系,没有那么明显。(3)在某些地方,约翰把两处的旧约经文融合在一起。(4)约翰的确引用旧约,但是这些旧约经文在启示录中,并没有"喧宾夺主"。他们在启示录中只扮演着配角的角色,只凸显出启示录的主题。(5)启示录所引用的旧约是七十士译本,而在引用但以理书时,约翰所根据的是西奥多旬译本(Theodotion)。

查尔斯对启示录引用旧约的分析,和史威特所观察到的,并没有太大的差异。④他也认为约翰引用旧约的范围,主要落在大先知书里面,而小先知书也经常被引用。当然诗篇、摩西五经也都在启示录中出现。和史威特一样,他也认为约翰的引用可以分为两种,一种比较靠近旧约,而另一种比较疏远,只能算是旧约的回响(echoes)。但和史威特所不一样的是,查尔斯认为约翰所引用的旧约,不是七十士译本,而是希伯来文的旧约。而在引用但以理书时,他所根据的版本不是西奥多旬译本,而是亚兰文的但以理书。查尔斯和史威特在这一方面的歧异,当然引发谁是谁非的疑问,因此

---

① Swete, *Revelation*, cxl.

② Aquila是第二世纪由基督教改信犹太教的一个基督徒。他将旧约以字面的方式翻译为希腊文。他的译本一直到第七世纪之前,都被犹太人接受为正宗的旧约希腊文译本。

③ Symmachus是第二世纪的一个基督徒,他参考前面所提及的几种希腊文旧约版本,然后将希伯来旧约很自由地译为希腊文。这个版本对于耶柔米的拉丁文武加大译本(Vulgate)有相当程度的影响。

④ Charles, *Revelation I*, lxv-lxxvi.

当我们来到二十世纪的下半叶时,这个问题就自然成为学者们的研究焦点。

范何(A. Vanhoye)①

与史威特和查尔斯相较,范何的研究就要来得更为集中和专注,因为他把焦点完全放在启示录和以西结书之间的关系上面。在他的论文中,他首先处理以西结书对启示录影响程度的问题。他指出启示录在完全没有使用任何引经记号的情况之下(例如,经上记着说),我们却发现启示录有几处经文和以西结书十分接近。不单如此,范何也发现启示录在许多地方呼应以西结书。

1 以西结书第一章(和第十章)中的天庭异象,在启示录4:1-8中重现。

2 以西结书第二章的食卷异象,重复出现在启示录第五章和第十章中。

3 以西结书16和23章中的妓女,是启示录17章中大淫妇的原型。

4 先知在以西结书26-27章中向推罗所唱的哀歌,也在启示录18章里面再次响起。

5 神在击败歌革之后所开的庆功宴(结39:4,17-20),在启示录19:17-21中再次举行。

6 歌革在以西结书38-39章中的兴衰史,在启示录20:8-9中重演。

7 度量圣殿圣城的工作(结40-48),在启示录11:1-2和21:10-27中重新展开。

8 以西结书47章中的生命之河,在启示录22章中再次涌流。

透过这个对比,范何指出启示录受到以西结书影响的程度,是不容轻忽的。因为我们除了看见启示录从以西结书中,借用了大量的素材,我们也发现这些素材在这两卷书中出现的次序也大致相同。

有关于前面我们所提及的史威特和查尔斯的不同意见所引发的问题,范何认为查尔斯对约翰引用旧约版本的看法(希伯来旧约),比史威特的结论更为准确(七十士译本)。

在这篇论文的最后,范何对约翰引用以西结书的方式,做了一个相当好的总结。(1)约翰引用以西结书的第一个特色,就是他会在不同的地方,重复使用同一个材料。(2)其他启示文学的作者在使用旧约素材时,都会把旧约元素放大,加入许多原来没有的细节。但是约翰却刚好相反,他会把旧约材料浓缩。(3)旧约素材在约翰的手中被浓缩,但是其中主要的元素却保持完好。而约翰会重复使用这些被浓缩过后的素

---

① A. Vanhoye, 'L'utilisation du livre d'ézéchiel dans l'Apocalypse,' *Biblica* 43(1962), 436-76.

材，因而让他的作品保持一致性。(4)约翰所引用的旧约素材，有许多是只关乎以色列民族的，但是约翰却将这些材料"宇宙化"，好让它们可以适用于教会，因为教会的成员来自万国。(5)约翰会将关乎同一个主题，但是来自不同旧约书卷的材料，融合在他的作品当中。这个过程除了显示出他对旧约的熟悉之外，也显示出他的创造力。

范何的研究，不单让我们看见启示录和以西结书之间密切的关系，也让我们对约翰引用旧约的方式，有了更为深入的了解。在启示录的学术领域当中，范何的研究事实上是具有开创性意义的，因为许多后面的研究，都循着他专注于一卷书的研究模式。

楚丁格和欧撒尼(L. P. Trudinger and C. G. Ozanne)①

在相隔只有一年的时间之内，在美国的楚丁格和在英国的欧撒尼，分别完成了他们的博士论文。而他们两位所想要回答的是同一个问题，那就是：究竟约翰所引用的旧约，是希伯来旧约，亚兰文的旧约(他尔根；Targum)，还是哪一个希腊文的旧约译本？

为了要回答这个问题，楚丁格先将启示录暗引旧约的经文分为两类：直接引用和间接引用。然后他就对这些个案，进行详细的经文对照分析。在处理了 117 个案例之后，他得到了如下的结论：(1)约翰所引用的旧约主要是希伯来文旧约。(2)我们虽然不知道约翰手上，是不是有我们今天所谓的马索拉经文(Masoretic Text)，②但是他所引用的旧约，和马索拉经文十分接近。而其接近的程度，与死海古卷中之以赛亚书(IQIsa)，和马索拉以赛亚书之间的相近程度，不相上下。(3)约翰知道并且使用他尔根，而在引用五经时，他所引用的旧约是巴勒斯坦一地的他尔根。(4)约翰十分熟悉旧约希腊文译本，而他所知道的旧约希腊文译本并不限于七十士译本。(5)约翰所知道的旧约，可能有某一部分类似于早期基督徒手中的"旧约节录"(testimonia)。③

虽然和楚丁格一样，欧撒尼也想要回答启示录所引用旧约版本的问题，但其实他所关心的，也包括启示录不规则希腊文所造成的困难。④ 所以在论文的前半部，他就针对这个问题做分析。而他的结论和查尔斯对这个问题的看法十分类似，那就是，约

---

① L. P. Trudinger, The Text of the Old Testament in the Book of Revelation. Ph. D. diss. (Boston University, 1963); C. G. Ozanne, The Influence of the Text and Language of the Old Testament on the Book of Revelation. Ph. D. diss. (University of Manchester, 1964).

② 被犹太人所接受，由马索拉学者所保存下来的旧约希伯来经文。而他们在抄写时，加上了标点符号和元音。

③ 结论见楚丁格博士论文，页 175。

④ 有关这个问题，见导论中"启示录的希腊文"段落。

翰以旧约希伯来文的结构,来塑造他的希腊文。① 至于启示录所引用旧约版本的问题,欧撒尼则以分析大约三百个案例的方式来回答。而他的结论可以分为两个部分。

第一部分的结论和旧约版本以及引用的形式有关。欧撒尼认为(1)约翰引用的经文主要来自希伯来旧约,他引用七十士译本的情况并不多见。(2)约翰完全没有引用西奥多旬译本,所以查尔斯在这方面的看法是不正确的。(3)在引用以赛亚书的部分,约翰比较靠近马索拉经文,而和死海古卷中的以赛亚书,保持了一定的距离。(4)约翰的引经方式如下:(a)虽然约翰没有直接引用经文,但是他的暗引却十分明显,让读者不会错过他带领读者回到旧约的意图。(b)约翰经常自由地将两处旧约经文融合在一起。(c)在引用一处旧约经文时,约翰有时候会把旧约文字的次序颠倒。(d)通常约翰将旧约两处经文融合时,是因为这两处经文的主题相同。(e)约翰在暗引旧约时,会习惯性地加上一些词汇,②或是以"神"来替代"主"。

除了这些归纳之外,欧撒尼更尝试进一步分析他所观察到的现象。他认为(1)约翰在暗引但以理书的时候,做了一些改变,因为他认为但以理书中的预言,要不是已经在他那个世代应验了,就是即将在不久的将来要实现。(2)约翰引用旧约并非断章取义,而是考量了旧约经文的上下文。但在某些情况之中,他将旧约经文做一些变动,好让这些经文也可以适用在新的世代,和新的情况之中。(3)约翰使用了许多来自旧约的词组和格言,但是这些词汇已经和旧约背景无关,因为它们已经成为当时的通俗用语。(4)在一个主要的暗引中,约翰也会加上许多从别处旧约而来的词汇,而这显示出他对旧约的熟悉。③

楚丁格和欧撒尼的研究,证实了查尔斯对启示录所引用旧约版本的看法。那就是,约翰所暗引的是希伯来旧约。④ 和楚丁格的论文相较,欧撒尼的研究当然要深入一些。他对启示录引用旧约的归纳,以及他对他所观察到之现象的分析,都让我们对启示录的这个面向,有了更深入的理解。他让我们更多知道约翰暗引旧约的习惯,和隐藏在这些引用后面的逻辑思维。

---

① 见欧撒尼博士论文,页 2。
② 例如在"神"之前加上"全能的"。
③ 有关于这方面的结论细节,见 C. G. Ozanne, *The Influence*, 191 – 205。
④ 楚丁格和欧撒尼的研究,在当时可以说是为"启示录所暗引旧约版本"的问题画下了句点。但时至今日,由于死海古卷已经出版得差不多了,所以如果有人有兴趣,他倒是可以站在他们的肩膀之上,把死海古卷中的旧约经文,也一并列入研究的范围,看看约翰所暗引的旧约,和死海古卷中的旧约有什么关系。

比尔(G. K. Beale)①

从1984年比尔出版了他的博士论文,一直到今日约二十年的时间里面,学者们对启示录如何暗引旧约这个题目的兴趣不曾退烧。一本本专论不断面世,而这些专论的质量,都让我们对这个题目有了更深入的认识。

比尔论文的题目是"但以理书对犹太启示文学和启示录的影响",因此他的研究显然有两个焦点。由于我们在此的兴趣是启示录和旧约之间的关系,因此我们只会介绍他在这一方面的研究结果。② 在这个部分,比尔把他的焦点放在启示录第1章、第4章到第5章,第13章和第17章等四处经文,因为他认为在这四段经文中,但以理书对启示录有很深刻的影响。在分析这四个案例的时候,比尔尝试回答下面的三个问题:(1)约翰在这些经文中,大量暗引但以理书的意义何在?(2)从其他旧约书卷而来的经文,为什么会被约翰引用,而约翰又是如何将它们与但以理书的经文结合在一起?(3)约翰引用旧约,特别是但以理书的神学含意为何?

对于第一个个案,比尔认为约翰在启示录1:8-20中,大量暗引但以理第七章和第十章,所以约翰对他在异象中所看见,像人子那一位的描述,是以这两段但以理书为模板的(Vorbild)。而在这个基础之上,其他和这个主题相关的旧约经文,也被约翰引用,并被约翰加在但以理的人子形象之上。因此从这个例证我们可以推论,对约翰而言,但以理书中有关未来神国的预言,已经在耶稣的死和复活一事上开始应验了。

第二,但以理书第7章中的天庭异象(7:9-28),是启示录4-5章中天庭异象的模型。因为在这两章圣经中,我们看见比例很高的暗引,都是由但以理书第七章而来。而其他具有相似主题的旧约经文,也被但以理书第7章这个"释经磁铁"(hermeneutical magnet)③吸引而来,共同组成了启示录版的天庭。而约翰在这里的引经,暗示了他对但以理书第7章中预言的看法,那就是,人子和圣徒在这个世界中的掌权做王,已经在基督的死和复活中,开始实现了。

---

① G. K. Beale, *The Use of Daniel in Jewish Apocalyptic Literature and in the Revelation of St. John* (NY: University Press of America, 1984).

② 由于许多犹太启示文学的作者也暗引但以理书,所以透过比较的方式,我们就可以知道他们对但以理书的看法,和约翰的见解有何不同。在书末比尔指出,因着但以理书中提及犹太人的盼望,所以犹太启示文学也对这卷旧约有兴趣,但是启示录却和这些文献完全不同。因为约翰把但以理书中所预言的事,和基督的死、复活、现今的掌权,以及第二次再来的事,连结在一起。因此从这个角度来说,启示录是基督教式的启示文学(Christian apocalypse;见页328)。

③ 见页223。

第三,和第二个例证一样,比尔认为启示录13章里面的两只兽,也是由但以理书第7章而来。因为这章圣经中的旧约,有三分之二是出自但以理书第7章。但是在这个案例中,我们却看见约翰把原先描述人子的词汇,转用在兽的身上,因此我们在此有一个"反转引用"(inverted use)的案例。①

最后,比尔指出在启示录17章背后的,还是但以理书第7章。因为在但以理书中。我们所看见"异象+见异象者的反应+天使解释"的模式,也出现在启示录的经文中。不单如此,两边的经文也都在阐释多头多角之兽的意义。

在这四个个案的研究之后,比尔对启示录和但以理书中之间关系,做了如下的结论。第一,这两卷书在主题方面彼此平行,因为它们都关注神是如何以审判世界的方式,来建立其国度的议题。不单如此,在两卷书中的圣徒,都在属世国度的管辖之下,但是神将借着世上之国对神的反抗,来完成祂的计划。因着这些平行的主题,比尔认为启示录在神学思想上,依附于但以理书。第二,在启示录中,四个具有分段性意义的经文(1:1;1:19;4:1和22:6),都是从但以理书2:28-29,45而来。所以比尔认为启示录在结构上,也受到但以理书的影响。因此启示录所要处理的问题,就是但以理书第二章里面所预言的事,那就是,神如何介入了人类的历史之中,击败了宇宙性的恶势力,因而让祂的国度得以开始实现。第三,启示录中的七印,七号和七碗等异象,都和但以理书中的异象互相呼应,②而这些但以理异象,就其所涵盖时间的角度来说,是彼此平行的;因此我们也应该按这样的方式,来理解启示录中的这些异象。

就比尔所想要到达的目的来说,他的研究是令人钦佩的。虽然他的某些论点被后面的学者质疑,③而他自己后来也对他在这篇博士论文中的某一个论点,不再那么坚持,④但是他的研究成果却值得我们的肯定。他让我们看见但以理书,在启示录某些章节中的影响;他让我们看见约翰是如何引用旧约,以及他暗引旧约背后的逻

---

① 有关约翰这种使用旧约的方式,可参比尔所编辑的另外一本书,*The Right Doctrine from the Wrong Texts? Essays on the Use of the OT in the New*(Grand Rapids: Baker, 1994), 270-72。

② 见,但以理书2,7,8,9,10-12等章。

③ 例如,比尔认为约翰在启示录第一章中,对但以理书第七章的引用,是一种"解释性"的引用(midrash)。对此论点,A. Y. Collins就有不同的意见,她认为引用不一定等于解释,因为作者可能只是借着旧约来表达他的信息('Review of *The Use of Daniel in Jewish Apocalyptic Literature and in the Revelation of St. John*[NY: University Press of America, 1984], by G. K. Beale, *JBL* 105 [1986], 734-75)。对于这个歧异,笔者认为比尔可能是对的,只是他用词不够谨慎。若是他能避免使用*midrash*这个词汇,并且把他的意思说得更为清晰,这方面的困扰就可以减低许多了。

④ 例如,在他后来出版的注释书中,比尔就对"但以理书2:28-29, 45对启示录结构性影响"的论点,加上了"具争议性"的字眼(*Revelation*, 152-61)。事实上,在他的课堂上,笔者也亲耳听见他对这个论点的调整。

辑。不单如此，比尔也让我们了解约翰的神学信息是如何深植于旧约中。比尔对启示录这方面的贡献其实不只于此，因为在15年后，当他出版了他的启示录注释书之时，他对这个问题就做了更完整的整理，因此在后面我们将再次回到比尔的身上。

弗格哥森(J. M. Vogelgesang)①

从表面上看起来，启示录和当时诸多启示文学作品之间，似乎没有太大的不同，②因为在这些作品中，作者都很一致地从他们所看见的天庭异象里面，得着属天的启示。但为了显示启示录和这些作品之间的差异，弗格哥森将他的博士论文的焦点，集中在以西结书和启示录的关系上。因为以西结书中的许多材料，也一样出现在启示录之外的启示文学作品中。

在他的论文中，弗格哥森首先透过8个个案的分析，让我们看见以西结书对启示录的深刻影响，特别是在启示录4－5，10，18，以及21－22等章节中。因为启示录中的天庭，两个书卷，神对世界的审判，大淫妇巴比伦，歌革玛各，以及新耶路撒冷等等的人事物，都是由以西结书而来。不单如此，弗格哥森也发现，以西结书中的人事物，常常在启示录中重复出现两次甚至三次；而那些在第一次引用时，没有在启示录中出现的以西结元素，通常也会在后面重复引用中出现。因此若是我们将重复引用的经文加在一起，我们将会得到以西结书的"完整版"。和前面所提及的范何一样，弗格哥森也观察到同样的现象，那就是，约翰所引用以西结书的人事物，在以西结书中出现的次序，和他们在启示录中出现的次序，大致上是相同的。

在确认了以西结书和启示录之间，有着密切关系之后，弗格哥森开始详细处理三段启示录经文。第一段是启示录21－22章。他认为这段经文的旧约背景，是有关以色列复兴的以西结书40－48章。根据他的分析，弗格哥森认为这一段旧约经文在启示录中，被约翰给浓缩了。因为他把九章旧约经文，缩略为不到两章的篇幅。而这种引用的方式，在其他启示文学作品中，不曾发生。不单如此，弗格哥森也认为以西结书这段经文，被约翰重新解释了；因为在约翰的手中，旧耶路撒冷在末日，将

---

① J. M. Vogelgesang, *The Interpretation of Ezekiel in the Book of Revelation*, Ph. D. diss. (Harvard University, 1985).

② 例如以诺一书，亚伯拉罕遗约，以赛亚升天记等等。这些启示文学写作日期约在公元前200年到公元100年之间，所以和启示录可以算是同一个世代的作品。有关于这方面的研究，读者可参M. Himmelfarb, *Ascent to Heaven in Jewish and Christian Apocalypse* (New York: Oxford University Press, 1993)。中文著作可参，蔡彦仁，《天启与救赎》(台北：立绪，2001)。

要蜕变为一个没有圣殿,也不再只属以色列人的新耶路撒冷。所以他认为在约翰的想法里面,在末日来临的时候,所有的人都将得救,因为他们都可以进入新耶路撒冷。

弗格哥森所详细处理的第二个例证,是启示录第四章。从这段经文和以西结书第一章的比较当中,弗格哥森发现约翰对这段旧约经文十分熟悉,因为在约翰的浓缩版中,这段旧约经文中的重点,全部出现。不单如此,约翰也拥有极高超的文学技巧,因为从其他旧约而来的经文,被他以不着痕迹的方式,融合在一起了。和其他启示文学作品相较,约翰的宇宙结构十分简单,而上达天庭的途径也相对容易许多。再者,他对上帝的描述,也和其他启示文学作品完全不同。因此弗格哥森认为,约翰的启示录在许多地方,是刻意和其他文学作品唱反调的(anti-apocalyptic)。在他的分析中,弗格哥森认为约翰在引用以西结书第一章时,也将它重新诠释了。从约翰将"在灵里"和"主日"相连(1:10),以及从约翰在天庭中,给了以色列和教会同样的位置(24位长老)等等的线索看来,显然在这里有一个"普及化(democratization)"的原则,在背后运作。

弗格哥森所讨论的第三个例证,是比较先知以西结和约翰蒙召事件的异同(结1:28b-3:14;启1,5,10)。他认为前者的蒙召,是后者蒙召的原型,但是在启示录的三段经文中,第五章应该是最重要的经文。在这章经文中,约翰加上从但以理书12章而来的"封闭的书卷",并且刻意忽略了"先知受差遣"的元素,而其目的,旨在凸显两件互相关联的事。第一个是,羔羊已经借着死亡而得胜的事实;而第二个事情则是,祂所建立的国度,将在未来完全实现。弗格哥森指出,约翰的这种认知,和其他启示文学作者完全不同,因为他们的末世论百分之百是未来的,而约翰的则是"已经成就但尚未完全实现的"(already and not yet)。不单如此,约翰的末世论也和古代近东神话不同,因为他的末世创建者是被杀的羔羊,而不是杀人的英雄。除了这些之外,弗格哥森也指出,在第五章中所刻意忽略"差遣先知"的元素,事实上是出现在第10章中,所以这两章圣经应该放在一起来读。而约翰在启示录第1章里面,也引用同样一段以西结经文的事实,显示启示录这卷书和以西结书一样,是从神而来的启示。

就"以西结书对启示录之影响"的议题而言,弗格哥森的研究,除了肯定了范何的见解之外,也让我们对约翰引经的角度,有了更深刻的认识。他的研究不单让我们看见,基督的死和复活这个事件,是如何影响约翰对旧约的理解;也显示出启示录和其他启示文学作品之间的不同。弗格哥森从启示录21-22章中所读出来的"普救论",

当然是笔者所不能同意的,①但是他的努力倒是十分值得肯定。

瑞兹(J. -P. Ruiz)②

在范何之后,除了弗格哥森之外,瑞兹也对"以西结书和启示录之关系"的题目,有着浓厚的兴趣。在他的博士论文中,瑞兹首先回顾过去学者们对这个题目的论述,接着便因着他天主教背景的缘故,在正式处理以西结书和启示录 16:17 - 19:10 的关系之前,也花了不少的篇幅,来强调"教会是解释启示录唯一合法场所"的立场。③

就瑞兹所处理的启示录经文来说,他认为以西结书为约翰提供了两个模型。第一个是南国犹大,因为在以西结书 16 和 23 章中,先知对犹大国与外邦行淫的描述,以及神对她的审判,是启示录 17 章中,神对大淫妇巴比伦审判的原型。以西结书为约翰所提供的第二个模型是推罗,因为在启示录 18 章中,大淫妇巴比伦所遭遇到的审判,正和推罗在以西结书 26 - 28 章里面所经历到的,一模一样。因此约翰的暗引旧约,不一定是"应验式"的引用,也可能是"转用式"的(reapplied)。在启示录的这段经文中,瑞兹当然也发现从其他旧约书卷而来的经文,但是他认为这些经文和以西结书的模型,被约翰给融合在一起,而成为一个新的作品。因此在启示录的这段经文中,我们看见一个将旧素材转化(transformation)为新作品的过程。也因着如此,我们在这里有一个"新约作者如何理解旧约"的个案。

---

① 详见笔者博士论文,139 - 87,特别是 183 - 84。简单来说,弗格哥森认为约翰在引用以西结书 40 - 48 章时,做了一个重新的诠释,即,将圣殿从耶路撒冷中除去,因此耶路撒冷不再只属以色列人,也是属全世界的人了。弗格哥森的问题在于他没有对以西结书有足够的理解。从以西结书 40 - 48 章里面,我们已经很清楚地看见,在先知以西结的复兴计划中,为了要把过去以色列人对圣城的错误认识改正过来(一个政治加上宗教的概念),他已经把耶路撒冷变成一个没有圣殿在其中的新耶路撒冷(结 48:8 - 20)。因此对旧耶路撒冷做重新诠释的不是约翰,而是先知以西结。约翰在这个方面,只是遵循先知的脚步。不过话说回来,约翰虽然跟着先知的脚步而行,但是他并不是一成不变地照抄先知的想法。对以西结来说,在神复兴的计划中,将来新耶路撒冷所代表的,是那些悔罪并且回到神面前的以色列人。但是对约翰来说,在耶稣基督新的启示之下,新耶路撒冷所代表的,不再只是以色列人而已,而是包括了羔羊从万族中所买赎回来的圣徒(12 支派 +12 使徒;启 21:12 - 14)。约翰在引用以西结书时,的确把新耶路撒冷所象征的族群放大了,但是约翰并没有像弗格哥森所想的,把新耶路撒冷变成全世界人类的一个代表。能够进城的,或者说,那些属于新耶路撒冷的,是只有那些用羔羊的血,把自己衣服洗干净了的人。

② J. -P. Ruiz, *Ezekiel in the Apocalypse: The Transformation of Prophetic Language in Revelation*, 16,17 - 19,10(Frankfurt am Main: Peter Lang, 1989).

③ 见页 181 - 225。他认为在启示录中,有许多线索(hermeneutical imperatives)要求我们必须在教会中,或者更准确地说,必须在教会的崇拜仪式中来理解启示录。瑞兹为某一个特定立场辩护的用心可嘉,但是宇宙性的教会,并不等于在历史特定机缘之下,所产生的天主教会。事实上瑞兹所发现的线索,在启示录的上下文中,并不指向他所想要强调的方向。

若读者对“启示录和旧约关系”这个题目有兴趣的话,瑞兹论文的第一部分,提供了一个很好的起点。因为在那里他对过去相关学者的论述,做了一个很好的整理。而他对启示录 16:17 – 19:10 的详尽分析,也让我们对这段经文的旧约背景,特别是这段经文和以西结书 16,23 以及 26 – 28 章之间的关系,有了更清楚的认识。但美中不足的是,瑞兹在他的论文中,完全没有处理我们前面所提及有关方法论的问题。也就是说,他忽略了“如何确认约翰在此的确暗引旧约”的问题。而这方面的缺失,当然影响到他论述的基础。

费克斯(J. Fekkes)①

在前述史威特和查尔斯两位的研究中我们已经知道,旧约,特别是大先知书,对启示录有着极为深刻的影响。他们的观察在后面学者的研究中不断得着证实。但是诸多学者们的注意力不是放在但以理书,就是放在以西结书,而启示录和以赛亚书之间关系的问题,则没有得到太多的注意。所幸这一个缺失,在近日被费克斯的研究补足了。

在他的论文中,费克斯首先处理方法论的问题。他强调在研究约翰如何引用旧约之前,我们应该先认识约翰对他自己角色定位的问题。从他的分析中,费克斯认为约翰自认为是旧约先知的传人,但是他和旧约先知们所不同的是,他因着耶稣基督的启示,而使他成为一个基督徒式的犹太先知(Jewish-Christian prophet)。除了这个角度的分析之外,费克斯在这个部分也对约翰引用旧约的特色做了一个整理。他认为在启示录中,我们大概可以确定约翰在 150 处经文里面,引用了旧约。而在这些案例中,大约有 125 个是可以依主题不同而分为四类:(1)旧约先知见异象的经文;(2)和基督称号或是形象有关的经文;(3)末世审判的经文;和(4)末世救恩的经文。从这个现象看来,约翰的引经不单是因为这些旧约经文,在字面上与启示录有类似的地方,也因为这些旧约经文的文理,与启示录是相同的。因此约翰引经并不特别受到哪一卷特定旧约的影响,而是以“主题”为其主要考量。②

在这个方法论的分析之后,费克斯开始处理以赛亚书和启示录之间关系的问题。从他的分析中,费克斯认为 73 个被前人认为含有以赛亚书的启示录经文中,只有 41 个是确定的暗引;而其余的 32 个个案中,9 个是可能的暗引,而另外的 23 个个案中,暗引

---

① J. Fekkes, *Isaiah and Prophetic Traditions in the Book of Revelation: Visionary Antecedents and their Development* (Sheffield: Sheffield, 1994).

② 同上,页 103。

以赛亚书的可能性很低。在这 41 个确定的个案中,有 38 个是和前面所提四类主题有关的。因此约翰不单依主题选择他所要引用的经文,他也依主题使用这些经文。

从他的分析中,费克斯也发现约翰引经的其他特色:(1)重复使用同一个旧约经文;(2)因主题相关,而把两处旧约合并在一起;(3)将旧约经文中的"主"解释为"基督";(4)以一段含有相关主题的经文,来浓缩两段经文;(5)以较清晰的经文,来解释比较不清晰的经文;(6)以解释性的方法,来处理旧约中语意不明的词语;(7)借着细微的改变,使旧约经文的适用范围扩大。从这些特性看来,在某一些引经习惯上,约翰的手法的确和当代犹太人引经方式相似(例如第五项),但是约翰的引经观点,却是以他的基督论为中心。而从他所引经文在主题方面的一致,我们也知道他并不是随意引经,因为旧约的文理(上下文)是他引经时的主要考量。

若是我们将启示录和旧约众多书卷之间的关系,看成一张大拼图的话,那么费克斯的论文,显然是整个拼图中,一直没有出现的那一块。他将启示录所暗引旧约经文,依主题归纳后的发现,让我们对约翰引用旧约的题目,有了一个更为全面的认识。当然他对那些暗引以赛亚书经文的详尽分析,也让我们对"以赛亚书如何影响启示录"的议题,有了更为明确的了解。从这些角度来说,费克斯的研究是令人赞赏的。在他的论文中,唯一值得商榷的论点是,影响约翰引用旧约的主要因素,不是哪一卷特别的旧约,而是主题。从前面范何、弗格哥森和瑞兹的研究中,①我们可以看出,就结构和内容的角度而言,在几本大先知书中,以西结书对启示录还是有最深入和最全面性的影响。②

罗伟③

从范何、弗格哥森和瑞兹的研究看来,以西结书对启示录的影响,似乎已经受到足够的注意,因此在他们后面的人,似乎没有必要在这个题目上,再做什么文章。但是事实并非如此,因为笔者在上一个世纪快要结束时所提出来的论文,证实了我们还

---

① 从导论"启示录的结构"的论述中,我们也可以看出以西结书对启示录的影响,是远远超过其他旧约书卷的。

② 在费克斯和笔者论文之间,还有两本专论也聚焦在启示录和旧约之间关系。第一本是 S. Moyise 的 *The Old Testament in the Book of Revelation*(Sheffield: Sheffield, 1995)。由于这本一般性研究的专论,并没有超越前面所提及学者的研究成果,所以在此我们就略过这本书。第二本是比尔(G. K. Beale)的 *John's Use of the Old Testament in Revelation*(Sheffield: Sheffield, 1999)。这一本是比尔的论文集,在其中他处理一些特定主题,例如"从旧约背景看七号七碗的时序问题"等等。由于这本书的性质,也由于其中一些论述将会在比尔的注释书中出现,所以我们在这里也暂时把这本书放在一边。

③ Wei Lo, *Ezekiel in Revelation: Literary and Hermeneutic Aspects*。

有继续研究下去的必要。

和前面相关研究所不同的是,笔者的论文不单注意以西结书和启示录之间的文学关系,也尝试阐明这两本书的作者,在释经方面是不是有什么类似的地方。① 为了要达到这个目标,笔者除了分析约翰如何引用以西结书之外,也同时研究先知以西结如何引用那些在他之前,就已经成书的旧约书卷。因为唯有透过研究这两个作者的引经的方式,我们才有可能比较他们的异同。一篇论文若是要同时涵盖"旧约引用旧约"和"新约引用旧约"的两个面向,这篇论文当然就不可能处理太多的个案。所以除了一开始有关方法论和过去相关研究的论述之外,笔者论文的主体,是四个集中在启示录最后六章的个案。(1)大淫妇巴比伦的倾覆——以西结书 26 - 28 章在启示录 18 章中的引用;(2)歌革和玛各——以西结书 38 - 39 章在启示录 19 - 20 章中的引用;(3)新耶路撒冷——以西结书 40 - 48 章在启示录 21:9 - 27 中的引用;以及(4)生命河——以西结书 47:1 - 12 在启示录 22:1 - 2 中的引用。

在第一个案例的研究当中,笔者发现,先知以西结在 28:11 - 19 中对推罗王所发出的审判预言,是以亚当在伊甸园中堕落的事件作为蓝本的。因为推罗王和亚当一样,在他们各自所统治的王国中,同时拥有王和祭司的身份。因此推罗王在他所统领的国度中,和亚当一样具有极其崇高的身份和地位。就亚当的例子来说,他因着想要拉抬自己的身价,与神平起平坐,所以重重地摔了一跤,落在神的审判和咒诅之下。而在先知以西结的眼中,今日推罗王的情况也正是如此。所以他自比为神的心态(结 28:2),当然就带他走向和亚当一样的下场。因此,从先知以西结将推罗王以"另一个亚当"的方式来呈现时,我们就看见他以"类比(analogy)"的方式来使用创世记。

当我们来到新约时,笔者观察到启示录 18 章在字面,主题和结构等三方面,都和以西结书 26 - 28 章互相呼应,②因此约翰对大淫妇巴比伦所发出的审判性预言,其旧约根源乃是先知以西结对推罗所发出的审判。但是约翰为什么要以推罗为蓝本,而向当代的罗马发出审判呢? 究其原因,是因为古代的推罗和当时的罗马一样,都以长于海运而发达致富。而当时的罗马也和推罗一样,因着物资的丰盛而骄傲自满,自比为神。所以她将会和推罗一样,经历神的审判。因此我们从约翰藉古喻今的引经中,看见他和先知以西结一样,以"类比"作为引经的原则。

---

① 引发笔者做这方面尝试的原因,是因为在旧约中,以西结书也是以大量暗引其前旧约书卷而出了名。从这个角度来说,以西结书是一个"旧约引用旧约"的丰富矿场,而我们从其中所挖掘出来的东西,恰好可以和我们从启示录矿场中所找到的珍宝,做一个比较。

② 详见笔者论文,页 68 - 80。以结构性的平行来说,最明显的例子就是,在两边的经文都各自包含了三首审判性的哀歌,而这三首哀歌也同样由三组相同人马之口中唱出。详见本书附录十一的讨论(启示录 18 章的旧约背景)。

在第二个个案中笔者所处理的主题，是令人畏惧，也叫学者们头痛不已的歌革玛各。在以西结书 38－39 章中，我们首先看见先知预言中的歌革玛各，并不是他在异象中所领受的全新启示。因为以西结笔下的歌革玛各，是以被掳前，众先知口中“从北方而来敌人”的预言，为其蓝本。但是在使用这个已经在历史中应验了的旧素材时，先知以西结却做了一些必要的更改，因为身处在被掳之地的他，所面对的情况和被掳前的先知之间，有一定程度的差异。在引用这个旧素材时，以西结做了三个更动。第一，他将先知们的预言，即，神要借着北方敌人之手来审判以色列的事，投射到一个遥远的未来。因为类似于北方敌人的歌革玛各大军，将在以色列人得着复兴，回归到他们的祖国，并且在那里安居了一段时间之后，才会入侵。第二，在被掳前先知的口中，从北方而来的敌人，不是亚述就是巴比伦。但是在以西结的笔下，他们变成了歌革玛各所带领的一个跨国联军。因此未来之战不是一国和一国之间的战争，而是整个世界，对复兴后的以色列国，所发动的战争。第三，在被掳前先知的预言中，入侵的是从北方而来的敌人，而被打败的也总是以色列人。但是在以西结的异象里面，他所看见的却刚好相反：敌人的确将以令人惊恐的方式入侵，但是在神超自然的干预之下，他们将会被彻底击败。

透过这三方面的更动，“从北方而来的敌人”在以西结的手中，的确面目一新。但是为什么他要如此做呢？原因其实很明显，因为新版的“从北方而来的敌人”，不单肯定了先知在前面所说，有关于将来复兴的信息（结 34－37 章），也回答了以色列人在听见了这个信息之后，心中依旧可能会有的疑虑：在回归故土之后，我们还会不会再一次遭遇到类似于被掳的事件呢？事实上除了这个心理层面的考量之外，先知对旧素材所做的更动，也是基于神学上的考虑。因为他的信息不单要医治以色列人，因着被掳而有的心理创伤之外，他的信息也必须能够回答因着被掳而引发的神学问题，那就是，难道耶和华只是以色列人的神吗？祂的国度，祂的权柄只及于迦南地么？“祂是万王之王，万主之主”的宣告，只是一种“选举语言”，当真不得的？因此就启示传承的角度来说，先知以西结的确以“旧酒”作为他所说预言的基础，但是因着新历史情境（被掳）的需要，他借着些许的更动，就把“旧酒”装在“新瓶”里面了。

从他们所身处历史情境的角度来看，约翰和以西结可以算是同门师兄弟，因为他们两个都被流放在外（拔摩海岛和巴比伦），并且都面对着一群在逼迫患难中的信徒。因此在如是类似的情境之中，他们也都必须回答“上帝在哪里”等类的问题。在以西结书 38－39 章中，我们已经看见先知是如何回答了这个问题，但是约翰呢？

和先知以西结一样，约翰在面对困境时，总是会回到神的启示中寻找答案。在启示录 19 章飞鸟大筵席的异象中（11－21），以及在启示录 20 章歌革玛各的战事中

(7-10),我们都看见他以“师兄”以西结的答案为准,再加上合情适境的延伸。在19章中,我们先看见他依循着以西结的模式,以飞鸟赴宴的画面来描述神国的胜利。但是在他依样画葫芦的引用中,我们也观察到他所加进去的新原料,那就是,弥赛亚和跟随祂之军队的出现(19:11-16)。所以在基督降世、受死、复活升天,一直到祂藉圣灵设立教会的新启示中,约翰明白了以西结版中,“神以超自然方式打败歌革玛各”这个元素的真正意义。而当我们来到启示录20章时,我们再次看见约翰师法以西结,让歌革玛各的跨国联军,再一次出现在人类历史的舞台上。他们围住圣徒的营和蒙爱的城,以为胜利在望,没想到从天而降的火,却带来了他们的审判。约翰版的歌革玛各之战,似乎完全反映了先知的预言,但是细究之下,他们还是有不同的地方。因为不管以西结的歌革玛各联军多么强大,行动多么迅速,他们基本上还是这个世界上的军队。但是在约翰版的歌革玛各大战中,领军的主帅却是撒但。约翰提升战争层次的举动,可以说是他对他所引用旧约的一个重大更改;但是这个更动应该不会令人感到意外才是。因为在启示录19章那里,当约翰把基督也拉入这场战争时,基督在十字架上所击败的那一位,当然也就要出现在这个战场上了。约翰版的歌革玛各大战,因着这些更动,的确有了一个新的面貌。但是尽管如此,约翰在引用以西结书时所遵循的原则,却和先知以西结引用旧约时的原则一致。虽然他们因着时空环境的不同,因而在引经时,对经文更动的层次有所不同,但是他们的更动,或者说他们的重新诠释,都是本于神在人类历史中,所赐下之新启示。因此在这个例证中,我们再次看见约翰是如何跟着先知的脚步而行。

笔者在论文中所处理的第三个个案,则是赫赫有名的新耶路撒冷。在旧约部分,我们首先看见先知以西结在被掳之地,反省他们被掳之因,并思索他们将来回归之后,以色列人应该如何趋福避祸的问题时,神的灵就降临在他身上(结40:1-4),并向他启示了复兴的蓝图(结40-48)。在有关将来12个支派如何分地的部分,神特别晓谕先知,要把地分为13个部分,因为其中有一个部分是要贡献给上帝的(结48)。因此这块被分别出来,归给上帝之地,其象征意义是,以色列国乃神从万国中所分别出来,归给祂自己的国度。因此这块贡献之地的分配和使用原则,也应该反映这个国度的特色。为了达到这个目标,我们就看见先知以摩西为师,按照记载在民数记2-3章中“野战营”的模型,来建构这块贡献之地。① 和野战营一样,这块地也是一个三层的结构:祭司之地在中间,利未人之地在北边,而代表百姓的新耶路撒冷城则在南边。

① 此一贡献之地的图标,可在11:1-2的注释中得见。笔者建议读者先行参阅该图标,再往下阅读。

因此这个设计所表达的观念是,未来以色列国将会是一个以神为中心的神权政体。事奉上帝的祭司之地,是圣殿的所在地,而办理圣殿庶务的利未人所分得之地,就面积而言是属百姓之地的两倍。① 因此未来以色列国的结构是,祭司—利未人—百姓。

对这个设计,某些以色列人也许会问:这个设计也许有其历史渊源,但是这个规划实在太过激进,因为我们怎么可以有一个没有圣殿在其中的耶路撒冷城呢?对这个质疑,先知的答案其实正直指问题的核心:就是因为过去我们把圣殿放在耶路撒冷城中,所以我们就把政教给结合在一起了。而这个结合,让我们看王,看世界,而不仰望上帝。也因着如此,我们今天才会在巴比伦被掳之地!为了更正过去的错误,在新的设计中,当然要把这两者分开。圣殿是未来以色列国的中心,而圣城耶路撒冷只代表百姓。

对熟悉以色列历史的读者来说,这个设计当然立即引发疑问:以色列王呢?他们在未来以色列国中的地位如何?从先知的设计中,我们看见他们的属地落在这块贡献之地的两边。这个设计一方面表达了王在未来以色列国中的超然地位,②因为属他的地从两边包围着"祭司—利未人—百姓"三者的属地。但是从另外一方面来说,这个把王地放在两边的做法,再次凸显出未来以色列国是神权政体的特色。因此我们从以西结的这个设计中,看出他在师法摩西的同时,也考虑到神国在历史中的发展。在旷野飘流的时期,王当然还没有出现在以色列国中,因此以那个时期的模型,来建构未来国度时,也应该把历史中所出现的新元素列入考虑。

当我们来到启示录有关新耶路撒冷议题的时候(21:9－27),我们发现在前面章节中,亦步亦趋跟在先知以西结之后的约翰,再一次以"师兄"之见来建构他的新耶路撒冷(结 48:30－35)。像师兄的模型一样,约翰的新耶路撒冷也是四方的,并且在每一边也都有三个门。而在这些门上,他也如法炮制的以 12 支派为其名。和以西结的模型相较,约翰的新耶路撒冷当然要更加壮观,因为他把师兄的平面模型,变成了一个长宽高各有 12000 浔的立体新城(约 2000 公里)。当然这个新城也比师兄的模型要来得华丽许多,因为在人间人所能想到的金银珠宝,都被约翰拿来作为最基本的建筑材料了。但是在这些令人炫目、叹为观止的更改之中,我们倒是看见一个也许不是那么明显,但却含有重大意义的变更,那就是刻在城墙根基上,12 个使徒的名字(启

① 利未人之地不单两倍大于百姓之地,在质的方面也高于百姓之地。因为属他们之地是圣的,而属百姓之地则是俗的。

② 在以西结的设计中,以色列王在未来的国度中,不再具有政治性的角色,因此他所有的,只是一个象征性的荣誉地位。有关于这个问题,详见 J. D. Levenson, *Theology of the Program of Restoration of Ezekiel* 40－48 (Missoula: Scholars Press, 1976), 55－101。

21:14)。这个变更,也许没有黄金街碧玉城那么吸引人,但是它却关乎旧约以色列国,和新约教会之间关系的问题。因此在约翰的这个更动中,我们看见他把神子民的范围,从以西结的12个支派,扩大为"12个支派+12个使徒"。也就是说,因着12使徒所传福音而归入主名下的人,如今都和旧约圣徒同国了。约翰的这个更动,显示出他对"耶稣拣选并且差派12个使徒出去传福音"之事的了解,因为在这个历史事件中,他看见神永恒计划中的一环。

从历史的角度来看,约翰所能看见的启示,当然要比以西结所能知道的更加清楚。因此他就能把师兄只关乎一国一时一地的复兴,转化为宇宙性的,永恒性的救赎计划。但即便如此,约翰在进行他转化工作的时候,他所遵循的原则,事实上是和以西结的原则一致。因为他将12个使徒加在以西结模型之上的动作,和以西结将王的制度,加在摩西的模型之上的动作,在释经学上是具有相同意义的。

笔者在论文中所处理的最后一个案例,是人人想就近而得之的生命河和生命树。在以西结书中,我们首先看见这条河出现在先知所预言的未来复兴中(结47:1-12)。在这个复兴计划里面(结40-48),前面七章经文虽然繁复,但是焦点却非常清晰:圣殿的正确尺寸和合宜的献祭模式。而从47:13之后,先知所要处理的,则是以色列全地要如何分给12个支派的问题。用今日拍电影的手法来说,先知以西结用了前面七章圣经的篇幅,给了圣殿一个详细的特写,但是在47:13之后,他把镜头拉回来,让我们看见以色列全地。而这个从特写到全视野的过程,则是由47:1-12中,先知所看见的那一条河来完成的。因为这条河是由圣殿底下涌出,从圣山而下,经过平原,最后注入了死海。因此透过这个文学手法,先知让我们和他一起在他的异象中,上山下海。当然这只是就文学效果的角度,来看这条河的角色。但若我们从神学的角度观之,这条河所要呈现的,是一个属灵的教训。那就是,依照神的心意来事奉祂,是我们得丰富生命的前提。

但以西结的生命河和生命树是从哪里来的呢?对旧约略知一二的读者都会指出,以西结在异象中所看见的,和创世记中的伊甸园相当类似。因为伊甸园的特色,像是丰沛的河水,动植物繁多和果树结实累累等等,都出现在以西结版的伊甸园中。不单如此,"各从其类"的字眼(结47:10),以及"好作…好为"的文法结构(47:12),都是创世记经文的反映(创2:9)。因此先知以西结在此显然再一次拜摩西为师,把以色列人未来复兴的情形,类比于亚当夏娃在伊甸园中的情况。

和前面我们所看见的一样,当先知引用摩西之作时,他并不以全文照抄为满足。在这个案例中,我们看见他使用伊甸园的模型时,也做了一点点的更改,那就是把"医治"的元素加了进去。因为我们看见死海之水,因着这河的流入而变成(原文作医治)甜的,而生命树的叶子也可以治病。但是为什么先知要做这个变动呢?原因其实很简单,因为他所引用的伊甸园模型,是亚当犯罪之前所居住的地方。因此若是因罪而被放逐在外的人(亚当/以西结),想要回到他们的故乡(伊甸园/迦南地),得着医治,或者说得着赦免,就成为一个先决条件了。

在论及复兴的种种情况时,约翰和以西结,以及许多次经伪经作者,都十分乐意以伊甸园作为模型。因此在启示录 22:1 – 2 节中,我们看见伊甸园再次出现。和以西结版的伊甸园一模一样,约翰的生命河之源头,也是上帝,而他的生命树也是每月都结果子,并且他的生命树的叶子,也一样可以治病。但是在约翰再次以先知为师时,他却在先知的模型之上,加上了他自己的领悟。站在新约的启示之中,约翰当然会把羔羊和父神并列,因此他的生命河,就自然的从神和羔羊的宝座流出。而既然生命河是由神和羔羊的宝座流出来的,因此生命树的医治恩典,当然就不能只让以色列一家独享,而必须扩及万民。因为被杀的羔羊为父神所买赎回来的,是从各国、各族、各民、各方而来之人。约翰版的伊甸园因着这些更动,当然比以西结的伊甸园,更具有国际化的特色,也因此可以容纳更多的人。但是他的更动,却恰恰和先知所做的更动一样,是属于同一个类型的。因为他们对他们所引用经文的变动,都是因着历史情境的变化而有的。换句话说,他们师兄弟二人,对于神在历史中的作为,都具有相当的敏锐度。

从这四个个案的研究看来,以西结书在文学方面对启示录有着相当深刻的影响;因为前者为后者提供了许多文学模型、样板和原料。① 除了这方面的影响之外,这四个个案研究也显示,约翰引用以西结书的技巧、方法和神学逻辑,事实上和先知以西结引用他手中"圣经"②的手法和观点,是完全一致的。因此从"释经学"的角度来说,约翰的确是先知以西结的传人。

由于篇幅的限制,笔者在论文中无法处理瑞兹所提及的另一个个案,那就是,以西结书 16 和 23 章在启示录 17 章中的引用(南国犹大的淫行和审判)。当然因着学养的限制,笔者的论文肯定还有许多可以改善的空间。但是就研究方向的角度来看,笔者的论文不单肯定了前人之见,也在这个题目上打开了另外的一扇窗,建立了另外一个平台。因为在这个基础之上,我们就可以将约翰的释经技巧和观点,和死海古卷作者,或是次经伪经作者,甚至是其他新旧约作者的释经技巧和观点,做一个比较。

---

① 事实上,以西结书对启示录的影响还不只于此。因为先知以西结在书中所采取的异象编排方式,也成为约翰编排启示录的模型。换句话说,启示录这本书的结构,是由以西结书中异象的编排方式而来(详见后面有关"启示录的结构"的论述)。

② 就笔者所处理的个案来说,是摩西五经以及在以西结书完成之前,就已经写成的先知书。

笔者相信这些后续的研究,将会增进我们对第一世纪释经学的认识,也将影响我们今日所建立起来的释经学。

比尔(G. K. Beale)①

比尔在出版了其博士论文的十五年之后,完成了他的启示录注释书。在书中他以专章的方式,来处理启示录引用旧约的题目。而在其中,我们看见他把过去几十年时间里面,学者们对这个题目的研究,做了一个很好的整理;而他把学者们所观察到约翰的引经方式,分为七种类型。

以旧约一段经文为文学范本

约翰的第一种引经类型,是以旧约某一段经文的结构,作为他自己作品的模型。以启示录1,4-5,13和17章为例,它们在结构上都反映了但以理书第2章和第7章的形式。② 而就整卷书的角度来看,以西结书和启示录之间的众多平行呼应,也让我们知道旧约对启示录的影响,是可以以一整卷书为范围的。除了这些例证之外,也有学者认为出埃及记中的十灾,是启示录中七号和七碗段落的旧约背景,而撒迦利亚书14章则站在启示录7章(或是20-22章)的背后。当然在这些呼应旧约章节的启示录经文中,我们也看见从别处而来的其他旧约经文。但是这些次要的引用,已经被约翰融入他所引用的主要旧约模型中了。而这类型的引用可以再细分为两类。第一,以神过去在历史中的行事模式(例如十灾),作为神在未来将行之事的典范(七号七碗)。第二,让旧约人物重现(例如但以理书中的人子),来显明末世预言已经应验(启1,4-5)。

依主题的需要而引经

除了引用特定旧约经文之外,约翰也按他写作主题的需要来引经。费克斯在这方面已经做了很好的整理,因为他观察到约翰对旧约中,有关末世的审判和救赎的相关议题相当有兴趣。除此之外,在近日也有许多学者在启示录中,观察到约翰对旧约特定议题的兴趣。例如,从但以理书而来的"行毁坏可憎"之主题,旧约中的圣战和战神,以地震作为审判手段的观念,约的概念,以及"耶和华大而可畏的日子"等等。不单如此,在学者中甚至有人主张,旧约中圣战概念中的八个元素,都出现在启示录4-

---

① G. K. Beale, *The Book of Revelation: A Commentary on the Greek Text* (Grand Rapids: Eerdmans, 1999), 76-99.

② 从前面有关笔者论文的简介中可知,以西结对推罗所发的审判预言(结26-28)、歌革玛各的经文段落(结38-39),以及以色列复兴蓝图(结40-48),是启示录18,19-20,以及21-22等章节的旧约模型。

22 章中，并因此影响了这段经文的结构。① 而在以赛亚书 40 – 55 章中，先知以诗歌来总结各个段落的模式，也出现在启示录中。②

类比式的引经

在旧约中的许多人事物，因着他们和约翰所身处的历史环境类似，因此他们就被约翰引用在启示录中。在大部分的情况之中，旧约人事物的特征，都被约翰保留在他的著作里面。例如约翰在启示录 12:9 中引用旧约的"古蛇"时，也一样把它放在末日争战的情境中。在启示录中，类似的例子多得不胜枚举。和审判这个主题有关的引用，包括了(1)神的显现是审判的先声；(2)审判之书的出现；(3)犹大的狮子要来审判；(4)万王之王，万主之主是审判的主；(5)神的审判由骑马者执行；(6)十灾是上帝审判的模型；(7)蝗虫是神审判的工具；(8)先知以异能审判，并因此见证了神的道；(9)巴比伦在"一时"之内被神审判。

和圣徒受苦有关的引用，包括了(1)十日的患难；(2)三年半的患难；(3)所多玛，埃及，耶路撒冷和大巴比伦等城市或是国家，因为他们都以逼迫圣徒而恶名昭彰；(4)兽是逼迫圣徒的象征。而和「圣徒在患难中得护庇」相关的引用，则包括了生命树，以色列的受印，和大鹰的翅膀。

在旧约和启示录中，圣徒都在哈玛吉多顿和歌革玛各大战中得胜，而他们也因着圣灵而得着力量，才能抵挡从巴兰和耶洗别而来的引诱。③

比尔认为这些为数众多的类比式引用，显示出约翰的历史观：神是人类历史中的主宰，神在过去、现在和未来的行事风格都是一致的。举例来说，祂在过去刑罚不义的人，所以在将来祂也会如此行；而圣徒过去受到引诱和逼迫，他们在现今和将来世代中，也要经历这些事情。神的国和撒但的国彼此相争，而神应许祂的子民，祂的国在将来要胜过撒但的国，所以祂的应许也必然会实现。

宇宙化式的引用

旧约中神子民的范围只有以色列一国，因此当约翰引用旧约中和以色列人有关的经文时，他都会把这些经文宇宙化，好将它们应用在新约圣徒身上，因为新约圣徒乃来自全世界。举例来说，(1)当他把原本专属于以色列的称号，"祭司的国度"，转用在新约圣徒身上时，他自然要强调这些人是来自各国各民各族各方(1:6;5:9 –

---

① G. H. Giblin, *The Book of Revelation*: *The Open Book of Prophecy*(Collegeville: The Liturgical Press, 1991), 25 – 34.

② D. R. Garnegie, 'The Hymns in Revelation,' in *Christ the Lord*: *Studies Presented to D. Guthrie*, ed. H. H. Rowden(Downers Grove: InterVarsity, 1982), 243 – 56.

③ 有关以上这些案例的新旧约经文出处，见 Beale, *Revelation*, 90 – 91。

10)。(2)在旧约中,十灾的确发生在埃及,但是在启示录中,这些灾难却是发生在全地(8:6－12;16:1－14)。(3)巴比伦在旧约中逼迫的是以色列人,但是在启示录中,她所喝醉了的,是圣徒的血(17:6),而她所诱惑的,是世上的君王(18:1－23)。而(4)在新耶路撒冷城中,生命树的叶子所能医治的,不再只是以色列人而已,因为万国都将得着医治(22:2)。

间接应验式的引用

在启示录引用旧约的不同方式中,比尔认为约翰的引经方式也可能包括了间接应验式的引用。举例来说,当约翰在启示录1:1中引用但以理书2:28时,以“快要(发生)”一语,来取代但以理书中的“在末后的日子”。不单如此,在启示录1:3中,约翰还加上了“日期近了”这个词组。因此在这里约翰有可能想要暗示,在但以理书中所提及,将要在遥远未来发生的事,在他的世代中,已经开始应验了。也因着如此,当约翰来到启示录的最后一章,当他再次引用但以理书时(12:4),他就把神给但以理“隐藏这话,封闭这书,直到末时”的命令,改为“不可封了这书的预言,因为日期近了”(启22:10)。在这种认知之下,约翰在启示录1:13－14引用但以理书7:13的目的,很可能是想要暗示读者,但以理书中有关人子将要来建立神国的预言,已经在耶稣基督的死和复活一事上,开始应验了。当然在启示录中,约翰也曾借着引用旧约的方式,来预言那些只会在将来发生的事(例如,列国抵挡神导致他们在末日受到审判;诗篇2:1/启11:18①),但是和其他新约作者一样,约翰在暗引旧约时,也显示出他有着“神国已经开始实现”的观念。

反转式的引用

在约翰引经的诸多类型中,有一种是反转式的引用。也就是说,约翰将他所引用的旧约,做一个180度反转。举例来说,先知以赛亚曾多次预言,在末日外邦人将会向以色列人下拜(赛45:14;49:23;60:14),但是在约翰的引用中,情况却刚好相反,因为拒绝神的以色列人将要向相信神的外邦人下拜(启3:9)。再举一例,但以理书第七章中,有角有眼十分狰狞可畏的,是要吞吃圣徒的第四兽(但7:7－23);但是在启示录的天庭异象中,有角有眼能以展开神手中书卷的,却是被杀的羔羊(启5:6－7)。这究竟是怎么一回事?难道约翰在引经时,完全不理会旧约的上下文吗?若是我们在启示录中,只看见一两个这种例证,那么约翰的引经很可能就是相当随意的。但是这种例子在启示录中却不胜枚举,②因此约翰如此引经可能另有目的。就上文

① 见 Beale, *Revelation*, 93,读者可以找到更多类似的例子。
② 读者可以在 Beale, *Revelation*, 95,找到更多的例子。

所提及的例子来说,约翰让被杀羔羊具有但以理第四兽之形象,其目的显然是要告诉读者,谁才是真正拥有能力的那一位。在启示录 17:8 中,约翰以“先前有,如今没有,将来要归于沉沦”的方式来描述兽,显然也是要将它和“今在昔在将要再临”的耶和华作一个对比(出 5:6－7),并因此就反讽了兽自以为它所拥有的“永恒性”。当然约翰让以色列人向外邦人下拜,也正是要凸显出他们自以为义的情况。因此这类反转式的引用,也可以称为反讽式的引用,因为这种引经方式,多少都带着一点嘲弄,或是讽刺性意味。

依旧约语言的形式来引用

约翰除了让许多旧约中的人事物,以原貌,或者以“反串”的角色,出现他的作品中之外,他引用旧约的方法中,也包括了“依旧约语言形式来引用”的手法。在许多的地方,他不单让他用以写作的希腊文,带着浓浓的希伯来风味,在某些段落中,他更让他的文字,百分之百照着希伯来旧约经文的形式,出现在他的笔下,以致使他所写下来的文字,违反了一般希腊文文法规则。① 这些“文法错误”或是“文法异常”的现象,当然有可能是无心之失,但是过去一百年学者们的研究显示,启示录中的这些文法异常,非常可能是作者刻意所为,是他导引读者回到旧约的设计。②

小结

以上所陈述的,是上一个世纪中,学者们对启示录引用旧约这个题目的研究成果。从这些研究中,我们看见约翰不单从旧约中,引用了大量的素材,并且他的写作技巧,他的思想模式,他对救恩历史的看法,以及他的释经原则,都受到了旧约作者的影响。在启示录中,他虽然没有正式引用旧约,但是他对旧约的熟悉和理解之深,是超乎我们所能想象的。因此若是我们用“满脑子都是旧约”一语,来形容启示录的作者,应该不会是一个太过分的描述。

但是启示录这方面的特色,在释经上有什么意义呢? 从正面来说,这个特色当然要求释经的人,本着旧约来理解它的信息。也就是说,当我们面对一段经文时,特别是那些难以理解的经文时,我们应该从这段经文的旧约背景中,来读这段经文。当然

① 以启示录 1:4 为例,跟在“ἀπὸ”后面的三个带冠词的分词都应该是所有格,但是约翰却让他们以主格的形态出现(ὁ ὢν καὶ ὁ ἦν καὶ ὁ ἐρχόμενος)。约翰容许他的文法出格的原因,应该是要他的读者明白,他在此引用了出埃及记 3:14,因为在那里神自我启示的名字,就是以“ὁ ὢν”形态出现。有关于这方面的问题,见前面“启示录的希腊文”一节中的论述。

② 相关讨论,见前面“启示录的希腊文”的分析。

启示录是在第一世纪的历史情境中,所写下来的作品,因此启示录也应该和当代启示文学作品,以及希腊罗马的文化背景来对照。① 但是就重要性和优先性来说,旧约应该是我们解开启示录信息的主要解经"钥匙"。除了这个正面的释经意义之外,启示录这方面的特色也隐含着一个反面的意义。那就是,若我们完全忽略旧约对启示录的影响,而单单只从当代某一个文化背景来读启示录,我们将会严重误解这本书的信息。马力纳(B. J. Malina)只从第一世纪希腊人星象学的角度,来解读这卷书的尝试,就是一个相当具有代表性的例子。②

启示录这方面的特色,当然让旧约在我们解释启示录时,变得举足轻重。但约翰在启示录中引用旧约的方式,对释经学来说也饶富意义。长久以来,学界对于新旧约之间关系,特别是新约作者引用旧约时,是否尊重旧约文理的问题,一直有着不同的意见。有人认为新约作者在引用旧约时,基本上是在旧约的上下文中来进行的,但是另外有一些人则持着相反的看法。③ 从上述学者对约翰引用旧约的研究结果看来,约翰的引经方式显然比我们所想象的,要更有弹性。若我们坚持新约作者在引经据典时,必须完全按着旧约经文的字面意义,或是逻辑思维来引用(例如,未来以色列的复兴,其范围就只能是以色列一族),那么约翰许多的引经,就显然没有尊重旧约的上下文了。事实上约翰大部分的引经,不管是类比式的,把旧约经文宇宙化的,间接应验式的,反转式的,以及依旧约语言形式来引用的引经方式,都和这个标准不合。因此从约翰的引经方式中,我们可以知道他对我们所谓的"上下文",有着比较宽松的定义。对约翰而言,字面上或是文脉逻辑上的呼应,当然是一个作者尊重他所引用经文的表现。但是除此之外,历史情境的类似,主题的雷同,神学观念的平行,甚至是同义或是反义的类比(预表),都包含在他对"上下文"的定义之内。

举例来说,(1)所多玛曾经因着她拒绝了神的使者,而被神审判(创 19 章),因此即便是属神的圣城耶路撒冷,因着同样的行为,也被约翰冠之以所多玛之名(启 11:1-8);(2)推罗曾经因着她的财大气粗,自比为神而被神审判(结 26-28 章),因此

---

① 举例来说,S. J. Friesen 就尝试从宇宙论的角度,来比较罗马帝国崇拜和启示录之间的异同。他认为在时间、空间、人的意义以及人类未来走向(末世论)等方面,约翰的启示录都刚好和帝国崇拜(Imperial cults),站在对立的地位。因此在当代主流思想之外,约翰的启示录为那些在受苦中的信徒,提供了另一个选择,一个可以让他们继续忍受苦难的理论基础。详见他的著作,*Imperial Cults and the Apocalypse of John: Reading Revelation in the Ruins*(N. Y.: Oxford University Press, 2001)。

② B. J. Malina, *On the Genre and message of Revelation: Star Visions and Sky Journeys* (Peabody: Hendrickson, 1995).

③ 有关这个议题正反两方的论述,见 G. K. Beale 所编辑的 *The Right Doctrine from the Wrong Texts? Essays on the Use of the Old Testament in the New*(Grand Rapids: Baker Books, 1994)。

她的双胞胎妹妹大淫妇巴比伦(罗马),也将和她姐姐一样面对神的审判(启18章);(3)本着神在伊甸园中对蛇所发的审判(女人的后裔要伤你的头;创3:15),约翰在引用先知以西结所预言的歌革玛各大战时(结38-39章),因此就可以毫不犹豫地把基督和撒但放在他们各自的阵营中(启19-20章);(4)在挪亚酒醒了之后所发的预言中,雅弗是命定要进入闪的帐棚之内的(创9:27),①因此当这个预言在五旬节成就了之后,雅弗的后裔当然也就可以和以色列人分享祭司之职(启1:6;5:10),而先知以西结所预言以色列将来的复兴(结40-48),当然也就是关乎万民的了(启22:2)。在启示录中,我们还可以找到许许多多类似的例子,但是这四个例证已经足够让我们了解约翰对"上下文"的看法了。

对一个活在二十一世纪,不十分熟悉旧约的华人信徒来说,启示录似乎就是约翰在拔摩海岛上所见异象的文字记录。从某一个角度来说,这个看法并没有什么问题,但是这种看法也许太过于简单。从上述学者们对启示录和旧约之间关系的研究来看,约翰显然并不像一台录像机似的,忠实而没有创意地把他所见的异象,"录制"在他的书中。从他大量引用旧约素材,从他依循旧约文学模式,从他采纳旧约先知的观点和写作技巧,以及从他以希伯来式希腊文来写作等等的特色看来,约翰的启示录不管在内容或是形式上,都深深根植于旧约中。他所看见的异象,并不是一个全新的启示,也不是和神在过去历史中所彰显之启示,完全无关。

约翰的确是在灵里见到了异象(1:9-10;4:1-2;17:1-3;21:9-10),他的属灵经验也曾高达天庭;他亲耳听闻24个长老所唱的新歌,他也亲眼目睹神永恒计划的开展(4:1-5:14)。但是这些超然的经验,并没有让他以拥有"第一手"的经验和亮光为满足。他的"灵恩"经验,只让他更深地委身于上帝的话语中。从约翰的"引经据典"中,我们当然也看见他对他所引经文的修正和更动,但是这些变动并不是随己意而行的。约翰之所以敢于对旧约做出新的诠释,是因为神新的启示,已经在耶稣基督死和复活事件中显明出来。和当时许多强调超然神秘经验的教派一样,约翰(以及其他新约作者)也曾经历了似乎是无法用人的言语所能表达的事。但是和这些神秘教派所不同的是,约翰选择用神的道,不管是神在古时借着众先知所传的道,或是在新纪元中已经成了肉身的道,来呈现他在异象中所领受的真理。对一个曾经经历过五旬节灵洗的人来说,"在灵里"的经验或许不是一件令他心驰神往的事。因为随着灵洗复兴之后而来的是逼迫和苦难,是在拔摩海岛上的放逐。对约翰而言,"在灵里"

---

① 有关这节经文的分析,可参 M. G. Kline, *Kingdom Prologue*(S. Hamilton: M. G. Kline, 1991), 172。

的重点不在经验,而在明白神的道,而在遵行神的道。因为这正是他的老师,他的主,在离世之前所留给他的教训:

但保惠师,
就是父因我的名所要差来的圣灵,
他要将一切的事,指教你们,
并且要叫你们想起我对你们所说的一切话。
(约翰福音 14:26)

但我要从父那里差保惠师来,
就是从父出来真理的圣灵。
他来了,就要为我作见证。
你们也要作见证,因为你们从起头就与我同在。
(约翰福音 15:26-27)

Ⅵ 启示录的结构

对一个想要了解启示录信息的人来说，他除了要明白启示录的文体、启示录所使用的象征笔法、启示录的特殊希腊文形式，以及启示录和旧约之间关系等等的问题之外，他也须要对约翰如何建构这卷书的问题有所掌握。因为我们对于启示录信息的了解，有很大的一部分是取决于我们对这卷书之结构的看法。有鉴于此，在这一节中我们将对启示录结构的问题，做一点探究，并且尝试为这卷书做一个分段大纲；而这个分段大纲也将成为本书后面详细解释各段经文的纲目。在这个阶段，我们并不打算分析这卷书中，每一个小段落的内部结构，因为这个动作很可能会让读者“见树而不见林”。在此我们只希望读者能了解，这一卷书是由那几个主要的部分所建构起来的；而有关启示录各个小段落的内部结构的问题，将留在后面分段释经的部分，再做处理。

在面对启示录结构这个问题时，我们当然不应该忽略过去学者们对这个问题的研究成果，因为他山之石不单可以攻错，也可以让我们免去闭门造车的危险。因此在下面的篇幅中，我们将先行了解学者们对这个问题的看法，再据此提出笔者之见。

学者们对启示录结构的看法

在面对启示录结构这个问题的时候，考琳丝女士（A. Y. Collins）曾语带感慨地说：有多少个释经者，大概就有多少个启示录结构。① 有感于这一个现象，比尔（G. K. Beale）在面对同一个问题的时候，也道出了他的心声：对启示录来说，拥有众多释经者的事实，的确是一个祝福，但是这个事实也同时是个咒诅，因为这些众多释经者

① A. Y. Collins, *Combat Myth in the Book of Revelation*（Montana: Scholars Press, 1976）, 8.

对启示录的结构,也都提出了他们各自的看法。① 考琳丝和比尔之言也许略嫌夸张,但却离事实不远。② 面对如此百家争鸣的情况,我们在此当然不可能将每一个不同的看法都陈列出来。面对着如此百花齐放的情境,我们所能采取的最佳策略,也许就是依据学者们在建构启示录结构时所采用的原则,将他们的看法分类之后,再选择几个具有代表性的意见介绍给读者。当然在简介这些不同意见的时候,笔者也将对这些看法,提出一点评论。在以下的篇幅中,我们将遵循肯普森(W. R. Kempson)在其博士论文中的建议,将学者们的意见,分为两大类。第一类就是那些依据外在证据而得到的结构,而第二种类型,则是那些根据启示录内部线索而产生的分段大纲。③ 这个分类的方式当然有其不足之处,因为某一个学者在建构启示录大纲的时候,他可能同时考量外在和内在的线索。因此在某些情况中,我们并不容易将某个学者的看法,黑白分明地归入第一个或是第二个类型当中。不过尽管有这方面的问题,我们在此还是会采用肯普森的分类法,因为他的方法虽然简单,但是对我们目前想要达到的目的来说,这个简单的分类法已经够用了。④

依据外在证据而有的结构

所谓“依据外在证据来建构启示录结构”的意思,就是说当我们发现启示录这卷书,和当代某一个文献,某一个宗教仪式,甚至是某一个观念之间,有彼此平行之处,那么我们就可以根据那一个外在文献、仪式或是观念的特色,来建构启示录的大纲。换句话说,对那些尝试解开启示录结构之谜的学者来说,解开谜题的钥匙不在启示录之内,而在启示录这卷书之外。但是由于在启示录之外的线索很多,因此我们就看见他们各自往不同的方向去搜寻。

---

① Beale, *Revelation*, 108.

② 有关十九世纪英国和欧陆学者的启示录大纲,可参 Swete, *Revelation*, xliv;有关二十世纪上半叶学者们的启示录大纲,可参 J. W. Bowman, 'The Revelation to John: Its dramatic Structure and Message,' *Int* 9(1955), 436-53;至于二十世纪下半叶学者们对这个问题的意见,可参 F. D. Mazzaferri, *The Genre of the Book of Revelation from a Source-Critical Perspective* (Berlin: Walter de Gruyter, 1989), 330-74。在 Mazzaferri 的书中,他简介了四个相当具有代表性学者的看法,并且对他们的启示录大纲,提出了他的评论。这四个学者分别是:W. R. Kempson, E. S. Fiorenza, A. Yarbro Collins and J. Lambrecht。从这三篇文献中,我们的确看见学者们对这个问题的分歧意见。

③ Theology in the Revelation of John. Ph. D. diss. (Southern Baptist Theology Seminary, 1982), 38-142.

④ 若读者对这个问题有兴趣,可参 D. Guthrie, *New Testament Introduction*. Revised(Downers Grove: Intervarsity Press, 1990), 970-77。在那里 Guthrie 将学者们对启示录结构看法,细分为九种不同的理论。

以早期教会仪式为本

薛佛(M. H. Shepherd)认为,解开启示录结构之谜的钥匙,是藏在早期教会复活节仪式之中的。① 这个仪式从禁食反省开始,接着是守夜读经和正式的崇拜。在其间初信者在别的地方先行受洗,之后被带到崇拜中,由其他的信徒来确认他们是否拥有圣灵的恩赐,而后崇拜在圣餐中结束。薛佛认为启示录的结构正反映了这个仪式的程序:

1	反省悔改	1 - 3 章
2	守夜	4 - 5
	读经	6
3	初信者入会	7
4	崇拜	8
	祷告	8:3 - 5
	律法书	8 - 9
	先知书	10 - 11
	福音书	12 - 15;16 - 18
	诗篇	19
5	圣餐	19 - 22

薛佛对早期教会历史的了解是令人敬佩的,而他试图将启示录的结构,和早期教会仪式连在一起的努力,也值得肯定。但是他的建议却有着一个基本的问题,那就是他所根据的复活节仪式,在时间上晚于启示录的写作时间。所以薛佛在此是把后期的仪式程序,读进了启示录。因此在启示录中那些和这个仪式程序不合的元素,在薛佛的分段中,就自然不见其踪影了。举例来说,在第 2 章和第 3 章中,我们的确看见反省悔改的要素,但是在这七封书信中,也包含了对信心的鼓励,对忍受苦难的劝勉,以及对持守信仰的应许。启示录中的确包含了许多的诗歌,而在这卷书中,约翰也的确让我们稍微看见天上崇拜的过程(启 4 - 5 章),但若我们就此推论,启示录的结构是以此为本的话,我们恐怕是犯了以偏盖全的错误了。②

① M. H. Shepherd, *The Paschal Liturgy and the Apocalypse*(Richmond: John Knox Press, 1969). 资料来自 W. R. Kempson 博士论文。

② M. D. Goulder 的看法恐怕也属于这一类,因为他认为启示录是为了在教会崇拜中,一年 52 次的读经需要而写的('The Apocalypse as an Annual Cycle of Prophecies,' *NTS* 27[1981], 342 - 67)。

以希腊戏剧为本

除了从早期教会仪式中寻找灵感之外,有另外一些学者则将他们的注意力放在希腊戏剧上面。① 举例来说,伯曼(J. W. Bowman)就认为启示录的结构,是以希腊戏剧之剧本为蓝图的。② 根据他的看法,启示录除了整卷书的前言和结语之外(1:1-6;22:21),中间的部分可以分为七幕,而这七幕也各自由七个场景来组成。因着篇幅的限制,以下我们只列出伯曼结构中的七幕:

剧本前言	1:7-8
第一幕　地上七教会的异象(以金灯台为布景)	1:9-3:22
第二幕　天庭异象(宝座,书卷,羔羊和诗歌)	4:1-8:1
第三幕　七个天使的异象	8:2-11:18
第四幕　教会得胜的异象(约柜)	11:19-14:20;15:2-4
第五幕　七个带来神愤怒之天使的异象(圣所)	15:1;5-16:21
第六幕　巴比伦灭亡的异象(从圣所而出的天使)	17:1-20:3;7-10
第七幕　千禧年教会的异象(教会和基督坐宝座)	20:4-6;20:11-22:5
剧本结语	22:6-20

对伯曼而言,在这七段经文的起头部分,常常令人感到困惑的经文段落,③其实并不奇特。因为这些段落所陈述的,并不是剧情,而是在每一幕戏开始之前,作者为要让观众明白这幕戏而有的背景说明(stage prop);而这正是希腊戏剧中惯有的形式。伯曼指出,约翰并不期待他的剧本在剧院中上演,他只是想把耶稣基督的福音,用福音书和书信之外的另一种模式来呈现,因为他的读者对这种形式的信息相当熟悉。

伯曼所提出来的启示录结构,当然有其优点。他的"7×7"结构不单让人印象深刻,并且也间接地强调了启示录的统一性。但是这个特色也许正好是伯曼之说的致命伤,因为"以七作为建构启示录大纲的原则",事实上是有其困难的。这个问题很重要,而且我们在后面会再回到这个问题上面,所以笔者目前只打算对伯曼之见,提出几个比较次要的质疑。第一,启示录 18 章中,神对巴比伦的审判是在地上进行的,而在 19:1-10 中的庆祝大会,却是在天上举行的,因此这段经文应该不属于同一幕戏。第二,15:2-4 和 20:4-6 为什么不属于它们各自的段落中呢?把它们移位的原因何

① 若读者想要知道有哪些人持这种看法,可见 S. S. Smalley, *Thunder and Love: John's Revelation and John's Community*(Milton Keynes: Nelson Word Ltd., 1994), 104。

② 'The Revelation to John: Its Dramatic Structure and Message,' *Int* 9(1955),436-53.

③ 1:9-20;4:1-5:14;8:2-6;11:19,15:1,8;16:1;17:1-2;20:4-6.

在呢？第三，把每幕戏的起始段落当成“背景说明”的作法，也有问题。这些段落长短差距过大，而且其中有些事件，例如羔羊从坐宝座者手中接受书卷一事，在启示录中，恐怕不是背景事件，而是启示录的主轴。① 基于这些理由，伯曼所建构的完美结构，恐怕不是约翰的本意。

以罗马帝国的竞技比赛为本

长久以来，华人教会对圣经各书卷写作时的历史背景，通常没有太大兴趣，因此伯曼从希腊戏剧的角度来读启示录的建议，对某些华人信徒来说，可能是相当新鲜的看法（甚至是匪夷所思的?）。但其实会让我们产生这种印象的，并不只限于伯曼所提出来的理论。和伯曼一样的，史脱弗（E. Stauffer）也尝试从当代的历史背景中，来了解启示录的结构。② 他认为启示录的结构，基本上是照着当代竞技比赛的程序来编排的，因为这两者之间有一些平行之处：

竞技比赛程序	启示录
1　宣读罗马皇帝圣旨	2－3
2　乐团轮唱颂赞皇帝之歌	4－5
3　以授予书卷的仪式拉开竞技比赛的程序	5
4　各样竞赛依序登场（七印七号七碗；人和野兽的摔角［10－11］；化装游行［17－18］）	6－18
5　罗马皇帝亲临竞技场	19－22

对史脱弗来说，约翰采用罗马竞技模式来写启示录的原因，当然不只是因为他的读者十分熟悉这个竞技的程序而已。约翰采用这个模型的目的，是想要借着基督和凯撒之间的对比，显示出基督才是真正的主，真正的王。

史脱弗对罗马帝国的了解让人印象深刻，但是他对启示录结构的看法，却不容易被接受。在罗马竞技场和启示录之间，虽然有着一些类似的地方，但是就整体而言，彼此平行之处其实十分稀少。因此我们无法据以认定，启示录的结构是以罗马竞技程序为本的。再者，史脱弗所认定的平行之处，像是启示录 18 章中的大淫妇等于化装游行的看法，可能不是约翰的原意，而是他个人的解释。而一个分段大纲若是牵涉到个人对经文意义了解的时候，这个结构的客观性就受到了影响。

史脱弗想要借着这个对比，来突显出基督为宇宙之主的尝试，也十分令人敬佩。在启示录中，约翰的宇宙是以天上的宝座作为中心的，因此人类的时间和空间，人存

---

① 参 D. Guthrie, *New Testament Introduction*, 973。

② E. Stauffer, *Christ and Caesars: Historical Sketches*（London: SCM Press, 1955）, 147－91.

在的意义,人类的未来(末世论)等等问题,都是由这个中心来定义的。而约翰的宇宙论,也的确和罗马帝国借着帝王崇拜(Imperial cults)而建立起来的宇宙论,彼此针锋相对。因为在帝王崇拜背后的宇宙论中,世界的中心是帝国首都罗马,时间是以罗马皇帝的生死来界定,而人类的福祉则系于人对罗马帝国的效忠,和罗马帝国的永存。① 从这个角度来说,启示录是为着抗衡当代罗马思潮而有的作品。因为借着这本书,约翰向那些在受苦中的信徒,提供了另外的一个选择,一个让他们在苦难中,可以继续持守信仰的理论基础。从这个对比中,我们的确看见启示录和罗马文化思潮之间的密切关系,但是这并不表示启示录的结构,就必然的受到了这个关系的影响。约翰在启示录中,的确呈现了一个相对于罗马的观点,但是他并没有使用和帝王崇拜相关的竞技仪式,来作为启示录结构的蓝本。约翰可以使用竞技场的模式,来达到他的目的,但是他并没有如此行。因为在后面我们将会看见,为了要凸显出他和和旧约先知之间的传承关系,约翰事实上是照着以西结书,来铺排他在拔摩海岛上所看见的异象。

以旧约为本

在本书的前面,我们已经看见启示录和旧约书卷之间,有着极为密切的关系。因此对某些释经者来说,解开启示录结构之谜的钥匙,当然是藏在旧约之中的了。但在旧约诸多书卷之中,这把钥匙究竟藏身何处?

葛拉森(T. F. Glasson)②

对葛拉森来说,解开启示录结构之谜的钥匙,当然就是以西结书了。因为这两卷书在结构上是彼此平行的,而这个平行的现象,应该不是机缘巧合之下的产物:

	以西结书	启示录
1 两位作者在流放中都见异象	1	1
2 在异象中他们都领受了神给祂百姓的信息	2-24	2-3
3 两位作者也都宣告了神的审判	25-32	4-19
4 在审判之后弥赛亚国度接着出现	33-37	20:1-6
5 而歌革玛各大战随后登场	38-39	20:7-15
6 最后两书都以神子民的复兴为结	40-48	21-22

---

① 有关这方面的详细论述,见 S. J. Friesen, *Imperial Cults and the Apocalypse of John: Reading Revelation in the Ruins*(N. Y.: Oxford University Press, 2001)。

② T. F. Glasson, *Revelation*, 12-13.

在前面有关启示录和旧约之间关系的论述中,我们透过范何、弗格哥森和瑞兹等人的眼睛,已经看见启示录和以西结书之间的密切关系。而这个关系也在葛拉森的观察中再一次得着证实。但是这两卷书是不是真如葛拉森所见,像是一对探戈舞者,彼此亦步亦趋、同步而舞呢?在细究之下,情况显然不完全是如此。举例来说,先知以西结吃书卷的异象(结2-3章),在启示录中就出现了两次(启5,10章);而先知的歌革玛各大战(结38-39章),则在启示录中出现了至少两次(启19:11-21;20:7-10)。不单如此,神子民得着复兴的主题(结40-48章),在启示录20:4-6和21:9-22:5中,也重复出现。因此在内容次序上,这两卷书并不完全互相呼应。事实上葛拉森之见的真正问题,并不在他所观察到的现象,而是他把经文的内容次序,等同于结构的前提。在某些记载历史或是预言将来的文献中,内容次序是可以等同于结构的,但是这并不表示所有的类似文献,其内容次序一定等同于结构。

以创世记为例,若我们以在书中出现了十次的"后代(תּוֹלְדוֹת)"一词为线索,这卷书除了前言之外(1:1-2:3),可以分为十个段落:(1)天地的来历,2:4-4:26;(2)亚当的后代,5:1-6:8;(3)挪亚的后代,6:9-9:29;(4)闪,含和雅弗的后代,10:1-11:9;(5)闪的后代,11:10-26;(6)他拉的后代,11:27-25:12;(7)以实玛利的后代,25:13-18;(8)以撒的后代,25:19-35:29;(9)以扫的后代,36:1-37:1;(10)雅各的后代,37:2-50:26。[①] 依内容次序,这卷书似乎是依序介绍始祖们的生平,但是在细究之下,创世记的结构却不是线性的。就时间的角度而言,第一段和第二段是平行的,因为他们所涵盖的时间,都是由创造到洪水。但就主题而言,他们却是以反义平行的方式并列,因为前者的主题是罪进入世界和罪的影响(该隐—拉麦),而后者是被拣选的子民的出现(亚当/塞特—挪亚)。同样的情况也出现在第四段和第五段,第七段和第八段,以及第九段和第十段之间,因为这些经文都是反义平行的段落。所以创世记的结构,可以用如下图表来表明:

由这个例子当中,我们因此可以看出,内容次序不一定等同于结构。在后面我们将会看见,启示录的结构和创世记的结构,在某些地方是类似的。因为在启示录中的某些段落,也具有反义平行的关系。葛拉森的方向基本上是正确的,因为解开启示录之谜的钥匙,的确是藏在以西结书中。[②] 但是他把内容次序当成结构的假设(冯京=马凉?),可能是受到了他对启示录看法的影响。因为对他来说,启示录中各个段落之间,应该是直线性的关系。但是在后面我们将会看见,这个"想当然耳"的假设,事实上是有问题的。

---

① 有关创世记的结构,可见 M. G. Kline, *Kingdom Prologue* (S. Hamilton: M. G. Kline, 1991), 6-9;邝炳钊,《创世记(卷一)》(香港:天道书楼,1997),页41-45。

② 见本节后面的论述。

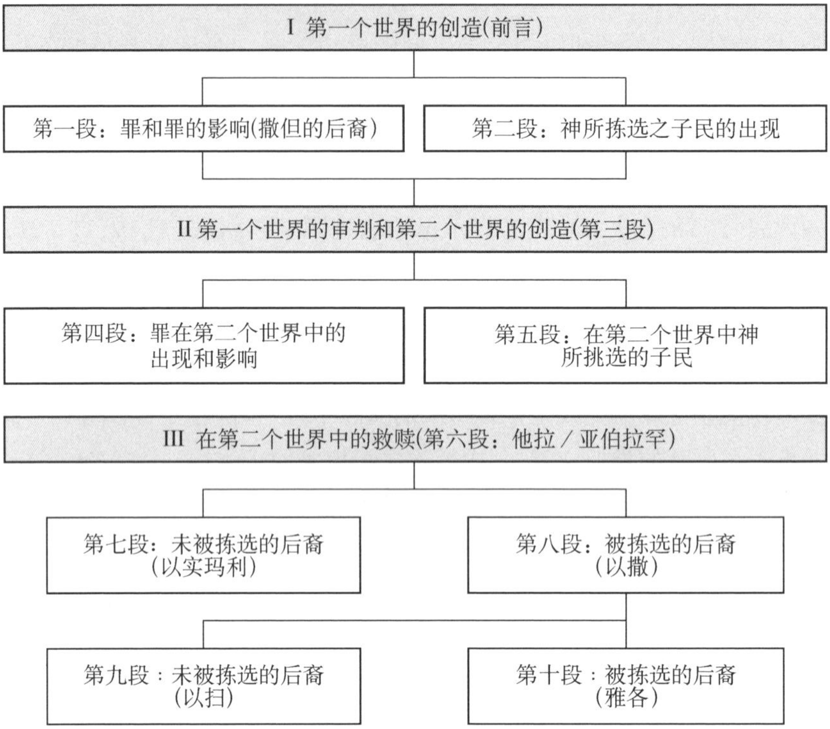

比尔(G. K. Beale)①

为解开启示录结构之谜,比尔和葛拉森一样朝向旧约前进。但和葛拉森所不同的是,比尔是在但以理书中,找到了解开启示录结构之谜的钥匙。在但以理书第2章中,先知但以理被召唤至尼布甲尼撒王的面前,为要替王解开一个他已经忘记了的梦(但2:1-27)。在但以理的解梦之言中(但2:28-45),比尔发现"神已经将日后必有的事指示王"的句子(或是类似的说法),一共出现三次,并且是在但以理解梦之言的起头和结尾处(2:28,29,45)。而在启示录中,这个句子虽然经过了一点点的修改,但却被约翰使用了四次:叫祂将必要快成的事指示祂的众仆人(1:1);将来必成的事(1:19);我要将以后必成的事指示你(4:1);将那必要快成的事指示祂的众仆人(22:6)。从这四节经文的上下文中,比尔认为约翰暗引但以理书的目的,是希望他的读者能够明白,但以理书第二章中所提及的那个永不败坏之国,在耶稣基督第一次降临时,已经开始在人类的历史中实现了。不单如此,由于但以理书中的这个句子,在启示录中所出现的地方,正好都是明显分段的所在,所以这个由但以理书而来的句子,

① 见 Beale, *Revelation*, 137-41, 152-61。

在启示录中，就具有了分段的意义。准此，比尔便将启示录大致分为下列的几个段落：①

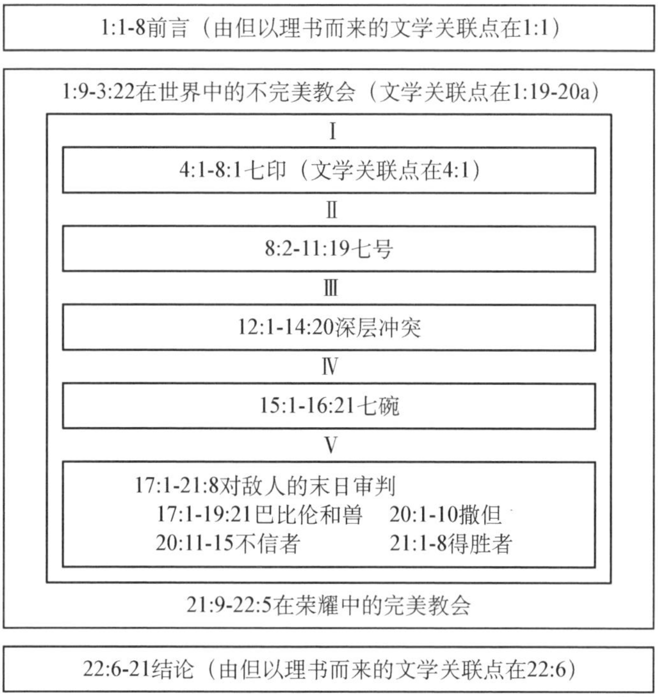

在今日启示录学界中，比尔可算是几个世界级的大师之一，因此他的论点当然值得我们注意。他所提供的图表不单让人一目了然，同时也强调了启示录的统一性。在处理启示录结构这个问题时，学者们通常会遇见启示录 2－3 章，和其后经文之间关系的困难。因为这两章圣经的内容和形式，与第四章之后的经文有很大的差异。但这个困难在比尔的图表中，却完全不存在，因为给七教会的书信，正和有关新耶路撒冷的经文遥遥相对，从而成为全书中间部分的头和尾。

比尔之启示录结构让人印象深刻，但是他认为但以理书 2:28－29 和 45 节，是解开启示录结构之钥匙的见解，却是值得商榷的。约翰的确在启示录 1:1；1:19；4:1 和 22:6 中暗引了但以理书的经文，但是这并不表示启示录的结构，就是受到了但以理书的影响。在但以理书中，约翰所暗引的经文并不扮演着结构性的角色。

① Beale 在建构启示录结构时，当然也考虑了其他的因素（例如重复出现在书中的主题和词组等等），但是他认为启示录一书的主要结构，是受到了但以理书的影响。Beale 对启示录结构这个问题的处理方式虽然有一点凌乱，但却包含了许多学者的看法（*Revelation*, 108－70）。

也就是说，我们无法用在这三节经文中所出现的这个词组，作为但以理书分段的依据。不单如此，若约翰打算据此来建构启示录，那么这个具有结构性指标意义的词组，在 1:9 – 3:22 的段落中，也应该出现在这个段落一开始的部分（1:9 – 10），因为在其他三个段落中（1:1 – 8；4:1 – 21:8；22:6 – 21），这个从但以理书而来的词组，都一致地出现在这些段落的起首之处。再者，若约翰打算据此来建构启示录，这个词组也应该出现在 21:9 – 22:5 这个段落起首的地方。因为在比尔的结构当中，这个段落是和 1:9 – 3:22 互相呼应的。约翰在启示录中，的确多次引用了但以理书中的这个词组，而他引用这个词组的目的，也的确是想要将耶稣基督借着死和复活所建立起来的国度，和但以理书中所预言的未来之国，连结在一起。但是约翰是否真的打算让这个词组，在启示录中扮演着文学结构性的角色，则是我们所无法完全确定的事。这个词组为启示录提供了一个观点，但是约翰似乎没有打算用它作为启示录结构的指标。

黄彼得①

尝试从旧约中找寻解开启示录结构之谜的钥匙，并不是西方学者的专利。在黄彼得的注释书中，我们就看见他把他的眼光，也转向了旧约。但是和前面两位学者所不同的是，他并不将自己局限在旧约的某一卷书之内，而是把他的注意力放在旧约诗歌的形式上面。他认为旧约希伯来诗的特色之一，是所谓的迭义平行，而启示录也是按着这个形式来建构的。由此，他便将启示录的主体部分，分为如下的五个大段落。这五个部分都各别由两个平行的小段落所组成；前者是该段落的主体，而后半段则是对该主题的强调。

1 基督的特性与苦难中的教会（1:9 – 20）
  基督的特性与地方教会的缺点（2:1 – 3:22）
2 基督的宝座与属灵教会的真相（4:1 – 5:14）
  基督的权柄为受难的教会伸冤（6:1 – 8:1）
3 基督审判世界与教会在灾难中的见证（8:2 – 11:14）
  基督神权的国度与在人权国度中争战的教会（11:15 – 14:20）
4 基督公义的本性对受造物执行公义的审判（15:1 – 16:21）
  基督圣洁的本性审判邪淫的巴比伦（17:1 – 18:24）
5 基督顺服的本性审判叛逆的受造者（19:1 – 20:15）
  基督神人合一的本性实现神在创造中合一的旨意（21:1 – 22:5）

① 《认识得胜的基督》（印尼玛琅：东南亚圣道神学院，1995），页 67 – 72，198 – 99。

在华人著作当中,黄彼得的启示录注释可以说是一时之选。他从旧约诗歌的角度来了解启示录结构的建议,在华人教会中,其实颇具有开创性的意义。① 而他据此而得的启示录结构,在形式以及文句上也十分工整。黄彼得的平行结构,打破了华人教会的传统看法。因为他认为启示录的结构,不是线性的,不是以时间先后为主轴的。对他而言,启示录五个段落的主题,都围绕在基督和教会之间的关系,但由于角度不同,所以他们各自成为一个段落。从这个角度来看,黄彼得的结构真实地反映出启示录文学特色中的一个面向,那就是平行对比。但可惜的是,他的建议却必须面对两个问题。第一,启示录中的确包含了许多的诗歌,但是这并不表示整卷启示录都是以诗歌体来写的。第二,旧约诗歌的特色之一的确是叠义平行,但是在旧约中是否有一卷书,从头到尾都是以诗歌形式来书写的呢?若是真有这么一卷书,那么它和启示录之间的关系又是如何呢?约翰是不是以此书的模式,作为启示录结构的模型呢?若是我们能给这些问题一些适切的答案,那么黄彼得的建议就应该被接纳。但若是我们无法适切地回答这些问题,那么我们也只能对他的建议存疑了。

依据内在线索来建构启示录的结构

从前面所说的我们已经很清楚地看见,以外在证据来建构启示录结构的方法,是从启示录之外的角度,来处理启示录结构的问题。和此相较,依据内在线索来建构启示录结构的方法,则是把焦点放在启示录之内。换句话说,采用这个方法的人,认为解开启示录结构之谜的钥匙,不在启示录之外,而在启示录之内。但是这把钥匙究竟长的是什么样子呢?

以内容为本

以经文内容或是主题的差异,作为分章断节的依据,当然是一个十分合理的方

① 虽然在最近十余年的时间里面,华人教会对启示录结构的看法,已经出现了不同的声音,例如,张永信,《启示录注释》(香港:宣道,1990);陈济民,《启示录注释》(香港:中国神学研究院,1995);李群,《启示录注释》(香港:天道,2005)。但是长久以来,以启示录 1:19 中的“过去现在将来”,作为启示录结构之钥的看法,一直是被最多数的人所接受的,例如,倪柝声,《默想启示录》上下册(台北市:台湾福音书房,1982);杨浚哲,《启示录讲义》(三藩市:灵水,1983);马有藻,《最后的启示:启示录诠释》(台北市:天恩,1997)。在这个背景之下,提出不同意见的人,恐怕需要一点勇气。

法。因为透过这些差异,我们就可以看出一篇文章,或是一卷书信中的起承转合了。以下我们所要介绍的各种不同的方法,其实或多或少都牵涉到释经者对一段经文的了解,因此"内容"是一把大家都在使用的钥匙。而其中的差异只在各人对这把钥匙的重要性,有不同的看法而已。

以史威特(H. B. Swete)为例,当他尝试为启示录建立大纲时,就十分依赖"内容"这一把钥匙。① 他以魏斯科特和哈特(Westcott and Hort)所编辑的新约圣经为本,②为启示录的42个小段落,各下了一个小标题。然后再依其内容,将这42个段落结合成14个段落。透过对这14个段落的再进一步的观察,史威特最后将启示录的结构浓缩如下:

前言和问安(1:1-8)

第一部　异象—基督在教会中(1:9-3:22)

异象—基督在天上(4:1-5:14)

末日前奏(6:1-11:19)

第二部　异象—妇人和她的仇敌(12:1-13:18)

末日前奏(14:1-20:15)

异象—基督的新妇(21:1-22:5)

结语和祝福(22:6-21)

史威特认为启示录是由两个部分所组成的。第一个部分是1-11章,而第二个部分是12-22章。在第一个部分中,基督是以教会的主和世界之主的身份出现的,所以在这一部分的经文里面,我们就看见约翰描述了那些属于基督的教会,和这个世界之间的紧张关系。而在启示录的第二个部分中,约翰则是从另外的一个角度,来重述他在1-11章里面所说的事情。所以教会在启示录的后半段不见了,取而代之的是第12章中的妇人。同样的,在前面11章中逼迫教会的世界,在启示录的后半部也以红龙和兽的形象出现。它们的兴起和衰败,恰恰和妇人的命运,即,受逼迫和复兴,完全相反。

史威特化繁为简的能力令人赞赏,因为在经过了两三个步骤之后,原先的42个小段落,就浓缩成一个十分简洁的大纲。不单如此,这一个简洁的大纲也编排得十分

① Swete, *Apocalypse*, xxxiii-xiv.

② B. F. Westcott and F. J. A. Hort, *The New Testament in the Original Greek*, 2 vols. (Cambridge: Cambridge, 1881)。今日许多学者所采用Nestle-Aland版本的希腊文新约,其第一版出版时间是1898年,时值史威特学术生涯的后半段,所以他之所以会采用Westcott and Hort版本的新约,实在是一件很自然的事。

对称。前言对结语,问安对祝福,并且本文也平均分为两个部分,而各自有三个小段互相对应。对史威特的能力和努力,笔者实表敬佩,因为我们为一卷书做大纲的目的之一,就是希望能够以简御繁。但是史威特的方法论,却有着一个十分基本的困难。因为他所遵循的原则,事实上是包含了一个相当主观的因素在内。在启示录的研究中,一段经文的内容为何,以及各个段落之间是如何连结在一起的问题,是相当不容易决定的。因此若是我们只根据我们所认定的经文含义,来建构启示录的结构,那么我们所得到的结果,当然就是建立在我们对经文的解释上面。为了求客观起见,启示录的结构最好还是依据文学上的线索来建构才是。但是在启示录中,约翰到底放下了哪些和结构有关的线索呢?

以启示录1:19为线索①

对许多释经者来说,启示录1:19就是启示录结构的线索,因为在那里像人子的那一位,要约翰“把所看见的(ἃ εἶδες),和现在的事(ἃ εἰσὶν),并将来必成的事(ἃ μέλλει γενέσθαι μετὰ ταῦτα),都写出来”。从表面上看起来,这个命令是够清楚明白的了,因此这句话似乎就是这一卷书内容的总结。但是把这节经文,当做解开启示录结构之谜钥匙的人,对这节经文中的三个词组,②却有着不同的解读。

第一种看法是我们比较熟悉的,那就是,这三个词组所指的,分别是启示录第一章,第二到第三章,以及第四章之后的经文。③ 准此,启示录就自然分为三个大段落:所看见的事(启1)、现在的事(启2-3)和将来的事(启4-22)。④

第二种看法和第一种看法类似,也把这节经文当成所谓的“时间三重语法(过去、现在和将来)”。但是和前述说法所不同的是,这个“时间的三重语法”的意思,并不是如字面所言的“过去、现在和将来”,而是指向这本书超历史性的特色(Supra-Historical)。因为在当代的许多宗教文献中,这个谚语所隐含的意义就是如此。在这个理解之下,约翰在此所肩负的任务,并不是要将他所看见关乎过去现在和将来的事

---

① 有关于这节经文在启示录结构中的意义,详见Beale, *Revelation*, 152-70;以及他在*Novum Testamentum*期刊中所发表的论文,‘The Interpretative Problem of Rev 1:19,’ *NovT* 34(1992), 360-87。以下对这个问题的讨论,有部分资料是从比尔而来。

② 这三个“词组”事实上三个是关系代名词子句,为行文方便起见,我们在此姑且称之为“词组”。

③ 例如Walvoord, *Revelation*, 47-49; Ladd, *Revelation*, 34。华人前辈除了前面已经提及的倪柝声、杨浚哲和马有藻之外,何赓诗、陈玉玲、杨牧谷和丁立介也持相同看法。分别见,《耶稣基督的启示》(香港:证道,1953),页15;《启示录浅释》(香港:陈伟昆,1962),页4,52;《基督书简》(台北:校园,1990),页153;《启示录的研究》(香港:种籽,1989),页86-87。

④ Ladd认为七印在第6章中才被揭开,所以“将来的事”指的是第6章之后的事(*Revelation*, 34)。

写下来,而是要将他(1)在异象中所看见,(2)具有超越历史意义,(3)关乎永恒真理之事,都记载下来。从此角度来理解 1:19 的学者中,有人认为这一组词组所要凸显的,是启示录的文学性质,即预言(prophecy);①但是有人则认为这三个词组各有各的意思:"你所看见的事"是表明启示录的"启示文体";"现在的事(它的意义)"则等同于"象征语法";而"将来的事"则指向"末世预言"。因此约翰在 1:19 中所收到的命令,是要他以启示文体,用象征语言,来写有关末世之事。②

这两种看法似乎都言之成理,但是它们的困难在于,约翰在此所使用的,并不是"时间的三重语法"。③ 在启示录 1:4,8 和 4:8 中,约翰的确使用了时间的三重语法,来描述上帝的永恒性;而在那些经文中,"昔在/今在/将要再临"的结构,是相当工整的。反观 1:19,"所看见的"一语虽然是带着过去时态,但是它和后面的两个词组(现在的事和将来的事),就形式而言,并不完全对称。所以在 1:19 中我们并没有一个严格的时间三重语法。再者,约翰在 1:11 中,已经被赋予"要将所见异象记录下来"的使命,所以 1:19 节的重点显然不在"所看见的事",而在"现在的事和将来的事"。

因着这个缘故,有些释经者就将 1:19 译为:你要将所看见的一切,包括现在和将来要发生的事,都写下来。因此在这第三种的看法中,启示录依据这节经文,就可以分为两个大段落了:现在的事(1:9 – 3:22)和将来的事(4 – 22)。④ 而这两个段落中所记载的事,乃依时间先后顺序来编排。

这个看法似乎也挺合理,但是在细究之下,它却有其瑕疵。因为在第一个段落中(1:9 – 3:22),我们不单看见现在发生在教会中的事,我们也读到和未来有关的应许(2:7,11,17 等等);而从第二个段落中(4 – 22),我们不单得知未来之事,我们也看见长篇大论有关过去的事(例如 12 章)。为着这个理由,有一些释经者就认为,约翰使用"现在的事"和"将来的事"这两个词组的目的,并不是要读者将启示录一分为二,而是要说明,启示录各个异象中,都包含了现在和将来的事。⑤ 从一个比较严格的角

---

① W. C. van Unnik, 'A Formula Describing Prophecy,' *NTS* 9 (1962 – 63), 86 – 94. Roloff, *Revelation*, 38; Harrington, *Revelation*, 51.

② C. R. Smith, 'Revelation 1:19: An Eschatologically Escalated Prophetic Convention,' *JETS* 33 (1990), 461 – 66; Beale, *Revelation*, 152 – 70. 在但以理书 2:28 – 29,45 的背景衬托之下,Beale 认为 1:19 中的第三个词组,是具有末世性含义的。因此就这个角度来说,他也属于这个阵营。在前面我们已经讨论过比尔之见了,所以在此我们就将不再详细讨论他的看法。

③ 详见 1:4 的注释。

④ 例如,陈济民,《启示录注释》,页 98;Aune, *Revelation* 1 – 5, 105 – 06。

⑤ 例如, Caird, *Revelation*, 26; Beasley-Murray, *Revelation*, 68; Mounce, *Revelation*, 82; J. Lambrecht, 'A Structuration of Revelation 4,1 – 22,5,' in *L'Apocalypse johannique et l'Apocalyptique dans le Nouveau Testament*, ed. J. Lambrecht (Leuven: University Press, 1980), 77 – 104。

度来说，这个对第三种看法的修正版，基本上是不把1:19，当成解开启示录结构之钥的。

和第三种看法有些类似的，是第四种看法。持这个看法的学者认为，①在这节经文的上下文中，“你所看见的”（过去式）正是1:11节中，“你现在所看见的”一语的反映。所以1:19中“你所看见的”，所指的是约翰在1:12－18里面所见之异象。至于“现在的事（ἃ εἰσὶν）”和“将来必成的事（ἃ μέλλει γενέσθαι μετὰ ταῦτα）”这两个词组，因着他们在数的方面不一致（前者为复数；后者为单数），所以他们必须分开处理。从1:20来看，“现在的事”的意思是“这件事的意义”；②而“将来的事”则指向第四章之后所记载的异象。在这个了解之下，1:19可以翻译为：把你刚才所见之异象（12－18节），和他们的意义（20节）；以及在这个异象之后，你将要看见的后续异象，都写下来。在此我们必须请读者留意，在这个看法之下，“将来的事”所指的，不是那些记载在第四章之后，将要按时间顺序发生的事，而是约翰将要依序看见的异象。换句话说，约翰记载在第四章之后的，是他依序看见的异象，但这并不表示约翰在这些异象中所看见的事，是必须依照他所看见异象的顺序来发生。

这个看法的优点，是它将1:19放在1:9－20的上下文中，来了解读这三个词组的意思，因此这个主张在释经上，就具有了优势。但是它的缺点则是，它把1:19中前两个词组的含义，完全局限在1:9－20中。在这两个词组中，第一个当然指向约翰在异象中所见之事，而第二个词组的意思，也可能是“你所见之事的意义”。但是我们是不是一定得把这个词组所指射的，局限在1:20呢？从1:11－13，20以及2－3章之间的关系来看，“你在这个异象中所见之事的意义”，当然也可以包括2－3章中的七封书信。③ 因此若是我们对这个主张中的这个部分，做一点修正，那么我们所有的，可能是截至目前为止，在释经上最具优势的主张。和前面所提及的第三种看法比较，这个主张自然就免去了“现在（2－3章）—将来（4－22）”的困难。在这个主张之下，2－3章是“人子在七个金灯台中出现”（1:9－20）之异象的意义，因此责备（现况检讨）和鼓励（未来应许）这两个元素，当然都应该在此出现。在这个主张之下，4－22章则是

① 例如，Stuart, *Apocalypse II*, 54；Michaels, *Revelation*, 62－63。

② 在启示录中，εἰσὶν一共出现了24次，在其中有12次是在表达“其意义是……”的意思（1:20；4:5；5:6，8；7:14；11:4；14:4；16:14；17:9，12，15）。

③ 有关于1:9－20和2－3章的连结，见后面释经部分的分析。在此只提一个角度的观察，即人子在1:9－20中的各种形象（眼目如火等等），都再次出现在2－3章中。并且约翰似乎刻意的让基督以某一个特别的形象，出现在七教会中的某一个教会中；因为那个形象特别合适该教会的情况。

约翰在这第一个异象之后,所要看见的后续异象(μετὰ ταῦτα)。在这些异象中所显示的事,并不单单只有未来之事。在异象中约翰所看见的,也包括了过去和现在的事。因为神在现在所行的,以及祂在未来所将要做的事,都是根基于祂在人类历史中已经完成的一件事,那就是,耶稣基督的死和复活(1:18;5:6)。

但在如是理解中,启示录1:19是不是一把解开启示录结构之谜的钥匙呢?从上所述,在这节经文中的三个词组,的确涵盖了1:9-20;2-3以及4-22这三大段的经文,因此这节经文在启示录中,似乎扮演着这个角色。但是笔者要请读者留意的是,当我们尝试"分解"启示录为几个大段落的时候,约翰在此使用这三个词组的目的,却是要将这三个段落的经文,连结在一起。再者,即便我们把1:19当成解答,但透过这把钥匙我们所能得到的结构,却也太过简单。对真正令人头痛的4-22章来说,这节经文事实上并没有提供任何线索。要完整了解启示录的结构,单靠这把钥匙是不够的。但其他的钥匙又在哪里呢?①

以七为线索

在启示录的研究中,一个被许多人所关注的议题,就是3,4,7和12等数字的使用。在这些数字中,也许最醒目的就是七这个数字了。在书中我们不单看见七灵,七个教会,七号七印和七碗,也发现启示录中一共有七个祝福,②七个"各族、各方、各民、各国"之类的词组。③ 而"主神全能者"④和"坐宝座的"⑤的词组,也都在书中各出现了七次。⑥ 因此以"七"做为建构启示录结构的原则,似乎就成了一件相当自然的事了。在以下的篇幅中,我们将会介绍两位学者的看法。他们都遵循"七"的原则来处理启示录结构的问题,而他们的看法也都引起学界的注意和讨论,但是他们所得到的结果却大不相同。

---

① 在Beale的讨论中(*Revelation*, 152-70),他认为1:19是具有结构性意义的,因为这节经文和1:1,4:1,22:6都暗引了但以理书2:28-29,45;并且这几个启示录经文的位置,都正好在几个明显分段之始。因此1:19是启示录结构的线索之一。在前面我们已经讨论过比尔之见了,所以在此我们将不再把他的论点包括在内。再者,他所认为暗引但以理书的经文,在1:19中只出现在三个关系代名词子句中的第三个,而我们在此所要同时处理的,是三个子句,因此我们更有理由把他的论点放在一边。

② 1:3;14:13;16:15;19:9;20:6;22:7;22:14.

③ 5:9;7:9;10:11;11:9;13:7;14:6;17:15.

④ 1:8;4:8;11:17;15:3;16:7;19:6;21:22.

⑤ 4:2;4:3;6:2;6:5;6:8;7:15;21:5.

⑥ 在启示录中类似的例子还有许多。详见我们在后面的讨论。

考琳丝(A. Y. Collins)①

考琳丝认为法瑞尔(A. Farrer)②以七所建构之启示录大纲,是我们研究启示录结构这个问题时,一个很好的起点:

1	七篇信息	1-3
2	七印	4-7
3	七号	8:1-11:14
4	七个没有序号的异象	11:15-14:20
5	七碗	15-18
6	七个没有序号的异象	19-22③

对这个简洁的大纲,考琳丝认为我们应该做一点修正和说明。第一,法瑞尔把8:1-6,11:15-19,15:1-16:1,和19:1-10这四段经文,当成第三到第六个大段落的前言;但是这个看法却有其困难。七印的段落应该在人子揭开第七印时,达到这个系列的高峰(8:1-6);而七号的系列也应该在第七号吹响时完成(11:15-19)。考琳丝认为法瑞尔之所以会有如此的看法,是因为他对约翰的写作技巧,没有足够的认识。以8:1-6为例,第七印是在8:1中揭开的,但是七号的段落要从哪里开始呢?在8:2中,我们看见七支号赐给了七个天使,但是这七支号却要在8:6之后,才被吹响。而在这两节经文中间,约翰给了我们一个金香炉和祭坛的异象(8:3-5)。从8:2和8:6看来,这个异象的出现似乎有点突兀,但这却是约翰的特殊文学设计。因为这个异象中的香和祭坛,带领我们回到七印中的第五印(6:9-11),而这个异象中,从祭坛而来之火,也就是为这个世界带来雷轰、大声、闪电和地震之火,却又预告了七号之灾的前四灾(8:7-12)。因此透过这个异象,约翰把七印和七号的两个系列,连结在一起。考琳丝称这个文学设计为"连环锁(Interlocking)"。就释经的角度来说,这个连环锁的意义,是让我们知道七印和七号是彼此平行的段落,因为七号之灾(神对世界的审判),是神对那些呼吁祂为他们伸冤之圣徒(第五印),所做的响应。除了这个异象之外,考琳丝也认为15:2-4(得胜者站在玻璃海上的异象),同样具有连环锁的特性。因为这个异象也一样夹在七碗之灾的前言(15:1),和七碗之灾的执行(15:5-16:21)之间。因此透过这个异象,约翰便将七碗段落和12:1-14:20

---

① A. Y. Collins, *Combat Myth in the Book of Revelation*, 5-55.

② A. Farrer, *A Rebirth of Image: The Making of St John's Apocalypse* (Westminster: Dacre Press, 1949).

③ A. Y. Collins, *Combat Myth*, 13.

连结在一起了。①

对法瑞尔的启示录结构,考琳丝认为我们也必须做第二个方面的调整。她认为19:1－10不应该是第六大段的前言,而是第五大段的高峰,因为在其中所记载的,是天庭中的活物,长老和众圣徒,为巴比伦受到应得审判(17－18章),而举行的一个庆祝大会。

除了这两方面的变动之外,考琳丝也将全书的前言和结语,从法瑞尔的结构中区隔出来。因此在经过了这些修正之后,法瑞尔的结构成了如下的形式:

1	前言	1:1－8
2	七封书信	1:9－3:22
3	七印	4:1－8:5
4	七号	8:2－11:19
5	七个没有序号的异象	12:1－15:4
6	七碗	15:1－16:20
	附录:巴比伦	17:1－19:10
7	七个没有序号的异象	19:11－21:8
	附录:耶路撒冷	21:9－22:5
8	结语	22:6－21

考琳丝对法瑞尔之见所做的修正,有其独到之处。特别是她所观察到所谓"文学连环锁"的设计,的确是启示录结构特色之一。虽然考琳丝没有察觉,但这个"文学连环锁"其实并不是约翰所发明的。在旧约中,至少在诗篇90篇中,这个文学设计就被诗人多次的使用。而在那里,这个设计的目的,也是要将两段主题不同的经文,连结在一起。② 考琳丝这个角度的观察,对在她之后的学者,有着一定程度的影响,因为在探索启示录结构的问题时,许多学者都会将她所观察到的现象列入考虑。③

---

① 对于这个连环锁,Collins 并没有告诉我们,这个异象是如何和其上下文连结在一起。所幸这个缺憾的一部分已被 Beale 补足(*Revelation*, 113)。笔者之所以认为比尔只补足了部分的缺憾,是因为他所提供的证据,全部集中在这个异象和其后经文的联系上面,而未提及这个异象和前面经文的连结。事实上这个异象中的许多内容,是和14章中的十四万四千人的异象,彼此互相呼应的。在启示录中,Collins 认为启示录2－3章也具有连环锁的特性。因为这两章经文一方面呼应1:4－6,而其前言(1:9－20;特别是1:9－10)也和4:1之后的第二个异象相连。但由于我们是否认出这个连环锁,并不影响到我们对启示录结构的认知,因此在此我们就不对这个连环锁详加讨论了。

② 详见 M. E. Tate 对诗篇90篇之结构的分析(*Psalms* 51－100[Dallas: Word Books], 437)。

③ 例如,E. S. Fiorenza, 'Composition and Structure of the Book of Revelation,' *CBQ* 39(1977), 344－66; Beale, *Revelation*, 112－14。

考琳丝虽然观察到其他学者所没有看见的现象,但是她的启示录结构却必须面对一个相当基本的困难。一言以蔽之,就是她不假思索地就接受了"以七作为结构"的原则。启示录的确使用了七这个数字;在某些段落中,约翰也以七作为这些经文的架构。但是这并不表示这卷书的每一个段落,都应该是七的结构。事实上以七为架构的经文,①在启示录中所占的篇幅,并不是太多。再者,为了要符合七这个数字,考琳丝和法瑞尔一样,都有意无意地违反(或是忽略)了他们自己所依循的分段原则。

以考琳丝结构中的第五个段落为例,她根据"我看见(εἶδον)"和"出现(ὤφθη)"这两个动词,将这个段落分为如下的七个小段落:女人和红龙(12:1-17);从海而出之兽(13:1-10);从地而出之兽(13:11-18);羔羊和十四万四千人(14:1-5);三个天使(14:6-13);像人子的一位(14:14-20);拿着七碗的七位天使(15:1)。从表面上看起来,这个分段似乎没有什么问题,并且也符合七的原则。但是在细究之下,我们发现"出现(ὤφθη)"一词,在 12:3 中也出现了一次。因此若根据考琳丝的原则来分段,这段经文应该是由八个小段落所组成的。考琳丝自己也知道这个问题,但是她为了维持"七"的缘故,而将 12:3 中的"出现(ὤφθη)"给解释掉了,谓,这个动词是在同一个异象中,为介绍另一个人物而有的。但可惜是这个解释并不太具有说服力。

再以她的第七个段落为例,她认为这段经文可以根据"我看见(εἶδον)"这个动词,而分为如下的七个小段落:基督的第二次再来(19:11-16);飞鸟大筵席的呼召(19:17-18);最后之战(19:19-21);捆绑撒但(20:1-3);千禧年(20:4-10);最后的审判(20:11-15);新天新地和新耶路撒冷(21:1-8)。考琳丝在此以"我看见(εἶδον)"作为分段的依据,而得到七个小段落的结果,却必须面对在 20:12 中,也有另外一个"我看见(εἶδον)"的挑战。也就是说,若约翰想要以"我看见(εἶδον)"作为分段的依据,那么考琳丝的七个段落,就应该是"八个没有序号的异象"。

除了这些困难之外,考琳丝,以及那些也依据"七"来建构启示录结构的人,②也必须面对另外两个问题。第一,若是约翰打算以七做为结构,为什么他会在第六印和第七印之间,以及在第六号和第七号之间,各自放下了一个"插曲(Interlude)",③因而打乱了 1234567 的次序?若这两个插曲有其特殊目的,那么为什么在七碗的系列中,

---

① 2-3;6:1-17;8:1;8:6-9:21;11:15-19;15:1;15:5-16:21.

② 例如 E. Lohmeyer;他的结构可以说是把"七的原则"做了最极致的发挥。因为他的启示录结构是"7×7"的型式。详见 J. W. Bowman, 'The Revelation to John: Its Dramatic Structure and Message,' *Int* 9(1955), 436-53。

③ 7:1-17; 10:1-11:14.

我们又没有看见第三个插曲的出现呢？第二，若是约翰打算让整卷书的各个大段落，都以七为架构，那么他为什么在七印七号七碗之外的段落，不给他的异象，编上1234567的次序呢？在启示录中，七印七号七碗的系列的确让人印象深刻，但是约翰是否打算让整卷书都以七为架构，则是一件叫人怀疑的事。

蓝比其(J. Lambrecht S. J.)①

在思考有关启示录结构这个题目的时候，我们通常得面对一个二选一的问题：究竟启示录中的七印七号和七碗之间的关系如何？他们是线性的关系，还是彼此平行的？对大多数以启示录1:19作为全书钥匙的释经者来说，以及对那些假设经文次序，就等于末世事件次序的人而言，②这三个七灾的系列当然是线性的；但是对那些观察到启示录中，有诸多主题，词组，内容重复出现之现象的人来说，③这三个七灾的系列，就是彼此平行的了。

这两个阵营中人都大有来头，并且所言也都成理。因此我们所面对的，似乎是一个“一本启示录各自表述”的情况。为解决这个各说各话的情形，蓝比其就尝试将这两个阵营的论点，融合在如下的结构中。他的结构只涵盖了启示录4:1-22:5的经文，因为这正是双方阵营彼此交锋的战场：

A 4-5:书卷异象的前言

(1) 坐在宝座上的一位(4)

(2) 羔羊领受被七印封住之书卷(5)

B 6-7:前六印

(1) a 前四印(6:1-8)

b 第五印(6:9-11)

c 第六印(6:12-17)

(2) 插曲:在地上的受印者和在天上的殉道者(7)

C 8:1-22:5 第七印和七号

A 前言(8:1-6)

(1) 第七印(8:1)

(2) 七个天使接受七号(8:2)

---

① J. Lambrecht, 'A Structuration of Revelation 4, 1-22, 5,' in *L'Apocalypse johannique et l'Apocalyptique dans le Nouveau Testament*, ed. J. Lambrecht (Leuven: University Press, 1980), 77-104.

② 相关学者，见前面我们对启示录1:19的讨论。

③ 例如，我们前面所提及的Collins, Beale (*Revelation*, 121-130)和R. Bauckham (*The Climax*, 1-37)。

(3) 天上圣徒的祷告(8:3-5)

(4) 天使预备吹号(8:6)

B 前六号(8:7-11:14)

(1) a 前四号(8:7-12)

+ 天使的呼喊:祸哉,祸哉,祸哉(8:13)

b 第五号(9:1-11)

+ 第一祸已过,还有两祸要来(9:12)

c 第六号(9:13-21)

(2) 插曲:打开的小书卷和两个见证人(10:1-11:13)

+ 第二祸已过,第三祸将临(11:14)

C 第七号和七碗(11:15-22:5)

A 前言(11:15-16:1)

(1) 第七号(11:15-19)

插曲:妇人,孩子和龙(12)

二兽(13)

三个异象(14)

(2) 七碗之灾的天使(15:1)

(3) 得胜者之歌(15:2-4)

(4) 天使接受七碗(15:5-8)

(5) 天使受命倾倒七碗之灾(16:1)

B 前六碗(16:2-16)

(1) a 前四碗(16:2-9)

b 第五碗(16:10-11)

c 第六碗(16:12-16)

(2)插曲(参 12-14 中的插曲)

C 第七碗和结局(16:17-22:5)

(1) 巴比伦(16:17-19:10)

a 第七碗(16:17-21)

b 天使的解释(17:1-18)

c 巴比伦的倾覆(18:1-24)

d 庆祝巴比伦的倾覆(19:1-8)

e 天使和约翰(19:9－10)

(2) 最后的审判(19:11－20:15)

a 二兽(基督的再来;19:11－21)

b 撒但(千禧年;20:1－10)

c 死人(白色大宝座;20:11－15)

(3) 新耶路撒冷(21:1－22:5)

a 新的创造和新耶路撒冷降临(21:1－8)

b 天使的解释(21:9－22:5)

在我们已经讨论过的几个启示录大纲中,蓝比其的主张可说是令人印象深刻。透过$\underline{A}$ $\underline{B}$ $\underline{C}$;$\underline{\underline{A}}$ $\underline{\underline{B}}$ $\underline{\underline{C}}$;和$\underline{\underline{\underline{A}}}$ $\underline{\underline{\underline{B}}}$ $\underline{\underline{\underline{C}}}$这个编排方式,蓝比其成功的将七印七号和七碗之间的线性关系给保留了下来,但在同时又让我们看见他们彼此之间的平行对比($\underline{A}$ $\underline{\underline{A}}$ $\underline{\underline{\underline{A}}}$;$\underline{B}$ $\underline{\underline{B}}$ $\underline{\underline{\underline{B}}}$;$\underline{C}$ $\underline{\underline{C}}$ $\underline{\underline{\underline{C}}}$)。因此就他所想要达到的目的来说,蓝比其是成功的。不单如此,在他的$\underline{\underline{B}}$ 段落中,他把天使"祸哉,祸哉,祸哉"的经文单独列出(8:13;9:12;11:14),也显示出他对这个分段线索的了解。

和其他以七作为分段原则的大纲一样,蓝比其的看法也必须面对我们在前面已经提及的困难,那就是,约翰并没有打算将整卷启示录,都按七的形式来铺排。举例来说,七碗的系列显然在第七碗之灾中(16:17－21),就已经达到了高峰,而神借着七碗的刑罚,已经将祂的大怒发尽了(15:1)。所以为了要将 17 章之后的经文,也纳入七的形式中,蓝比其事实上把不相干的经文,硬生生地植入了他的结构。①

蓝比其之所以会以这个方式来铺排启示录的结构,是因为他认为第七印和第七号,是所谓"开放性的高峰(open-ended)"。也就是说,在它们各自所属的段落中,第七印和第七号的确是一个系列的高潮,但这并不表示这两个系列,在第七印或是第七印中就结束了。它们是开放性的高峰,因为第七印的内容,是七号和七碗,而第七号的内容,则是七碗。所以七印系列的内容,是从 4:1 到 22:5;七号系列的内容是从8:1 到 22:5;而七碗系列的内容则是从 11:15 到 22:5。

对蓝比其来说,七印系列之所以可以涵盖 4:1 到 22:5 这么长的一段经文,是因为在前面出现的人物(四活物,24 位长老,基督,上帝,宝座等等),在本书的后面也再次出现,因此他们在这段经文中,扮演了"前后包夹"(inclusion)的角色。这个论点似

---

① R. L. Thomas 的分段方法和蓝比其的原则是一致的。但是他却比较明智地将 19 章之后的经文和七碗段落做了区隔(*Revelation* 1－7, 43－46)。

乎言之成理，但是我们前面已经看见，17 章之后的经文，并不属于七印到七碗的段落，所以在此并没有所谓的“前后包夹”的情事。即便我们把 17 – 22 章的经文包括在七印的内容中，四活物，24 位长老和宝座，并不只在这个段落的头和尾才出现，因为我们在第七章和第十四章中，一样看见了他们的踪影。①

对蓝比其来说，七号系列之所以可以涵盖七碗系列（8：1 – 22：5），是因为七号系列和七碗系列中间，有着许多平行的地方（雹灾，蝗灾，水变血之灾等等）。这个现象是许多释经者也都观察到的，但是他们却对此有不同的解读。蓝比其为要持守他的线性理论，因此将七碗放在七号之内。但是对七号和七碗之间平行现象的最合理解释，应该是：它们是对同一个事件，不同角度的描述。② 蓝比其的结构的确令人印象深刻，但是这个结构恐怕“不是约翰的，而是他自己所创造出来的”。③

以重复出现的词组为本

在前面我们已经约略提及，启示录的文学特色之一，就是约翰在这卷书的不同地方，使用了许多相同的，或者是形式类似的词组。这个现象早在上一个世纪初，就已经被史威特和查尔斯等学者注意到了。④ 但是一直到最近的几十年间，学者们才开始揣摩，启示录这方面的特色，和其结构之间的关系。从吉布尔（C. H. Giblin）开始，许多释经者都逐渐的开始以重复出现之词组，作为解开启示录结构之谜的钥匙。⑤ 在这些学者当中，包衡（R. Bauckham）的研究可说是相当完整透澈的，因此我们将以他的论点，作为这个方法的代表。

---

① 其实在启示录中，21 – 22 章所呼应的，不是 4 – 5 章，而是 1 – 3 章。早在上个世纪初，Charles 就已经观察到这个现象了（*Revelation I*, lxxxvii-lxxxix）。这个现象因此大大的削弱了蓝比其论点的可信度。

② 相关讨论，见页 575 – 77 中关于七号和七碗之灾的旧约背景。

③ 这是 F. D. Mazzaferri 对蓝比其之见的评论（*The Genre of the Book of Revelation*, 361）。

④ 分别见他们两位的启示录注释书，页 xlvi-xlviii 和 lxxxvii-lxxxix。亦见后面我们在“启示录释经学”一节中的分析。

⑤ C. H. Giblin, ‘Structural and Thematic Correlations in the Theology of Revelation 16 – 22,’ *Biblica* 55 (1974), 487 – 504; M. Wilcox, ‘Tradition and Redaction of Rev. 21, 9 – 22, 5,’ in *L'Apocalypse johannique et l'Apocalyptique dans le Nouveau Testament*. ed. J. Lambrecht (Gembloux: Duculot, 1980), 205 – 15; J. P. Ruiz, *Ezekiel in the Apocalypse*, 238 – 43; R. Bauckham, *The Climax*, 4; J. Fekkes, *Isaiah and Prophetic Traditions*, 94 – 95; Thomas, *Revelation* 8 – 22, 569 – 74; Michaels, *Revelation*, 191; Aune, *Revelation* 1 – 5, xcv-xcvii。

第一步:启示录的五个大段落

包衡认为启示录除了前言(1:1－8)和结语(22:6－21)①之外,中间的部分可以依据四个“在灵里”的词组(1:10;4:2;17:3;21:10),②而分为四个大段落:(1)1:9－3:22;(2)4:1－16:21;(3)17:1－21:8;(4)21:9－22:9。③ 这个分段中的前两个段落,和大多数学者的看法是一致的,因此应该很容易就被接受。而后面的两个段落,则是各家各派争论的焦点。④ 所幸包衡在接下来的分析中,让我们看见这两个段落,可以依据约翰所放下的文学线索,再细分为三个段落。

第一,在第三个和第四个段落一开始的经文中,除了“在灵里”这个词组之外,我们也看见它们之间有许多字面上的联系:

17:1 拿着七碗的七位天使中,有一位前来对我说:你来,我要将那坐在众水之上的大淫妇所要受的刑罚指示你。	21:9 拿着七个盛满了末后七灾之碗的七位天使中,有一位前来对我说,你来,我要将新妇,就是羔羊的妻,指示你。
17:3 在灵里,天使就将我带到了旷野。我就看见一个女人骑在朱红色的兽上……	21:10 在灵里,天使就带我到一座高大的山,将那从天上由神那里降下来的圣城耶路撒冷指示我。

第二,在巴比伦和新耶路撒冷这两个异象的结尾处,我们也看见同样的现象:

19:9 天使对我说……这是神真实的话。 19:10 我就俯伏在他脚前要拜他。他说,万万不可!我和你,以及那些和你一同持守耶稣之见证的弟兄,都是作仆人的。你要敬拜神……	22:6 天使又对我说,这些话是可靠真实的。 22:8 ……我既听见又看见了,就在指示我的天使脚前俯伏要拜他。 22:9 他对我说,万万不可!我与你,和你的弟兄众先知,并那些遵守这书上话语的人,都是作仆人的;你要敬拜神。

根据这两个异象在起头和结尾之处,经文彼此互相呼应的现象,包衡认为启示录17:1－22:9这段经文,应该可以很合理的分为如下的三个段落:

---

① 1:1－3和22:6－7之间,有许多字面上的呼应,因此R. Bauckham认为全书结语应该在22:6开始的(*The Climax*, 3)。相关讨论,亦见后面附录十五中的分析(启示录的结语段落从何开始?)。

② ἐν πνεύματι(1:10;4:2;17:3;21:10).

③ 在1:10和4:2中,“在灵里”是出现在“我被圣灵感动(ἐγενόμην ἐν πνεύματι)”的句子中,因此约翰在此表达他受到灵感的现象。在17:3和21:10中,“在灵里”则是出现在“我在灵里被天使带到……的地方(ἀπήνεγκέν με...ἐν πνεύματι)”的句子中;因此它也表达了相同的意思。

④ 有关学者们对这段经文的不同看法,可参Beale, *Revelation*, 109;在那里Beale给了我们9种不同的分段。

1　巴比伦的异象　　17:1－19:10
2　从巴比伦的倾覆到新耶路撒冷的复兴　　19:11－21:8
3　新耶路撒冷的异象　　21:9－22:9

这个分段让我们看见,巴比伦和新耶路撒冷的两个异象,是以反义平行的方式互相对应。在约翰的笔下,这两个城市都同被拟人化为女人,但是他们的命运却大不相同。一个在神的审判之下倾覆了,而另一个在神复兴的做为中,由天而降,并取代了大巴比伦的位置。在这个理解之下,包衡建议我们把夹在这两个异象中的经文,当成一个段落来看。而其中所言之事,应该就是神为了要叫巴比伦受审,并让新耶路撒冷得着复兴,而必须有的作为。

如果启示录后面六章经文可以分为这三个段落的话,那么加上前面已经提及的两个段落,包衡认为除了前言和结语之外,启示录是由五个大段落所组成的:

1　基督的异象和七封给教会的书信　　1:9－3:22
2　天庭异象(4－5)和神的审判(6－16)　　4:1－16:21
3　巴比伦的异象　　17:1－19:10
4　从巴比伦的倾覆到新耶路撒冷的复兴　　19:11－21:8
5　新耶路撒冷的异象　　21:9－22:9①

在第一个和第二个段落之间,约翰放下了两个线索,将这两个段落连结在一起。第一个线索是在4:1,因为在那里约翰特别提及"我初次听见好像吹号的声音"。在启示录中,这一句话当然引导读者回到1:9－10,因为在这两节经文中,约翰告诉我们,他在第一个异象经验中所听见的声音,就是像号角的声音。

约翰在这两个段落中,所放下的第二个连结性线索是在3:21(得胜的,我要赐他在我宝座上与我同坐,就如我得了胜,在我父的宝座上与他同坐一般)。在启示录2－3章中,得胜者将得奖赏的应许,是约翰给教会七封书信中的固定元素。② 在前六封书信中,所应许的奖赏都和该教会的情况息息相关,③唯独这个应许似乎和老底嘉教会的情况,没有直接的关联。因此这个对每一个教会都一体适用的应许,可能是约翰所放下的文学线索,为要将七封书信和启示录4－5章连结在一起。因为在约翰的天庭异象中,羔羊就是因着祂的得胜,而得以和祂的父同坐宝座。

① 细心的读者应该会发现,在前面R. Bauckham认为22:6－9是全书结语部分的起始经文,但在此是第五大段落的结尾。对此Bauckham的解释是,这段经文同时扮演着两个角色。即,它是第五大段落的结语,也是全书结语部分的起头。而这四节经文之所以可能同时扮演这两个角色的原因,是因为它的内容同时呼应了1:1－3和19:9－10。

② 2:7,11,17,26－28;3:5,12,21.

③ 详见后面的注释。

透过这两个文学设计，约翰便将启示录的第一和第二个段落连结在一起。但是第二个段落和其后经文之间的联系又是如何呢？在第二个段落中(4－16)，从羔羊接受小书卷，并且揭开其上的七印之后，神的审判就陆续开展，并且在七碗审判中达到高峰(启 16)。但是在接下来的巴比伦和新耶路撒冷异象中，我们看见约翰特别指出，“拿着七碗天使中的一位”，就是他进入异象中的引导者(17:1;21:9)。因此透过这个文学上的呼应，这两个后续异象就和 4－16 章连结在一起，并且成为前段经文的两个不同面向之总结。

除了这个文学联系之外，在 16:17 和 21:6 中，我们也发现另外一个扮演了相同角色的词组：“成了(Γέγοναν)”。在 16:17 的上下文中，这个词组是出现在第七碗，有关巴比伦受审的经文中(16:17－21)，因此这个词组所要表达的，是神审判的完成。但是由于第七碗经文只让我们约略看见巴比伦受审，因此在其后，约翰就给我们一个巴比伦受审的详细特写(17:1－19:10)。和 16:17 比较，21:6 中的“成了”，也是出现在 19:11－21:8 这个段落中的结尾处。在前面我们已经看见，这段经文所要处理的，是从巴比伦受审到新耶路撒冷降临的过程。而从 21:1－8 中，我们更进一步的知道，这个“成了”所要表达的，是神复兴新耶路撒冷工作的完成。和七碗经文一样，在 21:1－8 中，约翰只让我们约略看见新耶路撒冷的轮廓，因此在 21:9－22:5 中，他就给我们一个近距离的特写。因此透过“成了”这个只在启示录中出现两次的词组，并且透过这个词组在其上下文中所扮演的角色，约翰就将启示录的第二个段落，和其后经文紧紧地连结在一起。

第二步:4－16 章的结构

借着“重复出现的词组”这把钥匙，包衡不单把启示录分为几个大的段落，并且也借着这把钥匙，让我们看见这些段落是如何连结在一起的。但这把钥匙是不是也适用于第二个段落之内呢？(4－16)和其他许多释经者一样，包衡认为这段经文是启示录中，最复杂的一段。因着如此，约翰便在这个段落中，放下了三个七的设计(七印七号七碗;6－16)，好让他的读者能明白这段经文的起承转合。但是这三个七和天庭异象(4－5)之间的关系又是如何呢？他们是靠着什么而连结在一起的呢？在这 13 章的经文中，包衡认为如下的这一组词组，就是约翰所放下的文学线索：

4:5	有闪电、声音、雷轰从宝座中发出
8:5	随后有雷轰、大声、闪电和地震
11:19	随后有闪电、声音、雷轰、地震和大冰雹
16:18－21	随后有闪电、声音、雷轰和大地震……又有大雹子

这一组词组的三样基本元素—闪电,声音和雷轰,是由耶和华神在西奈山显现之异象而来(出 19:16)。但是在这个基本的元素之上,约翰在 8:5 中加上了地震,在 11:19 中又再加上了大雹,而在 16:18 - 21 中,把这两个新元素都加以放大,做了详尽的说明。因此这组词组在形式上虽然是愈来愈复杂,但是就文学的角度来说,它们却具有两方面的功能。第一,在 8:5,11:19 和 16:18 - 21 中所出现的词组,都是位在他们所属段落的最高峰(第七印、第七号和第七碗),因此他们是具有结构性意义的。①也就是说,这三个七的系列,基本上是彼此平行的,因为它们有一个共同的终点:神的审判。这个词组在三个七的系列中,愈来愈复杂的事实,并不表示这三个七的系列是不同的审判,而只在让我们越来越清楚地看见,神末日审判的细节。第二,这一组词组的文学功能,也在使七印七号七碗的三个七灾系列,能和 4 - 5 章连结在一起。因此我们看见因着神显现,而在天庭中出现的"闪电/声音/雷轰",在后面就成了神在地上的审判。

因此透过这组词组的重复使用,约翰让天庭异象和三个七的系列,结合在一起。但是这三个七灾之间的连结,又是如何的呢?和前面我们已经提及的考琳丝一样,包衡也认为七印和七号的两个系列,是透过"文学连环锁"的设计,而连结在一起的。在第七印的寂静中(8:1),神倾听了圣徒伸冤的祷告(8:3 - 4),而据此祂就以审判世界(雷轰、大声、闪电、地震;8:5),作为祂对圣徒祈祷的响应。但是夹在其中的,是七号的预备(8:2),而紧紧跟在后面的,则是七号的吹响(8:6 - 11:19)。因此从这个角度来说,整个七号系列都是神对圣徒祈祷的回答。

那么七号系列和七碗系列之间的连结又是如何的呢?就经文次序的角度来说,第七号(11:15 - 19)和七碗系列(15:1 - 16:21)之间,有着一座长达三章经文的大山(12 - 14)。但是在这座大山的两边,约翰却也放下两个连结这两个系列的指路标。第一个指路标是 11:19 的上半,"于是,神天上的殿打开了;祂的约柜在殿中显现"。因为这半节经文,在山后的七碗异象中,得着呼应:"此后,我看见在天上的圣殿,就是那存放十诫之会幕,开了。那掌管七灾的七位天使,从殿中出来"(15:5 - 6a)。连结七号七碗段落的第二个指路标则是 11:19 的下半,"随后有闪电、声音、雷轰、地震和大冰雹"。正如我们前面已经看见的,这个词组正是出现在七碗系列结尾的文学连结

① Bauckham 之见亦为 J. Lambrecht 所采纳('A Structuration of Revelation 4,1 - 22,5,' in *L'Apocalypse johannique et l'Apocalyptique dans le Nouveau Testament*, ed. J. Lambrecht[Leuven: University Press, 1980], 93 - 95)。而 J. Lambrecht 则是更进一步指出,在启示录中,这一组词组总是和神的宝座或是神的圣殿连结在一起(4:5a;8:3;11:19a,b;16:17)。事实上,若我们再进一步探究,约翰在使用"闪电、声音、雷轰"这一组词组时,将之"逐步放大"的手法,也在"宝座/圣殿"的项目中出现;因为 8:3 的"宝座",和 11:19a,b 中的"圣殿",也都一起出现在 16:17 中。

设计(16:18－21)。因此透过11:19的两个部分,七碗系列也被包括在第七号中。

七印七号和七碗之间的关系已经确立,但是它们各自的内部结构又是如何的呢?包衡认为七印七号和七碗都是以“4＋3”的方式所组织起来的。在前面两个系列中,“3”的部分又可以细分为“2＋插曲＋1”的结构。就七印来说,前四印的形式一致,因此属于一类。第五印和第六印各自独立,而它们和第七印之间,为一个插曲所“干扰”。这个插曲(7:1－17)其实并不真正打乱5－6－7的次序,因为这个插曲,是为了要回答在6:17中的问题而有的。也就是说,在第六印审判中,躲在岩洞中逃避神愤怒的人,问了一个问题:在神大怒的日子中,谁能站立得住呢?而第七章的插曲,就是针对这个问题的回答(参7:9)。

和七印系列一样,七号系列的结构也是“4＋2＋插曲＋1”的形式。前四号的形式十分类似,因此自成一组。第五号,第六号的篇幅比较长(9:1－11;9:13－21),而第七号和前六号之间,又为另外一个插曲所“干扰”(10:1－11:13),因此约翰在这个系列中,除了5－6－7三个序号之外,又再加上了三个“祸哉”(9:12;11:14)的设计,好让读者不会在这些“长篇大论”中,失去了经文的节奏感。和七印系列的情形一样,七号系列中的插曲,也和该系列中的第六个审判相连。因为第六号之灾所不能完成的事(让人悔改;9:21),却在接下来的插曲里面,在两个见证人的殉道中完成了(11:13)。

至于七碗系列的结构,则比较简单。就形式、内容和所占篇幅的角度来说,这七个审判并没有太大差异。在这个系列中,我们没有看见“插曲”的出现,因此包衡认为这正是最后一个系列的写照:当最后的审判来临时,悔改的机会就不再有了。

第三步:12－14章在启示录中的位置

除了(1)七印七号七碗(6－16)和天庭异(4－5)之间的关系,以及(2)三个七灾系列之内部结构为何的两个问题之外,释经者在面对启示录4－16章时,也必须回答阻隔在七号和七碗之间,12－14章这座大山所引发的问题:究竟这段经文在书中扮演了什么角色?

面对这个问题,包衡首先指出,不论就其前言的形式而言(12:1,3),①或是约翰在此所介绍的两个人物而论(妇人和红龙),启示录12－14章在其上下文中,都显得相当突兀。因为这个前言的形式,和4:1,17:1,和21:9完全不同,并且在这段经文中所出现的妇人和红龙,在启示录1－11章中,完全不曾现身。不单如此,这段经文在文理上,也无法和七号(11:15－19)连结在一起,因为第七号是七印(8:1－5)的结局,

① 12:1天上出现了大异兆(Καὶ σημεῖον μέγα ὤφθη ἐν τῷ οὐρανω);12:3天上又现出了另一个异兆(καὶ ὤφθη ἄλλο σημεῖον ἐν τῷ οὐρανῷ)。

是神藉七号审判世界的高峰。准此,包衡认为约翰在此刻意的以这个方式,要他的读者明白 12 章是个新的起点。因为就时间的角度而言,这段经文所要处理的,是教会和世界之间的战争;而此战事,并不是一个新的战事,而是根源于创世记 3:15 中所记载,蛇和女人之间的战争。换句话说,约翰在此只是将整个事件“从头说起”而已。但这个“从头说起”是如何和启示录其他的部分连结在一起的呢? 约翰在什么地方,又回到了他原先所设定,“七印七号七碗”的主轴呢?

为要让 12－14 章这个“从头说起”的段落,融入整卷启示录中,约翰放下了三个的文学线索。第一,在 15:1 中,他让“我又看见在天上有另一个异兆,大而且奇”,和 12:1 及 12:3 的“天上出现大异象”彼此呼应,[①]因此就让我们知道 15 章是 12－14 的下文。也就是说,教会和世界之战,将在 15－16 章里面的七碗审判中,达到高峰。第二,在 15 章中,他也再次使用类似于 8:1－5 中“文学连环锁”的设计,将 12－14 章和整卷书连结在一起。因为在 15:2－4 中,那些胜了兽和兽像的圣徒(参 13:1－18),站在神的面前唱胜利之歌的异象,是被七碗之灾从两边包夹的(15:1;15:5－8)。换句话说,教会之所以能胜过世界,是因为神对世界所施行的审判。第三,为要让 12－14 章和 15－16 章连结在一起,约翰也让那些在 12－14 章中才出现的人事物,在 16 章中再次出现,好接受他们的刑罚:有兽印记且拜兽像之人(16:2);兽的权柄和兽的国(16:10);龙、兽和假先知(16:13);巴比伦(16:19)。

从这个角度的分析,再加上前面所提及,第七号和七碗系列之间的关联(11:19;15:5;16:17－21),包衡就指出启示录 5－11 章,即,羔羊揭开七印和七号两个系列的异象,和 12－14 章中“话说从头”的异象,在 15－16 章里面汇合,因为七碗系列的审判,正是这两段经文的总结。但是为什么约翰要话说从头呢? 难道在 12 章之前的篇幅中,约翰没有提及圣徒和世界之间的争战吗? 包衡认为在前面的经文中,特别是在七印和七印系列中的两个“插曲”里面(7:1－17;10:1－11:13),约翰对这个题目已经稍微提及,但着墨不深。为要更详细的显露这个关乎教会在逼迫中,是否能够站立的住的真理,约翰在 12－14 章中,就让 7:4 中的十四万四千人,在 14 章中再次出现(14:1－5);让他们在这段经文中,再次学习以受苦来见证上帝的功课(参,11:1－2;12:6,14;13:5);并且要他们再次勇敢面对兽和它所可能带给他们的伤害(11:7;13:1－18)。

---

① Καὶ εἶδον ἄλλο σημεῖον ἐν τῷ οὐρανῷ μέγα καὶ θαυμαστόν. 启示录中异象(或作记号;σημεῖον)一共出现七次。其中三次是单数(12:1,3;15:1),因此在此约翰不单用σημεῖον作为 15:1 和 12:1,3 之间的联系,也特别用“另一个(ἄλλο)”来强化这个连结。

第四步:19:11-21:8 和其上下文的关系

在前面包衡已经让我们看见,这段经文是被巴比伦和新耶路撒冷两个异象所前后包夹,因此它自成一个段落。在前面包衡也指出,正如在 16:17 中的"成了",引导读者进入巴比伦的审判(17:1-19:10),在 21:6 中的"成了",也照样引导读者进入新耶路撒冷的复兴(21:9-22:9)。因此这段经文和下文的关系也已经确定。但是我们要如何看待这段经文中的第一个异象呢?(19:11-21)它和上文的关系如何?

对于这个问题,包衡认为 19:11-21 有两方面的特色。第一,和 4:1 中的情境相较,19:11 中的情形似乎相当类似,因为在这两个地方,约翰都看见天开了。不单如此,这两次天门开启的事件都带来十分深刻的影响:前者让约翰进入天庭,得知神的永恒计划;而后者让基督可以以审判者的身份,第二次从天而降,完成神永恒的计划。因此从这个角度来说,19:11 似乎和 4:1 互相呼应。但是在细究之下,他们之间的关系却又不是那么紧密。因为正如我们在前面已经看见的,4:1 是因着"在灵里"的词组,和 1:9-10 连结在一起的,所以 19:11 的情况,和 4:1 的情形有所不同。因此这段经文在启示录中,是比较类似于 12 章的。因为约翰在此没有使用"结构性的文学线索",让它和其他的经文连结在一起。

但这是不是表示,这段经文就和约翰在前面所见异象完全没有关系呢?当然不,因为在 19:11-21 中,约翰将他在前面所提到的事,在这段经文中,做了一个总结:(1)在第六印中,躲在山洞里逃避神审判的君王、臣宰、将军、富户和壮士等人(6:15-17),在基督第二次再来时,得着他们应得的审判(19:18)。(2)在妇人和红龙的争战中,被神提到天上,将要以铁杖管辖列国的孩子(12:5),在这段经文中以同样的角色回到了地上,来完成他的工作(19:15)。(3)被天使收割在神愤怒酒醉中的葡萄,在约翰前面的异象中,已经被榨成汁(14:15-20),但是在这段经文中,约翰才告诉我们,谁才拥有权柄可以踹神愤怒的酒榨(19:15)。(4)邪灵聚集天下众王,要在哈玛吉多顿与全能神争战的论述(16:13-16),在基督的第二次再来的段落中,才有了更多的说明(19:19)。① (5)在巴比伦异象中,约翰对羔羊之军必胜兽军的预告(17:12-13),也在这段经文中得着证实(19:14,16)。②

根据上面所说的,包衡认为就文学形式来说,19:11-21 在其上下文中,的确显得相当突兀,但是从主题的角度来看,这段经文显然是前面经文所期待的总结,是和前

---

① 这两段经文的联系,也在"全能神"这个词组中得见。因为在启示录里面,"全能神"一语只出现在 16:14 和 19:15 中。

② Bauckham 在此还列举了一些其他的例子,但是上述五个例子,已经足够让我们看见这段经文和启示录前面经文的关系了(*The Climax*, 19-21)。

文紧紧相连的。因此这段经文事实上是同时拥有两个彼此冲突的特色。对这个现象,包衡认为这是约翰刻意所为,是他文学技巧的极致表现。因为文学形式上的不相连贯,正凸显出基督第二次再来的事件,在时间和形式上,都属神主权的范围,是神介入人类历史的超自然作为。但是这个作为却不是全新的,不是完全没有历史轨迹的,所以在主题上,约翰就让这段经文,和前面的异象环环相扣,成为前面经文所遥指的杏花村。

借着这些重复出现的词组,并且透过对经文逻辑的分析,包衡就为启示录做了如下分段大纲:

1:1-8	前言
1:9-3:22	基督在教会中的异象和七封书信
4:1-5:14	天庭异象所带领的三个七系列和两个插曲
6:1-8:1;8:3-5	七印,4+1+(1+插曲)+1
8:2;8:6-11:19	七号,4+1+(1+插曲)+1
12:1-14:20;15:2-4	神子民和撒但的争战
15:1;15:5-16:21	七碗,4+3(没有插曲)
17:1-19:10	大淫妇巴比伦
19:11-21:8	从巴比伦到新耶路撒冷
21:9-22:9	新妇耶路撒冷
22:6-21	结语

正如我们在前面已经说过的,包衡对启示录结构的分析,在众多遵循"重复词组"原则的释经者中,可以算是相当详尽和完整的。对他来说,重复出现的词组不单是分解启示录的依据,也是连结各段落的网络。事实上,除了上面我们已经知道的一些词组之外,包衡在他的著作中,也另外列举了三十余组,在启示录中重复出现的词组。① 这些词组不一定具有分段性的功能,但是他们肯定是连结各段落的筋脉。包衡认为约翰在这卷书中所放下的文学关节和筋脉,让启示录成为前呼后应,精心建构的一卷书信。② 今日许多启示录的释经者依旧认为,启示录这卷书只是众多支离破碎的传说、故事和小品,在经过了几个阶段之后,才被某一个不太聪明的编辑,集结在一起的

① 详见 *The Climax*, 22-29。

② 启示录之精密,也在另一个层次中可见。因为在启示录中,一些重要的人事物或是词组,在书中出现的次数都刚好是三、四、七、十二,或是这些数字的倍数。详见 *The Climax*, 29-37;亦见后面"启示录释经学"段落中的分析。

作品。[①] 但是从包衡的分析显示,这种看法是站不住脚的。[②]

从前面我们对包衡论点的详尽介绍中,敏锐的读者应该已经猜测到,本书将会以包衡之见,作为我们建构启示录大纲的蓝本。因为包衡以及其他许多近代学者所遵循的"重复词组"原则,是比较客观的一个方法。这个方法一方面减低了我们对经文解释的依赖,在另外一方面也可以让我们免去以偏盖全的错误(例如,以 1:19 的"过去现在和将来",或是以"七"来涵盖全书的方法)。对于包衡的启示录结构,我们将会做一些调整。他的大纲虽然突显出 12-14 章在启示录中的重要性,但是这个编排方式却削弱了"*在灵里*"一语,在启示录结构中所具有的"龙头"地位。不单如此,在后面我们也将要从以西结书和启示录之间关系的角度,来强化包衡的论点。

小结

"家家有本启示录,人人各有读经法",虽然是一句略带伤感的玩笑话,但它却真实地反映出学界对启示录结构看法,是多么的不一致。戴着第一世纪的眼镜来读这卷书,启示录可以是希腊戏剧、罗马竞技程序或是早期教会复活节崇拜仪式的翻版。但若是戴上了旧约的眼镜,我们所看见的,却又是但以理书或是诗篇的影子。因此不管是哪一个品牌的眼镜,似乎都无法让我们看的更清楚。那么不戴眼镜是不是会让情况好一点呢?从前面的论述中,我们看见只根据内在线索来解读启示录的诸多尝试,似乎是有一点像瞎子摸象的情况:由于各人所站位置的不同,有人认为这只大象只有两只脚,有人认为它有五只脚,而又有人宣称他摸到了七只脚。请读者不要误会,笔者在此并无嘲弄的意思,因为任何想要了解启示录的努力,不管它所得到的结果如何,都应该得到我们最热烈的掌声。笔者在此借着眼镜和大象这两个比喻所要表达的是,这些努力虽然让我们看见启示录的不同面向,但是它们彼此之间似乎没有交集。

但是外在证据和内在证据,真的是彼此平行,永远不相交的两条路吗?难道最近几十年来,学者们对启示录和旧约之间关系的探究和成果,不能让我们对启示录结

---

① 例如 Aune, *Revelation* 1-5, cv-cxxxiv。

② 要详细评论"来源批评理论(Source Criticism)"不是一件容易的工作,因为这个工作牵涉到许多经文详细分析的功夫。不单如此,即便我们想要进行这个工作,我们也必须面对在"来源说"的阵营中,充斥着各种不同说法的事实。本书的目的并不在此,因此我们只能很简单地说,这派学者很诚实地面对了他们所不能完全理解的现象(经文顺序不合理,重复,逻辑错置;见 Aune, *Revelation* 1-5, cxix-cxx),并且尝试对此提出解释。但是他们最大的问题在于,他们对某些经文的不了解,可能不是经文本身的问题,而是他们对约翰写作技巧模式不够了解所致。

构,有更多的了解吗?为了回答这个问题,我们将在下面的篇幅中,把以西结书和启示录并排,看看它们在结构上是不是彼此平行。我们希望透过这个对比,能让外在证据和内在证据这两条路,汇合在一起。

启示录和以西结书在结构上的平行

在前面我们介绍葛拉森的论点时,我们已经知道他所认为,"在结构上启示录和以西结书平行"的意思。那就是,在启示录中所出现的人事物,在以西结书中,也以相同的次序出现。在简介葛拉森之见的同时,我们也已经阐明,经文内容的次序并不等同于结构。因此葛拉森的看法,是值得商榷的。那么什么又是我们所谓"结构上的平行"呢?启示录的结构和以西结书的结构,是以怎样的方式,彼此对应的呢?要适切地回答这个问题,我们当然须要先对以西结书的结构,特别是以西结书中,先知所看见的几个异象之间的关系,有所了解。因为在后面我们将会看见,约翰编排启示录的方式,是和先知以西结编排他所见异象的方式,十分类似的。

以西结书中的异象

不管是从数量或是质量的角度来看,先知以西结在其事奉生涯中所见异象,在被掳前后的诸先知中,可说是个中翘楚。记载在以西结书中的异象不单多达五个(1:1-3:15;3:22-27;8:1-11:25;37:1-14;40:1-48:35),[①]并且这些异象的规模,以及先知在其中所看见的人事物,都十分少见。从表面上看起来,这五个异象分散在以西结书的不同地方,因此它们似乎彼此互不相属。但是在细究之下,我们将会发现先知以西结使用了一些文学上的设计,让这分散在各处的五个异象,以某种方式连结在一起。[②]

第一,在3:23那里,先知透过"耶和华的荣耀,正如我在迦巴鲁河边所见的一样,停在那里",让书中第二个异象和第一个异象彼此呼应。因为先知第一次看见耶和华的荣耀,就是在迦巴鲁河边(1:1-3)。在第三个异象中(8:1-11:25),先知同样地以

---

① 有人把3:22-27包括在1:1-3:27的段落中,因而认定这卷书只有四个异象。但是从3:14-15和16节看来,3:22-27应该是另外一个异象的记录。从后面我们对"耶和华的手在我身上"一语的分析来看,3:22-27也应该不属于从1:1开始的异象。

② 有关于以西结书的结构,可参R. M. Hals, *Ezekiel*(Grand Rapids: Eerdmans, 1989); Van D. H. Parunak, Structural Studies in Ezekiel. Ph. D. diss.(Harvard University, 1978)。

“谁知在那里有以色列神的荣耀、形状与我在平原所见的一样”一语(8:4),来呼应第二个异象中的“你起来往平原去”(3:22)。不单如此,在第三个异象中,先知再以“这是我在迦巴鲁河边所见以色列神荣耀以下的活物”这句话(10:20),让这个异象也和第一个异象连结(1:4–5)。再者,在第五个异象中,这种“互相参照”的设计,也一样出现。因为在43:3中,先知描述耶和华荣光之言,“其状如从前他来灭城的时候我所见的异象;那异象如我在迦巴鲁河边所见的异象”,显然是要把这个异象和第三个异象(比较8:1–3),以及第一个异象结合(1:1–3)。从文学功能的角度来说,这些“互相参照”的语言,把分散在各处的异象连结在一起,但是从释经的角度来说,这个文学设计的目的,是要凸显出第一个异象的重要性。换句话说,先知在后面异象中所领受的真理,以及他所传递的信息,都是为了要完成他在第一个异象中所领受的使命而有的。

第二,除了这个“互相参照”的文学设计之外,先知以西结也同时使用“耶和华的手降在我身上”的语句,①来连结各个异象。依据慈摩立(W. Zimmerli)的看法,②这个先知们所惯用谚语的意思,在于表明神对先知的掌控,并且藉此使先知得着能力。这个谚语源自早期先知,因为在列王纪上下两卷书当中,当神的手降在以利亚和以利沙身上的时候,这两位先知就得着能力,可以行人所不能的事(王上18:46),并可以勇敢地发出预言(王下3:15)。但是在以西结书中,先知以西结更进一步地将这个谚语等同于“耶和华的灵在我身上”(结3:14;8:3)。因此这个谚语不单表达了先知的身心状态(受灵感),同时也说明了他行异能说预言之权柄,是由何而来。

除了将耶和华的手等同于耶和华的灵之外,先知以西结也让这个谚语在他的著作当中,扮演一个结构性的角色。在他的著作中,“耶和华的手”一共出现了七次。在33:22那里,耶和华的手在先知身上所带来的结果,是他因此受感而说话。但是除了这个地方之外,这个谚语在书中总是和受灵感见异象有关。因为这个谚语有五次是出现在五个异象之始(1:3;3:22;8:1;37:1;40:1);而有另一次是在第一异象之末(3:14)。因此我们可以说,先知以西结在第一个异象中,以前后包夹的“耶和华的手”一语,为他的“属灵权柄”定下一个基调之后,在后面的四个异象中,他就以这个谚语,作

① 在以西结书中,这个谚语以三种略为不同的型式出现:וַתְּהִי עָלַי שָׁם יַד־יְהוָה(1:3;3:22),וַתִּפֹּל עָלַי שָׁם יַד אֲדֹנָי יְהוִה(8:1),הָיְתָה עָלַי יַד־יְהוָה(37:1;40:1)。在和合本中,这个谚语都被译为“耶和华的灵(原文作手)在我(他)身上”。因此这个谚语的形式虽然略有不同,但意思都是一致的。

② W. Zimmerli, *Ezekiel* 1. trans. R.E. Clements(Philadelphia: Fortress, 1969), 117;亦见同一位作者的专论:‘The Special Form – and Tradition – Historical Character of Ezekiel’s Prophecy,’ *VT* 15 (1965), 516–18。

为各个异象和第一个异象之间的连结。这个现象和我们前面已经看见“互相参照”的文学设计是相当一致的,并且也达到相同的目的。

但是以西结书中,后四个异象之间的关系又是如何的呢?先知以西结除了让它们彼此互相参照,并且都以“耶和华的手”来揭开异象的序幕之外,他是如何组织这四个异象呢?就它们在书中的位置而言,这四个异象的确四散在不同的地方,但是它们却是以双双对对的方式而存在。怎么说呢?第一组异象是由第二个和第四个异象所组成,因为(1)这两个异象的显示地点都是平原(3:23;37:1);①(2)在这两个异象中,神透过先知所要传递的,都是和以色列百姓有关的信息(参4:4,5,5:4,6:11;37:11);(3)这两个异象也彼此互补,因为前者是神对以色列百姓的审判,而后者是以色列百姓的复兴(枯骨复活)。

以西结书后四个异象中的第二组异象,是由第三个异象和第五个异象所组成的,因为(1)在这两个异象中,先知都被神的手带到耶路撒冷城(8:3;40:1-2);(2)并且在那里他看见耶路撒冷城的命运;(3)而这两个不同的命运也彼此互补,因为第三个异象是关乎耶路撒冷的审判,而第五个异象则是耶路撒冷的复兴。

综上所述,以西结书中的五个异象,具有两个特色。第一,透过“彼此参照”的文学设计,以及“耶和华的手”一语,先知将五个异象连结在一起。在这五个异象中,显然第一个异象是具有“龙头”的地位,因为先知在后面的异象中所要完成的任务,都是基于他在第一个异象中的呼召。第二,以西结书中后四个异象,是以两组的方式出现,并且在这两组异象中的两个异象,都彼此平行互补。

启示录中的异象

如果根据“我看见(εἶδον)”或是“显现(ὤφθη)”这两个动词,我们将会在启示录中,找到数十个大大小小的异象。但是正如包衡以及其他学者所观察到的,在启示录为数众多的异象中,只有四个是以“在灵里”这个词组作为开场白的(1:10;4:2;17:3;21:10)。这个词组在这四处经文中,虽然因着上下文的关系,而使得它的语意略有差异,但是它所要表达的,都是约翰在看见异象时的身心状态(受灵感),以及他所见异象的来源(圣灵)。② 因此这个词组不单在语意上,和以西结书中之“耶和华的手”互相平行,在启示录中,它也和“耶和华的手”一样,扮演着结构性的角色。因为透过这

① L. C. Allen 认为,此处的“平原(הַבִּקְעָה)”所指的是位在巴比伦 Tel Abib 附近的河谷平原(*Ezekiel* 1-19, 60)。

② 详见 R. Bauckham, *The Climax*, 152-57。

个线索,启示录的诸多异象就可以归纳在四个大异象中:(1)拔摩异象(1:9－3:22);(2)天庭异象(4:1－16:21);(3)巴比伦异象(17:1－19:10);和(4)新耶路撒冷异象(21:9－22:9)。

除了以“在灵里”一语做为结构性的指标之外,约翰在他的异象中,也和先知以西结一样,放下了“互相参照”的线索,好让他的异象也能彼此连结。在4:1中,“我初次听见好象吹号的声音”一语,显然是要让这个天庭异象,和拔摩异象互相呼应而有的(参1:10)。而21:9中,看似啰啰唆唆的开场白“拿着七个金碗,盛满末后七灾的七位天使中,有一位来对我说”,其实也是为了要将耶路撒冷异象和巴比伦异象连结在一起而有的(参17:1)。

不单如此,在启示录中,约翰的四个异象也是以两组的方式出现。在拔摩异象和天庭异象之间,我们看见它们在某些地方彼此平行:(1)这两个异象中的文脉逻辑是一致的。在拔摩异象中,约翰首先描述基督的荣耀和他与教会之间的关系(1:12－16),之后跟着的便是祂给教会的信息(2－3章)。在天庭异象中,约翰也以神荣耀创造的形象为始,之后便是祂以世界之主的身份,对世界所发出的审判。因此在这两个异象中,我们看见“基督—教会”和“上帝—世界”的对应。(2)就场景的角度来看,这两个异象也彼此呼应,因为第一个异象所发生的所在是拔摩海岛,而在其中所显现的主角是道成肉身,曾经来到世间的基督。相对于此,第二个异象的场景是天庭,而在其中所出现的主要人物,则是在天上做王的上帝。

这种彼此平行,互相呼应的现象,也一样出现在巴比伦和新耶路撒冷的两个异象之间。(1)在两个异象中,这两个城市都以女人的形象出现,而为了凸显出它们之间反义平行的关系,前者被冠以大淫妇之名,而后者则是以新妇的角色出现。(2)在它们各自的异象中,这两个女人都盛装出席。前者以紫红色系的衣服为主,再配搭上金饰珠宝(17:4);而后者虽然也以金饰珠宝为其装扮(21:11,18－21),但是她的服装则是以细麻系列为主调(参19:7)。(3)除了在装扮上表现出不同品味之外,这两个女人也和不同的人物结盟:巴比伦和兽同国(17:3),所以她就成为鬼魔、邪灵和可憎雀鸟的巢穴(18:2),并且借着他们的力量,而成为管辖地上众王的大城(17:18)。反之,新耶路撒冷所效忠的对象是羔羊(21:9),所以她自然就成为神和羔羊的居所(21:22－23),并且因着祂们的关系,地上的君王就要将他们的荣耀归给她(21:24)。(4)巴比伦异象和新耶路撒冷异象之间反义平行的关系,也反映在这两个女人的命运中。大淫妇因着其结盟对象的关系,她至终得面对神的审判(18章);相对于此,新妇的未来,则是神的复兴和祝福(21:9－22:5)。

小结

以上的分析显示,启示录一书的主要结构,是和以西结书中五个异象彼此之间关系十分相似的。在启示录中,我们虽然没有一个对等于以西结书第一异象的文学单位,但是以西结书第一异象中的主要元素,即,先知的呼召和差派,却都出现在启示录的第一个和第二个异象中(1:11,19;10:8－11)。因此我们可以很合理地推测,约翰已把这个元素融入了他的前两个异象中了。和先知以西结一样,约翰也用了两个文学线索,将他的四个异象连结在一起。不单如此,他也师法先知,将这四个异象分为两组,让它们以反义平行的方式互相关联。因着这些对应,我们可以很合理的说,启示录一书的结构,是以西结书中之异象结构的反映。换句话说,约翰在编排启示录时,是以先知以西结为其导师的。①

对如何建构启示录结构的问题来说,我们的观察具有两方面意义。第一,这个观察基本上肯定了包衡等人,在建构启示录结构时,所采取的方法。因为"以重复出现之词组"作为分段的依据,有来自于旧约例证的支持。第二,这个观察也让我们看见,内在证据和外在证据这两条路,并非没有交集。在戴上了以西结异象的眼镜之后,启示录的结构就昭然若揭了。因为启示录的内部线索,正和由以西结书而来的证据,相当准确的结合在一起。

除了在方法论方面具有相当的意义之外,上述的观察也当然会影响到我们对启示录结构的看法。在前面我们已经说过,本书将依循包衡的大纲。但是因着上述的观察,我们将会对包衡之见做一点必要的修正。因为若是我们把从以西结书而来的外在证据也考虑在内,显然"*在灵里*"的词组,在启示录的结构中,具有举足轻重的地位。因此启示录的结构,也应该反映出这个事实。在下面篇幅中,我们所提供的是包衡启示录大纲的修正版,也是我们在后面分段详论经文意义的根据。在这里我们只提供大纲,至于分段细目则留到后面注释的部分,才做处理。

① 在本节前面我们所提到的,葛拉森对启示录和以西结书之间关系的观察,以及在旧约和启示录关系一节中所提及的范何、弗格哥森和瑞兹等人的洞见,都支持我们在这里所作的结论。因为他们的研究都显示,约翰对以西结书有极为全面和深入的了解。

启示录的结构

Ⅰ 前言 1:1－8

Ⅱ 拔摩异象:基督给七个教会的信息 1:9－3:22

1 基督在金灯台中显现(1:9－20)

2 七封书信(2:1－3:22)

Ⅲ 天庭异象:神对世界的审判 4:1－16:21

1 神在天庭中显现(4:1－5:14)

2 七印之灾(4＋1＋[1＋插曲]＋1;6:1－8:5)

3 七号之灾(4＋1＋[1＋插曲]＋1;8:6－11:19)

4 深层的冲突:妇人,男孩和龙的战争(12:1－15:4)

5 七碗之灾(4＋3;15:5－16:21)

Ⅳ 大淫妇巴比伦异象 17:1－19:10

Ⅴ 从巴比伦到新耶路撒冷 19:11－21:8

Ⅵ 新妇耶路撒冷异象 21:9－22:9

Ⅶ 结语 22:10－21

Ⅶ 启示录的释经学

在教会历史中，不论中外，启示录都受到了相当两极化的对待。以无比热情拥抱它的人，视之为解开人类历史之谜的"译码器"；因此他们宣称，若我们想要明白世界要以怎样的方式结束，甚或是世界末日要在什么时候来临等等的问题，在圣经诸多书卷之中，启示录就是那一把不可或缺的钥匙了。① 与此相对的，乃是那些将启示录束之高阁的人，因为对他们而言，启示录这卷书实在难以理解。在"人子的头与发皆白，眼目如火，口中出剑"的经文面前（启 1：13－16），或是在面对"海兽之形状如狮似熊又像豹"的画面之时（启 13：2），为免干犯错解经文的大罪，"敬而远之"似乎是一个不错的因应之道。

但启示录真的是解开末日之谜的钥匙吗？而"敬而远之"，不论其动机有多么虔诚，真能成为我们对待"耶稣基督之启示"的态度吗？（启 1：1）为了要"解谜"而强解（甚或错解）经文，或是因着"难解"而回避启示录，都是不正确的态度。若启示录乃是神的启示，是神藉约翰向我们所说的话，那么为了要明白并遵行这卷书中的真理，我们实在需要先行对这卷书的文体，文学特色和观点，有一些理解。因此在下面的段落中，我们就要对这些关乎启示录释经学的问题，有一点讨论和分析。

启示录的文体

在许多教人如何解经的书籍中，"确定文体"若不是释经的第一步，②就是那占据

---

① 例如，H. Lindsey, *The Great Planet Earth* (Grand Rapids: Zondervan, 1970); H. Armstrong, 'Who or What is the Prophetic Beast?' *The Good News of World Tomorrow* Oct. - Nov. (1985), 3 - 6, 21 - 22 and Dec. (1985), 3 - 6, 29。

② 例如，W. C. Kaiser and M. Silva, *An Introduction to Biblical Hermeneutics: The Search for Meaning* (Grand Rapids: Zondervan, 1994)。

了大量,甚或最多篇幅的主题。① 因此我们在这里所面对的第一个问题是,究竟启示录是属于哪一种文体?对此问题,学界给了我们一个"三合一"的答案:书信 + 预言 + 启示。此一答案看来有些奇怪,但它却不是学者们为了要显示自己学问渊博而凭空创造出来的;因为在启示录 1:1 那里,约翰就已经开宗明义告诉我们,他所写下来的,乃是"耶稣基督的*启示*(Ἀποκάλυψις Ἰησοῦ Χριστοῦ)",而在 1:3 中,他又明明白白地说,"宣读这书上*预言的*(τοὺς λόγους τῆς προφητείας)……都是有福的。"不单如此,在 1:4-6 那里,约翰又告诉我们,这卷书乃是以小亚细亚七教会为书写的对象,而在全书的结尾之处,他更是以一个传统的"书信结尾"(愿主耶稣的恩惠,常与众圣徒同在),来结束启示录。因此单就这些线索,我们就已经对此书文体之复杂性,有了一点点的概念。但这三者之间的关系是如何的呢?而这三者对我们理解启示录,又具有什么意义呢?

书信

正如上述,启示录 1:4-6 显示,这卷书乃是约翰写给小亚细亚七教会的书信,而 22:21 的"书信结尾",也证实此事。但除此之外,启示录其余的部分,却和我们通常在新约其余书信中所读到的,有着不小的距离。举例来说,保罗或是彼得在其写给教会书信中,通常都以平铺直述之"真理教导"为始,而在此基础之上,"基督徒的道德手则",也就十分自然地随之在后。但启示录的情况却完全不是如此的,因为在前言之后(1:1-8),"异象的记录"就成为这卷书的主要内容,直到 22:9 为止。因此从这个现象来看,"书信"只是约翰用来传递这卷书之"本文"时所使用的工具,是约翰在其所见异象之上所加上的"包装纸"。②

但即便"书信"只是这卷书的外包装,这个"附加"上去的形式,却不能等闲视之。就其他新约书信而言,作者在其中所论述的神国真理,乃是收信教会在界定他们在世界中之角色,或是他们思索要如何彼此对待,甚或是他们在决定他们人生方向和内容

---

① 例如,G. D. Fee and D. Stuart, *How to Read the Bible for All Its Worth: A Guide to Understanding the Bible*(Grand Rapids: Zondervan, 1982); G. R. Osborne, *The Hermeneutical Spiral: A Comprehensive Introduction to Biblical Interpretation*(Downers Grove: InterVarsity Press, 1991)。这两本书已经都有了中文译本:《读经的艺术》(台北:华神,1999);《基督教释经手册:释经螺旋的原理与应用》(台北:校园,1999)。

② 以"书信"来传递"从神而来信息"之手法,亦在耶利米书 29:1-32 中出现。但就形式和内容而言,启示录的书信的头和尾,却与保罗书信更为接近。而启示录的成书之地(小亚细亚)乃保罗宣教区的事实,也让"启示录在书信形式上受到保罗书信影响"的见解更为可能。相关讨论,详见 Aune, *Revelation* 1-5, lxxiv-lxxv。

等等重大问题时，所不可或缺的标竿和基础。而若启示录也是一封书信，那么这卷书之于其收信教会，也应具有如是“指点迷津”的意义。

但“书信”除了具有上述“功能性”的角色之外，也在释经学上，具有一定程度的意义。怎么说呢？就新约其他书信而论，其写作的动机，多是要对收信教会（或是个人）所面对的问题，提出针砭，劝诫和鼓励，因此“书信”从一开始，就具有强烈的“当代性”，因为正是这些“立即和紧迫的问题”，使得新约诸书信得以成书。从此角度来看，启示录也是如此。它乃是针对公元 90 年代小亚细亚教会所面对的问题而写的；是约翰为了要劝诫那些在罗马政经压力之下，退缩软弱的教会，或是为了要鼓励那些在苦难中，手脚发酸之圣徒而作的。从此角度来看，启示录 2－3 章中的“七教会书信”，就不是某些学者所主张的“教会历史的七个时期”，①而是约翰针对当代小亚细亚教会所写的书信。换句话说，这“七封书信”的本身并不具有“预言性”。对 21 世纪的教会来说，这“七封书信”当然具有劝诫，指正，安慰和鼓励的意义，但如是意义，却不是借着“预言性”来达成的。同样的情况也一样适用于启示录 4－22 章，也就是那些被某些学者所认为（未来派），指向并只关乎末日的经文。因为约翰在这段经文中，借着天庭异象（启 4－5），三个七灾系列（启 6－16），以及大淫妇巴比伦和新耶路撒冷等等的异象（启 17:1－22:9），所要显示的是，在耶稣基督死和复活之后（参，启 12），神国已经开始建立，并要在神所设定的日子中，完全成就。② 因此约翰在这段经文中，借着“天上的异象”，就彰显了教会在“灵界”的真面貌（得胜的羔羊之军；启 7:1－17；14:1－5；20:4－6）；而这个“属灵的透视”，就要成为这些在逼迫受苦中之教会，昂首挺胸，继续向这个世界见证基督的动力。③

一言以蔽之，启示录和新约其他书信一样，都是借着“真理＋行动”的模式，来向当时的教会说话。虽然启示录所使用的语言（异象/象征）和其他书信不同，但它却百分之百的，是一封神和人子藉约翰之笔，向 90 年代小亚细亚教会所发的书信。在这卷书信中，约翰当然提及那要在末日才要发生的事，但这些关乎末日的异象，旨在提供一个“观点”，好让那些在当下受苦的教会，能和他们的主一样，“因那摆在前面的喜乐，就轻看羞辱，忍受了十字架的苦难”（来 12:2）。

预言

正如前面所述，借着启示录“七个福论”中的第一个，即，“宣读这书上*预言*的

① 有关这个见解的细节和问题，详见页 402－04。
② 详见 1:1c，13；5:7，9－10；11:17；13:1 等处经文的注释。
③ 类似的见解，参 Beale，*Revelation*，38－39；Osborne，*Revelation*，12－13。

(τοὺς λόγους τῆς προφητείας)……都是有福的"(1:3),约翰已然宣告,此书乃"预言"。而此宣告,也在这卷书的结尾之处,有了多次的呼应:

(1) 看哪,我必快来。凡遵守这书上*预言*的有福了(22:7);
(2) 他(天使)又对我说,不可封了这书上的*预言*;因为时候近了(22:10);
(3) 我向一切听见这书上*预言*的作见证,若有人在这预言上加添什么,神必将写在这书上的灾祸加在他身上;若有人删去这书上的*预言*,神必从这书上所记载的生命树和圣城,删去他的份(22:18-19)。

因此从这个"前后包夹"的现象来看,约翰的确要其读者视此书为"预言"。事实上,在后面1:9-20"经文结构和形式"的分析中,我们也将看见,约翰在拔摩海岛上看见异象的经历,其实和旧约先知们的"蒙召和被神差遣",是完全一样的;因此借着这个方式,约翰不单显示他乃"先知",也要其读者以"先知之言"的方式,来理解他所写的启示录(1:11,19)。此一"如先知般蒙召"的经历,在第十章的异象中,乃以类似于先知以西结"吃书卷"之行动剧来呈现(10:8-10);而约翰在拔摩海岛上,"蒙召好向神百姓说话"的事情,也因此就在此"吃书卷"的异象中,成了"你必要再指着多民多国多方多王*说预言*(προφητεῦσαι)"(10:11)。

但"约翰蒙召为先知,并奉派向神子民说话"的经历,是否反映在他所写下来的书卷中呢?也就是说,在启示录的字里行间里面,我们是否能找着那些具有"先知性"的文学形式呢?就七封教会书信而言(启2-3章),虽然我们无法百分之百地将之与先知性的神谕(prophetic oracle)画上等号,①但在其间,那些属于此一文学形式的元素,却都没有缺席。举例来说,先知神谕的固定起首语"某某某如此说(Τάδε λέγει)",以及神藉先知对其百姓所发的(1)责备,(2)劝诫,和(3)条件式的刑罚等等,都一一出现。至于在启示录其余的章篇中,各样"神谕"也在约翰的笔下,分别从圣父,圣子,圣灵和天使之口而出:

(1) 看哪!祂驾着云降临。众人都要看见祂,连那些曾刺过祂的人也要看见祂。地上的万族都要因祂而哀哭。是的,阿们(1:7)。

---

① D. E. Aune 认为这七封书信乃是神谕(*Prophecy in Early Christianity and the Ancient Mediterranean World*[Grand Rapids: Eerdmans, 1983], 275-79)。就整体而言,这个见解应被接纳,但我们在后面对七封书信之型式所做的分析显示(见页266-69),在这七封书信,除了"先知神谕"的元素之外,还包括了其他不属此一文学形式的材料。

(2) 主神说:我是阿拉法,我是俄梅戛;我是今在昔在将要再临的;我是全能者(1:8)。

(3) 我一看见,就仆倒在祂脚前,像死了一样。祂用右手按着我说:不要惧怕;我是首先的,我是末后的;又是那存活的。我曾死过,但是我现在活着,直到永永远远;并且我拿着死亡和阴间的钥匙。所以你要把所看见的;就是现在的事和将来必成的事,都写出来(1:17-19)。

(4) 凡有耳的,就应当听:要被掳掠的,就被掳掠罢!要被刀杀的,就被刀杀罢!圣徒的忍耐和信心,就是在此(13:9-10)。

(5) 我听见从天上有声音说,你要写下来:从今以后,凡在主里死去的人,是有福的!圣灵说,是的,他们不再劳苦,得了安息;因为他们工作的果效随着他们(14:13)。

(6) 看哪!我来要像贼一样。那儆醒看守衣服,免得赤身而行,叫人见他羞耻的,有福了(16:15)。

(7) 此后,我看见有另一位掌大权柄的天使从天而降;大地因着他的荣光而被照亮了。他以强而有力的声音喊着说:大巴比伦倾倒了,倾倒了;她成了鬼魔的住处,各样污秽之灵的巢穴,各样污秽飞禽的巢穴和各样污秽可憎野兽的巢穴。因为列国都因她邪淫颠狂的酒而倾跌了;地上的君王与她行淫,地上的商人因她的奢华浪费而发了财(18:1-3)。

(8) 我又听见天上有另一个声音说,我的民哪,要从那城出来!免得你们在她的罪上有份,免得你们受她所受的灾难。因她的罪恶滔天,神已经想起了她的不义。她怎样待人,也要怎样待她;按她所行的,加倍报应她。用她调酒的杯,加倍的调给她。她怎样荣耀自己,怎样奢华挥霍,也要叫她照样痛苦悲哀。因她心里说,我坐了皇后的位,并不是寡妇,决不至于悲哀;所以在一天之内,她的灾难就要来到,就是死亡,悲哀,饥荒;她又要被火焚烧。因为审判她的主神大有能力(18:4-8)。

(9) 而后,有一位大力的天使,举起一块好像大磨盘的石头,扔在海里,说,巴比伦大城也必这样猛然地被扔下去,决不能再找到了。琴师、乐师、笛手和号手的声音,在妳中间再也听不见了;各行各业的工匠,在妳中间再也找不到了;推磨的声音,在妳中间再也无法听闻;灯台之光在妳中间不再照耀;新郎和新妇的声音,在妳中间也决不再听见。因为妳的商人成了地上的尊贵人;万国也被妳的邪术迷惑了。先知,圣徒,并地上一切被杀之人的血,都在这城里被找到了(18:21-24)。

(10) 天使对我说,你要写下来:凡被召赴羔羊之婚筵的,有福了!他又对我说,这是神真实的话(19:9)。

(11) 我听见有大声音从宝座出来说,看哪,神的帐幕在人间;祂要与人同住,他们要作祂的子民;神要亲自与他们同在,作他们的神。神要擦去他们一切的眼泪。不再有死亡,也不再有悲哀、哭号、痛苦,因为先前的事都过去了(21:3-4)。

(12) 坐在宝座上的说,看哪,我将一切都更新了。又说,你要写下来.因为这些话是可靠真实的。祂又对我说,成了。我是阿拉法,我是俄梅戛,我是始,我是终。我要将生命的泉水,白白赐给那口渴的人。得胜的必承受这些为业。我要作他的神,他要作我的儿子。只是那胆怯的,不信的,可憎的,杀人的,淫乱的,行邪术的,拜偶像的,和一切说谎话的,他们的份就在烧着硫磺的火湖里;这是第二次的死(21:5-8)。

(13) 看哪,我必快来。凡遵守这书上预言的有福了(22:7)。

(14) 看哪,我必快来。赏罚在我,要照各人所行的报应他。我是阿拉法,我是俄梅戛,我是首先的,我是末后的,我是始,我是终。那些洗净自己衣服的有福了!他们拥有到生命树那里的权利,也可以从门进城(22:12-14)。

(15) 我向一切听见这书上预言的作见证,若有人在这预言上加添什么,神必将写在这书上的灾祸加在他身上;若有人删去这书上的预言,神必从这书上所记载的生命树和圣城,删去他的份。见证这事的说,是了。我必快来。阿们。主耶稣啊,我愿你来(22:18-20)。①

从上列经文来看,启示录的确充满了“先知性的神谕”,而此一现象,再加上约翰在这卷书中,大量暗引旧约先知著作的事实,以及他让自己之蒙召,等同于“旧约先知蒙召”的手法,都显示启示录一书所具有的预言性。②

不单如此,(1)在启示录的一开始,约翰借着“启示(Ἀποκάλυψις)”,“必要成就的事(ἃ δεῖ γενέσθαι)”,“指示(δεῖξαι)”,和“晓谕(ἐσήμανεν)”等等这些也出现在但以理书第二章中的语词(详见1:1c的注释),以及(2)他在1:9-20和4-5章中,以旧约先知见异象的模式,来叙述其所见异象的手法(详见这些经文的注释),都显示他所

① 资料来源,D. E. Aune, *Prophecy in Early Christianity and the Ancient Mediterranean World* (Grand Rapids: Eerdmans, 1983), 279-88。

② 有关启示录在“预言文体”方面,和旧约先知书之间关系的详细论述,见 F. D. Mazzaferri, *The Genre of the Book of Revelation from a Source-critical Perspective*, 259-378。

写下来的这卷书，不单具有“先知预言”的形式和色彩，也更是专注于先知以“异象”来传递真理的手法之上。换句话说，启示录的确包含着许多“先知性的神谕”，但其主要架构，却是“异象”。难怪有学者认为，就文体而论，启示录乃是“强化了的预言（an intensification of prophecy）”。①

但确认启示录乃“预言”，对理解这卷书又具有怎样的意义呢？从旧约来看，先知的“预言”，虽然包括了一些关乎未来之事的论述，但就内容而言，他们所发的“预言”，多是本于神先前的启示（摩西五经），而对百姓当下的问题所发出的针砭。② 而那些关乎未来之事的“预言”（狭义的），不单也多以神先前的启示为本（例如，利 26:14－39；申 4:15－28；28:15－32:42）；而其目的，则在鼓励在被掳中的百姓，以当下的“悔改”，作为他们能重新经历神祝福的前奏。换句话说，先知们的“预言”，不论是广义的或是狭义的，都是神透过先知，依据祂和百姓所立之约，对其子民所传达审判或是鼓励的信息。

从此角度来看，启示录这本“预言之书”，也是如此。它是神向其百姓所发鼓励，安慰和警戒的信息（启 2－3 章）；而如是信息所根据的，乃是神的启示。但和旧约之“先知预言”相较，启示录这本“预言之书”，乃是以神新的百姓为对象，因此在拔摩异象中向约翰显现的，就是那曾藉其宝血，将人从各族、各方、各民、各国中买赎回来（启 1:5－6；5:9－10），并将他们建立为一个祭司国度的人子了（启 19－20 章）。而祂对新约百姓的针砭和鼓励，也就自然要依据祂“死和复活，并升上高天”的新启示。因此在启示录 4－5 章中，约翰就让我们看见，升上了高天的人子，不单出现在天庭中，并且也能从父神手中，领取那象征神永恒计划的“书卷”。而祂在 6:1 中展开书卷，并随后带来三个七灾系列的动作，都显示升上高天的祂，已然成为审判这个世界的王（6:1－21:9）。正如耶和华为世界之王的含义，是包括了审判世界和救赎百姓的两个面向；照样，升上了高天的人子，除了拥有审判世界的权柄之外，也在启示录后面的章节中，成为叫神国完全成就的那一位（启 21:9－22:9）。而如是对未来的一瞥，其目的也是要叫现今在苦难中的教会（启 2－3），能抬头挺胸，不计代价地继续持守羔羊的见证，因为在祂的计划中，他们将要成为神和羔羊所居住的“新耶路撒冷”（21:3,

---

① Beale, *Revelation*, 37；亦参，G. E. Ladd, 'Why not Prophetic-Apocalyptic?' *JBL* 76(1957), 192－200; M. E. Boring, 'The Apocalypse as Christian Prophecy,' in G. W. MacRae, ed., *SBLSP* 1974 (2 vols.; Missoula: Scholars Press, 1974), 2:43－62; E. S. Fiorenza, 'Apokalypsis and Propheteia: Revelation in the Context of Early Christian Prophecy,' in The Book of Revelation: Justice and Judgment(Philadelphia: Fortress, 1985), 133－56。

② 参，G. D. Fee and D. Stuart, *How to Read the Bible for All Its Worth: A Guide to Understanding the Bible*(Grand Rapids: Zondervan, 1982), 151－52。

22;22:1);而人子在启示录 2-3 章中向教会所发的一切应许,也都要在那个时候完全的应验。① 换句话说,和旧约先知的预言一样,启示录也论及未来之事,但如是对未来必要成就之事的论述,乃是要成为当下受苦教会的鼓励。

但若启示录乃"预言之书",是人子对 90 年代小亚细亚教会所发的信息,那么"预言文体",似乎就和我们前面所说的"书信文体",没有太大的差异了。的确,"预言"和"书信",就上述的释经意义而论,是没有太大差异的,因为前者乃"旧约书信",而后者乃"新约预言(广义的)"。而约翰让启示录拥有"预言"之名的原因,恐怕是他想要让这卷书,能成为旧约预言的"续集",或者更准确地说,"完结篇"。② 但在此同时,此一和旧约预言同属一个文体的书卷,是人子在一个新的时代中,向神新子民(教会=信主的犹太人+信主的外邦人)所发的信息,因此约翰也就在"旧约预言"之上,为它穿上了一件"新约书信"的外衣(1:4-6;22:21)。和他在这卷书中,多次大量暗引旧约经文,并在人子的新启示中,将之重新诠释并应用在教会身上的手法一样(内容),③他在此也让这卷书的"文体"(形式),同时穿上了"旧约的内衣(预言)"和"新约的外衣(书信)"。

启示

正如前述,约翰在启示录的一开始,就告诉我们他所写下来的,乃是"*耶稣基督的启示*"(1:1),而在启示录的第一节经文中,他也借着"*必要成就的事*","*指示*",和"*晓谕*"等语词,将带我们回到先知但以理所看见,"金头银胸铜腹铁腿之大雕像"的异象中。因此从启示录的一开始,约翰就已经暗示,在这卷书中,耶稣基督的启示,将要以"异象"的方式来呈现。④

但这只是暗示而已,我们还需要更明确的证据。在前面有关"启示录结构"的分析中,我们已经看见,启示录的四大异象,即,拔摩异象(1:9-3:22)、天庭异象(4-16)、大淫妇巴比伦异象(17:1-19:10)和新妇耶路撒冷异象(21:9-22:9),⑤都是约翰"在灵里"所看见的(1:10;4:2;17:3;21:10)。因此我们可以这么说,此书的主题—耶稣基督的启示,乃是要借着约翰在灵里所见之异象来表达的。但此一为约翰所得之启示挂上了属天保证的词组,乃是从以西结书而来;而在该旧约书卷中,"在灵

---

① 有关 2-3 章中的应许,要在新耶路撒冷异象中完全实现的分析(21:9-22:9),见页 265-66。

② 这恐怕是 R. Bauckham 将其研究启示录之专论,以"预言的高峰(*The Climax of Prophecy*)"为该书之名的原因了(参,*The Climax*, xi)。

③ 详见后面经文注释的部分。

④ 此乃 Beale 的观察,详见 1:1c 的注释。

⑤ 19:11-21:8 乃是大淫妇巴比伦异象和新妇耶路撒冷异象之间的"桥段"。

里"也正是先知以西结之所以得见五大异象的根本原因;①因此从约翰效法先知以西结"在灵里见异象得启示"的手法中,我们也清楚看见他意欲以"异象",作为承载启示之工具的企图。②

在旧约先知的"预言"中(广义的),"异象"只是他们传递从神而来之启示的途径之一,因为在他们所写的书卷中,我们还看见"神谕"、"格言"、"譬喻"、"故事"、"诗歌",甚或是"行动剧"等等传递启示的文学形式和媒介。因此从这个角度来看,启示录可说是专注于先知预言文体中,某一个特别的形式:异象;并以此来作为这卷书的主要结构。

但此一专以"异象"来呈现启示的手法,会不会让"异象"脱离了"预言文体"的范畴,而自成一格的成为所谓"启示文体"了呢?③ 就我们今日所知,这事的确在历史中发生了,因为在公元前100年到公元后200年的三个世纪之中,有许多犹太人和基督徒的著作,都和启示录一样,以"异象"为其主题和形式,例如,以诺一书、以诺二书、巴录二书、巴录三书、以斯拉四书、亚伯拉罕启示录、黑马牧人书、彼得启示录;以及部分含有启示文体的禧年书,亚伯拉罕遗训,利未遗训和撒迦利亚启示录等等。④ 因此我们在此所面对的问题是,究竟启示录属"启示文体",在释经上有何意义,以及这卷书与其他启示文学作品之间,有什么差异?

---

① 在以西结书中,先知所使用的语词乃是"耶和华的手在我身上"(结1:3;3:14,22;8:1;37:1;40:1),但其含义,正如和合本的译文,乃是"耶和华的灵在我身上"。相关讨论,见页112。

② 在旧约中,除了但以理书和以西结书之外,撒迦利亚书也是以"异象"著称,因此约翰在这卷书中,也就多次暗引了撒迦利亚所见异象中的各式"人物"了,例如"七灵"(启1:4;3:1;4:5;5:6;亚4:1-10)、"仰望被扎的"(启1:7;亚12:10)、"四马"(启6:1-8;亚1:7-17;6:1-8)、"寂静半刻"(启8:1;亚2:13)和"以苇子丈量圣城"(启11:1-2;亚2:1-5)等等。

③ J. J. Collins认为,启示文学作品属"预言文体",但却有其特别之处(*The Apocalyptic Imagination: An Introduction to Jewish Apocalyptic Literature*. 2nd ed. (Grand Rapids: Eerdmans, 1998), 269。有关启示文学和先知文学之间关系的讨论,见 B. Vawter, 'Apocalyptic: Its Relation to the Prophecy,' *CBQ* 22(1960), 33-46; P. D. Hanson, *The Dawn of Apocalyptic: The Historical and Sociological Roots of Jewish Apocalyptic Eschatology*. rev. ed. (Philadelphia: Fortress, 1979); J. J. Collins, 'The Place of Apocalypticism in the Religion of Israel,' in *Ancient Israelite Religion: Essays in Honor of Frank Moor Cross*. ed. P. D. Miller, P. H. Hanson, and S. D. McBride(Philadelphia: Fortress, 1987), 539-58, especially 548-50; D. S. Russell, *The Divine Disclosure: An Introduction to Jewish Apocalyptic* (Minneapolis: Fortress, 1992)。有关犹太和基督教启示文学与其他文化之间关系的概要论述,见 *ABD* 1:284-87; H. Koester, *Introduction to the New Testament*. vol. 2, *History and Literature of Early Christinity* (Philadelphia: Fortress, 1982), 241-261; D. E. Aune, *The New Teatament in Its Literary Environment* (Philadephia: The Westminster Press, 1987), 226-252; J. J. Collins, *The Apocalyptic Imagination: An Introduction to Jewish Apocalyptic Literature*. 2nd ed. (Grand Rapids: Eerdmans, 1998), 23-37; 蔡彦仁,《天启与救赎》(台北:立绪,2001),页11-65。

④ *ABD* 1:283。在新约中,属于此文体的经文有耶稣的橄榄论坛(可13太24),哥林多前书第15章,帖撒罗尼迦后书第2章,彼得后书第3章和犹大书等等。

启示文体的元素

但在回答这两个问题之前,让我们先看看究竟在所谓的"启示文学"中,包含了那些关乎"形式"和"内容"的元素。根据一个被许多学者所接受的主张,启示文学作品通常包括了如下的元素;①而若我们将此模式,应用在启示录之上,那么我们就会得着如下的结果了:②

启示的方式(关乎形式的)

1 启示传递的途径
  1.1 眼见的启示途径有两种
    1.1.1 异象(启 1:9 - 22:9)
    1.1.2 神或是灵界活物的显现(人子[启 1:9 - 20];天使[8:2 - 3;10:1;17:1;21:9])
  1.2 听见的启示通常解释所见异象
    1.2.1 讲论(启 2:1 - 3:22;7:4 - 8;17:1 - 5;18:2 - 8;21:5 - 8)
    1.2.2 对话(启 5:4 - 5;7:13 - 17;17:6 - 18;19:9 - 10;21:8 - 9)
  1.3 到另外一个世界的旅程(天庭;启 4:1 - 9:21)
  1.4 启示写在一本天上的书中(书卷;启 5:1;6:1 - 8:1;10:2,8 - 10)
2 由另一个世界而来之启示传递者(人子,天使,长老;启 1:2;5:5;7:13 等等)
3 接受启示的人(约翰;启 1:1,4,9;22:8)
  3.1 冒名写作(无)
  3.2 接受启示者的身份和处境(启 1:9 - 10;19:9 - 10;21:8 - 9)
  3.3 接受启示者的反应(启 1:17;5:4 - 5;17:6;19:10;21:8 - 9)

时间的面向(关乎内容的)

4 源起论(关乎世界源起或人类历史之前的事;启 12:7 - 9?)③

---

① 此乃 J. J. Collins 从诸多被认为是"启示文学作品"之中,所归纳出来的结果('Introduction: Toward the Morphology of a Genre,' *Semeia* 14[1979], 1 - 19);下表乃由页 6 - 8 而来。

② 此乃 Aune 的观察(*Revelation* 1 - 5, lxxxii-lxxxviii);但笔者亦在其上做了一些调整和说明。

③ 在将"红龙从天坠落"等同于"撒但的堕落"时,此一经文才关乎源起论。但我们在后面将会看见,此异象并非关乎"撒但的堕落",因此在经文之后,笔者也就加上了一个问号。

4.1 宇宙的产生(没有提及)①

4.2 上古世代的事件(见4“源起论”)

5 以下列两种方式来回顾历史

5.1 重述历史(耶稣的降世,受死,升天和教会的建立;启12)②

5.2 以预言的方式来重述历史(无)

6 藉知识而得救(无)③

7 末日危机

7.1 遭逼迫(启1:9;2:13;6:9－11;17:6等等)

7.2 末日性的宇宙动乱(第六印,第七号,和第六、七碗等等)

8 末日的审判或是毁灭

8.1 恶人受审判(启17:12－14;18:1－24;19:21;20:11－15)

8.2 世界受审(启6:1－8;12－17;8:7－9:21;16:1－21;21:1;20:11)

8.3 另一个世界中之活物受审(大淫妇巴比伦[18:1－24];兽和假先知[19:20];撒但[20:10])

9 末日的拯救

9.1 宇宙的更新(新天新地;启21:1,2－4)

9.2 个人的救恩有两种形式

9.2.1 复活(圣徒[启20:4－6];世人[20:11－15])

9.2.2 死后以另一种形态存在(在乐园中[启2:7;22:14];穿上永生的白衣[3:5];与神同坐宝座[3:21];不再有痛苦眼泪[7:13－17;21:3－4;22:3－5]等等)

空间的面向(关乎内容的)

10 另一个世界的元素

10.1 另一个世界(天庭[启4－5;7:9－17;8:2－5;11:16－18;12:10－12;15:1－16:1;19:1－8];阴间/无底坑[启6:8;9:2;11:7;20:1－3,7];硫磺火湖[启19:20;20:10,15;21:8])

10.2 另一个世界中的存在(坐宝座者[启4:2;5:1;20:11等等];人子[启1:

---

① 但神和人子先存于世界之前的事,却在4:11;10:6;14:7和3:14中出现。

② 详见12章的注释。

③ 多在所谓“诺斯底派”的启示文学作品中出现。

13;2:1 - 3:22;5:5 - 6;19:11 - 16];四活物和24位长老[4:4,6;5:5,8等等];天使[5:11;7:11等等];红龙,海陆二兽和邪灵之军[9:3 - 11,13 - 19;12:1 - 13:18;16:13 - 16;17:1 - 18:24;19:19 - 20;20:2 - 3,7 - 10])

启示者的劝化(关乎内容的)

11 道德劝化(遵行书上之言或是人子的命令[启1:3;2:26;3:8,10;12:17;14:12;22:7,9];保持衣服洁白[3:4;16:15];忍受苦难[2:10;6:11;13:9 - 10])

结语

12 给接受启示者的指示(不可封了这书上的预言;启22:10)

13 书卷结语(无)①

启示录和其他启示文学作品之间的差异

就上述的分析来看,启示录在形式和内容方面,都与当代其余的启示文学作品,有许多共同之处。但在此同时,我们也看见启示录和其他类似作品之间,有如下的五个差异:(1)"冒名写作(3.1)",②(2)"宇宙源起(4.1;4.2)",(3)"以预言的方式来重述历史(5.2)",(4)"藉知识而得救(6)",和(5)"书信结语(13)—以领受启示者从出神(或是梦中)状态中清醒过来之叙述为结"。

形式之别

此一既相似又相异的现象,显示启示录既属"启示文体",但又和其他的启示文学作品之间,有所差异。让我们先看看这些差异。第一,就"藉特殊知识而得救(6)"的部分来说,启示录显然和诺斯底启示文学作品之间,有根本性的差别;而此差别,也在"约翰要教会公开宣读此书(启1:3),但多数启示文学作品却只为少数人而写,并只在私下流传和阅读"的现象中,得着进一步的证实。③ 但若从启示录的内容来看,这

① 其他的启示文学作品多以见异象者"醒过来"、"回到地上"或是"启示天使离开"为结,但启示录却无此结语。

② 在当代启示文学作品中,另一个没有以"冒名"方式来写作的,是黑马牧人书。

③ Aune, *Revelation* 1 - 5, 21. 在启示文学作品中,另一个要"公开阅读"的,是黑马牧人书(*Vision* 2.4.3)。

个“公开宣读”的特殊现象,其实并不奇特,因为启示录乃“耶稣基督的启示”(1:1),而祂不单是“关乎万民之大好信息”的主角(路2:10),也是那藉其宝血,救赎万民的羔羊(启1:5-6;5:9-10)。因此在如是背景之中,“公开宣读”自然就是必要的了。若神的心意乃是要万人得救,那么这卷关乎耶稣基督之启示的书信,怎么可能只容许在私人之间流传呢?

第二,就“冒名写作”(3.1)和“以预言的方式来重述历史”(5.2)的两个项目来说,它们没有在启示录中出现,也不令人意外。怎么说呢?在前面我们已经晓得,约翰乃自视为“先知”,而他所传递的启示,乃是他“在灵里”对耶稣基督的认识,因此在传递此一“从神而来的新启示”之时,他实在没有冒古代某一个先圣先贤之名来写作的必要。再者,若他所传递之“耶稣基督的启示”,其主角乃是“信实和真实”的(启3:7,14,19:11),而此启示,乃是“可靠和真实”的(启19:9;21:5;22:6),那么“冒名写作”就更没有必要了。而若“冒古人之名写作”不曾发生,约翰也自然就没有必要“以预言的方式,来重述历史”了。①

这两个和其他启示文学作品之间的差异,显示约翰的“史观”,和其他启示文学之作者,有着极大的差异。对他而言,神对其子民的救赎,以及祂对恶人的审判和刑罚,并不只在世界末了之时才要发生,而是已经在耶稣基督第一次降世之时,就已经开始进行的了。换句话说,“末日”已经在道成了肉身之时,就已开始,而要在祂第二次再临之时,画上一个句点。在约翰的理解中,神永恒计划(救赎义人和审判恶人)的可靠性,并不需要靠着“冒古人之名,并以预言之方式来重述历史”的方式来证实,因为祂的永恒计划,已经在耶稣降世的历史中,开始实现了;而此历史的事实,也就成为祂将要第二次再临,完成救赎,并建立神国的保证。②

第三,至于约翰没有论及“宇宙的源起(4.1;4.2)”,恐怕也与他对神永恒计划,所持“已经开始但尚未完全成就(already and not yet)”的概念,有所关联。怎么说呢?正如前述,启示录的焦点,在“耶稣基督的启示”,而此“启示”,不单是“已经的”(神国已经在教会的出现中开始建立),也是“尚未的”(新耶路撒冷;启21:9-22:9),因此这个启示的重点,在“耶稣基督所已经成就的,以及祂在将来所要完成的”。换言之,启示录所要突显和强调的,是神在耶稣基督里的“新创造”。由此观之,这个物质宇宙之源起,就不是启示录所关切的焦点,因此这个主题也就自然不会出现在这卷书

① 在启示录12章中,约翰的确曾经提及“耶稣基督降世,死和复活,并升上高天”之事,但此论述,并不以“预言”的方式为之,而其目的,只在显示“圣徒今日为何会受苦”的原因。

② 亦参,J. J. Collins, *The Apocalyptic Imagination: An Introduction to Jewish Apocalyptic Literature*. 2nd ed. (Grand Rapids: Eerdmans, 1998), 271。

中了。

第四,至于约翰没有以"他从出神状态中,清醒过来之叙述为结(13)"的原因,也恐怕和"耶稣基督的启示"有关。就如我们前面所说的,此一启示乃是要传给众教会,而非给几个少数的个人,而被七灵(圣灵)所建立的教会,也和约翰一样的,是"在灵里"领受了这个启示(五旬节),并且要在圣灵的催促和带领之下,向这个世界做耶稣基督的见证。① 因此当约翰没有如其他启示文学作品那样,以"脱离出神状态"为全书结语之时,他恐怕有意要显示,在耶稣基督复活升天之后,"在灵里"就成了一个"常态",而他和领受"耶稣基督之启示"的教会,就必须一直"在灵里"的,向这个世界做耶稣基督的见证。不单如此,透过耶稣基督藉受苦而得荣耀(升上高天)的启示(参,启 5:6－7),约翰也了解到那真正重要,也真正具有意义的,乃是他在灵里所看见的天庭(天上的),因此在如是情况之下,他怎么还会想要"不在灵里"呢?也难怪约翰在启示录结语的部分(启 22:10－21),会以"不可封了这书上的预言"的话(启 22:10),来总结启示录;因为他所求于读者的,乃是"让我们继续在灵里的持守并遵行此书上的启示吧"!

综上所述,启示录的确在文学形式和内容上,和其他启示文学作品有相似之处,但在某些部分,却又和其他的启示文学作品有所差异;而这些差异,若我们前面的分析是可以接受的话,却也都与约翰"在灵里对耶稣基督之启示"的理解,有密切的关联。换言之,约翰因着他对"耶稣基督之启示"的认识,使得他决定"不使用"其他启示文学作品中某些固定的"文学形式"。②

内容之别

但约翰对"耶稣基督之启示"的认识,只影响到这卷书的形式吗?当然不,因为此一认识所直接影响到的,是内容。从前面的分析来看,启示录和其他启示文学作品之间,在那些与时间(7,8,9)以及空间(10)有关的部分,是彼此重迭的。但在细究之下,启示录却也在此重叠的部分,有其独特之处。何以见得?

第一,以"圣徒(或是义人)要在末日遭逼迫(7.1)"项目为例,多数启示文学作品都将这些事件,放在世界的末了之时;但由于约翰对"末日"的理解,乃是"已经开始

---

① 参 1:4 之注释中,我们对"七灵"的分析。

② 在有关"在启示录中的旧约"的部分(见页 52),我们已经晓得,约翰因着自认为自己是先知,而他所领受的启示,乃是从神和人子那里而来(1:1－3),因此他在引用旧约之时,就完全没有使用"经上记着说"等类的语言;而是以"暗引"的方式为之。而此现象显示,他对自己职分的"认知",影响了启示录在引经之时的文学型式。因此我们在这里所说的,也可以从此例证,得着更进一步的证实。

起动(基督第一次降世),但尚未达于最高峰(基督第二次再临)",因此"圣徒的受苦",就与基督第一次降临的事,密不可分了。[1] 在约翰的启示录中,圣徒乃跟随羔羊的军队(启 7:4-8;11:3-13),因此若他们的主帅,必须借着受苦(十字架)而胜过红龙撒但(启 12:5),那么他们也就必须要和他们的主一样,继续打这场由羔羊所开启的属灵之战,并以甘心在海兽(罗马)手下受苦的方式,来赢得这场战争(启 12:11;13:9-10)。准此,约翰对"现今时代"的看法,就和其他启示文学作者的见解(悲观的),有了明显的差异。对他而言,"恶人猖狂,圣徒受苦"的现况,并不意味着"现今世代已全无希望,而义人只能将他们的盼望,放在神在末日所要进行的拯救上面";对约翰来说,"圣徒在恶人手下受苦",却恰恰相反的是他们得胜的途径。而此对"悲惨现况"完全相反的理解,乃是基于"羔羊被杀,但却得胜复活"的"耶稣基督之启示"。[2]

第二,就"末日宇宙要有动乱(7.2)"和"末日世界要受审判(8.2)"的项目而言,许多启示文学作品都将这些事件,放在世界的末了;但约翰对末日之概念,并非全然是未来的,而是已经在耶稣基督之"死—复活—升天"之后就开始的;因此在启示录中,神藉"宇宙之动乱"来审判世界的事,是从"升上了高天的羔羊,从父神手中拿了书卷,并揭开七印"之后,就开始了的(参,启 5:8;6:1)。[3]

第三,照样,在"末日拯救",特别是"末日复活(9.2.1)"的项目上,启示录的观念,和其他启示文学作品之间,也有显著的不同。对约翰而论,圣徒的复活,并不只在世界末了之时,才要发生,而是分为两个阶段。第一次的复活(属灵的),是在圣徒殉道,甚或是在他们重生成为神的儿女之时,就已经发生了(参,启 20:4-6 的注释);而第二次的复活(肉身的),则在基督第二次再来时,才要发生(启 20:12)。此一将复活一分为二的概念,当然也和基督在十字架上所成就的救赎之功,有直接的关联。

第四,就空间的元素而言,启示录和许多启示文学作品一样,都论及"另一个世界(10.1)"和"另一个世界中的存在(10.2)",并且也以"二元"的方式,来让另一个世界和其中的存在,彼此对应;即,天庭⟵⟶无底坑;新天新地⟵⟶硫磺火湖;"神+羔羊+七灵"⟵⟶"红龙+海兽+陆兽";额上有神和羔羊之名的羔羊之军⟵⟶手上有兽 666 印记的世人"等等。但此"二元",并非是绝对的。在后面的经文分析

---

① 参,启 12:1-17 的注释。

② 参,L. Morris, *Apocalyptic* (London: IVP, 1973), 92; F. D. Mazzaferri, *The Genre of the Book of Revelation*, 238-39; D. A. Carson, D. J. Moo and L. Morris, *An Introduction to the New Testament* (Grand Rapids: Zondervan, 1992), 479。

③ 详见附录二:四印之灾的神学意涵(在 6:8 的注释之后)。亦参,Ladd, *Revelation*, 20。

中我们将要看见,“神 + 羔羊 + 七灵”和“红龙 + 海兽 + 陆兽”,的确是“神圣三一”和“邪恶三一”之间的对比,但在此同时,约翰却以也反讽的手法,即,让邪恶的三一“有那么一点像神但又差了那么一点点”,来凸显他们“画虎不成反类犬”的窘境(详见 12 章的注释)。更具体地来说,在约翰的笔下,当基督从死里复活之后,红龙就从天庭中被赶了出来,而它虽然号召了它在地上的爪牙海陆二兽,来逼迫羔羊之军(教会;启 13),但它们,没有一个例外的,都至终要被神和羔羊击败,而以“硫磺火湖”作为它们的坟墓(19:20 -21;20:7 -10)。对约翰而言,当基督第一次降世之后,末日已临,而人类的历史也只能向着神所要它走的方向进行。在 4 -5 章的天庭异象中,约翰已经让我们看见,整个宇宙和其中的活物,都在神的管治之下,井然有序地敬拜神;而地上虽然有着争战,但当神的时候到来,新天新地就要取代现今的世界,而在天上的新耶路撒冷,也要从天而降,将天和地之隔,完全消弥。在那个日子来到之前,这个宇宙似乎是二元的,但此二元之间的争战结果,是早已在十字架上,就已经决定的了。

一言以蔽之,“耶稣基督的启示”,在约翰以“启示文体”来写作之时,扮演着一个关键性的角色。在形式和内容的部分,启示录与其他文学作品,有着重迭的部分,但在此同时,因着“耶稣基督的启示”的缘故,约翰也就不使用某些启示文学中的特定形式;并且在内容的部分,也让他所写下来的,与其他启示文学作品,有所差别。对现今的世代,他并不抱着悲观的态度,因为他在耶稣基督死和复活的事上,看见神权能的彰显。因此他晓得现今的世代,不单不是“没有希望的”,反而是福音广传,神国建立的世代(启 14:14 -20);因为当基督升上了高天之后,看似“善恶相争”的二元世界,就只能朝向神国完全得胜的目标前进。换句话说,约翰对过去,现在和将来的理解,全都根植于他对人子羔羊的认识。

启示文体的释经意义

从上述的分析中,我们已经晓得何谓“启示文体”,并且也已经回答了“启示录和其他启示文学作品之间有何差异”的问题;因此在我们面前,只剩下一个最重要的议题,那就是,确认启示录属启示文体,对释经有何意义?

要适切并且合理地回答这个问题,从启示文体之定义来下手,恐怕是个相当不错的途径。对如何定义启示文体的议题,学界在近三十年来,有过不少的讨论,但一个广为学界所接受的定义是:

> 启示文学是一种采用故事形态的文学作品；在其中属天的启示，是由另一个世界中的使者，传递给一个人，告诉他超越时间和空间的真理。就时间的角度来说，这个真理是关于末世救恩的；而就空间的角度来说，它则是属于另一个，并且是超越这个宇宙的。① 因此启示文学作品的目的，在从超越这个世界和未来的角度，来解释现今在此世界中的情况，并借着如是从神而来的权柄，叫其读者能重新审视他们对事物的理解和他们的行为。②

此一定义，虽然简约，但却把启示文学的特色，完全的表达了出来。但此定义对解释启示录，又有什么意义呢？

“超越空间”的真理

从此定义中，我们晓得启示文学作品的第一个特色，乃是要向其读者启示“超越空间”的真理；而为了达到这个目的，启示文学作品的作者，就有了“魂游象外”、“在梦中”，或是“出神”的经验了。对此，在启示录中，约翰则是以“在灵里见异象”的方式（1:10;4:2;17:3;21:10），来显示这个面向。因此从一开始，约翰借着“在灵里见异象”的语句，就要求我们以这个方式来读启示录。但这又是什么意思？让我们以一个对比的方式来说明。

在福音书中，我们所看见的，是那从天而来的耶稣，在我们所生活的空间中，行了神迹，并讲论了有关天国的教训和比喻。但在此同时，福音书作者们并不以记录耶稣所行和所言为满足，因为耶稣所做的一切，包括祂的生，死和复活，都是要显示那属天/属灵的真理；因此在这些记录之中，我们也就看见他们对这些事的解释了（属天/属灵的意义）。③ 但与此相对的，则是以“异象”为架构的启示文学。在启示录中，约翰乃是*直接的*以“天上的空间”（例如，4－5 章中的天庭），作为真理的舞台。在此异象的舞台之上，各式“人事物”的本身，以及他们之间的互动，都是真理表达的途径。而为强调并区隔“天上空间”和“地上空间”的分别，约翰在他的异象中，也就大量的

---

① J. J. Collins, ‘Introduction: Toward the Morphology of a Genre,’ *Semeia* 14(1979), 9.

② 有关“目的”的部分，是 A. Y. Collins(‘Introduction, *Semeia* 36[1986], 1－11；引句由页 7 而来）根据 D. Hellholm 之研究结果而加上去的（‘The Problem of Apocalyptic Genre and the Apocalypse of John,’ Semeia 36[1986], 13－64)。类似的定义，亦见 G. R. Osborne, *The Hermeneutical Spiral: A Comprehensive Introduction to Biblical Interpretation* (Downers Grove: InterVarsity Press, 1991), 222。

③ 在约翰福音中，此一现象特别明显；参，约 2:21（但耶稣这话是以祂的身体为殿）；3:16－19；7:39（耶稣这话是指信祂之人要受圣灵说的）等等。

使用了各式各样的象征。因此在理解启示录的事上,我们第一个要谨记的是,我们所读到的,乃是象征。但解释象征的原则又是什么呢?此一问题关系重大,因此我们必须将它留到后面,以一个分开的段落来处理。在此我们只须晓得,异象带我们进入了"另外的一个空间",而在其中,不论我们看见的是什么,基本上都是象征。

为了让读者对此能有更准确的掌握,让我们一起来看看一些实际的例子。(1)本书的主角,神的儿子,在这个世界的空间之中,乃是以"耶稣"这个人的形态出现(祂当然不只是个人而已),但在约翰的异象中,祂则是一位"*好像*人子的"(1:13);又是有着"七角和七眼的羔羊"(5:6-7)。在祂和撒但于加略山上的争战中,祂是死在十字架上"年约三十的耶稣";但在约翰的异象中,祂却是个与"七头十角之红龙"(撒但的象征;12:3)在力量上完全不成比例的"男孩"(12:5)。但此"男孩",在祂第二次再来之时,却也要成为"眼目如火、口出利剑、以铁杖管辖列国,并要骑白马而来"的得胜将军(19:11-16)。

(2)在启示录4-5章的天庭异象中,约翰所看见的是整个宇宙。何以见得?就三一神的部分,约翰除了让我们看见"羔羊(神子)"和"七支火炬=七灵(圣灵)"之外,也以一个十分委婉和间接的方式,来论及父神:坐在宝座上的(4:2)。而这个世界中的存在,即,野地的走兽,人所豢养的家畜,人的本身,和天空的飞鸟,则是以"如狮似牛像人又像鹰"的四活物,为其代表(4:6-7);而那为羔羊所买赎回来的新旧约圣徒,则是以"24位长老"之姿出现(4:4)。至于那必然要在天庭中出现的天使,由于他们原本就属"另外一个空间",因此在他们的"家中",他们就以其本来面貌出现了(5:11)。

(3)公元90年代小亚细亚地区之教会所面临的逼迫,乃是从罗马和当地的政要而来。但在约翰的异象中,他们却成了"海兽和陆兽"(13章);而他们的主子,则是那将它们从海中和陆上召唤而来的"红龙"。就政治军事的力量而言,罗马是满有能力的"海兽",但就经济面来看,她藉"和平繁荣"对教会所带来的引诱和挑战,则让她在启示录17-19章中,成为手拿金杯,自得自满,意气风发的"大淫妇巴比伦"。

(4)至于启示录的收信者,即,90年代小亚细亚地区的七个教会,在人子显现的拔摩异象中(1:9-3:22),是人子手中的"七星=七教会的天使(在天庭中的代表;1:16,20)",而在天庭异象中,又是俯伏在地敬拜神的"24位长老"(4:10-11;5:8-10)。不单如此,就他们与羔羊之间关系来看,他们乃是那额上有属神印记,被数点了的羔羊之军,"十四万四千人"(7:1-8);但若从他们所肩负之使命来看,这"十四万四千人"在启示录11章中,又化身为"两个见证人"了。但由于他们至死也没有放弃见证羔羊的使命(11:7),因此在世界的末了,他们就要从死里复活,并成为神和羔羊所居住的“新耶路撒冷城”了(21:9－22:9)。这类例子还有许多,但这些恐怕已经足够让我们理解约翰“藉异象用象征”来表达真理的手法了。

“超越时间”的真理

从上述有关启示文体的定义中,我们晓得启示文学作品的第二个特色,乃是要向其读者显示“超越时间”的真理。而此“超越时间”的面向,则是以显示末日所要发生之事的方式来呈现的。换句话说,启示文学作品多要其读者,“从末日之亮光来应对今日的黑暗处境”。对启示录而言,此一定义也是适用的,只是约翰的“末日观”,正如前述,是“已经开始(基督第一次降世),正在进行,并尚未达到其终点(基督第二次再临)”的。① 对约翰来说,“末日”乃是一段以基督之两次降临为起点和终点的时日,而由于基督的第一次降世,乃是神在旧约中向其子民所发应许的成就,因此约翰的“末日”,不单具有“已经和尚未”的面向,也具有总结“过去”的意义。

在启示录中,此一“过去,现在和将来”的概念,可说是屡见不鲜的。举例来说,(1)对身处在逼迫苦难中之教会而言,“神啊,你在哪里?”是个必然会有的呼求;而约翰对此的回答,则是“祂乃是昔在,今在,并将要再临”(1:4,8;4:8)的那一位;②而教会的主(手拿七星;1:16),不单是“阿拉法,俄梅戛”和“首先的,末后的”,也是“始和终”(22:13)。③

(2)在神的永恒计划中,教会一方面是神旧约百姓的延续,也是神向亚伯拉罕所发“地上的万族都要因你得福”(创12:3)之应许,在新约时代的具体呈现。更有甚者,在神的计划中,教会还将要在永世中,成为神和羔羊所要居住的“新耶路撒冷城”(启21:9－22:9)。因此在启示录11章“两个见证人(教会)”的异象里面,我们就看见他们不单拥有像旧约先知以利亚和摩西般的能力(从天降火,变水为血;11:5－6),也要和旧约先知以及耶稣那样遭受逼迫,并以殉道作为他们生命的终点(死在所多玛,埃及,就是他们的主钉十字架之处;11:8),并且还要和他们的主一样的,从死里复活,并驾着云到天上(11:11－12)。

(3)将“过去,现在和将来”加总在一起,并应用在某一个群体的手法,并不只限于“两个见证人(教会)”而已。在13章的异象中,“海兽(罗马)”乃90年代之时,当家作主的政权,也是那可以任意而行“42个月”,④尽兴逼迫教会的。但在约

---

① 亦参,1:1c,13;5:7,9－10;11:17;13:1等处经文的注释。
② 有关这个词组在启示录中的意义和分析,见1:4c－5a的注释。
③ 有关这三组词组在启示录中之意义和分析,见1:8的注释。
④ 此乃“末日时日”的象征(参,12:6的注释)。

翰的笔下,它的权柄,乃源自红龙撒但,也就是那在伊甸园中,就已经对第一个亚当进行攻击的"古蛇"(启 12:9)"。不单如此,在后面的注释中我们也将看见,"海兽"的"豹身,熊脚和狮口",以及它的"十角七头"(启 13:1-2),乃由先知但以理所见"四兽(四个帝国)"的异象而来(但 7:3-8),并被约翰加总在一只"海兽"身上了。而此海兽,虽然嚣张,不可一世,但其败亡的命运,却也早已定下(启 19:20)。因此在此敌对并逼迫教会之"海兽"的身上,我们也看见它和"过去,现在以及将来"的关联。

如是例证在启示录中还有许多,①但上述的几个例子已经足以让我们看见,不单是神和羔羊,连"教会"以及那逼迫教会的"海兽",都具有"超越时间"的属性。但此认知对我们理解启示录,又有什么意义和帮助呢?对此同样具有重大意义的问题,我们在此也无法完整回答,而必须留到后面,以两个不同之段落来处理。在此我们只能预告,启示录之异象具有"超时间"面向的观察,不单解释了为何学者们会对启示录,持有"过去","历史","未来"和"理想"等等不同解释法,也在我们思考"启示录各个异象,究竟是依时间顺序发生,还是重复论述"的问题时,有所助益。在处理这两个问题之前,让我们先回到约翰"藉异象用象征"来表达真理的问题。

启示录中的象征和其解释方法

正如前述,"异象"不单是启示录一书的主要结构,也是约翰表达真理的舞台;而为了要区隔他所见的"异象(另外的一个空间)",和他所身处的这个世界,约翰就大量使用了各式各样的"象征"。②

启示录中的象征

A 就"人物"而言,"坐宝座的"乃父神,"像人子的 = 被杀羔羊 = 犹大家的狮子

---

① 例如,在海兽手下受苦的教会(启 13:6-8,15),在随后的异象中,则是那与羔羊站在锡安山上,得胜的羔羊之军(14:1-5)。换句话说,约翰在此所要显示的是,受苦的教会也*同时*是得胜的十四万四千人。

② 学界通常将"象征"分为六类:(1)外在神迹式的象征,例如,烧着的荆棘,耶稣的升天;(2)异象,例如,彼得所见那从天而降,其中充满了不洁动物的异象;(3)物质的象征,例如,耶稣在设立圣餐时所使用的饼和葡萄酒;(4)具象征意义的数目,例如,3,7 和 12 等等;(5)具象征意义的行动,例如,先知以西结的"吃书卷";和(6)具象征意义的物件和礼仪,例如,割礼、逾越节、无残疾的公牛犊等等(参,G. R. Osborne, *The Hermeneutical Spiral: A Comprehensive Introduction to Biblical Interpretation*[Downers Grove: InterVarsity Press, 1991], 228)。但由于启示录的象征,都以"异象"为其舞台,因此我们也就不依循这个分类法,来呈现启示录中的象征了。

=男孩=骑白马者”则是耶稣基督，而“七支火炬=七灵”则是“圣灵”；而与此“神圣三一”所相对的，则是“红龙+海兽+陆兽”所建构的“邪恶三一”（撒但，罗马和亚洲政要）。

B 就“群体而言”，有那以“七个金灯台”、“24位长老”、“十四万四千人”、“妇人”、“羔羊的新妇”和“新耶路撒冷”为象征的教会，以及那些敌对教会的“尼哥拉党”、“撒但一会”、“妇人耶洗别”和“大淫妇巴比伦”等等。

C 不单如此，在启示录中，我们也看见（a）因着人子揭开七印而出，并带来各样灾祸的“白、红、黑、灰四马”（前四印），（b）那些从无底坑而出，折磨世人的“蝗虫之军”（第五号），和（c）那从幼发拉底河而来，为数有两万万，形象极其怪异的“马军”（第六号）。

D 除此之外，人子向得胜者所应许之奖赏，也都是以象征物件或是象征动作来表达的：“生命树的果子”，“生命河的水”，“生命的冠冕”，“隐藏的吗哪”，“写着新名的白石”，“晨星”，“白衣”，“在神面前认他的名”，“在神殿中作柱子”和“同坐宝座”等等。

E 当然那些在旧约中，原本就具有象征意义的物件，也一样的被约翰所使用：金灯台、祭坛、金香炉、香、圣殿和圣殿外院。

F 再者，自然界的现象或是物件，也照样可以具有象征的意义：地震，四风，日头变黑，满月变红像血，无花果树之果的掉落，成群的蝗虫，雷声，大水之声，闪电，大雹子，橄榄树，旷野，地，初熟之果，鹰，葡萄，硫磺，青蛙，兽，雀鸟的巢穴等等。

G 正如象征可以是静态的物件，象征也可以用动作来呈现；例如，人子的“身穿”长衣，“手拿”七星，“口出”利剑，面貌“放光”，“拥有”七角七眼，以及“骑”白马而来等等。而人子之“揭开”七印，以及约翰“吃下”小书卷和“丈量”圣殿祭坛的动作，也都具有象征性的含义。当然大淫妇巴比伦的“淫行”，她“喝醉了”圣徒之血的描述，以及兽对大淫妇巴比伦所行，即，“使她荒凉赤身，又要吃她的肉，并用火将她烧尽”，也照样不能以字面意义来理解。

H 至于数字，也是约翰所乐于使用的象征。让我们从比较小的数目开始：

（a）地上“1/4”的人被灰马之灾所杀；

（b）“1/3”的地，海，河，以及“1/3”的日月星辰，在前四号之灾中被击打；从幼发拉底河而来的马军，要杀人的“1/3”；而红龙也要以其尾巴，拖拉着天上“1/3”的星辰，摔在地上；

（c）“两个”见证人在殉道“三天半”之后的复活；而与此相关的，则是生下男孩之妇人，在旷野被神养活的“一载两载半载（三年半=1260天[3.5×

360])”,以及海兽逼迫圣徒的时间长短,42 个月(=三年半);

(d) 地的“四角”和“四风”;而与此有关的,是那从酒醉中所流出之血河,其长度有“1600 浔($4^2 \times 10^2$;和合本作 600 里)”;

(e) “七支火炬”和“七灵”;“七星”和“七教会”;“七印”、“七号”和“七碗”之灾;红龙的“七头”和“七冠”,以及海兽的“七头”、“七山”和“七王”;

(f) 士每拿教会的受患难“十日”;海兽的“十角”和“十王”;

(g) 耶路撒冷城的“12 个门”和在其上的以色列“12 支派之名”;以及此城之墙的“12 个根基=12 样珠宝”,和刻在上面的“12 使徒之名”。而此耶路撒冷城之城墙,其厚度有“144 肘(12×12)”,至于其高度,则是“12000 浔(12×10^3;和合本作四千里)”。与此相关的,则有羔羊之军的数目,144000($12 \times 12 \times 10^3$);

(h) 兽名字的数目,666;

(i) 圣徒与基督一同做王的“1000 年(10^3)”;

(j) 从幼发拉底河而来的马军数目,200,000,000(两亿)。

I 除了这些显而易见的象征数字之外,在启示录中,约翰还放下了一些隐藏的“数目”。① 举例来说,

(a) “地的四角”所象征的,是“全世界”,而世界乃是由四个部分所组成的(天上,地上,地底下,沧海[5:13];地,海,众水的泉源,天[8:7-12];天,地,海和众水的泉源[14:7];地,海,众水的泉源,天[16:2-9]);因此羔羊用自己的血所买赎回来的人,就是从“各族、各方、各民、各国”中而来的了。而约翰为了要突显羔羊救赎之功的“完全性”,他也就让此词组,在启示录中出现了 7 次。②

(b) 在启示录 18:11-13 中,约翰给了我们一个巴比伦所拥有的“货物清单”,而在其中,他胪列了 28 样货物(4×7)。

(c) 在启示录中,“福论(……是有福的!)”一共出现了 7 次;③而与此相对的“祸哉(οὐαὶ)”,则出现了 14 次。④

(d) 不单如此,这卷书中,约翰也让某些词组出现的次数,维持在 4,7,10 和

---

① 以下现象乃 R. Bauckham 的观察(*The Climax*, 29-37);但笔者亦在其上,加入更多的资料。

② 5:9;7:9;10:11;11:9;13:7;14:6;17:15、相关讨论,详见 5:9-10 注释之后的附录一:“各族各方各民各国”。

③ 1:3;14:13;16:15;19:9;20:6;22:7,14.

④ 8:13[×3];9:12[×2];11:14[×2];12:12;18:10[×2],16[×2],19[×2].

12,这几个具有象征意义的数目上。例如,(1)"活到永永远远"4 次,①(2)"神的道"7 次;②而在其中此一词组有 4 次和"耶稣基督的见证"紧紧相连;③(3)"神全能者"7 次;④(4)"坐宝座的"10 次;⑤(5)"我是阿拉法、我是俄梅戛","我是首先的,我是末后的","我是始,我是终"这三组含义相同的词组,在启示录中一共出现了 7 次;⑥(6)"我要临到/降临(ἔρχομαι)"7 次;⑦(7)"权能(δύναμις)"12 次,⑧其中有 6 次是描述神;而有一次是与基督相连;⑨(8)"基督"7 次;⑩(9)"耶稣"14 次;⑪(10)"羔羊"指耶稣时,有 28 次;⑫而其中有 7 次出现在新耶路撒冷异象的段落中(21:9 -22:9);⑬(11)"七灵"4 次;⑭(12)"在灵里"4 次;⑮(13)"七教会"7 次;⑯(14)"12"这个数字在新耶路撒冷异象中出现 12 次(21:9 -22:5);⑰(15)"碗(φιάλη)"12 次;⑱(16)"忍耐"(ὑπομονή)7 次;⑲(17)"镰刀"(δρέπανον)在 14:14 -20 的段落中 7 次;⑳(18)"大(μέγας)"在第

① 4:9,10;10:6;15:7.
② 1:2,9;6:9;17:17;19:9,13;20:4.
③ 1:2,9;6:9;20:4.
④ 1:8;4:8;11:17;15:3;16:7;19:6;21:22.
⑤ 4:9,0;5:1,7,13;6:16;7:10,15;19:4;21:5;在 4:2,3;20:11 中此一词组以另一种型式出现。
⑥ 1:8;1:17;21:6;22:13.
⑦ 2:5,16;3:11;16:15;22:7,12,20. 在 3:3 那里人子也对撒狄教会说,他要如贼般地临到他们那里,但在此约翰却用了另外一个含义相同的动词(ἥκω)。此一更动应该是为了要让"我要临到(ἔρχομαι)"的语词,维持在"七次"而有的;因为在 16:15 那里,当约翰再次提及"人子要如贼般临到"时,他所使用的乃是(ἔρχομαι)。此一例证清楚显示,"让某些语词之出现次数,保持在某些具有象征意义之数目",是约翰刻意所为的结果。
⑧ 1:16;3:8;4:11;5:12;7:12;11:17;12:10;13:2;15:8;17:13;18:3;19:1.
⑨ 神—4:11;7:12;11:7;12:10;15:8;19:1;基督—5:12。
⑩ 1:1,2,5;11:15;12:10;20:4,6.
⑪ 1:1,2,5,9[×2];12:17;14:12;17:6;19:10[×2];20:4;22:16,20,21.
⑫ 5:6,8,12,13;6:1,16;7:9,10,14,17;12:11;13:8;14:1,4[×2],10;15:3;17:14[×2];19:7,9;21:9,14,22,23,27;22:1,3. 在 13:11 那里,"羔羊"一词也曾出现,但在那里,其所指的,乃是"陆兽";而此"有两角如羊"的描述,乃是要凸显"陆兽"想要学效"真羔羊"的企图。
⑬ 21:9,14,22,23,27;22:1,3.
⑭ 1:4;3:1;4:5;5:6.
⑮ 1:10;4:2;17:3;21:10.
⑯ 1:4,11,20[×2].
⑰ 21:12[×3],14[×3],16,21[×2];22:2. 这 10 个"12(δώδεκα)",再加上 21:13 的"东北南西各三门(=12)",和 21:19 -20 的"12 样宝石",就有了 12 次了。
⑱ 5:8;15:7;16:1,2,3,4,8,10,12,17;17:1;21:9.
⑲ 1:9;2:2,3,19;3:10;13:10;14:12.
⑳ 14:14,15,16,17,18[×2],19.

七碗之灾的段落中(16:17－21),出现了7次;①(19)“神迹/异能/记号(σημεῖον)”7次;②(20)“预言(προφητεία)”7次;③但(21)那与神圣三一(神,人子和七灵)所相对应的邪恶三一,则没有类似的现象出现,因为龙,④撒但,⑤蛇,⑥魔鬼,⑦和兽,⑧在启示录中所出现的次数,各为13,8,4,5和38次。

但这些“隐藏”在启示录中的数目,其含义为何?就结构的角度而言,这个现象显示,约翰除了以“异象”为启示录的主要结构之外(骨骼),他还有意以这些“有固定出现次数”的词组,作为连结这卷书各个部分的“经脉”。但就我们目前所关切的“象征”议题而言,上述现象的意义,在它进一步地肯定了“约翰有意以象征之方式来使用数目”的主张。

笔者对启示录所使用之“象征”的整理,并无意让它成为一个“包罗万象的总表”。但如是表列已经足以让我们看见,“象征”乃约翰表达真理的主要工具;因此“如何理解象征”,也就成为启示录释经学的核心问题了。

如何解释象征

近日有学者指出,在解读启示录之时,释经者须要清楚区隔经文中的四个层次。第一,语言文字的层次,也就是我们所读到的“东西”。第二,异象的层次,也就是约翰因着他“在灵里见异象”之经历,而在启示录中所留下的影响。第三,暗指的层次,也就是约翰在异象中所看见之象征物件,在当代历史情境中所对应的人事物。第四,象征的层次,也就是那在“历史情境中的人事物”,所具有的象征含义(神学意义)。⑨ 让我们对这四个层次有更多思考和说明。

第一,就语言文字的层次而言,释经者所要做的工作,乃是要确定他或是她所读到之文字的意义。因此这个工作,就包括了字词含义的研究和确定,文法结构的分

---

① 16:17,18[×2],19[×2],21[×2].

② 12:1,3;13:13,14;15:1;6:14;19:20.

③ 1:3;11:6;19:10;22:7,10,18,19.

④ 12:3,4,7[×2],9,13,16,17;13:2,4,11;16:13;20:2.

⑤ 2:9,13[×2],24;3:9;12:9;20:2;20:7.

⑥ 12:9,14,15;20:2. 9:19之“蛇”所指的,并非撒但。

⑦ 2:10;12:9,12;20:2,10.

⑧ 11:7;13:1,2,3,4[×3],11,12[×2],14[×2],15[×3],17,18;14:9,11;15:2;16:2,10,13;17:3,7,8[×2],11,12,13,16,17;18:2;19:19,20[×2];20:4,10. 6:8中的“兽”乃地上的走兽。

⑨ V. S. Poythress, ‘Genre and Hermeneutics in Rev 20:1－6,’ *JETS* 36(1993), 41－54。此一主张也为Beale(*Revelation*, 52－53)和Osborne(*Revelation*, 16－17)所接纳。

析，文体的掌握，①和文脉逻辑的理解等等。② 和研究其他圣经书卷一样，此一工作乃是"基本功夫"，是我们进入下面三个层次之分析前，所不可或缺的基础。我们在此层面上的努力，并不一定带来一个绝对的结果，但没有此"基本功"，却注定要让我们的释经工作，以失败收场。举例来说，我们对启示录11:8的解释(他们的尸首就倒在大城的街道上。这城按着灵意叫所多玛，又叫埃及，就是他们的主被钉十字架的地方)，有很大的一部分，是取决于我们对"灵意(πνευματικῶς)"一词的了解，因为能让"所多玛"，"埃及"和"主被定十字架之处(耶路撒冷)"连结在一起的，正是这个语词。类似的情况也在启示录19:10中出现，因为在那里，"预言的灵(τὸ πνεῦμα τῆς προφητείας)"之含义，也要成为我们解答"为何天使要拒绝约翰敬拜他"之问题时最重要的依据。③ 此类的例证还有很多，而我们在后面释经的部分，也将要不断地遇见它们，因此在这里我们就不再多说什么了。

第二，就异象的层次而论，我们所要做的工作，乃是在启示录中，留意约翰因着他"在灵里见异象"之经验，而留下来的线索。在前面我们已经知道，"异象"乃是神传递真理的舞台，而为了区隔"异象(另一个世界)"和"这个世界"，约翰就大量的使用了"象征"(例如，金灯台 = 教会，而海兽 = 罗马)。但并非所有这个世界中的人事物，都能以"象征物件"的方式，出现在"异象"中，因此在启示录里面，约翰就使用了"似乎，好像，有如(ὡς; ὅμοιος)"等等的语词，来让其读者晓得，这些乃是他在异象中所看见或是听见的。④

举例来说，在启示录的前言中，本书的主角，乃是直接以"耶稣基督"的方式出现(1:1,2,5)，但在随后的拔摩异象中(1:9－20)，祂则是以"一位好像人子"的姿态现身(1:13)。与此相似的，乃是"父神"，因为在启示录的前言中，祂是"今在昔在并将要再临"的神(1:4,8)，也是耶稣基督的"父神"(1:6)，但在启示录第4章之后的异象段落中，祂则是成为"那坐在宝座上的"。⑤ 准此，在启示录中，我们也就看见约翰(1)以"有如"或是"好像"吹号的声音(1:10;4:1)，来描述他在异象中所听见的声响；又或是(2)以"好像狮子吼叫"(10:3)，来描述天使之声；甚或是(3)以"好像众水的声音，又如大雷的声音；又像琴师弹琴时所发出的声音"(14:2)，来形容那从天上所

① 例如，诗歌平行对比的特性，就对字词含义的确定，具有重要意义。

② 有关这部分工作的详细步骤，可见 G. D. Fee, *New Testament Exegesis* (Philadelphia: Westminster Press, 1983)。此书已被译为中文：戈登费依著，颜添祥译，《新约解经手册》(台北：华神，1991)。

③ 相关讨论，见这两处经文的注释。

④ 参，R. Bauckham, *The Climax*, 432; Beale, *Revelation*, 689。

⑤ 4:2,3,9,10;5:1,7,13;6:16;7:10,15;19:4;20:11;21:5.

传来的响声。不单如此,约翰在异象中所看见的无底坑之烟,也“好像大火炉的烟”(9:2);而那从无底坑而出的蝗虫,其形状也“好像预备上阵的战马一样。头上戴的好像金冠冕;脸面好像男人的脸面;头发像女人的头发;牙齿像狮子的牙齿”(9:7-8)。

因此从这个为了要区隔“异象”和“这个世界”而有的文学手法来看,约翰在5:6所说,“有羔羊站立,像是被杀过的”;其含义就不是“好像被杀但却没有”,而是“有羔羊站立,是被杀过的”;因为在此描述中,“好像”的作用,只在表示“羔羊(耶稣基督在异象中的象征)和其情况(曾被杀害但却又活了过来[站立])”,乃是约翰在异象中所见。当然在启示录中,并非所有的“好像,有如,像是”之类的语词,都具有区隔“异象”和“这个世界”的功能,但如是语法,却是我们解读启示录时,所不可不知的。

第三,在暗指的层次中,我们释经工作的目标,简单地来说,乃是要将那些在约翰之异象中所出现的象征,“还原”到它们本来的面貌。而为了要完成这个工作,我们也就必须回到第一世纪,站在约翰和其读者的立场,来解读在启示录中所出现的“象征”。正如前述,约翰是个熟悉旧约的犹太人,而他因着曾经在小亚细亚地区,生活了一段不算短的时间,因此他对此一地区的地理历史背景,也有某一个程度的了解。而此地区,就其历史来看,不单有着希腊人的足迹,也在90年代的当下,是罗马的行省之一。因此在“还原”象征之时,关乎犹太人,希腊和罗马,以及小亚细亚当地的地理和历史背景,都必须包括在我们考量的范围之内。

举例来说,在人子给别迦摩教会的书信中,人子乃是以“有两刃利剑”的形象,来向这个教会说话(2:12)。但为何祂要以*这个*形象,在*这*封书信中出现呢?在后面的注释中我们将会看见,别迦摩教会所在的别迦摩城,乃是罗马政府在小亚细亚地区中的“司法城”,而罗马巡抚所拥有的“刀剑权”,也就是判决死刑的权柄,乃是在这个城市中执行的。因此我们就看见安提帕在此城殉道了(2:13)。准此,人子以“有两刃利剑”之形象出现的原因,乃是要向这个教会的弟兄姊妹们显示,祂才是真正拥有“刀剑权”的那一位。换句话说,“拥有两刃利剑”的象征,乃是以当时之罗马司法制度为其背景。但在此同时,因着安提帕乃是死在此罗马之“司法城”中,因此人子也就以“撒但的座位”,作为这个城市的代名词了(2:13,13)。而在此“代名词”中,“撒但”显然是从旧约而来,因此犹太人的背景,也在此出现。

在前面有关“启示录中之旧约”的段落中,我们已经晓得,约翰在这卷书中,大量地暗引了许多旧约的经文,也让许多旧约中的人事物,像是巴兰、先知以西结吃书卷的事件,以及圣殿中之金灯台等等,出现在启示录中。因此在“还原”这些“象征”时,旧约当然是我们第一个要去的地方。但在某些情况中,同一个“象征”,却也可能同时有好几个可能的出处,因此在此情况之中,从上下文而来的线索,以及当时犹太人是否也曾使用过如是"象征"的传统,也就成为我们所必须考量的范围了。① 当然在启示录中,我们也会遇见一些在旧约中不曾出现的"象征"(例如,2:17 中的"白石"),因此希腊和罗马,以及小亚细亚"在地"的文化和传统,也就成为解释这类"象征"的钥匙了。

为"象征"寻找其可能的出处,当然只是明白象征之含义的第一步而已,因为当约翰使用一个从过去而来的"象征"时,他很可能因着当代时空环境的影响,而不以其原来的意义来使用它。而在后面的注释中,我们将多次看见,一个从旧约而来的"象征",因着"耶稣基督的启示"的影响,在约翰的笔下,就穿上了一件新的衣服,有了新的含义。因此为了要明白一个象征的意义,我们也须要对"约翰如何使用和理解这个象征"的事情,有所探究。而这就带我们来到了理解"象征"的最后一个层次。

第四,正如前述,我们在"象征层次"的工作,乃是要寻求那在"历史情境中之人事物",所具有的象征意义(神学意义)。让我们以一个具体的例子来说明。在启示录 13 章中,我们所读到的,乃是"我看见一只兽从海中上来……"。(1)就语言文字的层次来说,"兽(θηρίον)"所指的,可以是"人以外的动物"、"四足的走兽"、"野兽"、"蛇"(悬挂在手上的动物;徒 28:4),或是"粗暴之人"(以兽喻人),②但从约翰随后对它"其形如豹,脚像熊脚,口如狮口"的描述来看(13:2),他在此异象中所见之"兽",乃是横行于野地中,凶暴的"野兽"。

(2)就"异象的层次"来看,约翰的"我看见",显示此兽乃他"在异象中所见",而此野兽不合情理地"从海中上来",也显示约翰所看见的,并非发生于我们所身处之世界中的事。

(3)就"暗指的层次"而言,约翰对此兽之描述,像是"十角七头 = 能力权柄"(13:1),"七头上有亵渎的名号"(13:1),"受了死伤但却活了过来"(13:3,12,14),以及"其名字数目为 666"(13:18)等等,都显示这只"海兽",乃第一世纪末叶的罗马(帝国 + 皇帝)。③

(4)但约翰在启示录中所关切的,只是"罗马"吗?当然不,因为他藉异象和其中之象征所要表达的,是那超越时空的真理;因此在这个异象中,我们就看见这只海兽

---

① 若读者想要对此处论点有更具体的掌握,可见 1:4c - 5a 之注释中,有关"昔在今在将要再临"之词组的分析。

② BAGD, 361; Louw - Nida, § 4.3.

③ 详见 13 章的注释。

的能力,座位和大权柄,都由"红龙"(13:2b)而来,也就是从那只曾出现在伊甸园中的"古蛇"而来(12:9)。不单如此,此兽所具有的"豹形、熊脚和狮口",以及它的"十角七头",都由但以理书第七章中,先知所见之"四兽异象"而来。在那章旧约经文中,这四只兽乃是人类历史中的四大帝国,因此当约翰将这四只兽的"形状和特色(豹,熊,狮,十角七头)",都加总在一只"海兽"的身上时,此"海兽"除了是"罗马"之外,也就具有"历世历代敌对神国势力之总和"的意义了;因为在它背后的,乃是古蛇撒但。

就释经的工作而言,将"暗指"(第三层次)和"象征"(第四层次)做清楚区隔,是十分重要的,因为若我们将这两个层次混合在一起,那么"海兽",因着释经者所身处之历史情境的不同,就可以被认为是各样的人物或是制度了。① 比较合理并且准确的理解是,相对于第一世纪末叶小亚细亚地区的教会而言,"海兽"乃逼迫教会的"罗马",但由于站在当时罗马背后的,乃是红龙撒但,因此"海兽罗马"在约翰的异象中,也就成为"敌对神国势力"的象征了。在此层次中,"海兽"所指的,可以是任何一个"敌对神国的势力",而不是任何一个*特定的*政权,不论它是东方或是西方的,古代的或是现代的。就第一世纪的时空环境而论,"海兽"乃罗马,但若从"预表(typology)"的角度来看,②"海兽"乃是过去逼迫神子民之政权(所多玛,埃及,耶路撒冷;11:8),在第一世纪中的代表和化身,但在此同时,它也是后世所有认撒但为父,并敌对教会之人或是政权的象征。

此乃启示录在其"藉异象来表达超越这个世界之真理"的特色上,所具有的释经意义。但启示录文体的特色,不也包括了"藉异象来表达超越时间之真理"吗?而此特色,对理解启示录,又有什么意义呢?为要合理并完整地回答这个问题,我们在下面就要从"解释启示录的途径",和"启示录诸多异象之间关系"的两个角度,来探究此一议题。

---

① 亦参,Beale, *Revelation*, 52-53。

② 用最简单的语言来说,"预表"乃是两个(或是更多)"人/事/物"之间,因着他们在属灵真理上,有彼此相似之处,而成为一组彼此相关联的"象征"。举例来说,大祭司一年一度为了进入至圣所而必须行杀牲之礼,而此作为,因其与耶稣为了进入天上圣所而必须死在十字架上之事(属天羔羊的"杀牲"),具有相同意义,因此也就成了后者的"预表"(参,来9:1-28)。有关"预表"的讨论,可见L. Goppelt, Trans. D. H. Madvig, *Typos*: *The Theological Interpretation of the Old Testament in the New*(Grand Rapids: Eerdmans, 1982)。

解释启示录的途径

在“如何理解启示录”的问题上，教会在历史之中，至少留给了我们五个不同的解释途径：(1)过去的(Preterist)，(2)历史的(Historicist)，(3)未来的(Futurist)，(4)理想的(Idealist)，和(5)折中的(Eclectic)。但这五个不同的解释途径，其主张和差异何在？而我们又要如何在这五个不同解释途径之间来做取舍呢？更重要的是，在面对同一卷书之时，为什么学者们会有如此歧异的见解呢？让我们从第一个问题开始。

过去派

由于启示录乃是约翰写给第一世纪末叶小亚细亚地区之教会的“书信”，因此学界中就有人主张，约翰所看见之异象的内容，就应该和其第一读者之间，有着直接和密切的关联。而此书既关乎第一世纪教会所面对的问题，因此这个主张，自然就要被冠上“过去派”的名称了。就我们今日所知，提出此一见解的第一个人，乃是十七世纪，属耶稣会的修道士阿卡萨(Alcazar; 1554－1613)。他认为启示录，除了1－3章之外，可以分为三个部分：4－11；12－19和20－22章。在4－11章中，约翰所关切的，乃是教会和犹太教之间的冲突；12－19章，则是教会和世界之间的争战；而20－22章的内容，则在显示教会在现今的时代中的得胜；而此胜利，是在公元第六世纪之时，就已经成就了。① 从时代背景来看，阿卡萨之见解，乃是因为当时改革宗(Protestant)，在“启示录＝教会历史”的释经原则下(历史派)，将“教皇＝大淫妇巴比伦”，并据此而对教皇之制，提出了攻击。因此为了因应如是攻击，阿卡萨就以这个“过去”的主张来应对。时至今日，此一以“过去”作为解释启示录之原则的主张，在学界中依旧有其拥护者，只是如是途径，却和启示录写作日期的问题，结合在一起了。怎么说呢？

在前面有关启示录写作日期的部分，我们已经晓得，学界对此书之成书日期，基本上有两个不同的看法，因此在“过去派”之中，我们就有了两个不同的主张。第一，对那些以公元60年代作为启示录写作日期之学者而言，启示录所言，乃是约翰对70年圣殿被罗马将军提多(Titus)毁灭之事的预言。因此启示录17－19章中的“大淫妇巴比伦”，就是“背道的以色列”，也就是那与罗马官府合作，拒绝耶稣，并逼迫教会的

---

① 资料来源，Swete, *Revelation*, ccxiv。

犹太人。在此理解之下,本书的目的,在鼓励信徒以忍耐来应对他们所遭遇到的逼迫,因为神刑罚仇敌,为他们伸冤的日子已经不远了。① 第二,对那些以公元90年代为启示录写作日期的人而言,作者在这卷书中所预言的,乃是罗马帝国要在第五世纪之时败亡的事。因此和前一个主张一样,这卷书的目的,在鼓励信徒以忍耐来面对逼迫,并要他们与风行于帝国之内的“帝王崇拜”划清界限,免得在神审判来临之时,与之同亡。②

这两个都以“当代背景”来理解启示录的主张,其优点在于它们都将启示录和其第一读者紧紧绑在一起,并且也让我们必须正视这卷书写作时的“时代背景”。但这两个类似见解的最大困难是,当圣殿于70年被毁,或是罗马帝国在第五世纪败亡之后,人子并没有再临,而神所应许的“新天新地”也未出现。因此对某些持此见解的学者来说,本书之预言,有某些部分就只能是“错误的”了。

历史派

由于启示录从约翰在拔摩海岛上看见异象为始(1:9),而以新耶路撒冷城从天而降之异象为结(21:9-22:9),而在其间,我们也没有看见任何其他非关“异象”的段落,因此将启示录的诸多异象,当成“教会和世界历史之预言”,似乎就变的十分自然了。换句话说,“历史派”对启示录的理解是:启示录所预言的,乃是从第一世纪末叶到世界末了之时,在人类历史中所要发生的事。③

准此,(1)对提出此一见解之第一人,也就是十二世纪的修道士约亚斤而言(Joachim of Floris;AD 1145-1202),④启示录13章中,从海中上来的兽,就是“依斯兰教(回教)”,而其“死伤”,则是十字军的东征所造成的。至于“陆兽”,则是当时的异教邪说,而“巴比伦”则是罗马。不单如此,海兽七头中的第五个,乃是神圣罗马帝国的皇帝,腓勒德力一世(Frederick I;AD 1123-89),第六头是击败十字军的埃及王撒

---

① 持此见解的学者有 Ford(*Revelation*),Chilton(*Days of Vengeance*),和 K. L. Gentry(*Before Jerusalem Fell*. rev. ed. [K. L. Gentry, 1998])等等。

② 持此见解的学者有 Charles(*Revelation I &II*),Swete(*Revelation*),Roloff(*Revelation*);巴克莱(《启示录注释 I & II》)。Osborne 将 A. Y. Collins 等人之见,列为“过去派”中第三类的看法,恐怕是有问题的。因为 Collins 不单认为启示录第六章之后的经文,乃未来的,而启示录的目的,在显示神和撒但,以及信徒和罗马之间的争战(Collins, *Apocalypse*, ix-xiv);因此 Collins 之见,应属“理想派”。

③ 持此见解的学者有 Alford(*Apocalypse*),Eliott(*Horae Apocalyptica*)和时代主义论者,例如,Smith(*Revelation of Jesus Christ*)和 Walvoord(*Revelation*)等人。

④ 第九世纪的博瑞古(Berengaud)已经做此尝试,并认为启示录所涵盖的时间范围,是从亚当到末日(详见,Swete, *Revelation*, ccxi-ccxii)。

拉丁(Saladin;AD 1138－93),而第七头则是那将要在末日被基督所击败的"敌基督"。① 但(2)对19甚至20世纪,属此派别的释经者而论,兽的七头乃罗马帝国不同时期的统治方法:七王时期是第一头(753－508 BC);执政官(*consuls*),保民官(*tribunes*),十人委员会(*decemvirs*)和独裁者(*dictators*)则是兽的第二到第五头(508－27 BC);"现今还在"的第六头,是从奥古斯督开始的"帝国时期";第七头是帝国分裂后的西罗马帝国;而第八位则是教皇罗马。② 若参照17:11(第八位……和那七位同列,并要走向灭亡),那么罗马教皇制度,在世界的末了,也将要受到神的审判。③

对那些想要解开人类历史之谜,并想要晓得在神永恒计划中,自己身在那一个阶段的人而言,这个派别的解释,从某个角度来说,的确可以满足他们的需要。但单从上述的两种不同见解来看,④它们虽然都依循着相同的释经原则来解释启示录,即,以"连连看"的方式让启示录和历史彼此对应;但由于释经者的神学立场和其所身处的时空环境,有很多的差异,因此他们对启示录的解释,就有了很大的差距。不单如此,这类的解释,都因着释经者本身的限制,而只将启示录和"西方教会和西方世界的历史"并排,并以此来解释启示录,因此在他们的手中,启示录也只能是西方历史的"解码器"。从启示录多次论及救恩要普及万民(5:9;7:9;10:11),而神的审判也要临到全世界的经文来看(6:12－17;16:1－21等等),显然这个解释启示录的方法,是过于狭窄的。再者,若启示录乃是"世界史",而那从无底坑而出的"蝗虫"(9:3),举例来说,乃是"第六到第八世纪,攻击欧洲的伊斯兰教军旅",⑤甚或是20世纪的"直升机",⑥那么如是信息,对第一世纪末叶在罗马手下受苦受难的信徒而言,又具有什么意义呢?

未来派

人子在启示录1:19那里向约翰所发的命令是:"你要把所看见的,和现在的事,并将来必成的事,都写出来"(和合本);而在4:1那里,我们又读到:你(约翰)"上到这里来,我要将以后必成的事指示你"。因此学界中就有人据此而认为,1:19中的"所看见

① 资料来源,Swete, *Revelation*, ccxii。

② 例如,E. B. Elliott和A. Barnes,资料出处,S. Gregg, ed., *Revelation: Four Views*, 280, 408－10。亦参,Caringola, *The Present Reign of Jesus Christ*, 240－41。

③ 参,S. Gregg, ed., *Revelation: Four Views*, 399－400。

④ 在许多细节的部分,此派学者的见解,都不一样;因此以"各人各有一套"来形容这派释经法的主张,并不过分。

⑤ 参,S. Gregg, ed., *Revelation: Four Views*, 174。

⑥ 何凌西(H. Hindsey)著,黄嘉丽、林梅云译,《启示录》(香港:种籽,1993),页10, 139。

的”,指的是 1:9 – 20 的拔摩异象;“现在的事”是 2 – 3 章的七教会书信;而“将来必成的事”,则是启示录第四章之后的异象。换句话说,启示录第四章之后的经文,其内容都关乎“未来之事”。由是此一解释启示录的途径,就有了“未来派”的名字了。

但在此派别中,我们还看见两个不同的形式。第一是所谓的“时代主义”。此派学者认为,人类的历史可以分为如下的七个“时代”,而神在这些不同的时代中,也以不同的原则和方式,来处理神和人之间的关系:无罪(亚当堕落之前),良心(亚当堕落到挪亚),人治(挪亚至亚伯拉罕),应许(亚伯拉罕至摩西),律法(摩西到基督),恩典(教会时代)和国度(千禧年)。在此“时代系统”中,“恩典(教会)时代”乃是个“插曲”,是神在救赎以色列之事上所“外加的”。因此当教会被提(林前 15:52 – 54;帖前 4:13 – 18),而以色列也被复兴之后(罗 11:25 – 32),末日前的七年大灾难,就要开始发生了;而这正是约翰在启示录 4 – 22 章中,所看见的事。因此在时代主义的理解中,“末日时程”乃是如此的:以色列的复兴—教会被提—七年之灾—敌基督做王—攻打耶路撒冷—基督第二次再来—千禧年—撒但反攻但被击败—新天新地。①

第二,和“时代主义”相较,“修正的未来派”在面对启示录时,则没有像前者那样完全的以“字面的含义”,来理解启示录。此派学者认为,神永恒的计划,并不能以“时代”来区隔,而教会乃是“真以色列人”。准此,教会并不在末日七年大灾难之前被提,而是要经历此一患难。对某些释经者而言,启示录 4:1 – 8:1(天庭异象和七印之灾)所涵盖的,是从基督复活升天到末日的时间,而其后的经文,才是关乎末日的。② 但对另外一些释经者来说,“七印七号和七碗之灾”,乃是彼此平行的;而这三个系列的灾难,却都是“末日的”。③

以“未来的”观点来解读启示录,理应受到欢迎,因为启示录这卷书的最高峰,正是基督的再临和神国的成就。但由于此一解经途径将启示录的大部分经文,都归属于“未来”,因此它在上述的三个解经途径中,是让启示录和其第一读者之距离变得最为遥远的一个。对当下在罗马手下受苦的教会来说,神在遥远,不可知之未来,将要刑罚恶人的异象,虽然可以带来些许安慰,但其力道,却远远不足以叫人得着激励。再者,启示录 1:19 中的“所看见的,现在的事,和将来必成的事”,是否可以像此派学者所主张的那样,分别指向启示录的三个段落,其实也是一个具有争议的问题。④

---

① 持此见解的释经者有 Seiss(*Apocalypse*), A. Kuyper(*The Revelation of St. John*. trans. J. H. de Vries[Grand Rapids: Eerdmans, 1935]),Smith(*Revelation of Jesus Christ*),和Walvoord (*Revelation*) 等人。

② 例如,Ladd, *Revelation*, 109; Mounce, *Revelation*, 43, 151, 180。

③ 例如,Beasley-Murray, *Revelation*, 31。

④ 有关这节经文的分析,见该节经文的注释。

理想派

此派学者认为，启示录并非只关乎第一世纪之事，也不是世界历史的详细描述，更不是一卷只关乎末日的书。约翰在启示录中，借着异象和象征所要显示的，是上帝和撒但之间，在天上和地上的战争。因此在启示录中，我们就看见“灵界的争战”，也看见此一天上的争战，在地上的反映，那就是，教会虽然在那敌对神国之势力的手下受苦，但却是得胜的一方。此一争战是早已在伊甸园中，就已经开打的了，但在启示录中，约翰却以羔羊在十字架上所成就的，作为这个战争的分水岭，并在此决定性战役的基础之上，来解读地上争战的意义。换句话说，启示录所要显示的，乃是神的国和撒但的国，在基督第一次降临和第二次再来之间，彼此争战的事情。①

此说的优点，在于它给与本书传递真理的工具，即，象征，足够的尊重，也凸显了本书的神学焦点。再者，在此派别的理解中，启示录对历世历代的教会而言，都具有立即性的意义，因为书中所言之事，乃是关乎他们的。但此说的一个可能的弱点是，若我们将“善恶相争”的真理，过分强调到一个“无时间性”的抽象地步，那么启示录和其他宗教的经典之间，就没有太大的差异了。毕竟神乃是在“时候满足”之时，差遣了祂的爱子，来到人世间，并要在祂所定下来的日子中，让祂已经升天的爱子，再次降临，好成就祂所已经开始的工作。

折中派

由于上述各个解释启示录的方法，都各有其优缺点，因此学界中也有人主张，我们应该接纳这些解释法，好让我们对启示录有更完整的掌握。以“过去派 + 未来派”为解经途径的人，大有人在，②而在这两个解经途径之上，再加上“理想派”的，③甚或是其他派别之主张的，④也不乏人选。此一主张，是值得欢迎的，因为借着各个不同的解经途径，我们的确可以对启示录有更多的掌握。但这个“折衷”之见的问题，在于它给了释经者过多的“自由”。也就是说，它没有告诉我们，在什么地方，我们应该以哪一个特定的途径，来解释经文；而在哪一段经文中，我们又应该依循另一个释经途

---

① 持此见解的学者有 Hendriksen（*More than Conquerors*），Kiddle（*Revelation*），M. Rissi（*Time and History*），Wilcook（*Revelation*），Hughes（*Revelation*）和 Beale（*Revelation*）等等。

② 例如，Beckwith（*Apocalypse*），Bruce（*Revelation*），Ladd（*Revelation*），Morris（*Revelation*），和 Mounce（*Revelation*）等等。

③ 例如，Osborne（*Revelation*）。

④ 例如，Hailey（*Revelation*）。

径。就实际解经角度来说,启示录2－3章基本上不会有太大的困难,因为除了少数将七教会书信视为"教会历史预言"的人之外,以"过去派"的主张,也就是,以"当地和当代的地理历史背景"来理解经文的主张,可说是学界共识。但当我们来到了启示录4－22章时,情况就完全不同了。因为"七印七号和七碗之灾",正如前述,对某些释经者而言,可以只是关乎末日大灾难的预言(未来派),但对其他的学者来说,却也可以是人类在基督第一次和第二次降临之间,所要经历的灾难(理想派)。

小结

在面对这许多不同解经途径之时,我们该怎么办呢?究竟在上述的几个看法中,哪一个才是比较合理也可行的呢?从启示录文体之定义来看,特别是从"启示文学乃是要透过异象借着象征,来显示*超越时间*之真理"的角度来看,上述五个主张中,恐怕就属"理想派"最能反映启示文体的特色。在约翰异象中所出现的象征,以红龙为例,乃是那只曾在伊甸园中出现,并叫第一个亚当犯罪堕落的古蛇(12:9);但在此同时,它也是那想要吞吃"羔羊男孩"的撒但和魔鬼(12:4);因此"过去"和第一世纪的"当下",就已经在约翰的异象中,结合在一起了。但此异象"超越时间"之处,还不止于此,因为在红龙意欲逼迫妇人(教会),但她却在旷野被神保守一载两载半载(教会时期)的论述中(12:14),"未来"也包括在此异象中了。因此在"撒但要攻击属神之人,并掠夺神国"的"概念(预表)"中,约翰就将"过去(伊甸园)","现在(加略山)",和"未来(在旷野中的教会)",都加总在一起了。

再举一例,在十一章那里我们将要看见,"两个见证人"之异象所言,乃是教会要向这个世界发预言(传福音;10:11),做羔羊见证的事情。因此这个异象,就"时间"的角度来看,乃是"现在进行式"的。但在此同时,约翰也让我们看见,这"两个见证人(教会)",所拥有的权柄,像是从天降火,或是叫水变血等等,乃是旧约先知以利亚和摩西的"招牌神迹"(11:5－6);因此借着如是手法,约翰就已经将现今的教会,和"过去的"以色列,连结在一起了。但教会并不单单只是过去以色列的延续,她还是以耶稣基督为头的新国度,因此和她的主一样,她也要面对邪灵势力的攻击,并以殉道为终点(11:7)。由是我们就看见她在"所多玛和埃及(旧约百姓受苦之地)"倒了下来;而此"葬身处",却因着她和羔羊之间的关系,也是"他们的主钉十字架的地方"(11:8)。和羔羊同死的,当然也要和祂同活,因此在这个异象的结尾之处,这两个见证人就复活了(11:11)。"未来"的元素,在他们的"复活"中,也就照样现身于这个异象中。

类似的例子还有许多,①但这两个例子已经足以让我们明白,什么叫做“藉象征来表达*超越时间*之真理”的意思了。从此观点来看,上述的“过去派”,的确掌握了约翰异象中,某一个部分的真理;而我们对约翰所见异象的理解和解释,也必须涵盖这个角度。而“历史派”的观点,也不是完全没有优点,只是在接纳此一主张之时,我们必须明白,约翰的异象的确关乎“教会和世界的历史和发展”,但他却没有给我们一个“详细的时程表”;因此以“连连看”的方式,将启示录之异象,和“报纸上的时事”连结在一起的解经法,是不可取的。至于“未来派”,它也准确的掌握到启示录异象中,关乎“未来”的面向。但在采纳此一主张的同时,我们也须谨记,约翰的“末日观”,乃是以“耶稣基督两次降临”为其框架。“末日”,对约翰(以及其他新约作者)而言,并非全然是“将来的”,因为在人子羔羊的“降世,死,复活和升天”之后,“末日”已然来临。它的终点虽然还没有来到,但神藉耶稣基督所要成就永恒计划,却也已经展开(书卷被打开了)。

在如是理解之下,教会之所以会在历史中,留给我们“过去”,“历史”,和“未来”等等的解经途径,就变得不是那么难以理解了。因为在约翰的异象中,神和撒但,以及属神子民和属撒但子民之间,在“过去,现在和未来”的争战,都因着约翰在灵里的缘故,而被他以一个属天的观点,融合在一起。在我们所身处的世界中,时间只能是“过去或现在或将来”的;但在约翰的异象里,时间却可以同时是“过去和现在和将来”的。

启示录诸异象之间的关系

除了上述的几个不同的解经途径之外,一个认真的释经者在解释启示录之时,所面临的另外一个问题是:究竟约翰所看见的各个异象,其关系如何?也就是说,究竟约翰在各个异象中所见到的事情,是要按着时间的顺序发生(chronology),还是这些异象,具有“重复(Recapitulation)”的特色?从约翰在各个异象之始,也在各个异象之中,重复使用“然后我看见”,或是“然后我听见”的现象来看,我们似乎应该以时间顺序的方式,来理解各个异象之间的关系。② 换句话说,约翰在异象12345中所看见的

① 例如,(1)当代的海兽罗马,和古蛇的连结(13:2),以及它对圣徒当下的逼迫(13:7),和它在末日被再临基督审判(19:11－21)。(2)大淫妇巴比伦所指(17:1－19:10),乃当代罗马(经济面),但她因富裕而生发的骄傲之心,却和古代的巴比伦,没有两样(18:7);而她在将来所要受到的刑罚,却和当年同样因骄奢而被神审判的推罗,如出一辙(18:9－20)。

② Charles可说是这个见解的代表人物(*Revelation I & II*)。而为了让各个异象的内容,能“合理的依照时间顺序来发生”,Charles甚至将那些不合其逻辑的经文,重新编排。因为他认为,我们手上的启示录,乃是约翰的一个不太聪明的徒弟,将原本的经文顺序搞乱了。

事,将要依照异象12345的顺序,在人类的历史中发生(过去派、历史派和未来派中的时代主义论者,在此观点上是一致的)。但此一假设,在我们细读启示录,并对其内容有了更多的了解和熟悉之后,却受到了挑战和考验;因为启示录的某些段落和异象,不论在情节或是文字上,有彼此平行,互相呼应的现象。

让我们举几个例子来说明。第一,七印(6:1－8:1),七号(8:2－11:19),七碗(16:1－19:10),以及12:1－15:4,和19:11－22:5的五个段落,就在"逼迫—审判—得胜"的主题上,有彼此平行的现象:①

1 七印之灾

逼迫	6:9－11
审判	6:12－17
得胜	7:9－17

2 七号之灾

逼迫的暗示	8:3－5
审判的暗示	9:15
得胜	11:15－19

3 七个没有编号的异象

逼迫	12－13(特别是13:7－10)
审判	14:14－20
得胜	15:2－4

4 七碗之灾

逼迫	16:4－7
审判	16:17－20
得胜	19:1－10

5 七个没有编号的异象

逼迫	20:9
审判	20:9－15
得胜	21:1－22:5

第二,在6－16章中的三个七灾系列之间,如是彼此平行,互相呼应的现象,更是明显。怎么说呢?

---

① 此乃Collins(*Apocalypse*, xii-xiii)的观察。有关这个现象更详细的分析,见同一个作者的*Combat Myth*, 33－44。对Collins以"七个没有编号之异象"的方式,来解读12:1－15:4和19:11－22:5的作法,笔者并不完全同意,但她所观察到的现象,却显示了启示录"重复论述"的文学特色。

（1）这三个灾难系列(6:1－8:5;8:6－11:19;16:1－21),都各自以一个或大或小的天庭异象为其“前言”(4－5;8:2－5;15:1－8);也都以“雷轰、大声、闪电、地震、大雹”的词组(8:5;11:19;16:18－20)为其结语。

（2）七印和七号系列,不单都以“4＋3”为其主要文学架构,而在“3”的部分,也都以“1＋1＋插曲＋1”的形式出现。

（3）就内容来看,七号和七碗之灾,由于它们都以旧约的“十灾”为蓝本,因此这两个灾难系列,就在“内容”的部分,有了彼此重迭的现象(例如,水变血之灾、黑暗之灾、雹灾)。①

（4）除了“架构”和“内容”的呼应之外,在“第六印”和“第六碗＋第七碗”的段落之间,我们也一样看见它们在字面上的联系:“大地震”(6:12a;16:18);“山岭海岛的挪移/逃避/不见”(6:14;16:20);“忿怒的大日子/神全能者的大日子”(6:17;16:14)。不单如此,在第六印和基督第二次再临审判的段落(19:11－21)之间,我们也看见如是现象,因为“地上的君王”,“将军”,“壮士”,“一切为奴的和自主的”等人(6:15;19:18),都在这两段经文中现身。

因此这三个七灾系列,除了在“以七为结构”的部分,彼此平行之外,也在内部的架构,内容,和字面上,有彼此呼应的地方。而如是设计,显示约翰有意要其读者,将它们并排合参,放在一起来阅读。在这三个七灾系列中,我们的确看见神对世界的审判,从七印的“1/4”(6:8),进展到七号的“1/3”(8:7－12),再到七碗的“1/1”(16:1－21),②但如是“进展”恐怕只具有文学上的意义。也就是说,约翰借着如是“重复又进展”的文学技巧,就带着我们一次又一次的审视神的审判,只是每当我们再次回到同一个议题时,他就将神审判的严重性,加深了一些,好让我们得着“神必要审判”的印象。

第三,如是重复论述“神审判”的现象,并不只局限在三个七灾系列之内。在论及人子的审判时(14:14－20),约翰在14:18－20中,先是以“葡萄被收割,并在酒醡中被踹踏”的图画,来显示末日审判的可怕;而在人子骑白马第二次再来的异象中(19:11－21),他则是让人子穿上了“一件溅了血的衣服”(19:13),并随后以“独自踹全能神烈怒之酒醡”的语言,来描述祂所要进行的审判(19:15)。在后面相关经文的分析中我们将要看见,“收割葡萄并在酒醡中踹踏”的画面,乃是从约珥书3:13而来,因此约翰在启示录中,两次引用这同一个旧约经文,并将之应用在人子末日审判的事上,

① 有关七印七号和七碗之间关系的讨论,详见页479－81。参,J. M. Court, *Myth and History in the Book of Revelation* (London: SPCK, 1979), 43－81。

② 详见这几处经文的注释。

也显示他在这两处经文所说的,是同一件事。① 不单如此,在后面我们也将看见,在人子骑白马而来审判世界之异象中,“飞鸟聚集并吃神的大筵席”的画面(19:17-18,21),乃是从以西结书之歌革玛各的异象而来(39:17-20);而在千禧年末了,撒但领歌革玛各之军前来攻击教会(圣徒的营/蒙爱的城),但却被神所击败的论述(20:7-10),也是本于以西结书的歌革玛各异象;②因此约翰在这两个异象中所看见的,也是同一件事。若将我们在上面所提及,“第六印”、“第六碗+第七碗”和“基督骑白马而来的异象”之间彼此平行的现象,也列入考量的话,那么末日的审判,在启示录中就至少出现了五次了(6:12-17;14:14-20;16:12-16;19:11-21;20:7-10)。事实上,第七号(11:15-19),第七碗(16:17-21)和白色大宝座的异象(20:11-15),也都是末日的审判,③因此就此议题来说,约翰显然有意要借着“重复”的手法,来强调“神为王审判”之真理的重要性。此一现象,其实也在“末日四事”的段落中,清晰可见;因为这四个异象,即,骑白马者的异象(19:11-21)、千禧年的异象(20:1-10)、白色大宝座的异象(20:11-15)和新天新地的异象(21:1-8),都很一致地以“硫磺火湖”为结(19:20-21;20:10,14-15;21:8)。

第四,“神为世界之主和王”的含义,当然不只是“祂要审判世界”。因此从启示录的一开始,约翰就显示祂也是藉其爱子之死,来救赎其子民的上帝(1:5-6)。因此在天庭异象中,羔羊就因其救赎之功,而为四活物和24位长老所称颂(5:8-10),而在第七章和十四章中,约翰也两次让我们看见,那为羔羊所买赎回来的十四万四千人,就和神和羔羊,聚集在天上的“锡安山”上了。不单如此,在千禧年的异象中(20:1-10),这些跟随羔羊受苦脚步而行的人,虽然要以殉道(以殉道为受苦的代表)作为他们人生的终点,但他们却也同时是那些在天上坐宝座,与基督一同做王一千年的人(20:4-6);而在末日来到之时,他们却要以“羔羊之新妇”的身份(19:7-8;21:2,9),化身为神和羔羊所要居住的“新耶路撒冷”(21:9-22:9)。因此就“教会=被救赎的群体”而论,她也在约翰的异象中,以不同的形态,重复出现了好多次。

此一“重复论述”的现象,在启示录中还有许多,④但上述的例子已经清楚显示,“重复”乃是启示录的文学特色之一。事实上,这个特色在现存最早的启示录注释书

---

① 相关讨论,亦参 J. Fekkes, *Isaiah and Prophetic Traditions in the Book of Revelation*, 78-79。

② 详见附录十三:启示录19:11-21和千禧年的释经问题。

③ 类似见解,亦参,R. G. Bowles, ‘Does Revelation 14:11 Teach Eternal Torment? Examining a Proof-text on Hell,’ EQ 73(2001), 21-36, 特别是页29-30。

④ 例如,Swete 就认为,启示录12-22章,乃是1-11章的重述(*Revelation*, xxxiii-xiv);而 W. Shea 则主张,启示录12章,在结构上与启示录20章彼此平行(‘The Parallel Literary Structure of Revelation 12 and 20,’ *AUSS* 23[1985],37-54)。亦参,Beale, *Revelation*, 121-44。

中，就已经被该书的作者，第三世纪的教父维多利纽斯(Victorinu of Pettau)，所观察到了。① 而此“重复”的特色，也一样成为过去一百年中，许多学者在解释启示录之时，所依据的原则之一。②

若从约翰在启示录中，大量暗引了旧约的事实来看，此一“重复论述”的现象，恐怕只是他所暗引之旧约先知书的反映而已，因为这些旧约经卷的文学特色之一，正是“重复”。③ 但不论这个推论是否准确，我们在前面所提及启示文学的特色，即，“借着异象透过象征来表达超越时间之真理”，恐怕也是造成“重复论述”之现象的原因。因为在约翰的各个异象中，“过去，现在和将来的事”，都已融合在一起，因此这些异象的内容，也就自然会彼此重迭了。

约翰在启示录中所使用“然后我看见”的词组，其作用只在显示，在灵里的他，乃是依照他所写下来的顺序，看见了这些异象；因此这个词组，就完全没有“异象的内容，也必须按着异象的次序，发生在人类历史中”的意思。在启示录里面，“然后我看见”只具有文学上的意义，那就是，将各个异象连结在一起，好让它们成为一个完整的文学作品。也就是说，约翰并无意让此词组，在这卷书中具有“解释性”的功能。因此在后面的注释中，我们也将采纳“重复论述”，作为我们解读启示录的原则之一；因为此一原则，和启示录的文体特色，彼此吻合。

---

① *ABD* 5:696；有关此一教父和其著作的论述，见，Swete, *Revelation*, cc-cci。

② 除了前面已经提及的学者之外，在二十世纪中，还有许多释经者都以“重复”的原则，来解释启示录，例如，C. Bornkamm, ‘Die Komposition der apokalypischen Visionen in der Offenbarung Johannis,’ *ZNW* 36(1937), 132-49; MHT I, 146; Lenski, *St. John's Revelation*, 217, 311; Mounce, *Revelation*, 178, 205; Beasley-Murray, *Revelation*, 138; Osborne, *Revelation*, 449 等等。

③ 参，F. D. Mazzaferri, *The Genre of the Book of Revelation*, 144；以及 Mazzaferri 在该页脚注中所提及的著作。A. Y. Collins 也指出，“重复”的特色，也出现在其他的启示文学作品中，像是西卜神谕篇，但以理书和以斯拉四书(*Combat Myth*, 43-44)。

Ⅷ 启示录的神学思想

在“启示录的释经学”部分我们已经晓得，历世历代的教会对“如何解读启示录”的问题，有相当分歧的意见。以“教会历史”视之者有之（历史派），以“末日事件之描述”来看待它的（未来派），也不乏其人。在此同时，也有释经者主张，我们必须以第一世纪的背景来理解启示录（过去派），而以“善恶相争”作为理解这卷书的学者（理想派），也大有人在。此一“各说各话”之现象的具体反映，就是一本出版于1997年的启示录注释书；因为在这本解经书中，作者并不亲自动手释经，而是将上述四个派别对经文的理解，分别介绍给读者，并将它们以平行并排的方式来陈列。① 在新约诸多书信中，恐怕只有启示录之注释书能以此种方式出现了。

在“启示录的释经学”部分，我们也已经指出，如是“各说各话”的现象，乃因释经者对启示录文体的特殊性（启示文体）无法完全掌握，或是没有给予足够的注意所致。而此“不察”或是“缺失”，不单影响到我们对经文含义的理解，也将进一步影响到我们对启示录神学思想之掌握。为了避免这个问题，在下面的经文注释中，笔者当然会不断地提醒自己，我所面对的，乃是约翰“藉异象用象征来呈现超越时间和空间之真理”。而在释经的同时，笔者也将寻求并阐释约翰所要突显的神学思想为何。但由于约翰并不以“系统神学”的方式来写启示录，而他所见的诸异象，也在时间和空间上，有彼此重迭的部分，因此在我们进入经文之前，以启示录之文体特色，将这卷书所显示的真理，做一点整理，应可让我们对这卷书有一个整体的理解和掌握。换句话说，本于启示录的文体特色，我们将不会单单地以传统“系统神学”的方式（神论、人论、教会论等等），来呈现启示录的神学思想，而会将这些“主题”，分别放在“时间”和“空间”的两个范畴内，来分别陈述。此举没有任何一丁点“标新立异”的企图，而只是想要对这卷书的文体，表达尊重之意，并藉此方式，让读者对启示录文体的特色，有更多

① S. Gregg, ed., *Revelation: Four Views*.

的理解。

空间

正如前述,启示录的文体特色之一,乃是要借着那在“另外一个空间中所出现的人事物”,来表达真理;而在约翰的笔下,这个“另外的一个空间”,就是他所看见的异象了。但由于异象乃是另外的一个空间,因此为了让这个空间,和我们所身处的“这个世界”之间有所区隔,约翰也就让其异象中的人事物,以“象征”的形态出现。但出现在他的异象中,究竟有谁呢?而他们之间的关系又是如何的呢?他们在约翰的异象中,又做了什么事呢?

神圣的三一神

借着传统书信的问安语句,约翰从启示录的一开始,就已经显示他对三一神之认识,因为在1:4－6那里他所说的是,教会所能得着“恩惠和平安”之福,乃是从三一神而来,即,“今在昔在将要再临”的神,那“宝座前的七灵(圣灵)”,和“诚实作见证的,从死里首先复活,为世上群王元首的耶稣基督”。而此一平铺直述的语句,在4－5章的天庭异象中,就成了一幅立体的画面:父神安稳地坐在祂的宝座之上(4:2－3),而在祂的宝座前,则有“七盏火灯＝神的七灵(圣灵;4:5)和“像是被杀过的羔羊”(5:6)。

三一神的神性

但约翰是如何显示三一神的神性的呢?就父神而论,约翰乃是以好几个方式来显示祂属神之特性的:(1)“坐宝座的”一语在启示录中重复使用,①当然显示父神为王做主的地位,但祂所坐宝座的四脚,即,“如狮似牛像人又像鹰”之四活物(4:6b－7),却也显示出祂超越人间各样活物的神性。(2)约翰对神形象的描述——“好像碧玉和红宝石”,以及他对围绕神宝座之虹的论述——“好像绿宝石”(4:3),也照样显示出“坐宝座者”非凡荣耀的面向。当然,(3)“坐宝座者”超越一切的神性,不单在四活物对祂所发“圣哉!圣哉!圣哉!”的颂词中,(4:8),清晰可见,也在四活物,24位长老(新旧约圣徒的象征),以及天地间一切受造物,在祂面前俯伏敬拜的动作中,显

---

① 启4:2,3,9,10;5:1,7,13;6:16;7:10,15;19:4;20:11;21:5。

明了出来(4:8 – 11;5:13 – 14)。再者,(4)祂因过去创造世界之事而被颂赞的场景(4:11),也和祂在新天新地降临之时所要发出的宣告——“看哪,我将一切都更新了”(21:5a),前呼后应,并因此就显示出祂乃创造这个世界的主和神。

那么圣子呢?约翰又是以怎样的方式,来表达祂的神性呢?与圣父在启示录问安语中的“平起平坐”(1:4 – 6),当然显示了祂属神的身份,但在启示录中,约翰为要凸显耶稣基督的神性,可说是用心良苦。怎么说呢?

(1)在1:9 – 20的拔摩异象中,约翰对人子的描述(1:13 – 16),多从旧约而来;而其中除了有类似于旧约天使的特色之外,像是身穿长衣,胸束金带等等,也有那原属耶和华神的特征,例如,头与发皆白,声音如同众水的声音等等。因此人子不单和天使一样,有“属天”的特性,也更有着与旧约耶和华神一样的形象。不单如此,在后面的注释中我们也将看见,人子的“发白,眼如火,和铜脚”,在旧约背景的对照之下,所象征的乃是祂的“全善,全知和全能”,因此祂属神性的特色,也在这些让人瞠目结舌的形象中,有了完整的呈现。

(2)在后面的分析中我们将会看见,启示录七封书信之形式和内容,像是“某某某如此说(Τάδε λέγει)”的起首语,以及书信中所包含之责备,劝诫,和“条件式的刑罚”等等,都是耶和华神透过先知向其百姓所发神谕中,经常出现的元素;因此当约翰让人子透过具有先知身份的他,写信给七个教会,并且也采用旧约神谕的形式之时,他就已经让人子,如旧约耶和华神之于其百姓那样的,成为神新约子民的主了。但正如耶和华神在带领以色列百姓出埃及之后,以十二支派的方式,组织他们成为一支要与迦南人争战的军队一样(民1 – 2),约翰也让人子藉其宝血从各族各方各民各国中买赎回来之人(1:5 – 6;5:9 – 10),成为一支十四万四千人的“羔羊之军”(7:1 – 17;14:1 – 5)。不单如此,当年属耶和华的以色列人,因着得蒙救赎离开埃及,而在红海边上,大唱得胜之歌(出15:1 – 18),照样,这支因着羔羊之血而得以胜过海兽之军队(7:14;14:4 – 5),也将要在天上的“红海(玻璃海)”边上,开口歌唱“摩西之歌”和“羔羊的歌”(启15:2 – 4)。换句话说,正如耶和华神乃以色列百姓之救赎主,约翰在启示录中,也让羔羊扮演了相同的角色,只是如今属神百姓的范围,已从以色列一族,变为万国中得蒙救赎之人了。如是类比,也在约翰以“羔羊之新妇”(19:7 – 8;21:2,9)作为教会之比喻的手法中,清晰可见,因为在旧约中,以色列百姓和耶和华神之间的关系,也正是“幼年的妻”之于耶和华“丈夫”的。①

(3)在作为救赎主的角色上,羔羊,在约翰的笔下,和耶和华神并没有两样。但

① 参,耶2:2;结16和23章等处的经文。

旧约中的上帝，也是那刑罚世界，审判以色列仇敌的神。因此在启示录中，审判这个世界的权柄，在羔羊的“死，复活和升天”之后，也就是在祂借着受苦而胜过了撒但之后，也成为人子与父神所共享的，因为祂不单与父神同坐宝座（3:21;22:1,3），也手拿“死亡和阴间的钥匙”（1:18）。准此，祂也就成为天地之间，唯一有资格能从父神手中领取书卷（神永恒计划的象征;5:7），揭开七印（6:1ff），并借着七印七号和七碗之灾，来刑罚这个世界的那一位。当然在祂骑着白马，率领众军，第二次再来之时，祂之于这个世界，也正是个不折不扣的审判官（19:11－21）。

（4）作为属祂子民的救赎主和作为这个世界的审判官，羔羊，和祂的父一样，理当受到敬拜。因此在天庭异象中，当祂从父神手中领取了书卷之后，天庭中的四活物（＝世界），24位长老（＝新旧约圣徒）和众天使（灵界存在），就都俯伏敬拜，并开口颂赞祂（5:8－12）。对21世纪的基督徒来说，敬拜羔羊，是极其自然的事，但对初代教会而言，特别是对那些谨守“除了我以外，你不可有别的神”（出20:3）之诫命的犹太基督徒来说，羔羊受到敬拜，并不是一件很容易就被接受的事。① 因此羔羊在天庭中受到敬拜的异象，可说是祂具有神性的最好说明。当然，约翰十分清楚“羔羊得着敬拜”一事，对其同胞犹太人所可能产生的巨大冲击，因此在此天庭异象中，他也十分小心，先让父神得着敬拜（4:8－11），而后才让子也得着敬拜。不单如此，在子也得着敬拜之后，他也才顺势的让父子同受敬拜（5:13－14）；而此模式，也就在启示录的后面，成为一个常态了（7:9－10,15－17;19:1－8;22:1,3）。②

类似显示人子羔羊乃与父神同有“神格”的例子还有许多，③但上述的四个例证已经足以让我们看见，人子羔羊乃与父有相同的神性。但圣灵呢？约翰对圣灵之“神格”的看法，是怎样的呢？在启示录的问安语中（1:4－6），圣灵乃是夹在“父”和“子”之间的，因此祂的神性，从启示录的一开始，就已经得着肯定。而约翰在启示录中，四次以“七灵”作为圣灵之名，也显示他对圣灵之神性的认识（7＝完全）。不单如此，在约翰四次以“在灵里”一语，作为他见异象的前提时（1:10;4:2;17:3;21:10），他也显示了他对圣灵的认识，因为在这个词组背后的，乃是以西结书中的“耶和华的灵在我身上”（结1:3;3:22;8:1;37:1;40:1）。换句话说，约翰所在之“灵”里，乃是耶和华的灵。更有意思的是，在七封书信一开始，约翰都清楚告诉我们，这些书信乃是人子向

---

① 在19:10和22:8－9中，约翰意欲敬拜天使，但此一行动不单为天使所阻，并且也被天使吩咐，要敬拜神。因此从这个反差的对比中，我们更可见“羔羊得着敬拜”的神学意义。

② 显示“父子同有一样位格”的经文还有6:16;14:1,4和21:22－23。

③ 约翰将耶和华神之属性或称号（例如，圣洁的［3:7］；我是阿拉法，我是俄梅戛［1:8;22:13］），加在人子身上的举措，就是一例。

七个教会所说的话(2:1,8,12,18;3:1,7,14),但在这七封书信的结尾之处,约翰却又很一致地指出,这些书信乃是"圣灵向众教会所说的话"(2:7,11,17,29;3:6,13,22)。① 因此在这个几乎无法叫人无法察觉的手法中,圣灵的"神格",也再次显明了。再者,圣灵的神性,也可以从另外一个角度得知。在天庭异象中,"七灵"的确没有如被杀羔羊那样的,被其他的天庭活物所敬拜(四活物,24 位长老和众天使),但祂却也不在敬拜羔羊之列。因此在祂"没有敬拜羔羊"的现象中,七灵与其他天庭活物有别,而与羔羊同格的真理,也隐含在其中。和约翰"多次多方"让"子与父同有神格"之努力相较,他在显示圣灵之"神格"的事上,不论就质或量的角度来说,可说是完全不成比例。但此现象是否表示他"轻忽圣灵"呢?恐怕不是,因为"在灵里"的他,只能依着圣灵的引领和指示,以显明基督为他主要的工作(启 1:1);因为圣灵的工作重点之一,就在叫人认识基督(约 14:26－27;15:26;16:13－14)。

三一神的作为

"父子圣灵同格"已经很清楚了,但祂们之间的关系,又是如何的呢?就神学而言,这个问题是又重又大又困难的,但若从启示录来看,此一问题却恐怕没有我们想象的那么巨大和难解,因为在约翰的异象中,"父子圣灵"的角色和关系,是以各样的画面和动作来表达的。

就父神而言,祂乃是"坐在宝座上的",也从不离开其宝座。不论就主动或是被动的角度来看,祂的动作都不多。在全书前言的部分,祂只说了一句话:"我是阿拉法,我是俄梅戛;我是今在昔在将要再临的;我是全能者"(1:8),而在全书本文的部分(1:9－22:9),祂也只在世界受到审判的七碗之灾中,以"成了"来结束这个段落(16:17),并在新天新地的异象中,以"看哪,我将一切都更新了……"等等的话语(21:5－8),来总结这个世代,并引进新的创造。因此在启示录中,父神主动的作为,只是"说话"而已。② 但这恐怕已然足够,因为如是特色,正反映了祂在旧约中所给人的整体印象:祂说话,事就这样成了。

但在启示录中,祂的作为,还包括了那些被动的部分。祂让子从其手中领取书卷是其一(5:7),而这个被动的动作,对整个世界来说,其结果却是惊天动地的,因为从

---

① 在七封书信最中间的一封中,约翰的措词乃是"圣灵向众教会所说的话"。此一设计显示,七封书信乃是以所有小亚细亚地区之教会为对象的。

② 在启示录中,约翰还几次听见那从天上或是从宝座而来的声音(10:4,8;14:13;16:1;19:5),但在这些经文中,我们无法完全确定发声说话的是否是父神。但即便这些声音的主人是祂,也不影响我们在此的论点和分析。

此之后,祂就与子共享祂审判世界之权柄。除此之外,在启示录中,我们也多次看见约翰借着所谓“神圣之被动(divine passive)”的语法,①来让其读者知道,世人之所以会被各样灾殃攻击(例如,6:2,4,8;9:1,3,5),圣徒之所以会在兽的手下受苦(例如,13:5,7,15),或是圣徒之所以可能拥有审判世界之权柄(例如,20:4),都是在神的“容许”或是“赏赐”的前提之下,才有可能发生。因此借着神主动和被动的作为,约翰所要强调的是,在这个世界中所发生的一切事,都在神的掌控之下。祂是这个世界的主和王,因此没有一件事情,对祂来说会是个“意外”。祂安稳地坐在祂的宝座上,而祂永恒的计划,也要按部就班的在人类的历史中成就。而这一切,也早已显明在1:8中,祂所做的宣告里面了:“我是阿拉法,我是俄梅戛;我是今在昔在将要再临的;我是全能者。”

相对于父神,人子羔羊则在三一神中,位居第二;因为祂乃是从父手中,领取那象征神永恒计划之书卷(5:7),并揭开(=执行)其上七印的那一位(6:1ff)。祂的“死,复活和升天”,是祂之所以能从父神手中领取书卷的前提,因此在启示录中,除了祂的被杀之外(5:6),约翰对“耶稣的生平”,完全没有提及。或者我们应该这么说,对约翰而言,耶稣一生事工的意义,正在祂死在十字架上的事上,完全的表达了出来,因此在论及神国的过去现在和将来之时,约翰的焦点,也就自然要放在那个具有决定性意义的事件之上了。而约翰对此一事件的重视,也在他让人子以“羔羊”之姿出现28次的设计中(“基督”七次;“耶稣”14次)反映了出来。

但此羔羊,却在其复活升天之后,成了“犹大支派中的狮子”(5:5)。因此作为神所应许之弥赛亚的祂,一方面就要成为“在七个金灯台(教会)”中行走(1:13),并拥有七星(七教会在天庭中的代表;1:16,20)的那一位;也就是说,祂乃是教会之主;而在另外一方面,祂也要透过教会所背负之“羔羊的见证”,向这个世界宣告祂的王权,并在人类的历史中,借着各样的天灾人祸,显示祂审判的权柄。由是祂就数点圣徒,在他们的额上盖上属祂的印记,并叫他们成为一支为数有十四万四千人的“羔羊之军”(7:1-17;14:1-5);并在祂第二次降临之时,率领他们与祂同来,审判这个世界(19:11-21)。但作为羔羊之军元帅的祂,会不会“拥兵自重”,建立自己的国呢?当然不,因为祂所设立的国,乃是属神的,是一个百分之百以事奉神为职事的祭司国度(1:6;5:9-10;11:15)。

那么圣灵呢?祂在启示录中所扮演的角色又是什么呢?就父子圣灵之关系来看,祂因着被羔羊所拥有(3:1;5:6),因此就在顺序上,次于人子。但祂在启示录中所扮演的角色是什么呢?在前面我们已经提及,向七个教会开口说话的,除了人子之

---

① 启6:2,4,8,11;7:2;8:2,3;9:1,3,5;11:1,2;12:14;13:5,7,14,15;16:8;19:8;19:19;20:4。

外,也是圣灵,因此祂也是教会的主,是医治,劝化,责备,和鼓励教会的那一位。在天庭异象中,约翰对祂的描述,乃是“七眼 = 七灵 = 奉差遣往普天下去的”(5:6),因此祂乃是鼓动教会,催促她向这个世界见证羔羊的那一位。为了显示圣灵和羔羊,教会,以及祂和世界之间的密切关系,约翰除了多次论及“教会属羔羊”,并借着“两个见证人的异象”(11:3－13),来显示教会和世界的关系之外,祂也在启示录中,以另外一种方式,来强化这四者之间的连结。怎么说呢?就“羔羊和圣灵”而言,约翰叫“羔羊”在这卷书中,出现了28次,而与之对应的,则是四个“七灵”的词组(4×7 =28);就“七灵”和“七教会”来说,它们在启示录中所出现的次数,却也都是四次;而就“七教会”和那代表全世界的“各族 各方 各民 各国”来看,前者所出现的四次,和后者所出现的七次,却也都有了“28”的乘积。① 如是对应应该不是巧合,而是约翰为了让圣灵,羔羊,教会,和世界之间,有更紧密之连结而有的。但圣灵的工作,并不只在催促教会传福音而已,在两个见证人的异象中,我们也还看见祂,即,“从神而来的生气(灵[πνεῦμα ζωῆς];11:11)”,叫这个两个已经殉了道的见证人,再次地活了过来。因此圣灵除了在教会传福音的事上,扮演一个关键的角色之外,祂也要在将来永恒神国完全成就的事情之中,成为一个不可或缺的要角。催促教会之主走向“殉道”的圣灵,已经让羔羊从死里复活了;而促请教会走上同一条路的祂,能不在将来叫她也一样从死里复活吗?毕竟祂乃是神权能的展现,是叫死人复活之神的灵。但在这事发生之前,祂,和那与祂密不可分之新妇教会,都同心合意的期盼基督的第二次再临:圣灵和新妇都说,“来!”(22:17)。

教会

在启示录中,教会虽然以许多不同的面貌出现,但她的所是和所为,却相当清楚。就其个别的组成分子而言,她乃是羔羊藉其宝血,从“各族各方各民各国”中买赎回来之人,所组成的群体(1:5－6;5:9－10),但由于羔羊救赎之功所能涵盖的范围,也包括了旧约以色列百姓中,以“信”遵守“旧约”之人,因此就群体而论,教会乃是由“信主的犹太人和外邦人”所共同组成的。而此一“延续旧约子民”的特色,也就让约翰将旧约中,原本只属以色列百姓之“祭司国度”称号,加在教会身上了(1:6;5:10)。因此从一开始,约翰就已经为教会下了一个清楚的定义:约的子民。

作为蒙救赎之“约的子民”,她当然要肩负起随着恩典而来的责任。因此在七封书信中(2－3),她属灵的表现,就要受到教会之主的检验。但祂检验她的标准是什么

① 此乃 Bauckham 的观察(*The Climax*, 34－35)。

呢？除了她是否向这个世界做羔羊见证，扮演好她作为金灯台的角色之外，还能是什么呢？但此角色容不容易扮演好呢？但然不，由是约翰在接下来的异象中就让我们看见，教会虽然因着她在世上所要扮演的角色，而会遇见许多试探，也因此要在这个世界的手下受苦，但她却是额上有神印记的军队（7:1－8）；而她属天的地位，也已确立（7:9－17）。这个真理是如此的重要，因此约翰在启示录中，就以许多不同的方式来重复论述了。

第一，在启示录11章中，教会乃是化身为两个见证人，因为在神的定规之中，一个有效的见证，要有两个人才能成立。而在这个异象中，约翰也借着他们所行之神迹，像是从天降火，降下旱灾，甚或是叫水变血等等，显示神在传福音之事上，所赋与他们的权柄。当然在这个异象中，约翰也没有忘记世界对教会的敌意，因此在这两个见证人，忠心地尽上他们的本分之后，他们也就被杀害，并且被曝尸三天半。但正在人为他们之死而欢呼庆贺之时，神却叫他们从死里复活，并在世人的面前，和他们的主一样的，驾云升天而去。如是恩典和荣耀，乃是神对他们尽忠职守的奖赏和响应。

第二，在“红龙，妇人和男孩”的异象中（12:1－15:4），约翰借着“妇人因生下男孩而被红龙撒但逼迫”的图画，再次显示了教会因着福音的缘故，而要受到世界逼迫的事实。红龙和它的两个爪牙，海兽和陆兽，联手攻击了圣徒，而其程度之严重，使得约翰甚至必须以那叫人十分难以下咽的话，来鼓励教会：“要被掳掠的，就被掳掠罢！要被刀杀的，就被刀杀罢！圣徒的忍耐和信心，就是在此”（13:10）。因此在此情况中，教会可说是连一点喘息的空间都没有，而她也似乎只能在如此邪恶的权势面前，俯首称臣。但在此同时，约翰却又借着十四万四千人在天上之锡安山上，大唱羔羊之歌的画面，显示了教会属天的身份（14:1－5），并在接下来的段落中，借着“天使传福音”和“天使收割”的两组异象（14:6－13，14－20），来显示教会之福音行动，所具有的属天意义：接受福音的，将要如庄稼被收割，而拒绝福音的，将要如收割了的葡萄，在酒醉中被踹踏。

第三，在“大淫妇巴比伦”的异象中（17:1－19:10），约翰先是借着“大淫妇坐在众水之上”和“她喝醉了为耶稣做见证之人的血”的描述（17:1，6，18），显示罗马之强大，和在她手下之教会，所必然要面对的苦难。但此图画，却在接下来的经文中，完全的翻转了过来。因为那浓妆艳抹，交游广阔，并整日奢华宴乐的大淫妇，在神审判来临之时，将要变成一贫如洗，众叛亲离（18:1－24）；而那原先在她手下受苦的圣徒，却要在天庭中，为此而举行一个庆祝大会（19:1－10）。

第四，在启示录的结尾之处，约翰也再次借着殉道者在天上坐宝座的画面（20:4－6），让我们清楚看见，圣徒在地上的受苦，并不是徒然的。因为正是他们所忍受的苦难和逼迫,使他们能够在天上与基督做王一千年。不单如此,在基督再临之时,他们也将成为那随基督同来的众军,亲身参与在末日的审判中(19:14);而在末日白色大宝座的审判中,他们也将出席那个审判大会,亲眼看见他们的仇敌遭报(20:11-15)。当然在神新天新地的创造中,他们也有一份。或者我们可以更准确的说,在将来的永恒世代中,以新耶路撒冷之姿现身的教会,将要成为新天新地中的唯一女主角(21:1-22:9)。

综上所述,在约翰异象中的教会,有两个完全相反的面向。从这个世界的角度来看,她是软弱的,是在红龙和海陆二兽手下受苦,并且也在大淫妇巴比伦的淫威之下,苟延残喘。但在此同时,约翰也让我们看见,她却是一支荣耀的羔羊之军;而他们因背负羔羊见证而有的苦难,不单是他们得着荣耀的途径,也是神藉之建立其国度的方法。因此正因着他们所要经历的"十日"患难(2:10),永恒之门就要向他们开启。而教会所必须忍受之"至暂至轻的苦楚",却要为她带来极重无比,永远的荣耀;[①]因为在永恒中,她将要成为神和羔羊所居住的圣殿和至圣所(参21:16,19,22的注释)。

邪恶的三一集团

在约翰所看见的异象中,除了有神圣的三一神和其子民之外,还有另一个与之相对的集团。此一集团乃由红龙、海兽和陆兽,以及那些依附它们,在它们脚前下拜的人所组成(12-13章)。我们在此将"红龙和海陆二兽",冠之以"邪恶三一"的名号,并不只是它们恰好"三人成行",而是约翰有意要我们以此方式来认识它们。何以见得?在十三章的经文分析中我们将要看见,龙将自己的"能力,宝座和大权柄"给海兽(13:2),以及陆兽叫人拜海兽(13:12-14)的关系,其实正是"圣父将权柄赐给圣子,而圣灵又荣耀基督"的反映。不单如此,在海兽"受了致命伤但又活过来了"的描述中(13:3),我们也看见基督"死在十字架上但又复活了"的影子。[②] 而我们在前面所提及,圣灵透过教会向这个世界见证基督的工作(真先知),也正和陆兽推广"海兽"的工作,如出一辙,也难怪约翰会在启示录的后面,三次以"假先知"作为陆兽的别名了(16:13;19:20;20:10)。

但此"三一"乃是邪恶的。(1)红龙意欲吞吃羔羊男孩,并随后逼迫那将羔羊男孩生下来之妇人的企图,都显示了它邪恶的本质;而它借着海陆二兽之手,打压教会

---

① 语出哥林多后书4:17。

② 为了强化这个对比,约翰也让海兽的"如同被杀(ὡς ἐσφαγμένον)",与羔羊之"像是被杀过的(ὡς ἐσφαγμένην)",互相呼应(5:6)。

的事实,也显示出它的真面貌。(2)至于海兽,我们不单在它“开口向神说亵渎的话,亵渎神的名,并祂的帐幕,就是那些住在天上的”之动作中(13:6),看见了它敌对神国的态度,也在它“制伏各族各民各方各国”的举措中(13:7),看见了它想要在基督之外,另立一个国度的野心。而(3)陆兽以各样神迹奇事来迷惑人,要人因此而敬拜海兽,并对那些不从其议之人,毫不手软的打压(13:13－18),都在在的显示,它乃属红龙家族,如假包换。

从人的角度来看,红龙撒但和其爪牙海陆二兽,才是这个世界的主。在它们“顺我者昌,逆我者亡”的号令之下,除了那极少数,已经快要撑不下去的教会之外(例如,士每拿教会和非拉铁非教会),这个世界可以说是在此一集团的掌控之下。因此它们可以说是这个世界中,“主流价值”的代表,是人人必须向其靠拢,并宣誓效忠的对象。但约翰却不作如是观。在他的异象中,此一集团的头头红龙,乃是“羔羊男孩”的手下败将,因为当“羔羊从死里复活,并升入高天”之后,它就已经被赶出了天庭,从天坠落了(12:7－12,13)。而它从海中和陆上召唤二兽,并藉它们来逼迫教会的作为,也只是它想要巩固它所暂时拥有的“剩余地盘”而已。至于那横行于地上的海陆二兽,虽然它们看来势无可挡,也少有人敢迎其锋,但在约翰的眼中,它们至多也只能是从无底坑,从海中,并从地中上来的兽(11:7;13:1,11)。和那被逼迫打压,但却具有“属天”荣耀身份和地位的教会相较,看似掌权做王的它们,却只能是“源出无底坑(海)”,并也只能在地上做王而已。当然从天坠落的撒但,以及那从无底坑和地而出的海陆二兽,因着它们与“天”的无缘,就在末日降临之时,与永恒无分了。和那些要进入新天新地的教会相较,它们在那个时刻,因此也就只能以硫磺火湖,作为它们生命和存在的终点(19:20－21;20:10,15;21:8)。权倾一时的它们,到了那个时刻,将要在硫磺火湖的刑罚中,被烈火所消灭。而在它们面前下拜,与之结盟的世人,也要和它们同进火湖之中,并要和它们共尝灰飞烟灭,无人纪念的命运。

小结

在约翰的异象中,“天”乃是神圣三一神的所在,也是圣徒现今之所属,和将来永恒的家。而“无底坑(海)”,乃是红龙集团所从出的地方,是邪灵权势的源头。至于地,则是这两股势力交锋之所在。此一争战,在伊甸园中已经开打,而其胜负,也在加略山上,有了定夺。但在“天地合一”的时刻来到之前,地上的争战还要继续。对红龙集团而言,这是它们在加略山战役之后,最后反扑的机会,因此这个战争之惨烈,只会随着时间的过去,而日渐加强。但对教会来说,这一段时日,却是她藉“受苦的见证”,将加略山之战的战果扩大的日子。为此战争,她将要付上极为沉重的代价,但从约翰的异象中她却晓得,在羔羊"降世—死—复活—升天"的见证中,她的得胜,是已经得着保证了。她,老实说,是没有任何可以悲观、灰心甚至丧志的权利。"天"已然在羔羊男孩降世和升天之时,两度开启,而教会属天的身份,也已经在羔羊降世和升天的事件中,得着确认。① 因此在她至终被提,进入也回到天家之前,教会所能也必须要做的,也只有不计代价的"持守羔羊见证"一事而已。

时间

由于约翰在异象中所看见的,乃是那"超越空间和时间"的真理,因此我们在此也要从"时间"的面向,来理解约翰的神学思想。

神圣的三一神

就父神在"时间"上所显示的神性而言,约翰乃借着五个类似的词组来表达:

1:4-5　愿恩惠平安,从那今在昔在将要再临的神……归给你们;
1:8　主神说,我是今在昔在将要再临的;
4:8　四活物……说,主神全能者,是昔在、今在、将要再来的那一位;
11:17　二十四位长老……说,今在昔在的主神全能者啊,我们感谢你,因你已执掌大权作王了;
16:5　天使说,昔在今在的圣者啊!你是公义的,因你已施行审判。②

从上列经文来看,除了父神自己的宣告之外(1:8),启示录的作者(1:4-5),以及天庭中的四活物,24 位长老和天使(4:8;11:17;16:5),都曾以类似的语言,来颂赞或是描述神的属性。因此单就"说话者"的角度来看,约翰借着这五处经文,显然有意要我们晓得,神具有"过去现在和将来"的时间属性,是"天地之间所有一切属祂之受造物的共识"。换句话说,神的神性,除了在祂位居天庭的事上,显示了出来之外,也

① 在整本圣经中,"天"当然不只有在这两个事件中开启。在神从天降火烧灭所多玛和蛾摩拉的事件中(创 19:24-25),在摩西于西奈山上领受十诫之时(出 19:16-20:21),在先知们看见异象之际(例如,赛 6:1-13;结 1:1-28;亚 1:7ff 等等),甚或在五旬节圣灵降临的时候(徒 2:1-13),天都曾开启。但在圣经中,具有最重大意义的事件,乃是人子的降世和升天。

② 此乃 R. Bauckham 的观察(*The Theology of the Book of Revelation*, 28-30),但笔者也在其上,做了一些加增和修正。

在祂超越时间之特性中,有了更进一步的表达。

但在细究之下,这五个类似的表述,似乎也略有差异。第一,就前面的三个具有比较完整形式的"时间三重语法"来看,4:8 的"昔在,今在,将要再临"是最合乎逻辑的;而 1:4 和 1:8 的"今在,昔在,将要再临",就显得有些奇怪了。① 但此差异,恐怕是约翰刻意所为,因为在那具有超越时间意义的天庭中,四活物对神的颂赞,当然要以最合乎逻辑之形式出现;但在向受苦圣徒的问安中(1:4-8),"现在(Now!)"当然比过去来的重要,因此"今在"自然就要跑到"昔在"的前面了。但是不管"昔在"和"今在"的次序如何改变,"将临"却总是站在压轴的最后,因为这正是圣徒盼望的所在。

第二,在 1:4,8 和 4:8 中,我们所有的,乃是"过去现在和将来";而在后面两处经文里面,约翰只给了我们"过去和现在"。但此一差异,其实并不真正存在,因为 11:7 和 16:5 的文脉,乃是神末日的审判,而在其时,神已经"再临",因此这个"时间三重语法"中的第三个部分,自然就要以"你已执掌大权作王了"(11:7),或是"你已施行审判"(16:5)的形式出现了。此一观察显示,约翰借着如是"时间三重语法"所要强调的,的确是神超越时间的属性,而此特色,不单具有"祂过去和现在,在这个世界中掌权"的意思,也更带着"历史要依照祂所定下的方向来发展"的意涵。

但如是理解,却恐怕还未完全将神超越时间之特性,完整的呈现出来。因为隐藏在如是理解背后的,是我们在时间之内的人,对此"时间三重语法"的了解。从整本圣经和启示录来看,人类所经历的时间,是神所创造的(创 1:14-17;启 4:11),因此祂就不必受到时间所具有"线性"特色的限制。换句话说,在人类时间之外的祂,就可以在人类的历史之中,行那属于末日,或是具有"末日意义"的事。举例来说,在以色列人进入迦南地之时,神所给他们的命令,乃是要他们将此地的居民,全部毁灭。② 此一命令看来过于严峻,也不合"人情",但由于被神拣选和救赎的以色列人,具有"圣洁神国"的特性和角色,因此所有一切不洁的,就要在此神国"降临"之时,受到审判。同样的情况,其实也发生在耶稣基督第一次降世之时,因为祂的降世,显示神国已经闯入了人间,而其结果,不单是信靠祂的人得着拯救,也是这个世界受到审判。③ 因此这两个例子清楚显示,"末日"不单已经在以色列人进入迦南地之时,也在耶稣基督第一次降世的时候,"预先地"闯入了人类的历史之中。当然这些只是"正片"上演之

---

① 和合本作"昔在今在以后永在",但在原文中,"今在"是在"昔在"之前;而"以后永在"的原意,乃是"将要再临"。

② 参,民 33:52;申 2:33-34;3:3,6;7:2 等等。

③ 参,约 5:22,27,30;9:39;12:31。

前的预告片而已，因为在启示录 19:11－21:8 中，约翰就四次的让我们看见，在末日正式来到之际，一切敌对神的人和势力，都要经历硫磺火湖的审判（启 19:20－21;20:10,15;21:8）。

从此角度来看，“昔在，今在，将要再临”的重点，并不在神的“永存”，而是那在时间之外的神，可以并且已经在人类的历史中，做了拯救和审判的动作；而这些行动，都指向祂在末日所要做的事（拯救和审判的完成）。因此在这个词组中最后的部分，约翰就以“将要再临（ὁ ἐρχόμενος）”之语词，来取代那和“昔在，今在”彼此平行的“永在（ὁ ἐσόμενος）”了。① 此一理解其实也为父神对自己属性之宣告所证实，因为在 1:8 中，紧紧跟随在“今在，昔在，将要再临”之后的，乃是“我是全能神”。换句话说，此一“时间三重语句”的重点，在显示神乃是在人类历史中，在现在，也将要在未来，施行拯救和审判的那一位。抽象的“永存”容或叫人敬畏，但“过去，现在和将来”都在行动的上帝，却不单叫人得着安慰，也使人生发信靠和感恩之心。

此乃父神超越时间的神性，以及此一属性对世界和教会的意义。但圣子呢？约翰是以怎样的方式，来呈现圣子超越时间的神性呢？在前面有关“空间”的讨论中我们已经看见，约翰对“父子同格”的真理，可说是用心良苦地反复论述之；而此情况，也在“时间”的面向中，一样出现。怎么说呢？

经文	1:8	1:17	21:6	22:13
说话者	神	基督	神	基督
内容	阿拉法/俄梅戛		阿拉法/俄梅戛	阿拉法/俄梅戛
		首先的/末后的		首先的/末后的
			初/终	初/终

此图表清楚显示，约翰想要借着基督在 22:13 的宣告，显示“父子同格”的真理，因为在此节经文中，他除了将基督在 1:17 中的宣称（首先的/末后的），保留了下来之外，也把父神在 1:8 和 21:6 的宣告（阿拉法/俄梅戛；初/终），给加了进去。因此就“时间”的面向来说，“父和子”之间，是没有差异的。事实上，“子＝父”的企图在 1:17 中就已经显明的了；因为“首先的和末后的”语句，乃是耶和华神在以赛亚书 41:4；44:6 和 48:12 中，向以色列百姓所做的自我启示。因此当约翰将此语句放在人子口中之时，“父子同格”的含义，就已经隐藏在其间了。

① 此乃带冠词之“我是（εἰμί）”的未来分词。

但这些只是“暗示”而已。在人子显现于拔摩海岛的异象中，祂对自己身份的宣告，乃是清楚明白，毫不含混的：“我是首先的，我是末后的；又是那永活的”(1:17c－18a)。就“首先的和末后的”之语句而言，其含义并非是“人子站在人类历史的两端”，而是要显示“祂在人类历史中，从头到尾都掌权”的真理。① 因此在这个语词之后，人子也就加上了“我是那永活的(＝满有能力)”的说明。② 此一附加说明，虽然并不在“首先的和末后的”之上，加入更多的含义，但它却让人子的宣称，有了“时间三重语法”的形式。因此和父神一样，人子的神性，也在如是语法中，有了最好的说明。

和父神之“昔在今在将要再临”相较，子的“永活”，不单更为明确，也是祂才刚刚在人类的历史中，显明的事；因此在“我是首先的，我是末后的；又是那永活的”之后，人子羔羊就紧接着宣告：“我曾死过，但是现在活着，直到永永远远；并且拿着死亡和阴间的钥匙”(1:18b－e)。从神永恒计划的角度来看，此一宣告的意义，是不可小觑的。因为透过这个宣告，人子向我们明示，因着祂的死和复活，末日已然降临(我曾死过，但现在活着)，而永恒之钟，也已敲响(我活着直到永永远远)；因为祂的死和复活，其含义正是神国的得胜(我拿着死亡和阴间的钥匙)。

从人子的宣告中，约翰已经晓得“末日已然降临”，但此事关乎重大，因此约翰在启示录的后面，至少两次的又论及了这件事情。第一，在天庭异象中，他借着“只有被杀羔羊能从父神手中领取书卷，揭开七印，并对这个世界带来审判”的事情(5:6－7; 6:1ff)，再次显示了此一关乎末日的真理。第二，在“红龙妇人和男孩”的异象中，他也借着“男孩的被提升天(从死里复活)，并因此导致红龙撒但被逐出天庭”的情节(12:5,7－10,13)，将此“末日已临”的事实，再次做了清楚明白的说明。但人子羔羊“永活能力的展现”，当然不只是“已经成就的”，而也包括了那“尚未完全成就”的部分，因此在启示录的结尾之处，约翰也就借着“骑白马者的异象”，清楚的让我们看见，在世界的的末了，人子还要以得胜将军之姿，骑着白马而来，好完成祂在第一次降世之时，所开始的工作(19:11－21)。

此乃圣子在超越时间方面的神性，和这个属性在“末日”一事上的意义。但圣灵呢？就“时间三重语法”的角度来看，约翰，或者更准确的说，在灵里的约翰，并没有以此方式来介绍祂。而此现象，正如前述，很可能是圣灵在三一神中，一贯扮演的角色所致，即，彰显和荣耀基督。但在约翰以“七灵”为圣灵之名的手法中，圣灵在启示录中，也具有“末世性”的意义；因为在后面我们将会看见，“七灵”一词的旧约背景，乃

① 详见1:8的注释。
② 详见1:17c－18a的注释。

是撒迦利亚书4:1－10;而在那里,先知所见异象,乃是关乎圣殿要如何重建起来的问题。① 换句话说,当约翰让圣灵以"七灵"之姿出现,并说祂的角色,乃是"奉差遣往普天下去"的时候(5:6),他乃是将先知撒迦利亚所见之异象,应用在教会身上。也就是说,对约翰而言,先知所看见的末日的异象,在"圣灵于五旬节降临,并随后催促祂所建立的教会,向外传福音,好扩展神国"的事上,就已经开始应验了。② 因此和"羔羊之死,复活,升天"一样,"七灵"在启示录中,也标志着末日的"已临"。

但羔羊所开展的"末日",还有"尚未完全成就"的部分,因此在末日来到之时,圣灵也还有其工作要做。而此工作,在两个见证人的异象里面,则是以"从神而来的生气(灵[πνεῦμα ζωῆς];11:11),叫他们复活"的方式来呈现的(11:11)。因此单就"末世"而论,圣灵的"过去,现在和将来",乃是祂(1)在五旬节的降临;(2)现今与教会的同在,并催促她向世界传福音;以及(3)在将来叫为主殉道的她(以两个见证人为象征),从死里复活。约翰以如是方式来呈现圣灵的"过去,现在和将来",其实并不令人意外,因为在旧约中,"末日"不单是"圣灵浇灌的日子"(参,珥2:28－32),也是圣灵权能彰显的日子(属神圣殿之建立;亚4:1－10);而从耶稣基督之死和复活的历史中,约翰也因此就知道,圣灵的日子,也将会是一个"神叫为道而死之教会,从死里复活的日子"。

邪恶的三一集团

在前面我们已经指出,在约翰所见的异象中,"红龙,海兽和陆兽"乃是相对于"圣父圣子和圣灵"的邪恶三一。因此我们在此的问题是,就时间的角度来说,它们和神圣的三一之间,究竟有什么差异呢?而此差异的意义又是什么?

为方便说明起见,我们在下面就要以关乎父神的时间三重语法,作为三一神时间属性的代表,并将约翰在启示录17章中,对海兽关乎时间面向的论述,与之并列,好让我们对此议题,能有一个比较明确的概念。以父神的"时间三重语法"为代表,应没有太大的问题,但为何我们要以那关乎海兽的"时间论述",来与父神对比呢?原因无它,乃因约翰对海兽这个面向的描述,在邪恶三一中,最为清晰。不单如此,若从12－13章来看,由于约翰让海兽不单有着与红龙相同的形象(七头十角;12:3;13:1),也叫海兽从红龙那里,得着权柄(13:2)。而在13章中约翰也清楚显示,陆兽也"说话好

---

① 万军之耶和华说:不是依靠势力,不是依靠才能,乃是依靠我的灵,方能成事(亚4:6b)。

② 详见1:4d的注释。此一理解,其实和彼得在五旬节那天,以先知约珥"在末日凡有血气的都要被神的灵所浇灌"之预言,来解释当天所发生之事的手法(徒2:16－36),没有两样。因为这两段旧约经文的共同主旨,都是"神的灵将要在末日重建并扩张神的圣殿"。

像龙”(13:11),并且也以“叫人拜海兽之雕像”,为其主要任务(13:12–18);因此下列两节关乎海兽的时间论述,其实也一样适用于红龙和陆兽。

经文	时间三重语法		
4:8	昔在	今在	将要再临
17:8	先前有	如今没有	将要从无底坑上来 又要走向灭亡
17:11	那先前有	如今没有的兽 就是第八位	它也要和那七位同列 并要走向灭亡

上表清楚显示,约翰两次对“海兽”之描述(17:8,11),也是以“时间三重语法”之形式出现的,因此他的目的,显然是要让“海兽”和“父神”做对比。但从此对比中,约翰要我们看见什么呢?就“过去”的部分而言,海兽的“先前有”,和父神之“昔在”,彼此平行。因此在这个部分,约翰所要显示的是,海兽在过去,曾经掌权做王。若参照海兽从红龙撒但得着权柄的描述,此事应该和红龙古蛇在伊甸园中,引诱人类始祖亚当和夏娃犯罪,并借着他们的堕落,而成为这个世界之主的历史有关。

但与父神之“今在”相较,海兽的“如今没有”,就显得相当突出了。神的“今在”,若参照我们前面对“圣子”时间面向的分析,其含义乃是神已经借着圣子的“死,复活和升天”,胜过了撒但,并让祂得胜的国度(教会),在人类的历史中出现。但与此相较,海兽之国(罗马)虽然看来十分兴盛,也能对教会带来逼迫和苦难,但在神的眼中,海兽却是“如今没有”的;因为撒但对此世界的掌握,因着人子所成就的,即,借其宝血将人从各族各方各民各国中买赎回来(5:9–10),而日渐失控。

至于那“将要再临”的部分,约翰借着海兽之“将要从无底坑上来”,显示它想要学效神的企图,但在它“又要走向灭亡”的画面中,它扮虎不成反类犬的可笑企图和模样,就完全显露了出来。海兽的确要“再来”,①但等在它前面的,却是灭亡和硫磺火湖(19:20–21)。一言以蔽之,海兽,以及它的主子红龙和它的随从陆兽,虽然看来十分强大,也能横行于世,但约翰借着它们的“先前有,如今没有,将要再来,但却要灭亡”的语法,显示出“邪恶三一集团”在时间面向上的限制和不足。它们想要抬高自己,立自己为世界之主和神的企图,在约翰以“时间三重语法”来描述海兽的手法中,有了最好的说明;但此邪恶三一集团的有限性,却在“如今没有”和“将要灭亡”的部

① 参,19:19中,海兽聚集众军,要与羔羊争战的论述,以及20:7–9中,从无底坑中暂时得着释放之撒但,招聚歌革玛各之军,要攻击教会(圣徒的营与蒙爱的城)的画面。

分,完全呈现了出来。①

世人和教会

在前面我们已经指出,约翰使用"时间三重语法"的主要目的,在显示神超越时间的神性,或在显示邪恶三一集团企图自立为神,但却又力有不逮的窘境,因此对那些在时间限制之内的人,不论是世人或是圣徒,约翰也就没有将此语法,应用在他们的身上了。但这并不表示他们就没有"过去,现在和将来"。

就圣徒而言,他们的过去,因着他们属于羔羊的缘故,就已经是"名字被记载在羔羊生命册上"(3:5)的了;而此名字被记载在生命册上的事,乃发生于世界被创造之前,因此在圣徒被造之前,其名字就已存在。② 至于现在,圣徒的确是在地上属羔羊的军队(7:3-8),而他们也要在他们与海陆二兽的争战中受苦,但在约翰的异象中,圣徒却也同时是那在天上,与基督一同庆祝胜利的群体(7:9-17;14:1-5;20:4-6)。不单如此,此一现在"属羔羊"的身份,也要在基督再来之时,让这一群名字记载在羔羊生命册上的人,得以有分于永恒中的新耶路撒冷(21:27)。换句话说,因着他们与"羔羊"的连结,圣徒虽然只是有限的被造,但其名已"先存",而其人也要在现今具有属天的身份,并在将来,成为神和羔羊所居住的圣城。生命之荣耀,尊贵和盼望,恐怕没有比这个更高的了。

反观世人,乃是"名字没有记载在羔羊生命册上的人"(13:8;17:8),因此他们之名,并无"先存"。他们之人,如今乃是属龙拜兽的,因此他们看似得道,也可以与大淫妇巴比伦,同享欢乐;但他们现今与兽的联合,却要让他们在将来付上极为惨重的代价,因为在白色大宝座的审判中,名字"没有被记在生命册上的,就要被扔进火湖里"(20:15)。和圣徒相较,他们没有"过去",没有"将来(永恒)";他们所有的,只是现在而已。生命之可悲,也莫此为甚。

---

① 相关讨论,亦见附录十四。
② 参,13:8 的分析。

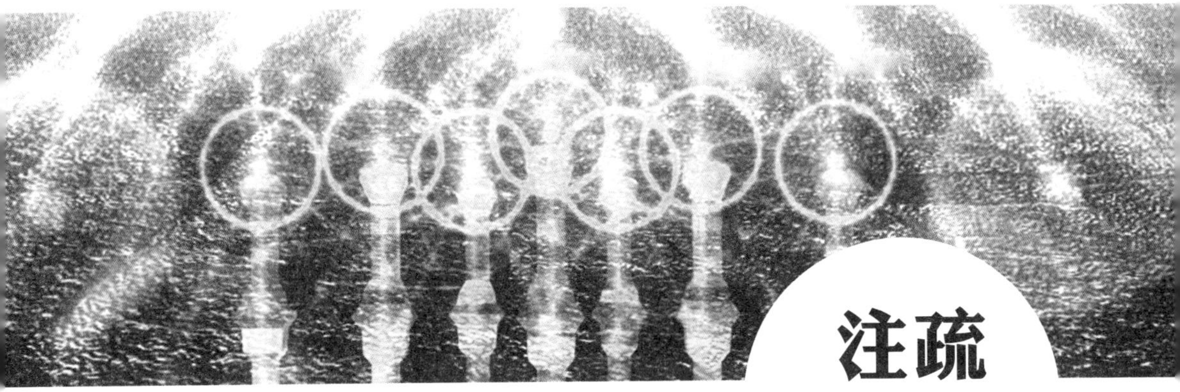

注疏

COMMENTS

I 前言(1:1—8)

借着“耶稣基督的启示”一语,约翰开宗明义的告诉我们,这卷书的内容究竟是什么。但这句话的意思究竟是什么呢?是“从耶稣基督而来的启示”?还是“有关于耶稣基督的启示”?在这卷书的后面,约翰将要亲自为我们解答这个问题,但在此之前,我们所须要留意的,是他在启示录的头八节经文中,给了我们一个在新约中,有最繁复的形式,但却又相当工整的前言。

经文翻译①

第一章

1 耶稣基督的启示,就是神赐给祂,叫祂将必要快成的事指示祂的众仆人。祂就
差遣祂的使者,晓谕祂的仆人约翰。2 约翰就将神的道,和耶稣基督的见证,凡他所
看见的,都见证出来。3 宣读这书上先知之言的,和那些听见又遵守其中所记载的,
都是有福的!因为时候近了。

4 约翰写信给在小亚细亚的七个教会:愿恩惠平安,从那今在昔在将要再临的
神,从祂宝座前的七灵,5 并且从那信实作见证的,从死里首先复活的,和作为世上诸
王之元首的耶稣基督,归给你们。

祂爱我们,用祂的血把我们从我们的罪中释放②出来,6 又使我们成为一个国度,

---

① 笔者在这本注释书中所提供的启示录译文,是依据 UBS[4] 而来。虽然在翻译的过程中,笔者会参照几个不同的中英文译本,但由于华人教会所最熟悉的是和合译本,所以笔者的翻译,将会尽量贴近这个大家所熟知的版本。

② 有古卷作洗去(λούσαντι;*TR* 025 046 等等),但是在𝔓[18] ℵ A C 1611 等较可靠的抄本中,是释放(λύσαντι)。

一群事奉父神的祭司。愿荣耀权柄归给祂,直到永永远远,①阿们。

7 看哪! 祂驾着云降临。众人都要看见祂,连那些曾刺过祂的人也要看见祂。地上的万族都要因祂而哀哭。是的,阿们。

8 主神说:我是阿拉法,我是俄梅戛;我是今在昔在将要再临的;我是全能者。

经文结构和形式

1.1 全书引言 1:1-3

1.1.1 本书主旨:耶稣基督的启示(1-2)

1.1.1.1 启示的来源、内容和对象(1a)

1.1.1.2 启示的传递:耶稣基督、天使和约翰(1b-2)

1.1.2 本书和教会的关系:一个祝福(3)

1.1.2.1 宣读的人得祝福(3a)

1.1.2.2 听见并且遵循的人得祝福(3b)

1.2 问安致意 1:4-8

1.2.1 作者向读者致意(4-5a)

1.2.1.1 约翰写信给七教会(4a)

1.2.1.2 祝福语

1.2.2 作者对耶稣基督的的颂赞(5b-6)

1.2.3 结语:两则神谕(7-8)

1.2.3.1 人子驾云降临(7)

1.2.3.2 主神的宣告(8)

1.2.3.2.1 阿拉法,俄梅戛(8a)

---

① 在$\mathfrak{P}^{18}$ A P 等古卷中,我们只有"永远(εἰς τοὺς αἰῶνας)";但是在另外一些手抄本中(例如,ℵ C 046 1 1006 1611 1854 2053 等等),经文却是"永永远远(εἰς τοὺς αἰῶνας τῶν αἰώνων)"。这两组手抄本的证据力相当,因此依据"较短,较困难的经文,比较可能是原始经文"的原则,"永远"应该是原始经文。但是在启示录其他 11 个地方,经文却都是"永永远远"(1:18;4:9,10;5:13;7:12;10:6;11:15;15:7;19:3;20:10;22:5),所以要在这两者之间做一个抉择,并不是太容易。不过不论我们的决定是什么,对经文意义的影响都不大。

1.2.3.2.2　今在昔在将要再临(8b)

1.2.3.2.3　全能者(8c)

全书的前言(1:1 -8)和结语(22:10 -21)

在前面讨论启示录结构的问题时,我们已经知道"*在灵里*"这个词组(1:10;4:2;17:3;21:10),是约翰在这卷书中所放下的结构性线索。因此借着这个线索,我们可以很清楚地将1:1 -8 从整卷书中区隔出来。从这段经文的内容来看,约翰显然打算让这八节经文,作为全书的前言。因为在其中他不单点明了这卷书的主题,也透过相当传统的问安语,让我们知道这封信之发信人和收信人是谁。

事实上,为了要使这几节经文扮演好全书引言的角色,约翰也让它们和这卷书的结语之间(22:10 -21),在字面和主题上彼此呼应。第一,为鼓励教会诵读,聆听,并且遵行这卷书中的预言,约翰在1:3 中,以"必然蒙福"作为诱因,并且以"时间紧迫(ὁ γὰρ καιρὸς ἐγγύς)"来强化他的诉求。在结语的部分,他则藉天使之口,再次要教会重视书中预言,因为时间十分紧迫了(ὁ γὰρ καιρὸς ἐγγύς ἐστιν;22:11)。不单如此,在引言中十分含糊笼统的"遵循书中预言必然蒙福"之诱因,在结语的部分,也再次出现;并且以"洗净自己的衣服①"来界定"遵循预言"的意思,而以"生命树"和"入城许可"来说明所蒙之福究竟是什么(22:14)。当然在22:18 -19中,约翰对那些轻忽书中预言之人所发的咒诅,②也从反面呼应1:3 中的祝福。

第二,虽然众释经者对1:7 中,基督将要以什么方式,以及在什么时候降临的两个问题,有不同的看法,③但是这个主题显然在全书结语的部分得着呼应,因为在那里耶稣三次亲口说,"*我必快来*"(22:7,12,20)。

第三,"*我是阿拉法,我是俄梅戛*"一语,在全书的前言和结语中都出现,并互相呼应(1:8;22:13)。事实上这个词组和另外两组意思类似的词组,在启示录中是具有特别意义的:④

---

① 有关这个词组的意思,见7:14 的注释。

② 见22:18 -19 的注释。

③ 见1:7 注释。

④ 以下的表格和分析,是根据 R. Bauckham 而来(*The Theology of the Book of Revelation*, 54 -58)。这本书已由邓绍光翻译为中文:《启示录神学》,而由基道出版社发行。

	A	B	B’	A’
经文	1:8	1:17	21:6	22:13
位置	序言的结尾	异象的开端	异象的结尾	结语的开端
说话者	神	基督	神	基督
内容	阿拉法/俄梅戛		阿拉法/俄梅戛	阿拉法/俄梅戛
		首先的/末后的①		首先的/末后的
			初/终	初/终
上下文	和基督再来连结(1:7)	和新生命连结(1:18)	和新生命连结(21:5-6)	和基督再来连结(22:12)

从这个对照中,我们可以观察到几件事情。(1)约翰在22:13中,将神在1:8和21:6中的宣告(阿拉法/俄梅戛;初/终),和基督在1:17中的自我宣告(首先的/末后的)结合在一起,而成为基督在这卷书中最后的宣告。这个动作的目的当然是要将基督等同于上帝,因此在这个结合中,我们看见约翰对基督位格的认识(The Person of Christ)。② (2)基督和神在1:17和21:6的自我宣告,都和新生命连结在一起(B和B’)。前者是和"基督的死和复活"所开展的新生命纪元相关联(1:18),而后者则和神在新天新地中所赐下新生命有关(21:6)。不单如此,神和基督在1:7和22:13中的宣告(A和A’),也都和基督再来一事紧紧相连(1:7;22:12)。因此约翰透过这三组词组,所想要表达"基督=神=宇宙之主"的概念,是和基督所作之工互相关联的(The Work of Christ)。换句话说,基督的死和复活,除了让祂成为新生命的创建者之外,也让祂成为这个世界的审判者。而基督在这两方面的工作,正是神主权的彰显。(3)这三组自我宣告除了具有深邃的神学含意之外,在启示录中它们们也具有结构性的意义。因为从所出现的位置来看,显然约翰要它们在全书中,或是在本文的部分(1:9-22:9),扮演"前后包夹(inclusion)"的角色。因此约翰不单以这三组词组来总结他的神论,救赎论和末世论,他也透过这三组词组,让这卷书有了一个整体性。约翰让这些论及"始和终"的词组,重复出现在这卷书的头和尾,正显示出他高超的文学技巧。因为他借着这些词组所要传递的信息,是和这些词组在书中所扮演之角色是

① "首先的末后的(ὁ πρῶτος καὶ ὁ ἔσχατος)"一语也出现在2:8,但是在那里这个词组不是以"我是……"的形态出现。

② 在这三组自我宣告中,只有"首先的/末后的"这一组是从旧约而来(赛44:6;48:12)。在旧约的上下文中,这组词组是耶和华神严肃的自我宣告,因此在约翰选择将这组词组,放在基督口中的动作中,我们已经可以看见他将基督等同于上帝的企图了。

一致的，那就是，祂是创始和成终的上帝。

第四，作为写信给七个教会的作者（1:4－5a），约翰在这卷书的最后，当然也应该再一次地以祝福作为结束，因为这是许多新约书信的固定形式。① 所以在全书的最后，我们就看见他写着："愿主耶稣的恩惠，常与众圣徒同在，阿们"（22:21）。

全书引言（1:1－3）

启示录的头三节经文是由两个部分所组成的。在 1－2 节中，约翰开宗明义地点明了这卷书信的主旨，而在第三节中，他以一个传统的祝福语，来强调这卷书对教会的重要性。就文学形式的角度来说，这两个小段落之间没有任何的连接词将他们结合在一起；而就文脉逻辑的角度来看，他们也似乎不连贯。举例来说，在 1－2 节中基督透过使者晓谕约翰的启示，到了第三节就忽然变成写在书上的预言了；而在第一个小段落中的人物（神、基督、天使和约翰等等），到了第三节中全部消失。取而代之的是读经的人，以及那些听见并且遵循书中预言的人。②

这些彼此不相合的元素，很容易就让人揣测，这段经文是不是后人所加？但是在细究之下，这些"歧异"或许正是我们了解这卷书的线索。因为从"所见启示"到"写在书上预言"的跳跃，正显示出约翰是先见异象，才下笔成书的过程；而在这两个小段落之间，人物剧烈转换的现象，也正好突显出约翰写书的目的。怎么说呢？在 1:1 中，"启示（'Αποκάλυψις）"这个字的意思的确是"显露隐藏之事"，但是从神到基督到天使再到约翰的启示（1:1－2），却不是为着要满足人的好奇心而有的；因为神赐下启示的目的，是要人因遵行而得着福分（1:3）。

事实上，这两小段经文之间有着许多共同的元素。（1）在 1－2 节中，启示的内容是"神的道"，是"耶稣基督的见证"；而在第三节中，是记载"在书中的预言"。（2）在 1－2 节中我们有"必要快成的事"；而在第三节中则有"日期近了"。这两个词组的形式的确不同，但是他们都表达了"时间紧迫"的意思。（3）虽然目的不同，约翰在这两个小段落中，都很一致地以第三人称的方式，来陈述他所想要表达的事。③ 因此这三节经文，应该是约翰在完成了 1:4－22:21 之后所写下来的，④其目的在让读者从一开

---

① 参，罗 16:20；林前 16:23；林后 13:14；加 6:18；腓 4:23；帖前 5:28 等等。

② 这两段经文之间的异同，是 Aune 所观察到的（*Revelation* 1－5，8）。

③ 启示录 1:4 之后，约翰就以第一人称的方式来写作。因着这个现象，有人就推测 1:1－3 不是约翰所作，而是后人的添加。但是这个现象并不奇特，因为不单旧约中的耶利米书（1:1－3）是如此开场，和启示录同时期的巴录二书（1:1－2a），以及以诺一书（1:1－2），也都是如此。

④ Mounce 也持相同看法（*Revelation*，63）。

始就清楚地知道,这卷书的内容和目的为何。

问安和致意(1:4-8)

在引言之后,我们来到了问安的部分。和新约许多其他书信一样,启示录在这个段落中,也包含了向读者问安之言(1:4-5a),和向神颂赞(1:5b-6)的两个部分。但是在启示录中,约翰却在这两个固定的元素之外,再加上了两则神谕(prophetic oracles),作为这个段落的结语。①

在新约诸书信中,启示录的问安语可以说是最繁复,但是也是最工整的。"愿恩惠平安从父神和主耶稣基督归与你们",是保罗给帖撒罗尼加教会的问安语(帖后1:2)。"愿恩惠平安,因你们认识神和我们主耶稣基督,多多加给你们",则是彼得后书的作者,对读者的问候(彼后1:2)。但是在启示录中,恩惠和平安不单来自神和耶稣基督,也来自宝座前的七灵(1:4)。② 不单如此,约翰在他的问安语中,对神和基督的描述也是最繁复的。在他的笔下,神是"今在,昔在,将要再来的",而基督耶稣则是"诚实作见证的,从死里首先复活,为世上君王元首的"。这两个描述都各自包含了三个部分,并且以前后包夹的方式,和"在宝座前的七灵"组成了一个完整的七(3-1-3)。

因着把七灵也包括在恩惠平安的源头中,约翰让启示录的问安语,在新约书信中独树一格。不单如此,他对神的颂赞,在新约中也十分特别。像其他书信一样,启示录中的颂赞也包括了相当制式的四个部分:(1)颂赞的对象—基督,(2)被称颂者之属性—荣耀和权柄,(3)时间元素—直到永永远远,和(4)结语—阿们。但是从文法结构的角度来看,约翰的颂赞却比较复杂。因为他的颂赞是由两个部分所组成的:对颂赞对象的描述(5b-6a)+传统的颂赞(6b)。③ 在新约中,类似的颂赞结构也出现在罗马书(16:25-27)、以弗所书(3:20-21)和犹大书(24-25),但是启示录的颂赞却和它们完全不同。在这三卷书中(以及新约其他的书信中),作者所颂赞的对象,都是上帝。但是约翰在此把颂赞的焦点,完全集中在耶稣基督身上,并且集中在祂所完成的救赎工作上面。从整本新约来看,这个现象是相当奇特的,但是对启示录的读者来说,这应该不会令他们感到意外。因为从这卷书的一开始,约翰就已经告诉我们,这卷书的内容就是"耶稣基督的启示"(1:1)。

---

① 这两则神谕因着第六节结尾的"阿们",和第七节一开始的"看哪",而与4-6节有所区隔;而第七节结尾的另一个"阿们",则又让第七节和第八节有所区隔。

② 这是启示录所独有的。

③ 这两个部分都由颂赞对象开始(Tῷ ἀγαπῶντι...; αὐτῷ)。

除了上述的两个特色之外，启示录的问安段落，也因着它包含了两则神谕（1:7-8），而和新约其他书信中的问安段落，有所差异。这两节经文之所以是两则神谕，是因为第七节中的“看哪”和“是的，阿们”，以及第八节中“主神说……”的语句，都是神谕的固定形式。① 因此就形式而言，这两节经文和前面的问安和颂赞完全不同。但从内容来看，在第七节中，地上万族要因基督而哀哭的论述，正和第五节里面，“基督为世界之主”的主题平行；而神在第八节中的自我宣告（今在昔在将要再临），也和第四节中神的名号前呼后应。因此从这个角度来说，这两则神谕和问安颂赞应属一个文学段落。

但是约翰将这两则神谕放在这里的目的何在？从第六节末了的“阿们”，直接连到1:9的“我约翰……”，在文理上岂不是更为顺畅？从这两则神谕的主题来看（基督和神的王权），这两节经文当然为约翰在4-6节中的问安（恩惠平安是由神而来），提供了一个基础。② 但是这两则神谕的文学功能，是不是就仅仅如此呢？当然不，因为在启示录中，类似于1:7-8的神谕，至少也出现在其他七处经文中（13:9-10;14:13;16:15;19:9;21:5-8;22:12-15,18-20）。③ 这些神谕，和7-8节中的神谕一样，在他们各自的上下文中，都显得有些突兀，但是他们的内容，却都和将来的福分或是审判有关。因此这些看似突兀的神谕，其目的是要读者严肃的面对这卷书的信息；是要读者在明白了耶稣基督的启示之后，做一个严肃的，关乎生死的抉择。因此透过这两则神谕，约翰事实上是向他的读者发出了一个呼吁：基督是这个世界主，而上帝的王权一定会在人类历史中实现，因此你要如何来面对祂借着这卷书，所向你传达的启示呢？从这个角度来看，7-8节之于4-6节，是类似于1:3之于1:1-2的。因为不管是神谕，或者是祝福，其目的都在鼓励读者认真看待耶稣基督的启示。

经文分析

1:1a 耶稣基督的启示（Ἀποκάλυψις Ἰησοῦ Χριστοῦ）

在启示录的一开始，约翰以“耶稣基督的启示”一语，点明了这卷书的内容。启示这个名词（Ἀποκάλυψις），是由动词“揭开/揭露（ἀποκαλύπτω）”而来。而“揭开/揭露”

---

① 有关早期教会中先知讲说神谕的问题，见 D. E. Aune, *Prophecy in Early Christianity and the Ancient Mediterranean World*（Grand Rapids: Eerdmans, 1983）。关于神谕形式的问题，见，页327-33；而有关于启示录1:7-8的问题，见，页280-81。

② 见 Beale, *Revelation*, 196。

③ Aune, *Revelation* 1-5, 51-52.

则是由“从……出来(ἀπό)”和“隐藏(καλύπτω)”这两个部分组合而成。因此“启示”一词的基本意思是,揭露在过去所隐藏之事。

在主前第一世纪之前,揭开(动词)或是启示(名词),都只出现在和宗教无关的著作中,因此在希腊世界里面,这一组词语在一开始的时候,并不带有宗教或是神学的色彩。在近代对启示文学(apocalyptic literature)的研究中,①“启示”一语常常被学者们当成一个代表某一种特殊文体的专有名词。② 但是在新约许多和弥赛亚国度有关的经文中,“揭开/启示”总是和耶稣有关,并且特别是和祂在这个国度中,所扮演救赎主或是审判者的角色相关联。③ 因此从这个角度来说,约翰和其他新约作者有着同样的看法,因为他不单在整卷书中,让耶稣以救赎主和审判官的角色出现,他也在1:1 的一开始,就将耶稣基督和启示连在一起了。

但是“耶稣基督的启示”这句话的意思又是什么呢? 是“从耶稣基督而来的启示”,还是“有关于耶稣基督的启示”? 纯就文法而言,这两个翻译都是可行的,因为带所有格的“耶稣基督(Ἰησοῦ Χριστου)”,可以是强调“来源”的所有格,也可以是强调“受格”的所有格。④ 从 1:1 - 2 中,启示传承的顺序来看(神—耶稣—天使—约翰—众仆人⑤),“从耶稣基督而来的启示”应该是约翰在此所想要表达的意思;但若我们从全书内容的角度来看,我们就应该以第二个意思来理解这个词组,因为这卷书的主要内容,正是耶稣基督在教会和在世界中的王权。

1:1b - d 就是神赐给祂,叫祂将必要快成的事指示祂的众仆人。祂就差遣祂的使者,晓谕祂的仆人约翰(ἣν ἔδωκεν αὐτῷ ὁ θεός δεῖξαι τοῖς δούλοις αὐτοῦ ἃ δεῖ γενέσθαι ἐν τάχει, καὶ ἐσήμανεν ἀποστείλας διὰ τοῦ ἀγγέλου αὐτοῦ τῷ δούλῳ αὐτοῦ Ἰωάννῃ)

启示录一书中所记载的,的确是有关于耶稣基督的启示,但是启示的源头却不是耶稣基督,而是上帝。从这节经文中,我们可以归纳出一个启示的传承次序:神—耶稣基督—天使—约翰—众仆人。这个归纳基本上是准确的,但是就经文的结构来说,约翰其实是以两个平行的句子,来呈现这个由神到众仆人的次序。

---

① 有关于这方面的研究,可见 J. J. Collins, *The Apocalyptic Imagination: An Introduction to Jewish Apocalyptic Literature*(Grand Rapids: Eerdmans, 1998);蔡彦仁,《天启与救赎:西洋上古的末世思想》(台北:立绪,2001)。

② Thomas(*Revelation* 1 - 7, 50)和 Caird(*Revelation*, 9)就据此认为,约翰在此借着“启示”一语来表明这卷书的性质。但是这个看法却是不可取的,因为在第一世纪的时候,启示一词并没有这个意思。

③ 有关耶稣以救赎主之角色显现的经文,见,路 2:32;罗 16:25;弗 3:3;彼前 1:10 - 12。有关耶稣以审判者角色显现的经文,见,太 11:27;罗 1:17;帖后 1:7;彼前 1:7,13;4:13。有关这组词语的详细分析,见 *EDNT* 1:130 - 32;*NIDNTT* 3:310 - 17。

④ Subjective genitive;objective genitive。

⑤ 这个传承次序的某一部分也在 22:16 中出现(耶稣—天使—众教会)。

1b 神……给（ἔδωκεν）……耶稣基督（αὐτῷ）……为要显示（δεῖξαι）……给祂的众仆人（τοῖς δούλοις αὐτοῦ）①

1d 耶稣……差遣（ἀποστείλας）……祂的天使（διὰ τοῦ ἀγγέλου αὐτοῦ）……晓谕（ἐσήμανεν）……给祂的仆人约翰（τῷ δούλῳ αὐτοῦ Ἰωάννῃ）②

从这个对比中，我们可以观察到几件事情。第一，约翰将父神放在启示传承次序中的第一位，当然是要强调这卷书的的权威性。但是他让耶稣在后面的句子中（1d），也扮演着和父神在前面句子中（1b），完全一样的角色，其目的显然是要强调耶稣基督与神同等的地位。约翰的这个设计，正是耶稣在约翰福音5:19中所说之事的反映："我实实在在的告诉你们，子凭着自己不能作什么，惟有看见父所作的，子才能作。父所作的事，子也照样作。"

第二，长久以来，释经者对如何翻译1:1中的τοῦ ἀγγέλου，一直有不同的意见。有人认为我们应该把它译为"使者"，③而有的人则认为"天使"是比较准确的翻译。④就弹性而言，"使者"一词所能包括的（圣灵、天使和24位长老⑤等等），当然要比"天使"来得宽广一些；因此它是比较"安全"的翻译。但是在这两个平行的启示传承顺序中，和"耶稣基督"所相对应的，是带单数冠词之"祂的天使"，因此此一天使应和其他灵界活物有所区别。在后面5:1的分析中，我们将要看见这个天使，应该就是那在第十章中出现，将人子所展开之书卷（6:1ff）交给约翰的那一位（10:2,8-9）。而他那令人啧啧称奇的形象，像是身披云彩、头上有虹、脸如日头、脚如火柱等等（10:1），也是因着他在启示传承过程中，所扮演之角色而有的。

第三，在1:1中，释经者除了对"天使或使者"的问题有不同的意见之外，他们对"众仆人"也有不同的认知。有人认为他们是在初代教会中，传达神信息的一小群基督徒先知；⑥而有人则认为众仆人在此指的是所有的基督徒。⑦ 在启示录中，仆人一词一共出现14次。除了1:1中的"仆人们"之外，其中三次所指的是和主人所相对的奴仆（6:15;13:16;19:18），一次是摩西（15:3），两次是先知（10:7;11:18）；而其余的则泛指基督徒。⑧ 所以从这些不同的用法中，我们似乎无法确定这里的"仆人们"所

---

①这个启示传承的次序，在约翰福音中屡见不鲜（1:18;5:19-23;12:49;14:10;17:8）。
② 见 Aune, *Revelation* 1-5,14-15。
③ 例如，和合本。
④ 例如，和合本的新译本。
⑤ 参5:5。
⑥ 例如，Charles, *Revelation I*, 6; Mounce, *Revelation*, 65。
⑦ 例如，Metzger, *Breaking the Code*, 21; Beale, *Revelation*, 183；张永信，《启示录注释》，页64。
⑧ 1:1;2:20;7:3;19:2,5;22:3,6.

指的究竟是谁。但是从上述的对比中,我们知道众仆人和约翰彼此平行,因此透过这个线索,我们从启示录里面,同时论及约翰和众仆人的经文中,应该可以找到这个问题的答案。

1:9 我约翰就是你们的弟兄,和你们在耶稣的患难、国度、忍耐里一同有份。为神的道,并为给耶稣作的见证,曾在那名叫拔摩的海岛上。

19:10 我就俯伏在他脚前要拜他(天使)。他说,"千万不可!我和你,并你那些为耶稣作见证的弟兄同是作仆人的,你要敬拜神。"因为预言中的灵意,乃是为耶稣作见证。

22:9 他(天使)对我说,"千万不可!我与你,和你的弟兄众先知,并那些守这书上言语的人,同是作仆人的。你要敬拜神。"

从1:9中,我们知道约翰自认为是收信者的弟兄,因为他和他们一样的因着信仰而遭受逼迫。从19:10和22:9的对比中,我们更进一步的知道,基督徒之所以可以被称为先知(22:9),是因为他们为耶稣做见证(19:10)。因此在启示录中,约翰因着他从耶稣基督那里领受了启示(1d),而看自己为先知,也因着他将他所领受的启示,传递给弟兄姊妹们,而将他们也视为先知。因此若是我们将这三节经文放在一起来看,1:1中"众仆人"一语所指的,不单是"众弟兄姊妹",也更是"具有先知身份,并且为了见证他们所领受之信息而受苦的弟兄姊妹"。①

1:1c 必要快成的事(ἃ δεῖ γενέσθαι ἐν τάχει)

在1:1中,约翰除了明示这卷书的主题,并且清楚地交待了启示的传承次序之外,他也告诉我们启示的内容是什么:必要快成的事。但是这句话究竟是什么意思呢?若是这句话所指的,是末日基督第二次再来的事,那么为什么在1900年之后,基督还没有来呢?

对于这个问题,释经者提出了几种解释。第一,和当代的启示文学作品一样,约翰的启示录,也是为着要安慰在苦难中的人而写的(1:9)。因此他和这些启示文学的作者一样,以"末日将临"的盼望,来鼓励他的读者在苦难中持守真道。从21世纪的角度来看,基督当然没有如约翰所说,在不久的将来就降临了,所以约翰显然在这件事上犯了错误。这个在时间上的错误,是和约翰对空间认知上的错误,同属一个类

---

① 在新约中,"神的仆人(或是基督的仆人)=基督徒"的概念,也出在现许多其他的经文里面(林前7:22;加1:10;弗6:6;西4:12;彼前2:16)。在弗6:6和彼前2:16中,为做见证而受苦的概念也十分明显。

型;因为他和当代的人一样,认为地球是平的,是有四个角的(7:1)。约翰的这些错误,只显示出圣经属人的一面,并不真正影响到他所要传达的信息。那就是,对每一个活在他们自己世代的人来说,他们的世代就是他们的末日。因为他们只能在他们的世代中,完成上帝赋予他们的任务。①

这一种解释不单给人一种诚实面对问题的印象,并且似乎也强调了圣经信息的适切性,但是在细究之下,这个解释却有着一些基本的困难。第一,"末日将临"的确是启示文学的特色之一,但是在启示录中,约翰是否依样画葫芦的以这个主题,来安慰他的读者,则是一件值得商榷的事。从学界最近20余年对启示录引用旧约之研究来看,显然情况并不是如此。因为不管约翰所引经文来自何处,他都会在耶稣基督新的启示之下,对他所引经文做新的解释。② 因此"约翰和启示文学作者有相同末世观"的假设,是和约翰"引经据典"之习惯不符。第二,人对地球的认识,是属于自然启示的范围,因此随着科学的发展,人类在这方面的知识会发生改变的。因此当神在人类历史中,向人启示祂的永恒真理时,有时候就不可避免的,以当时人所拥有的知识作为启示的媒介。因此在启示录中,我们就看见约翰以"地的四角"的言语,来表达"全世界"的意思。相对于此,未来之事,或是神永恒计划在人类历史中开展之事,是属于特殊启示的范畴。因此它的正确与否,与地球是圆的还是扁的问题,完全不同。以我们目前所讨论的"必要快成的事"而论,它是约翰"在灵里"所领受的真理(1:10;4:2;17:3;21:10),因此这件事情的真假对错,直接就牵涉到我们信仰的核心。可能是由于这两个困难,这个解释在学界中,就不被大多数的人所接受了。

约翰如果没有错,那么我们应该如何解释基督没有快来的事实呢?由于"快(ἐν τάχει)"这个词组的意思,可以是"在不久的将来",或是"发生的很快",因此有些释经者就以后者的意思,来理解这句话。即,当这卷书中所说的末日之事发生时,这些事会以一个很快的速度来成就。③ 就文法上来说,这个解释是可能的,并且立即让耶稣没有快来的问题,消失无踪。但是这种解释却要如何面对耶稣自己在这卷书中,七次说他要快来的话呢?④ 不单如此,若这句话的意思真是如此,那么约翰要如何藉此来安慰他的读者呢?对在受苦中的信徒来说,"耶稣再临时,将要快速临到"之说法,所能产生安慰的效果,当然是比不上"耶稣即将

---

① Boring, *Revelation*, 68-74.
② 详见导论部分,"启示录中的旧约"的论述。
③ Walvoord, *Revelation*, 35;杨牧谷,《基督书简》,页130。
④ 2:5,16;3:11;16:15;22:7,12,20.

再来"的。

但是如果"快"的意思是"不久的将来"的话,那么我们要如何解释耶稣没有快来呢?对某些释经者来说,这里的"快"不是我们的"快",而是上帝的"快"。① 在祂是"千年如一日"(彼后3:8),所以那些在遥远的将来所要发生的事,可以是"快要发生的事"。这个解释似乎言之成理,但是这个解释对当下受苦的信徒来说,安慰的意义也不大。不单如此,在启示录中,有许多章节的内容,是和信徒现在所经历的事有关,而非全为未来之事。

有鉴于此,有一些释经者就从旧约先知对未来的观念,来理解"必要快成的事"。他们认为这句话有两个重点。第一个是必然成就(δεῖ γενέσθαι)。因此这卷书中所言之事,是必然会在人类历史中实践出来的。在这句话中的第二个重点是,神在人类历史中的超自然作为(拯救,审判等等),将会在最近的将来发生,也会在人类历史结束时发生。因为这正是旧约先知们对未来所发预言的特性。②

在我们目前所介绍的不同解释当中,这个主张可能是最合理的一个,因为它不单有来自旧约的支持,也能解决耶稣没有立即再来而引发的问题。但是这个解释有两个需要补强之处。第一,在我们以旧约先知预言之特性来理解约翰之言时,特别是从旧约预言之"立即性(imminence)"和"末世性(eschaton)"来切入时,我们应该小心处理,免得落入"一个预言多重意思",或是"一个预言多重应验"的陷阱中。③ 以神亲自向亚伯拉罕所发,有关于所多玛城将要被毁灭的预言为例(创18:16-21),它的确在不久的将来就应验了(创19:23-28)。但是由于所多玛被毁灭之事的本质,是神的主权在人类历史中的彰显,因此这个事件的意义,并不局限在一时一地的所多玛而已。从历史的角度来说,所多玛城的确因着她的罪恶而被神审判,但是由于这个事件中包含了神超自然介入的元素(intrusion),因此这个事件就具有超越历史的意义。因此对耶稣来说,这个事件是末世审判的一个模型(a type;太10:15);对彼得来说,所多玛被毁因此就是一个末世性的鉴戒(彼后2:6);而对约翰而言,所多玛依其"灵意",当然就是末世敌对神势力的代表了(启11:8)。④ 简言之,历史性的所多玛事件,因着神的介入,而成为具有末世性意义的所多玛事件了。⑤ 因此从这个角度来看,启示录

---

① Thomas, *Revelation* 1-7, 54-56;陈济民,《启示录注释》,页73。

② Ladd, *Revelation*, 22-23;张永信,《启示录注释》,页64。

③ 见张永信,《启示录注释》,页41-44。

④ 有关预表(Typology)的问题,可参 G. K. Beale 所编辑的 *The Right Doctrine from the Wrong Texts? Essays on the Use of the OT in the New*(Grand Rapids: Baker, 1994), 313-71。

⑤ 有关这个问题的讨论,可参 M. G. Kline, *The Structure of Biblical Authority*. Rev. ed.(M. G. Kline, 1989), 154-71。

中所记载的，是神必定要在历史中实践出来的事，是立即会发生，具有末世性意义的事。因此这些事件不单对约翰的第一读者有意义，他们也都指向那个最终必要发生的事件：耶稣将要以审判官之身份第二次再临。

除了需要更准确地界定先知预言的特性之外，这个以先知预言来理解启示录的方法，也需要在另外一方面作补强的工作。因为约翰在此所言，不单具有旧约先知预言的特性，他在此更是暗引了一处旧约经文。① 因此透过对这段旧约经文的了解，我们应该可以更清楚地知道，“必要快成的事”究竟所指为何。

但以理书 2:28（LXX②）	启示录 1:1
只有一位在天上的神，能显明（ἐδήλωσε）奥秘的事。他已将日后必有的事（ἃ δεῖ γενέσθαι ἐπ' ἐσχάτων τῶν ἡμερῶν），指示尼布甲尼撒王。你的梦，和你在床上脑中的异象是这样。	耶稣基督的启示，就是神赐给祂，叫祂将必要快成的事（ἃ δεῖ γενέσθαι ἐν τάχει）指示（δεῖξαι）祂的众仆人。祂就差遣使者，晓谕祂的仆人约翰。

从这两节经文的对比中，我们知道但以理书 2:28 和启示录 1:1 在两个地方彼此呼应。（1）“必有的事/必要成就的事（ἃ δεῖ γενέσθαι）”都出现在这两节经文中。（2）但以理书 2:28 中的显明（ἐδήλωσε），和启示录 1:1 中的指示（δεῖξαι）是同义词，因此也彼此呼应。事实上，若是我们把范围再扩大一点，在启示录起首处的“启示（'Αποκάλυψις）”一词，其动词（ἀποκαλύπτω）在但以理为王解梦的事件中（但 2:17－49），一共出现了五次。③ 而在启示录 1:1 中的“晓谕（ἐσήμανεν）”，也在但以理的段落中出现了三次（2:23，30，45）。不单如此，“必要快成的事”一语，在但以理为王解梦之言中（2:27－45），出现了三次，并且是在这段经文的起首和结尾的部分（2:28，29，45）。而这个词组在启示录中，也一样的出现在几个主要段落的起头和结尾之处（1:1，19；4:1；22:6）。因此从这些线索中，我们知道约翰在此尝试将他在启示录中所言，和但以理为尼布甲尼撒王解梦之事，连结在一起。

---

① 这个暗引的案例早为人知（例如，Swete, *Revelation*, 2），但是这个案例对解释启示录的意义，却是在 Beale 的研究中，才被完全了解。以下论述多由 Beale 而来（*Revelation*, 152－61, 181－82；亦见同一个作者的‘The Influence of Daniel upon the Structure and Theology of John's Apocalypse,’ *JETS* 27[1984], 413－23）。

② 七十士译本。

③ 2:28，29，30，45，47（西奥多旬译本，Theodotion）。

事实上,若是把那和但以理书第二章平行的第七章,①也纳入对比的范围的话,我们也将发现但以理书第七章中的诸多元素,也出现在启示录第一章里面。在但以理书中,那个永不败坏,存到永远的国,以及那些在这个国度中事奉的人(但2:44;7:14),也在启示录第一章中出现(1:6,9)。而拥有这个国度"像人子的"那一位(但7:13－14),也在启示录中现身(启1:7,12);并且也和但以理书中,坐在宝座上的那一位一样(但7:9－10),具有神显现时的特征(启1:13－16)。因此站在启示录第一章背后的,是但以理书第二章和第七章。而这两章旧约圣经的焦点,都在那将要取代世上诸国的属神国度。这个国度在但以理书中,是将要在"末后的日子(ἐπ᾽ ἐσχάτων τῶν ἡμερῶν)"才会出现的(但2:28);但是在启示录中,约翰却说这个国度是"快要(ἐν τάχει)"出现的(启1:1)。

但是这个快要出现的国度,不管她将在多么短的时间里面出现,是不是完全都是属于未来的国度呢?从1:6和1:9来看,虽然这个国度的子民依旧身在患难中,但是这个国度显然已经出现。从1:5和1:13－16来看,这个国度的创建者,即像人子的那一位,显然也已经取得了胜利。因此这个国度似乎不是百分之百属于未来的。那么究竟在这里的"快要"是什么意思呢?在前面我们处理1:1－3之结构时,我们已经知道1:1的"快要",是和1:3中的"时候近了(ὁ καιρὸς ἐγγύς)",彼此互相呼应。从表面上看起来,时候近了的意思,的确和"快要"一样,表示所言之事还没有发生。但是在马可福音1:15那里,耶稣开始出来传道时所做的宣告是:"日期满了,神的国近了,你们当悔改信福音。"②而从马可福音后面所记,我们知道因着人的悔改信福音,神的国已经开始在人间实现。因此从这个对比来看的话,"快要"或是"时候近了"所要表明的,不单是未来,也是已经开始实现的未来。正如在火箭发射前的"十九八七六五"之倒数中,我们可以说我们所期待的事件,是已经开始发生了,是"快要"发生的事,是"时候近了"的。或者用耶稣的比喻来说,像棵大树般的神国,是快要来临的,

---

① 这两章圣经都有一个共同的次序:梦(尼布甲尼撒/但以理)—解梦者(但以理/在宝座前侍立的)—对梦的解释。不单如此,在这两章圣经中的梦,也都关乎四个国度。在这四个国度中,第四个总是最强大的,但是不管她如何强大,这个国度却被另一个永远的国度所取代。有关于这两章圣经之间的关系,详见J. E. Goldingay, *Daniel*, 148, 157－59;亦参,黄仪章,《旧约神学:从创造到新创造》(香港:天道,2003),页311－12。

② Πεπλήρωται ὁ καιρὸς καὶ ἤγγικεν ἡ βασιλεία τοῦ θεοῦ· μετανοεῖτε καὶ πιστεύετε ἐν τῷ εὐαγγελίῳ. 对C. H. Dodd, F. F. Bruce和D. Wenham来说,耶稣在此所宣示的"就职宣言",是从但以理书2:44和7:22而来(*According to the Scriptures*[London: Nisbet, 1952], 69; *New Testament Development of Old Testament Themes*[Grand Rapids: Eerdmans, 1970], 23－30; 'The Kingdom of God and Daniel,' *ExpT* 98[1986－87], 132－34)。若他们的论点属实,那么我们在此所言就更加确定了。

因为她现在正像颗芥菜种子般的，已经被种在地里面了。①

当然在主张神国是“已经开始实现，但尚未完全实现”（already and not yet）的时候，我们应该小心，不要和哥林多教会一样，过分强调神国已经实现的部分（over-realized Eschatology；林前 4:8），而把盼望给丢弃了（林前 15:12－28）。② 事实上，若是我们将 1:6 和 1:9 放在一起来看，显然约翰和保罗在这件事上，有着相同的观点。因为 1:6 告诉我们神国已经出现，但是从 1:9 中，约翰又让我们看见，这个已经出现的神国，是一个在受苦中的神国，是一个还没有进入荣耀阶段的神国。从人的角度来说，这个“已经现身但是还没有完满实现”的神国，当然是隐藏的，因此若要完全了解这个国度的意义，明白耶稣基督的启示，就成为一个充分而且必要的前提。也难怪约翰会在这节经文中，选择使用“晓谕（ἐσήμανεν）”这个动词，因为这个字的基本意义，就是透过一个特定的记号或事件，来让人明白事情之真相。③

在启示录中，这个将“已经”包含在“必要快成的事”之中的概念，并不只出现在 1:6 和 1:9 里面。在 1:5 那里，约翰是以“在世的见证—死和复活—为世界之王”的次序，来描述耶稣。因此基督的王权，是建立在祂“已经”成就的事上面的。同样的概念也出现在天庭异象中，因为在那里唯一有资格从父神手中接受书卷，揭开七印，并建立神国的，是曾被杀过的羔羊（5:6－10）。从此角度来看，约翰在七印七号都已经结束了之后（6:1－11:19），又把焦点拉回到弥赛亚诞生的事件上面（启 12），实在不足为奇。因为必要快成的事之所以可能发生，是因为那个决定性的事件，已经在历史中发生了。正如黎明的第一道曙光，告诉我们正午的艳阳已经近了；从死里复活的初熟之果，也预告神国就快要成就了（林前 15:20－28）。

1:2 约翰就将神的道，和耶稣基督的见证，凡他所看见的，都见证出来（ὃς ἐμαρτύρησεν τὸν λόγον τοῦ θεοῦ καὶ τὴν μαρτυρίαν Ἰησοῦ Χριστοῦ ὅσα εἶδεν）

在 1:1 中，我们已经看见约翰以两个平行的启示传承次序，来凸显耶稣基督的重要性。这两个传承次序的起点都是三位一体中的一位（神和基督），而其终点则都是人（众仆人和约翰）。在这一节经文中，约翰先交待他自己在整个启示传承过程中的

---

① 太 13:31－32；可 4:30－32；路 13:18－19。

② 有关于“已实现的末世论（Realized Eschatology）”，可见 C. H. Dodd, *The Parables of the Kingdom*. Rev. ed.（London: Collins, 1961）; A. L. Moore, *The Parousia in the New Testament*（Leiden: E. J. Brill, 1966）, 49－66; G. R. Beasley-Murray, *Jesus and the Kingdom of God*（Grand Rapids: Eerdmans, 1986）, 71－146。有关哥林多教会的问题，可见 M. Goulder, ‘Already?’ in *To Tell the Mystery*. ed. T. E. Schmidt and M. Silva（Sheffield: Sheffield, 1994）, 21－33。

③ LSJ, 727. 在约翰福音中，这个动词的名词σήμεῖον，是被译为神迹（记号）。因为耶稣所行的奇事，是被视为具有指导性意义的事，是神国降临的记号。

角色,而在下一节经文中,才来处理众仆人和这个启示之间关系的问题。因此从这个角度来看,约翰在1-3节中,是以交错法(chiasmus)的方式,来凸显出收信者的重要性。因为站在"众仆人—约翰—约翰—众仆人"这个结构之头和尾的,是具有先知身份,要向这个世界做见证的教会(1:20;11:1-13)。

正如教会应该忠心的向世界见证从神而来的启示,约翰在这节经文中也以身作则的说,他将把他所看见的一切,都见证出来。① "作见证(μαρτυρέω)"一词,原来是一个在法庭中所使用的词汇,表明所言属实的意思。而在新约中,这个词汇通常也都含有这个意思,虽然法庭的情境不一定出现。但是在约翰福音和约翰一二三书中,"见证"一语的受词,通常都是耶稣基督。而其重点,不在耶稣基督究竟做了什么事,或是说了什么话。也就是说,重点不在耶稣的历史性,而在祂究竟是怎样的一位,也在祂对你我,以及对这个世界的意义。② 从约翰在这节经文中所说,他所要见证的,是有关"耶稣基督的见证",以及从这卷书结尾处,耶稣自己所见证的内容来看(22:16,18,20),③显然约翰在这卷书中,也是以这个方式来使用这个词汇的。

约翰所见证的,是神的道和耶稣基督的见证。在启示录里面,"神的道(τὸν λόγον τοῦ θεοῦ)"一共出现了七次。④ 在不同的上下文中,神的道可以是福音(1:9;6:9;19:9;20:4),⑤神的计划(17:17),或是基督的名字(19:13)。但是在1:1-3节的上下文中,神的道在这里有着最宽广的意思,那就是神的启示。从约翰说他是神之道的见证人这件事看来,显然他把自己和旧约里面的众先知并列,因为他们在神永恒计划中,也扮演了同样的角色。⑥ 但和这些旧约先知们所不一样的是,约翰从"道成肉身"的启示中,更进一步知道神的道就是耶稣基督,所以他所见证的,也是"耶稣基督的见证"。因此在这里,以及在另外的三个地方(1:9;6:9;20:4),约翰都将神的道和耶稣基督的见证并列。⑦

但是"耶稣基督的见证(τὴν μαρτυρίαν Ἰησοῦ Χριστοῦ)"这句话是什么意思呢?

---

① "见证"在此是过去式,而此乃所谓的"书信式的过去式"。即,作者是站在读者的立场来写作。就读者而言,在他们收到这卷书信的时候,约翰之见证已经是过去的事情了。

② 对新约作者来说,耶稣基督的历史性根本不是一个问题。有关这个词语的详细分析,见 *TDNT* 4:474-514。

③ 这个动词在启示录中只出现在这四个地方。

④ 1:2,9;6:9;17:7;19:9,13;20:4. 在17:7和19:9中则是以复数的形态出现。

⑤ Ladd, *Revelation*, 23。

⑥ 参,耶1:2,4,11,13;结1:3,3:16;何1:1;珥1:1;拿1:1;弥1:1;番1:1;该1:1;亚1:1;玛1:1。

⑦ 在导论的部分我们已经知道,约翰引用旧约的特色之一,就是把耶稣基督和他所引用之旧约连结在一起。因此约翰在此将神的道等同于耶稣的见证之举,和他引经习惯完全一致。

是(1)耶稣基督所做的见证;或是(2)约翰所领受,有关于耶稣基督的见证?① 从文法上来说,这两种翻译都是可能的,但是从上下文来看,特别是从与此词组平行的"神的道"看来,前者的意思似乎比较可取。因此约翰在此所要表达的是,启示是从神而来的道,而这个启示在耶稣基督以其一生所做的见证中,被显明出来。

但是"耶稣基督的见证"所指的,是祂的死吗? 在主后第二世下半叶的坡旅甲殉道记中,②见证(μαρτυρία)一语,以及其同义词(μάρτυς; μαρτυρίον),的确有"殉道(martyr)"的意思。③ 但是在启示录中,这一组词语虽然和受苦紧紧相连(1:9;6:9;11:7;12:17 等等),但是这些词语的本身,并不等同于殉道。④ "耶稣基督的见证"一语所涵盖的,当然包括祂的死,而耶稣基督的见证,也在十字架上表达的最完全。但是约翰借着这卷书所要见证的,是耶稣基督的一生;是祂的生,祂的死,以及祂的复活,对教会以及对世界的意义。而这些就是约翰在异象中(1:9－22:9),所领受之耶稣基督的启示。

1:3 宣读这书上先知之言的,和那些听见又遵守其中所记载的,都是有福的! 因为时候近了(μακάριος ὁ ἀναγινώσκων καὶ οἱ ἀκούοντες τοὺς λόγους τῆς προφητείας καὶ τηροῦντες τὰ ἐν αὐτῇ γεγραμμένα, ὁ γὰρ καιρὸς ἐγγύς)

如果这卷书的主题是耶稣基督的启示(1:1),那么对教会来说,这卷书当然就事关重大了。因此在宣示了启示录的内容和来源之后(1:1－2),约翰就十分适切地以一个祝福(macarism),来强调本书和读者之间的关系。在旧约中,这种祝福语句通常出现在智慧文学中,而其内容则是对人生或是对信仰一般性的反省。⑤ 但是在新约中,特别是在福音书里面,祝福语句却总是和末世神国的主题相连(例如马太福音第五章中的八福),因此约翰在此是继承了耶稣的思想,⑥因为启示录中的七个祝福(1:3;14:13;16:15;19:9;20:6;22:7;22:14),其目的都在鼓励圣徒以忍耐来得着末世

---

① Subjective genitive 和 objective genitive。

② *The Apostolic Fathers*, tr. J. B. Lightfoot, ed. J. R. Harmer(London, 1926).

③ P. Vassiliadis 认为在启示录中,见证一语已经有了这个含义('The Translation of *MARTYRIA IESOU* in Revelation,' *BT* 36[1985], 129－34)。

④ 有关这方面的论述,可见 A. A. Trites, 'Μάρτυς and Martyrdom in the Apocalypse,' *NovT* 15 (1973), 72－80; B. Dehandschutter, 'The Meaning of Witness in the Apocalypse,' in *L'Apocalypse johannique et l'Apocalyptique dans le Nouveau Testament*, ed. J. Lambrecht(Gembloux: Duculot, 1980), 283－88。

⑤ 例如,有感于所罗门王的睿智,示巴女王便以一个祝福来颂赞他:得听所罗门王智慧言语的妻子仆婢是有福的(王上 10:8);而有感于约伯的哀叹之言,他的好朋友以利法就以一个祝福语句来劝诫他:神所惩治的人是有福的,所以你不可轻看全能者的管教(伯 5:17)。

⑥ 详见 *ABD* 1:629－31; *TDNT* 4:362－70。

救恩。①

约翰在本节以及在22:7中所使用的祝福语句,应该是由路加福音11:28而来。在那里耶稣以"听神之道而遵守的人是有福的",来劝勉人不要一味地寻求神迹奇事,而要以行道为本。② 和耶稣一样,约翰也将"听见和遵行"当成一个事件来看,因为他在此只以一个定冠词(οἱ),来管理"听见的(ἀκούοντες)"和"遵行的(τηροῦντες)"这两个分词。但是和耶稣的教导不同,约翰在这里把"宣读的人(ὁ ἀναγινώσκων)",也包括在蒙福的范围之内。

在第一世纪末叶,抄写经文的文士和书写经文的羊皮都相当昂贵,所以一般人是不可能拥有属于自己的"圣经"。他们只能在会堂的崇拜中,借着读经之人的口,才有机会听见神的话(路4:17)。从犹太会堂而出的初代教会,也承袭了这个传统(徒13:15;15:21;林后3:15),并且将使徒们所写的书信,也包括在读经的范围之内(西4:16;帖前5:27)。到了第三世纪的时候,这个读经的人才成为教会正式的神职人员之一(*lector*),但是在约翰写启示录的时候,读经的工作可能只是由教会中的长老,或是任何有能力并且有意愿的人来担任。③

约翰在此将读经的人也包括在这个祝福之中,显然是希望他的这封书信能在教会的崇拜中,被大声朗读出来,因为这卷书的信息,和教会中所有弟兄姊妹们都息息相关。和其他启示文学作品相较,启示录在这方面其实是相当独特的。因为其他的启示文学作品都是为极少数的人而作,是为了向他们显示进入第三层天、第七层天,甚至第十二层天之机秘而写的;因此这些启示文学作品通常都只在少数人之间私下流传。但是启示录却不是如此,它是要在教会中,被公开宣读的一卷书。④

但这卷书为什么要被公开宣读呢?因为它是从神而来的先知之言(τοὺς λόγους τῆς προφητείας)。在华人教会中,由于我们习惯上把先知所说的话都统称为预言,因此我们自然就认为先知所言,完全和未来有关。也因着如此,当和合本将这里的"先知之言",十分简洁地译为"预言"的时候,我们也就不假思索地认为,这卷书的内容就应该百分之百的是关乎未来之事。但是这个看法有两个困难。第一,从旧约先知

① 在启示录中,和祝福相对的则是"祸哉(οὐαὶ)"。这个字一共出现了14次(8:13;9:12;11:14;12:12;18:10,16,19),而其对象也总是那些在身上没有神印记的人(或是他们所居住之地;他们所组成的巴比伦城)。

② 亦参,雅各书1:22-25;这段经文应该是雅各对耶稣这个教训的阐释。有关雅各如何阐释耶稣之教导的问题,可见R. Bauckham, *James*(London: Routledge, 1999), 29-111。

③ Swete, *Revelation*, 3; Charles, *Revelation I*, 7-8.

④ 在众多启示文学作品中,只有黑马牧人书(*Shepherd of Hermas*)和启示录一样,明言此书要在教会中公开宣读。详见Aune, *Revelation* 1-5, 21。

的角度来看，他们从神所领受的信息通常包括两个部分。第一个是对现况的检讨，第二个则是对未来的期待。在这两者之间，前者通常在比重上都大于后者。而先知们不管是对现况的检讨责备，或是对未来复兴的期待，基本上都本于神过去和以色列人所立之约（参，申27-30）。因此对先知而言，他们今天所受到的刑罚（例如，被掳），正是约里面所含罚则的实现；而他们对未来所能期待的，也只是因着悔改守约，而得着约中所已经应许的奖赏。因此从这个角度来看，先知的预言，不在满足人对未来的好奇。先知的预言，是和他对百姓所发之责备，有着同样的目的，那就是，让人重新检视他们和神所立之约，因而能从现今背道毁约的情况中，回转过来。因此旧约先知所发的“预言”，并不全然是有关于未来之事。而先知预言中有关未来的部分，从某种程度上来说，也只是呼吁百姓回转归向神的另一种形式而已。①

第二，从上下文的角度来看，我们也应该避免全然以“未来之事”的含义，来理解“先知之言/预言”这个词组。在这节经文中，约翰以“记载在这卷书中的事”（τὰ ἐν αὐτῇ γεγραμμένα），来界定“先知之言”意思。而若我们从第二节来看，“记载在书中的事”显然就是“神的道”，就是“耶稣的见证”。因此记载在书中的先知之言，就是有关于耶稣的事。在这卷书中，我们当然看见耶稣在末日将要再来的论述（19:11-21），但这并不表示这卷书只关心那个将来的事件。从整卷启示录中，我们知道约翰所关切的，不单是“将要来临的耶稣”。约翰所看重的，也包括了“已经来临的耶稣”，因为耶稣之所以可能再临，是因为祂已经来到这个世界，并且在十字架上完成了祂的使命。

但是约翰为什么要以“先知之言”一语，来界定这卷书的性质呢？难道“神的道”和“耶稣基督的见证”这两个词组，还不足以树立这卷书的权威吗？当然不是。从约翰只用自己的名字来写这封书信，并不加上任何的称号（例如，使徒）的现象来看（1:1,2,4,9），他显然并不担心这卷书在读者心中的地位。约翰在此以“先知之言”来界定这卷书性质的原因，是为了让他的读者知道，这卷书不只是耶稣基督的见证，不只是一个新的启示，也是旧约先知之言的实现。② 对约翰来说，神既是今在昔在将要再临的上帝（1:4），那么他的启示当然就不会前后不一，也不会有断层的现象。以色列人的失败并不会使上帝必须以另起炉灶的方式，来完成祂的永恒计划。在日期满足的时候（加4:4），祂

---

① 举例来说，在以西结书40-48章的未来复兴“预言”中，先知以西结所预见的未来，事实上是根据摩西五经所显示的神权政体原则来建构的。他所预见的未来国度，以及那个未来国度的建构原则，都已经出现在摩西五经中。他所见的虽然令人向往，但是那个未来的复兴，还是局限在巴勒斯坦一地，也局限在以色列一族而已。因此他的预言还是“旧约式”的复兴，而不是“新约式”的复兴。详见笔者博士论文，Ezekiel in Revelation: Literary and Hermeneutic Aspects（Univ. of Edinburgh, 1999），139-216。

② 亦参导论中，我们对“启示录文体”的分析。

将要以超自然的方式介入人类的历史中,好让祂的应许可以完全的实现。①

和耶稣在宣告天国八福的时候一样(太 5:1 - 12),约翰在这个祝福之后,也附加了一个遵行书中教训的理由:“因为时候近了(ὁ γὰρ καιρὸς ἐγγύς)”。从表面上看起来,约翰在此似乎只是以“时间不多”为理由,来催促他的读者采取行动。但是隐含在这个句子后面的意义,却不仅仅是时间不多而已。在旧约旦以理书 7:22 那里,这个句子所指的是末世圣民得国的事;②在马可福音 1:15 中,“时候满足已经近了”的,是因着耶稣之事工而开始实现的神国,③而在路加福音 22:8 中,“时候近了”则是末日假先知们,为迷惑人跟随他们而有的说词。因此约翰借着这个句子所要强调的,不单是时间已经不多而已,而是末日已经来临。在耶稣基督“生—死—复活—升天”的见证中,约翰已经看见末日神国的初步实现,因此他在这节经文中,也在这卷书的结尾之处(22:10),呼吁他的读者,不要单单听道,也要谨守遵行这卷书中所记载的一切,因为末日之钟已经起动。

1:4a 约翰写信给在小亚细亚的七个教会(Ἰωάννης ταῖς ἑπτὰ ἐκκλησίαις ταῖς ἐν τῇ Ἀσίᾳ)

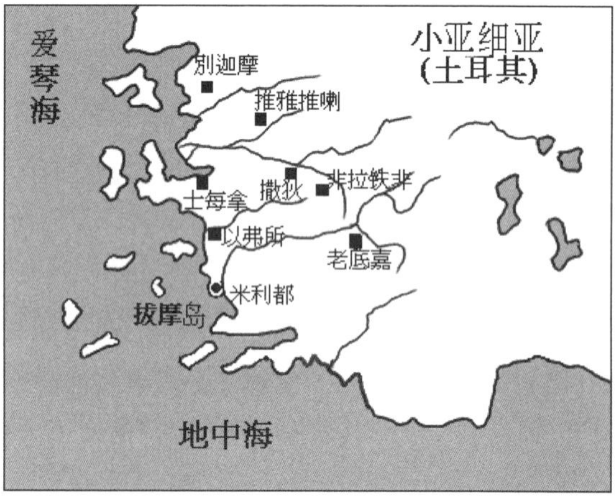

除了引言之外(1:1 - 3),启示录是以书信的形式出现在我们面前的。因为在 1:4 - 5a 中,约翰以问安为始,而在全书的最后,又以问安为结(22:21)。在新约中,这个书信的形式并不奇特,但是和其他的启示文学作品相较,启示录却独树一格,因为只有这一本启示文学作品,是以书信的形式作为它的包装。

从约翰只以自己的名字来写

---

① 这也是约翰为什么会大量暗引旧约的原因。详见前面有关“启示录中之旧约”的论述。有关于启示录和旧约先知书之间关系的讨论,可见 F. D. Mazzaferri, *The Genre of the Book of Revelation*, 85 - 156, 185 - 96, 259 - 374。

② 七十士译本把 וזמנא מטה 译为 ὁ καιρὸς ἐδόθη([直到]所定的时候);而西奥多旬译本则译为 ὁ καιρὸς ἔφθασεν(时候来到)。

③ 学者们对这节经文中,“已经实现但尚未完全实现之神国”的问题,有不同看法。但是在其上下文中,“神国已经开始实现”似乎是马可在此所要强调的事。详见 G. R. Beasley-Murray, *Jesus and the Kingdom of God*(Grand Rapids: Eerdmans, 1986), 71 - 74; R. A. Guelich, *Mark* 1 - 8:26 (Dallas: Word Books, 1989), 43 - 44。

信的现象来看，我们应该可以合理的推测，收信的教会对作者有一定程度的认识。这七个教会是位于今日土耳其的西海岸。在新约时代这个地区是罗马的行省之一（Proconsular Asia），其中包括了弗吕家（Phrygia）、每西亚（Mysia）、基利家（Cilicia）和吕底亚（Lydia）等地。有人估计在这个时期中，大约有50个犹太社群，共100万个犹太人居住在这个地区，①所以他们在当地的势力，不容轻忽。因此当教会在这个地区逐渐增长时，这两个团体之间的冲突似乎就无可避免了（启2:9;3:9）。

从新约其他的经文中，我们知道在这个地区里还有其他的教会，像是歌罗西教会（西1:1）、希拉坡利教会（西4:13）和特罗亚教会（徒20:5;林后2:12）。从安提阿主教伊格那修（Ignatius）在其赴罗马殉道之旅途中（AD 110），曾经写信给马内夏（Magnesia）和他拉勒（Tralles）两个教会的历史看来，在约翰写启示录的时候，这两个教会也可能已经存在了。② 因此在诸教会并立的情况之下，为什么约翰在此只提及七个教会呢（参2-3章）？

有人认为约翰只提到七个教会，是因为这七个教会所在的城市，是小亚细亚地区中最重要的七个。在历史的发展过程中，这七个教会因着她们所在城市的缘故，逐渐成为周边教会的中心；因此这七个教会就成为小亚细亚地区教会的代表。而约翰写信给这七个教会，就是写信给这个地区中所有的教会。③ 对这个问题，又有人认为这七个教会的属灵情况，正反映出当代所有教会的情形，因此虽然约翰只提及七个教会，但是他其实是要向众教会说话的。④ 在面对这个问题的时候，当然也有人因着认为启示录所言之事都是关乎未来之事（未来派），所以主张七教会所代表的，是将要在历史中依序出现的七个教会历史时期。⑤

从这七个教会所在位置来看，约翰显然是以信差的角度，来安排七教会书信的次序。因为从以弗所出发，往北到士每拿和别迦摩，再向东南到推雅推喇、撒狄、非拉铁非和老底嘉，是一条跑完这七个教会的最短路径。因此七教会书信的编排次序，的确和当代历史地理背景有关。但是就我们目前所知，在老底嘉城所在的的拉卡斯（Lycus）盆地中，还有希拉波利和歌罗西两个教会，而歌罗西教会的属灵情况，也恐怕

① 见 Aune, *Revelation* 1-5, 29。Aune 的资料是由 P. W. van der Horst 而来（'Jews and Christians in Aphrodisias in the Light of Their Relations in Other Cities of Asia Minor,' *NedTTs* 143[1989], 106-07）。

② 详见 *ABD* 3:384-87。

③ Ramsay, *The Letters*, 133-41。

④ Thomas, *Revelation* 1-7, 63-64. 和 Thomas 类似，Mounce 推测这七个教会之所以榜上有名，是因为这七个教会所在的城市，都和凯撒崇拜有密切关系（*Revelation*, 68）。

⑤ 有关这个部分的论述，可见 Thomas, *Revelation*, 505-15。

和老底嘉教会不相上下(参,歌罗西书)。因此约翰在编排七封书信的次序时,的确考虑到当代的历史地理背景,但是他选择只向七个教会说话的决定,恐怕是基于其他的理由。

在前面导论的部分①,我们不单知道"七"这个数字是约翰所使用的象征数字之一,并且也知道这个数字代表"完全"。因此我们可以很合理地推论,约翰在此是打算向"所有的"教会说话。而这个推论,也在七封书信的结语中,得着证实。因为虽然每一封书信都是写给一个特定的教会,但是这些书信却都一致地以"圣灵向众教会所说的话,凡有耳的,都应当听",作为结束(2:7,11,17,29;3:6,13,22)。但是这个"众教会",是不是也包括了历世历代中所有的教会呢?也就是说,我们能不能无限上纲地把"七"这个象征数字,等同于宇宙性的教会,并因此就推论说,这七封书信(启 2-3)是代表教会历史中的七个阶段呢?从约翰在此以"在小亚细亚(ταῖς ἐν τῇ Ἀσίᾳ)"来界定"七教会(ταῖς ἑπτὰ ἐκκλησίαις)"的事实看来,"七教会"所指的是第一世纪末叶,在小亚细亚地区中"所有的"教会。当然这个限制并不表示启示录的信息,是和后世教会完全没有关系;这个限制只表示启示录的信息,是直接和当代信徒相关。历世历代的信徒当然可以从启示录中,听见并且遵行从神而来的启示,但是我们并不是启示录这卷书的第一读者。就如我们可以从保罗写给腓利门的个人书信中,学习到许多真理,但是我们和腓利门书之间,却不存在着"写信人-收信人"的关系。神的确借着启示录向历世历代的信徒说话,但是祂却是借着约翰写信给小亚细亚七教会的方式,向所有的圣徒说话。

1:4b　愿恩惠平安……归给你们(χάρις ὑμῖν καὶ εἰρήνη)

和新约其他书信一样,约翰也以恩惠和平安作为他的问安内容。② 这个以恩惠(χάρις)作为书信问安语的作法,是源自当代书信往来的习惯,因为许多希腊文信件都是以"问安/你好(χαίρειν;greeting)一语,做为书信的起头。但是新约作者在采取这个习俗的时候,却很一致的选择同字根的"恩惠",来取代"问安/你好"。因为在他们的观念中,幸福、快乐或是安康不可能来自人,而只能来自神(参,罗 5:15)。

除了以"恩惠"取代"问安/你好"之外,约翰和其他新约作者一样,也将"平安(εἰρήνη)"加入了问安语中。这个字是由旧约的"平安(שָׁלוֹם)"而来,它的意思不只是消极的"无灾无病"而已,也包括了一切积极的福祉:发达,兴盛,安康,完满。在新约

① 见页 137-40。
② 除了在提摩太前后书中,加上了"怜悯"之外(提前 1:2;提后 1:2;亦见,约贰 3),保罗在其他书信中,也都以这两个项目作为问安的内容(彼得前后书也如是)。在犹大书中则是"怜恤,平安和慈爱"(犹 2)。

书信的问安语中，平安总是跟在恩惠后面，因为若没有上帝透过耶稣基督向人所显示的恩惠，人不可能靠一己之力，而达到平安之境。

1:4c－5a 从那今在昔在将要再临的神，从祂宝座前的七灵，[5] 并且从那信实作见证的，由死里首先复活的，和作为世上诸王之元首的耶稣基督（ἀπὸ ὁ ὢν καὶ ὁ ἦν καὶ ὁ ἐρχόμενος καὶ ἀπὸ τῶν ἑπτὰ πνευμάτων ἃ ἐνώπιον τοῦ θρόνου αὐτοῦ [5]καὶ ἀπὸ Ἰησοῦ Χριστοῦ, ὁ μάρτυς ὁ πιστός, ὁ πρωτότοκος τῶν νεκρῶν καὶ ὁ ἄρχων τῶν βασιλέων τῆς γῆς）

在前面我们已经提及，在新约中，启示录的问安语是最繁复也是最工整的。这个问安语之所以繁复，是因为约翰不单明言圣父和圣子是恩惠平安的源头，他也把圣灵包括在这个问安语中。而这个问安语之所以工整，是因为在提及圣父和圣子的时候，他各以三个词组来描述他们，而夹在这两组词组中的，则是七灵。

“今在昔在将要再临”（ὁ ὢν καὶ ὁ ἦν καὶ ὁ ἐρχόμενος）是约翰对父神的描述。① 由于这个描述直接牵涉到约翰对上帝的认识，因此研究它的含义，就变成一件十分重要的事了。为了解这一组可以简称为“时间三重语法”之句子的意思，有人从希腊罗马的文献中去寻找答案。在这些文献中，他们找到了一些类似的文句。例如，在论及希腊神明宙斯（Zeus）时，他们发现了“宙斯在万物之先（Ζεὺς πρὸ πάντων ἐγένετο）”，或是“宙斯是昔在今在以后永在的（Ζεὺς ἦν, Ζεὺς ἔστιν, Ζεὺς ἔσσεται）”的说法。在管农业和受胎的埃及女神爱西斯（Isis）的雕像基座上面，他们也看见这么一句话：我是过去、现在和将来一切的总和（ἐγω εἰμὶ πᾶν τὸ γεγονὸς καὶ ὄν καὶ ἐσόμεν）。而在混杂了诺斯底思想的基督教文献拿戈马第（Nag Hammadi）里面，他们也读到了这么一

① 从文法的角度来说，约翰对父神的描述有两个困难之处。第一，跟在介词“从（ἀπὸ）”之后的，应该是带所有格的名词，但是在此我们却看见主格的出现。对于这个问题，有人认为神的名字是专有名词，所以不管它在一个句子中扮演什么角色，都是不会发生格变的。因此我们在此有一个带主格的名词（Thomas, *Revelation* 1－7, 65）。这个解释看似合理，但是约翰在这里并没有使用一个专有名词，而是让一个带冠词的分词在此扮演名词的角色。对这个问题，又有人认为约翰是为了要突显上帝的超越性和祂的主动性，所以他以破格文法的方式，让神的称号以主格的形态出现（Beckwith, *Revelation*, 424; Caird, *Revelation*, 16）。这个解释也很吸引人，但是它却无法通过启示录 20:2 的考验。因为在那里约翰提及古蛇撒但时，也让它以破格文法的主格形态出现。难道约翰想要藉此表达撒但的超越性吗？对这个文法问题最好的解释，是把它当成约翰为要让读者回想起旧约（出 3:14）的刻意设计（详见导论中有关“启示录希腊文问题”的讨论）。

在这组词组中的第二个文法困难是，约翰不单将冠词放在一个动词前面（ὁ ἦν；昔在），并且将这个词组安排在两个带冠词的分词之间，因此造成了文法结构的不平衡。这个文法困难比较容易解释，因为 Be 动词εἰμί没有约翰想要使用的不完成分词，所以在此他只能大胆地以不完成动词来替代。

句话:永恒的上帝是那位现在,过去,和将来都存在的一位。① 因此若约翰的“时间三重语法”,是和这些句子彼此平行,那么他在此所想要强调的,应该是上帝的永存,超乎时间的特性。

除了从希腊罗马的背景来了解这组词组的意思之外,也有一些人尝试从旧约和犹太人的著作中,去寻找答案。在出埃及记 3:14 节中,神向摩西所做的自我启示——我就是“我是”的那一位(אֶהְיֶה אֲשֶׁר אֶהְיֶה),就被许多学者认为是这句“时间三重语法”的主要旧约背景。因为七十士译本将这节经文中后面的两个“我是(אֶהְיֶה)”,② 都译为“今在(ὁ ὤν)”。除了出埃及记 3:14 之外,以赛亚书中的某些经文(41:4;43:10;44:6;48:12),也被认为是和这节启示录经文相关,因为神在那些经文中,不断向以色列百姓启示说:我是始,我是终。神的这些“我是”,“我是始,我是终”之自我启示,到了他尔根和拉比的时期,③就自然地演变为“我是今在昔在以后永在”的形式。例如在一份叫做《托约拿单名书》之中(*Targum Pseudo-Jonathan*),出埃及记 3:14 就被译为:我是现在存在,并且也是永远存在的一位。而在这同一本书中,神在申命记 32:39 中的自我启示(我,唯有我是神,在我以外并无别神),也被译为:我是今在昔在,并且是以后永在的。因此在这个背景之下,约翰在此使用“时间三重语法”的目的,不只是要强调上帝的超时间性,而更是要突显上帝在人类历史中的行动。因为在出埃及记 3:14 节的上下文中,耶和华的自我启示“我是”,不在表明祂抽象的存在,或是祂无时间的特性(timelessness),而在强调祂即将采取的行动,那就是,拯救以色列人脱离埃及人的手。④ 因为对摩西和以色列人来说,上帝存不存在,或是上帝是怎样的一种存在(being),其实都不是他们的问题。对在埃及人手下受苦的以色列人来说,他们所最关心的,是上帝是否和他们同在(being with)。

从学者们这两个不同方向的研究看来,约翰以“时间三重语法”的方式来描述上帝,其实是一件相当自然的事,因为这是当代人在论及上帝时,所习惯的表达方式。但是约翰在此是打算强调上帝的永存性呢?还是祂主动行动的特性呢?约翰的上帝是高高在天上,不管人间烟火的希腊式上帝呢?还是一个把自己的名声和未来,和祂的子民紧紧绑在一起的希伯来式上帝呢?

---

① 若读者想要知道这些引言之出处,可见 Aune, *Revelation* 1–5, 31–32;亦见 Beale, *Revelation*, 188。

② 在这节经文中,一共有三个“我是”。

③ 犹太人被掳之后,有些出生在巴比伦的犹太人后裔,无法阅读希伯来文旧约,所以在崇拜中,就必须有人在读经之后,将旧约口译为他们所熟悉的亚兰文。日久这些口译就被写下来,而称为他尔根,意思就是“翻译本”。有关他尔根和拉比著作的索引,见 Beale, *Revelation*, 187–88。

④ 详见 J. P. Hyatt, *Exodus*, 75–78; J. I. Durham, *Exodus*, 37–39。

从约翰明言恩惠平安是由上帝而来一事看来，显然约翰的上帝，是关切属祂子民之福祉的。从前面我们对约翰大量使用旧约素材的分析中，我们知道约翰之“时间三重语法”的根源，应该比较可能是从旧约而来。而从启示录第七章里面（7:13－17），约翰以出埃及的模式，来描述新约圣徒的作法看来，①约翰显然对出埃及记相当的熟悉。因此他在这里以“时间三重语法”，来呼应出埃及记3:14的可能性就相对提高了。不单如此，在启示录中，约翰也选择以“要来临的一位（ὁ ἐρχόμενος）”，作为“时间三重语法”中的第三个部分。这个选择有几方面的意义。第一，约翰的选择让他的“时间三重语法”，和前面所提及希腊罗马和犹太文献中之类似语法，有所区隔。因为在那些文献中，描述上帝未来存在的字眼，总是“永存的一位（ὁ ἐσόμενος②；the one who will be）”。第二，约翰的选择也和这卷书的主题互相配合，因为在许多地方他都一再提醒他的读者，三位一体中的第二位将要降临。③ 因此约翰在这里告诉他的读者，在基督的来临中，上帝也将临到。④ 第三，约翰在此的选择，其实正十分准确地反映了出埃及记3:14中，神的自我启示。因为在那里神自我启示的目的，是要告诉祂的百姓，祂将要来为他们伸冤：埃及人将受到审判，而他们将被拯救并进入迦南地（出3:7－22）。

从出埃及记的历史背景中，我们的确可以看出，“今在昔在将要再临”一语的重点，不在上帝的永恒性，而在凸显上帝在人类历史中主动作为的特性。而这个主动作为的特性，在出埃及的背景之下，就是祂对当时世界之主埃及的审判，和祂对以色列百姓的拯救。但是在启示录中，约翰是如何使用这个“时间三重语法”的呢？他对出埃及记中神自我启示的了解，是不是反映在启示录中呢？要回答这个问题，我们必须将启示录中，和上帝有关的“时间语法”放在一起来分析。

1:4	今在昔在将要再临
1:8	今在昔在将要再临
4:8	昔在今在将要再临
11:17	今在昔在

① 详见该段经文的注释。七号七碗之灾中，有许多描述也都是根据出埃及记中的十灾而来。因此约翰在此以时间三重语法来反映出埃及记3:14，是个十分合理的推论。

② “我是”（εἰμί）的未来分词；或是亚兰文中“我是”的未来式。

③ 1:7；2:5，16；3:11；16:15；22:7，12，20；有关基督降临的讨论，详见1:7的注释。

④ Charles, *Revelation I*, 10.

16:5　　今在昔在的圣者①

从上列经文中,我们知道约翰以"时间语法"的方式来描述上帝时,他采取了两种形式。第一种是出现了三次的"时间三重语法",第二种是出现了两次的"时间双重语法"。就时间顺序的角度来说,4:8 中的"昔在,今在,将要再临"应该是最合乎逻辑的。因此我们看见这一个形式的语法,就从永恒天庭中,侍立在宝座前侍立的四活物口中而出。而在向受苦圣徒的问安中(1:4 – 8),现在(Now!)当然比过去来得重要,因此"今在"自然就跑到"昔在"的前面了。但是不管"昔在"和"今在"的次序如何改变,"将临"却总是站在压轴的最后,因为这正是圣徒盼望的所在。但是为什么这个压轴的"将临",在 11:17 和 16:5 中却不见了呢? 原因其实很明显,因为在 11:17 那里,约翰所论述的,是末日神审判世界,并为圣徒伸冤的事。也就是说,末日既然已经来到,祂当然就不必再"将临"了。② 而在 16:5 中,神乃正在进行其审判世界的工作,因此约翰就以"圣的(= 公义的)",取代了"再临"(详见该处注释)。因此从这个角度来说,站在"今在昔在将要再临"后面的,的确就是神向摩西的自我启示;因为在这几处经文中,约翰的"今在昔在将要再临",是和"我就是 我是"一语的重点,完全一致。正如旧约耶和华神要摩西晓谕以色列百姓,祂是"我是",即,祂是即将要采取行动的上帝;神在今日也要借着约翰要教会知道,祂也即将审判世界,为他们伸冤。

1:4d　从祂宝座前的七灵而来(ἀπὸ τῶν ἑπτὰ πνευμάτων ἃ ἐνώπιον τοῦ θρόνου αὐτοῦ)

恩惠和平安不单从上帝而来,也从宝座前的七灵而来。在前面我们已经提及,在新约中,启示录问安语的特别之处,在约翰让"灵"也成为恩惠和平安的源头。不单如此,约翰在此又将"七"和"灵"结合在一起,而成为新约中绝无仅有的"七灵"。③ 因此这一个词组的意思,就成为学界关注的焦点之一。

有学者认为"七灵"所代表的是在神面前侍立,为神仆役的七个天使长,④因为在死海古卷里面,"灵"常常是"天使"的同义词。⑤ 这个看法当然是可能的,但是约翰在此是不是不假思索地就接受了当代犹太思想中,一派被极少数人所接受的主张呢?

---

① 此乃 R. Bauckham 的观察(*The Theology of the Book of Revelation*, 28 – 30),但笔者也在他的观察之上,做了一些修正;特别是有关 16:5 的部分。

② 亦见 F. D. Mazzaferri, *The Genre of the Book of Revelation*, 286。

③ "七灵"一语只出现在启示录中。

④ 在以诺一书中,这七个天使长的名字是乌瑞俄、拉法俄、拉古俄、麦可、撒拉卡俄、加百列、瑞米俄(20:1 – 8)。

⑤ 在死海古卷中,和这个题目相关的经文索引,见 Aune, *Revelation* 1 – 5, 34 – 35。

从约翰引用旧约的习惯来看，这个可能性并不太高。因为即使在引用旧约的情况之下，约翰也会在耶稣基督的启示之下，对这些旧约素材做一些修正。因此从这个角度来说，约翰似乎不大可能完全依循昆兰团体（死海古卷的拥有者）的习惯。事实上在大部分的犹太文献中（次经，伪经），把“灵”等同于天使的经文可说是十分稀少。不单如此，在启示录19:9－10和22:8－9中，约翰也在天使和神之间，做了一个明确的区隔，因此我们很难想象在这卷书信的一开始，他会将天使和圣父圣子并列，并让天使也成为恩惠和平安的源头。①

从紧邻这个词组的上下文来看，“七灵”所指的应该是圣灵，因为在其前的是圣父，而在其后的是圣子。但是约翰为什么要以“七”来描述圣灵呢？在启示录中，“七”是一个象征完全，完满的数字。因此“七灵”的意思就是完全的圣灵。但是约翰在这里以“七”所想要表达的完全，是圣灵哪一方面的完全呢？从七十士译本中的以赛亚书11:2－3来看，“七灵”的意思应该是圣灵在本质上的完全。因为在那里耶和华之灵，是被形容为具有七方面特色的灵：智慧，聪明，谋略，能力，知识，敬虔和敬畏。② 可是若我们参照希伯来马索拉经文，住在耶西之根，未来弥赛亚身上的灵，只有六样特色（没有第六项的敬虔）。因此约翰的“七灵”很可能不是直接由以赛亚书而来。

在启示录中，“七灵”一共出现了四次。为了方便讨论起见，我们将这四处经文都列在下面：

1:4 （恩惠和平安）……从在祂宝座前的七灵……（归给你们）

3:1 你要写信给撒狄教会的使者，说，那有神的七灵，和七星的，说……

4:5 有闪电，声音，雷轰，从宝座中发出。又有七盏火灯在宝座前点着，这七灯就是神的七灵

5:6 我又看见宝座与四活物并长老之中，有羔羊站立，像是被杀过的，有七角七眼，就是神的七灵，奉差遣往普天下去的

---

① 在新约中，有两处经文把天使和圣父圣子并列。第一处是路加福音9:26，在那里耶稣说，人子将要在自己的荣耀里，并天父与圣天使的荣耀里降临。第二处是提摩太前书5:21，在其中保罗劝勉提摩太说，我在神和基督耶稣并蒙拣选的天使面前嘱咐你：要遵守这些话。这两处经文的确将天使和圣父圣子并列，但是前者的目的在强调人子属天的荣耀，而后者则在强调这些劝勉的重要性，因为他们是从天而来的教训。在这两处经文里面，路加或是保罗都没有把天使当成圣徒恩惠和平安的源头。

② 从早期拉丁教父开始（例如，第三世纪末的 Victorinus）一直到今日（例如，Morris，*Revelation*，49），许多释经者都持这个看法。有关这个案例的详细研究，可见 J. Fekkes，*Isaiah and Prophetic Traditions in the Book of Revelation*，107－110。

在1:4中,七灵是在宝座前的,而在天庭异象中(4:5),虽然七灵是以七盏火灯的形态出现,但是祂却也一样在宝座前。在3:1里面,七灵是在教会之主的手中,因此表明了复活的人子拥有差遣圣灵的权柄,而这个关系也正是5:6所要强调的事,因为在那里七灵不单是"七眼"和"七盏火灯",也是"奉差遣往普天下去的"。从这些和"七灵"相关的经文中,我们可以看见两件事。第一,这些经文虽然四散在不同的地方,但是他们彼此之间,没有任何冲突。也就是说,约翰虽然以象征的方式表达真理,但是这并不表示他可以随意地来处理他所选择使用的象征物件。在他以各样象征所建构起来的"象征世界"中,每一个个别的象征物件,都有它的位置。因此一个象征虽然可能在不同的地方,以不同的形式出现,但是它却总是以整个"象征世界"为其基准。

第二,就这个"七灵"的例子来说,约翰应该是本于旧约撒迦利亚书4:1－10为其背景。① 在那里,从被掳之地回归耶路撒冷的人,在所罗巴伯的带领之下正在重建圣殿,但是从敌人而来的阻挠,使得建殿的工作不能继续下去(参,拉4)。而建殿工作受阻的含义,当然就是神复兴以色列国的应许不能成就;神让以色列国成为外邦之光,吸引万国来归向祂的救赎计划不能实现的意思。② 因此在此关键时刻,神的异象就显与先知撒迦利亚,并藉此来鼓励他们继续进行建殿的工作。在异象中,先知看见一个有七盏火灯的金灯台,和在两边供油给金灯台的两棵橄榄树(4:2－3,11－12)。对于正在进行重建圣殿工作的先知来说,金灯台在异象中出现并不令他意外,因为这正是摩西会幕,或是所罗门圣殿中的物件之一(出25:31－40;王上7:49;代下4:7)。在这个异象中让先知不能明白的,是那在金灯台两边,不断供油给金灯台的两棵橄榄树。因为按照摩西的吩咐,金灯台所需之橄榄油,应该是由以色列百姓来提供的(利24:2)。

为解此惑,先知因此向天使求助(4:4－5)。而天使的回答是,这是从万军之耶和华而来的信息:不是依靠势力,不是依靠才能,③乃是依靠我的灵方能成事(亚4:6)。换句话说,神借着这个异象所要启示的真理是:从表面上看起来,圣殿重建的工作,的确是在波斯王古列的命令之下开始的,但是他之所以会下达此一诏令,是因我耶和华

---

① 有关启示录引用这段经文的研究,见 L. P. Trudinger, *The Text*, 110－11; C. G. Ozanne, *The Influence*, 153; R. Bauckham, *The Theology of the Book of Revelation*, 110－15; Beale, *Revelation*, 189, 206－07, 355; M. G. Kline, *Glory in Our Midst: A Biblical-Theological Reading of Zechariah's Night Visions*(Overland Park: Two Age Press, 2001), 131－76(电子版:www. twoagepress. org)。

② 参,赛42:6－7;49:6;60:1－3;路2:32;徒13:47;26:23;启21:24。

③ "势力和才能"(בְּחַיִל בְּכֹחַ)所指的,是属世的军事或是政治力量。

激动了他(拉1:1－3)。建殿是我在世界为王作主的记号,因此只能由我来发动。① 同样的,在会幕或是圣殿中的金灯台,的确是藉巧匠之手来完成的,但是这个象征以色列人的金灯台②之所以能够站立在我的面前,是因为我曾在云柱和火柱中,将他们从埃及王手中拯救出来(出13:22;14:19－20,24)。为了让我的百姓们能记得这个真理,这个代表我在大能中,以荣耀之灵形态显现的云柱和火柱,在会幕和圣殿中,就以遮盖约柜之基路伯为记号(出37:7－9;王上6:23－28),而在这个异象中,云柱和火柱则是那两棵遮盖金灯台的橄榄树。③ 因此今日能让以色列这盏金灯台重新发光的,不是波斯王古列,而是我大能的灵。所以这两棵橄榄树是站在我普天下之主旁边,满了能力的两个"膏油之子"(The two sons of oil;亚4:14)。④ 是从他们而来的能力,让以色列国得以复兴,是从他们而来的油,才能让我的以色列民,再次成为世上的光。

在被掳回归的历史情境之中,以色列这个属神国度是否能够重新建立起来,当然就系于圣殿是否能够重建一事了。⑤ 而神的荣耀之灵是否能够重新居住在以色列人当中(参,结8:1－11:25;43:1－9),也当然就系于以色列人是否能够再次经验圣灵更新的工作(亚4:6;亦参结37:1－14)。对旧约的先知来说,以色列国的复兴和圣殿的重建,当然有其历史性的立即意义,而他们也的确因着这个异象而得着鼓励(拉5:1－5,14－15)。但是对于新约的作者来说,他们在耶稣基督的启示中(启1:1),了解到旧约中所记载的,特别是那些和弥赛亚有关的事,不单只对当代的以色列人有意义,也对站在历史后面的他们有意义(参,彼前1:10－12)。因此旧约历史对新约教会所能提供的,不单是一个"从历史而来的教训",而是神对后面历史的一个"预告"。从

① 在摩西的时代,建立王宫总是一个王在打败了他的敌人之后,突显他作为世界之主的方法。在圣经里面,由于神只有一位,因此我们当然不会看见"战争胜利—建立王宫"之模式。但是由于神是这个世界的主,因此祂也以建造圣殿的方式,来表达这个真理。而圣殿既是祂为王能力的展现,因此在圣经中,建殿就一直是祂的灵的工作。因此从神的宇宙圣殿开始(创1:2),到洪水之后第二个宇宙圣殿的出现(创8:1),到神所居住的以色列人圣殿(出13:21－22),到新约圣殿中第一块房角石的设立(路1:35;3:21－22;4:1),再到新约教会圣殿的成立(徒2:1－36),我们都看见圣灵的参与(详见 M. G. Kline, *Images of the Spirit*, 13－34;以及同一个作者的 *Kingdom Prologue*, 20－21; *Glory in Our Midst*, 160－62)。

② 在犹太人的传统思想中,撒迦利亚书4:2－3中的金灯台,是代表以色列人,或是全部以色列人在末日的集合。详见 Beale, *Revelation*, 208。亦见,唐佑之,《十二先知书注释 IV》,页185。

③ 详见 M. G. Kline, *Images of the Spirit*, 84－89;以及 *Glory in Our Midst*, 132, 135。

④ "受膏者(בְּנֵי־הַיִּצְהָר)"原义是"油之子",即满了圣灵之油的意思。有些释经者认为这两棵橄榄树,这两个"受膏者"指的是祭司约书亚和大卫嫡系的所罗巴伯(拉3:1－2),但是这种看法有其困难,因为祭司和君王虽然受膏按立,但是他们并不是膏油的真正源头(见,唐佑之,《十二先知书注释 IV》,页195－96)。

⑤ 这也就是那些敌对所罗巴伯的人,为什么会百般阻挠他们重建圣殿的原因了(拉4:1－24)。

人的角度来说,旧约人物的成功失败,当然只能是一个从历史而来的教训,但是神既是历史的主,那么让前面历史中的人事物,成为后面历史中的预告,自然就不是一个问题了(参,希伯来书)。也因着如此,当预告,或是预表,已经在前面出现时,"正片"的上演就会让在后面的人,比在他们前面的,对剧情的起承转合有更准确的理解。因此从耶稣看自己为"房角头块石头"的教训中(太 21:42－44;亦参,徒 4:11;弗 2:20;彼前 2:6－8),并从耶稣将自己的身体看为圣殿的论述里(约 2:19－22),新约的作者自然就明白了所罗巴伯是弥赛亚的预表,而他重建圣殿的意义,也就是新以色列人的复兴,即,教会的建立。而教会在五旬节圣灵降临中被建立起来的历史,不单让他们知道,这正是耶稣在离世之前所应许的(约 14:16,26;15:26;16:7),也让他们明白这正是先知们所预言的事。对彼得来说,这是先知约珥之言的应验(徒 2:16－21),而对约翰来说,这正是先知撒迦利亚在异象中,所见之事的实现。①

因此在启示录中,我们就看见约翰一方面强调耶稣的见证(1:2,5;18;5:6,12;7:14;19:13),因为祂是跟随祂的人所必须依循的房角头块石头,而在另一方面他也尝试突显圣灵所作的后续工作:(1)就其和耶稣之间的密切关系而言,约翰不单明言圣灵为耶稣所有(启 3:1),是为祂所差遣往普天下去的(启 5:6;参,亚 4:10),约翰也让"七灵"一语,在书中以出现四次的方式(7×4),和出现了 28 次的"羔羊"对应。(2)就圣灵和教会之间的关系而言,约翰一方面以"圣灵向众教会所说的话,凡有耳的就应当听",作为七封教会书信的结语,并因此就让圣灵在教会中,拥有和人子一样的权柄;②而在另一方面也让"七灵"和"七教会",在启示录中以各出现四次的方式,互相应对。③ (3)透过七个金灯台(教会)的见证(启 1:12,20;11:2－13),"七灵"的工作果效就在这个世界中彰显出来。因此在启示录中,"七灵"不单和"七教会"互相呼应,也和出现了七次,代表全世界的"各族各方各民各国"之词组,彼此对应(7×4)。④

---

① 约翰以撒迦利亚书的金灯台异象,作为启示录"七灵"之旧约背景,其实是一个经过深思熟虑的选择,因为他和先知撒迦利亚所面对的历史情境,十分类似。第一,在所罗巴伯的带领之下,圣殿重建的工作已经开始(亚 4:8);而在耶稣所立下来的根基之上,教会也已经在五旬节成立了。第二,圣殿重建的工作,在敌人的阻挠之下,被迫暂时停工(亚 4:7－14);而教会在犹太人和罗马政府的逼迫之下(启 2－3),也面临停止成长的情况。妥协,背道之事不断发生,因此教会所面对的问题,和当代以色列人所面对的情况,十分相像:究竟我们是否能够完成这个建造圣殿的工作?因此对约翰来说,神给以色列人的信息,当然也适用于教会,因为耶和华大能的灵既已动工,祂当然会完成这工。

② 2:7,11,17,29;3:6,13,22.

③ "七教会";1:4,11,20(两次)。

④ 5:9;7:9;10:11;11:9;13:7;14:6;17:15. 除了在 10:11 和 17:15 中,约翰各以"王"和"群众"来取代"各族"之外,这个词组中的四个元素,在这七处经文中,都是一样的,虽然他们的次序或许不同。详见,R. Bauckham, *The Climax*, 27－28。

从以上的分析中，我们可以知道启示录"七灵"的重点，不在圣灵本质的完全，而在祂能够借着教会，完成耶稣差遣祂往普天下去，让人明白真道的任务。"七灵"因此可以是代表能力的"七角和七眼"（启 5:6），因为预表弥赛亚的所罗巴伯，既已"立了这殿的根基，他的手也必完成这工"（亚 4:8）。

若"七灵"所代表的是圣灵的能力，特别是让教会在苦难中，依旧可以见证上帝的能力，那么为什么约翰在此要将"七灵"放在圣子之前呢？从第五节上半和第五节下半的关系来看，约翰在此所安排的"圣父—圣灵—圣子"次序，应该只是为了行文上的方便，而没有神学上的意义。因为若是约翰依照"圣父—圣子—圣灵"的次序来安排他的问安语，他接下来的颂赞就必须从圣子再次开始。而就文学技巧的角度来说，这似乎不是一个太好的安排。

1:5a ［恩惠和平安］……从那信实作见证的，从死里首先复活的，和作为世上诸王之元首的耶稣基督［归给你们］（καὶ ἀπὸ Ἰησοῦ Χριστοῦ, ὁ μάρτυς ὁ πιστός, ὁ πρωτότοκος τῶν νεκρῶν καὶ ὁ ἄρχων τῶν βασιλέων τῆς γῆς）

和新约其他书信一样，约翰在此明白指出，恩惠和平安也是由耶稣基督而来。在启示录中，这是"耶稣基督"这个正式称号，最后一次出现（参 1:1,2）；①从这节经文之后，约翰只用"耶稣"。这个现象可能是为了要强调耶稣的人性，特别是祂借着苦难而得以完全的人性，因为这是当时读者正在面对的挑战。② 但是不管约翰是不是有此意图，在接下来他对基督耶稣的三个描述中，"受苦得胜"却是再明白不过的主题了。

"信实的见证"③是约翰对耶稣基督的第一个描述。从 1:1－2 中的启示传达过程来看，这个词组的重点似乎在强调耶稣是一个信实可靠的启示传递者。④ 但若是我们将这个词组，和 2:13 互相参照，"信实的见证"所指的，显然不只是耶稣基督在启示传达过程中，忠心的扮演好祂的角色而已。因为在 2:13 那里，安提帕也被称为"信实的见证人"；而他之所以会被冠以这个"头衔"，乃是因他以他的生命，以他的死，见证了他所信的道。因此从这个对比来看，约翰显然是打算以这个词组，来强调耶稣基

① 在 046，051 和 M 等手抄本中，启示录 22:21 也有"基督"一语的出现，可是在一些比较可靠的手抄本中，我们只有"耶稣"（详见 *TCGNT*, 766）。"耶稣"在启示录中，一共出现了 14 次。

② Swete, *Revelation*, 6.

③ 就希腊文文法来说，约翰对耶稣基督的三个描述，是和"耶稣基督"一语平行，因此他们应该以所有格的形态出现，但是在此它们却都是主格（同样的情况也出现在 2:13，20；3:12；9:14；14:12；20:2 等经文中）。Charles 认为这个现象，是因为约翰的希腊文受到他希伯来思想的影响，因为在希伯来文法中，一个名词在间接语法中是不发生格变的（*Revelation I*, 13）。

④ Aune, *Revelation* 1－5, 37.

督以祂的生命,信实地为神做了见证(参,约3:32;18:37)。①

在前面我们已经知道"见证"一语,在第一世纪末叶时,虽然并不是"殉道"的同义词,但是在启示录中,"见证"却总是和受苦,甚至受死,连结在一起(参1:2注释)。因此在"信实的见证"之后,约翰接着就以"从死里首先复活的(ὁ πρωτότοκος τῶν νεκρῶν)",来描述基督。这个词组直译是"在死人中为首生的",因此约翰的重点,并不在耶稣基督从死里复活之事件,相对于神或是撒但的意义(例如,显明神的大能,胜过死亡权势等等),而在于祂在神新的创造中所拥有的地位。那就是,耶稣基督在教会中掌权做王的地位。因为在新约几处相关的经文中,"首生的"含义,不在时间上的"在前"或是"第一",②而在地位上的超越性。③

对约翰来说,耶稣基督在世之时,为神所做至死不渝地见证,不单让祂在复活之后,成为教会的主,也让祂成为"世上诸王的元首(ὁ ἄρχων τῶν βασιλέων τῆς γῆς)"。但"世上的诸王"究竟是谁呢?有学者认为,从1:5b-6中,我们知道教会是神从世界中买赎回来的,并且是祂在世界中所设立的一个具有皇族性质的国度(βασιλείαν),因此"世上的诸王"在此所指的是圣徒。准此,这个词组的重点便不在耶稣基督和世界的关系,而在耶稣基督和教会之间的联系。④ 这个看法虽然有其可能,但是它却有两个很基本的困难。第一,从启示录整卷书来看,"世上诸王"⑤所指的,都是那些和巴比伦(或是兽)结盟的王,因此这些王是敌对神国的势力。在第一世纪的背景之下,这些王就是在罗马帝国的各个行省中,代表罗马皇帝的巡抚(Proconsul)、分封王(Tetrach)以及那些与人民(以及圣徒)有直接关联的地方政要。⑥

第二,在启示录中,约翰经常以对比的方式,来突显人子地位的超越性(例如,兽

---

① Charles, *Revelation I*, 14; Mounce, *Revelation*, 70; Osborne, *Revelation*, 62.

② 路2:7;西1:15。

③ 例如,在罗马书8:29那里,保罗就明白地告诉我们,神预定我们和他儿子具有一样形象的目的,是要突显耶稣基督在教会中的地位(冯荫坤,《罗马书注释 II》,页739);而这个真理在歌罗西书1:18中更为明显:他也是教会全体之首。他是元始,是从死里首先复生的,使他可以在凡事上居首位。有关这个题目的论述,可见 E. S. Fiorenza, *The Book of Revelation: Justice and Judgment*, 70; Aune, *Revelation* 1-5, 38-39。

④ E. S. Fiorenza, *The Book of Revelation: Justice and Judgment*, 78, note 18.

⑤ 除了1:5之外,这个词组在后面的经文中又出现了七次(6:15;17:2,18;18:3,9;19:9;21:24)。在16:14中,我们还看见一个类似的词组,"普天下的众王(τοὺς βασιλεῖς τῆς οἰκουμένης ὅλης)"。

⑥ R. Bauckham, *The Climax*, 242. 从灵界的角度来看,耶稣基督之复活所彰显的意义,当然是祂胜过撒但的权柄,因此隐含在这个词组背后的,是耶稣基督胜过世上的诸王,和在他们背后的灵界势力(Beale, *Revelation*, 191)。但是就活在世上之圣徒的角度来说,他们所面对的敌人,是世上的诸王。因此若约翰在此是要借着耶稣基督至死不渝的见证,来鼓励信徒的话,那么这个词组的重点应该不在"灵界势力",而在"世上"的诸王。

有十冠[13:1]，而人子则有许多冠冕[19:12]）。从这个角度来看，约翰在此显然是想要让基督耶稣和大淫妇巴比伦做一个对比。因为在启示录中，和耶稣基督一样统管地上众王的（至少表面上如此），是大淫妇巴比伦（17:18）。因此透过这个对比，约翰试图让他的读者明白，虽然大淫妇巴比伦（罗马）是管辖地上众王的大城，而圣徒也的确是在她的统管之下受苦，但在这个世界中真正掌权做王的，是耶稣基督，因祂才是真正的"万王之王，万主之主"（17:14;19:16）。

面对被放逐在拔摩海岛上的事实，约翰如何能如此大胆地宣告，耶稣基督是"世上诸王的元首"呢？从"在死人中为首生"一语的分析中，我们已经知道耶稣的复活，让祂成为教会的主；从1:18中，我们也看见耶稣的复活，显明了祂拥有超越死亡和阴间的权柄；而在5:6－7里面，我们更看见祂的死和复活，让祂成为唯一有资格执行神永恒计划的一位。因此从耶稣的死和复活之事件中，约翰明白了祂的确是万王之王，万主之主。但这个认知，是不是一个全新的启示呢？耶稣基督借着祂的死和复活所立下的"新约"，是不是神为了补救"A计划（旧约）"的失败，而新设立的"B计划"呢？

当然不是，因为站在耶稣基督之三个称号背后的，是诗篇89篇："首生的"和"为世上诸王之首的"，是由89:27而来；①而"信实的见证"则由89:37节而出。② 从结构上来说，这篇诗篇大致上可以分为三个部分：(1)1－18节是对耶和华的颂赞—祂不单是创造主，祂也是祂守约施慈爱的上帝。(2)19－37节则是对神和大卫所立之约的一个回顾。在这个段落中，大卫被描述为在地上服事耶和华上帝的一个藩属王：像神一样的管治宇宙（6－19），大卫在圣膏的膏抹之下，也有能力管治他的国度（22－28）；因此像耶和华在天庭中做王一样的（7－9）；大卫也在世上诸王中居最高位（27）。不单如此，神的手平静汹涌的海和翻腾的河（9－10），大卫的手也掌管海和河

---

① 在七十士译本中89:27为88:28;89:37则为88:38。以下章节序号都是根据和合本。

② 有些译本（例如，和合本）将37b附属于37a，因此在云中的月亮，就成为神和大卫立约的"信实见证"。但是若我们将35－37节当成一个文学单位来看的话，那么"在云中的见证将会是信实的"（37b）一语所对应的，是"我曾一次并且永远的以我的圣洁起誓"（35a）。就形式而言，这两个诗句（colon）成为这个段落中，彼此呼应的起首和结尾；就内容而言，"起誓"和"见证"也准确的强调了神和大卫所立之约的可靠性（详见M. E. Tate, *Psalms* 51－100 [Dallas: Word Books, 1990], 424－25）。在这个理解之下，"在云中的见证"就成为神和大卫所立永远之约的基础。从新约中，我们知道神之所以可以在旧约时代，就将救恩赐给那些信心伟人（参，来11章），是因为神在创世之前，就已经和圣子立下了一个"道成肉身"的约。而因着圣子属神的身份，这个约在时候满足的时候，也一定会如期完成，因此神可以在事情成就之前，就把"新约之福"赐下（详见M. G. Kline, *Kingdom Prologue*, 86－88）。在这个脉络之下，神应许大卫，他的后裔将要存续到永远（诗89:36），就成为一件十分自然的事了。而约翰将"在云中的见证"等同于耶稣基督，也不是一个完全没有脉络的释经了。因为在新约中，耶稣基督在变像山云彩中的显现，不只是要突显祂的荣耀，也是要为祂救赎事工（上十字架）背书的（太17:1－9；可9:2－10；路9:28－36）。读者若是对"云彩＝圣子所在天庭"的题目有兴起，可见M. G. Kline, *Images of the Spirit*, 13－34。

(25)。除了在世为王,并且也统管自然界之外,大卫和耶和华神一样的,将以信实和守约之义,作为他统治的特色(14,24)。因此像神一样永远在天上做王,神也应许大卫,他的王朝将永远存续,他的后裔将存到永远(28－29,36)。①

从创世记的角度来看,神在大卫之约中所要赐给大卫的,正是当初神在创造时,所付与亚当的,即,为王管治神所创造的宇宙。因此大卫王似乎是神对亚当堕落事件的回答。但是大卫王朝是不是真的像神所应许的那样,在人类历史中继续掌权做王呢?从以色列王国分裂为南国和北国之后,到他们被掳至巴比伦,甚至到以色列人归回重建圣殿之后,大卫王朝并没有重建起来。② 面对着这个历史的事实,诗人因此在这篇诗篇中的第三个段落里面(38－51),③就向神唱起了一首哀歌:你应许大卫说,你将打碎他的敌人,击杀那恨他的人(23),但是如今被拆毁的,却是大卫家(40);你应许大卫将伸手在海河之上(25),但如今被你所高举的,却是大卫敌人之手(42);大卫原本是被你立为世上最高的君王(27),但如今他的宝座却被推倒于地(44)。更严重的是,如果大卫是你对亚当堕落一事的答案,那么为什么他也和亚当一样的,不能脱离阴间的权柄呢(48)?你要继续隐藏下去么?你的愤怒之火要烧到几时呢(46)?难道你不纪念你和大卫所立之约吗(49)?难道你没有看见你的仇敌羞辱了你的仆人?难道你没有看见你的受膏者受到了屈辱吗(51)?

从这一连串的问号中,我们知道诗篇89篇的作者所面对的,是一个他无法解释的情况:创造之主所应许的,似乎没有实现。对这个问题他没有答案,他所能做的,只是仰天哀叹:你看见了吗?你关心这事吗?你在那里吗?

对这个问题,将诗篇150篇编排为五个部分的诗篇编辑者,似乎试图以第四卷中的诗篇(90－106)作为回答。因为这些诗篇的主题是:耶和华是王,是属祂子民的避难所。在大卫王朝建立之前(摩西时代),祂就是避难所,而在没有大卫王朝的情况下,祂也将继续成为避难所,所以祂将会继续赐福给那些依赖祂的人。④ 从个人和神之间关系的角度来说,这个答案似乎是足够的了。但是对约翰以及新约其他的作者来说,⑤诗人在历史中向神所发出之疑问,其意义却远远超过个人的层面。他们从耶

---

① 有关于耶和华和大卫王的平行描述,详见 M. E. Tate, *Psalms* 51－100, 422－23。

② 学界对这篇诗篇的写作时间有不同的看法。但是不管时间为何,大卫王朝在南北国分裂之后,就不再继续享有"大卫—所罗门"时代的地位了。因此38－51节中的哀歌,可以是这一段时间中,任何一个时间点上,大卫王朝之情况的反映。

③ 52节是诗篇第三卷(73－89)的结语,所以这篇诗篇是以一个呼吁(50－51)作为结束的(A. A. Anderson, *Psalm* 73－150, 648; M. E. Tate, *Psalms* 51－100, 428－30)。

④ 有关这个部分的论述,见 M. E. Tate, *Psalms* 51－100, 418。Tate 的资料来源为 G. H. Wilson, *The Editing of the Hebrew Psalter*(Chico: Scholars Press, 1985), 212－15。

⑤ 参,太1:1;路3:23－38;徒2:23－28;罗9－11;启3:7; 5:5; 22:16。

稣基督对自己的认识中,①也从耶稣的死和复活之事件中,了解到神借着大卫之约所要成就的,不单是关乎以色列一家而已,而是和整个人类有关。神在迦南一地,借着大卫所建立的以色列国,的确显示了祂的王权,但是祂透过大卫这个受膏者所要预表的,是那已经来到的弥赛亚。因为在祂的死和复活中,亚当堕落所带来的问题,才得着真正的解决,而在祂里面的人,也才有可能和基督一起坐宝座,掌王权(启 3:21;20:4－6)。

因此在这一节经文中,我们不单听见诗人在历史长廊的那一头,向神所发出的呼吁,我们也听见约翰对那个哀叹的回应。事实上,约翰在此所要响应的,应该不只是诗人而已。因为从罗马政权,以及从犹太人而来的逼迫,当然也会让一些当时的信徒,在看不见明天的情况下,发出和诗人一样的哀叹。因此约翰在此一方面以耶稣基督来回答诗人;也在另外一方面,以基督受苦得胜的榜样,来鼓励在苦难中的信徒。②

1:5b－6　祂爱我们,用祂的血把我们从我们的罪中释放出来,[6] 又使我们成为一个国度,一群事奉父神的祭司。愿荣耀权柄归给祂,直到永永远远,阿们(Τῷ ἀγαπῶντι ἡμᾶς καὶ λύσαντι ἡμᾶς ἐκ τῶν ἁμαρτιῶν ἡμῶν ἐν τῷ αἵματι αὐτοῦ, [6]καὶ ἐποίησεν ἡμᾶς βασιλείαν, ἱερεῖς τῷ θεῷ καὶ πατρὶ αὐτοῦ,αὐτῷ ἡ δόξα καὶ τὸ κράτος εἰς τοὺς αἰῶνας τῶν αἰώνων· ἀμήν)

如果耶稣基督是神给诗人的答案,也是神给这个堕落世界的答案(参,上节经文注释),那么在问安语之后,把颂赞的焦点完全集中在祂的身上,特别是在祂所完成的救赎工作上面,应该是一件再自然不过的事了。但是对于第一世纪的的信徒来说,尤其是那些从小就在旧约背景之下成长的犹太裔基督徒来说,颂赞或是敬拜耶稣,其实不是一件很容易就可以接受的事。因为旧约明白定规,他们只能敬拜耶和华神(例如,十诫中的前两诫;出 20:3－6)。在启示录中,约翰十分清楚这件事对那些犹太基督徒所可能带来的冲击,所以他在论及圣父和圣子的时候,一直是相当小心谨慎的。

在处理启示之来源时(1:1－2),约翰就已经很小心地先将耶稣放在父神之后(父神—耶稣—众仆人),然后才将耶稣放在第二个次序之首(耶稣—祂的天使—约翰)。这个作法让耶稣在次序上后于父神,但是在地位上却让祂和父神一样的,有别于传递启示的使者(天使、四活物等灵界活物),和接受启示的约翰(人)。在问安语中(1:5－

① 参,路 9:18－22;亦见,太 16:13－20;可 8:27－30。
② 亦见,启 1:18;14:4。

6),我们看见他先以诗篇89篇来为耶稣背书(祂是神所膏立的弥赛亚),然后再以出埃及记19:6(详下),来佐证耶稣所要完成的事,就是耶和华神所想要成就的事(建立一个祭司国度)。而在天庭异象中,我们再次看见约翰先让父神得着颂赞(4:8－11),然后才让圣子得着称颂(5:1－12);而后在天地同声的情况之下,再让父和子一同得着颂赞(5:13－14)。这个将圣父和圣子并列的结果,当然让圣子可以和圣父一样的配得颂赞,但是这会不会造成"多神"的结果呢?为了避免这个副作用,约翰在启示录中,选择以"破格文法"的方式来应对。也就是说,当他同时论及父和子的时候,他总是使用单数动词,或是单数的代名词。这个作法虽然让他的希腊文看起来不怎么高明,但却为"一神三位"的真理留下了空间。①

约翰对圣子的颂赞,都集中在祂所完成的救赎工作。这一个救赎工作的内在原动力是祂的爱,而其外在具体表现则是流血牺牲(用祂的血……)。在圣经中,从以色列人出埃及的那一个晚上开始(出12:1－14),羔羊之血就成了一个代表死亡的同义词。因此从耶稣基督流血牺牲的事件中,我们看见祂对我们之爱的深度。和保罗一样,约翰在这里颂赞圣子之爱的时候,也是采取了"动机＋行动"的形式(参,加2:20;弗5:2),因为没有行动的爱,只是画在纸上,不能让人真正得饱足的饼而已。

基督的救赎之爱带来了两方面的结果:使我们可以脱离从罪而来的辖制,并且让我们成为一个国度,一群事奉父神的祭司。约翰在此所用"使某某某脱离(λύω)罪"的说法,在新约中只出现了一次,②因此有一些古抄本便以信徒比较熟悉的"洗去(λούω)罪恶"的说法来替代。③ 但是若我们考虑到此处经文的旧约背景(出19),约翰使用"脱离罪的辖制"之说法,就不足为奇了。因为那段旧约经文的主题,正是以色列人脱离埃及之辖制。其实在这个暗引旧约的例证中,比较值得注意的倒不是"脱离或洗去",而是"从什么地方脱离了"的问题。和以色列人在埃及王手下受苦般的,第一世纪末叶的信徒也在罗马皇帝的手下受苦,因此他们当然盼望在当下也能经验类似的救赎,并且能和旧约以色列人一样的,建立一个属于神,也属于他们自己的国度。④ 但约翰在此却明白指出,我们借着耶稣的宝血所要脱离的,不是这个世界中的权势,而是由我们的罪(ἐκ τῶν ἁμαρτιῶν ἡμῶν)而来的辖制,因为这才是问题的真正关键。⑤

① 有关这个议题的讨论,可见 R. Bauckham, *The Climax*, 133－40。
② Aune, *Revelation* 1－5, 47.
③ 参,诗50:4;赛1:16,18;林前4:11;弗5:26;多3:5;来10:22。
④ 参,徒1:6－8。
⑤ 约翰在此呈现了和保罗一样的观念,因为虽然保罗是在罗马政府的手下成为囚犯,但是他总是说他自己是"耶稣基督的囚犯"(弗3:1;4:1;提后1:8;门1:1,9)。

从罪的辖制中得着释放，只是耶稣基督救赎工作的第一步，因为祂还要使那些从罪中得着释放的人，成为一个国度，一群事奉父神的祭司。① 事实上这个救赎工作的第二步，也和当年耶和华神将以色列人领出埃及之后，所做的工作一样，即，使以色列人成为一个祭司的国度（מַמְלֶכֶת כֹּהֲנִים；出 19:6）。② 从出埃及记 19:5 中，"因为全地都是我的"这句话来看，神拣选以色列的目的，是要彰显祂对这个世界的主权，③因此耶稣基督所建立起来的教会，也同样是一个要在这个世界中，彰显上帝王权的国度。但是这个国度要如何在这个世界中，彰显她的王权呢？在罗马政权的逼迫之下，教会要如何宣称她的存在，是神主权的实现呢？在这节经文中，约翰对此并没有做更进一步的阐述，但是从启示录后面的内容来看，特别是从那些以军队的语言来描述圣徒的经文中，我们知道教会是以受苦为兵器，以不向世界妥协的见证，来向这个世界宣告她的王权的。因为正是借着这种行动，她才能将人从撒但的手中抢夺回来（7:2-14；14:1-5）。④事实上，约翰虽然在此并没有明白地陈述这个真理，但是在上文论及耶稣基督的时候（1:5a），他就已经把受苦得胜的模式，做了清楚明白的交待。教会的存在和成长，是神在地上王权的彰显，但若是她要忠心的完成她的使命，信徒就需要像基督一样的，将自己当成祭物献在坛上（启 6:9）。祂是那个真正的大祭司，但却将自己当成祭物献上，因而成就了救赎之功（来 9:11-28），所以约翰在此说，我们的确是一个国度，但我们也同时是一群必须将自己生命献上的祭司（参，罗 12:1-2；西 1:24）。学生怎么可能会高过老师呢？至多不过是和老师一样罢了（太 10:24-25）。

从这个暗引旧约的例证中，我们可以明白几件事情。第一，相对于旧约中耶和华神和以色列国之间的关系，约翰在这里也让耶稣基督成为教会的救赎主和创立者，因此他透过这个对比，将耶稣基督等同于父神。但是在此同时，他又明确指出，耶稣基督设立的教会的目的，是要为神，即，"祂的父（πατρὶ αὐτοῦ）"，建立一个祭司国度，因此

---

① 约翰在 1:6 中所用的是一个动词"使……成为（ἐποίησεν）"，而不是和 1:5b 的"爱（ἀγαπῶντι）"和"释放（λύσαντι）"平行的分词。这个作法当然让文法结构失衡，但却是约翰的写作特色之一，即，希伯来文式的希腊文（Charles, *Revelation I*, 14-15）。

② 学者们对出埃及记 19:6 中的"מַמְלֶכֶת כֹּהֲנִים"的意思，有不同的看法。有人认为这个词组的重点在祭司，所以应该译为"如王般的祭司（kingly priests）"；而有人认为重点在国度，所以这个词组的意思应该是"祭司的国度（priestly kingdom）"。依据 J. I. Durham 的看法（*Exodus*, 262-63），这个词组是神对以色列人的三个描述之一。第一个是"属我的子民（原文作属我的珍宝）"（19:5）；第三个是"圣洁的国民"（出 19:6）。因此若是"属我的子民"界定以色列人和神之间的关系，而"圣洁的国民"界定以色列人和世界的关系（分别出来的）；那么中间的这个词组应该是为要界定这个新成立群体的性质。因此它的意思应该是"祭司的国度"——不像埃及以武力统治的国度，而是一个在世上，以信靠来服事耶和华，见证耶和华的祭司国度。

③ W. J. Dumbrell, *The End of the Beginning* (Grand Rapids: Baker, 1985), 124.

④ 有关这个题目的详细论述，见 R. Bauckham, *The Climax*, 210-37；亦见相关经文的注释。

借着如是论述,他又确立了父和子的次序。约翰对圣父和圣子关系的小心谨慎,可见一斑。第二,从约翰将旧约以色列人的称号(祭司的国度),加在新约教会身上的手法来看,他显然认为教会是旧约以色列国的延续(参,罗 11:13-24)。因此在这个案例中,我们不单看见约翰的神论,也看见了他的教会论。第三,教会的确是以色列国的延续,但是这并不表示教会就要像以色列国一样的,在这个世界中建立一个属世的国度。以色列人的确在迦南地上面,建立了一个和其周围国家互相抗衡的以色列国,但是这个国度的性质却是属神的,是一个事奉天上之神的祭司国度。因此不管他们所做的是什么——洁净属神的迦南地(出 23:23-33;申 7:22-26),或是以遵循耶和华的律例,作为他们向外邦的见证(利 20:22-26;赛 43:10-13),他们所做的都是"属灵的"。因此在这个意义之下,约翰便十分自然地将以色列人的出埃及,等同于信徒从罪中得释放(ἐκ τῶν ἁμαρτιῶν ἡμῶν)。准此,教会和她的主一样,在这个世界中所要面对的争战,便不是一个属世的争战,而是属灵的战争,一个将人从撒但手下抢夺回来的争战。因此从这个暗引旧约的例证中,我们也看见约翰对教会宣教的观点。第四,从约翰对教会宣教的观点来看,教会之所以可以是神的国度,①信徒之所以可以在地上掌王权,是因为神将福音的权柄,只给了教会(参,太 16:13-19)。虽然她争战的兵器是受苦(祭司/祭物),但这却是她的致胜之道。② 正如过去式的"使我们成为……(ἐποίησεν ἡμᾶς)"所显示的,这个祭司国度是已经在五旬节的时候,就已经成立了。虽然她的王权要在将来才会完全实现(启 22:5),但是她已经在地上开始行使她的权力了。③

有感于基督为信徒以及约翰自己(我们)④所做的一切,约翰在这个复合式⑤颂赞语的后半段中,便将荣耀和权柄归给祂。这个颂赞很可能是由但以理书 7:13-14 而来,因为在那里驾着云而来之人子(参,启 1:7)所将要得到的,正是权柄、荣耀和国度。国度一语在这个颂赞语的前半段中已经出现了,并且是祂已经成就的事(至少是已经开始成就的),因此在这里只须要再提及荣耀和权柄就可以了。正如祂的国度将存到永远(启 11:15),祂的荣耀和权柄也将会持续到永远。

1:7 看哪!祂驾着云降临。众人都要看见祂,连那些曾刺过祂的人也要看见祂。

---

① 教会当然只是神国的一部分,因为神国至少还包括了三位一体的上帝,和灵界的存在(四活物等)。

② "祭司"一语在此的含义,便不在表明信徒有面见神的权利。信徒当然有此权利,但是从出 19:5-6 的背景,以及从 1:5a 的角度来看,"祭司"一语在此的重点是事奉,特别是以"见证/受苦"来事奉。

③ 黄彼得,《认识得胜的基督》,页 236; Beale, *Revelation*, 194-95; A. J. Bandstra, 'A Kingship and Priests: Inaugurated Eschatology in the Apocalypse,' *CTJ* 27(1992), 10-25。对这个问题更详细的讨论,见 5:10 的注释。

④ "我们"在这一节半的经文中,一共出现了四次。

⑤ Τῷ ... αὐτῷ.

地上的万族都要因祂而哀哭。是的，阿们（Ἰδοὺ ἔρχεται μετὰ τῶν νεφελῶν, καὶ ὄψεται αὐτὸν πᾶς ὀφθαλμὸς καὶ οἵτινες αὐτὸν ἐξεκέντησαν, καὶ κόψονται ἐπ' αὐτὸν πᾶσαι αἱ φυλαὶ τῆς γῆς. ναί, ἀμήν）

在前面讨论这段经文之结构的时候，我们已经知道启示录的问安语，也相当独特地包括了两则神谕（1:7,8）；而其目的，则在呼吁读者以严肃的态度，来面对这卷书的启示。从下面的分析中，我们将会发现这个目的之所以可能达成，并不是约翰本人说了就算数的，而是因为他有从旧约而来的支持。从结构的角度来说，在第七节中的神谕是由三个句子所建构而成。在第一个句子中，约翰陈述了一个事实（祂驾着云降临），而在第二个和第三个句子里面，他则分别告诉我们有那些人受到了这个事件的影响，以及他们对这个事件的反应。

这则神谕是以"看哪（Ἰδοὺ）"作为开场白。在启示录中，"看哪"一词一共出现了26次；在叙事（narrative）的段落中，其目的在唤起注意（看哪！），而在讲论（speech；包括神谕）的篇幅中，其目的则在强调所言之事的确定性。① 因此本节的"看哪"，应该可以译为"的确如此（indeed）"。这个理解不单让"看哪"和这则神谕的结语（是的，阿们），在语意上互相呼应，也让这节经文在文脉上，和约翰的问安语更紧密的结合在一起。因为在前面约翰明言基督在世为王做主（1:5a），而在此他则以暗引旧约的方式说，"的确如此，（因为经上记着说，）祂驾着云降临……"

但约翰在这节经文中所说的，究竟是什么意思呢？对一个认真读圣经，不以含糊笼统的解释为满足的基督徒来说，这节经文的确是个挑战。因为在尝试解读这节经文意思之时，他必须回答几个彼此纠结在一起的问题：（1）众人所指的是谁？地上的万族又是谁？（2）他们为何哀哭？（3）这件事是在什么时候，以什么方式发生的？

因着神学立场和对末世时程看法的不同，众释经者在面对这几个问题的时候，就给了我们不同的答案。（1）对普救论者来说（Universalism），这节经文的意思，是所有的人（包括敌对神的人），在末日都将要为他们的行为而哀哭悔改，并因此都将得着救恩。② （2）对主张时代论的人来说（Dispensationalism），③这节经文则是谈到基督第二

① 见 Aune, *Revelation* 1－5, 53。Aune 的经文索引有两个错误：（1）在叙事段落的部分，5:6；6:12 和 15:5 三节经文中没有"看哪"，因此这个部分的经文只有 4:1,2；6:2,5,8；7:9；12:3；14:1,14；19:11。（2）在讲论的部分，除了 1:7,18；2:10,22；3:8,9（两次），20；5:5；9:12；11:14；21:3,5 之外，也应该把 16:15；22:7,12 这三处经文加进去。

② 例如，Boring, *Revelation*, 80, 226－31; Harrington, *Revelation*, 46－47, 230－32。这两位学者并不否认圣经也教导"有限度的救恩（limited salvation）"，即，只有相信的人才能领受救恩。但是他们认为这只是圣经教导的一部分而已。他们认为从神恩典和慈爱的角度来看，救恩是普及所有的人，但是从人的角度来看，有限救恩之教训的目的，在突显出人的责任。

③ 有关时代论的看法和其对华人教会的影响，见杨牧谷，《基督书简》，页 51－72；黄彼得，《认识得胜的基督》，页 298－302。

次再来之时,所要发生的事。那时教会被提在空中,而被留在地上的人则必须面对基督的审判。在这些人中,以色列家因着神和亚伯拉罕所立之约,而得到一个悔改的机会。他们虽曾将祂送上十字架(刺他的人),但在那个时刻,他们却会为他们所做的事哀哭悔改,因而得着救恩。相对于以色列人,其余敌对神的人却没有悔改的机会,必须面对神的审判。① (3)和普救论者一样,在学界中也有另外一些人认为,这节经文的内容的确是有关基督第二次再来,并且也是关乎所有人类的事。但是在那个时刻,人类是不是还有机会为拒绝耶稣之事而悔改,则不是那么确定。有人认为他们哀哭是因为机会不再,②但也有人认为经文没有告诉我们,他们的哀哭是否会带来悔改的结果。③ (4)除了这三种看法之外,还有一些释经者认为这节经文的内容,是启示录主题的反映,即,基督的降临。但是祂的降临却必须在"已经……但尚未"的架构下来理解。也就是说,当基督从死里复活之后,祂已经在世界中掌握王权了;而这个王权的具体呈现,就是教会的成立,就是教会的成长。因此当地上万族中原本属撒但的人,因着教会所传的福音哀哭悔改,而得以进入神的家中时,基督在世的王权就得着了彰显。④

在意见如此纷杂的情况下,为了能准确地了解这节经文的意思,我们必须回到约翰所暗引的旧约中去寻找线索,看看他是如何理解旧约中,有关人子降临,在世为王的启示。

启示录 1:7a	祂驾着云降临(ἔρχεται μετὰ τῶν νεφελῶν)
但以理 7:13	我在夜间的异象中观看,见有一位像人子的,驾着天云而来(וַאֲרוּ עִם־עֲנָנֵי שְׁמַיָּא כְּבַר אֱנָשׁ אָתֵה),被领到亘古常在者面前
启示录 1:7b	众人(众目)都要看见祂,连那些曾刺过祂的人(οἵτινες αὐτόν ἐξεκέντησαν)也要看见祂
撒迦利亚书 12:10	我必将那施恩叫人恳求的灵,浇灌大卫家,和耶路撒冷的居民。他们必仰望我,就是他们所扎的,必为我哀哭(וְהִבִּיטוּ אֵלַי אֵת אֲשֶׁר־דָּקָרוּ וְסָפְדוּ עָלָיו),如丧独生子,又为我愁苦、如丧长子
启示录 1:7c	地上的万族都要因祂而哀哭(καὶ κόψονται ἐπ' αὐτὸν πᾶσαι

① 例如,J. D. Pentecost, *Things to Come* (Grand Rapids: Zondervan, 1958), 275, 392 – 93;亦见 Bullinger, *Revelation*, 145 – 47。

② 例如,Alford, *Revelation*, 551; Charles, *Revelation I*, 18 – 19; Beckwith, *Revelation*, 431 – 32; Mounce, *Revelation*, 72 – 73; Ladd, *Revelation*, 28 – 29; Thomas, *Revelation* 1 – 7, 78 – 79; Aune, *Revelation* 1 – 5, 59。

③ 例如,Beasley-Murray, *Revelation*, 58 – 59; Roloff, *Revelation*, 27; Osborne, *Revelation*, 68 – 69。

④ 例如,R. Bauckham, *The Climax*, 209, 318 – 322; Beale, *Revelation*, 196 – 99。

αἱ φυλαὶ τῆς γῆς)

撒迦利亚书 12:12a　境内(地上的人),一族一族的都必哀哭

(וְסָפְדָה הָאָרֶץ מִשְׁפָּחוֹת מִשְׁפָּחוֹת לְבָד)

上列经文显示,启示录 1:7 是由两处旧约圣经融合而成。事实上,这个结合很可能不是约翰自己发明的,而是一个在早期教会中,已经成形的传统。因为耶稣在橄榄山上有关末日的讲论中,这两处旧约经文就已经被放在一起了(太 24:30)。① 在前面 1:1 的讨论中,我们已经知道约翰对末日的了解,是建立在但以理书第二章和第七章的架构之上的,即,末日是在那一块非人手所凿出来的石头,把代表世上诸国的大雕像砸碎之时来到(但 2:45);或是在像人子的那一位,胜过了第四兽之后,就已经来临了(但 7:13-14)。因此在耶稣复活,胜过了阴间和死亡权势的事件中,约翰明白了末日之钟已经开始起动,所以他仿照耶稣"神的国近了"的说法(可 1:15),在这卷书的一开始,就告诉他的读者:日期近了(1:1,3)。在这个背景之下,约翰在此以但以理书 7:13 来宣告,"他驾着云降临",②实在不足为奇。因为在旧约里面,特别是在那些提及"耶和华神在云中显现"的经文中,其重点总是在神大能的彰显。③

但是神的大能究竟是在哪一方面得着彰显的呢?从但以理书第二章和第七章的上下文来看,答案当然是神所另立的一个国度,一个永不败坏,并且能够灭绝世上其他国度的王国(但 2:44);一个能使各方各国各族的人都事奉神的国度(但 7:14)。这个国度是像人子的那一位,被领到亘古常在者面前时,就已经建立起来的(但 7:13);但是属于这个国度的子民,却必须继续和第四兽争战(但 7:22),在它的手下被逼迫,受折磨(但 7:25),直等到亘古常在者来给他们伸冤为止(但 7:22)。④

从但以理书的背景来看,约翰的确借着这句从旧约而来的宣告,向他的读者,提出了一个必然得胜的保证,并且也解释了为什么他们现在会在逼迫中受苦的问题。但是在提出这个保证的同时,约翰也必须回答伴随着这个保证而来的两个问题:第一,若圣民得国是神透过但以理给以色列民的保证,那么我们要如何将这个应许应用在教会的身上?第二,以色列人被掳是因为他们背弃了神和他们所立之约,难道他们

---

① 在马太的经文中,撒迦利亚书的经文在前,而但以理书的经文在后。有关马太福音 24:30 和启示录 1:7 之间关系的讨论,可见 L. A. Vos, *The Synoptic Traditions in the Apocalypse*(Kampen: J. H. Kok, 1965), 60-71。

② "他在云中而来"可能是比较准确的翻译,特别是将 1:5 的旧约背景考量在内时(在云中信实的见证;诗 89:37)。

③ 见 M. G. Kline, *Images of the Spirit*, 13-34。

④ 有关这个部分的分析,可见毕维廉(W. H. Bicksler)著,沈其光译,《但以理书讲解》(台北:华神,2002),页 131-42。

什么都不必做,就可以领受这个应许吗?①

面对这两个问题,约翰就以撒迦利亚书 12:10 和 12:12 作为回答。在这两节经文所属的段落中(亚 12:1 - 14),我们首先看见这段经文的主题,是神向被掳的以色列百姓所发,将来必有复兴的应许。从 12:1 - 9 来看,这个应许和但以理书 7:23 - 27 的主题并无二致,因为这两段经文都谈到圣民在将来的得胜。但是从第十节之后(即约翰所暗引的经文),我们就更进一步地看见,神所应许的复兴,并不只是一个政治军事上的得胜,而是一个属灵上的复兴。因为神的灵将要浇灌在以色列百姓身上,使他们为他们过去所做的而哀哭悔改。② 因此借着这段旧约的经文,约翰回答了上述两个问题中的第二个。但是约翰要如何回答第一个问题呢?

从表面上看起来,撒迦利亚书 12 章中的焦点,似乎只集中在以色列一族而已,但是这其实是个错误的印象。打从这个预言的一开始,耶和华神就已经以这个世界之主的身份出现了(12:1);而在其后所预言以色列家的复兴,也是以世上列国为其背景(12:2,3,4,6,9)。因此以色列复兴的意义,在于他们将要胜过他们的仇敌。在 12:1 - 9中,以色列人的得胜,是以战争语言来描述(战马;12:4),或是以禾场收割的图画来铺陈的(禾捆;12:6),但是这个战争的本质,却是由 10 - 14 中"圣灵的浇灌"来定义的。因此在这段经文中(12:10 - 14),我们就看见以色列人从大到小的(一家一家的),都哀哭悔改。③ 但是在这段经文中,我们却也看见地上的人,一族一族的,也都像以色列人一样的,哀哭悔改(12:12)。④ 在以色列全家哀哭悔改的场景中,这个"小

① 虽然近来有人认为但以理书是在主前第二世纪才写成,但是在第一世纪,也就是约翰的时代,犹太人和基督徒(甚至耶稣;太 24:15);以及第二和第三世纪中的教父们,都认为但以理书是在主前第六世纪,在被掳之地所写下来的一卷书。而我们现在正在讨论的,正是一个第一世纪中的犹太基督徒,对但以理书的看法,因此我们必须以他的了解为基准。再者,即便约翰对但以理书的看法,是和近代批判学者一致,他在引用但以理书的时候,还是得回答相同的问题。有关但以理书成书日期的问题,可见艾基新著,粱洁琼译,《旧约概论》(香港:种籽,1985),页 447 - 77。

② 虽然约翰福音 19:37 将撒迦利亚书 12:10 中,"他们必仰望我,就是他们所扎的"一语,直接应用在罗马兵丁的身上,但是约翰在启示录中却没有提及这事。因为他的重点并不在此。值得注意的是,七十士译本将"扎"译为"羞辱";而亚兰文译本则是"弃绝"(唐佑之,《十二先知书注释[四]》,页 292)。因此在"将来复兴"的上下文中,这里的"扎"所指的,很可能是以色列民弃绝耶和华神和他们所立之约;而其被掳的后果,当然就羞辱了神的名。有关"扎"带"羞辱"之含义的可能性,见 *TWOT* 1:195。

③ 亦见,以西结书 37:1 - 14。

④ 中文和合本作"境内",但原文是"地(הָאָרֶץ; the earth)"。从第十节来看,和合本的翻译似乎没有太多问题,因为从"耶路撒冷"延伸到以色列人所居住的"境内",不是一个太突兀的扩张(McComiskey, *Zechariah*, 1216)。但是在这段经文中,和耶路撒冷相对的,是世界,是四围的列国。不单如此,先知在这卷书中所关切的,是耶和华在全地做王(14:9),是外邦人也能敬拜耶和华(14:16)。有关撒迦利亚的"世界观",可见 1:11,4:10,14;5:3,6,9;6:5;12:3;14:9,10,17。

插曲”似乎有点突兀，但若我们参照14:16（所有来攻击耶路撒冷列国中剩下的人，必年年上来敬拜大君王万军之耶和华，并守住棚节），那么这个“小插曲”的出现其实并不奇怪，因为它正是以色列人复兴之后，所要带来的结果，即，在万民中某一部分的人，将要因着以色列人的悔改复兴，而进入神的家中。因此在启示录1:7中，我们就看见约翰以“地上的万族都要因祂而哀哭”的语句，来呼应这个“小插曲”。

事实上约翰所要呼应的，恐怕还不只是撒迦利亚书12:12而已。因为早在神和亚伯拉罕立约的时候（创12:1－3），神就已经应许亚伯拉罕说，地上的万族（כֹּל מִשְׁפְּחֹת הָאֲדָמָה）①都要因他得福。这个应许在亚伯拉罕通过了献以撒的考验后，不单再次得着肯定（22:18），并且被延伸到亚伯拉罕的后裔身上（地上的万国都必因你的后裔得福）。所以在神和以撒，以及祂和雅各所立之约中，这个应许都不曾缺席（创26:4;28:14）。在这个背景之下，我们因此在诗篇72篇中，看见以色列王被诗人认为是“你的后裔”的一个代表，一个弥赛亚的模型，因为地上的万族将要在他里面得福（17节）。② 对透澈了解旧约的约翰来说，撒迦利亚书12章中，地上万族都要因着以色列家的复兴，而得以进入神家中的说法，并不是一个新的观念，因为这正是神当初拣选亚伯拉罕的原因。③ 因此在启示录1:7里面，他就可以毫不犹豫地说，“众目都要看见祂，地上的万族都要因祂而哀哭。”

其实约翰将旧约中，有关以色列人将来复兴的应许，应用在新约教会之上的举动，并不是一件“新事”，因为在新约中，其他的新约作者在应用旧约时，也有类似的作法。比如说，在路加所记载教会的第一篇讲章中，也就是彼得在五旬节圣灵降临之后所传讲的信息中，我们就看见他把耶稣的死和复活，和神在旧约中给以色列人的应许，连在一起了（徒2:14－39）。在彼得的讲论中，他所引用旧约经文，是另一个圣灵将要浇灌以色列家的应许（珥2:28－32），而在使徒行传中，我们也的确看见，彼得一直要到了所谓“外邦人的五旬节”（徒10:34－48）之时，才真正完全明白以色列人的复兴，也包括了外邦人进入神的家的部分。但是路加在事后重述五旬节事件时，就已经把这个后续事件，当成了同一个事件来记载了。因为在这篇讲章的最后，他乃以如

---

① 在七十士译本中是πᾶσαι αἱ φυλαὶ τῆς γῆς；亦见创18:18中类似的说法：地上的万国（πάντα τὰ ἔθνη τῆς γῆς）将要因他得福。

② 参，七十士译本的“ἔρχομαι ταχύ”。有关这节经文和创世记12:3之间的关系，可见A. A. Anderson, *Psalms*（1－72）（Grand Rapids: Eerdmans, 1972），526。以上有关撒迦利亚书和创世记以及诗篇之间关系的分析，是由Bauckham而来（*The Climax*, 318－22）。

③ 早期教父殉道者犹斯丁（Justin the Martyr;100－165 AD）在论及诗篇72:17时，也视这节经文为弥赛亚诗篇，并且将之与神给亚伯拉罕之应许和撒迦利亚书12:12相连（*Dial.* 121.1－2）。因此在当代，约翰并不是唯一有这种看法的人。

下的语句作为结论:这应许是给你们,和你们的儿女,并一切在远方的人,就是主我们的神所召来的(徒2:39;参,珥2:32)。

将约珥书中,神给以色列之应许做扩张性解释的,并不只有彼得(以及路加)而已。在论证以色列人和外邦人一样,都因信耶稣基督从死里复活,而同得救恩的上下文中(罗10:13),保罗就以约珥书2:32中,"凡求告主名的,就必得救"一语,作为他的证据。从整卷罗马书来看,显然保罗之所以敢做这种扩张性解释的原因,在于亚伯拉罕,因为他是"因信称义"的始祖(罗4;参创15:6)。因此透过神对亚伯拉罕的应许,保罗就往前跨了一步,将外邦人也包括在"以色列人将要复兴"的应许中。① 因此从这个角度来说,保罗在此所根据的"释经原则",事实上是和约翰的完全一致。因为他们两个人,都是在神和亚伯拉罕所立之约的基础上,将神给以色列的应许,应用在教会身上。

因此不论我们从旧约背景,或是从新约类比的角度来看,约翰在1:7中所要强调的,恐怕不只是耶稣基督将要在大能中,第二次再来的事。借着但以理书的背景,约翰让我们看见人子驾云降临是一个已经在人类历史中成就的事情。而借着撒迦利亚书的背景,约翰让我们看见在五旬节之时,这个应许也已经成就,因为圣灵已经浇灌下来;而教会(以色列人+外邦人)也已经成立了。教会的成立,当然是人子驾云降临的结果,但是这并不表示神国已经完全建立起来了,因为神所应许亚伯拉罕的,是他的子孙要像海边的沙,天上的星那样多。因此虽然五旬节当天三千人的决志(徒2:41),以及随后五千男丁大规模的悔改(徒4:1-4),都让人印象深刻,但这些因着圣灵降临而有的初步成果,却离神愿意万人得救的心意(提前2:4;彼后3:9),还有好大的一段距离。② 因此照着但以理书中所说的,神国虽然因着人子降临而闯入了世界,但是战争却没有结束,因为祂所建立起来的国,祂所拣选的圣民,却依旧要在第四兽的手下受苦,并且像他们的主一样,神的子民也要以受苦为争战的兵器,好将人引进神的国度(启1:5;参,徒3-28)。这一段圣民受苦的时日,将会延续到神来为他们伸冤之时(但7:22),也将会延续到殉道者的数目满足了为止(启6:9-11)。

约翰所引旧约经文的背景,当然让他的读者知道,他们如今所面临的苦难和逼迫,是神永恒计划中的一部分。但是约翰为什么要用这个方式,来鼓励安慰他的读者呢?对那些在受苦中的信徒来说,难道不是"人子将要再来"的信息,才能带给他们最大的鼓励吗?从某一个角度来说,"未来式"的再来,当然会带给人极大的安慰,但是

① 有关这个引用的分析,可见冯荫坤,《罗马书注释 III》,页398-400;L. C. Allen, *The Books of Joel, Obadiah, Jonah and Micah*(Grand Rapids: Eerdmans, 1976), 104-05。

② 有关这个题目的讨论,可见R. J. Bauckham, 'The Delay of the Parousia,' *TynB* 31(1980), 3-36。

全然是“未来式”的再来，很可能会产生“消极等候”的副作用，让人离群索居，不再积极地面对苦难。因此以“基督如旧约所说的已经降临，并且以受苦的途径，完成了祂为神建立了国度”的方式，来鼓励信徒，就可以免去这个副作用了。

事实上，约翰在此所想要完成的，应该还不只是为了要免去“一个可能的副作用”而已。因为当他让基督以应验了旧约预言的方式出现时，他其实也同时确立了神是历史之主的事实。而此事实，是祂必定会再来的基础。也就是说，基督的第一次降临，以及祂在第一次降临时所完成的工作，是祂第二次再来的保证。因此是“已经”让“尚未”成为可能，是“已经成就了的”，让“尚未成就的”得着了保证。简言之，没有前者，就没有后者。因此在这个逻辑之下，约翰在此借着旧约来强调“已经”的面向，是再自然不过的事了。

对那些殷切等候弥赛亚来临的犹太基督徒来说，基督的降生、死和复活、升天、圣灵降临，到教会的成立，当然是一件值得大书特书的事。但是这件“已经成就了的事”，会不会让约翰兴奋过度，而忘记了那“尚未成就的事”呢？当然没有。从启示录 22 章中，耶稣三次亲口说，“我必快来（ἔρχομαι ταχύ）”的经文来看（22:7，12，20），约翰显然没有忘记这件事。再者，若是我们把启示录的书信结语排除在外的话（22:21），启示录是以“主耶稣啊，我愿你来”作为结束的（22:20），因此从这个角度来看，约翰（和教会）事实上是殷切的在等候耶稣的再来。①

就约翰而言，基督的确已经在时候满足时，来到了人间，并且也建立了一个属神的国度。而在祂离世升天之时，天使也宣告说，“你们见祂怎样往天上去，祂还要怎样来”（徒 1:11），因此约翰也在等候祂第二次的再临。但这是不是约翰之末世论的全部呢？在祂的第一次和第二次降临之间的时期，祂和祂一手建立起来的教会之间的关系，到底是如何的呢？难道祂对这一段时间之内的教会，是不闻不问的吗（放牛吃草）？当然不是，因为在启示录中，耶稣除了在书信结尾之处，三次亲口说祂要快来之外，在这卷书的前面，祂也四次向教会说，“我要降临”（ἔρχομαι；2:5，16；3:11；16:15）。从这些经文的上下文来看，耶稣说“我要降临”的目的，或在警告背道退缩（不悔改我就临到，并且刑罚；2:5，16），或在鼓励持守信仰（3:11；16:15）。② 但是就时间的角度来看，这四次的“我要降临”，除了 16:15 之外（第六碗），其余三次的“降临”，应该都是在祂“第二次再来”之前，就会发生的。③ 因为若这三次“降临”所指的，是在世界终了时的“第二次降临”，那么祂借着这句话所要达成警告或是鼓励的效果，将会

① 22:7，12，20.

② 这两方面的角色也反映在 22:12：看哪，我必快来。赏罚在我，要照各人所行的报应他。

③ 亦见 Mounce, *Revelation*, 89; Beale, *Revelation*, 198。

大打折扣。对经历了被官府捉拿,但在圣灵帮助之下,依旧勇敢做见证的约翰而言(徒 4:1-31),对经历了亚拿尼亚和撒非喇因欺哄圣灵而死的初代教会来说(徒 5:1-11),耶稣借着圣灵,是一直“降临”在教会中的,因为祂是教会的头(弗 5:23)。相对于祂第一次以受苦弥赛亚的角色而来,在世界的末了,祂将要以审判官的身份第二次再来。但是在这两次降临之间,祂却没有离开祂的教会,因为祂曾经应许:“我要与你们同在,直到世界的末了”(太 28:20)。① 在祂一直不断地“降临”中,教会得着保守和提醒,因而可以完成她的使命。也因着如此,地上的万族因着教会的见证,而有机会看见祂,并有机会可以哀哭悔改。当然这个机会之门将不会永远打开,因为祂在教会历史中的“降临”,都指向祂“第二次的降临”;而在那个时候,祂所要做的事,是“赏罚在我,要照各人所行的报应他”(22:12)。

1:8 主神说:我是阿拉法,我是俄梅戛;我是今在昔在将要再临的;我是全能者(Ἐγώ εἰμι τὸ Ἄλφα καὶ τὸ Ὦ, λέγει κύριος ὁ θεός, ὁ ὢν καὶ ὁ ἦν καὶ ὁ ἐρχόμενος, ὁ παντοκράτωρ)

在前面我们已经知道,本节经文因着“今在昔在将要再临”一语,而和第四节互相应对,因此让 4-8 节成为一个完整的段落。就形式而言,第七节的“阿们”,和本节中发言者的转换(由约翰到神),都显示约翰在此给了我们另一则神谕。但就思想脉络而言,这则神谕的内容,却和第七节的主题紧紧相扣。因为在第七节中,约翰借着引用旧约的方式,让我们看见神已经在基督耶稣里,成就了祂的应许。而基督所成就的(胜过阴间权势/建立教会),不单让神现在可以借着教会所传的福音,在这个世界中彰显祂的主权,也保证了将来神国完全的实现。② 因此在这节经文中,约翰就十分自然的,以神亲自说话的方式,来呈现祂至高无上的王权。

为突显神至高无上的王权,约翰做了几件事。第一,他让神的自我宣告,以三个彼此平行,互相解释的子句出现,因为三是上帝的数字。第二,这三个子句中的元素或许不同,但是他们都一致的强调神的权能(详下文)。第三,在启示录中,神亲自发言的情况,只出现三次。一次在这里,即,在全书引言的最后;第二次在第七碗之灾中(16:17;“成了”),也就是三个七灾系列的最后;第三次则在全书本文的结尾之处(21:1-8);③而其时刻,正是世界的末了,新耶路撒冷由天而降之时。因

① 这很可能是约翰在这节经文中,会用现在式的动词(ἔρχεται),来描述“祂的来临”的原因。因为这个时态的主要特色,正是“一个继续不断的动作”(M. Zerwick, *Biblical Greek*, 77; MHT III, 60)。

② 参,弗 1:10,要照所安排的、在日期满足的时候、使天上地上一切所有的都在基督里面同归于一。

③ 21:9-22:9 虽然在 21:8 之后,但是它只是新耶路撒冷的特写。

此约翰透过这个文学上的设计，要他的读者知道，在世界的末了，只有上帝才有发言权。在其时，祂以“祂的话”，来进行审判，来总结亚当堕落所带来的问题；祂也借着祂的话语，创造新天新地，正如祂在创世记第一章里面，以“祂的话”来创造世界一样。蛇的话或许合情合理，也挺吸引人（创 3:1,5；路 4:1－12）；而兽的话更是满有权柄，叫人炫目（启 13:5－6,15；16:13－14），但是只有祂的话才是可信的，真实的（启 21:5），只有祂所说的话才算数。

那么祂究竟说了什么呢？在前面分析本书前言和结语之间关系时，我们已经知道，“我是阿拉法，我是俄梅戛”，“我是首先的，我是末后的”和“我是初，我是终”这三个词组，在启示录中不单具有结构性的意义，也是约翰用来将基督等同于神的方法。但当祂说“我是阿拉法，俄梅戛”时，祂所想要表达的是什么呢？为了讨论方便起见，我们先将这三组词组表列如下：

	A	B	B’	A’
经文	1:8	1:17	21:6	22:13
位置	序言的结尾	异象的开端	异象的结尾	结语的开端
说话者	神	基督	神	基督
内容	阿拉法/俄梅戛		阿拉法/俄梅戛	阿拉法/俄梅戛
		首先的/末后的①		首先的/末后的
			初/终	初/终
上下文	和基督再来连结（1:7）	和新生命连结（1:18）	和新生命连结（21:5－6）	和基督再来连结（22:12）

阿拉法和俄梅戛，是希腊文字母中的第一个和最后一个（A，Ω），因此这句话虽然在其所使用的语言符号上，和另外两组词组不同，但是它的意思却和它们一致。在犹太人的习惯中，当他们想要表达“从头到尾”的时候，他们会说“从 א（阿雷富）到ת（套）”，因为 א 和ת是希伯来文中，第一个和最后一个字母。所以为了要强调亚当犯罪的严重性，他们就说：亚当犯了所有的律法，从 א 到ת；而对亚伯拉罕之义，他们则说，亚伯拉罕守了全部的律法，从 א 到ת。② 因此当约翰以这种说法来描述上帝时，他的意思不是说神站在历史的两端，而在强调神是“创始成终”的上帝，神在历史中，从头到

① “首先的末后的（ὁ πρῶτος καὶ ὁ ἔσχατος）”一语也出现在 2:8，但是在那里这个词组不是以“我是……”的形态出现。

② 有关这两个说法的出处，见 Stuart, *Revelation II*, 32。

尾,都掌权做王。①

但是身为犹太裔的约翰,为什么不依他们的传统,而以希腊文的字母来替代呢?有人认为约翰的“阿拉法和俄梅戛”是由以赛亚书而来(赛41:4;44:6;48:12),因为神在那里的自我启示是,“我是首先的,我是末后的”。② 但如果我们参照上面所表列的经文,显然约翰知道以赛亚书。但是为了要反映基督和神有同等的地位,他就把耶和华神的自我启示,放在耶稣的口中了(1:17;22:13)。但在此同时,他为了要突显耶和华神,不单是以色列人的上帝,也是这个世界的主,因此通行在当代罗马帝国之内的希腊文,就取代了希伯来文。“阿拉法和俄梅戛”,就取代了“א 和ת”。所以主神在此宣告,我不单是“א 和ת”;我也是“A 和 Ω”。

“A 和 Ω”的神,不单是“今在昔在,在将要再临”的上帝,也是“全能者(ὁ παντοκράτωρ)”。在1:4的注释中,我们已经知道“今在昔在将要再临”的重点,不在显示上帝超越时间的抽象属性,而在祂在人类历史中的主动作为,即,拯救属祂子民和审判世界。从第七节中,我们更进一步的知道,祂的这些作为,是在耶稣基督里完成的,所以约翰在这里可以说,在基督的降临中,上帝也降临。③ 事实上,我们对这个词组的了解,也可以从这节经文中的第三个词组,得着支持,因为约翰在此明白的告诉我们,上帝是“全能者”。

“全能者”是由“所有的(πᾶν)”和“管治(κρατεῖν)”两个字组合而成。因此这个字是“统管万有”的意思。在旧约约伯记中,耶和华神被称为“全能者(שַׁדַּי)”;在其余的旧约中,祂则是以“万军(צָבָא)之耶和华”为其名。而这两个称号,在七十士译本中,都被翻译为“全能者(ὁ παντοκράτωρ)”,因此约翰的用语反映了旧约的神学。事实上在新约中,除了哥林多后书6:18之外,④只有约翰以此来描述神的属性。

“全能者”的称号在启示录中一共出现了九次。在其中有七次是出现在“主神全能者”的词组中;⑤而有两次是以“全能神”的形式出现(16:14;19:15)。从这两处经文的内容来看,约翰很可能是以这个比较简洁的称号,作为连结这两段经文的线索之

---

① 有人认为这个词组在表达神抽象的永存属性,但是在1:4那里,我们已经知道“昔在今在将要再临”一语的重点,在神能在人类历史中,以大能介入人的世界;而不在神无时间的特性。不单如此,在1:7那里,我们也看见约翰的重点,是神在救赎历史中所展现的能力。再者,在本节的最后,约翰更以“全能者”作为神自我宣告的结语。因此“阿拉法俄梅戛”的焦点,也应该是神对世界的权柄。

② 例如,Thomas, *Revelation* 1-7, 81; Beale, *Revelation*, 199。

③ Charles, *Revelation I*, 10.

④ 保罗在那里引用旧约经文(撒下7:14),并且指明“这是全能的主说的”。

⑤ κύριος ὁ θεός ὁ παντοκράτωρ(1:8;4:8;11:17;15:3;16:7;19:6;21:22).

一（16:12－16;19:11－21）;①并且藉此让"主神全能者"一语,在启示录中的出现次数,维持在代表完全的"七"上面。② 在这卷书的后面,我们将会继续遇见"全能者",但是在这卷书前言的部分,我们却看见约翰选择以"全能者",作为这个段落的结语。有什么方式比这个结束更好的呢？有什么语言,比"全能者"可以带给受苦的信徒,更大的安慰和鼓励呢？

解释和应用

对许多启示录的读者来说,特别是对那些只想要将启示录,和现今世代中所发生之事连结在一起的人来说,启示录的前八节经文只是这一卷书的"前言"而已,是包在礼物外面的包装纸而已,是我们在急切的想要知道我们收到了什么礼物时,用七手八脚所扯破的包装纸而已。

就其文学角色而言,启示录的前言的确是这卷书的包装纸。但若是我们以为这张包装纸,是约翰在寄出礼物之前,随手抓来,和礼物本身完全无关的一张纸,那么我们当然可以很轻松地就把它给扯开,丢在一边。但是从前面的分析中,我们知道启示录1:1－8显然不是这种包装纸。因为从这张包装纸上面,我们不单知道这个礼物是什么（耶稣基督的启示）,是透过哪一家快递公司而来（神—耶稣基督—天使—约翰—众仆人）,并且我们也看见送出礼物的那一位,为了这个礼物而付上了怎样的代价（基督的宝血）。

这是一张经过了精心设计的包装纸,因为在这张包装纸上面,约翰借着旧约,让我们知道我们应该如何来了解这个礼物的价值,以及这个礼物在神永恒计划中的位置。这个礼物是神早就预备好了的,是神对亚当犯罪的回应,是神为那些落在罪恶辖制之下的人,所开的一条又新又活的出路。这个礼物已经到了我们的手中,并且因着这个礼物,我们已经和送礼物的人,有了一个特别的关系。这个特别的关系让我们变得像祂一样,成为一个欢喜送礼的人。但是我们有什么可以送人的呢？除了祂所送给我们的礼物之外,我们能送给别人什么呢？因此我们所能做的,只是按照祂的方式,依照祂的心愿,将这个礼物再送出去,好叫更多的人也可以和我们一起同得这个礼物的好处。

---

① 有关这两段经文之间关系的讨论,见后面的注释。

② 见,R. Bauckham, *The Theology of the Book of Revelation*, 30;以及 *The Climax*, 33。这个现象亦出现在"坐宝座的（ὁ καθήμενος ἐπὶ τοῦ θρόνου）"一语之使用上。

对于习惯于黑暗的人来说,光明的来临是件令人不安的事,因此当神的礼物来到这个世界时,并不是所有的人都张开了他们的双手。恰恰相反的,有些人因着他们在黑暗中所做的事,就紧握着他们手中的矛,在神的礼物出现时,将祂给刺死了。这个事件对那些张开双手,接受了礼物的人来说,其实蛮具有启发性,因为这个事件也预告了他们在欢喜送礼的过程中,将会遇见怎样的情况。

该怎么办呢?把礼物退回去吗?当然不行,因为这是把祂重钉十字架,明明地羞辱祂(来 6:6)。在周间把礼物藏起来,只在周日拿出来把玩一下?也许,但是万一祂再来的那一天,不是礼拜天,该怎么办呢?我怎么知道我在礼拜天急忙出门做礼拜的时候,一定可以找得到祂?那么带着礼物退隐山林又如何呢?在人生的某些时刻,这是我们应该要做的事。但是逗点只是让我们暂停一下,重整旗鼓之用的。你看过整篇文章都是逗点的吗?再说,通通都是逗点,我们要把惊叹号放在哪里呢?

最重要的是,在我们收到礼物的时候,我们真的知道我们所收到的,是怎样的一份礼物吗?在这张包装纸上面,我们是不是已经看见"经过苦难,甚至死亡的测试,却没有失败"的保证印记呢?我们是不是明白这个已经成功经过试验的礼物,是神大能的彰显?从神永恒计划的角度来看,这个能力是已经在加略山上显明的了。从我们个人的角度来看,这个能力在我们接受礼物之时,也已经成为我们的经验(弗 1:19－23)。那么为什么在望向未来的时候,我们却总是显得忐忑不安,好像无父无母的孤儿一样?祂在离世之前所给我们的保证:我不撇下你们为孤儿(约 14:18),难道对我们完全没有意义?神在这段经文的最后,向我们所做的信心喊话:我是全能者,难道只是我们的耳旁风而已?

请不要把这张包装纸丢掉,因为在后面我们跟着约翰的异象而上山下海的时候,这张包装纸将会成为我们的指南针,带领我们走过七印七号和七碗之灾,也将成为我们的翅膀,带我们进入新耶路撒冷之中。

插图一:人子在七个金灯台中显现

Ⅱ 拔摩异象：基督给七教会的信息(1:9－3:22)

从全书结构的角度来看，1:9 到 3:22 的拔摩异象，是启示录四大异象中的第一个。在前面导论的部分我们已经知道，这四个异象可以分为两组。第一组是拔摩异象(1:9－3:22)和天庭异象(4:1－16:21)；第二组则是巴比伦异象(17:1－19:10)和新耶路撒冷异象(21:9－22:9)。而我们的根据，乃是在书中所重复出现的词组：“在灵里”。

拔摩异象的本身是由两个段落所组成。第一个段落是约翰所见异象(1:9－20)；而第二个段落是随异象而来，基督给七个教会的信息(2:1－3:22)。在第一个段落中，约翰一方面交待了他是在什么地方，在什么时候，以及在怎样的情况中，看见了这个异象；而在另外一方面，他也把焦点集中在像人子的那一位身上。因为借着对祂属天特性的详细描述(1:12－16)，约翰就让我们知道，为什么祂可以在第二个段落中，满有权柄的向地上的七个教会说话。

Ⅱ.1 基督在七个金灯台中显现(1:9－20)

经文翻译

第一章

9 我约翰就是你们的弟兄，是你们在耶稣的患难、国度、忍耐里的同伴。为神的
道，并为我所给耶稣作的见证，曾在那名叫拔摩的海岛上。10 当主日我在灵里，听见
在我后面有如号角般的大声音，说：11 你要把你所看见的写在书上，寄给以弗所、士
每拿、别迦摩、推雅推喇、撒狄、非拉铁非、和老底嘉等七个教会。

12 我转过身来，要看是谁发声与我说话。既转过来，就看见七个金灯台。13
灯台中间有一位好像人子的，身穿长衣，直垂到脚；胸间束着金带。14 祂的头，即祂
的头发，白如羊毛，也白如雪；眼目如同火焰；15 脚好像在炉中锻炼的铜；声音如同众

水的声音。16 祂右手拿着七星;从祂口中出来一把两刃的利剑;面貌如同烈日放光。17 我一看见,就仆倒在祂脚前,像死了一样。祂用右手按着我说:不要惧怕;我是首先的,我是末后的;18 又是永活的。我曾死过,但是我现在活着,直到永永远远;并且我拿着死亡和阴间的钥匙。19 所以你要把所看见的;就是现在的事和将来必成的事,都写出来。20 至于你所看见在我右手中的七星,和七个金灯台的奥秘①:那七星就是七个教会的天使;七灯台就是七个教会。

经文结构和形式

2.1 拔摩异象 1:9-20

2.1.1 拔摩异象的前言 1:9-11

2.1.1.1 见异象的人(9)

2.1.1.2 启示异象的时间和方法(10)

2.1.1.3 启示异象的目的(11)

2.1.2 拔摩异象的内容 1:12-20

2.1.2.1 异象的内容(12-16)

2.1.2.1.1 子在七灯台中现身(12-13a)

2.1.2.1.2 子的形象(13b-16)

2.1.2.1.2.1 衣饰(13b)

2.1.2.1.2.2 头与发皆白(14a)

2.1.2.1.2.3 眼目如火(14b)

2.1.2.1.2.4 脚如铜(15a)

2.1.2.1.2.5 声音如同众水之声(15b)

2.1.2.1.2.6 手拿七星(16a)

2.1.2.1.2.7 口出利剑(16b)

2.1.2.1.2.8 面貌放光(16c)

---

① 我们在此以独立直接受格(accusative absolute)的方式来理解"奥秘(τὸ μυστήριον)"一词(亦见,徒 26:3;罗 8:3;弗 1:17-18;2:1,5;腓 1:7;提前 2:6)。至于应该以所有格形态,但是却以直接受格之姿出现的"七个金灯台",则可能是受到了"你所看见的(εἶδες)"一词的影响。详见,Aune, *Revelation* 1-5, 67-68。

2.1.2.2　见异象者的反应（1:17a）

2.1.2.3　对异象的解释和命令（1:17b－20）

2.1.2.3.1　我是首先的，末后的和永活的（17b－18a）

2.1.2.3.2　我是死了又活了，并活到永永远远（18b）

2.1.2.3.3　有阴间和死亡的钥匙（18c）

2.1.2.3.4　将所见写下来的命令（19）

2.1.2.3.5　解释奥秘（20）

2.1.2.3.5.1　七星是教会使者（20a）

2.1.2.3.5.2　七个金灯台是七个教会（20b）

就结构而言，拔摩异象的本身是由两个部分所组成的。在第一个部分中，约翰告诉我们和这个异象有关的背景资料，像是谁看见了这个异象，他在什么时候、在怎样的情况之下看见了这个异象，以及这个异象的目的等等。在第二个段落中，约翰则记录了他究竟看见了什么，他的反应，和在异象中显现之人子，对这个异象的解释。

从表面上看起来，约翰的这一段记录，似乎就是他在拔摩海岛上的经历。但若是我们从旧约来看，约翰显然尝试用神呼召先知的模式，来记录他所经历到的事情。在旧约神呼召先知的经文中，我们通常会看见如下的几个要素。①

（1）神的显现——例如，神在荆棘火焰中向摩西显现（出3:1－6）；在天庭异象中，以坐在宝座上之审判官的形象，向先知以赛亚显现（赛6:1－4）；或是在闪烁着火光的大云中，和四活物一起向先知以西结显现（结1:4－28）。

（2）神的呼召——例如，神要摩西去见法老，并要他带领以色列百姓离开埃及（出3:10）；要以赛亚去向以色列家发出审判的信息（赛6:9－10）；差派先知耶利米向列国说话（耶1:5）；或是要以西结向悖逆的以色列人传讲审判之言（结2:3,7）。

（3）先知的反应——在神呼召临到的时候，先知们的反应可以分为两种。第一种是拒绝：我是至微小的，我不够格，您另请高明吧。有这类反应的包括了摩西，基甸，扫罗，以赛亚和耶利米（出3:11；士6:15；撒上9:21；赛6:5；耶1:6）。先知对神呼召的第二种反应是仆倒在地，或是“无法反应”。先知以西结的情况就是如此（结1:28）；而但以理在看见异象之后，也有类似的反应（但8:18；10:9,17）。

（4）神的保证——就摩西的例子来说，神先以祂的同在作为保证（出3:12），而在摩西依旧无法顺从神的命令时，神就以杖变为蛇，和手生大麻风两个神迹作为祂差

① 有关这个题目的详细讨论，见F. D. Mazzaferri, *The Genre of the Book of Revelation*, 88－103。

遣摩西的记号。① 就以赛亚的情况来说,神先让撒拉弗以祭坛上的炭火来除去先知的不洁,然后再以祂的话来肯定祂的差派(赛6:6－7,11－13)。对耶利米的个案来说,神不单以祂的同在为保证,更以伸手按住先知之口的方式,来保证祂的拣选和差派。除此之外,神也以杏树枝和沸腾之锅的两个异象,作为祂更进一步的保证(耶1:8－16)。而对因见异象而俯伏在地的以西结,神乃是以祂的灵使先知能站起来,再以一个要他吃书卷的异象,来肯定祂的差遣(结2:1－3:3)。

(5)解释——在神呼召先知的事件中,这一个元素也常常出现。在何烈山上,神告诉摩西祂差遣他去领以色列百姓出埃及的原因,是因为祂是个守约的上帝,是因为祂曾和亚伯拉罕、以撒和雅各立了约(出3:6,15－16;4:5)。在神呼召以赛亚的事件中,因着先知不十分清楚神要他传讲审判信息的性质(赛6:11;是暂时的还是永远的刑罚?),所以神就给了他一个解释(赛6:11b－13)。② 在耶利米和以西结的个案中,神的解释则是针对祂为了要鼓励先知,而显现的异象。因此杏树枝就表达了神必定成就他的话(杏树枝的发音和"留意保守"十分近似;耶1:12),从北方而倾之锅就代表了从北方而来的敌人(耶1:14－16),而书卷在腹中之所以会发苦,是因为先知所要传讲的信息,是神的审判(结2:8－3:3)。当然在先知但以理的异象中,从神的使者而来的解释,更是但以理异象的特色之一(但7－12)。

因此在旧约背景的参照下,我们知道约翰在拔摩海岛上所经历的,正是旧约先知经验的翻版,因为上述的几个要素,都出现在启示录1:9－20中。和先知们一样,神的灵是约翰被神呼召的先决条件;是他看见异象的第一步(1:10);而他的使命,也和他们的呼召相同,因为他所收到的命令,是要他把从神而来的信息,传达给神的子民(1:11)。在他的异象中,约翰也和先知们一样,不单经历了神的显现(1:12－16),并且也因着这个经历,而仆倒在地,无法动弹(1:17a;像死了一样)。在这种情况之下,能够使他站起来完成他所领受之使命的,当然就是神的按手了(1:17b;参,耶1:9)。配合着按手的动作,神也以祂的话(1:17c),和祂所能显示的最大神迹(1:18),向约翰保证他一定可以完成他的任务(1:19)。而对于异象中那些让人困惑的事物,神也向约翰做了明确的解释(1:20)。

约翰的异象经历,的确类似于旧约先知们的经验,因为呼召他们的是同一位神。

---

① 同样的情况也出现在基甸的例子中(士6:16－21)。

② 释经者对赛6:11中,先知所发问题的意义("主啊,这到几时为止呢?"),有不同的理解。有人认为他是借着这句话,表达了他对神呼召的拒绝(N. Habel, 'The Form and Significance of the Call Narratives,' *ZAW* 77[1965], 297－323),有人则认为先知只是想要更多的明白他的使命(J. N. Oswalt, *The Book of Isaiah* 1－39, 190)。但是不管先知的反应是什么,神在6:11b－13中,却肯定是给了他一个回答。

但是作为一个见证耶稣的新约先知，约翰当然也和旧约先知们有所不同。他很清楚的将他所见异象的日子，定在主日（1:10），他也不厌其烦地指明，他之所以会被放逐在拔摩海岛上，不单是因为神的道，也是因为他为耶稣所做的见证（1:9）；而他所领受的使命，是要向神新的子民（教会）传达信息（1:12）。① 准此，在异象中所向他显现的，当然就应该是人子（1:12－16）；祂所能给约翰的保证，当然就是祂已经成就了的神迹（1:18；死过又活了）；而祂在异象中所给约翰的解释，也就十分自然的集中在那些和教会相关的事上了（1:20）。②

简而言之，约翰在这段经文中，试图让旧约中"神—先知—以色列百姓"的模式，以"人子—约翰—教会"的形态出现。从神论的角度来看，约翰在此让人子等同于神的作法，是为了要突显出人子的神性。但是他为什么选择以"像人子的一位"，而不直接用"耶稣"来称呼出现在异象中的那一位呢？其原因，正如我们在导论"启示录释经学"之部分所指出的，"像"或是"有如"在启示录中的使用，乃是要将"异象"（另外的一个空间）和约翰所身处的世界，做出区隔而有的。当然约翰在这段经文中所使用的文学手法，也让他自己和教会，连结于旧约中的先知和以色列百姓。就约翰而言，他是旧约先知的传人；就教会而言，她则是旧约以色列国的延续。

① 当然教会不是一个全新的群体，因为她是"老干＋新枝"的新葡萄树（罗 11:13－24）。我们在此用"新子民"来描述教会，是因为耶稣自己曾说，祂以祂的血和我们立了一个新约（路 22:20）。

② 对 A. Y. Collins 来说，站在启示录 1:9－3:22 后面的，是但以理书 10:2－12:4（'The Influence of Daniel on the New Testament,' in *Daniel*, J. J. Collins [Minneapolis: Fortress, 1993], 90－112）。因为（1）在两段经文中，我们都有从天而来之人物的显现；（2）在两处的经文中，异象发生的地点时间，以及见异象者是谁，都有明确的交待；（3）但以理和约翰都强调"看"，并且也都对他们所看见的那一位，做了详细的描述；（4）两个见异象者都仆倒在地，无法动弹。（5）但以理和约翰都因着从天而来之人物的作为，而重新得着力量；（6）但以理和约翰都得着一段很长的启示，并且这些启示都和书卷有关（详见 102 页）。

但对 Beale 而言（*Revelation*, 220），启示录 1:4－20 则是和但以理书第七章彼此平行，因为在这两段经文中，有许多相同的要素。（1）神坐在宝座上（启 1:4；但 7:9a）；（2）神的宝座为灵界的存在所环绕（启 1:4；但 7:10b）；（3）人子统管宇宙（启 1:4；但 7:13－14）；（4）圣徒成为神的国度（启 1:6；但 7:18，22，27a）；（5）人子驾云而来（启 1:7a；但 7:13）；（6）和审判有关的书卷（启 1:11；但 7:10）；（7）对在异象中显现者的详细描述（启 1:12－16；但 7:9－10）；（8）见异象者的反应（启 1:17a；但 7:15）；（9）对异象中有关事物的解释（启 1:17－20；但 7:16－17ff）。

这两位学者的观察，显示了但以理书对启示录相关章节的影响。在我们目前所分析的经文中，从但以理书而来的影响的确是最重要也是最明显的。但是在但以理书第 7 章或是 10－12 章后面的，却是以西结书 1－3，9－10 等章节（J. E. Goldingay, *Daniel*, 148－49, 284）。在犹太人的传统中（Merkabah texts），这些以西结经文，是和我们前面所提及，神在异象中显现，并且呼召先知之经文彼此平行。因此在启示录第一章后面的，恐怕不只有但以理书而已。在后面的经文分析中，我们将会看见但以理书在这段经文中的影响，但是在此我们希望读者能以一个更宽广的视野，来理解这段经文，并且能够明白约翰是如何将新旧约连结在一起的。

经文分析

1:9a 我约翰就是你们的弟兄,是你们在耶稣的患难、国度、忍耐里的同伴(Ἐγὼ Ἰωάννης, ὁ ἀδελφὸς ὑμῶν καὶ συγκοινωνὸς ἐν τῇ θλίψει καὶ βασιλείᾳ καὶ ὑπομονῇ ἐν Ἰησοῦ)

约翰在启示录里面所记载的第一个异象,是以"我约翰"作为开始的。在前面我们已经指出,在旧约诸多有关神呼召先知的经文中,但以理书对本段经文有最直接的影响,而这个影响在这段记载的一开始就出现了。因为在整本旧约中,只有先知但以理使用"我但以理"的方式,来叙述他所看见的异象(但 7:15;8:15,27;9:2;10:2,7;12:5)。这种开场的方式,给人一种慎重其事的印象,①但约翰在此所要树立的权威,并不是他自己,而在他所领受的异象。因为紧接在"我约翰"之后,约翰的自称是"你们的弟兄",是"在耶稣的患难,国度,忍耐里的同伴"。②

对二十一世纪的信徒来说,我们对"弟兄姊妹"或是"属灵同伴"的用语,已经习以为常。但若是我们从前面所提及的旧约背景来看,约翰在此以"弟兄和同伴"的方式,来界定他和收信人之间的关系,应该是一个经过思索之后的选择。因为从耶稣有关"遵循神旨意就是我的弟兄姊妹"的教训中(可 3:35),约翰知道他虽然像旧约先知一样的身负先知之责,但是他却是他们的弟兄;而这个弟兄关系的真正含义,是他们都一同有份于耶稣的患难,国度和忍耐;他们因着耶稣而同属于一个团契。

但是患难,国度和忍耐的意思是什么呢?他们彼此之间的关系又是如何的呢?从文法结构上来看,这三者都为一个冠词所管理(τῇ),所以他们应该是彼此平行,互相解释的。③ "患难(θλίψει)"的原意是"灾难",在启示录中有些地方更以"大"来形容圣徒所要经历的苦难(例如,2:22;7:14),因此有人认为此处的患难是末世的大灾难。④ 但是在启示录 2:9 那里所提及的灾难,却显然不是末日的灾难,而是信徒已经

① 在哥林多后书 10:1,加拉太书 5:2 和以弗所书 3:1 等三处经文中,"我保罗"一语亦有相同含义。

② 弟兄和同伴(ἀδελφὸς; συγκοινωνὸς)二词同被一个冠词所管理,因此它们彼此平行。

③ Thomas 认为患难是这个词组中的重点,而国度和忍耐则是附属于患难。也就是说,患难让我们进入国度,而在患难中我们需要忍耐(*Revelation* 1-7,86)。这个看法虽然有其可能,但是这三者应该是彼此平行的,因为他们都是因着"在耶稣(ἐν Ἰησοῦ)"里而有的。

④ Charles, *Revelation I*, 21.

经历到的；而在2:10中所提及将要来临的灾难，也应该不是末日的“大灾难”。① 因此，此处所言之患难不一定是指“大灾难”。事实上，从“在耶稣里”这个词组中，我们应该可以看出，约翰所说的患难，是因着我们和耶稣联合而有的（参，约15:19）。②

在耶稣里当然会有苦难，但是在耶稣里也同样意味着我们和祂同属于一个国度，一个已经在这个世界中建立起来的国度。因此教会虽然在患难中，但她却在地上执掌王权。因为教会的主，就是以此途径来彰显祂的王权（参1:5）。③ 在苦难中彰显王权是一个不容易理解的真理，因为受苦和王权是彼此冲突的概念。因此约翰告诉我们，要实践这个真理，其秘诀在忍耐；不是短暂的忍耐一下，而是恒久忍耐（ὑπομονή）。这种忍耐不是我们靠着自己就可以完成的，而是“在耶稣里”才有可能发生。在受患难和掌王权的矛盾中，只有因着与耶稣联合而有的恒忍，才能让我们成为一个得胜者。④ 更进一步来说，我们因着与耶稣联合而有的恒忍，并不是无可奈何的认命，而是带着盼望的恒忍，⑤是在火炼的试验来临时，依旧可以觉得欢喜的态度。因为我们知道，若是我们与耶稣一同受苦，在祂荣耀显现时，我们也将有分于祂荣耀的国度（彼前4:12－13）。⑥

因此对约翰来说，他和弟兄姊妹们的关系，并不只是一群因同病而彼此相怜的“互助会”，而是一群以受苦为兵器，以耶稣为元帅，以盼望为他们旌旗的“生命共同体”。在朝向新天新地之境而前进时，他们当然会遇见许多艰难，但是因着他们是一个“在耶稣里”的群体，他们的胜利因此就在耶稣已经从死里复活的事上，得着了保证。

1:9b 为神的道，并为我所给耶稣作的见证，曾在那名叫拔摩的海岛上（ἐγενόμην ἐν τῇ νήσῳ τῇ καλουμένῃ Πάτμῳ διὰ τὸν λόγον τοῦ θεοῦ καὶ τὴν μαρτυρίαν Ἰησοῦ）

在界定了他和弟兄姊妹们之间的关系后，约翰继续告诉我们他在什么地方看见了异象。

---

① 详见该处经文的注释。Aune 基本上同意 Charles 的看法，认为1:9中的患难，是末世的大灾难。但是他也同时注意到约翰以三种相当不同的方式，来描述信徒的患难（*Revelation* 1－5,76）。

② Aune 认为“在耶稣里”只修饰“忍耐”（*Revelation* 1－5,76），因为他认为“在耶稣里的患难”一语，有语意上的困难。但若是我们参照14:13（在主里面［ἐν κυρίῳ］而死的人有福了），“在耶稣里”就可以有“因着与耶稣联合而……”的意思（Locative of Sphere）。类似的用法，亦见，罗1:9；2:12。

③ Beale, *Revelation*, 201－02. 他认为1:9的“患难—国度—忍耐”，和1:5中之“诚实作见证—从死里复活—为世上元首”，在结构上互相呼应。

④ 参，启2:7,10－11,17,26－28；3:5－6,10－12,19－21；7:14。

⑤ BAGD, 846.

⑥ 保罗在路司得所经历的（徒14:19－23），以及他在那个被石头打得半死的事件之后，对门徒们所做的劝勉（我们进入神的国，必须经历许多艰难），也和约翰在此所言之真理互相呼应。

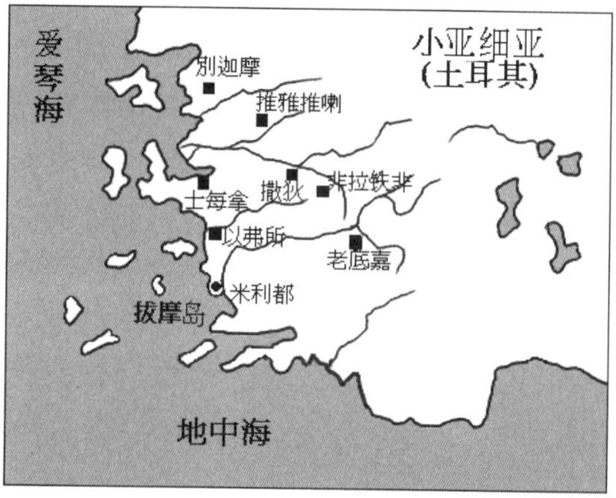

拔摩海岛①位在爱琴海上,距小亚细亚的米利都约有60公里,而和以弗所城则有约90公里的距离。② 这个小岛的面积不大(约35平方公里),在其南北各有一个火山。在希腊时代,拔摩海岛和另两个小岛(Lipsos;Leros)都属米利都城,而在其上都有军队驻守,是防御米利都城的海上军事要塞。从考古的资料中,我们知道在主前第二个世纪时,在这个岛上就曾经举行过当时十分流行的运动比赛,并且在岛上也曾立有一个希腊神祇希耳米(Hermes)的雕像。③ 而从第二世纪的一块石雕上,我们也知道拔摩海岛上,也曾举行过祭祀亚底米斯女神的活动,而这个活动包括了一个人人都可以参加的筵席,游行,和崇拜。因此从这些记录来看,拔摩海岛在第一世纪末叶,恐怕不是一个荒芜的小岛。④

根据第四世纪该撒利亚主教优西比乌的记载,⑤约翰是在豆米田皇帝的任内,被放逐到这个小岛上,而在豆米田死后,因着罗马元老院所公布的赦免令,返回了以弗所。⑥ 从"我曾(ἐγενόμην)在拔摩海岛上"一语来看,约翰似乎是在他离开了拔摩海岛之后,才写下启示录的。但是在叙事体中,以这个时态来写作其实并不奇特,因此我们无法据此而下一个确定的结论。

从这句话中我们可以确知的是,约翰曾在这个小岛上度过一段岁月。但是究竟是什么原因,让他身在拔摩海岛上的呢?有人认为"为神的道和为耶稣的见证"的意思,是约翰为了到拔摩海岛传讲福音,或是为了得着启示,而到了这个海岛之上(参

---

① 今日以 Patino 为其名。

② Hemer, *Local Setting*, 27.

③ 希耳米是希腊诸神之一。在希腊神话中,他是竖琴的发明者,而其所掌理的事务包括旅行,放牧,商业和奴隶。他是宙斯大帝(Zeus)的发言人;而在路司得的传说中,他和宙斯会以人形出现在路司得。因此当保罗和巴拿巴在路司得医治了一个瘸腿的人之后,他们便认为巴拿巴是宙斯(和合本译为"丢斯"),而保罗是希耳米,因为他说话领首(徒14:8-12)。有关希耳米的详细论述,见 *ABD* 3:155-56。

④ 资料来自 Aune, *Revelation* 1-5,77。

⑤ *Hist. Eccl.* 3.20.8-9.

⑥ 优西比乌的记载,和小蒲林尼(Pliny the Younger)的记录相符,因为他也记录了聂尔瓦(Nerva)在继豆米田而登基之后,向所有在豆米田任内被放逐者,发布了赦免令(*Ep.* 1.5.10;9.13.5)。

1:1－2）。① 但是从6:9和20:4中，我们晓得约翰是为了信仰的缘故，而被放逐到拔摩海岛上的。因为那两处经文显示，殉道者之所以会被斩首，是因为他们坚守神的道，也是因为他们坚持为耶稣做见证。事实上在本节的上半部中，约翰就已经暗示，他为着信仰已经付上忍受患难，恒久忍耐的代价了。也就是说，是因着了他过去在其它地方传福音的行动，约翰就被放逐到此一小岛上。

1:10a　当主日我在灵里（ἐγενόμην ἐν πνεύματι ἐν τῇ κυριακῇ ἡμέρᾳ）

在这一节经文的上半段，约翰告诉我们两件事。第一，他是在怎样的情况下开始了他的异象之旅。第二，他是在什么时候看见这个异象的。"我在灵里（ἐγενόμην ἐν πνεύματι）"是约翰描述他见异象时的情况，但是这个词组的意思是什么呢？第一，它是不是在描述类似于彼得或是保罗"魂游象外"的经验呢？② 若是如此，那么这个词组的重点便是要突显约翰的精神状态，而不在强调从神而来的影响。也就是说，此处的"灵"并不是圣灵，而是约翰的灵（身心状态）。③ 第二，这个词组的意思，是不是如和合本所翻译的一样，在强调从圣灵而来的感动（inspiration），因此突显出启示的来源和可靠？④

在前面讨论启示录结构时我们已经知道，"我在灵里"一语是从以西结书中，"耶和华的手在我身上"而来。因为这两个词组不单语意相同（即，被神的能力所掌控），并且在他们各自的书卷中，都具有结构性的意义。因此透过这个旧约背景，我们可以确定约翰在这里所要强调的，是他和圣灵之间的关系，而不是他自己的身心状态。⑤ 这一个角度的强调，不单树立了他所领受启示的真确性，也更进一步地确立了他作为新约先知的身份。

但约翰和圣灵之间的关系，究竟是怎样的呢？"在灵里"这个词组的使用，只在强调启示的权威吗？在旧约里，当神的灵降临在先知身上的时候，通常会带来几方面的影响。第一，他们会自觉污秽（例如，以赛亚；赛6:5），自觉不配（例如，摩西；出3:11，

---

① 详见，Beckwith，*Revelation*，434；Thomas，*Revelation* 1－7，88－89。就文法上来说，这两种看法都是可能的，因为虽然在大部分的情况中，"διὰ＋直接受格"都表原因，但在某些例子中，这个文法形式也可表目的（例如，"有人为了天国的缘故而自阉"太19:12）。详见，J. A. Brooks & C. L. Winbery，*The Syntax*，60，62。

② "ἐγένετο ἐπ' αὐτὸν ἔκστασις"（徒10:10），"ἐν ἐκστάσει"（徒11:5；22:17）；和合本都译为"魂游象外"。

③ 例如，Thomas，*Revelation* 1－7，90；Aune，*Revelation* 1－5，83。

④ 例如，张永信，《启示录注释》，页70。

⑤ 在"在灵里"这个词组中，"灵"的前面的确没有定冠词，但是在介系词之后的名词，其冠词是可以省略的。

4:10,13),①或是为他们所要传讲之审判信息,而觉得灵性忿激(例如,以西结;结3:14)。从他们的这些反应中,我们看见神的灵已经在先知的心中,重建了神公义的性情。因此在先知们的事奉中,我们屡屡看见他们对罪发出严厉的责备。第二,除了重建神公义的性情之外,神的灵也设立先知在百姓之上,好让他们管理神的国。因此摩西就成为治理神家的人(参,来3:1-6),而先知以西结也成为未来复兴以色列国的主要规划者(结40-48)。不单如此,我们在先知耶利米的个案中,更看见他被神立在列国之上,依神的心意来建立或是毁灭一国;因此他是神管治世界的代表(耶1:10)。从这两个角度来看,神的灵在先知们身上所做的,其实是一个重建神形象的工作,因为公义道德(内圣)和管治世界(外王),正是神形象的两个主要特征。

但是在神拣选先知们的事件中,我们发现神的灵所做的,却不止于此。在摩西的个案中,我们看见他因着见了神的面,而面皮发光(出34:30,35);在以利亚的情况中,他是以不见死的方式,离开了这个世界(王下2:11);而在被掳前后先知们的例子中,他们更是眼睛为神的灵所开,看见了异象;或是被神的灵所提,而进入了天庭。因此在这些例证中,我们看见他们的身体,因着神的灵而发生了改变,因而反映了神的荣耀(参,林前15:35-54)。简言之,神的灵不单在先知们身上重建了神的形象,并且也让这个重新建立起来的形象,达到它原来预定的目标,即,进入荣耀中(参,罗8:18-30)。就先知们的例子来说,神的灵在他们身上所带来的影响,当然只是一个预表。他们的公义,他们的管治,以及他们的改变,都只是暂时和相对的,因为真正的改变和影响,是要在基督的工作中,才会开始发生(参,启1:12-18)。但是尽管是相对的,尽管是预表式的,他们却为后来的世代提供了一个模型。他们是神对亚当犯罪之事的一个初步答案。②

从这个角度来看,约翰"*在灵里*"的经验,也许并不如许多人所想象的那样玄奥。从后面的经文中我们将会发现,约翰"*在灵里*"所看见的异象,事实上是他在耶稣基督的启示中,对旧约启示的解释。他"*在灵里*"所领受的,不是一个全新的真理,而是他对旧约的一个新的领悟。他是在圣灵的启示之中,明白了神永恒的计划(参,约16:13)。在旧约中,这类的经验也许并不多见,但是在五旬节圣灵降临的时候,"万民皆先知"却成为新约教会的一个记号;成为一个新时代开始的标记(徒2:14-21)。"在

---

① 在荆棘中之火是神显现的记号(J. I. Durham, *Exodus*, 31)。在五旬节时,祂则是以如火焰般之舌头的形态出现(徒2:3);而在启示录中,圣灵更是以在宝座前的七盏火灯的形式现身(启4:5)。有关摩西、以赛亚、耶利米、以西结和但以理等先知,被神的灵所充满的经文,见民11:17;赛8:11;耶1:9;结2:9;但4:8。在以赛亚、耶利米和以西结的例子中,神的灵是以"神的手"的形态出现的;而这个表达方式是由以利亚和以利沙而来(王上18:46;王下2:15)。

② 有关先知和神形象之间关系的论述,详见M. G. Kline, *Images of the Spirit*, 57-96。

灵里”，他们认出耶稣就是神在旧约中所应许的基督（徒2:15－36），因而明白了神的启示。“在灵里”，许多的人为自己的罪觉得扎心而悔改（徒2:37－40），因此神的形象在他们里面也得以重新建立起来。“在灵里”，他们不单像先知一样的见证神（徒2:41－42），并且也以许多奇事和神迹来见证他们所传的道（徒2:42）；因此他们也藉这些事，表明了他们的能力，是已经超越了他们身体原先的限制了。因着“在灵里”，教会在各方面的确显明了她是一个依神形象而被重新创造的群体，但是和先知们一样的，教会也因着这同一个缘故，必须经历从这个世界而来的逼迫，因为黑暗从来不喜欢光明（约3:19－20）。因此在被圣灵充满的情况下，教会历史中的第一个殉道者司提反，虽然看见了神的荣耀和复活的人子，但是他也和先知们一样，以殉道作为他人生的句点（徒7:54－60）。从这个角度来看，约翰会在启示录11章中，以旧约先知的图像来描述新约教会，应该不是一件令人意外的事。因为这个新的群体，在这个新世代中所担负的责任，是和旧约先知们在他们的世代中，所担负的使命完全一样（11:3－13）。①

借着“在灵里”一语，约翰的确将他自己（以及教会）和旧约先知连结在一起，但是正如圣灵在五旬节降临时，更新了这个旧约节期的意义，约翰在灵里见异象的经验，也一样发生在一个新的日子，即，“主日（ἐν τῇ κυριακῇ ἡμέρᾳ）”。在新约中，约翰在此所使用“属于主的（κυριακός）”这个形容词，只出现在这里和哥林多前书11:20（“主的”晚餐）。在当代，这个字主要是出现在和罗马皇帝有关的文献中，因此在这些著作中，它的意思是“皇帝的”。在第二世纪教父们的著作中，这个字和我们通常在新约中所见之“主的（κυρίου）”一语，互为同义词；而到了第三、第四世纪时，这个字才逐渐成为一个具有我们今日所谓“礼拜天”之意义的专有名词。因此就这个历史背景来看，我们不能立即望文生义的就认为，“主日”在此就等于“礼拜天”。

对约翰之“主日”，学界主要有三种看法：末日，复活节，礼拜天。第一种看法是把旧约中表明末世的用语，“主的日子（יוֹם יְהוָה）”，等同于约翰的“主日”，因此它的意思是“末日”。准此，约翰在此的意思是，他在灵里被带到了末日，或是他在灵里看见了有关末日的事情。这个看法似乎言之成理，并且也和启示录一书的内容互相呼应，但是在七十士译本和教父们的著作中，“主的日子”一直都是“ἡ ἡμέρα [τοῦ] κυρίου”，而从来不是约翰的“主日（ἡ κυριακός ἡμέρα）”。也就是说，约翰在此并没有使用旧约中，指向末日的专有名词，因此这个论点恐怕站不住脚。

第二种看法是，初代教会在一开始的时候，并没有周复一周地在礼拜天聚集崇

① 详见11章的注释。

拜,而只在复活节主日的早晨,举行纪念性的礼拜。这个习俗在一段时日之后,才逐渐发展为固定的主日崇拜。这个主张虽然强调了复活节的重要性,但是它却有两个困难。(1)小亚细亚地区的教会是在第二世纪的时候,才开始在尼散月的十四日庆祝复活节,①因此我们无法确定复活节和主日之间的前后关系。(2)从第二世纪教父们的著作中,我们十分明确地知道,约翰所用"主的(κυριακός)"一语,所指的是"主日",但是这个现象并曾不出现在"复活节"的情况中。也就是说,在某些地方我们无法确知,"主的"一语所指的就是"复活节"。有鉴于此,"复活节"的主张并不为多数释经者所接受。

从教父们的著作来看,约翰的"主日"比较可能是"礼拜天";而这一个日子在新约中,被称为"七日的第一日"。从使徒行传 20:7 的上下文来看,保罗似乎刻意要参加完在这日所举行之聚会后,才离开特罗亚(徒 20:6-7);而从哥林多前书 16:2 来看,这一天也是保罗要信徒们,定期为其他信徒之需要而捐输的日子。因此这个日子在初代教会中,应具有一定的意义。四本福音书的作者都以"七日的第一日",来记载耶稣复活的日子,恐怕也反映出这个日子对初代教会对的重要性了(太 28:1;可 16:2;路 24:1;约 20:1)。②

1:10b 听见在我后面有如号角般的大声音(καὶ ἤκουσα ὀπίσω μου φωνὴν μεγάλην ὡς σάλπιγγος)

在圣经中,神的显现除了有令人印象深刻的影像之外(例如,密云、闪电、火等等),也伴随着让人无法逃避的声音。在创世记 3:8 那里,亚当夏娃就是因着耶和华降临的声音,而惊惶失措。在西奈山神和以色列人立约时,贯耳的雷声是以色列百姓知道耶和华神降临的第一个记号;而高而又高的号角之声也清楚地显示了同一个事实(出 19:16-18)。这个耶和华降临的声音,是摩西要以色列百姓永存心头的事,因神并没有以任何的形象向他们显现,而只借着如号角的声音,和他们立下了西奈之约(申 4:12)。在以利亚因着耶洗别之迫害而逃到何烈山时,是耶和华降临的如雷之声,③而不是那些疾风烈火和地震,让先知重新得着能力(王上 19:12);至于在大卫和非利士人争战时,也是耶和华在树梢行走的声音,让大卫知道耶和华神已经在他们前

---

① 尼散月是犹太历法中的第一个月份,在今日 3-4 月间;见 Aune, *Revelation* 1-5,84。

② G. D. Fee, *The First Epistle to the Corinthians*(Grand Rapids: Eerdmans, 1987),813-14. 有关于"主日"的详细论述,见 Bauckham, 'The Lord's Day,' in *From Sabbath to Lord's Day: Biblical Historical and Theological Investigation*, ed. D. A. Carson(Grand Rapids: Zondervan, 1982),211-50。

③ 中文和合本将王上 19:12 中的"קוֹל דְּמָמָה דַקָּה"译为"微小的声音";但"如雷吼叫之声"应该是经文的原意。详见 J. Lust, 'A Gentle Breeze or a Roaring Thunderous Sound?' *VT* 25(1975),110-15;亦见 G. H. Jones, *1 and 2 Kings*, vol. II(Grand Rapids: Eerdmans, 1984),333。

头，去攻打他们的敌人了（撒下5:24）。

神是全地的主，因此当祂在外邦之地巴比伦降临时，除了密云、火光和四活物之外，祂降临时所发出的响声也不曾缺席。在先知以西结的耳中，这个声音是像大水的声音，像全能者的声音，也像军队哄嚷的声音（结1:24）。① 这些声响的确令人印象深刻，但是这些只是耶和华乘坐之“交通工具”（四活物）所发出来的，因为在这些声响之外，在四活物垂下了他们的翅膀之后，先知也听见从穹苍之上而来的声音（结1:25）；②而在穹苍之上的，正是坐在宝座上的耶和华神（结1:26－28）。

神是全世界的主，因此在五旬节（徒2:1－3），当祂要实现祂向和亚伯拉罕所立“地上的万族要因你得福”之约时（创12:3），除了如火焰般的舌头让人知道神已经降临之外，从天而来的响声更是一个重要的记号，因为正是这个声音，让在耶路撒冷的众人因好奇而聚集在一起，并因此而得听闻福音（徒2:6）。③

从这些新旧约背景来看，约翰在拔摩海岛上的经历，正是神的子民在历史中所经验到的。就像神降临时所伴随的密云、闪电和火光一样，神降临时的响声，其目的也在显示祂的威严，在唤起人的注意，也在要求人顺服（启1:11）。就其场景来看，约翰的经验最接近于先知以西结，因为他们都听见一个在他们背后所响起的大声音（结3:12）；但是就声音的种类来说，约翰的经验却比较接近摩西的，因为在拔摩海岛上所响起的，是如号角之声（参，出19:16－18）。从1:12－20节来看，这个如号角之声应该是出自耶稣之口，因为约翰转过身来所看见的，是像人子的那一位。因此借着这个方式，约翰再一次地高举了耶稣：正如耶和华神在旧约中向祂的百姓发声，死而复活的耶稣，也在此向祂所设立的教会，发出如号角之声；一个我们不能逃避，必须有所反应的声音。

1:11 说④：你要把你所看见的写在书上，寄给以弗所、士每拿、别迦摩、推雅

---

① 在旧约有关神显现的记载中，先知以西结所见之异象，可说是最壮观的。而其原因很可能是神要藉此向经历了被掳之祸的以色列百姓，显明祂依旧是全地之主。

② L. C. Allen 认为1:25的上半部不属原始经文（*Ezekiel* 1－19, 9），但是 M. Greenberg 对这个问题的看法应该是比较合理的（*Ezekiel* 1－20, 49）。

③ 有关“神声音”的论述，见 M. G. Kline, *Images of the Spirit*, 98－102。

④ 从第10节来看，λεγούσης（所有格）的前述词是φωνὴν（直接受格），因此正确的形态应该是λέγουσαν（直接受格；类似的情况也出现在4:1和6:7中）。对此现象多数学者认为这是受到σάλπιγγος（所有格；1:10）的牵引所致。这个解释是可能的，但是若参照七十士译本中的相关经文（民7:89；申4:33，5:26；赛40:6；结1:28，10:5，43:6），我们将会发现约翰在此只是跟随七十士译本的习惯而已。因为在这些经文中，当一个从天庭（或是施恩座）而来之声音说话时，不管其前述词（声音）的格为何，“说”总是以所有格的形态出现。M. Greenberg 认为这个文法不规则的现象，可能是为了要避免“声音会说话”的可能性。因此当“说”以所有格的形态出现时（of one speaking），读者自然就知道是上帝在说话了（*Ezekiel* 1－20, 61）。

推喇、撒狄、非拉铁非和老底嘉等七个教会(λεγούσης, Ὃ βλέπεις γράψον εἰς βιβλίον καὶ πέμψον ταῖς ἑπτὰ ἐκκλησίαις, εἰς Ἔφεσον καὶ εἰς Σμύρναν καὶ εἰς Πέργαμον καὶ εἰς Θυάτειρα καὶ εἰς Σάρδεις καὶεἰς Φιλαδέλφειαν καὶ εἰς Λαοδίκειαν)

如果如号角之声所要突显的是威严和权柄(参,上节注释),那么这个声音的内容自然就应该是一个命令了。这个命令由两个部分组成:“写和寄(γράψον καὶ πέμψον)”。在启示录中,以命令语气出现的“写”一共有12次,其中七次是在2-3章中七封书信的起头部分。在本节和1:19里面,约翰的使命是要将他在异象中所看见的,都写下来。在14:13和19:9中的两个“写下来”的命令,则是要强调两个和受苦圣徒息息相关并且彼此互补的真理:在主里死了的人是有福的,因为他们不单息了他们自己的劳苦(14:13),并且也因此得以参加羔羊的筵席(19:9)。而在21:5中,我们则听见这卷书中最后一个,由上帝所亲自发出“写下来”的命令。从上下文来看,约翰在那里所要做的,是把神将要以新天新地来更新一切的宣告记录下来,但是从全卷书的角度来看,这个从父神而来的命令,和本节中从圣子而来之命令互相呼应。事实上,在1:1-3中约翰就已经告诉我们,他所领受的启示,是从父神和子而来的。

在旧约中,当神差派先知去传信息的时候,祂所下达的命令通常是“去和宣讲”(赛6:9;耶1:7;结2:4,3:4;摩7:15),因此约翰的“写和寄”也有将他自己的使命,等同于旧约先知之使命的意图。对被放逐在拔摩海岛上的他来说,“去和宣讲”是一个暂时还不可能实现的梦想,因此“写和寄”就成为他现今的使命了。

但是记载约翰所见异象的工具是什么呢?“书(βιβλίον)”当然不是我们今日的对开折页书,因为这种形式的书籍要到第二世纪时才比较普遍。“书(βιβλίον)”在此指的是“书卷”。从保罗要提摩太把他留在特罗亚的“书(τὰ βιβλία)”和“皮卷(τὰς μεμβράνας)”,一并带来的吩咐来看(提后4:13),约翰的启示录很可能不是写在牛皮或是羊皮上,而是以蒲草纸为书写材料。以经文长度来衡量,整卷启示录展开来大约是四公尺半。①

在1:4中约翰已经告诉我们,这一卷书的收信人是谁,并且也约略让我们知道这七个教会的所在地(小亚细亚),但是在这里他则是对这七个教会一一点名。在前面我们也已经知道,约翰的点名次序是依其地理位置。也就是说,他是站在一个送信人的角度,来安排七教会的顺序。但在以最短路程为考量的时候,约翰也选择以“七个教会”,来代表所有的教会。整卷启示录是写给在小亚细亚地区所有的教会,但是由于历世历代的教会,也和这些教会面临一样的挑战,也有着类似的软弱,因此在这个

① Thomas, *Revelation* 1-7,93.

层面上，这卷书的信息也适用于所有的教会。

1:12 我转过身来，要看是谁发声与我说话。既转过来，就看见七个金灯台（Καὶ ἐπέστρεψα βλέπειν τὴν φωνὴν ἥτις ἐλάλει μετ᾽ ἐμοῦ, καὶ ἐπιστρέψας εἶδον ἑπτὰ λυχνίας χρυσᾶς）

神降临时的响声除了显示出祂的威严之外，也必定引发人的注意。① 因此约翰就转过身来，想要知道在他身后向他说话的是谁。在原文中，约翰所说的其实是，“我转过身来要看这个和我说话声音”。对于这个在逻辑上似乎有些问题的说法（即，人如何能看见声音呢？），有人认为约翰在此并不是把声音拟人化（anthropomorphism），因此他可以“看见”声音；而是这个“声音”在犹太人的传统中，已经实体化了（hypostatized），就好像“道（ὁ λόγος）”在约翰福音中已经实体化了一样。② 这个主张虽然可以立刻解决“看见声音”之说法所带来的问题，但是它有一个很基本的困难，那就是，我们如何界定拟人化和实体化的区别呢？③ 当我们说“我看见神的手正在作工”的时候，我们显然是以“手”转喻（metonymy）为“能力”；而不是将手实体化。也就是说，我们并不期待人真的以为有一只手在工作着。事实上若我们参照约翰在此所暗引的旧约，我们知道约翰在这里只是依循着摩西在西奈山的说法而已。因为在出埃及记 20:18 那里，摩西说：“众百姓看见雷声，闪电，角声和冒烟的山就发颤，远远的站立。”在这里雷声、闪电、角声和冒烟的山都是神在大能中显现的外在记号，因此摩西可以说他们“看见了”雷声和角声。④ 也就是说，当百姓们看见了，或者说当他们明白了雷声、角声、闪电和冒烟之山所代表的意义之后，他们就发颤，远远地站立（两个表达以色列百姓内在敬畏之心的外在表现）。因此从这个角度来看，约翰在这里只是以一个譬喻性的说法，来述说他的异象经验。⑤ 准此，“我转身要看是谁发声与我说

---

① “引人注意”的说法其实并不十分准确，因为祂降临的响声，是让人颤抖，叫人六神无主的响声（参，出 19:16；20:19；申 5:23－26；亦参，诗 29）。不单如此，在世界末了，当神的号角声响起时，连已死之人也将因着这个响声而所有反应：属神的将要复活得永生，而那些作恶的也将要复活，但是他们所面对的却是审判（太 24:31；林前 15:52；提前 4:16）。

② J. H. Charlesworth, ‘The Jewish Roots of Christology: The Discovery of the Hypostatic Voice’ *SJT* 39 (1986), 19－41.

③ 有关这个问题的详细讨论，见 Aune, *Revelation* 1－5, 88; Beale, *Revelation*, 207－08。

④ 类似的说法也出现在约翰在此所暗引的另一处旧约中，即以西结书 3:12－13（LXX），因为在其中以西结也说，他“看见了”四活物所发出来的声音。

⑤ 在 1:11 有关破格文法的讨论中（见该节注脚），我们已经知道，为避免给人“声音会说话”的印象，或者说为避免将声音实体化，约翰跟随了七十士译本的作法，刻意地让“说”以所有格（λεγούσης），而不以直接受格（λέγουσαν）的形态出现。这个作法虽然在文法上产生瑕疵，但是却避免了让他所听见的声音实体化的可能性。

话”,应是约翰在此所要表达的意思。

但是在约翰转身之后,第一个进入他眼帘的,不是向他发声说话的人子,而是七盏金灯台。从本节的上半段来看,约翰先见“场景”再见“主角”的描述(1:13-16),似乎有一点奇怪,但这其实是以西结见天庭异象的反映。因为在先知经验中,他是先看见神所乘坐的车辇①(大云、四活物和其轮)之后,才再看见坐在宝座上的那一位(结1:4-25,26-28)。

在前面分析1:4的时候我们已经知道,在启示录中,“七灵”的旧约背景是撒迦利亚书4:1-10。在那里我们看见约翰在耶稣以自己身体为殿的教训中,并参照五旬节圣灵降临的事件,明白了这个旧约异象的“新约意义”。因此他在启示录中就特别以“七灵”,作为“耶和华的灵”的代名词,因为“七”是象征完全的数字。相对于“七灵”,约翰在此也将撒迦利亚在异象中所见之一盏金灯台,扩张为七盏金灯台。因为从五旬节开始,这七盏金灯台所象征之教会(1:20),就不再只是以色列一族而已,而是包括了从各族各方各民各国而来之人(启5:9;7:9)。从约翰所领受之使命来看(写信给七个教会;1:11),七个金灯台在异象中的出现,似乎是相当自然的事,但是从撒迦利亚书的背景来看,七盏金灯台的出现,其实也显示出约翰在暗引旧约时的一致性。因为在耶和华的灵于五旬节降临的事件中,约翰不单看见了祂能力完全的彰显(七灵),他也明白了圣殿重建的真正意义(七盏金灯台)。②

1:13 灯台中间有一位好像人子的,身穿长衣,直垂到脚;胸间束着金带(καὶ ἐν μέσῳ τῶν λυχνιῶν ὅμοιον υἱὸν ἀνθρώπου ἐνδεδυμένον ποδήρη καὶ περιεζωσμένον πρὸς τοῖς μαστοῖς ζώνην χρυσᾶν)

约翰的拔摩异象的确因着七个金灯台的出现,而让撒迦利亚的异象有了一个新的面貌。但是在拔摩异象中真正引人注目的,却不是这七个金灯台,而是在灯台中间出现,好像人子的一位。因为从这一节经文开始,一直到16节为止,约翰一共用了四节经文,来描述这个异象中的主角。

---

① 参,诗68:17;104:3;赛66:15。

② 在探究七盏金灯台之意义时,Aune不十分确定撒迦利亚书所扮演的角色为何(*Revelation* 1-5, 88-89)。对此,Beale则认为撒迦利亚书是解开七盏金灯台之谜的钥匙,因为(1)七灵在启1:4中的出现(参,亚4:6);(2)两个异象都遵循着“金灯台出现+解释”的模式(启1:12b,20;亚4:2,10);(3)亚4:2,10在启4:5和5:6中被引用(*Revelation*, 206-08)。除了Beale所观察到的现象之外,我们在此所看见约翰对撒迦利亚书所做的“同步”更动,也证实这段旧约经文对了解约翰异象的重要性。

"好像人子的一位(ὅμοιον υἱὸν ἀνθρώπου)"①是约翰对耶稣的第一个描述。在旧约中,"人子"一词的并不具有特别含义,只在表达一般的"世人"(例如,诗8:4),或是为了要突显相对于神的人性(例如在以西结书中的"人子")。在新约中,特别是在四福音中,"人子"是耶稣的自称。在某些地方,这个自称的确和中国人以"在下"来委婉表达"我"的方式,有异曲同工之妙。② 但是在其他的经文中,"人子"一词却显然含有比"我"更深邃的意义。因为当耶稣以"人子"之身份说话时,其内容总是和他现今所拥有之权柄,③和祂的受苦,④或是和祂将要再来的事有关。⑤

和福音书作者所一贯使用的"人子(ὁ υἱὸς τοῦ ἀνθρώπου)"一词相较,约翰的"像人子的一位",显然更贴近但以理书7:13,"一位具有人样式的(כְּבַר אֱנָשׁ)"。⑥ 在但以理书第七章中,"像人的"是和象征着世上四国的四只大兽(7:17),彼此互相对应。因此他应该和"如狮像熊又似豹"的兽一样(7:4－6),是一个象征性的人物。⑦ 从他像人,而世上国度像兽的对比中,他显然不是这些国度的对手,但是因为兽来自海(7:3),而他来自天(驾云降临;7:13),因此他将要得国掌权就一点也不令人意外了(但7:14)。在但以理的异象中,先知并没有交待这位"像人的"是谁,⑧他也没有告诉我们他要如何得胜得国,但是在耶稣有关"人子"的讲论中,⑨约翰明白了但以理的人子之谜。因此他在1:7那里,就毫不犹豫地将耶稣和但以理书中的"人子",画上了等

① 在正常的情况之下,跟随在"像(ὅμοιον)"之后的名词应该是间接受格,但是在此(以及在14:14中)的"儿子(υἱὸν)"却是直接受格。G. Mussies(*The Morphology*, 139)认为,这个文法出格现象是因为在闪族语法中,"像(כ)"总是和它所修饰的名词结合在一起。准此,约翰在此有可能是以文法出格的方式,来暗引旧约(参,但7:13中之"像儿子[כְּבַר])"。

② 比较,太16:21/可8:31 太16:28/可9:1。

③ 例如,太9:6/可2:10/路5:24 太12:8/可2:28/路6:5。

④ 太17:9/可9:9 太17:12/可9:12 太17:22/可9:31/路9:44 太20:18/可10:33/路18:31 太26:45/可14:41;可8:31/路9:22 太26:2/路24:7。

⑤ 例如,太16:27/可8:38/路9:26 太24:27/路17:24 太24:30b/可13:26/路21:27 太24:37－39/路17:26－30 太24:44/路12:40 太25:31 等等。若读者想要更多经文索引,可见 A. Y. Collins, 'The Influence of Daniel on the New Testament,' in *Daniel*, J. J. Collins[Minneapolis: Fortress, 1993], 96。在中文著作中,张永信对这个题目也有不错的整理(《启示录注释》,页337－46)。

⑥ 以"弥赛亚"之角度来理解但以理人子的,也包括了和启示录同时期的以诺一书(37.71)和以斯拉四书(13.3)。详见,TB. Salter, '*HOMOION HUION ANTHRōPOU* in Rev 1.13 and 14.14,' *BT* 44(1993),349－50。

⑦ J. E. Goldingay, *Daniel*, 167－68. 毕维廉已将 Goldingay 的论点做了很好的整理(《但以理书讲解》,页134－35)。

⑧ 在学界也因此有了许多不同的揣测。天使长米迦勒、摩西、犹大玛加比、忠心的犹太人等等,都曾经被人认为是但以理书中"像人的一位"。有关这个问题的讨论,可见邝炳钊,《但以理书》,页195－97。

⑨ 参,太24:44/路12:40;太24:27/路17:24;太24:37/路17:26;太24:39/路17:30;路11:30;12:8－9。

号。在1:9－3:22的拔摩异象中,他也因此让"人子"以教会之主的角色出现,因为这正是祂"得了权柄,荣耀和国度"(但7:14a)的具体展现。不单如此,在14:14－16那里,我们更看见他再一次让在云中的人子,以收割全地庄稼之主的角色出现,因此也让"各方各国各族的人都事奉他"的话(但7:14b),在启示录中得着呼应。在1:18中,人子将要亲口告诉约翰,祂是如何得胜得国的,但是在目前,人子的荣耀形象却吸引了约翰所有的注意力。

"身穿长衣,直垂到脚;胸间束着金带"是人子的衣着。但是这一身装扮的含义是什么呢?有人认为约翰在此所要表达的,是人子的威严尊贵,因为这是当代社会中,有身份地位之人的装扮。① 这个看法当然有可能,但却不够明确。从摩西五经来看,"长袍加上胸带"是在会幕中服事神之祭司的服装(出28:4;29:5)。但是在圣殿被毁,祭司体系不存在的被掳之地,接替祭司服事神的,就是天使了。② 所以先知以西结在异象中所见之天使,就是"身穿长衣,直垂到脚(ἐνδεδυκὼς ποδήρη)"(七十士译本之西结书9:2;亦参9:3,11),③而在但以理异象中所出现的天使,也一样是"身穿细麻衣,腰束乌法精金带"(但10:5)。从启示录1:14－15来看,约翰所见人子之形象,是比较接近于但以理书10章中的天使(详下),但是在这里他却选择以"身穿长衣,直垂到脚"的语言,来呼应以西结书第九章。究其原因,可能是因为以西结异象中之天使所做的,和启示录中之人子所做之事,十分相似。因为前者在人额上印记,因而使人不致经历神的审判和毁灭(结9:4－6);而后者则是以祂自己的血,将人从各族各方各民各国中买赎回来,所以也让他们免去了神的审判(启5:9;亦参,启14:1;22:4)。

1:14 祂的头,即④祂的头发,白如羊毛,也白如雪;眼目如同火焰(ἡ δὲ κεφαλὴ αὐτοῦ καὶ αἱ τρίχες λευκαὶ ὡς ἔριον λευκόν ὡς χιώνκαὶ οἱ ὀφθαλμοὶ αὐτοῦ ὡς φλὸξ πυρός)

---

① 例如,Charles, *Revelation I*, 27。由于以色列的王有时也肩负着祭司之责(例如大卫),所以尽管七十士译本中从未使用"ποδήρη"来描述王的外袍,但Beale认为人子之装扮在此依旧有"王"的含意(*Revelation*, 209)。这个申论其实是没有必要的,因为"祭司"职责的本身,就已经包括了管治(王)和刑罚(先知)两个相对的面向了(详见,M. G. Kline, *Kingdom Prologue*, 55－56)。

② 这个现象也出现在创世记2－3中。因为当亚当没能尽上他作为祭司之职责时(即,在撒但出现在伊甸园中之时,将它赶出去以保持"伊甸圣所"之洁净;创2:15),这个职分就从他身上转移给基路伯了(创3:24)。

③ 先知在异象中看见了7个天使(和合本作6个;但见D. I. Block, *The Book of Ezekiel* 1－24,304),但只有一个的衣着得着注意。在七十士译本中,"身穿长衣,直垂到脚"一语只出现在结9:2,3,和11中,而和合本将之意译为"身穿细麻衣"。

④ 在此我们将καὶ视之为"解释性的(epexegetical)连接词"。见,Aune, *Revelation* 1－5,95; Mounce, *Revelation*, 78。

在七个金灯台中出现的人子，当然是神的祭司。但是和旧约祭司们所不同的是，祂是天上圣所中的大祭司（来9:11－28），因此祂自然就有着属天的特征。“头，即头发，白如羊毛，也白如雪”是祂的第一个特征。① 对熟悉旧约的读者来说，这个描述让人立即想起但以理书第七章，因为在那里先知所见坐在宝座上的“亘古常在者”，也有类似的形象（但7:9）。在其上下文中，宝座是相对于世上的国（权柄），“亘古常在（永存）”则是相对于依序出场，又依序退场的四兽（暂存②），所以“白衣白发（公义圣洁③）”是相对于兽的“铁牙利爪（残暴不仁）”。准此，约翰在此所要突显的，应该是人子在道德上的完全。事实上在启示录中，约翰也一直相当一致的以“白色”来象征公义圣洁，因为我们不单看见父神是坐在白色的大宝座上进行审判（20:11）；也看见再临的基督是骑着白马而来争战（19:11－21）。不单如此，在启示录中那些跟随基督而来的军队（19:14），就是那些在大患难中，依旧持守真理，不向世界妥协的人，也是以白衣为袍的（3:4－5，18；6:10－11；7:9－14；19:8）。

人子第二个属天的特征则是“眼目如同火焰”。这一个特征是由但以理书10:6而来。在那里，我们虽然无法完全确定在异象中向先知显现的，究竟是天使中的一位，还是但以理书第七章中“像人子的”那一位，④但是在其上下文中，他显现的目的，却是十分明确，即，使但以理明白以色列百姓在末后的日子中所将遭遇的事（但10:14）。因此从这个角度来看，“眼目如火焰”的意思，就是洞察力，就是知晓真相的能力。站在历史的当下，面对着被掳的困境，人的眼光当然看得不远，但是若是能站在历史长廊的尽头，回头再看现今，那么真相就不说自明了。准此，约翰除了以“头发皆白”来描述人子的“全善”之外，也以“眼目如火”来呈现祂的“全知”。在异象中，这个属天的特征是以“眼目如火”之象征方式来呈现的，但是到了七封书信的部分，“我知道”一语，就自然地取而代之，并且成为七封书信的固定格式（2:2，9，13，19；3:1，8，

① 从表面上看起来，“白如羊毛，也白如雪”似乎有些啰唆，但这恐怕不是后人所加的经文（Charles, *Revelation I*, 28），而是启示录的文学特色之一。例如，怎样领受，怎样听见（3:3）；天和天上之物，地和地上之物，海和海中之物（10:6），等等（详见，Beckwith, *Revelation*, 241－42）。就此个案来说，“白如雪”在但以理书7章中，原本是在描述神外袍的形容词，但是约翰在此却把它应用在头发上。其原因可能是因为外袍已经在上一节经文中出现了。约翰可以省略这个形容，但是他在此保留“白如雪”的动作，使得他暗引但以理书的企图更为明显。

② 参，但7:12。

③ 参，邝炳钊，《但以理书注释》，页275。

④ 毕维廉认为，在但10章中所出现的天使，很可能不只是天使而已，而是道成肉身之前的弥赛亚（《但以理书讲解》，页207－08）。而Bauckham也认为，启示录1:13中的“像人子的”，不单是由但7:13而来，也反映了但10:16的“一位像人的（כִּדְמוּת בְּנֵי אָדָם）”，和但10:18的“一位形状像人的（כְּמַרְאֵה אָדָם）”。若Bauckham的观察属实，那么但以理书10章中的天使就更可能是人子了（*The Climax*, 295, note 81）。

15)。不单如此,为了强调人子的洞察力,约翰更在七封书信的中间,即,推雅推喇书信(第四封),让人子向众教会(不只是推雅推喇教会而已)宣告:"我是那察看人肺腑心肠的"(2:23)。

1:15 脚好像在炉中锻炼的铜;声音如同众水的声音(καὶ οἱ πόδες αὐτοῦ ὅμοιοι χαλκολιβάνῳ ὡς ἐν καμίνῳ πεπυρωμένης καὶ ἡ φωνὴ αὐτοῦ ὡς φωνὴ ὑδάτων πολλῶν)

人子的第三个属天特征是"脚好像在炉中锻炼的铜"。在所有的希腊文文献中,"铜(χαλκολιβάνῳ)"这个字,只出现在这里和推雅推喇书信中(2:18),因此它的含义一直无法完全确定。从推雅推喇城的考古发现来看,约翰在此所指的,可能是铜和锌的合金,即黄铜。在当代这是制造钱币或是头盔的原料,因为它比纯铜更为坚硬。①

约翰所见人子的脚,不单像铜,也像"在炉中锻炼的铜"。因此有些译本就在这个形容中,加上了"光明"两个字(例如,和合本),因为在熔炉中经过锻炼,除去了杂质的铜是闪闪发亮的。准此,有人认为约翰在此所想要表达的,是人子在道德上的纯洁。② 但是在炉中锻炼的铜不单发亮,也含有极大的热能,因此约翰也有可能想要表达"无法可挡之能力"的意思。③

和上一节中的"眼目如火"一样,"脚如铜"的描述也是从但以理书10:6而来,因为但以理在异象中所见的天使,其手脚都如发光的铜。从但以理书第二章中"金银铜铁泥"之大雕像的背景来看,铜质手脚的意思应该是"力量";而这个看法,也和第十章中天使显现的目的符合,因为他来是要与波斯和希腊两国之魔君争战,免得神的百姓在他们的争战中受无止境的折磨(但10:20)。④

以"铜脚"表能力,是但以理书所能提供给我们的线索。但是在启示录中,我们是不是也能找到类似的看法呢?在人子于云中显现的异象中(启14:14-20),约翰看见祂不单要来收割庄稼(拯救;14:15-17),也要来收割葡萄(审判;14:18-20)。⑤在这个异象中,约翰并没有明白告诉我们,踹神愤怒酒醡的人是谁(14:20),但是到了19:15那里,这个执行神审判之人的身份,就不再有疑问了。在这两段经文中,约翰并没有明白提及人子的脚,但是从中东地区的习俗来看,以脚来踹酒醡的图像,肯定会

---

① 见 Hemer, *Local Setting*, 111-17;亦见,杨牧谷,《基督书简》,页344-47。

② Beckwith, *Revelation*, 439.

③ Ford, *Revelation*, 383; Mounce, *Revelation*, 79; Thomas, *Revelation* 1-7, 102. Aune 认为约翰既然可以看见人子之脚,因此人子是赤足的。而赤足的雕像在希腊罗马文化中是神性的象征,因此约翰的重点在人子的神性(*Revelation* 1-5, 95-96)。这个看法虽然凸显了人子的神性,但是约翰在此的描述是集中在构成脚的原料,而不是在有没有穿鞋;因此这个解释并不令人信服。

④ 邝炳钊,《但以理书》,页280; J. E. Goldingay, *Daniel*, 292-93。

⑤ 详见该处的注释。

出现在当代读者的心中。因此“脚好像在炉中锻炼的铜”一语的目的，恐怕不只是要在读者的心中，引发一些情绪上的反应而已（例如，敬畏），①也在表达人子的能力，特别是祂执行神审判的能力。

如果说“发白＝全善”，“眼如火＝全知”，而“铜脚＝全能”的话，那么人子的声音是“如同众水的声音”，就不令人意外了。因为在旧约中，这正是耶和华神降临时的响声（结 43:2；亦参，结 1:24）。在前面我们已经知道，约翰对人子的描述中，有许多特征是从但以理书 10:6 而来，但是为什么他在此选择以“众水的声音”，而不继续用但以理书 10:6 中的“如同大众的声音”，来描述人子呢？从表面上看起来，“众水的声音”是耶和华神的声音，而“大众的声音”是天使的声音，因此若是为了要凸显出人子的神性，这个选择似乎是相当明智的。但若此说成立，我们则必须回头去解释，为什么约翰在前面，将许多天使的特征，加在人子的身上所带来的问题。

在分析启示录的结构之时，我们已经知道以西结书中的第三个异象（结 8－11 章），是和第五个异象彼此互补（结 40－48）。② 就我们目前所讨论的问题来说，第三个异象的主题是以色列百姓的罪恶，所以这个异象是以神的荣耀离开耶路撒冷为结（结 11:23）。但是这个令人哀伤的结局，却在第五个异象中有了转折，因为当神将合祂心意之圣殿蓝图启示给先知之后（这象征着以色列的复兴；结 40－42），我们就看见神的荣耀，伴随着祂降临的声音，再次回到以色列人中间（结 43:1－5）。因此在这个背景的衬托之下，我们知道“众水的声音”，是比较合乎启示录 1:9－3:22 之上下文的。因为在这个异象中，人子是和耶和华神一样，降临在属祂的子民当中的那一位。祂的声音是带着能力如同众水的声音，因此属祂的百姓都必须对祂有所响应。

1:16 祂右手拿着七星；从祂口中出来一把两刃的利剑；面貌如同烈日放光（καὶ ἔχων ἐν τῇ δεξιᾷ χειρὶ αὐτοῦ ἀστέρας ἑπτά καὶ ἐκ τοῦ στόματος αὐτοῦ ῥομφαία δίστομος ὀξεῖα ἐκπορευομένη καὶ ἡ ὄψις αὐτοῦ ὡς ὁ ἥλιος φαίνει ἐν τῇ δυνάμει αὐτοῦ）

全善全知全能的人子，如耶和华神般显现时，并不是空手而来，而是手握七星。从希腊罗马的神话故事和当代星象学的背景来看，有人认为七星所指的可能是日月金木水火土等七星，大熊星座中的七星（Ursa Major），或是昂宿星座的七星（Pleiades），③而“星”在当代又代表着在天上的神祇，因此约翰在此是想要借着“手握七星”的方式，来表达人子是宇宙之主的概念。这个看法虽然很吸引人，但却是没有必要的。因为约翰在此所使用的“七星”并没有带着定冠词，因此“七星”并不指向哪

---

① Caird, *Revelation*, 25.

② 详见页 113。

③ Aune, *Revelation* 1－5, 97－98. 亦见，B. J. Malina, *On the Genre and Message of Revelation*, 66－70。

一个特定的星座。再者,“七”这个数字也是因着七个教会而有的,因此它也只是一个象征性的数字。事实上从1:20中我们知道,这七星所象征的是七个教会的天使,而从启示录2-3章中,我们也看见给教会的七封书信,都是直接向这七个天使而发的(2:1,8,12,18;3:1,7,14);因此“手握七星”表达了人子对教会所拥有的权柄。① 但是约翰为什么要以这种间接的方式,来表达这个真理呢?为什么人子必须向教会的天使说话,而不直接向教会发言呢?

“天使(ἄγγελος)”一词的基本含义是“被差遣的一位”,因此在不同的文理中,它可以是特使、使者或是天使。在启示录中,天使一词一共出现了77次。除了在1:20和2-3章中的“教会的天使”(8次)之外,在大部分的经文中,“天使”指的都是被神所使用的灵界活物(服役的灵)。② 在教会历史中,“教会的天使”所指为何,一直是一个备受争议的问题。(1)有人认为这八处经文中的天使,是和其他经文中之天使一样,指的是灵界的活物。他们可能是保护教会的天使,地上教会在天上的代表,或是教会先知在异象中的代表。(2)又有人认为“教会的天使”指的不是灵界活物,而是人。他们可能是小亚细亚教会所差派去拔摩海岛上探望约翰,并且将启示录一书带回来的“使者”,或是受约翰之托,将启示录带给七教会的“信差”,又或是教会的领袖。③

从新旧约和当代的文献中,我们多少都可以找到一些证据,来支持这些不同的看法,④但是在前面我们已经知道但以理书第十章,对了解这段经文的重要性,因此我们要再次的回到这段经文来寻找线索。⑤

启示录1章		但以理书10章	
1:9	我约翰	10:2	我但以理
1:9-10	拔摩岛/主日	10:4	底格里斯河/正月24日

① “右手”在启示录中一共出现了8次。“人子的右手握着七星”的说法重复的出现了三次(1:16,20;2:1);“人子伸出右手按着约翰”(1:17);“父神右手拿着书卷”(5:1,7);“天使举右手发誓”(10:5);“拜兽的在右手上有印记”(13:16)。因此“右手”所代表的是权柄,或是慎重其事的意思。

② 在9:11中,撒但被称为无底坑的天使;在12:7,9中,跟随撒但的人则被称为它的天使。

③ 有关这个题目的详细讨论,见Aune, *Revelation* 1-5,108-12。在Aune的分析中,他也提到那些将“七教会天使=七星=星座”的看法,但是我们在前面已经知道,这个看法是不可取的。

④ 例如,在玛拉基书2:7中,神称祭司为祂的“天使”(מַלְאָךְ; ἄγγελος);所以有人据此认为这里的“天使”是教会领袖。但是在新约中,“天使=教会领袖”的说法却从来没有出现过,因此这个看法有其困难。

⑤ 这个对比是由van Hartingsveld所观察到的(*Revelation*, 14-15)。

续 表

启示录1章		但以理书10章	
1:13－16	对像人子的一位的形容	10:5－6	对像人的那一位之形容
1:17	约翰仆倒，像死了一样	10:9	但以理伏在地上沉睡了
1:17	人子用右手按着约翰	10:10	有手按在但以理身上
1:17	不要惧怕	10:12	不要惧怕
1:19	将来必成的事	10:14	本国之民日后必遭遇的事
1:20	七教会的天使	10:13,20－21	代表地上国度的魔君代表以色列国的天使米迦勒

从这个对比中，我们晓得这两段经文在许多地方都彼此呼应，因此我们可以很合理的推论，“七星/七教会的天使”也和灵界活物（魔君或天使）彼此平行。在但以理书中，魔君或天使各自代表地上的国度，因此教会的天使也是地上教会（祭司国度；1:6）在天上的代表。

事实上在这两段经文中彼此呼应的，恐怕不只是“教会的天使”和“魔君/米迦勒”而已。从但以理书来看，我们知道先知是尝试借着天上魔君和天使之间的争战，来让他的读者明白，他们所面对的不只是平面的，地上的争战，而是一个包括了立体的，属灵面向的争战。他希望他们能够认清，胜负的关键不在地上，而在天界势力的消涨兴衰。从启示录来看，这其实也是这卷书的一个很重要的主题。在12章中，我们知道妇人和龙的争战虽然惨烈（1－6），但是胜负却是在天上决定的（7－9）。而在这段拔摩异象中，我们甚至亲耳从人子的口中，听见这个真理。因为祂说祂的死和复活，并不只是一个无辜的人，枉死在十字架上，然后又奇怪地活了过来而已；而是一个胜过阴间和死亡权势的事件，是一个动摇撒但国本的事件（1:18）。

因此若“七星/七教会的天使”是地上教会在天上的代表，那么在七封书信中，人子直接向教会的天使说话，就不令人意外了。因为从启示录中，我们晓得死而复活的祂，和父神一起在天庭中做王（启4－5；7:9－17；12:5），因此若祂要向教会说话，祂只要在天庭中，向代表教会之天使开口即可。

手拿七星，对教会拥有无上权柄的人子向教会开口时，却有一把两刃利剑从祂的口中出来。这一把剑并不是如匕首般的短剑（μάχαιρα），而是在战场上所使用的长剑。① 在启示录中，人子这方面的特征一共出现了五次。在本节和2:12中，约翰并没

① Aune, *Revelation* 1－5, 98.

有明确地告诉我们,"口中出剑"的意思是什么,但是在2:16和19:15,21等三处经文中,"口中出剑"和"审判"就明白地画上了等号。从约翰对人子这方面特色做了最详细描述的19:15来看,我们知道以赛亚书11:4,是人子"口中出剑"的旧约背景,因为在那里先知对弥赛亚的预言是,祂将要"*以口中的杖击打世界,以嘴里的气杀戮恶人*"。① 就字面上来看,约翰在此"以剑代杖"的做法似乎有些突兀,但若我们从19:15的上下文来看,这个更动其实十分合理。因为在那段经文中,再来的基督是骑在白马上的大能战士,因此长剑就成为最合适祂的武器了。② 当然这一把长剑并不是挂在腰间的铜铁利器,而是从口中而出的利剑,因此它是"话语"的象征(参,弗6:17;来4:12),而其摧金断石的审判效果,则以"*两刃*"和"*利*"来表达。

约翰对人子最后一个描述是"*祂的面貌如同烈日放光*"。在新约中,"*面貌*(ὄψις)"一词一共出现了三次。在约翰福音11:44中,它是脸,或是面貌的意思,在约翰福音7:24那里,它所指的则是一个人整体外貌,或是外表。在这里,由于约翰在此之前对人子的描述,都集中在祂身体的某一个部分,因此它的含义有可能是"*面貌*"。而若我们从但以理书10:6的背景来看,这个理解也应该是正确的,因为但以理在异象中所见"像人的"那一位,也是脸面放光的。③

事实上约翰在此所要呼应的,恐怕不只是旧约而已。在变像山上,他和彼得雅各就已经亲眼见过?"*脸面明亮如日头,衣裳洁白如光*"的人子了?(太17:1-2;参,可9:2-3)但是在其时,他们还不能完全明白这件事情的意义,因此为了防范他们因着对弥赛亚有错误概念,而可能带来的影响(政治性的弥赛亚),耶稣就禁止他们将这件事告诉别人(太17:9;可9:9)。这个禁令并非永远有效,因为在祂从死里复活之后,在祂作为弥赛亚,作为"人子"的意义完全显明了之后,这个禁令就失去了效力。④ 因此约翰在此明白地以"*祂的面貌如同烈日放光*"一语,作为他对人子描述的高峰,恐怕也表明了他对人子真正身份的认知:祂是神的爱子,是已经升上高天,和父神同坐宝

---

① 从保罗在帖撒罗尼迦后书2:8中,也暗引赛11:4的事实来看(主耶稣要用口中的气灭绝那不法之人),显然他和约翰对这个旧约预言有相当类似的看法。类似的见解,亦参,4Q161。

② 有关这个暗引旧约个案的详细分析,可见J. Fekkes, *Isaiah and Prophetic Traditions in the Book of Revelation*, 117-22。约翰"以剑代杖"的手法,也可能是受到了以赛亚书49:2的影响,因为在那里神为了要复兴以色列,就使祂的仆人"口如利剑"。

③ 就字面上来说,约翰的"如同烈日放光"(ὡς ὁ ἥλιος φαίνει ἐν τῇ δυνάμει αὐτοῦ)是比较接近于士师记5:31中的"如烈日放光(ὡς ἔξοδος ἡλίου ἐν δυνάμει αὐτοῦ)"。在其上下文中,这一个句子所指的是将敌人杀败的以色列战士(雅亿);而这正是前面"口中出剑"的含义。因此可能是在这个思想脉络之中,约翰就暗引了士师记中的经文。

④ D. Hill, *The Gospel of Matthew*, 268-69; L. W. Hurtado, *Mark*, 146-47; W. L. Lane, *Mark*, 322-23.

座的世界之主。

1:17a 我一看见，就仆倒在祂脚前，像死了一样(Καὶ ὅτε εἶδον αὐτόν, ἔπεσα πρ-ὸς τοὺς πόδας αὐτοῦ ὡς νεκρός)

当人子以威严可畏的形象出现时，约翰就仆倒在祂脚前，像死了一样。类似于约翰在此所经验的记录，在旧约和当代启示文学作品中，其实是相当多的。以见异象之人的反应来区分，这些类似的记载大约可分为两种。① 第一种是极度的恐慌，并且不由自主地俯伏在地；②而第二种是则是见异象之人在敬畏中，自愿性地俯伏在地。③从这个角度来看，约翰的经验是属于第一类型，并且和先知以西结以及但以理的经验十分相似(结 1:28；但 8:17－18；10:9－11)。事实上从西奈山开始，以色列人就十分明白有罪的人，在面对圣洁公义之神的时候，会有什么结果。因此他们和摩西说：不要让神和我们说话，恐怕我们死亡(出 20:19；亦参，申 5:22－27)。因着这同一个缘故，摩西、基甸、扫罗、以赛亚和耶利米在面对神的时候，也都以"我不配"作为他们的立即反应。④ 就人的角度而言，这个反应似乎是正确的，但是若我们站在神的立场，并将神赦罪恩典也考虑在内的话，那么"推辞"恐怕就十分接近于"不信"了。在诸多类似经验中，约翰选择以先知以西结和但以理的模式，来呈现他的拔摩异象经历，可能也是基于这个理由，因为这一个"推辞"元素，并没有出现在他们的异象经验中。⑤从启示录 1:5 中，我们知道约翰为什么没有"推辞"，因为他知道人子之宝血已经将他从罪恶中给释放了出来。因此当他的主向他显现时，他也只能以仆倒在祂脚前的动作，来表达敬畏和感谢。

1:17b－18a 祂用右手按着我说：不要惧怕；我是首先的，我是末后的，[18]又是永活的(καὶ ἔθηκεν τὴν δεξιὰν αὐτοῦ ἐπ᾽ ἐμὲ λέγων, Μὴ φοβοῦ· ἐγώ εἰμι ὁ πρῶτος καὶ ὁ ἔσχατος [18]καὶ ὁ ζῶν)

正如"像人的"那一位对先知但以理所做的(但 10:10，16，18)，⑥人子在拔摩异象中，也按手在约翰的身上。因此约翰像但以理一样的，因着人子的这个动作而重新得力，成为一个可以被神差遣的器皿(1:19)。

伴随着按手的动作，人子也向约翰发出了一个命令："不要惧怕"(参，但 10:12，

① 详见 Bauckham, *The Climax*, 121－22。
② 结 1:28；但 8:17－18；10:9－11；路 24:5；启 1:17；以诺一书 14:14，24；以诺三书 1:7；亚伯拉罕遗约 9:1。
③ 民 22:31；书 5:14； Jos. *As.* 14:10。
④ 出 3:11；士 6:15；撒上 9:21；赛 6:5；耶 1:6。
⑤ 参，但 9:3－27 中，但以理的悔罪禁食的祷告(3－21)，以及他之祷告所带来的结果(22－27)。
⑥ 亦参，结 2:2。

18)。对俯伏在地,像死了一样的约翰而言,人子的这一句安慰之言并不陌生。因为在耶稣差遣12个使徒出去传福音的时候,①在门徒因见耶稣履海,以为见了鬼怪而惊惶失措时,②甚至在变像山上,当他们听见从天上来的声音,而俯伏在地极其害怕之际,③约翰都曾听见耶稣这同一个命令(太10:31 太14:27/可6:50/约6:20 太17:7)。因此这一句话所能带给他的安慰,可能比我们所能想象的还要更深刻一些。对被放逐在拔摩海岛上、年纪老迈的约翰来说,人子这一句话所带给他的冲击,恐怕不会低于人子荣耀形象,在视觉上所能带来的震撼(1:12-16)。

但为什么人子可以向约翰发出一个"不要惧怕"的命令呢?因为按手在约翰身上,向他说话的是"首先的,末后的,也是永活的"那一位。④ 在1:8那里,我们已经知道"首先的和末后的"一语,是由以赛亚书而来(41:4;44:6;48:12)。在启示录中,约翰将这个耶和华神的自我宣告,以及另外两个父神的宣告——"阿拉法/俄梅戛"(1:8;21:6);"初/终"(21:6),都放在耶稣的口中(22:13),因此就确立了耶稣同等于父上帝的神性。除了这个功能性的意义之外,在1:8那里我们也知道,"首先的和末后的"一语之重点,不在表达神无时间的特性,而是在强调神在人类历史中的大能作为。而这个观察,也在这里人子的宣告中,得着证实,因为祂不单说祂是"首先的和末后的",祂也以"永活的"一语,来阐释"首先的和末后的"之意义。⑤

在旧约中,"永活的(ὁ ζῶν)"是上帝的名字之一。在不同的上下文中,这个名字所要表达的,不在神的永存,而在神的大能。在约书亚记3:10和何西阿书1:10中,这个名字所代表的意义,是神要击败以色列人的敌人,并让他们可以成为一个属祂的国度。因此在面对敌人的攻击之时,诗人也以寻求"永生神"作为他的祷告,因为祂是大能的上帝(诗42:2;84:2)。而当"永生神"的名字被敌人嘲笑时,他们失败的命运也就因此而定了调(撒上17:36;王下19:4,16/赛37:4,17)。有谁能轻视神的全能而不会落在祂大能的审判之下呢?

在新约中,"永生神(ὁ θεός τοῦ ζῶντος)"一语一共出现了14次。⑥ 在大部分的

---

① 太10:1-42;亦参,路12:1-7。

② 太14:22-33;可6:45-52;约6:16-21。

③ 太17:1-9。

④ 就文法结构来说,"永活的(ὁ ζῶν)"一语,是被"我是(εἰμι)"所管理的,因此它是人子自我宣告的一部分。再者,"我曾死过"和"看哪,我现却是活着"之对比(1:18),也让我们知道"永活的"是属于前面一个文法单位的。

⑤ 即,在"永活的(ὁ ζῶν)"之前的"καὶ"是解释性的连接词。见,Mounce, *Revelation*, 81; Beasley-Murray, *Revelation*, 67; Roloff, *Revelation*, 37; Aune, *Revelation* 1-5,100; Beale, *Revelation*, 214。

⑥ 太16:16;26:63;徒14:15;罗9:26;林后3:3;6:16;帖前1:9;提前3:15;4:10;来3:12;9:14;10:31;12:22;启7:2。

情况中，这个名字总是出现在神藉其爱子建立教会，或是在神施行审判的上下文中，因此新约作者对神这个名字的理解，基本上和旧约作者相当一致，因为不管是正面的建立教会，或是反面的审判，都是祂大能的展现。因此耶稣在这里宣告说祂是"永活的"，其目的不在凸显祂拥有生命的本质（约5:26），①而是要强调祂的大能。有什么真理比祂是大能的上帝，更能安慰被放逐在拔摩海岛上的约翰呢？

1:18b－c　我曾死过，但是我现在活着，直到永永远远；并且我拿着死亡和阴间的钥匙（καὶ ἐγενόμην νεκρὸς καὶ ἰδοὺ ζῶν εἰμι εἰς τοὺς αἰῶνας τῶν αἰώνων καὶ ἔχω τὰς κλεῖς τοῦ θανάτου καὶ τοῦ ᾅδου）

空口说白话是人的天性，但这肯定不是人子的性格。因为祂不单说祂是满有能力的一位，祂也在人类的历史中，透过"我曾死过，但是我现在活着，直到永永远远"的方式，显示了这个事实。在这句话中，我们看见约翰不单以"现在"和"过去（曾）"，以及"活着"和"死"的对比，来显出祂的大能，他也更进一步的以"直到永永远远"来界定"活着"的性质。因此祂的能力不只显明在祂从死里复活的事上，也在于祂复活之后所拥有的永恒之生命。这个生命是有别于拉撒路从死里复活之后的生命（约11:43－44），因为他后来又死了。② 在启示录中，这个生命是胜过这个世界的人，所要得着的奖赏（启2:7;22:2）。但是在这里，约翰借着"直到永永远远"一语所要表达的，是人子的神性。因为不管是在但以理书里面（4:34[31];12:7），或是在启示录中（4:9,10;10:6），"活到永永远远"所形容的，都一致的是父上帝。

如果死而复活，并且活到永永远远这两件事，还不能完全表达人子的大能权柄，那么"我拿着死亡和阴间的钥匙"一语，就不再留给我们任何可以怀疑的空间了。在启示录中，死亡和阴间③总是如孪生兄弟般地同进同出（1:18;6:8;20:13,14），因此这两个兄弟所代表的意义应该是相同的。④ 但究竟人子所拥有的大能权柄，是因为祂拥有进入死亡和阴间之境的钥匙呢？⑤ 还是因为祂拥有原本属于死亡和阴间的钥

---

① Mounce, *Revelation*, 81; Thomas, *Revelation* 1－7,111.

② 拉撒路从死里复活的意义，在于其指针性。也就是说，他的复活告诉我们，将来复活的真实性。因此这个事件只是"将来美事的影儿"，而不是"本物的真像"（来10:1）。

③ "阴间（ᾅδης）"在希腊文中原是管辖死人之神祇的名字，但后来被当成他所管辖领域的代名词。在旧约中，和这个字有相当意思的是"שְׁאוֹל（阴间，坟墓，尘土）"。有关"阴间"在旧约中的含义，见 *TWOT* 2:892－93。

④ 以重复但不同的词语来表达相同的意思，是启示录的文学特色之一。例如，"我是富足，已经发了财，一样都不缺"（3:17）。详见，Beckwith, *Revelation*, 241－42。

⑤ 即，以"目标性的所有格（objective genitive）"来理解"死亡和阴间的"这个词语。例如，Aune, *Revelation* 1－5,103。

匙呢?① 也就是说,究竟我们在此应该把“死亡和阴间”,当成一个“地方”来理解呢?还是把他们当成“拟人化”之后的“人物”呢?在论及将来白色大宝座审判时,约翰说“海交出其中的死人,死亡和阴间也交出其中的死人”(20:13)。单就“其中”一语来看,约翰似乎暗示死亡和阴间是一个地方,一个空间。② 但是从整个句子来看,若约翰没有先将死亡和阴间拟人化,这两个兄弟是不可能将死人“交出来”的(海也是如此)。事实上从接下来的经文中—“死亡和阴间也被扔在火湖里”(20:14);以及从约翰让死亡骑在一匹灰马上,并且把杀害地上之人的权柄赐给它的经文里面(6:8),我们都看见这个拟人化的动作。

当代犹太人认为,神并没有将下雨、生产和让死人复活的三把钥匙交给天使,而保留在祂自己的手上。③ 因此从这个背景来看,拥有钥匙的意思,就是拥有绝对的权柄(亦参,赛22:22)。但是在这里我们却看见,象征对死人拥有权柄的钥匙,从死亡和阴间的手中,转移到人子的手中了。因为祂从死里复活之意义,就在于祂击败了死亡和阴间的权势。对约翰以及那些活在逼迫中的信徒来说,人子的这个宣告深具重大意义,因为这个真理告诉他们,即便在他们所能遭遇最糟糕的情况中(殉道而死),祂依旧是掌权做王的那一位,祂依旧可以搭救他们,因为祂曾经走过这一段路。

1:19 所以你要把所看见的;就是现在的事和将来必成的事,都写出来(γράψον οὖν ἃ εἶδες καὶ ἃ εἰσὶν καὶ ἃ μέλλει γενέσθαι μετὰ ταῦτα)

像当年祂对门徒所做的一样,即,显现—宣告权柄—差遣(太28:16-20),人子在这个异象中也再次对约翰行了同样的事:显现(1:12-16);宣告权柄(1:17-18);差遣(1:19)。在1:11那里,我们已经知道对身在拔摩海岛上的约翰而言,“去和宣讲”是一个暂时还不能实现的梦想,因此人子现今只能以“写”,作为约翰的使命。④ 但是祂要约翰写些什么呢?

在讨论启示录结构时,我们已经知道学界对于约翰在此所领受的使命,有几种不同的看法。第一种是华人教会十分熟悉的看法,那就是将在这一节经文中的三个关系子句(ἃ εἶδες; ἃ εἰσὶν; ἃ μέλλει γενέσθαι μετὰ ταῦτα),当成所谓的“时间三重语法(过去现在和将来)”。在这个理解之下,约翰所要做的就是将他在异象中所看见的

① 即,将“死亡和阴间的”一语,以“所有性的所有格(possessive genitive)”视之。例如,Beckwith, *Revelation*, 442。

② Swete, *Revelation*, 20; Aune, *Revelation* 1-5, 103.

③ 例如,*Gen. Rab.* 73.3。若读者想要知道更多的文献索引,可见,Aune, *Revelation* 1-5, 103-04。在以诺二书42:1那里,“邪灵”则掌管了开关地狱之门的钥匙。

④ “重复差派”(1:11,19)也许令人困惑(Aune认为这是文献编辑之后的结果;*Revelation* 1-5, 74);但是在旧约中却不乏先例。例如,结2:1-5;3:16-19;33:7-9。

事(启 1),现在的事(启 2－3),和将来的事(启 4－22),都写下来。

第二种看法和第一种看法一样,也将这三个子句当成“时间三重语法”。但是持这种看法的人却认为,这个“时间三重语法”的重点,不在表明时间,而在表达“超越时间”的意思。因此约翰在此所领受的使命,是要把超越历史意义,关乎永恒的真理给记载下来。从这个角度来理解 1:19 的学者中,有人认为这一组词组所要凸显的,是启示录的文学性质,即神谕(prophecy);但是有人则认为这三个词组各有各的意思:“你所看见的事”是表明启示录的“启示文体”;“现在的事”(它的意义)则等同于“象征语法”;而“将来的事”则指向“末世预言”。因此约翰在 1:19 中所收到的命令,是要他以启示文体,用象征语言,来写有关末世之事。

这两种看法各有其优点,因为前者一刀三段地将启示录做了很清楚的切割,而后者则凸显出启示录的文体特色。但是这两种看法的根本问题,在于他们的假设,因为这三个关系子句并不构成“时间三重语法”。以论及希腊神祇宙斯的“三重语法”为例(Ζεὺς ἦν, Ζεὺς ἔστιν, Ζεὺς ἔσσεται;宙斯是昔在今在以后永在的),①这三个子句不单形式一致,其表达时间性的动词也都由同一个动词而来(εἰμί);但是在 1:19 中,约翰所给我们的却不是如此。再者,若我们将人子在 1:11 中,已经命令约翰要把所看见的事都记载下来的事实,也考虑在内的话,那么约翰在这里的重点,应该是那两个新增在后面的子句了。

有鉴于此,有一些学者就将这节经文翻译为:你要将所看见的一切,就是现在和将来要发生的事,都写下来。因此这第三种看法的主张是,“现在的事”和“将来要发生的事”,是“你所看见的事”的说明。准此,“现在的事”就等同于 2－3 章;而“将来要发生的事”就等同于 4－22 章了。这个看法的优点,是它的确将上文的因素(1:11),列入了考量,但是当我们来到 2－3 章的时候,我们发现人子给教会的信息中,不单有现在的事(例如,悔改,继续持守信仰等等),也包括了将来的事(例如,各样的奖赏);而类似的情况也出现在 4－22 章中,因为在其中我们不单看见“现在的事”(例如,4－5 章中在天庭里面所发生的事)、“将来的事”(例如,19 章中的人子第二次再来);我们甚至也看见发生在过去的事(例如,12 章中弥赛亚的降生)。因此从下文的角度来看,这个看法也有其困难。

为了避免这个困难,有些人提出了第四种主张,即,“现在的事”和“将来的事”,并不特别指向 2－3 章和 4－22 章这两段经文。约翰使用这两个子句的目的,是要让读者知道,启示录的异象是有关于现在和将来的事。大体上来说,这个主张是可以接

① 出处见 Aune, *Revelation* 1－5,31。

受的,因为它立即免去了我们刚刚所提到的困难,但是它依旧得解释,为什么有一些启示录的异象,是特别关乎过去的事。

第五种看法和前述两种看法一样,也认为1:19的重点,的确是落在"现在的事"和"将来的事"这两个子句上。但是由于这两个子句中之动词,在数的部分并不一致(前者为复数;后者为单数),所以我们必须把他们分开处理。从1:20来看,①我们并不一定要以表达时间性的"现在的事"来理解"ἃ εἰσὶν";而可以把它翻译为"这件事所代表的的意义"。再者,若参照那些含有"在这些事情之后(μετὰ ταῦτα)"一语的经文,我们知道这个词组是约翰引介另一个异象的方式之一。② 因此在这两个考量之下,1:19可以翻译为:把你刚才所见之异象(12-18节),和他们的意义(20节);以及在这个异象之后,你将要看见的后续异象,都写下来。

这个看法的优点,是它将1:19放在全卷书的上下文中,来解读这三个子句的意思,因此这个主张在释经上有其优势。但它的缺点是,它把1:19中前两个子句的含义,完全局限在1:9-20中。在这两个子句中,第一个当然指向约翰在异象中所见之事,而第二个子句的意思,也可能是"你所见之事的意义"。但是我们是不是一定得把这个子句所指的,局限在1:20呢?从1:11-13,20以及2-3章之间的关系来看,③"你在这个异象中所见之事的意义",当然也可以包括2-3章中的七封书信。因此若我们对这个主张中的这个部分,做一点修正,那么我们所有的,可能是截至目前为止,在释经上最具优势的主张。和前面所提及的第三和第四种看法比较,这个主张自然就免去了"现在(2-3章)—将来(4-22)"的困难。在这个主张之下,2-3章是"人子在七个金灯台中出现"(1:9-20)之异象的意义,因此责备(现况检讨)和鼓励(未来应许)这两个元素,当然都应该在此出现。在这个主张之下,4-22章则是约翰在这第一个异象之后,所要看见的后续异象(ἃ μέλλει γενέσθαι μετὰ ταῦτα)。在这些异象中所显示的事,并不单单只有未来之事。在异象中约翰所看见的,也包括了过去和现在的事。因为神在现在所行的,以及祂在未来所将要做的事,都是根基于祂在人类历史中已经完成的一件事,那就是,耶稣基督的死和复活(1:5,18;5:6)。

简言之,约翰在此所领受的使命,是要把他在拔摩异象中所见之事(人子出现在

---

① 除了1:19外,在启示录中,εἰσὶν一共又出现了24次,在其中有12次是在表达"其意义是……"的意思(1:20;4:5;5:6,8;7:14;11:4;14:4;16:14;17:9,12,15)。有关这个题目的研究,可见J. R. Michaels, 'Revelation 1:19 and the Narrative Voices of the Apocalypse,' *NTS* 37(1991),604-20。

② 4:1;7:9;9:12;15:5;18:1;19:1。"接下来我看见(καὶ εἶδον)"是约翰在引介一个新异象时,最常使用的语句。

③ 有关1:9-20和2-3章的连结,见页263-64。

七个金灯台中），和这个异象对教会的意义，以及后续异象都写下来，并且把他所写下来的书信，寄给七个在小亚细亚地区的教会（参1:11）。

1:20 至于你所看见在我右手中的七星，和七个金灯台的奥秘：那七星就是七个教会的天使；七灯台就是七个教会（τὸ μυστήριον τῶν ἑπτὰ ἀστέρων οὓς εἶδες ἐπὶ τῆς δεξιᾶς μου καὶ τὰς ἑπτὰ λυχνίας τὰς χρυσᾶς· οἱ ἑπτὰ ἀστέρες ἄγγελοι τῶν ἑπτὰ ἐκκλησιῶν εἰσιν καὶ αἱ λυχνίαι αἱ ἑπτὰ ἑπτὰ ἐκκλησίαι εἰσίν）

在17－18节中人子已经向约翰解释，为什么祂可以如耶和华神般的，以极其威严可畏的形象出现（1:13－16）。但是当祂以这个身份出现时，祂和教会之间的关系的问题，则需要进一步的说明。因此"手拿七星"和"身在七个金灯台中"的奥秘，自然就成为这节经文的焦点了。

"奥秘（τὸ μυστήριον）"一词的意思是秘密，或是隐藏的事。在死海古卷中，这个词语所指的是隐藏在先知信息中的属天真理，是先知自己所不完全明白，但是却是关乎昆兰团体的。因此这些隐密的事必须经过"公义之师（the Teacher of Righteousness）"的解释，才能被人理解。① 在耶稣所说撒种的比喻中，奥秘指的是一个不为所有的人都明白的真理，即，神的国已经因着祂的话和祂的工作，而在人世间出现（太13:11/可4:11/路8:10）。② 在保罗的书信中，奥秘可以是隐藏的知识（例如，林前13:2），但是在大部分的情况中，这个词语总是指向神的救赎计划（林前2:1；弗1:9；提前3:16），或是神救赎计划中的某一个部分，例如，外邦人得救（弗3:3－6；西1:27）；以色列人不全被拯救（罗11:25）；或是信徒将来身体被改变（林前15:51）。当然相对于神救赎计划的渐次开展，"不法者的奥秘（计划）"也相对应的启动了，但是它却是一个受到了约束的计划（帖后2:7）。

在启示录中，"奥秘"一语一共出现了四次。在10:7那里，它指的是神的计划；③ 但是在这里和第17章中（17:5,7），奥秘指的是一个需要经过解释才能明白的事。就像但以理书第二章中，神以一个物件（金头银胸铜腹铁腿的雕像）作为祂所要启示之奥秘的象征，④人子在这个异象中，也向约翰指明，七星就是七个教会的天使，而七个金灯台就是七个教会。

在1:16那里，我们已经知道天使是教会在天庭中的代表，因此人子手握七星表

---

① 例如，1QpHab 7:4－5。详见，Aune, *Revelation* 1－5, 106; *EDNT* 2:446－49。

② D. Hill, *The Gospel of Matthew*, 226.

③ 详见该处注释。

④ 在七十士译本中，"奥秘"（τὸ μυστήριον）一词只出现在但以理书第二章中（18,19,27,28,29,30,47［两次］）。

示祂对教会拥有绝对的权柄。但是手握七星的人子,为什么又要在七个金灯台中出现呢?也就是说,当“七星 = 七个天使 = 七个教会”,而“七盏金灯台也等于七个教会”时,七星和七盏金灯台的两个象征,是不是彼此重迭在一起了?① 从表面上看起来,情况似乎是如此的,但若我们考虑到,七星是教会在天上的代表,而七盏金灯台象征的则是地上的教会,这个问题就不存在了。事实上人子在这个异象中,借着“手握七星,并且在七盏金灯台中行走(参 2:1)”之异象所要表达的,正是祂在升天之前向门徒们所宣告的真理:“天上地下所有的权柄都赐给我了,所以……”(太 28:10 - 20)。

从接下来的七封书信中,我们将会发现人子的确是在七盏金灯台中行走的一位,因为从祂所说的话中,我们知道祂其实完全了解他们的情况。因此手握七星的祂,自然就可以针对他们的情况,给予最适切的鼓励和责备。对教会来说,“人子在七盏金灯台中行走”的异象,让他们知道升上高天的人子,并没有留下他们为孤儿(约 14:18);因为借着圣灵,祂事实上是和他们同在的;②而“人子手握七星”的异象,也让教会知道她其实并不是在这个世界的手下(约 15:18 - 20;16:2 - 3),而是在祂的手中,因此没有人可以将她从祂的手中夺去(约 10:28)。

解释和应用

从历史文献中的记载,我们知道罗马法律中有四类型的放逐。③ 第一,罪犯被判死刑,但因为他属上流社会阶层,因此以自愿放逐的方式来替代。第二,罪犯被判永远的放逐之刑,失去了他的社会地位(罗马公民权)和财产。第三,罪犯被判永远的(或是暂时的)放逐之刑,但是可以保留公民权和财产。第四,他被判永远(或是暂时)离开家乡,不得返回的放逐之刑。就约翰的例子来说,我们知道他所经历的,显然不是上述第四种“不准返乡”的放逐刑罚。但是约翰所收到的放逐令,是前三种刑罚中的哪一个呢?就目前所知道,我们实在无法给一个确切的答案。但是不管他的刑罚是哪一种,年老的他如今背着罪犯之名,身陷在一个小岛之上。我们不知道他是否拥有罗马公民的身份,我们也不知道他的刑罚是否也包括了罗马公民权的剥夺,但是对他来说,作为教会中的一个弟兄,并且有分于因着信仰而有的患难,国度和忍耐,恐怕才是最重要的事(1:9)。因为正是这个身份,让他在第一世纪末叶的某一个主日,

① 杨牧谷,《基督书简》,页 153。
② 参,在七封书信中重复出现之“圣灵向众教会所说的话,凡有耳的就应当听”一语(2:7,11,17,29;3:6,13,22)。
③ 详见,Aune, *Revelation* 1 - 5,79 - 80。

不再被环绕在这个小岛四周的海洋所限制，而可以看见从天而来的异象。

不管从形式和内容的角度来看，这个异象中的大部分元素，都是由旧约而来，因此读者不免好奇，这究竟是怎么回事？一个可能的解释是，约翰经历了类似于保罗所提及三重天的经验（林后12:3－4）。在其中他听见并且也看见无法用语言所能形容的事，但是为了将他在异象中所领受的真理传达给教会，他选择以他的读者所熟悉的旧约语言和模式，作为传递信息的工具。这个解释有其可能，但若我们参照彼得在约帕见异象的经历（徒10:9－16），这个解释恐怕就只是一个无法证实的揣测而已。因为为了要让彼得明白，外邦人已经被神悦纳，神在异象中三次从天降下一块包着走兽、昆虫和飞鸟的大布，并且命令他将这些动物宰了吃。对于十分饥饿的彼得来说（徒10:10），这应该是个"福音"，但是他却一连三次都没有动手。为什么呢？因为从旧约中他知道，这些是不洁净的动物，是神禁止他们吃的东西。① 从这个事件的后续发展中（徒10:17－48），我们知道这个"动画式"的异象，其实是一个要彼得明白真理的比喻。但是在这里我要请读者注意的是，神在这个异象中用来传达真理的素材，是一个彼得已经知晓的启示。也就是说，这个异象之所以可能达到它的目标，前提在于彼得对神先前启示的理解。

同样的情况恐怕也发生在拔摩海岛上。神使用约翰已经明白的旧约启示，让人子在异象中，以他所熟知的方式向他显现，好将祂的信息传达给教会。像彼得在约帕所经历的一样，约翰在拔摩海岛上所领受的，也不只是旧约启示的重复而已。神在约帕透过彼得，向外邦人开了福音之门，祂也在拔摩海岛上，透过约翰让教会知道，死而复活的耶稣，不单是全善全知全能的，也是如假包换，三位一体中的第二位。事实上约翰在这卷书的一开始，就已经让我们知道，这卷书不单是神的道，也是耶稣基督的见证（1:1－2）。

但什么又是祂的见证呢？荣耀、威严、权柄、可敬可畏、永远活着？当然，但是祂是如何达到这个境界的呢？自然是行过那一条死荫的幽谷了（1:18）。不入虎穴焉能得虎子？不进入死亡和阴间，怎能得着死亡和阴间的钥匙呢？没有羞辱，我们要从哪里得着荣耀呢？

行脚人间一回的祂，又回到了祂原本的家。因此祂向人类证明了神当初的设计—亚当，并没祂所不知道的隐藏病毒。但这是不是祂降世的唯一目的呢？当然不是。因为除了要显明神的义之外，祂所担负的另外一个任务，就是显明神的慈悲。因此祂的死除了消极地满足了神的义之外，祂的死也带来了积极性的结果，那就是将人

① 参，结4:14；利10:10；20:25；但1:8－12。

从罪和死的辖制中释放出来,并且将他们建立为一个祭司国度(1:5-6)。这个国度之所以是一个祭司国度,是因为这个国度的子民,也必须像祂一样的,把自己当成祭物献在坛上(参,启6:9-11)。这个任务不是件容易完成的工作,因为自我牺牲,受苦,和恒忍,原本就不是我们的天性。因此在拔摩海岛的异象中,我们看见祂再一次地显现。祂以祂现今所享有的荣耀,让我们知道我们并不会白白受苦;祂也以手握七星的方式,让我们知道我们是在谁的手中。有主在我们的船上,我们何需害怕风浪呢?当巨浪波涛掩面而来的时候,难道祂会不顾祂自己的名,而弃我们而去吗?祂在这个异象中向约翰(以及我们)所说的"不要惧怕(Μὴ φοβοῦ)",并不是一个轻声细语的安慰,也不是一个"拜托你不要……"的请求,而是一个以高音阶的号角之声所发出来的命令。

你们这小群,不要惧怕,
因为你们的父乐意把国赐给你们。
(路12:32)

插图二：约翰写信给七教会的使者

Ⅱ.2　基督给七个教会的书信(2:1－3:22)

在拔摩异象中(1:9－20),人子以手握七星之姿出现的原因,是因祂想要向祂所设立的教会说话。因此在启示录2－3章中,我们就看见祂命令约翰将祂的话,依序写给以弗所(2:1－7)、士每拿(2:8－11)、别迦摩(2:12－17)、推雅推喇(2:18－29)、撒狄(3:1－6)、非拉铁非(3:7－13)和老底嘉等七个教会(3:14－22)。

七封书信在启示录中的位置

拔摩异象和七封书信的关系

对许多读者来说,启示录2－3章的内容,就是在异象中出现之人子,给七教会的书信。这个观察完全正确,但是为了要让他的读者能有这个印象,约翰事实上是在拔摩异象和七封书信之间,放下了许多文学上的线索。第一,在每一封书信的起首之处,约翰都重复提及他在异象中所领受的使命(写),因此这个动作不单让七封书信有了一致性,并且也让这七封书信和拔摩异象连结在一起。

第二,在异象的部分,约翰用了许多篇幅来描述人子,而这些有关人子的特征,也出现在书信的起首之处:手拿七星,在七个金灯台中行走(1:12－13,16;2:1);首先的,末后的,死过又活的(1:17－18;2:8);有两刃利剑的(1:16;2:12);眼目如火,脚如铜(1:14－15;2:18);七星(1:16;3:1)。这个现象并没有出现在非拉铁非书信里面;而在老底嘉书信中,约翰则是借着"信实的见证"一语(3:14),让这封书信和1:5呼应。在后面我们将会看见,约翰让人子以某一个属天特征,在某一个特定的教会中出现,是多少和那个教会的问题有关,但就功能性的角度来看,这些"前呼后应"的设计,也是要让这两个段落的经文,能紧密的结合在一起。

第三,拔摩异象和七封书信之连结,也在约翰选择让人子以"手拿七星,在七个金灯台中行走"之姿,向以弗所教会发言的安排中(2:1),清晰可见。因为就其位置而言,以弗所书信是七封书信中的第一封,因此在人子的诸多属天特征中,这个特色是最合适出现在七封书信之首的。透过这个选择,约翰让他的读者知道,除了以弗所书信之外,人子在后面也将继续向其他的教会说话。不单如此,这个安排也让七封书信和异象之间的转折,更为顺畅。因为约翰在此对人子的形容,不单指向1:12,16,也和前一节经文的内容互相呼应(1:20)。

七封书信和后续异象的关系

上述文学设计的目的,是要让拔摩异象和七封书信,连结为一个文学单位。但这七封书信和启示录第四章之后的异象,又有什么关系呢?

第一,在每一封书信中,人子都以一个特别的应许(得胜的……)作为该封书信的结语。从七封书信的本身来看,约翰以"与人子和父同坐宝座",作为最后一封书信之应许,似乎并没有什么特别之处。但若我们从4-5章来看,约翰的这个动作,应该是为了要将2-3章和4-5章连结在一起而有的安排。因为在4-5章中我们所看见的,正是父神和人子同享权柄,同坐宝座的天庭异象。

第二,在士每拿和非拉铁非两封书信中,约翰提及这两个教会所面对的逼迫,是从当地的犹太会堂而来;而因着他们逼迫教会,人子甚至称他们为"撒但一会"的人(2:9;3:9)。对于第一世纪教会中,许多相信耶稣的犹太基督徒来说,他们或许可以同意这个十分严重的指控,但是在他们心中,必定会产生一个问题:那么在这个新世代中,谁是真以色列人呢?(亦参,罗9-11)在这两封书信中,约翰并没有回答这个问题,但是在5:5-10中,约翰就让他们看见,从犹大支派而出的狮子(创49:8-10),大卫的根(赛11:1,10),已经从各族各方各民各国中,建立了一个新以色列国。因此在这个人子所设立的新以色列国中,犹大支派自然就独占鳌头了(启7:4-8)。这些从列国中而来的十四万四千人,是约翰给他们的答案。

第三,在士每拿书信中,人子以"十日患难"来鼓励他们忍受试炼(2:10),而在人子揭开第五印的时候,祂也同样的告诉那些殉道者,再过"片时",在他们的弟兄也经历了和他们一样的逼迫之后,神就要为他们伸冤了。

第四,在别迦摩书信中,人子提及忠心见证人安提帕的殉道之事。而这个主题也在启示录后面的经文中,多次出现(6:9-11;11:3-13;12:11,13-17;13:6-7,15;14:13;16:6;17:6;18:24;19:2;20:4,9)。不单如此,在这封书信中,人子所提及像撒但般的王和像巴兰般的假先知,也在12-13章中现身(海兽和陆兽)。

第五,在推雅推喇书信中,引诱信徒行奸淫的耶洗别(2:20),在启示录18章中,找到了她的孪生姐妹大淫妇巴比伦(如果她们不是同一个象征的话)。

第六,在非拉铁非书信中,人子应许那些已经为信仰付上了代价的人,祂将保守他们免去试炼(3:10)。这个应许的意思在非拉铁非书信中也许不十分清楚,但是在7:1-8和14:1-5中,我们就知道"免去试炼"的意思是什么了。在这封书信和别迦摩书信中,人子也应许他们将以"新名"作为他们的记号(3:12;2:17);而这个主题也在7:1－8和14:1－5中出现。①

第七，在启示录2－3章中的教会是问题丛生的，但与此相对的，是21:9－22:5中的完美教会：②

a	假使徒（2:2）	12个使徒（21:14）
b	假犹太人（2:9;3:9）	真以色列支派之名（21:12）
c	信徒身在有撒但宝座之处（2:13）	圣徒身在有上帝宝座之处（22:1）
d	有些信徒是死的（3:1）	所有信徒之名都在生命册上（21:27）
e	教会是暂时的灯台（2:5）	神和羔羊是永远的灯（21:23－24;22:5）
f	偶像崇拜和谎言充斥教会（2:14－15;20;2:9;3:9）	真理和圣洁是新耶路撒冷的特色（21:8,27）

第八，启示录2－3章中的教会的确问题丛生，但是人子给她的诸多应许，却都成就在新天新地中之教会的身上：

a	应许得吃生命树的果子（2:7）	生命树结12样的果子（22:2）
b	应许得生命的冠冕（2:10）	圣徒不再经历第二次的死（21:4）
c	应许得新名（2:17）	在圣徒的额上有神的名字（22:4）
d	应许得权柄制伏列国（2:26）	列国的荣耀归耶路撒冷（21:24－26）
e	应许得晨星（2:28）	教会以晨星为其主（22:16）
f	应许得穿白衣（3:5）	圣徒洗净了自己的衣服（22:14）
g	应许在生命册上有名（3:5）	圣徒的名字在生命册上（21:27）
h	应许在神的殿中作柱子（3:12）	成为神所居住的殿（21:22）
i	应许成为神的城（3:12）	成为神的城（21:2,10）
j	应许同享基督的权柄（3:21）	在宝座前事奉祂（22:3）

就文学形式而言，七封书信和4－22章中的异象的确不同，但是从上面的分析中，我们不单看见这两段经文在思想主题上紧紧相连，我们也从他们彼此呼应的方式，知道启示录的焦点是落在教会身上的。她在2－3章中是问题丛生的教会，她在2－3章中是在逼迫中挣扎求生的教会；但是到了这卷书的最后，她却是完美无瑕的新妇，是和她的主一同掌权做王的皇后。但是她要如何从这只丑小鸭变成天鹅呢？在

---

① 以上是Farrer的观察（*Revelation*, 83－86）。除了这些之外，启示录2－3章和其后异象之间，也在这些主题上彼此呼应：得胜者（2:7,11,17,26;3:5,12,21;12:11;15:2;17:14;21:7）；大患难（2:22;7:14）；人子以口中之剑行审判（2:16;19:15）等等；详见，Beale, *Revelation*, 133。

② 第七和第八两点，是笔者将M. G. Kline和P. S. Minear两位所观察到的现象，加以整理之后的结果（资料来源，见Beale, *Revelation*, 134；和P. S. Minear, *I Saw a New Earth*, 59－60）。

成为浴火凤凰的过程中,她将要面对什么问题呢? 古龙、海陆恶兽以及它们的党羽,难道会袖手旁观吗? 在如此险恶的情况之中,她能依靠谁呢? 她的致胜之道何在? 在漫天的烽火中,她的眼目是否能够穿透遮日掩月的浓烟,而看见在天庭中掌权做王的父、子和天军呢? 现实的环境的确令人迷惑,因此只有从天而来的启示,才可以带她走出迷宫(启 4 – 20)。

七封书信的结构和形式

文学结构

人子给七个教会的书信虽然长短不一,但是基本上它们都包含着下面的几个固定的元素:

1 序言

七封书信的序言都相当一致的包括了下列的三个元素,并且也都以一个固定的次序出现:

(a) 写信给教会天使的命令

(b) 先知性信息的专用起首语(Τάδε λέγει)

(c) 人子的自我宣告

2 书信的主体

七封书信的主体是由(a)人子对教会的评价,和(b)人子对教会的期许两个部分所组成的。

(a) 人子对教会的评价都固定的由"我知道(Οἶδα)"一语作为开场白。一般来说祂对教会的评价都包括了称许和责备的两个部分,但是由于士每拿和非拉铁非教会在苦难中持守真道,因此人子给他们的信息中没有责备;而老底嘉教会的情况很糟糕,因此人子对她的评价中就没有称许。

(b) 人子对教会的期许通常包括了(i)呼吁悔改 + 不悔改的警告,和(ii)鼓励的两个部分。但是由于士每拿和非拉铁非两个教会没有可责之处,因此(i)元素就没有出现在这两封书信中。

3 结语

这七封书信的结语都是由两个部分所组成的:(a)一个警语:"圣灵向众教会所说的话,凡有耳的,就应当听";(b)一个应许:"得胜的……"。这个警语之目的,是要提醒读者留意信中的信息，因此它比较不像"好自为之"，而更近似于"后果自负"。而应许的目的则在鼓励读者努力持守信仰。由于在前三封书信中，警语出现在应许之前，而在后四封书信中，警语则出现在应许之后，因此从这个位置可以互换的现象看来，他们应该是彼此相属的文学单位。他们在书信中各以"正反"的方式，扮演着结语的角色。

文学形式

上述的分析让我们看见，七封书信的结构基本上是相当一致的。但是这七封书信是属于哪一种文体呢？到目前为止，我们一直以"书信"称之，但是这个看法是不是适切的呢？对于七封书信之文体的问题，有人认为七封书信是和申命记一样，以古代近东国际条约为其蓝本，因为这七封书信基本上都包括了如下的几个部分：

1 条约的序言：立约人（2:1，8，12，18；3:1a，7，14）

2 条约的前言：立约人（宗主国）和被立约人（藩属国）过去的关系（2:2－4，6，9，13－15，19－21；3:1b，4，8－10，15，17）

3 条约中的条款：立约人或是被立约人的责任（2:5a，10，16a，24－25；3:2－3a，11，18－20）

4 咒诅：失约或是毁约的罚则（2:5b，16b，22－23，3:3b，16）

5 祝福：守约的奖赏（2:7b，11b，17b，26－28；3:5，12，21）

6 条约的见证人（2:7a，11a，17a，29；3:6，13，22）①

从表面上看起来，这个分析似乎相当合理，但是细究之下，我们却发现这七封书信并不完全吻合古代近东国际条约的格式。举例来说，在以弗所、撒狄和老底嘉三封书信中，原本应该出现在第二顺位的条约前言，却分成两个部分，并且出现在两个地方（2:2－4，6；3:1b，4；3:15，17）。第二，将"圣灵向众教会所说的话……"一语，等同于"约的见证人"的做法，也有其困难，因为在古代近东国际条约中，见证人是立约两者之外的第三者，他并不向受约之藩属国说话。第三，即便我们将圣灵等同于见证人，但是在古代近东国际条约中，他（通常是一个见证条约的神祇名册）总是出现在条约的结尾之处。而在前三封书信中，见证人却出现在倒数第二的位置。最后，若士每拿和非拉铁非两封书信的确以近东国际条约为蓝本，那么这两个"条约"中也明显地

① W. H. Shea, 'The Covenantal Form of the Letters to the Seven Churches,' *AUSS* 21(1983), 71－84. 除了 Shea 之外，K. Strand 也认为整卷启示录也是以古代近东条约为其蓝本（'A Further Note on the Covenantal Form in the Book of Revelation,' *AUSS* 21[1983], 251－64）。

缺少了让条约具有效力的基本元素——罚则。因此从这些差异中,我们知道约翰并没有试图以"约",作为这七篇信息的形式。"约"的某些元素的确出现在启示录2-3章中,但是这七篇信息却不是七个"约"。①

从当代的历史背景切入,有人认为约翰的七封书信,是比较接近于罗马皇帝(或是地方长官)所颁布的敕令:②

1 敕令前言:罗马皇帝所颁布之敕令的前言部分,是由(1)颁布敕令的人,(2)他的官位,(3)说,和(4)受令人四个部分所组成。

2 敕令的内容:罗马皇帝的敕令内容不一。下列元素中的某几个,会依其需要而出现在某一个特定的敕令中:

a 序言:此敕令对受令人的好处(例如,"为天下苍生之福"等等)

b 宣告:一句发布敕令的用语(例如,"在此诏告……")

c 事由:颁布敕令的原因

d 办法:敕令的主要内容,即,皇帝的决定

e 结语:强调敕令的效力(例如,"违者究办,决不宽待")

从这个角度来看,启示录的七封书信和罗马皇帝的敕令,的确在下列几方面互相呼应:(1)七封书信的起首部分,也以"某某某向某某某说"的形式开场;(2)在七封书信中"我知道"一语的功能,也在交待"事由";(3)人子对教会的劝勉和警告,也和"办法"平行;而(4)"圣灵向众教会所说的话……",也似乎扮演着"结语"的角色。但是在这两者之间,我们却也看见彼此不完全相符之处。第一,约翰在前言的部分,没有明确的指出,是谁颁布了这个"敕令"。第二,罗马皇帝敕令的前言格式是"皇帝+说",但是在七封书信却是"说+人子"。第三,在内容的部分,启示录的七封书信没有"序言"的元素。第四,七封书信中的前三封并不以"结语"作为结束;而是以"办法"中的奖赏为结。

以罗马皇帝的敕令来解读七封书信的尝试,理当受到欢迎。因为这个说法突显了约翰在启示录中,将基督和罗马皇帝对比的企图。但是这个看法却必须面对前面我们所提及的困难,因此我们只能将这个看法放在"有可能,但不能确定"的范畴中。

从旧约的角度来看,又有人认为七封书信是类似于以利亚写给约兰的先知性书信(代下21:12-15),或是先知耶利米写给被掳在巴比伦之人的书信(耶29:4-23,

---

① 对这个看法的评论,亦见,Beale, *Revelation*, 227-28。

② 见 Aune, *Revelation* 1-5,119,126-29。Aune 认为七封书信的主要背景是罗马皇帝的敕令,但也受到了先知神谕的影响。

24－28,30－32）。[①] 因为像这些先知书信一样的，七封书信不单都以“某某某如此说（Τάδε λέγει）”的方式，作为其开场，也在其中详细论述收信人的问题。再者，在先知书信中，“耶和华神将要如何处置收信人”的元素，也一样的出现在七封书信中，只是在这里耶和华神为人子所替代了。从旧约的角度来看，也有人认为这七封书信应该是先知性的神谕（prophetic oracle），因为“某某某如此说（Τάδε λέγει）”一语正是旧约神谕的固定起首语。不单如此，先知神谕中的（1）责备，（2）劝诫，和（3）条件式的刑罚等元素，也一样出现在七封书信中。

从启示录大量暗引旧约的事实来看，这两个略有不同的建议也有其优势。但是和前面两种看法一样，他们也不能完全地解释为什么七封书信中的某些元素（例如，“圣灵向众教会所说的话……”），却在先知书信或是先知神谕中，没有相对应的部分。因此这两个建议也是“有可能，但不能确定”的。

从以上的分析中，我们不难看出七封书信的格式，似乎并不能和任何一个已知的文学形式画上等号。我们虽然可以发现一些类比，但是这七封书信似乎有着自己的个性。这个现象或许令人不解，但是在前面讨论启示录文体时（见导论），我们就已经知道启示录的本身，就是一个“文学综合体”了。因为这卷书虽然是具有启示文学形式的预言，但却以书信为其包装。这七封书信和其他已知文学形式有相近之处，但也和它们有相异的地方，因此这七封书信应是约翰独特的创作。[②] 他的模型来自许多已经存在的“模板”，但是他却将这些素材融合为一个新的形式。由于约翰在异象中所领受的使命是“写和寄”（1:11），因此我们就以最能反映这个使命的“书信”为其名了。[③]

Ⅱ.2.1　给以弗所教会的书信（2:1－7）

人子给小亚细亚七教会之书信中的第一封，是向以弗所教会所发。在初代教会历史中，这个教会可说是大大有名。保罗、提摩太和约翰都曾在此服事，因此就真理的根基而言，她可说是得天独厚，满有使徒的真传。但即便拥有如是优良传统，公元90年代的她，却也出了一些问题。因此人子在这封书信中，就要对她发出责备和劝诫

---

① 见 Aune, *Revelation* 1－5,124－26。

② 这七封书信的独特之处，不只在其内部形式而已，也在其外部形式。因为这七封书信虽然是写给七个个别的教会，但是他们却是一个整体（“圣灵向众教会所说的话……”）。在早期教会的历史中，我们虽然看见人们会将相关书信收集在一起（例如，马吉安［Marcion］所收集的保罗书信），但是在一开始，就将几封书信当成一个整体来写作的，却只有约翰的七封书信而已。

③ 我们虽然以“书信”为其名，但是他们却不具有一般新约书信的某些特征。例如，这七封书信中没有祝福语，也不见问安语。

了。她的问题何在？而人子所开出的处方又是什么呢？

经文翻译

1 你要写信给以弗所教会的天使：那右手拿着七星，在七个金灯台中间行走的，如此说，

2 我知道你的行为—劳碌①、忍耐。你不能容忍恶人，因此你曾试验那自称为使徒却不是使徒的，因为你看出他们是假的。3 并且你也能忍耐，曾为我的名恒忍，并不倦乏。

4 然而有一件事我要责备你：就是你离弃了起初的爱。5 所以应当回想你是从那里坠落的，并要悔改，行起初所行的事。你若不悔改，我就临到你那里，把你的灯台从原处挪去。

6 然而你还有一件可取的事：就是你恨恶尼哥拉一党人的行为；这也是我所恨恶的。

7 圣灵向众教会所说的话，凡有耳的，就应当听。得胜的，我必将神乐园中生命树的果子赐给他吃。

经文结构

2.1.1 给以弗所教会的书信 2:1－7

2.1.1.1 序言 2:1

2.1.1.1.1 写信给以弗所教会的命令(1a)

2.1.1.1.2 先知性信息的专用起首语(Τάδϵ λέγϵι;1b)

2.1.1.1.3 人子身份的宣告(1c)

2.1.1.2 书信主体 2:2－6

2.1.1.2.1 人子对以弗所教会的评价(2:2－4)

2.1.1.2.1.1 称许(2－3)

①有一些古抄本(例如，ℵ046 以及大部分的小楷抄本)在劳碌(κόπον)之后有“你的(σου)”；但是在 A C P 2053 等抄本中却无。前者可能是抄经者为了让“行为，劳碌和忍耐”三者都被“你的”所修饰而加上的，但不论原始经文为何，经文的意思都一样。

2.1.1.2.1.2　责备(4)
2.1.1.2.2　人子对以弗所教会的期许(2:5)
2.1.1.2.2.1　呼吁悔改(5a)
2.1.1.2.2.2　不悔改的警告(5b)
2.1.1.2.3　人子对以弗所教会的再次肯定(2:6)
2.1.1.3　书信结语　2:7
2.1.1.3.1　警语(7a)
2.1.1.3.2　给得胜者的应许(7b)

经文分析

2:1 你要写信给以弗所教会的天使：那右手拿着七星，在七个金灯台中间行走的，如此说(Τῷ ἀγγέλῳ τῆς ἐν Ἐφέσῳ ἐκκλησίας γράψον· Τάδε λέγει ὁ κρατῶν τοὺς ἑπτὰ ἀστέρας ἐν τῇ δεξιᾷ αὐτοῦ, ὁ περιπατῶν ἐν μέσῳ τῶν ἑπτὰ λυχνιῶν τῶν χρυσῶν)

在人子给教会的七封书信中，以弗所书信是第一封。① 其原因不单是因为以弗所城在地理位置上，最接近拔摩海岛，也因为以弗所城是小亚细亚地区的政商中心。

以弗所城位在该斯特河(Cayster River)的河口，西临爱琴海，而其东边则是本都、加拉太、加帕多家、亚细亚和庇推尼(彼前1:1)；即，今日之土耳其半岛。从地图上来看，以弗所城大约位在土耳其半岛西海岸线的中点，因此虽然她所依傍的该斯特河有长年淤积的问题，②但是这个城市却在历史中，特别是在希腊和罗马统治的时代中，逐渐地超越了士每拿和米利都等几个临海城市，而成为这个地区中最重要的一个港口。从爱琴海而来的旅人商客从此登岸，而罗马在这个地区中的里程计算，也以她作为起点。

在公元肇始前后，当奥古斯督开创罗马帝国之时，以弗所城就进入了她在历史中的黄金时期。此城在地理上的优势和商业方面的实力，让她在亚细亚行省的诸城中，逐渐脱颖而出，至终得到了令其他城市羡慕不已的“亚洲第一城”的名号，并且得着了

① 有关于人子没有直接向教会说话，而是向教会的天使发言的问题，我们在1:16和1:20中已经做了处理，因此在此我们就不再讨论这个题目了。

② 该斯特河淤积的问题，终究使得以弗所城失去了她独特的地位，也使得今日所发掘出来的以弗所遗迹，距海岸足足有约十公里之遥。

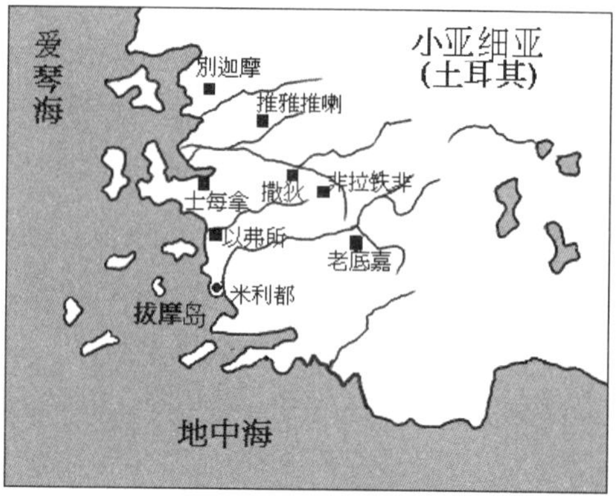

自由城(liberae)的地位。意即,她可以保有自己原有的法律规条。① 罗马巡抚到小亚细亚行省视察时,都会从这个港口登岸。在一个当时的钱币上,我们就看见表明了这个事实之"第一登陆"的字眼。罗马政府对这个城市重视的程度,也可以从近代考古的发现中,得着证实。因为我们不单看见下水道的遗迹,重新铺设的街道,纪念罗马军事胜利的浮雕石碑;我们也发现一个 58×160 公尺的罗马式聚会场所(The State Agora),可容纳 25000 人左右的剧场,以及为了帝国崇拜而建造的神殿。②

作为一个人文荟粹,商业鼎盛的亚细亚城市,以弗所城当然也拥有她自己的神祇。亚底米斯女神(Artemis)原本并不专属于以弗所城,而是在小亚细亚地区广为人所崇拜的神祇之一。她在不同的地方有着不同的名字(例如,罗马人称她为戴安娜 Diana),但是她所司之职,却总是狩猎和繁殖二事。因此在现存的雕像上,我们就看见她不单胸前多乳,在其长裙和头发中,也布满了许多动物。在以弗所城取得其优势之后,该城之民宣称:阿波罗和其双胞胎妹妹亚底米斯,并不是如传统所说的,生在底洛斯(Delos),而是降世在以弗所。由此可见他们对亚底米斯女神的重视(参,徒 19:23-41)。从历史记载和考古发现中,我们知道亚底米斯女神庙占地约九千多平方公尺(130×70),有 127 只的柱子。每只柱子的直径为两公尺,而高约 20 公尺,其中有一些更是以精美的刻花为装饰。这个神庙是现今考古所发现的希腊神庙中,最为壮观的一个,因此此一神庙也就名列世界七大奇景之一了。

像其他的希腊城市一样,以弗所城虽然"独尊"亚底米斯女神,但是从各地蜂拥而入的不同人种,也将他们所信奉的神祇带进了这个城市。③ 从当代文献、钱币、铭刻中,我们知道至少有 17 个神祇,都曾在这个城市中现身。这些"民间信仰"所能影响的,并不限于人的"宗教生活"而已,而是深入了人生活的每一个层面。人心险恶,因

---

① 有关罗马城市地位的问题,可见,邢义田编译,《古罗马的荣光 I》,页 337-76。

② 在安东尼(Antony)被屋大维(后称奥古斯督)所败的前一年(BC 32),他和埃及皇后克丽欧帕特拉(Cleopatra)与 300 名罗马元老聚集,想要在罗马之外建立一个新政府的地点,就是以弗所城。由此我们亦可见这个城市的重要性。

③ 巴克莱认为以弗所一共有六族:原住民,雅典移民后裔,三个希腊裔和犹太人(《启示录注释 I》,页 72)。至于 90 年代以弗所的人口数,有人推测当时有 20 万人居住在城内和其周边地区,但是这个推测似乎有些夸张(详见,Aune, *Revelation* 1-5,136-37)。

此商业合约必定得请神祇作证，而生意完成后，酬神谢天自然就不能少。人生难免意外，因此购买“以弗所灵符”，就成为安居保宅、保气畅运和外出旅游时，所不能或缺的花费了。

除了以亚底米斯女神作为“镇城信仰”，而以各式“民间信仰”来突显出这个城市“国际化”的深度之外，意欲在亚细亚省中独占鳌头的以弗所，当然也必须和“凯撒崇拜”一事有所连结。所以在公元前 29 年之时，居住在此城的罗马公民，在奥古斯督皇帝的允许下，就为罗马帝国，也为纪念他的父亲凯撒，而在这个城中设立了一块圣地。这个事件在当时并不具有“立人为神”的含义，因为其目的只在尊崇已逝皇帝，但是它却是后续“凯撒崇拜”的先声。

和公元 90 年代以弗所教会有密切关系的是公元 89－90 年间，在这个城中所完成的豆米田神庙。这个神庙，祭坛和一个巨大的雕像，坐落在 60×90 公尺的地基之上（地基之下甚至有地下商店）。神庙本身占地 24×34 公尺，有 104 只柱子(8×13)和六层阶梯；其中事奉三任罗马皇帝，即豆米田的父亲维斯帕先（Vespasian），豆米田的哥哥提多（Titus）和他本人。① 这个神庙是罗马皇帝在小亚细亚地区所设立的第三个（第一个在别迦摩，第二个在士每拿）。和前面两个神庙相比，这个神庙的特点是它不再将罗马（以及元老院）也列入它事奉的范围，而只以皇帝家族作为事奉的对象。这个改变标示了皇室和元老院的政治实力，在这一段时间里的消涨。

这个神庙的建立，不单标示着罗马政府内部的权力变化，也显示出小亚细亚地区中，各个城市之间的竞争关系。在一篇刻于石碑上的“敬献文”中，我们看见当时的权力结构：皇室—亚细亚省—自由城—臣属城市。这个次序本身十分符合当时的现况，但是在碑文中，我们也看见立碑者以“神庙的守护者（neokoros）”来称呼以弗所城。这个称呼暗示，虽然这个凯撒神庙是立在以弗所城中，但是她只是个“守庙的人”；因为这个神庙是属于整个亚细亚行省的。这个意欲贬低以弗所地位之举，并没有达到它预期的效果。因为以弗所人在其后的各式石碑中，都十分自豪地以这个名号来称呼自己。而这个举措让另外两个也拥有凯撒神庙之城市，别迦摩和士每拿，也起而效尤。因此在以弗所人巧妙的手法中，这个称号的含义就完全地颠倒了过来。当然以弗所城的实力和她在政治上的地位，也在她于公元 127 年左右，再次争取到为哈德良

---

① 豆米田被刺杀之后（AD 96），他的名字就因着“从记忆中抹除其名的刑罚（*damnatio memoriae*）”，而从所有的石碑中被挖掉了；取而代之的是他父亲的名字，维斯帕先。和设立此神庙所互相呼应的，是豆米田要人以“*Dominus et Deus noster*（我们的主和神）”之方式，来称呼他的历史记载（Suetonius, *Dom.* 13）。因此以弗所教会所承受的压力，可见一斑。

皇帝(Hadrian)建神庙的事上完全表现出来。①

吸引罗马皇帝眼光的以弗所城,也一样引起保罗的注意。他第一次的到访只停留了很短的时间(徒 18:18 - 21),但是他留在当地的同工,百基拉和亚居拉,却造就了后来成为保罗重要同工之一的亚波罗(徒 18:24 - 28)。保罗第二次造访以弗所时,则待了比较长的时间。除了前三个月在犹太会堂中劝化众人之外,在往后两年的时间里,他则是在推喇奴的学房中努力传福音。② 从使徒行传 19 章来看,保罗的福音工作不但对这个城市带来了极大的影响(19:19 - 41),他借着这个城市在亚细亚行省中的地位,也让周边的地区都得以听见神的道(19:10,26)。因此在保罗的策略中,以弗所显然是被他当成一个宣教的中心。在保罗之后,提摩太也曾牧养过以弗所教会(提前 1:3);而若爱任纽和优西比乌的记载是可信的话,③那么约翰在提摩太之后,也牧养过这个教会,直到他被放逐到拔摩海岛为止。

被初代教会中几个重量级使徒牧养过的以弗所教会,在 90 年代时所要面对的挑战,恐怕比当年银匠底米丢所能带来的搅扰(徒 19:23 -41),要更为严峻。从 50 年代教会建立到今日约 40 余年的时间里面,罗马皇帝已经走马换将地更替了 7 - 8 位,但是在其中,没有一位像当今的皇帝豆米田,那样的将自己自比为神,那样不能容忍那些不参与神庙崇拜的人,因为他认为这个活动是人是否效忠帝国的指标。他的人虽然远在罗马,他的神庙却已经在这个城市中建立了起来(89 - 90 AD);他的神庙虽然没有亚底米斯女神庙那样的壮观华丽,但是他以"无神(ἀθεότης)"之名处决了他的表兄弟,并且放逐了其表兄之妻的举动,④却清楚明白地显示了这个神庙的意义。因此对活在豆米田神庙阴影下的以弗所教会,人子选择以"手拿七星,在七个金灯台中行走"之姿向他们说话,是再适切不过的了。因为借着"手拿七星",祂告诉以弗所教会,她不属豆米田,而是在祂的手中;而借着"在七个金灯台中行走"的画面,祂让以弗所教会知道,祂是在他们中间的一位,祂完全明白他们所面对的是什么。因为在许多

---

① 以上资料来自 Ramsay, *The Letters*, 151 -71; Jones, *The Cities of the Eastern Roman Provinces*, 28 - 95; Yamauchi, *New Testament Cities*, 79 - 114; Price, *Rituals and Power*, 254 - 57; Hemer, *Local Setting*, 35 - 56; *ABD* 2:542 - 49; Friesen, *Imperial Cults and the Apocalypse of John*, 23 - 55; Aune, *Revelation* 1 -5,136 -41。中文有关以弗所城背景之论述,亦见,杨牧谷,《基督书简》,页 179 - 93。

② 保罗在使徒行传 20:31 那里,说他在以弗所有三年的时间。这个说法可能是一个概略性的说法,即,涵盖了前后三年的两年多的时间。

③ *Adv. Haer.* 3.3.4; *Hist. Eccl.* 3.1.

④ Flavius Clemens;Flavia Domitilla. 两人都为豆米田皇帝的亲戚。有人认为豆米田此举只是藉"无神"之名,而行清除异己之实。但不管他真正的目的为何,"无神"之罪名必然会对拒绝帝王崇拜之基督徒,带来寒蝉效应。

年前，祂曾在这个帝国之创立者的手下(奥古斯督)，经历了极为严酷的十架之刑。

2:2－3 我知道你的行为——劳碌、忍耐。你不能容忍恶人，因此你曾试验那自称为使徒，却不是使徒的，因为你看出他们是假的；[3] 并且你也能忍耐，曾为我的名恒忍，并不倦乏(Οἶδα τὰ ἔργα σου καὶ τὸν κόπον καὶ τὴν ὑπομονήν σου καὶ ὅτι οὐ δύνῃ βαστάσαι κακούς, καὶ ἐπείρασας τοὺς λέγοντας ἑαυτοὺς ἀποστόλους καὶ οὐκ εἰσίν καὶ εὗρες αὐτοὺς ψευδεῖς, [3]καὶ ὑπομονὴν ἔχεις καὶ ἐβάστασας διὰ τὸ ὄνομά μου καὶ οὐ κεκοπίακες)

如果"在七个金灯台中行走"只是个隐喻(2:1)，那么"我知道"一语就完全道出了这个隐喻的意思。因此虽然内容或许有些差异，但是在往后的六封书信中，人子给教会的信息都很一致地由这句话开始。但是祂知道哪些有关他们的事呢？

"行为"一语在启示录中出现了20次，它所指的不单是人外显的行为，也是人发诸内行诸外的整个生活模式，因为神在末日所据以审判人的，正是他/她一生中，所思所想所言和所行的总和(参，启20:12－13；22:12)。也难怪在七封书信中，除了士每拿和别迦摩两封书信之外，人子都是以"我知道你的行为"，作为祂的开场白。

以弗所教会的行为是值得称许的，因为她以积极的劳碌，和消极的忍耐，显明了她是个怎样的教会。① 在新约中，"劳碌"所指的总和福音有关(例如，帖前2:9；林前15:58)，而在此也是如此，因为身在亚细亚省政商中心的以弗所教会，得经常接待那些从各处而来，游行各地的福音使者。② 接待福音使者本是教会的责任，因为这是"主内一家"的含义。③ 但所有奉主的名而来的，并不全都是主的使徒(广义的)，④而他们所带来的教训，也并不一定全都是对的，因此在接待这些人的时候，试验也就成为教会所不可缺少的动作，⑤因为披着羊皮的狼对弟兄姊妹所可能带来的伤害(太7:15)，恐怕不会少于那些明白逼迫教会的人。

但对以弗所教会来说，这些让他们劳苦，让他们不能容忍的恶人，究竟是谁呢？从约翰使用"连用连接词(polysyndeton)"的手法来看(即，因此[καὶ]你曾试验那自称

---

① 在此我们将本节中第一个"καὶ"视为解释性的连接词(参 Charles, *Revelation I*, 49; Aune, *Revelation* 1－5, 142－43; Mounce, *Revelation*, 87; Osborne, *Revelation*, 112)。在帖撒罗尼迦前1:3中，行为，劳苦和忍耐三者则是彼此平行的元素(Swete, *Revelation*, 25)。

② 林前9:5。

③ 徒9:29；15:4；18:27；21:17；28:30；罗16:2；加4:14；腓2:29；多1:8。

④ 例如，哥林多后书2:17中，保罗所提及为利而来的人。亦见，伊格那修致以弗所教会书信(Ign. *Eph.*)7:1；9:1。

⑤ 参，帖前5:21；林前14:29；约壹4:1。有关初代教会对如何试验假教师、假先知和假弟兄之事的看法，可见《十二使徒遗训》(*Didache*)11－13。

为使徒,却[καὶ]不是使徒的,因为[καὶ]你看出他们是假的①),这些恶人显然是那些自称拥有使徒职分,并想要藉此而让自己在教会中居高位的人(参,徒 20:29－30)。对这些人,以弗所教会并不照单全收,而是以试验来鉴定他们的真伪。约翰在此并没有告诉我们,以弗所教会是以什么标准来试验一个教会领袖;但是在一份名为十二使徒遗训的文献中(*Didache*),我们却看见"是否有像主一样的行为举措"(11:8),是初代教会手中的那把尺。这个衡量的标准也许不够明确,但是凡举谦卑、虚己、牺牲、温柔、合一、忍耐和身先士卒等等细则,都应该包括在这个标准中。和"你好我好大家好"的和稀泥模式相比,敢于试验真假其实是一条比较不容易走的路,因为走这条路不单需要勇气,也要付出许多代价。但是为了教会的纯净,以弗所教会愿意为此而劳苦。

除了劳苦之外,以弗所教会也因着能忍耐而得着人子的称赞。在第二节的下半中,我们已经看见以弗所教会对假使徒的不能容忍,但是在面对从教会之外而来的挑战时(为了我的名的缘故),他们则是选择以忍耐来应对。从银匠底米丢所兴起的动乱事件中(徒 19:23－41),我们实在不难想象活在亚底米斯和豆米田两个神庙之间,并且被 17 个各式神祇围绕的以弗所教会,在这些年间曾经为了耶稣之名的缘故,经历了多少困难。因此约翰在第三节中,再次使用"连用连接词"的句法,来强调他们这方面的优点,实在不是一件过分的事。事实上为了显示他们的长处,约翰在这两节经文中,更是使用了两组双关语(paronomasia)来显示这个事实:"劳苦/不倦乏";"不能容忍/恒忍"。② 因此以弗所教会的确是值得嘉许的,她虽然劳苦,但从不让自己落入灰心失望和倦乏的情况中;而在面对从内部和外部而来的挑战时,她也满有属灵的洞见,知道孰可忍,而孰又不可忍。

2:4－5 然而有一件事我要责备你:就是你离弃了起初的爱。[5] 所以应当回想你是从哪里坠落的,并要悔改,行起初所行的事。你若不悔改,我就临到你那里,把你的灯台从原处挪去(ἀλλὰ ἔχω κατὰ σοῦ ὅτι τὴν ἀγάπην σου τὴν πρώτην ἀφῆκες. [5]μνημόνευε οὖν πόθεν πέπτωκας καὶ μετανόησον καὶ τὰ πρῶτα ἔργα ποίησον· εἰ δὲ μή, ἔρχομαί σοι καὶ κινήσω τὴν λυχνίαν σου ἐκ τοῦ τόπου αὐτῆς, ἐὰν μὴ μετανοήσῃς)

为维护教会在信仰上的纯净而劳苦,并在异教世界中,为了耶稣之名而忍耐的以弗所教会(2:2－3),却因着失去了起初的爱而为人子所责备。但他们所失去的,是哪一种爱呢? 有人认为 90 年代的以弗所教会所失去的,是当年教会刚刚成立之时,他

① 这个句型也出现在 2:9 和 3:9 中;详见,Aune, *Revelation* 1－5,145－46。

② 意即,让同字根的劳苦(τὸν κόπον)、倦乏(κεκοπίακες)和容忍(βαστάσαι)、恒忍(ἐβάστασας),在极为相近的篇幅内出现,而达到互相对应的效果(Charles, *Revelation I*, 49)。

们对神的热爱；就好像以色列人在进入迦南地之后，就失去了他们当初在旷野和耶和华立约之时的爱一样（耶2:2；结16:8）。① 这个看法有其可能，但人子在前面对以弗所教会的称赞中，虽然没有“爱”这个字眼的出现，但是他们为了信仰的纯正，和为了祂的名所付上劳苦忍耐的代价，难道不算爱的表现？说他们像小和尚念经，只求尽职而没有热情，是不近人情的揣测。在巨大的政经压力之下，在诸多异教环峙的情况中，相对弱势的以弗所教会若没有对基督深沉的爱，是不可能持守信仰的。

因此有人认为以弗所教会所失去的，不是对基督的爱，而是对弟兄姊妹的爱。② 从他们敢于试验那自称为使徒之人的事看来（2:2），这个推测是比上述意见合理一些。因为在维护纯正教义的时候，人自以为义的软弱常常会把我们带进一个六亲不认的情况中；而在这种情况之下，我们就不自觉地将人和事搅和在一起了；我们不单将自己等同于正义，我们也将对方和邪恶画上了等号。但这是不是以弗所教会的情况呢？从人子在第六节里面再次对以弗所教会的称许中，我们知道以弗所教会似乎没有落入这个情况之中，因为她所恨恶的，不是尼哥拉一党之人，而是他们的“行为（τὰ ἔργα）”。

那么以弗所教会所失去的起初之爱，究竟是什么呢？从使徒行传19章中，我们知道这个教会在50年代是一个勇敢做见证的教会：不单保罗无所畏惧的传讲神国的事（19:8－12），而那些初信主的人，也破釜沉舟地放弃了他们过去所行的巫术，并且更进一步地以公开焚烧咒书的方式，来见证他们的改变（19:18－19）。由是“主的道大大兴旺而且得胜”，就成为这个新生教会的标记了（19:20）。但这个福音之火，是不是传递给第二代甚至第三代的信徒了呢？络绎而来的各式假使徒，是不是消耗了以弗所教会大部分的精力，而让她无暇他顾？公元89－90年间在这个城中所建立起来的豆米田神庙，是不是让他们退缩了呢？对这些问题我们没有明确的答案，但是从人子“不悔改就把你的灯台从原处挪去”的警告当中，我们知道“起初之爱”所指的，应该是他们起初对耶稣的爱，即，愿意以放弃一切所有的方式，来为祂作见证的爱。因为当他们失去了这种爱，他们就不再是个灯台了。③

事实上，这个“罪罚对等”的审判原则，或者说，以牙还牙以眼还眼的原则，在启示录中是屡见不鲜的。例如，叫人喝邪淫大怒之酒的巴比伦，其刑罚自然是喝神的大怒

① 例如，Alford, *Revelation*, 563; Hendriksen, *More than Conquerors*, 62; Walvoord, *Revelation*, 55－56。以“ἀγάπη”（爱）在本节的出现便认定这是对神的爱，是一个错误的看法，因为在新约中，这个字亦指弟兄姊妹的彼此相爱（例如，林后5:14；弗2:4 等等）。

② 这是许多解经家的看法。例如，Beckwith, *Revelation*, 450; Harrington, *Revelation*, 55; Mounce, *Revelation*, 88。

③ Beale, *Revelation*, 230－31.

之酒(14:8－10);她如何待人,因此神也要怎样待她(18:6);[①]而她如何荣耀自己,如皇后般的奢华度日,也要照样叫她如寡妇般的悲哀,经历死亡和饥荒(18:7－8)。[②]准此,当以弗所教会因着外在压力而退缩,不再向这个世界见证发光时,她的刑罚就自然是从原处挪去了。不发光的灯台,还留着她做什么呢?失了味的盐也只能丢到外面任人践踏了。[③] 失去了对弟兄姊妹的爱是件很严重的事,但是这恐怕还不是个不治之症;但是失去了向这个世界作见证的心志和异象,就是失去了教会之所以存在的理由。对这样的教会,"修剪灯芯,挑旺灯火"之药方,恐怕还不能反映出问题的严重性。对这样的教会,在天上圣所中担任大祭司一职之人子,所能下的也只有"移除灯盏"这一帖猛药了。

猛药是最后的手段,是非不得以之时才要采行的步骤,因此人子在走到那一步之前,先恳切地向以弗所教会发出了祂的呼吁:回想、悔改和回锅(行起初所行之事)。回想是第一步,因为回想不单具有反省检讨的意义,也能让人不再将眼目只定睛在现今的困难上。因此回想所可以带来的,不单是重新检视现今的状况,也不只是停止现在的模式,而更可以让人从历史中学到教训,重新出发。对一个从黑暗中进入光明的人来说,回锅当然不是件好事,但是对曾经不计一切代价也要见证福音的以弗所教会来说,行起初所行之事,却是让她免去"移除灯盏"之刑的必要条件。

从第二世纪初,安提阿主教伊格那修(Ignatius)在殉道之前所写给以弗所教会书信中,[④]我们知道他们对人子的警告采取了一个正面的响应。因此"移除灯盏"的刑罚并没有立即发生。但是若他们没有悔改,他们的刑罚将在什么时候临到他们的身上呢?从"若你不悔改,我就临到你那里"这句话来看,"移除灯盏"之刑将在"不悔改"的条件成立之时临到。[⑤] 因此"移除灯盏"并不是末日的刑罚,而是在那一天来到之前,就可能会发生的。[⑥] 毕竟灯台之作用,是要向这个世界发光作见证,因此若这个刑罚是要等到末日才会实现的话,那么这个警告就完全失去了它的意义,因为教会

---

① 和合本 18:6 节下半有"加倍"一语,但是这个翻译恐怕有问题;详见该处注释。

② 在七碗之灾中,也有类似的说法:流人血的,将无水可喝,因为神将水变为血给他们喝了(16:6);而亵渎神的,其刑罚将令他痛苦地自咬其舌(16:8－10)。

③ Ramsay 认为,"移除灯台"并不是让教会不继续存在的"死刑",甚至也不是"割除肿瘤"的手术,而只在表达人子对教会的不满而已(*The Letters*, 176－77)。如果以弗所教会的问题只是轻微的"小感冒"的话,Ramsay 之见应该是可以接受的,但是从人子对这个教会的责备,和祂所开的处方种类来看(4－5),我们知道她病的实在不轻,是非下猛药不可的。

④ *Eph*. 1:9;9:1;11:2.

⑤ 这是第三类条件子句的意思。见,A. Brooks & C. L. Winbery, *The Syntax*, 121。

⑥ Charles, *Revelation I*, 52.

的任务就是在末日之前，向世界发光作见证。① 再者，从这封书信的一开始，人子就已经让我们知道，祂是在七个金灯台中行走的那一位，因此若祂发现有那一个灯台没能发挥她应该有的功能，移除灯台就成为管理天庭圣殿之大祭司，所必须立即尽上的责任。在时间的末了，人子当然要再来对整个人类历史做一个总结（启19:11－21），但是在那个时刻来临之前，祂借着住在教会中的圣灵，②将要对那些硬着颈项不肯悔改的人进行审判（启2:16,21－23;3:3），③就如同耶和华神曾因着以色列百姓的悖逆，而让被称为外邦人之光的他们（赛42:6－7），经历了被掳之刑一样。在世界的末了，祂当然要再来（ἔρχομαι;22:7,12,20），好奖赏那些持守真道的人，但是在那个日子之前，身为教会之主的祂，也必然会对祂的灯台进行修剪灯芯，甚或是移除灯盏的动作，因为教会乃是祂在地上的代表，是祂的名是否能得着彰显的关键。祂既然已经将祂永恒的救赎计划交给教会来执行，因此对那些忠心又良善的教会，主就自然地把得救的人，天天加给他们；但是对于那些又恶又懒的仆人，凡他所有的，祂也要夺去，因为无用的仆人，只配在外面的黑暗中哀哭切齿（太25:14－30；亦参，路19:11－27）。

2:6 然而你还有一件可取的事：就是你恨恶尼哥拉一党人的行为；这也是我所恨恶的（ἀλλὰ τοῦτο ἔχεις, ὅτι μισεῖς τὰ ἔργα τῶν Νικολαϊτῶν ἃ κἀγὼ μισῶ）

为教会之生而死的主（1:5－6），当然不愿意移除祂所设立的灯台，因此在严厉的责备和警告之后（2:4－5），祂再次以"这也是我所恨恶的"一语，来肯定以弗所教会，因为"恨我所恨"正表明了他们以人子的心为心的态度，也表明了他们和人子是站在同一个立场的事实。④

但是他们和人子所共同恨恶的尼哥拉一党之人的行为，究竟是如何的呢？这些人到底是谁？在称赞以弗所教会敢于试验假使徒时，约翰所用的时态是过去式（ἐπείρασας;2:2），而在此的恨恶（μισεῖς）是现在时态，因此尼哥拉党应该不是那些自称为使徒的人。⑤

自爱任纽以降，⑥早期教父多认为这个异端，是和耶路撒冷教会所选立，七个执事之一的尼哥拉有关（徒6:5－6）。因为他身为安提阿人，先改教进入犹太教，后来

① Beale, *Revelation*, 232.
② 人子的话就是圣灵的话（2:7,11,17,29;3:6,13,22），因此在七封书信中，祂们是密不可分的。
③ 亦参，徒5:1－11。
④ "恨我所恨"的肯定，也可能含有和"失去起初之爱"对比的含义。意即，既然你恨我所恨，为什么你不能爱我所爱呢？
⑤ Aune, *Revelation* 1－5,147.
⑥ Irenaeus, *Adv. Haer.* 1.26.3.

又再次转向成为基督徒的背景,的确让他成为一个异端领袖的可能候选人。但是爱任纽和其他教父在论及这个异端时,也同时提及启示录2:6和2:14–15;因此他们并没有提供一个在启示录之外的观点,好让我们可以将两个不同的意见互相参照。可能是因为这个缘故,在初代教会的历史中,我们也听见其他教父为尼哥拉所发出的辩护之声。他们认为尼哥拉本人没有问题,是他的跟随者误解了他的教训,或是后人以他之名来为自己的教训背书。① 因此从历史的记录里面,我们似乎没有办法得到一个明确的答案。②

历史既然不肯吐实,语源学就成为寻求真相的另外一条出路。尼哥拉党(Νικολαΐτῶν)一词分解开来,是"他征服(νικᾷ)+百姓(λαόν)";而2:14中之巴兰一语的含义,在希伯来文中也是如此(בלע עם)。③ 因此尼哥拉党和巴兰同属一个阵营,而约翰在此只是将他们在以弗所的"分公司",冠以希腊文之名。除了这个路径之外,也有人建议我们将尼哥拉党一词"还原"为亚兰文,因为在这个语文中,尼哥拉党的含义(ניכולה)是"让我们吃",是和巴兰之教训完全吻合的(让我们吃祭偶像之物)。④ 就其结果而言,即,将尼哥拉党等同于巴兰,这些建议是值得欢迎的,因为从2:14–15的文法结构中(详见该处分析),约翰的确意欲将这两者连结在一起。但是就其方法而论,这个解释的途径却不甚牢靠。在启示录中,约翰的确使用了各式各样的文学技巧,但是从9:11中,我们却看见当他想要以横跨两个语言之方式,来强调某一个论述时,他并不以隐藏的方式为之。恰恰相反的,为了要让人没有疑惑,他明白地指出,领蝗虫之军的无底坑使者,其名按希伯来话,叫亚巴顿;而按希利尼话(希腊文),叫亚玻伦。

历史虽然没有为我们存留真相,而语源学之路也因着过分曲折而让人质疑,但是在面对尼哥拉党之谜时,我们却不是完全没有线索的。在别迦摩书信中,约翰不单让他们出现在巴兰之后(2:14–15),也借着"所以/这样(οὕτως)"的连接词,将巴兰的教训和尼哥拉党的看法,画上了等号。⑤ 从旧约巴兰的记载中,我们知道尼哥拉党的

---

① 有关尼哥拉党议题的详细讨论,可见 Thomas, *Revelation* 1–7, 148–50; K. A. Fox, 'The Nicolaitans, Nicolaus, and the early Church,' *Studies in Religion* 23/24(1994), 485–96; Aune, *Revelation* 1–5, 148–49。教父索引见 Aune。

② Roloff 认为(*Revelation*, 44),尼哥拉党是诺斯底主义(Gnosticism)的前身,但是在诺斯底主义的相关文献中,尼哥拉党之名并未出现,并且"允许吃祭偶像之物"的议题(尼哥拉党的特征,详下),也未出现在1945年出土,属诺斯底思想的拿戈玛第文献中(Nag Hammadi)。

③ Charles, *Revelation I*, 52–53.

④ 这是 Lightfoot 之见(资料来源,Aune, *Revelation* 1–5, 149)。

⑤ 不单如此,在"你那里也有人照样……"这句话中的"也"和"照样"(καὶ; ὁμοίως),都指向以弗所教会所面对的尼哥拉党。

教训，是参与异教献祭一吃祭偶像之物，并和庙妓行奸淫之事（民 25:1－5;31:8,16）；因此这个教训的特色是向异教世界妥协，是脚踏两条船。对活在以弗所城中的基督徒来说，从周围环境而来的压力，恐怕不会小于当初要进入迦南地的以色列人，因为豆米田神庙和亚底米斯女神庙所牵涉的，并不只是单纯的“宗教信仰”而已，而是包括了政治效忠和经济财富的面向。因此在“至死忠心”和“全然放弃”的两个极端之间，妥协似乎就成为一个“两全其美”的选择。对于这个相当诱人的教训，以弗所教会知道这事攸关生死（参，民 31:8），因此他们就以最强烈的方式（恨恶），拒绝了这个诱惑。因此对明白“在世界但又不属世界”之真理的以弗所教会（约 15:19），人子在这封书信中，在严厉责备之后再次的肯定他们，实在是一件十分合理的事。

2:7　圣灵向众教会所说的话，凡有耳的，就应当听。得胜的，我必将神乐园中，生命树的果子赐给他吃（ὁ ἔχων οὖς ἀκουσάτω τί τὸ πνεῦμα λέγει ταῖς ἐκκλησίαις. τῷ νικῶντι δώσω αὐτῷ φαγεῖν ἐκ τοῦ ξύλου τῆς ζωῆς, ὅ ἐστιν ἐν τῷ παραδείσῳ τοῦ θεοῦ）

在前面分析七封书信之格式时，我们已经知道这七封书信的结尾，都是由一个警语和一个应许所组成。在前三封和后四封书信中，这两个元素的次序或许不同，但是他们都一定出现在结语中，并且其警语也总是以一个固定的形式出现：圣灵向众教会所说的话，凡有耳的，就应当听（2:7,11,17,29;3:6,13,22）。

对约翰的读者来说，“凡有耳的，就应当听”这一句警语，应该并不陌生，因为在符类福音中，这句话一共出现了七次（太 11:15;13:9,43;可 4:9,23;路 8:8;14:35）。①从最能显示此一警语之意义的马太福音 13 章来看（撒种的比喻），“凡有耳的，就应当听”的意思，显然不是“听不听随你”；而是和人是否能明白从神而来的启示有关。在耶稣向门徒解释为什么祂要以比喻来论说神国时，祂引用了以赛亚书 6:9－10：

> 你们听是要听见，却不明白；看是要看见，却不晓得。要使这百姓心蒙脂油（马太福音作：因为这百姓油蒙了心），耳朵发沉，眼睛昏迷；恐怕眼睛看见，耳朵听见，心里明白，回转过来，便得医治（马太福音作：我就医治他们）。②

从这段经文的后半来看，这个信息似乎不太容易接受，因为神似乎是刻意地要将祂的启示隐藏起来。从以赛亚书前面的经文来看，神之所以要先知以赛亚传递如此令人无法接受之信息的原因，是因为以色列百姓已经屡次受罚而不悔改（赛 1:4－

---

① 在这些经文中，这句警语的形式略有不同，但是他们所要表达的意思却是一样的。

② 旧约中类似的说法，亦见，耶利米书 5:21 和以西结书 3:27;12:2。

9),是因他们离弃真神而就偶像(赛 2:5 - 11,18 - 22)。① 因此对这些硬着颈项的百姓,神的审判自然就是:既然你那么爱慕偶像,那么我也只能让你成为像偶像一样的,有耳可听却不能明白,有眼可看却不能知晓。因此不管是以赛亚的"听却不明白,看却不晓得",或是耶稣的"凡有耳的,就应当听",都含有审判的意义,是神意欲将祂的启示隐藏起来,不让那些屡次背道之百姓明白真理的刑罚。因此在面对那些将耶稣藉圣灵赶鬼之事,解释为鬼王别西卜工作的法利赛人时(太 12:22 - 30),以及在面对只求神迹,而不在意人子受苦之意义的世代时(太 12:38 - 45),耶稣也只能将真理以比喻的形式来表达了;因为这个形式的真理是隐藏的真理。如是真理只向寻求祂,珍惜祂的人敞开,但却向那些硬心的人关闭。

从这个背景来看,约翰以这一个警语作为每一封书信的结语,其目的是要提醒他的读者,不要轻忽这些书信的信息,因为若他们继续硬着颈项而不悔改,他们将和以色列百姓一样的,空有神子民之名,但却不明白神的启示;自以为是蠢笨人的师父,小孩子的先生,但却是领着瞎子行路的瞎子(罗 3:17 - 24)。② 这句警语当然有其严肃的警告意义,但是从正面的角度来看,约翰借着这个警语也是要敦促他的读者:请竖起耳朵,留心倾听人子所向你们所说的每一句话。③

从七封书信的序言中,我们知道启示录 2 - 3 章是人子给教会的信息,但是在每一封书信的结语中,我们却看见向教会发出警语的是圣灵。这究竟是怎么回事?从前面所讨论的旧约经文中,我们晓得在以赛亚的年代,向以色列百姓发出"有耳不能听,有眼不能看"之审判的,是耶和华;而在符类福音中,向当时以色列人发出"有耳可听就应当听"之警语的,是耶稣;因此在五旬节之后,向教会发出同样警告的,也就应该是圣灵了。不单如此,在耶稣离世升天之前,祂也明白地指出:在祂升天之后,祂将要差遣圣灵,来接续祂教导门徒明白真理的工作(约 16:12 - 13),因此在这七封书信的结尾处,我们就看见圣灵向教会发出了"凡有耳的就应当听"的警语。当然圣灵向教会所说的,并不是出于祂自己,乃是从耶稣而来(约 16:14),因此祂和人子在书信中交替出现,也就不令人意外了。

从人子到圣灵的转换的确不令人意外,但是从人子向以弗所教会说话,变成圣灵

---

① 在这个理解之下,以赛亚的"要使这百姓心蒙脂油",在马太的笔下就自然成了"因为这百姓心蒙脂油……"。

② 罗马书 1:18 - 32 中,神对外邦人的审判也是如此。因为他们虽然知道有关于神的事(1:19 - 21,28),但是他们却不照着他们所知道的行事,因此神就"任凭"他们自行其是(1:24,26,28),让他们继续留在昏暗的境界中,不能明白真道(1:21)。

③ 有关这个警语的详细分析,可见 A. -M. Enroth,'The Hearing Formula in the Book of Revelation,' *NTS* 36(1990),598 - 608; Beale, *Revelation*, 236 - 39。

向"众教会"说话，就让人不得不停下来思索这个转变的含义。从人子分别向七个个别教会发言的情况来看，约翰的目的应该是要强调人子对每一个教会内部事务的熟悉和了解，但是由于这七个教会所面对的问题有其共通性，并且不同地区的教会原本就同属于一个身体（弗4:4－6），因此人子向以弗所教会所说的话，也同样适用于所有的教会身上。祂借着圣灵向以弗所教会所发的责备和警告，以及祂接下来要给以弗所教会的应许，都一体适用于所有的教会。

但祂在这封书信中所应许是什么呢？"神乐园中生命树的果子"①所指的究竟是什么呢？在新约许多其他的经文中，约翰在此所使用的"树（ξύλον）"，所指的是十字架，②因此有人认为生命树在此所象征的是十字架，而人子在此所应许的，则是从十字架而来的生命。③ 这个建议很吸引人，因为它不单突显了十字架的重要性，而其结论也是百分之百的正确。但是就释经的角度而言，这个看法却值得商榷，因为约翰在此所说的奖赏，是在伊甸园中的生命树，而不是各各他山上的十字架。从救恩史来看，十字架的确是我们重回伊甸园的前提，但是十字架却不是伊甸园中的生命树。十字架所能带来的结果的确是生命，但它的本身却不是生命，因为十字架所彰显的，是死亡，是罪的赎价。我们当然因着十字架而得生，但是人子在十字架上所完成的救赎，是为了要成就神创造的目的而有的。因此我们必须回到创世记，来理解人子在这里所应许的究竟是什么。④

相对于神所创造的世界，人显然是被神设立为这个世界的王（创1:26－28）；但是从创世记2:4－17中，我们也看见神在东方的伊甸，为祂自己立了一个园子，作为祂拥有整个世界的记号。因此若是我们从后面圣所和圣殿的类比来看，伊甸园显然是神在这个世界中所设立的第一个圣所。⑤ 有圣所而无祭司是令人无法想象的事，因此我们就看见神以灵创造亚当（2:7），将他安置在伊甸园中（2:8），并且赋予他修理看守之责（2:15）。也就是说，除了为王管理世界之外，亚当也被神设立为祭司，在

---

① "果子"一语并没有出现在经文中，但在创世记的背景中，"可以从生命树得吃的"一语的意思，当然是得吃生命树的果子。

② 徒5:30；10:39；13:29；彼前2:24。

③ Hendriksen, *More than Conquerors*, 206－07; Chilton, *Days of Vengeance*, 568.

④ Hemer认为约翰选择以生命树作为以弗所书信中的奖赏，是和亚底米斯女神有关，因为职掌繁殖一事的她，在许多古钱币上，是以女王蜂或是棕榈树之形态出现（*Local Setting*, 41－47）。这个看法是可能的，并且也能凸显出人子和亚底米斯女神之别，但是生命树的含义，却必须由旧约伊甸园的背景来理解，因为约翰在此明言这棵生命树是在伊甸乐园中的那一棵（详见22:1－2的注释）。不单如此，在许多当代的犹太文献中，伊甸园中的生命树，也被人认为是神在末世所要赐给人的福分（犹太文献索引可见，Beale, *Revelation*, 235）。

⑤ 若我们将这个世界视为神的宇宙圣殿，那么伊甸园就是宇宙圣殿中的至圣所了。有关"伊甸＝圣所"的论述，可见M. G. Kline, *Kingdom Prologue*, 31－32。

伊甸圣殿中服事神。王和祭司之职分的确让亚当在神所创造的万物中居首位,但是他的地位和职分不是为了他自己,而是为了神的国,为了神的荣耀。因此为了让亚当谨守他和神之间"藩属—宗主"的关系,神以生命树和分别善恶树,作为他和亚当所立之约的赏罚条款。也就是说,当亚当善尽祭司之责,即,在不属于圣所之物(蛇)出现在伊甸园中,并且挑战神的设计时,毫不犹豫地将它赶出去之后(洁净圣殿),①生命树就要成为他的奖赏。反之,若他不能护卫圣殿之洁净,并且顺从了撒但的建议而吃了神所不允许的分别善恶树,那么他的刑罚就是死。因此从这两棵树的对比中,我们晓得亚当在堕落之前的生命,是处在被试验的阶段。他有神的灵,但是他也有属"土"的成分(2:7);因此他若顺着神的灵行事,他将不再受到"土"的限制;他出于土的生命将被神转化,而成为一个荣耀永恒的生命,就像耶稣在复活之后所显示的那样。②但是如果他违背了神的禁令,那么死亡,或者说归于土,就成了他的结局(3:19)。③因此人子在此所应许的,不只是一个像亚当堕落之前,依旧在试验阶段的生命,而是神原先就预备要在亚当得胜之后,所要赐给他的生命。这个生命并不只是一个具有潜力,有可能进入荣耀之境的生命,而是一个经过十架测试,并且有耶稣在其上签名画押的生命(启 2:17;3:12;14:1)。

一个荣耀永恒不朽的生命,是人子在此给以弗所教会的应许。但是这个生命是不是全然都属于未来的呢?应许的确指向未来,但是在那个时刻来临之前,我们是不是和这个生命,完全没有关系呢?从 1:5-6 中,我们晓得教会是已经脱离罪之辖制的一个群体,并且也已经成为一个事奉神的祭司国度。因此从这个角度来说,我们并不是只能等到末日,才能拥有荣耀永恒的生命。使我们重生(约 3:1-16;特别是得永生的 3:16),又住在我们里面的圣灵(弗 1:13-14),让我们知道我们的生命,已经是一个和过去不一样的生命了。这个生命的确在等候身体得赎之阶段的来到(罗 8:23-24),即身体被改变(林前 15:35-54),但是在此同时,这个生命也是一个不会因着患难、困苦、逼迫、饥饿和刀剑,而使我们与基督隔绝的生命(罗 8:31-39)。荣耀永恒和不朽的生命,的确是要到未来才会完全成就(not yet),因此人子在此就可以以此作为祂的应许;但是这并不表示这个生命就没有"已经(already)"的面向。事实上在人子对以弗所教会之"回想、悔改和回锅"的期许中(2:5),"已经"这个元素就已

① 参,民 1:53;3:8,10,32;31:30,47;撒上 7:1;结 44:15ff;约 2:13-17;启 19:11-21。
② 参,罗 8:18-25;林前 15:35-54。
③ 以上论点是由 M. G. Kline 而来(*Kingdom Prologue*, 57-73)。

经出现了。①

"已经"让人得着安慰，"已经"也让人在患难和逼迫中可以忍耐；但是"已经"也会带来放松懈怠的副作用。因此人子为这个应许立下了一个前提："给得胜者的（τῷ νικῶντι）"。这个前提告诉我们，虽然我们已经拥有永恒的生命，但是这个生命最后、最高、最荣耀的阶段却还没有来到，因此我们仍然需要努力。这个前提也告诉我们，我们并没有搭上直达天庭的特快车，只需静静地坐着，等候下车的讯号。相反的，"给得胜者"一语显示，我们是一群在战场上打仗的人，②而我们所面对的，是环绕在我们四周，以红龙为首的邪恶军团（启 12－13）。在人子第一次降临时，它已经发动过第一波的攻击（启 12:1－5）；但是在战事受挫之后，它就转向我们这些跟随人子的人（启 12:6－17）。在第一场战事中所受到的挫折，自然得在后续的攻击中得着发泄，因此海陆二兽就奉召而来，以异能奇事吸引人，好建立它们的军团，并且以亵渎的话攻击神，也以刀剑来逼迫圣徒（启 13）。由是被掳掠和被杀害，就成了圣徒的"宿命"（13:10a）。③"宿命"，也许；但这却是圣徒忍耐和信心的表现所在（13:10b）。因为他们知道，虽然被掳掠和被刀杀是他们必走之路，但是这条路却是通往锡安山的唯一路径；是他们在那里和人子团聚，并和四活物、众长老一起唱新歌事奉神之前，所必须走过的路（启 14:1－5）。有没有什么快捷方式可走呢？应该没有，因为人子也是循此途径而得胜的（1:5；3:21；5:6）。从今生来看，这条路实在不是一条易路，但是在路的尽头，人子所应许要给我们的奖赏，却远远超过我们在这一条路上所付出的任何代价。因为在那个时候，我们将要得着当年亚当所错失的奖赏，那就是生命树。

解释和应用

从新约的记录和早期教父的著作来看，在小亚细亚诸教会中，以弗所教会的确得天独厚。在她正式诞生在这个城市之前，百基拉亚居拉夫妇，以及最能讲解圣经的亚波罗，给了她最好的"胎儿教育"（徒 18:18－28）；而她的呱呱坠地，也是由保罗这个当代最负盛名之"教会接生婆"所一手包办的（徒 19:8－11）。不单如此，在她襁褓和

① 在后面的注释中，我们也将看见人子给士每拿、推雅推喇和老底嘉三个教会的应许（2:10－11；26－27；3:20－21），也都一样具有"已经"的面向。

② Aune, *Revelation* 1－5, 151.

③ 和合本作"掳掠人的必被掳掠，用刀杀人的必被刀杀"；但是比较准确的翻译是，"该被掳掠的，就被掳掠吧；该被刀杀的，就被刀杀吧"。

成长的年岁中,保罗,提摩太和约翰则是她的教父和教母,给了她最好的教育和训练。因此"系出名门"的她,的确比其他教会具有一些先天的优势。

"系出名门"的确令人钦羡,但以弗所教会却不是一棵生长在温室里的花朵。在她出生之前,来自于同门师兄弟犹太人的毁谤和排斥,就已经让她必须离开会堂,而诞生在推喇奴学房中(徒 19:9);在她成长的过程里面,从异教邪灵而来的挑战,和从政治和商会势力而来的压力,也从来没有缺席过(徒 19:11 -41)。因此在先天和后天两个因素的交互影响之下,她逐节发展出她自己特有的个性。先天的家世渊源,让她在真道上满有见识和深度,所以她敢于测试那些假借使徒之名而来的,也敢于拒绝尼哥拉党脚踏两条船的教训,因为她知道教会的纯净不容挑战;而后天的艰难环境,也让她练就了一身忍耐功夫。因此就以弗所教会本身而言,她不单免疫系统健全,百毒不侵,并且一身的忍功也让她可以经风雨而依旧站立。对于这样子的教会,人子当然不会吝于给她赞赏和肯定(启 2:2 -3,6)。

但拥有健全的免疫系统和老练的忍耐内功之目的何在呢?从物竞天择适者生存的进化角度来看,以弗所教会似乎是已经具备了存活下去的条件。但若是我们从耶稣有关一粒麦子的教训来看(约 12:23 -25),存在的目的,显然比存在的本身更加重要。因此当以弗所教会失去了他们起初对传福音一事的热爱,她存在的意义也就丧失了。我们不清楚是因为世代交替,还是因为外在压力升高,而让她不再积极向外传福音。但是不管原因为何,这个不再发光的灯台,就必须面对被移除的后果了。

因此摆在以弗所教会面前的,只有两个选择。第一,让人子来执行移除灯盏之刑。这意味着他们将和旧约中被掳的以色列人一样,以流离、羞辱和死亡作为他们的结局。第二,他们可以主动回想、悔改和回头行他们起初所行的事。这一条路当然也意味着逼迫、羞辱、刀剑和死亡,但这却是一粒麦子的路,因为在死荫幽谷的那一头,是神的乐园和祂所为他们所预备生命树。

我实实在在地告诉你们,
一粒麦子不落在地里死了,仍旧是一粒,
若是死了,就结出许多子粒来。
(约 12:24)

Ⅱ.2.2 给士每拿教会的书信(2:8 -11)

在七封书信中,士每拿教会书信是其中最短的一封。但即便如此,这封书信却显示出士每拿教会在人子的心中，占有一个极为重要的位置，因为他们在患难中依旧持守信仰的态度，让人子向他们所说的话，只有嘉许和鼓励。像一颗体积微小，但却绽放光芒的钻石，这封书信也在七封书信里面，甚至在整卷启示录中，不单叫人眼睛为之一亮；也令人无法忽视。

经文翻译

8 你要写信给士每拿教会的天使：那首先的，末后的，死过又活的，如此说，

9 我知道你的患难，你的贫穷（你却是富足的），也知道那自称是犹太人所说的毁
谤话；其实他们不是犹太人，乃是和撒但同党的人。10 你不要惧怕那将要来临的苦
难。看哪！魔鬼要把你们中间几个人下在监里，叫你们被试炼。你们必受患难十日。
你务要至死忠心，我就赐给你那生命的冠冕。

11 圣灵向众教会所说的话，凡有耳的就应当听。得胜的，必不受第二次死的害。

经文结构

2.2.2　给士每拿教会的书信　2:8－11

2.2.2.1　序言　2:8

　　2.2.2.1.1　写信给士每拿教会的命令（8a）

　　2.2.2.1.2　先知性信息的专用起首语（Τάδε λέγει；8b）

　　2.2.2.1.3　人子身份的宣告（8c）

2.2.2.2　书信主体　2:9－10

　　2.2.2.2.1　人子显示祂对士每拿教会的了解（2:9）

　　　　2.2.2.2.1.1　你的患难（9a）

　　　　2.2.2.2.1.2　你的贫穷（9b）

　　　　2.2.2.2.1.3　你所忍受的毁谤（9c）

　　2.2.2.2.2　人子对士每拿教会的鼓励（2:10）

　　　　2.2.2.2.2.1　忍受试炼（10a）

　　　　2.2.2.2.2.2　至死忠心（10b）

　　　　2.2.2.2.2.3　忠心的奖赏（10c）

2.2.2.3　书信结语　2:11

　　2.2.2.3.1　警语(11a)

　　2.2.2.3.2　给得胜者的应许(11b)

经文分析

2:8　你要写信给士每拿教会的天使：那首先的，末后的，死过又活的，如此说(Καὶ τῷ ἀγγέλῳ τῆς ἐν Σμύρνῃ ἐκκλησίας γράψον· Τάδε λέγει ὁ πρῶτος καὶ ὁ ἔσχατος, ὃς ἐγένετο νεκρὸς καὶ ἔζησεν)

士每拿书信是七教会书信中的第二封，是人子写给位在士每拿城中之教会的信息。[①] 和以弗所和别迦摩一样，士每拿也是一个靠海的城市。她在以弗所北边约50余公里处，位在赫马斯河(Hermus)的河口。此河出海口极为狭窄，在战争来临之时甚至可以用铁链将其港口关闭，因此她的安全性让她成为一个贸易兴盛的商港。在小亚细亚行省的诸城中，她的实力和以弗所城相当，因此在历史中，她们总是彼此竞争，意欲在这个地区中取得“首府”的地位。这个竞赛虽然由以弗所城取得最后的胜利，但是这个在第一世纪末叶约有十万人的城市，是启示录2－3章之七个城市中，如今唯一依旧存在的一个。她今日的名字叫做依慈米尔(Izmir)，是土耳其的第三大城。[②] 士每拿发迹甚早，在主前1000－600年的四百年间，她就已经是希腊人在小亚细亚地区的殖民地。在主前第七世纪之时，士每拿和新兴的吕底亚王国(Lydia；以撒狄为其首都)开始有了冲突，而这个战事一直持续到公元前600年左右，当她被吕底亚王所灭为止。战后士每拿被毁，而城中百姓也被流放至周围的乡村中，但是在这些被流放的年岁里面，他

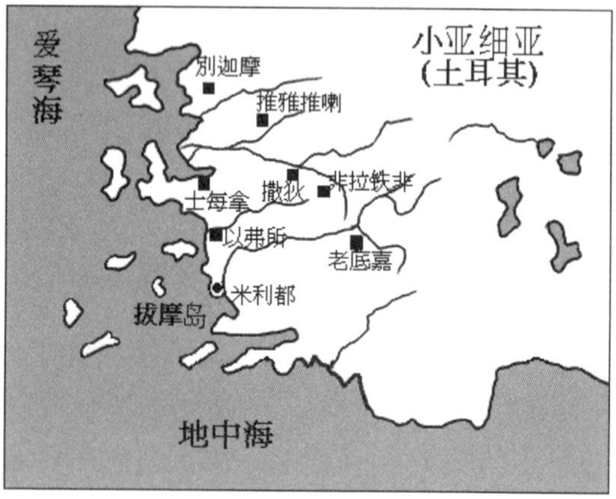

① 有关人子向教会天使说话的问题，详见1:16和1:20的注释。

② 在教会历史中，此城一直是东正教会的重镇之一。在其他城市相继落入回教徒手中时，她依旧为基督教会所掌控，直到公元1402被土耳其人拿下为止。但尽管如此，基督教在此城中的影响却不曾消失，因为今日此城中一半以上的人口，依旧属东正教会。

们依旧认为他们是“士每拿人”。① 士每拿人流离的岁月在公元前 290 年之时结束，拜希腊大帝亚历山大和两任后继者之福，他们得以重新建城。② 公元前 281 年，两河流域的西路西亚（Seleucia）王安提阿哥三世（Antiochus III）从希腊人手中接管士每拿，但是在往后的一个世纪中，他们却享有相当程度的自治权力。因此在公元前 200－190年间，他们在罗马帝国和西路西亚王国的竞争中，可以自由地选择前者，作为他们的政治盟友。而为确立这个政治连盟关系，公元前 195 年士每拿人在其城中，为罗马帝国在这个地区中，建立了第一个罗马女神庙。这个联盟关系维系了一个世纪，直到罗马战胜了旁都斯王米塞瑞笛斯（Mithridates, King of Pontus；89－85BC）为止，因为在战事中，士每拿人资助了米塞瑞笛斯。此后士每拿不再是盟友，而是罗马的殖民城之一。

公元 22－23 年间，当罗马皇帝提伯瑞斯（Tiberius）在位时，小亚细亚地区的乡绅贵胄两度上告，控诉该地区的巡抚收受贿赂，而财政官亵渎奥古斯督。提伯瑞斯皇帝亲自听案，并且做出对控方有利的判决。此举使得该地区的居民心存感恩。公元 26 年，小亚细亚地区的人民为报此恩，决定为罗马建庙。但是要将这个神庙建造在哪一个城市中呢？谁可以得着这个荣誉呢？于是这个地区中的十一个城市，都派出了他们的代表，在皇帝面前陈述他们所属城市的优点。财力不足以维持一个神庙花费的城市，过去有不良记录的城市，或是已经有一个显赫神祇的城市（例如，以弗所的亚底米斯），③在第一回合的竞赛中就中箭下马了；而近日已经为罗马建庙的城市也应该让贤（别迦摩）；因此在最后入选的名单中，只剩下撒狄和士每拿。这两个城市的代表，都各自陈述他们在血统上和罗马帝国的渊源，并且也强调他们过去和罗马的良好关系。但是在总决赛中，士每拿因着她最早和罗马结盟，并且也曾因着这个结盟而让她身陷险境的两个理由，让她在最后关头胜出，成为提伯瑞斯神庙的所在地和护卫者（νεωκόρος）。这个神庙之遗址至今尚未为考古所发现，但是从当代的钱币图案中，我们知道这个神庙是献给提伯瑞斯，莉薇亚（Livia；奥古斯督的太太），和罗马元老院的。和别迦摩神庙中着军装的奥古斯督相较（征服者），提伯瑞斯在钱币上是着祭司之袍，因为他在小亚细亚人的心中，是公平和正义的化身。

---

① 这是当代人对自己身份认知的特色。在新约中，我们也看见保罗对他身为“大数人”的骄傲（徒 21:39;22:3）。

② 据传掌理命运之希腊女神尼密斯（Nemeseis），在亚历山大大帝之梦中向他显现，并告诉他士每拿城之重建蓝图。但是亚历山大似乎无意进行这事，而将重建工程留给了继任的人。在当代的历史背景中，我们知道这类传说只是某一个城的居民，为了要显示他们所居住之城的古老性和优越性而有的。

③ Ramsay, *The Letters*, 168.

士每拿和罗马之间的良好关系一直持续下去,她是亚细亚行省的四个行政中心之一(其余三个是以弗所、别迦摩和撒狄),并且在第二和第三世纪初,又分别得着为哈德良(Hadrian, 117 – 138)和卡拉卡拉(Caracalla, 198 – 217)两位皇帝建立神庙的权力与荣誉。

在罗马的统治之下,士每拿是个繁荣兴盛的城市。在当代她以科学,医学和美酒而闻名。沿着帕古斯(Pagros)山而建之城不单美丽,也具有相当的规模。一条名为"金街"的大路绕山而上。在路的一头是守护该城的塞比莉神庙(Cybele),在路的另一头是宙斯神庙(Zeus);而在其间则是其他美丽的建筑物,包括了阿波罗(Apollo),阿斯克皮欧斯(Asklepios)和爱神(Aphrodite)等神庙。因此从山下远望金街,有若女神像上之项链,而这些神庙又如项链上之珠宝。不单如此,在帕古斯山之山巅上,是建造整齐的政府部门,因此这些建筑物又被人形容为"士每拿之冠"。也难怪罗马地理学家史达布(Strabo)会以"在众城中最美丽也最具规模的"的话①来称赞士每拿。②

在新约中,士每拿教会只出现在启示录中(1:11;2:8)。这个教会的起源不详,有可能是与那些在五旬节时,上耶路撒冷过节的犹太人有关(徒 2:9 – 12),但更可能的是,她乃保罗在以弗所教会时,对周边地区所进行之福音工作的结果(徒 19:10)。③在第二世纪初,士每拿是安提阿主教伊格那修(Ignatius)被解送至罗马殉道时,在小亚细亚地区所停留的地方。在那里他写了四封书信给该地区的四个教会;而当他抵达特罗亚(Troas)之后,他不单写信给士每拿教会,也写了一封个人书信给士每拿教会的主教坡旅甲(Polycarp)。从他给教会的书信中,我们知道士每拿教会已经略具规模,有主教坡旅甲主其事,并且有长老和执事为其辅。④ 教会的确已经略有规模,但是从我们前面对士每拿城和罗马之间关系的了解中,我们实在不难想象教会在这个城中的处境是如何的。以长期效忠罗马而闻名的士每拿,⑤对那些不在凯撒庙中以

① *Geography*, 14.1.37.

② 上述士每拿之历史地理背景资料,来自 Ramsay, *The Letters*, 182 – 94; Jones, *The Cities of the Eastern Roman Provinces*, 28 – 95; Yamauchi, *New Testament Cities*, 55 – 62; Price, *Rituals and Power*, 258; Hemer, *Local Setting*, 57 – 77; *ABD* 6:73 – 75; Thomas, *Revelation* 1 – 7, 158 – 61; Aune, *Revelation* 1 – 5, 159 – 60; Friesen, *Imperial Cults and the Apocalypse of John*, 36 – 38。中文有关士每拿城背景之论述,亦见,杨牧谷,《基督书简》,页 245 – 54。

③ 新约次经保罗行传中(*Acts of Paul*),提及保罗在走访以弗所之前,曾到过士每拿(*NTA* 2:387)。

④ Ignatius, *Letter to Smyrna*, 12.2.

⑤ 罗马哲学家西塞罗(Cicero; 106 – 43 BC)曾经表达了罗马对士每拿的感情:此城是我们最忠贞可靠,也是久远的盟友(*Philippics* 11.2.5);类似的夸奖也曾出自罗马历史学家黎维之口(Livy; 59 BC – AD 17):我们给予士每拿的荣誉,是为要回报她超乎寻常的忠诚(*History of Rome* 38.39.11)。

上香奠酒之举，来表明效忠罗马的基督徒，是完全不能容忍的。因此坡旅甲在公元156年殉道于这个城中的事，①恐怕就只能是历史的必然了。

因此从历史中，我们知道士每拿有两个面貌。从外表上来看，她是个美丽之城，但是为维护其美丽的外表，她对那些不跟着"主流价值"而走之人，所显示的却是一个狰狞的面貌。因此当人子向活在这种情境中之教会说话时，祂就选择以"首先的，末后的，死过又活的"身份，来向她显现。因为只有这个身份，才能带给她最大的安慰和鼓励。

在1:17－18那里，我们已经知道"首先的，末后的"一语，是由以赛亚书而来（41:4;44:6;48:12）。在那里我们也看见这个词组所要强调的，是神的大能。而这个看法在此又得着证实，因为没有一件事比"死过又活的（ὃς ἐγένετο νεκρὸς καὶ ἔζησεν）"，更能显示出祂的能力。

有学者认为约翰选择以"死过又活的"方式来介绍人子，是和士每拿城之历史背景有关。因为这个城曾经在公元前600年被吕底亚王所毁，而在约300余年后（BC 290），才在希腊人的帮助之下又重新的被建立起来。② 这个看法是相当合理的，因为（1）"死过又活了"一语的确反映了士每拿的历史，而（2）约翰在每一封书信中对人子的介绍，也总是和该教会的情况，或是和该教会所在之城市的情况，有密切的关系。因此透过这一句话，约翰不单显示了他对士每拿背景的了解，他也借着这一句话，让人子和收信人的历史情结，有了共鸣。

对士每拿教会来说，"死过又活了"一语的确能引发他们的情绪，并且拉近他们和人子之间的距离，但约翰使用这句话的目的，可能不只于此。和1:18中人子所说"我曾死过，但现在活着（ἐγενόμην νεκρὸς καὶ ἰδοὺ ζῶν εἰμι）"的话相较，约翰在这里以"祂曾活过来（ἔζησεν）"取代了"我现在活着（ζῶν εἰμι）"；③因此他在这里的重点，应该是耶稣的死和复活，这个曾经发生在历史中的事实。④ 若是如此，约翰的目的也就包含了另外的两个面向。第一，他要让身在患难中的士每拿教会知道，人子也曾和他们一样的面对逼迫和死亡。第二，死亡并不是终点，因为人子虽然曾经死了，但是祂也曾从死里复生。简言之，"祂曾死过却又活了"除了具有美学上的效果之外（即，带来情感上的共鸣），也具有教牧上的意义，因为这句话所能带来的，是安慰，鼓励和面

① 有关这个事件的简短记录，见杨牧谷，《基督书简》，页248－50。

② Ramsay, *The Letters*, 196; Osborne, *Revelation*, 128.

③ 这两个词组的差异，也包括了"从第一人称的我到第三人称的祂"的改变，但是这个改变是因着上下文的需要而有的，因此并不具有特别意义。

④ Swete, *Revelation*, 31.

对苦难的勇气。

2:9 我知道你的患难,你的贫穷(你却是富足的),也知道那自称是犹太人所说的毁谤话;其实他们不是犹太人,乃是和撒但同党的人(Οἶδά σου τὴν θλῖψιν καὶ τὴν πτωχείαν, ἀλλὰ πλούσιος εἶ, καὶ τὴν βλασφημίαν ἐκ τῶν λεγόντων Ἰουδαίους εἶναι ἑαυτούς, καὶ οὐκ εἰσὶν ἀλλὰ συναγωγὴ τοῦ Σατανᾶ)

曾经死过的人子当然知道士每拿教会所面对的是什么。从约翰"以一个标题式的短语开场,再加以解释"的惯用文学笔法来看,①贫穷和被人毁谤,是士每拿教会所经历之患难的内容。在希腊文中有两个表达贫穷的字眼:πενία和πτωχεία。前者的意思是"没有多余之物",②而后者,也就是约翰在此所使用的字眼,是"没有任何东西"的意思。③ 因此在哥林多后书8:2那里,中文和合本就很准确的把这个字翻译为"极穷"。④

"赤贫"是士每拿教会的患难,但孰以致之?其原因可能是(1)士每拿信徒来自社会底层(参,林前1:26;雅2:5);(2)士每拿的信徒乐于捐输(参,林后8:2);(3)士每拿信徒的财物为人所抢夺(参,来10:34);或是(4)他们在信仰上的坚持,让他们几乎无法在社会上生存。⑤ 从我们今日对第一世纪教会的了解,我们知道初代教会的成员来自社会的各个阶层,而士每拿是个商业鼎盛的海港,因此"社会底层"之说恐怕不能成立。⑥ "乐于捐输"之说虽然可能,但没有明确的证据支持。至于第三和第四个看法,在本节文理和当代历史背景的参照下,则是比较可能的说法。

本节文理暗示士每拿教会的贫穷,是和那些自称为犹太人的人有关的。从使徒行传中,我们知道从耶路撒冷教会成立,一直到保罗抵达罗马为止,犹太人对这个新兴的"教派",总是怀着敌意。在他们当家做主的耶路撒冷,他们对初生教会的打压,是毫不手软的;⑦而对保罗在罗马各个行省中所建立的教会,"除恶务尽"也一直是他

---

① 在2:2的"行为 = 劳碌 + 忍耐"模式中,我们已经看见这个文学笔法了;而在2:19我们也有"行为 = 爱心 + 信心 + 劳碌 + 忍耐"。若读者想要更多的经文例证,可见 Beckwith, *Revelation*, 242。

② 这个字并未出现在新约中。

③ R. H. Trench, *Synonyms of the New Testament*(1880; reprint, Grand Rapids: Baker, 1989),141 - 43.

④ 除了林后8:2和本节之外,"极穷"和其动词(ἐπτωχεύω)也出现在林前8:9(祂本来富足,却为你们成了贫穷;叫你们因祂的贫穷,可以成为富足)。

⑤ Swete, *Revelation*, 31; Hemer, *Local Setting*, 68.

⑥ 例如,保罗在腓立比所遇见卖紫色布匹的吕底亚,就是一个极为富有的人(徒16:14);而哥林多教会中的信徒,也多有属社会上层之人士。

⑦ 徒4:1 - 22;5:17 - 40;6:8 - 7:60。以石头打死司提反的事件可说是他们的代表作。

们打击异己的主要策略。① 从教父们的著作中，我们晓得这个敌意在往后的几个世纪中，都不曾消失。他们散播各式不利于基督徒的谣言，②在会堂中咒诅基督徒，并且将他们带到官府的面前。③

但是本是同根生的犹太人，为什么要对同门师弟如此“感冒”呢？撇开灵界势力彼此争战的背景不说，若我们站在师兄的立场来看，这个小师弟的某些作为，的确“惹人生厌”。这个师弟对家规摩西律法，采取了一个相当宽松，令人无法同意的立场，因为他连标示着我们是属神儿女的割礼，都可以放弃（徒 15:1－21）。他宣称那个来自加利利乡下的羞耻地死在十字架上之罪犯，是我们所期待的弥赛亚。难道他不知道加利利连先知都没有出过吗？（约 7:41,52）而死在十字架上的罪犯，要如何带领我们重建以色列国呢？更令人气愤的是，他在自立门户的时候，不单从老家会堂中猛挖墙脚，连那些比较外围，一只脚已经踏进门内之敬畏神的人，也不放过（例如，罗马百夫长哥尼流）。④ 当然在我们的旗舰圣殿被罗马毁掉之时（AD 70），他不单没有声援，反而幸灾乐祸地说，这是我们杀了弥赛亚的报应。这个落井下石的作为，更是一件令人难以忍受的事。⑤ 说我们对他“感冒”，其实并不能完全反映我们对他的爱恨情仇。

怎么办呢？顺水推舟借刀杀人当然是最好的策略了。他想要自立门户，那么就让罗马政府知道，他已经不姓犹而改姓耶了（参，徒 18:12－16）。这个割袍断义之举，自然就让他失去了我们犹太人，在罗马帝国之内所享有的两个特权：可以在家乡以外的地区，敬拜自己的神祇，⑥以及在凯撒庙中只行尊敬皇帝之礼，而不必上香敬

① 徒 13:44－52;14:2－7,19;17:5－9;21:27－36;亦参，林前 15:9;加 1:13－14;腓 3:6;帖前 2:14－16。

② 巴克莱认为，第一世纪的基督徒为六种谣言所困扰：（1）吃人——圣餐中的“吃肉喝血”；（2）邪淫——聚餐爱宴；（3）破坏家庭——带领个别的家人信主；（4）无神——没有偶像；（5）不对罗马效忠——拒绝在凯撒庙中献祭；（6）纵火——预言世界将为火所灭（*Revelation I*, 104－05）。

③ 有关这些记录的索引，见 Aune, *Revelation* 1－5,162－63。犹太人在第二次世界大战中所经历的纳粹大屠杀事件，让“反犹”成为一个相当敏感的议题。我想所有的基督徒都不能同意纳粹所做的事，我们也将会尽全力阻止类似的事件再次发生，但是我们似乎没有必要像 Aune 一样的，尝试为使徒们和教父们“脱罪”（例如，他认为约翰所反对的，不是所有的犹太人，而是那些不守律法的犹太人；而坡旅甲殉道记的反犹色彩，并不针对犹太人，而是为对付教会中，犹太化了的基督徒）。毕竟在公元肇始的前几个世纪中，被压迫的是教会，而不是犹太会堂。再者，在有关神永恒救赎计划的问题上（谁是弥赛亚），我们只有非黑即白的选择。当然择善而固执并不表示我们就可以在真理的大纛之下，以力来服人。相反的，为持守真理而受苦，是我们唯一可以走的路，而这也正是启示录所高举的教训。

④ 徒 10:2（亦参 17:17; Ignatius, *Smyreans* 1:2）。有关第一世纪中，有哪些外邦人进入了犹太教的问题，可见 D. J. Williams, *Acts*（Peabody: Hendrickson, 1985）,122。

⑤ Beale, *Revelation*, 31.

⑥ 出处同上。罗马政府允许百姓移民，但是却不允许人在移居之地，为他的神祇举行祭祀的活动，因为这会引起治安上的问题；但犹太人却不受到这个规定的限制。

拜。① 如此一来,他们在他们所谓的"主日"所举行的聚会敬拜,不单成为非法的活动;也显示出他们的确是"搅乱天下的"(徒17:6);而他们拒绝在凯撒庙中上香献祭,更坐实了他们不效忠罗马的罪名。事实上,这个割袍断义之举的好处还不只于此。因为根据罗马的法律,"告密者"(*delator*)所举发之事若查证属实,在罪犯遭没收充公的财产中,有四分之一是要给告密者作为奖赏的。② 因此一石既能打下三只小鸟,何乐而不为呢?

从历史记录中,我们晓得在公元前586年,当耶路撒冷为巴比伦所毁灭之时,犹太人已经往外移民到小亚细亚的撒狄了。有人估计在第一世纪的时候,这个地区约有100万的犹太人,以及好几十个会堂。他们在这个地区中的城市里面,人数众多而且相当具有影响力。③ 从一块出土于士每拿,属第二世纪的石碑上,我们看见有一群从巴勒斯坦移民而来的犹太人(οἱ ποτέ 'Ιουδαῖοι),捐了一万银币给这个城市(drachma;一银币约等于一日工资),而获得了该城的公民权。④ 因此这个碑文不单见证了犹太人在第二世纪时,继续向外移民的历史,也显示了他们尝试进入当地社会体系的努力。⑤ 从前面有关士每拿历史的简述中,我们已经知道这个城市是以效忠罗马而闻名于世的,因此我们实在不难想象居住在这个城中的犹太人,为了呼应"主流价值",为了解决基督教这个小师弟所带来的困扰,会如何向当权的罗马官员,发出他们对基督徒的控诉。

犹太人的确毁谤了士每拿的教会,而他们的策略似乎也是成功的,因为士每拿教会如今成了人人喊打的过街老鼠。他们的财产被充公了,他们也因着社会的排斥而不易谋生,因此"赤贫"就成为他们的普遍经验。但这只是从人的角度来看的,因为在人子的眼中,他们却是富足的。吊诡的还不止于此,因为在人子的眼中,向主流价值

---

① Beale, *Revelation*, 240.

② 由于没有警察系统,罗马的治安有一部分是依赖"检举"来维持的。犹大出卖耶稣之所以会得着三十两银子,就是依据这个法律;而希伯来书10:34所说,信徒忍受家产被抢夺之苦,也极可能是和这个法律有关。详见 A. A. Bell, Jr. *A Guide to the New Testament World* (Scottdale: Herald Press, 1994),118-19。

③ 详见,Aune, *Revelation* 1-5,168-72。在罗马六千万人口中,犹太人大概有四五百万人。其中约有两百万在巴勒斯坦,一百余万在埃及(以亚历山大城为中心),一百万在小亚细亚,其余的分散在帝国的各行省中。相对于犹太人,基督徒在当时大概只有5-10万(见 Aune, *Revelation* 1-5,164; L. T. Johnson, 'The New Testament's Anti-Jewish Slander and the Conventions of Ancient Polemic,' *JBL* 108[1989], 423)。

④ Aune, *Revelation* 1-5,164. Ramsay 认为这个词组所显示的,是犹太人在公元70年之后,虽然不再是一个"国家",但是在公元130年左右之时,他们在士每拿城中,依旧因着持守犹太人的风俗,而可以与其他的人区隔出来(*The Letters*, 198)。尽管两位学者对这个这个词组的意思有不同的看法,但是他们都认为犹太人在士每拿城中,具有相当的影响力。

⑤ 从米利都(Miletus)出土的碑文中,我们甚至看见在异教庆典举行的竞技场中,犹太人也为自己保留了专属的席位(Aune, *Revelation* 1-5,164)。

靠拢的犹太人，不再是他们所引以自豪之“神的子民”。他们和罗马政府联手打压教会的举动，正显示他们其实是“撒但一会的（συναγωγὴ τοῦ Σατανᾶ）”。他们曾是“属耶和华的会众”（民 16:3;20:4;31:16），但如今却和撒但沆瀣一气，成为它在士每拿的代言人。① 在一两代之前，当人子还在世的时候，他们就已经认鬼做父了（约 8:44），因此他们今日的作为，只显示出人子离世之前，对门徒所吩付的是如何的准确：“世人若恨你们，你们应该晓得他们在恨你们之前，就已经恨我了”（约 15:18）。

2:10 你不要惧怕那将要来临的苦难。看哪！魔鬼要把你们中间几个人下在监里，叫你们被试炼。你们必受患难十日。你务要至死忠心，我就赐给你生命的冠冕（μηδὲν φοβοῦ ἃ μέλλεις πάσχειν. ἰδοὺ μέλλει βάλλειν ὁ διάβολος ἐξ ὑμῶν εἰς φυλακὴν ἵνα πειρασθῆτε καὶ ἕξετε θλῖψιν ἡμερῶν δέκα. γίνου πιστὸς ἄχρι θανάτου, καὶ δώσω σοι τὸν στέφανον τῆς ζωῆς）

从上一节经文中，我们看见士每拿教会为着信仰的缘故，已经付上了贫穷和被毁谤的代价，但是从这节经文中，我们更进一步知道，还有更严酷的考验在前面等着他们。因为人子在此鼓励他们：你不要惧怕那即将要来临的苦难（ἃ μέλλεις πάσχειν）。

但是这个更严酷的考验由何而来？它的内容又是什么呢？从“看哪！魔鬼要把你们中间几个人下在监里”来看，站在犹太人和罗马政府后面的，不是别人，而是撒但本尊。是它要借着它在世界上的代理人，来进行逼迫教会的工作。但它的手段是什么呢？只是“下监十日”吗？从二十一世纪来看，被关在监狱中就是刑罚了。但是在罗马法律的观念中，“入监”并不等于“服刑”。“监狱”是罗马政府迫使人顺服的手段，或是犯人在等候审判时所在的“看守所”。② 视罪行轻重，罪犯的刑罚可以是罚款，放逐劳改（通常伴随着财产的没收），或是死刑。③ 死刑定谳的罪犯并不一定马上就必须面对死亡。他可能为了案情的需要而暂时存留，因为酷刑通常可以让共犯现形；④他也可能为了在节日庆典中，提供“人兽大战”的娱乐，⑤或是在露天剧院上演

---

① Ford 认为，“吊诡”是这封书信的特色之一：首先的/末后的；死过/又活了；看似贫穷/却是富足；自认是犹太人/但却是撒但一会的；至死忠心/生命的冠冕（*Revelation*, 394）。

② 保罗在罗马的“监狱”，是他所租来的房子，只是他必须受到一个兵丁的看管。而他在罗马等候审判的时间，也至少有两年之久（徒 28:16,30）。这个制度当然让罗马政府省去了一大笔维护和管理监狱的费用。

③ 罗马贵胄之死刑可以以自杀的方式进行。而他在死前所立之遗嘱也被承认，因此他的亲人通常可以得着他部分的遗产。有关这个部分的论述，可见 A. A. Bell, Jr. *A Guide to the New Testament World*（Scottdale: Herald Press, 1994），123－37。

④ Aune, *Revelation* 1－5, 166.

⑤ 例如，有人曾如一颗球般的，被捆绑在一张网子里面，并且被扔进剧院中给公牛当玩具戏耍至死（A. A. Bell, Jr. *A Guide to the New Testament World*, 124）。

的悲剧中，扮演被杀害者的角色，而暂时免死。从人子鼓励他们至死忠心的话来看，士每拿教会所面对的考验，恐怕就是这个最令人畏惧的刑罚。

面对磨难，士每拿教会很可能也会像人子在客西马尼园一样的，发出"倘若可行，求你叫这杯离开我"的呼求（太 26:39；可 14:36；路 22:42），但是祂在此却要他们以"至死忠心"，来表达他们信仰的深度，①因为在发出"请挪去这苦杯"的呼求之后，祂也曾以"不要照我的意思，只要照你的意思"，来表达祂的顺服和信靠。当然对士每拿教会来说，"至死忠心"一语，也会唤起他们的"民族意识和情感"，因为他们这个城市长久以来对罗马的忠诚，是他们得以在公元 26 年，取得为罗马建神庙之特权和荣誉的主要原因。② 只是在此人子将忠心的对象，从罗马转到祂自己的身上了，因为祂是他们的新主人。

在新主人手中的士每拿教会（参 1;16,20），是不是就安全无虞了呢？恰恰相反，魔鬼的权势似乎无法可挡，而情势的发展对士每拿教会来说，也是越来越糟；但是在这节经文中，我们却看见神依旧掌权。下监和死刑是无法避免的，但是神只容许这事临到"你们中间的几个人（ἐξ ὑμῶν）"。③ 神的确容许撒但试验他们，但是神却也为这个试验定下了一个"十日"的期限。因此不论从范围或是时间长短的角度来看，这个考验的广度和深度，并非由撒但来定夺。它只能在神所划定的范围之内，进行它以为必然成功的攻击。

从前面我们所提及的士每拿教会历史中（例如，坡旅甲的殉道事件），我们晓得士每拿教会中，的确只有某一部分的人经历了殉道的试验。但是"十日"的患难究竟有多长呢？（1）有人认为"十日"所指的，是从尼禄（Nero）到戴克里先（Diocletianus）的 250 年（AD 54 - 305），因为在这一段时间之内，有十个极力逼迫教会的罗马皇帝。④（2）有人将"日"等同于"年"，因此这十日指的，是豆米田皇帝（Domitian）从公元 81 - 91 年间的逼迫，或是腓奇乌斯（Decius）和华勒瑞阿鲁斯（Valerianus）两位皇帝任内，从公元 249 - 259 年间的逼迫，甚或是戴克里先皇帝从公元 303 - 313 年的逼迫。⑤

---

① ἄχρι 可表时间（直到），但也可表程度（不畏死亡的信）；Thomas, *Revelation* 1 - 7, 171。

② Hemer, *Local Setting*, 70 - 71.

③ N. Turner 认为，这个表达方式是受到了闪族语言的影响（partitive expression; MHT IV, 151）。在新约中，同样的用法亦出现在路 11:49；启 3:9, 5:9; 11:9。亦参，G. Mussies, *The Morphology*, 96, note 1。

④ 例如，W. R. Newell, *The Book of Revelation* (Chicago: Grace Publications, 1935), 46; H. Hailey, *Revelation*, 127。

⑤ 例如，W. Lee, *The Revelation of St. John* in *The Holy Bible*. vol. 4 (London: John Murray, 1881), 481, 520, 532。但在腓奇乌斯（Decius）和华勒瑞阿鲁斯（Valerianus）两位皇帝之间，还有另一位高卢斯皇帝（Gallus）。

（3）由于“十”在一些经文中，代表“很多”的意思，[1]所以有人认为“十日”所指的是一段很长的时日。[2]（4）由于“十日”在一些经文中有“短短的”意思，[3]因此也有人认为“十日”所代表的是一段有限的、短短的时日。[4]（5）除了这些以“象征语法”来了解“十日”的看法之外，在学界也有人照字面的含义，认为“十日”就是十天。[5]

在这些看法中，第一和第二种看法的困难，在于他们把后面的历史，读进了启示录中；而他们对后面历史的不同解读，也就产生了如上所述许多不同的看法。这封书信是人子给公元90年代士每拿教会的信息，因此“十日患难”所指的，应该不是指遥远未来的逼迫，而是他们在不久的将来所要（ἕξετε）[6]经历的事。在第三种和第四种看法中，后者是比较可能的，因为“十”虽然可能表达“多”的意思，但是“十日”却是约翰在此所明言的患难岁月。而“十日”在圣经中，多表一段短短有限的时日。至于以字面意义来理解“十日”的第五种看法，其优点在它可以免去许多不必要的揣测，但是在导论的部分，我们已经知道，象征语法是这卷书的特色之一，因此我们不应该太快就只以字面意义来了解“十日”。毕竟在这同一节经文的结尾之处，我们就看见约翰立即以一个象征物件，即“生命的冠冕”，作为人子给至死忠心者的赏赐。

但“生命的冠冕”是怎样的奖赏呢？是一顶皇冠？是在节庆场合中表达欢乐的装饰？是当代神祇画像中，环绕在祂们头上的“光圈”？还是在竞技中得胜之运动员，或是自战场中得胜而返的将军，所得到象征胜利和荣誉，以树叶编织而成的“桂冠”？[7]从约翰所用的“冠冕（τὸν στέφανον）”一语来看，“桂冠”之说是最合理的。因为在启示录中，当他想要以“冠冕”来表达王权的时候，他所使用的字眼是“皇冠（διάδημα）”，

---

① 例如，雅各对拉班说：你十次改了我的工价（创31:41）；亦见，民14:22；伯19:3。

② R. Summers, *Worthy is the Lamb*（Nashville: Broadman, 1951），113。Mounce认为，由于即将来临的苦难是十分严重的，所以“十日”应该是一段很长的时间（*Revelation*, 94）。

③ 例如，利百加的哥哥和母亲不舍得她离家远嫁，就和亚伯拉罕的仆人说：让她和我们再住几天，至少十天，然后她可以去（创24:55）。

④ 例如，Charles, *Revelation I*, 58; Aune, *Revelation* 1－5，166；而Kiddle认为，“十日”的意思是“一个礼拜左右”（*Revelation*, 28）。Beale也认为“十日”是一段短短的时间，但他同时也指出此处经文之旧约背景是但以理书1:8－16；在其中但以理和其三友身陷巴比伦王宫，但为保持在礼仪上的洁净和对耶和华神的忠贞，他们拒绝王膳，并以十日为期，以测试他们是否依旧健康（*Revelation*, 242）。这个建议是可能的，因为虽然但以理和士每拿教会所身处的环境或有不同（王宫和监狱），但是他们所必须面对的挑战却十分类似：谁是我们的主？巴比伦王/凯撒，还是神？

⑤ Thomas, *Revelation* 1－7，170.

⑥ 有古卷作ἔχητε（假设语气）或ἔχετε（由ἔχητε而来）。但是ἔχητε应该是文士为了要让ἕξετε（直说/未来时态）和πειρασθῆτε（假设语气）一致，而做的更动。经文外证和内证（μέλλει βάλλειν）都支持ἕξετε（详见，*TCGNT*, 731）。

⑦ 详见，Hemer, *Local Setting*, 72－75; Thomas, *Revelation* 1－7，172; Osborne, *Revelation*, 135。

而不是此处的"冠冕"。[①] 因此隐含在这个象征背后的,是一场竞赛(参,林前 9:25),[②]一场战争(参,雅 1:12);是谁能得着最后胜利的考验。

当然那些至死忠心之圣徒所要得着的奖赏,并不是一顶会枯萎,由树叶编织而成的桂冠,而是"生命的冠冕(τὸν στέφανον τῆς ζωῆς)"。也就是说,他们所要得着的冠冕,就是永恒的生命。[③] 或者说,他们所要得着的奖赏,是以永恒的生命为材料所编织而成的桂冠。在当时背景中,桂冠是那些在竞技场或是战场中,得胜存活下来之人所得到的奖赏,但是在属灵的争战中,这个奖赏却是那些在逼迫中死了的圣徒,才配得着的。神的律,恰恰和这个世界的律,完全相反。[④] 在这封书写的上下文中,这个奖赏自然属于至死忠心之殉道者,但是从下一节经文中,"不受第二次死之害"的角度来看(详下),这个奖赏也是要给所有得胜者的,不论他们是否以殉道作为他们人生的终点。毕竟"至死忠心"的形式,并不只有殉道一途而已。

2:11 圣灵向众教会所说的话,凡有耳的就应当听。得胜的,必不受第二次死的害(ὁ ἔχων οὖς ἀκουσάτω τί τὸ πνεῦμα λέγει ταῖς ἐκκλησίαις. ὁ νικῶν οὐ μὴ ἀδικηθῇ ἐκ τοῦ θανάτου τοῦ δευτέρου)

殉道不是得生命冠冕的唯一途径,殉道也不只是士每拿教会才要面对的考验(2:10),因此人子藉圣灵向士每拿教会所发出的鼓励和应许,也和*众教会*息息相关(有关这个警语的含义,见 2:7 的注释)。

对那些活在死亡阴影之下的人来说,人子在这封书信之结尾,再一次地以应许来鼓励他们,是十分切合他们之需要的。因为他们除了需要从正面的角度,知道他们至死不渝的忠心,将会带给他们永恒生命的奖赏之外,他们也需要从反面的角度,晓得他们"在死亡中的得胜",将会让他们不受到第二次死的害。

但什么又是"第二次的死"呢?这个观念从何而来?从但以理书 12:2 和约翰福音 5:29 来看,[⑤]死人在末日复活,并且接受审判(即,第二次的死),并不是一个全新

---

① 详见,R. H. Trench, *Synonyms of the New Testament*, 93-95。在启示录中,"皇冠(διάδημα)"一共出现了三次(12:3;13:1;19:12)。

② 士每拿亦以举办各式竞技竞赛而闻名(Charles, *Revelation I*, 53)。

③ 在此我们将"生命的(τῆς ζωῆς)"一语,以平行的(appositional)或是解释性的(explanatory)所有格视之。参,Swete, *Revelation*, 33; Thomas, *Revelation* 1-7,173; Aune, *Revelation* 1-5,167; Beale, *Revelation*, 244。

④ Aune 认为,军事战争并不是"生命冠冕"的背景,因为罗马政府从不颁发"死后追赠"的冠冕(*Revelation* 1-5,175)。这个观察也许是个事实,但是这并不表示约翰就一定得照着罗马的习惯而行。在前面我们已经知道,这封书信的特色之一就是随处可见的对比("死了又活了"等等),因此约翰在此应该是要让神国之律,和罗马之律做一个对比。

⑤ 睡在尘埃中的,必有多人复醒。其中有得永生的,有受羞辱永远被憎恶的(但 12:2);行善的复活得生,作恶的复活定罪(约 5:29)。

的观念。事实上许多当代的拉比著作，都显示他们有第二次死的概念。例如在一份他尔根（*Targum*）中，申命记 33:6 就被意译为：愿流便永远活着，不经历第二次的死。① 而在另一本他尔根中，这同一节经文则被意译为：愿流便活在这个世界上，愿他不经历第二次的死—这第二次的死，是让恶人在未来的世界中不能存活的原因。②

在启示录中，“第二次的死”亦在 20:6，14 和 21:8 中出现。在后面的两处经文中，“第二次的死”是等同于“硫磺火湖”，是所有敌对神的势力，包括了兽、假先知（19:20）、魔鬼（20:10）、死亡和阴间（20:14），以及名字没有记在生命册上的人（20:15），都要面对的刑罚。这个刑罚是永远的死亡，是亚当堕落后，人类的共同命运；但是由于人子已经死过又活了（1:18a，2:8），并且也拿着死亡和阴间的钥匙（1:18b），因此祂在这里，就可以用双重否定语法（οὐ μὴ），满有权柄地向士每拿教会说：“得胜的，必不受到第二次死的害。”③忠心至死，就死这一次；但若是畏怯退后，不单至终得面对第一次的死（肉身的死亡），也难逃第二次的死的刑罚。④

解释和应用

人子给士每拿教会的书信只有短短的四节经文，是七封书信中最短的一篇。在其中我们没有读到肯定称赞之言，也没有听见责备之语；我们有的只是了解、安慰和鼓励。孰以致之？从以上的分析中，我们知道这很可能是因为这个教会正身处险境，正背负着极其沉重的身心压力；因此他们所需要的，是一个他们可以认同的人，一个可以站在他们旁边，为他们加油打气的人。而这个人，非死过又活了的人子莫属。因为祂不单完全明白他们所面对的是什么，祂也知道隐藏在苦难，甚至死亡之背后的，是怎样的赏赐。

---

① 原文作，愿流便存活不至死亡。

② 出处索引，见 Aune，*Revelation* 1–5，168。对以赛亚书 22:14，也有人意译为：这罪并不蒙赦免，直到你们第二次的死（Charles，*Revelation I*，59）。

③ Thomas 认为，在希腊文中表达否定的最强烈方式，就是“双重否定”（*Revelation* 1–7，174）。一般来说，这是相当准确的看法，但是在某些经文中，我们甚至看见“三重否定”的语法的出现。例如，“我总不撇下你们，也（万万）不会丢弃你们”（Οὐ μή σε ἀνῶ οὐδ᾽ οὐ μή σε ἐγκαταλίπω；来 13:5）；“我已经给你们权柄，可以践踏蛇和蝎子，又胜过仇敌一切的能力；断没有什么能害你们”（οὐδὲν ὑμᾶς οὐ μὴ ἀδικήσῃ；路 10:19）。详见，A. T. Robertson，*A Grammar of the Greek New Testament*，1174–75。

④ 有关“第一次的死和复活，以及第二次的复活和死”的问题，见 20:5–6 的注释。

因此在这封短短的书信中,我们就看见许多似是而非、似非而是的真理。自认为是"属神之会众"的犹太人,却因为他们选择向罗马主流价值靠拢,而显示出他们其实是"撒但一会"的。犹太人在罗马官府面前对教会所发的毁谤控诉,的确让教会吃了不少苦头;但是他们的举措,却为士每拿教会带来一个见证信仰的机会。在犹太人和罗马连手打压之下的教会,的确身受赤贫之苦,但是在人子的眼中,他们却是富足的一群人。对持守信仰的他们来说,前面只有两条路:下监的,以惨死收场;没有下监的,将要活的很苦。因此不论下监与否,他们的未来只能用"愁云惨雾"四个字来形容。但这是不是他们真正的未来呢?当然不是,因为在乌云之上,还有另外一个世界;在他们像人子一样地走过了死荫的幽谷之后,他们也要得着象征胜利和荣耀的生命之冠。这个借着死亡而得着的奖赏,将成为他们在"第二次死"之审判中的"免死牌",也是他们进入永恒的"天国护照"。对身陷患难和逼迫的士每拿教会来说,苦难似乎没有尽头,但是从永恒的角度来看,黑暗的日子也只有"十日"而已,因为那是神为它定下的界限。撒但或许猖獗,但人子早已明言:那杀身体不能杀灵魂的,不要怕他们;惟有能把身体和灵魂都灭在地狱里的,正要怕他(太 10:28)。因此摆在士每拿教会面前,摆在坡旅甲面前,以及摆在我们面前的,都只有一个问题,那就是:凯撒是主,还是基督是主?

我服事祂已经八十六年了,祂从未亏待过我。
现今我怎能亵渎那拯救我的主呢?
我怎能称凯撒为主呢?

这是士每拿主教坡旅甲,在面对火柱之刑前,对这个问题的回答。我们呢?我们的答案会是什么呢?

Ⅱ.2.3 给别迦摩教会的书信(2:12-17)

别迦摩教会书信是七教会书信中的第三封。此一教会所在的城市别迦摩,乃是罗马在小亚细亚地区中的"司法城",也就是小亚细亚巡抚判决并执行死刑之城。此一历史背景,正反映在安提帕殉道于此城的事件之中(2:13)。因此对活在这个城市中,并曾见证了这个不幸事件的别迦摩教会而言,"罗马刀剑"的威胁,恐怕比其它教会要来得更为直接。在死亡阴影之下的他们,要如何持守他们的信仰呢?他们究竟做得怎样呢?而人子又对他们有什么针砭、鼓励和应许呢?

经文翻译

12 你要写信给别迦摩教会的天使：那有两刃利剑的，如此说，

13 我知道你的居所，就是有撒但座位之处。当我忠心的见证人安提帕在你们中间，撒但所住的地方被杀之时，你还坚守我的名，没有弃绝我的道。

14 然而我有一件比较次要的事要责备你，因为在你那里，有人服从了巴兰的教训。这巴兰曾教导巴勒将绊脚石放在以色列人面前，叫他们吃祭偶像之物，行奸淫的事。15 同样的，你们中间也有人以一样的方式，服从了尼哥拉一党的教训。16 所以你当悔改，若不悔改，我就快临到你那里，用我口中的剑，攻击他们。

17 圣灵向众教会所说的话，凡有耳的，就应当听。得胜的，我必将那隐藏的吗哪赐给他。并赐他一块白石，石上写着新名。除了那领受的以外，没有人能认识。

经文结构

2.2.3　给别迦摩教会的书信　2:12－17

2.2.3.1　序言　2:12

　　2.2.3.1.1　写信给别迦摩教会的命令（12a）

　　2.2.3.1.2　知性信息的专用起首语（Τάδε λέγει；12b）

　　2.2.3.1.3　人子身份的宣告（12c）

2.2.3.2　书信主体　2:13－16

　　2.2.3.2.1　人子对别迦摩教会的评价（2:13）

　　　　2.2.3.2.1.1　人子对别迦摩教会处境的了解（13a）

　　　　2.2.3.2.1.2　人子对别迦摩教会的称许（13b）

　　2.2.3.2.2　人子对别迦摩教会的责备（2:14－15）

　　　　2.2.3.2.2.1　服从了巴兰的教训（14）

　　　　2.2.3.2.2.2　服从了尼哥拉党的教训（15）

　　2.2.3.2.3　人子对别迦摩教会的期许（2:16）

　　　　2.2.3.2.3.1　呼吁悔改（16a）

　　　　2.2.3.2.3.2　不悔改的警告（16b）

2.2.3.3 书信结语 2:17
2.2.3.3.1 警语(17a)
2.2.3.3.2 给得胜者的应许(17b－c)
2.2.3.3.2.1 隐藏的吗哪(17b)
2.2.3.3.2.2 白石(17c)

经文分析

2:12 你要写信给别迦摩教会的天使:那有两刃利剑的,如此说(Καὶ τῷ ἀγγέλῳ τῆς ἐν Περγάμῳ ἐκκλησίας γράψον· Τάδε λέγει ὁ ἔχων τὴν ῥομφαίαν τὴν δίστομον τὴν ὀξεῖαν)

人子给七教会书信中的第三封,乃以别迦摩教会为收信人。① 若我们从士每拿沿着海岸线往北走,在经过了大约60公里之后,我们将会来到该克斯河的出海口(Caicus River)。从河口向内陆再行10余公里,矗立在300余公尺高之山上的别迦摩城,就出现在我们的眼前了。在小亚细亚诸城里面,其地理位置之特殊性也反映在这个城市的名字上,因为“别迦摩”在希腊文中的意思,就是“山寨,城堡”。

和士每拿相较,别迦摩的可考历史比较短一点。从一份记录希腊斯巴达人(Spartan)②的文献中,我们晓得在主前第五世纪时,此城属于斯巴达王底马拉土斯(Demaratus)之后裔,因此这个城市从此时就带着浓浓的希腊色彩。从公元前278年开始,别迦摩一直是亚他力斯王国(Attalids)的首府。在其前面四任统治者的经营之下,③其国力在第二世纪之时达到高峰。在小亚细亚地区,亚他利斯王国是唯一能打败从欧洲入侵之高卢人(Gauls)的国家;而她在文化上的成就也十分显著,因为在其首府别迦摩城中,有一个藏书20万册的图书馆。就规模而言,在当代只有在埃及亚历山大城中的图

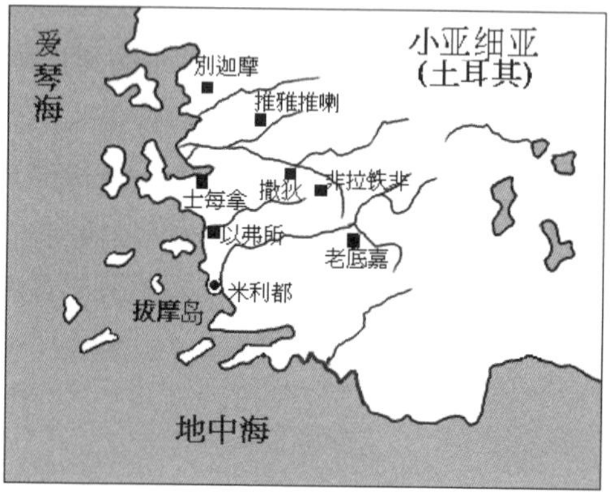

① 有关人子向教会天使说话的问题,见1:16和1:20的注释。
② 古代希腊南部的一个城邦国家,在公元前400左右最为强大。有人认为斯巴达人也是亚伯拉罕的后裔,但不管此说是否属实,他们和犹太人一直十分友好却是个历史的事实(*ABD* 6:176－77)。
③ Philetaerus(283－263); Eumenes I(263－241); Attalus I(241－197); Eumenes II(197－153).

书馆比它略胜一筹。①

军事上和文化上的成就，并不能完全显示别迦摩的重要性，因为这个城市也是这个地区中的宗教重镇。在前面我们已经知道，从公元前第五世纪开始，这个城市就已经为希腊人所统管。因此让希腊文明战胜周遭野蛮势力的雅典娜(Athena)和宙斯(Zeus)，就在这个城市中现身了。雅典娜神庙是别迦摩王国之创建者，腓利塔鲁斯(Philetaerus)所设立的，而其目的，在使别迦摩成为亚细亚地区的雅典。宙斯祭坛则是优曼尼斯二世，为了纪念前任国王阿他留斯一世(Attalus I)，击败高卢人而兴建的。此一长宽各为36和33公尺的巨大祭坛在雅典娜神庙之前；形如马蹄，因此远望有如一个宝座。在宙斯祭坛的墙上，优曼尼斯二世更令工匠，以希腊诸神击败代表野蛮势力之巨人为主题，刻上长约130公尺的旷世浮雕，来表明希腊文化的优越性。在此祭坛上，一天24小时轮班的祭司不停的焚烧祭物，而其烟雾远在几里之外就清晰可见。②

作为别迦摩守护神的宙斯和雅典娜，当然在城中享有崇高的地位，但是对统管亚细亚百姓的希腊裔统治者来说，独尊希腊神祇并不是一个太高明的策略。因此两个具有当地色彩的神明，戴安尼索(Dionysus)和亚克里比阿(Asklepios)③，也就在别迦摩城中占有一席之地。和希腊神祇相较，这两个神明并不以人形出现，而以牛和蛇为其表征。牛神又名领袖之神，因此为取得"本土性"和"正当性"，希腊裔的统治者就宣称，他们是戴安尼索的后裔，是此神在地上的代表。而蛇神亚克里比阿又名拯救者(Soter)，因为他职司医治。这个蛇神之庙吸引了从各地而来病患。他们在庙中以喂食蛇的方式来敬拜蛇神；并在夜间留宿庙内，冀希蛇神托梦，告知治病的处方；或是希望在庙中四处流窜的神蛇，在夜间能游过他的身体，因而得着医治。对亚他利斯王国而言，这两个神祇是他们"国家认同"的标记，因为在流通于国内之钱币上，只有牛神和蛇神的图像。

亚他利斯王国之所以可能在小亚细亚地区中独霸一方，是因为她早在公元前212年之际，就和罗马结盟。在往后约80年的时间里面，这两个国家之间的关系虽

---

① 亚历山大图书馆是埃及的荣耀，因此别迦摩的企图曾引发埃及王的嫉妒。由是埃及王下令，禁止他们所出产的蒲草纸出口至别迦摩。为解决这个困境，别迦摩就尝试以皮革来替代，因而发明了皮纸。英文的皮革纸一词(parchment)，就是源自于希腊文的别迦摩(Pergamene)。此说相当动人，但是根据麦子格的看法，早在这个事件之前，皮革就已经被当成书写的材料了(《新约经文鉴别学》，页4)。

② Metzger, *Breaking the Code*, 34.

③ 亚克里比阿原本也是希腊神祇之一，但他在很早就被亚细亚人所接受。是属于古希腊神祇系统中的一员。

然偶有起伏,但她一直是罗马在东地中海地区的主要盟友。亚他利斯王国的第六任统治者阿太鲁斯三世(Attalus III),因着没有子嗣,因此遗约将王国托付罗马。因此当他在公元前133年过世之后,这个国家就成为罗马的一个行省(罗马诸行省中的第一个)。而别迦摩因着她地势上的优点,继续在罗马小亚细亚行省中,扮演着首府的角色。①

公元前44年罗马的统治者凯撒被刺身亡之后,罗马由奥古斯督(原名屋大维;Octavianus)、安东尼(Antony)以及雷彼达(Lepidus)三人共同执政。不久雷彼达战死,罗马为奥古斯督和安东尼瓜分;前者统领西部各省,而后者管辖帝国的东部。公元前33年冬季,安东尼和300位罗马元老在以弗所结盟,企图一举击败奥古斯督,但事与愿违。公元前30年安东尼战败自杀,整个帝国为奥古斯督所掌控。在这场内斗中,亚细亚行省显然选错了边,因此在战事底定之后,她必须向新的统治者宣誓效忠。由是当地贵胄上书奥古斯督,表达他们想要为他建殿的心意。

对奥古斯督来说,这个请求让他陷入两难。依照罗马过去的习俗,功绩显赫,为政以仁的皇帝,在死后才有可能被元老院册封为"圣人"(*divus*)。因此若是奥古斯督允许亚洲行省为他建殿,在元老院的眼中,这是他想要将自己立在元老院之上的举措。但若是他拒绝他们的请求,亚洲行省将继续他们过去的习俗,以罗马女神和罗马巡抚(多为元老院的元老)之名,来举行各式庆典和祭祀的活动。而这些活动当然会助长元老院的重要性,并且也可能会让公元前33年冬天的事件重演。

为了解决这个两难的局面,奥古斯督就以两个系统来应对。第一,他允许身在亚细亚的罗马公民,在其居住的城中(例如,以弗所),以罗马和他的父亲凯撒之名,设立一块圣地。在其上以建立祭坛或是竖立凯撒像的方式,作为他们对罗马效忠的记号。此举和罗马习俗若合符节,因此应该可以免去他和元老院之间的冲突。第二,他也允许亚细亚行省中的非罗马公民,以罗马和他的名义来建殿。此举不单和亚细亚之习惯相符,也降低了元老院在行省中的影响力。

因此在公元前29年之时,亚细亚行省就有了一座奥古斯督神庙。② 和在此之前所建立的罗马神庙相较,这个新神庙的特色,在它乃是为依旧在世之皇帝而建立的。

---

① 上述有关别迦摩之地理历史背景资料,来自 Ramsay, *The Letters*, 205 – 12; Jones, *The Cities of the Eastern Roman Provinces*, 28 – 95; Yamauchi, *New Testament Cities*, 30 – 49; Price, *Rituals and Power*, 252 – 53; Hemer, *Local Setting*, 78 – 105; *ABD* 5:228 – 30;巴克莱,《启示录注释 I》,页112 – 17; Aune, *Revelation* 1 – 5,180 – 81。中文有关别迦摩城背景之论述,亦见,杨牧谷,《基督书简》,页289 – 94。

② 有关建立这个奥古斯督神庙的前因后果,详见 Friesen, *Imperial Cults and the Apocalypse of John*, 25 – 32。

建立这个神庙的经费，由亚细亚行省中的各个城市共同承担，但它却以别迦摩为其落脚处，因为她是这个地区的首府。在往后的一两个世纪中，别迦摩在这个地区中的重要性，将不断地受到以弗所的挑战，但是矗立在城中的奥古斯督神庙，却标示着她在这个地区中的政治地位。从地中海而来的罗马巡抚，或许必须要由以弗所上岸，但是他的“办公室”却是在别迦摩。从罗马派驻各行省的巡抚有两种：具有刀剑权的（*ius gladii*），或是没有刀剑权的。而派驻别迦摩的是前者，因此他是可以掌生杀，判死刑的巡抚。从今日行政司法分立的角度来看，别迦摩因此也是亚细亚行省的司法中心。

对活在别迦摩的基督徒来说，高耸的城堡的确带给人安全感，而城内的大图书馆也给人足够的文化滋养，但是在亚细亚诸城中，恐怕没有一个其他城市，会像这个城市对基督徒产生立即的威胁。罗马对亚细亚行省的控制，是以这个城市作为中心的；从罗马而来的巡抚也许必须周游行省各处，以确保政治上的安靖，但是他的官邸却设立在别迦摩。① 他手中的刀剑权，以及耸立在城中的奥古斯督神庙，都清楚明白地告诉基督徒，谁是这个城市的主人。站在巍巍山巅之上的罗马巡抚，的确可以向这个地区的百姓宣告罗马的主权，但是对基督徒来说，事情的真相是不是就是如此呢？

为免别迦摩信徒在罗马刀剑的威吓之下而失去了属天的眼光，人子在这封信的一开始，就以“有两刃利剑”的方式，来介绍自己。在1:16那里，我们已经知道人子所有的两刃利剑，不是短短的匕首（μάχαιρα），而是在战场上所使用的长剑。从2:16和19:15，21等三处经文中，我们更进一步晓得，从人子口中所发出来的剑，是祂审判的话语。因此人子在这封信的一开始，就向别迦摩教会陈明：拥有刀剑权的罗马巡抚，的确可以向他们宣告死刑的判决，但是在这个宇宙中，真正具有定夺永生或是永死权柄的，不是罗马巡抚，而是人子。只有祂口中所发的应许和审判，才具有永恒的意义。

2:13 我知道你的居所，就是有撒但座位之处。当我忠心的见证人安提帕在你们中间，撒但所住的地方被杀之时，你还坚守我的名，没有否认对我的信仰（Οἶδα ποῦ κατοικεῖς, ὅπου ὁ θρόνος τοῦ Σατανᾶ, καὶ κρατεῖς τὸ ὄνομά μου καὶ οὐκ ἠρνήσω τὴν πίστιν μου καὶ ἐν ταῖς ἡμέραις Ἀντιπᾶς ὁ μάρτυς μου ὁ πιστός μου, ὃς ἀπεκτάνθη παρ᾽ ὑμῖν, ὅπου ὁ Σατανᾶς κατοικεῖ）

从上一节的分析中，我们晓得对小亚细亚地区的基督徒来说，别迦摩恐怕是一个最容易让他们和城中权贵起冲突的城市。因此人子给别迦摩教会的信息，就以“我知道你的居所，就是有撒但座位之处”，作为祂的开场白。但“撒但的座位（ὁ θρόνος；宝座）”所指的，究竟是什么呢？

---

① Aune, *Revelation* 1－5, 180.

对这个问题,学界基本上提出了三类的看法。第一,因为别迦摩位处高山之上,因此有人认为"撒但的座位"一语所指的是她高高在上的地理特征。① 这个看法也许突显出别迦摩的地理背景,但是这个解释可能只是现代人对这个地理特征的看法而已。

第二,从别迦摩城的宗教背景来看,有人认为人子之所以称此城为"有撒但座位的",是因为这个城市以蓬勃的偶像崇拜而闻名当代。② 从宗教背景的角度切入,也有人认为"撒但的座位"所指的,是耸立在山头上,状如宝座的宙斯祭坛;③或是在城中广被敬拜的亚克里比阿蛇神。④ 这些看法都有其可能,因为不管是别迦摩神庙林立的背景,或是宙斯祭坛以及亚克里比阿蛇神,都和"撒但的座位"一语,有所关联。不单如此,在 14 - 15 节中,我们也看见人子责备别迦摩教会,受到了偶像崇拜的污染;因此这类的看法有其合理的一面。

第三,有人认为人子称别迦摩为"有撒但座位之处"的原因,是因为别迦摩所拥有的奥古斯督神庙,以及该城巡抚所拥有的刀剑权(司法中心)。也就是说,身为罗马在亚细亚行省的政治司法中心,别迦摩就成了撒但在这个地区展现其权柄的"橱窗"。⑤ 在这三类的看法中,此一见解最具说服力。因为在上一节经文中,我们已经看见教会之主和世界之主的对比,即,人子的两刃利剑和罗马巡抚所拥有之刀剑权的对比;在这节经文中,我们也立即的看见安提帕的殉道。因此不论从历史背景的角度来看,或是从立即上下文的角度来看,"撒但的座位"所指的,应该是以奥古斯督神庙为象征符号的罗马权势。

奥古斯督神庙是在公元前 29 年所建立的,但是它的影响力却没有随着时间的过去而消失。从当代文献中,特别是和别迦摩有关的文献里面,我们看见自奥古斯督以降,罗马就要求其子民以"主和拯救者"之名来称呼皇帝;而在豆米田时期,即约翰写启示录的时候,他更要求百姓以"主和神(*dominus et deus*)"的方式来称呼他。⑥ 对基督徒而言,这个称号只属于他们在天上的神和为他们死的主,因此他们和罗马之间的

---

① P. Wood, 'Local Knowledge in the Letters of the Apocalypse,' *ExpT* 73(1961 - 62),264.

② 例如,Charles, *Revelation I*, 61。他认为布满了各式神庙的别迦摩山,是和旧约中"神的山"互相对立(赛 14:13;结 28:14,16)。

③ 例如,Beasley-Murray, *Revelation*, 84; L. L. Thompson, *The Book of Revelation*, 173。

④ 例如,*TDNT* 3:166。

⑤ 这是多数释经者的看法。例如,Swete, *Revelation*, 35; Beckwith, *Revelation*, 458; Hemer, *Local Setting*, 87; Thomas, *Revelation* 1 - 7, 184 - 85; Aune, *Revelation* 1 - 5, 183 - 84; Osborne, *Revelation*, 141。

⑥ Hemer, *Local Setting*, 86。别迦摩在图拉真皇帝任内(Trajan; AD 98 - 117),又在城中为罗马建了第二个凯撒神庙的事实,也再次证实罗马在别迦摩的影响力。

冲突就无可避免了；而这个冲突在别迦摩的具体例证，就是安提帕的殉道。

安提帕（᾽Αντιπᾶς）是安提帕妥斯（᾽Αντίπατρος）的简写；而后者在当代是个十分普遍的希腊名字。安提帕除了在启示录中，以及被教父特土良（Tertullian; *Scapul*. 12）各提到一次之外，我们对此人几乎一无所知。① 就"在你们中间（παρ᾽ ὑμῖν）②被杀"一语来看，安提帕可能不是别迦摩教会的一员，而是被人由别的城市中带到这里，在具有刀剑权的罗马巡抚手下受审而死。③ 从人的角度来看，安提帕的人生是以悲剧收场的，但是在人子的眼中，他却是"我忠心的见证人（ὁ μάρτυς μου ὁ πιστός μου）"。④ 这个称呼相当准确地反映了安提帕对人子至死不渝的信仰，但是这个称呼恐怕也是人子所能给人最高的赞誉了。因为在 1:5 那里，"忠心/信实的见证人"正是人子的三个称号之一。我们不清楚在约翰写作之时，类似于安提帕的事件是否继续在别迦摩上演，但是历史学家优西比乌却告诉我们，在公元头两个世纪中，在别迦摩殉道的，还有卡普斯（Carpus）、帕皮流斯（Papylus）和阿格松尼克（Agathonike）等三人。⑤

安提帕的殉道当然对别迦摩教会带来极大的压力，但他们的反应是什么呢？从人子对他们的称赞来看，即，"坚守我的名，没有否认对我的信仰"，⑥他们显然没有退缩。"坚守（κρατεῖς）"和"否认（ἠρνήσω）"是两个意思完全相反的反义字，因此"坚守"和加上了否定词的"没有否认"，就成了一组同义词。准此，"坚守我的名"和"没有否认对我的信仰"，就成为一对从正反两面来描述同一个事实的词组，一对为强调别迦摩教会在面对巨大压力时，依旧持守信仰的词组。⑦

从当代帝王崇拜的背景来看，这两个词组所指的，应该是别迦摩教会拒绝在凯撒

---

① 教会的传统认为安提帕是被关在一个铜牛中烧烤而死，但我们无法肯定这个看法是否真实（Swete, *Revelation*, 35）。

② "在你们面前被杀"是更直接的翻译。

③ Ramsay, *The Letters*, 218; Hemer, *Local Setting*, 86.

④ 就文法结构而言，修饰"日子（ἐν ταῖς ἡμέραις）"的"安提帕（᾽Αντιπᾶς）"应该为所有格，而与其平行的"忠心的见证人（ὁ μάρτυς ὁ πιστός）"也应如此。对这个文法异常的现象，Charles 认为这是因为约翰的希腊文，受到他希伯来思想的影响，因为在希伯来文法中，一个名词在间接语法中是不发生格变的（*Revelation I*, 13）。对这个文法异常的现象，Beale 则更进一步指出，这可能是约翰刻意所为，而其目的，则是要以此文法出格的方式，来暗引诗篇 89:37（*Revelation*, 247－48）。有关这个暗引旧约的个案，我们已在 1:5 的注释中有了详细的讨论，因此在这里就不再重复论述了。有关这个文法出格的问题，亦见 G. Mussies, 'Antipas,' *NovT* 7(1964), 242－24。

⑤ *Hist. Eccl*. 4.15。在 5.1 中，优西比乌则告诉我们，殉道者阿塔鲁斯（Attalus）是生在别迦摩的威尼斯人。

⑥ 在此我们以强调受格的所有格（objective genitive）来理解"我的（μου）"。

⑦ 在启示录中，类似的语法也出现在 3:8：曾"遵守（ἐτήρησάς）"我的道，"没有弃绝（οὐκ ἠρνήσω）"我的名。

神庙中,进行上香奠酒,并且口说"凯撒是主"的祭祀举措。① 对罗马政府来说,这是人民宣誓效忠罗马帝国的必要仪式,但是对基督徒而言,这却是对信仰的背叛。因此在他们眼前虽然有安提帕殉道的事件,但他们依旧站稳了他们的立场。

2:14 然而我有一件比较次要的事要责备你,因为在你那里,有人服从了巴兰的教训。这巴兰曾教导巴勒②将绊脚石放在以色列人面前,叫他们吃祭偶像之物,行奸淫的事(ἀλλ᾽ ἔχω κατὰ σοῦ ὀλίγα ὅτι ἔχεις ἐκεῖ κρατοῦντας τὴν διδαχὴν Βαλαάμ, ὃς ἐδίδασκεν τῷ Βαλὰκ βαλεῖν σκάνδαλον ἐνώπιον τῶν υἱῶν Ἰσραήλ φαγεῖν εἰδωλόθυτα καὶ πορνεῦσαι)

在沉重压力下依旧持守信仰,是别迦摩教会的长处(2:13),但是这个教会并非全然没有缺点。被和合本译为"几件事"的希腊文"ὀλίγα",其意思是"轻,少,短,小,些许,一点点"。若从数量的角度来理解,"我有一事相责"则是人子在此之意。③ 但若从程度或是重要性的角度来理解,本节的第一句话则可以译为,"然而我有一件比较次要的事要责备你"。④ 这两个翻译都是可行的,但若我们将本节和2:20相较(见该节注释),后者似乎比较合乎经文的意思。

但别迦摩教会的问题何在? 那就是在他们中间(ἐκεῖ)⑤有人服从了巴兰的教训。约翰在此所使用的"服从(κρατοῦντας;分词)",和13节中之"坚守(κρατεῖς;动词)",是由同一个字而来,因此透过这个联系,服从了巴兰教训的人,就和那些坚守主名的人,形成强烈的对比。

从旧约民数记中(22-24章),我们晓得摩押王巴勒因着惧怕以色列人,就遣人召巴兰来咒诅他们。为利而来的巴兰于是在摩押地的各个山头之上,意欲向以色列人发出咒诅(民22:7)。但是由于耶和华神的介入,巴兰不单没能咒诅以色列人,反而向他们发出了祝福。从这三章经文来看,巴兰似乎是彻底失败的;但是从后面的经文来看(25:1-3;31:16),巴兰显然完成了他的任务。在明处,在高山之上,他在神的干预之下,只能祝福以色列人;但是在暗处,他却设下陷阱,以摩押女子为饵,让以色列人和她们行淫乱之事,并因此和她们一起献祭给巴力,吃祭偶像之物。⑥ 此事当然

---

① 巴克莱,《启示录注释 I》,页21; Mounce, *Revelation*, 97。

② 在多数的情况中,在"教导(διδάσκω)"之后的,是双重的直接受格;但是在当代的希腊文著作中,"教导+间接受格"(如巴勒;τῷ Βαλὰκ)的结构也曾出现(Swete, *Revelation*, 37)。

③ Charles, *Revelation I*, 62.

④ Aune, *Revelation* 1-5, 185.

⑤ "ἐκεῖ"等于13节中的"παρ᾽ ὑμῖν"(Swete, *Revelation*, 36; Charles, *Revelation I*, 63);也和该节中的两个"ὅπου"呼应。

⑥ 有关民数记22-24章和25-26章之间的文学和神学关系,见T. R. Ashley, *Numbers*, 515。

引发耶和华神的烈怒，因此在祂所降下的瘟疫刑罚中，两万四千个以色列人就倒毙在那里了（民 25:4－8）。巴兰之计是成功的，但是他对以色列人所造成的伤害，却让他在以色列人的历史中，留下了一个臭名：为利而行之假先知（申 23:4；尼 13:2；彼后 2:14－16；犹 11）。① 但是旧约的巴兰，和别迦摩教会中的某些信徒，又有什么关联呢？

在第一世纪希腊神庙的献祭仪式中，将整只祭物都烧在祭坛上的情况，并不多见。在大部分的祭祀中，只有骨头、肥油和无法食用的胆囊才在祭坛上烧化；而其余的部分，则是由祭司，以及参与献祭之人在庙中食用；若祭物很大（牛羊），无法完全在庙中食用，剩余的部分将在市场中出售。在宗教节庆举行之时，祭物的数量通常很多，因此这些祭祀后所剩下的肉品，便成为节庆筵席中的佳肴美食。对平日多以面粉制品为主食的一般老百姓来说，摆在这些筵席桌上的肉食，是相当具有吸引力的。除了在公开的节庆中供应肉食之外，从最近在别迦摩的考古发现中，我们知道祭物也是上流社会人士招待客人的佳肴。在一个被挖掘出来的餐厅里面，有一个狄奥尼索斯（Dionysus）的祭坛；因此祭物也出现在私人酬神谢天的筵席中。

以美食筵席来吸引人参加宗教庆典，或是以之待客，并不是第一世纪中，这类筵席的主要目的。开放给公众，或是私人在家举办的宗教筵席，其目的不只是要人和神明有所连结，也更是要让人和人之间有所联系。负责公开祭祀庆典的人，或是私人酬神筵席的主人，都希望借着这类活动，显示出他们在社会中的地位。因此这些筵席并不只是单纯的宗教活动，而是包括了社交的功能。因此一个人若是能在筵席中居高位，或是能被邀请参与上流社会人士的私人筵席，便显示出他在社会中的地位；但若是他拒绝出席这类筵席，不管他的理由是什么，他事实上就是将自己阻绝在社会的主流价值之外，在他自己和人之间，建立起一个障碍。② 我们不清楚别迦摩教会中，是否有人位居社会上层，因而有许多机会和权利参与这类的活动；还是有人想要借着这些活动，来提升自己的社会地位。但是不管情况如何，人子在此以巴兰的前例，来责备他们，是因为他们和巴兰一样，为了自身的利益而放弃了原则。就巴兰而言，他原为美索波大米亚的异教先知（申 23:4），因着巴勒之邀而和神的子民以色列人有了接触。在整个事件中，他两次在夜间见神的面（民 22:9，20），他的耳朵听见他的驴子向他说话（民 22:28－30），他的眼睛为神所开而得以看见天使（民 22:31），他甚至四次开口宣告从耶和华而来的神谕（民 23－24）；但是在他的天平上，这些奇异的属灵经

---

① 亦见，Philo，*De Vita Mosis* 1.264－314；*De Migratione Abrahami*，114。

② 有关吃祭偶像之物的问题，见 Aune，*Revelation* 1－5，191－94；有关保罗在哥林多前书中，处理类似问题的讨论，见 B. W. Winter，*After Paul Left Corinth*：*The Influence of Secular Ethics and Social Change*（Grand Rapids：Eerdmans，2001），76－109。

历还是抵不过巴勒所应许要给他的名利地位(民 22:17)。同样的情况恐怕也发生在别迦摩教会中,某一部分信徒的身上。他们曾因着福音而进入了教会,他们也曾因着圣灵的大能而重生,但是为了继续和这个社会保持良好的关系,他们就妥协了。

从当时异教崇拜的背景中,我们晓得参与异教筵席除了吃祭偶像之物之物,也包括了饭后的"余兴节目",因此不论就字面意义,或是就属灵的角度而言,别迦摩教会中某一部分人的妥协,和当初以色列人所行的,并没有太大的差别。正如以色列人在摩押地,以他们的行动否定了摩西"不可吃祭偶像之物,不可随从他们的神行邪淫"的律法(出 34:15－16);别迦摩教会中的某些信徒,也一样为了社会地位和经济利益,拒绝了教会"禁戒祭偶像的物……和奸淫"的禁令(徒 15:20,29)。①

2:15 同样的,你们中间也有人以一样的方式,服从了尼哥拉一党的教训(οὕτως ἔχεις καὶ σὺ κρατοῦντας τὴν διδαχὴν τῶν Νικολαϊ τῶν ὁμοίως)

巴兰因其所行的确遗臭万年,但是他毕竟是历史人物(2:14)。在 90 年代的小亚细亚,和他有类似教训的,是尼哥拉党。在这节经文中,约翰不单使用了"同样的(οὕτως)"一语,来连结上一节中的巴兰和本节中的尼哥拉党,他也在这一节经文的最后,用"以一样的方式(ὁμοίως)"一词,来强化这个关系。这个尼哥拉党不单在别迦摩教会中出现,它也在以弗所教会中现身(2:6),因此在这节经文中,我们就有了"你们……也(καὶ σὺ)"的语句。② 因此和以弗所教会一样的,别迦摩教会中也有人持守类似于巴兰的教训。从前述别迦摩的历史背景中,我们晓得各式神祇在别迦摩城中,具有深远的影响力,因此对别迦摩教会中部分的信徒来说,要在这个异教环峙的情况中存活,尼哥拉党的教训似乎是一个最好的选择。

2:16 所以你当悔改,若不悔改,我就快临到你那里,用我口中的剑,攻击他们(μετανόησον οὖν· εἰ δὲ μή, ἔρχομαί σοι ταχύ καὶ πολεμήσω μετ᾽ αὐτῶν ἐν τῇ ῥομφαίᾳ τοῦ στόματός μου)

和以弗所教会恨恶尼哥拉党的态度相较(2:6),别迦摩教会对这个异端的存在,似乎就没那么在意了。因为在前面的两节经文中,人子两次说:"在你们那里有……"因此人子在这节经文中,就呼吁他们悔改。也就是说,他们不单要改变他们消极容忍

---

① 有关使徒行传 15:20,29 和异教偶像崇拜的关联,详见 S. G. Wilson, *Luke and the Law* (Cambridge: Cambridge University Press, 1983),94－102。有人认为巴兰/尼哥拉党是早期的诺斯底主义(Gnosticism; Roloff, *Revelation*, 51),但是在诺斯底派的经典中(Nag Hammadi),禁戒祭偶像之物和行奸淫之事的禁令,却从未出现;因此这个看法并不牢靠(Aune, *Revelation* 1－5,195)。

② Thomas 认为服从巴兰教训的和服从尼哥拉党教训的是两个不同的群体(*Revelation* 1－7,193－94)。但是本节的文法结构比较支持"一个异端"的看法(Charles, *Revelation I*, 63－64; Mounce, *Revelation*, 98; Aune, *Revelation* 1－5,188)。

这个异端的态度，并且也要积极地去处理这个问题；而这些应该是包括了劝化，指正，忍耐等候，祷告，和最后的手段—除名。

为了强调"当悔改"的严肃性，在这个命令之后，人子又加上了一个"若不悔改，我就快临到你那里，用我口中的剑，攻击他们"的警告。从"剑（τῇ ῥομφαίᾳ）"和"攻击（πολεμήσω）"①的用语观之，人子降临的目的，在审判。但是对象是谁呢？当然是那些服从了"巴兰/尼哥拉党"教训之人。在民数记中，假先知巴兰曾面对手中拿剑的天使（22:23，31），但在利字当头的情况下，他对这个警告不以为意，结果在以色列人和米甸五王的战争中，他就死在刀剑之下了（民 31:8）。因此人子在这里的警告，并不是空口说白话，而是以旧约例证为其支柱。

但若人子的审判，是以服从了异端的信徒为对象，那么那些没有服从尼哥拉党教训的人，是否就没事了呢？从个人的角度来看，由于神不是以无罪为有罪的一位，②因此在逼迫中依旧持守祂名的人，当然不在祂的审判之下；但是若我们从民数记的背景来看，由于摩西并没有完全实践耶和华神的命令，即，将以色列的所有族长都处死（民 25:4－5），因此拜偶像的情况持续恶化，最后导致两万四千人的死亡。③ 这个结果对即将进入迦南地，要与迦南人争战的以色列来说，是军力极大的耗损。所以若我们从整体的角度来看，人子对教会容忍异端之罪的审判，当然使教会受到亏损。而当教会受到亏损时，作为神家中的一分子的，也一样的受到了亏损。在神的国中，"独善其身"之可能性其实是不存在的。

但是这个审判要在什么时候发生呢？是在人子第二次再来之时吗？④ 从 19:11－21 来看，人子在第二次降临之时，的确要以其口中之剑来进行审判（19:15），但是在那个时候要受到审判的，不是教会，而是列国（亦参，19:18－19）。再者，若这个审判所指的，是末日的审判，那么我们就必须面对两个困难。第一，别迦摩教会的悔改与否（εἰ δὲ μή），成为人子是不是要再来的先决条件。从整卷启示录来看，神永恒计划的施行，不单是在祂的天庭中决定的（参，启 4－5），也和人的反应和作为完全无关，因此祂的第二次再来，当然就和别迦摩教会的悔改与否无关。第二，若此处所言为末日审判，那么这个警告就和当代的别迦摩教会，没有立即直接的关系。⑤ 一支要在世

---

① 原意作"兴起战争"。在新约中，只有约翰以"πολεμεῖν μετά + 所有格"，或是"ποιεῖν πόλεμον μετά + 所有格"的型式，来表达"和某某某交战"的意思（2:16；3:4；17:4；11:7；12:7；13:7；19:19）。

② 这是"以有罪为无罪"的另一种说法（出 34:7；民 14:18；鸿 1:3）。

③ T. R. Ashley, *Numbers*, 518－19.

④ 这是 Thomas 的看法（*Revelation* 1－7，196）。

⑤ Mounce 认为，这个困难可以从初代教会对末日之观念来解决，即，末日是即将要发生的事。但是这个解决之道，似乎是把责任推给初代教会（*Revelation*, 99）。

界末日才会打下来的刑杖,对当下犯错的孩子,能产生怎样的警告效果呢?

事实上在1:7 和2:5 那里我们已经晓得,在启示录中,人子的降临(ἔρχομαί)并不千篇一律地指向祂第二次的再来。在那个大日子来临之前,祂将要借着圣灵"降临"在教会中(参,徒5:1 - 11)。[①] 而在这节经文中,这个面向更在"到你那里(σοι)"的词语中,清楚的表达了出来。也就是说,人子将要以一个审判官的身份,来到别迦摩教会中,来处理他们向这个世界妥协的问题。但祂降罚的目的何在呢? 在民数记中,耶和华神以瘟疫刑罚以色列的目的,在洁净他们,好让他们可以再次成为一支争战的军队(民26)。因此从这个背景来看,人子降罚的目的,也是要洁净教会,因为一个向异教世界妥协了的教会,要如何在这个世界中见证祂的名呢?[②]

2:17a - b 圣灵向众教会所说的话,凡有耳的,就应当听。得胜的,我必将那隐藏的吗哪赐给他(ὁ ἔχων οὖς ἀκουσάτω τί τὸ πνεῦμα λέγει ταῖς ἐκκλησίαις. τῷ νικῶντι δώσω αὐτῷ τοῦ μάννα τοῦ κεκρυμμένου)

和其他六封书信一样,这封书信也以一个警语,和一个给得胜者之应许作为结束。由于这句警语的含意已在2:7 的注释中有了交待,因此在这里我们只会把焦点放在人子的应许上:隐藏的吗哪[③]和白石。

吗哪是以色列人在旷野飘流时期,神所赐给他们的食物(出16:4 - 36)。"吗哪(מָן הוּא)"在希伯来文的原意是,"这是什么?"(出16:15),是以色列人在第一次看见"吗哪"时的反应,因为他们不晓得这白白的,滋味如同搀蜜之薄饼的东西,究竟是什么。为了要让以色列人记得祂在旷野为他们所行的事,神命令摩西将一俄梅珥(约两公升)的吗哪,存在一个罐子里面,并将之放置于约柜中,好给后面的世代作为纪念(出16:32 - 34;参,来9:4)。由是在以色列的历史中,吗哪就以"从天上来的粮食"之名,多次出现在旧约中。[④]

对圣所中所有物件都极为重视的犹太人,在圣殿被毁之后(586 BC),当然十分关注吗哪金罐的下落。因此玛加比二书的作者就告诉我们,在圣殿被毁之前,先知耶利米就已经先一步得着警告,因此他就将会幕、约柜和祭坛带到尼波山,[⑤]并将之埋藏

① Beale, *Revelation*, 251; Aune, *Revelation* 1 - 5, 188 - 89.

② 有关约翰将教会类比于在旷野中之以色列的分析,见7:14 - 16 的注释。

③ 吗哪(τοῦ μάννα)是所谓的"表分所有格(partitive genitive)",在此当动词"赐给(δώσω)"的受词。在新约中,这个"δοῦναι + 表分所有格"的形式只出现在这里。

④ 尼9:15;诗78:25;105:40。在七十士译本的诗篇77:25[78:25]中,吗哪则是被称为"天使的食物"。

⑤ 摩西死前所登之山,在其上他看见迦南全地(申32:39 - 40;34:1 - 5)。

在地底下。这些圣殿物件将会一直在地底下，直到以色列人归回，得着复兴为止。① 对吗哪的下落，巴录二书的作者也有话要说。他认为圣殿物件是在天使的手中，而吗哪将会在末日弥赛亚显现之时，再次从天而降，成为圣徒的粮食。②

对历史文物的关注是值得肯定的，但是神以吗哪来供应以色列人肉身所需的神迹，其意义恐怕不只是让他们在旷野得以存活而已。因此在有关生命之粮的讲论中（约 6:24－59），耶稣明白指出祂才是父神从天所赐下的真吗哪，是能使人得着永生的真粮食（约 6:32，40；亦参，林前 10:1－4）。准此，人子在此对得胜者所应许的，是永恒的生命。③

但是这个吗哪为什么是隐藏的呢？（τοῦ κεκρυμμένου）从出埃及记和玛加比二书的背景来看，有人认为在约柜中的吗哪，是被装在罐子里的，所以是隐藏的。从巴录二书来看，吗哪之所以是隐藏的，是因为它目前在天使的手中。但若我们从时间的角度来看，吗哪之所以是隐藏的，也可能是因为它是要在末日之时，才会再次出现。④ 这些看法都有可能，但若我们从约翰福音第六章来看，吗哪之所以是隐藏的原因，是因为人不明白这个真粮食的意义。对那些看着耶稣长大的犹太乡亲来说，他们实在无法明白耶稣怎么会是从天上来的粮（约 6:41－42），而他又要如何把他的肉给他们吃呢？（约 6:52）对耶稣的一部分门徒来说，他们也实在无法认同耶稣所说，吃他的肉喝他的血的教训。也就是说，他们实在无法认同耶稣借着受苦死亡而得生命的教训，因此他们就用脚投票，不再跟随耶稣了（约 6:60，66）。

同样的情况恐怕也出现在别迦摩教会中，因为在他们中间也有一些信徒，在安提帕殉道事件所显示的政治压力之下，并且在参与异教崇拜所能得着之利益的引诱下，决定向这个世界妥协。因此对他们来说，真吗哪的真理是隐藏的。他们所能看见的，是摆在异教筵席桌上的祭偶像之物。因此人子在这里应许他们，若他们能胜过这个世界的试探，拒绝吃祭偶像之物，那么祂将要把他们原先所不明白的，关乎永恒的吗哪，赐给他们作为奖赏。⑤ 祂当年对围绕在祂身边，为吃饼得饱而来之人所说的话，对 90 年代之别迦摩教会，一样具有振聋发聩之效：不要为那必坏的食物劳力，要为那

---

① 玛加比二书 2:4－7。

② 巴录二书 6:7；29:8；亦见，西卜神谕篇 7:149。

③ Aune, *Revelation* 1－5, 189; D. K. K. Wong, 'The Hidden Manna and the White Stone in Revelation 2:17,' *BSac* 155(1998), 346－54, especially 348－49.

④ Charles, *Revelation I*, 65－66; Thomas, *Revelation* 1－7, 198；张永信，《启示录注释》，页 86；Aune, *Revelation* 1－5, 189。

⑤ 有一些古抄本在此作：我要将隐藏的吗哪赐给他吃。就经文鉴别学而言，这个加了"吃"的经文，当然不是原始经文；但是这个版本却反映出初代教会中的部分人士，对这段经文的理解，即，"吃祭偶像之物"所相对的，是"吃吗哪"的应许。

存到永生的食物劳力,就是人子要赐给你们的(约 6:27)。

吗哪所象征的,是永恒的生命,因此这个奖赏当然是末世的,是未来的。但是在 2:7 有关生命树奖赏的讨论中,我们已经知道永恒生命的奖赏,并不全然是未来的。在那个日子来到之前,我们已经有了永恒的生命。这个生命要到我们从死里复活之后,才会达到它应有的境界,但是在那个时刻来到之前,我们至少是已经开始有了永恒生命的经验。① 在耶稣有关真吗哪的讲论中,特别是在祂"吃我的肉,喝我的血"的教训中(约 6:53 – 58),我们晓得我们在圣餐中,经验了永恒的生命,或是以之表明了我们是已经拥有永恒生命的群体。② 因此借着这个重复举行的圣礼,我们不单将自己从这个世界中区隔出来,我们也藉此向这个世界宣告我们对将来羔羊婚宴的盼望(启 19:9)。正如装在金罐中,藏于约柜之内的吗哪,不单指向神在过去对以色列百姓所行的救赎之事,也指向那将要来临的真吗哪;照样,我们在圣餐中所领受的饼和杯,不单叫我们纪念人子在我们生命中所施行的救赎之恩,并且也让我们举目,望向在永恒中所要举行的羔羊婚宴(启 21:1 – 4)。

2:17c 并赐他一块白石,石上写着新名。除了那领受的以外,没有人能认识(καὶ δώσω αὐτῷ ψῆφον λευκὴν, καὶ ἐπὶ τὴν ψῆφον ὄνομα καινὸν γεγραμμένον ὃ οὐδεὶς οἶδεν εἰ μὴ ὁ λαμβάνων)

除了隐藏的吗哪之外,人子也应许得胜者,祂将要赐给他一块在其上刻有名字的白石,作为奖赏。但是这个奖赏所指的究竟是什么呢?

"石(ψῆφον)"这个字是由"磨/洗刷(ψάω)"而来,因此它的基本意思是,被磨过的小石头。从产生的途径来看,"石"所指的可以是经过河床洗刷过的鹅卵石,也可以是经过磨光后的珠宝;但若从用途的角度来看,"石"这个字也等同于"判决"。因为在当代法庭中,当一个"法官"(也可能不只一人)认为被告有罪时,他会在一个罐子里面投入一颗黑石头,反之,他则会以一颗白石头来表达无罪的判决。这个用法在保罗叙述他过去如何逼迫基督徒的历史中,也曾出现。因为"我也出名定案"一语的直译是:我丢了一颗反对他们的石头(徒 26:10)。但在这些不同的含义中,约翰是以哪一个意思来使用这个字呢?

从"白石上刻了名字"的角度下手,旧约大祭司的背景,就成为一个可能解开白石

① 亦参,Osborne, *Revelation*, 148。

② 不同宗派对圣餐的意义有不同的看法,但是对绝大部分的教会来说,这个圣礼是那些相信耶稣基督的人,才能参与的。因此参与这个圣礼的前提是,有基督所赐的新生命(M. J. Erickson, *Christian Theology*[Grand Rapids: Baker, 1983], 1112)。有关旷野吗哪为圣餐之预表,见林前 10:3 – 22(Roloff, *Revelation*, 52; G. D. Fee, *The First Epistle to the Corinthians*[Grand Rapids: Eerdmans, 1987], 446)。

之谜的途径。因为两块在他肩头的宝石（出 28:9－12），或是 12 颗在其胸牌上的宝石（出 39:8－13），都刻着以色列 12 支派的名字。因此在这个背景的衬托之下，有人认为人子所应许的奖赏，是圣徒得以侍立在神面前的特权，是他们将享有和神之间亲密的关系。① 这个解释是可能的，因为在启示录中，新约圣徒的确多次以祭司的身分出现（1:6；7:9－10；14:1－5 等等）。但此说的困难在于其前提，即，我们必须先假设人子在此所应许的白石是珠宝。而若此前提站得住脚，此说也必须再进一步的面对人子之奖赏，和大祭司身上之宝石，在颜色方面之差异所带来的困难。在将来的世界中，我们的确都要成为事奉神的祭司，但是此封书信的焦点，不在信徒是否有祭司之尊，而在他们是否能够胜过从这个世界而来的试探。

从当代的背景切入，站在白石后面的，则有许多可能的解释。②

（1）在当时的宗教观念中，人们普遍认为神祇的名字具有神奇的能力，因此在一份和巫术（精灵）崇拜有关的文献上面，我们看见如下的文字：带一个铁戒指和一块形如葡萄的白石来，并把这个名字刻在其上。③ 因此若我们以此为背景，“刻了名字的白石”显然是当代人认为能带给他们平安的“护身符”。准此，人子在此所应许的，便是祂对圣徒的护卫。此说对活在罗马刀剑之下的基督徒而言，当然具有重大意义。但是在启示录中，人子对教会之期许，是忍受苦难，是坦然面对逼迫；而不是寻求能“消灾免厄”的“护身符”。事实上祂给教会所量的地界，是“该被掳掠的，就被掳掠吧；该被刀杀的，就被刀杀吧”（13:10）。④ 不单如此，由于这个应许是给得胜者的，因此这个奖赏将要在他们死后，或是在末日来临之时，才会实现。但是对忠心而死的信徒来说，等在他前面的，是从死里的复活，是荣耀之境的进入（20:11－21:8），因此他在那个时刻，怎么还会需要保护呢？再者，别迦摩教会为人子所诟病的，正是参与偶像崇拜之事，所以祂怎么会在没有经过解释的情况之下，就遽然使用了这么一个充满异教色彩的东西，来作为祂所应许之事的象征呢？

---

① Bullinger, *Revelation*, 183. 有关大祭司肩上和胸前宝石之象征意义，见 J. I. Durham, *Exodus*, 389－90。支持此说的理由，亦见，Beale, *Revelation*, 258。有人认为人子在此一并提及“白石”的原因，是因为犹太人的某一个文献中提及（Yoma, 75a），在旷野中和吗哪一起从天而降的，还有宝石和珍珠。此说虽然对白石为何在此出现的问题，提出了一个可能的解释，但是它对我们了解白石奖赏的意义，却没能带来太大的帮助；因此对此说我们就不详加讨论了。

② 有关这些看法的出处，见 Hemer, *Local Setting*, 96－102；Thomas, *Revelation* 1－7, 199－201；Beale, *Revelation*, 252－58；Aune, *Revelation* 1－5, 190－91。在此我们并不打算将所有的可能看法都提出来，我们只会选择几个比较有根据，并且对了解经文意义有帮助的建议，介绍给读者知道。

③ 出处见 Aune, *Revelation* 1－5, 191。

④ 和合本作“掳掠人的必被掳掠，用刀杀人的必被刀杀”；但是比较准确的翻译，应该是我们在这里所提供的。

(2) 在前面有关字义研究的部分,我们已经晓得白石在法庭的背景中,所代表的意义是无罪开释;因此人子在此所应许的,是圣徒在末日的审判者中,将不被定罪,不会经历硫磺火湖之刑(启19:20;20:10,14,15)。就人子在七封书信中所赐予应许的模式来看,这个见解有其优势,因为"隐藏的吗哪(永恒的生命)+白石(无罪开释)",不单和士每拿书信中(2:10-11)"生命的冠冕+不受第二次死的害"之模式如出一辙;也和推雅推喇书信中的"制伏列国的权柄+晨星"(2:26-28),以及老底嘉书信中"一同坐席+同坐宝座"(3:20-21)的模式,若合符节。但此说所必须面对的困难是,在当代法庭中决定被告生死的黑白石头,并没有名字在其上。这个困难当然减弱了这个解释的可能性,但它并非无法解释。从约翰使用旧约的习惯中,①我们晓得他并非一成不变的将旧约素材,放在启示录中,而是将旧素材更新,然后再来使用它。在这一节经文的前半,我们已经看见他把旧约的吗哪,放在耶稣真吗哪烤箱中烘烤,之后就成了末日永恒生命的奖赏。而同样的情况,恐怕也发生在"白石"的应许上。因为这个象征当代无罪开释的白石,在他刻上"新名"的加工之后,就成了圣徒在末日审判中,"无罪判决"的应许了。

(3) 除了用来避邪消灾的护身符,和象征无罪的白石之外,有人则认为白石在此所指的是当代广被使用,以木材、金属或是石头所制成的"信物(*tessera*)"。借着这个"信物",罗马皇帝向穷人保证他们一定会得着粮食供应;或是他们必然可以参加某一个节庆筵席。在竞技场中得胜的武士(gladiator),有时也会得着可以进入一个特别筵席的"信物/邀请卡";而身经百战的武士在赢得重大胜利之后,也会得着一块不必再冒死出赛的"信物/退休证明"。因此从这个背景来看,白石是人子的"信物",是得胜者可以参与羔羊筵席的"入场券",是以死亡证明了他们已经得胜的信徒,不必再"出赛"的退休证明。此说的优点,是它不单和别迦摩教会"参与异教偶像筵席"的问题,针锋相对;也和"吗哪"所隐含之羔羊筵席的概念,互相呼应;并且更和启示录后面所记载,有关将来所要发生的事,彼此对应(参,19:7-9;21:4)。因此此说和前述将白石等同于"无罪开释"的看法,在可能性上,无分轩轾。②以"信物"来理解白石,那么约翰在此就是从正面的角度,来谈应许(得参与羔羊筵席);若以"无罪开释"来理解白石,那么约翰在此则是从反面的角度,来强调将来的奖赏。

和白石之谜相较,"新名"的问题,则显得相对容易一些。因为在我们面前只有两

① 见导论中有关"在启示录中的旧约"的论述。

② 当然这个看法并非全然没有困难,因为当代制作"信物"的材料,并非只有白石一种而已。但是这个困难,在参照对约翰使用旧约的习惯下,也可以得着合理的解释。

个选择：是人子之名，还是得胜者之名？从新旧约中神给人起新名的角度来看，①在白石上的新名，似乎是得胜者的名字，因为起新名标志着人生中，一个新阶段的开始；②而从"除了领受者之外，没有人能认识"这句话来看，"新名"也似乎指向得胜者的名字，因为只有他自己才完全明白他所经历的改变是什么。③ 但若我们参照启示录中，其他有关"新名"的经文，那么此处之"新名"，则应该是人子的名字。怎么说呢？

第一，在非拉铁非书信中，人子给得胜者的应许是："我要叫他在我神殿中作柱子……我又要将我神的名，和我神城的名……并我的新名，都写在他上面"（3:12）。在这个应许中，虽然有三个名字的出现，但是其所要表达的重点都是一样的，即，得胜者是属于神的（见该节注释）。④ 和我们目前正在分析的别迦摩书信相较，这两封书信在"人子之名"的议题上，呈现出相同的模式：这两个在患难中的教会，都因着"没有弃绝人子的名"（2:13；3:8），所以人子就以"新名"作为他们的奖赏。因此从这个对比中，我们晓得"新名"所指的是人子之名。⑤ 但为什么要再赐给他们一个名字呢？他们不是已经有了人子之名吗？从"没有弃绝"来看，他们的确已经有了人子之名，但是他们却为着持守这个名字，而吃了不少苦头。为此人子就许他们以祂的"新"名，表明他们因着拥有这个新名的缘故，将要进入另外的一个阶段。过去他们为此名而受苦，但是在将来他们却也要因着此名，而得以参与羔羊的筵席。在这个筵席中，他们将要亲耳听见父神向这个宇宙所做的宣告："不再有死亡，也不再有悲哀，苦号，疼痛；因为先前的事都过去了"（21:4）。

第二，在启示录中，以"名"来表明其所属的，并不只有圣徒而已。在13:15－17那里，我们就看见那些拜兽和兽像的人身上有兽的名，或是它的数字（666）。这个在他们身上，表明他们属兽的记号，是他们可以参与商业活动的"许可证"，也是他们可以不被兽杀害的"免死牌"（13:15）；因此是否拥有这个名字/记号，的确是件攸关生

---

① 例如，神在亚伯兰99岁时，给了他一个新的名字，亚伯拉罕（创17:5），而马可在耶稣拣选12个门徒的上下文中，提及耶稣所给西门、雅各和约翰所取的新名字，即，彼得和半尼其（雷子；可3:16－17）。

② Hemer, *Local Setting*, 102－03.

③ Mounce, *Revelation*, 100.

④ 在这两个应许之间，还有另外一个差异，即，别迦摩的得胜者将得着一个其上有新名的白石，而非拉铁非的得胜者将成其上有新名的圣殿柱子。这个差异当然值得关注，但是若我们考虑到这两封书信在文理上的不同，这个差异就不难解释了。在别迦摩书信中，得参加羔羊筵席是应许的重点，因此给予"邀请卡"是必须的一个动作。但是这个筵席的背景，并不在非拉铁非书信的文理中，所以人子只要把"新名"直接写在他们身上就可以了。

⑤ Beale, *Revelation*, 255. 有关"新名"和其旧约背景的关系（赛62:2；65:15），我们将在3:12那里再做处理。

死的大事。但是在14:9－11中,我们却看见这些因拜兽而发达兴盛的人,在神的审判来临之时,却因着他们身上属兽的记号,而必须面对硫磺火湖之刑。因此他们的命运,和那些有人子之名的人,完全相反。

从别迦摩书信和非拉铁非书信的平行对比中,以及从"属人子"和"属兽"的反义对比中,我们晓得"新名"所指的,是人子之名。但为什么这个"新名",是"除了那领受的以外,没有人能认识"的呢?

在启示录19章约翰对骑白马者的描述中,我们也看见类似的说法:祂头上戴着许多冠冕,又有写着的名字,除了祂自己没有人知道。① 有一些释经者认为,"除了祂自己没有人知道"的意思,在表达人子属神性的,永远不可能为人所完全了解的一面。② 这个解释看似合理,但却禁不起进一步的探究:在启示录的一开始(1:1),约翰就告诉我们这卷书是"耶稣基督的*启示*",而在这个段落中(19:11－21),他也一而再、再而三地告诉我们,人子的名字是:"真实信实"(11),"神之道"(13),"万王之王,万主之主"(16)。因此在努力显明骑白马者究竟是谁的经文中,约翰似乎没有突显人子神秘面向的必要。

在19:12那里我们将会看见,"除了自己之外,无人知晓其名"的说法,乃是当代观念的反映。因为古人相信,人若知道一个神祇所不为人知的名字,就可以藉由呼求此名,而迫使该神明应允他所祈求之事。因此相对于"知晓其名＝拥有支使神祇权柄","无人知晓其名"就有了"拥有超越一切权柄"的含义。③ 从此角度来看,此一"新名"之于得胜者的意义,不单在他们属羔羊,也在他们因着此名,而将不会在那原本逼迫他们的世界之下。在第一世纪的末叶,他们的名字乃为罗马所知(例如,安提帕;2:13),并因此就被这个世界所逼迫和苦待。但人子在这里却向他们保证,得胜的,将要得着那万名之上的名(参,腓2:9),并因着这个缘故,而超越了这个世界对他们的掌控。拥有世界之撒但,将不再拥有他们,因为他们乃是属于属羔羊的。从3:12中,我们知道人子应许要给非拉铁非教会"新名"的奖赏,是根基于神所给以色列人,将来必要复兴的应许(赛62:2;65:15)。因此在祂将祂的新名写在圣徒身上的动作中,人子事实上是向这个世界宣告:祂已经成就了神的应许(详见该处注释)。④ 祂已

---

① ἔχων ὄνομα γεγραμμένον ὃ οὐδεὶς οἶδεν εἰ μὴ αὐτός.

② 例如,Swete, *Revelation*, 252; Mounce, *Revelation*, 345; Beasley-Murray, *Revelation*, 280。

③ 详见19:12的注释。

④ Beale, *Revelation*, 255,953－57. 有关3:12和以赛亚书62:2和65:15之间关系,亦见J. Fekkes, *Isaiah and Prophetic Traditions in the Book of Revelation*, 128－30。Fekkes认为,2:7之新名所指的,是得胜者的名字,而不是3:12中的"人子的新名"。但是从我们前面的分析中(特别是别迦摩和推雅推喇这两封书信之间的平行关系),我们有足够理由认为,这两个"新名"都是"人子的新名"。

在这个世界之中，从撒但的手下，拣选并呼召了一群人，并更进一步的，叫他们成服事神的祭司国度（启 1:5－6）。他们将不再为撒但所管辖，而只单单属神，因为在他们的身上，有羔羊的新名。

解释和应用

无论就政治，军事，文化或是宗教的角度来看，罗马作家普林尼（Pliny the Elder）对别迦摩的描述—“亚洲最著名的地方”，是一点也不为过的。① 其高耸的地理优势，以及亚他力斯王朝和罗马帝国对她持续的重视，让她在亚洲诸城中，一直独占鳌头。在约翰写启示录的当下，她的地位虽然受到从以弗所而来的挑战，但是她所拥有的亚洲第一座凯撒神庙，以及罗马巡抚以她为驻地的事实，都显示出她和当代世界之主的关系，是多么的密不可分。若为寻求商业利益，靠海的以弗所也许是首选，但若是想要和当代统治者建立良好关系，那么别迦摩恐怕是“不二城选”。

作为罗马帝国在亚洲的权力展示中心，别迦摩城的安定，当然就是罗马巡抚的主要任务了。而这个对治安的关注，将无可避免地挤压到教会的生存空间。就罗马政府而言，对各式宗教的容忍，和对凯撒崇拜的坚持，是维持帝国统一安定的既定政策，因此若有人敢于违背，那么巡抚手中的刀剑权，就是罗马政府的答案了。我们不能确定安提帕是不是别迦摩教会的一员，但是他的殉道却让我们晓得，这个教会所面对的是什么。

就我们目前所知道的，我们无法确定安提帕的殉道，是一个普遍的现象，还是一个偶发的事件；但是不管情况如何，这个事件显然在别迦摩教会中，带来了两种不同的反应：有人继续持守立场，有人则以妥协来应对。从人子将祂自己的称号，信实的见证人（1:5），加在安提帕身上一事来看，人子显然也期盼那些忠心的人，能继续持守祂的名。但是对那些向这个世界妥协的人，也就是那些想要避开罗马刀剑的人，人子却以从祂口中所出的刀剑，作为祂的警告。这个警告实在不容轻忽，因为罗马的刀剑所能做的，至多是结束人今生的生命，但是人子口中之刀剑所会带来的，却是永远的死亡。

两把刀剑所能带来的结果，的确完全不同，但是这个对比只是人子唤醒沉睡信徒的第一个步骤而已。因为在祂的应许中，“隐藏的（吗哪）”和“只有领受的人知道”这两个语句，都具有相同的功能。真吗哪是隐藏的，而白石上的名字，也只有领受的人

---

① *Hist. nat.* 5.126.

知道,因此他们必须打开他们属灵的眼睛,才能看清楚事情的真相。罗马刀剑的威胁的确近在眼前,但是要害怕的,不是那只能杀身体的,而是那能将身体和灵魂,都下在地狱里的那一位(太 10:28)。参与偶像筵席的利益也许唾手可得,但是要羡慕和要等候的,却是羔羊的婚筵(启 19:9)。

你们腰里要束上带,灯也要点着。
自己好像仆人等候主人,从婚姻的筵席上回来。
他来到叩门,就立刻给他开门。
主人来了,看见仆人儆醒;那仆人就有福了。
(路 12:35 - 37)

Ⅱ.2.4 给推雅推喇教会的书信(2:18 - 29)

推雅推喇书信是七教会书信中最长的一封。此教会所在之城市,在历史中,向来是别迦摩的"护卫城";是阻挡敌人,拖延时间之用的"马前卒"。但在罗马统治下的和平盛世中,推雅推喇城有了一个新的机会。有别于过去,她如今因其交通便利的优势,而逐渐成为一个商业中心。此一变化不可谓不大,也理当受到欢迎;但这个变化,却也对身在此城中的教会,带来了新的挑战。她要如何来因应呢? 她在此变化中,依旧能扮演好金灯台的角色吗? 对今天那些身在已开发,或是身在开发中国家的教会而言,她们和推雅推喇教会之间,虽然约有着两千年的时空距离,但她们所面对因着经济发达而有的挑战,却没有太大的差异。因此人子在这封书信中,向推雅推喇教会所发的信息,恐怕也十分适切于二十一世纪的教会。但祂向推雅推喇教会和我们,又说了些什么呢?

经文翻译

18 你要写信给推雅推喇教会的天使:那眼目如火焰,脚像光明铜的神之子,如此说,

19 我知道你的行为,你的爱心,信心,服事和忍耐。又知道你末后所行的,比起初所行的更多。

20 然而有一件事我要责备你,就是你容让那自称是先知的妇人耶洗别教导我的
仆人,引诱他们行奸淫,吃祭偶像之物。21 我曾给她悔改的机会,但她却不肯为她的
淫行悔改。22 看哪! 我要叫她病卧在床;那些与她行淫的人,若不悔改所行的,我也

要叫他们同受大患难。23 我又要杀死她的党类，叫众教会知道，我是那察看人肺腑心肠的；并要照你们的行为报应你们各人。

24 至于你们在推雅推喇其余的人，就是一切不遵从那教训，不晓得他们所说撒但深奥之理的人。我告诉你们，我不将别的担子放在你们身上。25 但你们已经有的，总要持守，直等到我来。

26 那得胜又遵守我命令到底的，我要赐给他权柄制伏列国。27 他必用铁杖管辖他们，将他们如同窑户的瓦器打得粉碎；28 像我从我父领受的权柄一样。我又要把晨星赐给他。29 圣灵向众教会所说的话，凡有耳的，就应当听。

经文结构

2.2.4 给推雅推喇教会的书信 2:18－29

2.2.4.1 序言 2:18

- 2.2.4.1.1 写信给推雅推喇教会的命令(18a)
- 2.2.4.1.2 先知性信息的专用起首语(Τάδε λέγει;18b)
- 2.2.4.1.3 人子身分的宣告(18c)

2.2.4.2 书信主体 2:19－25

- 2.2.4.2.1 人子对推雅推喇教会的称赞(2:19)
  - 2.2.4.2.1.1 他们有好行为(19a)
  - 2.2.4.2.1.2 他们现在所行比过去的更好(19b)
- 2.2.4.2.2 人子对推雅推喇教会的责备(2:20－23)
  - 2.2.4.2.2.1 容让"耶洗别"的教训在教会中横行(20)
  - 2.2.4.2.2.2 人子对此异端的作为(21－23)
    - 2.2.4.2.2.2.1 过去:给她悔改的机会(21)
    - 2.2.4.2.2.2.2 现在:降罚(22－23)
- 2.2.4.2.3 人子对忠心信徒的鼓励和期许:持守所有的(2:24－25)

2.2.4.3 书信结语 2:26－29

- 2.2.4.3.1 给得胜者的应许(26－28)
  - 2.2.4.3.1.1 制伏列国的权柄(26－28a)
  - 2.2.4.3.1.2 晨星(28b)
- 2.2.4.3.2 警语(29)

经文分析

2:18 你要写信给推雅推喇教会的天使:那眼目如火焰,脚像光明铜的神之子,如此说(Καὶ τῷ ἀγγέλῳ τῆς ἐν Θυατείροις ἐκκλησίας γράψον· Τάδε λέγει ὁ υἱὸς τοῦ θεοῦ, ὁ ἔχων τοὺς ὀφθαλμοὺς αὐτοῦ ὡς φλόγα πυρός καὶ οἱ πόδες αὐτοῦ ὅμοιοι χαλκολιβάνῳ)

在启示录的七封书信中,推雅推喇教会书信是其中最长的一封。和最短的士每拿书信相较,她的篇幅几乎是前者的三倍。推雅推喇书信虽然很长,但是我们对这个城市所知却很有限。在历史文献中,此城甚少被提及。我们对她的认识,多半只能依靠刻在石碑上的铭文,和出现在古代钱币上的有限资料。

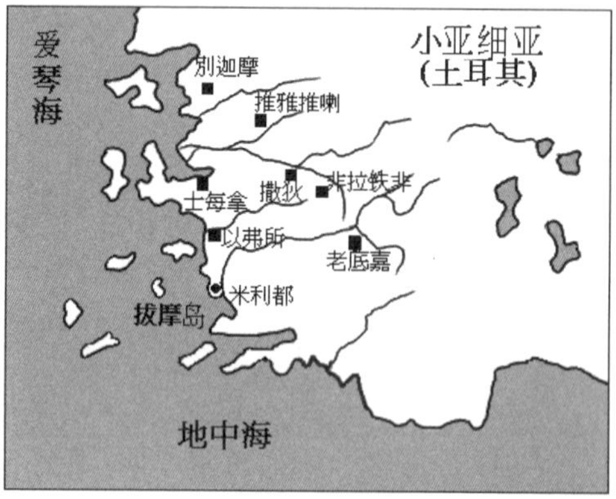

现今名为艾克希沙(Akhisar)的推雅推喇城位于别迦摩东南方约50余公里处。此城坐落在一个南北向的河谷中,连接亚细亚北部的两条河流:该克斯河(Caicus)和荷马斯河(Hermus)。因此自古以来,此城就成为这个地区中,南北交通路线中的一个重要枢纽。

推雅推喇城是由希腊亚历山大大帝的将军西流古一世(Selecus I)建立起来的。为了防卫北边的莱西默克斯王国(Lysimachus),①西流古一世于公元前300-282年间,派兵在此驻守。因此从一开始,此城就以一个护卫城的形态出现。在其往后约170年时间中,此城曾两度易主。第一次是在公元前190年,由西流古王朝易手于亚他利斯王国(Attalids;以别迦摩为首府),而第二次是在133年,由亚他利斯王国易手于罗马帝国。② 但是不管她的主人是谁,她的角色总是一样的。在后面两个主人的手中,她一直是别迦摩城的护卫城;她的责任,就是在敌人进犯之时,挺身阻挡,并且以时间换取空间,等候从别迦摩而来的援助。作为一个护卫城,推雅推喇的命运,自然就是在阻挡攻击时,承受战争的破坏,然后在战事平息之后,再次因着她所必须扮

---

① 莱西默克斯也是希腊亚历山大大帝的将军之一。
② 有关这个事件的始末,见2:12的注释。

演的角色，而得着重建。在列强的夹缝中，推雅推喇向来只是个马前卒子。对她来说，自己当家作主的机会，从来不曾出现。

在罗马统治之下，推雅推喇依旧是亚细亚首府别迦摩的护卫城。但是随着时间的推移，在罗马所带来的太平岁月中（*Pax Romana*），她作为护卫城的角色，就逐渐地褪色了。在前面我们已经提及，推雅推喇是在一个天然的交通要道上，因此在罗马所带来的太平中，她这方面的优势，自然就让她成为一个商业的中心。从一些当时的碑文中，我们晓得在这个城市里面，有许多不同行业人士所组成的"商业公会（trade guilds）"。就我们目前所知，这些商业公会涵盖了麻织品、毛织品、皮革、制鞋、成衣、染料、皮革、面包、陶器、铜匠和人口贩子等行业。各行各业都有其守护神祇，因此一个人若要在某一个行业中生存，他就必须参与相关商业公会为该行守护神祇所举办的各式祭典仪式了。

在这些行业中，成衣业和漂染业应是个中翘楚。在保罗走访腓立比之时，他在该地所结的第一个果子吕底亚，就是从推雅推喇而来的布商（徒16:14–15）。而在一件从腓立比出土的文献中，我们也看见如下的文字：

> 本城以"施恩者（benefactor）"之荣誉，授予从推雅推喇而来，理古的儿子安提阿古；在漂染业中，他是一个杰出的公民。①

因此从这两个记录中，我们知道这两个相关的行业，是已经具有"国际化"的规模的了。除了这两个行业之外，铜器制造业（铜币，头盔）在推雅推喇也十分兴盛。因为在当代的一个钱币上，职司金属器物制造的希腊神祇希菲土斯（Hephaestus），就以一个铜匠的形象出现。

从信仰的角度来看，推雅推喇并不是一个宗教的重镇。虽然在城中的商业公会，都祭祀属于他们自己行业的神祇，但是这个城市在历史中所扮演的特殊角色（守护城），让她无法像以弗所，或是别迦摩一样，拥有巨大傲人的神庙。此城事奉的主要神祇，是阿波罗·泰念尼斯（Apollo Tyrimnus）。从这个名字中，我们晓得这个神祇是一个混合宗教的代表，因为泰念尼斯是当地的英雄，而阿波罗则是希腊神话中的太阳神。和拥有亚洲第一座凯撒神庙的别迦摩相较，推雅推喇城不是帝王崇拜的中心，因此推雅推喇教会所要面对的挑战，多是由各式"民间信仰"而来的；而这也正是人

---

① Yamauchi, *New Testament Cities*, 31–49.

子在这封书信中所要处理的主要问题。① 但祂是以怎样的身份,来向推雅推喇教会说话的呢?

在前面我们已经知道,约翰在七封书信中对人子的描述,多半是由 1:9 – 20 而来,因此借着这个方式,他让七封书信和拔摩异象,紧紧地连结在一起。而这个现象,也一样出现在这封书信中,因为“眼目如火焰,脚像光明铜”之词组,就是从 1:14 和 1:15 而来。但是在这封书信中,约翰还在这两个描述之前,加上了“神之子(τοῦ θεου)”的称号。在新约中,“神之子”一共出现了 46 次,②因此这个称号在此出现似乎并没有什么特别之处。但是在启示录中,这是“神之子”唯一出现的地方。③不单如此,在拔摩异象的经文中,当约翰提及人子时,总是使用描述性的语言(例如,眼目如火),但是在此的“神之子”,却是一个正式的名号。④ 因此这个称号的出现,应该有其特别的意义。⑤

在前面我们已经晓得,推雅推喇的“镇城信仰”是阿波罗.泰念尼斯。在希腊神话中,阿波罗是主神宙斯的儿子;而在一个属于第三世纪初的钱币上,我们也看见同样自称为宙斯之子的罗马皇帝,⑥和阿波罗·泰念尼斯以手握着手的方式,表达了他们在举办运动竞赛一事上的联合。因此在这个背景的衬托之下,“神之子”在此的出现,是要和这两个“宙斯神之子”,互别苗头。但是祂要在哪一方面和他们一较高下呢?

在这封书信的后面,我们将要看见人子给推雅推喇教会的应许(2:26 – 27),是以诗篇第二篇作为基础的。这篇诗篇的主题,是弥赛亚将要以击败列国的方式,来显明祂是世界之主。因此“神之子”和这两个“宙斯之子”所针锋相对的,是“谁才是这个世界的主”的问题。作为推雅推喇的神祇,阿波罗·泰念尼斯总是以骑在战马之上,手拿战釜的姿态,出现在当代的钱币上,因为这个城市从一开始,就是为了战争的目的而存在;而罗马帝国的兴起,也和他们强大的军事力量息息相关。但是人子在此却借着这个特别

---

① 上述有关推雅推喇地理历史背景资料,来自 Ramsay, *The Letters*, 231 – 39; Jones, *The Cities of the Eastern Roman Provinces*, 28 – 95; Yamauchi, *New Testament Cities*, 51 – 54; Price, *Rituals and Power*, 260; Hemer, *Local Setting*, 106 – 28; *ABD* 6:546; Aune, *Revelation* 1 – 5, 201。中文有关推雅推喇城背景之论述,亦见,杨牧谷,《基督书简》,页 333 – 38。

② Aune, *Revelation* 1 – 5, 201.

③ 在耶稣以“我父”来界定祂和父神之间关系时(1:6;2:27;3:5,21;14:1),这个概念是隐含的。

④ Bullinger, *Revelation*, 186.

⑤ 在当代犹太人的观念中(索引见,Beale, *Revelation*, 259, note 111),“人子”和“神子”这两个词语是可以互换的,因此约翰在此可能只是以“神之子”,来取代 1:13 中的“人子”而已。但是从下面的分析中,我们晓得他的意图可能不止于此。

⑥ 在这个钱币上的罗马皇帝是依拉嘎巴鲁斯(Elagabalus)。此钱币的图像可在 Ramsay, *The Letters*, 235 上看到。

的称号，要推雅推喇的信徒知道，祂才是这个世界中，真正有能力的那一位。祂要这个教会的信徒知道，祂不单是“众教会的主”（2:23），祂也是这个世界的王。①

作为“众教会的主”，祂当然知道他们所行的一切，因此察看人肺腑心肠的祂（2:23），其眼目自然就是“如火焰般”的了。正如我们在1:14那里所看见的一样，这个描述在强调祂的全知。

作为这个世界的王，要在争战中取得胜利，祂的脚因此也必须是“如光明的铜”。在1:15那里，我们从但以理书10:6和启示录19:15的对照中晓得，“脚如光明铜”的重点，不在祂道德上的完全，而在祂的全能，也在祂审判列国的权柄和能力。这个理解，其实也在我们刚才对“神之子”的分析中，得着证实。约翰在此所使用的“铜（χαλκολιβάνῳ）”这个字，当然会拉近他和收信人之间的距离，因为此城的铜艺工业相当兴盛。② 但是对推雅推喇教会来说，隐含在“脚如铜”背后的含义，恐怕才会真正引发他们的共鸣。对长期在列强的争斗中，只能扮演别人马前卒角色的推雅推喇人来说，一个能带领他们击败列国之全能者的出现，恐怕才是他们心底最深的渴望。

2:19 我知道你的行为，你的爱心，信心，服事和忍耐。又知道你末后所行的，比起初所行的更多（Οἶδά σου τὰ ἔργα καὶ τὴν ἀγάπην καὶ τὴν πίστιν καὶ τὴν διακονίαν καὶ τὴν ὑπομονήν σου, καὶ τὰ ἔργα σου τὰ ἔσχατα πλείονα τῶν πρώτων）

眼目如火的人子对推雅推喇教会的了解，也包括了他们的优点和缺点。在本节中，人子先称赞他们的优点，而在下一节经文中，才来处理他们的问题。

在2:2那里，我们已经知道“行为”所指的，不只是人外在的行为，而是人发诸内形诸外的一切活动。而这个看法在本节中，也得着证实，因为在“行为”之后，人子以爱心，信心，服事和忍耐这四个词语，来阐释“行为”的含义。③ 有学者认为我们可以将这四样德行分为两组：前两样是内在的心意状态，而后两样则是内在心意状态的外在表现。更具体的来说，爱心是以服事为其外在表现，而信心则带来忍耐。准此，推雅推喇教会可以说是一个教会的典范。④ 就本节经文来说，这个看法似乎十分合理，但若我们把人子接下来对这个教会的责备也列入考虑的话（2:20），那么我们就必须

---

① 我们无法确定“众教会＋列国”的模式，之所以会在七封书信中，最中间的一封出现，究竟是约翰有意的设计，还是个巧合；但是这个模式的出现，却肯定了我们在此所做的论述。

② Hemer, *Local Setting*, 111－17, 127.

③ 在本节中，第一个“你的（σου）”所修饰的是“行为”，而第二个“你的（σου）”所修饰的，却是“爱心、信心、服事和忍耐”这四个词语。因此就结构而言，后面的四个词语显然和前者平行，是对前者更多的说明（Mounce, *Revelation*, 102; Osborne, *Revelation*, 154）。

④ Thomas, *Revelation* 1－7, 211－13.

对这个看法存疑了。一个向这个世界妥协了的教会,怎么会是一个有信心、有忍耐的教会呢?一个容许弟兄姊妹暴露在异端教训中的教会,怎么可能会是一个有爱心,愿意服事的教会呢?

在启示录中,当"爱"、"信心/信实"、"忍耐"或是"信心和忍耐"等词语出现时,其文理总是和向世界做见证一事有关。① 因此人子在这里称赞推雅推喇教会,是因为他们在传福音的事上,十分认真。和以弗所教会相较,推雅推喇教会显然没有失去他们传福音的异象。他们现今在传福音一事上的热诚,并没有随着时间的过去而冷却下来。因为他们末后(现在)所行的,比先前所行的更多。② 这个教会的确为异端所苦(2:20),但是她却没有忘记她作为一个金灯台的责任。在七个教会中,推雅推喇教会和别迦摩教会最为相似,因为在这两个教会的内部,都有异端的搅扰,但是他们却在向外见证信仰一事上,没有退缩。

2:20 然而有一件事我要责备你,就是你容让那自称是先知的妇人耶洗别教导我的仆人,引诱他们行奸淫,吃祭偶像之物(ἀλλὰ ἔχω κατὰ σοῦ ὅτι ἀφεῖς τὴν γυναῖκα Ἰεζάβελ, ἡ λέγουσα③ἑαυτὴν προφῆτιν καὶ διδάσκει καὶ πλανᾷ τοὺς ἐμοὺς δούλους πορνεῦσαι καὶ φαγεῖν εἰδωλόθυτα)

推雅推喇教会所面对的问题,和别迦摩教会有相似之处,也有相异的地方。其相似之处在于二者都面对同一个异端,一个对信徒参与异教偶像筵席之事,采取宽容态度的异端。④ 也就是说,他们都面对着信徒向这个世界妥协的困扰。因此从教会的角度来看,她所面对的是世俗化的挑战,是向这个世界看齐的心态。

推雅推喇教会和别迦摩教会的相异之处,在于这个异端对这个教会的影响,要来得更为深刻和严重。何以见得?第一,在2:14那里,当人子说"我有一事相责"时,我们看见祂使用了"一点点,些许(ὀλίγα)"的字眼,但是这个表达"比较次要"之概念的词语,在这节经文中并没有出现。第二,在别迦摩书信中,人子的责备是,"在你们那里有(ἔχεις)……";但是在此祂对推雅推喇教会的责备是"你容让(ἀφεῖς)……"。也

① 爱(ἀγάπη),2:4;信(πίστις),1:5,2:10,2:13,3:14,17:14;忍耐(ὑπομονή),3:10;信心和忍耐(πίστις καὶ ὑπομονη),13:10,14:12。

② Beale, *Revelation*, 260.

③ 不格变的"耶洗别(Ἰεζάβελ)",和直接受格的"妇人(τὴν γυναῖκα)"彼此平行,因此修饰它的ἡ λέγουσα也应该是直接受格,而不是主格。Charles认为这是"希伯来化"的希腊文(*Revelation I*, 70),但Beale则认为约翰在此是用文法出格的方式,来引导读者回到旧约(*Revelation*, 263)。

④ 和别迦摩书信相较,约翰在此将"行奸淫之事"放在"祭偶像之物"的前面。但是这个次序上的颠倒,并不表示这两个教会所面对的,是不同的异端。在不同的地方,使用类似的词组或是描述,来达成文学上的连结效果,是启示录的文学特色之一(详见,Bauckham, *The Climax*, 22–29)。

就是说，人子在此使用了一个比“有”更具强烈谴责意味的动词。① 第三，不管自称为“耶洗别”的女先知是谁（详下），推雅推喇教会不单容许她“教导并且引诱（διδάσκει καὶ πλανᾷ）”人子的仆人，并且也容让这个异端，在教会中横行了一段时日（参，2:21）。因此在推雅推喇教会中，这个异端不只是“影响了一些个别的信徒”而已，而是在教会中建立了它的“阵地”，有了羽翼（2:23 的“党类”原文做儿女）。第四，推雅推喇教会所面对之问题的严肃性，也在“引诱”一语上反映出来。因为在启示录后面的经文中，这是撒但本尊，或是它在地上之“分身”的专属动作。②

但是为什么这个异端会对推雅推喇教会产生如此深刻的影响呢？在前面我们已经晓得，推雅推喇城的特色之一，就是她所拥有的各式商业公会。这些商业公会各有其守护神祇，因此对活在此城之中的基督徒来说，是否参与他所属行业的宗教庆典仪式，就成为他无法逃避的问题。他可以拒绝参与这些活动，但是这是个“自绝生路”的举措；他也可以用“为了要活下去”的理由而选择参与，但是这些和偶像崇拜紧紧相连的活动，却又和基督徒的良心有所冲突。因此走一条中间路线，以“偶像在世上算不得什么”之说（林前 8:4），来为自己的行为解套，似乎就成为一个两全其美的上上之策了。③

妥协是一条比较容易走的路，因此在推雅推喇教会之前，就已经有许多人走在其上。在这些人中，旧约中的耶洗别④应该是数一数二的人物，因为在她的影响之下，她的丈夫以色列王亚哈，为她在撒玛利亚建造了一座巴力神庙，并在庙中筑了巴力神坛（王上 16:31－32）。此举使得整个以色列国，除了先知以利亚，以及神所保守的七千人之外（王上 19:14－18），都偏离了正路。⑤ 但推雅推喇教会中的耶洗别到底是谁？

在 1:16 和 1:20 那里，我们晓得有人将七封书信的收信人（七星/使者），等同于教会的领袖（主教，长老等）；而在本节的“妇人”之后，又有一些古卷有“你的”一

① Swete, *Revelation*, 42.

② 13:14；18:23；19:20；20:3，8，10.

③ Mounce, *Revelation*, 103.

④ “耶洗别”这个名字可能是由“王子（巴力）在哪里?”一语而来。在希伯来文中，它的意思是“粪土”（参，王下 9:37）。因此列王纪的作者，是以一个嘲弄的态度，来使用这个名字的（*ABD* 3:848）。

⑤ 亚哈娶西顿（推罗和西顿）王谒巴力女儿耶洗别的婚姻，当然具有政治结盟的因素，因为他和谒巴力有一个共同的敌人：叙利亚。因此亚哈此举已经有向世界妥协的意味（G. H. Jones, *1 and 2 Kings*. vol. I［Grand Rapids：Eerdmans, 1984］, 299）。但是启示录在此的焦点是在耶洗别身上，因为是她把异教崇拜带入以色列国中的。

语,①因此有人就认为,推雅推喇教会的耶洗别是教会领袖的妻子。② 此说虽然可能,但是在前面我们已经知道,七星/使者所指,应是在天庭中代表地上教会的天使;而根据经文鉴别的原则,在"妇人"之后的"你的"一语,应不属原始经文。③ 因此这个看法是不可取的。

从当代的历史背景来看,有人认为推雅推喇的耶洗别,是女先知撒巴思(Sibyl Sambathe),因为有一个属于她的神庙,就在推雅推喇城外。④ 此说值得考虑,但是它有两个困难。第一,这个已知的神庙,究竟是属于撒巴思,还是一个犹太会堂,依旧是一个还不能能清楚回答的问题。⑤ 第二,若此说成立,我们则必须解释,为什么这个异教(非异端)能够在教会中出现,并且被教会接纳?⑥

对这个问题,许多释经者都认为这个自称为女先知的人,是像旧约耶洗别一样的人物。她可能是当地的一个"护庇主/金主(patroness)",并且因着这个身份而在教会中具有相当的影响力。⑦ 像别迦摩教会的"巴兰"一样(2:14),人子在这里所给她的名字"耶洗别",也不是她的真名,而是一个象征性的名字。因此她是当代的一个人,一个"现代版"的旧约人物。从2:23中,人子向她所发"要杀死她的党类(儿女)"之警告来看,这个看法似乎相当合理,因为在这个"领袖+跟随着"的模式中,她当然应该是一个真实的人物。但若我们从启示录整卷书来看,"耶洗别"所象征的,可能不是一个当代的人物。

第一,若把推雅推喇的耶洗别,和启示录17-18章中的大淫妇巴比伦并列,我们将看见她们之间有许多相似之处。(a)在教会的范围之内,"耶洗别"以其"淫行"自豪(2:21),并且也引诱人"行奸淫之事";而以整个世界为背景,"巴比伦"也同样的以其"淫行"而闻名于世(17:3-5),并且也引诱了世上的列国和地上的君王(17:1-2;18:3,9)。(b)在"巴比伦"的经文中,"淫行"所指的,是各式的商业活动,因为这些活动将带给人假的安全感,让人只依靠"玛门(钱财)",而不再依靠神(18:3,11-23);⑧而这些商业活动中,有许多也出现在推雅推喇(细麻,紫色布匹,铜业,人口贩子)。(c)在这两段经文

---

① A 046 1006 1854 等等。

② T. Zahn, *Die Offenbarung des Johannes*. vol. 1(Leipzig: Deichert, 1924),286ff.

③ *TCGNT*, 732-33.

④ Blakesley 和 Schürer;出处见 Hemer, *Local Setting*, 250,note 51。

⑤ 有关这个问题的详细讨论,见 Hemer, *Local Setting*, 117-20。

⑥ Charles, *Revelation I*, 70.

⑦ Aune, *Revelation* 1-5,203; Thomas, *Revelation* 1-7,214; Wall, *Revelation*, 78."护庇主"在当代社会中的地位,类似于中国古代豢养了许多"食客/士"的诸侯。

⑧ 有关这个问题的详细论述,见笔者博士论文,*Ezekiel in Revelation: Literary and Hermeneutic Aspects* (University of Edinburgh, 1999),80-88;以及18章的注释。

中，神都要求祂的子民，不要和这两个女人有任何的瓜葛，免得他们和她们一起被杀（2:22－23;18:4,8），（d）因为神将要"照各人所行的报应各人"（2:23;18:6）。①

第二，除了耶洗别和巴比伦的类比之外，在启示录中我们也看见约翰以女人来代表一个群体的文学手法。在12章中，身披日头脚踏月亮，头戴12星冠冕的妇人，是整个属神子民的象征（详见该处注释），而组成这个群体的个别信徒，或是各个部分，则是"她的儿女"（12:17）。而这个"妇人＋儿女"的模式，在推雅推喇书信中一样出现（2:20,23）。再者，除了12章中的妇人之外，在启示录的最后，我们也看见约翰以妆饰整齐，等候丈夫的新妇，作为未来教会的象征（21:2－3）。② 因此从这两个角度来看，人子在此所谴责的耶洗别，可能不只是一个当时的假先知而已，而是以这个名字，做为整个异端的代表（就如祂以天使作为地上教会的代表一样;2:1,8等等）。在以弗所教会中，她以"尼哥拉党"之名出现，在别迦摩教会中，她则是穿上了"巴兰"的外衣，在推雅推喇教会中，她则是化身为"耶洗别"，但是不管她如何搽胭抹粉，她真正的身份却无法隐藏，因为到了启示录17－18章那里，她的迷惑列国的本像，就要完全的显露出来了；而她的真名，大淫妇巴比伦，也将为众人所周知。

2:21－22　我曾给她悔改的机会，但她却不肯为她的淫行悔改。[22]看哪！我要叫她病卧在床；那些与她行淫的人，若不悔改所行的，我也要叫他们同受大患难（καὶ ἔδωκα αὐτῇ χρόνον ἵνα μετανοήσῃ, καὶ οὐ θέλει μετανοῆσαι ἐκ τῆς πορνείας αὐτῆς. [22]ἰδοὺ βάλλω αὐτὴν εἰς κλίνην καὶ τοὺς μοιχεύοντας μετ᾽ αὐτῆς εἰς θλῖψιν μεγάλην, ἐὰν μὴ μετα νοήσωσιν ἐκ τῶν ἔργων αὐτῆςῆς）

从过去式的"我曾给（ἔδωκα）"，和现在式的"她却不肯悔改（οὐ θέλει μετανοῆσαι）"之对比中，我们晓得人子曾向"耶洗别"传达了"要悔改"的信息。虽然经文并没有告诉我们，这件事所发生的时间和方式，但是她显然对人子的信息，采取了一个相应不理的态度，因为她决定要继续她的淫行。在启示录里面，除了在三个"恶行表"中（9:21;21:8;22:15），"淫行（πορνεία）"所指的都是背道、放弃信仰的意思。因此在这里我们也应该以这个意思，来理解"耶洗别"所行之事。③

对人子之呼吁相应不理，其结果就是要面对审判了。"我要叫她病卧在床"一语，直译作"我要将她扔在床上"。但这是什么意思呢？有人认为"床（κλίνη）"所指的，

① 这是Beale所观察到的（*Revelation*, 262）。

② 在这封书信的一开始，人子明言这封信是要写给推雅推喇教会之天使的；但是在书信中，我们却又看见祂四次以第二人称复数的"你们"，来向教会中某一部分的人说话（20,24,25［两次］）。因此这个以单数的他作为整体之代表，而以"你们"来表个别部分的模式，也支持我们在此所作的观察。

③ Aune, *Revelation* 1－5,204－05.

是第一世纪的人,在吃晚宴时所躺在其上的"躺椅";或是放置棺木的棺架。① 但若我们从希伯来谚语的背景来看,人子在此所说的,就是要以病卧在床的方式来刑罚她。② 这个看法也可以从22节的文法结构中,得着证实。因为在这节经文中,和"耶洗别(αὐτὴν)"相对的,是"那些与她行淫的人",也就是那些接受这个异端教训之人;而和耶洗别病卧在床之刑罚(εἰς κλίνην)所相对的,是将要临到他们身上的大灾难(εἰς θλῖψιν μεγάλην)。

但若这个对比是正确的话,那么为什么"主帅"耶洗别的刑罚(病卧在床),似乎比那些跟随者的刑罚,要来得轻呢?在上一节经文的分析中,我们已经晓得耶洗别所代表的,是教会中向世界妥协的群体;而从启示录后面的经文中,我们也知道这个群体将不会立即消失。她将继续存在,直到人子第二次再来为止(19:11-21)。因此人子在这段时间内对她的刑罚,将会是"病卧在床"。也就是说,她的活动力和影响力将受到限制(参20:1-3)。但是对那些个别属耶洗别的"信徒",人子当然要以大灾难来刑罚他。这个刑罚并非完全无法避免,因为只要他悔改,离弃耶洗别的淫行(ἐκ τῶν ἔργων αὐτῆς),这个刑罚就不会落在他的头上了。

2:23 我又要杀死她的党类,叫众教会知道,我是那察看人肺腑心肠的;并要照你们的行为报应你们各人(καὶ τὰ τέκνα αὐτῆς ἀποκτενῶ ἐν θανάτῳ. καὶ γνώσονται πᾶσαι αἱ ἐκκλησίαι ὅτι ἐγώ εἰμι ὁ ἐραυνῶν νεφροὺς καὶ καρδίας, καὶ δώσω ὑμῖν ἑκάστῳ κατὰ τὰ ἔργα ὑμῶν)

如果"大灾难"还不足以表达人子对这个异端的厌恶,那么"我又要杀死她的党类"的刑罚,就不再令人有任何的怀疑了。有人认为上一节经文中的"大灾难",是将来人子再临之前,才会发生的事。③ 但若我们从这节经文来看,情况似乎不是如此的。在前面三封书信的分析中,我们已经晓得人子对教会的应许和警告,并不完全是未来式的;而这个现象也一样出现在这里。神的国在基督第一次降生时,已经闯入了这个世界;神的国也在五旬节圣灵降临之时,开始在这个世界中成长;而这个属天的国度将要在基督第二次再来时,达到她完满的地步。因此神的救赎行动,是在一个"已经开始但尚未完全成就"的阶段。相对于神救赎之功的,是神的审判。在世界的末了,祂当然要在白色大宝座上,对这个世界做一个总结(20:11-15),但是在那个时刻之前,祂借着各样的天灾和人祸(七印七号七碗),④来审判这个世界的动作,却从

---

① 出处见 Hemer, *Local Setting*, 121。
② Charles, *Revelation I*, 71;亦见,MHT IV, 154。
③ Thomas, *Revelation* 1-7,221.
④ 详见该处注释。

没有停止过(参,约16:8–11)。和祂的救赎行动一样,祂对这个世界(包括教会)的审判,也是在一个"已经开始,但尚未完全成就"的阶段。因此在白色大宝座的审判之前,祂当然也要对推雅推喇教会中背道的人,进行祂的审判。正如旧约耶洗别的七十个儿子,因着其母之罪行而被杀(王上21:17–29;王下9:30–37;10:1–11),她在推雅推喇教会中的儿女(τὰ τέκνα αὐτῆς),也将要遭遇到同样的命运。

2:23 人子对耶洗别党类(儿女)的审判,其目的在让"众教会知道,我是那察看人肺腑心肠的;并要照你们的行为报应你们各人"。"肺腑心肠"原文作"肾脏和心",因为犹太人认为肾脏是意志和情感的中心,而心是思想的所在。① 因此"我是那察看人肺腑心肠的",其含义和人子"眼目如火"的特征(2:18),完全一样,即,祂的全知,祂对人完全的了解。在新旧约中,以"知晓肺腑心肠"来表达神全知属性的经文,多如牛毛,②但站在这节经文背后的,应该是耶利米书17:10。因为在那里,耶和华神不单晓谕祂是"知晓肺腑心肠的一位",祂也说祂是"照各人行为报应各人的"。在新约中,只有此处经文完整呼应耶利米书的事实,显示约翰意欲将人子等同于耶和华的企图;而这个企图是我们在前面已经多次看见的了。

"知晓肺腑心肠"是人子审判的基础,而"照各人所行的报应各人",则是人子审判的原则。但是人子对耶洗别儿女的审判,并不只是要给推雅推喇教会一个警戒而已;祂审判他们的目的,是要让"众教会知道……"。在前面我们已经晓得,"耶洗别"的异端,并不是只出现在推雅推喇教会中。在以弗所教会和别迦摩教会中,这个异端各自以尼哥拉和巴兰为其图腾。因此人子对推雅推喇教会的审判,当然会对其他教会产生杀鸡儆猴的效果。

就七封书信的文理而言,"众教会"在此的出现,并不突兀。但若我们从文学设计的角度来看,约翰将"叫众教会知道……"一语放在这里,可能还有其他的目的。怎么说呢?就其位置来看,这句表达了人子全知属性的话语,是出现在七封书信中,最中间一封,因此它和前面"人子在七个金灯台中间出现"的画面(1:13),有彼此呼应,互相说明的作用。再者,这句话在此处经文中的出现,也让本书的读者知道,七封书信的信息不单是给每一个个别教会的,也适用于所有的教会。因此这句话不单将新约的人子,和旧约的耶和华神连结在一起,在启示录2–3章中,它也有整合七封书信的作用。③

① Swete, *Revelation*, 45.

② 其实不只是新旧约,在许多犹太文献中,这个说法也经常出现。有关这些经文的索引,见 Aune, *Revelation* 1–5, 206。

③ 若我们将"叫众教会知道……"这句话,搬到第2章的16和17节之间(我们当然不会也不应该如此行),再细心的读者恐怕也不会觉得有什么不对劲的地方。因此在七封书信中,这句话并不一定得出现在现在的这个位置。这个事实也支持我们在此所做的分析。

2:24-25 至于你们在推雅推喇其余的人,就是一切不遵从那教训,不晓得他们所说撒但深奥之理的人。我告诉你们,我不将别的担子放在你们身上。[25]但你们已经有的,总要持守,直等到我来(ὑμῖν δὲ λέγω τοῖς λοιποῖς τοῖς ἐν Θυατείροις, ὅσοι οὐκ ἔχουσιν τὴν διδαχὴν ταύτην, οἵτινες οὐκ ἔγνωσαν τὰ βαθέα τοῦ Σατανᾶ ὡς λέγουσιν· οὐ βάλλω ἐφ᾽ ὑμᾶς ἄλλο βάρος, [25]πλὴν ὃ ἔχετε κρατήσατε ἄχρις οὗ ἂν ἥξω)

耶洗别所倡导的妥协之道,的确很吸引人,但并不是所有的人都会买单。因此在谴责这个异端之后,人子就转向那些持守真道的信徒。这些人是“其余的人”,但这并不表示他们在教会中是少数份子。这个说法只在表达,他们是相对应于耶洗别党类的另一个群体。① 而他们和耶洗别党类的差别,在于他们不遵从她的教训,不晓得他们所说撒但深奥之理。但什么又是撒但深奥之理呢?

学界对这个问题基本上有两种不同的看法。第一个看法是,就像当代的一些异教,以及第二世纪中的某些诺斯底教派(Gnostic)一样,这个异端的特色,就是对灵界奥秘知识和经验的追求。② 他们宣称(ὡς λέγουσιν)为要胜过灵界的幽暗势力,我们必须对这个黑暗世界有所了解。因此参与异教崇拜的活动,就成为一个必要的手段了。不入虎穴,焉能得虎子呢?但入虎穴得虎子,不是挺危险的一件事吗?对持守这个看法的人来说,这的确是个问题,但他们可能以曲解圣经教训的方式来应对:耶稣曾说,属凯撒的归凯撒,属神的就归神(太22:21/可12:7),所以我们不需要将两件事混为一谈;而保罗不也曾说过,偶像在世上算不得什么吗?(林前8:4)他不是在哥林多前书8-10章中暗示,信心坚固的基督徒是可以参与偶像崇拜之事,只要他没有因此而绊倒他软弱的弟兄就可以了。再者,若是偶像崇拜一事,是这个世界的主流价值,那么保罗不也曾说,我们应当顺服在上执政掌权的吗?(罗13:1)③何况肉体不是无益的吗?叫人活着的不是灵吗?(约6:63)所以只要我心中有神,吃祭偶像之物,并行奸淫之事,其实是不会带给我真正伤害的。

对撒但深奥之理的第二种看法是,约翰在此是以一个反讽的手法,来显示这个异端的真面目;④就像他在士每拿和非拉铁非书信中,以“撒但一会”的方式,来反讽原本是“耶和华会众”的犹太人(2:9;3:9);或是在别迦摩书信中,以“撒但的宝座”,来显示罗马政权的真面貌(2:13)。也就是说,这些人并非明目张胆地以撒但崇拜为号召,而是以追寻奥秘知识(τὰ βαθέα)为幌子。但在约翰的眼中,此举显然是出于撒但,

---

① 在9:20中,“其余的人”所指的,是全世界三分之一人口所相对的三分之二。
② Robertson, *Word Pictures*, 6:311.
③ Beale, *Revelation*, 265-66.
④ Aune, *Revelation* 1-5,207; Osborne, *Revelation*, 162-63.

因此他就在他们身上，贴上了“撒但”二字，好显明他们教训的出处。①

这两种看法其实并没有太大的差别，因为二者都认为“撒但深奥之理”所指的，是和参与偶像筵席之事有关。而其差异只在后者注意到约翰的文学手法而已。

对这些不晓得“撒但深奥之理”的人，人子的应许是“我不将别的担子放在你们身上”；因为对这些拒绝参与偶像祭典的人来说，他们的担子已经够重的了。② 和2:22相较，人子在此对这些忠心信徒的应许，显然是要和祂对耶洗别之刑罚，彼此对应。因为祂在这两处经文中，使用了同一个动词：“扔（βάλλω）在床上”（病卧在床）；“不放（οὐ βάλλω）别的重担”。对已经身负重担的信徒，人子只有一个合情合理的期待：继续持守你所有的，直等到我来。

2:26－28a　那得胜又遵守我命令到底的，我要赐给他权柄制伏列国。[27]他必用铁杖管辖他们，将他们如同窑户的瓦器打得粉碎；[28]像我从我父领受的权柄一样（καὶ ὁ νικῶν καὶ ὁ τηρῶν ἄχρι τέλους τὰ ἔργα μου, δώσω αὐτῷ ἐξουσίαν ἐπὶ τῶν ἐθνῶν [27]καὶ ποιμανεῖ αὐτοὺς ἐν ῥάβδῳ σιδηρᾷ ὡς τὰ σκεύη τὰ κεραμικὰ συντρίβεται, [28]ὡς κἀγὼ εἴληφα παρὰ τοῦ πατρός μου）

在前面三封书信中，人子给得胜者的应许，总是跟随在“凡有耳的，就应当听”之后，但是从这封书信开始，应许就出现在警语之前了。就整卷启示录来看，我们晓得约翰为了要让整卷启示录，带着“有变化但又不失其统一性”的风貌，他就经常将一个特定的词组或是说法，加以变化然后放在不同的经文中。③ 因此约翰在此，以及在往后三封书信中所做的更动，恐怕也是出于同一个理由。事实上约翰在这封书信中所做的“更动”，并不只是将应许和警语之位置对调而已。在七封书信里面，约翰只在这封书信中，将应许和两个条件“挂钩”，即“得胜者”和“遵守我命令到底的”。而他也只在这里和别迦摩书信中，将人子的应许，以“双重奖赏”的方式来呈现：“制伏列国的权柄/晨星；隐藏的吗哪/白石”（2:17）。④

从表面上看起来，“得胜者”和“遵守我命令到底的”的确是两个得着奖赏的前

---

① 有关学者们对这个问题的看法，可见 Hemer, *Local Setting*, 122－23。

② 由于本节经文和使徒行传15:28之间，有一些字面上的呼应（βάλλω ἐφ'/ ἐπιτίθεσθαι；βάρος πλὴν/ βάρος πλὴν），因此有学者认为，和此处“别的重担”所相对应的，是耶路撒冷会议中所定下来的规范（例如，Charles, *Revelation I*, 74）。但是25节中的“你们已经有的，总要持守，直等到我来”一语，显示这个背景并不在约翰的脑海中（Mounce, *Revelation*, 105）。

③ 例如，各族各方各民各国（5:9）；各国各族各民各方（7:9）；各民各国各方各族（10:11）；以及11:9；13:7；14:6；和17:5。这七个词组所要表达的概念完全一样（全世界），但是构成这个词组之四个元素的次序，在这七个词组中，没有一个是完全相同的。有关这个问题的详细论述，见 Bauckham, *The Climax*, 22－29。

④ 这是 Hemer 所观察到的（*Local Setting*, 124）。

提,但是这两者所要表达的意思其实是一样的:得胜者就是那些遵守人子命令到底的人。在原文中,“遵守我命令的人”,是“遵守我的行为(τὰ ἔργα μου)之人”。因此透过这个表达方式,人子就将他们和耶洗别的儿女,做了一个黑白分明的对比,因为后者的记号,就是他们行耶洗别所行的事(2:22;τῶν ἔργων αὐτῆς)。从这个对比中,我们因此知道,人子应许的对象,是那些“不以耶洗别为师,而以人子为马首是瞻的人”。① 但祂所应许他们的是什么呢?

启示录 2:26b-27	诗篇 2:8-9
我要赐给他权柄制伏列国 他必用铁杖管辖②他们 如同窑户的瓦器 将他们打得粉碎	你求我 我就将列国赐你为基业 将地极赐你为田产 你必用铁杖打破他们 如同窑匠的瓦器 你必将他们摔碎

与诗篇 2:8-9 互相参照,我们知道人子在此所应许的,是和弥赛亚所成就的,有直接的关联。就形式而言,这篇诗篇是所谓的“登基之诗”。也就是说,这篇诗篇原是为以色列王就任王位而作,是为新王就职大典而写的。③ 但由于神和大卫立了一个“国位永在,后裔永续”的约(撒下 7:8-17),在新约作者的眼中,这篇诗篇自然就成为一个来自于神,有关弥赛亚的应许。因此在约旦河边耶稣受洗之际(太 3:17),以及在变像山上(太 17:5),福音书的作者都记录了那由天上而来,出自诗篇 2:7 的话:“这是我的爱子……”而在五旬节圣灵降临之后,教会面对第一个逼迫之时,彼得也以此篇诗篇 1-2 节中,“万民同谋抵挡受膏者”的话,作为他们今日之所以会面对这个挑战的解释(徒 4:25-28)。但是在面对逼迫的时候,初代教会知道弥赛亚之所以可

---

① Aune 认为“遵守我的行为/工作”一语,在文意上并不容易理解,因为在约翰福音中,人子对人的要求通常是“遵守我的命令”,或是“遵守我的话”(*Revelation* 1-5,209)。但是我们在此所做的观察,可以让我们免去这个困扰。和合本的翻译(遵守我的命令)是可以接受的,因为在这封书信中,和得胜者所相对的,是那些“遵守耶洗别之教训的人”。

② 管辖原文作“牧(ποιμανεῖ)”,因此此处经文似乎和其所相对应的诗篇经文“打破(רעע)”,有所差异。但是约翰在此所引的经文,很可能是由七十士译本而来(ποιμανεῖς)。当然这个差异也可能是因着约翰自行翻译希伯来经文而产生的。在这节经文和诗篇第二篇的文理中,“为王管辖”应该是这个词语的含意。有关这个问题的讨论,见 Hemer, *Local Setting*, 124-25; Beale, *Revelation*, 267-68。

③ 当然这篇诗篇也可能在一年一度,为纪念王登基而举行之仪式中被吟唱(A. A. Anderson, *Psalms* 1-72,63)。

能成为管辖列国之君，所靠的不是武力，而是对苦难逼迫采取了一个接受顺从的态度，因此祂王权的彰显，是在祂从死里复活一事上，完全的表达了出来（徒 13:33－37；罗 1:4；启 1:18）。因此在希伯来书作者的眼中，祂当然是超越诸天使的那一位（来 1:5），而祂所能得着的荣耀，也自然要比所有的大祭司都来得更高更大（来 5:5）。因为祂不是别人，祂乃是神在诗篇第 2 篇中，所应许赐下的“我的儿子”。①

因此从新约中，我们晓得初代教会对人子的认识，不管是祂和神之间的关系，或是祂要如何完成祂弥赛亚工作，甚或是在完成了弥赛亚使命之后，祂和这个世界之间的关系，都是以诗篇第二篇为基础。就我们目前所分析的经文来说，约翰在论及得胜得国一事时，他也一样的以这篇诗篇为基准。但是此同时，他又往前跨了一步，让得胜者也能分享人子统管列国的权柄，因为他们是“遵守人子命令到底的人”。也就是说，他们是行祂所行之事的人。当然约翰在此“往前跨步”的举动，并不是他自己发明的。在彼得认出人子是基督，是永生神的儿子之时（太 16:16－19），以及在耶稣复活升天之前，颁布祂所给教会之大使命时（太 28:18－20），祂就已经将祂的权柄和教会分享了。②

就结构而言，约翰在此封书信之结尾处，引诗篇 2:8－9 作为人子应许的基础，其实是相当合适的。因为在这封书信的起头部分，他就已经先使用诗篇 2:2 中的“神之子”，作为人子的开场白了。但是对推雅推喇教会来说，这个从诗篇 2:8－9 而来之“制伏列国”的应许，也具有特别的意义。因为在历史中，推雅推喇城从来都只是列国的棋子，她总是为着别人的安全而存在。在列国势力的消涨中，她就如瓦器般的，一次次地被人打破。在战事结束之后，她因着她所扮演之角色的缘故，总会被重建起来。但即便如此，等在她前面的，不是一个为王做主的前景，而是下一次的破碎和毁灭。因此对推雅推喇教会来说，人子在此所给“制伏列国”的应许，实在非同小可，是他们在历史中从来没有经历过的事。

这个应许的内容的确叫人不敢置信，但是它却是以人子已经得着的胜利，为其保证：就像我从父所领受的（εἴληφα）③权柄一样。从这句话中，我们知道人子之权柄是由谁而来，但若我们和 26 节中，“又遵守我的命令到底的”一语互相参照，隐含在这句话中，“在顺服中受苦”的真理，就呼之欲出了。因为人子正是藉此途径，得着其统管万国的权柄，因此祂也以此期许那些跟从祂的人，并且也以祂所已经得着的，作为祂

① 有关诗篇第二篇和新约之间关系的分析，亦见 P. C. Craigie, *Psalms* 1－50, 68－69。

② “我要把天国的钥匙给你……”（太 16:19）；“天上地下所有的权柄，都已经赐给我了，所以你们要去……”（太 28:18b－20）。

③ 现在完成时态的重点，即在表达“基于过去某一个动作所产生之现在的结果”。

的应许。

2:28b－29 我又要把晨星赐给他。[29]圣灵向众教会所说的话，凡有耳的，就应当听(καὶ δώσω αὐτῷ τὸν ἀστέρα τὸν πρωϊνόν. [29]ὁ ἔχων οὖς ἀκουσάτω τί τὸ πνεῦμα λέγει ταῖς ἐκκλησίαις)

在推雅推喇书信中，人子所应许的第二样奖赏，是晨星。但这个奖赏的内容究竟是什么呢?

对这个问题，学界有几种不同的看法。第一，在论及末世之事时，但以理书12:3如此说："智慧人必发光，如同天上的光；那使多人归义的必发光如星。"也就是说，那些忠于上帝，并且也以此榜样带领许多人归向神的人(但11:33)，在末日来临之时，将要从死里复活，如星照耀。① 因此在这节经文的对照之下，有人认为晨星所指的，是永恒的生命。②

第二，在巴兰对以色列人所发的神谕中，他提及"有星要出于雅各，有杖(权杖)要兴于以色列"(民24:17b)；而此星和此杖之出现，将要让以色列人战胜他们的仇敌(民24:17c－19)。因此在犹太人的传统中，巴兰的神谕就被认为是有关弥赛亚的预言。③ 在这个背景的衬托之下，人子在此所应许的，是圣徒将要在弥赛亚的带领之下，胜过他们的仇敌。④ 这个看法和前一个制伏列国的应许(2:26－27)互相呼应，并且也和人子在这卷书的结尾之处，所做的自我启示互相合致：我是明亮的晨星(22:16)。

第三，除了从民数记的背景来解读晨星的意义之外，在学界也有人认为，以赛亚书14:12中的"明亮之星，早晨之子"，才是此处经文的旧约背景。⑤ 对"明亮之星，早晨之子"究竟是谁的问题，学者们有不同的看法。有人认为此处经文所提及之事，是撒但从天上的坠落(参，路10:18；启12:8)；而有人则认为此处经文所言为巴比伦王因骄傲而败落。⑥ 但是不管"明亮之星，早晨之子"所指的是撒但或是世上之王，人子以晨星为应许的重点，都在圣徒将掌权得国。因此这个看法，和以民数记为背景而得到的结果，并没有太大的差异。

第四，在日夜交替之际，太阳还没有升起来之前，天空中最后一颗可见的星宿是

① 邝炳钊，《但以理书》，页301－02；J. E. Goldingay, *Daniel*, 309。
② 例如，Moffatt, *Revelation*, 363。
③ 犹太文献索引，见Beale, *Revelation*, 268。在新约中，彼得也曾将诗篇第2篇和民数记24章结合在一起(彼后1:16－19)。
④ 例如，Hendriksen, *More than Conquerors*, 73。
⑤ 出处见，Alford, *Revelation*, 578。
⑥ 详见，J. D. W. Watts, *Isaiah* 1－33, 209－11。

金星（Venus）。① 因此从巴比伦以降，金星就成为一个权柄的标记。罗马的凯撒皇帝们，以金星的后裔自称，因为此星是天象由黑夜过渡至白昼之时，唯一掌管天空的星宿。罗马的将军们为之建殿，也以此星作为他们旌旗上的徽号。② 因此从这个背景来看，人子在此所应许的，是圣徒将要像罗马皇帝或是罗马将军般的，在这个世界中掌权做王。

从表面上看起来，这四个看法似乎都有其合理的根据，但若我们从整卷启示录来看，以民数记 24 章为背景的解释，应该是最合理的一个。何以见得？

启示录	旧约出处
2:26－28	以铁杖管辖列国（诗 2:9）＋晨星（民 24:17）③
5:5	犹大的狮子（创 49:9）＋大卫的根（赛 11:10）
19:15	以铁杖管辖列国（诗 2:9）＋以杖击打世界（赛 11:4）
22:16	大卫的根（赛 11:10）＋晨星（民 24:17）④

在启示录这四处和人子有关的经文中，我们看见约翰分别暗引了四个旧约经文；而其引经的根据，不单因为这四段旧约经文的主题一致，即，将有一位王要由以色列而出，也因为这四处经文都使用了表达王权的"杖（שֵׁבֶט）"（创 49:10；民 24:17；诗 2:9；赛 11:4）。⑤ 在启示录中，这四段经文可以分为两组。第一组是 2:26－28 和 22:16，因为人子在这卷书末了的自我宣告（我是大卫的根和明亮的晨星），是祂之所以可以在这封书信中，将制伏列国之权柄赐给推雅推喇教会的基础。而 5:5 和 19:15 是另一组经文的原因，则是因为这两节经文，都和神审判世界的永恒计划有关：只有犹大的狮子，大卫的根配展开书卷（5:5），所以祂将要骑白马而来，以剑藉杖来管辖列国，并要踹全能神烈怒的酒醡（19:15）。因此从这个"宏观"的角度来看，民数记 24 章应该才是人子在此所应许之"晨星"的背景。换句话说，人子所应许推雅推喇教会的，是祂自己：祂要作他们的元帅，祂要和他们分享祂胜过世界的权柄（亦参，启 3:21；7:4－8；14:1－5；19:14；20:4－6）。

---

① 在中国古籍中，此星名为"太白星"。
② 例如，Beasley-Murray，*Revelation*，93。
③ 在新约中，彼得也曾将诗篇第 2 篇和民数记 24 章结合在一起（彼后 1:16－19）。
④ 这是 Bauckham 所观察到的；详见 *The Climax*，323－24。
⑤ 在当时犹太人的眼中，这四个旧约经文也被认为是"弥赛亚经文"。犹太文献索引，见 Bauckham，*The Climax*，323，note 113；亦见 Beale，*Revelation*，268。

解释和应用

综观推雅推喇的历史,我们知道在第一世纪末叶之时,此城的情况,应该可以用如下的八个字来形容:欣欣向荣,前景看好。在过去,此城交通便捷的地理特性,让她只能成为列强的马前卒,只能成为其他城市的护卫城(例如,别迦摩)。但如今在罗马皇帝奥古斯督所带来的和平盛世中,她有了一个转换角色的机会。因为当战争不再发生之时,她过去为之所苦的地理特性,反而成为她发展的最佳助力。从考古的发现中,我们看见她的确抓住了这个机会,摇身一变而成为这个地区中的"后起之秀"。各式商业公会如春笋般地在此城中出现,而其商务也一步步地扩展至海外地区(例如,腓立比)。推雅推喇的转变,当然不是在一夕之间发生的,因为她一直要到第三世纪初,在罗马皇帝卡拉卡拉(Caracalla; AD 211-17)任内才从别迦摩司法行政区中脱离了出来,而成为推雅推喇司法行政区的首府。①

第一世纪末叶的推雅推喇城,的确像一只正在蜕变为蝴蝶的毛毛虫。对此城居民来说,这个转变当然是受到欢迎的;谁会愿意一直做一只别人一脚就可以把它踩得稀烂的毛毛虫呢?谁不希望能够成为一只可以在天空中展翅高飞的蝴蝶呢?但是对推雅推喇教会来说,这个转变却对她带来了极大的挑战:我们是要跟着蜕变,在罗马政府所设立的架构中,取得一个更高的位置呢?还是我们要坚持我们的立场,拒绝这种似乎可以立即带给我们利益的蜕变,而只等候已经发生在基督死而复活一事中,并且也将在世界的末了,发生在我们身上的真正蜕变?

对推雅推喇教会中的某些信徒来说,能看的见的,能摸的着的,能拿在手里的,能吃到肚子里面的,都十分吸引人;因此他们就成为旧约耶洗别在第一世纪的传人。他们不单影响了一些个别的信徒,也在教会中立了足,生了根,有了一定程度的声势。相对于帝王崇拜,这个异端对教会的挑战比较没有那么明显,也不会对教会产生立即的威胁。但事实上它对教会的影响,却绝对不会小于前者。因为一个世俗化了的教会,一个和世界看齐了的教会,一个和这个世界有着相同价值观的教会,如何能向这个世界做见证呢?因此我们就看见人子以"大患难",以"死亡"(2:22-23),来警告这些想要脚踏两条船的人。因为对于心眼蒙了脂油的人,只有这种严肃的警告,才有可能产生当头棒喝的效果。

积极的掌握时势机会,或是消极地随俗妥协,都能让人得着眼前的利益。但是不

① Aune, *Revelation* 1-5,201.

管他能爬得多高，看得多远，他依旧是在这个世界所提供的架构之中。在撒但面前屈膝，当然可以让人得着万国的权柄荣华（太4:8－9；路4:5－7），但是这个动作的含义，就是在右手上，或是在额头上，接受了兽666的印记（启13:16－18）。在旷野地，人子曾经拒绝了撒但诱人的建议，因此祂虽然至终走上了十字架，但是祂却因此而得以胜过它的权势，成为管辖列国的君王。由是在这封书信的最后，祂也以此来鼓励那些遵守祂命令到底的人：向世界说"是"，只能在世界中打转，也只能等着和世界一同进入硫磺火湖（启19:20；20:10，15；21:8）；但若能向世界说"不"，和人子一同做王的日子就不远了。因为当我们向这个世界说"不"的时候，我们事实上是向那将要从天而降，新天新地的新世界说，"是"（21:1－8）。

耶稣说……
人活着不是单靠食物，乃是靠神口里所出的一切话。

当拜主你的神，单要事奉祂。
（路4:4，7b）

Ⅱ.2.5 给撒狄教会的书信(3:1－6)

在启示录2－3章的七个教会里面，撒狄教会的属灵情况，可说是十分低落的。除了几个未曾污秽自己衣服的人（3:4），这个教会在人子的眼中，几乎已经到了离死只有一步的距离。从外表看起来，她有着教会之名，但就实质内涵而言，她却患了严重的"属灵骨质疏松症"。就人的观点而论，她似乎已经无药可救，也该尽早为她预备"后事"；但对那拥有七灵和七星之人子而言，她不单依旧是属祂的，也还有希望。只是医治要从哪里开始呢？有什么特效药能让她起死复生呢？

经文翻译

1 你要写信给撒狄教会的天使：那有神的七灵，和七星的说，

我知道你的行为，按名你是活的，其实是死的。2 你要儆醒，坚固那剩下将要衰微的［衰微原文作死］。因我见你的行为，在我神面前，没有一样是完全的。3 所以要回想你所领受和听见的；又要遵守，并要悔改。若不儆醒，我必临到你那里如同贼一样。我几时临到，你也决不能知道。

4 然而在撒狄你还有几名是未曾污秽自己衣服的。他们要穿白衣与我同行。因为他们是配得过的。

5 凡得胜的,也必这样穿白衣。我也必不从生命册上涂抹他的名;且要在我父面前,和父的众天使面前,认他的名。6 圣灵向众教会所说的话,凡有耳的,就应当听。

经文结构

2.2.5 给撒狄教会的书信 3:1-6

2.2.5.1 序言 3:1a-b

 2.2.5.1.1 写信给撒狄教会的命令(1a)

 2.2.5.1.2 先知性信息的专用起首语(Τάδε λέγει;1b)

 2.2.5.1.3 人子身分的宣告(1b)

2.2.5.2 书信主体 3:1c-4

 2.2.5.2.1 人子对撒狄教会的责备和提醒(3:1c-3)

  2.2.5.2.1.1 人子对撒狄教会的责备:名存实亡(1c-2)

  2.2.5.2.1.2 人子对撒狄教会的提醒:回头是岸(3)

 2.2.5.2.2 人子对撒狄教会中少数忠心信徒的称许(3:4)

2.2.5.3 书信结语 3:5-6

 2.2.5.3.1 给得胜者的应许(5)

 2.2.5.3.2 警语(6)

经文分析

3:1a-b 你要写信给撒狄教会的天使①:那有神的七灵,和七星的说(Καὶ τῷ ἀγγέλῳ τῆς ἐν Σάρδεσιν ἐκκλησίας γράψον· Τάδε λέγει ὁ ἔχων τὰ ἑπτὰ πνεύματα τοῦ θεοῦ καὶ τοὺς ἑπτὰ ἀστέρας)

启示录2-3章中的第五封书信,是写给撒狄教会的。撒狄城位在推雅推喇东南方约50公里处,距靠海的士每拿约有100公里之遥。在地理上,此城有两个特色。

① 有关人子向教会天使说话的问题,详见1:16和1:20的注释。

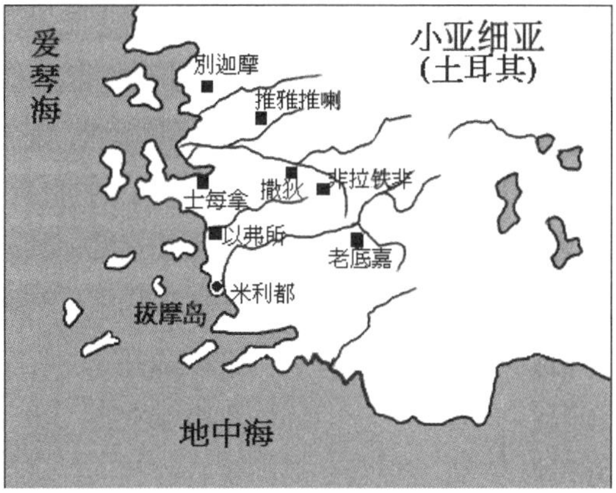

第一，撒狄古城原建在提摩留斯（Tmolus）山脉的分支之上。这个分支的岩质并不十分坚固，因此在长年风雨的侵蚀之下，此城除了和提摩留斯山的连接之处，都成了十分陡峭的峭壁。此一地理特色当然让撒狄成为一个易守难攻的军事要塞，但是随着风雨的日渐侵蚀，此城所能使用的面积也逐渐缩小，因此从考古的发现中，我们就看见在此城的山下，也出现了许多同属于此城的遗迹。① 也难怪"撒狄（Σάρδεις）"一语在希腊文中，会以复数的形态出现，因为这个城市是包括了"上城"和"下城"的两个部分。今日撒狄的高度只有原来的三分之一，但在其建城之际，她原本是雄踞在约500公尺的高山之上。有关撒狄的第二个地理特征，是她位居物产丰饶的荷马斯河（Hermus）流域中央，而又有流经此城（下城）、以出产金沙而闻名的帕都留斯河（Pactolus）与之联系。② 因此在这两个地理特性的交互影响之下，撒狄在小亚细亚地区的历史中，就一直是个政治，军事和经济的重镇。

撒狄的历史至少可以上溯至约公元前670年，撒狄王歌斯基（Gyges）以此为首府，建立吕底亚（Lydia）王朝之时。③ 此王朝在历史中十分有名。在她和希腊人争战的历史中，吕底亚王朝总是得胜的一方；而她在历史中的盛名也反映在一个当代钱币的铭文上：撒狄是亚洲，吕底亚王国，和希腊世界中的第一城。④ 此一令人骄傲的历史，在吕底亚王和波斯王古实的战争中（BC 547），有了一个悲惨的结束。因为当时极负盛名的吕底亚王克罗苏斯（Croesus）认为，撒狄是不可能会被攻陷的城市，因此当波斯军队围困此城之时，他依旧轻松以对，只在此城和提摩留斯山的连接处，也就是唯一可以进入这城的信道上，派兵防守。但没想到波斯军队，却循着风雨在峭壁上所刻画出的裂痕而上，出其不意地进入了城中，而结束了吕底亚王朝。⑤ 此后撒狄成为波

---

① 有关此城之考古遗迹，以及他们和"旧城"之相对位置，可见 Yamauchi 所提供之地图（*New Testament Cities*, 64）。

② 据传第一个以金银合金铸造的钱币，是由撒狄王歌斯基（Gyges）所发明。1968年考古学家在此挖掘出近300个炼金熔炉的事实，也证实这个传说（Yamauchi, *New Testament Cities*, 65）。

③ 歌斯基曾被人认为是以西结书38-39章所提及之"歌革"的可能人选之一；详见 *TDOT* 2:419-25。

④ 在 Ramsay, *The Letters*，页100上，可见此钱币图案。

⑤ 有关这个战事的详细记录，可见 Ramsay, *The Letters*, 263-65；巴克莱，《启示录注释 I》，页145-46。

斯帝国在这个地区的首府,一直到公元前 334 年,她被希腊的亚历山大大帝攻陷为止。亚历山大在城中建立了宙斯神庙,并且使之成为一个希腊化的都市。在公元前 214 年时,撒狄又为两河流域的西路西亚(Seleucia)王、安提阿哥三世(Antiochus III)所击败。这个战事和公元前 547 年的事件没有两样,因为安提阿哥三世之所以可能攻克此城,不单是因为敌军自恃地形的险恶而疏于防卫;也因为他的军兵知晓撒狄在防卫上的致命漏洞:峭壁上的裂痕。公元前 190 年,撒狄再度易手于别迦摩王国,而在公元前 133 年时,再为罗马所接管,①直到公元 395 年帝国分裂时,归属东罗马帝国。

在罗马的统治之下,撒狄在军事上的重要性大不如前,但是由于身处交通枢纽,②她在商业上的地位却不曾动摇。她虽然只是一个内陆城市,但是在小亚细亚地区中,她总是能和靠海的以弗所和士每拿彼此竞争。而她在商业上的实力,可以从下列两个发生在不到十年之内的事件中,完全显露出来。

在公元 17 年之际,一场惊天动地的地震,摇撼了这个地区。③ 罗马史学家塔西佗(Tacitus)记录了这个事件:

> 在这一年的某一个夜晚,一场突如其来,并且威力强大的地震,摧毁了亚洲十二个城市……在这些城市中,撒狄的灾情最为严重,所以她所得着的怜悯也最大。因为提伯瑞斯皇帝(Tiberius)不单以一千万的罗马金币(sesterces)来助其重建,也恩准她可以五年不必上缴任何的税金。④

这个事件当然对撒狄造成了极大的伤害,但是她过去借着商业所累积下来的实力,让她可以迅速复原。因为就在地震发生的九年之后(AD 27),当亚洲 11 个城市为了争取为罗马建凯撒神庙的权利,而派人上罗马游说之时,撒狄的代表也赫然在列。不单如此,在这个历时数日,于皇帝面前所举行的竞争中,撒狄是两个进入最后决赛的城市之一。因为除了过去和罗马有良好的关系之外,她所拥有荷马斯河流域的天然资源,也是让她能够进入决赛的主要原因之一。在最后的关头她虽然输给了士每拿,但是她的经济实力却在这个竞争中,完全地显露了出来。⑤ 第一世纪的撒狄在政

---

① 此事可见页 302－03。

② 罗马的公路以此为终点(Aune, *Revelation* 1－5,218)。

③ 在启示录中,有多处经文提及地震(6:14－17;8:8;11:13;16:18－20)。Hemer 认为,这个发生在公元 17 年的地震,可能是这些灾难的背景(*Local Setting*, 144)。

④ Yamauchi, *New Testament Cities*, 67.

⑤ 有关这个事件的始末,可见 2:8 的注释。

治上的光环也许不再，但若伸出一只手，数点亚洲的大城，撒狄肯定是会名列前茅的。因为她和以弗所、士每拿和别迦摩，并列为罗马亚细亚行省的四大行政中心。

有关于撒狄的宗教背景，则不像她的政商史那么清晰。因为在史料和考古的发现中，她的宗教呈现出许多面貌。职司繁殖和狩猎的亚底米斯女神，出现在许多当地的钱币上；而吕底亚王克罗苏斯，在公元前第六世纪之时，为亚底米斯所建神庙的遗迹（两支有17余公尺高的柱子），至今依旧可见。此神庙占地90×50公尺见方，有78根梁柱，是史上第四大的亚底米斯女神庙。和亚底米斯女神并列的，则是代表生命的自然女神西庇利（Cybele）。学界对于这两个出现在同一个钱币上的女神，[1]究竟是不是同一个神祇的问题，有不同的看法。但不管答案是什么，在撒狄人的眼中，这两个，或是一个，神祇所代表的，是大自然的力量。在小亚细亚的"民间信仰"中，大自然的力量普遍被人尊崇，但是在撒狄人的宗教信念里面，让一物可以在死亡之后，再藉大自然的循环而再生的力量，才是他们所看重的。在他们的观念中，西庇利是掌管坟墓和死亡的神祇，但是通常伴随在她身边的蛇，却是复生的象征：出于土的蛇，以脱皮的方式，来表达它再生的力量。这个思想对撒狄居民的意义，也表达在他们对墓地的选择上，因为此城居民的主要墓园，就坐落在高鲁儿湖（Coloe）的边上；而这个湖泊正是属西庇利女神的"圣湖"。[2]

对撒狄的居民来说，可以让万物"死后复生"的西庇利女神，的确是他们的守护神，但是对身在这个城市中的教会，人子选择以"有神的七灵和七星"之姿向他们说话，却饶富意义。第一，就文学设计的角度来看，人子在七封书信中的自我介绍，都是由第一章而来；而这个设计，是为了将2-3章和第一章连结在一起。因此在这里我们就看见1:4中的"七灵"，和1:20的"七星"，都出现在这里了。

第二，若是我们从目的的观点来看，"七灵"和"七星"的出现，恐怕也有特殊考

---

① 此钱币的图案，可见杨牧谷的《基督书简》，页392。

② 上述有关撒狄之地理历史背景资料，来自 Ramsay, *The Letters*, 259-70; Jones, *The Cities of the Eastern Roman Provinces*, 28-95; Yamauchi, *New Testament Cities*, 63-76; Price, *Rituals and Power*, 259-60; Hemer, *Local Setting*, 129-40; *ABD* 5:982-84; Aune, *Revelation* 1-5, 218-19; Friesen, *Imperial Cults and the Apocalypse of John*, 36-38。中文有关撒狄背景之论述，亦见，杨牧谷，《基督书简》，页385-92。近日考古在撒狄的发现中，也包括了一个现今所知最具规模，可容千人的犹太会堂。这个会堂的建筑，从第一世纪到第四世纪，一共有四个阶段，因此它的出现，就让我们对犹太人在这段时间之内，在此地区发展之情况，有了极大的帮助。在碑文上我们看见至少有八个犹太人，在此城的"市政议会"中担任要职，因此我们确定了犹太人在此城中的影响力。第二世纪撒狄主教墨利托（Melito），在其著名的复活节讲道中，大肆抨击犹太教，究其原因，恐怕也和这个背景有关。此一考古的发现当然很重要，但是由于这个发现和我们在此所要处理的撒狄书信，并没有直接的关联，所以我们对此就不多着墨了。有兴趣的读者，可在上列 Yamauchi, *ABD* 5:982-84，以及 Aune 的著作中，得着更多的信息。

量。从这封书信后面人子对撒狄教会的针贬当中(3:1c－2),我们晓得这个教会的属灵情况,恐怕是"在加护病房中"的。但是对这个濒临死亡,了无生气的教会,人子依旧宣称祂是他们的主(拥有七星＝拥有七个教会天使＝拥有七个教会)。① 不单如此,对这个让人引以为耻,几乎不再抱任何希望的教会,人子也没有放弃他们。因为祂也向他们宣称,祂是拥有"七灵"的那一位。在1:4那里,我们已经晓得"七灵"所指的,是圣灵;而在撒迦利亚书第四章的对照之下,我们也知道"七灵"的重点,在圣灵复兴神子民的能力。因此在这封书信的一开始,我们就看见人子对他们所抱持的盼望。当然在撒狄的宗教背景中,隐含在"七灵"背后的复兴大能,也正和西庇利女神所代表"死后复生"的信念,互相抗衡。因此借着"七灵",人子向撒狄教会宣告,祂才是真正可以让他们从死里复生的那一位。

3:1c－2 我知道你的行为,按名你是活的,其实是死的。[2] 你要儆醒,坚固那剩下将要衰微的〔衰微原文作死〕。因我见你的行为,在我神面前,没有一样是完全的(Οἶδά σου τὰ ἔργα ὅτι ὄνομα ἔχεις ὅτι ζῇς, καὶ νεκρὸς εἶ. [2] γίνου γρηγορῶν καὶ στήρισον τὰ λοιπὰ ἃ ἔμελλον ἀποθανεῖν, οὐ γὰρ εὕρηκά σου τὰ ἔργα πεπληρωμένα ἐνώπιον τοῦ θεοῦ μου)

人子以称许之言来开始一封书信的模式,在这封书信中被打破了。② 因为紧跟在"我知道"一语后面的,是人子的责备:"按名你是活的,其实是死的"。此语句在文法结构上,和"他们自称为犹太人,但其实不是"(2:9;3:9),十分相似;因此这句话的目的,在突显撒狄教会虚有其表,名不符实的属灵情况。在"其实是死的"一语中,约翰当然使用了夸张语法(hyperbole),③但是在"活的"和"死的"对比中,撒狄教会属灵情况之严重,就无庸置疑了。在这封书信中,"名(ὄνομα)"这个词语一共出现了四次(3:1,4,5[两次])。在不同的文理中,它可以有不同的意思,但是约翰让这个词语,在这封书信中如此密集出现的原因,应该是和撒狄过去在历史中,所享有的盛名有关。④ 因为撒狄虽曾雄霸一方,但如今最多也只能取得一个和亚洲其他城市平起平坐的地位。撒狄教会的情况恐怕也是如此,因为她曾拥有神子民的名分,但如今的属灵现况,却和那个名分所代表的意义,有着十万八千里的距离。曾让他们脱离罪和死的律,并且让他们进入圣灵生命平安之律的名(罗8:1－4),不再具有任何的实质意义。如今的撒狄教会,和一个有口无心,反复背诵经文的小和尚之间,并没有太大的

---

① 参,1:16,20的注释。
② 同样的情况也出现在老底嘉教会书信中(3:15)。
③ Beale, *Revelation*, 273.
④ Ramsay, *The Letters*, 277－78.

差别。

在这封书信中，人子并没有明确地告诉我们，是什么原因让撒狄教会走到如此可悲的地步，但是从祂"要警醒（γίνου γρηγορῶν）"的劝勉中，我们可以推断撒狄教会的问题，在于她疏于防范从这个世界而来的影响。在前面我们已经晓得，撒狄在历史中，曾经两次因着疏于防卫而被敌军攻陷，①而在这封书信的后面，我们也看见人子向她发出"我要如贼般临到"的警告（3:3）；因此这个历史背景，应该在这个劝勉后面。② 身在交通发达、商业鼎盛的城市中，撒狄教会很可能也必须面对像尼哥拉、巴兰或是耶洗别之类的异端，但是她对这些从世界而来的挑战，似乎毫无警觉。因此在世界的"熏染"之下，她就渐渐地失去了她作为一个金灯台的角色。

对一个濒临死亡的病人来说，阻绝病毒的继续入侵当然是首要任务，但是强化其它依旧能发挥功能的器官，也是不可或缺的步骤。因此我们就看见人子对这个教会开了祂的第二帖药方："你要坚固那剩下将要衰微的。"但是什么是"那剩下的（τὰ λοιπὰ）"呢？就这个词语的性别来看，中性名词在大部分的情况中，当然指向"东西/物件（things）"。因此有人认为人子在此所期待的，是撒狄教会的信徒，能坚固在他们生命中，那些残存的，属神的元素，像是信、望和爱等等。③ 这个看法有其可能，但若我们参照哥林多前书1:27－28（愚拙的；τὰ μωρὰ）"，和希伯来书7:7（位分小的；τὸ ἔλαττον），中性名词所指的，也可以是人，而不是东西。④ 人子在3:4中，提及在这个教会中还有一些人是"没有污秽自己衣服的"；因此就此角度来看，"那剩下的"，应该就是撒狄教会中那些虽然衰微，但是却依旧持守信仰的忠心信徒。他们是"即将要衰微"⑤的极少数，也就是说，他们也快要撑不下去了，因此人子在此期待撒狄教会能坚固他们。

消极地防御异端入侵和积极地坚固弟兄姊妹是一个教会得以正常发展的不二法门，但是在这两方面撒狄教会都有亏职守，因此人子也只能以"一无所是"的言语来责备她：因我见你的行为，在我神面前，没有一样是完全的。这个责备的确相当沉重，但

① 在当代文献中，这两个事件，特别是前者，是一个经常被引述的事件，次数多到让"撒狄事件"成为一个表达"小心儆醒"的格言（Hemer, *Local Setting*, 133）。

② Osborne, *Revelation*, 174.

③ 例如，Swete, *Revelation*, 49; Beale, *Revelation*, 273。

④ 在原文中，"愚拙的（τὰ μωρὰ）"和"位分小的（τὸ ἔλαττον）"都是中性的，但是他们在其文理中，都指向人。而这两个词语，和本节的"那剩下的"一样，都是以带冠词的形容词，作为名词来使用。详见，Mussies, *Morphology*, 124; Aune, *Revelation* 1－5, 216。

⑤ 未完成时态的"即将（ἔμελλον）"一语，表达过去正在进行的事；但是在这里我们恐怕得以所谓的"书信式"的未完成时态，来理解经文的意思。即，约翰是站在收信人的立场，来看现在（写信之时）正发生在撒狄教会的事（Charles, *Revelation I*, 79）。

是对教会来说,它却是最好的提醒,因为从"在我神面前"一语中,我们晓得我们真正要在意的,是神对我们的评价。撒狄教会的问题也许就在她太在意这个世界对她的看法,因此在神的眼中,她就成了一个一无是处的教会。从反面来说,这句话也提醒我们,我们也许可以在人前得着称许,但是我们所做的一切,是不是可以在神的面前站立的住呢?

3:3 所以要回想你所领受和听见的;又要遵守,并要悔改。若不儆醒,我必临到你那里如同贼一样。我几时临到,你也决不能知道(μνημόνευε οὖν πῶς εἴληφας καὶ ἤκουσας καὶ τήρει καὶ μετανόησον. ἐὰν οὖν μὴ γρηγορήσῃς, ἥξω ὡς κλέπτης, καὶ οὐ μὴ γνῷς ποίαν ὥραν ἥξω ἐπὶ σέ)

和以弗所书信相较(2:1-7),此封书信不单在起头之处,也同样的以"拥有七星"的方式来介绍人子(2:1;3:1),而在书信的结尾之处,我们也看见这两封书信,都以和"生命"有关的物件,作为人子的应许:生命树的果子(2:7);名在生命册上(3:5)。而这两封书信之间的平行关系,也在人子对这两个教会的期勉中,再次出现:回想—悔改(2:5;3:3)。[①] 当然这个彼此呼应的关系,并不表示这两个教会的情况就完全一样。这两个教会都身处在当时的经济中心,但以弗所教会所受到这个世界的影响,是远远小于撒狄教会的(参2:4和3:2)。若说以弗所教会是"病兆初现",那么撒狄教会就是在"病入膏肓"的阶段了。对这个病况更为严重的教会,人子当然要下更强更猛的药方:回想你所领受和听见的;又要遵守,并要悔改。

在分析以弗所书信的时候,我们已经晓得以弗所教会的长处,在于她敢于试验假使徒,并且对异端采取了一个坚壁清野的态度;而她的短处,则在忘却了她向外传福音的热忱和行动。因此人子对她所下的药方,是"悔改,并行起初所行的事(传福音)"。但是和以弗所教会相较,撒狄教会的问题就不只是"没有向外传福音"了。这个教会在持守教义真理的事情上,也完全不及格。因此在人子所开给她的药方中,我们就看见祂要求他们回到信仰的原点:因此你要回想你所领受和听见的。[②]

在人子的这个命令中,"领受(εἴληφας)"是完成式(perfect),而与之平行的"听见(ἤκουσας)"却是简单过去式(aorist),因此在文法上造成了不平衡的现象。对此学者们有许多不同的解释:有人认为我们应该将后者视为具有完成式意义的动词,而有人

---

① Hemer, *Local Setting*, 141.

② 在此我们以"什么(what)"的意思来理解通常译为"怎样,如何(how)"的πῶς,因为下文的"持守(τήρει)",在大部分的情况中,总是带着一个受格。见,Beckwith, *Revelation*, 474; Mounce, *Revelation*, 111。

则持相反的意见。① 但若我们从约翰常常使用之“前后颠倒（*hysteron-proteron*）”的文学手法来看，②这个文法的不平衡其实并不令人意外。简单过去式的“听见”指向过去的一个事件；而完成式的“领受”则表达了那个过去事件，对撒狄信徒从过去一直到现在的意义。而约翰将“领受”放在“听见”之前的目的，则是要强调他们对他们所听见之真理，有一个继续保存在心中的责任；而这个责任，显然是他们所忽略了的。

回到原点只是人子所开药方中的“第一味”，因为祂接下来就继续要求他们“要遵守，也要悔改”。就逻辑而言，“悔改”显然应该发生在“遵守”之前，因此在这个“第二味”的药材中，约翰再次使用了“前后颠倒”的文学手法；而其目的，也在强调撒狄教会应该遵守他们过去所听见真理的责任。因此从这两味药材的形式中，我们再次看见撒狄教会的问题所在：对真理轻忽而任由异端入侵，使得教会落入了濒临死亡的状态中。

对这个向异端完全不设防的教会，“儆醒（γρηγορήσῃς）”，这个第二次出现在这封书信中的字眼（3:2，3），便成为人子对这个教会的最深期待。因为若是他们再继续昏睡下去，人子就要“如同贼一样的临到他们”了。“如贼般临到”的说法，当然不在表达人子如贼的意思，而是说祂将要像贼一样的，在人完全不知道的情况下来到。也就是说，这个类比的焦点不在身份，而在“无法预期的行动”。但是祂如贼般降临的目的何在？而这件事又将会发生在什么时候呢？

从撒狄城两次因疏于防备，而被敌人攻陷的历史来看，人子降临撒狄的目的，也应该是毁灭和刑罚；而这个警告是以“不儆醒”为其前提的事实，也让支持这个看法。但祂要在什么时候临到撒狄教会呢？

在新约其他书信中，“人子（或是主的日子）将要如贼般地临到”的说法，出现了不下四次；③而在这些经文中，人子降临所指的，都是祂第二次的再来。因此我们在此也似乎必须以这个意义，来了解祂对撒狄教会所发的警告。但是正如我们在2:5那里已经讨论过的，这个看法必须面对一个很基本的困难，那就是，人子是否会再来，和撒狄教会是否悔改一事，息息相关。也就是说，人子再临的前提（或是条件），是撒

---

① 详见 Aune, *Revelation* 1－5，216，3. b。

② Aune, *Revelation* 1－5，221。举例来说，在3:17中，老底嘉教会的自夸是，“我是富足，已经发了财”；但是就逻辑上来说，“发财”应该发生在“富足”之前才是。再举一例，在22:14那里，人子宣告说，忠心的信徒有福了，因为他们“可得权柄能到生命树那里，也能从门进城（新耶路撒冷）”。但是在逻辑上，“进城门”应该发生在“到生命树那里”之前，因为生命树的位置是在城里面的（22:1－2）。类似的例子也在5:5；6:4；10:4，9；20:4－5，12－13中出现。

③ 太24:43－44；路12:39－40；帖前5:2；彼后3:10。在启示录中，这个教训亦出现在16:15。有关这节经文的意义，以及它和3:3之间关系的问题，我们将留到那里再讨论。

狄教会的不悔改。从耶稣有关末日的教导中,我们晓得不单天使,连人子自己也都不晓得末日要在什么时候来到(太 24:36)。也就是说,人子再临之事的主权,是完全在父神手中的。因此这件事的发生,怎么可能是由撒狄教会的悔改与否来决定的呢?在 2:5 和 2:16 那里,我们已经知道在人子第二次再来之前,祂将借着住在教会中的圣灵,对教会进行审判。这些审判当然不是最终最后的审判,但是他们却都指向那在末日,将要总结一切的大审判。①

事实上"人子将如贼般来到"的说法,只是人子诸多有关"儆醒等候"之教训中的一个(参,路 12:35 –38;39 –40;42 –48);而这些教训在不同的文理中,常会以不同的形式出现,并且也因此而有了不同的重点和应用。② 举例来说,耶稣在路加福音 12 章中,除了"人子将如贼降临"的比喻之外,也在 35 –38 中说了另一个主题完全一样的比喻:那儆醒等候,在主人一敲门就立即应门的仆人,将要和主人一同坐席。这个比喻,不单也出现在启示录 3:20 中(看哪,我站在门外叩门。若有听见我声音就开门的,我要进到他那里去,我与他,他与我一同坐席);并且在约翰的手中,这个原本关乎末日的讲论,在 3:20 节的上下文中,却成为老底嘉教会今日就可以经验到的事了。③

对于这个问题,有人认为"人子将如贼般来到"所指的,的确是祂第二次的再临,因为在早期教会的观念中,人子即将再临(imminent)。④ 这个解释的优点,是它可以立即解决(至少是部分的)我们刚刚所提到的问题,即,撒狄教会的悔改与否,是人子是否再来的前提。因为若是耶稣将要在使徒们有生之年中再来,那么这件事显然和撒狄教会对人子信息之反应,在时间上相隔不远,因此他们之间应该有所关联。但是这个解释的困难在于,若是初代教会真有"耶稣即将再来"的概念,那么历史显然告诉我们,这个看法是错误的。在进入将来荣耀之境前的初代教会当然会犯错,但若是他们在关乎人子再来之事上,有错误的理解和期待,那么我们要如何接纳他们所留给我们的新约呢?当然我们对初代教会的认识,因着时空文化背景的差异,也可能是错误的。但如果情况果真如此,那么以"耶稣即将降临"的角度,来解决这个问题的尝试,就变成不可行了。人子在"我将如贼般降临"的警告之后,再加上"我几时⑤临到,你

① Alford, *Revelation*, 581; Mounce, *Revelation*, 111 – 12; Beale, *Revelation*, 275; Osborne, *Revelation*, 178 等等。

② 有关这个问题的研究,详见 Bauckham, *The Climax*, 92 – 112。

③ Beasley-Murray, *Revelation*, 97.

④ 例如,Thomas, *Revelation* 1 – 7,253。

⑤ "几时(ποίαν ὥραν)"一语在希腊文中相当少见。不带介系词(例如,περὶ),而以直接受格形态出现的"时(ὥρα)",通常表时间的长短(例如,一小时之久)。但是也有学者指出,在某些文献中,直接受格的"时"也可以指向一个特定的时间点(详见,Charles, *Revelation I*, 81)。

也决不能知道"的说明，就已经阻绝了任何想要为人子再来之事，定下一个时间表的可能性。创造世界的是父神，而决定这个世界将要在什么时候结束的，也是祂。而我们在那个时刻来临之前所能做的，就只有儆醒等候而已。

3:4　然而在撒狄你还有几名是未曾污秽自己衣服的。他们要穿白衣与我同行。因为他们是配得过的（ἀλλὰ ἔχεις ὀλίγα ὀνόματα ἐν Σάρδεσιν ἃ οὐκ ἐμόλυναν τὰ ἱμάτια αὐτῶν, καὶ περιπατήσουσιν μετ᾽ ἐμοῦ ἐν λευκοῖς, ὅτι ἄξιοί εἰσιν）

在前面的三节经文中，我们已经知道弥漫在撒狄教会中的，是昏睡的灵，是对异端入侵教会之事，视若无睹的迟钝。但所幸在这个教会中，还是有人在众人皆醉之时，保持着一个清醒警觉的态度。在3:1中，人子是以"按名你是活的（ὄνομα ἔχεις ὅτι ζῇς），但其实是死的"之言，作为祂对整个撒狄教会的评价。但是在这里当祂提及那些忠心信徒时，祂却让他们以"你还有几名（ἔχεις ὀλίγα ὀνόματα；直译作，你有几个名字）"的方式出现。这个表达"有几个人"的说法很少见，但是它是为了让"这几个人（名字）"，和整个群体产生对比而有的。因此在这个对比中，我们晓得这些人在教会中也许是少数（ὀλίγα），但是在人子的眼中，他们的重要性是绝对不会低于那些在教会中，占有多数优势的群体。

为什么呢？因为他们是未曾污秽（οὐκ ἐμόλυναν）自己衣服的人。在启示录14:1－5我们看见那有人子和父神之名（参，3:5），和人子同在锡安山上的十四万四千人，是未曾沾染妇女的人（οὐκ ἐμολύνθησαν）；而在其上下文中（14:6－9），"沾染妇女"显然具有"参与异教崇拜"的意思。① 因此撒狄教会中的这几个人，是那些拒绝为了商业或是社会地位之利益，而参与各式偶像崇拜的人。② 在异教环峙的环境中，撒狄教会中的多数信徒，决定对他们基督徒的身份，采取一个隐藏低调的策略，因此他们真是"按名是活的，但其实是死的"。但相对于他们，撒狄教会中却有几个人，拒绝向他们周围的环境低头。这个决定当然得让他们付出许多代价，因此我们就看见人子在"正式"赐下给得胜者的应许之前（3:5），③就以"穿白衣和我同行"之应许，来鼓励他们。但这个应许的意思是什么呢？

对于"白衣"的意思，学界有几种不同的看法。（1）耶稣在娶亲筵席之比喻中，曾说那些没有穿礼服就赴宴的人，将要被丢在黑暗中哀哭切齿（太22:1－14）；因此有

---

① 见该处经文注释。

② 在两个早期圣经译本中（Ethiopic 和 Bohairic），启示录3:4的译文是：他们未曾让一个女人污秽他们的衣服。这个翻译显然是将3:4和14:4放在一起而有的（详见，Beale, *Revelation*, 276）。

③ 这个现象也出现在2:10。在那里我们看见，"应许"之所以会"提前"出现，也和在士每拿教会中，即将经历"下监十日"之苦难的少数人有关。

人据此就认为,此处"白衣"所指的,是(a)神所赏赐,让我们得以参与末日筵席的"神的义";(b)我们在接受洗礼之时,代表新生命的"洗礼袍";或是(c)我们在末日所将要拥有之荣耀的,经过改变了的"灵体"。(2)在新约中,特别是在那些和末日有关的经文中,"白衣"所代表的是属天的荣耀,因此有人认为人子在此所应许的,是得胜,是得以参与羔羊筵席的权利,是道德上的完全,也是属天地位的确认和实现。(3)当时罗马人在假日参与各式节庆(宗教祭典或是运动会)之时,特别是在庆祝罗马军队得胜而班师回朝之际,都会穿着"白衣"来参与这些活动。因此人子在此所应许的,是将来完全的胜利。这个看法和前一个看法相去不远,但是它却是以当时的习俗为背景。① 这几类的看法似乎都言之成理,但约翰是怎么使用这个象征的呢?

在启示录中,白衣出现在好几处的经文中:(1)在3:18中,白衣是人子要老底嘉教会向祂购买的三样东西之一(另外两样是火炼的金子和眼药膏),而其目的在遮盖他们赤身的羞耻。(2)在天庭异象中,坐在宝座上的24位长老,除了头戴金冠冕之外,也身穿白衣(4:4)。(3)在第五印的经文中(6:11),人子为了要让殉道者,能安静等候伸冤之日子的来到,就将白衣赏赐给他们了。(4)在7:9-17的异象中,白衣则是那些站在宝座和羔羊面前,从各国各族各民各方而来之人所穿的服装(7:9,13);而他们的衣服之所以是洁白的,是因为他们曾用羔羊的血洗了他们的衣服(7:14)。(5)在人子骑白马而来的异象中(19:11-21),跟随祂的众军,也是以洁白的细麻衣为他们的装扮。

在这些经文中,和此处经文(3:4-5a)最为接近的,是7:9-17,因为在这两段经文之间,有许多字面上的呼应:

3:4　穿白衣与我同行(περιπατήσουσιν μετ᾽ ἐμοῦ ἐν λευκοῖς)
3:5　必这样穿白衣(περιβαλεῖται ἐν ἱματίοις λευκοῖς)
7:9,13　身穿白衣(περιβεβλημένους στολὰς λευκάς)
7:14　用羔羊的血把衣裳洗白净了(ἐλεύκαναν αὐτὰς ἐν τῷ αἵματι τοῦ ἀρνίου)②

在7:9-17的注释中,我们将会看见这些身穿白衣、手拿棕树枝的人,是跟随基

① 这几个看法是Hemer所归纳出来的(*Local Setting*, 146-47)。在Hemer归纳中,他也提及另一种看法:人子以"白衣"为应许,是因撒狄以纺织业而闻名。这个看法虽然有其可能,但是这个背景并不能清楚解释"白衣"的含义,因此在此我们就不把它列入考量了。

② Beale, *Revelation*, 277.

督的军队。[1] 而他们之所以可以成为跟随基督的军队，是因为他们走了一条和基督相同的路：受苦（7:14）。[2] 因此白衣所代表的，是一个可以参与基督必然得胜之军队的特权。这个特权并不只是信徒在接受信仰之际，在神面前就已经享有的“称义的地位”，[3]而是在称了义，并以其行动证实了他的信仰之后，所得着“实至名归”的肯定。或者我们可以这么说，白衣是“称义地位”的实现。因为不管是正面的“与基督一同受苦”（7:14），或是反面的“未曾污秽自己的衣服/拒绝这个世界”（3:4；14:4），都显示了他/她不是“有名无实”的信徒（3:1），而是“有名有实”，如假包换的基督精兵。用我们比较熟悉的语言来说，“白衣”可以说是我们在“称义—成圣”之后，所要得着的奖赏；在保罗的口中，这个奖赏是“得荣耀”（罗 8:30）；而在耶稣的词汇中，这个奖赏则是“永生”。[4]

若这个理解是可行的，那么它对启示录中那些有关“白衣”之经文，有何意义呢？（1）从前面几节经文中，我们晓得撒狄教会的忠心信徒，是活在极大的压力之下，因为他们除了必须面对从世界而来之压力，也必须活在一个已经向世界妥协了的教会中。但是在内外夹攻的危急情况中，他们并没有屈服，所以人子在此说他们将“穿白衣和他同行”，因为他们的行为，已经证明他们是“配得过的”。也就是说，他们所行的，已经让他们取得参与人子得胜之军的权利。（2）在人子的眼中，老底嘉教会向世界的妥协，[5]让他们成为“赤身露体”的一群，因此人子劝他们向祂买“白衣”，即，以悔改的行动来显示他们真是属神的，好遮盖他们赤身的羞耻。（3）我们也许对天庭中 24 位长老究竟是谁的问题，有不同的看法，但是他们所身穿的“白衣”，显然是他们得以头戴金冠，和父神以及人子同坐宝座的前提（4:4）。（4）若“白衣”是人子对信徒忠心义行之肯定，是祂给他们得以参与祂必胜军队的保证（19:14），那么白衣当然就可以让那些殉道者，安心等候神为他们伸冤之日子的来到（6:11）；（5）也可以让那些从各国各族各民各方而来之人，在神的宝座前事奉祂，并且得以享受神一切的恩惠（7:15－17）；（6）因为他们是属祂的军队（19:14），是要和人子一同分享祂胜过列国之权柄的人（19:11－21）。[6]

---

① 若读者想要对这个题目有更多的了解，见 Bauckham, *The Climax*, 215－32。
② 详见该处经文的注释。
③ Mounce, *Revelation*, 113.
④ 参，太 19:16－21；19:29；约 3:16，36；6:40，54；12:25 等等。
⑤ 见该书信的注释。
⑥ 在这个理解之下，以罗马军队凯旋而归为背景的解释，是一个可能的选择。但是在以这个背景来理解“白衣”之意义时，我们也必须同时注意，约翰并没有一成不变的，就将“罗马白衣”套在撒狄信徒身上。在约翰的用法中，“白衣”是人子对受苦圣徒的肯定，“白衣”也是将来得胜得国的保证，但是圣徒得白衣的途径，却是受苦。因此它和“罗马的白衣”之间，有着极大的差异。因为后者的“白衣”，是建立在别人的痛苦上面；而人子，以及那些想要跟从祂之人的“白衣”，则是以自己的受苦来赢得的。

3:5－6 凡得胜的,也必这样穿白衣。我也必不从生命册上涂抹他的名;且要在我父面前,和父的众天使面前,认他的名。[6] 圣灵向众教会所说的话,凡有耳的,就应当听(ὁ νικῶν οὕτως περιβαλεῖται ἐν ἱματίοις λευκοῖς καὶ οὐ μὴ ἐξαλείψω τὸ ὄνομα αὐτοῦ ἐκ τῆς βίβλου τῆς ζωῆς καὶ ὁμολογήσω τὸ ὄνομα αὐτοῦ ἐνώπιον τοῦ πατρός μου καὶ ἐνώπιοντῶν ἀγγέλων αὐτοῦ. [6]ὁ ἔχων οὖς ἀκουσάτω τί τὸ πνεῦμα λέγει ταῖς ἐκκλησίαις)

在七封书信中,人子给得胜者的应许,或以一个单一的项目出现,①或以两个项目出现,②但是在这封书信中,祂的应许却是三重的:(a)白衣;(b)不从生命册上涂抹他的名;和(c)在父神和天使面前认他的名。从"也必这样(οὕτως)"一语来看,③我们知道造成这个现象的原因,是因为人子将祂在第四节中给少数忠心信徒的应许(白衣),也包括在这个应许里面的缘故。但是从这个联系中,我们也再次看见那些少数忠心信徒在人子眼中的地位。因为"也必这样"显示他们是撒狄教会中,其他信徒的榜样和模范。

人子应许撒狄教会的第二个项目,是"我也必不从生命册上涂抹他的名"。在旧约以及犹太人的文献中,有三种"书"。第一种是登录义人之名的生命册(例如,但12:1 中的册子④)。第二种是登录义人之善行,和恶人之劣行的"行为之书";在某些文献中,"行为之书"共有两册,一本记录义人之行,而另一本则记录恶人的所做所为。在当时文献中所出现的第三种书,是所谓的"命运之书",在其中所记录的是这个世界的历史,或是某一些人在出生之前,就已经命定的命运。⑤

在启示录中,"行为之书"出现在白色大宝座的经文中(案卷展开了),是天地之主在这个世界结束之时,审判人的依据(20:12－13);而记录圣徒之名的生命册,则一共出现了六次(3:5;13:8;17:8;20:12,15;21:27)。⑥ 在13:8 和17:8 那里,我们看见启示录的生命册,有着上述"命运之书"的特色,因为在其上的圣徒之名,是在创世之前,也就是在他们出生之前,就已经写在上面的了。⑦ 因此从这个角度而言,启示录和当

---

① 以弗所书信—生命树的果子(2:7);士每拿书信—不受第二次死的害(2:11);非拉铁非书信—在圣殿中作柱子(3:12);老底嘉书信—和基督同坐宝座(3:21)。

② 别迦摩书信—隐藏的吗哪和白石(2:17);推雅推喇书信—制伏列国的权柄和晨星(2:26－28)。

③ 在此我们是以指示性的含义(inferential),来理解"这样"。见,Hemer, *Local Setting*, 148; Aune, *Revelation* 1－5,223; Beale, *Revelation*, 278。

④ 有关此一名册和启示录生命册的关系,见 A. Y. Collins, 'The Influence of Daniel on the New Testament,' in J. J. Collins, *Daniel*, 110－11。

⑤ 有关这些"书"的索引出处,见 Aune, *Revelation* 1－5,224。

⑥ 在这些经文中,生命册是以同义但型式略有不同的两种形态出现:ἡ βίβλος τῆς ζωῆς;τὸ βιβλίον τῆς ζωῆς。

⑦ 这两处经文所提到的人,是那些属兽的人,而他们是"名字从创世以来,没有记在生命册上的人"。因此在这个描述中,我们晓得属神的人,是"名字从创世以来,就已经记在生命册上的人"。

代犹太人的观念，在这个主题上是相当接近的。但是和当代犹太文献相较，启示录中的生命册却是“*羔羊的生命册*”（13:8;21:27）。因此这个“标签”不单让这个生命册，和其他的生命册有所区隔，也要求我们在探究人子应许之意义时，必须将这个特色列入考虑。

但“*我必不从生命册上涂抹他的名*”的意思，究竟是什么呢？有许多人将“名在生命册上”等同于“救恩”，因此这个应许的意思就是“不会失去救恩”。从一个比较宽松的角度来看，这个看法是可以接受的。因为在旧约以及当代的文献中，“名字从生命册上被涂抹”的意思，是“被定罪”，“被审判”；①因此“不被除名”的意思，就是不被定罪，不被审判；而若我们从正面的角度来论述，“不被定罪，不被审判”就可以是“得着救恩”，或是“不失去救恩”。

若人子在这里给得胜者的应许是“他们将不会失去救恩”，那么祂是否在此也暗示，信徒有可能失去救恩？也就是说，若是信徒没有得胜，那么他是否可能经历被除名的审判呢？

在启示录13:8和17:8那里，当约翰提及那些属兽之人时，他说他们是“*名字从创世以来，没有记在生命册上的人*”。因此根据这个描述，我们可以推论说，那些属神的人，是“名字从创世以来，就已经记在生命册上的人”。这个说法和以弗所书1:4中，“神在创世以前，在基督里拣选了我们”的真理，是一致的，因为它们都强调救恩的确定性。因此若是我们将启示录3:5，13:8和17:8放在一起，我们似乎就只能得到一个“有条件的预定论”了。② 也就是说，神的确是在创世之前，就已经拣选了一些人，但是他们是否至终会如神所预定的进入永恒，则是由他们是否能持守他们的信仰一事来决定。这个看法兼顾了神的主权和人的责任，因此似乎是一个相当值得考虑的解释。但是这个看法的问题是，它似乎没有考虑到神预知未来的能力。因为若神能知晓未来，为什么祂在一开始的时候，还要拣选那些最终将要失去救恩的人呢？能预知未来的神，何必自找麻烦地先将这些人的名字写在生命册上，然后又再把他们的名字除去呢？

在面对“有可能被除名”之问题时，有人认为人子救赎之功的效力，及于所有的人，因此在一开始的时候，所有人的名字都被记载在生命册上。但由于有些人最终没有接受基督，因此在末日时，他们的名字就从生命册上除去了。③ 这个看法似乎也言之成理，但是在前面我们已经知道，那些属兽之人的名字，是不在生命册上的（13:8;

---

① 出32:32－33；诗69:27－28；以诺一书108:3；禧年书30:22。详见Aune, *Revelation* 1－5, 224。
② Caird, *Revelation*, 49.
③ Thomas, *Revelation* 1－7, 263－64.

17:8)。再者,若所有的人的名字都在生命册上,耶稣对七十个门徒的提醒,就变得完全没有意义了:“然而不要因鬼服了你们就欢喜;要因你们的名记录在天上欢喜”(路10:20)。①

在面对这个问题时,有人则尝试将3:5中的得胜者,解释为教会中一些特定的个人,然后将在生命册上的“名”,解释为“名声”。在这个理解之下,人子给得胜者的应许,就不适用于整个教会,而“不从生命册上除名”的应许,也就和会不会失去救恩的议题,没有关联了。② 这个解释的优点,是它让3:5(有可能失去救恩)和13:8/17:8(信徒的救恩早以确立)在逻辑上的冲突,完全消除,但是这个解释至少有两个释经上的困难。第一,在七封书信中的得胜者,的确都以单数的形态出现,③但是这个名词的形式(带冠词的分词),却有着“凡得胜的……”之含义;④因此这个应许显然是以整个教会为对象的。再者,人子在每一封书信中的责备和期许,都是以整个教会为对象,因此我们实在很难想象,祂的应许只是向教会中,某一些特定的人而说。第二,在3:1中的“名(按名)”,的确有“名声/名分”的意思,但是在3:5中的“名”,却是在生命册上的;而在前面我们已经晓得,启示录中之生命册是“羔羊的生命册”(13:8;21:27),因此此处“不被除名”的应许,应该是和基督在十字架上所成就之事有关。

那么我们究竟应该如何来面对这个问题呢?第一,在上一个段落中,我们已经晓得人子之应许,都是以“凡得胜的……”的形态出现,因此就文体形式而言,这些应许都属启示文学中的“箴言/格言(Aphorism)”。⑤ 许多有关如何释经的书籍都告诉我们⑥箴言的特色在于简洁,而其目的,在便于记忆。因此箴言不是面面俱到的神学论述,它只能针对真理的某一个特定的面向,以最简短精确的方式来呈现。因此在理解某一个箴言之意义时,“最重要的事就是不要把箴言所没有说的事,读进经文中”。⑦从这个角度来读启示录3:5,我们显然从一开始就不应该把“有可能失去救恩”的反论,读进这节经文中。约翰让应许以“凡得胜的……”之形态出现的目的,只在强调人

---

① C. R. Smith, ‘The Book of Life,’ *GraceTJ* 6.2(1985),225.

② J. W. Fuller, ‘I Will Not Erase His Name from the Book of Life(Revelation 3:5),’ *JETS* 26(1983), 297-306.

③ τῷ νικῶντι(2:7,17);ὁ νικῶν(2:11,26;3:5,12,21).

④ 在每一封书信中的警语,“凡有耳的(ὁ ἔχων οὖς)就应当听……”,也是如此。

⑤ 有关“格言”文体之各类型式,可见 R. Bauckham, *James*(London: Routledge, 1999),35-56。事实上在七封书信中,伴随着人子应许的警语(凡有耳的,都应当听),也是以箴言/格言的形态出现。

⑥ 例如,戈登·费依和道格乐思·史督华著,魏启源、饶孝榛译,《读经的艺术》(台北:华神,1999),页269-282(特别是页279); G. R. Osborne, *The Hermeneutical Spiral*(Downers Grove: Intervarsity, 1991),195-201(此书中文译本已由校园书房出版:《基督教释经学手册》)。

⑦ G. R. Osborne, *The Hermeneutical Spiral*, 195.

子应许的正面作用：以其行为显示他是一个能够拒绝这个世界的试探，并能专心跟随基督的人，他将不会经历“除名之刑”；也就是说，祂将不会落在神的审判之下。这个理解和我们在前面一节经文中所看见的事，其实并无差异。因为人子应许撒狄教会中，少数忠心信徒的赏赐是“白衣”，是他们得以参与人子军队的权利（19:14）；因此“白衣”向他们保证，在人子再临时的审判中（19:11－21），他们将会是和人子站在一起的审判官，而不是在台下等候判决的罪犯。事实上在启示录的七封书信中，类似含义的应许已经出现在推雅推喇书信中——“*必不受第二次死的害*”（2:11），而也将再次出现在后面的非拉铁非书信中——“*我要叫他在我神殿中作柱子，他也必不再从那里出去*”（3:12）。[1] 和人子给撒狄教会之应许一样，这两个应许的重点都不在反面的推论或暗示，而在“不会经历审判和死亡”（2:11），也在“必然属神”（3:12）。

第二，虽然“有可能失去救恩”的思想，并不是启示录3:5所要表达的重点，但是作为一个基督徒，我们还是无法回避“一次得救，永远得救？”的问题。在面对这个问题时，我们在前面多次提及，“神国已经开始实现，但尚未臻于完满阶段（already and not yet）”的观念，应该有所助益（见1:1c，7；2:7，23之注释）。从启示录13:8和17:8来看，我们的救恩是早在创世之前，就已经确立的了；而从以弗所书1:4－14来看，我们在创世之前就以经确立的救恩（1:4），是在我们“藉爱子之血，得蒙救赎，过犯得赦”之时，就开始成就在我们身上。但这只是我们信仰之旅的起点而已，因为我们的终点，是“在日期满足时，天地万物将要在基督里同归于一”（1:10）。我们现在是属神的产业（1:11），而住在我们里面的圣灵，也证实这事的真确（1:14a），但是我们至今依旧在等候和盼望的，是最后荣耀阶段的来临（1:12，14b）。因此从这个角度来看，我们的救恩是在一个“已经初步实现，但尚未完全实现”的阶段。“已经”显示我们的名字，是在创世之前，就已经写在生命册上了；但“尚未”则告诉我们，我们的救恩，还没有完全完成。因此在这个“尚未”的阶段中，失去救恩的可能性，似乎是存在的。但这事会不会发生呢？

在启示录中，我们看见人子不单是教会的主（手握七星；1:16），也是这个世界的主（1:5；3:21等等）；因此任谁也不可能将我们从祂的手中夺去（约10:28），也更不可能将我们从父神的手中夺去（约10:29）。在天地之间，有谁能比人子这个真正的壮士更为强壮，以致他可以进入祂的家中，抢夺属祂的财物呢？（太12:29；可3:27；路11:21）[2]当然没有，但是我们有没有可能自己决定“离家出走”呢？在圣经中，某一些

---

① 这三个应许都是以“双重否定（οὐ μὴ）”的形态出现。

② 在此我们是将耶稣的比喻，做方向相反的应用。这是约翰在引用旧约时，也经常使用的文学技巧之一。详见页74－75。

经文似乎暗示了这个可能性(例如,来 6:4 – 9),[①]但是这个"离家出走"的举动,正表明他对保罗"不再是罪的奴仆,乃是义的奴仆"之教训(罗 6),完全无知;也因此表明了他不是真基督徒。从教会的角度来看,他似乎是"离家出走"了,但其实他并没真正地离家;他所做的,只是回到了他原来所属的家而已。那些名字从创世以来就没有记载生命册上的人,自然会对兽的行径有所反应(敬拜,13:8;钦羡,17:8);而从创世以来名字就已经记载在羔羊生命册上的人,在听见祂的声音时,也自然会跟着祂走(约 10:27;启 14:4)。一时的软弱当然不等同于"离家出走",但若是我们一直继续软弱下去,常常发现自己在外面游荡而不愿意回家,那么我们就必须好好思索一下,究竟我们是属于哪一个家的?

属天家的,人子除了许以"白衣"和"不被除名"的奖赏之外,祂也应许他们,他将要"在我父面前,并在父的众天使面前,认他的名"。在前面分析 3:3 时,我们已经看见"人子将如贼降临"的警告,是由耶稣的教训而来(太 24:43 – 44;路 12:39 – 40);而此一现象,又在这里出现,因为"认名"的应许,也曾由耶稣的口中而出(太 10:32;路 12:8)。[②] 在马太福音和路加福音的经文中,耶稣所说"如果你在人前认我的名,我就在父神(马太福音),或是在天使(路加福音)的面前认你名"的教训,是为鼓励祂的门徒在面对苦难逼迫时,能坚持下去(太 10:1 – 39;路 12:8 – 12);而这个情况,也正是撒狄教会所面对的,因为在前面我们已经晓得,让撒狄教会名存而实亡的原因,正是由外而来的压力和苦难。和马太路加参照,我们发现约翰在引经时,似乎也刻意地将这两处经文融合在一起,因为在这个应许中,他说人子将要在父神(马太福音)和父神的天使(路加福音)面前,认得胜者的名。

和"不从生命册上除名"的应许并列,人子"认名"的应许,似乎暗示在末日"点名"的时候,人子将要一一确认那些名在生命册上的人。[③] 但不管这个画面是否在约翰的脑海中,这两个应许的焦点,都在救恩的确定性。借着反面的"不被除名"和正面的"认名",人子双重的向我们保证了我们的救恩。[④]

---

① 和这个题目有关的经文索引和讨论,见王瑞珍,"从圣经看'圣徒永蒙保守'",《中国与福音季刊》1:3(2001),77 – 102。

② 类似的说法也在革利免二书 3:2 中出现。Aune 认为在字面上,启示录 3:5 和革利免二书最为接近,因此这两个文献自成一组。这一组和马太路加彼此平行,因此约翰在此并非引用马太、路加(*Revelation* 1 – 5,225 – 26)。但是这个看法有其困难,因为若我们将约翰引经之习惯考虑在内的话,那么约翰在此虽然只引用了耶稣"认名"教训的后半段,但是他却是在考虑耶稣教训完整上下文的情况下,来引用这个福音书中的教训(见,Bauckham, *The Climax*, 95 – 96)。再者,约翰在 3:3 中暗引了"人子将如贼而来"的事实,也支持我们在这里的看法。

③ Beale, *Revelation*, 280.

④ 有关"凡有耳的,就应当听……"一语的意义,见 2:7 的注释。

解释和应用

在启示录的七个教会中，撒狄教会属灵情况之低落，恐怕只有老底嘉教会可与之比拟。① 此教会所在之城市，是个享有盛名的古城，但是随着历史的推移，在第一世纪末叶的撒狄城，不再顶着昔日的光环。在商业上，她依旧有着昔日所累积下来的能量，但是在政治和军事上，她过去所扮演"独霸一方"的角色，却已经随着时间的流逝，而只存留在人们的记忆中。和此城的情况一样，撒狄教会虽有属神子民之名，但是她的所行所为，却和那个名字所代表的意义，有着极大的距离。"按名你是活的，但其实你是死的"一语(3:1)，也许有些夸张，但是她的确是处在生死之间的游离阶段。在神的眼中，她的情况真叫人摇头悲伤，因为她的行为，"没有一样是完全的"(3:2)。她，老实说，还有救吗？若是她还有一丝丝的希望，若是我们要把她死马当活马医，该从哪里下手呢？

从人的角度来看，我们对这样子的教会，恐怕早就不抱任何希望了，但谢天谢地我们幸好不是教会的主。在人子选择以"拥有七灵"之姿，现身于这封书信之首时，祂就已经宣誓了祂对她所存的盼望，因为祂的灵，是使枯骨复生、使死人复活的灵。但对满身是病的她，医治要从哪里开始呢？对病灶轻微的病人，头痛医头脚痛医脚的策略也许有效，但是这个策略对浑身上下都是病，体无完肤的她来说，恐怕还不能奏效。所以我们就看见人子要她"回想你当初所领受的和你所听见的"(3:3)。这一帖药或许并不完全等同于"重生"，但是它肯定是可以让人起死回生的"脐带血"。"脐带血"可以救命，但是这只是医治的第一步而已，因为刚刚才从鬼门关前被救回来的人，还需要后续的复健，才能真正的恢复健康。所以人子在开了"脐带血"的药方之后，还要她"遵守和悔改"。也就是说，她还得在日常生活的中，实践真理，好让她的属灵肌肉，能够发达又健壮。

撒狄教会的确是百病丛生，但是让她可以看起来依旧还有那么一点点生气的，是那些极少数"未曾污秽自己衣服的人"。是他们的存在，让她看起来，还有那么一点教会的模样。在人子的眼中，他们是教会命脉之所在，因此在人子向这个教会发出应许的时候，他们就成为这个教会可以学习的榜样(3:4－5)。他们或许衰微，他们也许已经快要撑不住了，但是他们对信仰的坚持，不单让他们得着"白衣"的奖赏，也让他们得闻人子的赞赏："他们是配得的"(3:4)。这些人为信仰所付出的代价委实不小，但是他们知道，因信称义虽然让他们在神面前，有了一个特别的地位，但是在称义之后，

① 有关老底嘉教会的情况，见后面的注释。

还有一条长长的,充满着荆棘险阻,有着各式诱惑和挑战的路要走。

苦行不单让人心生畏惧,也考验人的对神的信赖。因此在这条路上,我们将不会看见车水马龙、人马杂沓的景象。在有饼可吃、有鱼可尝的时候,被五千个人簇拥的场面并不令人意外,①但在客西马尼园中,能够儆醒祷告的也只有人子一人。② 想要从众随俗的和众人同行,大路当然是首选,但是想要得着永生和救恩,进窄门走窄路却是唯一的选择。③ 在孤单中继续努力下去不是一件容易的事,但是这个代价,和在人子点名之时,我们可以举起右手,大声答"有"的快乐相比,实在不算太大。

你们要进窄门,
因为引到灭亡的门是宽的,路是大的,进去的人也多;
但是引到永生的门是窄的,路是小的,找着的人也少。
(太 7:13 – 14)

Ⅱ.2.6 给非拉铁非教会的书信(3:7 – 13)

在启示录的七封书信中,非拉铁非教会是少数没有被人子谴责的教会之一(另一个是撒狄)。从这封书信的内容来看,她并没有什么丰功伟业,也没有叫人无法忽视的亮眼成绩。她所略有的,只是"一点力量",而她所成就的,也只是"遵守了人子的道,没有弃绝祂的名"(3:8,10)。但这些,已足以叫人子之心大大喜悦了。开门的祝福和免去试炼的应许(3:8,10),就此滚滚而至;而"在末日于神的殿中做柱子"的福分,也在前面等着她(3:12)。祂所求于我们的,老实说,实在不多;而祂所要赐给我们的,也委实远远地超过我们所付出的。要认识人子的恩惠和慈爱,此封书信,虽然简短,却恐怕是一个不能再好的起点了。

经文翻译

7 你要写信给非拉铁非教会的天使:那圣洁,真实,拿着大卫的钥匙,开了就没有人能关,关了就没有人能开的,如此说:

---

① 太 14:13 – 21;可 6:32 – 44;路 9:10b – 17;约 6:1 – 15。
② 太 26:36 – 46;可 14:32 – 42;路 22:39 – 46。
③ 太 7:13 – 14;路 13:23 – 24。

8 我知道你的行为。看哪！我在你面前给你一个敞开的门，是无人能关的，因为你略有一点力量，也曾遵守我的道，没有弃绝我的名。9 看哪！从属撒但一会的人，就是那自称是犹太人，其实不是犹太人，乃是说谎话的人中，我要使他们一些人来到你的脚前下拜；我也要使他们知道，我已经爱你了。10 你既遵守我忍耐的道，在试炼之时，就是那将要临到普天下，试炼住在地上之人的时候，我必保守你。11 我必快来，你要持守你所有的，免得人夺去你的冠冕。

12 得胜的，我要叫他在我神殿中作柱子，他也必不再从那里出去。我又要将我神的名，和我神城的名，就是那从天上，从我神那里降下来的新耶路撒冷，以及我的新名，都写在他身上。13 圣灵向众教会所说的话，凡有耳的，就应当听。

经文结构

2.2.6 给非拉铁非教会的书信 3:7－13

2.2.6.1 序言 3:7

2.2.6.1.1 写信给非拉铁非教会的命令(7a)

2.2.6.1.2 先知性信息的专用起首语(Τάδε λέγει;7b)

2.2.6.1.3 人子身分的宣告(7c)

2.2.6.2 书信主体 3:8－11

2.2.6.2.1 人子对非拉铁非教会的称许(3:8a)

2.2.6.2.2 人子对非拉铁非教会的应许和鼓励(3:8b－11)

2.2.6.2.2.1 一个敞开的门(8b－9)

2.2.6.2.2.1.1 开门的应许(8b)

2.2.6.2.2.1.2 开门的原因(8c)

2.2.6.2.2.1.3 应许的内容(9)

2.2.6.2.2.2 在试炼中得着保守(10)

2.2.6.2.2.2.1 得着保守的原因(10a)

2.2.6.2.2.2.2 免去试炼的时候(10b)

2.2.6.2.2.3 持守所有的(11)

2.2.6.3 书信结语 3:12－13

2.2.6.3.1 给得胜者的应许(12)

2.2.6.3.2 警语(13)

经文分析

3:7 你要写信给非拉铁非教会的天使:那圣洁,真实,拿着大卫的钥匙,开了就没有人能关,关了就没有人能开的,如此说(Καὶ τῷ ἀγγέλῳ τῆς ἐν Φιλαδελφείᾳ ἐκκλησίας γράψον· Τάδε λέγει ὁ ἅγιος, ὁ ἀληθινός, ὁ ἔχων τὴν κλεῖν Δαυίδ, ὁ ἀνοίγων καὶ οὐδεὶς κλείσει καὶ κλείων καὶ οὐδεὶς ἀνοίγει)

人子在拔摩海岛上,要约翰所写的第六封书信,是给非拉铁非教会的。非拉铁非位在撒狄东南方约 40 公里处,依傍着荷马斯河(Hermus)之支流,高加米斯河(Gogamis)的河畔。就陆路交通而言,由推雅推喇、撒狄、非拉铁非至老底嘉的驿道,是由欧陆往东方的要道;而若我们由以弗所往东,经该斯特河(Cayster)河谷,再翻越一座山丘而抵达高加米斯河流域的路线,也正和前述驿道在非拉铁非交会,因此在这个地区中,此城是一个重要的交通枢纽。

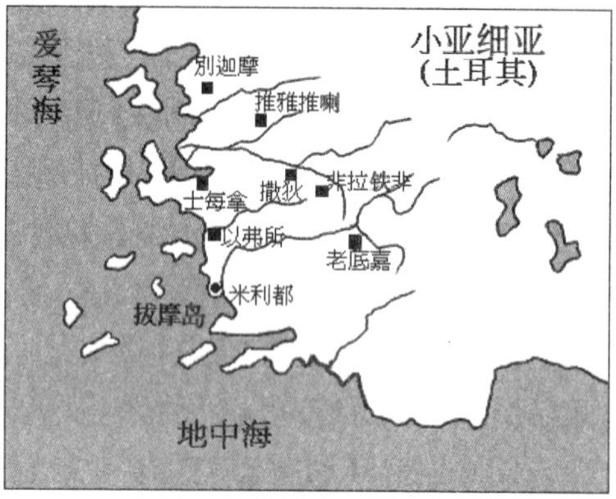

对于此城的源起,学界有两种说法。有一说认为,此城是埃及王托勒密二世,即托勒密非拉铁非(Ptolemy Philadelphus; BC 308 – 246)所建;①另一说则认为此城是由别迦摩王国的阿他留斯二世(Attalus II Philadelphus; BC 159 – 138)所设立的。② 但是不管我们接受哪一个说法,非拉铁非的历史,在启示录 2 – 3 章中所提及的七个城市中,可以说是最短的一个。从我们对别迦摩王国的了解,并且从考古所发现的钱币证据中,我们晓得别迦摩王国所赋予这个城市的角色,就是要向吕底亚和弗吕家两个地区,传扬希腊文

---

① 其父托勒密一世原为希腊亚历山大大帝的将军之一,在亚历山大死后,他取得了埃及,并建立了托勒密王朝。在他的治下,他的首都亚历山大城,成为一个希腊文化的重镇。

② 有关别迦摩王朝的历史,可见 2:12 的注释。阿达拉二世是该王朝的第五任,也是倒数第二任的统治者。阿达拉二世和其兄长优曼尼斯二世(Eumenes II; BC 197 – 153)之间的兄弟情谊,在历史中十分出名。因为当优曼尼斯在希腊时,有谣言回传,谓优曼尼斯已被暗杀,所以阿达拉二世便继任王位。但是这个谣言并不确实,因此在优曼尼斯还朝之际,阿达拉二世便自动退位,还政于兄,而后阿达拉二世出使罗马。在罗马履新之际,因罗马怀疑优曼尼斯通敌,而多次向阿达拉二世施压,要他取代其兄,但是阿达拉二世始终不为所动,至其兄真正亡故,他才第二次就任王位。后世为纪念他的忠贞,便以"非拉铁非",即"爱弟兄者"来称呼他,并以之作为此城的名字。

化。就这个角色而言，非拉铁非是成功的，因为在公元19年之前，吕底亚人就不再使用他们的母语，而只以希腊文作为他们彼此沟通的工具了。①

此城早期的历史，并不多见于史书，直到公元17年，此城为一个大地震所重创为止。在分析撒狄书信时（3:1），我们已经晓得这个地震重创了这个地区中的十一个城市。就严重性而言，撒狄是受创最深的，但是就时间的角度来看，非拉铁非所受到的影响却是最长久的。在这个地震之后，非拉铁非和撒狄一样，得着罗马皇帝提伯瑞斯（Tiberius）的允许，可以五年不必上缴税金；但是她复原的速度，却远不及撒狄。其原因不单是因为她不像撒狄那样拥有雄厚的经济实力，也更是因为在公元17年之后，余震依旧继续摇撼着这个城市。希腊地理学家斯特拉波（Strabo），在公元20年之时对这个城市的描述，清楚地显示了这个地震对非拉铁非的后续影响：

> 非拉铁非城常有地震，墙壁天天给震裂；城中受破坏的地区日日不同，因此城内居民日稀，大部分的人都居住在城外，以务农为生，因为那地的土地肥沃。他们认为居住在城内的人真是不可思议，因为房子是那样的不牢靠。②

侧耳倾听地底下所传来的隆隆之声，并且随时预备向空旷之处跑去，是非拉铁非人在经历了这个地震之后，所养成的一个习惯。③ 我们不清楚这个情况究竟维持了多久，但是在公元60年所发生的另一个地震，恐怕只会加深他们对地震的恐惧。在这个地震中，受创最严重的是老底嘉城，但是距离老底嘉大约只有40公里之遥的非拉铁非，一定可以感受到这个地震的强大威力。④

公元17年的地震，不单在非拉铁非人的心中，留下了一个不可磨灭的影响，也在这个城市的历史中，留下了一个记号：为了要向罗马皇帝提伯瑞斯（Tiberius）表达感恩之意，非拉铁非不单为提伯瑞斯死去的养子泽曼尼卡斯（Germanicus），举行纪念性的祭典，按立事奉他的祭司；也将此城的名字，改为“新凯撒城（Neocaesarea）”。⑤ 在启示录2－3章中的七个城市中，只有非拉铁非是自愿以改名来表达他们感激之情的城市。这个新名字一直被使用，直到40年代为止。在非拉铁非的历史中，这个以改名来表达感恩的行动，在维斯帕先当皇帝之时（AD 69－79），又再次发生，只是这次她

---

① 此说是 Ramsay 的主张（*The Letters*, 287－89）。Hemer 认为他的说法有些夸张，但是基本上他同意 Ramsay 之见（*Local Setting*, 155）。

② Strabo, *Geography*, 13.4.10. 经过些许润饰的译文，是由杨牧谷的《基督书简》（页435）而来。

③ Strabo, *Geography*, 12.8.18.

④ Hemer, *Local Setting*, 157.

⑤ 在小亚细亚地区中，也有其他城市采取了改名的行动。

是以罗马皇帝之家族姓氏,弗拉维亚(Flavia)为名。一直到第三世纪之时,她都自称是弗拉维亚家族的非拉铁非。

和以弗所和别迦摩等城市相较,非拉铁非的宗教背景也不逊色。在前面我们已经提及,此城从一开始就以宣扬希腊文化为其主要任务,所以希腊神祇自然就出现在当代的钱币上了(例如,太阳神)。也因着如此,这个城市在第一世纪中,就有了"小雅典"的别名。① 当然在一般老百姓的心中,这些只在特别庆典仪式中才受到祭祀的神明,并不真正属于他们。所以在一些碑文上,我们就看见本地(Anatolian)神祇的出现;像是掌管生殖和制酒的戴安尼索(Dionysus),和掌理医治的亚克里比阿(Asklepios)。戴安尼索在此受到欢迎是一点也不令人意外的,因为此城虽然坐落在地震带上,但火山灰烬却使得这个地区成为一块肥沃的黑土(Catacecaumene),成为种植葡萄的最佳地点。公元92年,罗马皇帝豆米田(Domitian)因着饥荒的缘故,而下达了一个诏令:"铲除此地一半的葡萄树,改种粮食;并且不能再种植新葡萄树。"这个旨意虽然引起民怨,也没能完全贯彻,但此一命令却正好见证了制酒业在此地的兴盛。

在第一世纪之后的历史中,非拉铁非教会曾出现在安提阿主教依格那修(Ignatius of Antioch)的书信中。在依格那修被解送罗马的途中,他曾在此短暂停留,并在其后写信给在此城中的教会。② 此信内容显示此教会中有长老和执事,并且有主教主其事。信中亦提及犹太人对教会的影响,因此人子在此封书信中提及犹太会堂一事,应不是空穴来风。在士每拿主教坡旅甲(Polycarp of Smyrna)殉道之时(AD 156),也有11个非拉铁非的信徒,和他一起赴难。③ 在罗马帝国移都康士坦丁堡之后,小亚细亚地区的重要性就日渐增加。在中世纪基督教和伊斯兰教的战争中,非拉铁非是唯一坚持到最后一刻的城市。她虽然在最后依旧失守,但是在那个日子来到之前,她在伊斯兰教世界中,却一直扮演着独自抗衡伊斯兰教势力的角色。她在那一段时日中所显示的恒忍和坚持,正和第一世纪末叶非拉铁非教会的特质(详下)互相辉映。④

对这个坚守真理并且为此而付上代价的教会,人子在这封书信起首之处,自称他

---

① Mounce, *Revelation*, 115.

② *Letter to the Philadelphians*.

③ *Hist. Eccl.* 5.17.3-4.

④ 上述有关非拉铁非之地理历史背景资料,来自 Ramsay, *The Letters*, 286-93; Jones, *The Cities of the Eastern Roman Provinces*, 28-95; Yamauchi, *New Testament Cities*, 77-78; Price, *Rituals and Power*, 259; Hemer, *Local Setting*, 153-60; *ABD* 5:304-05; Aune, *Revelation* 1-5,234-35。中文的相关资料,亦见,巴克莱,《启示录注释 I》,页159-61;杨牧谷,《基督书简》,页432-37。

是“圣洁，真实，拿着大卫的钥匙，开了就没有人能关，关了就没有人能开的一位”。这个自称，就文脉的角度而言，似乎和在我们在前面所观察到的现象，即，人子在七封书信起首之处的自称，都是由第一章而来，有所不同。但若我们将本节和1:5，以及人子在老底嘉书信中的自称并列，此处之“真实的（ἀληθινός）”一语，应该是由1:5发展而来：①

1:5　信实的见证（ὁ μάρτυς ὁ πιστός）

3:7　圣洁真实的（ὁ ἅγιος ὁ ἀληθινός）

3:14　信实真实的见证（ὁ μάρτυς ὁ πιστὸς καὶ ἀληθινός）

再者，人子在1:18中，以手拿死亡和阴间钥匙的方式来表达祂王权的作法，也和本节中“手拿大卫家钥匙”一语，互相呼应。② 因此人子在此之自称，虽然和第一章之间，在字面上没有明显的联系；但是就其含义和形象而言，二者之间并非全然无关。但人子在此自称的意思究竟是什么呢？

在犹太人的思想中，“圣洁的（ὁ ἅγιος）”是神的称号之一，而其重点在凸显神和其他万物之间在本质上的不同。③ 在新约中，为要凸显耶稣的神性，许多新约作者便将这个原本只属于神的称号，加在人子的身上。④ 因此就这个角度来看，约翰和其他新约作者并没有什么不同。但是和其他新约作者（以及其他旧约作者）相较，约翰的独特之处，在于他在“圣洁的”之外，再加上了“真实的（ὁ ἀληθινός）”这个称号。在启示录中，这个“扩充称号”之举并不只及于人子而已，因为人子所等同的圣父，也应该受到相同的对待。因此在6:10那里，我们就看见那些在祭坛之下，为信仰而殉道之人的灵魂，以“圣洁真实的”来称呼那将要为人伸冤的上帝。但是“真实的”一语所要表达的是什么呢？

对这个称号，学界有三种不同的见解。第一，从希腊思想的背景来看，和“真实的”一语所相对的，是“不真实的”，因此它所要强调的，是人子属神的真实身份。在本封书信的后面，我们看见人子称那些拒绝祂弥赛亚身份的犹太人为“说谎的”（3:

① Stuart, *Revelation II*, 90; Beale, *Revelation*, 283.

② 有一些手抄本以“阴间”或是“死亡和阴间”来取代“大卫”。就经文鉴别而言，这些“异文”当然不是原始经文，但他们却反映出抄经者对本节经文和1:18之间关系的看法。

③ 诗16:10；赛40:25；何11:9；哈3:3；以诺一书1:2；37:2等。

④ 例如，可1:24/路4:34；路1:35；约6:69；徒3:14；4:27，30；约壹2:20。

9),因此这个称号的目的,在显出他们对祂错误的认识。① 第二,若我们从旧约的观点来看,这个称号的重点,不在人子属神的本质,乃在祂"信实可靠"的特性。准此,人子以"真实的/信实的"作为祂称号的目的,则是要向在受苦中的非拉铁非教会,提出祂必然会成就应许的保证。② 第三,在学界中也有人认为,这两个见解虽然不同,但他们之间的差异并不太大;因为前者强调人子属神的身份,而后者则把焦点放在人子因着属神身份而有的可信赖性。因此他们认为我们没有必要对这个称号的含义,做这么细致的区分。③

在这三个看法中,第二个看法应该是比较可行的:(1)在前面我们已经提及,本节经文和3:14中人子的自称,是由1:5发展而来,因此这个称号的含义,应该是"信实可靠"。④ (2)在分析"圣洁的"一语之含义时,我们已经知道这个称号的重点,在人子属神的地位和本性,因此若我们将"真实的"等同于"人子真实的身份"(第一种看法),那么这两个称号的含义就重迭在一起了。(3)启示录多处经文显示,人子之所以可以为王做主审判世界,是因祂曾信实的,至死不渝地为神做了见证(1:5;1:18;3:14;19:11)。因此若我们将紧跟在"真实/信实"之后,"拿着大卫家的钥匙"的元素也列入考虑,那么这个逻辑也一样出现在这节经文中了。

在这个理解之下,人子在这封书信中的自我介绍,其实正是祂一生事工的浓缩:从天而来的人子(圣洁的),信实的为父神做了至死不渝的见证(真实信实的),因此在祂从死里复活之后,就拥有统管神国的权柄(拿着大卫家的钥匙)。对非拉铁非教会来说,人子的这个"自我介绍"其实是相当适切的,因为他们现今所面对的逼迫苦难,正和祂在世之时的处境十分相似。因此祂在他们面前所立下的榜样,是他们现在能继续走下去的最好激励。⑤

从1:18人子手拿死亡和阴间钥匙的描述中,我们晓得祂的死和复活,让祂成为一个胜过阴间权势的审判官。但是在这里,"手拿大卫家钥匙"一语所要表达的,却是祂在神家中的权柄,因为他"开了就没有人能关,关了就没有人能开"。⑥ 此处经文是

---

① 例如,Beckwith, *Revelation*, 478 – 79; Kiddle, *Revelation*, 49。

② 例如,Charles, *Revelation I*, 86。

③ Hemer, *Local Setting*, 161; Beale, *Revelation*, 283.

④ 3:14的文法结构也支持这个看法(ὁ μάρτυς ὁ πιστὸς καὶ ἀληθινός),因为καὶ所连接的是无冠词的ἀληθινός,因此πιστὸς和ἀληθινός彼此平行,共同修饰ὁ μάρτυς。

⑤ 在腓立比书2:6 – 11中,保罗以基督"从神到人,从人到仆人,从仆人到死在十字架,再从死里复活到成为天地之主"的模式,来鼓励弟兄姊妹效法基督。与此相较,人子在此所做的,不论就形式或是目的来说,也具有相同的意义。

⑥ 因此这两处经文是彼此互补的。二者各自呈现人子权柄的某一个面向,但合在一起它们就将人子超天越地的主权,完整地表现了出来。

由以赛亚书22:22而来，“我必将大卫家的钥匙放在他（以利亚敬）肩头上。他开，无人能关；他关，无人能开。”这个旧约引句的背景，是耶路撒冷城在公元前711－701年间，①被亚述军兵围困之际（王下18:13－37），犹大王希西家的家宰舍伯那，不思解围之道，反倒为自己的后事而大兴土木：在高处为自己凿坟墓，在盘石中为自己凿出安身之所（赛22:16）。因此他的这个举动，不单显示出他不管国家兴亡，只关心自己利益的心态，也显示出他和专心依赖耶和华的希西家王之间（王下18:1－8），有着多么大的距离。② 因此神就差遣先知传达祂的旨意：以利亚敬将要取而代之，成为管理耶路撒冷居民的臣宰，犹大家的父（赛22:21）。

学者们对这个引用旧约的例证有不同的看法。有人认为约翰在此只是将人子类比于以利亚敬，因为他们在神的家中所扮演的角色是一样的；③而有人则认为，约翰并不只是将人子类比于以利亚敬，而是将以利亚敬当成人子在旧约中的“预表”。④但不管何者为是，此引句的目的在强调人子有统管神家的权柄，则是无庸置疑的事。这个面向的强调其实是和非拉铁非教会之处境息息相关，因为他们是否拥有神子民身份的事，和犹太人的看法完全无关（3:9），而是由拥有大卫家钥匙的人子来决定的。祂若向外邦人敞开救恩之门，有谁能将之再关上呢？

3:8 我知道你的行为——看哪，我在你面前给你一个敞开的门，是无人能关的。你略有一点力量，也曾遵守我的道，没有弃绝我的名（Οἶδά σου τὰ ἔργα, ἰδοὺ δέδωκα ἐνώπιόν σου θύραν ἠνεῳγμένην, ἣν οὐδεὶς δύναται κλεῖσαι αὐτήν, ὅτι μικρὰν ἔχεις δύναμιν καὶ ἐτήρησάς μου τὸν λόγον καὶ οὐκ ἠρνήσω τὸ ὄνομά μου）

拥有大卫家钥匙，在神的家中掌权做王的人子，当然知道非拉铁非教会的情况，因此人子在祂的“三重自我介绍”之后（3:7），就以“我知道你的行为”，作为本封书信主体部分的起首语。这一个模式是我们已经十分熟悉了的，因为在前面的五封书信中，我们都看见一句话，或是类似说法的出现。⑤ 但是和前面五封书信（以及后面的老底嘉书信）相较，此封书信的特别之处，在于人子在这句话后面所做的宣告：“看哪，我在你面前给你一个敞开的门，是无人能关的。”对于这一个特殊的现象，有人认为这

---

① J. N. Oswalt, *The Book of Isaiah* 1－39, 417.

② J. A. Motyer, *The Prophecy of Isaiah*, 186－87.

③ “In like manner,” Beasley-Murray, *Revelation*, 100.

④ 详见，Beale, *Revelation*, 284－85。亦见，J. Fekkes, *Isaiah and Prophetic Traditions in the Book of Revelation*, 130－33。在Fekkes的分析中，他指出（1）以利亚敬在赛22:20中被耶和华称为“我的仆人”；（2）在赛22:22中，神的应许是和“大卫的家”相关；（3）而以色列王和其管家之间关系，也和耶和华与弥赛亚之间关系，彼此平行。因此约翰把这段经文视为“弥赛亚经文”，并不令人意外。

⑤ 在士每拿和别迦摩书信中，这一句话是“我知道你的患难”（2:9），和“我知道你的居所”（2:13）；但不论就其文学角色和意义而言，这两句话和“我知道你的行为”有异曲同工之效。

是因为非拉铁非教会的情况十分险恶,因此人子在称赞他们之前(你略有一点力量……),就以这个应许来鼓励他们。① 也就是说,我们在此应该将这个宣告,当成一个插入语(parenthesis)。对这个特殊的现象,学界中也有人认为,我们应该把"我知道你的行为",当成一个完整句子;而跟在"看哪……"之后的"你略有一点力量……",则是人子赐下应许的原因(ὅτι)。②

就文法结构而言,这两个看法都有可能,但若我们参照3:1和3:15;前者的看法比较可信;因为在这两处经文中,人子除了以"我知道你的行为"一语,来表达祂对他们的了解之外,祂也以一个关系副词(ὅτι)所带领的子句,来做更多的说明(按名你是活的[3:1];你不冷也不热[3:15])。③

除了文法结构之外,学界对此一应许的内容,也有不同的意见。(1)保罗在他的书信中曾提及神为他开了传福音之门(林前16:9;林后2:12;亦参,西4:3),因此在这个类比之下,有人认为人子在此所应许的,也是如此。④ (2)在前面我们已经知道,别迦摩王朝所赋予非拉铁非城的使命,就是要她向其邻近地区宣扬希腊文化;而其地理位置,也正在一个交通枢纽之上。因此在这个背景的衬托之下,有人就认为这个应许不单呼应非拉铁非城的历史和地理特性,而其内容也是和宣扬福音有关。⑤ (3)从人子自称祂手握大卫家钥匙的上文来看(3:7),有学者则认为此处应许和传福音一事无关,而是在向非拉铁非教会保证,他们必然得以进入神国。⑥

在这些不同意见中,最后一个看法是最合理的。因为前两种看法虽然可能,但是他们基本上是建立在"类比"之基础上,其证据力当然比不上立即上下文所能提供的。⑦ 在这封书信中,"人子手拿大卫家钥匙……"之上文(3:7),明确告诉我们这个应许的意思;而"说谎之犹太人"的下文(3:9),也暗示非拉铁非教会被会堂拒绝的处境。因此人子在此之应许,也应该和这个情境有关。再者,若我们从后面人子应许得胜者必然成为圣殿(神的家)柱子的经文来看(3:12),"开门"所指的,显然也不是传福音的机会;而是得以进入神国的保证。事实上从人子接下来所说的话中,我们也可

---

① 例如,Thomas, *Revelation* 1-7,276;中文和合本则以移动经文次序的方式,来解决这个文脉逻辑的问题。

② 例如,Aune, *Revelation* 1-5,236。

③ 在2:2和2:9中的情况也一样,只是关系副词ὅτι并未出现。

④ 例如,Charles, *Revelation I*, 87。Caird则更明确的指出,人子在此是将向犹太人传福音的机会和权柄,赐给了非拉铁非教会(*Revelation*, 51)。

⑤ Ramsay, *The Letters*, 296-97.

⑥ Beckwith, *Revelation*, 480; Roloff, *Revelation*, 61; Morris, *Revelation*,78; Harrington, *Revelation*, 70.

⑦ 笔者并无拒绝"类比",或是"以经解经"的意思。在此我们只是在探索"间接证据"和"直接证据",在解经上何者比较优先的问题。

以看见这个解释的合理性（详下）。

“你略有一点力量”，所要表达的是信徒人数的稀少，或是非拉铁非教会在当代社会中，微弱的影响力。① 但是这些数目不多，在整个大环境下又显得相对弱势的信徒，却是一群能“遵守我的道，没有弃绝我的名”的人。在2:13那里，我们已经知道“坚守我的名”和“没有否认对我的信仰”，是人子从正反两面，对别迦摩教会的称赞，因为他们在巨大的压力下，依旧能持守信仰；而在此的“遵守我的道，没有弃绝我的名”，其含义和目的，也是如此。在约翰福音中，“遵守我的道”和“遵守我的命令”，有着相同的意思；②而在启示录中，我们也看见同样的情况，因为在12:17中和龙争战的，是那些“守神诫命，为耶稣作见证的人”；而在14:12中，当天使提及圣徒之时，也称他们是“守神诫命和耶稣真道的人”。也就是说，这些在患难中依旧持守信仰的人，不单遵守了神的道，也借着他们的忍耐而向这个世界见证了他们的信仰。因此他们既已证明了他们对神的忠心，进入神家的门自然就向他们敞开了（参，3:11）；而他们在永恒中的地位，也因此得着确认。

3:9 看哪！从属撒但一会的人，就是那自称是犹太人，其实不是犹太人，乃是说谎话的人中，我要使他们一些人来到你的脚前下拜，我也要使他们知道，我已经爱你了（ἰδοὺ διδῶ ἐκ τῆς συναγωγῆς τοῦ Σατανᾶ, τῶν λεγόντων ἑαυτοὺς Ἰουδαίους εἶναι, καὶ οὐκ εἰσὶν ἀλλὰ ψεύδονται. ἰδοὺ ποιήσω αὐτοὺς ἵνα ἥξουσιν καὶ προσκυνήσουσιν ἐνώπιον τῶν ποδῶν σου καὶ γνῶσιν ὅτι ἐγὼ ἠγάπησά σε）③

在这封书信中，和遵守人子之道，没有弃绝祂名之圣徒所相对的，是自认为自己是属神的犹太人。在士每拿教会书信中我们已经知道（详见2:9的注释），犹太人在小亚细亚地区中，不论就人数和社会地位而言，都比新兴的教会要来得更多也更有影响力。而由于一些历史的情结，他们对这个新兴的教会，总是带着敌意。从安提阿主教伊格那修所写给非拉铁非教会的书信中，我们知道这两个团体之间的紧张关系，在

---

① Mounce, *Revelation*, 117。杨牧谷，《基督书简》，页444－45。

② “遵守我的道”（约8:51，52，55；14:23，24；15:20；17:6）；“遵守我的命令”（约14:15，21；15:10）。

③ 本节经文的文法结构需要多一点的说明。第一个句子的本身并不完全，因为在“我要使（διδῶ）”之后，我们除了应该要有受词（在此是以 partitive genitive 形态出现的“一些撒但一会的人”）之外，也应该要有一个不定词（在启示录中多以ἵνα所带领的子句来替代），来让动词“我要使……”的意思完整。但是这个不定词（或是ἵνα所带领的子句）并没有出现。所幸这个“缺憾”由本节中第二个，也是以“看哪（ἰδοὺ）”为首的句子所补足。因为在这个句子中，和διδῶ同义的动词ποιήσω，不单有受词（αὐτοὺς），也有ἵνα所带领的子句，作为动词的补语。因此在翻译的时候，我们就把第一个句子和第二个句子连结在一起了（新译本也做了同样的处理）。有关本节文法问题，详见，Aune, *Revelation* 1－5，237。

第一世纪到第二世纪初的这段时间中,是不曾消退的。① 将那些改信基督教的犹太人赶出会堂,是犹太群体逼迫教会的一个手段;而在罗马政府面前控告基督徒,则是另一个打压教会的途径。我们不十分清楚在此城中的犹太会堂,曾对非拉铁非教会做了些什么,但是在3:8 中那两个过去式的动词显示(*曾遵守*我的道;*不曾否认*我的名),非拉铁非教会的确经历了一些事情。因此人子在这封书信中,再次称这些逼迫教会的犹太人,为"撒但一会的"。

在上一节经文中,我们已经看见人子向这个在患难中的教会,保证了他们在神国中的地位,但是在这节经文中,我们看见祂更进一步地指出,祂将要使那些逼迫他们的人,"来到他们的脚前下拜,也使他们知道我已经爱你了"。此一应许的旧约背景,是以赛亚书60:14 和其他三处主题相似的经文,赛43:4 和45:14;和49:23。②

60:14　素来苦待你的,他的子孙都必屈身来就你;藐视你的,都要在你脚下跪拜。他们要称你为耶和华的城,为以色列圣者的锡安。

43:4　因我看你为宝为尊,又因我爱你,所以我使人(即,埃及,古实和西巴人;参43:3)代替你,使列邦人替换你的生命。

45:14　耶和华如此说,埃及劳碌得来的,和古实的货物必归你,身量高大的西巴人,必投降你,也要属你。他们必带着锁链过来随从你,又向你下拜,祈求你说,神真在你们中间,此外再没有别神,再没有别的神。③

49:23　列王必作你的养父,王后必作你的乳母。他们必将脸伏地向你下拜,并舔你脚上的尘土。你便知道我是耶和华,等候我的必不至羞愧。

---

① *Philad.* 6:1. 依格那修劝非拉铁非教会不要接受犹太人的教训,因为他们只是"死人的雕像"。有关这封书信和启示录3:7-13 之间关系的讨论,见 Hemer, *Local Setting*, 168-70。

② Fekkes 的分析显示,约翰在此是将这几处主题类似的经文,融合在一起(*Isaiah and Prophetic Traditions in the Book of Revelation*, 133-35):

Isa. 60.14　πορεύσονται... καὶ παροκυνήσουσιν ἐπὶ τὰ ἴχνη τῶν ποδῶν σου (α′ σ′ θ′)
Rev 3.9bc　ἥξουσιν καὶ προσκυνήσουσιν ἐνώπιον τῶν ποδῶν σου καὶ γνῶσιν ὅτι ἐγὼ ἠγαπησά σε
Isa. 49.23　καὶ γνώσῃ ὅτι ἐγω...
Isa. 43.4　κἀγώ σε ἠγάπησα

③ J. D. W. Watts 认为,本节经文中的"你",是45:1-7 中的古实,而不是以色列人(*Isaiah* 34-66, 160-61)。但是从 J. A. Motyer 的分析中,我们可以相当确定,这个预言是向以色列人所发的(*The Prophecy of Isaiah*, 352;362-64)。

在这些经文中，我们看见神透过先知以赛亚应许以色列人，在将来的复兴中，祂将要使压迫他们的列国，来到以色列人的脚前，跪拜他们。从这个旧约背景来看，显然人子将这个应许，做了180度的反转，而将之应用在教会的身上。因为原本要跪拜以色列人的列国，如今成了以色列人；而原本要被神高举的以色列人，反倒变成了教会。但是祂为什么会将这个应许"反转"过来呢？因为在他们拒绝承认祂弥赛亚身份，并将祂送上十字架的事上，显明了他们并不是真正属于神的。他们的作为，正显示他们早就已经认鬼做父了（约8:44）。但以色列人的不信，是否会让神的应许落空呢（参，罗9:1－13）？当然没有。在人子所建立起来的真以色列群体身上，这个应许已经开始实现了。因为在这个新的群体中，不单有那些心受割礼，具有犹太血统的真犹太人（例如，使徒们），也包括了人子用自己的血，从各族各方各民各国中所买赎回来的人（启5:9）。

但人子在此所言，难道只是一个在历史中，已经开始成就的事吗？从罗马书11:26来看，有人认为人子在此所说的事，是末日以色列全家都要得救。① 但是这个看法必须面对两个困难。第一，犹太人在教会面前"下拜"的动作，并不必然表示他们的悔改和认信。② 再者，在这节经文中，两个为强调所言之事而有的"看哪（ἰδοὺ）"，以及紧紧跟在他们后面的两个动词，"我要给［使］（διδῶ）"和"我要使（ποιήσω）"，都显示他们"下拜"的动作，并非完全出于自愿，而是对一个事实不得不尔的承认。第二，这个看法所必须面对的最大困难，在于人子并没有说以色列全家都要得救。经文所告诉我们的是，只"有一些 在撒但（犹太）会堂中的人（ἐκ τῆς συναγωγῆς τοῦ Σατανα）"，会向教会下拜。

事实上这节经文（以及整封书信）的焦点，并不在犹太人身上，乃在非拉铁非教会；因为在这个城市中受到逼迫的，不是犹太人，而是那略有一点力量的教会。人子提及犹太人将要来到他们面前下拜的目的，是要让非拉铁非教会知道，虽然他们目前的处境十分艰难，但祂将要为他们伸冤，为他们"平反"；因为他们是为他所爱的。③ 在末日犹太人是否会全家归主，当然是一个十分值得关注的议题，但这却不是本节经文的主题。完全了解他们情况的人子，有可能对受到犹太人倾压的教会，大谈犹太人在末日只因着他们的血缘关系，就可以不问是非的重回神家的事吗？

3:10 你既遵守我忍耐的道，在试炼之时，就是那将要临到普天下，试炼住在地上

---

① 例如，Ladd, *Revelation*, 60；Thomas, *Revelation* 1－7, 282。

② Mounce, *Revelation*, 119；Bauckham, *The Climax*, 122, note 15；Aune, *Revelation* 1－5, 238.

③ 有关神为祂子民伸冤的主题，在启示录中是屡见不鲜的（6:10－11；8:3－5；11:15－19；16:3－7；19:1－3等等）。

之人的时候,我必保守你(ὅτι ἐτήρησας τὸν λόγον τῆς ὑπομονῆς μου, κἀγώ σε τηρήσω ἐκ τῆς ὥρας τοῦ πειρασμοῦ τῆς μελλούσης ἔρχεσθαι ἐπὶ τῆς οἰκουμένης ὅλης πειράσαι τοὺς κατοικοῦντας ἐπὶ τῆς γῆς)

在七封书信中,没有其他书信像这封书信一样的,充满着人子对教会的鼓励和安慰。从第八节中,我们已经看见人子对非拉铁非信徒属神身份的确认(开门),在第九节中,我们又看见人子应许他们,祂将要为他们主持公道,因为今日逼迫他们的犹太人,将要来到他们面前下拜;在这节经文中,我们又听见人子向他们保证,祂将要在将临的试炼中,保守他们。而这些令人安慰的鼓励和应许,只因为他们遵守了人子忍耐的道。①

但这个保证所指的,究竟是什么事呢?对持守"灾前被提论"的人来说,人子在此所应许的,是信徒在末日大灾难来临之前,将要被神提到空中(参,帖前 4:14 - 18),因此他们就不会经历神的审判。② 但是对持守"灾后被提论"的人来说,人子在此所应许的,不是信徒可以免去大灾难的磨难,而是祂将会保守他们走过大灾难的考验。③ 也就是说,信徒将和其他的人一样经历这个考验,但是他们却因着神的保守,而不会失去他们的信仰。

"灾前或灾后被提?"的确是一个引起许多关心的问题,但由于这个议题牵涉到许多其他的经文;因此在篇幅的限制之下,我们在此只能把焦点放在这节经文上,并且尝试从整卷启示录的角度,来看人子在这节经文中所应许的,究竟是什么。④ 第一,出现在本节中,"住在地上的人(τοὺς κατοικοῦντας ἐπὶ τῆς γῆς)"一语所指,并不只是一般性的"世上之人"。在启示录中,这个词组一共出现了 11 次。从这些经文中,我

---

① 学界对"我忍耐的道(τὸν λόγον τῆς ὑπομονῆς μου)"一语的意思,有不同见解。将"我的(μου)"当做整个词组的修饰语,那么它的意思可以是"我的忍耐的道"(以 subjective genitive 来理解"忍耐"),或是"我要你们坚忍的教训"(以 objective genitive 来理解"忍耐")。但若我们将"我的(μου)"修饰范围限定在"忍耐(τῆς ὑπομονῆς)",这个词组的意思就可以是"我所见证的忍耐之道"。将这个词组和在 13:3 中的"它的死伤(ἡ πληγὴ τοῦ θανάτου αὐτοῦ)"对比,"我忍耐的道"应该是约翰的意思。再者,在这封书信中,和这个词组所平行的,是前面 3:8 中的"我的道(τὸν λόγον μου)",因此这个平行关系也支持我们的看法。

② 例如,Walvoord, *Revelation*, 86 - 87; Thomas, *Revelation* 1 - 7, 284 - 90。

③ 例如,S. Brown, 'The Hour of Trial(Rev 3:10),' *JBL* 85(1966), 308 - 14; D. J. Moo, 'The Case for the Posttribulation Rapture Position,' in *Three Views on the Rapture* (Grand Rapids: Zondervan, 1996), 169 - 211; especially 197 - 98[本书原名 *The Rapture*]; Mounce, *Revelation*, 119 - 20; Collins, *The Apocalypse*, 28; Beale, *Revelation*, 289 - 92。在 *Three Views on the Rapture* 一书中,我们当然也看见有人持"灾中被提"的观点(G. L. Archer;页 113 - 45),但是在这个部分的论述中,启示录 3:10 完全没有被讨论;因此在此我们就不把这个观点列入考虑了。

④ 想要对这个问题有更多了解的读者,可以参考上一个脚注中所提及之 *Three Views on the Rapture* 一书。

们知道他们是名字没有写在生命册上的人，是和兽同党（13:8，14；17:2，8），逼迫教会并杀害信徒的人（6:10；11:10），于是他们就成了神审判的对象（3:10；8:13）。① 从这个角度来看，本节经文所提及的大灾难，不单是普世性的，也是特别针对这些敌对教会之人而有的。一般来说，此一论点是"灾前"和"灾后"两派都同意的。

第二，有关教会和这个大灾难之间的关系，两派的观点则有很大的距离；而让他们分道扬镳的原因，则是他们对本节经文中之"ἐκ（从）"这个介系词，有不同的解读。灾前被提论者认为这个介系词指出，神在大灾难来临之前，就将信徒提到了空中，因此他们不在大灾难之内（ἐκ）；②但是对灾后被提论者而言，此一介系词正显示信徒是先在患难之中，因此他们才有可能得着神的保守。③ 就文法的角度而言，这两个看法都有可能，但是若我们把带领这个介系词的动词也列入考虑（保守；τηρήσω④），那么灾后被提之说应该是比较可能的说法。因为在现今我们所知的希腊文文献中，"从……中保守（τηρήσω＋ἐκ）"的结构，只出现在约翰福音 17:15；而在那里我们所听见的，是人子当年在世之时，为祂的门徒向父神所作的祈求："我不求你叫他们离开世界，只求你保守（τηρήσῃς）他们脱离（ἐκ）那恶者。"⑤因此从人子的这个祈求当中，我们晓得那些跟随人子的人（参，启 7:14），因着他们所肩负为人子做见证的责任，将要继续这个世界中。而他们见证，将撼动撒但的国，因此苦难就不可避免了；但是神却会保守他们，好让他们不会因着磨难而失去信仰。⑥

第三，在启示录的七个教会中，属灵情况能和非拉铁非教会媲美的，应该就是士每拿教会了。但是在人子给这个教会的书信中（2:8－11），我们却没有看见人子也将这个"免去"试炼的应许，赐给同样受到犹太人逼迫的他们。人子在那里所求于士每拿教会的，是忍受患难十日，是"至死忠心"（2:10）。因此从类比的角度来看，灾后被提之说也是比较可能的。

---

① 在启示录中，含义相同但型式略有不同的词组也出现在 13:12 和 14:6。有关这个词组含义的分析，详见，Bauckham，*The Climax*，239－43。

② J. L. Townsend，'The Rapture in Revelation 3:10，' *BSac* 137（1980），252－66. 中文和合本的"免去"一语，正反映出这个观点。

③ R. H. Gundry，*The Church and the Tribulation*（Grand Rapids：Academic Books，1973），54－61.

④ Aune 指出（*Revelation* 1－5，238－39），约翰在这节经文两次使用这同一个动词（第一次是"遵守了"我的道），但却给予不同意义，正是他惯用文学技巧的反映（paronomasia；2:2，22；11:18；14:8；18:6，20，21；22:18，19）。

⑤ Thomas 尝试切断这两节经文的关联（*Revelation* 1－7，284－85），但是他的论点并不令人信服（参，Beale，*Revelation*，291）。

⑥ R. E. Brown，*The Gospel According to John* 13－21（New York：Doubleday，1970），761；L. Morris，*The Gospel According to John*（Grand Rapids：Eerdmans，1971），729－30.

第四,在启示录中,我们多次看见信徒受苦之事(6:9－10;7:14;11:7;12:13;17:6 等等),因此灾前被提论者推论,本节经文中的试炼并非圣徒在末日来临之前,在地上所受的苦难,而是末日的大灾难。这个灾难是圣徒不会经历的,因为他们已经被提到空中了。这个论证似乎相当合理,但是它只在我们以"肉身得着保守"的意思,来理解人子在此所做的保证时,它才是合理的。在启示录中,信徒的信仰得着保守,或者说信徒在属灵层面得着保守的主题,其实是重复出现在许多不同地方的。在这些经文中,约翰虽然使用了不同的象征和语法—像是在圣徒额上印了印(7:1－8),或是丈量在殿中礼拜的人(11:1－2),甚或是在旷野被养活 1260 天(12:6)等等,但这些经文的主题却都一样,那就是神将要保守那些属祂的人。①

第五,在 1:1 和 1:7 那里,我们已经看见约翰的末世论,是"已经但尚未(already and not yet)"的。也就是说,神国在人子第一次降世之时,已经从天上闯入了这个世界,但是这个国度却必须等到福音传遍天下之后(太 24:14),在人子第二次再来之时,才会完全的建立起来。但若是我们从撒但之国的角度来看,"已经但尚未"的意思是,它的国在人子第一次降世时,已经开始衰败,而其完全败亡的日子,将在人子第二次来临时来到。因此包含在神国降临之概念中的,不单是神的拯救,也是神的审判。② 而这两者,在"已经开始但尚未到达终点"的这段时间之内,是同步进行的。因此在启示录后面七印和七号这两个系列中(6:1－8:5;8:6－11:19),我们都看见神在灾难中,保守圣徒之"插曲"的出现(7:1－17;10:1－11:14)。③ 从这个角度来看,本节经文中之"试炼的时候(τῆς ὥρας τοῦ πειρασμοῦ)"所指的,恐怕不只是末日的大灾难,而是在人子第一次降世和第二次再来之间,神对这个世界的审判(启 6－19 章)。这个观点在我们前面所提及约翰福音 17:15 的上文中,得着证实。因为人子在那里向神祈求保守门徒的原因,是因为在祂离开他们之后(16:4b－5),他们即将进入"试炼的时候"(16:2,4),④而对人子而言,祂的"试炼的时候"不单是即将来临,也是已经来到了的(ἰδοὺ ἔρχεται ὥρα καὶ ἐλήλυθεν;16:32)。在人子第一次降世和祂第二次再临之间,神对世界的审判将要逐渐加重,而祂的审判将要在祂第二次再临之前,到达一个高峰(第六印,第六号,第六碗),但是这些大大小小的审判,都是"末日的大灾

---

① Mounce, *Revelation*, 119; Beale, *Revelation*, 289;亦见后面我们对这三处经文的分析。

② 神拯救以色列人脱离埃及的同时,是祂对埃及的审判(十灾);而他将迦南地赐给以色列人(神国的建立)的事,也是祂对迦南地居民的审判(除灭迦南地之人)。

③ 特别是,7:1－3,14;11:1－2。七碗之灾的系列是三个七灾中的最后一个,因此它自然没有保守圣徒的"插曲"出现。

④ 16:2,ἀλλ᾽ ἔρχεται ὥρα; 16:4,ὅταν ἔλθῃ ἡ ὥρα αὐτῶν.

难”，因为末日之钟在人子第一次降世之时，就已经起动了。①

本节经文的含义的确引起许多的讨论，但是它的目的却十分清楚，因为人子在此向非拉铁非教会的圣徒说：你既遵守了（ἐτήρησας）我忍耐的道，因此在那即将要临到（τῆς μελλούσης ἔρχεσθαι）你们的试炼中，我将要保守（τηρήσω）你们，叫你们不致于失脚。

3:11 我必快来，你要持守你所有的，免得人夺去你的冠冕（ἔρχομαι ταχύ· κράτει ὃ ἔχεις, ἵνα μηδεὶς λάβῃ τὸν στέφανόν σου）

在启示录中，人子七次宣告“我要来临/降临（ἔρχομαι）”；②而在其中有五次祂所说的是“我要快来（ἔρχομαι ταχύ）”。③ 但是“快”一词的出现与否，对经文的意思并没有太大的差别。22 章中三个“我要快来”所指的，应该是祂第二次的再临，但是从前面的分析中，我们知道 2:5 和 2:16 中的“我要降临”，所指的不是祂的再临，而是祂要藉圣灵降临在以弗所和别迦摩教会中，好对不悔改的他们，进行祂的审判。④ 在本节中的“我必快来”，其含义也应该是如此的。对有属灵疏失的教会，祂以祂即将来到他们中间进行祂的审判，作为警告；但是对于持守真道的教会，祂则是以祂会在他们身处患难之时，来到他们中间，并且保守他们不失脚，作为祂的鼓励和应许（3:10）。事实上人子在此所作的保证，并不是一个全新的应许，因为当祂仍然在世之时，祂就已经告诉祂的门徒，在他们遇见患难的时候，祂（或是圣灵）将会和他们同在，并会指教他们该说什么话（太 10:19-20/可 13:11/路 21:14；路 12:11-12）。⑤

就其内容而言，这个应许也不是一个全新的应许。从“你要持守你所有的，免得人夺去你的冠冕”一语来看，人子在非拉铁非教会持守人子的道，没有弃绝祂的名之时（3:8），就已经保守了他们，并且也已经将他们的奖赏（冠冕），赐给了他们。因此人子在此的应许是，他将会在未来的患难中，继续的保守他们。对一个不畏艰难，不管自己力量微小，但求忠心见证主的教会，人子所能应许的，就是祂将继续站在他们的身边。

但冠冕所指为何？在士每拿书信中，“生命的冠冕”所指的，是永恒的生命（2:

① 参，太 24:6-8/可 13:5-8/路 21:8-13。

② 2:5，16；3:11；16:15；22:7，12，20。

③ 2:16；3:11；22:7，12，20。

④ 亦参 3:3；在那里人子所用的字眼是ἥξω。在导论的部分（启示录的释经学），我们知道约翰除了使用 4，7，12 等数字来表达真理之外，他也刻意地让一些词语在启示录中，出现 4 次，7 次，或是 12 次。在“我要降临”的例子中，这个现象也十分清楚。因为在 3:3 和 16:15 中，约翰都提及人子将要如贼降临，但是他在这两处经文中，却用了意思相同，但形式却不一样的动词，而其目的，应该是为了要让ἔρχομαι保持在“被使用了七次”的情况中。

⑤ 在这几处的经文中，指教门徒如何说话的，是“父的灵”（太 24:19），“圣灵”（可 13:11；路 12:12），或是“人子”（路 21:14）。因此从这个对比中，“人子藉圣灵降临在教会中”的说法，也得着证实。

10),但在本封书信的上下文中,其重点可能有所不同。从现存石碑上的铭文中,我们知道在当时曾有许多运动竞赛在非拉铁非城中举行。而在这些竞赛中,得着胜利之人的奖赏就是一顶桂冠(参,林前9:25;提后4:8)。因此"冠冕"一词在此的出现,对非拉铁非教会来说,应该是具有特别意义的。① 但非拉铁非教会的信徒,是在哪一个竞赛中得胜的呢?从前面的经文中,我们知道他们所参加的,或者更准确地说,他们所被迫参加的,是"谁才是属神的真以色列人?"的竞赛。从表面上看起来,力量微小的他们的确不是犹太会堂的对手;而从他们的处境观之,我们也绝对无法想象他们会是得胜的一方。但是他们对神的忠心,却显示出他们才是真正属神的子民。属神子民的内在特征,是永恒的生命,但是就其外在表征而言,他们当然是属于神的一群人,因此在他们的身上,就有了神的名,新耶路撒冷之名,和人子之新名(3:12)。

3:12-13 得胜的,我要叫他在我神殿中作柱子,他也必不再从那里出去。我又要将我神的名,和我神城的名,就是那从天上,从我神那里降下来的新耶路撒冷,以及我的新名,都写在他身上。[13]圣灵向众教会所说的话,凡有耳的,就应当听(ὁ νικῶν ποιήσω αὐτὸν στῦλον ἐν τῷ ναῷ τοῦ θεοῦ μου καὶ ἔξω οὐ μὴ ἐξέλθῃ ἔτι καὶ γράψω ἐπ' αὐτὸν τὸ ὄνομα τοῦ θεοῦ μου καὶ τὸ ὄνομα τῆς πόλεως τοῦ θεοῦ μου, τῆς καινῆς Ἰερουσαλὴμ ἡ καταβαίνουσα ἐκ τοῦ οὐρανοῦ ἀπὸ τοῦ θεοῦ μου, καὶ τὸ ὄνομά μου τὸ καινόν. [13]ὁ ἔχων οὖς ἀκουσάτω τί τὸ πνεῦμα λέγει ταῖς ἐκκλησίαις)

在前面我们已经晓得,非拉铁非教会是个在患难中依旧持守真道的教会(3:8),因此人子就应许他们,他将要在未来的灾难中保守他们不失脚(3:10-11)。但是在本节中(12),我们看见人子更进一步地向他们保证了他们在永恒中的地位。而这个保证,是以两组象征来表达的:在神的殿中作柱子,有名字在他们的身上。

但"在神的殿中作柱子"的含义究竟是什么呢?(1)以约阿施登基为犹大王之时,"照例站在柱旁"的事件为背景(王下11:14;亦参王下23:3),有人认为"作柱子"之象征,在表达圣徒将要被立为王的意思。② 此说虽然很吸引人,但是它的最大困难在于人子的应许是"在神的殿中作柱子",而不是"站在柱子旁"。(2)初代教会认为雅各矶法和约翰是支撑教会之柱子(加2:9),因此从这个背景来看,这个象征的意思,似乎在表达"得胜者的重要性"。③ 但若我们从"他也不再从那里出去"一语来看,

---

① 详见 Hemer, *Local Setting*, 165,267-68(note 51)。

② R. H. Wilkinson, 'The ΣΤΓΛΟΣ of Revelation 3:12 and Ancient Coronation Rites,' *JBL* 107 (1988),498-501.

③ Trench, *The Epistles to the Seven Churches in Asia*, 172. 在当代希腊罗马的背景中,"柱子"也同样象征重要性(详见,Aune, *Revelation* 1-5,241)。

这个象征的重点显然是"稳定和持久"。① 也就是说,人子在此所应许的是,得胜者将要像圣殿中之柱子一样的,永远侍立在神的面前。② 这个应许的含义,在7:9－17的异象中变得更为清晰,因为在那里约翰让我们看见,得胜者不单是从大患难中出来(7:14;参3:10),曾用羔羊的血把衣裳洗白净的人(7:14;参3:8),也是那些将要在神宝座前,昼夜在祂殿中事奉祂的人(7:15)。

就释经的角度而言,"他也不再从那里出去"一语,的确界定了"在神的殿中作柱子"的意思;但是从文学效果的角度来看,这句话的使用应该也有特别的目的。在前面我们已经知道,在非拉铁非的历史中,此城曾经历了两次的大地震,而其后果,则是让此城居民长住城外。因此对于这个习于"跑地震"的教会来说,"不再从那里出去"的应许,恐怕也会引起他们在感情上的共鸣和认同。③

能够在神的殿中事奉祂的人,当然是属神的人。因此在他们的身上,就有了"神的名,新耶路撒冷之名,和人子的新名"。但是这个"柱子＋名字"的意思是什么?

(1) 在旧约所罗门王所建的圣殿主体之外,有两支名为雅斤和波阿斯的柱子(王上7:21;代下3:15,17),因此有人认为人子在此所说的,是以此为背景;而其含义,则在强调他们在永恒中的地位。④ 此说虽然可能,但是人子在此所说的,是得胜者要在神的殿中,而不是在殿外作柱子。再者,我们虽然知道这两根柱子各有其名,但是对于他们的意义,⑤以及这两个名字是否刻在柱子上的事,都不清楚;因此这个看法在学界并没有得着太多的支持。

(2) 从当时的文献中,我们晓得凯撒神庙的祭司在退休之际,会在庙庭中为自己立一个雕像,并在其上刻上他自己和他父亲的名字,他的出生地和他事奉的起讫年岁。因此在这个类比之下,有人认为人子在此所应许的,是得胜者在未来的国度中,将享有祭司之尊。⑥ 这个看法也很吸引人,但是它有几个困难。第一,此文献所记录的,是公元11年时发生在西班牙之事,因此就时空而言,这个记录和人子在此所应许的,有极大的距离。⑦ 第二,人子在此所应许的,是在神的殿中作柱子,而不是成为纪

---

① 例如,Wilcock, *Revelation*, 55; Mounce, *Revelation*, 120; Thomas, *Revelation* 1－7,292。

② 在新耶路撒冷的异象中,约翰说"我未见城内有殿"(21:22)。因此从表面上看起来,这两节经文之间,似乎有所矛盾。但不管是这里或是那里,"殿"、"柱子"或是"城",都是象征,因此它们存在的目的,只在其各自的上下文中,传达真理。详见21:9－27的注释。

③ Hemer, *Local Setting*, 166.

④ Farrer, *Revelation*, 81.

⑤ 有关这两支柱子的意思,G. H. Jones在其注释书中,有很好的整理(*1 and 2 Kings*. vol. 1[Grand Rapids: Eerdmans, 1984], 182－83)。

⑥ Charles, *Revelation I*, 91－92; Kiddle, *Revelation*, 53－54.

⑦ Aune, *Revelation* 1－5,242.

念性的雕像,因此二者的关联性也令人起疑。第三,非拉铁非城要到公元 213 年之时,才拥有第一座凯撒神庙,因此 90 年代的信徒是否知晓这个立雕像的习俗,也是件不能确定的事。①

(3)除了上述的两个建议之外,在学界也有人认为人子在此所应许的,是以以赛亚书 62:1 -2 和 65:15 为背景的。② 在以赛亚书 62:1 -2 中,神透过先知以赛亚向以色列百姓(以锡安或是耶路撒冷为其象征)发出祂的应许:在将来的复兴中,祂要将公义和救恩之福加在他们的身上(62:1);而这个复兴的工作,不单让列国得见以色列的荣耀,也让以色列得着一个耶和华亲自选择的新名(62:2)。这个新名的赏赐,当然不是所有以色列人都可以得着的,因为他们中间多有背弃祂,惹祂发怒的人(65:2 -7)。在将来的世代中,只有那些对神忠心的人才能拥有这个新名(65:8,15)。③ 因此从这两段经文来看,先知所预言将来复兴的特色之一,就是神的百姓将要得着一个新名。

但约翰要如何将这个对以色列人所发的预言,应用在教会身上呢?在这两段旧约经文中,先知的确只模糊地告诉我们,这个复兴的工作将要由一位受膏者来完成;但是从耶稣出来传道之时,特别选择以以赛亚书 61:1 -2a 作为祂"就职宣言"的事来看(路 4:18 -21),显然祂对祂事工的认识,是和先知在此所预言之事息息相关的。或者更准确的说,祂认为祂的事工,就是先知预言的应验(路 4:21)。④ 准此,约翰将这个预言应用在教会身上,就不令人意外了。因为教会的出现和成立,正是弥赛亚(受膏者)事工的结果。

但约翰为何要不厌其烦地以三个名字加在教会身上呢?第一,旧约的以色列人是神从万民中所拣选出来的一群人,因此在他们的身上就背负着神的名字(民 6:27;申 28:10;赛 43:7;但 9:18 -19)。同样的,新约教会也是神从万国中所拣选出来的,因此在她的身上也有神的名字,因为她也是属于神的。第二,在约翰所暗引的以赛亚书 62:1 -2 中,以色列人是以耶路撒冷为其表征(转喻法),因此新约教会也同样地以耶路撒冷为其名。但是在该处经文的上下文中,我们知道此城的出现,是出于神特别

① Price, *Rituals and Power*, 259; Hemer, *Local Setting*, 166.

② Beale, *Revelation*, 293,296; J. Fekkes, *Isaiah and Prophetic Traditions in the Book of Revelation*, 128 -30. Fekkes 指出,约翰在启示录 21:1 -4 中暗引了以赛亚书 65:17 -20 的事实,也使得本节经文和赛 62:1 -2;65:15 之间的联系,更为稳固。

③ J. A. Motyer, *The Prophecy of Isaiah*, 505 -06,526 -29. Motyer 认为,65:15 的意思是,对神所拣选的仆人来说,神对以色列人的审判(65:11 -14),将让他们的名字成为一个咒诅的记号;而与此相对的,则是他们的新名,一个得着祝福的记号(65:8 -9,13 -14)。亦见,R. N. Whybray, *Isaiah 40 -66*,274。

④ I. H. Marshall, *The Gospel of Luke*(Exeter: Paternoster, 1978),185; J. Nolland, *Luke 1 -9:20*(Dallas: Word Books, 1989),198.

的恩典，因此“从神那里，从天而降”的强调，就变成是必须的了。第三，但约翰为何在这两个名字之外，还要加上人子之新名呢？从 3:8 来看，人子将祂的新名赏赐给非拉铁非教会，是因为他们在患难中“没有弃绝祂的名”。但若我们从以赛亚书的背景来看，人子许教会以祂的新名，则是出于两个理由：(a)这一群子民必须如先知所预言的一样，有个新的名字；(b)这个新子民的出现，是人子救赎工作的结果，因此这个新名就必须反映出这个事实。所以在他们的身上，就有了“*人子的*新名”。①

从约翰将“新”连结于“人子之名”的动作中，我们不单可以看出他对先知预言之理解，我们也可以看见他对人子属神地位的强调。因为耶和华神所应许的，是由人子来成就的。但是这一个面向的强调，会不会让人产生“过分高举人子”的印象呢？当然可能，因此在这节经文中，我们就看见约翰四次使用“*我神的*(τοῦ θεοῦ μου)”这个词组，以为平衡：殿是我神的殿，名是我神的名，城是我神的城，而此城的出处，也是从我的神而来；因此得胜者所能得到的一切奖赏，都是从神而来。

人子许教会以这三个名字的奖赏，当然是要突显先知预言的可靠性。但若我们从本封书信的上下文来看，此一奖赏也是为了要突显教会和犹太会堂之间的对比(3:9)。因为透过这个奖赏，人子向受到犹太人逼迫排挤的非拉铁非教会说，在将来的世代中拥有永恒地位的，不是自称为犹太人的他们，而是出于我的你们(包括了信主的犹太人和外邦人)。②

解释和应用

启示录的文学特色之一，是黑白分明的对比：(1)相对于第六印中，世人四处躲避神之刑罚而不可得的恐怖场景(6:12－17)，是第七章中圣徒蒙保守，并在天庭中敬拜神的画面；(2)从 13 章来看，在海陆两兽手下的圣徒，其前途显然是黯淡无光的，但是在 14 章中，他们却是站在锡安山上，弹琴唱歌颂赞神的一群人(14:1－5)；(3)大淫妇巴比伦虽然享尽一切人间的荣华富贵(17－18)，但是能反映出神之荣耀的，却是新妇耶路撒冷(21:9－27)。类似对比还有很多，但我想这三个例子已经足够显明启示录

---

① 在新天新地的情境中，“新”的这个元素，则是很自然地和“耶路撒冷”连结在一起了(21:2)。初代教会认为，人子所赏赐的“新名”就是“基督徒”(文献索引见，Aune，*Revelation* 1－5，244)。Ramsay 认为非拉铁非城曾两次改名的历史(见 3:7 注释)，对照人子在此赐新名的应许，将对收信者产生“心有戚戚焉”的效应(*The Letters*，301－02)。这个建议是有可能的，但是从以上的分析中，我们应该可以合理地推论，约翰在此对神学议题的重视(预言的应验，圣父和圣子在神救赎计划中的角色，以色列人和教会的关系等等)，恐怕是多过他对美学(文学效果)的考量。

② 有关“圣灵向众教会所说的话……”一语的意思，见 2:7 的注释。

在这一方面的特色了。

从前面我们的分析中,显然这个文学特色也一样的出现在这卷书中。因为相对于只略有一点力量的非拉铁非教会,人子在这封书信中所铺陈的诸多鼓励和应许,和他们人单势孤的情境,完全不成比例。祂说祂要向他们开门;祂说祂要使那些逼迫他们的人,来到他们的脚前下拜;祂也说祂要在他们患难的年岁中,保守他们不失脚;祂更向他们保证,他们在永恒中的地位已经确认。除此之外,祂还说略有一点力量的他们,要成为神殿中的柱子;而在当代社会中没有什么影响力的他们身上,却可以有着神的名,圣城的名,和人子的新名。

是什么事情让神将自己的名声,几乎是孤注一掷地押在这些人身上呢?只因他们"遵守了人子忍耐的道和没有弃绝人子的名"吗?当然,因为当他们选择以默然忍受的态度,来应对苦难和逼迫时,他们就显示了他们对人子弥赛亚事工的认同(赛53:7-8)。而对认同人子弥赛亚事工的人,神能不认同他吗?神能不将祂最大的恩典,即,在永恒中与祂同在的恩典,赐给那些跟随人子脚踪而行的人吗?

凡在人面前认我的,我在我天上的父面前也必认他;
凡在人面前不认我的,我在我天上的父面前也必不认他。
(太10:32-33)

Ⅱ.2.7 给老底嘉教会的书信(3:14-22)

人子要约翰写给老底嘉教会的书信,因着这个教会的"不冷不热",而在教会历史中,大大地出了名。在此描述上大作文章的,多有人在。但究竟人子以"不冷不热"来责备这个教会的真正原因是什么?这个教会的问题,只在她爱主的心不够火热吗?在属灵之事上的"温吞吞",真的严重到人子必须以"困苦,可怜,贫穷,瞎眼,赤身"的语词(3:17)来形容她吗?究竟她的情况是如何的?而二十一世纪的教会和她之间,又有什么类似的地方呢?

经文翻译

14 你要写信给老底嘉教会的天使:那为阿们的,为诚信真实见证的,在神创造中为首位的,如此说,

15 我知道你的行为,你既不冷也不热。我巴不得你或冷或热。16 你既如温水,

不冷也不热，所以我将要从我口中把你吐出去。17 你说，我是富足，已经发了财，一样都不缺。却不知道你是那困苦，可怜，贫穷，瞎眼，赤身的。

18 我劝你向我买火炼的金子，叫你富足。又买白衣穿上，叫你赤身的羞耻不露出来。又买眼药擦你的眼睛，使你能看见。19 凡我所疼爱的，我就责备管教。所以你要发热心，也要悔改。20 看哪，我站在门外叩门。若有人听见我声音而开门，我要进到他那里去；我与他，他与我一同坐席。

21 得胜的，我要赐他在我宝座上与我同坐，就如我得了胜，在我父的宝座上与他同坐一般。22 圣灵向众教会所说的话，凡有耳的，就应当听。

经文结构

2.2.7 给老底嘉教会的书信 3:14－22

2.2.7.1 序言 3:14

2.2.7.1.1 写信给老底嘉教会的命令(14a)

2.2.7.1.2 先知性信息的专用起首语(Τάδε λέγει;14b)

2.2.7.1.3 人子身份的宣告(14c)

2.2.7.2 书信主体 3:15－20

2.2.7.2.1 人子对老底嘉教会的责备(3:15－17)

2.2.7.2.1.1 不冷不热(15－16)

2.2.7.2.1.2 对自己错误的认识(17a)

2.2.7.2.1.3 老底嘉教会的真相(17b)

2.2.7.2.2 人子对老底嘉教会的期许(3:18－20)

2.2.7.2.2.1 向人子买三样药方:金子,白衣和眼药(18)

2.2.7.2.2.2 向爱他们的人子悔改发热心(19)

2.2.7.2.2.3 向站在门外的人子开门(20)

2.2.7.3 书信结语 3:21－22

2.2.7.3.1 给得胜者的应许(21)

2.2.7.3.2 警语(22)

经文分析

3:14 你要写信给老底嘉教会的天使:那为阿们的,为信实真实见证的,在神创造中为首位的,如此说(Καὶ τῷ ἀγγέλῳ τῆς ἐν Λαοδικείᾳ ἐκκλησίας γράψον· Τάδε λέγει ὁ Ἀμήν, ὁ μάρτυς ὁ πιστὸς καὶ ἀληθινός, ἡ ἀρχὴ τῆς κτίσεως τοῦ θεοῦ)

人子在拔摩异象中,要约翰写的最后一封书信,是给老底嘉教会的。老底嘉城位在拉卡斯河(Lycus)所冲积出来的平原中,和希拉波利(Hierapolis)①以及歌罗西(Colossae)②并列为这个地区中的三个大城。就地理位置而言,此城不单位在吕底亚(Lydia)、弗吕家(Phrygia)和卡瑞亚(Caria)三地的接壤处,也是古代交通的枢纽。从东方以弗所而来的大道,在此和由西边叙利亚而来的大路相会;而从西北经撒狄,非拉铁非而来的驿道,也必须通过此城才能往南抵达地中海。

老底嘉城的创建者是叙利亚王安提阿哥二世(Antiochus II;261 – 246 BC)。此城原名为迪欧斯波利斯(Diospolis)和劳斯(Rhoas),但安提阿哥二世为了要巩固其疆土,不单把效忠于他的百姓迁移到这个地方,也将此城改名,以其妻(同父异母的妹妹)老底嘉之名,作为这个城市的新名。③ 就其建城的目的而言,老底嘉似乎不是一个太好的选择,因为她虽有交通优势,但其地势并不特别险要。在公元前188年,此城易手于别迦摩王国,而在133年之时,又再度易手于罗马的手中。④

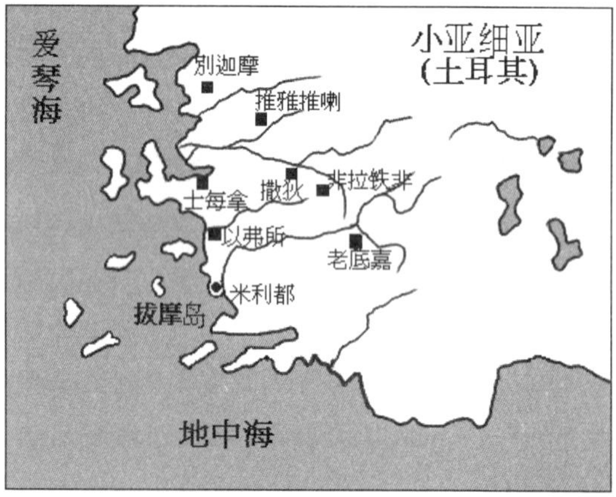

在罗马所带来的和平盛世中,老底嘉得着最大程度的发展。她在交通位置上的优势,使得她成为这个地区中的后起之秀。拉卡斯平原土壤肥沃,农业和畜牧业特别发达。在这个地区中,以黑色羊毛所织成的各式外袍,是当时极为出名的产品。而这

① 参,歌罗西书4:13。
② 歌罗西书2:1和4:15-16显示,老底嘉教会和歌罗西教会往来密切。毕竟这两个城市之间只有十六公里左右的距离。
③ 安提阿哥二世和老底嘉于公元前253年离婚,因此这个城市应是在这个时间之前建立的。
④ 有关此事始末,见2:12的注释。

些产品都是以老底嘉为集散地，因此出自此区的羊毛外袍，人都冠之以“老底嘉牌（Laodicene）”之名。① 在这些羊毛外袍中，有一个款式是无袖的长袍。除了在中间有一个用以套头的大洞之外，它是一整件具防雨功能的袍子。此袍在罗马大为流行；而后也演变为神职人员在圣礼中所穿的外袍（chasuble）。② 老底嘉在商业上的发展，使她成为一个金融中心，因此西塞罗（Cicero）于主前51年就任小亚细亚抚巡时，可以仅仅以一纸“委任状”，就在此城提领了他的“安家费（vasarium）”。③ 在公元60年之际，此城遭遇了一场极为严重的地震，但她的经济实力，正反映在罗马史学家塔西佗的记载中：

> 老底嘉是亚细亚最著名的城市之一。同一年间她也因地震而受到摧毁，但是他们并没有接受我们（罗马）任何的援助，竟然借着自己的资源就把城市重建起来了。④

在商业和交通上具有重要地位的老底嘉，当然也成为这个地区的政治中心。此城和希拉波利等20余个城市，同属一个司法管辖区（*Cibyratic connentus*），但是罗马巡抚却以老底嘉作为他开庭审案的地方。在罗马皇帝戴克里先的任内（Diocletian；AD 284–305），此城更进一步的成为弗吕家行省的首府。

老底嘉城所敬拜的神祇是弗吕家的门·卡鲁（Men Karou）。此神的神庙在老底嘉西边约20公里处。这个神庙的特色之一，是与医治有关。据说它的医学中心设在老底嘉城内，以眼科和耳科而闻名于世。在第一世纪之时，此医学中心不单训练出十分出名的眼科医生，也向外输出了混合了多种矿物的眼药粉。在老底嘉城所发行的钱币上，我们还可以看见当代眼科医生的图像，由此可见这门医学在当地的重要性。在第一世纪之时，迪模斯西尼医生（Demosthenes，又名 Philalethes）可以说是这个行业中的个中翘楚。他的著作不单成为当代有关眼科的教科书，也在中世纪之时，被翻译为其他文字而广被人知。

在前面我们已经知道（见2:9注释），犹太人在公元前586年圣殿被毁之时，就已经向外移民至小亚细亚地区了。而从犹太史学家约瑟夫（Josephus）的记录中，我们也晓得叙利亚王安提阿哥三世（Antiochus III），为要稳定这个地区，也曾在公元前213

---

① Jones, *The Cities of the Eastern Roman Provinces*, 74.
② S. E. Johnson, ‘Laodicea and Its Neighbors,’ *BA* 13(1950), 8.
③ 史料出处，见上一个脚注。
④ Tacitus, *Annals* 14:24. 译文来自巴克莱，《启示录注释 I》，页176。

年左右,将两千个犹太家庭从巴比伦迁徙至吕底亚和弗吕家。① 因此在这两个地区接壤之处的拉卡斯平原(老底嘉的所在地),就有了他们的踪迹。西塞罗的著作告诉我们,罗马巡抚非克斯(L. V. Flaccus)在公元前62年时,曾在老底嘉从犹太人的手中,没收了约有10公斤重的黄金,因为这些金子是预备送往耶路撒冷圣殿,作为犹太人献给圣殿的"人头税"。② 依当时的规定来计算,这一个数量的金子表示此城,以及其周边地区,应有7500个左右的犹太男丁。因此他们在这个地区中,数目委实不少。从当地出土的碑文中,我们并不曾看见犹太人的名字,这显示他们可能深深地同化于当地的文化中了。③

对老底嘉教会的源起,我们没有太明确的资料。从歌罗西书2:1看来,这个教会显然不是保罗所亲自建立的。④ 但是歌罗西书1:6-7和4:12-13显示,老底嘉和歌罗西教会的出现,却和保罗的同工以巴弗有密切关系。从启示录3:14-22的内容来看,第一世纪末老底嘉教会的属灵情况,实在叫人摇头叹息(详下);但是人子的信息,显然对这个教会产生了影响。因为在往后的历史中,我们看见老底嘉教会在为主做见证的事上,并不比其他教会逊色。在公元161-167年间,任职老底嘉教会主教的撒歌瑞斯(Sagaris),以殉道为其事奉和生命的终点;而在公元363年所举行的地区性教会会议,也是在此教会中所举行的。来自各地的三十余位教会代表,在此会议中讨论教会事务,并确认在崇拜中,教会应该公开宣读那些新旧约书卷。⑤

在这封书信中,人子的自称包含了三个部分:"为阿们的","为信实真实见证的",和"在神创造中为首位的"。在新约中,以"阿们"作为人子之称号的经文,只有此处,因此人子的这个"自我介绍",在学界就引起了许多的讨论。从犹太人的一个释经传统中,有人认为此处的"阿们('Αμήν; אָמֵן)"是在错误的理解之下,由箴言8:30所提及的在神创造世界之时依赖的"工师(אָמוֹן)"一语而来;而"为诚信真实见证的"和"在神创造万物之上为元首的"则是由箴言14:25(真见证;עֵד אֱמֶת)和8:22(在太初创

① *Ant*. 12.149.
② Cic. *Pro Flacco* 28.68.
③ Hemer, *Local Setting*, 182-84.
④ "我愿意你们晓得,我为你们和老底嘉人,并一切没有与我亲自见面的人,是何等地尽心竭力。"
⑤ 有关这个会议的细节,可见 B. M. Metzger, *The Canon of the New Testament*(N. Y.: Oxford, 1987), 210。令人遗憾的是,启示录一书却不在此一"可以公开宣读"的名单中。有关老底嘉的地理历史背景资料,见 Ramsay, *The Letters*, 303-12; Jones, *The Cities of the Eastern Roman Provinces*, 28-95; Yamauchi, *New Testament Cities*, 135-46; Price, *Rituals and Power*, 264-65; Hemer, *Local Setting*, 178-209; *ABD* 4:229-31; Aune, *Revelation* 1-5, 249-50。中文有关老底嘉之背景论述,见,巴克莱,《启示录注释 I》,页174-77;杨牧谷,《基督书简》,页479-86。

造万物之先；ראשית דרכו）而来。① 这个看法虽然有可能，但它有几个困难。第一，我们无法确知此一释经传统，在时间上是先于还是晚于启示录，因此我们无法确定约翰是否对这个释经传统有所了解。第二，即便约翰知道此一传统，他是否会不加思索地就采纳这个看法，也值得商榷。这个释经传统的目的，在强调摩西五经（Torah）的重要性，因为它透过箴言 8:22 和创世记 1:1 在字面上的联系（רֵאשִׁית［起头］；בְּרֵאשִׁית［起初］），认为箴言 8:22－30 中的智慧，就是摩西五经，是神在创造世界之时所参考的"蓝图"。但是在前面我们已经多次看见，当约翰引用旧约之时，他总是将人子和耶和华神作平行的类比。因此他在此将人子类比于摩西五经的可能性并不太高。第三，若我们将箴言 8:22－30 中，拟人化了的智慧，视为耶和华本人，那么约翰在此暗引这段旧约经文的目的，就是要把人子等同于耶和华神了。但即便如此，箴言 14:25 的"真见证"，在文脉逻辑上，和人子在此自称"为诚信真实见证的"之间，恐怕有着无法解释，也无法关联的距离。因为箴言 14:25 所说的事，是一般的人际关系，是和耶和华神究竟是怎样的一位之议题，完全无关。第四，学界在最近二三十年来对启示录和旧约之间关系的研究显示，②约翰对旧约有着透澈的熟悉和了解，因此假设他将箴言 8:30 的"工师"误解为"阿们"的说法，恐怕是和晚近研究所得的结论，不相符合。③

对多数释经者来说，人子以"阿们"自称的旧约背景，是以赛亚书 65:16，因为在整本旧约中，我们只有在这个地方，两次看见耶和华自称祂是"阿们的神（אֱלֹהֵי אָמֵן；和合本作真实的神）"。④ 在神应许将来以色列必得着复兴的上下文中（赛 65:8－25），此一词组的重点，是要强调神信实的一面。⑤ 因此在约翰意欲将人子等同于耶和华神而暗引了这个旧约经文的同时，我们也看见他对这个词组，做了解释：信实真实作

---

① L. H. Silberman, 'Farewell to O AMHN: a Note on Rev 3.14,' *JBL* 82(1963), 213－15. 这个犹太释经传统的出处是 Begrshith Rabbah。

② 见概论部分有关这个题目的论述。

③ 杨牧谷曾提及 J. Finegan 的看法，即，"אמן（阿们）"中之 א 代表神，מ 代表天上的光体，而 ן 形如钥匙，所以"阿们"的意思是，神是宇宙的管理者（《基督书简》，页 489）。此说过于玄妙，因此在学界并没有引起太多的回响。

④ 在启示录 3:12 那里，我们已经看见约翰暗引了以赛亚书 65:15 中的"新名"；而在后面（启 21:1，4），我们也将看见约翰再次暗引以赛亚书 65:17 和 65:16。因此这个暗引旧约的案例是十分可靠的。有关这个个案的详细分析，见 J. Fekkes, *Isaiah and Prophetic Traditions in the Book of Revelation*, 137－40。

⑤ 和合本将以赛亚书 65:16 译为："这样，在地上为自己求福的，必凭真实的神求福……"但是比较准确的翻译应该是："所以在世上想要得着祝福的"（耶和华神在 13－15 中所应许的福分），将会得着信实的神的祝福。详见，J. A. Motyer, *The Prophecy of Isaiah*, 528－29；亦见 NRS。

见证的;因为在老底嘉教会中,有一些外邦信徒对旧约并不十分熟悉。① 事实上,约翰在这节经文中所暗引的,并不只是以赛亚书 65:16 而已。在以赛亚书接下来的经文中(65:17 - 25),我们就看见耶和华神是新天新地,新耶路撒冷和新子民的创造者;而这个概念,也正反映在人子的第三个自称之中:在神的创造中为首位的。

本节经文和以赛亚书 65 章之间的关系已经相当清楚了,但是人子借着这三个自称,所要表达的真理是什么呢? 在歌罗西书 1:15 中,保罗对基督的描述是“在被造的万物中为首生的”,②因此从这个平行类比中,人子在此之自称,特别是祂“在神的创造中为首”的自称,似乎是要凸显祂是创造者的地位。但若我们将本节经文和启示录 1:5 互相参照,我们不单看见“阿们”以及“信实真实作见证的”(3:14),和“信实作见证的”(1:5)彼此平行,我们也看见此处之“在被造的万物中为首生的”一语,所呼应的是“从死人中首先复生的”。③ 因此人子自称的重点,不在祂和第一个创造之间的关系,而是要强调祂在神 *新的* 创造中,即教会中,居首位的真理。④

事实上,若我们从歌罗西书 1:15 - 18 来看,这个理解并非约翰所独有。因为在那里,保罗除了先界定基督在神第一次创造中所占有的地位之外(1:15 - 17),他也紧接着描述了基督和神第二个创造,即,教会,之间的关系:“他也是教会全体之首;他是元始(ἀρχή),是从死里首先复生的(πρωτότοκος ἐκ τῶν νεκρῶν),使他可以在凡事上居首位”(1:18)。

因此从旧约的背景,从启示录本身,以及从歌罗西书的平行类比中,我们晓得人子借着这三个自称所要表达的是:祂是神信实的具体展现,因为在祂至死忠心地为神做见证之后,神已经让祂从死里复活,成为神新创造中的初熟之果,教会的元首。因此祂在这封书信中所要传达的信息,都是可信的,都是“阿们的”;⑤是老底嘉教会所不能轻忽的。

---

① Charles, *Revelation I*, 94; *TDNT* 1:337; Beasley-Murray, *Revelation*, 104; Ford, *Revelation*, 418.

② πρωτότοκος πάσης κτίσεως. 和合本译为:“首生的,在一切被造的以先。”这个翻译是为了要避免“爱子虽然在万物中居首位,但也属被造之列”的可能性(这是公元第四世纪埃及亚历山大主教阿里乌[Arius]的见解)。但是这个为了要避免生发异端而有的解释性翻译,似乎是没有必要的。因为基督和万物之间的区隔,在接下来的经文中(3:16),就十分明显了(J. D. G. Dunn, *The Epistles to the Colossians and to Philemon*[Grand Rapids: Eerdmans, 1996], 90)。

③ 和合本作:“从死里首先复生的。”

④ Beale, *Revelation*, 298.

⑤ 保罗在哥林多后书 1:20 中使用“阿们”的目的,恐怕也和约翰一样,是要呼应以赛亚书 65:16(J. A. Motyer, *The Prophecy of Isaiah*, 29)。因为神借着基督建立(坚固)和膏立教会,并在教会身上盖上属祂的印章,又赐下圣灵为凭据(林后 1:21 - 22)的原因,是因祂早已应许(赛 65:17 - 25;参,启 21:1 - 8)。因此对保罗而言,基督就是神的“阿们”,是神信实属性的具体展现。

3:15－16 我知道你的行为，你既不冷也不热。我巴不得你或冷或热。[16]你既如温水，不冷也不热，所以我将要从我口中把你吐出去（Οἶδά σου τὰ ἔργα ὅτι οὔτε ψυχρὸς εἶ οὔτε ζεστός. ὄφελον ψυχρὸς ἦς ἢ ζεστός. [16]οὕτως ὅτι χλιαρὸς εἶ καὶ οὔτε ζεστὸς οὔτε ψυχρός, μέλλω σε ἐμέσαι ἐκ τοῦ στόματός μου）

在教会历史中，老底嘉教会的“知名度”，可能因着人子对她“不冷不热”的形容，而在七个教会中独占鳌头。但是这句话的意思究竟是什么呢？有一些释经者认为，此语所要表达的是老底嘉教会温吞吞的属灵情况。在表面上她有着教会之名，也认耶稣是主，但是她对属灵之事的关心，以及她在信仰的实践上，却完全没有热度；因此她只是一具行尸走肉而已。①

从表面上看起来，这个解释似乎合情合理，但是这个看法必须面对一个相当基本的问题，那就是在人子“我巴不得你或冷或热”的期许中，祂似乎认为“冷”，即，属灵生命濒临死亡的状况，比半冷半热的情况，还要来得好一些。对于这个困难，我们当然可以说，“虚有其表”的信徒，对神国名声的影响，会比“干脆否认自己是基督徒”的人（冷），来得更为严重。因为有名无实的他们，将成为别人接受信仰的绊脚石。此一解释也是合理的，但是它似乎暗示人子希望老底嘉教会在“冷和热”、“生和死”之间，做一个抉择。

事实上，上述看法的真正困难，在于“冷和热”都是好的。此话怎讲？在前面我们已经提及，老底嘉在公元60年之际，曾经历一场极为严重的地震。而其原因，是因为她身处一个地震带上。就地理特性来说，地震带上多半有温泉，而此一现象也一样出现在老底嘉城所在的拉卡斯平原中。在老底嘉城北边约十公里处的希拉波利城，就有一个至今依旧涌流不绝的温泉。在当代此一温泉十分出名，因为泉水的温度和其中所含有的矿物质，都具有医疗价值。② 此一涌泉在流向东南方的过程中，温度逐渐降低，而矿物质也沉淀了下来，因此在抵达歌罗西城之时，它成为可以消暑解渴的饮用水。所以这个涌泉在其源头希拉波利城，以及在其抵达歌罗西城之时，都各自具有实用的价值。因此从这个地理背景来看，人子在此所说“我巴不得你或冷或热”的意思，是“我真希望你们是有用的”。③

---

① 例如，Trench, *The Epistles to the Seven Churches in Asia*, 185－88；巴克莱，《启示录注释 I》，页180－81；Thomas, *Revelation* 1－7，305－07。

② 此一涌泉中所含碳酸钙，在沉淀之后所造成的景观十分出名。照片见 J. Stott，《从启示录看基督的教会观》（宗教教育中心，1999），112－13。

③ M. J. S. Rudwick and E. M. B. Green, ‘The Laodicean Lukewarmness,’ *ExpT* 69（1957－58），176－78; P. Wood, ‘Local Knowledge in the Letters of the Apocalypse,’ *ExpT* 73（1961－62），263－64. 时至今日，此一见解已被许多的释经者所接纳。

这是希拉波利和歌罗西两个城市的水源情况,但老底嘉呢?就我们今日所知,老底嘉城的设立,和其交通便捷的位置有关。但是此城的主要问题之一,在她没有足够的水源。早期此城人口不多,问题并不严重,但是随着她在商业上的发展,日增的人口就迫使她必须另觅水源。所以在一些古籍的记载中,我们就看见此城居民以凿空了的石块为渠,从其南边的但西尼(Denizli)引温泉而来。① 此一温泉水质不佳,因此它虽然勉强可以饮用,但并不容易入口。再者,此温泉在抵达老底嘉之时,其温度是半冷半热的,因此对身处干旱炎热地区的老底嘉人来说,它并不能带来让人精神为之一振的效果。② 由是我们就看见人子说:我将要从我口中把你吐出去。

“从口中吐出去”当然只是一个譬喻性的说法,因为这句话的目的,在表达人子对这个教会现况的厌恶和拒绝。③ 从“我将要(μέλλω)”一语来看,这事显然还没有发生,但已为时不远。因此老底嘉教会现今所必须要做的,就是赶快地脱离“不冷不热”的状况。在前面我们已经晓得,“冷和热”所代表的是“有效用”,因此“不冷不热”所要表明的,是“没有用处”。

但老底嘉教会是在哪些方面没有发挥她应该有的功能呢?第一,在启示录后面的经文中,我们将要看见约翰用“十四万四千人”、“新妇”,或是“新耶路撒冷”,④作为教会的象征;但是在拔摩异象中,他却选择以金灯台作为教会的代表(1:12-13a,20)。因此从这个选择中,我们知道他(或是人子)对教会的定义和期待,是要她成为一个向世界做见证的金灯台。第二,在前面六封书信的分析中,我们知道这个面向的真理是一再出现的,因为人子对每一个教会的针砭,都与他们是否扮演好他们作为金灯台之角色的事情有关。因此从这个两个角度来看,人子对老底嘉教会“不冷不热”的责备,也应该是针对她在这方面之的缺失。事实上,人子在这封书信的一开始,以“诚信真实的见证”作为祂自称的目的之一(3:14),恐怕也是为了要突显老底嘉教会在这方面的问题。⑤ 像这个城市既不能医病,又不好饮用的水源一样,老底嘉教会在见证信仰的事上,也是“不冷不热”的完全无法发挥她应有的功能。但孰以致之?

3:17 你说,我是富足,已经发了财,一样都不缺。却不知道你是那困苦,可怜,贫

---

① 此一饮水渠道之遗迹照片,见 J. Stott,《从启示录看基督的教会观》(宗教教育中心,1999),123。

② Hemer, *Local Setting*, 186-91; S. E. Porter, 'Why the Laodiceans Received Lukewarm Water (Revelation 3:15-18),' *TynB* 38 (1987),143-49. Hemer 认为老底嘉水源的问题,在其所含矿物质,而 Porter 则认为问题不在矿物质,而在温度。但不管何者为是,老底嘉的水源在品质和温度上,都不令人满意。

③ Aune, *Revelation* 1-5,258.

④ 7:1-8;14:1-5;19:5-7;21:2-3.

⑤ Beale, *Revelation*, 304.

穷，瞎眼，赤身的（ὅτι λέγεις ὅτι Πλούσιός εἰμι καὶ πεπλούτηκα καὶ οὐδὲν χρείαν ἔχω, καὶ οὐκ οἶδας ὅτι σὺ εἶ ὁ ταλαίπωρος καὶ ἐλεεινὸς καὶ πτωχὸς καὶ τυφλὸς καὶ γυμνός）

在上一节经文中，我们已经知道老底嘉教会是个不发光的金灯台，而其原因，则在本节经文中揭晓："我是富足，已经发了财，一样都不缺。"从旧约来看，这个显示老底嘉教会自得自满心态的"内心独白"（soliloquy），①正和以法莲（北国以色列）因经济富裕而生的自满，互相呼应："我果然成了富足，得了财宝；我所劳碌得来的，人必不见有什么不义，可算为罪的"（何 12:8）。② 从列王纪下 14:23－29 中我们晓得，主前第八世纪，北国以色列在国力和经济上都有了不错的成长（亦参，阿摩斯书），③因此她自满自足的喃喃自语，似乎只是一个现实情况的反映而已。但是在神的眼中，这个自满的心态并不可取，因为这正反映了她拒绝神，依靠外邦偶像的倾向。因此神的审判就不可免了（何 12:11－14）。

和主前第八世纪的以色列相较，老底嘉教会的情况恐怕也是如此。在前面我们已经提及，老底嘉教会所在的城市，是这个地区中最富有的一个。而其财力雄厚的最好例证，就是在她在经历了公元 60 年的大地震之后，拒绝罗马的援助，靠着自己的力量而重新站立起来。就我们目前所知，在大地震之后，老底嘉人除了重建城市之外，也兴建了剧场、体育馆、防御性的城门和塔楼，以及人人都可以享用的公众浴池等等。④ 因此弥漫在这个城市之中的，是自满自足，自立自强的气氛。我们不清楚老底嘉教会是否因着此城在商业上的兴盛，而成为一个富裕的教会；我们也不清楚老底嘉信徒的经济水平，是否随着此城在商业上的兴盛而水涨船高。但是从她三重的内心独白中，⑤我们晓得她显然已经受到此城自满气氛的感染。和其他市民一样，这个教会的信徒也能享受在这个城市中，因着诸多公共建设而有的高水平生活，因此对他们来说，他们似乎是不可能自外于这个氛围的。但这有什么不对呢？

从当初神要亚当在六日工作，而在第七日将他六日工作成果带到祂面前，当成祭物献给祂的设计来看，人的"文化使命"从一开始就是以神为中心的。⑥ 但是在亚当堕落之后，因着神的容许，人虽然依旧可以耕田种地，建造房屋，结婚嫁娶，弹琴作乐

---

① 以"内心独白"的方式来反映一个人（或是一个群体）的价值观，是约翰所使用诸多文学手法中的一种。类似的"内心独白"，亦在 18:7 出现。

② Swete, *Revelation*, 61－62; L. P. Trudinger, The Text, 59－60; Hughes, *Revelation*, 65－66.

③ G. H. Jones, 1 *and* 2 *Kings*. vol. II（Grand Rapids: Eerdmans, 1984）, 513－14; T. McComiskey, *Hosea* in *The Minor Prophets*. vol. I（Grand Rapids: Baker, 1992）, 3, 205.

④ Hemer, *Local Setting*, 194－96.

⑤ 即，"我是富足，已经发了财，一样都不缺。"就逻辑而言，"发财"应该发生在"富足"之前才是，但这是约翰所惯用，"前后颠倒（*hysteron-proteron*）"的文学手法；详见 3:3 的注释。

⑥ 有关这个题目的论述，见 M. G. Kline, *Kingdom Prologue*, 42－56。

(普遍恩典);但是因着罪的影响,人在文化上努力的目标,不再是以神为中心,而是以他自己为焦点了(参,创4:16-24;11:1-5)。因此不管他在科技艺术等各个层面,有多么长足的进展和成就,他的目的都是在建立"人的国"。

作为神所特别拣选的人(金灯台),我们当然肩负着"福音使命";但是作为亚当后裔的我们,也和其他人一样的背负着管理这个世界的文化使命,因此我们当然不可能自外于这个世界。但是在参与文化建设,甚至在享受文化成果的同时,我们和世人之间有两个不同的地方。第一,我们确信人之所以可以借着文化上的努力而继续存活下去,人之所以可以享受文化成果,是根源于神的普遍恩典,而不仅仅是人自身的努力而已。第二,神在亚当犯罪后施行普遍恩典的目的,不单在让人继续存活下去,也更是要让祂可以在这个基础之上,进行祂拣选人进入神国的救赎计划。换句话说,当神国成就之时,也就是在基督第二次降临之时,普遍恩典的阶段就要结束了。因此人在这个阶段之内所成就的一切,不但是暂时的,也更不能成为我们盼望之所在。

从其财经实力来看,老底嘉城的确相当吸引人,也能给人安全感,甚至也能给人带来盼望。但是不管她能提供怎样美好的生活环境和伟大的愿景,从永恒的角度来看,她所提供的只是一个暂时性的幻觉而已。① 作为金灯台的老底嘉教会,若不能看清楚她的本相而随之起舞,那么在人子的眼中,这个教会当然就是"困苦,可怜,贫穷,瞎眼,赤身的"了。②

若是老底嘉教会的三重"内心独白",叫人诧异于她的自满自得,那么人子以五个形容词来描述她属灵的真相,就更令人印象深刻。③ 新约中"困苦的(ταλαίπωρος)"和"可怜的(ἐλεεινὸς)"这两个形容词,也在保罗的笔下各出现过一次。前者在保罗因受制于犯罪之律而有的呐喊中:"我真是苦啊!"(罗7:24)而后者则出现在保罗对那些不认为将来还有身体复活一事之人的评价中:"我们若靠基督只在今生有指望,就算比众人更可怜"(林前15:19)。因此借着这两个词语,人子清楚指出老底嘉教会的属灵光景,是如何的悲惨。

---

① 在启示录中,和老底嘉城类似,但规模要更大的是大淫妇巴比伦(罗马);详见18章的注释。

② 学界对老底嘉教会的三重独白,有不同的见解。持"字面含义"的人认为,老底嘉教会的确在经济上十分富裕,因此她的问题在依靠财富而不依靠神。但是在这节经文的下半部中,人子对她的评价显然是象征性的,因此我们必须以"属灵自满"的角度,来了解她的内心独白。我们以上的分析显示,这个区隔似乎是没有必要的。老底嘉教会是否真正富裕并不是重点,她认同了老底嘉城的价值体系,才是人子真正关切的事。

③ 就文法而言,这个效果是借着一个带着五个形容词的定冠词,以述语主格的方式,和主词"你"互相对应而产生的。

除了是困苦和可怜之外，在人子的眼中老底嘉教会也是贫穷，瞎眼，和赤身的。这三个形容词所描述的，当然也是她悲惨的属灵现况，因此在下一节经文中，我们就看见人子针对这个问题，提出了祂的解决之道。

3:18 我劝你向我买火炼的金子，叫你富足。又买白衣穿上，叫你赤身的羞耻不露出来。又买眼药擦你的眼睛，使你能看见（συμβουλεύω σοι ἀγορά σαι παρ᾽ ἐμοῦ χρυσίον πεπυρωμένον ἐκ πυρὸς ἵνα πλουτήσῃς, καὶ ἱμάτια λευκὰ ἵνα περιβάλῃ καὶ μὴ φανερωθῇ ἡ αἰσχύνη τῆς γυμνότητός σου, καὶ κολλ[ο]ύριον ἐγχρῖσαι τοὺς ὀφθαλμούς σου ἵνα βλέπῃς）

在上一节经文中，我们已经看见人子以一个相当反讽的方式，突显出老底嘉教会的真相：自以为富足的老底嘉教会，其实是困苦可怜和贫穷的；自以为一样都不缺的她，其实是瞎眼的，完全不晓得自己连一件遮体的衣服都没有。在这节经文中，这个反讽的手法再次出现，因为祂要贫穷的她，向祂买三样她绝对买不起的东西：火炼的金子，白衣，和眼药。①

但"火炼的金子"所指的，究竟是什么呢？是（1）从神而来的义，（2）神的恩典，（3）因着重生而有的新心新灵，（4）一个有信心且有行为与之配合的生活，还是（5）从神而来的一切恩惠？② 从圣经多处经文来看，"火炼的金子"所代表的，是一个经过熬炼试验，在除去罪恶（杂质）之后的生命，③因此人子在此所求于老底嘉教会的，是他们能够活出一个经得起试炼考验的生命。在上一节经文中我们已经晓得，老底嘉教会的问题，在于他们已经从众随俗的认为，经济是解决一切问题的答案。但是人子在此指出，真正的富足（ἵνα πλουτήσῃς），不在人所拥有的究竟有多少，而在于他是否能有一个在顺境中不被迷惑，在逆境中不被打垮生命。④ 这种生命是祂要他们活出来的，因此祂对祂所爱的，必然施以责备和管教（3:19）。这种生命的出现是要经过许多的熬炼，因此他们也只能向祂买。因为祂不单已经借着祂的一生，向他们显示了这个生命的深度和广度（诚信真实的见证；3:14），祂也是他们在试炼中随时的帮助（来4:15－16）。

人子要老底嘉教会向祂买的第二样东西是"白衣"。但"白衣"所象征的是什么呢？在3:4－5那里我们已经知道，在启示录中，"白衣"所指的不是信徒在重生之时，神所赐给他们"称义的地位"，而是在称义之后，他们所行出来和称义身分所相称的

① Aune, *Revelation* 1－5, 259.
② 有关这些看法的出处，见 Thomas, *Revelation* 1－7, 313。
③ 参，伯23:10；箴17:3；亚13:9；玛3:2－3；彼前1:6－9。
④ 参，雅1:2－3；2:5。

生活。而在启示录的上下文中,这不单意味着在帝王崇拜的活动中缺席,也意味着拒绝参与各商业公会所举办,与其产业相关的偶像崇拜。这个向世界说“不”的举措,当然导致逼迫和苦难,但正是这个不让自己衣服沾染污秽的行动,显示出他们真是跟随羔羊的人,是属祂的精兵。对老底嘉教会来说,他们的确须要向人子买白衣,因为在老底嘉这个富裕的城市中,他们已经被这个城市所标榜的物质主义,给深深地同化了。

人子要老底嘉教会向祂买白衣的目的,在遮盖她赤身的羞耻。在旧约中,“揭起衣襟显露赤身”是一个表达神审判的比喻。① 因此遮盖赤身羞耻的意思,就是可以免去神的审判。在启示录19:11－21中,我们就看见那些身穿白衣圣徒,是跟随基督精兵(19:14),因此他们当然就不是基督所要审判的对象(19:15)。他们所穿的白衣显示他们的所属,因此在人子再来之时,他们就不在祂审判的对象中了(列国)。

从前面的分析中,我们晓得火炼的金子和白衣所象征的,都是圣徒可以向这个世界说不的生命,是在困苦逼迫交攻之际,依旧可以坚持下去的生命。但这两个象征的重点,却有所不同。前者是从正面的角度,显示这个生命是真正有价值的,是真正能让信徒富足的东西;而后者则是从反面的角度,显示人因着拥有这个生命,而可以免去神的审判和刑罚。

除了火炼的金子和白衣之外,人子也要老底嘉教会向祂买眼药。在前面我们已经看见(3:18),老底嘉城是以三样东西而名闻当代:金融中心,品质优良的黑羊毛外套,眼科医生和眼药产品。因此人子劝他们向祂买火炼的金子、白衣以及眼药,恐怕也是一个反讽手法的使用,因为这三样正是他们所引以为傲的东西。就眼药这个项目而言,其反讽的意味更为明显。因为在这个劝告中,人子事实上是向他们说,你是个睁眼的瞎子。老底嘉教会的确是个睁眼瞎子,因为她虽然看见了这个世界所能提供的,但是她却完全不明白站在这个世界背后的是谁。人子在此所提出的劝告,有一部分也出现在16:15b,“那儆醒看守衣服,免得赤身而行,叫人见他羞耻的,有福了。”从其上下文来看,这个看似突兀的祝福之言,其目的是要提醒读者,兽之国的本质是属撒但的(16:10－16)。② 因此从这个平行对比中,我们知道人子要老底嘉教会向祂买眼药的目的,在使他们能够有属灵的洞察力(ἵνα βλέπῃς)。

但眼药所象征的是什么呢? 是什么能让人有属灵的洞察力呢? 是新心新灵,是上帝的话,还是带给人智慧和启示的圣灵?③ 就我们信仰的内涵来说,这些看法都是

---

① 例如,赛20:1－4;结16:36－39;23:28－29;鸿3:5－7。
② Beale, *Revelation*, 306.
③ 有关这些看法的出处,见 Thomas, *Revelation* 1－7,316。

完全正确的。因为我们之所以能拥有新心新灵，是因为在圣灵的光照之下，我们明白了神的话。因此拥有新心新灵的我们，自然就有个和重生之前完全不同的价值观。但这是不是人子在此的意思呢？从启示录 1:1 来看，我们晓得这卷书的焦点，是“耶稣基督的启示”，而从前面有关约翰如何引用旧约的分析中，①我们也知道约翰对人类历史的了解和解释，也是集中在人子的身上。也就是说，他是戴着“基督牌”的眼镜，来看整个人类历史的过去、现在和将来。不单如此，就本节经文而言，其重点也在落在人子身上。因为在上一节经文中，我们不断看见“你说……”，“但你不知道”，以及“你是困苦的……”等等以老底嘉教会为主体的论述，但在这节经文中却完全翻转了过来：“我劝你（συμβουλεύω σοι）向我买（ἀγοράσαι παρ᾽ ἐμοῦ）”。② 因此从这些角度来看，此处的眼药应该是和人子有关。但我们从人子身上可以得着怎样的眼药呢？其实答案并不远，因为在这封书信的一开始，人子就已经把答案告诉我们了：“诚信真实的见证”（3:14；亦参 1:5）。也就是说，在祂信实地为神做见证，拒绝撒但的诱惑，因而牺牲生命的事上，我们可以得着我们属灵的洞察力。藉受苦而得胜是人子为我们立下的榜样，我们会比祂更有属灵的洞见吗？若是我们不能完全掌握这个真理，我们的情况恐怕就和老底嘉教会相去不远了。

3:19 凡我所疼爱的，我就责备管教。所以你要发热心，也要悔改（ἐγὼ ὅσους ἐὰν φιλῶ ἐλέγχω καὶ παιδεύω· ζήλευε οὖν καὶ μετανόησον）

从 15 节的“我知道你的行为”之后，人子对老底嘉教会所说的话，不论是陈述事实的“不冷不热”，或是反讽式的“以为富足但却贫穷”，似乎都沉重得叫人难以负担。但从这节经文中，我们知道祂之所以如此“严厉”，不是要发泄怒气，不是要嘲弄，也不是要拒绝他们，而是因为祂爱他们。③

“凡我所疼爱的，我就责备管教”，语出箴言 3:12a，“耶和华所爱的，祂必责备”。在旧约中，此一为了所爱对象之好处而有的责备，多出现在神和以色列人之间的关系中，④但是在此人子却以第一人称的方式，将这个箴言应用在祂和教会的关系上面。七十士译本将箴言 3:12 中之耶和华的爱，译为我们所熟知的“无私的爱（ἀγαπάω）”；

---

① 详见导论中的“在启示录中的旧约”。

② Charles, *Revelation I*, 97; Mounce, *Revelation*, 127; Hemer, *Local Setting*, 196.

③ 由于此节经文的“爱”，和前面经文中的“严词谴责”之间，有相当的落差；再加上从此节经文之后，老底嘉城的地理历史背景不再出现，因此 Ramsay 认为 3:19－22 是七封书信段落的总结（*The Letters*, 318－19）。但此说的困难显而易见：在结构上老底嘉书信因此变得不完整。前面六封书信中都有的应许和警语，在这个看法之下，完全不见。再者，老底嘉城的历史是否在 19－21 节中完全消失，也是个见仁见智的问题（见，Hemer, *Local Setting*, 201－07）。

④ 申 8:5；伯 5:17－18；诗 94:12－15。

而在3:9那里,当人子说祂已经爱非拉铁非教会时,祂所使用的词汇也是这个“爱”字。但是在此,祂却使用了另一个通常被译为“朋友之爱”,或是“人之爱”的词语:φιλέω。因此我们的问题是,这个选择是否有特别含义?①

在耶稣从死里复活之后,三次问彼得“你爱我吗?”(约21:15-17)的对话中,前两次祂是使用了比较理性,比较不带个人感情色彩的“无私的爱(ἀγαπάω)”来问彼得,而在第三次的问话中,祂则是使用了比较强调个人感情的“朋友之爱(φιλέω)”;因此这个变化似乎有其特殊含义。② 但是在约翰福音里面有关(1)神爱人,(2)父爱子,和(3)子爱人的经文中,这两个动词都分别出现在这三种关系中;③因此在约翰的笔下,他们其实是同义词,是可以交互使用的。④ 而这个现象也一样出现在启示录中,因为当约翰论及人子对教会之爱时,他不单使用了“无私之爱(ἀγαπάω)”(3:9),他也同样的使用了“朋友之爱(φιλέω)”(3:19)的字眼;而在论及人的爱时,他也同时使用这两个不同的动词:“人对自己生命之爱”(ἀγαπάω;12:11);“人对虚假之事的爱”(φιλέω;22:15)。因此从这个现象来看,我们实在没有必要在此做过多的揣测。

人子对教会的爱,不管是责备的语言,或是管教的行动,其目的都是要带给教会好处。因此(οὖν)教会所应该有的反应是“发热心,也要悔改”。就逻辑而言,“悔改”应该发生在“发热心”之前,但是在前面我们已经知道,这是约翰所常常使用“前后颠倒(*hysteron-proteron*)”的文学手法(见3:3注释)。⑤ 从这两个命令的时态来看,显然人子期待老底嘉教会采取一个决定性的动作,悔改(简过命令),并且在他们的生活中,以持续的热心(现在命令),来显示他们并不是空口说白话,而是真的回转过来了。⑥

3:20 看哪,我站在门外叩门。若有人听见我的声音而开门,我要进到他那里去;我与他,他与我一同坐席(ἰδοὺ ἕστηκα ἐπὶ τὴν θύραν καὶ κρούω· ἐάν τις ἀκούσῃ τῆς

---

① Thomas 认为,人子选择使用比较具有情感意味的“朋友之爱”的原因,是为了要凸显祂在受到老底嘉教会冷淡对待之时,依旧对他们抱持着热情(*Revelation* 1-7,318-19)。

② R. C. Trench 认为,耶稣在头两次对话中,选择使用“无私之爱”来问彼得,让祂的问题更为尖锐,但是彼得持续以带感情的“爱”来响应耶稣的问话,让耶稣感受到他对祂的热情,因此祂在第三次的问话中,就随着彼得所使用的“爱”来问他了(*Synonyms of the New Testament*[Grand Rapids: Baker, 1989], 58)。

③ 分别见(1)3:16/16:27;(2)15:9/16:27;(3)13:1;15:9/11:36;20:2。

④ 亦见,R. E. Brown, *The Gospel According to John XIII-XXI*(NY: Doubleday, 1970),1103; L. Morris, *The Gospel According to John*(Grand Rapids: Eerdmans, 1971),873。

⑤ 这个文学手法也出现在约翰福音中,彼得的信仰告白里面:“我们已经信了,又知道你是神的圣者”(约6:69;比较约17:8中之正常的次序,知道—相信)。详见,A. T. Robertson, *A Grammar of the Greek New Testament*, 423。

⑥ Mounce, *Revelation*, 128.

φωνῆς μου καὶ ἀνοίξῃ τὴν θύραν, καὶ εἰσελεύσομαι πρὸς αὐτὸν καὶ δειπνήσω μετ᾽ αὐτοῦ καὶ αὐτὸς μετ᾽ ἐμοῦ)

在福音性的聚会当中，本节经文和约翰福音 3:16 一样，是许多人所乐于引用的。因为本节经文所呈现人子站在门外叩门的图画，是催促人打开心门，接受信仰的最佳催化剂。但是就其上下文来看，本节经文的目的，似乎并不在此。就七封书信所惯有的格式而言，人子在下一节经文中给得胜者的应许，是属书信的结语，所以本节经文应和上节经文并列。① 由上节经文中，我们晓得人子对祂所爱的，将以责备和管教来促使他悔改，因此从这个角度来看，人子站在门外叩门的图画，其目的不在邀请人进入信仰，而是人子为鼓励老底嘉教会悔改而有的呼吁（看哪！）。② 因此若我们说上节经文是“棍子”，那么本节经文就是人子要老底嘉教会这只不冷不热之驴子，向前走的“胡萝卜”了。

但是人子在此所说的“叩门开门 + 一同坐席”的意思是什么呢？第一，从旧约的角度来看，有人认为此节经文的背景是雅歌 5:2。③

雅歌 5:2	启示录 3:20a
我身睡卧，我心却醒。这是我良人的声音，他敲门（κρούει ἐπὶ τὴν θύραν），说：我的妹子，我的佳偶，我的鸽子，我的完全人；求你给我开门（ἄνοιξόν），因我的头满了露水，我的头发被夜露滴湿。	看哪，我站在门外（ἐπὶ τὴν θύραν）叩门（κρούω）。若有人听见我的声音而开门（ἀνοίξῃ），我要进到他那里去。我与他，他与我一同坐席。

雅歌 5:2 所言之事，是一个丈夫在其妻子卧室的门外敲门，希望她能开门接纳他，好更新他们之间的关系。④ 因此若约翰在此是以这节旧约经文为本，那么他显然是以“类比（analogy）”的方式来暗引旧约：就如丈夫对妻子的期待，人子也一样的盼望老底嘉教会能向祂开门，好更新他们的关系。⑤ 在导论中我们已经知道，“类比”是

① 上节经文中的“凡……的（ὅσους ἐὰν）”，和本节经文中之“若有人（ἐάν τις）”这两个词组，其含义当然不同，但是就文学角色而言，他们都让他们所属的句子，成为一个“格言（Aphorism）”。因此从这个角度来看，这两节经文也是彼此对应的。有关“格言”的讨论，可见 R. Bauckham, *James*（London: Routledge, 1999），35－47。

② Mounce, *Revelation*, 129; Beale, *Revelation*, 308.

③ Trench, *The Epistles to the Seven Churches in Asia*, 202－03; Charles, *Revelation I*, 101; C. G. Ozanne, The Influence, 159; Beale, *Revelation*, 308.

④ G. L. Carr, *The Song of Solomon*（Leicester: IVP, 1984），130－31.

⑤ 在“约”的概念之下，当代某些犹太释经者认为，雅歌 5:2 中的“开门”，是神要以色列百姓回转归向祂的一个呼吁（文献索引，见 Beale, *Revelation*, 308）。

约翰暗引旧约的方式之一,因此这一个说法和约翰的引经习惯相符合。雅歌5:2虽然只在字面上,为本节经文的上半,即,敲门开门,提供了旧约背景,但是从其上下文来看,丈夫"敲门"的目的——关系的更新,显然也反映在人子的应许中了:一同坐席。从整本圣经观之,约翰在此所做的,其实并不新鲜,因为其他圣经作者也一样的将神和以色列人之间的关系,或是基督和教会之间的关系,以夫妻关系为类比。①

第二,从福音书来看,有人则认为此节经文的背景,是耶稣有关末日的教训(可13:29=太24:33;路12:35-37;22:29);特别是有关儆醒仆人的比喻:②

> 你们腰里要束上带,灯也要点着,自己好像仆人等候主人从婚姻的筵席上回来。他来到叩门(κρούσαντος),就立刻给他开门(ἀνοίξωσιν)。主人来了,看见仆人警醒,那仆人就有福了。我实在告诉你们:主人必叫他们坐席,自己束上带,进前伺候他们。(路12:35-37)

和本节经文相较,此一比喻中不单有"敲门开门"的元素,也一样有"筵席"的出现,因此这个比喻似乎比雅歌5:2更贴近启示录3:20。在这个背景的对照之下,"敲门开门+一同坐席"所指的,是祂第二次再来时,圣徒和神之间,将有一个十分亲密的关系。也就是说,人子在此是以末日的奖赏,作为祂促使老底嘉教会悔改发热心的诱因。

从表面上看起来,儆醒仆人的比喻和本节经文之间,的确有些字面上和情境上的呼应,但是在细究之下,我们也观察到一些相异之处。(1)根据耶稣自己的解释(路12:42-48),这个比喻的焦点在仆人的忠心儆醒;而此一特质,是表现在主人敲门之时,仆人立即给祂开门的动作中(路12:36)。因此这个比喻和本节经文之间,有着一个根本的差异。因为在启示录中,人子在门外敲门的原因,是因为老底嘉教会爱世界的心态,已经让人子在教会中没有立足之地了;而人子敲门的目的,则在促使他们悔改。(2)在路加福音的比喻中,仆人因着他的儆醒而可以得着一个他根本无法想象的奖赏:他的主人将要服事他;③但是在此人子的应许,是祂将要和他们一*同坐席*。(3)就形式而言,路加福音所记录的是个比喻,但是在启示录中,这个比喻却是以第一人称之"我(I saying)"的形态出现。因此就彼此平行,互相呼应的现象来看,我们可以

---

① 在启示录中,约翰曾多次以"丈夫—新妇"的关系,作为基督和教会之间关系的譬喻(19:7;21:2,9;22:16-17)。

② Swete, *Revelation*, 63-64; Moffatt, *Revelation*, 373; L. A. Vos, *The Synoptic Traditions in the Apocalypse*, 94-100; Bauckham, *The Climax*, 92-112.

③ 此一说法的重点,在神的奖赏是人所无法想象,无法预期的;详见,L. Morris, *Luke* (Leicester: IVP, 1974),237-38; J. Nolland, *Luke* 9:21-18:34,701。

说约翰在此的确使用了儆醒仆人之比喻，但是从他们之间的差异来看，约翰显然将这个比喻做了某些调整，并且把它应用在不同的情境之中了。①

在路加福音的上下文中（12:40），这个比喻的确是带有末世性色彩的，而从启示录3:21的内容来看，即从"得胜者要和基督同坐宝座"的应许来看，本节经文似乎也和末日之事有关。但是在前面我们已经指出，就文脉和结构而言，此一节经文应该是和19节连结在一起。再者，本节中的"若有人（ἐάν τις）"一语暗示，此一呼吁是以个别信徒为对象，因此这个呼吁和末日全体教会将要和基督一同做王的应许，有着显著的差异。不单如此，在本节经文中，"我站（ἕστηκα；完成时态）"之动词的重点，是"现在正在不断进行的"，②因此它和现在时态的"我敲（κρούω）"，都一致地强调了人子正在进行之事的"现在"面向。下一节经文所指的，的确是末日的应许，但是本节经文的重点，是人子对老底嘉教会*现在*就能悔改发热心的期待。在世界的末了，祂将要如贼般的，在人完全没有预期的情况下降临（启3:3；16:15），因此祂怎么可能会在门外叩门，让人知道祂已经来临了呢？在世界的末了，祂将要在父神依其主权所定的时刻降临，因此这个事件的发生，也和人的反应（开门）完全无关。

第三，除了以旧约和福音书的背景下手之外，在学界也有人认为我们应该从老底嘉城的历史地理背景，来了解本节经文。在主前第一世纪中，老底嘉城虽然是罗马的殖民城，但是她和罗马之间的关系，并不十分融洽。由于此城是这个地区中最重要也最富裕的一个城市，因此罗马巡抚以及罗马军队都以此为驻防城。依照罗马的惯例，罗马巡抚并无固定薪资，但是依照裘利亚法规（*Lex Julia*），他可以在这个法规所定订的上限之内，向辖下的百姓收取他所需要的经费。③ 但是在这段时间之内，除了西塞罗（Cicero）之外，其余的罗马官员对此城资源的强占和搜刮，可说是到了天怒人怨的地步。再者，在前面我们已经知道老底嘉城，是这个地区中的交通枢纽，所以人子在此耐心地站在门外敲门，等候人为祂开门的图画，正和老底嘉人的历史经验，完全相反。④ 因此人子在此所说的话，不单表达了祂对老底嘉教会悔改的期待，也是以最能撼动他们心弦的方式来呈现的。

第四，最近有学者建议，我们应当将本节经文放在当时希腊罗马的宗教背景中来了解。从文献中，我们晓得当时曾有两种和宗教有关的筵席。第一种是一个主人，以

---

① Bauckham将这个过程称为"去比喻化"（*The Climax*, 92－112）。一般来说，笔者同意Bauckham的分析，但是就这个比喻来说，约翰对这个比喻所做的更动是如此的剧烈，因此我们是不是依旧能够以这个比喻为背景来理解本节经文，则是一个值得商榷的事。

② A. T. Robertson, *A Grammar of the Greek New Testament*, 894－95; J. A. Brooks & C. L. Winbery, *The Syntax*, 104; M. Zerwick & M. Grosvenor, *A Grammatical Analysis*, 749.

③ 刑义田编译，《古罗马的荣光 I》，页246。此一法规是奥古斯督的父亲凯撒，在公元前59年所定下来的。

④ Hemer, *Local Setting*, 202－05.

他自己的名义,或是直接以神祇的名义,邀请他的朋友到他的家中,参加他为某一个神祇所举行的筵席。在这个筵席中现身的,当然是主人和他的客人,但是在当时的观念中,他们认为他们所信奉的神祇,也一样会出现在这个筵席中。因此对某些基督徒来说,参与这类筵席就等于吃祭偶像之物了。除了这类的筵席之外,在当代还有另一种宗教性的筵席。此筵席是由某一个"法师(magicians)"所预备的,而其目的(1)或在建立他和某一个神祇之间的关系,并且希冀在这个关系之上,他能让这个神祇为他效力;(2)或是希望在这个筵席中,他所信奉的神祇能向他启示真理。因此从这个角度来看,特别是从上述第二种筵席的背景来看,本节经文也反映了当代的宗教概念。对约翰而言,他当然不可能完全依循当时的异教习俗,因此在他的手下,整个事件就是由在门外敲门的人子所启动的,而人在其中只扮演被动响应的角色。①

在这四个看法中,最后一个的可能性是最低的。从学者们近日的研究中,我们晓得启示录中的主要素材,都来自旧约。② 而就这个个案来说,本节经文和希腊罗马的宗教筵席之间,只有在概念上十分松散的联系。再者,在旧约中,以筵席来表达神和人之间亲密团契的例证,多的不胜枚举,③因此旧约的背景就已经足够说明这里的意思了。

3:21 得胜的,我要赐他在我宝座上与我同坐,就如我得了胜,在我父的宝座上与他同坐一般(ὁ νικῶν δώσω αὐτῷ καθίσαι μετ᾽ ἐμοῦ ἐν τῷ θρόνῳ μου, ὡς κἀγὼ ἐνίκησα καὶ ἐκάθισα μετὰ τοῦ πατρός μου ἐν τῷ θρόνῳ αὐτοῦ)

和前面六封书信一样,人子在这封书信的最后,也以一个应许和一个警语作为结束。在前面我们已经看见,"不冷不热"所表明的,是老底嘉教会因着向世界看齐,就无法发挥其金灯台功能的属灵情况;而这个爱世界的心态,也让人子在这个教会中,没有立足之地(站在门外叩门)。因此在七个教会中,她的情况恐怕是最糟糕的一个。从人的角度来说,她实在是一个不可爱的教会,但是她依旧是人子所爱的对象(3:19),因此在本节经文中,我们就看见人子给她一个和她现今之情况,相差十万八千里的应许:与祂同坐宝座。

在新约其他书信中,圣徒和基督同坐宝座,同享王权的论述并不多见。在路加福音 22:29-30 那里,④耶稣因着门徒们曾和祂同受患难,所以应许他们,在祂的国中,他们将要坐宝座,审判以色列 12 个支派。⑤ 在提摩太后书 2:12 中保罗则说,若人能

---

① Aune, *Revelation* 1-5,250-54.
② 详见页 51-78。
③ 例如,出 24:11;诗 23:5 等等。
④ 亦参,太 19:28。
⑤ I. H. Marshall 认为,此处的以色列 12 支派所指的是新以色列人(*The Gospel of Luke*, 818)。

忍受因着福音而有的苦难，那么他必和基督一同做王。① 但是在启示录中，圣徒因着基督而掌权的真理，却一再地出现（1:6;5:10;20:4,6,22:5）。在1:1那里，我们已经晓得约翰在启示录中所说“必要快成的事”，是但以理书第2章和第7章中，所提及那非人手所凿出来的石头，所建立起来的国（但2:35,44－45）；或是像人子的那一位，所要建立之永不废去、永不败坏的国度（但7:13－14）。② 在1:1那里，我们也知道这件事情是在基督从死里复活之后（1:5,18;5:6－9），就已经开始成就的了。因此从这个角度来看，人子在此以同享王权作为祂给得胜者的应许，并不令人意外。因为在但以理书第七章中，属神的子民虽然必须在第四兽的手下受苦，但是他们得着国度和权柄之事，是早已确立的了（7:18,27）。③

但人子应许的基础是什么呢？从本节的下半中，我们知道人子之所以可能将那和祂同坐宝座的权利，作为祂给得胜者之应许的原因，是因为祂已经得胜，并且已经和父神同坐宝座了。④ 也就是说，在圣徒得以和人子同坐宝座，以及人子得以和父神同坐宝座的类比中，其重点在人子的见证：祂对神至死不渝的信（十字架），使祂得以从死里复活，和父神同坐宝座。⑤

在前面六封书信中，人子透过“给得胜者之应许”的方式，表达了祂对教会的期许；而在不同书信的上下文中，祂的期许可以是“重拾起初传福音的爱”（2:4－7），可以是“继续忍受患难”（2:10－11;3:10－12），也可以是“不再向这个世界妥协”（2:14－17）等等。但是在七封书信的最后，祂却以祂自己所立下的榜样，作为祂对教会的期许，和祂对得胜者的定义。因此祂在前面六封书信中对教会的期许，并非是“强人所难”的，因为祂所期待于教会的，是祂自己曾经经历过，并且也是已经完成的事。对不同的教会来说，他们所需要胜过的事情也许不同，但是不论他们的软弱是什么，或是他们所需要继续坚持下去的是什么，在人子所立下的榜样中，他们都可以得着警戒和鼓励。以这个同坐宝座的应许，人子总结了祂对七个教会的期许，但是在此同时，这个应许也是给老底嘉教会的。有什么比祂所已经成就的，更能激励“不冷不

---

① 亦参，林前6:2。

② 有关这两章圣经之间的关系，见，邝炳钊，《但以理书》，页205－06；J. E. Goldingay, *Daniel*, 157－59。

③ Aune, *Revelation* 1－5,261。不过Aune认为，本节经文只在概念上和但以理书7:18和27呼应。有关但以理书第7章中圣徒得国和受苦的论述，可见黄仪章，《但以理书文学注释》，页84－95。

④ 在新约其他的经文中，人子和父同享王权的概念，是以“坐（站）在神的右边”之方式来呈现的（太22:44,26:64[＝可14:62]；可16:19；路22:69；徒2:25;7:56；罗8:34；弗1:20；西3:1；来1:3;8:1;10:12;12:2；彼前3:22）；而这些经文都以诗篇110:1为本。

⑤ 就今日的观念而言，“同坐宝座”似乎“略嫌拥挤”了一点。但是对第一世纪的人来说，这完全不是问题，因为当时的宝座是所谓的“双人宝座（*bisellium*）”，而其大小，可以容纳两个人；详见，W. Ramsay, ‘BISELLIUM,’ in *A Dictionary of Greek and Roman Antiquities*. By W. Smith（London: John Murray, 1875），1014－16；亦见，Aune, *Revelation* 1－5,262。

热”,完全不能发挥其金灯台功能的老底嘉教会呢?①

3:22 圣灵向众教会所说的话,凡有耳的,就应当听(ὁ ἔχων οὖς ἀκουσάτω τί τὸ πνεῦμα λέγει ταῖς ἐκκλησίαις)

就本封书信而言,“同坐宝座”的应许,的确是以老底嘉教会为对象,但是正如我们前面所已经知道的,七封书信除了是针对各个教会而写的之外,这七封书信的信息,也都是向众教会所发。因为在每一封书信的结尾之处,人子都以同一个向众教会所发的警语作为结束:“圣灵向众教会所说的话,凡有耳的,就应当听。”这一个警语的目的,当然是要强调这七封书信对教会的重要性(详见2:7),但是在这个警语中的“众教会”一词,也让我们晓得这七封书信的信息,不管是警告、责备或是应许,都是为着所有教会的需要而有的。眼目如火的人子(1:14),当然晓得每一个教会的刚强和软弱之处,因此祂信息必然切合他们情况;但是同时作为七个金灯台之主的人子(1:20),祂所关切的,自然也是所有属于祂的教会。

解释和应用

在启示录2-3章中所提及的七个教会中,老底嘉教会可以说是最出名的一个。历世历代以来,许多基督徒对她“不冷不热”的属灵情况,或许有不同的解读,但是只要提及“不冷不热”一语,人们都立刻会知道这是老底嘉教会的特色。她的确是个出名的教会,但很不幸的,她所拥有的知名度,并非因她尽心尽力的为主做了好见证;反倒是因她没能扮演好金灯台的角色。

就今日所知,我们不能百分之百地确定,究竟老底嘉教会富裕到了怎样的程度。但是从最能表达她真实情况的内心独白中(3:17),我们晓得她已经深深地和富裕的老底嘉城同化了。在启示录中,和她一样也以三重内心独白表达了自得自满心态的,是大淫妇巴比伦:“我坐了皇后的位,并不是寡妇,决不致于悲哀”(18:7b)。从后面的分析中,我们将看见这个大淫妇巴比伦,就是当时以奢华享乐、物资丰富而自满的罗马帝国。因此从这个角度来看,老底嘉教会和罗马帝国之间,并没有什么分别。她的世俗化,或者说,她以百分之百的热情来拥抱物质主义的心态,使得人子在这个教会中完全没有立足之地。所以我们就看见人子必须像一个外来访客般的,在门外叩门。

---

① 公元前40年老底嘉巨富波林蒙(Polemo),在柏非克斯入侵之时起而抗敌,并且成功地将他逐出城外,因此罗马皇帝不单委任他为西里西亚总督(Cilicia),也立他为潘托斯的王(Pontus)。因此Hemer认为,我们应从这个历史背景来了解人子“同坐宝座”的应许(*Local Setting*, 205-06)。此说有其可能,但是在前面我们已经提及,但以理书第七章中已经有“圣徒得国掌权”的概念了。再者,本节经文的重点不单在“得胜者和基督同坐宝座”,也在“基督和父同坐宝座”。因此这个应许最合理的背景,是基督得胜的历史和榜样。

教会的主被排挤到教会之外，这是多么可悲的一件事，也难怪老约翰会语重心长地说："不要爱世界和世界上的事；人若爱世界，爱父的心就不在他里面了"（约壹 2:15）。

但这个世界不是神所创造的吗？难道我们必须以一个二元的方式，来区隔属物质和属灵的事务吗？这个世界的确是神所创造的，并且神创造世界的目的，是要人借着管理这个世界的方式，来服事神。从这个角度来看，世界是美善的，是神放在我们手中，好叫我们可以从其中得着滋养，好叫我们可以得着享受的，因此这个世界是神美善恩典的具体呈现。不单如此，神将世界放在我们手中，是要我们依神的心意来管理它；因此透过对世界的管理，我们也得着一个服事神的途径。准此，世界不是恶的，世界甚至不是"中性的"，世界是从神而来的美善礼物。

但问题在哪里呢？问题的根源在于当亚当堕落之后，原先神所设立的架构：神—人—世界，变成了：人—世界；因此人对世界的爱，不再是以神为中心，而是以自己为中心了。在这个新的架构之下，我们不单剥削、误用，甚至滥用这个世界，我们也以为我们可以借着对世界的"管理"，而可以为自己建立一个王国。由是世界成了我们盼望的所在，世界也成了我们的主；经济的发达和个人财富的累积，成为我们每一日念兹在兹的事。而这个现象所反映的是：想要拥有世界的我们，反倒成了这个世界的奴隶。有什么比这件事更可笑也更可悲的呢？

在举世都高举着经济大纛的世代中，我们当然和老底嘉教会一样的，必须向人子买眼药，好叫我们能看清楚事实的真相。在事奉玛门（金钱）的狂潮中（路 16:13；亦参，太 6:24），我们须要清楚地知道，何者才是真正的富足。在人人皆以豪宅、名车和华服，作为衡量一个人是否成功的风潮中，我们须要清楚地晓得，只有身穿白衣的人，也就是那些向这个世界说不的人，才是属基督的精兵。向这个世界说不的举动，当然会带给我们一些损失和难处，但这却是唯一可以免去末日审判的途径。因为当神的审判临到这个世界的时候，我们已不在其内了。若创造并且拥有这个世界的主，在旷野受试探之际，都必须三次向撒但说"不"（太 4:1－11/路 4:1－13），那么我们还有什么其他的选择呢？

于是耶稣对门徒说：
若有人要跟从我，就当舍己，背起他的十字架来跟从我。
因为，
凡要救自己生命的，必丧掉生命；
凡为我丧掉生命的，必得着生命。
人若赚得全世界，赔上自己的生命，有什么益处呢？
人还能拿什么换生命呢？
（太 16:24－26）

Ⅱ.2.8 七封书信的解释和应用

不论就教义或是实践的角度而言,启示录七封书信中的每一封,都值得我们细细思量,慢慢品味。因此在前面分析每一封书信的最后,我们都以该封书信的解释和应用,作为总结。但若将七封书信当成一个整体来看,有些议题似乎是在研究了七封书信之后再来讨论,较为恰当。因此在这个段落中,我们将要对那些和七封书信都有关联的问题,进行一点点讨论,并且尝试对这七封书信,做最后的整理和归纳。

旧约背景和当时地理历史背景何者为重?

在前面的分析中我们已经晓得,人子在每一封书信中的"自我介绍",都是由启示录第一章而来,特别是由人子在拔摩海岛所显现的异象而来(1:9-20)。就文学功能而言,这个设计的目的,是要让七封书信和拔摩异象连结在一起。但是在前面的分析中,我们也同时观察到两个现象。第一,在拔摩异象中,约翰所见人子的形象,不管是白发,眼目如火,铜脚,或是口出利剑,都有其旧约的出处;因此他们的含义,应该由旧约背景来了解才是。第二,人子在七封书信中的"自我介绍",的确多由启示录第1章而来,但是约翰在选择让人子以某一个特别的形象,出现在某一封书信时,他似乎也同时考虑到收信教会所在地的地理历史背景;例如,"两刃利剑"和别迦摩是个司法中心的历史背景,显然有关(2:12)。因此在解释经文之意义时,我们就必须面对"旧约背景和当时地理历史背景何者为重?"的问题。

在尝试回答这个问题的时候,我们应该考虑几个因素。第一,在1:1-8中,我们已经看见,借着耶稣所行之事(详见1:1,5b-6a),和祂是怎样的一位(1:7,8)的两个途径,约翰多次尝试将耶稣基督等同于旧约的耶和华神。而这个尝试在1:9-20中的拔摩异象中,更为明显。因为在这个异象中,人子不单具有灵界天使的形象(例如,1:13中"身穿长衣"的装扮),也同时拥有旧约耶和华神的样式(例如,1:14中的"头与发皆白")。因此从这个角度来看,旧约的背景显然是约翰的主要考量。

第二,以旧约背景为主要考量的意思,并不是说约翰就完全不考虑当时的历史地理背景了。从我们刚才已经提及"两刃利剑"的例子来看,这个选择显然和别迦摩城作为司法中心的历史背景有关。因此这个历史背景,可能是促使约翰在写这封书信时,从人子众多的形象中(1:13-20),特别选择"两刃利剑"的原因。在别迦摩书信中,这个选择当然对别迦摩教会具有特别有意义,但是这个形象的含义(真正的审判者），却必须由旧约背景来定义。①

第三，除了人子的"自我介绍"之外，在七封书信中我们也看见约翰使用了许多其他的"象征"。有些象征，例如生命树、吗哪和晨星等等，都有明显的旧约出处，因此他们的含义比较容易确定；而有些象征，例如，不冷不热的温水和眼药等等，则没有明显旧约出处，因此在寻求他们的象征含义之时，当时的背景就必须加以考虑了。但是在这两类的象征之间，我们也看见另外一些象征（或是说法），例如，人子将如贼般而来，火炼的金子，和白衣等等，是同时可以从旧约（或新约）或是当代背景来了解的。因此在解释这类象征时，我们也一样的必须面对何者优先的问题。从最近 20 余年学者对启示录和旧约之间关系的研究结果来看，②我们在考量这类象征的含义时，恐怕还是得以旧约背景（或是新约）为优先考量。当然这并不表示我们就必须弃绝当时的历史地理背景，因为从这两个背景而来的解释，并不必然彼此冲突。在一些例证当中，我们已经看见他们是彼此相合，互相解释的。

七封书信的性质

对许多服膺"时代主义（Dispensationalism）"的华人信徒而言，启示录 2－3 章中的七个教会，所指的不单是第一世纪末叶小亚细亚地区的七个教会，或是教会历史中各式教会形态的代表（types），也是教会历史：

1 以弗所教会：使徒时代的教会（努力传福音的教会；AD 1－100）

2 士每拿教会：受到逼迫的教会（AD 100－313［罗马皇帝康士坦丁信主］）

3 别迦摩教会：国教时代的教会（AD 313－590；从基督教成为罗马帝国的国家教会，到教皇贵勾利一世［Gregory I］设立罗马为教会中心）

4 推雅推喇教会：教皇时代的教会（AD 590－1517；从教皇制度的设立，到马丁路德的改教运动）

---

① Beale, *Revelation*, 224.

② 详见页 51－78。Aune 在其注释书中（*Revelation* 1－5; 6－16; 17－22），提供了大量的希腊罗马背景资料；因此他似乎是想要从这个背景来理解启示录。这些资料都十分有价值，也提供一个和启示录平行对比的平台，但是在使用这些资料作为解释启示录的线索之前，我们应该先回答几个问题：约翰是否知道这些背景资料？若他知道这些背景资料，他是否打算使用他们？而他使用这些背景资料的目的何在？也就是说，在解释启示录时，一个历史或是地理背景是否具有释经上的价值，不单在于它是否扮演了间接对比的角色，更在于它是否和经文之间，有着一个直接的关联。近日学界的研究显示，启示录和旧约之间的确存在着一个直接对应的关系，因此在解释启示录时，我们应该优先考量旧约的背景。当然这个优先顺序并不是都适用于每一个个案的，但是就整体而言，这是一个合理，并且站得住脚的原则。

5 撒狄教会:改教时代的教会(AD 1517 - 1790;从马丁路德的改教,到法国大革命)

6 非拉铁非教会:向外宣教的教会(AD 1730 - 1900;从怀特非和卫斯理的大复兴[the Great Awakening of Whitefield and Wesley],到二十世纪)

7 老底嘉教会:背道的教会(AD 1900 -;不冷不热的教会)①

从上述的表列中,我们晓得对时代论者来说,启示录 2 - 3 章不只具有历史性、代表性,也同时具有预言性。

对于这个在华人教会界被许多人所接受的时代主义,近日已有学者提出不同的见解。② 而对启示录 2 - 3 章是否具有"预言性"的问题,也有人已经提出了足够的针砭,③因此我们在这里似乎没有必要重复他们已经说过的了。在此笔者只想要指出三件事。第一,历史的本身是一个连续的过程,因此即便是为了学习的需要,而将之分割为几个不同的阶段,对我们想要了解过去的人,事实上可能带来一些"误导"。不单如此,对于如何分割历史的问题,不同的人自然就有不同的意见,因为这显然牵涉到个人的主观看法。举例来说,前面所列举教会历史的七个阶段,基本上是根据教会历史学者夏弗(P. Schaff)的分段而来。④ 作为一个历史学家,夏弗对历史的分段,是依据在历史中的重大事件。因此在他的手中,教会历史是由早期、中期和现代三个主要段落所组成的;而这三个段落也各自拥有三个小段落。但是由于启示录 2 - 3 章中只有七个教会,因此时代论者就将夏弗的分段,重组为七个段落,好让二者能够合致。这个作法当然可以达到他所想要到达的目的,但是就方法论而言,这其实是倒果为因的作法。

第二,时代论的主观之处,不单在于它以先决的"七",作为历史分段的标准,也在于它所显示的选择性。也就是说,为了要将某一个教会和某一段教会历史连结在一起,时代论者通常都只会提及那一段教会历史中,那些和某一个教会特色互相呼应的事情。举例来说,在时代论者的理解中,老底嘉教会的不冷不热,是教会温吞吞的属灵情况,因此这正和教会在二十世纪中,面对着自由派、怀疑主义、相对主义以及道德沦丧等等的挑战时,不敢正面应战,反而躲在象牙塔中的情况,完全吻合。⑤ 从某个角度来说,二十世纪的教会似乎是如此的,但是这并不是二十世纪教会的全貌。从欧洲和北美洲的观点来看,这也许是事实(其实只有极小一部分是事实),但是若我们将

---

① G. Cohen, *Understanding Revelation* (Chattanooga: AMG, 1987), 47 - 73. 有关这个议题的论述,亦见,J. L. Boyer, 'Are the Seven Letters of Revelation 2 - 3 Prophetic?' *GTJ* 6(1985), 267 - 73。

② 详见,杨牧谷,《基督书简》,页 51 - 72。

③ 详见,黄彼得,《认识得胜的基督》,页 298 - 303;鲍会园,《启示录》,页 20 - 24。

④ *History of the Christian Church*. 8 vols. (Grand Rapids: Eerdmans, 1910). 有关夏弗的分段,见 G. Cohen, *Understanding Revelation*, 56。

⑤ G. Cohen, *Understanding Revelation*, 67 - 68.

南美洲、韩国以及中国大陆等地的属灵复兴也列入考虑的话，二十世纪教会的情况，其实是和老底嘉教会之间，有着极大的距离。事实上只从西方的更正教的角度来建构"教会历史"的本身，就已经是一个相当主观的事了。更何况在这个教会历史中，只选择性的"采样"，并据以建构一个理论的企图呢？

第三，在前面 2－3 章的分析中，我们不单看见约翰对每一个教会之属灵情况的了解，我们也见约翰对每一个教会所在城市之地理历史背景的了解。因此不管是人子的"自我介绍"，或是祂向教会所发的责备和所给的应许，都十分切合该教会之现况。在七封书信中，人子的信息，特别是祂给得胜者的应许，的确包括了未来的面向，但是这并不表示这些书信的本身，就具有预言性。事实上在"七教会（ταῖς ἑπτὰ ἐκκλησίαις）"一语第一次出现在这卷书中的时候（1:4），约翰虽然选择以"七"这个象征数字来表达"所有教会"的意思，但是他在此同时也以紧随在其后的"在亚洲（ταῖς ἐν τῇ 'Ασίᾳ）"一语，来界定"七教会"的范围。因此这七封书信是以 90 年代，小亚细亚地区所有教会为对象，并且是针对他们的需要而写下来的。

对活在二十一世纪的我们来说，这七封书信当然是从神而来的话，但是我们显然不是这七封书信的第一收信人。圣灵当然可以透过这七封书信，让我们明白属灵的真理，但是这并不表示这七封书信，特别是最后一封老底嘉书信，是直接针对今日教会的情况而有的。我们实在不必以"具有预言性"的方式，来强调神话语对我们的意义。约翰对这卷书的第一读者（以及后世读者）的期待是，听见又遵守（1:3）。因此就让我们以这个方式，来显明我们对祂话语的态度吧。

启示录 2－3 章的主题

"基督给七个教会的书信"，是我们给启示录 2－3 章的标题。因此从这个角度来看，这两章圣经的主题，自然是和基督以及教会有关的了。

在有关基督的部分，我们在 1:9－20 中已经看见，祂是以"具有耶和华神之属性"的方式，出现在拔摩异象中，因此相对于"耶和华神是以色列百姓的主"，人子就是教会的主了。所以在 2－3 章中，我们不单看见祂以第一人称的方式，向教会说话，我们也看见祂向教会所说的，不论是正面的肯定和安慰，或是反面的责备和警告，甚至是祂对教会所发的应许，都带着权柄。作为神子的祂，自然有权柄向教会提出针砭，发出应许。但是祂的权柄，并不只根据祂作为神子的地位。因为身为神子的祂，也曾成为人之子，并且也曾经历了死亡。曾经死过的祂，当然知道教会所必须面对的是什么，而曾经死过又活了的祂，当然也晓得在苦难之后，神的赏赐会是什么。因此祂的责备和警告,是不容置疑的;而祂的应许,也必然成就——“凡有耳的,就应当听”。

在启示录2－3章中,约翰不单清楚地让我们看见,人子是教会的主,他也向我们阐明,教会是在人子手中的金灯台。因此人子对教会的评价,都以此为基调。教会为持守教义真理之纯净而做的努力(2:2－3),教会为信仰所忍受的患难、贫穷和毁谤(2:9;3:9－10);教会为坚守人子之名而受到的逼迫(2:13;3:4,8),都显示出她守住了她作为一个金灯台的本分,因此人子就以肯定之言来安慰她,并以祂的应许来鼓励她。但相对于此,若是教会不再向外传福音(2:4),或是教会屈服于外在政治、经济或是异教的压力,而无法扮演好她金灯台的角色(2:14,20;3:2,15－17),那么摆在她面前的,除了有人子严厉的责备之外,也有祂移除灯盏的警告。对人子而言,“信实的见证”所包含的,不只是祂之所是,也包括祂为神所做的一切;因此祂所求于金灯台的,也是如此。徒有教会之名是不够的,因为在祂的眼中,只有那些能显出我们的确是金灯台的行为(2:2,9,13,19;3:1,8,15),才真正具有永恒的价值。

没有人点灯放在地窨子里,或是斗底下;
总是放在灯台上,使进来的人得见亮光。
(路11:33)

插图三:天庭异象

Ⅲ 天庭异象:神对世界的审判(4:1 - 16:21)

在前面分析启示录的结构时,我们已经晓得在启示录中,约翰放下了许多结构性的线索,而在这些线索之中,最重要的一个就是“在灵里(ἐν πνεύματι)”这个词组(1:10;4:2;17:3;21:10)。因此依照这个线索,启示录的第三个段落,就包括了从第四章一直到第十六章的经文。这段经文很长,也相当复杂,因此约翰就给了我们三个系列的灾难,作为这个段落的主要结构。依循着这个线索,我们就将这13章圣经,分为如下的五个段落:

1 天庭异象(4:1 - 5:14)

2 七印之灾(6:1 - 8:5)

3 七号之灾(8:6 - 11:19)

4 深层的冲突:妇人和龙之间的争战(12:1 - 15:4)

5 七碗之灾(15:5 - 16:21)

拔摩异象和天庭异象之间的连结

在启示录中,约翰除了使用“在灵里”这个词组,来连结这卷书中的四个异象之外,他在天庭异象段落的一开始,也以“我初次听见好像吹号的声音”(4:1),来呼应他在拔摩海岛上所听见“如号的大声音”(1:10)。① 不单如此,在拔摩异象和天庭异象之间,他也借着使用类似的词语,象征和描述,而让这两个异象有所联系:(1)人子从父领受权柄(2:28;②5:7 - 9,12);(2)人子是得胜者(3:21;5:5);(3)圣灵以“七

---

① 同样的情况也出现在第三个和第四个异象之间。因为在新耶路撒冷异象之始,向约翰显现的是“拿着七个金碗,盛满末后七灾的天使中的一位”(21:9);而这个看似啰啰唆唆的描述,是为了要和巴比伦异象互相呼应而有的:“拿着七碗的七位天使中,有一位……”(17:1)

② 和合本2:27。

灵”的方式出现(3:1;4:5;5:6);①(4)圣徒身穿白衣(3:5,18;4:4);(5)圣徒坐宝座(3:21;4:4);(6)圣徒得冠冕(2:10;3:11;4:4);(7)一个敞开的门(3:8,20;4:1);②以及(8)如同众水的声音(1:15;14:2;亦参19:6)。③ 和“在灵里”一语相较,这些联系并不具有结构上的意义,但是它们却像蜘蛛网般的,将这两个异象紧紧地绑在一起。

启示录4－5章和6－16章之间的连结

在前面我们已经看见,借着“三个七灾”的线索,启示录4－16章是由五个段落所组成的。第一个段落是异象的本身,第二、第三和第五个段落是七印、七号和七碗之灾;而夹在第三和第五个段落之间的,则是一段论及属灵争战真正面貌的经文。从6:1所说,“我看见羔羊揭开七印中的第一印”,我们晓得七印之灾,是由4－5章中之羔羊所带来的。但七号和七碗之灾的段落是以怎样的方式和4－5章连结在一起的呢?在前面我们已经提及,约翰为了将后面的三个灾难系列和前面的天庭异象(4－5章)相连结,就让“闪电、声音、雷轰……”的词组,重复出现在这几个段落之中:

4:5	有闪电、声音、雷轰、从宝座中发出
8:5	随有雷轰、大声、闪电、地震
11:19	随后有闪电、声音、雷轰、地震、大雹
16:18－21	又有闪电、声音、雷轰、大地震……又有大雹子

这一组词组的“原型”(闪电,声音和雷轰),是由耶和华神在西奈山显现之异象而来(出19:16),但是在8:5那里,约翰在原有的三个元素之上,加上了地震,在11:19那里,他又再加上了大雹。而当他来到16:18－21时,他又将地震和大雹,做了放大的处理。因此虽然这一组词组的形式是越来越复杂,但是它却是将三个灾难系列和4－5章结合在一起的设计。而这一组词组之所以具有结构性意义的原因,不单在他们之间有共同的元素,也是因为他们所在位置的缘故,即,8:5,11:19和16:18－21都是他们所属段落的最高峰(第七印、第七号和第七碗)。

① 在启示录中,“七灵”出现了四次;除了这三处之外,此一词语也出现在全书的前言部分(1:4)。
② 以上是Beale所观察到的(*Revelation*, 311)。
③ R. Bauckham, *The Climax*, 26. 在1:6和5:10之间,“圣徒成为属神国度”之主题,也彼此呼应。

除了这一组词组之外，在启示录4－5章和其后经文之间，我们也看见另外三个具有类似连结功能的设计。(1)在启示录中，类似于4－5章中所描述的天庭异象，也在其后的经文中出现了六次：7:9－17；8:1－4；11:15－18；14:1－5；15:2－8；19:1－10。[①]这些后续"天庭异象"的内容和长短，或许并不一样，而它们在各自的上下文中所扮演的功能，也不完全相同；但在这些后续异象中所包含的主要元素，都已经在第一个天庭异象中出现了。不单如此，这六个后续"天庭异象"中的前五个，都出现在6－16章的这段经文中，因此他们显然和4－5章中第一个天庭异象，有彼此呼应的效果。而启示录中最后一个"天庭异象"的文学角色(19:1－10)，则在连结第三个段落(4－16章)和第四个段落(17:1－19:10)。

(2)在5:9那里，四活物和24位长老在宝座前向羔羊所唱的新歌是："你配拿书卷，配揭开七印。因为你曾被杀，用自己的血从各族、各方、各民、各国中买了人来，叫他们归于神。"从这首新歌中"各族各方各民各国"一语，我们知道人子的救赎之功是及于地上万族的。在启示录中，这个词组之形式并不固定，但是不管其形式如何变化，这个表达"全世界"含义的词组，总是由四个元素所构成的。而在这卷书中，此一词组一共出现了七次：5:9；7:9；10:11；11:9；13:7；14:6；17:15。[②] 明眼的读者从这些经文的出处，应该可以立即看出，第一次出现在4－5章中"各族各方各民各国"的词组，和后续"天庭异象"一样的，也在6－16章中，又出现了五次；而其最后现身之处，也是在启示录的第四个段落中(17:1－19:10)。因此透过这个词组，约翰不单将4－5和6－16连结，他也借着这个词组，再次让启示录的第三和第四个段落之间，有所呼应。

(3)在论及拜兽之人的刑罚时，约翰说他们将在火与硫磺中受痛苦(14:10)，"昼夜不得安息"(οὐκ ἔχουσιν ἀνάπαυσιν ἡμέρας καὶ νυκτός；14:11)。在其文脉中，"昼夜不得安息"所要对比的，是殉道圣徒在主里将要得着的安息(ἀναπαήσονται；14:13)，但是就整卷启示录来看，此语所要呼应的，是在天庭中四活物对神的敬拜："他们昼夜不住的说(ἀνάπαυσιν οὐκ ἔχουσιν ἡμέρας καὶ νυκτὸς)，圣哉，圣哉，圣哉。"(4:8)[③]因此透过这个词组，约翰不单让拜兽和拜神的两个群体，有了明显的对比，也藉之让4－5章和其后经文有了联系。

以上这三个元素，即，后续异象，"各族各方各民各国"，以及"昼夜不停"，并不像"闪电、声音和雷轰"那样具有结构性意义；但因着这三个元素的出现，启示录4－5章和6－16章之间的连结，就变得更为紧密了。

---

① Aune, *Revelation* 1－5, xcvii.
② R. Bauckham, *The Climax*, 27.
③ 同上，页28。

Ⅲ.1　天庭异象(4－5)

约翰所见之天庭异象是由两个部分所构成的。在第四章中,他描述了在天庭中各人所在的位置,以及在其中所举行的崇拜;而在第五章中,他则是将圣父授权圣子去执行永恒计划的过程,做了详细的记录。因此这两章圣经,正如前述,乃是其后经文的前言(6－16)。借着这个天庭异象,约翰要其读者明白,他在接下来之异象中所看见的各样灾难(七印七号七碗之灾),都因着圣子已得着刑罚世界权柄,因祂已从父神手中领受了书卷(5:7)。

经文翻译

第四章

1　此后我观看,看哪!天上有门开了。我初次听见好像吹号的声音,对我说:你上到这里来!我要将以后必成的事指示你;2　立时我就在灵里了。

看哪!有一个宝座安置在天上,又有一位坐在宝座上。3　看那坐着的,好像碧玉和红宝石,又有虹围着宝座,好像绿宝石。

4　宝座的周围又有二十四个宝座,其上坐着二十四位长老,身穿白衣,头上戴着金冠冕。5　有闪电、声音、雷轰从宝座中发出。又有七支火炬在宝座前点着,这七支火炬就是神的七灵。6　宝座前好像一个玻璃海,如同水晶。宝座中和宝座周围有四个活物,前后遍体都满了眼睛。7　第一个活物像狮子,第二个像牛犊,第三个脸面像人,第四个像飞鹰。8　四活物各有六个翅膀,遍体内外都满了眼睛。

他们昼夜不住地说:圣哉!圣哉!圣哉!主神全能者,昔在、今在、将要再来的那一位!9　每逢四活物将荣耀、尊贵、感谢归给那坐在宝座上,活到永永远远者的时候,10　那二十四位长老就俯伏在坐宝座的面前,敬拜那活到永永远远的,又把他们的冠冕放在宝座前,说:11　我们的主,我们的神,你是配得荣耀、尊贵、权能的!因为你创造了万物,并且万物是因你的旨意而存在,而被创造的。

第五章

1　我看见坐宝座的右手中有书卷,两面都写满了字,用七印封严了。

2　我又看见一位大力的天使,大声宣告说:有谁配展开那书卷,揭开那七印呢?

3　在天上、地上、地底下,没有能展开、能观看那书卷的。

4　因为没有配展开、配观看那书卷的,我就大哭。

5 长老中有一位对我说：不要哭！看哪，犹大支派中的狮子，大卫的根，已经得胜了，因此祂能展开书卷，揭开七印。

6 我又看见宝座与四活物并长老之中，有羔羊站立，像是被杀过的，有七角七眼，
就是神的七灵，奉差遣往普天下去的。7 这羔羊前来，从坐宝座的右手里拿了书卷。

8 祂既拿了书卷，四活物和二十四位长老就俯伏在羔羊面前。长老各拿着琴和
盛满了香的金炉；这香就是众圣徒的祈祷。9 他们唱新歌，说：你配拿书卷，配揭开七印。因为你曾被杀，用自己的血从各族、各方、各民、各国中买了人来，叫他们归于神，
10 又叫他们成为国民，作祭司，归于神，在地上执掌王权。11 我又看见，且听见宝座
与活物并长老的周围，有许多天使的声音；他们的数目有千千万万，12 大声说：曾被
杀的羔羊是配得权柄、丰富、智慧、能力、尊贵、荣耀、颂赞的！13 我又听见在天上、地
上、地底下、沧海里和天地间一切所有被造之物都说：但愿颂赞、尊贵、荣耀、权势都归
给坐宝座的和羔羊，直到永永远远！14 四活物就说：阿们！众长老也俯伏敬拜。

经文结构

3.1　天庭异象　4:1－5:14

3.1.1　天庭异象场景　4:1－11

- 3.1.1.1　序言(1－2a)
- 3.1.1.2　天庭异象的焦点：宝座和坐在其上的(2b－3)
  - 3.1.1.2.1　宝座(2b)
  - 3.1.1.2.2　坐宝座者的形象(2c－3a)
  - 3.1.1.2.3　宝座周围的虹(3b)
- 3.1.1.3　围绕在宝座周围的人事物(4－8a)
  - 3.1.1.3.1　24 位长老(4)
  - 3.1.1.3.2　闪电声音和雷轰(5a)
  - 3.1.1.3.3　在宝座前的七灯和玻璃海(5b－6a)
  - 3.1.1.3.4　四活物(6b－8a)
- 3.1.1.4　天庭中的崇拜(8b－11)
  - 3.1.1.4.1　四活物的敬拜(8b)
  - 3.1.1.4.2　24 位长老的敬拜(9－11)

3.1.2　羔羊的受职　5:1－14

3.1.2.1 羔羊的出现(1-7)
3.1.2.1.1 序言:手拿书卷的上帝(1)
3.1.2.1.2 寻求配拿书卷者(2-5)
3.1.2.1.2.1 大力天使的征询(2)
3.1.2.1.2.2 无人配接受书卷(3)
3.1.2.1.2.3 约翰对此的反应(4)
3.1.2.1.2.4 一个长老的响应(5)
3.1.2.1.3 羔羊配拿书卷(6-7)
3.1.2.1.3.1 羔羊在宝座前现身(6)
3.1.2.1.3.2 羔羊拿了书卷(7)
3.1.2.2 天庭活物的反应(8-14)
3.1.2.2.1 内圈:四活物和24位长老的敬拜(8-10)
3.1.2.2.1.1 俯伏(8a)
3.1.2.2.1.2 献香(8b)
3.1.2.2.1.3 唱新歌(9-10)
3.1.2.2.2 外圈:众天使的敬拜(11-12)
3.1.2.2.3 整个宇宙的敬拜(13-14)

启示录4-5章的形式和背景

在约翰写启示录的前后一两百年间,犹太人和基督徒都写下了许多所谓的“启示文学作品”。以其内容为准,有人将这些作品归类为两大类:“有天上旅程的作品”,和“无天上旅程的作品”。[1] 因为前者作品中,包含了作者周游天界、地府、阴间或是地球边缘时,所见人事物的长篇记载;而后者作品中,作者是在梦中或是在异象中得着启示。就这个角度而言,启示录4-5章和第二类的启示文学作品之间,有其相似

① M. G. Reddish, ed., *Apocalyptic Literature* (Peabody: Hendrickson, 1995),21-22. Reddish的分类法是根据J. J. Collins的建议而有的('Introduction: Towards the Morphology of a Genre,' *Semeia* 14[1979],1-20)。Collins一文的目的,是希望能为方兴未艾的启示文学研究,定下一个研究范围的基调。但是从后续的许多论文中,我们晓得这个目的并未完全达成。因为后来的学者认为,在回答何谓启示文学之时,我们不单要考虑其共通的内容和形式,也必须将“功能”的因素一并列入考虑。有关这个题目的讨论,可见*Semeia* 36(1986)中的三篇论文:A. Y. Collins,'Introduction,' 1-11; D. Hellholm,'The Problem of Apocalyptic Genre and the Apocalypse of John,' 13-64; D. E. Aune,'The Apocalypse of John and the Problem of Genre,' 65-95。

之处。因此有学者就称这两章圣经为“宝座异象的报告”。①

依其形式而言，启示录4－5章的确可称之为“宝座异象报告”，或是“天庭异象报告”，但是这个文学形式的根源何在？在这两章圣经中，由于天庭中的四活物，24位长老，以及千千万万的天使，一次、两次、三次甚至四次的弹琴唱歌敬拜上帝（4:8，9－11；5:8－10，11－14），因此有人认为站在这两章圣经背后的，是犹太会堂在早晨所举行的崇拜。因为这个崇拜的仪式和内容，与约翰在此所记载的，十分相似：（1）颂赞神的创造；（2）颂赞神的救赎和祂赐律法之恩；（3）感谢神借着逾越节的羔羊而救他们脱离了埃及；（4）并且以唱新歌来纪念此事。② 这个看法虽然有其可能，但是从下面的分析中，我们晓得启示录4－5章，基本上还是和旧约中的某些章节最为接近。

	内容	但以理书	启示录
1	异象前言在用词遣字上的类似	7:9(7:2,6－7)	4:1
2	一个在天上的宝座	7:9a	4:2a(4:4a)
3	神坐在宝座上	7:9b	4:2b
4	神在宝座上的形象	7:9c	4:3a
5	火在宝座前	7:9d－10a	4:5
6	环绕在宝座前的属灵活物	7:10b	4:4b,6b－10,5:8,11,14
7	在宝座前的书卷	7:10c	5:1ff
8	书卷被打开	7:10d	5:2－5,9
9	有一位来到宝座前 领受了统管列国的权柄	7:13－14a	5:5b－7,9a,12－13
10	列国的范围:各方各国各族	7:14a[MT]	5:9b
11	见异象者情绪的波动	7:15	5:4
12	见异象者 与神的仆人之间的互动	7:16	5:5a

① Throne-Vision report; Aune, *Revelation* 1－5, 276－78.

② P. Prigent, *Apocalypse et Liturgie* (Paris: Delachaux et Niestle, 1964), 46－79. 资料来源, Beale, *Revelation*, 313。和 Prigent 有类似看法的是 L. Mowry, 'Revelation 4－5 and Early Christian Liturgical Usage,' *JBL* 71 (1952), 75－84。

续 表

	内容	但以理书	启示录
13	圣徒领受统管国度的权柄	7:18,22,27a	5:10
14	神永远统治的结语	7:27b	5:13-14

这个对比清楚地显示,启示录4-5章中的许多元素,不单是由但以理书7:9-27而来,并且它们在启示录中和但以理书中,也大致上以相似的次序出现;因此启示录的天庭异象,基本上是本于但以理书7:9-27。①

除了但以理书7章之外,以西结书1-3章中的诸多元素也一样出现在启示录4:1-5:1的段落中:②

	内容	以西结书	启示录
1	异象前言:天开了	1:1	4:1a
2	在见异象者背后的大响声	3:12-13	4:1b
3	"在灵里"得见异象	1:3b	4:2a
4	见宝座和坐在其上的	1:26	4:2
5	以贵重金属或是宝石 来形容坐在宝座上的那一位	1:26b-27	4:3a
6	"彩虹"的出现	1:28	4:3b
7	"火和闪电"的出现	1:13b	4:5a
8	如水晶般的玻璃海	1:22	4:6a
9	四活物和"眼睛"	1:5;18	4:6b
10	像狮牛人鹰般的四活物	1:5b-25(10:5-17)	4:7-8
11	书卷	2:9	5:1

事实上在启示录4-5章后面的,还有许多其他的旧约经文。例如,四活物的六个翅膀,以及他们向神所发"圣哉圣哉圣哉"的颂赞(启4:8),就是由以赛亚书6:2而来。而第五章中有关人子的描述,像是"犹大支派中的狮子"(5:5),"大卫的根"(5:

① 这是Beale所观察到的(*Revelation*, 314-15)。除了这14个项目之外,在启示录5:11中所提及之"千千万万的天使",恐怕也是由但以理书7:10而来(亦参,黄彼得,《认识得胜的基督》,页181)。

② 这个表列中的前十个项目,是J. M. Vogelgesang所观察到的(The Interpretation, 169-82)。

5），以及“七眼”（5:6）等等，都各自有其旧约出处（创 49:9；赛 11:1，10；亚 3:9）。但是就结构次序以及数量的角度来看，但以理书第七章对启示录 4－5 章的影响，可以说是最广泛也是最深刻的；而单就启示录第 4 章而言，先知以西结所看见的第一个异象（1:1－3:22），则为这章圣经提供了最多的素材。

这个观察具有几方面的意义。第一，从约翰所暗引的旧约经文来看，即，但以理书 7:9－27 和以西结书 1－3 章（还有以赛亚书第 6 章），他显然希望将他的天庭异象，能连结于旧约先知所见的异象。也就是说，他希望他的读者知道，他在这个异象中所领受的真理，不论是神的审判（七印七号和七碗），或是神的保守和拯救（十四万四千人；7:1－8 等等），都是根植于旧约的启示。在下面的分析中，我们将会看见约翰在暗引旧约之际，也同上加上了新的元素（例如，24 位长老；4:4，10 等等），因此让旧约的启示有了一个新的面貌；但他“更新（update）”旧约启示的工作，并不是以“另起炉灶”的方式来进行的；而是在旧的结构之上，再加上了新的元素。而其原因，是因为神的启示，有其连贯性。事实上，这个现象是我们在约翰所见的第一个异象中（1:9－20），就已经看见的了。① 因为在那里他不单让人子以耶和华之姿出现，他也让他自己穿上了旧约先知之袍，因此在那个异象中要领受信息的，自然就是延续旧约以色列百姓的教会了（以色列基督徒＋外邦基督徒）。

第二，就质量的角度来看，约翰所暗引的以西结书 1－3 章和但以理书第 7 章，在旧约中都是数一数二、最具规模的天庭异象。因此他选择以这两段经文，作为他所见天庭异象的基础，显示出他对旧约的了解。不单如此，他将这两个旧约天庭异象融合在一起的动作，②显示出他暗引旧约之举，并非随意而行，而是以“主题类似”为其主要考量。③

第三，就释经的角度来说，这个观察再一次肯定，在解释这两章圣经的含义时，从旧约背景而来的线索，应该是我们必须优先考虑的事项，因为我们顺着这些“暗引之藤”所摸到的，是旧约之瓜。④

---

① 详见该处注释。

② 事实上，从以赛亚书第 6 章（也是天庭异象）而来的材料，也出现在这个异象中。

③ 有关这个题目，见页 64 的论述。

④ 学界对于启示录第 5 章中，羔羊从父神手中接受书卷一事的意义，有不同的见解。有人认为我们应从古代埃及王，或是以色列王登基的背景，来了解这章圣经。有人则认为在本章圣经中所记载的，是羔羊的“差派典礼”。但若我们从但以理书和以西结书的背景来看，启示录第五章所记载的，是神对羔羊的“授权”，好让祂能执行神永恒的计划。有关这个题目的详细论述，见 Aune, *Revelation* 1－5，332－38。

经文分析

4:1－2a 此后我观看,看哪!天上有门开了。我初次听见好像吹号的声音,对我说:你上到这里来!我要将以后必成的事指示你;[2] 立时我就在灵里了(Μετὰ ταῦτα εἶδον, καὶ ἰδοὺ θύρα ἠνεῳγμένη ἐν τῷ οὐρανῷ, καὶ ἡ φωνὴ ἡ πρώτη ἣν ἤκουσα ὡς σάλπιγγος λαλούσης μετ᾽ ἐμοῦ λέγων, Ἀνάβα ὧδε,καὶ δείξω σοι ἃ δεῖ γενέσθαι μετὰ ταῦτα, [2]εὐθέως ἐγενόμην ἐν πνεύματι)

启示录4:1－2a是4－5章天庭异象的序言,在其中约翰交代了这个异象的场景(天上),这个异象的内容(以后必成的事),以及他是在怎样的情况中看见这个异象的(在灵里)。对这个归纳,多数的释经者应该都不会有太多的意见,但对我们应该如何来了解这个异象的内容,以及这个异象和约翰所见第一个异象之间的关系等等的问题,学界则有相当歧异的看法。基本上来说,学界的看法可以分为两类。第一,有些人认为人子在1:19那里所给约翰的命令,是要他把第一章的拔摩异象(你所看见的事),2－3章的七封书信(现在的事),和4－22章的后续异象(将来的事),都写下来;因此在4:1所说的"以后必成的事",就是那些在世界末日之时,才会发生的事。也就是说,约翰在4－22章中所记录的异象,是关乎末日的。① 第二,在学界则有人认为,虽然"以后必成的事"似乎指向未来,但神的国在人子死和复活的事件中,已经建立起来了(参,启5:5－7),因此4－22章并非完全是关乎未来的事。② 这两种看法似乎都各有其合理之处,因此要回答这个问题,我们恐怕还是得回到旧约中。

在前面我们已经晓得,站在启示录4－5章后面的,是以西结书1－3以及但以理书第七章,因此在这个异象的序言中,我们就看见了那些曾出现在那两个旧约异象中的元素:(1)"此后我观看,看哪!"所对应的是但以理书7:6a,"此后我观看,看哪!"(亦参,但7:7a);③(2)"天上有门开了"是和以西结书1:1中的"天就开了"互相呼应;(3)而"在灵里"一语则是和以西结书1:3中,"耶和华的灵(原文作手)在我身上"

---

① 例如,Walvoord, *Revelation*, 102;Thomas, *Revelation* 1－7,337。这两个学者都以"未来的"角度来理解启示录4－22章,但是Walvoord认为"你上到这里来"所指的,不只是约翰而已,而是末日圣徒的被提。对此说Thomas则表达了他的反对意见(亦参,陈济民,《启示录注释》,页149－50)。

② 例如,Beasley-Murray, *Revelation*, 110;Beale, *Revelation*, 316－18。

③ 在但以理书7:6a是"בָּאתַר דְּנָה חָזֵה הֲוֵית וַאֲרוּ"(此后我观看,看哪);而在但以理书7:7a则是"בָּאתַר דְּנָה חָזֵה הֲוֵית בְּחֶזְוֵי לֵילְיָא וַאֲרוּ"(此后我在夜间的异象中观看,看哪)。

互相对应。不单如此，约翰借着“我初次听见吹号的声音”，而将这个异象和拔摩异象连结在一起的文学技巧（参，1:10），也是从先知以西结书学来的（参，结 1:1；3:22；8:4；10:20；43:3）；①而“我要将以后必成的事指示你”一语，也是由那和但以理书第 7 章平行的但以理书第 2 章而来（2:28－29）。因此这些旧约线索不单让这个异象带着“旧约先知式”的风味，也要求我们从旧约的角度来理解这个异象。

从以西结书的角度来看，“天开了／天门开了”在强调见异象者所领受启示的属天权柄。② 因此为了让属人的以西结和约翰能明白从天而来的启示，“在灵里”就成为一个必要的条件了。在启示录四个“在灵里”的词组中（1:10；4:2；17:3；21:10），③“灵”都不带冠词，因此“在灵里”一语所要表达的，可以是约翰的“出神”状态。也就是说，此处的“灵”可以视为是约翰的灵（精神状态），而非圣灵。④ 但是从以西结书的角度来看（耶和华的手［灵］），“在灵里”的意思显然是“在圣灵里”。在 1:10 那里，我们已经知道“在灵里”不单具有重建神形象，因而使人可以扮演好为祭司事奉神，以及为王管治世界的含义，“在灵里”也包含了人可以突破他作为一个人的限制，因而可以行神迹，见异象。而这后面一层的意义，正在“天开了”的语句中，得着证实。事实上“在灵里”和“天开了”是彼此解释，互相配合的；因为人尽管可以借着禁食、苦修、冥想甚或用药，来达到“出神通天”的状态，但若没有圣灵的介入，他是不可能看见并且明白从天而来的启示（参，约 3:3－15；林前 2:10－13）。事实上，约翰并不是唯一跟随在先知以西结之后，以“天开了＋神的灵”的模式来强调启示权柄的人。在马太马可和路加福音中，“天开了”和“神的灵”的这两个元素，都很一致地出现在耶稣受洗的事件中（太 3:16；可 1:10；路 3:21），⑤而其目的，则在为神在人类历史中，所做之宣告背书：“这是我的爱子，我所喜悦的！”

从以西结书的背景中，我们明白了约翰所见异象的来源（天）和方法（在灵里），但是就异象的内容而言，约翰却要我们回到但以理书。在分析 1:1 的时候，我们已经

① 详见页 111－15。

② M. Greenberg, *Ezekiel* 1－20, 41; L. C. Allen, *Ezekiel* 1－19, 22. 有关以西结“天开了”之主题，对后续犹太文献和新约的影响，见 W. Zimmerli, *Ezekiel I*, 116。

③ 在前面我们已经提及，这个词组在启示录中具有结构性意义，因此在此我们就不再对这个问题多作说明了。在此我们只想指出，此一词组在此出现的主要目的，是结构性的，因此约翰是否在此进入了一个比他看见第一个异象之时，更高的属灵状态（参 1:10），或是他是否在第一个异象之后，回复到正常的情况，然后又在此再次“出神”，并不是重点（详见，Thomas, *Revelation* 1－7, 338－39）。

④ Aune, *Revelation* 1－5, 283.

⑤ 约翰福音只提及“圣灵的降临”（1:32），但是和符类福音相较，约翰福音的圣灵是“从天而降”的，因此“天开了”的元素也隐含在这卷福音书中。

晓得“以后必成的事”一语,是由但以理书 2:28,29 和 45 而来。① 而在那里,这个词组所指的事,是神借着那一块非人手所凿出来的石头,将代表世上列国之雕像打碎,因而建立起一个永不败坏的神国(但 2:44 – 45)。在但以理为尼布甲尼撒王解梦的经文中,先知并没有告诉我们这块石头所指的究竟是谁,但是到了和但以理书平行的第七章,这块石头的身份就变得十分清楚了,因为在那里为神建立永不败坏国度的,正是像人子的那一位(但 7:13 – 14)。在耶稣有关祂自己的讲论中,祂明白地指出,祂就是但以理书中所提及“像人子的”那一位,②因此从祂死和复活的事件中(参,启 1:18),约翰明白了但以理书第二章和第七章的意义。也就是说,在耶稣的死和复活中,他看见神国在人类历史中的建立。这国度当然是要在人子第二次再来之时,才会达到她完满的地步,但是她却是一个已经出现的国度(启 1:6,9)。因此约翰在 1:1 和 1:3 那里,就以“快要必成的事”和“日期近了”这两句话,来描述这个国度的现况。因为当一颗种子开始发芽生长时,我们自然就知道这棵树开花结果的日子,是已经近了的。

站在但以理的立场,“以后必成的事”是未来式的,但是站在约翰的立场,这“以后必成的事”就不单是未来式,而是包括了过去的事。因为但以理所指的“以后必成的事”,已经在人类的历史中开始实现。因此在这个异象中,特别是在以人子为焦点的第五章中,我们就看见约翰一方面让人子成为在天地之间,唯一能从父神手中接受书卷的那一位(5:2 – 7),因此也就让祂成为执行神永恒计划,将人类历史带入最后高峰的那一位(启 6 – 22);但是在此同时,他也以“像是被杀过的”,来凸显人子之所以可以在神永恒计划中,扮演如此关键性角色的原因(5:6)。因为人子今日借着圣灵透过教会所做的工作,以及祂在末日要来总结人类历史的工作,都根植于祂在十字架上所成就的。就约翰而言,但以理的“以后必成的事”,就是曾经发生在十字架上的事;而在这个事件中所彰显出神的大能,也让他确信,人子在十字架上所开始成就的事,是“必然(δεῖ γενέσθαι)”会在人类历史结束之时,达到它的最高峰。

事实上,若我们从启示录第六章之后的内容来看,约翰在启示录中,借着“以后必成的事”(或是类似的说法;1:1;1:19;4:1;22:6),四次暗引但以理书的原因,恐怕还不只是要将耶稣和“石头/人子”连结在一起而已。因为对那些正在忍受逼迫苦难的信徒来说,耶稣在过去已经成就的,以及祂将来所要成就的,虽然都十分重要,但对他

---

① 有关这个词组和但以理书之间关系的讨论,见 Beale, *Revelation*, 152 – 61。在前面我们已经提及(见页 86 – 88),虽然 Beale 认为这个词组在启示录中具有结构性的意义,但是约翰使用这个词组的目的,恐怕只是要引导读者回到但以理书,并且要其读者从但以理书的角度来了解启示录。

② 详见 1:13 的注释。

们而言，目前最重要的事，恐怕是，为何我们现在依旧在苦难中呢？而对这个问题，约翰所暗引的但以理书，也有答案：在神的计划中，圣民将要在第四兽的手下，受苦一载两载半载（但 7:19－27；启 11:2，13；12:6，14；13:5），因此在他们得胜得国之前，忍耐就成为他们的必修学分了（启 13:10）。

以上的分析让我们看见，约翰在本节以及在 4－5 章中大量暗引旧约的现象，不单在让他的异象具有旧约的风貌，更是要为他所见异象，定下一个解释性的基调。就其权柄和重要性而言，他的异象和先知以西结的异象之间，并没有任何的差别，但是就释经的角度来说，他的引经却让我们看见他对但以理书的理解。金头银胸铜腹铁腿的雕像，也许像丈二金刚般的让人摸不着头脑；非人手所凿出来的石头，也叫人不知该把它当宝贝还是当跌人的磐石看待（参，太 21:44；路 20:18）；①而亘古常在者，驾云而来像人子的一位，以及圣徒要在兽的手下受折磨一载两载半载的事，更是令人眼花缭乱。但当真光来到这个世界之后（约 1:9；8:12），云雾自然消散，而原本让人手足无措的苦难，也摇身一变成为我们克敌制胜的兵器（参，彼前 4:1）。

4:2b－3　看哪！有一个宝座安置在天上，又有一位坐在宝座上。[3]看那坐着的，好像碧玉和红宝石，又有虹围着宝座，好像绿宝石（καὶ ἰδοὺ θρόνος ἔκειτο ἐν τῷ οὐρανῷ, καὶ ἐπὶ τὸν θρόνον καθήμενος, [3]καὶ ὁ καθήμενος ὅμοιος ὁράσει λίθῳ ἰάσπιδι καὶ σαρδίῳ, καὶ ἶρις κυκλόθεν τοῦ θρόνου ὅμοιος ὁράσει σμαραγδίνῳ）

从开启的天门中，约翰所看见的是整个的天庭（4:2b－11），以及在其中所发生的事情（5:1－14）。在他所见的天庭中，宝座和坐在其上的一位，②是整个天庭的中心，而围绕在祂周围，由内而外的，则是如绿宝石般的虹（4:3）、四活物（4:6）、24 位坐在宝座上的长老（4:4）以及千千万万的天使（5:11）。由是之故，宝座和坐宝座者，就自然成为天庭异象中第一个出现的元素。③ 不单如此，为了要强调宝座和坐宝座者的

---

① 有关这两处经文和但以理书 2:34，44 之间关系的分析，见 B. Lindars, *New Testament Apologetic* (London: SCM, 1961)，183－86。

② 在启示录中，约翰七次以“坐在宝座上的一位（ὁ καθήμενος ἐπὶ τοῦ θρόνου）”，来描述上帝（4:9；5:1，7，13；6:16；7:15；21:5）；而类似的说法也在其他地方出现（4:2，3；7:10；19:4；21:5）。这些说法是所谓的“迂回语法（circumlocution）”，其目的在避免直接提及神的名字。在启示录中，跟在“在（ἐπὶ）”之后的“宝座”，有时候是所有格，有时候是间接受格，而有些时候又是直接受格。有关这个问题的讨论，见 Aune, *Revelation* 1－5，284。

③ 在以西结对他所见异象的描述中（结 1:4－28），宝座和坐在宝座上的一位（26－28），是出现在四活物（4－14）、四轮（15－22）和穹苍（23－25）之后，因此虽然约翰和以西结以不同的方式来呈现他们所见的异象，但是他们的目标都在凸显宝座和坐宝座者的重要性。

重要性,约翰也将“看哪”一语,放在宝座和坐宝座者的前面;①正如他为了要凸显人子的重要性,也在祂第一次出现在天庭异象之时,以“看哪”来唤起读者的注意(5:5)。② 再者,在启示录4－22章中,属神的“宝座”一共出现了38次,而单单在4－5章中,神的宝座就出现了17次,因此从这个比例当中,我们也可以看出天庭异象的焦点何在了。

在旧约中,以“宝座设立在天”的方式,来表达“神是宇宙主宰”之真理的经文,不胜枚举;③但在这些经文中,约翰所见的宝座,和先知以西结在异象中所看见的,最为接近。何以见得?(1)约翰和以西结都提及围绕在宝座,或是坐宝座者周围的“虹”(参,结1:28);(2)以西结对坐宝座者的形容是如精金、如火(结1:26－27),而约翰则是以碧玉和红宝石来描述坐在宝座上的那一位。这两个描述虽然不尽相同,但是它们的目的都在强调神的荣耀。

但碧玉和红宝石是否具有特别的象征意义?学界对此有不同的见解。有人认为此处碧玉所指的,并非今日我们所知不透明的绿玉,而是会反光的水晶或是钻石(参,21:11);而红宝石则是产自撒狄的红色石头,因此这两样宝石所象征的,可以是神借着水和火的审判,神的良善和公义、神性和人性,或是神的圣洁和公义。④ 这类见解可以满足人的好奇心,但由于古人在宝石学上,并没有为我们留下精确的记录和描述,所以我们并不能完全确定,约翰在此所提及的两样宝石究竟是什么。准此,这一类的看法都只是揣测而已。

就我们目前所知,这两样宝石和约翰接下来用以描述“虹”的绿宝石,都是古人所认定的珍贵宝石,所以在柏拉图(Plato)的著作中,这三样宝石就成为各类宝石的代表。⑤ 也因着如此,在大祭司的胸牌上(出28:17－20),以及先知以西结在描述推罗王之荣耀时(结28:13),这三样宝石都没有缺席。在启示录所提及的宝石当中,“碧玉”可能是最珍贵的,因为它不单在本节经文中,成为坐宝座者形象的象征,在21:11那里,更是“神的荣耀”之代名词;因此反映神荣耀的新耶路撒冷城之城墙,以及城墙12根基中的第一个,都自然是以这个宝石为材料(21:18,19)。因此借着“碧玉”和在城墙12根基中排名第六的“红宝石”,约翰所要表明的,是神的威严和荣耀。在以西结所见异象中,神的这个面向是以精金和火来表达的,但是在约翰的笔下,宝石却成

① 和合本没有将此语词翻译出来。
② 在天庭异象中,“看哪”只出现在这两个地方;因此这应该是约翰刻意所为。
③ 例如,王上22:19;代下18:18;伯26:9;诗11:4;97:2;103:19;赛6:1;结1:26;10:1。
④ Thomas, *Revelation* 1－7,342.
⑤ *Phaed*. 110 E:σάρδια καὶ ἰάσπιδας καὶ σμαράγδους καὶ πάντα τὰ τοιαῦτα(“红宝石,碧玉,绿宝石,和所有这一类的东西”)。引自 Swete, *Revelation*, 67。

为神这个面向的"代言人"。

那么环绕在宝座周围，如绿宝石般之"虹"的含义又是如何？从神在洪水之后，以"虹"为记，向挪亚保证祂将不再以洪水审判世界的背景来看（创 9:13－17），有人认为"虹"在此的出现，表明了神的信实和怜悯。① 因此虽然从这个异象之后，我们所见的都是有关神审判世界之事，但是对神的子民而言，他们却不必担心，因为神是守约施慈爱的神；②而祂公义的宝座，则是被祂信实慈爱的"虹"所约束的。③ 这个见解很吸引人，也有其可能，但它却有两个困难。第一，我们并不能确知约翰在此是否借"虹"而暗引了创世记，因此从这个背景来了解启示录的尝试，不论其结果如何具有神学上的意义，都带有揣测的成分。第二，神借"虹"向挪亚所立之约，不是单以属神的挪亚一家为其对象，也是以挪亚所代表的第二个世界为其范围（创 9:17）。④ 因此祂的恩惠和慈爱，或者更准确地说，祂在地还存留的时候，让稼穑寒暑、冬夏昼夜永不停息的普遍恩典（参，创 8:22），并非只针对信徒而已，而是以所有的人为对象。

从约翰在启示录第四章中所大量暗引的以西结书来看（特别是，结 1:27－28），"虹"所代表的，并不是"信实慈爱"，而是"审判"。因为西结书 1:28 中，被译为"虹"的词语，原本是在战场上所使用的"弓"。⑤ 在旧约中，特别是在神以审判者之姿，在暴风中显现的经文里面，这个如虹般可以射出闪电的"弓"，更是经常出现。⑥ 而这个理解也在以西结书的上下文中，得着证实，因为当神以"被如火之虹所环绕"的形象出现之后，祂要先知传达给以色列百姓的信息，正是审判（结 2:6－3:21）。从这个角度来看，我们实在不难明白，为什么约翰在接下来的经文中，就明言从宝座而出的，是"闪电、声音和雷轰"（4:5；亦参，8:5；11:19；16:18－21）；而人子从父神手中所拿书卷之内容，会是各式的审判了（6:1－17；参，结 2:10）。在启示录第四章之后的经文中，神的信实和慈爱，的确在祂保守属祂的子民的事上，彰显了出来（7:1－17；14:1－5 等等）。但是祂这方面的属性，却是由被杀羔羊来显明的（5:6；7:14；14:4）。祂的宝座是审判世界的"白色大宝座"，而在这个宝座面前，所有的人，无论是死人或是活人，都将要面对祂的审判（21:11－15）。

4:4　宝座的周围又有二十四个宝座，其上坐着二十四位长老，身穿白衣，头上

---

① 例如，Morris，*Revelation*，86；陈济民，《启示录注释》，页 151。

② 张永信，《启示录注释》，页 109；Beale，*Revelation*，321。

③ Caird，*Revelation*，63；Thomas，*Revelation* 1－7，343.

④ M. G. Kline，*Kingdom Prologue*，153；邝炳钊，《创世记（卷一）》，页 588。

⑤ 创世记 9:16 中的"虹"也是如此。

⑥ 例如，诗 18:14[15]；77:17[18]；144:6；哈 3:11；亚 9:14。有关结 1:28 中之"虹＝弓"的讨论，可见 M. G. Kline，*Kingdom Prologue*，152；L. C. Allen，*Ezekiel* 1－19，36。

戴着金冠冕(καὶ κυκλόθεν τοῦ θρόνου θρόνους εἴκ οσι τέσσαρες, καὶ ἐπὶ τοὺς θρόνους εἴκοσι τέσσαρας πρεσβυτέρους καθημένους περιβεβλημένους ἐν ἱματίοις λευκοῖς καὶ ἐπὶ τὰς κεφαλὰς αὐτῶν στεφάνους χρυσοῦς)

在前面我们已经晓得(2b－3),约翰的天庭异象是以宝座和坐宝座者为中心的。而这个观察在本节经文中,再次得着证实,因为围绕在神宝座周围的,是24个宝座,而在其上则是坐了24位身穿白衣、头戴金冠的长老。从接下来的经文中,我们将会看见这24位长老随同四活物一起敬拜神(4:9－11),因此尽管宝座、白衣和金冠都显明了他们尊贵的地位,但这24位长老在此出现的目的,只是要衬托神在天庭统管万有的崇高地位而已。①

但他们究竟是谁呢?就目前我们所知,在犹太人的启示文学作品中,也有许多和启示录4－5章类似的天庭异象;但就24位长老而言,他们却只出现在约翰的天庭异象中;因此学界对这个问题一直有着浓厚的兴趣。基本上来说,学者们的看法可以分为两大类。

第一,在旧约以及犹太人的启示文学作品中,出现在天庭里面的,都是灵界的活物,因此这24位长老应该比较可能是天使。这一类的看法可以细分为三种:(1)在犹太人的观念中,人在地上所见之物是天上世界的反映,因此有人认为这24位长老,是24个圣殿祭司班次(代上24:3－19),或是24个圣殿诗班(代上25:1－31)在天上的"本体",因为这24位长老在约翰的异象中所做献香唱诗的事(5:8－11),是和圣殿祭司以及圣殿诗班的职责十分类似。② (2)由于在巴比伦的星象学中,天上有24位审判活人和死人的星神;因此在某些犹太人的启示文学作品中,我们就看见他们将这个概念,转化为在天上管理星宿、风雨、闪电的天使;而身为犹太人的约翰,不单延续了这个看法,也将这个观念,和旧约中24个圣殿祭司和诗班班次,结合在一起,因此在他的天庭异象中,就出现了24位长老。③ (3)就其所行之事而言,例如,解释异象的

① 由于约翰对宝座的描述(4:3和4:5),被本节经文所"打断",因此Charles认为本节经文是约翰在完成了天庭异象的记录之后,再加入的材料(*Revelation I*, 115－16)。Charles虽然认为在第四章中,这里是加入本节经文最适当的位置,但这个看法却只是个猜测而已。难道Charles认为他比约翰更了解异象应该是如何被记录下来的吗?再者,约翰简洁明快的"升天"记录(4:1),以及他史无前例地让24位长老在此现身,都使他的天庭异,在诸多启示文学中,独树一格;因此24位长老在此的出现,应是约翰刻意所为(详见,L. W. Hurtado, 'Revelation 4－5 in the Light of Jewish Apocalyptic Analogies,' *JSNT* 25 [1985], 105－24)。

② E. W. Bullinger, *Revelation*, 218－19; Beasley-Murray, *Revelation*, 114.

③ 这是Zimmern和Gunkel的看法。出处见Charles, *Revelation I*, 130－31。此说的困难在于:(1)在犹太启示文学中,天使从未以24个班次的形态出现过;(2)而约翰的24位长老和巴比伦星象学之间的关联,也相当的薄弱,因此此说的可能性并不高。有关此说之问题,详见Beasley-Murray, *Revelation*, 114－15。

含义(7:13)，这24位长老显然和天使所行之事类似(参，但7:16－27;9:21－27)，因此他们应属天使之类。但由于这24个长老多和四活物一起出现(4:9－11;5:8，14;19:4)，并且也和其他天使有所区隔(7:9－11;19:1－4)，因此就有学者认为他们应该是高于一般天使的"高阶天使"。①

第二，由于在启示文学作品中，天使从来没有以长老的方式出现过，②而在旧约中，"长老"一词所指的，也都是以色列百姓中的领袖，③因此有许多学者认为24位长老不是天使，而是人。但是他们究竟是怎样的人呢？(1)在以赛亚书24:23那里，先知曾提及在末日之时，耶和华不单要在耶路撒冷做王，也要在以色列的长老的面前得着荣耀。准此，犹太拉比就认为，这是神应许以色列长老将要坐宝座得冠冕的根据。④ 因此依据这个传统，有人认为此处的长老，是旧约圣徒；而24的数目则是由祭司24班次而来。⑤ (2)在路加福音22:28－30中，耶稣曾应许那些在祂的磨练中，依旧和祂同在的门徒，将要在未来的国度中坐宝座，审判以色列12个支派。而在启示录中，我们不单看见教会已经成为一个祭司国度(1:6)，并且也领受了得宝座的应许(3:21)，因此这24位长老不是别人，而是作为真以色列人的教会。⑥ (3)由于在新旧约的经文中，长老是属神百姓代表；⑦而在启示录21:12－14中，新耶路撒冷的12个门上有12支派之名，在其城墙的12个根基上，又有12个使徒的名字；因此有人认为约翰的24位长老所代表的，是新旧约圣徒的总和。⑧

从整卷启示录来看，我们有理由相信这两种观点(天使或人)，并不是完全互相排斥的。从24位长老所出现的地点，以及他们和四活物之间的关联这两个角度来看，*在约翰的异象世界中*，他们的确是属灵界的"天使"，因此就如旧约先知所见异象中的

---

① Mounce, *Revelation*, 135－36; Thomas, *Revelation* 1－7，348; Osborne, *Revelation*, 229.

② 在旧约中，唯一有可能以"长老"表天使的经文，是以赛亚书24:23。但站在这个经文背后的，是摩西和70位以色列长老(人)，在西奈山面见神的事件(出24:9－10)；因此我们无法确定，以赛亚是否有意将"长老"等同于天使。有关这两段旧约和启示录4:4之间关系的讨论，见Fekkes, *Isaiah and Prophetic Traditions in the Book of Revelation*, 141－43。

③ 有关"在旧约中之长老"的论述，见J. L. McKenzie, 'The Elders in the Old Testament,' *Bib* 40 (1959)，522－40。

④ 拉比文献索引和引句，见Aune, *Revelation* 1－5，290。

⑤ Swete, *Revelation*, 118. 在旧约次经便西拉智训(Sirach or Ecclesiasticus)，页44－49，作者列举了以色列24位始祖的名字，因为他们是以色列历史中的领袖。因此Ford也认为约翰的24位长老所指的，是以色列人(*Revelation*, 80)。

⑥ Stuart, *Revelation*, 110; Wall, *Revelation*, 92－93; Harrington, *Revelation*, 79.

⑦ 出4:29;12:21;19:7;24:1;徒14:23;20:17;21:18。

⑧ 此说早在第四世纪教父Victorinus的启示录注释中就已出现；见Swete, *Revelation*, 69；亦见，Alford, *Revelation*, 596－97; Beale, *Revelation*, 322; L. W. Hurtado, 'Revelation 4－5 in the Light of Jewish Apocalyptic Analogies,' *JSNT* 25(1985)，113。

天使一样,他们也可以扮演异象解释者的角色(7:13-17)。但是正如在拔摩异象中,人子手中的七星可以是七教会的天使(1:20),即,地上教会在天上的代表,因此这24位长老也可以是地上圣徒在天上的代表。

但他们所代表的只是教会吗?从他们穿白衣、戴金冠并坐宝座的描述来看,约翰显然是要将他们和人子在前面七封书信所给教会的应许,连结在一起(冠冕,白衣,宝座;2:10;3:5,21)。因此他们在天庭异象中的出现,不单为人子的应许背了书,也似乎是限定了他们所代表的范围(教会)。但在前面我们已经知道(见1:6,7,12注释),在约翰的理解中,教会并不是神全新的子民,而是旧约以色列百姓的延续,因此这24位长老所代表的,是新旧约圣徒的总和。

事实上,这个理解也可以从启示录其他的经文中得着支持。第一,多数释经者都认为,在这个异象中出现的四活物,是地上所有动物在天上的代表,因此他们和24位长老,代表了所有在地上的生物。① 在约翰的天庭异象中,和他们所相对的,是坐在宝座上的那一位,在宝座前的七灵(圣灵;4:5),被杀的羔羊(5:5-7),以及众多的天使(5:11);因此他们和天上的灵界存在,共同组成一个完整的宇宙。换句话说,若缺少了他们,天庭将不再完整,而神的国也将没有子民。

第二,在新耶路撒冷的结构中,写在12个城门上,和城墙12个根基之上的,是12个支派和12个使徒的名字(21:12-14)。② 因此约翰在此选择让代表新旧约圣徒的长老,以24位的方式出现,实在是一件十分合理的事。

在本节经文中,24位长老究竟是谁的问题,容或令人好奇,但其实真正令人诧异的,是"他们坐在宝座之上"。因为在旧约中,能在天庭中坐宝座的,只有上帝;而其余在天庭中所出现的活物,也都只能如仆人般的站着(王上22:19;代下18:18;赛6:1-2;但7:9)。③ 但由于耶稣曾应许祂的门徒们,当复兴之时,祂要把宝座赐给他们,好叫他们能和祂一同做王,审判以色列12个支派(太19:28;路22:30);而此一应许,在启示录3:21那里也再次出现:得胜的,我要赐他在我宝座上与我同坐。因此当我们来到天庭异象之时,旧约先圣先贤们所不敢想象的福分,却因着基督而成为可能。

4:5-6a 有闪电、声音、雷轰从宝座中发出。又有七支火炬在宝座前点着,这七支火炬就是神的七灵。[6] 宝座前好像一个玻璃海,如同水晶(καὶ ἐκ τοῦ θρόνου ἐκπορεύονται ἀστραπαὶ καὶ φωναὶ καὶ βρονταί, καὶ ἑπτὰ λαμπάδες πυρὸς καιόμεναι ἐνώπιον

---

① 因此他们在启示录中,常常一起出现(4:9-11;5:8,14;19:4)。

② 有关新耶路撒冷的象征意义(新旧约圣徒的总和),见21:9-27的注释。

③ Aune, *Revelation* 6-16,640.

τοῦ θρόνου,ἅ εἰσιν τὰ ἑπτὰ πνεύματα τοῦ θεοῦ, [6]καὶ ἐνώπιον τοῦ θρόνου ὡς θάλασσα ὑαλίνη ὁμοία κρυστάλλῳ)

在旧约中，至少从神领以色列人出埃及开始（出9:22,28;19:16;20:18），①神的显现就常常是伴随着闪电，雷轰和大雹，②因为在神所创造的自然界中，这些在暴风中所出现的现象，最能表达神的威严和能力。③ 因此在许多旧约经文中，包括了约翰在此所暗引的以西结书第一章，闪电、雷轰和大雹等等，就成为神将要来进行审判的记号，或是神施行审判的工具了。④

在前面我们已经知道，“闪电、声音和雷轰”这一组词组，在启示录中一共出现了四次(4:5;8:5;11:19;16:18－21)。在后面三处经文中，约翰依序在其上在加上了地震和大雹，然后在最后一个地方，再将这两个项目加以放大。而在进行这些动作的同时，他也把这一组词组，分别放在七印、七号和七碗这三个灾难系列的最后，因此借着这个方式，他让我们晓得后面三个七灾系列的审判，都是由神而来。从这个角度来看，“闪电、声音和雷轰”在启示录中的含意，是和旧约一样的。也就是说，从宝座而出的闪电声音和雷轰，表明了祂是审判这个世界的主。

但是从这个词组在经文中的位置来看，约翰恐怕还有其他的目的。从4:2b－4中，我们知道约翰所见天庭的基本结构，是坐在宝座上的神，被24个坐在宝座上之长老所环绕。这个结构不单突显出神的超越性，也同时确认了人子在七封书信中给得胜者应许的真实性（白衣，金冠和宝座）。也就是说，借着这24个宝座神已经显明，忠心信徒将要得着奖赏的事，是不容置疑的。但是神的主权和超越性，只能及于祂的子民吗？祂对那些逼迫属祂子民的人，是莫可奈何的吗？当然不，因为在接下来的经文中，我们就看见从祂宝座而出的，是闪电、声音和雷轰。救赎和奖赏属祂子民，以及审判和刑罚敌对祂的世界，是神作为这个世界之主的意义，因此在旧约，以及在启示录中，⑤它们像是一个铜板的两面，总是一块儿出现。

在神救赎和审判的行动中，我们看见神是这个世界之主的真理，但是借着这正

---

① “神在云中显现”之概念，最早出现的地方恐怕是创世记1:2（详见，M. G. Kline, *Images of the Spirit*, 20－26;或是同一作者的*Kingdom Prologue*, 20－21）。

② 参，撒上7:10;12:17－18;诗18:6－16;77:16－18;赛29:6;结1:4,13,28。

③ 在旧约中，另一个也能表达神威严能力的是地震（参，出19:18;王上19:11－12等等）。

④ 在近东其他宗教中，我们也看见风神、雷神和雨神等类似的描述。但是这并不表示耶和华神就是那些外邦神祇的犹太版本。在旧约中，耶和华神是掌管这些自然现象的神；因此在耶和华向先知以利亚显现的记录中（王上19:11－12），列王纪上的作者就让我们看见，耶和华神不在烈风中，也不在地震中（N. M. Sarna, *Exodus* [Philadelphia: JPS, 1991],106）。

⑤ 亦参，6:1－8/6:9－11;17:1－19:10/21:10－22:9。

反两方面的行动，神也向我们显示了祂的能力。因此在接下来的经文里面，我们自然就看见七支火炬，也就是神的七灵。在1:4的分析中，我们已经知道启示录中“七灵”，是由撒迦利亚书4:1-10而来。① 而从这个旧约背景中，我们不单晓得“七灵”所代表的，不是“天使”，②而是圣灵；我们也知道约翰借着“七”所要强调的，不是圣灵在本质上的完全，而是圣灵的能力。在本节经文中，这个面向的真理则是在“火炬(λαμπάδες πυρὸς)”一语中显示出来的。因为这七支火炬并不是用于室内的油灯，③而是在室外，能经强风吹袭而不灭的火把(参，太25:1；约18:3；启8:10)。④ 因此当我们到了5:6那里，“七灵”就可以是代表能力的“七角和七眼”了(详见该处注释)。

在宝座前出现的，除了七支火炬之外，还有一个如水晶般的玻璃海。但这是什么意思呢？学界对这个问题的看法，基本上可以分为三种。第一，在神命令摩西所造的会幕中，有一个供水给祭司洗手脚的洗涤盆(出30:18-21)；而在所罗门王所建造的圣殿中，也有一个具类似功能的“铜海”(王上7:23-37)；因此有人认为此处的“玻璃海”是地上的洗涤盆或是铜海在天上圣殿中的原型。准此，约翰异象中的“玻璃海”所要表明的是神洁净的能力，特别是祂话语洁净人的能力。⑤

第二，由于神在第二日的创造，是将水分为上下(创1:6-7)，而神的宝座又是在天上的，因此在犹太人的传统观念中，神的宝座坐落在天上，已经凝结之水的上面(出24:10；诗29:10；104:3；148:4；结1:22，26)。⑥ 从这个旧约背景来看，有学者认为在宝座前之玻璃海所象征的，不单是神的威严可畏(玻璃，水晶)，也是祂和人之间的距离(海)。也就是说，祂是和人完全不同的一位。⑦

第三，在以色列的历史中，最能彰显神的大能的，莫过于祂拯救以色列人，带领他们过红海的事件(出14)。因此在回溯这个事件之时，旧约的作者，为要凸显神的大能，便让这个事件穿上了一件巴比伦神话的外衣。也就是说，他们让耶

---

① 撒迦利亚异象中“火灯+解释”之模式(4:2，10)，也一样出现在这里(Beale, *Revelation*, 326-27)。

② 在约翰的天庭异象中，天使要到这个异象的最后才出现(5:11)。

③ 这是和合本的理解。在1:12，20中所出现的，是灯盏(λυχνίας)，而非火炬(λαμπάς)，因此我们似乎应该将这两者区隔出来。

④ R. C. Trench, *Synonyms of the New Testament*, 178-79; Thomas, *Revelation* 1-7, 350-51; R. H. Mounce, *Matthew*, 237.

⑤ 例如，Walvoord, *Revelation*, 109。

⑥ 亦见，以诺一书54:7；以诺二书3:3。

⑦ 例如，Morris, *Revelation*, 88; Mounce, *Revelation*, 137; Beasley-Murray, *Revelation*, 116。

和华神成为击败海怪拉哈伯的那一位（诗 87:4；赛 30:7;51:9－11）。① 因此从这个角度来看，海所象征的，是敌对神的幽暗势力，是属神子民要到神面前，必须经过的磨练和挑战；②而约翰在此藉玻璃和水晶所要表达的，是神胜过幽暗势力的能力，因为在宝座前，曾经是混乱和黑暗势力之代表的海，却成了明如水晶的玻璃海。③

在上述三种看法中，后两种看法是比较合理的，并且它们并非彼此完全不相容。从约翰所直接暗引的以西结书第 1 章来看（22,26），此处的玻璃海的确由以西结书而来。在以西结的异象中，他所见天庭的结构是：四活物（1:5－22,23－25）—穹苍（玻璃海;1:22,26a）—宝座（26b－28）；因此在这个结构中，明如水晶的穹苍（玻璃海），的确表达了神的威严和他的“另类性”。但是正如许多学者所观察到的，在整本旧约中，和先知以西结所见异象最接近的，是摩西在西奈山上所经历到的事（出 19,24），④而西奈山正是以色列人过红海出埃及事件的最高峰，因此在约翰的“玻璃海”后面的，也有“红海”的影子。

事实上，在启示录后面的经文中，我们也将要多次看见玻璃海和红海之间的联系。第一，从下表中，我们晓得约翰显然将教会所要经历的事，类比于当年以色列百姓的出埃及。⑤

---

① 亦参，伯 9:13;26:12－13；诗 74:12－13；结 29:3;32:2。有关旧约作者使用这些神话故事的意义，见 M. G. Kline, *Kingdom Prologue*, 18－20; J. A. Motyer, *The Prophecy of Isaiah*, 408。简单地说，圣经作者采用这些主题（海怪）的目的，并不是要为近东神话背书，而只是借用这些主题来表达真理。例如，当我们说，“在圣灵的光照之下，他立时醒悟过来，痛改前非，而*立地成佛*了”，我们并无意肯定佛教“立地成佛”的教义；我们所做的只是借用一个中国人都十分熟悉的成语，来强调基督教的真理。事实上，圣经作者不单以“格言/成语”的方式，来使用当时人所熟悉的“海怪拉哈伯”；而在使用这个故事之时，他们也刻意地以一神的观点，来重新塑造这个故事。也就是说，原本海怪是和神相对的另一个神祇，因着被神击败后而成为神创造的世界的材料；但是在圣经作者的手中，海怪反倒成为上帝所创造的诸多动物之一，甚至是神施行审判的工具（摩 9:3）。

② Caird, *Revelation*, 65－68.

③ Beale, *Revelation*, 328.

④ C. F. Keil and F. Delitzsch, *Ezekiel*, 44; J. P. Hyatt, *Exodus*, 257; W. Zimmerli, *Ezekiel I*, 122; M. Greenberg, *Ezekiel* 1－20,50. 具体来说，密云、雷轰和闪电都出现在出埃及记 19 章和以西结书第 1 章中；而摩西所见在神脚下，仿佛绿宝石（琉璃）之物，也和以西结所见之明如水晶之穹苍对应。

⑤ 这个将教会类比于“新出埃及”的做法，并非约翰所发明的。在以西结书 20 章中，先知就已经用过去神领以色列百姓出埃及的事件（20:1－32），作为神将要带领他们回归迦南地的模式了。详见，W. Zimmerli, *Ezekiel I*, 41; M. Fishbane, *Biblical Interpretation in Anient Israel* (Oxford: Clarendon, 1985),365－67。

	出埃及记	启示录
1 一大群人从患难中出来	4:31	7:14
2 洗衣服	19:10,14	7:15
3 被血洒	24:8	7:15
4 帐幕	25:1ff	7:15
5 食物,水,保护,安慰	24:11,25:1ff	7:16-17

因此当这些胜过兽的人,再次出现在启示录中的时候,我们就看见他们站在玻璃海之上(或是站在玻璃海的旁边),唱着摩西的歌和羔羊的歌(启 15:2-4)。而这个画面,正和当年摩西带领以色列百姓出埃及之后,在红海边上所做的事情,完全一样(出 15:1-8)。

第二,在旧约中海是敌对神势力的观念,也一样出现在启示录中,因为在 13 章中的第一只兽,就是由海中上来的。① 而在有关新天新地的论述中,约翰也明白地告诉我们,在那个时刻,海也不再有了(21:1)。因此在天庭异象中,约翰借着明如水晶之玻璃海所要表达的,是神胜过幽暗势力的真理。在祂宝座的面前,原本黑暗翻腾的深渊,成了明如水晶平静无波的玻璃海。在本节经文的上下文中,这个理解也最合理,因为在象征神大能的七灵出现之后,有什么比明如水晶的玻璃海,更能彰显祂大能运行之后,所可能会出现的结果呢?

4:6b-8a 宝座中和宝座周围有四个活物,前后遍体都满了眼睛。[7] 第一个活物像狮子,第二个像牛犊,第三个脸面像人,第四个像飞鹰。[8] 四活物各有六个翅膀,遍体内外都满了眼睛(Καὶ ἐν μέσῳ τοῦ θρόνου καὶ κύκλῳ τοῦ θρόνου τέσσαρα ζῷα γέμοντα ὀφθαλμῶν ἔμπροσθεν καὶ ὄπισθεν. [7]καὶ τὸ ζῷον τὸ πρῶτον ὅμοιον λέοντι καὶ τὸ δεύτερον ζῷον ὅμοιον μόσχῳ καὶ τὸ τρίτον ζῷον ἔχων τὸ πρόσωπον ὡς ἀνθρώπου καὶ τὸ τέταρτον ζῷον ὅμοιον ἀετῷ πετομένῳ.[8]καὶ τὰ τέσσαρα ζῷα, ἓν καθ᾽ ἓν αὐτῶν ἔχων ἀνὰ πτέρυγας ἕξ, κυκλόθεν καὶ ἔσωθεν γέμουσιν ὀφθαλμῶν)

一个会发出闪电声音和雷轰的宝座,七支在宝座前点着的火炬,以及明如水晶的玻璃海(2b-6a),都让人生发敬畏之情;但这些似乎还不足以显示神的威严和权柄。因此在天庭中,约翰还看见了似狮如牛像人又似鹰的四活物。② 但他们究竟是谁,而

① 在约翰所暗引的但以理书第 7 章中,形状可怕的四兽也是由海中而出。

② 约翰对第三个活物的描述,和其他三个有些不同(ἔχων τὸ πρόσωπον ὡς ἀνθρώπου)。这个变化可能是为了要避免让人错将这个活物,和人子混为一谈。因为若他以其他三个活物的方式来介绍第三个活物(ὅμοιον ἀνθρώπου),这个语句就十分接近他在 1:13 和 14:14 中,对人子的描述了(ὅμοιον υἱὸν ἀνθρώπου;Aune, *Revelation* 1-5,299)。

他们和宝座之间的关系究竟如何？

依照我们对空间的了解，约翰对四活物所在位置的描述，即，在宝座中也在宝座的周围，是不合逻辑的。因为在其中的，就不可能在其外；而在其外的，就不可能在其中。因此在面对这个令人困惑的描述时，有人认为“在宝座中（ἐν μέσῳ τοῦ θρόνου）”一语，是后人所加，因此应该从经文中除去。[①] 在我们目前所知的启示录手抄本中，没有一个遗漏这个词组，因此这个看法在学界中并没有得着太多的回响。那么我们要如何解释这两个似乎彼此矛盾的论述呢？有学者建议，我们应该以“在天庭中”的方式来了解“在宝座中”一语的意思，因此这个矛盾就自然消失了。[②] 此说虽然吸引人，但是在启示录4－5章中，宝座一直是天庭中的物件之一，它并不等同于天庭；因此此说并不可行。在学界中也有人尝试以“在宝座的范围中”的意思，来理解“在宝座中”。准此，四活物就是在非常靠近宝座的地方，而以前后左右的方式围绕着宝座。[③] 这个解释虽然有其可能，但这似乎也不是约翰的原意。[④]

在神命令摩西建造会幕之时，祂要摩西在约柜之上，设立一个施恩座，而在这个施恩座的两边，是两个面对面的基路伯（出25:10－22）。对这两个遮盖约柜的基路伯，和约翰同时代之犹太史学家约瑟夫（Josephus）曾说，他们是摩西所见，刻在神天上宝座之上的活物。[⑤] 从今日我们对古代近东宝座的了解来看，约瑟夫的看法其实并不新鲜，因为在以西结时代的石碑上，我们就已经看见那以活物为支柱的宝座了。[⑥] 也就是说，以各式活物（例如，狮子）作为宝座的脚，或是在支撑宝座的四只脚上，刻上各式活物图样，是古人对宝座的概念。[⑦] 因此约翰在此可以说，四活物是在宝座中的，因为他们是宝座的四脚，是宝座的一部分。但由于这四只脚是分散在宝座的四角，因此约翰也可以说，他们是围绕在宝座周围的。

但这支撑宝座，似狮如牛像人又似鹰的四活物，究竟是什么呢？（1）早期教父们

---

① Charles, *Revelation I*, 118.

② H. Kraft, *Die Offenbarung des Johannes*, 98.

③ 例如，NRS；RSV；Thomas, *Revelation* 1－7，354。

④ R. R. Brewer认为，约翰的天庭异象是以当代希腊剧场为模型的。因此和四活物所相对应的，是希腊戏剧中的诗班。在剧场中，他们的位置在放置宝座的舞台之下，因此他们可以是“在宝座中的”（‘Revelation 4.6 and Translations Thereof,’ *JBL* 71［1952］，227－31）。若这个见解是对的，那么Brewer事实上是将四活物，摆到了一个离宝座更为遥远的位置了。

⑤ *Ant.* 3.137.有关施恩座和此处经文关系的讨论，详见R. G. Hall，‘Living Creatures in the Midst of the Throne：Another Look at Revelation 4.6，’ *NTS* 36（1990），609－13。

⑥ 此石碑上的宝座图像，见L. C. Allen, *Ezekiel* 1－19，27。

⑦ 在第七、第八世纪的两份犹太拉比著作中，我们也看见类似的理解。出处和引文，见前述R. G. Hall一文，页610－11。

认为,这四活物所代表的,是四卷福音书。① 但是由于这个见解完全没有根据,因此今日就少有人接受这个见解了。(2)依据巴比伦星象学的背景,也有人认为四活物是黄道12行星中的金牛座、狮子座、天蝎座和水瓶座,因此他们所象征的是东南西北四风,或是春夏秋冬四季。② 就彼此呼应的角度而言,金牛座和狮子座的确类比于四活物中的牛和狮子,而天蝎座有时也以人形出现,因此也和四活物中,像人的一位对应,但是鹰和水瓶座之间的差距,就不容易解释了;因此这个说法也令人存疑。(3)以色列人安营于旷野之时,围绕在会幕东南西北四个方向的,是四组各自有三个支派的以色列人;而在这四组支派中,为首的是犹大、流便、以法莲和但四个支派(民2:3,10,18,25)。因此学界也有人认为四活物所代表的,是以色列人。③ 就其神学含义来看,"会幕为12支派围绕"所要彰显的,是神权国度的概念。④ 因此就这层意义来说,这个设计的确和约翰的天庭异象,有所关联。但是在前面我们已经知道,旧约圣徒已经在24个长老的象征中,出现于天庭了,因此四活物所代表的,应该不是他们。再者,以小狮子来类比犹大支派的说法,也的确出现在雅各临终前对12支派的祝福中(创49:9),⑤但是流便,以法莲和但支派,与牛、人和鹰之间的联系,却完全没有出现在旧约中。(4)除了上述三种见解之外,在学界也有人认为四活物所象征的,是神的属性。因此在四活物的身上,我们就看见神的庄严和全能(狮);恒忍和勤奋(牛);智慧和理性(人);以及权柄和统管(鹰)。⑥ 此说高举了神的地位,理应受到欢迎,但它却缺少从其他经文而来的支持。

从约翰所暗引的以西结书第一章来看,约翰的四活物的确在某些地方,和以西结的四活物有所不同。例如,(1)以西结的四活物都是一样的,他们都有人狮牛鹰的四个脸(结1:6,10),⑦但约翰的四活物则是各个不同,某一个活物都只具有一个动物的形象;(2)以西结的活物有四个翅膀(结1:6),但是约翰的活物则有六个翅膀(参,赛6:2);(3)以西结在异象中所见之"眼",是在车轮之上(结1:18),但是在约翰的异象中,"眼睛"则是在四活物的身上和翅膀之上(参,结10:12)。这些差异的确存在,也

---

① 对爱任纽(Irenaeus)而言,人鹰牛狮所对应的,是太可路约;对维多利乌斯(Victorius)而言,是太约路可;对奥古斯丁(Augustine)而言,是可约路太;而对亚他那修(Athanasius)而言,是太路约可(Thomas, *Revelation* 1-7,355)。

② Charles, *Revelation I*, 123; Malina, *On the Genre and Message of Revelation*, 97-100.

③ 例如,Seiss, *Apocalypse*, 106。

④ 有关民数记2-3和启示录之间的关系,详见21:12-13的注释。

⑤ 事实上在摩西临终前对以色列人的祝福中,他是将牛类比于约瑟支派,母狮类比于迦得支派,而将但支派类比于小狮子(申33:17,20,22)。

⑥ Walvoord, *Revelation*, 109-10; 亦见 D. I. Block, *Ezekiel* 1-24,96。

⑦ 在 L. C. Allen, *Ezekiel* 1-19,27 中,有一个公元前第八世纪,"四面神祇"的图像。

令人好奇，但是就整体而言，约翰似狮如牛像人又似鹰，有翅又满了眼的四活物，却显然是以西结四活物的新约版。因此在尝试解读四活物之意义时，我们必须考量这个背景。

在以西结时代的雕刻中，天上或是灵界神祇多以人形兽首之姿出现，因此他们在以西结的异象中出现，并不令人意外。但是在先知的异象中，让人惊讶的是，这四个“活物”不单同时具有四张脸，也成为背负神宝座的活物。① 因此在被掳的巴比伦之地，以西结藉此就凸显了耶和华神的超越性。在一份犹太人的文献中，有如下的文字：“在所有动物中，人站在最高的位置，在鸟类中，则是鹰，在家畜中，是牛，而在野生动物中，则是狮子。他们是王，各自具有伟大的特性。但他们却被放在神的宝座之下。”②从这个背景来看，以西结以及约翰的四活物所象征的，是神所创造的生物。③在他们各自的领域中，他们的确是王，但是在天庭中，他们只能是背负神宝座的活物。

四活物是地上生物在天上的代表，因此他们和神、七灵、羔羊、众天使以及 24 位长老，共同组成了一个完整的宇宙。但由于他们是地上生物在天上的代表，因此他们当然也是属灵界的活物。由是在约翰的异象中，他们可以成为神的使者，执行神所交付给他们的任务（启 6:1－8;15:7;亦参，结 10:7）。而这个看法，也在旧约亚兰文译本（Targum）的以西结书 1:14 中，得着呼应。因为这个译本将“这活物往来奔走”一语，翻译为“这活物被神差遣去执行其主人的旨意”。④

四活物是执行神审判的使者（启 6:1－8;15:7），因此他们就有了六个翅膀。这六个翅膀是来自以赛亚书第 6 章，因为在整卷旧约中，唯一有六个翅膀的灵界活物，是在以赛亚的异象中所出现的撒拉弗（6:2）。学界对“撒拉弗（שְׂרָפִים）”一语的含义，有不同的理解。从民数记 21:6 的“火蛇（הַשְּׂרָפִים）”来看（亦参，赛 14:29;30:6），有人认为撒拉弗可能具有蛇形。⑤ 但是由于“撒拉弗”是由“燃烧（שָׂרַף）”这个动词而来，而先知以赛亚在异象中所经历的，也是火炭沾口，因此他就以意思为“燃烧”的撒拉弗，来称呼他所见的活物。⑥ 准此，以赛亚书中的撒拉弗，和以西结书中的基路伯（四活物;参，结 10:7），应该是相同或是类似的灵界活物。我们不十分清楚约翰为什么会

① 有关以西结书中，四活物的特殊性，见 M. Greenberg, *Ezekiel* 1－20,57－58。

② *Midr. Rab.* Exod 23.13;译文由 L. C. Allen, *Ezekiel* 1－19,31 而来。类似的说法，亦在其他犹太文献中出现（参，Beale, *Revelation*, 330）。

③ 亦见，Wilcook, *Revelation*, 68。

④ 译文由 Beale 而来（*Revelation*, 330）。

⑤ R. E. Clements, *Isaiah* 1－39,74.

⑥ J. A. Motyer, *The Prophecy of Isaiah*, 76;亦参，J. N. Oswalt, *The Book of Isaiah* 1－39,178－79。

以撒拉弗的六翅,来取代以西结四活物的四个翅膀,①但是在这两卷书中,他们都是取火炭,执行神审判的活物(赛 6:6;结 10:7);而这也正是四活物在启示录中所扮演角色的写照(启 6:1-8)。

六翅是撒拉弗的反映,但四活物遍体满了眼睛的特色,却依旧是由以西结书而来(结 1:18;10:12)。在以西结书中,"眼"和活物的"四个脸面",都在表达"全知"的意思,②因此这也应该是约翰在此的意思。他们知道谁是这个世界的创造者(4:11),因此他们的颂赞就十分合宜地以"圣哉圣哉圣哉"为始(4:8b);他们知道坐在宝座上的,是审判世界的主,因此当他们带着神的使命出去的时候,他们所做的就自然是神公义属性的反映(启 15:7;16:1-7)。

4:8b 他们昼夜不住地说:圣哉! 圣哉! 圣哉! 主神全能者,昔在、今在、将要再来的那一位! (καὶ ἀνάπαυσιν οὐκ ἔχουσιν ἡμέρας καὶ νυκτὸς λέγοντες, Ἅγιος ἅγιος ἅγιος κύριος ὁ θεὸς ὁ παντοκράτωρ, ὁ ἦν καὶ ὁ ὢν καὶ ὁ ἐρχόμενος)

如果宝座、24 位长老、七灵、玻璃海和四活物是约翰对天庭异象的静态叙述,那么他在 8b-11 中(以及第五章)所记录的,就是那些发生在天庭中的动态活动了。而这些动态活动,是以四活物的颂赞为始。但他们是如何进行他们的颂赞的呢? 而他们颂赞的内容又是如何?

"昼夜不住"是四活物颂赞的方式。这个词组当然含有"夸张语法"的意味。正如保罗在米利都向以弗所教会长老说,他三年之久"昼夜不住地"流泪劝诫他们时(徒 20:31),他的意思并不是说他一天 24 小时都不睡觉地在流泪劝诫;而是要强调他对他们持续的关切。③ 而这个看法也在启示录后面的经文中,得着证实。因为四活物的任务,除了敬拜之外,也包括执行神的审判(6:1,3,5,7;15:7)。④

四活物对神的颂赞,是以"圣哉,圣哉,圣哉(Ἅγιος ἅγιος ἅγιος)"为起始句。从旧约观之,此一"三重圣哉"的颂词只出现在以赛亚书 6:3 中,⑤而以赛亚书第 6 章正

① 一个可能的原因,是他要在接下来的经文中,将撒拉弗"圣哉圣哉圣哉"的颂词,放在四活物的口中(4:8b)。

② W. Zimmerli, *Ezekiel I*, 129; M. Greenberg, *Ezekiel* 1-20,58. D. I. Block 认为"眼(עֵינַיִם)"所指的,是"眼状的珠宝",因此"有眼的轮"所要强调的,是威严可畏。这个见解虽然有其可能,但是在七十士译本中,我们所有的是"眼(ὀφθαλμῶν)",而约翰对以西结书 1:18 的理解也是如此。

③ 类似的说法,亦参,路 2:37;徒 26:7;帖前 2:9;帖后 3:8;提前 5:5。

④ 事实上,"昼夜"这个概念的本身,是"属地"的,是不能应用在天上的。因此约翰在此只是藉之传达"神配得不止息颂赞"的真理。

⑤ 在诗篇 99 篇中,"圣的"一语则分别在三个地方出现(3,5,9)。在旧约中,"神是以色列/雅各的圣者"一语,一共出现了 32 次,但是在以赛亚书中,神的这个称号就出现了 26 次,因此"三重圣哉"会在以赛亚书中出现,并不令人意外。

是先知所见天庭异象的记录，因此约翰在此的“引经”，并非随意为之，而是以“天庭异象”之主题为基准。

在希伯来文的比较语法中，最高级（superlative）是以两个重复名词来表达的。因此“金金（זָהָב זְהַב）”和“银银（כֶּסֶף כֶּסֶף）”的意思，就是“纯金（最高级的金）”和“纯银”（王下25:15）；而“坑坑（בֶּאֱרֹת בֶּאֱרֹת）”的含义则是“有许多坑洞”（创14:10）。但是在论及耶和华神之时，先知却创造了独一无二的“最高的最高级”语法（קָדוֹשׁ קָדוֹשׁ קָדוֹשׁ）；因为只有这个设计才能完全表达神的特性。① 就语源学而言，“圣的（קָדוֹשׁ）”可以有“明亮”，或是“分别”的意思。因此“圣哉圣哉圣哉”就含有“无法接近”（参，提前6:16，神住在无法接近的光中），或是“完全不同”的意思。但不管何者为是，神和人之间的距离和区隔，在这两个意思中，都完全显示了出来。②

在旧约中，神是“圣的”之概念，包括了两个彼此相关的面向。第一个是神和万物之间的不同，而第二个则是祂在道德层面的圣洁。而这两个面向，都出现在以赛亚书“圣哉圣哉圣哉”的上下文中：(1)“祂的荣耀充满全地”（6:3b），是撒拉弗在“圣哉圣哉圣哉”之后，对神颂赞的内容；因此透过这句话，神和万物之不同，就在创造者和被造物之关系中显明出来了；③(2)“祸哉！我灭亡了。因为我是嘴唇不洁的人，又住在嘴唇不洁的人中，又因为我眼见大君王万军之耶和华”（6:5），是先知见异象之后所发出的哀叹，因此神在道德层面的圣洁，也在这个哀叹中显示了出来。和以赛亚相较，约翰则是将“三重圣哉”的颂赞，放在四活物的口中，因为在他的异象中，四活物是地上所有被造生物的代表，因此由他们发出“圣哉圣哉圣哉”的颂赞，是再适合不过的了。再者，在启示录的后续异象中，约翰也让四活物在彰显神公义圣洁的审判中，扮演了执行者的角色（6:1－8;15:7）。因此从这两个角度来看，约翰其实是完全了解以赛亚之异象的。

“主神全能者（κύριος ὁ θεὸς ὁ παντοκράτωρ）”是四活物对神颂赞的第二个部分。在以赛亚的异象中，从撒拉弗口中所发出的，是“万军的耶和华（יְהוָה צְבָאוֹת）”，但在此约翰却以其他旧约先知所常常使用的“主神全能者（יְהוִה אֱלֹהֵי הַצְּבָאוֹת）”来取代。④ 在1:8那里我们已经晓得，“全能者”一语，是由“所有的（πᾶν）”和“管治（κρατεῖν）”两个字组合而成；因此藉此约翰所要表达的，是神“统管万有”的属性。在启示录中，约翰

① J. A. Motyer, *The Prophecy of Isaiah*, 76. 准此，早期教父将“三重圣哉”等同于“三一神”的看法，是没有根据的。

② J. A. Motyer, *The Prophecy of Isaiah*, 77.

③ J. D. W. Watts, *Isaiah* 1－33,74.

④ 何12:6[5]；摩3:13;4:13;5:14－16;9:5；鸿3:5；亚10:3；玛2:16。

似乎认为"主神全能者"的本身,还不足以表达神的全能,因此他就让"主＋神＋全能者"的组合,在启示录出现了七次(1:8;4:8;11:17;15:3;16:7;19:6;21:22)。①

四活物对神之颂赞的第三个部分,是"昔在今在将要再临的"。在1:4那里我们已经提及,这个所谓"时间三重语法"的词组,在启示录中一共出现了三次。在向读者问安的部分(1:4,8),这个时间三重语法中的"今在",被放在最前面,因为对身在苦难中的信徒来说,"现在"当然是最重要的。但是在本节经文的上下文中,也就是在天庭的时空中,"昔在今在将要再临"这个最合乎时间逻辑的颂赞,就出自四活物之口了。不单如此,在11:7和16:5中,这个"时间三重语法"的最后一个部分,也就是"将要再临"的部分,却消失不见了。究其原因,乃因11:7属末日第七号,神审判已经完成之时;而16:5所言,乃神正在进行的审判,因此在如是文脉之中,"将要再临"就自然不需要出现了。

在1:4那里,我们也已经知道,启示录中的"昔在今在将要再临",主要是由出埃及记3:14而来。② 而在这个旧约背景的衬托之下,此一词组的重点,不在神无时间(timelessness)的永恒属性,③而在强调神在人类历史中,施行拯救和降下审判的能力和主权。④ 而这个看法,也在这里得着证实。因为我们不单在此异象中,看见人子从父神手中接受了书卷(5:7),并且在后续的异象中,也看见祂因着揭开书卷上的七印,而将神的审判带进了这个世界(6:1ff)。⑤

从整体来看,四活物颂赞的形式是相当工整对称的。⑥ 因为他们的颂赞不单由三个部分所构成,这三个部分也各自包含了三个元素:圣哉—圣哉—圣哉;主—神—全能者;昔在—今在—将要再临。但是就内容而言,四活物的颂赞,虽然简短,但却含义深邃。"圣哉圣哉圣哉"不单指向神和祂所造万物之间的不同,也明示祂是"万不以有罪的为无罪"的一位;⑦"主神全能者"则告诉我们,这位嫉恶如仇的上

① 在16:14和19:15中所出现的,则是"神全能者"。这个词组的含义和"主神全能者"并无不同,但是它们在文脉中,却有着连结16:12－16和19:11－21的功能。因此这个"变化"似乎是约翰刻意所为(详见,R. Bauckham, *The Climax*, 33)。

② 亦参,赛41:4;43:10;44:6;48:12。

③ Mounce, *Revelation*, 139; Wall, *Revelation*, 95.

④ Collins, *Apocalypse*, 37.

⑤ Beasley-Murray, *Revelation*, 118. 当然在6－16章中,我们也看见神对圣徒的保守和拯救(7:1－17;12:6;14:1－5,13;15:2－4)。

⑥ 有关启示录4－5中之颂赞,和旧约以及犹太会堂中之颂赞的异同,见L. Mowry, 'Revelation 4－5 and Early Christian Liturgical Usage,' *JBL* 71(1952),75－84; J. J. O'Rourke, 'The Hymns of the Apocalypse,' *CBQ* 30(1968),399－409;有关"三重圣哉"在旧约、犹太文献以及初代教会中的使用,见Aune, *Revelation* 1－5,302－06。

⑦ 出34:7;民14:18;鸿1:3。

帝，也是统管万有、满有能力的一位，因此透过“昔在今在将要再临”，四活物也诏告天下，祂的审判和刑罚，将为期不远。对那些敌对神的人而言，这当然是个噩耗，但是对那些身陷逼迫苦难之中的圣徒来说，这却是个天大的好消息，因此在接下来的经文中，代表他们的24位长老，就自然地跟着四活物敬拜坐在宝座上的那一位了（4:9－11）。

4:9－10 每逢四活物将荣耀、尊贵、感谢归给那坐在宝座上，活到永永远远者的时候，[10]那二十四位长老就俯伏在坐宝座的面前，敬拜那活到永永远远的，又把他们的冠冕放在宝座前，说（καὶ ὅταν δώσουσιν τὰ ζῳα δόξαν καὶ τιμὴν καὶ εὐχαριστίαν τῷ καθημένῳ ἐπὶ τῷ θρόνῳ τῷ ζῶντι εἰς τοὺς αἰῶνας τῶν αἰώνων,[10]πεσοῦνται οἱ εἴκοσι τέσσαρες πρεσβύτεροι ἐνώπιον τοῦ καθημένου ἐπὶ τοῦ θρόνου καὶ προσκυνήσουσιν τῷ ζῶντι εἰς τοὺς αἰῶνας τῶν αἰώνων καὶ βαλοῦσιν τοὺς στεφάνους αὐτῶν ἐνώπιον τοῦ θρόνου λέγοντες）

约翰的天庭异象，是由“我曾看见”、“我曾听见”等过去式的动词开始的（4:1－2），因此这段经文是约翰见异象之后的记录。在4:3－8中，他为了让读者能够身历其境，就使用了几个现在时态的动词（historical present）。但是当我们来到这两节经文时，约翰却给了我们四个未来时态的动词。① 这究竟是怎么回事呢？

对这个问题，学界基本上有两种见解。第一，约翰在此所言之事，是尚未发生的，因此“四活物在先，而24位长老在后”之敬拜，所指的是记录在5:13－14中的事。②此说的优点显而易见，因为它以最自然的方式，来理解这四个未来时态的动词。但从下一节经文来看，这个看法却有其困难，因为我们不必等到5:13－14，就已经听见24位长老对神的颂赞了。③

第二，在学界中也有人认为，因着希伯来文未完成时态（imperfect）的影响，约翰在此就以未来时态的动词，来表达他在异象中，所看见那具有“经常性”的事物。④ 而

---

① δώσουσιν; πεσοῦνται; προσκυνήσουσιν; βαλοῦσιν.

② G. Mussies, *The Morphology*, 342－47. Aune（*Revelation* 1－5, 307）和Beale（*Revelation*, 333－34）都采此说；但Beale认为这两节经文所指的，也包括了5:8－12，即，羔羊接受书卷之事。

③ 对此困难，G. Mussies的解释是，“这是约翰的自由”（*The Morphology*, 345）。但此一解释并不令人信服。

④ Charles, *Revelation I*, cxxiv; MHT III, 86; M. Zerwick, *Biblical Greek*, 95; S. Thompson, *The Apocalypse and Semitic Syntax*, 45－47; M. Zerwick & M. Grosvenor, *A Grammatical Analysis*, 750. A. T. Robertson认为，此处之“ὅταν＋未来直说（ὅταν δώσουσιν）”，和指向不确定未来的“ὅταν＋简过假设”，有相同的意思（*A Grammar of the Greek New Testament*, 972）；因此他的看法也支持前述学者之见。亦见，BAGD, 588。

这个看法,就让许多译本以"每逢(whenever)"的意义,来翻译"ὅταν"。① 在概论部分有关启示录希腊文的论述中,我们已经晓得约翰的希腊文,的确是受到希伯来文的影响;②而从这两节经文的上下文中,我们也看见24位长老,不单立即就跟着四活物颂赞神(4:11),也在天庭异象的结尾之处,再次跟在四活物的后面,敬拜上帝(5:14;亦参,19:4),因此这个以"经常性"来理解此处经文意义的见解,是比较可信的。

就文法而言,这两节经文的确让人困扰(至少对不熟悉希伯来文文法的读者来说是如此的)。但就内容而论,这两节经文并不难理解。在上一节经文中,我们已经知道四活物的颂赞,是以"三"为其结构;而这个特色,不单在"荣耀,尊贵和感谢"中出现,也在24位长老"荣耀、尊贵和权柄"的颂赞中(4:11)再次现身。

"荣耀、尊贵和感谢"是四活物在第8节中所发三重颂赞的反映。在约翰所暗引的以赛亚书第六章里面,神的荣耀是充满在祂所造的"全地"中(6:3)。也就是说,祂是借着祂所造的万物,来显明祂的荣耀;因此作为地上万物代表的四活物,当然要把"荣耀"归给祂。同样的,祂是"主神全能者",因此属君王的"尊贵",也是祂的。但"感谢"呢?从罗马书8:20-22来看,受造之物如今是"服在虚空之下",是"在叹息劳苦"之中;也就是说,万物因着亚当的堕落,而无法达到它们被造的目标。③ 但是"昔在今在将要再临"之颂赞的重点,不单在祂的昔在和今在,也更在祂的"将要再临"(详见1:4注释)。也就是说,祂将要再来并更新一切(启21:5;亦参,赛65:17-25)。因此在虚空之下,在叹息劳苦中等候得赎之日来到的万物,当然要将感谢归给祂了;因为祂是坐在宝座上的那一位。

"坐在宝座上的那一位(ὁ καθήμενος ἐπὶ τοῦ θρόνου)",不单是为了要避免直接提及神之名字而有的迂回说法,也同时是为了要区隔"异象世界"和"这个世界"而有的说法。④ 在启示录中,这个形式的说法一共出现了10次,⑤是启示录的中心思想。因为坐在宝座上的祂,不单是天庭异象的中心(4-5),连那些在地上所将要发生的事(6-16),以及巴比伦受审和新耶路撒冷的出现(17-22),也都和祂永恒的旨意息息相关。因此祂也是"活到永永远远的一位(τῷ ζῶντι εἰς τοὺς αἰῶνας τῶν αἰώνων)"。

---

① 例如,和合本,RSV,NRS,NKJ。此一看法所可能会有的困难是,若四活物是"昼夜不停地"在敬拜神(4:8),那么24位长老怎么有机会"切入"呢?在前面我们已经晓得,"昼夜不停"是带着夸张性的说法,因此这个困难其实并不存在。

② 见页46-48。

③ 冯荫坤,《罗马书注释 II》(台北:校园,1999),页667,673-77。

④ 参,导论"启示录释经学"中的分析。

⑤ 4:9,10;5:1,7,13;6:16;7:10,15;19:4;21:5. 在4:2,3;20:11中的形式略有不同。有关这个词组在启示录中的神学含义,见R. Bauckham, *The Theology of the Book of Revelation*, 31-35。在Bauckham的经文索引中,少列了4:10,7:10和19:4。

在旧约中，论及神是“永活”的经文并不多见；①而以“活到永永远远”的方式来描述神的经文，更是从来没有出现过。在但以理书4:34中，②以“永活的一位”来颂赞神的，是尼布甲尼撒王；因为在神的审判中，他曾失去其国度；但在神的恩典中，他又再得其国（但4:28－37）。因此在“永活的”之后，他就自然地将他的颂赞，集中在神国度权柄的永存（4:34b），以及神旨意之必然成就上面（4:35）。在但以理书12:7中，以“永活神”之名起誓的，③则是出现在但以理异象中的天使。在其上下文中，此一动作的目的，旨在表明神命定圣徒要经历一载两载半载的艰难，是必然会发生的（参，启12:6，14；13:5）。因此从这两个旧约背景中，我们晓得“永活的”之重点，不在神抽象的永存性，而在祂拥有实践祂所命定之事的能力。

在启示录中，约翰将旧约的“永活”放大为“永永远远活着”，因此神贯彻祂旨意的能力，得着更进一步的肯定。④ 但若我们参照人子在1:18中的自称：“我现在活着，直到永永远远（ζῶν εἰμι εἰς τοὺς αἰῶνας τῶν αἰώνων）”，他显然也意图将人子等同于永活的耶和华神。在第五章中，我们将看见从父神手中接受书卷，并将之打开的，是人子，因为只有和父神一样永活的祂，才有能力，也配揭开书卷。不过这是后话，在第四章中，坐在宝座上的一位，才是焦点。因此在四活物之后，24位长老也随之敬拜。

以俯伏在地之姿，亲吻另一个人的脚，或是其外袍之边缘，是古代近东地区之人表达尊崇的习俗。⑤ 因此在这里我们就看见24位长老俯伏（πεσοῦνται）在坐宝座者的面前，并且敬拜（προσκυνήσουσιν）那活到永永远远的一位。⑥ 约翰再此重复提及“坐在宝座上的”，以及“活到永永远远的”，可能有两个目的。第一，再次强调神在天庭中的地位；第二，让天庭中的敬拜，显出其一致性（亦参，5:14；7:11；19:4）。四活物和24位长老的确是同心合意地敬拜上帝，但由于在天庭中，他们所代表的群体并不相同，因此在24位长老的敬拜中，我们就看见他们又做了另外的一个动作：将他们的冠冕放在宝座前。这个动作是只有他们才可以进行的，因为在天庭的活物中，只有他

---

① 申4:34；但4:34；12:7。参，“住在永恒中的一位”（赛57:15；和合本译为“永远长存”）；“活神”（书3:10；诗42:3；84:3；赛37:4，17；何2:1）。有关此一称号和旧约之间关系的分析，见C. G. Ozanne, The Influence, 72；L. P. Trudinger, The Text, 63。

② 在西奥多旬译本（Theodotion）中是“ὁ ζῶν εἰς τοὺ αἰῶνα”。

③ τὸν ζῶντα εἰς τὸν αἰῶνα θεὸν（LXX）.

④ 此一词组亦在4:10；10:6和15:7中出现。在10:6那里，这个词组和但以理书12:7之间的联系，就更为清楚了；详见该处经文注释。

⑤ 例如，创18:2；19:1；33:3；43:28；出18:7；34:8等等。

⑥ 在启示录中，“俯伏（πίπτω）＋敬拜（προσκυνέω）”这一个词组，一共出现了7次（4:10；5:14；7:11；11:16；19:4，10；22:8）。前面五次是天庭活物对神的敬拜，而后面两次则是约翰意图对向他显现之天使，表达敬拜之意的举动。

们拥有坐宝座的权利(4:4);而他们的这个举动,也正表示他们清楚明白的知道,他们所拥有的权柄,是来自神。

4:11 我们的主,我们的神,你是配得荣耀、尊贵、权能的! 因为你创造了万物,并且万物是因你的旨意而存在,而被创造的(Ἄξιος εἶ, ὁ κύριος καὶ ὁ θεὸς ἡμῶν, λαβεῖν τὴν δόξαν καὶ τὴν τιμὴν καὶ τὴν δύναμιν, ὅτι σὺ ἔκτισας τὰ πάντα καὶ διὰ τὸ θέλημά σου ἦσαν καὶ ἐκτίσθησαν)

配合着俯伏、敬拜和献冠的三重动作,24 位长老也开口颂赞神。和四活物的颂赞相较(4:8),24 位长老的颂赞显得更为直接,因为"*你配得*","*你创造*"和"*你的旨意*",都显示他们的颂赞,直接以神为对象。① 而"*我们的主和神*",更显示出 24 个长老和神之间的亲密关系。

就此颂赞的形式而言,学界并没有一个共识。以"三行诗"、"四行诗",甚至是"五行诗"视之的,都大有人在。② 但不论此一颂赞是否具有诗的形式,本节经文的结构却是由两个十分明显的部分所组成:颂赞的内容,颂赞的原因。

在当代,当罗马皇帝打胜仗凯旋而归时,他的子民都会列队相迎,并且以"你配得……"作为他们对皇帝的颂赞。③ 而在约翰写启示录的当下,罗马皇帝豆米田不单在其书信中自称为"我们的主和神(*dominus et deusnoster*)",④也要求他的子民以这个方式来称呼他。因此从这个背景来看,约翰在此让 24 位长老以同样的语言,作为他们对神颂赞的起始,是要突显他们对神的效忠。和四活物的"荣耀、尊贵和感谢"相较(4:9),24 位长老的"荣耀、尊贵和权能"都各自带着一个定冠词,因此他们的颂赞不单显得更为庄严,恐怕也是要和罗马皇帝从他子民那里所能得着的颂赞,做一个对比。⑤ 在前面我们讨论 24 位长老究竟是谁的时候(4:4),我们已经知道他们所代表的,是新旧约的圣徒。而从启示录 2-3 章来看,身穿白衣、头戴金冠,并坐在宝座上的他们,是在逼迫苦难之下,依旧持守信仰,至死忠心的得胜者(2:10;3:5,21)。因此他们在此对神所发出的颂赞,并非崇拜中的"例行公事",而是以他们生命所见证的道。或者我们可以这么说,为了这三个似乎是毫不起眼的定冠词,他们曾经付上了生命的代价。因为真正的荣耀,尊贵和权能,只属在天上坐宝座的那一位。⑥

---

① Mounce, *Revelation*, 140.

② 详见,Aune, *Revelation* 1-5,309.

③ H. Lilje, *The Last Book of the Bible*, 108; Mounce, *Revelation*, 140.

④ Suetonius, *Dom.* 13.2. 在 Dio Cassius 的记录中,豆米田则是要求其子民称他为"主人和神(δεσπότης καί θεός)"。有关罗马皇帝自比为神的历史,见 Aune, *Revelation* 1-5,310-12。

⑤ Stuart 认为这三个定冠词,是为了要强调神的荣耀尊贵和权能而有的(*Revelation*, 120)。

⑥ 参,耶稣在受到魔鬼试探之时,所做的响应:当拜主你的神,单要事奉祂(太 4:10;路 4:8)。

和四活物的“荣耀、尊贵和感谢”相较，约翰不单让24位长老之颂赞，多了三个定冠词，也以“权能（δύναμιν）”来取代“感谢”。因此这个项目，应该是24位长老之颂赞的重点。① 在启示录中，这个语词一共出现了12次。从13:2;17:3和18:3等三处经文来看，在约翰所身处的世界中，具有权能的当然是兽/巴比伦（罗马），以及那些和巴比伦结盟的十王。② 但是在约翰从天而得的异象中，真正拥有权能的，是坐在宝座上的一位，因此他六次借着灵界活物之口，将权能归给父神（4:11;7:12;11:7;12:10;15:8;19:1）；并且在这个天庭异象的结尾之处，借着众天使之口，也将权能归给被杀的羔羊（5:12）。在18章那里我们将要看见，巴比伦（罗马）借着她政商的力量（权能；18:3），在地中海地区建立了一个有史以来最富足的帝国，因此对活在她手下的人来说，和她结盟，按着她所定下的规条来生活（例如，按时上凯撒神庙进行帝王崇拜），当然是最聪明的策略了。但是在2－3章中我们已经看见，人子对属祂之人的期待，是向这个世界说不。但这个世界有什么不好呢？物质的本身是恶的吗？当然不是。圣徒要向世界说不的原因，是因为龙在伊甸园中，借着亚当的堕落，已经窃取了神所创造的世界，并将之据为己有（创3:1－7;约壹5:19;启13:2）。因此我们向世界说不的原因，是要向龙说不；是要向龙说，这个世界并非是你的，而是神所创造的。

由是之故，24位长老的颂赞，就以神是创造者为结了：“你创造了万物，并且万物是因你的旨意而存在，而被创造的。”因为祂的权能，正在祂创造的行动中显明出来。在4:9我们已经知道“活到永永远远”一语，是由但以理书4:34而来。但是但以理书第4章对启示录的影响，恐怕还不止于此：③

启示录 4:11b	**但以理书 4:37(LXX),35(Theod.)**
你创造了万物，并且万物是因你的旨意而存在，而被创造的（ὅτι συ ἔκτισας τὰ πάντα καὶ διὰ τὸ θέλημά σου ἦσαν καὶ ἐκτίσθησαν）	我颂赞那创造天地海河以及其中万物的（αἰνῶ τῷ κτίσαντι τὸν οὐρανὸν καὶ τὴν γῆν καὶ τὰς θαλάσσας καὶ τοὺς ποταμοὺς καὶ πάντα τὰ ἐν αὐτοῖς） 并且祂按着自己的旨意，在天上的万军和地上的万民中行事（καὶ κατὰ τὸ θὲλημα αὐτοῦ ποιεῖ ἐν τῇ δυνάμει τοῦ οὐρανοῦ καὶ ἐν τῇ κατοικίᾳ τῆς γῆς）

① Aune, *Revelation* 1－5, 312.

② 有关兽、巴比伦和十王的含义，见三处经文注释。

③ 这是Beale所观察到的，详见，*Revelation*, 335－37。

在前面我们已经知道,此一颂赞是出自尼布甲尼撒王之口,而他之所以会发出这个颂赞的原因,是因为神虽曾将他从他的宝座上拉下来,但是在神的怜悯中,他又再次得回他的宝座。因此从他的经验中,他知道创造这个世界的神,是这个世界的主。① 由这个旧约背景来看,约翰暗引尼布甲尼撒王对神颂赞的原因,恐怕是要藉此来鼓励那些在患难中的信徒,因为这是一个外邦君王都曾经验过的真理。

就文法构而言,这个颂赞之因由是由三个部分所组成的,因此我们在前面所观察到"三"的结构,在此再次出现。但就逻辑而言,在这个句子中的第二个部分,似乎应该在和第三个部分对调才是,因为万物的创造,应该发生在万物的存在之前。对此一现象,学界给了我们三种不同的解释。第一,由于经文告诉我们,万物的存在是根据神的旨意而有的,因此有人认为万物是先在神的意念中出现,之后才被创造了出来。② 此一说法有其可能,但在上下文中,"先存"似乎不是经文的重点。第二,若我们把连结"有/存在(ἦσαν)"和"创造(ἐκτίσθησαν)"的"并且(καὶ)",当成所谓的解释性的(epexegetical)连接词,那么存在和创造这两个动词,就成了强调神旨意的同义词了(hendiadys)。③ 第三,在3:3(遵守和悔改)和3:17(富足,已经发了财)那里,我们已经知道"前后颠倒(*hysteron-proteron*)"是约翰常常使用的文学手法之一,因此在学界中也有人认为,这个逻辑上的矛盾,只是出于约翰的文学习惯而已。④

在这三个看法中,后两者是比较可能的。但不管何者为是,约翰借着这个三重语法,为启示录第四章下了一个最好的结语。在异象开始之处,他所看见的是一个在天庭中的宝座(4:2),而在其后他对天庭中其他人事物的描述,也都是以宝座为中心(4:3-8a)。因此四活物和24位长老的颂赞,也都以坐在宝座上的那一位为其对象。因为祂不是别人,而是创造宇宙万物的主。在天庭中,祂坐在祂的宝座上,依序接受他所创造的万物(四活物),和那些属祂之人的敬拜(24位长老)。因此庄严,荣耀,次序以及和谐,是约翰所见天庭的特色。但身在如此令人向往之境界中的祂,对地上的不义,苦难,暴力和混乱,有什么对策呢?祂对失了序的世界,又该如何呢?难道祂的王权,只及于天庭吗?当然不是,因为在接下来的经文中,我们就看见坐在宝座上的祂,手中有一卷书卷。但这卷书卷是什么呢?谁可以打开它呢?它的内容又是什么呢?

---

① 在启示录中,另一个提及神是创造者的经文是11:6。而在那里,神的创造和祂活到永永远远的属性,也一起出现。因此但以理书第四章的确是本处经文和11:6的旧约背景。

② 例如,Swete, *Revelation*, 75; Mounce, *Revelation*, 140。

③ Ladd, *Revelation*, 78; Beale, *Revelation*, 335.

④ Aune, *Revelation* 1-5,312.

5:1 我看见坐宝座的右手中有书卷，两面都写满了字，用七印封严了（Καὶ εἶδον ἐπὶ τὴν δεξιὰν τοῦ καθημένου ἐπὶ τοῦ θρόνου βιβλίον γεγραμμένον ἔσωθεν καὶ ὄπισθεν① κατεσφραγισμένον σφραγῖσιν ἑπτά）

神在庄严和谐的氛围中，接受祂所造万物的敬拜，是约翰在启示录第4章中，所呈现在我们面前的画面。但是对约翰而言，他所信仰的，并非是高高在天，不管人间事务的上帝，因此在第5章的一开始，我们就看见坐宝座者的手中，出现了一卷书卷；并且在其后的经文中，也看见那唯一能接受书卷之羔羊的出现。因此从这个角度来看，第5章中所发生的事，可说是约翰所见天庭异象的高峰。也就是说，约翰在第4章中所铺陈出来的庄严肃穆氛围，是要为第5章中羔羊接受书卷一事，提供一个场景。此一观察也可以从后续经文中，得着印证。因为约翰在6:1之后所记录的，正是羔羊揭开七印之后，所发生的事。因此从一个比较宽广的角度来看，在本章经文中所出现的书卷，对理解启示录来说，具有相当重大意义。就本节经文而言，此一书卷的重要性，也充分显示在约翰对它的三个描述中："在坐宝座者的右手中；两面都写满了字；用七印封严了。"

对"在坐宝座者的右手中"一语，学界有两种不同的看法：第一种就是如我们所翻译的；第二种则是"在坐宝座者的右手*上*"。② 而学者们之所以会对此一词组有不同的理解，是因为他们对这个书卷的形式，有不同的看法。有人认为在神手中的，是可以卷起来的书卷，因此约翰在此的意思是"在右手中"；而又有人认为这个书卷，是出现于第一世纪末叶，类似于今日的"对开折页书"，因此约翰的意思是"在右手上"，因为这类书籍是无法如书卷般的，被人握在手中。从文法的角度来看，这两个见解都有其可能，③但是若我们参照"人子手握七星"的说法（1:16，20），④"在右手中"应是比较可能的意思。约翰在此将这个书卷放在神的右手中的目的，是要强调是此卷书卷的重要性。因在旧约中，神的右手所象征的，是祂的权柄和能力。⑤

① 有相当多的古卷在此作"ἔσωθεν καὶ ἔξωθεν"，而和合本也因此将之译为"里外"。但比较可能的原始经文是"ἔσωθεν καὶ ὄπισθεν（里面和背后）"，因此就一个书卷而言，约翰在此的意思应该是"两面"。详见，*TCGNT*，735。

② 例如，Osborne，*Revelation*，247。在学界也有人认为"在坐宝座者的右边"所指的，不是在神的右手，而是在宝座的右边（出处见，Aune，*Revelation* 1－5，340）。但此说并不为多数学者所接受。从1:16和1:20来看，"在右手"的意思是相当明确的。

③ 就出现次数的比例而言，"ἐπὶ＋直受"的意思多是"上"。但是在启示录中，约翰对此一介词的用法，却有着相当的弹性。详见，Aune，*Revelation* 1－5，284。

④ 在1:16是"ἐν τῇ δεξιᾷ χειρὶ αὐτου（在祂的右手中）"，但是在1:20却是"ἐπὶ τῆς δεξιᾶς μου（在我的右手中）"。因此此处"ἐπὶ"的意思，应该是和"ἐν"一样。

⑤ 参，出15:6，12；申33:2；诗18:35；20:6；44:3；45:4；47:11；赛41:10；48:13；62:8等等。

但两面都写满了字,又为七印所封上了的,究竟是怎样的书卷呢?其内容又是如何的呢?对这个问题,学者们提出了各式各样,彼此相去甚远的看法。第一,在以西结书2:9-10那里,神曾向先知展示了一卷里外都写满了审判话语的书卷;而在但以理书12:4,9中(亦参,8:26),神也曾要求先知将祂的启示封住隐藏起来,直到日子满足的时候为止。① 因此在这两个旧约背景的衬托之下,有人认为在神手中的书卷,是所谓的"命运之书",而在其中所记载的,是神为这个世界所定下的计划。此说有旧约背景的支持,而本书后面的内容也的确是关乎神永恒计划的实现,因此这个看法在学界中得着许多人的支持。② 在各种意见中,这个看法是最合理的一个,但在后面我们希望能对"神永恒计划"的内容,有更明确的定义,并且也希望能从一个更宽广的角度,来看这个书卷在启示录中所扮演的角色。

第二,从当时的历史背景来看,约翰的书卷和罗马法律文件之间,有一些类似的地方:罗马的法律文件在写下来之后,就被折起来,并且在其上以五个或是七个见证人的印记,将之封住。但是在这份文件的外面,此一法律文件的内容(或是其摘要),却被重新抄录一次。因此一份完整的法律文件,是包括了里面和外面的两个部分,而其法律效力,则是由五个或是七个见证人的印记来证实的。因此从这个类比中,学界也有人认为启示录第五章中的书卷,是类似于此种"双式书写"(doubly written)的法律文件。③ 从整卷圣经的角度来看,此一书卷因此就是神和人类所立之约(testament),而在其中神藉此约向人所立下的应许,也因着第一个亚当的堕落,而无法成就。但是在第二个亚当的顺服中(基督在十字架上的死),这个应许就由人子所继承了。因此此书卷可以说是基督所继承有关"应许"的书卷。④ 此说的优点在于它考虑到当代的历史背景,也尝试从整卷圣经的角度,来了解此一书卷的重要性。但是在细究之下,它也有一些相当基本的困难。(1)此类双式书写的法律文件,并非罗马所独有,因为在耶利米书32:9-15中,我们也看见此类法律文件的出现。因此若约翰意欲让他的书卷以此形态出现,他并不一定要拿罗马法律文件做模板。(2)就我们今日所知,此类双式书写的文件的确被应用在许多不同的领域,但我们却没有看见任何一份遗约(或是遗嘱),是以此形式出现。因此虽然在学界中有许多人持"双式书写文件"的看法,但却少有人把此书卷和神向人所立之约连在一起。⑤ (3)在"双式书

---

① 类似的说法,亦见禧年书32:20-22;以诺一书81:2-3。

② Swete, *Revelation*, 75; Caird, *Revelation*, 72; Mounce, *Revelation*, 142; Beasley-Murray, *Revelation*, 120.

③ 持此看法的学者,见Aune, *Revelation* 1-5, 341-43。

④ Beale, *Revelation*, 344-46.

⑤ 详见,Aune, *Revelation* 1-5, 342-43。

写”之法律文件的设计中，封住一部分文件之印记，其作用不在隐藏文件内容，而在不让文件内容被篡改；因为文件内容，已经显露在第二部分的文件中了。但是在启示录的上下文中，以及在约翰所暗引的但以理书背景中（但 8:26；12:9），七印的目的却是要隐藏书卷之内容。（4）从启示录后面的内容来看，单以“应许”来了解此书卷是不够的。因为我们虽然在 6－22 章中，多次看见神对祂子民的保守和复兴，但是在这些经文中，也有大量神审判这个世界的描述。因此在此书卷和“双式书写文件”之间，实在有着无法解释，无法跨越的相异之处。

第三，由于启示录多次提及记录了圣徒名字的生命册，①因此有人认为在神手中的书卷，就是生命册；而由于圣徒的名字相当的多，因此在此书卷的里里外外，就写满了字。② 此说相当吸引人，但若我们从刚才所提及的旧约背景来看，特别是从以西结书的背景来看，此一书卷的内容应该不是圣徒的名字，而是神的审判。

第四，在先知以西结的口中，从神而来的书卷是甜如蜜的（结 3:3）；而在诗篇 19:10 中，诗人又以“甜如蜜”的方式来描述律法，因此在学界也有人认为此一书卷所指的，是旧约或是摩西五经。③ 而在此见解之下，人子揭开七印的动作，也就具有“祂是解开旧约之钥匙”的意义了。④ 就我们对启示录的了解来说，约翰的确是本于耶稣基督的启示来读旧约的，⑤因此这个见解似乎让人无法抗拒。但是在以西结书中的书卷，和但以理书中所要封上的启示，却不是旧约，也不是五经。因此这个看法也有其困难。⑥

第五，在将敌对教会的大淫妇巴比伦（17:1－19:10），视为背道以色列人的前提下，在学界中也有人将神手中的书卷，视为神和以色列人“离婚”的法律文件。也就是说，借着新郎“基督”解开七印，神就和祂所立约的对象以色列人，解除了“婚约”的关系。因此当我们来到了启示录 21 章中，基督就自然可以和祂的新妇（教会）结合了。⑦ 此说相当新颖，但是它却是建立在一个不甚牢靠的基础之上。因为在后面我们将会看见，启示录中的大淫妇巴比伦，并非背道的以色列人，而是当时

---

① 3:5；13:8；17:8；20:12，15，21:27.

② 例如，D. T. Niles, *As Seeing the Invisible* (London: SCM, 1962)，55。

③ 例如，L. Mowry, ‘Revelation 4－5 and Early Christian Liturgical Usage,’ *JBL* 71(1952)，82－83；此说可上溯至教父时代，出处索引见 Aune, *Revelation* 1－5，345。

④ Sweet, *Revelation*, 123.

⑤ 见概论中，有关“在启示录中之旧约”的讨论。

⑥ 和此一见解十分类似的，是将此书卷等同于记录人类恶行的“罪恶之书”；而人子揭开七印的动作，就成了祂救赎工作的象征。详见，Aune, *Revelation* 1－5，345。

⑦ Ford, *Revelation*, 92－93；有关巴比伦等于背道以色列的看法，见页 282－86。

政商巨人罗马帝国。[①] 再者,若我们从以西结书的背景来看,此书卷也非神给以色列人的"离婚证书"。在以西结书16和23章中,神的确因着以色列人的背道,而以淫妇来称呼她,但是祂并没有因此就离弃他们。恰恰相反,在以西结书的后面,神对以色列人的应许,是枯骨的复生(结37),是耶路撒冷的复兴(结40-48),是祂荣耀的灵重新回到他们的中间,是祂宝座在他们中间重新的设立(结43:1-9)。[②]

学者们除了对此一书卷的形式有不同的看法之外,他们对此一书卷的内容,究竟从何处开始的问题,也有不同的意见。把此一书卷当成"对开折页书"的人,就认为在人子解开第一印之时(6:1),书卷的内容就已经开始显明了;而把此一书卷视为"书卷"的人,则认为约翰在8:1之后所记录的,才是此一书卷的内容,因为约翰必须等到七印都被揭开了之后,才有可能看见书卷中所写的究竟是什么。当然在学界中也有人认为,因为约翰曾多次提及,启示录是一本预言之书(1:11,22:7,9,18-19),因此整卷启示录就是此一书卷的内容。[③]

从以上的分析中,我们晓得学者们之所以会对此一问题,付出如此大量心力的原因,是因为这个问题直接牵涉到我们对6:1之后经文的理解。因此在这里我们恐怕得多花一点时间,来为这个问题寻找一个比较可能的答案。

在前面我们已经知道,站在启示录4-5章背后的,除了但以理书第7章之外,是以西结书1-3章;而和本节经文直接相关的,是以西结书2:8-3:3,因为约翰在此所看见的,和先知以西结在其异象中所看见的,是完全一样的事:坐宝座者手中拿着一个里外都写满了字的书卷。但和以西结的经验相较,约翰"吃书卷"的事,却一直要等到启示录10:8-11之时才出现。因此从这个背景来看,约翰显然希望他的读者,能把记录在第5章和第10章中的事,放在一起来看。

在第十章的一开始,约翰就看见一个大力天使从天而降。在启示录中,以"大力(ἰσχυρὸν)"为特征的天使,只出现在三个地方(5:2;10:1;18:21)。因此借着这个词语,第十章和第五章之间的联系,已然建立。这个天使不单拥有大力,他"披着云彩,头上有虹,脸面像日头,两脚像火柱"的形象,也着实令人称奇。因为这些形象,都和人子以及父神有所关联(参,启1:7,16;5:3;14:14;出14:24)。因此不管他究竟是

---

① 详见启示录18章的注释。

② 在后面我们将要看见以西结书16章和23章,和启示录17章之间的关系;而在启示录21章的分析中,我们也将看见约翰如何暗引以西结书40-48章。

③ 有关这个问题的详细分析和归类,见Aune, *Revelation* 1-5,344。

谁，他在灵界活物中的地位，恐怕非一般天使所能比拟。① 令人称奇的还不只于此，因为在他的手中，竟然也有着一卷书卷；而他右脚踏海，左脚踏地（10:2，8），并且指着"那创造天和天上之物，地和地上之物，海和海中之物"来起誓的动作（10:6），也都和5:2－3中，约翰借"天上，地上，地底下"一语所表达"整个宇宙"的概念，互相呼应。因此他和5:2－3中之大力天使所肩负的使命，都和整个宇宙有关。② 不单如此，在整卷启示录中，神只在这里和4:11中，以创造者之姿出现；而在10:6之前，约翰以"活到永永远远"一语来描述神的经文，是4:9－10。因此这些绵密繁复的线索，都要求我们将这两个事件连接在一起来理解。

但我们要如何解释约翰在5:1那里，所看见的是"书卷（βιβλίον）"，而在10:2中，却又是"小书卷（βιβλαρίδιον）"？难道这两个书卷是同一个书卷吗？就其形态来看，后者的确是前者的"微词（diminutive）"；因此以"小书卷"来翻译它似乎是相当合理的。但在启示录中，我们却也看见约翰并不以这个方式，来使用这类含有"缩小"意思的词语。在他的手中，他事实上是把他们当成"同义词"来使用的。③ 以"生命册"为例，在3:5和20:15中是"***ἡ βίβλος*** τῆς ζωῆς"，而在13:8；17:8；20:12和21:27中，他所使用的却是所谓的"小生命册（***τὸ βιβλίον*** τῆς ζωῆς）"。④ 而这个现象，在20:12和20:15的对比中，显示得最为清楚，因为这两节经文同属一个段落，因此他们的形态虽然不同，但其含义却完全一样。同样的情况也照样出现在第十章里面，因为在10:2，9和10中的"小书卷（τὸ βιβλαρίδιον）"，在10:8中却以另一个含义相同的字眼出现（τὸ βιβλίον）。⑤ 而这个字的形态，正和5:1中的"书卷"，完全一样。因此不论从约翰用词遣字的习惯来看，或是从5:1和10:8之间的呼应来看，约翰在第10章和第5章中所见的，是同一个书卷。

---

① 在学界有人认为这位天使可能是人子，但是"另一位（ἄλλον）"的这个形容词，将这个可能性给彻底排除了。这个形容词之所以会在此出现的原因，是因为在5:2那里，已出现了一位大力的天使。详见10:1的注释。

② 有关这两章圣经之间的联系，以及它们和以西结书之间关系的详细分析，见F. D. Mazzaferri, *The Genre of the Book of Revelation*, 264－79; R. Bauckham, *The Climax*, 243－57。

③ F. D. Mazzaferri指出，在启示录中以"微词"形态出现的"兽（θηρίον）"和"杯（ποτήριον）"，都不再具有"小"的含义；而"金子（χρυσός）"和其微词"χρυσίον"之间，也没有任何的差异（*The Genre of the Book of Revelation*, 268－69）。有关"微词"讨论，可见D. C. Swanson, 'Diminutives in the Greek New Testament,' *JBL* 77（1958），134－51。

④ 根据LSJ, 150；βιβλίον，βιβλίδιον，和βιβλαρίδιον，不单都由βίβλος而来，也都具有"小"的含义。

⑤ 此一经文为A，C，1006，1611，2053等等在启示录经文鉴别学中，具有相当重要性的手抄本所支持（亦参，Aune, *Revelation* 6－16，552）。在黑马牧人书中，这几个在上一个脚注中所出现的"微词"，也都被当成同义词来使用（详见，R. Bauckham, *The Climax*, 244）。

此一见解也可以从启示录 10:8–10 和以西结书 3:1–3 之间的呼应,得着证实。因为在这两段经文中,约翰和以西结都被要求将书卷吃下去;而这书卷在他们两个人的口中,也都是甜如蜜的。虽然在以西结书中,先知并未有约翰"书卷在肚子中发苦"的经历,但他却在其书中提及,此一书卷上所写的,是"哀号,叹息和悲痛的话"(结 2:10)。

从以上的分析中,我们晓得约翰的"吃书卷",或者说,约翰领受的先知使命的经验,是和先知以西结所经历的完全一致。但是在"复制"这个经历的同时,约翰也做了一些必要的调整。在以西结书中,手中有书卷的是上帝(结 2:9),而展开书卷的也是祂(结 2:10);但是在启示录中,手中有书卷的是上帝(5:1),但是展开书卷的工作,却落在羔羊的身上(6:1ff)。这个更动具有两方面的意义。第一,借着行神所行之事,约翰就将人子等同于上帝了;而这也是我们在第一章中,所多次看见的事(参,1:1,5–6,13–16 的注释)。第二,借着揭开书卷的动作,约翰也强调了人子在神永恒计划中,所扮演角色的重要性。此一意欲突显人子(羔羊)的企图,不单在引介人子出场的情节中,也就是在天使的呼喊和约翰的大哭中(5:2–4),显示了出来;也在人子慎重其事,依序揭开七印的行动中,再次显明。①

但是为什么因着七印的除去而被打开来的书卷(ἠνεῳγμένον;10:2),不由人子亲自交给约翰,而必须由一个大力的天使来做这件事呢?从表面上看起来,此一设计似乎有"多此一举"的嫌疑,但若我们回到 1:1,这个问题就不再存在了。在 1:1 那里我们已经看见,从神到约翰的启示传承,是以两个彼此平行的顺序来完成的:(1)神—耶稣基督—众仆人;(2)耶稣—祂的天使—约翰。在第一个顺序中,耶稣从属于父神的关系十分明确,但是在这个基础之上,约翰也借着第二个顺序,让耶稣的神性得着完全的彰显,因为祂在第二个顺序中所扮演的角色,是和父神在第一个顺序中的地位,完全一样。因此就如父藉子将启示传递给众仆人,耶稣也要借着祂的天使,将祂的启示传递给约翰。因此从这个角度来看,在经过了九章圣经之后,约翰显然并没有忘记他在前面所设定的模式。② 事实上,约翰借着那些让人啧啧称奇的描述(披着云彩,脸面像日头等等),而让此天使有别于其他天使的原因,恐怕也是因为他在这个启示传承顺序中,所扮演之角色而有的。

和先知以西结之书卷异象相较,约翰除了把"人子"这个新元素加入了他的异象

---

① 在前面我们已经提及(见导论,启示录的结构),夹在第六印和第七印之间的启示录第七章,是一个插曲;而借着"文学连环锁"的设计(8:1;2–5;6),七号之灾(8:7–9:21)是神对第五印中,殉道者呼吁神为他们伸冤的响应。详见后面的注释。

② 亦参,F. D. Mazzaferri, *The Genre of the Book of Revelation*, 277–79。

之外，他也让他的书卷为七印所封住。在前面我们已经提及，多数释经者都认为七印的背景，是但以理书12:4,9，因为在那里，神要先知将他在异象中所见有关末日之事封上，直到末时。也就是说，在前文中所提及末日北方王的得胜（但11:40－45），和他至终的败亡（11:45），以及圣徒受苦（12:1），和他们的复活之事（12:2），因着时间尚未来到，而必须先隐藏封闭起来。① 此事，特别是圣徒受苦和复活之事，当然会引发读者兴起，因此在全书的结尾之处，先知就藉天使之口，明示在一载两载半载（参，但7:25），圣徒受苦几乎绝望之时，末时才要临到（12:7）。② 这个答案并不令人满意，因此引发先知的好奇发问（12:8），但天使对此不再多说，因这事已隐藏封闭，直到末时（12:9）。

在这个背景的衬托之下，当此书卷之七印为人子逐一揭开之后（启6:1ff），我们就一点也不意外的看见，“向天举手，以活到永远者之名起誓”的但以理天使（但12:7），也就是人子藉之将此书卷传达给约翰的天使，就在启示录中出现了（启10:5－6）。和但以理的背景相较，约翰的天使在起誓之后所所说的话，“不再耽延了”（启10:6），是恰恰与但以理的天使所说，“到了……时候才应验”的话，完全相反；因为在启示录中，末日在人子揭开七印之时，就已然来到。

此一见解是我们在前面已经知道的了，因为在1:1,3,7那里，约翰借着暗引但以理书第二章和第七章的方式，③让我们看见但以理书所预言人子得国之事，已经在耶稣基督从死里复活的事件中，开始成就。而在1:6和5:9－10中（详下），我们也知道神的国，因着教会在地上的出现，已经开始实现。不单如此，此一理解也在接下来的经文中，得着证实。因为约翰吃下书卷后，向多民多国多方多王所发的预言（11:1－13），正是教会藉受苦的见证来建立神国的事（参，一载两载半载在11:2－3中的出现）；而此事，也正是当初但以理所不能完全明白的（但12:8）。④ 因此从这个角度来看，此一书卷的内容，不单是“神永恒的计划”，也是神藉教会来实现其国度的计划。

---

① 学界对11:40－45中，“北方王”究竟是谁的问题，的确有不同的看法。有人认为此王依旧是前面经文所指（11:21），主前第二世纪的安提阿哥四世（Antiochus IV；例如，第三世纪中的叙利亚哲学家Porphyry），有人则认为先知但以理在此是以安提阿哥四世作为模型，来预告在末日所将要出现敌对神的王（例如，J. E. Goldingay, *Daniel*, 305；张永信认为此人预表末日的敌基督［《但以理书注释》，页382－83］；而J. J. Collins则认为此人依旧是安提阿哥四世，但是他在经文中，已经和以色列“末日从北方而来之敌人”的传统，融合在一起了［*Daniel*, 389］）。但不论何者为是，天使要但以理封上异象之原因，是因为他所看见的，是关乎末后的事。

② 邝炳钊，《但以理书》，页305；张永信，《但以理书注释》，页389。有学者将本节后半译为“当折磨圣民者的权力结束之时”（L. F. Hartman & A. A. Di Lella, *The Book of Daniel*, 312）。但若我们参照7:25，“圣民受苦”应是原文之意。

③ 有关但以理书7,8,9,10－12章之间的关系，见J. E. Goldingay, *Daniel*, 326。

④ R. Bauckham, *The Climax*, 252；亦见11章的注释。

此一计划的目标当然是神国的建立,但是这个目标却必须借着圣徒的受苦,才能够完成。因此当我们来到启示录的最后,我们自然地就看见天使吩付约翰说:"不可封了这书上的预言;因为时候近了"(22:10)。换句话说,末日在人子复活,教会建立之时,已然发动,因此就必须要让人明白神的计划,因为若末日之钟既已起动,其完成之日也就不远了。①

5:2 我又看见一位大力的天使,大声宣告说:有谁配展开那书卷,揭开那七印呢?(καὶ εἶδον ἄγγελον ἰσχυρὸν κηρύσσοντα ἐν φωνῇ μεγάλῃ, Τίς ἄξιος ἀνοῖξαι τὸ βιβλίον καὶ λῦσαι τὰς σφραγῖδας αὐτοῦ)

在上一节经文中我们已经看见,在父神手中之书卷的内容,是关乎神藉教会成就祂国度的事。因此配合着此一书卷的重要性,一位大力的天使就在本节中出现了。在启示录中,"大力的"天使一共出现了三次(10:1;18:21)。在10章中,该大力天使的出现,和本节之天使一样,都是和父神手中之书卷有关,但由于约翰在10:1中以"另一位(ἄλλον)"的方式,作为他出场的引介,因此他们应该不是同一位天使。从但以理书的背景来看(但12:5-7;参8:13-16;10:5),②此一天使,或是10:1中的天使,有可能是加百列,但是由于约翰并没有明言,因此我们也只能让他们继续隐姓埋名下去。至于18章中的大力天使,我们也无法确定他和前面两个"兄弟"之间的关系,但是在其上下文中,他的"大力",却和神审判巴比伦之事的严肃性,息息相关。

此一书卷的重要性,不单表现在天使的"大力"上面,也在他以"大声"所做的"宣告"(κηρύσσοντα)中显明出来,因为在启示录诸多"大声呼喊"的经文中,只有此处是以"宣告"为其动词。③ 从下一节经文中,我们将看见此一宣告,是以天上、地上和地底下为其范围,因为此一书卷所关乎的,是和整个宇宙都有关系的事。但他所宣告的内容是什么呢?

"有谁配展开那书卷,揭开那七印呢?"是天使向整个宇宙所发的"寻人启事"。从下一节经文的"没人能够(οὐδεὶς ἐδύνατο)"来看,此一寻人启事中所设立的条件—

① 这个理解当然引发另一个问题:约翰在6:1之后,人子揭开七印时所记录下来的事,究竟是不是书卷的内容?此一问题对理解启示录来说,十分重要,但是我们将会把这个问题,留到第六章那里再来讨论。

② J.E. Goldingay (*Daniel*, 309)和J.J. Collins (*Daniel*, 399)都认为,在但以理书12:5-7中出现,身穿细麻衣的天使,就是10:5中之天使;而在河岸两边彼此对话的天使,则是出现在8:13-14中的天使。因此从8:15-16来看,此一天使很可能是加百列。再者,在但以理书第八章的上下文中,此一天使也曾命令但以理将异象封住(8:26)。

③ 在启示录中,"大声呼喊"多是以"κραζεῖν φωνῇ μεγάλῃ"(6:10;7:2,10;10:3;14:15;18:2;19:17),"λεγεῖν φωνῇ μεγάλῃ"(5:12;8:13;14:7,9),或是"φωνεῖν φωνῇ μεγάλῃ"(14:18)的形态出现;因此此处唯一的"κηρύσσοντα ἐν φωνῇ μεγάλῃ",显示了此一呼喊的特殊性。

“配(ἄξιος)”,似乎和应征者的能力有关。① 但是若我们从5:5－6节来看,这个条件的重点,并不只在能力,而更在其是否“够格”。也就是说,此一条件在强调应征者是否忠心,是否曾至死不渝地持守了神的道。用启示录2－3章的语言来说,“配不配”的含义,就是他是不是个“得胜者”(亦参,5:5的“得胜[ἐνίκησεν]”)。

除了应征者的条件之外,这个寻人启事中也明示了工作的内容:展开书卷,揭开七印。就逻辑而言,揭开七印的动作,应该发生在展开书卷之先,但是在前面我们已经多次看见,这是约翰所常常使用“前后颠倒”的文学技巧;而其目的,则在强调被放在前面的项目。② 因此此处经文的重点,是落在展开书卷的事上。在上一节经文中,我们已经晓得此一书卷的内容,是神国的建立,因此展开书卷的目的,并不只是要显明神的永恒计划,也更不是为了要满足人对未来的好奇心,而是要让神的国度,可以在人类的历史中建立起来。③

5:3　在天上、地上、地底下,没有能展开、能观看那书卷的(καὶ οὐδεὶς ἐδύνατο ἐν τῷ οὐρανῷ οὐδὲ ἐπὶ τῆς γῆς οὐδὲ ὑποκάτω τῆς γῆς ἀνοῖξαι τὸ βιβλίον οὔτε βλέπειν αὐτό)

对大力天使大声的宣告,这个宇宙以寂静作为它的回答,因为没有人符合开启书卷的条件。在新约中,以“天上地上和地底下”三层结构,来表达整个宇宙之概念的,也出现在腓立比书2:10;④而此一观念,恐怕是源自摩西所颁布的十诫,因为在第二诫中,神明确禁止以色列人以“天上、地上和海中”之物的形象,来为自己造偶像;而此三层宇宙的观念,也在第四诫中再次出现,因为耶和华神在六日所造的,是天地海和其中的万物(出20:4,11)。⑤ 在启示录5:13那里,约翰为了让“宇宙万物同声颂赞”的画面更显完全,就将“沧海”也加进了这个概念中。但是不管他的宇宙是三层或是四层的,其重点都是落在“整个”宇宙上面。

但“没有任何一位(οὐδεὶς)”所暗指的,是不是也包括了灵界的活物呢?从“天上地上和地底下＝整个宇宙”的概念来看,有人认为灵界活物,不管他是天使,邪灵或是亡魂,都应该在其中。⑥ 这个看法是可能的,但从创世记1:26－28中我们晓得,神曾将扩展祂国度的责任,放在人的身上,⑦而在接下来的经文中,我们也看见约翰借着

① Charles, *Revelation I*, 139.
② 详见3:3的注释;亦见,Mounce, *Revelation*, 143; Aune, *Revelation* 1－5,347。
③ Beckwith, *Revelation*, 508; Hendriksen, *More than Conquerors*, 89; B. M. Metzger, *Breaking the Code*, 53.
④ 类似的说法,亦见Ignatius, *Trall.* 9:1(Aune, *Revelation* 1－5,348)。
⑤ 亦参,诗146:6;徒4:24。
⑥ 例如,Moffatt, *Revelation*, 383; Thomas, *Revelation* 1－7,385。
⑦ 有关神以婚姻制度(生养众多)来建立其国度的论述,见M. G. Kline, *Kingdom Prologue*, 44－47。

"犹大支派中的狮子,大卫的根"(5:5),而强调了人子属人的面向,因此在宇宙中,没有"人"够格来承接这个使命,恐怕才是约翰在此的意思。

5:4 因为没有配展开、配观看那书卷的,我就大哭(καὶ ἔκλαιον πολὺ, ὅτι οὐδεὶς ἄξιος εὑρέθη ἀνοῖξαι τὸ βιβλίον οὔτε βλέπειν αὐτό)

对寻遍整个宇宙,但无人够格展开书卷的结果,约翰的反应是大声哭泣。但是他是为何事而哭呢? 是因为所有的人都在罪中,因此无人够格而哭吗? 也许。在4:1那里,约翰所领受的信息是,"我要将以后必成的事指示你",但由于无人够格展开书卷,这个应许似乎是无法成就了;因此他是为此而大哭吗?① 也有可能。但最可能的是,对因着福音的缘故而被放逐在拔摩海岛上的约翰而言(1:9),书卷无法展开,神国无法建立的情况,是他所无法想象,也完全无法接受的事,因此他的泪水就自然夺眶而出。对神国无法实现的忧心,当然带来泪水。难怪有人曾说,没有泪水,就没有启示录;没有泪水,也无法完全了解启示录。②

5:5 长老中有一位对我说:不要哭! 看哪,犹大支派中的狮子,大卫的根,已经得胜了,因此祂能展开书卷,揭开七印(καὶ εἷς ἐκ τῶν πρεσβυτέρων λέγει μοι, Μὴ κλαῖε, ἰδοὺ ἐνίκησεν ὁ λέων ὁ ἐκ τῆς φυλῆς Ἰούδα, ἡ ῥίζα Δαυίδ, ἀνοῖξαι τὸ βιβλίον καὶ τὰς ἑπτὰ σφραγῖδας αὐτοῦ)

若从视觉的角度来看,约翰在第四章中,借着他对天庭人事物的描述,已经清楚让我们看见以宝座为中心的天庭场景;但若从听觉的角度来看,从5:2大力天使响彻宇宙的呼喊,到5:3的寂静,再到他自己在5:4中的大哭,约翰也渐渐的把我们带进天庭异象的高峰,因为在这节经文中,天庭中的一位长老,要泪眼婆娑的约翰停止哭泣,好让他能看见他在第四章的异象中,一直都未曾看见的那一位。

此一长老所要引介出场的,当然是本节经文中最重要的人物,但是在把我们的注意力放在祂身上之前,让我们先思想一下,为何约翰选择让长老来引介人子。对这个问题,有人认为长老只是灵界活物中的一员,因此他在此的出现,并无特别意义。③但若我们在前面所说的是正确的话,即,长老是历代圣徒在天庭中的代表,那么让他们中间的一个,而不是其他的天庭活物,来引介人子出场,其实是有其意义的。因为在宇宙之间,只有他们是直接蒙受祂救赎之恩的人,是完全了解祂究竟为他们付上了怎样代价的人。此一见解也可以从7:13中得着支持。因为在那里,24位长老中的一

---

① Moffatt, *Revelation*, 383; Beckwith, *Revelation*, 508; Aune, *Revelation* 1-5,349.

② W. Scott, *Revelation*, 134.

③ Thomas, *Revelation* 1-7,386.

位又再次现身，为要确认约翰的确知道，他在异象中所见无数身穿白衣者的身份。也就是说，在约翰的异象中，长老所扮演的角色和所带来的启示，总是和人子的救赎事工有关，因为他们是人子救赎事工的直接受益者。在这个理解之下，此一长老在此以“看哪!”，作为他引介人子出场的开场白，实在是一件十分自然的事。

“看哪!”一语在启示录中一共出现了26次。在4－5章的天庭异象中，除了4:1的异象前言之外，这个语词只出现了两次。前一次是约翰看见天庭中心之宝座时(4:2)，为引起读者的注意而写下来的。在这里，这个词语再次出现；而其功能也有如剧场中之探照灯，要所有的人把他们的目光，都集中在被长老所引介出场的那一位身上，即，“犹大支派的狮子，大卫的根”。

“犹大支派的狮子”，语出以色列人的始祖雅各，在临终前对其12个儿子的祝福中(创49:9)。在他的临终祝福里面，在家中排行老四的犹大，被比喻为万兽之王的狮子，而其兄弟也要来到他的面前下拜(创49:8－10)。因此在耶稣降生前后，许多犹太人都认为，他们所等候的弥赛亚，将要从犹大支派中而出。① 由是“从犹大支派而出的狮子”，就成为弥赛亚的称号。

“大卫的根”则出自以赛亚书11:1和10节。在其上下文中，先知以赛亚向那些在亚述帝国(Assyria)威胁之下的以色列人发出预言：亚述只是神手中的工具(赛10:5－11)，因此虽然他们将要在她的手下受苦，但神至终要从大卫父亲耶西的家中，兴起一位王来拯救他们。② 在此经文中，大卫王朝因着已然衰败，所以被比喻为一个只剩下残干的树丕子；但神却应许以色列人，祂将要让此树丕生长出一条“耶西的根”，作为他们的拯救者。因此对第一世纪前后的犹太人和基督徒来说，弥赛亚就必须是从大卫家而出的了。③

在整卷新约中，将耶稣和犹大支派连上线的经文有之(来7:14)，而将耶稣和大卫连上线的经文，更是多的不可胜数。④ 但是将耶稣和这两者结合在一起的经文，就

---

① 以斯拉四书11:36－46;12:31－34;犹大遗训24:5; *Midr. Tanhuma* Gen 12:12; *Midr. Rab.* Gen 97;以及 *Targ. Neof.* 和 *Targ. Ps.－J.* 中对创49:9－12的翻译。在早期教父犹斯丁(Justin)的著作中，也有类似看法(*Dial.* 52.2)。

② 类似的说法，亦见，耶23:5;亚3:8。

③ 由于相关犹太和基督教文献索引数量很多，因此我们在此就不列出来了。有兴趣的读者，可见Aune, *Revelation* 1－5, 350－51。在启示录22:16那里，此一弥赛亚称号不单再次出现，并且是由耶稣自己的口中所说出来的。

④ 例如，太1:1,6;9:27;12:3,23;15:22;20:30－31;21:9,15;22:42;可10:47－48;12:35－37;路1:32,69;2:4;3:31;18:38－39;约7:42;徒1:16;2:30－32;13:22－23;罗1:3;提后2:8等等。

只出现在这里。① 就结果而言,此一结合当然强调了旧约预言的应验,但就释经学的角度而言,约翰将这两处经文结合在一起的动作,也显示出他依旧是以"主题相似",作为他暗引旧约经文的主要考量。因为尽管"犹大的狮子"和"大卫的根",是两个截然不同的譬喻,但他们在各自的上下文中所象征的,都是满有能力、大大得胜的一位。而这也正是我们在启示录中所看见的。因为在"看哪!"之后,长老介绍人子人子出场的引介词,是以动词(他已得胜;ἐνίκησεν)加上主词(犹大的狮子,大卫的根)",再加上两个目的子句(能展开书卷,能揭开七印),为其结构。因此从这个结构来看,得胜显然是重点。② 在3:21那里,人子已亲口告诉我们祂已得胜,而在此借着长老之口,约翰也再次重申此一改变人类历史事件的重要性。在大力天使发出呼喊,而整个宇宙以寂静来响应的张力中,此一长老开口向约翰说话,不单立即缓和了让人窘迫的紧张气氛,而他所说的内容,也更是震古烁今的好消息。

5:6 我又看见宝座与四活物并长老之中,有羔羊站立,像是被杀过的,有七角七眼,就是神的七灵,奉差遣往普天下去的(Καὶ εἶδον ἐν μέσῳ τοῦ θρόνου καὶ τῶν τεσσάρων ζῴων καὶ ἐν μέσῳ τῶν πρεσβυτέρων ἀρνίον ἑστηκὸς ὡς ἐσφαγμένον ἔχων κέρατα ἑπτὰ καὶ ὀφθαλμοὺς ἑπτά οἵ εἰσιν τὰ ἑπτὰ πνεύματα τοῦ θεοῦ ἀπεσταλμένοι εἰς πᾶσαν τὴν γῆν)

正如约翰在第四章中,没有提及坐宝座者右手中的书卷一样,他也在本节中,才让人子"忽然"出现于天庭中。而这个设计,当然为人子之现身,带来了戏剧性的效果。③ 此一戏剧性效果,也可以从后面经文的发展中,得着证实,因为当祂登上了舞台,做了一个简简单单,从父神手中拿了书卷的动作之后(5:7),就让整个天庭为之震动,赢得了整整七节经文,满堂的喝彩和欢呼(5:8-14)。因此在面对这节经文的时候,我们第一个问题就是,祂究竟是谁?或者更明确的说,祂究竟做了什么,以致于祂可以在神的天庭中,扮演如此重要的角色,赢得如此热烈的掌声和全然的敬拜?但在我们回答这个问题之前,先让我们看看祂在这个天庭中所在的位置如何。

① 在以斯拉四书12:31-32中,此一结合隐约可见;而在昆兰团体的1QSb 5:21-29中,此一结合则比较明显。J. T. Milik将1QSb的日期定在100 BC(*Discoveries in the Judaean Desert* I [Oxford: Clarendon, 1955], 118-29),因此若此说可行,那么约翰的概念就可能受到这个传统的影响。但不论情况如何,约翰和此一传统之间的差异却十分明显。因为在1QSb 5:21-29中,此一"弥赛亚"是未来的,属以色列人的;但是在启示录中,约翰的弥赛亚不单是已经来到的一位(5:6),而其权柄也及于整个世界。

② 亦见Mounce, *Revelation*, 144, note 11。

③ Aune, *Revelation* 1-5, 351.

“*在宝座和四活物之中，也在众长老之中*”，是约翰对人子所在位置的描述。对这个让人有些困惑的说法，学界有三种不同看法：(1)将这个描述中的前后两个部分，当成是彼此平行的，而以“在……中间”的方式，来理解“ἐν μέσῳ”的含义。准此，人子所在位置，就是在宝座上，在整个天庭的中心。① 此说和7:17中，约翰对人子在宝座中的描述一致，但它不单得面对本节经文中，约翰所见羔羊是“站立”之说法所带来的挑战，也必须面对下一节经文中，羔羊“前来”拿书卷的困难，②因此这个看法并不令人满意。

(2) 在学界中有人则是以“在一个范围之内”的方式，来解读通常被译为“在……之中(ἐν μέσῳ)”的词组。③ 准此，人子的位置就是在宝座的范围之内，十分靠近宝座的地方。此一见解的优点是简单明了，但若约翰要让读者知道，人子在离宝座不远的地方，他只要用“在宝座和四活物之间”就够了。因此此说的困难，在它无法解释为何约翰要重复两次使用“在……之中”的词组。

(3) 希伯来文中一物在两个东西之间，是以“在A之间和在B之间(בֵּין וּבֵין)”，有一点繁复的方式来表达的，而约翰的两个“在……之间”，是受到了希伯来文的影响。据此，有人就认为羔羊所在位置，是在24位长老，和以四活物为支柱的宝座之间。④ 此说的优点在它解释了“在……之间”出现两次的问题，但它也并非全无困难。因为在七十士译本中，上述希伯来文词组通常是被译为“ἀνὰ μέσον…ἀνὰ μέσον”，而非“ἐν μέσῳ…ἐν μέσῳ”。这个困难并不难解决，因为在七十士译本的创世记1:6中，我们就看见“在……之中(ἐν μέσῳ)”，是可以等同于“在两者之间(ἀνὰ μέσον…ἀνὰ μέσον)”。而类似的用法，也在哥林多前书6:5，以及七十士译本中的利未记23:5，列王纪下9:24，和诗篇103:10中出现。从这个角度来看，约翰在7:17中所说，羔羊“*在宝座中*(τὸ ἀνὰ μέσον τοῦ θρόνου)”的意思，就是“*在宝座之间*”，因此这节经文和我们正在分析之5:6之间，并无矛盾。事实上，以这个方式来理解7:17，也应该不令人意外才是，因为该词组中的第一个定冠词(τὸ)，就已经暗示了此“*羔羊*”是在本节经文中，在四活物所扛抬的宝座，和24位长老所坐之宝座之间，所出现的那一位。⑤ 从5:9－10来看，约翰

---

① 例如，Swete, *Revelation*, 78; Mounce, *Revelation*, 146; Thomas, *Revelation* 1－7, 389－90。

② Thomas对此的解释是，由于人子坐在父神的右边，因此此一动作表明他趋近父神，好取得书卷(*Revelation* 1－7, 390)。但在前面我们已经知道，约翰所见宝座是所谓的双人宝座(详见3:21注释)，而人子正在父神右边，因此他也正在书卷的旁边。所以祂完全没有“趋近”父神的必要。

③ Beale, *Revelation*, 350; Aune, *Revelation* 1－5, 352.

④ 例如，Charles, *Revelation I*, 140。

⑤ 在利23:5；王下9:24；和诗103:10中，跟在“ἀνὰ μέσον(在……之间)”后面的，都是复数名词，但这似乎不是一个固定的规则。因为在林前6:5中，我们所有的，是一个单数名词(τοῦ ἀδελφοῦ αὐτοῦ)。因此在7:17中，单数的“宝座(τοῦ θρόνου)”并不是个问题，虽然我们总觉得在“在……之间”的语法中，使用复数名词是比较合理的作法。

在此以"在宝座和四活物之中,也在众长老之中",看似啰啰唆唆之方式,来确定人子所在位置之目的,应该是和祂在神永恒计划中,所扮演的角色有关。因为祂正是用自己的血,将人从各族各方各民各国中买回来,并将他们归给神的那一位。因此祂在天庭中的位置,自然就是在宝座,和代表历代圣徒的24位长老之间了。①

在上一节经文中,长老对人子的介绍,是"犹大支派的狮子,大卫的根",但是约翰在本节经文中所看见的,却是羔羊。就字形学而言,"羔羊(ἀρνίον)"是"羔羊(ἀρήν)"的微词(diminutive),因此我们似乎应该把它翻译为"小羊"。但是在新约时代,此一词语已不再具有微词的含义了。② 在新约中,此一词语出现了30次:一次在约翰福音21:15(你喂养我的羊);③而其余的29次则集中在启示录。这29处经文,除了13:11中的"如羔羊之兽"以外,其余的"羔羊",所指的都是人子。就文脉而言,羔羊在这些经文中,或是具有大能的审判官和战士,亦或是被宰杀,具有救赎意义的祭物。④而这两个彼此互补,将弥赛亚事工完全表达出来的形像,正是启示录的中心思想。

"羔羊"为启示录中心思想的事实,也可以从约翰如何暗引旧约的角度来理解。因为当他暗引旧约有关弥赛亚的经文时,他多是以"羔羊"来取代旧约经文中的主角。比如说,在本段经文中(5:6-13),"羔羊"就取代了他所暗引但以理书第7章中,得胜得国的人子;而在7:16-17中,从以赛亚书49:10而来,牧养神子民的"耶和华的仆人",在约翰的手中,也以"羔羊"之姿出现。不单如此,在暗引旧约之时,约翰有时也会将"羔羊"这个元素,加入他所暗引的经文中,因此就让羔羊耶和华神同列。举例来说,神向以色列百姓所应许的是,在末日祂要亲自成为他们的光(赛60:19-20);但在启示录21:23中,照耀新耶路撒冷的,不单有耶和华神的荣耀,也有羔羊之灯。⑤ 再举一例,在以西结的复兴异象中,耶和华神应许祂的子民,在祂所重建之新耶路撒冷城中(结40-42),将有一条从圣殿而出,具医治之能的生命河(结47:1-12);但是在约翰的笔下,此生命河不单一样出现在他的新耶路撒冷异象中(启22:1-5),也成了一条从"神和 *羔羊*"之宝座而出的河(启22:1)。在后面我们还会遇见许多类似的例子,但是这些已经足够让我们看见,"羔羊"在约翰的心中,有着怎样的分量。

在天庭异象中,"羔羊"的确是整个异象的中心人物。但祂究竟是怎样的一位呢?

---

① 亦参,J. D. Charles, 'An Apocalyptic Tribute to the Lamb (Rev 5:1-14),' *JETS* 34(1991),461-73;特别是466。

② BAGD, 108; *TDNT* 1:340.

③ 在约翰福音1:29,36中所出现的"神的羔羊",则是一岁大的"羔羊(ἀμνὸς)";亦参,徒8:32;彼前1:19。

④ Aune, *Revelation* 1-5,352,367-72.

⑤ Beale, *Revelation*, 353.

祂是以怎样的姿态出现于天庭中呢？“*站着*”是约翰对羔羊的第一个描述。从旧约以及其后犹太人的文献里面，我们知道在神的天庭中，只有神是坐在其宝座上，而围绕在其周围的灵界活物，则是以站立之姿，侍立在神的面前。同样的情况也出现在地上的圣殿中，因为不论是祭司或是百姓，在殿中都是以站立之姿来服事和敬拜。① 此一背景因此建议我们，以“羔羊藉圣灵透过教会为神建立国度”的方式，来理解祂“*站立*”在神面前的含义。此说在教义上完全没有瑕疵，但若我们将约翰对羔羊的第二个描述，即，像是被杀过的，一并列入考虑的话，那么也许我们不应该把太多的东西，读进“*站立*”中。因为和“*被杀的*”对比，“*站立*”所要表达的，只是“祂是活着的”。② 此一事实当然是祂能藉圣灵透过教会，为神建立国度的基础，因此在约翰对羔羊的描述中，“*站立*”就被摆在第一个位置了。事实上，约翰对“祂活着”之事的强调，是早在1:18和2:8中，就已经出现的了。③

“*像是被杀过的*”是约翰对羔羊的第二个描述。此一词组的意思，当然不是“像是但其实并没有真正被杀过”。它的含义，是必须参照前述的“*站立*”，才能完全确定。也就是说，约翰在此想要表达的是，祂现在活着，虽然祂曾被杀。④ 这个理解可以从5:9和12中得着支持，因为在那里四活物，众长老，和众天使，之所以会对羔羊发出颂赞的原因，正是因为祂曾被杀。因此借着“*站立*”和“*曾被杀*”这两个词语，约翰明示此羔羊就是曾死在十字架上，但在第三天又从死里复活了的人子耶稣。这个“现在活着但曾死过”的对比，是和“狮子—羔羊”之对比，有着相同的目的，因为在这两个对比中，借受苦而得胜的真理，有了最清楚的说明。对21世纪的信徒来说，这是我们早已耳熟能详的真理了，但是在第一世纪之时，在寻求神迹，等候大能弥赛亚降临的犹太人耳中，⑤此一真理着实是个绊脚石；而在追求智慧的希腊人眼中，此一真理更只是个愚拙的言论（林前2:22－23）。但是借着“羔羊—狮子”；借着“死过但如今站立着”，约翰却为基督教的弥赛亚国度，定下了一个万古不移的基调。

但约翰的“*羔羊*”，究竟从何而来？学者们对这个问题的看法，基本上可以分为四

---

① 相关文献索引，见 Aune, *Revelation* 1－5, 352－53。

② Beckwith, *Apocalypse*, 510; Thomas, *Revelation* 1－7, 391.

③ 详见两处经文的分析。

④ J. D. Charles, ‘An Apocalyptic Tribute to the Lamb (Rev 5:1－14),’ *JETS* 34(1991), 466; Beale, *Revelation*, 352. 在“启示录释经学”的部分，我们也已经指出，在启示录中，“像是”之类的语词，其目的在表明，约翰所看见的，乃是他“在异象中”所看见的人事物，因此“像是”的意思，其实就是“是”。

⑤ 参，4QPBless; 1QSb 5:20－29; 以斯拉四书 12:31－32, 13:10; 4QFlor 1:11－12; 4QpIsa[a] Frag. A; 所罗门诗篇 17:24, 35－37; 以诺一书 49:3, 62:2; 犹大遗训 24:4－6 (R. Bauckham, *The Climax*, 214)。

种:(1)约翰的“羔羊”是以赛亚书53:7中所预言之“耶和华的仆人”,因为先知曾说他要如羔羊般的,被牵到宰杀之地。(2)此一“羔羊”是逾越节的羔羊,是神带领以色列百姓出埃及之时,要以色列人所宰杀的羊羔(出12:1－14)。(3)在当代某些启示文学作品中,象征末日拯救以色列人的,多是一只有角公羊(表能力);①而在本节中的羔羊也有“七角”,因此约翰所见“羔羊”,并非由旧约而来,而是此一传统在启示录中的反映。(4)约翰在此是将前述两个旧约背景,融合在一起,或是将这两个旧约背景中的一个,和“有角公羊”的传统结合。②

从整本新约来看,以赛亚书53章的确是新约作者建立基督论时,所依据的重要旧约经文之一,③但是在本节经文中,此“羔羊”和该章圣经之间的联系,却相当的少。④ 因此即便约翰在此受到了以赛亚书53章的影响,其影响力也是十分微弱的。但就整卷启示录而言,出埃及记对约翰的影响,却是随处可见。从5:9－10来看,当年神命摩西带领以色列百姓出埃及,并让他们成为一个祭司国度的背景,可说是历历在目(亦见,启1:5b－6;12:11);因此在7:14－17中,这一群为新约羔羊所救赎的子民,就如旧约以色列百姓一样的,为神的帐幕所护庇;因此他们不单饥渴不再,也蒙神保守,得着安慰(出24:11;25:1ff;启7:15－17)。也难怪到了15:2－4那里,我们就看见他们和摩西一样的(出15:1－18),站在海边(玻璃海)唱着救赎之歌(参,5:9中的“新歌”)。一言以蔽之,在启示录中,新约圣徒因着是旧约神子民的延续,因此他们所将要经历的,可以说是一个新的出埃及记。而他们的出埃及,正是以新约逾越节羔羊的流血被杀,为其起点。⑤

但为什么约翰接下来又说,此一被杀的羔羊有七个角呢?在旧约中,角是力量或

---

① 例如,以诺一书90:9,37;约瑟遗训19:8f.。

② 有关有哪些学者持何种看法的问题,见J. Fekkes, *Isaiah and Prophetic Traditions in the Book of Revelation*, 155(亦参,Osborne, *Revelation*, 255－56)。在Fekkes的分析中,他也提及有人将此“羔羊”等同于旧约中的“每日当献之祭”,或是巴比伦星座中的公羊座。但是这两个看法都不甚牢靠(依序见,Aune, *Revelation* 1－5,372－73,353),因此我们在此就略而不提。

③ 例如,太8:17;12:18－21;27:57－66;路22:37;24:26;约1:29;徒8:32;林前5:7;彼前1:19;2:22－25。

④ J. D. Charles曾经指出(An Apocalyptic Tribute to the Lamb [Rev 5:1－14], *JETS* 34[1991], 466),除了“被杀的羔羊”之外,本段经文和赛53之间,也有如下的联系:赎罪(赛53:10－12;启5:9);分享掳掠之物(赛53:12;启5:10);和延长年日(赛53:10;启5:6)。在细究之下,这三个连结,除了第一个之外,是站不住脚的;而从5:10来看,5:9中的赎罪,也是以出埃及记为其主要旧约背景,因此Charles之见并不准确。

⑤ 保罗在哥林多前书5:7中,甚至更明白的说,基督是“我们逾越节的羔羊”;而在约翰福音19:36那里,耶稣的死也是和逾越节之羔羊连结在一起的(L. Morris, *The Gospel According to John*, 822－23; R. E. Brown, *The Gospel According to John XIII－XXI*, 952－93)。

是能力的象征，①而在启示录中，“七”这个数字所象征的是完全，因此“有七角”的意思，就是具有完全的能力。但此一形象，不是正和犹太人所期待之弥赛亚，完全一样吗？是的，约翰在此以七角描述人子羔羊，的确是打算让他所见之羔羊，和他同胞所认知的弥赛亚，画上等号。但正如我们在前面已经知道的，启示录的羔羊之所以能够具有完全的能力，是因为祂先愿意被杀。因此借着这个方式，约翰事实上是对犹太弥赛亚的传统，下了一个新的定义：能力是由受苦而来，胜利则是借着死亡而得。② 此一定义，是和其“师兄”彼得对小亚细亚信徒所做的劝勉，前呼后应：基督既在肉身受苦，你们也当将这样的心志，当做兵器（彼前 4:1－4）。

有着七角的羔羊，已经够令人诧异的了，但更叫人瞠目结舌的是，此一羔羊甚至有着七眼，而这七眼，就是神的七灵，奉差遣往普天下去的。在 1:4 的分析中，我们已经晓得，此“七眼/七灵”的旧约背景，是撒迦利亚书第四章，是所罗巴伯重建圣殿之时，所必须依靠之耶和华的灵。③ 因此在启示录 1:4 中，此一“七眼/七灵”（即，圣灵），就自然和圣父圣子同列，成为圣徒恩惠平安的源头。在 3:1 中，七灵则是简短的，以其为人子所拥有的方式，出现了一下。而在天庭异象中，七灵当然也没有缺席，因为在 4:5 那里，祂是以七盏火灯的形态现身。但是当我们来到了第五章的时候，我们晓得人子从父神手中接受书卷，并揭开七印的含义，是祂要借着教会向这个世界作见证的方式，来建立神的国度（详见 5:1 注释）。从早期教会历史来看，人子所肩负的这个任务，若没有圣灵的参与，是完全不可能有任何一丁点的进展，所以在本节经文中，约翰除了重复他在 3:1 中所说，七灵是为人子所拥有的之外，他也更进一步的指出，七灵是被人子所差遣往普天下去的。准此，教会这个金灯台在世界中所做的见证，都是人子藉圣灵所做的。因此在天庭异象之后（4－5），教会和这个世界之间的争战，自然就要成为约翰所见大大小小异象的主题了（6:9－11；11:1－13；12:1－14:5 等等）。

除了从整卷书之发展中，我们可以看见“人子—圣灵—教会—世界”这四者之紧

---

① 例如，角（תּוֹעֲפוֹת）：民 23:22；24:8；申 33:17；角（קֶרֶן）：撒上 2:1；诗 18:1－3；75:10；89:17（18）；耶 48:25；但 8:3－4 等等。

② J. Fekkes, *Isaiah and Prophetic Traditions in the Book of Revelation*, 155; R. Bauckham, *The Climax*, 215; Beale, *Revelation*, 351.

③ 详见该处经文注释。在撒迦利亚书 3:9 那里，“七眼”也曾出现在神所设立于大祭司约书亚面前的一块石头上。从大祭司所穿服饰的背景来看（出 28:4，36－38；29:6），此一有“七眼”在其上的石头，应是大祭司戴在头上之“圣牌”，是神免去以色列人罪孽的“印记”。因此大祭司约书亚在此所预表的，是那将要来临的弥赛亚大祭司。和约书亚相较，第四章中所罗巴伯所预表的，则是弥赛亚为王的一面。因此他为神重建圣殿的工作，就必须依靠神的灵（即七眼）来完成了（亚 4:6，10）。有关这两处经文的详细论述，见 M. G. Kline, *Glory in Our Midst*, 95－176。

密关系之外,约翰在启示录中也透过另外一个方式,向我们显示这四者是紧紧连结在一起的,因为在启示录中,他一方面让羔羊以出现 28 次的方式,和出现四次之“七灵”对应(4×7);而在另外一方面也让“七灵”和“七教会”,以各出现四次的方式,彼此呼应。不单如此,为了彰显圣灵透过教会之见证所显示的能力,约翰也让代表整个世界之词组,“各族各方各民各国”,在启示录中以出现七次的方式(4×7),和出现四次的“七灵”互相对应(详见 1:4 的注释)。因此我们可以说,借着情节发展的“明绳”,和出现次数的“暗索”,约翰要他的读者清清楚楚地知道,拥有七灵的人子羔羊,在此异象中从父神手中接受书卷之事,是如何重大了。这个事件当然有其后续的发展,但是在整个人类的历史中,其他大大小小事件的意义,却是由此一事件来定夺的。

5:7 这羔羊前来,从坐宝座的右手里拿了书卷(καὶ ἦλθεν καὶ εἴληφεν ἐκ τῆς δεξιᾶς τοῦ καθημένου ἐπὶ τοῦ θρόνου)

从 4:1 中约翰被呼召上天的角度来看,启示录 4–5 章的确可以称为天庭异象;但若就内容而言,这两章圣经实在可以称之为“羔羊和书卷”的异象。因为约翰在第四章中所铺陈的天庭场景,以及他在 5:1–6 中所描述他和长老之间的互动,都在本节经文中,达到整个异象的最高峰:虽曾被杀,但如今活着(站立),并且拥有差遣圣灵权柄的羔羊,前来,并从坐宝座者的右手拿了书卷。而此举措,也立即引发整个天庭的颂赞(5:8–14)。

在约翰的叙述中,羔羊的“前来(ἦλθεν)”是过去时态,而“拿了(εἴληφεν)”书卷,却是现在完成时态,因此这个现象就引发了一些讨论。有人认为在此约翰受到了希伯来文的影响,因此他就使用了现在完成时态。① 也就是说,羔羊的“前来”和“拿”,虽然有着不同的时态,但是他们都表达一个过去简单的动作。此说有其可能,但若我们参照下一节经文中,过去时态的“拿了(ἔλαβεν)”,显然约翰叙事的基调是过去时态。② 因此他在本节中,让“拿了”以现在完成时态出现,可能有其他的目的。就此时态的基本含义而言,约翰的重点可能落在“人子直到现今仍然拥有书卷”,也就是说,祂藉圣灵透过教会建立神国的工作,至今依旧在进行着。但若我们将之视为“戏剧性的现在完成时态(dramatic perfect)”,那么约翰在此只是要藉此来让他的读者,能更身历其境一点,好像他们就身在现场似的。③ 这两个看法都是可能的,但从本节经文在

---

① 例如,Charles, *Revelation I*, 143; M. Zerwick, *Biblical Greek*, 97–98; S. Thompson, *The Apocalypse and Semitic Syntax*, 44;亦见 Beale, *Revelation*, 357。

② Thomas, *Revelation* 1–7, 395.

③ A. T. Robertson, *A Grammar of the Greek New Testament*, 897.

整个异象中在位置来看，“戏剧性”的看法似乎比较可能。① 为彰显此一隐藏在完成时态动词中的文意，我们应该可以将本节经文译为：这羔羊前来，看哪！ 祂从坐宝座的右手里拿了书卷。

就旧约背景而言，站在本节经文背后的，应是但以理书 7:13–14，因为在整本旧约中，只有该处经文提及一位弥赛亚式的人物，趋近神的宝座，并领受从神而来的权柄。② 这两处经文在字面上的对应并不多，但是从整个天庭异象和但以理书第七章之间的平行呼应来看（见前面我们对本段经文之结构和形式的分析），此一见解是十分可能的。因此当约翰让但以理之“人子”，以“羔羊”之姿出现的时候，他事实上是在解释但以理的人子异象。因为先知虽然告诉我们人子将要得着权柄荣耀和国度，但是他却没有让我们知道，这事将要 *如何* 发生；而对此问题，约翰则是以“羔羊”来回答。也就是说，从耶稣死而复活的事件中，约翰明白了先知所没有告诉我们的事。事实上，约翰在此以“羔羊”来取代“得国人子”的举措，是和他在 5–6 节中，将“犹大家的狮子/大卫的根”和“被杀的羔羊”并列的动作，有着相同的目的。因为只有透过如此强烈的对比，十字架真理的吊诡性，即，受苦是得胜的唯一途径，才能完全的表达出来。

5:8 祂既拿了书卷，四活物和二十四位长老就俯伏在羔羊面前。长老各拿着琴和盛满了香的金炉；这香就是众圣徒的祈祷（καὶ ὅτε ἔλαβεν τὸ βιβλίον, τὰ τέσσαρα ζῷα καὶ οἱ εἴκοσι τέσσαρες πρεσβύτεροι ἔπεσαν ἐνώπιον τοῦ ἀρνίου ἔχοντες ἕκαστος κιθάραν καὶ φιάλας χρυσᾶς γεμούσας θυμιαμάτων, αἵ εἰσιν αἱ προσευχαὶ τῶν ἁγίων）

在前面我们已经晓得，(1)天庭场景之铺排在视觉上的效果(4:1–11)，(2)约翰和长老之对话在听觉上的效应(5:1–5)，以及(13)“狮子和羔羊”，“得国人子和被杀羔羊”之对比，在文学上的目的，都在强调羔羊领受书卷一事的重要性；但这些设计似乎还不完全令约翰满意。因此在人子领受书卷之后，他就给了我们一段在整本圣经中，最长也最庄严，以羔羊为中心的敬拜(5:8–12)。③ 而此一敬拜，是以两个阶段来进行的：第一波是四活物和 24 位长老的敬拜(8–10)，而第二波则是众天使的敬拜(11–12)。从这两组人马在天庭中所在的位置来看，我们可以将这两波的敬拜，称为内圈和外圈的敬拜。

内圈的敬拜是以四活物和 24 位长老俯伏于地的动作，作为起点。在前面我们已经知道，四活物和 24 位长老所代表的，分别是神所造的万物，和新旧约的圣徒，因此

① Mounce, *Revelation*, 146; Aune, *Revelation* 1–5, 354.

② Beale, *Revelation*, 356; 亦见 Thomas, *Revelation* 1–7, 394。

③ Mounce, *Revelation*, 146; Aune, *Revelation* 1–5, 355.

由他们开始进行对羔羊的敬拜,是再适合不过的了。因为羔羊救赎之功所涵盖的范围,正是这两个群体所象征的世界和圣徒。①

俯伏敬拜羔羊的,是四活物和24位长老,但是手拿琴和香炉的,却只有后面的那个群体,因为"拿着(ἔχοντες)"一语之性别,和"24位长老"同属阳性。也因着如此,在接下来的两节经文中,开口唱新歌的,也是他们。事实上,从他们所唱新歌的内容,我们也看见此首新歌由他们口中唱出,也是最合适的了(详下)。

在旧约有关敬拜神的经文中,"琴(κιθάραν)"是最常出现的乐器。② 从诗篇33:2-3和92:2-3来看,此琴可能有十弦,但犹太史学家约瑟夫(Josephus)也曾提及一款有12弦的琴。③ 约翰在此并没有明白指出,24位长老在唱新歌之时,以琴来伴奏,但是"拿琴+唱新歌"却是本节经文和下两节经文所给我们的整体印象。在大卫所规划的圣殿崇拜中,利未人亚萨、希幔和耶杜顿的子孙,被编排为24个班次,依序在圣殿中,弹琴鼓瑟敲钹唱歌敬拜神(代上25),但是在约翰的天庭中,此一责任则是落在24位长老的身上了。若我们在前面所说的是正确的话,即,24位长老所代表的是圣徒,那么约翰在此显然有意要除去利未人和其他支派之间的区隔。事实上此一重新界定神子民内部结构的企图,也在他把金香炉放在24位长老手里的动作中,显示了出来(详下)。

除了琴之外,在24位长老手中也有"金香炉(φιάλας χρυσᾶς)"。此一翻译当然有中国文化背景的考量,因为"香"多是在"香炉"中点着的。但若我们从旧约来看,此一金香炉应该是会幕物件之一,是放在"贡桌"上,盛放"香粉"之小金盘(כַּפֹּתָיו;出25:29;37:16)。④ 在利未记24:5-10中,此"香"是和象征以色列12支派之12块陈设饼,并列于"贡桌"之上。在神所颁布的规条中,每逢安息日这些陈设饼就必须更新;而替换下来的,则成为祭司的食物。但是和陈设饼并陈的"香",则必须火化为祭,作为神和以色列人立约的记号(参,24:7中"纪念[לְאַזְכָּרָה]"一语)。⑤ 因此当可拉等人不服摩西的权柄,而引来耶和华的刑罚时,摩西就命亚伦立即以香为火祭,来表明他

---

① 有关受造之物也在等候得赎日子来到的观念,见罗马书8:21-23。

② 例如,代上25:1,6;代下29:25;诗33:2-3;43:4;57:7-9;71:22;81:1;92:2-3;98:5;108:1-3;147:7;150:3-5。

③ 出处,见 Aune, *Revelation* 1-5,356。

④ 和合本将此"小金盘"译为调羹,因为它是形如手掌的浅碟。有关会幕器物的分析,见 Aune, *Revelation* 1-5,356-58; J. I. Durham, *Exodus*, 361-62。

⑤ G. J. Wenham, *The Book of Leviticus* (Grand Rapids: Eerdmans, 1979),309-10; J. E. Hartley, *Leviticus* (Dallas: Word Books, 1992),400-02.

们是立约的百姓，免得以色列百姓在神的烈怒之下，全然灭绝（民16:46－47）。[①] 此一以"香"来表达立约关系的看法，在耶利米书44:15－28中更为明显，因为先知在那里大声严词谴责的，正是以色列百姓向外邦神祇（天后）烧香一事，因为这个举措显明他们已经背弃耶和华和他们所立之约。

以此方式来理解本节中的"金香炉"，应该不令人意外才是，因为在下两节经文中，24位长老颂赞羔羊的缘由，正是羔羊用自己的血，和教会立了一个"新约"（详下）。因此约翰在此所给我们的，可以说是旧约"金香炉"的新约版本。但正如我们在前面已经多次看见的，约翰在使用旧约素材时，总是会细心地做一点调整，因为在救恩的历史中，他所身处的情境，和摩西以及旧约先知们，都有所不同。就这个案例而言，约翰首先将"金香炉"放在代表所有圣徒之24位长老的手中，因此就让旧约祭司的职分普及化了，因为在新约的时代中，万民皆祭司。第二，由于圣殿不再，因此约翰特别指明，新约祭司（众圣徒[②]）所能献上的，不再是旧约之"香"，而是嘴唇之祭——祷告。[③] 在诗篇141:2那里，诗人所说的是，"*愿我的祷告，如香陈列在你面前*"；但是约翰在此明言，"*这香 就是众圣徒的祈祷*"。

但他们祷告的内容是什么呢？是一般性的祷告，[④]还是主所教导我们的主祷文呢？[⑤] 这两个揣测都有可能，但从6:9－11，以及8:3－5来看，它们却都不够明确。因为在那两处经文中所提及的，是圣徒呼吁神为他们伸冤的祷告。[⑥] 约翰在此对这个祷告的内容着墨不多，是因为天庭异象的焦点，在羔羊拿书卷一事。但若我们从"约"的角度来看，上述两个伸冤祷告的经文，和本节经文之间，并非全无关联。因为借着如旧约之"香"的祷告，圣徒表明了他们和神之间立约的关系，因此在立约关系中，作为藩属（vassal）一方的他们，在受到了倾压，遇见了逼迫苦难之时，当然有权利来到和他们立约之主（suzerain）的面前，请祂出面，来为他们伸冤。刚才我们所提及之诗篇141篇，也反映了此一概念。因为诗人之所以能在3－10节中，向神发出保守、拯救，并替他伸冤之祷告的原因，是因为他已经先在第二节里面，在圣殿中借着

① 参，所罗门智训（Wisdom of Solomon）18:21－22。

② 此一词语在启示录出现12次，每次都指基督徒（Aune, *Revelation* 1－5, 359）。

③ Moffatt（*Revelation*, 385）和Aune（*Revelation* 1－5, 358）等人认为，"就是众圣徒的祷告"一语，原本不在经文中，而是后人，或是约翰本人，在全书完成后再加入的解释。若我们在此所说的是对的话，此一揣测就变的完全没有必要了。有关"αἵ"在性别上和其前述词"香"（阳性）不一致的问题，多数学者都认为，此一现象是因为αἵ在此是被"祈祷（阴性）"吸引而有的。

④ Swete, *Revelation*, 80.

⑤ Ladd, *Revelation*, 89.

⑥ 例如，Johnson, *Revelation*, 469; Beale, *Revelation*, 357。

"焚香之祭",表白了他在约中作为藩属的身份。① 因此他所求于神的,是要祂显明祂信实守约的属性,是要祂尽上祂作为立约之主的责任(参,启 6:10)。从这个角度来看,人子在启示录 4-5 章之后所行之事,不论是祂对世界的审判(参,8:4-5),或是对在患难中之圣徒的保守和拯救(例如,7:1-17),都可以说是祂对 24 位长老在此献香祷告的响应。

5:9-10 他们唱新歌,说:你配拿书卷,配揭开七印。因为你曾被杀,用自己的血从各族、各方、各民、各国中买了人来,叫他们归于神,[10]又叫他们成为国民,作祭司,归于神,在地上执掌王权(καὶ ᾄδουσιν ᾠδὴν καινὴν λέγοντες, Ἄξιος εἶ λαβεῖν τὸ βιβλίον καὶ ἀνοῖξαι τὰς σφραγῖδας αὐτοῦ, ὅτι ἐσφάγης καὶ ἠγόρασας τῷ θεῷ ἐν τῷ αἵματί σου ἐκ πάσης φυλῆς καὶ γλώσσης καὶ λαοῦ καὶ ἔθνους, [10]καὶ ἐποίησας αὐτοὺς τῷ θεῷ ἡμῶν βασιλείαν καὶ ἱερεῖς, καὶ βασιλεύουσιν ἐπὶ τῆς γῆς)

配合着俯伏在羔羊面前的行动,24 位长老就接着开口唱了一首颂赞人子的新歌来。在旧约中,"新歌(שִׁיר חָדָשׁ)"一语一共出现了七次,②而在这些经文中,"新歌"之所以会响起的原因,总是和耶和华神施行了救赎之事有关。因此本节中的"新歌",和旧约中的"新歌",并无二致,因为他们都是因着救赎之恩而响起。但和旧约的"新歌"相较,启示录的"新歌",不论是本节中 24 位长老,或是 14:3 中十四万四千人所唱的,都是因着羔羊的救赎而响起的;因此藉此"新歌",约翰又再次高举了基督。事实上,约翰在此选择使用"新的(καινὴν)"一语来形容此歌的目的,也是如此。因为在希腊文中,我们还有另一个"新的(νέος)"形容词;而这两者之间的差异,是后者的重点(νέος),在时间上较后,较新;而前者,也就是约翰在此所用的词语,是在内容或是本质上的"新"。③ 新约羔羊所能成就的,当然是旧约逾越节羔羊所完全不能相比的。更具体地来说,一家一只为数众多的逾越节羔羊,的确让一时一地的以色列一族出了埃及(出 12:1-14),但人子羔羊所成就的,却是一次永远的,将各族各方各民各国中的人,都买赎了回来。④

面对如是羔羊,除了"你配拿书卷,揭开七印……"之外,24 位长老还能发出怎样

---

① L. C. Allen, *Psalms* 101-150, 272-75.

② 诗 33:3;40:4;96:1;98:1;144:9;149:1;赛 42:10。

③ 尼 7:72;诗 33:3;40:4;96:1;98:1;144:9;149:1;赛 42:10。在启示录中,表时间上比较"新"的 νέος,此未出现。因此不论是"新名"(2:7;3:12),"新耶路撒冷"(3:12;21:2),"新歌"(5:9;14:3),或是"新天新地"(21:1,5),其重点都在本质上,或是内容上的更新。

④ 有关启示录"新歌"议题的详细研究,见 Peter Jung-chu Wu(吴荣滁), Worthy is the Lamb: The New Song in Revelation 5:9-10 in Relation to Its Background. Ph. D. diss. (Westminster Theological Seminary, 2005)。

的颂赞呢？在天庭异象中，此一颂赞是和4：11中，24位长老对神所发出的颂词，彼此对应，因为（1）二者都由“*你配得*（Ἄξιος εἶ）”一语为始；（2）二者的结构都是“你配……＋原因（ὅτι）”；（3）二者都由24位长老口中而出。因此借着同受相同敬拜的方式，约翰就将人子的地位，等同于父神了。在第一世纪之时，此一举措实在非同小可，因为在当代犹太人的观念里面，能在天庭中接受敬拜的，只有耶和华神而已。① 和12节中众天使的颂赞对比，24位长老和羔羊（以及父神）的关系，显然较众天使与人子的关系，来得更为亲近。因为不论他们向父神，或是向羔羊所发的颂赞，都是第二人称单数的“*你配*”；但是从众天使口中而出的，却是第三人称单数的“*祂配*（Ἄξιόν ἐστι）”。②

羔羊当然配拿书卷，揭开七印，因为（1）祂曾被杀，（2）曾以祂的血为赎价而买了人归给神，（3）并将他们建立为一个事奉神的祭司国度。因此在这个颂赞中，约翰不单显示了他对基督之死，这个历史事实的认定（1），也显明了他对这个历史事件之意义（2），和其结果的了解（3）。③ 在1：5b－6节那里，我们已经清楚看见，约翰是从以色列人出埃及的历史背景，来理解人子的救赎事工，因此在本节经文中，“羔羊被杀”、“买赎”，④和“祭司国度”的元素，就都出现了（详见该处注释）。但和该处经文相较，在那里为祂所爱，为祂的血所买赎，并被祂建立为祭司国度的“我们”，在此是以“各族各方各民各国”的形态出现；因此这个变化就引起了我们的注意（这也是约翰的目的）。

在旧约中，类似于“各族各方各民各国”的词组，出现在两个地方。第一个是创世记第十章的列国志。本章圣经作者和约翰一样，对象征数目有偏好，因此他就以胪列了七十个国家的方式，来表达挪亚三子散布在“全世界”的意思。不单如此，在挪亚三个儿子之族谱的结尾处，他也以一个语意相似的词组，作为各个段落的小结（10：5，20，31）。而在后面两个段落，也就是含和闪二人之族谱中，这个小结是：“*各随他们的宗族、方言、所住的地土和邦国*。”和该章经文的总结参照（洪水以后，他们在地上分为邦国；创10：32），此一包含四个元素之词组，其含义是“他们分散在*全世界*”。和此小结比较，约翰虽然以“*各民*（λαοῦ）”取代了“*土地*（בְּאַרְצֹתָם）”，但是他的词组也一样包括了四个元素。因此从这个背景来看，约翰借着“*各族各方各民各国*”一语所要表达的，

---

① R. Bauckham, *The Climax*, 137－38.

② 此观察因此也支持我们对“24位长老＝圣徒”的看法。

③ Mounce, *Revelation*, 148.

④ 有关“基督之死＝买赎”的其他新约经文，见可10：45；林前6：20；7：23；加3：13；彼前1：18－19；彼后2：1。

是“全世界”。

在旧约中,和此词组关系更密切的,是但以理书 7:14。① 在但以理书中,“各民各国各语言”一共出现了六次(但 3:4,7,29;5:19;6:25;7:14)。② 从前面五处经文的上下文中,我们晓得这个词组所指的,是尼布甲尼撒王,或是大利乌王所统治的“天下”;而在 7:14 中,此一强调“全世界”的词组再次出现,因为神将权柄、荣耀和国度,赐给像人子的那一位之事,其具体展现就是“各方各族各国”的人,都要事奉祂。在启示录 1:7 和 1:13 那里,我们已经知道约翰的人子,就是但以理书第七章中的人子;而我们在前面所观察到,天庭异象和但以理书 7:9 – 27 之间的关系,③也证实了这个看法。因此约翰在本节经文中,借着“各族各方各民各国”的词组,就将逾越节的羔羊,和但以理书的人子,结合在一起了。从表面上看起来,此一结合实在令人不解,因为被杀受苦的羔羊,怎么可能会是得着权柄荣耀和国度的人子呢?但是在前面我们已多次看见,福音的吊诡,或者说,神的大能,正在“受苦得胜”的真理中,完全表达了出来。因为是借着祂所流的血,从各族各方各民各国而来的人,才有可能成为一个事奉神的祭司国度。④

但这个为人子所建立的祭司国度,要在什么地方,要在什么时候,彰显她的王权呢?从第十节的最后一句话中(他们要在地上执掌王权),在什么地方掌权一事,是十分清楚的。但有关时间的问题则比较复杂。而此问题之所以复杂,不单是因为各人切入启示录的角度不同所致(过去,未来,历史,或理想),⑤也牵涉到经文鉴别的问题。因此在回答这个问题之前,确定原始经文为何,恐怕是一个必要的步骤。从“外在证据”来看,即,手抄本的品质,所属年代和所属“家族”等等,支持“他们将要执掌王权(βασιλεύσουσιν)”和“他们现在执掌王权(βασιλεύουσιν)”的手抄本,在质量上不分上下;⑥因此判断何为原始经文的责任,就落在“内在证据”上了。就“何者比较难以理解”的准则而言,抄经者是比较可能将“现在执掌王权”的经文,更改为“将要执掌王权”的,因为不论抄经者的时代如何,教会在外在形式上,从未曾在地上执掌过王

① Stuart, *Apocalypse*, 132; Charles, *Revelation I*, 147 – 48; Aune, *Revelation* 1 – 5, 361; Beale, *Revelation*, 359 – 60.

② 七十士译本在 3:4 中,将“土地”也加入了这个词组中;而这个举动可能是受到了创世记第 10 章的影响。

③ 见页 413 – 14。

④ 有关此词组在启示录中所扮演角色的详细分析,见本节注释结尾处的附录一:各族各方各民各国。

⑤ 详见导论中,有关“启示录释经学”的论述。

⑥ 相关手抄本索引,见 NA[26], 642。此一现象因此让 B. M. Metzger 将此个案列为“C”级(中度不确定[*TCGNT*, 736]),也让 Aune 在二者之间摇摆不定(参其 *Revelation* 1 – 5, clix, 362)。

权。① 准此，“现在执掌王权”应是原始经文。

从上下文来看，此一见解也比较合乎逻辑。因为在此之前的三个动词，即，羔羊的被杀（ἐσφάγης），祂将人买赎（ἠγόρασας）归神，以及祂将他们建立（ἐποίησας）为一个祭司国度，都是过去式，因此依照时间上的逻辑，此一国度应是现在就在地上掌权的。② 若此王权是在将来才要实现，那么读者在此必然要问，那现在呢？已经成为祭司国度的教会，现在是在怎样的状态中呢？

此一见解也可从约翰所暗引的但以理书第7章中，得着支持。在前面我们已经晓得，③透过暗引该章圣经的方式，约翰让我们看见，在耶稣基督的死和复活的事件中，人子得国的预言（但7:13－14），是已经开始成就的了。也就是说，神国完满的实现，虽然要等到世界末了之时，才会出现，但是在那个日子来到之前，神国就已经闯入这个世界中了。从本节经文来看，此一已实现的神国，正是人子借着祂从万民买赎回来的人，所建立起来的祭司国度。而这个论述，事实上也是但以理书第7章的反映，因为在那里和人子得国平行的，是圣徒的得国（7:18，22，27）。④

若此祭司国度是*现在*就在地上执掌王权的话，约翰的第一读者，以及后世和第一读者一样身陷逼迫苦难中之信徒，都必然会问，我们是如何在地上掌权做王的？在“忍耐，患难，穷乏，困苦，鞭打，监禁，扰乱，勤劳，儆醒，不食”等等的情况中（林后6:5－6），我们要如何宣称我们是在地上执掌王权的呢？答案其实不远，因为此一国度是个*祭司的*国度；而其创建者，更是一只被杀的羔羊。也就是说，在教会为福音的缘故而付出许多代价的时候，在教会借着受苦的见证，而将人引进神国的时候，在教会借着福音将人从撒但手下抢夺回来的时候，教会的王权就在地上实现了。有什么能比这事，更能彰显教会的王权呢？在彼得认出人子耶稣就是神的儿子之后，“在地上捆绑和释放，在天上也同步捆绑和释放”的权柄，就赐给了他以及他所代表的教会（太16:13－20）；但为免彼得误会了此事的含义，在接下来的经文中，人子的受苦，被杀和复活，自然就成为界定此一权柄的基调了（太16:21－23）。

---

① Swete, *Revelation*, 82; Charles, *Revelation I*, 148; Beale, *Revelation*, 362. 在20:6中，圣徒在千禧年中掌权做王的经文（βασιλεύσουσιν），也让“现在做王”的经文，成为“比较困难”的经文。因此从这个角度来看，抄经者将“现在”改为“将来”的可能性，是比反向的可能性，要来的高些。

② 有关这个问题的详细分析，见 A. J. Bandstra, 'A Kingship and Priest: Inaugurated Eschatology in the Apocalypse,' *CTJ* 27(1992), 10－25；特别是18－20。

③ 详见1:1，3，7等处的注释。

④ Beale, *Revelation*, 361.

附录一　各族各方各民各国(5:9－10)[①]

在启示录中,各族各方各民各国,或是类似的词组,一共出现了七次(5:9;7:9;10:11;11:9;13:7;14:6;17:15)。此一词组中的四个元素,从未以相同的次序出现,而在两处经文中,"各族(φυλῆς)"则为"王(βασιλεῦσιν)"和"群众(ὄχλοι)"所替代(10:11;17:15);因此从这些现象看来,此词组在约翰的手中,似乎只是一个表达"全世界"的同义词而已。但是下面的分析显示,情况并非如此。为方便分析起见,我们先将此七处经文列出:

表一

5:9　[羔羊]从(所有的)各族各方各民各国中[买了人来]
(ἐκ πάσης φυλῆς καὶ γλώσσης καὶ λαοῦ καὶ ἔθνους)

7:9　从(所有的)各国各族各民各方中而来的人[在羔羊前]
(ἐκ παντὸς ἔθνους καὶ φυλῶν καὶ λαῶν καὶ γλωσσῶν)

10:11　[约翰必须要]向多民多国多方多王[说预言]
(ἐπὶ λαοῖς καὶ ἔθνεσιν καὶ γλώσσαις καὶ βασιλεῦσιν πολλοῖς)

11:9　从各民各族各方各国而来的人[观看两个见证人的尸首]
(ἐκ τῶν λαῶν καὶ φυλῶν καὶ γλωσσῶν καὶ ἐθνῶν)

13:7　[兽的权柄]在(所有的)各族各民各方各国之上
(ἐπὶ πᾶσαν φυλὴν καὶ λαὸν καὶ γλῶσσαν καὶ ἔθνος)

14:6　[天使]向(所有的)各国各族各方各民(传福音)
(ἐπὶ πᾶν ἔθνος καὶ φυλὴν καὶ γλῶσσαν καὶ λαόν)

17:15　[大淫妇所坐的众水]是多民多人多国多方
(λαοὶ καὶ ὄχλοι εἰσὶν καὶ ἔθνη καὶ γλῶσσαι)

若我们以5:9的文句为准,将各族,各方,各民和各国,分别以1,2,3和4来替代,并将10:11中的"王(βασιλεῦσιν)",和17:15中的"人(ὄχλοι;群众)",以K和P来取代,那么上表就可以简化为如下的形式:

表二

5:9　从所有的(ἐκ πάσης)　1 2 3 4

7:9　从所有的(ἐκ πάσης)　4 1 3 2

---

① 以下乃Bauckham所观察到的(*The Climax*, 326－337)。笔者在此所呈现的,是Baudkham一文的归纳和整理。

10:11	向(ἐπὶ)	3 4 2 K
11:9	从(ἐκ)	3 1 2 4
13:7	在所有的(ἐκὶ πάσαν)	1 3 2 4
14:6	向所有的(ἐπὶ πᾶν)	4 1 2 3
17:15		3 P 4 2

从这个简化了的表列中,我们可以观察到几件事情。第一,以 2 为代号的“各方(γλῶσσα)”,即,说各种不同语言的人,未曾在这七个词组中,站在第一顺位。第二,包含了“所有的”一语的词组,一共有四个;而他们是以如下两组的形态彼此关联。

表三

5:9	从所有的(ἐκ πάσης)	1 2 3 4
13:7	在所有的(ἐπὶ πᾶσαν)	1 3 2 4
7:9	从所有的(ἐκ πάσης)	4 1 3 2
14:6	向所有的(ἐπὶ πᾶν)	4 1 2 3

这四个词组之所以是两组的原因,是因为(1)在 5:9 和 7:9 中的两组“人马”,都是由(ἐκ)全世界而来的人;(2)5:9 和 13:7 都是由编号为 1 的“各族”为始;而 7:9 和 14:6 则是从编号为 4 的“各国”开始;(3)5:9 和 13:7 的差异,只在 2 和 3 的位置互换,而同样的情况也出现在 7:9 和 14:6 中;(4)在表二中,我们以两组“连连看”的方式,将 5:9 和 7:9,以及 13:7 和 14:6 之间的关系呈现了出来,而这两组“连连看”的模式,是完全一样的。

此一观察显示,这个词组是约翰用来连结启示录第 5 章和第 13 章的文学线索之一。因为在这两章圣经中,羔羊和兽之间的对比,不单表现在一个死而复活,而另外一个是“似乎受了死伤但又活了”(13:3);也在他们因着“死而复活”,而使得他们各自的主,神和龙,得着敬拜(5:13－14;13:4)。就我们目前所分析的词组而言,他们在各自经文中出现的原因,也是为凸显羔羊和兽之对比而有的。因为在 5:9 中,此一词组所指的,是那些从全世界中,为羔羊所买赎回来的人。这些人在 13:7 的上半,是在和兽之争战中,为兽所胜的人,但是在该节经文的下半,此一词组所指的,则是兽所统管的“世界”。这个联系因此显明,为羔羊从世界中所买赎回来的,和兽所统管的,是两个完全不同的群体。但这两个群体之间的关系又是如何的呢?

从 7:9 和 5:9 的联系中,我们看见为羔羊所买赎回来的人,因着他们在大患难中,以羔羊的血将他们的衣服洗白净了(7:14),所以羔羊的救赎事工,并没有在第五章中就停止了下来,而是借着祂所买赎回来的人,继续进行着。从14:6和7:9的联系来看,这个工作不是别的,而是教会向这个世界传福音的工作。因为教会向这个世界所发的信息,在天使的口中,正是弃绝兽的统治(13:7),并归向神好敬拜祂(14:7)。因此虽然羔羊所买赎回来的人,必须在兽的手下受苦(13:7a),但这却是他们得以完成福音使命的唯一途径。“受苦的见证”不单是教会向世界所说的“不”,也不单是我们向神所说的“是”,更是教会向世界所发出“请进入神国”的邀请。

第三,除了这两组词组之外,在启示录中,我们还有如下三个都以“各民”为首的词组。

10:11	向(ἐπὶ)	3 4 2 K
11:9	从(ἐκ)	3 1 2 4
17:15		3 P 4 2

在10:11中,“多民多国多方(3-4-2)”的次序,正是但以理书7:14中的次序(עַמְמַיָּא אֻמַיָּא וְלִשָּׁנַיָּא)。但约翰却在这三者之上,再加上了“多王”的元素,因为在但以理书第七章中,人子所领受的权柄,涵盖了四兽和其角,而这两者都是王的象征(7:17,24)。

和其他经文相较,17:15中的词组则显得有些特殊,因为在原文中,前面的两个元素(多民多人),和其后的两个元素(多国多方),被动词“是(εἰσὶν)”所隔开。在巴比伦的异象中(17:1-19:10),“多国”是巴比伦所管辖的列国(18:3,23);而“民(λαοὶ)”和“人(ὄχλοι)”所指的,则是属神的百姓(18:4,19:1,6)。因此在这个词组中,我们不单看见巴比伦所统管范围的庞大(全世界),也再次看见那些服事巴比伦之列国,和那些在巴比伦手下受苦之神子民之间的强烈对比。

在这三个词组中,11:9和17:15应该是彼此互相对应的,因为(1)约翰除了在17:15中,以“人(ὄχλοι)”来取代“各族”之外,这两个词组之间的差异,只在其第三和第四个元素的互换(3124;3P42);而这个现象,和前面两组词组的情况一致。(2)11:9之词组所指的,是那些从(ἐκ)全世界而来之人;而17:15中之词组所指的,则是“全世界”;而这个现象,也和前面两组词组的情况,如出一辙。这个观察因此突显出10:11的特殊性,因为在这七个词组中,只有这节经文中之词组,并不以“双双对对”的方式出现。此一现象应该不令我们意外才是,因为在前面我们已经知道,此一词组的特别,在于它最贴近但以理书7:14。不单如此,从整卷启示录来看,这个词组在此的出现,也十分恰当。因为在11:9之前,也就是在5:9和7:9中,此词组所指的,是一个从全世界而出的群体(教会),但是在人子拿了书卷,揭开七印,并在约翰吃了书卷之后(10:1－10),他所肩负的使命,就是要把书卷的内容,向“多民多国多方多王”所代表的世界传讲(10:11)。因此在11章之后,我们就看见这个世界和教会之间,所发生的一连串冲突。

事实上,约翰让此最贴近但以理书之词组在10:11中现身,恐怕也同时带着另外一个目的。在前面我们已经晓得(见5:1注释),约翰在第10章中吃书卷一事的旧约背景,是以西结书2:8－3:3。从以西结书3:4－5中,我们看见先知受差遣去传讲书卷内容的对象,不是外邦,而独独是以色列家。但是对约翰而言,他的使命,或者更广泛的说,教会的使命,是向列国传福音,因此在10:11中,约翰就用了从但以理书7:14而来的词组,将他的使命,和先知以西结的阶段性使命,区隔了出来。因为他所传扬的人子,在但以理书第七章中所得着的权柄荣耀和国度,其范围涵盖了“多民多国多方多王”。

以上分析显示,“各族各方各民各国”这一组出现了七次的词组,是连结启示录各个段落的文学线索之一。此一词组虽然从未以同一个形式出现,而在两处经文中,它也因着新元素的加入,而有了一点变化;但是这些“变形”和“变化”,并非只是为了避免文学上的单调性而有的。从其“变形”的规则,和其“变化”所发生的位置来看,这些“变形”和“变化”并非随意为之,而是约翰文学技巧的高度展现。就整体而言,此组词组为启示录创造了一体感,但那些看似随意,几乎让人无法察觉的“变形”和“变化”,却让这七个词组,不凿痕鉴的融入了他们各自所在的上下文中。因此单从此一组词组中,我们就已经可以略窥启示录在文学上的细腻之美。

5:11－12　我又看见,且听见宝座与活物并长老的周围,有许多天使的声音;他们的数目有千千万万,[12]大声说:曾被杀的羔羊是配得权能、丰富、智慧、能力、尊贵、荣耀、颂赞的!(Καὶ εἶδον, καὶ ἤκουσα φωνὴν ἀγγέλων πολλῶν κύκλῳ τοῦ θρόνου καὶ τῶν ζῴων καὶ τῶν πρεσβυτέρων, καὶ ἦν ὁ ἀριθμὸς αὐτῶν μυριάδες μυριάδων καὶ χιλι άδες χιλιάδων,[12]λέγοντες φωνῇ μεγάλῃ, Ἄξιόν ἐστιν τὸ ἀρνίον τὸ ἐσφαγμένον λαβεῖν τὴν δύναμιν καὶ πλοῦτον καὶ σοφίαν καὶ ἰσχὺν καὶ τιμὴν καὶ δόξαν καὶ εὐλογίαν)

羔羊前来接受书卷一事(5:8a),不单立即引发四活物和长老们的敬拜和颂赞(5:8b－10),也随后起动了在宝座外围之众天使的颂赞。这些天使的数目是无法数算的,因为他们有千千万万(在原文中是万万千千)。此一形容也是从但以理书第七章而来,因为先知但以理所见天庭异象中,在宝座前事奉的天使有千千,而侍立在神面前的则有万万(7:10)。① 在当时启示文学中,天使总是构成天庭的基本元素之一,因此他们在约翰的异象中出现,并不奇特。在这些启示文学作品中,天使敬拜的对象,都只有神一位而已,但是在启示录中,天使却也敬拜人子羔羊。② 这个特色不单将约翰的天庭异象,从启示文学中区隔了出来,也反映出约翰的基督论。

"权能、丰富、智慧、能力、尊贵、荣耀和颂赞",是众天使对羔羊所发的颂词。③ 这七个词语可以分为4-3两组;因为前面四个的重点在羔羊所拥有的特质,而后三个则是人或是天使,因着这些特质而有的反应。④ 在启示录中,类似的颂词也出现在另外的六处经文中,为方便讨论起见我们将它们都表列于下:

经文	颂赞者	颂赞的内容	顺序	对象
4:9	四活物	荣耀、尊贵、感谢	65感谢	父神
4:11	24位长老	荣耀、尊贵、权能	651	父神
5:12	众天使	权能、丰富、智慧、能力、尊贵、荣耀、颂赞	1234567	羔羊
5:13	被造物	颂赞、尊贵、荣耀、权势	756权势(1)	二者
7:12	众天使	颂赞、荣耀、智慧、感谢、尊贵、权能、大力	763感谢514	父神
12:10	未指明	救恩、权能、国度 权柄	救恩1国度 权柄	父神 基督
19:1	群众	救恩、荣耀、权能	救恩61	父神

在上表中的顺序栏里面,我们以5:12中七个词语的次序为基准,将这些颂词数字化;而那些没有出现在5:12中的词语,则保留在其中。从这些数字化的顺序中,我们可以观察到几件事情。第一,不论就颂赞者(不明),颂赞内容(甚少重复),或是颂赞对象而言(清楚区隔圣父和圣子),12:10的诗歌显然和其余的颂赞有所不同。而这些差异,很可能是因着该诗歌在其上下文中而有的(详见该处注释),因此在接下来的分析比较中,我们可能必须将之排除在外。

---

① 以诺一书14章中之异象,亦受到了但以理书第七章的影响,因为此异象中的宝座,不单为"火",也为"万万"天使所环绕(14:22;参,但7:10)。

② R. Bauckham, *The Climax*, 138.

③ 有学者认为此颂词是由希腊之"欢呼"而来,但此说并不牢靠(详见,R. Bauckham, *The Climax*, 138, note 61)。

④ Charles, *Revelation I*, 149; Mounce, *Revelation*, 149-50.

第二，若不考虑12:10，在5:12中，排序在后的“尊贵、荣耀、颂赞(567)”，在其他的经文中，则多出现在前面。而在这三者中，“颂赞(7)”似乎最重要，因为在5:13和7:12中，它排名第一；而在它“缺席”的情况之下，“荣耀(6)”就顺势替补了它的位置(4:9,11)。从19:1的上文中，我们晓得天上之所以会有一个“庆功宴”，是因为逼迫圣徒的巴比伦，受到了神的审判(18:1－24)，因此在19:1中，“救恩”就自然出现在第一顺位。但即便如此，“荣耀(6)”依旧紧随在其后。

第三，在5:12中，出现在最前面的“权能(1)”，在4:11和19:1中列名最后；在7:12中，则是倒数第二(含义类似的“能力[4]”则是倒数第一)；而在5:13里面，和“权能(1)”含义相近的“权势(κράτος)”，也一样列名最后。因此这两个观察让我们看见，5:12的颂词的顺序，在概念上是和其他颂词刚好相反的。这个现象当然引人好奇，但是它的解释其实不须远求。因为在前面我们晓得，本段经文的特色，就是对比(例如，“狮子—羔羊”、“站立—被杀”等等)，因此在众天使的颂词中，紧随在“被杀的羔羊”之后的，就自然是“权能、丰富、智慧和能力”了。①

第四，这六个颂词(除了12:10)，可以分为三组。第一组是5:12和7:12，因为他们不单是同由众天使口中而出，也一样是由七个词语所构成。在此值得注意的是，这一组颂词虽然相似，但他们的对象，却分别是羔羊和父神，因此我们在前面所说，约翰之天庭异象的特点，在他让众天使也敬拜羔羊，再次得着证实。第二组颂词是4:9；4:11和19:1，因为他们都由三个词语所组成，且都以父神为对象。这六个颂词中的第三组，则是5:13。此一颂词是由天上、地上、地底下和沧海中所有的受造物所发，因此它就以四个词语的方式出现了；而在六个颂词中，此一颂词不单由最多的颂赞者发出，也是唯一同时以圣父和神子为对象的。

从以上的分析中，我们实在不难看出，这些颂词虽然分散在启示录的各处，但是不论从颂赞者，内容次序，或是颂赞对象等角度来看，他们都不是“随口说说，随意而发”的，而是约翰精心的设计。在处理深具“感性”特质之颂赞议题时，约翰的细心和准确，也反映了他对此议题“理性”的一面。俯伏在神和羔羊面前的，是我们的全人。

5:13－14　我又听见在天上、地上、地底下、沧海里和天地间一切所有被造之物都说：但愿颂赞、尊贵、荣耀、权势都归给坐宝座的和羔羊，直到永永远远！[14]四活物就说：阿们！众长老也俯伏敬拜(καὶ πᾶν κτ ίσμα ὃ ἐν τῷ οὐρανῷ καὶ ἐπὶ τῆς γῆς καὶ ὑποκ-

① 亦见，Charles, *Revelation I*, 149。在启示录前言部分，约翰对人子的颂赞中(1:6)，荣耀也一样出现在权能/权势(κράτος)之前。

άτω τῆς γῆς καὶ ἐπὶ τῆς θαλάσσης καὶ τὰ ἐν αὐτοῖς πάντα ἤκουσα λέγοντας, Τῷ καθημένῳ ἐπὶ τῷ θρόνῳ καὶ τῷ ἀρνίῳ ἡ εὐλογία καὶ ἡ τιμὴ καὶ ἡ δόξα καὶ τὸ κρά τος εἰς τοὺς αἰῶνας τῶν αἰώνων. [14] καὶ τὰ τέσσαρα ζῷα ἔλεγον, Ἀμήν. καὶ οἱ πρεσβύτεροι ἔπεσαν καὶ προσεκύνησαν)

羔羊前来领受书卷一事所引发的,并非只有天庭内圈(四活物和长老们)和外圈(众天使)的敬拜和颂赞而已(5:8－12)。在这两节经文中,我们更看见整个宇宙对此同一事件的反应,因为约翰在此听见了"天上、地上、地底下、沧海里和天地间一切所有被造之物"所发的颂赞。在此之前,约翰所记录的,都是他在天庭中所见之人事物,像是宝座,四活物,24 位长老(ἰδου;4:2),书卷,大力天使,羔羊,众天使(εἶδον;5:1,2,6,11),或是他所听见的颂赞(4:8,11;5:8b－12),但是在本节经文中他记载的,却只是他所听见(ἤκουσα),从整个宇宙涌出,声达天庭的颂赞,因为这些颂赞者,是在他视力范围之外的。①

和5:3 相较,本节之"天上,地上,地底下和沧海里"一语,多了一个"沧海"的元素,但是它的重点,却一样是"整个世界"。这四个元素,再加上"其中一切被造的",应是从出埃及记 20:11;尼希米记 9:6 和诗篇 146:6 而来;②而这三者恐怕是本于创世记之作者,在 2:1 中总结六日创造之语:天地和其中的万物都造齐了。③ 从"一切被造的"来看,约翰在此当然是使用了夸张语法,因为在神所造的世界中,除了人和天使之外,其他的万物都无法开口颂赞神。④ 天地万物同声颂赞父子,应是在新天新地中(启 21:1－8)才会发生的,因为要到了那个时候,整个宇宙才会因着基督,而与父神恢复和好的关系(参,罗 8:20－25;腓 2:9－10)。因此在天庭异象中,我们就有了对*过去*羔羊被杀事件的肯定,*现今*圣徒在地掌权做王的透视,和*将来*"天上地上一切所有的,都在基督里面同归于一"的盼望(弗 1:10)。而这正是我们前面多次看见,"已经……尚未(already and not yet)"之概念,在本段经文中的反映。⑤ 从人的逻辑来看,"已经"和"尚未"二者,是无法并存的;但若我们从天庭看地上,从将来看现在,神国已然实现但尚未完全成就,或是圣徒已然掌权但尚未登基的真理,就不是那么难以理解了。除了在人里头的灵,谁知道人的事呢? 照样,除了神的灵,也没有人能知道

① 这个现象在 5:11 的"看见且听见",和 5:13 的"听见"之对比中,特别明显。

② Beale, *Revelation*, 366.

③ 和合本作"天地万物都造齐了",但此翻译不够准确。在上述三个经文中,尼希米记 9:6 最能反映创世记 2:1:你,惟独你,是耶和华,你造了天和天上的天,并天上的万象,地和地上的万物,海和海中所有的,这一切都是你所保存的,天军也都敬拜你。见,M. G. Kline, *Kingdom Prologue*, 16;邝炳钊,《创世记(卷一)》(香港:天道,1997),页 163。

④ Aune, *Revelation* 1－5,366. Aune 认为"所有的被造物"是一个譬喻性的说法。

⑤ Beale, *Revelation*, 365.

神的事（林前2:11;参,启1:10;4:2;17:3;21:10）。

“颂赞、尊贵、荣耀、权势”是天地万物所发颂赞的内容。在上一节经文中我们已经知道,此一“四重颂赞”,和“天上、地上、地底下和沧海”之“四层宇宙”,彼此呼应。但约翰让此颂赞以四个元素的方式出现,可能还有其他的考量。在前面我们已经看见,在启示录中以父神为对象的颂词,都是以三个元素的形态出现（4:9;4:11;19:1）,①而本节中的颂赞对象,却是圣父和圣子;因此很可能是为了突显出这唯一以父和子为对象的颂赞,约翰就让它以“四重颂赞”的形式出现了。此一揣测并非毫无根据,因为若我们将这个颂赞和众天使的颂赞相较（5:12）,此一颂赞的前三个元素,都是由那个颂词而来（后面三个）,因此若约翰意欲突显羔羊配和父神同受敬拜的真理,他只需在众天使颂词的前四个元素中（权能、丰富、智慧、能力）,任择其一即可。在这四个元素中,最能表达“羔羊和狮子”之反差的,当然是位在第一顺位的“权能（δύναμιν）”,或是第四顺位的“能力（ἰσχὺν）”了。但是约翰为何舍弃这两个近在咫尺的“候选人”,而“空降”了一个在那个颂词中完全没有出现过的“权势（κράτος）”呢?原因其实很简单,因为在全卷启示录中,此一词语,除了在本节经文中,只出现在1:6中,即,约翰于本书前言部分,对人子的颂赞中。因此借着这个词语,约翰就将这两个颂赞连在一起了。此一细心作为,当然是和约翰想要突显“基督和父神同有一样神性地位”之目的有关,此一细心作为,是和他让父神先得着颂赞（4:8－11）,再让羔羊得颂赞（5:8b－12）,然后再让父子同得颂赞（5:13－14）的设计,有着相同的目的。

从宇宙各个角落中蜂拥而起,声达天听的颂赞,在天庭中有了响应:“四活物就说:阿们!众长老也俯伏敬拜。”在第四章中,领头敬拜神的,是四活物（4:8）,因此天庭崇拜由他们来结束,不单恰当,也显示出天庭次序之美。有人认为此一“阿们”,并非由发出颂赞之万物的口中而出,是件令人讶异的事,②但在前面我们已经知道,四活物所代表的,是神所造的万物,因此由在天庭中的他们,来响应地上万物对父和子的颂赞,是再合适不过的事了。借着口说“阿们”,四活物表达了他们对此四重颂赞的同意和肯定,而在第五章中曾以新歌来颂赞羔羊的24位长老,则是以俯伏敬拜的动作,来表达他们对此四重颂赞的“阿们”。在四活物的“阿们”声中,响彻宇宙的歌声嘎然而止,而在24位长老的俯伏中,天庭里面也不再有任何动作的生发。在此寂静肃穆的氛围中,我们所能期待的,只有羔羊揭开七印（6:1ff）。

① 7:12的颂词也是以父神为对象,但是在前面我们已经知道,它是和5:12彼此对应的颂词。

② Aune, *Revelation* 1－5,367.

解释和应用

从神乐园中生命树的果子(2:7),到生命的冠冕(2:10),隐藏的吗哪和白石(2:17),制伏列国的权柄和晨星(2:26－27),名列生命册上(3:5),在神殿中做柱子(3:12),再到与圣父圣子同坐宝座(3:21),是人子在七封书信中,为鼓励教会在逼迫苦难和各样试探中,能持守信仰,坚持见证而有的应许。但祂究竟有何德何能,能向教会发出如此挑战和应许?和罗马政军权势相较,人单势孤的教会,最好的生存之道,难道不是低调安静?为什么祂要他们反其道而行,色彩鲜明的高举基督的旗帜?对活在异教环伺中的教会而言,适度参与各式宗教活动,好得着社会的认定和商业上的利益,难道不是一件人人都皆大欢喜的事吗?为什么祂要他们和这些祭祀活动都划清界限,主动放弃进入主流社会的机会呢?趋福避祸,难道是错的吗?掌握现在,难道不比寄望于虚无缥缈的未来更实在一些吗?

如果我们只活在以时间和空间为经纬的平面上,那么人子对教会的要求,和祂所给教会应许,都是错的,而且是离谱的大错特错。但是在启示录4－5章的天庭异象中,约翰却要教会看见,在我们所存在的时空平面之上,还有一个垂直的面向。而我们在此时空之内所经历之事的意义,不论是过去的,现在的,或是将来的,都是以天庭中所发生的事,为其基准。像是一面镜子般的,天庭不单反照出我们所在之宇宙的真相,也让我们看见,原来我们以为是"左"的,在镜子的反照中,其实是"右"的;而在"右"的,原来是"左"的。因此被杀的羔羊,可以是狮子;而在罗马刀剑阴影之下的教会,可以是在地上执掌王权的群体。

对约翰以及初代教会而言,此一让他们能透视生死表相的世界观,并非是他们这一群社会边缘人,为了寻索自身存在意义而想出来的东西。① 不,这一个世界观并不是由活在平面时空限制之内的人,可以创造出来的思想,而是借着七灵的启示,教会从被杀羔羊的见证中,②所领受的真理。若没有从父怀中而来的独生子,这个在黑暗中的世界,有可能看见真光吗?(约1:1－18)

因此对约翰而言,被放逐在拔摩海岛上虽是一个既成的事实,但是他清楚地知道,神的宝座安立在天。在祂的天庭中,一切人事物都依序而存,并且按着他们的地

① 有关从先知到启示文学之演变过程和其生发原因的论述,见 *ABD* 1:282－88;蔡彦仁,《天启与救赎》(台北:立绪,2001),页11－65。
② 参,启1:1;约壹1:1－2。

位和角色，各自尽上他们该负的职责；或歌颂，或敬拜，甚或前来领受书卷。没有争先，没有恐后，没有僭越，更没有任何的意外。在父神的天庭中，有的只是和谐和秩序，因为祂是整个宇宙的创造主。因此照着祂在永恒中所定下的旨意，如逾越节羔羊般的人子，在时候满足的当下，就来到了人世间；以其所流之血，不单把人从各族各方各民各国中，买赎了回来，并将他们建立为一个事奉父神的祭司国度。

和一时一地一族的以色列祭司国度相较，此一新的祭司国度有两个特色。第一，在组成分子上，她比前者更为国际化和全球化（各族各方各民各国）。第二，在神永恒计划中，她的地位比前者更为明显和稳固，因为宝座已经赐给了在天庭中，代表她的24位长老。而这两个差异，当然是因着新约人子羔羊，和旧约逾越节羔羊之别而有的。真羔羊和"影儿羔羊"①所能成就的，当然有所不同。

就范围和地位而言，此一新祭司国度的确和前一个有着显著的差异，但是由于二者都是属神的国度，因此他们在神的计划中，都肩负着相同的使命。他们都是神在这个世界中所设立的金灯台。就以色列祭司国度而言，他们的使命，是要在迦南地上，建立一个以神为中心的神权政体，作为神国在这个世界中的一个"展示橱窗"。此一"橱窗"在迦南地的设立，当然是神权能的展现，因此她一方面是神救赎以色列人（出埃及）的必然结果，而在另外一方面也同时具有神审判世界的含义（戮尽迦南地之人）。在人类时空的平面上，这个祭司国度的设立，是以色列的出埃及和进入迦南地，但是从垂直的面向观之，这事却是末日神国降临的预表，是正片上演之前的预告片。

因此当人子羔羊降世，并以自己的血为神建立了一个新的祭司国度时，新的、真正的出埃及记，就在人类的历史中上演了。② 和旧的出埃及相较，如摩西般的羔羊人子所要面对的，③不是埃及的法老王，而是在法老王背后的撒但，而此一新祭司国度所要离开的，不是埃及，而是原先辖制他们的罪（启1:5），因为这是人类真正的困境。新旧祭司国度之别，不单在他们所离开之地，也在他们所要去的地方，因为前者是以迦南地为其目标，而后者则是以天上的，更美的家乡为其终点（参，来11:13－16）。但是新旧祭司国度之间的差异，更显明在她们建立神国之方法上的不同。二者都以得胜为目标，但是手段却完全不同。在属人的平面上，刀剑武力当然是得胜得国所必须要有的，但是在羔羊人子所见证的真理中，受苦就成为得胜的必然。因此人子所求于新祭司国度的，自然就是劳碌、忍耐、儆醒、至死忠心和坚守祂的名（启2－3）。

---

① 参，西2:17；来10:1。

② 这是约翰为何在启示录中，多次以出埃及记为蓝本，来描述新约圣徒所要经历之事的原因（参，启7:15－17；15:2－4）。

③ 参，来3:1－6。

此一争战方式看似软弱,但却是检验我们是否真属羔羊的最佳“试纸”。不单如此,此一看似软弱的争战方式,却在同时也是我们让这个世界,坐实了她的确该受神审判的途径。因为当她欺压逼迫手无寸铁的教会时,她不爱光,倒爱黑暗的本质,就完全的显现了出来(参,约3:19)。对那些敞开胸怀,真心接纳羔羊人子的人而言,从父而来的独生子的确是福音,但是对那些拒绝祂的人来说,这却是他们的审判(参,约3:18)。

从这个角度来看,启示录6章之后的经文,特别是那些似乎彼此冲突,互相矛盾的异象,就变的十分清晰了。举例来说,从属人的平面上来看,在祭坛底下所有的,是殉道者的灵魂(6:9－11),但是从属神的垂直面观之,他们又可以是在天庭中,围绕在宝座前颂赞神,并被神和羔羊所牧养的一群人(7:9－17)。而那看似势无可挡的海陆二兽,以及那些跟随在他们身后的集团,似乎必然得胜(13:1－18),但是在他们逼迫圣徒的动作中,他们的败亡已然确立(14:9－11;19:20－21)。

在约翰的天庭异象中,人子羔羊是唯一配从父神手中接受书卷的那一位,因为祂已然得胜。因此人在面对祂之时的反应,就决定了他永恒的命运。若保罗的神学思想,可以用“在基督里”来总结,那么启示录的神学,也可以以“羔羊”为其主轴。这两个词语虽然不同,但是他们的含义和焦点,却都是一样的。

从来没有人看见神,
只有在父怀里的独生子,将祂表明出来。
(约1:18)

插图四:四马的异象

Ⅲ.2　七印之灾(6:1－8:5)

在前面我们已经提及,天庭异象(4－16)是启示录四大异象中的第二个。此一异象所占篇幅很长,因此约翰就在其中放下了七印(6:1－8:5)、七号(8:6－11:19)和七碗(15:5－16:21),这三个十分明显的七灾系列,好让他的读者在此冗长的段落中,不致迷失了方向。[①] 在4－16章的十三章经文中,直接论及这三个七灾的经文,其实只有不到五章的篇幅,[②]因此就比例而言并不算太多,但由于这三个系列的灾难,是以十分明确之1234567的方式出现,因此他们在十四万四千人、两个见证人就是两棵橄榄树和两个金灯台、妇人和红龙、海陆二兽,以及三个在空中飞翔天使的"迷雾"中,就显得十分醒目了。

学界对七印、七号和七碗的含义,有着极为不同的见解,究其原因,主要是因着他们对这三个七灾系列之间关系,有相去甚远的看法。因此在进入细部的分析之前,我们似乎应该对这个问题,有一点初步的探索。这个探索基本上是概要性的,因为我们的目的,就是要见林而不见树。为求客观,以下的探索也尽量不涉及经文的解释,而是以文学上的形式,内容和发展,做为我们观察的重点。

三个七灾系列之间的关系

对4－16章中的三个七灾系列,我们有如下的几个观察。第一,从整体的角度来看,这三个七灾系列都是以或大或小的天庭异象,作为其"前言",因为(a)在七印之前的,是4－5章的天庭异象;(b)在七号之前的,是天使在天上祭坛之上,献香的异象(8:2－5);(c)而在七碗之前的,也是圣徒在天庭中,颂赞神之公义,并有金碗赐给天使的异象(15:1－8)。[③] 不单如此,若我们以8:5作为七印系列的终点(详下),那么这三个七灾系列,就都是以"雷轰,大声,闪电,地震/大雹"(8:5;11:19;16:18－21)为其结语了。因此就文学形式而言,这三个七灾系列有着相同的起头和结尾。

---

① 或者更准确地说,此一设计是为了启示录的听众而有的。因为在第一世纪之时,多数信徒对启示录的认识,只能藉由那在家庭教会的崇拜中,颂经之人的口而得。

② 启6:1－17;8:1;8:6－9:21;15:1,15:5－16:21。

③ Aune, *Revelation* 6－16,494。就比例而言,4－5章的天庭异象,当然要比后面两个天庭异象的规模大很多。但是由于4－5章所引介的,是6－16章,因此这个现象其实十分正常。这三个七灾系列的确都以天庭异象为始,但从8:2,6和15:1,6来看,带领七号和七碗系列的天庭异象,在结构上和4－5章的天庭异象,又有所差异。

第二,就内部文学结构而言,七印之灾和七号之灾同属一个模式,因为(1)不论从其形式或是所占篇幅的角度来看,这两个七灾系列中的前四灾,都能很容易地和后三灾区隔出来(参,前四印中的白红黑灰四马,和前四号中的"三分之一");(2)而这两个七灾系列中的后三灾,也都是以"1+[1+插曲]+1"的模式出现。也就是,

第五印(6:9-11)+[第六印(6:12-17)+插曲(7:1-17)]+第七印(8:1)

第五号(9:1-12)+[第六号(9:13-21)+插曲(10:1-11:14)]+第七号(11:15-19)

但若从内容的角度来看,七号之灾和七碗之灾则比较接近,因为这两个七灾系列的内容,多是由以色列人出埃及时,神在埃及地所降十灾的背景而来(出7:14-12:36):

启示录	第1号 雹	第2号 水变血	第3号 水变血	第4号 黑暗	第5号 蝗虫	第6号	第7号
出埃及记	第七灾	第一灾	第一灾	第九灾	第八灾		
启示录	第1碗 疮	第2碗 水变血	第3碗 水变血	第4碗 烈日	第5碗 黑暗	第6碗 蛙	第7碗 雹
出埃及记	第六灾	第一灾	第一灾		第九灾	第二灾	第七灾

因此这三个七灾系列,在形式上存在着七印和七号彼此平行的现象;而在内容上,七号和七碗又因着它们是本于同一个旧约的背景,而有所关联。

第三,除了上述的关联之外,这三个七灾系列之间的关系,也可以从旧约的背景来理解,因为在利未记26:14-33中,神为了要让以色列人遵守诫命,就连续*四次*向他们发出了"若不悔改,我就要按你们的罪,加七倍惩罚你们"的警告(利26:18,21,24,28)。和此旧约背景相较,启示录里面的确只有"三个七灾",但是在10:3-4中,我们却看见一个被封上了的"七雷系列"。因此若我们将此"七雷"加入"三个七灾"的系列,那么启示录和利未记26章之间的呼应,就十分完整了。① 但为何此一"七雷系列"要被封上呢?从其上文来看,其原因显然是因为再多的灾难,也无法让人从偶像崇拜之事中,回转过来(9:20-21);因此这个七灾系列也就不再需要了。此一观察也可从三个七灾系列的发展中,得着证实。因为神对这个世界的审判,在七印之灾中,是只以地上四分之一的人为其对象(6:8),②而在七号之灾中,祂审判的范围则升

① Beale, *Revelation*, 373.

② 在后面我们将会看见,第四印之灾是前四印之灾难的总和。因此第四印之灾可以说是前四印灾难的代表。

高至三分之一（8:7－12）。因此从这个逻辑来推测，七雷之灾所影响到的，将会是这个世界的二分之一，但是由于前两个七灾系列显示，人并不会因着灾难而回转归向神，因此警告性的灾难就不再有了。在七碗系列的灾难中，我们因此就看见神的审判，从有限制的 1/4 和 1/3，直接跳到了没有范围限制的全世界，即，1/1（16:1－21）。①

就释经的角度而言，三个七灾从 1/4 到 1/3 再到 1/1 的发展，很容易就让人产生"这三个七灾系列，将要依顺序在人类的历史中发生"的印象；但是这个现象也可能只具有文学上的意义，而不牵涉到时间顺序的问题。事实上，我们在前面所观察到的，七印和七号系列在结构上平行的现象，以及七号和七碗系列在内容上平行的现象，都要求我们避免以线性时间的角度，来理解这三个七灾系列之间的关系。对启示录的解释来说，此一问题关系重大，因此在往后的经文分析中，我们将会对这个问题有更多的说明。在此我们只能以一个比较宽广的角度，来为这个问题划出一个基本的框架。

经文翻译

第六章

1 我看见羔羊揭开七印中第一印的时候，就听见四活物中的一个活物，声音如雷，说，去！2 我就观看，见有一匹白马，骑在马上的拿着弓。并有冠冕赐给他。他便出去，胜了又要胜。

3 揭开第二印的时候，我听见第二个活物说，去！4 就另有一匹马出来，是红的。有权柄给了那骑马的，可以从地上夺去太平，使人彼此相杀。又有一把大刀赐给他。

5 揭开第三印的时候，我听见第三个活物说，去！我就观看，见有一匹黑马。骑在马上的手里拿着天平。6 我听见在四活物中，似乎有声音说，一个银币买一升小麦，一个银币买三升大麦；油和酒不可蹧蹋。

7 揭开第四印的时候，我听见第四个活物说，去！8 我就观看，见有一匹灰马。骑在马上的，名字叫作死；阴间也随着他。有权柄赐给他们，可以用刀剑，饥荒，瘟疫，和野兽，杀害地上四分之一的人。

9 揭开第五印的时候，我看见在祭坛底下，有为神的道，为他们所持守之见证，而

① R. Bauckham, *The Climax*, 257－58. 七碗之灾的范围是地、海、河、天、兽的国，以及普天下的众王；因此这个灾难系列的范围是全世界。

被杀害之人的灵魂,10 大声喊着说:圣洁真实的主啊,你不审判住在地上的人,给我们伸流血的冤,要等到几时呢? 11 于是有白衣赐给他们各人;又有话对他们说:"还要安息片时,等着一同作仆人的,和他们的弟兄,也像他们被杀,满足了数目。"

12 揭开第六印的时候,我又看见地大震动。日头变黑像黑毛布,整个月亮变红,像血一样。13 天上的星辰坠落于地,好像无花果树被大风摇动,落下它没有成熟的果子一样。14 天被分开,好像书卷卷起来。所有的山岭和海岛,都从原处被挪开了。15 地上的君王,权贵,将军,富户,壮士,和一切为奴的,自主的,都藏在山洞,和岩石穴里。16 向山和岩石说,倒在我们身上吧,把我们藏起来,好避开坐宝座者的面目和羔羊的忿怒。17 因为他们忿怒的大日到了,谁能站立得住呢?

第七章

1 此后我看见四位天使站在地的四角,拉着地上的四风,好叫风不吹在地上,海上,和所有的树上。2 我又看见另有一位天使,从日出之地上来,拿着永活之神的印。他就大声向那得着权柄能伤害地和海的四位天使喊着说:3 不可伤害地,海,和树木,直等到我们印了我们神众仆人的额为止。

4 我听见从以色列人各支派中受印的数目,有十四万四千。5 犹大支派中受印的有一万二千;流便支派中有一万二千;迦得支派中有一万二千;6 亚设支派中有一万二千;拿弗他利支派中有一万二千;玛拿西支派中有一万二千;7 西缅支派中有一万二千;利未支派中有一万二千;以萨迦支派中有一万二千;8 西布伦支派中有一万二千;约瑟支派中有一万二千;便雅悯支派中受印的有一万二千。

9 此后我观看,见有许多的人,其数无法数算,是从各国各族各民各方来的。他们站在宝座和羔羊面前,身穿白衣,手拿棕树枝,11 大声喊着说,"愿救恩归与坐在宝座上我们的神,也归与羔羊。"11 众天使都站在宝座和众长老并四活物的周围,在宝座前,面伏于地,敬拜神,12 说,"阿们。颂赞,荣耀,智慧,感谢,尊贵,权柄,大力,都归与我们的神,直到永永远远。阿们。"13 长老中有一位问我说,这些穿白衣的是谁,是从哪里来的? 14 我对他说,"我主,你知道。"他向我说,"这些人是从大患难中出来的,曾用羔羊的血,把衣裳洗白净了。15 因此他们得以在神宝座前,昼夜在祂的殿中事奉祂。坐宝座的要用帐幕覆庇他们。16 他们不再饥,不再渴。日头和炎热,也必不伤害他们。17 因为宝座中的羔羊必牧养他们,领他们到生命水的泉源。神也必擦去他们一切的眼泪。"

第八章 1－5

1 羔羊揭开第七印的时候,天上寂静约有半个小时。

2 我看见那站在神面前的七位天使,有七支号赐给他们。

3 另有一位天使拿着金香炉，前来并站在祭坛旁边。有许多香赐给他，要和众圣徒的祷告一同献在宝座前的金坛上。4 那香的烟，和众圣徒的祷告，从天使的手中一同升到神面前。5 天使拿着香炉，盛满了坛上的火，倒在地上。随后有雷轰，大声，闪电，和地震。

经文结构和形式

3.2 七印之灾 6:1－8:5

3.2.1 前六印 6:1－17

3.2.1.1 第一到第四印(1－8)

3.2.1.1.1 第一印：骑白马者的异象(1－2)

3.2.1.1.2 第二印：骑红马者的异象(3－4)

3.2.1.1.3 第三印：骑黑马者的异象(5－6)

3.2.1.1.4 第四印：骑灰马者的异象(7－8)

3.2.1.2 第五印：殉道者在祭坛下呼喊的异象(9－11)

3.2.1.3 第六印：宇宙性审判的异象(12－17)

3.2.2 插曲 7:1－17

3.2.2.1 十四万四千人受印的异象(1－8)

3.2.2.1.1 执掌地上四风之天使的异象(1)

3.2.2.1.2 手拿印信之天使的呼喊(2－3)

3.2.2.1.3 以色列 12 支派受印(4－8)

3.2.2.1.3.1 十四万四千人受印(4)

3.2.2.1.3.2 12 支派各有一万两千人受印(5－8)

3.2.2.2 无数得胜者群聚天庭中的异象(9－17)

3.2.2.2.1 无数得胜者在宝座和羔羊前的敬拜(9－10)

3.2.2.2.2 众天使的应和(11－12)

3.2.2.2.3 异象的解释(13－17)

3.2.2.2.3.1 长老和约翰的对话(13－14a)

3.2.2.2.3.2 长老的解释(14b－17)

3.2.3 第七印 8:1－5

3.2.3.1 第七印：天上的寂静(1)

3.2.3.2　七号的赐与(2)
3.2.3.3　天使献香的异象(3-5)

七印之灾和其上下文的关系

七印之灾是启示录4-16章中三个七灾系列中的第一个,而这个七灾系列是由羔羊揭开七印所带来的。从4-5章来看,此一安排十分恰当,因为在那两章圣经中,约翰一方面借着各式文学上的设计,凸显了羔羊接受书卷一事的重要性;但是在另外一方面,他对书卷内容究竟是如何的问题,却只字未提。因此在四活物的阿们声中,以及在众长老俯伏敬拜的动作中(5:14),约翰将读者的好奇,带到了一个高峰:众口屏息,众目凝视,只等羔羊揭开七印。

第六章和第五章之间的紧密联系,可说是连眨一下眼,喘一口气的空间都不存在,但是七印之灾的系列,要到哪里才算告一个段落呢?从8:2中,七号赐给了七个天使的异象来看,七印之灾的系列,应该在8:1就结束了。① 这个见解简单明了,但若从8:1的上下文观之,我们对此见解却没有十分的把握。第一,从第一印到第六印的发展中,我们清楚看见约翰对揭开各印之事的描述,是越来越详细,而各印所占篇幅,也越来越多;但是此一趋势却在第七印中,完全消失了。因为伴随着七印的揭开,约翰只告诉我们,天上寂静约有半个小时。此一现象的本身,当然有可能像是乐曲中的休止符,让七印系列产生戛然而止的戏剧性效果,但是从8:2-6来看,此一"休止符"也可能只是一个"逗点",而不是一个句点。第二,在8:2七号的出现,和8:6天使预备吹号之间,约翰给了我们一个天使献香的异象(8:3-5);而此异象又和第五印(6:9-11)息息相关(详见8:3-5的注释),因此这个现象也要求我们,在为七印系列分章断节时,要更加小心。在分析启示录之结构时我们已经知道,②8:2-6是约翰为了将七号系列和七印系列连结在一起而有,并被学者称为"文学连环锁"的设计,即,"七号(8:2)—天使献香(8:3-5)—七号(8:6)"。也就是说,第七印的内容,不单是天上寂静约有二刻,也是整个七号之灾(8:7-11:19)。准此,在学界中就有人将第七印(8:1),归属于七号系列(8:1-9:21/8:1-11:14),③或是归属于七号和七碗的系

---

① 例如,Ladd, *Revelation*, 14-15; Wilcook, *Revelation*, 15; Mounce, *Revelation*, 47; Thomas, *Revelation* 1-7, 45; Osborne, *Revelation*, 30。

② 详见页95。

③ 例如,Lenski, *St. John's Revelation*, 266(8:1-9:21); Lilje, *The Last Book of the Bible*, 139(8:1-11:14); Aune, *Revelation* 6-16, 480(8:1-11:14)。

列(8:1－16:21)。[①] 此一看法的优点，是它凸显了七印和七号系列之间的连结，但是它有一个明显的缺点：将第七印和同属一个系列的前六印，做了不自然的切割。因此在学界中也有人认为，以8:5做为七印系列的终点，是比较合理的作法。[②] 这个分段方式不单避免了上述明显的缺点，也最符合约翰在启示录4－16章中，所放下的分段线索。因为此一分段方式让第七印、第七号和第七碗，以及他们各自所属的灾难系列，都以"雷轰、大声、闪电、地震"(或是类似的词组；8:5；11:19；16:18－21)作为结语。[③]

前四印的形式

七印之灾中的前四印，因着白红黑灰四马的出现，很自然地就和后三印有所区隔。但除了"马"这个共同元素之外，此四印也在文学形式上，十分相似，因为此四印都是以一个相当固定的模式为始，即，"当他(羔羊)揭开某某印时，我(约翰)就听见一个四活物说，去"(6:1,3,5a,7)。不单如此，在此前言之后，这四印也都十分一致地以"马＋骑马者"的方式，来描述羔羊揭开某个印之后，所发生的事(6:2,4,5b,8)。因此这四印基本上是以一个固定的形式来呈现的。

但在此基本架构之下，我们也看见这四印在文字和形式上的变化：(1)在第一，第三和第四印中都出现的"我举目，看哪(καὶ εἶδον, καὶ ἰδοὺ)"(6:2,5,8)，在第二印中却消失了。因为在此约翰让第二印的红马在第二个活物所发"去"的命令之后就直接现身(καὶ ἐξῆλθεν；6:4)。(2)在四印中，只有第一印的骑马者曾"出去(ἐξῆλθεν)"执行他的任务，而其他三者都无此叙述。(3)在第一，第二和第四印中，骑马者都从神那里得着权柄(ἐδόθη)，好执行他所肩负的任务(6:2,4,8)，但此一"授权的语句"，却没有出现在第三印中。因为在这个印中，也唯独在这第三印中，神亲自从天上发声(6:6)。这些文字或是形式上的些微变化，当然不影响这四印的一体性，因为它们存在的目的，只是为了在文学上，创造一些变化的美感。从反面来说，它们是为了要避免单调而有的设计。

---

① 例如，J. Lambrecht S. J.，'A Structuration of Revelation 4,1－22,5,' in *L'Apocalypse johannique et l'Apocalyptique dans le Nouveau Testament*, ed. J. Lambrecht(Leuven: University Press, 1980),77－104；Michaels, *Revelation*, 31。

② 例如，Caird, *Revelation*, vii；Morris, *Revelation*, 43－44；Wall, *Revelation*, 41；Harrington, *Revelation*, 18；Beale, *Revelation*, 445－46。

③ R. Bauckham, *The Climax*, 7－8. 有关此词组在启示录中所扮演结构性角色的讨论，见页104－05。

前四印的旧约背景

在分析启示录2－3章时,我们已经晓得这七封书信的含义,一方面取决于当时的历史背景,而在另外一方面则是和约翰所暗引的旧约背景有关。因此在那里我们所面对的问题是:在释经时,当时的地理历史背景,和旧约背景,何者比较重要?在启示录的释经工作中,此一考量一直不曾消失,但是当我们来到了启示录第六章之后的经文时,我们除了必须回答上述问题之外,还得回答另外一个问题,即,这些事情要在什么时候发生?就七印中之前四印来说,我们不单得回答在“这四印中所出现的白红黑灰四马,所代表的究竟是哪一种灾难(What)?”的问题之外,我们也必须对“这四灾要在何时发生(When)?”的议题,有所交代。对前者,即,四马之象征意义,我们将在后面经文分析的部分,再做详细的讨论。但对“时间”的问题,由于它同时牵涉到前四印,因此我们就在此先行一并处理。

对此四印何时发生的问题,学者们的看法可说是有相当的分歧。而其原因,一方面是因为他们对启示录,采取了“过去的”、“历史的”、“未来的”或是“理想的”等等不同解释法;而在另外一方面,也因着他们对此书卷之内容,究竟是在七印依序揭开之时就已经显露,还是在七个印都揭开之后,才在七号中显明的问题,有不同的意见。大致上来说,(1)“过去派”认为四印所指的,是耶路撒冷在公元70年被毁之前,所要发生的事(假设启示录的写作日期在公元65年左右);(2)“历史派”则认为四印所涵盖的,是从罗马皇帝豆米田之死(Domitian),到戴克里先(Diocletianus)之间,约200余年的时间,因为这段罗马历史的特色,是征服(第一印)、内战(第二印)、重税(第三印)和大量人口的死亡(第四印);(3)而“未来派”则认为四印是在世界末了,教会被提之后,这个世界所要经历的大灾难,或是从耶稣升天到大灾难之前,神对这个世界之审判的总和;(4)至于“理想派”对四印的看法是,这四印只在表达神审判这个世界时所使用的手段:战争,饥荒,瘟疫和死亡。①

面对着这个几乎是各说各话的情况,要回答四印之灾的时间问题,我们恐怕还是得回到约翰所暗引的旧约中,才有可能找到答案。一般而言,多数释经者都会指出,在约翰的异象中,伴随着四印之揭开而出现的四马,是由撒迦利亚书1:7－17和6:

---

① 有关各家之见的详细论述,见S. Gregg, ed., *Revelation: Four Views*, 102－17。

1－8而来。① 但对约翰是如何使用此一旧约的问题，以及这个旧约背景对解释四印有何意义的问题，却少有人做比较深入的探究，因此在下面我们将会花一点篇幅在这个问题上。

从撒迦利亚书1:7来看，在1:7－6:8中所包含的8个异象，②是先知在公元前519年2月15日晚上所看见的。③ 就被掳到巴比伦的犹太人而言，波斯王古列在公元前538年下诏，让以色列人回归故土，重建圣殿之举，的确是神应许的成就。但是从公元前536年，回归的犹太人将圣殿根基立好了之后，一直到公元前520年之时，建造圣殿的工作却一直是在停顿的状态中。不单如此，古列王之子坎比西（Cambyses），在522年自杀身亡后所引起的动乱，却在520年之时，为大利乌所平定。因此和撒迦利亚同时代的先知哈该，对回归之犹太人所发，神将要震动列国，倾覆诸王，并要将列国珍宝运来耶路撒冷的预言，似乎没有实现（该2:6－9，21－23）。④ 因此在先知撒迦利亚的第一个异象中（亚1:7－17），当那些为收集情报而出去巡视全地的天军，带回天下皆安息平静之消息时，耶和华的使者就向神发出了一个哀叹：你恼恨耶路撒冷和犹大的城邑，已经70年了。你不施怜悯要到几时呢？⑤

对此"要到几时（How long）？"的哀歌，耶和华神除了在这个异象中，重申祂对以色列百姓有极其火热的关切之外（亚1:13－17），在后续的几个异象中，祂也向以色列百姓保证，圣殿必要重建（亚1:18－2:13；4:1－14），大祭司必要再现（亚3:1－10），而复兴的前提，即，罪孽的除去，也必然发生（亚5:1－11）。⑥ 不单如此，在呼应于第一个异象的最后一个异象中（亚6:1－8），⑦神更向以色列人保证，祂的军兵，也就是那分别为红马，黑马，白马和有斑点之马所拉着的四辆战车，将要出去审判列国，

---

① 例如Mounce, *Revelation*, 152; Hughes, *Revelation*, 84; Thomas, *Revelation* 1－7, 419; Metzger, *Breaking the Code*, 56; Aune, *Revelation* 6－16, 390; Beale, *Revelation*, 372。

② 若我们将5:5－11和5:1－4视为同一个段落，那么在这段经文中，就只有七个异象了（见，M. G. Kline, *Glory in Our Midst*, 177－78）。

③ R. L. Smith, *Micah-Malachi*, 169.

④ T. McComiskey, *Zechariah*, 1004－08；1027.

⑤ 若从公元前586年犹太人被掳到巴比伦算起，或是从耶路撒冷被围困的589年算起，先知见异象的519年，的确是已经十分接近，或是已经满了70年了。但是由于在旧约其他的地方，"70年"所指并不一定是70个年头（例如，赛23:15），而是指一段不短的时日，因此我们不一定得照字面含义来理解此处的"70年"（D. L. Petersen, *Haggai and Zechariah* 1－8, 149）。但不管我们如何看待此"70年"，先知，以及被掳归回的百姓所关切的，是神似乎忘记了他们。

⑥ R. L. Smith, *Micah-Malachi*, 208, 210; 唐佑之，《十二先知书注释IV》，页205; M. G. Kline, *Glory in Our Midst*, 177－201。

⑦ 在某些细节上，例如马的颜色，或是马的数目，这两个异象的确有差异，但是马的出现，以及在主题上彼此的呼应，让我们晓得这两个异象是彼此关联的（M. G. Kline, *Glory in Our Midst*, 203）。

因为神虽然曾经使用他们,做为祂刑罚以色列人的工具,但他们却"加害过分"(亚 1:15)。因此透过这个异象,神不单回答了在第一个异象中所出现"要到几时?"的问题,祂也让先知撒迦利亚的信息,和其他同受一灵所感之先知的信息,彼此合致。因为他们向百姓所发的信息,都包含了两个互补的面向:以色列家必要复兴,而逼迫他们的列国也必要受到审判。

和先知撒迦利亚的异象相较,约翰的异象在许多地方,都带着前者的色彩和特色。第一,约翰的白红黑灰四马,虽然和撒迦利亚所见之红黑白斑四马,在颜色上略有不同,但是他们的数目却都一样。再者,约翰的四马虽然未拉战车,但这并无损于他们作为审判工具的象征意义。① 因此就象征意义而言,约翰的"四马"和先知撒迦利亚的"四马+战车",并没有太大的差异。第二,先知四马异象的特色(亚 6:1-8),在于这四马的行动力;因为在这短短八节经文中,描写他们"来",或是"去"执行神旨意的词语,一共出现了八次。② 而在约翰的异象中,此一特色也反映在四活物对四马所发的命令中:"去"(Ἔρχου;启 6:1,3,5,7)。第三,在前面我们已经知道,撒迦利亚的四马的异象,是神对第一异象中(亚 1:7-17),有关"要到几时?"之问题的响应;而此一现象,也出现在启示录中,因为在紧接着四印异象之后的第五印中,此一"要到几时"的哀歌也一样出现(启 6:9-11)。第四,若把眼光放的更大一些,我们也看见撒迦利亚所见异象中,天使对四辆马车的解释-天的四风(亚 6:5),也出现在六印之后和第七印之间的"插曲"(启 7:1)中。因此这些彼此呼应的现象,清楚的显示约翰的四印(第五印也如是),是以撒迦利亚的四马为其模板的。

像其他启示录暗引旧约的个案一样,约翰在此暗引撒迦利亚书的案例,也要求释经者在解释经文之时,必须考虑此一旧约背景的意义。从前面我们所说的来看,撒迦利亚所见异象的背景,是神向被掳之以色列人所发"必然归回故土"的应许,已经开始成就;但是以圣殿重建为其指针的复兴,却似乎还没有完成。因此在这个"已经但尚未"的阶段中,"要到几时?"就成为一个十分合理的哀歌和质疑。在前面我们已经多次看见,此一"已经但尚未"的模式,事实上也是启示录的"末日模式",因为末日神国在教会成立的这件事上,已经开始实现,但是这个末日国度,却必须等到新天新地来临之时,才会达到她完满的地步。③ 因此从这个角度来看,四印之灾所涵盖的时间,是从"已经"到"尚未"。而在这段时间之内,圣徒是依旧在兽的手下受苦,因此他们,

① 详见后面的注释。

② יצא(6:1,5,6[三次],7,8);הלך(6:7;两次)。亦参,D. L. Petersen, *Haggai and Zechariah* 1-8, 272; T. McComiskey, *Zechariah*, 1106。

③ 见 1:1,3 等处的注释。

特别是那些殉道者，就自然要向他们的主，发出“要到几时？”的呼吁了（启 6:9－11）。

从四印和第五印的上下文来看，此一理解其实十分适切。因为此四印乃羔羊所揭开的。而从第 5 章来看，羔羊领受书卷，是和祂之被杀和复活，有直接的关系（启 5:6－7）。因此四印之灾，是羔羊得胜之后的直接结果。也就是说，四印之灾的起点，是基督的复活升天，因为从那个时候开始，祂就已经得着统管世界的权柄了。但此一事实并不意味着尊祂为主的教会，就不必经历苦难，因此在第五印中，我们就看见他们向他们的主，发出了“要到几时？”的呼吁（启 6:9－10）；而神所给他们的答案是要等候到殉道者的数目满足了的时候为止（启 6:11）。也就是说，四印和第五印的终点都是世界的末了，而在其时，神的审判将要临到整个世界（第六印；6:12－17）。①

就经文的理解而言，四印的时间问题的确很重要，但若从释经学的角度来看，约翰将撒迦利亚的四马异象，和羔羊揭开书卷之事结合在一起的举措，恐怕更引人注目。因为借着这个方式，他显示了他对旧约所预言之事的了解。也就是说，他认为神在公元前 519 年所应许的，在人子从死里复活一事上，已经开始应验了。对约翰以暗引旧约的方式，来连结旧约预言和新约事件的“释经法”，我们应该已经有一点概念了，因为在 1:1 那里，我们已经看见他借着“必要快成的事”，将但以理的人子得国，和新约人子耶稣基督建立教会之事，连结在一起；而在 1:4 那里，我们更看见他借着“七灵”，将撒迦利亚书第 4 章中重建圣殿的应许，和五旬节圣灵降临，教会建立之历史的结合。这些释经个案的内容或许不同，但是他们所依据的，其实都以耶稣为基准；而这包括了祂的死和复活，祂升天得着统管世界的权柄，以及祂藉圣灵建立教会的历史事实。因此这些释经个案显示，约翰对人类历史的看法，乃以耶稣基督为中心。

经文分析

6:1－2 我看见羔羊揭开七印中第一印的时候，就听见四活物中的一个活物，声音如雷，说，去②！2 我就观看，见有一匹白马，骑在马上的拿着弓。并有桂冠赐给他。他便出去，胜了又要胜（Καὶ εἶδον ὅτε ἤνοιξεν τὸ ἀρνίον μίαν ἐκ τῶν ἑπτὰ σφραγίδων, καὶ ἤκουσα ἑνὸς ἐκ τῶν τεσσάρων ζῴων λέγοντος ὡς φωνὴ βροντῆς, Ἔρχου. 2 καὶ εἶδον,

① 详见 6:12－17 的注释。

② ℵ046 2329 2344 和 ℵ[K] 等手抄本，在此之后加上了“你看（καὶ ἴδε）”（同样的情况亦出现在 3，5，7 节中）。因此四活物在此所发命令的对象，就不是四马，而是约翰了。和支持“去（Ἔρχου）”之手抄本相较（A C P 1 1006 1611 1854 2053 等等），此异文的证据力较弱（*TCGNT*，737）。

καὶ ἰδοὺ ἵππος λευκός, καὶ ὁ καθήμενος ἐπ' αὐτὸν ἔχων τόξον καὶ ἐδόθη αὐτῷ στέφανος καὶ ἐξῆλθεν νικῶν καὶ ἵνα νικήσῃ)

在前面我们已经晓得,天庭异象的焦点在羔羊从父神手中领受书卷,因此从本节经文开始,我们自然就看见祂为显示书卷内容而开始揭开七印。有人认为七印的揭开,就是书卷内容的显露,①但从古书卷的形式来看,这个看法完全不可行,因为书卷的内容是必须等到所有的印都被打开了之后,才能被读者看见。在5:1那里我们已经知道,此书卷的内容,是要到10:1之后,才会显明。因此约翰在七印异象中所见,并非书卷内容,而是伴随着七印之揭开所发生的事。这些异象的目的,在预备约翰(以及读者),好让他能领受书卷的内容,因为此书卷中所记载的事,并不是十分容易就可以消化吸收的(在肚子中发苦;10:10)。②

伴随着羔羊揭印的动作,四活物中的一个,就发出了如雷般的命令:去!③ 在4:6那里,我们已经知道四活物是宝座的一部分,而在4:5中,我们也曾"听见"从宝座中所发出如雷之声,因此借着这两个元素(活物和雷声),约翰要我们知道,差遣四马的,是父神。此一设计应该是为了呼应四马之旧约背景而有的,因为在撒迦利亚书中,四马正是由耶和华神而出(亚6:1-8)。

但应活物如雷之声而来的,究竟是谁呢?而他又要来做什么呢?在前四印所出现的四个骑马者中,白马骑士的身份可说是最受到争议的一个。④ 一般而言,学者的看法可以大致分为两类。第一,白马骑士是"正派的角色"。何以见得?在14:14中,人子是头戴金冠,手拿镰刀,驾白云而来;而在19:11-12中,祂也是头戴许多冠冕,骑白马而来;因此有人就认为第一印中的白马骑士,就是基督。此一说法也有从旧约而来的支持,因为在诗篇45:3-5中,将临之弥赛亚是配刀带箭,乘坐战车,大胜仇敌的一位。⑤ 不单如此,在启示录中,"得胜"是基督的固定形象之一,而"白"也总是带着正面的含义,并且和基督或是圣徒有所关联。⑥

---

① 例如,Ford, *Revelation*, 92-93; Thomas, *Revelation* 1-7,419。

② R. Bauckham, *The Climax*, 250.

③ 许多译本和释经者都将"Ἔρχου"译为"来",或是"你来"。但是由于四马的使命是去执行神的审判,因此我们在此就将之译为"去"。从第二节来看,此一翻译是比较合乎文脉的。亦参,Hendriksen, *More than Conquerors*, 93; Metzger, *Breaking the Code*, 57。

④ 有关这个问题的详细讨论,见D. K. K. Wang, 'The First Horseman of Revelation 6,' *BSac* 153 (1996),212-26。

⑤ 本篇诗篇中的第六节,曾在希伯来书1:8中被引用。因此这篇诗篇是弥赛亚之诗的见解,应无疑义。

⑥ 详见,Hendriksen, *More than Conquerors*, 93-96; Z. C. Hodges, 'The First Horseman of the Apocalypse,' *BSac* 119(1962),324-34。

从这些论点来看，我们似乎无法拒绝白马骑士就是基督的看法，但是（1）约翰对白马骑士和19章弥赛亚的描述，并不完全相同。例如，前者的武器是弓，而后者则是口出利剑（19:15，21；参1:16；2:12，16；）；前者头戴桂冠（στέφανος），但是后者的头上则是有许多冠冕（διαδήματα πολλά）。① （2）在启示录中，基督的确是得胜的一位，但是在11:7和13:7中，我们也看见兽也得胜（至少是暂时的）。（3）"白色"在启示录中是有着正面含义，但在此处经文中的白马，却是和另外三只不同颜色的马匹并列，因此我们似乎不应该把它从这四马中，独立出来。再者，若白马骑士不是基督，而是"敌基督"的话（详下），那么有什么方式，会比让它骑着白马而来更好的呢？骑着白马而来，不正是它迷惑圣徒的最高明手段吗？② （4）至于诗篇45篇的问题，则比较容易解释，因为这篇诗篇虽然是弥赛亚诗篇，但它却不见得和启示录6:1－2有关。在前面我们已经晓得，约翰的四印异象，乃本于撒迦利亚书6:1－8。（5）就七印经文来看（启6:1－8:1），将白马骑士等同于基督之看法的最大困难，在于其不合逻辑。因为若白马骑士在第一印时，就已经出去争战（胜了又要胜），那么谁将要继续开启后面的六印呢？③

有鉴于此，在学界中就有人认为，白马骑士不是基督，而是福音，或是天上具有拯救人类能力的星辰。④ 前者的根据是，在马可福音13:10那里，耶稣曾经指出，福音必须传遍天下之后，末日才会来到；而后者则是由当代希腊罗马之星象学的角度，来解读启示录。有关福音书中，耶稣末日教训和七印之间关系的问题，我们将在分析完第六印之后，再做讨论，因此在此我们就不多说什么。在此我们只能简单的指出，四印是一个完整的文学单位，⑤因此将白马骑士视为福音，而将其余三个骑士视为神的审判，有其困难。至于从星象学之角度来了解启示录的看法，我们则必须指出，在释经的优先级上，旧约（在此是撒迦利亚书）显然比希腊罗马的背景，要重要得多。而我们在1－5章的经文分析中，已经充分的显示了这个事实。

第二，除了以正面的角度来看白马骑士之外，在学界则有人以"反派角色"的方

① 有关桂冠在启示录中的含义，见 G. M. Stevenson, 'Conceptual Background to Golden Grown Imagery in the Apocalypse of John (4:4, 10; 14:14),' *JBL* 114(1995), 257－72。

② Beale, *Revelation*, 377.

③ 对此一问题，我们当然可以说，在异象里面，并不是所有的事情，都必须是合情合理的。这个解释是可能的，但是在七印的上下文中，这个解释并不令人完全满意。因为1234567的顺序，以及前四印中的"去"，都要求羔羊留在天庭中，依序揭开七印。

④ 读者若想要知道有哪些学者持这两种看法，见 M. Rissi, 'The Rider on the White Horse: A Study of Revelation 6:1－8,' *Int* 18(1964), 407, note 3; Aune, *Revelation* 6－16, 394。

⑤ 详见前面有关四印之文学形式的分析。

式,来解读第一印。他们认为,白马骑士所代表的是(a)罗马皇帝,因为在他们的统治之下,第一世纪的百姓经历了战争、饥荒、逼迫和瘟疫等灾难;①(b)战争,特别是骑白马、擅弓箭,并曾入侵罗马帝国之帕西亚人(Parthians)所带来的战争;(c)敌基督,因为基督曾指出,在末日来临之前,将有敌基督的出现,并要迷惑选民;(d)古波斯神话中的太阳神米斯拉斯(Mithras);②或是(e)职司预言的罗马神祇阿波罗(Apollo),因为桂冠和弓正是他的特色。③

和前述"正派角色"之见解相较,这些"反派角色"的看法,有其优势。(1)就结构而言,此四印显然同属一个文学单位,因此若是后三印所言为战争,饥荒和死亡等灾难(详下),那么第一印也应该是灾难。(2)从撒迦利亚书6:1-8的背景来看,四马是神对列国的刑罚,因此白马骑士也理应如是。(3)在第一世纪的历史背景中,特别是帕西亚人入侵罗马帝国的背景中,白马和弓,以及"胜了又要胜"的描述,都给人战争的联想。(4)在第五号中所出现的蝗虫之军,其形如马,而在他们的头上,也戴着好像金冠冕的东西;因此在此类比之下,白马骑士也比较可能是负面角色的象征。(5)在启示录中,得胜的不只是基督而已,在11:7和13:7中出现的兽,也是"得胜之军",虽然它的得胜只是暂时的。(6)在启示录中,约翰常常刻意地让撒但和其党羽,以类似于神或是基督的形象出现,好显示出它们迷惑圣徒的特性。例如,龙,兽和假先知就构成了一个假的"三一神"(16:13);兽是满有能力的七头十角,并且也能从其所受似乎是"死伤"的情况中复活(13:1-3);而它也有着类似于神"今在、昔在、将要再临"的名号——先前有,如今没有,将要从无底坑上来,又要归于沉沦(即,将要再有,但为时不长;17:8)。准此,此处之白马骑士,也有可能是意图伪装为基督的"敌基督"。

因此白马骑士所象征的,是强大的军事政权,是让人误以为藉之可以带来公义(白色)的力量,④但其实它所能带来的,是叫生灵涂炭的战争。在公元头几个世纪中,罗马,或是帕西亚,都是当时万夫莫敌的白马骑士,但是从那时一直到今日,白马骑士在历史中,从未消失。他们以为他们是靠着自己的力量而得胜,但是他们的桂冠(胜利),却是神所赐给他们的(ἐδόθη αὐτῷ),是在神的允许,⑤甚至是在神的差遣之

---

① 相关学者索引,见 Thomas, *Revelation* 1-7,420。

② 持(b)到(d)之见的学者索引,见,Aune, *Revelation* 6-16,394; Osborne, *Revelation*, 277。对(d)之见,Aune 并不表同意。亦见下注中,Kerkeslager 对此说的反对意见(p. 118)。

③ A. Kerkeslager, 'Apollo, Greco-Roman Prophecy, and the Rider of the White Horse in Rev 6:2,' *JBL* 112(1993),116-21。Kerkeslager 认为约翰在此是让阿波罗以假先知的形像出现。若他的看法是可行的,那么约翰在此就是要让白马骑士和基督作对比。

④ 有哪一个军事行动,不是打着"公义之师"的旗号?

⑤ S. Thompson, *The Apocalypse and Semitic Syntax*, 14.

下，才能成就的。① 他们是“胜了又要胜”的常胜军，②因此从表面上看起来，他们是这个世界的王；但是在约翰的异象中，他们只是执行神审判世界的工具而已。

6:3－4 揭开第二印的时候，我听见第二个活物说，去！[4] 就另有一匹马出来，是红的。有权柄给了那骑马的，可以从地上夺去太平，使人彼此相杀。又有一把大刀赐给他（Καὶ ὅτε ἤνοιξεν τὴν σφραγῖδα τὴν δευτέραν, ἤκουσα τοῦ δευτέρου ζῴου λέγοντος, Ἔρχου. [4] καὶ ἐξῆλθεν ἄλλος ἵππος πυρρός, καὶ τῷ καθημένῳ ἐπ᾽ αὐτὸν ἐδόθη αὐτῷ λαβεῖν τὴν εἰρήνην ἐκ τῆς γῆς καὶ ἵνα ἀλλήλους σφάξουσιν καὶ ἐδόθη αὐτῷ μάχαιρα μεγάλη）

在白马骑士出去争战，消失于眼帘之后，羔羊揭开第二印。此次应活物之命令而出的，是红马和其骑士。对红马骑士的象征意义，学界并无太多争论，因为（1）从所赐给他的大刀，（2）从他要从地上夺去太平的行动中，以及（3）在太平消失后所引发人彼此相杀的后果中，我们晓得红马骑士是战乱的象征。③ 和向外扩张性战争的白马骑士相较胜了又要胜），第二印的焦点，则较多落在内部的争战，④在人与人之间的残忍相杀，暴力相向；因为隐含在“杀戮（σφάξουσιν）”这个词语之中的，正是野蛮和暴力。⑤

在公元前后转换之际，罗马皇帝奥古斯督（BC 27－AD 14）所建立的帝国，的确是以“罗马的太平（*Pax Romana*）”而闻名于世，并且大致上来说，此一天下一统的形势，也继续维系了约四个世纪。但是这并不表示帝国内部就完全没有任何动乱的发生。在他辞世的那一年，莱茵河以及多瑙河军团叛乱；在公元 43 年和 61 年时，罗马两度进军英国镇压，造成了惨重的死伤；公元 68 年尼禄辞世，也引发历时十年，四人竞逐帝位的争斗；而公元 70 年耶路撒冷的被毁，也同样带来了尸横遍野的结果。因此对第一世纪的读者来说，约翰藉红马骑士所呈现的图画，并不陌生。⑥

---

① 这是所谓的“passive of divine activity，”其含义可能不只是“神容许”而已，因为这种说法旨在避免提及神的名字。参，Aune，*Revelation* 6－16，512；Beale，*Revelation*，377。

② “他出去，胜了又要胜（ἐξῆλθεν νικῶν καὶ ἵνα νικήσῃ）”的文法结构很少见。有人认为这是希伯来文中，“动词＋同字根分词”之形式的反映，因此其意思就是“全然得胜”。但也有人不采此说，反而将“νικῶν”和“ἐξῆλθεν”连结，因此将此语句译为“得胜者出去，好要得着更多的胜利”（详见，Aune，*Revelation* 6－16，395）。但不管何者为是，“常胜”一语应该可以同时涵盖这两个略有差异的看法。

③ 依逻辑而言，大刀的赐予，应在论及他夺走太平之前。但此一“前后颠倒（*hysteron-proteron*）”的文学手法，是约翰所惯用的；而其目的，在凸显大刀赐与的后果（详见 3:3 注释）。

④ Mounce，*Revelation*，154；Beasley-Murray，*Revelation*，132；I. H. Marshall，*The Gospel of Luke*，765（若我们将路 21:9 中之“打仗”等同于第一印；而“搅乱”等同于第二印的话）。

⑤ *EDNT* 3:315－16；Aune，*Revelation* 6－16，395.

⑥ Ladd，*Revelation*，100；巴克莱，《启示录注释 II》，页 8；邢义田，《古罗马的荣光 II》，页 774；Aune，*Revelation* 6－16，395。

但红马骑士所指的,*只是*这些过去的动乱吗?大概不是。在后面我们将会看见,约翰的七印,基本上是和耶稣有关末日之教训彼此平行的。① 而在三卷福音书中,耶稣之所以会要祂的门徒们,不理会"打仗和打仗的风声",或是"民要攻打民,国要攻打国"的事(太 24:5 -8;可 13:6 -8;路 21:8 -11),是因为这些都是在祂离世之后,冒祂之名而来的人,为吸引人跟随他们而有的说词。耶稣清楚教导祂的门徒,这些事至多显示末日之钟已经起动(生产之难[即,阵痛];太 24:8;可 13:8),而不是那些要立即引进末日的事(太 24:9;可 13:7;路 21:9)。② 也就是说,这些事和末日之间,不管这个末日所指的是 70 年耶路撒冷的被毁,或是耶稣的第二次再来,③有着一定的距离。因此第一印和第二印中的争战和动乱,并不是末日基督第二次再来之前,所要发生的事。④ 从羔羊拿书卷(第五章)和祂揭开七印(第六章)之间紧密的关系来看,约翰在此所要突凸的是,在基督升天得着权柄之后,祂就以争战动乱作为祂审判世界的工具。在第一世纪如是,在往后的世纪中也会如此。⑤

但这些争战和动乱所指的,是一般性的争战,还是圣徒在历史中所受到的压迫?在马太福音 10:34 那里,耶稣曾对 12 个门徒说:"你们不要想我来,是叫地上太平。我来,并不是叫地上太平,乃是叫地上动刀兵。"因此从这个教训和本节经文之"夺去太平"和"大刀"的呼应中,有人认为红马骑士所象征的,是教会所受到的压迫。也就是说,第二印所论及的,不是一般性的战争,而是属灵的争战。⑥ 此说当然有其可能,而其优点,则是让此印和"圣徒呼吁神为他们伸冤"的第五印,很自然就连结在一起。但是此一见解最大的困难,在于红马骑士所带来的结果是,使人彼此相杀。⑦ 再者,

---

① 见页 519 -22。

② D. Hill, *The Gospel of Matthew*, 320; R. H. Mounce, *Matthew*, 223; W. L. Lane, *The Gospel According to Mark*, 458; I. H. Marshall, *The Gospel of Luke*, 765.

③ 学界对耶稣在这三处经文中所言之事,有三种见解。第一,Marshall 认为耶稣在此所言为祂末日第二次再来之事(*The Gospel of Luke*, 765);第二,C. A. Evans 和 J. Nolland 认为耶稣所指的是圣殿被毁(*Luke*, 308; *Luke* 18:35 -24:53,990);第三,N. Geldenhuys 则认为在路加福音 21:8 -9 中,耶稣所说的是祂第二次再来之事,而在路 21:10 之后,祂转向了圣殿被毁的事(*Commentary on the Gospel of Luke*, 525)。但不论何者为是,"打仗和打仗的风声(搅乱的事)",在这三种理解中,都不是那立即要引进之末日的事。

④ 这是 Thomas 的看法(*Revelation* 1 -7,425 -26)。

⑤ Beckwith, *Apocalypse*, 519; Metzger, *Breaking the Code*, 58 -59.

⑥ Hendriksen, *More than Conquerors*, 99 -101。除了马太福音的佐证之外,Hendriksen 也举了其他的证据,例如(1)"基督现身(第一印),逼迫必然相随"的真理,以及(2)"杀戮(σφάξουσιν)"一语,在启示录中总和基督或是圣徒所受到的待遇有关。但是这些证据在重量上,并不若马太福音相关说法那么重要,因此我们在此就略而不提了。和 Hendriksen 相较,Beale 则认为第二印除了论及圣徒被逼迫之外,也包括了一般性的战乱(*Revelation*, 378 -80)。

⑦ 有关"ἵνα + 未来直说"表目的的用法,见 MHT III, 100。

约翰借着四印所要确立的，是羔羊已经得着统管世界的权柄（参 1:5），因此第二印的焦点，应该不是教会（神国）受到打压，而是“地上”没有和平，人们彼此相杀。

6:5－6 揭开第三印的时候，我听见第三个活物说，去！我就观看，见有一匹黑马。骑在马上的手里拿着天平。我听见在四活物中，似乎有声音说，一个银币买一升小麦，一个银币买三升大麦；油和酒不可蹧蹋（Καὶ ὅτε ἤνοιξεν τὴν σφραγῖδα τὴν τρίτην, ἤκουσα τοῦ τρίτου ζῴου λέγοντος, Ἔρχου. καὶ εἶδον, καὶ ἰδοὺ ἵππος μέλας, καὶ ὁ καθήμενος ἐπ᾽ αὐτὸν ἔχων ζυγὸν ἐν τῇ χειρὶ αὐτοῦ. [6] καὶ ἤκουσα ὡς φωνὴν ἐν μέσῳ τῶν τεσσάρων ζῴων λέγουσαν, Χοῖνιξ σίτου δηναρίου καὶ τρεῖς χοίνικες κριθῶν δηναρίου, καὶ τὸ ἔλαιον καὶ τὸν οἶνον μὴ ἀδικήσῃς）

战争和动乱的立即性意义（第一和第二印），是人不再能够一如往常的下田耕作，而战争和动乱的后续结果，是人口，特别是劳动人口的死亡和流失。因此在人类的历史中，饥荒总是伴随着战争而来（参，王下 6:24－25）。而这正是我们在第三印中所看见的，因为在羔羊揭开第三印之后，出现在约翰异象中的，是手拿天平的黑马骑士。

在古代，谷类商品的交易，由于数量庞大，多以体积为单位（升/斗）。① 但是在物资极度缺乏的饥荒中，以精确著称的天平，就成为谷类交易的工具了（参，利 26:26；王下 7:1；结 4:10，16）。此一将手拿天平之黑马骑士等同于饥荒的看法，也在那从四活物中所发出的声音中，得着证实：“一个银币买一升小麦，一个银币买三升大麦。”

对是谁在此发声的问题，学界有两个意见：（1）基督，②（2）父神。③ 前者的根据是 5:6，因为在那里约翰说羔羊是“在宝座和四活物之中”。但是这个见解并不牢靠，因为在 5:6 那里，约翰不单说羔羊是在宝座和四活物之中，也在 24 位长老之中。而根据我们前面的分析，羔羊的位置，是在以四活物为支柱的宝座，和 24 位长老之间的，因此在这里约翰所听见从四活物中而来的声音，应是父神所发。不单如此，在前面分析四印结构的时候，我们已经晓得将冠冕赐给（ἐδόθη）白马骑士，将大刀赐给（ἐδόθη）红马骑士，以及将杀害地上四分之一的人之权柄，赐给（ἐδόθη）灰马骑士的（6:8），是父神；而在四印中，唯一没有出现所谓“从神而来之授权”用语的，是第三印。但是在此印中，我们却有一个从四活物中所发出来的声音，因此在这个对比之下，此声音的主人，也应该是坐在宝座上的那一位。

但这句从父神口中而出话，其含义究竟是什么？一个银币约等于当时一个人一

---

① 在旧约中，伊法（＝22 公升）和俄梅珥（＝220 公升）是谷物的度量单位；而在新约中，则是斗（σάτον＝13 公升）。见，《证主圣经手册》，页 106－07。

② 例如，Beale，*Revelation*，381；亦见 Charles，*Revelation I*，166。

③ 例如，Swete，*Revelation*，140；Thomas，*Revelation* 1－7，431；Aune，*Revelation* 6－16，397。

日的工资(太 20:1－16),而一升小麦大约可以制作出一个人一日所需的口粮。因此“一个银币买一升小麦”的意思,就是一个人在努力工作了一天之后,他所得的,只能养活他自己而已。若是他要养家糊口,那么他就必须转向通常为奴隶或是牲畜所食用,品质较低劣的大麦了。从当时的市场价格记录来看,①此处小麦的要价,大约是平常的 8 到 16 倍;而大麦的价格,则是平日的 5 倍多;因此隐含在这句话中的含义(饥荒),可说是不言而喻了。

但“油和酒不可糟蹋”的意思又是什么?就文意而言,假设语气的动词“糟蹋(ἀδικήσῃς)”,加上了否定词“不可(μὴ)”之后,就有了“千万不可糟蹋”的强度,②而第二人称单数的“糟蹋”,则显示这句话是父神直接向黑马骑士所发的命令。在新约中,“糟蹋”可以是“伤害”,“欺负/欺压”,“行不义[的事]”,或是“亏负”。③ 因此这个命令,是要黑马骑士不要“糟蹋/伤害”油和酒。

对某些早期教父们而言,油和酒是进行圣礼的必备之物,因此这个禁令的目的,在保护崇拜仪式,好让它能持续下去。④ 但是在这里,与油和酒这两样液体食物相对的,是固体食物小麦和大麦,是民生物资,因此没有任何线索,可以让我们将这个禁令和圣礼连结在一起。⑤

但油和酒,是否像小麦和大麦,是民生必需品呢?有人认为油和酒是有钱人才可以享受的物资,因此黑马骑士所要带来的,是不公义的刑罚:穷人将要在饥荒中受苦,但是有钱人却毫发无伤。⑥ 而在第一世纪的教会中,多有穷人,因此黑马骑士借着不公义制度所要伤害的,是教会,是信徒。⑦ 此说的优点,在它凸显出教会所面对的困境,但若我们从旧约来看,不管是从神意欲祝福,或是神定意降灾的经文来看,油和酒都和谷类并列,是民生必需品。⑧ 因此第三印之灾,并非不公义的刑罚。事实上,在第一世纪之时,罗马皇帝所必须处理的问题之一,就是油酒过多而谷类过少。⑨ 产生这个现象的原因,是因为种植橄榄树(油)和葡萄树(酒)的经济效益,大过于种植谷物;而此现

---

① 索引见,Aune, *Revelation* 6－16,397。

② J. A. Brooks & C. L. Winbery, *The Syntax*, 118－19.

③ 例如,伤害——路 10:19;启 2:11;7:2,3;9:4,10,19;11:5;欺负/欺压——徒 7:26;行不义[的事]——徒 25:10,11;林前 6:8;启 22:11;亏负——加 4:12;门 18。

④ Ford, *Revelation*, 108.

⑤ Beale, *Revelation*, 381.

⑥ Thomas, *Revelation* 1－7,433.

⑦ Hendriksen, *More than Conquerors*, 102;Beale 认为在异教商业公会的环境中,基督徒当然最容易在饥荒发生时,首先受到伤害(*Revelation*, 381－82)。

⑧ 民 18:12;申 7:13;11:14;12:17;14:23;18:4;28:51;王下 18:32;代下 31:5;32:28;尼 5:11;10:39,40;13:5,12;耶 31:12;何 2:8－9,2:22;珥 1:10;2:19,24;该 1:11。

⑨ R. Bauckham, *The Climax*, 361－63.

象所造成的后果，就是民怨和动乱。也难怪豆米田皇帝（Domitian）在公元92年左右，会下达一个诏令，要人“砍掉一半的葡萄树，改种谷类，并不准再种植新葡萄树”。①

若我们以“换喻（metonymy）”的方式，来理解“油和酒不可伤害/糟蹋”，那么这个禁令的意思，就是“不可伤害橄榄树和葡萄树”。② 相对于半年生的小麦和大麦，橄榄树至少得经过五年以上，才会开花结果；而葡萄树也必须经过几年的时间，才会具有产能。因此这个禁令，事实上是为第三印之灾设下限制，因为这个禁令显示，饥荒将不会持续太久。在“一个银币买一升小麦，一个银币买三升大麦”的话中，第三印是有限制之灾难的概念，其实就已经出现了。因为物价虽然高涨，但生活所需依旧可以买的到。在饥荒极度严重的情况中，谷物的买卖通常是“有行无市”，但是在第三印中，谷物的交易却依旧是“有行有市”的。③ 不单如此，以“有限灾难”的方式来理解第三印，也和我们在前面所观察到，七印七号和七碗之间的关系，彼此相合，因为这三个七灾系列对这个世界的影响范围，是从有限的1/4（见6:7－8的注释），到范围略增的1/3（七号；8:6－12），再到完全不设限的1/1（七碗；16:1－21）。

对启示录的第一读者而言，约翰在第三印中所呈现的画面，并不陌生。就我们目前所知，第一世纪的罗马帝国就曾经历了许多大大小小的饥荒。记载在使徒行传11:28中，发生于革老丢年间（AD 44）的大饥荒，是其中的一个。而在史书中，类似的情况亦在帝国内，多次出现。④ 但是正如我们在第一印和第二印中所说的，第三印的饥荒之灾，并非只是过去的灾难。和战争动乱一样的，饥荒也是基督复活升天之后，得着统管世界权柄的记号（1:5）。这些审判和刑罚，在祂第二次驾云降临之前，都会继续发生；但这些具有末世性意味的灾难，虽然指向末日，也预告了末日必然降临的事实，但是它们却只是末日来临之前，所必须先有的事（太24:6－7；可13:7－8；路21:9－11），因为父神和羔羊忿怒的大日子，还没有到来（启6:16－17）。

6:7－8 揭开第四印的时候，我听见第四个活物说，去！[8] 我就观看，见有一匹灰马。骑在马上的，名字叫作死；阴间也随着他。有权柄赐给他们，可以用刀剑、饥荒、瘟疫和野兽，杀害地上四分之一的人（Καὶ ὅτε ἤνοιξεν τὴν σφραγῖδα τὴν τετάρτην, ἤκουσα φωνὴν τοῦ τετάρτου ζῴου λέγοντος, Ἔρχου. [8] καὶ εἶδον, καὶ ἰδοὺ ἵππος χλωρός, καὶ ὁ καθήμενος ἐπάνω αὐτοῦ ὄνομα αὐτῷ ὁ θάνατος, καὶ ὁ ᾅδης ἠκολούθει μετ᾽ αὐτοῦ και ἐδόθη αὐτοῖς ἐξουσία ἐπὶ τὸ τέταρτον τῆς γῆς ἀποκτεῖναι ἐν ῥομφαίᾳ καὶ ἐν λιμῷ

① 有关学界对这个诏令的看法，见 Aune, *Revelation* 6－16, 398－99。
② Aune, *Revelation* 6－16, 398.
③ Ladd, *Revelation*, 101; Mounce, *Revelation*, 156; Beale, *Revelation*, 381.
④ 相关记录，见 Aune, *Revelation* 6－16, 399。

καὶ ἐν θανάτῳ καὶ ὑπὸ τῶν θηρίων τῆς γῆς)

如果第一印的白马象征胜利(桂冠),第二印的红马代表流血动乱(大刀),而第三印的黑马所象征的是饥荒(天平),那么随着羔羊揭开第四印而出的“*灰马*”,又代表着什么呢?“灰(χλωρός)”一词的原意是“绿”,在许多经文中,是用来描述植物的颜色,①或是以之作为植物的代名词(绿色的东西)。② 但是在当时的文献中,此一字眼也曾被用来描述病人的容貌、尸首的样子,以及人在惊恐状态中的脸色;③因此在考量第四印的文脉之后,许多译本就以“灰绿”、“苍白”或是“惨白”等方式,来翻译这个语词。④ 在中文里面,“死灰色”最能表达这个词语的含义,但为简化起见,多数中文译本都以“灰”来翻译这个语词。在此我们也不例外。

但灰马所代表的是什么呢?从其骑士的名字“*死亡*”⑤来看,灰马的象征意义十分清楚。不单如此,如影随形,跟在死亡骑士之后的“*阴间*”,也更肯定了灰马的象征意义。

学界对阴间是如何跟随在死亡之后,以及死亡和阴间之间关系的问题,曾有一些讨论。第一,有人认为若阴间和死亡同骑,那么描述他们坐在马上的字眼,应是复数的“*那些*坐在马上的(οἱ καθήμενοι)”,而非单数的“*那坐在马上的*(ὁ καθήμενος)”。但若紧随在死亡之后的阴间,也是骑马随行,那么我们应该就有五匹马了。但在经文中,约翰只给了我们四匹马。因此将“*阴间也随着他*”一语,当成是后面抄经者所自行加入的“加入语(interpolation)”,似乎是一个相当合理,也无法避免的结论。⑥

第二,前述看法似乎言之成理,但是它却没有从手抄本而来的支持。因此有学者认为,在约翰的异象中,阴间是有如“步兵”般的,紧随在死亡之后;又像灵车般的,随时准备吞吃那些死在灰马铁蹄下的尸首。⑦

第三,在启示录中,死亡和阴间总是如影随形的一起出现(1:18;6:8;20:13,14),并且其次序总是死亡在前,而阴间在后;因此有人认为死亡是阴间的统治者,而阴间是死亡所统管的国度。⑧

前述第二个和第三个见解的优点,在它们或多或少地解释了为什么约翰会给我

---

① 创 1:30;2:5;结 17:24;21:3(LXX);可 6:39;启 8:7。

② 例如,出 10:15;民 22:4;申 29:22;王下 19:26;伯 39:8(LXX);启 9:4。

③ 索引,见 Aune, *Revelation* 6-16,400。

④ 有关这个词语翻译的问题,见 B. F. Peachey, ‘A Horse of a Different Colour: The Horses in Zechariah and Revelation,’ *ExpT* 110(1998-99),214-16。

⑤ “死亡”亦可译为“瘟疫”(详下),但由于在启示录其他三处经文中(1:18;20:13,14),“死亡+阴间”是约翰的固定用语,因此我们在此就将“ὁ θάνατος”译为死亡。

⑥ Charles, *Revelation I*, 170; Aune 也同意此一看法(*Revelation* 6-16,401)。

⑦ Alford, *Apocalypse*, 390-91; Thomas, *Revelation* 1-7,437.

⑧ Aune, *Revelation* 6-16,401.

们两个拟人化了的“人物”；而在同时，也解决了他们之间关系的问题。但是从 1:18 和 20:13－14 来看，特别是从“死亡和阴间也交出了其中的死人”一语来看（20:13），我们似乎没有必要在他们之间，做过分细致的区隔。在约翰的词汇当中，他们是一个铜板的两面，因此无论从哪一面来看，我们所见的都是幽暗权势。事实上，此一以两个“名字”来呈现同一个人物的现象，应该不让我们意外才是。因为（1）在前面我们已经晓得，人子在启示录中，也是以“犹大的狮子＋大卫的根”（5:5），或是以“大卫的根＋晨星”（22:16）的方式出现。（2）而在 12:9 和 20:2 那里，当约翰论及幽暗势力的“本尊”之时，他更是以双重“双名”的方式来介绍它：龙＋古蛇＝魔鬼＋撒但。① 以此繁复冗长之语句来引介它出场，实非得已，因为只有这个方式，才能让具有迂回曲折之内在本性，并以欺骗撒谎为其外在表征的它，无所遁形。②

不过这是后话。在第四印中，约翰的焦点在死亡和阴间这两个孪生兄弟身上，因为“有权柄赐给他们，可以用刀剑、饥荒、瘟疫、野兽杀害地上四分之一的人”。③ 从“有权柄赐给（ἐδόθη）他们”的语词中，我们再次看见“灾难是由神而来，是神所使用之刑罚工具”的概念（参，6:2，4）。但和前三个骑士相较，第四印之黑马骑士所得权柄，似乎要来得更大，因为它可以用来杀人的工具，竟有四样之多：刀剑、饥荒、瘟疫④ 和野兽。

在旧约中，特别是在先知耶利米和以西结论及耶和华神之刑罚时，“刀剑、饥荒和瘟疫”这三样刑罚，总是一起出现的。⑤ 而其根源，应该是由神和以色列人所立之约中的“背约刑罚条款”而来（利 26:25－26）。在以西结书 14:12－20 中，耶和华神为突显人干犯祂的严重性，“三样刑罚”就被放大为“四样大灾”：饥荒（13－14）、恶兽

---

① τὸν δράκοντα, ὁ ὄφις ὁ ἀρχαῖος, ὅς ἐστιν Διάβολος καὶ ὁ Σατανᾶς.

② 在旧约中，特别是在诗歌的文体中，死亡和阴间也是同进同出的同义词（诗 18:5；49:14[15]；116:3；赛 28:15，18；何 13:14；哈 2:5）。因此约翰可能只是跟随着旧约作者的文学习惯而已。

③ 在前面我们已经提及 Charles 之见，即，“阴间也跟随着它”是后人所加，因此在这里他就自然采纳了“有权柄赐给他（αὐτῷ）”的经文版本（*Revelation I*, 170）。但就经文鉴别而言，“他们（αὐτοῖς）”（ℵ A C 025 等等）显然比“他”（fam 1611 2351 等等）有更多的支持。除此之外，在学界也有人认为这里所提及的“他们”，不单是“死亡和阴间”，也包括了前面的白红黑三马骑士，因此这句话就成了约翰自己对四印的总结（J. H. McIlvaine, *The Wisdom of the Apocalypse* [NY: Anson D. F. Randolph, 1886], 133－35）。但此见解的困难，在于它破坏了约翰所精心建立起来的四印文学架构。

④ 就字面而言，我们译为“瘟疫（θανάτῳ）”的字眼，是“死亡”。但是由于七十士译本常将希伯来文中的瘟疫（דֶּבֶר），译为θανάτῳ（例如，出 9:3；利 26:25；撒下 24:13，15；王上 8:37；耶 14:12；24:10 等等），因此这个翻译并没有困难。再者，从“刀剑、饥荒和野兽”的上下文来看，“瘟疫”的翻译也十分合理。

⑤ 代上 21:12；代下 20:9；耶 14:12；21:7，9；24:10；27:8，13；29:17，18；32:24，36；34:17；38:2；42:17，22；44:13；结 5:12，17；6:11，12；7:15；12:16；14:21。

(15－16)、刀剑(17－18)和瘟疫(19－20)。而当我们来到14:21时,这四样大灾不再只是一个理论上的假设情况(参,14:13,15中的"若";以及14:17,19的"或者"),而成为神对属祂子民的实际警告(次序为,刀剑、饥荒、恶兽和瘟疫)。①

在旧约中,"四灾"并非以西结书所独有。(1)在耶利米书15:2－3中,我们也见到另一个四灾表:死亡、刀剑、饥荒、被掳;(2)在以斯拉记9:7中,是刀剑、被掳、抢夺和蒙羞;(3)而在但以理书11:33中,四灾则是刀剑、火烧、被掳和抢夺。因此从这个角度来看,灰马骑士所带来的四灾,在旧约中,是和以西结14章的四大灾最为接近。②此一选择显示约翰对旧约的熟悉度,因为在其他三个"四灾表"中,都有一个"被掳"的共同元素;而这个元素,对以迦南地为其国界的色列人而言,有其特别意义,但是在启示录中,四印之灾的对象是全世界,因此"被掳"之灾就不合适了。也就是说,若约翰亦将"被掳"列为四灾之一,那么此一元素将立即引发困难:活在这个世界中的人,要被掳到哪里去呢?

就前四印之间的关系而言,第四印具有两个特色。第一,此印可说是前三印的总结,因为此印中的刀剑和饥荒,反映了前三印的内容;而隐含在战争,动乱和饥荒三灾中的结果,即,死亡,也白纸黑字地成为第四印中灰马骑士的名字。③ 第二,此印虽然总结前三印,但它并不因此就失去它的独立性。在刀剑、饥荒、瘟疫和野兽这四样杀人工具中,后两样是灰马骑士所特有的。就逻辑而言,它们是在战乱和饥荒之后,所经常会出现的情况:遍野的死尸不单引发瘟疫,也引来野兽。

和天庭中的和谐秩序相较(启4－5),前四印所呈现的,恰恰是和"天庭照片"所相对的"世界底片",因为在其中我们所看见的,是暴力的蔓延,瘟疫的横行,和野兽的反扑。抬头仰望上帝,我们所见的是天庭,但若我们拒绝上帝,想要自立为王,死亡和阴间就要掌权。④ 从人类的历史来看,刀剑、饥荒、瘟疫和野兽,似乎就是"人之国"的主调,但这并不表示情况已经完全失控,因为约翰不单三番两次地告诉我们,四马骑士的权柄,是神所赏赐的(ἐδόθη;6:2,4,8),也在第四印中清楚明白地指出,死亡和阴间权柄所及的,是地上1/4的人。

在第三印的讨论中(6:5－6),我们已经晓得此一分数是象征语言,而其目的在表

---

① 详见,D.I. Block, *Ezekiel* 1－24,442－50。

② 在所罗门诗篇中(*Pss. Sol.* 13:2－3),也提及四灾:刀剑、饥荒、瘟疫、野兽。但是在这个诗篇中,诗人是在颂赞神保守他性命的上下文中提及这四灾的。因此就文脉而言,此诗篇和以西结书14章,以及启示录的第四印,有着一些距离。有关旧约三灾和四灾的讨论,见,*TDOT* 5:474－514。

③ Aune, *Revelation* 6－16,402; Beale, *Revelation*, 372.

④ 用保罗的语言来说,我们只能是义的奴仆,或是罪的奴仆(罗6:16－18)。在圣经的真理中,"不要天堂,也不要地狱"的"中性"选项,从来不曾出现。

达神对刑罚范围的限制，因此我们实在不能依其字面含义来理解。也就是说。我们不能以世界历史中，从未曾发生过1/4人口死亡事件之事，作为支持"第四印必然是将来才会发生"的理由。① 在前面讨论1－3印时，我们已多次陈述，四印乃得着权柄之人子所揭开的，因此四印之灾是从人子复活升天之后，就已经开始的了。此一论点在第四印得着更明确地证实，因为死亡和阴间之所以能杀害世上1/4的人，是因为他们得着了权柄，而从1:18来看，此一权柄是"曾死过，但又活了，并且直活到永永远远的"之人子所拥有的。

附录二　四印之灾的神学意涵(6:8)

对某些人来说，"神以刀剑、饥荒、瘟疫和野兽来审判世界"的概念，也许有些陌生，但这其实是"神是这个世界之主"的真理中，所不可或缺的一环。在亚当犯罪堕落之后，神的审判应该立即临到，但若神在其时立即将亚当和夏娃除灭，祂原先要为祂自己，建立一个国度的计划，就无法实现了。对神而言，此一结果当然是不可能会发生的，要不祂怎能做为上帝呢？因此在创世之前，祂就早已和圣子立下了一个约定：在祂所定下的时刻，圣子将要来到世间，以死在十字架上的方式，来解决亚当犯罪所带来的问题。此一约定在亚当犯罪之时，并未实践出来，但是由于圣子信实的属性（参，启1:5;3:14;19:11），这个救赎计划必要实现；因此在这个基础之上，神在当下就延迟了祂对亚当和夏娃的审判，好为祂永恒的计划，创造出一点时间和空间；好让祂能从亚当的后裔中，拣选一些人来重建祂的国度。② 因此在圣经的历史中，我们就看见塞特和其后裔的出现（创5章），挪亚和亚伯拉罕的被神拣选，以及旧约以色列国和新约教会的出现。这些属神的国度，不管是洪水前的"塞特—挪亚"家族，或是洪水后的以色列国和教会，虽然在人类历史中不同的时段出现，但是他们都是末日神国的"预表"，是末日神国预先闯入（intrusion）人类历史中的结果，因此他们都是神的救恩，在人类历史中的彰显。③

但救恩群体的出现，只是神国显现的正面记号而已。在挪亚蒙救赎之际，在以色列人出埃及之时，洪水和十灾都显示了神国的反面记号，那就是神对世界的审判。因此就如神的末日救恩，已在人类的历史中显明了一样，祂对世界的末日审判，也已经

① 这是许多"未来派"学者的论点（例如，Walvoord, *Revelation*, 131－32; Thomas, *Revelation 1－7*, 438）。

② M. G. Kline, *Kingdom Prologue*, 86－88.

③ 有关神国闯入世界之议题的讨论，见M. G. Kline, *The Structure of Biblical Authority*, 154－58。

随着神国闯入世界之时,"预先"在人类的历史中,实践了出来。对挪亚当代的人而言,对以色列人所离开的埃及人来说,以及对以色列人所进入之迦南地的居民而言,神的审判都是已经实现的了;因为他们所经历到的灾难,都是神的主权在堕落世界中的彰显。类似于这些灾难的审判,将要持续发生,直到世界的末了,因为神的国将要在历史中继续成长。在人类历史中,这些灾难一方面显明了神的权柄,而在另外一方面,也是神在人间所放下的指路标,因为他们都指向末日的大审判(启 20:11 - 15)。它们都告诉我们,神的审判必然来临。

在过去的历史中,这些灾难的主导者,是耶和华神,在未来,也将会是祂。但是在启示录中,约翰却借着"羔羊从父神手中拿了书卷,揭开七印并带出灾难"的方式,让人子也成为审判世界之主,因为祂原是和父同坐宝座的那一位(启 3:21)。约翰此一高举基督,让祂和父神并列的举措,是我们在前面已经多次看见的了,因此对这个现象在七印中的再次出现,我们应该不会感到意外才是。

从这个角度来看,四印之灾是人子掌权的记号,是神国(在今日她的名字叫做教会)显现时,必然会发生的事。因此就时间而言,这些灾难将要持续在人类的历史中发生,而就空间而言,这些灾难也要在"地上(τῆς γῆς)"发生;因为教会将要在人类的历史中,不断成长,而她的地界,也是以全世界为其范围的(各族各方各民各国)。四印之灾不是末日的审判,因此它们是有限的灾难(1/4);四印之灾是神国彰显的反面记号,因此灾难的本身,就已经具有"属灵的"意义了。准此,我们似乎不须要将这四印之灾的对象,局限在教会,①也似乎不须要强调四印之灾,对教会所会带来"洁净"的意义。② 在末日来到之前,在世界中的教会,将和这个世界一起经历刀剑,饥荒,瘟疫和野兽之灾。对世人而言,这些苦难是"命",是人生中的无奈,是人生中无法解释的谜;但是对我们而言,这些却是神国权势得着彰显的记号。像其他的人一样,我们也经历这些灾难,但是借着约翰的异象,我们却可以对人生中不可避免的苦难,有着一个完全不同的解读。

6:9 揭开第五印的时候,我看见在祭坛底下,有为神的道,为他们所持守之见证,而被杀害之人的灵魂(Καὶ ὅτε ἤνοιξεν τὴν πέμπτην σφραγῖδα, εἶδον ὑποκάτω τοῦ θυσιαστηρίου τὰς ψυχὰς τῶν ἐσφαγμένων διὰ τὸν λόγον τοῦ θεοῦ καὶ διὰ τὴν μαρτυρίαν ἣν εἶχον)

和前四印相较,第五印也是以"当祂(羔羊)揭开某某印"的语句为始,但(1)在前

---

① Minear, *I Saw a New Earth*, 78; Hendriksen 则认为,第二印和第三印是针对信徒而有的,而第四印的对象,是包括信徒在内的世界(*More than Conquerors*, 102 - 03)。

② 这是 Beale 的看法(*Revelation*, 388)。

四印中，随四活物呼喊而出的马匹，不再出现；(2)在四印中“先听见后看见”的次序，在此印中则成为“先看见后听见”；而(3)四印的主角，四马骑士和他们对这个世界所带来的灾难，在第五印中，也为那些在天庭中，在祭坛之下的灵魂所取代了。因此无论就形式或是内容而言，第五印显然和前四印有所不同。

但这些“人”究竟是谁？① 他们为什么又会在祭坛之下？在旧约会幕的设计中，有两个祭坛。一个是在会幕之外，以铜包裹，作为焚烧祭物之铜坛（出 27:1－8;38:1－7），而另一个则是在会幕之内，以金包裹，并在其上焚香的金香坛（出 30:1－10;37:25－28）。因此在回答这两个问题之前，我们恐怕得先行探究，这些“人”究竟是在哪一个祭坛之下的问题。

从利未记的记载中，我们知道祭物的血，除了那些要弹在圣所幔子上，和那些要抹在金香坛四角上的以外，②其余的就被洒在铜坛上，或是倒在铜坛的脚上。③ 因此从被杀害之人的灵魂，是在祭坛之下的画面来看，约翰所看见的祭坛，似乎是铜坛。④但是这个看法只有在将“灵魂”等同于“祭物的血”的情况下，才是正确的。在 5:8 那里我们已经晓得，借着 24 位长老献香之举，约翰已将新约圣徒的祷告，等同于旧约以色列人所献的“香”了。因此从被杀害之人的灵魂，在祭坛下呼吁神为他们伸冤的祷告一事来看，和此在天庭中之祭坛所呼应的，应是地上会幕中的金香坛。此一见解有从 8:3－5 和 9:13 而来的明确支持，因为那两处经文所提及的祭坛，就是金香坛。不单如此，在 14:18 和 16:7 那里所出现的祭坛，虽没有明言是金香坛，但是那两个祭坛的出现，都和神对世界之审判一事有直接的关联，因此他们都呼应此处伸冤的祷告。⑤

但这些殉道者为什么会在金香坛之下呢？根据某些犹太拉比的看法，义人之灵魂是在祭坛之下，而祭坛又是神的宝座，因此在祭坛之下的意思，就是在神的保护之

---

① 在启示录中，“灵魂（ἡ ψυχή）”一词一共出现了七次。和“τὰ ἔχοντα”或是“ζωῆς”连结，就成了海中的“生物”(8:9;16:3)；和“ἀνθρώπων”连结，则为“人/人类”(18:13)；而在 18:14 中，此词语指的是人的“心（内在的人）”。在 6:9;12:11 和 20:4 中，则指人的“灵魂/生命”；而这三处经文的上下文，都是殉道。因此以“灵魂”来代表人，只是为凸显被杀害、被斩首、被逼迫而死的事实。在此我们并不能因此就主张，“人在死后和复活之间，是以灵魂之形态存在”的教义。事实上这个见解在上下文中，是有其困难的，因为若此说为真，我们要如何解释神以“白衣”作为奖赏呢？(6:11)无体无形的灵魂，要如何穿上一件白衣呢？

② 利 4:6－7a,17－18a,25,30,34；亦参，5:9。

③ 利 1:11;3:2;4:7b,18b,25b,30b；亦参，5:9。

④ 例如，Swete, *Revelation*, 90; Roloff, *Revelation*, 89。

⑤ 在启示录中，“铜坛”的确出现在 11:1－2 中，但即便在那里，该“祭坛”也不能以字面意义来理解（详见该处注释）。

下。[1] 广义而言,此一见解是可以接受的,但也许我们可以把焦距拉的更近一点。在5:8那里,我们已经晓得在旧约的背景中,“香”是神和以色列人立约的记号,因此在金香坛之下的含义,就可以是“在约中”的意思。这个含义在希伯来书9:11－15中,是再清楚不过的了。而若我们从约的概念来看,[2]当一个藩属(vassal;在此是殉道者)信实的守住了其宗主(suzerain)对他的要求时,在他受到欺压之际,他就有权利向他的宗主发出呼吁,请他出面来为他伸张正义;而这也正是我们在第五印中所看见的事。

从这个角度来看,这些在金香坛下的灵魂,之所以被杀害的原因,就再明显不过的了,因为他们是为神的道,是为他们所持守之见证(διὰ τὴν μαρτυ-ρίαν ἣν εἶχον)而死的。和合本在此将后半句经文译为“为作见证”,而新译本则是“为了自己所作的见证”。这两个翻译都有其可能,但是从1:2,9;20:4来看,此处经文的意思,应该比较可能是“为了他们所持守之耶稣的见证”。[3] 也就是说,作为约的子民,他们是为了守住神的道,是为了守住他们所领受之耶稣的见证而死的。

但这些在祭坛下之灵魂的主人,究竟是谁呢?从“被杀害者的灵魂”一语来看,这些灵魂之主人应是殉道者;从“为了神的道”一语来看,新旧约中之殉道者都应该在列;而若从“为了他们所持守的见证(耶稣的)”来看,我们却似乎必须把范围缩小到新约殉道者。从前面第四章一直到目前为止的分析中,我们晓得羔羊是天庭异象和七印异象的焦点,因此以“新约殉道者”来界定这些在祭坛下之灵魂,是比较符合经文之上下文的。但是在启示录中,我们也多次看见羔羊之血所能买赎回来的,是从“各国各族各民各方”而来的人,因此约翰在此可能只是以新约殉道者,作为历代圣徒的代表而已。此一看法也可以从神要他们“安息”片时的事上,得着证实,因为在启示录中,唯一另一个论及安息的经文,是14:12－13;而在那里,蒙福进入安息的人,是*所有*在主里而死的圣徒,是那些守了神的诫命和耶稣之信的人。[4] 在第一世纪的历史中,这些在祭坛下的灵魂,是那些在尼禄和豆米田皇帝手下,为持守信仰而死的人,因此在呼吁神为圣徒伸冤的事上,有谁比这些刚刚才加入殉道者行列的他们,更合适也更具有代表性的呢?

6:10 大声喊着说:圣洁真实的主啊,你不审判住在地上的人,给我们伸流血的

---

① 相关犹太文献引句和索引,见Aune, *Revelation* 6－16,405; Beale, *Revelation*, 391, note 62。
② 详见,*ABD* 1:1180－88。
③ 参,Charles, *Revelation I*, 174; Caird, *Revelation*, 84; Mounce, *Revelation*, 158; Thomas, *Revelation* 1－7,444; Aune, *Revelation* 6－16,406;吕振中译本。
④ Beale, *Revelation*, 390－91.

冤，要等到几时呢？（καὶ ἔκραξαν φωνῇ μεγάλῃ λέγοντες, Ἕως πότε, ὁ δεσπότης ὁ ἅγιος καὶ ἀληθινός, οὐ κρίνεις καὶ ἐκδικεῖς τὸ αἷμα ἡμῶν ἐκ τῶν κατοικούντων ἐπὶ τῆς γῆς）

"圣洁真实的主啊，你不审判住在地上的人，给我们伸流血的冤，要等到几时呢？"这是殉道者的呼吁。但此呼吁是向谁所发出的呢？此一呼吁是以羔羊为对象的吗？① 有可能，但是在天庭的场景中，此处"主"所指的，应该不是羔羊，而是坐在宝座上的父神。② 再者，约翰在此所使用的"主（ὁ δεσπότης）"，以及在 6:11 中"同作仆人的（οἱ σύνδουλοι）"的这一组词语，在当代的文献中，多在表达主仆之间的关系。但是在新约其他的地方，当这原本描述社会阶层的用语，被应用在神和人之间关系时，其重点就在落在神绝对的主权。③ 而在天庭中，此绝对权柄只属父神。

在殉道者的口中，拥有绝对权柄的主，是"圣洁真实的（ὁ ἅγιος καὶ ἀληθινός）"。在新约和当时的文献中，以此方式来称呼神的，只有此处。④ 在 16:7 中，殉道者见神施行审判，因此就向神发出了"你的审判正直公义（ἀληθιναὶ καὶ δίκαιαι）"的颂赞；而在 19:2 那里，在天上的群众，因着神审判大淫妇巴比伦，为殉道者申了冤，也称颂神"真实公义（ἀληθιναὶ καὶ δίκαιαι）"的审判。因此在这两处经文的对照中，此处"圣洁真实"所要表达的，是神无法容忍罪恶（圣洁），必然降罚，和祂信实守约（真实），必然伸冤的属性。⑤ 对期待神为他们伸冤的殉道者来说，此一在神面前表明他们是如此认识祂的"策略"，实在"高明"。⑥

在殉道者的呼吁中，"住在地上的人"是他们祈求神降下刑罚，施行审判的对象。在当时的启示文学作品中，这个词组泛指世上之人，但是在启示录中，此词组却带着负面含义，因为住在地上之人，是和圣徒有别的一群人（3:10）；是杀害圣徒（6:10），因此要面对神审判的人（8:13）。他们逼迫神的两个见证人（11:10）；他们被兽迷惑，并拜兽像（13:8，14；17:8）；他们也喝醉了巴比伦淫乱之酒（17:2）；因此他们就是那些名字没有记在羔羊生命册上的人（13:8；17:8）。⑦ 在约翰写启示录的当下，这些人都好端端地活在这个世界中；因此在面对义人受苦，恶人却发达兴盛的情况下，"要到

---

① J. P. Heil, 'The Fifth Seal (Rev 6,9 – 11) as a Key to the Book of Revelation,' *Bib* 74 (1993), 5 – 26, especially 227, note 22.

② Beckwith, *Apocalypse*, 526; Johnson, *Revelation*, 475; Thomas, *Revelation* 1 – 7, 445; Beale, *Revelation*, 392.

③ *EDNT* 1:291. 在 LXX 和犹太文献中，也有多处经文以 ὁ δεσπότης 来称呼上帝。相关索引，见 Aune, *Revelation* 6 – 16, 407。

④ Aune, *Revelation* 6 – 16, 407.

⑤ Beale, *Revelation*, 392.

⑥ 摩西祈求神不要除灭以色列人的祷告，也有异曲同工之效（出 32:11 – 14）。

⑦ R. Bauckham, *The Climax*, 239.

几时(How long)你才要为我们伸冤?"的呼吁,就不可避免了。

和旧约中诸多"要到几时"的呼吁一样,①殉道者在此的呼求,并非出于私人恩怨,而在寻求神圣洁真实,公义信实之属性的彰显。在他们愿意为神的道,并甘心为持守耶稣之见证而殉道的事上,他们已经显示了他们心在神国的态度,因此我们实在不必以在罪性中的小人之心,来度这些殉道者的君子之腹。

耶稣殉道于十字架上时,祂为逼迫祂之人的祷告是:"父啊,赦免他们,因为他们所做的,他们不晓得"(路23:34);而教会第一个殉道者司提反,在死于乱石之下时的祷告是:"主啊,不要将这罪归于他们"(徒7:60)。和这两个以"怜悯"为其特色的祷告相较,在祭坛下之殉道者的呼吁,的确显得比较"公义"一些。但不论是念兹"怜悯",或是在兹"公义",但求神国得着彰显,却总是这些殉道者的祷告标的。

从启示录的上文来看,这些殉道者之所以会发出"要到几时?"之祷告的原因,实在不难明白。因为在羔羊依序揭开四印,带出灾难的动作中,神国权柄已经开始彰显。看在殉道者的眼中,此事的确触动他们的心弦,但谁知随着第四印的揭开,他们所看见的是,作为神审判刑罚工具的死亡和阴间,只得着杀害地上1/4之人的权柄。这个限制显示,神国全然得胜的日子显然还没有来到,因此"何时"的问题就自然浮现了。② 神国降临大大得胜,应是所有属神之人心底最深的盼望,但由于神才是神国的主(ὁ δεσπότης),因此有关神国何时降临之事,也只能由祂来定夺。于是……

6:11 于是有白衣赐给他们各人;又有话对他们说:"还要安息片时,等着一同作仆人的,和他们的弟兄,也像他们被杀,满足了数目"(καὶ ἐδόθη αὐτοῖς ἑκάστῳ στολὴ λευκή καὶ ἐρρέθη αὐτοῖς ἵνα ἀναπαύσονται ἔτι χρόνον μικρόν, ἕως πληρωθῶσιν καὶ οἱ σύνδουλοι αὐτῶν καὶ οἱ ἀδελφοὶ αὐτῶν οἱ μέλλοντες ἀποκτέννεσθαι ὡς καὶ αὐτοί)

以一个赐下白衣的动作,并配之以"安息片时"的一段话,神要殉道者忍耐等候那日子的来到。在3:4那里我们已经晓得,"白衣"所象征的,并不只是人在重生之时,在神面前所得着"称义"的地位,而是信徒(以殉道者为代表)在一生持守信仰,并在主里死了以后,神对他/她因信称义地位之肯定;是神对他/她将来必能参与羔羊得胜之军(7:9-17),或是能和羔羊一起审判世界的保证(19:11-21)。因此白衣所指的,也就不是将来复活的身体。③

此一白衣既是将来能和羔羊一起审判世界的保证,因此白衣的赐予,就有着为殉

① 诗6:3-4;13:1-2;35:17;74:9-10;80:4;89:46;亚1:12;亦参,路18:7。
② R. Bauckham, *The Climax*, 55.
③ 这是Charles和Caird等人的看法(*Revelation I*, 174,184-88; *Revelation*, 86)。此说之困难,在林前15章,因为在那里保罗明确地说,身体的复活和改变,是要到基督第二次再来之时,才会发生的。

道者“平反”的含义。[1] 在世人的眼中，他们是该死的“罪犯”，但是在神的眼中，他们却是必然得胜的审判官。因此在这个肯定和保证之下，神就可以要求他们再安息片时，也就是说，再忍耐等候一段时日，因为依照神永恒的计划，还有一同作仆人的，和他们的弟兄，将要被杀，加入他们殉道的行列。在此“同作仆人的”和“他们的弟兄”，可以是两组人马，但若我们参照19:10和22:9，这两个词组所指的，恐怕是同一群人，因为在那两处经文中，甚至天使也认为在持守耶稣之见证的事上，他和约翰以及约翰的弟兄们，都是同作神仆人的。因此连接这两个词组之连接词（καὶ），应是解释性的（epexegetical）。[2] 也就是说，“仆人”和“弟兄”，只是约翰对同一群人，从相对于神，和相对于人，这两个不同角度的描述而已。

和上述“仆人和兄弟是否为同一组人马”的问题相较，在本节中所论及“数目满足”的问题，恐怕更为重要，因为在启示录中，这是我们第一次看见约翰明确的论及末日时程的问题，即，末日要在殉道者的数目满足的时候，才会来到。此一以“数目满足”的方式，来为末日设定时间表的方式，是当代启示文学作者所惯用的手法。（1）在论及末日审判之时，以诺一书的作者曾说：圣者们的心将要充满喜乐，因为义人的数目已经满足，他们的祷告也被垂听了，而他们的血也被神接纳了（47:4）。[3]（2）在以斯拉四书中（4:33－37），当以斯拉问天使乌瑞尔（Uriel）末日何时临到，乌瑞尔就以天使长耶柔米（Jeremiel）向那些被杀义人之灵魂所说的话，作为答案：当那些和你们遭遇相同之事的人，数目满足的时候，你们得奖赏的日子就要到了。[4]（3）在巴录二书中，我们一方面听见巴录对神的抱怨：罪和其对世界的影响为什么如此之大，难道你都不顾念义人吗？什么时候人类才能再享福乐？（21:1－26；特别是19节）而在另外一方面，我们也听见神的响应：不要为你所不知道的事情烦恼。当亚当犯罪之后，死亡就成为那些将要出生之人的宿命。他们的数目是确定的。为着此一数目，活人和死人之地都预备好了。除非数目已经满足，没有人能再活过来（23:2－7）。[5]

就“数目满足，末日才到”的概念而言，启示录显然和上述三个启示文学作品，彼此平行。而在这三者中，本节经文和以斯拉四书最为接近，因为在这两卷书中，殉道者在末日降临一事中，都扮演着关键性的角色。也就是说，他们的数目满足与否，是末日是否来临的先决条件。就我们今日所知，我们无法完全确定启示录和这三个启

---

① Beale, *Revelation*, 394.

② Beckwith, *Apocalypse*, 527; Charles, *Revelation I*, 177; Thomas, *Revelation* 1－7, 448－49; Aune, *Revelation* 6－16, 411.

③ 英文译文，见 *OTP* 1:35。

④ 英文译文，见 *OTP* 1:351。

⑤ 英文译文，见 *OTP* 1:629。

示文学作品,究竟何者在先,何者又在后,我们也无法确知他们是否根源于同一个传统,①但不论何者为是,约翰在借用此一末日概念的时候,却将它和耶稣所行之事,结合在一起,因此他也就为这个概念,下了一个新的定义。第一,约翰将"数目满足,末日才到"的末日时程,以第五印为其包装,因此这件事就和揭开七印的羔羊,有了连结。也就是说,末日是以羔羊从父神手中领受书卷为起点的;而在前面我们已经知道,羔羊领受书卷一事是和祂从死里复活一事,息息相关。因此在第五印中,我们就看见约翰对末日的定义:从人子的第一次降临,到神最后审判降临的日子,都属末日的范围。此一理解其实并不希奇,因为它和我们在前面多次提及,"神国是已经降临但尚未完全成就"的概念,完全吻合。第二,此一末日概念既以羔羊所揭开的第五印为其包装,那么在末日时程中扮演关键性角色的殉道者,也就必须重新定义;②因此,他们就不单是为了神的道,也更是为了持守耶稣之见证而死的人了(6:9)。③

事实上,约翰对此一传统看法的重新诠释,并非全然出于他自己。在耶稣有关末日的讲论中,"天国的福音必须先传遍天下,对万民作见证,然后末期才来到"(太24:14;参,可13:10),是一个众所周知的教训。和约翰在此所言相较,耶稣的末日时程,显然是以一个正面的方式来表述的(福音遍传),但是在这个正面表述的上下文中,我们却也看见祂对门徒的劝勉:要有被逼迫、被杀害的心理准备(太24:9-13;可13:9-13;亦参,路21:12-18)。因此从这个角度来看,约翰在第五印中所给我们的,只是耶稣"传福音=受苦"之末日教训的反面论述而已。而他之所以会从反面的角度来论述的原因,是因为他在第五印中所要回答的,正是殉道者求神为他们伸冤的呼求。这个从反面来论述末日时程之举,不单解释了殉道者为何会受苦的问题,也向教会阐明了为何她将要继续受苦下去的原因。不单如此,此一从反面角度来看末日时程的做法,也同时突显出受苦的必须和重要性,因此约翰借着第五印,也间接呼应了耶稣所说关乎末日的教训:"*忍耐到底的,必然得救*"(太24:13;可13:13;路21:19;亦参,启14:12a)。

---

① 有关上述三个启示文学文献,和启示录之间关系的详细讨论,见 R. Bauckham, *The Climax*, 48-56。Bauckham 认为四者是来自同一个传统。

② 新酒是必须装在新皮袋中的(太9:17; 可2:22; 路5:37-38)。

③ 在新约中,使用并重新定义此一末日概念的人,并非只有约翰而已。在罗马书11:25-26中,保罗也曾使用"数目满足"的概念,来讨论外邦人和以色列人之间的关系(在他的手中,数目满足的,是外邦基督徒)。学界对保罗在这两节经文中所论及之事的含义,有许多不同的看法(详见,冯荫坤,《罗马书注释 III》[台北:校园,2001],页599-639),但不论何者为是,保罗显然和约翰一样,将这个概念和基督所成就的救赎之功,连结在一起。

6:12－14 揭开第六印的时候，我又看见地大震动。日头变黑像黑毛布，整个月亮变红，像血一样。[13]天上的星辰坠落于地，好像无花果树被大风摇动，落下它没有成熟的果子一样。[14]天被分开，好像书卷卷起来。所有的山岭和海岛，都从原处被挪开了（Καὶ εἶδον ὅτε ἤνοιξεν τὴν σφραγῖδα τὴν ἕκτην, καὶ σεισμὸς μέγας ἐγένετο καὶ ὁ ἥλιος ἐγένετο μέλας ὡς σάκκος τρίχινος καὶ ἡ σελήνη ὅλη ἐγένετο ὡς αἷμα, [13] καὶ οἱ ἀστέρες τοῦ οὐρανοῦ ἔπεσαν εἰς τὴν γῆν, ὡς συκῆ βάλλει τοὺς ὀλύνθους αὐτῆς ὑπὸ ἀνέμου μεγάλου σειομένη, [14] καὶ ὁ οὐρανὸς ἀπεχωρίσθη ὡς βιβλίον ἑλισσόμενον καὶ πᾶν ὄρος καὶ νῆσος ἐκ τῶν τόπων αὐτῶν ἐκινήθησαν）

在七印中，第六印所占的篇幅最多，而其内容，也实在令人瞠目结舌，因为在其中我们看见一个在"天摇地动"中的宇宙。就结构而言，约翰对此令人诧异景象的描述，是以一个交错的（chiastic）方式来呈现的：地震—天体变动—天消失—地挪移。① 而此一文学形式的使用，配合着内容，自然强化了此一变动"铺天盖地"的印象。

正如许多学者所观察到的，约翰在此所使用的语言，多根源于旧约；而这些旧约描写神审判临到的语句，也是约翰当代之人所熟知的：

（1）"地震"。早在西奈山上，当神向刚出埃及的以色列人显现之时，地震就是神显现的记号之一。由是在旧约中，以及在次经和伪经中，②当神以世界之主，大能战士，或是审判官的角色出现时，③地震也总是祂显现时的特色之一。因此地震就成为"耶和华的日子"，或是"主的日子"中，所不可或缺的一部分；它是末日来临的前奏，或是末日审判的一部分。④

（2）"日头变黑像黑毛布，整个月亮变红，像血一样。"此处黑毛布所指的，是以黑羊毛所织成的粗布衣裳，是先知的服饰（参，启11:3），也是人在丧礼或是在悔过之时所穿的衣服。⑤ 在旧约中，许多作者在论及耶和华的日子之时，都会以"日月无光"的

---

① 此一文学形式在此的出现，很可能是受到了约珥书2:30－31的影响。因为在后面我们不单看见"日头变黑，月亮变红"的语言，是由该处经文而来；而在那里，我们也看见"天—地—地上的奇事（血火烟）—天上的奇事（日月变色）"的次序（L. C. Allen, *Joel, Obadiah, Jonah and Micah*, 100）。

② 便西拉智训（Sir.）16:18－19；犹滴传16:15；利未遗训3:9。地震以及其他异兆也出现在耶稣有关末日的讲论中（太24:7,29等），但由于在后面我们将要讨论六印和橄榄论坛的关系，因此在这里我们就不处理这个议题了。

③ 世界之主——诗97:5；99:1；大能战士——士5:4－5；珥2:10；弥1:4；诗78:7－8；审判官——赛13:13；24:18－20；34:4；耶51:29；结38:20；鸿1:5。

④ 例如，赛64:1；哈3:6,10；珥3:16。有关地震，在旧约，间约时期作品，以及在启示录中所扮演角色的讨论，见R. Bauckham, *The Climax*, 199－209。

⑤ Beckwith, *Apocalypse*, 528; Mounce, *Revelation*, 161.

方式,来形容神降临审判时的恐怖气氛。① 但是在这些经文中,和约翰“日头变黑,月亮如血”的描述最相近的,是先知约珥所说的话:“日头要变为黑暗,月亮要变为血”(2:31)。和此一描述相较,约翰不单以“黑毛布”来类比太阳的暗淡,②也将形容词“整个(ὅλη)”加在他对“月亮”的描述中,因此借着这两个动作,约翰就让他所见的异象,产生更令人畏惧和恐怖的效果。

(3)“天上的星辰坠落于地,好像无花果树被大风摇动,落下它没有成熟的果子一样。”此处有关“星辰坠落”的描述,是从以赛亚书34:4b而来:“其上(天上)的星宿要残败,像葡萄树的叶子落下,又像无花果树未熟的果子凋零一样。”③此一旧约经文的上下文显示,先知以赛亚在此所言之事,是神应许祂的百姓以色列人,祂将要来审判列国,为他们伸冤(34:1,8)。因此这个背景,和启示录第五印(殉道者呼吁伸冤)和第六印(神审判世界)的逻辑,是彼此相合的。从先知以赛亚所使用之葡萄树和无花果树的两个比喻当中,约翰选择了后者,但在此同时,他也将“大风”的元素,加了进去。此举不单让这个比喻更为生动,也和前面他将“整个[月亮]”加入旧约经文的动作,彼此照映,因为不论是“大风”或是“整个”,它们出现的目的都是相同的,那就是,增添此异象之威严可畏的氛围。

(4)“天被分开,好像书卷卷起来。”和合本,新译本和吕振中译本在此将“被分开(ἀπεχωρίσθη)”一语依序译为“挪移”、“隐退了”和“被收起”。就字义而言,这些译文都是可行的,但是从形容天如同书卷卷起的比喻来看,“分开”恐怕是比较准确地翻译。因为当一个书卷从中间裂开之后,其惯性就让它向两边卷起,而成为两个书卷。④ 此一形容天“消失”的说法,是从以赛亚书34:4a而来:“天上的万象都要消没;天被卷起,好像书卷。”⑤在前面一节经文中我们已经看见,“天上星辰如无花果落下”的比喻,是由以赛亚书34:4b而来,因此在暗引此节旧约经文之时,约翰将“天卷起”和“星辰落下”的次序,颠倒了过来。这个更动并不令人意外,因为此举只是为了要让“日,月,星辰”,以最合乎逻辑的次序出现而已(参,创1:16)。

---

① 例如,赛13:10;结32:7-8;珥2:10;摩8:9;亦参,摩西遗训10:4-5;利未遗训4:1;西卜神谕篇5:477-82;以斯拉四书7:39。

② 此一形容可能是由以赛亚书50:3而来;详见J. Fekkes, *Isaiah and Prophetic Traditions in the Book of Revelation*, 158-59。

③ 这是笔者的翻译(亦参,新译本)。以“未熟的无花果”来翻译“נבלת”的问题,见C. G. Ozanne, The Influence, 101-02; J. N. Oswalt, *The Book of Isaiah* 1-39,606, note 4; J. Fekkes, *Isaiah and Prophetic Traditions in the Book of Revelation*, 160。

④ Swete, *Revelation*, 93; Charles, *Revelation I*, 181; Mounce, *Revelation*, 161.

⑤ 以赛亚书中“天卷起”的说法,亦被伪经西卜神谕篇的作者所使用(3:82-83,233,413)。

和以赛亚书34:4a相较，约翰除了继续使用“卷起”（ἑλισσόμενον）之外，①也在其上加入了刚才我们所提及的“［天］被分开（ἀπεχωρίσθη）”一语。这个更动可能是根据以赛亚书64:1，②“愿你裂天而降”的说法而来；但不论实情是否如此，“天被分开”一说，显然为这个已经够令人畏惧的异象，再加上“无所逃于天地之间”的重量。事实上这正是我们在接下来的经文中，所看见的情况。当分隔天上宝座和世界之间的“天”，如书卷般从中间分开时，人所要面对的，自然就是公义圣洁的神，自然就是神和羔羊对这个世界的审判了（6:15－17）。③

（5）“所有的山岭和海岛，都从原处被挪开了。”在当代启示文学作品中，这个“山岭海岛被挪移”的说法，从未出现；④而在旧约中，山或是海岛，也只在神显现之时颤抖，摇动，⑤但在约翰的异象中，他们却是被挪开了。从12节地震的上文来看，“被挪开了（ἐκινήθησαν）”的意思，的确可以是“震动，摇摆”，⑥但若考量“从原处（ἐκ τῶν τόπων αὐτῶν）”一语，我们恐怕只能以“被挪移”的含义，来理解此处经文的意思了。事实上，约翰以“挪移”来取代“颤抖/震动”在做法，是和他在其所暗引的旧约经文上，加上“整个”、“大风”和“天分开了”的手法，是彼此一致的；因为这些举措的目的，都在强调神审判的严重性。而这个面向的强调，更在他所使用“所有的（πᾶν）”一词中，得着证实。当所有在地表和海面上，最高也最稳定的山岭和海岛，都无法待在它们原先的位置时，神审判的严肃性和全面性，就不再有任何可以让人怀疑的空间了。

但我们要如何来理解约翰在此所使用的语言呢？天真的要消失吗？日头变黑，月亮变红，星辰落地，都真的要发生吗？而山岭和海岛也将要被挪移？若按字面意义来理解，那么约翰在此所说的，是整个宇宙的“裂解”，是整个宇宙的毁灭和消失。但我们是不是必须完全按字面的含义，来解读第六印呢？⑦

从约翰所暗引的旧约出处来看，这些超过人所能想象的天地异兆，是为了要突显

---

① גלל；ἑλιγήσεται（LXX；和约翰所使用的ἑλισσόμενον一样，都是由ἑλίσσω而来）。

② 在MT中是63:19。

③ J. Fekkes, *Isaiah and Prophetic Traditions in the Book of Revelation*, 161.

④ Beckwith, *Apocalypse*, 529; Charles, *Revelation I*, 181.

⑤ 山颤抖——士5:5；诗18:7［17:8］＝撒下22:8；赛5:25；64:1；耶4:24；结38:20；鸿1:5。海岛颤抖——结26:18。

⑥ Aune, *Revelation* 6－16,415－16.

⑦ Thomas, *Revelation* 1－7,450－51；亦参35。由于Thomas是以线性的方式来读启示录，因此他认为第六印并非末日的审判，而只是“大灾难中”，人所要经历的事。就释经的角度而言，Thomas其实也无法百分之百遵循字面含义的释经法。在他无法合理解释之处，他也必须承认约翰使用了“类似诗体（semipoetic）”，或是“夸张（hyperbolic）”语法。以“所有的山岭和海岛被挪移”为例，“*所有的*”，在他的释经中，不表述全面的、全宇宙的，而只是夸张语法。

神审判之威严可畏而有的。在旧约中,这些语言所指的,可以是神借着战争(一国攻打另一国),对巴比伦(赛 13:10－13),以东(赛 34:4),埃及(结 32:6－8),这些以色列敌人的审判,也可以是神对以色列人的审判(珥 2:10;30－31)。在诗篇 18[17]篇那里,这些"天摇地动,日月变色"之语言所描述的,甚至可以是大卫胜过仇敌的战争。① 因此在旧约中,这些语言是象征性的语言。② 此其一。

第二,就第六印本身而言,我们也在其中看见许多约翰要求其读者,以象征语言来解读这段经文的线索。(1)和其他六印一样,第六印是由羔羊(一个象征)所揭开的;而其揭印动作的本身,也具有象征意义(带出神的审判)。(2)在前面我们已经看见,就结构而言,12－14 节是以"地—天—天—地"之交错的方式来呈现的,但在细究之下,我们更看见组成这个结构的,是地、日、月、星辰、天、山岭和海岛等七个元素;而"七"在启示录中,是约翰所使用象征数字中的一个。(3)此一现象其实也出现在 15 节中,因为在那里约翰告诉我们,面临神审判的,有"地上的君王、权贵、将军、富户、壮士和一切为奴的、自主的"。这些词语当然得照字面意义来解释,但皇后、士兵、穷人和工匠等等约翰所没有提及的人等,是否就不在神的审判之下了呢?当然不是,因为当约翰让神审判的对象,以"七组人马"的方式出现时,他们就成为"所有的人"的象征了。因此借着这两个"七",约翰要其读者明白,神的审判是以整个宇宙,是以所有的人为其范围的。(4)在意欲躲避神的审判之际,这七组人马做了一件令人无法想象的事:向山和岩石说话;而他们所期待发生的事,也完全无法令人理解:以岩石为遮蔽,好躲避神的审判。他们的动作和期望,能以字面的意义来理解吗?山会有回应吗?岩石真的可以让神的审判,不降临在他们的身上吗?

第三,若我们从先知们的写作习惯来看,以象征语言来理解第六印的异象,恐怕也是比较合理的。举例来说,在耶利米书 50:35－46 中,先知给了我们一段巴比伦将要被神审判的预言。在 35－38 节中,神说刀剑(35－37)和干旱(38)将要临到他们,因此巴比伦将要成为一个了无人烟、无人居住的地方(39－40)。不单如此,在接下来的经文中,神更预告巴比伦将要被一个从北方而来之民族攻打(41－46)。从其内容来看,巴比伦所要遭受的,的确悲惨,因为神的审判实在非同小可。但若我们从先知的文学手法来看,他在这段经文中,显然使用了两种"引经"的方式。(1)若将这段经文中的 39－40 节,和以赛亚书 13:19－22 互相参照,耶利米对巴比伦无人居住的描述,像是"只有旷野的走兽和鸵鸟在其中居住"的说法,显然是和该段经文互相平行的;而"必无人住在那里,也无人在其中寄居"的话,更是从前面神对以东审判之言而来(耶 49:18)。

(2)若将耶利米书 50:41－43 和 6:22－24 对比,我们更看见这三节描述巴比伦

① 见诗 18:3,7,37－50。亦见,撒下 22:1－51。
② Beale, *Revelation*, 397.

被攻打的经文，是和该段描述以色列人被敌人攻打的经文，完全一致；而二者的差异，只在后者将锡安（以色列）换成了巴比伦而已。此一“照抄经文但换名字”手法，也一样出现在耶利米书50:44－46中，因为这段经文也是从49:19－21而来（以东受审判）。这个现象显示，先知们对他们所使用文字之字面含义的掌握，并不像我们所想象的那样严格。一段描述以色列人（或是以东）受审判被刑罚的文字，仅仅在换了名字之后，就可以成为巴比伦受审判的预言。敌人的出处——北方/地极（耶6:22;50:43）；他们所使用的武器——弓和枪（耶6:23;50:42）；他们的性情——残忍不施怜悯（耶6:23;50:42）；以及受刑罚者的反应——发软、痛苦，仿佛产难的妇人（耶6:24;50:43）等等，都可以是完全一致的。

在旧约中，例证（2）当然是比较特殊的一个，因为在多数的经文中，我们所看见的，是例证（1）的情况。① 也就是说，当先知在预言未来之时，不论是将来的审判或是复兴，他们多会以神过去在人类历史中所行之事，作为蓝本。② 而在此同时，他们也会采用前面经文中所使用的语言（如案例1中的暗引），来描述未来的事件。就神学义含而言，先知们的引经手法，不论是“全文照抄”或是“部分暗引”，都显示他们对“神是历史之主”的了解，但就释经而言，这两种“引经”手法也要求我们，不能全以字面含义来解释经文，因为他所使用的词语，已经成为惯用的“成语”了。③ 他们在经文中出现的目的，不单在描述一个情境，也身负着联系过去和未来的责任。

就启示录而言，我们已经知道约翰熟知旧约，也依循先知的文学手法，大量的暗引了旧约经文。④ 因此我们恐怕也必须以这个方式，来理解他在第六印中所看见的异象。在先知以及约翰的时代中，日月是定年岁、分季节的依据，星辰则是航海者所据以定方向的“指南针”，而山岭和海岛，更是稳定的象征和避难的所在。因此为强调神审判的严重性，为描述神向人“宣战”的全面性，有什么比飞沙走石的地震、日昏月暗的异兆，以及天空消失，山岭和海岛都移了位的现象，来得更为合适的呢？人类所立足的地，所赖以定下生活节奏的日月，往来行走所依据的星辰，以及他所安身立命的世界，都彻底瓦解了，有什么比这个更为可怕的呢？

在约翰写启示录的时代中，自然界中的各式反常现象，像是日蚀、月蚀、彗星、红

---

① 类似的例子，在“从北方而来之敌人”的传统中，也一样出现（参，赛5:26－30；耶1:13－15；4:5－8，11－17，19－21，23－26，29－31；5:15－17等等；结38－39；哈1:5－11）。详见，笔者的博士论文（Ezekiel in Revelation: Literary and Hermeneutic Aspects［U. of Edinburgh, 1999］，96－104）。

② 例如，神在创世记19:23－28对所多玛的审判，就成为后续历史中神审判的模型（参，申29:23；赛1:9；13:19；耶49:18；50:40；摩4:11；番2:9；太10:15；彼后2:6；启11:8等等）。

③ 亦参，Mounce, *Revelation*, 161; Beale, *Revelation*, 396; J. Fekkes, *Isaiah and Prophetic Traditions in the Book of Revelation*, 163－66。

④ 见概论部分有关“在启示录中的旧约”的讨论。有关启示录和旧约先知文学之间关系的论述，见F. D. Mazzaferri, *The Genre of the Book of Revelation*, 259－374。

雨、大雹、晴天霹雳、怪异的声音、地震、雕像流泪/自行移动,以及动物的反常行为等等,都是人们所关切的事物,因为他们认为这些是天上神祇发怒,或是天上神祇要显明其旨意的记号。因此当这些反常现象发生之后,解释和弥补赎罪的动作,就必然跟着出现。古人重视异兆的现象,也反映在罗马史学家的记录中,因为在写史之际,即便作者本人对异兆之意义心存怀疑,他也会附上当年所发生异兆的详细记录。

和这些包罗万象的记录相较,启示录中的异兆只有两类:天上的(打雷、闪电、大雹、日月变色、星辰落地)①和地上的(地震、海河泉源变血、饥荒、动物的反扑)。② 此一现象不单显示启示录依赖旧约之深,因为约翰在异象中所见异兆,都来自旧约;也在同时反映出约翰对异兆的看法:原本反映了神的荣耀,为了人的好处,并已交给人管理的天地(包括海),在神以宇宙之主的身份降临之时,却都颤惊变色。因此神审判的威严可畏,不单在这些异兆中完全显示出来,而这些异兆的本身,也成为人虽见异兆,却硬着颈项、不肯悔改的最大反讽(启 6:15 – 17;9:20 – 21;16:9)。而这正是我们在接下来的经文中所看见的事。

6:15 – 17 地上的君王、权贵、将军、富户、壮士和一切为奴的、自主的,都藏在山洞和岩石穴里。[16]向山和岩石说,倒在我们身上吧,把我们藏起来,好避开坐宝座者的面目和羔羊的忿怒。[17]因为他们忿怒的大日到了,谁能站立得住呢?(καὶ οἱ βασιλεῖς τῆς γῆς καὶ οἱ μεγιστᾶνες καὶ οἱ χιλίαρχοι καὶ οἱ πλούσιοι καὶ οἱ ἰσχυροὶ καὶ πᾶς δοῦλος καὶ ἐλεύθερος ἔκρυψαν ἑαυτοὺς εἰς τὰ σπήλαια καὶ εἰς τὰς πέτρας τῶν ὀρέων, [16] καὶ λέγουσιν τοῖς ὄρεσιν καὶ ταῖς πέτραις, Πέσετε ἐφ' ἡμᾶς καὶ κρύψατε ἡμᾶς ἀπὸ προσώπου τοῦ καθημένου ἐπὶ τοῦ θρόνου καὶ ἀπὸ τῆς ὀργῆς τοῦ ἀρνίου, [17] ὅτι ἦλθεν ἡ ἡμέρα ἡ μεγάλη τῆς ὀργῆς αὐτῶν, καὶ τίς δύναται σταθῆναι)

在前面我们已经提及,“地上的君王、权贵、将军、富户、壮士和一切为奴的、自主的”,这七组人马所代表的,是这个世上“所有的人”。在上下文中,此一理解是十分恰当的,因为神既是这个世界之主,那么祂审判的范围,当然是所有的人了。

这七组人马可以分为两类。③ 第一类是前面五个,因为他们所代表的,是在政治,军事,商业和社会中,有权有势之人;而第二类则是以“一切为奴和自主的”为代表

---

① 6:12 – 13;8:5,8,10,12;16:13.

② 6:6,8;8:5,9;16:3 – 4,18. 有关第一世纪之人对异兆的看法,以及启示录中之异兆的归纳,见 Aune, *Revelation* 6 – 16,416 – 19。

③ Beale 认为这七组人马中的前三个,是来自七十士译本的以赛亚书 34:12。在前面我们已经看见,6:13 – 14 中的“星辰坠落”和“天如书卷卷起来”的说法,都是由以赛亚书 34:4 而来,因此这个看法是可能的(*Revelation*, 399)。若此说属实,那么约翰在此所做的,就是将以赛亚书中的三组人马,放大为七组人马了;而这个“放大”的举措,和他将“大风”,“整个[月亮]”等元素加入经文中的目的,是完全一致的。

的普罗大众。和七印以及七号之“4＋3”的模式相较，这个“5＋2”的比例，似乎有些失衡，但是这正显示出神审判的权柄，不单超越所有的人，也更胜过世上一切的强权。这个面向的真理，不单在“5＋2”的比例中，显示了出来，也隐藏在本节经文和13:16的对比中，因为在那里约翰让我们看见，兽所统管的，只有六组人马：“大小、贫富、自主的和为奴的。”①事实上，此一对比不单显示神审判的权柄，更在另外一方面显示，此处七组人马所指的，是那些跟随兽，并拜兽像的人（启13:11－18）。

像亚当和夏娃一样（创3:8），当神的审判来临之时，世上那些拜偶像的人，无论是有权势的，或是没有权势的，都只能以躲避作为他们的反应：“藏在山洞和岩石穴里”。此语出自以赛亚书2:10，19－21，而该处经文所描述的，正是耶和华神末日显现之时，那些敬拜偶像之人，为躲避耶和华的惊吓和荣光，所唯一能做的事。②

神审判之威严可畏，不单在人将自己藏在山洞和岩穴里面的行动中表现出来，更显示在他们向山和岩石所说的话中：“倒在我们身上吧，把我们藏起来，好避开坐宝座者的面目和羔羊的忿怒。”在此向山和岩石呼喊的说法，是从何西阿书10:8b而来：“他们对大山说，遮盖我们，对小山说，倒在我们身上。”③从这节经文的上下文中，我们晓得向大小山说话的，是以色列人，而他们之所以会发出如此绝望的呼喊，是因为神因着他们拜偶像之罪，要向他们降罚了。④ 在引用这个旧约经文时，约翰做了两个调整。第一，将两个动词对调，即，将“倒在”放在“藏/遮盖”之前，因为这是比较合乎逻辑的次序；第二，以岩石来取代“小山”。此一变更是为适应上文，因为在前面引用以赛亚书第二章之时，岩石洞穴就已经成为人躲避神的所在了。这个暗引旧约的案例，可说是“类比式”的引用⑤，因为虽然在何西阿书中受审的，是以色列人，而在启示录中受审的则是世上之人，但他们受审的原因，却都是拜偶像的罪。

从这些人向山和岩石的呼吁中，我们看见他们宁可面对死亡，而不愿意面对神的态度，因为他们要山石倒在他们身上，为的是要避开坐宝座者的面目和羔羊的忿怒。在前面我们已经知道以赛亚书2:10，19－21，是山和岩石之旧约出处；而在那里，我们

---

① 在19:18那里，再临基督所胜过的，是八组人马：君王，将军，壮士，骑马的，自主的，为奴的，大的和小的。和神所审判的七组人马相较，八组人马似乎更胜一筹，但在19:18那里我们将要看见，这八组人马是以“两个两个”的方式出现的，因此19:18中只有“四匹人马”，而此设计，是为了要反映以西结书39:17－20，也就是约翰在那里所暗引的旧约经文。

② 有关这个暗引旧约个案的详细讨论，见C. G. Ozanne, The Influence, 102－03; J. Fekkes, *Isaiah and Prophetic Traditions in the Book of Revelation*, 161－63。

③ 有关这个暗引旧约个案的详细讨论，见L. P. Trudinger, The Text, 64－65; C. G. Ozanne, The Influence, 103。

④ D. Stuart, *Hosea-Jonah* (Waco: Word Book, 1987), 163－64; T. McComiskey, *Hosea* in *The Minor Prophets* Vol. 1 (Grand Rapids: Baker, 1992), 169－70.

⑤ 详见页73。

也三次看见以色列人之所以会躲到山洞中,是因为他们要躲避耶和华的惊吓和祂威严的荣光(赛 2:10,19,20)。因此从文学手法的角度来看,约翰在 15 - 16 节中所做的,其实是将何西阿书 10:8b,加入了他所暗引的以赛亚书之经文中。此一融合两处主题相同经文的手法,可说是天衣无缝,并且也让他的末日图画,比两处旧约经文都来得更具有戏剧性和临场感。但若从其内容来看,约翰却将以赛亚"躲避耶和华"的语言,转化为"躲避坐宝座者的面目",并在其后又加上了"羔羊的忿怒"。对于前者,许多释经者都准确地以 4:2 作为解释,因为在那里约翰已经以"坐宝座者"的方式,作为神的"代名词"了。但是对于后者,学界则有不同见解。有人认为"羔羊"和"忿怒"是两个彼此冲突的概念,因此这一句话并非约翰所写,乃是后人所加。① 但是若我们从启示录 5 - 6 章来看,"羔羊的忿怒"在此出现,其实是完全合理的。祂虽然是被杀的羔羊,但也是犹大家的狮子(5:5);祂是唯一配从父神手中拿书卷,并揭开七印,带出神审判的那一位,因此在神末日审判降临之时,人所要逃避的,当然也包括了"羔羊的忿怒。"事实上,约翰将"羔羊"和父神并列的举措,是我们在前面已经多次看见的了。因此若"羔羊的忿怒"没有在此出现,我们反倒应该觉得奇怪才是。

在面对死亡或是活着面对神审判的抉择中,人宁可选择前者,因为"他们②忿怒的大日到了,谁能站立得住呢?"在旧约中,以"耶和华的日子","耶和华的大日子","耶和华忿怒的日子",甚或是"那日子",作为"末日"之代名词的经文,可说是多如牛毛。③ 但和此处经文最接近的,应是约珥书 2:11b,"耶和华的日子大而可畏,谁能忍受的住呢?"④在前面我们已经知道,除了"地震"的元素之外,第六印是以约珥书 2:31 的"日月变色"为始的,因此约翰在此再次以暗引约珥书第二章,作为第六印的结束,是十分恰当的。⑤ 此一在引经方法上的适切性,也一样出现在文脉逻辑中,因为不论这句话是出自世人之口,⑥或是约翰自已对第六印的结语,⑦这个问句其实相当准确的总结了第六印的内容。在如此令人毛骨悚然的异兆中,神审判的可畏可说是再无疑义。谁能躲避得了呢?谁能在神和羔羊的忿怒中,站立得住呢?

---

① 例如,Aune, *Revelation* 6 - 16,420。亦参,Charles, *Revelation I*, 182 - 83 中之讨论。

② 有古卷在此作"他(αὐτοῦ)",因此指向羔羊。但"他们(αὐτῶν)"是比较困难的经文,因此应属原始经文。详见 *TCGNT*, 739 - 40。

③ 耶和华的日子(赛 13:9;珥 1:15;2:1,11;3:14;摩 5:18,20;番 1:7;亚 14:1 等等);耶和华的大日子(番 1:14);耶和华忿怒的日子(番 1:18;2:2,3);那日子(赛 2:17,20;5:30;耶 4:9;何 2:21;摩 8:9 等等)。

④ 有关这个暗引旧约个案的详细讨论,见 L. P. Trudinger, *The Text*, 114 - 15; C. G. Ozanne, *The Influence*, 103 - 04。亦参,约珥书 3:4;西番雅书 1:14;那鸿书 1:6;玛拉基书 3:2。

⑤ Beale, *Revelation*, 401.

⑥ Beckwith, *Apocalypse*, 528 - 30; Charles, *Revelation I*, 183.

⑦ Beale, *Revelation*, 401.

从前面的分析中，我们已经清楚看见，第六印之重点，在描述神审判之威严可畏。但第六印所描述的，究竟是末日来临前的审判（例如，七年大灾难的试炼），还是末日的审判？对那些以“线性”方式来理解启示录的人来说，末日审判是在启示录后面才要出现的（19:11－21;21:11－15），因此在第6章中所出现之第六印的审判，当然就不是末日的审判了。① 但在前面导论的部分，我们已经晓得，启示录的文学特色之一，就是“重复”；而这个特色的含义，就是我们必须避免以线性的方式，来理解启示录。② 就目前我们所关注的第六印来说，它和启示录其他经文之间的呼应，也显示第六印的审判，其实就是末日的审判。怎么说呢？

第一，在分析第五印时，我们已经晓得神要殉道者忍耐等候的原因，是因为殉道者的数目还没有满足（6:11）。因此若我们从反面来解读这句话，它的意思就是，在末日神将要为他们伸冤。因此从上下文的角度来看，第六印显然就是第五印中所暗指的末日审判。③ 此一见解也被第六印之内容所支持，因为这个审判的宇宙性（地、日、月、星辰、天、山岭、海岛等七个元素）和全面性（君王、权贵、将军、富户、壮士和一切为奴的、自主的等七组人马），都显示第六印所说的，是总结一切的末日审判。不单如此，在前面我们已经提及，第四印是前四印的总结，而此灾所能杀害的，只有这个世界中1/4的人口。就其下文来看（第五印），这个限制是引发殉道者呼吁神为他们伸冤的原因，但若我们将第四印和第六印相较，第六印的宇宙性和全面性就更明显了。

第二，在第六印和第六到第七碗（16:12－21）这两段经文之间，有许多字面上的联系：

(a) 6:12a 大地震（σεισμὸς μέγας ἐγένετο）
16:18 大地震（σεισμὸς ἐγένετο μέγας）
(b) 6:14 山岭海岛被挪移（πᾶν ὄρος καὶ νῆσος ... ἐκινήθησαν）
16:20 各海岛都逃避了，众山也都不见了（πᾶσα νῆσος ἔφυγεν καὶ ὄρη οὐχ εὑρέθησαν
(c) 6:17 他们忿怒的大日子（ἡ ἡμέρα ἡ μεγάλη τῆς ὀργῆς αὐτῶν）
16:14 全能神的大日子（τῆς ἡμέρας τῆς μεγάλης τοῦ θεοῦ τοῦ παντοκράτορος

在后面我们将会看见，第七碗是七碗之灾的最高峰，是末日的审判，因此这些字面上的呼应，显示第六印是末日的审判。

① 例如，Thomas, *Revelation* 1－7, 451－52。
② 亦参，Osborne, *Revelation*, 269－70。
③ Beale, *Revelation*, 398.

第三,类似的情况也出现在第六印,和基督第二次再来审判世界的经文之间(19:11－21):

6:15	19:18
地上的君王(οἱ βασιλεῖς τῆς γῆς)	君王的肉　(σάρκας βασιλέων)
权贵(οἱ μεγιστᾶνες)	
将军(οἱ χιλίαρχοι)	将军的肉(σάρκας χιλιάρχων)
富户	
壮士(οἱ ἰσχυροὶ)	壮士的肉(σάρκας ἰσχυρῶν)
一切为奴的,自主的 (πᾶς δοῦλος καὶ ἐλεύθερος)	一切自主的,为奴的肉 (σάρκας πάντων ἐλευθέρων τε καὶ δούλων)

除了这些字面上的联系之外,这两段经文所本之旧约经文,其主题也都是耶和华末日的审判。① 因此从这个角度来看,第六印所言也应是末日审判。

附录三　六印和耶稣末日教训之间的关系(6:17)

在前面经文释义的部分,我们已经约略提及,启示录第六章的内容,和那些记录在符类福音中,耶稣有关末日的教训之间(太 24;可 13;路 21),有许多彼此平行的地方。

---

① 19:18 背后的旧约是以西结书 39:17－20。详见该处注释。事实上,从 Fekkes 的整理中,我们可以看见第六印,以及其他论及末日审判之章节的旧约经文,都是以"耶和华的日子"为其主题(*Isaiah and Prophetic Traditions in the Book of Revelation*, 78):

启示录	描述	旧约出处
6:12b	日头变黑,满月变血	约珥书 3:4
6:13	星辰落下	以赛亚书 34:4b
6:14a	天如书卷卷起	以赛亚书 34:4a
6:15a	人躲避神的面	以赛亚书 2:19;10;21
6:16a	呼求山遮盖他们	何西阿书 10:8;cf. 路 23:30
6:16b	躲避神和羔羊的忿怒	以赛亚书 2:19
14:15b－16	收割庄稼	约珥书 3:13
14:18b－19a	收取葡萄	约珥书 3:13
14:19b－20a	踹神的酒榨	以赛亚书 63:1－3;约珥书 3:13
19:13a	穿了溅了血的衣服	以赛亚书 63:3
19:15c	踹神的酒榨	以赛亚书 63:1－3;约珥书 3:13
19:17,21b	呼召飞鸟赴大筵席	以西结书 39:17
19:18a	飞鸟吃肉	以西结书 39:18,20
20:8－9	歌革和玛各	以西结书 38－39

此一现象早就为学者们所注意，并且也成为他们解释启示录之时，所依赖的线索之一。

对耶稣的末日教训，学者们有三种看法：(1)末日之事；(2)耶路撒冷城在公元70年被毁之事；(3)以上皆有。这些见解当然各有其理据，也十分值得深入探究，但是由于我们在此的焦点，是启示录和耶稣教训之间的关系，因此对此就不多说什么。为方便讨论起见，我们先将耶稣末日教训，和启示录第六章的内容，胪列于下：

马太福音 24 章	马可福音 13 章
1 假基督出现，迷惑许多人(5) 2 打仗和打仗的风声(6) 3 民要攻打民国要攻打国(7) 4 饥荒(7)	1 假基督出现，迷惑许多人(6) 2 打仗和打仗的风声(7) 3 民要攻打民国要攻打国(8) 4 地震(8)
5 地震(7) (灾难的起头；8) 6 逼迫(9－14) (忍耐到底的必然得救；13) 7 耶路撒冷被毁(15－22) 8 假基督和假先知出现(23－28) 9 人子降临 a 日头就变黑了，月亮也不放光，众星要从天上坠落，天势都要震动(29 30) b 从四方(风)招聚选民(31)	5 饥荒(8) (灾难的起头；8) 6 逼迫(9－13) (忍耐到底的必然得救；13) 7 耶路撒冷被毁(14－20) 8 假基督和假先知出现(21－23) 9 人子降临 a 日头就变黑了，月亮也不放光，众星要从天上坠落，天势都要震动(24－26) b 从四方(风)招聚选民(27)
路加福音 21 章	**启示录 6 章**
1 假基督出现，不要跟从他们(8) 2 打仗和搅乱的事(9) 3 民要攻打民，国要攻打国(10) 4 地震(11) 5 饥荒(11) 6 瘟疫(11) (异象和神迹；11) 7 逼迫(12－19) (常存忍耐，就必保全灵魂；19) 8 耶路撒冷被毁(20－24) 9 人子降临 a 日月星辰要显出异兆。地上的邦国也有困苦。因海中波浪的响声，就慌慌不定。天势都要震动，人想起那将要临到世界的事，就都吓得魂不附体(25－28)	1 白马骑士(冠冕，弓) 2 红马骑士(使人彼此相杀，大刀) 3 黑马骑士(饥荒) 4 灰马骑士(瘟疫/死亡，阴间) 5 逼迫-祭坛下的灵魂 6 地大震动。日头变黑像黑毛布，整个月亮变红，像血一样。天上的星辰坠落于地，好像无花果树被大风摇动，落下它没有成熟的果子一样 7 四风(7:1－3)

从上表中,我们可以观察到几件事情。第一,在三卷福音书之间,有一些细微的差异:(a)和马可、路加相较,马太将饥荒放在地震之前;(b)和马太、马可比较,路加则是多了"瘟疫";(c)在耶路撒冷被毁的段落之后,路加没有如马太、马可般的,再次提及假基督的出现;(4)在人子降临的叙述中,路加除了在文字上和马太、马可有些不同之外,也没有"从四方招聚选民"的说法。但就整体的顺序而言,符类福音所记载之耶稣末日教训,基本上是一致的。

第二,就启示录和个别福音书之间关系而言,启示录在"瘟疫",以及没有再次提及"假基督"的这两方面,和路加福音比较接近;但若考虑第六印的用词遣字,以及"四风"这两个元素,启示录显然更靠近马太和马可。因此我们实在不容易判断,启示录究竟和哪一卷福音书比较接近。但总的来说,无论就顺序和内容而言,启示录第6章中的六印,和第7章中的"四风",是和符类福音互相呼应的。对此一现象,学界中有人认为约翰在此是以福音书为本,或是以福音书所根据的文献为本,①而有人则认为启示录之所以和符类福音如此接近,是因为他们都是根据同一个传统来建构的。②这两个看法都有可能,但我们恐怕无法确定何者较接近真相。就释经的意义而言,此一平行关系建议我们以"假基督"的含义,来理解第一印中的"白马骑士"。③

第三,虽然在整体上,启示录是和符类福音彼此平行,但是在某些地方,六印又和符类福音有所不同。(a)在三卷福音书中都出现之"耶路撒冷被毁"的元素,却在六印中完全消失。若我们在前面所说的是正确的话,即,启示录是在公元95年间所写,那么这个元素消失的原因,就十分明显了,因为此时耶路撒冷已然被毁。④

(b)在符类福音中,战争、饥荒、地震和瘟疫,是属"灾难的起头",但是在启示录中,约翰却将"地震"这个元素,放到了第六印中。有人认为此举是因为"地震"无法如战争,饥荒和瘟疫一样被拟人化(骑士),因此就被移位了。⑤ 但更可能的原因是,在启示录中,约翰根据旧约中有关神显现的传统,而将地震归属于神末日审判的范围了。⑥ 这个更动并不表示约翰不同意耶稣的看法,因为在旧约中,地震也可以是那些发生在末日前,并引进末日审判的记号之一。⑦ 约翰将"地震"局限于末日审判的目

---

① Charles, *Revelation I*, 159.

② L. A. Vos, *The Synoptic Traditions in the Apocalypse*, 192.

③ 详见上注中 L. A. Vos 的讨论(页 187－91)。

④ *Ibid.*, 187.

⑤ Charles, *Revelation I*, 160. Charles 认为"地震"被移到第六印的另一个原因,是因为前四印的焦点,在战争和其后续结果,在社会的解构。

⑥ R. Bauckham, *The Climax*, 202－09.

⑦ J. M. Court, *Myth and History in the Book of Revelation* (London: SPCK, 1979),46;旧约经文索引,见注8。

的，只是为了要强调末日审判的宇宙性而已。[1]

（c）在符类福音中，假基督的出现，战争、饥荒、地震和瘟疫，是人子显现之时的记号（τὸ σημεῖον；太 24:3；可 13:3－4；路 21:7,11），但是在启示录中，这四样灾难（地震已移至第六印了）却是伴随着羔羊揭开前四印而来的。此一将此四灾放在前四印的做法，显示约翰对"灾难的起头"之看法；也就是说，此四灾是从人子从死里复活，得着权柄之后，就已经开始的了。而他在此让*羔羊*带出四灾的设计，也显示了他对"权柄乃由受苦而来"一事的看法。[2]

（d）就形式而言，启示录和符类福音之间最大的不同，在于约翰以十分明确之"七"的架构，来呈现他的末日观。不单如此，在第一到第四印中，约翰更将耶稣的教训，和撒迦利亚书的四马异象，结合在一起。在前面我们已经知道，约翰之所以暗引此一旧约经文，是因为其中所隐含"已经但尚未（already and not yet）"的概念。而从福音书的记载来看，此一概念也是隐含在其中的，因为在马太和马可两卷福音书中，假基督、战争和饥荒，都只是"灾难的起头"（太 24:8；可 13:8），而不是末日的审判（太 24:29－30；可 13:24－26；路 21:25－28）。因此从这个角度来看，约翰在启示录中所呈现"已经但尚未"的末日观，是和撒迦利亚书，以及福音书中的概念一致的。他虽然给耶稣的末日教训，穿上了一件撒迦利亚的外衣，但就其本质而言，他的六印却是耶稣的末日教训的忠实反映。

7:1　此后我看见四位天使站在地的四角，拉着地上的四风，好叫风不吹在地上，海上，和所有的树上（Μετὰ τοῦτο εἶδον τέσσαρας ἀγγέλους ἑστῶτας ἐπὶ τὰς τέσσαρας γωνίας τῆς γῆς, κρατοῦντας τοὺς τέσσαρας ἀνέμους τῆς γῆς ἵνα μὴ πνέῃ ἄνεμος ἐπὶ τῆς γῆς μήτε ἐπὶ τῆς θαλάσσης μήτε ἐπὶ πᾶν δέ νδρον）

从第六章中，羔羊依序揭开六印的逻辑来看，在第七章的一开始，要进入我们眼帘的，应该是"羔羊揭开第七印"之类的语句；但"令人意外"的是，这句话却要到 8:1 才出现。因此多数学者便将启示录第七章，视为夹在第六印和第七印之间的"插曲"。由于此一现象也同样出现在第六号和第七号之间（10:1－11:14），因此这个"暂时脱离正轨"的现象，恐怕是一个有特别目的的设计（详下）。

从 7:1 和 7:9 中的异象起首语来看（此后我看见；此后我观看），[3]启示录第七章明显的是由两个异象所组成：7:1－8；7:9－17。就内容而言，第一个异象所关注的，

---

① 见 6:12－14 的注释。

② 在启示录中，"人子"一语只出现在 1:13 和 14:14 中，但相对于此，"羔羊"则出现了 28 次（见 5:6 注释）。此一比例显示约翰对此真理的重视。

③ Μετὰ ταῦτα εἶδον；Μετὰ ταῦτα εἶδον καὶ ἰδού.

是十四万四千人的受印,而第二个异象中的主角,则是那些聚集在锡安山上,无法数算的人群。因此在本章经文中,我们面对着三个问题。第一,他们是谁?第二,这两个群体是不是同一群人?第三,这两个异象所言之事,是在什么时候发生的?而这三个问题,也都和约翰为什么要将这两个异象,放在第六印和第七印之间的问题息息相关,因此在往后的经文分析中,我们将会陆续回答这些问题,但在目前我们要先来看第一个异象中的前三节经文。

7:1-3是由两个彼此相关的小异象所组成的(1,2-3)。在第一个小异象中,约翰看见四位天使站在地的四角,拉着地上的四风,好叫风不吹在地上、海上和所有的树上。在旧约中,由于神是这个世界的创造者,因此为凸显神的伟大,许多旧约作者便将神描绘为掌控风、雨、闪电等自然力量的那一位。比如说,在耶利米书49:36中,"四风"是神刑罚以拦,①将他们赶散至列国的工具,而在但以理书7:2-3那里,"四风"则是是神将四兽从海中带出来的工具。此一传统也反映在诗篇104篇中,因为在那里诗人为了要凸显神的威严和伟大,他就说神以云彩为祂的车辇,并借着风的翅膀而行(3b);由是风就成了神的使者,而云彩中的闪电(火焰),也就成了神的仆役(4)。② 在七十士译本中,"神以风为使者"一语,更是被译为"神是使祂的天使成为风的那一位"。③

此一"以风为使者",或是"神让天使成为风"的概念,在启示文学作品中,很自然地就成为"天使是替神掌管风的使者"。例如,以斯拉四书8:22就提及,天使被授予掌管风的权柄;④而在以诺三书14:4那里,该书作者甚至将管理火、冰雹、风、闪电、彗星、地震、雪、雨等自然力量之天使的名字,一一列出。⑤ 在启示录中,我们虽然没有看见约翰提及管理自然力量之天使的名字,但是他显然也是以这个方式,来理解自然界之力量的,因为他除了在本节经文中,提及掌管风的天使之外,他也在14:18和16:5中,提到掌管火和众水的天使。

"风乃神手中工具",是上述旧约经文所显示的真理,但是约翰在此处所暗引的,恐怕是撒迦利亚书1:8-17和6:1-8。第一,在前面处理前四印之时间问题时,我们已经知道约翰的四马异象,第五印和本节中的"四风",都是本于这两个撒迦利亚书之

① 以拦位于巴比伦之东,在公元前第七世纪之时,是两河流域中相当重要的一个国家(J. A. Thompson, *Jeremiah*, 728)。

② A. A. Anderson, *Psalm* 73-150, 719; L. C. Allen, *Psalms* 101-150, 33.

③ ὁ ποιῶν τοὺς ἀγγέλους αὐτοῦ πνεύματα.

④ *OTP* 1:542.

⑤ *OTP* 1:266-67.

异象。① 这个理解，在本节经文中变的更为清晰，因为撒迦利亚书6:5不单明言，套着四马的战车乃从天下之主面前出来的“四风”；②而这“四风”，不论在撒迦利亚书中，或是在启示录中（不可伤害），都是神刑罚人的工具角色。

第二，撒迦利亚书1:8告诉我们，先知在夜间所见异象，是“一人骑着红马，站在［临］洼地［之］番石榴树中间。在他身后，又有红马、黄马、和白马”（和合本）。从6:4来看（四马和其所套之车是在普天下之主面前的），出现在先知异象中的，是以红马骑士为首之耶和华的军队。但是他们究竟出现在什么地方呢？而他们又要来做什么呢？学界对“洼地”和“番石榴树”之含义有不同见解。有人认为“洼地”是河谷，③但从字义来看，“深渊”恐怕是比较可能的翻译；④有人认为我们似乎没有必要去探究“番石榴树”的象征意义，⑤但是这个建议却和异象之性质，不相符合。从创世记1－2章来看，此处“深渊”（创1:2）和“番石榴树”（创2:8－9）所反映的，是神为自己设立伊甸圣殿的历史。因此先知撒迦利亚所看见的第一个异象，就为其后的七个异象定下了一个基调，那就是，是神要来重建祂的圣殿。⑥ 在前面我们已经知道，先知撒迦利亚见异象的历史时空，是圣殿的根基已重新立下（536 BC），但因着敌人的搅扰，整个重建的工程却完全停顿了下来；因此借着“在深渊旁（בַּמְּצֻלָה）”，神显示祂对他们所面临之处境的了解，但是借着红马骑士来到“番石榴树中（בֵּין הַהֲדַסִּים）”，神却向祂的子民保证了祂的同在，以及祂对圣殿重建一事的热心（1:14－17）。

就启示录7:1和撒迦利亚书之间的关系来看，我们不单看见“四风”这个共同元素，而从上一个段落的分析中，我们也看见“海＋树木”和“深渊＋番石榴树”之间的对应。因此从这个旧约背景来看，本段经文（7:1－8）中所说十四万四千人受印之事，并非如某些学者所主张，是将要在末日大灾难之前，⑦或是在末日大灾难之中，⑧所要

① 见页486－89。

② Mounce认为撒迦利亚书6:4的意思，是“这四辆马车正往天的四方而去”（*Revelation*, 165, note 1；亦参RSV的翻译）。但这个见解并不为多数译本所支持；详见Beale, *Revelation*, 407；以及R. L. Smith, *Micah-Malachi*, 212；D. L. Petersen, *Haggai and Zechariah* 1－8, 263；T. McComiskey, *Zechariah*, 1105。

③ 例如，T. McComiskey, *Zechariah*, 1034。

④ 例如，C. F. Keil and F. Delitzsch, *Minor Prophets*, 231；M. G. Kline, *Glory in Our Midst*, 6－15。

⑤ 例如，T. McComiskey, *Zechariah*, 1034。

⑥ 有关番石榴树之象征意义，见M. G. Kline, *Glory in Our Midst*, 15－30。亦见，D. L. Petersen, *Haggai and Zechariah* 1－8, 139－43。

⑦ 例如，Charles, *Revelation I*, 196, 209；Bullinger, *Revelation*, 280；Ladd, *Revelation*, 116；Mounce, *Revelation*, 168；Sweet, *Revelation*, 150；张永信，《启示录注释》，页132；Aune, *Revelation* 6－16, 443。

⑧ Thomas, *Revelation* 1－7, 463－64.

发生的事。十四万四千人,就时间而言,乃是在前四印之灾发生之前,就已经受印的了,因为接下来的两节经文显示(7:2-3),受印是发生在天使释放四风(四马)之前的事。因此在7:1的异象中,约翰并非预见未来,反而是回到了过去。① 事实上,这个见解也可以从第七章的上文中得着支持,因为在前面我们已经看见,第六印之灾,并非末日前大灾难的起头,而是末日的审判;在其中,不单天地(6:12-14),连所有的人(6:15-17)都受到了审判和刑罚,因此天地万物无一幸免。但是在本节经文中,地海和树木却还没有受到伤害,因此第七章所言之事,至少是发生在第六印之前的。

天使拉住四风的目的,是要叫风不吹在地上、海上和所有的树上。从7:3来看,天使拉住四风之目的,是要让地、海和树不受到伤害(暂时的)。但是约翰为什么只提及地、海和树木呢?有学者认为在旧约中,树乃人之譬喻,②因此本节经文的重点,在让四风不伤害人,不论他是住在地上,或是住在海上(海岛);又有学者认为"地、海和树木"所代表的,是地和其上的居民。③ 这两个说法都有其可能,但也都太过笼统。在前面我们已经晓得,"海和树"这两个元素,是从撒迦利亚书1:8而来,而在那里,我们也知道树(番石榴树)所象征的,是神的子民,因此本处经文的重点,不单在"人",更在"神的子民"。此一见解可以从如下的两个分析中,得着支持。第一,在希腊文中,此处之"地(τῆς γῆς)"和"海(τῆς θαλάσσης)"是所有格,但是"树(δένδρον)"却是直接受格,因此这个细微的文法变化显示,"不可伤害"的焦点,应在"树",而其含义,是不可敌对(against)"树"。第二,在启示录7:3中,受印的是"神的众仆人",而在7:4-8中,在额上受了印的,更是从以色列12个支派中所出的十四万四千人。

但约翰为什么要在此加上"地"呢?从前面四印之灾,特别是从第四印中"杀害地上四分之一的人"的语句来看,"地"在此的出现,其实并不令人意外。在本节经文中,真正让人惊讶的,是约翰的细心谨慎,因为在撒迦利亚书中,四风(四马)乃由耶和华而出,因此他们是"天的四风"(6:4),但是在启示录中,由于约翰的焦点在"地",在四风所刑罚的对象,因此他不单将天使放在地的四个角落,也细心的将"天的四风",转化为"地的四风"了。

7:2-3 我又看见另有一位天使,从日出之地上来,拿着永活之神的印。他就大

① Weiss, *Offenbarung*, 72; Hendriksen, *More than Conquerors*, 111; Morris, *Revelation*, 110; Beasley-Murray, *Revelation*, 142; Beale, *Revelation*, 404,408.

② 例如,Ford, *Revelation*, 115-16; Chilton, *Days of Vengeance*, 203。相关旧约经文,见,出15:17;士9:8-15;诗1:3;92:12-14;赛2:13;61:3;耶17:5-8;结31:14;亦参1QH8:5-6。

③ Beale, *Revelation*, 407.

声向那得着权柄能伤害地和海的四位天使喊着说：[3]不可伤害地与海并树木，直等到我们印了我们神众仆人的额为止（καὶ εἶδον ἄλλον ἄγγελον ἀναβαίνοντα ἀπὸ ἀνατολῆς ἡλίου ἔχοντα σφραγῖδα θεοῦ ζῶντος, καὶ ἔκραξεν φωνῇ μεγάλῃ τοῖς τέσσαρσιν ἀγγέλοις οἷς ἐδόθη αὐτοῖς ἀδικῆσαι τὴν γῆν καὶ τὴν θάλασσαν λέγων, [3] Μὴ ἀδικήσητε τὴν γῆν μήτε τὴν θάλασσαν μήτε τὰ δένδρα, ἄχρι σφραγίσωμεν τοὺς δούλους τοῦ θεοῦ ἡμῶν ἐπὶ τῶν μετώπων αὐτῶν）

风起云涌，蓄势待发，可说是上节经文中，四个天使拉着四风不放的异象，所创造出来的张力。但此一剑拔弩张、暴风将至的气氛，只是要为2－3节的异象，提供一个背景而已。因为在这两节经文中，我们将看见天使拉着四风而不放的真正原因。

约翰在异象中所见天使，乃由日出之地上来，也就是由东方出现。在旧约中，东方乃属神的方向：伊甸园在东方（创2:8），会幕的门是朝向日出之地（民2:3;3:38;21:11），而耶和华神的荣光重新降临耶路撒冷，也是由朝东之门而入（结43:1－2）。在新约中，来朝见婴孩耶稣的博士，也是由东方而来（太2:1）。我们不十分清楚此一天使由日出之处现身，是否和这个传统有关，但不论如何，他肯定是带着极大的善意和祝福而来，因为在他的手中，有永活神的印章。①

在1:18a那里，我们已经知道，当旧约或是新约作者，以"永活"一语来描述神的时候，他们所要强调的，不只是神的永存性，更在凸显神大能的面向；而这个面向的真理，通常是在神审判世界的事上，或是在祂拯救属祂子民的行动中，得着彰显。在7:2－3中，显然后者是约翰所见异象的重点，因为在天使手中所有的，是神的印章。

"印章（σφραγῖδα）"是古人为表达所有权，而在物件、动物或是奴隶身上所盖的印记。此一印记可以是以石质或是铁质印章，在物件上所留下的印痕，或是以刺青的方式，所留下的记号。② 因此若一个"印记"是来自帝王或是达官显要，它除了显示所有权之外，也带着保护的意涵。

对此异象，多数学者都认为其旧约背景是以西结书第九章。从以西结书第八章来看，特别是8:18来看，我们晓得先知所见异象之焦点，是神的刑罚，因为以色列人一而再再而三敬拜偶像之举，已经惹动了神的忿怒。因此在第9章中，六个手拿兵器的人就出现了（9:1）。但在此浓厚肃杀气氛中，我们却也看见另一个天使，手拿墨盒

① 在启示录16:12那里，要来和圣徒争战的众王，也是由日出之地而来；但这很可能是约翰所使用的反讽手法。因为其上文显示，他们之所以可以由东方而来，是因为管第六碗之灾的天使，先让伯拉大河（即，幼发拉底河）干涸了。

② 相关历史背景之叙述，见 *EDNT* 3:316－17；Aune, *Revelation* 6－16, 456－59。

子,要在那些对拜偶像之事不以为然(哀哭)之人的额头上,画上一个记号,①以显示他们是属于神的,并因此让他们得以免去死亡的刑罚(结 9:4-6)。此一记号和以色列人离开埃及的那一个夜晚,在门上所涂羔羊之血(出 12),以及妓女喇合在其窗户上所系朱红线绳(书 2:18-21;6:22-25)有相同意义,因为这些记号都让当事人得以免去神的审判和刑罚。② 因此从这个旧约背景来看,此天使在人额上印上记号,也有相同的效果。

但这个印记,究竟是怎样的记号呢?是洗礼吗?③ 还是圣灵(林后 1:22;弗 1:13;4:30)?从 14:1 来看,此记号显然是羔羊和父神的名字,因为和羔羊在锡安山上的,是那些额上有他们名字的十四万四千人(亦参,3:12;22:4)。但在这十四万四千人的额上,不论他们是谁(详下),果然有神和羔羊的名字吗?当然不是,因为"额上有名"只是一个象征性的说法,而其含义,只在表达他们是属神的。因此从一个比较宽广的角度来看,外在仪式的洗礼,和圣灵的内住,都包括在天使"印上印记"的动作中,④因为是在这一体两面的事件中,我们才得以成为属神的子民。用我们比较熟悉语句来说,"印上印记"的意思,就是得着救恩。⑤

但此印记可以让十四万四千人,免去怎样的刑罚呢?在第五号之灾中,从无底坑而出的,是蝗虫之军。他们虽有像蝎子般的能力,可以叫人受痛苦,但是他们所能伤害的,却只有那些"额上没有神印记"的人(9:4)。因此若将此灾的时间点,定在末日前的大灾难,并将蝗虫之军等同于邪灵,那么此印记所能让人免去的,就是在那个时刻中,来自敌基督之灵的影响和攻击。⑥ 此说似乎言之成理,但是它至少有两个困难。第一,在 13:16-17 那里,兽要人在右手或是额上,受一个它的印记;而若人拒绝接受此印记,那么他就无法做买卖。因此来自敌对神势力的攻击,并非只有"灵界"的层面,他们的逼迫也包括了属世经济上的压迫。⑦ 第二,在前面我们已经晓得,四风之灾所指的,是四印之灾(6:1-8),因此神之印记所能产生的保护效果,就是让人可以不会受到前四印之灾的伤害。

但难道战争、饥荒、瘟疫和死亡的灾难,是有选择性的吗?难道这十四万四千人

---

① 此一记号是希伯来文的最后一个字母"ת"。在古希伯来文中,这个字母的形态,可能是"+"或是"×",因此有些教父就认为这是"十字架"的预告(L. C. Allen, *Ezekiel* 1-19,148)。

② D. I. Block, *Ezekiel* 1-24,307.

③ 例如,Boring, *Revelation*, 129; Roloff, *Revelation*, 97。

④ Johnson, *Revelation*, 478; P. E. Hughes, *The Second Epistle to the Corinthians* (Grand Rapids: Eerdmans, 1962),41-45.

⑤ Beale, *Revelation*, 410-12.

⑥ Charles, *Revelation I*, 196.

⑦ 有关七号和七印(特别是第五印)之间的关系,见 8:2-5 的注释。

可以不经历这些事吗？当然不是。在前面我们已经提及，以西结书第九章是此处经文的旧约背景。从该旧约经文的文脉中，我们知道先知所见异象（结8－11），是他在被掳之地巴比伦，对过去他们所经历之事的回顾，是他对被掳一事的反省。① 他明确指出，他们过去在信仰上的背道（8:3－18），和整个社会上的不公义（11:1－12），是他们之所以会被掳到巴比伦的真正原因。② 但在反省回顾之际，先知在异象中也看见盼望，因为在以色列人中，依旧有那些忠于上帝的人（先知本人即一例）。对他们而言，和百姓一起被掳是必然的事，但是由于在他们额上的印记，他们将不会因着临到他们身上的刑罚，而失去他们的信仰和盼望，因为在先知的异象中，他也清楚指出，在神刑罚并洁净以色列之后，祂将要复兴他们，将新心新灵放在他们里面；他们要再次成为祂的子民，而祂也要再成为他们的神（结11:16－21；亦参，37:26－28）。因此从这个背景来看，在人额头上之印记，不单表明此人是属于神的，也同时显明他是被神所保守的。而此一保守，并非“不经历灾难”，而是“虽经过水火但却不被打倒”（参，诗66:12；来11）。换句话说，此印记所要保守的，不是肉身不受苦难，而是永恒的救恩。③ 毕竟在第五印中，约翰不单清楚指出，殉道之事将要在人类历史中继续发生，直到世界的末了，而在此同时他也让我们看见，白衣是在神为他们伸冤之日来到之前，就已经赐给他们的了（6:9－11）。历代释经者对这两节经文，都做了许多的解释，但耶稣在马太福音10:28－31中所说的话，恐怕比这些批注，都更能帮助我们明白这个异象的含义：

[28]那杀身体不能杀灵魂的，不要怕他们；惟有能把身体和灵魂都灭在地狱里的，正要怕他。[29]两个麻雀，不是卖一分银子吗？若是你们的父不许，一个也不能掉在地上。[30]就是你们的头发，也都被数过了。[31]所以不要惧怕，你们比许多麻雀还贵重。

7:4－8　我听见从以色列各支派中受印的数目，有十四万四千。[5]犹大支派中受印的有一万二千；流便支派中有一万二千；迦得支派中有一万二千；[6]亚设支派中有一万二千；拿弗他利支派中有一万二千；玛拿西支派中有一万二千；[7]西缅

① 参，8:1；L. C. Allen, *Ezekiel* 1－19，168。

② 类似的情况，亦出现在以西结书40－48章中的复兴异象中。详见笔者博士论文Ezekiel in Revelation: Literary and Hermeneutic Aspects (Univ. of Edinburgh, 1999)，174－75。

③ Harrington, *Revelation*, 99; Beale, *Revelation*, 409. 在死海古卷中（CD 19:10－12），以西结书9:4也曾被应用在昆兰团体的身上，即，他们认为在他们额上的印记，将要让他们在灾难中得着保守；而类似的观念亦出现在所罗门诗篇中（15:6－9）。

支派中有一万二千;利未支派中有一万二千;以萨迦支派中有一万二千;[8] 西布伦支派中有一万二千;约瑟支派中有一万二千;便雅悯支派中受印的有一万二千(καὶ ἤκουσα τὸν ἀριθμὸν τῶν ἐσφραγισμένων, ἑκατὸν τεσσεράκοντα τέσσαρες χιλιάδες, ἐσφραγισμένοι ἐκ πάσης φυλῆς υἱῶν Ἰσραήλ· [5]ἐκ φυλῆς Ἰούδα δώδεκα χιλιάδες ἐσφραγισμένοι, ἐκ φυλῆς Ῥουβὴν δώδεκα χιλιάδες, ἐκ φυλῆς Γὰδ δώδεκα χιλιάδες, [6]ἐκ φυλῆς Ἀσὴρ δώδεκα χιλιάδες, ἐκ φυλῆς Νεφθαλὶμ δώδεκα χιλιάδες, ἐκ φυλῆς Μανασσῆ δώδεκα χιλιάδες, [7]ἐκ φυλῆς Συμεὼν δώδεκα χιλιάδες, ἐκ φυλῆς Λευὶ δώδεκα χιλιάδες, ἐκ φυλῆς Ἰσσαχὰρ δώδεκα χιλιάδες, [8]ἐκ φυλῆς Ζαβουλὼν δώδεκα χιλιάδες, ἐκ φυλῆς Ἰωσὴφ δώδεκα χιλιάδες, ἐκ φυλῆς Βενιαμὶν δώδεκα χιλιάδες ἐσφραγισμένοι)

前面的分析显示,在十四万四千人之额上的印记,不单表明了他们是属神的群体,也是神向他们所做"虽经历患难,但不会失去信仰"的保证。因为当人子在世之时,祂也曾说过,"我又赐给他们永生;他们永不灭亡。谁也不能从我手里把他们夺去。我父把羊赐给我,他比万有都大。谁也不能从我父手里把他们夺去"(约 10:28-29)。

但这十四万四千人究竟是谁呢?学界对这个问题曾有过许多的讨论,但在了解这些不同意见之前,让我们先对这段经文做一点基本的观察:(1)从 7:3 中,我们晓得这十四万四千人是神的众仆人。在启示录中,众仆人所指的,是那些领受耶稣之启示的人(1:1);是因着神为他们伸了冤,而在神面前颂赞祂的人(19:1-8)。从 19:10 和与之平行的 22:9 来看,众仆人也是和天使一同为耶稣作见证的弟兄(=众先知),并且是遵守启示录话语的人。

(2)在异象中,约翰似乎并没有看见天使在人的额上盖印,他所得的信息,是由听觉而来(7:3)。而他所听见的,不论是总数十四万四千,或是各支派的一万两千,都是数目;因此数目应是 4-8 节的重点。从整卷启示录来看,此十四万四千应是象征性的语言(12×12×1000),因此我们不应该从字面的意义来理解这个数目。①

(3)在旧约以及第一世纪前后的犹太文献中,有许多以色列 12 支派名册。② 就

---

① 有关启示录象征语法的讨论,见页 136-44。

② 创 29:31-30:24;35:22b-26;46:8-27;49:1-27;出 1:2-4;民 1:5-16,20-46;2:3-31;7:12-83;10:14-27;13:4-16;26:5-62;申 27:12-13;33:6-25;书 13:7-22;士 5:12-18;代上 2:1-8:40;12:24-37;27:16-22;结 48:1-29,30-35; Pseudo-Philo *Biblical Antiquities* 8:6,11-14;25:4,9-13;26:10-11;11QT24;禧年书 28:17-24;32:3;十二族长遗训。

内容和族长顺序这两个角度而言，这些名册少有完全相同的，①因为他们在各自的上下文中，都是为了不同的目的而有的。② 因此从这个角度来看，我们似乎不应该期待启示录 7:4－8 中的 12 支派名册，会和这些名册中的任何一个完全相同。但是和这些名册相较，约翰的 12 支派名册却有几个特别之处。(a)在兄弟中排行第四的犹大，出现在第一顺位；(b)排行第五，为拉结之婢女辟拉所生的但，没有出现，取而代之的，是约瑟之子玛拿西；(c)在多数 12 支派名册中，排名在后之婢女之子（迦得、亚设、拿弗他利），却立即出现在犹大和流便（长子）之后。

(a) 对犹大出现在第一顺位的现象，学者们多从 5:5 来解释，因为在那里约翰指出，基督乃是从犹大支派而出。此一解释是十分可信的，因为在约翰所暗引的创世记 49:8－12 中，雅各就已预言犹大将要高过其兄弟。而此一传统，也早已反映在以犹大支派为首的以色列军队名册中（民 2:3）。在先知以西结预言将来的复兴中，此一传统更得到进一步发展，因为在代表南国的犹大之杖，和代表北国的约瑟[以法莲]之杖合而为一之后（结 37:15－23），犹大支派（大卫王）将要统管这个新的以色列国（37:24）。③

(b) 对但支派消失的原因，学者们则有不同意见。第一，从经文鉴别学的角度，有人认为但支派的消失，是因为抄经者误将“但（Δαν）”写为“玛拿西（Μαν；玛拿西的简写）”，④但此说少有从手抄本而来的支持。第二，某些第五到第六世纪的基督教文献显示，卖耶稣的犹大，是从但支派而出，因此有学者认为但支派在启示录中消失，是因着这个原因。⑤ 此说相当新颖，但这个从第五到第六世纪而来的证据，是否适用于第一世纪末叶的启示录，则十分值得商榷。第三，在旧约中，但支派的名字，多和偶像崇拜连结在一起。例如，士师记 18:30 告诉我们，但支派在落脚于拉亿之后，就为自己设立雕刻的偶像。再举一例，列王纪上 12:25－29 显示，在耶罗波安从南国犹大分裂出来之后，就铸造了两只牛犊，作为以色列国的偶像；他将这两只牛犊，一只安置在伯特利，而另外一只则是在但。不单如此，伪经但遗训（*Testament of Dan*）⑥的作者也

---

① 上注中 21 个旧约名册，没有一个是完全相同的。但创 29:31－30:24 和禧年书 28:17－24；32:3 则是彼此一致。

② 例如，在民数记的七个名册中，利未人就都不在其中。

③ L. C. Allen, *Ezekiel* 20－40, 193; D. I. Block, *Ezekiel* 25－48, 415; Beale, *Revelation*, 417.

④ 例如，Hartwig（文献索引，见 Stuart, *Apocalypse II*, 174, note）；G. V. Sanderson, ‘In Defence of Dan,’ *Scripture* 3/4(1948), 114－15。

⑤ R. E. Winkle, ‘Another Look at the List of Tribes in Revelation 7,’ *AUSS* 27(1989), 53－67，特别是 60－64。

⑥ 写于公元前第二世纪（*OTP* 1:777－78）。

曾指出,在末后的日子,但支派将要反叛犹大支派,而他们的首领将会是撒但(5:4－6)。① 因此根据这些对但支派负面的历史记录和评价,有学者就认为,但支派在启示录第七章中缺席,就是因着这个原因。② 在上述三种见解中,此说的可能性较高,因为这个看法和启示录对偶像崇拜一事之厌恶,彼此相合。③

但是在将但支派"除名"后,为什么约翰要以玛拿西来替补呢?在许多12族长名册中,当利未支派因着其祭司之职而不列名其中时,约瑟的两个儿子,以法莲和玛拿西,通常就替补进去,而让族长的数目维持在12。④ 因此我们的问题是,为什么在启示录中,不是以法莲和玛拿西,而是玛拿西和他的父亲约瑟?对此现象,有学者认为以法莲之所以没有出现,是因为他和但一样,在旧约中,特别是在何西阿书中(4:17－14:8),有着一个恶名。⑤ 而对这同一问题,也有人认为"约瑟"其实是"以法莲",因为在以西结书37那里,当先知论及以色列和犹大两国将要合一之时,他是将"约瑟"和"以法莲",当做同义词来使用的(结37:16,19)。不单如此,在启示录7:4－8所本的民数记1－3中,在数点各支派军力时,"某某某子孙的后代……有多少多少人",是一个固定的形式,但是在论及以法莲支派时,却是"约瑟子孙,属以法莲子孙的后代……"(民1:32);因此约翰可能是受到这两个经文的影响,而以"约瑟"来取代"以法莲"。⑥ 上述这两个看法都有旧约经文的支持,也各自有其优点,因此我们实在无法在他们之间,定出一个高下。

(c)至于约翰将婢女之子(迦得,亚设,拿弗他利),"高升"至犹大和流便(长子)之后的问题,学界则提出了如下的几种解释。第一,启示录7:5c－6的经文错置了,所以应把"迦得,亚设,拿弗他利,玛拿西"四人移至第8节之后。如此一来,大房利亚的儿子(犹大,流便,西缅,利未,以萨迦,西布伦),二房拉结的儿子(约瑟,便雅悯),

---

① 教父爱任纽(Irenaeus)曾指出,但支派没出现在启示录第七章中,是因为敌基督将要从但支派而出(*Adv. Haer.* 5.30.2);而和爱任纽同时代的罗马主教希坡律陀(Hippolytus),也有类似看法(*De Antichristo* 14)。但由于这两人之见解晚于启示录,因此我们实在无法确定约翰是否是因着这个原因,而让但支派消失。

② 例如,Caird, *Revelation*, 99; Mounce, *Revelation*, 169; Beale, *Revelation*, 420－21。

③ Aune认为,但支派的确"恶名昭彰",但是在间约时代中的犹太文献中,他并没有因此被"除名",因此约翰可能不是基于这个原因,而将但支派排除在启示录第七章之外(*Revelation* 6－16,462)。此见解有其可能,但是它是建立在约翰和犹太文献作者,对救恩历史有相同观点的基础之上。在导论部分我们已经晓得,约翰之史观的特色,是以基督为透镜,来看旧约的;而这是当代犹太作者所没有的。若读者想要对这个问题有更多了解,可见,J. M. Vogelgesang, The Interpretation, 2－3。

④ 例如,民1:10;2:18,20;结48:5。亦参,代上12:30－31。

⑤ R. E. Winkle, 'Another Look at the List of Tribes in Revelation 7,' *AUSS* 27(1989),57; C. R. Smith, 'The Portrayal of the Church as the New Israel in the Names and Order of the Tribes in Revelation 7.5－8,' *JSNT* 39(1990),115; Beale, *Revelation*, 421.

⑥ R. Bauckham, *The Climax*, 222.

利亚婢女悉帕之子（迦得，亚设），和拉结婢女辟拉之子（拿弗他利，玛拿西［取代但］），就依序出现了。① 此说很吸引人，但没有任何手抄本是以这个形式出现，因此我们必须拒绝这个建议。第二，约翰的12族长顺序，是从一份既存文件而来，而此文件的作者（以及约翰），并不十分在意这个顺序，是否和他们在家中地位相符合的问题。② 此说有其可能，但我们在前面的分析显示，约翰在编排启示录的结构，以及在用词遣字上，都是十分精准和细腻的，因此这个建议和启示录的文学特性，不相符合。第三，在前面我们已经晓得，犹大排名第一的原因，是因为启示录的主角羔羊，乃出自这个支派的缘故；而但支派的消失，和以法莲为约瑟所取代的原因，也很可能是因着他们和偶像崇拜之间的联系所造成的，因此这两个变更，显示约翰意欲将旧约以12族长为首的以色列国，转化为一个属基督，不拜偶像的属神子民。而若此见解是准确的话，那么约翰将婢女之子高升的举措，则反映了外邦人已进入神国的事实。③ 此说有其可能，因为在启示录中，约翰已经将原来只属以色列人之特权（例如，成为属神的祭司国度），应用在新约教会身上了（1:6；5:9－10），而在七封书信中，人子也曾说那些自称为犹太人的人，乃是撒但一会的（2:9；3:9）。也就是说，在犹太人的不信和外邦人的相信中，"神子民"的范围，已有所改变。但此"内部顺序"的改变，是否足够作为神子民的范围，已发生"质变"的象征，则令人起疑。在启示录中，神子民之"质变"，是在"各国各族各民各方"一语中表达出来的（参，7:9），④因此这个建议可能有"过分夸大其含义"的成分。从约翰行文之准确和细腻的角度来看，此一变动应该不是"无心之作"，但究竟它的含义和目的是什么，我们恐怕不能完全确定。我们至多能说，在神新的国度中，人为的大小，将要被神改变；那些过去在后的，如今将要在前。

但这十四万四千人究竟是谁？学界对此问题有三种不同的看法。第一，对那些将启示录6－22章，视为未来事件的学者来说，这十四万四千人，依其字面含义，是在末日来临前之大灾难中，被神复兴的以色列人（余民）；他们是转向基督的犹太人，因着神的保守，将不会经历殉道之事，因为他们将要在那个困难的时刻中，成为神的见

① G. B. Gray, 'The List of the Twelve Tribes,' *Expositor* ser. 6, 5 (1902), 225－40; Charles, *Revelation I*, 207.

② R. Bauckham, 'The List of the Tribes in Revelation 7 Again,' *JSNT* 42(1991), 113.

③ C. R. Smith, 'The Portrayal of the Church as the New Israel in the Names and Order of the Tribes in Revelation 7.5－8,' *JSNT* 39 (1990), 111－18。若读者想要对此一问题有更多了解，可见 Bauckham 对 Smith 一文的回应（'The List of the Tribes in Revelation 7 Again,' *JSNT* 42 [1991], 99－115）；以及 Smith 对 Bauckham 一文的再回应（'The Tribes of Revelation 7 and the Literary Competence of John the Seer,' *JETS* 38[1995], 213－18）。

④ 详见页466－69的分析。

证人。①

此说简单明了,但是它必须面对几个问题。(1)在启示录1:6和5:9-10那里,我们晓得约翰曾将旧约中专属于以色列人的称号(祭司的国度),加诸在教会身上;而此举措的含义是,在启示录第七章之前,约翰就已经对神的子民,下了一个新的定义。因此当我们来到本段经文之时,我们恐怕不能立即就望文生义的,以字面意义来理解"以色列12个支派"。此一见解有从2:9和3:9而来的支持,因为在那里约翰不单将逼迫教会的犹太人,重新定义为"撒但一会的",并且也指出他们将如外邦人般的,来到真以色列人(教会)的面前下拜。② 在启示录里面,约翰对神新子民最清楚的定义(图画式的),是在21章,因为在那里他将象征神子民的新耶路撒冷城,描述为一个有12个城门和12个根基的建筑物;而在城门和根基上,各有着旧约以色列12个支派,和新约12个使徒的名字(21:12-14)。就功能和实用的角度而言,此一设计当然不可行,但是对约翰而言,这并不是问题,因为他只是要借着这"12+12"的组合,来显明他对神新子民的认识而已。③

(2)在前面我们已经晓得,约翰的12支派名册的本身,有其特别之处,像是以犹大支派为首,或是约瑟和玛拿西父子同时出现,以及但支派的消失等等。因此若我们从这些特点来看,约翰的意图,显然并不是要我们以一个"正常的",或是"传统的"方式,来解读他的12支派名册。再者,约翰以"十四万四千"作为受印总人数的设计,也透露出他要其读者以象征性的含义,来理解此段经文的企图。

(3)和约翰迂回的以"祭司国度",来重新定义"神子民"的方式相较,雅各的手法则是更加直接,因为当他写信给散布在各处之教会时,就直接的称呼他们为"散住在十二支派之人"。④ 此一将教会视为"真以色列人"的观点,也反映在保罗和彼得的诸多书信中;⑤而这个见解,恐怕是本于耶稣向其门徒所发之应许:"到复兴的时候,人子坐在祂荣耀的宝座上,你们也要坐在十二个宝座上,审判以色列十二个支派"(太

---

① 例如,Seiss, *Apocalypse*, 163; Walvoord, *Revelation*, 143; Fiorenza, *Revelation*, 67; Thomas, *Revelation* 1-7,478; Aune, *Revelation* 6-16,443。

② 详见3:9的注释。

③ 详见该处注释。亦参,保罗有关"野橄榄枝"的比喻(罗11:17-24)。

④ 在黑马的比喻篇(Hermas, *Similitudes*)9:16-17中,黑马在论及信徒之时,也曾以"12支派"作为教会之代名词;因为他们是持守神子(the Son of God)之名的人,因为在他们身上有着"神之子"的印记。而这可能是我们目前所知,对启示录7:2-8和21:12-20这两段经文,最早的注释(Beale, *Revelation*, 420)。

⑤ 参,罗2:9;9:6;林后1:20-21;加3:29;6:16;弗1:11;腓3:3-8;多2:14;彼前2:19。有关路加对新旧神子民之间关系的看法,见路1:68-79;2:29-32;徒2:14-21;26:14-23。

19:28)。[1] 因此新约其他作者的行文习惯,也显示"不以字面意义来理解此处12支派名册"的做法,是有其可能的。

(4) 以上分析显示,启示录本身和新约其他经文,都不支持以字面含义,来理解此处"以色列12支派"的意义。而若我们从历史的角度来看,字面解释法也有其困难之处,因为以色列人在经历了公元前第六世纪的被掳,和公元70年耶路撒冷城被毁的两个事件之后,他们已无法确定他们的谱系了。[2] 和此历史事实相对的,则是当代某些启示文学对以色列12支派的传统看法,那就是,以色列12支派并未真正消失,因为他们是被神隐藏在以色列人所散居的各个地方;而当末日来临之时,神将要复兴他们,并引领他们回归故土。[3] 因此若从这个角度来看,12支派在启示录第七章中的出现,只是这个传统的反映而已。此一背景当然值得参考,但若约翰真的以此传统看法为本,他恐怕也对此传统,做了修正或是转化的工作(详下)。因为在前面我们已经晓得,他透过许多方式,已对"以色列"做了重新的定义。就我们对约翰文学习惯的了解,他似乎不太可能不假思索的,就使用了当代启示文学中的观念,而不加以修正或是更新。

(5) 除了启示录本身,新约其他经文,以及历史事实,都要求我们不以字面意义来了解"以色列12支派"之外,约翰在此所本的旧约经文,也一样指向同一个结论。在前面我们已经晓得,以西结书第九章中因着额上受印而得以免去神刑罚的,是那些为以色列人拜偶像之事,而叹息哀哭的人(结9:4)。在一片肃杀的气氛中,他们虽然也经历刑罚和审判,但是他们却是蒙神所保守和珍爱的一群人,因为在神有关将来复兴的应许中,他们是未来以色列人的模板:有新心新灵,并能遵守神的律例和典章(结11:19－20)。从与此经文平行之以西结36:26－27,以及耶利米31:31－34来看,[4]此一应许所指的,的确是以色列民族的复兴。但若我们从引用耶利米书之希伯来书8:6－13来看,此一应许显然已经在耶稣所建立之新国度中,得着应验了。[5] 换句话说,在引用此一旧约应许之际,希伯来书的作者,也和约翰一样的,将旧约应许应用在新约教会身上。

(6) 若我们在此以字面含义来解读"以色列12个支派",那么我们就必须也以同

---

① Caird, *Revelation*, 95; Mounce, *Revelation*.

② Caird, *Revelation*, 95; Mounce, *Revelation*, 168; Boring, *Revelation*, 129;黄彼得,《认识得胜的基督》,页461。

③ 例如,所罗门诗篇17:23－51;摩西遗训4:6－9;西卜神谕篇2:165－73;以斯拉四书13:40－48;巴录二书78;84:3－10;85:4。

④ 详见,D. I. Block, *Ezekiel* 25－48,355－56。

⑤ 有关这三处经文之间关系的讨论,见冯荫坤,《希伯来书II》,页41。

一个准则,来理解在启示录中那些敌对神和其子民的势力,像是所多玛、埃及(11:8)、巴比伦(17:1-19:10),以及那极其神秘,几乎无法确定其源头的歌革和玛各(20:7-10);①也就是说,我们必须并相信他们将要照字面般的,在人类的历史中重新出现,掌权,并逼迫圣徒。② 但此种信念并不为多数学者所接受,因为在启示录中,约翰只是把这些过去历史中的人事物,当做那些将要在历史中所发生之事的"模型(type)"而已。

第二,由于上述的种种困难,在学界中就有人以象征意义来理解这个异象。准此,这十四万四千人就不是在末日大灾难中,被神复兴的以色列人,而是被神所保守的教会。③ 也就是说,他们虽然会经历大灾难,但因着他们是属神的人,因此他们不会因着艰难困苦而放弃信仰。和上述第一种见解相较,此说当然比较合理,因为我们上面所说的,都要求我们以"象征性"的角度,来理解这个异象。再者,若我们不以字面意义,而以"真以色列人(教会)"的方式,来理解保罗在罗马书11:26中所说,"*以色列全家都要得救*"的话,那么此说也可以从这个经文中,得着支持。④ 但是这个看法的困难,在于它将此异象的时间点,定在末日的大灾难。在7:1那里,我们从其旧约背景中,已经晓得四风之灾乃前四印之灾,因此十四万四千人,是在"四印/四风"之灾发生之前,就已经受印的了。

第三,由于这个原因,在学界中就有了第三种见解,那就是这十四万四千人所象征的,是新约教会,是从五旬节圣灵降临之后,一直到耶稣基督第二次再来时的教会。⑤ 不单如此,这十四万四千人更是一支属神的军队。像他们的主一样,他们借着至死忠心、忍受苦难的见证,胜过了逼迫他们的世界。此一见解有如下论点的支持:(1)若从旧约的背景来看,启示录7:4-8的形式,是所谓的"人口普查",而在旧约中,所有的人口普查,都是"军力的统计",是在打仗之前的预备动作。⑥ (2)在某些为打仗而有的"人口普查"中,以色列十二个支派各自派出相同人数的军队,⑦而此处启示录经文也和这个传统相符。(3)约翰的"12支派军力调查",和旧约以及当代犹太人对末日期待,是彼此平行的。因为他们认为在末日来临时,神要复兴以色列国,而从

---

① 有关歌革玛各的问题,见该处经文的注释。

② Beale, *Revelation*, 420.

③ 例如,Charles, *Revelation I*, 200; Ladd, *Revelation*, 114; Mounce, *Revelation*, 170; Beasley-Murray, *Revelation*, 140; Giblin, *Revelation*, 91-92。

④ 有关罗马书11:25c-26a的详细讨论,见冯荫坤,《罗马书注释(卷三)》(台北:校园,2001),页608-39。

⑤ 例如,Kiddle, *Revelation*, 135; Caird, *Revelation*, 94-98; Beale, *Revelation*, 416-23。

⑥ 例如,民1:3,18,20;26:2,4;代上27:23;亦参,撒下24:9;代上21:5。

⑦ 例如,在民数记31:4-6那里,12支派各派出1000人;而在死海古卷中,我们也看见类似的现象,即,从各支派中各自派出500人(1QM 6:11)。

12 支派而出的军队，将要击败神的仇敌。① (4)但是正如我们已经多次看见的，约翰在使用旧约或是当代犹太人之传统时，总会做一些必要的修正，而此一现象也在此出现。因为他虽然使用了旧约和武力战争有关的文学形式(军力调查)，但是当我们来到 7:14 时，我们就看见此一军队的特色，是“用羔羊的血，将自己衣裳洗白净”的。也就是说，他们是一支“以受苦为得胜兵器”的军队。② 这个重新诠释旧约战争语言和意涵的做法，应该不令人意外才是，因为在第五章中，约翰早已让我们看见，此一军队的主帅，不单是犹大家的狮子，也是被杀的羔羊(5:5-6)。(5)此一见解在和本段经文平行的启示录 14:1-5 中更为明显，因为在那里的十四万四千人，是未曾沾染妇女的男性(在礼仪上的洁净 = 遵守神的道③)，是羔羊无论往何处去，他们都跟随到底的人。④

在上述三种见解中，此一看法和 7:3 中，天使对这一群人的称呼，即，神的众仆人，最为契合。因为在前面我们已经晓得，在启示录中，众仆人所指的，不单是那些领受耶稣基督之启示的人(1:1)，也是为耶稣作见证且遵守启示录言语的人(19:10;22:9)。为了持守神的道和耶稣的见证，他们当然得付上许多的代价，甚至是性命的丧失，但这并不意味着他们的生命，是以失败为结局，因为神将要为他们伸冤，因此他们就可以站在神面前，和天庭中的一切活物，同声敬拜，欢然颂赞(19:1-8)。⑤

从上下文来看，本段经文应该是为了要呼应第五印而有的(6:9-11)；⑥因为在那里我们所看见的，是代表众圣徒，在祭坛下殉道者的灵魂。但是在此异象中，约翰却让他们以“弥赛亚军队”的形态出现，因此就突显出他们在神永恒计划中的地位。此一看似彼此冲突的设计，其实也只是“被杀羔羊 = 犹大家的狮子”的反映而已

---

① 例如，赛 11:14(亦参，赛 14:2；弥 5:6-9)；1QM 2:2-3,7;3:13-14;14:16;5:1-2;6:10；西卜神谕篇 2:170-76；以斯拉四书 13。

② 有关本段经文和下段经文(7:9-17)之间关系的讨论，见 7:9-10 的注释。

③ 详见该处注释。

④ 以上归纳，是 R. Bauckham 所观察到的(*The Climax*, 215-32)。亦参 Collins, *Apocalypse*, 52-53,99；她认为此十四万四千人乃殉道者。

⑤ 由于本段经文(7:4-8)提及，十四万四千人乃由以色列 12 支派而出(ἐκ)，因此有学者认为他们并不能代表整个群体。也就是说，这十四万四千人，和他们所从出的“以色列 12 支派”之间，应有所区隔(Aune, *Revelation* 6-16,440)。从本段经文中，重复出现的“从……而出(ἐκ)”一语来看，此一结论似乎是无法避免的，但若我们考量本段经文的旧约背景，这个看法就不一定成立了。因为在“军力调查”的文学型式中(例如，民 1,2-3 等等)，“从……而出(ἐκ)”是一个相当固定的文学形式，而其目的，并不只在指出这些人是从何而来。此一语句的目的，也在表达这些被数点出来的人(20 岁以上的男丁)，是整个群体的代表(R. Bauckham, *The Climax*, 230-31; Beale, *Revelation*, 423)。

⑥ Caird, *Revelation*, 94-98; Bauckham, *The Climax*, 229, note 55; Beale, *Revelation*, 424.

(5:5-6)。再者,在第五印之异象的最后,神对殉道者呼吁伸冤的回答是,要安息片刻,直等到殉道者的数目满足了(6:11)。此一回答当然引发另一个问题:那么殉道者的数目又是多少呢?在第五印中,这个问题可以说是悬在空中的,因为它的答案,是要在本段经文中,才得以揭晓。但为何约翰要以"十四万四千"这个象征性的数目,作为答案呢?这个象征性的数目,至少对二十一世纪的人来说,似乎不够明确,但只要略做思索,我们将会发现,约翰此举其实十分恰当。第一,由于十四万四千只是个象征性的数目,因此藉此约翰就立即阻绝了任何经由计算数目,而推论末日何时临到的可能性。而此一设计,和耶稣"末日时辰只有父知道"的教训完全相符(太24:36;可13:32)。第二,在第五印那里,我们已经晓得在祭坛下之殉道者,并不只是为自己,而是代表教会向神发出伸冤的呼吁,因为在逼迫苦难一事上,他们最具有象征性。准此,约翰在这里让他们的总数,也以一个象征性的数目出现,不单适切,也同时创造出一个彼此呼应的效果。

7:9-10 此后我观看,见有许多的人,其数无法数算,是从各国各族各民各方来的。他们站在宝座和羔羊面前,身穿白衣,手拿棕树枝,[10]大声喊着说,愿救恩归与坐在宝座上我们的神,也归与羔羊(Μετὰ ταῦτα εἶδον, καὶ ἰδοὺ ὄχλος πολύς, ὃν ἀριθμῆσαι αὐτὸν οὐδεὶς ἐδύνατο, ἐκ παντὸς ἔθνους καὶ φυλῶν καὶ λαῶν καὶ γλωσσῶν ἑστῶτες ἐνώπιον τοῦ θρόνου καὶ ἐνώπιον τοῦ ἀρνίου περιβεβλημένους στολὰς λευκάς καὶ φοίνικες ἐν ταῖς χερσὶν αὐτῶν, [10]καὶ κράζουσιν φωνῇ μεγάλῃ λέγοντες, Ἡ σωτηρία τῷ θεῷ ἡμῶν τῷ καθημένῳ ἐπὶ τῷ θρόνῳ καὶ τῷ ἀρνίῳ)

"此后我观看"一语显示,从本节经文开始我们来到了启示录第7章中的第二个异象(7:9-17)。此一异象是以一个在天庭中的敬拜作为开始;在其中我们看见有一个无法数算数目的群众,先行颂赞父神和羔羊(9-10),而后众天使就以一个七重的颂赞作为应和(11-12)。而在此两轮的敬拜之后,约翰借着他和一位长老之间的对话,提出了他对此异象的解释(13-17),而其焦点,则是落在这无法数算的群众,究竟是谁的问题上面。

对约翰而言,长老的答案(14b-17)已然足够,但是对后世的读者来说,此一问题却似乎依旧悬而未决。因为时至今日,学者们对此无法数算之群众究竟是谁的看法,可说是没有太多的交集。而此一歧异发生的原因,至少牵涉到两个问题。第一,约翰在异象中所见之事,究竟是直线式的要在历史中发生,还是他所见异象的内容,有着重复的特性?第二,在本段经文中所出现之无法数算的群众,和十四万四千人(7:1-8)之间的关系,究竟是如何的?

有关"直线或是重复"的问题,我们在导论的部分已经做了处理,因此在这里我们就不再重复。① 至于第二个问题，则牵涉到7:1－8和7:9－17两段经文，因此在介绍各家论点之前，让我们先对这两段经文做一点观察和比较。

将7:1－8和7:9－17并列，我们看见他们至少在四个地方，是彼此相对的。(1)7:1－3中之“地的四角”和“地上的四风”等语句显示，十四万四千人的异象，是以地为其场景，但是7:9－17中的“宝座”、“众长老”和“四活物”等等，却明白显示约翰所见乃“天庭异象”。(2)7:4－8中之十四万四千，虽带有象征意义，但它却是可以数算的；而在7:9－17中所出现之群众的数目，却是无法数算的。(3)十四万四千人所从出的，是以色列的十二个支派，但是本段经文中的群众，却是由“各国各族各民各方”而来。(4)在前段经文中，十四万四千人所面对的，是即将来临的“四风/四印之灾”，但是在本段经文中，无法数算的群众，却是由“大患难”中出来的人，并且是在宝座前事奉神和羔羊的人。

从表面上看起来，这个彼此“针锋相对”的现象，似乎建议我们将前段经文中的十四万四千人，和本段经文中的群众，做一些区隔。但这个见解并不必然成立，因为彼此“针锋相对”之现象所以会发生的原因，也可能是因着约翰从不同的观点，来看同一个群体，而产生的结果。举例来说，在第五章那里，约翰为要凸显“受苦是得胜唯一途径”的真理，就曾以“犹大的狮子”和“被杀的羔羊”，这两个完全相反的形象，来描述人子。准此，我们在这里也不能想当然尔的，就根据这个现象，来推论这两个群体不是同一群人。

事实上，在启示录中，约翰除了多次从正反，或者说从神和世界的角度，来描述同一个人物，或是同一个群体之外，他也常常让敌对神的势力，以类似于神或是人子的形象出现，好突显出他们之间的差异。举例来说，从地而出的兽，是如羔羊般的有角活物，只是和有七角之人子羔羊相较，在它的头上，却只有两只角而已(13:11；参5:6)。再举一例，“先前有，如今没有，将要再有”的兽，的确叫人希奇(17:8)，但和“昔在，今在，将要再来”的神相较(1:8)，它显然在“今在”的部分，略输一筹。② 因此在启示录中，“相似”所指的是“相反”，而“相反的”，反倒有可能是“相同的”。毕竟，为显示启示的属天特性，有什么比如是吊诡的文学手法，来得更为合适呢？

但这两组人马究竟是不是同一群人呢？对此问题，有些学者一致地以“不是”作为他们的答案。但他们对这两组人马分别是谁的问题上，却有着如下不同的看法：(1)以色列的余民和外邦基督徒；(2)以色列人和殉道者；(3)殉道者和基督徒（包括

---

① 详见页151－55。

② 其实兽和神的差异，不单在“今在”的部分，因为我们只要再往下读三节经文，兽“要再来，并要归于沉沦”的未来(17:11)，就再清楚不过的了。详见该处注释。

殉道者);(4)以色列人和外邦余民;(5)从巴勒斯坦而出的以色列人,和从散居各处而出的以色列人。① 从我们前面对十四万四千人的分析来看(7:4-8),这五个看法中,只有第一和第三个看法,是比较可能成立的。因为这十四万四千人和以色列民族的本身,或者说,和以色列的血统,并无直接关联;因此将他们视为"以色列人"的可能性并不高。至于在第一个和第三个看法之间,后者的可能性较高,因为在前面我们不单知道,十四万四千人的异象,是和第五印彼此呼应的;我们也晓得在第五印中的殉道者,是所有圣徒的代表。因此第三个看法,和将这两组人马视为同一群人的见解,并没有太大的差异。

对这个问题,学界中也有人认为,十四万四千人和无法数算的群众,是同一群人,②而我们在前面所观察到,在7:4-8和7:9-17之间的对比,则是因着约翰从不同角度来描述他们而产生的:在前段经文中,约翰是从一个属灵争战的角度,将教会描述为"人子之军",即,以人子所从出之犹大支派为首的军队;而在本段经文中,约翰则是让教会以"得胜之军"的姿态出现。也就是说,为显示教会是支属灵军队的特色,约翰在前段经文中,就让她以"被数点之军旅"的形态出现;而在论及此一军队的实际面貌时,在本段经文中,他就让她以实际的数目现身了(无法数算的)。

此一见解有如下几个论点的支持。第一,在启示录中,约翰所见之异象的意义,常常在他所立即听见的话中,得着解释;③而他所听见之事的意义,也常常在他所立即看见之事中,被显明出来。④ 因此从这个文学习惯来看,约翰在7:9所看见"无法数算的群众",乃是他在7:4所听见之"十四万四千人"的解释。

第二,在启示录5:5中,约翰所听见的,是"犹大的狮子",但是在5:6中,他所看见的,却是"被杀的羔羊";因此借着这个方式,他就对以色列人所期盼的弥赛亚,作了一个新的诠释。⑤ 从这个角度来看,约翰在启示录第七章中所做的,其实是和他在5:5-6中所进行的事,完全一样。⑥ 他在7:4-8的确听见了人子之军的数目(十四万四千),但是在本段经文中,他却看见,此一军旅乃是由那些用羔羊的血,把衣裳洗白

① 相关讨论和学者索引,见 Aune, *Revelation* 6-16,447。

② 例如,Beckwith, *Apocalypse*, 535-39; Ladd, *Revelation*, 114-17; Sweet, *Revelation*, 150-51; Harrington, *Revelation*, 101; Beale, *Revelation*, 424。庄逊,《启示录》,页97-98; Osborne, *Revelation*, 316。

③ 例如,5:6和5:7-14;6:5和6:6;6:13-14和6:15-17;12:7-9和12:10-12;14:1和14:2-5;15:2和15:3-4;17:1-6和17:7-18。

④ 例如,5:5和5:6;9:13-16和9:17-21。此乃 Beale 所观察到的(*Revelation*, 424-25)。

⑤ 所谓"新的",只是相对于当代以色列人对弥赛亚的认识而言。因为在旧约中,早有"受苦仆人/弥赛亚"的观念(例如,赛53)。

⑥ R. Bauckham, *The Climax*, 215-16。

净之人所组成的（7:14）。也就是说，这个军队乃是跟随羔羊脚步，以受苦作为他们得胜兵器的人（亦参14:4）。① 主帅如是，跟随祂的我们能不照着行吗？

第三，在7:1－3那里，我们已经知道在十四万四千人额上的印记，是神对他们"虽经历患难但不会失脚"的保证；而此一保证在本段经文中，则是在"从大患难中出来，并在宝座前，在殿中事奉祂"的语句中，反映了出来（7:14－15a）。

第四，就我们目前所关注的7:9－10而言，其中也包含了三个让我们将无法数算的群众，等同于十四万四千人的线索：（1）就字义而言，7:9中的"许多的人（ὄχλος）"，除了有"群众"的含义之外，亦可译为"军旅"。②（2）当代罗马人在庆祝战争得胜时，都会穿上象征胜利的白衣，③而得胜的罗马将军，则会依习俗戴上棕树枝所编成的冠冕。④ 不单如此，根据玛加比一书13:51，以色列人在西门玛加比夺回耶路撒冷城之后，以挥舞棕树枝的方式，来庆祝他们的胜利。⑤ 因此从这些历史背景的角度来看，白衣和棕树枝也指向"群众＝得胜之军"。⑥（3）此一群众在庆典中向神和羔羊所发的颂赞，是"愿救恩归与父神和羔羊"（7:10）；但若我们从旧约以色列人在战争得胜之后，习于将"胜利（יְשׁוּעָה）"归给神的传统来看，⑦此处的"愿救恩归与……"，事实上也可以译为"愿胜利归与……"。⑧ 因此不论是在字面上，或是在约翰所描绘的图画中，约翰显然放下了一些连结本段经文和上段经文的线索。⑨

第五，在5:9那里我们已经知道，启示录中的七个"各族各方各民各国"（或是

---

① 对"用羔羊的血将衣服洗白净"一语的含义，有人认为是"称义，得救恩"的意思，有人则认为是"行人子所行（以受苦为得胜的兵器）"。但不管何者为是，此一群众和人子的连结则是无庸置疑的；详见该处注释。

② *TDNT* 5:583. 在七十士译本中，此一词语也常常被当成"军队"来使用（例如，民20:20；书6:13；撒下15:22；王上21:13；代下20:15；赛43:17；结17:17等等）。

③ Hemer, *Local Setting*, 146－47.

④ Aune, *Revelation* 6－16, 468.

⑤ 亦参，玛加比二书10:6。从旧约来看，此一挥舞棕树枝的动作可能是源自住棚节，就是为纪念神带领以色列百姓出埃及而有的节日（利23:34）。

⑥ 有关"白衣"在启示录中的含义，见3:4的注释。

⑦ 例如，撒上14:6, 45；诗3:8[9]；118:14, 15, 21；拿2:9。详见，Caird, *Revelation*, 100－01；B. H. Kelly, 'Revelation 7:9－17,' *Int* 40(1986), 290－91。

⑧ 亦参吕振中的翻译："拯救与得胜归于……"在启示录中，"救恩/胜利（ἡ σωτηρία）"一词亦出现在12:10和19:1。就其各自上下文来看，此颂词之所以出现的原因，是因为撒但被击败（12:9），或是逼迫圣徒之大淫妇巴比伦被审判（18:1－24），因此以"得胜"或是"胜利"作为译文，恐怕是比较恰当的。

⑨ 这些线索乃R. Bauckham所观察到的（*The Climax*, 225－26）；但笔者亦在其上加上了其他的佐证论点。

类似的词组),乃约翰用来表明“全世界”的语句。因此在此处的“各国各族各民各方”(7:9),其意义也是如此。也就是说,此处无法数算的群众,乃是人子羔羊以其宝血,从全世界中所买赎回来的人。从5:10约翰对此一群体的描述来看,特别是从“在地上执掌王权”一语来看,这些人显然不是一个“不问世事,与人无涉”的团体,而是一个要在地上掌权做王的国度。因此这无法数算的群众,显然和前段经文中的十四万四千人,有着相同的属性,因为他们都肩负着一个以争战来建立神国的使命。①

第六,在后面我们将会看见,相对于十四万四千人,那些拜兽之人也在他们的头上,有了兽的印记(13:16-17);而因着这个印记,他们在神审判临到之时,就只能在火与硫磺中,永远受痛苦了(14:9-11)。从这个对比中,我们晓得在约翰的异象中,世人只有两类:有神印记的,或是有兽印记的。准此,这十四万四千人也必须是本段经文中,无法数算的群众。这个推论也在14:1-5中得着证实,因为在那里他们也和无法数算的群众一样,是在神宝座面前敬拜祂的一群人。

第七,在写于主后第三世纪的以斯拉四书中(2:33-48),②作者向列国发出了一个神谕。在其中他要列国欢欣快乐,因为神已经在他们身上印了印记,保证了他们得以进入天国的权利(2:37-38;参,启7:1-3)。这些受印之人的数目是无法数算的,而他们将要在锡安山上聚集(2:42;参,启7:9;14:1),因为在那里他们所相信的神的儿子,将要为他们戴上冠冕,并赐给他们白衣和棕树枝(2:40;43-45;参,启7:9)。从这些描述中,我们晓得本书作者显然是以启示录第七章为本,来向他的读者说话。在他的神谕中,他不单将启示录中的十四万四千人,等同于信徒,并且也把启示录第7章中的两组人马,视为同一群人。事实上,类似的见解也反映在以利亚启示录5:4-6中(*Apoc. Elijah*):在那日子,基督将要怜悯属祂的人……那些额上和手上有印记的人(5:4;参,启7:1-3),将要被天使带到圣地,在那里他们要穿白

---

① 在附录一中我们已经指出,在5:9,7:9和14:6的联系中,约翰让我们看见人子建立神国之事,是借着教会所传福音而开展的。但和其他的“各族各方各民各国”之词组相较,7:9中的“各国各族各民各方”,却有其特殊之处。因为在其他地方,此一词组的四个元素,要不是都为复数(10:11;11:9;17:15),就是都为单数(5:9;13:7;14:6);但只有此处这个词组却是由单数(“各国”[παντὸς ἔθνους])和复数(“各族各民各方”[φυλῶν καὶ λαῶν καὶ γλωσσῶν])组合而成。依Bauckham之见,此一设计是为了要呼应神所给亚伯拉罕“我必使你做多国的父”的应许(创17:4),并因此就让此一群众成为“以色列人之子”了(*The Climax*, 224-25;亦参, Beale, *Revelation*, 429-30的讨论)。若此说属实,那么十四万四千人和无法数算群众之间的联系,就更为稳固了。

② 依B. M. Metzger之见,以斯拉四书之异象的部分(3-14章),是成书于公元100年左右,而1-2章和15-16章则是在公元第三世纪之时,才为后人所加(*OTP* 1:520)。

衣(5:6;参,启7:9),吃生命树的果子。他们将不再干渴(5:6;参,启7:16),而不法之子也不会胜过他们(5:6;参,启7:1－3)。① 因此从这两个文献中,我们看见在启示录写成之后的头两个世纪中,十四万四千人和无法数算的群众,是被当成同一组人马的。

综上所述,约翰在7:1－8和7:9－17中,的确给了我们两幅彼此"针锋相对"的图画,但不论从约翰的文学习惯,整卷启示录,两段经文之间在字面和概念上的联系,或是从典外文献平行类比的角度来看,无法数算的群众,只是约翰从另一个方向,来看十四万四千人而已。在前段经文中,为突显十四万四千人,也就是教会,和旧约百姓之间的联系,约翰就让他们以"额上有神印记之以色列余民"的形态出现(7:1－3);而为了要显示出他们和世界之间彼此争战的关系,他也就让他们以"军队"之姿现身(7:4－8)。对第一世纪的信徒来说,从教会在耶路撒冷所举行的第一次会议之后(徒15:1－21),他们就已经确定他们是神在旧约中,向以色列百姓所应许的余民了。② 从他们为信仰而受苦的经历来看,第一世纪的信徒其实对约翰在此藉"军队"之形象,来表明教会和世界彼此争战的真理,也是十分熟悉的。③ 因为他们的主,在离世之前,就早已告诉他们:只因你们不属世界,乃是我从世界中拣选了你们,所以世界就恨你们(约15:19b)。

对第一世纪末叶正在忍受苦难逼迫的信徒来说,这些真理当然是他们早以已耳熟能详的了。但是约翰深知,除了真理的提醒之外,他们还需要其他的东西,好叫他们可以在苦难中坚持下去。因此在本段经文中(7:9－17),他就借着他所看见的天庭异象来鼓励他们。他要他们知道,虽然环绕在他们周围的,是凶暴的豺狼,而他们的经历,也有如在狼群中的羔羊一般,④但是在神的眼中,他们却是一支得胜之军。在第六印那里,约翰已让他们看见,在神的审判中,那些逼迫他们的人,只能藏身岩石洞穴中,向天发出一个绝望的呼喊:"谁能站立(σταθῆναι)的住呢?"(启6:15－17)但是在这里,约翰却要他们确知,他们就是那些能站在(ἑστῶτες)宝座前,身穿白衣,手拿棕树枝,以诗和歌,欢然敬拜神和羔羊的人。

---

① 依O. S. Wintermute之见,以利亚启示录的写作日期约在公元150－275之间,因此此书或是早于,或是和以斯拉四书第2章同时期的著作(*OTP* 1:729－30)。这两个平行类比乃Beale所观察到的(*Revelation*, 424)。

② 有关雅各在此会议中,如何引用阿摩司书9:11－12,以及这个引用旧约例证的意义(徒15:16－18),见笔者神学硕士论文,The Remnant Motif in the Old and New Testaments: Some Examples (Gordon-Conwell Theological Seminary, 1994),50－65。有关保罗在罗马书9:27－28;11:3－4两段经文中,对此一议题之理解,亦见上述论文,页66－94。

③ 参,弗6:10－20;来10:32－39;彼前2:11－12等等。

④ 语出,太10:16;路10:3;徒20:29。

7:11-12　众天使都站在宝座和众长老并四活物的周围,在宝座前,面伏于地,敬拜神,[12]说,“阿们。颂赞,荣耀,智慧,感谢,尊贵,权柄,大力,都归与我们的神,直到永永远远。阿们”(καὶ πάντες οἱ ἄγγελοι εἱστήκεισαν κύκλῳ τοῦ θρόνου καὶ τῶν πρεσβυτέρων καὶ τῶν τεσσάρων ζῴων καὶ ἔπεσαν ἐνώπιον τοῦ θρόνου ἐπὶ τὰ πρόσωπα αὐτῶν καὶ προσεκύνησαν τῷ θεῷ [12]λέγοντες, Ἀμήν, ἡ εὐλογία καὶ ἡ δόξα καὶ ἡ σοφία καὶ ἡ εὐχαριστία καὶ ἡ τιμὴ καὶ ἡ δύναμις καὶ ἡ ἰσχὺς τῷ θεῷ ἡμῶν εἰς τοὺς αἰῶνας τῶν αἰώνων· ἀμήν)

在第五章那里我们已经看见,当羔羊拿了书卷之后,天庭中就有了一个包含着个两阶段的崇拜:四活物和24位长老的敬拜(5:8-10),以及众天使的敬拜(5:11-13)。类似的情况也出现在这里:当那些被羔羊所买赎回来之人,献上了他们的敬拜和颂赞之后(7:9-10),众天使也再次俯伏于地,敬拜那坐在宝座上的上帝。和上一回的颂词相较(5:12),众天使在这里所发的颂赞,有相似,也有相异之处。

5:12　权柄,丰富,智慧,能力,尊贵,荣耀,颂赞。

7:12　阿们。颂赞,荣耀,智慧,感谢,尊贵,权柄,大力,都归与我们的神,直到永永远远。阿们。

第一,在启示录的七个颂词中,①这两个颂赞可说是一对双胞胎;因为他们不单都由众天使的口中而出,也是“唯二”包含了七个元素的颂赞。但若我们从敬拜的对象来看,这两个颂赞却分别以羔羊和父神为标的,因此借着这个设计,约翰再次突显出人子和父同等的地位。

第二,就形式而言,7:12的颂赞要比5:12的颂词,来得更为“庄严”。因为此处颂词中的七个元素,不单被两个“阿们”前后包夹,②也都各自拥有一个定冠词(ἡ)。这些细微的差异可能并不具有任何意义,但就我们对约翰细密行文手法的理解,这两个变化可能是为了要显示“圣父—圣子”之次序而有的。③

第三,在前面我们已经晓得,因着“对比”的需要(例如,狮子—羔羊),5:12中的

---

① 参,4:8,9,11;5:13;19:1。有关这些颂词的详细分析,见5:12的注释。

② 第一个“阿们”当然是为了应和7:10中,无法数算之群众所发的颂赞而有的(Aune, *Revelation* 6-16,471)。但此一应和却让众天使的颂词,有了一个“前呼后应”的形式。在C以及少数几个手抄本中,无第二个“阿们”,但多数重要手抄本却显示,此一“阿们”乃原始经文;详见 *TCGNT*, 740。

③ 在1:1中,类似的手法是以两轮之“启示传递”的方式出现,即,(1)父神—耶稣基督—众仆人;(2)耶稣基督—天使—约翰。在4-5章的天庭异象中,父子顺序则是在“父神先受敬拜(4:8-11),而后子再受敬拜(5:8-12)”的方式中,得着彰显。

颂词，是以彰显羔羊能力的“权能”一词为首，但是由于此处颂赞的对象是神，因此“颂赞”和“荣耀”，这两个总是排名在前的语词（参，4:9，11；5:13），就自然出现在前面了。和5:12的颂词相较，约翰在这里只以“感谢”，取代了“丰富”。

第四，学界对此一颂词的内容和次序，并没有做太多的观察。但一个可能的逻辑是，这七个词语是以“3－1－3”为其结构。（1）“颂赞”和“尊贵”对应，因为它们都是领受恩典之人对神应有的态度和认知。（2）“荣耀”和“智慧”所相对应的，是“权能和大力”。前二者是神的“抽象”属性，而后二者则是神抽象属性的外在表现。（3）夹在这两组颂词之间的，则是总结一切受造之物，对创造者所应具有最基本度的态度，感谢。在上下文中，此一颂词当然是针对着神*永恒*救赎之功而有的，因此我们也就自然看见“直到永永远远”一语的出现。羔羊之血所成就的，是永远的救赎（参，来9:12；10:12，14），因此这个颂赞当然也要持续到永永远远。

7:13－15a　长老中有一位问①我说，这些穿白衣的是谁，是从哪里来的？[14]我对他说，我主，你知道。他向我说，“这些人是从大患难中出来的，曾用羔羊的血，把衣裳洗白净了。[15]因此他们得以在神宝座前，昼夜在祂的殿中事奉祂”（Καὶ ἀπεκρίθη εἷς ἐκ τῶν πρεσβυτέρων λέγων μοι, Οὗτοι οἱ περιβεβλημένοι τὰς στολὰς τὰς λευκὰς τίνες εἰσὶν καὶ πόθεν ἦλθον; [14]καὶ εἴρηκα αὐτῷ, Κύριέ μου, σὺ οἶδας. καὶ εἶπέν μοι, Οὗτοί εἰσιν οἱ ἐρχόμενοι ἐκ τῆς θλίψεως τῆς μεγάλης καὶ ἔπλυναν τὰς στολὰς αὐτῶν καὶ ἐλεύκαναν αὐτὰς ἐν τῷ αἵματι τοῦ ἀρνίου. [15]διὰ τοῦτό εἰσιν ἐνώπιον τοῦ θρόνου τοῦ θεοῦ καὶ λατρεύουσιν ιν αὐτῷ ἡμέρας καὶ νυκτὸς ἐν τῷ ναῷ αὐτοῦ）

在9－12节中约翰所记载的，是他所看见的异象；而从本节开始（13），他和一位长老之间的对话，则是此一异象的解释。对这个“藉约翰和长老互动”而使异象得着解释的设计，我们不应该感到陌生才是，因为在5:1－6那里，这个模式已经出现过了。从这两处经文的内容来看，此一异象和第五章的天庭异象，可说是彼此互补的。因为长老在第五章中所做的，是向约翰显明羔羊是谁；而在此异象中，此长老的任务则是要约翰明白，羔羊所救赎的是谁。②

在旧约里面出现于异象中之“解释者”，或是耶和华神自己，③或是天使；④而在

① 此处之“ἀπεκρίθη”是反映希伯来文的“开始说（ענה）”。在福音书和使徒行传中，“ἀποκρίνομαι”多和“λέγων”连用，因此其含义并非“回答”，而是“说”。相关讨论，见，Aune，*Revelation* 6－16，471－72。

② 在启示录中，长老只有在这两处经文中，以异象解释者之姿出现。

③ 例如，耶1:11，13；摩7:8；8:2。

④ 例如，结40－48；但7－12；亚1－6。亦参，伯38－42:6。

启示文学中,异象的解释者则都是天使。① 和这两类文献相较,启示录的独特之处在于,它虽然继续让天使扮演着解释者的角色(17:7),②但它却也史无前例的,让长老在异象中出现,并且也赋与他们"异象解释者"的角色。此一举措看似突兀,但其实并非如此。因为在2:17那里我们已经晓得,有关人子之事(新名),是只有那些属祂之人,才会明白的(详见该处注释);因此也只有作为圣徒在天上之代表的长老,③才能对"羔羊以及其救赎之功"的事情,提出解释。其实在人子依旧在世之时,祂就已经清楚明白地指出,只有祂的羊认得祂,并且也只有他们会跟着祂(约10:3-5,14-15;参,启7:9;14:4)。

因此在启示录中,实在没有人比长老更合适提出这个问题:这些穿白衣的是谁,是从哪里来的?对此一问,约翰的回答是:"我主,你知道"。在此"我主"一语,并不表示约翰将长老视为"主",而只在表达他对长老的尊敬;④而"你知道"一语,则似乎显示约翰并不晓得答案。⑤ 但果真如此?为了神的道和耶稣的见证而被放逐在拔摩海岛上的约翰(1:9),果真不知道这些身穿白衣的人是谁吗?在听见人子以白衣之奖赏,来鼓励撒狄信徒做得胜者之后(3:5),约翰果真不晓得他们是谁吗?⑥

和旧约以及启示文学相较,启示录的特色之一,是约翰从未在他的异象中,为了明白异象之意义而主动发问。⑦ 此一特色,可能是为了要凸显他所得的启示,都由神和耶稣基督而来(1:1)。因此可能是因着这个原因,约翰在此就将此一问题,丢回给长老了。但另一个可能是,约翰在此是为了要在他的异象上,加上一点"旧约的风味",因为在以西结枯骨复兴的异象中,当神问先知:"这些骸骨能复活吗?"以西结的回答正是,"主耶和华啊,你是知道的"(结37:3)。⑧ 在这两个可能的原因中,后者的可能性是比较高的,因为在启示录第7章和以西结书37章之间,我们不单看见无法

---

① 例如,亚伯拉罕启示录20-31;巴录二书22:1-30:5等等。以"对话"方式来解释异象的,如以诺一书21:5-10;22:1-14;以斯拉四书4:1-5:13等等。若读者想要得着更多文献索引,可见Aune, *Revelation* 1-5,15-16。

② 在启示录中,天使多是以执行神审判的角色出现(例如,8:2,6,8,10,12;9:1,13;16:1等等)。

③ 详见5:4的注释。

④ Swete, *Revelation*, 102; Moffatt, *Revelation*, 399. 马利亚在耶稣复活的那个早晨,对她以为是管理墓园之耶稣的称呼,也是"我主"(约20:15)。此一称呼虽是"歪打正着",但和合本以及其他许多译本,都准确的以"先生"来翻译之。因为和约翰一样,马利亚藉此称呼,只是要表达她对管理墓园之人的敬意而已(Mounce, *Revelation*, 173)。

⑤ Swete, *Revelation*, 102; Beckwith, *Apocalypse*, 545.

⑥ 由此观之,Thomas的揣测,像是"这些人是属于未来,因此约翰没能认出他们"等等,是有其困难的(*Revelation* 1-7,494-95)。

⑦ Aune, *Revelation* 6-16,472.

⑧ 同上注。

数算的群众和被复兴的以色列人，都曾经历逼迫（启 7:14；结 37:11），而他们在复兴之后，也都成了一个极大的军队（启 7:4－8；结 37:10）。当然，若约翰在此的确暗引此一旧约应许的话，那么他显然也将这个应许，应用在教会身上了。①

"这些人是从大患难中出来的，曾用羔羊的血，把衣裳洗白净了"，是长老对约翰所没有回答之问题的答案。但此处之"大患难（ὁ θλῖψις ὁ μέγας）"所指的，究竟是怎样的大患难呢？第一，对那些以过去的观点（Preterist），来解读启示录的人而言，约翰在此所说的，（1）是信徒在公元 70 年耶路撒冷被毁时（假设启示录在此事件之前已写成），②（2）或是从罗马皇帝尼禄（Nero；AD 65）到康士坦丁（Constantine；AD 313）立基督教为国教的这段时间中，教会在罗马帝国手下，③所要经历的患难。第二，对那些将启示录视为"教会历史"的人来说（Historicist），此处的大患难，是在基督教成为罗马国教之后，所要经历的事。因为从那时开始，教会的属灵情况就开始走下坡了。因此神为炼净教会，审判和刑罚自然就不可避免了。④ 第三，对那些以未来观点来读启示录的人而言（Futurist），此处的"大患难"所指的，则是末日来临之前，整个人类所要经历的大灾难。⑤ 第四，对那些将启示录视为"善恶争战之书"（Idealist），或以"重复叙事（Recapitulation）"的角度来理解启示录的人而论，长老在此所言之大患难，则是在耶稣基督第一次降临和第二次再临之间，教会在地上所要经历的磨难。⑥

对想要明白启示录的人而言，尝试理解这些分歧见解的努力，恐怕就是一个不小的"灾难"了。但更令人好奇的是，为支持其论点，各派学者竟都相当一致的，以但以理书 12:1 以及耶稣有关末日之教训（太 24:6－28；可 13:7－19）作为佐证。因此我们在这里所面对的问题，不是"我们有没有从旧约和新约而来的支持"，也不是"我们要如何来看但以理书 12 章所预言之事"，而是"约翰是如何理解但以理书 12:1"，以及"他的理解，是否与耶稣对该节经文之了解一致"。但在我们回答这两个问题之前，

---

① 有关枯骨复生之异象和新约之关系的讨论，见 J. Grassi，'Ezekiel xxxvii 1－14 and the New Testament，' *NTS* 11（1964－65），162－64；L. C. Allen，*Ezekiel* 20－40，188；D. I. Block，*Ezekiel* 25－48，389－90；M. Greenberg，*Ezekiel* 21－37，749－51。

② 例如，Stuart，*Apocalypse II*，175（有关这个作者对启示录写作日期的见解，见 *I*，282）；Chilton，*Days of Vengeance*，219－20。

③ 例如，Hailey，*Revelation*，210。

④ 例如，Eliott（*Horae Apocalyptica*）；资料来源，S. Gregg，ed.，*Revelation：Four Views*，134。

⑤ 例如，Charles，*Revelation I*，213；Lilje，*The Last Book of the Bible*，137；Walvoord，*Revelation*，145；Mounce，*Revelation*，173；Beasley-Murray，*Revelation*，147；Thomas，*Revelation* 1－7，495－98。

⑥ 例如，Alford，*Apocalypse*，628；Hendriksen，*More than Conquerors*，114；Lenski，*St. John's Revelation*，261；Beale，*Revelation*，433－35。Aune 认为（*Revelation* 6－16，473－74），对第一世纪的读者而言，"大灾难"所指的是引进末日的患难，但第一世纪的信徒也同时认为他们已经开始经历这事了。

让我们先看看但以理书 12:1 和启示录 7:14 之间的联系。

但以理书 12:1	启示录 7:14
那时保佑你本国之民的天使长米迦勒,必站起来,并且有大艰难,从有国以来直到此时,没有这样的。你本国的民中,凡名录在册上的,必得拯救。	我对他说,我主,你知道。他向我说,这些人是从大患难中出来的,曾用羔羊的血,把衣裳洗白净了。

从上列经文的比较中,我们晓得因着“灾难(和合本作“大艰难”)”①一语,释经者在解释启示录 7:14 之时,就自然地回到了但以理书 12:1。此一联系相当清楚,但若我们把视野再扩大一点,站在启示录 7:14 背后的,恐怕也包括了但以理书 11:35 和 12:10。② 因为在那里先知也提及,在末日的争战中(参,但 10:1,14),神的子民虽然要经历刀剑、火烧、被掳和抢夺的苦难(11:33),但是那些忠于上帝的人,却要借着苦难的熬炼,而成为清净洁白(11:35;12:10)。③ 因此在这两段经文之间,我们看见他们都有着“藉受苦而得洁净,得拯救”的概念。事实上,在启示录中,约翰并非在此才暗引了但以理书 12:1。早在启示录 3:5 那里,当人子同时以“白衣(清净洁白)”和“不从生命册涂抹其名”,作为祂给得胜者(经过患难)之应许时,此一但以理书的背景,就已经历历在目了。

但约翰是如何理解但以理在 12:1 那里所说的事呢?第一,在启示录 1:1,3,7,13;和 5:9 那里,我们已经多次看见,对约翰而言,尼布甲尼撒王所见一块非人手所凿出来的石头,将一个大雕像砸碎之异梦(但 2),以及先知但以理所见人子胜过第四兽之异象(但 7),都已经在耶稣基督第一次降临之时,开始应验和成就了。因此从这个角度来看,先知但以理在 10-12 章所说有关末日第四王和圣民之间的争战,也应该是如此的。

---

① צָרָה; θλίψεως(LXX).

② 有关这个引用旧约个案的详细分析,见 R. Bauckham, *The Climax*, 227; Beale, *Revelation*, 437。

③ 像我们目前正在分析的启示录经文一样,但以理书 11:36-12:3 也是一段众说纷纭的经文。(1)有人认为安提阿古四世(Antiochus IV Epiphanes),依旧是本段经文的焦点,但本段经文也可以是有关敌对神之人(包括敌基督)的写照(例如,邝炳钊,《但以理书》,页 303);(2)有人认为 11:36-39的主角,是安提阿古四世,但是从 11:40 之后,则是预言(例如,L. F. Hartman & A. A. Di Lella, *The Book of Daniel*, 303; J. J. Collins, *Daniel*, 388-89),而其预言乃是以安提阿古四世为本(例如,J. E. Goldingay, *Daniel*, 305;张永信,《但以理书注释》,页 380-81);(3)另外有些人则认为,11:36 之后的经文所言,乃是有关末日敌基督的预言(例如,黄仪章,《旧约神学》[香港:天道, 2003],页 343-48)。但不管何者为是,“圣徒在末日(末了)藉受苦而得洁净,得拯救”的概念,却是这段经文中的重点(11:35;12:1-3,9-10)。

第二，在七封书信的分析中（启2－3），我们也已经多次提及，人子给教会的鼓励，像是生命树的果子（2:7）、生命的冠冕（2:10），以及白衣（3:5）等等，或是祂向教会所发的警告，像是“挪去灯台”（2:5），和“以口中的剑击杀”（2:16）等等，都不是在末日才要兑现和实现的。就我们目前所聚焦的大灾难来说，人子在祂给撒狄教会的书信中，就已经提及，那些未曾污秽自己衣服的人，也就是那些愿意为信仰而遭遇苦难逼迫的人，要穿白衣与祂同行，因为他们是配得过的（3:4）。此一肯定并非出现在书信应许的部分（3:5），因此人子在那里乃是在陈述一个已经发生的事实，或是一个马上就要发生的事。不单如此，在非拉铁非书信中我们也一样看见，人子应许那些“既已遵守我忍耐之道”的人，他要在普世的人受试炼时，保守他们不失脚（3:10）。而在那里，我们从约翰福音16:2－4，32等经文的对比中，已经晓得“试炼的时候”并非全指末日，而是从耶稣第一次降临之时就已经开始了的。此一见解在我们前面对“六印和耶稣末日教训之间关系”的分析中，也更进一步地得着证实，因为不论是白红黑灰四马之灾（启6:1－8），或是假基督，以及战争和饥荒所带来的灾难（太24:5－8；可13:6－8；路21:8－19），都只是“灾难的起头”而已。①

第三，若但以理书12:2中所提及复活之事，②是12:1之“得拯救”的解释，那么12:1中的“大艰难”，就应该是和末日有关的事了。此一见解好像很合理，因此也就成为许多学者所持守的观点（未来派）。但若我们从启示录来看，约翰似乎不作此想。在12:7－17那里我们将会看见，约翰不单继续让在旧约中，只出现在但以理书中之天使长米迦勒，现身于启示录中，他也同时将米迦勒和波斯希腊两个魔君之间的争战（但10:13，20－21），“升级”为米迦勒和撒但之间的争战。此一升高战争层级的动作，并非随意为之，而是因为那最后之战，即耶稣基督（男孩；12:5）和撒但之间的争战，已然开打（12:1－6）。因此为反映地上圣徒（妇人）和世界之间的争战，他们各自在天上的代表，米迦勒和龙，就必然要互相争战了。从12:1－6来看，此一争战当然不仅仅是未来式的，而是从耶稣第一次降临之时，就已经开始的了。因此借着暗引但以理书的方式，约翰再次显明他对末日“已然”实现之面向的了解。③

但我们要如何解释但以理书12:2中，有关“复活”的事呢？从启示录20:11－15白色大宝座审判的经文来看，但以理书12:2所指的，的确是末日的“复活”，因为在这两段经文中，我们看见“得永生”和“永远被憎恶”（但12:2）之概念，清楚地在“两个

---

① 详见页519－22。

② 在旧约中，但以理书12:1－2是唯一明确论及“复活”的经文。相关讨论，见J. J. Collins, *Daniel*, 394－98。

③ 详见该处注释。亦参，R. Bauckham, *The Climax*, 228。

案卷”的图画中,反映了出来(启 20:12)。但若我们从整卷启示录来看,“复活”一事,并非只发生在末日而已。在第五印那里,我们看见那些为神的道而被杀害者的灵魂,已经“复活”,进入了天庭,并发声呼吁神为他们伸冤(6:9-11);而在 20:4-6 中我们也将看见,这些殉道者是已经复活的了(第一次的复活)。因此有关“复活”的真理,启示录所教导的是,圣徒(以殉道者为代表)在死亡之时(甚或在重生之际;详下),已然复活,而在末日,他们的身体,将要和其余的人一起复活,并在其时于白色大宝座前,参与最后的审判。①

此一“两次复活”的概念,其实并非约翰所发明的。因为在耶稣论及“复活”一事之时(约 5:19-29),祂就早已为此一教义,定下了一个基调。从约翰福音 5:28-29 来看,特别是从“行善的复活得生,作恶的复活定罪”一语来看,耶稣显然是将祂有关复活的教训,建立在但以理书 12:2 之上(得永生;永远被憎恶)。② 但若从约翰福音 5:24-25 来看,特别是从耶稣所说“时候将到,现在就是了”的语句来看,祂显然也将但以理的预言,应用在祂自己身上了。也就是说,耶稣不单认为但以理末日复活之预言,要在末日实现,也已经在祂第一次来到人间之时,开始应验了,因为那些听信耶稣之言,并相信父神的人,就要活了(约 5:24-25)。③ 此一和复活有关的“已经(already)”面向,也清楚地反映在马太福音 27:52-53 中,因为伴随着耶稣之死的,不单有“殿里的幔子从上到下裂为两半”的异常现象(27:51),也包括了“死人从坟墓中出来,并在耶稣复活之后,进入耶路撒冷城,向众人显现”的超自然景象(27:52-53)。从圣经的启示来看,这个死人复活之事,当然只是一个指向“末日复活”的指路标而已,因为和末日所有的人都要复活的事件相较,在其时只有少数的人从坟墓中出来;但是这个伴随着耶稣死和复活所发生的事,却明白的告诉我们,具有彰显神国权能之“死人复活”的事,是在耶稣第一次降临时,就已经开始实现了。④

从以上分析中,我们晓得约翰和耶稣并不全然以“未来”的方式,来理解但以理书 12 章。在他们的眼中,先知在那里所预言的事,不论是大灾难或是复活,都已经在耶

---

① 详见 20:4-6 的注释。

② R. E. Brown, *The Gospel According to John I-XII*, 220; B. Lindars, *The Gospel of John*, 226.

③ 由于约翰福音 5:19-25 的特色在“现在”,而 5:26-30 的重点是“将来”,因此学界对此一现象就有了不少的讨论(见,R. E. Brown, *The Gospel According to John I-XII*, 220-21; L. Morris, *The Gospel According to John*, 321-22)。但若我们从“已经但尚未”的角度来读这两段经文,在他们之间因着“现在”和“将来”而有的张力,就不再要求我们必须在二者中择其一了。

④ 亦参,D. Hill, *The Gospel of Matthew*, 365。Hill 认为,由于此一记录和“死人要在末日复活”之“主流看法”不相容,因此这个记录就只出现在马太福音中,但这个揣测是没有必要的,因为此一事件只是个“记号”而已。

稣基督第一次降生之时，开始应验了。① 对约翰和第一世纪的信徒来说，“大艰难”（但 12:1）是他们普遍的经历，②而此一经历当然也和他们所持守的信仰有关，因此在约翰的异象中，无法数算的群众，自然就是那些“曾用羔羊的血，把衣裳洗白净”的人了。

在新约中，人在神面前之所以能够称义，即，拥有一个无罪的地位，乃是因着耶稣基督所流宝血的缘故。③ 因此有学者就认为，我们在此也应以这个含义，来解读“曾用羔羊的血，把衣裳洗白净”。④ 若从启示录 1:5 和 5:9 来看，以此方式来理解这个词组，也十分合理。但若我们考量但以理书的背景（经历苦难之熬炼而得洁净），并且参照白衣在约翰手中的含义（圣徒因其义行而得之奖赏），⑤那么约翰在此所要突显的，就不是羔羊宝血之功效，而是圣徒在蒙恩之后，藉其行为所表现出来的“信”。也就是说，他们以走羔羊受苦之路，来表明他们的确是属神的群体。⑥ 对许多第一世纪的圣徒而言，与所蒙之恩相称的行为，是至死忠心的殉道，因此在启示录中，这些殉道者自然就得着许多的关注（例如，6:9－11；20:4－6）。但由于圣徒所经历的“大灾难”，并非只有“殉道”一事而已，因此虽然“曾用羔羊的血，把衣裳洗白净”一语，和殉道者所行最为契合，⑦但是从大患难中出来的人，恐怕是包括了所有忠心的信徒。⑧

在患难中持守信仰，的确是要付上许多代价，而在某些情况中，要付出的可能也包括了性命。但是不论代价有多么深重，持守信仰所带来的结果，却远远超过一个人所可能摆上的：“因此他们得以在神宝座前，昼夜在祂殿中事奉祂。”在第六印那里，约翰已经让我们看见，那些敌对神并逼迫信徒的人，不论他们是有权有势的君王、臣宰、将军、富户还是壮士，在神审判来临之时，他们所能做的，至多只能以寻死的方式，来躲避神的面（6:15－17）。但在这个异象中，约翰却让我们看见，看似软弱，宁可被杀

---

① 玛加比一书之作者在 9:27 那里，对犹大玛加比死后，以色列地所产生之动乱（9:23－26），所下的批注是：以色列地就有了大灾难，是从先知离开他们之后，前所未见的。Beale 认为该书作者在此是将但以理书 12:1 应用在当时的情况之中（*Revelation*, 434）。若此见解属实，那么我们就有了一个和新约彼此平行的个案了。

② 参，启 1:9；2:9－10，22；太 10:16－23；徒 8:1；14:22；罗 5:3；8:35－36；提后 3:12（Aune, *Revelation* 6－16，474；Beale, *Revelation*, 434）。

③ 参，罗 3:25；5:9；弗 1:7；西 1:20；来 9:14；彼前 1:2，19；约壹 1:7。

④ 例如，Stuart, *Apocalypse II*, 178; Swete, *Revelation*, 103; Beckwith, *Apocalypse*, 545; Mounce, *Revelation*, 174; Thomas, *Revelation* 1－7，498。

⑤ 详见 3:4 的注释。

⑥ 参，腓立比书 2:12b－13－就当恐惧战兢，作成你们得救的工夫。因为你们立志行事，都是神在你们心里运行，为要成就他的美意（Metzger, *Breaking the Code*, 62）。

⑦ Charles, *Revelation I*, 209－14; R. Bauckham, *The Climax*, 227; Aune, *Revelation* 6－16，475.

⑧ Beckwith, *Apocalypse*, 535－39; Boring, *Revelation*, 129－32; Beale, *Revelation*, 432－33；436.

而不愿妥协的人,却成了一群昼夜在神宝座前事奉祂的祭司。"昼夜"当然带有夸张的意味,但是它所表明"永不止息"的意涵,①却恰恰和君王等人"权倾一时"的情况,形成了最强烈的对比。一言以蔽之,圣徒在世之时,虽因着服膺人子"一个人不能事奉两个主"的教训(太6:24;路16:13),而吃了不少苦头,但是在此异象中,他们却得着人所能得到的最高荣誉:成为事奉永生神的祭司。

7:15b－17 坐宝座的要用帐幕覆庇他们。[16]他们不再饥,不再渴。日头和炎热,也必不伤害他们。[17]因为宝座中的羔羊必牧养他们,领他们到生命水的泉源。神也必擦去他们一切的眼泪(καὶ ὁ καθήμενος ἐπὶ τοῦ θρόνου σκηνώσει ἐπ᾽ αὐτούς. [16]οὐ πεινάσουσιν ἔτι οὐδὲ διψήσουσιν ἔτι οὐδε μὴ πέσῃ ἐπ᾽ αὐτοὺς ὁ ἥλιος οὐδὲ πᾶν καῦμα, [17]ὅτι τὸ ἀρνίον τὸ ἀνὰ μέσον τοῦ θρόνου ποιμανεῖ αὐτούς καὶ ὁδηγήσει αὐτοὺς ἐπὶ ζωῆς πηγὰς ὑδάτων, καὶ ἐξαλείψει ὁ θεὸς πᾶν δάκρυον ἐκ τῶν ὀφθαλμῶν αὐτῶν)

在长老对无法数算之群众的描述中(7:14b－15a),他使用了四个动词:两个过去时态的"洗(ἔπλυναν)"和"使洁白(ἐλεύκαναν)";以及两个现在式的"他们是(εἰσιν)"和"事奉(λατρεύουσιν)",因此藉此他告诉约翰,这一群人是因着他们过去所行的,而在今日得以成为事奉神的祭司。但"过去的恒忍"所能带来的,是否只是"今日能得以事奉神"的特权和荣誉呢?当然不,因为从7:15节的下半开始,长老继续告诉约翰,神*将要*如何对待这些对祂忠心耿耿的人。②

就形式而言,这两节半的经文可说是十分工整。(1)在这段经文中,一共出现了七个动词:"覆庇(σκηνώσει)","不再饥(οὐ πεινάσουσιν)","不再渴(οὐδὲ διψήσουσιν)","不伤害(μὴ πέσῃ)","牧养(ποιμανεῖ)","领(ὁδηγήσει)","擦去(ἐξαλείψει)"。在这七个动词中,最中间的一个(不伤害),是带着未来含义的简过假设动词,③而其余的六个未来时态动词,则平均的分布在两边,因此这七个动词,是以"3－1－3"为其结构。(2)此一"交错排列(chiasmus)"的文学模式,也在"坐宝座的—羔羊—神"的次序中出现。这些文学上的现象,当然有可能只是"巧合",但是更合理的解释是,此一现象乃约翰为了让经文的形式,和经文的内容互相配合而有的。也就是说,约翰不但藉其所言,凸显了神对忠心信徒*完满的*预备和照顾,他也让此段经文以*完整的*结构

---

① 有关"昼夜"一语的意思,见4:8的注释。

② 在一个异象中,其动词由过去变成现在再转换为将来,是启示录的特色之一。类似现象亦出现在4:8－10;9:4－6;18:4－15;19:14－16;20:4－7;21:22－26。详见,G. Mussies, *The Morphology*, 334－36。

③ J. A. Brooks & C. L. Winbery 认为,简过假设和未来直说的差别,在前者是"在未来有可能发生",而后者则是"在未来必然发生"(*The Syntax*, 118－19);但 A. T. Robertson 认为,在一开始的时候,这两者可能没有区别(*A Grammar of the Greek New Testament*, 924－25)。

和形式，与其所承载的信息互相呼应。①

“坐宝座的要用帐幕覆庇他们”，是神藉长老之口，向忠心信徒所发应许中的第一个元素。对第一世纪熟悉旧约的信徒来说，“用帐幕覆庇”的含义，可说是十分清楚的，因为从以色列百姓出埃及开始，神就以各样的形式，像是白日的云柱和夜晚的火柱（即，如帐幕般的密云；出 13:21－22），②或是摩西在旷野所设立的会幕（利 26:11－13），来显明祂的同在和保护。在被掳后先知们的预言中，此一观念也一样出现。因为在论及未来复兴之时，他们若不是祈求神重新在他们中间设立圣所（但 9:17－20），就是以“圣殿/圣所”之重新设立，来表明神人关系的恢复（结 40－48；亚 1:16；2:10，11；8:3，8）。在这些有关未来复兴的经文中，和此处启示录经文最接近的，是以西结书 37:26－27，“我要与他们立平安的约，作为永约；我也要……在他们中间设立我的圣所，直到永远。我的居所（מִשְׁכָּנִי；ἡ κατασκήνωσίς μου［LXX］）必在他们中间；我要作他们的神，他们要作我的子民。”③从以西结书 37 章来看，这个复兴的应许，的确以旧约以色列人为对象的。但是正如我们在前面已经多次看见的，④约翰从耶稣基督所成就的救赎事工中，明白了神接纳万民的永恒计划，因此他在此就将这个应许，应用在新约教会身上了。

“神将要以帐幕覆庇忠心信徒”的意涵，在接下来的经文中，有了更清楚的说明：“他们不再饥，不再渴。日头和炎热，也必不伤害他们，因为宝座中的羔羊必牧养他们，领他们到生命水的泉源。”此语出自以赛亚书 49:10，“他们不饥不渴；炎热和烈日必不伤害他们，因为怜恤他们的，必引导他们，领他们到水泉旁边。”在启示录中，这个暗引旧约的案例可说是最长，也最接近其所暗引经文的一个。⑤ 从以赛亚书 49 章来看，这个应许是神向被掳的以色列人所发；而其目的，在向以色列人保证，祂将会像当年祂引领他们祖先离开埃及时一样，在他们从巴比伦回到应许之地的路途中，供应他

---

① 此一现象是我们在 1:1－8 的分析中，就已经观察到的了。在后面我们也将看见，此一严谨完整的结构，很可能是受到约翰所暗引之旧约经文的影响（赛 49:9－10）。

② 霍志恒（G. Vos）著，李保罗译，《圣经神学 I》（香港：天道，1988），页 122－23。

③ J. Fekkes, *Isaiah and Prophetic Traditions in the Book of Revelation*, 169; Aune, *Revelation* 6－16, 476; Beale, *Revelation*, 440. Fekkes 指出，虽然以西结的“居所”是名词，而约翰所使用的是动词“居住”，但在诸多论及神要居住在以色列人中间的经文中（שָׁכַנְתִּי בְּתוֹךְ/בְּתוֹכָם；出 25:8；29:45－46；民 35:34；王上 6:13），只有以西结使用了“在……之上（על）”的介系词（עֲלֵיהֶם），而约翰在此所使用的“覆（ἐπι）”，这正是此一介系词的反映。除此之外，Beale 也指出，以西结书 37:27 也在启示录 21:3 那里被更完整的引用，因此这个暗引旧约的案例，可说是相当牢靠的。

④ 详见 1:6；2:9；3:9 等处的注释。

⑤ 有关这个暗引旧约例证的详细分析，见 J. Fekkes, *Isaiah and Prophetic Traditions in the Book of Revelation*, 170－74。

们一切的需要(不饥不渴),并保护他们不受任何的伤害(炎热和烈日必不伤害他们)。①

对即将踏上旅程,进入旷野之地的以色列百姓来说,此一保证当然令人心安,因为他们将不会因着缺食断水而失去力量,也不会受到地上炙热沙石,和天上烈日曝晒的伤害。② 但对意欲以此旧约应许,来描绘将来情况的约翰来说,此一旧约模式并不足够,因为这个应许的内容不单是属地的,也只和以色列人从巴比伦回归至耶路撒冷的旅程有关。为解决这个问题,我们就看见约翰在其所暗引的经文上,做了两个更动。第一,在"不饥"和"不渴"之上,他各加上了一个形容副词"再(ἔτι)",因此就让两个元素,带着"永远不再……"的意味和强度。此一更动虽小,但却在这个属地的应许中,加入了属天永恒的要素。

第二,除了上述的更动之外,约翰也将以赛亚的"水源",③变为"生命水的泉源"。④ 在启示录中,类似的说法有"生命泉的水"(21:6),"生命水的河"(22:1),或是"生命的水"(22:17);而其所象征的,都是永恒的生命。因此在使用以赛亚书的这个元素时,约翰再次将之"升级"了。事实上约翰在这里所做的更动,并不止于此而已。因为在将水源"升级"的同时,他也以在宝座中的羔羊,来取代耶和华神在旧约中所扮演的角色。此举的目的当然在高举羔羊,而其根据,不单是由耶稣对祂自己角色的认知而来(约4:14;6:35;7:37-38),也是建立在羔羊所完成的救赎之功上面的(启1:5-6,18;6:7;7:9)。⑤

羔羊的确是神新子民的新领袖,而祂所能带给忠心信徒的永恒福祉,也的确叫人振奋。但正如祂自己所说,子凭着自己不能作什么;唯有看见父所作的,子才能作(约5:19b)。因此在描述了羔羊所能作的之后,长老又把焦点拉回到父的身上:"神也必擦去他们一切的眼泪。"此语出自以赛亚书25:8b,"主耶和华必擦去各人脸上的眼

---

① J. A. Motyer 指出,以赛亚书49:9-10的文学特色是对称:食物/饮水;饥饿/干渴;炎热/烈日;引导/引领。而这个设计,是为了要彰显神**完全的**供应和保护(*The Prophecy of Isaiah*, 391)。从这个角度来看,本段启示录经文在结构和型式上的工整和严密(详上),恐怕也是受到了其所暗引经文的影响。类似的情况,也出现在启示录其他暗引旧约的案例中(详见笔者博士论文,Ezekiel in Revelation: Literary and Hermeneutic Aspects [Univ. of Edinburgh, 1999], 217-18)。

② C. Westermann, *Isaiah* 40-66, 215; J. A. Motyer, *The Prophecy of Isaiah*, 391.

③ וְעַל־מַבּוּעֵי מַיִם; διὰ πηγῶν ὑδάτων(LXX).

④ ἐπὶ ζωῆς πηγὰς ὑδάτων. ζωῆς. 在此所修饰的是ὑδάτων。有关这个词组的结构问题,见 MHT III, 218。

⑤ 除了上述的两个更动之外,约翰也将"炎热和烈日"的次序,颠倒了过来。从"神以帐幕覆庇他们"的上文来看,这个变动其实相当合理,因为在头上的帐幕所遮蔽的,是日头,而其接下来的结果,才是地不再因着日晒而发烫。此一更动是因着行文逻辑上的考量而有的,但由于这个变动并不涉及此一应许的"升级",因此我们就略而不提了。

泪。"①从这一句话的下文来看，即，又要除掉普天下祂百姓的羞辱（8c），以赛亚向百姓所发的应许，是神将要亲自安慰那些被掳到巴比伦的百姓。但若我们从其上文来看，即，祂已吞灭死亡，直到永远（8a），那么神藉先知在此所应许的，就不只是以色列人将来的复兴了；而是祂要彻底解决亚当之罪对整个人类的影响。② 在启示录后面有关新天新地的论述中（21:4），约翰再次暗引了这段以赛亚书的经文，并且在那里让"吞灭死亡"和"擦去眼泪"的两个要素，都一起出现。但是在此他却只暗引了"擦去眼泪"的部分。而其原因，很可能是因为他在这里的重点，不在整个宇宙的更新，而是在忠心信徒。对这些人而言，特别是以殉道者为代表的他们而言，羔羊所赏赐"生命水的泉源"的本身，就已经含有"吞灭死亡"的含义了。③ 因此对他们来说，"擦去眼泪"的应许，已然足够。不单如此，以"神也必擦去他们一切的眼泪"，作为这段经文的结束，也是十分恰当的，因为此一应许，恰恰呼应了长老在一开始对这一群人的描述——"从大患难中出来的"（7:14b）；因此借着这句话，约翰也为这个异象，画下了一个完满的句点。有什么比"擦去眼泪，破涕为笑"的应许，更能安慰和鼓励那些为神劳苦，忍受苦难，甚至失去性命的忠心信徒呢（启 6:9－11）？

因此在第七章中，约翰先以十四万四千人的异象，来凸显教会是一支属灵军队的真理（7:1－8），而后借着群聚在宝座前，无法数算之群众的异象（7:9－17），来安慰在苦难中的信徒。这两个异象的形式和内容虽然不同，但是他们的目的，都在回答第五印中，殉道者向神所发出"何时伸冤"的问题。就羔羊依序揭开七印的次序而言，这两个异象的确是支"插曲"，但就其主题而言，他们却让羔羊是世界之主的真理，在七印系列中，得着平衡。因为被杀羔羊所得着的，不单是审判世界之权柄（1－4 印和第 6 印），也是保守，安慰和复兴属祂子民的权能（7:1－17）。

附录四　启示录的旧约背景（7:14－17）

在前面的分析中我们已经晓得，站在启示录 7:14－17 各节经文背后的，有但以理书 12:1（大灾难；启 7:14），以西结书 37:26－27（帐幕；启 7:15b），以及以赛亚书

① 有关这个暗引旧约个案的详细分析，见 J. Fekkes, *Isaiah and Prophetic Traditions in the Book of Revelation*, 253－55。

② 若我们将以赛亚书 25:7 中的"遮盖之物"或是"帕子"，亦视为"死亡"的隐喻，那么我们在此所说的，就有了更多的支持（J. D. W. Watts, *Isaiah 1－33*, 331; J. N. Oswalt, *The Book of Isaiah 1－39*, 464; J. A. Motyer, *The Prophecy of Isaiah*, 209）。

③ 参，Beale, *Revelation*, 443。

49:10(不再饥饿,不再干渴等等;启7:16-17a)和25:8(擦去眼泪;启7:17b)。但若是我们从整体来看,这段经文却在许多地方,又和神引领以色列百姓出埃及的记录,彼此平行:①

	出埃及记	启示录
1 一大群人从患难(θλίψις)中出来	4:31	7:14
2 洗衣服	19:10,14	7:15
3 被血洒	24:8	7:15
4 设立帐幕	25:1ff	7:15
5 食物,水,保护,安慰	24:11,25:1ff	7:16-17

上述现象显示,约翰在此应该是企图以旧约以色列百姓出埃及的模式,来描述新约教会的经历。也就是说,他意欲借着这个方式,将新约教会类比于当年离开了埃及,在旷野中朝向迦南应许之地前进的以色列人。此一以"新出埃及"来描述教会的手法,是我们在1:5-6和5:9-10中,就已经看见的了,因为在那里约翰已将教会描述为一个"脱离罪恶,并成为属神之祭司国度"的群体。不单如此,在15:1-4那里,我们也将要再次看见这个模式的出现,因为那些胜过兽和兽像的人,将要和当年以色列百姓一样的,站在海边,唱摩西的得胜之歌(出14:26-15:21)。②

事实上,此一将神所要作之事,以"出埃及"之模式来呈现的手法,并非约翰的发明,因为当旧约众先知在论及将来的审判或是复兴之时,他们就已经以"出埃及事件"为蓝本了。③ 就我们目前所关注的经文而言,此一手法是出现在约翰所暗引的以西结书37:26-27,和以赛亚书49:10中(详上),④因此约翰在这里,以及在整卷启示录中所做的,只是跟随着先知的脚步而行而已。

① 此乃J. S. Casey所观察到的(Exodus Typology in the Book of Revelation. Ph. D. diss. [Southern Baptist Theological Seminary, 1981], 153-54;176-77;182-84。资料来源,J. Fekkes, *Isaiah and Prophetic Traditions in the Book of Revelation*, 167。

② 对神的百姓而言,"出埃及"是得蒙拯救,但对敌对神的势力而言,这同一个事件却是审判(十灾)。因此在启示录中,我们一样看见这个面向,在七号和七碗之灾中的出现(8:6-9:21;16:1-21);详见该处注释。

③ 例如,将来的复兴-赛11:16;耶31:32;何2:15;弥7:15;亚10:10;将来的审判—赛10:26;结20:36;摩4:10。有关出埃及一事之正反两面意义,见霍志恒(G. Vos)著,李保罗译,《圣经神学I》(香港:天道,1988),页122-23。

④ 但以理书12:1中的"大患难(θλίψις)",也和出埃及记3:4互相呼应,而"从有国以来,直到此时,没有这样的"一语,也和出埃及记9:24彼此平行(自从埃及成国以来,没有这样的;亦参9:18[J. J. Collins, *Daniel*, 391])。

此一观察有两方面的意义。第一，这个现象解释了为什么约翰一方面在各节经文中，分别暗引了不同出处的旧约经文，但在另外一方面又能让整段经文，和出埃及记之间彼此呼应。① 第二，就“释经方法”而言，约翰可以说是先知们的学弟，因为他所做的，和学长们并无不同。约翰的确是后进，但由于他在救恩历史中所站位置，要比前辈们来得晚（在道成了肉身之后），因此他所能掌握的启示，当然就比学长们所能明白的，要来得更为清晰（参，彼前 1:10－12）。对他而言，关乎整个人类的出埃及，是已经在那只真正的逾越节羔羊，死在十架上之时，就已经开始上演的了（启 5:9－10）。而那些忠心跟随祂的真以色列人，也和当年的以色列百姓一样，必须要经过旷野的熬炼，才能进入迦南地。此一过程当然备尝艰辛，有血有泪，但是这一切却要在永恒中得着补偿。“一宿虽有哭泣，早晨却必欢呼。”

8:1 羔羊揭开第七印的时候，天上寂静约有半个小时（Καὶ ὅταν ἤνοιξεν τὴν σφραγῖδα τὴν ἑβδόμην, ἐγένετο σιγὴ ἐν τῷ οὐρανῷ ὡς ἡμιώριον）

在第七章两个异象的“插曲”之后，约翰又回到了七印系列：羔羊揭开第七印的时候，天上寂静约有半个小时。② 在前六印中，伴随着羔羊揭印动作而来的，总是“影音俱全”，热闹非常的异象，像是应四活物之命令“去！”而出的四马，或是在祭坛下向神发出“何时伸冤？”的殉道者，又或是藏身于岩石洞穴中，向山岭发出“倒在我们身上！”之呼求的君王臣宰人等。但和这六印相较，羔羊揭开第七印时，却似乎什么也没有发生。没有异象，没有特定的人或物，也没有任何的动作。羔羊揭开第七印所带来的，只有延续了约半个小时的寂静。这究竟是怎么回事？约翰想要藉这半个小时的寂静，来表达什么呢？

对此“半个小时的寂静”，学界有许多不同的解读。第一，有人认为“寂静”像是一个句点，表明七印系列的结束。③ 第二，有人则认为“寂静”表示“什么都没有发生”，因此在此我们有一个启示的暂停。④ 第三，从“寂静”和“七号”彼此对照的现象来看（8:2ff），也有人认为第七印象是一个休止符，而其目的，则在为后面的七号之灾，

---

① J. A. Draper 认为，除了我们所提及的旧约经文之外，在启示录 7:1－17 后面的，还有撒迦利亚书 14 中所描述的末日住棚节（‘The Heavenly Feast of Tabernacles: Revelation 7. 1－17,’ *JSNT* 19 [1983], 133－47）。此说有其可能，因为住棚节乃是为纪念出埃及事件而有的；因此就概念而言，二者也许有所关联。但从接近度来看，启示录 7:14－17 却更靠近我们所列举的但以理书、以西结书、以赛亚书以及出埃及记。

② 约翰在此使用了一个和前六印（ὅτε）都不同的时间副词“当（ὅταν）”。但由于两者是同义词，因此这个变化并无太大意义（Osborne, *Revelation*, 336）。

③ Krodel, *Revelation*, 189.

④ Swete, *Revelation*, 106.

创造出一个具有强烈对比的戏剧性效果;①或是因着七印揭开,人见书卷内容(七号七碗之灾),心生恐惧敬畏而哑口无言。② 第四,在学界也有人将"寂静"解读为"没有内容"。由是第七印的本身,就成为一个没有内容的异象。而它的内涵,若从8:2之后的经文来看,则是后面的七号和七碗之灾。③ 上述的四种看法都有其可取之处,因为他们或多或少的,都考虑到第七印的上下文。但若我们从旧约或是当时犹太文献来看,第七印之"寂静",可能不只是一个文学上的设计,而是有其实质内涵的。因此在学界中,除了上述的四种见解之外,我们也看见如下的另外三种看法。

第五,次经以斯拉四书对创世记1:2的理解是:那时灵在运行着,到处是黑暗和寂静,连个人声也没有(6:39);④而在新的创造再次出现之前,此一黑暗和寂静的情况,会再次出现(7:30–31)。因此从这个背景来看,在神末日审判已然发生之后(6:12–17),我们自然就回到"上古的寂静"中,而接下来的,就是新天新地的创造了(21:1之后)。⑤ 此一见解似乎满有根据,但是在启示录其他的经文中,并无"寂静—创造"之概念的出现。⑥ 再者,若约翰的确是以此犹太传统为蓝本,那么他将"创造"的元素,放在十三章经文之后,恐怕也不是一个太聪明的做法。就我们对约翰行文审慎精准的了解,这个见解的可能性恐怕不高。

第六,在犹太经典他勒目中,拉比曾提及第五层天的活物,在夜间唱诗颂赞神,但是在白天神却要求他们安静下来,因为在其时祂要垂听祂子民的祷告(*b. Hag.* 12b;亦参 *b. Abod. Zar.* 3b)。⑦ 而在伪经亚当遗训中(*T. of Adam*),我们也看见在夜间的第12个小时中,也就是天即将发亮的那一个小时,天庭中的活物都被要求安静下来,等候祭司献上焚香之祭。⑧ 因此从这个背景来看,启示录第七印的"寂静",不单是天使献香的预备,也是为了让神能听见圣徒之祷告而有的(8:3–4)。

第七,除了从犹太传统来理解第七印之外,在学界也有人从旧约来解读"寂静"的含义:原本繁华热闹的巴比伦,如今却在暗中静坐,默然无声(赛47:5);原本充满水

---

① 例如,Collins, *Apocalypse*, 54。

② 例如,Beckwith, *Apocalypse*, 550; Mounce, *Revelation*, 179。

③ 例如,Walvoord 以及他所提及的 W. G. Scroggie 等人(*Revelation*, 150)。

④ 类似的理解,亦在巴录二书3:7; Pseudo-Philo 60:2 中出现。

⑤ 例如,M. Rissi, *Time and History* (Richmond: John Knox, 1966), 3–6; Swete, *Revelation*, 159; Roloff, *Revelation*, 101–02。Beale 指出,此一犹太传统的出处,可能是以赛亚书41章,因为在那里跟随在"审判+寂静"(41:1)之后的,是神的更新和创造(41:17–20)。

⑥ 亦参,Aune, *Revelation* 6–16, 507。

⑦ Charles, *Revelation I*, 223–24; Caird, *Revelation*, 106; Aune, *Revelation* 6–16, 508。类似的观念亦出现在较晚的犹太文献中;相关索引和分析,见 R. Bauckham, *The Climax*, 72–76。

⑧ S. E. Robinson 认为,此书成书之日约在公元第二世纪(*OTP* 1:990)。但 R. Bauckham 指出,此书可能早在圣殿被毁之前(AD 70),就已经写成(*The Climax*, 80)。

手之喧嚣，如商船般的推罗，现在却在海中寂静无声（结 27:32）；①原本兴盛如夏天果子的以色列，却成了横尸遍野，无人作声之地（摩 8:3）；②究其原因，都因耶和华神的审判临到了。具有类似主题的经文，在旧约还有许多，但是和此处启示录经文最接近的，恐怕是哈巴谷书 2:20，撒迦利亚书 2:13，以及以赛亚书 41:1，因为这三处经文都提及，当神在其圣殿中做王，或是祂从其圣殿中兴起之时，万民都要因着祂审判的降临，而静默无声。③ 因此当神的审判已然实现（第六印；启 6:12－17），在天庭中我们所能期待的，自然就只有"寂静"了（第七印；8:1）。

从 8:2－4 来看（天使献香），上述的第六种看法，似乎相当合理，但若我们将 8:5 一并列入考量，那么这个看法和第七种见解之间，就没有太大的差异了。因为当圣徒的祷告达到神的面前之后（8:3－4），其结果正是神审判的降临（8:5；详下）。因此约翰在这里很可能是将当时犹太人的传统，融入了旧约有关"寂静"的教训中。而以上的分析也让我们看见，第七印的"寂静"，并非空无一物。它所代表的，是神审判的降临，是祂王权的实现。当神掌权做王之时，全地都要在祂面前静默。

但此一"寂静"的长短，为何是"约有半个小时"呢？（ὡς ἡμιώριον）（1）对那些将"寂静"和神垂听圣徒祷告之事连结在一起的人而言（第六种看法），"半个小时"只是犹太人在圣殿中献早祭所需时间长短的反映；而由于此一早祭乃在天上进行（启 8:3－5），所以约翰就以"约（ὡς）"一语，来显示天地之别。也就是说，此处之"约（ὡς）"的意思，并非"大约/大概"，而是"约有我们平常在地上所经历半个小时的时间"。④

（2）对那些将"寂静"等同于"上古寂静"的人来说（第五种看法），此处之"半个小时"所象征的，是一个从审判到创造的转折，因为在启示录中，"三天半（七天之半；11:9，11）"，或是"一载两载半载（三年半；12:14）"所表明的，是一段充满危机和转机的时刻。也就是说，"半个小时"显示，所发生的事只是"上半场（神的审判）"，因此借着这"半个小时"，约翰也预告"下半场"，即，神新的创造（启 21:1ff）。⑤

（3）对那些从旧约来理解"寂静"之意涵的人而言（第七种看法），此处之"半个小时"，和但以理书的"三年半"，或是"一七之半"（但 7:25；9:27；12:7），具有相同象征意义。也就是说，它们不在表达时间长短，而在强调这是一段充满了危机和审判的

---

① 亦参，赛 23:1－2。
② 亦参，哀 2:10－11。
③ Beale, *Revelation*, 446－48.
④ R. Bauckham, *The Climax*, 82－83.
⑤ Roloff, *Revelation*, 102.

时间。①

这三个解释都各有根据,因此要在他们之间做一个选择,实非易事。但由于约翰(或是但以理)在使用"一半"的概念时,他总是十分精确(三天半;一七之半),而此处的"半个小时"却不是如此(约有),因此也许我们不应该从"三天半"或是"一七之半"的角度,来解读此处之"半个小时"。不论从上文或是下文来看,第七印的重点,都在"寂静",而不再时间的长短,因此"约半个小时"可能只是圣殿礼仪(早祭)的反映而已。

8:2 我看见那站在神面前的七位天使,有七支号赐给他们(καὶ εἶδον τοὺς ἑπτὰ ἀγγέλους οἳ ἐνώπιον τοῦ θεοῦ ἑστήκασιν, καὶ ἐδόθησαν αὐτοῖς ἑπτὰ σάλπιγγες)

在第七印约半个小时的寂静中,约翰看见七号之灾的异象。从 8:6 之后的经文来看,本节经文中的七天使和七号,似乎出现的过早,因为他们要到了那里,才开始有所行动(吹号)。因此有人认为本节经文的位置,根本是错误的。② 但我们在前面有关启示录结构的分析中已经晓得,8:2 和 8:6 是所谓的"文学连环锁",而其目的,在将七号系列(8:7-11:19)和七印系列连结在一起。③ 也就是说,借着"七号(8:2)—天使献香(8:3-5;和第五印互相呼应)—七号(8:6)"的结构,七号之灾就成了神对圣徒伸冤祷告的回应。

约翰对七天使的描述,是"站在神面前的"。由于"站(ἑστήκασιν)"乃完成时态动词,因此表示他们在那里已有一段时间(等候差遣④)。但这七位天使究竟是谁? 由于此处之"七天使"带着冠词,因此就有学者认为,"这七个天使"是犹太人所熟知,在伪经以诺一书中所提及的七个天使长:乌瑞俄,拉法俄,拉古俄,麦可,撒拉卡俄,加百列,瑞米俄(20:1-8)。⑤ 此说有其可能,但在 8:2 中,我们并没有发现任何可以将启示录,和这个犹太传统连结在一起的线索。若从 1:20 来看(七星 = 七教会的天使),这七个天使也有可能是在天庭中,代表地上教会的天使。但是在 1:20 那里,经文并无提及这"七个天使"是"在神的面前"。⑥ 因此我们实在无法完全确定这七个天使的

① Beale, *Revelation*, 453.

② Charles, *Revelation I*, 221。对 Charles 而言,错置的不只是 8:2 而已。他认为启示录 8-9 章的"原始经文",其顺序应该是:8:1,3-5,2,6,13,9:1ff。Charles 重编经文的原因,是因为他认为启示录的异象,应依照时间顺序来编排。此一问题已在导论部分做了处理(见页 151-55),因此在这里我们就不再多说什么了。

③ 同样的文学设计,亦在 15:1 和 15:5-8 那里出现。参,Beale 的分析(*Revelation*, 460-64)。

④ 参,士 20:28;耶 15:19;路 1:19。

⑤ 例如,Ladd, *Revelation*, 124; Aune, *Revelation* 6-16,509Osborne, *Revelation*, 342。

⑥ J. Paulien, *Decoding Revelation's Trumpets*, 310。若将启示录 1:4 和 4:5 所提及的"七灵"视为"七天使",那么这里的七个天使,就可能是在宝座前的"七灵"了。但我们在 1:4 那里,已经晓得七灵乃圣灵。

身份。但不论他们是谁，这七个天使却都是执行神使命的使者。①

事实上在本节经文中，我们不单应该关注这七个天使究竟是谁的问题，也更要问：为何七号之灾（以及七碗之灾），是由天使，而不是由羔羊亲自来执行的？降灾和刑罚，岂不是彰显羔羊权柄的最佳途径吗？其实此一问题早在羔羊揭开前四印之时，就已经浮现的了，因为在那里我们所看见的是："印"乃羔羊所揭开，但是带出四马之灾的，却是四个活物（6:1－8）。而这个问题，也将在启示录 18:1，21 中，再次出现，因为在那里执行审判任务的，也是天使。

从整卷启示录来看，此一藉天庭活物来执行审判的设计，恐怕是为了要凸显教会和世界之不同而有的。此话怎讲？在拔摩异象中（1:9－20），我们首先看见人子出现在七个金灯台中（1:13），因此在 2－3 章中，人子的信息，不论是警告或是安慰，都是直接向七教会所发。② 不单如此，在第七章无法数算群众的异象中（7:9－17），我们也看见这一群人，即，教会，是站在宝座和羔羊面前的，而在这个异象的后面，我们更看见神将要亲自擦去他们眼泪的应许（7:17）。因此就教会和羔羊之间的关系而言，约翰要我们明白，祂和我们之间，是"直接，没有距离"的。③ 但这个现象，却完全没有出现在羔羊和世界之间的关系中，因为祂的审判，都是借着天庭活物来施行的。此一对比在 14:14－20 中，最为明显：在人子收割庄稼的异象中（教会蒙救赎），把镰刀扔在地上的，是人子（14:14－16）；但是在接下来神审判世界的异象中，把镰刀丢在地上的，却是天使（14:17－20）。

除了显明教会和世界，在与神关系之事上有多么大的不同之外，"人子藉天庭活物来执行审判"之设计，也是为着高举基督而有的。在 1:1 那里我们已经注意到，启示的传承是以两个循环来完成的：(1) 父神—基督耶稣—众仆人；(2) 耶稣基督—天使—约翰。这个设计让耶稣基督在次序上，后于父神，但就其所行之事而言，却又和父神一样。在"启示"传承的事上既是如此，在"审判世界"的事上，也应如是。因此像旧约耶和华神以天使为其仆役，新约的人子羔羊也照样的藉天庭活物，来执行祂的审判。由是就有七支号赐给了他们（七个天使）。

在旧约中，号（或是其所发出的号角之声）的第一次出现，是在出埃及记 19 章（13，16，19）。在那里我们看见以色列人在离开了埃及的三个月后，来到了西奈山，而

---

① 参，创 19:1－22；撒下 24:17；王上 19:5；诗 78:47－48 等等。

② 这七封书信的确是写给七教会之天使的（2:1 等等），但是在前面我们已经晓得，人子在其信息中，也多次的从单数的"你"，转变到复数的"你们"（2:10，13，23－25）。此一变化显示祂事实上是直接对教会说话的。

③ 类似的情况，亦在 14:1－5；19:1－10；19:11－21；20:4－5；21:22－23 等经文中出现。

在那里耶和华神在密云和号角声中,向他们显现,并与他们立约。所以从一开始,号就是神显现的记号之一;①是神聚集属祂百姓,战胜仇敌(埃及),并立祂自己为以色列王的记号。号具有如此多面向含义的事实,也反映在神命令摩西制作两只银号的记录中(民 10:1-10)。② 因为在这一段经文中,号是摩西聚集百姓和首领(10:3-4,7),是让以色列军队拔营起行(10:5-6),是在战争中呼吁神来帮助他们(10:9),以及在各样节日庆典和献祭仪式中(10:10),所使用的工具。

本于这个事件,在以色列人往后的历史中,号就自然出现在各式各样的场合之中。号表明他们是立约的百姓(民 10:9),因此在他们聚集敬拜神之时(此乃立约子民的责任),吹号就成为崇拜仪式中不可或缺的一环。③ 在新王登基之际,号声也当然必须响起,因为庄严的号角之声不单与此庆典十分相配,也表明王,以及他所代表的百姓,都是属神的。④ 号不单在承平的日子中响起,也更需要在危难的时刻中发声。敌军临近,必须招聚百姓出来打仗之时,响彻云霄的号角声,是最好的警告信号。在战事的喧嚣声中,高而又高的号角声,也是传达撤退,或是宣告战争胜利之信息的最好工具。⑤ 而由于号是神显现的记号之一,因此在先知们有关末日的教训中,号角之声也不曾缺席,因为它向人宣告,"主的日子"已然临近。⑥

在往后的七号经文中(启 8:6-9:21;11:15-19),我们将陆续看见旧约之号的象征含义,一样样地反映在启示录的经文中。但是就目前我们所在的位置来说,七号在此的出现,应该不令人意外才是。因为在 7:4-8 那里,当新的以色列军队(教会)被数点之后(参,民 1-3),拔营起行,进入争战状态的号声,自然就要响起了(参,民 10:5-7)。

8:3-4 另有一位天使拿着金香炉,前来并站在祭坛旁边。有许多香赐给他,要和众圣徒的祷告一同献在宝座前的金坛上。[4] 那香的烟,和众圣徒的祷告,从天使的手中一同升到神面前(Καὶ ἄλλος ἄγγελος ἦλθεν καὶ ἐστάθη ἐπὶ τοῦ θυσιαστηρίου ἔχων λιβανωτὸν χρυσοῦν, καὶ ἐδόθη αὐτῷ θυμιάματα πολλά, ἵνα δώσει ταῖς προσευχαῖς τῶν ἁγίων πάντων ἐπὶ τὸ θυσιαστήριον τὸ χρυσοῦν τὸ ἐνώπιον τοῦ θρόνου. [4]καὶ ἀνέβη ὁ καπνὸς τῶν θυμιαμάτων ταῖς προσευχαῖς τῶν ἁγίων ἐκ χειρὸς τοῦ ἀγγέλου ἐνώπιον τοῦ θεοῦ)

---

① 亦参,出 20:18;来 12:19;启 1:10;4:1。

② 民数记 1:1-10:10 是神在西奈山上,向以色列人所颁布的命令。是神要以色列人在进入迦南地之前,为即将来临之争战所做的预备(T. R. Ashley, *Numbers*, 43)。

③ 参,利 25:9;代下 5:13;诗 81:3;150:3 等等。

④ 参,撒下 15:10;王上 1:34,39,41;王下 9:13 等等。

⑤ 参,民 31:6;士 7:8-22;代下 13:12;耶 20:16;何 5:8;摩 3:6 等等。

⑥ 例如,结 33:3-6;何 8:1;珥 2:1;番 1:16。若读者想要对"在旧约中之号"的问题有更多的了解,见,*TDNT* 7:78-81;J. Paulien, *Decoding Revelation's Trumpets*, 203-21。

在上一节经文的分析中我们已经提及,8:3－5之天使献香的异象,是8:2－6之"文学连环锁"中,被"七号"(8:2,6)所前后包夹着的部分。因此就结构而言,这个异象是属于七号系列。但是这个异象,与第五印在内容上的呼应(祭坛,圣徒的祷告),却显示此一异象在思想上,是连结于前一个七灾系列的。不单如此,在8:1那里我们也晓得第七印之"寂静",并非"空无一物",而是为了让圣徒祷告得蒙垂听而有的。因此借着"结构属七号系列,但内容和思想却连结于七印系列"的方式,约翰就让七号系列,成为神对圣徒伸冤祷告的回应。

此一天庭异象,是由"另有一位天使拿着金香炉,来站在祭坛旁边"开始的。"另一个天使"显示,这个天使和8:2中的"七号天使",有所区隔。但他究竟是谁呢?有人认为这个天使既然能将众圣徒的祷告,献在宝座前的金坛上;而在圣经的教训中,只有我们在天上的大祭司耶稣基督,是神和人之间的中保(提前2:5),因此这个天使应该就是祂。① 这个见解有其可能,但是在后面我们将要看见,这个天使并未献上圣徒之祷告(详下),因此我们并没有必要将他等同于羔羊。

从"手拿金香炉,站在祭坛旁"的描述看来,这个天使的角色,与地上圣殿中之祭司,十分相似。② 在5:8那里我们曾指出,"金香炉"是盛放香粉,置于会幕内"陈设桌"上的扁平圣殿器物(出25:29;37:16)。而在6:9那里我们也已经知道,和天庭中之祭坛所对应的,并不是在会幕之外,烧化祭物的铜坛,而是在会幕之内,焚香的金坛。③ 因此借着这两样物件,约翰告诉我们这个异象,是以祭司在会幕内,献焚香之祭为背景的。④

但为何有许多香要赐给这个天使呢?其目的何在?从接下来的经文来看,答案似乎很清楚:要和众圣徒的祷告一同献在宝座前的金坛上。但果真如此吗?天使所献上的,是只有香而已吗?还是"香＋祷告"?又或是"香＝祷告"?第一,若我们以"指示性间接受格(dative of reference)"的方式,来理解"和祷告一同(ταῖς προσευχαῖς;亦见8:4)",那么我们就应该将经文译为:要将香,就是众圣徒的祷告,一同献在宝座

① 例如,Seiss, *Apocalypse*, 180; Walvoord, *Revelation*, 152。

② 或者我们应该更准确地说,约翰在此只是以地上祭司献祭的语言,来描述天上圣殿中的情形。毕竟天上的事才是"本体",地上的事只是"影儿"。

③ Charles的观察,即,在犹太人和基督教的启示文献中,天庭从来只有一个祭坛(*Revelation I*, 227),证实了我们的看法。

④ 有学者认为(例如,Ladd, *Revelation*, 125),本节经文中"祭坛"和"金坛"所指的,是铜坛和香坛。因此在这个异象中,天使就来回在两个祭坛中,取火炭,献香,又再取炭(8:5)。但8:3－5并没有提及天使的移动,因此这个看法只是个揣测而已。

前的金坛上。① 此说有其优势,因为在5:8 那里,约翰曾经告诉我们,"这香就是圣徒的祷告"。但进一步来看,在5:8 那里,手持金香炉的,是代表众圣徒的长老,而在此却是天使;因此这两段经文并不完全彼此平行。5:8 的重点,在将旧约之祭司职分,应用在新约圣徒身上(万民皆祭司),并将旧约之"香",转化为新约祭司的祷告。但此处经文是以地上会幕为其背景,因此此"香"的含义,应以旧约会幕的角度为准(详下)。

第二,若我们将"和祷告一同(ταῖς προσευχαῖς)",视为"连结性的间接受格(dative of association)",②那么天使在此只是在圣徒祷告之际,献上了所赐给他的香。他献香的动作,是连结于圣徒的祷告,但其间关系却不十分明确。③

第三,在学界也有人认为此香赐给天使的目的,是要让他将香加在圣徒的祷告之上,好叫圣徒之祷告,更能为神所接受(dative of advantage)。④ 从与此异象平行之第五印来看,此说最合理。因为圣徒之祷告,是这两段经文中的共同元素,但"香"却是在此异象中,才加入的项目。

但"香"出现的目的,只在让圣徒之祷告,更容易为神所接受吗? 从一个比较宽松的角度来看,这个解读是可以接受的,但我们在5:8 那里已经提及,在会幕中,置于陈设桌上的"香",是神和以色列百姓立约的记号。因此从这个背景来看,天使将"香"加在圣徒祷告之上的目的,其实是要将圣徒的祷告,定义为"这是你立约子民的祷告"。就"约"的概念而言,当众圣徒尽上了他们作为藩属之责任后,即,在逼迫和苦难中依旧持守了神的道和基督的见证,他们就有权利要求其宗主(神)为他们伸冤。而立约的主在听见了这个祷告之后,也就必须采取行动(参,8:5)。

事实上,以"约"来解读"香"的尝试,在这个异象的上下文中,恐怕是无法避免的事。在8:2 我们已经晓得,神命令摩西制作号角的目的之一,就在"提醒"祂自己,他们是祂立约的百姓:"你们在自己的地,与欺压你们的敌人打仗,就要用号吹出大声,便在耶和华你们的神面前得蒙记念,也蒙拯救脱离仇敌"(民10:9)。⑤ 借着号角(声音),并透过香和烟(影像),约翰在此向受苦的信徒保证,他们伸冤的祷告必蒙垂听,

---

① Caird, *Revelation*, 107. Bruce 则认为此处的间接受格,是希伯来文"定义性之ל(ל of definition)"的反映,因此他的解释途径虽然和 Caird 不同,但其结果却是一样的(*Revelation*, 646;亦见,Mounce, *Revelation*, 182)。

② 若我们将此词组视为"时间性的间受(temporal dative)",其结果也是一样的。

③ 例如,KJV;NRSV。

④ 例如,Beckwith, *Apocalypse*, 553; Charles, *Revelation I*, 230; G. Mussies, *The Morphology*, 99; Aune, *Revelation* 6-16,512; Osborne, *Revelation*, 345。

⑤ "蒙记念,得拯救"表"立约关系",见出2:24;利26:44-45。亦参,*TDOT* 4:70-71。

也必得着应允；因为“那香的烟，和众圣徒的祷告，从天使的手中一同升到神的面前”。

从表面上看起来，约翰在此只是借着这一句话，把他所见天使后续献香的动作，记录了下来而已。但在启示录的后面，当那些手上有兽印记的人（14:11），以及大淫妇巴比伦（19:3），因着神降火的刑罚而受到审判时，约翰所看见的是：“他受痛苦［或是烧淫妇］的烟往上冒，直到永永远远。”①因此从这个对比中，我们晓得这个描述的目的，是要安慰信徒；因为祷告之烟所能带来的，是神审判之烟。事实上，我们不必等到14章，才能明白这个真理，因为——

8:5 天使拿着香炉，盛满了坛上的火，倒在地上。随后有雷轰、大声、闪电和地震（καὶ εἴληφεν ὁ ἄγγελος τὸν λιβανωτόν καὶ ἐγέμισεν αὐτὸν ἐκ τοῦ πυρὸς τοῦ θυσιαστηρίου καὶ ἔβαλεν εἰς τὴν γῆν, καὶ ἐγένοντο βρονταὶ καὶ φωναὶ καὶ ἀστραπαὶ καὶ σεισμός）

依神的命令，把香加在圣徒的祷告之上，并将之献在神面前之后，此一天使又有了一个新的使命：拿香炉，②盛满了坛上的火，并将之倒在地上。这个画面应是从以西结书10:2而来，因为在那里我们也看见一个天使，③奉命从基路伯中取火炭，并将之撒在耶路撒冷城上，作为“神的审判将要临到”的象征。④ 事实上，启示录和以西结书之间的呼应，并不只限于此一天使所肩负的审判使命而已。在以西结书9:3－4那里，撒火炭之天使的第一个任务，是在那些忠于神，拒绝偶像崇拜之百姓的额上，画上一个记号，好免去那即将来临的审判。而这也正是我们启示录7:2－3中，所看见的事。和以西结书相较，约翰先将忠于神的以色列百姓，等同于神的众仆人（教会；7:3，4－8），因为他们是忠心持守神之道和基督见证的人；而在这里，他则是将此撒火炭的审判，应用在那些逼迫圣徒之人的身上，因为他们正和当年的以色列人一样，是拜偶像（兽）的人（参，启13:16－17）。

火炭倒下的结果，在“随后有雷轰、大声、闪电和地震”一语中，完全地表达了出来。在4:5那里我们已经知道，此一描述是由神在西奈山，向以色列百姓显现的事件而来（出19:16－19）；而其目的，在凸显神作为世界之主的威严和能力。由于这一组词语也出现在第七号和第七碗的结尾之处（11:9；16:18－21），因此它在启示录4－16章中，也扮演着连结天庭异象（4－5章），和七印七号和七碗系列的角色。为方便讨论起见，我们将这一组词组表列于下：

---

① Osborne, *Revelation*, 345.

② 此处之“拿”（εἴληφεν）是具有简过含义的完成时态（aoristic perfect；M. Zerwick & M. Grosvenor, *A Grammatical Analysis*, 754）。

③ 在先知的异象中，“细麻衣”乃天使的装扮（L. C. Allen, *Ezekiel* 1－19,147；D. I. Block, *Ezekiel* 1－24,304）。

④ Beckwith, *Apocalypse*, 553；R. Bauckham, *The Climax*, 82；Aune, *Revelation* 6－16,515 等等。

4:5　　　有闪电、声音、雷轰从宝座中发出。

8:5　　　随后有雷轰、大声、闪电和地震。

11:19　　随后有闪电、声音、雷轰、地震和大冰雹。

16:18－21　随后有闪电,声音和雷轰;又有大地震。从地上有人以来,从来没有发生过这么剧烈和这么厉害的地震……又有大雹子从天落在人身上,每一个约有四十公斤之重。这雹子的灾殃极其重大,人就亵渎神。

和4:5相较,8:5的词组多了一个"地震"的元素。其原因十分明显:4:5乃以天庭为其场景,因此地震当然不可能出现;而在此天使之火炭,乃倒在地上,因此"地震"就自然出现了。当神的审判降临到时,地能够不震动吗?(参,启6:12;11:13)

在其他经文中,这一组词语的基本次序是"闪电,声音,雷轰,地震,大雹";但是在8:5中,它的次序却是"雷轰,大声,闪电,地震"。此一将"雷轰"和"闪电"对调,因此使得"雷轰和大声"排名在前的原因,恐怕是为了要让此词组,和8:1之"寂静"产生对比而有的。这种藉调整文字次序而产生文学美感的手法,是我们在前面已经多次看见了的。①

但8:5的"雷轰、大声、闪电和地震",所指的究竟是接下来的"七号之灾",还是末日的审判?从8:6之后的经文来看,七号似乎就是"雷轰、大声、闪电和地震"的内容。因此若七号乃发生在末日前,并引至末日降临的灾难,那么这个词组所指的,就不是末日的审判了。② 就经文的顺序而言,此一见解十分具有说服力,但在前面我们已经知道,8:3－5是被8:2和8:6中之"七号"所前后包夹的异象,而其目的,在将七号系列和七印系列连结在一起。因此就经文结构而言,我们就不能想当然尔的,只将8:5和8:6连结在一起,并视之为七号系列的"前言"。在8:3－5的异象中,"雷轰、大声、闪电和地震"所表明的审判,是神对圣徒祷告的回应(8:3－4),而8:3－4所呼应的,乃是第五印(6:9－11),因此从七印系列来看,和8:5所相对应的,是描述神末日审判的第六印(6:12－17)。因此在约翰文学连环锁的设计中,"雷轰、大声、闪电和地震"一方面可说是前面七印系列的总结,而在另一方面,也涵盖了后面整个的七号之灾。③

事实上,以"末日审判"的角度来解读此一词组的看法,也在11:19和16:18－21两段清楚论及末日审判的经文中,得着证实。在上列经文的比较中,我们看见约翰在

① 见,附录一和我们对5:11－12的分析。

② 例如,Ladd, *Revelation*, 126; Aune, *Revelation* 6－16,517; Osborne, *Revelation*, 346－47。

③ R. Bauckham, *The Climax*, 204.

11:19中，先在8:5的“雷轰、大声、闪电和地震”之上，又加了“大雹”的元素，而在16:18－21那里，又再将“地震和大雹”这两个元素，加以放大。因此这个现象，似乎显示在七印，七号，和七碗之间，有一个进展的关系。但这个进展，究竟是时间性的，还只是文学性的呢？在导论中我们已经晓得，启示录的文学特色之一，就是从不同的角度，对同一个事件的重复描述。① 因此在这里我们也必须以此方式，来理解这个一组词组。约翰让这组词组一直保有一个固定的面貌，显示他意欲将第七印、第七号和第七碗并列的企图；而他陆续在旧有词组中，加入新的元素，以及他将原有元素放大的手法，则是要在重复中，做一点变化，好增加一点文学上的美感（避免单调）。这些加增和放大，让我们对同一个事件，有了更多的了解；也好像焦距越拉越近的镜头一样，让我们对末日一事，一次比一次看得更为清楚。因此透过这些重复但又放大了的“照片”，约翰就让他的读者，对“神在末日将要审判”一事，不再有任何的怀疑。② “雷轰、大声、闪电和地震”的确令人畏惧，但对忠心的信徒而言，这些却是神掌权做王的记号，也是神必然为他们伸冤的保证。

解释和应用

庄严可畏，和谐秩序，是4－5章之天庭异象所给我们的整体印象。庄严可畏乃因宝座和坐在其上的上帝，只能以人间最贵重的宝石来比拟；而环绕在其四周的，也只能是那些我们在用尽了想象力之后，才能出现在脑海中的活物，长老和众天使。和谐秩序乃因在异象中，虽然各式“人马”众多，但他们却依序行事，各司其职。在天庭的敬拜中，作为宝座四脚的四活物自然领头，围绕在宝座周围的24位长老也随之俯伏，而后在最外围的众天使也才同声颂赞。天庭活物依序敬拜的确叫人印象深刻，但圣父和圣子在此异象中的和谐关系，恐怕才是真正的焦点。为父的在其宝座上坐着为王，而其爱子，在如羔羊般被杀之后，也才能重回天庭，从父神手中领取书卷。

抬头仰望天庭，的确让人心生向往。但对第一世纪以及其后的信徒来说，世界却是他们每日生活之所在。叹息劳苦，是属神之人和世人的共同经验，因为万物脱离败坏之辖制，得着更新的日子，还没有来到（罗9:18－23）。不单如此，作为金灯台的教

---

① 见页151－55。

② 有关这一组词组在启示录中所扮演角色的分析，见 R. Bauckham, *The Climax*, 202－04; Beale, *Revelation*, 459－60。Beale 指出此一倾倒火炭之天使，也在14:17－20中出现；而在那里，他所带来的，也是末日的审判。因此我们在此所说的，也再次得着证实。

会,若坚持要在“不爱光,倒爱黑暗”的世界中发光(约3:19),逼迫和苦难就更不可能避免了。因此在天庭异象和世界实况的两相对照之下,问题自然产生:我知道神在天庭中掌权,但祂的权柄也及于地?我晓得神在过去掌权,而祂也要在将来做王,但现在呢?在我们所面对的刀剑、饥荒、困苦和逼迫中,祂也掌权?

当然。因为正如父神在过去以战争作为祂刑罚世界的工具一样,得着权柄的人子如今也依样行事:伴随着祂揭印的动作、战争以及其后遗症,刀剑、饥荒、瘟疫和死亡,就临到了这个世界(6:1-8)。对身在苦难迷雾中的信徒而言,要能认出此乃人子掌权记号,的确不是件容易的事。但在人子为四印之灾,设下了1/4的限制中,我们晓得“恶”并未完全掌权,因为它所能吞吃的人数比例,是由人子来定夺的。

对此1/4限制之含义有彻底了解的,是那些已为信仰付上了最高代价的殉道者。在天庭中的他们,看见人子依序揭印,心中不免“窃喜”:神为我们伸冤的日子已然来到?但当1/4之限制,出现在第四印之时,他们晓得他们所盼望的,并未来到,因此“何时伸冤”的呼吁,就在祭坛之下响了起来(6:9-10)。

冤屈得以平反,神国得着彰显的祈求,当然是神所喜悦的。但因着神所预定得救的人数,尚未满足,因此殉道者也就必须耐心等候(6:11)。叫这些曾为信仰付上生命代价之人痴痴等候,并不是以慈爱怜悯为怀的上帝所会做的事,因此“白衣”就赐给了他们。从19:11-21来看,这件白衣不是别的,而是得以参与人子审判之军的特权(19:14)。因此神在这里所应许的,不单是祂将要为他们伸冤,更是他们得以亲身参与那个他们日夜所期待的事件。在神末日的审判中,他们将不会是坐在“旁听席”上的观众,而会是站在审判台前的“控方”,也会是实际参与审判的“陪审团”。

白衣因此就叫殉道者暂时安息等候。但“何时”的问题依旧需要回答,由是第六印就此揭开(6:12-17)。在此印中,地、日头、月亮、星辰、天、山岭和海岛等七个元素的出现,显示此一审判是以整个宇宙为范围,因此所有的人,包括君王、臣宰、将军、富户、壮士、为奴的和自主的七路人马,都要面对神忿怒的大日子。以天地为家的人,在创造天地之主降临审判之时,能躲到哪里去呢?权倾一时、多行不义的君王人等,在世界的末了终究要面对公义之主。

神在末日将要审判这个世界,是基督教末世论的核心,而此一真理,也的确安慰人心。但在那个日子来到之前,圣徒将要如何?难道在这一段等候的日子中,我们只能忍受苦难,等候被杀而已吗?(6:11)的确,因为“凡立志在基督耶稣里敬虔度日的,都要受到逼迫”(提后3:12)。但所幸这只是表相而已。在苦难和争战临到我们之前,神已在我们的额上,印上了印记(7:1-3)。此一印记表明我们是属祂的,因此没有任何人,也没有任何事情,可以将我们从祂的手中夺去(约10:28-29)。因为在天地之间,没有比祂更大的了。

但我们并不单单属祂而已。在我们额上的印记,也让我们成为属祂的军队(7:4－8)。从表面上看起来,这支军队似乎一无所能,因为除了忍受苦难、逆来顺受、持守真道、儆醒等候之外,他们没有其他兵器。是他们手无缚鸡之力,因此无法拿起刀剑吗?应该不是,而是他们知道,这支军旅既以被杀羔羊为首,他们也只能跟着祂的脚踪而行。

由是被杀的被杀,被掳的被掳,下监的下监,困苦的困苦,贫穷的贫穷,而被人嘲笑的也继续被人嘲笑。但这支被人贴上"*世界上的污秽,万物中的渣滓*"之标签的军队(林前4:13),却是这个世界所不配有的(来11:38);因此他们就在天庭中现身,并得着事奉神和羔羊的无上荣耀和特权(7:9－17)。在这个世界上,他们有的只是困苦流离,居无定所,但是在天庭中,羔羊却要牧养他们,领他们到生命水的泉源。因为当年祂离世升天之时,就早已告诉祂的门徒,祂是为他们预备地方而去的(约14:2)。在这个世界中,这支军队所有的,只是艰难和辛酸,但是在羔羊为他们所预备的天家中,坐在宝座上的父神,却要亲自擦去他们一切的眼泪。

因此在第七章中,约翰借着两个异象,回答了"在末日来临之前,教会将要如何"的问题。但是世界呢?在末日来临之前,逼迫圣徒的世界,难道就平安无事吗?难道公义的神在末日来临之前,对世界是莫可奈何的吗?祂为圣徒伸冤一事,是只能等到末日之时,才能进行吗?在那个日子来到之前,祂做王的权柄,只能在保守圣徒不失脚的事上,彰显出来吗?祂难道不是"*今在,昔在,将要再来*"的那一位吗?(1:4,8)

祂当然是,因此第七印就此揭开(8:1－5)。此印关乎神对世界的刑罚,因此天庭活物就因着祂刑罚的可畏,而张口结舌,寂静了半个小时。此印也关乎神的公义,因此它就必须有足够的空间来展现。由是约翰就用了文学连环锁的设计,将整个七号系列和此印连结,好作为神公义伸展的舞台。在第七印揭开之际,神救赎的能力已然彰显,但祂审判的权柄,才正要开始展现。

拿着七支号的七位天使,就预备好要吹响号角。

（启8:6）

Ⅲ.3　七号之灾(8:6－11:19)

在整卷启示录中,七号之灾乃三个七灾系列中的第二个。这个系列的灾难之所以被称为"七号之灾",是因为在此系列中的每一个灾难,都以天使的吹号作为起点。就其和上文的关系而言,七号之灾的段落,因着约翰在8:2－6中所放下的"文学连环锁"(详见8:2的注释),而与七印之灾连结在一起。更具体地来说,因着8:3－5中天使献香之异象,和第五印在主题上的联系(6:9－11),七号之灾就成了神对殉道者祈求伸冤的回应。

就形式而言,七号系列和七印系列是彼此平行的,因为它们都是以"4＋3"为结构;而在"3"的部分,虽然约翰在七号系列中,又把第五到第七号分别称为第一,第二和第三祸(8:13;9:12;11:14),但在这个部分,七印和七号系列也一样以"1＋1＋插曲＋1"之形式出现。但若从内容的角度来看,七号系列和七碗系列(16:1－21)反而比较接近,因为这两个灾难系列的内容,多由出埃及记的十灾而来(详下)。因此七号系列在启示录的三个七灾系列中,其所在位置不单正在中间,也因着形式和内容,而把这三个灾难系列给连结在一起了。

经文翻译

第八章6－13

6　拿着七枝号的七位天使,就预备好要吹响号角。

7　第一位天使吹号,就有搀着血的冰雹与火,被丢在地上。地的三分之一被烧掉了,树的三分之一被烧掉了,一切的青草也都被烧掉了。

8　第二位天使吹号,就有仿佛火烧着的大山扔在海中。海的三分之一变成血。

9　海中的生物死了三分之一。船只也坏了三分之一。

10　第三位天使吹号,就有如火把烧着般的大星,从天坠落在江河的三分之一,和
众水的泉源上。11　这星名叫苦艾。众水的三分之一变为苦艾。因水变苦,就死了许
多人。

12　第四位天使吹号,日头的三分之一,月亮的三分之一,星辰的三分之一,都被击打。以致日月星的三分之一黑暗了,白昼的三分之一没有光,黑夜也是这样。

13　我又看见一个鹰飞在空中,并听见他大声说,"祸哉,祸哉,祸哉,你们住在地上的民啊!因为三位天使将要吹那其余的号。"

第九章

1 第五位天使吹号，我就看见一个从天落到地上的星。有无底坑的钥匙赐给他。
2 他开了无底坑，便有烟从坑里往上冒，好像大火炉的烟。日头和天空，都因这烟而
昏暗了。3 有蝗虫从烟中出来飞到地上。有能力赐给他们，好像地上蝎子的能力一
样。4 并且吩咐他们说，不可伤害地上的草，和各样青物，并一切树木，惟独要伤害额
上没有神印记的人。5 但不许蝗虫害死他们，只叫他们受痛苦五个月。这痛苦就像
蝎子螫人的痛苦一样。6 在那些日子，人要求死，但却不能如愿。切望死亡，死却远
避他们。

7 蝗虫的形状，好像预备上阵的战马一样。头上戴的好像金冠冕；脸面好像男人
的面孔；8 头发像女人的头发；牙齿像狮子的牙齿。9 胸前有甲，好像铁甲。他们翅
膀的声音，好像许多战车战马奔跑上阵的声音。10 有尾巴像蝎子；尾巴上的毒钩能
伤人五个月。11 有无底坑的使者作他们的王。按着希伯来话，名叫亚巴顿，按着希
腊话，名叫亚玻伦。

12 第一样灾祸过去了；看哪！还有两样灾祸要来。

13 第六位天使吹号，我就听见有声音，从神面前金坛的四角出来，14 吩咐那吹
号的第六位天使，说，把那捆绑在幼发拉底大河的四个天使释放了。15 那四个天使
就被释放了；他们原是为了某年某月某日的某一个时刻而预备的，好叫他们可以杀人
三分之一。16 马军的数目是二万万；他们的数目我听见了。

17 我在异象所见马和骑马者的形象如下：他们有如火，紫玛瑙，和硫磺色的胸
甲。马头像狮子的头；有火，烟和硫磺从马的口中喷出。18 这三样灾害杀了人的三
分之一，就是从马口所出的火，烟，和硫磺。19 因这马的能力，是在口里和尾巴上；这
尾巴像蛇，并且有头用以害人。

20 其余未曾被这些灾所杀的人，依旧不悔改他们手所做的，还是去拜鬼魔，和那
些用金，银，铜，木，石所做，既不能看，又不能听，更不能走的偶像；21 他们也不为自
己所行凶杀，邪术，淫乱和偷窃之事而悔改。

第十章

1 我又看见有另外一个大力的天使，从天降下，披着云彩，头上有虹，脸面像日
头，两脚像火柱，2 手里拿着展开的小书卷。他将右脚踏在海上，左脚踏在地上，3 并
大声呼喊，好像狮子吼叫。当他呼喊时，就有七雷发声说话；4 七雷发声，而我也正要
写下来之时，就听见从天上有声音说："你要封上七雷所说的，不可写下来！"

5 我所看见那踏海踏地的天使，向天举起右手来，6 指着那活到永永远远，创造
天和天上之物，地和地上之物，海和海中之物的，起誓说，不再耽延了；7 但在第七位

天使发声的日子，当他吹号时候，神的奥秘就成全了，正如神所传给祂仆人众先知的佳音。

8 我先前所听见从天而来的声音，又吩咐我说，你去把那踏海踏地之天使手中展开的小书卷取过来！9 我就走到天使那里，对他说，“请把小书卷给我。”他对我说，“你拿着，吃下去；它必叫你肚子发苦，但在你口中却要甘甜如蜜。”10 我从天使手中把小书卷接过来，并吞了下去。在我口中它果然甜如蜜，但吃了以后，肚子就觉得苦涩了。11 他们对我说，“你必要再指着多民多国多方多王说预言。”

第十一章

1 有一根作量尺用的芦苇赐给了我；且有话说，“你起来，将神的殿，祭坛，并在那里敬拜的人，都量一量。2 但要留下殿外的部分，不要量它，因为这是给了外邦人的；他们要践踏圣城四十二个月。”

3 我要赐权柄给我的两个见证人，他们要穿着麻布，传道一千二百六十天。4 他们就是立在世界之主面前的那两棵橄榄树和两个灯台。5 若有人想要伤害他们，就有火从他们口中出来，烧灭仇敌。凡想要伤害他们的，都必这样被杀。6 在他们传道的日子里，这二人有权柄叫天闭塞不下雨，也有权柄叫水变为血；并且能随时随意地用各样灾祸击打全地。

7 当他们作完见证的时候，那从无底坑里上来的兽，要与他们交战，并且得胜，把他们杀了。8 他们的尸首就倒在大城的街道上。这城按着灵意叫所多玛，又叫埃及，就是他们的主被钉十字架的地方。9 从各民各族各方各国而来的人，要观看他们的尸首三天半，且不许人将他们的尸首安葬在坟墓里。10 住在地上的人就为他们的死而欢喜，并快乐的彼此送礼，因这两位先知曾叫住在地上的人受了痛苦。

11 过了三天半，有从神而来的生命气息进入他们里面，他们就站起来；看见他们的人就十分害怕。12 他们听见从天上而来的大声音，说：“上到这里来吧！”他们就乘着云彩上了天；他们的仇敌也看着这事。13 正在那时，地大震动，城的十分之一就倒塌了。因地震而死的有七千人；其余的人都很害怕，就把荣耀归给在天上的神。

14 第二样灾祸过去了。看哪！第三样灾祸即将来到。

15 第七位天使吹号，天上就有大声音说，“世上的国成了我们的主和祂的弥赛亚的国度。祂要作王，直到永永远远。”16 那在神面前，坐在自己宝座上的二十四位长老，就俯伏于地敬拜神，17 说，“今在昔在的主神全能者啊，我们感谢你，因你已执掌大权作王了。”18 列国发了怒，而你的忿怒也临到了。你审判死人的时候到了；你奖赏你的仆人众先知，众圣徒，和老老少少凡敬畏你名之人的时候到了；你消灭那些败坏世界之人的时候也到了。19 于是，神天上的殿打开了；祂的约柜在殿中显现，随后有闪电，声音，雷轰，地震和大冰雹。

经文结构和形式

3.3　七号之灾　8:6－11:19

3.3.1　前六号　8:6－9:21

3.3.1.1　天使预备吹号(8:6)

3.3.1.2　前四号(8:7－12)

3.3.1.2.1　第一号:雹子,火和血落在地上(7)

3.3.1.2.2　第二号:焚烧之山落在海中(8－9)

3.3.1.2.3　第三号:焚烧之星落在河中(10－11)

3.3.1.2.4　第四号:日头,月亮和星辰被击打(12)

3.3.1.3　后三号的前言:飞鹰三个祸哉的宣告(8:13)

3.3.1.4　第五号(第一祸):蝗虫之灾(9:1－12)

3.3.1.4.1　异象前言(1a)

3.3.1.4.2　蝗虫的出处(1b－2)

3.3.1.4.3　蝗虫的能力(3)

3.3.1.4.4　蝗虫的使命(4－6)

3.3.1.4.4.1　蝗虫之灾的对象(4－5)

3.3.1.4.4.2　蝗虫之灾的痛苦(6)

3.3.1.4.5　蝗虫的形象(7－10)

3.3.1.4.6　蝗虫的首领(11)

3.3.1.4.7　结语:第一祸的结束(12)

3.3.1.5　第六号(第二祸):邪恶马军的异象(9:13－21)

3.3.1.5.1　异象前言(13a)

3.3.1.5.2　释放四个被捆绑之天使(13b－14)

3.3.1.5.3　四个天使的使命(15)

3.3.1.5.4　马军的数目(16)

3.3.1.5.5　马军的形象(17)

3.3.1.5.6　马军的能力和使命(18－19)

3.3.1.5.7　人对马军之灾的反应:不悔改(20－21)

3.3.1.5.7.1　继续拜偶像(20)
3.3.1.5.7.2　继续行恶事(21)
3.3.2　插曲 10:1－11:14
3.3.2.1　吃书卷的异象(10:1－11)
3.3.2.1.1　大力天使的出现(1－4)
3.3.2.1.1.1　大力天使的形象(1－2a)
3.3.2.1.1.2　大力天使的动作(2b－3a)
3.3.2.1.1.3　七雷发声(3b－4)
3.3.2.1.2　大力天使的起誓和宣告(5－7)
3.3.2.1.2.1　向天起誓(5－6a)
3.3.2.1.2.2　宣告:不再耽延(6b－7)
3.3.2.1.3　吃书卷的命令(8－11)
3.3.2.1.3.1　拿书卷的命令(8)
3.3.2.1.3.2　书卷的赐予(9)
3.3.2.1.3.3　吃书卷(10)
3.3.2.1.3.4　向多民多国多方多王说预言(11)
3.3.2.2　圣殿和两个见证人的异象(11:1－14)
3.3.2.2.1　丈量圣殿的命令(1－2)
3.3.2.2.2　两个见证人的异象(3－11)
3.3.2.2.2.1　两个见证人的使命和权柄(3－6)
3.3.2.2.2.1.1　为神所设立(3－4)
3.3.2.2.2.1.2　消极的权柄:不受害(5)
3.3.2.2.2.1.3　积极的权柄:能降灾(6)
3.3.2.2.2.2　两个见证人的命运(7－10)
3.3.2.2.2.2.1　被无底坑之兽所杀(7)
3.3.2.2.2.2.2　尸首不得埋葬(8－9)
3.3.2.2.2.2.3　人为其死欢庆(10)
3.3.2.2.2.3　两个见证人的复活(11－13)
3.3.2.2.2.3.1　复活(11)
3.3.2.2.2.3.2　升天(12)
3.3.2.2.2.3.3　结果:审判和悔改(13)
3.3.2.2.3　第二祸的结束(14)

3.3.3 第七号 11:15－19

3.3.3.1 前言:第七号响起(15a)

3.3.3.2 天上的宣告(15b)

3.3.3.3 二十四位长老的敬拜(16－18)

3.3.3.4 结语:闪电,声音,雷轰,地震和大雹的出现(19)

在前面我们已经提及,就整体结构而言,七号系列和七印系列是彼此平行的,因为他们都是以“4＋3”的形态出现。就七号系列而言,此一现象的成因,是因为(1)前四号都很一致的以“天使吹号＋某一事件发生＋结果”的形式出现,而与此相较,后三号的经文结构就复杂了许多;(2)在约翰的手中,第一到第四号只占了6节经文(8:7－12),但是第五号、第六号和第七号,却各自占了11、9和5节经文的篇幅(9:1－11;13－21;11:15－19)。不单如此,七号系列也和七印系列一样,在其第六个和第七个文学单位之间,有着一段“插曲”。就形式而言,这两个插曲都各自由两个异象所组成;而从内容来看,他们也都以属神子民为经文焦点,因为前者论及神子民的保护(7:1－17);而后者则是聚焦在神子民的见证(详下;10:1－11:13)。

但和七印系列所不同的是,约翰在七号系列中,除了继续使用1234567的数目来标明各号之外,他也让此系列中的后三号,即,第五号、第六号和第七号,同时成为第一、第二和第三“祸”(8:13;9:12;11:14)。[①] 对于能够手拿,眼读,甚至朗朗口诵启示录一书的我们来说,此一“双重顺序”之设计,似乎显得有些多余;但是对于第一世纪末叶,许多只能在聚会中,从读经者口中得闻启示录的“读者”来说,这个设计却是必要的。因为此一设计可以帮助他们,在倾听经文之时,不会因着经文的冗长,特别是因着占据了整整两章圣经的“插曲”(10:1－11:13),而无法掌握经文的思想脉络。就其文学效果而言,此一设计除了将后三号,从此系列中区隔出来之外,也在同时强调了第七号的重要性(参10:6－7),因为不论是1234567,或是123的系列,其终点都是第七号/第三祸。[②]

---

① 学界对第七号(11:15－19)是否为第三祸,有不同的看法:(1)由于第七号之吹响,并没有如前六号般的带来灾难,因此有人认为第七号并非第三祸。他们认为第七号的真正内容,是16章中的七碗之灾(例如,Beckwith, *Apocalypse*, 608; Ladd, *Revelation*, 160; Thomas, *Revelation 8－22*, 104; Aune, *Revelation 6－16*, 495等等)。(2)在12:12那里,约翰提及“地和海有祸了,因为撒但气忿忿地下到你们那里了”,因此在学界中也有人认为第三祸所指的是12－13章(例如,Swete, *Revelation*, 190)。(3)但若我们认真看待8:13所说的,“三位天使要吹那其余的号,你们住在地上的民,祸哉祸哉祸哉”,那么第七号显然就是第三祸(例如,R. Bauckham, *The Climax*, 11; Beale, *Revelation*, 609－10)。

② R. Bauckham, *The Climax*, 11－12.

七号和七碗之灾的旧约背景

在解析七号和七碗含义之时,多数的释经者都会注意到这两个系列的灾难,和神要摩西带领以色列百姓出埃及时,所降下的十灾之间,有所关联(出 7:14 - 12:51)。但在旧约中,也有一些其他论及出埃及"十灾"的经文,因此在详细探讨启示录七号和七碗的灾难之前,我们先将相关经文和内容表列如下,并加以分析,好让我们对这个问题有一个整体的概念:①

	出埃及记 7:14 - 12:51	七号 启 8:7 - 9:21 11:15 - 19	七碗 启 16:1 - 21	诗篇 78:42 - 51	诗篇 105:28 - 36	阿摩司书 4:6 - 13
1	水变血	雹(7)	疮(6)	河变血(1)	黑暗(9)	饥荒
2	蛙	海变血(1)	海变血(1)	苍蝇(4)	水变血(1)	干旱
3	虱	河变血(1)	河变血(1)	蛙(2)	蛙(2)	旱风/霉
4	苍蝇	黑暗(9)	日头烤人	蝗虫(8)	苍蝇/虱(4,3)	蝗虫(8)
5	畜疫	蝗虫(8)	黑暗/疮(9,6)	雹(7)	雹(7)	瘟疫(5)
6	疮	以邪灵为首的马军	如蛙般的邪灵之军(2)	瘟疫(5)	蝗虫(8)	刀剑(10?)
7	雹	神的审判	地震/大雹(7)	长子死(10)	长子死(10)	毁灭
8	蝗虫					
9	黑暗					
10	长子死					

注:各灾后括弧内的数目,乃出埃及记十灾中的顺序。

从上面的表列中,我们可以观察到几件事情。第一,阿摩司书的七灾中,列名第四和第五的蝗虫和瘟疫,是对应于出埃及记中的第八和第五灾;而带来少年人死亡的刀剑之灾,也可能是出埃及记中第十灾的反映。但其余各灾则和出埃及记之间,却没

① 以下资料基本上乃由 Aune 而来(*Revelation* 6 - 16,499 - 507),但笔者亦做了重新的整理和分析。例如,Aune 将诗篇 78:47 - 48 中的"冰雹/严霜"和"冰雹/闪电"分为两个灾难,但笔者却将二者合而为一,并在其上再加入 78:50 中的"瘟疫"一灾。

有直接的关联。因此若以灾难之类型来看，在这几段旧约经文中，阿摩斯书和出埃及记之间的联系是最少的。但在4:10那里，先知借着"像在埃及一样"的语言，却又将他的预言和出埃及记连结在一起。

第二，在回顾神的救赎之恩时，诗篇78篇和105篇的作者，都很一致地提及神在埃及所降下的灾难。但是在重述历史之时，他们却没有完全依照出埃及记的记录，而是从十灾中，选了其中的7个（78篇）或8个（105篇；将苍蝇和虱灾合并）灾难，并以"七"作为其结构。① 以此方式来重述历史的手法，亦在主前第一世纪的犹太作家阿塔帕纽斯（Artapanus）的著作中出现，因为在重述这段历史时，他也以"七灾"的方式为之：洪水，疮，蛙，蝗虫，虱，雹，地震。② 而类似的情况，也一样出现在公元前第一世纪的《所罗门智慧书》中：血（11:1－14），奇怪的动物（11:15），蝗虫和苍蝇（16:9），暴风和火（16:15－19），黑暗（17:1－20），长子的死亡（18:5－25），埃及人淹死在海中（19:1－9）。

除了以"七"为结构之外，诗篇78篇和105篇的作者，显然也没有依照出埃及记十灾的经文顺序，来重述神的作为。而此一现象，也反映在如下的几个犹太文献中。若依出埃及记十灾的顺序，

（1）在公元前第二世纪戏剧作家以西结（Ezekiel the Tragedian）的著作中（*Exagoge*, 132－51），十灾的次序是1，2，3，6，4，5，9，8，10；

（2）在公元前第二世纪写成的禧年书中（*Jubilees* 48:5－8），十灾的次序是1，2，3，4，6，5，7，8，9，10；

（3）在斐罗（Philo）的手中（*Mos.* 1.90－146），十灾的次序是1，2，3，7，8，9，6，4，5，10；

（4）而在伪斐罗（Pseudo-Philo）的笔下（*Bib. Ant.* 10:1），十灾的次序则是1，2，各式动物，7，5，8，3，9，10（只列了九灾）。

因此从结构（七）和次序（不依循出埃及记）的角度来看，约翰在启示录中所做的，其实和诗篇作者，以及当代犹太作家的手法，没有太大的差异；因为这两个特色，也都出现在七号和七碗系列中。

第三，依循前人的文学手法，并不必然表示约翰对出埃及十灾的观点，就和前人一样。在后面我们将会看见，在第五号那里（启9:1－11），约翰除了将约珥书2:1－

① 若将属同一行诗句中的苍蝇和虱灾分开（105:31），那么诗篇105篇的灾难就不是以"七"为其结构了（L. C. Allen, *Psalms* 101－150,41）。

② 此作家的著作已失佚，但此一部分的文献，却被教父优西比乌保留了下来（Eusebius; *Praep. evang.* 9.27.1－37）。

11 中的蝗虫之军,和出埃及记的蝗虫之灾结合在一起之外,他更让此蝗虫之军从“无底坑”而出(9:1－3),因此也就把此灾的“灵界”面向,给点明了出来。事实上,此一将灾难“升级”的做法,也在第六碗之灾中出现,因为在那里十灾中的青蛙,也摇身一变地成为从龙口、兽口和假先知之口而出的鬼魔之灵(16:13－14)。这个将灾难升级的动作,除了改变了灾难本身的性质和风貌之外,也必然对整个七号和七碗系列,带来影响。因此在这两个系列的最后,我们所有的,不是法老长子之死(第十灾),因为此灾所击打的,并非法老本尊,而是他的子嗣(分身)。在第七号和第七碗中,约翰所给我们的是神宇宙性的审判,是神国全然的得胜。因为在世界的末了,祂所要胜过的,将不再会是撒但在地上的代理人;在最后之战中祂所要歼灭的,将会是撒但本尊(参,启 20:10)。

经文分析

8:6 拿着七支号的七位天使,就预备好要吹响号角(Καὶ οἱ ἑπτὰ ἄγγελοι οἱ ἔχοντες τὰς ἑπτὰ σάλπιγγας ἡτοίμασαν αὑτοὺς ἵνα σαλπίσωσιν)

借着本节经文,约翰不单将我们带回到 8:2,也借着这两节经文之间的呼应,以及 8:3－5 和第五印(6:9－11)之间的连结,就使得七号之灾成为神对殉道者伸冤祷告的回应了。和 8:2 中被动接获七号的情境相较,七位天使在此则是有了主动的行动:他们预备好要吹号角。我们并不清楚“预备吹号”的内容是什么,也许是排成一排,或是举起号角放在嘴上,但不论实际的情况如何,他们预备吹号的动作,却必然让人产生对将要发生之事的期待。①

8:7 第一位天使吹号,就有搀着血的冰雹与火,被丢在地上。地的三分之一被烧掉了,树的三分之一被烧掉了,一切的青草也都被烧掉了(Καὶ ὁ πρῶτος ἐσάλπισεν· καὶ ἐγένετο χάλαζα καὶ πῦρ μεμιγμένα ἐν αἵματι καὶ ἐβλήθη εἰς τὴν γῆν, καὶ τὸ τρίτον τῆς γῆς κατεκάη καὶ τὸ τρίτον τῶν δένδρων κατεκάη καὶ πᾶς χόρτος χλωρὸς κατεκάη)

在 8:2 那里我们已经提及,对属神的子民来说,号是神与他们立约的记号(民 10:9),因此当他们吹响号角之时,神就要依约前来为他们争战。但是相对于敌对神百姓的人而言,号角却是神审判临近的记号。因此当殉道者伸冤的祷告达到神的面前时(8:3－5),号角之声就此响起。

① Mounce, *Revelation*, 183.

随着第一个号角之声而来的，是有搀着①血的冰雹与火，被丢在地上。此灾的旧约背景是出埃及记十灾中的第七灾（出 9:22－26），因为当摩西向天伸仗时，耶和华神就在雷电交加的暴风中，用史无前例的大雹，击打了埃及田间所有的人和牲畜，并一切的菜蔬，又打坏了田间一切的树木（出 9:25）。

和此背景相较，约翰在此做了三个变动。第一，他把"血"的元素，加了进去。对这个举措，(1)学界中有人认为这是为了要使第一号之灾，和出埃及记的第一灾（水变血）彼此呼应而有的。② 此说有其可能，但在七号系列中，水变血之灾却是第二号和第三号的主题。

(2) 对此问题有学者则认为"血"的出现，是约翰将约珥书 2:30－31 和出埃及记结合之后的结果，因为在论及末日审判之时，神曾藉先知说："在天上地下，我要显出奇事，有血有火有烟柱；日头要变为黑暗，月亮要变为血……"③这个见解也有可能，因为约翰暗引旧约的特色之一，就是将出处不同但主题类似的经文，结合在一起。④但若从场景的角度来看，约珥书和第一号之间却有着相当遥远的距离。因此要将他们连结在一起，也有一点牵强。

(3) 在学界中也有人认为，"血"在此所要表达的，是火红的颜色，因为从非洲撒哈拉沙漠吹来的暴风，因所夹带的沙尘，而使得其雨有时成为红色。⑤ 当然在地中海地区火山爆发之时，因着火光而使得其云雾在天空中显的火红的背景，也可能是"血"在此出现的原因。⑥ 这类看法有历史记录的支持；而在前面 2－3 章的分析中我们已经看见，为拉近启示录和读者之间的距离，当代或是当地的地理历史背景，都曾经被约翰所使用；因此这类的解释也值得参考。

(4) 除了上述的几种看法之外，也有学者尝试从启示录的本身，来解读"血"的含义。从第五印来看，"血"乃殉道者之血（6:10），而神对他们呼吁伸冤的反应，是让天使将坛上之火炭，倒在地上（8:3－5）；因此在这里我们就有了搀了血的火从天而降。⑦ 在这几种见解中，此说恐怕最合理，因为七号之灾的确就是神对圣徒伸冤祷告的回应。不单如此，在 8:3－4 那里，我们已经有了"香＋伸冤祷告"的模式，因此在这里的"火＋血"的出现，也正和那个模式互相对应。但我们要如何解释在此搀了血的，

---

① μεμιγμένα（搀着/混合）与"火"同属中性，但其复数形态显示，它所修饰的是冰雹和火二者。

② 例如，Sweet, *Revelation*, 163；Beale, *Revelation*, 473。

③ 例如，Charles, *Revelation I*, 233；Osborne, *Revelation*, 350。

④ 详见页 64。

⑤ Swete, *Revelation*, 110.

⑥ Thomas, *Revelation* 8－22, 15.

⑦ Chilton, *Days of Vengeance*, 236.

除了火之外,也有冰雹的问题呢?这个问题其实不大,因为冰雹乃约翰所暗引出埃及记第七灾中,神所用来审判的工具。因此为了要让此旧约经文,完全融入启示录中,冰雹就也和火一样的,搀入了血。

约翰对出埃及记之第七灾所做的第二个变动,是让"火",而非"冰雹",成为神审判的主要工具;因为当搀着血的冰雹和火落下时,地的三分之一被烧掉了,树的三分之一被烧掉了,一切的青草也都被烧掉了。此一变动不难理解,因为在8:5那里,天使倒在地上的,不是别的,而是从祭坛而来的火炭。事实上此一从8:5而来的影响,也在第二号和第三号中出现。因为在暗引出埃及记水变血之灾时,约翰也一样让"火烧着的大山"和"烧着的大星",成为海变血,河变苦的成因(8:8,10)。①

约翰对其所暗引旧约所做的第三个变动,是将影响埃及全地的雹灾(出9:25),缩小为三分之一。对此数目,有学者指出,在以西结书第五章中,神曾要先知将其须发都剃下,分成三份,并将其中一份(1/3)用火焚烧,一份以刀砍碎,一份任风吹散(5:1-4)。而此举之目的,在表达神将以瘟疫、饥荒、刀剑和被掳的灾难,来刑罚祂的百姓(5:12)。准此,七号中的"1/3",就是以此旧约经文为背景的。② 此一见解有其可能,但在后面我们将要看见,在启示录的上下文中,此处经文的"1/3",其含义是"有限制的",因此就和以西结书中的"1/3"不同了。因为在以西结书中,先知的须发虽然被分为三份,而各个1/3也有不同遭遇,但此"行动剧"的象征意义,却是以色列全家将要受到审判。因此在这两段经文之间的联系,除了1/3这个数目之外,并不是那么紧密。③

在七号系列的前六号中,"三分之一"的说法,一共出现了14次,④因此这个数目可说是七号系列的特色。在6:7-8那里我们已经提及,第四印乃前四印之灾的总结,而其影响范围,是地上1/4的人口;因此前四印是有限度的灾难。而此一现象也出现在七号系列中,因此七号系列中的前六号,也都是有限制的灾难。就数学的观念而言,1/3当然比1/4要来得更大,但在约翰手中,他们所要表达的,却都是同样的概念。和没有任何限制的七碗之灾相较(16:1-21),1-4印和1-6号所说

① 水火乃神审判的工具。但在洪水之后,神就不再用水来刑罚人类了(创9:11;彼后3:6-7),因此在往后的圣经中,特别是在新约中,火就成为神主要的审判工具(参,太3:12;5:22;13:40,42;林前3:13;帖后1:7-8;启19:20;20:9-10,14-15;21:8等等)。

② Beale, *Revelation*, 474.

③ Aune, *Revelation* 6-16,519.

④ 8:7(两次),8-9(三次),10,11,12(五次);9:15,18。在第五号中(9:1-12),1/3的数目并未出现,但从"不许蝗虫害死他们,只叫他们受痛苦五个月"来看(9:5),第五号亦是"有限度的灾难"。

的，都不是最后的审判，而是带有警告意味的灾难。1/4，1/3 和 1/1，是约翰自己的设计，而其比例一步步地加增，则是为了要让他的读者明白，神末日的审判，必然临到。

就我们目前所分析的第一号来说，我们并不十分清楚为什么约翰没有在"青草"这个项目之上，也加上 1/3 的限制。有人认为"所有的青草"所指的，是"三分之一"地上所生长的青草，因此 1/3 的限制也适用于这个项目。① 但经文的结构并不容许我们如此解读。② 有人则认为"所有的青草都被烧了"，是启示文学的手法，目的在强调"虽然此灾有其限制，但所有的人都将受到影响"。③ 此一见解虽然可能，但却不完全让人信服。比较可能的解释是，在引用出埃及记的第七灾时，约翰并未对此项目做更动，因此它就以原来的面貌出现了（参，出 9：25）。④ 而约翰对此项目不做更动的原因，可能是为了要让"三分之一"这个数目，在前四号中，维持在"出现 12 次"的情况中。⑤

但第一号之灾的内容究竟是什么呢？我们应该以字面的含义，还是以象征的角度，来理解约翰在这里所描述的事呢？若百分之百地以字面来读这段经文，那么第一号之灾，以及其后的各式灾难，都是极其严重的生态浩劫；⑥而在如此严重的灾难中（不论发生在什么时候），人类是否能继续生存下去，实在是一件十分令人怀疑的事。但我们是否有必须走到另一个极端，全面地以象征含义来解读在启示录中的各式灾难呢？也就是说，我们在此是否必须以"西方的诸国，高官和小百姓"，或是其他类似的说法，作为"地、树木和青草"的解释呢？⑦ 在导论的部分我们已经晓得，启示录是一本以异象和象征，作为传达真理之媒介的书卷，因此在进行释经工作之时，象征解释法是优先于字面解释法的。⑧ 但这并不表示我们就必须为每一样在约翰异象中所

---

① Mounce, *Revelation*, 185－86.

② 在 8:7b 中，三个连接词"和（καὶ）"和三个动词"烧了（κατεκάη）"，显示这是三个各自独立的句子。

③ Osborne, *Revelation*, 351.

④ Beale, *Revelation*, 473.

⑤ 前四号的特色之一，是"12"，因为除了"1/3"之外，每一号所影响的，都很固定的是三样东西，因此在前四号中，我们就有了 12 样被击打的物件（Metzger, *Breaking the Code*, 64）。

⑥ 例如，Bullinger, *Revelation*, 306；Thomas, *Revelation* 8－22，16－17。

⑦ 例如，Scott, *Revelation*, 185－86；Ironside, *Revelation*, 148－49；J. Paulien, *Decoding Revelation's Trumpets*, 371。在 7:3 中，树木和青草所象征的是人，因此此说似乎相当合理。但在做此"以经解经"的动作之时，我们必须先看看其上下文是否容许我们如此做（详下）。也就是说，"以经解经"并不是漫无标准的。举例来说，8:4 中天使焚香之烟，以及 9:2 中由无底坑而出之烟，就不能"以经解经"般的，将他们视为同一个象征。

⑧ 见页 132－36。

出现的物件,都寻找一个象征意义。

就我们目前所分析的第一号之灾而言,其旧约背景显示,冰雹乃从天而降,结成冰球的雨水。因此我们似乎也必须以此方式来理解第一号之灾。但在约翰手中,从天而降的,不单有冰雹,还有从天庭中,藉天使之手而撒下的祭坛之火。更有甚者,在此冰雹和火之中,还搀有血;因此我们实在无法纯粹的以字面含义,来理解约翰的异象。而同样的情况也出现在"地,树木和青草"的项目中;因为从出埃及记来看,此三样物件应照字面来理解,但约翰在"地和树木"之上,所加上 1/3 的数目,又让他们带着象征性的含义。不单如此,在前四号之灾中,约翰很一贯的以三个物件,作为每一个灾难中的"受灾户",①因此就形式而言,约翰似乎也要其读者以象征的方式,来解读这些灾难。

准此,若从旧约的角度来看,"地、树木和青草"所指,的确是"地、树木和青草"。但它们所代表的,是神所创造宇宙中的某一个部分。因为此处的"地"(以及其上最高的树和最低的草),和第二号的"海",第三号的"众水的泉源",以及第四号的"天",共同组成了一个人所赖以生存的宇宙。② 换句话说,借着击打地、海、众水的泉源和天,约翰要他的读者明白,各式的天然灾害,并非偶然发生,而是神审判世界的记号。在前面我们已经提及,七号乃神对殉道者伸冤祷告的回应(第五印),而第五印是以末日为其终点;因此在前四号中所描述的灾难,乃是末日来临之前,在人类历史中所发生大大小小"天然灾害"的总和。和以"人祸(战争)"为始的前四印相较,前四号之灾的焦点,则是落在"天灾"。从创造主面前而出之火所要焚烧的(启 4:5;8:5,7),当然是这个祂所创造的世界了;③而其结果,是依赖世界而活的人,在神的审判中,受到了刑罚。

8:8-9 第二位天使吹号,就有仿佛火烧着的大山被扔在海中。海的三分之一变成血;[9] 海中的生物死了三分之一;船只也坏了三分之一(Καὶ ὁ δεύτερος ἄγγελος ἐσάλπισεν· καὶ ὡς ὄρος μέγα πυρὶ καιόμενον ἐβλήθη εἰς τὴν θάλασσαν, καὶ ἐγένετο τὸ τρίτον τῆς θαλάσσης αἷμα [9]καὶ ἀπέθανεν τὸ τρίτον τῶν κτισμάτων τῶν ἐν τῇ θαλάσσῃ τὰ ἔχοντα ψυχάς καὶ τὸ τρίτον τῶν πλοίων διεφθάρησαν)

和以地为对象的第一号相较,第二号之灾则是以海为其焦点;因为当一个仿佛火烧着的大山,被扔在海中之后,海的三分之一就变成了血,而其中三分之一的生物,以

① 在 2-4 号中分别是:"海,海中活物,船只","江河,众水的泉源,人",和"日,月,星辰"。

② 在启示录中,"天地海和众水的泉源",亦出现在 14:7 和前四碗之灾中(16:1-9)。

③ 在启示录中,"四"是世界的数字,因此三个七灾系列的前四灾,都是以"世界"为对象;而其结果,就造成七印七号和七碗的系列,都有着"4+3"的结构。

及在其上航行的船只，不是死了，就是毁损了。

从出埃及记来看，此灾和下一个灾难，都以水变血之灾为其背景（出 7:14－25）；但和该灾难相较，约翰除了也将 1/3 的限制，加在这个旧约背景上之外，他也做了两个更动。第一，在出埃及记中，水变血是因摩西以其手中的杖，击打河水而有的结果，但在这里，海变血的原因，却是因为有一个如火烧着般的大山，落在海里。第二，此灾所影响的，除了在水中的生物之外，也包括了在其上航行的船只。

从当时的历史背景来看，船只在此的出现，并不令人意外，因为不单希腊帝国是以其航海能力而闻名于世；而接续她的罗马帝国，更是深深地依靠船舶运输，来维持她经济的命脉。① 因此对约翰而言，若第二号之灾是以"海"为其范围，船只的毁损也就自然要包括在内了。

但让海变成血之"如火烧着的大山"，又是什么呢？第一，在论及巴比伦之审判时，神曾藉先知耶利米之口说："你这行毁灭的山哪，就是毁灭天下的山，我与你反对。我必向你伸手，将你从山岩滚下去，使你成为烧毁的山。"（耶 51:25）准此，在学界中就有人认为，此处"如火烧着的大山"，所指的是在启示录中，以巴比伦为名之罗马（启 17－18），或是一个邪恶帝国的象征。② 此说有其可能，但是它的最大困难，在于将"如火烧着之大山"的本身，当成了神审判的对象。在前面我们已经提及，前三号之灾的共同特征，是以"火"为审判的工具，而其出处，则是天庭中的祭坛（8:5），因此此一让海、海中生物和船只受到审判的对象，应该不是地上的某一个帝国或政权。

第二，在以诺的异象之旅中（以诺一书 18:13），他曾在天地的尽头，看见如火烧着般的七星（即，七天使；21:3－4），被关在监狱中；而在论及将来之审判时，犹太启示文献西卜神谕篇的作者曾说：有一颗从天而降的大星将要落在海中，烧毁深海，巴比伦和意大利，因为有许多信实的犹太人和神的真子民曾在此灭亡（5:158－60）。本于此，有学者就认为"如火烧着的大山"，乃是由犹太启示文学而来的。③

第三，公元 79 年的 8 月 24 日，位在意大利的维苏威火山爆发（Mount Vesuvius），摧毁了庞贝（Pompeii）和何古连纽（Herculaneum）二城，而其熔岩则倾入拿伯湾（Gulf of Naples），毁损了停泊在其内的船只。据此，有人认为约翰在此是以这个历史背景，

---

① 详见 18 章的注释。

② 例如，Alford, *Apocalypse*, 637; Caird, *Revelation*, 114; J. Paulien, *Decoding Revelation's Trumpets*, 382; Beale, *Revelation*, 475－76。

③ 例如，Beckwith, *Apocalypse*, 557; Charles, *Revelation I*, 234; Beasley-Murray, *Revelation*, 157－58。

作为第二号之灾的骨架。①

第四,除了将"火山"等同于"如火烧着的大山"之外,在学界中也有人视"如火烧着的大山"为"流星"。②

在上述四种看法中,第二个见解的可能性是最高的。因为不论就其形象(火烧着的大山),或是其末日审判的场景而言,启示录十分接近以诺一书和西卜神谕篇。而在这个基础之上,约翰也很可能在其上加上了当时火山爆发,以及流星坠海时,所发生的现象,好使第二号的刑罚,更显可畏。我们虽然无法完全确定此一"如火烧着的大山"究竟是什么,但是藉此物件,神的审判却十分明确。创造海和其中万物的上帝,当然有权柄可以藉击打海的方式,来刑罚以海中生物为食,并藉船只往来行走,运输货物的人类。

8:10-11 第三位天使吹号,就有如火把烧着般的大星,从天坠落在江河的三分之一,和众水的泉源上。[11]这星名叫苦艾。众水的三分之一变为苦艾。因水变苦,就死了许多人(Καὶ ὁ τρίτος ἄγγελος ἐσάλπισεν· καὶ ἔπεσεν ἐκ τοῦ οὐρανοῦ ἀστὴρ μέγας καιόμενος ὡς λαμπάς καὶ ἔπεσεν ἐπὶ τὸ τρίτον τῶν ποταμῶν καὶ ἐπὶ τὰς πηγὰς τῶν ὑδάτων, [11]καὶ τὸ ὄνομα τοῦ ἀστέρος λέγεται ὁ Ἄψινθος, καὶ ἐγένετο τὸ τρίτον τῶν ὑδάτων εἰς ἄψινθον καὶ πολλοὶ τῶν ἀνθρώπων ἀπέθανον ἐκ τῶν ὑδάτων ὅτι ἐπικράνθησαν)

和以"海"为刑罚对象的第二号相较,第三号之灾则是以在陆地上的水源,为其审判标的。但和第二号一样,第三号也是以出埃及记中的第一灾为其背景。因为当摩西伸杖在埃及的江河池塘之上后,埃及地所有的水源都变为血。水里的鱼因而死亡,而河也因而腥臭,埃及人就无水可喝了(7:19-21)。在此旧约经文之上,约翰也做了某些调整。第一,如前面两号一样,约翰也将1/3的数字加了进去,因此就让此灾难的范围,有了限制。第二,在约翰手中,摩西的杖成为"如火把烧着般的大星"。第三,摩西的第一灾,让埃及人无水可喝,但在约翰的第三号之灾中,许多人却因变了质的水而死,因此其严重性显然加深了。

对"如火把烧着般的大星"的意义,学者们有两个不同的看法。第一,在犹太人的传统观念中,摩西所降水变血之灾,不单击打了埃及人,也同时击打了埃及人所信奉的尼罗河神。③ 而在旧约,启示文学作品和当代人的观念中,星辰乃是地上国家,或

---

① 例如,Metzger, *Breaking the Code*, 64; Aune, *Revelation* 6-16,519-520。对此见解,Alford 认为约翰在此所说的,是一个像(ὡς)火烧着的大山,因此不管它是什么,这个东西显然不是火山(*Apocalypse*, 637)。但在启示录中,"像(ὡς)"一语可能旨在表达约翰的异象经验而已(R. Bauckham, *The Climax*, 83,432)。因此这个词组可以意译为:在异象中,有一个火烧着的大山。

② 例如,Walvoord, *Revelation*, 154; Allen, *Revelation*, 242-43。

③ *Midr. Rab.* Exod. 9.9;亦参,出12:12; *b. Suk.* 29a。

是某一个民族的代表，因此此处“大星”所指的，是灵界活物（撒但），天使或是天上的神祇；而他的“燃烧”，则表明神对他审判（亦参，以诺一书18:13，21:3－4）。① 此说相当吸引人，但在第二号有关“如火烧着之大山”讨论中，我们已经晓得，将神审判之工具的本身，视为神审判的对象，是有其困难的。因此“如火把烧着般的大星”只是第三号中，神刑罚的工具，而非神审判的目标。

第二，在古人的观念中，火红赤热，划空而降的流星，是一个不祥的恶兆，因为当它落在地上之时，就要带来灾难和死亡。不单如此，罗马历史学家普林尼（Pliny the Elder）甚至以“火把”来描述流星；②因此在学界中，就有人视“如火把烧着般的大星”，为这个从天而降，令人畏惧不安的火红星体了。③ 此一见解值得欢迎，因为它和8:5中，天使将天庭祭坛之火倒在地上的画面，相当吻合。而若此说属实，那么我们在此就再次看见约翰对所谓的“天然灾害”的看法了。在他的眼中，这些并非随意发生之事，而是神审判世界的记号。

“如火把烧着般的大星”，是神审判世界之记号的看法，更在这个大星的名字上，表达了出来。“苦艾”④属菊科（Compositae），因其味苦而得其名。在古时，这个植物是用来驱除家畜肠内蛔虫的药物。⑤ 在历史文献中，我们从未见过有名为“苦艾”的星辰，因此以此作为这个大星之名字的手法，旨在表达它对其所击打之水源，以及必须靠水而活之人的影响。

在旧约中，“苦艾”一词早已成为困苦和懊悔的代名词。例如，箴言的作者力劝其读者远离淫妇，因为她的口虽滴下蜂蜜（甜言蜜语），但若人听信其言，她的话至终将成为听者的“苦艾”（5:3－4）。而在呼吁神纪念其苦况之际，耶利米哀歌的作者也向神说：“求你纪念我如苦艾和苦胆般的困苦窘迫”（3:19）。⑥ 但在整本旧约中，和第三号之灾最为接近的，是耶利米书9:15和23:15；因为在责备以色列人拜偶像之罪时，神透过先知向祂的百姓说：“看哪！我必将苦艾给这百姓吃，又将苦胆水给他们喝。”

自然界的苦艾虽苦，但它却不至于致命。但在约翰的第三号之灾中，为苦艾之星所击打之“众水的泉源（τὰς πηγὰς τῶν ὑδάτων）”，却是可以让人失去生命的毒药（死了许多人）。此一将苦艾毒性升级的目的，恐怕是为了要将这个从神而来，苦艾

---

① J. Paulien, *Decoding Revelation's Trumpets*, 400; Beale, *Revelation*, 478－79.

② *Hist. nat.* 2.22.90; 2.25.96.

③ 例如，Mounce, *Revelation*, 187; Aune, *Revelation* 6－16, 520－21; Osborne, *Revelation*, 354。

④ 在中文和合本中，“ὁ Ἄψινθος”和“לַעֲנָה”都被译为“茵蔯”。但多数现代读者已无法明白“茵蔯”究竟是什么，因此我们在此就以比较通俗的“苦艾”来取代。

⑤ Aune, *Revelation* 6－16, 521; *ABD* 6:973.

⑥ 亦参，申29:17－18；摩5:7；6:12。

之星的审判,和一样从天而来的人子,做一个对比而有的。因为在启示录中,羔羊所能带给忠心圣徒的,正是"生命水的泉源"(ζωῆς πηγὰς ὑδάτων;7:17)。以兽为师,并拜其像的人(启 13:3,14),在神的审判中,只能喝苦艾之水,因为他们已为异教邪说所污染;但拒绝兽的圣徒,虽然要被杀害(启 13:15),但因其所持守之人子的见证,他们已为真理所洁净,因此生命泉的水,就要成为他们的永恒奖赏了(τῆς πηγῆς τοῦ ὕδατος τῆς ζωῆς;启 21:6)。

8:12 第四位天使吹号,日头的三分之一,月亮的三分之一,星辰的三分之一,都被击打。以致日月星的三分之一黑暗了,白昼的三分之一没有光,黑夜也是这样(Καὶ ὁ τέταρτος ἄγγελος ἐσάλπισεν· καὶ ἐπλήγη τὸ τρίτον τοῦ ἡλίου καὶ τὸ τρίτον τῆς σελήνης καὶ τὸ τρίτον τῶν ἀστέρων, ἵνα σκοτισθῇ τὸ τρίτον αὐτῶν καὶ ἡ ἡμέρα μὴ φάνῃ τὸ τρίτον αὐτῆς καὶ ἡ νὺξ ὁμοίως)

在前三号中,虽然我们无法百分之百地确定,搀了血的冰雹和火,如火烧着的大山,和如火把烧着的大星,究竟是什么,但这些神刑罚地,海和江河的工具,至少都出现在第一、第二和第三号中。但此一现象并未发生在第四号中;在此约翰只告诉我们,日、月和星辰被击打了。这个差异应该不难理解,因为就逻辑而言,从天庭祭坛而来之火炭所能击打的(8:5),自然是地、海和江河。但对已经悬挂在天空,发光发热的日月星辰而言,火炭当然不是一个适当的打击工具。

此灾的旧约背景是出埃及记中的第九灾,也就是因着摩西伸杖,而使埃及全地乌黑了三天的黑暗之灾(出 10:21-23)。和前三号一样,约翰也在此灾之上加上了 1/3 的限制,因此也就让这个灾难,和末日全面性的审判,有了区隔。① 但这个限制的含义是什么呢? 从"日月星辰的 1/3 被击打"的情况来看,有人认为此灾的结果是"光度"或是"亮度"减少了 1/3。② 但从本节经文的下半来看,这个见解却有待商榷。第一,从"白昼的三分之一没有光,黑夜也是这样"的语句来看,1/3 所指的,不是亮度,而是时间。也就是说,在白天和晚上的 1/3 时间里面,黑暗掌权。③ 第二,此一看法更在经文结构中得着证实,因为在目的子句(ἵνα)中,约翰使用了"使黑暗(σκοτισθῇ)"和"不放光(μὴ φάνῃ)",这两个从正反两面来描述同一个现象的动词。④ 事实上,此一理解也有从旧约背景而来的支持,因为埃及人所经历的,不是日月亮度的减少,而

① 和第六印"日头变黑,整个月亮变血,天上的星辰坠落于地"的情况相较,此一特色更为明显。
② Swete, *Revelation*, 113; Aune, *Revelation* 6-16, 522; Beale, *Revelation*, 481.
③ Charles, *Revelation I*, 236; Mounce, *Revelation*, 188; Beasley-Murray, *Revelation*, 158; J. Paulien, *Decoding Revelation's Trumpets*, 414.
④ Osborne, *Revelation*, 356.

是伸手不见五指的黑暗（出 10:21）。

但造成1/3 日夜黑暗的原因是什么呢？也许是日蚀和月蚀，①也许是其他的原因（例如，密云）；但不论如何，黑暗的降临却是神审判临到的记号。在以色列人出埃及之时如是，在先知有关末日神审判的论述中也如是，因为阿摩司曾说："主耶和华说，到那日，我必使日头在午间落下，使地在白昼黑暗"（摩 8:9）；而约珥的描述则是："那日是黑暗、幽冥、密云、乌黑的日子"（珥 2:2）。② 类似的说法，也一样出现在许多犹太文献中。例如，在论及神国降临时，摩西遗训的作者如是说："地要震动直到地极，高山要变为平地……日头不放光，而在黑暗中，月亮的角也要逃逸"（10:4－5）。③

因此借着黑暗的降临，约翰已然凸显神审判世界的权柄，因为不论在白日或是在夜晚，整个世界都无法对黑暗视而不见。但第四号之灾和前三号之灾，又有什么不同呢？在 1－3 号中，我们看见神刑罚的严重性，是从植物（树和草），到动物（海中的鱼），再到人（死了许多人），逐步加重的；④因此这些灾难的目的，不在毁灭（1/3），而在警告。但正如当年埃及人在面对水变血之灾时，以在河边掘井取水的方式，来应付神的审判一样（出 7:24），世人对号角之灾的反应，恐怕也是如此，因为即便到了第六号之灾的结尾，那些没有被这些灾害所杀的人，依旧行其所行而不愿意悔改（9:20－21）。因此在第四号之灾中，我们就看见神再次升高了祂的审判：在此号中，神所击打的，不再是人所赖以存活的地，海和江河；而是人手所不能及，人力所无法改变的日，月和星辰。

就前四号而言，第四号之灾恐怕是神所能降下之灾难的最高峰了。此话怎讲？从创世记第一章来看，神在前三日所创造的，是天、海和地（包括植物），这三个"国度"的创造；而祂在后三日，则是创造了日月星宿，海中生物，和地上动物（包括人），这三类要居住在此三个国度中的"王"。⑤ 因此若我们将这两组三日的创造重迭在一起，我们就有了天和发光星体的创造（1，4），海和其中生物的创造（2，5），以及地和其上生物的创造（3，6）。在启示录中，由于"四"是属地的数目，因此在前四号之灾中，我们就看见约翰将出埃及记中的水变血之灾，一分为二，而成为第二号和第三号之灾。所以若是我们将之"还原"为一个灾难，那么约翰的前四号之灾，即，地、海、江河、星体，基本上是神创造的反映，只是次序相反了。此一现象显示，在约翰的观念中，神

---

① Roloff, *Revelation*, 111; Thomas, *Revelation* 8－22, 24; Osborne, *Revelation*, 356.

② 亦参，西番雅书 1:15。

③ 类似的说法，亦见，西卜神谕篇 3:796－803；禧年书 5:14；以诺一书 17:6；63:6；以诺二书 7:1。

④ J. Paulien, *Decoding Revelation's Trumpets*, 326.

⑤ M. G. Kline, *Kingdom Prologue*, 25；亦见同一个作者的 'Space and Time in the Genesis Cosmogony,' *Perspectives on Science and the Christian Faith* 48（1996），2－15。

的审判是“反创造的”。① 正如挪亚那个世代所经历洪水之审判,是天上之水和地下大渊泉源的汇合(创 7:11,17-20),而使得第一个世界,又回到创造前渊面黑暗混沌的情况一样(创 1:2),约翰借着前四号之灾,也呈现了同样的真理。第四号的黑暗之灾,当然不是最后最终的审判,因为它有着 1/3 的限制,但是它和远古的黑暗之间,也就是和神说要有光就有了光之第一日创造前的情况之间,也只有一步之遥的距离而已。

在人子再来之时,日头要变黑,月亮也不放光,众星要从天上坠落,天势都要震动(太 24:29-30;可 13:24-26;路 21:25-28)。② 但在那个日子来到之前,神已经借着人子挂在十字架上时,从正午到下午三点的黑暗(太 27:45;可 15:33;路 23:44),③告诉我们末日已然临到(参,摩 8:9)。在人子再临之前,类似的黑暗将要继续出现,而它们都指向祂最后的审判。正如出埃及记中的黑暗之灾(第九灾)指向最后的第十灾;十字架上的黑暗,以及约翰在第四号中所提及的黑暗之灾,不单显示末日已临,并且也指出,主来的日子已迫在眉睫。④

8:13 我又看见一个鹰飞在空中,并听见它大声说,祸哉,祸哉,祸哉,你们住在地上的民啊! 因为⑤三位天使将要吹那其余的号(Καὶ εἶδον, καὶ ἤκουσα ἑνὸς ἀετοῦ πετομένου ἐν μεσουρανήματι λέγοντος φωνῇ μεγάλῃ, Οὐαὶ οὐαὶ οὐαὶ τοὺς κατοικοῦντας ἐπὶ τῆς γῆς ἐκ τῶν λοιπῶν φωνῶν τῆς σάλπιγγος τῶν τριῶν ἀγγέλων τῶν μελλόντων σαλπίζειν)

借着本节经文,约翰将前四号和后三号之灾区隔了出来,因为此一飞鹰宣告三祸的异象,让第五号、第六号和第七号之灾,成为第一祸、第二祸和第三祸。和以“自然界”为直接审判对象的前四号相较,后三号之灾的焦点,在“属灵”的层面,因为在第

① 亦参,Beale, *Revelation*, 486。

② 学界对本节经文所指的,究竟是耶路撒冷的被毁,还是末日审判,有不同看法(见,C. A. Evans, *Mark* 8:27-16:20,328-29)。但我们在前面已经晓得,此一事件是和末日审判的第六印彼此平行的(见页 519-22)。

③ 学界对此三个小时黑暗的意义,有不同的理解。有人认为此一黑暗表明撒但对人子最后也是最惨烈的攻击(J. Nolland, *Luke* 18:35-24:53,1156);有人认为此一黑暗乃表明神对背负人类罪恶之人子的审判(N. Geldenhuys, *Luke*, 611);而有人则认为此处之黑暗,是因神不喜悦人拒绝人子而有的(I. H. Marshall, *The Gospel of Luke*, 873)。但不论其意义如何,此一从正午开始的黑暗,和阿摩司书 8:9 所提及“日头要在午间落下”之间的连结,显示此一末日预言在人子第一次降临之时,已经开始应验了。

④ 十字架上三个小时的黑暗,和出埃及记第九灾之间有所联系,亦是某些学者的见解(例如,W. L. Lane, *The Gospel According to Mark*, 572; L. W. Hurtado, *Mark*, 267)。

⑤ “ἐκ”在此有“原因”的含义(causal genitive; C. F. D. Moule, *An Idiom Book of the New Testament Greek*, 73)。

五号和第六号中，人所承受的痛苦刑罚，乃由邪灵而来（详下）；①而我们在第七号中所看见的，则是和第五号和第六号恰恰相反的画面：圣徒在天上的敬拜。因此从逻辑文脉的角度来看，本节经文也可说是后三号的前言。

此一异象的内容，乃是一飞鹰，在穹苍的最高处（ἐν μεσουρανήματι），也就是正午太阳所在位置，向整个世界发出三个“祸哉”的宣告。对此异象，有人认为(1)这是以当代神话中，宙斯（Zeus）藉鹰来传递信息，或是(2)在以斯拉四书（11:7－8）中所提及，巴录遣鹰带信给被掳之耶利米的事（亦参，7:15－16）作为背景的；②有人则认为(3)出埃及记19章中，神如鹰带领以色列百姓出埃及的记载，才是这个异象的出处（19:4）。③ 在这些见解中，最后一个的可能性最高。因为在第一到第四号中，我们已经看见出埃及记十灾的影子，而在第五号的蝗虫之灾中，我们也将要再次看见十灾中第八灾的出现。不单如此，在以色列百姓出埃及之事件中所显示的拯救和审判，也恰恰反映在第五号、第六号（审判）和第七号（救赎）中。

在启示录4:7那里，我们已经晓得，鹰乃扛抬宝座的四活物之一，而在前四印的异象中，我们也看见四印之灾乃四个活物所带出来的（来6:1，3，5，7），因此以鹰来宣告三个祸哉，也和启示录的上文彼此吻合。但在如狮、像牛、似人又似鹰的四活物中，为何是鹰在此肩负此一任务呢？这个问题其实不难回答，因为在四活物中，只有飞在天空中的鹰，最合适向“住在地上的民”，来传递从神而来的信息。也因着如此，他在穹苍之最高处，以大声宣告的，是人所无法逃避的信息。

但此一“祸哉，祸哉，祸哉”的信息，是以谁为对象的呢？在6:10那里，我们已经知道，在启示录中，“住在地上的民”一语所指，并非所有的人，而是杀害圣徒，逼迫两个见证人（11:10），拜兽像（13:8，14；17:8），并与大淫妇巴比伦同国同谋之人（17:2）。因此这个信息，乃针对敌对神和教会之人所发。在大淫妇巴比伦的审判中，我们将要看见地上的君王，商客和那些靠海为业的，异口同声的以两重的“祸哉，祸哉”，来哀悼大淫妇巴比伦的败亡（18:10，16，19）。但此处的三重祸哉，乃是为了要和从四活物（包括鹰）口中而出之“圣哉，圣哉，圣哉”（4:8），互为对比而有的。因为神既是完全圣洁的，那么对那些逼迫圣徒，拜兽并与大淫妇同伙之人的恶行，祂也只能以三个“祸哉”，来加在他们身上了。灾难和刑罚乃神圣洁公义属性的外在展现。④

9:1－2　第五位天使吹号，我就看见一个从天落到地上的星。有无底坑的钥匙赐

① Mounce, *Revelation*, 189.
② Aune, *Revelation* 6－16, 523－24.
③ Beale, *Revelation*, 490－91.
④ Osborne, *Revelation*, 360－61.

给他。[2] 他开了无底坑,便有烟从坑里往上冒,好像大火炉的烟。日头和天空,都因这烟而昏暗了(Καὶ ὁ πέμπτος ἄγγελος ἐσάλπισεν· καὶ εἶδον ἀστέρα ἐκ τοῦ οὐρανοῦ πεπτωκότα εἰς τὴν γῆν, καὶ ἐδόθη αὐτῷ ἡ κλεὶς τοῦ φρέατος τῆς ἀβύσσου [2]καὶ ἤνοιξεν τὸ φρέαρ τῆς ἀβύσσου, καὶ ἀνέβη καπνὸς ἐκ τοῦ φρέατος ὡς καπνὸς καμίνου μεγάλης, καὶ ἐσκοτώθη ὁ ἥλιος καὶ ὁ ἀὴρ ἐκ τοῦ καπνοῦ τοῦ φρέατος)

就内容而言,前四号之灾已足够叫人瞠目结舌,但若篇幅长短是具有意义的话,那么各自占据了11节和9节经文的第五号和第六号之灾(9:1-11;13-21),恐怕就更引人注目了。

随着第五位天使的号角声,约翰看见了一个从天落到地上的星辰。① 由他随后得着钥匙,并开启无底坑的动作来看,此一星辰显然和8:10那里所提及,从天而降,如烧着火把的大星,是不同的"星辰"。在旧约,当代的犹太和希腊文献中,星辰可以是天使,或是灵界活物的象征。② 因此从上下文来看,约翰在此应是依循当时的观念,以星辰来表神所差遣的天使。但他究竟是怎样的一位呢?他是善良的,还是邪恶的天使呢?

若我们依循早期教父们的见解,将以赛亚书14:12-15中所提及明亮晨星的坠落,视为撒但堕落的记录,③并将之与第五号连结,那么此一星辰就有可能是撒但,或是一个属它的邪灵了。再者,若我们将耶稣所说,祂看见撒但因着70个门徒外出传福音,而如闪电般从天坠落的言论(路10:18),也列入考虑的话,那么上述的看法也似乎也有些道理。④ 但在细究之下,这个见解却有其困难。第一,"从天坠落(ἐκ τοῦ οὐρανοῦ πεπτωκότα)"一语,当然可以含有负面的道德意义,因此"从天落下的星辰",就可以是"堕落的天使"。但这并不表示我们每一次遇见如是说法,就必须以此方式来理解经文。在以诺一书86:1那里,我们的确看见一个星辰从天落下,但在

① 完成时态的分词"落(πεπτωκότα)"显示,约翰并未看见星辰的落下,而是看见一个已经落下的星星(Aune, *Revelation* 6-16,525)。

② 士5:20;伯38:7;但8:10;以诺一书88:1;所罗门遗训8:2-11;18:1-42;希腊文献索引,见Aune, *Revelation* 6-16,525。

③ 亦参,以诺二书29:4-5;*LAE* 12,16。有许多学者认为以赛亚书14:12-15是以迦南神话为本,但此说并不牢靠(R. E. Clements, *Isaiah* 1-39,142; J. D. W. Watts, *Isaiah* 1-33,209)。即便此一哀歌出自其他文献,在以赛亚书中,它已被应用在巴比伦王身上了(J. N. Oswalt, *The Book of Isaiah* 1-39,322-23; J. A. Motyer, *The Prophecy of Isaiah*, 144-45)。

④ Swete, *Revelation*, 114; Hendriksen, *More than Conquerors*, 120; Beale, *Revelation*, 491-92。Beale亦提及以诺一书88:1-3以为左证,但他可能误会了这个文献。86:1的确提及星辰的坠落,而其行径亦显示出它邪恶的属性(86:1ff),但在88:1-2中,将此星捆绑,并丢入无底坑的,却是由天而来,洁白的灵界活物(87:1-2)。

86:3 中，该书作者对随之而来，其他星辰的描述，却是“降下”来的。① 因此在此我们也不应该望文生义的，就将“堕落天使”的卷标，贴在此一星辰之上。

第二，在启示录中，神所使用的使者，不论是四活物、长老或是其他天使，都是正面的角色，因此若此星辰是堕落的天使，那么第五号就成了唯一的例外了。② 因此从整卷启示录来看，将此星辰等同于撒但或是堕落天使的看法，也有其难处。

第三，在启示录中，无底坑乃蝗虫之军和兽的居所（9:2－11;11:7;17:8），也是撒但被拘禁之所在（20:1,3）；因此若此星辰是撒但（或是其党羽），我们实在很难想象，为何神要将邪灵监狱的钥匙交给它？③ 有谁会将监狱的钥匙交给囚犯呢？从20:1－3,7来看，邪灵集团首脑之进出无底坑，乃由神所差遣之天使来管理，因此第五号中，由天而降的星辰，并非撒但或是邪灵，而是被神差遣，要来执行神命令的天使。

但无底坑又是怎样的地方呢？在七十士译本中，“无底坑（ἄβυσσος）”④是希伯来文“深渊，海（תְּהוֹם）”，⑤或是“地的深处（תְּהוֹם הָאָרֶץ）”⑥的翻译。由于“地的深处”乃死人的去处，而死人在礼仪上又属不洁之物，因此在犹太启示文学作品中，“无底坑”就成为拘禁堕落天使的监狱了。⑦ 而此一概念，也在启示录以外的新约中，一样出现，因为在罗马书 10:7 中，“无底坑”是“阴间”，即死人的所在；而在路加福音 8:31 则是监禁邪灵的地方。在新约中，“无底坑”除了在上述两处经文中出现之外，其余的七次都在启示录中。在本段经文和 20:1－10 里面，“无底坑”也一样是监禁蝗虫之军，兽和撒但的所在；但由于约翰也将复活人子之权柄，以“手拿死亡和阴间之钥匙”的方式来表达（1:18;亦参 9:2;20:1－3），因此在他的理解中，“无底坑”和“阴间”是没有差别的。⑧

在本段经文和 20:1－10 中，我们都看见天（从天而来的天使）、无底坑和地（9:3，4;20:8）这三个元素；因此在这两段经文中，宇宙的结构都是三层的。但若将这两段

① Charles, *Revelation I*, 238－39. 亦见，Beckwith, *Apocalypse*, 560－61; Morris, *Revelation*, 124; Aune, *Revelation* 6－16,525。

② Osborne, *Revelation*, 362.

③ S. Thompson, ‘The End of Satan,’ *AUSS* 37(1999),261. Thompson 对 Charles 和 Aune 的看法，却是错误的。因为这两位学者并不认为 9:1 的星辰是撒但。

④ “ἄβυσσος”乃由“α＋βυθος（否定词＋深渊）”而来。其意不是“不深”，而是“无底”。

⑤ 创 1:2;7:11;8:2;诗 42:7;赛 51:10。

⑥ 诗 63:10（和合本 63:9）;71:20（LXX 62:10;70:20）。读者若想要得着更多经文索引，见 Aune, *Revelation* 6－16,526。

⑦ 以诺一书 10:4－6;18:9－16;禧年书 5:3－11（Osborne, *Revelation*, 363）。

⑧ 亦参，彼后 2:4;犹 6。

经文放在一起,我们也观察到一个很有意思的对比。因为从接下来的经文中,我们看见从无底坑之烟而出的,是邪恶的蝗虫之军,而他们所带来的,是额上没有神印记之人五个月的苦难(9:3–6),是蝗虫之军的得胜(9:7–11)。但在20章那里,我们却看见一个完全相反的画面:从天而来的天使将撒但捆绑,并关在无底坑之后(20:1–3),其结果是那些额上没有兽印记之人的复活,以及他们与基督一同掌权做王一千年(20:4–6)。此一对比应不是偶然机缘的产物,而这个现象也的确具有释经上的意义,但目前我们只能将此问题暂时放下,等到20章那里,再做详细分析。在此我们只想请读者留意,虽然"无底坑"的议题令人好奇,但从这两段经文的对比中,我们晓得和我们直接相关的"主战场",是正反两股灵界势力交锋的所在,也就是我们今日生活起居的地上(参,启2–3)。

无底坑的确令人好奇,但它既是拘禁邪灵的所在,因此它们的进出,也就在神的掌握之中。而此真理,在"有钥匙赐给他(ἐδόθη αὐτῷ ἡ κλεὶς)"一语中,完全的表达了出来。因为和"有权柄赐给他"之类的说法一样,①这种"被动得着某一样东西的语法(divine passive)"所凸显的,正是神至高无上,掌管一切的权柄。②

由是在神的授权之下,从天而降的天使就打开了无底坑。而随之涌出的,是一股好像从大火炉所发出的浓烟。在神显现于西奈山之际,西奈山烟气上腾,如同烧窑一般(出19:18);因此烟,和密云,地震以及号角声一样,是神显现的记号之一。但和此处滚滚浓烟更为接近的,应是神降硫磺与火在所多玛和蛾摩拉之后,烟气上腾,如同烧窑一般的情况(创19:24–28)。也就是说,此处的浓烟显示,虽然无底坑是拘禁邪灵的监狱,但无底坑也是神刑罚它们的地方;③而浓烟的窜出,则表示神对邪灵的刑罚,将要延伸到"住在地上的民"(8:13),也就是那些"额上没有神印记的人"(9:4)。

从无底坑而出的滚滚浓烟,是神藉以刑罚世人的看法,不单在9:3之后的经文中得着证实,也在"日头和天空,都因这烟而昏暗了"的描述中,显示了出来。若从字面来看,这句话似乎在描绘这个灾难的恐怖气氛,但是由于无底坑的特色之一是"黑暗",④因此当天使打开无底坑之后,其结果自然就是"黑暗笼罩着大地"了。但此"黑暗"所象征的是什么呢?在前面的分析中,我们已约略提及,第五号是以约珥书第2

① 参,启6:2,4,8;7:2;9:3,4,5;11:3;14:16–17,18等等。
② Aune, *Revelation* 6–16, 527–28; Osborne, *Revelation*, 277. 亦参, M. Zerwick, *Biblical Greek*, 76 (theological passive)。
③ 参,以诺一书18:14–16;可9:44,48。
④ 参,以诺一书10:4–6。阴间也如是(伯17:13;诗88:18;143:3;哀3:6;详见,*ABD* 2:103)。

章的"蝗灾"为背景的。在该章经文的第 2 节中，先知约珥以"黑暗、幽冥、密云和乌黑"四个同义语词，来强调耶和华日子的可畏恐怖。但此一令人印象深刻的描述，只是要描述蝗虫之军"人数众多"，以致于"日月昏暗、星宿无光"吗？（珥 2:10）当然不是，因为当神的百姓在神的审判中，以禁食、哭泣、悲哀的态度，一心归向神之后（2:12），神的灵就要浇灌在他们的身上了（3:1－5）。换句话说，"幽暗"所表明的是"因罪而与神隔绝"的状态，而他们的悔改，则带来与神关系的恢复（灵的浇灌）。① 从此背景来看，从无底坑而出之浓烟所带来的"昏暗"，其含义也是如此。② 拒绝真光的邪灵，只能关在黑暗的无底坑中，而跟随它的人，也一样的只能在黑暗中哀哭切齿了（太 8:12；22:13；25:30）。瞎子领瞎子，能不掉在坑中吗？（太 15:14）瞎子跟瞎子，能不遭遇同样的结局吗？

9:3　有蝗虫从烟中出来飞到地上。有能力赐给他们，好像地上蝎子的能力一样（καὶ ἐκ τοῦ καπνοῦ ἐξῆλθον ἀκρίδες εἰς τὴν γῆν, καὶ ἐδόθη αὐταῖς ἐξουσία ὡς ἔχουσιν ἐξουσίαν οἱ σκορπίοι τῆς γῆς）

"烟乃神的审判"，在本节经文中有了更多的说明，因为从烟中而出的，是蝗虫之军。成群蝗虫之移动，远看的确像股变幻莫测的烟云，但此蝗虫之军并非由烟转化而成，因为他们乃"从烟中而出（ἐκ τοῦ καπνου）"。③

在摩西带领以色列人出埃及的时候，蝗虫乃神刑罚埃及的第八灾（出 10:12－20），④因此在旧约作者们的手中，蝗灾自然就成为神审判的工具之一。⑤ 不单如此，成群而来的蝗虫和大举进犯的军队，在数量上十分相似，而它们和军队所带来的灾难，也一样彻底；因此在旧约中，自然界的蝗灾也就被转化为一个战争的比喻了。⑥ 在诸多类似的说法中，约珥书第二章可说是个中翘楚，因为它将此一隐喻，做了最详尽的发挥（2:2b－11）。就经文内容的次序而言，约珥书第 2 章和第五号是十分相似的：

---

① R. Dillard, *Joel*, 271。学者对约珥书第二章中的蝗灾，应以字面或是象征来理解的问题，有不同看法。但 H. W. Wolff 的分析显示，纯粹以字面来理解这章圣经是不可行的（*Joel and Amos*, 41－42；亦参，L. C. Allen, *Joel*, *Obadiah*, *Jonah and Micah*, 69）。

② 此一理解和保罗在罗马书 1:18－23 所说，人以偶像来取代神，因此"无知的心就昏暗了"的情况，完全一致。亦参，Beale, *Revelation*, 494。

③ Beckwith, *Apocalypse*, 561.

④ 亦参，诗 78:46；105:34。

⑤ 申 28:38，42；摩 4:9；亦参，王上 8:37；代下 6:28。

⑥ 士 6:5；7:12；耶 46:23；珥 1:4－6；2:25；鸿 3:15，17。

	约珥书 2:1-11	启示录 9:1-11
1	黑暗,幽冥,密云,乌黑(2)	日头和天空昏暗(2)
2	蝗虫之军(2b)	蝗虫之军(3)
3	蝗虫之军的任务:刑罚(3)	蝗虫之军的任务:刑罚(4-6)
4	蝗虫之军的形象(4-10)	蝗虫之军的形象(7-10)
5	蝗虫之军的首领:耶和华(11)	蝗虫之军的首领:亚巴顿/亚玻伦(11)

除了这些彼此平行的要点之外,若我们将出现在各号段落前,"天使吹号"的元素也考虑在内的话,那么第五号也在这个部分,和约珥书第2章彼此平行,因为宣告耶和华大日子临近的信息,也是以号角来传达的(珥2:1)。因此从这个角度来看,第五号的确是以约珥的蝗虫之军为其蓝本。①

和该旧约背景相较,约翰在第五号中做了许多的更动和调整(详见下文)。而在其中最主要的更动,是他将约珥书中,在末日要带来神刑罚的蝗虫之军,转化为一只从无底坑而出的邪灵之军。此一变动不可谓不大,因为在约翰手中,此一军旅的组成分子,已从人变成了邪灵。② 此一改变当然会引发"谁是这个世界之主?"的问题,因此约翰除了在9:1那里,以"有钥匙赐给他(天使)"的语法,来突显"神掌权"的真理之外,在本节经文和下两节经文中,为了相同的目的,又连续三次使用了被动语法:"有能力赐给他们(ἐδόθη;9:3)","他们被吩咐(ἐρρέθη;9:4)","他们不被允杀害(ἐδόθη...ἵνα μὴ ἀποκτείνωσιν;9:5)"。因此借着这个方式,"谁在这个宇宙中掌权?"的问题,就不再有任何的疑义了。

除了上述的更动之外,约翰在本节经文中,也将地上蝎子的能力,加在蝗虫之军的身上。在地中海地区,蝎子是旷野中常见的昆虫之一。因其尾部之毒针对人(以及动物)的威胁,在旧约中它就成为一个审判和刑罚的暗喻;③而在耶稣的观念中,此一昆虫则是和毒蛇并列,是邪灵权势的象征(路10:19)。④ 因此不论从旧约或是新约的

---

① 此乃学界的共识(例如,Swete, *Revelation*, 115; L. P. Trudinger, The Text, 69-70; Ladd, *Revelation*, 129; Ford, *Revelation*, 150; Beale, *Revelation*, 499; Osborne, *Revelation*, 369),但少有人注意到这两段经文在结构上的平行。

② 在启示录中,类似的手法亦在20:7-8中出现,因为以西结书38-39章中,神用来刑罚列国的歌革玛各之军,在该经文中也成了撒但所招聚,以圣徒为攻击目标的军团(详见该节注释)。

③ 申8:15;王上12:11,14;代下10:11,14。亦参,便西拉智训39:29-30。

④ J. A. Fitzmyer 认为此处的蛇蝎并非邪灵的象征,而是生活中所遭遇的恶事(*Luke* X-XXIV, 863),但J. Nolland 和 I. H. Marshall 则持相反意见(*Luke* 9:21-18:34, 565; *The Gospel of Luke*, 429)。从路11:11-13中,"蛇/蝎子"和"圣灵"的对比来看,蛇蝎所指的应是邪灵。

角度来看,约翰在此将蝗虫和蝎子连结在一起的举措,应不令人感到意外才是。① 不单如此,从下两节经文的内容来看,即,此蝗虫之军只以人为其伤害的对象,约翰将蝎子的能力加在蝗虫身上的动作,也是相当合理的,因为和以植物为对象的蝗虫相较,蝎子对人的威胁则是更为直接。再者,约翰在此所做的,恐怕也带有文学上的目的,因为当他将蝎子和蝗虫结合在一起之后,他事实上是将蝎子之毒(质),和蝗虫之多(量)这两个元素,加在一起了。② 因此对其读者而言,这支从无底坑而出的蝗虫之军,不论就质或量的角度来看,都是独一无二的;它所能带给人的,只有恐怖、威胁和痛苦的刑罚而已。

9:4－5 并且吩咐他们说,不可伤害地上的草,和各样青物,并一切树木,惟独要伤害额上没有神印记的人。[5] 但不许蝗虫害死他们,只叫他们受痛苦五个月。这痛苦就像蝎子螫人的痛苦一样(καὶ ἐρρέθη αὐταῖς ἵνα μὴ ἀδικήσουσιν τὸν χόρτον τῆς γῆς οὐδὲ πᾶν χλωρὸν οὐδὲ πᾶν δένδρον, εἰ μὴ τοὺς ἀνθρώπους οἵτινες οὐκ ἔχουσι τὴν σφραγῖδα τοῦ θεοῦ ἐπὶ τῶν μετώπων [5]καὶ ἐ δόθη αὐτοῖς ἵνα μὴ ἀποκτείνωσιν αὐτούς, ἀλλ᾽ ἵνα βασανισθήσονται μῆνας πέντε, καὶ ὁ βασανισμὸς αὐτῶν ὡς βασανισμὸς σκορπίου ὅταν παίσῃ ἄνθρωπον)

从无底坑而出,并具有蝎子能力的蝗虫之军的确令人畏惧,但它却非无所不能,因为有话"吩咐他们说,不可伤害地上的草,和各样青物,并一切树木,惟独要伤害额上没有神印记的人"。约翰在此并没有告诉我们,向蝗虫之军发出禁令的究竟是谁,但在前面我们已经知道,此一被动语法(ἐρρέθη αὐταῖς),不单是为了要避免直接提及神之名,也是要凸显神的主权。

此一蝗虫之军既是从无底坑而出,它们当然就不是自然界中成群的蝗虫了。而他们这方面的特质,也在"不可伤害植物"和"唯独要伤害人"的对比中,完全地表达了出来。和7:1－3中天使拉住地上四风的异象相较,第五号之灾可说是该异象的重复。因为在这两个异象中,不可伤害地上植物的禁令都一样出现,而圣徒得着保守的主题,也同样在额上受了印记(7:3),和"没有印记就受伤害"(9:4)之正反两面的论述中出现。③

从13:16来看,这些"额上没有神印记的人",其实就是"在右手或是额上有兽印记的人"。因此我们在这里所面对的问题是:为何从无底坑上来的"蝗虫/邪灵"之

① 蝎子乃昼伏夜出的夜行性生物,因此蝎子这方面的特性,也和带给世界黑暗的蝗虫之军相当匹配。

② J. Paulien, *Decoding Revelation's Trumpets*, 328.

③ Michaels, *Revelation*, 126; Aune, *Revelation* 6－16, 528－29.

军,要伤害那些属于它们的人?从表面上看起来,此一问题的确令人不解,但此一现象其实正反映出邪恶权势的本质。但此话怎讲?在7:3那里我们已经晓得,天使在圣徒额上所盖的印记,表明他们是属神的人,是因着真理而得见真光的群体。而在9:2那里我们也看见,因着无底坑之烟而有的"昏暗",是人与神隔绝之状态的象征。因此从这正反两面的对比中,我们晓得邪灵集团对人的伤害,正是让那些跟随它们的人,和他们一样的落在"黑暗"的情况中。从幽暗无底坑而来的,因其爱黑暗而不爱光的本性,自然要拉着那些跟随它的人,和它一起落在黑暗中(参,罗1:32)。① 在伊甸园中,我们已经看见它对亚当和夏娃所做的(创3:1-7),在旷野地,我们也再次看见它试图以同样的手法,引诱第二个亚当,好叫祂也加入它的黑暗阵营(太4:1-11;路4:1-13)。而今日,虽然它的死刑已在十字架上定了谳,但在它伏法之日来到前(启20:10),它依旧不改本性的,在这个世界上做着同样的勾当(启12:10,12;13:11-18)。

困兽和其党羽的反扑当然猛烈,但它们并不能为所欲为。因为它们除了只能以额上没有神印记的人为伤害的对象之外,它们甚至不被允许杀害他们,而只能让他们受痛苦五个月。为何它们没有权柄杀害那些"额上没有神印记的人"呢?难道他们不是属于它们的人吗?从表面上看起来,他们似乎是属它们的人,但他们其实是神所创造的人,因此他们最终的命运,也只能由羔羊和父神来定夺(启19:11-21;20:11-15)。若不如此,神怎么能是宇宙之主呢?

蝗虫之军只拥有有限权柄的事实,也在它们只能叫人"受痛苦五个月"的限制中显示出来。在启示录中,"受痛苦(βασανίζω)"一语②和其名词"痛苦(βασανισμός)",③一共出现了11次。在较早的希腊文献中,其原意是"试验",特别是以石头在钱币上刻下刮痕,藉以检验钱币真假的试验。④ 因此在后面的文献里面(包括新约),这一组词语的意思,就逐渐成为"因试验而有的痛苦"。例如,在某些文献中,此一词语所指的,是一个罪犯(或是奴仆),在审判官(或是主人)为得着真相,而对他所行严刑拷打的经历。在启示录12:2那里,约翰以之作为生产之痛的描述(艰难),而在其余的经文中,此一组语词,则多被用来形容因着神硫磺与火的刑罚而有的痛苦。因此在9:5中,约翰三次使用此一组词语(一个动词,两个名词)的目的,在强调蝗虫之军对那些

---

① 亦参,Beale, *Revelation*, 495-96。Beale在497页中,亦以次经所罗门智训和伪经所罗门遗训中,对出埃及记中蝗灾的理解为例,说明此一见解的可能性。有兴趣的读者,可参阅该处的分析。

② 9:5;11:10;12:2;14:10;20:10. 在9:5中,目的子句(ἵνα)并未带假设语气动词(多数的情况),而带未来直说动词(βασανισθήσονται),此一文法结构应是受到希伯来文的影响而产生的(S. Thompson, *The Apocalypse and Semitic Syntax*, 98-99)。

③ 启9:5(两次);14:11;18:7;18:10;18:15。

④ *TDNT* 1:561-62.

跟随它们之人所带来的“折磨”，一个让他们求生不得、求死不成的“痛苦”（9:6），一个让他们只能在黑暗中打转，完全找不到真光出路的“磨难”。正如蝎子之吻所带给人的，不单有强烈的疼痛，也同时让人麻痹而无法动弹，①照样，从无底坑而来磨难，也是如此。

但为何约翰在此要以“五个月”作为痛苦的期限呢？“五个月”的期限，又是多长呢？由于蝗虫的生命周期约为五个月，而他们出没的季节，又是地中海地区从4月到8月的旱季，因此在学界中就有人认为，我们应以字面的含义，来理解此处的经文。②但从上下文来看，特别是从“无底坑”、“烟”以及7－10节中约翰对此蝗虫之军的描述来看，我们恐怕无法纯以字面含义，来理解此处之“五个月”。

但这“五个月”所象征的，是长长的，还是短短的一段时日呢？（1）由于“五个”或是“五次”之类的说法，在某些新约经文中的含意是“几个”或是“几次”，③因此有人认为“五个月”所指的，是短短“几个月”的时日。④（2）由于自然界的蝗虫之灾通常只持续几日，因此在学界中也有人认为“五个月”的蝗灾，是一段为时不短的灾难。⑤这两个见解都各有所本，但约翰在此使用“五个月”的目的，恐怕不在显示时间长短，而在凸显蝗虫之军所得着权柄的限制。⑥此一概念在它们“只能伤人但不能杀人”的命令中，已然出现。而若我们从一至四号和第六号之灾中，“1/3”的限制来看，此处“五个月”的含义，也应该是如此的。因此虽然幽暗的蝗虫之军能给人带来如蝎子之吻的痛苦，但是它们的权柄，却依旧是有限制的。它们虽然有蝎子的能力，但是它们能够横行时日的长短，却也是由神来决定的。

9:6 在那些日子，人要求死，但却不能如愿。切望死亡，死却远避他们（καὶ ἐν ταῖς ἡμέραις ἐκείναις ζητήσουσιν οἱ ἄνθρωποι τὸν θάνατον καὶ οὐ μὴ εὑρήσουσιν αὐτόν, καὶ ἐπιθυμήσουσιν ἀποθανεῖν καὶ φεύγει ὁ θάνατος ἀπ᾽ αὐτῶν）

蝗虫之军的蝎子之吻对人所能带来的痛苦，在本节经文中有了更多的说明。除

---

① *The Zondervan Pictural Encyclopedia of the Bible* 5: 297; ‘Scorpion,’ in Britannica Concise Encyclopedia (2004).

② 例如，Thomas, *Revelation* 8－22, 32。

③ 例如，“五个饼”（太14:17）；“五个愚拙和五个聪明的童女”（太25:2）；“五对牛”（路14:19）；“五句教导人的话”（林前14:19）；以及保罗的“被打了五次”（林后11:24）等等。

④ 例如，Morris, *Revelation*, 126; Aune, *Revelation* 6－16, 530。

⑤ 例如，M. Rissi, *Time and History*, 25－26; Beasley-Murray, *Revelation*, 161。

⑥ Osborne, *Revelation*, 367.

了连结上节经文中“五个月”的“在那些日子”之外,①此一说明是以两个平行迭句的方式来呈现的;而这两个平行句子,也都一样的是由两个反义对比的子句所组成的。② 因此为显示此一文学特色,我们在此就将这一首短诗,做了如上的翻译。

但约翰在叙述他所见异象之际,为何会在此放下一首诗呢?文体的变化当然增加一卷书的可读性,而诗歌通常能以最简洁的文字,来总结作者的思想,因此也就具有画龙点睛的效果。但约翰以此短诗,来总结蝗虫之军对人所带来的痛苦,恐怕不单只是为了达到文学美感的目的而已。在 9:3 那里我们已经晓得,第五号和约珥书 2:1－11,在内容次序上是彼此平行的;而若我们再进一步分析,这两段经文的内部结构,也彼此互相呼应:

启示录 9:1－11③	约珥书 2:1－11④
A 无底坑(1－2)	a 耶和华的日子(1)
B 蝗虫之军的任务(3－5)	b 黑暗(2a)
C 蝗虫之军的影响(6)	c 蝗虫之军(2b)
B' 蝗虫之军的形像(7－11)	d 蝗虫之军的影响(3)
A' 无底坑(11)	c' 蝗虫之军的形状(4－9)
	b' 日月昏暗星宿无光(10)
	a' 耶和华的日子(11)

在上表中,我们清楚看见这两段经文,都是以“交错的(chiastic)”形式为其结构;而其焦点,则都落在蝗虫之军所带来的影响上面(C 和 d)。因此就结构而言,启示录 9:6 和约珥书 2:3,是彼此对应的经文。而当我们观察到这个对应之时,我们也立刻发现约珥书 2:3 也是以两句彼此平行的诗句所组成,而这两个诗句,也各自由两个对比的子句所组成。⑤

他们未到之前如火烧灭,他们经过之后如火烧尽;
他们未到之前地如伊甸,他们走后地如荒凉旷野。⑥

① Thomas 认为,“在那些日子”(ἐν ταῖς ἡμέραις ἐκείναις)在此具有先知预言的含义;因此启示录不单是启示文学,也是先知文学(*Revelation* 8－22,33)。对于他的结论,笔者完全同意,但约翰在此是否如先知般地赋予这个词组如是含义,则有待商榷。在新约中,除了引用约珥书 2:29 的使徒行传 2:18 之外,在其余九处经文中,此一词组并不扮演着“引介预言”的角色(太 13:1;24:38;路 2:1;4:2;10:12;徒 2:41;7:41;9:37;帖后 1:10)。

② Aune, *Revelation* 6－16,531.

③ 本段启示录经文之“交错结构(chiasm)”乃 Giblin 所观察到的(*Revelation*, 101)。

④ 虽然在细节上略有不同,但 R. Dillard 亦认为本段经文有着“交错结构”的特色(*Joel*, 278)。

⑤ L. C. Allen 将 2:3 中之最后一句,“没有一样能逃避他们”也列入考虑,因此本节经文就成了“3＋3;3＋3＋3”的结构(*Joel*, *Obadiah*, *Jonah and Micah*, 65)。

⑥ 此乃笔者为显示其诗体而有的翻译,与和合本略有不同。

因此启示录9:6中的诗句，不单具有美学上的效果，也是因其旧约背景而有的。也就是说，为了让第五号和约珥书2:1－11之间的连结更为紧密，约翰在此就以同样形式的诗句，来总结他在前面所说的。此一连结显示，约翰从旧约所取之材，不单是内容，也包括了文学形式。他对旧约之熟悉和尊重，可见一斑。

但这首短诗所要表达的，究竟是怎样的一种情况呢？对许多身陷苦难，面临极大身心痛苦的人来说，在"死亡（自杀）"和"继续痛苦地活下去"之间，前者似乎是一个比较好的选择。但约翰在此所说的，是这一种情况吗？从"求死"，以及语气更为强烈的"切望死亡"这两个描述来看，情况似乎是如此的。但为何约翰又要说他们不能如愿呢？

一个可能的解释，是将"不能如愿"限制在第五号之灾的"五个月"内，①而另一个可能的说法，是将此诗解释为"想死但又不愿意自杀"；②但这两个见解都不令人满意。在第六印那里我们已经看见（6:12－17），在末日审判之时，那些不属于神的人，是宁愿面对死亡，而不愿意面对上帝。因此从他们的反应中，我们可以看出他们真正所畏惧的，不是死亡，而是死后的审判。而在启示录20:4－6那里，我们也将会看见，在约翰的观念中，第一次的死亡，即肉身的死亡，并不具有太大的意义，因为真正重要的，是人是否能免去第二次之死的刑罚。③ 因此若从整卷启示录的上下文来看，约翰在此所描述的情况，是那些在黑暗权势之下的人，虽然想要以死亡作为痛苦人生的"解脱"，但由于死后还有审判，他们认为可以让他们"一了百了"地死亡，其实并不真正能解决他们的问题。若"死后的世界"是不存在的，那么"自我了断"的确是痛苦人生的一个可能出路，但这却不是圣经的观点。生命乃由上帝而来，因此也只有祂，才拥有给予和拿去生命的权柄。

在幽暗权势之下的人，由于没有被真光照耀，因此在人生意义的寻求上，不论他可以走到多远，他所能看见的，也只有今生。权势，美名和财富也许吸引人，但这些却无法替代，也无法满足神在人心中所放下"对永恒的渴望"。再者，若认真看待人生，我们恐怕也必须同意古人的观察："人生不如意之事，十之八九。"而生命中的许多无奈，毫无任何道理的苦难和意外，也更叫人完全无法提出一个合理的解释；因此死也许是最后的答案了。没有真光，就只有黑暗了。没有答案，我们似乎也只能无奈的以死亡作为答案了。但约翰却在此指出，连"死亡"也不是答案。若这最终，最后，最极端的手段都不是答案，那么人除了回转归回到神面前之外，还能有其他的选择吗？若

---

① Osborne, *Revelation*, 368.

② Beale, *Revelation*, 498.

③ 亦参2:11的注释。

幽暗的蝗虫之军所能带给人的,只有彻底的绝望,那么转换阵营,立即加入那十四万四千额上有神印记的军队(启7:4-8),难道不是一件刻不容缓的事吗?

9:7-8 蝗虫的形状,好像预备上阵的战马一样。头上戴的好像金冠冕;脸像男人的面孔;[8] 头发像女人的头发;牙齿像狮子的牙齿(Καὶ τὰ ὁμοιώματα τῶν ἀκρίδων ὅμοια ἵπποις ἡτοιμασμένοις εἰς πόλεμον, καὶ ἐπὶ τὰς κεφαλὰς αὐτῶν ὡς στέφανοι ὅμοιοι χρυσῷ, καὶ τὰ πρόσωπα αὐτῶν ὡς πρόσωπα ἀνθρώπων, [8]καὶ εἶχον τρίχας ὡς τρίχας γυναικῶν, καὶ οἱ ὀδόντες αὐτῶν ὡς λεόντων ἦσαν)

和先知约珥一样,约翰在"蝗虫之军的使命"之后(珥2:2b-3;启9:4-6),也给了我们一段对此蝗虫之军的详细描述(珥2:4-10;启9:7-10)。在启示录中,约翰习以类比的手法,来形容他在异象中所见到的人事物。例如,在第二号和第三号中,他就分别以"如火烧着的"和"如火把"的两个类比,来描述他在异象中所见,落在海和江河中的"山"和"星辰"。但在这段经文中,他对此一蝗虫之军的描述,却要来得更为详尽,因为在7-10节中,他一共九次使用了"像(ὅμοια;三次)"和"如(ὡς;六次)"这两个同义词。这九个类比有从"其他动物"而来的(例如,马,狮子),也有从"人类"而来的(例如,人的脸,女人的头发);而其主要目的,则在让此一蝗虫之军,显得更为恐怖可畏。① 单就每一个类比来看,我们也许还能想象此一军队的"样子"究竟是什么,但若要将这八个类比都加在一起,并试图以一幅图画来呈现,我们将发现这已经是一件超过我们的想象力所能做的事;而这恐怕正是约翰的目的。因此在下面的段落中,我们虽然尝试为约翰所使用的每一个类比,寻找一个最可能的象征意义,但在此我们也要请读者记得,约翰使用这些类比的整体目的,在让其读者感受到此一蝗虫之军令人畏惧惊觫的能力。

从整体来看,约翰对蝗虫的描述,是依序从头,到胸,到翅膀,再到其尾部的。但在详细描述各个部分之前,约翰先将他所看见的蝗虫,类比于一只预备好要上阵作战的战马。此一类比并非约翰的发明,而是由约珥书2:4而来:"他们(蝗虫)的形状如马,奔跑如马兵。"②此一类比并不令人意外,因为在前面我们已经提及(9:3),由于蝗虫在数量上和入侵的军队不相上下,而它们所带来灾害之彻底,又和进犯之敌军无分轩轾,因此在旧约中,蝗灾自然就成为战争的类比了。就教义而言,约翰此举当然具有"联系新旧约",和"与旧约先知同受灵感"等意义,但他将邪恶蝗虫之军类比于战马的手法,却对启示录的第一读者,立即带来一个震撼性的效果。因为当时罗马帝国

---

① Mounce, *Revelation*, 195-96; Boring, *Revelation*, 136; Hughes, *Revelation*, 110.

② 有关本段经文和约珥书之间的联系,见 L. P. Trudinger, The Text, 69-70;C. G. Ozanne, The Influence, 108-09。

藉之征服各国的战马，不但高大威武，并且训练有素。罗马军人不单训练它们以嘴咬人，并且也将其铁蹄磨得锋利。① 因此"士腾马饱，所向无敌"可说是此一蝗虫之军所给我们的第一印象。

除了以战马作为蝗虫的整体形象之外，约翰也对蝗虫的各个部分，有详细的描述。对蝗虫头部，他则是说此蝗虫"头戴金冠"，"有人的面孔"，"有女人的头发"，和"有狮子的牙齿"。对"头戴金冠"的描述，(1)有人认为这是指蝗虫触角的顶端，因为那个部分是金黄色的；②(2)或是罗马军人头上所戴，镀了金因此就闪闪发光的铜盔；③(3)而有人则先将此蝗虫之军等同于回教的军队，因此金冠就是他们绑在头上的黄色头巾了。④ 从第五号的上下文来看，这些揣测都是没有必要的，因为此一蝗虫之军乃从无底坑而出的邪灵之军，而约翰对此军队本质的形容，只是借用人所熟知的物件。因此我们实在没有必要反其道而行，将他用来描述邪灵之军的象征，"还原"到自然界或是历史中的人事物。在启示录中，"金冠"乃得胜的象征，因为在 24 位长老和人子头上所戴的，正是金冠冕(4:4;14:14)。因此"头戴金冠"在此所指的，是此邪恶蝗虫之军将要得胜的意思。此一理解和前面"预备要上阵之战马"的形容，是彼此合拍，互相呼应的；但它们的得胜，是否就和 24 位长老，以及人子的得胜，完全一样呢？当然不。在前面我们已经晓得(9:5)，蝗虫之军即便猖狂，它们事实上只被允许掌权五个月(亦参，9:10)，因此为要区隔它们和人子(以及 24 位长老)之间的差异，约翰在描述它们头上所戴的东西时，就同时使用了"像"和"如"这两个类比语词："像如金般的冠冕(**ὡς** στέφανοι **ὅμοιοι** χρυσῷ)"。此一语法似乎不甚通顺，但却突显了"蝗虫之军似乎得胜，但却没有真正掌权"的事实。在本段落中，约翰使用了许多类比，但只有在此处他让两个类比词语同时出现，恐怕就是为了这个目的。

"有人的面孔"是如马之蝗虫的第二个特征。在诸多类比中，这个项目的含义可能是最难以确定的。可能的解释有：(1)"如马又有人脸的蝗虫"，的确给人怪异的印象，因此邪灵之军的诡异，邪恶和残忍的特色，自然浮现；⑤(2)约翰将人(包括了"有女人的头发")和动物之特色混合的目的，旨在表达撒但的本性，因为和神"各从其类"的创造相较(创 1)，它所做的却是混乱神的次序；⑥(3)人乃万物之灵，因此"人

① Osborne, *Revelation*, 369.
② Stuart, *Apocalypse II*, 192.
③ Ford, *Revelation*, 151.
④ A. Barnes 和 E. B. Elliott。资料来源，S. Gregg, ed., *Revelation: Four Views*, 182。
⑤ Mounce, *Revelation*, 196; Roloff, *Revelation*, 115.
⑥ Ford, *Revelation*, 151.

脸”所强调的，是此蝗虫之军有如人般的理智和能力；①(4)在这个世界中，“恶”虽然有许多的面貌，但至终它总在人悖逆神的事上显明出来，因此邪灵之军就有了人的面貌；②(5)天庭四活物中的第三个，乃“脸面像人”(启4:7)，因此蝗虫以“人面”之姿出现，是和它“头戴金冠”的举措，有着同样的目的，即摹仿属天活物的特色，好显出它的能力和权柄。③ 在这五个看法之中，最后一个的可能性是比较高的，因为在启示录中，撒但(以及属它的兽)常以神的“摹仿者”之姿出现，④而此一现象，也才在“头戴像如金之冠冕”的描述中出现。

面如人脸的蝗虫，还有“如女人般的头发”。(1)有人认为此一特征所指的，是蝗虫头上的触须，⑤或是其脚上的细毛。⑥ 但我们在前面已经指出，“还原”之举是没有必要的。(2)以“脸面如男人”的方式来理解前一个描述，⑦并与此“女人”形容一并考虑，因而得到“邪灵之军混乱男女关系”的结论，是许多较早释经者的见解。⑧ 但此说的最大困难，在于约翰在其余24处经文中，从未以“男人”的意涵，来使用“人(ἄνθρωπος)”。⑨在他的手中，“人”所指的，是“人类”，而非“男人”。(3)以罗马宿敌帕西亚骑兵(Parthians)之长发为背景，来理解此项形容的尝试，也许可行。因为罗马三次为此野蛮民族击败的历史记忆，的确为此邪灵之军，加上了一抹令人战栗的色彩。⑩ (4)若从旧约观之，散乱的长发是丧家举哀(利10:6;21:10)、麻风病患不洁(利13:45)或是不贞淫妇(民5:18)的标记；而在伪经中，邪灵和撒但也曾以“有如女人般之长发”的形象出现，因此不论是旧约或是伪经，都为此形容提供了一个相当合理的批注。⑪

“有齿如狮牙”的描述，则是从约珥书1:6而来：“他的牙齿如狮子的牙齿；他有如母狮般的利齿”。⑫ 对此描述，学界的意见则是相当一致，因为“狮牙”乃凶猛残暴，无

---

① Swete, *Revelation*, 118; Ladd, *Revelation*, 133; Thomas, *Revelation* 8–22, 35–36.
② Caird, *Revelation*, 120.
③ Osborne, *Revelation*, 370. Osborne 认为此乃可能性之一。
④ 例如，在13:1那里，海兽一样头戴冠冕；而在13:3中，它七个头中的一个，又像人子一样的，受了死伤但又医好了。不单如此，在13:11中，我们也看见地兽如同羔羊，有两角在其头上。
⑤ Beckwith, *Apocalypse*, 562.
⑥ Mounce, *Revelation*, 196.
⑦ 例如，和合本。
⑧ 见 Swete 所举的例子(*Revelation*, 118)。
⑨ 1:13;4:7;8:11;9:4,5,6,7,10,15,18,20;11:13;13:13,18;14:4,14;16:2,8,9,18,21(两次)；18:13;21:3,17。
⑩ Ford, *Revelation*, 151. 有关帕西亚人之简介，以及他们和罗马之间的战争史，见 *ABD* 5:170–71。
⑪ Aune, *Revelation* 6–16, 532。Aune 所列举的伪经，有所罗门遗训13:1；启示录4:4;6:8。
⑫ 和合本将“利齿(מְתַלְּעֹת)”译为“大牙”。另一个可能的翻译是“颚”(D. Stuart, *Hosea-Joel*, 237)。

法可挡的象征（参，诗58:6；彼前5:8）。

9:9－10 胸前有甲，好像铁甲。他们翅膀的声音，好像许多战车战马奔跑上阵的声音。[10]有尾巴像蝎子；尾巴上的毒钩能伤人五个月（καὶ εἶχον θώρακας ὡς θώρακας σιδηροῦς, καὶ ἡ φωνὴ τῶν πτερύγων αὐτῶν ὡς φωνὴ ἁρμάτων ἵππων πολλῶν τρεχόντων εἰς πόλεμον, [10]καὶ ἔχουσιν οὐρὰς ὁμοίας σκορπίοις καὶ κέντρα, καὶ ἐν ταῖς οὐραῖς αὐτῶν ἡ ἐξουσία αὐτῶν ἀδικῆσαι τοὺς ἀνθρώπους μῆνας πέντε）

在详细描述了蝗虫头部的各样特征之后（9:7－8），约翰在第九节中，将其注意力转移到身体的部分。但“胸有铁甲”的意思是什么呢？有人认为此一形容所指的，是覆盖在蝗虫身上如甲壳般的外表。① 这个见解是可能的，但约翰在第七节那里，已经将蝗虫类比于战马了，而在本节经文的后半（9:9b），他也再次将蝗虫翅膀的声音，类比于战车战马上阵的声音，因此这个形容的背景，比较可能是我们在前面已经提及的帕西亚军队，因为他们之所以能三次打败强大的罗马，所凭借的不单是其善射能力（弓箭），也是他们披着盔甲的骑兵和战马。② 因此借着这个描述，约翰再次突显了邪恶蝗虫之军所向匹敌的能力。

战马，狮牙和铁甲已经够令人战栗畏惧的了，但若只有画面而没有声响，震撼人心的效果总要打些折扣；因此“他们翅膀的声音，好像许多战车战马③奔跑上阵的声音”。此一形容乃由约珥书2:5而来，因为紧接着在描述“他们（蝗虫）的形状如马，奔跑如马兵”之后（珥2:4），先知约珥也给了我们一段有关声响的文字：“在山顶蹦跳的响声，如车辆的响声……好像强盛的民预备打仗”。④ 因此和其前辈约珥一样的，约翰在此也意图以“高分贝声响”，来强化邪灵之军的恐怖。对第一世纪末叶的读者来说，这个声音并不陌生，因为即便他（或是她）没有真正上过战场，在罗马帝国之内，各个竞技场中所举行的竞赛中，辘辘作响的战车轮毂之声，和竞技武士彼此奋力厮杀

---

① 例如，Stuart, *Apocalypse II*, 193；Beckwith, *Apocalypse*, 562；Ladd, *Revelation*, 133。

② Aune, *Revelation* 6－16, 533；Osborne, *Revelation*, 371. 他尔根之那鸿书3:17将马索拉的“你的首领多如蝗虫”，译为“你的盔甲闪亮如蝗虫”。因此就将亚述军兵的盔甲类比于蝗虫的胸甲了（详见，R. P. Gordon, ‘Loricate Locusts in the Targum to Nahum III 17 and Revelation IX 9,’ *VT* 33 [1983], 338－39）。此一文献因此从侧面支持了我们的论点。

③ 在此我们将“战车马（ἁρμάτων ἵππων）”视为彼此独立，并共同修饰“声音（φωνὴ）”的语词（Aune, *Revelation* 6－16, 487）。另一个可能是将“马”和“战车”连结在一起（genitive of association），因此其含意就成为“为马所拉的战车”（Osborne, *Revelation*, 372）。但这种用法总是与介系词“和（μετά）”并用（J. A. Brooks & C. L. Winbery, *The Syntax*, 19）。

④ Beale 指出，在此经文中，也有从耶利米书51:14，27而来的影响（*Revelation*, 501－02）。这个看法当然有其可信度，但是在前面我们已经晓得（9:3），对第五号影响最深的，恐怕还是约珥书2:1－11。

的呐喊声,总是扣人心弦的此起彼落着。

身披铁甲,口有狮牙,大如战马的蝗虫,甚至“有尾巴像蝎子;尾巴上的毒钩能伤人五个月”。和9:5相较,约翰在此除了将“如蝎子螫人”之说,做了更为详尽的说明之外,似乎并没有提供更多有关此邪灵之军的信息。不单如此,若我们将约翰对蝗虫之军的形容(即,9:7-11),从经文中抽出,第五号的思想脉络似乎也没有受到太多的影响。因此在学界中就有人认为,7-11节的段落很可能是约翰在“初稿完成”之后,“重新修定”之时所再加入的段落。① 此说有其可能,但揣测的成分太高。在9:6那里我们已经晓得,第五号不单在内容上,也在结构上,和约珥书第2章彼此平行。因此启示录9:7-11应不是约翰在编写“启示录第二版”之时所加,而是从一开始,他为了增添启示录之旧约风味,并意图使其读者从约珥书之角度来理解第五号,所放下的“释经线索”。②

就其内容而言,约翰在此对蝗虫尾部的描述,的确没有增添太多新的信息,但是他在第10节中,将7-9节中所一贯使用的过去式动词(描述过去所见异象),更改为现在式的举措(有;ἔχουσιν),却使得蝗虫伤人的能力,对读者而言,更具“临场感”(dramatic present)。③ 不单如此,约翰在此所使用的“毒钩(κέντρα)”一词,在哥林多前书15:55-56中所表明的,正是死的“毒钩”,即死的权势。④ 因此透过“毒钩”的使用,蝗虫之军的邪恶属性,就再次被显明了出来。

9:11 有无底坑的使者作他们的王。按着希伯来话,名叫亚巴顿,按着希腊话,名叫亚玻伦(ἔχουσιν ἐπ᾽ αὐτῶν βασιλέα τὸν ἄγγελον τῆς ἀβύσσου, ὄνομα αὐτῷ Ἑβραϊστὶ Ἀβαδδών, καὶ ἐν τῇ Ἑλληνικῇ ὄνομα ἔχει Ἀπολλύων)

和约珥书一样(2:11),此蝗虫之军的统帅在异象的最后,才终于现形。但和约珥之异象所不同的是,第五号蝗虫之军的王,并非耶和华,而是无底坑的使者。但它究竟是谁呢?由于它和蝗虫一样是由无底坑而出,因此它显然不是9:1中所提及,由天而降的天使。⑤ 它和蝗虫之军一样,是邪灵集团中的一员。但它究竟是撒但本尊,⑥

---

① Aune, *Revelation* 6-16,496.

② 在启示录中,此一手法的使用可说是层出不穷。例如,启示录分段的主要线索——“在灵里”,即是由以西结书而来(详见导论中相关讨论);而启示录18章中的三首“哀歌”,也是以西结书26-28章的反映(详见该章注释)。

③ Osborne, *Revelation*, 372.

④ 在新约中,“毒钩”一共出现了四次。除了启示录和哥林多前书之外,在使徒行传26:14中,它是被译为“刺”(你用脚踢刺是难的)。有人认为此“刺”所指乃保罗之良心,但从其上文来看,“刺”所指的,应是彰显神大能的新兴教会(F. F. Bruce, *Acts* [Grand Rapids: Eerdmans, 1988],466)。

⑤ Ladd认为这个无底坑的使者可能是9:1的天使(*Revelation*, 134)。

⑥ 这是某些学者的看法,例如,Walvoord, *Revelation*, 163; Aune, *Revelation* 6-16,534。

还是撒但手下的一个“高阶将领”呢？① 单就约翰以“这（τὸν）无底坑之使者”的方式，来引介此一人物的现象观之，我们似乎无法确定它的真实身份，因为定冠词“这（τὸν）”的使用，可能是因着读者对此使者“亚巴顿”之名的熟悉而有的。② 再者，在启示录中，“无底坑之使者”的称号只出现在这里，并且和撒但也没有明确的连结，因此我们似乎也无法将它与撒但画上等号。但若从约翰的文学习惯来看，此蝗虫之军的王应该比较可能是撒但本人。因为在启示录中，每当约翰提及撒但之时，他总是十分明确的以“双名”的方式，即“大龙/古蛇；魔鬼/撒但”（12:9；20:2），来引介它；而这正是他接下所做的事，因为他说此一“无底坑之使者”的名字，在希伯来文中是“亚巴顿”；③ 而在希腊文中则是“亚玻伦”。

“亚巴顿（Ἀβαδδὼν）”乃希伯来文“毁灭（אֲבַדּוֹן）”的希腊文音译。在旧约中，“亚巴顿”所指的是死人的所在，是阴间（שְׁאוֹל），④死亡（מָוֶת），⑤和坟墓（קֶבֶר）⑥的同义词；而在死海古卷中，则是与无底坑并列（4Q504）。“亚玻伦（Ἀπολλύων）”则是由动词“毁灭（ἀπόλλυμι）”而来，是当名词使用的分词，因此其意思为“毁灭者”。因此就含义而言，“亚巴顿”和“亚玻伦”之间，并没有差别。

对约翰重复给蝗虫之王，冠以希伯来文和希腊文之名的作法，有学者认为这是因为第五号之灾，将要临到希伯来人和希腊人（外邦人的通称），也就是所有的人。⑦ 对此现象也有人认为这是约翰为了要让读者明白，此蝗虫之军的王乃罗马皇帝豆米田；因为他自认为他是希腊神祇“阿波罗（Apollo）”的化身；而在阿波罗的三个象征符号中，也包括了蝗虫（另外两个是老鼠和蜥蜴）。⑧ 但在前面我们已经知道，“双名”的使用乃约翰惯用的文学手法（亦参6:8），因此这两个解释都只是揣测而已。借着这“两个”名字，约翰的目的，只在凸显此一蝗虫之军的特色：毁灭。为彰显邪灵所能带来的结果，有什么比这个方式更好的呢？“亚巴顿”也好，“亚玻伦”也罢，撒但和其党羽所

---

① Beckwith, *Apocalypse*, 563.

② Osborne, *Revelation*, 373.

③ “Ἑβραϊστὶ”可以是“在希伯来文中”，也可以是“在希伯来人所使用的语言中”。而若是后者，其意思就是“在亚兰文中”，因为这是当代希伯来人的通用语言（有关这个问题的讨论，见 L. Morris, *The Gospel According to John*, 300, note 9）。但不论约翰的意思是什么，以两个名字作为无底坑使者之名，却是个不会改变的事实。

④ 伯26:6；箴15:11；27:20；亦参1QH 3:16－19。

⑤ 伯28:22。

⑥ 诗88:11（12）。

⑦ Seiss, *Apocalypse*, 206; Thomas, *Revelation* 8－22, 38.

⑧ Beasley-Murray, *Revelation*, 162; Mounce, *Revelation*, 198. 在某些早期犹太文献中，尼禄皇帝也曾被指为是此蝗虫之军的王，因为他也曾宣称他和阿波罗之间有特殊关系（Aune, *Revelation* 6－16, 535）。

能带给人类的,只有毁灭而已。和人子所应许之“生命树的果子”(2:7),“生命的冠冕”(2:10),“隐藏的吗哪”(2:17),“制伏列国的权柄”(2:26),“白衣”(3:5),“在神的殿中做柱子”(3:12),以及“同坐宝座”(3:21)相较,撒但所能提供的,就只有痛苦、呻吟、黑暗和死亡而已。

9:12 第一样灾祸过去了;看哪!还有两样灾祸要来(Ἡ οὐαὶ ἡ μία ἀπῆλθεν· ἰδοὺ ἔρχεται ἔτι δύο οὐαὶ μετὰ ταῦτα)①

在前面分析本段经文(8:6-11:19)之结构时,我们已经晓得8:13,本节经文,以及11:14,乃约翰为了让读者在冗长的异象篇幅中,不致失去节奏感而有的设计。就其所在位置而言,这三节经文可以是“三祸”的前言;②但若我们从“号”的角度来看,这三节经文也可以是总结前一号,并引介下一号的转折经文。而这正是我们在本节经文中所看见的:第一样灾祸过去了;还有两样灾祸要来。③

对第一祸(第五号)和其后两祸之间的关系,有人认为它们应该是在未来,依时间顺序而发生的。④ 但约翰在此所使用的“过去了(ἀπῆλθεν)”和“正在趋近(ἔρχεται ἔτι)”显示,他所关切的,不是异象所言之事的顺序,而是异象的次序。⑤ 也就是说,第六号所显示的内容,在时间上并不必然要在第五号之后才会发生,因为异象的次序,并不一定得和其内容一致。就好像我们在夜间所做的许多梦一样,其内容并不必然和梦的顺序相同。事实上,若我们在此过分关注“这些异象要在何时,并依怎样得顺序发生?”的问题的话,那么我们就很容易忽略了本节经文在文学上所能产生的效果;因为“第一样灾祸过去了”,的确舒缓了读者因着第五号之恐怖内容而有的紧张情绪,但就在我们还没能回过神之际,约翰却又告诉我们:“看哪!还有两个灾祸正向着我们而来呢!”⑥

9:13-14 第六位天使吹号,我就听见有声音,从神面前金坛的四角出来,[14]吩咐

---

① 在某些手抄本中,本节经文的最后三个字“此灾之后(οὐαὶ μετὰ ταῦτα)”,被视为是9:13的起首部分,但由于约翰习以“第x个天使吹号”的方式,来开始一个新的段落(8:7,8,10,12;9:1),而支持这个分段的手抄本,在质量上也都不差,因此我们就以如前的方式来呈现经文(*TCGNT*, 741)。

② Osborne, *Revelation*, 377.

③ 在希腊文中,“二(δύο)”是复数,而其动词“要来(ἔρχεται)”是单数,因此二者并不一致。此一现象可能是所谓的Pindaric construction,即以一个在前的单数动词,来涵盖其后的复数名词(可能不只一个),以强调其“全体性”(A. T. Robertson, *A Grammar of the Greek New Testament*, 404-05)。另一个可能的解释,是这个句子受到了希伯来文的影响,因为在这个语言中,复数的“二”也可以是单数的“两样”,或是“双重”(G. Mussies, ‘ΔΥΟ in Apocalypse IX 12 and 16,’ *NovT* 9[1967], 151-54)。

④ Thomas, *Revelation* 8-22, 39.

⑤ Beale, *Revelation*, 505.

⑥ Mounce, *Revelation*, 198.

那吹号的第六位天使，说，“把那捆绑在幼发拉底大河的四个天使释放了”（Καὶ ὁ ἕκτος ἄγγελος ἐσάλπισεν· καὶ ἤκουσα φωνὴν μίαν ἐκ τῶν τεσσάρων κεράτων τοῦ θυσιαστηρίου τοῦ χρυσοῦ τοῦ ἐνώπιον τοῦ θεοῦ, 14λέγοντα τῷ ἕκτῳ ἀγγέλῳ, ὁ ἔχων τὴν σάλπιγγα, Λῦσον τοὺς τέσσαρας ἀγγέλους τοὺς δεδεμένους ἐπὶ τῷ ποταμῷ τῷ μεγάλῳ Εὐφράτῃ）

第六号的异象，也就是“第二祸”，在第六位天使吹响号角之后就展开了。和第五号相较，此号在经文结构上有其类似之处：

第五号（9:1－11）	第六号（9:13－21）
1 灾难的性质（1－6） a 无底坑开了（2） b 灾难的目的（3－5） c 人对灾难的反应（6） 2 蝗虫之军的描述（7－10） a 蝗虫的形象（7－9） b 蝗虫的武器：尾巴（10）	1 灾难的性质（13－16） a 四天使被释放（13－15a） b 灾难的目的（15b－16） 2 马军的描述（17－19） a 马军的形象（17－18） b 马军的武器：口和尾巴（19） 3 人对灾难的反应（20－21）

上表明确显示，除了“人对灾难之反应”的项目之外，第五号和第六号之经文结构，基本上是一样的。① 而此相异的项目，事实上也都出现在第一或是第二个段落的最后，因此这个差异，其实并不算太大。就释经的角度而言，此一平行现象的含义是，这两个异象是彼此解释的。因此在下面的经文分析中，我们将要依循这个线索来解读这段经文。

在第六号吹响之后，约翰听见了一个“从神面前金坛的四角”而出的声音。和8:3中，约翰以三个定冠词来描述金坛的手法相较（**τὸ** θυσιαστήριον **τὸ** χρυσοῦν **τὸ** ἐνώπιον τοῦ θρόνου），此处的金坛也以同样的面貌出现，因此他们是同一个祭坛。② 在8:3那里，我们已经知道，天使之献香以及他随后将祭坛之火倒在地上的动作，乃是神对在祭坛下殉道者所发伸冤祷告的回应（6:9－11）；因此借着“金坛”的联系，约翰要其读者知道，第六号之灾亦是神对圣徒伸冤祷告的回应。从8:5天使将坛上之火倒在地上之后的结果来看（雷轰、大声、闪电和地震），神的反应实在非同小可；而此一特色，不单在第六号接下来的内容中，明白的显示了出来，也隐含在约翰所特别提及，此声音乃“由金坛四角而出”的话中。③ 因为在旧约中，金香坛之角是一个人为寻求护

① 此乃Aune的观察（*Revelation* 6－16, 497），但笔者在此做了一些必要的调整。

② Thomas, *Revelation* 8－22, 42; R. Bauckham, *The Climax*, 55; Beale, *Revelation*, 505－06.

③ 就外在证据而言，包含或是不包含“四（τεσσάρων）”一词的手抄本，可说是平分秋色。因此在UBS[4]和NA[27]中，此词语是被放在括弧中的（参，*TCGNT*, 742）。但不论原始经文为何，和8:3相较，“角（κεράτων）”的出现却是一个新的元素。

庇而来到圣所时,所必须抓住的东西(王上 1:50－51;2:28－34),因此祭坛四角就成为神能力的象征了。①

但这个声音究竟是由谁所发出来的呢?是坐在宝座上的上帝吗?② 应该不是,因为约翰明言此祭坛乃在神的面前。是拟人化的祭坛吗?③ 有可能,但在启示录中,无生命的物件从未说话。④ 那么是在祭坛下呼吁伸冤的圣徒吗?⑤ 也有可能,但在本书中,圣徒从未向天使发出任何命令,⑥而约翰在此所听见的,是"一个(μίαν)"声音。⑦ 因此最可能的解释是,此声音乃由那将圣徒祷告献在坛上,并由坛中取火倒在地上之天使所发出来的(8:3,参,14:18)。⑧

我们也许无法完全确定这个声音的主人是谁,但是此一命令的对象倒是十分明确:吹号的第六位天使。在七号系列中,七个天使都肩负着吹号的使命,但唯有这个天使在吹号之外,也同时成为带出神审判的使者,因为所给他的命令是,"把那捆绑在幼发拉底大河的四个使者释放了。"

在旧约中,幼发拉底河(和合本作伯拉河)是从伊甸园所流出的四条河流之一(创 2:14),也是神所赐给亚伯拉罕应许之地的北界(创 15:18)。此河流之名(פְּרָת),可能源自苏美尔语(Sumerian)的"大河(*burannun*)",或是亚甲文(Akkadian)的"这河(*purattu*)";⑨因为在两河流域中,此河是最长的一条,约有 3000 公里。因此在旧约其他经文中,"这河"或是"大河"就成了它的名字(民 22:5;申 11:24;书 1:4;24:3)。⑩ 从这个角度来看,约翰在这里以"大河"来称幼发拉底河,显示了他对旧约的熟悉。

就地理位置而言,幼发拉底河所在的两河流域,位于应许之地(巴勒斯坦)的东边,但由于主宰此一地区的亚述和巴比伦等帝国,在入侵应许之地时,必须绕过阿拉伯旷野,并跨过幼发拉底河,由北边而下;因此在旧约先知们的口中,这些外患自然就

---

① G. H. Jones, 1 *and* 2 *Kings*. Vol. 1(Grand Rapids: Eerdmans, 1984),105; Beale, *Revelation*, 506; Osborne, *Revelation*, 378.
② Beasley-Murray, *Revelation*, 163.
③ Aune, *Revelation* 6－16,536.
④ Thomas, *Revelation* 8－22,42.
⑤ Alford, *Apocalypse*, 644; Swete, *Revelation*, 120.
⑥ Thomas, *Revelation* 8－22,42. 在 16:7 中从祭坛而出的声音,应是圣徒所发,但在那里他们的对象是神,而其内容则是颂赞。
⑦ Osborne, *Revelation*, 378.
⑧ Thomas, *Revelation* 8－22,42; Osborne, *Revelation*, 378.
⑨ V. P. Hamilton, *Genesis* 1－17,170.
⑩ 邝炳钊,《创世记(卷一)》,页 213。

成为“从北边而来的敌人”了。① 幼发拉底河不单是应许之地的北疆，也是罗马帝国的北界，而其宿敌，也就是唯一能三次入侵其领土的帕西亚王国（Parthia），也在此河以北之地。② 因此不论约翰的第一读者是否熟悉旧约，幼发拉底河之于他们，就有如冷战时期，“苏联”之于西方世界，或是“美帝”之于共产世界一样。也就是说，在他们的耳中，幼发拉底河乃残忍，野蛮，流血和死亡的代名词。③ 因此从这个异象的一开始，不祥的预兆就已显现。

但那被捆绑在幼发拉底河的四个天使，究竟是谁呢？有学者认为这四个天使，是约翰在7:1－3所提及，拉住四风免得地、海和树木受到伤害的四个天使。④ 由是他们是“好的”天使，是神所使用的使者。就“四”这个象征“完全/全部”的数目而言，这两处经文的确有所联系，但除此之外，这两组天使之间，并无关联，因为(1)7:1－3中的天使，是站在地的四角，而此处的天使，则是在幼发拉底河；⑤(2)7:1－3中的天使所约束的，是地上的四风，而此处受到捆绑的，却是天使本身；(3)不单如此，在整本圣经中，也只有“堕落的天使（邪灵）”，才被捆绑。⑥ 因此这两组天使并不相同；前者，正如我们在前面所分析的(7:1)，是从天下之主面前所出，执行神旨意的天使；而后者虽然也是神所使用的工具，但他们却是邪灵。

9:15　那四个天使就被释放了；他们原是为了某年某月某日的某一个时刻而预备的，好叫他们可以杀人三分之一（καὶ ἐλύθησαν οἱ τέσσαρες ἄγγελοι οἱ ἡτοιμασμένοι εἰς τὴν ὥραν καὶ ἡμέραν καὶ μῆνα καὶ ἐνιαυτόν, ἵνα ἀποκτείνωσιν τὸ τρίτον τῶν ἀνθρώπων）

在上一节经文中，第六号天使所接获的命令，是要他释放那被捆绑在幼发拉底河的四个天使。因此在本节中，我们所应期待的，是“他就释放了他们”之类的文句。但在此约翰却说，“那四个天使就被释放了”。此一被动语法，以及上一节和本节

① 参，赛5:26－30；14:31；耶1:13－15；4:5－8，11－17，19－21，23－26，29－31；5:15－17；6:1－5，22－26；8:16；10:22；13:20；25:9，26；46:20，24；结26:7；38:6，15；39:2；哈1:5－11。有关先知以西结以及约翰，如何在以西结书38－39章，和启示录19－20章中，使用此一传统的问题，见笔者博士论文 Ezekiel in Revelation：Literary and Hermeneutic Aspects（Univ. of Edinburgh，1999），96－104，114－18。

② *ABD* 5:170－71.

③ 参，Caird，*Revelation*，122。

④ 例如，Kiddle，*Revelation*，161－62；Harrington，*Revelation*，112；Aune，*Revelation* 6－16，537。

⑤ Charles，*Revelation I*，248；Morris，*Revelation*，130；Roloff，*Revelation*，118.

⑥ 参，太12:29；可3:27；彼后2:4；犹6；启20:2。以诺一书（56:5－57:3）曾提及天使将要往东，到帕西亚和玛代（Medes）那里，搅扰诸王之心，好叫他们兴兵攻击神子民中的恶人。就情节而言，此一“预言”和此处经文有些类似（Osborne，*Revelation*，379），但二者之间还是有一些基本的差异（例如，启示录中领军进攻的，是四个天使）。

经文中两个带冠词之被动分词,"被捆绑的(τοὺς δεδεμένους)"和"预备好的(οἱ ἡτοιμασμένοι)",都显示约翰意欲凸显神完全掌权的企图。因为没有任何一件事,包括了恶的横行,是在神的权柄之外的。①

神全然掌权的概念,在"为了某年某月某日的某一个时刻[而预备的]"之词组中,再次得着彰显,②因为这个词组只有一个定冠词,因此它的含义是,为了神所定下某一个特定的时刻[而预备的]。和合本将经文译为:"他们原是预备好的,到某年某月某日某时,要杀人的三分之一;"③因此就给人一个"神预备四天使,好让他们可以在某一个特别的时刻,杀人1/3"的印象。但由于此一词组是附属于带冠词之完成分词,"预备好的",而"预备好的"所修饰的,又是被释放了的天使,因此就文法结构而言,此一特定时刻所指,乃"释放"的时刻;而非"杀人"的时刻。④ 和上节经文中"被捆绑"的概念连结,约翰在此的意思应是:神将这四个堕落天使捆绑在幼发拉底河的目的,是为了要在某一个特定的时刻释放它们,好让它们去执行神审判的工作(杀人1/3)。若这个理解是准确的话,那么此一"释放"的事件,就不一定是必须要发生在将来的了。⑤ 此一词组的焦点,只在四天使在神所定订的时刻中,被释放了出来。在约翰的异象中,这个"释放"的时刻,是"已经来到的(ἐλύθησαν)"。⑥

四个邪恶天使被释放出来一事,就已经令人神经紧张了,而他们被释放的目的(ἵνα)——杀人,更叫人毛骨悚然;但这并不表示神将他们松绑了之后,情势就失去了控制。恰恰相反,神在人类历史中全然掌权的事实,更进一步地显明在祂为这四个天使,所定下"杀人三分之一"的限制中。在前面我们已经提及(6:7-8;8:7),1/3乃七号系列的特色。而其含义,并不能完全以字面的角度来理解;因为在约翰的设计中,此一数字虽然大于第四印中的1/4,但和完全没有范围限制的七碗之灾相较(16:1-21),它和1/4一样,都只在表达"有限制"的概念。也就是说,这四个邪恶天使虽然被释放了,但它们杀人的"额度",却是由神来决定的。在此我们要请读者留意,第五号、第六号,以及第七号的"三祸",乃针对"住在地上的民"(参,8:13);而在启示录中,此

---

① 参,太25:34,41;可10:40;路2:31;林前2:9;启12:6;16:12(Swete, *Revelation*, 122)。

② 在原文中,时间的次序是"时—日—月—年"。由于其焦点在"时",因此依中文语法,多数中文译本都把次序给颠倒了过来。我们在此也不例外。

③ 文句略有不同,但吕振中和新译本也一样。

④ "εἰς"的确可以译为"到",但多数释经者却以"为了(for)"的意思,来理解这个介系词。例如,Stuart, *Apocalypse II*, 198; Beckwith, *Apocalypse*, 567; M. Zerwick & M. Grosvenor, *A Grammatical Analysis*, 756; Thomas, *Revelation* 8-22,44; Aune, *Revelation* 6-16,537。

⑤ 例如,Mounce, *Revelation*, 203-04。

⑥ Beale, *Revelation*, 508.

一词组所指的，是那些敌对神子民，逼迫教会的世人。也就是说，这个灾难虽然可怕，但它并不以属神子民为对象。①

9:16 马军的数目是二万万；他们的数目我听见了（καὶ ὁ ἀριθμὸς τῶν στρατευμάτων τοῦ ἱππικοῦ δισμυριάδες μυριάδων, ἤκουσα τὸν ἀριθμὸν αὐτῶν）

在第六号异象之始我们已经看见（9:13－14），此号和第五号在内容结构上彼此呼应，因此虽然从四位天使被释放，到马军在本节经文中出现，其间转折似乎有些突兀；②但若从第五号一直读下来，此一变化其实并非全然无迹可循，因为在前面约翰对蝗虫之军的第一个描述，就是它们有如"预备（ἡτοιμασμένοις）"上阵的战马（9:7）。而这个"预备好了"的元素，已经在上一节经文中出现了（9:15）。

事实上，从四个邪恶天使的被释放，到两万万（两亿）③马军突然出现在眼前的变化，恐怕也具有强烈的文学震撼效果。但究竟我们应该以怎样的方式，来理解这群马军的数目呢？以字面意义，即，两万万，来解读是一个可能的方式，④但在导论的部分我们已经知道，启示录中的数目，基本上是象征性的符号，因此这"两万万"的数目，恐怕也是如此。⑤ 正如约翰在7:4说，受印之人的数目，"十四万四千"，是他在异象中所听见的，他在此也告诉我们，此一"两万万"的数目，也是他所听见的；因为若十四万四千，已经是一个相当不容易借着一个个数点而得到的数目，何况是两万万呢？

但两万万所代表的是什么呢？在公元头两百年间，罗马兵团（*legio*）的数目，因着局势的变化，而在25－34之间浮动。若以一个军团5500人为准，那么罗马军队，在这段时间之内就约有137500到187000人。若再加上数目约和正式军团相当的"协防部队（*auxilia*）"，那么我们就有了275000到374000的数目。⑥ 取这两个数字中较

---

① 有关第五号中，"神不许蝗虫害死人"的叙述，和此号"马军得以杀人1/3"之间的"矛盾"，我们将等到我们对此号有更多了解之后，再来处理（详见9:18）。

② Aune因此认为在此有编修文件的痕迹（*Revelation* 6－16，538）。

③ 多数释经者和译本都认为"δισμυριάδες μυριάδων"的意思是"两万万"。但近来也有学者认为前置词"δισ"的作用，不在表达"二"，而是"乘"，因此马军的数目就是"万乘万"，即，一亿（G. Mussies, *The Morphology*, 224－25；亦见同一作者的'ΔYO in Apocalypse IX 12 and 16,' *NovT* 9［1967］，151－54）。但不论是一亿还是两亿，这个数目已超过人所能想象的了。相关讨论，亦见Beale, *Revelation*, 509。

④ Walvoord, *Revelation*, 166；Thomas, *Revelation* 8－22，46。何凌西（H. Lindsey）甚至根据一份报纸的报道，而将此两亿马军的异象，和中国拥有两亿军队的情事，连结在一起，并据此认为，启示录的预言已经应验（《启示录》［香港：种籽，1993］，页141）。

⑤ 亦参，Mounce, *Revelation*, 201；Hailey, *Revelation*, 236；Metzger, *Breaking the Code*, 66；Beale, *Revelation*, 509。

⑥ 邢义田，《古罗马的荣光II》，页565。另一个估计是250000（Osborne, *Revelation*, 381；由*BEB* 1：197而来）。

大的一个,并将之整数化,我们也只能得到四十万。和两亿,即,两万万相较,四十万只不过是个“零头”而已。因此对第一世纪的读者而言,两万万军队的入侵,实在是一个他们所完全无法想象的画面。因此这个数目,和第五号中,从无底坑而出,遮天蔽日的蝗虫之军一样,都是为了要突显神刑罚工具的可怕。若四十万的军队,已能征服列强,建立一个强大的帝国,那么两亿的军队,能带来的怎样的灾难呢?

9:17 我在异象所见马和骑马者的形象如下:他们有如火,紫玛瑙,和硫磺色的胸甲。马头像狮子的头;有火,烟和硫磺从马的口中喷出(καὶ οὕτως εἶδον τοὺς ἵππους ἐν τῇ ὁράσει καὶ τοὺς καθημένους ἐπ᾽ αὐτῶν, ἔχοντας θώρακας πυρίνους καὶ ὑακινθίνους καὶ θειώδεις, καὶ αἱ κεφαλαὶ τῶν ἵππων ὡς κεφαλαὶ λεόντων, καὶ ἐκ τῶν στομάτων αὐτῶν ἐκπορεύεται πῦρ καὶ καπνὸς καὶ θεῖον)

数量庞大,如“排山倒海”般而来的军队,已够让人手脚发软,头皮发麻了;但约翰从本节开始对此马军的描述,更叫人惊觫。正如约翰自己所说,这些描述乃他“在异象中(ἐν τῇ ὁράσει)”所见,因此不论他所说的有多么怪异,我们都只能以象征的方式,来理解经文。① 也就是说,约翰在此所写的,是他对他在异象中所见人事物的描述,而非他对这些人事物所象征之事物的描述。②

约翰对此马军的第一印象,是他们的胸甲。就文法结构而言,穿胸甲的,可能包括了马和其骑士,③但由于“穿(ἔχοντας)”一词紧接在“骑在马上的”之后,因此许多释经者认为,穿胸甲的只有骑马者。④ 但不论约翰的意思如何,他的重点其实不在谁穿了胸甲,而是此一胸甲的颜色,⑤因为他使用了三个语词,来描述他所看见的:“火,紫玛瑙和硫磺。”

火的颜色是红的,而硫磺则是黄的,但“紫玛瑙”(ὑακινθίνους)呢?在古典希腊文中,“紫玛瑙(ὑάκινθος)”所指的是开着白色,红色,或是蓝色之花的“风信子”,但它亦可以是我们今天所知的“紫玛瑙”(启 21:20)。⑥ 在旧约七十士译本中,这个语词所

---

① Mounce, *Revelation*, 202.

② Metzger, *Breaking the Code*, 14。将此马军视为现代战争中所使用的坦克、直升机和火箭等等,就是没有区隔这两者之间差异而有的结果(例如,Walvoord, *Revelation*, 167)。

③ Beckwith, *Apocalypse*, 568; Beale, *Revelation*, 510; Osborne, *Revelation*, 382.

④ Swete, *Revelation*, 122; Lenski, *St. John's Revelation*, 304; Ford, *Revelation*, 154; Mounce, *Revelation*, 202.

⑤ 若以 genitive of material 的方式来理解“火,紫玛瑙和硫磺”,那么胸甲就是以这三样东西所构成的了。但在 9:17 – 18 中,这三个语词所平行对应的,是“火,烟和硫磺”,因此我们在此应以 genitive of description 视之(Osborne, *Revelation*, 382)。

⑥ BAGD, 831.

指的是一种“深蓝色”的染料；①而一本希腊文字典对此词语的解释则是“暗蓝色，如硫磺燃烧时所发之烟”。② 因此约翰对胸甲的印象，是他们有如火般的颜色（红黄蓝）。

在旧约中，从神审判所多玛和蛾摩拉开始（创19:24－28），“火，烟和硫磺”就成了神审判的记号。③ 因此在启示录中，“硫磺火湖”自然就成了拜兽像的人（14:9－10；21:8），兽和假先知（19:20），以及撒但本尊（20:10）至终都要去的地方。因此从这个角度来看，两万万马军的胸甲虽然令人畏惧，但其颜色却显示此一军队的本质，因为这支数目无法数算的军旅，和第五号的蝗虫之军一样，都来自无底坑。“火、烟和硫磺”除了显示马军的能力和出处之外，在七号系列中，这三个元素也具有总结的作用，因为前三号中的“火”（8:7，8，10）和第五号中的“烟”（9:2－3）都一起出现在这里了。④

除了胸甲的颜色之外，此一军旅的特色，也在其马匹，因为他们不单头如狮头，也从他们口中喷出了火、烟和硫磺。对此令人诧异的描述，有学者认为约翰是以希腊罗马神话中，具有狮头、羊体和蛇尾的“喷火兽”（Chimaera）为蓝本。⑤ 从约翰在9:19中也说“马尾如蛇”的情况来看，此说有其可能，但由于狮，蛇和喷火兽，可说是各式神话中的共同元素，因此我们无法确定这个看法的准确度。

在旧约中，“狮”乃力量和能力的象征；⑥“蛇”是撒但的表征；⑦而在约伯记41:19－20中，为神所制伏的海怪，也是只口能喷火的怪兽。⑧ 不单如此，在以赛亚书27:1中，此一海怪更是神在末日争战中，所要击杀的对象；因此约翰在此也可能是将旧约中的诸多元素，都加总在一起，好显示此一马军恐怖残忍的特性。

从胸甲有“如火、紫玛瑙和硫磺”之颜色的描述看来，此马军的特色已然显示，但为何约翰又要说有“火，烟和硫磺”从马的口中喷出呢？而他为何在下一节经文中，又

① Swete, *Revelation*, 123.

② MM 647.

③ 例如，申29:23[22]；撒下22:9；诗11:6；赛30:33；34:9－10；结38:22；亦参，西卜神谕篇3:53－61；路17:19；革利免一书11:1。

④ Michaels, *Revelation*, 131.

⑤ Aune, *Revelation* 6－16, 539－40.

⑥ 例如，创49:9；民24:9；申33:20；撒下1:23；17:10；亦参，启9:8；10:3；13:2。

⑦ 创3:1；亦参，启12:9，15；20:2。

⑧ MT 41:11－12。和合本将此海怪译为“鳄鱼”，但此处喷火之形容显然和鳄鱼不同，因此许多学者和译本就以“海怪（Leviathan）”视之（例如，J. E. Hartley, *The Book of Job*, 530）。在旧约中，此一海怪是神带领以色列人过红海之时，所击败的对象（诗74:14），也是末日争战中，神所要再次击杀的敌人（赛27:1）。在这些叙述当中，当然有上古神话的元素，但在圣经作者手中，无人可敌的海怪却成为神的手下败将；神的权能和权柄因此得着彰显（相关讨论，见*ABD* 4:295－96）。有关启示录9:17－19和约伯记40－41（LXX）之间关系的讨论，见Beale, *Revelation*, 516－17。

将此一叙述,重复了一次? 不单如此,为何他在 9:19 中,又不厌其烦的再次告诉我们,"这马的能力,是在口里"? 也就是说,他为何要如此强调"口"的杀伤力?①

在前面我们已经多次提及,约翰的文学技巧之一,乃是让撒但和其党羽,以神之"摹仿者"的姿态出现,好凸显出它们意欲抬高自己地位,但又无法真正像神的窘境(例如,兽的"先前有,如今没有,将要从无底坑里上来,但又要走向毁灭";17:8)。由此观之,约翰在这里三次提及"马口"的原因,恐怕也是如此。因为若将本段经文和 19:11 -21 对照,我们将发现马军虽能以口杀人 1/3,但在人子再临之时,以口中烟火杀人的它们,却要被从人子口中所出之两刃利剑所杀(19:15,21)。天下之大,有什么比这事更滑稽的吗? 在诸多文学技巧当中,又有哪一个手法更具反讽效果的呢?

但马口之杀伤力何在? "火、烟和硫磺"的意思又是什么呢? 在 1:16 那里我们已经知道,在启示录中,从人子口中而出的两刃利剑,是从祂口中而出的话,是神的道,也就是我们平常所说的"真理";因此和此所相对的,若以七封书信的语言来说,是"巴兰,尼哥拉党,和耶洗别的教训"(2:14,15,20),是"撒但深奥之理"(2:24),即拜偶像,并行奸淫等事(参,9:20 -21)。所以从这个对比中,我们晓得从邪恶马口而出的,是错误的教训,是让人无法得见真光的异端邪说,是叫人心灵昏暗的"世上小学"(参,西 2:8)。就第一世纪信徒所身处的环境来说,从众随俗地到凯撒庙中上香奠酒,并积极地参与各行各业为其神祇所举行之"庙会",当然可以立即带来政治和商业上的利益,但若从启示录 21:8 来看,人若依从这个教训,等在他们面前的,就只有硫磺火湖的审判了;因此从马口而出的,的确是不折不扣的"火、烟和硫磺"。

9:18 这三样灾害杀了人的三分之一,就是从马口所出的火、烟和硫磺(ἀπὸ τῶν τριῶν πληγῶν τούτων ἀπεκτάνθησαν τὸ τρίτον τῶν ἀνθρώπων, ἐκ τοῦ πυρὸς καὶ τοῦ καπνοῦ καὶ τοῦ θείου τοῦ ἐκπορευομένου ἐκ τῶν στομάτων αὐτῶν)

在 9:15 节中约翰已经告诉我们,释放四天使的结果,是 1/3 人口的死亡;而在上一节中,我们也已经看见"火、烟和硫磺"的出现。因此从内容来看,本节经文只是前文的重复。但约翰为何要如此做呢?

A 从他们的口中

B 喷出

C 火,烟和硫磺

D 三分之一的人被此三灾所杀

C' 火、烟和硫磺

① 在第六碗那里(16:13),约翰也一样不厌其烦地三次提及"口"。

B’　喷出

A’　从他们的口中

从上表中我们可知,①9:17b－18的经文,是以交错排列的方式来呈现的;而此一结构,自然让人聚焦在D的项目上面,也就是马军之灾所带来的结果:1/3的人被杀害。

就整体七号系列而言,这个设计似乎是要促使其读者,将此号和前面五号作对比而有的。此话怎讲?第一,由于1/3的数字,已分别在1－4号中各出现了一次,因此藉此约翰就将第六号连结于前四号了。但在此同时,他也让我们看见,前四号之灾的对象是人所居住的地,海,河,天;但此号却将焦点放在人的身上;因此对人类而言,第六号之灾比前四号更直接,也更切身。

第二,在第五号那里我们已经晓得,蝗虫之军所带来的结果,是以一首诗的形式来呈现的(见,9:6),因此就这个角度来看,第六号和第五号之间有其类似之处。而这个在形式上的类似,也促使读者将这两号的结果,做一个比较。也就是说,约翰似乎要我们思想,为何第五号中蝗虫之军所带来的结果,是人“求生不能,求死不成”;而第六号中马军所带来的,却是“1/3的人都被杀了”?事实上,我们在第六号的一开始也已经指出(9:13－14),第五号和第六号在内容次序上,是彼此平行的。因此若将此一特色也列入考虑,那么为这个问题寻找答案,就成为一件无法避免的事了。

但答案是什么呢?从第五号“不许蝗虫害死他们,只叫他们受痛苦五个月”(9:5),到第六号“1/3的人被杀”(9:15,18),我们似乎看见灾难的严重性,在不断进展。② 但若将第三号中所提及,“有许多人死了”的语句也一并列入考虑的话(8:11),这个看法就不是那么牢靠了。再者,我们在前面所观察到,第五号和第六号在内容次序上的平行现象,也让我们对此以“线性”方式,来理解这两号之间关系的看法,有所保留。

在分析人子给士每拿教会“必不受第二次死之害”的应许时(2:11),我们已经指出,约翰在启示录中所关切的,并不是“第一次的死亡(肉身的)”,而是“第二次的死亡”,即末日最后的审判,也就是让人进入硫磺火湖的审判(参,启20:6,14;21:8)。而我们在分析第五号之灾时也已经晓得,③神不允许蝗虫之军杀人的原因,是因为末日审判的权柄,是属于神,而不属于撒但的。因此第五号的焦点,并不在“第一次的死亡”,

---

① 此乃Aune所观察到的(*Revelation* 6－16,540),但他并未探究此一现象在释经上的意义。

② 例如,Mounce, *Revelation*, 201; Hailey, *Revelation*, 235; Osborne, *Revelation*, 380。

③ 见9:4－6的注释。

而在"第二次的死亡"。由是蝗虫可以伤人"五个月",但却没有权柄可以"杀人"。

若这个理解是准确的话,那么第六号的焦点又是什么呢?和第五号相较,第六号因着"1/3"的出现(9:15,18),而和前四号更为接近。在前面我们已经指出,神在前四号中所击打的虽是自然界(地海河天),但其至终目标则在人类(许多人死了;8:11);因此当我们来到第六号时,"1/3 人类死亡"之刑罚的出现,就不令人意外了。此一"死亡"所指的,当然不是"第二次的死亡 = 末日审判",因为在其时,所有拜鬼魔,并行一切恶事的人,都将要进入硫磺火湖中(比较9:20-21 和21:8)。第六号之死亡所指的,是"第一次的死亡",即肉身的死亡;是从亚当犯罪之后,所有在罪辖制之下的人,所要付上的"工价"(罗 6:23),因为在那个事件之后,所有的人,除了神所拣选和买赎回来的人之外,都在撒但的权下;因此拥有阴间权势的它,当然可以杀人 1/3。①

所以从这个对比中,我们知道第五号和第六号所谈的事,虽然都和邪灵有关,但由于切入的角度不同,它们因此就有了"不能杀人"和"可以杀人"的差异。若和马太福音 10:28 互相参照,第六号所说的,是"那杀身体不能杀灵魂的",而第五号所显示的,则是"那能把身体和灵魂都灭在地狱里的"。对于前者,耶稣说,不要怕他们;而对后者,祂则是语重心长的说:"正要怕他"。

9:19 因这马的能力,是在口里和尾巴上;这尾巴像蛇,并且有头用以害人(ἡ γὰρ ἐξουσία τῶν ἵππων ἐν τῷ στόματι αὐτῶν ἐστιν καὶ ἐν ταῖς οὐραῖς αὐτῶν, αἱ γὰρ οὐραὶ αὐτῶν ὅμοιαι ὄφεσιν, ἔχουσαι κεφαλὰς καὶ ἐν αὐταῖς ἀδικοῦσιν)

从约翰两次提及从马口而出的是"火、烟和硫磺"之上文来看(9:17,18),"马的能力是在口里"一语,可说是一个相当适切的总结。但为何在本节中,约翰却要把前面一直没有提及之尾巴,也包括在这个结语之中呢?

在前面我们已经晓得(9:17),在这个异象中,"火、紫玛瑙/烟和硫磺"一语,除了显示马军的出处之外(无底坑),也是约翰用来总结前五号的设计,因为 1-4 号中的"火"(8:7,8,10),和第五号中的"烟"(9:2-3),都一起出现在这个词组之中了。因此若从这个角度来看,马尾在此的出现,也应是本于同一个原因;因为在第五号中,蝗虫之军伤人的能力(ἐξουσία;9:3),正是在其如蝎子般的尾巴上(9:3,5,10)。

但此如蛇之尾巴的含义又是什么呢?对"马尾如蛇"之出处,学界有几个建议:(1)约翰在此是以希腊神话中,首尾都为蛇头,可以往前往后自由行动之"两头蛇(amphisbaena)",或是以具有狮头,羊体和蛇尾的"喷火兽"(Chimaera)为其蓝本;(2)"马尾如蛇能伤人",是以能骑善射的帕西亚人(Parthians)为背景,因为他们在兵败逃

① 参下一节经文中的"能力/权柄(ἡ ἐξουσία)"。

亡之时，依旧能在马上，以往后射箭的方式，来阻却敌人的追击；(3)在别迦摩之宙斯(Zeus)祭坛上，刻有代表希腊文明战胜野蛮势力之巨人(详见2:12)，而其脚正以蛇为其形。① 这些或是其他类似的建议，虽然立意甚佳，但却对经文意义的理解，没有太大的帮助。

就上下文而言，“马尾如蛇”，和约翰在一开始对马军“胸甲如火”之描述(9:17)，其实是彼此呼应的，因为他们都显示此一马军“属撒但”的特色。再者，“马尾有头可以害人”的文字，也和第五号“蝗虫有尾如蝎，能伤人五个月”的图画，互相呼应；②因为在这两个异象中，能害人和伤人的(9:10,19)，不单是同一个部位，也是同一个字眼(ἀδικέω)。因此借着本节经文，约翰不单再次突显了马军的邪恶本质，也将第五号和第六号之灾做了一个总结：从无底坑而出，其形如马的蝗虫之军，不单杀人1/3，也以其异端邪说继续蒙蔽人的心灵。③ 从神的角度来看，此一作为当然让人受痛苦，因为若无真光照耀，人在其一生之中，也只能在黑暗中毫无盼望的继续摸索，继续挣扎下去。事实上此一作为正显示马军的邪恶本质，因为在它们迷惑众人，让人继续留在黑暗境界的动作中，我们清楚看见它们其实并不在乎人的死活；它们所真正关心的，只是它们是否能继续保有它们的国度。和上帝凡事以其子民之永恒福祉为念，并愿意为此而让其爱子死在十字架上的作为相较，马军之恶，就有如黑暗之于光明，地狱之于天堂。

9:20－21　其余未曾被这些灾所杀的人，依旧不悔改他们手所做的，还是去拜鬼魔，和那些用金，银，铜，木，石所做，既不能看，又不能听，更不能走的偶像；[21]他们也不为自己所行凶杀，邪术，淫乱和偷窃之事而悔改(Καὶ οἱ λοιποὶ τῶν ἀνθρώπων, οἳ οὐκ ἀπεκτάνθησαν ἐν ταῖς πληγαῖς ταύταις, οὐδὲ μετενόησαν ἐκ τῶν ἔργων τῶν χειρῶν αὐτῶν, ἵνα μὴ προσκυνήσουσιν τὰ δαιμόνια καὶ τὰ εἴδωλα τὰ χρυσᾶ καὶ τὰ ἀργυρᾶ καὶ τὰ χαλκᾶ καὶ τὰ λίθινα καὶ τὰ ξύλινα, ἃ οὔτε βλέπειν δύνανται οὔτε ἀκούειν οὔτε περιπατεῖν, [21]καὶ οὐ μετενόησαν ἐκ τῶν φόνων αὐτῶν οὔτε ἐκ τῶν φαρμάκων αὐτῶν οὔτε ἐκ τῆς πορνείας αὐτῶν οὔτε ἐκ τῶν κλεμμάτων αὐτῶν)

不论就质或量的角度来看，在七号系列中，第六号之灾的严峻和沉重，可说是无出其右的。但很不幸的是，世人对如是刑罚的反应，却是“依旧不悔改他们手所做的”。在旧约中，“他们(或是我们)手所做的”一语，可以指人的行为，④但在论及偶

---

① 相关学者之见，参，Alford, *Apocalypse*, 647; Beckwith, *Apocalypse*, 569; Aune, *Revelation* 6－16, 541。

② 有关“蝎子和蛇”在旧约以及犹太文献中的连结，见 Beale, *Revelation*, 515－16。

③ Beale, *Revelation*, 517.

④ 诗28:4;90:17;赛65:22;哀3:64;亦参，以诺一书100:9;所罗门诗篇4:16;6:2;9:4;16:9。

像崇拜之时,此一词组所指的,却是人手所造的偶像。① 因此从接下来的经文可知,约翰在这里所说的,是人在灾难中,依旧不放弃他们对偶像的依赖。

但为何人会如此紧紧抓住偶像崇拜之事呢?难道偶像是以"金、银、铜、木、石所做",并且是"既不能看,又不能听,更不能走"②的事实,是如此难以明白的吗?从某一个角度来说,此事不难明白,但正如约翰在此所说,人所拜的,并不只有偶像,也包括了在偶像背后的鬼魔,因此在黑暗权势的影响之下,一个浅显明白的道理,就成了众人无法明白的事。③ 诚如保罗在罗马书1:21所言,人虽知道神,却不将祂当做神来荣耀祂,也不感谢祂。因此他们的心思就变为虚妄,无知的心也就昏暗了;自称为聪明,反倒成了愚拙的。而究其原因,乃因"这世界之神,弄瞎了他们的心眼,不叫基督荣耀的真光照着他们"(林后4:4)。

无知于真光的人,自然就无法照着神的设计,将神的荣耀,在人的言行举止中反映出来。由是在神的刑罚之中,人也依旧"不为自己所行凶杀,邪术,淫乱和偷窃之事而悔改"。在旧约十诫中(出20:3-17),神禁戒以色列人跪拜偶像(第二诫),并在其后命令他们"不可杀人,不可奸淫,不可偷盗"(第六,七,八诫);与此相较,约翰在这两节经文中,也以相同的次序,来呈现"真理+行为"的逻辑。④

和约翰自己在21:8,27以及22:15中,所分别提及的八项,三项和六项恶行一样,他在此所列出的"凶杀,邪术,淫乱和偷窃",只是他所举的"例证",而不是一个一网打尽的"恶行表"。这四样恶行中的"凶杀、淫乱和偷窃",都由十诫而来;但"邪术"呢?"邪术(φάρμακον)"一语的含义,可以是治人疾病的"医药",⑤也可以是致人于死地的"毒药"。但在异教崇拜中,此一物件也被用来让人"入惑",因此在如是文脉中,此一语词就有了"符咒"或是"巫术"的含义。⑥ 因此若从这个角度来看,"邪术"在此的出现,就不令人意外了,因为约翰在上一节经文中所论及的议题,正是偶像崇拜。

---

① 例如,申4:28;27:15;31:29;王上16:7;王下19:18;22:17;代下34:25;诗115:4;赛2:8;17:8;耶1:16;25:6-7;弥5:13。亦参,徒7:41。

② 此词组源出申命记4:28;亦参,诗115:5-7;135:15-18;耶10:1-6;但5:4,23;哈2:18-19;以诺一书99:7;西卜神谕篇5:77-79。

③ 有关"偶像崇拜=鬼魔崇拜",见申32:16-17;诗106:36-37;林前10:20(亦参,禧年书11:4;以诺一书19:1;99:6-7)。七十士译本将诗篇96:5[95:5]的"外邦的神都属虚无",译为"外邦的神都是鬼魔"。因着这个背景,我们可以将连接"鬼魔"和"偶像"的"和(καὶ)",视为解释性(epexegetical)的连接词(Aune, *Revelation* 6-16,542)。

④ 亦参,罗1:19-24,25-32。有关偶像崇拜和恶行之间的连结,见,耶7:5-11;何3:1-4:2;王下9:22;赛47:9-10;弥5:12-6:8;鸿1:14;3:1-4;徒15:20;加5:20;弗5:5;西3:5。

⑤ 英文的"药局(pharmacy)"就是从这个字的同义词"φαρμακεία"而来。

⑥ 有关此一词语含义的讨论,见冯荫坤,《真理与自由》(香港:证主,1982),页334;R. N. Longnenecker, *Galatians*(Dallas: Word Book, 1990),255;Aune, *Revelation* 6-16,544。

但若进一步分析，“邪术”在此的出现，也很可能是受到了“十灾经文”的影响。在前面我们已经晓得，出埃及记中的十灾，乃七号和七碗之灾的旧约背景；而在其中，我们也看见埃及术士，依摩西之样而画葫芦的，以邪术（ταῖς φαρμακείαις）复制了“杖变蛇”的神迹，和十灾中的前两灾，即“水变血之灾”和“蛙灾”（LXX 出 7:11－12，22；8:3[7]）。但接下来的经文显示，他们的能力也仅及于此，因为从排序第三的“虱灾”开始，他们的邪术就不再发生任何作用了（LXX 出 8:14[18]）。

此一背景显示，在神的设计中，七号之灾以及七碗之灾的作用，并不在提供一个悔改的机会，而在刑罚。① 但此话怎讲？在十灾中，我们虽然看见埃及术士都因无法复制“虱灾”而认出了神的作为（出 8:14[18]），但法老王却继续“刚硬其心”。② 而此现象，也正反映在此处经文中的两个“不悔改”（9:20，21），以及第四碗和第五碗之灾中的“不悔改”（16:9，11）。也就是说，在记录七号和七碗之灾的内容时，约翰一方面以出埃及记的十灾为其模型，但在另外一方面，他也没有忘记将法老王对神刑罚之反应，一并融入他的异象中。毕竟“神的作为”和“世界的反应”，是出埃及一事的两个主要焦点。

神对世界之刑罚乃祂公义属性的彰显，因为祂是“万不以有罪的为无罪”的上帝（出 34:7；民 14:8；鸿 1:3）。但在神的里面，不是还有慈爱吗？而祂的心意，难道不是要万人得救吗？（提前 2:4）当然，但祂的救赎，却不是透过刑罚之路来成就的。在十字架的启示中，我们晓得祂的救赎，乃是经由祂儿子的受苦而得以完成。而此一真理，也将要在后面的 11 章中，在两个见证人（教会）的受苦，死亡和复活的事上，显示出来（详见 11:13）。因此刑罚虽然彰显了神的公义，但单有刑罚，还不足以让人悔改。

因此从出埃及记和启示录来看，灾难虽然具有“警告”的作用（因为它们都指向末日的审判），但灾难的本身却不会带来正面的结果。从整卷新约来看，能让人悔改的，只有福音（受苦的十架之路）。灾难也许具有“福音预工”的效果，但人只有在明白了十架意义之后，才会从抵挡神的情况中，回转过来。毕竟，若无真光指引，刑罚，苦难，甚至是死亡，只能是“命”。而人不论是消极的“认命”或是积极的“怨天尤人”，这些反应不单不能让人透视苦难，更不能让人明白，原来刑罚是神公义属性的彰显。

---

① Osborne 认为七号和七碗之灾，提供了一个让人悔改的机会（*Revelation*，385），但 Aune（*Revelation 6－16*，541）和 Beale（*Revelation*，489－91，518）则不认为七号和七碗具有如是目的。

② 出 7:13，22；8:11[15]，15[19]，28[32]；9:7，12，34－35；10:1，20；11:9－10；14:4。有关“法老刚硬其心”在十灾中所扮演的角色，见 J. I. Durham 的分析（*Exodus*，122－23）。“神使法老硬心”当然引发“神的主权”和“人的责任”的问题，但因篇幅之故，我们无法在此详论。有兴趣的读者，可参 Beale，*Revelation*，518；在注脚 114 中，他给了我们一个包括了正反两方意见的书目。

没有圣灵的启迪,这个世界要如何明白关乎罪,公义和审判的真理呢?(约 16:8)①

在人子从死里复活之后(启 12:5),撒但其实已经晓得,它受审判的日子已经近了(启 12:12),但为了维持其"世界之王"的地位,它一方面逼迫那生下男孩子的妇人(教会;12:13),②也在另外一方面,借着海、地二兽所行的异能奇事,迷惑"住在地上的人"(13:8,14),好把他们继续圈在黑暗之中。幽暗权势之恶,正是在此。

至此我们已经走过前六号之灾,但这六号的灾难要在什么时候发生呢?依"线性"方式来读启示录,并以字面意义来理解异象的内容,那么六号之灾显然要在将来才会发生。毕竟在人类的历史中,我们何曾看见 1/3 的地海河天被击打,而何时我们又曾看见 1/3 人口的死亡呢?③

但这并非唯一解读六号(以及启示录)的方式。第一,在前面我们已经晓得,约翰借着文学连环锁的设计(8:2,3 -5,6),将七号系列和第五印连结在一起。也就是说,七号的刑罚,乃神对殉道者伸冤祷告的回应。因此和第五印一样(等到殉道者数目满足的时候;6:11),七号所涵盖的时间,是从教会成立,一直基督第二次降临为止。

第二,在前面的分析中我们清楚看见,前四号之间的关系,并非依时间先后来排列,而是以主题来相互连结的;因为这四号中的"地—海—河—天",共组一个完整宇宙。不单如此,在第六号那里,我们也看见前四号的"火",④和第五号的"烟",一起出现在第六号中;而第五号的"蝗虫伤人",和第六号的"马军杀人",也一并出现在第六号的结尾之处(9:19)。从这些文学现象来看,第六号显然是前五号的总结。换言之,第六号的内容,至少有一部分,是前五号的重复。

因此不论就七号系列与第五印之间关系而言,或是从七号系列的内部文学特色来看,依"时间先后"的方式来读启示录,并非一个适当的途径。根据约翰在启示录中所放下的文学线索,来厘清各异象之间的关系,恐怕才是一个比较可行,也比较合理的路径。⑤

---

① L. Morris, *The Gospel According to John*, 697 -98.

② 详见 12 章的注释。

③ 例如,Walvoord, *Revelation*, 165。

④ 严格来说,"火"并未出现在第四号中,但此一现象乃因第四号所击打的,是"不合适"以火作为刑罚工具的日月星辰(详见 8:12 的注释)。

⑤ 亦参,M. Rissi, *Time and History*, 43; Beale, *Revelation*, 521。

附录五　第六号和第七号之间的“插曲”(10:1－11:14)

借着“人既不放弃偶像，又不悔改其恶行”的叙述，约翰为第六号之灾，画下了一个令人哀伤的句点(9:20－21)。若参照9:12，在此进入我们眼帘的，应是“第二样灾祸过去了，还有一样灾祸要来”之类的文字；但此一“转折”，却要到11:14才出现。因此约翰在这里，和他在第六印和第七印之间所做的一样，放下了一段“插曲”(10:1－11:13)。

从9:12和11:14这两个“转折”来看，约翰显然希望将此一“插曲”和第六号连结在一起。① 也就是说，不论我们对这段经文的所言之事的看法如何，这两个“转折经文”要求我们在第六号的“上文”中，来理解这一段“插曲”。而若我们在前面所观察到的事情是正确的话，即，第六号乃前五号的总结，那么此一“插曲”的上文，显然就不只是第六号而已，而是前六号了。事实上，若我们将眼光再放远一点，将七印和七号因着“文学连环锁”之设计而连结在一起的观察(详见，8:2－6)，也列入考量的话，那么这个“插曲”的上文，不单是前六号，也包括了从第六章开始的七印了。不单如此，在4－5章中约翰也告诉我们，被七印所严严封住的书卷，是因人子从父神手中拿了书卷而得以展开(5:7)，因此这个“插曲”的上文，还可以一直上溯至4:1。由是10:1－11:13和4－5章之间，虽然有着四章经文的距离(6－9)，但借着各式文学设计，约翰却将这个插曲和天庭异象，连结在一起了。此一观察看似顺理成章，但在接下来的经文分析中，我们将看见它其实对经文之理解，扮演着重要的角色(详见下文)。

就文学设计的角度来看，4:1－9:21的确是10:1－11:14的上文，但经文的内容是否也呈现同一个画面呢？在第四章的天庭异象中，我们清楚看见神的国安定在天，而从第五章中，我们则看见人子羔羊，因着祂的死(5:5－6)，而得以从父神手中领受书卷(5:7)。此一书卷乃“神国蓝图”，因此伴随着人子揭印的动作，神国降临的“负面效应”，即审判，就在前四印中出现了；而其“正面效应”，即教会的建立，也呈现在第五印和第七章中。从这两个面向来看，神国的出现当然意味着冲突的发生，因为神国和撒但之国是不可能并存的，因此殉道者自然出现(6:9－11)，而神的保守，也成为必要(7:1－17)。

神的保守确属必要，因为教会所真正面对的，是邪灵国度。但神的权能，只及于

① Thomas认为10:1－11:13的插曲乃在引介第七号(*Revelation* 8－22，58)。但若是如此，11:14的文字，就应该立即出现在第六号之后了。

教会？而祂的保守，只具有消极“存留余种”的意义？当然不。因此借着8:2－6文学连环锁的设计，约翰将第二个灾难系列，呈现在我们眼前。和七印系列相较，七号系列有三个特色。第一，七印系列的主角乃羔羊，而七号灾难则源出父神所在的天庭（8:5）；第二，七印乃“人祸”，而七号不单着墨于“天灾”（前四号），也把邪灵之害，做了清楚的说明（5－6号）。因此神公义的面向，在七号系列中，有了完整的呈现，而殉道者在祭坛之下的伸冤呼吁（第五印），也得着回应。第三，在七印系列的“插曲”中，教会的受印的确具有保守之意义，而她以十四万四千人之姿出现，也带着“军队”的意涵（7:1－8）；但战争还没有开打，我们就看见他们以得胜者之姿，出现于天庭之中了（7:9－17）。和此相较，七号系列中的“插曲”，一方面延续了“书卷”的主题（10:1－11），也在另外一方面，将第七章中所“跳过去”的争战，以两个见证人为世界所杀害的方式，做了清楚明白的陈述（11:1－14）。因此就内容而言，10:1－11:14的“插曲”，的确是连结于从4:1开始的上文。“神藉教会在地上建立祂的国度”，的确是此一书卷的内容；而祂对教会的保守，并不只具有消极意义，因为在教会（两个见证人）的“受苦/殉道”中，神国才得以建立。而此一争战原则，也是天庭异象中，人子“像是被杀过羔羊”之形象，清楚明白的反映。①

至此我们已经明白，就1－7印和1－7号的顺序而言，7:1－17和10:1－11:13的确是“插曲”，但从其内容来看，这两个段落其实并不真正偏离主题，因为它们所要处理的，是“在神国建立的过程中，教会将要如何”的议题；而此题目，只是“在神国建立的过程中，世界将要如何”之问题的另外一面而已。

七印和七号以“6＋插曲＋1”为其结构，乃学界共识。② 但此一设计究竟从而来？约翰为何会以此模式，来论述“神如何建立其国度”？从旧约来看，世界的创造（创1），伊甸园的设立（创2:8－17），以色列国的出现（出1－19），神国律法的颁布（出20－23），以及会幕蓝图的启示（出24－31）等等与神国相关事务，都是神主动作为之下的产物；而从新约来看，人子的道成肉身（时候满足；可1:15；加4:4），教会的成立（徒2），以及末日的到来（可13:32；弗1:10），也都百分之百的在神的掌握之下；因此若七印和七号所言，乃“神国建立”一事，那么它们的结构，也应是由启示而来。但在旧约中，何处有此模式呢？

在前面有关“七号和七碗之旧约背景”的分析中，我们已经晓得，出埃及记中的十灾，不单在阿摩斯书4:6－13中，成为先知预言神将要审判以色列人的模型，也是约

① 亦参，R. Bauckham, *The Climax*, 257－58。
② 我们当然也可以将此模式，再细分为“4＋3(1＋1＋插曲＋1)”。

翰在启示录中，所见七号和七碗异象的“旧约蓝本”。而在前面的分析中我们也观察到，出埃及记中的十灾，在两位诗篇作者的手中（诗78；105），都成为以“七”为结构的灾难，因此约翰“七印七号和七碗”的结构，显然受到了旧约的影响。但在上述旧约经文中，我们却没有看见“插曲”的出现，难道约翰在此加入了他自己的概念吗？当然不是，因为“插曲”在倒数第二灾和最后灾难之间的出现，依旧是十灾经文的反映。

但此话怎讲？在出埃及记十灾的记录中（出7：20－12：36），我们看见在第九灾（出10：21－29）和第十灾（出12：29－36）之间，也有一段“插曲”（设立逾越节；12：1－28）。因此就形式而言，约翰“6＋插曲＋1”的模型，可说是十灾的翻版。不单如此，若我们从内容来看，十灾“插曲”所关切的，也是神国建立的第二个面向；因为和神藉十灾审判埃及一事所相对的，是神对以色列人的拯救，而其外在记号，正是“逾越节”。在出埃及的历史情境中，涂在门框上的羔羊之血，当然让以色列人免去了最后之灾；而在启示录的文脉中，此一“蒙保守”的象征，则是以“额上盖印”的形态出现（启7：1－8）。更有意思的是，在十灾的“插曲”中，神不单称离开埃及的以色列人为“以色列会众”（出12：3，19），①更把这一群难民称为“军队”（出12：17）。② 而此一特色也在启示录7：3－8数点12支派的经文中反映了出来。

因此不论就形式或是内容来看，启示录的三个七灾，以及在七印和七号系列中的“插曲”，都是本于出埃及记的十灾段落。在论及神国降临的事上，约翰可说是小心翼翼的跟着旧约启示而行。当然此一小心谨慎的态度，并不意味着“食古不化”，因为在神的永恒计划中，神国的形态，将有如芥菜种成长为一棵大树般的发生变化；③而神国要以何种方式来成就，也将随着历史的进展，而愈来愈明显（十架苦路）。因此在七印和七号的“插曲”里面，我们虽然依旧闻到浓浓出埃及的味道，但在其中，新时代的元素，却也不着痕迹的出现了。因为如今组成神国的，不再是以色列一族，而是由各国各族各民各方而来的人（7：9）；他们所事奉的，也不再只有父神，而是父神和羔羊（7：9－10，15－17）。不单如此，在七印“插曲”中所出现十四万四千人的军队，在七号的“插曲”中，却成了两个被杀害，甚至死无葬身之地的见证人（11：3－10）。因此在这些看似“不着痕迹”的变化中，约翰也显示了他对神国新阶段的体认。

10：1－2a　我又看见有另外一个大力的天使，从天降下，披着云彩，头上有虹，脸面像日头，两脚像火柱，[2] 手里拿着展开的小书卷（Καὶ εἶδον ἄλλον ἄγγελον ἰσχυρὸν

① 参，启2：9；3：9的注释。

② 亦参，出6：26。相关讨论，见N. M. Sarna, *Exodus*, 35。

③ 太13：31－32；可4：30－32；路13：18－19；亦参，徒10：9－16。

καταβαίνοντα ἐκ τοῦ οὐρανοῦ περιβεβλημένον νεφέλην, καὶ ἡ ἶρις ἐπὶ τῆς κεφαλῆς αὐτοῦ καὶ τὸ πρόσωπον αὐτοῦ ὡς ὁ ἥλιος καὶ οἱ πόδες αὐτοῦ ὡς στῦλοι πυρός, ²καὶ ἔχων ἐν τῇ χειρὶ αὐτοῦ βιβλαρίδιον ἠνεῳγμένον)

若将前面六号之灾视为六个"短片",那么在第六号结束之际,启示录的观众(读者)必然对天使的出现,有了特别的感受,因为前面各个短片一再告诉他们,吹号天使之现身,就意味着有事情要发生了。但和约翰在此异象中所见大力天使相较,六号天使显然相形失色了许多。因为此一天使不单形貌奇特(10:1-2),而他所发如狮吼之声(10:3-4),以及他向天举手起誓之动作(10:5-7)等等,都是"史无前例"的。因此从七号"插曲"的一开始,约翰就已完全掌握了其读者的注意力。但这个大力天使到底是谁呢?

学界对此问题之看法可以大致分为两类。第一,此天使乃基督,因为(1)他"身披匹云彩,从天而降"的出场方式,和人子驾云而来的描述相当类似(1:7);①(2)他"头上有虹"的特色,也和天庭宝座为虹所环绕的图画,有着相似的意涵(4:3);(3)他"脸面像日头,两脚像火柱"的形容,和"脚如炉中锻炼光明的铜,面貌如同烈日放光"之人子形象(1:15-16),也十分神似;(4)而其声如狮吼(10:3),也类比于人子的"如众水之声"(1:15)。②

此说有其可能,但它却必须面对如下的困难:(1)具有"相似"或是"类似"的特征,并不必然表示二者就是同一个人物。在前面我们已经提及,约翰所使用的文学手法之一,就是让兽以类似于羔羊之姿出现,好突显出它意欲像神但又差了那么一点点的窘境。③ 当然此处天使和人子(或是父神)的"类似",并非该文学手法的例证,但此具有嘲弄意味的文学设计,已足以提醒我们,不要不假思索地就将"类似"视为"等于"。(2)在启示录中,"天使"一词所指的,总是神所使用的灵界活物,因此若此天使是基督,那么此处经文就成了唯一的例外。不仅如此,从天使严严禁止约翰拜他,而要他敬拜神的经文中(19:10;22:8-9),我们亦看见启示录中,神和天使之间明确的区隔。④ (3)在前面我们也多次看见,约翰在暗引旧约之际,总不忘将人子羔羊加入他所引用的旧约经文中,好高举基督,并让基督有着与神同等的位

① 亦参,启示录14:14。

② 持此之见的学者有 Seiss (*Apocalypse*, 223); Scott (*Revelation*, 219); Chilton (*Days of Veng-eance*, 259-61);和 Beale (*Revelation*, 522-25)等人。

③ 见9:17和13:18的注释。

④ 有关启示录中,约翰如何区隔天使,基督和神的问题,见 L. T. Stuckenbruck, *Angel Veneration and Christology: A Study in Early Judiasm and in the Christology of the Apocalypse of John* (Tübingen: J. C. B. Mohr, 1995),205-65。

阶。因此我们实在很难以想象，他在此处会让基督以天使之姿出现，并且称祂为“另一个（ἄλλον）”天使。也就是说，约翰怎么会让基督成为众天使中的一个呢？（4）最后，此一天使随后举手向天，奉神之名起誓的动作（10:5－7），也很难让人认为他是基督。①

因着这些让人无法跨越的困难，学界中就有了第二种见解，那就是，此处的天使并非基督，而是神所使用的灵界活物之一。但这个天使又是谁呢？在启示录中，被称为“大力天使（ἄγγελον ἰσχυρὸν）”的，一共有三个。第一个是在天庭异象中，向整个宇宙呼喊“谁配展开书卷？”的天使（5:2），第二个是此处的天使，而第三个则是在神审判巴比伦之时，以“投巨石于海”的象征动作，来表达神刑罚之严肃性和终极性的天使（18:21）。从这三处经文来看，我们可以观察到两件事。第一，此三处经文中的“大力天使”，是众天使中，肩负重责大任的天使，因为他们所参与的事工，总是和神实践其永恒计划之事，有直接的关联。第二，由于约翰在此说，这是“另一个天使，大力的”，②因此和他所对比的，应不是六号之灾中的吹号天使，③而是5:2中的“大力天使”。④

但除此之外，我们有没有可能对此天使的身份，做更进一步的认定呢？在10:5－7那里，我们将要看见此天使向天举手起誓之动作，乃由但以理书12:5－7而来（亦参，但8:13－16；10:5），因此这个天使很可能就是加百列。⑤ 但由于约翰并未指名道姓，我们也就只能让他继续做个无名英雄了。

我们也许无法完全确知此天使的真正身份，但约翰对他的描述倒是不少。在1:7有关“人子驾云降临”的分析中，我们已经晓得，“在云中显现”乃能力之表现，因此此处之“披着云彩”的含义，也应是如此。⑥ 事实上此一描述，只是此一天使之“大力”的“外在表现”而已；毕竟他是“由天而降”的，也就是说，他是从宇宙权力中心（天庭）而来的一位。

显示他是从天而来的，还有他“头上有虹，脸面像日头，两脚像火柱”的特色。但

---

① Mounce, *Revelation*, 207; Thomas, *Revelation* 8－22,60.

② Charles, *Revelation I*, 258; Mounce, *Revelation*, 206; F. D. Mazzaferri, *The Genre of the Book of Revelation*, 266.

③ 这是Stuart（*Apocalypse II*, 204），Ladd（*Revelation*, 141）和Hailey（*Revelation*, 241）等人的见解。

④ Charles, *Revelation I*, 258; Beasley-Murray, *Revelation*, 170; Osborne, *Revelation*, 393.

⑤ Charles, *Revelation I*, 258.

⑥ 由于约翰在启示录中，意图清楚区隔基督和天使，因此很可能是因着这个原因，他就让此天使以“披着云彩”的方式出场，而没有让他“驾着云降临”。此一手法的目的，应是要让天使依旧具有“属天”的性质，但又不致让其读者将他和基督混淆在一起。

这些形象的意义何在？在启示录的前文中，天庭宝座的特色之一，乃环绕在四周的虹(5:3)；而在那里我们已经晓得，虹的象征意义，并非"怜悯"，而是"神公义权能的审判"。在人子显现的拔摩异象中，我们也看见祂不单面如烈日放光(1:16)，脚也如在炉中锻炼光明的铜(1:15)；而这些描述，都在表达人子所具有的属天能力。因此若将这三者和"披着云彩"的形容加在一起，那么"满有能力权柄"恐怕是约翰借着这些描述，所要给我们的整体印象。

但约翰为何要将这些原本属于父神或是人子之形象，加在这个天使的身上呢？难道他不担心他的读者有可能将此天使视为基督吗？正如前文所示，约翰此举的确带来如是结果；但此一"错误的解读"，其实是可以避免的。怎么说呢？

第一，在5:1的分析中我们已经提及，启示录第五章坐宝座者手拿书卷的异象，和第十章天使要约翰吃书卷的异象，都是根源于以西结书中的书卷异象(2:8－3:3)。因此借着这个设计，约翰就已经暗示我们，要将启示录第十章和第五章放在一起来看。但此乃"暗示"而已；因此为要让其读者不致错过这个暗示，约翰就在这两章经文之间，放下了许多连结性的线索：(1)在前面10:1－11:14的简介中我们已经知道，本段"插曲"的上文，是可以追溯到4－5章之天庭异象的，因此将第10章和第5章并排来理解，是十分合乎文脉逻辑的。(2)从第十章的一开始，约翰就借着"另一个大力天使"(10:1)，将我们带回到第五章了，因为在此之前，"大力天使"只出现在5:2。(3)第十章之大力天使"右脚踏海，左脚踏地"的形象(10:2,8)，以及他指着"那创造天和天上之物，地和地上之物，海和海中之物"起誓的动作(10:6)，都突显他所肩负之使命，和整个宇宙都有关系。而此一概念，也正和5:2－3中，第一个大力天使向"天上，地上，地底下"呼喊的图画，前呼后应。(4)从5:9－10来看，羔羊所领受之书卷，显然关乎"各族各方各民各国"的人；而约翰在第十章中所领受的书卷，也一样和"多民多国多方多王"有关(10:11)。① (5)不单如此，在整卷启示录中，神只在10:6和4:11中，以创造者之姿出现；而在10:6之前，约翰以"活到永永远远"一语来描述神的经文，是4:9－10。因此这些绵密繁复的线索，都要求我们将这两个事件连接在一起来理解。②

第二，若上述之事属实，那么我们就可以合理地推论，第5和第10章的"书卷"，乃是同一个物件。但是我们要如何面对约翰在第5和第10章中各自使用了"书卷(βιβλίον)"和"小书卷(βιβλαρίδιον)"这两不同的字眼这个问题呢？从5:1

---

① 有关约翰在10:11中，将"各王"放入此一词组中的原因，见该处注释。

② 有关这两章圣经之间的联系，以及他们和以西结书之间关系的讨论，亦参 F. D. Mazzaferri, *The Genre of the Book of Revelation*, 264－79；R. Bauckham, *The Climax*, 243－57。

的分析中我们晓得，这两个形态略有不同的语词，都源自"书卷(βίβλος)"，①而在约翰的手中，他们其实是同义词。② 因此以字型之不同而将它们视为不同书卷的看法，是不能成立的。

第三，若第5章和第10章的"书卷"，是同一个物件，那么第10章中的大力天使，以如是令人炫目的形态出现（披着云彩，面如日头等等），就不令人意外了。因为正如约翰在天庭异象中(4－5)，以整个第四章作为"书卷"现身之背景，并以第一个大力天使之呼喊(5:2－4)，为人子领受书卷之事(5:5－7)拉开序幕；他在此也一样的，让此书卷出现在一位从天而降，满有属天特色之天使的手中。换句话说，此一天使之所以会拥有许多原本属于父神和人子之形象的原因，不是因他本身有什么特别之处，乃因所交付在他手中的书卷，也因他所肩负"宇宙性"的使命。③

因此从天庭异象一直读下来，我们就看见此一书卷原本在父神的手中(5:1)，但因着神子在十字架上所成就的，而为祂所领受(5:7)。在祂的手中，封住书卷的七印，也逐一揭开(6:1－8:1)；因此虽然约翰并未明白告诉我们，此一书卷是如何从人子传递到此大力天使手中，但他在此却让我们看见，此一书卷是"展开的(ἠνεῳγμένον)"。从表面上看起来，此一书卷的传递过程，在"人子—天使"这一段，是完全消失的，但此一"跳跃"，其实只因约翰假设读者已经知道这个传递顺序；因为早在1:1那里，他就已经清楚的告诉我们，启示传递的顺序，不单是"父神—耶稣基督—众仆人"，也是"耶稣基督—天使—约翰"。④ 事实上，人子藉天使传递启示的事，也为人子自己证实，因为在启示录的结语部分，祂亲口说："我耶稣差遣了我的天使，为众教会向你们证明了这些事"(22:16)。由是从天庭而来，并为人子所差遣的天使，自然就带着那些原本属于父和子的记号了。

10:2b－4 他将右脚踏在海上，左脚踏在地上，[3] 并大声呼喊，好像狮子吼叫。当他呼喊时，就有七雷发声说话；[4] 七雷发声，而我也正要写下来之时，就听见从天上有

---

① 参，LSJ，150。

② 详见该处注释；亦参，Aune，*Revelation* 6－16，552，558。

③ Stuart，*Apocalypse II*，206；Swete，*Revelation*，127；Charles，*Revelation I*，260；Mounce，*Revelation*，208；R. Bauckham，*The Climax*，253；Osborne，*Revelation*，396.

④ 有关这个"双重传递顺序"的意义，见1:1的注释。亦参 R. Bauckham 之见（*The Climax*，254－55)；因为他认为1:1中，神将（启示）赐给祂＝羔羊从坐宝座者手中领取书卷(5:7)；耶稣基督的启示＝羔羊因揭开七印而显示了书卷内容(6:1－8:1)；祂差遣天使晓谕祂的仆人约翰＝天使从天将展开了的书卷交给约翰(10:2，8)。上述三个论述乃 Aune 对 Bauckham 之见的浓缩（*Revelation* 6－16，557）。

声音说:"你要封上七雷所说的,不可写下来!"(καὶ ἔθηκεν τὸν πόδα αὐτοῦ τὸν δεξιὸν ἐπὶ τῆς θαλάσσης, τὸν δὲ εὐώνυμον ἐπὶ τῆς γῆς. καὶ ἔκραξεν φωνῇ μεγάλῃ ὥσπερ λέων μυκᾶται. καὶ ὅτε ἔκραξεν, ἐλάλησαν αἱ ἑπτὰ βρονταὶ τὰς ἑαυτῶν φωνάς. [4]καὶ ὅτε ἐλάλησαν αἱ ἑπτὰ βρονταί, ἤμελλον γράφειν, καὶ ἤκουσα φωνὴν ἐκ τοῦ οὐρανοῦ λέγουσαν, Σφράγισον ἃ ἐλάλησαν αἱ ἑπτὰ βρονταί, καὶ μὴ αὐτὰ γράψῃς)

若此大力天使令人炫目之外形,还不足以引人注意,那么他从天而降之后所做的动作,就更吸引人的目光了;因为他除了将其左右脚分别踏在地上和海上之外,也如狮子般的,发出了一个呼喊。

但"右脚踏在海上,左脚踏在地上"的含义是什么呢?有学者认为此一语句所要突显的,是此天使体型的巨大;①而若约翰的原意是如此,那么这个形象就可能是以罗得岛上之太阳神雕像为蓝本(Colossus of Rhodes),因为这个被古人认为是世界七大奇景之一的铜制雕像,不单约有30公尺之高,且站在一海岬之上,俯瞰整个海港。②此说有其可能,但约翰在此所说,并不是此一天使的"静态形象",而是他将其左右脚,踏在地上和海上的动作(ἔθηκεν...ἐπὶ)。在旧约中,"海和地"所表达的,是神所创造给人居住的世界,③而在启示录中,其含意也是如此(参,7:2;12:12);因此在这个天使"以脚踏海和地"的动作中,我们看见他的权柄。④ 但由于他以脚所踏的,是"海和地",因此他身负使命的"宇宙性",也有了完全的表达。⑤ 也难怪约翰在10:5,8两次提及此一天使之时,都没有以"身披云彩"或是"头上有虹"等外显特征来称呼他,而是以"踏海踏地之天使"为其名。不单如此,此一大力天使之使命的宇宙性,也清楚明白的反映在约翰吃了书卷之后,天使对他的吩咐中:向"多民多国多方多王"说预言(10:11)。

配合着踏海踏地的动作,此一天使也向这个世界大声呼喊,而其声音之大,也只能以"如狮般吼叫"来比拟。在旧约中,为显示神的威严和其审判权柄,先知们多以"如狮之吼"的方式,来形容神的声音。⑥ 而此一传统,也反映在启示录中,因为从天

---

① 例如,Mounce, *Revelation*, 208。Chilton 则认为在此"海 = 列国;地 = 以色列"(*Days of Vengeance*, 261-62);但这个见解并不令人信服(详下)。
② Aune, *Revelation* 6-16, 556-57.
③ 例如,伯11:9;箴8:29;赛42:10;拿1:9。
④ 由于此一天使乃"从天而降",而他在宣告"不再延迟"之前(10:6b),也必须先向天举手起誓(10:5-6a),他的权柄自然不是出于他自己,而是因着他传递书卷之使命而有的(10:8-11)。
⑤ Swete, *Revelation*, 127; Ladd, *Revelation*, 142; Roloff, *Revelation*, 124; Beale, *Revelation*, 529.
⑥ 例如,赛31:4;耶25:30;何11:10;珥3:16[4:16];摩1:2;3:8。亦参,以斯拉四书11:37;12:31。

庭而出的声音，都是极大的声音。① 在诸多旧约背景中，和此处经文最接近的应是阿摩斯书3:8："狮子吼叫，谁不惧怕呢？主耶和华发命，谁能不说预言呢？"因为（1）该处经文的审判文脉，和接下来我们所要听见的"七雷"，可以说是完全一样的，（2）而"说预言"之主题（3:8b），也反映在天使要约翰说预言的命令中（10:11）。不单如此，阿摩斯书3:7，也将要在10:7中被约翰所引用（详下）。因此在这里我们有一个"类比式"的暗引旧约案例。② 也就是说，像当年神要先知向祂的百姓发出审判的讯息一样，神今日也借着天使，要约翰向列国说预言。

但因着"如狮吼"之声而引发的"七雷"，究竟是什么呢？在旧约作者的手中，神的声音除了"如狮吼"之外，也被比拟为"如雷之声"。③ 因为当神在西奈山，于密云中现身之时，雷声（以及号角之声）就是祂的显现记号之一。但在整卷旧约中，唯有诗篇29:3－9，一方面将神的声音比拟为"雷声"（29:3），而在另外一方面也七次论及神的声音（3，4a，4b，5，7，8，9）；因此多数释经者都认为此处"七雷"的背景，乃此诗篇。④ 从表面上看起来，此一诗篇的焦点在颂赞神的荣耀和威严，因为祂藉其所发之声，显示了祂的大能。但若和腓尼基人（Phoenician）颂赞风暴神"巴力"的诗歌相较，此一诗篇显然源出该诗歌。但和该诗歌相较，诗篇29篇的作者却把原本属于巴力之能力（闪电，雷声），转移到耶和华的身上了；因此这个诗篇，可说是一首胜利之歌。也就是说，当神的子民在战场上呼求耶和华，而祂也以其深具能力之声来回应时，神的子民就得着了胜利。⑤ 因此从这个角度来看，大力天使的呼喊并引来"七雷发声"的结果，和此诗篇之背景，可说是若合符节。不单如此，在接下来的11章中，此一背景也一样浮现，因为在两个见证人（教会）和这个世界之间的争战中（11:3－6），他们虽然被杀害（11:7－10），但至终却因从神口中而来的"生命气息"，而得以从死里复活，得着最后的胜利（11:13）。

事实上若我们从启示录的上文来看，"七雷"在此的出现，也是十分恰当的。因为在前面我们已经晓得，"七号之灾"乃神对殉道者呼吁伸冤的回应（第五印；6:9－11），因此"七雷"显然也和"七号"一样，是神对世界的审判，因为借着祂所降下的刑

---

① 参，启1:10，15；4:1；5:2；6:1；7:10；11:15；12:10；14:2，7，9，15，18；16:1；18:2；19:1，6，17；21:3等等。

② 有关这个个案的分析，参，C. G. Ozanne, The Influence, 170。

③ 例如，撒下22:14；伯37:2－5；诗18:13[14]；赛29:6；30:30－31。亦参，约12:29。

④ 此一背景解释了为何在"七雷"之前，有一个定冠词出现的原因，因为此乃读者所熟知的篇章（Swete, *Revelation*, 127; Charles, *Revelation I*, 261）。有关犹太人对此诗篇和西奈山之关系的看法，见Beale, *Revelation*, 535。

⑤ 有关此诗的详细解析，见，P. C. Craigie, *Psalms* 1－50, 241－49。

罚,殉道者被世界所逼迫的冤屈,就得着平反了。① 将“七雷”视为另一个“灾难系列”的见解,也可以从约翰所使用之“闪电、声音、雷轰、地震和大雹”之词组中,得着支持(启4:5;8:5;11:19;16:18－21)。因为在前面我们已经知道,此一词组不单将七印七号和七碗系列,连结于天庭异象,而其内容也显示神的权柄,乃在祂审判世界一事上,完全的表达了出来。

但为何就在约翰要将“七雷”之内容写下来时,从天而来的声音却要阻止他呢?难道他所领受的命令,不是要将他所看见的,都写下来吗(启1:11,19)? 对此令人迷惑的禁令,学界的解释可说是十分的分歧。(1)有人认为神保留“七雷”之内容的原因,是要显示祂的主权,②或是让人因着“人不能全知”而依靠祂。③ 此一见解当然有叫人谦卑的效果,但却没有经文的支持。

(2) 在哥林多后书12:1－4那里,保罗提及他自己,或是他所认识的一个人,在“被提到第三层天”的情况中,所听见“人不可说”的言语,因为他所得着的启示是十分“神圣的”。④ 因此有学者就据此而认为,“七雷”禁令的原因,也是如此。⑤ 此说有其可能,但只属揣测,因为我们无法知道为何“七雷”就比其他的启示,例如“七印,七号和七碗”,要来得更为“神圣”。

(3) 在论及“末日”灾难时,耶稣曾说:“若不是主减少那日子,凡有血气的,总没有一个得救的;只是为主的选民,他将那日子减少了”(可13:20)。据此,有学者就认为“七雷”被封上的原因,正是因为神已取消了这个刑罚。⑥ 此一见解有其根据,但在启示录的上下文中,若神已定意取消七雷的刑罚,祂又何必多此一举的,先让七雷发声说话,然后又禁止约翰写下来呢? 再者,若七雷既被取消,又何来“七碗之灾”呢?(16:1－21)

(4) 在当代许多启示文学作品中,“隐藏部分启示”是个常常出现的主题,而其目的,不单在凸显此一作品的“神圣性”(所写下来的只是一部分而已),也在高举作者

---

① Kiddle, *Revelation*, 169－70; Mounce, *Revelation*, 209; R. Bauckham, *The Climax*, 259; Beale, *Revelation*, 535; D. Holwerda, 'The Church and the Little Scroll (Revelation 10,11),' *CTJ* 34 (1999),150.

② Osborne, *Revelation*, 398.

③ Hendriksen, *More than Conquerors*, 124; Thomas, *Revelation* 8－22,66.

④ “不可说(ἄρρητα ῥήματα)”的意思可以是“不可以向别人说”,也可以是“无法以人的言语来表达”,但12:4c显示(ἃ οὐκ ἐξὸν ἀνθρώπῳ λαλῆσαι),后者的意思是比较可能的,因此“神圣性”是保罗所领受之启示的重点。详见,P. E. Hughes, *Paul's Second Epistle to the Corinthians* (Grand Rapids: Eerdmans, 1962),439; R. P. Martin, 2 *Corinthians* (Waco: Word Books, 1986),405－06。

⑤ 例如,Swete, *Revelation*, 128; Charles, *Revelation I*, 261; Morris, *Revelation*, 135。

⑥ 例如,Caird, *Revelation*, 126－27; Harrington, *Revelation*, 115。

（我所写下来的，只是我所知道的一部分而已）；而此处禁令的作用，也是如此。① 此一见解看似合理，但却经不起进一步的检验，因为在启示录的一开始，约翰就已经明言，本书乃"基督耶稣的启示"，而其源头乃坐在宝座上的父神（1:1），因此此书的权柄根本不是问题。再者，约翰在启示录第一个异象之始（1:9），不单说他是收信者的"弟兄"，也更强调他们之间，为神国受苦的共同经验，因此他显然也完全没有任何高抬自己的企图。

（5）虽然我们无法完全确定神发出此一禁令的真正原因，但若从上下文来看，我们倒是可以得着一些线索。② 第一，由于"书卷"乃此一异象之焦点，因此"封上七雷"的禁令，就和"打开的书卷"之间，有了强烈对比的效果。而若我们从第五章读下来，此效果更是明显，因为原为七印所"严严封住的"书卷（κατεσφραγισμένον；5:1），在羔羊依序揭开七印后，就在大力天使手中，成了"展开了的"书卷（ἠνεῳγμένον）；但"发声说话的七雷"，在此却必须"封上（Σφράγισον）"。因此借着这个对比，约翰再次突显书卷的重要性。第二，封住七雷的禁令，当然不单单只是为了达到某一个文学效果而有的，因为若七雷乃另一个"七灾系列"，那么"封住七雷"显然就有停止或是取消灾难的含义了。但为何要取消呢？从 9:20－21 来看，神所施行的审判，显然不能带来让人悔改的效果，因此"七雷之灾"自然就不必施行了。此一见解也可以从 11 章中，得着证实，因为在那里让人"归荣耀给神"的，不是刑罚，而是两个见证人（教会）受苦的见证。第三，在约翰的设计中，七印之灾影响所及，乃地上 1/4 的人（6:8），而七号之灾所带来的，是 1/3 人口的死亡（9:15，18）；因此当七雷出现时，我们所应期待的，是一个 1/2 人口死亡的灾难，但此一数字并未出现。在启示录中，约翰接下来所给我们的，是以整个世界（1/1）为其范围的七碗之灾（16:1－21），所以从这个设计来看，七雷之被封上，也显示具有警告意味的"有限灾难"将不再有。等在人类前面的，只有最后的，没有"插曲"的七碗审判系列；而这也正是大力天使在接下来的宣告中所说的："不再耽延了"（10:6）。总而言之，"七雷禁令"乃为凸显书卷内容而有的，而从接下来的 11 章来看，此书卷之内容是可说是"神国建立守则"（为福音受苦），因此这个禁令事实上是从反面（即，单藉刑罚不能让人悔改），来肯定受苦的必要；而这正是当下小亚细亚教会所面对的问题。

10:5－6a 我所看见那踏海踏地的天使，向天举起右手来，[6] 指着那活到永永远远，创造天和天上之物，地和地上之物，海和海中之物的，起誓说（Καὶ ὁ ἄγγελος, ὃν

① Aune, *Revelation* 6－16，562－63；Aune 在此提供了 10 个例证。
② 以下乃笔者对 R. Bauckham 之观察所做的整理（*The Climax*，257－66）。

εἶδον ἑστῶτα ἐπὶ τῆς θαλάσσης καὶ ἐπὶ τῆς γῆς, ἦρεν τὴν χεῖρα αὐτοῦ τὴν δεξιὰν εἰς τὸν οὐρανὸν [6]καὶ ὤμοσεν ἐν τῷ ζῶντι εἰς τοὺς αἰῶνας τῶν αἰώνων, ὃς ἔκτισεν τὸν οὐρανὸν καὶ τὰ ἐν αὐτῷ καὶ τὴν γῆν καὶ τὰ ἐν αὐτῇ καὶ τὴν θάλασσαν καὶ τὰ ἐν αὐτῇ)

若以上一节经文中的“七雷禁令”为背景,那么大力天使在 5 – 7 节中所做的事,不论是向天举手起誓的“大动作”,或是他在起誓之后所做的严肃宣告,都十分醒目。因此“七雷禁令”所带来的对比效果,再次显现。

在旧约中,“举手(נָשָׂא יָד)”的动作,在不同的文脉中,具有不同的象征意义。在祷告时,举手可以表达人内在的虔诚感恩,或是急迫焦虑;在人际关系中,这个动作也可以表达祝福,或是敌对的态度;①当然在许多严肃的场合里面,举手的含义是“起誓”,②而这正是此处天使所做的。

在旧约中,和此处经文最接近的是但以理书 12:7:“我听见那站在河水以上,身穿细麻衣的,向天举起左右手,指着活到永远的起誓说………”③因为(1)在整卷圣经中,以“举手 + 起誓”来强调某一个宣告之严肃性的,唯有这两处经文;④(2)而两处经文中之天使,也都以神之名(活到永远的/活到永永远远的)来起誓。因此借着这些联系,约翰已经暗示我们,此一大力天使接下来所宣告的事,是和当年但以理所见异象有所关联(详下)。

但在暗引该旧约时,约翰也做了一点必要的调整。(1)和但以理天使举双手起誓相较,约翰的天使只举了右手。此一差异不难解释,因为在启示录大力天使的手中(左手?),有一本展开的书卷(10:2)。(2)在提及神的名字之时,约翰也将但以理的“活到永远的”,⑤变更为“活到永永远远的”。⑥ 此一变动也不难理解,因为在启示录 4:9 – 10那里,约翰就已经两次以此为神的名号了,而在 15:7 中,也是如此。因此此一变动只是为了全书的一致性而有的。就形式而言,这两者略有差异,但就其含义而论,它们并无差异,因为在 1:18 和 4:9 – 10 那里我们已经知道,这两个名号的重点,都在强调“神有实践祂所命定之事的能力”。

---

① 祷告(诗 28:2;63:5[6];134:2);祝福(利 9:22);敌对(结 36:7;44:12)。

② 例如,出 6:8;申 32:40;民 14:30;结 20:15,23,28,42;36:7;47:14。

③ 有关这个暗引个案的分析,见 C. G. Ozanne, The Influence, 76。

④ Charles, *Revelation I*, 263。在申命记 32:40 那里,我们也读到“我(耶和华)向天举手说,我凭我的永生起誓”之文句;但在其中,“起誓”一语在原文中乃“说(אמר)”。Aune 指出(Aune, *Revelation* 6 – 16,564),在 VTG 版本中,在“我向天举手”之后,译者加入了“我以我的右手起誓”一行,因此在此我们也有了“举手 + 起誓”的模型。但这一行文字并未出现在马索拉经文中(MT)。

⑤ בְּחֵי הָעוֹלָם.

⑥ ἐν τῷ ζῶντι εἰς τοὺς αἰῶνας τῶν αἰώνων.

(3) 除了以神“活到永永远远”之名来起誓之外，启示录的天使也在这个从但以理书而来的名号之上，再加了“创造天和天上之物，地和地上之物，海和海中之物的”。在旧约中，和此词组最接近的，是神在颁布十诫之时，为要让以色列人谨守安息日而说的话：“因为六日之内，耶和华造天、地、海和其中的万物，第七日便安息……”①和此背景相较，约翰的文句虽然有一点繁复，但却比较工整严谨，因此神是这个世界之创造者的真理，在此完全显示了出来。但约翰为何要在此加上神的此一名号呢？若“活到永永远远”已表达神的权能，为何他还要不厌其烦地再加上一个含义类似的名号呢？第一，就全书的结构而言，此一“永活＋创造”的设计，是为了要让这个大力天使的异象，和4－5章的天庭异象连结在一起而有的。因为就在书卷出现之前(5:1)，这两个元素就已经一起出现在24位长老对神的颂赞中了(4:9－10)。第二，在此异象里，此一语句中之“天—地—海”，和前一节经文中，天使脚踏“海和地”，并举手向“天”的顺序，恰恰相反，②因此这个现象一方面强调了神的权柄，而在另外一方面也显示此一天使，不论他具有多么令人诧异的形象，只是神所使用的使者而已。第三，若从显示书卷内容的11章来看，这个“称号”在此的出现，也具有预备读者的作用，因为在那里我们即将读到，那两个见证人（教会）虽然满有能力(11:5－6)，但他们所必须经历的，却是逼迫和死亡(11:7－10)。也就是说，借着强调神全然掌权的真理，约翰要其读者知道，他们虽然为了福音的缘故，必要经历艰辛困苦，但在这个世界中所发生的一切事务，都在祂的掌控之下。因此从这个角度来看，这个称号也具有教牧上的意义。

10:6b－7 不再耽延了；[7] 但在第七位天使发声的日子，当他吹号的时候，神的奥秘就成全了，正如神所传给祂仆人众先知的佳音(ὅτι χρόνος οὐκέτι ἔσται, [7]ἀλλ᾽ ἐν ταῖς ἡμέραις τῆς φωνῆς τοῦ ἑβδόμου ἀγγέλου, ὅταν μέλλῃ σαλπίζειν, καὶ ἐτελέσθη τὸ μυστήριον τοῦ θεοῦ, ὡς εὐηγγέλισεν τοὺς ἑαυτοῦ δούλους τοὺς προφήτας)

大力天使脚踏海和地，向天举手，并以“永活神”和“创造主”之名起誓的动作，都显示此一事件的严肃性，但他究竟宣告了什么呢？

“不再耽延了（χρόνος οὐκέτι ἔσται）”直译作“不再有时间了”；因此有些第三世纪的教父就主张，大力天使在此慎重其事所宣告的，是永恒的“无时间性（timelessness）”。③ 此一解读当然是将希腊人对时间之概念，读进了启示录之中。④

---

① 事实上，类似的说法在创世记2:1那里就已经出现：天地和其中的万物都造齐了（和合本中没有“其中的”一语，但“וְכָל־צְבָאָם”有此意涵）。

② R. Bauckham, *The Climax*, 253－54.

③ Swete, *Revelation*, 129; Aune, *Revelation* 6－16, 568.

④ O. Cullmann, *Christ and Time*. Trans. F. V. Filson (Philadelphia: Westminster, 1950), 49.

在探讨"昔在今在将要再来"一语之含义时(1:4),我们已经知道,旧约以及启示录对上帝永恒面向的理解,从来都不是以一个抽象的哲学概念作为起点,而是以神在历史中的大能作为,来看上帝的存在。而此一对神的认识,其实也正是大力天使在向天举手之时,为何要奉神"永活"和"创造"之名起誓的原因了。在这里"不再有时间"的意思,是"不再有时间的间隔",因此多数释经者和译本,都以"不再耽延(延迟)"的方式来翻译此一语句。①

但究竟是什么事情不再延迟了呢？若将本段插曲(10:1－11:14)之内容,视为约翰所预见的末日景象,并将此处大力天使之宣告,和先知但以理所预言末日三年半敌基督的灾难(但12:7;7:25),以及保罗所提及末日"不法者"将要出现(帖后2:3)的经文连结在一起,那么"不再耽延"的,应该就是这三年半,因着敌基督的现身而有的末日大艰难(可13:19)。② 也就是说,此时拦阻"不法者"现身的因素已然消失(帖后2:3),③因此整个世界的历史,就来到末日前,属神和属撒但势力之间争战的最后阶段。此说当然有其依据,但约翰是否以如是方式来理解但以理之"三年半",是十分值得商榷的(详下);而保罗所提及"不法者的显露",和此处经文是否能并排合参,互相解释,也是一个问题。因此这个见解的最大困难,就在于它是建立在许多假设之上的。

那么我们要如何理解此处"不再延迟"的意思呢？在前面我们已经晓得,借着大力天使向天举手,并以永活神之名起誓的动作,约翰已经带我们回到了但以理书12:7。从上文来看(12:6),此一天使之所以会慎重其事地起誓并发出宣告,乃因另一个天使所问的问题:"这奇异之事(הַפְּלָאוֹת)到何时才会结束呢?"④由但以理书8:24(וְנִפְלָאוֹת)和11:36(נִפְלָאוֹת)来看,"这奇异之事"所指的,不单是但以理在异象中所见之王,因权势高涨而心生骄傲,由是出言攻击万神之神(耶和华),并逼迫圣民的事(但8:23－26;11:36－39),也包括了神至终对此王之审判和祂对圣民的拯救(复活;但8:

① 例如,Stuart, *Apocalypse II*, 207; Swete, *Revelation*, 129; Charles, *Revelation I*, 263等等;译本的部分则包括了NAS, RSV, ASV, DBY, ESV, NAB, NAU, NIB, NIV, NKJ, NRS,和新译本等。

② 此乃Charles之见(*Revelation I*, xxiii, xxv, 263)。亦参,Mounce, *Revelation*, 211;胡理昂(L. J. Wood著,褚永华译,《圣经与末世事件》(香港:天道,1980),页109－112;张永信,《启示录注释》,页157; Osborne, *Revelation*, 399。

③ 有关谁是"拦阻者"的相关讨论,见冯荫坤,《帖撒罗尼迦后书注释》(香港:天道,1990),页202－11。

④ 和合本作"这奇异的事到几时才应验呢",但原文的意思是"结束"。因此我们也可以将此问题译为:"这奇异之事的结局何时才会来到?"

25;11:40－12:4)。① 此事,特别是圣徒受苦,当然引发关切,因此"何时结束?"的问题自然出现。对此问题,天使的回答是:要到一载二载半载,打破圣民权力的时候,这一切事才会结束(但12:7b)。

对但以理来说,这个答案是他所不明白的,因此他就开口发问:"这些事的结局(אַחֲרִית)是怎样呢?"(但12:8)但是他所问的,究竟是什么呢?也就是说,他所不明白的是什么事呢?在学界中(1)有人认为此一问题和前一个问题(但12:6)的意思一样,而重复发问的目的,旨在凸显末日之事的神秘性;②(2)有人则认为"结局"的意思是"结果",因此但以理想要知道的,是圣徒受苦的结果会是如何;③(3)而有人更认为但以理所关切的,不是圣徒要受苦多久(how long)的问题,而是圣徒受苦的事要如何(how)发生。④ 对此令人困扰的发问,我们也许无法完全确定但以理的意思,⑤但是天使的回答却十分明确,因为他不单要但以理不要再问(你只管去),也告诉但以理"这话已经隐藏封闭,直到末时"(但12:9)。也就是说,有关圣徒受苦,以及神如何借着审判他们之敌人,而为他们伸冤的启示,是已经隐藏封闭了,因为此一预言的含义,是要到它实现之日,才会显明。

从这个旧约背景来看,约翰之大力天使所做"不再迟延"的宣告,显然和但以理之天使"隐藏封闭,直到末时"的宣告,恰恰相反。但为何启示录的大力天使会做如是宣告呢?他有何德何能而可以做此大胆的宣示呢?在5:1那里我们已经晓得,"坐宝座者手中有书卷"的异象,乃由以西结书而来(结2:9),而此一书卷为七印所封严了的图画,则是出自但以理书的"隐藏封闭这书"(但12:4,9;亦参8:26)。但此一隐藏封闭了的书卷,在羔羊依序揭开七印之后(启6:1－8:1),已成为一卷展开了的书卷(启10:2)。因此这个天使之所以会做如此宣告,乃因先知但以理所见末日异象,已在羔羊之被杀、复活、领受书卷,并揭开七印的事件中,开始实现了。换句话说,在教会头块房角石被人厌弃,⑥以及在初熟之果已然复活的事上,⑦先知但以理所见末日异象,

① 教会传统认为此王乃末日的"敌基督"(例如,Jerome [J. J. Collins, *Daniel*, 388]),但晚近学者多认为此王乃统管叙利亚和巴勒斯坦的分封王安提阿哥四世(Antiochus IV; 176－164)。若后者属实,那么但以理书就是主前第二世纪时的著作了。此一见解当然和教会传统认知不同,但即便此说成立,但以理书的作者显然是以安提阿哥四世作为一个末日敌基督的一个"模型(type)",因为从但以理书11:40之后,他对此王败亡之描述,是脱离了历史,而指向未来的了(L. F. Hartman & A. A. Di Lella, *The Book of Daniel*, 303; J. E. Goldingay, *Daniel*, 305)。

② 例如,L. F. Hartman & A. A. Di Lella, *The Book of Daniel*, 303;张永信,《但以理书注释》,页389。

③ 例如,邝炳钊,《但以理书》,页305;亦参,J. E. Goldingay, *Daniel*, 275,309; J. J. Collins, *Daniel*, 400。

④ Beale, *Revelation*, 540;亦参NLT的翻译:How will all this finally end, my Iord?

⑤ LXX对此的理解是:这些话的"解释(ἡ λύσις)"是什么?这些是什么"谜语(αἱ παραβολαὶ)"呢?

⑥ 太21:42;可12:10;路20:17。

⑦ 林前15:20,23。

已开始成就了,因此末日神国的出现,就“不再迟延”了。

羔羊之“被杀—复活”,和其因此而得着展开书卷之权柄(建立神国),的确是大力天使宣告“不再延迟”的基础,但教会从五旬节之后所经历到的逼迫和死亡,也是此一宣告的佐证。第五印中,殉道者之灵魂在祭坛下的出现(启 6:9),就是但以理异象中,“圣徒必然受苦”的反映。对但以理而言,“圣徒受苦”和“神国建立”,是两个彼此冲突的概念,因此他就只能老实承认,“我听见这话,却不明白”(但 12:8)。但对约翰而言,这不单是他从耶稣基督的见证中,所学习到的真理;也是他身为第一代教会之成员,从历史中所经历到的事;因为尽管这个世界对教会的打压日趋严厉,但教会却也同步成长(参,使徒行传)。因此在 11:2 那里,他可以毫不犹豫地说,外邦人要践踏圣城(教会)42 个月,因为此乃但以理天使所预言圣徒受苦一载两载半载的期限;而在论及教会和撒但之间争战时,他也可以一方面说神要将教会(妇人)带到旷野,并保守她 1260 天(三年半;12:6,14),但在另外一方面却也说,权柄已然赐给了兽(撒但在地上的代理人),好让它可以任意而行,开口亵渎神并逼迫圣徒 42 个月(13:5 - 10)。①

耶稣基督的死和复活,以及教会在五旬节成立之后所经历的逼迫,都显示但以理异象已经开始实现了。对约翰的第一读者(以及后世读者)而言,“圣徒受苦”之预言的应验,虽然显示神永恒计划的确定性,但对身处在“一载两载半载”受苦期中的他们来说,“还有多久?”恐怕也是他们所关切的事;因此在宣告“不再延迟”之后,大力天使也接着说,“但在第七位天使发声的日子,当他吹号的时候,神的奥秘就成全了,正如神所传给他仆人众先知的佳音。”

从 11:15 - 19 来看,第七号所言显然是末日神国的完满成就,因为在那个时刻,基督不单要永远做王,而神国显现的两个主要元素——“恶人(甚至死人)受审判”和“圣徒得奖赏”,也都出现。因此大力天使所说的这句话,的确回答了“还有多久”的问题。但从其所说的内容来看,大力天使说这句话的主要目的,恐怕还不只是要回答这个问题而已。怎么说呢?

第一,若我们将“当他吹号的时候”一语拿掉,经文的意思完全不受影响,因此这个看似“累赘”的语句,显然有其特别含义。此语句直译作“当他正要(μέλλῃ)吹号时”,因此这句话似乎暗示在吹号之前,神的奥秘就已成就。准此,若我们将保罗所提

---

① 有关约翰在这些经文中,如何暗引但以理书的讨论,见后面相关经文的注释。以如上方式来理解“不再延迟”的学者,有 Caird (*Revelation*, 127 - 28); R. Bauckham (*The Climax*, 260 - 66);和 Beale (*Revelation*, 539 - 47)等人。持类似见解的亦有 Morris(*Revelation*, 137)和 Beasley-Murray (*Revelation*, 168,173 - 74)。

及“不法者的奥秘已然发动”①的事与此连结（帖后2:7），那么此处的“奥秘”，就是末日前三年半的大灾难了。② 单就“正要（μέλλῃ）”来看，此一理解是可能的，但约翰在此所说的是“正要吹（动词＋不定词）”，而此一结构的目的，在强调此事在未来发生的确定性；③因此这个句子的出现，是要突显第七号天使必要吹号。

第二，约翰在此使用的“奥秘（τὸ μυστήριον）”一词，在新约中共出现28次。④从其文脉来看，此一语词总是和神永恒计划相关；因为它所指的，可以是基督（西2:2），⑤也可以是以色列人的硬心和外邦人的得救（罗11:25），甚至是敌对神国之大淫妇巴比伦的特性（启17:5,7）。在多数的经文中，神的永恒计划之所以被称为“奥秘”，乃因祂的旨意，虽然已经在耶稣基督的启示中显明了出来，但在过去却是隐藏的。⑥ 因此从这个角度来看，约翰在此使用“奥秘”的目的，也在提醒其读者，神的旨意必然成就。事实上在论及此一将来事件之时，约翰所用的“成全了（ἐτελέσθη）”，乃过去式的动词，而其缘由，乃因此事之“必然发生性”，有若“已经发生之事”一样（proleptic aorist）。

第三，除了藉上述的两个途径来强调神旨意必然成就之外，“正如神所传给祂仆人众先知的佳音”一语，恐怕也有相同目的。就字面而言，这句话乃阿摩司书3:7的反映：“耶和华若不先将奥秘启示祂的仆人众先知，祂就不会做任何事”。⑦ 在这个背景的衬托之下，约翰在此的重点，一样是“神启示，神成就”。⑧

综上所述，大力天使在10:7中所要强调的，是神必然成就祂所要完成之事。因

① 和合本将“奥秘”译作“隐意”。

② Charles, *Revelation I*, 264－65。但Charles也认为此一语句的目的，也可能只是要指出这是一个简单的未来事件。

③ BAGD, 500；亦参，Osborne, *Revelation*, 400。

④ 太13:11；可4:11；路8:10；罗11:25；16:25；林前2:1,7；4:1；13:2；14:2；15:51；弗1:9；3:3,4,9；5:32；6:19；西1:26,27；2:2；4:3；帖后2:7；提前3:9,16；启1:20；10:7；17:5,7。

⑤ F. F. Bruce, *The Epistles to the Colossians, to Philemon, and to the Ephesians* (Grand Rapids: Eerdmans, 1984),91。

⑥ 参，太13:11；可4:11；路8:10；罗16:25－26；林前2:7；弗1:9；3:5,9－10；西1:26－27；亦参，提后1:9－10；多1:2－3；彼前1:20。

⑦ 此乃笔者的翻译。有关这个暗引旧约经文个案的分析，见L. P. Trudinger, The Text, 71－72；亦参，R. Bauckham, *The Climax*, 260－62。

⑧ 不单如此，若我们将但以理书第二章亦列入考量，那么约翰的意图，就更为明显了。因为在七十士译本中，“奥秘（τὸ μυστήριον）”一词只出现在这章圣经中（18,19,27,28,29,30,47［两次］），而其所指，乃是那一块非人手所凿出来的石头，将金头银胸铜腹铁腿之大雕像砸的粉碎的梦。在1:1那里我们已经知道，借着“将必要快成的事……指示”一语（1:1,19；4:1；22:6），约翰已然将整卷启示录，和此异象连结在一起了。也就是说，启示录所谈到的事，乃但以理书第二章人子得国异象的实现。而这也正是我们在“不再迟延”一语的分析中，所看见的。

为祂藉先知所预告的事(圣徒受苦),已然发生,因此祂将要完成的事(神国全然得胜),虽然依旧是未来式,但其确定性,却有如已经发生的事一样。此一强调,当然回答了"何时"的问题,但就教牧意义来说,10:7 其实更是个"信心喊话",因为对生活在苦难逼迫下的信徒来说,从神而来的保证和肯定,是他们可以在信仰的路上,继续坚持下去所不可或缺的。"要被掳掠的,就被掳掠吧!要被杀害的,就被杀害吧!圣徒的忍耐和信心,就是在此。"(启 13:10)①

10:8 我先前所听见从天而来的声音,又吩咐我说,"你去把那踏海踏地之天使手中展开的小书卷取过来!"(Καὶ ἡ φωνὴ ἣν ἤκουσα ἐκ τοῦ οὐρανοῦ πάλιν λαλοῦσαν μετ' ἐμοῦ καὶ λέγουσαν, Ὕπαγε λάβε τὸ βιβλίον τὸ ἠνεῳγμένον ἐν τῇ χειρὶ τοῦ ἀγγέλου τοῦ ἑστῶτος ἐπὶ τῆς θαλάσσης καὶ ἐπὶ τῆς γῆς)

在"七雷禁令"的衬托之下(10:4),大力天使慎重其事的起誓和宣告(10:5-7),的确引人注目;而此一反差对比,也在 10:8-11 中出现,因为在 10:4 中,从天而来,吩咐约翰不可将所听见七雷之内容写下来的声音,在此再次出现,而此次它所发出的命令,②则是和"七雷禁令"完全相反,因为此时它要约翰从大力天使手中接受书卷,而其目的,则是要约翰向多民多国多方多王传达从神而来的信息(10:11)。

但这从天而来的声音,究竟是谁所发出来的呢?一个可能是坐在宝座上的父神,而另外一个可能是基督。在 10:1-2b 的分析中我们已经知道,在此异象中所出现的大力天使,乃为基督所差遣,将展开了的书卷交与约翰的天使,因此这个声音的主人,应是基督。在 10:11 那里,祂和祂的大力天使将要共同发声(他们对我说),而在 11:3 那里,祂更要以第一人称的方式(我要赐权柄给我的两个见证人……),再次说话。③

为了要显示这个事件的宇宙性,约翰在提及此一天使之时,第三次以"踏海踏地"的方式来介绍他(参,10:2,5)。从 10:1-3 来看,这个天使其实具有许多不同特征,例如,大力、披着云彩、头上有虹、声如狮吼等等,但在其后每当约翰提及他的时候,"踏海踏地"总是他的标记。这个现象可能只是为了修辞上的统一而有的,④但不论从他手中之"书卷",在 4-5 章天庭异象中所扮演的角色来看(详见 5:1 的分析),

① 和合本作:掳掠人的,必被掳掠,用刀杀人的,必被刀杀;但此一翻译并不十分恰当。

② "吩咐(λαλοῦσαν)"和"说(λέγουσαν)"乃分词,因此这个句子(8a)缺少了动词;但这很可能是闪族语法的反映。相关讨论,详见 Beale, *Revelation*, 549-50。

③ 从 11:8 之"他们(两个见证人)的主"来看,上帝似乎是在此异象中说话的那一位,但从 11:3b 之后,经文的主词已经变成了第三人称复数的他们了;因此人子之言恐怕只到 11:3 为止(Aune, *Revelation* 6-16,586,610)。即便人子之言是一直持续到 11:13,祂在第三人称复数的上下文中,亦可以用"他们的主"的方式,来提及自己。

④ Mounce, *Revelation*, 214.

或是从第十章所要带来的最后结果来看，即差派约翰向整个世界（多民多国多方多王）说预言（10:11），这个重复使用“踏海踏地”的现象，恐怕是为了要凸显第十章之主题而有的。不单如此，在此天使的诸多特色中，“踏海踏地（τοῦ ἑστῶτος ἐπὶ τῆς θαλάσσης καὶ ἐπὶ τῆς γῆς）”可说是最长也最繁复的一个描述，因此若从修辞学的角度来看，约翰的选择其实并不十分恰当。而这个现象，其实正显示他想要藉此方式，来突显此一异象是关乎全宇宙的特性。

若我们将“七雷禁令”当成舞台背景（10:4），并将大力天使的起誓和宣告，看为一出戏的前言（10:5－7），那么在此节中所出现，从天而来，要约翰从天使手中拿书卷的声音，就可以说是“正戏上场”的宣示了。由是我们就看见约翰步上了舞台……

10:9－10　我就走到天使那里，对他说，请把小书卷给我。他对我说，你拿着，吃下去；它必叫你肚子发苦，但在你口中却要甘甜如蜜。[10]我从天使手中把小书卷接过来，并吞了下去。在我口中它果然甜如蜜，但吃了以后，肚子就觉得苦涩了（καὶ ἀπῆλθα πρὸς τὸν ἄγγελον λέγων αὐτῷ δοῦναί μοι τὸ βιβλαρίδιον. καὶ λέγει μοι, Λάβε καὶ κατάφαγε αὐτό, καὶ πικρανεῖ σου τὴν κοιλίαν, ἀλλ᾽ ἐν τῷ στόματί σου ἔσται γλυκὺ ὡς μέλι. [10]καὶ ἔλαβον τὸ βιβλαρίδιον ἐκ τῆς χειρὸς τοῦ ἀγγέλου καὶ κατέφαγον αὐτό, καὶ ἦν ἐν τῷ στόματί μου ὡς μέλι γλυκύ καὶ ὅτε ἔφαγον αὐτό, ἐπικράνθη ἡ κοιλία μου）

顺着由天而来的命令，约翰就来到了天使的跟前，拿了书卷并吃了下去。而他所经验到的，也正如天使所说：“在口中甘甜如蜜，但却让他的肚发苦。”

从表面上看起来，在这两节经文实在有些“啰啰唆唆”，因为约翰似乎把他所读到（听到）的“剧本”（去拿书卷；10:8），和他依剧本而演出的“戏”（就去拿书卷；10:9a），都写了下来；而天使所说“又甜又苦”的话（10:9b），他也照实再演了一回（11:10）。因此有学者认为，这里的经文过度重复；而此一现象乃圣经（以及古代近东）文学特性之反映，即，先宣布一个行动，然后描述动作的发生。① 此一见解不无道理，因为创世记第一章就是以“神说＋神就如此行”的模式，来建构的。但约翰为何要如此做呢？难道他只是要藉此来显示启示录的“圣经性”吗？

恐怕不是。在1:10那里我们已经知道，约翰的“差派礼”，可说是先知以西结受差事件的翻版（结2:1－5）；而在5:1那里我们也已经晓得，启示录的书卷异象，也是由以西结书而来（结2:9）。因此在这里，当我们听见天使向约翰发出“吃书卷”这个奇怪命令之时，我们也应该知道此事出自何处了。

① Aune, *Revelation* 6－16, 572.

他(耶和华)对我(以西结)说:"人子啊,无论你看见什么你都要吃;①要吃这书卷,好去对以色列家讲说。于是我开口,他就使我吃这书卷。又对我说:"人子啊,要吃我所赐给你的这书卷,充满你的肚腹。我就吃了,口中觉得其甜如蜜"(结3:1-3)。

和以西结受差派的事件对比,约翰的"差派礼"有几个类似之处。② 第一,我们在前面所观察到"说+行动"的模式,在以西结书3:1-3中,出现了两次(1-2;3),③而这也正是我们在启示录所看见的;因此就文学形式而言,启示录可以说是以西结书的翻版。第二,虽然以西结是被神差遣往以色列家;而约翰的使命则是要向多民多国多方多王说预言(10:11),但是在他们的"差派礼"中,"吃书卷"都是不可或缺的元素。第三,在两段经文中,书卷在两位先知的口中,也都一样甘甜如蜜。因此不论就经文形式或是内容的角度来看,约翰的蒙召,可说是以西结受差派事件的"重现"。④

但在细节部分,这两个事件当然也有不同之处。第一,以西结和约翰都经验了书卷的甘甜,但似乎只有约翰经历了"书卷在肚子发苦"的事。从以西结书3:1-3来看,这两个事件的确在这里,有所差异。但在2:10那里,以西结曾告诉我们,他所吃下去的书卷,乃是一卷写着哀号、叹息、悲痛之言语的书卷;而在3:14-15中,他也曾提及当他被神带回到他所要服事的人群中时(悖逆的以色列家;2:3-7;3:4-11),他不单心中甚苦,灵性忿激,也忧忧闷闷了整整七天,因为他所领受的,并不是一个轻松愉快的使命。⑤ 因此"肚子发苦"一语虽没有出现在以西结书中,但其文脉显示,这个元素其实也一样出现在先知以西结的蒙召事件中。

第二,这两个事件之间的差异,也在天使参与了约翰的"差派礼",因为在以西结的异象中,和先知对话的,一直是耶和华神;而在约翰的异象中,天使则是在其中轧了一脚。此一差异的成因其实不难理解。在1:1那里我们已然知晓,启示的传承乃由

---

① 和合本作"要吃你所得的",但原文的语意比此更强烈(M. Greenberg, *Ezekiel* 1-20,67;D. I. Block, *Ezekiel* 1-24,123)。

② 约翰在此暗引了以西结书3:1-3乃学界共识。相关分析,见L. P. Trudinger, The Text, 72-73; C. G. Ozanne, The Influence, 110-12。在诸多暗引旧约的案例中,由于启示录10:10和以西结书3:3在字面上十分接近,因此有学者甚至认为此一个案并非"暗引(allusion)",而是"引用(quotation)"(A. Vanhoye, 'L'utilisation du livre d'Ézéchiel dans l'Apocalypse,' *Biblica* 43 [1962], 437)。

③ 事实上,此乃以西结书的文学特色之一;详见,W. Zimmerli, *Ezekiel I*, 135-36。

④ 有关这两个事件之关联,亦参F. D. Mazzaferri, *The Genre of the Book of Revelation*, 289-96。

⑤ D. I. Block, *Ezekiel* 1-24,135-38.

两个顺序来完成的，即，“父神—耶稣基督—众仆人”和“耶稣基督—祂的天使—约翰”。① 因此天使在此的出现，实在不令人意外。不单如此，在约翰之“差派礼”中，他向约翰所发出的命令（10:9b），乃是跟随在从天而来的命令之后（10:8），而这个次序也和他在启示传承中之位置，完全吻合。因此天使的出现，以及他在此“差派礼”中所扮演的角色，其实只是启示录之一致性的反映而已。

但“吃书卷”的含义是什么呢？而书卷又为何会“在口中甘甜如蜜”而又“在肚子里发苦”呢？在以西结书中，先知“吃书卷”的动作，具有两层彼此相连的意义。第一，在以色列人悖逆神，心里刚硬的背景中（结 2:1－7），神要先知以“吃原本不可吃之书卷”的动作，来表明他的顺服，来表示他愿意从神的角度，来理解为何他们今日会经历哀号叹息悲痛之苦（即，被掳；结 2:8－10）。② 第二，除了“坐标转移”之外，在接下来的经文中，“吃书卷”也具有更进一步的意义，那就是接受神的差遣，去向额坚心硬③的以色列人，传讲神的信息（结 3:1，4，11）。因此若我们将“吃书卷”的第一层意义，视为“内在的转化”，那么“吃书卷”的第二层意义，自然就可以称为“外在的行动”了。④

此乃以西结“吃书卷”一事的象征意义。但启示录是怎样使用这个旧约事件呢？对因着福音的缘故，而被放逐在拔摩海岛上的约翰而言（1:9b），他当然有可能必须像先知以西结一样的，在他的“差派礼”中，先经历内在转化，而后再有外在的顺服。但从启示录本文部分的一开始（1:9a），他就已经借着“我是和你们一同在耶稣的患难，国度，忍耐有分的弟兄”，显示出他早已经过内在转化的阶段了。因此在这里，他的“差派礼”不单简短（以西结的差派占了三章圣经的篇幅），而其“任务提示”，也立即出现在下一节经文中（10:11）。

事实上这两个差派礼的差异，更显示在两个当事人对其呼召的态度上面。就以西结而言，他要在神第二次要他开口吃书卷之后（2:8；3:1），才老大不情愿地开了口（3:2），⑤而在这个情况之下，他也才发现原来书卷是甜的（结 3:3）。再者，尽管书卷是甜的，先知以西结显然对神所交付给他的使命，依旧心存抗拒，因为当神大能的灵将他带回到以色列人当中时，他仍然坐着，忧闷七日，而不愿意开口向他的同胞传讲神的话（结 3:12－15）。由是我们就看见耐心十足的神，再次开口敦促先知履行使命

---

① 有关这个设计的神学意义，见 1:1 的讨论。

② W. Zimmerli, *Ezekiel I*, 160，135；D. I. Block, *Ezekiel* 1－24，123.

③ 结 3:7。

④ M. Greenberg, *Ezekiel* 1－20，73.

⑤ 即便开了口，以西结还是有一点心不甘情不愿，因为他在此用了一个使役动词：是耶和华“使我吃（וַיַּאֲכִלֵנִי）”书卷。

(结3:16-21)。①

和先知以西结相较,约翰的态度则是积极得多。在从天而来的声音向他说话之后,他立即顺命地来到天使面前,并主动要求书卷。不单如此,在天使明示此一使命有其"苦涩"的成分之后(苦在甜前),约翰也欣然接受,并且还将整个书卷"吞了下去(κατέφαγον αὐτό)",意即,百分之百地接受了他的呼召。因此在面对其呼召和使命之时,约翰的反应显然比以西结要来得更为正面和积极。但孰以致之?是约翰意图显示他比先知更"属灵"吗?应该不是,因为约翰之所以会有如此积极的态度,乃因他已在羔羊的见证中,明白了"受苦乃得胜兵器"的真理(参,启1:5-6;5:5-7),并且在初代教会蓬勃成长的历史中,经历了此一真理;因此他对来自天上的呼召,自然就有了如是反应。此一积极正面的态度,当然不只是为了要突显约翰自己,而是要预备其读者,来领受他即将在11章中,所要告诉他们的事,那就是,教会的使命,乃在建立神国,但其路径,则是受苦(详见下文)。

但为何书卷在约翰口中会甘甜如蜜,而在腹中又会发苦呢?对此现象,学者们的解释基本上可分为两类。第一,甜和苦所指的,是书卷的内容,因为在启示录中,神审判世界的信息(苦),和祂救赎教会的应许(甜),在各个段落中都出现。② 第二,由于诗篇曾以"蜂蜜之甜"来比拟神话语的滋味,③而先知耶利米也曾向神说:"万军之耶和华啊!我得着你的话语,就当食物吃了;你的言语,是我心中的欢喜快乐"(耶15:16);因此有学者就认为,"甜"乃因约翰明白了神的计划,而"苦"乃因约翰明白其使命,是要向教会和世界传达不受人欢迎的信息,因此其使命的艰难就不可免了。④

从以西结书的背景来看,后者的见解是比较合理的,因为在那里"甜和苦"乃先知对神所赋予他之使命的反应,而不关乎书卷的内容。事实上我们在前面所提及"吃书卷"一事的两层意义,也正和"甜和苦"的经验,彼此对应。因为对先知以西结而言,书卷(神的话)先转移了他的"坐标",因此被掳的苦难就有了合理的解释(甜),但随着"吃书卷"一事而来的,亦是被差遣往背道的以色列人而去,因此"苦"也就不可免了。和以西结相较,约翰所面对的时空环境当然不同,但他因着耶稣基督的启示(1:5-6;5:5-7),而能对圣徒受苦,甚至殉道一事,提出一个积极的解释(6:9-11;亦参,11章),以及他能正面面对因着呼召而来的挑战(10:10),都显示此处的"苦和

---

① D. I. Block, *Ezekiel* 1-24, 135-37.

② 例如,Stuart, *Apocalypse II*, 211; Beasley-Murray, *Revelation*, 174-75; Osborne, *Revelation*, 402。

③ 诗19:11[10];119:103;亦参,箴16:24;24:13-14。

④ 例如,Ladd, *Revelation*, 147; Roloff, *Revelation*, 126; Thomas, *Revelation* 8-22, 73; Beale, *Revelation*, 550-51。亦参,W. Zimmerli, *Ezekiel I*, 136; D. I. Block, *Ezekiel* 1-24, 126。

甜”，并非书卷内容的反映，而是他蒙召服事的经验。在以西结书和这里（10:9－10），“甜和苦”之体会是个人性的，但在1:10那里我们已经知道，在五旬节圣灵降临之后，万民皆已成为神的先知，因此11章中，我们也就自然看见以两个见证人为象征的教会，勇敢地肩负起向这个世界见证神的任务。

10:11 他们对我说，“你必要再指着多民多国多方多王说预言”（καὶ λέγουσίν μοι, Δεῖ σε πάλιν προφητεῦσαι ἐπὶ λαοῖς καὶ ἔθνεσιν καὶ γλώσσαις καὶ βασιλεῦσιν πολλοῖς）

在上两节经文的分析中，我们已经晓得“吃书卷”一事，除了有“内化”神话语的象征意义之外，也包括了向外传讲的意思。因此在这里，我们就看见约翰和以西结一样的（结3:4），在吃了书卷之后，就接获了他的使命。但向他发出命令的“他们”究竟是谁？一个可能的解释是，“他们”乃希伯来文和亚兰文中，“不限定复数（indefinite plural）”之语法的反映。① 因此其含义是“有话［向我］说（it is said）”，而其目的，则在强调此一命令之“属天”性质。② 但在10:8那里我们已经说过，“他们”乃大力天使（10:9），和差遣他的基督（详见该处注释）；因此是他们在此共同向约翰发声说话。

“你必要再指着多民多国多方多王说预言”，乃约翰所接获的使命。“必要（Δεῖ）”一词再次显示此一属天使命的“强制性”；也就是说，约翰除了遵命宣讲之外，没有其他的选择；③而“再（πάλιν）”一语则显示，约翰在此所经历的，只是一个“重新的差派”，因为在启示录的第一个异象中（1:10－11，19），他已经为人子所差派了。④

但为何约翰发预言的对象，会是“多民多国多方多王”呢？和以西结的使命相较，即，向以色列家说话（结3:4－6），约翰所肩负的责任，的确要沉重许多。但何以致之？在5:9－10之后，有关约翰如何使用“各族各方各民各国”之词组的分析中（见，附录一），我们已经知道此一词组在启示录中一共出现了七次。虽然它的形态各自不同，但这一组词组却是约翰为了连结各个段落所放下的文学线索之一。在前面的讨论中，我们也晓得出现在本节经文中的这个词组，虽然是这一组七个词组中的一个，但它也有其独特性。（1）就其形态而言，此一词组的独特之处，不单单在于它拥有

---

① Swete, *Revelation*, 131; Aune, *Revelation* 6－16, 537。在启示录中，此一语法亦在13:16（δῶσιν）和16:15（βλέπωσιν）两节经文中出现。

② Moffatt, *Revelation*, 414; Thomas, *Revelation* 8－22, 74.

③ 先知们亦有类似经验，参，摩3:7－8；耶1:6－7；4:19；6:11；20:7－9；结4:7；5:2；11:4；亦参，保罗对其使命之表白：“我传福音原没有可夸的，因为我是不得已的。若不传福音，我便有祸了。我若甘心作这事，就有赏赐；若不甘心，责任却已经托付我了”（林前9:16－17）。

④ F. D. Mazzaferri认为，“再”一语所指的，是约翰要如旧约先知般的，特别是如以西结般的，再说预言（*The Genre of the Book of Revelation*, 294－95）。此说有其可能，因为在1:10－11那里我们已经知道，约翰的蒙召和差派（在灵里），乃以西结经历的翻版，因此这里的“再”所指，的确可以追溯至以西结的身上。但在启示录的文脉中，此“再”乃因1:10－11中的第一次差派而有。

"多(πολλοῖς)"这个形容词,也在于它以"王",来取代"各族"。(2)这一组词组都源自但以理书7:14中的"各民各国各方(וְכֹל עַמְמַיָּא אֻמַיָּא וְלִשָּׁנַיָּא)",但本节经文中的词组,是最接近该旧约经文的,因为其前面三个项目,"多民多国多方[语言]",和但以理书中词组的次序,完全一致。而约翰之所以会在此以"王",来取代他通常所用之"各族",乃因在但以理书中,人子所得着的权柄荣耀和国度,是超越了前面所提及之"四兽"和"角"的;而这两者,都是以"王"为其象征。事实上约翰将"王"放在此一词组的最后,除了显示他对但以理书的理解之外,也显示了他对其使命的认识和把握,因为在"各民各国各方[语言]"中,王乃统治者,但对他而言,由于书卷乃由天而来,因此他的信息也就必然要超越社会阶层中,身处最高位的王了。

(3)就其在启示录中的位置而言,此一词组也有特殊之处。在本节经文之前,"各族各方各民各国"所指的(5:9;7:9),乃是那些被羔羊从世界各个角落所买赎回来的人;但从本节经文开始,此一词组所指的,则是那些敌对神和羔羊的群体(11:9;13:7;14:6;17:15)。因此,从这个角度来看,神之所以会赋予约翰一个向这个世界(多民多国多方多王)说预言之使命,乃因他既身为教会中的一员,也就是被羔羊从万民中所买赎回来中的一员,他(以及教会)自然就必须向万民说预言了。① 换句话说,若羔羊的救赎功效乃世界性的,那么那些被祂所买赎回来的人,就必须效法祂的样式,以万民作为他们服事的对象(太28:19-20)。在以西结所身处的时空中,被掳之以色列人的悔改、回归和复兴,自然是他所关切的焦点;但对约翰而言,但以理之人子既已降世,并在其死而复活,升上高天的事上,显示了祂的得胜,②因此在其所建立的"滩头堡"之上,再继续扩大战果,就成为教会不可逃避的责任了。约翰为此蒙召,也为此被流放到拔摩海岛上;但在异象中,他虽知书卷之苦,却没有半点犹豫(启10:10)。因此藉此他就为教会立下了一个榜样,因为他们所肩负的使命,以及他们因着这个使命所要付上的代价,是和他所曾经历的,没有两样。凡立志在基督耶稣里敬虔度日的,都要受逼迫(提后3:12)。

但是,约翰向这个世界所要传递的,究竟是怎样的信息呢?也就是说,此处"指着……说预言(προφητεῦσαι ἐπὶ)"一语的含义,究竟是什么?学界对此问题有两个见解,即,约翰在此所要传讲的,是(1)"有关于"③(2)或是"敌对"④列国的预言。

---

① R. Bauckham, *The Climax*, 263-66.

② 详见1:7,12的注释。

③ 例如,Swete, *Revelation*, 132; Charles, *Revelation I*, 269; M. Zerwick & M. Grosvenor, *A Grammatical Analysis*, 758; Osborne, *Revelation*, 404-05。亦参,RSV, NRS, NKJ,新译本等等。

④ 例如,A. T. Robertson, *A Grammar of the Greek New Testament*, 605; Mounce, *Revelation*, 216; Aune, *Revelation 6-16*, 573-74; Beale, *Revelation*, 554-55。

而这两个看法的差异，在前者认为约翰的信息是比较中性的“关于”，而后者则认为约翰的信息是负面的，是带谴责意味的。就文法而论，这二者都有可能，①但由于（1）在以西结书中（LXX），“指着……说预言（προφητεῦσαι ἐπὶ）”一语，在大多数的情况下，特别是在先知发审判预言的经文中，其含义是“说预言敌对（against）”；②而（2）在启示录的下文中，“审判”乃经文的主题，因此后者见解是比较可能的。以中性“关于”的方式来理解约翰的信息，并没有问题，但却不够准确。在接下来的经文中，世界乃拒绝教会之见证，并大力打压圣徒的群体，因此我们实在很难以想象，约翰只会单单发出“有关于”世界的预言。③

附录六　启示录的释经问题（11:1－2）

从第10章的分析中，我们晓得约翰在其“差派礼”中所接获的使命，乃是要向这个世界说预言。因此当我们来到第11章时，如旧约先知在传达神谕时的起首语——“耶和华如此说”，或是类似的说法，应该出现在我们眼前，但是经文却不是如此。不单如此，在11:1－2中约翰所提及之圣殿，祭坛和圣城耶路撒冷等等，都是旧约以色列人之信仰中，最核心的部分，因此这两节经文的含义，以及它的出处等问题，在学界中就引起了许多的讨论。

有关出处的问题，有学者认为这两节经文原是奋锐党（Zealot），就是那些主张藉武力来挣脱罗马帝国之管辖，好取得独立自治之犹太“激进份子”，在公元70年耶路撒冷被毁前夕，为了鼓励其党人能坚持下去而发出的预言。④ 因为在那个紧急的关头，此一“外邦人（罗马）虽能占领圣城，甚至外院，但却无法攻克圣所”的预言，的确能安抚并鼓励人心。从后续历史来看，此一预言当然没有应验，但约翰在此却将之“象征化”，而使其成为一个“基督徒在末日大灾难中得蒙保守”的预言了。⑤ 此一见解有其可能，但由于我们手中只有启示录，而无其他文献之佐证，因此这个“源自奋锐

---

① 前者以“指涉性的间受（dative of reference [or of respect]）”，而后者以“不利性的间受（dative of disadvantage）”来解读此处的“ἐπὶ”。

② 详见，Beale，*Revelation*，554。

③ 约翰（以及旧约先知们）向“敌人”发出审判预言一事，当然不关乎个人恩怨，而是对神公义是否得着彰显一事的关切。

④ 此乃J. Wellhausen之见，而采纳此见解的，亦大有人在（例如，Beckwith，Charles，Beasley-Murray，Boring，Aune等等；详见Aune，*Revelation* 6－16，594）。

⑤ Aune，*Revelation* 6－16，598.

党”的见解,只属揣测。① 再者,我们在前面已多次看见,启示录中的各式象征,其主要出处乃旧约,而这也是我们在后面的分析中,所将要看见的事。

至于这两节经文之含义的问题,学界的看法可说是南辕北辙,相去甚远。

(1) 过去派(Preterist):对那些强调启示录之当代意义,并以公元65年为启示录写作日期的人而言,约翰在这两节经文中所说的,是他对耶路撒冷在70年被毁之事的预言;而此一预言,乃根据耶稣有关耶路撒冷将要被毁的教训而来(路21:24)。持此见解的学者认为,由于(a)以色列人弃绝了神所差来的弥赛亚,而(b)耶稣所建立教会,乃是一个不以圣殿为中心,并且是一个无疆土国界的新神国,因此象征以色列国的耶路撒冷,自然就必须受到刑罚(被毁),并进入历史中。但此一事件并不必然表示神就放弃了圣殿的属灵内涵,例如神的同在和人对神的敬拜,因此约翰在此就借着“丈量圣所,祭坛和在那里敬拜之人”的方式,来显示神虽然放弃了物质的圣殿,但祂却让圣殿所象征的属灵本质,继续下去。而在此见解之下,圣城被践踏42个月所指的,正是从公元67年春天,维斯帕先(Vespasian)奉尼禄皇帝之命到耶路撒冷平乱,一直到公元70年8月,圣城和圣殿为罗马将军提多(Titus)毁灭为止的时间。②

(2) 历史派(Historicist):对那些将启示录等同于世界历史的人而言,约翰在这两节经文中所言之事,乃十六世纪由马丁路德等人所开始的改教运动。因为在新约中,圣殿所代表的总是教会(例如,林前3:16),因此约翰丈量“圣殿,祭坛,敬拜者”的意思,就是要将教会(真圣殿)从人的组织中区隔出来,而其标准,则是祭坛所代表的牺牲和赎罪,也就是“因信称义”的真理。因此借着这一把尺,我们就可以区分谁是“真正的信徒”了。在此一理解之下,“不必丈量”的含义,则是神藉改教运动所要从真教会中除去的事,像是圣像崇拜,或是教皇制度等等。此一运动当然要受到教皇的逼迫,正如耶路撒冷城曾落在外邦人的手中一样。至于42个月的长短,历史派学者多以“一天等于一年”的原则来解释(参,结4:6),因此“真教会”就必须在教皇的手中,受苦1260年。③

---

① Beale, *Revelation*, 556.

② 例如,Stuart, *Apocalypse II*, 218–19; K. L. Gentry Jr., ‘A Preterist View of Revelation,’ in *Four Views of the Book of Revelation*, ed. C. M. Pate (Grand Rapids: Zondervan, 1998), 65–67; Chilton, *Days of Vengeance*, 272–75; Roloff, *Revelation*, 128–30;亦参,S. Gregg, ed., *Revelation: Four Views*, 220–26。和Gentry不同,Chilton认为“42个月”是象征性的,但他却也认为神会使历史事件,依祂所预言的方式来发生(但以理7:25中的“一载两载半载”)。

③ 持此见解的人有A. Barnes, E. B. Elliott等等。对1260年究竟应从何时起算的问题,此派学者的意见并不一致。有一说是,这段时间是从公元538年Ostrogoths(意大利北部的部落)停止他们对罗马的围困开始,到公元1798年教皇为拿破仑(Napoleon)所俘虏为止(资料来源,S. Gregg, ed., *Revelation: Four Views*, 218, 220–22)。

（3）未来派（Futurist）：顾名思义，此派学者都认为 11：1－2 所描述的，乃在末日来临之前的大灾难其间，所要发生的事。但因着在"字面或象征?"之释经问题上，有着不同的见解，这个阵营还可以分为两个派别。第一，以字面解读启示录的人认为（通称时代主义），约翰在此所言，乃末日以色列人的复兴，圣殿的重建，和圣殿礼仪（献祭）的恢复。此一复兴将要发生在七年大灾难的时候，但由于敌基督将要在"一七之半"时出现（但 9：27），因此在七年大灾难的后半（42 个月），复兴的以色列人将要经历逼迫（圣城耶路撒冷被外邦人践踏）。① 第二，以"象征"为解经途径的学者则有如下几种不同看法。（a）此处圣殿所指的是以色列中相信耶稣的"余民"。他们在末日的大灾难中将得着保守；而外院和圣城，就是那些依旧拒绝悔改的以色列人，则要为世界所践踏。② （b）圣殿乃教会，因此他们的救恩将因着"丈量"而得蒙保守，但由于外院（以及圣城）是和圣殿彼此相对，因此教会在大患难中依旧要经历苦难。③（c）圣殿乃教会，外院乃教会中偏离或放弃信仰的人，因此在末日大灾难中，神要保守真信徒，不让他们受到从神或是这个世界而来的刑罚和攻击；但那些背弃信仰的人，则要在灾难中灭亡。④

（4）理想派（Idealist）：由于约翰在此一方面被吩咐要丈量"圣所＋祭坛＋敬拜之人"；但在另外一方面又被强烈要求不要丈量"外院＋圣城"，因此以"概念或是理想"来解读启示录的人就认为，这两节经文所要传达的，是（a）教会虽在世界的逼迫下受苦（外邦人践踏圣城），但他们却不致于失去救恩（圣所，祭坛和敬拜的人被丈量）；⑤或是（b）在患难中教会将会得着属灵的保守（不失去救恩；被丈量），但那些背道的，如尼哥拉党等人，则要和世界联合来逼迫教会，因此他们将不被丈量。⑥ 至于"42 个月"，此派人士多认为这个词组所指，并非末日大灾难，而是"有限时间"的象征，或是从耶稣降生到祂第二次再临的"教会时期"。

上述乃学界对启示录 11：1－2 之见解的简短归纳，因为在这些派别中的个别学者之间，还有我们无法一一列举的差异。但此一简略的归纳已经足够让我们看见，学界对这两节经文的看法，有着多么大的歧异。此一现象的成因，当然是因着各派对

---

① 例如，Walvoord, *Revelation*, 176－77；Thomas, *Revelation* 8－22，78－86。若读者想要知道还有哪些人也持此见解，可见 S. Gregg, ed., *Revelation: Four Views*, 218，220－25。

② 例如，Beckwith, *Apocalypse*, 596－60；Ladd, *Revelation*, 151－53。

③ Mounce, *Revelation*, 219－20；Osborne, *Revelation*, 409－15.

④ Aune, *Revelation* 6－16，598，607.

⑤ 例如，Beale, *Revelation*, 559－71；亦参，Harrington, *Revelation*, 119。

⑥ 例如，Alford, *Apocalypse*, 656－57；Hendriksen, *More than Conquerors*, 126－28；Hailey, *Revelation*, 331。

"如何解释启示录"之问题,有不同见解而产生的。因此在进入经文分析之前,笔者似乎有必要在此先让读者知道,我们将会遵循怎样的释经原则。一言以蔽之,"上下文"。此一原则看似简单,但其实包括了许多面向。第一,立即的上下文;也就是说,从这两节经文所属的段落(10:1－11:14),来理解它的含义。第二,书卷上下文;即,在整卷启示录的架构,文学特性(例如,象征),作者的写作习惯等考量之下,来看这两节经文。第三,圣经的上下文;也就是说,从旧约以及其他新约的相关经文,来解释这两节经文。笔者认为在"上下文"这个释经原则的规范和引导之下,我们应该可以得到一个合理的解释。

11:1－2 有一根作量尺用的芦苇赐给了我;且有话说,"你起来,将神的殿,和祭坛,并在那里敬拜的人,都量一量。[2] 但要留下殿外的部分,不要量它,因为这是给了外邦人的;他们要践踏圣城四十二个月"(Καὶ ἐδόθη μοι κάλαμος ὅμοιος ῥάβδῳ, λέγων, Ἔγειρε καὶ μέτρησον τὸν ναὸν τοῦ θεοῦ καὶ τὸ θυσιαστήριον καὶ τοὺς προσκυνοῦντας ἐν αὐτῷ. [2]καὶ τὴν αὐλὴν τὴν ἔξωθεν τοῦ ναοῦ ἔκβαλε ἔξωθεν καὶ μὴ αὐτὴν μετρήσῃς, ὅτι ἐδόθη τοῖς ἔθνεσιν, καὶ τὴν πόλιν τὴν ἁγίαν πατήσουσιν μῆνας τεσσεράκοντα καὶ δύο)

就文脉逻辑而言,11:1－2 中的"丈量",和 10:11 中的"说预言",似乎有点连不上线。而若和约翰在 10:8－10 中,"听见命令后随即向天使要书卷来吃"的顺命表现相较,他在此没有将"丈量圣所等物"之命令实践出来,也显得有些奇怪。① 但若我们从约翰在此所本的以西结书来看(结 2:8－3:3),这些似乎让人有些跟不上脚步的文学现象,其实正是该旧约经文的反映。因为就在耶和华三番两次的要先知开口向以色列说话之后(结 3:4,11,16－21,27),祂要先知所做的,却是一连串的"行动剧",像是摆设一个耶路撒冷城被围困的模型(结 4:1－3),或是躺在床上 430 日,并以人粪所烧烤的饼为食(结 4:4－17),甚或是剃发并一分为三等等(结 5:1－17)。② 而在以西结书中,这些深具象征性意义的"行动剧",也都没有"上演"(至少没有上演的记载)。因此就形式而言,约翰在此还是紧紧地跟随着先知的脚步。

"有一根作量尺用的芦苇赐给了我",为约翰的行动剧提供了必要的"道具"。约翰没有告诉我们是谁将此"作量尺用的芦苇"给了他(ἐδόθη),但此被动语法(divine passive)再次显示此丈量工具的最终出处:神。"芦苇(κάλαμος)"乃禾本科植物(Gramineae),多生于约旦河畔。笔直,中空有节,通常可以长到五至六公尺高。在去

---

① Aune, *Revelation* 6－16,594,603。

② 对"额坚心硬"的以色列人来说(结 3:7),这恐怕是传递信息最有效的方法了。相关讨论,见 D. I. Block, *Ezekiel* 1－24,165－67。

头去尾之后，也有3－4公尺长，因此常被当做度量大型物件的工具。①

“且有话说，你起来，将神的殿，和祭坛，并在那里敬拜的人，都量一量”，则是约翰所要演出的行动剧。再一次的，约翰也没有告诉我们是谁在此说话；因此发声说话的，可能是从天而来的声音（10:4,8），也可能是天使（10:9）。但这并不重要，因为第十章的庄严场景（大力天使，七雷等等），已经保证了这个命令的权威性。但“神的殿，祭坛，和在那里敬拜的人”，②究竟是谁？而“量一量”的意思又是什么？

在旧约中，“量一量”可以是实际的动作，像是以色列人在旷野以俄梅珥为单位，③来量神所赐给他们的吗哪（出16:18）；④但也可以是具有象征审判，⑤或是保护意义的动作。⑥许多释经者都指出，撒迦利亚重建耶路撒冷城的异象（亚2:1－5），⑦和以西结丈量新圣殿的异象（结40－42），是此处启示录经文之背景。⑧因为在撒迦利亚书2:1－2那里，先知见一人手持准绳，意欲丈量耶路撒冷城；而在以西结书40:3－5中，先知也见一人手拿麻绳和度量的竿，里里外外丈量圣殿各部分的尺寸（结40:5－42:17；43:13－17）。根据这两个都以末日复兴为主题的旧约背景，多数学者就认为“丈量”之动作，在此所象征的，是神的保守或是保护。但“丈量”究竟是如何成为“保守/保护”的象征呢？

就撒迦利亚书的背景而言，丈量耶路撒冷城的主要含义，在耶和华定意复兴以色列（参，亚2:4－13），但由于耶和华神借着再次拣选耶路撒冷而显示了祂的同在，因此“丈量”除了复兴之外，也有了“保守”的延伸意义（参，亚2:5,8）。⑨因为神的同

---

① *ISBE*, 7256 ‘Reed,’ in *Bible Works* 6；亦参，Swete, *Revelation*, 132。

② 绝大多数的学者都认为“丈量”所涵盖的范围，是包括了这三样东西；但M. Jauhiainen则将这两节经文，解读为：起来，将神的殿量一量；但（καὶ）祭坛和（καὶ）那些在旁边（ἐν αὐτῷ）敬拜的人，就是（καὶ）外院，你要把它扔在外面，不要量它（‘The Measuring of the Santuary Reconsidered [Rev 11,1－2],’ *Bib* 83 [2002], 507－26）。此一见解是将11:1－2中之第二，第三和第四个连接词（καὶ），做不同的解读。纯就文法而言，这个见解是可能的，但却相当不自然。再者，若约翰在此真如Jauhiainen所说的暗引了以西结书8:16，那么为何“量一量和不丈量”这两个元素，都没有出现在该旧约经文中呢？

③ 一俄梅珥约等于2.2公升

④ 亦参，民35:5；申21:2；得3:15等等。

⑤ 参，王下21:13；赛34:11；65:7；哀2:8；摩7:7－9。

⑥ 参，结40:1－6；42:20；亚2:5。

⑦ 此乃和合本的经文章节；在MT中是2:5－9。以下撒迦利亚书之经文亦是和合本的章节。

⑧ 例如，Stuart, *Apocalypse II*, 217；Swete, *Revelation*, 132；C. G. Ozanne, The Influence, 170；Ladd, *Revelation*, 151；Beasley-Murray, *Revelation*, 181；Sweet, *Revelation*, 183；Beale, *Revelation*, 559；Aune, *Revelation* 6－16, 604；Osborne, *Revelation*, 409。

⑨ R. L. Smith, *Micah-Malachi*, 197；唐佑之，《十二先知书注释 IV》，页160；T. McComiskey, *Zechariah*, 1053－55。

在,不单意味着以色列人乃属神的子民,也表示身为万军元帅之耶和华,①将要成为他们的高台和堡垒。

但此一概念是否一样反映在以西结书中呢?为了让读者能迅速掌握以西结书40－43章中,那些繁复详细的丈量圣殿细节,我们就将这段经文图示如下:

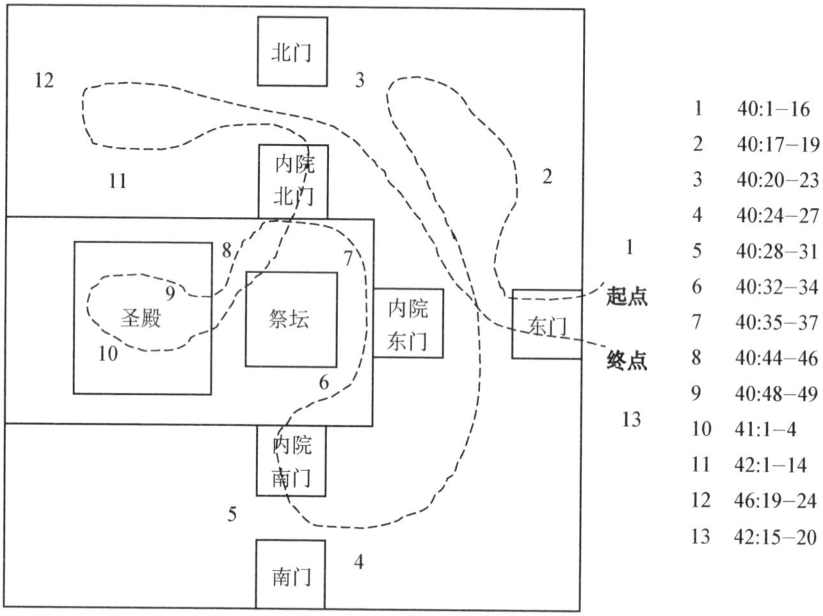

以西结圣殿图标和丈量圣殿之旅

就以西结书来说,"丈量(מָדַד)"的动作,和此一动作所得到的结果"尺寸(מִדָּה)",可说是40－42章的主题,因为这两者在这三章经文中,一共出现了不下30次。② 从表面上看起来,"丈量"的目的当然在得到"尺寸",因为根据所得到的数据,我们也才能将圣殿重建起来。但先知以西结的异象,显然不是为了这个目的而有的;因为我们除了看见圣殿外墙的高度为"一竿"(约3公尺)之外(结40:5),其余的部分只有长和宽这两个度量。也就是说,以西结只给了我们一个圣殿的"平面图"。但为何会如此呢?其缘由乃因先知的目的,并不在提供一个可以按图施工的建筑蓝图,而是要借着空间的重新规划,来反衬以色列人过去圣俗不分的错误(结43:6－12;亦参,8:1－

① 在撒迦利亚书211节经文中,"万军之耶和华"之名号,一共在46节经文中,出现了53次。此名号在旧约中,一共出现了259次;而全卷旧约有23213节经文。因此这个对比显示(25% vs. 1%),此一突显耶和华能力之名号,是撒迦利亚书的重点之一。

② 上图乃根据 D. I. Block, *Ezekiel* 25－48,508－9 而来的简单图示。若读者想要得到更多、更详细的图示,可见该注释书541,550,565,572,573,598等页。

18)；①而那个错误，曾让他们经历了被掳的刑罚。② 因此这一段让人必须用极大耐心，才能读下去的“丈量圣殿之旅”，其目的正是要借着详细繁琐的尺寸细节，让以色列人知道在“圣和俗”之间，有一条明确清楚的界限。此一明确清楚的界限，不单是耶和华荣耀重新回到他们当中的前提（结 43:1–5），也是以色列人的保护。因为当他们持守了此一界限，不再让偶像崇拜之事（俗的），玷污了耶和华的圣殿，那么被掳之刑罚就不会再次落在他们身上了。③ 换句话说，“丈量”的含义，的确在区隔圣俗；但其至终目的，则在保守。

若“丈量”乃保守之意，那么约翰所要丈量的“圣殿，祭坛和在那里敬拜的人”，究竟是什么呢？在前面我们已经提及，因着切入角度之不同，学界对此问题有着相去甚远的看法。若从以西结书之背景来看，约翰在此所说的，似乎是末日以色列国的复兴，即，圣殿的重建、献祭制度的恢复，和以色列人的悔改等等。④ 但此一见解的问题，在于它完全以字面意义来解读经文。前面我们已经提及，以西结的圣殿丈量之旅，并非为圣殿之重建，提供一个可以按图施工的蓝图，而是要借着这个平面图，来凸显未来神国的特色（圣的，完全以神为中心的）。因此在约翰所本的以西结书中，我们就已经无法以字面含义来理解经文了。⑤ 不单如此，此一见解还有两个困难。第一，神要约翰丈量圣殿等物的工具，乃 3–4 公尺长的芦苇杆。以此工具丈量圣殿是相当适切的，但要用此工具来丈量尺寸比芦苇杆还短的祭坛和人，则是不可行的。也就是说，经文本身已经暗示我们不能以字面意义来解读经文。第二，更严重的是，若此说属实，那么它和希伯来书中，旧约献祭礼仪已经因着耶稣所献上的赎罪祭，而进入历史的教训（来 9–10），彼此冲突。因此字面解读之路的确不可行，但我们要如何来理解约翰在此所说的呢？

---

① 在导论“启示录的结构”部分，我们已经提及，以西结书 8–11 章和 40–48 章乃彼此相对的两个“耶路撒冷异象”（详见页 113）。

② 有关先知在以西结书 40–48 中，以重新规划空间之方式，来表达“新神国”概念的讨论，见 K. R. Stevenson, *The Vision of Transformation: The Territorial Rhetoric of Ezekiel* 40–48 (Atlanta: Scholars Press, 1996), xviii, 13, 151–52；亦参，笔者博士论文 Ezekiel in Revelation: Literary and Hermeneutic Aspects (Univ. of Edinburgh, 1999), 140–50。亦参，W. Zimmerli, *Ezekiel II*, 342–44。

③ “丈量圣殿之旅”的段落（结 40:5–42:20），乃由丈量外墙开始，也在丈量外墙中结束。因此这个“前后包夹”的文学设计（*inclusio*），也暗示“立界限”乃本段经文主题。而这也应是以西结只将圣殿外墙高度给了我们的原因。

④ 此乃时代主义之看法；见，页 731–32。

⑤ 这个现象，在后面有关新耶路撒冷的分析中（启 21:9–27），将要变得更为明显。当代昆兰团体亦将自己视为以西结所预言的复兴圣殿，因此他们显然也不以字面的方式，来读以西结书（详见 Beale, *Revelation*, 563）。

在1:4的分析中我们已经晓得,本于耶稣看自己为房角头块石头的观点,①和祂将自己的身体看为圣殿的教训(约2:19-22),约翰以及其他新约作者因此就看出,旧约先知们有关"末日圣殿重建"的预言,是已经应验在教会身上了。而在启示录中,此一见解也一样反映在耶稣给非拉铁非教会的应许中:"得胜的,我要叫他在我神殿中作柱子"(启3:12)。因此此处"圣殿"所指的,应是教会。②

但约翰为何要将"祭坛和在那里敬拜的人"也包括在"丈量"的范围之内呢?也就是说,若"祭坛"是在"圣殿"中的"金香坛",而"圣殿"又是教会的象征,那么丈量"祭坛和在那里敬拜的人",不是有些重复吗?对此问题,一个可能的解释是,由于彼得曾说,信徒在主前像活石被建造为灵宫,又同时是圣洁的祭司,藉耶稣基督而献灵祭(彼前2:5),因此此处"祭坛和敬拜的人"也等于"圣殿(教会)",只是其重点在突显教会的本质,即,围绕在祭坛旁,以受苦为祭的祭司国度。③对此问题另一个可能的解释是,"圣殿+祭坛"告诉我们,被丈量的是圣所,而非整个圣殿建筑(包括外院);而"在那里敬拜的人",则表示被丈量的是在教会这个祭司国度中,每一个个别的信徒。④

在这两个解释中,前者的可能性比较高,因为它除了有从彼得前书而来的支持之外,也和约翰在启示录中,对教会之定义,即,一个为耶稣基督之见证而受苦的祭司国度,完全吻合(参,1:6,9;2-3章中人子对教会忠心恒忍的期待;以及6:9-11等等)。但若约翰已为教会下了一个明确的定义,为何他在此还要再次藉"祭坛和敬拜之人"的方式,来突显教会的这个面向呢?要合宜的回答这个问题,我们恐怕还是得回到以西结书中。

在先知以西结复兴的异象中(结40-48),借着40-42章的丈量圣殿之旅,他让我们看见一个新圣殿的诞生。但当我们来到了43章之后的经文,我们更看见一个新祭坛的出现(43:13-27)。就逻辑而言,此一祭坛属圣殿的一部分,是圣殿设备中的一个,因此先知对其尺寸的描述(43:13-17),应该跟在40:47之后,因为在那里他见祭坛在殿前;⑤但是他却把这一段描述,放在40-42章之后。不单如此,在丈量圣殿之旅中,重复出现的"他(天使)带我(先知)到……"之惯用语,在本段经文中完全消

① 太21:42-44;亦参,徒4:11;林前3:16-17;林后6:16;弗2:20;来3:6;10:21-22;彼前2:5-8。
② 若读者想要知道有哪些学者亦持此见,可见前面"启示录11:1-2的释经问题"的段落。亦参,Aune, *Revelation* 6-16,597。
③ Beale, *Revelation*, 563-64.
④ Osborne, *Revelation*, 410-11.
⑤ 41:22中之"坛",并非金香坛,而是圣所中放陈设饼的贡桌(W. Zimmerli, *Ezekiel II*, 389; J. W. Wevers, *Ezekiel*, 213; L. C. Allen, *Ezekiel* 20-40,233)。

失；而丈量的动作，也完全不见了。① 和丈量圣殿所得长宽数据相较，此段经文的特色，更在它给了我们祭坛之"高度"。更有甚者，此祭坛不单位在内院，也在长宽各500肘之圣殿结构的正中央；②而从上下文来看，在此祭坛上所献之祭（43：18－27），也是新圣殿中的主要活动。③ 因此不论就其位置，内容，经文形式等角度来看，"新祭坛"在此复兴异象中，的确有着一个十分特殊的位置。

但光有新祭坛还是不够的，因为若无祭司，祭坛只是一个无法发挥其功能的"摆设"而已。因此在接下来的经文中，我们就看见祭司的出现（44：9－31）。在以色列人的传统中，能在祭坛上献祭的祭司，乃利未人（出 32：29；申 33：8－11）；但在先知复兴的异象中，并非所有依血统而生的利未人，都可以成为服事神，侍候于祭坛前的祭司；而只有利未人中，撒督的子孙才有此特权。④ 究其原因，乃因他们在举国上下都悖逆耶和华神，并在其同袍祭司也随百姓起舞之时（结 44：9－14），依旧守住了神所托付给他们的使命（结 44：15－16）。也就是说，撒督家族之所以能在新圣殿中事奉敬拜耶和华，乃因他们在信仰上的忠心。此一特色让他们从众利未人中分别了出来，因此他们和新圣殿以及新祭坛一样，都是"圣的"之概念的反映。

以上分析显示，新圣殿，新祭坛和新祭司，乃以西结复兴异象之前半段中（结40－44），最核心的部分；而这三者，都是属神的，都是圣的。因此从这个角度来看，约翰在启示录 11：1－2 中，将"祭坛和在那里敬拜的人"也包括在"丈量"的范围之内，其实只是他所暗引旧约经文的反映而已。圣殿乃神的居所，祭坛则是神赦罪恩典的所在，而人在将自己当做活祭献在坛上之时（罗 12：1－2），也才真正地敬拜了上帝。从圣殿到祭坛再到人，是一个完整的信仰体系，因此在丈量之时，这三者必要一起出现，缺一不可。神既是这个宇宙之主（启 4－5），祂的保守难道会遗漏掉其中任何一样吗？属于祂的，祂难道不会看他们为眼中的瞳人（亚 2：8），而成为保护他们四围的火墙吗？（亚 2：5）祂所定意要藉这一群新子民来成就的事，难道会以失败收场吗？

---

① 和合本之"以下量祭坛"，应为"此乃祭坛尺寸（וְאֵלֶּה מִדּוֹת הַמִּזְבֵּחַ）"。有关本段经文在形式上的特殊之处，见 W. Zimmerli, *Ezekiel II*, 425。

② D. I. Block, *Ezekiel* 25－48, 595.

③ L. C. Allen, *Ezekiel* 20－40, 257.

④ 自 J. Wellhausen 以降，学界就对传统的以色列历史，有了不同的看法。就我们目前所关注的经文而言，有许多学者认为本段经文反映了被掳后，祭司家族之间的权力斗争。就建构以色列史而言，此一问题当然重要，但笔者要在此提醒读者的是，我们在这注释书中所关心的事，是第一世纪的犹太基督徒约翰如何理解旧约；而非近代批判学者对旧约的看法。因此不论此一学派的阵容如何浩大，他们的看法与我们所关心的焦点，并没有太大的交集。相关讨论，见 D. I. Block, *Ezekiel* 25－48, 635－37。

新天新地于焉降临？当然不，因为福音还没有传遍天下(太 24:14)，因为殉道者的数目还没有满足(启 6:11)。因此“要留下殿外的部分，不要量它，因为这是给了外邦人的；他们要践踏圣城四十二个月”。但这句话的意思又是什么呢？

“殿外的部分 + 外邦人 + 不要丈量”，显然和上一节经文中的“圣殿 + 祭坛 + 敬拜的人 + 要丈量”，完全相反；而“践踏”更将“不丈量 = 不保护”的含义，做了更明确的说明。因此借着这些对比，约翰清楚明白地将一个完全相反的情况，放在我们面前。但和“圣殿”相对之“殿外的部分”，究竟是以哪一个圣殿为背景呢？而其含义又是什么？

对于第一个问题，学界中有人认为，在所罗门王和先知以西结的圣殿结构中，①都包含了圣殿所在的“内院”和“外院”，因此“殿外的部分”所指的是“外院”。② 但若从希律王在第一世纪前后所建圣殿的背景来看，约翰在此所指的也可能只是“外邦人院”，③因为在这个圣殿结构中，“外院”的部分是分为以色列人院(男人)，妇女院，和外邦人院三个部分。④

至于第二个问题，我们在前面已经提及，因着切入角度的不同，有人认为“殿外的部分”所指的，是(1)末日以色列复兴中，那些不肯悔改归向神的以色列人；(2)末日教会中，那些背道之信徒；(3)在末日大灾难中受苦的教会；(4)在耶稣第一次和第二次降临之间，为世界所逼迫之教会。⑤ 因此不论就经文背景或是经文含义的角度来看，学者们的见解在此可说是相当分歧。为解此谜，我们恐怕还是得回到以西结书。

在先知以西结复兴的异象中，他除了看见我们在前面所提及的“圣殿，祭坛和敬拜的人”之外(结 40－44)，在接下来的经文中，他也详述复兴之后的以色列人，要如何分配土地的问题(结 45－48)。以色列一共有 12 个支派，但神却要先知将土地从北到南，分为 13 份(结 48:1－29)，因为这多出来的一份，是由属王之地，和献给耶和华之“圣供地”所构成的(结 45:1－8)。为方便讨论起见，我们将此“圣供地”图示如下。

---

① 王上 7:12；王下 23:12；代下 4:9－10；结 40:17，19，20 等等。

② Beale(*Revelation*, 561)认为约翰在此是以以西结之圣殿为背景的；而 Bauckham 则认为(*The Climax*, 269－70)，此处经文之背景是但以理在异象中所见之圣殿(但 8:11)；也就是以所罗巴伯所重建的圣殿为其背景。有关 Bauckham 之见的困难，见 Aune, *Revelation* 6－16，607。

③ 例如，Beckwith, *Apocalypse*, 599; Charles, *Revelation I*, 277－78; Beasley-Murray, *Revelation*, 182; Chilton, *Days of Vengeance*, 273; Osborne, *Revelation*, 412。

④ Swete, *Revelation*, 133; Mounce, *Revelation*, 220.

⑤ 详见页 644－47。

圣供地

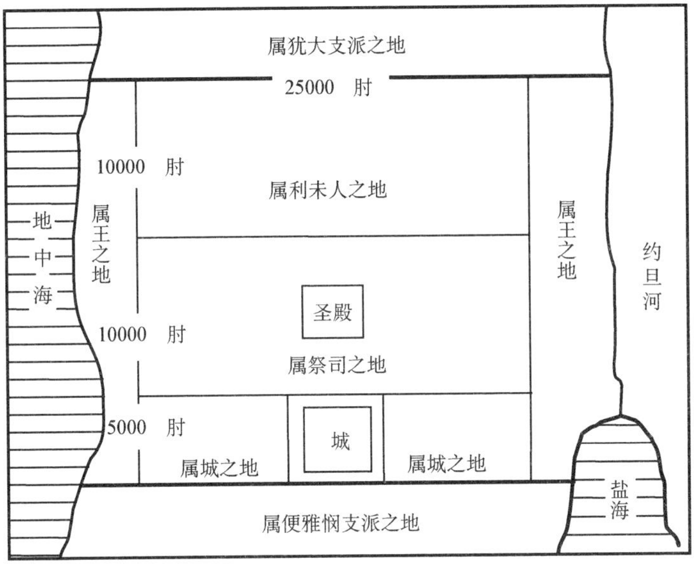

从此图示中可知，圣殿乃在属祭司之地的中央（结48:8），而此祭司之地，又为属利未人之地和属城之地从上下包夹；①也为属王之地由左右两侧包围。从以西结书48:1－7;23－29来看，以色列12支派显然在复兴的国度中，都各自拥有一块土地，但为何在此圣供地中，他们的名字却又要出现在城的12个门上呢（结48:31－34;亦参，45:6）？究其原因，乃因此一新以色列国乃是属神的，是以事奉神之祭司为中心的（神权政体），因此构成此一新国度中的"各路人马"，即，祭司、利未人、百姓和君王，都必须出现在这里。②

从此图示来看，约翰所说"殿外的部分"，可以是"属利未人之地"、"属王之地"，或是"属城之地"，但由于约翰在接下来的经文中告诉我们，不要丈量"殿外部分"的原因，是"因为这是给了外邦人的；他们要践踏圣城四十二个月"；因此他在这里所指的，应是在此圣供地中，最下面的一块，因为圣城耶路撒冷正坐落在这里。此一背景不单让我们免去了上述"哪一个外院"的困扰，也为"殿外部分所象征的是什么"的问

① 此乃G. A. Cooke（*Ezekiel*, 532）；J. D. Levenson, *Theology of the Program of Restoration of Ezekiel 40－48*（Atlanta: Scholars Press, 1976），120；W. Zimmerli（*Ezekiel II*, 535），和L. C. Allen（*Ezekiel 20－48*，283）等人的看法。D. I. Block（*Ezekiel 25－48*，732－33）则认为从北到南的（即，从上到下），是祭司之地，利未人之地，和属城之地。但不论何者为是，新耶路撒冷城都落在圣殿所在的祭司之地的外面。

② 详见，笔者博士论文 Ezekiel in Revelation: Literary and Hermeneutic Aspects（Univ. of Edinburgh, 1999），147－49。

题,提供了线索。但此话怎讲?

第一,在以西结的复兴异象中,城乃以色列百姓的象征,因此启示录“殿外的部分”,即,要被外邦人所践踏的城,乃“属神的百姓”。在耶稣基督所带来的新启示中(参,启 1:5 –6;5:9 –10),这个新耶路撒冷城所指的,当然不是末日复兴的以色列国,而是教会。此一见解也在启示录 21:12 –14 中得着证实,因为约翰在以先知以西结之城为蓝本(12 支派的名字在 12 个城门之上)来建构他的新耶路撒冷(教会)之际,他也将新约 12 使徒之名,加了进去。① 换句话说,他并不以字面的方式,来理解以西结的城,而是将它视为“属神百姓”的象征。

第二,若“殿外的部分 = 城”乃“人”的象征,那么它所指的究竟是谁?在以西结书中,“城”所代表的是复兴的以色列百姓,而在约翰的手中,此城乃神和羔羊的居所(启 21:22 –23),也是那些不洁净,行可憎与虚谎之事的人,所不能进去的(启 21:27);因此这个“殿外的部分 = 城”所指的,当然就不会是“末日不悔改的以色列人”,或是“末日教会中背弃信仰的人”了。

第三,若“殿外的部分 = 城”所指的是教会,那么约翰为什么在这里要说“不要丈量”这个部分呢?他在上一节经文中不是才说要“丈量教会(圣殿,祭坛和在那里敬拜的人)”吗?也就是说,他为什么会一会儿说要保护教会,而随后又说不要保护她了?这究竟是怎么回事?要回答这个问题,我们还是得回到以西结书。

在先知的复兴异象中,圣供地乃以色列的象征,而其之所以被分别出来献给耶和华,乃因他们是属神的子民。这块地的确是分别出来的,但是就其性质而言,它却是由两个部分所组成的。第一个部分是“圣的”,因为它们是“属祭司”和“属利未人”之地(结 48:10,14),而第二个部分则是“俗的”,因为它是“属城之地”(结 48:15)。但为什么这块在“圣供地”之内的地,会是俗的呢?以色列人从其所分得之地,来到此城暂居,为要尽其献祭义务,难道不是一个“圣的”行动吗?的确,但由于他们在此段献祭时间之内,为维持其生活而在城外耕种(结 48:19 –20),就使得这块地成为“俗的”了。② 因此从这个角度来看,以色列人的生活,都属神,但其中却包含了“圣的”和“俗的”两个面向。“圣的”是他们在利未人和祭司的协助之下(结 44:9 –27),所尽上献祭之“属灵”义务;而“俗的”,则是他们为维生而做的事。因此从这个角度来看,约翰在启示录中所说,“丈量圣殿”和“不丈量圣城”,其实正是以西结“圣供地”特色的反映。就“属灵”的层面而言,也就是,就教会和神之间关系而言,她是被神所保守的,但

① 详见该处注释。
② D. I. Block, *Ezekiel* 25 –48,732. 亦参,Keil & Delitzsch, *Ezekiel*, 375 –76。

就她和世界之间的关系而言，她却是不被保守的。事实上，此一不被保守的概念，已经隐藏在“要留下殿外的部分，不要量它”的命令中，因为“要留下”一语的原文，是“要扔出去（ἔκβαλε ἔξωθεν）”。就文意而言，这个词语的使用是有些奇怪的，因为我们要如何将“殿外的部分”，或是“城”，给扔出去呢？但若我们前面所言是正确的话，即，殿外的部分＝城＝教会，那么这个命令在此出现，就不令人意外了，因为耶稣本人（路4:29），生来瞎眼的人（约9:34），以及教会历史中第一个殉道者司提反（徒7:58），都曾因着他们向这个世界所做的见证，而被人给“赶了出去”（ἐκβαλὼν ἔξω）。① 先圣先贤如是，我们能例外吗？

在启示录中，此一“被世界逼迫但却蒙神保守”的概念，在非拉铁非书信中就已经出现了。在那里人子应许该教会，在试炼中，祂将要保守他们（详见3:10注释）。不单如此，在和本段经文（启10－11）平行之启示录第七章中（两段经文都为“插曲”），我们也看见十四万四千人的受印（保护；7:1－3），和他们的“被数点（争战；7:3－8）”。再者，在接下来的经文中，我们也一样看见，“两个见证人（教会）”虽然被杀害（11:7－10），但他们不单能忠心地完成他们的使命（11:3－6），也至终因着从神而来的生气而复活了（11:11）。而类似的观念，也将要在启示录12－13章中，再次出现；因为兽虽然得着杀害圣徒的权柄（13:7），但真正在此战役中得胜的，却是被杀害的信徒（12:11）。因此这些经文都显示，就教会和世界的关系来看，她是被逼迫、被击败、被杀害的一方；但因着神的保守，她不单能向这个世界做完她的见证，并借着她的受苦，而胜过了这个世界。神没有免去她的苦难，但最后的胜利，却是属于她的。

教会虽然受苦（不丈量）但却蒙保守（丈量）的事实，也更进一步的在“他们（外邦人）要践踏圣城四十二个月”之描述中，得着证实。怎么说呢？第一，在旧约中，42个月乃先知以利亚向以色列王亚哈所发旱灾之刑的时间长短（王上17:1；18:1；亦参，路4:25；雅5:17）。也就是说，42个月是以利亚和亚哈王之间属灵争战的时间长短。② 再者，“42”这个数目，也是以色列人在进入迦南地之前，在旷野扎营的次数（民33:5－49）。③ 因此不论是前者或是后者，“42”显然都和“争战”连结在一起。

第二，和这两个旧约背景相较，约翰在此所说外邦人要践踏圣城42个月的事，显然更靠近但以理书7:25和12:7；因为先知但以理在异象中，得知圣徒在末日将要在

① Ford, *Revelation*, 176; Swete, *Revelation*, 184.
② Charles, *Revelation I*, 280.
③ Morris, *Revelation*, 143; Beale, *Revelation*, 565.

"小角(王)"手下受苦"一载两载半载(3.5年=42个月;亦参,启12:14)"。① 在但以理书第七章的上下文中,此一令人好奇之语句所出现的地方,是第四兽(帝国)之权力,达于顶峰之际,因为从此帝国而出之"小角/王",不单胜过在其之前的三王,也向神说夸大的话,折磨圣民,甚至意欲改变节期和律法(7:23-25)。但就在此时,神的审判临到了他的身上(7:26)。他的权势在折磨圣徒之"一时,二时"的双倍成长速度中,似乎势无可挡,但就在我们期待"四时"之际,天使却告诉但以理,"小角"的权柄是有其限制的,因为在"一时二时"之后,他的权势要突然坠落(半时;四时的八分之一)。② 永恒的权柄、国度和荣耀(1+2+4=7),只属"亘古常在者"(7:13-14);而小角所有的,只是一七之半(1+2+0.5=3.5)。因此从这个角度来看,约翰在此所要凸显的,是外邦人虽能践踏圣城,③但他们对教会的逼迫,却是有限度的"42个月"。④ 在2:10那里我们已经知道,逼迫苦难乃士每拿教会所必须面对的事,但人子告诉他们,他们所要受患难的时间,是有限度的"十日"。"42个月"和"十日"当然长短不同,但他们的意思其实都是一样的。

和他们的主一样,那些跟随祂的人也必须以受苦作为他们得胜的兵器(启7:14;14:4-5)。就表面上看起来,他们和羔羊一样,被外邦人踩在脚底下;但就属灵的层面来看,他们作为神儿女的身份(圣殿),他们藉受苦而向这个世界见证神的使命(祭坛),以及他们藉此向上帝所献上的敬拜和事奉,都是在神的计划中,也是在神的保守之下的(丈量)。苦难容或猖獗,外邦甚或狂妄,但他们所能横行的年岁时日,却在神的掌握之中。我们的主在世之时就早已说过:"你们要为我的名,被众人恨恶;然而你们连一根头发也必不损坏。你们常存忍耐,就必保全灵魂"(路21:17-19)。

附录七 启示录的释经问题(11:3-13)

就经文结构而言,两个见证人的异象并不复杂:3-6节是有关他们所领受的使命和权柄;7-10节是他们尽上了他们传道的责任之后,所发生在他们身上的事(被杀

① 虽然学界对约翰如何理解但以理书有不同见解,但多数释经者都认为42个月乃出自这两段但以理经文。但以理书中之"一载两载半载",在原文中乃"一时二时半时"。在此我们以中文读者所熟悉的"载"来翻译。但不论是"载(年)"或"时",其含义是象征的。

② J. E. Goldingay, *Daniel*, 181;亦参,Aune, *Revelation* 6-16,609。

③ 在此"践踏(πατήσουσιν)"应是但以理书7:23中之"践踏(וְתְדוּשִׁנַּהּ)"的反映。

④ Swete, *Revelation*, 134; Morris, *Revelation*, 143; Aune, *Revelation* 6-16,609; Osborne, *Revelation*, 414. 相关讨论,亦见10:6的注释。

害）；而11－13节则是他们最后的结局：复活和升天。① 但就释经的角度而言，这个异象则是出名的困难，因为在我们面前的，有“两个见证人是谁”，“我们要如何理解他们所行神迹？”（11:5－6），“他们所殉道的大城，究竟是哪一个城市？”（11:8），以及“他们的死和复活是怎么回事？”（11:11－12）等等的问题。不单如此，在这段经文中，我们一方面看见了许多旧约先知的身影（像是以利亚和摩西），也在另外一方面发现了耶稣的“脚踪”（11:8之后）；而这些新旧约的背景，对经文之理解又有什么意义，也必须回答。更有甚者，上述的这些问题，不单和“字面或象征”的释经原则，也和释经者所持守“过去，历史，未来和理想”的观点，②纠结在一起。因此在这些原则和观点的交错影响下，我们就有了各种不同的解释了。

就“字面或是象征”的问题而言，在这段经文中，约翰将“两个见证人”同时等同于“两个灯台”和“两棵橄榄树”的举措（11:3－4）；以及他以“灵意”将“大城”和“所多玛”、“埃及（一个国家）”以及“耶路撒冷（他们的主钉十字架之处）”连结在一起的手法（11:8），都告诉我们“象征”恐怕是理解这段经文的关键。再者，除了这两个“明的”例子之外，在这个异象中，约翰也在“暗中”，将先知以利亚和摩西所行的神迹，加在这两个见证人的身上（11:5－6；详下），并且更让他们走上了一条和他们的主一样的路，即，死—复活—升天（11:7－12；详下）。因此从这个角度来说，“象征”的原则，恐怕还不足以完全涵盖在我们面前的经文。怎么说呢？象征，一般来说，乃两个个体之间，因着它们在某一方面的类似，因此一物就可以成为令一物的代表。举例来说，蛇蝎因其毒液对人所能造成的伤害，就成了邪恶的象征（蛇蝎美人）。但当约翰在此将一系列的人或是物，因着其相同本质而连结在一起的时候，我们所面对的恐怕就是所谓的“预表（typology）”了。③

以11:8的“大城”为例，所多玛、埃及和耶路撒冷，在其所出现的经文中，都各自有其历史性的意义。也就是说，所多玛之于亚伯拉罕，埃及之于摩西和以色列人，以及耶路撒冷之于耶稣的意义，乃“道德沦丧”、“偶像崇拜”和“背道违约”。但不论它们的问题是什么，这三个“城市”却有一个共同的外在特征，那就是它们都逼迫，甚至杀害了神所差遣的使者。因此就其本质而言，它们都是敌对神的群体。因此在这个基础之上（此乃所谓的“灵意”），约翰就将它们和当代的“大城（巴比伦＝罗马）”，连

---

① 有关此段经文的详细结构分析，见 C. H. Giblin, ‘Revelation 11. 1－13: Its Form, Function and Contextual Integration,’ *NTS* 30（1984），443－59。

② 详见页136－51。

③ 有关这个题目的讨论，可见 L. Goppelt, Trans. D. H. Madvig, *Typos: The Theological Interpretation of the Old Testament in the New*（Grand Rapids: Eerdmans, 1982）。

结在一起了。因为对第一世纪的教会而言,或是对身在拔摩海岛上的约翰来说,她或是他都曾第一手的经历到从此“大城”而来的逼迫。

事实上,同样的情况,也在约翰将以利亚和摩西所行的神迹,加在两个见证人身上的“手法”中出现。就以利亚和摩西所身处的时代而言,他们都各自肩负着不同的使命,也面对不同的敌人(背道的以色列人和偶像崇拜的埃及),但因着他们乃神所差遣的仆人,因此为了让他们能完成他们的使命,权柄和能力就赐给他们了。对约翰而言,两个见证人所象征的教会(详下),也一样是神的仆人,因此虽然他们所面对的“世界”,和旧约中这两位先知有所不同,但在本质上,因着他们都是神的使者,因此这两个见证人也就拥有和旧约先知一样的权柄和能力了。①

以上的分析显示,约翰在这段经文中所关切的,是这两个见证人(教会)在这个世界中的角色和使命。就他们见证的对象而言,他们所面对的世界,在本质上是和所多玛,埃及和耶路撒冷没有差别;而就他们所身负的使命而言,他们和旧约先知以及新约人子的角色,也无二致。因此在这短短的 11 节经文中,我们就看见许多从新旧约而来的发生在不同时空之内的事件,被约翰融合在一起了。②

此一观察显示,约翰的焦点并不在“何时(when)”,而在“何事(what)”;因此我们实在不必为这段经文寻找一个“时间点”。从反面的角度来看,这个认知能让我们避免掉许多不必要的揣测和结论。举例来说,若我们将这个异象定位在“末日”,那么我们就不可避免地得到,或是必须费力地解释如下的结论:(1)教会在耶稣第二次再来之前,将要从这个世界中完全消失(11:7);(2)当基督第二次再来,教会被提升天之后(11:12),还有“第二次”得救的机会(11:13);③以及(3)在末日,绝大多数的人都要得救(9/10;11:13)——一个和普救论相去不远的结论。④ 当然就正面的意义来说,这个观察不单能让我们掌握此段经文的性质(即,类似于放诸四海皆准,通常只为传达一个超越时空真理的“比喻”),也因此就能帮助我们对经文有更准确的认

① 在论及“预表”这个题目时,我们的焦点通常都会落在旧约“预表(type)”和新约“原型(antitype)”之间的关系。此一“焦点”是准确的,因为它突显出“基督”在新旧约之间的关联性和关键性。但很有意思的,约翰在“两个见证人”的段落中,却让他们以“基督之跟随者”的模式出现(一样的“死—复活—升天),因此在他的手中,他已然把原本的“预表—原型”的次序,颠倒了过来。此一现象显示,在基督已然来到之后,“预表”已不再需要,因为祂既是“初熟之果”,跟在其后之人的角色和责任,只有“效法祂”而已。

② 类似的见解,亦见,P. S. Minear, 'Ontology and Ecclesiology in the Apocalypse,' *NTS* 12(1966), 89-105; Metzger, *Breaking the Code*, 70-71; R. Bauckham, *The Climax*, 274; D. Holwerda, 'The Church and the Little Scroll (Revelation 10,11),' *CTJ* 34(1999),156。

③ 详见相关经文的注释。

④ 例如,Osborne, *Revelation*, 435。

识（详见下文）。

11:3－4　我要赐权柄给我的两个见证人，他们要穿着麻布，传道一千二百六十天。[4] 他们就是立在世界之主面前的那两棵橄榄树和两个灯台（καὶ δώσω τοῖς δυσὶν μάρτυσίν μου καὶ προφητεύσουσιν ἡμέρας χιλίας διακοσίας ἑξήκοντα περιβεβλημένοι σάκκους. [4]οὗτοί εἰσιν αἱ δύο ἐλαῖαι καὶ αἱ δύο λυχνίαι αἱ ἐνώπιον τοῦ κυρίου τῆς γῆς ἑστῶτες）

借着上两节经文中的"丈量"和"不丈量"，约翰已然让我们看见教会和神，以及教会和世界之间的关系。但那两节经文，老实说，实在精简浓缩到让人不易理解。因此在接下来的经文里面（11:3－13），约翰就以一个类似于"两个见证人的比喻"，①来做更完整的说明。

就表面上看起来，"我"在此的出现，似乎有些突兀，但在10:8那里我们已经晓得，在这个异象中，从天上而来的声音（10:4,8;11:1），乃差遣大力天使将展开了的书卷，交给约翰的基督；因此"我"和"我的见证人"之突然现身，其实并不令人意外。事实上，在11:3和11:2之间，约翰除了以 连接词"并且（καὶ）"作为形式上的连结之外，他也让11:2中的"42个月"，在这里以"1260天"之面貌出现（42×30＝1260）。不单如此，在前节经文中，"城外部分是给了（ἐδόθη）外邦人"的说法，也和此处之"我要赐权柄给（δώσω）……"的语句，②互相对应。因此从本节开始有关两个见证人的描述，是和11:1－2密切接合在一起的。

但这"两个见证人"究竟是谁？对此问题学界的看法可说是有相当大的分歧。③第一，若从旧约和犹太人的传统下手，那么我们就有可能得到如下的"人选"。（1）以诺和以利亚：由于以诺和以利亚都不经死亡就被神给接去了（创5:24；王下2:11），因此许多犹太人认为，他们将要在末日重回人间，来完成他们当年所没有做完的工作。此一见解是早期教父的共识。（2）摩西和以利亚：由于这两个见证人之能力，像是降火烧灭敌人，叫天闭塞不下雨，使水变为血等等（11:5－6），和以利亚、摩西所做的完全一样，因此许多近代学者就认为，站在两个见证人背后的，是旧约中这两个深具代表性的先知。（3）以利亚和耶利米：第三世纪之教父维多瑞纽斯（Victorinus）认为，以

① R. Bauckham, *The Climax*, 273－74; Aune, *Revelation* 6－16, 586.

② "权柄"一语并不在原文中，但文意如此。类似用法，见6:2－11。

③ 以下所述乃从Aune而来（*Revelation* 6－16, 599－603）。而Aune之整理，乃本于P. B.－S. Min, *I Due Testimoni di Apocalisse* 11, 1－13: *Storia-Interpretazione-Teologia*（Rome: Pontificia Universitate Gregoriana, 1991）, 113－52。由于相关学者和文献索引相当多，因此在此我们就不再重复。在D. K. K. Wong的论文中，他也将学者们的见解，做了相当详细的分类和整理（'The Two Witnesses in Revelation 11,' *BSac* 154［1997］, 344－47）。

利沙和摩西都死了,但以利亚和耶利米却没有,因此这两个见证人就是他们。

第二,由于前述旧约先知,并未如两个见证人一样的殉道(启 11:7-8),因此有人就转向教会历史人物中来寻找答案。(1)彼得和保罗:二人都以殉道结束了他们的生命,而早期教父们也常将他们并列,因此他们就是这两个见证人。(2)司提反和雅各(或是耶稣的弟弟雅各):二人不单殉道,也都死于耶路撒冷。(3)西庇太的儿子雅各和约翰:雅各死于公元 44 年(徒 12:2),而耶稣也曾暗示他们兄弟都将殉道(太 20:20-28;可 10:35-40),因此有人认为约翰在此是以他们作为末日先知的模型。(4)施洗约翰和耶稣:由于耶稣在论及施洗约翰之时,曾说他是"那应当来的以利亚"(太 11:14),①因此早期教会认为,施洗约翰就是以利亚的再现(*redivinus*);而耶稣则是旧约"神要给你们兴起一位先知像我(摩西)"之应许的应验(申 18:15,18)。而这两位的相加,也正和犹太人对末日弥赛亚的期待一致,因为施洗约翰所反映的,是末日的祭司弥赛亚;而耶稣则是末日的君王弥赛亚。(5)西庇太的儿子雅各和耶稣的弟弟雅各:因二人都殉道于耶路撒冷(AD 44 和 62)。② (6)大祭司亚那(Ananus)和约书亚(Joshua):根据约瑟夫的犹太战史,这两个大祭司都死于耶路撒冷,而他们的尸首也都被丢在街上(参,启 11:8-9)。③

第三,除了新旧约人物之外,学界中也有人从象征性的角度,来回答这两个见证人究竟是谁的问题。(1)旧约和新约,或是以摩西和以利亚为代表的律法书和先知书。(2)向这个世界做见证的教会:由于新旧约都教导,在法律上有效的见证,是以两个见证人彼此合致的证词所构成,④因此在此我们就有了"两个"见证人。⑤ 在此阵营中,有人更进一步地认为,这两个见证人是"人和圣灵的见证",或是"历世历代教会中的传道人和教师"。(3)为教会所保存之以色列信仰核心。(4)神的道和耶稣基督的见证,即,旧约先知们的信息和新约使徒们的见证。⑥

---

① 参,太 17:10-13;玛 4:4;路 1:17。相关分析,见 D. A. Hagner, *Matthew* 1-13,307-08。

② 有关后者殉道之记载,可见鲍维均等著,《圣经正典与经外文献导论》(香港:基道, 2001),页 286-87。

③ 在学界中,也有人将不同人物组合在一起的。例如,以利亚和施洗约翰,以利亚和使徒约翰,以利亚和一个不知名的人士,彼得和雅各,彼得和约翰,两个具有摩西和以利亚能力的不知名人物。出处,见 K. K. Wong, 'The Two Witnesses in Revelation 11,' *BSac* 154(1997),346-47。

④ 民 35:30;申 17:6;19:15;王上 21:10;太 18:16;26:59-60;约 5:31;8:17;15:26-27;徒 5:32;林后 13:1;提前 5:19;来 10:28。亦参,亚伯拉罕遗训(Rec. A)13:8;11Qtemple 61:6-7;64:8; *Pistis Sophia* 1.43;玛加比二书 3:26,33;玛加比三书 6:18;以诺二书 1:14;以诺三书 18:23-24 等等。

⑤ T. A. Lacey, 'The Two Witnesses,' *JTS* 11(1910),55-56.

⑥ 除此之外,教会和基督教国家,东方和西方教会中抗拒教皇制度的基督徒,以色列和教会,以色列家和亚伦家,亚伯拉罕后裔的两支(阿拉伯人和以色列人)等等,都曾被人认为是这两个见证人(详见,D. K. K. Wong, 'The Two Witnesses in Revelation 11,' *BSac* 154 [1997],345-46)。

上述之归纳清楚显示，学界显然对“两个见证人究竟是谁”的问题，没有太多的共识；而其原因，则是因为释经角度和方法的不同。以字面作为解经原则的人，自然要从新旧约中，寻找符合两个见证人之特色的人物。但是在导论部分我们已经指出，此一解经途径的问题所在。就本段经文而言，约翰将“两个见证人”等同于“两棵橄榄树（植物）”和“两个灯台（物件）”的举措（11:4），就已经暗示他并不希望他的读者以字面方式来理解这段经文。而他在11:8所说，“大城（耶路撒冷）”乃“属灵的所多玛和埃及”，更是他在“字面解经之路”的入口处，所插“此路不通”的标示牌。

但在“象征解经”的见解中，哪一个比较可能是约翰的意思呢？若我们将本段经文（11:3－13）视为11:1－2的解释和说明，那么“两个见证人”应该就是“圣殿＝耶路撒冷＝教会”。第一，11:4说“两个见证人就是灯台”，而约翰在1:20中，也以灯台作为教会的象征。因此在前文的参照下，教会之说就相当可信了。此一连结当然得面对因着“七个灯台”和“两个灯台”之差异而有的困难，但若考量上下文，这个困难其实不难解释：在1:9－3:22的段落中，“七”乃因人子要向“所有”的教会说话而有；而此处经文的焦点在“见证”，因此“两个”已然足够。① 第二，11:7中，杀害两个见证人的兽，乃是由但以理书7:21而来。而在那里，兽所逼迫的，并非个别的个人，而是一个群体（以色列人）。第三，同样的，在11:9－13中，和两个见证人所相对的，是从各民各族各方各国而来，敌对他们的一个群体。第四，在11－13章中，约翰虽然使用了“42个月”（11:2；13:5），“1260天”（11:3；12:6）和“一载二载半载”（12:14）等三个不同形态的语句，但它们的长短，却是一样的；因此在这些不同段落中所出现的“人物”，也应彼此参照对应。由是，11:2的圣殿，11:3的两个见证人，12:6的妇人，13:6的那些住在天上的，以及13:7的众圣徒，都指向同一个群体，那就是教会。第五，在启示录中，多处经文都提及教会乃背负耶稣基督见证的群体（6:9；12:11，17；19:10；20:4）。第六，拥有如以利亚和摩西一样的能力，是这两个见证人的特色（11:5－6），但这些能力却是他们所共同拥有的；因此经文显然也暗示他们所代表的，不是个别的个人，而是一个整体。②

不单如此，若我们将11:1－2和11:3－13并列，它们在主题上也彼此对应。因为11:1－2的焦点——“丈量和不丈量”，即，“保护和不保护”，也正反映在11:4－6和11:7－10中：因着站在神面前，两个见证人不单不受世界之害，并且还有审判世界的

① R. Bauckham, *The Climax*, 274.

② 以上六个理由，乃Beale的观察（*Revelation*, 574－75）。

能力(保护);但在做完见证之后,他们却又被杀害,甚至尸首也不得埋葬(不保护)。因此若11:1-2所言乃教会,那么11:3-10也应如是。事实上,若我们把眼光再放大一点,将11:11-13也列入考量,那么两个见证人在这三个段落中所经历的,即,以大能见证神,被杀,而后复活,正是耶稣一生的浓缩。而在启示录中,教会正是那些"无论羔羊往何处去,他们都跟随祂"的人(14:4;亦参,7:14)。

"身穿麻布"乃两个见证人的装扮。麻布乃由山羊或是骆驼毛所织成,常被织成装谷物的袋子。① 在6:12,因其色沉而被用来形容失了光的日头。麻布虽非先知的"制服",但施洗约翰却以此为衣(可1:6,亦参,赛20:2;亚13:4),②因为此一装扮不单合适于旷野生活,也和他所传递之审判和悔改信息相称。③

"传道1260天"则是这两个见证人的使命。"传道"一语在原文中是"说预言(προφητεύσουσιν)",但由于在华人教会中,"说预言"的意思,已被窄化为"传讲有关未来的事",因此在这个考量之下,并参照上下文,我们就以教会所十分熟悉之"传道",来翻译之。④ 在1:10那里我们已经提及,从五旬节圣灵降下之后,"万民皆先知"已然成为新时代和属神新群体(教会)的标记,因此这两个见证人所领受的使命,自然就是向这个世界传讲有关耶稣的见证了。

但他们要传道多久呢?我们究竟该怎样来理解1260天呢?在前面我们已经晓得,在启示录11-13章中,"42个月"(11:2;13:5),"1260天"(11:3;12:6),和"一载两载半载"(12:14)一共出现了五次。我们虽然不完全明白,为何约翰要分别以"天,月和年",作为衡量同样长短时间的单位,⑤但此一设计显然是为了要让读者明白,他记录在这三章圣经中的异象,在时间上是彼此平行的。也就是说,丈量圣殿和不丈量耶路撒冷(11:1-2),两个见证人(11:3-13),妇人和红龙之争战(12:1-17),以及海

---

① Aune, *Revelation* 6-16,611.

② 以利亚也"身穿毛衣"(王下1:8)?应该不是,因为"שֵׂעָר"的意思是"多发的"(T. R. Hobbs, 2 *Kings* [Waco: Word Books, 1985], 10; R. A. Guelich, *Mark* 1-8:26,20-21)。

③ Aune, *Revelation* 6-16,611. σάκκους的直译应是"粗毛衣",但考量中国文化,我们选择以"麻布"来取代。

④ 吕振中译本是"传讲神言"。"传讲神谕"是另一个选择,但却和吕振中的翻译一样,有点冗长。

⑤ 一个可能的原因,是为了避免文学上的单调,正如他让"各族各国各民各方"之词组,在启示录中以不同形态出现一样(详见,附录一)。但以理书只以"日和年"为时间单位(但7:25;12:7,11-12等),因此在学界中亦有人认为,"42个月"乃与以利亚降旱灾(三年半),和以色列在旷野扎营42次的背景有关(Osborne, *Revelation*, 414)。也就是说,时间形式的变化,乃因约翰意欲将不同旧约经文(但有相同主题),结合在一起而产生的。相关讨论,亦见 B. E. Thiering, 'The Three and a Half Years of Elijah,' *NovT* 23(1981),41-55。

陆二兽和圣徒的争战(13:1－18)等四个异象,是同步进行的。①

从其上下文来看,“42个月”是外邦人,或是兽,逼迫教会的年日(11:2;13:5－6),而“1260天”和“一载两载半载”,则是两个见证人,或是妇人,在争战中蒙神保守的日子(11:3;12:6,14)。因此概略而言,约翰对着几个时间形式的使用,并非随意而为的。在教会为世界所逼迫的经文中,42个月是受难的年日,但在教会于争战中为神所保守的事上,1260天(或是“一载两载半载”)则是她在旷野为神所养活的日子。

但不论是“42个月”,“1260天”,或是“一载两载半载”,它们的出处都是但以理书7:25和12:7。在前面我们已经晓得(详见10:6b－7和11:2的注释),约翰因着耶稣“死—复活—升天”的启示,并从“五旬节圣灵降临—教会成立”的历史中,明白了先知但以理有关末日“神国建立—圣徒受苦”之预言,是已经在耶稣降世之时,就开始应验了(亦参,启12:5－6)。但和这个旧约背景相较,约翰也做了一个相当有意思的更动。在但以理书中,圣徒受苦之时间长短,是以“年”为单位,②而圣殿被践踏或是被污秽的时间,则是以“日”来计算;③但在启示录中,这两个时间单位,却和两个见证人传道的时日,以及妇人得着保守的主题相连;因此在但以理书中,原先只带着“受苦”意义的时间,在启示录中却成了积极建立神国的“年日”。受苦当然不可免(42个月),但教会却绝不会白白受苦。因为在十字架上,人子羔羊已对苦难下了一个新的定义。

这两个见证人是“我的(羔羊的)”,因此他们的使命自然就是传道1260天,但为何约翰又要说,“他们就是立在世界之主面前的那两棵橄榄树和两个灯台”呢?对此类比,许多释经者都指出,站在本节经文后面的是撒迦利亚书第四章;因为在先知的异象中,他看见一个金灯台,而其上的七盏灯火,因着在左右两边两棵橄榄树的供油而得以发光。④ 此一见解是准确的,但究竟约翰是如何理解这个复兴异象的呢?在1:4有关“七灵”的分析中,我们已经知道这两棵橄榄树,并非大祭司约书亚(亚3:1－

① Swete, *Revelation*, 134; M. Rissi, *Time and History*, 40; Hailey, *Revelation*, 252－53; Beale, *Revelation*, 566; Aune, *Revelation* 6－16,743; 鲍会园,《启示录》,页187(但鲍会园认为此乃末日大灾难的1260天)。

② “一载两载半载”;但7:25;12:7。

③ 1150/2300(但8:14,26);1290(但12:11);1335(但12:12)。有关这几个不同数字和三年半之间关系的讨论,见J. E. Goldingay, *Daniel*, 309－10; J. J. Collins, *Daniel*, 400－01。

④ 例如, Stuart, *Apocalypse II*, 228; Swete, *Revelation*, 135; Charles, *Revelation I*, 282; L. P. Trudinger, The Text, 120－21; C. G. Ozanne, The Influence, 112－13; Mounce, *Revelation*, 224; R. Bauckham, *The Climax*, 273; Aune, *Revelation* 6－16,612; Beale, *Revelation*, 577; Osborne, *Revelation*, 420－21。

10)和所罗巴伯(亚4:6－10),①而是神的灵,是让以色列这个金灯台能被重新建造,并向世界发光的灵。② 因此从11:4来看,约翰将两个见证人(教会),等同于两棵橄榄树和两个灯台的举措,并不令人意外。怎么说呢?

第一,在1:6和5:9－10等经文中,约翰已然将旧约中专属于以色列人的身份和地位,例如神的子民、属神的祭司等等,加在教会的身上,因此教会(信主的犹太人和外邦人)的出现,乃神藉诸先知所发"以色列必要复兴"之应许的应验。而这个见解,也在此处经文中得着证实。因为约翰在此同样将撒迦利亚书第四章中,"圣殿必要重建,以色列必要复兴"的应许,应用在教会身上了(两个见证人=两个灯台)。③

第二,在1:4那里我们也曾提及,七封书信(启2－3)乃人子给七教会的信息,但由于每一封书信的结语,都是"圣灵向众教会所说的话,凡有耳的就应当听",因此圣灵在教会中的权柄,和人子完全一样。也就是说,人子所赋予教会的使命(发光灯台),也是同样是圣灵的使命。由是在启示录中,约翰就让"七灵"和"七教会"各出现四次,作为对应;并让教会见证的对象,即"各族各方各民各国(世界)",出现了7次。也就是说,他意欲借着这三个词组在数目上的对应(4×7=28)而要其读者明白,圣灵的能力,是在教会向这个世界做见证之事上得着彰显的。因此从这个角度来看,两个见证人就是两棵橄榄树的类比,其实也正是此一真理的反映。向着世界,两个见证人的确是灯台,但让他们能发光的,却是从两棵橄榄树而来的油。换句话说,教会向这个世界所做的,的确是他们愿意受苦的见证;但此一见证不单出于他们自己,也是圣灵借着他们,向这个世界所做的见证。④ 相对于神,立在世界之主面前的两个见证人(参,启4:4;7:9;14:1－4),的确是两个灯台,但相对于世界,由于圣灵的内住,由于圣灵在他们身上所盖的印记,他们的角色自然是两棵橄榄树了。⑤ 在犹太公会以严词恐吓使徒们,要他们不得再传讲耶稣之时,彼得的回答恐怕为约翰"两个见证人=两个灯台=两棵橄榄树"的图画,留下了一个最好的批注,因为他不单满有勇气地说,"顺从神不顺从人是应当的"(徒5:29),他也十分有智慧的,以如下的言语,作为他应

---

① 在上注学者中,除了Charles, Aune和Bauckham之外,都持如是见解。相关讨论,亦见,K. A. Strand, 'The Two Olive Trees of Zechariah 4 and Revelation 11,' *AUSS* 1982(20),257－61。

② 详见该处注释。亦参,Aune, *Revelation* 6－16,612。

③ 在前面我们已经提及,约翰将撒迦利亚书异象中的一个金灯台,转化为7个金灯台的原因,乃因他所领受使命,是要向亚细亚所有的教会(七)传递从人子而来的信息;而他在此又将"七"变为"二",乃因"两个"见证人,是一个见证能在法律上站得住脚的最少人数。因此两个(启示录)和一个(撒迦利亚书)的差异,并不真正构成困难。

④ 亦参,T. A. Lacy, 'The Two Witnesses,' *JTS* 11(1910),55－60。Lacy认为两个见证人所做的,是人的见证和圣灵的见证。类似的概念,亦出现在约翰福音15:18－27中,特别是26－27节中。

⑤ 林后1:22;弗1:13;4:30;启7:2－3。

答的结语："我们为这事作见证，神赐给顺从之人的圣灵，也为这事作见证"（徒 5:32；亦参，约 15:26－27；来 2:3－4）。

11:5　若有人想要伤害他们，就有火从他们口中出来，烧灭仇敌。凡想要伤害他们的，都必这样被杀（καὶ εἴ τις αὐτοὺς θέλει ἀδικῆσαι πῦρ ἐκπορεύεται ἐκ τοῦ στόματος αὐτῶν καὶ κατεσθίει τοὺς ἐχθροὺς αὐτῶν· καὶ εἴ τις θελήσῃ αὐτοὺς ἀδικῆσαι, οὕτως δεῖ αὐτὸν ἀποκτανθῆναι）

在第 10 章中我们已经看见，大力天使因其所身负传递书卷的任务，就有了原本属神和属人子之外在特征，像是头上有虹，脸面如日，脚如火柱等等（10:1－3）。而此一现象，也一样出现在这里，因为在本节和下一节经文中，侍立在天下之主面前，肩负着传道任务的两个见证人（11:3－4），也照样满有大能。

从本节经文来看，他们所拥有的大能，是不受仇敌伤害的能力；而为了强调此一特色，约翰就以两组条件子句的方式，重复叙述之。就形式来看，这两组条件子句分属假设语法的"第一类"和"第三类"，因此其语意略有差别。① 也就是说，"若有人想要伤害他们"的情境，是真实的，是已然发生的；而"凡想要伤害他们的"一语所假设的，则是一个未来可能发生的情况。但不论两个见证人是"已然"或是"未然"受到攻击，其敌人所要面对的情况，却都是一样的，那就是，被两个见证人口中所出之火所烧灭。

此处"以火烧灭仇敌"的画面，乃出自列王纪下第 1 章。② 在那里以色列王亚哈谢因病，不遣人求问神，反倒差人求教于外邦神祇巴力西卜。因此神就差遣先知以利亚，向他发出"必定要死"的凶讯（王下 1:1－4）。此事引发亚哈谢之不悦，因此差兵捉拿先知。但大张威势而来的头两支军兵，却先后因先知之言，而为从天而降之火所烧灭（王下 1:9－12）。③ 此事当然让人心生警惕，因此第三支军旅就更加谦卑，因而免去了灭亡之灾（王下 1:13－16）。从这个角度来看，约翰在此显然意欲以此背景，来突显这两个见证人所具有不受仇敌之害的能力（丈量＝保护；参，11:1－2）。

和以利亚从天降火的事件相较，这两个见证人的能力，是在他们的口里，因为火

---

① 即，"εἴ＋直说语气动词（θέλει）"和"εἴ＋假设语气动词（θελήσῃ）"。在"正常"的情况中，后者多以"ἐὰν＋假设语气动词"之形态出现，但约翰在此所使用的形式，也出现在古典希腊文和第一世纪之后的文献中（详见，A. T. Robertson, *A Grammar of the Greek New Testament*, 1016－17；Aune, *Revelation* 6－16, 614）。

② 此乃多数释经者之见，例如，Stuart, *Apocalypse II*, 230；Charles, *Revelation I*, 284；Mounce, *Revelation*, 224；Beasley-Murray, *Revelation*, 184；Osborne, *Revelation*, 422 等等。

③ 约翰以两组条件子句，来突显两个见证人之能力的文学设计，也正和先知两次降火烧灭仇敌之记录，互相呼应。

乃从他们的口中而出。此一“改变”,当然是因着这两个见证人所身负“传道”之使命而有的,但借着这个更动,约翰也暗示我们,他在这里所说的,并不能以其“字面”含义来理解。① 此一见解也可以从路加福音 9:51 - 10:24 中,得着佐证。在那里,因着耶稣为撒玛利亚人所拒绝,祂的门徒雅各和约翰,就想要依以利亚之样而画葫芦的,从天降火烧灭他们(路 9:54)。但此一企图却为耶稣所阻止,因为祂降世的目的,乃是要救人的性命。由是在路加福音第 10 章中,我们就看见祂差遣 70 个门徒出去传福音了。因此在耶稣所行的事上,我们看见祂已将“降火审判”的含义,转化为“传福音”了。②

在旧约中,“火”乃神刑罚的工具之一,③而在耶利米书 5:14 那里,神因着以色列百姓把先知的信息当成耳边风(耶 5:13),因此就向先知说:“我必使我的话在你口中为火,使他们为柴;这火便将他们烧灭。”④从这个“以火喻话”的类比可知,“口中出火”乃“发出审判信息”的意思(参,耶 5:15—17)。在启示录的前面我们已经看见(1:16),人子拥有审判权柄的真理,乃借着“从祂口中出来一把两刃的利剑”的图画,显示出来的。“口中出剑”和“口中出火”的图画,在表面上的确不同,但其含义其实是一样的。作为神在地上的“发言人”,这两个见证人当然具有审判的权柄,因为在他们里面的,要比外面的世界更大(约壹 4:4;亦参,林前 6:2)。

但教会(两个见证人)是如何显示她拥有审判世界之权柄的呢?自五旬节开始到第一世纪末叶,从犹太会堂和罗马帝国而来的打压和逼迫,难道不是教会所天天经历的事吗?在苦难风雨中飘摇的教会,真拥有审判世界的权柄?就现实面来看,教会的确是在这个世界的手下受苦,但她向世界所传讲“神国已临”的福音,其实是包括了“叫人得救”,⑤和“悔改,否则灭亡”的两个面向。⑥ 就正面“得救”的角度来看,教会的建立和增长,其意义乃是神国的得胜和撒但国的衰败,因为此事显示我们已借着福音的大能,捆绑了壮士,进入了它的家中,并抢夺了原本属于它的财物(太 12:29;可 3:27;路 11:20 - 22)。就反面“不悔改就灭亡”的角度来看,福音的信息也让那些拒

---

① 此乃 Thomas 等人之见(*Revelation* 8 - 22,90)。Osborne 则认为“火”在此同时具有字面和象征意义(*Revelation*, 422 - 23),但这个见解却有释经上的困难。

② Beale, *Revelation*, 584.

③ 例如,创 19:24;结 38:22;39:6。

④ 类似的说法,亦参,(1)耶利米书 23:29 -耶和华说:我的话岂不像火,又像能打碎磐石的大锤吗?(2)以斯拉四书 13:10——从他(神子弥赛亚)口中有如火之物喷出,从他的唇上发出焚风,而从其舌上所出的,是火焰风暴。

⑤ 徒 4:12;罗 5:10;10:10;林前 15:2;弗 1:13 等等。

⑥ 太 3:1 - 10;路 3:7 - 17;10:8 - 16;13:3,5;林前 1:18。

绝它的人寝食难安（参，启 11:10），①因为此一信息告诉他们，若不回转归向神，等在他们面前的，就只有硫磺火湖的刑罚了（启 19:20－21;21:8）。

事实上，在约翰所暗引之以利亚降火事件中，此一真理早已明白出现。在举国都背道的以色列国中，先知以利亚只能以旷野为家（王上 17:3；参，启 12:6,14）；和事奉巴力以及亚舍拉的 850 个先知对照（王上 18:19），单身赴迦密山"真假先知测试大会"的以利亚，更显得人单势孤；而和奉亚哈谢之命，前来捉拿他之三支军旅相较（51 人；王下 1:9,11,13），以利亚即或再强壮，恐怕也只能束手就擒。但在如是恶劣艰险的环境之中，以利亚不单为耶和华赢回了祂的百姓和以色列王亚哈（王上 18:38－39；21:27），也因着他所发"必定要死"的信息（王下 1:6,16），让亚哈谢王焦虑难安，因而遣人拿他。从这个角度来看，约翰的"引经"其实并非随意为之，而是紧紧依循着他所暗引经文之文脉逻辑；而他将这两个见证人类比于先知以利亚之举，也显示他对教会身份地位的了解，因为在耶稣将天国的钥匙交给以彼得为代表的教会时（太 16:19），他就已经知道教会虽要在世界的手下受苦（太 16:20－28），但审判世界的权柄，却早已赐给她了。

11:6 在他们传道的日子里，这二人有权柄叫天闭塞不下雨，也有权柄叫水变为血；并且能随时随意的用各样灾祸击打全地（οὗτοι ἔχουσιν τὴν ἐξουσίαν κλεῖσαι τὸν οὐρανόν, ἵνα μὴ ὑετὸς βρέχῃ τὰς ἡμέρας τῆς προφητείας αὐτῶν, καὶ ἐξουσίαν ἔχουσιν ἐπὶ τῶν ὑδάτων στρέφειν αὐτὰ εἰς αἷμα καὶ πατάξαι τὴν γῆν ἐν πάσῃ πληγῇ ὁσάκις ἐὰν θελήσωσιν）

为了要强调这两个见证人所拥有的权柄（ἐξουσίαν；两次），约翰在本节经文中，不单继续让他们穿着先知以利亚的"外衣"（即，叫天闭塞不下雨），②也将摩西的"招牌"神迹（即，变水为血等等），③加在他们身上。在旧约中，这两位先贤的确赫赫有名；而在新约中，他们不单在变像山上和耶稣一起出现（太 17:3－4；可 9:4－5；路 9:28－33），也可以说是律法书和先知书的代表（路 16:16,29,31）。④ 但在此约翰所关切的，并非这些，而是他们借着神迹所彰显的权柄。

但他们所有的，究竟是怎样的权柄呢？从表面上看起来，他们的确拥有"操控自然"的能力，但他们所行神迹奇事的意义，只在"改变自然"吗？从摩西的例子来看，

---

① Beale, *Revelation*, 584.

② 王上 17:1－7;18:1－6;路 4:25;雅 5:17。

③ 出 7:20－12:36。

④ I. H. Marshall, *The Gospel of Luke*, 639; J. Nolland, *Luke* 9:21－18:34, 820－21, 831. 亦参, Aune, *Revelation* 6－16, 600; Beale, *Revelation*, 582－83。

法老的术士们,至少在变杖为蛇,变水为血,以及在伸杖引蛙的事上,也具有一样的能力(出 7:11,22;8:7);因此神迹的本身,恐怕不是重点。出埃及记 12:12 清楚告诉我们,十灾的神学含义,在彰显耶和华神的真神地位,因为祂击打了埃及一切的神明(亦参,出 15:11;18:11;民 33:4;耶 46:25);①而先知以利亚所带来的干旱之灾,也是针对亚哈王所拜之巴力神而来,因为巴力乃风暴之神,是带来雨水,象征物产丰富的神祇。② 换句话说,摩西和以利亚藉神迹所彰显的,是建立神国(以色列),或是让背道百姓回转归向真神的权柄。因此神迹只是手段,而神国才是目的。

从这个角度来看,两个见证人所拥有的,也是建立神国的权柄。从耶稣降世一直到今日,教会权柄的外在记号乃神迹奇事;而此记号,不单是那些敌对耶稣的文士和法利赛人,用来测试甚至试探耶稣的"试纸",③也是后来犹太公会想要打压教会,但又因着群众压力而投鼠忌器的原因。④ 但尽管连敌对教会的群体,都因着神迹奇事而认出教会权柄之际,初代教会,也就是在逼迫中,迫切需要以"异能"来凸显其身份地位的教会,显然将这个"记号"的重要性,放在第二顺位,因为在使徒们的心目中,福音的宣讲,才是第一要务。⑤ 事实上,此一"话语—异能"的顺序,恐怕也是约翰将"口中出火"的异能(11:5),从以利亚和摩西所行的诸多神迹中,区隔出来并放在第一顺位的原因。

在以利亚的个案中,"叫天闭塞不下雨"乃是他所行神迹中的第一个;而在摩西所带来的十灾刑罚中,"变水为血"也排名第一,因此它们在此的出现,应是具有"代表性"的。而此一推论,也在接下来约翰对两个见证人之权柄的一般性描述中,得着佐证:"(他们)能随时随意的用各样灾祸击打全地"。但为何约翰要以这两个灾难,作为教会权柄的代表呢?他的选择,只是因为它们在以利亚和摩西的手中,都排名第一吗?有可能,但另一个可能是,这两个灾难的形态虽然不同,但它们的结果都是一样,那就是,人的生命因着"无水可喝"而受到了根本性的威胁。在摩西和以利亚的例证中,这两个形态不同的灾难,其实都具有同样的神学含义:只有耶和华神才是生命的主;拒绝祂,背弃祂,就是拒绝生命(参,启 7:17;21:6;22:1-2)。

---

① J. I. Durham, *Exodus*, 154, 244; N. M. Sarna, *Exodus*, 56; T. R. Ashley, *Numbers*, 627. J. K. Hoffmeier 认为(*ABD* 2:376-77),将十灾和个别埃及神祇画上等号的做法(例如,水变血之灾所击打的,是尼罗河神哈比[Hapi]),是不对的,但耶和华神之所以击打法老王,乃因他是太阳神之子(the son of Ra)。

② *ABD* 1:548; S. J. DeVries, *1 Kings*(Waco: Word Books, 1985), 216.

③ 太 12:38-42;16:1-4;可 8:11-12;路 11:16,29-32。

④ 徒 4:16-18;亦参,约 11:47-48。

⑤ 可 16:20;徒 5:27-32;14:3;罗 15:18;林前 1:22-23;来 2:3-4。

因此从这个角度来看，教会的权柄，或者说，教会所领受传福音的使命（口中出火），并不能等闲视之。我们所摆在世人面前的，并不是一个“信不信随你”的见证，更不是“你喜欢就接受，不喜欢就拉倒”的好消息；因为我们所传的福音，乃是“耶稣基督的见证”；①而人在面对此一见证时，其实是在面对一个关乎永生和永死的抉择：接受祂就得着永恒生命，但拒绝祂，就继续留在罪和死亡之情况中。在我们传福音的行动中，我们一方面彰显了教会的权柄（建立神国），但在另外一方面，也迫使人必须在这两个抉择中，做一个决定。在这个选择题中，没有“以上皆非”的选项，因为我们的主曾经亲口说过：“不与我相合的，就是敌我的；不同我收聚的，就是分散的。”（太12:30；路11:23）在相对主义高涨的今日，此话听起来相对绝对，也有些刺耳，但在创造世界之主的面前，有什么是可以与祂“相对的”呢？祂向法老王一而再、再而三地喊话——“我是耶和华”，②难道还不够大声吗？而人子在约翰福音中，向这个世界所做七个“我是”之宣告，③难道还不够清晰吗？对接受此一信息的人而言，这的确是令人雀跃的好消息；但对那些拒绝的人而言，却是他们的审判，因为在他们拒绝的行动中，他们就定了自己的罪（约3:18；15:8－9）。④

福音并不是让所有的人都能“皆大欢喜”的好消息，因为让福音之所以能成为福音的前提，是神的公义在祂爱子的牺牲中，先得着了满足。因此任何人若拒绝了如是福音，他（或是她）要如何避免神忿怒的审判呢？在经历了十灾之后，埃及王法老和其臣民，都已明白神审判的可畏，因此他们催促以色列人速速离去（出12:31－33）；在听闻“你必要死”的凶信之后，以色列王亚哈谢也一样焦虑不安，所以他就差兵遣将，要捉拿先知以利亚（王下1:9－13）；而在听了保罗讲论公义，节制和将来审判之后，巡抚腓利斯要保罗暂且退下，因为他“甚觉恐惧”（徒24:25）。我们呢？我们的福音信息可曾带来如是结果？我们可曾将福音做了完整的呈现？

教会不可轻忽她所拥有之权柄的原因，也因她领受了比两位旧约先贤更重大的责任。对摩西和以利亚而言，拜偶像的埃及和背道的以色列，是他们各自所必须面对的“工场”；但对教会而言，她所面对的却是整个世界；因此在引用非利士人对耶和华所发恐惧之言时（从前在旷野用各样灾殃击打埃及人的，就是这些神；撒上4:8），约翰就以“全地”取代了“埃及人”。事实上，此一“重责大任”的面向，也反映在“天的闭

---

① 参，启1:2，5，9；2:13；3:14；6:9；12:11，17；17:6；19:10；20:4。

② 参，出6:29；7:17；10:2；12:12 等等；亦参，王上18:36，37，39。

③ 我是——生命的粮（6:35）；世界的光（8:12）；羊的门（10:7）；好牧人（10:11）；复活和生命（11:25）；道路真理生命（14:6）；真葡萄树（15:1）。

④ 亦参，Beale，*Revelation*，584；Osborne，*Revelation*，424。

塞”、“水的变血”和“全地被击打”的组合中。① 因为在前四号之灾中(8:7-12),这三样加在一起的结果,正是全世界;而在身负宇宙性任务之大力天使现身之时(10:1-2),这三样也是一起出现的(海=水)。教会的成员乃由各族各方各民各国而来,因此她所肩负之责任,自然就是向这个世界传道了。

11:7 当他们作完见证的时候,那从无底坑里上来的兽,要与他们交战,并且得胜,把他们杀了(καὶ ὅταν τελέσωσιν τὴν μαρτυρίαν αὐτῶν, τὸ θηρίον τὸ ἀναβαῖνον ἐκ τῆς ἀβύσσου ποιήσει μετ᾽ αὐτῶν πόλεμον καὶ νικήσει αὐτοὺς καὶ ἀποκτενεῖ αὐτούς)

教会因其所肩负“做见证”之使命而得着保守(丈量)和权柄(不受害),是我们在11:1-6中所看见的事;但在此让人得着安慰和鼓励的画面中,我们也看见她不被保护(不丈量;11:2)的陈述。而这两个似乎彼此冲突的概念,也在本节经文中交织出现:在“当他们作完见证时”之语句中,我们看见神的保守,因为“作完(τελέσωσιν)”一语所指的,不单是时间上的完成,也是“目标的达成”;②而在接下来“他们将要被杀”的描述中,“不被保护”的概念也再次出现。

但这只要杀害两个见证人的兽,究竟是谁?就字义而言,“兽”所指的,乃凶猛、肉食性的野生动物,③因此在圣经中,野兽在地上的横行就成了神对人的刑罚;而反之,即,野兽的灭绝,则是神的祝福。④ 在启示录中,“兽(τὸ θηρίον)”一词一共出现了39次。⑤ 在6:8中,它所指的是野地的野兽,但在其余的经文中,此“兽”乃逼迫圣徒的地上政权。⑥ 在启示录13章和17章中,约翰将要对这只“兽”有更详细的描述,但在这里,他先以“带冠词”的方式,介绍它出场;而其原由,乃因此“兽”已在但以理书第七章中现身了。

在1:13那里我们已经知道,但以理书第7章中从海而出的四兽,乃世上国度的代表(但7:17);而与它们相对的,则是至终将要得胜得国的“人子”(但7:13-14)。在此异象中,先知但以理也看见从第四兽而出的一个“小角”,将要和圣民争战,⑦并要胜过他们(但7:21),因为神已定意将圣民交付在它的手下“一载两载半载”(但7:

---

① R. Bauckham, *The Climax*, 275; Osborne, *Revelation*, 423.

② Mounce, *Revelation*, 225; Beale, *Revelation*, 587.

③ *TDNT* 3:134.

④ 例如,利26:6,22;赛13:21;35:9;耶34:20;50:39;结34:25;启6:8。

⑤ 在此我们依循B. M. Metzger之见,将18:2中的“καὶ φυλακὴ παντὸς θηρίου ἀκαθάρτου”,包括在原始经文之内(*TCGNT*, 756-57)。

⑥ 详见13:1的注释。

⑦ “争战(עָבְדָה קְרָב)”在LXX中是“πόλεμον συνιστάμενον”;而在Theodotion中则是“ἐποίει πόλεμον”。

25；参，启 11:2,3）。① 和此背景相较，约翰的焦点多在第四兽，因为逼迫圣徒的，正是从它而出的小角。在约翰的手中，此兽的真正属性，也十分明确，因为它乃从无底坑而出；因此它属撒但的特性，也在此完全表达出来（参 9:1 的注释）。从这个背景来看，约翰在此所说的，正是但以理所预言之"圣徒受苦"的事。

但这事要在什么时候发生呢？从 11:3 来看，此处经文所论及的，应是两个见证人在传道 1260 天之后，所要发生的事。也就是说，从本节经文开始，不论是兽杀害了两个见证人（11:7－9），或是他们随后的复活（11:10－13），都要在教会尽上了她向这个世界作见证的责任之后，才会发生；而其时，也正是基督第二次再来之时。② 此一见解，在 11:3 的对照之下，似乎是一个无法避免的结论。但若此说成立，那么此处经文显然教导，在末日之时，整个教会将要从这个世界中消失，而当时依旧活着的信徒，也要以殉道作为他们生命的终点。③

但从整本圣经来看，这个"教导"显然没有其他经文的支持。④ 举例来说，耶稣曾教导祂的门徒："你们应当祈求，叫你们逃走的时候，不遇见冬天或是安息日，因为那时必有大灾难……"（太 24:20－21；可 13:18－19）；⑤而保罗也曾说："号筒要响，死人要复活成为不朽坏的，我们也要改变"（林前 15:52b）。从这两个经文来看，耶稣和保罗显然都假设在末日来到之时，信徒依旧存活于世，否则他们的教训就没有意义了。事实上，若从下两节经文来看，我们显然无法以字面的方式，来理解约翰在此所说的事，因为在那里约翰明白的说，两个见证人所象征的教会，要在耶路撒冷"一地"被处决，而该"大城"乃由那些从各民各族各方各国（全世界）而来之人所组成的。

那么约翰在此的意思是什么呢？在 11:3－6 中我们已经知道，约翰借着两个见证人能行以利亚和摩西所行的神迹，而凸显了教会向世界"作先知传道"的角色。但就这两个旧约先知的结局来看，以利亚是以不见死的方式离开了世界（王下 2:11），

---

① 约翰在此暗引了但以理书第七章，乃学界共识。例如，Swete, *Revelation*, 137; Beasley-Murray, *Revelation*, 185; Mounce, *Revelation*, 225; Roloff, *Revelation*, 132－33; C. C. Rowland, '*The Book of Revelation*,' in *The New Interpretater's Bible*, vol. XII (Nashville: Abingdon, 1998), 642; Beale, *Revelation*, 588; Osborne, *Revelation*, 425 等等。

② 例如，Wilcook, *Revelation*, 106; Mounce, *Revelation*, 225; Aune, *Revelation* 6－16, 616; Osborne, *Revelation*, 424。

③ 为避免做出如是结论，学者提出了不同的解释：(1) Hendriksen 的说法是，教会（＝宣教组织）要被毁灭，但信徒不全被杀（*More than Conquerors*, 130）；(2) Harrington 的解决之道，是将"两个见证人等同于七个金灯台中的两个教会"，因而回避了这个问题（*Revelation*, 121）；(3) Beale 则以"看起来像是被击败"的方式，来理解两个见证人的被杀（*Revelation*, 587, 590, 594, 596）；而 Farrer 的见解也和 Beale 相当接近（*Revelation*, 134）。

④ Swete（*Revelation*, 137）和 Beasley-Murray（*Revelation*, 185）显然也都注意到这个问题。

⑤ 亦参，路 18:8。

而摩西虽然死在摩押地(申 34:5),但他却非死于逼迫之下。因此就教会所必须面对的“结局”而言,他们两位恐怕无法再提供任何可供应用的“样本”了。因此从本节经文开始,约翰就让这两个见证人,走“教会之主”所曾走过的路。① 此一以耶稣基督之死和复活作为两个见证人所必须经历之事的模式(详下),其实是十分恰当的,因为教会原本就是那些“羔羊无论往哪里去,他们都跟随祂”的人(启 14:4)。

因此从这个角度来看,约翰在此的重点,并不是要告诉我们“教会在末日要经历什么事情”,而是要突显圣徒为福音的缘故,必然要受苦,甚至殉道的命运。此事已于司提反殉道之时,就开始发生了(徒 7),因此在第五印那里,我们就看见在祭坛下有“为神的道和为作见证”而被杀之人的灵魂。从神对他们呼吁伸冤的回应中,即,安息片时,等殉道者的数目满足,我们也看见受苦和殉道之事,是将要继续下去,直到神所定的日子来到为止(6:9 - 11)。② 在世界的末了,兽的确要从无底坑上来,但它出现的目的,是要接受神的审判(启 17:8),而非因杀害圣徒而得胜。在世界的末了,兽的主子,龙,也要现身,招聚歌革玛各之军来和教会争战,但战争还没有开打,它和它的军团就被从天而来之火给烧灭了(启 20:7 - 10)。因此在世界的末了,神的确容许龙兽齐聚,但祂却连一点点的机会都不给它们,祂甚至不容许它们有一秒钟得胜,因为那日是它们受审判的日子,是它们受刑罚的时刻。③

11:8 - 9 他们的尸首就倒在大城的街道上。这城按着灵意叫所多玛,又叫埃及,就是他们的主被钉十字架的地方。[9] 从各民各族各方各国而来的人,要观看他们的尸首三天半,且不许人将他们的尸首安葬在坟墓里(καὶ τὸ πτῶμα αὐτῶν ἐπὶ τῆς πλατείας τῆς πόλεως τῆς μεγάλης, ἥτις καλεῖται πνευματικῶς Σόδομα καὶ Αἴγυπτος, ὅπου καὶ ὁ κύριος αὐτῶν ἐσταυρώθη. [9]καὶ βλέπουσιν ἐκ τῶν λαῶν καὶ φυλῶν καὶ γλωσσῶν καὶ ἐθνῶν τὸ πτῶμα αὐτῶν ἡμέρας τρεῖς καὶ ἥμισυ καὶ τὰ πτώματα αὐτῶν οὐκ ἀφίουσιν τεθῆναι εἰς μνῆμα)

就两个见证人和神之间的关系,以及他们所肩负做先知传道的使命而言,他们是“被丈量的(保护)”(11:1),但就他们和世界之间的关系而论,他们却是“不被丈量的”(11:2)。因此在上一节经文中,我们就看见他们被兽杀害了。但这两个见证人死在何处呢?“大城”所指的究竟是哪一个城市呢?

---

① R. Bauckham, *The Climax*, 279 - 80。亦参,Fiorenza, *Revelation*, 77 - 78; Wall, *Revelation*, 145 - 46; Metzger, *Breaking the Code*, 70; D. E. Holwerda, ‘The Church and the Little Scroll (Revelation 10,11),’ *CTJ* 34(1999),158.

② Swete, *Revelation*, 137; Beasley-Murray, *Revelation*, 185. 亦参,R. Bauckham, *The Climax*, 449.

③ 详见 20:7 的注释。

对此问题，学界基本上有三个见解。第一，罗马，因为在启示录其他的地方，① “大城巴比伦”乃当时世界之都罗马的“暗语”。② 此说有其可能，而尼禄和豆米田两位皇帝，在其任内逼迫教会的历史，也从旁支持此说。但约翰是否只把此“大城”的含义，局限在罗马城，则是一个值得商榷的问题（详下）。

第二，许多释经者认为，此处之大城是耶路撒冷，因为（1）从 11:1－2 开始，经文的焦点即在耶路撒冷城内的圣殿；（2）根据犹太传统，先知都死在耶路撒冷（参，太 23:37－39）；（3）在许多犹太文献中，耶路撒冷都被称为“大城”；而先知们也曾因以色列人的背道（偶像崇拜），而将耶路撒冷类比于所多玛和埃及；③（4）11:13 中的“七万人（7000×10）”，和耶路撒冷的人口数相近；（5）“他们的主被钉十字架的地方”一语，也指向这个城市。④ 此一见解似乎十分合理，但它却也有其困难之处。举例来说，在启示录其他的经文中，“大城”所指的，乃以“巴比伦”为其“暗语”的罗马；因此若此“大城”为耶路撒冷，那么这节经文就是全书中唯一的例外了。再者，上述理由中的（1）（4）（5）三项，乃建立于“字面含义”的基础之上，但我们在前面已经晓得（两个见证人＝两个灯台＝两棵橄榄树），本段经文之特色，即在其“象征”语法；而此见解，更在约翰在此所使用的“灵意”一词中，得着证实。不单如此，在以西结藉所多玛和埃及来描述耶路撒冷之罪的例子中（参，结 16:46，48；23:3，4，8，19），我们所有的其实正是一个“类比”，或是“象征”的个案。事实上，在约翰将一个国家之名，埃及，加在一个“大城”之上的举措中，我们就已经看见他要其读者，以象征意义来理解经文的意图了。

第三，因着上述理由，学界中也有人认为，“大城”所指的，不是耶路撒冷，也不是具有地理局限性的罗马，而是抵挡神、欺压圣徒的世界。⑤ 就上文而言，此一见解其实有其脉络可循，因为（1）在 11:4 那里我们已经看见，约翰为要显明教会和神以及世界之关系，就已经将“两棵橄榄树”和“两个灯台”的图画，加在一起了；（2）而在接下

---

① 16:19；17:18；18:10，16，18，19，21，24；详见这些经文的注释。

② 例如，J. Wellhausen 和 J. Munck（资料来源，Aune，*Revelation* 6－16，619）。E. B. Eliott 亦作如是观，只是他认为此处经文所言乃真教会为罗马教皇逼迫的事（资料来源，S. Gregg，ed.，*Revelation: Four Views*，238）。

③ 赛 1:9－10；耶 23:14；结 16:46，48；23:3，4，8，19。

④ 例如，Beckwith，*Apocalypse*，601；Charles，*Revelation I*，287；Ford，*Revelation*，180；Thomas，*Revelation* 8－22，94；Aune，*Revelation* 6－16，619；Osborne，*Revelation*，426。

⑤ 例如，Mounce，*Revelation*，226；Sweet，*Revelation*，187；Krodel，*Revelation*，226；Hughes，*Revelation*，127；Beale，*Revelation*，592；D. E. Holwerda，'The Church and the Little Scroll（Revelation 10，11），'*CTJ* 34（1999），159。Swete（*Revelation*，138）和 Roloff（*Revelation*，133）则认为，耶路撒冷因其拒绝人子，因而成为拒绝弥赛亚并欺压圣徒之世界的代表。所以“大城”是耶路撒冷的“延伸和放大”。

来的经文中(11:5－6),为凸显教会在"做先知传道"一事上的权柄,他更将以利亚和摩西的"招牌神迹",都加在两个见证人的身上。因此在论及世界对教会之逼迫时,我们也就很自然地看见,他将罗马(大城巴比伦)、所多玛、埃及和钉死耶稣的耶路撒冷,都结合在一起了。若从"灵意(属灵)"的角度来看,教会可以是两棵橄榄树和两个金灯台,也就是为圣灵所充满,肩负向这个世界作见证使命的一个群体;那么从这同一个角度来看,逼迫教会的世界,也就可以是以道德败坏,意欲杀害神所差派之使者而闻名的所多玛,①或是以偶像崇拜,压迫神子民而留名于世的埃及了。② 事实上,若我们从11:9中,"各民各族各方各国"一语来看,③此一见解也是十分合理的,因为在5:9那里我们已经知道,此一词组的意思,正是"全世界"。④ 也就是说,若教会是羔羊从各族各方各民各国中,所买赎回来之人所组成的群体(亦参,7:9),那么逼迫他们的,也就是必须是这个世界了,因为从10:11开始(亦参,13:7;14:6;17:15),这个词组所指的,不再是教会,而是敌对神,逼迫教会的世界。

这个世界对教会之敌意,表现在两个方面。第一,"街道(τῆς πλατείας)"一语原意作"平的",或是"宽阔的",⑤因此我们也可将这个带冠词的形容词译为"广场"。因此这两个见证人并非被秘密处决,而是死在一个城市中,最多的人能聚集之处。换句话说,世界对教会之逼迫是公开的,是为了要在所有的人面前,达到羞辱教会的目的。第二,除了公开的杀害之外,这个世界还不许人埋葬这两个见证人之尸首。⑥ 在古代近东风俗习惯中,此一行为不单表达了人对死者的忿怒之外,也是对被杀害之人

---

① 创18:16－19:29;申29:23;赛1:9;耶49:18;哀4:6;摩4:11;番2:9;太10:15;11:23－24;路10:12;罗9:29;彼后2:6;犹7;亦参以斯拉四书2:8;玛加比三书2:5;利未遗训14:6;拿弗他利遗训3:4;4:1;亚设遗训7:1;以斯拉启示录2:9;7:12(资料来源,Aune, *Revelation* 6－16,620;下注亦然)。

② 出2:23;6:6;申5:6;6:12;书24:17;士6:8;尼9:17;赛19:1;耶34:13;结20:7;弥6:4;以斯拉四书14:3。

③ 此处之"ἐκ τῶν λαῶν καὶ φυλῶν καὶ γλωσσῶν καὶ ἐθνῶν"乃partitive genitive,因此这些人乃是在整个世界中,和教会相对的群体。在5:9－10之后的附录中("各族各方各民各国"),我们已经知道和11:9之词组所相对的,是17:15中的"大淫妇所坐的众水＝多民多人多国多方"。亦参,2:10的注释。

④ 详见该处注释。从7:1的"地的四角和四风",我们晓得"四"乃世界的数目;而此一特色,也一样出现在"大城＋所多玛＋埃及＋耶路撒冷"的模式中。

⑤ LSJ, 644.有关此"街道",究竟是耶路撒冷城(或是罗马城)中的哪一条街道的问题,Aune给了我们相当详细的资料(*Revelation* 6－16,618－19);但若我们前面所说的是准确的话,即,大城乃世界,那么对此问题我们似乎没有多做探究的必要。

⑥ 在8－9a中,"尸首"乃单数(τὸ πτῶμα),因此两个见证人是被视为一个群体的代表。但在9b论及埋葬之时,"尸首"却又成了复数(τὰ πτώματα)。Swete认为此乃因尸体必须个别处理之故(*Revelation*, 138－39);但Beale则认为,作为见证神的群体,教会乃一个身体(单数),但此一身体却是由许多见证人所组成的(复数;*Revelation*, 594)。

进一步的羞辱。① 而此习俗和中国人“死无葬身之处”的咒诅十分相似。

但为何世人要观看两个见证人之尸首“三天半”呢？就“3 又 1/2”的数字而言，它是和 11:2－3 中之“42(个月)”和“1260(天)”互相对应的；②因为他们都是“3 又 1/2(年)”。因此这“三天半”和“三年半”其实都代表了同一段长短的时日，也就是这两个见证人“传道”的日子。但约翰在此为何要将“年”改为“日”呢？在前面我们已经提及，从 10:7 开始，约翰已经让这两个见证人，走耶稣所走之路，因此正如他们“传道”的年日，是和他们的主一样以“三年半”为其长短，他们从其死亡到复活之时间，也是和他们的主一样的，以“日”为单位。

但约翰是如何将耶稣的“三日”，变更为教会的“三天半”呢？第一，从福音书的记载来看，③耶稣的尸首在坟墓中的时间，事实上不到“三日(72 个小时)”，因此“三日”从一开始，就只是个大约的数字。第二，在约翰于 11:2－3 所暗引的但以理书中，“3 又 1/2”乃圣徒受苦的年岁(见该处注释)，因此约翰在此是将“日”和“3 又 1/2”这两个元素，结合在一起。④ 第三，在论及以利亚所降旱灾之时，耶稣和雅各都说，是项灾难刑罚的长度为“三年六个月”(路 4:25；雅 5:17)。但若我们参照列王纪上(17:1；18:1)，以利亚所降之灾是只有不到三年的时间。因此约翰在这里也只是跟随着他的老师和“同事”，依循着那个时代的传统，以“3 又 1/2”作为圣徒和世界争战年日的长短而已。⑤

11:10 住在地上的人就为他们的死而欢喜，并快乐的彼此送礼，因这两位先知曾叫住在地上的人受了痛苦(καὶ οἱ κατοικοῦντες ἐπὶ τῆς γῆς χαίρουσιν ἐπ᾽ αὐτοῖς καὶ εὐφραίνονται καὶ δῶρα πέμψουσιν ἀλλήλοις, ὅτι οὗτοι οἱ δύο προφῆται ἐβασάνισαν τοὺς κατοικοῦντας ἐπὶ τῆς γῆς)

在 11:5－6 中我们已经提及，这两个见证人所带给这个世界的信息，是“生命之道”；而此信息，是和这个世界的想法，完全相反的，因为这个世界的主流看法是，“生

① 参，创 40:19；撒上 17:43－47；王上 14:11；16:4；21:24；王下 9:10，33－37；耶 8:1－2；14:16；可 12:8；亦参，所罗门诗篇 2:30－31；多比传 2:3－10；Philo *Jos.* 25；*Mos.* 1.39；Jos. *J. W.* 3.377；4.381－84；西卜神谕篇 3:643；以诺一书 98:13。

② Mounce，*Revelation*，227；Aune，*Revelation* 6－16，621；Osborne，*Revelation*，428. 但这三位都认为此段时日乃基督第二次再来的“前夕”。

③ 可 15:24；16:2；路 23:54；24:1。

④ R. Bauckham，*The Climax*，280.

⑤ J. A. Fitzmyer，*Luke (I－IX)*，37－38；I. H. Marshall，*The Gospel of Luke*，189；P. H. Davids，*The Epistle of James* (Grand Rapids：Eerdmans，1982)，197；R. P. Martin，*James* (Waco：Word Books，1988)，213.

命的丰富”乃由财富,权力和美名的累积而来。① 因此当这两个见证人为兽所杀害之后,“住在地上的人”自然就因着他们的死而高兴快乐,因为他们的良心,不再因着此一令人不安的信息而受到谴责。

为显示世人属世的特性,约翰在启示录中,就以“住在地上的人”一语,来描述他们。在3:10那里我们已经知道,此一语句在启示录中一共出现了11次。② 从13:11-17来看,此一词组所指的,并非中性的“世人”,而是受了兽的印记,因此得以在世做买卖的人;因此他们的确是那些追求并依靠这个世界的人。而为了要凸显这个特色,约翰就让此词组以前后包夹的方式(*inclusio*),出现在本节经文的起头和结尾之处了。

在上两节经文中,兽和其跟随者对两个见证人之恨,是表现在“杀害”和“曝尸”的两个动作中。但从本节经文来看,这些显然还不足以表达他们对两个见证人的忿怒,因为他们不单为他们的死而欢欣,并且还快乐地彼此送礼。③ 对熟悉旧约的犹太基督徒而言,此一画面显然来自以斯帖记9:1-29,因为在那里,犹太人为了庆祝他们除灭了他们的仇敌哈曼,而举行了一个庆祝大会;他们不单设宴欢乐,彼此馈送礼物,并周济穷人(斯9:19,22),也为了要永远纪念这事,而将他们胜过仇敌的日子,设定为一个例定的“普珥日”(斯9:26-29)。④ 在约翰的手中,此一画面当然是颠倒过来的,因为在启示录中被杀害的,是教会,而举行庆功宴的,则是世界。这个“颠倒使用旧约素材”的举措,其实并不令人意外,因为在前面约翰已经让我们看见,被打压逼迫的教会,事实上是具有审判世界权柄的两个见证人(11:5-6)。

因着两棵橄榄树所供应之油(圣灵),而得着审判世界权柄的教会(11:3-6),却必须经历被杀害和曝尸之苦(11:7-10),似乎是一件吊诡的事;但这却是教会之主曾走过的路;也是祂在世之时,就已经告诉他们,那将要发生在他们身上的事了(太13:9-13)。⑤ 但“圣徒痛哭、哀号而世人喜乐”(约16:20a),并不是教会历史的“完结篇”,因为她的忧愁,将要变为喜乐(约16:20b)。⑥ 而这正是两个见证人在死了“三天半”之后,所要发生的事(11:11-13)。

---

① 参,耶稣受试探的记载(太4:1-11;路4:1-13);亦参,耶稣所说:你们要谨慎自守,免去一切的贪心,因为人的生命不在乎家道丰富(路12:15,16-21[无知财主的比喻])。

② 3:10;6:10;8:13;11:10(两次);13:8;13:14(两次);17:8。在13:12和14:6中,其形态略有不同。

③ 就文法结构而言,“快乐”和“彼此送礼”(εὐφραίνονται καὶ δῶρα πέμψουσιν ἀλλήλοις)是紧紧连结在一起的(Aune, *Revelation* 6-16,623)。

④ Charles, *Revelation I*, 290; Mounce, *Revelation*, 227; R. Bauckham, *The Climax*, 281.

⑤ Beale, *Revelation*, 596.

⑥ Mounce, *Revelation*, 227-28.

11:11　过了三天半，有从神而来的生命气息进入他们里面，他们就站起来；看见他们的人就十分害怕（καὶ μετὰ τὰς τρεῖς ἡμέρας καὶ ἥμισυ πνεῦμα ζωῆς ἐκ τοῦ θεοῦ εἰσῆλθεν ἐν αὐτοῖς, καὶ ἔστησαν ἐπὶ τοὺς πόδας αὐτῶν, καὶ φόβος μέγας ἐπέπεσεν ἐπὶ τοὺς θεωροῦντας αὐτούς）

从人的角度来看，这两个见证人的结局的确悲惨，但他们所经历的，却是在神的计划之中，因为在“三天半”之后，从神而来的生命气息，却让他们在众人的眼前，重新活了过来。约翰在此所使用的语言，乃从以西结书 37:10 而来：

以西结书 37:10①	**启示录 11:11**
于是我（以西结）遵命说预言，气息就进入骸骨，骸骨便活了（וַתָּבוֹא בָהֶם הָרוּחַ וַיִּחְיוּ），并且站起来（וַיַּעַמְדוּ עַל־רַגְלֵיהֶם），成为极大的军队。②	过了有三天半，有从神而来的生命气息进入他们里面，他们就站起来。

此一广为人知的预言，是神藉先知以西结，向当时被掳至巴比伦的以色列人所发。而其目的，则是要向他们保证，虽然他们今日的情况有如骸骨般的枯干，但他们将要重回应许之地（结 37:11－14）。正如我们在前面已经多次看见（例如，1:6；5:10），约翰在此也将此一关乎以色列百姓的经文，应用在教会的身上；而在他的手中，他不单将教会解读为此一应许的承受者，更将“枯骨复生/回归故土”的元素，提升至“从死里复活”的层面。而此手法，和他在前面以“灵意”来理解所多玛和埃及的例子，是完全一样的。

但以两个见证人为象征的教会，何曾经历“从死里复活”呢？在新约中保罗曾教导，我们因着在基督里，就已经拥有一个“复活的生命”了。③ 但约翰在此所说的，恐怕不是这个“重生的复活”。那么这个“复活”所指的，是基督第二次再来时的复活吗？当然，但正如我们在前面已经提及的，约翰在 11:3－13 中，是以一个超越时空的角度，将整个教会历史浓缩在这短短的 11 节经文中。因此这个“复活”，不单是未来的，也是现在的。此一超越时空之面向，在 6:9－11 中就已经出现了，因为在那里我们看见，那些为了持守信仰而被杀之人的灵魂，就已经“复活”了：在天庭中的祭坛之

① 亦参，结 37:5。

② 这两个语句在 LXX 中是：εἰσῆλθεν εἰς αὐτοὺς τὸ πνεῦμα καὶ ἔζησαν 和 καὶ ἔστησαν ἐπὶ τῶν ποδῶν αὐτῶν。L. P. Trudinger（The Text, 73－74）和 C. G. Ozanne（The Influence, 113－14）都认为，约翰在此所暗引的旧约经文，是 MT 而非 LXX；而因着字面上的接近，我们甚至可以将此个案视为“引用（quotation）”。

③ 参，罗 6:5，13；7:4；8:11；林前 15:16－19；林后 4:14。

下,他们开口呼吁神为他们伸冤;而神也已经将白衣,即,那要到"末日"才会实现的"永恒生命",给了他们。[①] 而此一面向的真理,也将要在20:4-6中,再次出现。[②] 但即便我们不从超越时空的角度来理解这段经文,以时空为经纬的教会历史也告诉我们,教会虽然历经打压逼迫,而从司提反开始的殉道行列(徒7),也还不断地加长,但看似"死了"、"全无活命指望"的教会,却在殉道者之血的浇灌之下,如雨后春笋般的,在世界各个角落中不断冒出。

此一现象着实令人讶异,因此"看见的人就十分害怕",因为这两个见证人的复活,不单显示出他们对教会逼迫的最后手段(置之死地),已然无效,也更凸显出教会胜过他们的权柄。[③] 但他们的"害怕",其性质究竟如何?若约翰在此的目的,是要将"喜乐的世界要变为悲伤"对比于"悲伤的教会要变为喜乐"的话,那么此处的"害怕",就只是世人在明白他们不能胜过教会之后,对此事实所产生不能不尔的反应而已。在旧约中我们看见埃及人,以东的族长和摩押的英雄们,都曾如是"惧怕"以色列人(出15:16;诗105:38),而在启示录后面,我们也将看见那些依靠大淫妇巴比伦而活的君王和商客等人,因着她所受到的刑罚而产生一样的惧怕(18:10,15)。[④]

但若从11:13来看,此处"惧怕"所具有的含义,显然不止于此,因为隐含在"归荣耀给天上之神"一语中的,也有因着惧怕而产生悔改的意义(详下)。事实上,约翰在此要做对比的,不单是"世界"和"教会",更是"刑罚"和"见证"。怎么说呢?在前面我们已经看见,神对殉道者伸冤的呼吁(启6:9-11),是以前六号之灾难作为回应(8:6-9:19)。但这些灾难,却无法让那些在灾难中幸免于难的人悔改(其余的人;9:20-21)。因此借着刑罚,神的公义虽然得着满足,但祂的救赎却无法彰显。但此一情况在本段经文中,却有了180度的翻转,因为借着这两个见证人至死不渝的见证,在地震(审判)中依旧存活的人(其余的人;11:13),却可以"归荣耀给在天上的神"。因此单单借着"刑罚"所不能成就的救赎,却在"两个见证人的见证"中完成了。[⑤] 而这正是神要那些在祭坛之下的殉道者,"安息片时,等殉道者数目满足"的真正原因(6:11)。正如羔羊藉其死和复活,开启了救赎之门,跟随羔羊脚踪而行的教会,也同

---

① 亦见,3:4的注释。
② 详见该处注释。
③ Mounce, *Revelation*, 228.
④ Beale, *Revelation*, 598.
⑤ Caird, *Revelation*, 140; R. Bauckham, *The Climax*, 280,282. 亦参,C. H. Giblin, 'Revelation 11.1-13: Its Form, Function and Contextual Integration,' *NTS* 30(1984),445; D. E. Holwerda, 'The Church and the Little Scroll (Revelation 10,11),' *CTJ* 34(1999),158-61。

样要以其受苦和死亡的见证，来写救赎历史的后续篇章。

11:12 他们听见从天上而来的大声音，说："上到这里来吧！"他们就乘着云彩上了天；他们的仇敌也看着这事（καὶ ἤκουσαν φωνῆς μεγάλης ἐκ τοῦ οὐρανοῦ λεγούσης αὐτοῖς, Ἀνάβατε ὧδε. καὶ ἀνέβησαν εἰς τὸν οὐρανὸν ἐν τῇ νεφέλῃ, καὶ ἐθεώρησαν αὐτοὺς οἱ ἐχθροὶ αὐτῶν）

两个见证人的从死里复活，已经够让人"害怕"的了，但接下来所发生的事，更叫人诧异，因为有声音从天而出，要他们升天；而他们也真的在他们仇敌面前，乘着云彩上了天。

但此一声音的主人究竟是谁呢？一个可能是坐在宝座上的父神，而另一个可能是有权柄能展开书卷的人子羔羊。① 但不论是谁在此发声，此一声音的出处，"天上（ἐκ τοῦ οὐρανοῦ）"，以及约翰对它的描述，"大（μεγάλης）"，都显示了发声者的能力。

神的声音，是满有能力的声音（诗 29:4），而从祂口中所出的话，也必不徒然返回（赛 55:11），因此两个见证人在听见"上到这里来吧！"的命令之后，就乘着云彩升上了天。但我们究竟应该如何理解这个"升天"呢？若此一"升天"乃"末日被提"（不论是灾前、灾中或是灾后），②那么约翰在此所设定的"末日时程"便是：复活（11:11）—被提（11:12）—末日审判（地震）和世人的悔改（11:13）。但若对照保罗的看法，即，信徒的复活要在基督第二次再来之时发生（帖前 4:13－18），而其时已无"悔改"可能（帖前 5:1－11），那么约翰和保罗的见解显然有出入。③ 不单如此，若我们从启示录 19:11－21 来看，以上述方式来理解约翰在此所说的事，也和他在该处的叙述，有所冲突；因为他在那里让我们看见，当基督第二次再临之时，兽和迷惑人拜兽的假先知，都要被扔进硫磺火湖里（19:20）；而那些跟随兽的人，也就是"其余的人"，也要被基督（骑白马的）所杀（19:21）。④

有鉴于此，在学界中就有人建议我们将 11:11 的"复活"，视为末日"复活—被

---

① Thomas, *Revelation* 8－22, 97.

② 有关"何时被提"之不同见解，见 S. N. Gundry, ed., *Three Views on the Rapture: Pre-, Mid-, or Post-Tribulational?*（Grand Rapids: Zondervan, 1996）。

③ 耶稣有关祂将要如贼般，在人没有想到之时再来的教训，也是建立在这个基础之上的（参，太 24:42－44；路 12:39－40；彼后 3:10；启 3:3；16:15）。

④ 若不将这"两个见证人"视为"教会"，而以字面的"两个见证人"的方式（不管他们可能是谁），来读这段经文，这个问题当然就不存在了；因为他们的"死—复活—升天"，就和整体教会在末日所要经历的事，完全无关了。但我们在前面已经晓得，以字面来理解这段经文的路，是一条行不通的死巷子。

提”一事,在发生之前对该事情的期待(proleptic anticipation)。因此在这个理解之下,末日的时程就变成:两个见证人的升天,末日的地震,世人悔改,基督第二次再来和教会被提,末日大战。① 这个解释似乎可行,但却显得有些牵强。而其原因,乃因它假设约翰在此所说的,是要依线性的方式,在末日发生的事。

但这段经文的焦点,真在此吗?第一,在前面我们已经提及,这段经文的焦点,不在“何时(When)”,而是“何事(What)”。也就是说,两个见证人之异象的主要焦点,是“在身负向世界传道之责的教会身上,要发生什么事?”。而为了要说明此事,约翰不单将旧约先知的权柄,加在教会身上,也更让她走一条和人子羔羊一样的路。因此正如教会的主曾经历了“复活—显现—升天”的三个阶段(路 24),②这两个见证人也一样的“复活—被仇敌看见—升天”。

第二,在犹太人的观念中,“云”虽是神所使用的“交通工具”;③但它亦是神显现的记号,因为神的宝座乃是立在云彩之上。④ 因此人若能“乘云升天”,那么这不单表示他得以看见神的面,也更是神对他服事的肯定。因此在列王纪下 2:11 那里,我们就看见以利亚在旋风(或作风暴)中,升天去了;而耶稣在完成了祂的使命之后,也被云彩接了去(徒 1:9)。⑤ 从这个角度来看,这两个见证人的“升天”,也具有同样的意义。⑥ 在兽的手下,他们被杀害,在世人的手中,他们也受到了“尸首不得埋葬”的羞辱;但这“双重”的伤害,却在神“双重”的作为中,得着完全的平反。因为从神而来的生命气息,先复活了他们;而从天而来的声音,也更让他们驾云升天。兽要他们下到“阴间”,但神却反其道而行,接纳他们进入了祂所在的天庭。

第三,若“驾云升天”乃神对受苦教会的接纳和肯定,那么“他们的仇敌也看见这事”的语句,则进一步的证实了这事。因为在第 9 节世人为两个见证人之死而举行的庆祝大会中,这个世界对教会之敌意,是在“世人观看两个见证人之尸首”的事上,完全地表达了出来。因此在神为他们“平反”的段落中,他们的复活,和他们的升天,也

---

① 例如,Osborne, *Revelation*, 432。亦参,Swete, *Revelation*, 140; Morris, *Revelation*, 147。Swete 认为两个见证人的“升天”,的确是末日教会的“被提”,但此事在教会历史中,当教会为殉道者立雕像,以他们的名字盖教堂,并在庆典和崇拜中纪念他们的时候,就已经开始实现了。

② Aune, *Revelation* 6 – 16, 625.

③ 例如,诗 104:3;帖前 4:17;启 1:7。

④ 例如,出 19:16;结 1:4,28。

⑤ 在犹太人的传统中,摩西也如是。相关文献索引,见 Beale, *Revelation*, 601。

⑥ Beckwith, *Apocalypse*, 603; R. Bauckham, *The Climax*, 282; Beale, *Revelation*, 599; Osborne, *Revelation*, 431.

都是在他们的眼前发生的(11:11,12)。①

第四,不论就字面或是情境而言,本节经文和4:1－2之间有许多平行之处:

4:1－2	11:12
天上有门开了……我听见有一个大声音对我说:你上到这里来……立时我就在灵里了……看哪! 有一个宝座在天上……	他们听见从天上而来的大声音,说:"上到这里来吧!"他们就乘着云彩上了天。

因此若约翰在前面的经文中,是"*在灵里*"被提到天上,那么我们在此也应以"非字面"的方式,来理解这两个见证人的"*升天*"。② 当然在4:1－2的上下文中,约翰乃为接受他先知使命而"*升天*",而此处两个见证人则是因着他们完成先知使命而"*升天*",但这个差异,却不影响这两段经文之间的类比性。

上述的论点显示,约翰在此的主要目的,并非要告诉我们*末日* 教会将要经历何事。他借着两个见证人的"比喻",乃是要让其读者明白,虽然苦难如巨浪般的,一波波地打在他们身上,但由于他们的主已从死里复活,并升上了高天,因此神也要在他们身上,行同样的事。世界虽满怀敌意,但就"*灵意*"而言,它即便如埃及般强大,如所多玛般邪恶,又如耶路撒冷般的冷血,但此一"*大城*"却终究要服在神的手下。过去如此,现在如此,将来也要如此。

11:13 正在那时,地大震动,城的十分之一就倒塌了。因地震而死的有七千人;其余的人都很害怕,就把荣耀归给在天上的神(Καὶ ἐν ἐκείνῃ τῇ ὥρᾳ ἐγένετο σεισμὸς μέγας καὶ τὸ δέκατον τῆς πόλεως ἔπεσεν καὶ ἀπεκτάνθησαν ἐν τῷ σεισμῷ ὀνόματα ἀνθρώπων χιλιάδες ἑπτά καὶ οἱ λοιποὶ ἔμφοβοι ἐγένοντο καὶ ἔδωκαν δόξαν τῷ θεῷ τοῦ οὐρανοῦ)

伴随着两个见证人之复活和升天的,是一个大地震。在6:12那里我们已经晓得,"地震"是神在大能中显现,并带来审判的记号之一。而此处的"*地震*",恐怕就是这个意思,因为此一大地震所带来的结果,正是城的倒塌和人的死亡。

对那些将此段经文解读为"末日事件"的释经者而言,站在本节经文后面的,是以

---

① 参,11:11的τοὺς θεωροῦντας αὐτούς和11:12的ἐθεώρησαν αὐτούς。C. H. Giblin认为('Revelation 11.1－13: Its Form, Function and Contextual Integration,' *NTS* 30[1984], 444),11:11和11:12是彼此平行的:(1)从神而来的生命气息(11b)—从天上来的声音(12a);(2)两个见证人的复活(11c)—两个见证人的升天(12b);(3)看见的人都害怕(11d)—他们的仇敌也看见了(12c)。而此观察也强化了我们的论点。

② Beale, *Revelation*, 598－99.

西结书 38 章;因为先知在那里告诉我们,正当歌革上来攻击那已如枯骨般复生(结 37:1－10;参,启 11:11),被神带回故土的以色列时(结 37:7,11－12),神就要借着一个"大地震(σεισμὸς μέγας;LXX 结 38:19)"来审判她。此一审判是末日性的,因为不单天空的鸟、田野的兽、地上的昆虫和人,都要因神的显现而震动;连山岭、陡岩和和所有的墙垣都要倒塌(结 38:20)。不单如此,神还要从天降下暴雨、大雹、火和硫磺来击打歌革之军(结 38:22)。①

就情节而言,以西结书的"枯骨复生—审判歌革",和启示录的"两个见证人的复活—审判世人",是相当一致的;而就字面而言,这两段经文之间,也在"大地震"和"墙垣/城的倒塌"的项目上,彼此呼应。再者,约翰在 20:7－10 中也暗引了歌革玛各之经文的事实(详见该处注释),也更强化了这两段经文之间的连结;因此这个见解是十分可能的。但此一旧约经文可能只为此处经文,提供了一个一般性的背景而已,因为若我们将马太有关耶稣的死和复活的记载,和启示录 11:11－13 相较,我们将会看见它们之间也有许多相似之处。

第一,当耶稣于十字架上断了气之际,以及祂第三日从死里复活之时,马太都告诉我们,伴随着这两个事件的,是"地大震动"(太 27:51;28:2),②而其剧烈的程度,是磐石的崩裂(太 27:51),和堵住墓穴之大石块的挪开(太 28:2)。③ 第二,在耶稣复活时的地震中,守墓的人因其所见之事吓得混身乱颤(28:4);而在耶稣死时所发生的地震中,罗马的百夫长和他的兵丁,因着他们所见之事,不单极其害怕,也不得不承认"这真是神的儿子了"(太 27:54)。此一"认信",在马太福音中(参 14:33),不只是对事实不得不尔的认知,也是对真理的接受。④ 因此这个反应,和本节经文下半——"其余的人都很害怕,就把荣耀归给在天上的神"——具有一样的意思。从这个角度来看,约翰在此是再次让这两个见证人,以"耶稣的模式"出现。也就是说,他们的"死和复活",也要和耶稣之"死和复活"一样,带来同样的结果。

但为何约翰要说城倒塌了"十分之一";而因地震而死的有"七千人"呢? 若依字

---

① Charles, *Revelation I*, 291; Ladd, *Revelation*, 159; Mounce, *Revelation*, 228; Beale, *Revelation*, 602; Osborne, *Revelation*, 433. 撒迦利亚书 14:4 也被 Mounce 和 Osborne 视为此节经文的旧约背景,但就字面和主题而言,以西结书 38 章要比撒迦利亚书 14 章,更靠近启示录。

② ἡ γῆ ἐσείσθη(太 27:51);καὶ ἰδοὺ σεισμὸς ἐγένετο μέγας(太 28:2)。

③ Aune 认为(*Revelation 6－16*,627)只有马太福音 27:51 的地震,才是此处经文的背景。但马太福音 28 章中的复活,也应包括在内才是。

④ D. Hill, *The Gospel of Matthew*, 356; R. H. Mounce, *Matthew*, 260; D. A. Hagner, *Matthew 14－28*, 852－53.

面解释，那么此城人口就有七万人，而此一数字，和当代耶路撒冷城之人口，相去不远。① 因此有学者认为，此段经文中的“大城”，乃耶路撒冷。② 但我们在前面已经多次提及，数字在启示录中，多数是具有象征意义的（两个见证人＝教会）。就“1/10”而言，这个数目和第四印的“1/4”，以及前四号中的“1/3”，都表示审判的有限性。③ 在以赛亚书6:13和阿摩司书5:3中，此一数字是在神审判下，“幸存者”的比例，而在列王纪上19:14－18中，“七千人”则是神在以色列举国背道的情况中，为自己所保留的“余数”。但这两个“剩余”的数目，在约翰的手中却被反转过来，因为在这里，在审判中被保留的“幸存者”，却是在整体中占绝大多数的“9/10”。④ 此一将旧约做“反转使用”的情况，是我们在11:10那里就已经看见了的（详上）；而其目的，则是要凸显这两个新约的见证人，因着他们所见证的主，就可以完成旧约先知们，单藉审判所无法完成的工作；因为他们的“死和复活”（受苦）所能带来的，是许多人的“归荣耀给在天上的神”。⑤

对此结果，学界有两个完全相反的解读。第一，本节经文中的“归荣耀给神”，并不必然等于“悔改”。⑥ 因为在旧约的某些经文中，我们虽然看见神要求人将荣耀归给祂，或是人因着神所行之事（审判或是神迹），而不得不“归荣耀给神”，但“悔改”却不是归荣耀给神的前提，或是结果。⑦ 以尼布甲尼撒王为例，他因着看见但以理等人在火窑中却没有被烧死的神迹（但3:19－29），以及在经历了神的审判之后（但4:28－33），都曾归荣耀给神；但从但以理书4－5章中，我们也看见他并未真正“悔改”，离弃他原先所敬拜事奉的巴比伦神祇。⑧ 因此虽然“天上的神”一语，曾三次从尼布甲尼撒王的口中而出（LXX但4:37），⑨但他对神的颂赞却不是以“悔改”为基础的。

---

① 学界对当代耶路撒冷人口的估计，是从5万到12万之间（见，J. M. Court, *Myth and History in the Book of Revelation* [London: SPCK, 1979], 182）；而此数字比罗马的50万人口（Aune, *Revelation* 6－16, 628），要更接近7万。

② 例如，Charles, *Revelation I*, 291－92; Thomas, *Revelation* 8－22, 98。亦见，Beasley-Murray, *Revelation*, 187。

③ Stuart, *Apocalypse II*, 238; Swete, *Revelation*, 141; Sweet, *Revelation*, 189; J. M. Court, *Myth and History in the Book of Revelation* (London: SPCK, 1979), 103; Hughes, *Revelation*, 130.

④ C. H. Giblin, 'Revelation 11. 1－13: Its Form, Function and Contextual Integration,' *NTS* 30 (1984), 445; Aune, *Revelation* 6－16, 627.

⑤ Giblin, *Revelation*, 116; R. Bauckham, *The Climax*, 283.

⑥ Hendriksen, *More than Conquerors*, 132; Kiddle, *Revelation*, 206; Mounce, *Revelation*, 229; Beale, *Revelation*, 603－06.

⑦ 参，诗96:7－8；箴1:24－32；但4:34；拿1:9－10，16；弥7:8－17。

⑧ 详见，Beale, *Revelation*, 603－04。

⑨ ὁ θεὸς τοῦ οὐρανοῦ；亦参，但以理对神的呼求（但2:18，19）。

第二,在学界中有人则持相反看法,认为"归荣耀给神"的意思就是"悔改",①因为在约书亚劝亚干认罪(书 7:19),以及先知耶利米劝以色列人回转归向耶和华神之时(耶 13:16),"归荣耀给神"一语的意思,都是如此。事实上,在启示录中,"惧怕(敬畏)+归荣耀给神"的模式,亦出现了好几次。(1)在 14:6-7 中,那飞在空中,有永远的福音要传给地上之人的天使,向人所做的宣告就是"应当敬畏神,将荣耀归给祂";(2)在 19:5 那里,因着救恩而得以在天庭中敬拜神的仆人,是"凡敬畏祂的人";而他们在天庭中所做的事,也正是"将荣耀归给祂"(19:7);(3)和 19:5-7 类似的情况,亦出现在 15:4 中,只是此时那些胜过兽的人,是以反面的说法,来发出他们对神的敬拜:"主啊,谁敢不敬畏你,不将荣耀归与你的名呢?"(4)在 16:9 中,我们则有一个完全相反的画面,因为在第四碗的灾难中,被刑罚的人不单不惧怕(开口亵渎神之名),并且也"不悔改将荣耀归给神"。

因此在约翰的手中,"惧怕+归荣耀给神"的含义,是十分清楚的。而此一认知,和我们在前面所说的,完全合致。因为约翰在此所要突显的,正是两个见证人因着他们"走了主的道路",而可以让他们完成先知们所梦寐以求的事,那就是万国悔改归向神,并荣耀祂的名。② 在 1-6 号的刑罚中,我们看见神的公义得着彰显,但在撒但手下,为罪所辖制的人,却无法单单因着审判而回转归向神(启 9:20-21);但两个见证人(教会)牺牲受苦的见证,却可以带来世人的"惧怕并归荣耀给神"。若"受苦的羔羊"是神给堕落世界的答案,那么教会能有其他的选择吗?我们会比祂还要有智慧吗?

11:14 第二样灾祸过去了。看哪!第三样灾祸即将来到(Ἡ οὐαὶ ἡ δευτέρα ἀπῆλθεν· ἰδοὺ ἡ οὐαὶ ἡ τρίτη ἔρχεται ταχύ)

在前面我们已然提及,8:13;9:12 和本节经文,乃约翰在七号之灾的段落中(8:6-11:19),所放下的分段线索,而其目的,则在让启示录的第一读者,也就是那些只能在聚会中,从"读经者"口中得闻启示录的人,能在冗长的读经中,不致失去方向和节奏感。③

---

① 例如,Swete, *Revelation*, 141; Beckwith, *Apocalypse*, 604; Beasley-Murray, *Revelation*, 187; C. H. Giblin, 'Revelation 11.1-13: Its Form, Function and Contextual Integration,' *NTS* 30(1984),446; Aune, *Revelation* 6-16,628; Osborne, *Revelation*, 434。

② 参,创 12:1-3;18:18;22:18;诗 67:1-5;赛 25:6-8;52:9-10;60:3;耶 3:17。为要支持其论点,即"归荣耀给神≠悔改",Beale 就举了几个旧约例证,像是法老和其术士对神作为的认知,和尼布甲尼撒王的归荣耀给神等等(*Revelation*, 603-06)。这些例子的确为本节经文提供了一个旧约背景,但即便如此,约翰在此恐怕是将这些旧约例子,做了"翻转式"的应用。

③ 见页 106。

就位置而言，本节经文除了可以出现在这里（9:13）以外，另一个可能的位置是在9:21的后面，也就是紧跟在第六号之后。① 但若是如此，第三祸就变成10－11章了。从我们前面的分析来看，这是完全不可行的，因为借着这两章经文，约翰让我们看见神在施行"前六号"审判之时，所开的"救恩"之门。具体来说，借着"约翰的受差遣"和"两个见证人"的见证，教会就完成了她让世人"归荣耀给神"的任务。事实上，约翰将这个转折经文放在这里的目的，是要我们把第六号（9:13－21）和10－11章的"插曲"放在一起来读。而当我们如此行时，第六号刑罚所能带来的结果（不悔改；9:20－21），和教会之见证所能成就的（悔改；11:13），就有了一个黑白分明的对比。不单如此，当约翰将这节转折经文放在这里时，他也同时凸显了第七号的重要性，因为这正是8:13那里所说，"祸哉祸哉祸哉"中的"第三祸"。

但尽管约翰在这里以"看哪！"来加强语气地说，"第三样灾祸即将来到"，许多释经者却认为"第三祸"所指的，不是接下来的11:15－19，而是（1）11:15－15:8，②（2）12－13章，③（3）16章中的"七碗之灾"，④（4）12－20章，⑤甚或是（5）21－22章。⑥从第七号的内容来看，约翰所给我们的，是一个天上崇拜的画面，因此和前两祸中的恐怖刑罚相较（第五号和第六号），此一画面，至少在表面上，的确不容易和"祸哉"画上等号。但若我们进一步探究，约翰在这里藉24位长老之口，所发出"神国降临"的宣告（11:15），对敌对神和教会的世界而言，岂不正是"祸哉"吗？⑦ 对逼迫教会的世界而言，有什么比神在末日将救恩之门关上，开始进行祂公义审判之事（11:18b），要更"祸哉"的呢？在这个世界自以为她胜过了教会，但神却以奖赏圣徒的方式，将整个局面翻转过来之时（11:18c；亦参，11:7－13），还有什么语言比"祸哉"更为贴切的呢？当神的毁灭临到那些毁灭世界之人时（11:18d），除了"祸哉"之外，我们还有其他的感叹词可用的吗？⑧

---

① Aune, *Revelation* 6－16, 630.

② 例如，Giblin, *Revelation*, 117。

③ 例如，Swete, *Revelation*, 189, 202。

④ 例如，Beckwith, *Apocalypse*, 608; Walvoord, *Revelation*, 184; Ladd, *Revelation*, 160; Thomas, *Revelation* 8－22, 100。

⑤ 例如，Charles, *Revelation I*, 292－93; Wall, *Revelation*, 148（12－19:10）。

⑥ 例如，Fiorenza, *Revelation*, 79。除了上述的看法之外，在学界中也有人认为，约翰其实并未清楚指明"第三祸"何在（Harrington, *Revelation*, 123）。

⑦ 亦参，Wilcook, *Revelation*, 107; Beasley-Murray, *Revelation*, 187－88; Boring, *Revelation*, 149; Beale, *Revelation*, 609－10; Osborne, *Revelation*, 438。

⑧ 24位长老在11:18中所说的"审判—奖赏—毁灭"，将要在后面的经文中，以颠倒的次序出现：毁灭（16:1－21；亦参19:11－21；20:7－10）；奖赏（20:4－6）；审判（20:11－15）。此一现象一方面显示第七号和其后经文在结构上的呼应（R. Bauckham, *The Climax*, 21），而在另一方面也告诉我们，第七号的本身就已然是一个不折不扣的"祸哉"了。

11:15 第七位天使吹号,天上就有大声音说,"世上的国成了我们的主和祂的弥赛亚的国度。祂要作王,直到永永远远"(Καὶ ὁ ἕβδομος ἄγγελος ἐσάλπισεν· καὶ ἐγένοντο φωναὶ μεγάλαι ἐν τῷ οὐρανῷ λέγοντες, Ἐγένετο ἡ βασιλεία τοῦ κόσμου τοῦ κυρίου ἡμῶν καὶ τοῦ Χριστοῦ αὐτοῦ, καὶ βασιλεύσει εἰς τοὺς αἰῶνας τῶν αἰώνων)

借着上一节经文中的"第三样灾祸即将来到",约翰在本节经文中,带我们回到了七号系列。和第五号和第六号一样,第七号也是由一个从天上而来的声音,揭开了序幕(参,8:13;9:13-14)。① 在启示录中,约翰听见"大声音(φωνὴ μέγας)"一共有20次之多,②但唯有此处的"声音"是复数的。我们无法确定这个现象是否具有特殊意义,我们也无法完全确知这个在天上的"大声音",是四活物、众天使、24位长老,或是这三组人马所一起发出来的,③但此声音所宣告的内容,其重要性倒是无庸置疑;因为神国的降临,可说是启示录一书的焦点。

但神国并不单单降临,因为当神国显现之时,世上的国度就必须退位。因此"世上的国就成了我们的主的国"。在新约中,和此处"世上的国(ἡ βασιλεία τοῦ κόσμου)"一语所平行的,只有马太福音4:8中的"世上的万国(τὰς βασιλείας τοῦ κόσμου;复数)";也就是魔鬼在试探耶稣之时,向祂所显示,在它权下由一个个属人国度所组成的世界。④ 在启示录以及在马太福音第四章中,此一世上的国度,当然不是中性的,而是抵挡神和逼迫教会的群体。因此为要凸显这两者的对立,约翰就让"国度(ἡ βασιλεία)"在经文中,扮演了双重的角色(double duty),并让"主的(τοῦ κυρίου)"一语,紧紧地跟随在其取而代之的"世界的(τοῦ κόσμου)"之后。⑤

从马太福音第4章以及其后的经文来看,我们晓得因着人子从受试探一直到十字架上,持续向这个世界所说的"不",神国才得以建立。而此一真理,也在启示录5-6章反映了出来;因为在天庭异象中,只有被杀的羔羊,才配从父神手中领取书卷(启5:6-7),并随后揭开七印(6:1ff)。因此在论及神国降临并得胜之时,约翰当然不会忘记人子羔羊。由是世上的国不单成了我们的主的国度,也成了"祂的弥赛亚的国度"(καὶ τοῦ Χριστοῦ αὐτου)。

对二十一世纪的信徒来说,"神和基督(的国度)"是我们比较熟悉的语言,但对

---

① Beale, *Revelation*, 611.

② 启1:10;5:2,12;6:10;7:2,10;8:13;10:3;11:12,15;12:10;14:7,9,15,18;16:1,17;19:1,17;21:3。在14:2和18:2中,"大声音"其型式不同,但其含义一样。

③ 从"我们的主(τοῦ κυρίου ἡμῶν)"来看,"天庭活物同声宣告"的可能性最高。

④ Aune, *Revelation* 6-16, 638.

⑤ Osborne, *Revelation*, 440.

于约翰以及熟悉旧约的第一读者而言，“主和祂的弥赛亚”却是“钦定版”。① 因为在论及外邦对神的敌意时，诗篇第2篇的作者所用的语言，就是“（他们）要敌挡耶和华并祂的受膏者（弥赛亚）”（2:2）。在此诗篇中，“祂的受膏者”所指的，乃神膏立的以色列王；但由于王乃神所设立，祂家的人，所以他乃是“神的儿子”（2:7）。② 由是在耶稣受洗之际，从天而来的声音，就宣告祂乃神的“爱子”，③而初代教会在面对希律、本丢彼拉多、外邦人和以色列民的逼迫之时，使徒们也以此一诗篇来理解他们所面对的困难（徒4:25－28）。

但和初代教会所面对的情况相较，此处经文的情境，却非受苦，而是得胜；因为“祂要作王，直到永永远远”。就文脉逻辑而言，掌权得国的是“父神和基督”，但约翰在此却说“祂要做王（βασιλεύσει；单数）”；而其原由，乃因基督和父神原为一（约10:30）。④ 不单如此，保罗在哥林多前书15章那里也曾说，在末日当基督将一切执政的、掌权的、有能力的都毁灭了之后，就要把国交与父神（15:25，27－28），因此从这个时间顺序的角度来看，约翰以单一的“祂”作为“做王”的主词，也是十分适切的。神子降世的目的，就是要把堕落了的世界买赎回来，因此当祂透过祂所差遣的圣灵，并借着祂所设立的教会，把那些从创世以来，名字就已在生命册上之人，⑤带回神的家中之后，祂的国就要和父的国合而为一了。

此一国度乃“永永远远”的国度，因此约翰在这里所说的，乃是那在末日所要成就的神国。此一永恒的国度，是旧约先知们所引颈切望的（参，诗10:16；但2:44；7:13－14；亚14:9），也是约翰在启示录的最后，还要详细加以描述的国度（启21:1－8）。因此就时间而言，在七号系列的结尾，我们已经来到“末日”之后的永恒中了。⑥

---

① 类似的说法，亦在启示录12:10出现：“我神的救恩，能力，国度，并祂基督的权柄，现在都来到了”（῎Αρτι ἐγένετο ἡ σωτηρία καὶ ἡ δύναμις καὶ ἡ βασιλεία τοῦ θεοῦ ἡμῶν καὶ ἡ ἐξουσία τοῦ Χριστοῦ αὐτοῦ）。

② P. C. Craigie, *Psalms* 1－50, 65－66.

③ 太3:17；可1:11；路3:22；约1:32－34。

④ 此一为了“教义”而牺牲文法的现象，亦在22:3－4中出现：神和羔羊将要在新耶路撒冷城中做王，但祂的（单数）仆人却要事奉祂（单数）。他们也只见到祂的（单数）面；而也只有祂的（单数）名字要写在他们的额上。亦参，Osborne, *Revelation*, 441。

⑤ 启3:5；13:8；17:8；20:12，15；21:27。

⑥ 对以“线性”方式来读启示录的人而言（例如，Charles, *Revelation I*, 293；Thomas, *Revelation* 8－22, 106），第七号只是约翰所“预期（proleptic）”的异象；而他在本节经文中使用“过去式”的动词的原因，是所谓的“先知式的过去（prophetic aroist）”，也就是在事情还未发生之前，因其确定性而有的（好像已经发生了一样）。此说当然可能，但在前面我们已经提及，启示录的异象，乃重复或是重述的，因此七号已经带我们进入了永恒（参，启10:7）。在这个阶段，神国已然实现，因此天庭活物对神的颂赞，自然是过去式的了（亦参，Beale, *Revelation*, 611）。

11:16 那在神面前,坐在自己宝座上的二十四位长老,就俯伏于地敬拜神(καὶ οἱ εἴκοσι τέσσαρες πρεσβύτεροι οἱ ἐνώπιον τοῦ θεοῦ καθήμενοι ἐπὶ τοὺς θρόνους αὐτῶν ἔπεσαν ἐπὶ τὰ πρόσωπα αὐτῶν καὶ προσεκύνησαν τῷ θεῷ)

因着天上之大声音所做有史以来最重要的宣告(11:15),在天庭中的24位长老就俯伏于地敬拜神。在4-5章那里我们已经知道,天庭中除了有坐在宝座上的父神,站在宝座前的人子羔羊和七盏火灯(圣灵)之外,还有扛抬宝座的四活物,围绕在宝座周围的24位长老,以及千千万万无法数算的天使。在4-5章中我们也已经看见,天庭崇拜乃由距宝座最近的四活物领头,而后才有在宝座周围24位长老的呼应,以及在天庭最外围众天使的唱和。① 因此在这里,"只有24位长老敬拜"的现象,是令人有些好奇的。若我们在前面所说的是准确的话,即,24位长老乃新旧约圣徒在天庭中的代表,那么这个现象其实并不奇特,因为和神国降临一事有最直接关联的,正是圣徒。在这个世界上,受到逼迫的是他们,而在兽手下为信仰殉道的也是他们,因此当神国成就之时,当神应允了他们伸冤祷告之时(6:9-11),有谁比他们更合适"出面"来敬拜神呢?

11:17-18 说,今在昔在的主神全能者啊,我们感谢你,因你已执掌大权作王了。[18]列国发了怒,而你的忿怒也临到了。你审判死人的时候到了;你奖赏你的仆人众先知,众圣徒,和老老少少凡敬畏你名之人的时候到了;你消灭那些败坏世界之人的时候也到了(λέγοντες, Εὐχαριστοῦμέν σοι, κύριε ὁ θεὸς ὁ παντοκράτωρ, ὁ ὢν καὶ ὁ ἦν, ὅτι εἴληφας τὴν δύναμίν σου τὴν μεγάλην καὶ ἐβασίλευσας. [18]καὶ τὰ ἔθνη ὠργίσθησαν, καὶ ἦλθεν ἡ ὀργή σου καὶ ὁ καιρὸς τῶν νεκρῶν κριθῆναι καὶ δοῦναι τὸν μισθὸν τοῖς δούλοις σου τοῖς προφήταις καὶ τοῖς ἁγίοις καὶ τοῖς φοβουμένοις τὸ ὄνομά σου, τοὺς μικροὺς καὶ τοὺς μεγάλους, καὶ διαφθεῖραι τοὺς διαφθείροντας τὴν γῆν)

24位长老的敬拜乃以感谢为始(Εὐχαριστοῦμέν σοι),而他们对神的称呼,也十分得体。在启示录中,"主神全能者(κύριε ὁ θεὸς ὁ παντοκράτωρ)"的称号一共出现了七次。② 在1:8和4:8那里,我们已经知道此一称号的重点,在神"统管万有"的能力;而这个含义在这里变的更为清晰。有什么事比神在世界的末了,击败了一切敌对祂的势力,并建立了祂永恒国度,更能显示出祂的权能呢?

约翰以"今在昔在将要再临"的方式来称呼神,是我们在1:4,8和4:8中已经看见了的。在那些经文的分析中,我们晓得此一"时间三重语法"的目的,在凸显神在历

① 亦参,19:1-8中各路人马在天庭崇拜中的出现。
② 1:8;4:8;11:17;15:3;16:7;19:6;21:22.

史中，施行拯救和降下审判的能力。但在此处经文中，约翰所使用的，却是“今在和昔在”。① 此一现象当然令人好奇，但其缘由，却不难解释；因为在第七号中，我们已然来到了末日之后的永恒阶段，而此时神对这个世界的权柄，也已经在人子的第二次再来的事上，完全彰显了出来，因此“将要再临”的部分自然就不需要出现了。在24位长老的感谢中，此一元素已不着痕迹地被另一个表缘由的子句所取代了：“因为（ὅτι）你已执掌大权做王了”。②

若神为了要让人的冤屈得着平反，也为了要使恶人得着他该得的刑罚，而在这个世界中设立了国度和君王（罗13:1－4），那么祂自己的国度，不也更应该如此吗？由是在18节中，我们就看见24位长老对神掌权做王一事，做了更多的描述和说明。

“列国发了怒，而你的忿怒也临到了”一语，显示神掌权做王的意义，乃在祂审判列国。在11:9－10中，“列国（各民各族各方各国）”是那些逼迫教会，并为他们之死而高兴快乐的人，因此作为教会之主的祂，怎能不让祂的忿怒临到他们的身上呢？当然神的忿怒并非毫无节制和章法，因为祂的“忿怒（ἡ ὀργή）”，乃和列国的“发怒（ὠργίσθησαν）”对等（*lex talionis*），③而其基础，则是祂的公义。许多释经者都指出，站在这一句话背后的是诗篇第二篇，因为神对“列国共谋敌挡耶和华和祂受膏者（2:1－2）”的反应，正是“我要在怒中责备他们，在烈怒中惊吓他们”（2:5；亦参，2:12）。④ 这个见解是准确的，因为此一诗篇中的“神（耶和华）和祂的弥赛亚”，已在11:15中出现了。⑤ 在启示录的后面，“列国聚集合攻圣城（教会）”的战争，还要在第六碗（16:12－16），以及千禧年之后（20:7－10），再次开打，⑥因此从平行合参的角度来看，我们也知道第七号已带我们进入永恒之中了。

---

① 此一词组亦在16:5出现，而在那里，约翰则是以“圣的（ὁ ὅσιος）”取代了“将临”。究其缘由，乃因其时神正在进行祂的审判（详见该处注释）。

② Beale, *Revelation*, 613. 在此语句中，“执掌（εἴληφας）”的时态是完成式，而“做王（ἐβασίλευσας）”则是过去式。因此这句话的意思可以是：（1）你已永远的执掌大权并开始做王了（ingressive aorist）；或是（2）你已执掌（aoristic perfect）大权做王了（详见，Aune, *Revelation* 6－16, 642－43）。这两个理解虽然在语意上略有差异，但对经文的解释却影响不大。

③ Morris, *Revelation*, 149; R. Bauckham, *The Climax*, 95; Beale, *Revelation*, 615; Osborne, *Revelation*, 444.

④ 例如，Swete, *Revelation*, 143; Beckwith, *Apocalypse*, 609; Mounce, *Revelation*, 231; Hailey, *Revelation*, 263; Beale, *Revelation*, 615; Osborne, *Revelation*, 444。

⑤ 诗篇第2篇中“以铁杖管辖列国”的元素（2:9），则是在启示录2:26－27；12:5；19:15中被约翰引用了。从2:26－27来看，神国在基督复活升天之时，已然降临；但若从19:15来看，神国显然也必须等到基督第二次再来之时，才会完全成就。因此我们实在无法同意某些学者的见解（例如，Hailey, *Revelation*, 262－63），认为此处的“神国降临”所指的（因着约翰引用了诗篇第2篇），乃基督第一次降世时所开始建立的神国（相关讨论，亦见Beale, *Revelation*, 614）。

⑥ 详见两处经文的分析。

神掌权做王的含义,当然在祂刑罚列国;但神国的降临,也同时也包括了奖赏圣徒的面向。因此在接下来的经文中,我们就有了一个以"交错法"为形式的颂赞:①

A 你审判死人的时候到了

B 你奖赏你的仆人众先知/众圣徒/老老少少

B' 凡敬畏你名之人的时候到了

A' 你消灭那些败坏世界之人的时候也到了

就文法结构而言,这三个不定词词组乃附属于"时候(ὁ καιρὸς)",而以"临到了(ἦλθεν)"为其动词;因此它们都是对"神忿怒降临"之事进一步的说明。② 第一,神忿怒的日子(时候)乃祂审判死人的日子。在启示录其他的经文中,"忿怒(ἡ ὀργή)"一词一共出现了五次,③而其上下文都显示,当羔羊或是父神之忿怒显明之时,乃末日审判的到来;而这也正是此处经文的情境;因为约翰在此明确地告诉我们,这个日子正是"神审判死人"的日子。在旧约中,只有但以理书12:2明确提及这事,④但在启示录的后面,也就是在末日白色大宝座审判的段落中(20:11-15),约翰却要将此主题做更清楚明白的发挥。

第二,神审判的日子,也是神子民得奖赏的日子。或者我们可以这么说,当神以奖赏祂仆人的方式,为祂受逼迫但却依旧忠心的百姓平反之时,就是祂对这个世界的审判了。但究竟有那些人得着奖赏呢?在"奖赏"的子句中,我们有"仆人"、"先知"、"圣徒"、"敬畏你名的人"和"大大小小"的五个单位;因此我们的问题是:这五个单位之间的关系如何?(1)以连接词"和(καὶ)"为准,我们就有了"仆人先知"、"圣徒"和"敬畏你名的"三组人马("大大小小"乃前三者的总和)。⑤ (2)若将"仆人"和"敬畏你名的"当成"先知"和"圣徒"的形容,那么我们只有两组人马了。⑥ (3)若从11:3-13中,"两个奉命传讲先知信息的见证人=教会"之角度来看,那么这五个单位只是约翰从不同角度,对教会的描述;因此得奖赏的,就只有一个单位了。⑦

---

① Osborne将B的部分再分为B和B'(*Revelation*, 444;即,将"仆人—先知"和"众圣徒—老老少少敬畏你的人"分为两组),但由于我们只有三个不定词(κριθῆναι;δοῦναι;διαφθεῖραι),因此将经文以如下方式来呈现,恐怕是比较合适的。

② A. T. Robertson, *A Grammar of the Greek New Testament*, 1076; Aune, *Revelation* 6-16, 644.

③ 6:16,17;14:10;16:19;19:15.

④ Osborne, *Revelation*, 445.

⑤ 例如,Ford, *Revelation*, 182; Michaels, *Revelation*, 146。不过这两个学者对这三组人马各自是谁的问题,意见也不一致。

⑥ 例如,Lenski, *St. John's Revelation*, 356-57; Mounce, *Revelation*, 232; Osborne, *Revelation*, 446。

⑦ Beale, *Revelation*, 616.

在启示录的后面,(1)“先知和圣徒”一起出现在16:6和18:24;①而在18:20中,他们则是和“使徒”并列;(2)“仆人—敬畏神的人—大大小小”则在19:5现身。从这些经文的上下文来看,不论是(1)或是(2)的组合,都指向整个属神的群体。而此一见解,也更在22:9那里得着证实,因为在那里将约翰带进新耶路撒冷异象的天使,为阻止约翰敬拜他,就说:“我与你,和你的弟兄众先知,并那些遵守这书上言语的人,同是做仆人的”(亦参,19:10)。就这些个别的语词而言,它们当然各有其重点,例如“先知”乃传达神信息的使者,“圣徒”则在强调他们乃神从这个世界中,将他们分别出来的事实,而“敬畏神的”则在突显圣徒之所以可能免去神审判的原因;但在本节经文中,约翰将这五个“单位”通通加在一起的动作,不单显示了“所有属神的人”都要得着奖赏的真理,也恐怕是因着此处经文之“末世性”而有的:若所有属世界的都要被审判,那么所有属神的人,也自然都要得着奖赏。

但敬畏神的人所要得着的奖赏又是什么呢?在七封书信中(2－3章),我们已经看见人子向得胜者所应许的奖赏,是生命树的果子(2:7),不受第二次死的害(2:11),隐藏的吗哪和白石(2:17),胜过列国的权柄和晨星(2:26－28),白衣和被认名(3:5),成为神殿中的柱子(3:12),和基督同坐宝座(3:21)。在7:15－17(亦参,22:3－4),圣徒所要得着的奖赏是“能站在神的面前事奉祂,并得着因着与神同在而有的一切福分”;而在22:14中,奖赏则是“得着进入新耶路撒冷城的权柄”。在这些经文中,约翰的用词遣字也许不同,但不论重点何在,这些奖赏恐怕都是以“祂要与人同住,他们要做祂的子民”之事实为基础(启21:3),②向不同方向所做的延伸和应用而已。

第三,神审判的日子,也是毁坏世界之人被神毁坏的日子。在启示录中,类似的说法亦在19:2出现:“祂的审判是真实公义的,因祂审判了(ἔκρινεν)那用淫行败坏(ἔφθειρεν)世界的大淫妇。”学界中有人认为,站在这两节经文背后的,应是耶利米书51:25,耶和华说:“你这行毁灭(τὸ διεφθαρμένον)③的山哪(巴比伦)!就是毁灭天下的山,我必与你反对。我必向你伸手,将你从山岩滚下去,使你成为烧毁的山。”④此说应离事实不远,因为这些经文不单在主题上平行(神审判巴比伦[世界]),也都以“罪刑对等”的原则(*lex talionis*),来论述神的审判。⑤ 这个世界既是神所创造,并且

---

① 在18:24中,圣徒在先而先知在后。

② 亦参,利26:11－12;耶31:33;结37:27;亚8:8。

③ LXX,耶28:25。

④ Beale, *Revelation*, 616; Osborne, *Revelation*, 447.

⑤ 在耶利米书51:25节中,此一原则出现了两次:(1)自以为高如山的巴比伦,将要从山岩上被推下去;(2)毁灭天下的,将要被烧毁。

是属祂的(启 4:11),那么败坏这个世界,并逼迫圣徒的(启 19:2b),当然要受到神的审判了。①

11:19 于是,神天上的殿打开了;祂的约柜在殿中显现,随后有闪电、声音、雷轰、地震和大冰雹(καὶ ἠνοίγη ὁ ναὸς τοῦ θεοῦ ὁ ἐν τῷ οὐρανῷ καὶ ὤφθη ἡ κιβωτὸς τῆς διαθήκης αὐτοῦ ἐν τῷ ναῷ αὐτοῦ, καὶ ἐγένοντο ἀστραπαὶ καὶ φωναὶ καὶ βρονταὶ καὶ σεισμὸς καὶ χάλαζα μεγάλη)

在 24 位长老以感谢之歌(11:17-18),应和了天上"神做王"的宣告(11:15)之后,在异象中的约翰,就看见天庭的开启和约柜的显现。在当代人的观念中,圣殿之门自行开启乃恶兆,②但这恐怕不是这里的意思;因为神天上圣殿开启的目的,在让约柜显现。在旧约中,约柜之于以色列人,乃神同在的记号,也是他们之罪得蒙遮盖的所在(利 16;亦参,来 9:3-28;10:20)。而此"柜"之所以具有如此重大的意义,并非此物件本身有什么特别之处,而是因为它乃耶和华神和祂百姓立约的象征。③ 因此在这里,约柜之显现,其意乃是"神已信实地成就了祂的应许"。而此一见解,也在约翰在"约柜"之后,再加上了"祂的"一语的动作中,得着证实(祂的立约之柜)。④

由于其象征意义,约柜在会幕中的位置,自然是在神显现的至圣所中。在旧约里面,这个地方只能一年一度的,由代表百姓的大祭司进入(利 9,16);但由于那永远的赎罪祭已由耶稣基督一次永远地献上了(来 9:11-28),因此那区隔圣所和至圣所的幔子,在基督死于十字架之时,就已从上到下裂为两半(太 27:51;可 15:38);由是进到神面前的路,就此开启(来 9:8-10,12;10:19-21)。⑤ 但从希伯来书 9:28 来看,基督在十字架上所成就的,并不只是一个"开始"而已(一次),因为祂的代赎,也具有"末世性"的意义(永远);因此在这里我们就看见天上圣殿(地上至圣所的"本体")的打开。神在古时多次向其百姓所做"祂要与人同住,他们要做祂的子民"的应许(利 26:11-12;耶 31:33;结 37:27;亚 8:8),在世界的末了,是当然要实现的(亦参,启 21:

---

① Charles 认为(*Revelation I*, 295-96),在 11:18 中,我们有一个末日的时程:列国发怒—神的忿怒临到—审判死人—奖赏圣徒—毁灭恶人;而此次序,和启示录后面所说的相当一致:歌革玛各(20:8-9;19:19)—歌革玛各被击败(20:9;19:21)—审判死人(20:11-15)—奖赏圣徒(21:1-4;22:3-5)。此说似乎有其道理,但正如 Charles 自己也注意到的,11:18 中的最后一个项目"毁灭",却不在启示录后面的经文中出现。为要解决这个问题,他认为此处经文恐怕是放错了位置,而将之移到"神的忿怒临到"的后面。这个解决的方法,老实说,实在令人不敢恭维。再者,若我们在前面所说的是正确的话,即,解释"神忿怒临到"的三个不定词子句,是以交错法来排列的,那么约翰在此显然关心文学形式多于"时间顺序"。

② Aune, *Revelation* 6-16, 676.

③ 在"会幕建造细则"(出 25:1-30:38)中,约柜是第一个被提及的物件(出 25:10-22)。

④ Aune, *Revelation* 6-16, 677.

⑤ Ladd, *Revelation*, 163; Osborne, *Revelation*, 448.

3）。[1] 从这个角度来看，24 位长老“奖赏时候到了”的感谢（11:18）和天上圣殿的开启和约柜的显现是彼此平行的。[2] 虽然前者是“台词”，而后者是“演出”，但它们的意思都是一样的。

此一平行关系，也在“闪电、声音、雷轰、地震和大冰雹”，和“审判和毁坏之时候到了”（11:18）的呼应中，显示了出来。在 4:5 那里，我们已经晓得这一组词组所表达的，是神所拥有的审判权柄；而在启示录中，约翰也让它们继续在第七印第七号和第七碗中出现（8:5；11:19；16:18－21）。此一手法一方面是为了要将这三个七灾系列，和天庭异象连结在一起；而在另外一方面，也让我们知道这三个灾难系列，有一个共同的终点。[3]

相比 8:5 的“雷轰、大声、闪电和地震”，本节经文多了一个新的元素：“大冰雹”。在前面我们已经提及，为避免单调，约翰在重复使用这一组词组之时，总会做一些变化和加增。在 4:5 那里，“闪电、声音和雷轰”这三样“从天而来”的审判，是十分合适天庭异象的；但在 8:5 那里，当天使将火炭倒在地上之时，象征审判的地震就自然发生了。但为何约翰在此处要加上“大冰雹”呢？在旧约中，神多在密云中降临，因此随风暴而来的“冰雹”，当然也可以成为神审判的工具。摩西在埃及所降下来的第七灾，就是“雹灾”（出 9:22－35）；在约书亚领以色列百姓进入迦南地的争战中，冰雹也是神毁灭以色列敌人的工具（书 10:11）；而当神在末日审判歌革之军时，从天而降的暴雨、火和硫磺中，也有大雹（结 38:22）。[4] 因此从这个角度来看，“大冰雹”在此的现身并不令人意外。但若我们和第一号之灾对照，约翰让“大冰雹”在此现身的目的，恐怕是要为七号系列画上一个完美的句点，因为在这个灾难系列中所出现的第一个刑罚工具，正是冰雹（8:7）。

由是在“闪电、声音、雷轰、地震和大冰雹”中，七号系列就此结束。神永世不坠，审判世界的王权，也在这个词组所创造出来“各式令人畏惧的声光和情境”之中，达到了最高峰。

---

① 在某些犹太人的传统中，圣殿物件在被掳之前，就已被耶利米（玛加比二书 2:4－8；巴录四书 3:8－11），或是天使（巴录二书 6:7；；亦见西卜神谕篇 7:149）藏起来了；而这些物件，包括了约柜，将要在末日时再次出现（详见，Aune，*Revelation* 6－16，678）。此一传统的情境和此处经文有些类似，但此处之约柜乃“天上的”。再者，在新约中，约柜除了在此处经文之外，也只现身于希伯来书中（9:4）；而在那里，希伯来书的作者之所以提及约柜和其他圣殿物件之原因，乃是要藉对比来突显耶稣所进入的，乃是那个不属世界之“更大更全备”的帐幕。因此他所关注的，显然也不是地上的约柜。

② Mounce，*Revelation*，232.

③ 亦参，Beale，*Revelation*，618；Osborne，*Revelation*，449。

④ R. Bauckham，*The Climax*，204.

解释和应用

在前面我们已经提及,借着8:2-6中之“文学连环锁”的设计(见8:2注释),七号之灾乃神对殉道者呼吁伸冤的回应(6:9-11);因此在前四号的灾难中(8:7-12),我们看见神击打了这个世界;而在第五号和第六号中(9:1-21),我们则看见神借着从无底坑而出的邪灵之军,而刑罚了那些跟随兽,“住在地上的人”(8:13)。而在刑罚了这个世界和世人之后,我们在第七号中,也就自然看见神在天庭中,接受24位长老的敬拜,因为祂已然借着审判,显示了祂为世界之主的权柄(11:15-19)。

神在1-4号中的审判,乃以“地,海,河,天”为对象,也就是人类所赖以生存的世界。从创世记来看,这个世界原是神所创造,并交给人所管理的(创1:26-31)。但在亚当听从了撒但(蛇)的建议,想要离开神而自立为王之后,神也就以其人之道还治其人(*lex talionis*),让他所管理的地(世界),不再如先前一样的服在他的手下。地因此就长出荆棘和蒺藜来,而“汗流满面,才得糊口”也就成了他,以及所有从他而出之人的人生写照。事实上,神的审判还不止于此,因为在和地抗争了一辈子,在劳苦了一生之后,亚当至终还是得被地吞吃,归于尘土(创3:17-19)。因此从这个角度来看,神在1-4号中,藉“地海河天”来刑罚人,实在不足为奇,因为祂原是创造这个世界的主。

但从自然界而来的“天灾”,只临到那些抵挡神的人吗?难道神的儿女可以免去这类灾难吗?当然不。在神于末日更新万物之前(罗8:19-25;启21:5),所有的人都在亚当堕落所带来的咒诅下“苟活”着。因此从这个角度来说,我们和世人是没有差别的。但对世人而言,他们除了要面对“天灾”之外,神的刑罚更显明在祂让他们继续活在撒但的权下。① 因此在第五号和第六号中,我们就看见从无底坑而出的邪灵之军,在这个世界上横行。它们迷惑世人(口;9:17,18,19),带给他们痛苦,让他们求生不能,求死不成(9:5-6);因为生和死的权柄,都不在它们的手中。它们把那些跟随它们的人当成禁脔,不让他们得见从神而来的真光,因此在它们权下,人就继续拜偶像,也不从他们的恶行中悔改(9:20-21)。他们的命运,也因此就决定了,因为他们所跟随的军队,其主子的名字正是“毁灭”(亚巴顿/亚玻伦;9:11)。

“落在永生神的手下(审判),真是可怕的(来10:31)。”但神对这个世界的心意,并不只有刑罚。因此在第六号和第七号之间,我们就有了一个“插曲”(10:1-11:

① 参,罗马书1:24-32中的三个“任凭”(24,26,28)。

13）。此一段落的焦点，在显示神所赋予教会的角色和任务。因着这个角色和任务，神的确把刑罚世界的权柄赐给了教会，但这并不表示她在充满了敌意的世界中，就可以免去逼迫和苦难。和她的主一样的，教会也要经历死亡。但所幸这并不是她最终的结局，因为和她的主一样的，她也要从死里复活。在神的手中，苦难因此有了一个新的含义。此一新的含义，不单是圣徒将要借着苦难而成圣（彼前4:1－2），也不只是圣徒因愿意受苦（正字标记），而证实了他们是属神的子民（彼前4:12－14）；在此段"插曲"中，教会的苦难，有了更积极的作用，那就是引人悔改，归荣耀给神（11:13；亦参，彼前2:11－12）。因此在前六号中，单单借着刑罚所无法完成的事（9:20－21），在教会的受苦中，却得着成就。借着前六号之灾，神的确回应了殉道者呼求伸冤的祷告，但在此同时，神也要他们超越"复仇"的境界，因为冤冤相报，没完没了。在神的设计中，教会的苦难和逼迫，是唯一能让世界悔改的途径；因此我们也只有透过这条路，才能得着真正的胜利。"赶尽杀绝，完全消灭"是一种胜利，但比起"赢得敌心"，并让他们"因义来归"，前者恐怕只能是"失败"而已。

他愿意万人得救，明白真道；
因为只有一位神，在神和人之间，也只有一位中保，
乃是降世为人的基督耶稣。
祂舍了自己，作万人的赎价。
（提前2:4－6a）

启示录注疏（下卷）

A Commentary on the Book of Revelation

罗伟 著

上海三联书店

目录

CONTENTS

下卷

注疏 INTRODUCTIONG

附录 EXCURSUS

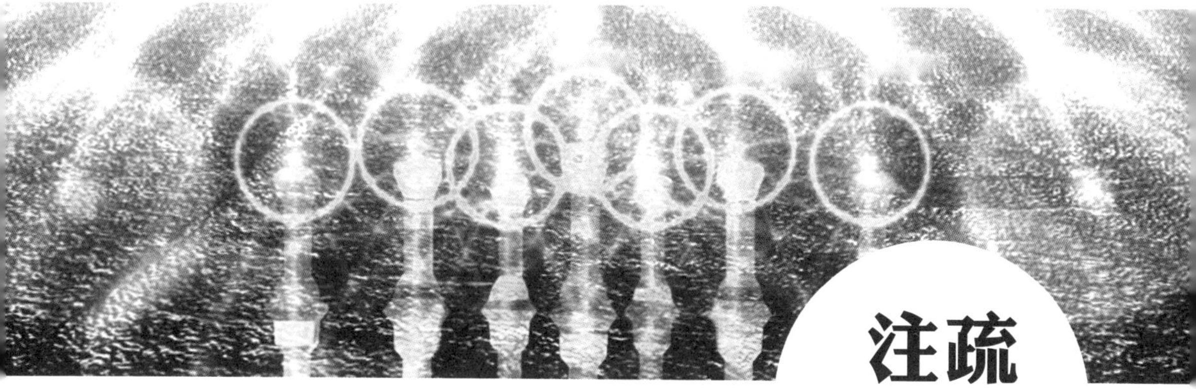

注疏

Ⅲ.4 深层的冲突:妇人、男孩和龙的争战(12:1–15:4)

在启示录11:3–13中,约翰借着两个见证人的异象,已经将教会和这个世界之间的紧张关系,做了简单但完整的呈现。在这11节经文中,从无底坑而出的兽曾短暂现身(11:7),因此这个争战的"灵界"面向,已经约略可见。但在大部分的经文中,冲突和争战的焦点,还是集中在教会和这个世界的身上,因为这两个见证人所攻击的敌人,是这个世界中敌对教会的群体(11:3–6);而此群体为了这两个见证人之死,也曾欢欣鼓舞地举行了一个庆祝大会(11:9–10)。

但为何在这个世界中,会有这两个彼此敌对的群体呢?而他们又为何会彼此争战呢?在他们冲突的背后,是否有一个更深层,更根本性的争战呢?这个争战是从什么时候开始的呢?其结果又会是怎样?这个深层冲突的真正面貌如何?对活在苦难逼迫中的教会而言,了解这个深层冲突,究竟具有什么意义呢?为了回答这些因着两个见证人之异象而有的问题,约翰在七号之灾(8:6–11:19)和七碗之灾(15:5–16:21)这两个段落之间,就给了我们"妇人、红龙和男孩"的异象。①

经文翻译

第十二章

1 天上出现了大异兆。有一个妇人,身披日头,脚踏月亮,头戴十二星的冠冕。
2 她怀了孕,在生产的艰难中疼痛呼叫。3 天上又现出了另一个异兆。看哪!有一
条大红龙,有七头十角,头上戴着七个皇冠。4 它的尾巴拖着天上三分之一的星辰,
把它们摔在地上。龙就站在那将要生产的妇人面前,等她生产之后,要吞吃她的孩
子。5 妇人生了一个男孩子,是要用铁杖辖管万国的。她的孩子被提到神和祂
的宝座那里去了。6 妇人就逃到旷野,在那里有神给她预备的地方,使她被养活一
千二百六十天。

7 在天上就有了战争。米迦勒和他的天使与龙争战;而龙和它的天使也起来应
战。8 但龙却抵挡不住,天上就再没有它们的地方了。9 于是大龙就被摔了下去;它

① 若我们再往前走一点,约翰在此所要回答的问题,也已经隐含在第七章了。因为在那个"插曲"中,我们也看见教会和世界之间的争战(R. Bauckham, *The Climax*, 17)。

就是那古蛇,名叫魔鬼和撒但,也是迷惑普天下的。它被摔在地上,它的使者也一起被摔下去。

10 我听见在天上有大声音说,“我们神的救恩,权能,国度,并祂所立基督的权柄,现在都已显明。因为那在我们神面前昼夜控告我们弟兄的,已经被摔下去了。11 弟兄胜过它,是因羔羊的血,和他们所见证的道。他们虽然面对死亡,也不爱惜自己的性命。12 故此诸天和住在其中的,你们都快乐吧!只是地与海有祸了!因为魔鬼知道自己的时日不多,就怀着大怒的下到你们那里去了。”

13 当龙见自己被摔在地上,就逼迫那生下男孩的妇人。14 但有大鹰的两只翅膀赐给了妇人,叫她能飞到旷野,到自己的地方。在那里她被养活一载二载半载,远离那蛇。15 蛇就在妇人身后,从口中吐出一道像河一样的水,要把妇人冲去。16 但地却帮助了妇人,开口吞了从龙口而出的河水。17 龙向妇人发怒,去与她其余的儿女争战,就是那些守神诫命,持守耶稣之见证的。18 于是龙就站在海边的沙滩上。

第十三章

1 我看见一只兽从海中上来,有十角七头;十角上戴着十个皇冕,七头上则有亵渎的名号。2 我所看见的兽,身形如豹,脚如熊脚,而口像狮子的口。龙将自己的能力,宝座,和大权柄,都交给了它。3 我看见兽的七头中,有一个似乎受了致命之伤,但那致命伤却得了医治。故此全地的人都很惊奇,跟随那兽。4 人就拜龙,因它将自己的权柄给了兽;也拜兽说:“谁能比这兽,谁能与它争战呢?”5 它得着了一个说夸大亵渎话的口;又有权柄赐给它,可以任意而行四十二个月。6 兽就开口向神说亵渎的话,亵渎神的名,和祂的帐幕,就是那些住在天上的。7 又任凭它与圣徒争战,并且得胜。也有权柄赐给它,可以制伏各族各民各方各国。8 凡住在地上的人,名字从创世以来,没有记在被杀羔羊之生命册上的,都要拜它。

9 凡有耳的,就应当听:10 “要被掳掠的,就被掳掠罢!要被刀杀的,就被刀杀罢!圣徒的忍耐和信心,就是在此。”

11 我又看见另有一兽从地而出;它有两角如同羔羊,说话却像龙。12 它在头一只兽面前,行使头一只兽所有的权柄;并叫地和住在地上的人,拜那死伤被医好的头一只兽。13 它又行大奇事,甚至在人面前叫火从天降在地上。14 它借着赐给它的权柄,在海兽面前行奇事,就迷惑住在地上的人;对他们说:“要给那受了刀伤但还活着的海兽,立一个雕像。15 又有权柄赐给它,可以把气息赐给兽像;使兽像不单能说话,也能杀害所有不拜兽像的人。”16 它又叫众人,无论大小,贫富,自主的或是为奴的,都在右手,或是在额上,盖上一个记号。17 这样,人若无此记号,就是无兽的名字,即,无兽名数目,就不得作买卖。18 在这里要有智慧。凡有悟性的,就让他计算兽的数目；因为这是人的数目，其数值为六百六十六。

第十四章

1 我又观看，见羔羊站在锡安山上，并有十四万四千人和祂在一起；在他们的额
上，写着祂的名，和祂父的名。2 我听见有声音从天而来，好像众水的声音，又如大雷
的声音；我所听见的也像琴师弹琴时所发出的声音。3 他们在宝座前，并在四活物和
众长老前唱新歌。除了从地上买来的那十四万四千人以外，没有人能学这歌。4 这些
人未曾沾染妇女，他们原是童身。羔羊无论往哪里去，他们都跟随祂。他们是从人间买
来的，作初熟的果子归与神和羔羊。5 在他们口中没有谎言；他们是没有瑕疵的。

6 我又看见另一位天使飞在空中，有永远的福音要传给住在地上的人，就是各国
各族各方各民。7 他大声说，“应当敬畏神，把荣耀归给祂，因祂施行审判的时候已经
到了；要敬拜创造天，地，海和众水泉源的那一位。”8 又有另一个天使，第二位，接着
说，“那曾叫万民喝她邪淫颠狂之酒的大巴比伦城，倾倒了，倾倒了。”9 又有另一位
天使，第三位，接着他们大声说，“若有人拜兽和兽像，并在额上，或在手上，受了记号，
10 这人也必喝神烈怒的酒；此酒斟在神忿怒的杯中，纯一不杂。他要在圣天使和羔
羊面前，在火与硫磺之中受痛苦。”11 他们受痛苦的烟往上冒，直到永永远远；他们昼
夜不得安息，就是那些拜兽和兽像，凡受他名字记号的人。12 此乃圣徒忍耐的所在，
即，谨守神的诫命和对耶稣的忠诚。13 我听见从天上有声音说，你要写下来：从今以
后，凡在主里死去的人，是有福的！圣灵说，“是的，他们不再劳苦，得了安息；因为他
们工作的果效随着他们。”

14 我又观看，见有一朵白云，云上坐着一位好像人子的，头上戴着金冠冕，手里
拿着一把锋利的镰刀。

15 又有另一位天使从殿中出来，向那坐在云上的大声喊着说，“伸出你的镰刀来
收割吧！因为收割的时候已经到了，地上的庄稼已经熟透了。16 那坐在云上的，就
把镰刀扔在地上；地上的庄稼就被收割了。”17 又有一位天使从天上的殿中出来，他
也拿着一把锋利的镰刀。18 又有一位天使从祭坛中出来，是有权柄管火的，向拿着
锋利镰刀的天使高声说：“伸出你的锋利镰刀，收取地上葡萄树的果子；因为葡萄已经
熟透了。”19 那天使就把镰刀扔在地上，收取了地上的葡萄，丢在神忿怒的大酒醡中。
20 那酒醡在城外被踹踏，就有血从酒醡里流出来；血流有马的嚼环那么高，并有一千
六百个竞技场那么长。

第十五章1－4

1 我又看见在天上有另一个异兆，大而且奇：有七个天使掌管着末后的七灾，因
为神的烈怒在这七灾中已经发尽了。

2 我又看见好像有个搀杂着火的玻璃海;又看见那些胜了兽和兽像,并它名字数目的人,站在玻璃海上,拿着神的琴。3 他们唱着上帝仆人摩西的歌和羔羊的歌,说,“主,神,全能者啊!你的作为伟大奇妙;万国之王啊!你的道路公义正直。4 主啊!谁敢不敬畏你,不荣耀你的名呢?因为独有你是圣的;因为万民都要前来,在你面前敬拜;因为你公义的作为已经显明。”

经文结构和形式

3.4 深层的冲突:妇人,男孩和龙的争战 12:1-15:4

3.4.1 红龙兴起战争 12:1-18
- 3.4.1.1 妇人和红龙的异兆(1-6)
  - 3.4.1.1.1 妇人和红龙的出现(1-4a)
    - 3.4.1.1.1.1 妇人现身的异兆(1-2)
    - 3.4.1.1.1.2 红龙现身的异兆(3-4a)
  - 3.4.1.1.2 红龙的攻击(4b-6)
    - 3.4.1.1.2.1 红龙预备要吞吃孩子(4b)
    - 3.4.1.1.2.2 男孩被提到神的宝座(5)
    - 3.4.1.1.2.3 妇人在旷野被神保护1260天(6)
- 3.4.1.2 天上的战争:红龙的失败(7-12)
  - 3.4.1.2.1 米迦勒和红龙的战争(7-9)
    - 3.4.1.2.1.1 两个阵营的对抗(7)
    - 3.4.1.2.1.2 红龙的失败(8)
    - 3.4.1.2.1.3 红龙被摔在地上(9)
  - 3.4.1.2.2 天上得胜的宣告(10-12)
    - 3.4.1.2.2.1 基督的得胜(10)
    - 3.4.1.2.2.2 信徒的得胜(11)
    - 3.4.1.2.2.3 欢欣和祸哉的宣告(12)
- 3.4.1.3 地上的战争:红龙的反扑(13-18)
  - 3.4.1.3.1 红龙反扑妇人(13-14)
    - 3.4.1.3.1.1 红龙逼迫妇人(13)
    - 3.4.1.3.1.2 妇人在旷野被养活一载两载半载(14)

3.4.1.3.2 红龙的攻击(15－16)
3.4.1.3.2.1 红龙以水攻击妇人(15)
3.4.1.3.2.2 地帮助妇人(16)
3.4.1.3.3 红龙转向攻击(17－18)
3.4.1.3.3.1 红龙逼迫妇人其余的儿女(17)
3.4.1.3.3.2 红龙站在海边的沙上(18)
3.4.2 海陆二兽 13:1－18
3.4.2.1 海兽的现身(1－8)
3.4.2.1.1 海兽和红龙(1－3a)
3.4.2.1.1.1 海兽的形象(1－2a)
3.4.2.1.1.1.1 海兽的出现(1a)
3.4.2.1.1.1.2 七头十角(1b)
3.4.2.1.1.1.3 形如豹脚如熊口如狮(2a)
3.4.2.1.1.2 海兽和龙的关系(2b－3a)
3.4.2.1.1.2.1 红龙授予海兽权柄(2b)
3.4.2.1.1.2.2 红龙使海兽复生(3a)
3.4.2.1.2 海兽的国度(3b－8)
3.4.2.1.2.1 人敬拜红龙和海兽(3b－4)
3.4.2.1.2.2 海兽的权柄:说亵渎的话,任意而行42个月(5)
3.4.2.1.2.3 海兽向天发出它亵渎言语(6)
3.4.2.1.2.4 海兽攻击圣徒并制伏列国(7)
3.4.2.1.2.5 世人敬拜海兽(8)
3.4.2.2 警语和劝勉(9－10)
3.4.2.2.1 警语：凡有耳的就应当听(9)
3.4.2.2.2 劝勉;忍耐和信心(10)
3.4.2.3 陆兽的现身(11－18)
3.4.2.3.1 陆兽和海兽(11－12)
3.4.2.3.1.1 陆兽的形象(11)
3.4.2.3.1.1.1 陆兽的出现(11a)
3.4.2.3.1.1.2 有角如羊(11b)
3.4.2.3.1.1.3 说话如龙(11c)
3.4.2.3.1.2 陆兽和海兽的关系(12)

3.4.2.3.1.2.1　行海兽所行(12a)

3.4.2.3.1.2.2　叫人拜海兽(12b)

3.4.2.3.2　陆兽的计划(13－17)

3.4.2.3.2.1　第一步:建立一个宗教(13－14b)

3.4.2.3.2.1.1　手段:以异能奇事迷惑人(13－14a)

3.4.2.3.2.1.2　目标:让人为海兽立雕像(14b)

3.4.2.3.2.2　第二步:藉此宗教建立海兽之国(15－17)

3.4.2.3.2.2.1　手段:让兽像有生气(15a)

3.4.2.3.2.2.2　目标:控制人(15b－17)

3.4.2.3.2.2.2.1　反面的:杀害不拜兽像的人(15b)

3.4.2.3.2.2.2.2　正面的:印记＝买卖许可证(16－17)

3.4.2.3.3　提醒:以智慧解读666(18)

3.4.3　羔羊的得胜　14:1－15:4

3.4.3.1　锡安山的异象(1－5)

3.4.3.1.1　羔羊和十四万四千人在锡安山(1)

3.4.3.1.2　从天而来的声音(2)

3.4.3.1.2.1　如众水(2a)

3.4.3.1.2.2　如大雷(2b)

3.4.3.1.2.3　如琴声(2c)

3.4.3.1.3　十四万四千人唱新歌(3)

3.4.3.1.4　十四万四千人的身份(4－5)

3.4.3.1.4.1　童身(4ab)

3.4.3.1.4.2　跟随羔羊者(4c)

3.4.3.1.4.3　买赎回来的初熟之果(4de)

3.4.3.1.4.4　无谎言(5a)

3.4.3.1.4.5　无瑕疵(5b)

3.4.3.2　三个天使的异象(6－13)

3.4.3.2.1　第一个天使的宣告:福音已临(6－7)

3.4.3.2.1.1　宣告的对象:世人(6)

3.4.3.2.1.2　宣告的内容:当敬拜神(7)

3.4.3.2.2　第二个天使的宣告:巴比伦的审判(8)

3.4.3.2.3　第三个天使的宣告:神要审判世人(9－12)
3.4.3.2.3.1　属兽的人要喝神烈怒的酒(9－10a)
3.4.3.2.3.2　属兽的人要在火与硫磺中受苦(10b－11)
3.4.3.2.4　对圣徒的提醒和鼓励(12－13)
3.4.3.2.4.1　提醒:忍耐(12)
3.4.3.2.4.2　鼓励:有福的宣告(13)
3.4.3.3　人子收割的异象(14－20)
3.4.3.3.1　收割庄稼(14－16)
3.4.3.3.1.1　人子的出现(14)
3.4.3.3.1.2　天使呼吁人子收割(15)
3.4.3.3.1.3　人子收割庄稼(16)
3.4.3.3.2　收割葡萄(17－20)
3.4.3.3.2.1　带镰刀天使的出现(17)
3.4.3.3.2.2　另一个天使呼吁收割(18)
3.4.3.3.2.3　带镰刀天使的收割(19－20)
3.4.3.3.2.3.1　扔镰刀于地(19a)
3.4.3.3.2.3.2　丢葡萄于神的酒醡中(19b)
3.4.3.3.2.3.3　酒醡被踹,血流成河(20)
3.4.3.4　末日神大怒的七灾异象(15:1)
3.4.3.5　圣徒站在玻璃海上的异象(15:2－4)
3.4.3.5.1　搀着火的玻璃海(2a)
3.4.3.5.2　胜过兽的人站在玻璃海上(2b)
3.4.3.5.3　胜过兽的人以琴和歌颂赞神(3－4)
3.4.3.5.3.1　歌名:摩西和羔羊的歌(3a)
3.4.3.5.3.2　内容:神做王,公义彰显(3b－4)

12:1－15:4 在启示录中的位置

在导论的部分我们已经清楚看见,“启示录的分段和结构”是一个相当复杂的问题。① 而此一议题,也在我们目前所面对的经文中出现,因为在学界中有人认为,(1)从第七号开始(11:15),到第一碗之灾(15:1)的出现,是一个段落(11:15－14:

① 详见页79－116。

20);①(2)从第七号到第一碗之灾的实际执行(16:1),才是一个完整的段落(11:15 - 15:8);②(3)或是从第七号的开始到第七碗的结束,这个段落才真正到了它的终点(11:15 - 16:21)。③ 但在前面我们已经知道,在8:5,11:19,和16:18所出现,"雷轰、大声、闪电和地震"的词组,不单将七印七号和七碗系列,连结于天庭异象(参,4:5中的"闪电、声音和雷轰"),也成为这三个系列中的结语。④ 因此在进行分段之时,将11和12章做清楚的切割,应是一件十分合理的事。⑤

此一切割当然是为了分段而必须有的,但我们在此也必须提醒读者,就思想脉络而言,12章之后的经文,乃是要回答两个见证人之异象所带来的问题。而为了凸显这个面向,约翰在本段经文中,也放下了一些连结这两段经文的线索。(1)在启示录中,"我看见(εἶδον)"是约翰在引介一个新异象时,所惯用的语句。但唯有在本段经文中,他是以"有一个异兆出现(ὤφθη)在天上"的方式(12:1,3)作为起始。此一现象当然令人好奇,但若参照11:19的"祂的约柜在殿中显现(ὤφθη)",显然约翰是想要借着"出现/显现"的语词,来联系这两段经文。(2)同样的情况也出现在"1260天 = 一载两载半载 = 42个月"的使用上,因为这些表达相同时段的语言,也一样出现在"两个见证人"和"妇人和红龙"的异象中(11:2,3;12:6,14;13:5)。(3)兽在两段经文中的出现,其目的当然也是如此(11:7;13:1,11)。

12:1乃一个新段落的开始,但这个段落要在哪里结束呢?在前面分析启示录结构之时,我们也已经晓得在七号系列和七碗系列之间,有一座长达三章多经文的"大山"(12:1 - 15:4),而为了要让读者能在爬过了这座山之后,能重新回到七灾系列的路上,约翰就在这座大山的两边,放下了一组两个的指路标:⑥

11:19a　于是,神天上的殿打开了;祂的约柜在殿中显现。

15:5　此后我看见,在天上的圣殿,就是那存放十诫的会幕,开了。⑦

---

① 例如,A. Farrer, *A Rebirth of Image: The Making of St. John's Apocalypse* (Westminster: Dacre Press, 1949), 45。

② 例如,Giblin, *Revelation*, 118 - 19。

③ 例如,Michaels, *Revelation*, 31; Aune, *Revelation* 1 - 5, cii - ciii。

④ 详见页104 - 06。

⑤ 就8:5而言,"雷轰、大声、闪电和地震"除了总结七印系列之外,也可能具有引介七号系列的作用(Aune, *Revelation* 6 - 16, 661);但在11:19那里我们已经清楚看见,这个词组,因其所对应的是11:18中的"审判",因此它是七号系列的结语。而此词组在七碗系列中,亦扮演了同一个角色(16:18 - 21)。

⑥ 详见页107。

⑦ 原文"τῆς σκηνῆς τοῦ μαρτυρίου"所指的是存放十诫的会幕;但由于刻着十诫的两块石板乃在约柜之内,因此和合本就将之译为"存法柜的殿"。但不论我们如何翻译,"天上圣殿的开启",却将这两处经文连结在一起了。

因此这个经文彼此呼应的现象，足以让我们将15:4作为这段经文的结束。此一见解也可以从15:5的"此后我看见"，得着证实；因为若我们从12章一直读下来，特别是从13章开始，"我看见"一直是约翰引介一个新异象的"起始语"（13:1，11；14:1，6，14；15:1，2）；①但在此约翰所说的，却是"此后我看见（Καὶ μετὰ ταῦτα εἶδον）"。②再者，若从经文的内容来看，约翰在15:5之后所论及的，乃七碗系列的灾难，因此以15:4作为这个段落的结尾，也是十分恰当的。③

但此分段并不表示，12:1－15:4就完全和其后的七碗之灾系列完全无关。在8:2－6那里我们已经看见，约翰借着"文学连环锁"的设计，即，"七号的赐与（8:2）—金香炉的异象（8:3－5）—七号的吹响（8:6）"，就将七号系列和七印系列连结在一起了。而此一设计，也出现在15:1－8中：

15:1	掌管七碗灾难之天使的出现
15:2－4	胜过兽之人在玻璃海上唱诗颂赞神的异象
15:5－8	掌管七碗灾难之天使的使命

就结构上的意义来说，此一设计将七碗系列和"妇人和龙的异象"连结在一起；而此一连结，也让七碗之灾的刑罚，成为神对龙兴兵攻击妇人之事的回应。事实上，这个设计在释经上的意义，也可以从七碗之灾的内容得知，因为在16章中，受到刑罚的，是有兽印记，拜兽像的人（16:2）；受到神击打的，是兽的座位和它的国度（16:10）；在神的审判之下所倾倒的，是大城巴比伦（16:19）；而这些敌对教会之组织和群体，都曾在13－14章中现身（13:3－4，12－13，16－17；14:8）。

12:1－15:4的结构

若以"我看见（εἶδον）"或是"出现（ὤφθη）"这两个引介异象的语词为准，本段经文可以分为九个段落（12:1－2；3－18；13:1－10，11－18；14:1－5，6－13，14－20；15:

① 13:2中的"我看见"，所指的是约翰在13:1所见的兽（τὸ θηρίον ὃ εἶδον）；因此这个"我看见"并不引介新的异象。

② 此一词组也在启示录另外三处经文中出现（4:1；7:9；18:1）。相对于七封书信（2－3），十四万四千人（7:1－8），和大巴比伦的异象（17），这个词组都扮演了一个分段的角色，因此此处的词组也应该是如此的。

③ 亦参，A. Y. Collins, *Combat Myth*, 32; Beale, *Revelation*, 621；但Beale在页136那里，却以14:20作为此一段落的结束。

1,2－4)。但由于 12:3 之"出现(ὤφθη)"所引介的,乃该异象中的第二个角色(红龙),因此我们在这段经文中,只有八个段落。

但这八个段落之间的关系是如何的呢?对此问题,在学界中有学者曾做了如下建议:

第七号的吹响(11:15a)

A 天上的颂赞(11:15b－19)

B 妇人和红龙的大异象(12:1－18)

C 海陆二兽的异象(13:1－18)

D 羔羊和其跟随者在锡安山的异象(14:1－5)

C' 天使的异象(14:6－20)

B' 七碗天使的大异象(15:1)

A' 圣徒在玻璃海上的颂赞(15:2－8)

七碗之灾的开始(16:1)①

此一排列看来工整对称,令人印象深刻。但这个建议却必须面对两个困难。第一,在前面我们已经晓得,12:1－15:4 乃属一个段落,因此在分段上,上述建议就必须有所调整。也就是说,若我们把 11:15－19 和 15:2－8 移除,上述的排列是否依旧能维持前后平衡,就成为此一观察是否准确的关键了。第二,12:1 和 15:1 的确都论及"大异兆(σημεῖον μέγα)",而 15:1 中的"另一个(ἄλλο)",也带我们回到 12:1,但就篇幅而言,12:1－18(B)和 15:1(B')之间,却有着 17 节经文的差异;因此在经文的长短上,B 和 B' 之间完全不成比例。②

此一见解虽然有上述两个值得考量的地方,但在中间的部分,倒是十分值得参考;因为 C－D－C' 的结构,不单凸显出"锡安山异象(D)"的重要性,也让我们看见"海陆二兽(C)"和"天使异象(C')"之间的对应。就锡安山的异象而言(D),它清楚明白地显示羔羊之军的特色(14:4－5),因此也就让那些在海陆二兽双重逼迫之下的圣徒,知道如何应对和自处。至于 C 和 C' 的部分,由于(1)其结构都是由两个段落所组成——"海兽"(13:1－10)和"陆兽"(13:11－18);"三个天使"(14:6－13)和"两组天使"(14:14－20);(2)并且在这两个段落的中间,也都各自有一个以"忍耐"为主题的劝勉(13:9－10;14:12－13);因此他们之间的对应也十分清楚。此一在形式上

① Giblin, *Revelation*, 118－19. 为了节省空间,笔者已将 Giblin 的建议做了简化的工作,但基本结构不变。

② 若我们将 15:1 所指向的七碗之灾(16:1－21)列入考虑的话,那么这个差异也许就没有那么明显了。但单就本段经文而言,这个差异却不容易解释。

的呼应，不单具有文学美感上的效果，也在释经上有其意义。因为在这个对应之下，我们不单晓得“天使异象（C'）”，乃神对“海陆二兽（C）”逼迫圣徒之事的回应，也在另一方面解释了为何在14:6－20中会有如此多天使出现的原因；正如红龙藉“海陆二兽”来建立其国度，神（和人子）也以天使为使者来执行祂拯救和审判的工作。①

若13:1－15:4乃以“交错法”为其结构，那么12:1－18呢？② 在前面我们已经晓得，这段经文可以分为三个段落：1－6，7－12，和13－18。但这三个段落彼此之间的关系如何呢？它们是按时间顺序来编排的呢？③ 还是在主题上彼此平行的呢？④

不论就字面或是主题的角度来看，在12:1－6和12:13－18之间，有许多重复之处，因此它们应是彼此平行的段落：（1）龙对妇人的攻击（4b；13）；（2）妇人在旷野躲避龙的攻击（6a；14a）；（3）妇人在旷野的时日都一样长：1260天（6c）＝一载两载半载（14c）；（4）龙要“吞吃”男孩（4c），但地却把龙的攻击（水）给吞了下去（16）；（5）不单如此，在4a中将三分之一星辰摔在地上的红龙，却在13节中，发现被摔在的地上的是它自己。

从这些对应的现象来看，在12章中，我们似乎有一个A－B－A'的结构，即，龙对妇人的攻击（1－6）、天上的战争（7－12）和龙再次对妇人的攻击（13－18）。⑤ 但此一对应现象，也一样出现在12:5和12:7－12之间：（1）男孩（弥赛亚）被提到神在天上的宝座之后，天上就有了战争（7－9）；而（2）此一战争所彰显的，是基督的权柄（10），因为祂正是以铁杖管辖万国的那一位（5）。⑥ 因此若将此一对应现象也列入考量的话，我们也可

---

① 有关这段经文的结构，亦参 W. H. Shea and E. Christian, 'The Chiastic Structure of Revelation 12:1－15:4 – the Great Controversy Vision,' *AUSS* 38(2000), 269－92。在他们的手中，本段经文是以“A 龙对圣徒的逼迫（12:1－17）－B 海陆二兽（13:1－18）－A' 羔羊对圣徒的拯救（14:1－15:4）”之交错方式为其结构；而这三个段落也各自以交错法为其内部结构。和 Giblin 的见解相较，他们对经文的编排，不论就整体或是各个段落而言，都更为工整，但在细究之下，这个看法也有其难处。举例来说，在他们的图表中，站在最中心位置的是13:9－10（忍耐的劝勉），但在前面我们已经晓得，这个主题也在14:12－13中出现；因此以13:9－10为中心是有其困难的。这两位学者的见解当然还有其他的问题，但我们在此所提出来的，已足够让我们质疑他们建议的准确性了。

② 和合本将本章经文中的最后一句话“那时龙就站在海边的沙上”，包括在17节中，但 UBS^4 和 NA^{27} 都把这句话列为第18节。

③ 此乃 Aune 的看法（*Revelation* 6－16, 663－64）。

④ 例如，N. W. Lund, *Chiasmus in the New Testament: A Study in the Form and Function of Chiastic Structures* (Chapel Hill: University of North Carolina Press, 1942), 398－402; Giblin, *Revelation*, 126－27; Beale, *Revelation*, 623－24; W. H. Shea and E. Christian, 'The Chiastic Structure of Revelation 12:1－15:4 – the Great Controversy Vision,' *AUSS* 38(2000), 273－78。

⑤ 此乃 Giblin 的见解（*Revelation*, 126－27）。

⑥ 此乃 Beale 的观察（*Revelation*, 623－24）。

以说,12:7 – 12 乃 12:5 的重复和放大;而 12:13 – 18 之于 12:6,也是如此。①

启示录 12 章的背景

对二十一世纪的读者来说,启示录 12 章(13 章也如是)读起来,有若一个古代的“神话”。因为在这段经文中,我们一方面遇见了许多奇特的人物,像是身披日头脚踏月亮的妇人(1 – 2),尾巴拖拉着天上三分之一星辰的红龙(3 – 4a),和天使米迦勒(7)等等,而在另外一方面,我们也读到许多不容易让人明白的情节,像是红龙预备吞吃即将出生的男孩(12:4),妇人得着大鹰的翅膀而得以飞到旷野(14),甚或是地开口吞吃了从龙口而出的水(15)等等。因此不论就人物角色和内容情节的角度来看,这章圣经的确给人如此印象。

事实上,早在十九世纪的末叶,学界中就已经有人尝试从古代神话的角度,来理解这章圣经了。② 在这百余年间,许多不同的古代神话,都曾被拿来和启示录 12 章对比,③但在其中,只有两个和本章经文最接近,那就是,埃及大蛇(Typhon)的神话和希腊大龙(Python)的神话。

埃及神话④

为争夺统治埃及的权柄,名为赛司(Seth)⑤的蛇神(龙),以诡计将其兄弟埃及王欧西理斯(Osiris⑥)钉在一口棺木中,并将此棺木沉入尼罗河里。在悲伤中,欧西理斯的太太爱西斯(Isis)⑦遍寻其夫遗体,而终在拜罗斯(Byblos)一地寻获,并将之带到

---

① 此一“重复和放大”的文学手法,是启示录的特色之一。举例来说,在 4:5 中所出现的“闪电声音雷轰”,在 8:5,11:19 和 16:18 – 21 中,不单重复出现,也渐次放大。再举一例,在 14:8 中约略提及神对巴比伦的审判,在第七碗中,就有了更多一点的描述(16:18 – 19);但此一题目,却在 17:1 – 19:10 中,占据了两章半的经文篇幅。对此文学手法的掌握,当然可以帮助我们理解经文,也可以让我们不必以“不同来源”,或是“后人编辑”的揣测,来解释经文“不以时间顺序编排”,或是经文“重复”的现象(此乃来源/编辑说的看法;详见 Aune, *Revelation* 6 – 16, 664 – 66)。事实上,此一文学手法,也在约翰所大量引用的以西结书中出现;参(1)39:3 之于 39:8 – 10;(2)39:4a 之于 39:11 – 16;和(3)39:4b 之于 39:17 – 20。

② A. Dieterich, *Abraxas*, *Studien zur Religionsgeschichte des spaetern Altertums* (Leipzig: B. G. Teubner, 1891), 111ff. 资料来源,W. K. Hedrick, The Sources and Use of the Imagery in Revelation 12. Ph. D. diss. (Graduate Theological Union, 1970), 99。

③ 相关建议,详见 W. K. Hedrick, The Sources and Use of the Imagery in Revelation 12, 154 – 78。

④ 此乃 Bousset 的建议(*Die Offenbarung Johannis*, 353 – 58)。

⑤ 希腊人称之为台封(Typhon)。

⑥ 管阴间的神祇。

⑦ 又名 Hathor,管农业和受胎之神祇。

布脱海岛之上（Buto）。在此她从其夫之遗体受孕，并生下了掌管太阳的何路斯（Horus①）。虽然爱西斯将其夫遗骸藏在布脱，但却被其仇敌赛司寻获。赛司将欧西理斯的遗体切为14（或26）块，分散在各地。爱西斯只好再次寻夫。她以两翅飞行于空中，而终将尸块一一带回。② 之后何路斯长大成人，为报杀父之仇而与赛司对决。他胜过了赛司，以链栓住他，带到其母面前。但爱西斯却没有将赛司处以极刑，反倒释放了他。何路斯因此就篡夺王位，成为统治埃及的王。③

在此神话中，我们看见（1）王权的争夺，（2）王子的"复仇"，和（3）爱西斯的"两翅"，与启示录12章中的若干情节（12：14），有彼此平行之处。但在其他的地方，这个埃及神话却和启示录之间，却也有不少的出入：（1）妇人生产时，龙（赛司）并不在现场（12：4）；（2）启示录之妇人的隐身处乃旷野（12：6，14），而爱西斯的躲藏之地乃一海岛；（3）在启示录中，实际动手和龙对打的，乃天使米迦勒（12：7－9），而非"王子"本人；（4）启示录中，"羔羊/王子"以流血牺牲来赢得胜利的策略和手法（12：11），更是埃及神话中所完全没有，也无法想象的情节。

事实上，有关"王权的争夺"和"王子的复仇"这两个议题，也是许多古代神话的共同主轴，因此这个埃及神话和启示录之间的真正平行之处，也只有"两个翅膀"。再者，更根本的问题，乃在于上述的埃及神话，乃是由不同文献重建而成，而就我们目前所知，在第一世纪的约翰，若真有机会听闻此一神话的话，他所知道的，至多也只是一个残破不全的版本。④ 因此这个意欲从埃及神话来理解启示录12章的建议，恐怕是站不住脚的。

希腊神话

除了埃及的大蛇神话之外，在学界也有人从希腊神话的角度，来解读启示录12章。在一份写于第三世纪初的文献中，我们读到了如下的文字：

帖拉（Terra）的后裔彼颂（Python），⑤是一只巨大的龙。在阿波罗（Apollo）出生之前，他经常在巴拿斯（Parnassus）山上传讲神谕，但他已注定要死在蕾特（Leto）所生之孩

---

① 又名 Harpocrates。

② 除了生殖器官之外。

③ 参，Aune，*Revelation* 6－16，672－74。Beasley-Murray 亦提供了一个和 Aune 略有不同的神话版本（*Revelation*，193），但 Aune 的版本恐怕比较准确。

④ 参，W. K. Hedrick，The Sources and Use of the Imagery in Revelation 12，128－29；Aune，*Revelation* 6－16，672－74。

⑤ 除了亚底米斯（Artemis）之外，本段人地译名乃根据汉米尔顿（E. Hamilton）著，郑思宁译，《希腊罗马神话故事》（台北：桂冠，2004），页422－34（译名对照表）。

子的手下;而其时蕾特正和宙斯(Zeus)住在一起。当奥林匹克诸神之后朱诺(Juno)得知此事,她便下旨,要蕾特只能在太阳照射不到的地方生产。彼颂于是跟随在蕾特之后,意欲杀她。但在宙斯的命令之下,管北风的亚魃罗(Aquilo)①将蕾特带到了海神涅普条尼(Neptune)那里。涅普条尼保护她,但为了不致违背朱诺的命令,涅普条尼便将蕾特安置在奥提及亚岛(Ortygia),并以海浪遮避此岛。故此彼颂在无法找到蕾特之后,便回到了他的居所巴拿斯。随后海神涅普条尼将此海岛移至一个比较高的位置,也就是后人所知的第勒斯(Delos);在那里蕾特就爬到了一棵橄榄树上,生下了戴安娜(即亚底米斯女神;Artemis)和阿波罗。而此时管火和铁器铸造的神明伯尔肯(Vulcan),也将弓箭给了他们作为礼物。阿波罗生下来四天之后,他便出发到巴拿斯,以弓箭射杀彼颂而为其母报了仇(他因此被称为善射者[Pythian])。他将彼颂的骸骨装在一个大锅里面,安置在他的神庙中。他也为此而设立了一个叫做"善射者"的比赛。②

据此,有学者就将这个神话和启示录 12 章的要点,浓缩如下:③

希腊神话	启示录 12 章
1 彼颂因神谕而追杀蕾特	2 一个女人即将生产(2)
2 宙斯使蕾特怀孕	3 龙意欲吞吃男孩(4)
3 彼颂追杀蕾特	5 男孩的诞生(5)
4 a 宙斯令北风帮助蕾特 b 海神涅普条尼帮助蕾特	7 男孩的王权(5)
5 阿波罗和戴安娜的诞生	4 a 神帮助了妇人(6) b 飞鹰帮助了妇人(14) c 地帮助了妇人(16)
6 阿波罗击杀彼颂	6 米迦勒击败了龙(7-9)
7 阿波罗设立善射者的竞赛	

从上表中可知,虽然在情节的发展和编排上有所差异,但启示录似乎在 2,3,4,5,6 和 7 的项目,和希腊神话彼此对应。因此就此而言,启示录似乎反映了这个希

---

① "魃"发"拔"之音,因此和 Aquilo 略有差异;以"亚魁罗"译之可能更好。

② 此乃笔者根据如下译本的翻译:*The Myths of Hyginus*, trans. and ed. by M. Grant (Lawrence: University of Kansas Press, 1960), 115-16。

③ A. Y. Collins, *Combat Myth*, 66. 亦参,W. K. Hedrick 的分析(The Sources and Use of the Imagery in Revelation 12, 100-01)。

腊神话。也就是说，约翰似乎想要以这个希腊神话为蓝本，来呈现他所想要传达的真理。

但在这两个文献之间，我们也看见其间的差异。第一，约翰以“日月星辰”来描述妇人的举措，是希腊神话所完全没有的（12:1）。第二，在希腊神话中，龙乃属地的（其父乃大地之神［Terra］），而它追杀蕾特之企图，则是被管水的涅普条尼所阻；但启示录的红龙，乃属水（以水攻击妇人；12:15），而其逼迫妇人的举动，则是被地所阻却（地开口吞吃了水；12:16）。第三，启示录的妇人是以旷野为其躲避龙之处，但在希腊神话中，蕾特的藏身之处乃一海岛。第四，约翰的妇人在生产之后才逃避龙，但蕾特却是在生产之前就开始了她的逃亡之旅。第五，希腊之龙对蕾特的逼迫，乃因它要防止蕾特将她的孩子生下来，但启示录却没有告诉我们，龙为何在生产之前和之后，要逼迫妇人的原因；不单如此，启示录甚至没有告诉我们在男孩被神取走了之后，龙依旧逼迫妇人的真正原因。第六，在希腊神话中，“王子屠龙记”乃在妇人生产之后的第四天就发生了；但在启示录中，此一事件却要到19章才“上演”（19:11－21）。而在该段经文中，“王子”屠龙的工具，也非弓箭，而是从祂口中而出的利剑（话语；19:15）。第七，在启示录里面，在“王子屠龙”之前，龙继续逼迫妇人和她其余的儿女（12:13－17），但此一情节，却完全没有出现在希腊神话中。①

综上所述，启示录12章和此一希腊神话之间，不单有其类似之处，也有相异的地方。就情节而言，我们在启示录中似乎看见希腊神话的影子，但在许多细节的部分，约翰的异象却和这个神话有着不小的差距。在后面释经的部分我们将要看见，启示录12章中的“人物”，不论是妇人、男孩、龙或是天使加百列，都由旧约而来，因此若约翰在此以希腊神话为本，那么他不单将其情节，做了某些修正，他更将其中所有的角色，都以旧约中的“人物”取而代之了。

此一将圣经人物融入希腊神话的手法，着实令人惊讶，因为在前面的七封书信中（2－3章），我们多次看见约翰要身处于异教世界中的教会和圣徒，黑白分明地将自己从这个世界中分别出来。因此约翰的这个手法是否和他的劝勉和期待有所冲突？

当然不是。第一，在3:3那里我们已经晓得，人子藉约翰向撒狄教会所发的警

---

① 亦参，W. K. Hedrick, The Sources and Use of the Imagery in Revelation 12, 101; Aune, *Revelation 6－16*, 671－72。对上述差异中的某些部分，Hedrick在考量了其他版本的希腊神话后，也做了某些的修正（见页114－19），但就此一记录而言，这些差异却是十分确定的。有关约翰是否有机会能知晓此一希腊神话的论证，见上述W. K. Hedrick的论文，页102－14；A. Y. Collins, *Combat Myth*, 245－61。

告,乃“若不儆醒,我必临到你那里如同贼一样”;而祂之所以会以此方式来发出警告的原因,乃因撒狄城曾经两次因着疏于防卫,而为敌人所攻破。也就是说,为了达到该封书信的目的,约翰就以该城的历史为媒介,来劝勉这个教会。而类似的手法,其实也在3:20中出现,因为在那里人子也借着老底嘉城的地理特性(交通枢纽),而向该教会发出“叩门—开门—同坐筵席”的应许。因此若约翰曾为了要达到他的目的,而使用了其读者所熟悉的地理或是历史背景,那么他在此恐怕也是为了相同的目的,而使用了当代人都知晓的神话故事。

第二,使用神话故事,并不表示约翰就完全采纳,或是接受他所使用之神话的世界观。恰恰相反的,在12章中,约翰以“旧约人物”来替代神话故事中之角色的举措,已然显示他其实并不同意此神话的观点。不单如此,他在此一神话中所加入的新元素,像是“受苦乃得胜之道”(12:11),更凸显出他的异象,和该神话之间的根本差异。① 事实上,此一“使用神话但却凸显神话之不足”的反讽手法,也是此段经文的特色之一。举例来说,在本段经文中,约翰为突显龙的能力和权柄,因此就让它有了七头十角,并让其尾巴拖拉着天上三分之一的星辰;而和它相对的,则是在生产疼痛中呼喊,完全没有自保能力的妇人(她即将要出生的孩子也如是)。但从后续经文中,约翰却让我们看见在神的介入之下,有能力的反倒从天坠落,而完全无力自保的,却为神所保护。而类似的手法,也在接下来的经文中可见,因为约翰不单让海兽得以如人子般的,从“致命之死伤”中活过来(13:3),也让陆兽拥有如羔羊般的两角;但不论它们如何像人子羔羊,它们在“本尊”现身之时,也只能以硫磺火湖为家了(19:19-20)。因此从这个角度来说,约翰在此其实是要为此神话,下一个新的定义。②

---

① 在路加以“救主”之名号加在耶稣身上的举动中,我们也看见类似的文学手法。因为在旧约中,此一名号乃属耶和华,但在当代却也是罗马皇帝奥古斯督的称号之一(I. H. Marshall, *The Gospel of Luke*, 110; J. Nolland, *Luke* 1-9:20, 107)。也就是说,借着这个动作,路加就强调了“谁是真正救主”的真理。

② 相关讨论,参J. M. Court, *Myth and History in the Book of Revelation* (London: SPCK, 1979), 108; B. W. Snyder, Combat Myth in the Apocalypse: The Liturgy of the Day of the Lord and the Dedication of the Heavenly Temple. Ph. D. diss. (Graduate Theological Union, 1991), 296-300。Snyder指出,(1)在近东神话中(包括希腊神话),天庭乃由众神所组成,但启示录的天庭,除了三一神之外,其余的都是服事神的灵界活物;(2)在启示录中,天庭崇拜乃灵界活物的职责,而非如神话中由众神为之;(3)在某些神话中,战争的目的,在将救恩带给诸神,而人受造的目的,则在让诸神得着自由,但在启示录中,得着救恩和自由的却是人;(4)不单如此,在启示录中,天庭乃蒙救赎之人所要去的地方,而在争战中失败的一方(撒但),反倒被丢在地上;这个结果是神话故事所完全无法想象的。因此就宇宙论而言(天庭,神,灵界活物,人等等),启示录和神话故事,可说是站在两个极端,完全相反的。

第三，事实上，以上古神话为媒介来呈现真理，并非约翰的创举。在重述创造历史之时，旧约的作者们已经开始使用神制伏海怪的神话故事了（例如，伯 26:12；诗 74:12－17；89:10－15［9－14］）。① 此一现象当然不表示旧约作者采纳这些创造神话中的“善恶二元论”，而只是借着这些已经经过“去神话化”的语词和人物，来呈现真理而已。② 因此从这个角度来看，约翰在这里恐怕也只是跟随着旧约作者的脚步而已。

经文分析

12:1－2 天上出现了大异兆。有一个妇人，身披日头，脚踏月亮，头戴十二星的冠冕。[2] 她怀了孕，在生产的艰难中疼痛呼叫（Καὶ σημεῖον μέγα ὤφθη ἐν τῷ οὐρανῷ, γυνὴ περιβεβλημένη τὸν ἥλιον, καὶ ἡ σελήνη ὑποκάτω τῶν ποδῶν αὐτῆς καὶ ἐπὶ τῆς κεφαλῆς αὐτῆς στέφανος ἀστέρων δώδεκα, [2]καὶ ἐν γαστρὶ ἔχουσα, καὶ κράζει ὠδίνουσα καὶ βασανιζομένη τεκεῖν）

在前面我们已经提及，因着“天上圣殿开启”的画面，在 11:9 和 15:5 中的前呼后应，就让 12:1－15:4 成了七号和七碗系列之间的“插曲”。而在这个段落中，约翰所要处理的，则是随着“两个见证人”之异象（11:3－13）而来的问题：为何满有权柄的两个见证人（教会），必须经历苦难和逼迫？

自古以来，苦难，特别是义人受苦的问题，是个恼人又难解的谜。因此为要完整地回答这个问题，约翰在这段经文中，就带我们回到了那让圣徒在世受苦的根源：龙对妇人的逼迫。而为了要加深此一“话说从头”的效果，约翰在本段经文中，就没有以其所惯用“我看见（εἶδον）”之类的语句，作为开场，而是让两个“异兆（σημεῖον）”，忽然显现于天上。③

在启示录中，单数的“异兆”一共出现了三次（12:1，3；15:1），而在后两节经文中的“另一个（ἄλλο）”，则将这三个“异兆”连结在一起。在这一组三个的“异兆”中，只有第一个和第三个被称为“大（μέγα）异兆”，而其原因，可能是因为第一个“异兆”乃关乎神的救赎（男孩），而第三个则是神公义审判的实现（七碗之灾）。相对于此，在

① 相关讨论，见 *ABD* 2:228－31。

② 亦参，M. G. Kline, *Kingdom Prologue*, 18－19；R. Bauckham, *The Climax*, 185－98。以赛亚将埃及比拟为海怪拉哈伯（赛 30:7），而以西结视法老为拉哈伯的动作（结 29:3－5；32:2－8），都显示他们“去神话化”的观点（亦参，哈 3；耶 51:34，44）。

③ 参，R. Bauckham, *The Climax*, 15－16。

第二个"异兆"中出现的红龙虽然"大"(满有能力),但此一异兆的本身乃恶兆,因此"大"就自然消失了。① 在启示录中,复数的"异兆(σημεῖα)"则出现了四次(13:13,14,16:14,19:20)。这些"异兆/异能"都是陆兽所为,而其目的,则是为迷惑人拜海兽,好叫他们成为红龙军团的一分子。因此借着这个对比,约翰显然要其读者张大眼睛,透视"异兆",因为虽然地兽所能行的"异兆"又多又大(13:13),但人若入了迷惑,他就只能和兽一起进入硫磺火湖之中(19:20)。

但我们要如何理解这个在天上所显现的第一个"大异兆"呢? 这个身披日头,脚踏月亮,头戴12星冠冕的妇人究竟是谁? 而她又为何会在生产的艰难中,疼痛呼叫呢?

对此妇人究竟是谁的问题,学界有几种看法。第一,从第五节来看,这个妇人所生,要以铁杖管辖列国的男孩乃弥赛亚(详下),因此她似乎是耶稣的母亲马利亚。② 但此说之困难,在于我们很难解释她逃到旷野躲避龙1260天(或是"一载两载半载")的描述(12:6,14),因为在犹太人的传统中,这段时间所指的,乃是圣徒受苦年岁的长短(一个象征性的说法)。③ 再者,在17节中,约翰也明确地告诉我们,受到龙逼迫的,也还有她"其余的儿女";而这些人所指的,不只是耶稣的弟弟们(例如雅各;加1:19),也更是那些"守神诫命,持守耶稣之见证的"。

第二,若从当代人视天上星辰为神祇的背景来看,学界中也有人认为这个妇人乃"天后",因为她身披日头,脚踏月亮,头戴12星冠冕的形象,和当代神话中的"天后"十分相似。④ 此一见解有其可能,因为我们在前面已经提及,就某些情节而言,本段经文和希腊阿波罗击杀彼颂(龙)的神话之间,是有些相似的。但在前面我们也已经晓得,即便约翰暗引了这个神话,他也为此神话下了一个新的定义。因此不论此一妇人源出何处,我们在约翰将她和弥赛亚连结的动作中(12:5),已然看见她绝非神话故事中的"天后"。

第三,除了马利亚和"天后"之外,也有学者认为是此处的妇人是以色列人,特别是那些因忠心守约而受苦的以色列人。⑤ 从旧约和以色列人的传统来看,这个看法

---

① Osborne, *Revelation*, 455–56.

② 这是传统天主教的见解,详见,B. J. LeFrois, *The Woman Clothed With the Sun* (*Ap.* 12), *Individual or Colletive*? (Rome: Orbis Catholicus, 1954),38–58,232–35。

③ 详见11:2的注释。

④ 黄道12宫中的处女座(第六宫),以及埃及神话中的依斯(Isis),都曾被认为是这个妇人(详见,Malina, *On the Genre and Message of Revelation*, 155–60; Aune, *Revelation* 6–16, 680–81)。

⑤ 例如,A. Y. Collins, *Combat Myth*, 107; Mounce, *Revelation*, 236; Thomas, *Revelation* 8–22, 120–21。

是有其理据的。(1)由于神是和以色列人立约之主,因此在许多旧约经文中,人间的婚约就被用来描述他们之间的关系(例如,赛 54:5;耶 3:20;何 2:2)。在这个类比的模式中,耶和华神是丈夫,而以色列就成为妻子;因此当她琵琶别抱之际,神自然就要称她为淫妇(参,耶 3:6－10;结 16;23;何 2:2);而当神要赐福给她时,她四散儿女的回归(赛 49:17－18;60:4),或是生养众多(赛 54:1－3;66:8;亦参,诗 87),也就成为她的祝福了。不单如此,当神的复兴临到之时,她也要如新妇般地佩戴妆饰(赛 61:10),也要在神手中成为华冠和冕旒(赛 62:3)。因此若从约翰在启示录中大量暗引旧约的事实来看,他在此以一个妇人来代表以色列人,并不是一件令人意外的事。事实上,在后面 17－19:10 和 21:9－27 的两个段落中,我们也要看见约翰以大淫妇和新妇,作为罗马和教会这两个敌对群体的象征(详下),因此这个见解也因着这两个例子而得着进一步的支持。

(2) 在约瑟的梦中(创 37:9－10),太阳(雅各)、月亮(雅各之妻)和 11 颗星星(雅各的儿子们),都向约瑟下拜(第十二颗星辰);因此若从此背景来看,此处"身披日头,脚踏月亮,头戴十二星冠冕"所指的,应是整个以色列民族。在犹太人的文献中,"亚伯拉罕—撒拉—他们的子孙",①或是"亚伯拉罕—以撒—雅各(以及他们的后裔)",②也都曾被类比于"日—月—星辰";因此这个见解也可以从他们的传统中得着支持。

(3) 在旧约中,我们不单看见以色列人以一个妇人之姿出现,也看见她正在经历生产之苦。此一以临盆之苦为喻,来描述以色列人因背约而有的苦难和刑罚,可说是十分普遍。③ 但在这些经文中,以赛亚书 26:17 和启示录之间恐怕最为接近:

> 妇人怀孕、临产疼痛、在痛苦之中喊叫,
> 耶和华啊,我们在你面前,也是如此。

在字面上,这节经文和启示录 12:2 之间,有许多平行之处:[妇人]怀孕;疼痛,在痛苦中,呼喊,生产;④而"即将生产(תַּקְרִיב לָלֶדֶת)"一语,也在启示录 12:4 中反映了出

① 亚伯拉罕遗训 B 7:4－16。此一解释乃基于神给亚伯拉罕的应许:你的子孙要多如天上的星星。
② *Midr. Rab.* Num. 2.13.
③ 例如,赛 13:8;耶 4:31;13:21;22:23;弥 4:9－10;亦参,赛 21:3(神对巴比伦的刑罚)。
④ 这五个语词在两处经文中的呼应,依序是:(1)הָרָה = ἐν γαστρὶ ἔχουσα;(2)תָּחִיל 或是בַּחֲבָלֶיהָ(LXX: ἡ ὠδίνουσα; ἐπὶ τῇ ὠδῖνι) =ὠδίνουσα;(3)תָּחִיל = βασανιζομένη;(4)תִּזְעַק = κράζει;(5)לָלֶדֶת = τεκεῖν。

来(ἔτεκεν...μέλλει)。① 再者,若我们将范围再扩大一点,在启示录中妇人躲避灾祸(12:6,14),和龙被击败(12:7－10)的情节,也都在以赛亚书接下来的经文中出现(26:20;27:1)。② 因此此一以赛亚经文应是启示录12章的旧约背景之一。它为启示录提供了一个怀孕的妇人,在临盆的张力中,疼痛呼喊的画面。从以赛亚书的经文来看,这个妇人显然是以色列国(我们),因此将约翰的妇人视为以色列人的看法,也为其旧约背景所验证。

第四,正如上述,将此妇人等同于旧约以色列人的论证,可说是十分坚强,但在12:17那里,我们却也看见此一妇人还有"其余的儿女",而这些人不单"守神诫命",也"持守耶稣之见证"。准此,在学界中就有人主张,这个妇人所代表的,不单是以色列人,也是教会。③ 也就是说,此一妇人所象征的,是新旧约中所有属神并忠于祂的子民。这个见解当然有其逻辑上的问题:若"妇人＝所有的圣徒",那么她为何又有"其余的儿女"呢?(12:17)此一看似合理的问题,其实并不真的构成困难。在旧约中"锡安"或是"耶路撒冷"常被当成以色列的代名词,因此在许多诗歌中,以色列人就被称为"锡安的女儿(בַּת־צִיּוֹן)"。④ 也就是说,此一"民族"和其"百姓"之间的关系,是以"城市"和其"居民"的方式来表达的。而此类比,是和"妇人—儿女"之于"以色列国—百姓",完全一样的。因此在耶利米书4:31中,我们就有了这两者的组合:"我听见有声音,仿佛妇人产难的声音,好像生头胎疼痛的声音,是锡安女子的声音;她喘着气、挓挲手,说:我有祸了!在杀人的跟前,我的心发昏了。"因此从这个角度来看,启示录的妇人的确是新旧约属神子民的总和(一个抽象,或是拟人化之后的概念),而因着如此,她就在一方面可以是将弥赛亚带来的以色列人,但在同时也可以有"其余的儿女(教会)",因为她原本就是这两者的组合。事实上,此一将旧约象征"放大"的手法,是我们在前面十四万四千人之异象中(7:4－8),就已经看见的了;因为在被数点的12支派中,新约教会也在其内(详见该处注释)。而类似的手法,也将要在后面的新耶路撒冷异象中,更清楚明白地显示出来。因为此一在旧约中象征以色列百姓的城市,在那里成为一个有12城门和12个根基的大城;而在其城门和根基之上,有

① 此乃J. Fekkes的观察(*Isaiah and Prophetic Traditions in the Book of Revelation*, 181－83)。类似语言在"产难"的经文中都曾出现,但若以密度而言,本节经文和启示录之间的呼应,可说是最紧密的。亦参,C. G. Ozanne的分析(The Influence, 117－18)。

② M. Rissi, *Time and History*, 36－37.

③ 例如,Moffatt, *Revelation*, 424; Ladd, *Revelation*, 166; Hughes, *Revelation*, 135; Giblin, *Revelation*, 125－26; Beale, *Revelation*, 627; Osborne, *Revelation*, 456。

④ 例如,赛1:8;10:32;16:1;52:2;耶6:23;弥1:13;4:10等等。此一"名号"在旧约中一共出现了26次。详见*ABD* 6:1103。

旧约 12 支派和新约 12 使徒的名字(21:12－14)。①

事实上,约翰在此所做的,恐怕还不只是一个“放大”的动作而已。在 11 章那里我们已经看见,那两个见证人(教会)不单有着如摩西和以利亚般的能力,也要如耶稣般的经历死和复活之事。② 因此约翰所关切的,并非“这些事要在何时发生”的问题,而是一个超越时空的真理,那就是,教会究竟是谁,以及她借着受苦,能完成怎样的工作? 若从这个角度来看,启示录 12 章中的妇人,恐怕也是如此。在她的身上,我们不单看见新旧约中,为信仰而经历了逼迫苦难之圣徒的身影,我们也可以看见夏娃和马利亚的影像。因为前者(夏娃)和红龙之间的敌意和争战(启 12:3－6),是早已在创世记 3:15 中,就已经显明的了;③而后者(马利亚)在将弥赛亚带到这个世界之时,也已经经历了蛇透过其在地上之代理人希律,对她所进行的逼迫(太 2:13－19)。④

在启示录的文脉中,以此方式来理解这个妇人其实并非无迹可循。在 11:19 那里,当神在天上的圣殿打开,而约柜,也就是祂与人立约的记号,显现之后,有什么比这个妇人的异兆,更合适的呢? 在她的身上,神和亚当夏娃(以及整个人类)所立的救赎之约(创 3:15),⑤已经在历史中应验了(基督的降生),而她在历史中的出现(新旧约圣徒),也显示神向亚伯拉罕所发“你的子孙要像天上星星一样多”的应许(创 12:3;15:5;22:17),也已经开始应验了。她,因着是出于神的应许(参,加 4:21－31),因此就有着属天的记号——“身披日头,脚踏月亮,头戴 12 星的冠冕”;⑥而因着“属天”,她也就必须肩负着和龙争战的使命,由是她就在生产的艰难中疼痛呼叫了。⑦她的确有一个属天荣耀的身份,但在弥赛亚第二次再来之前,为了让神国能得着扩展和彰显,她则是不可避免的必须经历“生产之苦”(参,加 4:19)。

---

① 保罗有关“天上的耶路撒冷乃我们的母亲”的看法(加 4:26),也支持此处的见解。

② 详见,“启示录 11:3－13 的释经问题”,页 657－59。

③ Sweet, *Revelation*, 194; R. Bauckham, *The Climax*, 15.

④ 以“集合体(collective)”的方式,来理解此处妇人的见解,亦见 Beckwith, *Apocalypse*, 616－17; C. C. Martindale, S. J. “*The Apocalypse*,” in *A Catholic Commentary on Holy Scripture*. ed., D. B. Orchard et al. (London: Thomas Nelson and Sons, 1953), 1202; Ladd, *Revelation*, 166－67; Ford, *Revelation*, 195。

⑤ 学界对创世记 3:15 是否为“原始的福音(Protoevangelium)”有不同的见解(参,G. J. Wenham, *Genesis* 1－15, 79－81; V. P. Hamilton, *Genesis* 1－17, 199－200),但约翰在本段经文中,将耶稣的降生和古蛇(12:9)连结在一起的动作,却显示他对创世记 3:15 的看法。类似见解,亦见,罗 16:20;林前 15:24－28;来 2:9－17。

⑥ Swete, *Revelation*, 147.

⑦ 有关“弥赛亚时代来临前之阵痛”的题目,参,*TDNT* 9:667－74。亦参,赛 26:17;66:7－8;弥 4:9;1QH3:7－12;太 24:8;可 13:8;约 16:19－22;帖前 5:3。

12:3－4a 天上又现出了另一个异兆。看哪！有一条大红龙，有七头十角，头上戴着七个皇冠。[4] 它的尾巴拖着天上三分之一的星辰，把它们摔在地上(καὶ ὤφθη ἄλλο σημεῖον ἐν τῷ οὐρανῷ, καὶ ἰδοὺ δράκων μέγας πυρρός ἔχων κεφαλὰς ἑπτὰ καὶ κέρατα δέκα καὶ ἐπὶ τὰς κεφαλὰς αὐτοῦ ἑπτὰ διαδήματα, [4]καὶ ἡ οὐρὰ αὐτοῦ σύρει τὸ τρίτον τῶν ἀστέρων τοῦ οὐρανοῦ καὶ ἔβαλεν αὐτοὺς εἰς τὴν γῆν)

借着日月星辰的"装饰"，约翰在12:1中向我们介绍了一个拥有无上荣耀地位的妇人；但在12:2中，他又透过临盆的画面，让我们看见她所身处的，是一个何等无助的情境。因此在第一个异兆的结尾，不祥的阴影已然在我们的心中升起。而此阴影，在约翰所看见的第二个异兆中，有了具体的形象：大红龙。此一在天际出现的怪兽，其形体不单巨大(尾巴拖拉着天上三分之一的星辰)，而其颜色(红；πυρρός)，若从第二印之红马所带来"人彼此相杀"的结果来看(6:4)，①也让人不寒而栗，因此为引起读者注意的"看哪！"，自然就在此出现了。

但此一让人注目的大红龙，究竟是谁呢？在古代近东的各式神话中，龙，或是大蛇，甚或是海怪，都曾出现。(1)在埃及神话中，为争夺王位而将其兄弟欧西理斯(Osiris)杀死的赛司(Seth)，就曾以龙，蛇，鳄鱼，甚或是红河马的形态现身；②(2)在巴比伦的神话里面，被守护巴比伦城之神祇玛都(Marduk)所击败的提阿抹(Tiamat)，即为海怪；③(3)在乌加列(Ugarit)的传统中，为巴力(Baal)所败的罗藤(Lotan)，也是只七头海怪；④而(4)在希腊神话中，我们更看见巨龙彼颂(Python)，在它意欲篡夺宙斯(Zues)统管天庭王权的争战中，不单出手抓取星辰，把它们从天敲落，并且也将双鱼座(Pisces)给扔进了海里。⑤ 因此我们的问题是，约翰之红龙，是否是这些神话故事的反映？

就个别的项目来看，像是"七头"，或是"红色"，启示录的大红龙和这些神话中的"海怪"之间，的确有着类似之处；⑥但在12:9那里，当约翰将红龙和"古蛇、魔鬼、撒但和迷惑天下的"画上等号时，神话的迷雾就此散去，而它真实的身份，也就不再有任何可以让人揣摩的空间了(详见该处注释)。

---

① 在希腊世界中，"红"一般被认为是具有"驱魔"能力的颜色(Aune, *Revelation* 6－16, 683)；但在新约中，"πυρρός(红)"只出现在启示录的这两处经文中；因此"红"在此乃"流血杀戮"的象征。从龙接下来预备吞吃男孩的行动中(12:4b)，此一见解也得着证实。

② Aune, *Revelation* 6－16, 683; A. Y. Collins, *Combat Myth*, 79.

③ *ABD* 2:228; *ABD* 6:546－47.

④ *ANET*, 138; A. Y. Collins, *Combat Myth*, 77; R. Bauckham, *The Climax*, 188.

⑤ A. Y. Collins, *Combat Myth*, 78.

⑥ 详见 Aune 的分析(*Revelation* 6－16, 682－85)。

但约翰的“红龙”，和旧约中的“海怪”或是“蛇”之间的关系又是如何？在探究这个问题之前，让我们先看看旧约中有关“海怪”或是“蛇”的论述。

在许多旧约经文中，旧约作者都提及神在创造之时，击杀了“海中怪物”；而此一海怪（或是蛇）有时以“利未亚坦（לִוְיָתָן）①”，“它宁（תַּנִּין）②”，或是“拉哈伯（רַהַב）”③的名字出现。此一“创造模式”，即，“一神击败另一神”，也曾在古代近东神话中出现，④因此当旧约作者以此方式重述创造时，是否也采取了和这些神话一样的创造观点呢？当然不，因为旧约作者使用这些神话故事的目的，一方面是要藉神击杀海怪的方式，来突显祂的大能，但在另外一方面也是要还原历史真相。⑤ 在许多经文中，我们看见旧约作者都带我们回到创世记第一章，⑥因为在那里创世记的作者告诉我们，神在第五日不单创造了天空的飞鸟，也创造了海里的生物（创1:20－23）。但在海中各样生物之中，他也特别提及了“大鱼/海怪（תַּנִּין）”（创1:21）。此一将“大鱼/海怪”从海中生物区隔出来，并将之与“创造（וַיִּבְרָא）”连结的动作，⑦显示他想要强调的，是“任何海中生物都为神所创造”的真理。⑧ 因此旧约作者容或使用了神话故事的题材，但他们却没有为这些神话背书的意图。在重述创造之时，历史（起初）的要素总会出现；而这正是神话故事中所缺少的。

那么约翰之“红龙”，是否是旧约中的“海怪”呢？就字面而言，在整本新约中，只出现在启示录后半段的“龙（δράκων）”，⑨的确和“海怪”有所联系，因为在七十士译

---

① 伯3:8;40:25;诗74:14;104:26;赛27:1（两次）。“利未亚坦（Leviathan）”意为“扭曲纠结的”，正表明“蛇”的特征（*ABD* 4:295）；和合本则是译为“鳄鱼”。

② 创1:21;伯7:12;诗74:13;148:7;赛51:9（和合本都作“大鱼”）。在耶利米书51:34和以西结书29:3;32:2中，此“海怪”所指的则分别是尼布甲尼撒王和法老王（以海怪喻人）。在其他的经文中，此一词语也指蛇：出7:9,10,12（变杖为蛇）；申32:33（毒蛇）；诗91:13（大蛇）；赛27:1（曲行的蛇）。

③ 伯9:13;26:12;诗87:4;89:11（10）;赛30:7（以物喻人的指埃及）;51:9。“拉哈伯”意为“动荡纷扰的”，和此怪物所带来的结果一致（*ABD* 5:610）。

④ 例如，在巴比伦创造故事（*Enuma elish*）中，玛都（Marduk）击败了提阿抹（Tiamat）之后，将其尸首一切为二，而其中一半就成了天，另一半则成为地。相关故事细节，以及此一神话和创世记第一章之间关系的讨论，见，邝炳钊，《创世记I》，页150－55。

⑤ 有关旧约如何使用上古神话的讨论，见J. Oswalt, ‘The Myth of the Dargon and the Old Testament Faith,’ *EvQ* 49（1977），163－72。

⑥ 例如，伯26:1－14;诗74:12－17;89:9－12;104:1－31;148:1－14;赛51:9－16。

⑦ 在创世记第一章中，创造（בָּרָא）一语只出现在1:1（天地的创造），1:27（人的创造）和此处经文中。

⑧ G. J. Wenham, *Genesis* 1－15, 24. V. P. Hamilton 认为“大鱼/海怪”所指的，是大型的海中生物（*Genesis* 1－17,129），但此一区隔大小的模式却没有出现在飞鸟的创造中。

⑨ 12:3,4,7（两次）,9,13,16,17;13:2,4,11;16:13;20:2。

本中,此一词语正是"利未亚坦(לִוְיָתָן)"①或是"它宁(תַּנִּין)"②的翻译。而若从以赛亚书 27:1 来看,③启示录的"红龙",也和先知所说,神在末日所要击杀的"利未亚坦=它宁(和合本作鳄鱼和大鱼)",有所联系,因为在启示录 20:10 那里,它也一样要面临被击杀的命运。但正如我们在前面已经多次看见的,约翰在使用旧约素材时,并不只是"重复"而已。就这个"红龙"的个案来说,他是唯一明明白白地将它和创世记第三章中之"蛇",画上等号的人(启 12:9)。④ 因此他的"红龙",并不只是神话中的诸神之一,而是曾在伊甸园中,让亚当堕落,并因此让整个人类落在它手下的那一位。站在耶稣基督藉死和复活来胜过古蛇的新启示之中,约翰当然比旧约的先知们,有更清楚的焦点和更宽阔的视野。

但红龙的七头十角,以及它所戴的七冠,又象征了什么呢?在前面我们所提及乌加列神话中的罗藤,乃七头龙;而在诗篇 74:14 中为神所击杀的利未亚坦,也是只多头(רָאשֵׁי)海怪,因此这里的"七头"应是神话故事的反映。⑤ 但在使用这个神话素材时,约翰也在其上,加上了"十角"和"七冠"。许多学者都认为"十角"乃从但以理书第七章而来,因为在那里所出现的第四兽,正是十角怪兽(7:7,20,24)。⑥ 这个看法应是准确的,因为若依数学逻辑,角数应和头数成正比,即,七头 7 角,或是七头 14 角等等。也就是说,这个比例上的不协调,正显示约翰意欲带我们回到但以理书第七章的企图。而此一暗引但以理书的意义,在凸显红龙的能力,因为在该旧约经文里面所出现的四兽中,就属此兽最令人畏惧(但 7:7)。⑦

十角所彰显的能力的确令人印象深刻,但此红龙的七头之上,还有七顶皇冠。在 2:10 那里我们已经提及,"桂冠(στέφανος)"乃在竞技场上得胜的武士,或是在战场上得胜的将军,所得着象征胜利的奖赏。但此处的"皇冠(διάδημα)",则代表王权或是权柄。因此这只红龙不单拥有能力,也有权柄。从前面我们对"龙是谁"的分析来看,约翰将"七头十角和七冠"加在它身上的动作,其实是十分恰当的,因为在创世记第三

① 伯 40:25[41:1];诗 74:14[73:14];104:26[103:26];赛 27:1(两次)。
② 例如,伯 7:12;诗 74:13;91:13;148:7;赛 27:1;结 29:3;32:2。
③ 有关此一旧约经文,和乌加列罗藤神话之间,在字面上的联系,见 R. Bauckham, *The Climax*, 187, note 55。
④ R. Bauckham, *The Climax*, 193 – 94. 所罗门颂诗 22:5 也反映了这个见解,但由于其乃以暗引的方式为之,因此它的清晰度和启示录 12:9 之间,还有很大的一段差距。
⑤ 在上古神话中,海怪或是龙并不一定只有七头。3,9,15,甚或 100 头的怪兽都曾出现(Aune, *Revelation* 6 – 16, 685),因此约翰在此也很可能是因其象征意义而选了"七"。
⑥ 例如, Beckwith, *Apocalypse*, 624; Charles, *Revelation I*, 318; Ford, *Revelation*, 190; Beale, *Revelation*, 633; Aune, *Revelation* 6 – 16, 684; Osborne, *Revelation*, 460。
⑦ "角"在旧约中亦表能力(详见,5:6 的注释)。

章中，当它成功的引诱亚当夏娃犯罪之后，它就成了“这个世界之王”（约 12:31;14:30;16:11）、“空中掌权者的首领”（弗 2:2）和“世界之神”（林后 4:4）。①

“七头十角和七冠”乃“静态画面”，但接下来的“动画”——“它的尾巴拖着天上三分之一的星辰，把它们摔在地上”，其意思又是如何？第一，在教会早期的传统中，此一“动画”所指的，乃撒但的堕落。② 但在启示录中，这个解释却和上下文有点格格不入。此处经文的焦点，在突显红龙的权柄和能力，好为它即将发动的攻击带来张力（12:4b），而不是要显明它过去的历史。

第二，在学界中有人则是从但以理书 8:10 来理解此处经文：“他（小角 = 安提阿哥四世）渐渐强大，高及天象。将一些天象和星宿抛落在地，用脚践踏。”从此背景来看，此一“动画”的焦点，在红龙对圣徒的迫害，特别是它在基督降世之前对旧约圣徒的逼迫，因为在天使对但以理异象的解释中（但 8:19－26），安提阿哥四世所行的，正是他对圣民的逼迫（但 8:24－25）。③ 这个看法有其可能，因为在启示录中，龙乃逼迫圣徒的总指挥（龙头老大）。但从下文来看，它对圣徒的攻击，是在它对男孩的攻击失败之后（12:5），才开辟的“第二战场”（12:13－17）；因此这个解释也有其困难。若约翰在此的确暗引但以理书，那么他也可能只是很单纯的借用该旧约经文，来描述红龙的能力而已。

第三，因着上述的困难，并考量启示录的文脉，学界中就有人认为约翰藉此“动画”所要表达的，恐怕只是红龙的巨大（尾巴拖拉三分之一的星辰）和其所具有的毁灭性能力（将星辰摔在地上）而已。④ 此一见解简单明了，并且也十分符合文脉逻辑。不单如此，若此“动画”真的以“撒但的堕落”（第一种看法），或是但以理书第 8 章为背景（第二种看法），其目的恐怕也只是要突显红龙的能力而已。因此在三个解释中，此一见解不单“弹性”最大，也是前两个解释所必然要达到的结论。⑤

12:4b　龙就站在那将要生产的妇人面前，等她生产后，要吞吃她的孩子（καὶ ὁ δράκων ἕστηκεν ἐνώπιον τῆς γυναικὸς τῆς μελλούσης τεκεῖν, ἵνα ὅταν τέκῃ τὸ

---

① Osborne, *Revelation*, 460.

② 见，Swete, *Revelation*, 150。Charles（*Revelation I*, 320）和 Osborne（*Revelation*, 461）也循此见。

③ 例如，庄逊，《启示录》，页 138；Beale, *Revelation*, 635。有关这个暗引个案的分析，见 L. P. Trudinger, The Text, 123; C. G. Ozanne, The Influence, 173－74。

④ 例如，Stuart, *Apocalypse II*, 254; Alford, *Apocalypse*, 668; Swete, *Revelation*, 150; Kiddle, *Revelation*, 228; Morris, *Revelation*, 154; Ladd, *Revelation*, 169; Mounce, *Revelation*, 238; Hailey, *Revelation*, 271; Sweet, *Revelation*, 196; Metzger, *Breaking the Code*, 73。

⑤ 有学者则是从星象的角度来解读此一“动画”（例如，Malina, *On the Genre and Message of Revelation*, 139）；但在前面我们已经晓得，约翰的“神观”，是和当时人对星象的见解，有很大距离的，因此他在此恐怕不是以此为背景的。

τέκνον αὐτῆς καταφάγῃ)

约翰在第一个和第二个异兆中,分别看见一个在临盆中,疼痛呼喊的妇人,和一只巨大恐怖的红龙。但这两个看似彼此无关的异兆,在这半节经文中,合而为一:①满有能力的红龙抓住了绝佳的时机(将要生产),也取得了最好得位置(站在妇人面前),只等妇人生产,好吞吃她得孩子;好让她生产的劳苦和结果,都化为乌有。

在创世记3:15那里,当神命定蛇将要为夏娃的后裔所击败之后,撒但对以色列人的逼迫,也就是它对那将要把弥赛亚带到这个世界之妇人的迫害,可说是从未停止。在该隐杀了其弟亚伯的事件中(创4:8),在法老意欲杀害以色列男婴的命令中(出1:15-22),以及在哈曼想要对以色列人进行抄家灭族的计划中(斯3:1-15),②我们都看见它的身影。而此一迫害,在耶稣降生之时,希律为除去耶稣而杀尽伯利恒两岁以下男孩的历史中,更为明显(太2:16)。③ 但约翰在此所提及的逼迫,恐怕也包括了耶稣在世之时,所受到的试探和攻击;而这些包括了拒绝祂之犹太人,企图除灭祂的计划(可3:6),④以及祂最后死于罗马政权手下等等的事情。⑤ 若祂是命定要来"屠龙"的那一位(启19:11-21),那么红龙等在妇人面前,想要在第一时间就张口吞吃男婴的策略,恐怕还真是高明。

12:5 妇人生了一个男孩子,是要用铁杖辖管万国的。她的孩子被提到神和祂的宝座那里去了(καὶ ἔτεκεν υἱόν ἄρσεν, ὃς μέλλει ποιμαίνειν πάντα τὰ ἔθνη ἐν ῥάβδῳ σιδηρᾷ. καὶ ἡρπάσθη τὸ τέκνον αὐτῆς πρὸς τὸν θεὸν καὶ πρὸς τὸν θρόνον αὐτοῦ)

在12:2那里我们已经晓得,"妇人在产难中疼痛呼喊"的画面,是从以赛亚书26:17而来。但该处经文的上下文显示,先知以赛亚虽然确信神的救恩必然临到(赛26:1-7),但不论是被掳之时,或是回归之后的现实的环境,⑥都告诉他以色列国所经历的患难,并没有带来应有的结果,那就是,万国的归向神和万物的更新(赛25:6-10a)。⑦ 因此在接下来的经文中,他就发出了一个哀叹:"我们也曾怀孕疼痛,但所产的,竟像风一样;我们在地上未曾行什么拯救的事,世上的居民也未曾生出"(赛26:

---

① 类似的文学手法,也在19:11-21中出现:11-16;17-18;19-21。
② 这些只是旧约中的一些例子而已。
③ 参,Hendriksen, *More than Conquerors*, 137-40; Thomas, *Revelation* 8-22, 125。
④ 亦参,约7:30;44-48;8:58-59。
⑤ Mounce, *Revelation*, 238; Osborne, *Revelation*, 462.
⑥ J. N. Oswalt, *The Book of Isaiah* 1-39, 484-85.
⑦ J. A. Motyer, *The Prophecy of Isaiah*, 218-19.

18）。① 但此一令人悲伤的结果，并非神所拣选之以色列国的"完结篇"。在以赛亚书的结尾之处，神藉先知向以色列人保证（赛 66:7－9）：

7 锡安未曾劬劳，就生产；未觉疼痛，就生出男孩。
8 国岂能一日而生？民岂能一时而产？因为锡安一劬劳，便生下儿女。这样的事，谁曾听见，谁曾看见呢？
9 耶和华说："我既使她临产，岂不使她生产呢？"
你的神说："我既使她生产，岂能使她闭胎不生呢？"

在此应许中，神保证锡安（以色列）将要因着神大能的介入（9），而再次成为多子的乐母（66:8；亦参，和本段经文平行的 66:12－13）。② 就以赛亚书本身而言，这个应许是神对以色列之刑罚的回复，因为在 51:17－20 那里，耶路撒冷（＝锡安）因着喝了耶和华忿怒之杯（被掳），就成了一个醉倒街头，无儿无女搀扶她回家的老妇人。③ 因此神在这里向以色列人所发出的，是他们将要从被掳之地归回的应许。但就如以赛亚书 40 章之后的诸多应许一样，此处经文所论及的，并不只关乎以色列一国将来的复兴而已。④ 就 66:7"无痛分娩"的元素来说，这显然和神在人类始祖犯罪之后，所加在夏娃身上"怀孕生产必要受苦"的咒诅（创 3:16），完全相反。因此先知以赛亚在此所说的，不单是以色列的复兴，也是神对夏娃咒诅的解除，是神的救恩在新时代中的临到。⑤

但此一能让"耶路撒冷（新以色列）"重建她和耶和华之间平安关系（שָׁלוֹם；66:12a；参，启 21:22－23），⑥并让列国之荣耀归于她，因而使她成为一个"世界之城"的应许（66:12b；参，启 21:24），⑦是如何成就的呢？在本段经文中，先知对此并未多加

---

① 在妇人生产的上下文中，和合本的"未曾败落"应译为"未曾生出"（参，J. A. Motyer, *The Prophecy of Isaiah*, 218；以及 NRS 和 NAS 的翻译）。

② J. A. Motyer, *The Prophecy of Isaiah*, 218－19, 535, 538.

③ J. N. Oswalt, *The Book of Isaiah* 40－66, 352. 和此处经文类似的图画，亦在以赛亚书 49:14－26 中出现（特别是 21－23 节）。

④ 举例来说，以赛亚有关新天新地之应许所涵盖的范围，就不只是以色列一国而已。相关讨论，可见 J. Fekkes, *Isaiah and Prophetic Traditions in the Book of Revelation*, 92－95（以及该书第七章中的个案讨论）；S-J. T. Wu（吴献章），A Literary Study of Isaiah 63－65 and Its Echo in Revelation 17－22. Ph. D. diss.（Trinity International University, 1995）, 183－286。

⑤ C. Westermann, *Isaiah* 40－66, 419; J. A. Motyer, *The Prophecy of Isaiah*, 536; J. N. Oswalt, *The Book of Isaiah* 40－66, 674.

⑥ 在以赛亚书中，"平安"不只是"富裕"，而是神藉其仆人弥赛亚所能带给人一切祝福的总和（J. N. Oswalt, *The Book of Isaiah* 40－66, 677）。

⑦ J. A. Motyer, *The Prophecy of Isaiah*, 538.

着墨,只在 66:7 那里给了我们一个隐约的暗示:"锡安未曾劬劳,就生产;未觉疼痛,就生出男孩"(זָכָר;LXX ἄρσεν)。和下一节经文的"锡安一劬劳、便生下儿女(复数)"相较,先知在此提及一个男婴之出生,可说是有些特别。但在上下文中,我们至多只能说,以赛亚之所以会提及男孩的原因,可能是因为"男孩",特别是一个王子,乃一新国度的创始者(参,66:8 中的"一国[אֶרֶץ]"和"一民[גּוֹי]")。①

但由于先知在此所提及之"阵痛(חֵבֶל)",乃"弥赛亚时代来临前必有阵痛(חבלו אל מאיח)"之概念中的用语,②因此在犹太人的传统中,本节经文就被认为是"弥赛亚经文"之一了。③ 在亚兰文译本中(Targum),"未觉疼痛,就生出男孩"一语,甚至被译为"在她(锡安)未觉阵痛之前,她的王就要显现(עַל יְלְדָא יִתְגְּלֵי מַלְכַּה)"。在新约中,"弥赛亚时代来临前必有阵痛"的概念的确出现,④但对约翰而言,此处经文的焦点,不单在"阵痛",也更在那个即将要出生的"男孩",因为正是这个男孩的身份,才是引发红龙攻击妇人的真正原因。

因此在本节经文中,我们就看见约翰不单说"妇人生了一个孩子(ἔτεκεν υἱόν)",还进一步地特别指明,这个孩子是个"男生(ἄρσεν)"。就文法而言,"男生"和"孩子(阳性)"平行,因此它应该是阳性的"ἄρσενα(或是ἄρρενα⑤)",但约翰却给了我们一个中性的名词;因此此处经文的确有一个文法上的问题。从 12:13 的"她生了一个男孩(ἔτεκεν τὸν ἄρσενα)"来看,约翰其实是知道阳性"男孩"的写法,因此这个"文法错误",应该不是无心之过。从以赛亚书 66:7 来看,约翰恐怕是想要藉此"文法的异常",带我们回到该处经文中;因为在那里先知让锡安妇人所生下来的,正是一个男孩(זָכָר;LXX ἄρσεν)。⑥

以赛亚书 66:7 的确提及一个"男孩"的诞生,但正如我们在前面已经知道的,这个男孩的真正身份,却是隐藏的。因此在接下来的经文中,约翰就明白地指出,

---

① C. F. Keil and F. Delitzsch, *Isaiah*, 500; J. N. Oswalt, *The Book of Isaiah* 40 - 66, 674.

② 此一传统乃由但以理书 12:1 - 2 而来,因为那里的经文指出,在救恩和死人复活之事发生之前(即,弥赛亚国度降临前),"必有大艰难"。

③ 相关讨论,见 R. D. Aus, 'The Relevance of Isaiah 66_7 to Revelation 12 and 2 Thessalonians 1,' *ZNW* 67(1976),252 - 68。

④ 例如,太 24:7 - 8(参,D. A. Hagner, *Matthew* 14 - 28, 691)。

⑤ Sir. 36:21.

⑥ Beale, *Revelation*, 641. 以赛亚书 7:14 中所提及之"异兆"(即,童女怀孕生子[以马内利]),和 12:1 之"异兆"之间的呼应,也让启示录 12:5 和以赛亚书 66:7 之间的联系,更为坚强(参,R. D. Aus, 'The Relevance of Isaiah 66_7 to Revelation 12 and 2 Thessalonians 1,' *ZNW* 67 [1976],254 - 55; Swete, *Revelation*, 148; Aune, *Revelation* 6 - 16, 688)。有关这两节经文之间关系的讨论,亦见,J. Fekkes, *Isaiah and Prophetic Traditions in the Book of Revelation*, 183 - 85。

他“是要来用铁杖辖管万国的”。对许多释经者而言，①这个语句乃从诗篇2:7－9而来：

7 受膏者说：“我要传圣旨。”耶和华曾对我说，“你是我的儿子，我今日生你。”

8 你求我，我就将列国赐你为基业，将地极赐你为田产。

9 你必用铁杖打破他们；你必将他们如同窑匠的瓦器摔碎。

此一诗篇乃以色列王的登基之时，或是在其后为纪念他登基为王的庆典中，所吟唱的诗篇。② 在前面我们已经提及，由于神和大卫曾立下了一个“王位永在，后裔永续”的约，因此诗篇第二篇自然就成为弥赛亚之诗（详见2:27的注释）。和上列三节经文相较，启示录中妇人所生的“儿子”，乃由诗篇2:7而来，而“以铁杖管辖万国”则是诗篇2:9的反映。在耶稣于约旦河边受洗之际（太3:17）；以及祂在变像山上改变形象之时（太17:5），此一诗篇中的“你是我的儿子”，都曾从父神口中，以第一人称的方式说了出来（这是我的爱子），③因此借着暗引这篇诗篇，约翰向我们显明了这个男孩的身份。④ 在启示录的文脉中，这个孩子乃是“要来⑤管辖万国的”，因此我们实在一点也不难了解，作为“这个世界之王”、“空中掌权者的首领”和“世界之神”的红龙，⑥为何会虎视眈眈地站在妇人面前，预备要吞吃这个男孩。

相对于威猛的红龙，我们几乎可以确定，这个男孩是无法逃脱红龙之口的，但谁知约翰却紧接着告诉我们，她的孩子被提到神和祂的宝座那里去了。在庆幸于如是结果之时，我们不免要问：这是什么意思？

“被提（ἡρπάσθη）”有“突然或是猛然被拉走”的意思。⑦ 而其含义，也和新约其他

---

① 例如，Stuart, *Apocalypse II*, 255; Swete, *Revelation*, 151; Moffatt, *Revelation*, 425; Charles, *Revelation I*, 320; Kiddle, *Revelation*, 222; Ladd, *Revelation*, 169; Mounce, *Revelation*, 238; Sweet, *Revelation*, 197; R. Bauckham, *The Climax*, 314; Aune, *Revelation* 6－16, 688; Beale, *Revelation*, 639; Osborne, *Revelation*, 463。

② A. Weiser, *The Psalms*, 109－10; A. A. Anderson, *Psalms* 1－72, 63; P. C. Craigie, *Psalms* 1－50, 64.

③ 亦参，可9:7；路9:35；彼后1:17。

④ 在启示录19:15那里，约翰再次暗引了这个诗篇，来确定“骑白马者”的身份；而在2:27中，人子则是将他所得着“管辖列国”的权柄，和那些遵守祂命令到底的人（得胜者）分享。

⑤ “μέλλει”可以译为“祂将要”，因此就暗示了基督王权的“未来性”。但它亦可以翻译为带有“命定/注定”意味的“要来”。在神实践祂永恒旨意的文脉中（爱子降世），这个理解恐怕更为恰当（Osborne, *Revelation*, 462, note 6）。

⑥ 相关经文出处，见12:3－4a的注释。

⑦ BAGD, 109；亦参，*EDNT* 1:156的解释－偷，抢，掳掠，强行取走，撕裂。

作者在论及耶稣被提升天时,所使用之"被接走(ἀνελήμφθη)"一语,有所重叠(可 16:9;徒 1:2,11,22;帖前 3:16);①因此约翰在这里所论及之事,应是耶稣的升天。从马可福音 16:9 来看,此一看法更为确定,因为虽然约翰的"男孩被提到神和祂的宝座那里去了",和马可的"(耶稣)被接到天上,坐在神的右边",在用词遣字上有所差异,但其意思却都是一样的(得着权柄)。当然在此我们也许不必将"被提"完全局限在"升天"一事上面,也可以将耶稣的"复活"一并列入考量,因为祂的得胜(脱离龙口;统管列国),乃始自祂的复活。②

若"被提"所指的乃耶稣的"复活—升天",那么我们要如何解释约翰在此完全没有提及耶稣在世所进行的事工呢?③ 从 12:1 - 15:4 的整个段落来看,约翰的重点显然在红龙的两个代理人(海兽和陆兽),对圣徒的逼迫(13:1 - 18),以及圣徒的得胜(14:1 - 15:4),因此他似乎没有必要在此对"耶稣的生平",做详细的论述。约翰在 12 章中所要交待的,只是那在圣徒之苦难和逼迫背后的属灵原因;因此他在这里,就从耶稣的降生,直接跳到"复活—升天"了。事实上,此一"浓缩"手法,不单在新约其它经文中出现(约 3:13;8:14;13:3;16:5;罗 1:3 - 4;提前 3:16),也是约翰的文学习惯之一(启 1:5,17 - 18;2:8)。④ 对约翰的读者而言,耶稣的生平是他们早已耳熟能详的事了,因此一个以苦难逼迫为始,但却以荣耀得胜为结的简单"生平事略",就已足够。

12:6 妇人就逃到旷野,在那里有神给她预备的地方,使她被养活一千二百六十天(καὶ ἡ γυνὴ ἔφυγεν εἰς τὴν ἔρημον, ὅπου ἔχει ἐκεῖ τόπον ἡτοιμασμένον ἀπὸ τοῦ θεοῦ, ἵνα ἐκεῖ τρέφωσιν αὐτὴν ἡμέρας χιλίας διακοσίας ἑξήκοντα)

虽然约翰没有明言,但红龙因着吞吃男孩不成而有的挫折,以及它随后迁怒于妇人的情节,恐怕将会在上一节经文结束之时,十分自然地浮现于读者心中。⑤ 因此在本节经文里,约翰就接着告诉我们,妇人逃到旷野的后续发展。

在旧约中,旷野乃人烟稀少,野兽横行的地方,⑥因此进入旷野就成为一个危险

---

① Swete, *Revelation*, 151. 马可福音 16:19 虽然可能不是出自马可之手(相关讨论,见 B. M. Metzger, *TCGNT*, 122 - 26),但这节经文显然也反映了初代教会对耶稣升天的看法。

② Swete, *Revelation*, 197; Beale, *Revelation*, 639; Osborne, *Revelation*, 463.

③ 此一现象让 Aune 认为,"复活—升天"并非此处主要论点(*Revelation* 6 - 16, 689)。但他很可惜的也没有清楚告诉我们,约翰在此的焦点为何。

④ 此乃 Beale 的观察(*Revelation*, 639)。亦参,启 22:13。

⑤ 参,12:13。

⑥ 参,申 32:10;撒下 17:28 - 29;诗 78:19;107:4;赛 27:10;耶 2:6;17:6 等等。

的旅程；而"成为旷野"则可以是神的审判。① 但自从以色列出埃及之后（出15:2ff.），旷野就有了新的意义，因为在那里他们不单逃离了法老王的手，也在那里经历了神的供应（吗哪和水；出16:13－35；17:6；）。② 而此一经历，并非第一代的以色列人所独有的，因为在以利亚，施洗约翰和耶稣的身上，我们都看见类似的情况。③

旷野的确是得供应和保护的所在，但旷野却非人永远的家乡，因为神要以色列人所进入的，是迦南美地；由是旷野也是一个进入"永恒家乡"之前，④属神子民所必须经历的考验。⑤ 在摩西对他们旷野经验的总结中，此一"旷野＝供应保护＋熬炼"的概念，可说是再清楚不过的了：

> ……耶和华你的神，就是将你从埃及地为奴之家领出来的，引你经过那大而可怕的旷野。那里有火蛇、蝎子、干旱无水之地。祂曾为你使水从坚硬的磐石中流出来。又在旷野，将你列祖所不认识的吗哪赐给你吃，是要苦炼你，试验你，叫你终久享福。（申8:14－16）⑥

事实上，此一旷野的经验，不单是摩西和以色列人所必须经历的，也是神的新子民所必须要走的路。此事在耶稣的身上，也就是在新子民中为首的那一位身上，十分清楚；因为在祂开始进行救赎事工之前，圣灵就催逼祂到旷野，去接受魔鬼试探（太4:1－11；可1:12－13；路4:1－13）。此一试炼当然不只是一时的，而是持续进行，直到耶稣上了十字架为止。

就救赎历史来看，属神子民的范围，在耶稣复活升天，以及五旬节事件之后，就有了改变（外邦人的加入）；而这个变化，在约翰将原本属以色列之名号（祭司国度）加在教会身上时，就已经显明（启1:5－6）。因此虽然约翰在此没有明言（也无必要），本节经文中的妇人，在她的男孩为神所取去之后（耶稣的复活升天），就成了延续旧约属神百姓的教会了。而教会，若从14:4来看，乃跟随羔羊的群体，因此她和她的主一样的，也必须逃到旷野。

---

① 例如，珥2:3；3:19；番2:13。

② 亦参，吗哪－民11:6－9；申8:3－16；书5:12；尼9:20；诗78:24；磐石出水－民20:11；申8:15；诗74:15；78:15－16；105:41等等。

③ 参，王上19:3－9；太3:1－4；可1:4－6，12－13。

④ 参，希伯来书11章。

⑤ 参，出16:4；申4:34－35；8:2，16等等。

⑥ 相关议题讨论，见Beale，*Revelation*，643－46。

但需要重新定义的，不只是教会而已。因为随着教会范围的扩大，属神子民所要进入的旷野，也必须随之调整。在旧约中，以色列人所进入的旷野，乃在埃及和巴勒斯坦之间的西奈半岛；但对新约教会而言，旷野却是这个世界，因为教会的组成分子，不再是一国一族的以色列，而是从“各民各族各方各国”中，被羔羊所买赎回来的人(启 5:9)。由是我们在启示录 17 章那里，就看见那逼迫圣徒的大淫妇巴比伦，不单“在旷野”(17:3)，并且也坐在众水之上(17:1)。从 17:15 看来，“众水”乃世界(多民多人多国多方)，因此在旷野的大淫妇，不论她是当代的罗马，或是邪恶势力的象征，乃是掌控全世界的那一位(详见该处注释)。

由此看来，教会，老实说，是无处可逃的。若她的子民是从各民各族各方各国而来，她要逃到哪里去呢？她要和祭司马他提亚(Mattathias)一样的，在公元前 166 年时逃到旷野，好躲避叙利亚王安提阿哥四世(Antiochus IV)的逼迫吗？① 或是要像当代的昆兰群体(Qumran community)，将自己隐藏在荒漠之中，好等候弥赛亚的来临吗？② 还是她要像巴勒斯坦的教会，在公元 66 年罗马和犹太人发生战争时，以约旦河东的别拉(Pella)为他们藏身的“旷野”吗？③ 应该不是，因为随后的经文显示，妇人虽然逃到了“旷野”(12:13－14)，她依旧还是得面对红龙的逼迫(12:15－17)。因此“旷野”虽然是神为她所预备的地方，④但这并不表示她就能免去灾难。

在 11 章那里，当教会以“两个见证人”的面貌出现时，我们已经看见她虽然得面对世界的逼迫，甚至在最后依旧被那从无底坑上来的兽所杀害(11:7－10)，但神对她的保守(属灵的)，却是在该异象的一开始(11:1)，就以“丈量圣殿”的方式确立了。因此从这个角度来看，妇人所必须进入的“旷野”，是和两个见证人所身在的“各民各族各方各国”(即，全世界；11:9)，互相呼应；而她在旷野“被神养活”，也和两个见证人因着被丈量，而得以完成他们向世界作见证之使命，是彼此平行的。

事实上，这两段经文彼此解释的线索，也清楚明白地显示在“1260 天”的共同

---

① 玛加比一书 2:28－29；玛加比二书 5:27。相关历史，见 *ABD* 4:615。

② 参，1QM 1:1－3；亦参，1QS 8:12－15。

③ 别拉是希腊化了的城市，因此被人认为是个比较不会和罗马发生冲突的地方。此一事件记载在优西比乌(Eusebius)的教会历史中(*Hist. Eccl.* 3.5)。持此之见的学者有 Swete, *Revelation*, 152; Mounce, *Revelation*, 239; Quispel, *The Secret Book of Revelation*, 76, 79; Chilton, *Days of Vengeance*, 321 等。

④ 原文中的“那里(ἐκεῖ)”显得有些累赘(12:14 亦同)，但这可能是闪族语法(אֲשֶׁר שָׁם; where there)的反映。而第三人称复数的“预备(τρέφωσιν)”，则可能是不定人称动词(impersonal verb)”的用法(详见，Beale, *Revelation*, 649－50)。

元素中。在11:2那里,我们已经晓得此乃圣徒受苦年岁,而在11:3中,我们更进一步的看见,这个由先知但以理所发的预言,因着耶稣死和复活的启示,而有了新的,积极性的意义;因为在耶稣的受苦中,约翰看见了得胜。由是在启示录里面,“1260天”虽然依旧带着受苦的意涵,但这段时日不单是两个见证人向世界传道的日子,也是妇人在旷野被神养活,得蒙保守的年岁。在本段经文中,这1260天是从男孩被提到神宝座那里开始(基督的升天),而在人子驾白云,带镰刀而来之时结束(第二次再来;14:14－20),因此我们对此段经文的解释,也更进一步的得着了肯定。①

12:7－8　在天上就有了战争。米迦勒和他的天使与龙争战;而龙和它的天使也起来应战。[8]但龙却抵挡不住,天上就再没有它们的地方了(Καὶ ἐγένετο πόλεμος ἐν τῷ οὐρανῷ, ὁ Μιχαὴλ καὶ οἱ ἄγγελοι αὐτοῦ τοῦ πολεμῆσαι μετὰ τοῦ δράκοντος. καὶ ὁ δράκων ἐπολέμησεν καὶ οἱ ἄγγελοι αὐτοῦ, [8]καὶ οὐκ ἴσχυσεν οὐδὲ τόπος εὑρέθη αὐτῶν ἔτι ἐν τῷ οὐρανῷ)

在12:1－6中,约翰以十分精简浓缩的文字,描述了那从亚当堕落开始(创3:16),一直到基督复活升天之间,红龙撒但和属神子民之间的战争。在这个短短六节的“动画”中,我们一方面看见红龙对妇人的逼迫,也在另外一方面看见因着神的介入,由妇人所生之男孩的得胜。但在这个“动画”结尾之处,约翰借着“妇人逃到旷野”的伏笔,让我们知道此一争战是“未完待续”的。从12:13之后的经文观之,这“未完待续”的下半场争战,是先在12:13－18中,以另一个短短的“动画”之方式呈现;而后在13:1－18里面,有了更清楚明白的描述。但单单有一个在旷野的妇人,并不足以构成一个需要有“两造”的争战,因此在详述这个“下半场”的冲突之前,约翰也必须交待红龙是如何从上半场的争战,转进到下半场的(12:13)。由是在我们面前,就有了12:7－12的经文。

但本段经文中,红龙因着被天使米迦勒击败而从天摔到地上的事件(12:7－9,13),所指的究竟是哪一个战争呢?是犹太人传统观念中,那在远古时代所发生之“撒

---

① Walvoord (*Revelation*, 191)和Thomas (*Revelation* 8－22, 126－27)认为,本节经文所言,乃末日以色列人,在七年大灾难的后半,为逃避敌基督而要发生的事;但对Osborne而言(*Revelation*, 464),在那时逃避敌基督之迫害的,不是以色列人,而是教会。这两个见解略有差异,但它们共同的问题,是在“时间上”的跳跃;也就是从12:5的基督升天,直接跳到末日。此一跳跃当然有其可能,但我们不禁要问,在这两个时间点中的教会,要经历怎样的事呢?若本节经文乃神的应许—末日以色列或是教会将要在旷野得蒙保守,那么如是应许,对第一世纪末叶正在受苦的教会而言,有何意义呢?它能带来怎样的安慰和鼓励呢?

但的堕落”吗?① 还是但以理所预言之第七十个礼拜中(但 9:27),所要发生的末日战争呢?② 是因着耶稣在十字架上所成就的,而引发在天上灵界的争战呢?③ 还是约翰在此所要呈现的,只是一个超越时空,恶为善所败的真理呢?④

自古以来,“善恶相争”大概是人在面对苦难之谜时,所能找到最后答案。此一解释简单明了,也能为受苦者带来某一个程度的安慰,但它却是建立在“善恶二元”的基础之上。就整本圣经而言,此一基础是完全不存在的,因此这个见解虽然有实用价值,但它却有如饮鸩止渴一样,至终会要了人的命(失去信仰)。⑤

为了在“一神论”的架构之下,来回答“恶和苦难”的问题,“天使的堕落”,就成了一个可能的出路。以诺二书指出(29:4 - 6; Jversion),在神第二日创造之时,原为天使长之一的撒但,为了要和神平起平坐,就被神赶出了天庭,而只能无止息地飞翔在无底坑之上。⑥ “恶”,由是就出现在世界中了。⑦ 在新约中,彼得后书 2:4 和犹大书 6 节则告诉我们,某些天使因着不守本位而被神拘禁在黑暗中,等候审判。“不守本位”,若从这两处经文所暗引的以诺一书 6 - 19 章来看,指的是“神的儿子们(天使)”恋慕女人之美貌,并取来为妻(创 6:1 - 4),因此就跨越了神所设立之界限的事。⑧ 在以诺一书中,这些天使(Watchers)被拘禁,而他们和女人所生的“巨人”(上古英武有名的人;创 6:4),则因着神命定他们彼此相杀而都死了。他们的灵魂,在死后则成为邪灵,成为从洪水到世界末日之间,所有一切恶事的源头。

以诺一书和二书的记载,虽然在“人事时地物”上有所不同,但它们却有着同一个目标,那就是,为恶的存在提出一个解释。此一解释是否合乎圣经整体的教导,而彼

---

① 例如,Osborne, *Revelation*, 468 - 71。

② 例如,Walvoord, *Revelation*, 192; Thomas, *Revelation* 8 - 22, 129。

③ 例如,Caird, *Revelation*, 153 - 54; Hughes, *Revelation*, 138 - 39; Harrington, *Revelation*, 133; R. Bauckham, *The Climax*, 186; Beale, *Revelation*, 651 - 52。

④ 例如,Ladd, *Revelation*, 170;亦参 Morris, *Revelation*, 156。

⑤ Ladd 和 Morris 当然不是我们在此所描述的“善恶二元论者”。对这两位福音派的大师而言,独一真神全然掌权是万古不变的真理。但如果我们把“神在历史中行事”的这个元素,从这段经文中抽离的话,那么我们所剩下的,就和“善恶二元论”之间,没有太大的差别了。在前面我们已经提及,启示录和神话之间,虽在型式和内容上有平行之处,但它的独特,正在它所具有的历史性。有关“善恶二元”的讨论,可说是汗牛充栋,但 M. J. Erickson 的论述恐怕是一个很好的起点(*Christian Theology* [Grand Rapid: Baker, 1983], 411 - 32)。亦见本书之中文译本,《基督教教义 I》,郭俊豪,李清义译(台北:华神,2000),页 621 - 54。

⑥ *OTP* 1: 148.

⑦ 在“亚当和夏娃生平”一书中(*Life of Adam and Eve*; 12 - 17),天使长撒但之所以被赶出天庭的原因,乃是因为它拒绝神要它敬拜亚当的命令(它比亚当先被创造);而这也是它之所以要引诱亚当犯罪的原因(*OTP* 2: 262)。

⑧ R. Bauckham, *Jude*, 2 *Peter* (Waco: Word Books, 1983), 50 - 53, 245 - 51.

得前书和犹大书如何使用次经的问题，都十分值得探究，但我们在此所关切的，却是约翰在这里所说的，是否指向“撒但的堕落”一事。从上文中所提及妇人，男孩，以及祂被提到神那里去的事来看（12:5），以及接下来“基督权柄已彰显”，和“藉羔羊的血而得胜”的论述（12:10－11），都显示此一战争和“撒但之堕落”，没有直接关联。也就是说，在12章里面，约翰的目的，并不在处理远古撒但堕落之事。对他而言，红龙的存在是一个既存的事实（12:3），而他所关切的，不是它在何时，以及为何会堕落；而是它是如何被击败的。

那么此处米迦勒和龙的战争，是末日的吗？在旧约里，天使长米迦勒只出现在但以理书中。在那里，他不单是以色列国在天上的代表（10:13，21），是与波斯和希腊魔君争战的那一位（10:13，20－21），也是在末日大艰难中，要站起来保护以色列人的大君（天使长；12:1）。① 因此从但以理书来看，这个争战似乎应该是末日的。但我们是否能将但以理书所提及“日后本国之民必遭遇的事”（10:14），或是“那时所要发生的大艰难”（12:1），就直接的放在末日呢？恐怕不行。在前面我们已经多次提及，约翰在使用旧约素材之际，总会因着基督耶稣所带来的新启示，而做一些调整。举例来说，因着基督的救赎，属神子民的范围，就不再局限于以色列一族，而是包括了祂以宝血从万国中所买赎回来的人（启5:9）。反过来说，那些原本属神的犹太人，因着拒绝基督，也可以成为“撒但一会的”（2:9）。因此但以理在这里所提及的“本国之民”，在约翰的理解中，恐怕已经不是字面上的以色列人。不单如此，在1:1，3和10:6b－7等处经文的分析中我们已经晓得，对约翰而言，因着耶稣基督的启示，“末日”也在祂第一次降生时，就已经开始了。因此不论是此一预言中的以色列人，或是此一预言中的时间，都已被约翰重新定义过了。

事实上，我们在上下文中所看见那些有关“基督”的元素，不论是男孩，祂的掌权和羔羊的血，都显示约翰在这里，也是以基督的新启示，来使用这个从但以理书而来的素材。就字面而言，“米迦勒……与龙争战（ὁ Μιχαὴλ...τοῦ πολεμῆσαι μετὰ τοῦ δράκοντος）”②的语句，的确是但以理书10:20的反映：“我［米迦勒］要回去与波斯的魔君

① 在后续犹太人的传统中，米迦勒因此就成为诸天使中，最重要的一位。而他的重要性，也恰恰和他名字的意思—“谁能像神”，互相呼应。有关米迦勒在犹太传统中的地位和职责，见 *ABD* 4:811; Aune, *Revelation* 6－16, 693－95。

② “ὁ Μιχαὴλ καὶ οἱ ἄγγελοι αὐτου τοῦ πολεμῆσαι”的文法结构曾引发许多讨论，因为在正常的情况下，米迦勒和其天使应带受格。一个可能的解释是，此一文法异常现象乃希伯来文“ל + infinitive”之结构的反映；而另一个可能则是约翰在此省略了一个动词（ἐγένετο；there was）。若是前者，那么我们就应该将此语句译为：米迦勒和他的天使就必须与龙争战。相关讨论，详见，Beale, *Revelation*, 653－54。

争战(אָשׁוּב לְהִלָּחֵם עִם־שַׂר פָּרָס)";①但在启示录中,由于神子民的范围已发生改变,因此米迦勒所代表的,不再只是旧约的以色列人,而是新约的子民。② 这个新的群体,是跟随羔羊的人,因此逼迫他们的,当然不再是一时一地的波斯(或是希腊);而是逼迫羔羊的那一位。因此我们在这里也就很自然的看见,约翰将米迦勒争战的对象,从波斯的魔君,"升级"为波斯魔君的主子,龙。③

正如但以理书所显示的,地上国与国之间争战,是天上灵界势力消长的反映,④约翰在这里也照样让我们看见,地上男孩胜过死亡权势,并被神提到祂宝座那里的争战,也有其天上相对应的事件。⑤ 从但以理书 11:2 之后的发展来看,以色列人在波斯和希腊,以及随后在埃及和叙利亚(南北两国)之间的战争中,似乎只能无止境地忍受煎熬,直到末期(但 11:21－45; 12:6－9)。⑥ 但在启示录中,米迦勒和红龙这两个军团的战争,却立即有了不一样的结果;因为在两军对阵之后,龙却抵挡不住,天上就再没有它们的地方了。此一差异,若从上文来看,当然是因着男孩在地上的得胜而有的。此一真理,在但以理的异象中,依旧是先知所不明白的(12:8),因为"这话已经隐藏封闭,直到末时"(但 12:8)。但在启示录 5:6 那里约翰已经告诉我们,羔羊因其被杀流血,就得着从父神手中领受书卷,并揭开七印的权柄。因此约翰在此申明,圣徒得胜之所系,不在天使长米迦勒,乃在羔羊男孩。

事实上,约翰在此阐明的真理,恐怕还不止于此。在但以理书中,先知对圣徒受苦之事的解释,是"天上米迦勒和列国魔君"的争战。但在约翰的手中,这个"天因—地果"的关系,却颠倒了过来,而成为"地上的得胜—天上的得胜"。此一"翻转"其实一点儿也不令人意外,因为当道成了肉身之后,善恶之战的"主战场",自然就转移到地上来了。神国从此不再神秘,神国自此也不再远离人世,因为神的公义,慈爱和权能,都已在十字架上,在人类的历史时空之中,清楚明白的彰显了出来。

---

① 亦参 Theodotion:ἐπιστρέψω τοῦ πολεμῆσαι μετὰ ἄρχοτος Περσῶν。

② 亦参,Metzger, *Breaking the Code*, 74。

③ 此一将战争"升级"的举措,也一样在约翰暗引以西结"歌革玛各之战"的个案中出现(详见 20:8 的注释)。

④ 有关这个问题的分析,见 F. Hartman & A. A. Di Lella, *The Book of Daniel*, 283－84; J. E. Goldingay, *Daniel*, 291－92。

⑤ 为显示地上和天上战争彼此的对应,但以理书 10:12－14 就以"(A)地上但以理的祷告(12)－(B)天上的争战(13)－(A)现在异象要向你解明(14)"的结构出现了(J. E. Goldingay, *Daniel*, 292)。而此一结构,也在启示录 12 章中反映了出来:男孩在地上的得胜(12:5);天上的争战(12:7－12);地上的后续争战(12:13－18)。此一在结构上的呼应,更强化了启示录 12:7－8 和但以理书的连结。

⑥ J. E. Goldingay, *Daniel*, 305－06。亦参,12:7 天使对但以理"还有多久才会结束"之问的回答:"要一载两载半载,当圣徒受苦(权力被打破)的日子满了之后,这事才会结束。"

再者，这个见解也可以从“天上就再没有它们的地方了”的语句中，得着支持。这句话乃从但以理书2:35而来（לָא־הִשְׁתְּכַח לְהוֹן）。① 在其上下文中，这句话所描述的，是金头银胸铜腹铁腿的大雕像（世上之国），被非人手所造的石头打碎之后，灰飞烟灭，无处可寻的情况。② 在启示录4:1－2a的分析中我们已经晓得，此一预言所指的，乃是人子藉十架苦难所建立的神国。因此这个语句在此的出现，可说是十分自然的事；因为神国的显现和成就，正是撒但之国的败亡和崩解。由是它和跟随它的天使，在天上就没有它们的地方了。③

12:9 于是大龙就被摔了下去；它就是那古蛇，名叫魔鬼和撒但，也是迷惑普天下的。它被摔在地上，它的使者也一起被摔下去（καὶ ἐβλήθη ὁ δράκων ὁ μέγας, ὁ ὄφις ὁ ἀρχαῖος, ὁ καλούμενος Διάβολος καὶ ὁ Σατανᾶς, ὁ πλανῶν τὴν οἰκουμένην ὅλην, ἐβλήθη εἰς τὴν γῆν, καὶ οἱ ἄγγελοι αὐτοῦ μετ᾽ αὐτοῦ ἐβλήθησαν）

在争战中败下阵来的红龙军团，于是就夹着尾巴悻悻然地走了？当然不是。从约翰在本节经文中，三次以被动语态的方式来述说红龙和其天使“被摔下去（ἐβλήθη［两次］；ἐβλήθησαν）”的情况看来，它们离开天庭之举，并非出于自己的意愿，而是一个它们不得不接受的结果。在9:1,3,4,15和11:1等处的经文中，我们已经晓得，这些被动语法（divine passive）的使用，是为了避免直接提及神名字的“委婉语法”，因此在米迦勒背后的，是在宝座上的上帝。④ 毕竟在天庭中，当家做主的还是祂。

但为何约翰要不厌其烦地在这里将红龙的名号一一列出呢？此一问题的答案，应该藏在这些名号的意思中，因为借着这些名号，红龙的特性就被显明出来了。“古蛇”的出现，立即带我们回到了创世记第3章。在那里人类的始祖亚当和夏娃因着蛇的引诱而违背了神的命令，因此就让整个人类落在撒但的手下。从一开始，它就以一个敌对神的角色出现。它以曲解神话语的方式，来中伤神；而其目的，则是要人怀疑神的美善，并藉此引诱人离开神，加入它的阵营（创3:1－5）。因此借着“古蛇”，约翰不单立即显示了此一争战的历史性和宇宙性的意义，也借着创世记第3章的背景，凸

---

① 亦参，Theodotion：τόπος οὐχ εὑρέθη αὐτοῖς。

② 有关这两处经文之间的联系，见C. G. Ozanne, The Influence, 76－77；Beale, *Revelation*, 654－55。

③ 在启示录20:11中，此一语句再次出现；而其时乃末日白色大宝座的审判。因此但以理的预言，已然在基督第一次降临（包括升天）时，开始应验，而其完全成就，则在末日。此一见解，也在这两处经文的对比中，得着证实。因为此处经文所言，是邪恶军团在“天上”没有立足之地，而在20:11那里，在白色大宝座前，“地”，也就是败战红龙所必须去的地（参下一节经文），和“天”，都要在神面前俯首称臣。

④ Aune, *Revelation* 6－16, 695；Osborne, *Revelation*, 471.

显了红龙的属性:敌对神的,中伤神的,和欺骗诱惑人的。①

此一古蛇的名字叫做"魔鬼和撒但"。和中国文化中"人如其名"一样的,希伯来人也习以一个人(或是一地)的名字,来反映他(或是它)的特性。而约翰在此的目的,也是如此。"魔鬼(ὁ Διάβολος)"一语乃由动词"分开(διαβάλλω)"而来,②因此它基本的含义就是"借着恶意的指控而让两造分开"。那么"撒但(ὁ Σατανᾶς)"呢? 此语词乃希伯来文"撒但(שָׂטָן)"的音译;而其含义,乃"敌对者"。③ 在民数记22:22,32中,它所指的是天使,因为他乃耶和华神派来"敌对(שָׂטָן)"假先知巴兰的那一位。但在约伯记和撒迦利亚书中,此一语词所指的则是我们比较熟悉的角色,那就是在天庭中(天上的法庭),控告约伯和大祭司约书亚的"撒但/控告者"。④ 也就是说,它所要做的,是在神和祂的仆人之间造成裂痕,使两造分开。在七十士译本中,"撒但(שָׂטָן)"多被译为"魔鬼(ὁ διάβολος)",⑤因此这两个名字可说是同义词。换句话说,约翰借着这两个名字所要凸显的,是红龙古蛇敌对神和那些属神之人的特性。

但红龙古蛇要如何达到它的目的呢? 欺骗、迷惑、中伤、扭曲和说谎是它所惯用的手段。⑥ 因此在这里,约翰就接着指出,它乃是"迷惑普天下的"。在启示录中,普天下所指的,是那些为它所迷惑,不认识神的人(参,启9:1-21),⑦因此它自然就是"世界之主"(参,约12:31;14:30;16:11)和"世界之神"了(林后4:4)。从创世记第三章之后,它就从神的手中,以谎言,以欺骗,夺取了原本属祂的人,并借着他们,建立了它的团队。

在前面第四章那里我们已经知道,天庭是地上宇宙的"本体",因为神以及祂所造的万物,都以其代表性的人物出现在那里。而红龙撒但乃统管"世界之主",因此在约伯记和撒迦利亚书中,我们就看见它也出现在神的天庭中。但在启示录4-5章中,它却完全不见踪影。它究竟到哪里去了呢? 答案其实就在本节经文中,因为"它被摔在地上,它的使者也一起被摔下去"了。在人子羔羊的地上事工中,"洁净圣殿"可能是最重要的一个项目,因为此一事件是促使当代宗教领袖,要将祂钉在十字架上的"最后一根稻草"(可11:18-19;路19:47-48);而此一事件的象征性意义,也让约翰

---

① 参,Beale, *Revelation*, 656.
② *TDNT* 2:71.
③ BDB, 966.
④ 伯1:6,7,8,9,12;2:1,2,3,4,6,7;亚3:2。
⑤ 除了上注中的经文之外,王上11:14,23,25和代上21:1也如是。在撒上29:4;撒下19:23和王上5:18[5:4]中,שָׂטָן则是被译为ἐπίβουλος(设计敌对之人;LSJ, 288)。
⑥ 参,创3:1-5;太4:1-10;路22:31;约8:44;13:2;约壹3:8;启20:3,8,10等等。
⑦ R. Bauckham, *The Climax*, 239.

福音的作者，将这个事件放在耶稣事工的起首之处（约2:13－22）。① 但正如希伯来书的作者所说，地上圣所既要用动物之血来洁净，天上圣殿的洁净，当然就只能靠基督的宝血了（9:11－28）。因此羔羊男孩在十字架上所成就的，是天上圣殿的洁净，以及红龙军团的被"驱逐出境"。② 当年红龙在伊甸圣殿出现之时，③亚当不单没有将它赶出去，反而成为它的掳物。此一错误一方面让这个世界落在红龙的手下，另外一方面让神创造的目的（即，为祂自己建造以人为其居所的圣殿），受到了延迟。但所幸还有第二个亚当，因为在羔羊男孩的流血中，此一悲剧有了令人意外的发展。窃占并污秽圣殿的它，如今被赶出了天庭。欢呼和颂赞，由是在天庭中响起（12:10）。

12:10 我听见在天上有大声音说，我们神的救恩，权能，国度，并祂所立基督的权柄，现在都已显明。因为那在我们神面前昼夜控告我们弟兄的，已经被摔下去了（καὶ ἤκουσα φωνὴν μεγάλην ἐν τῷ οὐρανῷ λέγουσαν, Ἄρτι ἐγένετο ἡ σωτηρία καὶ ἡ δύναμις καὶ ἡ βασιλεία τοῦ θεοῦ ἡμῶν καὶ ἡ ἐξουσία τοῦ Χριστοῦ αὐτοῦ, ὅτι ἐβλήθη ὁ κατήγωρ τῶν ἀδελφῶν ἡμῶν, ὁ κατηγορῶν αὐτοὺς ἐνώπιον τοῦ θεοῦ ἡμῶν ἡμέρας καὶ νυκτός）

以一首（或是多首）他所听见的诗歌，来总结或是解释他所看见之异象，是约翰所惯用的文学手法之一，④因此从本节经文开始，约翰在7－9节中所见异象的意义，得着阐释。这一首诗歌横跨三节经文，在本节经文中，神的作为得着颂赞；而在下两节经文中，约翰则分别将神国的得胜，对圣徒（12:11）以及对"天和地"（12:12）的意义做了进一步的说明。

但此一诗歌是由谁的口中而出？是天庭中的天使吗？⑤ 有可能，但天使恐怕不会称圣徒为"我们的弟兄"（亦参下一节经文）。在19:10和22:9那里，将异象显现给约翰看的天使，的确说他是和约翰"同做仆人的"，但这和"弟兄"之间，还有一段距离。再者，在圣经其他地方，我们也没有看见天使称圣徒为"弟兄"的案例；因此这个

---

① R. E. Brown, *The Gospel According to John I－XII*, 116－20；B. Lindars, *The Gospel of John*, 135－37；G. R. Beasley-Murray, *John*, 38－39. 对此问题，L. Morris 则认为"耶稣只洁净圣殿一次"的假设，不一定是对的（*The Gospel According to John*, 190－91）。但不论实情如何，洁净圣殿之事的重要性是不容置疑的。

② 亦参，路10:18；在那里耶稣以"撒但从天坠落"来定义祂（以及祂所差遣出去之门徒）的事工（J. Nolland, *Luke* 9:21－18:34, 564）。有关耶稣的死和复活与撒但被赶出天庭之问题的讨论，亦见Beale, *Revelation*, 658－60。

③ 有关"伊甸园＝圣殿"的论述，见2:7的注释。

④ 参，4:1－7，8－11；5:5－7，8－14；14:1，2－5；15:2，3－4。Beale 亦将17:1－6，7－18的段落包括在内（*Revelation*, 657），但17:7－18并非诗歌，而是天使的解释。

⑤ Mounce 认为开口唱诗的是24位长老，而他们是天庭中的高阶天使（*Revelation*, 135－36，242）。亦见，Roloff, *Revelation*, 69－70，149。

见解恐怕有其困难。那么唱诗的是在祭坛之下的殉道者吗?(6:9-11)①也有可能,因为最迫切盼望看见神国降临的,恐怕就是他们。但我们似乎没有必要将此颂赞局限在“殉道者”的口中。在天庭中,和他们一样有资格称受苦圣徒为“弟兄”,并为了神国降临而欢呼歌唱的(11:16-18),也包括了代表新旧约圣徒的“24 位长老”。②

究竟谁是“主唱者”的问题,的确引人好奇,但约翰的重点显然不在此。因为他要我们注意的,是此“天上之歌”的内容。在 5:11-12 那里我们已经晓得,在启示录中,约翰好几次听见了从天而来的诗歌和颂词。在我们所胪列的七首诗歌之中,本节经文中的诗歌不单清楚区隔圣父和圣子,也和其余诗歌的内容有相当差异;因此就形式和内容而言,此一诗歌有其特殊之处(详见该处注释)。

但此诗歌的重点何在?从上文所描述米迦勒和红龙争战的图画来看,“救恩(ἡ σωτηρία)”在此可以被译为“得胜”或是“胜利”。③ 但若从旧约神“拯救(יְשׁוּעָה)”以色列人之背景来看(出 14:13,30;15:2),并参照新约对耶稣救赎事工的习惯用语,④“救恩”恐怕还是比较好的选择。在男孩被神提到祂宝座那里的文脉中(启 12:5),这个翻译也较能凸显约翰的重点。因为对圣徒而言,羔羊男孩所成就的,正是他们的救恩。

和当年耶和华神以“大能的手”带领以色列人出埃及一样,⑤祂借着羔羊男孩所成就的救赎事工,也是以其“权能(ἡ δύναμις)”来成就的。此一“权能/大能”,在保罗的笔下,是神让基督“从死人中复活,并且在天上坐在自己的右边,远超过一切执政的,掌权的,有能的,作主的,和今生来世所能举出的一切名衔”(弗 1:1 9-21)。⑥而此一权能,在这里则是以米迦勒击败红龙,并将它赶出天庭的方式,显明了出来。

那么“国度”呢?再一次的,我们在神带领以色列人出埃及的历史中,看见此处颂赞的类比,因为祂的救恩,以及祂的大能,都只带来一个结果,那就是“祭司国度”的设立(出 19:6)。在启示录 1:6 和 5:10 那里,约翰已然将此一特权,加在教会的身上了,因此“国度”在此当然不能缺席。⑦

---

① 例如,Charles, *Revelation I*, 328。

② Swete, *Revelation*, 154-55; Beale, *Revelation*, 657.

③ Aune, *Revelation* 6-16, 700; Osborne, *Revelation*, 473-74.

④ 参,“σωτηρία”——路 1:69,77;19:9;徒 4:12 等等;“σωτήριον”——路 2:30;3:6;徒 28:28;弗 6:17;多 2:11。

⑤ 参,出 3:19;6:1;13:9;申 5:15;6:21;7:8;9:26;26:8;诗 136:12;但 9:15。

⑥ 新译本。

⑦ 从犹太人对出埃及事件的传统理解中,Beale (*Revelation*, 661-62)归纳出三个概念:(1)以色列人之所以能离开埃及,乃因天使击败了捆绑他们的撒但;(2)而在出埃及之际,撒但也被扔入了海中;(3)颂赞神国降临之歌由是从以色列人的口中发出。此一观察显示,本段经文的确是以旧约的出埃及事件为其背景的。

但“救恩、权能和国度”，要在何时显现呢？在世界的末了，这三者当然都会完全实现（参，启 7：10－12；11：15；19：1），①但约翰在此所听见的，是“现在都已显明”。换句话说，神国虽然有其未来的元素（未然），但在羔羊男孩的启示中，约翰也看见神国现在的面向（已然）。② 因此在他所听见的颂赞中，已经显明的，也包括了“基督的权柄”。在推雅推喇书信中，约翰曾亲耳听见人子说，祂所赐给教会制伏列国的权柄，乃从父神而来（2：26－27），③因此为了要显明此一权柄的来源，他就在“基督的权柄”之后，又加上了“祂的（αὐτοῦ）”。就经文翻译而言，此一“加增”的确带来些许困难（直译作：祂的基督的权柄），但就神学的精准度而言，“祂的”却在基督和父神同受颂赞之时，显示了祂们之间的顺序。而约翰在处理“父子同格同受敬拜，但先后有序”之议题时，如此“谨言慎行”的态度，是我们在前面已经多次看见的了（参，4：8－11；5：8－14）。

“救恩、权能、国度和权柄”，并不是为了让颂词显得庄严肃穆而有的华丽词藻，因为让此天庭诗歌得以响起的原由，乃因“那在我们神面前昼夜控告我们弟兄的，已经被摔下去了”。在上一节经文的分析中我们已经知道，红龙的名号“撒但魔鬼”，其意正是控告者，因此在约伯记 1－2 章和撒迦利亚书 3 章中，我们就看见它在天庭中出现了。在约伯记中，它控诉约伯之所以敬畏神，乃因神的赐福（伯 1：9－10）；而在撒迦利亚书中，它则是在天庭中敌对大祭司约书亚的那一位（亚 3：1）。从上下文的角度来看，撒迦利亚书 3 章和本处启示录经文是比较接近的，因为撒迦利亚书 3：8－9中的“记号（מוֹפֵת）”，“我的仆人苗裔（עַבְדִּי צֶמַח）”，和那能在一日之内除去罪孽的“七眼（七个源头）之石（אֶבֶן אַחַת שִׁבְעָה עֵינָיִם）”，都指向那将临的弥赛亚国度。④ 而在启示录中，此一国度，是在羔羊男孩被神提到祂的宝座那里之时，就已经开始实现的了，因为祂在十字架上所流的宝血，已经遮盖了历世历代圣徒的罪（参，启 1：5；12：11）。因此红龙撒但在天庭中，就失去了它控告者的位置。它原本想要借着它的控诉，而迫使神不得不将罪孽深重的圣徒，⑤赶出圣洁的天庭；但谁知因着羔羊男孩的牺牲，它所发出的一切控诉，都完全失去了效力。在羔羊男孩流血牺牲之爱的对比下，它想要借着

① Thomas 将米迦勒和红龙的争战，视为是末日所要发生的事，因此对他而言，此处经文所言就是末日的事了（*Revelation*，128，133）。亦参，Aune，*Revelation* 6－16，695，700。

② 参，1：6，18；5：9－10；20：4－6。

③ 亦参，启 3：21。

④ R. L. Smith，*Micah-Malachi*，200－02；T. McComiskey，*Zechariah*，1077－80. 这两个学者对“七眼之石”所指的是“洗净罪恶之石”（前者），还是“重建圣殿的房角石”（后者），有不同见解；但不论何者为是，七眼之石的弥赛亚含义，却是他们都同意的。有关撒迦利亚书 3 章的弥赛亚意义，以及它和启示录 12 章之间关系的讨论，详见 M. G. Kline，*Glory in Our Midst*，95－129。

⑤ 参，约书亚所穿污秽的衣服（亚 3：3－4）。

指控而破坏神人关系的邪恶企图,也全然暴露了出来。因此想要将圣徒赶出天庭的它,反倒被赶出了天庭。如是吊诡的结局,恐怕是它所完全没有预料到的。红龙撒但之恶和它的有限,正是在此。它的所是和所行,在"神藉救恩所显示的权能,国度和权柄"的对比之下,只能是一则"扮虎不成反类犬"的笑话而已。

12:11 弟兄胜过它,是因羔羊的血,和他们所见证的道。他们虽然面对死亡,也不爱惜自己的性命(καὶ αὐτοὶ ἐνίκησαν αὐτὸν διὰ τὸ αἷμα τοῦ ἀρνίου καὶ διὰ τὸν λόγον τῆς μαρτυρίας αὐτῶν καὶ οὐκ ἠγάπησαν τὴν ψυχὴν αὐτῶν ἄχρι θανάτου)

正如以色列人出埃及的事件一样,神借着羔羊男孩所显示的救恩、权能和国度,不单有天上米迦勒击败红龙古蛇的对应争战,也同样的在地上有其后续效应。因为祂的所是(即,祂的属性),容或可以用抽象名词来表达(例如,圣的、全知、全能和全善等等),但祂的所为,却多以人类的历史时空为其舞台。① 因此地上的弟兄们,和他们在天上的代表米迦勒一样,也就胜过了那敌对他们的撒但,也就是那昼夜在神面前控告他们的"魔鬼"。②

和米迦勒一样,弟兄胜过它并非因着他们自己,而是靠着羔羊男孩的血。是羔羊的宝血,让魔鬼所发的一切控诉,都失去效力的。它所发出的控诉,其内容都是正确的;而它所指出的罪行,我们也都必须承认。但由于羔羊的代赎,末日的刑罚,也就是第二次的死(启 2:11;20:6),就不能够临到我们身上了。

在罪得赦免,在脱离死亡之辖制的事上,我们的确只能扮演被动接受者的角色。但这并不表示我们在得着救恩之后,就可以"躺着睡觉",等候天国的降临。羔羊男孩在十字架上,已经打了那一场决定胜负的战役(参,12:12,魔鬼知道自己的时日不多了),但后续战果的扩大,却依旧有待完成。因此在羔羊之血的基础上,弟兄胜过它,也是因着"他们所见证的道"。③ 也就是说,在圣徒向这个世界作见证传福音的事上,他们显明了他们的确是耶稣的门徒,因此他们就胜过了红龙撒但。因为他们传福音所带来的结果,是世人的归向神,是神国的兴旺,也是撒但国的落败。

---

① 亦参,我们在 1:4,8 中,对"昔在今在将要再临"一语的分析。

② 在此我们跟随 Osborne 之见(*Revelation*, 475),将"并且(καὶ)"连结于上一节经文中的"因为(ὅτι)",因此本节经文就成了"天上颂赞"的第二个部分了。

③ 在学界有人以受格所有格的方式(objective genitive)来理解"他们的(αὐτῶν)"。因此"他们所见证的道"一语,就有了"神向他们所见证的道"的意思。但神向他们所见证的道,乃羔羊的流血和受苦,因此这个理解就和上一句话重复了。因此在文脉中(争战要继续下去;12:17),此处之"他们的",应是主格所有格(subjective genitive;Osborne, *Revelation*, 476)。Aune 将"他们的见证"视为同位性的所有格(appositional genitive),因此"他们的见证"就成了"话/道"的解释(*Revelation* 6-16, 703)。此一见解和上述"主格所有格"的理解,都带来的一样的结果。

但和他们的主一样的，争战得胜的前提，是受苦。因此在为神开疆辟土的同时，弟兄们（姐妹亦然）也不可避免地必须面对苦难逼迫。撼动世界，摇动撒但国度的，能不面对它的反扑吗（参，约 15:18）？但由于羔羊男孩从死里复活之见证显示，魔鬼所能带来最后的威胁——死亡，已不足畏；因此他们虽然面对死亡，也不爱惜自己的性命。“面对死亡（ἄχρι θανάτου）”可以有“直到死亡”的时间含义（至死方休），但约翰在此的重点，恐怕是要凸显圣徒“不爱惜自己的性命”，到了怎样的程度（死不足惧）。① 在耶稣有关“一粒麦子”（约 12:24－25）和“做门徒之代价”的讲论中（太 10:37－39；可 8:34－35；路 14:25－27），此一真理已经十分清楚；而祂在前面七封书信中（2－3 章），对“得胜者”所发的应许，也是以此为前提。因此在这个后续的争战中，我们除了以受苦的心志作为兵器之外（彼前 4:1－2），恐怕也没有其他的致胜之道了。

12:12 故此诸天和住在其中的，你们都快乐吧！只是地与海有祸了！因为魔鬼知道自己的时日不多，就怀着大怒的下到你们那里去了（διὰ τοῦτο εὐφραίνεσθε, οἱ οὐρανοὶ καὶ οἱ ἐν αὐτοῖς σκηνοῦντες. οὐαὶ τὴν γῆν καὶ τὴν θάλασσαν, ὅτι κατέβη ὁ διάβολος πρὸς ὑμᾶς ἔχων θυμὸν μέγαν, εἰδὼς ὅτι ὀλίγον καιρὸν ἔχει）

因着神藉羔羊男孩所彰显的救恩权能和国度，也因着天上米迦勒和地上圣徒的得胜（故此），这一首在天上响起的诗歌，自然就以“诸天快乐”的呼召，和“祸哉世界”的宣告，作为结束。

在旧约中，“诸天欢喜”的颂赞，曾多次由神子民的口中而出；而其缘由，乃因神的国度，已藉祂拯救以色列人，并刑罚了他们仇敌而得着成就（LXX 申 32:43；代上 16:31；诗 96:11；赛 44:23；45:8；49:13）。② 在此背景的衬托之下，约翰在此所听见“诸天欢喜”的呼召，可说是此一传统的反映。此一见解除了有主题上的关联之外（神国成就），也在字面上彼此呼应。因为在启示录中，“天”一语一共出现了 52 次，但唯有在此处经文中，约翰让“天”以复数形态出现（οἱ οὐρανοὶ）。③

但“诸天和住在其中的”所指的又是谁呢？是天使和四活物之类的灵界活物吗？④ 有可能，但圣徒是否也包括在内呢？在启示录中，与“诸天和住在其中的人”所对应的，是“地和住在地上的人”（13:12）。而这组人马，乃属撒但，并拜兽的人；因此“诸天和那些住在其中的”，也就包括了圣徒。此一对比，也在约翰所使用其他语词中

---

① Swete, *Revelation*, 156; Beale, *Revelation*, 665; Osborne, *Revelation*, 477.

② Beale, *Revelation*, 666. 亦参，4Q176；4Q88。

③ 此一背景因此回答了 Morris 对此复数之“天”的不解（*Revelation*, 158）。

④ 例如，Beckwith, *Apocalypse*, 627; Ladd, *Revelation*, 173; Mounce, *Revelation*, 244; Thomas, *Revelation* 8－22, 136。

出现。(1)在启示录中,属神的人,乃那些“住在(σκηνόω)天上”的人。此一动词,原意是“暂时的在帐棚中居住”,而其所反映的,是以色列人在旷野飘流的日子。但在启示录中,约翰却因着神曾借着会幕(一个帐棚),而住在以色列人之中,因此他就以此语词,来描述神对属祂子民的保护(7:15)和同在(21:3);或是圣徒的属天身份(住在天上的 = 在天上支搭帐棚的;12:12;13:6)。和此相对,约翰用来描述世人的动词,则都是那些“住(κατοικέω)”在地上的人。他们是敬拜撒但(启 6:10;8:13;11:10),并逼迫圣徒的人(启 13:8,12,14;17:2,8),所以神的审判就要临到他们的身上了(启 3:10)。① 因此单就约翰在此所使用的词语来看,“那些住在天上的”,就已经足以让我们知道他们是谁了。(2)在本节经文中,“天”和“地与海”的对比,也和约翰所使用的两个“住”,指向同一个结论。因为在接下来的 13 章中,红龙的两个代理人(二兽),乃分别从海中和地里面冒出,而他们所迷惑和管辖的,正是那些住在地上的人。但与此相对的,则是那些为神所买赎回来,在锡安山(14:1-5),也在玻璃海上(15:2-4),唱诗颂赞神的人。事实上,此一对比也在大巴比伦的异象中出现;因为那些为巴比伦之毁灭而哀哭的,是“地上的君王和客商”(18:9,11),以及那些“靠海为业的”(18:17a);而为巴比伦之败落而欢呼歌唱的,则是“天”,也就是众圣徒,众使徒和众先知(18:20;19:1-8)。②

神国的得胜,当然带来欢呼喜乐。但约翰为何要在此将旧约神国显现之时的“天欢喜,地快乐”的模式,③改变为“天欢喜,地和海却有祸了”呢? 当属神的以色国于迦南地上被建立时,“天欢喜地快乐”的确是个十分合宜的颂赞,但我们在 12:6 的分析中已经晓得,新约神国已从一时一地的以色列,蜕变为包含了万民的教会,因此“地”的元素,也必须有所改变。在约翰手中,天地和海的全然更新,是要在末日来到之时,才会完全成就(启 21:1)。而在那个日子来到之前,天因着羔羊男孩之故,已向圣徒敞开,成为他们属灵的,永远的居所,但地和海却依旧在撒但的权下(启 13),因此是神国“尚未(not yet)”完全成就的因素,让约翰在此做了如是改变。④

在“天地海”所组成的宇宙中,战败的红龙已不见容于天,因此它也只能以“地和

---

① 在启示录 2:13 那里,人子也曾对别迦摩教会说,我知道你住(κατοικεῖς)在那里。这个例子好像是个“例外”,但其实不是,因为就在这节经文的后半,我们就看见约翰使用这个“住”的原因:别迦摩城乃“撒但”所住的地方。此一用法,和 18:2“巴比伦乃鬼魔的住处”是一样的。

② 以上乃 R. Bauckham 的观察(*The Climax*, 240)。

③ 代上 16:31;诗 96:11;赛 44:23;49:13。

④ 由于 11:15-19 的内容,和 9:1-11 以及 9:13-21 的第一祸和第二祸不同,因此有人认为 8:13 之天使所宣告的第三祸,是记载在 12:13-18(例如,Sweet, *Revelation*, 202)。但我们从 11:15-19 的分析中已经晓得,第七号的确就是第三祸。

海”作为它接下来活动的范围。但它之败战所影响的，还不只是活动范围的缩小而已，也是它活动时间的减少。从羔羊男孩的“降生—死亡—复活—升天”的事件中，它得知神所设定的“末日之钟”，已然开始倒数。在那个决定性战役中败下阵来的它，因此知道“自己的时日不多”了。神国既然已经降临，而“壮士”也已被捆绑（太12:22－30；可3:22－27；路11:14－15，17－23），①它至终败亡，被歼灭的日子（启20:10），还会远吗？② 因此在“活动范围缩小”和“时间有限”的双重挫折中，红龙“就怀着大怒地下到你们那里去了”。在忿怒中的它，自然要以依旧在它活动范围内的妇人（地上的教会），作为它首要的攻击目标（12:13－18）；而在败战之后的它，当然也要重整旗鼓，重新集结它的部队，好对它的敌人，进行最严厉也是最致命的攻击（13:1－18）。

12:13 当龙见自己被摔在地上，就逼迫那生下男孩的妇人（Καὶ ὅτε εἶδεν ὁ δράκων ὅτι ἐβλήθη εἰς τὴν γῆν, ἐδίωξεν τὴν γυναῖκα ἥτις ἔτεκεν τὸν ἄρσενα）

在12:7－9的结尾之处，我们看见龙和其跟班，因着被米迦勒击败而被摔在地上；而在解释该天上战争意义之诗歌的结尾处（12:10－12），我们也看见它气忿忿地下到了地上。因此约翰藉本节经文，不单将这两条线连结在一起（打结），也将我们带回到12:6。他借着本节经文告诉我们，为何在12:6中的妇人，要逃到旷野去的原因。③

但若和上一节经文对比，本节经文也让我们看见败战红龙的“气急败坏”。因为“当它发现（ὅτε εἶδεν）”自己被摔在地上之后，它连一秒钟也不浪费的，就开始“逼迫（ἐδίωξεν）那生下男孩的妇人”。“逼迫”在此也可以译为“追赶”，④但不论是前者或是后者，都显示了红龙对妇人的敌意。⑤ 从12:5来看，它伸手攻击妇人，显然是因妇人将那击败它的男孩，带到了这个世界，因此如今它则是意欲借着逼迫男孩的母亲，来伤害男孩。但若从12:11来看，红龙逼迫妇人的原因，也是因为妇人（弟兄们）如今接续了男孩和红龙争战的角色。在张牙舞爪的红龙面前（参，使徒行传和初代教会史），他们勇敢的为那为他们死而复活的主作见证。因为他们晓得，这是他们所必须

---

① D. A. Hagner, *Matthew* 1－13, 344; W. Lane, *The Gospel According to Mark*, 143; N. Geldenhuys, *Luke*, 330; J. Nolland, *Luke* 9:21－18:34, 642.

② 对那些视启示录为未来预言的学者而言（例如，Walvoord 和 Thomas 等等），此处经文所言之事，是末日七年大灾难的后半。但我们在11:2和11:3中，有关“一载两载半载＝42个月＝1260天”的分析显示，“末日”是两个见证人（教会）传道的日子，也是妇人（教会）在旷野被神保护的日子，因此此处“时日不多”所指的，也是这段时日。亦参，Beale 对此问题的分析（*Revelation*, 667－68）。

③ Thomas, *Revelation* 8－22, 138.

④ 逼迫——太5:10－12；路11:49；徒7:52；9:4－5；罗12:14；林前15:9；腓3:6等等；追赶——太10:23；23:34；徒26:11；罗9:30；12:13；14:19；腓3:12，14等等。

⑤ Swete, *Revelation*, 157.

背起的十字架(太 10:37 – 39;可 8:34 – 35;路 14:25 – 27)。

12:14 但有大鹰的两只翅膀赐给了妇人,叫她能飞到旷野,到自己的地方。在那里她被养活一载二载半载,远离那蛇(καὶ ἐδόθησαν τῇ γυναικὶ αἱ δύο πτέρυγες τοῦ ἀετοῦ τοῦ μεγάλου, ἵνα πέτηται εἰς τὴν ἔρημον εἰς τὸν τόπον αὐτῆς, ὅπου τρέφεται ἐκεῖ καιρὸν καὶ καιροὺς καὶ ἥμισυ καιροῦ ἀπὸ προσώπου τοῦ ὄφεως)

当羔羊男孩死于十字架上之时,红龙以为它已破解它被男孩击败的宿命(创 3:15),但谁知羔羊男孩却从死里复活,完全脱离它的权势,而被提到神那里去了(启 12:5)。如今从天庭摔下来的它,在逼迫妇人之时,却又面对着另外一个意外:"但①有大鹰的两只翅膀赐给了妇人。"此一"赐与(ἐδόθησαν)",以及她随后在旷野的"被养活(τρέφεται)",都是为了不提及神名字的被动语法(divine passive),因此在被红龙追赶逼迫的紧急情况中,神的手依然可见。②

但神赐给妇人大鹰两翅的图画,是从何处而来呢?在前面我们讨论启示录 12 章和上古神话之间的关系时,曾提及埃及神话中,爱西斯为寻回其夫欧西理斯被分尸了的遗体,而以两翅飞行于空中的故事。③ 但在此处,妇人虽有两翅,但其来源和目的,却和该埃及神话中的情节,有所不同。再者,她飞行的目的地"旷野",以及她在那里被养活"一载两载半载"的语词,都显示约翰在此所见异象,其实是以旧约为本的。

在出埃及记 19:4 那里,神要摩西向以色列人说:"我向埃及人所行的事,你们都看见了。且看见我如鹰将你们背在翅膀上,带来归我。"而在申命记 32:10 – 12 那里,当摩西回顾神将以色列百姓带离埃及之历史时,他也以类似的语言颂赞神,说:"耶和华遇见他在旷野荒凉野兽吼叫之地,就环绕他,看顾他,保护他;如同保护眼中的瞳人。又如鹰搅动巢窝,在雏鹰以上两翅搧展,接取雏鹰,背在两翼之上。这样,耶和华独自引导他,并无外邦神与他同在。"此一以"老鹰背负雏鹰"来表明神保护之图画,因着这两段经文,在往后的以色列历史中,就成为一个传统了。在大卫的诗中,他曾多次以类似于如下的祷告,来寻求神的保护:"求你保护我,如同保护眼中的瞳人,将我隐藏在你翅膀的荫下"(诗 17:8),④而在先知以赛亚有关以色列将来复兴的预言中,他则是更进一步的,将鹰翅所象征的能力,赋予神复兴的百姓:"那等候耶和华的,

---

① 在此我们以"相反的"意思来理解连接词καὶ(亦参,Ladd, *Revelation*, 173; Thomas, *Revelation* 8 – 22, 138; GNV; NRS; NJB; RSV; NKJ; NAB; ESV 等译本)。

② 类似的语法,见启 9:1,3,4,15;11:1;12:9。

③ 见页 710 – 11。除了这个埃及神话之外,Aune 也认为许多希腊神话也和此处经文平行(*Revelation* 6 – 16,705)。

④ 亦参,诗 36:7 – 8;54[55]:3,12 – 15,21 – 22;63:1 – 2,7;91:4,11 – 13。

必从新得力；他们必如鹰展翅上腾。他们奔跑却不困倦，行走却不疲乏。"①

和上述旧约经文相较，妇人之逃到旷野，并在那里被神养活的描述，可说是旧约以色列人出埃及的新约版，但在引用这个模型之时，约翰也将之与以赛亚的预言，结合在一起。由是象征能力的大鹰之翅，就"赐给了妇人"。因为在先知的预言中，如鹰展翅上腾的，是被神更新的以色列。② 此一结合的目的，应是要突显妇人的责任，因为如今要飞到旷野的，是有了两个翅膀的她。在前面我们已经看见（12:11），弟兄胜过红龙的原因，不单是因着羔羊的血（因信而与基督联合），也是因着他们自己为神所做的见证（以行为所见证的信）；因此得着两翅的她，当然有责任要善用神的恩赐了。

但借着这两只翅膀，她要飞到那里去呢？是繁华的大城巴比伦吗？当然不是，对有了大鹰两翅的妇人而言，旷野当然是"自己的地方"。在 12:6 那里我们已经晓得，"旷野"所象征的，是神的保护和神熬炼属祂子民的地方。而此一概念，也在"她在那里被养活一载两载半载"的经文中，清楚明白地呈现出来；因为"养活"显示了神的供应和保护，而"一载两载半载"，在但以理书的背景中，更是圣徒受苦，被熬炼的年岁（参，11:2－3 的注释）。对启示录的读者而言，约翰将"保护和熬炼"，这两个看似彼此冲突之概念结合在一起的手法，其实是不陌生的；因为在 11:1－2 中，我们已经在"丈量圣殿"和"不丈量殿外部分"的异象中，看见了这个真理。③

但为何妇人必须到旷野呢？就神和她的关系而言，干旱无水的旷野（申 8:15），是个叫她必须完全仰赖神的供应，因此也就是个对她灵性大有助益的地方；而就她和大巴比伦（世界）的关系而言，旷野也是个让她头脑清醒，好叫她能透视大巴比伦迷惑人之真面目的所在（参，启 17－18）；因此旷野也是个让她能"远离那蛇"的地方。④在 12:6 那里我们已经提及，此一"旷野"并非一个特定的地方，而是大淫妇巴比伦所掌权的世界，因此"逃到旷野"和"远离那蛇"，其实就是耶稣所说，"在世界但又不属世界"的意思（约 17:14－19）。也难怪在大淫妇巴比伦的异象中，那从天而来的声音会再次响起，呼吁圣徒说："我的民哪！你们要从那城出来，免得与她一同有罪，受她所受的灾殃"（启 18:4）。事实上，因着旷野所能带来的属灵洞察力，被放逐在拔摩海岛上约翰，就让本段经文中的主角－"龙"（12:13,17,18），以"蛇"之姿在此出现了。

---

① Alford, *Apocalypse*, 672; Mounce, *Revelation*, 245; Osborne, *Revelation*, 482.

② Swete, *Revelation*, 158; Beale, *Revelation*, 669. 亦参，*Midr.* Ps. 48.4，因为该文献也提及，神在将来拯救以色列之时，将要如老鹰背负雏鹰般的，带他们经过旷野。

③ 亦参，R. Bauckham, *The Climax*, 273, note 52。

④ Charles 认为（*Revelation I*, 330），此处之"远离（ἀπὸ）"也可以有"因为"的意思（参，何 10:15）。但不论此一见解是否成立，妇人逃到旷野的原因都是一样的（Beale, *Revelation*, 671）。

因为那在伊甸园中,迷惑了人类始祖亚当和夏娃的它,正是以此形态出现。①

12:15 蛇就在妇人身后,从口中吐出一道像河一样的水,要把妇人冲去(καὶ ἔβαλεν ὁ ὄφις ἐκ τοῦ στόματος αὐτοῦ ὀπίσω τῆς γυναικὸς ὕδωρ ὡς ποταμόν, ἵνα αὐτὴν ποταμοφόρητον ποιήσῃ)

在12:14那里,约翰已经提及红龙对妇人的敌意,但究竟它要如何逼迫她呢?在此约翰给了我们答案:"蛇就在妇人身后,从口中吐出一道像河一样的水,要把妇人冲去。"但这个图画的意思又是什么呢?

对那些以过去观点来解读启示录的人而言(过去派),约翰在此所说的,是(1)公元68年罗马兴兵进犯巴勒斯坦时,约旦河高涨泛滥,而使得逃难的犹太人无法幸免于难的历史;②或是(2)犹太公会对初生教会的逼迫(徒8:1-3)。③ 但这一类的见解恐怕太过狭窄,和约翰所惯用的象征语法不合。

在旧约中,由于湍急,瞬间汹涌而至的河水,具有冲垮并毁灭一切东西的特性,因此在许多经文中,"洪水"就成了"大举犯境的敌军","神的审判",或是"仇敌攻击"的譬喻了。④ 举例来说,在论及那将要来临的刑罚之时,先知以赛亚就曾说:"主必使大河翻腾的水猛然冲来,就是亚述王和他所有的威势。必漫过一切的水道,涨过两岸。必冲入犹大,涨溢泛滥,直到颈项"(赛8:7-8a)。而大卫在回顾他被仇敌追赶之经验时,也曾使用了这个譬喻:"死亡的绳索缠绕我,匪类的急流使我惊惧;阴间的绳索缠绕我,死亡的网罗临到我"(诗18:4-5[5-6])。⑤ 和这些旧约背景相较,约翰在此所说,是和"仇敌攻击"的主题较为接近。因为从蛇口而出,要把妇人冲去的,正是像河般的大水。⑥

但约翰又为何要让"水"从龙的口而出呢?而龙藉以攻击妇人的"水",其含义又是如何?在启示录中,"口(στόμα)"一共出现了22次。在四处经文中,从人子之口而出的,是两刃的利剑,是祂藉以审判世界的"真理"(1:16;2:16;19:15,21)。⑦ 因此不

---

① 亦参,Osborne, *Revelation*, 483。

② 参,Mounce, *Revelation*, 246; Osborne, *Revelation*, 483。此事记载在 Josephus, *J. W.* 4.7.5。亦参,Charles, *Revelation I*, 331。

③ Preston and Hanson, *The Revelation of Saint John the Divine*, 94.

④ 进犯敌军——赛8:7-8; 耶46:7-8;47:2;但11:10,22,26,40;神的审判——伯22:16;诗32:6;88:7,17;90:5;赛8:7-8;17:12-13;30:28;耶46:8;47:2;51:55;何5:10;鸿1:8;仇敌攻击——撒下22:5;诗18:4,16;46:3;66:12;69:1-2,14-15;124:4-5;144:7-8,11;赛43:2。

⑤ 有关此诗篇和撒下22章,以及迦南神话之间关系的讨论,见 P. C. Craigie, *Psalms* 1-50, 171-74。

⑥ 以"洪水"作为"仇敌攻击"之譬喻的,也在昆兰文献中出现。详见,Ford, *Revelation*, 203; Beale, *Revelation*, 672。

⑦ 详见1:16;2:12,16的注释。在2:12中,"口"一词并未出现,但人子口中出剑的形象,却是以1:16为本的。

单为祂作见证的两个见证人(教会),能藉其“口”所出的火(神的道;11:5),来审判世界;而那些跟随羔羊的十四万四千人(教会),也是一个“在他们口中察不出谎言”的军队(14:5;参,7:4－8)。在启示录中,和羔羊之军相对的,则是红龙军团。因此从红龙马军之“口”所出的,当然不是真理,而是“火、烟和硫磺”,也就是那能带来死亡的异端邪说(参,9:17－19的注释)。在接下来的经文中我们也将看见,红龙在地上之代理人海兽,其“口”也如狮子之口(能力),而从其中所发出的,则是以神和圣徒为攻击目标之“夸大亵渎的话”(13:2,5－6)。不单如此,在第六碗之灾中,约翰更清楚的让我们看见,从龙口,兽口和假先知之口所出的,是三个如青蛙般的“污秽的灵”,而它们所要做的,则是以奇能异事来迷惑普天下的众王,好叫他们聚集并与圣徒争战(16:13－14)。

因此从整卷启示录来看,约翰在此虽然使用了不同的象征(水),但是他的意思却是一样的,那就是,龙要藉从其口而出的异端邪说,来迷惑妇人,并藉此将她骗入它的阵营。① 在伊甸园中,它已对第一个女人夏娃行过此事(创3:1－5),因此它在此对第二个女人(教会),再次行了相同的事,实在不令人意外。事实上,以“洪水”作为异端邪说的象征,其实是十分恰当的,因为正如耶稣所说,人若没有以行道来为他所听见之真理打下根基(把房子盖在沙土上),那么当洪水来袭之时,他就只能被洪水冲去了(太7:24－27)。在约翰写启示录的当下,从龙口而出的“水”,显然已经在教会中,带来一定程度的影响,因为在七封书信中,“巴兰,尼哥拉党和耶洗别的教训”(2:14,15,20),以及“撒但深奥之理”(2:24),已然入侵教会,并且也已经掳掠其中的一些人了。②

12:16 但地却帮助了妇人,开口吞了从龙口而出的河水(καὶ ἐβοήθησεν ἡ γῆ τῇ γυναικί καὶ ἤνοιξεν ἡ γῆ τὸ στόμα αὐτῆς καὶ κατέπιεν τὸν ποταμὸν ὃν ἔβαλεν ὁ δράκων ἐκ τοῦ στόματος αὐτοῦ)

汹涌而至的河水,的确叫人为妇人的情况捏一把冷汗,“但地却帮助了妇人,开口吞了从龙口而出的河水”。在男孩被神提到祂宝座那里去的事上(12:5),在妇人得着大鹰两个翅膀的后续发展中(12:14),红龙对男孩和妇人的逼迫,都受到了令它意外的挫折,而在此它又面对着在本段经文中的第三个意外:“地开口吞吃了从它口中而出的水。”但这是什么意思呢?

---

① 以此方式来理解此处经文,也可以从本段经文和第六号之间的呼应,得着支持。因为在那里约翰告诉我们,邪恶马军的能力,不单在其口,也在其如蛇之尾巴上(9:19);而这两个特色,也正在红龙“尾巴拖拉天上三分之一的星辰”(12:4)和“口中出水”的描述中,反映了出来。

② 有关撒但在世所行迷惑之事,亦参,太24:24;帖后2:9－11。

对此问题,学界有许多不同的看法。但概略而言,我们可将其归纳为两类。第一,以字面解释。依此见解,此处经文的意思是:(1)在末日红龙对复兴之以色列的逼迫中(未来派),地因着地震而有了裂口,因此从它口中而出的洪水,就消失了;①或是(2)地,即神所创造的自然界,是好的,而在红龙逼迫妇人的争战中,神让地成为圣徒的帮助。② 此类见解的立即困难,在于"地"在这个异象中,扮演了一个"主动开口"的角色,因此我们实在很难以字面的方式来解读。③ 事实上,从 12 章一开始,不论是妇人、红龙、男孩、大鹰的两个翅膀、旷野和"水"等元素,都要求我们以象征的方式,来理解经文。再者,若依字面解释,红龙在此所行实在让人难以理解,因为它要如何以地上的水,来逼迫藉两翅在*空中*飞翔的妇人呢?

第二,有鉴于此,学者们多以象征方式来解释此处经文。但"地吞水"所象征的是什么呢?(1)若将龙逼迫妇人视为犹太公会对初生教会的逼迫(过去派),那么"地吞水"所指的,就是"罗马对耶路撒冷城的毁灭,和罗马对犹太教的打压";④(2)将妇人和犹太人画上等号,那么"地吞水"就成了历史中,"某些国家禁止红龙逼迫犹太人的举动"了;⑤(3)若"妇人 = 教会",那么"地吞水"的含义,可能就是在教会历史中,神借着政权的更替,逼迫教会之君王突然的死亡,公众意见的突然改变,或是一个突发事件,而让红龙对教会之逼迫,暂时停止,或是缓和了下来;⑥(4)若从创世记来看,地因着亚当犯罪而受了咒诅,因此就成为和人抗争的对手(创 3 - 4);而此处之"地"所扮演的角色,却是帮助妇人的,因此约翰在此所要凸显的,是神对"地"之咒诅的除去。⑦

对于上述四个见解中的前两个,由于我们对"妇人"之解释和其不同(详见 12:1 的注释),因此我们就不再多说什么。至于第四个见解,虽然其义甚新,也似乎有其理据,但这个解释却和启示录的文脉,显得有些格格不入。再者,万物(包括地)的更新和咒诅的除去,是要等到基督第二次再临之时,才要发生的(参,罗 8:19 - 25;启 21:

---

① Thomas, *Revelation* 8 - 22, 140. 虽然 Thomas 自己在此也对字面解释有所怀疑,但他还是倾向字面解释法(亦参,Seiss, *Apocalypse*, 318)。惯以字面解读启示录的 Walvoord (*Revelation*, 195),在此则是采取了象征法。他认为"水"乃撒但对复兴以色列的攻击,而"地"则是自然界(无人居住的旷野)对此全面性之攻击所带来的困难。

② Swete, *Revelation*, 205; Boring, *Revelation*, 160; Harrington, *Revelation*, 135.

③ Metzger, *Breaking the Code*, 74.

④ Stuart, *Apocalypse II*, 263; Alford, *Apocalypse*, 673; Chilton, *Days of Vengeance*, 322.

⑤ Allen, *Revelation*, 321. 此一见解和那将"地"视为"道德律"的看法,相去不远(出处见,巴克莱,《启示录注释 II》,页 106)。

⑥ Swete, *Revelation*, 159.

⑦ P. S. Minear, 'Far as the Curse is Found: The Point of Revelation 12:15 - 16,' *NovT* 33 (1991), 71 - 77.

1)；因此此说并不令人信服。

至于第三个见解，大体上是可以接受的。因为在旧约中，我们看见和此处经文类似的画面：在摩西颂赞耶和华的诗歌中，他对神将埃及军兵沉于红海的解释是，“你伸出右手，地便吞灭他们”（出 15:12）；而在可拉党攻击摩西，质疑神赋予他治理百姓之权柄的事件中，地也开了口，将他们活活的给吞了下去（民 16:1－34；亦参，诗 106:17）。因此在出埃及的事件中，我们看见神曾以“地开口”的神迹，来拯救祂的百姓，并藉之来保持属祂子民的纯净。从启示录来看，我们也许无法完全确定约翰藉“地吞水”所要表明的，是怎样的事件，但他借着这个图画，却显示此一新子民，也一样为神所保护。在那汹汹洪水涌现之时，祂的帮助也要临到。① 当神国显现之时，撒但不单要从天坠落（12:9），作为“世界之主”的它，也将要发现因着神国已然在世界中建立了起来，它原先所主宰的“地”，也要起来和它抗争。有鉴于此，它也只能退到地海交界的沙滩上（12:18），从它的老巢中（海）呼召海兽，好巩固它在地上的营垒，并向教会发出它最严酷的攻击（启 13）。

12:17 龙向妇人发怒，去与她其余的儿女争战，就是那些守神诫命，持守耶稣之见证的（καὶ ὠργίσθη ὁ δράκων ἐπὶ τῇ γυναικί καὶ ἀπῆλθεν ποιῆσαι πόλεμον μετὰ τῶν λοιπῶν τοῦ σπέρματος αὐτῆς τῶν τηρούντων τὰς ἐντολὰς τοῦ θεοῦ καὶ ἐχόντων τὴν μαρτυρίαν Ἰησοῦ）

在启示录 12 章中，红龙虽然巨大，也满有能力（12:3），但它意欲吞吃男孩的企图，它和米迦勒之间的争战，以及它逼迫妇人的举措，都因着神的介入，而以失败收场。它的忿怒，因此是可想而知的。但在本节经文中，将要面对它怒气的“其余的儿女”，究竟是谁呢？

第一，若将此妇人视为初代以耶路撒冷为中心的犹太教会，那么“其余的儿女”所指的，就可以是“外邦教会”了。② 第二，若将妇人等同于教会历史中某一个特别时期的教会（例如，教会成为罗马国教之后的阶段），那么“其余的儿女”所指的，就是教会中那些真正敬虔属神的信徒。③ 第三，若将此妇人视为末日神所要复兴的以色列国，那么“其余的儿女”就可以是那些相信基督的以色列人，④或是那在末日所要出现的十四万四千人。⑤ 这三种（过去，历史和未来）见解虽然各有理据，但它们都有一个共

① Morris, *Revelation*, 160; Ladd, *Revelation*, 174; Beasley-Murray, *Revelation*, 205－06; Roloff, *Revelation*, 151; Beale, *Revelation*, 675; Osborne, *Revelation*, 484.

② 此乃“过去派”的见解，详见，S. Gregg, ed., *Revelation: Four Views*, 274－76。

③ Eliott, *Horae Apocalyptica*；资料来源，S. Gregg, ed., *Revelation: Four Views*, 270。

④ Walvoord, *Revelation*, 196.

⑤ Thomas, *Revelation* 8－22, 142.

同的困难,那就是它们都将"其余的儿女"之范围,局限在某一个特定的群体中。从前面的分析中,我们晓得启示录 12 章中的争战,就空间而言,不单包括了地上的(红龙和男孩),以及天上(红龙和米迦勒)的面向;而就时间而言,也包括羔羊男孩在十字架上所开始,并由"弟兄们"所接续的属灵争战(12:11)。① 因此此处之"其余的儿女"所指,应是教会。②

但约翰为何在此要以"其余的儿女"来表教会呢?若妇人已是教会,为何他还要以"其余的儿女",作为同一个群体的象征呢?在 12:2 那里我们已经提及,此一手法可能是因旧约习以"锡安/耶路撒冷"表以色列国,而以"锡安/耶路撒冷的女儿"来表以色列人的背景使然。但在启示录的上下文中,此一语词所对比的,是妇人所生的第一个羔羊男孩(12:5),因此藉"其余的儿女",约翰也强调了教会和羔羊男孩之间的联系。③ 事实上,约翰借着这个词语,更带我们回到了创世记 3:15,因为在那里神早已预告,女人和蛇要彼此为仇,而女人的后裔(σπέρματος;儿女),也要和蛇的后裔彼此为仇(参,启 13)。换句话说,约翰盼望借着这最古老的预言,要他的读者明白,红龙的每一个动作,其实都早以为神所预见。在祂"昔在,今在并将要再临"的视界中,没有什么事情会是在祂意料之外的。在神的设计中,属天的妇人是被神保护的(12:14-16),但就现实面来看,她的"儿女"却要和羔羊男孩一样的经历红龙的忿怒。

事实上,此一理解也在约翰接下来对"其余的儿女"的描述中,得着证实,因为他说他们是"守神诫命,持守耶稣之见证的"。对第一世纪的教会而言,特别是对那些具有犹太血统的犹太基督徒而言,遵守神的诫命当然是成为神儿女的必要条件,但对约翰而言,圣徒对神的忠心,却有了一个更为清晰的焦点,那就是"持守耶稣之见证"。"持守"在此所指的,并不只是头脑知识上的认知,而是借着行动所显示的相信。在 14:12 那里,约翰对圣徒的描述,和此处的经文彼此平行:"那些守神诫命和对耶稣忠心的人。"从其上文来看,这些人显然是那些拒绝拜兽和兽像的人,因此他们的信,乃在他们愿意效法基督,并和祂一同受苦的事上,显明出来的。因此"持守耶稣见证"的意思,就是依照祂所设立的模式,来过我们每一天的生活。

12:18 于是龙就站在海边的沙滩上(καὶ ἐστάθη ἐπὶ τὴν ἄμμον τῆς θαλάσσης)④

---

① 亦参,A. Y. Collins, *Combat Myth*, 158。

② 亦参,Swete, *Revelation*, 160; Beckwith, *Apocalypse*, 630; Ladd, *Revelation*, 174-75; Beale, *Revelation*, 676-77; Osborne, *Revelation*, 485。

③ 亦参,罗 9:29;加 3:18,29;来 2:11。

④ 中文和合本将本节和前节经文合并为 12:17,但在此我们依循希腊文圣经的分章断节之法(新译本亦如是)。

被天使长米迦勒从天庭中赶出的红龙（12:7－9），发现它原先所统管的“地”，也不再完全听令于它（12:16），因此它就只能退守到地海交界的沙滩上。虽然约翰没有明言，但从13:1来看，显然它的这个动作，是要从它的老巢中（海），召唤海兽，并藉之来逼迫妇人之“其余的儿女”。因此就文脉逻辑而言，本节经文的转折效果，可说是十分明显。① 它一方面显示在红龙和羔羊男孩的争战中，撒但节节败退的窘境，但在另外一方面，却又突显出魔鬼依旧“负隅顽抗”的企图。在灵界的争战中，它已然败落，但在它“死刑定谳但尚未行刑”之前（参，启20:10）”，红龙依旧是要张其大口（12:15），吞吃圣徒（参，彼前5:8）。② 苦难和逼迫，因此是圣徒所无法避免的，但“灭亡”却非我们的“宿命”；因为借着羔羊的血和我们在信仰上的坚持（12:11），最后的胜利却非我们莫属。此一信念并非“一厢情愿”的幻想，也更不是把头埋在沙中，不管现实恶劣情境的“盲目信仰”；而是根植于羔羊男孩已然从死里复活的历史事实之上。而这正是为何约翰要其读者至死不渝的持守“耶稣之见证”的真正原因。若一心回避苦难，我们至终所要面对的，是死亡；但若和我们的主一样的坦然以对，等在我们前面的，却是复活，生命和宝座。

附录八　启示录13章和但以理书7章的关系

对许多熟悉旧约的读者来说，约翰在启示录13章所看见从海中而出的海兽，其形象和和但以理书7章中的四兽之间，似乎十分神似，因为除了兽的数目不同之外，其余部分则是几乎一样。举例来说，约翰所见海兽的七头十角（启13:1），正是但以理第四兽的特征（但7:6－7，20，24）；而其形如豹，脚如熊，而口如狮的形象（启13:2），也是但以理书中前三兽的总和（但7:3－6）。因此在释经之际，许多学者都自然要回到但以理书。就字面上，或是形象上的呼应而言，这两章圣经之间的关系，可说是十分密切。在后面的逐节分析中，我们将要看见约翰在启示录13章中，多次暗引旧约（超过20次以上），而其中约有三分之二的个案，来自但以理书；而有一半以上的

① 以本节经文作为下一个段落的起始（12:18－13:8），是可以接受的（例如，Beale，*Revelation*，681），但若考量上文，并参照13:1的“Καὶ εἶδον（我看见）”，将本节归入12:1－18的段落，似乎是一个比较好的做法。有古卷在此是“我站在（ἐστάθην）”，因此让站在海边的，变成了约翰，而非红龙；但手抄本的证据并不支持这一个传统（相关讨论，见B. M. Metzger，*Textual Commentary*，746）。

② Beale，*Revelation*，680.

引用,是和但以理书7章有关的。① 因此要掌握启示录13章的含义,此一角度理解是不可少的。

但除了这些绵密暗引但以理书的个案之外,启示录13章也至少在另外两个层面中,和但以理书7章互相呼应。第一,在启示录13:1-10中,我们看见一兽从海中而出(13:1),然后龙就将其权柄给它(13:2b),而它得着权柄的结果,即,制伏各族各民各方各国的人(13:7),也随后显明。此一模式,在13:11-18中,也相当明显,因为在陆兽出现之后(13:11),它也一样得着行异能的权柄(13:12-15);而它得着权柄的结果,即,叫众人拜海兽(13:16-17),也随后显明。若参照但以理书7章,我们晓得这个模式,应是由该章经文而来,因为在但以理所见人子显现的异象,也是以此模式呈现的:(1)人子的出现(7:13);(2)人子得着权柄,荣耀和国度(7:14a);(3)人子得着权柄的结果-使各方各国各族的人都事奉祂(7:14b)。不单如此,在但以理四兽从海中上来的异象中(7:3-8),我们也照样看见此一模式:(1)四兽的出现(7:3);(2)权柄的赐与:如人一样地从地上站起来(7:4b),有吩咐这熊的话(7:5c),和"得了权柄"(7:6b);②(3)得着权柄的结果:得着人心(7:4),吞吃多肉(7:5),和吞吃嚼碎,用脚践踏(7:7)。因此就结构而言,启示录13章显然是以但以理书第七章为其样本的。③

第二,在但以理书7:14那里,先知清楚告诉我们,人子被领到"亘古常在者"面前的目的,在领受"权柄荣耀和国度"。在但以理书中,此一语句具有连结但以理书1-6章和第七章的功能;④而其目的,则在突显尼布甲尼撒王所得之"国度权柄能力和尊荣"(但2:37;亦参,5:18),和"人子"所得着的"权柄荣耀和国度"之间,有怎样的差别,因为前者在尼布甲尼撒王自高之时,就为神所夺回(但4:29-33),而后者则是"永不废去,必不败坏"(但7:14)。在此理解之下,先知在7:14中对人子得着的"权

---

① 详见,G. K. Beale, *The Use of Daniel in Jewish Apocalyptic Literature and in the Revelation of St. John* (N. Y.: University Press of America, 1984), 229-48。由于认定标准的不同,学者对启示录13章中究竟有多少个暗引旧约个案的问题,有不同的答案。在L. P. Trudinger的研究中,他只探讨了五个个案,但这五个都由但以理而来;而其中有三个是本于但以理书第七章(The Text, 76-77, 124-26)。对C. G. Ozanne而言,启示录13章中则有11个暗引旧约的经文,而其中有8个来自但以理书,而在这8个中,又有4个出自但以理书第七章(The Influence, 77-79,120-22,175-76)。因此就整体比例而言,Beale的观察是合理可靠的。

② 第四兽得权柄的描述没有那么明显,但它得着权柄得结果,却占了最多的篇幅(7:7b-8)。

③ 此乃Beale (*Revelation*, 728-29)根据H. P. Müller之观察而来('Formgeschichtliche Untersuchung zu Apc Joh. 4-5.' Ph. D. dissertation [Heidelberg University, 1962], 108-11)。但在某些细节部分,我们也做了一些修正。

④ J. J. Collins, *Daniel*, 311.

柄”的描述，也应是为了对比四兽之“权柄”（参7:6, 26b）而有的。① 因为和四兽依序从海中而出，得着权柄但又依序败落的现象相较（参，7:17，23，26），人子所得的却是永不能废去的权柄，和永不败坏的国度（7:14）。因此在但以理的手中，不论是“得着权柄荣耀和国度”或单单是“得着权柄”，都因着他同时将此语句应用在兽（以及尼布甲尼撒王）和人子身上，而有了对比，甚或“讽刺”的文学功能。

此一“对比”或是“讽刺”的文学手法，也在启示录13章中出现。龙将自己的“能力，宝座和大权柄”给海兽（13:2），以及陆兽叫人拜海兽（13:12－14）的关系，正是“圣父将权柄赐给圣子，而圣灵又荣耀基督”的反映；只是在这章圣经中的“三一”，是属邪灵的，因为其本质是邪恶的。② 不单如此，在海兽“受了致命伤但又活过来了”的描述中（13:3），我们也看见基督“死在十字架上但又复活了”的影子。③ 而在此描述中，海兽的“如同被杀（ὡς ἐσφαγμένον）”，也是为了要和羔羊“像是被杀过的（ὡς ἐσφαγμένην）”，在字面上互相呼应而有的（5:6）。因此在启示录13章和但以理书第七章之间，除了在内部结构的方面彼此平行之外，在文学技巧的部分，也有互相呼应之处。④ 这些彼此应对的现象，清楚显示启示录13章乃以但以理书第七章为背景，因此在如下释经的部分，我们有充分的理由按着约翰的指引，回到该旧约经文中，并尝试从这个角度来理解启示录。

13:1 我看见一只兽从海中上来，有十角七头；十角上戴着十个皇冠，七头上则有亵渎的名号（Καὶ εἶδον ἐκ τῆς θαλάσσης θηρίον ἀναβαῖνον, ἔχον κέρατα δέκα καὶ κεφαλὰς ἑπτά καὶ ἐπὶ τῶν κεράτων αὐτοῦ δέκα διαδήματα καὶ ἐπὶ τὰς κεφαλὰς αὐτοῦ ὀνόμ ατα βλασφημίας）

和七十士译本的但以理书7:3相较（καὶ τέσσαρα θηρία ἀνέβαινον ἐκ τῆς θαλάσσης；有四只兽从海中上来），⑤约翰在此将“从海中（ἐκ τῆς θαλάσσης）”一语放在他所看见之兽（θηρίον），和表明动作“上来（ἀναβαῖνον）”的前面，可说是有些不寻常。⑥ 但此少见结构，应是为了将本节经文和上一节经文连结在一起而有的，因为在12:18那里，

---

① 亦参，Beale, *Revelation*, 728。

② 此乃许多释经者所观察到的现象，例如，Bruce, *Revelation*, 1616；Metzger, *Breaking the Code*, 75；Osborne, *Revelation*, 490，510等等。

③ 相关讨论，见附录九：尼禄复生的传说。

④ 有关约翰暗引旧约的手法中，也包括“文学技巧”层面的讨论，见笔者博士论文 Ezekiel in Revelation: Literary and Hermeneutic Aspects (Univ. of Edinburgh, 1999), 162－67，217－18。

⑤ Theodotion 和 LXX 一样，只是在“兽”之后，又加上了“巨大（μεγάλα）”的形容词。

⑥ 参，11:7，13:11和17:8中的结构。

龙正站在海边的沙滩上。① 也就是说,海兽在此之现身,和龙退守到海边一事有密切关联(见前节注释)。

在本章经文中,除了从海中而出的"海兽"之外,在11节那里也有一只从陆地而出的"陆兽"。但它们究竟从何而来?在约伯记40:15-41:34中,为回应约伯"义人为何受苦"的问题,神就以人无能制伏祂所创造的两只怪兽,"伯黑莫斯(בְּהֵמוֹת;和合本作河马)"和"利未亚坦(לִוְיָתָן;和合本作鳄鱼)"来诘问约伯。② 在犹太人传统的理解中,这两只怪兽乃神在第五日所创造的(创1:21中之"大鱼");而在其时,神使母兽"利未亚坦"居住在海中;而使公兽"伯黑莫斯"居住在陆地上。由于这两只怪兽乃邪恶势力的象征,因此在末日神要将它们击败,并以其为选民的食物。③

和此传统相较,本章经文中虽也有海陆二兽,但约翰对它们的描述,却和此一犹太传统,有不小的距离。再者,学界中也有人认为,约伯记40:15-41:34中的怪兽,虽然有两个名字,但它们可能只是同一只怪兽的不同称号而已。④ 不单如此,约翰在此处和下节经文中对"海兽"的描述,都由但以理书第七章而来(详下),而他在16:13,19:20和20:10中,再次提及"陆兽"时,都以和"伯黑莫斯"相距甚远的"假先知"称之。因此约翰在本章圣经中以此犹太传统为本的可能性,并不是那么大。若他真的使用了这个传统,他在此恐怕也只是"藉壳上市"而已;因为他的"二兽",除了各自穿着一件"海洋牌"和"陆地牌"的外衣之外,其余的部分都和该传统无关。事实上,约翰在此以海陆二兽作为红龙逼迫圣徒之工具的原因,恐怕和当时背景有关。怎么说呢?由于罗马巡抚都乘船渡海而来,并在以弗所登陆,因此对小亚细亚地区的人来

---

① Aune, *Revelation* 6-16,732.

② 学界对此二兽是自然界的动物或是神话中之怪物,有不同见解。而产生如是歧异之因,乃因这段经文中对此二兽之描述,同时具有自然和超自然(如口中出火,鼻孔冒烟;伯41:19-20)的元素。但比较可能的看法是,约伯记的作者以自然界的动物为本(河马和鳄鱼),而在其上加上了神话中怪物的形象,好让他们成为宇宙中邪恶势力的象征。对如是带给人灾难的恶兽,除了神之外,无人能制伏它们。因此借着如是比喻,神要约伯明白,"义人受苦"所牵涉的,不只是他个人的问题,而包括了"灵界(撒但)"的层面。神造它,并容许它让人受苦,但它依旧是在神的掌管之下。因此在面对"义人受苦"的问题时,人不能完全从"人"的角度来理解,并以此来衡量神是否为义(参,J. E. Hartley, *The Book of Job*, 521-22)。

③ 以诺一书60:7-10;以斯拉四书6:49-52;巴录二书29:4; *b. Baba Bathra* 74b-75a; *Pesikta de Rab Kahana*, Supplement 2.4。相关讨论,详见,Aune, *Revelation* 6-16,728-29; Beale, *Revelation*, 682。

④ M. G. Kline, *Job* (Chicago: Moody, 1963),488。此见乃因"伯黑莫斯(בְּהֵמוֹת)"在原文中,乃"牛/动物(בְּהֵמָה)"的复数,因此它所指的,可能只是一只巨大的动物而已。本书已被译为中文:《威克里夫圣经注释(卷三)—以斯拉记至以赛亚书》(香港:种籽,1989)。索引见,页137。

说，凡从海中而来的，①都是外来势力，②而“从地而出的”，则是本地的。③ 因此借着这两只海陆恶兽，约翰在本章圣经中所要显示的，是圣徒处境之艰难。在红龙撒但的指使之下，海兽（罗马）和陆兽（亚洲政要；详下）就以圣徒为对象而联手出击了。

再者，就我们目前所分析的经文来看，圣徒处境之艰难，也在此兽所从出的“海”可知；因为在旧约和启示录中，“海”正是邪恶势力的源头。④ 在本节经文中的文脉中，此“海”的确是和红龙被驱逐出境的“天”（12:8－9，12），以及陆兽所从出的“地”（13:11），共组一个完整的宇宙；因此“海”在此可能并不具有邪恶的意涵。但是在11:7 那里约翰已经告诉我们，杀害两个见证人（教会）的海兽，乃源出无底坑，即，邪灵的居所（9:1－2），因此约翰虽然为了要凸显教会所面对之逼迫的全面性（天—海—地），而使用了“海”一语，但此“海”恐怕不是一般的海洋，而是具有邪恶象征意义的“海”；⑤毕竟此海乃红龙撒但的“老家”。

此一从海中而出的兽，乃有十角七头的怪兽。对此特征，多数释经者都认为约翰之海兽，乃以但以理书 7 章中，从海中而出的“四兽”为本。因为先知所见异象中的第四兽，也有十角（但 7:7，20，24）。但七头呢？ 在 12:3－4a 的注释中我们已经提及，在乌加列（Ugarit）的传统中，为巴力（Baal）所败的罗藤（Lotan），乃七头海怪。因此“七头”是否从此神话而来？⑥ 应该不是，因为若从下节经文中，约翰将但以理所见前三兽的特征（狮，熊，豹；但 7:4－6），都加在“海兽”身上的文学手法来看，这“七头”应是四兽之头数的加总（第三兽有四头；但 7:7）。⑦ 再者，在犹太启示文学，以及启示录中，“七”和“十”乃经常被使用，表“完全”的象征数字，因此“七头”在此的出现，也不令人意外。⑧

和红龙的“七头十角”相较（12:3），兽的“十角七头”显示出它们之间密切的关

---

① 参，2:1 的注释。

② 例如，但以理书 7 章中压迫圣徒的四兽，即从海而出（7:3）；在耶利米书 51:34 和以西结书 29:3；32:2 中，海怪“它宁（תַּנִּין）”所指的则分别是以色列的敌人，尼布甲尼撒王和法老王（以海怪喻人）；而在以赛亚书 30:7 那里，先知则是以海怪“拉哈伯（רַהַב）”来比拟埃及。

③ Swete, *Revelation*, 168; R. Bauckham, *The Climax*, 446; Beale, *Revelation*, 682. 在后面我们将看见，海兽乃罗马帝国，而陆兽则是小亚细亚地区的政要权贵，他们为了向罗马效忠示好，便极力推行帝王崇拜，因此约翰自然要称此陆兽为假先知了（参，Friesen, *Imperial Cults and the Apocalypse of John*, 202－03）。

④ Morris, *Revelation*, 161; Mounce, *Revelation*, 249－50.

⑤ 参，启 21:1 中的“海也不再有了”。

⑥ 此乃 Caird 的见解（*Revelation*，66，161）。

⑦ Charles, *Revelation I*, 345; R. Bauckham, *The Climax*, 404; Beale, *Revelation*, 683.

⑧ 当然“十角七头”在此所要表达的，是兽意欲自比为神，自以为它具有完全能力的可笑情况。此乃“反讽手法”的使用。

系;而此一关系,在下一节经文中,则有了清楚明白的说明:“龙将自己的能力,宝座和大权柄,都给了它。”在启示录17:3,7中,约翰对兽的描述亦是“七头十角”,因此我们不免要问:约翰为何在此要将“头和角”的次序,颠倒过来呢?一个可能的解释是,此一现象乃为避免单调而有的文学变化。① 但此一答案太过简单。另一个可能是,长在头上之“角”,乃兽从海中浮现之时,所出现的第一个部分。② 此一解释有其可能,因为约翰对海兽之描述(13:1－2),基本上是从最先出现的角,到头,到身体(如豹),再到最后才会被看见的脚(如熊)。③ 但更可能,也更合乎上下文的解释是,“角”乃此兽之特色;因为此一特色,也在约翰将“冠冕”放在“角”而非“头上”的更动中(参,12:3龙七头上的七冠),得着证实。因此借着这两个更动,约翰似乎要其读者明白,“头上有冠”的龙,乃邪恶势力的“龙头老大”,而“角上有冠”的海兽,乃红龙在地上藉以欺压圣徒的“军事力量”(角的象征)。④ 在前面我们已经约略提及,在启示录12－13章中的“红龙—海兽—陆兽”,乃和“圣父—圣子—圣灵”所相对的“邪恶三一”,因此在这个对比中,“海兽”所对应的,乃圣子羔羊。此一对应,若参照5:6,则更为明显,因为在那里约翰所看见的,乃是一只有“七角”的羔羊(非正常的两角)。和海兽的十角相较,羔羊的七角当然比较“弱势”(被杀的),但这正是神的智慧彰显之处(受苦得胜;参,林前1:18－25)。事实上以“军事力量”作为“海兽”特征的看法,不单在它能“制伏各族各民各方各国”之描述中(13:7),得着支持,也从约翰在启示录中一贯的将羔羊描绘为军队首领的诸多经文中(7:4－8, 9－17; 14:1－5;15:2－4),间接地得着证实。

除了十角和其上的十冠之外,海兽的七头上还有“亵渎的名号”。⑤ 在启示录里面,此一特征所对比的,是19:11－21中,骑白马者(弥赛亚)的名字,因为在该段经文中,人子羔羊的名字,不单是“信实和真实”(11),“除了祂自己没有人知道的名字”(12),⑥和“神的道”(13),也更是“万王之王,万主之主”(16)。因此海兽有“亵渎的名号”的意思,是它自称为神,自以为它是世界之主的看法。

---

① Mounce, *Revelation*.

② Charles, *Revelation I*, 347.

③ 如狮之口在最后,乃因“口”乃海兽的最大问题:说亵渎的话(12:6)。参,Hendriksen, *More than Conquerors*, 144－45。

④ Osborne, *Revelation*, 490. 亦参,前面5:6的注释。

⑤ NA[27]和UBS[4] 都将“名号”以“ὀνόμα[τα]”的方式呈现,因为支持单数和复数的手抄本,在质量两方面都不相上下。但若考量17:3中和此平行的“ὀνόματα”,这两个版本所加的方括弧,似乎可以挪去(参,Aune, *Revelation* 6－16,716)。

⑥ 在2:17和3:12的注释中,我们已经知道“只有自己知道”的意思,并非圣子所拥有,人所无法完全测透的神性;而是祂在得着“万王之王,万主之主”之名号过程中所必须付上的代价(苦难)。

约翰所在的罗马帝国中，元老院为纪念一个皇帝的政绩，会在他死后以“神圣的（*divus*）”称号，加在他的身上。但在第一世纪之中，此一传统却为卡里古拉（Caligula，又名 Gaius）和豆米田（Domitian）两位皇帝所打破。就卡里古拉而言，他不单以罗马众神之主邱比特的称号（*Jupiter Optimus Maximus*），①作为他自己的名号，即，最高最伟大的凯撒（*optimus maximus Caesar*），也因着犹太人不接受他自比为神的举动，而威胁要在耶路撒冷的圣殿中，立一个他自己的雕像。就豆米田的个案而言，他不单要其行政官员，以“我们的主和神（*dominus et deus noster*）”之名来发书函，也要求人以此方式来称呼他。② 此一变化，特别是豆米田的行径，看在约翰的眼中，自然是对神的僭越，是亵渎神主权的举措，因为在这个动作中所反映的，是一种自比为神的心态。

但约翰是否以此历史作为本段经文的背景呢？也就是说，“海兽”所指的，是否是罗马帝国呢？学界对此问题之看法，可说是相当分歧。除了一些少数意见之外，③学者们的看法大致上可以分为两类。第一种见解是，“海兽”所指的乃在末日七年的后半（第二个三年半），将要在地上横行的“敌基督”；④而第二种见解则是，海兽乃第一世纪的罗马，或是她所代表，“人靠自己就可以自满自足”的思想。⑤ 这两个看法虽然

---

① 此神祇乃相对于希腊诸神中的主神宙斯（Zeus）。

② 有关“罗马皇帝自称为神”之问题的分析，见 Aune, *Revelation* 1－5, 310－12；D. Cuss, *Imperial Cult and Honorary Terms in the New Testament*（Fribourg: The University Press, 1974）。相关文献，见 Suetonius, *Domitian* 13；Martial, *Epigrams* 5.8；Dio Cassius, *Roman History* Epitome 67.13.4；Pliny, *Panegyricus* 33.4；Philostratus, *Life of Apollonius* 8.4。

③ 例如，R. van de Water 认为（‘Reconsidering the Beast from the Sea [Rev 13:1],’ *NTS* 46[2000], 245－61），海兽所指的，乃是巴勒斯坦一地的政治性弥赛亚主义，而陆兽则是四散的犹太主义。A. J. Beagley 虽然不排除“海兽＝罗马”的可能性，但他认为启示录中教会所面对的主要敌人，是逼迫教会的犹太会堂（The ‘Zitz im Leben’ of the Apocalypse with Particular References to the Role of the Church's Enemies. Ph. D. diss. [Fuller Theological Seminary, 1983], 46－215）。这两个类似的见解不单太过狭窄（详下），其论据采样也不够宽广，因此我们对此说只能存疑。至于改教时期的领袖们，则是将海兽和教皇画上等号了。但此说在今天也几乎没有跟随者。

④ 根据 Johnson 的归纳（*Revelation*, 521－22），早期教父，如殉道者犹斯丁（Justin）和爱任纽（Irenaeus）等，都从但以理书 7:25 来理解此处的“海兽”。而近代学者，如 Bruce, Ladd, Morris, Mounce 和 Walvoord 等人，也都持此见解。在此名单之上，我们还可以加上 Thomas, *Revelation* 8－22, 153－54；G. H. Harris, ‘The Wound of the Beast in the Tribulation,’ *BSac* 156(1999), 459－68；Osborne, *Revelation*, 493－95。在此阵营中，也有人认为敌基督（海兽）乃罗马帝国或是其制度在末日的复兴（例如，Walvoord, *Revelation*, 199）。此一见解因此就和下一个看法有所重迭了。

⑤ 例如，早期教父坡旅甲（Polycarp）和特土良（Tertullian）就认为海兽乃“邪说异端”（Johnson, *Revelation*, 521－22）。但近代学者中，持“海兽＝罗马”之见的，也多有人在。例如，Swete, *Revelation*, 161；Charles, *Revelation I*, 345－46；Hailey, *Revelation*, 284－85；Fiorenza, *Revelation*, 83；Harrington, *Revelation*, 140；Metzger, *Breaking the Code*, 75；Roloff, *Revelation*, 155；R. Bauckham, *The Climax*, 445；Beale, *Revelation*, 684；Friesen, *Imperial Cults and the Apocalypse of John*, 202。

不同,但它们却有一个共同的地方,那就是它们都将其论点,根植于但以理书 7 章中。① 因此这两个看法之间的差异,其实是因着它们对"约翰如何使用但以理书 7 章"之问题,有不同看法所致。在前面 1:1c,13;5:7,9 – 10;11:7 等经文的分析中,我们已经晓得,约翰对但以理书"人子得国"之预言的看法,是"在耶稣基督第一次降生之时,就已经开始应验了"。但此事尚未结束,因为"圣徒在小角手下受苦"的部分,是"依旧持续在发生的"。因此在约翰的理解中,但以理书 7 章所言之事,是"已经开始成就,但尚未完全实现的"。

但这个"已经但尚未"的架构,是否反映在这段经文中呢? 在启示录 12 章那里我们已经看见,在羔羊男孩和红龙的争战中(十字架),那个决定性的战役已然打完,胜负也已决定(人子的复活)。而其立即性的影响,是红龙撒但的被赶出天庭。但此事并未完全结束,因为来到地上的它,就把败战的怒气,转移到圣徒身上了。因此在本章圣经中,从海和陆地而出的二兽,就成了它迫害圣徒的工具。由是"被掳掠和被刀杀"(13:10),就成了圣徒必要经历的事。但就在如是阴暗,几乎要叫人断了盼望的描述之后,我们也立即的看见羔羊和十四万四千人,在锡安山上所举行的"庆祝胜利大会"(14:1 – 5)。因此这个"已经但尚未"的概念,其实正是是这段经文(12:1 – 14:5)的主要骨架。

就我们目前所关切的议题而言,此一观察的意义是,若将但以理书 7 章中预言的实现,通通推到末日,那么这可能只是我们自己的看法,而非约翰在启示录中所显示的思想。对第一世纪的基督徒而言,逼迫苦难的源头,当然是红龙撒但(13:2b),但实际下手迫害他们的,却是红龙在地上的爪牙,罗马帝国。在尼禄皇帝将罗马大火的成因(AD 64),以及他借机大盖其皇宫而引发之民怨,转移到基督徒身上的历史中,罗马对教会的态度,已然显现。而此一态度,在豆米田皇帝以"无神"之名,放逐了他基督徒表亲的事件中,也再次显明。②

罗马的确是"海兽",但由于站在它背后的,是红龙撒但,因此和它的主子一样的,它自然是抵挡神,和敌对基督的那一位。像先知但以理在异象中所见之"小角"安提

---

① 学界在分析这个问题时,耶稣对末日"敌基督"的教训(可 13:14;太 24:24),保罗在帖撒罗尼迦后书 2 章中所提及"无法之人"的经文(2:4),以及约翰壹书、贰书中有关"敌基督"的见解(约壹 2:18,22;4:3;约贰 7),也都会被拿来作为支持或是反对某一个论点的佐证。但由于约翰在此章经文中,并未使用"敌基督"一词,再加上本章圣经主要背景乃但以理书 7 章,因此我们在此就不将这些经文列入考量了。若读者对此问题有兴趣,可见后面 13:13 的注释。在那里我们对相关经文,做了一点点初步的分析。

② Flavius Clemens 和其太太 Flavia Domitilla。此乃狄奥卡西乌(Dio Cassius)的记录(*Roman History* 67.14)。

阿哥四世（Antiochus IV）一样，罗马和其皇帝，①都在人类的历史中，扮演了类似"抵挡神/敌基督"的角色。而此一角色，由于其所敌对的乃宇宙之主，因此不论但以理或是约翰，在描述他们，或是他们所兴起的战争时，其所使用语言除了有当代历史的影子之外，②也自然要包括了那些能表达"属灵面向"的词语了。而这类词语，通常带着"超越时空"的特色，因为属灵战争乃在"另一个时空"中所发生的。③ 因此在本段经文中，我们一方面看见许多指向罗马或是其皇帝的指针，像是我们前面所提及的"亵渎的名号"，以及在13:2之后所要处理"尼禄复生的传说"等等；而在另外一方面我们也读到"兽开口说话亵渎那些住在天上的"（13:6），或是"全地的人，从创世以来，名字没有记在生命册上的，都要拜兽"（13:7－8，16）之类的语句。对约翰以及第一世纪的信徒而言，罗马当然是"敌对基督和教会"的，但由于在它背后的，乃红龙撒但，因此罗马所代表的意义，可以超越在时空之内的一个政经强权。④

正如"小角"安提阿哥四世之于但以理，是当代"敌对神和其子民"的那一位（但7:25）；海兽之于约翰，也是如此。只是如今它所敌对的，并非旧子民以色列，而是以基督为首的教会，因此它也就成为当时的"敌基督"了。"小角"和"海兽"的名字容或不同，而它们所身处的时空环境也有所差异，但由于在它们背后的，是同一个主子，因此它们就有了共通性。在不同的历史情境中，它们的确都扮演了类似的角色，但由于它们所兴起的战争，也包括了属灵的层面，因此在历史中的它们，也就成为指向末日"抵挡神/敌基督"的预表（type）了。

海兽究竟是谁的问题，事关重大，也非三言两语所能回答。我们在前面所给的，只是一些"原则性"的论点。此一问题也牵涉到许多细部经文的理解，因此在以下逐节释经的部分，我们将要再回到这个问题上。

13:2　我所看见的兽，身形如豹，脚如熊脚，而口像狮子的口。龙将自己的能力，宝座，和大权柄，都交给了它（καὶ τὸ θηρίον ὃ εἶδον ἦν ὅμοιον παρδάλει καὶ οἱ πόδες αὐτοῦ ὡς ἄρκου καὶ τὸ στόμα αὐτοῦ ὡς στόμα λέοντος. καὶ ἔδωκεν αὐτῷ ὁ δράκων τὴν δύναμιν αὐτοῦ καὶ τὸν θρόνον αὐτοῦ καὶ ἐξουσίαν μεγάλην）

---

① 在13:3中，受了死而又活过来的，是海兽七个头中的一个；但在13:12，14中，约翰提及此事时，却说是"兽"死了又活了。因此在约翰的异象中，兽头和兽是一体的。也就是说，罗马和代表罗马的皇帝（朕即国家；*rex pro regno*），是一体的两面。因此从这个角度来看，坚持敌基督必须是一个"个人"，而不能是一个政治实体的看法，恐怕是站不住脚的（此乃反对将罗马等同于海兽的论点之一）。

② 本章经文后面罗马历史的背景，除了在下面逐节注释中将要一一交待之外，读者也可参考巴克莱，《启示录注释 II》，页107－27。

③ 亦参，R. Bauckham, *The Climax*, 448。

④ 亦参，Mounce, *Revelation*, 251。

从海中浮现的兽,除了有十角七头之外,其外形也似乎有些怪异:"身形如豹,脚如熊脚,而口又像狮子的口。"但如是外形,在启示文学作品中,其实并不算真正特别。例如,在亚伯拉罕遗训 17 章中,前来取亚伯拉罕之命的"死亡",原以一个年轻,令人望之愉悦的形态出现,但在亚伯拉罕的要求之下,死亡就显出了它的真面目:一只有七头和十四个脸面的红龙;而其十四个脸面,则是像火、毒蛇、黑色、狮、眼镜蛇、有角之蛇、翻腾的海、闪电和充满了毒药的杯等等。因此约翰在此对海兽的描述,反映了启示文学的特色。

但约翰让海兽以"如豹像熊又似狮"之形象出现的原因,只是要让其读者感受到海兽的恐怖可畏吗?当然不是,因为此一描述除了具有如是文学效果之外,①也有带读者回到但以理书 7 章的目的,因为在那里从海中而出之四兽,前三只的形象正是狮、熊和豹(但 7:3-6)。

和此旧约背景相较,约翰的"一兽"和但以理的"四兽",在数量上并不一致,而他的"豹—熊—狮",和但以理的"狮—熊—豹",在次序上也恰恰相反;但在上一节有关"七头"的分析中我们已经晓得,约翰在暗引但以理书时,有将"四兽"的特征,加总在一起的倾向,因此"四兽"和"一兽"之间的歧异,并不难解释。而这两组野兽虽有"次序"的差异,但所出现的动物,却是一样的。② 再者,在前面附录八的分析中(启示录 13 章和但以理书 7 章的关系),我们也已经清楚看见,约翰所见之海兽,乃本于先知的四兽。因此在我们面前的问题是,这个暗引旧约之举,有何目的?

除了让启示录有"旧约风味",并让本书和旧约启示连结在一起的一般性目的之外,③约翰在此暗引但以理书 7 章,也有延续并重新解释先知所见异象的功能。对许多立志研究但以理书的人而言,"本书第 7 章中的四兽,究竟是哪四个国度"的问题,可说是解释此书卷的关键。④ 总的来说,学界对此问题有两个见解。第一,这"四兽"所代表的,是巴比伦、玛代—波斯、希腊和罗马;⑤而第二个看法,则是巴比伦、玛代、

---

① 若约翰在此藉豹熊狮所要创造的,是一个残暴邪恶的"整体印象",那么个别野兽的特性,像是豹的矫捷、熊的力量、狮的威武等等,就不是那么重要了(亦参,Mounce, *Revelation*, 251)。

② 在和但以理"四兽"有所关联的何西阿书 13:7-8 中,野兽的次序是"狮—豹—熊"(J. J. Collins, *Daniel*, 295-96);因此"次序"的差异并没有那么重要。

③ 有关启示录和旧约启示,特别是启示录和先知书之间关系的讨论,见 F. D. Mazzaferri, *The Genre of the Book of Revelation*, 259-383。

④ 有关这个问题的讨论,见 F. Hartman & A. A. Di Lella, *The Book of Daniel*, 29-42;邝炳钊,《但以理书》,页 319-36; J. J. Collins, *Daniel*, 166-70。

⑤ 时代主义阵营中的学者们也持此见解,只是他们将第四兽罗马分为两个部分:历史中的和末日将要复兴的罗马(敌基督)。而在这两个"罗马"之间,是教会的阶段(但以理书 2 章中,脚和脚趾之间的阶段)。

波斯和希腊。这两个见解可说是各有理据，而其支持者，也都大有来头。但我们在此所关切的，是约翰如何理解并使用此一旧约经文。

在约翰所生活的近东地区，世界史乃由亚述开始。而随着时间的进展，在史料中我们就看见其后的玛代、波斯、希腊和罗马，一一登场。在第二世纪但以理书成书之时，希腊乃史书中最后的一个帝国。而先知但以理用"巴比伦"取代亚述，可能是因着巴比伦在以色列史中所占有的位置所致（被巴比伦掳掠）。① 对约翰当代的许多犹太人而言，但以理书中的第四兽乃"罗马帝国"，②而将此旧约预言应用在他们身上的目的，乃是要给那些活在罗马铁蹄之下的读者，带来盼望。③ 因为在但以理书7章中，接续第四兽而来的，是神国的建立。

但约翰是不是也以此方式来使用旧约呢？④ 应该不是。⑤ 从他将但以理四兽的特征，都加总在"海兽"身上的动作来看，他显然没有想要将第四兽等同于"罗马"的企图。在他的眼中，"罗马"乃但以理四兽的总和；她的能力和她的残暴，乃前"四兽/四帝国"的加总。⑥ 但约翰是根据什么原因而做出如此"大胆"的动作呢？从第一世纪的历史来看，教会之主死在十字架上之事，以及其后教会在各地所受到的逼迫，都和"当家的"罗马有所关联。因此正如但以理之四兽，乃逼迫圣徒的四个帝国，罗马自然可以是只更为恐怖的"海兽"。

但罗马是如何拥有如此令人畏惧能力的呢？（参，启13:4b）她为何能下手加害那些属于神的人呢？她的能力和权柄，是来自她所信奉的天神邱比特（Jupiter），还是从奥林匹亚诸神（Olympians）而来的？她以为她能力的源头，是诸神所在的奥林匹亚山，但约翰却有完全不同的见解，因为是"龙将自己的能力，宝座，和大权柄，都交给了它"。从魔鬼试探耶稣的事件来看（太4:1－11；路4:1－13），它的确拥有统管世界的权柄，而它也因此可以伸手攻击那些属于神的人。但即便如此，在约翰的眼中，它至多也只能是个"扮虎不成反类犬"的人物而已：像神从埃及呼召祂的儿子一样的（何11:1；太2:15），⑦红龙也从海中呼召了海兽；像神将权柄给了祂的爱子一样的（参，启2:28；⑧3:21；5:7），红龙在此也照样的将权柄授予海兽；而像圣灵以荣耀并见证基督

① J. J. Collins, *Daniel*, 166－68.

② 例如，以斯拉四书12:10－11。若读者想要得着更多的文献索引，可见Beale, *Revelation*, 684－85。

③ B. M. Metzger, *OTP* 1: 521.

④ Harrington认为约翰也是如此（*Revelation*, 140）。

⑤ Roloff, *Revelation*, 155.

⑥ Mounce, *Revelation*, 251; Beale, *Revelation*, 685; Osborne, *Revelation*, 492.

⑦ 有关马太如何以"预表"的方式来引用何西阿书的问题，见D. A. Hagner, *Matthew* 1－13, 36。

⑧ 和合本2:27。

为其唯一职事,①红龙的陆兽,也将要以其所行神迹,迷惑世人,并让他们拜倒在海兽的面前(启 13:11-18)。如是"三一",老实说,还真惟妙惟肖,几乎让人无法辨别真假。但即便做再多的努力,有做再多摹仿的动作,它们也无法逃避那既定的命运,因为时候到了,它们将要依序进入硫磺火湖之中(启 19:20;20:10)。

在约翰的设计中,红龙将能力权柄给海兽的动作,的确是要突显红龙意欲摹仿"三一"的企图,但这个"权力授予"的描述,也同时带有进一步阐释但以理书 7 章的目的。在该旧约经文中,四兽乃世上的四个国度,是和神国以色列所相对的。而在那里,除了从这四兽的出处之外(海),我们对这四个国度的真正性质,可说是所知不多。但在启示录中,借着红龙的授权,海兽的所属,就变的再明白不过的了。在约翰的眼中,罗马,以及其"前辈们",不论他们的名字是埃及、亚述、巴比伦、玛代、波斯或是希腊,都是红龙在地上的爪牙。事实上,约翰想要藉此显示争战本质的企图,是在 12:9 那里,当他把红龙等同于古蛇,魔鬼和撒但时,就已经十分明显了。而此一对争战本质的定位,也让罗马对教会的逼迫,不单具有当代的意义,也让它成为末世敌基督的一个"预表"。它的手的确在第一世纪教会的身上,但从它的身上,我们也看见末日"敌基督"的影子。

附录九 尼禄复生的传说

由于 13:3 的经文内容,和当代尼禄复生(Nero redivivus)之传说有所关联,因此在往下继续分析经文之前,我们在此就先对此一问题的来龙去脉,先做一点说明。

在前面我们已经晓得,启示录 13 章的基本结构,乃以但以理书 7 章为其蓝本。但在学界中也有学者指出,站在本章经文,以及启示录 17 章背后的,也有当代尼禄皇帝将要复活并要重新掌权的传说。此一见解至少有三个根据。第一,在 13:3,12,14 中,约翰所三次提及"受了致命之伤的兽又再活过来"之情节,和该传说之间,有些神似。第二,13:18 中的"666",似乎是尼禄皇帝希伯来名字的"暗语"(详见该处注释)。第三,在 17:8 中,约翰说兽乃"先前有,如今没有,将要从无底坑里上来,但又要走向毁灭";而在 17:11 中,他又告诉我们"先前有,如今没有的兽,就是第八位;它和那七位同列,并要走向灭亡"。这些令人困惑的描述,若从尼禄复活之传说的背景来看,似乎就变得不那么难以理解了。因此就释经的角度而言,此一建议值得我们认真考量。但此一传说的内容究竟如何? 而为何在当代会有如是说法呢?

---

① 参,路 2:26;约 15:26;徒 1:8;5:32;7:55。

尼禄皇帝生于公元 37 年 12 月 15 日。因其母①嫁给了罗马皇帝克劳底乌斯(Claudius)，而成为罗马第四任皇帝的继子。在公元 54 年，其继父过世之后，②他接续帝位，直至公元 68 年为止。在其掌权初期，尼禄并不显得特别残忍。在登基之初，尼禄醉心于希腊音乐、戏剧等艺术活动，而将治国的责任交给他的老师塞内卡(Seneca)。在塞内卡的努力之下，当时的诗人对尼禄头五年的政绩，甚至给了"黄金年代"的评价。但在塞内卡从其政治顾问之职退下来之后，尼禄自我中心的人格特质就逐渐显露出来。公元 59 年，尼禄谋杀其母之举，可说是此一特质的具体表现，而他也自此有了"弑母者"的恶名。对初代教会而言，尼禄在公元 64 年罗马的大火之后，将他因乘机占用私有地来建造皇宫而引起的民怨，转移到基督徒身上的举动，也是此一特质的反映。

尼禄对希腊文化的喜好可说是人尽皆知。在公元 66－67 年间，他走访希腊，参与各式竞技。在那里他展开挖运河的工作，并在哥林多城宣布希腊乃一自由城邦。这些向希腊示好的举动，让他在帝国的东边，受到极大的欢迎和爱戴；而其极致表现，则是当地的祭司，在他给予希腊自由城邦地位的庆典中，称他为"最伟大的皇帝，希腊的爱护者，宙斯自由之神，尼禄"。但这同一个动作，却也让他在元老院中的地位，受到伤害，因为他的行为和罗马的习俗(*mores*)有所抵触，那就是，皇帝的被册封为神，不得在生前行之，而只有在其死后才能进行。③

公元 68 年 6 月 8 日元老院宣告尼禄为帝国的敌人，而在次日，人已逃离罗马，躲藏在罗马市郊的尼禄，以匕首刺喉自尽，死时犹喃喃自语："在此死的是个伟大的艺术家啊！"当时在现场的人很少，而其葬礼虽然隆重，但参与的人也不多。因此在其死后，"尼禄未死，只是躲藏在他生前所交好的帕西亚人(Parthians)中，并伺机而返"的谣言，便四处流传，特别是在帝国东部他受到极大欢迎的地方。而在其中，也包括了启示录第一读者所在的小亚细亚地区。为攻击其敌人而假借尼禄之名所发的诏令，在许多地方张贴着；而从他死后一年(69 年)到 89 年的 20 年间，更有三个人，在不同的时间里面，假冒他的名聚集信众，起来反抗罗马的统治。这三个人中的最后一个，甚至得到了帕西亚王巴可鲁斯二世(Pacorus II)的支持，并对罗马帝国造成了不小的威胁。④

① 阿格瑞皮娜(Agrippina)，乃罗马第一任皇帝奥古斯督的曾孙女。因此就血源而言，尼禄乃奥古斯督的后代；而他也是此一家族任罗马皇帝的最后一位。有关尼禄的生平，见 *ABD* 4:1076－81。

② 被其妻(即，尼禄之母阿格瑞皮娜)所毒死(*ABD* 1:1054－55)。

③ R. Bauckham, *The Climax*, 408；亦参，邢义田，《古罗马的荣光 I》，页 310。

④ 详见，R. Bauckham, *The Climax*, 413－14；Aune, *Revelation* 6－16, 738－39。

有关民众相信并期待尼禄重返罗马掌权的社会现象,不单多次在罗马史学家的笔下,被记载下来;而此一"尼禄复生"的传说,也成为当代犹太人在传讲神谕时的材料。

(1) 在写于80年代的西卜神谕四书中(*Sibylline Oracle* 4:119–24),此一传说是以如下文字出现的:

> 在他将其母谋杀,并行了许多的恶事之后,这个伟大的王将要像一个奴隶般的从意大利逃走。在完全不被人注意的情况之下,他将要跨过幼发拉底河。而当他逃到帕西亚之后,许多的人将要为争夺罗马帝位而彼此流血相杀(指68–69年间的帝位之争)。

在此论述之后,提多(Titus)将军毁灭耶路撒冷城(70年),以及维苏威火山爆发的事(79年),接续在此神谕中出现(4:125–36)。而跟随在这两个事件之后的,则是尼禄重返的预言:

> 战争将要临到西部。挥舞着一只长矛,从罗马逃走的逃犯,将要带着许多军兵,跨过幼发拉底河而回(4:137–39)。

就内容而言,此一神谕和"尼禄复生"的传说,其实并无太大差别。只是它乃以犹太人的观点,来使用这个传说。因为在这个神谕中,"尼禄复生重掌大权"的传言,成了神用来刑罚罗马的工具。而其原因,乃因罗马曾逼迫犹太人并摧毁了耶路撒冷。

(2) 在写于第二世纪初叶的西卜神谕五书中,"尼禄复生"的传说也曾出现(5:28–34,93–110,137–54,214–27,361–80)。在此书中,尼禄逃到幼发拉底河的情事,以及他重返罗马,征服整个帝国的战争,也一样被提及。但和西卜神谕四书所不同的是,在他一统帝国,并将矛头转向耶路撒冷之时,神将要藉祂所差遣的弥赛亚,击败尼禄并审判世界。在此书中,作者显然将犹太人对末日的传统看法,和此传说结合在一起。由是我们就看见尼禄就如但以理书中的"小角"般的(但7:25;8:11–12;11:36–37),自称他乃"与神同等"(5:33–34);他所带来的战争,也能毁灭地上三分之二的人口(5:102–03;参,但8:25;亚13:8;启9:15,18);而他极其狡猾的特性(5:363,366),也显然是但以理"小角"的反映(但8:25)。

(3) 在西卜神谕三书中,我们则是读到如下的文字:

> 比列（撒但的别名）将要从奥古斯督的家族而出（ἐκ δὲ Σεβαστηνῶν），①他将要举起众山、大海、烈日和月亮。他也要在人前兴起死人并行许多奇事，但人却不受其影响。他将要引人偏离真道，特别是那些信实忠心的希伯来人，以及其他无法无天，尚未听闻真道的歹徒。但当神的警告临到，当祂的审判之火出现时，比列和那些相信它的人都要被火焚烧（*Sibylline Oracle* 3:63－67）。

在此神谕中，作者虽然提及在末日抵挡神的那一位，将要从奥古斯督的家族而出，但他对此人之描述，却都是犹太人末日传统的语言；而和历史中的尼禄无关。因此本段文字是否和"尼禄复生"之传说有关，的确是值得探讨的问题。但若我们将本段文字和以赛亚升天记（*Ascesion of Isaiah*）4:2 对比，那么答案就十分明显了：

> 当世界来到它的尽头之时，大天使，也就是从起初就掌管世界的比列，将要以人形从天而降。他是个邪恶的王，弑母者。他将要逼迫 12 使徒所建立的教会；而 12 使徒中的一位（即，彼得），也将要落在他的手中。

和西卜神谕三书相较，以赛亚升天记显然是基督徒的著作，而其写作年日，也和西卜神谕三书同属一个时期（第一世纪末叶），因此二者显示"尼禄复生"的传说，在犹太人和基督徒的圈子中，都曾被用来描述末日的情境。尼禄在这两个文献中，以及在西卜神谕五书中，都不曾"复生（活）"，但这几个文献的作者却将他和犹太人的传统，特别是"末日将要出现一位抵挡神之人"的传统，连结在一起了。这些著作中的尼禄，虽然和启示录中，"兽受了致命之伤但又活过来"的图画，并不完全吻合，但它们却显示，此一传说是可以以不同的形式，被不同作者用来传达他所要传递的信息。② 因此从这个角度来看，"约翰在启示录中，透过此传说来传递信息"的见解，恐怕离事实不远。

---

① "从奥古斯督的家族而出"一语，也可译为"从撒玛利亚一地而出"。若是如此，这段文字就和"尼禄复生"的传说无关了。但学界从本段文字和以赛亚升天记之间的平行对比中（详下），认为前者的译文是比较可行的（详见，R. Bauckham, *The Climax*, 419; Hans-Josef Klauck, 'Do They Never Come Back? *Nero Redivivus* and the Apocalypse of John,' *CBQ* 63[2001],689）。

② 上述分析，乃根据如下学者之研究而来：A. Y. Collins, *Combat Myth*, 176－83; R. Bauckham, *The Climax*, 407－23; Aune, *Revelation* 6－16, 737－40; Hans-Josef Klauck, 'Do They Never Come Back? *Nero Redivivus* and the Apocalypse of John,' *CBQ* 63(2001),68。当然在学界中也有人并非毫无保留地就接受此一见解。举例来说，P. S. Minear（'The Wounded Beast,' *JBL* 72[1953], 93－101）就认为，尼禄之死并未影响罗马的权势，而尼禄自裁和启示录中兽头被神所伤的情境，也有出入。这些差异的确值得我们注意，但这些歧异也可以是约翰为了要凸显其信息而有的，正如我们在西卜神谕篇和以赛亚升天记中所看见的一样。再者，Minear 对"666"和启示录 17 章的问题，也未多加着墨，因此他的论点并不完全。

但他是如何使用这个传说呢?而他要藉"尼禄复生"的传说,来传达怎样的信息呢?

这些问题至关重要,但要详细回答却不是我们在这里所能做的。在启示录 13 章和 17 章的注释中,我们都将要多次回到这些问题上。因此就目前的需要而言,一个简洁扼要的答案恐怕已然足够。

在前面两节经文的分析中,以及在后面的注释中,我们晓得在约翰的设计中,"龙—海兽—陆兽"乃邪恶的"三位一体";是和神圣的"三一",即"圣父—圣子—圣灵①",彼此相对的。而为了要显明此一对比,约翰不单让邪恶"三一"之间,有着如"父差子(龙将权柄给海兽;12:2)",以及"圣灵荣耀基督(陆兽叫人拜海兽;12:12-13)"的关系,他也让邪恶的"三一",具有如神般的形象,像是拥有象征能力和权柄的"角"与"宝座"(12:3;13:1,3,11)等等。就我们目前所关切的"海兽"而言,它和圣子基督之间的对比,可说是多如牛毛:(1)海兽和基督羔羊都有表能力的"角"在他们的头上(5:6;13:1);(2)二者都受了致命之伤但却又活了过来(5:6;13:3);②(3)而他们也都因此得着跟随他们之人的敬拜(5:8-14;13:4,8);(4)这两个群体的主子不同,但他们都是由"各族各方各民各国"所组成的(5:9;13:7);(5)而在他们的头上或是手上,也都有着他们主子的名字(13:16-17;14:1)。

因此从这个角度来看,约翰的确使用了"尼禄复生"的传说;但在他的手中,此一传说却有了一个不一样的面貌。因为在该传说中,"尼禄的复生",是罗马帝国的一个威胁,而其结果,则是罗马帝国的败亡。但在启示录里面,尼禄的复生,却让帝国更为强大(至少在 13 章中如此)。此一将一个传统完全翻转过来的手法,其实和他将教会等同于旧约"祭司国度"(1:6;5:10),而将"撒但会堂"之名加在犹太人身上的手法(2:9;3:9),是完全一样的。③ 为了让"海兽"能和基督对比,他让它也能从致命之伤中复活。但这并不是全部的"故事",因为基督除了曾从死里复活之外,祂还要再来。因此在 17 章中,我们就看见"曾经有,但如今没有"的兽,也将要"从无底坑中上来"(17:8)。只是在其时,它并非如基督一样的要来做王,而是要接受审判,"走向灭亡"(17:8,11;亦参,19:20)。

从第一世纪的历史来看,尼禄皇帝之死所带来的动乱(68-69 年),的确给人"帝国将亡"的期待。但随后维斯帕先(Vespasian)的一统天下,以及他和其二子,提多

---

① 圣灵在此也可以是"住在教会之内,促使教会向世界做见证的先知之灵"。因为在启示录中,和圣灵所相对的陆兽,是"假先知"(16:13;19:20;20:10)。

② 参,5:6 和 13:3 在"如同被杀(ὡς ἐσφαγμένον;ὡς ἐσφαγμένην)"一语上的呼应。

③ 有关"反转式引经"的讨论,见页 74-75。

（Titus）和豆米田（Domitian），在统管帝国方面的成就，都显示罗马帝国的韧性。① 因此这一段历史，也和约翰在启示录13章中，所呈现“尼禄复生”的传说，相当吻合。②但约翰在启示录中所要呈现的，当然不只是一时一地的尼禄（或是他所代表的罗马帝国），和教会之间的争战，而是包括了由红龙所兴起的属灵争战。此一战役，在第一世纪的当下，是以基督在十字架上，被罗马兵丁所杀害为起点的；而这个战争，在90年代中，依旧持续进行着，而且也没有立即要停止的迹象。因此在这章经文中，我们一方面看见当代历史的影子，③但在另外一方面，我们也观察到超越时空“灵界战争”的面向。“龙将自己的能力，宝座和大权柄都给了兽”（13:2），当然是此一面向的反映；而兽不单能“任意而行42个月”（13:5），并能“开口说话亵渎神和那些住在天上的”（13:6），也都显示了这个争战的本质。更有甚者，为凸显这个争战的全面性，约翰在13:8中也告诉我们，“凡（πάντες）住在地上的人，名字从创世以来（ἀπὸ καταβολῆς κόσμου），没有记在羔羊生命册上的人，都要拜兽。”

因此借着人所熟知“尼禄复生”的传说，约翰要其读者知道，罗马的军事力量，似乎势无可挡，而其韧性，又超乎人所预期，但由于她的权柄乃来自红龙，因此她最终的命运也要和它一样。神今日虽然容许她任意与圣徒争战（13:7），而圣徒所面对的，也是一个“被掳掠，被刀杀”的现实情境（13:10），但能显示他们忍耐和信心的，正是在他们愿意忍受如是熬炼，并能从属天的角度来理解他们所面对之争战的真正面貌。④

13:3 我看见兽的七头中，有一个似乎受了致命之伤，但那致命伤却得了医治。故此全地的人都很惊奇，跟随那兽（καὶ μίαν ἐκ τῶν κεφαλῶν αὐτοῦ ὡς ἐσφαγμένην εἰς θάνατον, καὶ ἡ πληγὴ τοῦ θανάτου αὐτοῦ ἐθεραπεύθη. καὶ ἐθαυμάσθη ὅλη ἡ γῆ ὀπίσω τοῦ θηρίου）

约翰在异象中不单看见那从海中而出的海兽（13:1－2），也看见此兽的七头之中，⑤有一个似乎受了致命之伤，但又奇迹般地好了起来。从表面上看起来，“似乎（ὡς）”似乎暗示“好像有但没有”。但若参照约翰在5:6中对羔羊的描述——“好像

① 有关这三个皇帝的政绩，见 *ABD* 6:851－53；*ABD* 6:580－81；*ABD* 2:221－22。

② R. Bauckham, *The Climax*, 443－44.

③ 除了“尼禄复生”的传说之外，在13:11－18中，我们也将看见当代“帝王崇拜”的身影。

④ Aune认为站在启示录13背后的，也有 *Oracle of Hystaspes*，因为第四世纪护教家拉克单丢（Lactantius），本于此一神谕所写的神圣教规7.17.4－8（*Divine Institutes*），和启示录13章之间，有许多平行之处（*Revelation* 6－16, 727－28）。此一建议有其可能，但由于神圣教规乃写于启示录成书之后的两百年，而它和启示录之间诸多类似之处（特别是42个月），恐怕要求我们下一个“它乃根据启示录而写的”的结论。

⑤ 直接受格“一个（μίαν）”的动词，乃13:1的“我看见（εἶδον）”。

被杀(ὡς ἐσφαγμένον)”,那么此处经文的意思,应该是“此一兽头曾因受伤而死,但了又活过来”。事实上,在启示录中,这类“似乎,好像,有如(ὡς; ὅμοιος)”等等语词,是约翰用来描述他在异象中所见之人事物而有的。① 也就是说,这些语词的使用乃为突显本书之特色,即“异象情境(visionary mode)”。

但这只头受了致命之伤的“海兽”,究竟是谁?而它所受的致命伤,所指的是哪一件事呢?对此问题学界有几个不同的看法。第一,以“未来”的方式来解读此段经文,那么“海兽”所指的,就是末日罗马帝国的复兴和重新掌权。② 此一见解着重启示录的未来性,但却忽略了约翰在这一段经文中,所放下之“当代历史”的元素;因此也就减弱了启示录对第一读者的关联性。对正在罗马手下受苦的信徒而言,“神将要在遥远的未来,复兴罗马然后再将之毁灭”的信息,能带来多少安慰的作用呢?

第二,同样地将此异象推到未来,在学界中则有人认为,“海兽”并非一个政权,而是将要在末日出现的敌基督(一个人)。③ 这个见解除了得面对和上一个见解一样的困难之外,还必须回答“撒但如何会有能力让一个人从死里复活”的问题。在1:18那里,复活的人子已经亲口告诉约翰,死亡和阴间的钥匙已为祂所拥有,因此不论撒但有多么大的能力,也不管末日的大灾难的情况将会是多么不寻常,此一叫人从死里复生的权柄,并不在撒但的手中。

第三,由于海兽和红龙都有相同的特色(七头十角),而海兽之权柄能力也由龙而来(13:2),因此海兽乃“小龙”。准此,海兽所受的致死之伤,是和龙一样的,即羔羊基督藉其“死和复活”之事,对撒但国度所带来的打击。对撒但国度而言,这个事件的确是个致命之伤,但在五旬节之后,我们依旧看见它继续藉其爪牙海兽(罗马),逼迫教会,因此就属灵的角度来看,它的确是“死了又活了”的。④ 此一从“属灵”角度来理解这个异象的看法,有其不可抹灭的优点;因为它不单解释了信徒受苦的属灵原因,并且也将此一争战,和十字架连结在一起。但此说的最大困难,是它将红龙和海兽之间的分别,给模糊掉了。⑤ 红龙和海兽本属一家,而它们也同样以神国为其敌人;但在启示录中,红龙和羔羊男孩的争战,是12章的主题;而其代理人和教会之间的争

① 参,R. Bauckham, *The Climax*, 432;Beale, *Revelation*, 689。

② 例如,Walvoord, *Revelation*, 199。若读者想要知道在这个阵营,以及下面所要提及之阵营中,有哪些学者,可见中G. H. Harris, ‘The Wound of the Beast in the Tribulation,’ *BSac* 156(1999), 459-64页的注脚。

③ 例如,Thomas, *Revelation* 8-22,158-59; Osborne, *Revelation*, 492-95。

④ 此乃Beale之见(*Revelation*, 687-91)。亦参,P. S. Minear, ‘The Wounded Beast,’ *JBL* 72(1953),93-101。

⑤ Beale, *Revelation*, 691.

战，则是13章的焦点。而这个争战，除了有属灵的面向之外，也有其具体的历史情境。为了要避免约翰使用"尼禄复生传说"所可能带来的副作用（即，约翰为此传说背书），而否定此段经文中的历史元素，其实是有些"反应过度"的。

第四，注目在当时历史元素上，像是尼禄复生的传说（详见附录九），并考虑"朕等于国家"的概念（13:12，14），那么"头受了死伤但又活过来的海兽"，就可以是当时的罗马帝国了。① 此一描述，和尼禄到豆米田之间的罗马历史，可说是相当吻合；因为尼禄的死，不单标志着奥古斯督家族在帝王宝座上的"香火断绝"，②也让罗马陷入了帝位继承的动乱之中（68－69年）。③ 但在维斯帕先，提多和豆米田父子三人的统治下（69－96年），罗马的荣光又再度绽放；而尼禄对基督徒的迫害，也在豆米田的任内，再次发生。此说的优点，在于其与当代的关联性。对第一读者而言，"心有戚戚焉"恐怕是他们听见或是读到启示录时，所会产生的感受，而约翰要藉启示录开启他们属灵眼界的目的，恐怕也不难达成。但此一见解也有其必须要避免的"副作用"。简言之，若只以"历史的罗马"来理解这个异象，那么罗马已逝，为何基督仍未再临呢？（参，17:1－19:10）在前面我们已经提及，对约翰而言，罗马对教会的逼迫，使得她成了当代的"敌基督"，但由于站在她背后的，乃红龙撒但（13:2），因此她所代表的，就灵界的层面而言，也是"末日的敌基督"。她是第一世纪中的"敌基督"，但她也在"预表"的层面上，指向末日的敌基督。

在尼禄死后的动乱中，海兽罗马似乎要死了，但在维斯帕先父子三人的手下，它又再生了；④故此"全地的人都很惊奇，跟随⑤那兽"。全地的人所指的，当然不包括教会，因为17:8告诉我们，这个语词所指的，是那些名字从创世以来，就没有记载在生命册上的人。而从启示录18章来看，他们是那些为了各式利益而效忠或是依附"海兽"的群体，包括了地上的君王（18:9），客商（18:11），和那些靠航海运输物资的

---

① 此乃多数释经者之见，例如，Charles, *Revelation I*, 348－50；Swete, *Revelation*, 163－64；Caird, *Revelation*, 163－64；Ford, *Revelation*, 218；Aune, *Revelation* 6－16，736－40等等。亦见，附录九中所提及的其他学者。罗马皇帝卡理古拉（Caligula）曾身患重病但又复原，也曾企图在圣殿中立自己的雕像（参，13:6），而在帝国各地又有属他的祭坛（参，13:8），因此学界中也有人认为此处的"受了死伤的头"乃此皇帝。但由于13:14中的"刀伤"指向尼禄的自裁；因此持此见解的人并不多。

② 罗马并无帝位家传的传统，但罗马的前五位皇帝，却都由奥古斯督家族而出，而尼禄是最后一位。

③ 高尔巴（Galba）欧索（Otho）和魏德留斯（Vitellius）和维斯帕先（Vespasian）四人同时宣告自己的帝位。

④ 这三位皇帝的政绩，特别是豆米田在财政、建筑、司法治安以及军力和帝国版图扩张等方面的成就，其实也相当符合约翰在此处对兽的描述。详见，*ABD* 2:221－22。

⑤ 经文在此有一个省略的动词，而此动词可以是"走在（ἦλθε）"，"跟随（ἠκολούθη）"，或是"去/来（ἐπορεύθη）"；详见，Aune, *Revelation* 6－16，737。

船主水手等人(18:17)。① 在"棍子和胡萝卜"的双重效应之下,罗马的确让人讶异,也有许多的跟随者。在第一世纪的末叶,除了教会之外,少有人敢于在听闻她所设定之节奏时,而不随之起舞的。

13:4 人就拜龙,因它将自己的权柄给了兽;也拜兽说:谁能比这兽,谁能与它争战呢(καὶ προσεκύνησαν τῷ δράκοντι, ὅτι ἔδωκεν τὴν ἐξουσίαν τῷ θηρίῳ, καὶ προσεκύνησαν τῷ θηρίῳ λέγοντες, Τίς ὅμοιος τῷ θηρίῳ καὶ τίς δύναται πολεμῆσαι μετ᾽ αὐτοῦ)

在前面 4-5 章中我们已经看见,天庭活物的敬拜,其对象乃以父神为首(4:8-11),而后才轮到羔羊人子(5:8-12)。和此相较,"住在地上之人"在地上对龙和海兽的敬拜,也一样的以"红龙"为首,而后才及于"海兽"。因此在本节经文中,我们再次看见约翰让"红龙—海兽",以类似于"圣父—圣子"之关系的方式出现。而此一设计的目的,在显示它们自比为神,想要和神平起平坐的愚妄企图。

事实上,若将此处经文和第五章相较,我们也可以看见它们之间的对应:(1)在第五章中,敬拜羔羊人子的,乃四活物,24 位长老和千万天使(5:8,11),而这三组人马,正是整个宇宙中受造物的代表和总和;②但在这里,敬拜海兽的至多也只能有"全地的人"。(2)为突显人子羔羊宇宙性的地位,神就让一个大力的天使(和全地的人相对),以"谁配展开书卷?"的方式,来引介羔羊出场(5:2);而此一问句,是和此处之"谁能比这兽,谁能和它争战?"互相对应。这两处经文中的问句,都假设以"没有"为其答案。但在第 5 章中,这个问句,最终在一个长老口中,有了令人放心的答案:羔羊(5:5);而在十三章中,虽然约翰没有立即对"谁能与它争战?"的问题提出答案,但在后面的经文中,他却明白的指出,那些跟随羔羊的人,可以与兽争战(14:1-5),而且可以全然得胜(15:2-4)。

不过这是后话了。在本节经文中,约翰的焦点在人对红龙和海兽的敬拜。"敬拜(προσεκυνέω)"的基本含义,是俯伏在地的去亲吻另外一个人的脚,衣裳的边缘,或是他前面的土地。③ 因此藉这这个动作,人就表达了他的臣服,他的所属,以及他对红龙和海兽的尊敬和颂赞。在启示录中,论及人敬拜海兽的经文有许多(13:8,12,15;14:9,11;16:2;20:4),但有关"撒但崇拜"的经文,只有此处。但由于此处经文将拜兽和拜龙之事,连结在一起,因此在本节经文之后的"拜兽",也都具有"拜龙"的含义

① 在启示录 18 章中,约翰的焦点在显示罗马藉其经济商业的繁荣,而创造了一个"人靠自己就可以自立自主"的虚假真理,因此他自然要以这三组人马为"地上之人"的代表了。

② 亦参,5:3 中的"天上、地上、地底下"。

③ BAGD, 716.

了。而此一理解，也和整本圣经中偶像崇拜的教训，彼此吻合。①

“俯伏敬拜”源自波斯皇宫礼仪，而希腊的亚历山大大帝也将之应用在他的皇宫之内。但对共和时期的罗马而言，此事和君主政体有关，因此在公元前第六世纪之时，他们就废去此一礼仪。但在第一世纪之中，此一礼仪却为卡里古拉（Caligula）、尼禄（Nero）和豆米田（Domitian）三位皇帝所采用。② 而这三个皇帝，不单在第一世纪的罗马历史中恶名昭彰，③也都和“帝王崇拜”的发展，有密切关联。④ 因此约翰在这里将“拜兽”等同于“拜龙”的做法，恐怕也有从历史而来的考量。

从第一世纪末叶的历史来看，“全地的人”对兽的颂赞——“谁能比这兽，谁能与祂争战呢？”其实并不夸张。在豆米田的统治之下，罗马累积了可观的财富，而司法的严峻，也让道德败坏的情况，有所改善。在罗马城内，他完成了圆形剧场的建筑，也为自己建立了行宫。在军队中，他享有极高的声望。⑤ 在他的任内，查提（Chatti）被攻克，因此莱因河流域（德国）就有了百年的安定；他的军旅，也曾踏足英国，直至苏格兰的边界；而达奇人（Dacians）入侵摩伊西亚省（Moesia；希腊北边）的乱事，也为他所平定。⑥ 在他的手下，罗马帝国的版图，除了在他死后十年间所加增的达奇亚（Dacia）和阿拉伯（Arabia）两个行省之外，可说是达于巅峰。⑦ 因此就现实面来看，在地中海地区，的确无人可比这兽，也无人可与之争战。因此将旧约中为强调耶和华大能而发出的问句——“谁像耶和华？”⑧——应用在它的身上，似乎并无不当。但它果真如此所向无敌吗？对那些臣属于它的人而言（全地的人），也许；但它的手，也能随己意的，加在那些属神之人的身上吗？难道在海兽如豹像熊又似狮的身影下，约翰忘了他在11章中所说，属神的人是被神所“丈量（保护）”的吗？

13:5 它得着了一个说夸大亵渎话的口；又有权柄赐给它，可以任意而行四十二个月（Καὶ ἐδόθη αὐτῷ στόμα λαλοῦν μεγάλα καὶ βλασφημίας καὶ ἐδόθη αὐτῷ ἐξουσία πο-

---

① 参，林前6:9－11；10:14－22；林后6:14－18；启9:20；21:8。

② Aune, *Revelation* 6－16, 742.

③ 例如，在一份元老院授权给维斯帕先（Vespasian），界定皇帝权限范围的文献中，卡里古拉和尼禄的名字就刻意的被遗漏了（详见，邢义田，《古罗马的荣光 I》，页310）。而豆米田在死后，也遭到了“除名之刑”，也就是将他的名字，从一切文书和碑文中移除的刑罚。

④ 有关帝王崇拜在第一世纪中如何发展的问题，可见，杨牧谷，《基督书简》，页99－103；Friesen, *Imperial Cults and the Apocalypse of John*, 23－131。

⑤ 此事和他为军人加薪三分之一（即，将薪饷每年发放三次，变成四次），恐怕有直接的关系（Suetonius, *Domitian*, 7）。

⑥ *ABD* 2:222.

⑦ P. K. O'Brine, gen. ed. *Atlas of World History: From the Origins of Humanity to the Year* 2000, rev. ed. (N. Y.: Oxford University Press, 2002), 54－55.

⑧ 参，出8:10；15:11；申3:24；诗35:10；71:19；86:8；89:8；113:5；赛40:18, 25；44:7；46:5。

ιῆσαι μῆνας τεσσεράκοντα καὶ δύο)

约翰当然没有忘记他在11章中所说的。因为在接下来叙述兽之活动的四节经文中,他四次使用了所谓"属神的被动语法(divine passive)",即,"有……赐给了它(ἐδόθη;13:5,7[各两次])"。从龙将权柄能力给了兽的上文来看(13:2),它在此所得着之"说夸大亵渎话的口",和"任意而行42个月"的权柄,有可能也是从红龙而来;①但在启示录中,此一被动语法之使用,乃是为了避免提及神名字而有的。② 也就是说,兽从此节开始所得着的各样权柄,都是由神而来;而它借着这些权柄所行之事,像是与圣徒争战,并且得胜(13:7),也是在神的允许之下,才有可能进行的。从反面来说,若它的权柄依旧来自红龙,那么为何红龙撒但会将海兽任意而行的年日,限制在42个月的范围之内呢?③ 难道红龙不希望兽能无止境地在地上掌权吗?所以海兽虽然看似万军莫敌,无人可与之争锋,但不论它作恶的范围,或是它可以横行的时间长短,都在神的掌控之下。

在海兽从海中浮现之时,我们就已经看见它有了如狮口般的大口(13:2),因此此处"赐口给它"的叙述,似乎有些重复累赘。但其实不然;因为"赐一个口"乃是一个成语,而其意思则是"给他话语"。④ 由是在下一节经文中,我们就看见海兽开口说话了。此一"说夸大亵渎的话",以及"授予任意而行42个月之权柄"的描述,乃由但以理书而来:(1)这小角有眼,像人的眼,有口说夸大的话(στόμα λαλοῦν μεγάλα;但7:8b,20,25);(2)这王必任意而行(καὶ ποιήσει κατὰ τὸ θέλημα αὐτοῦ ὁ βασιλεὺς)……又用奇异的话,攻击万神之神(καὶ ἐπὶ τὸν θεὸν τῶν θεῶν ἔξαλλα λαλήσει;但11:36)。⑤ (3)这兽(第三只兽)有四个头,又得了权柄(וְשָׁלְטָן יְהִיב לַהּ;但7:6b);⑥(4)他(小角)必说话敌对至高者,必折磨至高者的圣民……圣民必交付他的手一载两载半载(即,42个月;但7:25;亦参,12:7)。⑦

---

① A. T. Robertson, *Word Pictures*, 6:400.

② 6:2,4,8,11;7:2;8:2,3;9:1,3,5;11:1,2;12:14;13:14,15;16:8;19:8;20:4. 亦参,Aune, *Revelation* 6-16,743。

③ Beasley-Murray, *Revelation*, 213.

④ Louw-Nida, § 33.105; Aune, *Revelation* 6-16,742. 在和合本路加福音21:15那里,"我必赐你口才"的原文,即"我必赐给你一个口"。一个比较好的翻译,应该是"我必赐你当说的话"(参,太10:19;路12:12)。

⑤ 亦参,但8:11,13;以赛亚升天记4:6;西卜神谕篇5:33-34;摩西升天记8:5。

⑥ 七十士译本则是"又赐给了它一个舌头[即,说话的口](καὶ γλῶσσα ἐδόθη αὐτῷ)"。因此说夸大骄傲话语的特色,再次被强调了。

⑦ 此乃多数释经者的见解,例如,Stuart, *Apocalypse II*, 279; Charles, *Revelation I*, 352; C. G. Ozanne, The Influence, 78; Aune, *Revelation* 6-16,742-43; Beale, *Revelation*, 695-96 等等。

上述对比显示，本节经文乃但以理经文的“浓缩/集合”，而这个手法，是我们在约翰将但以理四兽的特色，加总在海兽身上的动作中，就已经看见的了（参 13:1－2 的注释）。而如是暗引旧约经文的目的，是要将海兽（罗马）描绘为“抵挡神的”，而因着如此，它之所以会下手加害圣徒，就不难理解了。在前面有关“42 个月”、“1260 天”或是“一载两载半载”的分析中，我们已经晓得，这些有关“圣徒受苦”的年岁，并非全然是未来的，而是从人子羔羊第一次降世之时，就已经开始的了。因为不论是外邦人践踏圣城的日子（11:2），两个见证人传道的年日（11:3），或是为龙所逼迫之妇人，在旷野为神所保护养活的岁月（12:6，14），都以道成了肉身之时为起点。而本章经文中所提及之事，也和这些经文，在时间上彼此平行。当然这个让当时罗马穿上“但以理四兽”外衣的手法，也同时预告了罗马的败亡（启 16:2，10；17:14；18:1－24），因为在但以理书中，跟随在四兽（四个国度）之后的，是人子国度的显现。

从第一世纪的历史来看，罗马的皇帝，其实和但以理书中的小角，在言语行为上，是相当类似的。例如，卡里古拉在公元 40 年接见从亚历山大城而来的犹太代表时，就曾高傲向他们说：“你们是恨神的人，因为所有的人都已认为我是神，唯有你们例外！”①而他想要在耶路撒冷圣殿中，立自己的雕像的企图，也显示出他的内在心意状态。② 我们在前面所提及尼禄接受人称他为“宙斯神”的事件，③以及豆米田要人以“我们的主和神”来称呼他的历史，都显示他们自比为神的心态。我们不清楚约翰在此是否有意指射哪一个特别的事件，但在第一世纪中，洋溢于罗马帝国之内的，是沾沾自喜，志得意满的气氛。在她的统治之下，地中海地区享受着有史以来未曾经历过的太平盛世。畅通的海运让经济十分繁荣；良好的治安让旅游经商变得相当安全；而庞大的版图也给人自信和骄傲。因此她的主子，自然就要鼻子朝天，自比为神了。但这些，看在约翰的眼里，其实是亵渎神的。因为在神的设计中，人受造的目的，在荣耀神，并事奉祂。因此任何的僭越，或是将原本属于神的荣耀，归给自己的动作（参，罗 1:18－23），都是对神的冒犯和亵渎。

罗马当然不是第一个如此行的。在她之前，亚述首都尼尼微，就因着她的富裕强盛，而沾沾自喜地向自己说：“除了我以外，再没有别的了”（番 2:15）。以善于航海经商，而使得推罗成为当代第一大港的推罗王，也曾心里高傲地宣称：“我是神，我在海中坐神之位”（结 28:2）。不单如此，强大兴盛，无人能敌的巴比伦，也曾在其心中，发出自满自得的自白：“唯有我，除我以外，再没有别的了。我必不致寡居，也不遭丧子

① Philo, *Leg*. 352－53.
② Jos. *Ant*. 18.261; *J. W*. 2.184－85; Philo *Leg*. 188, 207－8; Tacitus, *Hist*. 5.9.
③ 见附录九。

之事”(赛47:8);而她的王,尼布甲尼撒,不也曾骄傲地说:“这大巴比伦不是我用大能大力建为京都,要显我威严的荣耀吗?”(但4:30)但这些帝国和她们骄傲的王,如今安在?神藉先知们向他们所发的审判信息,难道没有成就?和这些“前辈”相较,罗马的成就也许更高,但在约翰的眼中,当她表现出和前辈们一样的骄傲心态时,她的命运其实就已经决定了。

但为何这些强权,都曾表现出如此类似的行径呢?其实答案并不远,因为在这些帝国和君王背后的,正是红龙本尊(13:2b)。在试探人子耶稣之时,它不也曾表现出如是的自信和狂妄吗?它岂不曾说:“这一切权柄荣华我都要赐给你,因为这原是交付我的。我愿意给谁就给谁。你若在我面前下拜,这都要归你”(路4:6-7)。

13:6 兽就开口向神说亵渎的话,亵渎神的名,和祂的帐幕,就是那些住在天上的(καὶ ἤνοιξεν τὸ στόμα αὐτοῦ εἰς βλασφημίας πρὸς τὸν θεόν βλασφημῆσαι τὸ ὄνομα αὐτοῦ καὶ τὴν σκηνὴν αὐτοῦ, τοὺς ἐν τῷ οὐρανῷ σκηνοῦντας)

在神的容许之下,兽就开口说话亵渎神。在上一节经文中我们已经晓得,兽亵渎神的行径,乃以但以理之小角为背景(但7:25;11:36)。在旧约中,“开口”已然有“说话”的意思,但在某些经文中,“开口+说话”,或是“开口+开始说话”,不单反映了闪族语言“重复”的特性,也有“郑重其事”的含义。① 因此海兽在此所发亵渎的话,并非随口说说,而是一个“正式的宣战”。

但它向谁宣战呢?毫无疑问的,是神。但它所使用的手段呢?是“亵渎神的名和祂的帐幕”。在神所颁布的十诫中,“不可妄称耶和华你神的名”,是其中的第三诫(出20:7)。在那里,“妄称(תִשָּׂא...לַשָּׁוְא)”所指的,当然可以是“人为了要让自己的行为或是话语,具有正当性或是可信度,而轻率的使用“耶和华”之名的行为(例如,我奉神的名……)”;②但从一个比较宽广的角度来看,“不可妄称”的意思是,“不可轻忽耶和华神愿意降卑与以色列人同在的事实”,或是“不可让耶和华之名变的没有意义”。③ 此一诫命乃向神的百姓而发,因此这个背景和兽的行径,恐怕没有太直接的关联。④ 在前一节经文中我们已经知道,“亵渎神之名”的意思,是错误的,虚假的宣告自己为神,因而窃夺了原本只属于神的荣耀。此一行为,当然不只是口头上的宣告,也包括了实际的行动。卡里古拉皇帝意欲在圣殿中为自己立雕像的企图,和豆米

① 伯33:1-2;结3:27;但10:16;亦参,以诺一书106:3;亚伯拉罕遗训[Rec. B]10:15;太5:2;徒8:35;10:34。资料来源,Aune, *Revelation* 6-16,744。类似见解,亦见 Mounce, *Revelation*, 254。

② J. P. Hyatt, *Exodus*, 212; N. M. Sarna, *Exodus*, 111.

③ J. I. Durham, *Exodus*, 287-88.

④ 此乃 Aune 之见(*Revelation* 6-16,744)。

田皇帝要人称他为“我们的主和神”的行动，①都属此类。②

但“亵渎神的帐幕”的意思又是什么呢？而“神的帐幕”和其后的“那些住在天上的”之间，关系又是如何？若这两个词组为连接词“和（καὶ）”所连结，③那么被海兽亵渎的，就有了三样：神的名，祂的帐幕，和那些住在天上的。但在一些重要的手抄本中，并无此连接词；因此“那些住在天上的”，是和“神的帐幕”彼此平行，互相解释。④也就是说，神的帐幕所指的，就是那些住在天上的。但他们又是谁呢？在12:12那里我们已经晓得，在启示录中，“住在天上的”，乃和“住在地上的”，彼此相对；而后者所指的，是那些敬拜撒但（启6:10；8:13；11:10），并逼迫圣徒的人（启13:8，14；17:2，8）。因此“那些住在天上的”乃圣徒。⑤

从神将其灵（气）吹入亚当的鼻孔中，因而使他成为一个有灵的活人的角度来看（创2:7），神造人的目的，乃为自己建造灵宫（彼前2:5），因祂乃创造世界的主，因此自然就不像世上的王，必须以人手所造的殿为居所（徒17:24－25），而是以人为其宫殿。在出埃及的当下，祂乃藉会幕（即帐幕）居住在以色列人中间；但是当圣殿里的幔子，在耶稣死于十字架上之时，从上到下裂为两半之后（路23:45），祂就要亲自与人同住和同在了（启21:3）。准此，信徒也就成了“天上的国民”（腓3:20），⑥成了那些以“天”为家的人了。而这些具有天上“国籍”的人，如何能称人，即便他是掌握生杀大权的皇帝，为他的“主和神”呢？由是“叛国”、“无神”或是“搅乱天下的”（徒17:6）的罪名，能不落在他们的身上吗？

13:7－8　又任凭它与圣徒争战，并且得胜。也有权柄赐给它，可以制伏各族各民各方各国。[8] 凡住在地上的人，名字从创世以来，没有记在被杀羔羊之生命册上的，都要拜它（καὶ ἐδόθη αὐτῷ ποιῆσαι πόλεμον μετὰ τῶν ἁγίων καὶ νικῆσαι αὐτούς, καὶ ἐδόθη αὐτῷ ἐξουσία ἐπὶ πᾶσαν φυλὴν καὶ λαὸν καὶ γλῶσσαν καὶ ἔθνος. [8]καὶ προσκυνήσουσιν αὐτὸν πάντες οἱ κατοικοῦντες ἐπὶ τῆς γῆς, οὗ οὐ γέγραπται τὸ ὄνομα αὐτοῦ ἐν τῷ βιβλ-

① 除此之外，豆米田也曾想要将九月和十月的名字，以他的名字替代之（Germanicus［德国的征服者］；Domitianus）。而这两个月，正在七月（July［Julius Caesar；凯撒大帝］）和八月（August［Augustus；奥古斯督］）之后；因此他的“雄心”可见一斑（Friesen，*Imperial Cults and the Apocalypse of John*，248）。

② 亦参，Swete，*Revelation*，165。

③ 例如，手抄本א[C] P 046＊051等等。虽然这些手抄本的证据力不足，但Charles却依旧以此为准（*Revelation I*，353）。相关讨论，见*TCGNT*，746－47。

④ Swete，*Revelation*，165；Mounce，*Revelation*，254－5；Beale，*Revelation*，697；Aune，*Revelation* 6－16，746［不过Aune认为后者乃后人所加］；Osborne，*Revelation*，500。

⑤ 亦参，R. Bauckham，*The Climax*，240。

⑥ 亦参，弗2:6；来12:12；启19:14。

ίῳ τῆς ζωῆς τοῦ ἀρνίου τοῦ ἐσφαγμένου ἀπὸ καταβολῆς κόσμου)

海兽得着"一个说夸大亵渎之口"的结果(13:5),已在上一节经文中清楚明白地显示了出来;而它可以"任意而行42个月"的描述,则在这两节经文中,有了更清晰的说明。和13:5一样,13:7中的两个"属神的被动动词"——"给了(ἐδόθη)",都指出海兽之所以能胜过圣徒,并制伏列国,其前提乃是神的容许。若没有祂的首肯,海兽之手不可能及于圣徒身上,因他们乃祂眼中的瞳人(申32:10;亚2:8);而若没有神的同意,海兽不单没有可能,也没有能力制伏神所创造的列国(参,箴21:11;徒17:26)。在解释人生苦难之谜时,善恶二元的思想或许方便好用,但在启示录中,约翰却完全没有为这个理论,留下任何一点空间。

兽与圣徒的"争战并得胜",乃但以理书7:21的反映:"我观看,见这角与圣民争战,胜了他们。"①因此约翰在这里,再一次地在海兽罗马身上,盖上了但以理"小角"的印记,因为它们乃一丘之貉。但若参照11:7——从无底坑上来之兽,和两个见证人(教会)"交战,得胜,并把他们杀了",约翰显然也要我们将这两处经文连结在一起。在启示录中,论及兽胜过圣徒的经文,只有这两节,而在其上下文中,兽的大能和权柄,都是经文的焦点;因此它似乎真的是势无可挡,无坚不摧。但在这两节经文的下文中,约翰却以一个相当反讽的方式告诉我们,兽虽然孔武有力,但能胜过它的,却是那些手无寸铁,只以"羔羊的血,和至死也不放弃耶稣见证"为兵器的人(12:11;14:4-5;亦参,15:2)。

吊诡的其实还不止于此。因为海兽不单能杀害圣徒,还能制伏"各族各民各方各国"。在前面有关这个词组的分析中,我们已经晓得,在启示录七处有此词组的经文中,13:7乃和5:9相对,因为在这七个类似的词组中,只有这两个以"各族"为始,而以"各国"为结。② 从这两节经文的上下文来看,这个对比也十分清楚:(1)羔羊乃像是被杀过,但又活过来的(5:6),而海兽也是如此(13:3);(2)羔羊从父神得着揭开书卷的权柄(5:7;6:1ff),而海兽也从红龙得着能力,权柄和宝座(13:2);(3)羔羊和海兽都各自拥有一个国度,只是前者以"买赎",而后者以"制伏"为手段(5:9;13:7);(4)在他们各自的国度中,羔羊和海兽都受到其子民敬拜;但唱诗歌颂羔羊的,是一切受造的活物(四活物,24位长老,众天使;5:8,11-12),而拜海兽的,只有那些住在地上的人(13:8)。

此一观察乃学界普遍共识,但其释经意义却少有人探讨。就13:8而言,学界对

---

① 亦参,LXX但以理书7:8的最后一句:并向圣徒交战(καὶ ἐποίει πόλεμον πρὸς τοὺς ἁγίους)。
② 详见页466。

这节经文中，“从创世以来（ἀπὸ καταβολῆς κόσμου）”应该修饰谁的问题，有不同的见解。若其对象为“没有记在（οὐ γέγραπται）”，①那么其结果就如我们上面所翻译的那样。但若其所修饰的是“被杀的（τοῦ ἐσφαγμένου）”，那么我们就应该将此节经文译为：名字没有记在创世以来被杀羔羊之生命册上的，都要拜它。② 也就是说，这个表“时间”之词组的焦点，在“羔羊在创世之前就预定被杀”，而不在“非信徒早已被预定得不着救恩（名字不在生命册上）”。

就文法而言，这两个见解都可以成立，而后面的看法（羔羊预定被杀），也可以从彼得前书 1:19－20 中，得着支持：“［你们得救］乃凭着基督的宝血……祂在创世之前（πρὸ καταβολῆς κόσμου），是预先被神知道的……”此一见解（后者）有经文结构上的优势，因为在原文中，“从创世以来”乃紧紧跟在“被杀的（τοῦ ἐσφαγμένου）”之后；而在解释上，此见解也可免去前一个看法所必然要面对“神预定人不得救”的问题。但这是不是约翰的看法呢？要回答这个问题，我们须要将本节和 17:8 中，相关经文并列如下：

13:8 他们是名字从创世以来，没有记在被杀羔羊之生命册上的
(οὗ οὐ γέγραπται τὸ ὄνομα <u>αὐτοῦ</u> ἐν τῷ βιβλίῳ τῆς ζωῆς
τοῦ ἀρνίου τοῦ ἐσφαγμένου ἀπὸ καταβολῆς κόσμου)

17:8 他们是名字从创世以来，没有记在……生命册上的
(ὧν οὐ γέγραπται τὸ ὄνομα`... ἐπὶ τὸ βιβλίον τῆς ζωῆς ... ἀπὸ κατα
βολῆς κόσμου)

这个对比清楚显示，这两段经文之间，除了“被杀羔羊”之外，几乎完全一样。③ 因此若 17:8 中的“从创世以来”，所修饰的是“没有记在”，那么 13:8 也应如此。但若是如此，我们要如何回答“约翰为何要在 13:8 中，将此词组加入”的问题呢？从我们前面所

---

① 例如，Stuart, *Apocalypse II*, 282；Beckwith, *Apocalypse*, 368；Swete, *Revelation*, 167；Johnson, *Revelation*, 528；Chilton, *Days of Vengeance*, 334；Aune, *Revelation* 6－16, 747（不过 Aune 认为此乃启示录的编辑者所加）。和合本和思高译本也持此见解。

② 此乃新译本的见解和翻译；亦见，Charles, *Revelation I*, 354；Ford, *Revelation*, 212；Beasley-Murray, *Revelation*, 213－14；Mounce, *Revelation*, 256；Beale, *Revelation*, 702－03（不过 Beale 也不排除前一个看法的可能性）。

③ 就文法而言，13:8 中单数的关系代名词“οὗ”，和前述复数的“他们要拜（προσκυνήσουσιν）”，并不一致。这个文法不一致的现象，可能是闪族语法的反映（亦参 13:12b），但也可能是约翰为了要强调“每一个住在地上的人”而有的（Mounce, *Revelation*, 256；Aune, *Revelation* 6－16, 718；Beale, *Revelation*, 703）。

观察到启示录第13章和第5章之间的对比来看,这个问题其实并不困难;因为“被杀羔羊”一语,只是约翰要带其读者,回到第5章的诸多文学线索之一。① 此一词组的加入,当然让13:8的句子结构更为繁复,但借着17:8,约翰却显示了他在此处的意图。

事实上,此一见解也可从约翰如何使用“生命册”的习惯中,得着证实。在启示录中,除了本节经文之外(13:8),“生命册”也在其他五个地方出现。在3:5;17:8;20:12,15等四处经文中,约翰只单单提及“生命册”,在21:27中,他所说的则是“羔羊的生命册”;而只有在这里,他在“羔羊的生命册”之上,再加上了“被杀的”。因此这个“加增”,显然不是随意之举,而是要和5:6互相呼应而有的。在13:8的上下文中,这个举措当然会带来“神预定人不得救(名字从创世以来没有记在生命册上)”的问题,但若和21:27对照—只有名字写在羔羊生命册上的才得进去(新耶路撒冷),这个问题其实只是“神预定人得救”的反面说法而已。因此我们若能接受保罗的有关“神预定/拣选”的看法(罗8:29-30;弗1:3-14),那么这个说法也应该不难接受。

在13章海兽“横行于世”的文脉中,约翰不厌其烦地以“名字没有记在被杀羔羊生命册上的人”来定义“凡住在地上之人”,当然是要凸显“海兽王国有其限制”的面向。但若从接下来的经文来看(13:9-10),“被杀羔羊”在此的出现,也有预备读者接受“信徒必要(预定)受苦”的真理。因为若他们的名字已经记载在“羔羊的生命册”上,那么如人子羔羊般的“被杀/受苦”,就成为他们所必须面对的事了。

13:9-10 凡有耳的,就应当听:[10]要被掳掠的,就被掳掠吧!要被刀杀的,就被刀杀罢!圣徒的忍耐和信心,就是在此(Eἴ τις ἔχει οὖς ἀκουσάτω. [10]εἴ τις εἰς αἰχμαλωσίαν, εἰς αἰχμαλωσίαν ὑπάγει· εἴ τις ἐν μαχαίρῃ ἀποκτανθῆναι, αὐτὸν ἐν μαχαίρῃ ἀποκτανθῆναι. Ὧδέ ἐστιν ἡ ὑπομονὴ καὶ ἡ πίστις τῶν ἁγίων)

在前面2-3章中,我们已经看见约翰使用“凡有耳的就应当听”作为七封书信的结尾。在那里我们晓得此一“警语”乃从以赛亚书6:9-10而来(参2:7);而其目的,不单带有警告的意味(不听就要如偶像般的,有耳却不能听),也具有正面鼓励的作用。从本节经文的上下文来看,约翰在此乃是要藉此警语,来让其读者留心他在第十节中所要说的。用白话文来说,这个“警语”的意思是:此事至关重要,请竖起你的耳朵,留心倾听。

但约翰在第10节中所说的是什么呢?就形式而言,本节的上半乃两组“格言”,而这两组“格言”,则是以彼此对称的条件子句之形态出现。因此就整体而言,这两个格言

① 从这个角度来看,将此语句视为“启示录之编辑者(redactor)在事后所加”的看法(例如,Aune, *Revelation* 6-16,747),其实是没有必要的。

在形式上算是工整的。但可能由于其形式过于简洁，因此抄经者在抄写经文时，为了显明他所认为之经文的含义，或是为了某些特别的神学理由，就或多或少地对经文做了一些加增或是变动。而这些更动，让手抄本和手抄本之间，有了多达十余种的歧异。

整体而言，学界对何为原始经文的问题，有两个见解。① 第一，若以西乃抄本为准（א），那么约翰在此所说的是：掳掠人的必被掳掠；用刀杀人的，必被刀杀（和合本）。准此，这一组格言中的前一个，乃针对海兽而发（神将要依据“以眼还眼”的原则来刑罚海兽）；而后一个格言，则是要劝勉圣徒，在兽的逼迫之下，不要起而反抗（动刀；参，太26:52），反而要顺命的接受苦难。第二，若采亚历山大抄本（A），那么我们就有了如上的翻译了。② 据此，这一组格言都是针对圣徒而发，而其目的，则是要他们坦然接受神所量给他们的“苦难地界”。

就经文鉴别学的角度来看，这两个经文传统的“可信度”，可以说是不相上下，因此要在它们之间做一个选择，不是那么容易。③ 一般而言，亚历山大抄本在启示录的经文校勘上，是略略比西乃抄本优先的，④因此若此一般原则也适用于这个案例的话，那么我们在此所给的翻译，应是约翰的原意。⑤ 再者，亚历山大抄本的经文，在诸多“异文”中，也是最难以解释的，因此其他的“异文”，很可能是为了避免此困难而产生的。

事实上，若我们从上下文来看的话，“要被掳掠的，就被掳掠吧！要被刀杀的，就被刀杀罢！”的文句，也较符合经文的脉络。第一，此一带有顺从“神命定圣徒受苦”的教训，是和神已将亵渎圣民（住在天上的；13:5－6）和胜过圣徒（13:7）之权柄给了海兽的上文，彼此呼应。第二，“被杀羔羊”在13:8中的出现，也有预备读者接受此一教训的作用；而该经文中“神预定（在创世之前……）”的色彩，也和此处“顺命”之劝勉，彼此调和。第三，在9－10节中，这两组格言乃为“凡有耳的，就应当听”，和“圣徒的忍耐和信心，就是在此”所前后包夹；而这两个句子，其对象都是圣徒，因此“要被掳

---

① 有关本节经文的校勘问题，详见Aune（*Revelation* 6－16，718－19）和Charles的分析（*Revelation I*，355－57）。Charles将经文传统分为三类，但就经文意义而言，其第二类和第三类的差别不大，因此我们只将之分为两类。

② 类似的翻译，亦见，思高译本和新译本。

③ 也难怪B. M. Metzger在论及此一经文校勘问题时，会以一个负面表述的方式来下其脚注：在诸多异文中，亚历山大经文（A）是不满意度最低的（*TCGNT*，748）。

④ 参，导论部分有关启示录经文鉴别学的讨论。

⑤ 近日启示录释经者也多跟随UBS[4]和NA[27]的脚步，以亚历山大抄本为准；例如，Hughes，*Revelation*，150；Giblin，*Revelation*，134；Fiorenza，*Revelation*，84；Harrington，*Revelation*，139；Thomas，*Revelation* 8－22，167－68；Aune，*Revelation* 6－16，749－50；Beale，*Revelation*，706；Osborne，*Revelation*，505，509。中文著作方面，张永信依旧跟着和合本走（《启示录注释》，页185），而陈济民（《未来之钥》，页218）和鲍会园（《启示录》，页217［A和א应对调］）则以亚历山大抄本为准。

掠的”和“要被刀杀的”,所指的也应该是同一群人。

不单如此,若我们参照耶利米书15:2b(LXX),约翰的这一组格言的简洁性,也就是造成诸多“异文”的原因,就有了答案。①

> 耶和华如此说:
> 定为死亡的,必至死亡(ὅσοι εἰς θάνατον εἰς θάνατον)
> 定为刀杀的,必交刀杀(καὶ ὅσοι εἰς μάχαιραν εἰς μάχαιραν)
> 定为饥荒的,必遭饥荒(καὶ ὅσοι εἰς λιμόν εἰς λιμόν)
> 定为掳掠的,必被掳掠(καὶ ὅσοι εἰς αἰχμαλωσίαν εἰς αἰχμαλωσίαν)

在耶利米书的文脉中,此一警语乃神向以色列百姓所发,因为他们在玛拿西王的带领之下,犯了拜偶像之罪(王下21:1-18)。但在启示录中,此一“警语”却有了新的意义,因为耶利米的“犯罪必然受刑罚”,在约翰的手中,成了“圣徒必然受苦难”。此一转变不可谓不大,因此有人认为约翰在这里,因着圣徒“必然受苦”的逻辑,而将此一旧约教训,做了不同方向的应用。② 此一解释当然是正确的,但约翰是基于什么理由而胆敢做如此重大的改变呢?答案其实不远,也是我们在前面已经多次看见的了;那就是,“被杀羔羊”(13:8;5:6)。因为在那无罪的,替代了有罪的之后(彼前3:18),刑罚和苦难,就可以从罪有应得的必然结果,变成“胜过海兽”的必要条件(启12:11)。借着人子羔羊的“受死埋葬复活和升天”,原本是令人难堪的羞辱,就可以全然转化为荣耀的记号,因为借着受苦,圣徒就进入了耶稣“受苦的团契(τὴν κοινωνίαν τῶν παθημάτων αὐτοῦ;腓3:10)”。③

从这个角度来看,“圣徒的忍耐和信心,就是在此”,是一点都没有错的。在海兽罗马手下的圣徒,所面对的是毁谤、患难和家业的被抢夺(来10:32-35),因此日子似乎是真的过不下去了。但由于受苦乃得胜的兵器,因此忍耐自然就成了他们面对世界时,所必须要有的态度和品质(参,启1:9;2:2,3,19;3:10)。“要如羔羊般默然的被牵到宰杀之地”的教训,老实说,实在叫人难以下咽,因为其中包含了许多的无奈

---

① 启示录13:10乃以耶利米书15:2和50:11(LXX[MT43:11])为本,是许多释经者的共同看法:Beckwith, *Apocalypse*, 638; Charles, *Revelation I*, 355; Thomas, *Revelation* 8-22, 168; Aune, *Revelation* 6-16, 749-50; Beale, *Revelation*, 704; Osborne, *Revelation*, 505。为节省空间之故,我们在此只列出耶利米书15:2的经文。

② Beasley-Murray, *Revelation*, 214; Aune, *Revelation* 6-16, 749-50; Osborne, *Revelation*, 505.

③ 亦参,彼前4:16;5:10。

和委屈;但这正是圣徒信心之所在。从羔羊的身上,我们其实也正看见如是表现,因为送祂上十字架的,是犹太的官长们,而将长矛刺入祂肋旁的,则是罗马的兵丁(约19:34),但在断气之前,祂所说的却是:“父啊! 我将我的灵魂,交在你的手里”(路23:46)。向着世界,我们以“忍耐”应对,但这并非无可奈何之举,因为我们之所以忍耐,乃因我们有向着神的信心。

正如约翰借着12:10－11,向我们宣告了“红龙,妇人和男孩”之异象的意义(12:1－18),他在此也借着13:9－10,要我们明白,海兽虽然来势汹汹,但我们却非只能任人宰割。[1] 被掳掠或是被杀害,容或是神摆在我们面前既定的道路,但在信心中,我们却可以用忍耐,来面对兽所要带给我们的任何伤害。在海兽背后的,的确是红龙、古蛇、魔鬼、撒但;但在我们后面的,却是父上帝,而走在我们前面的,则是已经从死里复活了的人子羔羊。

13:11 我又看见另有一兽从地而出;它有两角如同羔羊,说话却像龙(Καὶ εἶδον ἄλλο θηρίον ἀναβαῖνον ἐκ τῆς γῆς, καὶ εἶχεν κέρατα δύο ὅμοια ἀρνίῳ καὶ ἐλ άλει ὡς δράκων)

除了海兽之外,约翰在异象中又见另外一只从地而出的兽。在前面我们已经多次提及,在约翰的设计中,此一“陆兽”乃“邪恶三一”中的第三位,因为像圣灵促使人归向基督般的,它所做的一切,都是要让人敬拜“海兽”(13:12－14)。在启示录的后面,约翰三次提及它的时候,都以“假先知”为其名(16:13;19:20;20:10)。而其缘由,乃因邪灵在世上所做的工作,都是藉由“假先知”来进行的(参,亚13:2;约壹4:1)。此一理解其实并不令人意外,因为在启示录中,和“邪灵—假先知”所相对的,正是“圣灵—教会(真先知)”(参,5:6的注释)。[2] 就我们目前所面对的经文而言,这两组人马彼此相对的现象,也在“陆兽”和两个见证人之间的对应上,完全地反映了出来:“陆兽”和两个见证人都各自站在他们的主子面前(11:4;13:12),并行异能奇事(11:5－6;13:13,15);而在他们所行的神迹中,也都包括了“从天降火”的项目(11:5;13:13)。不单如此,他们都满有权柄(11:6;13:16－17),也都能叫人敬拜他们所服

---

① 准此,13:9－10就不是一个打断异象的“附带说明”(Thomas, *Revelation* 8－22, 166; Osborne, *Revelation*, 504),而是海兽异象(13:1－10),甚或是整个13章的焦点。也就是说,约翰借着这个异象的确显明了海兽的真面目,像是它邪恶的本质,以及它权柄的来源和限制等等,但此异象的目的,却是要鼓励在海兽手下受苦之圣徒,能在信心中,以忍耐来应对。因此这个信息,主要是针对当代信徒而发的。对历世历代,以及末日的圣徒而言,他们当然可以将此信息应用在他们自己的身上,也可以应用在他们所身处的世代中,但第一读者却是约翰在此主要关心的对象。

② 有关圣灵藉教会建立神国的讨论,亦参1:4d, 10a;5:8;10:10以及19:10等处经文的分析。在11:3－13中,特别是约翰将两个见证人,和两个金灯台以及两棵橄榄树画上等号的经文中(11:4),我们也看见此一真理。

事的主人(11:13;13:15)。① 因此不论就他们的手法策略,或是结果来看,"陆兽"和两个见证人之间,似乎是没有什么差异的。但在"正"和"邪"之间,毕竟还是有着根本的不同,那就是,两个见证人虽然以"被杀害"为其人生的句点(11:7),但在神的介入之下,他们却从死里复活了(11:11-12);而"陆兽"虽然也完成了它的使命,但在神的审判下,它的最后归属,却是"硫磺火湖"(19:20;20:10)。

从"陆兽/邪灵/假先知"和两个见证人之对比中,我们晓得他们工作的特色,就是效法"圣灵/教会",好"以假乱真"。因此当"陆兽"从地而出之后,约翰连一秒钟也没有浪费的就告诉我们,此一陆兽"有两角如同羔羊,说话却像龙"。但此一描述的意思和重点是什么呢?在启示录中,"羔羊(οἶς)"一共出现了29次;而除了此处之外,在其余的经文中,此一词语所指的,都是人子耶稣。因此以"如同羔羊"之方式来描述此陆兽之时,约翰似乎是要让它对比于"人子羔羊"。此一理解是十分可能的,但我们似乎不必将此对比,做过度的推论和延伸,那就是,因着"海兽和基督相对",而"陆兽也和基督相对",因此"陆兽就等于海兽(罗马)"了。② 毕竟在这里,约翰在此所说的,是此陆兽"有两角如同羔羊"。③ 在约翰的设计中,陆兽乃"邪恶三一"中的一员。它的确和海兽有密切关系,也同出于红龙(详下),但这并不表示他们所代表的,是同一个邪恶的政权。在立即的上文中,此陆兽所拥有的两角,乃相对于海兽的十角(13:1),因此它的能力和地位,显然次于海兽;而这正是我们在接下来的经文中,所看见的事。

从本节经文的本身来看,也就是从约翰一方面说它"有两角如同羔羊",但随即又说它"说话像龙"的情况来看,约翰在此所真正要对比的,是"无害羔羊"和"凶暴红龙";是其"外在形象"和"内在本质"之间的对比。用耶稣自己的话来说,此乃"披着羊皮的狼"(太7:15)。因此从陆兽现身之始,它"迷惑欺骗"的特性,就已经在这个对比中,完全地显露了出来。和5:5-6相较,约翰在此处所使用的文学手法,是相当类似的。在那里,他让"狮子"和"被杀羔羊"相对;而在此他则是让"羔羊"和"红龙"对比。但在使用此一相同文学手法时,约翰却做了一点必要的变化。在第五章中,他让"狮子"在先,而"羔羊"在后。此一顺序,是和"基督降卑为人"的真理(参,腓2:6-8),完全一致;也因此显明了神对人的爱。但在此他却让"(假)羔羊"在先,而"红龙"在后;因此这个顺序就显示了"邪恶三一"的真正本质:欺骗—吞吃。说穿了,陆兽毕竟是应红龙之召而来的,因此它怎能不像它的主子呢?(参,创3:1-5)

---

① Kiddle, *Revelation*, 254-56.

② 此乃 Beale 之见(*Revelation*,707)。

③ 事实上在启示录中,约翰论及"人子羔羊"之时,从未以"如同羔羊"的方式来描述祂,因此此处的叙述,应和"人子羔羊"无直接关联。"如同"在此的出现,乃因陆兽之"两角"而有。

但此"陆兽"究竟是谁？不论从它所行异能奇事的内容来看，像是从天降火，叫兽像说话等等(13:13,15)，或是从它藉异能奇事所能影响的范围来看(迷惑了天下众人;13:14,16)，能符合这些条件的，似乎只有那将要在末日出现，辅助敌基督与圣徒争战的"假先知"了。① 但此说的困难，一方面在于它过分死板的以"字面含义"来理解经文，也在于约翰在启示录13章中，给了我们两只兽。在约翰的设计中，这二兽是不同的，因此若"海兽"乃"敌基督"，那么后面的"陆兽"就不是了；反之亦然。若我们以耶稣所说—在末日将要有假基督和假先知起来，以大神迹和大奇事来迷惑选民(太24:24;可13:22)，来对应这二兽，那么我们其实是将自己陷入更多的麻烦之中；因为在这两处经文中，假基督和假先知都是复数的(ψευδόχριστοι καὶ ψευδοπροφ-ῆται)。②

若我们在13:1–10中所说的是准确的话，即，"海兽=罗马帝国"，那么此一陆兽所代表的，也应是约翰当代的一个组织。但这个组织究竟是哪一个呢？若约翰在此所要"解码"的敌人，是"本地/本土"的，是相对于从海中[外]而来的兽(13:1)，那么"陆兽"就有可能是从教会内部而出的"假先知"。而若将此观点，和启示录2–3章的七封教会书信对照，陆兽所指的，可能就是如耶洗别或是尼哥拉党之类的个人或是组织。③ 此说之优点在其尝试将"陆兽"和当时教会中的问题连结在一起，但若从"陆兽"随后的活动来看，此说的可能性就不高了。因为虽然耶洗别或是尼哥拉党人有着强烈向世界妥协的倾向(详见2–3章注释)，但我们实在很难想象，他们会主动"为海兽立像"(13:14)，并"叫众人在额上受一个记号"(13:16)。④

在第一世纪的背景中，"陆兽"所象征的，最可能是那些和"帝王崇拜"有关的人事物。在导论的部分我们已经提及，帝王崇拜很可能源自希腊的"英雄崇拜"；也就是某一个"伟人"，因其所带给人的好处，而在其死后被圣化的传统。此一传统，在公元前的数百年间，逐渐转变为"君王崇拜(ruler cult)"；而其缘由，乃因君王和英雄一样，

---

① 例如，早期教父爱任纽(Irenaeus; *Adv. Haer.* 5.28.2)；希坡律陀(Hippolytus; ANF 5:214)；Walvoord, *Revelation*, 205–06,211; Thomas, *Revelation* 8–22,172–73; Osborne, *Revelation*, 510。在不排除当时"帝王崇拜"的背景之下，Ladd(*Revelation*, 183)和Mounce(*Revelation*, 259)也认为此陆兽乃属末日，但他们不认为此兽乃一个人，而是一个敌对神和教会的组织。

② 此一困难是Thomas也注意到的(*Revelation* 8–22,172)。

③ Beale, *Revelation*, 707–08.

④ Ford认为，启示录乃犹太著作，但后人在其中却加入了一些基督徒式的附注(*Revelation*, 3–4)。因此此处的陆兽，不单是那些向罗马靠拢，"背道"的犹太人(页223)，也是犹太史学家约瑟夫(Jesephus)，因其生平和此陆兽所行，有所呼应(页227–28)。R. van de Water之见也和Ford有些类似。他认为陆兽所指的，乃是在四散犹太人所高举的犹太主义('Reconsidering the Beast from the Sea [Rev 13:1],' *NTS* 46[2000],245–61)。这两个见解各有理据，但其问题在于它们都将"地"(13:11,12,14)，做了太过狭窄的解释(参，13:16)。因此在学界，这类见解并没有得着太多的回响。

为他所管辖的城市带来利益和好处(保护)。

在此背景中,当奥古斯督一统天下,为公元前近一百年来,地中海地区的动乱,画下了一个休止符时,小亚细亚地区的贵胄就自然要为他建殿了。① 此一举措除了有“宣誓效忠”的含意之外,也是他们将“外来政权”合理化的手段;因为当他们把“皇帝”圣化了之后,他就不再是“外人”,而是他们原先所敬拜神祇的化身了。根据统计,从公元前50年到公元250年的三百年间,在帝国境内,光是神庙和圣所,不包括那些在各个城市中的神龛和各人家中的神坛,就有77座。②

在一开始,帝王崇拜是由那些在罗马管辖之下的臣民,出于感恩而主动要求成立的。因此帝王崇拜的出现,就不是由上而下,而是由下而上的。当一个要为罗马或是皇帝建殿的特使团到了罗马之后,元老院便为此而举行会议,在皇帝的默许之下(不反对),元老院便做出决议。此一过程,自是有其必要,因为它可以免去皇帝高抬自己,往自己脸上贴金的尴尬。③

就我们今日所知,帝王崇拜具有两个层面。第一个是行省的,而第二个则是地方的。行省的所建的神庙,都比较具有规模。它的兴建是由行省议会中的各地代表共同决定的(Commune of Asia),因此费用也就由各个城市分担。但在此神庙中所举行的各样庆典活动之费用,则多由“大祭司”负责。此一“大祭司”并非宗教人士,而是一个“荣誉”的称号(至少比“金主”要好听多了)。其任期并不固定,有一年的,有终生的,甚至曾有“世袭”的。此一职务虽然凸显一个人在社会中的地位,但由于所费不赀,因此我们也看见有人千方百计地只为了避免担任此一职务。和“省级”的帝王崇拜相较,地方的则简单一些。神庙的规模较小,而其兴建,也不必经过元老院的同意,只须经由当地的政要议会决定即可。而皇帝的雕像,以及敬拜他的活动,有时是和原先就已经有的宗教活动,结合在一起。④

但不论是“省级”的,或是“地方级”的帝王崇拜,都是该省分或是该城市和罗马关系的象征。罗马皇帝或许远在意大利,但他却借着他的神庙,以及那些在神庙中所举行的活动庙会,而“现身”于他所统管的子民之中。在某些个案中,我们甚至看见地方人士,为强化他们与罗马之间的联系,而将历法更改,以奥古斯督的生日,作为一年之始。因此在帝王崇拜的系统中,我们看见那个以罗马和其皇帝为中心的世界观。

---

① 有关这个事件的前因后果,见2:12的注释。

② S. R. F. Price, *Rituals and Power*, 59.

③ 同上,页67。

④ 详见,Friesen, *Imperial Cults and the Apocalypse of John*, 25–103。

而此一世界观，对约翰而言，不只具有政治意涵，也同样是宗教的，是一种信仰。①

但对行省以及地方的政要而言，维护此一世界观是“政治正确”的前提，因为帝王崇拜是向罗马输诚的手段，也是他们可以继续得着罗马青睐的方法。借着参与帝王崇拜的活动，他们就确保了他们在当地的地位。② 他们主动的为兴建神庙而出资，也在元老院和皇帝被动首肯的情况下，而得着兴建神庙的荣誉，但这并不表示他们就可以完全按自己的意思，来进行此事。在提伯瑞斯（Tiberius）任内，里海沿岸之辛辛客城（Cyzicus），因着未能完成奥古斯督神庙，而被取消了“自由城”的特权。此一事件显示，虽然帝王崇拜乃“由下而上”的，但此事毕竟还是有其条件和规范，而这些，乃由罗马来定夺。因此“帝王崇拜”虽是出于“感恩”，但无形的压力却依旧存在。

不单如此，在罗马帝国之内，要向皇帝输诚的，并非只有单一城市（或是单一行省）。在2:8 的注释中我们已经提及，为了要争取为提伯瑞斯建殿的荣誉，亚洲的 11 个城市，都派出了他们的代表。他们在皇帝面前陈述他们各自城市的“忠诚度”，以及他们愿意为此付出多少代价等等，只为得着皇帝的“点头”。因此从这个事件中，我们也看见“同侪的压力”。若向西面对罗马，“帝王崇拜”可以是从外而来的压力，那么在亚洲之内，各个城市之间的竞争，就是内部的压力了。因此在“内外交攻”的情况中，地方政要和贵胄自然要上紧发条，密切注意此事。

在接下来的经文分析中，我们将要看见陆兽所进行的许多活动，都和帝王崇拜一事之间，有许多类似的地方。因此在这个基础之上，我们认为陆兽所指的，乃当时的帝王崇拜。③ 陆兽不是罗马派驻亚洲的巡抚和官员，而是整个和此系统有关的人事物；其中包括了（1）祭司体系—大祭司，他（或是她）的助手，地方性的“次级祭司”，以及（2）亚洲议会—即由各城市代表所组成，参与建殿，决定庆典日期，并推广，甚至强制人参与此一向罗马效忠活动的组织。④ 在约翰写启示录的当下，一个人的生活，不论是日子的计算，节期庆典的举行，和为官的，以及与邻居的关系，甚至是上街购物的

① Friesen, *Imperial Cults and the Apocalypse of John*, 122－131；亦参 D. A. DeSilva, ‘The “Image of the Beast” and the Christians in Asia Minor: Escalation of Sectarian Tension in Revelation 13,’ *TrinJ* 12（1991），185－208。

② Friesen, *Imperial Cults and the Apocalypse of John*, 53－55.

③ 亦参，Swete, *Revelation*, 169；Charles, *Revelation I*, 357；Caird, *Revelation*, 171；Beasley-Murray, *Revelation*, 216；A. J. Beagley, The ‘Zitz im Leben’ of the Apocalypse with Particular References to the Role of the Church's Enemies. Ph. D. diss. ［Fuller Theological Seminary］, 1983，150；L. L. Thompson, *The Book of Revelation*, 164；Roloff, *Revelation*, 161；R. Bauckham, *The Climax*, 193, 446；Aune, *Revelation* 6－16，756，775－79。

④ 在此议会中，各城市的代表称为“neopoioi”而议长则是“archineopoios”（Friesen, *Imperial Cults and the Apocalypse of John*, 40）。

活动，都和帝王崇拜有所关联。此事影响深远，也和信徒的日常生活息息相关，因此在海兽之外(13:1－10)，约翰就以一整个异象，来显示陆兽的真面目了。

13:12 它在头一只兽面前，行使头一只兽所有的权柄；并叫地和住在地上的人，拜那死伤被医好的头一只兽(καὶ τὴν ἐξουσίαν τοῦ πρώτου θηρίου πᾶσαν ποιεῖ ἐνώπιον αὐτοῦ, καὶ ποιεῖ τὴν γῆν καὶ τοὺς ἐν αὐτῇ κατοικοῦντας ἵνα προσκυνήσουσιν τὸ θηρίον τὸ πρῶτον, οὗ ἐθεραπεύθη ἡ πληγὴ τοῦ θανάτου αὐτοῦ)

在陆兽“说话像龙”的描述中(13:11)，它和龙的关系已然确立。但它和海兽的关系又是如何的呢？从它能“行使头一只兽所有的权柄”的现象来看，陆兽的能力和地位，似乎和海兽不相上下，但从它只能在头一只兽“面前(ἐνώπιον αὐτοῦ)”行使权柄的情况看来，它显然是次于海兽的；因为“在它面前”一语，不单有“仆人侍立在主人面前”的含义，也甚至可以是“被它所差遣的”。① 换句话说，此处的重点，不在空间的“在眼前”，②而在海兽对陆兽的“授权”。③ 如是关系，可以在两个观察中，得着支持。第一，在本段经文中，“海兽”从未亲自现身，而只以其雕像出现(13:14－15)。第二，在这个异象中，特别是在12－16节中，约翰连续的以八个相同的动词——“行使，叫，做(ποιέω)”，来叙述陆兽的活动。④ 这个现象，不单显示出陆兽像个仆人般的忙碌着；而其活动的内容和目标，也都是为了叫其主子得荣耀。由是我们就看见它“叫地和住在地上的人，拜那死伤被医好的头一只兽”。

但约翰为何要说“地和住在地上的人”呢？难道“地”也可以，并且也要敬拜海兽吗？一个可能的解释，是将“和(καὶ)”当做解释性的连接词，由是这个语句就可以译为：“地，也就是住在地上的人”。⑤ 此一见解是可以接受的，但却可能让我们忽略了约翰行文的细心和谨慎。在启示录中，“住在地上的人(οἱ κατοικοῦντες ἐπὶ τῆς γῆς)”一语，一共出现了九次；而其所指，并非一般的“世人”，而是名字没有写在生命册上的人，是和兽同党(13:8，14；17:8)，逼迫教会并杀害信徒的人(6:10；11:10)，因此他们也就是神审判的对象了(3:10；8:13)。从这个角度来看，我们在此的问题是，为何约翰在此要舍弃他所惯用的词组，而以一个似乎显得有些累赘的语句来替代呢？和他所惯用的词组相较，此一新语句的含义并无差别，但这个更动，在上下文中，却强化了

① *EDNT* 1:462.

② Beckwith, *Apocalypse*, 640.

③ 在启示录中，“在……面前＋所有格”的型式，多用于神或是羔羊的身上，像是“在神的面前”，“在［神的］宝座面前”，“在坐宝座者的面前”，“在主的面前”，或是“在羔羊面前”等等。因此此处之“在头一个兽面前”(以及13:14；19:20)，也有要让“海兽—陆兽”以“冒牌三一”之姿出现的目的。

④ 在启示录中，此一动词一共出现了29次，因此如是“密集出现”的现象，很可能是约翰刻意所为。

⑤ Aune, *Revelation* 6－16, 758.

“龙的子民”和“神的子民”之间的对比。因为在13:6那里，海兽开口所亵渎的，除了神的名之外，还有神在天上的帐幕，就是那些住在天上的。① 透过这个对比，约翰清楚地告诉我们，陆兽虽然拥有和海兽一样的权柄，但它的权柄也和海兽一样，有其限制。② 它迷惑世界的能力，是只能及于“地和住在地上的人”。海兽满有权柄能力，陆兽也深具欺哄人的功夫，但圣徒虽然在它们手下受苦，却是唯一能洞察它们真面目，识破他们它们手段的一群人。

但对“地和住在地上的人”而言，情况却不是如此的。在海兽“死伤被医好”的“神迹”中，他们只能随着陆兽的指示，俯伏在海兽面前。在前面我们已经晓得（13:3），在第一世纪的历史情境中，此一致命之伤所指的，是罗马在尼禄死后，所经历的动乱（AD 68－69），而其“复生”，则是罗马在维斯帕先、提多和豆米田父子三人的统治下（AD 69－96），所重新展现的国力和光荣。对小亚细亚地区的人来说，要跟上“历史发展”的脚步，要向“死而复生”的海兽展现他们的忠诚，有什么方式比为罗马皇帝（和其家族），兴建一个神庙更好的呢？于是在公元89－90年间，我们就看见“豆米田神庙”，在以弗所城出现了。我们以“豆米田神庙”为其名，乃因此神庙在豆米田任内完成的，但在此神庙中所“贡奉”的，除了豆米田之外，恐怕也包括了其妻“豆米田雅（Domitia）”，以及其父维斯帕先和其兄提多。③ 藉此神庙和各式“庙会活动”，亚洲议会，就是那些由亚细亚各城之政要所组成的议会，以及在此神庙中主持其事的大祭司，向亚细亚百姓宣告，这个世界是以罗马为中心的，而我们则是以罗马皇帝为我们的“救主”。

13:13 它又行大奇事，甚至在人面前叫火从天降在地上（καὶ ποιεῖ σημεῖα μεγάλα, ἵνα καὶ πῦρ ποιῇ ἐκ τοῦ οὐρανοῦ καταβαίνειν εἰς τὴν γῆν ἐνώπιον τῶν ἀνθρώπων）

为了显示它所具有的权柄，也为了让其所推广的“信仰”能更具说服力，海兽就以其所行的大奇事为证。在旧约中，神所差遣的先知们，如摩西和以利亚等，都具有行神迹的能力。④ 而在新约中，神所差来最大的先知——耶稣，也一样拥有如是能力。但约翰在此让陆兽所穿上的“外衣”，不单具有新旧约先知的记号，也更有着“使徒”的印记；因为（1）正如使徒们从主那里得着权柄，并接续了祂的工作（太28:18－20；徒1:1－10），陆兽和海兽之间的关系，也是如此（13:12）；（2）使徒们要人回转归向神

① R. Bauckham, *The Climax*, 240.

② 有关海兽权柄的限制，见13:5中我们对“42个月”的分析；亦参，13:8。

③ 有关此一神庙在帝王崇拜发展中的地位，以及它的建筑规模等议题，见Friesen, *Imperial Cults and the Apocalypse of John*, 43－55。

④ 参，出4:17，30；10:2；11:10；王上18:38－39；王下1:10－14。

的努力,和主从死里复活之事,是息息相关的(徒 2:22－47);而此一现象,也反映在陆兽为海兽所做的事中(13:12,14);(3)不单如此,神迹是使徒们拥有权柄的记号(徒 2:43;5:12;15:12),而异能之于陆兽,也是如此(13:13)。① 因此不论就"事奉"的权柄,方法或是目标而言,陆兽所效法的,乃使徒/先知;只是它的主子是海兽(罗马),以及在海兽身后的红龙。事实上,若我们在 11 章中所说的是准确的话,即,两个见证人所象征的乃教会,那么我们在此所说的,也进一步地得着支持。因为在陆兽行大奇事,甚至叫火从天而降的描述中,我们也看见两个见证人的身影(11:5－6)。

在橄榄山的讲论中(太 24－25),耶稣曾说:"假基督和假先知将要起来,显大神迹,大奇事。倘若能行,连选民也就迷惑了"(太 24:24)。因此若我们采取"未来派"的立场,那么约翰在此对陆兽的描述,似乎就指向末日的"敌基督",或是敌基督的"助手",假先知了。② 但耶稣在此所说的,其实是"假基督们和假先知们(复数)",而学界对马太福音 24:15－28 所言,究竟是关乎"末日",还是"70 年耶路撒冷圣殿被毁"之事,也有不同见解,③因此根据耶稣的这个教训,而将陆兽和末日的敌基督画上等号的看法,恐怕不甚牢靠。

但保罗在帖撒罗尼迦后书 2:9 那里,不也曾说:"这不法的人来,是照撒但的运动(计划),行各样的异能神迹,和一切虚假的奇事。"从这节经文的文脉来看,保罗在此所论及的,的确是末日之事。在这段经文中,他要帖撒罗尼迦的信徒知道,在主再来的日子之前,有两件事情会发生:世人要公然地敌对神,而"不法之人"也要显现(2:3)。而由于这两件事并未发生,因此保罗劝勉他们,不要被那些"末日已临"的教训所迷惑(2:2)。④ 就"不法之人"而言,我们虽然无法完全确定他究竟是谁,⑤但若将保罗对他以及末日情况的叙述,和启示录陆兽异象(13:11－18)互相参照的话,约翰的"陆兽"似乎和末日之"不法者"有所关联。⑥

但情况是不是如此呢?第一,若海兽乃罗马帝国(见前面的讨论),那么要人拜海

---

① Wall, *Revelation*, 172; Beale, *Revelation*, 709.

② 例如,R. H. Mounce, *Matthew*, 225; Thomas, *Revelation* 8－22,175－76。

③ 学界对马太福音 24:4－41 节,基本上有三个见解:(1)全是未来末日的;(2)全是 70 年圣殿被毁的;(3)两者都有－4－14 节是耶稣说话之时的,而 15－28 节则是有关耶路撒冷被毁的描述,但也包括了末日之事,29－31 节是人子第二次降临,而 32－41 节则告诉我们,末日必临。相关讨论,见 D. A. Hagner, *Matthew* 14－28,685。

④ L. Morris, *The First and Second Epistles to the Thessalonians* (Grand Rapids: Eerdmans, 1959),218; C. A. Wanamaker, *The Epistles to the Thessalonians* (Grand Rapids: Eerdmans, 1990),242－43.

⑤ 有关学界对此问题的看法,冯荫坤为我们做了一个相当详细的整理(《帖撒罗尼迦后书注释》[香港:天道,1990],页 183－92)。

⑥ 例如,Mounce, *Revelation*, 260; Thomas, *Revelation* 8－22,175。

兽的陆兽，也应是当时的一个组织。第二，当约翰给陆兽穿上了一件“使徒牌”的外衣之后，陆兽的当代性也就增强了。第三，耶稣和保罗有关末日“假先知/不法之人”的描述，①恐怕都源自申命记 13:1–3：

你们中间若有先知，或是作梦的起来，向你显个神迹奇事，对你说：“我们去随从你素来所不认识的别神，事奉他吧。”他所显的神迹奇事，虽有应验，你也不可听那先知，或是那作梦之人的话；因为这是耶和华你们的神试验你们，要知道你们是尽心、尽性、爱耶和华你们的神不是。

在此经文中，“假先知”，“神迹奇事”，和“诱惑人拜别神”的元素，都出现在马太福音和帖撒罗尼迦后书的经文中，因此约翰对陆兽的描述，不必然就和保罗（以及耶稣）的教训，有直接关联。事实上，在许多当时的犹太文献中，如是元素也都一样出现，②因此启示录和帖撒罗尼迦后书的平行之处，恐怕是因着此一传统而有的。

第四，在摩西带领以色列人出埃及之时，为了阻却以色列人的离开，埃及术士也照样行了摩西所行的头三个神迹：变杖为蛇，水变血和蛙灾（出 7:8–8:15）。在此事件中，相对于摩西，埃及术士当然是“假先知”，而他们所行的神迹，也具有迷惑埃及法老王和其臣民的效果，因此除了伊甸园的古蛇之外，他们可说是圣经中“假先知”的开山祖师。他们是摩西当代敌挡神的“假先知”，但由于出埃及一事所具有“末世性”的意义，即，神国的出现和建立，因此他们也就具有指向末日“敌基督”的角色了。同样的情况恐怕也发生在约翰的世代中，因为在约翰的眼中，那些在小亚细亚大力推行帝王崇拜的人，不论他是大祭司或是地方政要，都和法老的术士一样，是藉其所行来迷惑人的，因此他们就成了约翰当时的“敌基督”。

但陆兽，也就是那些负责一切和帝王崇拜有关事务的人，何曾“叫火从天降在地上”？对此问题，一个可能的解释是，由于启示录的文学特色之一，乃象征语法的大量使用（“海兽”和“陆兽”即为其例），因此“从天降火”也应从这个角度来理解。准此，这句话的意思就是，帝王崇拜的组织，将会给人各样的证据，来显示此一信仰的权威和真实性。③ 此一解释是可能的，因为若此处的“从天降火”，所对照的是两个见证人

① 类似的说法，亦在如下犹太文献中出现：以赛亚升天记 4:4–10；西卜神谕篇 2:167；3:63–67；以利亚启示录 3:1,5–7；十二使徒遗训 16:4；但以理启示录 13:1–13；*Gk. Apoc. Ezra* 4:26–27。

② 参，L. Hartman, *Prophecy Interpreted: The Formation of Some Jewish Apocalyptic Texts and of the Eschatological Discourse Mark* 13 *Par.* (Lund: Gleerup, 1966), 199。

③ S. Gregg, ed., *Revelation: Four Views*, 297.

"口中出火"的神迹(11:5),那么这个神迹也应该和那个神迹一样,具有象征意义(见该处注释)。但约翰在此所说的,就如他在下一节经文中所提及的"刀伤",以及"为海兽立像"之事,恐怕也是本于当时历史的。怎么说呢?

就我们目前所知,第一世纪中的许多宗教,都会使用一些机械,或是类似于魔术的手法,来制造"神迹",好叫人信服。举例而言,曾有一个江湖术士,在行了许多"奇事",并赢得了人们的信任之后,就向他的观众预告,一个"火神"将要从天而降。他要他们在看见此火神之际,立即闭上眼睛,俯伏于地,免得遭殃。而就在众人引颈企盼之时,果然有火从天而来。但实情是,此"火神",乃是一只身上包着亚麻布,被点上火,在空中乱窜的可怜小鸟而已。除此之外,我们从文献中也看见当时的剧场,如何使用各样精巧的设计,创造出从天而降的闪电,并有隆隆雷声相伴的场景。因此就技术的层面而言,第一世纪已有制作"异能奇事"的能力了。①

就罗马皇帝而论,他们对各式新奇技术的喜爱,可说是众所周知的。举例来说,尼禄所建之金宫,其餐厅的象牙天花板不单可以打开,撒下花朵,还能喷出香水来。而卡里古拉皇帝在他显现于臣民面前时,也借着机械设计,让"闪电雷声"都同时出现。此一场景,当然增加了他的威严可畏,但其目的,则在塑造"朕乃众神之主邱比特(Jupiter)的化身",因为闪电雷声,正是此神祇所执掌的事务。意欲学效邱比特的,还不只是卡里古拉而已。在任职于豆米田宫内,诗人马歇尔(Martial)的著作中,我们也多次看见他将"打雷者(*Tonans*)"的名号,应用在豆米田皇帝的身上。②

对皇帝摹仿天上神祇的举动,不论是在钱币上,让自己的头上有着"光环",或是如卡里古拉所行之事,希腊的史学家蒲鲁塔克(Plutarch)曾经做过一些批评,③但对那些在小亚细亚地区,想要藉帝王崇拜来向罗马皇帝输诚的地方政要而言,情况就完全不同了。为投皇帝所好,将原本他们就已经十分熟悉的"魔术",或是各式"机关设计",应用在帝王崇拜的仪式或是各式庙会活动中,恐怕不是一件太难以想象的事。④

13:14 它借着赐给它的权柄,在海兽面前行奇事,就迷惑住在地上的人;对他们

① 以上和以下的资料,来自 S. J. Scherrer, 'Signs and Wonders in the Imperial Cult: A New Look at a Roman Religious Institution in the Light of Rev 13:13 - 15,' *JBL* 103(1984),559 - 610。若读者想要得着更多的例证,可见同一作者的博士论文:Revelation 13 as an Historical Source for the Imerial Cult under Doitian. Th. D. Diss. (Harvard, 1979)。亦参,G. W. Bowersock, 'The Mechanics of Subversion in the Roman Provinces,' in *Opposition et Résistancs a l' Empire d' Auguste a Trajan* (Geneva: Fondation Hardt, 1987), 291 - 320。

② *Epigrams* 6.10;7.99;9.39,86.

③ *Moralia*, 780F.

④ 类似的见解,亦参,Wilson, *Revelation*, 115; Fiorenza, *Revelation*, 85 - 86; Metzger, *Breaking the Code*, 75。

说："要给那受了刀伤但还活着的海兽，立一个雕像"（καὶ πλανᾷ τοὺς κατοικοῦντας ἐπὶ τῆς γῆς διὰ τὰ σημεῖα ἃ ἐδόθη αὐτῷ ποιῆσαι ἐνώπιον τοῦ θηρίου, λέγων τοῖς κατοικοῦσιν ἐπὶ τῆς γῆς ποιῆσαι εἰ κόνα τῷ θηρίῳ, ὃς ἔχει τὴν πληγὴν τῆς μαχαίρης καὶ ἔζησεν）

正如红龙"是迷惑普天下的"（12:9），它的臣子陆兽，也要行相同的事。从红龙将权柄给了海兽（13:2），而海兽又将权柄授予陆兽的顺序来看（13:12），陆兽行奇事的能力，似乎源自红龙。但约翰却不做如是观，因为在这里，我们再一次看见"属神被动语法"的出现（赐给它的权柄；ἐδόθη）；意即，是在神的容许之下，红龙，海兽和陆兽，才有可能存在，也才有可能在这个世上以异能奇事来迷惑住在地上的人，也就是那些原本就属于它们的人。① 此一洞见，其实早已在耶稣面对撒但之诱惑时，就已经显明了。因为在撒但以万国的荣华为饵，要耶稣在它面前下拜时，耶稣的回应正是，"当拜主你的上帝，单要事奉祂"（太4:10；路4:8）。

对那些一心寻求神迹奇事的人来说，本节经文其实是个顶好的提醒。因为即便是属邪灵的陆兽，也晓得神迹的本身，并不是目的，而只是让人拜海兽的手段而已。由是我们就看见它开口，吩咐人为海兽立一个像（εἰκόνα）。但这个"像"，究竟是立体的雕像，还是平面的"浮雕"，像是在钱币上的头像呢？从下一节经文中，兽像能开口说话的情况来看，此"像"乃雕像，不论是全身的或是半身的。就我们今日所知，罗马皇帝的雕像，在小亚细亚地区可说是随处可见。在公共建筑上，在城市的街道上，在水池边，在城门上，在墓地，当然也在各式和帝王崇拜有关的神龛、圣地、祭坛和神庙中，我们都可以看见它们（他们）的踪影。② 在庙会的活动中，小型的皇帝雕像，或是半身像，也在一个名为"显像者（*Sebastophorio*）"之神职人员的手中，随着队伍四处游行。③ 在袅袅的香烟中，人们在皇帝雕像的前面奠酒，并进行各式各样活动，像是奴隶买卖契约的立订、婚礼的举行，或是奴隶的释放。④ 对逃离主人的奴隶而言，皇帝的雕像甚至可以是他的避难所。⑤ 因此陆兽为海兽所做的，可说是"鞠躬尽瘁"了。在小亚细亚百姓生活的每一个层面里，罗马皇帝的影子都在那里。

在13:3那里，约翰告诉我们，受了致命之伤的，是海兽七头中的一个，但在此（以及13:12）他却告诉我们，受了死伤而又活过来的，是海兽。此一差异不难解释，因为在当时"朕即国家（*rex pro regno*）"的观念中，"兽头"和"兽"之间，是没有太大差异

---

① 有关"属神被动语法"的讨论，见6:2,4,8,11；7:2；8:2,3；9:1,3,5；11:1,2；12:14；13:5,7等处的分析；有关"住在地上之人"一语的含义，则见13:12的注释。

② S. R. F. Price, *Rituals and Power*, 135－36.

③ S. R. F. Price, *Rituals and Power*, 189－90.

④ L. L. Thompson, *The Book of Revelation*, 163.

⑤ S. R. F. Price, *Rituals and Power*, 119,191－93.

的。和13:3相较,约翰倒是给了我们一点新的资料,那就是,兽的致命之伤,乃由一把刀所造成的。对此"刀伤",有人认为此乃"耶稣基督的复活,所带给撒但国度的打击";[1]而有人认为此处"刀伤"所指射的,是尼禄皇帝的"以刀自裁"。[2] 这两个见解其实并非完全"水火不容",因为在约翰的眼中,尼禄的自杀,以及罗马帝国在他死后所发生两年的动乱,可以是人子耶稣对他(以及罗马)逼迫基督徒的刑罚。[3] 对约翰而言,帝国的兴衰,皇帝的更替,天灾人祸的发生(参,6:1-8的前四印之灾),甚或邪恶势力在地上的横行,都是在父神以及人子羔羊的掌控之下的。

13:15 又有权柄赐给它,可以把气息赐给兽像;使兽像不单能说话,也能杀害所有不拜兽像的人(καὶ ἐδόθη αὐτῷ δοῦναι πνεῦμα τῇ εἰκόνι τοῦ θηρίου, ἵνα καὶ λαλήσῃ ἡ εἰκὼν τοῦ θηρίου καὶ ποιήσῃ [ἵνα] ὅσοι ἐὰν μὴ προσκυνήσωσιν τῇ εἰκόνι τοῦ θηρίου ἀποκτανθῶσιν)

竖立雕像只是陆兽尊崇海兽的第一步,它还要把气息赐给兽像,使它能开口说话,并能杀害所有不拜它的人。但这是什么意思呢?对陆兽将气息赐给海兽雕像的问题,学界中有人认为,此"气息(πνεῦμα)"和11:11中,神所赐给两个被杀见证的"生命气息(πνεῦμα ζωῆς)",是彼此平行的,因此虽然只有神能赐下生命,但在神的允许之下(有权柄赐给它;ἐδόθη),陆兽也能拥有如是权柄。[4] 此一见解的前半部,大略是可以接受的,但后面的推论,则和整本圣经的启示,有所扞格。在启示录中,约翰的确让"红龙,海兽和陆兽",以"假三一"的形态出现,而在海兽可以任意而行(13:5-7),陆兽可以大行奇事(13:13)的描述中,约翰也都不厌其烦的,以"属神的被动语法(ἐδόθη)"提醒我们,他们的权柄能力乃源自于神。但约翰可曾为了凸显"邪恶三一"以假乱真,迷惑世人的特性,而用力过度,使得"真假不分"呢?应该不会。在真假三一的对比中,陆兽所对应的是圣灵,因此就如圣灵乃"赐生命的灵"(约6:63),[5]约翰就让陆兽也具有如是的能力了。和11:11相较,两个见证人的"生命气息",乃从神而来,而其结果,则是永恒生命的实现(从死里复活);但在此陆兽所能给的,虽然也是"气息",但"生命"却缺席了,因为海兽至终要去的地方,是硫磺火湖(启19:20;20:10)。

但陆兽,也就是为了要向罗马表达忠诚,而在小亚细亚各地竖立罗马皇帝雕像的

---

① Beale, *Revelation*, 688,711.
② 详见,附录九的讨论。
③ R. Bauckham, *The Climax*, 433.
④ Thomas, *Revelation* 8-22,178.
⑤ 亦参,罗8:2,10;加6:8。

地方政要，可曾真的赋与海兽气息，让它说话，并除灭不拜兽像之人？正如我们在前面已经提及的，在第一世纪之时，各式魔术或是工艺技术，都曾在各种信仰中被人用来制作"神迹"；①而雕像的自行移动、说话或是流汗等等现象，都曾记录在当代的文献中。希腊诗人路西安（Lucian）告诉我们，一个名叫亚历山大（Alexander）的假先知，曾用亚麻布制作了一个具有人面的蛇神（Asclepitus②）。他以细如发丝的马鬃为绳，控制蛇口，使其具有张合的功能，并让它的舌头，可以随着蛇口的开合而伸缩。配合着亚历山大所安置之真蛇蛇身，此一设计可说是相当传神。不单如此，为了取信于人，亚历山大更在蛇口中，暗藏了一只空心的管子，并安排人在屋外，透过管子说话。因此在昏暗的神庙中，"蛇神开口说神谕"的"神迹"，就叫人不得不信服了。③ 当然要让神祇开口说话，并不一定要如此大费周章，因为在当时的许多宗教活动中，我们也看见"腹语术"的使用。

在第一世纪中，"巫术"之普遍至少可以从两个方面得着佐证。第一，在使徒行传中，路加曾多次提及"行邪术的"和他们的活动（徒 8:9；13:6－12；14:11；16:16；19:13－20）。而根据早期教会传统，在撒玛利亚藉其邪术而大受欢迎的西门（徒 8:9－24），甚至曾"叫雕像移动，吹气叫他们活起来"。④ 第二，罗马皇帝提伯瑞斯于卡普里岛上（Capri）度假之时，在他身边的，尽都是占星的术士；在罗马皇帝卡里古拉的宫廷之中，也曾有一个名为阿培雷斯（Apelles of Ascalon）的术士任职其间；而行法术的阿波罗尼纽斯（Apollonius of Tyana），更是尼禄、维斯帕先和提多三位皇帝的朋友。⑤ 和术士友好的，并不限于皇帝而已。在使徒行传 13:6－7 那里，我们也看见在罗马巡抚⑥士求保罗身边，也有一个以法术假充先知的巴耶稣。因此不论从"技术面"或是"现象面"的角度来看，那些推行皇帝崇拜的相关人员，为了要来加深此"信仰"的可信度，而使用如是手法，并不是一件太令人难以想象的事。⑦

在前面有关帝王崇拜的论述中（见 13:11，14 的注释），我们已经晓得，此一"活

---

① 见上一节经文的注释。

② 又名 Asklepios。

③ S. J. Scherrer, 'Signs and Wonders in the Imperial Cult: A New Look at a Roman Religious Institution in the Light of Rev 13:13－15,' *JBL* 103(1984), 601－02. 有关当代异教对雕像"活动"的看法，见 Aune, *Revelation* 6－16, 762－64。

④ Ps.－Clem. *Recog*. 3.47.2；亦参，Just. *Apol*. 1.26; Iren. *Haer*. 1.23; Eus. *Hist. Eccl*. 2.13.1－8。有关此人在早期教会中所引发的争论，见 F. F. Bruce, *The Book of the Acts*. Revised. Ed. (Grand Rapids: Eerdman, 1988), 166－67。

⑤ Caird, *Revelation*, 172.

⑥ 和合本作"方伯"。

⑦ Charles, *Revelation I*, 361.

动”所牵涉到的,并非只是“宗教信仰”而已,因为在其中也含有在政治上“效忠罗马”的层面。从那些由别迦摩以及其他城市所挖掘出来,为数众多的“家庭祭坛”来看,显然主其事的地方政要们,在推行此“宗教”的事上,是十分彻底的;①因为这些“家庭祭坛”,是家家户户在游行队伍经过其门口之时,为了要向皇帝雕像献祭而设立的。这些祭坛,虽然在细部结构上有所差异,但它们存在的目的却都一样。而这一系列祭坛的出现,显示该城的议会,曾经颁布过一个要各家“建祭坛,并献祭”的法令。② 因此若我们从这个背景来看,约翰在此所说,“使兽像能说话”,也可能只是个譬喻性的说法。也就是说,借着推行帝王崇拜,小亚细亚地区的政要贵胄,就让那远在罗马的皇帝,“开口”向他的臣民说话了。

在“巫术/宗教”和“政治诏令”的两个选择之间,我们也许无法完全确定约翰在此究竟是以哪一个背景为本,但不论何者为是,帝王崇拜的兴盛,对第一世纪末叶的教会来说,就是一个她所无法逃避的挑战。但这个挑战,究竟达到了怎样的强度呢?也就是说,我们要如何来理解约翰在此所说的,“他也能杀害所有不拜兽像的人”呢?③ 就我们今日所知,豆米田神庙于公元89-90年间在以弗所的兴建,的确标示着此一“运动”在小亚细亚地区无可动摇的地位,而安提帕在别迦摩的殉道(2:13),以及那些在祭坛下所出现的殉道者(6:9-11;亦参12:11;20:4),也都告诉我们教会所经历的苦难。但第一世纪末叶之时,小亚细亚地区的教会所面对的,是否是一个全面性的逼迫呢?

第二世纪初(AD 112),罗马巡抚小蒲林尼(Pliny the Younger)曾上书图拉真皇帝(Trajan),询问他处置基督徒方式,是否正确。在此封书信中,他说他为了要测试一个人是否是基督徒,就要他行帝王崇拜之礼;而若此人拒绝,他就将之处决。④ 在当时的文献中,我们也看见那些任职军队,或是在政府部门工作的基督徒,也都必须要面对此一考验。⑤ 而这些事件和记录,都显示基督徒在当代的困难处境。但就我们目前所知,涵盖整个帝国,系统性的迫害,在其时并没有发生。但地方性的,突发性的逼迫,却不容置疑。在小亚细亚政要全力推行帝王崇拜的气候中,在各个城市为争取建罗马神庙之权利,而彼此激烈竞争的氛围中,基督徒处境之艰难,可想而知。大规模

---

① 其他城市包括了雅典、斯巴达、米利都和米提林(Athens, Sparta, Miletus, Mytilene)。

② S. R. F. Price, *Rituals and Power*, 112,121. 有关帝王崇拜在各个城市中的规模和仪式,见 Friesen, *Imperial Cults and the Apocalypse of John*, 56-76。

③ 就文法而论,“他使……他们被杀害(ποιήσῃ...ἀποκτανθῶσιν)”中的“他/它”,可以是陆兽,或是海兽的雕像,但不论何者为是,其结果对教会而言是一样的。

④ *To Trajan* 10.96.

⑤ Dio Cassius, *Roman History* 67.14;Eus. *Hist. Eccl.* 3.32-35(Beale, *Revelation*, 714).

的迫害也许没有发生，但在约翰的眼中，如是乌云却已在地平线上升起。① 若以50年为一个单位，在公元前50年到公元250年的300年间，帝国境内所兴建的罗马神庙和圣所，果然就属公元100－150年的这段时间里面最多。②

从接下来的经文"不得做买卖"的描述中（13:16－17），我们晓得逼迫并非只以一种形式出现，因此"被杀殉道"就不是每一个基督徒都要经历的事了。正如蒲林尼之书信所显示的，若有人被怀疑是基督徒，并被带到了官府面前，那么他若坚持信仰，死亡就不可避免了。陆兽为帝王崇拜所定下的规条是：顺我者昌，逆我者亡；但这并不表示当代所有的基督徒，都要以殉道作为人生的终点。约翰在此藉兽像说话（发出诏令），和"杀害所有不拜兽像的人"（诏令内容），所要描绘的，是那风声鹤唳、草木皆兵的肃杀气氛。在罗马皇帝雕像之阴影下所聚集的，是地方政要权贵，而在他们一致拜倒于海兽雕像前的场景中，要挺直腰杆，不容膝盖弯曲，并不是一件容易的事。③

13:16 它又叫众人，无论大小，贫富，自主的或是为奴的，都在右手，或是在额上，盖上一个记号（καὶ ποιεῖ πάντας, τοὺς μικροὺς καὶ τοὺς μεγάλους, καὶ τοὺς πλουσίους καὶ τοὺς πτωχούς, καὶ τοὺς ἐλευθέρους καὶ τοὺς δούλους, ἵνα δῶσιν αὐτοῖς χάραγμα ἐπὶ τῆς χειρὸς αὐτῶν τῆς δεξιᾶς ἢ ἐπὶ τὸ μέτωπον αὐτῶν）

借着它对海兽的效忠，陆兽已然在小亚细亚百姓之中，建立起它无可动摇的"政治—宗教"地位（13:12－15）。但这似乎还不能让它满足，由是我们就看见"它又叫众人，无论大小，贫富，自主的或是为奴的，都在右手，或是在额上，盖上一个记号"。从"大小"、"贫富"和"自主的为奴的"，这三组"连头带尾（*merismus*）"的人马来看，陆兽的野心，显然是要掌控"所有的人（πάντας）"。但我们在6:15那里已经晓得，本节经文中的"六样人马"，虽然也有着"全世界"的意思，但和神在末日所要审判的七组人马相较（君王，权贵，将军，富户，壮士，为奴的，自主的），陆兽的权柄还是差了那么一点点。④

但它在人的右手上或是在额上所盖上的，究竟是怎样的"记号"呢？对此问题学

---

① 参，R. Bauckham, *The Climax*, 447－48。

② S. R. F. Price, *Rituals and Power*, 59.

③ 对"未来派"而言，启示录13章所言之事，是要发生在未来的。但此一观点也无法回避"所有的人都被杀"的问题。因为在这个见解中，千禧年乃跟在大灾难之后，而若所有的基督徒都被杀了，谁要在千禧年中和基督一同做王呢？为解决此一困难，12:17中的"妇人其余的儿女"，就成了一个可能的出路（Thomas, *Revelation* 8－22, 179）。但在前面我们已经知道，"妇人"和她"其余的儿女"之间，是没有差别的。

④ 和人子羔羊在末日所要审判的八组人马相较（君王，将军，壮士，骑马者，自主的，为奴的，大小人民；19:18），陆兽的权柄就更相形逊色了。

界有几个不同的看法。① 第一,若从13:17中"没有记号就不得作买卖"的情况来看,此处经文所描述的,很可能是当代的商业行为。因为在某些当代的商业文件上,我们看见盖在其上,包含了皇帝之名和其统治年岁的印记。② 若单就13:17而言,此说是十分合理的推测,但13:16所告诉我们的,是此"记号"乃盖在人的右手或是额头之上。

第二,对某些犹太宗派而言(例如,奋锐党),神禁止他们雕刻偶像的当时意义(出20:4),是拒绝携带使用当时的钱币,因为在其上,不单有皇帝头像,也有皇帝的名字。因此人若要忠于上帝,就不能从事商业活动。③ 就整体而言,此说和13:7的描述,是相当符合的,但它的困难在于,此一"记号"不单在右手上,也在额头之上。有谁会将钱币放置于额头之上的呢?

第三,为要让以色列人不忘记神领他们出埃及的恩典,神就吩咐以色列人要将记载此事的经文,系在手上做记号,戴在额上做纪念(出13:9,16;申6:8;11:18)。由是以色列人就在其左臂向着心脏的方向,或是在其额头上,系上一个装有经文的皮制小盒子。④ 若从此背景来看,那么陆兽在人身上盖上"记号"的目的,不单在摹仿神,也在表明它在这些人身上的所有权;而人接受此一记号的目的,则在避免兽在没有记号之人身上所要发泄的怒气。此一见解有其可能,但它有一个基本的困难,那就是兽的记号并非在左手,而是在右手之上。

第四,在公元前第三世纪(217 BC),埃及王斐罗帕特(Philopater)曾强迫住在埃及的犹太人报名上册(户口普查),并在他们的身上,刺上一个长春藤叶的记号,来表明他们对酒神戴安尼索(Dionysus)的效忠;而人若拒绝接受,就被处死(玛加比三书2:28-29)。此一以"刺青"来表明其心或其身所属的习俗,也一样为罗马所采用。在奴隶和军人的身上,我们都看见他们所属主人或是军团的记号;而如是现象,也一样发生在那些将自己献身于某个信仰之人的身上。因此若从这个背景来看,陆兽在人身上所盖上的"记号",就表明了它在此人身上的"所有权"。

在上述的几种看法之中,最后一个见解的可能性最高。何以见得?(1)在前面我们已经多次提及,在本章圣经中,不论海兽或是陆兽的所做所为,都带着摹仿基督或是圣灵的意图,而此处在人身上盖上记号的举措,若参照7:3-8中十四万四千人(所

---

① 以下资料,多由Aune而来(*Revelation* 6-16,767-68),不过笔者也做了一些汇整和调整。
② A. Deissmann, *Bible Studies* (Edinburgh: T. & T. Clark, 1901),240-47.
③ Caird, *Revelation*, 173; Collins, *Apocalypse*, 96; Metzger, *Breaking the Code*, 76.
④ Charles, *Revelation I*, 362; *TDNT* 4:636. 有关此一传统,参,太23:5; Jos. *Ant.* 4.213; *m. Seb.* 3:8, 11。

有信徒）受印记的叙述，显然也有着摹仿的意味。① （2）此一平行对比的现象，也在紧接下来的经文中，得着证实。因为在 14:1 那里，当约翰再次提及十四万四千人时，他对他们的第一个描述，就是"有羔羊的名，和祂父的名，写在他们额上"。

因此借着在人身上盖上"戳记"的动作，陆兽也建立了属它的"军团"。但此"军团"，毕竟是属撒但的，因此它和十四万四千人之间，就有了极大的差别。第一，在十四万四千人额上的，是羔羊和父神的名字，而在属兽之人身上的，是兽的名字。第二，因着他们所背负之名字的不同，我们就看见十四万四千人得着了参与天庭敬拜，并与羔羊和父神同在得特权（14:1－5）；而陆兽军团至终所必须面对的，是人子的审判和硫磺火湖的刑罚（19:11－21）。第三，就接受印记的人而言，此一"记号"的意义，一方面显示了其所属，也在另外一方面显示了他们所受到的保护。但对十四万四千人而言，神所提供的，是在患难中的保护，是经过患难但不至失脚的应许，但陆兽所提供的，却是"不受患难"的应许。② "不被杀害"（13:15）或是"得以作买卖"（13:17），当然十分吸引人，但这正显示出陆兽对属灵真理的无知；因为在神的设计中，真正的得胜，是要透过受苦才能完成。第四，接受兽名或是接受人子之名，因此就成为一个关乎永恒的抉择。而为突显此一差异，在启示录中，约翰就以两组不同的语词，来显示它们的差别："印记"（σφραγίς）乃从神而来，③因此"盖上印记"（σφραγίζω），就具有此人属神的意义；④但"记号（χάραγμα）"则是兽所加在人身上的。⑤ 在属神的属兽的之间，并无第三个选择。就如人子羔羊在世之时所教导的："一个人不能事奉两个主；不是恶这个，爱那个，就是重这个，轻那个。你们不能又事奉神，又事奉玛门（财利的意思；太 6:24；路 16:13）"。

但在第一世纪之时，陆兽可曾真的在人的身上，盖上它的"记号"？曾有学者揣测，当时人在进入亚细亚首府以弗所的市场之前，都要到毗临市场的豆米田神庙中，上香献祭，好取得许可。⑥ 但此说没有任何直接的证据作为支持。若我们在前面所说的是准确的话，即，此"记号"乃和神在信徒身上所印上的"印记"彼此对应，那么此一记号也应是个譬喻性的说法了。在约翰的异象中，此一"记号"是可见的，但在现实

---

① Swete, *Revelation*, 173; Collins, *Apocalypse*, 96; Aune, *Revelation* 6－16, 768; Beale, *Revelation*, 715－16; Osborne, *Revelation*, 517－18.

② Friesen, *Imperial Cults and the Apocalypse of John*, 204.

③ 9:4。亦参，为七"印"所封上的书卷－5:1，2，5，9；6:1，3，5，7，9，12；8:1，和天使手中的"印"－7:2。

④ 7:3，4，5，8；10:4；20:3；22:10。

⑤ 13:16，17；14:9，11；16:2；19:20；20:4。在启示录以外的新约中，此一词语只出现在使徒行传 17:29；而在那里，它所指的是人以心思手艺所创造出来的"偶像/形象"。

⑥ E. A. Judge, 'The Mark of the Beast, Revelation 13:16,' *TynB* 42(1991), 158－60.

的环境中,它和约翰所见的天庭,以及在天庭中的四活物和天使等等,是一样不能为肉眼所看见的。[1] 在人不计任何代价也要见证神的动作中,我们晓得在他(她)的身上,有着神所印上的"印记";但当人随从陆兽之指示,向海兽雕像屈膝俯伏时,我们就知道在他(她)的身上,有了兽的"记号"。

13:17 这样,人若无此记号,就是无兽的名字,即[2],无兽名数目,就不得作买卖(καὶ ἵνα μή τις δύνηται ἀγοράσαι ἢ πωλῆσαι εἰ μὴ ὁ ἔχων τὸ χάραγμα τὸ ὄνομα τοῦ θηρίου ἢ τὸν ἀριθμὸν τοῦ ὀνόματος αὐτοῦ)

就我们今日所知,依照罗马的律法,当一个人因"无神"(拒绝帝王崇拜)之罪名,而被判了流放或是死亡之刑的话,他的财产将要被充公。因此"家业被人抢夺",就成了当时基督徒所经历的各样苦难之一了(来 10:34)。但在历史中,我们却不曾看见罗马以"经济制裁"为手段,来让人屈服。因此在本节经文中,"没有记号就不得作买卖"所指的,究竟是什么?

在 2-3 章的七封书信中,约翰让我们看见别迦摩教会和推雅推喇教会,在异教环境中的艰难处境(2:14, 20)。在那些经文中,特别是推雅推喇教会书信中,我们晓得各式商业公会,不只是"同业商社",而是以职司不同行业的神衹,作为会员之间连结的基础。一般而言,各商业公会因着在经济上的实力,而在社会中都具有不小的影响力。因此当一个基督徒因着信仰的缘故,而拒绝参与如是组织和活动时,他所要失去的,不单是他在社会中的地位,也是他经济上的利益。在那些没有"行省级"罗马神庙的地区中,帝王崇拜多和当地神衹的崇拜活动一起举行,因此在如是情况之中,帝王崇拜就和商业公会所举行的庙会活动,有所关联了。因此约翰在此所说的"不得作买卖",所指的可能就是这种情况。[3] 这些商业公会乃社会组织,并不直接牵涉商业买卖;而会员的加入,基本上也是自愿性的;[4]但对一个从事商业活动的人而言,若他拒绝参与如是组织,若他将自己的人际关系网络切断,其后果是可想而知的。

但约翰为何要将兽的"记号",也就是兽的名字,等同于"兽名字的数目"呢?在约翰的时代,每一个字母都有一个数值。以希伯来文为例,第一个到第九个字母分别代表 1-9;第十到第十九个字母的数值则是 10-90;而余下的四个字母则分别表示 100、200、300 和 400。至于希腊文字母,其情况也十分类似,只是在其中,有一些数字

---

① Beale, *Revelation*, 716.

② 在此我们依循 Swete 只之见,将"或(ἢ)"当成解释性的连接词(*Revelation*, 174)。

③ Hemer, *Local Setting*, 126-27; Osborne, *Revelation*, 518.

④ Aune, *Revelation* 6-16, 768.

乃以废弃不用的字母作为其代表。① 因此每一个名字,若将其各个字母的数值加在一起,我们就会得到一个数目。在某些情况中,此一以其数值来代表名字的目的,是为了要隐藏当事人的身份。比如说,在庞贝城(Pompeii)中,我们就看见一个男子在一面墙上所刻下的爱情告白:“我爱一个女孩,她的数目是545”(φιλῶ ἧς ἀριθμός φμε[500+40+5=545])。② 犹太拉比对此道可说是大有兴趣。为了解开经文的“神秘含义”,名字的数值就成了解经的钥匙之一。③ 由是亚伯拉罕为救罗得,所率领的318名精练壮丁,就成了他的主要家臣,以利以谢(אֱלִיעֶזֶר=200+7+70+10+30+1=318;创14:14);④而亚当(אָדָם=40+4+1=45)和夏娃(חַוָּה=5+6+8=19)的差别,则是耶和华(יְהוָה=5+6+5+10=26)。⑤

但约翰在此是否像庞贝城中的爱情告白一样,想要借着兽名之数目(666;13:18),向外人隐藏兽的真实身份,而只叫他的读者知道呢?有可能,但在前面的分析中我们已经看见,约翰在本章经文中,多次暗引了当代罗马的人事物,因此对第一世纪的读者而言,只把兽的名字藏在“666”的后面,是不可能达到如是目的的。那么约翰是否和拉比一样,想要藉“兽名的数目666”,告诉我们一个深奥的属灵真理呢?也有可能,但和拉比的做法相较,约翰在此没有藉“666”这个数值,而将此处经文连结到另外一处经文;因此他的手法,和拉比的释经法之间,也有差异。若从我们前面所说的来看,即“印在人身上之神的名字或是兽的名字”,都只能“在异象中/在灵里”才能看见,那么约翰在此将“兽的名字”等同于“兽名数目”的做法,恐怕也有着相同的目的。对第一世纪的读者而言,海兽的名字几乎是不说自明的,但此名字的数值,却显示了此一名字所反映的“象征/属灵”意义。因此从其数值,我们就可以明白海兽的真面目了。但它名字的数值是多少呢?其含义又是如何?要解开这个名字的意义,我们又

---

① 例如,6的数值是以一个废弃不用的字母来表示。而此一废弃字母形如一个拉长了的“5”(见,BAGD, 335)。至于90的数值,则是以一个形如网球拍的文字来代表(Coph)。

② Mounce, *Revelation*, 263. 在提及罗马皇帝时,西卜神谕篇亦采用了类似的手法,因为该书作者让罗马皇帝,以其名字的数值出现在书中(11:91;亦参11－13中,以名字中第一个字母为代号的手法)。

③ 有关拉比解经原则的介绍,见“Baraita of 32 Rules”in *EncJud*(光盘版);和此处“文字数目”有关的探讨(即,32原则中的第29条),见同一套丛书中的“Gematria”。

④ *b. Ned.* 32a;参,Aune, *Revelation* 6－16, 771－72。在第二世纪教父巴拿巴所写的书信中(*Barn.* 9:8),“318”则被解释为“τιη(300+10+8)”,在其中“τ”代表十字架,而“ιη”则是耶稣名字的头两个字母。准此,亚伯拉罕所率领318个仆人的割礼,就是在耶稣基督的十字架中所完成的了(创14:14;17:23)。再举一例,在希伯来文中,蛇(נָחָשׁ=50+8+300=358)和弥赛亚(מָשִׁיחַ=40+300+10+8=358)的数值完全一样,由是摩西在旷野举蛇的动作(约3:14),就有了“合理”的解释(Ford, *Revelation*, 225)。

⑤ *ABD* 4:1145.

需要怎样的"工具"呢?

13:18 在这里要有智慧。凡有悟性的,就让他计算兽的数目;因为这是人的数目,其数值为六百六十六(῟Ωδε ἡ σοφία ἐστίν. ὁ ἔχων νοῦν ψηφισάτω τὸν ἀριθμὸν τοῦ θηρίου, ἀριθμὸς γὰρ ἀνθρώπου ἐστίν, καὶ ὁ ἀριθμὸς αὐτοῦ ἑξακόσιοι ἑξήκοντα ἕξ)

"在这里要有智慧",是约翰对那些想要探究海兽数目之含义的人,所发出的呼吁。此一以"在这里(῟Ωδε)"为首的直述语句,亦出现在13:10,14:12和17:9中。从其上下文来看,约翰之所以会使用如是语法,显然是因为他所陈述"信徒必然受苦"的真理,并不容易消化(13:10;14:12);或是因为海兽属邪灵的真面貌,并不容易掌握(13:18;17:9)。因此就其文学功能而言,如是语法有叫人"暂时驻足,仔细思量"的效果。

不论就内容或是语法而言,"在这里要有智慧"一语,已足以让人驻足反思,但约翰似乎还不满足。因此在此语句之上,他又再加上了"凡有悟性的,就让他计算兽的数目"。从内容来看,这句话和约翰在七教会书信之结尾处所放下的警语——"凡有耳的,就应当听"①——是不同的;但就形式而言,它们却完全一样。因此在明白显示兽的数目究竟为何之前,约翰已然借着这两个具有提醒作用的语句,要其读者放慢脚步,细细思量有关海兽名字数目的意义。

从研究启示录的历史来看,约翰的目的的确是达到了。因为在启示录405节的经文中,历世历代的释经者对本节经文的关注,几乎可以说是无出其右的。就我们今日所知,从第二世纪的教父爱任纽(Irenaeus)开始,②兽的数目"666",就一直是启示录研究的焦点之一。对此问题,各式各样的解释都曾被提出来,但由于各人角度的不同,因此少有交集。因篇幅所限,我们当然无法(也无必要)在此将各种见解胪列。笔者在此所能提供的,是将各式解释归纳为几个大的项目,好让我们对此问题,有一个整体的理解。③

第一,若从数学"三角阵"的角度切入,"666"就是"1+2+3+4……+36"的和;而"36"又是"1+2+3+4……+8"的和;因此"666=36=8"。

---

① 2:7,11,17,29;3:6,13,22;亦参,13:9。

② *Adv. Haer*. 5.29-30. 在那里,爱任纽给了我们三个可能的希腊名字,ΕΥΑΝΘΑΣ,ΛΑΤΕΙΝΟΣ和TEITAN。因这三个名字的数值都是"666"。我们不晓得第一个名字所指的是谁,但第二个所指的,可能是罗马皇帝,而第三个可能是管植物生长的外邦神祇,或是提多皇帝(Titus)。

③ 此一归纳乃根据Aune而来(*Revelation* 6-16,771-73),但笔者在各个项目之下,也加入了其他学者的见解。

a

a a

a a a

a a a a

a a a a a

a a a a a a

a a a a a a a

a a a a a a a a n=8

.

.

a a a a …… a a a a n=36

若从诺斯底主义（Gnostism）的背景来看，此处的“666”所指的，就是“智慧（σοφία）”，因为在此思想体系中，“8”正是智慧的数目。① 但若从启示录本身观之，此处的“666”，乃是为了要呼应17:11中，那“先前有，如今没有的兽，就是第八位”。因此借着这个数目，以及“在此需要有智慧”的语法（13:8；17:9），约翰就将这两段经文连结在一起了。此一设计，一方面为13:1中海兽之“七头”，提供了解释性的线索（即“七王”；17:10），也在另外一方面显示“海兽＝巴比伦＝罗马”，因为她乃建于七座山之上（17:9）。②

此一见解有其可能，因为在当代，如是“三角阵”的概念已为人知；③而13:18和17:9－11之间的联系呼应，也十分明显。不单如此，“天使”的数值，在希伯来文中是“144”（אנגלס＝1＋50＋3＋30＋60）。而此一数值，在数学的“方阵（square numbers）”中，乃第12阶的总和（12×12）。在启示录中，此一数值是新耶路撒冷城墙的尺寸（启21:17）；也“隐藏”在144,000人的数目之中（7:4）；因此若参照也包括了此一数目的下一节经文（14:1），约翰在此让“兽名数目＝666”，恐怕也有其“数学”的考量。④

此说虽有上述论点的支持，但它的困难在于我们必须先将“666”化约为“36”，而后再将之化约为“8”，才能和启示录17章中的“第八位”连上线。再者，此一“连线”

---

① G. A. van den Bergh van Eysinga, ‘Die in der Apokalypse bekämpfte Gnosis,’ *ZNW* 13（1912），293－305（资料来源，R. Bauckham, *The Climax*, 390；亦参，*TDNT* 1:464）。

② Farrer, *Revelation*, 158－59；R. Bauckham, *The Climax*, 384－96.

③ 例如，亚里士多德（Aristoltle; *Meteorologica* 1092b）。

④ ”兽”一词在希伯来文中，其数值是666（תריון＝400＋200＋10＋6＋50），因此将144,000和666对比的可能性就更高了。

也只叫我们知道,"666"乃"第八位",因此对"666"所指的究竟是谁的问题,并未有太大的帮助,因为"第八位"的本身,也是一个不容易解开的象征(详见17:11的注释)。不单如此,若本节经文中"这是人的数目",所指的并非"属人的数目"(相对于属天的数目),而是"某一个人的数目",那么"666"可能就是该人之名字的数值了。因此若意欲单从数学的角度,来解开"666"之谜,我们所能得到的结果,恐怕并不十分牢靠。约翰容或使用了数学"三角阵"或是"方阵"的概念,但在解释经文之时,我们最好还是把我们所观察到的数学现象,当成辅助性的证据。

第二,和上述以三角阵之概念,来理解"666"的路径相较,在学界中则有人以比较单纯的"象征法",来解释这个兽的数目。也就是说,相对于象征完全的"7","6"自然就成了"不完全"。而约翰之所以要让兽名数目以三重的"666"之方式出现,乃是要显出海兽百分之百的"不完全"。① 此说简单明白,也和约翰在启示录中,让数字,例如,"2(两个见证人)"、"4(地的四角)"、"7(七灵)"、"24(二十四位长老)"等等,具有象征性的惯用手法相符。再者,当时文献西卜神谕篇也已经显示(1.324-30),"888"乃"耶稣"之希腊文数值(Ιησους = 10 + 8 + 200 + 70 + 400 + 200)。因此在此对比之下,"666"更显出海兽的不足了。

这个见解虽然有其简单明白的优势,但它并非全无困难。(1)就"666"而言,它的确和"777"之间,有着"111"的差异,但约翰在此所给我们的,是"666"(ἑξακόσιοι ἑξήκοντα ἕξ)。因此在原文中,如是印象恐怕没有这个数值在阿拉伯数字中所显示的那么强烈。若我们忽略"百"和"十",而只专注于三个"6"(ἑξ…ἑξ…ἑξ),如是印象似乎也不难获得,②但对第一世纪的读者而言,他们是否能以如此方式来解读"666",则是我们所无法确定的事。③ (2)在启示录中,约翰的确使用了许多带象征意义的数字,但他只有在此要其读者"计算(ψηφισάτω)"④兽名的数值。因此"666"和其他数字之间,恐怕有所差异。(3)正如我们在前面已经提及的,若"这是人的数目"的意思,是"这是一个人的数目",那么我们就不应该将此数目的本身,视为一个"象征",而应将之视为某一个人之名字的"暗语"。但此人究竟是谁呢?

---

① Walvoord, *Revelation*, 210; Morris, *Revelation*, 169; Ladd, *Revelation*, 187; Hailey, *Revelation*, 298-99; Beale, *Revelation*, 720-27.

② R. Bauckham, *The Climax*, 394.

③ 在$\mathfrak{P}^{47}$051 fam 1611[1611 2329]和Andreas Byzantine等手抄本中,"666"是以"χξς"之形态出现(χ = 600; ξ = 60; ς = 6)。这个形态当然比"ἑξακόσιοι ἑξήκοντα ἕξ(六百六十六)"更靠近阿拉伯数字的"666",但它在外形上,和"666"之间,还是有些距离。

④ 此一动词乃由"小石头(ψῆφος)"而来,因为古人以此作为计算的工具(BAGD, 892)。

第三，将“666”视为一个人名字之数值，是许多释经者的见解。① 但他究竟是谁呢？在教会历史中，许多人物，组织，或是一个称号，都曾被等同于此处的“666”，例如，罗马公教（*Italika Ekklisia* = 拉丁教会），罗马帝国（*He Letana Basileia* = 拉丁王国），教皇（*Papeiskos*），马丁路德（*Loutherana*；*Saxoneios*），穆罕默德（*Maometis*），拿破仑（*Nabonaparti*），②教皇的称号，③以及希特勒（Hitler）等等；④但由于我们在前面已经多次看见，启示录 13 章中的人事物多以当时历史为本，因此我们最好将可能人选的范围，局限在约翰当代的人物中。再者，由于“这是人的数目”的含义，在上下文中，最可能是“这是一个人的数目”，因此将 666 等同于（1）上古的浑沌，⑤（2）罗马帝国，⑥（3）罗马皇帝（ΛΑΤΕΙΝΟΣ），⑦（4）从凯撒（Julius）到维斯帕先（Vespasian）的罗马皇帝系列，⑧（5）罗马皇帝图拉真（Trajan）之家族姓氏优皮乌思（Ulpius），⑨或是（6）尼哥拉党等类的建议，⑩恐怕都与事实的真相，都有不小的距离。

在当时的罗马皇帝之中，我们倒是有几个人选。（1）马可奥利留皇帝（Marcus Aurelius）是其一，因为在他“宗教名号”中的罗马数字之值，正是“666”（Aure<u>liu</u>s Caesar Deus［奥利留凯撒神］= 50 + 1 + 5 + 100 + 500 + 5）。⑪ 但他统治的年代在第二

① 例如，Beckwith, *Apocalypse*, 642；Charles, *Revelation I*, 364－68；Collins, *Apocalypse*, 97；Chilton, *Days of Vengeance*, 350－51；Fiorenza, *Revelation*, 87；Metzger, *Breaking the Code*, 76－77；Roloff, *Revelation*, 166；Aune, *Revelation* 6－16, 770－71；Osborne, *Revelation*, 520。

② Ford, *Revelation*, 216－17。

③ 在罗马数字的系统中，I，V，X，L，C，D 分别是 1，5，10，50，100，500。因此在教皇诸多称号中，*Vicariu（v）s filii Dei*（神子的代理人）和 *Filius Latinus solis diei*（星期天之子 = 设立星期天的人）中之罗马数字，其总和都是“666”。见，H. A. Sanders, ‘The Number of the Beast in Revelation,’ *JBL* 37（1918），96。

④ 在 A = 100；B = 101；C = 103……的系统中，“希特勒”的数值就是 666（Hitler = 107 + 108 + 119 + 111 + 104 + 117）。此类说法五花八门，例如，在“A = 1 × 6；B = 2 × 6……”的系统中，美国前国务卿基辛格（Kissinger）的数值即为 666。再举一例，在计算机语言 ASCII 的系统中，“圣经（HOLY BIBLE）”的数值也是 666 = H（72）+ O（79）+ L（76）+ Y（89）+ B（66）+ I（73）+ B（66）+ L（76）+ E（69）。

⑤ 此乃 H. Gunkel 的见解（见，*TDNT* 4：463）。

⑥ 罗马数字 I，V，X，L，C，D（1，5，10，50，100，500）的总和是“666”，所以此一数值指向“罗马”。此乃 Smith 之见（S. Gregg, ed., *Revelation*: *Four Views*, 305－07）。

⑦ ΛΑΤΕΙΝΟΣ = 30 + 1 + 300 + 5 + 10 + 50 + 70 + 200 = 666；此乃爱任纽（Irenaeus）所提出来的三个可能“人选”之一（*Adv. Haer*. 5.29－30）。

⑧ 此一见解乃将各个皇帝名字中，第一个字母的数值加在一起而得到 666 的（K［Caeser］ΣΤΓΚΝΓΟ = 20 + 200 + 300 + 3 + 20 + 50 + 3 + 70）。此说的最大困难，在它只将 AD 68－69 年间，三个罗马皇帝中的高尔巴（Galba）包括在内，但却把欧索（Otho）和魏德留斯（Vitellius）排除在外。

⑨ 此乃 H. Grotius 之见（*TDNT* 4：463）。

⑩ M. Topham, ‘Hanniqola’ītēs,’ *ExpT* 98（1986－87），44－45.“הניקלאיתס”是尼哥拉党的希伯来文翻译，而其数值恰是 666 = 5 + 50 + 10 + 100 + 30 + 1 + 10 + 400 + 60。

⑪ “u”=“v”；H. A. Sanders, ‘The Number of the Beast in Revelation,’ *JBL* 37（1918），99.

世纪的下半叶(AD 161 - 180),因此这个建议的可能性不高。

(2) 在几个手抄本中,海兽的数目是"616",①因此卡里古拉(Caligula;又名Gaius)就成为可能的人选了;因为他希腊文名字的数值正是"616"(γαιος καισαρ = 3 + 1 + 10 + 70 + 200 + 20 + 1 + 10 + 200 + 1 + 100)。② 就我们今日对卡里古拉皇帝之了解(参,13:1,4,5 的注释),他的确可以是"海兽"的化身,但就经文鉴别学的角度而言,"666"恐怕才是原始经文。③ 高傲、疯狂并且不可一世的卡里古拉若地下有知,很可能会十分不高兴,但在经文鉴别的证据面前,我们也只能让他"落选"了。

(3) 豆米田皇帝的称号是"胜利将军凯撒豆米田至尊的日耳曼征服者";而此一称号在希腊文中是"Αυτοκρατωρ Καισαρ Δομετιανος Σεβαστος Γερμανικος"。此一称号很长,无法全部写在当时的钱币之上,因此其中的某些部分,就以"缩写"的形态出现了。若将这些缩写集合,即"Α.ΚΑΙ. ΔΟΜΕΤ. ΣΕΒ. ΓΕ",那么我们就有了"666"的数值。④ 此说也很吸引人,因为豆米田皇帝之行径,也相当符合约翰对海兽的描述,但就我们今日所知,此一完整的"缩写",却没有出现在任何的钱币上。⑤

(4) 对第一世纪的教会而言,除了卡里古拉和豆米田之外,尼禄当然也是"666"的可能人选。若将"尼禄凯撒"的拉丁文名号译为亚兰文,其数值是 667(נרון קסרא = 50 + 200 + 6 + 50 + 100 + 60 + 200 + 1);而若译为希伯来文,其数值则是 676(נרון קיסר = 50 + 200 + 6 + 50 + 100 + 10 + 60 + 200)。这两个数值和"666"都相距不远,但却不一样。由是有学者就从希腊文下手,将尼禄的希腊文名字,译为希伯来文,而其结果则是נרון קסר = 100 + 60 + 200 + 50 + 200 + 6 + 50 = 666。⑥ 这个见解,从其提出来之后,就得到学界中许多学者的接纳;而死海古卷的出土,也随后证实了此一意见的可能性。因为在一份破损的文件中,我们似乎有一个和此说法相符的记录。⑦ 不单如此,在犹

---

① 例如,C arm[4] Tyc[2]。

② Swete, *Revelation*, 176.

③ 见 *TCGNT*, 749 - 50。

④ E. Stauffer, '666,' *ConNT* 11(1947), 237 - 44。1 + 20 + 1 + 10 + 4 + 70 + 40 + 5 + 300 + 200 + 5 + 2 + 3 + 5 = 666.

⑤ Beale, *Revelation*, 720.

⑥ 提出此见解的第一人乃 19 世纪的 O. F. Fritsche(1831)。参,R. Bauckham, *The Climax*, 387;以及 A. S. Peake 对这段历史的论述(*The Revelation of John* [London: The Holborn Press, 1920], 323)。

⑦ D. R. Hillers, 'Revelation 13:18 and a Scroll from Murabba'at,' *BASOR* 170(1963), 65. 在此文件中,"נרון קסר(尼禄凯撒)"中的"סר"的部分已经破损,因此我们无法完全确定原来的文字为何,但"凯撒(קסר)"的可能性是相当高的。而若是如此,在此破损的空间之内,是无法在"סר"之外,再挤进其他字母的(例如,י)。

太人的经典他勒目中(Talmud),如是"译名"也曾出现。① 再者,在前面我们已经看见,启示录 13 章中的海兽复生,乃以当时"尼禄复生"之传说为蓝本的,因此将尼禄等同于 666,也和此章经文的背景相符。

此说虽然十分可能,并且在诸多看法之中,是最叫人信服的一个,但它也有其必须回答的问题。第一,将希腊文译为希伯来文,并以其数值作为一个"暗语"的手法,是约翰的发明吗？我们不知道,但在当代的启示文学作品我们却看见一个类似的例子。在巴录三书 4:3－7 中,巴录看见在海边有一条蛇(δράκων),一日喝掉一公升的海水,但海却永远不会干涸,因有 360 条河的河水,不断地流入这海。但为何是 360 条河呢？因为"蛇/龙(δράκων)"译为希伯来文后,其数值正是 360(דרקון = 4 + 200 + 100 + 6 + 50)。这是巧合吗？应该不是,因为在 4:10 那里,天使告诉巴录,在挪亚洪水之中,死去的上古"英武有名"之人(创 6:1－4),一共有 409,000 人之多。但为何是这个数目呢？因为"洪水(κατακλυσμός)"在希伯来文中的数值,是 409(קטקליסמס = 100 + 9 + 100 + 30 + 10 + 60 + 40 + 60)。②

因此从这个类比中,我们晓得将希腊文译为希伯来文,并以其数值为"暗语"的手法,是当代的文学习惯之一。但约翰为何要采纳此一习惯呢？有人认为,在第一世纪之中,拉丁文乃官方语言,而普罗大众所使用的,乃是希腊文,因此若约翰为要避免让他自己,以及他的读者,不致因"亵渎或是攻击皇帝"而陷于不利的局面,希伯来文的使用就成了必要的手段了。③ 此一说法,虽然看似合理,但却站不住脚。因为约翰本人已被流放到拔摩海岛上了(1:9),而他在 13:9－10 那里,更是力劝读者要勇敢地面对苦难逼迫,因此约翰应该不是为了保护他自己或是其读者,而将尼禄隐藏在"666"之后。恰恰相反,约翰让尼禄戴上"666"之面具的原因,恐怕是要显示尼禄(以及他所代表的罗马)的真面目;因为在他背后的,正是红龙。④

从表面上看起来,第一世纪末叶地中海地区的情况,在罗马的统治之下,的确达到了前所未有的高峰。但如是成就,却让人产生了"人定胜天"的骄傲。由是在帝国的各处,行省级和地方级的罗马神庙,就建立了起来;而家家户户门前,为帝王崇拜而设立的祭坛,也显示出人们对罗马的感念。但在这一片歌舞升平的景象中,约翰却看

---

① Charles, *Revelation I*, 367。对此 Beale 有不同的意见(Beale, *Revelation*, 719),但即便"凯撒"未如 Charles 所言,以"קיסר"之形态出现,我们却依旧有"凯撒城(καισάρεια;和合本译为该撒利亚)",同时被译为"קסרין"和"קיסריין"的间接证据。

② R. Bauckham, *The Climax*, 389.

③ 此乃某些释经者的看法,例如 Ford, *Revelation*, 227。

④ 亦参,R. Bauckham, *The Climax*, 389－90。

出“罗马”对信仰所带来的挑战。因为在她灿烂笑靥的背后,是“顺我者昌,逆我者亡”的刀剑;而这和人子羔羊藉十字架所显示之舍己真理,恰恰相反。在罗马所建构起来的世界中,皇帝容或不是神祇的本身,但敬拜尊崇他,却是人得着福祉的唯一途径;而这和神对其子民“除了我以外,你不可有别的神”之要求(出 20:3),是完全不能兼容的。要无畏于罗马的刀剑,要能洞察甚至拒绝“罗马和平(*Pax Romana*)”之中所隐藏的试探,并非一件容易的事,因此约翰在此就呼吁其读者,此乃“智慧”之所在。此一“智慧”原本属神(启 7:12),因为祂藉其爱子之死,将“各国各族各民各方的人”买赎了回来,并在他们的身上,建立了祂的国度(启 7:9-17;14:1-5)。此一“智慧”也属人子羔羊(5:12),因为在祂甘心乐意的牺牲中,祂显示出祂对父神永恒救赎计划的明白和顺服(启 5:6-12)。而此“智慧”,约翰说,也应是我们的;因为在我们的身上,已经有了神和羔羊的名字(启 2:17;3:12;7:4-8;14:1)。当我们的身上有了至高至尊至圣者之名时,我们还需要其他的名吗?当我们的身上有了“天下人间,没有赐下其他的名,我们可以靠着得救”的名字时(徒 4:12),我们还需要转向其他的名,冀求他或是它的怜悯和恩典吗?

附录十　启示录 14:1-15:4 和其他经文的关系

不论就字面或是主题而言,14:1-15:4 和其他启示录章节之间,有许多密切的联系(详下);而此现象,不单引人好奇,也必须有个合理的解释。因此在进入详细释经的工作之前,我们在此就以附录的方式,来分析此一问题。

就立即的上下文而言,14:1-15:4 和 12-13 章之间,乃是借着两个对比而连结在一起的:(1)兽之跟随者在手上或是额上有兽的记号,但羔羊跟随者在其额上则有着神和羔羊之名;(2)兽名字的数目是“666”,而跟随羔羊的人数却有“144,000”(13:16-18;14:1)。但除了这两个连结之外,这段经文却和启示录的其他段落之间,却有着为数众多的平行之处:

14:1-15:4		其他启示录经文
14:1	我又观看	4:1;6:2,5,8;7:9;14:14;19:11
	羔羊站立	5:6
	十四万四千人	7:4
	在额上有父神和羔羊之名	7:3;22:4b
14:2	听见从天而来的声音	10:4

	如众水;大雷;弹琴之声	19:6a
14:3	唱新歌	5:9
14:4	跟随羔羊	7:17
14:5	口中无谎言	11:5(口中出火=传道[真理])
	没有瑕疵	7:13,14(穿白衣)
14:6	天使飞在空中	8:13(鹰飞在空中)
	住在地上之人	6:10;8:13;11:10;13:8,14;17:3,8
	各国各族各方各民	5:9;7:9;10:11;11:9;13:7;17:5
14:7	敬畏神,将荣耀归给祂	11:13
	创造天地海和众水泉源的	8:7,8,10,12;16:2,3,4,8
14:8	巴比伦大城,倾倒了,倾倒了	18:2
	叫万民喝邪淫大怒之酒	17:2;18:3a
14:9	若有人拜兽和兽像	13:15;16:2b;19:20b;20:4b
	在额上或是手上受了记号	13:13b;16:2b;19:20b;20:4b
14:10	神大怒的酒	16:19b;19:15
	火与硫磺的刑罚	19:20;20:10;21:9
14:11	若有人拜兽和兽像	13:15;16:2b;19:20b;20:4b
	刑罚之烟往上冒	18:9,18;19:3
	受了兽的记号	13:13b;16:2b;19:20b;20:4b
	昼夜不得安宁	20:10
14:12	圣徒的忍耐就是在此	13:10
	守神诫命和持守耶稣之见证的	12:17
14:13	我听见从天上有声音说	4:2;10:4,8;12:10;18:4
14:14	我又观看	4:1;6:2,5,8;7:9;14:14;19:11
	有一位像人子的	1:13
14:15	有一位天使从殿中出来	14:7;15:6
14:17	有一位天使从天上的殿中出来	14:15;15:5－6
14:18	天使和祭坛	8:3,5
14:19	神忿怒的大酒醡	19:15
14:20	城外	22:15
15:1	大异象显现	12:1
	管七灾的七天使	15:6

15:2	玻璃海	4:6
	兽名,兽像,兽名数目	13:14-18
15:3	主神全能者	11:17;16:7;21:22
15:4	独一的,公义的	16:5①

对此现象,有学者认为此段经文乃是将其他启示录经文中之主题,融合在一起的摹仿作品。② 此一解释虽然简单明了,但却没有告诉我们,这段经文在启示录中所扮演的角色为何,以及约翰如此行的原因为何。从上述经文的连结来看,约翰显然是要将他在前面所提及的人事物,在此做一个总结,并预告随后的经文中,将有怎样的内容。怎么说呢?

第一,就羔羊和十四万四千人之间的关系而言,约翰在5:6那里,先让羔羊以“站立”的方式,来显示祂的“从死里复活=得胜”,而又在7:4-8中,让十四万四千人以被数点之军队的形态出现。这两者,即羔羊和十四万四千人,在7:9-17的胜利庆祝大会中,已经一起出现。在其时,约翰虽然借着“从大患难中出来”,以及“用羔羊的血把衣服洗白净”的描述(7:14),约略的显示了他们与羔羊之间的关系,但这两个描述却十分简短。此一情况在两个见证人的异象中,却有了不同的面貌(11:3-13)。就“法律效力”的角度而言,两个见证人已然足够,因此十四万四千人在此就成了两个金灯台,两棵橄榄树和两个见证人。而他们和羔羊之间的关系,也在他们忠心传道、至死不悔的事上详细、完整地表达了出来。由是在接下来红龙与妇人以及其儿女的争战中(12:1-17),“弟兄胜过它”自然就“是因羔羊的血,和自己所见证的道”了(13:11)。

从如是文脉逻辑来看,14:1-5的含义就变得十分清晰了。“站在”锡安山上,率领着十四万四千人的羔羊,当然是一支弥赛亚的军队(14:1,4),而原先只有四活物和24位长老所能唱的“新歌”(5:9),如今因着十四万四千人的“跟随羔羊”(14:4),他们也可以开口学唱此歌(14:3)。他们口中全无谎言(14:5),因为他们只传讲真理(11:5);他们是没有瑕疵的(14:5),因为他们为忠心传道,“虽然面对死亡,也不爱惜自己的性命”(12:11)。③

但“死而后已”并不是十四万四千人的最后结局,因为他们“既在死的形状上与

① 此表中的许多资料,特别是有关14:1-20的,乃由 Aune, *Revelation* 6-16, 795-96 而来;但笔者在其中也加上了自己的观察和校正。
② ‘pastiche’;Aune, *Revelation* 6-16, 795.
③ 亦参,R. Bauckham, *The Climax*, 285。

基督联合，也就要在祂复活的形状上与祂联合”（罗6:5）。因此在羔羊的婚筵中，他们将要成为祂的新妇（19:7－8）；而在弥赛亚第二次再临的审判中，他们也将要随着祂，击败那曾逼迫他们的“属兽集团”（15:2－4；19:14）。他们既然已经复活，并和基督做王一千年（20:4－6），①那么在新天新地之中，他们当然也要继续和基督一同做王（22:3－5）。②

第二，十四万四千人的确是支军队，但由于她乃“羔羊之军”，因此和她的主一样的（被杀的羔羊；5:6），受苦就成了她得胜的唯一兵器。在她和世界之间的关系中，“经历大患难”（7:14），“［圣城］被践踏”（11:2），“［两个见证人］被杀害”（11:7；13:15），“［妇人］被逼迫而逃到旷野”（12:6），甚或是“［圣徒］被掳掠，被刀杀”（13:10）等等，都是她所必须面对的“命运”；但正是藉此途径，她胜过了世界。世人因着如是“愿意受苦”见证，因此可以回转，归荣耀给神（11:13；14:7）；而福音也得以传给住在地上，各国各族各方各民的人（14:6，14－15）。③ 就正面的角度来看，十四万四千人的“受苦”，的确有领人归主的效果，但他们所经历的磨难，却也显示了世界之恶。因此他们的苦难，也具有反面“审判”世界的作用。逼迫他们的大城巴比伦（罗马），自然要面对神的审判（14:8；17:1－19:10）；而那些借着兽的记号而和她结盟的人，也不可避免的要喝神大怒的酒（14:9－10a，18－20；15:5－16:21），并要和兽一起面对硫磺火湖的刑罚（14:10b－11；19:20－21；20:15；21:8）。

上述分析显示，不论就字面或是思想脉络而言，14:1－15:4 乃紧紧地和启示录其他经文连结在一起。它的主题，不论是作为弥赛亚军队的十四万四千人，或是此军队在与红龙集团之争战中，所拥有的致胜武器，以及它藉其争战所能带来的影响，都与其他经文中的内容，互相呼应。此一现象显示，本段经文和其他相关经文，乃彼此平行的。也就是说，约翰在此所给我们的，只是另外一幅“教会和世界之争战”的图画而已。在不同的经文段落中，教会和世界的面貌容或不同，而约翰的笔法和重点，也有差异（概略或详细），但其主轴却都是一样的。在 12:1－15:4 的段落中，本段经文和 12:1－13:18 彼此对比，互相解释。藉此约翰告诉其读者，红龙虽然从伊甸园之始，就已经展开了它对神子民的攻击（12:4，9），而其当代爪牙海陆二兽也令人畏惧，但手无寸铁的他们，却是弥赛亚的军队；而他们所能带给这个世界的，是永远的福音和永远的审判。罗马容或强大，而罗马皇帝也的确掌握着生杀大权，但真正在这个世界中做王的，却是他们（20:4－6）。进入永恒的钥匙已经交给了他们，因此他们在地上所捆

① 有关如是理解千禧年的看法，详见 20 章的经文分析。
② 类似的观点，亦参 E. S. Fiorenza, *The Book of Revelation: Justice and Judgment*, 188－89。
③ 亦参，R. Bauckham, *The Climax*, 286。

绑和释放的,在天上也要捆绑和释放(太 16:19;18:18;参,天使在本段经文中所扮演的角色)。

14:1 我又观看,见羔羊站在锡安山上,并有十四万四千人和祂在一起;在他们的额上,写着祂的名,和祂父的名(Καὶ εἶδον, καὶ ἰδοὺ τὸ ἀρνίον ἑστὸς ἐπὶ τὸ ὄρος Σιὼν καὶ μετ᾽ αὐτοῦ ἑκατὸν τεσσεράκοντα τέσσαρες χιλιάδες ἔχουσαι τὸ ὄνομα αὐτοῦ καὶ τὸ ὄνομα τοῦ πατρὸς αὐτοῦ γεγραμμένον ἐπὶ τῶν μετώπων αὐτῶν)

若我们从 12:1 一直读下来,圣徒之处境,在 13 章结束之时,可说是完全没有希望的。身处于红龙和其爪牙"海陆二兽"的手下,死亡的阴影,在他们拒绝拜兽像之时,就笼罩在他们的头上了(13:15);而在如是情况中,他们还必须面对"不得做买卖"的经济困境(13:17)。也难怪约翰会说,"要被掳掠的,就被掳掠罢!要被刀杀的,就被刀杀吧!"(13:10)

但当我们来到了 14 章时,约翰却给了我们一个完全相反的画面。因为进入我们眼帘的,不单是与红龙和海陆二兽完全相反的羔羊,也是与"全地的人"(13:3),在数量上完全不成比例的"十四万四千人"。不单如此,和"从海里"和"地底下"而出的海陆二兽相较(13:1,11),羔羊所在的位置,是"锡安山";而和那些在手上或是额上有"兽名记号"的人相较(13:16-18),在十四万四千人的额上所写着的,却是"羔羊和父神的名字"。①

但这些人究竟是谁?在 7:4 那里我们已经看见,十四万四千人的出现,因此这一群人,和那里的人应该是同一个群体。② 此一见解应是准确的,因为第七章和 14:1-5,不单在十四万四千人受印的主题上彼此呼应,也在结构上彼此平行:(1)十四万四千人在地上受印(7:1-8;14:1);(2)天庭活物在宝座前唱诗敬拜神(7:9-12;14:2-3);(3)对十四万四千人之身份的解释(7:13-17;14:4-5)。③ 准此,这一群人,就如我们在第七章那里所指出的,并非末日大灾难中的余民,也不是复兴了的以色列人,更不是末日将要复活的殉道者,④而是以殉道者为代表的教会(详见该处注释)。

---

① Aune 认为,因"神和羔羊之名太长,无法完全写在额上",因此在他们额上的,是神和羔羊之名的"缩写"(*Revelation* 6-16,805-06)。此说有其可能,但"额上写着记号/名字"乃"属兽或是属神"的象征性说法,因此我们似乎没有必要做过分的揣测。

② 因着这两处经文中的"十四万四千人"都没有定冠词,有人因此认为这两组人马是不同的群体(Bousset, *Die Offenbarung Johannis*, 380;Aune, *Revelation* 6-16,804)。但在启示录中,这却是约翰惯用的手法;参,1:13 和 14:14 中的"像人子的";4:6 和 15:2 中的"玻璃海";以及 13:16-17 和 14:9 中的"记号"等等(Beckwith, *Apocalypse*, 650)。

③ Aune, *Revelation* 6-16,796. 有关 14:1-5 的结构,亦见 E. S. Fiorenza, *The Book of Revelation: Justice and Judgment*, 181。

④ Charles, *Revelation II*, 4.

但14:1－5所描绘的是什么时候的事情？对此问题，学界有两类不同的见解。第一，以“线性”方式来读启示录的人，自然要将此一图画，视为约翰在异象中，所预见的将来。也就是说，此事虽然是记录在启示录的中间，但约翰在此异象中所见之事，却是未来的。但这个未来之事，所指的是什么呢？有些学者认为此事乃20:4－6中所说的千禧年，也就是末日圣徒要与基督一同做王一千年；①但又有人认为本段经文所描述的，是新天新地中的新耶路撒冷（21:1－4;21:9－22:5）。② 这两个见解都有其可能，因为在论及末日时，旧约以及当代启示文学的作者，都曾多次提及“弥赛亚将要在锡安山（＝耶路撒冷）聚集属祂百姓，击败敌人，并建立其国度”。③ 若依字面含义来理解“锡安山”，那么此处经文所描述的，就有可能是地上的千禧年国度；但由于希伯来书12:22曾将教会和“锡安山＝天上的耶路撒冷”连结在一起，④因此以“新耶路撒冷”的方式，也就是以象征的方式，来解读这段经文，亦是可能的。

这两个类似的看法都各有理据，但它们却必须面对三个困难。（1）在前面我们已经清楚的看见，从14:1开始，约翰就借着各式对比，像是“海陆二兽—羔羊”，让本段经文和12－13章之间，有了黑白分明的对比。因此若将此观察应用在这个问题上，那么“十四万四千人和羔羊在锡安山上”之图画，所要对比的，就应该是“圣徒在兽手下受苦的悲惨情况”。将此“锡安山”图画放在未来，当然也能产生“现在”和“将来”之对比，并能为现今正在受苦的圣徒，带来些许安慰和盼望。但如是效果，却不若将“锡安山”的图画放在“现在”，因为对那些在苦难中的信徒而言，他们所需要的，不单是“将来的盼望”，也是对现今苦况的透视。也就是说，若约翰能让他的读者，看见他们在神面前的真正身份，以及他们藉忍受苦难，而能带来怎样的效果（福音广传/审判世界；参，附录十），那么他们就比较能够忍受他们现今所面对的困难了。

（2）在14:1中，羔羊乃“站立”的。此一描述，不单对比于红龙的“站在”海边的沙上（12:18），也显示祂作为一个“战士”的角色（参，诗2:8－10;启5:6）。⑤ 因此红龙集团和羔羊军队之间的争战，是依旧在进行中的。此一理解，因此就和（1）人子第二次降临，除去海陆二兽之后，所引进的千禧年国度，或是（2）新天新地中，神和圣徒

① 例如，Beckwith, *Apocalypse*, 647; Charles, *Revelation II*, 4; Walvoord, *Revelation*, 214; Thomas, *Revelation* 8－22, 190。亦参，Aune, *Revelation* 6－16, 814。

② 例如，Morris, *Revelation*, 170; Ladd, *Revelation*, 189; Beasley-Murray, *Revelation*, 222。

③ 诗2:6;赛24:23;珥3:5［2:32］;俄17,21;弥4:7;亚9:9;14:4－5;禧年书1:28;以斯拉四书2:42;13:29－50;巴录二书41:1－4;西卜神谕篇5:414－33。

④ 亦参，加拉太书4:26中的“在上的耶路撒冷”。

⑤ Ford, *Revelation*, 241; Aune, *Revelation* 6－16, 803; Osborne, *Revelation*, 525.

在新耶路撒冷城中做王的异象,有所冲突了。再者,十四万四千人的学唱新歌(14:3),以及他们乃"*初熟之果*"的描述(14:4),都显示某些事情是还在进行中的。

(3) 若14:1-5所指的是将来的"胜利庆祝大会",那么为何约翰在12:1-15:4的结尾之处,要再给我们另一个"胜利庆祝大会"呢(15:2-4)?

第二,因着这些困难,学界中就有人认为,"锡安山的异象",乃是约翰从另外一个角度,对受苦教会的描述。在他们愿意忍受因着拒绝兽之记号而有的苦难时,他们就显示了他们乃和羔羊同在锡安山上;并成为弥赛亚军队中的成员。① 或者我们可以这么说,当教会(两个见证人)愿意不计代价地走羔羊受苦之路时,她最终的胜利虽然还未完全成就(15:2-4;19:11-21),但她已然和羔羊站在同一个阵线了。而此有关末日"已经来临但尚未完全成就"的观点,是我们在前面已经多次看见的了。②

事实上,如是观点,也一样反映在新约其他作者引用旧约的手法中。以约翰在此所暗引的诗篇第2篇来说(神的儿子弥赛亚被立于锡安山上;2:6-7),③在马太的理解中(太3:17),④是关乎耶稣降生之事的(*你是我的儿子,我今日生你*;诗2:7),而对彼得而言(徒4:25-28),则教会之所以会面对逼迫的原因(万民同谋抵挡受膏者;诗2:1-3)。再举一例,本节经文的旧约背景之一,约珥书2:32(在末日锡安山上必有神所选召的人),也被彼得视为是已经应验在五旬节圣灵降临的事上了(徒2:16-21)。在此值得注意的是,在引用此一旧约应许之时,彼得不单引约珥书为证,更将约珥书中,指向末日之"*以后*(אַחֲרֵי־כֵן;2:28)"一语,以"*在末后的日子*(ἐν ταῖς ἐσχάταις ἡμέραις;徒2:17)"取而代之;而其原因,则是因为在同样论及末日万民要流归锡安山的预言中(弥4:1;赛2:2),先知们所使用的,正是此一语句。⑤

因此这些例证显示,对新约作者而言,旧约中有关弥赛亚要在锡安山上重建神国

---

① M. Rissi, *Time and History*, 56; Wilcook, *Revelation*, 132; Hailey, *Revelation*, 301-02; Roloff, *Revelation*, 169-70; R. Bauckham, *The Climax*, 229-32.

② 见,1:1c,13;5:7,9-10;11:17;13:1的经文分析。亦参,Beale, *Revelation*, 732; Osborne, *Revelation*, 525。

③ Caird, *Revelation*, 178; Ford, *Revelation*, 239; R. Bauckham, *The Climax*, 230. 有关约翰在启示录中,如何暗引此一诗篇的讨论,见2:26-28a和12:5的分析。

④ 亦参,太17:5。

⑤ B. Waltke, *Micah* in *The Minor Prophets*. Vol. II. ed. T. E. McComiskey (Grand Rapids: Eerdmans, 1993),677-78. 在本节经文背后的(14:1),也有撒迦利亚书14:4-5。从其上下文来看,先知在那里所描述的,也正是启示录中之教会所经历的事:逼迫,敌对(亚14:1-2;启12-13);神为其民争战并提供保护(亚14:3-5a;启14:1);神和属祂的人一同显现(亚14:5b;启14:1);将有活水从耶路撒冷而出(亚14:8;启22:1)。相关讨论,见T. E. McComiskey, *Zechariah* in *The Minor Prophets*. Vol. III. ed. T. E. McComiskey(Grand Rapids: Eerdmans, 1998),1227。

的预言，是在耶稣第一次降临之时，就已经开始应验的了。这些预言当然有其“未来/尚未”的面向，但当道成了肉身之时，末日之钟就已经启动了。在锡安山上，羔羊已招聚了属祂的十四万四千人；在他们的额上，祂也盖上了祂和父神的名。此名不单表示他们是属祂的军队（7:4－8），也是祂向他们所立下的保证：因着写在他们额上的名，他们将要在新天新地中有分；他们是属于新耶路撒冷城的；在那个时候，他们将要见祂的面，并要在其中事奉神和羔羊（22:3－4）。背负此名的现今意义，是苦难，眼泪，逼迫，甚或是贫穷；但不论从天上或是永恒的角度来看，此名却是天下诸名之中，至高的名。① 因此任何代价，都应该不足以让我们放弃我们所已经拥有的名。

14:2－3 我听见有声音从天而来，好像众水的声音，又如大雷的声音；我所听见的也像琴师弹琴时所发出的声音。[3] 他们在宝座前，并在四活物和众长老前唱新歌。除了从地上买来的那十四万四千人以外，没有人能学这歌（καὶ ἤκουσα φωνὴν ἐκ τοῦ οὐρανοῦ ὡς φωνὴν ὑδάτων πολλῶν καὶ ὡς φωνὴν βροντῆς μεγάλης, καὶ ἡ φωνὴ ἣν ἤκουσα ὡς κιθαρῳδῶν κιθαριζόντων ἐν ταῖς κιθάραις αὐτῶν. [3]καὶ ᾄδουσιν [ὡς] ᾠδὴν καινὴν ἐνώπιον τοῦ θρόνου καὶ ἐνώπιον τῶν τεσσάρων ζῴων καὶ τῶν πρεσβυτέρων, καὶ οὐδεὶς ἐδύνατο μαθεῖν τὴν ᾠδὴν εἰ μὴ αἱ ἑκατὸν τεσσεράκοντα τέσσαρες χιλιάδες, οἱ ἠγορασμένοι ἀπὸ τῆς γῆς）

正如先知以西结所见之异象一样（结1:4－23，24－25），约翰所见的异象中，也包括了他所看见，和他所听见的两个部分。在4:2－11（2－8a；8b－11），5:5－7（5；6－7），7:9－17（9－12，13－17），和12:9－10（9，10）等经文的分析中，我们已经晓得，约翰所听见的，通常解释了他看见的事。② 因此从此文学特色来看，这两节经文在锡安山异象中的角色，也应该是如此的。但约翰所听见的是什么呢？

在启示录的前面，约翰已经多次告诉我们，他听见从天而来的声音。例如，在1:15那里，他说人子之声乃“如众水之声”（1:15）；而在七印系列之始，他也告诉我们，四活物的声音，也有如“雷声”（6:1）。因此不论是众水之声或是雷声，它们出现的目的都是要突显此声“属神或是属天”的特性。但在此特性之外，为何约翰要再强调③

---

① 诗7:17；9:2；83:18；腓2:9。

② 亦参，Beale, *Revelation*, 736。若将7:4（听见144,000的数目）和7:9（看见无数的人站在宝座前）对比，那么约翰所看见的，也可以成为他所听见之事的解释（亦参，5:6－7和5:8－10之间“看见和听见”之间的关系）。

③ 此一文学效果，乃藉由“这个我所听见的声音……（ἡ φωνὴ ἣν ἤκουσα...）”之语句来显示的。就文法而言，此一语句并不属于前文，因此它是所谓“独立的主格（nominative absolute）”。类似的例子，亦见2:26；3:12，21。

此声音也有如"琴师弹琴时所发出的声音"呢?在天庭异象中,我们已经看见俯伏在羔羊面前敬拜祂的,是四活物和24位长老,但弹琴歌唱的(以及拿金香炉的),却只有24位长老(5:8)。究其缘由,乃因24位长老是圣徒在天上的代表,因此由他们开口颂赞羔羊在他们身上所成就的救恩,并代表众圣徒向神发出"何时伸冤"之呼吁(金香炉的象征意义),是再适合不过的了(详见该处注释)。因此若从天庭异象来看,此处从天而来之声,最可能是由24位长老的口中而出;而其内容,则是对羔羊的感谢和颂赞:感谢乃因祂所施行的救赎恩典(5:9),颂赞则是因着祂藉其救赎事工,成就了神永恒的国度(5:10)。

对圣徒而言,羔羊所成就的,乃救赎和神国的成就;但神国的显现,并不只有救赎而已,而是包括了祂对拒绝祂,并逼迫圣徒之世界的审判。因此在神施行审判之后(烈怒酒醡的刑罚;14:17-20),那些胜过兽和兽像的人(十四万四千人),自然就要因着神公义之彰显,而发出他们的颂赞了(15:2-4);而此一歌声,在神刑罚了巴比伦之后(18:1-24),也一样的要在天庭中响起(19:1-8)。① 和这两首都因末日审判而响起的歌声相较,②此处歌声之重点,在救赎,因为在十四万四千人之额上所印上的,是"羔羊和父神的名"(14:1);而此歌声之所以会响起的缘由,乃因羔羊已如旧约先知所预言的,在锡安山上建立了属祂的军队(详见上节经文注释)。

因此在14:3中,我们就看见那十四万四千人(他们),③在宝座前,并在四活物和众长老前唱新歌。④ 在5:9那里我们已经知道,在旧约中,"新歌"总是和神所行的救赎工作有关;⑤而就此而言,启示录和旧约并无差别,因为24位长老所唱的"新歌",

---

① 19:6中之"群众的声音,众水的声音,和大雷的声音",虽然在次序上和14:2中的"三个声音"有所差异,但约翰显然意图藉此语句,而将这两处经文连结在一起。

② 详见这两处经文的分析。

③ 根据5:11-12和7:11-12,有人认为此处之"他们"所指的,是天庭中的天使(Beckwith, *Apocalypse*, 651; Charles, *Revelation II*, 7; Thomas, *Revelation* 8-22, 193)。此一见解有其可能,但它却必须面对一个困难,即,"没有经历救恩的天使,要如何教圣徒唱救恩之歌(新歌)"呢(Morris, *Revelation*, 171; Mounce, *Revelation*, 268)?再者,若从14:1来看,"他们"所指的,最可能是十四万四千人(Beasley-Murray, *Revelation*, 222; Beale, *Revelation*, 735; Osborne, *Revelation*, 527)。

④ 在某些手抄本中,"新歌"之前有"有如/好像(ὡς)"一词;因此和合本就将之译为"他们唱歌,仿佛是新歌"。就经文鉴别学而言,有此语词和无此语词之手抄本的证据力不相上下,而"加上"或是"遗漏"的原因也都各有理据;因此UBS[4]和NA[27]就让此词语,以[ὡς]的形态出现了(详见,*TCGNT*, 750)。在启示录中,类似语词之作用,在表明约翰所听见或看见的人事物,乃在异象中所见(R. Bauckham, *The Climax*, 432; Beale, *Revelation*, 689),因此"唱新歌"和"唱歌,仿佛是新歌"的含义,并无太大差别。为行文简洁起见,我们的翻译就不将"ὡς"包括在内了。

⑤ 参,T. Longman III, 'The Divine Warrior: The New Testament use of An Old Testament Motif,' *WTJ* 44(1982), 290-307;特别是300-02。

也因羔羊所完成的救赎而响起。但由于新约羔羊和旧约逾越节羔羊，有着“本体”和“影儿”的差异，因此约翰在启示录中，就以一个能凸显“在本质上较新”的语词（καινὴν），①来形容此歌。

但这十四万四千人如何能在宝座前，并在四活物和 24 位长老前唱新歌呢？在人类历史的平面时空中，这十四万四千人的确只能是在兽手下受苦的教会，但在垂直的（锡安山）、属灵的（在灵里）、异象的（我又看见）时空中，他们因着羔羊和父神的名，就在天庭宝座前有了他们的位置。但若他们所代表的是教会，那么他们又怎么能在同样代表教会的 24 位长老面前唱歌呢（参，4:4 的注释）？对此问题，一个可能的解释是，在约翰的异象中，象征和象征之间，是具有弹性的。而此一现象，是我们在“妇人”和“她其余的儿女”都表教会的分析中（12:7），就已经看见的了。不单如此，在约翰将“受了致命伤之兽头”（七头中的一个；13:3），等同于“兽”（13:12，14）的手法中，我们也看见如是情况。对此问题，另一个更可能的解释是，由于此异象所涵盖的时间，是从羔羊第一次到第二次再来之间的“教会历史”，因此 24 位长老和十四万四千人是可以同时并存的。也就是说，在神还没有将“旧天旧地”更新为“新天新地”之前（启 21:5），或者说，在天和地还没有合而为一之前（新耶路撒冷；21:9－22:5），在天庭中和在地上，各自代表教会的 24 位长老和十四万四千人，是可以同时并存的。②

事实上，后面的见解也在约翰接下来所说的话中，得着证实。因为这些与天上 24 位长老同声颂赞羔羊救赎之恩的十四万四千人，乃是“从地上买来的”。但为什么是“除了这十四万四千人以外，没有人能学这歌”呢？对熟悉启示录的读者而言，此一“除了……没有人能……”的语法，应该不太陌生。因为在 2:17 那里，人子向别迦摩教会所发的应许，正是以此语法来呈现的：“得胜的，我要赐给他一块白石，石上写着新名；除了那领受的以外，没有人能认识。”在该节经文的注释中我们已经知道，这个令人有些困惑的语句，是要凸显“信徒必须与羔羊同走受苦之路，才能明白救恩的意义”。但约翰在此所说，是否也具有相同的含义呢？应该是。若从 13 章来看，拒绝兽名记号的结果，是死亡和贫穷的威胁，因此人若坚心持守那盖在他们额上“羔羊和父神的名”，那么他们的际遇就不难想象了。但正是因着他们愿意背起十架，他们就显示了他们乃羔羊的跟随者（14:4），因此也只有他们能学唱“救恩之歌”；也只有他们有资格可以开口唱此“新歌”。做耶稣基督门徒，可以有许多方面的含义，像是

① 相对于“καινὸς”，“νέος”所指的是时间上的“新”。

② 在启示录中，胜利之歌总是在天庭中响起，而此一情况，一直要到基督第二次再来时，在天开了之后（19:11），才会改变（R. Bauckham, *The Climax*, 230）。而此一现象，和我们在此所主张的，不谋而合。

勤读神的话语,常常反省更新自己,认真祷告,努力传福音等等;但不论其内涵为何,受苦却永远是"做门徒"的基调,因为走在我们前面的羔羊,乃以十字架作为祂一生的目标。

14:4 这些人未曾沾染妇女,他们原是童身。羔羊无论往哪里去,他们都跟随祂。他们是从人间买来的,作初熟的果子归与神和羔羊(οὗτοί εἰσιν οἳ μετὰ γυναικῶν οὐκ ἐμολύνθησαν, παρθένοι γάρ εἰσιν, οὗτοι οἱ ἀκολουθοῦντες τῷ ἀρνίῳ ὅπου ἂν ὑπάγῃ. οὗτοι ἠγοράσθησαν ἀπὸ τῶν ἀνθρώπων ἀπαρχὴ τῷ θεῷ καὶ τῷ ἀρνίῳ)

若从 14:1-3 来看,十四万四千人所拥有的,可说是不能再多,也不可能更荣耀的了。因为他们不单能与已升上高天的羔羊同在,还能和天庭中的 24 位长老,同声歌颂羔羊的救赎之恩。永恒的福乐,与神之间的平安和谐关系,都已确立。人生至此,夫复何求?但他们是如何达到如是境界的?在他们的身上,又有怎样的特质呢?在本节经文中,约翰以三个"这些人(οὗτοί)是……"的语句,回答了这个问题。

第一,这些人是"未曾沾染妇的人,他们原是童身"。但这句话是什么意思呢?学界对此问题的看法,基本上可以分为两类:字面的,或是象征的。就字面的含义而言,这句话的意思,(1)可以是这十四万四千人乃那些为了信仰的缘故,而拒绝婚姻的人(独身主义);①(2)或是"结了婚但无婚外的性关系"。② 前者,也就是独身主义的看法,可以从耶稣所说,"有人为了天国的缘故而自阉"的话中,找到支持,虽然耶稣在这句话之后,也加上了"这话谁能领受,就可以领受"的脚注(太 19:12)。再者,若我们将此十四万四千人,视为末日大灾难中被神特别拣选的一群人,那么在如是艰辛的熬炼中,"独身"的要求,似乎也变的十分合理了。③ 至于后者,即,"无婚外性关系"的见解,也是可能的,因为在当代文献中,"童身/处女(παρθένοι)"的含义,并不必然指向"全无性经验";而可以是"第一个婚姻"。④

---

① 例如, Alford, *Apocalypse*, 685; Moffatt, *Revelation*, 436; Glasson, *Revelation*, 85; Collins, *Apocalypse*, 100(亦见同一作者的 *Crisis and Catharsis* [Philadelphia: Westminster Press, 1984], 130-31); Roloff, *Revelation*, 171-72。亦参, D. C. Olson, ' "Those Who Have Not Defiled Themselves with Woman": Revelation 14:4 and the Book of Enoch,' *CBQ* 59(1997),492-510。Olson 认为约翰在 14:4 所暗引的,乃以诺书 6-19 章。约翰的目的,在显示那些因着"随意娶了人的女儿而玷污了自己"的神的儿子们(天使;创 6:1-4),就此丧失了他们属天祭司的位置;而十四万四千人则是新的"神的儿子们",因为他们没有被女人所玷污。此说相当新颖,但启示录 14:4 和以诺书之间的联系,并不若 Olson 所说的那么紧密。再者,在启示录中,圣徒是否如他所说的,等同于天使,也十分令人怀疑,因此这个见解并不令人信服。

② 例如,Kiddle, *Revelation*, 267-8。

③ Thomas, *Revelation* 8-22,195.

④ J. M. Ford, 'The Meaning of "Virgin",' *NTS* 12(1966),293-99. 有关第二世纪之后的教会如何高举独身主义的论述,见巴克莱,《启示录注释 II》,页 132。

主张以“字面”含义来理解这句话的人，虽然各有理由，但他们却必须面对两个困难。（1）就整本圣经而言，婚姻（包括性）乃神的设计，是神建立其国度的方法（生养敬虔后裔）。① 因此婚姻从一开始，就有其积极正面的意义。也因着如此，丈夫和妻子之间的关系，就可以成为神和人之间关系的“类比”（弗5:22－33）。婚姻关系，在未来的世界中将要废去（不嫁不娶②），因在其时，天国已经完全成就了。但在那个时刻来临之前，婚姻依旧是神让人繁衍后代，好叫人完成文化使命的途径（遍满地面，管理这地；创1:28）。因此若说约翰在此提倡独身主义，恐怕和圣经整体的教训，有所冲突。③ （2）就整卷启示录而言，“象征”乃约翰在传达其信息时，所使用的主要工具；而此一现象，也在这段经文中出现，像是14:1－3中的“锡安山”，“十四万四千人”，“名字写在额上”，“大雷和众水之声”，“四活物”，“众长老”，以及本节经文中的“羔羊”和“初熟之果”。因此在如是文脉中，要以字面方式来理解“未曾沾染妇女”和“童身”，需要有足够坚强的理由。

准此，学界中就有人主张以象征的方式，来解读“未曾沾染妇女”和“童身”。④ 但这两个语词的象征意义又是什么呢？在原文中，“沾染/污秽（ἐμολύνθησαν）”乃被动语态的动词，因此“未曾被妇女沾染”和“是［＝守住］童身”，是约翰对同一个情况，从反面和正面的描述。就“未曾被妇女沾染”而言，在启示录17章中，我们首先看见约翰将统管世界的巴比伦（＝罗马＝兽），描述为“大淫妇”（17:1），随后他则是告诉我们，和她“行淫”的，是“地上的君王”；而喝醉了她“淫乱之酒”的，是“住在地上之人”（17:2）。因此若从此经文来看，“未曾被妇女沾染”的意思，就是拒绝这个世界所提供虚假的救赎和平安。在约翰的当代，此一救赎和平安，乃藉由参与“帝王崇拜”和“商业公会”而来，⑤因此约翰在此告诉我们，这十四万四千人乃是对这个世界说“不”的人。事实上，在人子给七个教会的书信中，祂对以弗所教会的称赞（2:6），以及祂对别迦摩和推雅推喇教会的责备（2:14，20），都正是本于他们拒绝了，或是降服于这个世界之诱惑而发的。再者，在撒狄书信中，我们也看见人子对那些没有污秽自己衣服之人的称赞，而人子对他们的应许，是祂将要把“白衣”，也就是得以参与人子弥赛亚

---

① M. G. Kline, *Kingdom Prologue*, 44－47.

② 太22:30；可12:25；路20:35。或者更准确的说，将要“升华”。

③ Charles因此推论，此一倡导“独身”的经文，乃“修道士”的批注，而后在经文传承的过程中，被抄经者抄录了进去（*Revelation II*，9）；但此说完全没有从手抄本而来的支持。

④ 例如，Swete, *Revelation*, 179；Caird, *Revelation*, 179；Mounce, *Revelation*, 270；Beasley-Murray, *Revelation*, 223；Chilton, *Days of Vengeance*, 365；Fiorenza, *Revelation*, 88；Beale, *Revelation*, 738－41；Osborne, *Revelation*, 528－29。

⑤ 参2－3章和13:11－18的注释。

军队的权柄(参,19:14),赐给他们(3:4)。在那个应许中,他们身穿白衣,与人子同行的画面,和此处十四万四千人与羔羊同在锡安山的图画,是十分神似的。

就正面的“童身”而言,约翰在19:7-8则告诉我们,教会乃羔羊的“新妇”。但她是如何成为新妇的呢?乃因她身上穿着一件光明洁白的细麻衣,而此细麻衣,正是圣徒所行的义。此一画面,和保罗在哥林多后书11:2那里所说,“我曾把你们(哥林多教会)许配一个丈夫,要把你们如同贞洁的童女,献给基督”,有一样的意思。再者,在旧约中,由于以色列是已经许配给耶和华神的“锡安的处女”(王下19:21;赛37:22;哀2:13),或是“以色列的处女”(耶18:13;31:4,21;摩5:2);因此当她投向别神的怀抱时,“淫妇”之名就要落在她的头上了(参,耶18:13;结16:38;23:1-21;何2:5)。从保罗和旧约的角度来看,此处“童身”所指,应该不是字面上的含义,而是指圣徒在信仰上对神的忠贞。

但约翰为何会将通常用来描述女人贞洁的语词,用在男人的身上呢(没有被女人玷污)?究其原因,可能是因为此处的十四万四千人,乃弥赛亚军队;而在旧约中,军队乃由男人所组成。在旧约以及死海古卷中,属耶和华神之军队,在进行战争之时,其条件就是要保持礼仪上的洁净,而在其中,则是包括了“禁欲”(申23:9-10[10-11];撒上21:5;撒下11:8-11;1QM 7:3-6)。[①] 因此借着“不被女人玷污”以及“童身”,约翰凸显了十四万四千人在进行和这个世界之争战时,所具有的特色,那就是,为了保持他们对神的忠贞,他们不向这个世界妥协低头。

第二,这十四万四千人也是“羔羊无论往那里去,他们都跟随祂”的人。当人子羔羊在世之时,祂对那些想要成为门徒之人的要求,就是跟随祂。[②] 此一“跟随”,包括了两个部分:舍己,背起他的十字架(可8:34)。舍己乃因“老我”倾向与世界妥协;而背起十字架乃为学效基督。在“不被女人玷污”和“童身”的象征中,前者已经出现,因此这里之“跟随”的重点,恐怕是落在“十字架”上。毕竟羔羊一生的终点,正是在各各他的山巅之上。事实上,耶稣有关做门徒之教训,以及约翰在此所说的,其实和保罗在罗马书12:1-2中对信徒之劝勉,并无二致:“所以弟兄们,我以神的慈悲劝你

---

① Caird, *Revelation*, 179; R. Bauckham, *The Climax*, 230-31; Osborne, *Revelation*, 529. 虽然Yarbro Collins以“字面”的方式来解释此处的经文,但她也认为此处经文的背景,也包括了“圣战”(*Apocalypse*, 100)。申命记23:9-10所言,原文是“发生在晚上的事”,因此它可能是“因懒惰而在营区之内尿尿”(P. C. Craigie, *The Book of Deuteronomy* [Grand Rapids: Eerdmans, 1976], 299),但若参照利未记15:16,此处经文所言比较可能是“梦遗”(D. L. Christensen, *Deuteronomy 21:10-34:12* [Nashville: Thomas Nelson Publishers, 2002],542)。此一在礼仪上的规定,在撒母耳记和死海古卷中,都被理解为“禁欲”。因为如果非自愿性的“梦遗”,都会造成礼仪上的不洁净,那么自发性的性活动,对礼仪洁净的影响,恐怕就更大了。

② 太10:38;路17:33;约12:25-26;13:36。亦参,彼前2:21;启12:11。

们；要将身体献上当作活祭，是圣洁的，是神所喜悦的。你们如此事奉，乃是理所当然的。不要效法这个世界，只要心意更新而变化，叫你们察验何为神善良纯全可喜悦的旨意。”

第三，除了对神忠贞，并愿意不计代价地跟随羔羊之外，约翰也告诉我们，这十四万四千人也是“从人间买来的，作初熟的果子归与神和羔羊”。在上一节经文的结尾之处，约翰已经告诉我们，这十四万四千人乃是“从地上买来的（οἱ ἠγορασμένοι ἀπὸ τῆς γῆς）”，因此他在这里再次提及他们乃“从人间买来的”，应有强调此一真理的意图。此一作为，其实不难理解，因为在凸显圣徒拒绝世界，并跟随羔羊的“义行”时，一个可能的副作用，是让人产生“因行为称义”，或是“人可以靠苦行甚至殉道来完成救赎”的错觉。但借着重复“从地上/人间*买来的*”，如是副作用就可以避免了。若“称义”是信仰的起点，“成圣”则是“称义”后续外在的体现；而这两者，有如一个人的“出生”和“成长”，是彼此相属而不能分割的。

“从人间买来”之目的，是要“作初熟的果子归与神和羔羊”。将羔羊和神并列，是约翰为高举基督而有的惯用手法，①但“初熟的果子（ἀπαρχὴ）”的意思是什么呢？若参照当时希腊文文献中的用法，“初熟的果子”所指的，可以是“全心摆上的仆人”。② 因此约翰在此所要强调的，是十四万四千人对神和羔羊全心、毫不保留地事奉。此说有其可能，但此一见解不单让“作初熟的果子归与神和羔羊”一语，在含义上和“至死跟随羔羊而行”的描述重复，也没有让充满着“初熟之果”概念的新旧约（详下），在此扮演它们所应该有的释经角色。③

在旧约中，“初熟之果”是神要以色列人将其土产中，最先收成的部分，归给祂的奉献之物。④ 藉此祭物，以色列人表明他们对神丰富供应的感恩，并藉此使其后所收成的，成为圣洁。此一礼仪规条，因着羔羊大祭司一次永远将自己当作祭物献给神之后，⑤自然就不再具有实践上的意义了。但蕴含在此一规条中的真理，却不致因此就走入历史。由是在新约中，（1）基督的从死里复活，就成为圣徒将来必要复活的铁证，

---

① 参，启 5:13；7:10，17；21:22，23；22:3。

② Aune, *Revelation* 6－16，817－18.

③ 有关“初熟之果”在旧约，七十士译本，犹太法典和新约中的意义，Aune 的确给了我们相当详尽的分析（*Revelation* 6－16，814－18），但这些背景却似乎没有在他决定此处经文之意义时，扮演任何的角色。

④ 出 23:16，19；34:26；民 18:13；尼 10:35；结 44:30。“初熟之果（בִּכּוּרֵי）”亦可以是要献给神的“头生牛羊等家畜”（尼 10:36），或是单纯不具有献祭意义的“长子”（诗 135:8；赛 14:30）。但在“至死追随基督”，和“没有瑕疵”（14:5）之上下文中，以“献祭”之概念来理解“初熟之果”，应是十分合理的事。

⑤ 参，来 7:27；9:12；10:12－14。

因为祂乃是此事的"*初熟之果*"(林前15:20-23);(2)住在我们里面,已然带来生命更新之圣灵,也是我们身体将来得赎,进入荣耀之境的保证,因为祂在我们生命中所已经成就的,是将来之事的"*初熟之果*"(罗8:23);(3)若以色列这个"*初熟之果*(和合本作新面)"是圣洁属神的,那么教会(整个面团)也一样是圣洁属神的了(罗11:16);由是对雅各而言,(4)第一世纪的教会,就可以是神新创造中的"*初熟之果*"(雅1:18);①而对保罗来说,(5)以拜尼土和司提反一家,因着他们是亚细亚和亚该亚地区中最先信主的,因此他们也自然都是"*初熟之果*"了(罗16:5;林前16:15)。②

在旧约中,"*初熟之果*"包含了两个概念:献祭和代表(指向其后的收成)。但在上列新约经文中,其重点似乎都落在后者。因此若从新约来看,以此方式来理解约翰在此所说的"*初熟之果*",似乎是比较合理的。③ 此一理解,其实也为其上下文所支持。第一,就上文而言,我们在"至死跟随羔羊"的描述中,已经看见献祭/牺牲之概念的出现,并且也已经被约翰转化为"跟随羔羊",④因此这里的"*初熟之果*"的焦点,应在其"代表性"。第二,就下文而论,我们不单立即在接下来的经文中,听到天使宣告"*有永远的福音要传给地上的人*"(14:6-7),也在14:14-16中,随后看见"庄稼被收割了"的画面。

但若此言属实,这些作为"*初熟之果*"的十四万四千人,所指向的是谁呢?若他们是犹太基督徒(参,7:4-8),那么随后而来的"整个面团"就是外邦基督徒了;⑤若他们是末日大灾难中,被神特别拣选和保守的一群人,那么跟在他们后面而来的,就是人子第二次再来之时,所要从东南西北召聚而来的人;⑥而若他们是末日复兴之以色列中,那些忠于神的人,那么他们所指向的,就是整个以色列族了。⑦ 类似的见解还

① J. B. Adamson, *The Epistle of James* (Grand Rapids: Eerdmans, 1976), 77; P. H. Davids, *The Epistle of James* (Grand Rapids: Eerdmans, 1982), 90.

② 在新约中,我们唯一没有提及的"初熟之果(ἀπαρχὴ)",出现在帖后2:13。而其原因,乃因我们无法确定此一语词是否为原始经文。在许多具有分量的手抄本中,ἀπαρχὴ是以"ἀπ' ἀρχῆς"之形态出现,而和合本也持此见,并将之译为"神从起初拣选你们";而非"神拣选你们为初熟之果"。

③ 在学界中有人认为,此处经文的焦点,在十四万四千人乃献给神的"祭物/初熟之果"(例如,Ladd, *Revelation*, 192; Mounce, *Revelation*, 271; Roloff, *Revelation*, 172; Beale, *Revelation*, 744)。

④ 因着人子羔羊所成就的,而将旧约人事物"转化"的手法,是我们在前面已经多次看见的了(参,1:6[祭司国度];2:9;3:9[撒但一会];5:5-6[争战手法:狮子—羔羊];5:8[金香炉];7:14-17[出埃及];11:4[两个灯台];12:6[旷野]);而此一手法,也已经在14:1的"锡安山"中出现了,因为如今在锡安山上召聚属祂百姓的,是人子羔羊,而非旧约预言中的耶和华神。

⑤ Quispel, *The Secret Book of Revelation*, 85.

⑥ Caird, *Revelation*, 180.

⑦ Walvoord, *Revelation*, 216.

有许多，①但我们在前面已经晓得，这十四万四千人乃代表整个教会的殉道者（相对于臣服在兽［罗马］手下之住在地上的人），因此他们为信仰所付上的代价，不单显示他们的确是羔羊之军（14:1），也让他们成为“初熟之果”；因为他们的牺牲，并非枉然，而是有其积极正面的结果，那就是福音的广传（14:6－7），和多人归入主的名下（像是我们）。②保罗之所以愿意付上“向什么样人，就做什么样的人”的代价，乃因他和这十四万四千人一样，深知他所行的，能让人和他同得福音的好处（林前10:23－24）。

14:5 在他们口中没有谎言；他们是没有瑕疵的（καὶ ἐν τῷ στόματι αὐτῶν οὐχ εὑρέθη ψεῦδος, ἄμωμοί εἰσιν）

在上一节经文中，约翰借着“童身”、“羔羊跟随者”的语言，显示了十四万四千人与世界，和与羔羊的关系。而因着他们向世界说不，并向羔羊说是，这一群人就成了归给神和羔羊的“初熟之果”。他们是属神的，也是那些将要和他们一样，在世上争战之人的模范和代表。但在这些特色之上，约翰在本节经文中，又借着两个反面的说法，让我们对这一群人有更多的认识，即，“没有谎言，没有瑕疵。”

从表面上看起来，这两个描述的目的，是要凸显十四万四千人在道德方面的特色。③ 但在“他们乃羔羊之军”的背景中，“没有谎言”和“没有瑕疵”的含义，恐怕都不止于此。就“没有谎言”来说，以赛亚书对“受苦羔羊”之描述之一，正是“口中没有诡诈”（53:9）；因此在“羔羊跟随者”的身上，我们也应看见如是特质。但和此处启示录经文更靠近的，恐怕是先知西番雅所发，“将来必有余民”的预言（番3:9－20），因为这段经文所论及之事，像是（1）神在其子民中显现（番3:13，15，17；启14:1），（2）神的子民投靠神的名（番3:12；启14:1），（3）锡安山的出现（番3:14，16；启14:1），以及（4）颂赞神所施行之救恩（番3:14－20；启14:2－3）等等，都和启示录14:1－5有所呼应。④ 在此预言中，那将要复兴之余民的特色之一，是“不说谎言，口中也没有诡诈的舌头”（番3:13）。就表面上看起来，此一描述旨在凸显复兴的以色列，乃一“言语诚实”的群体。但由于此处预言之内容，乃相对于前面神对以色列人之恶的谴责（番3:1－4），⑤因此在上下文中，如是描述乃是与以色列先知和祭司之虚浮诡诈，错

① 例如，（1）144000人＝末日复兴的以色列，“后来的”就是“从世界各地而来的人”；或是（2）144000人＝新约圣徒，其后而来的则是“旧约圣徒”（学者索引，见Beale, *Revelation*, 742）。

② 亦参，Swete, *Revelation*, 180; R. Bauckham, *The Climax*, 293。

③ Aune认为14:4所言乃礼仪上的洁净，而本节乃道德上的完全（*Revelation* 6－16，822）。

④ 此乃J. Fekkes所观察到的（*Isaiah and Prophetic Traditions in the Book of Revelation*, 191）；但笔者也在其上，加上了自己的观察。亦参，L. P. Trudinger, The Text, 125－26; C. G. Ozanne, The Influence, 122; Beale, *Revelation*, 746－47。

⑤ J. A. Motyer, *Zephaniah* in *The Minor Prophets*. vol. III. ed. T. E. McComiskey (Grand Rapids: Eerdmans, 1998), 953.

讲真理,强解律法的恶行(3:4),彼此对照。从此角度来看,“不说谎言,口中也没有诡诈”所指的,是复兴之以色列余民,将要信实地传递从神而来的信息,忠心传讲神的话。

就约翰而言,教会(犹太信徒+外邦信徒)已是如是应许的承受者(参,1:6),而在启示录的一开始,他也明言他在本书中所要做的,正是将神的道和耶稣基督的见证,都见证出来(1:2)。不单如此,在启示录11章中,借着两个见证人的异象,约翰也让我们知道,教会乃神在这个世界中,向这个世界发光说话的金灯台。再者,在12:11那里他也再次指出,教会(弟兄)所肩负的使命,就是向这个世界作“见证”。因此从这些前文看来,约翰在此将先知西番雅之预言,应用在教会身上,是再合理不过的了。① 但和上述启示录经文相较,约翰在这里却以反面论述的方式,即,在他们口中没有谎言,来突显教会所肩负传讲真理的特色。② 就目的而言,正面和反面的论述,并没有太大差别,但他在此采用反面陈述之手法的原因,应是为了要让这十四万四千人,和属兽集团之间产生对比而有的。因为从2:6开始,属龙伴兽之人(以及他们的主子)的主要特色和工作,就是以谎言,以虚假之真理来迷惑人。③

那么“没有瑕疵”呢?约翰藉此所要强调的是什么呢?在道德方面的完全,要在新天新地中,才有可能全面的实现;因此此处之“没有瑕疵”,其含义恐怕是超越道德层面的。在旧约中,献给神的祭物,以及职司献祭之事的祭司,都必须是“没有残疾”的(出29:1;利4:3;5:15;22:17-25;结43:22-24);而其原因,乃为反映耶和华“圣洁完全”的特性。而此一特色,不单在新约人子的身上全然表露了出来,因为祂乃“无瑕无疵无玷污”的羔羊(来9:14;彼前1:19);也是神所加给那些属羔羊之人的恩典(弗1:4;5:27;西1:22)。因此这十四万四千人,自然也要具有如是特点了。在启示录的文脉逻辑中,“没有瑕疵”所指的是他们至死忠心跟随羔羊的心志,以及他们为此而必须付上的代价;因此在“祭司+祭物”的图画中,约翰为此十四万四千人的段落,画下了一个完美的句点。向着世界,十四万四千人乃一只属神的“祭司军队”,但和其领袖一样的,他们乃以“自我牺牲”作为他们争战的兵器。

14:6-7 我又看见另一位天使飞在空中,有永远的福音要传给住在地上的人,就是各国各族各方各民。[7] 他大声说,应当敬畏神,把荣耀归给祂,因祂施行审判的时候已经到了;要敬拜创造天,地,海和众水泉源的那一位(Καὶ εἶδον ἄλλον ἄγγελον πετό-

---

① C. G. Ozanne, The Influence, 122; Beale, *Revelation*, 746-47.
② R. Bauckham, *The Climax*, 285.
③ 亦参,2:9,14,20;3:9;9:2-3,19-21;12:9;18:23;19:20;20:3,8,10;21:27;22:15。

μενον ἐν μεσουρανήματι, ἔχοντα εὐαγγέλιον αἰώνιον εὐαγγελίσαι ἐπὶ τοὺς καθημένους ἐπὶ τῆς γῆς καὶ ἐπὶ πᾶν ἔθνος καὶ φυλὴν καὶ γλῶσσαν καὶ λαόν, [7]λέγων ἐν φωνῇ μεγάλῃ, Φοβήθητε τὸν θεὸν καὶ δότε αὐτῷ δόξαν, ὅτι ἦλθεν ἡ ὥρα τῆς κρίσεως αὐτοῦ, καὶ προσκυνήσατε τῷ ποιήσαντι τὸν οὐρανὸν καὶ τὴν γῆν καὶ θάλασσαν καὶ πηγὰς ὑδάτων)

在看见了海兽(13:1－10)、陆兽(13:11－18)和锡安山异象之后(14:1－5),约翰"又看见了(Καὶ εἶδον)"三个天使的异象(14:6－13)。从14:8和14:9中,"又有另一个天使,第二个,接着说"和"又有另一个天使,第三个,接着他们说"的用语来看,①这三个天使显然彼此相属,自成一个系列。但约翰借着这个异象所要表达的是什么呢?若我们将锡安山异象,视为末日所要发生的事,②那么此异象所言,也应如是。也就是说,约翰从这个三天使之口中所听见的,是神末日的审判。③但在14:1－5的分析中,我们已经晓得,④锡安山之异象所显示的,乃教会(十四万四千人)属天的真正身份,即,与这个世界争战的羔羊之军;因此跟随在其后的这个异象,并不必然就是约翰所预见之末日景象。

但这个异象所说的是什么呢?要回答这个问题,我们恐怕得退后一步,再次检视这个异象所属的段落(12:1－15:4)和前一个段落之间的关系(10:1－11:13)。第一,在前面我们已经知道,借着"一载两载半载＝42个月＝1260天"的设计,约翰已然将两个见证人(10:1－11:13),和教会与红龙集团争战(12:1－15:4)的两个段落,并排在一起了。第二,在前一个段落中,从天降下,右脚踏海,左脚踏地的大力天使(10:1－6),也和红龙从天坠落之后(12:9),只能站在海陆交界的沙滩上,呼召海陆二兽为之争战的情节,互相对应。第三,两个见证人所拥有的权柄,不单可以"叫天闭塞","叫水变为血",并能"以各样灾殃攻击全地"(11:6);而在后一个段落中和他们对应的十四万四千人,不单具有属天羔羊之军的身份(唱新歌),也能拒绝坐在众水之上,管辖地上众王的大淫妇(17:1, 18;参14:4的"未曾沾染妇女")。因此借着"时间"和"空间(天—地—海)"上的联系,这两个段落可说是一对双胞胎。⑤

就14:6－13而言,此一观察的意义是,这三个天使所对应的,乃10:1中,从天而来的大力天使。在10:6那里我们已经提及,此一大力天使的宣告——"不再耽延",

---

① Καὶ ἄλλος ἄγγελος δεύτερος ἠκολούθησεν λέγων;
Καὶ ἄλλος ἄγγελος τρίτος ἠκολούθησεν αὐτοῖς λέγων.

② 持此之见的相关学者,见14:1的注释。

③ Hendriksen, *More than Conquerors*, 153; Ladd, *Revelation*, 192－93; Mounce, *Revelation*, 272－73; Aune, *Revelation* 6－16, 826; Beale, *Revelation*, 747.

④ 亦见,附录十:启示录14:1－15:4和其他经文的关系。

⑤ 亦参, R. Bauckham, *The Climax*, 284。

所指的是神向但以理所隐藏,“末日神要藉圣徒受苦来建立神国”的计划,已在人子羔羊之死,以及教会也随之受苦的历史中,开始实现了;因此神国“不再耽延”。而此一神国的实现,在接下来的经文中,则是以两个见证人之异象来呈现的(11:3-13)。和此相较,约翰在12-14章的段落中,则是将十四万四千人(=两个见证人)的异象放在前面,而把天使的出现,放在后面。此一次序上的调整,一方面是为着要让“十四万四千人”和“属兽集团”(13章)产生鲜明对比;但在另外一方面,也可能是因着这十四万四千人,乃“羔羊跟随者”的缘故。因为在12章中,跟随在“羔羊男孩”在地上胜过红龙之事的(12:4-5),是天使米迦勒在天上击败红龙的战争(12:7-10)。简言之,是地上的事记录在先,而其属天意义则随后显明。

从如是对应的角度来看,约翰在14:6-7中所说的,就变得比较清晰了。第一,在紧邻上文完全没有提及任何天使的情况下,约翰在此处所说,“我看见另一个(ἄλλον)天使”的话,的确令人困惑。① 但从上述分析来看,和此处“另一个”天使所对应的,乃10:1-11中,将“展开了的书卷(神国建立守则)”交与约翰(教会的代表)的天使。②

第二,此处天使的使命,乃是要将“永远的福音传给住在地上之人”。但约翰为何要称此福音为“永远的(αἰώνιον)”,而其内涵又是如何的呢?在学界中有人基于如下的理由,而认为此一天使所带来的信息,是神的审判;此审判不单是末日的,无法避免的,而其效果也将持续到永恒,因此它就是一个“永远的”审判了。何以见得?(1)此处之“福音”一语,并无定冠词,因此它就和新约中,其他的“福音”有所差别了。③(2)在新约其他经文中,“福音”所指乃神藉耶稣基督所带来的拯救,但此一概念却没有在此出现。不单如此,若从随后两个天使的宣告看来(14:8-11),此一天使呼吁人敬畏神,归荣耀给祂的原因,乃因神的审判即将临到。④ (3)此处经文中的“大声宣告”,“飞在空中”,和“住在地上的人”等语词,都曾在8:13中出现,而该处经文的信息是“祸哉,祸哉,祸哉”,因此这里的“福音”,也应是如此。⑤ (4)审判信息之所以会

① 为解决此一困难,(1)有人以那些没有“另一个”之手抄本,为原始经文(Lange, *Revelation*, 285),但经文鉴别之证据并不支持此见(*TCGNT*, 751);(2)有人主张此处之“另一个”,没有特别意义(Mounce, *Revelation*, 272),但此解释有逃避困难的嫌疑;(3)有人则认为此处之“另一个”,乃因11:15中“吹响第七号的天使”(Swete, *Revelation*, 181),或是12:7中之米迦勒而有的(Thomas, *Revelation* 8-22, 202)。

② 14:8,9中的另外两个天使所对应的,也是10:1-11中的天使。

③ Charles, *Revelation II*, 12。也因着如此,Aune就将此一词组译为“永远的信息”(*Revelation* 6-16, 825)。

④ Ford, *Revelation*, 247; Mounce, *Revelation*, 272-73.

⑤ Beale, *Revelation*, 749.

是“福音”，乃是因为在神对世界的审判中，圣徒的冤屈就得着平反，神的公义得着彰显，①而祂所应许的末日，也将要临到。②

这些理由看似十分充分，但在细究之下，却不一定都站得住脚。（1）有无定冠词，其实并不能成为决定此一“福音”，是否与其他“福音”有别的根据。在罗马书1:1那里，当保罗说他乃奉召传“神的福音（εὐαγγέλιον θεοῦ）”时，其“福音”一语也没有定冠词。事实上，没有定冠词的语词，其重点反而在强调此一语词所具有的“品质”；③因此我们自然也就看见约翰以“永远的”一词，来形容此一“福音”了。正如我们在前面所见，“永远的”可以具有“末日，不可避免的”含义，但若参照10:7——“正如神所传给祂仆人众先知的佳音（εὐηγγέλισεν）”，此处“永远的”，意思恐怕是“古旧的”。也就是说，约翰在此所要强调的，不是福音的永恒未来性，而是“此福音乃神所应许，而如今已然开始成就”。对第一世纪的犹太基督徒而言，福音当然有其“未来永远”的面向（永生和永死），但在等候了数百年，终于见到如是应许的实现，他们的兴奋之情，常常是溢于言表的（参，路1:67－79；2:25－32；罗1:2－7；彼前1:8－12）。

（2）在5:6那里，“羔羊”的牺牲，早已在祂“被杀了”的图画中，清楚显明了出来；而其牺牲的果效，也随后在24位长老的颂赞中（从各国中买了人来；5:9），有了最完整的呈现。因此当祂和祂从地上买来的十四万四千人在锡安山上出现时，“福音”的主要元素，其实都没有缺席。福音的确可以是“神藉耶稣基督所完成的救赎”，但难道我们不能容许约翰有一点点的创造力，将如是真理以别的方式来表达吗？再者，在11:13那里我们已经晓得，两个见证人之牺牲所带来的结果，即，世人恐惧，归荣耀给神，其含义正是人悔改归向神。④ 因此当天使宣告“应当敬畏神，要将荣耀归给祂”时，“福音”的要求—悔改归正，也一样出现。

（3）此处经文和8:13之间的确有许多类似之处，但在那里宣告审判信息的，是“飞鹰”，而此处则是“另一个天使”；因此这两节经文的“主角”，并不一样。其平行之处，乃因他们所扮演的角色，以及其对象的相似而有的。

（4）对被欺压的圣徒而言，世界受到审判的确可以是“福音”。但若从11:3－13和14:1－5来看，此处天使之所以会向这个世界宣告“福音要传给住在地上之人”的原因，乃因十四万四千人（＝两个见证人）已然跟随了羔羊，并藉其意愿受苦的心志和

① Charles, *Revelation II*, 12; Morris, *Revelation*, 173; Hughes, *Revelation*, 161.
② Ladd, *Revelation*, 193; Beale, *Revelation*, 750.
③ S. E. Porter, *Idioms of the Greek New Testament*. 2nd ed. (Sheffield: Sheffield, 1994), 104－05.
④ 详见该处注释。

行为,向世界做了福音的见证。①

除了纯以审判观点来解读这段经文之外,在学界中也有人基于如下理由,认为此处天使所宣告的,不单有审判,也是"救恩/福音"。(1)福音不单已经一次交付圣徒(犹3),而教会也被赋与向万民传扬的责任(太28:19;可16:15);②因此"永远的福音"和"住在地上的人=各国各族各方各民"等语句,正是如是教训的反映。(2)施洗约翰在旷野所发的呼吁:"天国近了,你们应当悔改"(太3:12),以及耶稣在加利利所做的宣告:"日期满了,神的国近了,你们应当悔改信福音"(可1:15),也在此处天使的宣告中反映了出来:"祂施行审判的时候已经到了"(启14:7)。再者,"敬畏神"(参,路1:50;12:5;徒10:35),"把荣耀归给祂"(参,太5:16;9:8;15:31),和"要敬拜创造天、地、海和众水泉源的那一位"(参,徒14:15)等等,也都是耶稣和保罗在传扬福音时,所想要带出来的结果。③ (3)在旧约中和启示录14:6-7最接近的,是诗篇96篇,因为(a)"天天传扬(LXX εὐαγγελί ζεσθε)祂的救恩"(96:2b),和"永远的福音"互相呼应;(b)"在列邦中述说祂的荣耀,在万民中述说祂的奇事"(96:3),和"将荣耀归给祂"以及"各国各族各方各民"④彼此对应;(c)而"敬畏神"、"归荣耀给祂"和"敬拜祂"的元素,也一样出现在该诗篇中的7-9节。在此值得注意的是,以"好消息"而大大出名的以赛亚书(40:9;41:27;52:7;61:1),其"福音"的对象总是耶路撒冷和犹大,因此约翰在此暗引诗篇96篇,可说是经过深思熟虑的,因为只有此处诗篇乃以万国为"福音"的对象。⑤ 因此从约翰所暗引的旧约经文来看,此一天使所宣告的信息,乃福音。(4)若参照启示录11:13;15:4;16:9和19:5等经文,我们恐怕必须说,在约翰的认知里面,"敬畏神,把荣耀归给祂"的意思,是等于"悔改"的。⑥

因此不论是从新旧约,或是从启示录的本身来看,14:6-7中之天使向这个世界

---

① 亦参,Ellul, *Revelation*, 174。

② Hailey, *Revelation*, 306-07. 亦参,Stuart, *Apocalypse II*, 294-95; Caird, *Revelation*, 182。

③ Chilton, *Days of Vengeance*, 361; Harrington, *Revelation*, 151; Michaels, *Revelation*, 173.

④ 在此值得注意的是,当约翰暗引此诗篇时,特别将"列国"和"万民"放在"各国各族各方各民"的头和尾,因此就产生了无所不包的文学效果了。有关此一词组在启示录中所扮演的角色,见附录一:"各族各方各民各国"。

⑤ 此乃R. Bauckham的观察(*The Climax*, 286-89)。此一见解也为Aune(*Revelation* 6-16,826)和Osborne(*Revelation*, 535-36)所采纳。W. Altink主张,站在启示录14:6-7后面的,是大卫在迎回约柜之后,所唱的赞美诗('1 Chronicles 16:8-36 as Literary Source for Revelation 14:6-7,' *AUSS* 22[1984],187-96; 'Theological Motives for the Use of 1 Chronicles 16:8-36 as Background for Revelation 14:6-7,' *AUSS* 24[1986],211-21)。此一主张其实更强化了Bauckham的观察,因为历代志上16:8-36和诗篇96篇之间的平行关系,早已为学界所知(M. E. Tate, *Psalms* 51-100,507)。

⑥ Aune, *Revelation* 6-16,827; Osborne, *Revelation*, 535. 相关经文的分析,亦见前面11:13的注释。

所宣告的信息，是“永远的福音”。而此动作，并非在末日审判即将来临之前才会发生。在这段经文中，约翰乃以一个象征性的图画，来显示当十四万四千人所象征的教会，愿意不计代价的来跟随羔羊时，他们之所行对这个世界的意义。① 从一方面来说，他们所传的福音，是他们向这个世界所发“要悔改”的邀请；但从另一方面来说，当这个世界拒绝他们的信息时，“永死”的结果就已经确立了；因此神施行审判的时候也就到了。② 福音既是源出于神，而祂又是“创造天、地、海和众水泉源”的主，那么从祂而来的，自然就不会，也不应该是一个“悉听尊便”的信息。福音的确是个“好消息”，但它在同时也是个严肃的信息，因为人对它的态度，就决定了他或是她永恒的命运。耶稣在论及神国降临之时所说的话，不论在当代的听众，或是在二十一世纪之人的耳中，也许都有些刺耳，并且也给人“相当独断”的印象，但“不与我相合的，就是敌我的；不同我收聚的，就是分散的”的语言（太 12:30；路 11:23），却恰恰反映出福音的严肃性。我们所传的，可曾反映了福音的如是面貌呢？或者再退一步来说，我们可曾认真的看待神已经托付在我们身上，要向万民传福音的责任呢？

14:8 又有另一个天使，第二位，接着说，那曾叫万民喝她邪淫颠狂之酒的大巴比伦城，倾倒了，倾倒了（Καὶ ἄλλος ἄγγελος δεύτερος ἠκολούθησεν λέγων, Ἔπεσεν· ἔπεσεν Βαβυλὼν ἡ μεγάλη ἣ ἐκ τοῦ οἴνου τοῦ θυμοῦ τῆς πορνείας αὐτῆς πεπότικεν πάντα τὰ ἔθνη）

在这个世界拒绝十四万四千人所传的福音（14:1－5），并逼迫他们之后（13:15－18），她的审判就不可避免了。由是“三天使异象”中的第二个，也接着出现。和第一个天使一样，他也是相对于 10:1 中的大力天使；而约翰虽然没有明言，但他恐怕也是一样的飞在空中（参，14:6）。③ 细心的读者在此应该还没有忘记，在羔羊男孩被提到神那里去了之后（得胜），红龙和其使者就从天上坠落了下来（12:5－9），因此这三个天使得以“飞在空中”，也就是在“穹苍之顶”的位置出现，其实正是“羔羊已然得胜”的反映。当然他们在此位置的出现，也和他们所肩负的任务，是互相配合的，因为他们乃是要向整个世界宣告从神而来的信息。

在原文中，此一天使之信息，是以“倾倒了，倾倒了，大巴比伦城”起首。“倾倒了，倾倒了”出自先知以赛亚对巴比伦的审判之言——“巴比伦倾倒了，倾倒了。”她

① R. Bauckham, *The Climax*, 286.
② 此一理解也就让我们免去了“神的审判既已到来，为何人还有悔改的机会”的问题（参，Aune, *Revelation* 6－16, 827－28）。
③ Mounce, *Revelation*, 273.

一切雕刻的神像,都打碎于地(赛 21:9)。① 此一背景和此处经文十分相合,因为"偶像崇拜"的元素,也已经在 13:11－18 之"帝王崇拜"中出现了。重复的"倾倒了",有强调的意思,②而其过去时态,可以是所谓的"先知式的过去(prophetic aorist)",即,一事虽未发生,但由于它必然成就,因此就将之视为已然发生的事;③但在此上下文中,约翰也可能想要藉此过去时态,来表达"巴比伦之倾倒是已经决定了"的意思。④这两个解释虽然各有重点,但从属天的观点来看,"必然发生"和"已经决定"之间,其实并没有太大差别。

"大巴比伦城"之言,则是从但以理书 4:30 而来,因为在旧约中,此一"称号"只出现在尼布甲尼撒王自夸自满的口中:"这大巴比伦不是我用大能大力建为京都,要显我威严的荣耀吗?"暗引此一经文的举措其实也十分恰当,因为神对尼布甲尼撒王的审判,在他还未说完此言之时,就已然临到了(但 4:31－33)。而如是"必然审判"的画面,和此处过去时态的"倾倒了,倾倒了",有异曲同工的效果。

但大巴比伦之所行,"叫万民喝她邪淫颠狂之酒",其意思究竟是什么呢?在这个语句中,约翰连续使用了四个所有格的语词,而其中最让人困惑的,是"颠狂(τοῦ θυμοῦ)"。此一语词的基本含义是"忿怒",因此和合本就将这一句话译为"叫万民喝她邪淫忿怒之酒"。⑤ 在 14:10 那里,第三个天使所带来的审判信息是:跟随兽的人"也必喝神忿怒(θυμοῦ)的酒"。因此若从此角度来看,和合本的翻译似乎是没有什么问题的。但如是译文,就语意而言,确有其困难;因为"邪淫"和"忿怒"是两个彼此冲突的概念。也就是说,大巴比伦要如何藉其"淫行之酒"来迷惑万民;而在同时又藉此"淫行之酒"来刑罚她所要迷惑的万民呢?

为解决此一困难,一个可能的途径就是将此语词从经文中切除;⑥但此手段不单太过激烈,也缺少从手抄本而来的支持。⑦ 另一个可行的途径,则是将"忿怒"和"邪淫"当成彼此平行的语词,并认为"忿怒"之所以在此出现,是为了要和 14:10 中"神

---

① L. P. Trudinger, The Text, 78; C. G. Ozanne, The Influence, 122.

② "重复"的确有强调的意涵,但有学者认为此处之"重复",乃因约翰忠实记下了他所听见的声音(BDF, 261)。但若参照以赛亚书之背景,此说显然有其困难(J. N. Oswalt, *The Book of Isaiah 1－39*,396)。

③ Thomas, *Revelation 8－22*,205－06; Aune, *Revelation 6－16*,829.

④ G. Mussies, *The Morphology*, 338.

⑤ 新译本也如是,"它淫乱烈怒的酒";而吕振中(她猛烈淫乱之酒)和思高译本(她那荒淫烈酒)则是以"猛烈/烈"的方式来翻译此一语词。

⑥ Charles 认为"忿怒"是编辑启示录之人因 14:10 而加入的,因此这个语词原本不属于原始经文(*Revelation II*, 15)。

⑦ 这整个句子也在启示录 18:3 中出现,而在那里,手抄本则是"各说各话"。但此处经文在各手抄本中,却都是一致的。

的忿怒”，彼此呼应而有的（即，双关语［paronomaia］）。① 在如是的理解之下，这个句子的意思就是：大巴比伦叫万民喝其邪淫之酒，而此酒虽然令人陶醉颠狂，但它却要引来神的忿怒。② 此一理解是十分可能的，因为站在这个句子后面的，是耶利米书中的两段经文：③

25:15－16 耶和华以色列的神对我如此说："你从我手中接这杯忿怒的酒，使我所差遣你去的各国的民喝。[16]他们喝了就要东倒西歪，并要发狂；因我使刀剑临到他们中间。"（LXX 32:15－16）

51:7－8a 巴比伦素来是耶和华手中的金杯，使天下沉醉。万国喝了她的酒就颠狂了。[8] 巴比伦忽然倾覆毁坏，要为她哀号。（LXX 28:7－8a）

在旧约多处经文中，我们都看见先知以“喝忿怒之杯”，作为耶和华之审判的象征。④ 但在这些旧约经文中，启示录的“忿怒之杯”，却和耶利米书最为接近，因为这两处经文除了在“万民”、“喝了”、“她的”、“忿怒之酒”等方面互相呼应之外，在旧约中唯一出现“金杯”的耶利米书 51:7，也为约翰在启示录 17:4 所暗引。

就启示录 14:8 而言，此一旧约背景的释经意义，是它能帮助我们决定“忿怒”一语的意义。在这两处耶利米书的经文中，当万国喝了巴比伦之杯后，他们的反应都是“发狂/癫狂（הלל）”，因此这杯乃令人“癫狂”之杯。事实上，此一理解也要在 17－18 章的注释中，得着证实。因为在那里我们将要看见，大淫妇巴比伦手中之金杯（17:4），所象征的是她在物质方面的繁华兴盛，⑤而她叫列国喝醉她淫乱之酒的意思（17:

---

① Aune, *Revelation* 6－16, 831.

② 有关学界对此问题之看法，见 Osborne 的归纳和分析（*Revelation*, 539）。

③ 有关这两段经文和启示录之间的关系，见 C. G. Ozanne, The Influence, 8－9, 122－23; Beale, *Revelation*, 757。Charles 也注意到这个旧约的背景，但他却没有对此多做探究（*Revelation II*, 15）; Ford（*Revelation*, 248）和 Aune（*Revelation* 6－16, 832）的情况也一样。

④ 参，伯 21:20；诗 11:6；60:5［3］；75:9［8］；赛 51:17, 22；耶 49:12；哀 4:21；结 23:31－33；哈 2:15；俄 16；亚 12:2。有关此一象征源自何处的问题，学界有许多不同的揣测（详见，Keown, Scalise and Smothers, *Jeremiah* 26－52, 277－79）；但此一象征之源起，可能没有那么复杂。因为当神的审判降临之时，不论此审判是以天然灾害（硫磺，热风）或是人为灾祸（战争刀剑）的形态出现，人的反应通常是“木然”、“手脚发软”、“东倒西歪”和“恶心呕吐”等等。而如是反应，和“醉酒”之后的“症状”，可说是十分相似（参，M. E. Tate, *Psalms* 51－100, 105）。

⑤ 在耶利米书 51:7 中的“金杯”，其含义也是如此。参，J. A. Thompson, *Jeremiah*, 751; W. L. Holladay, *Jeremiah* 2, 422。

2;18:3,9–19),是她借着她所能提供的富裕生活,而让列国都拜倒在她的石榴裙下。① 经济和物质的本身,并无神学上的困难,但大淫妇巴比伦却藉此建构了一个"人的王国",创立了一个"拜金"的宗教信仰;而此信仰,让人远离神而依靠世界,因此神的审判也就必然要临到了。在启示录的上下文中,此一将这两段耶利米书之经文融合在一起的举动(刀剑和金杯),并不令人讶异。因为在13章中,约翰就已经让当时之巴比伦、罗马,以海兽和陆兽的形态出现了。而在前面的分析中我们知道,此二兽所代表的,正是军事力量和经济控制(以帝王崇拜为手段——不得作买卖)。

但约翰为何要让当时的罗马,穿上了古代巴比伦的外衣呢?就外在而言,这两个帝国都有着一样的"面貌":以军事力量征服了世界,并以经济上的利益,来巩固帝国的长治久安。而就内在本质而论,她们也都同属一国,因为在历史中,她们都曾掳掠了圣城耶路撒冷,并毁坏了圣殿。② 在她们之间虽然有着数百年以上的时空距离,但在约翰的眼中,她们却是一丘之貉,同属红龙。在启示录的后面,我们还会再次遇见大巴比伦(16:19),并会对她有更多的认识(17:1–19:10);但在约翰第一次引介她出场之时,借着先知以赛亚,但以理和耶利米的文字,他不单已经为我们勾勒出她的形貌;也让我们见识到她内在的本质了。按其所行和所是,"倾倒了,倾倒了"自然就是她既定的命运。

14:9–10 又有另一位天使,第三位,接着他们大声说,若有人拜兽和兽像,并在额上,或在手上,受了记号,[10]这人也必喝神烈怒的酒;此酒斟在神忿怒的杯中,纯一不杂。他要在圣天使和羔羊面前,在火与硫磺之中受痛苦(Καὶ ἄλλος ἄγγελος τρίτος ἠκολούθησεν αὐτοῖς λέγων ἐν φωνῇ μεγάλῃ, Εἴ τις προσκυνεῖ τὸ θηρίον καὶ τὴν εἰκόνα αὐτοῦ καὶ λαμβάνει χάραγμα ἐπὶ τοῦ μετώπου αὐτοῦ ἢ ἐπὶ τὴν χεῖρα αὐτοῦ, [10]καὶ αὐτὸς πίεται ἐκ τοῦ οἴνου τοῦ θυμοῦ τοῦ θεοῦ τοῦ κεκερασμένου ἀκράτου ἐν τῷ ποτηρίῳτῆς ὀργῆς αὐτοῦ καὶ βασανισθήσεται ἐν πυρὶ καὶ θείῳ ἐνώπιον ἀγγέλων ἁγίων καὶ ἐνώπιον τοῦ ἀρνίου)

在上一个天使的宣告中,大巴比伦(罗马)必然倾覆的命运已经显明了,但那些跟随她的人呢?公义的神在审判了"主谋"之后,会忘记"从犯"吗?当然不,由是此一

① 亦参,Beale, *Revelation*, 756–57。

② Beckwith, *Apocalypse*, 656; Aune, *Revelation* 6–16, 830; Beale, *Revelation*, 775; Osborne, *Revelation*, 538. 以"字面"含义来解读"大巴比伦",也就是"在世界之末了,历史的巴比伦帝国将要在两河流域重出江湖"的主张(例如,Thomas, *Revelation* 8–22, 207),是完全不可行的;因为一个帝国怎能"手拿金杯",而列国又要如何与一个帝国行"淫乱"之事呢?在约翰的当代,以"巴比伦"表"罗马"的文学手法,亦出现在如下的文献中:巴录二书 11:1;67:7;79:1;西卜神谕篇 5:143,159;以斯拉四书 3:2。亦参,彼前 5:13。

系列中的第三个天使就出现了。

和大巴比伦之审判相较（直说语气；14:8），神对那些跟随她之人的审判，是以一个条件子句的方式来呈现的（若有人……）。此一语法的基本含义，是要显示一个动作，在客观上的可能性。① 因此隐含在此语法背后的假设，是"拜兽和兽像，并在额上和手上接受其记号之人，必须为他（她）所做的决定，负道德上的责任"。② 事实上，此一隐藏在条件子句中"后果自负"的含义，在13:17中就已经出现了，因为在那里兽对其子民所定下的"规矩"，即，除非有属我的记号，就不得作买卖（一个条件子句），也假设了此一前提。和兽的"规矩"相较，作为创造这个世界的神（14:7），当然也有祂相对应的"规矩"，那就是，若有人要跟随兽，那么他就得接受跟随兽的结果——我的审判。③ 而在此处经文中，约翰恐怕也是因着"后果自负"的原则，而在"结句（apodosis）"之始（14:10），加上了具有强调效果的"这人/他自己（αὐτὸς）"。

在上一节经文中我们已经晓得，"喝神烈怒（θυμός）的酒"乃旧约中，用来表达神审判的象征；而约翰在启示录中，也以此象征来描述跟随兽之人所要面对的刑罚。④ 但在这里，约翰却对此叫人"颠狂"，并引来神忿怒的酒，有更多的说明。第一，此酒乃"斟在神忿怒（ὀργή）的杯中"。在古典希腊文中，"烈怒（θυμός）"所指的，是内在的情绪，而"忿怒（ὀργή）"则是此一内在情绪的外在表现；但在七十士译本和新约中，此一差异已几乎不存在。⑤ 在启示录16:19和19:15中，约翰甚至将这两个词语并排，好突显神"忿怒"的强度。⑥ 而此一现象，也在这里出现，因为当"神将其烈怒的酒，斟在祂忿怒之杯中"时，神对恶的厌恶，以及祂因此对恶人所发的义怒，可说是再清楚不过的了。和14:8中"万民喝大巴比伦之酒"的描述相较，此处之"喝神烈怒之酒"，也有对比的意味，而此"以其人之道还治其人"，或是"罪罚对等"的原则，是我们在前面已

① J. A. Brooks & C. L. Winbery, *The Syntax*, 118.

② S. Thompson 认为，启示录中"若有人（εἴ τις；ἐάν τις）……"的语法，乃希伯来文中，条件子句之型式的反映（*The Apocalypse and Semitic Syntax*, 95–96）；而此语法的重点在表达一个强烈的期待或是命令。因此"道德性"的假设就成了此一语法的先决和必要的条件了。亦参，Ellul, *Revelation*, 176。

③ 此一原则也一样适用于神子民的身上，因为2:5和2:16那里，人子对以弗所和别迦摩教会的期待是"悔改"，否则（εἰ μή）祂就要来审判他们了（亦参，启11:5；14:11；20:15）。

④ 有关当时犹太人对此旧约象征的看法，见 *Midr. Rab.* Gen. 88.5；*Midr.* Pss. 11.5；75.4（Beale, *Revelation*, 759）。

⑤ *EDNT* 2:159–60, 529. 在论及神的"忿怒"时，新约多以"忿怒（ὀργή）"来表达，而其原因，可能是因为"烈怒（θυμός）"一语中所隐含的"情绪"意味。但在罗马书2:8和启示录中，这个现象却不存在。

⑥ τοῦ θυμοῦ τῆς ὀργῆς（直译作，[神]烈怒的忿怒的[酒]）；参，BAGD, 365。

经多次看见的了。①

第二,除了将烈怒和忿怒加在一起之外,约翰也告诉我们,斟在神忿怒之杯中的酒,是"纯一不杂的"。在希腊人的习俗中,为减低酒的浓度,他们会以"1:1","3:2",甚或是"3:1"的比例,而将水和酒调和。② 因此借着"纯一不杂(没有调和)"的形容,约翰再次强调了神刑罚的强度,和祂审判的严重性。

但神的审判和刑罚究竟有多么严重?"在火与硫磺之中受痛苦"是约翰的答案。在启示录中,"火"是神刑罚的工具,③而硫磺与火的一起出现,让神的刑罚更形严峻(19:20;20:10;21:8)。在旧约中,自从神从天降下火与硫磺来刑罚所多玛和蛾摩拉之后(创 19:24-25),"火与硫磺"就成为祂审判的固定模式了(诗 11:6;赛 30:33;结 38:22)。④ 就"痛苦指数"而论,火所带来的"灼伤",是相当高的;而燃烧之硫磺所能带来的伤害,不单在它能产生让人难以呼吸的浓烟,也在它能附着于人的身上;因此有人认为这是神以"火和硫磺"作为祂刑罚工具的原因。⑤ 但若从所多玛和蛾摩拉的事件来看,"火和硫磺"之所以会成为神审判工具的原因,不单是因着它们对人所能带来的痛苦,也更是它们所具有的毁灭性。⑥ 和"烈怒之酒"以及"忿怒之杯"一样,"火和硫磺"也是神刑罚的象征,因此我们在此不能望文生义的,就以字面上的含义,来理解神在未来所要降下的刑罚。就如我们在前面所说的,因着人在神审判临到时的反应,与"醉酒之人东倒西歪,而至终要仆倒于地"的情况一样,"喝神忿怒之酒"就成了神审判的象征;照样,火和硫磺对人所能造的伤害和毁灭,是如此严重,因此它们也就成了神刑罚的象征。

但为何神的审判要"在圣天使和羔羊面前"施行呢?对此问题,有学者建议我们以路加福音 12:8-9 为背景,来理解约翰在此所呈现的画面;因为耶稣曾说,"凡在人面前认我的,人子在神的使者面前也必认他;在人面前不认我的,人子在神的使者面前也必不认他。"⑦此一建议是可能的,因为在这两处经文中,审判的终极性(末日的),以及审判的准则(是否承认或是跟随羔羊),都一起出现。但在启示录中,这个画面恐怕也是为了要和启示录 13 章对比而有的。怎么说呢?在该章经文中我们已

---

① 参,2:4-5;11:17-18;18:6,7-8。

② Metzger, *Breaking the Code*, 78; Aune, *Revelation* 6-16, 833.

③ 8:5,7,8;11:5;14:18;15:2;16:8;17:16;18:8;19:20;20:9,10,14,15;21:8.

④ 在申命记 29:23 和约伯记 18:15 中,只有"硫磺"的出现。但申命记所言,是所多玛和蛾摩拉的例子。

⑤ Aune, *Revelation* 6-16, 835.

⑥ D. L. Edwards and J. Stott, *Evangelical Essentials* (Downers Grove: InterVarsity, 1988), 316.

⑦ 例如, Mounce, *Revelation*, 276; Osborne, *Revelation*, 541。

经看见，圣徒，也就是那些拒绝兽和兽记号之人，不单在海兽的手下受苦（13:1－10），也被那些推行帝王崇拜之人（陆兽）所逼迫（13:11－18）。在约翰的设计中，和海兽所相对的，乃羔羊；而那些推行帝王崇拜的，乃海兽的使者（亚洲议会），因此为显示“拜兽和兽像之人”和“拒绝拜兽和兽像”之人的差别，约翰在此就让前者在“圣天使和羔羊前”受审判了。① 此一对比显示这两个群体都受到了审判，但在他们之间却有极大的分别；因为圣徒乃在地上受到海兽和陆兽的审判；但拜兽之人，却要在天庭中受到圣天使和羔羊的审判。在“地上”和“天上”的对比中，属兽集团所要面对的审判和刑罚，就显得更为严重和严肃了。

14:11 他们受痛苦的烟往上冒，直到永永远远；他们昼夜不得安息，就是那些拜兽和兽像，凡受它名字记号的人（καὶ ὁ καπνὸς τοῦ βασανισμοῦ αὐτῶν εἰς αἰῶνας αἰώνων ἀναβαίνει, καὶ οὐκ ἔχουσιν ἀνάπαυσιν ἡμέρας καὶ νυκτός οἱ προσκυνοῦντες τὸ θηρίον καὶ τὴν εἰκόνα αὐτοῦ καὶ εἴ τις λαμβάνει τὸ χάραγμα τοῦ ὀνόματος αὐτοῦ）

在前两节经文中，神对那些跟随兽之人的审判，已然借着第三位天使之口，做了清楚明白的宣告。在“烈怒之酒＋忿怒之杯”的图画中，神忿怒的强度，也不可能再高了；而此审判的场景——天庭，和此审判的工具——火和硫磺，也都显示此一事件的终极性和严重性。但约翰在本节经文中，对此必然要降临的审判，又告诉我们了什么呢？

从“永永远远”和“昼夜不得安息”来看，约翰在此似乎主张“那些属兽的人，将要在来世中永远受痛苦；而此痛苦，是包括了身体，心灵和感情的层面”。此一见解，虽然令人难以下咽，因此也少有人在讲台上清楚明白地传讲，但却是福音派教会的传统。② 为了让人在感情上和理智上，比较容易接受如是传统，各式的说明和阐释，就被提出来了。举例来说，（1）约翰以如此可怕的画面，来描述永恒刑罚的原因，只是为了要警告那些想要向世界妥协的信徒；因此这个教训，是对内的，而非向外的；③（2）约翰在此是以象征的语言来描述这永恒的刑罚，因此我们不能照着字面的意思来理解。他的重点在强调“人离弃神之后的痛苦”。而由于神尊重人的自由意志，因此

① 在启示录中，约翰只在此处将“圣”和“天使”连结。而此一现象，也在“海兽使者（邪恶的）”和“圣天使”的对比中，有了合理的解释。

② 例如，Morris, *Revelation*, 176; Ladd, *Revelation*, 197; Ford, *Revelation*, 249; Mounce, *Revelation*, 276; Beale, *Revelation*, 761－65; Osborne, *Revelation*, 542; H. Buis, ‘Hell,’ in *ZPEB* III, 116; M. J. Erickson, *Christian Theology* (Grand Rapids: Baker, 1983), 1234－40; D. A. Carson, *The Gagging of God: Christianity Confronts Pluralism* (Grand Rapids: Zondervan, 1996), 515－36。

③ 例如，Swete, *Revelation*, 186; Morris, *Revelation*, 176; Boring, *Revelation*, 170－71。Swete 也采取类似立场，但他更进一步指出，由于约翰的目的在“教化”，而其语言则是和比喻同属一类的“象征”，因此我们不应从如是经文来建立我们的教义（*Revelation*, 228）。

祂也不会强迫人归向祂。人在永恒中受苦,是咎由自取的;①(3)人被造的目的,在永远地与神同享祂的荣耀,因此他犯罪(离弃神)的结果,也就必然具有"永恒性"了。②(4)约翰在此所言之事,实属"次等的"基督教思想,而他之所以会有如是见解,是和他所身处的困难情境有关。因此若我们没有经历和他一样的逼迫,我们实在没有资格对他的主张提出任何的批判。③

这些类似的阐释,显示出"恶人永远受刑罚"的教义,是多么地不容易让人接受。而在此主张之下,神的属性和其不同属性之间的关联(爱和公义;怜悯和忿怒),神创造人的目的,神救赎的范围,末日神国的概念,以及我们如何解释圣经(释经学),甚或是我们所传福音的内容为何(实践神学)等等问题,全都牵涉在其中,也在某一个程度上,都受到了挑战。

此一教义当然不会受到那些具有自由思想的神学家所欢迎,因为在他们的眼中,此一主张所描绘的,是一个以刑罚人为乐的神,让大部分的人类(几十亿),在永恒中一直受苦下去的情况。而这和圣经其他经文所显示"神是爱"的画面,完全不搭调。对此教义有意见的,其实也不只是自由派的学者。在过去一百年的时间中,在福音派的圈子里面,因着上述的困难,也有人开始质疑如是主张的准确性。④ 他们认为,依照神公义的属性,祂对人所犯的罪,当然不会视而不见,因此祂必然会有所反应。也就是说,审判是绝对不可避免的。但这个审判的性质和内涵是什么呢?在细节的部分也许有所差异,但基本上他们都认为,在末日的审判中,恶人将要受到他该得的刑罚;但这个刑罚将不会永远地持续下去。在恶人遭受他应得之刑罚后,他将要进入硫磺火湖中(第二次的死;启 20:14),而被神所毁灭,不复存在了。换句话说,神末日的审判,将会是一次具有永远效果的审判。而此见解,乃基于如下的理由:(1)在圣经论

---

① Mounce, *Revelation*, 276; Metzger, *Breaking the Code*, 78 – 79。Metzger 甚至不确定,人是否会永远敌对神。此一看法因此就为"普救论"开了一道门缝。

② M. J. Erickson, *Christian Theology* (Grand Rapids: Baker, 1983),1239 – 40.

③ 巴克莱,《启示录注释 II》,页 140。将本节经文视为"后人所加"的见解(Aune, *Revelation* 6 – 16, 836 – 37),恐怕也能达到巴克莱所想要达到的目的。

④ 在其论文中('A Traditionalist Response to John Stott's Arguments for Annihilationism,' *JETS* 37 [1994],553 – 68),R. A Peterson 给了我们四个持此之见的学者:H. E. Guillebaud; B. Atkinson; L. E. Froom;和 E. Fudge。在此名单之上,除了他也提及的 John Stott 之外(*Evangelical Essentials* [Downers Grove: InterVarsity, 1988],312 – 20),我们还可以再补上 J. W. Wenham(*The Enigma of Evil* [Leicester: Inter Varsity, 1985],25 – 41); P. E. Hughes(*The True Image* [Leicester: InterVarsity, 1989],398 – 407); C. H. Pinnock (in W. Crockett ed., *Four Views on Hell* [Grand Rapids: Zondervan, 1996],135 – 78);和 G. Bowels ('Does Revelation 14:11 Teach Eternal Torment? Examining a Proof-text on Hell,' *EvQ* 73[2001],21 – 36)。亦参,Caird, *Revelation*, 186 – 87; Hughes, *Revelation*, 163。

及末日审判时，其所用语词多是"灭亡(ἀπόλλυμαι; ἀπώλεια)"，而其含义，是"不复存在"。(2)在末日审判中，神所使用之工具—火，其主要作用不是折磨人，使人受痛苦，而是毁灭。(3)神的公义所包括的，不只是祂要刑罚恶人，也是祂要依其"罪行"之轻重，来给予适当的刑罚(以眼还眼，以牙还牙)。因此若神以"永远的痛苦和折磨"，作为人在其有限生命中所犯之罪的刑罚，那么不单罪罚之间严重失衡，神的公义也受到了损伤。(4)在新约中神也告诉我们，在将来的世代中，万物将要因着基督而与神和好(西1:20)，并在基督里同归于一(弗1:10)。因此在那个时候，若地狱仍然存在，而恶人依旧在其中受刑罚，那么我们要如何解释"万膝跪拜，万口颂扬"的画面呢?(腓2:10－11)末日的含义，难道不是旧世代的结束和新世代的开始吗?一个永远没有结束的审判，能叫末日的审判吗?①

和传统的见解一样，此一对传统主张的质疑，也是出于对神话语的尊重；而其所提出来的理据，也不容轻忽。因此我们不单无法回避此一质疑，也必须重新审视那些我们原先所认为理所当然支持传统主张的经文。此一工程所涵盖的范围，是远远超过我们目前所能处理的；②但就本书的目的而言，我们倒是可以对这一节常常被人引用，作为传统主张依据的经文，进行一些比较详细的分析。

就其旧约背景而言，许多释经者都指出，③启示录14:11乃本于以赛亚书34:9－10：

> 9 以东的河水要变为石油，尘埃要变为硫磺，地土成为烧着的石油。
> 10 昼夜总不熄灭，烟气永远上腾；必世世代代成为荒废，永永远远无人经过。

和此旧约经文相较，约翰的"烟往上冒"、"直到永永远远"和"昼夜"等语句，都和该经文有所呼应。而若我们将前一节经文中的"火和硫磺"(启14:10)，也列入考虑的话，那么这两处经文之间的关系，也就更为紧密了。因为这两个"神的仇敌被焚烧"的画面，都源自神对所多玛和蛾摩拉的审判(创19:24)。

在以赛亚所发的预言中，以东是神审判的对象(34:5)。从其始祖以扫开始，以东

---

① 为行文简洁，也因着John Stott在华人教会界的知名度的缘故，笔者在此只提及他所提出来的四个理由。若读者想要知道其他学者的见解，可见上注中他们的著作。

② 若主许可，笔者倒是十分盼望在将来能对此议题，做一个比较完整的整理。

③ 有关这两处经文在字面上的呼应，见L. P. Trudinger, The Text, 78－79; C. G. Ozanne, The Influence, 124－25。在启示录18－19章的巴比伦的篇章中，约翰还要两次暗引以赛亚书34章(启18:2—赛34:11,13－14b；启19:3b—赛34:9－10a)。亦参，Aune, *Revelation* 6－16, 836; Beale, *Revelation*, 761; Osborne, *Revelation*, 542。

就一直是以色列国的世仇。在旧约中,她所做的一切,都是以敌对神国以色列为出发点。[①] 因此在先知以西结有关以色列将要复兴的预言中,当神所膏立新的大卫王出现之后,他第一件所要做的事,就是击打以东,并征服她(西珥山;结 35:1-15);[②]而在此处以赛亚经文中,以东也因着她敌对神国的历史,而成为列国的代表(参,赛 34:1)。[③] 也就是说,神对她的审判,将成为神审判世界的一个模型。

但约翰是否因着这个背景,而在此暗引了以赛亚书呢?应该是,但也许我们可以往前再走一步,让此经文的背景更为清晰。第一,在巴比伦于公元前 587 年毁灭耶路撒冷的事件中,同为亚伯拉罕后裔的以东,不单没有伸出援手,反而落井下石,与巴比伦一同掳掠耶路撒冷城(俄 11;亦参,诗 137:7;哀 4:21;结 35:5,10)。第二,犹太史学家约瑟夫也告诉我们(*Ant.* 10.9.7),巴比伦在攻克耶路撒冷的五年之后,又出兵埃及。在其路途之中,摩押和亚扪也为其所毁,但同在路上的以东,却得免其祸。此一记载也显示以东乃巴比伦坚强的"盟友"。[④] 因此若从这个背景来看,约翰在此暗引以赛亚书,可说是十分适切的。因为此处经文的审判对象,不是别人,而是那些跟随"海兽 = 罗马 = 巴比伦"的人。在以赛亚的时代,这些人是以东,但在第一世纪的当下,这些人却是在小亚细亚地区,附从陆兽之议而向海兽下拜的人。对以赛亚而言,以东的审判已经定调,而对约翰来说,属兽集团的命运,也和以东没有差别。

但此背景对我们解释启示录 14:11 有什么意义呢?第一,就以赛亚书 34:9-10 而言,我们也许无法完全确定神对以东的审判,究竟应该以字面或是象征的方式来理解,但若从 34:11-15 来看,答案就很清楚了。因为在那里,先知又以"以东将要成为野兽居住之地"的画面,来描述她必然要被审判的未来。而此画面,是不可能和才刚刚经历过类似于"火山爆发"之灾的情况,彼此一致的。换句话说,在以赛亚书中的"火"、"硫磺"和"烟"等等,都是神审判的"象征",而这恐怕也是约翰的意思。

第二,在以赛亚书中,火和硫磺乃神审判的工具(34:9),而其结果,则是烟的上腾和地的荒废(34:10)。因此"烟的上腾",正如亚伯拉罕所见"所多玛和蛾摩拉被焚烧

---

① 有关以东和以色列之间关系的分析,见 J. D. W. Watts, *Isaiah* 34-66, 10-11; J. A. Motyer, *The Prophecy of Isaiah*, 268-69。

② 事实上,在以色列的历史中,也只有大卫曾完全征服以东(撒下 8:14;参 J. A. Motyer, *The Prophecy of Isaiah*, 269)。

③ J. N. Oswalt, *The Book of Isaiah* 1-39, 608; J. A. Motyer, *The Prophecy of Isaiah*, 268.

④ J. D. W. Watts, *Isaiah* 34-66, 11.

之烟”一样（创19:28），是神审判已然完成的记号（参，犹7）。① 也就是说，“烟气永远上腾”所指的，并非“刑罚将要永远继续下去”，而是“审判的效果（结果）将要持续到永远”。② 当烟升起，那无可逆转的审判是已经完成的了。③ 此一见解其实并不令人意外，因为在34:10的下半，先知以赛亚清楚地告诉我们：“［以东］必世世代代成为荒废、永永远远无人经过。”因此从这个角度来看，约翰的“他们受痛苦的烟往上冒，直到永永远远”，恐怕也是这个意思。④

第三，若“烟”乃审判完成的记号，那么我们要如何解释“他们昼夜不得安息”呢？难道这句话的意思，不是“他们将要永远受痛苦”吗？“昼夜”的含义，是“持续的，经常的”，正如保罗对以弗所教会的长老所说，他曾三年之久，“昼夜”不住地流泪劝诫他们（徒20:31）；但“昼夜”在此是否可以是“永远的”呢？在以赛亚书34章中，“昼夜”不熄灭的，是神所降下的审判之火，但此“火”是否会一直烧下去呢？有可能，但不论是以赛亚书，或是站在以赛亚书背后的所多玛和蛾摩拉的事件，神的审判，在其施行之时，是“昼夜不住＝持续的”的，而在其目的达到后（城的毁灭，地的荒废），火就熄了，只剩下表明审判已经完成的“烟”。事实上，此一见解不单有旧约的支持，也恐怕是约翰的意思，因为他已经在经文中，为我们放下了一些解释性的线索。但此话怎讲？

就文学形式而言，约翰在本节经文的最后，所使用的条件子句，“凡受他名字记号的（εἴ τις...）”，是有些“奇怪”的；因为若参照“那些拜兽和兽像（οἱ προσκυνοῦντες...）”，他在此所要给我们的，应该是“那些受他名字记号的人（οἱ λαμβάνοντες...）”。但此一令人有些困惑的语法，在14:9b－11节的上下文中，却是约翰所放下的释经线索之一，因为这三节经文是以“交错法”为其结构：⑤

---

① 亦参，所罗门智训10:6－7。

② C. G. Ozanne, The Influence, 125; E. W. Fudge and R. A. Peterson, *Two Views of Hell: A Biblical and Theological Dialogue* (Downers Grove: InterVarsity, 2000), 76; G. Bowels, ‘Does Revelation 14:11 Teach Eternal Torment? Examining a Proof-text on Hell,’ *EvQ* 73(2001), 24。

③ 参，启18:9－10，18－19；19:2－3。

④ 在启示录12处经文中，“永永远远（εἰς τοὺς αἰῶνας τῶν αἰώνων）”都以带冠词的形态出现（1:6，18；4:9，10；5:13；7:12；10:6；11:15；15:7；19:3；20:10；22:5），但只有在此处经文中，此一词组是无冠词的（εἰς αἰῶνας αἰώνων）。就语意而言，这二者并无太大差异，但就形态来说，却有所不同。因此这个现象恐怕要求我们在解释经文时，必须有所注意。

⑤ G. Bowels, ‘Does Revelation 14:11 Teach Eternal Torment? Examining a Proof-text on Hell,’ *EvQ* 73 (2001), 24. Bowels认为以赛亚书34章的本身，也是以“交错法”为其结构的，而此一在文学形态上的呼应，也增强了这两段经文之间的关系（1；2－3；4－7；8；9－10；11－15；16－17［Bowels所给的经文索引有些错误，此乃笔者依其文意而重建的结构］）。在此值得注意的是，以赛亚书34－35章亦是以“交错法”为结构的（详见，J. D. W. Watts, *Isaiah* 34－66, 7－8）。

A 若有人(Eἴ τις)拜兽和兽像,并在额上或在手上受了记号

B 这人也必喝神烈怒的酒;此酒斟在神忿怒的杯中,纯一不杂

C 他要在圣天使和羔羊面前,在火与硫磺之中受痛苦

C' 他们受痛苦的烟往上冒,直到永永远远

B' 他们昼夜不得安息

A'就是那些拜兽和兽像,凡(εἴ τις)受它名字记号的人

在此结构中,A 和 A'中的"若有人/凡(εἴ τις)",为第三位天使之宣告,创造了一个"前呼后应(inclusion)"的文学效果;而其内容,也彼此呼应。不单如此,在中间 C 和 C'的部分,我们也看见它们在"受痛苦"之元素上,彼此对应的现象。因此若此结构是准确的话,那么与"昼夜不得安息"所相对的(B'),乃神的忿怒(B)。在此对应之中,人之所以昼夜不得安息,乃因他正在经历神的刑罚(喝忿怒之杯)。由是"昼夜不得安息"所指的,并非"永远受刑罚",而是"在受刑罚时,其痛苦是不间断的"。①

事实上,此一结构也解释了为何约翰会将"受刑罚时的痛苦"(B'),放在"审判的结果(烟永远往上冒;C')"后面的问题。因为在此结构中,约翰所要凸显的重点,在 C 和 C',即,附从海兽而拒绝羔羊的人,将要在天庭中受审(C),而其后果,是永远的灭亡,是灰飞烟灭(C')。

对许多持传统之见的人而言,启示录 14:11 的意思是"恶人将要在地狱中永远受刑罚"。但不论从其旧约背景,或是启示录本身来看,本节经文似乎并不支持此一见解。要完整回答"恶人永远受刑罚"的问题,我们当然还要探究许多其他相关经文,但就我们所分析的来看,这节启示录经文并不必然站在传统看法的那一边。毕竟约翰在此所说的,是恶人将要在"天庭中",即,在圣天使和羔羊面前,在火与硫磺之中受痛苦(14:10);而此场景,和其他经文中的"地狱"之间,有着不小的距离。就合参而言(以经解经),保罗在帖撒罗尼迦后书 1:7b-9 中所说的,恐怕和约翰在此所看见的异象最接近:②

帖撒罗尼迦后书	启示录
那时,主耶稣同祂有能力的天使,从天上在火焰中显现	14:10b 他要在圣天使和羔羊面前,在火与硫磺之中受痛苦

① 就文法而言,所有格的"昼夜(ἡμέρας καὶ νυκτός)"在表达时间的种类,而非时间的长短(A. T. Robertson, *A Grammar of the Greek New Testament*, 495)。因此此处之"昼夜"所要强调的,是一段充满了"活动"的时间。

② Hughes, *Revelation*, 163.

续 表

帖撒罗尼迦后书	启示录
要报应那不认识神和那不听从我主耶稣福音的人	14:6－7 我又看见另有一位天使飞在空中，有永远的福音要传给住在地上的人…他大声说，应当敬畏神，将荣耀归给他。因他施行审判的时候已经到了。
他们要受刑罚，就是永远的毁灭；①离开主的面和祂权能的荣光。	14:11 他受痛苦的烟往上冒，直到永永远远。那些拜兽和兽像受它名之印记的，昼夜不得安宁。②

14:12 此乃圣徒忍耐的所在，即，谨守神的诫命和对耶稣的忠诚（῟Ωδε ἡ ὑπομονὴ τῶν ἁγίων ἐστίν, οἱ τηροῦντες τὰς ἐντολὰς τοῦ θεοῦ καὶ τὴν πίστιν Ἰησοῦ）

在13:10b那里，当约翰向其读者显示了他们必然要被海兽所掳掠，甚或被杀害的既定“命运”之后（13:1－10a），他随即向他们发出了“要在信心中忍耐”的呼吁（῟Ωδέ ἐστιν...）。而在13:18那里，当陆兽的计谋，即，藉帝王崇拜而迫使其辖下子民向罗马效忠，也显明了之后（13:11－17），约翰也立即要其读者以属天的智慧，来破解它的诡计（῟Ωδέ...ἐστιν）。照样，当他从第三位天使之口中，明白了神在那些拜兽之人身上，所要施行的审判之后（14:9－11），他也和前面一样，在此促请其读者“要继续忍耐下去”（Ωδέ...ἐστιν）。此一“要忍耐”，不单是因为“被杀被剐”乃神所量给他们的地界，也更是因为若他们不能忍耐下去，那么他们所要面对的，恐怕比海陆二兽所能加在他们身上的，还要严重个千百万倍。因为若他们在压力之下向海陆二兽妥协靠拢，他们所要面对的，是神的忿怒之杯和祂烈怒之酒；而人若落在神的忿怒之下，其结果是再无回头机会的“毁灭”和“永远的死亡”。正如希伯来书的作者所说，人若得知真道，但又故意犯罪，那么赎罪之祭就再也没有了。他只能恐惧颤惊地等候审判，和那烧灭敌人之烈火的来到（来10:26－27）。有什么比落在永生神手里，更为可怕的呢？（来10:31）

“忍耐”，听来似乎有些消极低调，但却完全不是如此的，因为“忍耐”所包括的，是“谨守神的诫命和对耶稣的忠诚”。③ 在12:17那里，约翰已经以这两个特色，来定

① 毁灭（ὄλεθρον）和合本作“沉沦”。

② 有关“魔鬼，兽和假先知要在硫磺火湖中，永远受痛苦”的问题，见20:10的注释。

③ Beale认为此处之“耶稣的（Ἰησοῦ）”，是“来源所有格（genitive of source）”，因此圣徒所要谨守的，是从耶稣而来的信（*Revelation*, 766）。但多数释经者都以“目标的所有格（objective genitive）”的方式，来理解“耶稣的（Ἰησοῦ）”。就文脉逻辑而言（详下），后者的可能性是较高的。相关讨论，除了Aune, *Revelation* 6－16, 837和Osborne, *Revelation*, 543－44之外，亦见D. S. Deer, ‘Whose Faith/Loyalty in Revelation 2.13 and 14.12?’ *BT* 38（1987），328－30。

义"其余的儿女"了,那就是,教会乃源出于神在旧约中所拣选的百姓以色列(守神诫命),而此新群体却是神藉羔羊之血所买赎回来,要向世界作羔羊见证的人。但在此处经文的文脉中,我们或许可以对这两个特色做更清楚的解释。

第一,"谨守神的诫命"所指的,当然是神全部的启示,但在"拜兽"的上文中(13:1-18),我们似乎可以将"神的诫命",特别限定在十诫中的第一和第二诫,那就是"不可有别神",和"不可跪拜偶像"(出 20:3-7)。此一理解应是可能的,因为神所有的诫命,乃以此二诫为首,并都是这两个诫命的延伸。第二,在约翰的设计中,和海兽所相对的,乃"羔羊",①因此对应于"拜兽"之事的,是对羔羊的忠诚。而从 14:1-5 来看,人对羔羊的忠诚,是在他愿意效法羔羊,以甘于受苦来应对从海兽和陆兽而来的逼迫。因此虽然"忍耐"看似消极,但却是跟随羔羊之人的必胜兵器。圣徒的忍耐就是在此。

14:13 我听见从天上有声音说,你要写下来:"从今以后,凡在主里死去的人,是有福的!"圣灵说,是的,他们不再劳苦,得了安息;因为他们工作的果效随着他们(Καὶ ἤκουσα φωνῆς ἐκ τοῦ οὐρανοῦ λεγούσης, Γράψον· Μακάριοι οἱ νεκροὶ οἱ ἐν κυρίῳ ἀποθνῄσκοντες ἀπ᾽ ἄρτι. ναί, λέγει τὸ πνεῦμα, ἵνα ἀναπαήσονται ἐκ τῶν κόπων αὐτῶν, τὰ γὰρ ἔργα αὐτῶν ἀκολουθεῖ μετ᾽ αὐτῶν)

在海陆二兽所定"顺我者昌,逆我者亡"的诏令之下(13:15-17),圣徒若要谨守神的诫命和对耶稣的忠诚(14:12),必然得付上极为惨重的代价。因此从天而来的声音,就在约翰的耳中响起了—你要写下来:"从今以后,凡在主里死去的人,是有福的!"若前节经文中,"要忍耐免得面对神忿怒审判"之呼吁,是"避祸"的话,那么本节经文中之"有福气啊!",则是从正面积极角度而发的"趋福"鼓励。在启示录的"七福"中,此乃第二个(1:3;14:13;16:15;19:9;20:6;22:7,14)。

从本书的一开始(1:11,19),约翰就已得着要将其所见之事,写下来的命令(Γράψον)。在七封书信中,此一命令都分别再被重复一次(2:1,8,12,18;3:1,7,14)。但从 4:1 之后,我们却一直到此,才再听见如是命令。因此虽然约翰没有告诉我们,这个声音的主人是谁,但其内容的重要性,却在此命令的再次出现中,被凸显出来。但约翰所听见的信息,究竟有多么重要呢?在启示录的后面,我们将在 19:9 和 21:5 再次听见此一命令;而在那两处经文中,约翰所必须要写下来的,是天使所说"凡被请赴羔羊婚筵的有福了",以及父神的宣告"看哪!我将一切都更新了"。因此若从这个角度来看,圣徒在兽手下之死,在神的眼中,乃和"羔羊婚筵"以及"万物之更新",

① 详见 13:1 的注释。

有相同的分量。或者我们可以如此说，圣徒之死，是他赴羔羊婚筵的起点，也是他进入新天新地的第一步。

但并非所有的死亡，都具有如是重要性；因为此一从天而来的声音清楚地宣示，只有那些“*在主里死去的人*”，才是有福的。从上一节经文来看，“*在主里*”的含义，是拒绝向兽和兽像弯腰，好持守对羔羊的忠贞。因此虽然“*在主里死去的人*”所指的主要是殉道者，①但其所涵盖的范围，应该比这个特别的群体来的更大。在13章中我们已经看见，海陆二兽除了以“死刑”迫人就范之外（13:15），也以“经济制裁”为其迫害的手段；因此“受苦”所包括的，除了殉道之外，还有别的面向。

但“*从今以后*（ἀπ᾽ ἄρτι）”，所指的究竟是什么时候呢？② 若将三个天使的异象，放在末日，那么此一“福气”就只是针对末日圣徒而发的了。③ 但此一见解和上文有所扞格，因为此处之鼓励，乃向那些在罗马海兽手下受苦之信徒所发（启13）；因此若我们将之放到未来，那么启示录和第一读者之间的关系，就变的十分遥远；而其激励圣徒的效果，也要大打折扣。

但“*从今以后*”是否暗示，在某一个时间点之前的圣徒，就不能享有此一“福气”呢？对此问题，一个可能的解释是，此一“福气”的目的，是要鼓励小亚细亚地区在逼迫苦难中的信徒；因此“*从今以后*”只突显了他们现今所面对之苦难的强度，而无将此“福气”限制在某一群人身上的意思。④ 此一解释是可能的，但却没有完全将“*从今以后*”的神学重量给秤出来。

在12:10那里，当红龙撒但因着男孩的得胜，而被摔到地上时，约翰，和此处经文一样，就听见了一个从天而来的大声音，向他解释了此一事件的意义：“*我们神的救恩，权能，国度，并祂所立基督的权柄，现在*（῎Αρτι）⑤*都已显明。因为那在我们神面前昼夜控告我们弟兄的，已经被摔下去了。*”从此对比中，我们晓得“现在”所指的，乃因着基督之“降世—受死—复活—升天”，而得以开展的新纪元。在约翰以及新约其他作者的认知里面（亦参，罗16:25－26；弗3:5；西1:26；来3:7，13，15），此一事件乃人类历史中，真正具有分水岭意义的事。⑥ 准此，我们在本节经文中，便一点也不意外

---

① 此乃 Caird（*Revelation*, 188）和 Michaels（*Revelation*, 176）等人之见。

② Aune 以?[47]等手抄本为准（无ναί），并将“从今以后（ἀπ᾽ ἄρτι）”视为“的的确确（ἀπαρτὶ）”，因此就没有“从今以后”的问题了。但手抄本的证据却显示，“从今以后（ἀπ᾽ ἄρτι）”最可能是原始经文（参，*TCGNT*, 752）。

③ Beckwith, *Apocalypse*, 659; Charles, *Revelation I*, 369; Thomas, *Revelation* 8－22, 215－16.

④ 参，Mounce, *Revelation*, 278。

⑤ 在启示录中，“现在（῎Αρτι）”只出现在这两处经文中。

⑥ 此乃 M. Rissi 的观察（*Time and History*, 29－30）；亦参，Beasley-Murray, *Revelation*, 227。

地看见他将"从今以后"和"凡在主里死去的人"连结在一起了。而此一连结的含义,若用保罗的话来说,是"若我们在死的形状上与主联合,也要在祂复活的形状上与祂联合"(罗6:5)。在如此充满盼望的认知之中,圣徒在主里之死,能不以"福气"称之吗(亦参,林前15:18－23;腓1:21)?

此一"福气"之大,也进一步地为圣灵所肯定:"圣灵说,是的,他们不再劳苦,得了安息;因为他们工作的果效随着他们。"在启示录2－3章的七封书信中,我们已经看见圣灵,在人子向教会说话后,亦成为向教会说话的那一位:"圣灵向众教会所说的话,凡有耳的就应当听"(2:7,11,17,29;3:6,13,22)。但在这卷书中,圣灵亲自开口说话的经文,只有此处和22:17;而在后者,圣灵乃和教会一同开口向人子说:"来。"因此这里是全卷启示录中,圣灵独自开口说话的唯一记录。这个现象当然令人好奇,但若我们从整本圣经来看,圣灵亲自在此开口说话,其实并不令人意外。从神造创造亚当开始,神的灵(气)就是让土成为人的那一位;而在新约中,圣灵不单叫耶稣从死里复活(罗8:11a),也和我们的重生(约3:5－8),以及我们将来的复活,都有直接的关系(罗8:11b;弗1:14;林后5:5)。① 而此真理,在启示录11:11那里,则是在"两个见证人(教会)从死里复活"的图画中,清楚地呈现了出来,因为他们之所以能从死里复活,乃因从神而来的"生命之灵(πνεῦμα ζωῆς)"。从这些经文中可知,圣徒现在的"重生",以及将来的"从死里复活",乃属圣灵的"权责范围";因此由祂来保证"他们工作的果效随着他们",是最为合适的了。

但他们所得的"安息",究竟是什么呢?"脱离劳苦(ἐκ τῶν κόπων)",即,因着死亡而不再需要面对逼迫苦难,的确是一种"安息",但约翰的意思恐怕不止于此。从神在六日创造了世界,并在第七日安息的背景来看(创2:1－3),"安息"不是"休息",而是神完成了祂为自己所造"宇宙圣殿"的工作后,在第七日"坐下来",享受祂工作成果的意思;因此"安息"从一开始就有了"掌权做王"的意涵。② 此其一。第二,和创造的父神一样,救赎的基督在完成了祂的工作之后,就在神的右边坐下,从此等候祂仇敌成了祂的脚凳(来10:12b－13;亦参,来8:1)。也就是说,即便基督已然在十字架上完成了救赎的工作,但在祂第二次再来之前,祂也必须"安息",等候神所定时刻的到来(参,诗110:1)。③ 作为教会之主,基督的确是那长远活着,为他们祈求的大祭司

---

① 冯荫坤,《罗马书注释 II》,页602－09。

② M. G. Kline, *Kingdom Prologue*, 22－25. 亦参,艾伦·罗斯(A. P. Ross)著,孙以理、郭秀娟合译,《创造与祝福》(台北:校园,2001),页138－39。

③ 冯荫坤,《希伯来书(卷下)》,页157; W. L. Lane, *Hebrews* 9－13 (Dallas: Word Books, 1991),267。有关希伯来书10:12b－13所言之"坐下",是"基督之献祭永远有效",还是"基督安息等候最后之战的来到",见P. Ellingworth, *The Epistle to the Hebrews* (Grand Rapids: Eerdmans, 1993),509－10。

（来 7:25），但作为这个世界之主的祂，在审判世界的事上（末日的），祂也必须等候，因为父神藉其宝血所进行的救赎计划，还没有全部完成。因此若我们从这两个角度来看，约翰在此说的意思是，当圣徒因着在主里死了而"与基督联合"，他不单因此有分于基督的胜利，也要和基督一样的"安息"，等候那日子的来到。事实上，此一概念早在 6:9－11 中，就已经出现了。因为在那里，我们一方面看见殉道者的灵魂，已经出现在天庭的祭坛之下，而在另外一方面也看见，神对他们"何时伸冤"之呼吁，乃是以"要安息片时"，等候"殉道者数目满足"。他们的殉道，已经带来"白衣"的奖赏，即，他们乃属羔羊的军队（亦参，14:1－5），并得以参与羔羊第二次再来时的战役（启 19:11－21），但由于福音还未传遍地极（太 24:14），神国也尚未完全成就，因此他们在此段时间之内所能做的，就是"安息等候"了。

基督现今之所以能"安息做王"，不单因着祂已在十字架上，胜过了仇敌撒但，得着了"死亡和阴间的钥匙"（启 1:18）；也因着祂所建立，以殉道者为代表的"羔羊之军"，正在世上为祂和父神争战（启 7:4－8；14:1－5）。照样，殉道者现今之所以能在祭坛下"安息做王"，一方面乃因他们借着受苦和牺牲，显示出他们已经胜过了海陆二兽；而在另外一方面也是因为此一战役，并没有因他们的死亡而结束，因为他们的血所浇灌出来的，是一只更大的"羔羊之军"（启 6:11）。在这个世界上，他们是命定"被杀害和被掳掠"的一群人（启 13:10），但在神的眼中，他们才真是在这个世界中和基督一同掌权做王的（启 20:4－6）。①

有释经者指出，本节经文中"圣徒的安息"，在上下文中，所对应的是拜兽之人，在神审判中的"昼夜不得安息"（14:11）。而此对照，显示"昼夜不得安息"所指，乃"永远的刑罚"。② 此一观察是准确的，因为"圣徒的安息"和"恶人不得安息"，的确彼此对照，但他们在此观察之上所做的推论，却不必然是准确的。从上面的分析来看，在主里死去之人的"安息"，虽然有其永恒的面向，但约翰在启示录中所关切的，也包括"现在的安息"。他在此所说的"福气"，是那些息了世上的劳苦，不再需要面对海陆二兽之逼迫的圣徒，所立即能享受到的"安息"。而和此所相对的，是那些因着顺从兽而在世上得享安康之人，在死了之后，所必须面对的"不得安息"，因为神的刑罚已然临到。正如耶稣在"财主和拉撒路"的比喻中所显示的，拉撒路在死后，随即在亚伯拉罕的怀中得享"安息"，而财主在死后，却随即在阴间，受火炙之刑

① 详见该处注释。亦参，M. G. Kline, 'The First Resurrection,' *WTJ* 37（1975），366－75。
② 例如，Thomas, *Revelation* 8－22, 216；Beale, *Revelation*, 767；Osborne, *Revelation*, 543。

(路 16:19 - 31)。① 此一比喻中当然包括了许多象征性的语言,像是“亚伯拉罕的怀中”等等,但耶稣藉此比喻所要凸显“财主和拉撒路在死后,随即有不同的际遇”的主题,却是十分明显的。约翰所使用的语言和象征,容或与耶稣的比喻不同,但他借着“拜兽之人不得安息”和“圣徒得了安息”的对比,却也显示了他对此一真理的认知。

对约翰而言,圣徒之死,不单让他们脱离了兽的手,也让他们就此进入神所为他们预备的“安息”(亦参,来 4:9 - 10)。② 此一“安息”,在末日他们和基督一同审判世界之后(启 19:11 - 21),还要继续下去。和此相对的,乃拜兽之人“在兽里”的死亡,因为他们的死,是他们经历神刑罚的开始。在基督第二次再来之前,他们要在阴间“昼夜受痛苦”(启 14:11),但在末日的审判之后,他们则要进入硫磺火湖中,经历第二次的死(启 20:14 - 15),那就是,彻底的毁灭。③

14:14 我又观看,见有一朵白云,云上坐着一位好像人子的,头上戴着金冠冕,手里拿着一把锋利的镰刀(Καὶ εἶδον, καὶ ἰδοὺ νεφέλη λευκή, καὶ ἐπὶ τὴν νεφέλην καθήμενον ὅμοιον υἱὸν ἀνθρώπου, ἔχων ἐπὶ τῆς κεφαλῆς αὐτοῦ στέφανον χρυσοῦν καὶ ἐν τῇ χειρὶ αὐτοῦ δρέπανον ὀξύ)

在 14:6 - 13 中,十四万四千羔羊之军对世界的意义(教会向世界传福音),以及海兽巴比伦和那些跟随她之人的命运(面对神的审判和刑罚),已在三个天使的口中,清楚明白地宣告了出来。但历史并不就此结束;在世界的末了,神还要对这个世界做一个总结。而从本节经文开始,我们就来到了那将要发生在末日的事件中。

“我又观看,见……(Καὶ εἶδον, καὶ ἰδού...)”清楚显示一个新段落的开始;而 15:1 的“我又看见异兆(Καὶ εἶδον ἄλλο σημεῖον)”,则显示从本节开始的经文,在 14:20 结束。在这个段落中,我们有两个小段落,14:14 - 16 和 14:17 - 20;而这两个小段落中的“情节”,有其相似之处:(1)二者都以一个拿着镰刀的“人物”为始(14;17);(2)随后有天使出现,向前者大声喊话(15a;18a);(3)要他“伸出镰刀来收割”(15b;18b);(4)因为“庄稼/葡萄已经熟了”(15c;18c);(5)依此命令,拿着镰刀的那一位就将其手中的镰刀扔在地上(16a;19a);(6)而庄稼/葡萄也就被收割了(16b;19b)。

---

① 在当代犹太人的启示文学中,我们也看见类似的观念。因为见异象者之所以能被天使带到地狱,并看见人在地狱中的苦况,乃因他们相信,恶人在死后,即开始经历神的刑罚。相关作品的讨论和分析,见 R. Bauckham, ‘Early Jewish Visions of Hell,’ *JTS* 41(1990),355 - 85。

② 亦参,冯荫坤,《希伯来书(卷上)》,页 275。

③ 若洪水的审判乃神审判的“模型”(太 24:38 - 39;路 17:26 - 27;彼后 2:4 - 6),那么此一审判之“反创造”的特色,即,整个世界回复到创造之前“渊面黑暗,空虚混沌”之状态(G. J. Wenham, *Genesis* 1 - 15,181; V. P. Hamilton, *Genesis* 1 - 17,291),也支持我们在此的论点,因为洪水审判的结果,乃“不复存在”。事实上,在神向亚当所说有关分别善恶树的罚则中,此一观点也一样出现。因为“你吃的日子必定死(永远的不存在)”所相对的,乃生命树的奖赏:永远的存在。

"重复"，正如我们在"七号和七碗之灾的平行对比"中，[1]以及在两个十四万四千人的异象中（7:4－17;14:1－5）所看见的，是启示录的文学特色之一；因此在这两个段落之间，有如此的相似度，实在不足为奇。但和上述的两个例子相较，此处的"重复"却不是分散在不同的段落之间，而是"前脚跟着后脚"，因此这个现象倒是十分值得玩味。就"七号和七碗"以及"十四万四千人"而言，它们彼此之间的重复，让我们可以将它们"并排合参"，彼此解释。但此处之"重复"，虽然也可以带来同样的释经效果，但如此近距离的"重复"，其重点恐怕不是落在它们之间的"类似"，而是在"类似中的相异处"。在后面我们将会看见，此处的"重复"指向"同一个事件"，但其"相异之处"，却显示这两段经文，乃对同一个事件不同角度的描述。

此异象的主角，是"一位好像人子的"。在1:7和1:13那里我们已经知道，这个指向耶稣，但却有些迂回的说法，乃从但以理书第七章而来，因为在那里从天驾云而来，在亘古常在者面前，得着权柄荣耀国度，并被各方各国各族之人所事奉的，乃是"一位好像人子的"（但7:13－14）。而此一经文，在耶稣的认知之中，所指的乃是祂自己。[2] 在1:7那里我们也已经晓得，借着将此但以理经文，和撒迦利亚书中有关末日复兴的预言（圣灵浇灌；亚12:10－12）结合在一起，约翰不单把但以理之预言，应用在耶稣身上，也让但以理之预言，涵盖了从耶稣的第一次降世，到祂第二次的再来的整个事件（详见该处注释）。因此在1:13那里，他就可以让但以理的"人子"，以教会之主的身份出现，因为在祂第一次降世之后，祂为神建立神国的工作，就已经开始成就了。此一工作，在祂复活升天之后，并没有停止，因为神国还没有完全成就。因此在接下来的经文中，特别是两个见证人的异象（11:1－13），和十四万四千人的异象中（7:4－8;14:1－5），我们也就看见跟随羔羊的教会，不计代价的继续为神国而努力传福音。时至今日，教会和"属兽集团"之间的争战，依旧是"现在进行式"，但此一情况不会永远继续下去，因为教会的主曾亲口说，"我必快来（ἔρχομαι ταχύ;启22:7,12,20）"。由是在此处的经文中，我们也就看见祂随着一朵白云而来。

在但以理书7:13和启示录1:7那里，人子乃驾云而来；但约翰在此不单以"白（λευκή）"来形容云，也让人子"坐（καθήμενον）"在云上。在旧约中，当耶和华神在云中显现时，其重点多在凸显祂作为世界之主的身份（例如，出14:24;结1:4－28）。[3]

---

① 详见页151－55。
② 参，太24:44＝路12:40;太24:27＝路17:24;太24:37＝路17:26;太24:39＝路17:30;路11:30;12:8－9。
③ 相关讨论，见 M. G. Kline, *Images of the Spirit*, 13－34。

而在启示录中,"白"乃圣洁公义的象征,①"坐"则有"为王做主"的意思。② 因此人子"坐在白云上,并随云而来"的画面,在显示祂将要以公义审判之主的身份,来到这个世界。如是组合(白+坐),其实在"父神坐在白色大宝座上审判"的异象中(20:11-15),也一样出现,并且是此处画面的最好解释。再者,若我们从约翰在本段经文中所暗引的约珥书3:13来看(详下),人子之"坐"也是十分恰当的,因为在关乎末日的该旧约经文中,审判列国的耶和华神,正是坐着的(珥3:12)。

随白云而来的人子,头上还戴着一顶"金冠(στέφανον χρυσοῦν)"。在2:10那里我们已经提及,此"冠冕"并非"皇冠(διάδημα)",而是一个将军在打败了敌人,凯旋而归之时,所戴象征胜利的"桂冠"。因此人子戴着永远不会枯萎之"金桂冠"再来,显示祂乃凯旋而归的将军。红龙已被祂在十字架上所击败,并且也已从天坠落(12:5-9),因此"金桂冠"乃非祂莫属。③

但祂此行的目的何在?手拿"锋利镰刀"的祂,要来做什么呢?对这个问题,学界的看法基本上可以归纳为两类。第一,"收割庄稼"的异象,乃审判,因为(1)这个异象,以及下一个"收割葡萄入酒醡"的异象(14:17-21),乃本于约珥书3:13(MT4:13),而该处经文的主题正是审判;(2)"镰刀"在下一个异象中乃审判的工具(14:18-19),因此它在此的作用,也应如此;而在新旧约和当代犹太文献中,"收割庄稼"乃"神审判"的象征;④(3) 14:15中之"收割的时候已经到了",和14:7中之"祂施行审判的时候已经到了",彼此呼应,因此这个异象也是关乎审判的。⑤

这些理据,看似阵容庞大,但却不一定都站得住脚。(1)从本节经文开始的两个

---

① 详见1:14的注释。6:2中的"白马",乃由撒迦利亚书6:3而来;而在该处注释中,我们也已经晓得,"白马"乃世上军事强权,而其之所以是"白马",乃因它意欲学效基督。

② 在启示录中,"坐在宝座上的"有父神和24位长老(4:2,3,4,9,10;5:1,5:7,13;6:16;7:10,15;11:16;19:4;20:11;21:5);"坐在马上(得胜战士)"的有白红黑灰四马骑士(6:2,4,5,8),邪灵军团(9:17;19:18),和再临的弥赛亚(19:11,19,21);而"坐在全地,众水,或是七座山上的",是统治世界之大淫妇巴比伦和那些跟随她的人(14:6;17:1,3,9,15;18:7)。因此若参照约翰的用法,本节经文和下两节经文中的"坐在白云上",其含义也应是如此。

③ 在启示录中,头上戴"金桂冠"的,亦有24位长老(4:4)。而他们(圣徒的代表)之所以能头戴金冠,并坐宝座,乃因他们不计代价的跟随了羔羊。他们的金桂冠和宝座,乃羔羊对他们信实忠心的奖赏。

④ 例如,赛17:5;18:4-5;24:13;耶51:33;何6:11;珥3:13;弥4:12-13;太13:24-30,36-43;可4:29;以斯拉四书4:28-32;巴录二书70:20。

⑤ 此乃Aune的观察(Aune, *Revelation* 6-16,802),但笔者已将他的第四点和第二点合并。Aune还有第五个论点,但此论证牵涉到等一下我们才会提及之Bauckham的论证,因此在此我们就暂时不将此论点放在这里了。Beale的论点也和Aune相似(*Revelation*, 773-74,776-79)。除了Aune之外,持此之见的学者还有许多,例如,Charles(*Revelation II*, 21),Hendriksen(*More than Conquerors*, 155),Roloff(*Revelation*, 177-78),和Thomas(*Revelation* 8-22,218)等等。

异象，的确本于约珥书3:13:①

约珥书	启示录
开镰罢(伸出镰刀)！因为庄稼熟了。	伸出你的镰刀……因为……地上的庄稼已经熟透了(启14:15) 伸出你的快镰刀…因为葡萄熟透了(启14:18)
践踏罢！因为酒醡满了； 酒池盈溢，他们的罪恶甚大。	那酒醡被踹……血从酒醡里流出来……(启14:20)

而若我们从约珥书3:9－12的上文来看，本节经文所言也的确是关乎审判。因此这个旧约背景似乎要求我们以"审判"，来理解此处"收割庄稼"的异象。但正如我们在前面已经多次看见的，当约翰暗引旧约之时，他总是会根据基督在十字架上所成就的，来重新诠释旧约。② 就此个案而言，"践踏酒醡"的确是关乎人子的末日审判(详见14:18－20的注释)，但在约珥"开镰收割庄稼"的呼吁中，他却听见"人子在末日要聚集属祂百姓"的真理。而此见解，其实并非他的创见，而是耶稣自己所教导的(太24:29－31；可13:26－27；路21:27，亦参，帖前4:17；帖后2:1)。③ 事实上，在耶稣所说"撒种的比喻"中，我们也更清楚地看见祂将先知约珥"庄稼熟了"的预言，和"神国必要成就"连结在一起："谷既熟了，就用镰刀去割，因为收成的时候到了"(可4:29；亦参，太13:30，43；太9:37－38＝路10:2＝汤马斯福音书73；约4:35－38)。④ 此一连结，其实有其脉络可寻，因为在约珥有关末日审判的预言中，他除了提及列国必然败亡之外(珥4:12－15)，也告诉我们在那个日月昏暗，星宿无光的危急时刻中，神将要成为属祂百姓的避难所和保障(珥4:16)。但此事要如何成就？身在旧约时代的约珥，对此问题恐怕没有答案，但在十字架的亮光中，耶稣以及约翰，却有了约珥所没有的洞见和视野，因为当羔羊藉其宝血为神从各族各民各方各国中买了人回来之后(启5:9；14:4，6)，或者说，当无罪的替代了有罪的之后(林后5:21)，那些原本在神审判之下的列国(其中的一部分)，就可以成为祂在末日所要收割并放入粮仓的庄稼了。准此，原本关乎审判的"开镰罢！因为庄稼熟了"，在十字架的救赎功效中，就

① 有关此一暗引旧约个案的分析，见 L. P. Trudinger, The Text, 80; C. G. Ozanne, The Influence, 126。

② 参，1:6[祭司国度]；2:9；3:9[撒但一会]；5:5－6[争战手法：狮子—羔羊]；5:8[金香炉]；7:14－17[出埃及]；11:4[两个灯台]；12:6[旷野]；和14:1的"锡安山"。

③ 相关讨论，见 L. A. Vos, *The Synoptic Traditions in the Apocalypse* (Kampen: J. H. Kok, 1965), 144－52。

④ R. A. Guelich, *Mark* 1－8:26, 242－44.

可以是关乎拯救的言语了。

再者,在14章中,我们不单看见“酒醡异象”(14:17-20)和“第三位天使之异象”(14:9-11),也就是“神以烈怒之酒来刑罚列国的异象”,在主题和象征语言方面的平行,也同样看见“收割庄稼”之异象,在逻辑文脉上,延续了“十四万四千人乃初熟之果”(14:4)的概念。① 因此这两组对应显示,约翰一方面想要藉“酒醡异象”,来凸显人子末日审判中“刑罚”的元素,而在另外一方面他也想要藉“收割庄稼异象”,来显示人子末日审判中,所同时具有“招聚百姓=救恩完成”的面向。

(2)“锋利镰刀”的确给人不祥之感,而在旧约中,“收割”也的确是“审判”的同义词;但我们的问题是,约翰是否赋与“收割”如是意义呢?在前面我们已经提及,“收割庄稼”和“酒醡异象”在情节发展上,是十分类似的,因此它们有互相对照的作用。但此一平行现象,到了14:19那里,就止住了。因此我们不免要问:14:20的特殊之处何在?

在这两个异象中,从拿镰刀者的出现,到另一个天使要他将镰刀丢在地上,再到庄稼/葡萄被收割,都是完全一样的,但在“酒醡异象”中,我们却有了“踹酒醡”后续发展。而此一后续动作,才是“刑罚”的本身。换句话说,“收割”只是第一个步骤,而刑罚则是在“踹酒醡”的动作中显明的。事实上,在许多类似的经文中,审判并非藉由“收割庄稼”的动作来表达的;而是借着收割之后的“踹谷”,②或是借着“在风中扬谷好将谷和糠秕区隔”的动作来显示的。③ 而这两个动作,却都不曾在约翰的异象中出现。④ 再者,在14:20那里约翰也告诉我们,酒醡乃“在城外”被踹。在其文脉中,此一说明似乎有些突兀,甚至看来没有太大的必要,但若和“收禾捆入粮仓”的画面相较,“一进一出”或是“一内一外”的对比就十分明显了。而此对比,也建议我们以不同的角度,来理解这两个异象。

(3)至于“收割的时候已经到了”(14:15),和“祂施行审判的时候已经到了”(14:7),彼此呼应的论点,恐怕也不成立。因为在14:6-7那里我们已经晓得,该天使所带来的,除了有“审判”的宣告之外,也包括了“福音”的信息。事实上,若我们将14:15和14:18对比,“收割的时候已经到了”的原因,不单是因为“地上的庄稼已经熟透了”,也因为“葡萄熟透了”。而若参照24位长老在末日所唱颂赞之歌(11:17-18),此处“收割庄稼”和“收割葡萄”之异象所反映的,其实正是“神奖赏众圣徒的时

① Fiorenza, *Revelation*, 90; R. Bauckham, *The Climax*, 290-92; Osborne, *Revelation*, 552.
② 参,赛21:10;耶51:33;弥4:12-13;哈3:12;太3:12;路3:17。
③ 参,诗1:4;35:5;赛17:13;29:5;但2:35;何13:3;太3:12;路3:17。
④ R. Bauckham, *The Climax*, 293-94.

候到了”，和“神毁灭恶人的时候也到了”的思想（11:18）。换句话说，“收割的时候已经到了”（14:15）所对应的，不只是14:7之“祂施行审判的时候已经到了”，也是11:18中，拯救和刑罚的时刻已经来到。此一“拯救＋刑罚”的对比，在20章的白色大宝座审判中，也十分清晰，因为在那里面对神审判的，只有两种人。第一种是名字记载在生命册上的（20:12），而第二种则是名字没有在生命册上的（20:13－15）。前者因着羔羊之血而得以永远与神同在，但后者的结局，却是硫磺火湖，即，第二次的死。

基于上述的理由，特别是本于约翰对约珥书3:13的理解，以及启示录本身的线索，学界对此“收割庄稼异象”的第二种看法就是，此异象所言乃“末日人子要招聚选民”之事。① 正如耶稣所说，“他们（地上的万族）要看见人子有能力，有大荣耀，驾着天上的云降临。他要差遣天使，用号筒的大声，将他的选民从四方，从天这边到天那边，都招聚了来”（太24:30b－31，亦参，可13:26－27；路21:27）。和此教训相较，约翰在此所见“人子随白云而来”、“桂冠和锋利镰刀（荣耀和能力）”、“庄稼的收割”（14:14－16），以及“天使参与其事”等等，虽然在用词遣字上有所不同，但却和该教训若合符节，十分接近。因此“收割庄稼”之异象，乃是关乎末日审判中，人子所要完成的救恩。初熟之果既已收割（14:1－5），其余的“庄稼”也自然要随后进入粮仓了（太3:12；路3:17）。

14:15－16　又有另一位天使从殿中出来，向那坐在云上的大声喊着说，伸出你的镰刀来收割吧！因为收割的时候已经到了，地上的庄稼已经熟透了。[16]那坐在云上的，就把镰刀扔在地上；地上的庄稼就被收割了（καὶ ἄλλος ἄγγελος ἐξῆλθεν ἐκ τοῦ ναοῦ κράζων ἐν φωνῇ μεγάλῃ τῷ καθημένῳ ἐπὶ τῆς νεφέλης, Πέμψον τὸ δρέπανόν σου καὶ θέρισον, ὅτι ἦλθεν ἡ ὥρα θερίσαι, ὅτι ἐξηράνθη ὁ θερισμὸς τῆς γῆς. [16]καὶ ἔβαλεν ὁ καθήμενος ἐπὶ τῆς νεφέλης τὸ δρέπανον αὐτοῦ ἐπὶ τὴν γῆν καὶ ἐθερίσθη ἡ γῆ）

随着人子在云上的显现，有另一位天使从殿中出来，并向坐在云上的发出“收割

① 除了R. Bauckham和Osborne，持此见的学者也为数不少，例如，Swete（*Revelation*, 189），Kiddle（*Revelation*, 691），Lenski（*St. John's Revelation*, 444），L. A. Vos（*The Synoptic Traditions in the Apocalypse*[Kampen: J. H. Kok, 1965]，144－52），Ladd（*Revelation*, 198），Wilcook（*Revelation*, 136），Ford（*Revelation*, 250），Chilton（*Days of Vengeance*, 372），Boring（*Revelation*, 171），Fiorenza（*Revelation*, 90），和Harrington（*Revelation*, 154－55）等等。除了这两种看法之外，也有人认为（1）“收割庄稼”乃一般性的收割（麦子和稗子同时收割），而“收割葡萄”则是神对恶人的刑罚（例如，Mounce, *Revelation*, 280）；或是（2）这两个异象所言，都是神招聚“选民/殉道者”（14:20的血乃殉道者的；Caird, *Revelation*, 191－92）。前者之见的问题是，约翰在“收割庄稼”的异象中，并没有给我们区隔“麦子和稗子”后续动作；而后者的问题，在它没有让这两个异象之间的“差异”（即，14:20），在释经时扮演它应该有的角色。

吧”的呼吁。① 就文脉而言,此处的“另一个(ἄλλος)”,指向上文中的“三个天使”(14:6-13);而就文学形式而论,这个天使和下两节经文中所出现的另外两个天使,共同组成一个“天使三人组”,并和前面的“三个天使”互相对应。而在此对应的中间,则是坐在云上、头戴金冠、手拿镰刀的人子。此一设计,当然有让人子“位居要津”的目的。在执行末日审判的事情中,除了父神之外,有谁比祂更合适“担纲演出”呢?

但为何人子必须要从此天使的口中,才能得知末日已然来到?从此天使乃由殿中而出(ἐκ τοῦ ναοῦ)的现象看,②他乃传递神命令的使者,因此在这里并没有“人子低于天使”的问题。但难道已升入高天,坐在父神右边的人子,对“何时上场”之事,是完全不知情的吗?在有关末日的讲论中,耶稣曾向祂的门徒说:“但那日子,那时辰,没有人知道;天上的天使不知道,人子也不知道,唯独父知道”(太24:36;可13:32;亦参,徒1:7)。③ 因此敲响末日之钟的,必须是父神。此一概念,在彼得的口中,是“主也必把为你们预先选定的基督(耶稣)差来”(徒3:20),④而在保罗的笔下,则是“主必亲自从天降临,有呼叫的声音和天使长的声音……”(帖前4:16)。事实上,若我们回顾人子之第一次降临,乃“及至时候满足,神就差遣祂的儿子为女子所生……”(加4:4),那么“人子之再临”,乃由父神“按钮起动”,就完全不令人意外了。在为祂自己建立国度之事上,父神,三一中的首位,既然是创始的那一位,也当然会是成终的那一位(参,启20:11-15)。

时候已到,庄稼已熟,因此随着天使之声,那坐在云上的人子,就把镰刀扔在地上。在介绍人子出场之时,约翰用了“坐在云上”、“像人子的”、“头戴金冠”这三个描述,但在这两节经文中,他却只以“坐在云上的”作为人子的代名词。此一选择,正如我们在前面已经说过的,不单是要强调祂和父神之间的联系(随云而来),也是要凸显祂作为世界之主的地位(坐在云上)。但庄稼是如何被收割的呢?约翰没有明言,但如是简洁的文字,却给我们“事就这样成了”的印象。在人子第一次降临和第二次再来之间,神的心意是“愿意万人得救”(提前2:4),因此为了让人人都有悔改得机会,祂的“再临”就显得脚履蹒跚,迟迟未到,甚至让人以为祂“耽延”了(彼后3:9)。⑤ 但

---

① 有关本节经文和约珥书3:13之间关系的讨论,见上节经文的注释。

② 神的殿乃神的居所;参,启3:12;7:15;11:19;15:5,6,8;16:1,17;21:22。

③ 有人认为此一“限制”,乃道成肉身的基督所必须有的;而此“限制”,在祂复活升天之后,就不适用了(例如,Morris, *Revelation*, 178)。但“天上的天使也不知道”一语,显示此一“限制”也适用于天庭(Beale, *Revelation*, 772)。

④ 此乃新译本的翻译。

⑤ 有关末日“迟延”问题的讨论,可见 R. Bauckham, ‘The Delay of the Parousia,’ *TynB* 31(1980), 3-36。

当神所定下的时刻来到之后，祂的拯救和刑罚，将会十分迅速。

14:17　又有一位天使从天上的殿中出来，他也拿着一把锋利的镰刀（Καὶ ἄλλος ἄγγελος ἐξῆλθεν ἐκ τοῦ ναοῦ τοῦ ἐν τῷ οὐρανῷ ἔχων καὶ αὐτὸς δρέπανον ὀξύ）

在“收割庄稼”的异象之后，约翰又看见“收割葡萄”的异象（14:17－20）。和前一个异象相较，此异象中的第一个天使，也和人子一样的拿着一把锋利的镰刀。而若从其后第二个天使也向他发出“伸出镰刀来收割”的命令看来（14:18），这两个异象的情节发展，可说是如出一辙。但此一天使却非人子。他从天上圣殿而出，显示了他所拥有之权柄，乃源自神，但他既无“随云而来”，也无金冠在其头上，显示了他乃和人子有别。①

从后面的经文来看，此一天使所要做的事，是收割葡萄（14:18－19a），并将之丢入酒醡之中（14:19b）。在撒种的比喻中，耶稣曾经告诉祂的门徒，在末日的审判中，天使将要参与神审判的工作，把稗子（恶者之子）从麦子（天国之子）中区隔出来（太13:37－43）；而在撒网的比喻中，天使在末日的工作，则是要把不好的鱼（恶人）从好鱼（义人）中分别出来，并将他们丢在火炉里（太13:47－50）。和这两个比喻相较，约翰的异象，虽然在语言文字和其所使用的象征等方面有所不同，但就“天使亦参与末日审判”一事而论，他却和耶稣有一样的概念。

14:18　又有一位天使从祭坛中出来，是有权柄管火的，向拿着锋利镰刀的天使高声说：“伸出你的锋利镰刀，收取地上葡萄树的果子；因为葡萄已经熟透了”（Καὶ ἄλλος ἄγγελος [ἐξῆλθεν] ἐκ τοῦ θυσιαστηρίου [ὁ] ἔχων ἐξουσίαν ἐπὶ τοῦ πυρός, καὶ ἐφώνησεν φωνῇ μεγάλῃ τῷ ἔχοντι τὸ δρέπανον τὸ ὀξὺ λέγων, Πέμψον σου τὸ δρέπανον τὸ ὀξὺ καὶ τρύγησον τοὺς βότρυας τῆς ἀμπέλου τῆς γῆς, ὅτι ἤκμασαν αἱ σταφυλαὶ αὐτῆς）

随着前一个拿镰刀天使的出现，约翰又看见从14:6开始，六个天使系列中的最后一位。此一天使乃从祭坛而来。在6:9那里我们已经晓得，启示录中的祭坛，是天庭祭坛，是地上会幕中之金香坛，在天上的原型。和上一个天使从“天庭圣殿”而来一样（14:17），此一天使的“从祭坛而出”，也表明了他是神所差遣的使者。

但此天使也是“有权柄管火的”。在诗篇104:4“神以风为使者，以火焰为仆役”的影响之下，当代犹太人认为天使乃由火所造；②而神也将风，水，地和火交给天使来管理（以诺一书60:11－21；亦参，启7:1；9:11；16:5）。在圣经其他经文以及启示录中，火是神审判的工具，因此这个管火天使的出现，清楚显示此一异象的主题为何。但在启

① Osborne, *Revelation*, 553.

② 此一诗篇亦为希伯来书的作者所引用（1:7）。显示此一观念的文献有，禧年书2:2；巴录二书21:6；48:8；以诺二书39:5等等。若读者想要更多文献索引，见 Aune, *Revelation* 6－16, 846。

示录中,“祭坛+火”的组合,也出现在8:3-5那里,而在该处的注释中我们已经指出,该天使将祭坛之火炭倒在地上的举动,是神对在祭坛下殉道者伸冤呼吁的回应(6:9-11);因此这里的异象,也应做如是解读。由是我们就听见此一天使高声向持镰刀天使喊话了:“伸出你的锋利镰刀,收取地上葡萄树的果子;因为葡萄已经熟透了。”

此一呼吁,正如14:14的分析显示,是本于约珥书4:13中神审判列国的预言。这个预言,在约翰的手中,被分为两个部分:庄稼和葡萄的收割(14:14-16;17-20);因此在这里,约翰除了继续使用“伸出镰刀”的语言之外,还使用了更合适于收割葡萄的动词:“采收(τρύγησον)”。① 配合着此一语词,约翰在论及为何神要施行审判的原因时,也将庄稼熟了(ἐξηράνθη)变更为葡萄熟了(ἤκμασαν);因为前面之“熟了”的基本含义,乃“干了/焦黄”;②而此意涵,虽然合适于描述庄稼之成熟,但却不是形容“葡萄成熟”之时的语言。事实上,此一更动,也为他接下来所要给我们“血流成河”的审判画面(14:20),留下了伏笔;因为“[葡萄]熟了(ἤκμασαν)”一语所呈现的,正是“满盈”的画面。③ 当年神见人在地上罪恶很大,终日所思想的,尽都是恶(创6:5),因此就以洪水毁灭了第一个世界(创7:6-24);④照样,在世界的末了,当葡萄熟透了之后,神也将要再次行同样的事。公义的上帝,对满盈的罪,会视而不见?不要自欺,“神是轻慢不得的。人种的是什么,收的也是什么。”(加6:7)。

14:19-20 那天使就把镰刀扔在地上,收取了地上的葡萄,丢在神忿怒的大⑤酒醡中。[20]那酒醡在城外被踹踏,就有血从酒醡里流出来;血流有马的嚼环那么高,并有一千六百个竞技场那么长(καὶ ἔβαλεν ὁ ἄγγελος τὸ δρέπανον αὐτοῦ εἰς τὴν γῆν καὶ ἐτρύγησεν τὴν ἄμπελον τῆς γῆς καὶ ἔβαλεν εἰς τὴν ληνὸν τοῦ θυμοῦ τοῦ θεοῦ τὸν μέγαν. [20]καὶ ἐπατήθη ἡ ληνὸς ἔξωθεν τῆς πόλεως καὶ ἐξῆλθεν αἷμα ἐκ τῆς ληνοῦ ἄχρι τῶν χαλινῶν τῶν ἵππων ἀπὸ σταδίων χιλίων ἑξακοσίων)

---

① 此一动词应是由约珥书3:13而来:在MT中,“庄稼熟了”是“בָּשַׁל קָצִיר”;但在LXX中则是“παρέστηκεν τρύγητος”。

② LSJ, 539.

③ LSJ, 27. 亦参约珥书3:13的“酒池盈溢”(מָלְאָה;LXX ὑπερεκχεῖται)。

④ 从“罪恶满盈”到“洪水满盈”,这似乎也是个“以其人之道还治其人”,或是“以牙还牙以眼还眼”的审判原则。

⑤ 修饰阴性“酒醡(τὴν ληνὸν)”的“大(τὸν μέγαν)”乃阳性,因此我们在此有一个文法出格的现象。一个可能的解释,是将此文法出格的现象,视为是约翰暗引旧约的手法之一,因为在以赛亚书63:2中的“酒醡(ληνοῦ)”乃属阳性,而约翰的“大”所反映的,乃此酒醡。再者,以赛亚书63:3“我独自踹酒醡(阴性)……我在忿怒中将他们(阳性)踹下”的结构,也和此处之“阴性—阳性”的顺序一样(详见,Beale, *Revelation*, 779)。另一个可能的解释是,“大”乃受到阳性“忿怒”之吸引,而成了阳性形容词,并因此凸显了象征神审判的“酒醡”(G. Mussies, *The Morphology*, 139; Mounce, *Revelation*, 282)。

依循着管火天使的命令，前一个天使就将镰刀扔在地上，收取了葡萄，并丢入神忿怒的大酒醡中。在14:14那里我们已经提及，14:14－20中的两个收割异象，乃本于约珥书4:13；而该旧约经文对这两节启示录经文的影响，可在"扔镰刀于地"和"踹踏酒醡"的两个图画中清楚地显示出来。但在这个刑罚列国的异象中，约翰也将同样论及末日审判的以赛亚书63:3，融入了启示录中："我（耶和华）独自踹酒醡，万民中没有一人与我同在；我在忿怒中将他们踹下，在烈怒中把他们践踏；他们的血溅在我的衣服上，我把我所有的衣裳都染污了。"①和此经文对照，约翰除了继续依循约珥的"踹踏酒醡"之外，也采纳了以赛亚的"忿怒"和"血"，②因为在此旧约经文中，最能准确表达神审判之可怕和其强度的，大概就属这两个语词了。不单如此，约翰将"踹酒醡得葡萄汁"的农作活动，转化成"踹酒醡出血"的审判比喻，也一样是本于以赛亚书。③

但此一象征神审判的"酒醡"，为何要"在城外"被踹踏呢？若此城所指，乃"大城巴比伦（罗马）"，④那么不属此城而在城外被践踏的，就是圣徒了。换句话说，此一异象的主题，并非"神对世界的审判"，而是"圣徒藉由被杀害（殉道）而为天使所收割"。⑤ 此一见解确实独树一格，但约翰所暗引的旧约，以及启示录本身的文脉逻辑，都不支持这个看法。

那么此城是否是耶路撒冷呢？在约翰于此所暗引的约珥书中，末日审判将要在约沙法谷举行（珥4:2，12）。但此山谷究竟在哪里呢？传统的看法认为，此谷乃在圣殿东边，介于耶路撒冷和橄榄山之间的汲沦溪。⑥ 因此有学者就认为，末日的审判将要在此举行。⑦ 但由于"约沙法"在希伯来文中的意思，是"神审判"，而约珥书4:14又以"断定谷/判决谷"作为"约沙法谷"的同义词，因此先知约珥恐怕没有要我们为末日的审判，寻找一个特定地点的意思。⑧

那么我们要如何理解此处的"在城外"呢？在约翰所同时暗引的以赛亚书中，前来踹踏酒醡，审判列国的耶和华神（赛63:1－6），在以赛亚书60－62章中，乃是将救恩和复兴带给锡安（＝耶路撒冷）的那一位（参，启14:1－5）。因此以赛亚书的文脉

① 此乃新译本的翻译，但为了让以赛亚书的文字，更靠近启示录，笔者以"酒醡"替换"酒槽"。
② 有关此一暗引旧约案例的分析，见 C. G. Ozanne, The Influence, 127；J. Fekkes, *Isaiah and Prophetic Traditions in the Book of Revelation*, 195－96。
③ 在旧约中，以"踹酒醡"作为"审判"同义词的经文，还有耶利米哀歌1:15。
④ 参，启11:8；14:8；16:19；17:1ff。
⑤ 此乃 Caird 的见解（*Revelation*, 192）。
⑥ 有关此山在哪里的问题，见 R. Dillard, *Joel*, 300－01。
⑦ 例如，Thomas, *Revelation* 8－22，224。相关经文，亦见撒迦利亚书14:4－5；以及以斯拉四书13:33－38，巴录二书40:1－2。
⑧ L. C. Allen, *Joel, Obadiah, Jonah and Micah*, 108－09.

逻辑是,从"神对其子民的复兴"到"神对其仇敌的审判"。此一逻辑,其实正是约翰在此藉"收割庄稼"和"收割葡萄"这两个异象所要反映的。但神末日的审判,为何会是"在城外"的呢?在旧约许多同样论及末日审判的经文中,"神聚集列国围攻耶路撒冷"可说是祂审判的前奏(结 38:1－16;39:2;珥 3:2,9－12;番 3:8a),但在他们靠近并伸手攻击圣城之前,神的审判就从天而降,将他们毁灭了(结 38:18－23;39:3－7;珥 4:14－16;番 3:8b);因此"在城外"不单标示了他们无法进入城内,也显明了耶和华的完全得胜,和祂对城中属祂百姓的拯救。

此一概念,其实也正反映在启示录中。(1)"得胜的,我要叫他在我神殿中作柱子"(启 3:12),是人子给非拉铁非教会的应许。此应许虽然乃以象征为其语言,但得胜者属于神的概念,却不容置疑。(2)以"成为殿"来显明属神事实的手法,在 21:9－27 中,则是以"成为新耶路撒冷"的方式出现,因为在那里约翰告诉我们,此城之十二个门上所写的,乃以色列十二支派之名,而其十二根基之上,则有十二使徒之名(21:12－14;详见该处注释)。(3)若从反面的角度来看,启示录 21:27 也告诉我们,不能进城的,乃"不洁净的,并行可憎与虚谎之事的";而 22:15 则明言,那些"在城外的",是"犬类,行邪术的,淫乱的,杀人的,拜偶像的,并一切喜好说谎言编造虚谎的"。因此不论就正面或是反面的角度而言,"在城外"显示那些被收割了的葡萄,乃被神所拒绝的人。他们对圣徒之逼迫,显示了他们乃那些围攻圣城耶路撒冷的列国,因此在他们原本所属的"城外",酒醡就被踹踏了。

在 13:11－18 那里我们已经看见,海兽要求所有人都以"拜陆兽"的方式,来显示他们乃属"大巴比伦城",并对那些拒绝"入城"之圣徒进行迫害。和如是举措相较,神对那些进入"大巴比伦城",并自外于"新耶路撒冷城"的人,以"在城外"的方式来刑罚他们,可说是再吊诡不过的了。借着"在城外"审判列国,神其实向这个世界所说的是,"你让我的百姓在你的城外,我就让你的百姓也在我的城外",此一"以其人之道还治其人(*ius talionis*)"的审判原则,①是我们在前面已经多次看见的了。②

吊诡也好,反讽也罢,但神的审判却是完全不容轻忽的,因为从其忿怒酒醡中所流出"成河的血",有马的嚼环那么高,并有一千六百个竞技场那么长。在我们前面所提及的旧约经文中,末日的审判多以"战争"的图画来表达,因此(战)马的出现,并不令人意外。但令人好奇的是,"血河"之深,竟然高及马的嚼环。在约翰当代以及其后

---

① 亦参,Mounce, *Revelation*, 282; Aune, *Revelation* 6－16,847;但这两位学者都将此经文,对比于"耶稣在城外受死"的传统。就立即上下文而言,约翰所对比的,应是那些拜兽和跟随羔羊之人;而非拜兽之人和羔羊。

② 有关此一"罪罚对等"之原则,见 2:4－5;11:17－18;14:8－10;18:6,7－8;22:12。

的犹太著作中，以"血深及马腹，或是深及马鼻，甚或淹没马匹"的图像，来显示末日审判之可怕的例子，可说是不胜枚举；因此约翰在此很可能是从此传统中，得着如是灵感。① 在他的手中，此一描述当然有夸张的成分，因为成河的血流要有如此的深度，是不太可能的。但从"高及马的嚼环"来看，约翰的意思应该是"不能再高了"，因为在嚼环之上的，乃马的鼻子；因此若血流之高超过嚼环，马匹就要淹死了。而若此情况真的发生，前来争战审判的军队，也就要和其所刑罚的对象，同归于尽。在约翰所暗引的约珥书4:13那里，先知所给我们的是"酒醡满了，酒池盈溢"，而约翰则是因着末日审判（争战）的传统，而将之转化为"血流高及马的嚼环"。这两个画面容或不同，但它们都强调了神忿怒刑罚的深度。

若"高及马的嚼环"乃深度，那么"一千六百个竞技场（σταδίων）"，②就是神刑罚的长度了。依今日的度量衡，此一长度约有300公里，而以色列地从北到南，也差不多是这个长度，因此有人认为我们似乎应该以字面的含义，来理解此处的"一千六百个竞技场"之长。③ 也就是说，在末日之战中，那些上来攻击耶路撒冷的列国，将要在以色列地被全然毁灭。此一见解其实不完全可行，因为以色列地从南到北只约有260公里而已。④ 再者，在此异象中，镰刀、葡萄、酒醡、血等物，以及高及马的嚼环之形容等等，都是象征，因此我们如何能独独以字面的方式，来理解这个长度呢？

但1600之数目的意思，又是什么呢？从神以40年旷野飘流来刑罚以色列人之不信的背景来看（民14:33），或是从40下鞭刑的律法来看（申25:3），约翰在此可能是要以"$40^2=1600$"的方式，来显示神审判的严重性。但在启示录中，"4"乃"全地"的数目（7:1；20:8；特别是16:14中的"普天下的众王"），⑤而"10"乃"完全"的数目（特别是17:12－14中，和羔羊争战的十王），因此约翰在此更可能是要借着"$4^2\times10^2=1600$"的方式，来显示此一审判的全面性。⑥ 在万民聚集攻打耶路撒冷的背景

① 相关文献的分析和讨论，详见R. Bauckham, *The Climax*, 40－48。

② στάδιος乃当代度量长度的单位之一。其长约180－185公尺，是当代希腊人诸多赛跑比赛的长度之一；因此我们在此就将之译为"竞技场"了。

③ 例如，Walvoord, *Revelation*, 223。虽然不排除"象征性"的解读，Thomas也倾向以字面来理解此一长度（*Revelation* 8－22, 224）。

④ Alford, *Apocalypse*, 693.

⑤ 亦参，附录一（"各族各方各民各国"）的讨论。

⑥ R. Bauckham, *The Climax*, 47－48。在启示录里面的几个"大"数目中，我们可以观察到一些有趣的现象。在$144000=12^2\times10^3$（十四万四千人），$1000=10^3$（千禧年；20:4－6），和$12000=12\times10^3$（新耶路撒冷城的长宽高；21:16）的三个数字中，都有"三次方（立体）"的元素，而这三个数目，都和神国有关。和此相对，邪恶马兵的数目，即，二万万$=2\times$万^2，和此处的$1600=4^2\times10^2$，都有"二次方（平面）"的元素，而其相关物件则是属邪灵的。

中,神的审判当然要以整个世界为其对象。

但要踹踏此酒醡的,究竟是谁呢?手拿镰刀并将之扔在地上的天使,是个可能的人选(14:17-19),但约翰在此所用的语法,却是酒醡"被踹踏(ἐπατήθη)";而此语法在启示录中乃"属神的被动(divine passive)"。① 也就是说,踹酒醡的是神。此一理解也为以赛亚书63:1-6所支持,因为在那里执行审判的,正是父神。但和我们在前面已多次看见的一样,在暗引旧约预言之时,约翰也总是不会忘记人子羔羊。因此在同样以这个以赛亚书经文为背景的19:11-20中,穿了溅了血的衣服(19:13;参,赛63:3),并要踹全能神烈怒酒醡的(19:15;参,赛63:2-3),不是别人,而是"万王之王,万主之主"。作为被杀羔羊的祂(启5:6),在末日自然要将祂以宝血所买赎回来的人,如庄稼般地把他们带回神的粮仓;但作为犹大狮子的祂(启5:5),在那个日子里,也要如大卫般的击败列国,将神的国完全建立起来。

15:1 我又看见在天上有另一个异兆,大而且奇:有七个天使掌管着末后的七灾,因为神的烈怒在这七灾中已经发尽了(Καὶ εἶδον ἄλλο σημεῖον ἐν τῷ οὐρανῷ μέγα καὶ θαυμαστόν, ἀγγέλους ἑπτὰ ἔχοντας πληγὰς ἑπτὰ τὰς ἐσχάτας, ὅτι ἐν αὐταῖς ἐτελέσθη ὁ θυμὸς τοῦ θεοῦ)

对许多释经者而言,本节经文乃另一个段落的开始(15:1-16:21)。② 但在前面有关12:1-15:4之结构分析中我们已经晓得,③从12:1开始的段落,在15:4结束。在那里我们也曾提及,因着15章中所具有"文学连环锁"的设计(如下),约翰因此就将七碗之灾(15:5-16:21)和本段经文(12:1-15:4)连结在一起了。

A 掌管七碗之灾天使的出现(15:1)

  B 胜过兽之人在玻璃海上唱诗颂赞神的异象(15:2-4)

A' 掌管七碗之灾天使的使命(15:5-8)④

就我们目前所分析的15:1而言,此一连结,则显示在两个方面。第一,在12:1-15:4的段落中,此处"在天上有另一个异兆",所呼应的是12:1中之"天上出现了大异兆(妇人)",和12:3中的"天上又出现了另一个异兆(红龙)"。第二,本节经文中之"大而且奇(μέγα καὶ θαυμαστόν)",所呼应的是15:3中,描述神公义审判的同一个词组(Μεγάλα καὶ θαυμαστὰ),因为在启示录中,"大+奇"的组合,只出现在这两节经

---

① 参,6:2,4,8,11;7:2;8:2,3;9:1,3,5;11:1,2;12:14;13:5,7,14,15;16:8;19:8;20:4。

② 例如,Swete, *Revelation*, xxxix; Ladd, *Revelation*, 203; Mounce, *Revelation*, 284; Aune, *Revelation* 6-16, 849-68; Osborne, *Revelation*, 558。

③ 详见页705-07。

④ 有关"文学连环锁"之设计,亦见8:1-5的分析。

文中。因此透过内容结构和字面上的连结，约翰要其读者知道，“七碗之灾”乃神对红龙集团逼迫圣徒一事的回应。事实上，这个设计在释经上的意义，也在七碗之灾的内容中完全显示了出来；因为在16章里面，（1）受到刑罚的，是拜兽并接受其记号的人（16:2；参，13:12；16－17）；（2）受到神击打的，是兽的座位和它的国度（16:10；参，13:3－4；12－13）；而（3）在神的审判之下所倾倒的，是大城巴比伦（16:19；参，14:8）。

此一异兆之所以“大而且奇”，不单因为“有七个掌管末后七灾之天使”的出现，也“因为神的烈怒在这七灾中已经发尽了”。对这七个天使的形象，以及他们掌管末后七灾之权柄来自何处的问题，约翰将要在15:5－8中把答案告诉我们；而对神的烈怒又要如何藉这七灾来显明的问题，约翰则是以16:1－21为其说明。因此借着这两个语句，约翰可说是将随后的七碗之灾，做了一个总结；也难怪有学者会将本节经文，视为七碗之灾段落的标题。① 此一现象，再加上我们在前面对“天上有另一个异兆”，以及“大而且奇”这两个语句，在12:1－16:21之段落中，所扮演连结性角色的观察，显示本节经文，在其文脉中，乃扮演了“承先启后”的角色。而约翰将之独立出来，并放置在12:1－14:20和15:2－4之间，更肯定了我们在前面所说的，那就是，启示录15章的结构，乃一将“妇人—红龙”和“七碗之灾”这两个段落结合在一起的“文学连环锁”。

就“情节发展”而言，这节经文中的四个语句，可说是十分自然的依序出现；但若从结构的角度来看，约翰显然也要它们在“情节”之外，扮演连结性的角色。此其一。第二，这四个语句所各自连结的经文，12:1，3（异兆；12:1－14:20）；15:3（大而且奇；15:2－4）；15:5－8（七个天使）和16:1－21（神的烈怒发尽了），也正是启示录经文的顺序。因此看似“十分自然”的一节经文，其实是“暗藏悬机”的。启示录的文学细致之美，以及约翰在写此书时所下的“苦工”，可见一斑。

但这七个天使所掌管的“末后七灾”，所指的究竟是哪些灾难？而这些灾难又要在什么时候发生呢？“末后（τὰς ἐσχάτας）”②以及“神的烈怒已经发尽了（ἐτελέσθη）”，似乎显示七碗之灾乃末日的刑罚。但学界对此看似无可避免的推论，却有不同的解读。第一，对持守“过去派”之见的人而言，由于启示录乃在公元60年代所写，而其内容，则是神对耶路撒冷城在公元70年被毁的预言，因此七碗之灾所言，乃神对背道之以色列的审判。此事已经在70年发生，而本于旧约的神人关系，在那个事件之后，就

---

① 例如，Roloff，*Revelation*，182；Aune，*Revelation* 6－16，869；Osborne，*Revelation*，560。此一现象，也解释了为何如Roloff等学者，会将15:1－16:21视为一个段落。

② 英文中之“末日（eschaton）”和“末世论（eschatology）”乃由此希腊文而来。

走入历史了。[①] 第二,对“历史派”的人士而言,由于 13 章中的海兽乃“教皇之制”,因此七碗之灾是神在历史中,为要废除此一制度所降下的刑罚。这七灾已然开始,也要继续下去,直到人子再临。[②] 第三,对“未来派”人士而言,“末后”和“已经发尽了”这两个语词,应是支持他们论点的最好证据,但由于他们也以“线性”的方式来解读启示录,因此十六章中的七碗之灾就不是末日的审判,因为在 19:11 – 21 那里,基督不单还要再临审判世界,[③]并且还要将海陆二兽,以及那些跟随他们的人,都丢入硫磺火湖中。[④] 对他们而言,七碗之灾乃末日前的大灾难;而此灾难将引进末日。第四,对“理想派”而言,七碗之灾,就如末后一语所指,乃末日的审判,[⑤]或是从基督第一次降临到第二次再来之间的“末日审判”。[⑥]

对这四种看法,我们在导论的部分已经做了一般性的评论,因此有兴趣的读者可以参阅该处的分析。在此我们所要处理的,只是七碗之灾所牵涉到的“时间”问题而已。第一,从前面有关本节经文和其上下文关系的分析来看,七碗之灾乃连结于叙述红龙军团和教会争战的 12:1 – 14:20;是神对属兽集团逼迫教会之事的回应。而此见解,也在 16 章中,拜兽并接受其记号的人(亚洲议会和百姓;16:2),兽的座位和它的国度(罗马皇帝;16:10),以及大城巴比伦(罗马;16:19),依序被神击打的叙述中,得着证实。准此,这个系列的灾难,不论就其和上文之连结,或是内容的角度来看,都和第一读者所身处的情境,有直接的关联。因此这个系列的灾难,若不是已经开始,就是即将来临的。事实上,若从约翰“已经……尚未(already and not yet)”的末日观来看,[⑦]我们其实不必在这两者之间做选择,因为若神国已然出现(教会),但尚未完全成就(新天新地);那么伴随着神国显现所必然会有“审判世界”的面向,也应是“已经开始但尚未完全成就”的。

第二,除了立即上下文之外,七碗之灾的段落,也属于 4:1 – 16:21。因此在分析七碗之灾的“时间”问题时,它和这个段落中,另外两个七灾系列之间的关系,也应列

---

① 例如,Chilton, *Days of Vengeance*, 383 – 84,395。在此派别中,也有人认为逼迫圣徒的,乃罗马,因此七碗之灾的对象,是当代的第一强权,罗马帝国(相关学者,见 S. Gregg, ed., *Revelation: Four Views*, 352ff)。

② 持此见的相关学者,见 S. Gregg, ed., *Revelation: Four Views*, 352ff。

③ Walvoord, *Revelation*, 225.

④ Ladd, *Revelation*, 204; Osborne, *Revelation*, 561(note 2). 对此问题,Thomas 则是将 19:11 – 21 和 20:11 – 15 中,所提及的基督第二次再来和白色大宝座的审判,包括在七碗之灾中(*Revelation* 8 – 22,231)。

⑤ 例如,Alford, *Apocalypse*, 696; Wilson, *Revelation*, 126。

⑥ 例如,Collins, *Apocalypse*, 108; Roloff, *Revelation*, 180; Beale, *Revelation*, 785 – 88(不过 Beale 也同时认为七碗之灾乃末日的)。

⑦ 参,1:1c, 13;5:7,9 – 10;11:17;13:1 的注释。

入考量。

（1）在分析七印之灾的一开始我们已经提及，[1]就形式而言，七印（6:1－8:5）和七号系列比较接近，但就内容而言，七号（8:6－11:19）和七碗系列则像是一对双胞胎，因为它们都以旧约中的十灾为本。[2] 因此这三个灾难系列虽然分散在不同的段落中，但借着这些在结构和内容上的平行对比，约翰显然要其读者将它们并排合参。就"时间"的角度而言，七印之灾乃以"羔羊升入高天，从父神手中拿了书卷（5:7），并揭开第一印（6:1）"，为其开端，并在彰显神末日审判之可畏的第七印中结束（天上寂静了半个小时；8:1）。而就七号系列而言，这个系列的灾难，则是从第一个天使，为回应殉道者呼吁伸冤（6:9－11），而倒下象征审判之火炭开始的（8:5，7），并在"世上的国，成了我主和主基督之国"的第七号中结束。因此这两个系列的灾难，都是"已经开始但尚未完成"的。而若七碗和此两个七灾系列平行，那么它所涵盖的时间，也应如是。

（2）三个七灾系列的确彼此平行，但我们要如何看待它们之间的差异呢？在这三个七灾系列中，我们至少可以观察到三个类似的现象：（i）神审判的范围，是从第四印的1/4（6:8），到1－4号的1/3（8:7－12），再到完全没有范围限制的七碗之灾（1/1；16:1－21）；（ii）前两个七灾系列都有"插曲"夹在"第六印/第六号"和"第七印/第七号"之间（7:1－17；10:1－11:14），但这个情况却没有出现在七碗系列中；（iii）七号之灾无法叫人悔改（9:20－21），而七碗之灾不单不能叫人悔改，还更进一步地带来"人就开口亵渎神"的结果（16:9，11，21）。

这三个观察显示，这三个灾难系列之间除了有平行的地方之外，也有"进展"。但此"进展"的释经意义是什么呢？以"线性"方式来读启示录的人，当然会以此"进展"的现象，来支持"三个灾难系列乃依时间顺序发生"的主张。但此一"进展"，也可能只具有文学上的意义。也就是说，借着"重复并逐渐加强"的方式，约翰就突显了"神必然要刑罚"，或是"审判必然临到"的真理。事实上，此一"重复并逐渐加强"的现象，也反映在七印七号和七碗系列的"共同结语"中："随后有雷轰、大声、闪电和地震（8:5b）；随后有闪电、声音、雷轰、地震和大冰雹（11:19b）；又有闪电、声音、雷轰、大地震……又有大雹子"（16:18－21）。而此结语，乃从天庭异象而来："有闪电、声音、雷轰从宝座中发出"（4:5）。因此从这个"共同终点"的现象中，我们不单更清楚的看见，这三组七灾系列中"重复并逐渐加强"的现象，乃文学的手法，并且也证实了这三

① 见页479－81。
② 详见页480的分析。

组七灾系列,在时间上的彼此平行。

事实上,以"重复并逐渐加强"来突显"审判必然临到"之手法,应该不是约翰的发明。在描述具有末世意义,①并为第一个世界带来审判的洪水之时,创世记的作者也使用了类似的文学设计:

1 进入方舟(7:1-5)

2 进入方舟(7:6-9)+洪水泛滥40天(7:10-12)

3 进入方舟(7:13-16)+洪水泛滥40天(7:17a)+水势浩大(7:17b-24)

4 天地之水止息(8:1-2)+洪水消退(8:4-14)

5 出方舟(8:15-19)

对于这个主题重复出现的现象,有一些解经家认为,这是因为有一个不十分聪明的编辑,将不同来源资料组合之后的结果。但其实这个主题重复的现象,却正是作者文学技巧的高超表现。因为随着同样主题不断地出现,并在其上逐渐加上新的元素,我们似乎真的可以感受到洪水一寸一寸不断地往上涨,直到最高峰的第三个段落。而在第四和第五个段落中,主题渐次减少的现象,也让我们感受到洪水的退落。在一篇文学作品中,要把作品的内容和文学技巧融合在一起,是一个不容易达到的境界。② 和此设计相较,约翰的三个七灾系列,虽然在内容和形式上完全不同,但是他为凸显"审判必然成就"而使用"重复并逐渐加强"的手法,却和创世记之作者所使用的文学设计,有异曲同工之妙。我们也许无法确定约翰是否从创世记中得着如是灵感,但在论及末日审判时,他却也以类似手法来突显"审判必然来到"的真理,却值得我们仔细思想。

回到启示录15:1。以上的分析显示,在启示录的文脉中,"末后七灾"所指的,主要是文学设计上的"末后"(相对于七印和七号之灾),而非时间上的"最后"。"末后的七碗之灾"中,当然包括了神在世界的末了所要施行的审判和刑罚(例如,第六碗之灾),但这个系列中的灾难,却非全部都是"末日的"。在羔羊男孩出生,受死时(12:1-5),"末日"就已经开始了;而在祂升上了高天,将红龙撒但赶出了天庭之后,祂的审判也已经展开(12:7-12)。此一审判将在教会和海陆二兽的争战中,持续发生,直到那最后日子的来到,并在那个日子中,达到高峰(14:17-20;16:12-21)。教会虽然持续受到打压,但在她不断的成长中,撒但的国就受到了审判,因为原本属它,在它魔掌之下的人,因着教会藉受苦所见证的福音,一个个的归入了主的名下,而成为神

① 参,太24:37-39=路17:26-27;彼前2:5。

② M. G. Kline, *Kingdom Prologue*, 131-32.

国的一分子。神的忿怒，在祂藉其爱子的从死里复活，而将撒但赶出天庭之时，也已经显明，但其“发尽”之日，却要在七碗之灾结束之时，才会来到。①

15:2　我又看见好像有个搀杂着火的玻璃海；又看见那些胜了兽和兽像，并它名字数目的人，站在玻璃海上，拿着神的琴（Καὶ εἶδον ὡς θάλασσαν ὑαλίνην μεμιγμένην πυρί καὶ τοὺς νικῶντας ἐκ τοῦ θηρίου καὶ ἐκτῆς εἰκόνος αὐτοῦ καὶ ἐκ τοῦ ἀριθμοῦ τοῦ ὀνόματος αὐτοῦ ἑστῶτας ἐπὶ τὴν θάλασσαν τὴν ὑαλίνην ἔχοντας κιθάρας τοῦ θεοῦ）

依照我们对启示录15章之结构的了解（见上节经文的分析），约翰在本节和下两节经文中所见异象，乃接续14:20，并且是12:1－15:4之段落中，最后的一个异象。在上一个异象中，属神的庄稼已然被人子所收割（14:14－16），而属兽的葡萄也已经被收割，并在城外接受了他们的审判和刑罚（14:17－20）；因此在这里我们也就十分自然地看见那在天上所举行的“庆祝大会”。

但约翰所看见“好像搀杂着火的玻璃海”，究竟是什么呢？在前面我们已经提及，“好像”的意思，并非“像是但又不是”，而是约翰为要显示他所见之人事物，乃在异象中所看见的。② 因此他所看见的，是“搀杂着火的玻璃海”。但这又是什么呢？在天庭异象中约翰已经告诉我们（4－5），在神宝座前面的，乃是一个如同水晶的玻璃海（4:6）。在那里我们也已经晓得，在此“海”背后的，除了有“神在天上的水之上，设立其宝座”的旧约背景之外，也包括了古人对“海乃邪恶势力源头”的认知。因此“明如水晶的玻璃海”所彰显的，是神的大能，因为海中的怪兽拉哈伯，在神引领以色列人过红海之际，已经被祂所击败。③

和明如水晶的玻璃海相较，此处的玻璃海乃是“搀杂着火的”。有学者认为“海（水）＋火”乃“洗礼”的象征，④但此见解却和上下文完全不相容。若从神以“火”来试炼属祂儿女的背景来看（例如，彼前1:7），此处“圣徒站在搀着火的玻璃海上”，所

---

① 若神的忿怒将要在七碗之灾中发尽，那么此处的经文也支持近来逐渐被人接受，有关恶人在末日将要被神毁灭的见解（annihilationism）。因为若传统见解是准确的话，即，恶人将要在地狱中永远的，有意识的受苦，并持续敌对神，那么神的忿怒要如何“发尽”呢？当神在末日将恶人全然毁灭，祂公义属性因此得着满足，而当恶人不再存在，祂的忿怒，自然就来到了尽头。在祂所统管的新天新地中，将不再有任何的人事物，可以挑动祂公义的属性，因此祂公义属性的外在表现，即，忿怒，也将不再发生。Swete也意识到这个问题（*Revelation*, 193），但他的解决方法，却是把“发尽”做了“有限制性”的解释，即，在末日审判之后，神的忿怒依旧存在，但祂的怒气，将不会像末日“大发烈怒”般地再次发作。因此祂的烈怒，在七碗之灾中“发尽了”。此一解释看似可行，但却没有经文的支持，因此也显得有些强词夺理。

② 类似的说法，见4:6；5:6；6:6；8:8；9:7；13:2；14:2；19:6。

③ 详见该处注释。在下两节经文的分析中，我们也将要看见“出埃及过红海”一事的影子。

④ Farrer, *Revelation*, 171.

要凸显的则是圣徒的得胜。① 在14:4那里,约翰的确提及羔羊之军乃不计代价跟随羔羊的人,但在此异象的立即上文中(14:8-11,17-20),神对世界的审判却占据了最多的篇幅,因此这个见解恐怕也有其困难。那么我们要如何来理解此处经文呢?在约翰于启示录13章所暗引的但以理书第七章中,从神宝座而出的,是"如河的火"(7:10),而四兽中最强大的第四兽,却因其头上之角,说了"夸大的话(亵渎)"而为神所杀,并被扔在火中焚烧(7:11)。因此约翰在此应是继续使用但以理书,并将"审判之火",和4:6宝座前的"玻璃海"结合,好凸显神审判的权柄和大能。② 在祂收割并践踏葡萄的异象中,在血流1600个竞技场之远,并有马的嚼环之高的画面中(14:17-20),神审判的权能已经显明。

除了玻璃海的舞台之外,约翰也看见站在其上的"演员":"那些胜了兽和兽像,并它名字数目的人。"③对此引介,有人认为此乃"三重胜利"的介绍词,④但若从13章来看,胜了"兽像"和"它名字数目",乃"胜过兽"的说明,⑤因为这些人乃是在(1)宗教/政治效忠(拜兽像;13:12,15),和(2)经济利益(接受兽名记号;13:16-18)的两件事上,胜过了兽所定下的"国法家规"。在13章中,他们乃是被海兽,以及被海兽之代理人陆兽所欺压的一群人,但他们对羔羊至死的效忠,虽然让他们付上了极大的代价,但却也让他们如今可以站在玻璃海上,拿着神的琴,⑥得着在神面前事奉祂的荣耀。

事实上,他们所胜过的,恐怕还不只是海陆二兽而已。在12:18那里(和合本12:17b),约翰让我们看见被赶出天庭的红龙,只能站在海边的沙上,呼召海陆二兽并透过他们来逼迫属神的子民(13:1-18);但在此约翰却让我们看见,原本在红龙手下受欺压的圣徒,如今却可以立足于天上的玻璃海之上。在如是对比中,"藉受苦而胜过红龙"的吊诡性,恐怕是再清晰不过的了。但他们有何德何能,能胜过红龙?单靠他们的受苦(苦修)就可以了吗?当然不,因为在12:11那里,约翰已经明言,是因羔羊的血和他们所见证的道,才让他们胜过它的。因此他们的得胜,乃是本于羔羊。正如

---

① Swete, *Revelation*, 194; Hailey, *Revelation*, 319-20.

② Aune, *Revelation* 6-16, 870-71; Beale, *Revelation*, 790.

③ 由于"νικῶντας + ἐκ"的组合,在新约中只出现于此,因此它的含义就引起了许多的讨论。"拉丁语法"、"亚兰文的影响",或是"浓缩语法",都曾被人提出来作为解释。但不论何者为是,此一组合的含义都是"胜过"或是"不受其影响"。因此约翰藉此组合所要表达的意思,是相当清楚的。相关讨论,见Aune, *Revelation* 6-16, 871-72。

④ Ford, *Revelation*, 257;亦参Osborne, *Revelation*, 563。

⑤ Mounce, *Revelation*, 286.

⑥ "神的(τοῦ θεοῦ)"一词的意思,可以是"从神而来的"(genitive of source),也可以是"为事奉神而有的"(objective genitive)。但是不论我们采取哪一个看法,得胜者手拿"琴"的目的,都是要事奉神。

羔羊因其被杀受死，才得以站在天庭宝座前的玻璃海上（4:6;5:6），羔羊的跟随者也必须经由相同的路径，才能来到神的跟前。

15:3－4 他们唱着上帝仆人摩西的歌和羔羊的歌，说，主，神，全能者啊！你的作为伟大奇妙；万国之王啊！你的道路公义正直。[4] 主啊！谁敢不敬畏你，不荣耀你的名呢？因为独有你是圣的；因为万民都要前来，在你面前敬拜；因为你公义的作为已经显明（καὶ ᾄδουσιν τὴν ᾠδὴν Μωϋσέως τοῦ δούλου τοῦ θεοῦ καὶ τὴν ᾠδὴν τοῦ ἀρνίου λέγοντες, Μεγάλα καὶ θαυμαστὰ τὰ ἔργα σου, κύριε ὁ θεὸς ὁ παντοκράτωρ· δίκαιαι καὶ ἀληθιναὶ αἱ ὁδοί σου, ὁ βασιλεὺς τῶν ἐθνῶν· [4]τίς οὐ μὴ φοβηθῇ κύριε, καὶ δοξάσει τὸ ὄνομά σου; ὅτι μόνος ὅσιος, ὅτι πάντα τὰ ἔθνη ἥξουσι καὶ προσκυνήσουσιν ἐνώπιόν σου, ὅτιτὰ δικαιώματά σου ἐφανερώθησαν）

在异象中，约翰除了看见得胜者出现在玻璃海之上，也听见他们开口唱摩西和羔羊之歌。① 就结构而言，此诗歌可以分为两个部分（3b;4）：

主，神，全能者啊！你的作为伟大奇妙；
万国之王啊！你的道路公义正直。
主啊！谁敢不敬畏你，不荣耀你的名呢？
因为独有你是圣的；
因为万民都要前来，在你面前敬拜；
因为你公义的作为已经显明。

第一个部分是由两个同义平行的句子所组成，因此它们彼此解释；而第二个部分则是以一个问句开始，而后以三个表原因的子句来回应这个问句。② 因此就组织结构来说，此诗歌并不复杂。但为何约翰要称此诗歌为摩西之歌呢？它和摩西带领以色列百姓出埃及之后，在红海边上所唱的诗歌（出 15:1－18），以及摩西在交棒给约书亚之时，向以色列人所唱的诗歌（申 31:30－32:43）之间，③有何关系

---

① 以“神的仆人”称呼摩西乃犹太人的传统，例如，出 14:31；民 12:7；申 34:5；书 1:1；王上 8:53；王下 18:12 等等；因此约翰在此乃依循此一习俗。但在后面我们也将看见，约翰在这里特别提及摩西乃“神的仆人”的原因，是因为要唱摩西和羔羊之歌的得胜者，也是神的仆人。也就是说，此一语词的出现，乃是要和得胜者对比而有的。

② Mounce, *Revelation*, 287. 和合本，新译本和思高译本都以“间述法”的方式，来理解第二个子句中的“ὅτι(that)”。此一见解是可能的，不过在这三个ὅτι的系列中，我们似乎没有特别理由将它独立出来。亦参，Osborne, *Revelation*, 567。

③ P. C. Craigie, *The Book of Deuteronomy*(Grand Rapids: Eerdmans, 1976),373－74.

呢?① 就整体内容来看,得胜者所唱的,和旧约的这两首摩西之歌之间,似乎没有太多相似的地方;而就个别的语词而言,约翰的摩西之歌似乎也只是旧约诸多诗歌的"汇总":

(1)"你的作为伟大奇妙"——你的作为何其大(诗92:5);耶和华的作为本为大(诗111:2);你的作为奇妙(诗139:14);[耶和华]施行奇事(出15:11)。

(2)"你的道路公义正直"——祂的作为完全,祂所行的无不公平,是诚实无伪的神,又公义又正直(申32:4);耶和华在祂一切所行的,无不公义(诗145:17);耶和华的道是正直的(何14:9)。

(3)"主啊!谁敢不敬畏你,不荣耀你的名呢?"——万国的王啊!谁敢不敬畏你呢?(耶10:7);耶和华啊!众神之中,谁能像你呢?(出15:11);主啊!诸神之中,没有可比你的(诗86:8)。

(4)"独有你是圣的"——你,唯独你,是耶和华(尼9:6);[耶和华]在祂一切所行的,都是圣的(诗145:7);②神是又公义又圣洁的(申32:4)。③

(5)"万民都要前来,在你面前敬拜"——主啊!你所造的万民,都要来敬拜你,他们也要荣耀你的名(诗86:9)。④

(6)"你公义的作为已经显明"——耶和华在列邦人眼前显出公义(诗98:2)。⑤

上述分析显示,得胜者所唱诗歌的每一个部分,都有其旧约渊源,因此约翰在此所做的,似乎只是将旧约中的诗歌,剪剪贴贴,拼凑在一起而已。⑥ 但事情是否是如此的呢?若我们回到出埃及记15章,(1)摩西对神审判以色列仇敌(埃及)之事的颂赞(出15:1-12),其实已然在"你的作为伟大奇妙"和"你的道路公义正直"这两句话中(启15:3),反映了出来;(2)摩西向神所发,"众神之中谁能像你?"的颂赞(出15:

---

① 诗篇的编辑者亦将诗篇90篇视为是摩西所作,但由于出埃及的背景(详下),此处的诗歌和该诗篇之间的关系,并不特别明显。

② 此乃七十士译本的经文。MT做"慈爱"。有关神乃"独一"的概念,亦参,诗72:18;83:18;86:10;赛2:11等等。

③ 此乃七十士译本的经文(ὅσιος)。MT做"正直(יָשָׁר)"。

④ 类似的概念,亦在许多旧约经文中出现,参,诗46:10;47:9;102:15;赛2:2-4;14:1-2;45:23;60:1;66:18-23;耶16:19;亚8:20-23;14:16。

⑤ 有关这些经文和启示录之间关系的讨论,见 L. P. Trudinger, The Text, 80-81; C. G. Ozanne, The Influence, 127-30; R. Bauckham, *The Climax*, 296-307; Aune, *Revelation* 6-16, 872-76; Osborne, *Revelation*, 564-68。

⑥ Aune, *Revelation* 6-16, 874. 对整卷启示录和旧约之间的关系, E. S. Fiorenza 亦持类似见解(*The Book of Revelation: Justice and Judgment*, 135)。

11），也和“主啊！谁敢不敬畏你，不荣耀你的名呢？”互相呼应（启15:4a）；不单如此，外邦人对神刑罚埃及一事的恐惧战惊（出15:14－16），也一样的反映在这一个问句中；（3）神带领以色列百姓出埃及的目的，即，将他们带进祂的圣所（出15:13，17），也已经在前节经文中，借着得胜者站立在玻璃海上的图画，而表达了出来（15:2）；（4）最后，摩西在红海边所唱之诗的结语——“耶和华必做王，直到永远”（出15:18），不单已经在启示录11:15中出现（祂要做王，直到永永远远），也在得胜者弹琴唱诗，事奉神的画面中，完全表达了出来。①

事实上，约翰的摩西之歌，不单在“内容”上和出埃及记15章互相呼应，也在其结构上，和该旧约段落有所关联。就整体而言，摩西对神所发“众神之中谁能像你？”的颂赞（出15:11），乃约略在该诗歌有关神刑罚埃及（15:1－10，12），和神拯救以色列（出15:13－18）这两个段落的中间；而此一现象，也一样出现在约翰的摩西之歌中，因为“谁敢不敬畏你，不荣耀你的名呢？”，正在启示录摩西之歌的中央。再者，在摩西向神发出“众神之中谁能像你？”的颂赞之后，他接下来所说的是：“谁能像你（1）至圣至荣，（2）可颂可畏，（3）施行奇事？”（出15:11b）②和此处启示录经文相较，约翰虽然在“谁敢不敬畏你，不荣耀你的名呢？”之后，所给我们的是三个表原因的子句（ὅτι），但这三个子句却和摩西颂词的单位，就数量而言，是一致的，而其内容，也彼此呼应。

综上所述，约翰的摩西之歌，乃本于神的仆人摩西，在出埃及的红海边上所唱的颂赞之歌。但约翰为何又要称此诗歌为“羔羊之歌”呢？是因为羔羊耶稣和摩西一样，也带领了神的子民，脱离了那逼迫他们的人吗？③ 也就是说，约翰在此所要对比的，是羔羊和摩西吗？应该不是。就某一个角度来说，羔羊耶稣和摩西一样，都是神所设立，管理神家的大祭司（来3:1－2），但在救赎事工上，他们却是不能对比的（参，来3:3－6）。在神拯救属祂百姓的事上，羔羊所对比的，是父自己。因此就如神的仆人摩西，在红海边上，因着神对埃及所施行的审判和祂对以色列百姓的拯救，而唱了一首颂赞之歌；照样，神新的子民（教会＝以色列＋外邦人），也就是那些在神宝座面前（玻璃海）事奉祂的仆人，④也要因着羔羊刑罚了他们的仇敌（踹踏酒醉；14:20），和他所施行的拯救（收割庄稼；14:14－16），而在神面前开口唱诗颂赞祂。

此一将摩西之歌连结于，甚或等同于羔羊之歌的手法，⑤其实正显示了约翰对出埃及一事的了解。对他而言，摩西之歌之所以可能在红海边上响起，乃是因着那涂在

① 此乃 Bauckham 的观察（*The Climax*, 301－02），不过笔者也对其观察，做了一些整理。
② J. I. Durham, *Exodus*, 207.
③ 此乃 Moffatt（*Revelation*, 443）和 Hailey（*Revelation*, 320）等人的看法。
④ 参，启1:1，20；6:11；7:3；19:5，10；22:3，6，9。
⑤ 若以“解释性（epexegetical）”的方式，来理解连接摩西之歌和羔羊之歌的“和（καὶ）”，那么这两者就是同一首歌了（参，Beale, *Revelation*, 792）。

门楣和门框上之羔羊的血(出 12:21－28),因为此血不单让以色列百姓得免神“杀长子”之灾(十灾中的最后一个),也是他们得以脱离埃及王的先决条件。对希伯来书的作者而言,此一逾越节羊羔之血,乃属乎这个世界的,是人类历史中的一个事件(来 9:11),但其属灵的含义(预表),却在人子羔羊死在十字架上的事件中,完全彰显了出来(来 9:11－28)。① 因此在如是的逻辑之下,约翰便可以毫不犹豫地将摩西之歌和羔羊之歌画上了等号。②

但这两首歌是完全一样的吗?若它们是完全相同的,为何约翰不说“他们唱着摩西和羔羊的歌”,而要啰啰嗦嗦地说:“他们唱着摩西的歌和羔羊的歌”?就神借着第一个(旧约的)和第二个(新约的)出埃及事件,所显示祂审判和拯救的能力而言,祂的确是“主,神,全能者”③和“万国之王”;而其所为和所行,也只能以“伟大奇妙”和“公义正直”来形容。因此和那些属红龙之人对兽的颂赞相较(谁能比这兽,谁能与它交战呢?[启 13:4]),得胜者的“主啊!谁敢不敬畏你,不荣耀你的名呢?”,不单有强烈对照的作用,也是完全正确和合宜的。不单如此,在神所主导的新旧“出埃及事件”中,祂和埃及王,以及约翰当代之人所信奉的各式神祇之别,也十分清晰;因此祂不单是“独一的/圣的”,也已经在这两个类似的事件中,显明了祂公义的作为。祂,在这两个事件之后,成为祂新旧百姓颂赞的焦点,可说是十分自然的事。

但祂借着这两个出埃及事件所成就的,是完全一样的吗?逾越节的羔羊之血,和人子羔羊之血所能成就的,当然是不一样的。在第一个出埃及记中,逾越节羔羊之血所能成就的,是以色列一族得蒙救赎(出 15:13,16);但在第二个出埃及记中,人子羔羊之血所能买赎回来的,则是“各族各方各民各国中的人”(5:9)。因此从得胜者的口中,我们自然就要听见“万民都要前来,在你面前敬拜”的颂赞了。④ 让摩西之歌和

---

① 亦参,施洗约翰对耶稣的介绍:“看哪!神的羔羊,除去世人罪孽的”(约 1:29,36)。

② 在此逻辑之下,我们就应该以“目标的所有格(objective genitive)”的方式,来理解“羔羊的(τοῦ ἀρνίου)”一词。也就是说,此一诗歌乃因羔羊的作为而得以响起。类似见解,亦参,Aune, *Revelation* 6－16,873; Osborne, *Revelation*, 564。

③ 有关此一“称号”在启示录中的意义,见 1:8;4:8 和 11:17 的注释。

④ 亦参 Bauckham 的分析(*The Climax*, 296－307)。Bauckham 对“万民前来敬拜”的见解,曾被人怀疑是“普救论”(例如,Beale, *Revelation*, 799)。此一怀疑并非空穴来风,因为 Bauckham 为了要强调“羔羊救赎万民”(相对于以色列一族)之真理,而多次提及万民得蒙救赎之事。他容或相信神的救赎恩典将要临到许许多多的人身上(谁不希望如此呢?),但该书 313 页脚注 100 的文字,却也显示他并不认为所有的人都将要得救。对此暗引旧约个案,Bauckham 认为约翰在此所做的,是把神藉审判埃及(外邦的代表)来拯救以色列百姓之事,因着人子羔羊所为,转化为一个“外邦得赎”的事件。此一见解是可以接受的,因为人子的救赎本身就具有替代受刑罚的意义;但此一救赎之功效,是只发生在那些相信并接受如是救赎意义的人身上,而不是不分青红皂白的就及于所有的人。毕竟在 14:20 和 19:11－21 那里约翰也告诉我们,人子将要踹踏神烈怒酒醡(执行审判和刑罚)。因此此处的“万民”,乃那些相信福音的万民。

羔羊之歌响起的原因，是完全一样的，因为这两个“出埃及”事件，都显示了神公义的作为。但这两首诗歌却也有其相异之处，因为“影儿羔羊”和“本体羔羊”所能成就的，有着“地和天”的差异。因此摩西之歌就只能在红海边上响起；但羔羊之歌却要在天庭宝座前的玻璃海上，从那些由万国而来，胜过红龙和海陆二兽之得胜者的口中而出。

在14:1－5那里，我们已经看见他们在锡安山上唱“新歌”了，因为在其时，他们虽然在兽的手下受苦，但他们的救赎已然确立（详见该处注释）。然而在这里，当神的国已经完全成就时，我们也就再次看见他们开口唱歌颂赞神。和关乎救赎的“新歌”相较，此处的羔羊之歌，则更多聚焦在神的公义作为，因为神国成就的含义，不单在救赎圣徒，也在审判列国；因为祂不单是属祂子民的主，也是这个世界的王。若祂的救恩值得我们大声歌唱，那么当祂的公义，在祂审判列国的行动中得着彰显时，我们岂不也应该扬声欢呼吗？当我们蒙神怜悯，成为祂的儿女之后，除了感念神在我们身上所施行的救赎恩典之外，难道我们不也应该以神的国和神的义为念吗？因此有什么颂词，比“你公义的作为已经显明”，更合适作为此一诗歌的结语呢？又有什么样的语言，比这句话更合适总结从12:1开始的异兆呢？

解释和应用

从12:1的“天上出现了大异兆”，约翰就借着一个男孩为妇人所生的异象，带我们回到了人子羔羊第一次降世的情境之中。不可讳言的，此一“妇人，男孩和红龙”之段落，读来实在像一则上古的神话，因此学界中就有了以埃及或是希腊神话作为此一段落背景的各式揣测。但我们的分析显示，约翰的异象虽然给人“神话”的印象，但他在这个段落所放下的旧约“索引”，像是“那男孩乃是将来要用铁杖管辖列国的”（12:5），或是“红龙就是那古蛇”（12:9）等等，就像那把帐棚固定在地上的“铆钉”一样，将此异象深深根植于旧约的“救恩历史”之中。因为对约翰而言，神既是“昔在今在并将要再临”的那一位，那么祂的作为也必然有其前后一致、互相呼应的“历史性”。

但约翰为何要让此一段落，带着如是浓浓的“神话”风貌呢？究其原因，可能是因为约翰藉此异象所要显示的，是红龙和男孩（以及红龙集团和羔羊之军）之间争战的灵界面向。因为“神话”所要表达的，正是这个世界中之事，在“另一个世界”中的“原貌”。① 而就启示录而言，此一面向，是在“万国”、“旷野”、“地上”、“普天下”（12:5，

① 有关旧约和神话之间关系的讨论，可见B. S. Childs, *Myth and Reality in the Old Testament* (London: SCM, 1960)。

6,9,13,14)和"神的宝座"、"天上"(12:1,4,5,7)之对应中,呈现出来的。也就是说,此一争战的属灵"原貌",乃是以"垂直立体"的向度来表达的。采用此一文学形式当然有其危险性,例如,给人"启示录只是诸多神话中的一个"的印象;但对第一世纪熟悉各式神话的读者而言,此一文学形式的使用,却可以带来"似曾相识的"熟悉感;而此熟悉度,是达到"传递信息"之目的的最好途径。不单如此,在如是"似曾相识"的情境中,约翰在这个异象中所放下那些与神话之间,相异甚或相反的元素,例如,"受苦乃得胜的途径"(12:11),更容易得着读者的注意;而这些"意外",正可以叫读者驻足思想,反复咀嚼神话和启示录之间的差异。因此借着这些相异之处,例如,以旧约人事物来取代神话中的角色,约翰所做的,其实是一个重新定义神话的工作。正如保罗在雅典传福音之时,以希腊人所熟悉的思想语言(神不缺少什么),来拉近他和其听众之间的关系,但在同时又以旧约之真理,来定义"未识之神"是谁(徒 17:22－31);①而约翰在此所做的,就本质而言,恐怕也是一样的。"借着已经知道的,去学习那些还不晓得的",难道不是学习理论中的金科玉律吗?

借着救恩历史的线索,约翰在其读者的心中,建立了"历史的使命感";而借着"天—地"的垂直面向,约翰也打开了读者的眼睛,让他们看见了属灵争战的真面貌。因此在进入 13 章时,启示录的读者已经预备好,可以面对红龙在地上的代理人,海兽和陆兽了。此一海兽不是别人,而是小亚细亚信徒生活的所在,罗马帝国。此一统管地中海地区的强权,在尼禄皇帝死后的动乱中,似乎是受了死伤(13:3),但在维斯帕先,提多和豆米田父子三人的统治之下,罗马帝国又再生了。因此以"谁能比这兽,谁能与它交战?"之问句(13:4),来描述她的强大,一点也没有言过其实。至于陆兽,则是那些与小亚细亚信徒有直接关联,由地方政要和贵胄所组成的亚洲议会。她的主要任务,在向罗马输诚,而其手段,则在推行帝王崇拜。由是在海陆二兽联手所撒出之政治,宗教和经济的绵密大网下,人除了俯伏效忠之外,似乎是没有其他选择了。而在此情况中,圣徒若要忠于神而拒绝凯撒,那么他也只能面对"被掳掠和被杀害"的既定命运(13:10)。

就现实环境来看,圣徒所面对的处境,可说是不可能再糟了。但在此章圣经之中(启 13),约翰却也放下了一些"逃生"的秘诀。在他的笔下,红龙,海兽和陆兽,乃相对于"父子圣灵"的"邪恶三一";因此它们虽然看似满有能力,无人能敌,但它们的头头红龙,在 12 章中,是已经为羔羊男孩所击败的"败将"。所以它们虽然令人畏惧,但却非"所向无敌"。在神的永恒设计中,羔羊男孩的甘心受苦,正是祂胜过红龙的秘

① F. F. Bruce, *The Book of Acts* (Grand Rapids: Eerdmans, 1988),337.

诀。此一致胜之道看似吊诡，但却是神智慧彰显的所在。因此若圣徒也想要在此一争战中得胜，他恐怕也只能跟着羔羊的脚步而行，以死来换生。

就圣徒个人而言，藉受苦而得生得胜，是他们致胜的秘诀。但在神的计划中，圣徒的受苦，却更是祂藉以完成祂永恒国度的途径。因此在14章中，我们不单看见羔羊之军在锡安山上，唱着他们得蒙救赎的“新歌”（14:1－5），也在其中看见这支军队的受苦，对这个世界所带来的属灵影响（14:6－13）。就正面的角度而言，圣徒受苦的见证，是让各国各族各民各方之人，得以明白福音真理的途径，因此在他们的归正悔改之中，神的国就一天天成长茁壮了起来。但若从反面的角度来看，神国的茁壮，也意味着撒但之国（大巴比伦）的败落，因为原本属它，在它权下的人，一个个因着圣徒的见证，而“因义来归”，进入了神的家中。因此圣徒藉受苦而见证的福音，除了有建立神国的意义，也同时具有审判和击打撒但之国的效果。

如是属灵真理和洞见，当然带给圣徒为神国继续忍耐下去的使命感，但此一争战何时才要结束的问题（How long, O Lord?），却也有待解释。也就是说，忍耐，可以；但请告诉我要忍耐到什么时候。由是带着镰刀的人子和天使，就依序在约翰的异象中现身（14:14－20）；因为当庄稼和葡萄都熟透了，祂将要再临，收割庄稼入粮仓，也要把葡萄丢入神忿怒的酒醡中。换句话说，当那些名字记在羔羊生命册上之人，都进入了神的家中之后，神的审判就要临到了。祂要受苦的圣徒忍耐，“安息片时”（启6:11），因为还有许多弟兄姊妹们，还没有回家。但此忍耐之期，并不会永远继续下去。在时候满足之时，祂就要再来，对此世界做一个总结。

恶人嚣张，圣徒自然受苦；但对公义的神而言，眼见如是情况之发生而不立即采取行动，恐怕也不好受。为了要让那些属祂的人，都一一归队，祂恐怕和受苦圣徒一样，也在忍耐。但此一情况，却在本段经文的最后，有了翻转。在神救赎和审判之工都成就了之后，有什么比开一个“庆祝大会”，更合适的呢（15:2－4）？得胜诗班就位，神的琴也已赐下，摩西之歌，也就是羔羊之歌，就此响起。神的作为伟大奇妙，神的道路公义正直，因此我们要扬声欢呼。祂是独一的真神，万民都已屈膝，而祂公义的作为也已显明，因此也让我们开口歌颂。谁能不以敬畏之心，将荣耀归给祂呢？所有的冤屈和眼泪，所有的伤心和痛苦，所有的忍耐和压抑，在此都转化为颂赞和喜乐。正如保罗所说，“我们这至暂至轻的苦楚，要为我们成就极重无比、永远的荣耀”（林后4:17）。老实说，有什么代价，会比羔羊为我们所付上的更高呢？而又有什么事，能叫我们放弃那能够在神面前，开口歌唱，事奉敬拜祂的特权呢？

由是在这三章半的经文中，约翰带我们从羔羊男孩第一次降世，走到了祂第二次的再临。在此段落中，他以历史为经，而以属灵的真理为纬，将末日神国的降临和完成,做了一个完整的说明。说他以历史为经,乃因他以罗马帝国作为当代的抵挡神的代表。和旧约中敌对神的巴比伦相较,罗马所为,不遑多让。因为她和巴比伦在公元前 586 年所行的一样,在公元 70 年之时,也将圣殿给毁了;而她对属神子民的迫害,也不下于巴比伦。由是在第一世纪末叶,她就成了当代的“大巴比伦”。在约翰的眼中,她是但以理在异象中所见之四兽的总和,因为她在地中海地区所建立起来的国度,史无前例;而她的皇帝,不论是卡里古拉,尼禄或是豆米田,都因其所成就的,而自得自满,自比为神。不单如此,在亚洲会议的推波助澜之下,她更进一步地要求她的百姓,以帝王崇拜的宗教形式,来表达他们对她的效忠。由是她在她子民身上所放下的,是一个包括了军事,政治,宗教和经济多层面的“金钟罩”,而其目的,在巩固她的地位。

但在这些历史的经度之上,约翰却加上了属灵的纬度。海兽是罗马,陆兽是亚洲政要所组成的议会,是罗马在当地的白手套;但这两只恶兽,却又同时都是撒但的代理人。因此他们所做的,都出于魔鬼。他们对神子民的迫害,无非是要讨他们主子的欢心,而他们对这个世界的掌控,也只是要巩固撒但的国。此一属灵的纬度,不单在海陆二兽属撒但的事上清晰地表明了出来,也在圣徒乃羔羊之军的画面中明白可见(14:1-5)。因此他们藉受苦见证所能成就的(福音和审判),也就必须由六个从天而来的天使来宣告了(14:6-20)。

“历史的经度”,让我们知道海兽乃罗马,但“属灵的纬度”,却也叫我们晓得,海兽所代表的,并不只是一时一地的罗马;而是撒但在地上的代理人。若所多玛,蛾摩拉,埃及,巴比伦,甚或以东,乃旧约中撒但在地上的爪牙,那么罗马就是它们在新约中翻版了。在人类历史的平面中,罗马乃是一个强大的帝国,但在约翰于灵里所见的异象中,她却是撒但所使用的工具。在人类的历史中,罗马已经灰飞烟灭,不复存在,但她所象征的属灵意义却不曾消失。她容或以别的名字出现,但她的本质却都还是一样;因为在她后面的那一位,依旧是红龙撒但。因着“属灵的纬度”,约翰让“历史的罗马”,在他的异象中,成为一个具有“超历史”意义的象征,因此她自然就可以成为“大巴比伦”(过去的),也可以成为神在末日所要审判的对象(未来的;启 17:1-19:10)。

就如“属灵的纬度”之于罗马,这同一个纬度也对圣徒具有同样的意义。在第一世纪末叶,小亚细亚地区的时空中,圣徒乃是在各式逼迫和试探中,挣扎求生的“七个教会”(启 2-3)。但因着在灵里(1:10;4:2;17:3;21:10),因着“属灵的纬度”,他们在约翰的眼中,就可以是与羔羊同在锡安山上的十四万四千人;而他们所做,看似完全没有“绩效”,甚至只能以“失败”为名的“受苦见证”,却可以是他们得胜的兵器,也是神藉之建立其国度的手段。“属灵纬度”之吊诡，莫此为甚。

因此若我们常常觉得身在泥沼之中而无力自拔；若我们总觉得现实环境和立即的经济利益，比持守信仰更具真实性；若我们常常因着我们为福音所做的努力，没有带来什么结果，而陷在灰色忧郁的思想中，那么就让我们将启示录12:1－15:4再读一次。让我们跟着约翰一起上锡安山，和其他的十四万三千九百九十九个人一起（你并不是唯一的一个），望向天庭中的玻璃海。因为神应许我们，一切的苦难和不如意，一切的委屈和郁闷，在那里都要转化为欢欣。若我们的主曾说祂乃是耶和华的受膏者，是那要医好伤心之人，让被掳的得释放，瞎眼的得看见，受压制的得自由，并宣告神禧年降临的那一位（赛61:1－2；路4:16－21），那么祂难道不会以“华冠”来取代我们撒在头上的灰土，以“喜乐油”来替代我们的悲哀，并以“赞美衣”来覆盖我们忧伤之灵吗？（赛61:3）若祂已照先知所预言的，在时候满足之时，来到了这个世界，并引进了神的国度；那么在世界的末了，已然胜过了撒但的祂，难道不会完成祂已经开始了的工作吗？

一宿虽然有哭泣，早晨便必欢呼。
（诗30:5b）

你们现在也是忧愁，但我要再见你们，你们的心就喜乐了。
这喜乐也没有人能夺去。
（约16:22）

Ⅲ.5　七碗之灾(15:5–16:21)

从人子由父神手中拿了象征神永恒计划的书卷(5:7),并揭开封住此书卷的七印之后(6:1),约翰就带我们进入了三个七灾的系列(6:1–16:21)。借着8:1–6中"文学连环锁"的设计,①约翰将"七号之灾"(8:7–11:19)和"七印之灾"(6:1–8:1)连结在一起,而让"七号之灾"成为神给殉道者,在第五印中向祂呼求伸冤之事的答案(6:9–11)。借着这同一个文学设计(15:1–8),②约翰也将"七碗之灾"和"红龙,妇人和男孩"的异象(12:1–15:4),结合在一起,而让"七碗之灾"成为神对红龙集团逼迫教会之事的回应。因此就文学目的而言,"七碗之灾"和"七号之灾"是一样的,因为它们都显示了神对这个世界逼迫圣徒之事的反应。

此一在目的上的平行,其实也和七号之灾和七碗之灾,在内容上彼此平行的现象,互相呼应。因为正如我们在前面所指出的,这两个七灾系列,都以出埃及记中的"十灾"为其蓝本(出7:14–12:51)。③ 以此旧约事件为背景,其实并不令人讶异,因为借着"出埃及",神不单救赎了以色列人,让他们成为祂立约的百姓,也借着"十灾",刑罚了当时压迫以色列人的世界之主,埃及。因此在"出埃及"的事件中,神显明了祂作为这个世界之主的意义。对约翰而言,教会(以色列+外邦)乃神的新子民,因此对那迫害她的世界,对逼迫圣徒的红龙集团,祂当然也会和祂在古时所行的一样,以各式的灾难来击打它。祂的确是"*昔在*"的那一位,但祂也同时是"*今在*"和"*将要再临*"的主和神。在锡安山上(14:1–5),祂救赎属祂子民的工作,已有了初步的成果,而借着"七碗之灾",祂对世界的刑罚,也要渐次展开,并在第七碗的灾难中,达到最高峰。

在启示录中,此一系列的灾难是最后的一个,因此在前两个灾难系列中,出现于第六和第七灾之间的"插曲"(7:1–17;10:1–11:14)就此消失。神对祂子民的救赎,已在"锡安山的异象"中(14:1–5),有了交待;而他们最后的胜利,也已经在"玻璃海上的庆祝大会"中(15:2–4),有了保证,因此如今所剩下的,就只有神对世界的刑罚了。④ 1234567,神审判之碗一个接着一个地倒下,紧密得叫人完全没有喘一口气的时

---

① 详见该处注释。
② 见15:1的注释。
③ 详见页480的分析。
④ 从这个角度来看,七碗系列中的"插曲",其实应该就是"红龙,妇人和男孩"的段落(12:1–15:4),只是为了创造"七碗乃最后之灾"的文学效果,约翰就将之移到该灾难系列的前面了。

间。不单如此，因着海陆二兽所建立的国，乃由住在全地上，名字没有记在羔羊生命册上之人所组成（13:8,12,14），因此七碗之灾，也就要以全世界为其范围了。和带着警告意味，以“1/4”和“1/3”为刑罚范围的七印和七号灾难相较（6:8;8:7－12），七碗系列的“1/1”，显示了神对这个世界全面性的主权。因此在没有“插曲”的连续七灾中，在没有范围限制的七碗灾难里，神的公义就得着最完全的彰显。祂已然救赎了祂的百姓，也将要完成祂的救赎之工；照样，祂既已刑罚了世界，也将要完成祂审判的工作。那些受了兽的记号，并在它雕像前屈膝的人（16:2－9），那自以为是天下之主的兽（16:10－11），以及那聚集众王，要与神争战的红龙邪灵（16:12－16），有可能会逃过最后一劫吗（16:17－21）？在天庭中，当坐在宝座上的那一位，说“成了”的时候（16:17），有什么人或事，可以拦阻祂，让祂的旨意不能成就的呢？七碗段落读来容或令人惊悚，但神的权能却在此一系列的灾难中，有了最完全的表达。

经文翻译

第十五章5至十六章1

5 此后，我看见在天上的圣殿，就是那存放十诫之会幕，开了。6 那掌管七灾的七位天使，从殿中出来，穿着洁白光明的细麻衣，胸间束着金带。7 随后，四活物中的一个，把盛满了永活上帝之大怒的七个金碗，递给了那七位天使。8 因神的荣耀和权能，圣殿中就充满了烟。于是没有人能够进入殿中，直到七天使之灾都结束了为止。16:1 我听见有个大声音从圣殿而出，向那七位天使说，你们去！把上帝烈怒的七碗倒在地上。

第十六章2－21

2 第一位天使便去，把碗倒在地上；就有又恶又毒的疮，生在那些有兽记号并拜兽像的人身上。

3 第二位天使把碗倒在海里，海水就变成好像死人的血；海里的一切生物就都死了。

4 第三位天使把碗倒在江河与众水的泉源里，水就变成了血。5 那时，我听见掌管众水的天使说，昔在今在的圣者啊！你是公义的，因你已施行审判；6 因他们曾流圣徒与先知的血，现在你给他们血喝；这是他们应得的。7 我又听见祭坛中有声音说，是的，主，神，全能者啊，你的审判正直公义。

8 第四位天使把碗倒在日头上，叫日头能用火烤人。9 人被高热所烤，就亵渎那有权掌管这些灾难的上帝之名，并不悔改，将荣耀归给神。

10 第五位天使把碗倒在兽的座位上，兽的国就黑暗了。人因疼痛就咬自己的舌头;11 又因所受的痛苦和所生的疮,就亵渎天上的神,并不为他们所行的悔改。

12 第六位天使把碗倒在幼发拉底河上,河水就干了,为要给那从日出之地而来的众王预备道路。13 我又看见三个污秽的灵,好像青蛙,从龙口,兽口并假先知的口中出来;14 它们原是能行奇事的鬼魔之灵。他们出去到普天下众王那里,叫他们在全能上帝的大日子,聚集争战。15 看哪!我来要像贼一样。那儆醒看守衣服,免得赤身而行,叫人见他羞耻的,有福了。16 那三个鬼魔就将众王聚集在一个地方,希伯来话叫作哈米吉多顿。

17 第七位天使把碗倒在空中,就有大声音从殿中的宝座而出,说,成了。18 随后有闪电,声音和雷轰;又有大地震,从地上有人以来,从来没有发生过这么剧烈和这么严重的地震。19 那大城裂为三段,列国的城也都倒塌了。神也想起巴比伦大城来,就把那盛自己剧烈忿怒的酒杯递给她。20 各海岛都逃避了,众山也不见了。
21 又有大雹子从天落在人身上,每一个约有四十公斤之重。这雹子的灾殃极其重大,人就亵渎神。

经文结构和形式

3.5 七碗之灾 15:5–16:21

3.5.1 七碗之灾的序曲 15:5–16:1

3.5.1.1 天上圣殿开启(15:5)

3.5.1.2 七天使的出现(15:6)

3.5.1.2.1 从殿而出(6a)

3.5.1.2.2 装扮(6bc)

3.5.1.2.2.1 身穿细麻衣(6b)

3.5.1.2.2.1 胸束金带(6c)

3.5.1.3 差派礼(15:7–16:1)

3.5.1.3.1 七碗的授予:四活物之一将七碗给了七天使(15:7)

3.5.1.3.2 神的背书(15:8–16:1)

3.5.1.3.2.1 神荣耀能力显现于天庭(15:8)

3.5.1.3.2.2 执行七碗之灾的命令(16:1)

3.5.2 七碗之灾 16:2–21

3.5.2.1 第一碗之灾:疮灾(2)

3.5.2.1.1 第一位天使倒碗在地上(2a)
3.5.2.1.2 结果:属兽之人身上生毒疮(2b)
3.5.2.2 第二碗之灾:海变血之灾(3)
3.5.2.2.1 第二位天使倒碗在海里(3a)
3.5.2.2.2 结果:海中活物的死亡(3b)
3.5.2.3 第三碗之灾:水变血之灾(4－7)
3.5.2.3.1 第三位天使倒碗在水里(4a)
3.5.2.3.2 结果:水变为血(4b)
3.5.2.3.3 天庭颂赞(5－7)
3.5.2.3.3.1 管水天使的颂赞(5－6)
3.5.2.3.3.2 殉道者的唱和(7)
3.5.2.4 第四碗之灾:日晒之灾(8－9)
3.5.2.4.1 第四位天使倒碗在日头之上(8)
3.5.2.4.2 结果之一:人为日之热所炙(9a)
3.5.2.4.3 结果之二:人亵渎神,并不悔改归荣耀给神(9bc)
3.5.2.5 第五碗之灾:黑暗之灾(10－11)
3.5.2.5.1 第五位天使倒碗在兽的座位之上(10a)
3.5.2.5.2 结果之一:兽国黑暗(10b)
3.5.2.5.3 结果之二:人受苦,但不悔改(10c－11)
3.5.2.6 第六碗之灾:末日之战(12－16)
3.5.2.6.1 第六位天使倒碗在幼发拉底河上(12a)
3.5.2.6.2 结果:河水枯干,成为东方诸王入侵道路(12bc)
3.5.2.6.3 三个邪灵呼召众王争战(13－14)
3.5.2.6.4 呼吁儆醒的插句(15)
3.5.2.6.5 三个邪灵聚集众王在米吉多顿山上(16)
3.5.2.7 第七碗之灾:神对大巴比伦和和列国的审判(17－21)
3.5.2.7.1 第七位天使倒碗在空中(17a)
3.5.2.7.2 神的宣告:成了(17b)
3.5.2.7.3 神显现的记号:闪电,声音,雷轰,大地震(18)
3.5.2.7.4 神审判的结果(19－20)
3.5.2.7.4.1 大城裂为三段(19a)
3.5.2.7.4.2 世上之城的倒塌(19b)

3.5.2.7.4.3　神将其忿怒之杯递给大巴比伦城(19c)
3.5.2.7.4.4　诸海岛逃避(20a)
3.5.2.7.4.5　众山的消失(20b)
3.5.2.7.5　总结:人为大雹所苦,但继续亵渎神(21)

在前面我们已经提及,为了将七碗系列和七号系列连接在一起,约翰就在"红龙,妇人和男孩"之异象的两边(12:1-15:4),放下了一组两个,"回到三个七灾系列"的指路标:

11:19a　于是,神天上的殿打开了;祂的约柜在殿中显现。
15:5　此后我看见,在天上的圣殿,就是那存放十诫之会幕,开了。

因此这两节经文彼此呼应的现象,已足以让我们将15:5作为七碗经文的开始。再者,若我们从12章一直读下来,"我看见(καὶ εἶδον)"一直是约翰引介一个新异象所惯用的"起始语"(13:1,11;14:1,6,14;15:1,2),但此惯例,却也为15:5的"此后我看见(Καὶ μετὰ ταῦτα εἶδον)"所打破;因此从这个现象中,我们也可以看出约翰意欲在此"分章断节"的企图。① 事实上,即使我们不考量这些文学上的线索,15:5之后经文的内容,也明确的告诉我们,经文从此处开始,进入了另外的一个段落。

但七碗段落要在哪里结束呢?"闪电、声音、雷轰、大地震和大雹子"在第七碗之灾的出现(16:18,21),清楚显示此七碗段落的结尾已然来到(亦参,8:5;11:19)。而17:1之后的经文内容,以及17:3中"在灵里"一语的出现,也都显示七碗系列,以及从4:1开始的天庭异象,在16:21告了一个段落。②

至于在这个段落中的内部结构,也不复杂。15:5-16:1乃七碗之灾的"序曲",是执行七碗灾难之七天使的"差派礼"。而16:2-21则是有关七碗之灾的内容。许多释经者都将16:1和其后的经文,视为一个段落,但由于约翰的文学习惯之一,乃"看见异象+听见声音",③因此我们在此就将16:1视为"序曲"的一部分。④ 此一做法应该是比较合理的,因为一个完整的"差派礼",除了有"被差派者的出现(七碗天

① 此一词组也在启示录另外三处经文中出现(4:1;7:9;18:1)。相对于七封书信(2-3),十四万四千人(7:1-8),和大巴比伦的异象(17),这个词组都扮演了一个分段的角色,因此此处的词组也应如是。
② 有关这两个词组在启示录结构中所扮演角色的讨论,见页102-05。
③ 例如,5:6,9,11;7:1,4;10:1,3-4;15:1,3;17:1,7;21:1-2,3等等。
④ 类似见解,亦见 Moffatt, *Revelation*, 445; Beckwith, *Apocalypse*, 282,678; Rist, *Revelation*, 477,481。

使;15:6)"和"任务的授予(七个金碗;15:7)"等元素之外,也应该包括最重要,最高峰的"差派命令"(16:1)。

经文分析

15:5 此后,我看见在天上的圣殿,就是那存放十诫之会幕;开了(Καὶ μετὰ ταῦτα εἶδον, καὶ ἠνοίγη ὁ ναὸς τῆς σκηνῆς τοῦ μαρτυρίου ἐν τῷ οὐρανῷ)

正如4:1;7:1,9;18:1等处经文的情况一样,"此后我看见(Καὶ μετὰ ταῦτα εἶδον)"标示着一个新段落的开始。① 而若和11:19之"于是,神天上的殿打开了"相较,约翰显然意欲让这两节经文有所联系;而其目的,就如我们在前面已经提及的,乃是要在长达三章半,"红龙、妇人和男孩"的异象之后(12:1－15:4),将读者带回到"三个七灾系列"的路上。

但约翰为何在此要以"那存放十诫之会幕"的方式,来形容圣殿呢?② 在原文中,此一形容直译作"见证的会幕(τῆς σκηνῆς τοῦ μαρτυρίου)"。在旧约中,"见证"所指的,乃"约柜",③因为在其中所放置的,乃"见证"耶和华神与以色列百姓立约的十诫。而此存放十诫的约柜,乃在会幕之内,因此在论及会幕之时,旧约的作者就以"见证的会幕(אֹהֶל הָעֵדֻת)",或是"会面之幕(אֹהֶל מוֹעֵד)",即,与耶和华会面之处的方式称之。④ 但在多数的情况中,七十士译本都将之译为"见证的会幕"。因此借着这个形容,约翰所意欲凸显的,是那在会幕之中,在约柜之内的"十诫"。因为此乃以色列人之所以能成为神子民的"见证/证据"。

存放十诫的会幕,以及在其中一切物件的规格,乃神在西奈山向摩西所晓谕的(出25:8－9),因此地上的会幕,乃天上圣殿的反映(来8:1－5;9:11)。准此,约翰在这里说天上的圣殿开了,而又以"那存放十诫之会幕"的方式,来形容此一圣殿,其目的在显示神将要本于祂所颁布的十诫,来处理祂和这个世界之间的关系。以此方式来理解这节经文,应该不令人意外才是,因为在前面的三节经文中,"新出埃及"的事件已然发生(15:2－4),因此天上圣殿和十诫在这里的出现,就变得十分自然了(亦

① 在7:1中,此一词组是以"Μετὰ τοῦτο εἶδον"之形态出现。

② 在此我们乃以平行的(appositional)或是解释性的(epexegetical)方式,来理解带所有格的"会幕(τῆς σκηνῆς)"。因此在翻译之时,我们就加上了"就是"。亦参,Beckwith, *Apocalypse*, 282,678; Aune, *Revelation* 6－16,877; Beale, *Revelation*, 801; Osborne, *Revelation*, 569。

③ 出27:21;利16:13;民1:50;17:4,10。

④ 例如,出29:4,10,11;民9:15;17:7;18:2等等。

参,出 12:37 - 19:25;20:1 - 17)。① 但和前一个出埃及事件所不同的,是神所颁布的十诫,不再只适用于神的选民,而是要普遍应用在世人身上。因此在接下来的经文中,我们也就看见七碗的灾难,乃以那些拜偶像的人为对象(16:2)。对敬拜偶像之事,神曾清楚明白的告诉以色列人说,祂"必要追讨他的罪,自父及子,直到三四代"(出 20:5;亦参,20:22 - 23);②而此原则,当不至于因人而异,因为祂除了是以色列人的神以外,也是这个世界的主。若以色列人曾因拜偶像之罪,而经历了流离、被掳、刀剑、饥荒等刑罚,那么这个离弃神的世界,不也一样要面对神的审判吗?

15:6 那掌管七灾的七位天使,从殿中出来,穿着洁白光明的细麻衣,胸间束着金带(καὶ ἐξῆλθον οἱ ἑπτὰ ἄγγελοι [οἱ] ἔχοντες τὰς ἑπτὰ πληγὰς ἐκ τοῦ ναοῦ ἐνδεδυμένοι λίνον καθαρὸν λαμπρὸν καὶ περιεζωσμένοι περὶ τὰ στήθη ζώνας χρυσᾶς)

若上节经文中,"那存十诫之天上圣殿开了",让人不明所以,那么本节经文中,"掌管七灾的七位天使,从殿中出来"的语句,就不再让人对天上圣殿开启之目的,有任何的疑惑了。从下节经文来看,这七个天使要在四活物之一,将装满了灾难的七碗递给他们之后,才"正式"的接获使命,因此在此"任务交付"之前,约翰说他们乃"掌管七灾"之天使,是有些奇怪的。③ 但若我们回到 15:1,也就是"七碗之灾的标题—掌管末了七灾之天使的异象",那么约翰在此对七天使的引介词,就一点儿也不奇特了。

对七天使所掌管的"七灾(τὰς ἑπτὰ πληγὰς)",有释经者认为此语句出自利未记 26:21——"你们(以色列人)行事若与我(耶和华)反对,不肯听从我,我就要按你们的罪,加七倍降灾(LXX;πληγὰς ἑπτὰ)与你们"。④ 此一见解是可能的,因为正如我们在前面所言,⑤在此利未记的篇章中(26:14 - 33),神曾连续*四次*,向以色列人发出了"若不悔改,我就要按你们的罪,加*七倍*惩罚你们"的警告(26:18,21,24,28)。而若我们将 10:3 - 4 中,被封上了的"七雷系列",加入"三个七灾"的系列,那么启示录和利未记 26 章之间的呼应,就十分完整了。和此旧约背景相较,此处的"七碗之灾",乃以整个世界作为对象,而此一"调整",恐怕是因着此处的文脉逻辑而有的。因为当第一个"会幕/圣殿"出现在旷野之地时,神的律法(十诫)乃以祂立约的百姓以色列人为对象;但在本段经文中所出现的圣殿,乃天上的(见上节经文),因此神的律法所适

---

① Beale, *Revelation*, 801.
② "刑罚三四代"乃因拜偶像之恶的严肃性而有(N. M. Sarna, *Exodus*, 111)。
③ 此乃 Aune 的观察(*Revelation* 6 - 16,878)。
④ 例如,Moffatt, *Revelation*, 442; Buchanan, *Revelation*, 396; Beale, *Revelation*, 803。
⑤ 见页 480。

用的对象，自然就要从以色列一国，扩张为整个世界了。

从天上圣殿而出，要执行神审判的七个天使，乃以“洁白光明的细麻衣”①和束在胸间的“金带”为其装扮。在旧约，身穿细麻衣的，是“祭司”（利 6:10;16:4,23,32）;②而从天庭而来的天使，也以此为其一贯装扮，③因为他们乃在天上圣殿中，服事上帝的“天庭祭司”。至于“胸带”，也是祭司服饰中的一部分（出 28:4;29:5），而约翰以“金”来形容此一“胸带”，恐怕有凸显这七个天使之地位的意图；因他们乃执行“末后七灾”的天使（15:1）。④

就神赋与祭司之责任而言，除了正面的献祭（使之成圣）以外，也包括了反面的“保守圣殿不受玷污”。⑤ 因此在必要之时，祭司就必须出面，将不洁之人赶出圣殿，或是出面执行神的审判，将玷污圣殿之人处死（民 3:10;亦参 18:3）。此一责任，在以西结书 8:1－9:11 中，有了最清晰的说明；因为在先知的异象中，前来击杀那些在圣殿中敬拜偶像之以色列百姓的，正是身穿细麻衣的天使（结 9:2－3,11）。和此背景相较，约翰的七碗天使，也肩负同样的使命，只是他们所要刑罚的，是这个世界中，随从陆兽之议而向海兽雕像下拜的人（启 16:2）。就以西结书而言，此一“洁净圣殿”之举，是必须要有的，因为若不如此，神的荣耀就无法重回圣殿（比较，结 8:4;9:3;10:4,18－19;11:23 和 43:1－5）；而在启示录中，此一“洁净世界”之举，也有其必要，因为若非如此，属神的，圣洁的，完全彰显神荣耀的新天新地和新耶路撒冷，就无法降临（参，启 21:1－2）。事实上，我们不必苦等到 21 章那里，才能看见神荣耀的彰显。在 15:8 那里，当四活物中的一个，将盛满七灾的七碗递给这七个天使之后（16:7），神的荣耀和能力就立即充满了圣殿。肩负如是神圣使命的七天使，能不以“金胸带”束胸吗？⑥

---

① 在一些极具经文鉴别分量的手抄本中（A C 2053 2062），“细麻衣/亚麻（λίνον）”作“石头（λίθον）”；因此根据这些手抄本，天使所穿在身上的，乃“明亮洁白的宝石”。就经文鉴别而言，此一差异不可谓不大，因此十分值得探究。但就经文含义而论，身穿“洁白光明的细麻衣”（多数释经者的立场，亦参，*TCGNT*, 754），或是“身穿明亮洁白的宝石”（此乃 Beale 的选择［*Revelation*, 804－05］）之间的差异，却不是那么明显。因为后者的经文，若参照以西结书 28:13 中推罗王所穿之服饰（指向祭司的胸牌；Zimmerli, *Ezekiel II*, 82－4），那么约翰藉此描述所要告诉我们的是，这七个天使乃以祭司之身份出现。而此意涵，和“身穿洁白光明的细麻衣”的意思，并无太大差距。

② 亦参 Jos. *As.* 3:6 对祭司服装的描述（Aune, *Revelation 6－16*, 878）。

③ 结 9:2－3,11;10:2,6,7;但 10:5;12:6－7。

④ 在 1:13 那里，人子也一样以金胸带为饰。从 2－3 章来看，此一装扮乃和祂来洁净教会的祭司角色有关（若不悔改……）。

⑤ 参，民 1:53;3:8,10,32;8:26;18:3ff;31:30,47;撒上 7:1;王下 12:9;代上 23:32;代下 34:9;结 44:15ff;48:11 等等。相关讨论，见 M. G. Kline, *Kingdom Prologue*, 54。

⑥ 在 19:14 那里，随着再临弥赛亚从天而来的众军，也是穿着又洁又白的细麻衣。而此军队所为，也一样是洁净世界。

15:7 随后,四活物中的一个,把盛满了永活上帝之大怒的七个金碗,递给了那七位天使(καὶ ἓν ἐκ τῶν τεσσάρων ζῴων ἔδωκεν τοῖς ἑπτὰ ἀγγέλοις ἑπτὰ φιάλας χρυσᾶς γεμούσας τοῦ θυμοῦ τοῦ θεοῦ τοῦ ζῶντος εἰς τοὺς αἰῶνας τῶν αἰώνων)

细麻衣和金胸带已然显明七个天使的天庭祭司身份(15:6),但他们要来做什么呢?为显示他们出现的目的,四活物中的一个就把神盛满了神忿怒的七个金碗,给了他们。

在天庭异象那里我们已经晓得,四活物乃受造世界在天庭中的代表,也是支撑神宝座的四脚(4:6),因此在随后的七印灾难中,当羔羊藉揭开前四印而击打世界之时,作为这个世界之代表的四活物,就配合羔羊的动作,向那要把灾难带给世界的四匹马,发出"去!"的命令(6:1-8)。和此上文相较,约翰在此让四活物之一,也参与在神刑罚世界的七碗之灾中,恐怕也是基于同一个理由,因为他们乃在天庭中,代表这个世界的活物。但和七印之灾所不同的是,在这里,四活物中只有一个出面;而其原因,可能是因为"七碗"之灾,无法平均分配给"四个"活物。但不论原因为何,由于他们在天庭中所扮演角色的缘故,他们中间一个的"出面",就已经具有完全的代表性了。事实上,此一"以一代四"的模式,也出现在约翰所本的以西结书之中。因为在神刑罚耶路撒冷城之时,将象征神审判之"火炭",交给那身穿细麻衣之天使的,也是四个基路伯(扛抬神宝座的四活物)中的一个(结10:2,7)。①

但盛满了神大怒的七个金碗,究竟是什么呢?学界对此问题有三个不同的看法。第一,在当代的某些异教习俗中,人们为了"祈福平安"之故,会将铭文写在一个扁平的碗内,将之封上,并放置在神殿或是坟墓中,好"捆绑"邪灵恶魔的力量。因此若从此背景来看,"七碗"所装的,乃神的忿怒,而天使倒碗的动作,则象征神忿怒的释放。② 此一见解有其可能,但这个背景并未使经文的意思,变得更加清晰。再者,在启示录中,神的权柄和权能,是在一切受造物之上的,因此有什么"铭文",能限制祂彰显其忿怒,施行其刑罚呢?当约翰以"永活/活到永永远远(τοῦ ζῶντος εἰς τοὺς αἰῶνας τῶν αἰώνων)"的语句来形容神的时候,神超乎一切之上的属性,就已经显明了。③ 事实上,在亚当犯罪之时,祂的刑罚就已临到古蛇;对第一个世界的堕落,祂也已经以洪水,显示了祂忿怒的权能;而祂对选民以色列百姓的恶,也曾以"被掳"作为祂的回应。

① 亦参,Charles, *Revelation II*, 39。
② Buchanan, *Revelation*, 398-99. Aune 亦提及希腊术士以碗中之"水纹",作为启示来源的背景(*Revelation* 6-16,879)。但此关联,对经文的理解,并无太大帮助,也和经文的文脉逻辑,无太大的关系。
③ 有关此一"称号"在启示录中的意思,以及它所扮演的角色,见1:18和4:9的分析。

因此若从整卷圣经的角度来看，祂的忿怒，是不曾被“限制住的”。就神永恒救赎计划而言，神的公义和忿怒，将要在末日白色大宝座的审判中，完全的彰显出来（启 20:11－15），但这并不表示在那个日子之前，神的忿怒就被“锁住了”。在人类的历史之中，祂对这个世界的主权，已经在祂所降下（或是容许发生）的各式灾难中显明出来。①

第二，除了上述的见解之外，学界中也有人指出，此处之“碗”，乃从以赛亚书 51:17，22 而来，因为在这段有关末日复兴的预言中，神应许以色列百姓，祂将不再叫他们喝祂忿怒之杯（כּוֹס），也不再让他们喝那叫他们东倒西歪的“碗（קֻבַּעַת）”，②反而要将此杯递给那些苦待他们的敌人。③ 从此背景来解释此处启示录经文是可能的，因为在第七碗之灾中，约翰告诉我们，“神也想起巴比伦大城来，要把那盛自己剧烈忿怒的酒杯递给她”（16:19；亦参 14:10）。也就是说，在以赛亚和约翰的概念中，“碗”和“杯”是同义词，都是神审判的象征。因此若约翰在此是以此旧约为背景，那么他显然是将此旧约预言，应用在新约教会的身上了。而此一手法，是我们在前面已经多次看见的了。

第三，因着此段经文乃以“天庭”为其背景，因此在学界中就有人从“地上”圣殿/会幕的角度，来理解此处的“碗”。④ 在如是背景中，一个可能的物件是会幕中，在献祭之时所必须用到的“碗（מִזְרָק）”。⑤ 此碗的作用，在装调了油的面粉（素祭；民 4:16；7:13，19），⑥或是盛祭物之血，好将之洒在那些须要分别为圣的人或物的身上。⑦ 因此不论其实际的作用为何，此“碗”的存在（祭坛的存在亦如是），显示“神乃公义的上帝”，因为只有当祂公义的要求得着满足之时，人才能够来到祂的跟前。对那些属祂的人而言，“碗”（以及祭坛）可以是他们得救赎的标记，但对那些敌对神的人而言，这同一个物件就成了神施行公义审判的象征了。此一思维逻辑，在撒迦利亚书 9:9－17 中，有了最好的说明；因为在此有关将来复兴的预言中，神的子民除了要看见他们的王，“谦谦和和的骑着驴驹子”而来之外（9:9），⑧他们也要“像盛满了血的碗”一样

---

① 亦参，附录二：四印之灾的神学意涵。

② 和合本作“爵”。

③ 例如，Beasley-Murray，*Revelation*，231－32；Beale，*Revelation*，806。

④ 例如，Aune，*Revelation* 6－16，879；Osborne，*Revelation*，570。

⑤ 出 27:3；38:3；民 4:14；代下 4:8；亚 9:15；14:20 等等。在七十士译本中，此“碗（מִזְרָק）”都被译为“φιάλη”。

⑥ P. J. Budd，*Numbers*（Waco：Word Books，1984），83.

⑦ *TWOT* 1:254. 经文见，出 24:8；29:16，20；利 1:5，11；3:2，8，13；8:15，19，23－24；17:6；民 18:17。

⑧ 参，太 21:5。有关这个引用旧约案例的讨论，见 D. A. Hagner，*Matthew* 14－28，593－94。

(9:15),因为他们的仇敌将要彻底的被神和他们所击败(9:13-15)。①

此一见解不单有从"会幕类比于天庭"而来的支持,也在神学逻辑上有其理据。不单如此,若从启示录的上下文来看,此说也是十分合理的。怎么说呢?

(1) 在5:8那里约翰让我们看见,24位长老手中所拿的,除了有琴之外,还有"金香炉(φιάλας χρυσᾶς)"。此一翻译,乃因中国人的文化风俗而有,但在原文中,它乃和此处之"金碗"是同一个语词。② 在该处的分析中我们已经指出,和这个"金香炉/碗"所对应的,乃会幕中,在陈设桌上放香的小金盘。此一物件之所在地,乃祭司才能进入的圣所,而其中所放之香,乃是神和以色列人立约的记号。因此约翰在基督耶稣之救赎的启示中,就将此一物件放到了那代表众圣徒的24位长老手上,并将香转化为"祷告",因而将"万民皆祭司"的真理图像化了。就我们目前所关心的议题而言,此一小金盘,当然和祭坛有所关联的"碗",是不一样的东西;但由于"碗"之于圣徒,和"小金盘"具有相同"救赎性"的意涵,因此在约翰的手中,他们就以同一个语词的方式出现了。此一连结其实并不令人意外,因为正如"碗+血"之于"非圣徒"乃审判的象征,"小金盘+香"对敌对神的人而言,也可以有一样的意涵,因为当神的子民依约前来向神伸冤时(献香),祂也必然要依约行事(刑罚仇敌)。而此真理,正是我们在8:3-5里面,天使献香(圣徒伸冤的祷告),而后从祭坛取火倒在地上的画面中(刑罚),所看见的事。③ 因此启示录的上文,也支持以会幕之背景来理解"金碗"的见解。

(2) 七碗之灾的第一个灾难,乃疮灾(16:2)。在出埃及记中,此一灾难乃因摩西将炉灰洒于空中而起(出9:8);因此这个灾难和"火炉",以及"洒"的动作有关。在启示录中,从祭坛(一个火炉)而来之火,乃神审判的源头(8:5);而在希伯来文中,因血(或是酒)乃由一个容器中洒出,因此装此血的物件,即,"碗(מִזְרָק)",就由"洒(זרק)"的动词而来了。④ 由此看来,"疮灾"和"因七天使倒碗而引发的七灾"之间,有着在概念上和语词上的联系。此一关联,恐怕是约翰将疮灾,列为七碗灾难中,第一个灾难的原因。而这个彼此关联的现象,也支持以会幕为背景来理解启示录之"碗"的见解。

上述第二个和第三个见解都各有其理据,而其差异,只在前者以"先知预言",而后者以"会幕预表"为解释经文的线索。就我们对启示录的理解,这两者都曾被约翰用来阐释"在耶稣基督第一次降世时所开展,并要在祂第二次再来时才完成的末日神

---

① T. McComiskey, *Zechariah*, 1172-73.

② 在启示录中,"金碗"只在这两处经文中出现。

③ 类似的见解,亦见 Ladd, *Revelation*, 207; Mounce, *Revelation*, 289。

④ Aune, *Revelation* 6-16, 879.

国”，因此我们恐怕无法完全确定，约翰在这里是以哪一个旧约为本。但不论何者为是，神的预言和预表，是必然要成就的。对“活到永永远远的”上帝而言，祂藉预表所显示的属灵真理（碗 = 审判），以及祂藉预言所显示的永恒计划（将碗给巴比伦喝），恐怕只是“真理 + 实践”，一体的两面而已。若预表和预言都是由祂而来的启示，那么它们会彼此冲突吗？

15:8 因神的荣耀和权能，圣殿中就充满了烟。于是没有人能够进入殿中，直到七天使之灾都结束了为止（καὶ ἐγεμίσθη ὁ ναὸς καπνοῦ ἐκ τῆς δόξης τοῦ θεοῦ καὶ ἐκ τῆς δυνάμεως αὐτοῦ, καὶ οὐδεὶς ἐδύνατο εἰσελθεῖν εἰς τὸν ναὸν ἄχρι τελεσθῶσιν αἱ ἑπτὰ πληγαὶ τῶν ἑπτὰ ἀγγέλων）

伴随着四活物之一将七碗交付与七天使的动作，天上圣殿就因着神荣耀和权能的彰显，而充满了烟。在旧约中，从神带领以色列百姓出埃及之后，烟或是云，就是神显现的记号（出 13:21；14:19，24）；而此现象，也在神于西奈山上颁布律法（出 19:16－18），或是在会幕完工（出 40:34－35），以及在所罗门圣殿完成之时（王上 8:10－11；代下 5:13；7:1－2），都曾出现。但此一显示神显现的“烟云”，在出埃及的事件中，不单具有神同在，拯救和保护的正面含义，也同时是神审判权能显现的记号；因为埃及的马车军兵之所以无法追上步行的以色列人，不单因为他们被云柱和火柱所阻挡，也因为耶和华神从云柱和火柱中，攻击了他们（出 14:20，24－25）。因此从一开始，伴随着神显现而有的烟云，就同时是拯救和审判的象征。① 和如是旧约背景相较，本节经文中之“烟”，显然是因着审判而有的，因为在上一节经文中，和本节经文“圣殿中就充满了烟”所对应的，正是约翰对碗的描述：“满了神的大怒（γεμούσας τοῦ θυμοῦ τοῦ θεοῦ）”。

从此角度来看，在旧约中，和启示录 15:8 最接近的，应是以赛亚书 6:1－13 和以西结书 10:1－8；因为在这两段经文中，耶和华神不单在祂荣耀的烟云中显现，而其降临的目的，也都是审判和刑罚（赛 6:9－13；结 10:2，7）。不单如此，在整本旧约中，“烟充满圣殿”，而非“云或是荣耀充满圣殿/会幕”的描述，只有以赛亚书 6:4；②而在以西结异象中所出现“身穿细麻衣”，并要执行刑罚任务的天使，也已经在启示录 15:6 中现身了。因此本段经文可说上述两个旧约经文的综合体。但正如我们在前面已经看见的，约翰在暗引旧约经文时，也都会做必要的调整。就此个案而言，他所做的，

---

① 事实上，在亚当夏娃犯罪之后，神在风中，并在大声音中的显现（创 3:8），就已经显示了祂乃以审判官的身份出现（M. G. Kline, *Kingdom Prologue*, 80；亦参，邝炳钊，《创世记 I》，页 298－300）。

② 有关此一暗引旧约案例的分析，见 J. Fekkes, *Isaiah and Prophetic Traditions in the Book of Revelation*, 200。在那里 Fekkes 亦指出，被动语态的“充满（ἐγεμίσθη）”也都由以赛亚书（יִמָּלֵא；6:4）和以西结书（וַיִּמָּלֵא；10:4）而来。

是将神显现审判以色列的经文,应用在神和世界的关系中。因为正如古时的以色列人,以偶像来取代真神(赛3:18-22;6:9-10;结8:1-18),这个世界之罪,也正在他们向海兽屈膝的动作中(启13),完全显露了出来。

但当神的荣耀和权能彰显之时,为何无人能够进入圣殿中呢?(1)是因为神的荣耀、圣洁和能力完全彰显之时,让人无法接近祂呢?此一解释是可能的,因为在会幕和圣殿完工之时,摩西和祭司都因神荣耀的彰显,而无法进入会幕和圣殿(出40:35;王上8:10-11;代下5:14;7:2)。① (2)还是因为神如今乃以全地审判官的身份出现,因此在祂的审判中,人暂时无法来到祂的跟前?② (3)又或是因为神审判的时刻已到,因此没有任何一个天使能在此时,再为任何人祈求,③或是再需要将圣徒的冤屈,呈现在神的面前(参,8:4)?④

这三个略有不同的解释都各有理据,但若我们参照第七印揭开之时,"天上寂静了约半个小时"的描述,此处的"无人能进圣殿",恐怕也只是一个"譬喻性"的说法而已。其目的在强调神在审判之事上的主权,因为正是在这件事上,祂作为世界之主的地位,得着完全的彰显。在祂的审判庭中,因着祂的全知,也因着祂完全的公义,因此就无人能进前来,开口替别人或是自己申辩。在祂的审判中,所有的人都只能肃然聆听,并毫无异议的接受祂的判决。祂宣判,祂拍板定案,祂执行审判和刑罚,然后整个事情就画下了一个句点。当全知、全然公义、全能的上帝进行其审判之时,无人能干扰祂的审判,也无人能阻却祂的刑罚,因为在这件事上,只有祂有发言权。于是……

16:1 我听见有个大声音从圣殿而出,向那七位天使说,你们去!把上帝烈怒的七碗倒在地上(Καὶ ἤκουσα μεγάλης φωνῆς ἐκ τοῦ ναοῦ λεγούσης τοῖς ἑπτὰ ἀγγέλοις, Ὑπάγετε καὶ ἐκχέετε τὰς ἑπτὰ φιάλας τοῦ θυμοῦ τοῦ θεοῦ εἰς τὴν γῆν)

天庭的开启,七个天使,四活物之一,和七碗的出现,再加上神荣耀和权能的充满圣殿(15:5-8),都让人警觉,有大事要发生了。⑤ 但这些构成一个"差派礼"的元素,

---

① Beckwith, *Apocalypse*, 679; Beasley-Murray, *Revelation*, 238; Roloff, *Revelation*, 185;庄逊,《启示录》,页171。

② Bousset, *Die Offenbarung Johannis*, 395; Swete, *Revelation*, 200; Thomas, *Revelation* 8-22,244.

③ Charles, *Revelation II*, 40; Bruce, *Revelation*, 656; Mounce, *Revelation*, 290; Krodel, *Revelation*, 280.

④ Beale, *Revelation*, 807.

⑤ 除了本节经文中的"大"声音之外,"大"在16章中又出现了十次,是整本新约中,"大"在单章圣经中,出现最多的地方。此一现象也在阐释第七碗之灾的18章出现,因为在那里,"大"也出现了8次之多(Thomas, *Revelation* 8-22,246; Thomas对18章的之"大"的计算结果是9次,但这似乎有误)。

若无约翰在此所听见从天上圣殿而出的“大声音”,恐怕就不完全了。① 约翰没有明言是谁在此发声说话,但从前节经文“无人能进圣殿”的叙述来看,除了神之外,还会有谁呢？此一“大声音”,将要在第七位天使将第七碗之灾倒在空中之后,再次响起(成了;16:17);而在其时,这个声音的主人就不再有任何让人可以揣测的空间了,因为在那里的声音,乃从天上圣殿中的宝座而出。如是“前呼后应”的现象,当然回答了“谁在此发声说话”的问题,但在同时也突显了神“永永远远活着”的面向(15:7),即,若祂定意审判(差派七天使),祂的计划也必然成就。

此一“大声音”的内容,乃是一个向七个天使所发的命令:“你们去！把上帝烈怒的七碗倒在地上。”在旧约中,“倾倒忿怒”是神降罚审判的一个惯用语。大卫求神替他伸冤的祷告是,“求你将你的恼恨,倒在他们身上”(诗68:25[69:24]);在被掳到巴比伦的前夕,耶利米向神所发的哀求则是,“愿你将忿怒倾倒在不认识你的列国中,和不求告你名的各族上”(耶10:25)。② 若以耶和华神为发言的那一位,在以西结书14:19那里,神所说的是,“我叫瘟疫流行,使我灭命的忿怒倾倒在其上,好将人与牲畜从其中剪除”;③而在西番雅书3:8中,我们所读到的则是,“我已定意招聚列国,聚集列邦,将我的恼怒,就是我的烈怒,都倾倒在他们身上。”和这些旧约经文相较,约翰显然是依循此一传统,来描述神所将要降下的刑罚。

在本节经文中,约翰乃以总括性的“地”作为灾难的对象,但从后面的经文中,我们晓得“地”所包括的,是住在地上的拜兽像之人(16:2;参13:3,8)、兽的座位和其国度(16:10)以及大城巴比伦(16:19)。因此在12－13章中所出现那些逼迫教会的人和组织,在此都受到了审判。④

16:2　第一位天使便去,把碗倒在地上;就有又恶又毒的疮,生在那些有兽记号并拜兽像的人身上(Καὶ ἀπῆλθεν ὁ πρῶτος καὶ ἐξέχεεν τὴν φιάλην αὐτοῦ εἰς τὴν γῆν, καὶ ἐγένετο ἕλκος κακὸν καὶ πονηρὸν ἐπὶ τοὺς ἀνθρώπους τοὺς ἔχοντας τὸ χάραγμα τοῦ θηρίου καὶ τοὺς προσκυν-οῦντας τῇ εἰκόνι αὐτοῦ)

不论就内容或是形式而言,七碗之灾和前两个七灾系列之间,有许多相同和相异之处,因此若要准确明白此一七灾的意思,合参比较就是必须要做的工作了。但由于

---

① 在启示录中,“大声音”一共出现了20次,但只有在此处经文中,形容“声音(φωνῆς)”之“大(μεγάλης)”,在其所修饰的名词之前。因此这个“大声音”,就其形态而言,是有些特别的(Aune, *Revelation* 6－16,882)。

② J. A. Thompson, *Jeremiah*, 334. 亦参,诗78[79]:6。

③ 类似的说法,亦见,耶7:20;哀2:4;4:11;结22:21－22;30:15－16。

④ 红龙老大似乎没有出现在七碗之灾中,但在20:7－10的分析中我们将会看见,神对红龙的审判,乃隐含在第六碗之中。

在前面我们已经对此问题做了分析,因此在这里我们就不再重复。若读者对此议题有兴趣,可参阅在 8:6 之注释前,“七号和七碗之灾的旧约背景”的段落,以及 15:1 的注释。

就这七碗之灾而言,若依循约翰在前三碗和后四碗中,所使用略有差异的语法,即,“倒[碗]在……(ἐξέχεεν...**εἰς**;16:2,3,4)”或是“倒[碗]在……(ἐξέχεεν...**ἐπὶ**;16:8,10,12,17)”,我们似乎应该以“3 +4”为其结构。① 但此差异太过微小,实不足以作为分段的依据。而若我们(1)从 1 -4 碗所共同组成的“全世界”(地 + 海 + 泉源 + 日头)”,以及(2)从刑罚对象由拜兽之人(第一碗)到兽之座位(第五碗)的转变来看,七碗系列的结构,恐怕和七印和七号系列一样,是“4 +3”。②

此乃七碗经文的结构,但七碗之灾的内容和其含义又是如何的呢?就第一碗之灾而言,其内容是“有又恶又毒的疮,生在那些有兽记号并拜兽像的人身上”。若参照出埃及记中的“十灾”,此一灾难乃由其中的第六灾而来(出 9:8 -12),因为在那里,当摩西将炉灰洒向空中之后,在埃及人和其牲畜身上,就有了起泡的疮。在前面我们已经提及,因着“炉灰/炉火 = 审判”,也因着“碗(מִזְרָק)”乃由“洒(זרק)”的动词而来”,约翰在此就将十灾中的第六灾,放在七碗之灾的最前面了(见 15:7 的注释)。而此见解,也可以从另一个角度得着支持:在出埃及的十灾中,法老和其术士,以及属他的百姓,当然都因着十灾而受到刑罚;但在记录十灾的段落里面(出 7:20 -12:36),只有在“疮灾”中,出埃及记的作者明言,行法术的身上,也有这疮(出 9:11)。在出埃及记中,他们乃藉其邪术迷惑法老和其百姓的人,而在启示录中,1 -4 碗所要刑罚的对象,乃那些拜偶像(兽像)的人,因此也可能是因着这个原因,约翰就将“疮灾”当成七碗之灾中,头一个灾难了。③

就字义而言,此“疮(ἕλκος)”乃“又恶又毒”,化了脓,并且十分难以治愈的毒疮。④ 但我们是否必须以此字面的含义,来理解此一灾难呢?⑤ 在出埃及记的背景中,“疮”的确长在埃及人身上,是从神而来的刑罚。但在 7:9 -17 和 15:2 -4 等处经文的分析中,我们已经晓得,当约翰暗引“出埃及事件”时,乃因其“神学含义”,即“神

---

① Beckwith, *Apocalypse*, 681. 除此之外,Beckwith 也因着在 16:5 -7 所出现的“颂赞”,而将七碗分为“3 +4”的两个部分。

② Thomas, *Revelation* 8 -22,248.

③ 亦参,Swete, *Revelation*, 201。

④ “ἕλκος”的原意是“一个伤口”,但在出埃及记的背景,以及在“又恶又毒”的形容下,它就成了一个“毒疮”。在新约中,此一语词只出现了三次(16:2,11;路 16:21)。在路加福音中,它是在乞丐拉撒路的身上,为狗所舔的“疮”。

⑤ 此乃 Bullinger(*Revelation*, 479 -80),Thomas(*Revelation* 8 -22,248 -49)和 Osborne(*Revelation*, 580)等学者的见解。

的救赎”，而将之应用在新约教会身上。也就是说，新约圣徒也要“出埃及”，但却非离开“地理上，位于北非的埃及”，而是要从辖制他们的罪中，得着释放（启1:5）；因为此乃得着耶稣基督救恩的真正意涵。此理甚明，因此在这里我们恐怕也必须以这个方式，来理解“疮灾”的意思。

事实上，在本节经文中，约翰已经放下他要我们依循的“释经线索”了。怎么说呢？依照我们对启示录的理解，“罪罚对等”，或是“以其人之道还治其人”，乃是神施行审判的原则。① 而此原则，也在这节经文中出现，因为约翰在此告诉我们，人若接受兽的“记号”，那么在他的身上，也要出现一个神刑罚的记号——“毒疮”。② 因此若“兽的记号”乃人属兽，不能为肉眼所见的象征记号，那么“毒疮”也应如是。

但若是如此，“毒疮”所指的究竟是什么呢？有学者建议我们从旧约中有关“麻风病”背景（利13），来理解此灾。③ 而若从此角度切入，那么“毒疮/麻风病”之灾的意思，就是神使那些拜兽之人，在宗教礼仪上成为不洁净的人，因此这个刑罚就有了“扫地出门，逐出神国”的意思了。此一见解很有意思，而“逐出神国”的灾难，也非同小可，但“毒疮”和“麻风病”之间，恐怕还有一段距离。

在第五碗之灾中，疮灾和“兽国黑暗”之刑罚，是连结在一起的（16:10－11）。因此“毒疮”所指的，最可能是人因拒绝真理而有的痛苦。事实上，此一痛苦，已在第五号之灾中（9:1－11），有了最清楚的说明，因为那被神所释放，从无底坑而出的蝗虫之军（邪灵），所要带给人的折磨，正是求生不得，求死不成的痛苦（9:6）。④ 在出埃及的背景中，法老的术士是最先认出摩西所降之灾，乃“神的手段”的人（出8:19），但由于他们依旧决定站在法老的那一边，因此叫他们坐立难安，无法在摩西面前站立的住的“疮灾”，也就要发生在他们身上了（出9:11）。此一痛苦，在两个见证人的异象中，也一样出现；因为当他们（教会）向这个世界传讲真理时，也就是当世人之恶在真光照耀之下完全显露之时，若他们决定不悔改，那么心灵和灵性上的痛苦和折磨就不可避免了（11:10）。就现实面来看，接受兽之记号的意思，是向主流价值靠拢，是得以享受罗马所带来的“太平（*Pax Romana*）”，是得以“作买卖”（见13章），但这些，真能带给人“平安喜乐”吗？当永恒的召唤，在我们心底响起之时，这个世界能帮助我们回应这个呼召吗？在罪中之乐后面的，难道不是空虚，迷惘，失落，黑暗，和无止境的悔恨吗？

---

① 参2:4－5；11:17－18；14:8－10，20；18:6，7－8；22:12。

② Lilje, *The Last Book of the Bible*, 214; Farrer, *Revelation*, 175; Mounce, *Revelation*, 293; Beasley-Murray, *Revelation*, 240; Beale, *Revelation*, 814.

③ Ford, *Revelation*, 270.

④ Beale, *Revelation*, 814.

16:3 第二位天使把碗倒在海里,海水就变成好像死人的血;海里的一切生物就都死了(Καὶ ὁ δεύτερος ἐξέχεεν τὴν φιάλην αὐτοῦ εἰς τὴν θάλασσαν, καὶ ἐγένετο αἷμα ὡς νεκροῦ, καὶ πᾶσα ψυχὴ ζωῆς ἀπέθανεν τὰ ἐν τῇ θαλάσσῃ)

正如他在第二号和第三号中所做的一样(8:8－11),约翰在此也将出埃及十灾中,水变为血的第一灾(出7:20－21),一分为二,而成为第二碗和第三碗之灾。如第二和第三号之灾一样,这两个碗灾所涉及的,也分别是“海”和“江河/众水的泉源”(16:4),只是号灾的范围限制,1/3,在此不再出现,因为七碗之灾乃以全世界为其对象。此一现象,当然给人“灾难随着时间之进展而愈来愈严重”的印象,但正如我们在前面已经提及的,这个“进展”也可能只具有文学上的意义,而其目的,只在强调“审判必临”而已(详见15:1的注释)。

和第二号一样,第二碗之灾不单也让海水变为血,并叫海中的生物都死了。但和第二号所不同的是,约翰在此对海所变成的血,有了更进一步的描述:“好像死人的血”。但这又是什么意思呢?第一,对那些将启示录视为“世界史”的人而言(历史派),由于大巴比伦乃“教皇之制”,因此第二碗之灾所指的,就是神对那些被教皇所管辖之国家,所发动的战争;像是基督教的英国对天主教的法国,在公元1793年所发动,延续了22年之久的战事。在此“海战”之中,法国,以及其盟国和殖民地,都受到了重创;而战舰,商船,各式船只,以及人员的伤亡,更是不计其数。因此以“好像死人的血”来形容如是从神而来的刑罚,可说是十分恰当的。①

第二,对过去派而言,由于“海”乃“外邦列国”,而“死人之血”乃不洁之物(利7:26－27;15:19－23等),因此这个灾难所指的,是公元70年左右,圣殿被罗马(列国的代表)所毁的事。而约翰在此的描述,和犹太史学家约瑟夫(Josephus)对该战事的记录,是彼此平行的(*J. W.* 3.10.9),因为在那个战争中,逃离耶路撒冷的犹太人,在加利利海上,为追兵所赶上,并在海上或是岸边为罗马兵丁所屠杀。②

第三,一般而言,持未来观点的学者都认为,第二碗之灾是末日的灾难,但他们对此灾的对象“海”,则有不同的解读。将“海”视为列国的,此灾难所指的,是末日世人在道德和灵性上的死亡;③但若以字面含义来理解,第二碗之灾在末日所要带来的,就是海水将要变为血,凝结,发臭,像死人的血一样。④

① 此乃E. B. Elliott之见;资料来源,S. Gregg, ed., *Revelation: Four Views*, 358－63。
② Chilton, *Days of Vengeance*, 399;亦参,Ford, *Revelation*, 271。
③ S. Gregg, ed., *Revelation: Four Views*, 358－63.
④ Thomas, *Revelation* 8－22,250. 为了解释此一现象的确可能发生,“海洋红潮”或是“核子战争后遗症”的说法,就曾被人提出(详见S. Gregg, ed., *Revelation: Four Views*, 358－63),但这些都只是揣测而已,当真不得。

第四，若以象征的角度来理解此处经文，那么“海凝结如死人之血”的灾难，所指的是神对大巴比伦罗马的刑罚。① 在8:8的第二号之灾那里我们已经指出，局促在狭长意大利半岛上的罗马，其经济命脉全靠海运；而在18章那里，我们也将要看见神对她的刑罚，也正是针对她藉以致富，并让她自高自大，自比为神的海运经济体系。因此第二碗之灾的焦点，便落在“经济和财富”上面。

在这四种见解中，由于“象征”乃启示录一书的文学特色，而启示录18章也的确以“罗马的航海经济体系”为审判的焦点（详下），因此第四个观点恐怕是比较合理的。在第一碗之灾中约翰已经暗示我们，七碗之灾，或者更准确的说，前四碗之灾，乃以那些“有兽记号的人”为对象；而此记号，在13:17中乃是人得以做买卖的“许可证”。因此从此角度来看，将第二碗之灾视为一个有关“经济财富”的刑罚，也是合乎上文的。此一灾难，当然不只限于第一世纪末叶的罗马，因为大巴比伦所代表的，乃世界。而在人类的历史中，借着各样的天灾和人祸，神已然进行了祂的审判。在祂将人所依恃金钱财物取走的刑罚中，第二碗之灾就已经发生了，也要继续发生下去，直到祂再来的日子。②

16:4 第三位天使把碗倒在江河与众水的泉源里，水就变成了血（Καὶ ὁ τρίτος ἐξέχεεν τὴν φιάλην αὐτοῦ εἰς τοὺς ποταμοὺς καὶ τὰς πηγὰς τῶν ὑδάτων, καὶ ἐγένετο αἷμα）

和第三号之灾一样（8:10－11），第三碗之灾所击打的，也是“江河与众水的泉源”；只是前者乃由一颗由天而降，烧着的大星所引发，而此处灾难则是直接由天使降下。前者让水变苦，而后者则将水变为血，但刑罚的意涵却都是一样的。和第二碗之灾一样，此一灾难也是以摩西变水为血的神迹为其背景（出7:20－25），但此灾却更靠近出埃及记，因为摩西所击打的，是尼罗河的河水。

但第三碗之灾的焦点何在？由于此一灾难和前一个碗灾，都以同一个旧约事件为背景，因此它也可能是神对“人错误依赖经济财富”之罪的刑罚。③ 这个见解是可能的，但陆上河水以及泉源的变苦，或是如这个碗灾中的变为血，其焦点恐怕不在“人

---

① Beale, *Revelation*, 814－16; Osborne, *Revelation*, 580.

② Beale 认为“［海中的］生物（ψυχὴ ζωῆς）”所指的，乃“人”，因为在启示录中，除了8:9之外（以专有名词的方式出现；海中生物＝被造的），在其余的经文，此一语词所指的，都是“人”（*Revelation*, 815）。若参照18章，那么此一语词所指的，就是那些“靠海为业”的了（18:17）。此一见解是可能的，但约翰在此也可能是想要藉此语词，将第二碗之灾和其所暗引的旧约连结在一起（出7:21）。

③ 此乃 Beale 之见（*Revelation*, 816－17）；而 Osborne 也同意此一见解（*Revelation*, 581）。学界对第三碗之灾的见解，当然也和第二碗一样，因着切入角度的不同，而有相距甚远的解释。但由于篇幅所限，也因着本注释书的目的，不完全在介绍各家看法，因此我们就不再把他们的见解一一列出了。有兴趣的读者可见 S. Gregg, ed., *Revelation: Four Views*, 364－67。

错误依赖经济财富”的问题。在约翰的眼中,“藉航海经商而致富,并生出自比为神的骄傲”(参,18:7),是大巴比伦(罗马)的问题,因此神对她的刑罚,自然就是她所依恃的海了。但在此天使所击打的,并非海,而是人生存所必须依赖的“江河/泉源”。在8:11 有关“苦艾之星”的分析中(和合本作茵陈)我们已经提及,在启示录里面,从天而来的苦艾之星所对比的,是从天而来的人子,因为前者不单叫人无水可喝,还带来死亡;但后者却领人到“生命水的泉源”(ζωῆς πηγὰς ὑδάτων;7:17),好让他们能从父神那里,白白得着永恒的赏赐,那就是,“生命泉的水”(τῆς πηγῆς τοῦ ὕδατος τῆς ζωῆς;21:6)。

因此从这个角度来看,第三碗之灾乃是有关于人“无份于救恩”的刑罚。神的心意是要万人得救(提前 2:4),但当世人执意要向海兽下拜,并因此而加入了红龙的阵营,那么神也只能依循如下的原则来刑罚他们了:“不要把圣物给狗,也不要把你们的珍珠丢在猪前,恐怕它践踏了珍珠,转过来咬你们。”(太 7:6)①事实上,在出埃及记的背景中,此一刑罚已经出现;因为虽然埃及的术士已经晓得摩西所行的,乃出自神的手,而法老王也知道此事(出 8:19),但他们却决定刚硬其心,因此神的救赎和恩典,自然就不会,也无法临到他们的身上了。

若此一理解是准确的话,那么第二碗和第三碗之灾恐怕同属一个灾难,只是前者所言,乃从正面论述“神要击打那些依恃财富之人”的真理;而后者乃是从反面的角度,来突显这些人“因其所恃,而无法得着真正丰富生命”的事实。而这恐怕是约翰将摩西“变水为血”的灾难,一分为二的原因。

16:5-6 那时,我听见掌管众水的天使说,今在昔在的圣者啊!你是公义的,因你已施行审判;[6] 因他们曾流圣徒与先知的血,现在你给他们血喝;这是他们应得的(καὶ ἤκουσα τοῦ ἀγγέλου τῶν ὑδάτων λέγοντος, Δίκαιος εἶ, ὁ ὢν καὶ ὁ ἦν ὁ ὅσιος, [6]ὅτι ταῦτα ἔκρινας, ὅτι αἷμα ἁγίων καὶ προφητῶν ἐξέχεαν καὶ αἷμα αὐτοῖς δέδωκας πιεῖν, ἄξιοί εἰσιν)

随着第三碗的倒下,约翰也听见了掌管众水之天使,向神所发的颂赞。② 就形式而言,学界或以“审判的颂赞(judgment doxology)”,“平反之诗(vindication formula)”,甚或是“末日的平反之诗(eschotological vindication formula)”,来定义此处天使所发的

① 以此方式来理解这节经文的讨论,见 R. H. Mounce, *Matthew*, 65; D. A. Hagner, *Matthew* 1-13, 170-72。

② 就上文来看,此一掌管众水的天使,应该不是别的天使(Thomas, *Revelation* 8-22,252),而是倒下第三碗之灾的天使(Beale, *Revelation*, 817; Osborne, *Revelation*, 581)。

颂词；①但不论何者为是，此处经文的焦点，乃在为神所降下的刑罚，提出一个合理的解释；因为在启示录中，以“所听见的言词”来解释“所看见的异象”，乃约翰所一贯使用的文学技巧。②

此一颂赞乃由掌管众水的天使所发。在7:1那里我们已经晓得，由于神乃创造世界，并藉由祂所创造之风，雨和闪电等自然力量来管理世界的那一位，因此在“神以风为使者，以火焰为仆役”之诗句的催化下（诗104:4），犹太人就有了“神让不同天使管理不同自然现象”的概念。③ 而此观念，也反映在启示录中，因为除了此处“掌管众水的天使”之外，在7:1和14:18那里，约翰也提及管风和管火之天使。④

在此颂赞中，掌管众水的天使对神的称呼是“昔在今在的圣者”。在启示录的序言中，神乃是“今在，昔在，和将要再临”的那一位（1:4,8），而此不合时间顺序的表达，乃是因为对那些正在受苦的圣徒而言，神的“今在”是要比祂的“昔在”更为重要；⑤但在永恒的天庭里，在四活物的口中，神自然就是“昔在，今在，将要再临”的了（4:8）。这个以“时间三重语法”来表达神大能的称号，在第七号中，则成了“今在昔在”（11:17），因为在其时，神末日的审判（世界）和奖赏（圣徒）都已成就，因此“再临”就不再需要出现了。但约翰为何在此要以“今在昔在的圣者（ὁ ὢν καὶ ὁ ἦν ὁ ὅσιος）”，来引介神呢？就形式而言，这个称号一样是由三个部分所组成，但由于其第三个元素，并非“时间”，因此它并不构成所谓的“时间三重语法”。从上下文来看，神是“圣的”，乃因祂借着刑罚世界，而彰显了祂的公义。⑥ 在七碗系列中，此一刑罚是已经开始但尚未结束的（第三碗），⑦因此这一个称号就不像第七号的“时间两重语法”那样，完全没有“将要再临”；但和1:4,8和4:8的“时间三重语法”相较，此处的审判又是“现在

---

① 持这三个见解的学者，依序是 Aune, *Revelation* 6 - 16, 885; P. Staples, ‘Rev. XVI 4 - 6 and its Vindication Formula,’ *NovT* 14 (1972), 280 - 93; A. Yarbro Collins, ‘The History-of-Religions Approach to Apocalypticism and the “Angel of the Waters” (Rev 16:4 - 7),’ *CBQ* 39 (1977), 369。相关讨论，见 Osborne, *Revelation*, 581。

② 参，5:6;9,11;7:1;7:4;10:1,3 - 4;15:1,3;17:1,7;21:1 - 2,3。

③ 相关犹太文献，见7:1的注释。

④ 若第五号中，从天而降，打开“无底坑”之星乃一“天使”的话（详见9:1的注释），那么阴间也一样为天使所管理了。

⑤ 和合本将“昔在”放在“今在”之前，但在原文中，“今在”乃在“昔在”之前。详见1:4的注释。

⑥ 将“圣的”和“公义”视为彼此平行，互相解释之语词的，有 Thomas, *Revelation* 8 - 22, 253; Beale, *Revelation*, 817; Osborne, *Revelation*, 582。

⑦ 有关七碗之灾所涵盖时间的问题，见15:1的注释。

进行式”的,因此约翰就以“圣的(ὁ ὅσιος)”取而代之了。① 事实上,此一理解也可以从约翰在此再次将“今在”放在“昔在”前面的现象中,间接的得着证实。因为如今神的公义,正在祂为圣徒伸冤,刑罚世界的动作中,显示了出来。

掌管众水之天使的颂赞,乃是以“神的公义”为其焦点;而为了凸显如是主题,约翰就给了我们两个表原因的子句:“因你已施行审判”;“因他们曾流圣徒与先知的血,现在你给他们血喝;这是他们应得的”。

“因你已施行审判”直译作“因你已审判了这些事(ταῦτα ἔκρινας)”。因此我们在这里所面对的问题是,“这些事”所指的究竟为何?若从15:1,7中,神藉四活物之一而将“七碗”给了七天使的上文来看,“这些事”所涵盖的,是整个“七碗之灾”。② 但若将16:6中的原因子句,当成“因你已施行审判”的解释,那么“这些事”所指的,就只是第三碗的“水变血之灾”了。③ 从约翰惯以他所“听见的声音”(16:5-6)来解释他所“看见的异象”(16:4)的文学手法来看,后者的见解虽然将“这些事”局限在比较狭窄的范围之内,但这恐怕是约翰的意思。毕竟在16:5-7中,天使的颂赞(16:5-6)和圣徒的应和(16:7),乃因第三碗之灾的施行而有。

如上所述,“因他们曾流圣徒与先知的血,现在你给他们血喝;这是他们应得的”,并不提供另一个颂赞的原因,而是进一步解释“你已施行审判”一语的意思。在此解释之中,我们再次看见神“以其人之道还治其人”的刑罚准则,即,逼迫神子民,流他们之血的,将要受到神所降“喝血”的刑罚(无水可喝=灭亡)。④ 事实上,此一“罪罚对等”的原则,也隐藏“流[血](ἐξέχεαν)”的动词中,因为在七碗的段落里面,七天使“倒[碗](ἐξέχεεν)”的动作,也正是以这同一个语词来表达的。

但为何约翰在此要将“圣徒”和“先知”并列呢?他们究竟是谁呢?一个可能的解释是,圣徒乃教会,而先知则是教会中身为“领袖”的群体。⑤ 但在前面我们已经晓得,当从天而来的大力天使,将象征神永恒救赎计划,并被羔羊人子所揭开七印的书

---

① 亦参,Beale, *Revelation*, 817。在A C 1611 1854等手抄本中,“圣的(ὁ ὅσιος)”乃以无冠词的形态出现,而在[47]2329等手抄本中,则是“καὶ ὅσιος”。但带冠词的א 051等抄本恐怕保存了原始经文(详见,Aune, *Revelation* 6-16,856)。Swete(*Revelation*, 202)以呼格的方式来理解“圣的啊(ὁ ὅσιος)”。此一见解是可能的,但在启示录中,此处神的称号的格式和其含义,是必须和其他类似称号合参之后,才能决定的,因此Swete之见并不具说服力。

② Aune, *Revelation* 6-16,886.

③ Thomas, *Revelation* 8-22,253; Beale, *Revelation*, 818; Osborne, *Revelation*, 583.

④ 类似的说法,亦在以赛亚书49:26中出现:我(耶和华)必使那欺压你的(以色列的敌人),吃自己的肉,也要以自己的血像喝醉,好像喝甜酒一样(亦参,诗78[79]:3,10,12)。而在所罗门智训11:15-16中,该书作者则说,由于人拜蛇和其他令人厌恶的动物,因此神也就以数百万只这样的动物,来惩罚他们;而这正是“以犯罪者的罪行,来惩罚犯罪者”的原则。

⑤ Swete, *Revelation*, 203; Mounce, *Revelation*, 296; Osborne, *Revelation*, 584.

卷，交给代表教会的约翰时（10:1－11），教会就成了神所差派的先知了。由是（1）在两个见证人（教会）的异象中，他们就有了旧约先知的权柄（从天降火等等；11:4－6）；（2）在末日审判中，教会就成了那将要得着奖赏之“神的仆人”，即，众先知和众圣徒（11:18）；（3）在神审判了那逼迫他们的大巴比伦之后，教会就是那将要欢喜快乐的“众圣徒，众使徒和众先知”（18:20），因为他们（众先知和众使徒）在这个城中所受到的迫害，已得着平反（18:24）；（4）因此对约翰而言，教会乃和他一同为耶稣做见证的弟兄和姐妹们（19:10），因为正是在这件事上，他们显示出他们是服事神的仆人众先知（22:9）。[①] 一言以蔽之，从五旬节圣灵降下之后，属神的万民就都成了先知，因此“圣徒”和“先知”乃同义词，只是前者聚焦在他们被拣选，被分别出来的事实（圣的；ἁγίων），而后者则在凸显他们在被拣选之后，所肩负的使命而已。

对属神的圣徒和先知下手，能不引来神的刑罚吗？因此这个颂赞就十分自然地以“这是他们应得的”为其结尾。[②] 在3:4那里，人子对撒狄教会中，那些没有污秽自己衣服之人的应许是，“他们要穿白衣与我同行，因为他们是配得过的（ὅτι ἄξιοί εἰσιν）”。和此相较，此处之“这是他们应得的（ἄξιοί εἰσιν）”，则具有反讽的意味；因为对那些忍受逼迫的圣徒而言，他们的奖赏将会是“与羔羊和父神同在”，但对那些逼迫圣徒的人而言，他们的刑罚，也正是“喝血＝没有喝生命泉源的机会＝与父神和羔羊永远的隔绝”（参上节经文的注释）。

16:7 我又听见祭坛中有声音说，是的，主，神，全能者啊，你的审判正直公义（καὶ ἤκουσα τοῦ θυσιαστηρίου λέγοντος, Ναί, κύριε ὁ θεὸς ὁ παντοκράτωρ, ἀληθιναὶ καὶ δίκαιαι αἱ κρίσεις σου）

借着前两节经文中，掌管众水之天使的颂赞，约翰显明了“水变血”之灾的神学含义：神乃公义的上帝，是不以有罪的为无罪的那一位；因此祂的刑罚就必然要降临在恶人的身上。但此一彰显了神公义属性的第三碗之灾，对圣徒有什么意义呢？为了回答这个问题，约翰于是又听见了另一个声音。

此声音乃从祭坛而出。[③] 在6:9－11那里我们已经知道，在祭坛之下的，是为了

---

① Beale也将此处的“圣徒和先知”等同于“教会”（*Revelation*, 820）。

② Hughes认为“这是他们应得的”一语的意思，可能是“圣徒配得神为他们伸冤”（*Revelation*, 174）；但最接近“他们”的前述词，乃喝神所给刑罚之血的“他们（ἐξέχεεν）”，因此此处经文所指的，应是逼迫教会的“他们”。

③ “ἤκουσα τοῦ θυσιαστηρίου λέγοντος”给人“祭坛说话”的印象，因此Mounce等学者就认为，约翰在此是将“祭坛”拟人化了（*Revelation*, 296）。但若以“表分所有格（partitive genitive）的方式来理解“祭坛（τοῦ θυσιαστηρίου）”的话，那么此声音就是由一位在祭坛之中或之下的人所发出的了（Aune, *Revelation* 6－16, 888；Osborne, *Revelation*, 584－85）。

持守耶稣基督之见证而死的殉道者,因此这个从祭坛而出的声音,应是由他们所发。毕竟最关切神要在何时刑罚恶人的(6:10),就是这些曾被逼迫甚至被杀害的殉道者。此一声音乃以“是的(Ναί)”起首。在启示录中,“是的”一共出现了四次(1:7;14:13;16:7;22:20),而其作用,都在肯定一个属灵的真理。而此处的“是的”也不例外,因为它所指向和肯定的,是前两节经文中的主题:神是公义的。在6:10中,殉道者乃以“大声呼喊(ἔκραξαν φωνῇ μεγάλῃ)”的方式向神说话(λέγοντες),而其形式,则是一个“何时伸冤?”的问句。但与此相较,此处的“说(λέγοντος)”以及“是的”,则显得更加心平气和。究其缘由,乃因神已施行审判,为他们伸了流血之冤。因此在他们的口中,神自然就是“主,神,全能者”,而祂所行的,也当然是“正直公义”。

在启示录中,“主,神,全能者”一共出现了七次。① 在1:8那里我们已经指出,此一称号的重点,在强调神统管万有的能力;而在此处经文的文脉中,神这一方面的属性,则是在祂刑罚恶人的事上,完全的显示了出来。祂是这个世界的主和神,因此恶人即便嚣张有时,得道有时,但他们终究得面对神的审判,无所逃于天地之间(参,启6:12-17);因为神乃“正直和公义”的。在得胜者于玻璃海上所举行的“庆祝大会”中(15:2-4),我们已经听见他们以“你的道路公义正直”(15:3)的言语来颂赞神了。和此相较,约翰在这里则是将“公义和正直”的次序,颠倒了过来。就语意而言,这个更动并不影响其意思;但此变动,恐怕是为了要让殉道者的颂词,和天使的颂赞(16:5-6),产生一唱一和之文学效果而有的。因为天使的颂赞,乃以“你是公义的(Δίκαιος εἶ;16:5b)”为始,因此当殉道者以“你的审判正直公义”作为他们颂赞的结语时,这两首颂歌,就有了前呼后应的效果了;而这两首诗歌的主题,即,神的公义,也以前后包夹的方式,有了清楚明白的呈现。

16:8-9 第四位天使把碗倒在日头上,叫日头能用火烤人。[9] 人被高热所烤,就亵渎那有权掌管这些灾难的上帝之名,并不悔改,将荣耀归给神(Καὶ ὁ τέταρτος ἐξέχεεν τὴν φιάλην αὐτοῦ ἐπὶ τὸν ἥλιον, καὶ ἐδόθη αὐτῷ καυματίσαι τοὺς ἀνθρώπους ἐν πυρί. [9]καὶ ἐκαυματίσθησαν οἱ ἄνθρ-ωποι καῦμα μέγα καὶ ἐβλασφήμησαν τὸ ὄνομα τοῦ θεοῦ τοῦ ἔχοντος τὴν ἐξουσίαν ἐπὶ τὰς πληγὰς ταύτας καὶ οὐ μετενόησαν δοῦναι αὐτῷ δόξαν)

和1-4号之灾一样(8:7-12),1-4碗之灾所影响的范围,也是由“地—海—江河/泉源—天(日头)”所组成的世界。但和第四号“日月星辰黑暗了1/3”之灾难所不同的是(8:12),第四碗之灾乃是“日头以火烤人”。但此灾难所指的,究竟是什么呢?依字面来解释,此一碗灾就是神在末日的大灾难中,将要以增强太阳热度的方式,来

---

① 启1:8;4:8;11:17;15:3;16:7;19:6;21:22。

刑罚人。[1] 此一理解有其可能，但若七碗之灾的对象，乃兽的国度，包括了拜兽之人（16:2），兽的座位（16:10）和兽的城（16:19），那么同在日光之下的圣徒，要如何不受到如是灾难的影响呢？因此若天使之"倒碗"乃一象征"降灾"的动作，那么从碗中而出的灾难，恐怕也必须以同样的方式来理解了。[2]

但"日头以火烤人"所象征的，是怎样的刑罚呢？在"无数得胜者站在宝座前事奉神"的异象中（7:9－17），约翰让我们看见这些曾为信仰付上了极大代价的人，将要为神所亲自牧养。神要以帐幕覆庇他们，因此他们不再饥，不再渴。日头和炎热，也必不伤害他们；因为宝座中的羔羊必牧养他们，领他们到生命水的泉源（7:16－17b）。此一画面，正如我们在前面所分析的，乃从以赛亚书49:10而来："他们不饥不渴；炎热和烈日必不伤害他们，因为怜恤他们的，必引导他们，领他们到水泉旁边。"[3]而约翰在暗引此一旧约经文之时，也因着神救赎历史之"新阶段"的来临，而将"羔羊"加了进去，并将以赛亚书中，属地的"水泉"，升级为带来永生之"生命水的泉源"（详见该处注释）。

和此永恒福分所相对的，是第三碗之灾，是神变水为血，让人无水可喝，无分于永恒生命的刑罚（见16:4的注释）。因此若从此角度来看，第四碗"日头烤人"之灾的焦点，也是人无分于该永恒福分的刑罚。因为那些拜兽之人在此灾难中所受到折磨（被日头烧烤），正是圣徒所经历之事的相反（不为日头和炎热所伤害）。[4] 事实上，此一以"同一个物件，但带来相反结果"的"奖赏/刑罚"模式，即，"有水或是无水可喝"，以及"不为日头伤害或是被日头所烤"，也早已在约翰所暗引的出埃及记中出现了。因为对以色列人来说，象征神同在的"云柱和火柱"，是他们不受埃及军兵攻击的屏障，也是他们得以存活的真正原因（出14:21）；但对逼迫他们的埃及人而言，这同一个云柱和火柱所带给他们的，是阵仗的混乱，是他们马车之轮的脱落，也更是他们最后的死亡（出14:24－28）。[5]

但"为日头烧烤"所象征的刑罚，究竟是什么呢？除了"不为神所护庇"的一般性解释之外，我们是否有可能说的更明确一点呢？在出埃及记中，"云柱和火柱"在其后的历史中，就成了十分具体的"会幕"，而在其中所存的，乃在约柜中的十诫。因此在

---

① Walvoord, *Revelation*, 234－35; Ladd, *Revelation*, 211; Thomas, *Revelation* 8－22, 256. 对此问题，Osborne 则十分老实的承认，他无法确定究竟应以字面或是象征的方式来理解此灾（*Revelation*, 586）。

② Beale, *Revelation*, 821. 亦参，Metzger, *Breaking the Code*, 82。

③ Chilton 亦认为第四碗之灾的旧约背景之一，乃以赛亚书49:10（*Days of Vengeance*, 403）。

④ Caird, *Revelation*, 203; Krodel, *Revelation*, 284; Beale, *Revelation*, 822; Osborne, *Revelation*, 586.

⑤ 亦参，J. M. Ford, 'The Structure and Meaning of Revelation 16,' *ExpT* 98（1986－87）, 328。

以色列人"守十诫=守约"的情况下,他们就自然要得着神的庇护。和此相反的,当世人决定拜兽像,并在手上或是额上接受它的记号之时,那么他们自然就不可能经历神的护庇了。因此"为日头所烧烤"之刑罚,是"神因人拜偶像之恶,而让他们经历因拜偶像而有的苦难"。在以赛亚书中,此一刑罚是以"心蒙脂油,耳朵发沉,眼睛昏迷"的语言出现(赛 6:10),因为拜偶像的,将要像他们所拜的偶像一样,有眼不能看,有耳不能听。① 在保罗的笔下,他则是以"人知道神但却不荣耀祂,因此神就任凭他们在罪中受苦"的形容,来呈现这个刑罚的可怕(罗 1:18-32)。但对约翰而言,此一刑罚是已经在第六号的灾难中,有了完整的说明;因为从那两万万马军口中所出的,正是"火、烟和硫磺"(9:18)。② 在其时我们已经晓得,此物乃和从人子口中所出的利剑(真理)相对,因此"火、烟和硫磺"乃异端邪说(详见该处注释)。而接受如是教训的人,除了必要经历死亡(1/3)之外,也将要继续"硬心"下去(和法老一样),不从他们所行拜偶像之事中悔改(9:20-21),因为他们的心已经被那从撒但而来之虚假真理所蒙蔽了。

和第六号之灾相较,第四碗之灾所带来的结果也是一样,只是更为严重。在此刑罚之下,人不单一样的不悔改,将荣耀归给神,还更进一步的亵渎那有权掌管这些灾难的上帝之名。在启示录中,开口亵渎神的(βλασφημέω),除了"拜兽之人"以外(亦参 16:11,21),就只有"海兽"本人了(13:6),因此在如是的举动之中,拜兽之人就显示了他们真是它的门徒。异端邪说的可怕正是在此,因为它以"真理(虚假的)"之姿现身,要人对其委身,但它真正所能带给人的,是与真理的隔绝和永恒的死亡。

16:10-11 第五位天使把碗倒在兽的座位上,兽的国就黑暗了。人因疼痛就咬自己的舌头;[11] 又因所受的痛苦和所生的疮,就亵渎天上的神,并不为他们所行的悔改(Καὶ ὁ πέμπτος ἐξέχεεν τὴν φιάλην αὐτοῦ ἐπὶ τὸν θρόνον τοῦ θηρίου, καὶ ἐγένετο ἡ βασιλεία αὐτοῦ ἐσκοτωμένη, καὶ ἐμασῶντο τὰς γλώσσας αὐτῶν ἐκ τοῦ πόνου, [11]καὶ ἐβλασφήμησαν τὸν θεὸν τοῦ οὐρανοῦ ἐκ τῶν πόνων αὐτῶν καὶ ἐκ τῶν ἑλκῶν αὐτῶν καὶ οὐ μετενόησαν ἐκ τῶν ἔργων αὐτῶν)

出埃及记 10:21-23 告诉我们,当摩西向天举杖之后,除了以色列人所在的地方之外,埃及全地都黑暗了整整三天之久;而在此似乎摸得着的黑暗之中,埃及人的所有活动,都受到了限制。和此背景相较,第五碗之灾所带来的黑暗,以及此一灾难所击打的对象—兽的座位和其国度,都是该灾难的反映。但和出埃及第九灾所不同的

---

① 此一刑罚,在启示录中是以"凡有耳的就应当听"之形态出现的;参 2:7 的注释。

② 亦参,Beale, *Revelation*, 822。

是，此一碗灾的黑暗，更进一步的带给人痛苦，而其深度，则叫人咬自己的舌头。因此我们在此所面对的问题是，黑暗如何能叫人因痛苦而惶惶然不知所以？

在启示录中，除了第四号之灾曾让天空黑暗了 1/3 以外（8:12），在第五号之灾中，我们也看见天空因着那从无底坑而出的蝗虫之军而黑暗了（9:2）。在该处经文的分析中我们已经指出，蝗虫之军所带给人求生不成，求死不能的痛苦（9:5－6），乃是当人与真光（真理）隔绝之后，只能在黑暗中打转，遍寻出路而不着的折磨。因此若从这个角度来看，此处的黑暗和痛苦，其含义也是如此。① 此一痛苦，在耶稣的口中，乃是“哀哭切齿”，因为当本国的百姓，即，亚伯拉罕的肉身后裔以色列人，因着不信（拒绝真光耶稣）而被赶到外面的黑暗中时，他们所能做的，就只有懊悔悲伤了（太 8:12）。② 若曾被称为神子民的以色列国，因着拒绝真光弥赛亚而必须进入黑暗中，③并要在其中哀哭切齿，那么在将人子羔羊送上十字架的事上，亦同样有分的海兽之国，能不受到相同的刑罚吗？④

以此方式来理解第五碗之灾的意思，应该不令人意外才是。第一，在描述此灾所带来之痛苦时，约翰也将此痛苦之根源，连结于在拜兽之人身上所生的疮。在第一碗之疮灾那里我们已经知道，疮之所以要生在拜兽之人的身上，乃因他们接受了兽的记号。因此神就以“以其人之道还治其人”的方式，来刑罚他们，那就是，让他们“在异端邪说中受痛苦”。第二，在第四碗之灾中我们也已经看见，神对拜兽之人的刑罚，是让他们曝露在日头的烧烤之下，也就是让他们在异端邪说的控制之下受苦而无法脱身。⑤ 在此情况中，他们虽然受到许多折磨，但却不愿意悔改，归荣耀给神（16:8－9）。而此现象，也在此碗灾中出现，因为在痛苦中，属兽国的人一样的亵渎天上的神，并不为他们所行的悔改。

从上述第五碗和第一碗以及第四碗之间彼此呼应的情况来看，第五碗之灾显然有总结前四碗灾难的目的，⑥因此在这个碗灾中，我们也就十分自然地看见约翰将审

---

① 亦参，Charles，*Revelation II*，45－46；Krodel，*Revelation*，285。对此痛苦，Beale 也指出（*Revelation*，824），当代犹太人也认为埃及人所经历的黑暗，其含意乃是“他们与神隔绝”（所罗门智训 17:20；*Mid. Rab.* Exod. 14.2 on Exod. 10:22）。

② 亦参，太 22:13；25:30；路 13:28；彼后 2:17；犹 13；以诺一书 17:6；所罗门诗篇 14:9；1QS 4.11－13（Osborne，*Revelation*，588）。

③ 在 2:9 和 3:9，约翰因此就称他们为“撒但一会的”。

④ 在第一世纪的当下，海兽之国乃罗马。但正如我们在前面已经提及的，因着约翰将海兽和红龙撒但连结在一起（13:1－2），因此“海兽”所能涵盖的，就包括了历史中，所有敌对神子民的政权和国家。

⑤ 此一说法有些令人难以接受，但神之所以会如此刑罚人，乃因“光来到世间，世人因自己的行为是恶的，不爱光倒爱黑暗；定他们的罪就是在此”（约 3:19）。

⑥ 亦参，Osborne，*Revelation*，588－89。

判的对象,由1-4碗的“那些有兽记号并拜兽像的人”(16:2),转变为“兽的座位和它的国度”。① 此一“变更”,并不意味着一个由人所组成的“国”,以及这个国度的权柄(座位),将会和人一样的,在刑罚中感受到痛苦;因此在论及痛苦,所咬之“舌”,和所生的“疮”时,约翰都用了复数的“他们的(αὐτῶν)”;而在论及亵渎神,和不悔改的动作时,他所使用的,则是第三人称复数的动词(他们……)。就启示录的文脉而言,约翰之所以会在第五碗中,将神审判的对象由“人”变成“国”,不单是因为这个碗灾总结了前四碗的灾难,也更是因为他要预备读者,好叫他们能面对第六碗的“哈玛吉多顿”大战(16:12-16),因为在此末日事件中,为三个鬼魔之灵所聚集,要对圣徒兴战的,是统管列国的众王。不单如此,此一更动也是要预备读者,来迎接第七碗的到来,因为在此碗灾中,宣告神国已然完全成就的大声音(成了;16:17),乃由天上圣殿中之宝座而出;而此宝座所相对的,正是地上兽所坐的“座位”。

综上所述,在七碗之灾的系列中,第五碗乃扮演着“承先启后”的角色。它显示了属龙跟兽之人的顽梗,②它也显示了兽之国的“霸道”,和它对其属下百姓的严厉管辖。在神审判的痛苦中,兽和其子民不但不知悔改,还开口亵渎神;因此当鬼魔之灵向他们发出了征召令之后,在神全能者的大日子中,他们就都要聚集在一起了(16:14)。

16:12 第六位天使把碗倒在幼发拉底河上,河水就干了,为要给那从日出之地而来的众王预备道路(Καὶ ὁ ἕκτος ἐξέχεεν τὴν φιάλην αὐτοῦ ἐπὶ τὸν ποταμὸν τὸν μέγαν τὸν Εὐφράτην, καὶ ἐξηράνθη τὸ ὕδωρ αὐτοῦ, ἵνα ἑτοιμασθῇ ἡ ὁδὸς τῶν βασιλέων τῶν ἀπὸ ἀνατολῆς ἡλίου)

就篇幅而言,第六碗之灾其实只占了五节经文(16:12-16),而若我们再将16:15的“警语”扣除的话,这个碗灾也只有四节经文之长而已。但由于约翰在16:16那里确实提及了它所要发生的“地点”—哈玛吉多顿(16:16),因此不论在基督教的圈子之内或之外,此一灾难就以此而大大出了名。但究竟此一灾难的内容是什么呢?一般人对此碗灾的理解,即,末日的世界大战,究竟是不是准确的呢?约翰借着此一碗灾所要告诉我们的,又是什么呢?

和1-4碗之灾的“地—海—江河泉源—天(日头)”相较,第六碗的目标,似乎比较明确精准——幼发拉底河。在第六号之灾那里我们已经提及(9:14),此河是从伊甸园所流出的四条河流之一(创2:14),也是神所赐给亚伯拉罕应许之地的北界(创

① “以某一个灾难来总结前面灾难”的现象,亦出现于第四印之中(详见该处注释)。
② Beale, *Revelation*, 825-26.

15:18）。它位在两河流域，是古文明的发源地之一。就以色列人而言，幼发拉底河位在应许之地（巴勒斯坦）的东边，但由于主宰此一地区的亚述和巴比伦等帝国，在入侵以色列之地时，必须跨过幼发拉底河，并绕过阿拉伯旷野由北边而下；因此在旧约中，这些外患自然就穿上了一件"从北边而来之敌人"的外衣了。① 在约翰写启示录的当下，此一河流也是罗马帝国的北界，而其宿敌，也就是唯一能三次入侵其领土，并在罗马人心中留下恐惧记忆的帕西亚王国（Parthia），也在此河以北之地。② 因此对启示录的读者而言，不论他是否熟悉旧约，幼发拉底河河水干涸的本身，就已经是个不祥的预兆了。不单如此，在13章那里我们所提及"尼禄复生"的传说中，尼禄之所以能跨过幼发拉底河，重返罗马，并将罗马毁灭的事件，也是因着他得着帕西亚人的帮助。③ 因此在解释第六碗之灾的一开始，我们所必须回答的第一个问题是，此一碗灾是以旧约，还是以"罗马对帕西亚人之恐惧"，特别是反映在"尼禄复生之传说"中的恐惧，为其背景的？

从我们前面对"尼禄复生之传说"的分析来看，约翰在这里是有可能以该传说为其背景的，④因为（1）尼禄的反扑，乃以他率领众军跨越幼发拉底河为始（西卜神谕4:137-39）；（2）而他行事的手法——行异能奇事（西卜神谕3:63-67），以及他所代表的——比列（撒但；以赛亚升天记4:2），都和下一节经文中，三个鬼魔之灵所做的，有些类似。但和此处经文相较，此一传说却也有其相异之处：（a）尼禄所率领的众军，乃帕西亚人，但第六碗中为鬼魔之灵所招聚的，是普天下的众王（16:14，16）；（b）尼禄的确跨越幼发拉底河而来，但此处众军之所以能聚集在哈玛吉多顿，乃因幼发拉底河河水干涸所致；（c）启示录清楚显示，众王能聚集在神的大日子争战（16:14），乃由神所启动（第六位天使倒碗），而非由尼禄自行发动。此一差异至关重要，因为末日何时来到，只有神能决定。因此从这些差异来看，第六碗和"尼禄复生的传说"之间，还有不小的距离。

那么第六碗和旧约之间的关系又是如何的呢？由于出埃及记在七碗之灾中占有重要的地位（详见前面的注释），因此在学界中就有不少学者认为，此处之"河水干涸"乃以摩西让红海之水分开（出14:16），或是以约书亚叫约旦河干涸之历史为模型（书3:14-17）。⑤ 一般而言，此一见解是相当具有说服力的，因为在红海分开之际，

---

① 相关旧约经文索引，见9:14的注释。

② *ABD* 5:170-71. 有关罗马和帕西亚王国之间关系的历史，见Aune，*Revelation* 6-16，891-94。

③ 详见，附录九：尼禄复生的传说。

④ Moffatt，*Revelation*，447；R. Bauckham，*The Climax*，407，439.

⑤ 例如，Beckwith，*Apocalypse*，682；Charles，*Revelation II*，47；Mounce，*Revelation*，298；Boring，*Revelation*，175；Aune，*Revelation* 6-16，891；Osborne，*Revelation*，589-90。

神所击打的是当时世界的代表——埃及;而在以色列人过了约旦河之后,他们也就进入了与迦南人争战的阶段。这些“争战”的场景,和接下来三个鬼魔之灵聚集众王争战的描述(16:13-14),是相当一致的。不单如此,在先知以赛亚的笔下,以色列人过红海的经验,也成了末日神拯救属祂百姓的“样板”:

> 耶和华必使埃及海汊枯干,抡手用暴热的风,使大河分为七条,令人过去不至湿脚。为主余剩的百姓,就是从亚述剩下回来的,必有一条大道,如当日以色列从埃及地上来一样(赛 11:15-16)。①

此一将“出埃及进迦南”视为神末日拯救之“样板”的观点,也反映在启示录中;因为在第六碗之后的第七碗中,我们所听见的是神国已经完全成就的宣告(16:17);而接续在与第六碗平行的“弥赛亚之战”(19:11-21)后面的(见 16:14),也一样是新耶路撒冷(教会)在新天新地(新迦南)中的出现(21:1-2;9-27)。

但除了以“出埃及”为背景之外,我们也许可以把焦距更集中一点。在希腊史学家希罗多德的史册中,②波斯王古列率其军队由东方而来,在公元前 539 年 10 月间,兵临巴比伦城下。为攻克此城,他凿水道,引开流经此城的幼发拉底河,因此就得以从干涸了的河床进入城中,攻陷了他的目标。在巴比伦末代皇帝拿波尼度的史册中,③此一凿水引河的工程,并未出现,但由于 10 月乃幼发拉底河的枯水期,因此由河床入侵的事应该不假。事实上,此事也在先知以赛亚有关以色列复兴的预言中出现:

> 44:26c 论到耶路撒冷说:必有人居住;论到犹大的城邑说:必被建造。其中的荒场我也必兴起。27 对深渊说:你干了吧,我也要使你的江河干涸。28 论古列说:他是我的牧人,必成就我所喜悦的,必下令建造耶路撒冷,发命立稳圣殿的根基。45:1 我耶和华所膏的古列,我搀扶他的右手,使列国降伏在他面前。我也要放松列王的腰带,使城门在他面前敞开,不得关闭。我对他如此说:2 我必在你前面行,修平崎岖之地。我必打破铜门,砍断铁闩(赛 44:26c-45:2)。

在此预言中,神告诉祂被掳在巴比伦的百姓,即将入侵的波斯王古列,不单将要成为他们的“牧人”,也要成为祂所膏立,重新建造耶路撒冷和圣殿的那一位(44:28;

① 亦参,赛 44:27;50:2;51:10;耶 51:36;亚 10:11;以斯拉四书 13:39-47。
② Herodotus, *The Histories*, 1.189-91.
③ Nabonidus-Chronicle (ANET, 305-07).

45:1）。因此这个外邦君王，因着神的拣选和帮助，就要在神复兴以色列的计划中，扮演一个相当于"弥赛亚"的角色。此一复兴，是以当年神引领以色列百姓出埃及之事件为模型的，因为先知在44:27中所使用的"深渊（צוּלָה）"一词，乃是与摩西描述埃及军兵所沉入的"深处/红海（מְצוֹלָה；出15:5）"同一字根；①而"江河干涸"也与约书亚过约旦河的历史，有所呼应。

和此背景相较，（1）第六碗中从日出之地（东方）而来的众王，也和古列一样的由东方而来；（2）众王聚集的目的—争战，也和古列兴兵前来的目标一致；（3）在启示录19:11－21中，骑白马而来争战的乃是基督，而此一战事，正是此处第六碗中，众王聚集所要开打的末日之战（详见16:14的注释），因此在以赛亚书中的古列，和启示录中的基督，都扮演了一样的角色。

一言以蔽之，第六碗之灾的场景，乃以古列王攻陷巴比伦城的历史为其模型；②因为此一战事不单反映了"出埃及"的背景，而其结果，也是世界受到审判和神子民的得着救赎。以历史事件为"样本"，并将之应用在未来的手法，其实并非约翰的发明，因为在前面我们已经看见，在他之前的先知们就已经如此行了。而约翰，以及先知们之所以会以如是观点望向未来，乃因他们深知也深信，神乃"昔在今在并将要再临"的那一位。

16:13－14　我又看见三个污秽的灵，好像青蛙，从龙口，兽口并假先知的口中出来；14它们原是能行奇事的鬼魔之灵。他们出去到普天下众王那里，叫他们在全能上帝的大日子，聚集争战（Καὶ εἶδον ἐκ τοῦ στόματος τοῦ δράκοντος καὶ ἐκ τοῦ στόματος τοῦ θηρίου καὶ ἐκ τοῦ στόματος τοῦ ψευδοπροφήτου πνεύματα τρία ἀκάθαρτα ὡς βάτραχοι· 14εἰσὶν γὰρ πνεύματα δαιμονίων ποιοῦντα σημεῖα, ἃ ἐκπορεύεται ἐπὶ τοὺς βασιλεῖς τῆς οἰκουμένης ὅλης συναγαγεῖν αὐτοὺς εἰς τὸν πόλεμον τῆς ἡμέρας τῆς μεγάλης τοῦ θεοῦ τοῦ παντοκράτορος）

在上节经文中，约翰借着第六位天使倒碗在幼发拉底河上的动作（16:12），就此拉开了末日之战的序幕。而在这两节经文中，约翰则是聚焦在这个战役中的"反方"，

---

① J. A. Motyer, *The Prophecy of Isaiah*, 355. J. N. Oswalt 亦认为此处经文乃以出埃及记为背景（*The Book of Isaiah* 40－66, 195－96）。

② 亦见 Swete, *Revelation*, 205; W. H. Shea, 'The Location and Significance of Armageddon in Rev 16:16,' *AUSS* 18（1980），157－58。若此见解是准确的话，那么 Beale 将"河水干涸"等同于17:16－18中所言"列国敌对巴比伦（罗马）"之见解，就可能有问题了（*Revelation*, 828）。因为此一描述的目的，只在带读者回到古列攻打巴比伦的历史中。毕竟在约翰的异象中，河水干涸的目的，是为众王预备道路，好让他们聚集在哈玛吉多顿，与神进行末日之战；而不是要他们来攻击他们的主帅巴比伦。

也就是"敌军",究竟是谁,以及他们是如何集结在一起的问题上。

在异象中,约翰又看见三个污秽的灵,从龙,兽和假先知的口中而出。从12－13章来看,这三位乃是红龙,海兽和陆兽(12:3;13:1,11);而约翰在这里,以及在往后的经文中(19:20;20:10),都让兽以"假先知"之身份出现;而其缘由,乃因陆兽所为,即,叫人拜海兽(13:12－18),正和假先知引领人远离真神,敬拜偶像的举措,完全一样。[①]

但约翰为何又要说,要聚集众王前来争战的,乃从它们口中而出的"污秽之灵"呢?在1:4那里我们已经提及,在启示录中,神建立其国度之方法,乃是借着"七灵"来成就的;而此"七灵",是住在教会之内,为人子所差遣往普天下而去的圣灵(亦参5:6)。[②] 因此在如是对比之下,约翰借着"污秽之灵出去招聚众王与神争战"的图画,就将此末日争战中的两造,做了清楚明白的对比。和圣灵相对的,乃污秽的邪灵;和圣灵所建立之教会相对的,则是邪灵所招聚的众王;而和圣灵藉两个见证人(教会)之口所传的福音真理相较(11:3－13),龙兽和假先知所为,乃以从其口中所出的"异端邪说"来迷惑众生。

但约翰为何又要以"青蛙"来比拟"邪灵/鬼魔之灵"呢?学界中有一说是,在利未记有关洁净(可吃)和不洁净(不可吃)动物的条例中,蛙因其"无翅无鳞",就属不洁之物(利11:9－12)。因此"以蛙喻污秽之灵",旨在显示鬼魔之灵的不洁。此说基本上是可行的,但由于约翰在此所用的"蛙(βάτραχος)",在七十士译本中,只出现在那些和出埃及十灾有关的经文中(出7:27－8:13[8:2－11];诗77[78]:45;104[105]:30),因此此处的"邪灵如蛙",恐怕也还是以埃及记为其背景。[③]

但约翰是以怎样的方式,来理解十灾中名列第二的蛙灾呢?第一,对此灾难,有些犹太人认为,蛙声虽大,但无意义,因此这个灾难的重点,在突显"异端邪说"对人之理性和灵性所带来的伤害。[④] 而约翰在此将"污秽的灵"类比于"蛙",所要凸显的是邪灵对人的伤害。第二,在摩西所降下的"十灾"中,除了已经出现在第二和第三碗中的"水变血之灾"外,埃及术士亦同样能行的灾难,就只有"蛙灾"了。因此以"邪灵如蛙"的方式,约翰就显明了邪灵迷惑人的能力。在这两个不同的见解中,后者的可能性是比较大的,因为在16:14节的一开始(γὰρ),约翰就明白地告诉我们,如蛙的污秽

---

① 参,太7:15;24:11,24;可13:6,22;路6:26;帖后2:3;彼后2:1;约壹4:3;*Herm. Mand.* 11.1－2,4,7;十二使徒遗训11:5－10;16:3。

② 有关启示录之圣灵论的问题,见R. Bauckham, *The Theology of the Book of Revelation*, 109－25。

③ 此乃Beale的观察(*Revelation*, 832－33;亦参Ford, *Revelation*, 274);下列的两个见解亦如是。

④ 例如,斐罗(Philo), *De Somnis* 2.259－60; *De Sacrificiis Abelis et Caini* 69(资料来源,Beale, *Revelation*, 832－33)。

之灵，乃能行奇事的鬼魔之灵。① 而这和埃及术士在出埃及记中的角色，是完全一样的。

鬼魔之灵行奇事的目的，在迷惑普天下的众王，叫他们在全能上帝的大日子，聚集争战。但此"普天下的众王"，和16:12中"由日出之地而来的众王"，是同一组，还是两批不同的人马呢？就字面而言，"日出之地/东方"和"普天下"似乎有别，因此一个可能的理解是，"普天下的众王在此就加入了东方的众王"了。② 但在旧约中，由于从幼发拉底河（东方）而来的敌人，必须绕过阿拉伯的旷野，而由北边而下，因此在多数经文中，外患就成了"从北边而来的敌人"。③ 换句话说，"东方"在此并不具有特殊地理性的意义。再者，在约翰所本，那些有关末日众王聚集攻打耶路撒冷（=锡安）的旧约经文中，我们所看见的，只有一支集合众王的"联军"（详下），因此不论就启示录文脉或是旧约背景来看，"东方的众王"和"普天下的众王"，恐怕只是同义词而已。④

正如前述，此一"末日众王集结与神争战"的描述，乃由旧约而来。而此争战，不单出现在以西结，撒迦利亚和约珥书中（结38－39；珥2:1－11；3:1－21；亚12－14），⑤也多次成为启示文学作品的主题。⑥ 因此这个有关末日的战争，在约翰的当代可说是大大有名，而此"知名度"，恐怕是约翰在这个战争（τὸν πόλεμον）的前面，不由分说的就加上了一个定冠词的原因。⑦ 此一战争乃要发生在"全能神的大日子"。在上述的旧约经文中，此一日子或叫"耶和华的日子"，⑧或只是简单的"那日子"，⑨但不论先知如何称呼它，此一日子乃是大而可畏的日子（珥2:11），因为在那个日子之中，万国因其在神子民身上所行的逼迫和苦害，将要受到神的审判。在那个日子中，祂的荣耀要得着彰显，而祂的大能，将要为这个世界所知晓。

和这些旧约预言相较，约翰在此也依循此一传统，以战争的语言和图画来描述末

---

① 若将"πνεύματα δαιμονίων"一语中的后者，当成"同位所有格（appositional genitive）"，那么"他们就是能行奇事的鬼魔之灵"，就成了"他们乃能行奇事的灵，就是鬼魔"（Aune, *Revelation* 6－16, 895）。这两个翻译都是可行的，而其含义，也没有太大的差异。

② Thomas, *Revelation* 8－22, 265.

③ 相关旧约经文索引，见9:14的注释。

④ Beale, *Revelation*, 834; Osborne, *Revelation*, 592.

⑤ 有关约翰在启示录如何引用以西结书38－39章的问题，见19:11－21和20:10的注释；有关约翰如何暗引约珥书的问题，见9:1－11的注释；有关约翰如何使用撒迦利亚书的问题，见1:7的分析。

⑥ 参，以诺一书56:7－8；90:15－19；94:9－11；但遗训5:10－11；约瑟遗训19；以斯拉四书13:33－39；西卜神谕篇3:663－68等等。

⑦ Aune, *Revelation* 6－16, 896; Osborne, *Revelation*, 592.

⑧ 例如，珥2:11；3:14；亚14:1。

⑨ 例如，结38:10，14，18，19；39:11，珥3:18；亚12:3，4，6，8，9，11；13:1，2，4；14:4，6，8，9，13，20，21。

日的审判。但在跟随先知脚步的同时,他却也做了一些必要的调整。怎么说呢?在旧约中,此一战争虽然有神超自然的介入,例如,从天降火和地震等等(结 38:18 –22;珥 3:4 –16;亚 14:4 –7),但这个战争基本上还是“属地的”,是列国和以色列之间的战争。但由于在前面约翰已经将旧约的百姓以色列,转化为教会(见 1:6 的注释),而此一转化,乃本于基督在十字架上所完成的救赎(1:5),因此在末日之战中所要出现的敌人,也就必须包括基督在十字架上所击败的撒但红龙了(参,启 12:5)。由是我们就看见约翰在此明白指出,在此一争战中,要聚集众王与神争战的,乃鬼魔之灵。换句话说,末日之战所牵涉到的,不只有教会和世界(众王)之间的冲突,而是包括了灵界的面向。因此这个末日之战,是神对撒但的堕落,以及它引诱亚当犯罪之事的一个总结。

但此末日之战要如何发生呢?在第六碗结束之际(16:16),我们只看见为鬼魔之灵所招聚的众王,同聚在“哈米吉多顿”,但战事尚未开打,第七位天使就将其碗倒下,而“成了”,也随之从神的口中而出(16:17)。因此此一末日战争的细节,并没有出现在七碗之灾中。在约翰的设计中,此一战争的细节,要在弥赛亚骑白马而来的异象中(19:11 –21),以及在末日歌革玛各大战的段落中(20:7 –10),才要显明。而为了让此处的经文,和那两段经文有所连结,他就将和此处经文十分相似的语言,放在 19:19 和 20:8 里面了:

16:14 他们出去到普天下众王那里,叫他们……聚集争战(ἐκπορεύεται ἐπὶ τοὺς βασιλεῖς τῆς οἰκουμένης ὅλης συναγαγεῖν αὐτοὺς εἰς τὸν πόλεμον)

19:19 ……地上的君王……都聚集,要与骑白马者……争战(τοὺς βασιλεῖς τῆς γῆς… συνηγμένα ποιῆσαι τὸν πόλεμον μετὰ τοῦ καθημένου ἐπὶ τοῦ ἵππου)

20:8 [撒但要迷惑]地上四方的列国,就是歌革和玛各,叫他们聚集争战(τὰ ἔθνη τὰ ἐν ταῖς τέσσαρσιν γωνίαις τῆς γῆς, τὸν Γὼγ καὶ Μαγώγ, συν-αγαγεῖν αὐτοὺς εἰς τὸν πόλεμον)

在后面两处经文中,我们将要看见末日审判的细节,但在此我们要请读者注意的是,约翰在此将旧约末日“升级”的举措,也一样在那里出现,因为当他把“骑白马者”,也就是基督,引进末日之战时(19:19),祂在十字架上所击败的仇敌撒但,也必要在那个战争中出现了(20:8)。末日之所以是末日,乃因敌对神和其子民的邪恶势力,不论是兽,是假先知(19:20),还是红龙本尊(20:10),都要面对神硫磺火湖的审判。末日之所以是末日,乃因那日乃全能神的大日子,是祂的荣耀、公义、圣洁、威严、权能、慈爱和恩典得着彰显的日子。

16:15　看哪！我来要像贼一样。那儆醒看守衣服，免得赤身而行，叫人见他羞耻的，有福了（Ἰδοὺ ἔρχομαι ὡς κλέπτης. μακάριος ὁ γρηγορῶν καὶ τηρῶν τὰ ἱμάτια αὐτοῦ, ἵνα μὴ γυμνὸς περιπατῇ καὶ βλέπωσιν τὴν ἀσχημοσύνην αὐτοῦ)

末日的帷幕在第六位天使倒碗的动作中已然拉开（16:12），而邪灵也从龙，兽和假先知之口而出，去招聚众王前来争战（16:13－14）。因此在上节经文结束之际，约翰已然让我们体会到"山雨欲来风满楼"的诡谲气氛了。而在如是乌云密布的氛围中，约翰则是借着本节经文，给了我们一个适切的提醒：要儆醒。①

但在此以第一人称之"我"来提醒读者的，究竟是谁呢？约翰没有明说，但在3:3那里要撒狄教会儆醒悔改，否则祂就要如贼而来的，以及在3:18中，要老底嘉教会向祂买白衣，免得她赤身的羞耻显露出来的，都是教会之主——人子。因此从本节经文在内容上和那两节经文之间彼此呼应的现象来看，在此发声说话的，也是祂。

在新约其他书卷中，论及人子要如贼而来的经文，一共有四处：太24:43－44；路12:39－40；帖前5:2；彼后3:10。在前面3:3那里我们已经提及，虽然"人子要如贼而来"的时间，并不一定要百分之百的限制在祂的第二次再来，但此处经文的文脉和上述四处经文的上下文却是一致的。也就是说，因着人子再临的时刻，是有如盗贼何时要来行窃般的完全无法预测，因此"儆醒"自然就成了圣徒等候主来的必要态度了。

就文学形态而言，此一提醒乃是一个"祝福"；而在启示录中，是"七个祝福"中的第三个。② 但就内容而论，这个提醒却是一个"看守衣服，免得赤身而行，叫人见他羞耻"的"警语"。但此警语的背景以及它的含义为何？对此问题学界提出了几个不同的看法。第一，创世记3:7告诉我们，亚当犯罪之后，为遮盖赤身的羞耻而以树叶为自己编织了一件围裙。而此围裙，在犹太人的传统中，乃具有保护亚当的神秘力量，

① 由于本节经文和上下文的情节，似乎没有直接的关联，因此有学者就认为本节经文是错置的（Charles, *Revelation II*, 49），或是"启示录的编辑者在第二次编辑的过程中所加"（Aune, *Revelation* 6－16, 896）。但如是见解并非绝对，因为此一现象也出现在其他经文中；例如，（1）在神将制伏列国的权柄赐给海兽的文脉中（13:5－8），约翰就"离题"的在13:9－10中，要读者坦然面对他们既定"被掳被杀"的命运，并以此劝诫他们要忍耐；（2）在陆兽以海兽名字作为"做买卖许可证"的文脉中（13:16－17），约翰也照样的在13:18那里"离题"，忽而要其读者以智慧来解读兽名的数目。而类似的现象，也在14:12－13，16:5－7和20:6等多处的经文中出现。因此如是"离题"现象的另一个，也是更可能的解释是，此乃启示录的文学特色之一，是约翰"牧者心肠"的反映。

② 启1:3；14:13；16:15；19:9；20:6；22:7，14.

因此他的后代就将之埋在一个洞穴之中,并保留了二十代之久。① 此一传统饶富趣味,而亚当的"树叶围裙"也的确有遮羞的作用,但此传统见解却和此处经文的逻辑文脉,有着不小的距离。

第二,犹太经典米士拿(Mishnah)告诉我们,圣殿侍卫长常在夜间出巡,若他见圣殿侍卫怠忽职守,睡觉去了,就会将其衣服取走,并焚烧之。而此侍卫也就必须面对赤身离职的羞辱。② 和上一个见解相较,这个背景更靠近此处经文之主题(儆醒),因此它应是一个可以接受的建议。

第三,在先知以西结向以色列所发的审判中,(1)她因着敬拜外邦偶像而成了一个淫妇(结 16:20-21,35),因此神的刑罚就要临到她;(2)使她的羞耻显露(结 16:36);(3)和她行淫的列国要聚集攻击她(结 16:37;参,启 16:14,16);(4)看见她的羞辱(下体;结 16:37);(5)她的衣服(=城墙)将要被剥去而赤身露体(结 16:39)。③ 和以色列的情况相较,此处启示录经文不论就主题或是用词遣字而言,都十分接近;而若我们将上节经文中,邪灵出去迷惑列国的文脉也列入考量的话,那么约翰在此以以西结书 16 章为本的可能性就更高了。在此背景的对照之下,此一要"儆醒"的提醒,显然是针对邪灵迷惑人,要人跟随龙,并敬拜兽而有的。因此在这里人子所求于圣徒的,乃是他们的属灵洞察力。祂要他们能看破红龙的花言巧语(参,太 4:1-11;路 4:11-13),并且在海陆二兽的联手打压之下,依旧能站稳脚步。因为若不如此,那曾发生在以色列百姓身上的事,也将要成为他们的经历。在祂如贼忽然临到之时,我们是赤身露体,羞于见祂,并至终要面对审判的人,还是身穿洁白的细麻衣(圣徒的义行;19:8),跟随祂而来,并要审判龙兽集团的弥赛亚军兵呢?(19:14)

16:16 那三个鬼魔就将众王聚集在一个地方,希伯来话叫作哈米吉多顿(καὶ συνήγαγεν αὐτοὺς εἰς τὸν τόπον τὸν καλούμενον Ἑβραϊστὶ Ἁρμαγεδών)

在 16:15 的"提醒"之后,约翰在此又回到了第六碗之灾的主题:邪灵要聚集众王在神的大日子争战。和 13-14 节相较,约翰在本节经文中则是更进一步的告诉我们,此一末日之战所要发生的地点:"哈玛吉多顿"。但这又是什么地方呢?对此问题,学界的兴趣可是十分浓厚,也提出了许多不同的看法。但为行文简洁起见,我们可以将学者们的意见分为两大类。④

第一类的看法,是以"地理性"的角度来理解"哈玛吉多顿"。由于约翰在此明白

---

① Aune, *Revelation* 6-16, 897.
② Bruce, *Revelation*, 657.
③ Beale, *Revelation*, 838.
④ 此一分类法乃依据 Osborne 而来(*Revelation*, 594-95);但笔者也做了一些整理和修正。

的告诉我们，这个“哈玛吉多顿”乃希伯来文，而“哈（῾Αρ）”在希伯来话中（הַר）乃“山”的意思，而“顿（ων）”乃因地名而有的字尾，①因此我们所要寻找的，就是一个叫做“玛吉多”的地方。就我们目前所知，在巴勒斯坦一地，的确有一个位在耶斯列河谷（Valley of Jezreel［Esdraelon］），名叫“玛吉多（Megiddo）”的城市。而此古城，虽然建立在一个20多公尺的小土堆之上，但因其周围地势平坦，因此就成了著名的古战场之一。在旧约中，此地是女先知底波拉和巴拉击败迦南军兵的地方（士4:6-16;5:19）；基甸也在此胜过米甸人（士7）；而扫罗王为非利士人所败之后，也自裁于此（撒上29:1;31:1-7）。不单如此，犹大王约西亚也在这里和埃及王尼哥交战，并死于此地（王下23:29-30；代下35:22-24）；而亚哈谢为耶户所击败之后，也在此城中咽下了最后一口气（王下9:27）。在所罗门王统治下，“玛吉多”被建立为一个军事要塞，而在罗马人的手中，此地乃一个永久的驻防地。驻扎在此的军团，则以“在大平原的军团”为其名。② 因此从如是辉煌的战史来看，“玛吉多”作为末日之战的地点，实在是当之无愧的。③

但在旧约中，“玛吉多”虽曾在“玛吉多城”、“玛吉多王”、“玛吉多谷”或是“玛吉多水/河”的语句中出现，④但“玛吉多山”却完全不见踪影。因此为解释此“山”的问题，学界中就有人将临近于“玛吉多谷”的迦密山给引了进来。因为正如基顺河因着临近玛吉多一地，而一度被称为“玛吉多水”（士5:19,21）；迦密山也可能因着临近玛吉多（约十余公里远），而曾被人称为“玛吉多山”。⑤ 就历史而言，迦密山曾是先知以利亚独自一人大战异教850名先知的所在；而在此“真假先知测试大会”中所牵涉到的，并不只是谁能得着亚哈王和皇后耶洗别之青睐和信任的问题，而是一个道道地地的属灵争战（王上18:20-40）。因此就情节而论，此一背景也和此处启示录经文的文脉，有所呼应。换句话说，约翰在此可能是因着地理上的接近，和历史背景的类似，而将玛吉多城和迦密山连结在一起，并以此作为末日之战的模型。⑥ 但此一见解的

---

① 在9:11那里我们已经看见“亚巴顿（᾿Αβαδδὼν）”乃由“毁灭（אבד）”而来，而在撒迦利亚书12:11那里，“玛吉多”也以“玛吉多顿（מְגִדּוֹן）”的形态出现。相关讨论，见M. G. Kline, ‘Har Magedon: The End of the Millennium,’ *JETS* 39(1996),208。

② 资料来源，Aune, *Revelation* 6-16,898；亦参 *ABD* 1:394。

③ Walvoord, *Revelation*, 238-39。Swete(*Revelation*, 209)和Hailey(*Revelation*, 336)也从此历史背景来理解“哈玛吉多顿”，但他们却认为约翰乃以此为末日之战的象征地点。

④ 玛吉多城——书17:11；士1:27；王上4:12;9:15；王下9:27;23:29,30；玛吉多王——书12:21；玛吉多谷——代下35:22；亚12:11；玛吉多水——士5:19。

⑤ Lohmeyer, *Die Offenbarung des Johannes*, 133-34.

⑥ W. H. Shea, ‘The Location and Significance of Armageddon in Rev 16:16,’ *AUSS* 18(1980),157-62；亦参 Farrer, *Revelation*, 178; Chilton, *Days of Vengeance*, 411。

问题,在于没有任何历史记录将“玛吉多顿山”等同于“迦密山”的。再者,对身在小亚细亚地区的启示录读者而言,他们是否有能力知道这两者在地理上和历史背景上的关联,也十分令人怀疑。因此不论是以“玛吉多城”,或是以“玛吉多区域”的方式来理解“哈玛吉多顿”,都是有问题的。

第二,因着上述的问题,也因着约翰在此明示,此一地名乃希伯来文(Ἑβραϊστὶ),学界中就有了从“语源学”的角度,来解释“哈玛吉多顿”的尝试。(1)若将“哈玛吉多顿(Ἁρμαγεδών)”译为“玛吉多城(עִיר מְגִדּוֹן)”,那么末日之战就要发生在这个地方了。① 此说和第一个看法相当接近,也省去了许多解释的问题,但它根本的问题在于,希腊文的“哈(Ἁρ)”,直译为希伯来文是“山(עַר)”,而不是“城(עִיר)”。

(2)若将“玛吉多(μαγεδών)”视为希伯来文“杀戮(גְּדַד)”的希腊文译文,那么“哈玛吉多顿”就等于“杀戮山”;而此名字就等同于“巴比伦”了,因为在先知耶利米的口中,巴比伦乃“行毁灭的山”(耶51:25)。② 在启示录的文脉中,此山若是巴比伦,那么末日之战所要方式的地点,就在罗马了,因为在启示录17章中,大淫妇巴比伦乃罗马。此说有其可能,但和前一个见解一样,它必须解释“玛吉多”是如何成为“杀戮(גְּדַד)”的,因为后者的音译是“加大得”,而非“玛吉多”。

(3)若将“哈玛吉多顿”视为希伯来文“成功之山(הַר מִגְדּוֹ)”的音译(哈米搁多),那么此山所指的,就应该是耶路撒冷了;因为在约珥书3:2和撒迦利亚书14:2里面,神在末日之战中,将要在耶路撒冷得着最后的胜利;而此一画面,也在以西结书38-39章中出现。③ 从旧约来看,此说是相当可能的,因为末日之战乃以耶路撒冷(=锡安山)为中心,但“成功之山”的词组,却没有出现在旧约之中。

(4)除了上述的三个见解之外,学界中也有人将“哈玛吉多顿”等同于“聚会的山(הַר מוֹעֵד)”。此山在以赛亚书14:12-14那里,乃神的居所,是自高自大、自比为神的巴比伦王,想要在其中设立其宝座的地方。④ 对此见解,有人认为“聚会的山”的音译

① 例如,Hilgenfeld(Charles, *Revelation II*, 50)。

② Kiddle, *Revelation*, 330-31; Caird, *Revelation*, 207. 早期教父Hippolytus和Jerome(*ABD* 1:394),以及第六至七世纪的启示录注释者Oecumenius和Andreas of Caesarea,亦持类似见解(H. K. LaRondelle, 'The Etymology of *Har-Magedon* [Rev 16:16],' *AUSS* 27[1989],69)。

③ Charles, *Revelation II*, 50.

④ C. C. Torrey, 'Armageddon,' *HTR* 31(1938),237-48; J. Jeremias, *TDNT* 1:468; M. Rissi, *Time and History*, 84-85; Boring, *Revelation*, 176-78; R. E. Loasby, '"Har-Magedon" According to the Hebrew in the Setting of the Seven Last Plagues of Revelation 16,' *AUSS* 27(1989),129-32(Abstracted by L. G. Running); M. G. Kline, 'Har Magedon: The End of the Millennium,' *JETS* 39(1996),207-22.

是“哈摩诶尔”，和“哈玛吉多顿”有不小的距离，①但由于希伯来文之字母“ע”，在希腊文中所对应的乃“γ”，因此将“聚会的山（הַר מוֹעֵד）”译为“哈玛吉多顿”，并无困难。② 在以赛亚书中，和“聚会的山”所平行的，乃“北方的极处（בְּיַרְכְּתֵי צָפוֹן）”，而此让人有些难以理解的词组，若参照诗篇 89:12 和约伯记 26:7，其所指的并非在平面上，和“南方”所相对的地方，而是“神的居所”。此一见解，在以赛亚书中其实已经显明，因为和“聚会的山”以及“北方的极处”所相对的，乃是巴比伦王因骄傲而要坠落的“阴间”和“坑中极深之处”（赛 14:15）。不单如此，在诗篇 48 篇和以西结书 38－39 章，“北方的极处”所指的，乃锡安山（＝耶路撒冷），即，旧约末日之战的所在。因此在这些旧约经文的参照之下，约翰的“哈玛吉多顿”，就是旧约所预言末日之战所要发生的地方。③ 此一“地点”，并非地理平面上的一个地方，而是神和其子民所聚集相会之处。（1）在希伯来书 12:18－29 那里，这个“地方”叫做锡安山，永生神的城邑，就是天上的耶路撒冷，因为在那里所聚集的，有千万的天使，审判人的神，名字登记在天上众长子的教会，义人的灵魂，中保耶稣和祂所洒的宝血（来 12:22－23）；（2）在启示录 14:1－5 那里，这个地方也叫锡安山，是神和羔羊，四活物和众长老，与十四万四千人所聚集的地方；（3）而在启示录 20:7－10 中，这个地方则是叫做“圣徒的营和蒙爱的城（耶路撒冷）”，是撒但之军（＝歌革玛各＝地上四方的列国）所要围攻的目标。

在这四个见解中，第三和第四个的差异其实并不大，因为它们基本上都是以旧约中，有关末日之战的经文，为其背景的。但在这两者之中，后者的见解恐怕更为准确。在启示录的前面我们已经看见，由于人子羔羊所成就的救赎，乃是普世性的，因此教会就是祂用其宝血，从各族各方各民各国中所买赎回来之人的集合（启 5:9）；而此一属羔羊的军队，也已在天上的锡安山上集结。与此相对的，则是在兽手下的世界；他们也一样是由各族各民各方各国之人所组合而成的（启 13:7）。因此在末日之战中，不单“地上四方的列国”要聚集围攻“圣徒的营和蒙爱的城”（启 20:8），而在这两个军团中各自率队的将军，也都要参与其间；由是骑白马而来的人子弥赛亚（19:11－21），和躲在歌革玛各之军后面的红龙撒但（20:7－10），就在此一决定性的战役中相继现身了。从这个角度来看，那些尝试要将此一战役，局限在地表上某一个特定位置的努力，不论是罗马，迦密山或是米吉多城，都是不可取的。因为在此战役中，所有的世人，不论男女，年龄

---

① 例如，Osborne, *Revelation*, 595。

② 对此 C. C. Torrey（‘Armageddon,’ *HTR* 31（1938），248）则提供了如下的例子：שָׁעַף＝Σαγαφ（代上 2:47，49）；עבין＝γαβης（Theodotion 代上 4:9；LXX 亦将יַעְבֵּץ＝Ιγαβης）；以及שַׁעֲלִים＝Σεγαλειμ（Lagarde；撒上 9:4）。

③ 详见 M. G. Kline, ‘Har Magedon: The End of the Millennium,’ *JETS* 39（1996），210－18。

大小,或是种族,都要参与其间,而此战役的性质,更非军事,政治,社会或是经济的斗争,而是属灵的争战。在此战役中,神将要审判现今这个旧世界,并将之更新为新天新地;而藉此战役,神也要完全实现祂从创世以来所定下的永恒计划。

16:17 第七位天使把碗倒在空中,就有大声音从殿中的宝座而出,说,成了。(Καὶ ὁ ἕβδομος ἐξέχεεν τὴν φιάλην αὐτοῦ ἐπὶ τὸν ἀέρα, καὶ ἐξῆλθεν φωνὴ μεγάλη ἐκ τοῦ ναοῦ ἀπὸ τοῦ θρόνου λέγουσα, Γέγονεν)

和七印与七号系列相较,七碗系列中各个碗灾的进展速度,要快得多。而此印象,也在第六碗和第七碗之间,没有“插曲”的现象中(参,7:1-17;10:1-11:14),得着证实。不单如此,若我们从这两个碗灾的内容来看,情况似乎也是如此的,因为在上一个碗灾结束之际,约翰借着“邪灵聚集众王于哈玛吉多顿,要在神的大日子争战”的叙述,已将“剑拔弩张,战鼓擂动”的战情,炒到了最高点,但随着第七位天使的倒碗,在从天而来“成了”的宣告声中,所有紧张的气氛都立即烟消云散了。就整体七碗之灾而言,此一手法当然给人“没有任何人或事能拦阻神审判”的印象,也显示出“七碗乃三个七灾系列中最后一个”的事实;但就第六碗和第七碗而论,此一“战争还未开打就结束了”的现象,恐怕是神行事风格的反映,因为祂乃是“说有就有命立就立”的上帝(创1:1-2:3;诗33:9)。在神“愿意万人得救”的心意中(提前2:4),祂已然将许许多多悔改的机会给了人类,甚至差遣了祂的独生爱子来到世间,但当末日之钟响起之时,有什么能拦阻,甚或延迟祂审判的临到呢?

和前六碗的“地,海,河/泉源,日头,幼发拉底河”相较,第七碗乃是倒在“空中(τὸν ἀέρα)”的。若从第五号“日头和天空(ὁ ἀὴρ),都因这烟[从无底坑而出之]而昏暗了”的角度来看(9:2),再参照保罗在以弗所书2:2所说,空中(τοῦ ἀέρος)乃邪灵撒但的居所,那么第七碗之灾似乎就是以邪灵国度为其对象了。① 但由于(1)在下节经文中的“闪电,声音和雷轰”,以及16:21的“大雹”,都由天而来,(2)在此碗灾中受到点名审判的,乃巴比伦、列国和地上的人(16:19,21),而(3)参与在此审判中的,也有“各海岛”和“众山”(16:20);因此“空中”所指,恐怕不只是“灵界势力”,而是整个被造的宇宙。② 毕竟第七碗之灾乃最后的审判,因此所有的一切的被造物,都要面对神的刑罚。在启示录中,能和此处“空中”平行对比的,恐怕是8:13和14:6中的“空中

---

① Charles, *Revelation II*, 51; Beale, *Revelation*, 841.

② 亦参,Swete, *Revelation*, 210; Mounce, *Revelation*, 303; Chilton, *Days of Vengeance*, 412。Aune认为此处之“空气”,和1-4碗的“地,水(海/河/泉源),火(日头)”,乃反映了希腊的观念,因为他们认为“自然界”是由这四者所组成(*Revelation* 6-16,899)。但第五碗中“兽的座位”,以及本灾中的闪电、大声、雷轰和大雹,都不在希腊“自然”的概念中。

(μεσουρανήματι)";因为飞在空中最高之处的飞鹰(8:13)和天使(14:6),所带来审判(祸哉祸哉祸哉)和福音信息,都是以整个世界为对象的。①

伴随着天使倒碗动作而来的,是一个从殿中宝座上而来的大声音。在此发声说话的,可能是基督或是父神,但若考量16:19中,"神也想起巴比伦大城来,要把那盛自己剧烈忿怒的酒杯递给她"的语句,此一声音的主人应是父上帝。在末日审判的事上,除了祂之外,谁能开口说话呢?在那个时刻,除了祂之外,还有谁有发言权呢?

"成了(Γέγονεν)"是父神在此发声说话的内容。在启示录中,表示"成了"、"发生"或是"有了"的动词(γίνομαι),一共出现了38次,但在其中,只有这里和21:6,约翰让它以"完成时态(perfect)"的形式出现。在七碗之灾中,此一动词已被约翰使用了四次:"有毒疮生在(ἐγένετο)拜兽的人身上"(16:2);"海就变为(ἐγένετο)血"(16:3);"江河泉源就变为(ἐγένετο)血"(16:3);"兽的国就(ἐγένετο)黑暗了"(16:10)。但在这四处经文中,此一动词都是以简单过去的形式出现,因此透过"完成式",约翰不单让此一灾难和前述碗灾有所对比,也藉此将七碗之灾带到了最高峰。②

和15:1相较(神的烈怒在这七灾中已经发尽了),此处之"成了",显示神的审判已然在此碗灾中完成了,但若参照21:6的"都成了(Γέγοναν;新天新地和新耶路撒冷)",此处的"成了",也只显示神在末日所要完成工作的一个面向而已;因为除了刑罚之外,祂的末日审判,也包括了奖赏。因此在21:1－8中,新天新地于焉降临,而新耶路撒冷也在其中出现。事实上,借着"成了",约翰也似乎有意让第七碗的末日审判,和基督在十字架上所说的最后一句话,"成了(Τετέλεσται)",彼此呼应。③ 因为末日审判的基础,不论是刑罚或是奖赏,都根植于人子羔羊在十字架上所完成的工作。神的公义和慈爱,都已在十字架上完全显明,因此也要在末日审判中,完全成就。

16:18 随后有闪电,声音和雷轰;又有大地震,从地上有人以来,从来没有发生过这么剧烈和这么严重的地震(καὶ ἐγένοντο ἀστραπαὶ καὶ φωναὶ καὶ βρονταί καὶ σεισμὸς ἐγένετο μέγας, οἷος οὐκ ἐγένετο ἀφ' οὗ ἄνθρωπος ἐγένετο ἐπὶ τῆς γῆς τηλικοῦτος σεισμὸς οὕτω μέγας)

伴随着父神"成了"的宣告,天上就有了"闪电、声音和雷轰",而地上也有了"大

① 在启示录,以及在七十士译本和其他新约书卷中,"空中(μεσουρανήματι)"一语只再出现于19:17那里;而其文脉,亦是末日的审判—站在日头中的天使,要飞在"空中"的飞鸟,来吃神审判的大筵席。

② Aune, *Revelation* 6－16,899.

③ Hughes, *Revelation*, 178; Beale, *Revelation*, 842; Osborne, *Revelation*, 597.

地震”。就结构而言,“闪电、声音、雷轰”之词组,乃约翰用来连结天庭异象(4:1－5:14)和三个七灾系列(6:1－8:5;8:6－11:19;15:5－16:21)的设计,也是他用来结束三个七灾系列的结语(8:5;11:19;16:18－21)。① 但就含义而论,此一词组乃在凸显神的威严可畏。② 而此意涵,在此处经文的文脉中更是明显,因为第七碗所言,正是神在末日所要施行的审判。

从本节开始到21节的经文,乃第七碗的内容,但它的结构是如何的呢?有学者认为这四节经文是以“A(18)—B(19)—A’(20－21)”的形态出现;③在其中,A和A’乃是神的显现,而B则是第七碗审判的焦点,巴比伦。对这同一段经文,有人则提出“A(18－19a)—B(19b)—A’(20－21a)—B’(21b)”的见解;在其中A和A’是神的显现,而B和B’则是神刑罚的对象。④ 在这两个见解中,后者比较接近经文内容。但在前面我们已经提及,第六印之灾和第七碗之灾是彼此平行的(详见6:15－17的注释),而在那里我们也已经晓得,在第六印中,论及宇宙因神审判而发生变化的6:12－14,乃是以“地震—天体变化—天消失—地挪移”为其结构。和此相较,第七碗的经文结构,其实是相当类似的,因为在这里我们所看见的是,“天(闪电声音雷轰;16:18a)—地(大地震/巴比伦受审;16:18b－19)”—地(海岛/众山;16:20)—天(大雹/人受审;16:21)”。⑤ 因此借着如是结构,约翰不单强调了神审判的宇宙性,也以“铺天盖地”的形式让其读者明白,在神末日的审判中,人是无所逃于天地之间的。

为显示神审判的严峻,约翰在此碗灾中,也同时把那在8:5和11:19中已经出现的“地震”,放大为“大地震”,而在16:21那里,更把“大雹”的重量(约40公斤),告诉了我们。不单如此,在此第七碗的段落中,他也七次使用了“大(μέγας)”这个形容词。⑥ 这些手法,当然是要显示第七碗之灾的末日终极性;但对约翰而言,这些似乎

① 详见,页104－05。

② 详见8:5的注释。

③ Giblin, *Revelation*, 157.

④ Osborne, *Revelation*, 598.

⑤ 约珥书2:30－31的经文次序,也是如此:天—地—地上的奇事(血火烟)—天上的奇事(日月变色)。详见,L. C. Allen, *Joel, Obadiah, Jonah and Micah*, 100。

⑥ 此一现象当然可能只是巧合,但由于“12”在新耶路撒冷的经文中(21:9－22:5)出现12次,而“镰刀”(δρέπανον)也在论及末日收割的经文(14:14－20)中,出现了七次;因此如是现象也可能不是巧合。从整卷启示录来看,这个现象其实并不奇特,因为约翰也让一些关键词语的出现次数,维持在具有象征意义的数目上。例如,七个祝福;十四个祸哉;28(4×7)样货物(18:11－13);“活到永永远远”四次;“神的道”七次;“神全能者”七次;“坐宝座的”十次;“我是阿拉法,我是俄梅戛;我是始我是终”七次;“基督”七次;“耶稣”14次;“羔羊(＝基督)”28次;“七灵”四次;“预言”七次;“灵”14次;”“在灵里”四次;“忍耐”七次;“权能”12次,其中有六次是在描述神,而有一次是在描述基督。相关经文索引,见导论“启示录的释经学”段落。

还不足够，因此在本节经文中，他又再以两个方式，来强调此一大地震的严重性。第一，此一地震是“从地上有人以来，从来没有发生过”的。此一形容应出自但以理书12:1，因为在论及末日之“大艰难”时，先知的描述正是“从有国以来，直到此时，没有这样的”。① 在聚焦于以色列国将来的复兴时，先知的预言自然要以“国”为单位，但在“神国的范围已经由以色列一族扩展为各族各方各民各国”的文脉逻辑中（启5:9），此一末日大地震的审判，当然就是从地上有“人类（ἄνθρωπος）”以来，从来没有发生过的了。事实上，在此描述背后的，恐怕也有出埃及十灾的影子，因为在论及“雹灾”之严重时，出埃及记的作者所告诉我们的是：“自从埃及开国以来，没有这样的冰雹”（出9:18，24；参，启16:21）。②

第二，除了为此末日地震贴上了“史无前例”的卷标之外，约翰还在地震之上，连续盖上两个意思十分相近的“印记”：“剧烈（τηλικοῦτος）”和“严重（οὕτω μέγας）”。就形式而言，这两个语词的出现让经文显得有些累赘和重复，③但就目的而言，它们却将此一对末日地震的描述，带到了最高峰。在“剧烈”和“严重”的两个印记中，末日地震（审判）的强度有了最清晰的表达。

16:19－20 那大城裂为三段，列国的城也都倒塌了。神也想起巴比伦大城来，就把那盛自己剧烈忿怒的酒杯递给她。[20]各海岛都逃避了，众山也不见了（καὶ ἐγένετο ἡ πόλις ἡ μεγάλη εἰς τρία μέρη καὶ αἱ πόλεις τῶν ἐθνῶν ἔπεσαν. καὶ Βαβυλὼν ἡ μεγάλη ἐμνήσθη ἐνώπιον τοῦ θεοῦ δοῦναι αὐτῇ τὸ ποτήριον τοῦ οἴνου τοῦ θυμοῦ τῆς ὀργῆς αὐτοῦ. [20]καὶ πᾶσα νῆσος ἔφυγεν καὶ ὄρη οὐχ εὑρέθησαν）

借着“史无前例”以及“剧烈和严重”，约翰在上节经文中已将末日地震（审判）的可怕，做了充分的说明；而其结果，则在这两节经文中显明。但在此地震中裂为三段的“大城”，究竟是哪一个城市呢？若11:8中的“大城”，即，“他们（两个见证人）的主钉十字架之处”，所指的是耶路撒冷的话，那么此处的“大城”也应是这同一个城市。④而若我们将本节的下半“神想起巴比伦大城”的叙述（19b），视为神审判的另一个对象的话，那么这个见解也进一步的得着支持。但在11:18那里我们已经晓得，约

---

① Charles, *Revelation II*, 52; C. G. Ozanne, The Influence, 79; Beale, *Revelation*, 842; Osborne, *Revelation*, 598. 和七十士译本的“οἵα οὐκ ἐγενήθη ἀφ᾽ οὗ ἐγενήθησαν ἕως τῆς ἡμέρας ἐκείνης”相较，启示录的经文恐怕更接近Theodotion的“οἵα οὐ γένονεν ἀφ᾽ ἧς ἔθνος ἐν τῇ γῇς”。

② 类似的语句，亦见，耶30:7；珥2:2；太24:21；可13:19；1QM1:11－12；玛加比一书9:27；摩西升天记8:1。

③ Swete, *Revelation*, 210; Beckwith, *Apocalypse*, 686.

④ Ford, *Revelation*, 264; J－P. Ruiz, *Ezekiel in the Apocalypse*, 282－89; Chilton, *Days of Vengeance*, 414; Buchanan, *Revelation*, 428－32; Thomas, *Revelation* 8－22, 275.

翰借着"灵意(属灵层面的意义)"一语,已经禁止我们按字面含义来理解这个逼迫两个见证人(教会)的"大城"了。不单如此,在他将此"大城"等同于"所多玛","埃及(一个国家)"和"耶路撒冷"时,我们就已经知道,此城乃逼迫教会的"世界"了。

在后面的章节中,约翰清楚地让我们看见,此一"大城"乃巴比伦(17:18;18:10,16,18,19,21)。① 在第一世纪末叶的当下,巴比伦当然是罗马,但因着在罗马海兽后面的,乃红龙撒但(启13:1-7),因此在属灵的层面,约翰就可以在海兽罗马头上,冠以"巴比伦"之名,因为在历史中,此城也以逼迫圣徒,毁坏圣殿而大大出名。不单如此,因着这同一个灵意层面上的类比,在启示录中,罗马巴比伦大城也就成了末日敌对神势力的代表。在她的身上,神要施行祂公义审判,并为其子民伸流血之冤(19:1-8)。由是在这里,在神的地震审判中,她就受到了刑罚。

但她"裂为三段"的意思又是什么?在论及末日之时,先知撒迦利亚曾指出,地震将要发生,而耶路撒冷东边的橄榄山,也要一分为二(亚14:4)。因此有学者就认为约翰在此所暗引,并重新诠释的,乃此一旧约经文。② 此一见解并非全无可能,因为在"末日"和"地震"的主题上,该旧约经文和第七碗之灾是彼此呼应的。但若参照撒迦利亚书14:5,橄榄山裂为两半的目的,不在刑罚攻击耶路撒冷的列国,反倒是要为神的子民,提供一个"避难所"。③ 因此这个看法就必须面对这个最根本(目的性)的困难。

在旧约中,另一个可能的"人选"是以西结书第五章。④ 在那里神要先知剃发和须,并一分为三:一份以火焚之,一份用刀砍碎,一份任风吹散。因此借着这个行动剧,神要刑罚背道的以色列,毁灭耶路撒冷的意图,是再清楚不过的了。在此背景的衬托之下,此一大城"裂为三段"的含义,就是神的刑罚乃是彻底的,是完全的,是没有任何一部分是可以逃脱的。⑤ 这个见解有其可能,但在审慎接纳此一看法的同时,我们也要准确的理解约翰是如何使用这个旧约背景的。就以西结书来看,此一背景似

① Swete, *Revelation*, 211; Charles, *Revelation II*, 52; Mounce, *Revelation*, 303-04; Aune, *Revelation 6-16*, 901; Osborne, *Revelation*, 598.

② Moffatt, *Revelation*, 449; Farrer, *Revelation*, 179-80; Ford, *Revelation*, 264; Sweet, *Revelation*, 250.

③ R. L. Smith, *Micah-Malachi*, 286; T. McComiskey, *Zechariah*, 1230; M. G. Kline, *Glory in Our Midst*, 205.

④ P. Carrington, *The Meaning of the Revelation*, 266; Chilton, *Days of Vengeance*, 415-16. 但这两位学者认为,此大城乃耶路撒冷,因此"裂为三段"所指的,是AD 70年罗马提多将军围攻耶路撒冷之际,城内犹太人一分为三,彼此攻击的事件。此说的问题,在于将"大城"限制在历史的耶路撒冷,因此也和约翰对耶路撒冷"灵意/属灵意涵"的认知不兼容。

⑤ Stuart 亦持此见,只是他的理由是"三乃象征完全的数目"(*Apocalypse II*, 317;亦参, Mounce, *Revelation*, 304; Osborne, *Revelation*, 598)。

乎支持“大城＝耶路撒冷”的见解，因为在那里受到审判的，正是耶路撒冷城（结5：5）。但在启示录中，那原本是属神的以色列会众，因着他们拒绝弥赛亚，并和罗马联手打压教会，因此就成了“撒但一会”（2:9;3:9）；而耶路撒冷也因着她和基督之死的关联，就和所多玛和埃及并列（11:8）。换句话说，若约翰在此真是以先知以西结的行动剧为本，那么他也已经将“耶路撒冷”重新定义了。

神审判的严重性，不单让巴比伦大城裂为三段，也叫列国的城都倒塌了。约翰在此处亦提及“列国同受审判”的原由，一方面是因为他们乃是喝了大淫妇巴比伦淫乱之酒（17:2，18:3，9），与她结盟的（17:12，18），因此在神的审判中，他们自然也有一分；但列国在此出现的另一个缘由，乃因第七碗之灾，是末日全面性的审判；因此所有属龙随兽的，都不能缺席。事实上，约翰在此提及“列国同受审判”的原因，恐怕还包括了文学形式上的理由。怎么说呢？若以文学单位为准，末日地震的结果包括了如下的五个部分：

A 大城裂为三段（19a）

B 列国的城也倒塌了（19b）

C 神将其烈怒之杯递给巴比伦大城（19c）

D 各海岛都逃避了（20a）

E 众山也都不见了（20c）

从此表列来看，A和B乃是一组（人的城），D和E则是另外一组（自然界）；而在正中间的，则是大城巴比伦。① 此一观察一方面解释了为何约翰在19节中，会两次提及“大城”，而在另外一方面也显示了第七碗之灾的焦点，乃在那代表了敌对神势力，并将要喝神烈怒之杯的巴比伦大城（C）。

就时间而言，第七碗之灾是末日的，而就空间而论，此碗灾的对象，是包括了整个世界；但在论及神的刑罚时，约翰却只以“神想起巴比伦”和“神递杯给她”的方式，一笔带过。在19－20节中，C的项目已经是最长的一个了，但和第七碗之灾的质量相较，如是表述却完全不成比例。何以致之？原因之一是，此处乃七碗系列的末了，在神短到不能再短之“成了（Γέγονεν）”的宣告声中（16:17），似乎不宜长篇大论地详述刑罚的对象、地点、缘由、细节、过程、手法、工具、准则、结果和影响等等。而原因之二是，约翰将要在17:1－19:10中，以两章半的经文，来完整呈现此一末日的审判；②因

① 此乃J－P. Ruiz的观察（*Ezekiel in the Apocalypse*，266）。

② 就我们目前所聚焦的经文而言，“神想起”的元素将要在18:5重现，而“神递杯”的动作，也在18：6再现。而“大城巴比伦”在该段经文中，所占“主角”的地位，也显示17:1－19:10乃是第七碗之灾的放大。

此在这里“言简意赅”已然足够。

“神想起”容或简洁,“神递杯”也只是一个简单的动作,但它们的含义却非如此。在原文中,巴比伦乃是在神面前“被想起来(ἐμνήσθη)”的。此一语法似乎给人“神在某一段时间之内忘记了某一件事”的印象,而此印象,和神乃全知之上帝的真理,似乎有所抵触。对此问题,一个可能的解释,是从旧约的背景来理解此处经文的意思。在旧约中,以神为主词的“想起(זָכַר)”,一共出现了 50 余次。① 而在这些经文中,有许多的“神想起/纪念”,其含义并非“神忘记然后又想起来了”的意思,而是“神现在要依照祂和人所立下的约来行事了(例如,创 8:1;出 2:24;利 26:44 – 45 等等)”。② 从此背景来看,“巴比伦在神面前被想起来”的意思是,神如今(末日)要依照祂和人类始祖亚当所立之约,来刑罚违约背道的人了。

对此问题另一个可能的解释,则是从 8:2 – 5 的角度来回答。在该“天使献香”的异象中,随香而上的,是圣徒伸冤的祷告;而其结果,则是天庭炭火的从天而降(审判)。因此欺压圣徒的大城巴比伦,的确是因着天使的献香/祷告,而在神面前“被想起来”的。此一解释具有明显的优势,但前一个见解和此说并不冲突,并且也还具有相辅相成的功用;因为在 8:2 – 5 的分析中我们已经提及,香乃约之记号,而圣徒伸冤的祷告,也是以“神乃信实立约之主”的信念,为其前提的。

“神想起”,然后就没有下文了? 人常常如此,但这却非信实上帝的行事风格。因此当巴比伦之恶在神面前被呈现了之后,祂就把祂烈怒之杯递给了她。在 14:10 那里我们已经提及,在旧约中,递杯乃审判的象征,而在此约翰更以“剧烈的忿怒(τοῦ θυμοῦ τῆς ὀργῆς)”来描述此杯。就形式而言,此一形容有些累赘,因为这两者的语意几乎没有差异;但若我们将后者视为前者的形容(adjectival genitive),③那么以“烈怒”来总括其意,应该没有太大的问题。在影响深远,范围也不可能再大的末日审判中,神向巴比伦大城所发的,自然是“强烈,无以复加的忿怒”。

“人之城”的断裂和倒塌,是神审判的结果。但此一审判(地震)所要摇动的,也包括了“各海岛和众山”。在旧约中,伴随着神显现的现象,通常都是山的颤抖,④但偶尔我们也看见海岛的“战兢”;⑤而在当代的启示文学作品中,神前来审判之时,山

---

① *TDOT* 4:69 – 72.
② *TWOT* 1:241.
③ Beale, *Revelation*, 843.
④ 例如,士 5:5;诗 18:7[17:8] = 撒下 22:8;赛 5:25;64:1;耶 4:24;结 38:20;鸿 1:5。
⑤ 结 26:18。

岭的毁灭，也一样出现。① 但让“海岛和众山”一起出现的，就只有启示录了。② 而此一将山岭海岛加在一起的手法，当然有强调末日审判之全面性的意思。

在启示录中，“海岛和众山”一起作伴出现的，只有此处经文和第六印（6:14）。而在该经文中我们已经指出，除了“大地震”的共同元素之外，第七碗和第六印之灾也在“山岭海岛被挪移”，和“海岛逃避，众山不见”的部分，彼此对应。而若我们将第六碗中的“全能神的大日子”（16:14）也列入考量的话，那么“他们（父神和羔羊）忿怒的大日子”一语（6:17），也在此有了呼应。③ 再者，在第六印中面对神审判之人，其反应是向山喊话，要其倒下遮盖他们，好躲避神的面目和羔羊的忿怒（6:16）；而如是硬心的画面，在第七碗的经文中，则是以更清楚明白的语言来呈现的：人就亵渎神（16:21）。事实上，和此处经文呼应的，也包括了 20:11 中的“天地都逃避，再无可见之处了”，因为在其时，这个宇宙乃在白色大宝座前受审判。④

此一经文彼此呼应的现象显示，第六印、第七碗所言，都是末日的审判，是父神坐在其白色大宝座上，进行其审判之时所要发生的事。就第七碗而言，“海岛逃避，众山消失”当然有凸显神审判（地震）之严重性的意味，但就如我们在前面所说的，这两个元素所代表的，乃自然界；是和“人之城（大城和列国的城）”所对应，并共组一个完整的宇宙的。此一见解应不令人意外才是，因为在第六印之灾中，我们也早已看见如是组合了：自然界的变动（6:12－14）；人的受审（6:15－17）。在末日的审判台前，天地和一切受造的，都要向神交账。

16:21 又有大雹子从天落在人身上，每一个约有四十公斤之重。这雹子的灾殃极其重大，人就亵渎神（καὶ χάλαζα μεγάλη ὡς ταλαντιαία καταβαίνει ἐκ τοῦ οὐρανοῦ ἐπὶ τοὺς ἀνθρώπους, καὶ ἐβλασφήμησαν οἱ ἄνθρωποι τὸν θεὸν ἐκ τῆς πληγῆς τῆς χαλάζης, ὅτι μεγάλη ἐστὶν ἡ πληγὴ αὐτῆς σφόδρα）

在前面我们已经提及，象征神威严能力的“闪电、声音和雷轰”（4:5），在拿着金香炉的天使，把香和众圣徒伸冤的祷告献在神面前，并将祭坛炭火倒在地上之后（8:2－5），自然就成了“雷轰、大声、闪电和地震”（8:5）”。而随着启示录文脉逻辑的进展，此一强调神审判权能的语句，在第七号之灾中，又有了新元素的加入，“大雹”（11:19）。这两个新元素中的“地震”，已在前面的经文中（16:18b－20），被约翰以“显微镜”的方式给放大了，而为免“厚此而薄彼”，“大雹”也在第七碗经文的

---

① 以诺一书 1:6；摩西升天记 10:4；西卜神谕篇 8:234－36。
② Beckwith, *Apocalypse*, 529; Charles, *Revelation I*, 181.
③ 详见，6:12－14 的注释。
④ 亦参，Beale, *Revelation*, 844。

最后,受到了同样的注意。此一文学手法,不单让启示录的三个七灾系列之间,有了联系,也在第七碗的段落之内,产生了“平衡之美”;因为由天(闪电、声音、雷轰)开始的审判(18a),在地大震动的呼应之后(18b－20),又再次回到了天的主题之上(大雹;21)。

和前面多数的碗灾一样,此一“雹灾”也是由出埃及的十灾而来。① 但约翰为何在此要将出埃及十灾中,排名第七“雹灾”,放在七碗系列的最后呢?就自然现象而言,“冰雹”和包含着“闪电、声音和雷轰”的暴风,总是连在一起的,因此当约翰跟随者旧约作者的脚步,以如是自然现象,作为神权能的外在表征时,“冰雹”也就不能缺席了。此其一。第二,在犹太人的传统中,神在西奈山上,在雷轰,闪电,密云,角声和地震中显现的结果(出 19:16－19),是神国在地上的建立,而其“国土”,则是迦南地。因此在摩西带领以色列人出埃及之后,约书亚就接棒的率领他们跨过约旦河,进入攻取迦南地的争战中了。在约书亚记中,除了耶利哥和艾城这两个具有属灵指针性意义的战争之外(书 6－8),此一战役基本上是由迦南南部之战(9－10),和北边之战(11:1－15),所组成的。② 而在此战役中,以色列人所面对第一个“迦南联军”的挑战,乃是由耶路撒冷王所领军的南部五王之军(书 10:1－43)。③ 对此来势汹汹的军兵,约书亚当然尽上了他带兵应战的义务(书 10:6－9),但约书亚记的作者,却在此也告诉我们,以色列人大大得胜的主要原因,乃因耶和华从天所降下的大冰雹,击杀了大多数的敌人(书 10:10－11)。④ 此一大胜“五王联军”的效应,一方面显明在约书亚顺利攻占了迦南地南部的事上,也让他晓得神乃是站在他们这一边的。因此在北部诸王也联手攻击以色列人之时,约书亚就能一举击败他们,而取得了迦南全地(书 11:1－15)。

就迦南“国土”的取得而言,神从天降下“冰雹”的神迹,的确是个关键因素,但在约书亚记中,此一事件却是神所行三个神迹中最后的一个(前两个是约旦河水的分开和耶利哥城的陷落),⑤因此也是以色列人从出埃及到进迦南,并在其上建立属神国度之过程中,最后一个神迹。在此冰雹神迹中,神刑罚了以色列的仇敌,也因此将祂的百姓,安置在祂所拣选的迦南地中。因此若说出埃及的“十灾”是神审判世界之始,

---

① 第七碗之灾和出埃及记之间的联系,已在“自从地上有人以来”(16:18)和“自从埃及开国以来”(出 9:18,24)的呼应中显示了出来。在本节经文中,约翰两次提及雹灾之大(μεγάλη;μεγάλη … σφόδρα),也是该旧约经文的反映(כָּבֵד מְאֹד[出 19:18,24;LXX πολλὴν σφόδρα])。

② M. H. Woudstra, *The Book of Joshua* (Grand Rapids: Eerdmans, 1981),43.

③ 同上,页 170。

④ T. C. Butler 认为,此乃这段经文的焦点(*Joshua* [Waco: Word Books, 1983],116)。

⑤ R. G. Boling, *Joshua* (N. Y.: Doubleday, 1982),278.

那么祂的刑罚，就是以“雹灾”为终了。[1] 在先知书中，此一以“雹灾”作为神刑罚工具的概念，可说是层出不穷，[2]但当先知以赛亚论及末日刑罚之时，他所想到的例子，乃是神在基遍谷降雹灾之事（赛 28:21），也就是约书亚胜过五国联军的历史事件（书 10:5，10）；而当先知以西结在预言末日歌革玛各之战时，他也以“雹灾”作为神刑罚末日仇敌的工具之一（结 38:22）。

因此从这些旧约的背景来看，约翰将“雹灾”包含在第七碗之灾中，并将它放在所有灾难的最后，其实是十分恰当的。在“出埃及进迦南”的事件中，约书亚记的“雹灾”，为神从埃及十灾所开始的审判，盖上了一个休止符；而在新的出埃及记中，也就是教会从旷野（启 12:6）到新天新地（启 21:1）的争战之旅，也要在神所降下的雹灾中，划下一个完美的句点。

为凸显此末日“雹灾”之严厉，约翰也告诉我们，从天而降的冰雹，每个都有 40 公斤之重。[3] 如是冰雹当然是史无前例的，因为在金氏世界记录中，有史以来最大的冰雹，是于 1986 年 4 月 14 日，落在孟加拉的；而其重量，也不过有一公斤左右。[4] 在此我们当然不能也不必以字面意义来理解此一雹灾，因为约翰在此所见，乃异象；而其不合常理的重量，正如地震使海岛逃避，众山不见的现象一样（16:20），也只是要强调末日之灾的可怕而已。

但在如此令人无法想象的灾难中，人依旧因其所受到的伤害，而亵渎神。在第五号和第六号之灾那里我们已经晓得（9:1－21），在邪灵的迷惑之下，人就因此失去了认识真理的能力，因此他们在神的刑罚之中，就如当年的法老王一样的，无法洞察隐含在刑罚之中的信息，而继续采取一个敌对神的态度。此一现象已在第四碗和第五碗之灾中出现了（16:9，11）；而约翰在此则是告诉我们，他们将要采取如是立场，直到最后一刻。因此在如此顽梗不化的态度中，他们显明了他们真是撒但的子民；而神对他们的刑罚，也是公义的。当人子羔羊死于十字架上之时，救恩之路已经显明，而在两个见证人（教会）所传的福音中，“趋福避祸”的法门也已向这个世界大开（启 11:3－13），因此神所能做的，祂都已经做了。准此，在世界的末了，在祂公义彰显之际，神对拒绝人子羔羊并逼迫圣徒的世界，也只能以各式的灾殃来刑罚他们了。当救恩之门关上时，所剩下的就只有永远的审判了。

---

① 类似的见解，亦见 R. Bauckham, *The Climax*, 205; Beale, *Revelation*, 845。

② 例如，伯 38:22－23；诗 18:12－13；78:47－48；105:32；147:17；148:8；赛 28:2；30:30；32:19；结 13:11，13；该 2:17。

③ “40 公斤”在原文中作“一他连得”。此一单位因时地的不同，而有不同的重量。一般而言，许多译本都以 100 磅为其重量（NRS，NAS，NIV 等等），因此我们在此以“约 40 公斤”翻译之。

④ Osborne, *Revelation*, 600. 在此雹灾中的死亡人数是 92 人。

解释和应用

在前面的分析中我们已经晓得,在“红龙,妇人和男孩”之异象中(12:1-15:4),逼迫圣徒的兽和那些拜兽之人,在此灾难系列中,依序都受到了审判(16:2,10,19);因此从这个角度来看,七碗灾难的刑罚显然是神对属兽集团逼迫圣徒之事的回应。但就文学结构的角度而言,约翰在15:5那里,借着“天上圣殿的开启”的图象,带我们回到了11:19,也因此就让七碗之灾和七号(以及七印)之灾连上了线。因此在启示录中,七碗之灾不单回答了“神要如何应对兽欺压圣徒之事”的问题,也具有总结4-16章的作用。在七碗灾难中,三个七灾系列来到了最高峰;而在天庭异象中,约翰借着“闪电、声音和雷轰”所显示神的公义和权能(4:5),以及他借着人子羔羊领受书卷而显示的“神永恒计划之施行”(5:7),都在七碗之灾的段落中,有了最清晰的展现和结果。在七碗之灾中,圣徒的冤屈得着平反(16:7),而逼迫教会的世界,则受到了她该有的刑罚;因此神作为与其子民立约之主,以及祂作为这个世界之王的双重身份,都在这个系列的灾难中,完全的彰显了出来。

和七印和七号灾难一样,此一碗灾系列也十分明显地以“七”为其结构。此一数字在启示录中,具有“完全”的象征意义,因此神的义怒就要在这七灾之中完全显明出来(15:1,7-8)。在我们的分析中,这七个灾难的内容,容或有重叠的地方(例如,第五碗和第一碗),但就整体而言,它们却共同组成一个完整的灾难系列,也显示了神忿怒的可畏。

对今日的教会而言,特别是对那些身处在外在逼迫并不十分明显地区的教会而言,约翰藉“七碗之灾”所传递“神乃公义之主,祂要刑罚欺压教会之人”的信息,明显地受到忽略。不单如此,在一个高举人权,推崇人本,以“相对主义”为基本信仰的世代中,如是真理,因着它的绝对性,因着它以神为中心的强烈色彩,也就从教会中消声匿迹了。在我们向这个世界所传的福音信息中,神的公义,神的忿怒,神的刑罚和审判,都从“本文”之中,被挤压到脚注里面去了。我们大谈神的宽容,我们畅论神的慈爱,我们抒发神的接纳,我们更高举神的祝福;但福音的另外一面,也就是,“若不悔改,人就只能继续留在黑暗之中,等候刑罚和毁灭的来到”,却少有人愿意提及。殊不知神的慈爱,乃以祂的公义为基础,因为神的义,若没有先在十字架上得着满足,祂的慈爱就完全无法施行,而我们也就不可能得着救恩。

向着外面的世界如此,向着教会的本身也好不到哪里去。君不见教会中的问题,软弱,和不符真理之处,比比皆是;但敢于面对,勇于讨论、规劝、甚或施行惩处,断绝往来的（林前5:11），却少之又少。① 张一只眼，闭一只眼的有之，而以“和稀泥”的态度，并秉持着“你好，我好，大家都好”之原则的，也大有人在。由是原本应是“圣洁”的教会，就成了一团的“乌烟瘴气”；而原本要发光作见证的教会，只能冒出阵阵黑烟。劣币由是驱逐了良币；而各式肿瘤也挤压了健康肌肉成长的空间。而如是情况，都因我们对神公义属性的忽略，和对祂忿怒的无知。

对约翰而言，情况却不是如此的。在启示录2－3章中，他显示了他对教会软弱的理解，他晓得他们之中，有将残的灯火（3:2,8），有劳碌疲倦的（2:2－3），甚至有身陷患难中的（2:9,13）。不单如此，他也知道他们之中，有向世界妥协的（2:14,20），也有自以为是富足，但却完全不知道自己是贫穷可怜和赤身的（3:17）。但对如是衰弱，百病丛生的教会，他所开的药方是什么呢？从4－16章来看，神的权能，威严，公义和审判，恐怕就是约翰的答案了。对那些因着服事之沉重而手发酸，脚发软的圣徒，对那些因坚守信仰而身陷险恶之境的信徒，对那些似乎已经快要放弃希望的教会，约翰要他们抬头仰望天庭，因为信实公义的主在那里坐着为王。他要他们让灯火继续燃烧，他要他们再多走一里路，他要他们坚持下去（13:10），因为时候到了，神不单要来为他们伸冤（启11:11－12；17－18；14:8－13；16:5－7），也要以帐幕覆庇他们，而羔羊更要领他们到生命水的泉源。他们将不再饥也不再渴，而他们一切的眼泪，也要被神亲自所擦去（启7:15－17；亦参，14:1－5；15:1－4）。

但是对那些想要脚踏两条船，对那些向世界妥协靠拢，有名无实的“信徒”而言，神的公义和审判，恐怕是最好的提醒，也是最后的“救命丹”了。在神的审判中，祂对那以政治军事等手段，来逼迫圣徒就范，并以经济利益来诱惑信徒的兽，是绝对不会手软的。而对那些跟随它，拜倒在它石榴裙下的人，祂也同样对待。因此在那些已经向所谓的“主流价值”靠拢之信徒面前的，只有两个选择。其一是，彻底的悔改，并行起初所行的。此一抉择当然意味着牺牲和痛苦，但这些却都只是暂时的。和那永恒的福祉相较，如是代价应不算太高。其二是，继续和兽同行，继续的在它的雕像前屈膝，好得着一点它所能给的恩惠。此一抉择是容易的，它不需要有太多的挣扎，毕竟顺水而下是比逆流而上，要容易得多。但如是抉择，却也让人进入了龙兽集团之中，也因此就成了神审判的对象。在七印、七号和七碗中，约翰已将神审判的严

① 温柔、谦卑，不把自己等同于真理，言语柔和、怜悯、忍耐等等，当然都是我们在进行劝诫、讨论、指正之时，所必须要有的态度。这些当然都不容易，而进行这些事之时所会产生的人际张力，也不容易处理，但这些却不应该成为我们逃避问题的借口。因为拖延只会让病情恶化，甚至至终会要了命。

厉和可畏,做了不能再清楚的表达,因此在如是真理的面前,我们还能有怎样的选择呢?

不要自欺,神是轻慢不得的。人种的是什么,收的也是什么。

(加6:7)

插图五:大淫妇巴比伦

Ⅳ 巴比伦异象(17:1–19:10)

在“神也想起巴比伦大城来,就把那盛自己烈怒的酒杯递给她”的画面中(16:19),神借着七印七号和七碗之灾(6:1–16:21),对世界所降下的刑罚和审判,来到了最高峰。但这关乎“神公义彰显”的重大事件,能只以“递忿怒之杯给她”一语,就轻轻松松地带过吗?当然不,因此从17:1开始,约翰就足足地以两章半的经文,来详述此事。在这一段经文中,要受到审判的世界,不再只是那以军事和政治力量横行于世的“海兽”(13:1–8),也是那乘骑在“海兽”身上,藉其手中盛满她淫乱污秽之金杯,来迷惑列国的大淫妇巴比伦。以“海兽+大淫妇”来表世界的手法,并不表示神审判的对象,有了变化或是加增,而是为了要完整呈现世界之恶,和其受审的原因。借着海兽和大淫妇的结合,撒但国度的真面目和它欺骗人的伎俩,就再也无所遁形了;而神据此而施行的公义审判,也就有了正当性。

经文翻译

第十七章

1 拿着七碗的七位天使中,有一位前来对我说:“你来,我要将那坐在众水之上的
大淫妇所要受的刑罚指示你。”2 地上的君王与她行淫;住在地上的人也喝醉了她淫
乱的酒。3 在灵里,天使就将我带到了旷野。

我就看见一个女人骑在朱红色的兽上;兽身写满了亵渎的名号,并有七头和十
角。4 那女人身穿紫色和朱红色的衣服,佩戴着金子,宝石和珍珠的妆饰。手拿金
杯,杯中装满了可憎之物,就是她淫乱的污秽。5 在她额上写着一个奥秘的名字:大
巴比伦,众淫妇和世上可憎之物的母亲。6 我又看见那女人喝醉了圣徒的血,和为耶
稣作见证之人的血。

我看见她,就大大的惊奇。7 天使对我说,“你为什么惊奇呢?我要将这女人,和

她所骑七头十角之兽的奥秘告诉你。8 你所看见的兽,是先前有,如今没有,将要从无底坑里上来,但又要走向毁灭的。凡住在地上,名字从创世以来没有记在生命册上的人,见先前有,如今没有,将来还要出现的兽,就必希奇。9 在这里需要有智慧的心。那七头就是女人所坐的七座山,又是七位王;10 五位已经倾倒了,一位还在,另一位还没有来到。他来的时候,必须存留片时。11 那先前有,如今没有的兽,就是第八位;它和那七位同列,并要走向灭亡。12 你所看见的那十角,就是十王。他们还没有得国;但要和兽同得权柄,做王一个时辰。13 他们同心合意,将自己的能力权柄交给那兽。14 他们与羔羊争战,羔羊却要胜过他们,因为祂是万主之主,万王之王。与羔羊同行的,就是蒙召,被拣选并忠心的人,也必得胜。"

15 天使又对我说,"你所看见那淫妇坐着的众水,就是多民多人多国多方。16 你所看见的那十角和兽,必恨这淫妇;使她荒凉赤身,又要吃她的肉,并用火将她烧尽。17 因为神使诸王遵行祂的旨意,同心合意的把自己的国给那兽,直等到神的话都应验了。18 你所看见的那女人,就是管辖地上众王的大城。"

第十八章

1 此后,我看见有另一位掌大权柄的天使从天而降;大地因着他的荣光而被照亮了。2 他以强而有力的声音喊着说:"大巴比伦倾倒了,倾倒了;她成了鬼魔的住处,各样污秽之灵的巢穴,各样污秽飞禽的巢穴和各样污秽可憎野兽的巢穴。3 因为列国都因她邪淫颠狂的酒而倾跌了;地上的君王与她行淫,地上的商人因她的奢华浪费而发了财。"

4 我又听见天上有另一个声音说,"我的民哪,要从那城出来！免得你们在她的罪上有分,免得你们受她所受的灾难。5 因她的罪恶滔天,神已经想起了她的不义。6 她怎样待人,也要怎样待她;按她所行的,加倍报应她。用她调酒的杯,加倍的调给她。7 她怎样荣耀自己,怎样奢华挥霍,也要叫她照样痛苦悲哀。因她心里说,我坐了皇后的位,并不是寡妇,决不至于悲哀;8 所以在一天之内,她的灾难就要来到,就是死亡,悲哀,饥荒;她又要被火焚烧。因为审判她的主神大有能力。"

9 地上的众王,素来与她行淫并奢华无度的,看见焚烧她的烟,就必为她捶胸哭泣。10 因怕她所受的痛苦,就远远的站着说:"哀哉,哀哉,大城巴比伦,如此坚固的城啊！一时之间妳的审判就来到了。"

11 地上的商人也都为她哭泣哀号,因为没有人再买他们的货物了。12 这货物就是金,银,宝石,珍珠;细麻布,紫色布料,丝绸,朱红色布料;各样香木,各样象牙制品,各样极宝贵的木头,铜,铁,和大理石制品;13 并肉桂,荳蔻,香料,香膏,乳香;酒,油,细面,麦子;牛只,羊群,骏马,车辆,奴隶和人口。14 妳心所贪恋的果子离开妳了！一切华丽和华美的物品，都在妳眼前消失，再也寻找不到了。15 贩卖这些货物，借着她发了财的商人，因怕她所受的痛苦，就远远的站着，哭泣哀号，16 说，“哀哉，哀哉，这大城啊！就是素常穿著细麻，紫色和朱红色的衣服，又用金子，宝石，和珍珠为妆饰的；17 在一时之间，这么大的财富竟荡然无存。”

凡船长，和坐船往各处去的，并众水手，连所有靠海为业的，都远远的站着，18 看见焚烧她的烟，就喊着说，有何城能比这大城呢？19 他们又把尘土撒在头上，哭泣悲哀的喊着说：“哀哉，哀哉，这大城啊！”凡有船航行在海中的，都因她的繁华而发了财。一时之间她竟成了废墟。

20 天哪，众圣徒，众使徒和众先知啊，你们都要因她欢喜；因为神已经因她审判你们而审判了她。

21 而后，有一位大力的天使，举起一块好像大磨盘的石头，扔在海里，说，“巴比伦大城也必这样猛然的被扔下去，决不能再找到了。22 琴师，乐师，笛手和号手的声音，在妳中间再也听不见了；各行各业的工匠，在妳中间再也找不到了；推磨的声音，在妳中间再也无法听闻；23 灯台之光在妳中间不再照耀；新郎和新妇的声音，在妳中间也决不再听见。因为妳的商人成了地上的尊贵人；万国也被妳的邪术迷惑了。24 先知，圣徒，并地上一切被杀之人的血，都在这城里被找到了。”

第十九章 1－10

1 此后，我听见好像许多群众在天上大声说：哈利路亚！救恩，荣耀和权能，都属我们的神。2 因祂的审判是正直公义的；祂刑罚了那用淫行败坏世界的大淫妇，并为祂的仆人报了他们被她所杀的冤仇。3 他们又再次说：“哈利路亚！烧淫妇的烟往上冒，直到永永远远。”4 那二十四位长老与四活物，就俯伏敬拜坐宝座的神，说，“阿们，哈利路亚。”

5 有声音从宝座出来说，神的众仆人哪，凡敬畏祂的，无论大小，都要赞美我们的神。6 我听见好像群众的声音，众水的声音和大雷的声音，说，哈利路亚！因为主我们的神，全能者，作王了。7 让我们欢喜快乐，将荣耀归给祂；因为羔羊婚娶的时候到了，祂的新妇也预备好自己了，8 并得着赏赐，可以穿上光明洁白的细麻衣，这细麻衣就是圣徒所行的义。

9 天使对我说，你要写下来：凡被召赴羔羊之婚筵的，有福了！他又对我说，这是神真实的话。10 我就俯伏在他脚前要拜他。他说，万万不可！我和你，以及那些和你一同持守耶稣之见证的弟兄，都是作仆人的。你要敬拜神！因为预言的灵，乃是为耶稣作见证。

经文结构和形式

4.1 异象序言 17:1-3a

4.1.1 天使的出现(1a)
4.1.2 约翰受邀见证大淫妇的审判(1b)
4.1.3 对大淫妇的描述(1c-2)
 4.1.3.1 坐在众水之上(1c)
 4.1.3.2 地上的君王与她行淫(2a)
 4.1.3.3 世人喝了她淫乱之酒(2b)
4.1.4 约翰在灵里被带到旷野(3a)

4.2 大淫妇巴比伦和其随从 17:3b-18

4.2.1 异象的本身:女人乘骑在红兽身上(3b-6)
 4.2.1.1 女人(3b)
 4.2.1.2 兽(3c)
  4.2.1.2.1 七头十角
  4.2.1.2.2 遍体有亵渎名号
 4.2.1.3 女人的形态(4-5)
  4.2.1.3.1 服装饰品(4a)
  4.2.1.3.2 手拿金杯(4b)
  4.2.1.3.3 额上有名(5)
 4.2.1.4 女人所为:喝醉了圣徒的血(6a)
4.2.2 天使对异象的解释(7-18)
 4.2.2.1 前言:约翰对异象的反应和天使的回应(6b-7)
 4.2.2.2 兽的解释(8-14)
  4.2.2.2.1 兽和地上之人(8)
  4.2.2.2.2 兽的七头(9-10)
  4.2.2.2.3 兽和七头的关系(11)
  4.2.2.2.4 兽的十角(12-14)
   4.2.2.2.4.1 十角乃十王(12a)

4.2.2.2.4.2　尚未得国但将要得权柄(12b)
4.2.2.2.4.3　与兽结盟(13)
4.2.2.2.4.4　与羔羊争战(14)
4.2.2.3　女人和众水,十角,兽之关系的解释(15－18)
4.2.2.3.1　众水的解释(15)
4.2.2.3.2　十角与兽要敌对女人(16)
4.2.2.3.3　神对十角与兽的掌控(17)
4.2.2.3.4　女人的解释(18)

4.3　大淫妇巴比伦的审判　18:1－24

4.3.1　大巴比伦毁灭的宣告(1－3)
4.3.1.1　天使的出现(1)
4.3.1.2　天使的宣告(2－3)
4.3.1.2.1　大巴比伦倾倒了(2)
4.3.1.2.2　大巴比伦倾倒的原因(3)
4.3.2　大巴比伦毁灭的哀歌(4－20)
4.3.2.1　呼吁圣徒离开大巴比伦(4－8)
4.3.2.1.1　天上的声音(4a)
4.3.2.1.2　呼吁神子民出城(4b－8)
4.3.2.1.2.1　免得一同受灾(4b)
4.3.2.1.2.2　神刑罚的原因(5)
4.3.2.1.2.3　神刑罚的原则(6－7a)
4.3.2.1.2.4　神刑罚的确定(7b－8)
4.3.2.2　地上君王的哀歌(9－10)
4.3.2.2.1　地上君王过去与大巴比伦的关系(9a)
4.3.2.2.2　地上君王对巴比伦受审的反应(9b－10)
4.3.2.2.2.1　哀哭(9b)
4.3.2.2.2.2　保持距离(10a)
4.3.2.2.2.3　唱哀歌(10b)
4.3.2.3　地上商客的哀歌(11－17a)
4.3.2.3.1　地上商客的反应(11)
4.3.2.3.1.1　哀哭(11a)

4.3.2.3.1.2　原因:无人买其货物(11b)
4.3.2.3.1.3　货物总表(12-13)
4.3.2.3.2　插曲:天上的哀歌(14)
4.3.2.3.3　地上商客的哀歌(15-17a)
4.3.2.4　航海业者的哀歌(17b-19)
4.3.2.4.1　航海业者的反应(17b-18)
4.3.2.4.2　航海业者的哀歌(19)
4.3.2.5　天上的呼吁:欢喜快乐(20)
4.3.3　大巴比伦毁灭的确定(21-24)
4.3.3.1　大力天使投石入海的象征动作(21a)
4.3.3.2　象征动作的解释(21b-23a)
4.3.3.2.1　巴比伦将如石入海(21b)
4.3.3.2.2　欢乐庆典不再(22a)
4.3.3.2.3　制造业不再(22b)
4.3.3.2.4　食品业不再(22c)
4.3.3.2.5　灯光不再照耀(23a)
4.3.3.2.6　婚礼也不再举行(23b)
4.3.3.3　巴比伦受审的原因(23c-24)
4.3.3.3.1　以经济利益迷惑列国(23c)
4.3.3.3.2　逼迫圣徒(24)

4.4　天庭的庆功大会　19:1-10

4.4.1　两轮的颂赞(1-8)
4.4.1.1　第一轮的颂赞(1-4)
4.4.1.1.1　天上群众的颂赞(1-3)
4.4.1.1.1.1　颂赞神的救恩,荣耀和权能(1)
4.4.1.1.1.2　颂赞神的公义(2)
4.4.1.1.1.3　颂赞神刑罚的彻底(3)
4.4.1.1.2　天庭活物的应和(4)
4.4.1.2　第二轮的颂赞(5-8)
4.4.1.2.1　从宝座而出之声呼吁圣徒赞美神(5)
4.4.1.2.2　地上群众的回应:神做王了(6)

4.4.1.2.3 地上群众的反应:欢喜的参加羔羊婚筵(7－8)

4.4.2 结语(9－10)

4.4.2.1 天使要约翰写下一个祝福语(9)

4.4.2.2 约翰和天使的互动(10)

4.4.2.2.1 约翰意欲拜天使(10a)

4.4.2.2.2 天使阻止之(10b－d)

4.4.2.2.2.1 天使劝阻(10b)

4.4.2.2.2.2 原因之一:同为仆人(10c)

4.4.2.2.2.3 原因之二:只为见证耶稣(10d)

在导论中我们已经提及,因着“*在灵里*”一语在启示录中所扮演之结构性角色(1:10;4:2;17:3;21:10),也因着19:9－10和22:6－9在字面和主题上的呼应,启示录最后六章的经文,因此就可以分为四个段落:①

1 大巴比伦异象(17:1－19:10)

2 从巴比伦的审判到新耶路撒冷的降临(19:11－21:8)

3 新耶路撒冷异象(21:9－22:9)

4 启示录结语(22:10－21)

就大巴比伦异象和前文的关系而言,此一异象乃是第七碗之灾的放大,因为该碗灾的主角,正是此一段落中的大淫妇巴比伦;而在该碗灾中,“神想起巴比伦”并“递忿怒之杯给她”(16:19;18:5－6),以及“人亵渎神”的主题(16:21;17:3),也都在这个段落中重现。不单如此,在这个异象的一开始,约翰就开宗明义地告诉我们,此一异象乃由“*七碗天使中的一位*”所带来的(17:1),因此约翰意欲将此异象和七碗段落连结在一起的企图,也昭然若揭。事实上,此一想要将前后经文连结在一起的意图,也清晰地显示在约翰的设计中。怎么说呢?神在第七碗之灾中做了一个重大的宣告:“*成了*”(16:17),而其结果,是巴比伦的受审(17:1－19:10);与此对应的,则是神在新天新地之异象中(21:1－8),所宣告的“*成了*”(21:6),因为此一宣告所带来的结果,是新耶路撒冷的降临(21:9－22:9)。因此从如是对应的设计中我们可以看出,虽然大巴比伦异象是一个新的段落,但它却不是一个和前文完全无关的经文。恰恰相反,此一异象的目的,在详细描述神对大巴比伦的审判。若篇幅长短是具有意义的话,那么在约翰的心中,“巴比伦受审”之事显然非同小可;因为就个别项目来看,“巴比伦受审异象”的经文长度(两

① 详见页102。

章半),远远超过了“七印”、“七号”,或是“七碗”段落的篇幅。

但“大巴比伦异象”和其后经文的关系,又是如何的呢?就此异象和“新耶路撒冷异象”而言(21:9－22:9),它们除了有类似的“序言”(17:1,3;21:9－10)和“结语”(19:9－10;22:6－9)之外,①也在主题上,具有反义平行的关系:(1)这两个异象中的主角,不单都是以女人为象征的“城”,也都以金饰珠宝为妆扮(17:4;21:11,18－21);但前者乃“大淫妇”,而后者则是“新妇”;(2)二者都各自有其结盟对象—前者是与兽同国(17:3),并且借着它们的力量,而成为管辖地上众王的大城(17:18);但后者则是以羔羊为其效忠的对象(21:9),所以她自然就成为神和羔羊的居所(21:22－23),并且因着神的关系,地上的君王就将他们的荣耀归给她(21:24);(3)也因着如此,前者就注定要面对神的审判(18:1－24),而后者则要得着神的复兴和祝福(21:9－22:5)。一言以蔽之,在约翰的设计中,大淫妇巴比伦乃“人之城”,而新妇耶路撒冷则是“神之城”,因此前者就要面对神的审判,而后者则要经历神的祝福。

在如是对比之下,19:11－21:8 就成了从“巴比伦的审判”,到“新耶路撒冷之复兴”之间的“桥段”。但这个段落和其前后两个女人之异象的关系,又是如何的呢?为何我们说它是个连接前后段落的“桥段”呢?就骑白马者的异象而言(19:11－21),它和其上文,也就是 19:1－10 的天庭庆典,在内容上并没有直接关联,但若参照 17:12－14,即,十王与兽结盟并与羔羊争战,那么显然骑白马者的异象,乃是这个争战主题的放大。② 事实上,此一文学现象,并不只在于巴比伦异象和骑白马者之异象的中间出现,也存在于“新天新地”(21:1－8)和“新耶路撒冷”(21:9－22:9)这两个异象之间;因为在“新天新地异象”中,那曾短暂现身的“新耶路撒冷”(21:2),在随后的段落中,则有了清楚明白的说明,并且是该异象的主题。在此“桥段”中(19:11－21:8),骑白马者的段落乃是第一个异象,而新天新地的段落则是最后的一个异象,③因此借着“主题重复出现并放大”的文学设计,约翰的确以 19:11－21:8 为桥,而在启示录最后六章圣经中,将我们从“神对巴比伦的审判”,带到了“新耶路撒冷的复兴”中,并藉此叫人引颈企盼的异象,总结了他从 1:9 所开始的异象之旅。

至于“大巴比伦异象”的结构(17:1－19:10),除了前言之外(17:1－3a),则是由“大巴比伦和其随从”(17:3b－18),“大淫妇巴比伦的审判”(18:1－24)和“天庭的庆功大会”(19:1－10)等三个段落所组成。此一分段应是十分合理的,因为约翰不单在 18:1 和 19:1 中,放下了两个分段线索:“此后我看见(Μετὰ ταῦτα εἶδον)”和“此后我

① 同上。
② 详见该处经文和 19:11－21 之经文分析。
③ 在这两个段落之间的,则是千禧年和白色大宝座的两个异象(20:1－10,11－15)。

听见(Μετὰ ταῦτα ἤκουσα)";也让此三个段落,在内容上有所区隔。

经文分析

17:1－2 拿着七碗的七位天使中,有一位前来对我说:"你来,我要将那坐在众水之上的大淫妇所要受的刑罚指示你。[2]地上的君王与她行淫;住在地上的人也喝醉了她淫乱的酒"(Καὶ ἦλθεν εἷς ἐκ τῶν ἑπτὰ ἀγγέλων τῶν ἐχόντων τὰς ἑπτὰ φιάλας καὶ ἐλάλησεν μετ᾽ ἐμοῦ λέγων, Δεῦρο, δείξωσοι τὸ κρίμα τῆς πόρνης τῆς μεγάλης τῆς καθημένης ἐπὶ ὑδάτω νπολλῶν, [2]μεθ᾽ ἧς ἐπόρνευσαν οἱ βασιλεῖς τῆς γῆς καὶ ἐμεθύσθησαν οἱ κατοικοῦντες τὴν γῆν ἐκ τοῦ οἴνου τῆς πορνείας αὐτῆς)

在此向约翰显示"大淫妇巴比伦异象"的,乃是"拿着七碗之天使中的一位",而在21:9那里,将"新妇耶路撒冷异象"带给约翰的,也是"拿着七个金碗,盛满末后七灾之天使中的一位",因此借着如是语句,约翰一方面将这两个异象和七碗之灾连结在一起,而在另外一方面也让这两个异象,有了平行对比的关系。此一平行对比手法已在"拔摩异象"(1:9－3:22)和"天庭异象"(4:1－5:14)中出现了,因为前者乃以"我听见如号角般的大声音"(1:9)为始,而后者则是以"我*初次*听见好像吹号的声音"为起首语(4:1)。而如是手法,正如我们在导论"启示录的结构"的分析中所看见的,并非约翰的发明,而是先知以西结在其著作中,为连结各个异象而使用的诸多文学手法之一。① 在启示录的文脉中,此一手法其实也相当合宜,因为神的七碗审判,乃在祂对大巴比伦的刑罚中,达到了高峰(第七碗;16:17－21);因此让七碗天使之一,把这个详述巴比伦受刑罚的异象带给约翰,也相当合情入理。

此一异象的主题,乃"大淫妇的审判(τὸ κρίμα τῆς πόρνης τῆς μεγά-λης)"。② 在此约翰并没有告诉我们此一"大淫妇"是谁,但由于在17:5那里,约翰将要指名道姓地将她的名字,写在她的额头上(大巴比伦),因此她究竟是谁的问题,就不再有任何的疑义了。在此约翰之所以没有提及她名字的原因,很可能是因为他所要突显的,是她作为"淫妇"的特色。此一见解并非空穴来风,因为在论及大巴比伦和列国之关系的本章圣经中,"淫妇(πόρνη;17:1,5,15,16)","淫行(πορνεία;17:2,4)"和"行淫

---

① 详见页111－12。

② 淫妇(τῆς πόρνης)在此乃目标性的所有格(objective genitive);参 Aune, *Revelation* 17－22,928; Beale, *Revelation*, 848; Osborne, *Revelation*, 608。

(πορνεύω;17:2)"的语词,一共出现了七次。[①] 不单如此,在本节经文中,约翰对"大巴比伦"的定义,除了是"坐在众水之上的"之外,也是"地上的君王与之行淫",和"住在地上的人也喝醉了她淫乱之酒"的那一位。也就是说,在三个描述大巴比伦是谁的语句中,约翰让其后的两个,和其"淫妇"的角色有所关联;而这两个,若参照18:2-3,也正是她之所以受到审判的原因。[②]

"坐在众水之上的",是约翰对大淫妇的第一个描述。在论及祂将要刑罚巴比伦的预言中,神藉先知耶利米之口所说的是:"住在众水之上,多有财宝的啊,你的结局到了,你贪婪之量满了……我必使敌人充满你,像蚂蚱一样,它们必呐喊攻击你"(耶51:13-14)。[③] 在此"住在众水之上"的描述,不单因着幼发拉底河流经巴比伦城,也因各式天然或人工的湖泊和灌溉渠道,布满了此一地区。此一地理特性,一方面让巴比伦得着保护,而在另外一方面,也让她得以兴盛,成为一方之霸;而藉此力量,她就成了近东地区的"宝库"。[④] 对约翰而言,位于幼发拉底河流域的巴比伦,和罗马巴比伦,在地理特性上的,是略有不同的,因为前者乃临河之城,而后者乃一近海的城市;但她们"藉水而发(灌溉,航运)"的历史,却是一致的;因此以"坐在众水之上"的方式来形容罗马巴比伦,实在十分恰当。事实上,在18章中我们将要看见,罗马巴比伦在地中海地区所建立的经济强权,正是依靠她强大的海运能力。藉此航海能力,她统管了整个地中海地区,由是约翰在15节那里,自然就要告诉我们,巴比伦所统管(坐)的众水,乃"多民多人多国多方"。

"地上的君王与她行淫"和"住在地上的人也喝醉了她淫乱的酒",是约翰对此淫妇的第二和第三个描述。在这个巴比伦异象的段落中,"地上君王与她行淫"的语句,也出现在18:3,9;而"住在地上的人喝醉了她淫乱的酒",也在19:2再次现身,因此借着这两个描述,约翰不单将本章经文和其后的18:1-19:10连结在一起,也强调了

---

① "七次=完全=100%"可能只是巧合,但由于"12"在新耶路撒冷的经文中(21:9-22:5)出现12次,而"镰刀"(δρέπανον)也在论及末日收割的经文中(14:14-20)中,出现了七次;因此如是现象也可能不是巧合。详见导论中"启示录的释经学"段落。

② 在这两节经文中,"坐在众水之上"等三个形容,可以只是对事实的描述,但若参照18:3的"因为(ὅτι)","淫行"显然是大淫妇巴比伦受审判的原因了。详见,Beale, *Revelation*, 848。

③ 以此旧约为此处启示录经文背景的学者,多有人在。例如,Swete, *Revelation*, 211; C. G. Ozanne, The Influence, 181; Mounce, *Revelation*, 308; Aune, *Revelation* 17-22, 929-23; Osborne, *Revelation*, 609等等。

④ J. A. Thompson, *Jeremiah*, 753; W. L. Holladay, *Jeremiah* 2, 422-23; Keown, Scalise and Smothers, *Jeremiah* 26-52, 369. 在论及"众水"之时,这几位学者也认为此一描述,也可能同时是以"上古之混沌恶水"为其背景的。此一背景当然加深了巴比伦的邪恶色彩,但约翰恐怕不是以这个方式来理解"众水"的,因为17:15那里,他给"众水"所下的定义是,多民多人多国多方。

此一淫妇对世界的影响力，因为“地上的君王”和“住在地上的人”①虽分属社会中不同阶层，而“行淫”和“喝醉了她淫乱的酒”也是不同的画面，但这两个描述的加总，却显示了整个世界都落在她的淫威之下。但她的问题何在？约翰藉着“淫妇”、“行淫”和“喝醉了她淫乱的酒”所要表明的是什么呢？

对犹太人而言，从公元前164年由犹大玛加比（Judas Maccabaeus）所领导的独立运动开始，他们和罗马的紧张关系就一直没有改善过。（1）公元前63年罗马将军庞贝（Pompey）攻克耶路撒冷，并强立犹太人并不认可的许尔堪（Hyrcanus）为王的事件，（2）公元40年罗马皇帝卡理古拉（Caligula）想要在圣殿中竖立自己雕像的企图，以及（3）公元70年圣殿被罗马将军维斯帕先（Vespasian）所毁的历史，都只加深了犹太人对罗马的仇视。因此约翰在此是不是在如是“国仇家恨”的历史情节影响之下，并在“民族主义”的义愤中，而将“淫妇”之名冠在罗马巴比伦的头上？他是否意欲藉此来反对罗马和列国在政治上的结盟关系？也就是说，“淫妇”，“行淫”和“喝醉了她淫乱的酒”的意涵，是否是政治性的呢？②

从约翰对大巴比伦所持有一贯的负面评价来看（14:8；16:19；17:1－19:10），此一见解有其可能；但在13章中我们已经看见，在约翰的异象世界中，“政治军事”的罗马，乃以“海兽”为其象征，而在此约翰所见，乃“淫妇”，而其“坐骑”，才是七头十角的“兽”（17:3），因此这两者是有差别，不能混为一谈。再者，在前面我们已经提及，“地上的君王与她行淫”一语，也在18:3，9出现，而在那两处经文中，“行淫”并不带有政治性意涵，因此以此方式来理解“淫妇”，并不恰当。不单如此，在前面经文的分析中我们已经多次看见，约翰在启示录中所要处理的问题，虽然关乎教会和世界之关系，但他对此问题的看法和针砭，却并非只是平面的，而是包含了立体的角度。也就是说，圣徒所面对的，的确是罗马（以及小亚细亚的地方政要），但约翰却也要他们看见，在这个世界背后的灵界势力（参12章的红龙）。因此若我们只将“淫妇”的含义，局限在平面的，政治性的角色上面，那么我们对约翰“在灵里”所见异象的理解（1:10；4:2；17:3；21:10），就不够透澈了。

那么我们是否应该纯粹以“属灵的”或是“道德的”角度来理解此处的“淫妇”呢？也就是说，在此淫妇背后的，是否是引诱圣徒离弃真道的罗马女神（Dea Roma），③或

---

① 有关这个词组的含义，见3:10的注释。

② 此乃Aune之见解的一部分，因为他也认为此处之“淫妇”，是罗马女神（Dea Roma；*Revelation* 17－22，920－23，931）。

③ Aune，*Revelation* 17－22，920－23；Osborne，*Revelation*，608－09.

是耶洗别(启 2:20)呢?① 或者,我们是否可以因着罗马城以其偶像崇拜和恶行闻名于世,而将此淫妇等同于这个城市?② 甚或因着罗马皇后美撒莉娜(Messalina)以其淫行闻名当代,而将此淫妇视为她的化身呢?③ 若从旧约来看,以色列因着她和耶和华神所立之约,因此就归了耶和华,成为属祂的"盟约之妻"(结 23:4,5);因此当她背弃耶和华,转向他神之时,"淫妇"之名自然就要落在她的头上了。④ 从此背景来看,"淫妇"的确是具有"属灵/道德"的含义,因为以色列正是因着偶像崇拜,而被视为"淫妇"的。⑤ 但此背景是否能准确的应用在如上的各式见解中呢? 恐怕不行,因为旧约以色列之所以会被称为"淫妇",乃因她和耶和华神之间,已经先有了立约的关系,而此前提,并不存在于上述的例子之中。⑥

在旧约中,被称为"淫妇"的,并不只有以色列而已。举例来说,亚述帝国的首都尼尼微,就曾被先知那鸿称为"淫妇"(鸿 3:4),而在先知以赛亚的笔下,推罗也曾被冠以"淫妇"之名(赛 23:16)。⑦ 就尼尼微的例子而言,她之所以会被神审判,不单因着她藉军事力量而掳掠了其他的国家(鸿 3:1 - 3),也因着她凭藉其经济力量,引诱了列国和其结盟(鸿 3:4);⑧而此"唯利是图"的态度,正是让先知称其为"淫妇"的原因。就推罗的个案而论,她之所以会被先知以赛亚视为一个"淫妇",也是因为她一切所行(与地上的万国交易;赛 23:17),和淫妇(妓女)所行的一样,都是以经济利益为

---

① Caird, *Revelation*, 213.

② Charles, *Revelation II*, 62 - 63; E. Schüssler-Fiorenza, *Priester für Gott* (Münster: Verlag Aschendorff, 1972),354f; Beasley-Murray, *Revelation*, 251,260 - 61; Harrington, *Revelation*, 172 - 73; Roloff, *Revelation*, 196.

③ J. E. Bruns, 'The Contrasted Women of Apocalypse 12 and 17,' *CBQ* 26(1964),459 - 62. 美撒莉娜是罗马皇帝克劳底乌斯(Claudius; AD 41 - 54)的夫人。

④ 参,利 17:7;20:5 - 6;民 14:33;15:39;申 31:16;士 2:17;8:27;代上 5:25;代下 21:11;诗 73:27;何 1:2;2:5;4:15;9:1;耶 2:20;3:2,9,13;5:7,11;13:27;结 6:9;16:23;43:7,9。

⑤ 正因着如此,学界中就有人就主张,此处的淫妇乃耶路撒冷;例如,Ford, *Revelation*, 282 - 86; A. J. Beagley *The 'Sitz im Leben' of the Apocalypse with Particular Reference to the Role of the Church's Enemies*(Berlin: Walter de Gruyter, 1987),92 - 112; D. Chilton, *The Days of Vengeance*, 422。此一见解是可能的,但在旧约中(详下),也有外邦国家被冠之以"淫妇"之名。

⑥ 在上述例子中,唯一可能套用此一模式的,是耶洗别的异端,但约翰对此淫妇的描述,例如骑在兽的身上,就不合适于耶洗别了。

⑦ 和合本在这两处经文中,都以"妓女"作为"זוֹנָה"的译文;而七十士译本则是以约翰在此所使用的"πόρνη"来翻译之。

⑧ K. Wengst, 'Babylon the Great and the New Jerusalem: The Visionary View of Political Reality in the Revelation of John,' in *Politic and Theopolitics in the Bible and Postbiblical Literature*. eds., Reventlow, H. G.; Y. Hoffman and B. Uffenheimen (Sheffield: Sheffield, 1994),189 - 202; T. Longman III, 'Nahum,' in *The Minor Prophets*, vol. 2. ed., T. E. McComiskey (Grand Rapids: Baker, 1993),815; J. J. M. Roberts, *Nahum, Habakkuk and Zephaniah* (Louisville: Westminster, 1991),73.

第一,也是唯一的考量(赛 23:15－18)。①

一般而言,商业行为只要符合公平正义的原则,应无道德上的问题;②而物资丰富的本身,也无神学上的困难。但在上述的两个例子之中,尼尼微和推罗之所以会被两位先知冠之以“淫妇”之名的缘由,乃因她们因着物资的丰富,而生发了内在的骄傲,将自己自比为神。此一心态,在先知西番雅的笔下是:“这素来欢乐安然居住的城(尼尼微),心里说,唯有我,除我以外,再没有别的”(番 2:15a);③而在先知以西结的口中则是,“我(推罗王)是神,我在海中坐神之位”(结 28:2)。事实上,在旧约中,拥有此一心态的,还不只是尼尼微和推罗而已。在以赛亚书 47:8 那里,我们也听见专好宴乐,安然居住的巴比伦,对她自己所说的话:“唯有我,除我以外,再没有别的。我必不至于寡居,也不遭丧子之事。”在这些“内心独白”中,人自比为神,自得自满的态度,可说是再清晰不过的了。而如是态度,在约翰的眼中,也一样反映在当代的罗马巴比伦身上。在罗马所带来的和平盛世之中(*pax Romana*),他不单看见了这一种不依靠神,只依靠自己的人生哲学;也洞察到“凡事向钱看”的价值观。因此在 18:7 的下半,他就让罗马巴比伦也对自己说:“我坐了王后的位,并不是寡妇,决不至于悲哀”。④ 换句话说,约翰在此将“淫妇”之名加在罗马巴比伦身上的举措,乃是跟随旧约先知脚步的行动而已;因为在她的身上,他也看见那追求“玛门(金钱)”,依靠自己的人生哲学;在她的身上,他看见为了属世的物质利益,而可以放弃任何原则的价值观。⑤

罗马巴比伦乃因此而受审。在她依靠自己而不依靠神的态度中,在她以为她可以靠着自己而立足于天地之间的认知中,在她意欲向这个世界扮演“救世主”之角色的企图中,⑥她显示了她乃是尼尼微、推罗和巴比伦的接班人,她是和她们同属一丘之貉的。事实上,以如是方式来理解“淫妇”,应该不令人意外才是。在 12－13 章中,

---

① J. A. Motyer, *The Prophecy of Isaiah*, 193. 与尼尼微和推罗一样,以色列也曾因着相同的原因,而被称为“淫妇”,因为她为了得着物质上的供应(饼,水,羊毛,麻,油和酒),离弃了耶和华而随从了迦南繁殖之神巴力(何 2:7[5]);详见,J. L. Mays, *Hosea* (Philadelphia: Westminster, 1969),39; T. McComiskey, ‘Hosea’ in *The Minor Prophets*, vol. I. ed., T. E. McComiskey (Grand Rapids: Baker, 1992),34。

② 此乃一般原则,具有伤天害理的“买卖”,例如,雇凶杀人、贿赂等等,即便“银货两讫”,也不适用此一原则。

③ 如是自比为神的心态,亦反映在亚述王拉伯沙基对犹太人所说的话中:投降,我就要领你到一个有五谷、新酒、粮食、葡萄园、橄榄树和蜂蜜之地,好使你们存活,不致于死(王下 18:31－32;亦参,赛 36:16－18)。

④ 有关启示录 18:7 和以赛亚书 47:7－9 之间关系的讨论,见 Fekkes, *Isaiah and Prophetic Traditions in the Book of Revelation*, 218－21。

⑤ 相关讨论,详见 18 章的注释。亦参,Buchanan, *Revelation*, 446; R. Bauckham, *The Climax*, 343。

⑥ 一统天下,并为地中海地区带来和平的罗马皇帝奥古斯督,就被当代的人认为是个“救主”(参,J. Nolland, *Luke* 1－9:20,107)。

约翰已经清楚地告诉我们,站在海兽罗马后面的,正是红龙本尊;而在旧约中,从伊甸园开始,它所做的工作,就是引诱人,要人自立自强,要人依靠自己,要人自立为神。也难怪约翰在18章中,会听见那从天而来的声音,呼吁圣徒要"从那城出来,免得与她一同有罪,受她所受的灾殃"(18:4)。

17:3a 在灵里,天使就将我带到了旷野(καὶ ἀπήνεγκέν με εἰς ἔρημον ἐν πνεύματι)

在前面我们已经指出,就整卷启示录而言,"在灵里"一语乃解开启示录结构的主要线索之一,因为本书中的四大异象,都是约翰"在灵里"所看见的(1:10;4:2;17:3;21:10)。而在前面我们也已经知道,此一词组的含义,不单显示约翰"魂游象外"的身心状态,也突显了他被圣灵完全掌控的情况。① 而此理解,也在此处经文的文脉中得着证实,因为若非在灵里,在拔摩海岛上的约翰,是无法被天使带到旷野去的。而更重要的是,若非圣灵启迪,约翰如何能透视淫妇大巴比伦的真面目呢?若非"在灵里",他如何能洞察海兽在"罗马和平"之面具之下,所隐藏的诡计呢?他又如何能看见那站在海兽巴比伦身后,以"拜我,世界就属你"之"愿景",向世人招手的红龙撒但呢?一言以蔽之,若非"在灵里",约翰就完全没有可能领受那从天而来的异象,也无法明白属天的真理。

但为何天使会带约翰到"旷野"呢?在旧约和当时的犹太文献中,"旷野"通常是人领受从天而来之启示的地方,②而在启示录中,约翰也曾立足于拔摩海岛上(1:9),上了高天(4:1),下到海边(12:17),并将要在21:10那里,上到一座高山之上,因此这里的"旷野",可能并不具有特殊意义。③ 也就是说,约翰在这里可能只是跟随着当代的观念,以"旷野"作为他领受异象的地点而已。一般而言,这个看法是可以接受的,但在前面我们已经晓得,在约翰的设计中,人子在拔摩海岛上的显现(1:9-3:22),乃是和天庭异象互相对应的(4:1-16:21);而他在此处于旷野所看见的大淫妇之异象(17:1-19:10),乃和他将要看见之新妇耶路撒冷之异象(21:9-22:9),彼此呼应,因为在该异象中,约翰乃是被带到一座高大的山上。④

事实上,此一将"旷野"和"高山"对比的手法,已经在前面的经文中出现了。在12章中,那象征教会的妇人,乃是在"旷野"为神所保护(12:6,14),因为她乃是在那里,为

---

① 详见页112,235-37。

② 例如,出3:1ff;黑马牧人书 Vis. 1.1.3;3.1.3。Beale 认为此处经文乃本于以赛亚书21:1-10(*Revelation*, 851)。就"巴比伦倾倒了倾倒了"的语句而言(18:2;亦参14:8),这个见解是准确的(参,赛21:9),但就"旷野"的元素而论,我们则无法确定约翰在此是否以以赛亚书21:1为其蓝本,因为"论海旁旷野之默示"的本身,就有经文鉴别上的困难:LXX中只有"旷野",但MT中却是"海旁旷野"(J. D. W. Watts 因此就将之译为"沼泽地"[*Isaiah* 1-33,270-71])。

③ 此乃 Beckwith 的见解(*Apocalypse*, 692)。

④ 相关讨论以及此一设计和以西结书之关系的分析,见页114。

红龙撒但所逼迫(12:13,15－17)。但当我们来到了14章的时候,这一群属神的子民,却和羔羊站一同站在锡安山上(14:1－5)。在12章那里,我们已经晓得,“旷野”,在约翰的手中,已被转化为“世界”的代名词,因此在这里我们也就一点也不意外地看见,他乃是被天使带到“旷野”,并在那里看见此一异象的主角,大淫妇巴比伦。她乃是坐在众水之上,也就是坐在多民多人多国多方之上的那一位(17:1,15),因此要对她有更多的认识,有什么地方比“旷野(＝世界)”更合适的呢?若教会乃是在锡安山上,是永生神的城邑,天上的耶路撒冷,和圣徒所聚集的总会(来12:22－23),那么大淫妇巴比伦自然就是那叫地上君王与之行淫,并叫地上之人喝醉了她淫乱之酒的世界了(17:2)。

17:3b 我就看见一个女人骑在朱红色的兽上;兽身写满了亵渎的名号,并有七头和十角(καὶ εἶδον γυναῖκα καθημένην ἐπὶ θηρίον κόκκινον, γέμοντα ὀνόματα βλασφημίας, ἔχων κεφαλὰς ἑπτὰ καὶ κέρατα δέκα)

在灵里,被带到旷野的约翰,所看见的乃是一个骑在兽身上的女人。此一“乘骑”在兽身上的画面,当然凸显了此一女人“超越兽”的地位,但她究竟有何德何能,能让她乘骑在兽的身上呢?在13章中我们已经晓得,“海兽”乃政治军事、武力强权的罗马,而“陆兽”乃那些借着推行“帝王崇拜”,而欲意与罗马政权交好的亚洲地方政要;因此对海兽罗马而言,“宗教(帝王崇拜)”乃是要为政治服务的,是海兽罗马维持其帝国统一的手段之一。但在此约翰却让我们看见,在“谁能与之比拟,谁能与之交战”的兽身之上(13:4),竟然还坐了个女人。此一女人是诱人离开真理的“异教”吗?①应该不是,因为“异教”乃是服事海兽,在海兽之下的“陆兽”。那么她究竟是谁呢?正如我们在上两节经文中所看见的,能骑在兽身上的,就只有“拜金主义”了;因为不管是宗教信仰,不管是政治结盟,更不管是军事力量,它们所要达到的目标,都是一致的,那就是,经济的发达和财富的累积。就当代的历史来看,罗马的确是靠着她强大精良的军事力量而一统天下,而借着“帝王崇拜”她也让其辖下的各方各族,有了效忠皇帝的管道,并为整个帝国创造了一个“政治正确”标准。② 但要让帝国长治久安,要让其子民能心存感恩的(不论有多少)依附在其翅膀之下,非经济利益,是不足以成事的。就我们今日所知,罗马的经济当然不是“均富”的,但在她为地中海地区所带来的“罗马和平”中,因着治安、交通、航海的改善和兴盛,原本在社会中地位不高的人,像是奴隶、工匠、水手、商人却可以因着财富的累积,而晋升到较高的阶层。不单“罗马公民”的身份,可以用钱买到(徒22:28),连“地方官员”的位置,也都可以因人的财富

① 此乃 Thomas 等人之见(*Revelation* 8－22,286)。
② 详见,J. N. Kraybill, *Imperial Cult and Commerce in John's Apocalypse*, 58－65。

的增加或减少,而得着或是失去。① 就整体而言,在第一世纪末叶,地中海地区的人民可说是活在一个史上少有的繁荣情况之中。

如是国度,的确吸引人,但约翰却也立即告诉我们,此一女人乃是骑在一只朱红色的兽身之上。此一颜色所要凸显的,可能只是此兽生活的奢华(参,下一节经文女人所穿紫色和朱红色的衣服),②但由于此兽所系出的,乃红龙,而它的七头十角乃军事力量的象征,因此"朱红色"也更可能是它逼迫圣徒之行径的反映。③ 但不论何者为是,朱红色之兽所带给人视觉上的震撼,和心理上的恐惧感,恐怕是不能避免的。

朱红色的兽已令人讶异,但在它的身上,还写满了亵渎的名号,④并有着七头十角。在 13:1 那里我们已经晓得,此兽乃以但以理书 7 章中的四兽为背景,而约翰在启示录中,则是将它们加总在一起,而成为一只海兽。在第一世纪的当下,此兽乃罗马帝国,而角则是军事力量的象征。在 13:1 那里,有亵渎名号的,是七头,但约翰在此却将此特征,遍布在全身上。此一差异不大,因为在 13 章中,"头"和"兽",乃是可以互换的(头受了死伤 = 兽受了死伤;13:3,12,14)。在 13:1 那里我们也已经提及,此兽身上之所以会有亵渎的名号,乃因罗马皇帝,在自己的头上(或是要求其子民),冠上了"神圣的"或是"主和神"的称号,而此行径,在约翰的眼中,乃人自立为神,篡夺神的荣耀的举动,也因此就具有亵渎神的意涵。罗马容或强大,而罗马皇帝对地中海地区所能带来的,也的确是和平和繁荣,但在圣经的启示中,执政掌权的,不论他所能成就的有多大,至多也只是神的仆役(罗 13:1 – 7),而不是上帝。

17:4 那女人身穿紫色和朱红色的衣服,佩戴着金子、宝石和珍珠的妆饰。手拿金杯,杯中装满了可憎之物,就是她淫乱的污秽(καὶ ἡ γυνὴ ἦν περιβε-βλημένη πορφυροῦν καὶ κόκκινον καὶ κεχρυσωμένη χρυσίῳ καὶ λίθῳ τιμίῳ καὶ μαργαρίταις, ἔχουσα ποτήριον χρυσοῦν ἐν τῇ χειρὶ αὐτῆς γέμον βδελυγμάτων καὶ τὰ ἀκάθαρτα τῆς πορνείας αὐτῆς)

乘骑在红兽身上的女人,乃身穿紫色和朱红色衣服,并以金子、宝石和珍珠为其妆饰。在古代,由于紫色和朱红色的颜料,只能从某些贝壳体内细小的腺体中萃取而出,因此其价值十分昂贵。⑤ 也因着如此,紫色和朱红色的布料,不单是高价商品,也成为地位和财富的象征。例如,拥有至少 100 万罗马银币(sesttertii)之罗马元老

---

① 详见,J. N. Kraybill, *Imperial Cult and Commerce in John's Apocalypse*, 68 – 72。

② Swete, *Revelation*, 215; Osborne, *Revelation*, 610.

③ Beale, *Revelation*, 853.

④ 有关"满了名号(γέμοντα ὀνόματα)"一语在经文鉴别,以及在文法结构上的问题,见 Aune 的分析和讨论(*Revelation* 17 – 22, 908)。

⑤ *ISBE* 7115.

（senator），在其所穿的外袍之上，就镶有一条宽幅的紫色镶带；而那些拥有 40 万银币的骑士阶级（equestrians），就只能以窄幅的紫色镶带，作为他所拥有地位的象征了。① 但不论其镶带的宽窄，紫色或是朱红色，都代表着富裕。②

除了以其所穿紫色和朱红色衣服，来显明此一女人（罗马）的财富之外，约翰也告诉我们这个女人乃是以金子、宝石和珍珠为妆饰。这三样物件，都出现在 18:12－13 中，也就是地上商客从世界各个角落，运送到罗马的货物明细表中；并在该货物清单里面，名列前茅（第一，第三和第四）。而和紫色和朱红色衣服并列，这五个物件也一起出现在 18:16 中；在那里，穿戴这些物件的，乃是大城巴比伦。因此借着如是连结，约翰在此告诉我们，罗马巴比伦的富裕和奢侈，乃是无与伦比的。用中国人的话来说，她乃是“穿金戴银，大享荣华富贵”的一位。

在第一世纪之时，那些专以达官贵人为对象的妓女，正是以如是妆扮来取悦，迷惑，甚至剥削她们的客人。③ 因此对启示录的第一读者而言，如是画面的含义，几乎是不说自明的。也因着如此，约翰接下来就告诉我们，此一女人还手拿金杯，而其中所装的，是可憎之物，就是她淫乱的污秽。④

此一手拿金杯的画面，乃从耶利米书 51:7 而来，因为在那里巴比伦也曾被比喻为一个在耶和华手中的“金杯”。以此贵重物件来譬喻巴比伦，乃因巴比伦在经济上的富裕；⑤而在先知的眼中，她藉此吸引列国来归顺她，正有如一个在筵席中，以酒灌醉客人之主人的作为一样（万国喝了她的酒就癫狂了）。和此背景相较，约翰的确将手拿金杯的，从耶和华神更改为巴比伦本人，但以“金杯”迷惑列国的主题，却没有改变，因为当代罗马所行的，正和耶利米笔下之巴比伦所行的，没有差别。

但此一金杯中所装的，究竟是什么呢？“可憎之物”和“淫乱的污秽”所指的，是偶像崇拜，以及那些经常伴随着异教庆典而有的性活动吗？⑥ 在旧约中，“可憎的”所指，的确是“偶像崇拜”，⑦而“污秽/不洁”也指向不合礼仪的动作或是祭物。但约翰在此是否是以此方式，来使用这两个语词呢？不论从耶利米书之“金杯”的背景，或是从前面我们对此女人之理解来看，约翰在此藉这两个词语所要表达的，恐怕不是异教

---

① J. N. Kraybill, *Imperial Cult and Commerce in John's Apocalypse*, 72－73.

② Beckwith, *Apocalypse*, 693; Charles, *Revelation II*, 64; Thomas, *Revelation* 8－22, 287; Osborne, *Revelation*, 611.

③ Aune, *Revelation* 17－22, 935.

④ 在此我们乃是以“解释性”的方式，来理解连接“可憎”和“污秽”的连接词（καὶ）。

⑤ J. A. Thompson, *Jeremiah*, 751; W. L. Holladay, *Jeremiah* 2, 422.

⑥ Thomas, *Revelation* 8－22, 288; Aune, *Revelation* 17－22, 935－36; Osborne, *Revelation*, 611－12.

⑦ 参，利 18:27；申 12:31；18:9；20:18；29:17；32:16；王上 14:24；王下 16:3；21:2；23:24；赛 66:3；耶 4:1；13:27；32:35；44:22；结 5:9；6:9；8:6，9，13，15，17；11:18；14:6；16:2；20:7，8。

崇拜和其礼仪。在前面我们已经指出,罗马巴比伦叫人拜倒在她石榴裙下的,乃是她向其子民所应许,也已经提供的“经济利益”;因此在她叫列国喝醉之金杯中所装的“酒”,也应该是“丰富的物资”。① 但约翰为何要在此将人见人爱的“财富”,以“可憎的”和“污秽”为其名呢?他的理由和逻辑何在?

从创世记来看,这个世界是神所创造,并交给人所管理的,因此人对这个世界就肩负着“文化的使命”。准此,人藉由妥善管理这个世界,而提升他生活的品质和水平,原是神的心意。此一使命,的确是人服事神的途径之一,但人管理这个世界的目的,并不只是要让他能活的下去,也不只是要让他能活的更好;而是要藉物资的供应,而使他能“生养众多”,繁衍后代。但为何要繁衍后代呢?因为人乃神所住的圣殿,因此人管治世界,从物质养生,并生养众多的最终目的,乃在扩展神的国度。此一原始设计,在亚当犯罪之后,当然受到了影响,因为他所生下来的,并不全然都是“敬虔的后裔”(例如,该隐)。但神为了完成祂建造国度圣殿的目的,就让人依旧可以管理这个世界,好叫人可以继续繁衍;而祂因此也就可以从其中救赎人出来,组成祂的国度(例如,亚伯,以色列和教会)。

从这个角度来看,物资财富从来就不是中性的。它原是神的赏赐,也要为神国所用。但在亚当堕落之后,人对世界/财富的态度,就因着罪而有了变化。因为人借着这个世界所要建造的,不是神的国,而是人的国(例如,该隐所建立的家族王国;创4:16-24)。人以为他可以靠着自己的努力和能力,不单在今世建立一个以他自己为中心的国度,甚至是一个通天之塔(巴别塔;创11:4a),也可以让自己留名于来世(创11:4b)。而如是思维,如是信仰,不是异教,不是偶像,还会是什么呢?如此价值观,如此人生哲学,在真理的对照之下,难道不是可憎的吗?难道不是污秽不洁的吗?偶像崇拜是可憎的,但它只是表相而已;因为在人求神问卜的背后,不管他呼求之神祇的名字是什么,其动机总是“我可以得着什么”。主前的巴比伦,和主后的罗马巴比伦,都在其所统治的地区之中,十分成功地建立了一个“拜金的宗教”,而其原因,乃在她们都相当准确地掌握到人以自我为中心的特性。但如是宗教的焦点,在被造的人,而不在创造人和世界的神,因此它虽是一个信仰,但却是一张混淆真钞的假钞。它看来很吸引人,也似乎能带给人立即的满足,快乐,甚至盼望,但当人喝醉了这杯酒之后,当人的心眼为其所蒙蔽之后,他就看不见永恒的真光了。在论及如是信仰之时,有什么语词比“可憎和污秽”更合适的呢?事实上,约翰对拜金主义的理解,以及他之所以会对它带着如此深恶痛绝的态度,恐怕也是受到了耶稣的启迪。因为当耶稣向贪爱钱财的法利赛人说了“你们不能事奉神,又事奉玛门”之教训,并被他们嗤笑后,

① Beale, *Revelation*, 855.

他的回应正是"人所尊贵的，却是神看为可憎的（βδέλυγμα；路 16:15）"。①

17:5 在她额上写着一个奥秘的名字：大巴比伦，众淫妇和世上可憎之物的母亲（καὶ ἐπὶ τὸ μέτωπον αὐτῆς ὄνομα γεγραμμένον, μυστήριον, Βαβυλὼν ἡ μεγάλη, ἡ μήτηρ τῶν πορνῶν καὶ τῶν βδελυγμάτων τῆς γῆς）

在华服、饰品和红兽座骑的衬托之下（17:3－4），此一女人一出场，就已然具有勾魂摄魄的气势了。但令人讶异的还不止于此，因为在她的额上，还写着一个神秘的名字。② 对此"额上写名"的画面，有人认为此乃当代风俗的反映，因为罗马妓女多会在其额上，戴着一条写了她名字的头带。③ 此说相当有意思，但不论约翰是否以此为本，在启示录中，"额上写名"却是约翰用来表达一个群体所属，以及她所拥有之特色的文学手法之一：在属兽随龙之人的额上，有"兽的记号"（13:6；14:9；20:4），而在圣徒的额上，则盖有"父神和羔羊的名字"（7:3；9:4；14:1；22:4）。因此借着"额上有名"的方式，约翰在此就为此女人是谁的问题，放下了一个解开谜团线索。

但他为何又要说，写在额上的名字，乃是一个"奥秘"呢？从 17:7 天使向约翰解释"此一淫妇和兽是谁"的动作来看，"奥秘"所指的，是一个原先隐藏，并且须要经过解释才能明白的真理。此一理解基本上是准确的，因为在 1:20 那里，七星和七个个金灯台的"奥秘"，也是在经过人子的解释之后，约翰才明白它们的含义。④ 但和 1:20 相较，此处"奥秘"所指，并非女人，而是写在她额上的名字。那么"大巴比伦"有什么"奥秘"可言呢？在约翰的当代，以"巴比伦"表"罗马"的文学手法，出现在许多文献当中，⑤因此对第一世纪末叶的教会而言，"巴比伦"一词并不能算是"奥秘"。对第一读者（以及后世读者）而言，"巴比伦"之所以是个"奥秘"，不单是因为她乃罗马，也因她是"众淫妇和世上可憎之物的母亲"。换句话说，后面跟"大巴比伦"后面的文句，正是"大巴比伦"的解释。

但"众淫妇和世上可憎之物的母亲"，所指的又是什么呢？"母亲"可以是"原型"或是"来源（众淫妇乃由她而出）"，⑥但不论约翰是以哪个方式来使用此一"譬喻"，

---

① 亦参，Swete, *Revelation*, 216；J－P. Ruiz, *Ezekiel in the Apocalypse*, 330－31。

② 和合本、新译本、ASV 和 NIV 等译本，将"奥秘（μυστήριον）"一词亦视为名字的一部分，而思高、吕振中、RSV、NRS 和 NAS 等译本，则将"奥秘"视为与"名字（ὄνομα）"平行，具有解释性意义的语词。就文法结构而论，这两个见解都是可能的，但由于天使在 17:7 那里向约翰解释了"此一女人是谁"的问题（Aune, *Revelation* 17－22, 936），而在 14:8 和 18:2 中，此一女人的名字都是"大巴比伦"（Thomas, *Revelation* 8－22, 289），因此"奥秘"应不是名字的一部分。

③ Swete, *Revelation*, 217；Beckwith, *Apocalypse*, 693；Charles, *Revelation II*, 65；Mounce, *Revelation*, 310。此一见解乃根据 Seneca, *Controv.* i. 2 和 Juvenal, *Sat.* vi. 123 这两个文献而来；但第二个文献并未反映此一习俗（Ford, *Revelation*, 279；Beale, *Revelation*, 858）。

④ 有关此一语词在启示录中之含义的讨论，见 1:20 和 10:7 的注释。

⑤ 例如，巴录二书 11:1；67:7；79:1；西卜神谕篇 5:143，159；以斯拉四书 3:2；彼前 5:13。

⑥ 参，Aune, *Revelation* 17－22, 937；Osborne, *Revelation*, 613。

大巴比伦乃总其成者。在第一世纪的当下,此一大淫妇巴比伦当然是罗马(经济的),但由于她和古代的巴比伦一样,也以其金杯迷惑了列国(参,上节注释),甚至青出于蓝,比她的前辈还更胜一筹,因此她就成了众淫妇和世上可憎之物(拜金主义)的"母亲"了。也就是说,她不单是当代的淫妇巴比伦,也是在她之后,"众淫妇"的始祖了。对熟悉启示录的读者而言,以此"超越时空"之方式来理解"大巴比伦",应该不算太难,因为此一淫妇所乘骑的"兽"(17:3),在13:1-2中,就已经是但以理书第七章中"四只海兽"的加总了(见该处注释);而我们在前面也已经晓得,罗马海兽因着站在它背后的红龙撒但,也就在"属灵的"层面上,成为所有敌对神之势力的代表。而如是理解,也一样适用于骑在它身上的"大淫妇巴比伦"。

事实上,若再往回走一点,我们也将记得12章中,身披日头、脚踏月亮的"妇人",也是个母亲(男孩,其余的儿女)。在启示录中,她乃是与此处之"大淫妇"所相对的一个群体,因为她乃红龙藉海兽之手所逼迫的对象。在前面我们已经知道,她所代表的,并不只是那将弥赛亚男孩带到世界的以色列人,而是历代圣徒的总和。因此若这个妇人可以是属神子民的总和,那么逼迫她的"大淫妇巴比伦",也可以是敌对神,逼迫教会之势力的象征了。①

不单如此,在11:8那里,约翰也曾因着"大城(罗马巴比伦)"杀害了"两个见证人(教会)",而在"灵意(属灵)"的层面中,把"所多玛"、"埃及"和"耶路撒冷"的名字,都加在她的身上。这节经文和此处经文之类似,不单在它们都要求读者以"灵意"或是"奥秘"的方式,来理解一个城的名字,也在这两个城所行的事上,彼此平行。因为正如"大城"杀害了两个见证人,此处之大淫妇巴比伦,也"喝醉了圣徒的血,和为耶稣作见证之人的血"(17:6)。因此若是被"大城"所逼迫的"两个见证人",可以是"教会"的象征,那么此处的"大巴比伦",也可以是"当代之罗马,和其后和她一样逼迫教会之政权的总和"了。

正如先知们曾以历史中的埃及,或是当代的亚述和巴比伦,作为"末日敌对神国之世界"的代表;约翰在启示录中,也照样以历史的巴比伦,和当时的罗马巴比伦,作为末日"敌基督"的模型。约翰当然关切当代罗马巴比伦对教会的逼迫(见2-3章),但他更关心的,恐怕是"灵界的争战和其意义"(参,12章),因为最后的胜负,乃在这个层面中决定。约翰之所以会说"大巴比伦"乃"奥秘",是因为她的真面目,她诱惑人的特色和伎俩,以及她对那些跟随她的人所能带来永恒的伤害,只有透过圣灵的帮助(在灵里),才能完全洞察。约翰在此敬告读者:不要被她华丽的外表所骗,也不要被她所应许的富裕生活所迷惑,因为她乃是"众淫妇和世上可憎之物的母亲"。

---

① 亦参,Beale, *Revelation*, 859。

17:6a　我又看见那女人喝醉了圣徒的血，和为耶稣作见证之人的血（καὶ εἶδον τὴν γυναῖκα μεθύουσαν ἐκ τοῦ αἵματος τῶν ἁγίων καὶ ἐκ τοῦ αἵματος τῶν μαρτύρων Ἰησοῦ）

在上一节经文中，约翰借着"奥秘"一语，要其读者透视大淫妇巴比伦迷惑世人的伎俩，而在本节经文中，他则是明白地将她的真面目，显露了出来。因为在她华丽外表下所包藏的，乃是一颗嗜血的心。

在旧约中，当神论及祂为要拯救属祂子民而刑罚他们的仇敌时，多以祂的刀剑将要"喝血喝醉"，或是祂的仇敌将要"喝醉自己的血"之譬喻，来凸显祂的大能，以及祂的得胜（申 32:42；赛 34:7；49:26）。而在这里，约翰则是将此比喻，应用在大淫妇巴比伦的身上。因为她虽然有着吸引人的外表，但她所乘骑的，乃是一只不折不扣的恶兽。在 13 章中，我们已经看见此兽在神的容许之下，不单与圣徒争战，并且得胜（13:7），并且还以"兽名记号"，作为商业买卖的许可证（13:17）。因此在政治军事和经济的多重管治之下，属它的人自然要得着各样好处，但对那些"不识相"，"不照单全收"的人而言，其下场就不言可喻了。

在 13 章中，在兽蹄之下的，是"圣徒"（13:7；亦参，14:12），因为他们乃是一群将自己从这个世界中区隔出来的人（圣的；τῶν ἁγίων）。而在这里，约翰则是更进一步地以"为耶稣作见证之人"的方式，来定义何谓"圣徒"。① 也就是说，在这里被此淫妇所逼迫的，只有一个群体。这一群人，在 14:4 那里，是"羔羊无论往哪里去，他们都跟随祂"的人，而在 14:12 中，则是"谨守神的诫命和对耶稣忠诚"的人。但为何大淫妇巴比伦会对这一群人如此"感冒"，并欲除之而后快呢？只因他们跟随羔羊，而不跟着她的脚步而行吗？应该是。但为何此一"拒绝她"的举动，会引发她如此强烈的反应呢？原因其实无他，乃因此一举措，显示了"她并非这个世界之主"的事实，也让人晓得在她之外，还有其他选择。不单如此，此一"拒绝她"的举措，正有如一面"照妖镜"，反映出她真实的面貌：向着世界，向着那些跟随她的人，她以灿烂迷人的笑脸迎之，但对那些拒绝她，让她媚术"破功"的人，她不单要伸出她的利爪来逼迫他们，甚至也要张口吞吃他们（参，彼前 5:8）。对动摇甚至颠覆其国度的他们，非喝醉他们的血，恐怕还真不足以表达她对他们的愤恨。

17:6b－7　我看见她，就大大的惊奇。[7]天使对我说，"你为什么惊奇呢？我要将这女人，和她所骑七头十角之兽的奥秘告诉你"（Καὶ ἐθαύμασα ἰδὼν αὐτὴν θαῦμα μέγα. [7]καὶ εἶπέν μοι ὁ ἄγγελος, Διὰ τί ἐθαύμασας; ἐγὼ ἐρῶ σοι τὸ μυστήριον τῆς γυναικὸς καὶ

① "和（καὶ）"在此乃解释性的连接词（Mounce, *Revelation*, 311；Aune, *Revelation* 17－22, 937；Beale, *Revelation*, 860）。

τοῦ θηρίου τοῦ βαστάζοντος αὐτήν τοῦ ἔχοντος τὰς ἑπτὰ κεφαλὰς καὶ τὰ δέκα κέρατα)

在十七章中,这一节半的经文乃扮演着“转折”的角色,因为它像一个旋转门般地将我们从“异象本身”(1-6a)带到了“异象解释”(8-18)的部分。而此一“转折”,则是由约翰对异象的反应,和天使之回应所组成。

但约翰为何会对他所见女人,产生“大大惊奇”的反应呢?在启示录中,“惊奇(θαυμάζω)”一语一共出现了四次(13:3,17:6,7,8)。除了此处约翰和天使的对话以外,在13:3和17:8中的“惊奇/希奇”,乃因世人看见兽“受了死伤但又复生”,或是兽乃“先前有,如今没有,以后再有”之特色,而产生的反应。

在13章那里我们已经晓得,“受了死伤但又复生”乃由“尼禄复生”之传说而来;而约翰之所以会使用此一传说,乃是要让海兽罗马,和那真正已从死里复活了的人子羔羊,产生对比。在17:8那里我们也将一样看见,约翰将兽描述为“先前有,如今没有,以后再有”,也是要让它和“昔在今在将要再临”之上帝产生对比。因此世人之所以会对海兽产生“惊奇”的反应,并随后有了拜它的举动(13:4),乃是因为它所具有“有如上帝”的特色。准此,在学界中就有人认为,约翰在此的“惊奇”,是“钦佩”,甚至是“我心向往之”的宗教情愫。①

从13章来看,此一理解是可能的,而此一女人在服饰上,和新妇耶路撒冷之类似(21:2,11-21),也可能让约翰在这里错将此“东施”误认为“西施”。但从此异象之始,天使就已明言“此乃大淫妇受刑罚之异象”(17:1),而她所乘骑七头十角之兽(17:3),以及她喝醉了圣徒之血的画面(17:6a),恐怕都不会让约翰产生任何“钦羡甚至敬拜”的反应。

那么约翰之“惊奇”,是因着这个女人在形象上的华丽和炫目而产生的吗?有可能,但约翰在前面早已见过各式叫人目不暇给,内容“怪异”的异象了(例如,身披日头,脚踏月亮,头戴十二星冠冕的女人;12:1)。约翰的惊奇,最合乎逻辑文脉的解释,乃是他对此异象的含义不了解而有的;②因为在此异象之始,他被告知此异象的内容,乃是关乎“大淫妇的审判”,但直到此时,他所看见的,和此主题似乎完全无关:此一女人不单乘骑着七头十角之海兽,盛装出场;也在逼迫圣徒的事上,大大地得胜(喝

---

① 例如,Caird, *Revelation*, 213-14; Sweet, *Revelation*, 255; Michaels, *Revelation*, 194; Beale, *Revelation*, 862-63。除了从宗教情愫(钦羡/敬拜)的角度来解读约翰的“惊奇”之外,学界中也有人从“女性主义/性别主义”之角度来读启示录;而从此角度切入,约翰的“惊奇”,就具有“欲望”的意涵了(T. Pippin, *Death and Desire: The Rhetoric of Gender in the Apocalypse of John* [Louisville: Westminster, 1992],57)。此说的困难在于,虽然此一女人的确令人“惊艳”(4-5),但她喝醉了圣徒之血的画面(6a),却恐怕只会让约翰“退避三舍,敬而远之”。

② Aune, *Revelation* 17-22,938.

醉了圣徒的血)。①

约翰的"不解",引来天使的解释。此一"异象+解释"的模式,是神启示真理的途径之一。在被掳前,在异象中所出现的"解释者",是神自己(摩 7:8;8:2;耶 1:12,14),而在被掳之后,神虽然依旧在异象中出现,但解释异象的,却变成了天使(例如,结 40-48;亚 1-6)。② 而在这些旧约经文中,约翰的"不解"和天使的解释,恐怕和但以理的经历,最为接近,因为先知对其所见"四兽异象"的反应,正是"愁烦和惊惶"(但 7:15);而回应其不解和迷惑的,也正是侍立在天庭中的一位天使(但 7:16)。③

正如但以理天使之于先知,启示录的天使也开始向约翰解释此一异象的含义:"我要将这女人,和她所骑七头十角之兽的奥秘告诉你。"单从 17 章的经文来看,天使的解释,多集中在兽(8-17),而关乎女人的,只有一两节经文(15,18),因此在比例上,似乎有些不平衡。但若我们将全然关乎此女人之审判的 18:1-19:5 也列入考量的话,此一不平衡的现象就消失了。事实上,由于此一女人的命运,乃和她所乘骑的兽,紧紧连结在一起(详下),因此天使在如下的经文中,就先对兽的部分,多所着墨了。④

17:8 你所看见的兽,是先前有,如今没有,将要从无底坑里上来,但又要走向毁灭的。凡住在地上,名字从创世以来没有记在生命册上的人,见先前有,如今没有,将来还要出现的兽,就必希奇(τὸ θηρίον ὃ εἶδες ἦν καὶ οὐκ ἔστιν καὶ μέλλει ἀναβαίνειν ἐκ τῆς ἀβύσσου καὶ εἰς ἀπώλειαν ὑπάγει, καὶ θαυμασθήσονται οἱ κατοικοῦντες ἐπὶ τῆς γῆς, ὧν οὐ γέγραπται τὸ ὄνομα ἐπὶ τὸ βιβλίον τῆς ζωῆς ἀπὸ καταβολῆς κόσμου, βλεπόντων τὸ θηρίον ὅτι ἦν καὶ οὐκ ἔστιν καὶ παρέσται)

天使对兽之解释,乃是"先前有,如今没有,将要从无底坑里上来,但又要走向毁灭的"。此一对兽的描述,在本节经文的后半,变成了"先前有,如今没有,将来还要出现的",而在 17:11 中,则是"先前有,如今没有的兽,就是第八位。他也和那七位同列,并要走向毁灭"。但如是对兽的描述,其含义何在?

第一,若以"过去的"角度来看,也就是从约翰当代的历史来看,那么此兽就可能是(a)罗马皇帝维斯帕先(Vespasian)了,因为他原为尼禄所钟爱(先前有),但又失去宠爱(如今没有),而最终却得以登上帝位(再现);或是(b)第一世纪的罗马帝国:从

---

① Swete, *Revelation*, 218; Osborne, *Revelation*, 614.

② J. E. Goldingay, *Daniel*, 173.

③ 亦参,Aune, *Revelation* 17-22,938。在 13:1 那里我们已经提及,海兽罗马的"七头十角",乃是但以理四兽的加总,因此约翰在此以但以理书第七章为本的看法,其可能性也因此更为提高。

④ 亦参,Beckwith, *Apocalypse*, 694-95。女人和兽的密切关系,也是约翰以一个"奥秘"的语词,来涵盖"女人"和"兽"的原因。

凯撒到尼禄的时期(先前有的五王;参 17:11),到争夺帝位的动乱时期(AD 68 - 69;如今没有),再到维斯帕先的一统天下(AD 69;帝国再现)。①

第二,若采"历史的"观点,那么此兽的先前有,乃指异教罗马,也就是逼迫教会的罗马;如今没有所指的,则是康士坦丁大帝设立基督教为国教之后的罗马;而将要从无底坑里上来,但又要走向毁灭的,乃是在教皇管治之下的罗马。②

第三,若以未来的观点来读启示录,"先前有,如今没有,将要再现",都是未来的;而此兽乃末日的敌基督,即重出江湖,逼迫教会的罗马帝国。它要在末日七年大灾难的前半大大兴旺(先前有),在"一七之半"受到致命的死伤(13:3;如今没有),而后随即得着医治,并使得全地的人都拜它(13:3 - 4;再现)。③

第四,若从"属灵的"或是"概念的"角度来理解这节经文的话,兽所指的乃是敌对神的邪恶势力。在此前提之下,约翰对兽的描述,可以有两种解读的可能。(a)先前有就是邪恶势力的存在,而"将要再现"所指的是此一势力,例如,但以理书第七章中的小角安提阿哥四世,或是第一世纪的尼禄皇帝,在人类历史中的不断重现,而约翰之所以会说它"如今没有",乃因他写书之时,从兽而来的逼迫虽然有如乌云般地笼罩在他的头上,但雷雨却还没有降下。④ (b)邪恶势力在人类历史中掌权的事实,是"先前有"而"如今没有"和"将要再现",则是撒但权势被基督在十字架上所击败之后(如今没有),依旧想要"翻身"的无谓尝试。因此约翰借着如是语句,所要凸显的是兽的无知和可笑;因为和"昔在今在将要再临"的上帝相较(1:4,8;4:8),它就差了那么一点点。⑤

这四种解读启示录之方法的一般性优缺点,我们在导论的部分已经有了说明,因此在这里就不再重复了。但就此节经文而言,上述第四种看法中的后者(即,4b),虽然还有待修正和补强(详见下文),却可能最靠近约翰的原意。何以见得?

第一,在 1:4 有关"今在昔在将要再临"一语的分析中,我们已经晓得此一"时间三重语法"的重点,不在上帝无时间的特性,而是要凸显"神的权能";而此能力,则是在祂于人类历史中,所施行之救恩,和祂对敌对祂之人的刑罚里面,显示出来的。因

---

① Ford, *Revelation*, 288 - 89. Chilton 亦采此见解,只是他也认为,此一描述也适用于站在兽后面的红龙(*Days of Vengeance*, 433 - 34)。类似看法,可见 S. Gregg, ed., *Revelation: Four Views*, 408 - 12。

② *Treasury of Scripture Knowledge*. 资料来源,S. Gregg, ed., *Revelation: Four Views*, 408。

③ Thomas, *Revelation* 8 - 22, 293.

④ Hendriksen, *More than Conquerors*, 170; Mounce, *Revelation*, 312.

⑤ Beale, *Revelation*, 864. 在上述四个阵营中,还有因人而异的不同解读,但笔者所列举的例子,应该已经足以显示各家对此问题的看法了。

此兽的“先前有，如今没有，将要再现”，其主要焦点恐怕也不在“何时要发生什么事”，而是要显示兽“看似有如神般的能力，但却完全不是那么一回事”的可笑情况。换句话说，兽的“时间三重语法”，其含义必须和属神的“时间三重语法”对照合参，才能确定。①

第二，从“对照合参”的角度来看，兽和上帝在“时间三重语法”上的差异，乃在它不单“如今没有”，也是“将要再现但却要灭亡”。就“如今没有”而言，它所对应的是神的“今在”。此一语句，在4:8的天庭情节中，乃排名第二（昔在今在将要再临），但在启示录的前言中，它却名列第一（今在昔在将要再临；1:4，8）；而其原因，乃因约翰要提醒他的读者，虽然他们的处境艰辛，但神依旧掌权，因为教会存在的事实，就已经是神权能的彰显了（详见该处注释）。此一“今在”的事实，在启示录中，是以“教会＝十四万四千人的羔羊之军”的异象来呈现的（7:4－8；14:1－5），也隐含在诸多“圣徒乃藉受苦而得胜”的劝勉和提醒中（12:11；13:9－10；14:12－13）。相对于此，兽的“如今没有”，也一样必须以一个属灵的角度来理解。在13章那里我们已经提及，在第一世纪的当下，兽虽然像羔羊一样的受了死伤（尼禄自裁所引发的动乱），但它却复生了（维斯帕先的复兴；13:3，12，14），因此它几乎可以取代羔羊，而成为“救世主”了。就现实面而论，兽的确为它自己建立了一个国度，而它的得胜，恐怕以“大大”两个字来形容都还不足够（参13章），但从属灵的角度来看，它虽然以为它乃“今在”的那一位，但因着它想要自立为神（亵渎；13:6），以及它对手无寸铁之教会的逼迫，它的刑罚和审判就已经确定了（14:8；16:1－21）。因此在约翰的眼中，它其实是“如今没有”的。换句话说，若神藉耶稣基督之死和复活，已在这个原本属撒但的世界中，建立了一个属祂的国度（今在），那么撒但之国（兽）也因着羔羊人子在十字架上的得胜，就开始瓦解了（如今没有）。此其一。

就兽“将要再现但却要灭亡”的描述而言，它所对应的，是神“将要再临”的特色。在启示录中，神的再临，乃是以“基督再临”的方式来呈现的（2:5，16；3:11；16:15；22:7，12，20），而祂的再临，在19章中，正是以审判“兽，叫人拜兽的假先知，和拜兽之人”为目标（19:20－21）。因此兽虽然有如“尼禄复生之传说”中所言，将要复出，②但由

---

① 在启示录中，兽的“时间三重语法”一共出现了三次（17:8a，8b，11），而神的“时间三重语法”也一样出现了三次（1:4，8；4:8）。此一对应有可能是巧合，但就我们对约翰文学手法的理解来看，这个现象恐怕不是巧合所能解释的。就本节经文而言，他两次提及兽时，都以“先前有，如今没有，将来还要出现”来形容它，其实是有些累赘的；因此此一重复，很可能也是为了要让兽和神对应而有的。

② 有关启示录13章和“尼禄复生之传说”的关系，见13:3之前的附录九。有关约翰在17章中如何使用该传说的分析，见R. Bauckham, *The Climax*, 431－41。

于此回它不再只以教会为其逼迫对象(13 章),而是要向“万主之主万王之王”的羔羊挑战(17:14),因此它的“再临”,就自然要以毁灭收场了。它虽然满有权势的要从无底坑(即,海;13:1)而出,但它失败命运早已确定。

在诸多不同的见解之中,此一看法最合乎整卷启示录之文脉逻辑。在前面我们已经多次提及,①约翰借着“红龙授权与海兽,而陆兽又叫人拜海兽”的方式,让此一集团具有“三一”的架势,只是他们的本质是邪恶的。而此一“反讽”手法,在此处经文的应用,就是兽“先前有,如今没有,将要从无底坑里上来,但又要走向毁灭”,和神“昔在今在将要再临”的对比。因此这个语句的含义,恐怕只能在如是对比中,才能准确掌握。事实上,在十七章的文脉中,这个理解也应该是最合理的,因为在如是理解之下,约翰对其所见异象的不解(17:6b-7),就有了最好的答案。他所被告知的异象内容(大淫妇巴比伦的审判),和他所看见异象的内容(骑兽而来,大大得胜的女人),的确有所冲突,但借着此一“先前有,如今没有,将要从无底坑里上来,但又要走向毁灭”的解释,他的疑惑,至少在兽的部分,已经有了初步的解答。

和 13:3b-4 中所描述的一样,兽的“重出江湖”,吸引了许多跟随者。他们乃是“从创世以来,名字没有记在生命册上的人”,也就是那些不属羔羊的人。因此他们所见到的兽,自然就是“先前有,如今没有,将来还要出现的”。此一语句和天使对兽的描述相当类似,只是在最后的部分,没有“走向毁灭”。此一“走向毁灭”的元素,应是来自但以理书第七章,因为在那里末日逼迫圣民的“小角”,所要面对的结局,就是毁灭(但 7:8-9,11,21-22,24b-27)。② 但为何约翰在此要让这个元素“消失”呢?他是为了要达到“行文简洁”之目的,而省略了这个元素吗?有可能,但更合理的推测是,此一省略恐怕是要显示不属羔羊的人,完全无法看清兽属灵真面目的状况。在他们的眼中,兽是满有权能的,而它将要“再现(παρέσται)”。③ 但他们所能看见的,也止于此。不属羔羊,没有祂所差遣的圣灵,人怎么可能明白从无底坑上来的兽,将要以“硫磺火湖”为其生命的终点呢?(19:20)不“在灵里”的人,如何能知晓无人能与之交战的兽(13:4),竟会败在被杀羔羊的手下呢(17:14;19:11-21)?属灵真理之吊诡,莫此为甚,因此……

17:9-10 在这里需要有智慧的心。那七头就是女人所坐的七座山,又是七位王;[10]五位已经倾倒了,一位还在,另一位还没有来到。他来的时候,必须存留片时

① 详见附录八,13:11 的注释等等。
② 详见,Beale, *Revelation*, 864。
③ 描述人子来临的“降临(παρουσία)”乃动词“再现(παρέσται)”的名词(Mounce, *Revelation*, 313),所以这个词语的使用,恐怕也有让兽和人子再次产生对比的意图。

（ὧδε ὁ νοῦς ὁ ἔχων σοφίαν. αἱ ἑπτὰ κεφαλαὶ ἑπτὰ ὄρη εἰσίν, ὅπου ἡ γυνὴ κάθηται ἐπ' αὐτῶν. καὶ βασιλεῖς ἑπτά εἰσιν· [10]οἱ πέντε ἔπεσαν, ὁ εἷς ἔστιν, ὁ ἄλλος οὔπω ἦλθεν, καὶ ὅταν ἔλθῃ ὀλίγον αὐτὸν δεῖ μεῖναι）

在 13:18 那里，由于兽名之意义实在不容易掌握，因此约翰就呼吁圣徒要以属灵智慧来计算它名字的数值（666），好识破它的伎俩。同样的，兽的本质和它对跟随它之人所能带来的影响（17:8），也不容易明白，因此约翰在这里又再次的发出"要有智慧之心（心智；ὁ νοῦς）"的呼吁。事实上，不容易掌握的，也包括了天使对兽之七头的解释，因此要明白如是真理，"智慧之心"也就成为一个先决的条件了。①

但天使对兽之七头的解释，其含义又是什么呢？此一问题至关重要，但在回答之前，我们恐怕先得探究约翰在行文之时，是否有前后不一的逻辑问题。怎么说呢？在 17:1 那里，天使对大淫妇的描述，是"坐在众水之上的"，而在异象中，她却是"骑在兽上的"（17:3），但在此解释之中，她却又变成"坐在兽七头之上的"。这究竟是怎么回事？就"坐在众水之上的"而言，天使在 17:15 告诉我们，"众水乃多民多人多国多方"，而若参照 13:7 的"兽所制伏的乃各族各民各方各国"，那么"骑兽"和"坐在众水之上"的差异，就自然消失了。那么"骑兽"和"骑在兽头之上"的差异呢？在 13 章中我们也已经晓得，在"朕即国家"的概念之下，约翰就将"兽头受了死伤但却医好了"（13:3），等同于"兽受了死伤但却活了"（13:12，14），因此如是差异其实也不构成问题。准此，我们在此所真正面对的问题是，兽的七头要如何等同于七座山，然后又等同于七位王；而这七王，前五位已经倾倒了，一位还在，另一位又还没到来。不单如此，在下一节经文中，约翰又告诉我们，兽乃第八位，并与第七位同列，也要走向毁灭。约翰在此所说的究竟是什么呢？

正如其他许多问题一样，学界对此问题的看法，也是相当分歧的。第一，若以当代历史为准（过去派），那么兽的"七头 = 七山 = 七王"所指的，就是第一世纪罗马的七个皇帝了；因为罗马城乃建筑在台伯河（Tiber）边上的七座小丘之上；而此地理特色，就让她在当代的许多文献中，以"七山之城"的方式出现。② 但这七王究竟是哪些罗马皇帝呢？为方便说明起见，我们在此先将各式见解表列如下：

① Aune（*Revelation* 17－22，941）和 Osborne（*Revelation*，617）都认为，此一呼吁乃针对 17:8 的内容而发，但若参照 13:18，"智慧之心"的呼吁，也应涵盖 17:9 之后的解释。因为在 13:18 中，"智慧（σοφία）"和"心智/悟性（ὁ νοῦς）"分属两个子句；而后者之作用在计算兽名数值。亦参，BAGD 895；J－P. Ruiz，*Ezekiel in the Apocalypse*，354－58。

② 相关文献索引，这七座山的名字，以及"七山之城"的源起，详见 Aune，*Revelation* 17－22，944－45。

皇帝	年代	可能的算法								
		A	B	C	D	E	F	G	H	I
凯撒(Julius Caesar)	101 – 44BC	1	1						1	
奥古斯督(Augustus)	27BC – AD14	2	2	1	1				2	
提伯瑞斯(Tiberius)	14 – 37	3	3	2	2					
卡里古拉(Caligula)	37 – 41	4	4	3	3	1				1
革老丢(Claudius)①	41 – 54	5	5	4	4	2			3	2
尼禄(Nero)	54 – 68	6	6	5	5	3	1			3
高尔巴(Galba)	68 – 69	7	—	6	—	4	2	1		—
欧索(Otho)	69	8	—	7	—	5	3	2		—
魏德留斯(Vitellius)	69		—	8	—	6	4	3		—
维斯帕先(Vespasian)	69 – 79		7		6	7	5	4	4	4
提多(Titus)	79 – 81		8		7	8	6	5	5	5
豆米田(Domitian)	81 – 96				8		7	6	6	6
"另一个"										7
如尼禄的敌基督									7	8
聂尔瓦(Nerva)	96 – 98							7		
图拉真(Trajan)	98 – 117									

(1) 在此表中,②A 和 B 的计算方式都以罗马帝国的第一位皇帝凯撒为始,而其差异,则是后者不将公元 68 – 69 年之动乱中的三个皇帝计算在内。根据这两个建议,从凯撒到革老丢的五个皇帝,是"已经倾倒的",而尼禄则是"现今还在"的那一位。在 A 方法中,第七和第八位是高尔巴和欧索,而在 B 方法中,则是维斯帕先和提多。这两个看法似乎建议启示录乃在尼禄皇帝的时期所写(今在),但约翰也有可能是在此时见异象,但在事情过后,才下笔记录。和 A 方法相较,B 方法的困难比较多,因为罗马史学家通常并不会将公元 68 – 69 年的三个皇帝排除在外;而维斯帕先统治

① 除了"革老丢"(徒 11:28;18:2)之外,其余罗马皇帝的译名,都根据邢义田,《古罗马的荣光 II》,页 763。

② 此表根据 Aune, *Revelation* 17 – 22, 947。类似归纳,亦见 Beckwith, *Apocalypse*, 704 – 06; Farrer, *Revelation*, 32 – 35; Ford, *Revelation*, 289 – 91; Sweet, *Revelation*, 256 – 58; Beale, *Revelation*, 871 – 75。

时间的长度(11 年),也和“*存留片时*”的描述,有不小的距离。

(2) 由于罗马历史学家中,也有人将奥古斯督视为第一位皇帝,因此我们也就有了 C 和 D 的方法。这两个方法的逻辑和 A 和 B 方法一样,因此“*今在*”的第六位就分别是高尔巴和维斯帕先了。在这两个方法中,不论第七位是欧索(69)或是提多(79-81),他们统治的年岁,都和“*存留片时*”之描述十分相近,因此这两个见解比 A 和 B 更靠近经文。

(3) 对犹太人而言,卡里古拉乃是诸皇帝中,对他们最不友善的一位,(意欲在圣殿中立他自己的雕像),而他也是耶稣死后的第一个罗马皇帝,因此在学界中就有人主张以他为七王之始的 E 方法了。

(4) F 方法则是以尼禄为七王中的第一人。此一见解不单是因尼禄对基督徒的逼迫而产生,也以启示录 13:3 为根据,因为“*七头中的一个*”,也可以译为“七头中的第一个”。

(5) 罗马史学家塔西佗(Tacitus)的历史以公元 69 年 1 月 1 日为始,因此我们也就有了 G 方法。

(6) H 方法乃以“神圣化”为准:在凯撒,奥古斯督,革老丢,维斯帕先和提多死后,元老院都在他们的头上,加上了“神圣的”称号,而“*现今还在*”的豆米田则是在生前,就已接受此一名号;因此他们和那将要再现,自比为神的那一位,就是约翰笔下的“*七王*”了。

(7) 若以“死于非命”或是“惨死”的语意来理解五王之“*倾倒了*”,那么我们就有了 I 看法了。① 但此一见解并不牢靠,因为除了这五个王之外,凯撒也是被刺身亡;高尔巴被砍死,断头和分尸;欧索以刀自裁;而魏留斯则是被活活打死。②

第二,除了将罗马皇帝和七王“连连看”的作法之外,学界中也有人认为兽之七头(=七王)所指的,的确是罗马历史,但却不是第一世纪的罗马皇帝。对此“历史派”而言,兽的七头乃罗马帝国不同时期的统治方法:七王时期是第一头(753-508 BC);执政官(*consuls*),保民官(*tribunes*),十人委员会(*dece-mvirs*)和独裁者(*dictators*)则是兽的第二到第五头(508-27 BC);“*现今还在*”的第六头,是从奥古斯督开始的“帝国时期”;第七头是帝国分裂后的西罗马帝国;而第八位则是教皇罗马。③ 和前述“七个

---

① Fiorenza(*Revelation*, 97)则认为死于非命的,乃凯撒、卡理古拉、革老丢、尼禄和豆米田(被刺身亡);“现今还在”的第六王是聂尔瓦;“将要来的”乃图拉真;而第八位乃“复生的尼禄”。

② 若读者想要知道上述看法各有哪些支持者,可见 Aune, *Revelation* 17-22, 947-48; Beale, *Revelation*, 872-75。除了以罗马皇帝来对应“七王”之外,学界中也有人将此“七王”等同于希律王朝中的七个王(Buchanan, *Revelation*, 455)。

③ 此派学者对第七头有不同认知,详见 S. Gregg, ed., *Revelation*: *Four Views*, 408-10。

皇帝"的看法相较,此一解释所涵盖的时间范围是比较长的。

第三,对"未来派"的学者而言,将"七头"等同于"罗马七种统治形态"的解释方法,却还不够宽广。从约翰在此所本的但以理书第七章来看,"王"可以等同于"帝国"(但7:17,23),而在旧约中,"山"又多有"权势",甚或"国度"的意涵,①因此"七头 = 七山 = 七王",乃指圣经历史中的七个国度:埃及,亚述,巴比伦,波斯,希腊,罗马,和未来的敌基督国度。②

第四,若从"理想派"的角度来看,约翰藉兽的"七头 = 七山 = 七王",所要表达的是兽的超越时空的特性。也就是说,不论是头,山或是王,由于约翰在它们前面都冠以在启示录中,具有象征意义的"七"这个数目(例如,七个教会,七灵,七印,七号和七碗等等),因此他并无意要其读者尝试以历史中的"国度",或是第一世纪中的罗马皇帝,来对应此处经文;而是要强调兽所具有逼迫圣徒的权能。兽所具有的权柄,乃由神而来(详见13:5,7的注释);它曾在历史中出现(五位已经倾倒了),并且也正在运作中(一位还在),并且将要继续下去(另一位还没有来到),直到神所定下的日子来到为止。对约翰而言,此一日子已然不远,因为在七的架构中,历史已来到了"第六王"的位置,而"第七王"也将只会占有一段短短的时间(存留片时)。③ 在第一世纪的当下,此七头之兽乃以"罗马"之姿出现,由是约翰就以"七山"为其表征,但由于兽是红龙撒但在地上的代理人(参13章),因此就属灵意义而言,兽也可以同时是历史中敌对神之邪恶势力的总和。④

在上述四种见解之中,最后一个看法应是比较合理的,因为(1)在启示录中,"七"的确是约翰所惯用,具有象征意义的数字。⑤ 再者,在13:18那里,约翰要其读

---

① 例如,赛2:2;耶51:25;结35:3;但2:35,45;亚4:7;以诺一书52等等。

② 例如 Seiss, *Apocalypse*, 391 - 94; Walvoord, *Revelation*, 251 - 54; Ladd, *Revelation*, 227 - 31; Thomas, *Revelation* 8 - 22, 297 - 99。Hendriksen(*More than Conquerors*, 170)则以"旧巴比伦"来取代埃及。

③ 持此见解的学者有,Beckwith, *Apocalypse*, 708; Kiddle, *Revelation*, 350 - 51; Caird, *Revelation*, 218 - 19; P. S. Minear, *I Saw a New Earth*, 237 - 38; G. Mussies, *The Morphology*, 37; Mounce, *Revelation*, 315; Beasley-Murray, *Revelation*, 256 - 57; Harrington, *Revelation*, 172; Aune, *Revelation* 17 - 22, 948。

④ R. Bauckham, *The Climax*, 406 - 07; Beale, *Revelation*, 869; Osborne, *Revelation*, 620. 这三个学者是将"历史的"和"象征的"结合在一起。虽然Beale认为"七王"比较可能是"七个国度",而另外两位则倾向将"七王"等同于"七个皇帝"。

⑤ 事实上,将"历史"分为几个特定阶段的文学手法,并非约翰的专利。在罗马史中,依特拉斯坎王朝(Etruscan monarchy)有超过七个以上的王,但史学家都将其中比较不重要的王和比较重要的王合并,而以"七王时期"作为此段历史的标记(Aune, *Revelation* 17 - 22, 948)。再者,马太的耶稣家谱,虽然不是"七的架构",但也以"三个十四代"的方式,来呈现从亚伯拉罕到大卫,从大卫到被掳,再从被掳到耶稣基督的三段历史(太1:17)。

者以“智慧”来计算的，是兽名数值“666”；因此在面对这同一个呼吁时，我们似乎也应该以同样的方式，来理解“7”，以及随后将要出现之“十（十王）”的数目（17:12）。（2）在兽所源出的但以理书7章中，“四兽（狮，熊，豹和第四兽）”所涵盖的，乃从巴比伦到末日的时间，而约翰在启示录中，则是将它们合而为一，成为一只“海兽”（参，13:2），因此这个“加总”的手法，也建议我们将“兽”视为一个超越时空，敌对神势力的象征。（3）就启示录本身而言，不管是“智慧之心”的呼吁，或是“头＝山＝王”，以及“十角＝十王（17:12）”的类比，都显示约翰要我们以“象征”的方式，来理解他在这里所说的。（4）在上节经文中我们已经提及（17:8），兽的“先前有，如今没有，将要再来”，乃是和神的“昔在今在将要再临”互相对应；而其重点，则在显示兽权能的有限和不完全。与上节经文对比，此处的“五位已经倾倒了，一位还在，另一位还没有来到”，也具有相同的“三重时间”结构，因此它的意义，也不能只从字面推衍而得。在论及兽和神之差别时，“如今没有”已完全显示了兽在属灵层面上，对它所欲意逼迫之教会的“无能为力”（参，11:1－2，3－13），而“将要毁灭”更显示出它既定的命运；但在论及兽于人类历史时空中所扮演的角色时，它却是“倾倒了，但现今还在，并还要再来”。也就是说，就属世的层面来看，它的权势虽然有所起伏，但它却一直是统管世界的那一位，因为在它后面的，正是作为“世界之神”的红龙撒但（林后4:4；启13:3－4a）。因此在如是对照中，我们也晓得此兽并不只是一时一地的罗马帝国，也不只是罗马的七个皇帝，更不只是埃及，亚述和巴比伦等七个国度而已，而是世上一切抵挡神之势力的代表。

事实上，此一对“七头之兽”的理解，也和约翰（以及新约其他作者）“已然降临但尚未完全实现”的末日神国观念，彼此合致。① 因为在此末日观念中，兽的“过去有，但现今没有”，乃因它的国度，已被羔羊男孩在十字架上所击败了（12:5），而由于末日尚未来到它的终点，兽也因此“将要再来”，只是当它“再来”时，它所要面对的，是末日的毁灭和审判（17:8，11；19:20）。此一真理当然是在人戴上了“十字架牌”的眼镜之后，才能明白的，因此在世人的眼光中，兽所拥有的，是“七头＝七山＝七王”，即，统管世界的权势；而它虽然曾经“倾倒”，但却是依旧屹立不摇的（一位还在），并且还要继续下去（另一位还没有来到）。② 那些曾威胁到其国度的，例如，旧约的“以色列”，间约时代的“玛加比”，或是开启新约时代的“羔羊人子”，都已死在它的手下，因此它真是“现今还在”，并且还要再继续掌权下去，因为它的权柄，完全没有一丝丝

① 详见1:1c，13；5:7，9－10；11:17；13:1等经文的注释。
② 亦参，P. S. Minear, *I Saw a New Earth*, 242－43; Beale, *Revelation*, 876。

"开高走低"的态势。如此趋势,当然只是表相而已,因为天使明白告诉约翰,它的"再来",只能"存留片时"。也就是说,兽虽然满有权势(山/王),也挺气长(七),但它的气数,其实已经快要耗尽。它已来到了第六个阶段,而第七个段落,也只有短短的"片时"而已。①

17:11 那先前有,如今没有的兽,就是第八位;它和那七位同列,并要走向灭亡(καὶ τὸ θηρίον ὃ ἦν καὶ οὐκ ἔστιν καὶ αὐτὸς ὄγδοός ἐστιν καὶ ἐκ τῶν ἑπτά ἐστιν, καὶ εἰς ἀπώλειαν ὑπάγει)

在17:8那里我们已经晓得,兽乃"先前有,如今没有,并要走向灭亡的";但天使在此更进一步的向约翰解释,此一有"七头 = 七山 = 七王"的兽,"就是第八位,并和那七位同列"。但这究竟是什么意思呢?有七头的兽,是如何成为"第八位",而又在同时能"和那七位同列"呢?

正如我们在前面两节经文中所看见的,学界因着对"七王"之理解的不同,因此在此"第八位"的问题上,也就有了彼此相距甚远的看法。(1)对历史派而言,第八位是教皇罗马;(2)对过去派而言,他则是提多或是豆米田皇帝,端看第一王是由谁算起,以及68-69年间的三个皇帝是否列入计算而定;(3)对未来派而言,第八位则是末日敌对神之国度的首领,也就是敌基督本人;(4)对理想派而言,由于兽的本身已是"敌对神之势力"的象征,因此第八位的出现,只是要强化此一象征而有的说法。

在这四种看法之中,我们在前面所提出来的论据,已足以支持理想派的见解,但在如是理解之下,天使对兽的进一步说明,其目的何在?在圣经中,当一个作者想要凸显某一件事情之重要性时,他可以使用许多种"文学手法",例如,借着"爱神—恨家人甚至自己"的对比,路加就强调了"神—人"关系的顺序(路14:26)。而在这些文学手法中,"数目的倍数或是加增"也是其中的一项。举例来说,借着"若杀该隐遭报*七倍*,若杀拉麦遭报*七十七倍*"的说法,创世记的作者就突显了拉麦的残暴(创5:24);②而借着"耶和华所恨恶的有*六样*,连祂心所憎恶的有*七样*"的说法,箴言的作者也就强化了神对"恶"所持之憎恨态度(箴6:16)。③ 就我们目前所关注的经文来说,弥迦书5:4[5]可能最具有启发性:"这位(弥赛亚)必做我们的平安。当亚述人进入我们的地境,践踏宫殿的时候,我们就立起七个牧者,八个首领攻击他。"在上下文中,本节经文的焦点,是要显示神所复兴的以色列,将会深深地关心神的国度,而这和

---

① Mounce, *Revelation*, 316; R. Bauckham, *The Climax*, 406-07; Beale, *Revelation*, 872; Osborne, *Revelation*, 620.

② 类似的手法,亦为耶稣所使用——赦免人七十个七次(太18:22)。

③ 类似的说法,亦参,箴30:15,18,21,29。

他们过去对神国漠不关心的态度,有着天和地的差别。而为凸显此一“前后有别”特色,先知就使用了“立起七个牧者,八个首领”的说法,因为“七”已有“完全”之意思,而“八”则具有超越“完全”的含义。① 换句话说,在此“7-8”的文学手法中(或是 X,X+1),第一个数目“7(X)”并不是焦点,因为它只是要为第二个数目“8(X+1)”,提供一个“台阶”而已。在如是谚语中,第二个数目才是重点。②

因此若本节经文的“七王—第八位”,是此一文学形式的反映,那么“兽=第八位”的说法,其目的只在强调兽超越其七头的特色。③ 此一理解其实相当合乎逻辑,因为兽作为一个整体,当然是比个别的部分,都要来得“完全”,也更具有代表性。在启示录中,这个看法其实并非完全无迹可循,因为在 13:1 那里,约翰已经告诉我们,在兽的七头上,有着亵渎的名号,但当我们来到了 17:3 时,他所看见的兽,是“遍体”都有亵渎的名号。兽并非“七王”中的一个,④而是他们全体的代表。它乃是和他们“同列”的,因为它有着和他们完全一样,逼迫圣徒的特性。

但若是如此,约翰为何要以“7-8(X-X+1)”的文学形式,来凸显兽的特色呢?在 13 章那里我们已经知道,在约翰“邪恶三一(红龙—海兽—陆兽)”的设计中,海兽所对应的,是“圣父—圣子—圣灵”中的第二位,羔羊人子。不单如此,在那里我们也看见海兽之所以会逼迫属羔羊的圣徒,乃因他们不敬拜它,不“共襄盛举”的加入它的国度。因此在约翰的笔下,兽乃是与羔羊针锋相对的那一位。它为了建立其国度,甚至也如羔羊人子般受了死伤而又复生(13:3,12,14)。对兽意欲学效人子的举措,约翰在 17:8 那里,已经借着“先前有,如今没有,将要再来但却要走向灭亡”文句,反讽了一番;而在这里,他则是更进一步地借着兽是“第八位”的方式,再次凸显它和羔羊之间的差异。怎么说呢?

在当时犹太人的观念中,由于神的创造在六日中完成,而祂在第七日安息了,因此第八日就是一个新循环的开始。⑤ 同样的,在新约中,耶稣乃死于一周的第六日,在安息日安睡于坟墓中,而在第八日复活;并因此开创了一个新的循环,造就了一个

---

① B. Waltke, *Micah* in *The Minor Prophets*. Vol. II(Grand Rapids: Baker, 1993),709.

② 类似说法,亦参,传道书 11:2—要将之(你的粮食)分为七分,甚或八分,因为你不知道将来有什么灾祸临到地上。有关此一文学型式的作用和源起,见 R. B. Y. Scott, *Proverbs-Ecclesisates*(NY: Doubleday, 1965),59; T. Longman III, *The Book of Ecclesiastes*(Grand Rapids: Eerdmans, 1998),256-57。

③ R. Bauckham, *The Climax*, 405; Aune, *Revelation* 17-22,950; Beale, *Revelation*, 877-78.

④ 此乃思高和新译本对“ἐκ τῶν ἑπτά”一语理解(partitive genitive);但此一语句也可以有“同属一挂”的意思。参,Mounce, *Revelation*, 316; Osborne, *Revelation*, 620。

⑤ 以诺二书 33:1-2;巴拿巴书信 15:9;西卜神谕篇 1:280-81。

新的创造(教会)。① 不单如此,在13:8有关"666"的分析中,我们已经知道此一数值,很可能是与"耶稣"在希腊文中之数值(888)所相对的;因此约翰在这里让兽以"第八位"之姿出现,其目的应是要反讽它虽惟妙惟肖地"学效了"基督,但却还差了那么一点点的可笑情境。对羔羊人子而言,祂的复活是本质的改变,而此改变,则让祂得以进入属天荣耀之境(升天);但对兽而言,它的"复生",却在本质上,和之前没有两样;祂依旧是七头之兽(和那七位同列),因此也只能继续走向灭亡了(进入硫磺火湖;19:20)。七头的兽容或可畏,而它的复生也着实叫人惊讶,但在如是对比之下,它的本质,它的真面目,以及它的未来,恐怕是再清晰不过的了。②

17:12-13 你所看见的那十角,就是十王。他们还没有得国;但要和兽同得权柄,做王一个时辰。[13]他们同心合意,将自己的能力权柄交给那兽(καὶ τὰ δέκα κέρατα ἃ εἶδες δέκα βασιλεῖς εἰσιν, οἵτινες βασιλείαν οὔπω ἔλαβον, ἀλλὰ ἐξουσίαν ὡς βασιλεῖς μίαν ὥραν λαμβάνουσιν μετὰ τοῦ θηρίου. [13]οὗτοι μίαν γνώμην ἔχουσιν καὶ τὴν δύναμιν καὶ ἐξουσίαν αὐτῶν τῷ θηρίῳ διδόασιν)

在约翰的异象中,天使对兽的解释,从兽的本身(17:8),到兽的七头(17:9-11),而如今来到了兽的"十角"。但这十角,也就是十王,所指的是什么呢?第一,对历史派来说,这十王是第六世纪时,组成西罗马帝国的十个国家。③ 第二,对过去派而言,这十王则是(1)罗马十个行省的省长,④(2)为罗马所认可,在帝国各地管理一块近乎自治区的小王(client kings),⑤(3)罗马辖下的各个国家之王,或是(4)在大淫妇巴比伦等于耶路撒冷的前提下,罗马攻打耶路撒冷时(AD 69-70),那些帮助维斯帕先和提多的周边国家。第三,对未来派而言,这十王是但以理书第二章中,尼布甲尼撒王所见巨大雕像的十个脚趾头,也就是末日要加入复兴之罗马帝国,并和她一起与羔羊

① R. Bauckham, *The Climax*, 396; Beale, *Revelation*, 875; Osborne, *Revelation*, 620.

② 若我们以"七个王中的一个"的方式,来理解"和七位同列(ἐκ τῶν ἑπτά)",并以"时间先后"的逻辑,来解读7和8之间的关系,那么约翰在这里可能就是以"尼禄复生"的背景为本了。即,第八位乃复生的尼禄,而他也是七王中的一位。在此背景的衬托之下,约翰的目的,也显示兽意欲学效基督再临,但却只能走向毁灭的可笑情况(R. Bauckham, *The Climax*, 436-37)。因此不论约翰在这里是以旧约或是"尼禄复生"的传说为本,其结果都是一样的。因为他的目的乃在显示兽和基督之别,也在显示兽"小孩子穿大人衣服"的滑稽模样。

③ *Anglo-Saxons*, *Franks*, *Alleman-Franks*, *Burgundic-Franks*, *Visigoths*, *Suevi*, *Vandals*, *Ostrogoths*, *Bavarians*, *Lombards*. 本段资料多来自 S. Gregg, ed., *Revelation*: *Four Views*, 414-421,456。

④ 十个行省:Italy, Achaia, Asia, Syria, Egypt, Africa, Spain, Gaul, Britiain, and Germany。

⑤ 例如,亚基帕王(Herod Agrippa II;徒25:13)。有关"小王"在罗马政治中的位置和他所拥有的权利和义务,见 E. Ferguson, *Backgrounds of Early Chrisitanity*. 2nd ed. (Grand Rapids: Eerdmans, 1993),43-44。

争战的十个王。① 第四，就理想派而论，“十”乃象征数字，因此十王所指的是一切敌对神之势力的总和。②

这四种见解之产生，乃因释经者从不同角度切入启示录而有。在前面我们已经多次提及，约翰乃是借着各样的“图像”（例如，兽），来传达真理；因此以象征之方式来理解此处的“十角＝十王”，恐怕是最好的途径。再者，在前面我们也已经晓得，启示录中的人事物，多由旧约或是当时的历史文化中而来；而约翰因着神新的启示，也就是神在耶稣基督里所显明的救赎事工和审判权柄，也就让这些人事物具有超越时空的属灵意义。就我们目前所面对的“十角＝十王”而言，他们可能是本于当代罗马统治其帝国的模式（十个行省或是“小王”）；而若是如此，约翰在此藉“十角＝十王”所要凸显的，是兽所向无敌的特色（谁能与之交战呢？13:4）。但更可能的是，此处的“十角＝十王”，乃是本于但以理书第七章，因为在先知的异象中，十角正是第四兽的特征（但7:7，20，24）。③ 若是如此，那么约翰在此将但以理书中，依序统治第四国的“十角/十王”，变更为同时臣服于兽的“十王”，其目的恐怕也是要显示兽能号令天下，众国莫敢不从的强大势力。事实上，此一手法和他将但以理四兽之头数（七），加总于海兽身上的举措（详见13:1的注释），有异曲同工之妙，因为这两个动作，都让启示录的兽，成了一只超越历世历代敌对神国之势力的邪恶怪物。④

但约翰为何要如此做呢？第一，世上的国（例如，海兽罗马），乃属撒但。在人类的历史中，她们虽然有着不同的名字，但其本质却是一样；因此将她们加总在一起，并没有太大的困难。第二，当神的国在人子羔羊降世之后，就闯入了世界；而神国和世上之国的争战和冲突，自然就不可免了。此一争战，在旧约中，基本上是发生在以色列一族和世界之间的，但由于人子所要完成救赎的对象，是“各族各方各民各国”（启5:9），因此祂所引发之争战，不单其本质变的更为明显，其范围也扩大了许多。准此，当约翰在暗引先知但以理的预言时，上述的更动，就变成不可免的了。就人类历史的角度来看，人子的得胜和得国（但7:13－14），乃是在第四兽之小角被审判之后，才要来到的（但7:7－12）；但就其本质和其影响来看，人子藉其“降生—死—复活”所开展的争战，却是属灵的，宇宙性的和决定性的；因此与之争战的兽，也必须同时“升级”。

① 例如，J. F. Walvoord, ‘The Prophecy of the Ten-Nation Confederacy,’ *BSac* 124（1967），99－105；Thomas, *Revelation* 8－22，300。

② 例如，Hendriksen, *More than Conquerors*, 171；庄逊，《启示录》，页187。

③ 有关但以理“十王”是谁的讨论，详见J. E. Goldingay, *Daniel*, 179－80；J. J. Collins, *Daniel*, 320－21。就我们所关切的启示录“十王”来说，但以理的“十王”也相当可能是一个“概略的数目”。在西卜神谕篇（1，2，4）和11 QMeich中，人类的历史就被分为十个阶段。

④ 亦参，庄逊，《启示录》，页187；Beale, *Revelation*, 878。

它在启示录中,因此就有了但以理四兽所加总的“七头”,也拥有了“同时并存”的“十角/十王”。

从这个角度来看,“十角/十王”,以及“七头/七山/七王”,都只是约翰为强调此末日之兽的强大而有的。他使用这些旧约象征的主要目的,并不是要给我们一些“历史进程的线索”,而是要突显与羔羊相对之“兽”的特色。就“角”而言,它是“十角”之兽,而羔羊所拥有的,只有“七角”,因此祂就只能死在它的手上(像是被杀过的;5:6);但就“王”而论,它乃“十王”之兽,但羔羊却是“万王之王”(17:14;19:16);因此他们之间的最终胜负,却又完全没有任何疑问。①

“十王”之兽虽然强大,但它却是在神掌控之下的。何以见得?第一,它的“十王”,虽然可以横行于世,但他们却“还没有得国”,因为和兽一样,他们就属灵的角度来看,乃是“如今没有”的(17:8,11)。第二,和兽的“将要再来”一样(17:8,11),这“十王”也将要和兽同得权柄,掌权做王。在此约翰并没有明确告诉我们,他们要从谁那里得着权柄,但若参照17:17“神使诸王……把国给兽”的论述,那么十王和兽的“再来”,也的确是在神的计划之中的。第三,除了何时“再来”之外,“十王”掌权做王得时间长短,也由神所定夺。和再来之兽必须“暂时存留”一样(17:10),十王也只能“做王一个时辰”。在第一世纪之时,“一个时辰(μίαν ὥραν)”是所有时间单位中最短的一个,②因此兽和“十王”的再来,只能在此短短的时间内掌权。在神审判它们之目的达到之后,它们就要一起走入硫磺火湖之中了(19:20-21)。

完全无知于兽的“再来”,乃是要走向灭亡(17:8b),这“十王”在得着权柄之后,就同心合意地将他们的能力和权柄,交给了兽。此一反应,是我们在13章那里,就已经看见的了;因为当兽从其死伤中复生时,全地之人的反应,正是“希奇,跟从,并拜那兽”(13:3,12,14)。细心的读者在此应该还记得,此一“众王聚集争战”的画面,是已经在第六碗之灾中就已经出现的了。在那里,邪灵所聚集的,乃“东方的众王/普天下的诸王”(16:12,14),③而众王聚集争战的时间,乃是“神的大日子”(16:14)。但在“哈玛吉多顿”的战事中,众王争战的对象,却完全没有现身;而在这里,约翰则是在下节经文中,把他们的对手,给点明了出来。此人无他,乃羔羊人子;因为祂和兽在加略山上所结下的梁子,必须在世界末了之时,做一个了结。此一战争至关重要,所以约翰在19:11-21那里,又再以11节经文的篇幅,来叙述此一末日之战的始末。欲知

---

① 就逻辑而论,约翰将“七头=七王”,又将“十角=十王”,是有些冲突的;但此一“冲突”,正显示约翰并非以“字面含义”来使用这些象征。

② Beale, *Revelation*, 879.

③ 东方的众王和普天下的诸王,乃同一组人马(详见该处注释)。亦参 Beale, *Revelation*, 878。

详情的读者,请见该处注释。

17:14 他们与羔羊争战,羔羊却要胜过他们,因为祂是万主之主,万王之王。与羔羊同行的,就是蒙召,被拣选并忠心的人,也必得胜(οὗτοι μετὰ τοῦ ἀρνίου πολεμήσουσιν καὶ τὸ ἀρνίον νικήσει αὐτούς, ὅτι κύριος κυρίων ἐστὶν καὶ βασιλεὺς βασιλέων καὶ οἱ μετ᾽ αὐτοῦ κλητοὶ καὶ ἐκλεκτοὶ καὶ πιστοί)

"十王"同心合意与兽结盟的目的,在本节经文中完全显露,那就是,要与羔羊争战。此处的"争战(πολεμήσουσιν)"和羔羊的"胜过(νικήσει)"他们,都是未来时态的动词,所以这个争战显然是末日的。就文脉而言,约翰将"兽末日的失败",放在"兽与十角要起来攻打巴比伦(17:16)"的事件之前,似乎让经文产生了逻辑上的矛盾,但如是困难,并非只能以"后人编辑",或是"事后编修"的方式来解释。① 从整段经文来看,天使的解释,是从兽开始(8-14),而后才轮到大淫妇(15-18)。在8-14的段落中,他先将兽的本质(8)和兽七头十角的特色(9-13),都做了清楚明白的说明,然后才十分合宜的,以"兽的末日"(14)来结束这一段解释。而在此"句点"之后,他也才开始他对大淫妇的解释。也难怪约翰会在15节的一开始,以"天使又对我说"的语句,来区隔这两个段落(参,17:7,天使对我说)。②

"他们与羔羊争战,羔羊却要胜过他们"的语句,很可能是从但以理书第七章而来,因为先知所看见之末日异象是,第四兽的"小角",与圣民争战,并胜过他们。此一见解是十分可能的,因为本段经文中,兽的"七头十角"都从先知但以理的异象而来(亦参,13:1 的注释)。而若约翰以此为蓝本,他显然在这里将但以理的末日异象,整个翻转了过来:得胜的小角(兽),在此成为败战的一方;而被击败的阵营,却成了胜利之军。③ 如是"颠倒使用旧约"的案例,是我们在"属神的犹太会堂",成了"撒但一会"之类的例子中(2:9;3:9),就以经看见的了。而约翰之所以"胆敢"做如是"大逆转"的动作,乃因"羔羊"。神的选民之所以会成为"撒但一会"的原因,乃因他们拒绝"神的羔羊";而原本欺压圣徒并且得胜的小角和兽,之所以会成为"战败国",也因羔羊的介入。在12:11那里,约翰其实已经告诉我们,弟兄胜过它(红龙撒但),是因羔羊的血,和他们所见证的道(亦参,13:10;14:12);而如是真理,也早已反映在耶稣对

① Charles 因此就认为,本段经文的次序应是:13-15-17-16-14-18(*Revelation II*, 58-61;72-75)。类似的见解,亦见 Aune, *Revelation* 17-22, 952-53。

② Thomas 也观察到此一逻辑上的问题,但他的解决方法,是将14节视为"附带说明"(*Revelation* 8-22, 302)。他的解释,以及"编辑说",其实都是不必要的。因为如是"逻辑问题",只在"经文顺序=事件顺序"的假设中,才会产生。是谁规定约翰必须照着读者的逻辑,来写启示录的呢?

③ 有关这个暗引旧约经文的案例,详见 Beale, *Revelation*, 880。Aune 对此案例有所质疑(*Revelation* 17-22, 954),但他对约翰暗引旧约的方法和深度,似乎了解得不够深入。

门徒的教训之中:“离了我,你们就不能做什么”(约 15:5c)。

以“羔羊”为透镜,来重新认识旧约的举动,其实正是约翰接下来所要告诉我们的。因为羔羊之军之所以能战胜“谁能与之交战”的兽(13:4b),正因祂是“万主之主,万王之王”。在古时,不论是近东,埃及或是希腊的王,都曾以“诸王之王”,“万主之主”或是“诸王之主”,为其头衔;①而类似的称号,也曾出现在旧约,犹太文献和新约中(多用在神的身上)。② 在这些背景中,约翰的“因为祂是万主之主,万王之王”,恐怕和但以理书 4:37(LXX)中,尼布甲尼撒王对神的颂赞——“祂是万神之神,万主之主,万王之王”,③最为接近。④ 但在暗引此一旧约经文时,约翰却将此一“称号”,加在羔羊的身上;如是举措,正如我们在 1:8 那里所看见的(阿拉法,俄梅戛;22:13),是带着高举基督之目的,是为了要将祂和父神摆在同一个位阶而有的。在兽开口说话亵渎神(13:6),并满身是亵渎名号(17:3)的背景中,羔羊之所是,即,“万主之主,万王之王”,正显示出他们之间的天壤之别。

在此战争中得胜的,并不只有羔羊而已。那些跟随羔羊,与祂同行的,也要得胜。在 2:26 那里,人子已经应许,得胜的,也就是那些遵守祂命令到底的,将要得着制伏列国的权柄。于是在 7:4-8 中,十四万四千人的军队就受了神的印记,并被数点;而在 14:1-5 中,他们也就集结在锡安山上了。在此节经文中,他们乃是与羔羊同行,并分享祂的胜利,但当我们来到了 19:11-21 中,他们就以他们属灵的真面目出现了,因为他们是骑着白马,身穿洁白细麻衣,跟随弥赛亚基督而来的“天上的众军”(19:14)。约翰在此说他们是“蒙召的”,“被拣选的”和“忠心的”。“蒙召(κλητοὶ)”乃因圣灵曾叫他们从灵性的死亡中,活了过来;并成为金灯台教会(ἐκκλησία;启 2-3);“被拣选”乃因他们的名字,在创世之前就已经写在羔羊生命册上了(3:5;13:8;17:8;20:12,15;21:27);而“忠心”乃因他们至死不渝的,守住了羔羊的见证(6:9;11:7;12:11,17;17:6;19:10;20:4)。和此相较,跟随兽的十王(世人的代表),乃是被相对于圣灵的陆兽所迷惑(=蒙召;13:12-15;16:13-14),在手上或是额

---

① 文献索引,见 Aune, *Revelation* 17-22,954-55。

② 申 10:17;但 2:37,47;4:37(LXX);玛加比二书 13:4;以诺一书 9:4;63:4;提前 6:15。除了但以理书 2:37 中,先知称尼布甲尼撒王为“诸王之王”之外,其余经文中的称号都指向神。

③ ὅτι αὐτός ἐστι θεὸς τῶν θεῶν καὶ κύριος τῶν κυρίων καὶ βασιλεὺς τῶν βασ-ιλέων.

④ 相关讨论,详见 G. K. Beale, 'The Origin of the Title "King of Kings and Lord of Lords" in Revelation 17.14,' *NTS* 31(1985),618-20。T. B. Slater 亦同意 Beale 的看法,而他认为约翰在 19:16 那里,也同样暗引了此一但以理书的经文(' "King of Kings and Lord of Lords" Revisited,' *NTS* 39[1993],159-60)。以诺一书 9:4 也相当接近本节启示录经文,但由于本段经文的主角“大巴比伦”,乃由但以理书 4:30 而来(见 14:8 的注释),因此约翰在这里以但以理书为本的可能性是比较高的。

上，受了兽的记号（＝拣选；13:16），并“同心合意，将自己的能力权柄交给了那兽”（＝忠心；17:13）。因此在这三个语词中，羔羊之军之所以可以分享羔羊的胜利，而跟随兽的十王之所以会败下阵来的原因，已不说自明。蒙召和拣选乃出于神，而神为了施行如是恩典，已付上了叫祂爱子羔羊死在十字架上的代价，但祂所求于我们的，却也只有忠心而已。

17:15 天使又对我说，你所看见那淫妇坐着的众水，就是多民多人多国多方（Καὶ λέγει μοι, Τὰ ὕδατα ἃ εἶδες οὗ ἡ πόρνη κάθηται, λαοὶ καὶ ὄχλοι εἰσὶν καὶ ἔθνη καὶ γλῶσσαι）

从本节经文开始，天使的焦点，从“兽和其七头十角”（17:8－14）转到大淫妇的身上。他告诉约翰，大淫妇所坐的众水（17:1），乃是“多民多人多国多方”。在17:1那里我们已经提及，巴比伦坐在众水之上的画面，乃本于耶利米书51:13－14；而约翰之所以会暗引此一旧约经文，乃因当代的罗马和历史中的巴比伦一样，都因着水（幼发拉底河；地中海）而兴盛发达。在某些旧约经文中，水乃是“居民”，“百姓”或是“入侵军队”的象征，①因此约翰在此是将许多旧约经文，融合在一个画面之中，而其目的，则是要凸显大淫妇巴比伦对世界（众水）所具有的影响力（坐在其上）。但她的影响力究竟有多大呢？

在前面有关“各族各方各民各国”的分析中（附录一），②我们已经晓得本节经文中的“多民多人多国多方”，是启示录中七个类似词组中最后的一个。就整体而言，约翰借着如是词组所要表达的，是“全世界”，但在各段经文之中，因着上下文的需要，约翰也会做一些细微的调整。就此处的词组而言，它和其他六个“兄弟姊妹”的差异，在于约翰将动词“是（εἰσὶν）”，放在“多民多人”和“多国多方”之间。此一特色，也许只是“碰巧发生”，但就我们对约翰写作技巧的理解来看，这个结构可能是他刻意所为。在17:1－19:10的段落中，“民（λαοὶ）”和“人/群众（ὄχλοι）”所指的是属神的百姓（18:4；19:1，6），而“多国（ἔθνη）”则是巴比伦所管辖的列国（18:3，23），因此大淫妇巴比伦所统管的，是包括了属撒但的世界和属神的教会（至少表面上如此）。此一理解应不令人意外才是，因为在13章中，海兽，也就是本章圣经中大淫妇所乘骑的“兽”（17:3），所统管的，不单是那些接受祂记号的人（13:8），也包括了那些拒绝跟从它的圣徒（杀害；13:15）。因此借着“多民多人”和“多国多方”的结构，约翰就强调了大淫妇巴比伦对整个世界的掌控。

---

① 例如，诗18:4，16；124:4；赛8:7；17:12－13；耶46:7－8；47:2。亦参，Thomas, *Revelation* 8－22, 303; Aune, *Revelation* 17－22, 956; Beale, *Revelation*, 882。

② 见页466－69。

17:16 你所看见的那十角和兽,必恨这淫妇;使她荒凉赤身,又要吃她的肉,并用火将她烧尽(καὶ τὰ δέκα κέρατα ἃ εἶδες καὶ τὸ θηρίον οὗτοι μισήσουσιν τὴν πόρνην καὶ ἠρημωμένην ποιήσουσιν αὐτὴν καὶ γυμνήν καὶ τὰς σάρκας αὐτῆς φάγονται καὶ αὐτὴν κατακαύσουσιν ἐν πυρί)

兽的能力和强盛已在“七头十角”的解释中(17:9－13)有了清楚明白的说明,而大淫妇对世界的影响力,也已显明在她“坐在众水之上”的画面中(17:15);但他们的结合(大淫妇骑兽而来;17:3),真是牢不可破的吗?红龙撒但在经济利益之大纛下(大淫妇)①所招聚的列国(十王),并藉之而建立的国度(海兽罗马),真是万众一心的吗?

当然不。在伊甸园中,当撒但(蛇)想要在亚当夏娃身上建立它的国度,并取代神的位置时,而亚当夏娃也在撒但的迷惑之下,想要如神能知善恶之际,他们就因“共同的利益和目标”,而结合在一起了(创3:1－6)。但当神的审判临到,这个看似掌管了世界的撒但之国,也就立即因着“自我利益”的缘故,而分崩离析。原本是“我骨中的骨,肉中的肉”的夏娃,在亚当的口中,立刻成了“你所赐给我的她”(创3:12);而原先“言听计从”于蛇的夏娃,也马上以“那蛇引诱我,我就吃了”的方式,和她的新主人划清了界限(创3:13)。照样,由于在“大淫妇”和“兽”背后的主子,也是红龙撒但,因此如是结合,也一样的禁不起考验。当“共同利益”的交集不再,十角和兽就要以“恨”来取代他们原来对她的效忠了。

他们对她的恨,乃是在“使她荒凉赤身,又要吃她的肉,并用火将她烧尽”的语句中,完全地表达了出来。此一描述来自以西结书16和23章。在那里南国犹太乃是以耶路撒冷(16章),或是以“阿荷莉巴”之名出现(23章);②而她为利与列国结盟,并离弃她丈夫耶和华神的行径,在先知的眼中,正如一个为了利益而出卖灵肉的妓女一样(12,17,19)。因此当神的审判临到时,她将要为她的新欢们所恨(16:27;23:29);他们要(1)“剥去你的衣服(=赤身),夺取你华美的宝器;拆毁你的圆顶花楼,毁坏你的高台(=荒凉)”(16:39;23:26,29);(2)“用石头打死你,用刀剑刺透你;割去你的鼻子和耳朵(=吃她的肉)”(16:40b;23:25c),③并(3)“用火焚烧你的房屋;焚

---

① 以如是方式来理解“大淫妇”的分析,见17:1的注释。

② “阿荷莉巴”和其姊姊北国以色列之名“阿荷拉”,都和“帐幕/会幕(אֹהֶל)”有关;但其确实含义,我们不得而知(D. I. Block, *Ezekiel* 1－24,735－36)。

③ 就此项目而言,启示录和以西结书并不完全平行,因此有学者认为,此处经文乃以列王纪下9:36为背景,即,“狗必吃耶洗别之肉”(Beale, *Revelation*, 884)。此一见解是可能的,但就整体而言,启示录还是比较靠近以西结书。

烧你所遗留的（＝用火将她焚烧）”（16:41;23:25e）。① 此一预言，在公元前586年耶路撒冷被巴比伦所掳掠时，就已经应验了，但约翰在这里却将此一针对神子民（南国犹大）所发的审判，应用在巴比伦罗马身上。究其原因，乃因罗马帝国，以及后世因经济利益而结盟的各式组织，在本质上，都和当年的犹大一样，那就是，有如妓女般的，为了经济利益而放弃了所有的原则。②

但此事要在何时发生呢？（1）若将大淫妇等同于耶路撒冷，那么本节经文所描述的，已在公元70年，耶路撒冷被毁的事上应验了（过去派）。③ （2）若将启示录视为“世界史”，那么约翰在此所说的，就可以是哥德人（Goth）在公元5－6世纪入侵罗马之事，或是教皇罗马在法国大革命之后的衰败，甚或是今日欧盟在未来的败落（历史派）。④ （3）而若将大淫妇等同于末日大复兴的“假教会”，并将兽视为末日将要复兴的罗马帝国，那么本节经文所指的，就是末日七年灾难之半，敌基督，也就是复兴之罗马帝国的皇帝，为要自立为神而对“假教会”所兴起的战争（未来派）。⑤ （4）但若我们以“理想派”的角度来读这节经文，那么约翰在这里所要描述的，并非历史中的哪一个特定的事件，而是撒但国度的本质，即，自我冲突和毁灭。⑥

就我们对启示录的理解而言，上述四种见解中的最后一个，应是比较可能的。因为不论约翰以当代的“政治军事罗马”或是“经济罗马”，作为“兽”和大淫妇”的蓝本，他都因着站在他们后面的红龙撒但，而将“兽”和“大淫妇”转化为具有超越时空意义的象征了。因此从伊甸园第一个撒但国度的瓦解开始，一直到末日为止，如是冲突就要在它的国度之内，不断的上演。从人类的历史来看，世上之国的分分合合，朋友变敌人，敌人又变成朋友的现象，其实就是此一经文的反映。当共同利益的元素消失之时，原本再坚强的盟约，都要以破裂收场。

在上下文中，这个对撒但之国的描述，恐怕也是为了要和羔羊国度产生对比而有的。在17:14那里，天使告诉约翰，与羔羊同行并与兽争战的，乃是“蒙召，被拣选并

---

① 有关此一暗引旧约经文案例的分析，见 Charles, *Revelation II*, 73; A. Vanhoye, ‘L’utilisation du livre d’Ézéchiel dans l’Apocalypse,’ *Biblica* 43（1962）, 440－42; Mounce, *Revelation*, 319; J－P. Ruiz, *Ezekiel in the Apocalypse*, 359－68; Beale, *Revelation*, 883。

② 学界中有人认为，此处兽（复生的尼禄）攻打大淫妇（罗马），是“尼禄复生”之传说的反映（例如，Aune, *Revelation* 17－22, 957; Osborne, *Revelation*, 625）。但该传说的焦点，在尼禄重返罗马，重新掌权，而非将罗马完全毁灭；因此若约翰在此真的使用了这个传说，那么他也对此传统下了一个新的定义。

③ 例如，Ford, *Revelation*, 292; Chilton, *Days of Vengeance*, 439。

④ 持此见解的相关学者，见 S. Gregg, ed., *Revelation: Four Views*, 414－16。

⑤ 例如，Walvoord, *Revelation*, 256。

⑥ Lilje, *The Last Book of the Bible*, 229; Caird, *Revelation*, 221; Morris, *Revelation*, 206; Mounce, *Revelation*, 319; Wall, *Revelation*, 209; Roloff, *Revelation*, 201.

忠心的人”。换句话说,羔羊之国乃是以爱(呼召,拣选)为立国的总纲,因此其成员也就自然会以“至死不渝的忠心”,来跟从羔羊。但反观撒但之国,它乃以“自利”为出发点,因此当压力或是审判来临时,这个国度自然就要分崩离析了。在耶稣死亡的事上,此事特别明显,因为犹大得以和犹太长官结盟,不单因着他贪图三十两银子,也因着祭司长和长老有除去耶稣的企图。但当犹大后悔,意欲以归还银钱的方式,要祭司长和长老与他共同承担责任时,他所得着的答案正是:“那与我们有什么相干呢?你自己承担吧。”(太 27:4)事实上,犹大所结盟的,不只是犹太长官而已,而是在他们背后的撒但。因此当他后悔,意欲得着救赎时,撒但所能给他的,也只有“自行了断(上吊)”而已(太 27:5)。与“被杀羔羊”结盟的结果,是生命平安,但与“杀人者”结盟,除了死亡之外,还能得着什么吗?当你已无利用价值,以欺骗和撒谎著称的它,还会纪念它与你所定立的盟约吗?

17:17 因为神使诸王遵行祂的旨意,同心合意的把自己的国给那兽,直等到神的话都应验了(ὁ γὰρ θεὸς ἔδωκεν εἰς τὰς καρδίας αὐτῶν ποιῆσαι τὴν γνώμην αὐτοῦ καὶ ποιῆσαι μίαν γνώμην καὶ δοῦναι τὴν βασιλείαν αὐτῶν τῷ θηρίῳ ἄχρι τελεσθήσονται οἱ λόγοι τοῦ θεοῦ)

在上一节经文中,约翰借着兽与大淫妇争战的画面,显示了他的确了解撒但国度“自我冲突和毁灭”的特色;而在本节经文中他则是指出,兽和诸王所行的,乃出于神。在前面我们已经多次看见,约翰借着所谓“属神的被动语法(divine passive)”,显示撒但和兽的权柄,乃来自神。① 但他为何要在此更进一步的,让神站上第一线,成为撒但国度内争的“主导者”?

在上节经文中我们已经提及,神的国乃建立在“爱”的基础之上,因此合一和谐就成为这个群体的特色和努力的目标。与此相对的,是以“自我利益”为结合基础的撒但之国,因此内争和冲突,甚至自我毁灭,就是这个群体的标记了。对如是团体,神实在可以放手不管,让它自生自灭。但约翰为何不让神在启示录中,扮演如是角色呢?是因为神的“任凭”,或是祂的“不作为”,很容易给人“漠不关心”,“无法可管”甚或“无能为力”的印象吗?有可能,但原因可能不止于此。

在亚当夏娃犯罪堕落了之后,神的确让撒但继续存在,并在这个世界中,掌权做王。但此“容许”,乃是要为祂自己创造出一段时间和一个空间,好让祂可以从撒但的手下,拯救出一群人,并叫他们成为属祂的子民,事奉祂的祭司国度(启 1:6);因为祂原本创造人类的目的,即在为祂自己建立一个以人为居所的圣殿(灵宫;彼前 2:5)。

① 参,启 6:2,4,8,11;7:2;8:2,3;9:1,3,5;11:1,2;12:14;13:5,7,14,15;16:8;亦见 19:8;20:4。

但神"容许"撒但国度继续存在,是不是表示神就完全撒手不管了呢?当然不是。在旧约中,我们一方面看见神为了要完成祂的计划,就管治了或是引导了君王之心,好叫他们的作为,能带来神所要达到的目标。举例来说,为了要让圣殿重建的预言能够实现,神就激动了波斯王古列的心,叫他容许被掳的以色列人回归故土(代下 36:22-23;拉 1:1-4)。① 不单如此,在旧约中我们也同时看见神为了拯救祂的百姓,有时候也会叫他们的敌人彼此举刀,互相杀害。② 因此从旧约的角度来看,约翰在这里让神成为撒但国度内争的推手,其实并不令人意外。比较令我们讶异的,其实是他在论及撒但之国乃"自我冲突和毁灭的"之后(17:16),连一秒钟都没有浪费的,就让神站上了火线。约翰十分清楚撒但之国的自我毁灭性,但对他而言,神乃创造世界的主,因此撒但之国的败亡,也必须在神的掌控之下。祂乃是撒但和属它之人的创造主,因此他们的结局,也只能由祂定夺。在约翰以及圣经其他作者的思想中,"二元论"是完全没有位置的。③

但如是"一元"的论点,是否意味着人只是神手中的棋子,完全没有"自由活动"的空间和可能性?从神使诸王遵行祂旨意的结果来看,也就是"同心合意",并"把自己的国给那兽",人似乎真的是个"傀儡",只能随着主人手中之线而举手投足。但若参照 17:13,情况似乎又不是那么单纯,因为在那里约翰所说的是,"他们(诸王)同心合意,将自己的能力权柄给那兽。"换句话说,若从人的角度来看,诸王乃是在"利益"的动机之下,自愿的把国度交给兽;但若从神的角度来看,他们的"自愿",却是在神的计划和掌控之中的。事实上,如是带有浓厚吊诡意味的真理,在第六碗的审判中,就已经出现了。在那里是神先让天使倒碗,使幼发拉底河的河水干涸,好为众王预备道路。而后是在邪灵的迷惑之下,诸王才在神的大日子中,聚集争战(16:12-14)。就众王而言,他们是"自愿"的,但追根究底,整个哈玛吉多顿大战,都是在神所设定的时间和条件中,才会发生;而其结果,也在神的掌控之下。在人的平面上,诸王和兽的结合,似乎是个"完美的组合",但他们所做,若从属天的角度来看,也只是要使神的话得着应验而已。

17:18 你所看见的那女人,就是管辖地上众王的大城(καὶ ἡ γυνὴ ἣν εἶδες ἔστιν ἡ πόλις ἡ μεγάλη ἡ ἔχουσα βασιλείαν ἐπὶ τῶν βασιλέων τῆς γῆς)

在向约翰解释了兽和其七头十角的含义(17:8-14),并描述了兽和大淫妇之间

---

① 亦参,神使法老"心硬"的经文(出 4:21;7:3;9:12;10:1;14:4,8)。详见,Beale, *Revelation*, 888。

② 参,士 7:22; 撒上 14:20;代下 20:23;结 38:21;亚 14:13。资料来源,Thomas, *Revelation* 8-22, 305,但笔者也做了两个必要的修正。

③ 亦参,Mounce, *Revelation*, 319-20。

的关系之后(17:15－17),天使终于将焦点转回约翰在异象一开始所看见的"那女人"身上。此一"前呼后应(*inclusio*)"的文学手法,一方面让本章经文成为一个完整的文学单位,也在另外一方面带我们回到了这个异象的主题之上,那就是,大淫妇巴比伦的审判(17:1)。从此角度来看,本节经文也因此就具有引领我们进入十八章的作用了;因为接下来的24节经文,其焦点都在巴比伦的审判。

借着17:2"地上的君王与她行淫,住在地上的人喝醉了她淫乱的酒"的语句,以及借着17:15"坐在众水(多民多人多国多方)之上"的画面,天使已经让约翰看见此一女人对世界的影响力。但在本节经文中,他使则是更进一步指出,她乃"管辖地上众王的大城"。就第一世纪的读者而言,如是描述当然指向"罗马城",也就是罗马帝国的首都。但正如我们在17:1－2那里就已经指出的,由于约翰让此女人以"淫妇"之姿现身,因此她对世界的影响力,不在政治军事(兽),而在"经济"。也就是说,借着"物质主义",借着"拜金的宗教",她已让列王拜倒在她的石榴裙下。在列王之上,她已拥有一个"凡事向钱看"的国度(此乃"管辖"的原文含义)。她不是第一世纪的耶路撒冷,也不是背道的以色列(过去派),①因为这两者对第一世纪的世界,都没有如此之大的影响力。她也不是末日那将要复兴的"巴比伦帝国",那将要逼迫教会的"假宗教"(未来派),②更不是"教皇罗马"(历史派),③因为从18章来看,神对"大淫妇"的审判,乃聚焦在她所创造,她所依赖的"财富"。在第一世纪的当下,她是地中海地区让列国大发利市的"物流中心"(详见18章的分析),但由于在她,以及她所乘骑之兽背后的,是红龙撒但(13:1),因此就属灵的层面来说,她所象征的,也是后世所有以"经济挂帅"为最高指导原则的组织或是思想。④ 在保罗的笔下,她的名字叫做"贪财",而她乃万恶之根,因为人若以她为主,就要被她引诱而离弃真道(提前6:10)。

在人类历史的舞台上,政权会更替,而能呼风唤雨的风云人物,也有如跑马灯般地轮序上台。但不论站在这个舞台之上的是谁,在背后推动他卖力演出的导演,却总是大淫妇巴比伦。因此在下章经文中,神审判的焦点,就要集中在她的身上了。此一审判关系重大,因此为准确掌握经文的含义,让我们先对此章圣经和旧约之间的关系,有一点初步的和整体性的理解。

---

① 例如,Ford, *Revelation*, 285; Chilton, *Days of Vengeance*, 443。

② 例如,Thomas, *Revelation* 8－22,306－07。

③ 例如,A. Barnes(出处,见S. Gregg, ed., *Revelation: Four Views*, 400)。

④ Mounce, *Revelation*, 320; Beale, *Revelation*, 888.

附录十一　启示录18章的旧约背景

若将启示录17章视为“大巴比伦受审异象”的序言(17:1－19:10),那么启示录18章就可以说是此一异象的“本文”了,因为这章经文中的每一个字词,都和她所要受到的审判,密切相关。但约翰是如何叙述她的审判呢?在13章中,我们已经看见他对海兽的描述,乃以但以理书7章的四兽为样本,但本章经文中的“大巴比伦审判”,究竟是以哪些旧约经文为其蓝本呢?在后面逐节的注释中,我们将会看见约翰在本章经文中,暗引了多处的旧约经文,但就整体而论,耶利米书50－51章和以西结书26－28章却对本章启示录经文有最深刻的影响。何以见得?

耶利米书51章

启示录18章		耶利米书	
2a	巴比伦大城,倾倒了,倾倒了	51:8a	巴比伦忽然倾覆毁坏
2b	成了鬼魔的住处……	51:37	成为乱堆,为野狗的住处
3	列国被她邪淫颠狂的酒倾倒了	51:7	万国喝了她的酒就颠狂了
4	你们要从那城出来,免得与她一同有罪,受她所受的报应	51:6a	你们要从巴比伦中奔逃,各救自己的性命
5	她的罪恶滔天,她的不义,神已经想起来了	51:9	她受的审判,通于上天,达到穹苍
6	她怎样待人,也要怎样待她	50:29c	她怎样待人,也要怎样待她
8	她要被火烧尽	50:32b	火要在她的城邑中烧起来,她四围所有的都要烧尽①
20	众圣徒,使徒和先知们,都要因巴比伦受审而欢呼	51:48	天地和其中所有的,都要因巴比伦受审而欢呼
21	巴比伦要如石沉入海中	51:63－64	巴比伦要沉入幼发拉底河中
22－23b	弹琴…的声音不再…,推磨的声音不再,灯光不再照耀,新郎和新妇的声音也不再听见	25:10	我要使她欢乐的声音,新郎和新妇的声音,推磨的声音,和灯的亮光,从他们中间止息②

① 类似的说法,亦见,耶50:34;51:30,32,58。
② 类似的说法,亦见,耶7:34;16:9;33:11。在这些经文中,受到审判或是复兴的,是以色列。

上表清楚显示,①约翰在启示录18:1－8,20－24的两个段落中,除最后的一个个案之外,多次暗引了耶利米书50－51章。此一现象并不令人意外,因为该段旧约经文的主题,正是神对巴比伦的审判。此一巴比伦和启示录的巴比伦(罗马),并非同一个国家,但由于历史的巴比伦和第一世纪的罗马,都曾动手毁灭了圣城耶路撒冷,也都曾下手逼迫了属神的子民,因此将神对古代巴比伦的审判,应用在罗马巴比伦的身上,是十分合乎逻辑的。而此应用,也强化了约翰在本章经文中所要凸显的信息,那就是,神的审判必然临到。因为神对历史之巴比伦的审判,已然应验。但约翰在18:9－19中,是以哪一段旧约经文为蓝本呢?

以西结书26－28章

约翰在18:9－19中,暗引了以西结书26:1－28:19的事实,可以从三方面得知。第一,在以西结书中,推罗(26:1－28:19)和其余的六个国家,②共组成那将要面对神审判的"世界"(以"七"表完全);而在整卷以西结书中,此一审判世界的段落(结25－32),乃位在神审判以色列(结1－24)和神复兴他们的经文之间(结33－48)。因此这个段落,乃是神复兴其子民的前奏。③ 就启示录来看,神对大巴比伦的审判(17:1－19:10),也一样是祂复兴属祂子民的"前奏"(新耶路撒冷;21:9－22:5),因此就"审判列国—复兴子民"的思想模式而言,启示录最后六章的经文,和以西结书彼此平行。

第二,以"七"表"全部/完全"的现象,也出现在审判推罗的段落中,因为这段经文也由七个"审判神谕"所组成。④ 在这七个神谕中,有三个是以"哀歌"的形式出现(26:15－18,27:1－36,28:11－19);而在这三首哀歌中,开口为推罗之没落而哀哭的是"靠海的君王"(26:16)、"商客"(27:12－24,36)和"水手"(27:25－36)。和这些旧约经文相较,启示录18章也一样有三首哀歌(18:9－10;11－17a; 17b－19),而发声为大巴比伦之倾倒而哀哭的,则是"地上的君王"、"客商"和"水手"(18:9,15,17b)。就第一个项目而言,"靠海的君王"的确与"地上的君王"不同,但此差异却不难解释。在以西结书中,推罗乃被比拟为一艘航行于海上的商船(结27:1－11),因

① 资料出处,Aune, *Revelation* 17－22,983;但笔者亦做了一些必要的调整,例如,启示录18:24暗引耶利米书51:49的案例,就没有列入,因为这两处经文之间的呼应,并不那么明显。有关这些个案的详细分析,可见L. P. Trudinger, The Text, 83－85,87－88,C. G. Ozanne, The Influence, 133,135,137,182－183,185。

② 亚扪、摩押、以东、非利士、西顿和埃及。

③ 有关这段经文的结构,详见D. I. Block, *Ezekiel* 25－48,4－6;亦参,R. M. Hals, *Ezekiel*, 178－80。

④ 结26:1－6;26:7－14;26:15－18;26:19－21;27:1－36;28:1－10;28:11－19。审判埃及的段落也具有同样的特色(结29:1－21)。

此与她结盟的，自然就是“靠海的君王”了；而在启示录中，罗马巴比伦所统管的乃是“各族各民各方各国”（13:7），所以与她结盟的，就是“地上的君王”了。因此不论就哀歌的数量，或是从开口唱哀歌的“群体”来看，启示录18章也和以西结书26－28彼此平行。再者，在以西结书27章中，论及推罗大有财富（הוֹן）的经文，共有四处（12，18，27，33）；而在启示录18章中，也有四处经文论及罗马巴比伦的富裕（3，9，16－17，19），因此从如是角度来看，这两段经文也是彼此平行的。①

第三，启示录18章除了在“思想脉络”和“结构”上，反映了以西结书26－28章之外，也在字面上与该段旧约经文有所呼应：

（1）启示录18:10b的“坚固的城（ἡ πόλις ἡ ἰσχυρα）”，所对应的是以西结书26:17的“这……坚固的城（הָעִיר…חֲזָקָה）”。

（2）在以西结书的第二首哀歌中（27:1－36），先知为要显示推罗过去的繁华富裕，就将集散于该城的货物，胪列于27:12－25之中。与此相较，约翰为了显示巴比伦罗马的富裕和奢华，也在启示录的第二首哀歌中，给了我们一个“货物清单”（18:12－13）。此一“清单”的编排方式，和以西结的清单有所不同（详见18:12－13的注释），但在其中28样商品中，却有过半的项目，和以西结清单中的货物雷同。

（3）大淫妇巴比伦乃以“金子、宝石和珍珠”为妆饰（启18:16），而推罗王也佩戴着各式宝石和黄金（结28:13）。

（4）以西结哀歌的基本形式是“过去的繁华—现今的衰败”，而此一模式也反映在启示录之商客对大巴比伦的哀叹中：“一时之间，这么大的财富就归于无有了”（18:17a；亦参，18:10，19）。

（5）在启示录中，靠航海经商而致富，并为大巴比伦之倾倒而哀哭的人，有船主，坐船往各处去的，众水手和靠海为业的（18:17b）；在以西结书中为推罗之没落而痛哭失声的，有掌舵的，荡桨的，水手和一切泛海掌舵的（27:28－29）。就细节而言，这两组“航海从业人员”并不完全相同，但它们却都包含了“四组人马”。

（6）以西结之“航海从业人员”所唱哀歌，是以“有何城如推罗，有何城如她在海中成为寂寞的呢？”为起首句（27:32b）；而约翰笔下的同一组人马，其所唱哀歌也是以一个问句为始：“有何城能比这大城呢？”（18:18b）

（7）配合着哀歌，以西结之“航海从业人员”也以撒尘土于头上，并在灰中打滚的方式，来表达他们的哀伤（27:30）；而约翰的“航海从业人员”，也做了相同的动作

---

① 以西结书27章和启示录18章之间，在“财富”主题上的呼应，乃Aune的观察（*Revelation* 17－22，990）。

(18:19a)。

(8) 在前面我们已经提及,审判推罗的段落,乃由七个神谕所组成。但若以"你令人惊恐,不再存留于世"的句子为准(26:21;27:36;28:19),那么这整个段落就可以切割为三个都以如是句子为结语的小段落了(26:1－21;27:1－36;28:1－19)。① 和此相较,启示录 18 章的结语(21－24),也同样的以"不再"为其主题(18:21,22,23)。

(9) 在如是"不再"的主题中,以西结哀歌中,"人也不再听见你弹琴的声音"(26:13b),也反映在启示录 18:22 之中:"弹琴,作乐,吹笛和吹号的声音,在你中间决不能再听见。"②

综上所述,约翰在启示录 18:9－19 中,不单在逻辑思路和结构上,师法先知以西结,也在字面上,甚至在文学技巧上(例如,以"商品清单"来强调巴比伦罗马的富裕),让他的作品和以西结书 26－28 章,紧紧的连结在一起。因此在解释这段启示录经文时,这个旧约背景,就应该是我们的优先考量。但在将旧约之"巴比伦"的名字,冠在当时罗马的头上时,约翰为何在论及她的刑罚之际,又要以"推罗的审判"作为蓝本呢?

就政治军事的层面而言,巴比伦和罗马是彼此类似的,因为她们在她们各自的年代中,都独领风骚,成为一方之霸。不单如此,在历史中,她们也都曾经掳掠并毁灭了耶路撒冷圣殿。因此约翰以古代的巴比伦作为当时罗马的代名词,是十分恰当的。但就经济层面来看,巴比伦虽然也借着她的军事力量,掳掠了列国而成为一个"宝库"(耶 51:13－14),但她在这一方面却和当时的罗马之间,有一点距离,因为后者除了以军事武力统一了地中海地区之外,也借着她绵密的航海网络,创造了一个经济的奇迹。③ 就此角度来看,古代的推罗和经济罗马是比较接近的,因为她在历史中,就一直以其海运经商的能力而留名于世。举例来说,从他施(西班牙)而来的大商船在推罗靠岸(赛 23:1),④而从埃及而来的粮食也在这里入港;因此称她为"列国的大码头"(赛 23:3)和"众民的商埠"(结 27:2)并不夸张。在先知以赛亚的口中,"她的商家是王子,她的买卖人是世上的尊贵人"(赛 23:8);⑤而在先知以西结的笔下,她更是一艘全然美丽,极其荣华,充满着各式货物的大商船(结 27:1－25)。

---

① R. M. Hals, *Ezekiel*, 184.

② 有关这些暗引以西结书之案例的详细分析,见笔者博士论文 Ezekiel in Revelation: Literary and Hermeneutic Aspects(Univ. of Edinburgh, 1999),68－80。

③ 相关议题,见 R. Bauckham, *The Climax*, 338－83; J. N. Kraybill, *Imperial Cult and Commerce in John's Apocalypse*, 102－141。亦参 18:3,11－13,17 的注释。

④ J. N. Oswalt, *The Book of Isaiah* 1－39,429; J. A. Motyer, *The Prophecy of Isaiah*, 190.

⑤ J. N. Kraybill, *Imperial Cult and Commerce in John's Apocalypse*, 153.

但约翰选择以推罗作为罗马的蓝本，只因她在商业经济上的发达吗？的确，但更重要的是，推罗曾因着她商业上的发达，而对神的子民带来既深且重的影响。怎么说呢？就正面的角度来看，推罗的航海经商能力，使得她成为所罗门王建圣殿时的“建材供应商”；而推罗工匠，更曾参与在建殿的工程之中（王上5:1－18;7:13－14）。但从反面的角度来看，因着所罗门和推罗的接触，并娶了她的女子为嫔妃（即，西顿女子；王上11:1），就将推罗所敬拜的女神亚斯他录，带进了以色列（王上11:5）。而推罗对以色列人的影响，更在亚哈王娶了推罗公主耶洗别，并因此使整个北国陷入偶像崇拜之罪的事上，达到了高峰（王上16:31－33）。因此从此角度观之，以推罗作为罗马的蓝本，也是十分合宜的；因为后者藉其经济财富，也在当时建立了一个“拜金”的宗教；而此“信仰”，也一样对教会产生了深刻的影响（参，启示录2－3章）。

不单如此，推罗的富裕，曾让推罗王心生骄傲，向自己说：我是神，我在海中坐神之位（结28:2）；而此心态，不单反映在当代罗马的自豪中，也在罗马皇帝以“主和神”为其称号的动作中，清晰可见。因此从宗教的角度来看，将推罗和罗马并排类比，也一样合宜。但约翰将她们类比的原因，也可能和推罗之历史有关。就我们今日所知，推罗乃建立在一个离海岸不远的岩石小岛上；因此借着海水的屏障，她成为一个几乎不可攻破的海上堡垒（结26:17）。尼布甲尼撒王的军力，可以远达并征服埃及，但对推罗，他所能做的，只是将之团团围住（585－573 BC），好确保他对埃及的统管，不会受到干扰（参，结26:7－14）。① 推罗不可攻破的“神话”，要到了亚历山大大帝之时才被打破（332 BC）。但为取得此城，亚历山大大帝也必须从海岸建一条约800公尺长、300公尺宽，直达推罗城的海堤，才得以将她拿下。对第一世纪熟知历史的人来说，约翰以推罗的败亡作为罗马所要面对之审判的“模型”，其实是深具震撼力的。② 因为他“藉古喻今”地告诉了他的读者，罗马海兽即便是“无人能与之交战的”（启13:4），而她的财富，和她藉之所创造的“罗马和平”，也史无前例；但她的结局，却要像那“富甲天下，无法攻破”的推罗大船一样，沉入海中（结27:26,34）；也要如一块大石头般的，被扔在海里，再也无处可寻（启18:21）。

18:1 此后，我看见有另一位掌大权柄的天使从天而降；大地因着他的荣光而被照亮了（Μετὰ ταῦτα εἶδον ἄλλον ἄγγελον καταβαίνοντα ἐκ τοῦ οὐρανοῦ ἔχοντα ἐξουσίαν μεγάλην, καὶ ἡ γῆ ἐφωτίσθη ἐκ τῆς δόξης αὐτοῦ）

正如约翰在它处经文中所做的一样（4:1;7:1,9;15:5;19:1），他在此也借着“此

① 此一围城至终使得推罗接受了巴比伦的统管。有关此段，以及推罗和希腊之间关系的历史，见*ABD* 6:690。

② J. N. Kraybill, *Imperial Cult and Commerce in John's Apocalypse*, 160－61.

后我看见"的语句,给了我们一个新的段落。而此段落,则是以"另一位掌大权柄的天使从天而降"的画面为始。就上文而言,这"另一位(ἄλλον)"天使所相对的,乃是17:1,7,15中,将大淫妇巴比伦受审之异象,带给约翰的"七碗天使中的一位"。① 但若考量14:8,也就是那位同样也宣告"巴比伦倾倒了,倾倒了"的天使(参,18:2),约翰在这里对此一天使的描述,则显得丰富了许多,因为他不但拥有大权柄,大地也因着他的荣光而被照亮了。在启示录中,能和他比拟的,恐怕只有10:1中,那将书卷带给约翰的大力天使了。在那里我们已经晓得,那个大力天使,虽然拥有属神的"光环"(披着云彩,头上有虹等等),但他应该不是基督;因为他荣耀之形象,乃和他所肩负的任务有关,即,将传福音,作羔羊见证的重责大任,交付与代表教会(两个见证人)的约翰(启10:8-11)。与此相较,约翰在此对这个天使的描述,恐怕也具有同样意义;只是如今他所要带来的,不是福音,而神的审判。

就神所要审判的对象而言,大淫妇巴比伦乃"管辖地上众王的大城"(17:18),因此要宣告她的审判,非"从天而来",并"拥有大权柄"的天使,实不足以为之。但"大地因着他的荣光而被照亮",所要表达的又是什么呢?在以西结书43章那里,当神的荣耀重回圣殿之时,"地就因祂的荣耀而发光"(43:2)。在导论的部分我们已经提及,以西结书8-11章和40-48章乃彼此相对的两个异象;因为前者显示以色列人在圣殿中所犯拜偶像之罪(8:1-18),和其结果,即,耶和华之荣耀的离开(10:18a,19b;11:23);而后者则是神的复兴(圣殿的重建;结40-42),和神荣耀的重回圣殿(43:1-5)。因此在如是逻辑之中,"地就因祂的荣耀而发光"的意思,是"地(以色列地)"得着洁净,并因此重新成为神和属祂百姓的居所。② 过去的污秽和黑暗,已因着神的刑罚(结9:1-11)和复兴(结40-42),成为历史。③

从此背景来看,此处"地因着天使之荣光而被照亮"的语句,也应该具相同的意义,只是此处之"地",不再是以色列一地而已,而是全世界,因为在此受到审判的,乃是"管辖地上众王的大城"。换句话说,此一天使藉其宣告所要带来的结果,已经隐含在"地被照亮"的画面中了,因为当巴比伦受到了羔羊之军的审判之后(19:11-21),新天新地和新耶路撒冷就要接着出现了(21:1-22:5);而在其中,照耀着新耶路撒冷城的,是神的荣耀和羔羊之灯(21:23;22:5)。

---

① Swete, *Revelation*, 226; Thomas, *Revelation* 8-22,314.

② 参,结8:12,17;9:9;11:15,17。

③ 将这两处经文连结在一起的,多有人在,例如,Swete, *Revelation*, 226; Charles, *Revelation II*, 95; L. P. Trudinger, The Text, 82-83; C. G. Ozanne, The Influence, 132-33; Thomas, *Revelation* 8-22,314; Aune, *Revelation* 17-22,985等等;但少有人深入探讨此一旧约背景,对理解此处经文的意义。和笔者持类似理解的,有Beale, *Revelation*, 893; Osborne, *Revelation*, 635。

18:2 他以强而有力的声音喊着说:大巴比伦倾倒了,倾倒了;她成了鬼魔的住处,各样污秽之灵的巢穴,各样污秽飞禽的巢穴和各样污秽可憎野兽的巢穴(καὶ ἔκραξεν ἐν ἰσχυρᾷ φωνῇ λέγων, Ἔπεσεν· ἔπεσεν Βαβυλὼν ἡ μεγάλη, καὶ ἐγένετο κατοικητήριον δαιμονίων καὶ φυλακὴ παντὸς πνεύματος ἀκαθάρτου καὶ φυλακὴ παντὸς ὀρνέου ἀκαθάρτου [καὶ φυλακὴ παντὸς θηρίου ἀκαθάρτου]①καὶ μεμισημένου)

在启示录中,我们多听见天使发出"大声音(φωνὴ μέγας)",②但配合着他所拥有的"大权柄"(18:1),此处天使所发出的,却是强而有力的声音(ἐν ἰσχυρᾷ φωνῇ),因为他所要宣告的,是管辖地上众王之巴比伦的末日(17:18)。

在14:8那里我们已经知道,"巴比伦倾倒了,倾倒了"一语,乃出自先知以赛亚对巴比伦的审判之言(赛21:9),而"大巴比伦"的称号,则来自尼布甲尼撒王狂妄自夸的口(但4:30)。因此透过如是结合,她受审的原因就不言可喻了。和先知以赛亚一样的,③约翰也使用了过去式的"倾倒了(ἔπεσεν)",而其缘由,乃因此一事件,虽然还未发生,但由于它必然发生(或是已经为神所决定),因此就以"过去式"的方式来陈述了。

必然发生的,也包括神审判的结果:"她成了鬼魔的住处,各样污秽之灵的巢穴,各样污秽飞禽的巢穴,和各样污秽可憎野兽的巢穴。"在旧约中,类似的说法也出现在如下的经文中:④

> 巴比伦……必永无人烟,世世代代无人居住……(赛13:19-20)。只有旷野的走兽卧在那里,咆哮的兽满了房屋,鸵鸟住在那里,野山羊在那里跳舞。豺狼必在他宫中呼号,野狗必在他华美殿内吼叫(赛13:21-22a)。
>
> 以东……必世世代代成为荒废,永永远远无人经过(赛34:9-10)。鹈鹕,箭猪,却要得为业。猫头鹰、乌鸦要住在其间(赛34:11a)……以东的宫殿……要作野狗的住处,鸵鸟的居所(赛34:13)。旷野的走兽、要和豺狼相遇。野山羊要与伴偶对叫。夜间的怪物必在那里栖身,自找安歇之处(赛34:14)。
>
> 巴比伦必成为乱堆,为野狗的住处。令人惊骇,嗤笑,并且无人居住(耶51:

---

① 方括弧内的文字(各样不洁野兽的巢穴)应属原始经文,但由于א 2053 2080 等几个手抄本中皆无此文字,因此 UBS[4] 和 NA[27] 就将这些文字放在方括弧之内了。相关讨论,见 *TCGNT*, 756-57; Beale, *Revelation*, 895; J. Fekkes, *Isaiah and Prophetic Traditions in the Book of Revelation*, 216。

② 启5:2;7:2;14:9,15,18;19:17.

③ "倾倒了,倾倒了(נָפְלָה נָפְלָה)"乃表过去动作的完成式动词;而此即所谓的"预见的完成式(prophetic perfect)"。

④ 在旧约中,城邑或是国家"成为荒废,野兽居住之地",是描述神审判的"固定模式"之一。除了我们如下所列举,和启示录经文最接近的四处经文之外,类似的说法亦见,赛27:10;64:10-11;耶4:26-27;9:10-12;22:5-6;结6:14;何2:3;珥3:19;番2:13;玛1:3-4;亦参玛加比一书3:45。

37)。

耶和华……必使尼尼微荒凉,又干旱如旷野。群畜,就是各类的走兽,必卧在其中;鹈鹕和箭猪要宿在柱顶上。在窗户内有鸣叫的声音;门槛都必毁坏,香柏木已经露出(番 2:13-14)。

和这些旧约经文相较,启示录的(1)"她成了……住处",所反映的是以赛亚书 34:13 的"(以东)成了……居所";甚或是耶利米书 51:37 的"巴比伦成为……住处"。① (2)"鬼魔"应该是从以赛亚书 13:21 和 34:14 中的"鬼怪(和合本作山羊)"而来,②而"污秽之灵"的出处则可能是以赛亚书 34:14 中的"夜间的怪物"。③ (3)至于"飞禽和野兽",则是上列经文中各式动物的归纳;而约翰之所以会在其上,加上了"不洁"和"可憎",乃因在利未记中,这些生物中的一部分(例如,鹈鹕,箭猪和乌鸦等等),乃是不洁净的(参,利 11)。④

从上述的分析来看,约翰在此是将旧约中,神对巴比伦或是其他国家的刑罚,加总在一起。对熟悉启示录的读者来说,这个"加总"的手法,应该不会太陌生才是。在 13 章中,我们已经看见他将但以理四兽(四个国度)的特征,加总在罗马海兽身上;因此在论及她的审判之时,我们也就一点也不意外的,看见他将神对列国所曾施行的审判和刑罚,都加在她的身上了。对各个国家而言,神让飞禽野兽占据他们原本居住之地,其含义乃是"完全的荒废"和"百分之百的毁灭"。而将如是刑罚加总在一起,神审判的严重性和确定性,就更无庸置疑了。在历史中,巴比伦、以东或是尼尼微都曾叱咤风云一时,但在神的审判之下,她们都烟消云散,无处可寻。因此不论她在人类的历史中,要再以怎样的面貌出现(例如,罗马巴比伦),她也终究要面对神的审判。

在本节经文中,约翰乃以"巴比伦将要充满孤魂野鬼和各式飞禽野兽"的方式,来描绘她所要面对的审判;而在本章经文结尾之处,他则是以"不再有歌声,不再有商业

---

① ἐγένετο κατοικητήριον;וְהָיְתָה נְוֵה; וְהָיְתָה בָבֶל...מְעוֹן。

② שָׂעִיר;七十士译本将之译为δαιμόνια(鬼魔)。旧约亚兰文译本他尔根,以及许多犹太拉比也都以"鬼魔"的方式来理解此一语词(详见,Beale, *Revelation*, 894, 注脚 148)。亦参,BDB, 972; J. A. Motyer, *The Prophecy of Isaiah*, 141。

③ לִילִית(夜魔);*TWOT* 1:479; BDB, 539。在圣经和犹太人的观念中,鬼魔乃以荒郊野外为其居所;参,利 16:10;太 12:43(=路 11:24);可 5:10;路 4:1-2;多比传 8:3;玛加比四书 18:8;巴录书 4:35;所罗门遗训 5:12。

④ 有关此一暗引旧约个案的详细分析,见 J-P. Ruiz, *Ezekiel in the Apocalypse*, 386-88; J. Fekkes, *Isaiah and Prophetic Traditions in the Book of Revelation*, 214-17。

活动，不再有灯光和人际活动①”的画面，来呈现这同一个审判（18:22－23b）。② 因此就文学形式而言，本节经文和18:22－23b，为本章圣经创造了一个“前呼后应”的文学效果；而就文学目的而论，本节经文的“有”，和18:22－23b的“没有”，也分别从正反两方面，凸显了巴比伦之审判的确定性和全面性。

18:3 因为列国都因她邪淫颠狂的酒而倾跌了③；地上的君王与她行淫，地上的商人因她的奢华浪费而发了财（ὅτι ἐκ τοῦ οἴνου τοῦ θυμοῦ τῆς πορνείας αὐτῆς πέπτωκαν [πεπτώκασι] πάντα τὰ ἔθνη καὶ οἱ βασιλεῖς τῆς γῆς μετ᾽ αὐτῆς ἐπόρνευσαν καὶ οἱ ἔμποροι τῆς γῆς ἐκ τῆς δυνάμεως τοῦ στρήνους αὐτῆς ἐπλούτησαν）

借着“因为（ὅτι）”，天使向约翰解释了大巴比伦受审的原因：“列国都因她邪淫颠狂的酒而倾跌了。”在14:8那里，大巴比伦乃是那叫万民喝她邪淫颠狂之酒的那一位，而人若喝了（17:2）这杯让人颠狂（不识真理）的邪淫之酒（依靠财物而不依靠神），他所要面对的，就是神的审判了（喝神忿怒之杯；14:10）。在如是文脉之中，天使在此就进一步的指出，列国乃因她邪淫，叫人颠狂之酒而倾跌了（πέπτωκαν）；④而此“拉人下水”的举措，或者用耶稣的比喻来说，“瞎子领瞎子，二人都掉到坑里”（太15:14），正是她必须受到审判的原因。

“列国都因她邪淫颠狂的酒而倾跌了”的含义，在接下来的两个句子中，进一步地得着阐释：“地上的君王与她行淫，地上的商人因她的奢华浪费而发了财。”有关“地上的君王与她行淫”，我们在17:2那里已经约略提及，这个描述乃本于以赛亚书23:16－17，因为在先知有关推罗的预言中，她不单被称为“淫妇”，而她与列国之间的商业往来，也被比拟为“行淫”：“她要再与地上的万国行淫”（23:17b）。⑤ 在17:2那里我们也已经晓得，先知们之所以会称推罗，巴比伦和尼尼微等外邦国家为淫妇，不单因为她们借着不义的商业手段而致富，也因为她们都因着财富的累积，而生发了“自我满足，自比为神”的骄傲。对约翰而言，如是情况当然带有“不依靠神，不将祂所当得的荣耀归给祂”的宗教意涵，而罗马巴比伦在这一方面，甚至比在她之前的列国，更

---

① 以新郎新妇的结盟为代表。

② J. Fekkes, *Isaiah and Prophetic Traditions in the Book of Revelation*, 217.

③ 在此我们跟随 Aune（*Revelation* 17－22, 965－66），以“πέπτωκαν（跌倒了，坠落了）”为原始经文（A C 69 2031 等等）；而非 UBS[4] 和 NA[27] 的“πέπωκαν（喝醉了）”，因为支持此一经文之手抄本的“力道”，太过微弱。方括弧内的“πεπτώκασι（跌倒了）”，亦有 ℵ 046 82 1006 等手抄本的支持；而它和“πέπτωκαν”之别，只在形态不同而已（都是完成主动直说第三人称复数）。这两个“异文（variant readings）”相加而有的证据力，当然远远超过“喝醉了”之阵营。因此和合本的选择是可取的（倾倒了），但新译本却选择和 UBS[4] 和 NA[27] 站在同一阵线（喝醉了）。

④ Aune, *Revelation* 17－22, 966; Osborne, *Revelation*, 636－37.

⑤ Aune, *Revelation* 17－22, 988; Beale, *Revelation*, 895.

胜一筹。因此在有关审判她的篇章中,约翰也就一次,两次,甚至三次的,将"淫妇"之名加在她的身上,也藉"行淫"的比喻,来叙述她和帝国境内,各个行省之间的商业往来关系(17:2,18:3,9)。

与罗马巴比伦"行淫"而得利的,也包括了"地上的商人"。就我们今日所知,第一世纪的罗马,可以说是地中海地区的"货流中心",从帝国甚至帝国之外的各式商品,都以此为集中地。从共和时期开始,罗马的平民百姓和奴隶,就开始从掌权者手中得着免费谷物的供应,而接受如是供应的,约有 20 万个家庭。因此为了要满足如此庞大的需求,罗马就必须从北非的埃及,从小亚细亚以及从黑海等地,进口谷物。除了这个最大宗的进口之外,为了满足罗马上层社会豪华奢侈的生活,从印度和中国而来的各式香料,象牙和丝绸等商品,也一一运抵罗马。此一运输路程不单艰险,也相当漫长。因为从印度洋而来的货物,得先在埃及的红海港口上岸,再由驴子陆运至尼罗河上游,上船之后运至地中海边的亚历山大港,再上大船,才能海运到罗马。如此耗时费日的运输过程,当然使得这些商品在罗马的市场上,成为奇货可居的奢侈品。丝绸的价钱,等于同重的金价,而肉桂在缺货时,半公斤甚至可以叫价 1500 罗马银币(1500 天的工资);但这类商品,在罗马却不愁找不到购买者。

罗马对谷物和各式精致商品的贪得无厌,不单使产地的农业,畜牧业(羊毛织品,羊皮纸)和矿业(宝石,金,银,大理石等等),大为兴盛,也因着商业的兴盛,钱币需求的增加,而使得铸造业忙的不可开交。当然从大盘商,到船主,船长,水手,以及造船,修船木工等等和运输相关的产业,也成为这整个商业体系中,最不可或缺的一环。商务的兴盛,叫一个出身于希拉坡利(Hierapolis)①之商人,在其墓碑上自豪的刻着,他曾往返罗马和小亚细亚 72 次;而航运业的发达,也曾让诗人犹文拿里(Juenalis; AD 60-128)语带讽刺的说:如今在海上的人,比在陆地上的人还要多了。②

在启示录 18 章中,罗马所创造的经济奇迹,不单反映在本节经文中,也在 12-13 节中,约翰所给我们的"商品清单"中,清晰可见。因此在 16 节那里,他以"身穿细麻、紫色、朱红色衣服,又以金子、宝石和珍珠为妆饰"的方式来描述大淫妇巴比伦,就一点也不令人意外了。罗马巴比伦的确借着她所拥有的军事力量,而征服了列国,但在此同时,她也借着她所创造的经济奇迹,而巩固了她的地位,因为借着这个手段和策略,她,至少在某一个程度上,消弱了列国因不得不臣服于她而有的怨怼和不满。在喝了她手中盛满了她淫乱之酒的金杯之后(17:2),地上的君王和商人,能不颠狂吗?

---

① 十分靠近老底嘉。

② 有关罗马经济的发达,见 J. N. Kraybill, *Imperial Cult and Commerce in John's Apocalypse*, 102-110。

国仇家恨在耀眼,白花花银子的照射之下,恐怕只能是一个遥远的记忆而已。而对那些只想依赖神供应他们一切所需的圣徒而言,大淫妇巴比伦藉其财力所摆出来的豪华阵仗,恐怕也是个极大的挑战和诱惑,因此……

18:4 我又听见天上有另一个声音说,我的民哪,要从那城出来!免得你们在她的罪上有分,免得你们受她所受的灾难(Καὶ ἤκουσα ἄλλην φωνὴν ἐκ τοῦ οὐρανοῦ λέγουσαν, Ἐξέλθατε ὁ λαός μου ἐξ αὐτῆς, ἵνα μὴ συγκοινωνήσητε ταῖς ἁμαρτίαις αὐτῆς, καὶ ἐκ τῶν πληγῶν αὐτῆς ἵνα μὴ λάβητε)

配合着天使对巴比伦审判的宣告(18:2–3),天上也响起了另外一个声音,呼吁神的子民要与巴比伦画清界限。但此声音是由谁所发出来的呢?在旧约中,称其选民为"我的民"的,只有耶和华神,但由于在下一节经文中,此一声音说,"神已想起巴比伦的不义",因此在此发生说话的,最可能是人子羔羊。①

但此声音要在哪里结束呢?也就是说,从本节开始的段落,要在哪里画上句点呢?一个可能的选择是第八节,因为从第九节开始,为巴比伦之倾覆而发出哀号之声的,是地上的君王(9–10),商人(11–17a)和航运业者(17b–19)。② 但从21节有另一个天使出现的现象来看,我们又似乎应该以20节为本段经文的结束。不单如此,若将第四节中,天上声音要属神百姓和巴比伦划清界限的呼吁,和20节中另一个要圣徒为巴比伦之倾倒而欢喜的呼吁,互相对比的话,那么以20节为终点的见解,也进一步的得着证实,因为这两个呼吁(命令语气的动词),为4–20节的段落,创造了一个"前呼后应(*inclusio*)"的文学效果。③ 若是如此,我们又要怎样解释在9–19中,为巴比伦之倾覆而哀哭的那三组人马呢?在前面有关启示录18章和旧约关系的分析中(附录十一),我们已经晓得9–19节乃本于以西结书26–28章;而在该段旧约经文中,我们也看见"靠海的君王"(26:16)、"商客"(27:12–24,36)和"水手"(27:25–36),都为推罗的倾覆而唱了"哀歌"。但从以西结书26:15和27:1–2来看,这三首哀歌乃神所发的预言。也就是说,这三首哀歌是神藉他们之口,对推罗

---

① Osborne, *Revelation*, 638. 此一将人子羔羊等同于耶和华神的手法,是我们在前面已经多次看见的了。

② 例如,Beckwith, *Apocalypse*, 711–12; Charles, *Revelation II*, 87,100; E.–B. Allo, *Saint Jean: L'Apocalypse* (Paris: Lecoffe, [2]1921),289–91。

③ P. S. Minear, *I Saw a New Earth*, 145; A. Y. Collins, 'Revelation 18: Taunt-Song or Dirge?' in *L'Apocalypse johannique et l'Apocalyptique dans le Nouveau Testament*, ed. J. Lambrecht (Gembloux: Duculot, 1980),193; K. A Strand, 'Two Aspects of Babylon's Judgment Portrayed in Revelation 18,' *AUSS* 20(1982),54,56–57; W. H. Shea, 'Chiasm in Theme and by Form in Revelation 18,' *AUSS* 20(1982),256; J–P. Ruiz, *Ezekiel in the Apocalypse*, 390–91;413;456–57; R. Bauckham, *The Climax*, 340.

所发的审判。① 因此从这个背景来看,此处的三组人马和他们的哀歌,也应包括在从天而来的声音中。神对巴比伦之审判是如此确定,因此她的审判虽然还没有发生,但在她丧礼中所要响起的哀歌,却已经要从"地上的君王,商人和水手"的口中发出了。

神对巴比伦的刑罚已然确定,因此人子羔羊自然要向祂的百姓呼吁:你们要从那城出来!在旧约中,如是"离开"的催促,曾在亚伯拉罕(吾珥)、罗得(所多玛)和以色列百姓(埃及)的耳中响起,②但和此处经文最接近的,恐怕是神藉先知之口,要被掳之以色列百姓"逃离"巴比伦的呼吁(赛 48:20;52:11;耶 50:8;51:6,45;亚 2:6-7)。③ 和这些旧约经文相较,除了"离开巴比伦"的一般性主题之外,约翰的"免得在她的罪上有分,受她所受的灾难",所反映的是耶利米所说的要逃离巴比伦,"不要陷在她的罪中,一同灭亡"(耶 51:6b);④而他在 18:20 所听见,人子要众圣徒为巴比伦受审而欢喜的呼吁,也应是本于同一章圣经中之"那时,天地和其中所有的,必因巴比伦(受审)而欢呼"(耶 51:48)。⑤ 因此若从此旧约背景观之,"从那城出来"的命令,并非要人离开一个地方,不论她是罗马或是罗马帝国,⑥而是不要和大淫妇巴比伦有任何的瓜葛。⑦

从上文来看(18:2-3),此一"离开",是拒绝巴比伦所提倡的拜金宗教和物质主义,而不是与整个世界的隔绝。教父奥古斯丁对本节经文的批注是:我们必须放弃我们作为这个世界之公民的身份,并要借着信心的翅膀,飞到神那里去。⑧ 而耶稣对此事的看法,则是"圣徒乃在这个世界,但又不属这个世界"(约 17:14-18)。也难怪约翰在启示录中,会让两个见证人(教会)在这个世界中,扮演金灯台的角色(11:3-6),并在其中受苦(11:7-10),⑨但在此同时,又借着他们的复活,而显出他们所拥有

---

① J. Blenkinsopp, *Ezekiel*, 121.

② 创 12:1;19:12,15,17;出 3:8,10;4:29-31。

③ Swete, *Revelation*, 228-29; Buchanan, *Revelation*, 473; Thomas, *Revelation* 8-22,320; Aune, *Revelation* 17-22,990-91; Beale, *Revelation*, 897-98.

④ 亦参,以赛亚书 52:11 的"离开巴比伦,不要沾染不洁净的物"。

⑤ 约翰在此暗引耶利米书 51 章的可能性,也为他于 18:3 中,暗引了耶利米书 51:7-8(即,巴比伦叫天下万国喝她令人沉醉颠狂之酒)的现象中,得着进一步的支持。

⑥ Mounce, *Revelation*, 324; Thomas, *Revelation* 8-22,320。这两个学者虽然认为"离开"在此也具有属灵的意义,但他们也都认为此一"离开"的基本含义是地理上的。如是见解的困难,在它和约翰对巴比伦之描述不符合,因为他一方面将巴比伦描绘为世界商务的中心,但在另外一方面又将她放在旷野(17:3)。也就是说,约翰基本上并不期待他的读者,以百分之百的字面含义,来理解启示录。

⑦ Beale, *Revelation*, 898.

⑧ 神之城(*De Civ. Dei*) 18:18。

⑨ 亦参,启 6:9;12:11,17;14:12-13;18:24。

不属世界的内在生命(11:8-13)。① 如是"离开世界"之真理,是如此的重要,因此为要加深读者的印象,约翰也就以一个交错结构,来结束本节经文:"免得(ἵνα μὴ)在她的罪上有分,受她所受的灾难。"②喝大淫妇邪淫之酒的,自然要和她同受刑罚,但人若拒绝了她的诱惑,那么神的审判自然就不会落在他的身上了。

18:5 因她的罪恶滔天,神已经想起了她的不义(ὅτι ἐκολλήθησαν αὐτῆς αἱ ἁμαρτίαι ἄχρι τοῦ οὐρανοῦ καὶ ἐμνημόνευσεν ὁ θεὸς τὰ ἀδικήμα τὰ αὐτῆς)

巴比伦受审的原因在此陈明:"她的罪恶滔天。"在约翰所暗引的耶利米书 51 章中,③神对以色列百姓的呼喊是:"离开她吧……因为她要受的审判,通于上天,达到穹苍。"(51:9b)此一以犯罪之结果,即,审判,来取代"罪"的手法,有凸显"犯罪有极其严肃结果"的效果;④但由于约翰在此所要告诉我们的,是巴比伦受审的原因,因此他并没有完全(也无法)跟着先知的脚步而行。不过就"通于上天,达到穹苍"的描述而言,约翰倒是以"滔天"来回应了先知之言。

就约翰所选择的动词而论,"滔/上及(ἐκολλήθησαν)"原意是"连结",也与上节经文中的"一同(συγκοινωνήσητε)"[有罪],有类似的含义,⑤因此约翰在此似乎有意藉此动词显示,大淫妇巴比伦,拉着地上众王,商人和水手,来一同敌对神的罪恶。但不论如何,"罪恶及天",虽带着夸张的成分,却是旧约中为表达"罪恶深重"而惯有的说法(拉 9:6;拿 1:2;亦参,以斯拉四书 11:43)。⑥

滔天之恶当然引起神的注意。在新约中,此处是论及"神想起"的唯一经文。"神想起"的前提,当然不是神忘记了,因为"神想起/纪念"的意思,是神要依约来行事(纪念祂和人所立的约)。当神想起了祂立约的百姓时,祂就拯救他们;⑦而当祂想起罪时,祂就降下刑罚。⑧ 因此正如约翰在 16:19 那里告诉我们,当神想起大巴比伦时,就要把盛祂烈怒的杯递给她,他在此也明示作为这个世界之主的耶和华神,已经想起了巴比伦的不义了。但祂要如何施行祂的审判呢?

18:6-7a 她怎样待人,也要怎样待她;按她所行的,加倍报应她;用她调酒的杯,加倍的调给她;[7] 她怎样荣耀自己,怎样奢华挥霍,也要叫她照样痛苦悲哀

① 亦参,7:9-17;14:1-5;19:1-8,14;21:9-22:5。

② Aune, *Revelation* 17-22,991. 在此 A—B—B'—A'的语法中,将"免得"放在"受她所受的灾难"之后,是十分少见的文法结构,因此约翰的目的,应在加深读者对此教训的印象。

③ 见上节注释。

④ Beale, *Revelation*, 900;亦参,W. L. Holladay, *Jeremiah* 2,422。

⑤ Osborne, *Revelation*, 639.

⑥ 亦参,创 11:4;申 1:28;9:1;代下 28:9。详见,Aune, *Revelation* 17-22,992。

⑦ 参,创 8:1;9:15;出 2:24;6:5;诗 106:45 等等。

⑧ 参,诗 109:14;耶 14:10;何 8:13;9:9。

(ἀπόδοτε αὐτῇ ὡς καὶ αὐτὴ ἀπέδωκεν καὶ διπλώσατε τὰ διπλᾶ κατὰ τὰ ἔργα αὐτῆς, ἐν τῷ ποτηρίῳ ᾧ ἐκέρασεν κεράσατε αὐτῇ διπλοῦν, 7 ὅσα ἐδόξασεν αὐτὴν καὶ ἐστρηνίασεν, τοσοῦτον δότε αὐτῇ βασανισμὸν καὶ πένθος)

在这一节半的经文中,①约翰以四个子句来叙述神刑罚巴比伦时,所要依循的原则。为显示此一结构,在上述的翻译中,我们就以三个分号(;),作为各子句之间的区隔。在这四个子句中,那些论及巴比伦要如何遭到刑罚的命令语气动词,像是"待(ἀπόδοτε)"、"报应(διπλώσατε)"、"调给(κεράσατε)"和"叫(δότε)",都是第二人称复数,因此晚近的中文译本,就以"她怎样待人,你们也要怎样待她"之类文句,来翻译之。② 因此在解释本节经文时,我们所面对的第一个问题是,"你们"所指的是谁?

对此问题,学界提出了几个解释。第一,"你们"所指的是天界中,那些要执行神审判的天使。③ 第二,若参照17:16-17,那么"你们"就是那要兴兵攻击巴比伦的"兽和十王的联盟"了。④ 第三,"你们"只是因修辞学上的需要而有,因此并不指向特定的群体。⑤ 第四,由于在第四节中,天上的声音乃向"我的民"所发,而经文在此并没有转换听众的任何线索,因此"你们"乃圣徒。⑥ 第五,此一组命令语气并不表命令,而是请求(正如主祷文中的三个"愿"),因此"你们"所包括的,除了圣徒之外,也包括了在天上掌权的上帝。⑦

在这五个选项之中,第四个见解恐怕最可行。因为除了此处经文的本身,的确没有任何转换"听众"的线索之外,约翰在此所暗引的旧约,以及相关犹太文献,都建议我们将"你们"等同于"圣徒"。⑧ 不单如此,在2:26-27那里,人子羔羊所应许推雅推喇教会的是:"得胜的……我要赐给他权柄制伏列国。他必用铁杖管辖他们,将他们如同窑户的瓦器打得粉碎。"换句话说,在今生遵守人子命令到底的(2:26a),虽然要在巴比伦的手下受苦,但在末日审判中,却要和人子同掌权柄(2:27c),审判巴比

---

① Mounce 亦认为 6-7a 是一个独立的文学单位(*Revelation*, 326)。

② 参,思高译本和新译本。由于命令句的本身已隐含"你们",因此为行文简洁之故,笔者就不将"你们"翻译出来了。

③ Beckwith, *Apocalypse*, 714; Caird, *Revelation*, 224; Ladd, *Revelation*, 237; Osborne, *Revelation*, 640.

④ Bousset, *Die Offenbarung Johannis*, 420; Swete, *Revelation*, 229; Charles, *Revelation II*, 98; Thomas, *Revelation* 8-22,323; Goppelt, *TDNT* 6:152.

⑤ Swete, *Revelation*, 268-69; J-P. Ruiz, *Ezekiel in the Apocalypse*, 403.

⑥ S. M. Elliott, 'Who is Addressed in Revelation 18:6-7,' *BR* 40(1995),98-113; Aune, *Revelation* 17-22,993-94.

⑦ Beale, *Revelation*, 900.

⑧ 详见,S. M. Elliott, 'Who is Addressed in Revelation 18:6-7,' *BR* 40(1995),103-111。

伦和列国（参,19:14）。若圣徒乃是以受苦,甚至殉道为兵器的军队（6:9－11;7:4－8;13:7;14:13）,那么在末日,当神要为他们伸冤之时,难道神会让他们在那个审判大会中缺席吗？他们难道不会参与在其间吗？

从此角度来看,此一应许和耶稣"要爱仇敌"之教训（太5:44）,以及保罗"不要自己伸冤,宁可让步,听凭主怒"的劝勉（罗12:19）,其实并无冲突;因为不论是"爱仇敌",或是"不要以恶报恶"之教训,只在末日审判来临之前才是有效的。也就是说,在那个日子之前,信徒必须以"甘心受苦"来回应这个世界的敌意和逼迫,因为这是让世人能回转归向神的唯一途径（参,11:13）。而借着受苦,我们也才能将从神而来的爱,表达的最完全。但如是之爱,并非没有止境。在神将救恩之门关上了之后,我们对神的爱,就要超越我们对人的爱了。在神公义彰显之际,我们也要和神站在一起,为那些罪有应得之人所受到的审判而欢喜（18:20）。神对人之爱,乃以祂公义得着满足为其前提。也就是说,若非人子羔羊先在十字架上牺牲流血,神的慈爱（救恩）将无法施行。但当神做了祂所可以也可能做的一切之后,祂最终也只能以其公义为依归。若祂善恶不分,赏罚不明,祂还能是上帝吗？准此,我们的爱,也应以此为模范。

但公义,即便在末日审判中,是完全没有规范的吗？假公义之名而行的暴虐,在人类的历史中比比皆是;但这却不是约翰在此所说的。就（1）"她怎样待人,也要怎样待她"而言,约翰所根据的,应是耶利米书50:29d:"她（巴比伦）怎样待人,也要怎样待她";①（2）"按她所行的,加倍报应她",则可能是从耶利米书16:18而来:"我（耶和华）先要加倍报应他们的（以色列的）罪孽和罪恶";②（3）"用她调酒的杯,加倍的调给她",则应是本于耶利米书51:7,因为在那里,巴比伦乃耶和华所用,叫列国颠狂之金杯;③而（4）"她怎样荣耀自己,怎样奢华挥霍,也要叫她照样痛苦悲哀",则是约翰将上述旧约经文所显示之神审判原则,应用在罗马巴比伦身上而得到的结果。④

在这四个句子之中,第一个和第四个反映了神审判的原则,那就是"罪罚对等";即,以牙还牙,以眼还眼;而此原则,是我们在启示录的前面,已经多次看见的了。⑤

---

① 亦参,耶50:15;51:24,56;诗136［137］:8。

② 类似的说法,亦见,赛40:2;耶17:18。

③ 详见14:8的注释。

④ 有关此处启示录经文和旧约之间关系的分析,见C. G. Ozanne, The Influence, 133; J－P. Ruiz, *Ezekiel in the Apocalypse*, 400－02; Beale, *Revelation*, 900－91。有关"罪罚对等"之原则在旧约,犹太文献和新约中的使用,见Aune, *Revelation* 17－22,993。

⑤ 2:4－5;11:17－18;14:8－10,20;亦见22:12。

但为何约翰会在第二个和第三个项目之中,以"加倍"的刑罚作为审判巴比伦的原则呢? 为解释此一"罪罚不对等",或者说,不公义,的问题,学界中有人建议我们以"受到完全刑罚",或是"受到该受刑罚"的方式,来理解此处之"加倍"。① 此一建议是可能的,因为在旧约中,"加倍"的基本含义虽然是"双倍",但在某些经文中,它却可以有"对等"、"重复"或是"复制一个复制品"的意义。② 若是如此,那么"按她所行的,加倍报应她",就可以翻译为"按她所行的,复制在她身上(或作,照样报应她)";而"用她调酒的杯,加倍的调给她",也可以译为"用她调酒的杯,照样调给她"。

但在论及"刑罚准则"的出埃及记22:4,7,9 等处经文中,神不是要犯罪之人(窃贼)还人两倍吗?③ 因此若从这个背景来看,"加倍"在此似乎只是该旧约原则的反映。但该"偿还两倍"的条例,其所根据的,依旧是"罪罚对等"的原则。因为"两倍"中的第一倍,只"还原"了被害者的损失,而第二倍,才是"刑罚"的部分。因此若我们依旧坚持以"加倍"来翻译此处经文,那么我们可能必须以上述的含义,来理解它了。④

从此角度来看,这四个子句其实都是"罪罚对等"原则的反映。而很可能是为了要凸显如是准则,约翰不单让这一节半经文中的四个句子,以"1-4;2-3"的结构出现,也在第四个句子中,让"荣耀—奢华"和"痛苦—悲哀"对应。公义的神对罪恶的世界,虽然有着"烈怒"(14:10;15:1;16:1,19),但祂的怒气,却非如脱缰的野马,完全不受控制。在刑罚仇敌的事上,祂依旧谨守着公平的原则,因为祂原本就是公义的上帝。而这也是祂所求于我们的。

18:7b-8 因她心里说,我坐了皇后的位,并不是寡妇,决不至于悲哀;[8] 所以在一天之内,她的灾难就要来到,就是死亡,悲哀,饥荒;她又要被火焚烧。因为审判她的主神大有能力(ὅτι ἐν τῇ καρδίᾳ αὐτῆς λέγει ὅτι Κάθημαι βασίλισσα καὶ χήρα οὐκ εἰμί καὶ πένθος οὐ μὴ ἴδω. [8]διὰ τοῦτο ἐν μιᾷ ἡμέρᾳ ἥξουσιν αἱ πληγαὶ αὐτῆς, θάνατος καὶ πένθος καὶ λιμός, καὶ ἐν πυρὶ κατακαυθήσεται, ὅτι ἰσχυρὸς κύριος ὁ θεὸς ὁ κρίνας αὐτήν)

约翰在前面几节经文中,已约略提及巴比伦受审的原因,像是以其淫乱之酒(物

---

① Beckwith, *Apocalypse*, 714; Ladd, *Revelation*, 238; Mounce, *Revelation*, 325; Krodel, *Revelation*, 303; Mounce, *Revelation*, 325; Osborne, *Revelation*, 641.

② 详见,M. G. Kline, 'Double Trouble,' *JETS* 32(1989),171-79。亦参,Beale, *Revelation*, 901。

③ Osborne, *Revelation*, 641.

④ J. P. Louw 和 E. A. Nida 都认为,"διπλοῦς"的基本含义是"加倍/双倍",但他们却也建议以"更多"的方式,来理解启示录18:6(Louw-Nida, § 60.75)。他们的见解虽然和 Kline 的不同,但显然他们也都不以"加倍"的含义,来理解启示录18:6。

质主义）迷惑列国（18:3），以及她的“荣耀自己”（18:7a）等等，但在这里，约翰则是借着她的“内心独白”，更进一步地显示她之以要受到审判的因由：“我坐了皇后的位，并不是寡妇，决不至于悲哀。”此一语句乃出自以赛亚书47:8。在那里神审判巴比伦的原因，乃是因为她内在的骄傲：“你这专好宴乐，安然居住的，现在当听这话。你心中说，惟有我，除我以外再没有别的；我必不至寡居，也不遭丧子之事。”和此旧约经文相较，约翰和先知一样，让神审判的对象，以女人之姿现身（巴比伦的处女［赛47:1］；大淫妇［启17:1］）；也让她因内在的骄傲而受审。不单如此，显示她们骄傲的内心独白，也十分相似。（1）就“我坐了皇后的位”而言，约翰恐怕是本于以赛亚书47:1，因为在那里神对“巴比伦处女”的审判，是要她从宝座上下来，坐在地上和尘埃之中；（2）“不是寡妇”乃和“不至寡居”对应；而（3）“决不至于（不见）悲哀”则是“不遭丧子之事”的反映。①

就我们今日所知，罗马巴比伦和两河流域的巴比伦一样，都以富裕和强盛的国力而在她们各自的时代中，睥睨群雄。在但以理书4:30那里，巴比伦因其兴盛而有的骄傲，已清楚地反映在巴比伦王尼布甲尼撒的自豪之语中：“这大巴比伦不是我用大能大力建为京都，要显我威严的荣耀吗？”而罗马巴比伦的骄傲，也一样反映在当时的作家的笔下。例如，弗吉尔（Vergil）认为罗马人乃“世界之主”，并且拥有一个没有终点的国度；而冯提纽斯（Frontinus）在提及罗马之时，则称她为“世界的皇后和女主人”。② 当然在罗马皇帝以“主，神，救世主”为其称号的举措中，此一心态更是表露无遗。因此以“坐皇后之位”的方式，来描述罗马巴比伦的现况，是一点也不过分的。罗马不单是世上的皇后，也是一统地中海地区的强权；她的丈夫和儿子（军队），不会死在战场上，因此她当然也就不会成为孤苦零丁，无依无靠的寡妇，也不需要面对失丧亲人的悲哀了。

从这个世界的角度来看，约翰对罗马巴比伦的描述，其实是十分贴切的。但他和旧约先知们一样，知道“荣耀”只属耶和华，③因此罗马巴比伦就和历史中，那些也曾

---

① 约翰在此暗引以赛亚书47:8，乃学界共识；而对此个案，J. Fekkes 则是给了我们一个最详尽的分析（*Isaiah and Prophetic Traditions in the Book of Revelation*, 218－21）。相关讨论，亦参 L. P. Trudinger, The Text, 136－37; C. G. Ozanne, The Influence, 133－34。

② 出处和译文，见 Aune, *Revelation* 17－22, 996。类似的见解，亦见 Polybius 3. 3. 9; Cidero, *De Re-Publica* 3, 23; Virgil, *Ecologue*, 4, 17; Juvenal, *Sat.* 8. 87－124; Horace, *Epode* 16。资料来源，A. Y. Collins, ‘Revelation 18: Taunt-Song or Dirge?” in *L'Apocalypse johannique et l'Apocalyptique dans le Nouveau Testament*, ed. J. Lambrecht (Gembloux: Duculot, 1980), 201, note 64。

③ 参，申32:3；书7:19；赛42:8；耶13:16；太9:8；15:31；可2:12；约9:24；罗4:20；11:36；林前6:20；彼前2:12。

将自己自比为神的帝国一样,①也要面对神的审判。

“在一天之内”,并不意味着神审判所需时间的长短,而在显示神审判的突发性(忽然临到)和有效性(快速完成)。和 18:10,17,19 中的“一时之间”一样,约翰在此依旧是本于以赛亚书 47 章,因为在显明巴比伦的内在骄傲之后(47:8),神对巴比伦的审判正是:“哪知丧子寡居这两件事,在一日(בְּיוֹם)转眼之间(רֶגַע)必临到你”(47:9)。和此旧约背景相较,约翰将“丧子和寡居”的刑罚,变更为“死亡,悲哀,饥荒”,而此更动,恐怕是为了要和罗马巴比伦的内心独白,产生对比而有的:死亡乃和寡妇(丧夫)对应;悲哀和悲哀作伙同行,而饥荒则是奢华皇后(18:7a)的相反。② 至于“被火焚烧”的刑罚,虽是全本圣经论及神审判时,所惯有的项目之一,但此处的“火”,最可能是从以赛亚书 47:14“烧过来的”,因为在那里,那些带给巴比伦虚假盼望的江湖术士(观星占卜的;47:13),在神的审判中,正要如碎禾秸般地被火所焚烧。和依靠观星占卜好预知未来的巴比伦相较,③罗马巴比伦是比较实际的,但她所依靠的,不管是军事力量或是经济财富,却和星象占卜一样,只能带给人虚假的“平安”;因此她也要和其前辈一样,面对神的审判。在神面前,世上的国,不论她看起来多么的强盛美丽,也不管她多么确信“在她以外别无拯救和福祉”,至终都要面对神的审判,因为祂乃是大有能力(ἰσχυρὸς)的那一位。④

18:9 地上的众王,素来与她行淫并奢华无度的,看见焚烧她的烟,就必为她捶胸哭泣(Καὶ κλαύσουσιν καὶ κόψονται ἐπ᾽ αὐτὴν οἱ βασιλεῖς τῆς γῆς οἱ μετ᾽ αὐτῆς πορνεύσαντες καὶ στρηνιάσαντες, ὅταν βλέπωσιν τὸν καπνὸν τῆς πυρώσεως αὐτῆς)

从本节经文开始一直到 19 节,约翰一共听见三首由地上的众王,商人和航海业者,为巴比伦之倾覆而唱的哀歌(9–10;11–17a;17b–19)。在附录十一有关启示录 18 章和旧约关系的分析中,我们已经提及,这三组人马和三首哀歌,乃本于以西结书 26:1–28:19;而从此旧约背景来看,这三首哀歌,并非真由这三组人马口中而出,而是约翰所听见那由天上而来的声音(18:4),对巴比伦受审的预言。换句话说,这三首哀歌乃因巴比伦受审是如此确定,因此在其发生之前,就由人子羔羊(参,18:4)藉那

---

① 尼尼微是素来欢乐安然居住的城,心里说,唯有我,除我以外,再没有别的(番 2:15a);推罗王——我是神,我在海中坐神之位(结 28:2)。类似的说法,亦见,西卜神谕篇 5:173——我(罗马)独自一人,无人可以报复我;以及老底嘉教会的自得自满——我是富足,已经发了财,一样都不缺(启 3:17)。

② Alford, *Apocalypse*, 716–17.

③ 巴比伦是古代最依靠占星来预卜未来的帝国(J. N. Oswalt, *The Book of Isaiah* 40–66,254)。

④ 此乃新约中唯一以此形容词来描述神的经文,而其目的,应是为了要让神和 18:10 中,“坚固(ἡ ἰσχυρά)之大巴比伦城”产生对比(详见该处注释)。

些与巴比伦结盟，并受惠最深之人的口中，所唱出来的。在此并无人物和文体忽然转换的现象，因此也就没有所谓经文错置的问题；①在此我们也没有必要因"众王旁观巴比伦受审（远远站着）"，而推论说，"这个刑罚并非最终审判"。② 正如神藉"靠海的君王"等人之口，宣告了推罗的审判（结26:15;27:1－2），③人子在这里也借着"地上众王"等人之口，预告了大淫妇巴比伦的结局。

就形式而言，这三个段落都相当固定的由四个部分所组成：(1)唱哀歌者的现身(9,11,17b)；(2)唱哀歌之人对巴比伦倾覆的态度——"害怕"(10,15)，"远远站着"(10,15,17b)；(3)哀歌起首语——"哀哉，哀哉，巴比伦大城"……(10,16,19)；(4)哀歌结语："一时之间……"(10,17a, 19b)。但在用此固定形式来连结这三个段落之际，约翰也在其中做了一些变化，好让这三首哀歌，更合适于这三组人马所关切的事务。举例来说，"地上众王"所关切的是"坚固大城何竟坠落"(10)；商人所关心的是"如是富厚竟然归于无有"(17)；而航海业者的焦点则在"如是大城竟成荒场"。因此就文学的美感而论，此段经文可说是"动（变化）静（固定）兼具"。

在这段经文中，第一个出场的是"地上的众王"。④ 在第一世纪的背景中，这一组人马所指的是在罗马各行省中，掌权的巡抚或是地方官员。在17:2和18:3那里约翰已经告诉我们，他们乃和大淫妇巴比伦行淫的，也就是说，他们乃是那些参与在罗马政商体系中，并因此而得着利益的人。因此在罗马巴比伦的丧礼中，由他们领头唱哀歌，实在适切。

罗马的"奢华无度"，不单是本章圣经的焦点，也早见于当代的文献中。在18:3那里，我们已经略窥其奢侈之风，但罗马的富裕奢华，恐怕没有人能比雅里斯底德(Aelius Aristides)更为了解：

> 商品是从水陆交通运进来的：每一个季节的产品，每一个国家的商品，河海

---

① Charles, *Revelation II*, 92.

② Thomas, *Revelation* 8－22,328.

③ 详见18:4的注释。

④ 若将17章中的"十角＝十王"，等同于此处之"地上的众王"，那么他们在17:16中的举动（用火烧她＝攻打她），就和此处"远远站着＝袖手旁观"的态度，有着极大差别。对如是差异，多数释经者都认为"十角"和此处"地上的众王"，是不同的群体，但若考量17章和此处经文所暗引旧约经文的不同（但以理书7章；以西结书26－28），那么这个差异就有了一个可能的解释了。也就是说，"差异"乃因旧约背景而有，而约翰在暗引这些旧约经文时，并没有要让它们彼此合致的企图，因为这些旧约背景从其各自的角度，提供了末日审判的画面（相关讨论，见J－P. Ruiz, *Ezekiel in the Apocalypse*, 415－19）。此一见解有其可能，但不论"十角"和"众王"是否是同一个群体，他们和大淫妇的结盟，显然禁不起考验。因为此一结盟，都以"自利"为出发点（详见下一节经文的注释）。

的水产,希腊人和野蛮人的艺术作品,都应有尽有。任何人若想一开眼界的话,他当然可以亲身前往各国走一趟;但最省力的方法,就是前来罗马观光了。因为在每一个时刻,在每一个季节,都会看见巨大的船只,从各地方驶来!罗马好像一个世界大仓库。在此你将会看见从印度甚至从阿拉伯而来的货物。你甚至可以想象,那些在产地的人,若缺少了什么,也必须请求罗马供应。从巴比伦而来的衣服,野蛮之地而来的饰物,在此堆积如山……若你在罗马找不到一样东西,那么它就根本不存在。①

但如此富裕的城市,却也要面对神的审判,因为焚烧她的烟,将要升起。在14:9-11那里我们已经晓得,从所多玛和蛾摩拉开始(创19:24-25),"被火焚烧"就是神审判的固定模式了(诗11:6;赛30:33;34:9-10;结38:22);因此当烟升起之时,神的刑罚就已临到。对那些与大淫妇巴比伦共生共荣的众王而言,能不为此事之发生而捶胸哭泣,是完全不可能的;但他们真的是为她的殒落而举哀的吗?

18:10 因怕她所受的痛苦,就远远的站着说:"哀哉,哀哉,大城巴比伦,如此坚固的城啊!一时之间妳的审判就来到了"(ἀπὸ μακρόθεν ἑστηκότες διὰ τὸν φόβον τοῦ βασανισμοῦ αὐτῆς λέγοντες, Οὐαὶ οὐαί, ἡ πόλις ἡ μεγάλη, Βαβυλὼν ἡ πόλις ἡ ἰσχυρά, ὅτι μιᾷ ὥρᾳ ἦλθεν ἡ κρίσις σου)

在从天而来之声音的预告中(18:4),地上众王对巴比伦受刑罚的反映是,"害怕",并因此而"远远的站着"。在约翰所暗引的以西结书中,"靠海的君王"对推罗所受刑罚的反应,是"颤惊、发抖和惊骇"(结26:16)。和此相较,启示录"地上众王"的"害怕"虽然简单,却也总结了如是反应。② 除了害怕之外,"地上众王"也"远远的站着"。但他们的"保持距离",是因害怕被神审判波及吗?③ 当然,但藉此动作,众王也显示了他们在此紧急关头,要和原先"死忠兼换帖"的巴比伦,划清界限的意图。此一反应其实一点也不令人意外,因为他们和她的结盟,原本就是以共同的利益为基础的,因此当"互利"的因素不再,他们怎么会为她两肋插刀呢(参,17:16)?

在神的审判到来之时,过去众王和巴比伦的"浓情蜜意",如今只剩下一首以"哀哉,哀哉"为始的哀歌了。在旧约中,哀歌乃人在丧礼中,为追悼死者而唱的歌;而其

---

① *Or.* 26.11-13. 译文乃参照巴克莱,《启示录注释 II》,页192;以及 Aune, *Revelation* 17-22, 980。但笔者也做了部分的润饰和缩略。有关罗马的奢华,巴克莱给了我们一个很好的整理和说明。

② LXX 中有"他们也为自己的毁灭而害怕(φοβηθήσονται τὴν ἀπώλειαν αὐτῶν)";因此启示录的"害怕"也可能是由此而来。

③ Morris, *Revelation*, 212; Aune, *Revelation* 17-22, 997; Beale, *Revelation*, 908.

主调,乃从死者生前的“丰功伟业,荣华富贵”开始,而后以“谁知他却忽然坠落”为结。其基本形式是:(1)提死者之名,(2)叙述死者光荣的过去,(3)呼吁他人亦为死者哀伤,(4)哀叹死者之往生(或是坠落)。① 和此对比,地上众王为巴比伦所唱的哀歌,除了上述的第三个项目之外,都在此出现;因为“大城巴比伦”、“如此坚固的城啊!”和“一时之间妳的审判就来到了”,所对应的正是(1)(2)和(4)的项目。但第三个项目为何会“消失”呢?其原因不单因为在神末日的审判中,没有人能置身事外(不是受审就是得奖赏),也因为在那个时刻,圣徒将要因神公义得着彰显,并因他们的冤屈得着平反,而在那个场合中,扬声欢呼(参,18:20)。换句话说,此一项目其实并未消失,而是在末日审判的架构之下,被约翰给转化了,并被移至三首哀歌的最后。

在这首,以及下面两首哀歌中,哀悼巴比伦的三组人马,都以“这大城(ἡ πόλις ἡ μεγάλη)”的方式,来称呼大淫妇(18:16,19)。但在此处众王的哀歌中,她也是“坚固的城(ἡ πόλις ἡ ἰσχυρά)”。此语所反映的,应是以西结书26:17——“这……坚固的城(הָעִיר……חֲזָקָה)”。② 但在启示录中,约翰也藉此描述,让巴比伦和耶和华神产生了对比:在18:8那里,审判巴比伦的神(ὁ κρίνας),乃是“大有能力的(ἰσχυρὸς)”,而在此“坚固(ἡ ἰσχυρα)的城”,却是要被审判的(ἡ κρίσις)。③

事实上,如是对比也在“坚固的城”和“一时之间妳的审判就来到了”的对照中,清楚的显示了出来。正如我们在前面所提及的“一时之间”,和18:8的“一日之内”,其重点不单在神审判的“忽然临到”,也在神审判的有效性。在大有能力之神的审判中,谁能不立即倾倒呢?在祂公义的烈怒中,有谁能站立得住呢?

18:11 地上的商人也都为她哭泣哀号,因为没有人再买他们的货物了(Καὶ οἱ ἔμποροι τῆς γῆς κλαίουσιν καὶ πενθοῦσιν ἐπ᾽ αὐτήν, ὅτι τὸν γόμον αὐτῶν οὐδεὶς ἀγοράζει οὐκέτι)

在论及大淫妇巴比伦以经济利益来迷惑列国的18:3中,喝了她“淫乱之酒”的,除了众王之外,也包括了“地上的商人”。因此在巴比伦之“丧礼”中,接续“地上众王”(18:9-10)而开口唱哀歌的,也一样是他们。④

和“地上众王”以及“船主水手”的段落相较(18:9-10;18:17b-19),从本节开

---

① D. Stuart, *Ezekiel*, 265. 哀歌原本是在个人之丧礼中所唱,但在旧约中,此一文学型式亦被先知们使用,作为传递神审判信息的工具(例如,摩5:1-3)。有关哀歌的源起和发展,见W. Zimmerli, *Ezekiel I*, 391-92。

② C. G. Ozanne, The Influence, 183;亦见笔者博士论文Ezekiel in Revelation: Literary and-Hermeneutic Aspects (Univ. of Edinburgh, 1999),69。

③ J-P. Ruiz, *Ezekiel in the Apocalypse*, 423.

④ 此一次序也和以西结书中,“靠海君王—客商”的顺序一样(结26:16;27:12-24,36)。

始,关乎"地上商人"段落(18:11-17a),要长了许多。此一现象乃因约翰在"地上商人"开口大唱哀歌之前(18:15-17a),加入了一个"商品清单"(18:12-13)和一段直接以巴比伦为对象的审判神谕(18:14)。就"商品清单"而言,它乃是约翰所暗引之以西结书的反映,因为在有关推罗败亡的哀歌中,先知为了显示推罗过去的繁华(27:25b),而放入了一个长达14节的"货物清单"(结27:12-25);而就"直接以巴比伦为对象的神谕"而论(18:14),此乃旧约哀歌的文学特色之一。① 事实上,此一"忽然转换说话对象"的现象,也是启示录的特色之一(参,13:9-10,18;14:12;16:15);因此我们实在没有任何理由将之视为一个"经文错置"的错误。② 在18章的文脉中,此一神谕乃是从天而来的声音(18:4),对奢华无度之巴比伦(18:12-13)的一个初步谴责。③

和"地上众王"一样,"地上商人"也为巴比伦的受审而"哭泣哀号"。在第一世纪的背景中,他们乃是那些在各地收购货物,并将之卖给罗马的"大盘商"。此一行业,在罗马和希腊人的观念中,并不高尚,因此罗马的元老和贵族,基本上都不碰此行业。④ 在当代,经商的多为"自由人",而在某些文献中,我们甚至看见具有"奴隶"身份之人,也以此为业。在罗马所带来的和平盛世中,商业十分兴盛,而罗马人的奢侈豪华之风,也助长了买卖的事业。举例来说,在尼禄皇帝的一场宴会中,单从埃及而来的玫瑰花,就耗资百万;而魏德斯皇帝(Vitellius; AD 69)在位只有不到一年的时间,却在筵席食物上,花费了上亿的金钱。为什么会花费这么多的金钱?因为在餐盘中的,有孔雀的脑、夜莺的舌头,和八目鳗乳汁之类的"佳肴",而这些,除了必须由远处进口之外,其数量也必须十分庞大。⑤ 经商当然带来经济利益,但由于财富也可以为商人带来社会地位的提升,例如,从奴隶变成自由人,或是由自由人变成骑士(equestrians),甚至在行省级的帝王崇拜神庙中,担任大祭司之职,⑥因此对大多数平民老百姓而言,从商就成为一条迅速往上爬的阶梯了。

从这个背景来看,地上商人的哭泣哀号,就一点也不奇怪了。因为当巴比伦陨落之后,受伤最深的,应该就是他们。他们失去了他们最大也最好的客户,因此就"没有

---

① I. Provan, 'Foul Spirit, Fornication and Finance: Revelation 18 from an Old Testament Perspective,' *JSNT* 64(1996),84. 亦参,同一作者的 *Lamentations* (London: Marshall Pickering, 1991),33-56。

② 此乃 Charles(*Revelation II*, 105)和 Roloff(*Revelation*, 207)等人的看法。

③ R. Bauckham, *The Climax*, 368.

④ 在罗马的法律中,甚至有禁止元老经商的条款。但由于商业利益太过诱人,他们也就以"人头"的方式来进行,即,由其家臣或是奴隶出面经营。相关议题的论述,见 Friesen, *Imperial Cults and the Apocalypse of John*, 57-101。

⑤ 巴克莱,《启示录注释 II》,页193。

⑥ Friesen, *Imperial Cults and the Apocalypse of John*, 82-83.

人再买他们的货物了"。和"地上众王"一样,"地上商人"也照样举哀,而其动机,当然不是为着巴比伦,而是为着他们自己所受到的损失;因此他们哭泣哀号,恐怕和"猫哭耗子"没有两样。

18:12－13　这货物就是金,银,宝石,珍珠;细麻布,紫色布料,丝绸,朱红色布料;各样香木,各样象牙制品,各样极宝贵的木头,铜,铁,和大理石制品;[13]并肉桂,荳蔻,香料,香膏,乳香;酒,油,细面,麦子;牛只,羊群,骏马,车辆,奴隶和人口(γόμον χρυσοῦ καὶ ἀργύρου καὶ λίθου τιμίου καὶ μαργαριτῶν καὶ βυσσίνου καὶ πορφύρας καὶ σιρικοῦ καὶ κοκκίνου, καὶ πᾶν ξύλον θύϊνον καὶ πᾶν σκεῦος ἐλεφάντινον καὶ πᾶν σκεῦος ἐκ ξύλου τιμιωτάτου καὶ χαλκοῦ καὶ σιδήρου καὶ μαρμάρου, [13]καὶ κιννάμωμον καὶ ἄμωμον καὶ θυμιάματα καὶ μύρον καὶ λίβανον καὶ οἶνον καὶ ἔλαιον καὶ σεμίδαλιν καὶ σῖτον καὶ κτήνη καὶ πρόβατα, καὶ ἵππων καὶ ῥεδῶν καὶ σωμάτων, καὶ ψυχὰς ἀνθρώπων)

地上商人因着巴比伦的陨落,也为着没人再买他们的货物而哀哭,是约翰在上一节经文中让我们看见的画面;而在这两节经文里面,他则是清楚明白,也不厌其烦地告诉我们,地上商人卖给罗马巴比伦的物资究竟有哪些。正如前述,这个"货物清单"乃本于以西结书27:12－25。和先知以"产地"为编排原则的"货物明细表"相较,约翰的清单则是以"种类"为依归(详下);但不论他们所依据的标准为何,约翰和先知都以如是清单,来显明推罗,或是罗马巴比伦的奢华,究竟到了怎样的程度(结27:25;启18:3)。

但以先知为本,并不表示约翰就必须"原文照抄"。和以西结书相较,约翰清单中,有超过一半的项目(15样),与先知的清单重叠;①而若与当时作家普林尼(Pliny)所列"罗马最昂贵物品"(29样)相较,启示录的清单也涵盖了其中的18样。② 因此约翰的清单,虽由以西结书而来,也具有和旧约一样的目的,但其内容,却是当时罗马奢华消费的实际反映。

正如上述,这一个"商品清单"是依种类来编排的,而在各个种类中,都包含了4－6样物品:③

---

① 相关讨论,见笔者博士论文 Ezekiel in Revelation: Literary and Hermeneutic Aspects (Univ. of Edinburgh, 1999),69－72。

② *Hist. Nat.* 37.204.此处和以下的资料,乃由如下著作综合而得:Swete, *Revelation*, 232－35;巴克莱,《启示录注释II》,页190－202; R. Bauckham, *The Climax*, 350－71; J. N. Kraybill, *Imperial Cult and Commerce in John's Apocalypse*, 57－141; Aune, *Revelation* 17－22,998－1002。

③ 此一清单中的货物,其"格"并不一致:在12节中,从所有格到直接受格,再变回所有格,而后在13节中,从直接受格又变为所有格。就文法而言,此一变化并不构成问题,而其目的,可能在避免单调(Swete, *Revelation*, 234)。

第一类:贵重金属和宝石

(1) 在第一世纪中,罗马的金子多由西班牙进口,也是罗马帝国向外扩张的动力之一。它是一个罗马贵族地位的象征,因此它不单成为人身上所穿戴的金饰,也被打造为鞋子上的金钮扣。(2)但由于平民百姓也起而效尤,罗马贵族便转而以“银子”作为他们的新欢。这个贵重金属也多从西班牙而来。在罗马贵胄的家中,它是以银片打造的躺椅和浴缸的形态出现,也以银盘、银汤匙和银制艺术品的方式,出现在他们的餐桌之上。(3)从庞贝远征东方,并得胜凯归之后,“宝石”就在罗马出现了。而从奥古斯督开始,印度也成为罗马宝石的主要供货商。罗马女人以珠宝作为她们的妆饰,而罗马男人则是把它们镶在戒指和酒杯之上,好显示他们的财富。(4)至于“珍珠”则是分为好几个等级。最差的从红海而来,中等的由波斯湾进口,而最上等的则远从印度飘洋过海而来。就价值而言,珍珠仅次于钻石。为显示他的财富,卡里古拉皇帝曾在其战舰的尾部,镶上了珍珠,而尼禄皇帝不单曾向簇拥的群众,撒下大量的珍珠,并为了要加深人的印象,他也曾在筵席中,将价值不菲的珍珠溶于醋中,并一口吞下。

第二类:贵重的布料

在第一世纪中,(1)“细麻布”逐渐取代了毛织品,而成为罗马人所穿衣服的原料。此一布料多由埃及而来,但从西班牙和小亚细亚进口的也不少。名家制作的细麻衣要价 2000 - 7000 罗马银币,而一银币约等于一个工人的一日工资,因此其价格之高是可想而知的。(2)在没有化学染料的时代中,多数的染色剂都必须从自然界而来。和珍珠一样,紫色染料也从贝壳而来,只是一只贝壳只能从其细小的腺体,供应一滴的紫色液体。因此这个颜色的布料,自然就十分昂贵了。在罗马帝国之中,“紫色布料”不单是皇亲贵胄的最爱,也是主持帝王崇拜祭典之祭司们,所穿衣服的材料。(3)“丝绸”则经由丝路或是海运而从中国而来。由于路途遥远,因此它的价格也不低。丝绸给人女性的印象,因此罗马曾下令禁止男人以此为服饰。但此一法令显然没有完全被遵守,因为当维斯帕先和提多凯旋而归之时,他们的军旅就以丝绸为衣。(4)和紫色布料一样,“朱红色布料”也是罗马人的最爱之一。朱红色染料是由橡木上的寄生虫而来,而尼禄皇帝捕鱼用的金鱼网,其绳索就由紫色和朱红色布料编织而成。

第三类:贵重的木料和建筑材料

(1) 香木属柑橘科,因其纹理美丽,质地坚硬,防虫和味香而为人所珍爱。此树产于北非,不易长大,因此要能大到足够作为桌面,就具有极高的价值。罗马史学家西塞罗(Cicero)曾经耗资 10 万以上的罗马银币,才取得一张香木桌子。而尼禄皇帝的老师和宰相塞内卡(Seneca),更拥有宴客用的香木三脚桌 500 张,而其桌脚,则一律以象牙打造。① 这种桌子的确是奢侈豪华的象征,因为当罗马贵妇被其丈夫讥为“珍珠迷”时,她们就会以他们所迷恋的“香木桌”作为反击。(2)罗马对“象牙”的胃口也出奇地大。他们对此产品的需求,曾让叙利亚和北非的大象濒临绝种。为竞逐奢华风尚,举凡雕像,椅子,床,令牌,剑柄,剑鞘,桌脚,门板,乐器,梳子,别针,盒子,甚至地板和天花板,都以此材料来制作。在史学家路西安(Lucian)的笔下,象牙是和金子、服饰、奴隶并列为组成财富的四样物品之一。(3)除了香木之外,“各样极宝贵的木头”也被用来制作各种物件。枫木、香柏和桧木都曾以家具、盒子、房门等形态,出现在罗马人的家中。(4)在此约翰所指的“铜”,应是所谓的“哥林多铜”。罗马人用它做雕像,而其价格介乎银和金之间。提伯瑞斯皇帝(Tiberius; AD 14－37)曾颁布诏令,限制家具的价格,而在其中他所特别提到的,正是铜器制品价格,因为它们已高到不合理的程度。(5)作为一个军事强权,罗马对“铁”的需求,自是不必多言。她的铁乃由西班牙和欧陆进口而来,并被打造为刀剑;而雕像也有以铁为材料的。(6)奥古斯督曾夸口说,他以砖块打造了罗马,而他留给后世的,是一个“大理石”的城市。此言虽略带夸张,但离事实不远。在罗马城中,大理石不单出现在房子的结构之中,也是圣坛,棺木和浴缸的建材。普林尼(Pliny)认为,以大理石打造的私人住宅,就是奢侈豪华的铁证。

第四类:香料和香水

(1) 由于卖“肉桂”给罗马的阿拉伯人,为免罗马跳过他们而直接向生产者购买,他们就对“产地”一事,保持高度机密;因此我们至今无法完全确定罗马市面上肉桂,到底从何而来。非洲、阿拉伯和印度都是可能的产地。肉桂的价格不菲,半公斤可以叫价1500罗马银币(1500天的工资)。在罗马人的手中,它是被用来作献祭之香、香水,或是加在酒中作为调味之用的香料。(2)“荳蔻”是由印度而来。是从香油树所提炼出来的香油,而罗马人将之擦在头发上,或是在丧礼中使用它。(3)“香料”由东方而来,其中包含了许多不同的成分。多在宗教礼仪中使用,但也在家中作为除臭剂,并在有钱人的丧礼中出现。(4)从马可福音14:15来看,②“香膏”(μύρον)的价格显然不便宜,因为那个我们甚至不知其名的女人,倒在耶稣头上的一瓶香膏,就要价300罗马银币(300天的工资)。因此在罗马,香膏也是一个“好命”的象征。(5)“乳香”乃是一种树(*genus Boswellia*)的汁液,经固化再加工而成。有洁净身体的功效。在这个有关香料的类别中,它的价格最低,但在有钱人的丧礼中却被大量地消耗。

---

① 巴克莱说塞内卡拥有300张桌子,而Bauckham则说他有500张。经查证,后者的数目应是比较准确的。

② 亦参,太26:9。

第五类:食物

(1)对第一世纪的人而言,搀了水的“酒”乃一般性饮料。从皇帝到奴隶,都以此来解渴,因此它的消耗量很大。种植制酒的葡萄树,要比种植庄稼的利润更高,因此许多田地就成了葡萄园。为此谷物短缺,而豆米田皇帝也因此就必须下令,要地主“砍掉一半葡萄园,改种谷物”(参,6:5-6的注释)。(2)“油”所指的,乃橄榄油。由于罗马人大量使用它,本土橄榄油就不敷所需了,因此从西班牙和非洲而来的橄榄油,就成为进口商品中的大宗物资。(3)“细面”由非洲而来,是为有钱人特别进口的上等货。(4)“麦子”是大宗物资,因为在第一世纪末叶,罗马城中有80-100万的人口。为供应他们所需,一年进口的麦子,就必需有40万吨之多;而其中有8万吨,是供应给20万穷人的免费谷物。为了养活数量如此庞大的人口,数以千计的商船,从帝国各地,特别是埃及的亚历山大港,就络绎不绝的飘洋过海而来。在约翰写启示录之时,小亚细亚地区就曾因谷物出口过多,造成短缺,而引起了不少小型的动乱。就其他许多关乎奢侈豪华的项目而言,它们都是为罗马的上层社会而进口的,但此一项目却也显示,罗马的平民百姓,在大淫妇巴比伦坐(管辖)在众水(多民多国多方多王)的事情上(17:15,18),也有他们的一份。

第六类:牲口

(1)“牛只”的进口,主要不是为其肉,而是因它的“劳动力”,它所能生产的“牛乳”,以及它所能带来“品种改良”的效果。(2)同样的,“羊群”的进口,基本上也不是因食物需求。对拥有牧场的罗马富户而言,“品种改良”和“羊毛品质”的改善,恐怕是外来品种在此出现的真正原因。(3)在大受欢迎的竞技场比赛中,“骏马”当然是不可少的,而军队中骑兵的坐骑,也是马匹,因此罗马进口商品的清单中,它们就占有一席之地了。不单如此,罗马所在的意大利,十分欠缺饲养优良品种所需的大片草地,因此进口马匹也就成为一件不可避免的事了。(4)在此“车辆”所指的,应不是竞技场中的“赛车”,而是罗马富户的交通工具。而为满足他们炫耀财富的欲望,这类四轮车辆通常都以银片来妆饰。(5)在约翰的货物清单中,名列最后的是“奴隶和人口”。“奴隶(σωμάτων)”原文作“身体”,因为他或是她所能提供的,就是各式各样的“劳动力”。但在此约翰依循以西结书27:13(בְּנֶפֶשׁ אָדָם),在此“奴隶”之后,加上了“人口(ψυχὰς ἀνθρώπων)”,好作为前者的说明;因此这二者所指的,是同一样商品。① 在第一世纪之时,整个罗马帝国境内,约有1000万的奴隶,占总人口的20%左右。在共和时期,战俘是奴隶的主要来源,但因着罗马日渐富裕,从他们所生的后代,已不足以

① Swete, *Revelation*, 272; Thomas, *Revelation* 8-22,336; Aune, *Revelation* 17-22,1002.

供应庞大的需求。由是从那些因着还不起债务，卖子、弃婴、绑架和罪犯等管道而来的奴隶，就愈来愈多。拥有奴隶的，并非只有富人，但他们所拥有奴隶的数量，以及他们所拥有那些具有特殊“才能”的奴隶，像是能诗善舞、美丽绝伦（多为男性），甚或是看来让人惊奇的“畸型怪胎”，却是他们拥有财富的标记。启示录之第一读者所在的小亚细亚，是奴隶的最大供应地，而罗马则有着最大也最兴盛的奴隶市场。因此在第一世纪之中，奴隶买卖是个可以叫人快速致富的行业。①

综上所述，约翰的货物清单，的确显示了罗马巴比伦的奢华无度。这些商品在罗马的出现，都有史可考。在此清单中的商品，多为奢侈品，是为了罗马的王公贵胄而进口的。而其中那些价格并不特别高的“民生物资”，像是“酒，油和麦子”，却因着它们被大量消费，而进入了“榜单”。因此约翰借着这两节经文所要突显的，是罗马巴比伦那奇特而又贪得无厌的胃口。在各样珍贵建材所建立起来的宫殿中，在各式珍馐美味堆满了桌面的筵席上，穿着紫红色华服，并以各式金银宝石为妆饰的罗马巴比伦，当然可以自满自得地向自己说：“我坐了皇后的位，并不是寡妇，决不至于悲哀”（18:7b）。但如是奢华，如是自满，却正是她要受到审判的原因。因此那从天而来的声音（18:4），也就随即以第二人称的“妳”，向她直接说话了：“妳心所贪恋的果子……”

18:14　妳心所贪恋的果子离开妳了！一切华丽和华美的物品，都在妳眼前消失，再也寻找不到了（καὶ ἡ ὀπώρα σου τῆς ἐπιθυμίας τῆς ψυχῆς ἀπῆλθεν ἀπὸ σοῦ, καὶ πάντα τὰ λιπαρὰ καὶ τὰ λαμπρὰ ἀπώλετο ἀπὸ σοῦ καὶ οὐκέτι οὐ μὴ αὐτὰ εὑρήσουσιν）

从18:11的上文来看，在本节经文中开口说话的，有可能是为巴比伦受审而哭泣哀号的商人；②但这个看法有两个困难。第一，从下文观之，地上商人要到了15节之后，才“正式”开口唱哀歌。第二，本节经文乃是对巴比伦的审判之言，因此如是审判若由那些与巴比伦同伙的商人来宣告，是有些不合情理的。在前面我们已经晓得，18:4之后的经文，乃是约翰所听见从天而来之声音的内容，③因此在本节经文中发声说话的，依旧是人子。此一理解一方面解释了本节经文中，让人觉得有些“突兀”的第

① 在将大淫妇巴比伦等同于耶路撒冷的前提下，Ford认为这两节经文中的货物，乃是为建造耶路撒冷城和圣殿而运来的（*Revelation*, 304－07）。此说虽然可能，但我们却很难看出，骏马、车辆等物品，与建造耶路撒冷和圣殿，有什么关联。再者，本章经文和以西结书26－28章的关系（详见附录十一），也不支持这个看法。

② 持此见解的学者有，Thomas, *Revelation 8－22*, 336；Osborne, *Revelation*, 650。

③ 详见18:4的注释。

二人称(妳),也在另外一方面让我们不必以"经文错置"的方式,来解释这个意外。①

事实上,在旧约的"哀歌"中,人称的突然转换,其实正是此一文体的特色之一,②因此约翰在此只是跟随着先知的脚步而行而已。换句话说,从18:4开始,从天而来的人子之声,乃向圣徒而发,而在本节经文中,祂转向巴比伦,针对她所依赖,所自恃,所享受的各式珍奇商品(18:12-13),发出了祂的审判,而在本节之后,又再回到以圣徒为发言对象的主轴上。

但人子对巴比伦的审判是什么呢?"妳心所贪恋的果子离开妳了!"是人子审判的第一个部分。"果子"所指的,是前两节经文中所列举的28样商品;而这些是巴比伦所贪恋的。在此约翰似乎意欲以"心/魂(τῆς ψυχῆς)"来连结本节经文和上节经文。因为在论及28样商品中的最后一样时(奴隶),约翰特别说明这个商品乃是"人的灵魂(ψυχὰς ἀνθρώπων)",即,人口;而在此他则是说,这些"果子"乃是巴比伦的"心(τῆς ψυχῆς)"所贪恋的。③ 因此借着如是对比,约翰就将巴比伦因着其"贪爱世界"的心,把人也当成商品的之恶,显示了出来。

对如是邪恶,人子自然要以"一切华丽和华美的物品,都在妳眼前消失,再也寻找不到了"的话,来显示祂审判的彻底和绝对。怎么说呢?第一,在原文中,"华丽和华美(τὰ λιπαρὰ καὶ τὰ λαμπρὰ)"所指的,是奢侈和华美的东西,但由于在此约翰使用了"押头韵"的文学手法,即,两个由同一个字母开始的语词(λ),④因此我们就以"华丽和华美"来翻译它们了。第二,对巴比伦所珍爱"一切华丽和华美的物品",人子的审判是,它们将要从她眼前消失;再也寻找不到。在原文中,"再也(寻找)不到(οὐκέτι οὐ μὴ)"是在新约中十分少见的"双重否定"语法,⑤因此约翰在这里很可能是要让这个"再也寻找不到"的"双重否定"审判,和巴比伦对一切"华丽和华美"物品之贪恋,产生对比而有的。事实上,此一"全然消失,遍寻不着"的刑罚,已在18:11b中出现(没人再买他们的货物),⑥并且也将要成为18:21-23的主题。

18:15-17a 贩卖这些货物,借着她发了财的商人,因怕她所受的痛苦,就远远的

---

① 例如,Charles就将此经文移到了18:21和18:22之间(*Revelation II*, 108);而Lohmeyer则将之放在18:23和18:24之间(*Die Offenbarung des Johannes*, 151)。

② 详见,18:11的注释。

③ I. Provan, 'Foul Spirit, Fornication and Finance: Revelation 18 from an Old Testament Perspective,' *JSNT* 64(1996),84.

④ 即,alliteration。类似的手法,亦在希伯来书1:1;11:28和12:11中出现(分别是5个,5个和4个以"π"开始的字)。详见Aune, *Revelation* 17-22,1103。

⑤ 另一处是在马可福音14:25。在教父们的著作中,此一语法也只在Justin *Dial.* 81.1和Origen *Exp. in Prov.* 17.233两个地方出现(Aune, *Revelation* 17-22,1103)。

⑥ Mounce, *Revelation*, 331.

站着，哭泣哀号，[16]说，哀哉，哀哉，这大城啊！就是素常穿着细麻，紫色和朱红色的衣服，又用金子，宝石，和珍珠为妆饰的；[17]在一时之间，这么大的财富竟荡然无存（οἱ ἔμποροι τούτων οἱ πλουτήσαντες ἀπ᾿ αὐτῆς ἀπὸ μακρόθεν στήσονται διὰ τὸν φόβον τοῦ βασανισμοῦ αὐτῆς κλαίοντες καὶ πενθοῦντες, [16]λέγοντες, Οὐαὶ οὐαί, ἡ πόλις ἡ μεγάλη, ἡ περιβεβλημένη βύσσινον καὶ πορφυροῦν καὶ κόκκινον καὶ κεχρυσωμένη ἐν χρυσίῳ καὶ λίθῳ τιμίῳ καὶ μαργαρίτῃ, [17]ὅτι μιᾷ ὥρᾳ ἠρημώθη ὁ τοσοῦτος πλοῦτοςτ）

借着商品清单（18:12－13），巴比伦贪爱世界之心，已经显明（18:14a）。而她所要受到的审判，也在人子“一切华丽和华美的物品，都要消失殆尽”的宣告中，拍板定案（18:14b）。由是那些贩卖货物，并借着她而发了财的商人，就要为她而大唱哀歌了。

和地上君王一样，商人也因着害怕被巴比伦所受到之审判的波及，而“保持距离，以策安全”（远远的站着）。正如我们在前面所看见的，此一举动显出他们和巴比伦之间的联盟，是如何的禁不起考验，因为他们结盟的基础，乃是利益。和地上君王的哀歌相较，商人所唱的哀歌也以“哀哉，哀哉，这大城阿！”（18:10b）作为起首语，但在“这坚固的城”的部分（18:10），则变成了“就是素常穿着细麻，紫色和朱红色的衣服，又用金子、宝石和珍珠为妆饰的”。① 若读者还记得的话，这个描述，除了“细麻衣”的部分，已在17:4那里出现了，因此借着这些语句，约翰显然有意要其读者知道，在18章中受到审判的巴比伦，正是17章中的大淫妇。② 但在18章的文脉逻辑中，这个冗长的描述，不单有连结“商品清单”的作用（18:12－13），也反映出地上商人“自利”的心态。因为对地上君王而言，巴比伦是那必须与之结盟的“坚固的城”，但就地上商人而论，巴比伦却只是那让他们大发利市，需索无度的“消费者”。也难怪在她殒落之际，他们会为她而哭泣哀叹：“在一时之间，这么大的财富竟荡然无存！”③和她过去的繁华，奢侈和光鲜亮丽相较，她现在的衰败和灭亡，的确叫人不胜唏嘘；但商人之哭，恐怕也只是猫哭耗子而已。

18:17b－18　凡船长，和坐船往各处去的，并众水手，连所有靠海为业的，都远远的站着，[18]看见焚烧她的烟，就喊着说，有何城能比这大城呢（Καὶ πᾶ ςκυβερνήτης καὶ

---

① 在附录十一中我们已经提及，大淫妇巴比伦所对应的，是以西结书中的推罗王，因为他们两人都以“金子，宝石和珍珠”为妆饰（结28:13）。详见该处分析。

② Thomas 也注意到这两处经文之间的呼应，但他依旧认为17和18章中的巴比伦，是两个不同的个体（宗教的和经济的；*Revelation* 8－22，313－14；338）。有关这个问题的讨论，见 C. H. Dyer, ‘The Identity of Babylon in Revelation 17－18,’ *BSac* 144（1987），305－313; T. R. Edgar, ‘Babylon: Ecclesiastical, Political, or What?’ *JETS* 25（1982），333－35。

③ 有关“一时之间”的含义，见18:8，10的注释。

πᾶς ὁ ἐπὶ τόπον πλέων καὶ ναῦται καὶ ὅσοι τὴν θάλασσαν ἐργάζονται, ἀπὸ μακρόθεν ἔστησαν [18]καὶ ἔκραζον βλέποντες τὸν καπνὸν τῆς πυρώσεως αὐτῆς λέγοντες, Τίς ὁμοία τῇ πόλει τῇ μεγάλῃ)

在 18:12 – 13 有关"商品清单"的分析中,我们已经晓得罗马巴比伦乃第一世纪地中海地区的物流中心。为了满足她奢侈浪费的需求和习性,从帝国各地,甚至帝国之外的物资,就源源不断地流到了她的手中。而如此庞大的物流,当然造就了一个令人叹为观止的航海运输业。此一现象,不单记录在史书里,①也反映在考古的发现中,因为地中海海底的沉船遗骸,属公元前后 400 年间的(BC 200 – AD 200),忽然增加许多;而罗马银币,也在维斯帕先(Vespasian)和提多(Titus)父子统治的其间(AD 69 – 81),为了应付商业的兴盛,而被大量铸造。②

和善于航海的希腊人相较,罗马人是典型的"旱鸭子"。他们认为海的不确定性和毁灭性,是神明禁止人航海的记号;因此任何一艘在海上航行的船只,都是对自然的侮辱和对神明的挑战。"航海"是不敬虔的举动,而人之所以会甘冒此大不讳,除了贪婪之外,再无别的解释。也难怪罗马作家坡柏丢斯(Propertius)会说:海是自然界为贪婪所设下的陷阱。③ 在此观念之下,罗马的王公贵胄,除了那些诱于航海经商之巨大利益,而以"人头"(例如,奴隶)为之的以外,基本上是不碰此行业的。④ 在第一世纪之中,航海业多由私人经营,而罗马政府为了确保她的需求,甚至给航海业者某些特权。举例来说,克劳底乌斯皇帝(Claudius; AD 41 – 54)就任之际,罗马只剩八天的存粮,而他甚至曾在一个集会中,因着粮食的短缺,而被暴民挡了下来。因此为了确保谷物的供应,他就以"船难损失由国家吸收"的诏令,来鼓励航海运输事业。这个政策相当切合实际情况,因为海难经常发生。⑤ 不单如此,他也对那些长期从事航海运输业者,以免税和公民权的赐与作为奖励。对免税之举,尼禄皇帝也萧规曹随(Nero; AD 54 – 68),而哈德良皇帝(Hadrian; AD 117 – 138)更在其上,加上了"免除在家乡参与公共服务"的优惠。⑥

因此从这个历史背景来看,船长,坐船往各处去的,众水手,和所有靠海为业的人,在地上君王和商人之后(18:9 – 10;11 – 17a),也自然要为罗马巴比伦的陨落,而

---

① 见 18:12 – 13 的注释。

② J. N. Kraybill, *Imperial Cult and Commerce in John's Apocalypse*, 81 – 82.

③ 资料来源,Aune, *Revelation* 17 – 22,988 – 89。

④ J. N. Kraybill, *Imperial Cult and Commerce in John's Apocalypse*, 83 – 86.

⑤ 罗马史学家塔西图(Tacitus)告诉我们,单在公元 62 年的一场风暴中,沉入欧斯提亚(Ostia;罗马出海港)中的船只,就高达 200 艘(*Ann.* 15.18)。

⑥ 出处同上,118 – 20。

大声唱起哀歌。但约翰为何要让开口唱哀歌的，从地上君王和商人，一下子变成四组人马呢？就约翰暗引旧约的习惯来看，他在这里所做的，应是要使启示录和以西结书之间，有更紧密的连结；因为在以西结书27章中，为推罗之毁灭而唱哀歌的，也一样有四组人马："掌舵的，荡桨的，水手和一切泛海的"（结27:28-29）。①

但这四组人马所指的，究竟是哪些人？船长②和水手的意思，应无疑义。但"坐船往各处去的"③和"靠海为业的"，究竟是谁？对于前者，一个可能是"船上的乘客"，④而另一个可能是"随商货而行的商人"。⑤ 在这两者之中，若考量"航海经商"的文脉，"货主"的可能性是比较高的。至于"靠海为业的"，其所指的不单是航海从业人员，恐怕也包括了造船、修船、搬运货物的工人，甚至连贷款给船主、商人的金融业者，和在码头上兑换银钱的"银楼业者"，都包括在其内。换句话说，在此开口唱哀歌的，是包括了上中下游的整个"航运业"；因为当巴比伦受到审判时，生计受到立即且严重影响的，是所有参与其中的人。

和地上君王和商人一样，航海业者对巴比伦的审判，也保持着一个"远远站着"的安全距离。正如前述（18:10，15），如是保持距离的动作，显示出参与在巴比伦经济系统中的航运业者，对巴比伦的"效忠"，是如何禁不起考验。用"吾爱巴比伦，但吾更爱其财"来形容这一群人，恐怕并不过分。

像是一群旁观看热闹的人，船长水手等人在看见了焚烧巴比伦的烟之后，就喊着说："有何城能比这大城呢？"此一哀叹应是从以西结书27:32而来，因为在那里为推罗之毁灭而大唱哀歌的水手们，其起首句正是："在海中有何城如推罗的呢？"⑥和13:4的"谁能比这兽，谁能与之交战？"的问句一样，此处的"有何城能比这大城呢？"也假设了"没有"，甚或是"绝对没有"的答案。就我们今日对罗马巴比伦所知（参，18:12-13），在地中海地区的历史之中，的确没有任何一个城市，能比得上第一世纪末叶的罗马城，⑦但如是兴盛繁华的大城，却因着她自满自得，自比为神的骄傲（18:7），而必须

---

① 有关此一暗引旧约案例的详细分析，见笔者博士论文 Ezekiel in Revelation: Literary and Hermeneutic Aspects（Univ. of Edinburgh，1999），74。

② "κυβερνήτης"不是"船主（ναύκληρος）"，而是船长（参，徒27:11）。

③ 由于"ὁ ἐπὶ τόπον πλέων"的语法十分罕见，因此许多抄经者就试图做一些修正。但无论就内在或是外在证据而言，前述文句应是原文。详见，*TCGNT*，579。

④ 例如，Mounce，*Revelation*，331；Aune，*Revelation* 17-22，1006-06。

⑤ 例如，H. Conzelmann，'Miszelle zu Apk 18:17，' *ZNW* 66（1975），290；Osborne，*Revelation*，652-53。

⑥ 有关这个暗引旧约案例的分析，见笔者博士论文 Ezekiel in Revelation: Literary and Hermeneutic Aspects（Univ. of Edinburgh，1999），75。亦参，J-P. Ruiz，*Ezekiel in the Apocalypse*，451-52。

⑦ 单就人口数量而论，罗马的100万人口在西方世界中要到十八世纪才被伦敦超越（R. Bauckham，*The Climax*，363）。

面对神的审判。当焚烧她的烟升起之时,的确也没有哪一个城市,能和她所要受到的刑罚相比。

18:19 他们又把尘土撒在头上,哭泣悲哀的喊着说:哀哉,哀哉,这大城阿!凡有船航行在海中的,都因她的繁华而发了财。一时之间她竟成了废墟(καὶ ἔβαλον χοῦν ἐπὶ τὰς κεφαλὰς αὐτῶν καὶ ἔκραζον κλαίοντες καὶ πενθοῦντες λέγοντες, Οὐαὶ οὐαί, ἡπόλις ἡ μεγάλη, ἐν ᾗ ἐπλούτησαν πάντες οἱ ἔχοντες τὰ πλοῖα ἐν τῇ θαλάσσῃ ἐκ τῆς τιμιότητος αὐτῆς, ὅτι μιᾷ ὥρᾳ ἠρημώθη)

和地上君王和商人相较,航海业者之举哀,除了照样的口唱哀歌之外,还多了"把尘土撒在头上"的动作。在旧约中,这是人表达内在悲伤懊悔之情的外在象征动作;①但在此约翰恐怕还是跟着先知以西结的脚步而行:"他们(水手们)为妳(推罗)放声痛哭,把尘土撒在头上……"(结 27:30)此一"加增",当然是在以西结书的影响之下而有的,但在启示录中,如是"加增"却也把那从地上君王开始的举哀哭泣,带到了最高峰。

航海业者的哀歌,也是以"哀哉,哀哉,这大城啊!"的感叹为始。但在他们的眼中,大巴比伦城并非地上君王的"坚固的城"(18:10),也不是地上商人所看见"身穿华服并佩戴金银饰物"的富婆(18:16);而是叫"凡有船航行在海中的(船主),都因她的繁华而发了财"的那一位。也就是说,罗马巴比伦对他们而言,乃是叫他们的老板(船主)大发其财,并让他们也得以分一杯羹的"恩主"。② 在不同之人的眼中,罗马巴比伦可以有不同的面貌,但约翰却要其读者知道,不论她看起来多么亮丽,不论她是如何的吸引人,她真正的本质和面目,只会在从天而来的启示中(18:4),显明出来。她的确强盛,但她的审判在一时之间就要来到(18:10);她的确繁华富裕,但这么大的财富在一时之间就要荡然无存;而她也的确能叫人发财,但她自己却要在一时之间,成了废墟。③

18:20 天哪,众圣徒,众使徒和众先知啊,你们都要因她欢喜;因为神已经因她审判你们而审判了她(Εὐφραίνου ἐπ' αὐτῇ, οὐρανέ καὶ οἱ ἅγιοι καὶ οἱ ἀπόστολοι καὶ οἱ προφῆται, ὅτι ἔκρινεν ὁ θεὸς τὸ κρίμα ὑμῶν ἐξ αὐτῆς)

在 18:4 那里我们已经提及,本节经文中的呼吁,依旧是那从天上而来之声音所

---

① 参,书 7:6;撒上 4:12;撒下 1:2;13:19;15:32;伯 2:12;哀 2:10。

② 罗马史学家绥屯纽(Suetonius; AD 70 – 122)曾说,当奥古斯督乘船进入部利丢海港时(Puteoli;参,徒 28:13),港内的水手和群众,不单穿着节日的衣服来迎接他,还焚香,并感谢他,因为他乃是叫他们得以在海上谋生,并从其中得着利益的那一位(资料出处,R. Bauckham, *The Climax*, 374)。此一事件清楚反映航海业者对罗马心存感激的态度。

③ 有关"一时之间"的含义,见 18:10 的注释。

发出来的。在那里人子呼吁他的子民从巴比伦出来，不要和“世俗”的她有任何的瓜葛。而在这里，人子则是在她受到了审判之后，呼吁众圣徒，使徒和先知们，为她的审判而欢喜。① 因此在这两个一前一后的呼吁中，从18:4开始的经文，在此告一个段落。

但这个呼吁是向谁所发的呢？“天”所指的是谁？而“众圣徒，众使徒和众先知”和“天”之间，又有什么差别呢？对第一个问题，释经者多会从旧约的背景来理解，因为在以赛亚书44:23；49:13和耶利米书51:48等处的经文中，我们也看见先知因神国的实现（仇敌遭报，子民得赎），而发出天欢喜地快乐的呼吁。② 此一理解是准确的，因为此处启示录的文脉逻辑，正是神公义之国度，在巴比伦受审的事上，得着成就。

但我们要如何理解“众圣徒，众使徒和众先知”和“天”之间的关系呢？要回答这个问题，我们必须回到前面的12:12。为什么呢？因为在启示录中，另一个呼吁天欢喜的经文，正在那里：“诸天和住在其中的，你们都快乐吧”。从救恩历史来看，12:12中的呼吁，是人子羔羊借着祂的死和复活胜过了撒但红龙，并将它赶出了天庭之后，在天上所响起的；而此处经文所言，乃人子藉地上君王等人之口，对巴比伦末日审判的宣告，因此这两处经文是彼此关联的。前者宣告基督已然得胜，而后者宣告神国必然成就。③ 对理解此处经文的意义来说，此一关联就让我们有足够的理由，将12:12中“住在天上的”，等同于此处经文中之“众圣徒，众使徒和众先知”。以此方式来理解众圣徒等人，其实十分合理，因为在12:12那里我们已经晓得，在启示录中，和“住在天上的”所对应的，乃是“住在地上的人”（13:12），也就是那些属撒但，并拜兽的人。因此在这个前文的对照之下，“众圣徒，众使徒和众先知”乃是那些在额上有神印记（7:4－8），属神并有具有属天身份的人。

但约翰为何要以“三组人马”的方式作为这个属神群体的描述呢？他有意以此来陈明教会中的组织架构吗？他想要以众圣徒表会众，而以使徒和先知表教会领袖吗？应该不是，因为此处经文的焦点，不在教会组织。从上文来看，约翰在此的意图，最可能是要让属天的“众圣徒，众使徒和众先知”，与那些与巴比伦结盟的人对应，那就是，地上的众王、地上的商人和航海业者。④ 事实上，此一对应已在启示录12－13章中出

---

① 亦参，J－P. Ruiz, *Ezekiel in the Apocalypse*, 457－59。

② 例如，Swete, *Revelation*, 238; Beckwith, *Apocalypse*, 718; Beale, *Revelation*, 916－17; Osborne, *Revelation*, 654。

③ Beale, *Revelation*, 916.

④ J－P. Ruiz, *Ezekiel in the Apocalypse*, 412.

现了,因为在那里,圣徒乃是住在天上的(12:12),而与他们相对的,则是那些跟随陆兽(地)之议,向海兽(海)下拜的人。

但众圣徒要为何事而欢喜呢?是因巴比伦在审判中所受的痛苦吗?应该不是,因为约翰在这里所听见的是,“神已经因她审判了你们而审判了她”。① 换句话说,圣徒之所以要欢喜,不只是因其仇敌遭报,更是因神的公义已然彰显,因为祂已将巴比伦对圣徒所施行之不公义的审判,扭转了过来,并将之加在巴比伦的身上。此一“罪罚对等”的原则,是我们在18:5-8中,就已经多次看见的了。因此圣徒之所以要对巴比伦受审而欢喜,并非出于个人恩怨,也不是“把自己的快乐建筑在别人的痛苦上”,更不是“嗜血的”,而是为着神公义得着彰显而高兴。我们今天会为恶的横行而举哀,也会为那些不公义之事的泛滥而流泪,不单因为我们身受其苦,也因为神的公义似乎隐藏了;照样,在末日来到之时,我们也要欢喜快乐,因为神公义之国已然降临。人间的恩怨,苦难,和不公义,的确恼人,也叫人伤心流泪,但不论是忧或喜,我们的情感和情绪,和我们的信念一样,都要以神国为中心。若以自己为中心,我们对巴比伦受审的反应,就会和地上的君王等人一样,只能远远地站着,为自己所损失的利益,而大唱哀歌。但若以神为焦点,那么在祂公义得着彰显之际,除了欢喜之外,我们还能做什么呢?

18:21 而后,有一位大力的天使,举起一块好像大磨盘的石头,扔在海里,说,巴比伦大城也必这样猛然的被扔下去,决不能再找到了(Καὶ ἦρεν εἷς ἄγγελος ἰσχυρὸς λίθον ὡς μύλινον μέγαν καὶ ἔβαλεν εἰς τὴν θάλασσαν λέγων, Οὕτως ὁρμήματι βληθήσεται Βαβυλὼν ἡ μεγάλη πόλις καὶ οὐ μὴ εὑρεθῇ ἔτι)

巴比伦倾覆的命运,不单从天使的口,宣告了出来中(18:1-3),也在地上众王等人所唱的三首哀歌中(18:4-20),拍板定案;但这些似乎还不足以表达神必要审判巴比伦的决心。因此在18:21-24中,约翰就看见了一个大力的天使,以“投石于海”的象征性动作来作为她必然受审的完结篇。

在18:1那里我们已经晓得,在该节经文中出现之天使,之所以会拥有“大权柄”,乃因他身负了“宣告巴比伦必然倾覆”的使命;而此处天使的“大力(ἰσχυρὸς)”,也应是出于同一个原因。在启示录中,“大力天使”亦在5:2和10:1现身,而在那两个地

① 在原文中,人子要圣徒欢喜的原因(ὅτι),可以是“神因着你们的案件而审判了她”(NAB)。因此和合本,新译本和思高译本,就以“神已经在她身上伸了你们的冤”,或是类似的语句,来翻译之。但由于约翰在此使用了“双关语(paronomasia)”的文学技法,即,“[神]审判(ἔκρινεν)”和“[她对你们的]审判(τὸ κρίμα)”,因此他在这里所要凸显的,是“罪罚对等”的原则。相关讨论,见Aune, *Revelation* 17-22, 1008;以及,Caird, *Revelation*, 229-30; J-P. Ruiz, *Ezekiel in the Apocalypse*, 458-61; Beale, *Revelation*, 917-18。

方,他们所肩负的任务,乃是将“书卷”,即神永恒的计划,交付羔羊(5:7),以及以约翰为代表的教会(羔羊跟随者;10:8－11);而在这里,此一天使的使命,乃在宣告神国的成就,因此他以“大力天使”之姿出现,恐怕也带着和前两个大力天使彼此呼应的目的。①

就本节经文来看,这个天使的“大力”,也表现在他能“举起一块好像大磨盘的石头,并扔在海里”的动作中,因为此一“磨盘”,并非小型,用手就能使用的磨盘石(μύλος;太 24:41;启 18:22),而是必须用驴子来拉动,直径有 1.5 公尺,重达数吨的大型磨盘(μύλινος)。②

但此一“投磨盘于海”的象征动作,究竟从何而来?第一,在耶利米书 51 章那里,先知要犹大王西底家的大臣西莱雅,与王同去巴比伦之后,在那里把他记在书上,论及巴比伦所要遭受的刑罚,都念出来,而后将此书卷,绑在一块石头上,并扔入幼发拉底河中,作为巴比伦“不再兴起”的象征(耶 51:59－64)。第二,在论及推罗之审判时,耶和华神也曾预言,推罗的敌人巴比伦将要入侵,掳掠她的财宝,并将她的*石头*、木头等物,都丢在水中(海);因此推罗歌唱的声音就要止息,而人也不再听见她弹琴的声音(结 26:12－13;参,启 18:22)。不单如此,在靠海的君王为推罗之陨落而唱了哀歌之后(结 26:17－18),耶和华神则是更进一步地宣告,推罗将不再存留于世,人虽要寻找她,却“永寻不见”(结 26:21)。第三,在论及绊倒弟兄之祸时(参,启 18 章中的“哀哉”),耶稣曾说,叫人跌倒的,倒不如把大磨石拴在这人的颈项上,沉在深海里(太 18:6;可 9:42;路 17:2)。

从这三段经文来看,耶利米书为启示录提供了一个巴比伦受审的场景,但在西莱雅投物入河的象征动作中,“石头”却不是主角,因为它只是将主角“审判之书”带入河底的配角。从以西结书 26:21 的“永寻不见(וְלֹא־תִמָּצְאִי עוֹד)”,约翰则是得到了“绝不能再找到(καὶ οὐ μὴ εὑρεθῇ ἔτι)”的语句;③而因着耶稣的教训,约翰就将耶利米书和以西结书中的石头,替换为大磨石了。④ 综上所述,约翰在这里所做的,是将几个不同经文融合在一起。这几段经文的主题都是审判,因此当他将它们都加在一起时,神

① 类似的见解,亦参,Caird, *Revelation*, 230－31。

② Swete, *Revelation*, 239; Thomas, *Revelation* 8－22, 343－44; Aune, *Revelation* 17－22, 1008.

③ 有关这个暗引旧约个案的分析,见笔者博士论文 Ezekiel in Revelation: Literary and Hermeneutic Aspects (Univ. of Edinburgh, 1999), 77－78;亦参,A. Vanhoye, ‘L'utilisation du livre d'Ézechiel dans l'Apocalypse,’ *Bib* 43(1962), 438。

④ 有关这个暗引耶稣教训个案的讨论,见 L. A. Vos, *The Synoptic Traditions in the Apocalypse*, 157－58。有关约翰如何融合这三段经文的讨论,见 J－P. Ruiz, *Ezekiel in the Apocalypse*, 464－71; Beale, *Revelation*, 918－19。

对巴比伦的审判,就有了最完整和最严肃的表达。在约翰的笔下,大城巴比伦也因此就必要这样"猛然的"①被扔入海中。

18:22-23a　琴师、乐师、笛手和号手的声音,在妳中间再也听不见了;各行各业的工匠,在妳中间再也找不到了;推磨的声音,在妳中间再也无法听闻;[23]灯台之光在妳中间不再照耀;新郎和新妇的声音,在妳中间也决不再听见(καὶ φωνὴ κιθαρῳδῶν καὶ μουσικῶν καὶ αὐλητῶν καὶ σαλπιστῶν οὐ μὴ ἀκουσθῇ ἐν σοὶ ἔτι, καὶ πᾶς τεχνίτης πάσης τέχνης οὐ μὴ εὑρεθῇ ἐν σοὶ ἔτι, καὶ φωνὴ μύλου οὐ μὴ ἀκουσθῇ ἐν σοὶ ἔτι, [23]καὶ φῶς λύχνου οὐ μὴ φάνῃ ἐν σοὶ ἔτι, καὶ φωνὴ νυμφίου καὶ νύμφης οὐ μὴ ἀκουσθῇ ἐν σοὶ ἔτι)

在上节经文中,天使"投磨盘于海"的象征意义,已经被他自己解释了:"巴比伦大城也必这样猛然的被扔下去,决不能再找到。"而为了深化此一象征动作的意义,他在此更进一步的,以五个例子来说明。

1　琴师、乐师、笛手和号手的声音,在妳中间再也听不见了;

2　各行各业的工匠,在妳中间再也找不到了;

3　推磨的声音,在妳中间再也无法听闻;

4　灯台之光在妳中间不再照耀;

5　新郎和新妇的声音,在妳中间也决不再听见。

就我们今日对第一世纪的了解,(1)琴师乐手等人所组成的"乐团",多出现在剧院,节庆和丧礼中,②因此他们所标志的,是人平凡生活中,最欢乐或是悲伤的部分。在审判的文脉逻辑中(不再听见),此处"乐团"所指,应是那最能突显欢乐气氛的节日庆典。(2)"各行各业之工匠"所包括的,有打铁、铸造钱币、金匠、窑匠、织帐棚的、皮革师傅、梳整羊毛的、木工等等。③ 而他们在一个城镇中的出现,是该城"经济是否发达"的指针。(3)在此我们无法完全确定,"推磨的声音",是从那些以大型磨石来磨麦子之"工场"而来(参,上一节经文),还是家家户户中,由奴隶或是妇女推动手磨而发出的声音;但不论何者为是,"推磨"是第一世纪中,人生存所必须要做的事。(4)在当代,富户在晚上出门时,容或有成群的奴隶,以"火把"为他开路,但"路灯"却还未出现。④ 因此这里的"灯台之光",所指的是入夜后,从家家户户之门窗中,所投出来的,由灯台所发之光。和城市中,各式工匠在白天忙碌的景象相较,灯台之光所

① "猛然的"一语所指的,是人所无法控制的力量(*TDNT* 5:470)。

② Swete, *Revelation*, 239; Charles, *Revelation II*, 110.

③ 邢义田,《古罗马的荣光 II》,页 463,475(此处资料乃译自 A. H. M. Jones, 'The Economic Life of the Roman Towns,' in P. A. Brunt ed. *The Roman Economy* [Totowa: Rowman & Littlefield, 1974], 35-60); Aune, *Revelation* 17-22,1009。

④ Swete, *Revelation*, 240; Charles, *Revelation II*, 111.

要表达的,是入夜后在各个家庭中的活动。(5)至于“新郎和新妇”,所指的乃是在家庭的范畴之内,那最叫人欢喜快乐,并带来盼望的事。但上述五样让一个城市,或是一个家庭,显得生机蓬勃,并带来欢乐的事,在神审判来临之际,却都要忽然停止。像大磨盘沉入海中,这一切的活动,都要完全消失不见。① 神审判的可怕,在这五个描述中,可说是完全显示了出来。

但约翰是如何建构这五个例子的呢?若以“声音不再被听见”,和“人或事务不再被看见”为准,那么它们就是以“ABABA”为其结构了。② 但若再加上“内容”的考量,我们似乎还可以将此结构,更进一步分为“2－1－2”的三个部分,因为前两个是关乎整个城市的,后两个则是与家庭有关,而中间的“推磨”,则和人基本生存之事有密切的关联。此一见解也可以从“1－5”,以及“2－4”的对应中,得着支持:“1和5”都关乎“欢乐”,但前者是整个城市的,而后者则是家庭中的;至于“2和4”,其主题都和“活动”有关,但它们却也分别关乎城市中和家庭中的情况。

但这些以“决不再有”为重点的审判之言,究竟是从哪里来的呢?在旧约中,有几段经文也是以此方式,来呈现神审判之可畏:

> 我又要使欢喜和快乐的声音,新郎和新妇的声音,推磨的声音,和灯的亮光,从他们中间止息。(耶25:10)③
>
> 我必使你唱歌的声音止息,人也不再听见你弹琴的声音。(结26:13)
>
> 击鼓之乐止息,宴乐人的声音完毕,弹琴之乐也止息了。(赛24:8)

在这几处旧约经文中要受到审判的,虽然分别是南国犹大(耶25:1)、推罗(结26:3)和象征末日世界的“人之城”④(赛24:1,3,4等等),但在其中开口发出审判之言的,却都是耶和华神。因此在这里,我们再次看见约翰以同一个主题,而将许多旧

① 笔者注释此节经文之时,美国新奥尔良市(New Orleans)才刚经历了飓风卡特里娜(Katrina)的摧残。该城原本是观光景点之一,并以爵士乐而名闻全球。但在飓风过后,不单千余人丧生,50万居民也瞬间流离失所;整个城市宛如死城。因此发生在该城之事,其实是十分类似于本节经文中所描述的情况。因为在一时之间,所有的活动都停止了下来。

② Osborne, *Revelation*, 656.

③ 亦参,耶利米书7:34,“那时,我必使犹大城邑中,和耶路撒冷街上,欢喜和快乐的声音,新郎和新妇的声音,都止息了;因为地必成为荒场。”以及耶利米书16:9,“因为万军之耶和华以色列的神如此说,你们还活着的日子在你们眼前,我必使欢喜和快乐的声音,新郎和新妇的声音,从这地方止息了。”相关讨论,见L. P. Trudinger, The Text, 87－88; C. G. Ozanne, The Influence, 136－37。

④ J. N. Oswalt, *The Book of Isaiah* 1－39, 443; J. A. Motyer, *The Prophecy of Isaiah*, 196.

约经文融合在一起的手法。① 就数量而言,耶利米书显然为启示录提供了最多的项目(3,4,5),但从"经文结构"的角度来看,以西结书和以赛亚书恐怕对启示录有更深的影响。怎么说呢?

第一,约翰在此虽然只使用了以西结书26:13中,"弹琴歌唱之声止息"的项目,但在论及推罗将要受审的以西结书26:1-28:19里面,其三个段落(26:1-21;27:1-36;和28:1-19),都是以"不再有"为结语(26:21;27:36;28:19),而此主题,正是启示录18章中,最后一个段落的主调(18:21-24)。因此就整体结构而言,约翰在启示录18章中,是师法先知以西结的。

第二,从以赛亚书来看,启示录的"乐团之声",也是该书卷24:8的反映(击鼓,弹琴)。但这一节经文所属的24:7-12,其结构乃是:

A_1 喜乐之源消失(新酒葡萄不再;7a)

  B_1 欢乐止息,满足不再(无歌可唱,无酒可喝;7b-9)

    C 城市荒凉,各家关门闭户(10)

  B_2 满足不再,欢乐止息(无酒可喝,悲叹声起;11)

A_2 保障之源消失(城门不再;12)②

和此观察相较,启示录的"2—1—2",显然和此结构十分相似,因此就启示录18:22-23a而论,约翰应是以先知以赛亚为师的。

上述分析显示,不论就内容或是结构而言,约翰在论及神末日之审判时,都紧紧地跟随着旧约的启示而行。但此一"以前人为师"的举动,并不表示约翰就只能"依样画葫芦"。在这五个项目中,他所加进去的新元素,是"各行各业的工匠"。就整卷启示录来看,这个新元素的出现,其实并不叫人意外,因为我们在2-3章和13:17那里已经晓得,第一世纪的信徒所面对的挑战之一,就是"要不要加入商业公会"的问题;因为在这些公会所举行的活动之中,都包含了以该行业专属神祇,或是以罗马皇帝为对象的崇拜仪式。因此在神的审判中,那些曾叫属神子民为信仰而饱受排挤和逼迫的"各行各业工匠",当然也要名列其中了。③

事实上,和启示录其他经文产生对比的,并不只有"各行各业的工匠"而已。(1)"乐团之声的不再听闻",所对应的是"天上诗班的大唱哈利路亚之歌"(19:1-6);(2)在巴比伦城中,"推磨之事不再发生"所对应的是,那在新耶路撒冷城中所出现的"生命树",因为它不单每个月都结果子,其叶子也能治病(22:2);(3)"巴比伦城

① 参,启6:12-17。

② J. A. Motyer, *The Prophecy of Isaiah*, 200. 括弧内的文字,乃笔者依经文所加。

③ 亦参,Beale, *Revelation*, 919-20; Osborne, *Revelation*, 656-57。

内不再有灯光照耀”，所对比的是那以“神和羔羊之荣耀为灯的新耶路撒冷”；（4）而“新郎新妇的不再”，则是和那即将举行的“羔羊新妇婚筵”，彼此相对（19:7;21:2）。因此借着这五个“不再”，约翰不单总结了神对巴比伦的审判，也借着它们凸显了“人之城巴比伦”和“神之城新耶路撒冷”之间的天壤之别。借着这五个连续的“不再有”，他在其读者心中，已然放下“那么接下来要出现什么？”的期待。新天新地和新耶路撒冷虽然还没有现身（21:1－22:5），但约翰已经在读者的心中，埋下了一颗“主啊，我愿你来”的种子（22:20）。

18:23b－24　因为妳的商人成了地上的尊贵人；万国也被妳的邪术迷惑了。[24]先知，圣徒，并地上一切被杀之人的血，都在这城里被找到了（ὅτι οἱ ἔμπ οροί σου ἦσαν οἱ μεγιστᾶνες τῆς γῆς, ὅτι ἐν τῇ φαρμακείᾳ σου ἐπλανήθησαν πάντα τὰ ἔθνη, [24]καὶ ἐν α ὐτῇ αἷμα προφητῶν καὶ ἁγίων εὑρέθη καὶ πάντων τῶν ἐσφαγμένων ἐπὶ τῆς γῆς）

大淫妇巴比伦受审的原因，已在18:3,7中有了初步的说明，但为显示神之所以会对她施以如此严厉之“五个不再”的刑罚（18:22－23b），在此，也就是在17－18章有关巴比伦审判段落的结尾之处，大力天使就再给了我们三个巴比伦受罚的理由。

巴比伦受审的第一个原因（ὅτι）是，“妳的商人成了地上的尊贵人”。从表面上看起来，此一原因和巴比伦的受审，似乎没有直接关联，①但若参照约翰在此所暗引的以赛亚书23:8，答案就很明显了；②因为在论及推罗所受到的刑罚时，先知以赛亚所说的是：“推罗本是赐冠冕的；她的商家是王子，她的买卖人是世上的尊贵人。”此一描述，就我们对推罗的理解，并无夸张之嫌，但这正是推罗受审的原因，因为借着她无远弗届的贸易网络，推罗不单造就了一批“红顶商人”，也因此而自得自满，自比为神（赛23:9；参，结27:12－25;28:2,16）。③ 对约翰而言，当代的罗马巴比伦和推罗，并没有两样，因为她的奢华无度（18:12－13），不单也让当代的商人成为尊贵人，更叫他们成为她“自我荣耀”之罪的共犯（18:7）。在18:1－3的段落中，地上的商人就已经以“财主”之姿出现了（18:3），因此他们在这章经文的最后一个段落中出现，不单适切，也具有总结神审判的意味。巴比伦的受审，不单因其奢华，也因“地上商人”的推波助澜。

“万国也被妳的邪术迷惑了”，是巴比伦受审的第二个原因。在9:21那里我们已

---

① Charles认为这个句子在此没有意义，因此我们应该把它放在18:11之后（*Revelation II*, 112）。

② 有关这个暗引旧约案例的分析，见C. G. Ozanne, The Influence, 137－38; J. Fekkes, *Isaiah and Prophetic Traditions in the Book of Revelation*, 221－23。

③ J－P. Ruiz指出，以赛亚书23:9正是23:1－18中，神审判推罗的神学原因（*Ezekiel in the Apocalypse*, 473－74）；类似的见解，亦见Beale, *Revelation*, 921。

经提及,启示录中"邪术"或是"巫术",总是和偶像崇拜连结在一起;而在17－18章的文脉逻辑中(17:1－2,5;18:3),罗马巴比伦所推行的"偶像崇拜",乃"拜金主义"。因此大力天使在这里所说的是,大淫妇巴比伦因其以"经济利益"迷惑了列国,而受到了神的审判。① 正如旧约中的巴比伦,曾因其为利施行"邪术"而受审(赛47:12);或像古时的尼尼微也曾为了相同的罪恶而受到了神的审判(鸿3:4),②罗马巴比伦也照样要因着同样的原因而被神所刑罚。

除了引领整个世界走上"依恃财富,荣耀自己"的大路,并因此让人远离神之外,巴比伦受审的第三个原因,乃因她流了无辜之人的血。此处先知和圣徒之"流血",并非只是"殉道",而是包括了一切为持守信仰而付上的代价。在13:16－17和18:22a那里(工匠不再),我们已经晓得拒绝兽"666"记号的圣徒,就要面对"不得作买卖"的结果。因此巴比伦对教会的逼迫,是神必然要审判她的原因之一。③ 但为何约翰在这里,也要提及"地上一切被杀之人的血"呢?就罗马巴比伦而论,她的一统天下,她所带来的经济繁荣,的确史无前例;但如是"繁华盛世",却是建立在"征战"和"经济剥削"的基础之上的。④ 因此就此角度而言,她也的确要为"地上一切被杀之人的血"而受到审判。但借着这一句话,约翰恐怕也要提醒其读者,17:1－19:10中的"大淫妇巴比伦",不单是当代的罗马,也是那敌对神之势力的总和。因为罗马不单是古时巴比伦的再现,她也因她属红龙的本质,而成为抵挡神、逼迫圣徒、迷惑世人、占据世界并自立为神的代表。在世界的末了,神不单要追讨她逼迫圣徒的罪,神也要因她为自己建立了一个"人的城"而刑罚她(参,19:2);因祂不仅仅是教会的主,祂也是这个世界的王(启1:5;4:1－5:14)。当神想起了巴比伦大城时(启16:19),当无辜之人的血在这城里"被找到(εὑρέθη)",她原先一切所夸耀的,不论是歌唱,推磨和婚筵欢乐的声音,或是人人安居乐业的快乐,都要如石沉大海那样的,"决不能再看见了(οὐ μὴ εὑρεθῇ ἔτι)"。

19:1 此后,我听见好像许多群众在天上大声说:哈利路亚!救恩,荣耀和权能,都属我们的神(Μετὰ ταῦτα ἤκουσα ὡς φωνὴν μεγάλην ὄχλου πολλοῦ ἐν τῷ οὐρανῷ λεγόντων, Ἀλληλουϊά· ἡ σωτηρία καὶ ἡ δόξα καὶ ἡ δύναμις τοῦ θεοῦ ἡμῶν)

在"此后(Μετὰ ταῦτα)"的引导之下,我们来到了巴比伦受审之段落中(17:1－

---

① Mounce, *Revelation*, 335; Beale, *Revelation*, 922; Osborne, *Revelation*, 658.

② 有关这个暗引旧约案例的分析,见J－P. Ruiz, *Ezekiel in the Apocalypse*, 475。

③ 有关启示录中,圣徒受逼迫的问题,见,6:9－11;7:14;11:7;13:7,15;14:13;16:6;17:6;19:2。

④ 参,C. R. Smith, 'Reclaiming the Social Justice Message of Revelation: Materialism, Imperialism and Divine Judgment in Revelation 18,' *Transformation* 7(1990),28－33; R. Bauckham, *The Climax*, 338－78。

19:10)，结语部分(19:1－10)。从18:21读下来，这个结语其实十分恰当和自然，因为当地上巴比伦的欢乐之声，和她繁忙的活动都停止了之后，约翰所能听见的，就只有那从天而来的声音(19:1－3)；而他所能看见的，也只有天上的崇拜了(19:4)。不单如此，若和18:9－20中，地上君王、商人和水手大唱哀歌的场景相较，约翰在此所见所闻，也深具强烈对比的效果，因为在这段经文中，开口颂赞神的，也有天上的群众(19:1,6)，24位长老和四活物的三组人马(19:4)。在四重"哈利路亚"的颂赞声中(19:1,3,4,6)，天庭中因神公义彰显而举行的庆祝大会，是恰恰和地上之人为巴比伦受审而举行的丧礼，完全相反。人子在18:20那里所发"欢喜快乐"的呼吁，在此得着回应。

就19:1－10而言，它乃是由三个段落所组成。第一，在1－4节中，天上群众自发地为巴比伦的受审而发出了新约中第一个以"哈利路亚"为始的颂赞；而天庭中的24位长老和四活物也随后以"阿们，哈利路亚"应和。第二，在5－8节中，从宝座而出的声音，也命令神的仆人们，赞美神的作为。顺着这个命令，天上就响起了圣经中最后一首，也同时是以"哈利路亚"为起始句的赞美诗歌。第三，在9－10节中，借着天使和他之间的对话和互动，约翰则为那从17:1开始的巴比伦受审异象，画上了一个句点。正如前述，类似的互动和场景，也在"新耶路撒冷异象"(21:9－22:9)的结尾处出现(22:8－9)，因此这两节经文在此所扮演"句点"的角色，殆无疑义。

但在本节经文中，开口唱"哈利路亚"之歌的"天上群众"，究竟是谁呢？而约翰为何要说他"好像(ὡς)"听见群众的声音呢？就"好像"而言，我们已经晓得此乃约翰为了表达他所见所闻，乃是"在异象中之见闻"而有的。① 至于天上群众是谁的问题，则有两个可能的答案：第一，天庭中的天使，②第二，天庭中的圣徒。③ 从18:20中，人子呼吁圣徒要为巴比伦受审而欢喜快乐的上文来看，第二个答案的可能性是比较高的；而若参照"巴比伦流了圣徒之血"的立即上文(18:24)，此处开口唱歌的，也应该就是流血之冤已被平反的圣徒。不单如此，在启示录中，"救恩"一语也只另外在7:10和12:10中出现。在第七章那里，开口颂赞神救恩的，是圣徒；而在12章中，天上声音之所以会宣告救恩已临，乃因羔羊男孩已完成祂救赎圣徒的工作，被提到神宝座那里去了(12:5)。因此这两处经文也支持以"圣徒"来理解此处"天上群众"的看法。

在新约中，"哈利路亚(Ἁλληλουϊά)"的颂词，只在启示录19章中出现(19:1,3,

---

① 参，4:6;5:6;6:6;8:8;9:7;13:2;14:2等处注释。

② Swete, *Revelation*, 242; Ladd, *Revelation*, 244; Aune, *Revelation* 17－22, 1024.

③ Mounce, *Revelation*, 337; Roloff, *Revelation*, 210; R. Bauckham, *The Climax*, 331; Beale, *Revelation*, 926; Osborne, *Revelation*, 663.

4,6);它是希伯来文“赞美耶和华(הַלְלוּ יָהּ)”的希腊文音译。① 在旧约的诗篇中,它或作为一首诗的起首语,或是结语;②而其目的,则在表达人因神的作为而产生的欢愉之情。③ 从此背景来看,“哈利路亚”在此的出现,也具有同样的意义,因为在神审判巴比伦的事上,圣徒为信仰所受到的逼迫和冤屈,都已得着平反。准此,在“哈利路亚”之后,“救恩,荣耀和权能,都属我们的神”,也就自然要继续从圣徒的口中而出了。

在启示录诸多“颂词”中,④“救恩”在12:10和此处,都排名第一,因为神永恒计划的实现,不论是人子的第一次降世或是第二次的再来,“救赎”总是焦点。此一目标的实现,也就是神国在世界的出现,其含义是神荣耀的彰显,因此“荣耀属神”的颂赞,也就紧接着“救恩”而来,并在“救恩—荣耀—权能”的颂词中,位居中间的位置。若“圣徒得着救恩”是目标,而“神荣耀得着彰显”是结果,那么成就这两者的“权能”,当然也不会在这个颂词中缺席。

事实上,若我们参照17-18章的上文,这三个语词在此的出现,恐怕还有其他目的。第一,从前文来看,大淫妇巴比伦为这个世界所带来的,是经济福祉,是生活的无虞。因此从世俗的标准来看,她为其辖下子民所带来的,是不折不扣的“救赎/平安”。⑤ 第二,在18:7那里约翰也告诉我们,巴比伦受审的原因,乃是她的“荣耀自己”。第三,在17-18章中,巴比伦不单“大”,也是个管辖列国的坚固之城。因此借着圣徒“救恩,荣耀和权能都属神”的颂赞,约翰也同时为“谁才是真的救赎主,谁才配得荣耀,谁才真正拥有大能”的问题,定下了基调。

19:2 因祂的审判是正直公义的;祂刑罚了那用淫行败坏世界的大淫妇,并为祂的仆人报了他们被她所杀的冤仇(ὅτι ἀληθιναὶ καὶ δίκαιαι αἱ κρίσεις αὐτοῦ· ὅτι ἔκρινεν τὴν πόρνην τὴν μεγάλην ἥτις ἔφθειρεν τὴν γῆν ἐν τῇ πορνείᾳ αὐτῆς, καὶ ἐξεδίκησεν τὸ αἷμα τῶν δούλων αὐτοῦ ἐκ χειρὸς αὐτῆς)

天上的群众在本节经文中,告诉我们他们颂赞神的原因(ὅτι):祂的审判是正直公义的。在七碗之灾的前言中(15:1-4),我们已经听见那些胜过兽的圣徒,为神所将要施行的七碗审判,而发出了“你的道路公义正直”的颂赞;而在第三碗之灾那里,当江河与海之水变为血之后,我们也再次听见那从祭坛而出的声音,颂赞神审判的

---

① “יָהּ”是“יהוה(耶和华)”的缩写。

② 例如,诗104;106;111;112;113;117等等。亦参,多比传13:18;玛加比三书7:13。

③ 在这些诗篇中,此处经文的文脉可能和诗篇104:35最接近,因为在那里,诗人颂赞耶和华的原因,乃因祂刑罚了恶人(Beale, *Revelation*, 926-27)。

④ 有关这个题目的分析,见5:11-12的注释。

⑤ 因其为地中海地区所带来的“罗马和平”,奥古斯督就曾被其辖下子民,冠之以“救主”的名。

“正直和公义”(16:7)。而在此处，当神的审判已然成就，如是颂赞自然也要再次响起；因为祂的审判不单具有道德上的正当性(正直＝不以有罪为无罪的)，祂刑罚的原则，在法律上也是公平的(公义＝罪罚对等)。

何以见得？第一，“祂刑罚了那用淫行败坏世界的大淫妇”。从14:8开始，巴比伦就是那叫万民喝她邪淫之酒的那一位；而在17－18章中，她也是以经济利益来收买列王，并引诱地上之人与她结盟的那一位(17:2;18:3,9－19)；所以她以其淫行败坏世界的罪行，无庸置疑。准此，神对她的审判，并非出于“莫须有”的罪名，而是根据事实，并本于祂圣洁的属性，也就是说，本于祂无法容忍罪恶的本质。第二，在神刑罚巴比伦的事上，祂也“为祂的仆人报了他们被她所杀的冤仇”。[①] 在18:6－8那里我们已经晓得，神刑罚巴比伦时所依据的原则，乃是“罪罚对等”。而在这里，这个原则也一样出现，因为神之所以会刑罚她，将她毁灭，不单因她曾杀害了祂的仆人们(6:9－11)，也因为她曾流了地上一切被杀之人的血(18:24)。

对许多人而言，神的公义、圣洁、信实和正直，只是一些抽象的概念；但约翰在此显示，恶行和其结果，不论它的大小，程度，都不会随着时间的过去而自动消失。在历史中，神已对巴比伦和推罗，施行了她们该得的审判，因此在世界的末了，祂对罗马巴比伦，以及她所代表的一切恶势力，也一样要降下祂的刑罚。圣徒在祭坛下，在苦难中所发“何时伸冤”的呼吁(6:9－11)，并没有随风而逝，因为当神审判的时刻来到之时，祂就要信实的回应他们的呼求了。而在那个时刻之前，祂所求于我们的，只是在信心中“安静等候片时”而已(6:11)。

19:3 他们又再次说：哈利路亚！烧淫妇的烟往上冒，直到永永远远(καὶ δεύτερον εἴρηκαν, Ἁλληλουϊά· καὶ ὁ καπνὸς αὐτῆς ἀναβαίνει εἰς τοὺς αἰῶνας τῶν αἰώνων)

神审判的正直和公义，是天上群众大唱第一首“哈利路亚”之歌的原因；但神审判所带来的效果，却还未提及，因此“哈利路亚”之声又再次响起，因为(καὶ)[②]“烧淫妇的烟往上冒，直到永永远远”。在18:8,9,18中，约翰已经提及巴比伦要受到火的刑罚，因此焚烧她的烟，自然要在此出现了。但我们究竟应该如何理解圣徒在此所说的呢？在14:11那里我们已经知道，从所多玛和蛾摩拉开始(创19:28)，“被火焚烧”就成了神审判的记号之一。而在旧约中，和启示录14:11以及此处经文最接近的，是先

---

① 在原文中，此语直译作：神从她手中报了祂仆人流血之仇。在此“手”乃杀人工具，而“从(ἐκ)”也可以有“藉(其手)”的含义，因此我们的翻译是没有问题的。详见，Aune, *Revelation* 17－22, 1025－26; Beale, *Revelation*, 927－28。

② 此一连接词在此是希伯来文中，表原因之“ו”的反映；见 Charles, *Revelation II*, 120; Thomas, *Revelation* 8－22, 359。

知以赛亚论及以东将要受审的话：

> 以东的河水要变为石油，尘埃要变为硫磺，地土成为烧着的石油。昼夜总不熄灭，烟气永远上腾；必世世代代成为荒废，永永远远无人经过。(赛34:9－10)①

在前面的分析中我们已经知道，如是审判语言，不能完全照字面的含义来理解。因为在启示录中，罗马不单是历史中之巴比伦的"现代版"，也是末日巴比伦的象征。她是个城市，但也同时是"兽"(政治的)和"大淫妇"(经济的)。准此，在她受审判的事上，要以象征方式来理解的，不单包括了"火的刑罚"，也包括了那"永永远远"上腾之烟。因为若我们坚持以字面含义来解经，那么这个"永永远远"，也只能持续到巴比伦所在的"地"，将要在新天新地来临之前为止而已；因为约翰在20:11和21:1那里告诉我们，旧天旧地到了那个时刻，都要成为过去，不复再寻。

因此圣徒在此所歌颂的，不是神审判的本身，要持续到"永永远远"；而是神审判的效果，将要持续到永远。神对巴比伦的审判，是"一时之间"(18:10,17,19)就要临到，并且也要在"一天之内"就要完成的，因为审判她的主，乃是大有能力(18:8)。"烟永远上腾"之图画所要表达的，是神审判的完成，是神审判的不可逆转性。因为在其时，救恩之门已关，而神的公义，将要主导一切，并胜过一切。在此时刻，除了"哈利路亚"之外，再无别的语言，能表达圣徒对神的敬拜和感谢。

19:4　那二十四位长老与四活物，就俯伏敬拜坐宝座的神，说，阿们，哈利路亚(καὶ ἔπεσαν οἱ πρεσβύτεροι οἱ εἴκοσι τέσσαρες καὶ τὰ τέσσαρα ζῷα καὶ προσεκύνησαν τῷ θεῷ τῷ καθημένῳ ἐπὶ τῷ θρόνῳ λέγοντες, Ἀμήν Ἁλληλουϊά)

在启示录第四章中，俯伏在宝座前敬拜神的，是四活物和24位长老(4:8,10－11)；而在第五章中，当人子羔羊从父神手拿了那象征神永恒计划的书卷之后，领头并总结敬拜羔羊的，也是他们(5:8,14)；因此在末日神国成就之际，他们也当然不会缺席。② 但和那两处经文所不同的是，他们在此并不领头敬拜，而是随着天上群众之后，俯伏敬拜那坐在宝座上的上帝。不单如此，他们的颂赞，也只有"阿们"和"哈利路亚"两个语词而已。

---

① 有关此一暗引旧约案例的分析，见 J. Fekkes, *Isaiah and Prophetic Traditions in the Book of Revelation*, 208－09。亦参，Swete, *Revelation*, 243－44；Aune, *Revelation* 17－22, 1026；Beale, *Revelation*, 929。

② 24位长老和四活物也在7:9－17；14:1－5的天庭中出现；而24位长老也单独在第七号神国成就之时现身，并唱诗歌颂神(11:15－19)。

就“阿们”而言，它在此的意思是“的确如此”，①因此借着“阿们”，24 位长老和四活物就肯定了天上群众，在前面三节经文中所唱的诗歌。但他们并不以此为足。和天上群众一样，他们也要开口颂赞神，由是“哈利路亚”也就随着“阿们”而出。藉此“哈利路亚”，他们就加入了颂赞神的行列之中。

在新约中，“阿们，哈利路亚”的结合，只在此处出现，而其旧约出处，应是诗篇 106:48，“耶和华以色列的神、是应当称颂的、从亘古直到永远。愿众民都说：阿们，你们要赞美耶和华（即，哈利路亚；הַלְלוּ־יָהּ）。”②此一诗篇乃诗篇卷四中的最后一篇（90－106），而此节经文，乃这篇诗篇的最后一节；因此就这个角度来看，约翰在此暗引此节诗篇经文，是十分合宜的，因为他在这里也一样让“阿们，哈利路亚”扮演了总结一段经文的角色。但若我们参照该诗篇，约翰在使用此一旧约语词之时，显然也考量到它的上下文，因为 106:42－47 显示，众民之所以会颂赞耶和华，乃因祂已将他们从欺压他们之敌人的手下，拯救了出来。③ 而如是文脉逻辑，也正是我们在此所读到的。

在“阿们，哈利路亚”的颂赞中，24 位长老和四活物总结并回应了天上群众的歌颂，而在俯伏敬拜，扬声颂赞的画面中，他们也就从此在启示录中消失。当神的新耶路撒冷城将要从天而降，并成为往后经文的主要焦点时，有什么样的“告别演出”，会比他们在此所呈现的更完美呢？

19:5 有声音从宝座出来说，神的众仆人哪，凡敬畏祂的，无论大小，都要赞美我们的神（Καὶ φωνὴ ἀπὸ τοῦ θρόνου ἐξῆλθεν λέγουσα, Αἰνεῖτε τῷ θεῷ ἡμῶν πάντες οἱ δοῦλοι αὐτοῦ [καὶ] οἱ φοβούμενοι αὐτόν, οἱ μικροὶ καὶ οἱ μεγάλοι）

在 19:1－4 中，我们看见那些在天上的圣徒，以及四活物和 24 位长老，因着巴比伦的受审判，已经举行了一个颂赞神的大会；因此在本节经文的一开始，我们所面对的问题是，为何那从宝座而出的声音，要向神的众仆人发出颂赞神的呼吁？

在回答这个问题之前，我们恐怕先得确定此一从宝座而出之声音，究竟是谁所发？从“祂的众仆人”和“要赞美我们的神”的语句来看，此声音应不是父神所发。那么这个声音的主人是谁呢？是四活物，24 位长老，还是基督？在第四章中我们晓得，四活物乃神宝座的“四脚”，而 24 位长老的所在位置，也距神的宝座不远（4:4－6），因

① 参，5:14 的注释；亦见 Swete, *Revelation*, 244; Moffatt, *Revelation*, 463; Osborne, *Revelation*, 666。

② Charles, *Revelation II*, 120; C. G. Ozanne, The Influence, 185－86; Mounce, *Revelation*, 334; Aune, *Revelation* 17－22, 1027. 类似于“阿们，哈利路亚”的语词，也出现在历代志上 16:36（众民都说阿们，并且赞美耶和华；וַיֹּאמְרוּ כָל־הָעָם אָמֵן וְהַלֵּל לַיהוָה）和尼希米记 5:13（会众都说阿们，又赞美耶和华；וַיֹּאמְרוּ כָל־הַקָּהָל אָמֵן וַיְהַלְלוּ אֶת־יְהוָה）；但就形态而言，启示录最接近诗篇 106:48。

③ Beale, *Revelation*, 930.

此"从宝座而出之声",有可能是他们其中一人所发;但由于在启示录的其他地方,这两组"人马"发声说话之时,约翰总会明确地告诉我们,因此这个揣测的可能性不高。① 但人子有可能向"祂的众仆人"发出你们要赞美"我们的神"之命令吗?在七封书信之末,人子向老底嘉教会所发的应许是,"得胜的,我要赐他在我宝座上与我同坐,就如我得了胜,在我父的宝座上与他同坐一般"(3:21),因此从"基督要与得胜者同享王权"的角度来看,祂在此以"我们的神"来称呼神,并非全然不可能。再者,当基督在世之时,祂也曾告诉祂的门徒,我要升上去见我的父,也是你们的父;见我的神,也是你们的神(约 20:17b);因此将此处发声者等同于人子,也是可能的。② 不单如此,在 18:4 和 18:20 中,人子已开口向祂的子民说话了,③因此祂在这里,再次发声说话,其实并不令人意外。

但圣徒既已开口颂赞神了(19:1-4),为何人子还要在此发出"要颂赞神"的呼吁呢?第一,在 11:18 那里我们已经晓得,"众仆人—凡敬畏祂的—无论大小"所指的,乃是圣徒,而约翰之所以会以"敬畏祂的",作为圣徒的同义词,乃因该处经文(以及此处经文)所论及的,是神的审判。也就是说,圣徒因其所存敬畏之心,而得以免去了神的审判。但若从"大小"一词来看,由于它所指的,不是"年龄",而是社会阶层的高低,④因此约翰在此所假设的是,这些人乃是那些在基督第二次再来之时,依旧活在世上的圣徒。准此,在此处经文的文脉中,"众仆人—凡敬畏祂的—无论大小",乃是与 19:1-4 中之天庭圣徒相对的"地上圣徒"。⑤ 换句话说,在天庭圣徒发出了颂赞之后,人子也要地上圣徒与他们回应,因为神审判的影响范围,乃是整个宇宙。

第二,对那些为信仰而死,如今在天之圣徒而言,巴比伦受审的含义是他们的冤屈得着平反,因此他们的颂词自然也就会以"神公义得着彰显"为焦点了(19:1-3)。但神刑罚巴比伦的意义,不单在彰显祂的公义,也在为祂国度之出现铺路;因此在地上圣徒的颂赞中,他们除了以"神做王(审判)"来呼应天上圣徒的颂赞之外(19:6),也进一步的颂赞"神国的成就",即"羔羊婚筵"的举行(19:7-8)。由此观之,人子呼吁地上圣徒颂赞神的缘由,也是因为神施行审判的正面意义,尚未得着称颂。在祂死于十字架上,并从死里复活的事上,人子已审判了撒但(参,启 12:1-12),但这同一

① Osborne, *Revelation*, 666.
② Beale, *Revelation*, 930.
③ 详见该处经文注释。
④ Louw-Nida, § 87.22,58.
⑤ Mounce, *Revelation*, 338; Aune, *Revelation* 17-22,1027; Osborne, *Revelation*, 666.

件事的意义，也包括了神国的建立；因此当神审判了巴比伦，当敌对神国之势力被消灭了之后，"神国成就"的颂赞，自然就不可少了。正如保罗在哥林多前书15:24所说，"再后，末期到了，那时基督既将一切执政的、掌权的、有能的、都毁灭了，就把国交与父神"；照样，人子在此也要圣徒记得，祂所成就的国，以及祂所做的一切，都带着让父神得着荣耀和称颂之目的。

附录十二　启示录19:1－2和19:6－8之间的呼应

在上面的分析中我们已经提及，人子要地上圣徒（19:6－8），在天上圣徒之后（19:1－2），也开口颂赞神的原因，乃是因为神审判的另外一面，即，神国的完成，尚未得着称颂。但在这两段经文之间，除了在主题上有着互补的关系之外，还有许多其他的联系和呼应：

1 欢呼

哈利路亚（19:1b）　哈利路亚（19:3a）

哈利路亚（19:6b）　我们要欢喜快乐，将荣耀归给神（19:7a）

2 赞美神的一般性理由（ὅτι）

神审判的正直和公义（19:2a）

主神全能者掌权做王（19:6c）

3 赞美神的特别理由（ὅτι）

祂审判了大淫妇（19:2b）

羔羊婚筵的举行（19:7b）

4 女性的象征和她的作为

淫妇以其淫行败坏世界（19:2b）

新妇已经预备好了自己（19:7c）

5 神对她们所行之事的反应

向淫妇讨她流其仆人之血的罪（19:2c）

给新妇穿上光明洁白的细麻衣（19:8）①

从此分析来看，19:1－2和19:6－8的确是彼此互补，互相关联的两段经文。此一现象，不单支持我们在上节经文中，有关人子之所以会要地上圣徒开口颂赞神的主张，也要求我们将这两段经文，连结在一起。换句话说，19:6并非如某些学者所主张

① 此乃J－P. Ruiz的观察（*Ezekiel in the Apocalypse*, 496）；但笔者也做了一些加增和调整。

的,是另一个段落的开始。① 在前面有关启示录结构的讨论中,我们已经指出,借着17:1－3和21:9－10,以及19:9－10和22:6－9之间,在字面和情境上的呼应,约翰已经清楚界定了这两段经文的起头和结尾;而我们在此所观察到的现象,也进一步的证实,约翰欲意将19:6－8归属于17:1－19:10之段落的企图。就内容来看,19:7－8的“羔羊婚筵”的确和“神为飞鸟所预备的大筵席”(19:17－18,21),以及新妇和羔羊之婚筵(21:2),有所关联;但这并不表示此一段落就必须和其后的经文,同属一个段落。在19:1－10的文脉中,“羔羊婚筵”乃是神审判巴比伦之后,所必然要有的后续发展;因为神掌权做王的含义,不单是仇敌遭报,也是神国的降临和完成。这二者乃神做王的反面和正面意义,是缺一不可的。在以巴比伦受审为焦点的段落中(17:1－19:10),“羔羊婚筵/神国实现”当然不是主角,但在神主权彰显的末日事件中,它却绝对不会缺席。此一象征神人关系之恢复和重建的“婚筵”,乃是祂创造世界所要达到的目标,因此约翰自然不会以两节经文,就轻松带过。准此,在后面的经文中,我们就看见此一主题,在巴比伦受审之后(17:1－19:10),三番两次地出现(19:17－18,21;21:2),并最终成为新耶路撒冷段落的主题(21:9－22:9)。

19:6 我听见好像群众的声音,众水的声音和大雷的声音,说,哈利路亚!因为我们的主神,全能者,作王了(καὶ ἤκουσα ὡς φωνὴν ὄχλου πολλοῦ καὶ ὡς φωνὴν ὑδάτων πολλῶν καὶ ὡς φωνὴν βροντῶν ἰσχυρῶν λεγόντων, Ἀλληλουϊά, ὅτι ἐβασίλευσεν κύριος ὁ θεὸς ἡμῶν ὁ παντοκράτωρ)

在那从宝座而出之声音的命令下(19:5),约翰就听见了圣经中,最后一首以“哈利路亚”为开场的诗歌,而其声之大,有如群众,众水和大雷的声音。在19:1那里,约翰已经听见那些在天上的众圣徒(群众的声音),因着神刑罚了那曾逼迫他们的巴比伦,而发出了“哈利路亚”之歌;而在此,他也照样听见地上圣徒(群众的声音),因着神掌权做王,并为着回应天上圣徒,所唱的“哈利路亚”之歌。借着如是呼应,约翰已然将“天地同唱”的画面,呈现在我们面前了。

但如是“天唱地和”的画面和歌声,还不足以完全表达“巴比伦受审－神掌权做王”之事的重要性,因此在“群众的声音”之后,约翰又告诉我们此一歌声,有如“众水的声音和大雷的声音”。在启示录中,“众水的声音”乃人子之声(1:15),也是那些在锡安山上,大唱救恩之歌之十四万四千人,所发出来的声音(14:2)。从旧约来看,

① 例如,Morris, *Revelation*, 207,219(18:1－19:5);Ladd, *Revelation*, 245(19:6－21:8);Mounce, *Revelation*, 338(19:6－20:15);Hughes, *Revelation*, 199(19:6－16);Osborne, *Revelation*, 669－70(19:6－21)。

“众水的声音”乃耶和华降临之声（结1:24;43:2），而其降临之目的，则在复兴其百姓；①因此当如是声音出现之时，其焦点在神救恩的施行和成就（参，启2－3;14:1－5）。但神显现的另外一面，乃是审判的临到，因此在1－4印中（6:1－8），命令四马带出神刑罚的四活物，其所发“去”的命令，正是“如雷之声”（6:1）；而在锡安山上，十四万四千人因着他们胜过了兽而大唱救恩之歌时，其声音也一样可以是“如雷之声”（14:2;参，12:11）。因此借着这两个描述，约翰不单突显了此一事件的重要性，也借着这个两个声音，显示了神审判巴比伦的两个面向：拯救和刑罚。

借着“刑罚仇敌，拯救百姓”来建立国度，乃神一贯作为，而此事也将要在历史的尽头，全然实现，因此地上的圣徒，当然要为此而欢呼：“哈利路亚！因为主我们的神，全能者，作王了。”在19:1那里，我们已经晓得“哈利路亚”乃赞美神的意思，而在前节经文的分析中我们也曾提及，“神作王”乃是天上圣徒所唱之歌中，“神刑罚巴比伦”之主题的反映；②因此在这首颂赞之歌中，祂的名号就是“主神全能者”了。这个“主＋神＋全能者”的组合，在启示录中一共出现了七次（1:8;4:8;11:17;15:3;16:7;19:6;21:22），③因此透过这个组合中，各个名号（三个）的含义，以及借着这个组合所出现的次数，约翰以双重的方式，凸显了神的权能。但和另外六次“主神全能者”的经文相较，约翰在这里却在其中，加上了“我们的（ἡμῶν）”一词，因为在神审判巴比伦的文脉之中，祂乃是那位为圣徒伸冤，并审判他们仇敌的那一位。④ 换句话说，借着“我们的”，他强调了神和圣徒之间，直接，亲密的关系。祂不是高高在天，不管人间事务的上帝，而是倾听属祂子民“何时伸冤？”之呼吁（6:9－11），并在祂所定时间来到之时，以刑罚他们仇敌之方式，来回应他们的“主神全能者”。祂并不站在巴比伦的那一边，而是他们的神。

19:7　让我们欢喜快乐，将荣耀归给祂；因为羔羊婚娶的时候到了，祂的新妇也预备好自己了（χαίρωμεν καὶ ἀγαλλιῶμεν καὶ δώσωμεν τὴν δόξαν αὐτῷ, ὅτι ἦλθεν ὁ γάμος τοῦ ἀρνίου καὶ ἡ γυνὴ αὐτοῦ ἡτοίμασεν ἑαυτήν）

---

① 详见1:15的注释。

② 在此我们以“表始动词（inceptive aroist/ingressive aroist）”的方式，来理解“（神）做王”一词。也就是说，圣徒之所以会发出颂赞，乃因神已审判巴比伦，并开始做王了。此事在约翰写启示录之时，尚未发生，但由于它必要发生，因此约翰就以“过去式”的方式，来论述“神的做王”。相关讨论，以及有关“神做王”的旧约背景分析，详见Beale, *Revelation*, 932。

③ 相关讨论，详见4:8的注释。

④ 在某些手抄本中，“我们的（ἡμῶν）”一词并未出现（例如，A 1 254 792 1006等等）。此一经文传统，可能是因为其他“主神全能者”的经文中，“我们的”并未出现。但在歌颂神审判了巴比伦的文脉中（19:1－10），“我们的神”却是圣徒对神的一致称呼（19:1,5）；因此“我们的（ἡμῶν）”应属原始经文。相关讨论，见*TCGNT*, 760。

借着"哈利路亚,神做王了"的颂词(19:6),地上圣徒就应和了天上圣徒对神正直公义审判之颂赞(19:2a);但由于神做王的意涵,不单是刑罚,也包括了拯救,因此在本节经文中,地上圣徒的颂赞焦点,就要转向"救赎"了。

在约翰的设计中,本节经文所对应的,是19:3之"哈利路亚!烧淫妇的烟往上冒,直到永永远远",①因为"让我们欢喜快乐,将荣耀归给祂"乃和"哈利路亚"呼应,而神对大淫妇的刑罚(烧淫妇的烟),也正和祂对圣徒的奖赏(羔羊婚筵),彼此对应。在旧约中,"让我们欢喜快乐"之类的呼吁,出现在许多的地方,②但在其中,和本节经文,以及下节经文最接近的,恐怕是以赛亚书61:10:

> 我因耶和华大大欢喜,我的心靠神快乐;因祂以拯救为衣给我穿上,以公义为袍给我披上,好像新郎戴上华冠,又像新妇佩戴妆饰。

对这节经文中的"我",学界中有人主张他是61:1中的弥赛亚仆人,但多数释经者却认为,此处的"我"乃是代表以色列民,拟人化了的"锡安"。③ 因此本节经文的内容,乃末日复兴了的以色列百姓,因神所施行之救恩(从被掳之地回归),而发出的颂赞。和此背景相较,启示录的文脉逻辑也一样是神对祂子民的拯救;而以新郎新妇之婚约为"神人关系恢复"的譬喻,也一样在此为约翰所使用。不单如此,神在末日将要以"公义"之袍作为祂子民奖赏的图画,也在启示录下一节经文出现,因此约翰在这里的确是以此旧约经文为本。④ 但正如我们在前面已经多次看见的,约翰在暗引旧约之时,也会因着人子在十字架上所成就的,而做出适度的调整;因此在将此旧约应许应用在神新子民身上时,他就指出,末日神人关系的恢复,乃是藉"羔羊之婚筵"来表达和完成的。但如是概念是从何而来的呢?

以"丈夫—妻子"之婚约来表神人关系的譬喻,在旧约中出现了许多次,例如,以色列的丈夫乃耶和华(何2:16;赛54:6;结16:7ff),而祂要聘以色列为祂永远的妻(何2:19);祂将要称她为太太(赛54:6),并要如新郎喜悦新妇般的,喜悦以色列(赛

---

① 详见附录十二的分析。

② 例如,诗31:7;32:11;70:4;97:1;118:24;珥2:23等等;而历代志上16:31中,大卫在"约柜安置典礼"中所发出的颂赞,更与此处经文十分接近:愿天欢喜,愿地快乐,愿人在列邦中说,耶和华做王了。

③ 相关讨论,见J. N. Oswalt, *The Book of Isaiah* 40-66,574。

④ 有关约翰如何在此,以及在21:2b中,暗引此一以赛亚经文的详细分析,见J. Fekkes, *Isaiah and Prophetic Traditions in the Book of Revelation*, 231-38。亦参,Beale, *Revelation*, 938-40。

62）。① 但在旧约以及当代的犹太文献中，将此譬喻应用在"羔羊—新约圣徒"关系中的，却从未出现。② 因此我们在此的问题是，约翰究竟是从何处得着如是启发的？在哥林多后书 11:2 那里保罗曾说，他把哥林多教会，如同贞洁的童女，献给基督；而在以弗所书 5:22－33 中，他也曾以"基督和教会"作为"夫妻关系"之类比，③因此约翰的概念，有可能是从保罗而来。但约翰在启示录中所使用，与婚礼有关的语词，像是"婚筵（γάμος）"、④"新妇（γυνὴ；νύμφη）"⑤和"婚筵礼服（βύσσινος）"等等，却不曾被保罗所使用，反倒是在耶稣以婚筵来譬喻天国之比喻中现身（例如，一个王为其儿子摆设婚筵的比喻，以及十个童女等候新郎回来的比喻），⑥因此约翰之所以胆敢将旧约"耶和华和以色列立婚约"之譬喻，应用在"羔羊和教会"之关系上，恐怕是根据耶稣所说的比喻而来。⑦ 在十字架的启示中，神人复合之应许的实现，当然要借着"羔羊婚筵"来成就。

事实上，若我们从一个更宽广的角度来看，约翰在此所本的，恐怕也包括了耶稣的登山宝训，因为在马太福音 5:12 那里，耶稣之所以会"十分不合情理的"要求祂的门徒们，以"欢喜快乐"的态度来面对逼迫和毁谤，乃因他们为信仰所受之苦，将要给他们带来天上的赏赐。在登山宝训的上下文中，此一赏赐不单是"得安慰"、"承受地土"、"得饱足"、"蒙怜恤"、"得见神"和"得称为神的儿子"（2－7 福），也更是总括一切之"天国是他们的"（第一和第八福）。换句话说，"为义受苦"之所以是"有福的"（亦参 19:9 中的"有福了"），乃因受苦之人，将要得着参与羔羊婚筵的权利，并以新

---

① L. A. Vos, *The Synoptic Traditions in the Apocalypse*, 165.

② J. Jeremias, *TDNT* 4:1101－02.

③ 类似的概念，亦在罗马书 7:1－6 和哥林多前书 6:15－17 中出现。

④ 19:7,9.

⑤ γυνή－19:7;21:9;νύμφη－21:2,9;22:17. 在不同的上下文中，这两个语词的意思，可以是"妇人/女人"或是"新妇/新娘"，但约翰似乎有意以后者（νύμφη）来表明教会属天的身份（21:2;22:17）；而他之所以会在本节经文和 21:9 那里（新妇[νύμφη]，就是羔羊的妻[γυνὴ]），使用"γυνὴ"的原因，应是为了要让"羔羊之新妇"和 17 章中的"女人/大淫妇（γυνὴ）"，产生对比（17:3,4,6,7,9,18）。

⑥ 婚筵（γάμος）——一个王为其儿子摆设婚筵的比喻（太 22:1－14；路 14:15－24）；十个童女的比喻（太 25:1－13）。新妇（νύμφη）——在约翰福音 3:28－29 中，施洗约翰自比为新郎的朋友，而耶稣是新郎，教会则是新妇。婚筵礼服（βύσσινος）——在王为其儿子摆设婚筵的比喻中，未穿着适当礼服（ἔνδυμα）出席婚筵者，其结局是被丢在外边的黑暗里（太 22:11－14）；而在此新妇则是穿上了"洁白的细麻衣"（启 19:8）。

⑦ 相关讨论，详见 L. A. Vos, *The Synoptic Traditions in the Apocalypse*, 163－74。在此值得一提的是，Vos 认为约翰在此恐怕特别是以马太福音 22:1－14 为本，因为在这个比喻中，（1）王为其子摆设筵席，（2）招聚人参加筵席，（3）一个宾客未着合宜礼服，和（4）筵席的举行等元素，都一样在启示录 19:7－9 中出现：（1）羔羊婚筵已到，（2）新妇穿上了洁白光明的细麻衣，（3）被邀请之人有福了，（4）婚筵的举行。

妇之身份与羔羊联合,[①]而成为神国的一部分,成为神所居住的"圣殿/灵宫"。在"祂要与人同住,他们要作祂子民"之事(启 21:3),已经成为事实之时,圣徒能不欢喜快乐吗?在那个时刻,还有什么事情能拦阻我们,不将荣耀归给祂呢?

19:8 并得着赏赐,可以穿上光明洁白的细麻衣,这细麻衣就是圣徒所行的义(καὶ ἐδόθη αὐτῇ ἵνα περιβάληται βύσσινον λαμπρὸν καθαρόν· τὸ γὰρ βύσσινον τὰ δικαιώματα τῶν ἁγίων ἐστίν)

在上一节经文中,约翰不单听见举行羔羊婚筵的时刻已经来到,他也看见新妇已经预备好了自己。但她究竟是如何预备好她自己的呢?她之所以能以新妇之姿进入羔羊婚筵,是她在此之前,做了什么事吗?

从本节经文的后半来看,新妇的"预备好自己",显然是她曾行的"义",而此"义行",若从启示录的上文来看,是他们对神的忠心(2:10,13;13:10;14:12;17:14),是他们在苦难中,对"耶稣之见证"的坚持(1:9;2:2-3,19;3:10;6:9;12:11,17;13:10;14:12;20:4),以及他们对神命令的遵守(12:17;14:12)。[②] 因此在这里,我们似乎面对着"靠行为称义"的问题。但情况是不是如此的呢?当然不是,因为在本节经文的前半,约翰已经清楚的告诉我们,新妇之所以能预备好自己,乃是因她已穿上了"光明洁白的细麻衣",而此"婚礼服饰",乃是从神而来的赏赐。[③] 因此约翰在此所论及的"义",并非保罗所关心的"入门之义(信心)",而是雅各"藉行为(义行)所表明的信"。换句话说,这个"义(义行)"之所以可能出现,乃因神已将祂儿子的生命,借着圣灵,重新输入了我们的生命中。因此圣徒的"义行",至终来说,依旧是从神而来的赏赐。事实上,此一概念是早已出现在约翰所暗引的以赛亚书中,因为在那里,神的百姓以色列之所以能穿上"拯救之衣"和"公义的袍"(61:10),乃因他们已先经历了神的复兴,那就是,弥赛亚仆人已先为神所膏立,并被祂所差遣,传好消息给谦卑的人,医治伤心的人,释放被掳的,并宣告耶和华恩年的来到……(赛 61:1-3;参,路 4:

---

① 19:9 中"被邀请赴羔羊婚筵者",乃是新妇(Charles, *Revelation II*, 129; L. A. Vos, *The Synoptic Traditions in the Apocalypse*, 164-65)。

② 此乃 Osborne 的归纳(*Revelation*, 673-74),但笔者亦做了一些调整。在七封书信中(2-3 章),圣徒的义行则是"起初之爱",而其中包括了信(忠心),勤劳和忍耐(恒忍);详见 D. A. McIlraith, ' "For the Fine Linen is the Righteous Deeds of the Saints": Works and Wife in Revelation 19:8,' *CBQ* 61(1999),512-29。

③ "得着赏赐(ἐδόθη)"乃属神的被动语态,而在启示录中,不论是邪恶集团逼迫圣徒的权柄,或是圣徒所能得着的赏赐或权柄,都是以此方式来表达的。换句话说,借着如是属神的被动语态,约翰就突显了神在这个宇宙中的主权(参,启 6:2,4,8,11;7:2;8:3;9:1,3,5;11:1f; 13:5,7,14,15;16:8;19:8;20:4)。

16－21）。①

在启示录的文脉逻辑中，约翰的焦点其实并不在"因信或是因行为称义"的问题，而是大淫妇和新妇的对比。怎么说呢？第一，虽然这两个人物都是女人（γυνὴ），②但前者却是"大淫妇"（17:1），而后者则是"羔羊的新妇"（19:7）。第二，这两个女人之别，不单在她们所穿的衣服上表现了出来，即，紫色/朱红色的衣服（17:4）和光明洁白的细麻衣（19:8），也显明在她们所行的事上，因为前者所为，在神的眼中，乃是"不义的（τὰ ἀδικήματα；18:5）"，而后者所做的，乃是"义行（τὰ δικαιώματα）"。因此透过如是对比，约翰不单显示了大淫妇巴比伦和新妇教会之别，也藉此鼓励了信徒：在世界的末了，能与羔羊联合的，并非那强势奢华，享尽一切人间富贵的大淫妇，而是被打压欺凌到抬不起头来的教会。为持守对神的忠心，为了在见证羔羊的事上尽忠，教会将要经历许多的苦难，但在此异象的结尾之处，约翰却要其读者看见，喜乐的将要变为忧愁（三首哀歌；18:9－24）；而忧愁的却要在羔羊的婚筵中，欢喜快乐。

19:9　天使对我说，你要写下来：凡被召赴羔羊之婚筵的，有福了！他又对我说，这是神真实的话（Καὶ λέγει μοι, Γράψον· Μακάριοι οἱ εἰς τὸ δεῖπνον τοῦ γάμου τοῦ ἀρνίου κεκλημένοι. καὶ λέγει μοι, Οὗτοι οἱ λόγοι ἀληθινοὶ τοῦ θεοῦ εἰσιν）

在有关启示录结构的分析中我们已经指出，因着17:1－3和21:9－10，以及19:9－10和22:6－9，在字面和情境上的呼应，17:1－19:10和21:9－22:9就成了两个彼此相对应的段落：大淫妇巴比伦的审判和新妇耶路撒冷的复兴。③ 而对此结构的认知，让我们晓得在本节经文中，开口向约翰说话的天使，是17:1中，那将巴比伦审判异象显与约翰看的天使。在17:1，7和15节中，他曾开口向约翰解释大淫妇和兽的奥秘，而在此他也照样开口说话，总结此一异象。

由上文来看，此一天使向约翰所说的第一句话，是和19:7－8中的主题，即，羔羊婚筵，有直接的关系，因为在这里他命令约翰写下来的，是启示录中，"七福"中的第四个："凡被召赴羔羊之婚筵的，有福了！"④但在本节经文中被召赴羔羊筵席的，和前两节经文中所提及的新妇，是同一群人，还是不同的群体呢？若我们将末日时程定为：（1）教会被提至天上，与基督立定婚约，（2）教会与基督同来，审判兽和其集团（19:11－

① 有关此处"称义"问题的详细讨论，见 Beale, *Revelation*, 934－41。若从"约"的角度来看，此处"光明洁白义衣"的赏赐，其实不是那"无条件的救恩之约"（例如，神与亚伯拉罕在创世记12:1－3所立的约），而是在约中之人，因着守约所进一步得着那早已在约中所应许的赏赐（例如，神在创世记22章中，因着亚伯拉罕顺命的献以撒为祭，而对他所发的应许）。

② 启17:3，4，6，7，9，18；19:7.

③ 详见页102。

④ 启1:3；14:3；16:15；19:9；20:6；22:7，14.

21),(3)圣徒与基督一同做王一千年(20:1-10),(4)白色大宝座的审判(20:11-15),(5)在新天新地中的羔羊婚筵(21:1-8);那么19:7-8的新妇就是被提到空中与主相会的教会,而此处被邀请至羔羊婚筵中的,则是末日被复兴了的旧约以色列百姓,或是千禧年中之圣徒,甚或是那些在以色列或是教会之外,被神拯救的人。①

但我们真的需要把事情弄的这么复杂吗?第一,约翰在此论及羔羊婚筵的原因,旨在呈现神末日审判的完整面貌(刑罚仇敌,奖赏子民),而不在建构末日时程,因此我们似乎没有"过分解读"的必要。

第二,在启示录中,约翰不单让人子同时是"羔羊"和牧养其羊群的"牧人"(17:7),也曾为了突显兽的不同面貌,让它以海兽和大淫妇的形态出现(13:1-8;17:3);因此从其文学习惯来看,约翰在此让前两节经文中的新妇,成为被邀请至羔羊婚筵之"宾客"的手法,并不一定指向"两个不同群体"的结论。

第三,从神在西奈山以"举行筵席"之方式,作为祂与人立约之庆典仪式后(出24:9-11),"筵席"就具有了"神人相合"的意义;因此在福音书中,我们就看见耶稣设立了那表明人与祂连结,并具有末日意义的圣餐(路22:15-20),并曾因着一个罗马百夫长之信心,而对当代的以色列人,发出了一个感慨:"我又告诉你们,从东从西将有许多人来,在天国里与亚伯拉罕、以撒、雅各,一同坐席。惟有本国的子民,竟被赶到外边黑暗里去。在那里必要哀哭切齿了"(马太福音8:11-12)。

但在诸多论及"末日筵席"的经文中,以赛亚书25:6恐怕和此处启示录经文最为接近,因为该段经文之文脉逻辑,即,"神刑罚外邦(毁灭坚固的城;赛25:2-5)——神为万民摆设筵席(赛25:6)——除灭死亡(赛25:7-8)",和启示录的"神毁灭巴比伦坚固的大城(18:10,16,19)——羔羊婚筵的举行(19:7-8)——死亡的除灭(20:14)",可说是如出一辙。② 若从此背景来看,约翰在这里先让教会以"新妇(一个群体)"之姿出现,而后又让她以"凡被召(许多的个人)"的形态现身,其实也和他所暗引的旧约特色相符,因为在以赛亚书25:6-8a中,神乃是为"万民"摆设筵席,为"万国"除灭死亡威胁的那一位,但在25:8b里面,祂所做的,却是擦去"各人"脸上的眼泪(亦参,启21:4——神要擦去他们的眼泪,不再有死亡……)。③ 换句话说,从"新妇"到"凡被召的"之转换,并不指向两个群体,而只是旧约经文特色的反映而已。

---

① 此乃Walvoord(*Revelation*, 273)和Thomas(*Revelation* 8-22,371-73)等学者的看法。亦参,S. Gregg, ed., *Revelation*: *Four Views*, 443-45。

② 许多释经者,例如Swete(*Revelation*, 247),Beale(*Revelation*, 945)和Osborne(*Revelation*, 676),都认为约翰在此所本的,乃这节以赛亚经文,但少有人对此个案,作进一步的研究。有关"吃筵席=末日奖赏"之新旧约和犹太文献背景分析,见Aune, *Revelation* 17-22,1033-34。

③ J. A. Motyer, *The Prophecy of Isaiah*, 209.

第四,在19:8中,新妇所穿"光明洁白的细麻衣",乃是神所赏赐的(ἐδόθη),而此"属神的被动语法",也在本节经文中被约翰再一次的使用:"被选召(κεκλημένοι)"。① 意即,"新妇"和"凡被召的"虽是两个不同的形象,但他们却都是因着神的作为,而能参与羔羊的婚筵;因此他们所代表的,是同一个群体。②

综上所述,不论从旧约背景,或是从约翰的文学习惯等角度来看,在本节经文中"被召赴羔羊婚筵的",正是前两节经文中的"新妇"。教会之于新郎羔羊,她自然是"新妇";但教会之于父神,她当然也就是被召(拣选)赴羔羊婚筵的了。在世界,也就是大淫妇巴比伦和其随伙,都要面对神审判的文脉中,教会能成为羔羊新妇,并被召参与羔羊婚筵,除了"有福的!"之外,还有什么更合适的语词,可以宣告她所将要经历的呢?

为加增此一"有福宣告"的重量,天使随后又加上了"这是神真实的话"。但"这些话"所指的,只是前半节经文中"有福的宣告",③还是有关"羔羊婚筵"的讲论(19:7－9a),④巴比伦的审判和羔羊婚筵的举行(17:1－19:9),⑤从12章开始的异象(12:1－19:9),⑥甚或是从1:1开始的经文?⑦ 从立即上文来看,"这些话"所指的,的确是"有福宣告"(19:9a),但在上一个段落中我们已经指出,此一"有福的"宣告,乃是以巴比伦受审为其背景的,因此从思路逻辑来看,"这些话"所涵盖的,也应包括从17:1开始的经文。换句话说,借着"这是神真实的话",将巴比伦受审异象带给约翰的天使,不单为这一段的启示,画下了一个完美的句点,也为这个异象所隐含的真理,盖上了一个属天的"正字标记"。

19:10 我就俯伏在他脚前要拜他。他说,万万不可!我和你,以及那些和你一同持守耶稣之见证的弟兄,都是作仆人的。你要敬拜神!因为预言的灵,乃是为耶稣作见证(καὶ ἔπεσα ἔμπροσθεν τῶν ποδῶν αὐτοῦ προσκυνῆσαι αὐτῷ. καὶ λέγει μοι, Ὅρα μή· σύνδουλός σού εἰμι καὶ τῶν ἀδελφῶν σου τῶν ἐχόντων τὴν μαρτυρίαν Ἰησοῦ· τῷ θεῷ προσκύνησον. ἡ γὰρ μαρτυρία Ἰησοῦ ἐστιν τὸ πνεῦμα τῆς προφητείας)

巴比伦必然受审(17:1－19:4),而神为教会所预备的羔羊婚筵,也必要举行(19:

---

① Osborne, *Revelation*, 675.

② 和合本将此语词译为"凡被邀请……",但若参照17:14b"与羔羊同行的,就是蒙召(ἐκλεκτοὶ),被拣选并忠心的人,也必得胜",那么"被召"的译文恐怕比"被邀请"更准确。亦参,Beale, *Revelation*, 945。

③ 例如,Hughes, *Revelation*, 201; Wall, *Revelation*, 223。

④ 例如,Ladd, *Revelation*, 250; Beale, *Revelation*, 945; Osborne, *Revelation*, 676。

⑤ 例如,Alford, *Apocalypse*, 725; Swete, *Revelation*, 248; Mounce, *Revelation*, 341;庄逊,《启示录》,页198。

⑥ 例如,Roloff, *Revelation*, 213。

⑦ 例如,Kiddle, *Revelation*, 382; Sweet, *Revelation*, 280。

5-9),但如是令人雀跃和兴奋的信息,是否就是约翰在此向天使下拜的原因呢?① 还是他在此想要借着他和天使之间的互动,来驳斥早期教会中,"敬拜天使"的错误(参,西2:18)?② 又或是他想要借着他自己曾犯过的错误,要其读者不要重蹈他"轻易就落入偶像崇拜之陷阱"的覆辙?③ 这些揣测,都有可能,但却也都有其不足之处,因为在22:8那里,当天使借着新耶路撒冷之异象(21:9-22:9),向约翰显示了"教会必要复兴"的真理之后,约翰也做了一样的动作:俯伏敬拜天使。换句话说,若约翰只是因着上述的原因而敬拜天使,那么他似乎没有必要在后面的经文中,重复记录他所犯同样的"错误"。那么约翰的目的何在?而他为何又要在此(以及22:8)以"天使拒绝敬拜"的情节,来结束这个段落呢?

就我们今日所知,"天使拒绝敬拜"是当代启示文学作品的共同主题之一。举例来说,在以赛亚升天记中(7:21-22),天使就告诉正在进行天庭之旅的以赛亚,不可以敬拜天使和他们所坐的宝座。而当以赛亚以"我的主"来称呼他的天庭向导时,天使更明白的告诉他:我不是你的主,我只是和你同做仆人的(8:5)。再举一例,在西番雅启示录中,当天使依利米(Eremiel)出现在先知面前时,西番雅就俯伏在他面前敬拜他。但对此敬拜,依利米的反应是:注意,不要敬拜我。我不是主全能者。我只是依利米,掌管无底坑和阴间的天使。④

在启示文学中,如是"天使拒绝敬拜"的情节之所以会出现的原因,乃是要维护"独一真神"的信仰。⑤ 但约翰是因着这个目的,而使用了"天使拒绝敬拜"的传统吗?有可能,但在启示录中,"独一真神"的信念,早已在4-5章的天庭异象里面,有了清晰的表达;因此约翰可能不是为着这个目的,而使用了这个传统。

就文学目的而言,"天使拒绝敬拜"在这里和22:8的出现,是约翰为了要让"巴比伦受审异象"(17:1-19:10)和"耶路撒冷复兴异象"(21:9-22:9),彼此对应,并藉此将这两个异象,从17:1-22:9的段落中区隔出来。但就这两个异象的本身而论,此一主题在异象结尾之处的出现,也带有与异象前言呼应的效果。怎么说呢?在有

---

① Alford, *Apocalypse*, 725; Swete, *Revelation*, 248; Osborne, *Revelation*, 676.

② Bousset, *Die Offenbarung Johannis*, 493; Moffatt, *Revelation*, 465; Peake, *Revelation*, 355; Morris, *Revelation*, 228; Sweet, *Revelation*, 280; Thomas, *Revelation* 8-22, 375. Chilton(*Days of Vengeance*, 479)认为约翰的下拜,只是表达尊敬,而不是敬拜;但天使的严词拒绝,并要他敬拜神的反应,显示如是见解并不可取。

③ Michaels, *Revelation*, 213; J-P. Ruiz, *Ezekiel in the Apocalypse*, 512.

④ 译文依据 R. Bauckham, *The Climax*, 120-21,125。若读者对此题目有兴趣,可参此书页120-32,在其中作者也给了我们其他启示文学作品中,有关"天使拒绝敬拜"的经文;例如,多比传12:16-22;以诺三书16:1-5等等。

⑤ R. Bauckham, *The Climax*, 124.

关启示录结构的分析中我们已经知道,启示录中的四个主要异象(1:9-3:22;4:1-16:21;17:1-19:10;21:9-22:9),都是约翰"在灵里"所看见的。在前两个异象中,不论是七封教会书信(2-3章),或是世界要受审判的信息(6-16章),要不是从人子而来(1:9-20),就是从天庭延伸而出(4-5章),因此其"权威性"全无疑问。但和此相较,巴比伦和新耶路撒冷的异象,除了"在灵里"的共同元素之外,却是由"七碗天使中的一位"所带来的(17:1;21:9);因此从此角度来看,约翰借着"天使拒绝敬拜"的重复使用,有为这两个异象之权威性背书的目的。因为在天使拒绝敬拜,并将焦点转移到"敬拜神"的发展中,启示由何而来,或是谁才是启示赐与者的问题,就不再有任何疑义了。① 事实上,此一有关启示源头何在的问题,早在1:1那里约翰就已经有了交待;因为虽然他以两个彼此平行的方式,来呈现启示的传承过程,即,"父神—耶稣基督—众仆人"和"耶稣基督—天使—约翰",但启示终极的来源,却显然是父上帝。

本于此,天使当然要拒绝约翰的敬拜了:"万万不可!②我和你,以及那些和你一同持守耶稣之见证的弟兄,都是作仆人的。你要敬拜神!"换句话说,天使拒绝约翰敬拜他的原因,是因为他在神的面前,并不比约翰,以及约翰的弟兄,拥有更高的地位,因为他们都是服事神的仆人。但他们究竟是在哪一方面同作神的仆人呢?答案显然是"因为(γὰρ)预言的灵,乃是为耶稣作见证";③但这句话的意思又是什么呢?

对此问题,学界的见解可说是相当分歧的,而其原因,则是他们对这个词组中的三个语词,有不同的见解:(1)"灵(τὸ πνεῦμα)"是"圣灵(Spirit = S)"还是一般性的"本质/精神(spirit = s)"?(2)"预言的(τῆς προφητείας)"一语,是主格所有格(subjective genitive = PS = 为圣灵所感的预言)还是受格所有格(objective genitive = PO = 预言的灵)?(3)照样,"耶稣的(Ἰησοῦ)"一语,是主格所有格(= JS = 耶稣所活出来的见证)还是受格所有格(= JO = 为耶稣所作的见证)?

在这三个问题的交错影响下,学界就有了如下的解释。第一,在"s + PO + JO"的认知下,此处经文的意思就是,"预言的精神(主旨),乃在为耶稣作见证"。④ 第二,在

---

① R. Bauckham, *The Climax*, 133-34。亦参,Beale, *Revelation*, 946.

② "千万不可"的原文作"看,不(Ὅρα μή)"。此乃"万万不可(Ὅρα μή ποιήσει τοῦτο)"因着"顿绝法(*aposiopesis*)",即,为表达强烈情绪,而有的缩略。详见,Thomas, *Revelation* 8-22, 375。

③ Charles 认为这句话原是抄经者为解释"那些持守耶稣之见证的弟兄"而写下来的,因此它应该放在"敬拜神"之前(Charles, *Revelation II*, 130-31)。Chilton 虽然不接受此说,但他也认为这句话的目的,在解释"持守耶稣见证"的意思(*Days of Vengeance*, 480)。但在上下文中,"弟兄 = 先知"似乎不是经文的焦点。

④ Walvoord, *Revelation*, 273; Morris, *Revelation*, 222; Ladd, *Revelation*, 251; Mounce, *Revelation*, 342; Michaels, *Revelation*, 213-14.

"s + PO + JS"的情况中,约翰在此所说的,乃是"耶稣所活出来的见证,正是预言的精意(本质)"。[1] 第三,在"S + PS + JS"的组合下,这个语句的含义就成了"耶稣所活出来的见证,是与启迪先知发预言之圣灵,彼此合致的"。[2] 第四,在"S + PO + JO"的组合中,经文的意思就是"启迪先知发预言的圣灵,乃是为耶稣作见证"。[3]

在启示录中,由于约翰都以"灵(τὸ πνεῦμα)"来表圣灵(1:10;4:2;17:3;21:10),因此上述第一和第二个看法,就有了困难。至于第三和第四个见解,就文法而言,都是可能的,但从上下文来看,经文之焦点并不在"耶稣所活出来之见证",而是要解释为何天使要禁止约翰敬拜他,因此第三个见解的困难在于,它不容易融入经文的文脉逻辑中。那么我们要如何来解读第四个看法呢? 从与此处经文平行之 22:9 来看(我与你,和你的弟兄众先知……同是作仆人的),约翰显然有意要将"那些为耶稣作见证的弟兄",等同于"先知",[4]因此在我们传福音,为耶稣做见证(或是持守耶稣之见证)时,我们就已经是和旧约先知一样的,在讲说"预言"了。[5] 准此,天使在这里所做的,即,启示有关"巴比伦受审和羔羊婚筵"之真理,和教会所肩负见证基督之使命,不单本质上是完全一样的,也都是出于圣灵的工作(参,17:3 的"在灵里")。换句话说,不论是这个天使,约翰,或是见证基督的弟兄姊妹们,都是神的仆人,所以敬拜天使之举,就完全没有必要了。在圣灵的感动,催促,和引导下,我们持守耶稣的见证;而耶稣的见证,乃是以父神的永恒计划为焦点(5:7),因此作为神仆人的我们,也只能以祂为敬拜的对象。

解释和应用

在启示录 13 章中,约翰已经清楚地让我们看见,小亚细亚地区的教会,乃是一群在海兽罗马(政治军事力量)手下受苦的圣徒(13:1-8;9-10)。对后世许多的信徒而言,约翰在那里所说的,其实并不陌生,因为他们在许多政权手下所经历到的,和第一世纪之信徒的经验,并没有太大的不同。准此,以一个可见的政权,或是一个政治领袖,作为逼迫圣徒之"当代海兽"的说法,就在教会历史中,不断地出现了。如是认定,只要不将"当代人物或是组织"当成启示录 13 章中,海兽预言的"今世应验",应是可以接受的,因为在属灵的本质上,这些历史上逼迫教会的群体或是政权,和启示

① Beckwith, *Apocalypse*, 383; Farrer, *Revelation*, 194-95;庄逊,《启示录》,页 198。
② Caird, *Revelation*, 238; Krodel, *Revelation*, 316-17.
③ Thomas, *Revelation* 8-22, 377; Aune, *Revelation* 17-22, 1038-39.
④ 有关"信徒皆先知"的讨论,见 1:10 和 11:3-4 的注释。
⑤ 参,R. Bauckham, *The Climax*, 160-62; Beale, *Revelation*, 947。

录中的海兽并无差别。

但约翰在启示录13章中也让我们看见，当代信徒也在“陆兽”的手下受苦（13:11－18），而其焦点，则在“不得做买卖”（13:17）。在第一世纪小亚细亚的时空环境中，此一逼迫是和“帝王/异教崇拜”连结在一起的，因为人若不参与这些活动或是商业公会的组织，他就要面对经济上的重大损失。对此形式的苦难，历世历代的信徒也不完全陌生，但对今日那些活在自由世界中的信徒而言，如是“苦难”就显得似乎有些遥远。在资本主义当道，在私有财产被保障的社会中，我们的信仰，和我们经济来源，以及我们的物质生活水平，似乎是两件不相关联，完全扯不在一起的事。由是在教会中，我们就看见三种信徒。

第一种信徒是那些周末忙教会，周间忙世界的人。他们有美好的灵性，愿意在真道上追求，并乐于服事神和服事人。因此在礼拜六和礼拜天，我们就看见他们在教会中，忙进忙出。但由于他还肩负着属世的责任，他还有自己和一家妻小要养，于是在周一到周五的这段时间，我们就看见他们在这个世界之中，和别人竞逐，并和其他人一样的，以他所日渐累积起来的财富，来消弥他对未来的忧虑。

第二种信徒则是那些将他的信仰，以他以为是正确的方式，和他的经济福祉连结在一起的人。他们认为神乃福气的源头，而祂对人的祝福，也只能以“五谷丰收，牛羊满圈”的方式来表达。因此他虽然很努力的读经，也很大声地祷告，但是他做这些事的目的，却都只为得着神的“祝福”。在神的福分临到之际，他们会很积极的四处去作见证，但若是相反的情况临到他们身上，上焉者会更积极地去祷告，或是以更长的时间来禁食，好叫他所求的，更能上达天庭；好叫他所想的，能更快的随阿们之声而至。至于下焉者，不是灵性软弱，信心动摇，就是哀声不断，抱怨连连。

和前两种信徒比较，第三种信徒则是我们通常所谓“爱父的心不在他里面”的人。在教会中，他偶尔现身，而他对信仰的态度，则是“绝不超越基本义务”。崇拜时，他会坐在那里，奉献袋经过时，他也会行礼如仪一下，但除此之外，你实在从他的身上，看不见任何其他基督徒该有的样式，更别奢望从他的身上，闻到那因属基督而有的馨香之气了。若你是他的同事朋友，而若他不说，恐怕你一辈子也不会晓得，他是个基督徒，因为他和这个世界中的其他人，几乎没有分别。世界是他的目标，而财富更是他的神，只因为他将自己定位为一个“平信徒”，一个“挂名”的基督徒。

但不论你是上述哪一种的基督徒，约翰藉本段经文所显示的真理，都要求我们重新检讨我们的信仰。在海兽（政军压力）手下生活的信徒，由于“敌我分明”，因此“听从神不听从人”的界限，比较清楚。但当大淫妇骑着海兽而来，并扬起“繁荣，兴盛，和平，安全”之大旗时，我们是否能视透她的诡计呢？或有人会问，这个世界是神所创造的,也是神的恩惠和礼物,因此拥有财富有什么不对呢?毕竟人还是要活下去的,不是吗?祂难道不曾将这个世界,交给我们来管理吗?难道在我们身上没有所谓的"文化使命"吗?对这些问题,约翰应该会回答说:是,你说的都不错。但在这个答案之上,他恐怕也会说:在亚当犯罪之后,神的确让这个世界继续存在(普遍恩典),并且也依旧让人管理这地(文化使命)。但神施行普遍恩典的目的,在为祂自己创造一段时间和空间,好让祂能从堕落了的人类中,拣选并拯救一群人,使他们成为祂所能居住的圣殿,并藉此来完成祂当初创造世界的目的。因此在神的永恒计划中,普遍恩典的施行和文化使命的继续,只是为了特殊恩典而有的。换言之,神让这个世界继续存在,神让人类可以在六日中继续工作,其目的在让祂能在这个世界中,建立一个以"六日 + 第七日"作为他们生活工作原则的群体。

和这个世界中的人一样,我们在六日中也要工作;但我们工作的出发点和目标,却和他们完全不同。世人在六日工作的目的,是要为他们自己建立一个属人的城,一个可以为自己留名万世的城。而此人生哲学,在启示录十八章中,乃是以大淫妇巴比伦为其象征,因为她所身穿的紫红长袍,以及她所挂戴的金银珠宝,都显出她的价值取向;而在她的内心独白中,我坐了皇后的位,并不是寡妇,决不至于悲哀;我们更看见她自得自满,不依靠任何一个人的心态。此一人生态度,在圣经的真理中,乃是人自比为神之举,因此在这章圣经中,我们就看见神审判的临到。

但和世人相较,神为属祂子民所定下的宪法乃是:六日要工作(今生),但在第七日来到之时(将来在永恒中的安息),我们就要将六日工作的成果,当成祭物献给祂。因此在这个设计中,我们在六日工作的出发点和目的,不只是要维持生命,也不只是要建立一个人之城,而是要服事神。我们和世人一起在六日工作,我们也在六日工作所建造起来的人之城中,有我们作为世界公民的身份和责任,但因着耶稣基督之救赎,因着圣灵的内住,我们虽依旧活在这个世界中,却有了一个属天的身份;正如耶稣所告诉我们的:你们虽在世上,但却不属这个世界(约 17:11 - 19)。准此,我们虽然依旧需要藉六日的工作来养生,但我们同时也知道,我们的盼望不在六日,而在那叫我们有限生命得以提升转化,并得以进入荣耀之境的第七日(罗 8:16 - 17),因为真正的赦罪,救赎,生命,平安和盼望,只能从上头来。再者,我们在六日之中,虽然肩负着文化使命,但能和我们一起进入永恒之中的,只有我们在六日之中所结福音的果子。① 因此虽然在必要的时候,保罗也必须靠织帐棚来维生(徒 18:3),但他的一生的

① 有关人之城(六日)和神之城(六日 + 第七日)之关系和其性质的讨论,见 M. G. Kline, *Kingdom Prologue*, 86 - 130。

主轴,却是“凡我所行的,都是为福音的缘故”(林前9:23)。此一人生哲学,并非保罗自己所创造出来的“品牌”,而是他从耶稣身上所看见的,因为他对信徒的劝勉是,你们该效法我,像我效法基督一样(林前11:1)。

从人的角度来看,罗马巴比伦在第一世纪的地中海地区,的确建立了一个历史中少见的太平盛世。连年的战争多已平息,在罗马的统治之下,曾经猖獗一时的海盗,已几近绝迹,而陆路旅游也相对的显得十分平安。不单如此,在如此天时地利的条件之下,整个帝国的经济情况,更是达到了前所未有的高峰(启18:12－13)。因此若以“天国已临”来描述此一时期的地中海地区,虽然语带夸张,但却离事实不远。和古人意欲借着建造通天之巴别塔而自立为神的情况相较(创11:1－9),第一世纪的罗马巴比伦可说是不遑多让,但“在灵里”的约翰却在这一段经文中清楚明白的指出,她虽然看来灿烂迷人,但人若与她结盟,认同了她所标榜的“拜金主义”(经济发展是硬道理),那么当神的审判来临之时,他就要与她同受刑罚了。

对大淫妇巴比伦之诱惑,保罗所提出来的对策是,有衣有食就当知足(提前6:8)。此一策略看似简单,但却可以让人立即不被“因贪恋钱财而有的愁苦”所刺透(提前6:10),并叫人在基督显现的日子,站立得住(提前6:14)。而对此淫妇的魅力,约翰则是以“要从那城出来”之呼吁,来劝诫我们(18:4),并以地上君王,商人和水手所唱的三首哀歌,来显示她所要受到之审判的彻底和绝对(18:9－20)。不单如此,约翰在本段经文的最后也明确地告诉我们,不参与大淫妇之筵席,并拒绝她手中金杯的人,的确要受到打压和逼迫,但他们却不会白白受苦,因为当神的大日子来到之时,他们不单成了羔羊的新妇,也得以在神永恒的筵席中,与基督同坐。

保罗和约翰容或使用了不同的语言和图像,但他们对大淫妇巴比伦之恶的理解,却完全一样。我们也许无法确定保罗和约翰对“贪爱世界”之看法,和耶稣相关教训之间的关系,但我们的主在登山宝训中所说的,却应是我们这些每天在世界中打转之人,最好的提醒:

一个人不能事奉两个主;不是恶这个爱那个,就是重这个轻那个。
你们不能又事奉神,又事奉玛门[玛门是钱财的意思]。

所以我告诉你们,
不要为生命忧虑—吃什么,喝什么;为身体忧虑—穿什么。
生命不胜于饮食吗?身体不胜于衣裳吗?
你们看那天上的飞鸟,也不种、也不收、也不积蓄在仓里;

你们的天父尚且养活它。你们不比飞鸟贵重得多吗?
你们哪一个能用思虑,使寿数多加一刻呢?
何必为衣裳忧虑呢?
你想野地里的百合花,是怎么长起来的?
它也不劳苦,也不纺线。
然而我告诉你们:
就是所罗门极荣华的时候,他所穿戴的,不如这花一朵呢!

你们这小信的人哪!野地里的草,今天还在,明天就丢在炉里!
神还给它这样的妆饰,何况是你们呢?

所以不要忧虑,说:吃什么?喝什么?穿什么?
这都是外邦人所求的。
你们需用的这一切东西,你们的天父是知道的。

你们要先求他的国和他的义,这些东西都要加给你们了。
所以不要为明天忧虑,因为明天自有明天的忧虑。
一天的难处一天当就够了。
(太6:24-34)

Ⅴ 从巴比伦到新耶路撒冷(19:11－21:8)

正如前述,启示录的第五个段落,乃夹在“大淫妇巴比伦受审异象”(17:1－19:10),和“新妇新耶路撒冷异象”(21:9－22:9)之间。因此这个段落,就带着“从神审判仇敌,到神奖赏子民”的过渡角色。而我们后面的分析也显示,审判刑罚和复兴奖赏,的确是这段经文的两个主轴。而神对这个世界的主权和权柄,也正在这一正一反的两个作为中,有了最完整的呈现。

经文翻译

第十九章 11－21

11 我看见天开了。看哪!有一匹白马,那骑马者的名字是信实和真实;祂本着
公义来审判和争战。12 祂的眼睛如同火焰;祂的头上戴着许多冠冕;又有写着的名
字,除了祂自己没有人知道。13 祂穿着一件浸了血的衣服;祂的名称为神的道。
14 天上的众军也骑着白马,穿着洁白的细麻衣,随祂而来。15 有一把利剑从祂口中
而出,可以击打列国;祂自己必用铁杖辖管他们,并要独自踹全能神剧烈忿怒的酒醡。
16 在祂衣服覆盖大腿的部分,写着一个名字:万王之王,万主之主。

17 我又看见一位天使站在日头中,向天空中所有的飞鸟,大声喊着说,你们聚集
来赴神的大筵席;18 好吃君王与将军的肉,壮士与马,以及骑马者的肉,并一切自主
的和为奴的,以及大小人民的肉。

19 我看见那兽和地上的众王,并他们的众军,都聚集了,要与骑白马者和祂的军
队作战。20 那兽被捉拿,那曾在兽面前行奇事迷惑人,使他们接受兽的记号并拜兽
像的假先知,也与兽一起被捉拿;它们两个就活活的被扔进烧着硫磺的火湖里。21
其余的人也被骑白马者口中所出之剑杀了;飞鸟都吃饱了他们的肉。

第二十章

1 我又看见一位天使从天降下,手里拿着无底坑的钥匙,和一条大锁链。2 他捉
住那龙,那条古蛇,就是魔鬼,撒但,把它捆绑一千年;3 天使把它扔在无底坑里,将之
关闭,并用印封上,使它不能再迷惑列国,直到那一千年完了。以后,必须短暂的释
放它。

4 我又看见一些宝座和坐在上面的;有审判的权柄赐给他们。我又看见那些为
了持守耶稣之见证,并为了神之道而被斩者的灵魂。他们没有拜过兽和兽像,也没有
在额上或是手上受过兽的记号。他们都复活了,与基督一同作王一千年。5 其余的
死人还没有复活,直等那一千年完了。这是头一次的复活。6 有份于第一次复活的,
有福了,圣洁了;第二次的死在他们身上没有权柄。他们必作神和基督的祭司,并要
与基督一同作王一千年。

7 当那一千年满了,撒但就要从监牢里被释放出来;8 它出来要迷惑地上四方的
列国,就是歌革和玛各,叫他们聚集争战;他们的人数多如海沙。9 他们上来遍满了
全地,并围住圣徒的营,与蒙爱的城;就有火从天降下,烧灭了他们。10 那迷惑他们
的魔鬼,被扔进硫磺火湖里,就是兽和假先知所在的地方。他们必昼夜受痛苦,直到
永永远远。

11 我又看见一个白色的大宝座,和坐在上面的那一位。天地都从祂面前逃避,
再也没有它们的位置了。12 我又看见死了的人,无论大小,都站在宝座前。案卷都
展开了;并且有另一卷,就是生命册,也展开了。死了的人都凭着这些案卷所记载的,
照他们所行的受审判。13 于是海交出其中的死人;死亡和阴间也交出其中的死人。
他们都照着各人所行的受审判。14 死亡和阴间也被丢进火湖里;这火湖就是第二次
的死。15 若有人没有被记在生命册上,他就被扔进火湖里。

第二十一章 1-8

1 我又看见一个新天新地,因为先前的天和地都已过去;海也不再有了。2 我又
看见圣城新耶路撒冷由神那里从天而降,预备好了,好像新妇盛妆等候丈夫。3 我听
见有大声音从宝座出来说,看哪,神的帐幕在人间;祂要与人同住,他们要作祂的子
民;神要亲自与他们同在,作他们的神。4 神要擦去他们一切的眼泪。不再有死亡,
也不再有悲哀,哭号,痛苦,因为先前的事都过去了。

5 坐在宝座上的说,看哪,我将一切都更新了。又说,你要写下来.因为这些话是
可靠真实的。6 祂又对我说,成了。我是阿拉法,我是俄梅戛,我是始,我是终。我要
将生命的泉水,白白赐给那口渴的人。7 得胜的必承受这些为业。我要作他的神,他
要作我的儿子。8 只是那胆怯的,不信的,可憎的,杀人的,淫乱的,行邪术的,拜偶像

的，和一切说谎话的，他们的份就在烧着硫磺的火湖里；这是第二次的死。

经文结构和形式

5.1 骑白马者的异象 19:11－21

5.1.1 弥赛亚之军的出现(11－16)

5.1.1.1 骑白马者的出现和其形象(11－13)

5.1.1.1.1 天开了，骑白马者出现(11a)

5.1.1.1.2 骑白马者的描述(12－13)

5.1.1.1.2.1 信实和正直(11b)

5.1.1.1.2.2 按公义审判争战(11c)

5.1.1.1.2.3 眼目如火(12a)

5.1.1.1.2.4 头戴冠冕(12b)

5.1.1.1.2.5 有无人知晓的名字(12c)

5.1.1.1.2.6 身穿血衣(13a)

5.1.1.1.2.7 名为神之道(13b)

5.1.1.2 跟随骑白马者的众军(14)

5.1.1.3 骑白马者的审判(15－16)

5.1.1.3.1 口出利剑，击杀列国(15a)

5.1.1.3.2 以铁杖管辖列国(15b)

5.1.1.3.3 踹神烈怒的酒醡(15c)

5.1.1.4 骑白马者审判的意义：万王之王，万主之主(16)

5.1.2 飞鸟的筵席(17－18)

5.1.2.1 天使招聚飞鸟赴宴(17)

5.1.2.2 飞鸟赴宴的目的(18)

5.1.3 兽和骑白马者之战(19－21)

5.1.3.1 兽和其军团聚集攻打弥赛亚之军(19)

5.1.3.2 兽和其军团的失败(20－21)

5.1.3.2.1 兽和假先知的失败：被擒拿(20a)

5.1.3.2.2 兽和假先知的下场：被扔在硫磺火湖里(20b)

5.1.3.2.3 属兽军团的失败：被骑白马者之剑所杀(21a)

5.1.3.2.4 属兽军团的下场:飞鸟食其肉(21b)

5.2 千禧年 20:1-10

5.2.1 千禧年之始:撒但被捆绑(1-3)

5.2.1.1 天使的出现(1)

5.2.1.2 撒但被捆绑一千年(2)

5.2.1.3 撒但被关在无底坑中(3)

5.2.2 千禧年:圣徒与基督做王一千年(4-6)

5.2.2.1 圣徒复活与基督同坐宝座(4)

5.2.2.2 圣徒复活与基督同坐宝座的意义(5-6)

5.2.2.2.1 是第一次的复活(5)

5.2.2.2.2 是有福的,圣洁的:不经历第二次的死(6a)

5.2.2.2.3 成为基督的祭司(6b)

5.2.2.2.4 与基督一同做王一千年(6c)

5.2.3 千禧年之末:末日之战(7-10)

5.2.3.1 撒但被释放(7)

5.2.3.2 撒但聚集歌革玛各之军(8)

5.2.3.3 撒但之军围攻圣徒(9a)

5.2.3.4 神降火击败撒但之军(9b)

5.2.3.5 撒但的下场:硫磺火湖(10)

5.3 白色大宝座的审判 20:11-15

5.3.1 神坐在白色大宝座上,天地逃避(11)

5.3.2 审判对象:死人(12a)

5.3.3 审判依据:案卷和生命册(12b)

5.3.4 审判开始:死人复活,按其所行受审(13)

5.3.5 审判结束(14-15)

5.3.5.1 死亡和阴间被丢入硫磺火湖(14)

5.3.5.2 不属神的人也被丢入硫磺火湖(15)

5.4 新天新地和新耶路撒冷 21:1-8

5.4.1 新天新地和新耶路撒冷的异象(1-4)

5.4.1.1 异象的内容(1－2)

5.4.1.1.1 新天新地的出现(1a)

5.4.1.1.2 旧天旧地的过去(1b)

5.4.1.1.3 海的消失(1c)

5.4.1.1.4 新耶路撒冷从天而降(2)

5.4.1.2 异象的解释(3－4)

5.4.1.2.1 神与人同在(3－4a)

5.4.1.2.2 死亡成为过去(4b)

5.4.1.2.3 先前的事成为过去(4c)

5.4.2 坐宝座者的七个宣告(5－8)

5.4.2.1 一切都更新了(5a)

5.4.2.2 要写下这些话(5b)

5.4.2.3 都成了(6a)

5.4.2.4 我是阿拉法,我是俄梅戛,我是始,我是终(6b)

5.4.2.5 我要赐生命水给口渴的人(6c)

5.4.2.6 得胜者要承受如是福分(7)

5.4.2.7 恶人要进入硫磺火湖中(8)

在大淫妇巴比伦受审的异象(17:1－19:10)和新妇耶路撒冷复兴的异象之间(21:9－22:9),约翰给了我们约有两章经文之长的段落(19:11－21:8)。① 但这一段经文的结构是如何的呢?而它又和其前后的两个异象之间,有什么关系呢?

对此段经文结构的问题,有学者依"我看见(καὶ εἶδον)"一语,而认为约翰在此给了我们七个没有明确编号的异象(19:11－16,17－18,19－21;20:1－3,4－10,11－15;21:1－8)。② 但这个见解有两个困难;第一,"七"的确是个约翰所偏好的数目,但启示录其他经文显示,若约翰意欲将一个段落分为七个部分,他会明确使用"第一","第二"和"第三"等等之类的序号(参,七印、七号和七碗);而此现象并未出现在这里。③ 第二,在这个段落中,"我看见"除了在上述的七个地方现身之外,也照样在20:12那里出现,因此从19:11到21:8,约翰一共给了我们八个"我看见"。④

---

① 有关17:1－22:9的结构,见页102－03,108－09的分析。

② A. Y. Collins, *Combat Myth*, 15－16。

③ 类似的情况也在"三祸"(8:13;9:12;11:14)和"三天使"的段落中出现(14:6－11)。

④ R. Bauckham, *The Climax*, 5－6.

但这八个以"我看见"为始的异象，彼此之间的关系如何？第一，就第一个和第二个异象而言(19:11－16,17－18)，他们似乎彼此不相属，因为前者描述白马之军的出现，而后者则是天使向飞鸟所发，赴神大筵席的呼召。但当我们来到了第三个异象之时(19:19－21)，我们就发现前两个异象的作用，乃是为第三个异象铺路，因为第一个异象中的骑白马者(11)，跟随祂的军兵(14)，以及祂杀败敌人的武器——口中之剑(15)，都在此出现(19,21)，并与第二个"飞鸟赴宴"的异象，结合在一起(18,21)。① 换句话说，第一个异象的"兴战"，和第二个异象的"胜利"，在第三个异象里面，有了完整的呈现。因此从这个角度来看，第一到第三个异象，乃属同一个段落。

第二，在20:2－7的每一节经文中，"一千年"的词组都各出现了一次，所以第四个和第五个异象(20:1－3,4－10)，应属同一个段落。就内容来看，4－6节的"圣徒作王一千年"，和1－3节中的"撒但被捆绑"，似乎不相关联，但第三节"等到那一千年完了"和第七节"那一千年完了"之间的呼应，显示这两个异象是彼此相属的；而撒但在这两个异象中所扮演的重要角色(1－3,7－10)，也一样支持我们将第四和第五个异象结合在一起的见解。

第三，"一个法官高坐在其宝座上"，是约翰在第六个异象中所看见的(20:11)，但这个画面并不完整，因为在法庭之中，我们还需要有"被告"。所以在第七个异象中，那些要接受审判的人，就被带到法官的面前了(20:12－15)。准此，这两个异象也因着"主题"的缘故，而可以被视为一个段落。

第四，就第八个异象而言(21:1－8)，它的确在"宝座"的主题上(21:3)，和第六个异象中之"白色大宝座"有所呼应(20:11)，而其"奖赏圣徒"的内容(21:3－7)，也和前两个异象中"刑罚恶人"的论述，彼此互补；因此这个异象似乎和前两个异象有所关联。但由于此一异象的重点在"新"，即，新天新地的出现(21:1)，新耶路撒冷的降临(21:2a)，新耶路撒冷有如等候丈夫的新妇(21:2b)，以及神亲口在21:5中所做的宣告——"看哪！我将一切都更新了"，所以我们最好的选择，是让此一异象单独成为一个段落。

准此，19:11－21:8的八个异象，就可以分为四个段落：(1)骑白马者的异象(19:11－21)，(2)千禧年的异象(20:1－10)，(3)白色大宝座的异象(20:11－15)，和(4)新天新地和新耶路撒冷异象(21:1－8)。事实上，此一分段之合宜性，也被另一个现象所支持，那就是，如是分段使得这段经文中的四个段落，都以"硫磺火湖"的主题为

① C. H. Giblin, 'Structural and Thematic Correlations in the Theology of Revelation 16－22,' *Bib* 55 (1974), 500.

其结尾(19:20－21;20:10;20:14－15;21:8)。换句话说,不论在各个段落中的主角和配角是谁,也不论末日之刑罚是以何种方式出现(战争或是审判),敌对神的人或是阵营,在此经文结构中,都同样以"硫磺火湖"作为他们的终点。

但这段经文和其前后经文的关系,又是如何的呢?就"审判对象"而言,学界中有人认为从12章开始的经文,在本段经文中有了一个总结:①

A 龙(12:3)

B 海兽(13:1)

C 陆兽(13:11)

D 巴比伦(14:8)

E 拜兽之人(14:9)

E' 拜兽之人(16:2)

D' 巴比伦(16:9)

C' 陆兽(19:20)

B' 海兽(19:20)

A' 龙(20:2)

就整体而言,此一观察算是相当准确的,因为龙、海兽、陆兽,以及巴比伦在启示录中所出现的次序,和他们受审的先后,彼此相反。但在某些细节的部分,则需要调整。第一,虽然约翰没有明言,但在19:21中,和海陆二兽同被杀的"其余的人",应是"拜兽之人",因此他们并不只出现在14:9和16:2中。第二,在巴比伦受审的部分(D'),我们应该把17:1－19:10的经文,也包括在此一项目之中,因为巴比伦受审的主要经文,乃是在此。第三,在13章中,海兽的出现(B;13:1－8),是先于陆兽的(C;13:11－18);而在19:20中,陆兽是以"假先知"之姿现身,而它的被擒拿,也是后于海兽,因此让他们以C'－B'的顺序出现,准确的来说,与经文不合。此一问题并非无解,因为我们只要依循约翰将他们视为"一体"的手法(它们两个就活活的被扔在硫磺火湖中;19:20),B－C和C'－B'的项目,就可以合并为"海陆二兽"了。第四,龙的受审(A')并不只发生在它的被捆绑(20:2),而是包括了它最终的刑罚(被扔进硫磺火湖;20:10),因此20:7－10也应列入考虑。在这些考量和修正之下,上述观察就可以化约为:龙的现身(A)—海陆二兽的现身(B)—巴比伦的现身(C);巴比伦的受审(C')—海陆二兽的审判(B')—龙的审判(A')。

---

① K. A. Strand, 'Chiastic Structure and Some Motifs in the Book of Revelation,' *AUSS* 16(1978), 401－08.

但19:11－21:8与其紧邻上下文的关系,又是如何的呢?在前面我们已经晓得,约翰藉羔羊"万王之王,万主之主"之名号(17:14;19:16),已然将大淫妇巴比伦受审的异象,和骑白马者的异象,连结在一起了。而在19:7－8那里,我们也进一步地观察到,借着"羔羊筵席"的画面(19:17－18,21),约翰也再次把这两个异象绑在一起。因此就这前后两个异象之关系而言,它们是彼此平行的。前者在巴比伦必然受审的议题上(三首哀歌;18:9－20),多所着墨,而后者的焦点,则在"谁"要来执行此一审判。

对属神的百姓而论,"羔羊的婚筵"乃是他们得奖赏的日子(19:7－8),但对敌对神的世人来说,这同一个事件的意义,却是他们的审判。因此在骑白马者的异象中,我们就看见世人成为神大筵席上,被飞鸟所吞食的食物(19:17－18,21);而在新天新地的异象中(21:1－8),新耶路撒冷就被比拟为那妆饰整齐,等候丈夫的新妇了。此一"婚筵即将举行"的画面,在这个异象中,虽然没有明言,但却隐含在"不再有眼泪痛苦"(21:4)和"赐生命泉之水"(21:6)的应许中。而此主题,却也成为接下来"新耶路撒冷之复兴异象"的焦点,因为神与人同在(21:3),"生命水/生命树的赐与"(22:1－2),和"没有咒诅/痛苦"(22:3)的题目,都在这个异象中再次出现。因此正如巴比伦受审异象之于骑白马者的异象,新天新地的异象(21:1－8)也和新耶路撒冷复兴的异象(21:9－22:9),彼此平行。或者更准确地说,后者乃是前者的放大。

因此就19:11－21:8与其紧邻上下文的关系而论,大巴比伦受审的异象(17:1－19:10),乃是和这段经文中的第一个,也就是骑白马者的异象(19:11－21),连结在一起;而这段经文中的最后一个,也就是新天新地的异象(21:1－8),乃是和接下来之新耶路撒冷复兴(21:9－22:9),彼此关联。借着这个设计,约翰就将这段经文,和其上下文密切的接合在一起了。

此一设计,以及我们在前面所观察到的两个现象,即,(1)这段经文中的四个异象都以"硫磺火湖"为终点,(2)约翰让"龙—海陆二兽—巴比伦"以交错方式出现在启示录后半,其实都具有相同的释经意义,那就是,约翰编排经文的原则,并不以"事件发生先后次序"为考量,而是以"主题"为准。他所关切的,不是"末日时程",而是"神国的建立＝祂对世界的审判和对其子民的复兴"。为了达到这个目的,约翰就重复地从不同的角度来论述此事。在我们目前所面对的经文段落中,此一现象其实也十分明显,因为"骑白马者的异象"和"千禧年异象"所关切的,乃是人子羔羊的审判和复兴;而"白色大宝座审判的异象"和"新天新地异象"之焦点,乃在父神的审判和复兴。"父所作的事,子也照样作",乃耶稣亲口所说(约5:19),而在灵里的约翰(1:10;4:2;17:3;21:10),也就是被那以见证神子为职事之圣灵所掌控的约翰,自然也就要在此让“子行父所行”了。

附录十三 启示录19:11-21和千禧年的释经问题

由于学界对启示录19:11-21所言之骑白马者的异象,有相去甚远的见解,而这些不同看法,也和启示录20:1-10所论及的千禧年有所关联,因此在进入逐节释经之前,我们需要先对关乎这两段经文之释经问题,有一些探讨。在此附录中,我们会先讨论19:11-21所言,是否就是“基督第二次再来”的问题,而后再分析此段经文,和20:1-10,特别是和20:7-10中,“末日歌革玛各大战”之间的关系。在此我们要请读者注意的是,在此附录中,我们只会从旧约的角度(结38-39),来分析千禧年的问题。至于千禧年经文与其他启示录经文之间关系的问题,也就是,我们要如何在启示录的文脉逻辑中,来理解千禧年的问题,将在附录十四中,才会有所交代(在20:1的注释之前)。若读者想要对此问题有一个比较全面的理解,可将这两个附录放在一起来看。换句话说,附录十三和附录十四可说是关乎千禧年问题的“上下集”,是彼此互补的。

启示录19:11-21所言是否是基督第二次再来?

对许多华人基督徒而言,约翰在启示录19:11-21中,藉骑白马者之异象所要描绘的,是基督第二次再来之事。但如是想当然尔的见解,却不是学界对此问题所提出的唯一答案。在前面讨论启示录某一个特定问题之时(例如,17:9-10中,海兽之“七头”所指为何?),我们通常会将过去、历史、未来和理想等四派的见解,依序介绍,并略加评论;但由于学界对骑白马者异象,是否是基督第二次再来的问题,只有“是”和“不是”的两个答案,因此为反映现况,并为行文简洁之故,我们在此也就以“超越派别藩篱”的方式,来分析此一问题了。

第一,在依旧持守“基督将要第二次来临”之教义的情况下,学界中有一些人基于如下理由,认为骑白马者之异象(19:11-21),并不能和“基督第二次再临”之事,画上等号。(1)在耶稣升天之际,天使曾向祂的门徒们说,祂怎样去(驾云升天),也要怎样再来(徒1:9-11),而圣经中也从未提及基督要“骑白马再临”,因此这段经文和基督第二次再来之事,是不同的。(2)从骑白马者以口中利剑(=话语/福音)来击杀列国的描述来看(19:15,21),此一战争的本质,乃是属灵的,因此约翰在此所要告诉我们的是,基督将要借着祂所骑白马(=教会),并借着祂口中所出的利剑(=教会传福音的行动),来“击败”列国,使之悔改。(3)此处“列国”所指的,乃“海兽集团”(19:20－21);而从启示录13章来看,海兽乃罗马帝国,因此这个异象已在基督教成为罗马帝国之国教时,开始应验,并要在教会的增长和扩张中,继续成就,直到基督第二次再来之时为止。①

第二,和上述论点完全相反的,学界中则有人基于如下之理由,认为骑白马者之异象,乃是基督第二次再临。(1)借着骑白马者的名字,例如,“信实真实”(19:13)和“神的道”(19:16)等等,约翰已清楚告诉我们,这个异象的主角,乃是基督。(2)从“天开了”(19:11),“天上的众军跟随祂”(19:14),和“他的降临乃是要彻底解决敌对教会之势力”(即,将“属兽集团”扔进硫磺火湖;19:20－21)等等的描述来看,这个异象所说的,最可能是基督的第二次降临。(3)约翰在这段经文中所暗引的诸多旧约经文,其内容多半关乎神在末日所要施行的审判和刑罚(详见逐节注释),因此这个异象的旧约背景也建议我们,以基督第二次再来的方式,来解读这段经文。②

在这两个见解之中,笔者,和今日多数释经者一样,认为后者是比较合理的。而其原因,不单是因为我们将要在后面的经文注释中,看见后者见解的理由,正是经文所告诉我们的,也因支持前者看法的理据,并非完全站得住脚。怎么说呢?第一,有关“基督要怎样去,也要怎样来”的说法,我们当然可以按字面解释,但更合乎整本圣经意思的解释是,“驾云升天”乃是“在复活的荣耀中回到天庭”,因此“照样降临”的意思,就是“在荣耀中再临”。③ 而如是情境,正是19:11－21所言。换句话说,“如何去,照样来”的重点,不在“交通工具(云)”,而在“驾云升天,并照样再临”的神学意义。

第二,从骑白马者口中所出之剑,的确有可能将之解释为“福音”,但不论从他藉此剑击杀依附兽国之人的经文来看(19:21),或是从他们的主子(海兽和假先知)都被扔进硫磺火湖中的结果来看(19:20),这个异象的焦点,并不在“基督藉教会的福音行动而得胜”(救赎主),而是要凸显祂乃是审判世界的“万王之王和万主之主”(审判官;19:16)。

---

① 个别学者容或有不同看法,但此乃多数“过去派”和“历史派”之学者的立场,例如,Chilton, *Days of Vengeance*, 481－82; Caringola, *The Present Reign of Jesus Christ*, 259,262－63。若读者想要对此见解有更多了解,可见 S. Gregg, ed., *Revelation: Four Views*, 448－454。

② 以“未来”和“理想”之角度来理解启示录的学者,多持此一见解。由于我们在后面逐节释经部分所提及的学者,也多属此一阵营,因此在这里我们就不重复的提及他们的名字和著作了。

③ D. J. Williams, *Acts* (Peabody: Hendrickson, 1985),25; F. F. Bruce, *The Book of Acts* (Grand Rapids: Eerdmans, 1988),39.

第三，在启示录13章中，海兽和假先知（陆兽）的确是罗马帝国和与之结盟的地方政要，因此他们的被击败，就有可能不是"末日的审判"。但我们在前面已经晓得，约翰在13章中，的确以"罗马"作为"海兽"的"模型"，但由于站在海兽背后的，乃是红龙撒但（13:1），而此海兽，也是但以理书第七章中之四兽的加总（七头十角），因此它所代表的，就不只是第一世纪的罗马而已，而是在历史中，敌对神国之势力的总和了。准此，骑白马者之胜过海兽集团，并将海兽和陆兽（假先知）扔进硫磺火湖中，就不只是"福音的得胜"，也不仅仅是"基督教成为罗马国教"，而是人子弥赛亚在末日宇宙性地得胜。

第四，若上述论点都站不住脚，那么我们要如何看待"圣经中从未说弥赛亚要骑白马再临"的理由呢？在一份解释创世记49:11的他尔根中，①再临的弥赛亚被描述为一个勇猛的战士，因为"山岭被他所杀之王的血所染红（参，启19:15，21），而低谷则因被杀士兵之肥油而泛白；他的衣裳滚在血中（启19:13），有如踹葡萄酒醉的人"（19:15）。② 从"弥赛亚战士之衣裳染血，有如踹葡萄之人"的描述来看，此一对再临弥赛亚的理解，是和此处启示录经文相当类似的，但即便在此文献中，"骑白马而来"的形象，也一样未曾出现。因此从这个角度来看，这个论点不单言之有理，也更进一步得着支持。

那么我们要如何解释这个"基督要骑白马而来"的描述呢？在前面的分析中我们已经晓得，约翰高举基督的一个惯用的手法，就是将那些旧约耶和华神的名号，加在基督的身上，或是让基督行耶和华神所行之事。就此异象而言，约翰高举基督的作法，乃是让祂成为耶和华神的受膏者（用铁杖管辖列国；诗2:7；启19:15），并让祂成为神末日审判的执行者（按公义审判争战；赛63:3；启19:11）。③ 因此在如是手法中，我们已经有了"基督 =*万军*之耶和华"的第一步。但"骑白马而来"的图画，是从何而来的呢？在19:11的分析中我们将要看见，这个画面乃是当时罗马将军在打了胜仗之后，"骑白马凯旋而归"之历史背景的反映；④而为突显再临基督所将要得着"完全的胜利"，约翰在此就将这个众所周知的图画，与"基督 =*万军*之耶和华"的启示，结合在一起了。换句话说，圣经，以及犹太文献中，虽然没有"再临弥赛亚要骑白马而来"的画面，但这并不构成我们将此异象视为基督第二次来临的阻碍；因为约翰

① 他尔根（Targum）乃旧约亚兰文译本；而亚兰文乃是当时在巴勒斯坦一地之犹太人，日常所使用的语言。

② *Tg. Neof.* Gen 49:11；文献出处，见Aune，*Revelation* 17－22，1049－50。

③ 这些暗引旧约个案的分析，见相关经文的注释。

④ 参，Aune，*Revelation* 17－22，1050－51。

在此乃是将旧约中,神要在末日审判世界的真理,以当代人所最能理解之方式,应用在基督身上而已。

但若是骑白马者之异象所言,乃基督第二次再来,那么我们又要如何解释启示录20:7-10所说的呢?也就是说,为何约翰在那段经文之中,又给了我们另一个"末日的大战"呢?难道基督的第二次再来,和祂死敌撒但的败落,没有直接的关系吗?(参,来10:13)更具体的来说,约翰在20:7-10中所提及的"歌革玛各大战",难道不是先知以西结所预言的末日之战吗?要准确并合宜的回答这个问题,我们需要对约翰如何使用以西结书38-39章的问题,有所了解,因为在骑白马者和千禧年的两个异象中,约翰都暗引了这段以西结书的经文(19:17-18;20:7-10)。

骑白马者和千禧年异象与以西结歌革玛各大战的关系

许多释经者都准确地指出,约翰在启示录19:17-21中所提及之"飞鸟的大筵席",以及他在20:7-10中所描述的"歌革玛各大战",其出处都是先知以西结所见之"歌革玛各异象"(结38-39)。① 但约翰是如何使用这个旧约的异象呢?而他在这两处启示录经文中,暗引了同一个旧约异象的手法,又具有怎样的释经意义呢?为方便讨论起见,我们在此先回答第一个问题,而后再来讨论这个暗引旧约的案例,对理解启示录的含义。

以西结书39章	启示录19章
17 人子啊!主耶和华如此说:你要对各类的飞鸟,和田野的走兽说,你们聚集来罢!要从四方聚到我为你们献祭之地,就是在以色列山上献大祭之地,好叫你们吃肉喝血。 18 你们必吃勇士的肉,喝地上首领的血;就如吃公绵羊、羊羔、公山羊、公牛、都是巴珊的肥畜。 20 你们必在我席上饱吃马匹和坐车的人,并勇士和一切的战士;这是主耶和华说的。	17 我又看见一位天使站在日头中,向天空所有的飞鸟,大声喊着说,你们聚集来赴神的大筵席。 18 可以吃君王与将军的肉,壮士与马和骑马者的肉,并一切自主的,为奴的,以及大小人民的肉。 21 其余的被骑白马者口中出来的剑杀了;飞鸟都吃饱了他们的肉。

① 例如,Swete, *The Apocalypse*, 255-56,267; Beckwith, *Apocalypse*, 734,744; Charles, *Revelation II*, 138,188; Ford, *Revelation*, 315;356; Giblin, *Revelation*, 183,188; Thomas, *Revelation* 8-22,423-24; K. G. Kuhn, 'Γὼγ καὶ Μαγὼγ,' *TDNT* 1:789-91; Aune, *Revelation* 17-22,1063,1079; 1093-94; Beale, *Revelation*, 965-66,1022。

在以西结书39章的文脉中,“呼召飞鸟赴神的大筵席”之段落(39:17－20),是神为了显示祂末日审判之严肃性和彻底性,所说三个神谕中的最后一个。① 而约翰所写的启示录19:17－18,和此旧约经文之间,有许多在字面上的联系:(1)启示录天使之“向天空所有的飞鸟……说”(启19:17),是耶和华神要先知向飞鸟所发邀请之言的反映,“你要对各类的飞鸟……说”(结39:17);②(2)启示录天使对飞鸟所发“聚集来赴(筵席)”之命令(启19:17),与以西结之“聚集来吧”(结39:17),互相对应;③(3)启示录的“大筵席”(19:17),是与以西结之“大祭”(结39:17)彼此平行,因为这两者都是属神的;④(4)在启示录中,飞鸟被邀请至神之大筵席上,所要吃的是“(a)君王与将军的肉,(b)壮士与马和骑马者的肉,(c)一切自主的、为奴的,(d)大小人民的肉”(启19:18),而在以西结书中,神为飞鸟和野兽所预备的菜单,则是“(a)勇士的肉,(b)地上首领的血……(c)马匹和坐车的人,(d)勇士和一切的战士”(结39:18,20)。这两个筵席所提供的“菜色”虽然不完全一样,但它们却都各自包含了“四道菜”,而虽然以西结筵席中之“喝血”的元素(结39:18;应是给野兽喝的),并未出现在启示录中(因飞鸟无法“喝血”),但参与这两个筵席的宾客,却都“饱食了”神筵席上的佳肴(结39:18,20;启19:18,21)。⑤ 因此这两个筵席之间的相似度,也十分明显。⑥

以西结书38章	启示录20章
2 人子啊,你要面向玛各地的歌革,就是罗施,米设,土巴的王,发预言攻击他。 4 我必用钩子钩住你的腮颊,调转你,将你和你的军兵、马匹、马兵,带出来…… 7 那聚集到你这里的各队,都当准备;你自己也要准备,作他们的大帅。	8 (撒但)出来要迷惑地上四方的列国,就是歌革和玛各,叫他们聚集争战,他们的人数多如海沙。

① 另外两个是“烧兵器七年”(39:8－10)和“埋仇敌尸首七个月”(39:11－16)。

② λέγων πᾶσιν τοῖς ὀρνέοις τοῖς πετομένοις;אֱמֹר לְצִפּוֹר כָּל־כָּנָף. 在以西结书中,被邀请赴筵席的,还有“田野的走兽”,但由于在启示录骑白马者之异象中,要被击杀的是“兽(海兽)”,因此约翰自然就不会将此元素包括在内了(否则兽就要被邀请来吃自己的肉了)。

③ Δεῦτε συνάχθητε;הִקָּבְצוּ וָבֹאוּ.

④ τὸ δεῖπνον τὸ μέγα;זֶבַח גָּדוֹל.

⑤ φάγητε; ἐχορτάσθησαν(启19:18,21);תֹּאכְלוּ; וּשְׂבַעְתֶּם(结39:18,20)。

⑥ 有关这个暗引旧约个案的详细分析,见C. G. Ozanne, The Influence, 129; H. Vanhoye, ‘L'utilisation du livre d'Ézechiel dans l'Apocalypse,’ *Bib* 43(1962),440－41,476;以及笔者博士论文Ezekiel in Revelation: Literary and Hermeneutic Aspects (Univ. of Edinburgh, 1999),107－18。

就字面上的联系而论,启示录 20:7－10 和以西结书 38－39 章之间,并没有太多交集;除了“歌革和玛各”之外(结 38:2;启 20:8),我们也只在歌革玛各“聚集”众兵的事上,看见它们之间的彼此呼应(结 38:4,7)。① 而在“歌革和玛各”的个案中,约翰甚至没有依循先知之“玛各地的歌革”,而是依循当代习惯,将歌革王所统治之地玛各,当成一个与“歌革”平行的专有名词来使用。②

但与如是稀疏的字面联系相较,约翰的“歌革玛各大战”,却在经文结构上,和以西结的经文次序,完全一致,因为启示录的“弥赛亚千年复兴(20:4－6)—歌革玛各大战(20:7－10)—新耶路撒冷的复兴(21:1ff)”,正是以西结书的顺序,“枯骨复生/大卫统治(37)—歌革玛各兴兵攻击(38－39)—新耶路撒冷的复兴(40－48)”。

不单如此,这两段新旧约经文也在“主题”上,彼此呼应:(1)约翰对歌革玛各之军的描述,是“他们的人数多如海沙”(20:8);而以西结对此军队的形容,一方面是“波斯人、古实人和弗人,各拿盾牌,头上戴盔;歌篾人和他的军队,北方极处的陀迦玛族和他的军队,这许多国的民,都同着你”(结 38:5－6),而在另外一方面则是“你的军队……如密云遮盖地面”(结 38:9,15－16)。(2)启示录的歌革玛各之军,乃由“地上四方列国”所组成(启 20:8),但此一特色是否反映了以西结的歌革之军呢?在该旧约经文中,歌革之军是由米设、土巴、波斯、古实、弗、歌篾和陀迦玛之人所组成(结 38:2－3,5－6)。③ 此一“联军”的特色,不单在它乃由七个种族所构成(表完全),也显示在这七个种族,分别位在当时以色列所能知道的极北(米设、土巴、歌篾和陀迦玛)和极南之地(波斯,古实,弗)。再者,在以西结书 38:13 节中,想要随歌革之军而来,大发战争财的示巴、底但和他施的商客,则是位在极东(示巴,底但)和极西的地方

---

① συναγαγεῖν(启 20:8)=συνάξω(结 38:4; LXX)=συνηγμένοι(结 38:7; LXX)=הַנִּקְהָלִים(结 38:7; MT)。

② 在论及巴比伦之祸时,西卜神谕篇的作者说:“祸哉,歌革和玛各之地啊!血河将要流经此处,你将要被称为审判的居所……”(3:319;亦参 3:513)根据 J. J. Collins 之见,此段文献的写作日期,在 BC 163－45 之间(*OTP* 1:354－55)。在解释民数记 11:26 时,他尔根残篇的作者说:“有两个人仍在营里,一个名叫伊利达,一个叫米达。圣灵降临在他们的身上……他们就发预言,说,在末日歌革和玛各,以及跟随他们的军队,将要围攻耶路撒冷,但他们将要败在弥赛亚王的手下”(M. L. Klein, trans., *The Fragment-Targums of the Pentateuch According to their Extant Sources*. vol. II [Rome: Biblical Institute Press, 1980],66)。我们也许无法完全确定此一文献的写作日期,但它却也反映了约翰当代人对“歌革和玛各”的概念。有关“歌革和玛各”之议题的讨论,见 K. G. Kuhn, *TDNT* 1:790－91。

③ 在此顺便一提,以西结书 38:2 中,和合本所翻译为“罗施”的ראשׁ,在原文中的意思是“首领”,而不是一个国家的名字。因此将此“罗施”等同于“俄罗斯(Russia)”,并据此推论末日大战乃俄罗斯与西方国家之间的战争,是没有经文根据的(此乃 H. Lindsey 和 C. C. Carlosn 的见解;参 *The Late Great Planet Earth* [Grand Rapids: Zondervan, 1970],63－65)。

（他施）。① 因此约翰的“地上四方列国”，其实正是以西结歌革联军之特色的反映。（3）以西结歌革联军，“上来攻击（עָלָה;38:9,11,16,39:2）”耶路撒冷，并将之团团围住的画面（38:12），也在启示录中照样出现：他们上来（ἀνέβησαν），“遍满了全地，围住圣徒的营与蒙爱的城”（启 20:9）。（4）但在此危急时刻，两位作者也同样以神从天所降下来的刑罚（火或是地震瘟疫等等）来解除危机（结 38:18－22;39:6;启 20:9）。

上述分析清楚显示，启示录 19:17－18 中的“飞鸟大筵席”，和 20:7－10 中的“歌革玛各末日之战”，都是从以西结书 38－39 章而来。但约翰是如何使用这个旧约素材的呢？他暗引此一旧约预言的目的何在？就“飞鸟大筵席”而言，我们在前面有关经文结构的讨论中已经提及，此一段落（启 19:17－18），乃是与“骑白马者”的段落平行（19:11－16），并要与之在 19:19－21 中，结合在一起。因此约翰使用“飞鸟大筵席”的目的，在显示先知以西结所预言的“末日之战”，将要由人子弥赛亚来成就。也就是说，因着耶稣基督藉其死和复活所带来的新启示，约翰明白了祂乃神子，是那已经来到世间，建立了神国的那一位，因此在世界的末了，祂也将会是成就神国的那一位。准此，先知以西结所预言之“耶和华神与歌革联军的末日大战”，也就必须有祂的参与，并由祂来完成。此一手法似乎“加重了”人子弥赛亚的责任，但如是手法却是带着“高举基督”的目的。

但再临之人子弥赛亚所能击败的，只是在地上掌权的“海兽”吗？（19:20－21）难道祂的审判权柄，不能及于那站在海兽背后的“红龙撒但”吗？当然不。在 12 章中，祂的死和复活，祂的被提到神宝座那里，显示了祂已经拥有胜过撒但的权柄，因此在世界的末了，祂当然要再来审判它。由是在启示录 20:7－10 中，我们就看见约翰将那完全没有出现在以西结书 38－39 章中的撒但，加了进去，并让它成为“歌革玛各之军”的主帅（20:7－8）。这个加入“新角色”的举动，其实并不令人意外，因为依照整本圣经的启示，在亚当犯罪堕落之后，这个世间就落在撒但的手下了。因此在末日，当神要来总结这个世界时，它当然不会也不可能缺席。在世界末日的争战中，它即便是躲在“歌革玛各之军”的背后，却是神所要审判的主要目标（20:10）。不单如此，约翰在此明白点出撒但在末日争战中所扮演之角色的原因，也是因为他已经在 19:11－21 中，将人子弥赛亚带进了末日之战中了。也就是说，当人子耶稣已然成为末日争战中，得胜的主角，那么祂在十字架上所击败的撒但，会在此一争战中缺席吗？祂在十字架上所开始成就的，难道不会在末日之时，完全成就吗？一言以蔽之，当约

① D. I. Block, ‘Gog and Magog in Ezekiel's Eschatological Vision,’ in *'The Reader must Understand': Eschatology in Bible and Theology*, eds. K. E. Brower and M. W. Elliott (Leicester: Apollos, 1997), 85－116. 亦参，同一个作者的 *Ezekiel* 25－48, 448－49。

翰在基督所带来的新启示中,重新解释了以西结所说"末日飞鸟大筵席"后,他在20:7-10中,再次使用此一旧约预言时,也势必要做出相对应的调整。

但此重复暗引同一段旧约经文的现象,对如何解释启示录的问题,有什么意义呢?在前面我们已经晓得,有关"骑白马者之异象是否是基督第二次再来"的问题,学者们的意见可以分为"是"和"不是"。而此壁垒分明、超越派别的现象,正是因为约翰在19:1-10和20:7-10中,都暗引了以西结书中的同一段经文。也就是说,若"骑白马者的异象=基督第二次再临",那么"歌革玛各大战"就不是基督第二次再临;而若前者不是基督第二次再来,那么后者就是了。而依此不同理解,我们也就有了"前千禧年派"(即,基督将要在千禧年之前再临)(20:1-6)和"后千禧年派"(即基督将要在千禧年之后再临)(20:7-10)这两种看法了。

为回答这个"两次再临"的问题,学界就提出了许多彼此差异甚大的解决方法。第一,对此问题,学界中有人认为"约翰在此只是随着先知以西结的脚步而行",因为在以西结书中,歌革玛各之战,一共发生了两次,一次在以色列的复兴之前(39:1-20),一次在复兴之后(38:1-23)。[1] 此说相当吸引人,并且把"两次再临"的问题,丢给了旧约学者,因为如今他们得要回答,为什么以西结要预言两个一前一后的末日之战?但这个解释最大的困难,在于先知并没有给我们两个末日的战争。以西结书38章和39章的确是两个关乎末日之战的神谕,但它们却是对同一个末日事件,从不同角度的重述。[2] 换句话说,两个神谕,并不必然表示两个末日之战。事实上,此一以不同方式来描述同一个事件的手法,也在以西结书39章中出现。因为在39:3-4那里,神向歌革之军所发出的审判是:"(a)我必从你左手打落你的弓,从你右手打掉你的箭;(b)你和你的军队,并同着你的列国人,都必倒在以色列的山上;(c)我必将你给各类的鸷鸟,和田野的走兽作食物。"而如是审判,在后面的经文中,就成了(a)以色列人要拣拾敌人兵器,当柴烧七年(39:8-10),(b)以色列人要埋葬敌人尸首七个月(39:11-16),和(c)飞鸟野兽要在神的大筵席上吃饱了敌人的肉(39:17-20)。因此从这个角度来看,这个解决"两个末日争战"之困难的方法,并不牢靠。把问题丢给

① J. W. Mealy, *After the Thousand Years: Resurrection and Judgment in Revelation* 20 (Sheffield: JSOT, 1992), 131-2.

② D. I. Block, 'Gog in Prophetic Tradition: A New Look at Ezekiel XXXVIII 17,' *VT* 42(1992), 154-72, 特别是157;亦参同一个作者的 *Ezekiel* 25-48, 431-32。就38和39章而言,它们是所谓"对称(halving pattern)"的文学设计,因为除了前言和结语之外(38:1;39:25-29),38:2-23和39:1-24的字数十分相近(365;357)。而此"重复论述"的现象,其实正是以西结书的特色之一(M. Greenberg, *Ezekiel* 1-20, 25-6)。类似的见解,亦见,G. A. Cooke, *Ezekiel*, 406-08, 417-18; W. Zimmerli, *Ezekiel II*, 298; D. Stuart, *Ezekiel*, 351-63; L. C. Allen, *Ezekiel* 20-48, 207-09。

先知以西结,或是旧约学者,并没有真正解决启示录的困难。

第二,由于在两个以西结书的手抄本中,[①]以西结书 36 之后的经文,乃以"36—38—39—37—40ff"的顺序出现,因此学界中就有人认为,约翰之所要会在启示录中,给了我们"两个末日争战"的原因,乃是因为他不单晓得此一经文传统,也试图将它们和马索拉经文(MT)融合在一起。也就是说,他在启示录中,试图将马索拉经文的"复兴(37)—末日争战(38－39)",和这个经文传统中的"末日争战—复兴",加在一起。[②] 这个见解不单新奇,也深具创意,但约翰是否知晓这个经文传统,我们完全不得而知,而他即便知晓,他又是否有意要将它们融合在一起,也只是个揣测;因此在这两个前提都无法确定的情况下,我们也只能对此见解存疑了。[③] 事实上,"两个末日战争"的现象,不一定只能以如此曲折的方式来解释,因为这个现象可能只是以西结书之特色的反映而已(详见下文)。

第三,除了上述的两个见解之外,学界中的多数学者,对此问题的解决方式,则是将这两个"末日战争"中的一个,解释为"基督的第二次降临",而另外一个则以其他方式来看待。(1)对"后千禧年派"的人而言,正如我们在前面所已经看见的,启示录 19:11－21 并非"基督第二次来临",而是基督藉教会(白马)传福音的行动(口中所出的剑),所建立的神国。这个国度随着时间的过去,日渐增长,而当这个世界中大部分的人都成了基督徒,或是大部分的国家都基督教化了之后,千禧年就于焉降临(20:1－6)。而在此千禧年结束之际,撒但将要从无底坑而出,兴兵攻击教会,但在此危急关头,基督来临,刑罚歌革玛各之军,和在他们后面的撒但(20:7－10);并因此引进了白色大宝座的审判,和新天新地(20:11－21:8)。(2)但对"前千禧年派"的人而言,启示录 19:11－21 中的骑白马者之异象,即基督第二次的再临。祂要除灭兽和其国度,引进千禧年之治。在此时期,整个世界为教会所管治(20:1－6),[④]但在千年之末,撒但却要再度复出,引诱世人与教会争战,但神却在此时从天降火,烧灭了歌革玛各之军,破坏了撒但最后的反扑(20:7－10);而后白色大宝座的审判和新天新地就陆

① Greek Papyrus 967 和 Codex Wirceburgensis.

② J. Lust, 'The Order of the Final Events in Revelation and in Ezekiel,' in *L'Apocalypse johannique et* l'Apocalyptique *dans le Nouveau Testament*, ed. J. Lambrecht (Leuven: University Press, 1980), 179－83.

③ 有关这个见解的其他困难,见笔者博士论文 Ezekiel in Revelation: Literary and Hermeneutic Aspects (Univ. of Edinburgh, 1999),123－25。

④ 前千禧年派中的时代主义论者,认为启示录 20 章中的千禧年,并非教会对世界的管治,而是神对以色列民族复兴应许的实现(参,Walvoord, *Revelation*, 283－84)。但为简化起见,我们在此就不将时代主义从此阵营中细分出来了。若读者对此问题有兴趣,可见柯楼士编著,《千禧年四观》,页 49－92。

续登场(20:11－21:8)。

前千禧年派和后千禧年派对这两段"末日战争"之经文,当然有着完全不同的解释,但让他们产生如此巨大差异的原因,却是同一个,那就是,他们都认为约翰在启示录中所看见之异象,必须按照经文的顺序来实现。而在此前提之下,"两个末日之战"中的一个,就必须以某一个方式,将之解释掉。但如是前提,或是"释经原则",是否是必要的呢？在个别的段落中,我们容或看见那些关乎"时间进程"的线索(例如,20:3的"等到那一千年完了",和20:7的"当那一千年满了"),但这并不表示约翰在19:11－21:8中所看见的四个异象,就只能以"时间顺序"的方式来理解。

在前面经文结构的分析中我们已经晓得,大巴比伦受审的异象(17:1－19:10)乃是和骑白马者的异象(19:11－21),彼此平行;而新天新地与新耶路撒冷这两个段落之间的关系(21:1－8;21:9－22:9),也是如此。不单如此,我们在前面也观察到,19:11－21:8中的四个段落,也都共同的以"硫磺火湖"为其终点。因此这些文学现象和特色,都建议甚至要求我们,不以"时间顺序"之方式,来理解它们之间的关系。① 约翰的主要关切,不是"末日事件的发生顺序",而是"神国要如何成就"的议题。此事关乎重大,也牵涉到许多不同的层面,因此为详尽并充分凸显此事的重要性和复杂性,他就从不同的角度,重复叙述之。事实上,此一"多元重复"的特色,也正是约翰在此所暗引之以西结书的特色(详见上文);因此此处经文的旧约背景,也支持我们以此方式,来理解这四个异象之间的关系。

此一释经观点,其实不应该令人意外才是,因为在七印和七号之灾都"发生了"之后(6:1－11:19),约翰借着"红龙妇人和男孩"的异象(12章),就已经"话说从头"的带我们回到了人子第一次降临的时间点。② 再者,我们前面对三个七灾系列的分析也清楚显示,这三个灾难系列,都以神末日之审判为共同终点,因此他们虽然出现在启示录的不同地方,但就时间的角度而言,它们却是彼此平行的。

综上所述,不论从整卷启示录或是这段经文本身的文学特色,甚或是从此处经文之旧约背景来看(结38－39),"多元重复"恐怕是我们在理解这段经文时,所必须依循的释经原则。而在此前提之下,骑白马者的异象(19:11－21)和"歌革玛各之战"

---

① 在20:1之前的附录十四中,我们也将看见20:1－10,在字面和主题上,和启示录其他段落有着彼此平行呼应的关系,而这个现象也支持我们的主张(详见该处分析)。

② 此一现象也为那些持"时间顺序"观点的学者所观察到,但他们却多以"插曲"的方式,来解释这个现象。以Ladd为例(*Revelation*, 166－67),他认为12－14章所言,乃超越时空的,而约翰在此段落中所要表达的,是在人类历史舞台背后,主导一切的属灵争战。此一理解相当准确,而笔者也完全同意,但在此同时,此一"案例"却也显示,"异象顺序"并不一定就必然是"事件发生的顺序"。

（20:7－10）所言，都关乎“基督第二次再来”之事。前者从正面的角度，论及基督的得胜，而后者则是以撒但的落败和毁灭，为其焦点。在以西结的“末日歌革之战”中（结38－39），这两位都没有明白的现身，但因着基督的死而复活，并且从耶稣自己对祂再临之事的教训里面（参，太25:31－46；路17:26－30［＝太24:37－39］），约翰明白了此一末日预言，将要由“犹大家的狮子和大卫的根”（启4:5）来成就。在祂从死里复活的事上，约翰看见祂已胜过并审判了那掌管阴间势力的那一位，因此在祂第二次再来之时，祂在十字架上所击败的撒但，就要面对它最后的刑罚了。

经文分析

19:11　我看见天开了。看哪！有一匹白马，那骑马者的名字是信实和真实；祂本着公义来审判和争战（Καὶ εἶδον τὸν οὐρανὸν ἠνεῳγμένον, καὶ ἰδοὺ ἵππος λευκός καὶ ὁ καθήμενος ἐπ᾽ αὐτὸν [καλούμενος] πιστὸς καὶ ἀληθινός, καὶ ἐν δικαιοσύνῃ κρίνει καὶ πολεμεῖ）

在“我看见天开了”的带领下，我们来到介乎“巴比伦受审”（17:1－19:10）和“新耶路撒冷复兴”（21:9－22:9）之间的段落。在4:1那里，约翰已经看见“天开了”，但和那个事件相较，他在此并未听见那从天而来的声音，要他“上到这里来”，而其原因，乃是因为此次“天开了”的目的，并非只是要向约翰启示属天的真理，而更是要让耶稣基督第二次的从天而降。①

为唤起读者对此异象之主角的注意，约翰在“我看见”之后，又再加上了“看哪”。但此一异象之主角，为何要骑白马而来呢？若从当代罗马将军骑白马凯旋而归的历史背景来看，白马在此所象征的是“胜利”。② 此说有其可能，也理当受到欢迎，但在启示录1:14那里我们已经知道，在启示录中，“白色”所象征的是“公义圣洁”，③因此借着“骑白马而来”的图象，约翰要我们知道，此一从天而来的白马之军，不单是得胜之军，也是公义圣洁的军队。此一骑马而来的军队当然必要得胜，但借着“白色”，约

① 在11:19和15:5中，约翰也提及他看见天上圣殿的开启，而在那两处经文中我们已经晓得，天上圣殿开启的结果，乃是神审判的降临，因此约翰也不必“上到这里来”。事实上，借着“天上圣殿之开启”在这两节经文中的出现（七号之末和七碗之始），约翰也就将七号和七碗系列连结在一起了（详见该处注释）。

② Swete, *Revelation*, 250; Aune, *Revelation* 17－22, 1050－51.

③ 亦参，2:17；3:4，5，18；4:4；6:2，11；7:9，13；14:14；19:11，14；20:11。前四印中的第一马，也是白色的；但我们在6:2那里已经提及，此一“白马骑士”并非基督，而是那意欲摹仿基督，假公义之名而行暴虐勾当的“敌基督”（暴虐政权和战争）。

翰却也向我们显示,内在的公义圣洁,乃是得胜的前提。此一见解其实并不奇特,因为约翰在启示录的前面早已指出,羔羊之所以能得胜,乃因祂即便被杀,也要持守祂从神所领受的使命(耶稣的见证;1:2;5:6,12),而圣徒之所以能参与羔羊必胜之军的前提,也是因为他们为了拒绝兽的诱惑,为了持守信仰的纯正,已然付上极为沉重的代价(3:4-5;6:11;7:9,13-14;亦参,19:14)。

事实上,以此方式来理解"白色",也立即为骑白马者之名所证实:信实和真实。① 在19:11-13节中,约翰一共以七个语句(七乃象征完全的数目),来描述骑白马者的特色,②而"信实和真实"是其中的第一个。但这两个语词的含义为何,而其焦点又是什么呢?约翰在此是想要凸显"神借着基督的第二次再来,就*信实可靠的*成就了祂向人所发的应许"?③ 也就是说,此处的信实和真实,是关乎神人关系的。此一见解有其可能,但在1:5那里,约翰对基督的形容是"那信实作见证的",而在3:14中,祂则是以"信实真实的见证"自称。在那两处经文中,我们晓得这个称号的重点,在显示人子曾至死不渝的,完成了神所交付给祂之任务的事实;因此祂的信实和真实,所指的应是祂和神之间的关系。不单如此,在旧约耶和华神将要领军而来,并依公义来审判仇敌的背景中,④人子羔羊骑白马,并本着公义来审判和争战的图画,显示了"信实和真实"的焦点,乃在祂和父神之间的关系;因为正是借着如是特色,祂才得以成为耶和华之军的统帅。和红龙撒但意欲藉海陆二兽之手而篡夺神国的行径相较,羔羊人子一生的见证,乃以建立神国为目标(启1:5-6,9-11),因此祂是"信实的"。和海兽罗马所能提供虚假的"太平盛世"相较,羔羊人子所带给人的,是真正的生命平安,因此祂是真实的。

骑白马而来的人子羔羊,并非黩武嗜血的罗马将军,而是"本着公义来审判和争战"的弥赛亚。许多释经者都指出,约翰对再来弥赛亚的描述,是从以赛亚书11:4而来:"他(耶西的根)要以公义审判贫穷人,以正直判断世上的谦卑人;以口中的杖击

① 在某些手抄本中,"被称为/名为(καλούμενος)"一词并未出现(A P 025 051 1等等),但"祂是信实和真实的"和"祂的名字是信实和真实",就语意而言,并无太大差异。相关讨论,见 *TCGNT*, 760-61; Aune, *Revelation* 17-22,1042。

② M. Rissi, 'Die Erscheinung Christi nach Off. 19,11-16,' *TZ* 21(1965),81-95;亦见同一个作者之 *The Future of the World*, 19。Rissi认为这七个描述乃针对教会而发,而在15-16节中,基督所行的四件事(参,前面经文结构的分析),乃是以世界为对象。有关"七个描述"和"四个动作",笔者完全同意Rissi之见,但我们似乎没有必要将这两段经文,分别限制在教会和世界的范围之内。

③ 例如,Ladd, *Revelation*, 253; Mounce, *Revelation*, 344; Thomas, *Revelation* 8-22,383。

④ 见附录十三的分析。

打世界,以嘴里的气杀戮恶人。"①这节旧约经文已在5:5那里为约翰所引用(大卫的根),并要在22:16那里再次出现(我[耶稣]是大卫的根),因此这节经文的重要性,可见一斑。

和当时的犹太人一样,②约翰以及保罗③都以末日弥赛亚的角度,来看待先知以赛亚所发的预言,但约翰在此引用这节旧约经文的重点何在?若将以赛亚的"他要以公义审判贫穷人",解释为"末日弥赛亚将要站在弱势者的一边",④那么约翰之"祂要本着公义来审判"的意思,就可以是"祂将要来为其子民伸冤(施行救恩)"。⑤ 但若我们考量以赛亚书11:3b,他行审判不凭眼见,断是非也不凭耳闻,那么"以公义审判贫穷人"的含义,就可以是"他将不因贫穷人的明显需要,而在审判中偏袒他们"。⑥准此,以赛亚所要强调的,是弥赛亚审判的公义/公平性。但约翰是以哪一种方式,来理解以赛亚书的呢?从祂将"审判"和"争战"并列,并在接下来的经文中,以"祂要以口中的利剑击杀列国"或是"祂要踹神烈怒酒醡"等等之类的描述(19:15),来说明此处"审判和争战"的手法来看,约翰显然是以后者的方式,来使用以赛亚书的。换句话说,此处的"审判",虽然必要带来"为选民伸冤/拯救百姓"的结果,但约翰的重点应在神藉弥赛亚末日审判所彰显的公义。在神以"水变血之灾"来击打世界之际(16:5,7),在大巴比伦受到了刑罚之后(19:2),神审判的公义性就已经成为天使和殉道者之颂赞的主题了,因此在祂的弥赛亚再临之日,祂的审判当然会以公义为其准绳。毕竟祂乃是"不以有罪为无罪的那一位"(出34:7;民14:18;鸿1:3)。

但约翰为何又要将以赛亚的"以公义审判",变更为"本着公义来审判和争战"呢?"审判"难道还不足以表达神的忿怒吗?为何他在此还要加上"争战"呢?从上

① 例如,Swete, *Revelation*, 250; Charles, *Revelation II*, 131; Thomas, *Revelation* 8-22,383; Aune, *Revelation* 17-22,1053; Beale, *Revelation*, 951。有关这个暗引旧约案例的详细分析,见J. Fekkes, *Isaiah and Prophetic Traditions in the Book of Revelation*, 223-25。在这段以赛亚书的经文中,"耶西的根"之所以能"以公义来审判",乃因他以"敬畏耶和华为乐"(11:3 a),而此"他与神之正确关系—成为公义审判官"的逻辑,也照样反映在此处"信实真实—公义审判"的顺序中。准此,我们对"信实真实"的理解,也有从旧约而来的支持。

② 有关犹太人对此节经文的理解,见*Tg. Isa.* 11:1-6;所罗门诗篇17:24-25;4QpIsa[a] 8-10;以斯拉四书3:9-11,37-38。

③ 参,帖撒罗尼迦后书2:8——"那时这不法的人,必显露出来。主耶稣要用口中的气灭绝他,用降临的荣光废掉他。"

④ C. F. Keil and F. Delitzsch, *Isaiah*, 284; S-J. T. Wu(吴献章), A Literary Study of Isaiah 63-65 and Its Echo in Revelation 17-22,244; J. N. Oswalt, *The Book of Isaiah* 1-39,281。

⑤ M. Rissi, *The Future of the World*, 2; J. Fekkes, *Isaiah and Prophetic Traditions in the Book of Revelation*, 224; Aune, *Revelation* 17-22,1053.

⑥ J. A. Motyer, *The Prophecy of Isaiah*, 123.

文来看,如是加增其实不难理解;因为从12章开始,红龙和海陆二兽就不断地以逼迫圣徒的方式,来进行它们对神的争战(12:7,17;13:4,7;16:14;17:14),因此在世界的末了,作为教会之主的弥赛亚,当然要以公义之战,来总结一切不公义的战争了。①神以"罪罚对等"的原则来施行祂的审判,是我们在前面所多次看见的,②而此原则,在这里则是以"以战止战"的形式出现。对爱好争战的它,神就以它所爱的,来终结它。看似无可匹敌的它,在人子死于十字架上之时,似乎已得着胜利,但当羔羊以弥赛亚之姿再临之时,它就要面对它最终的失败和审判了。

19:12 祂的眼睛如同火焰;祂的头上戴着许多冠冕;又有写着的名字,除了祂自己没有人知道(οἱ δὲ ὀφθαλμοὶ αὐτοῦ [ὡς] φλὸξ πυρός, καὶ ἐπὶ τὴν κεφαλὴν αὐτοῦ διαδήματα πολλά, ἔχων ὄνομα γεγραμμένον ὃ οὐδεὶς οἶδεν εἰ μὴ αὐτός)

在约翰对骑白马者的七个描述中,"眼睛如同火焰"排名第三。此一形容已在1:14出现,而在那里,"眼目如火"所要彰显的,是人子的"全知"。此一"全知",在七封书信中,是"我知道你的行为……"(2:2,9,13,19;3:1,8,15),而在推雅推喇教会书信的文脉中(2:18),更成为"我是那察看人肺腑心肠的;并要照你们的行为报应你们各人"。③ 和此相较,人子在末日的再临,虽然是以列国为审判的对象,但祂的"全知",却也是祂之所以能勿枉勿纵,"本着公义来审判和争战"的前提(19:11c)。事实上,此一特色,也早已在约翰所暗引的以赛亚中出现,因为"耶西的根"所施行之审判,之所以会是公义的(赛11:4),乃因他行审判不凭眼见,断是非也不凭耳闻(赛11:3b)。

"头上戴着许多冠冕"是骑白马者的第四个特征。在启示录中,此"冠冕(διάδημα)"并非象征胜利的"桂冠(στέφανον)",④而是表达王权的"皇冠"。在启示录和整本新约中,戴了"冠冕"的,只有红龙(12:3),海兽(13:1),和此处再临的弥赛亚。就分别戴了"七冠"和"十冠"的红龙和海兽而言,它们的确给人"世界之主"和"世界之王"的印象,因为"七"和"十"乃象征完全的数目。但它们是否在"自立为神"的事上,达到了他们的目的呢?当然不,因为在此异象中所出现的弥赛亚,其头上戴了"许多冠冕"。因此借着这"许多的冠冕",真正的"万王之王,万主之主"(19:16)究竟是谁,就不言而喻了。若"祂的名为信实和真实",所显示的是再临弥赛亚和父神之

---

① 亦参,Osborne, *Revelation*, 680。

② 见,2:4-5;11:17-18;14:8-10,20;18:6,7-8;22:12。

③ 事实上,这句话并不只是对推雅推喇教会所说的,因为在此人子乃向"众教会"说话。详见2:23的注释。

④ 启2:10;3:11;4:4,10;6:2;9:7;12:1;14:14.

间的关系(19:11b),而"以公义审判"和"眼目如火"所要凸显的,是祂审判的公正本质和基础(19:11c-12a),那么"头戴许多冠冕"所要强调的,就是祂作为这个世界之主的事实了。祂在第一次降生之时,借着死在十字架上的方式,显示了祂对神的忠心,因此在世界的末了,神不单把审判世界的权柄给了祂,也让祂以世界的主的身份,再次降临。

约翰对再临弥赛亚的第五个描述,是"祂有着除了祂自己之外,没有人知道的名字"。但这句话的意思是什么呢?第一,如是描述是要强调再来弥赛亚所拥有那永远无法被人理解的神性吗?① 有可能,但在祂第二次再临审判世界的文脉中,并在约翰三次提及祂的名字是"信实真实"(19:11)、"神之道"(19:13)和"万王之王,万主之主"(19:16)的情况下,这个解释有着明显的困难。也就是说,祂再临的目的,是要让人知道祂乃是耶和华的受膏者,是要用铁杖管辖列国的(19:15),并且是世界之主和王,因此约翰在这里全无强调基督"神秘"一面的必要。若神的公义、全知、全能都已在此一事件中,完全的显现出来,那么关乎弥赛亚和耶和华神,以及祂和世界之关系,还有什么"神秘"可言呢?

第二,保罗在腓立比书2:6-11那里告诉我们,因着耶稣基督的甘愿卑微(死在十字架上),因此神就让祂从死里复活,升上高天,并叫一切在天上和地下的,都向祂屈膝,口称"耶稣基督为主(=耶和华)"。本于此,学界中也就有人认为此处无人知晓的名,乃"耶和华"。但此名为何又是"无人知晓"的呢?因为在犹太人的传统看法中,神的名字"雅巍(יהוה)"太过神圣,不宜念出,因此他们就将"主(אֲדוֹן)"一词中的元音,加在其上,而成了"耶和华"。② 而此一"神圣性",也反映在大祭司的袍子上,因为神的名字乃是刻在大祭司所戴的圣牌上(出39:30-31)。③ 这个从犹太人背景来理解"无人知晓之名"的解释法,虽然可能,但却必须面对出埃及记3:14-16的挑战,因为在那里,神已经为祂自己的名字,下了一个"我是自有永有的",也是"你们列祖之神"的定义。不单如此,在耶稣七个"我是道路真理生命"等等的宣告中,④祂不单显

① 例如,Swete, *Revelation*, 252; Caird, *Revelation*, 242; G. Kittel, *TDNT* 4:126; M. Rissi, *The Future of the World*, 23; Mounce, *Revelation*, 345; Beasley-Murray, *Revelation*, 280; Roloff, *Revelation*, 218; Osborne, *Revelation*, 682。

② 在"主—雅威"的情况中,"雅威"则是以神另一个名字(以罗欣[אֱלֹהִים])中的元音来取代。详见 *TDOT* 5:501。持此见解的学者有,Farrer, *Revelation*, 198; Prigent, *Apocalypse*, 293。亦参,Stuart, *Apocalypse II*, 346; Ford, *Revelation*, 313。

③ 持此见解的学者有,Farrer, *Revelation*, 198; Prigent, *Apocalypse*, 293。亦参,Stuart, *Apocalypse II*, 346。

④ 6:35(生命的粮);8:12(世界的光);10:7(羊的门);10:11(好牧人);11:25(复活和生命);14:6(道路真理生命);15:1(葡萄树)。

明祂与父神同格的地位(耶稣 = 耶和华),也显示了祂的属性;因此耶和华之名,并不神秘,也非"无人知晓"。①

第三,对古人而言,若一个人能知晓一个神祇所不为人知的名字,那么当他以此名呼求之时,这个神祇就必须有所回应,并应允他的祈求。因此知晓神之名的意思,就可以是"拥有超越或是支配该神祇之地位"。② 换句话说,约翰在此以"除了祂自己无人知晓其名"来形容来临的弥赛亚,并不造成经文冲突("祂的名是……"vs."无人知晓其名"),③而是为了要强调基督所拥有"无人在他以上的权柄"。在几个见解中,此说的可能性是最高的,因为在弥赛亚第二次再来审判世界的文脉中,此一解释最符合上下文。不单如此,此处经文的结构,也支持这个见解:

A 拥有除了自己无人知晓的名(12c)

B 穿着一件浸了血的衣服(13a)

C 祂的名称为"神的道"(13b)

D 跟随祂的天上众军(14)

C' 祂藉其口中而出的利剑击杀列国(15a)

B' 祂要踹神烈怒的酒醡(15b)

A' 祂的名字是"万王之王,万主之主"(16)

在此结构中,④(1)"浸了血的衣服"所对应的,是践踏神烈怒的酒醡(B - B'),因为若我们参照 14:20,当葡萄(世人)在神的酒醡中被踹时,从其中所流出来的,并非葡萄汁,而是高及马之嚼环的血河;(2)"神的道"也显然和弥赛亚口中所出的利剑,彼此呼应(C - C'),因为在 1:16 那里,从人子口中所出之利剑,乃祂审判的话语(道)。⑤ 因此在如是对照之下,"无人知晓其名"就和"万王之王,万主之主"前呼后应了(A - A')。前者虽是当代观念的反映,而后者则从旧约但以理书 4:37 而来(LXX),⑥但这两者的含义却是一样的,那就是,再临弥赛亚乃在一切受造物之上。祂既是拥有这个世界的主,因此祂当然也是审判这个世界的王。

19:13 祂穿着一件浸了血的衣服;祂的名称为神的道(καὶ περιβεβλημένος ἱμάτιον

---

① Osborne, *Revelation*, 682.

② Charles, *Revelation II*, 132 - 33; Aune, *Revelation* 17 - 22, 1055 - 56. 类似的概念,亦可能出现在创世记 32:30[29]和士师记 13:17 - 18 中。

③ 此乃 Charles 的见解(*Revelation II*, 132 - 33)。对此 Aune 的看法是,此一"无人知晓其名"的语句,乃启示录的编辑者,在最后所加,而其目的,在凸显基督的超越性(*Revelation* 17 - 22, 1055)。

④ 此乃 M. G. Kline 的观察(*Images of the Spirit*, 130, note 142)。亦见,Chilton, *Days of Vengeance*, 483 - 84; Beale, *Revelation*, 955。

⑤ 参该处经文注释。

⑥ 参 17:14 的注释。

βεβαμμένον αἵματι, καὶ κέκληται τὸ ὄνομα αὐτοῦ ὁ λόγος τοῦ θεοῦ)

“祂穿着一件浸了血的衣服”,①是再临弥赛亚的第六个特征。许多学者都准确地指出,②这个形象,以及 19:15 中,弥赛亚踹酒醉之动作,都出自以赛亚书 63:1-6:

1 这从以东的波斯拉来,穿红衣服,装扮华美,能力广大,大步行走的是谁呢;就是我,是凭公义说话,以大能施行拯救;
2 你的装扮为何有红色,你的衣服为何像踹酒醉的呢?
3 我独自踹酒醉;众民中无一人与我同在;我发怒将他们踹下,发烈怒将他们践踏;他们的血溅在我衣服上,并且污染了我一切的衣裳;
4 因为报仇之日在我心中,救赎我民之年已经来到。
5 我仰望,见无人帮助;我诧异,没有人扶持;所以我自己的膀臂为我施行拯救;我的烈怒将我扶持;
6 我发怒,踹下众民,发烈怒,使他们沉醉,又将他们的血倒在地上。

在 19:7-8 中我们已经晓得,“羔羊婚筵”的图画,乃从以赛亚书 61:10 而来,因此约翰在这里继续暗引以赛亚书 63:1-6,就不令人意外了。因为若耶和华的受膏者(61:1-3)所要成就的,是神百姓的救赎,那么在进行此事时,敌对神百姓的仇敌,也自然要受到他们该受的刑罚。但约翰是如何使用这个“刑罚仇敌”的预言呢?

第一,正如上述,启示录和以赛亚书在“救赎百姓—审判仇敌”的主题上,是彼此平行的。但除此之外,先知有关新天新地和新耶路撒冷的预言(赛 65:17-25),也将要在启示录 21:1-8 中出现,因此就主题而言,约翰基本上是跟着先知的脚步而行的。第二,约翰不单从以赛亚书中,取了“浸了血的衣服”和“踹酒醉”的画面,也让神的“忿怒和烈怒”(אַף; חֵמָה; 赛 61:3,5,6),在 19:15 中以神“剧烈忿怒(τοῦ θυμοῦ τῆς ὀργῆς)[的酒醉]”之形态出现。不单如此,在以赛亚书中,为强调审判只属耶和华神的“我”和“我独自一人”(赛 61:1,3),也反映在启示录 19:15 中——“他自己

① 和合本作“溅了血(ῥαίνω; ῥαίντίζω)的衣服”。但手抄本的证据显示,“浸了血的衣服”恐怕才是原始经文(βεβαμμένον);相关讨论,见 *TCGNT*, 761-62; Aune, *Revelation* 17-22, 1043。

② Stuart, *Apocalypse II*, 346; Swete, *Revelation*, 252; Charles, *Revelation II*, 133; Mounce, *Revelation*, 345; Collins, *Apocalypse*, 135; Thomas, *Revelation* 8-22, 386; Aune, *Revelation* 17-22, 1048, 1057; Beale, *Revelation*, 957; Osborne, *Revelation*, 683.

(αὐτὸς)必用铁杖辖管他们";"并要独自(αὐτὸς)踹全能神烈怒的酒醡"。①

综上所述,不论就思想脉络、字面或是文学特色,约翰在此都以先知以赛亚为师。但我们要如何看待这两段经文之间的差异呢?也就是说,在以赛亚末日审判预言中的审判官耶和华神,以及那将要受到审判的以东,是如何成为基督和列国的?就以赛亚而言,以东并非只是列国之一,而是敌对神势力的代表,②因此从"以东"到"列国"的转化,并无任何困难。至于审判官从耶和华神到基督的变化,则是约翰因着人子的新启示,特别是祂的复活(参,腓2:9-11),所做的应用。此一将人子等同于耶和华神的举措,是我们在前面已经多次看见的了;而就此个案而论,约翰将神要在末日审判世界的经文,应用在基督(=受膏者)身上的举措,恐怕是因着耶稣自己曾经将"耶和华之受膏者"经文(赛61:1-3),应用在祂自己身上的缘故(路4:16-21)。换句话说,约翰在这里所做的,也只是"依耶稣之样而画葫芦"而已。③

但祂所穿衣服上的血,究竟是谁的呢?(1)是祂自己的吗(十字架)?④(2)是那些跟从祂之殉道者的血呢?⑤(3)还是祂敌人之血?⑥在启示录的前面,约翰曾多次提及羔羊的"血"(牺牲),乃祂得胜的武器(1:5;5:9;7:14;12:11),而在第五印中,他也提及殉道者所流之血(6:10);因此上述三个见解中的前两者,似乎都相当合理。但在约翰所本的以赛亚书中,末日审判官的衣服之所以会是红色的,乃因祂敌人之血染在其上(赛63:3)。准此,骑白马者衣服上的血,应是其仇敌之血(参,启19:21;亦参,

---

① 有关此一暗引旧约案例的详细分析,见 J. Fekkes, *Isaiah and Prophetic Traditions in the Book of Revelation*, 197-99; S-J. T. Wu(吴献章), A Literary Study of Isaiah 63-65 and Its Echo in Revelation 17-22,246-47。

② J. D. W. Watts, *Isaiah* 34-66,321; J. A. Motyer, *The Prophecy of Isaiah*, 509-10. 除了以"以东"表列国之外,这两位学者也都指出,先知以赛亚在这里之所以会使用"以东"和"波斯拉"的原由,乃是为了创造"双关语"的文学效果:以东和"红色"乃同字根,而以东的首都波斯拉,其原义乃"收获葡萄"(踹酒醡),因此隐含在这里的意思是:除了在红色之地(以东),在葡萄的收获处(波斯拉),祂的衣服还能在什么地方被染红呢?

③ 在当时的犹太人的观念中,以赛亚书63:1-6乃关乎末日弥赛亚的预言(文献索引,见 Aune, *Revelation* 17-22,1048-50)。但和这些犹太文献相较,启示录和以赛亚书的接近程度,以及约翰将之和基督连结的手法,都是十分独特的。

④ 持此之见的学者有,Preston and Hanson, *The Revelation of Saint John the Divine*, 120; Morris, *Revelation*, 224; M. Rissi, *The Future of the World*, 24; Sweet, *Revelation*, 283; M. G. Reddish, 'Martyr Christology in the Apocalypse,' *JSNT* 33(1988),89; Krodel, *Revelation*, 323 等等。

⑤ Caird, *Revelation*, 243. 在把骑白马者视为弥赛亚大祭司的情况下,Ford 认为祂身上的血,是为了要让祂在礼仪上变成洁净而洒的血(*Revelation*, 312-13)。

⑥ Swete, *Revelation*, 252; Roloff, *Revelation*, 218; J. Fekkes, *Isaiah and Prophetic Traditions in the Book of Revelation*, 197-98; Thomas, *Revelation* 8-22,386; Aune, *Revelation* 17-22,1057; Beale, *Revelation*, 958.

启14:20)。但祂的衣服有可能在战争尚未开打之前,就已经染上了敌人的血吗?① 此一质疑看似合理,但却犯了过分依字面来解读启示录的错误。因为若依此逻辑,再临的弥赛亚在战争开打之前,就不可能骑着象征胜利的白马而来,而在战争还没有结束之前,祂也更不可能拥有"万王之王,万主之主"的称号(19:16)。因此和祂其他的特征一样,祂所穿浸了血的衣服,也只是祂必要得胜的标记而已。

在加略山上,祂的确是以牺牲(流血)作为祂争战并得胜的手段,而在末日来临之前,那些跟随祂的人也只能以此法来胜过红龙和兽(12:11;13:9-10;14:13;17:6);但在末日审判的日子中,被杀的羔羊就要以胜利将军之姿再临了,而那些跟随祂脚步而行的圣徒,也要成为祂的军队(19:14)。祂和他们都已走过了死荫的幽谷,并且也信实地守住了他们的见证,因此在那个日子中,要流血的,将不会再是他们,而是那曾叫他们流血的仇敌(参,16:6;18:6;19:2)。

"祂的名称为神的道",是约翰对再临弥赛亚的第七个,也是最后一个描述。对熟悉圣经的读者来说,"神的道(ὁ λόγος τοῦ θεοῦ)"让人立即连想到约翰福音1:1-14中所论及的太初之"道(ὁ λόγος)"。在该段经文中,其重点在"道"先存于万物的属性(1:1-3,10),和祂在第一次降世时,所扮演"启示真理者"的角色(1:4-14)。但此处经文的文脉是审判,因此这两者是否有直接的关联,并不容易确定。② 但若我们从一个比较宽广的角度来看,其实这两处经文应是彼此互补的。怎么说呢?约翰福音1:1-14的重点,是要强调"道"成了肉身的目的,在带来光和生命(约1:4-14);但此乃祂第一次降世的目的。而约翰在此所要强调的,是祂第二次再临时,所要扮演的角色。在其时,救恩之门已关上,因此世人所要面对的,只有审判的黑暗和永远的死亡了(启19:20-21)。

在犹太人的观念中,神的道或是神的话,并非无生命的声音,而是神能力的展现。③ 因此(1)在论及以色列人出埃及的那一夜,神击杀埃及长子之事时,所罗门智训一书的作者就曾说:你全能的话语从天上宝座而出,进入了那必要灭亡的地。像一个坚强的战士,拿着你诏令之利剑,站在天地之间,叫死亡充满全地(18:15-16);④ 而(2)希伯来书的作者,在论及神的话语时,也曾发出他的赞叹:"神的道是活泼的,是有功效的;比一切两刃的剑更快……"(4:12)。事实上,此一概念也早已在约翰所暗引的以赛亚书63:1-6中出现了,因为在那里"穿红衣服……踏着大步威武而来

---

① 此乃那些认为此血不是基督之血的学者,所持反对意见的主要理由。
② Aune, *Revelation* 17-22, 1058; Beale, *Revelation*, 958.
③ Mounce, *Revelation*, 346.
④ 此乃笔者依RSV所做的翻译。

的”,乃是“凭公义说话,以大能施行拯救”的“我是”(63:1)。① 从此角度来看,约翰藉“神的道”所要表达的,是再临弥赛亚乃神旨意实现的媒介。意即,神的永恒计划,特别是祂审判恶人之事,将要在弥赛亚第二次再临的事件中,完全实现。

但约翰为何要在此以“神的道”作为再临弥赛亚的名字呢?祂不是在19:11那里,有了“信实和真实”之名吗?在前面我们已经晓得,借着将先知以赛亚有关末日审判的预言,应用在人子弥赛亚身上(身穿着浸了血的衣服),约翰就将祂和耶和华神画上了等号。但如是举措,却有可能产生“二神”,或是“后者取代了前者”的效应,因此借着祂的名字乃是“神的道”之方式,祂们之间的关系,就有了交待。人子弥赛亚是真神,也是神的道。正如祂是生命,祂也是生命的赐与者;祂是真理,也是通往真理的道路;祂是拥有群羊的好牧人,也是羊的门;照样,再临的弥赛亚是审判世界的神和王,也是完成父神计划的“神的道”。在世界之始,祂以话语创造世界(创1:3ff),而在世界的末了,祂也要借着“祂的话”,来为这个世界画下一个句点(亦参,启16:17;21:5-6)。之于父神,祂乃是“信实和真实的”;之于父神的永恒计划,祂乃是成就该计划的“神的道”。在“信实真实”和“神的道”的前呼后应下(第一和第七个描述),再临弥赛亚的角色和使命,就有了完整的呈现。

19:14 天上的众军也骑着白马,穿着洁白的细麻衣,随祂而来(καὶ τὰ στρατεύματα [τὰ] ἐν τῷ οὐρανῷ ἠκολούθει αὐτῷ ἐφ᾽ ἵπποις λευκοῖς, ἐνδεδυμένοι βύσσινον λευκὸν καθαρόν)

在描述骑白马者之形象(19:11-13)和祂的作为(19:15-16)之间,约翰在本节经文中也让我们看见,随弥赛亚而来的,还有一支骑白马、身穿洁白细麻衣的军队。在旧约中,耶和华神乃统率天使天军的万军之耶和华,②而新约也多次提及,伴随着人子第二次再临的,有众天使;③因此此处“天上的众军”所指的,似乎是“天使之军”。④ 但在启示录的前面,约翰曾提及“与羔羊同行的(并得胜的),就是蒙召,被拣选并忠心的人”(17:14),并且也曾告诉我们,新妇(教会)在羔羊婚筵中所穿的,是

---

① J. N. Oswalt 指出(*The Book of Isaiah* 40-66,596),“说话”乃以赛亚书中,弥赛亚的主要特色之一(赛11:4;49:9;50:4,10;61:1-2)。

② 例如,撒上1:11;17:45;撒下6:2;王上18:15;赛1:9;21:10;31:4;37:16;耶2:19;摩3:13;4:13;5:27;6:14;鸿2:13;3:5;亚1:4等等。

③ 太13:41;16:27(=可8:38=路9:26);24:30-31(=可13:26);25:31;帖前4:16;帖后1:7;亦参,Justin, 1 *Apol.* 51.9。帖前3:13中的“众圣者”有可能是“天使”,但也可能是“圣徒”;相关讨论,见冯荫坤,《帖撒罗尼迦前书注释》(香港:天道,1989),页271-75。

④ 持此见解的,有 Swete, *Revelation*, 250; Hendriksen, *More than Conquerors*, 182; Morris, *Revelation*, 231; Ladd, *Revelation*, 255; M. Rissi, *The Future of the World*, 25; Beasley-Murray, *Revelation*, 281; Roloff, *Revelation*, 219; Aune, *Revelation* 17-22,1059 等等。

"光明洁白的细麻衣"(19:8);因此从这些经文彼此对应的角度来看,"天上的众军"乃是圣徒。① 再者,(1)在2:26那里,人子已应许推雅推喇教会,得胜的将要与祂同享制伏列国的权柄(参,19:15);(2)在3:5有关"白衣奖赏"的分析中,我们已经晓得,此一赏赐的含义是,得胜者拥有参与"羔羊弥赛亚之军"的权利;而(3)在7:4-17和14:1-5中,我们也已经看见那聚集在锡安山上,身穿白衣之十四万四千人(教会),乃是紧紧跟随羔羊的军队。因此从整卷启示录的角度来看,以"众圣徒"的方式来理解"天上的众军",恐怕也是最合理的。

在启示录的前面,圣徒乃在海陆二兽的手下受苦(13:1-18),因此在神为他们伸冤的场合中(参,19:20),他们自然要在场,并亲眼看见它们遭报。此一"圣徒将要亲身参与审判仇敌之事件"的概念,其实已在两个见证人(教会)的段落中出现了;因为在约翰的异象中,这两个见证人乃是在公开的场合中(大城的街上;11:8),被杀害并被曝尸(11:9),而神对此事的回应,则是叫他们在那些杀害他们之人的"眼前",从死里复活(平反),并升到了天上(11:11-12)。教会曾在兽的手下受苦,而此情况,似乎也要继续下去,但在此异象中,约翰却借着这节经文让我们看见,在教会之主再来的那一天,圣徒却要因着他们对神和羔羊的忠心,而成为弥赛亚之军,并要在那个事件中,亲眼看见神公义的彰显。

19:15 有一把利剑从祂口中而出,可以击打列国;祂自己必用铁杖辖管他们,并要独自踹全能神剧烈忿怒的酒醡(καὶ ἐκ τοῦ στόματος αὐτοῦ ἐκπορεύεται ῥομφαία ὀξεῖα, ἵνα ἐν αὐτῇ πατάξῃ τὰ ἔθνη, καὶ αὐτὸς ποιμανεῖ αὐτοὺς ἐν ῥάβδῳ σιδηρᾷ, καὶ αὐτὸς πατεῖ τὴν ληνὸν τοῦ οἴνου τοῦ θυμοῦ τῆς ὀργῆς τοῦ θεοῦ τοῦ παντοκράτορος)

骑白马者和其军队的从天而出,是约翰在前面四节经文中,所看见的异象。而在本节经文中,他则是借着三个具有相同含义,但内容不同的画面,来告诉我们再临的弥赛亚,将要如何来进行祂的审判和战争。

"以口中所出的利剑来击打列国",是约翰对此战事的第一个描述。在1:16那里我们已经提及,此一形象是从以赛亚书11:4而来,因为在那里当先知论及"耶西之根"时,他不单说他要"本公义来审判"(参,启19:11),也说他将要"以口中的杖击打世界,以嘴里的气杀戮恶人"。② 但约翰为何要在此"以剑代杖"呢？在第一世纪的背

---

① Caird, *Revelation*, 244; Wall, *Revelation*, 231-32; Harrington, *Revelation*, 191; Thomas, *Revelation 8-22*, 386; D. J. Macleod, 'The First "Last Thing": the Second Coming of Christ,' *BSac* 156 (1999), 215-16. 在学界中,亦有人认为"天上的众军"包括了"圣徒和天使",例如 Stuart, *Apocalypse II*, 347; Charles, *Revelation II*, 135; Mounce, *Revelation*, 346; Beale, *Revelation*, 960。

② 从保罗在帖撒罗尼迦后书2:8中,也暗引以赛亚书11:4的事实来看(主耶稣要用口中的气灭绝那不法之人),显然他和约翰对这个旧约预言有相当类似的看法。类似的见解,亦参,4Q161。有关约翰如何暗引这个旧约经文的分析,详见 J. Fekkes, *Isaiah and Prophetic Traditions in the Book of Revelation*, 117-22。

景中,“剑”乃罗马司法权柄的象征,也是罗马军力的标记(罗 13:4),①因此在弥赛亚将要骑白马而来审判和争战的文脉中(19:11),以剑代杖的举措,就变得十分自然了。不单如此,在别迦摩教会书信中,人子已经借着“拥有利剑”的自述,向该教会表达了“祂乃真正拥有生杀大权”的真理;②因此约翰在这里借着“以利剑来击打列国”之画面,来凸显再临弥赛亚所拥有之无上权柄,不单适切,也与上述经文互相呼应。

但这把利剑所象征的是什么呢?(1)在七十士译本中,以赛亚书 11:4 中的“口中之杖”,被翻译为“口中之话”;(2)而以斯拉四书则将此“杖”解释为“律法”(13:10-11;37-38);(3)在论及将来审判并暗引以赛亚书 11:4 时,以诺一书的作者说,“罪人将要被他口中的话所杀”(62:2);(4)对这同一个主题和旧约经文,所罗门诗篇之作者的理解则是,“弥赛亚将要以他口中的话,来毁灭无法无天的列国”(17:24;亦见 17:35-36);(5)在新约中,将“剑=神的话”的说法,也在以弗所书 6:17 和希伯来书 4:12 中出现;③因此从这些相关文献的角度来看,“剑”当然就不是以铜铁所打造的兵器,而是从弥赛亚口中所出的话语。在 19:13 那里约翰已经指出,“神的道/话”乃是祂权能的彰显,而在人子再临的事上,祂对世界的权柄,就有了最清晰的展现。但和该节经文相较,约翰在此则是更进一步地指出,作为三位一体中第二位的神子弥赛亚,在进行审判世界之事时,也要和父神一样的,以“话语”来刑罚和击打列国。祂宣告他们的审判和死刑,而事就要这样成了(参,创 1:7ff)。

约翰对再临弥赛亚所要进行之审判的第二描述,是“祂自己必用铁杖辖管他们”。在 2:27 和 12:5 那里我们已经晓得,此一描述乃是从诗篇 2:9 而来:“你必用铁杖打破他们,如同窑匠的瓦器,你必将他们摔碎。”④此一诗篇乃弥赛亚之诗,因为在耶稣于约旦河边受洗之际(太 3:17);以及祂在变像山上改变形象之时(太 17:5),此一诗篇中的“你是我的儿子”(诗 2:7),都曾从父神口中,以第一人称的方式说了出来(这是我的爱子)。因此在论及“爱子弥赛亚”所拥有管辖列国的权柄时,约翰也自然要以此诗篇为本了。但在暗引这节诗篇之时,约翰却也在其上,加上了“自己(αὐτὸς)”一词。正如我们在 19:13 那里所指出的,此一“加增”(下文中之独自[αὐτὸς]踹酒醡亦然)乃是以赛亚书“踹酒醡”之经文的反映(赛 63:1-6),因为在那里,能行审判的,

---

① 学界对此“佩剑”的含义,有不同的见解:司法的,或是军事的(详见,D. Moo, *The Epistle to the Romans* [Grand Rapids: Eerdmans, 1996],801-02)。但不论何者为是,对本处启示录经文都是可以适用的,因为人子再临,乃是要来审判和争战的(19:11)。

② 详见 2:12 的注释。

③ 教父爱任纽(Irenaeus)对以赛亚书 11:4 的理解亦是:祂要用口中的话来击打世界(*Adv. hear.* 4.33.1)。

④ 相关讨论,见该两节经文的注释。

唯有耶和华(63:1,3)。从此角度来看,跟随弥赛亚而来的天上众军(圣徒;19:14),在此战事中是完全插不上手的。他们的战争,已在他们至死不渝地持守信仰时打完,而在此一时刻,他们所要也所能做的,只是等候那曾向他们说“伸冤在我,我必报应”之神,①来成就祂的应许。正如人子曾信实的,以死在十字架上的方式,来完成神所托付给祂的使命,而神也就因此把管辖列国之权柄赐给了祂;照样,圣徒在持守了耶稣的见证之后,人子也要来为他们争战,将那曾逼迫他们的仇敌,丢进硫磺火湖中(19:20－21)。②

除了以口中的利剑和手中的铁杖来击打和管辖列国之外,再临的弥赛亚还要“独自踹全能神剧烈忿怒的酒醡”。③ 在前面我们已经知道,“踹酒醡”的画面,乃从以赛亚书63:1－6而来,而在此约翰也将前面“神要将其强烈忿怒之杯递给巴比伦”的图像(16:19)融了进去。在启示录的前面,约翰曾以“喝神忿怒之酒”(14:10),“被扔入神忿怒的酒醡”(14:9),“倒神忿怒之碗”(16:1),或是“喝神强烈忿怒之酒杯”(16:19)的方式,来显示神审判的可畏;但只有在这里,他不单以五个连续的“所有格名词”来形容将要被踹的酒醡,更在此一所有格系列的最后以“全能者(τοῦ παντοκράτορος)”来形容神;因此借着这两个手法,他把末日审判的强度和可畏,推到了最高点。那些不属羔羊弥赛亚之军的人,也就是那些属龙附兽,并曾经将圣徒踩在脚底下的世人,将要在全能神剧烈忿怒之酒醡中,被再来的基督所踹踏。落在永生神的手中,并被祂扔进了祂烈怒酒醡中,真是可怕的(参,来10:31)。

19:16 在祂衣服覆盖大腿的部分,写着一个名字:万王之王,万主之主(καὶ ἔχει ἐπὶ τὸ ἱμάτιον καὶ ἐπὶ τὸν μηρὸν αὐτοῦ ὄνομα γεγραμμένον· Βασιλεὺς βασιλέων καὶ κύριος κυρίων)

在上一节经文中,约翰借着三个小小的,主题相同的“插画”,将再临弥赛亚审判世界的权柄,做了淋漓尽致的表达。而在本节经文中,他则是以“万王之王,万主之主”的名字,再次强调了祂作为世界之王和主的地位。但此一名字是写在什么地方呢?

就原文来看,和合本和新译本的翻译,即,在他的衣服上和大腿上,是没有问题的;但由于当代人习于将名号或是文字,刻在人物雕像的大腿部分,④而对观看异象的约翰而言,大腿也是骑白马者最明显的部位,因此学界中就有人认为,此处“衣服”

---

① 参,申32:35;罗12:19;来10:30。

② 有关启示录和当代文献在“圣战”之议题上的异同,见R. Bauckham, *The Climax*, 210－37。

③ 在此我们跟随Beale(*Revelation*, 963),以“形容所有格(adjectival genitive)”的方式,来理解“忿怒(τῆς ὀργῆς)”一语。准此,我们就将“τοῦ θυμοῦ τῆς ὀργῆς”译为“剧烈的忿怒”了。

④ 相关例证,见Charles, *Revelation II*, 137; Aune, *Revelation 17－22*, 1062。

和“大腿”之“和(καὶ)”,应是解释性的(epexegetical)连接词。依此见解,我们就可以将经文译为,在衣服上,即在盖他大腿的衣服上……(思高圣经);或是更简洁的:“在祂衣服覆盖大腿的部分……”①

但对约翰而言,名字写在那里恐怕不是重点。从他将骑马者的名号,“万王之王,万主之主”,放在本段经文最后部分的手法来看(19:11–16),显然名字的本身才是他所要强调的重点。在 17:14 那里,约翰已经以次序颠倒的形式(万主之主,万王之王),将这个在但以理书 4:37 (LXX)中,尼布甲尼撒王对神的称呼,应用在人子羔羊身上了。② 而在这里,在人子羔羊以审判官之姿再临的经文中,约翰自然也要再次的以此名号,来总结弥赛亚的身份和祂的工作。

正如我们在 19:12 那里所提及的,此一名号,在约翰的设计中,乃是与“除了祂自己没有人知晓其名”的描述,互相对应(A–A');因为这两个“一反一正”的形容,都凸显了再临弥赛亚超越一切受造物的无上权柄。因此,从上文来看,本节经文具有解释 19:12c 的作用。③ 但这个名号在此出现的目的,并非只是要解释“无人知晓其名”。若从 19:20–21 的下文来看,再临弥赛亚所要审判之对象,乃是兽的集团;而此集团的主帅,在 13 章中,乃是头上有亵渎的名号(13:1),并曾开口向神说亵渎之话的海兽(13:6)。也就是说,海兽乃是“高抬自己,自称为神”的那一位。因此当约翰在这里将“万王之王,万主之主”的名号,加在再临弥赛亚之身上时,他事实上是要向这个世界宣告,真正的“王和主”,并不是那“无人能与之交战”的海兽(13:4),而是拥有无上权柄的基督。正如神曾因巴比伦王尼布甲尼撒的自高自傲而刑罚了他(但 4:28–33),照样,在世界的末了,再临的基督也要来审判海兽。在祂末日的审判中,所有一切敌对神的势力,所有想要自立为神的人或是组织,将要臣服在祂的脚前,因为祂乃是“万王之王,万主之主”。④

---

① 例如,Swete, *Revelation*, 255; Beckwith, *Apocalypse*, 733; Ladd, *Revelation*, 256; Mounce, *Revelation*, 347–48; Thomas, *Revelation* 8–22, 390; Aune, *Revelation* 17–22, 1062。对此问题,Charles 则是以没有“在衣服上(ἐπὶ τὸ ἱμάτιον)”之字眼的手抄本 A 为原始经文,因此对他而言,就没有名字写在哪里的问题了(*Revelation II*, 137);但经文鉴别的证据并不支持他的决定。

② 详见该处注释。

③ Aune, *Revelation* 17–22, 1062; Beale, *Revelation*, 963. 约翰在这短短六节经文中,三次以“名字”来凸显再临弥赛亚之特色的原因,乃为反映其所暗引旧约经文的特色;详见下节经文的注释。

④ 在省略“和”的情况下,P. W. Skehan 曾将“万王之王和万主之主”的名号,译为亚兰文(מלך מלכין מרא מרון),并因此而得着与“兽 666”所相对之“777”的数值(‘King of Kings, Lord of Lords [Apoc. 19:16],’ *CBQ* 10[1948], 398)。此说相当吸引人,但却有揣测过分的嫌疑(R. Bauckham, *The Climax*, 400; Aune, *Revelation* 17–22, 1063)。再临基督和兽的对比,已在约翰将“红龙—海兽—陆兽”与三一神对比的设计中,有了清楚明白的呈现;所以他完全没有必要以如此拐弯抹角的方式,来让二者互相对应。

19:17－18　我又看见一位天使站在日头中,向天空中所有的飞鸟,大声喊着说,你们聚集来赴神的大筵席;[18]好吃君王与将军的肉,壮士与马,以及骑马者的肉,并一切自主的和为奴的,以及大小人民的肉(Καὶ εἶδον ἕνα ἄγγελον ἑστῶτα ἐν τῷ ἡλίῳ καὶ ἔκραξεν ἐν φωνῇ μεγάλῃ λέγων πᾶσιν τοῖς ὀρνέοις τοῖς πετομένοις ἐν μεσουρανήματι, Δεῦτε συνάχθητε εἰς τὸ δεῖπνον τὸ μέγα τοῦθεοῦ [18]ἵνα φάγητε σάρκας βασιλέων καὶ σάρκας χιλιάρχων καὶ σάρκας ἰσχυρῶν καὶ σάρκας ἵππων καὶ τῶν καθημένων ἐπ᾽ αὐτῶν καὶ σάρκας πάντων ἐλευθέρων τε καὶ δούλων καὶ μικρῶν καὶ μεγάλων)

在前面六节经文中,弥赛亚和其军队已然从天而降,但在正式描述此一战事之前(19:19－21),约翰却又看见了另一个小小的异象,而在其中,他看见一个站在日头中的天使,呼召飞鸟赴神的大筵席。就内容来看,这个异象和前六节经文似乎没有太直接的关联,但若从19:19－21来看,这个异象不单预告了弥赛亚之军的必然得胜,也为那即将发生的战事,创造了"山雨欲来风满楼"的张力:弥赛亚之军已然从天而出,而那要来吞吃尸首的飞鸟也已聚集翱翔,那么接下来在地上将要发生怎样的事呢?

和10:1"身披云彩,头上有虹"的天使相较,此一天使所出现的位置,"站在日头中",恐怕也具有"震撼人心"的相同效果。但若和18:1中,"拥有大权柄,地因其显现而被照亮"的天使相较,他所肩负的使命,则是相当类似的,因为前者藉"强有力之声"所带来的信息,是"巴比伦的毁灭和审判"(18:2－24);而此天使以其"大声音"所宣告的,是那曾与巴比伦结盟之"海兽国度的毁灭和刑罚"。①

正如我们在附录十三中所看见的,②此一异象乃从以西结书39:17－20而来,因为在这两段经文之间,有许多情境上的联系和字面上的呼应,例如,末日审判的文脉情节,飞鸟的聚集赴宴,以及飞鸟所要吞吃的"四组人马"等等(详见该处注释)。不单如此,在该段经文所属的以西结书38－39章中,神之所以会在末日鼓动歌革前来攻击以色列(结38:4;39:2),并将之击败的原因(38:17－23;39:3－20),乃是因为祂要藉此事件,向祂的子民以色列,以及那曾掳掠了以色列的列国,显示祂乃是这个世界的主(38:16,23;39:6－7,13,21－24)。换句话说,神意欲藉此末日战争,来彰显其名(我是耶和华;38:23;39:6,22)。从此角度来看,约翰在前面描述再临弥赛亚时(19:11－13),之所以会不厌其烦的三次提及祂的"名字",恐怕也是要反映此一旧约经文的特色。③

---

① Beale, *Revelation*, 964－65.

② 见页1041－51。

③ Beale, *Revelation*, 966.

在现今的世代中,能呼风唤雨的,是兽的亵渎之名(13:1),或是大淫妇所自夸的"大巴比伦"(16:19;18:10,16,19),但在这个世代的末了,神借着再临弥赛亚的审判,所要告诉这个世界的是,只有祂的名,才能站立得住。因此那些在手上或是额上,有了兽"记号"之人(13:16),也就是跟随了兽的"君王与将军,壮士和骑马者,一切自主的和为奴的,以及大小人民",都要仆倒,成为神的大筵席中,供飞鸟吞食的佳肴。

正如前述,此一飞鸟赴神大筵席的画面,乃从以西结书39章而来。但在该章经文中,神为要强调末日审判的可畏和完全,就给了我们三个主题一致,但内容不同的神谕:(1)以色列人要烧敌人兵器七年之久(39:8-10);(2)以色列人要埋敌人尸首七个月,才得以洁净全境(39:11-16);(3)飞鸟和野兽要在神的大祭典中,大啖以色列敌人之尸首(39:17-20)。因此我们在这里的问题是,为何约翰要在这三个神谕中,选择最后一个呢?就他所想要达到的目的而言,即,凸显神审判的可畏性和全面性,这三个神谕是不分上下的,但若参照19:7-9,约翰选择"飞鸟赴宴"之神谕的原因,就不说自明了;因为此一选择,立即让此"大筵席"和"羔羊的婚筵",有了黑白分明的对比,即,那曾在兽手下受苦的圣徒,将要得着参与"羔羊婚筵"的特权,但那些曾下手逼迫教会的人,虽然也能参与神的大筵席,但却要在其中,成为飞鸟所要吞食的"盘中飧"!①

但要成为"盘中飧"的,究竟是谁呢?"君王与将军,壮士和骑马者,一切自主的和为奴的,以及大小人民"的范围,究竟有多么大呢?就以西结书的背景来看(39:18,20),约翰在此所给我们的"四组八匹人马",乃是该段经文中,"(a)勇士的肉,(b)地上首领的血……(c)马匹和坐车的人,并(d)勇士和一切的战士"的反映。而这些人马,在接下来的经文中,就被"简化"为"列国和万民"了(39:21,23,27)。因此从这个角度来看,要在神的大筵席上成为"盘中飧"的,是所有属兽的人;毕竟当基督第二次再来之时,祂所要审判的,是这个世界。

但对此似乎是不说自明的问题,学界中却有人有不同的主张,因为他们认为这"四组八匹人马"所指的,不是"所有属兽的世人",而是那些直接参与在"海兽军团"中的军人。② 此一见解之所以会出现,乃因在20:3那里约翰告诉我们,撒但被捆绑一

---

① 亦参,Krodel, *Revelation*, 324; Aune, *Revelation* 17-22, 1063; Beale, *Revelation*, 965; Osborne, *Revelation*, 687。

② 例如,Mounce, *Revelation*, 349, 353; Beasley-Murray, *Revelation*, 283; Osborne, *Revelation*, 688; C. A. Blaising, 'Premillennialism,' in *Three Views on the Millennium and Beyond*, ed. D. L. Bock (Grand Rapids: Zondervan, 1999), 220, note 92。

千年的目的,在叫它不能再迷惑列国(亦参,20:8)。换句话说,若此处的"君王将军等人"等于"所有属兽的人",那么在他们被骑白马者所杀,而其尸首又被飞鸟吃尽了之后(19:21),撒但就无"列国"可以迷惑了。① 事实上,如是让人产生"强解经文"之印象的解释,其实是完全没有必要的,因为我们在上面已经晓得,约翰在此所见骑白马者的异象,并非在"时间上"先于"千禧年的异象"。在20:1那里我们将要看见,起动千禧年的事件,即,撒但的被捆绑,乃在基督第一次降世时,就已经发生了。因此这个限制弥赛亚末日审判范围的解释,是不必要的。再者,若从约翰所暗引之以西结书来看,此一主张的困难,也十分明显,因为在那里"飞鸟被邀赴宴"的神谕(39:17－20),乃是紧紧跟在"以色列人埋敌人尸首"的段落之后(39:11－16),因此若我们同样的以"时间先后"的角度来读这两个神谕,我们也照样会碰到相同的困难,那就是,在敌人尸首都被埋葬了之后,应神呼召而来的飞鸟和野兽,要吃什么呢?显然先知以西结并没有要我们以如是方式来解读他的神谕,而约翰之于其读者,恐怕也是如此。

为了要凸显神审判的全面性和彻底性,先知以西结不单在"取兵器为柴薪"和"埋敌人之尸"的两个神谕中,让烧兵器和埋尸首的时间长短,分别为具有象征意义的"七年"和"七个月"(结39:9,12);而在"飞鸟野兽赴宴"的神谕中(结39:17－20),他则是让这些被邀赴宴的"各类"宾客,从"四方"而来(结39:17),并在神的大筵席上,饱食"勇士首领战马战士"等四道佳肴(结39:18,20)。和此相较,约翰并没有以"四方"作为飞鸟的出处,但他却告诉我们受邀而来的,是"所有"在天空中飞翔的鸟禽,而神为它们所预备的佳肴,则有那从君王、将军、壮士、骑马者,一直到为奴和自主的,以及大小人民之肉。也就是说,从人类社会的顶层到底层,都包括在这个菜单中了。因此借着如是"包罗万象"菜单,约翰也照样强调了弥赛亚末日审判的全面性。除了那跟随祂而来的"天上众军(圣徒)"之外,其余的人都要落在祂的审判之下,无一例外。从反面来说,若在那个时刻,还有任何不属于祂的人,能幸免于祂的审判,那么祂

① 为解决这个问题学界还有几个不同的主张。(1)Caird认为在此受到审判的,只有那些拥有政治权力的人,列国则不在其内(*Revelation*, 251－52);(2)W. Bousset则以"跟随兽的",即,在此被杀的,乃是"邪灵"之方式,来回避此一困难(见,Beasley-Murray, *Revelation*, 282, note 1);(3)H. Hoehner则认为20:3中的"列国",所指的是与再临基督同来的圣徒,即,从"列国"中蒙召得拯救的圣徒('Evidence From Revelation 20,' in *A Case for Premillennialism: A New Consensus*, eds. D. K. Bampbell and J. T. Townsend [Chicago: Moddy, 1992],252)。此说的困难,在将此节中的"列国",和20:8中的"列国",做了不同的解读。

要如何称为并成为“万王之王和万主之主”呢(19:16)?①

19:19 我看见那兽和地上的众王,并他们的众军,都聚集了,要与骑白马者和祂的军队作战(Καὶ εἶδον τὸ θηρίον καὶ τοὺς βασιλεῖς τῆς γῆς καὶ τὰ στρατεύματα αὐτῶν συνηγμένα ποιῆσαι τὸν πόλεμον μετὰ τοῦ καθημένου ἐπὶ τοῦ ἵππου καὶ μετὰ τοῦ στρατεύματος αὐτοῦ)

在前两个异象中,约翰已经看见弥赛亚和其军队的从天而降(19:11－16),而那些应天使之邀,前来大啖神筵席的飞鸟,也已经盘旋于空中(19:17－18);但一直要到了这个段落中的第三个异象,他才看见弥赛亚军队的对手,和天上飞鸟所要吞食之“佳肴”的出现。如是文学手法,一方面让人产生“接下来要发生什么事”的期待,也在另外一方面让前两个异象,有如两个探照灯般的,将我们所有的注意力,都聚焦在这第三个异象中所要出现的“人事物”之上:“那兽和地上的众王,并他们的众军,都聚集了,要与骑白马者和祂的军队作战。”

在旧约和当代的启示文学作品中,“世上众王聚集军兵,攻击属神百姓”的主题,曾多次出现。② 在这些文献中,此处启示录经文所本的,有可能是撒迦利亚书14:2(亦参12:3;14:13－14),因为在那里神藉先知之口向以色列百姓所说的是,“我必聚集万国与耶路撒冷争战……”③但若考量其上下文,即,在此末日战争中,属神的百姓以色列依旧要经历被抢夺、被玷污和被掳之苦(14:1－2),那么个主张的可能性,就降低了许多,因为在约翰的“末日弥赛亚战争”中,属神的百姓乃跟随羔羊的得胜之军,而他们将完全不会受到任何一丁点的伤害。

和此处启示录经文最接近的,依旧是以西结书中的末日歌革之战,因为在那一段

---

① 在同样论及末日审判之时(第六印),约翰告诉我们那将要受到审判的,是君王、臣宰、将军、富户、壮士和一切为奴的和自主的等“七组人马”(6:15)。但在这里,他则是给了我们“四组八匹人马”。究其缘由,不单是因为以西结书中有“四组人马”,也因为他在此也想要让再临弥赛亚和海兽对比,因为当羔羊再临时,祂要审判(统管)的,有“八匹人马”,而看似无人能敌的兽,所能统管的也只有“六匹人马”(大,小,贫,富,自主的,和为奴的;13:16)。此一理解并非空穴来风,因为“8”这个数目,乃因耶稣“在七日的头一日复活(7+1)”的缘故,而成了祂的“数目”,并成为祂所要引进之“新创造”的象征(相关当代文献索引和讨论,见,R. Bauckham, *The Climax*, 396)。因此从这个对比中,我们也一样看见此一末日审判的全面性。

② 例如,诗2:1－3;赛66:18(亦参,赛42:13);结38:2－8,14－16;39:1－6;珥3:2;亚12:1－9;14:2;以诺一书56:5－6;90:13－19;99:4;巴录二书48:37;70:7;以斯拉四书13:33－38;禧年书23:23;西卜神谕篇3:663－68;所罗门诗篇2:1－2;17:22－23;约瑟遗训19;1QM1:10－11;15:2－3等等。

③ 在同时确认以西结书38－39对此处经文的影响的情况下,Beale也认为约翰在此所本的,也包括了这个撒迦利亚书的经文(*Revelation*, 967－68)。

经文中，先知不单两次提及歌革之军的被神聚集（38:7，13），①也四次提及“聚集”之后的结果，即，“大队/各队/军队/军兵”的形成（38:4，7，13，15）。② 不单如此，在该段经文中，被神所聚集的歌革之军，其攻击目标乃被神复兴，并回归故土的以色列人（38:8）；而此对象，在启示录的前面，已被约翰等同于新约教会了。因此在这里约翰所给我们的，乃是旧约末日歌革之战的“新约版”。在先知以西结的笔下，前来攻击圣徒的主帅，乃统领“四方列国”的歌革王（详见附录十三），但由于约翰在启示录13章那里，已将末日敌对神之邪恶势力，依但以理书第七章而转化为“海兽”，因此在论及属兽军团在末日所要兴起的战争时，他就自然要让海兽成为此一军旅的元帅了。

在16:12－16那里我们已经看见，因着从“红龙，海兽和陆兽（邪恶三一）”口中而出的邪灵，普天下的众王就聚集于“哈玛吉多顿”山上，要与神争战（在神的大日子）。但在这里，约翰却告诉我们，海兽集团的争战目标，是以羔羊弥赛亚为元帅的白马之军。如是“差异”其实不难理解，因为在约翰的设计中，“邪恶三一”中的“海兽”，所对应的乃是“神圣三一”中的第二位（基督），因此当他从这个角度来叙述末日之战时，海兽集团的对手，自然就是“弥赛亚兵团”了。换句话说，此处的末日之战，并非哈玛吉多顿大战的延续，③而是同一个战争。④ 从前文来看，当约翰在启示录13章中，藉但以理书之四兽为骨架，并以当代罗马为衣，⑤而让“海兽”成为人类历史中，敌对神国势力的总和和象征之后，他在论及羔羊弥赛亚之末日审判时，自然要让海兽和其所建立起来的国度，在此一事件中出现。正如它一贯所行，它在此也同样聚集它的众军，并以羔羊和其跟随者为对象。依照它过去的经验，这支羔羊之军应该不是它的对手，因为他们只会以默然忍受的态度，来应对它所加在他们身上的刑罚和苦难（13:9－10）。但如是戏码，是否会重复上演呢？当弥赛亚的白马之军从天而降之后，或者说，当“天开了”之后（19:11），过去在人类历史时空中掌权为王的海兽，还能继续维持它的地位和权势吗？它也许以为情况将会是如此，但……

---

① הַנִּקְהָלִים（38:7）；הִקְהַלְתָּ（38:13）. 在文脉中，这两个被动动词（Niphal）显示，招聚军兵的，可能是歌革，但由于歌革乃神所使用的工具（38:4；39:2），因此歌革之军至终乃为神所招聚的。

② 被译为“大队/各队/军队/军兵”的希伯来文（קָהָל），乃是从动词“聚集（קָהַל）”所衍生而出的名词。

③ Mounce, *Revelation*, 349; Osborne, *Revelation*, 688.

④ Wilcock, *Revelation*, 190－91; R. F. White, ‘Reexamining the Evidence for Recapitulation in Rev 20:1－10,’ *WTJ* 51（1989），319－44; M. G. Kline, ‘Har Magendon: The End of the Millennium,’ *JETS* 39（1996），207－22; Aune, *Revelation* 17－22, 866, 1047, 1079; Beale, *Revelation*, 967－68, 976－78. 亦见笔者博士论文 Ezekiel in Revelation: Literary and Hermeneutic Aspects（Univ. of Edinburgh, 1999），132－35。

⑤ 详见13章的注释。

19:20 那兽被捉拿,那曾在兽面前行奇事迷惑人,使他们接受兽的记号并拜兽像的假先知,也与兽一起被捉拿;它们两个就活活的被扔进烧着硫磺的火湖里(καὶ ἐπιάσθη τὸ θηρίον καὶ μετ᾽ αὐτοῦ ὁ ψευδοπροφήτης ὁ ποιήσας τὰ σημεῖα ἐνώπιον αὐτοῦ, ἐν οἷς ἐπλάνησεν τοὺς λαβόντας τὸ χάραγμα τοῦ θηρίου καὶ τοὺς προσκυνοῦντας τῇ εἰκόνι αὐτοῦ· ζῶντες ἐβλήθησαν οἱ δύο εἰς τὴν λίμνην τοῦ πυρὸς τῆς καιομένης ἐν θείῳ)

"两军对峙,战鼓擂动"可说是上节经文所给我们的整体印象,因此"刀光剑影,血流成河"就成了我们对此末日之战的期待。但映入我们眼帘的,却是兽和假先知的被捉拿,以及他们被扔入硫磺火湖之中。也就是说,此一末日之战还未开打,就已结束。但何以致之?是因为奉神之命而来到的白马战士,乃全能神的全权代表吗?当然。但对约翰而言,此一"战争"之所以会进行的如此迅速,是因这个战事的胜负,早已在十字架上决定了(参,12:5),而此战争的过程,也在那些跟随羔羊之人,至死不渝的持守了信仰之斑斑史迹中,有了交代(参,12:10-17);因此在末日之战中,所剩下唯一尚未完成的工作,就是捉拿元凶战犯,并绳之以法。①

作为"海兽军团"之元帅的海兽本尊,当然是第一个被捉拿的。擒贼怎能不先擒王呢?而"那曾在兽面前行奇事迷惑人,使他们接受兽的记号并拜兽像的假先知",也一同被捉拿。从约翰在13章中对陆兽的描述来看(13:13-17),此一"假先知"无他,乃陆兽本人。② 而约翰之所以会如此不厌其烦地引介它出场,不单是因为它在此处,才第一次在末日战事之中现身,也因为约翰想要藉此描述,解释它为何会与海兽同被擒拿。它容或不是"主谋",但肯定是"帮凶",是与海兽共创海兽王国的一丘之貉。

海陆二兽的同被捉拿,③只是末日审判的第一步,因为它们还要"活活的被扔在烧着硫磺的火湖里"。正如神为审判那抵挡摩西之可拉党人,叫地开了口,而使他们"活活的坠落阴间"(民16:33;亦参,诗55:15);照样,此处"活活的"一语,其含义也在显示末日审判的可畏。④ 但更令人毛骨悚然的,是它们要被扔进"烧着硫磺的火湖里"。在新旧约,犹太文献和当代的希腊罗马文学作品中,"硫磺火湖"只在启示录中

① Rissi 亦持类似的见解(*The Future of the World*, 26-27),但他却没有将"圣徒所进行后续的,扩大羔羊战果的"部分,列入考量。毕竟在此与海兽军团对阵的,除了有羔羊弥赛亚之外,还有随祂而来的白马之军。

② 有关陆兽如何能和假先知划上等号的分析,见13:11的注释。

③ 在"被捉拿"和"被扔进(硫磺火湖)"的两个动词中,我们再次看见约翰为凸显神的权柄,而使用了"属神的被动语态(divine passive)"。类似手法,见6:2,4,8,11;7:2;8:2,3;9:1,3,5等等。

④ Swete, *Revelation*, 258. Osborne 认为"活活的"一语显示,此乃"末日刑罚是有意识"之说的证据(*Revelation*, 690)。但此一推论的根本问题,在他将约翰对"象征事物(海陆二兽)"的描述,等同于"象征所指射之事物"的描述。在约翰的异象中,"活活的"所暗示的是,海兽(政治权势)和陆兽(虚假宗教)都依旧正常运作,直到末日审判来到为止。

出现，并且也都只出现在骑白马者、千禧年、白色大宝座和新天新地这四个异象的结尾处（19:20;20:10;20:14－15［三次］;21:8）。① 因此这个“硫磺火湖”的含义和出处，就相当引人好奇了。就“火湖”而言，我们在埃及的“死者之书”中，看见了它的踪迹（位于地底下），并且此一“火湖”，也和“第二次的死”（参，启 20:14;21:8）有所关联。但约翰是否从此传统中得着如是概念，则不能完全确定。②

在全本圣经，“火”乃是神审判的工具，而自从神从天降下火与硫磺来刑罚所多玛和蛾摩拉之后（创 19:24－25），火与硫磺就成为祂审判的固定模式了。③ 与此传统相较，约翰在启示录中，一方面多次以“火”作为神刑罚的象征，④而在另外一方面，他也在论及末日审判之时，四次以“火＋硫磺”的方式，来强调这个审判的严重性（14:10;19:20;20:10;21:8）。⑤ 由此观之，“硫磺火湖”的在此出现，就不令人意外了。不单如此，在约翰所暗引的以西结书中，“火＋硫磺”是神刑罚歌革之军的工具之一（结 38:22;亦参，39:6）；因此它们在这里的现身，也是该段旧约经文的反映。⑥

但约翰为何要将“火＋硫磺”的元素，放大为“火湖”呢？（1）在有关第四兽受审判事上，先知但以理所看见的异象，是它被扔在那从神面前所流出的火河之中，并被焚烧（但 7:10－12）；因此学界中就有人认为，此处的“火湖”，乃从此旧约异象转化而来。⑦ （2）自从犹大王亚哈斯和玛拿西在欣嫩子谷，以其儿女为祭献给外邦偶像后（代下 28:3;33:6），这个位在耶路撒冷城南边的山坡地，就有了无法抹灭的恶名。在先知的笔下，它有了“陀斐特”之名，⑧因为这个名字的原意是“火炉/烧火的地方”，而

---

① 有关这个现象的文学结构性意义，见前面“经文结构”的分析。

② 相关讨论和文献出处，见 Aune, *Revelation* 17－22, 1066, 1092。

③ 参，诗 11:6；赛 30:33；结 38:22；太 10:15；11:24［＝路 10:12］；路 17:29；彼后 2:6；犹 7。

④ 参，8:5, 7, 8；11:5；14:18；15:2；16:8；17:16；18:8；20:9, 14, 15；21:8。

⑤ 14:10 和此处经文的平行关系，不单在“拜兽之人受审”的相同主题上，显示了出来，也可以从“巴比伦受审（第二位天使之宣告）—拜兽之人受审（第三位天使之宣告）”的相同的顺序上，得着证实（参，启 17－19:10；19:11－21）。此一观察因此显示，对约翰而言，“火＋硫磺”乃末日审判的象征；而此概念，和耶稣以及其他新约作者的见解，是一样的（参，太 10:15；11:24［＝路 10:12］；路 17:29；彼后 2:6；犹 7）。

⑥ Beale, *Revelation*, 968.

⑦ Hailey, *Revelation*, 388; Beale, *Revelation*, 969; Osborne, *Revelation*, 690. 本于但以理“火河”的概念，以诺一书的作者说，世上的王将要被扔进“一个烧着火的深谷”（54:1），而恶人则要被扔进“一个烧着火的深渊”（90:24－27）。类似的说法，亦在以诺二书 10:2（火河），和西卜神谕篇 2:196（烧着烈火的大河）中出现。

⑧ 参，赛 30:33；耶 7:31－32；19:6－14。

为显示其“献人祭”的历史，它就有了从“可耻的(בֹּשֶׁת)”一字而来的元音。① 在间约时期的犹太著作中，“欣嫩子谷”(或是陀斐特)也因着它可憎的过去，并因着旧约中，神惯以“火”来刑罚人的传统，而被称为“被咒诅的山谷”或是“深渊”，也就是神施行其末日刑罚的所在。② 因此在新约中，欣嫩子谷就被等同于“地狱(Gehenna)”，因为在那里的火，乃是不灭的。③ 本于此，学界中也有人认为约翰的“火湖”，乃源出旧约的“欣嫩子谷”，也是耶稣口中的“地狱”。④

就此处“末日审判”的文脉逻辑而言，这两个见解都有其可能，因为“火河”和“欣嫩子谷/地狱”虽是不同的画面，它们的含义却和约翰的“硫磺火湖”，没有差异。但这两个含义相距不远的旧约背景，却没能解释为何约翰要以“火湖”，来作为神末日刑罚的所在。从约翰在启示录中所惯用的“对比”手法来看，例如，“邪恶三一(红龙海兽陆兽)”和“神圣三一(圣父圣子圣灵)”的对比，或是“大淫妇巴比伦”和“新妇耶路撒冷的”的对应等等，此处的“火湖”也应该有其对应之物。从约翰的宇宙观来看，即，“天上—地上—地底下”(5:3;亦参，5:13)，“火湖”(地狱)应坐落在“地底下”的部分，因此它所对应的，应在“天上”。而在启示录的前面，我们不单在天庭异象中，看见在神宝座前的“玻璃海”(4:6)，也在15:2-4中，看见那些胜了兽和兽像的人(圣徒)，站在“玻璃海”上，为神公义的审判而大唱颂赞之歌。⑤ 因此象征神刑罚的“火湖”，所对应的，应该是象征神的(以及圣徒)得胜，明如水晶之“玻璃海”。但约翰为何不以更具有对应效果的“火海”来作为神刑罚的象征呢？原因可能有两个。第一，“海”乃海兽的“老家”(13:1)，因此若把它扔入“火海”，很可能给人“纵虎归山”的错误印象。第二，更重要的，在后面约翰将要告诉我们，当新天新地来临之后，象征敌对神国之邪恶势力的“海”，也将不再有了(21:1)；因此以“火湖”来取代“火海”，其实是有其文脉上的考量。

事实上，以文脉为其考量的，还不只是“火湖”而已；因为约翰在此也告诉我们，在此火湖中焚烧的，乃硫磺。此一项目，在启示录中，也出现在第六号两万万马军的异象中，而在那里，我们看见此一邪灵之军杀人的武器，乃从它们口中而出的“火、烟和

---

① “陀斐特”在亚兰文中原是“帖帕特”，但在加上了“可耻的”一字的元音之后，就成了“陀斐特”(J. A. Thompson, *Jeremiah*, 294; W. L. Holladay, *Jeremiah* 1,264)。准此，欣嫩子谷 = 陀斐特 = 可耻的。

② 以诺一书 18:9-16;90:24-27;103:7-8;以诺二书 40:12;巴录二书 59:5-12;亦参，1QH3。相关讨论，见 *TDNT* 1:657-58; *ABD* 2:926-28。

③ 太 5:22;18:9;可 9:43[44];亦参，太 5:29f; 10:28;23:15,33;可 9:45[46],47;路 12:5;雅 3:6。

④ 例如，Beckwith, *Apocalypse*, 68,735; Ford, *Revelation*, 315; Mounce, *Revelation*, 350; Osborne, *Revelation*, 690。

⑤ 亦参，Aune, *Revelation* 17-22,1066。有关“玻璃海”的含义，见 4:6 的注释。

硫磺”(9:17－18)。因此从此上文来看，再临弥赛亚对“海兽军团”的刑罚，即，“扔进烧着的硫磺火湖里”，其实也具有“以其人之道还治其人”的含义。它们曾以其“异端邪说”陷人于万劫不复的灭亡中(详见该处注释)，因此在世界的末了，再临的弥赛亚也要叫它们在其所信奉和传扬的虚假真理中灭亡。领瞎子而行的瞎子，至终也要掉入坑中(太15:14；路6:39)。

19:21 其余的人也被骑白马者口中所出之剑杀了；飞鸟都吃饱了他们的肉(καὶ οἱ λοιποὶ ἀπεκτάνθησαν ἐν τῇ ῥομφαίᾳ τοῦ καθημένου ἐπὶ τοῦ ἵππου τῇ ἐξελθούσῃ ἐκ τοῦ στόματος αὐτοῦ, καὶ πάντα τὰ ὄρνεα ἐχορτάσθησαν ἐκ τῶν σαρκῶν αὐτῶν)

在主副元帅(海陆二兽)都被捉拿，并被扔进硫磺火湖中之后，再临弥赛亚自然就要将祂的审判焦点，转向那些跟随它们的众军，也就是那些在手上或是额上受了兽记号的人。和邪恶马军以其口中所出的“火、烟和硫磺(异端邪说)”来杀人的情况相较(9:17－18)，再临弥赛亚则是以其口中所出的剑来刑罚仇敌。此剑，正如我们在19:15那里所说，乃是神的话。因此约翰在此所要凸显的，是再临弥赛亚要借着祂所说的话来审判。祂要借着祂所说的真理，显示海陆二兽之论的错误，并据此判定那些跟随它们之人的命运。对那些敞开胸怀，欢喜接受并遵行祂话语的人，祂所说的话，乃是生命平安，是救恩；但对那些拒绝祂的真理，反而拥抱海陆二兽所传扬之虚假道理的人，祂的话，祂的真理，就要成为他们的审判了。借着祂的话，再临弥赛亚就要将他们从这个世界上除灭。祂的话乃永恒生命，因此拒绝祂话语的人，除了死亡之外，还会有什么结果呢？能以“话语”创造生命的上帝(创1)，在世界的末了，当然也能藉其爱子的话语，来结束生命；因为祂乃“万王之王，万主之主”(19:16)。①

借着“其余的人都被杀”的语句，此一审判的全面性已有了交代。但约翰似乎还不满足，因为他紧接着告诉我们的是，“飞鸟都吃饱了他们的肉”。就上文来看，“呼召飞鸟赴宴”的邀请(19:17－18)，在此有了应验和实现，而在那里我们也已经晓得，这个“飞鸟饱食敌人尸首”的画面，乃是以西结书39:20的反映。在旧约诸多经文中，“将尸首给田野的野兽和天空的飞鸟吞吃”，是神对人审判的方式之一，②但在这些经文之中，耶利米书7:29－34在此恐怕也扮演了一个重要的角色，因为在那里神对那些曾在“欣嫩子谷(＝硫磺火湖；参上节经文注释)”，向偶像献上人祭的犹大家所发

① 在此我们实在不必对此“末日战争”，依字面上的意义而做过多的，并且是不必要的揣测(例如，血流成河等等；参，Thomas, *Revelation* 8－22，400)。此一“末日之战”，恐怕和耶稣基督在十字架上所打的“战争”，以及圣徒藉默然受苦所进行的“战争”一样，是不能以“刀枪大炮，捉对撕杀”的方式来理解的。我们也许无法完全理解此一末日战争的确切形态，但它肯定不会是“人们拔刀抡枪彼此相杀”式的战争，也就是我们所熟悉的战争。

② 参，申28:26；撒上17:43－46；王上14:11；16:4；21:24；耶7:33；16:4；19:7；34:20；结29:5；32:4。

的审判是,此地将要成为"杀戮谷",而"这百姓的尸首,必给空中的飞鸟……作食物,并无人哄赶"。① 就神审判的对象而言,耶利米书的犹大家和约翰的列国,并不相同,但就这两个群体受审的原因而论,却是一致的,因为他们都是因着偶像崇拜而受到了刑罚。从此旧约背景来看,特别是从"无人哄赶"的描述来看,显然约翰(以及耶利米)藉"飞鸟都吃饱了他们的肉"所要再次强调的,是再临弥赛亚之审判的"彻底性",因为当"其余的人"都倒在骑白马者之剑下以后,在天地之间,除了跟随羔羊的众军之外,就没有别人了。所有一切不属羔羊的人,都要在此战役中灭亡。毕竟此乃末日审判。

附录十四 启示录中的千禧年

就个别的经文段落和议题而言,约翰在启示录20:1－10中所论及的千禧年,恐怕是整卷启示录中,最被教会和信徒所关注的题目之一。这个问题理应被关注,也应该被讨论,因为千禧年的议题,不单是神所启示之真理中的一部分,也直接影响到我们对人类历史的看法。不单如此,千禧年的问题之所以重要,也因着它也关乎我们对教会在这个世界中,所应扮演角色的认知。换句话说,千禧年议题的重要性,不单在它"属真理"的部分,也因着它对实践信仰的问题,有着巨大的影响。但在我们讨论这个问题之前,让我们先回顾一下教会历史中的先圣先贤们,曾对此议题提出怎样的看法。

教会历史中的"千禧年"议题

在约翰写下启示录的短短几十年之后,千禧年的问题就引起了早期教会的关注。在第二和第三世纪教会中,因着罗马政权的统治和逼迫,多数教父就将盼望放在千禧年之上。他们认为基督即将到来;而在其时,已死的圣徒将要复活,和当时依旧在世的信徒,与基督做王一千年(20:4)。在这个延续千年的国度中,圣徒将要得享平安,也要在神丰富的物质供应中,得享快乐。此一见解,和那在十九世纪出现,并于二十世纪中广受欢迎的"前千禧年派"之间,并没有太大的差异,②只是前者认为基督即将再临,而后者则对基督何时再来,以及随之而来的千禧年国度要在何时发生的问题,采取了一个不可知的立场。

---

① 事实上,此一旧约经文和启示录的联系,也在"耶路撒冷城中,新郎新妇之声止息"(耶7:34)和启示录18:23"新郎新妇之声不再"的呼应中,更进一步得着证实。

② "时代主义论者"当然也属此一派别,只是他们认为千禧年不关乎教会,而是以色列民族的复兴,并与基督同做王一千年。

但基督并未如教父们所预期的，在很短的时间内降临，而当初将逼迫教会的海兽等同于罗马的见解，在康士坦丁大帝（Constantine the Great，AD 288－337）将基督教设立为罗马国教之后（AD 322），也完全不可能再继续持守了；因此对千禧年之解释，也就有了修正的必要。跟随其师泰空纽斯（Tyconius）之见，①第四世纪的教父奥古斯丁（Augustin；AD 354－430）就主张，"重复（recapitulation）"乃启示录的文学特色，而此一特色在启示录20章中的反映，是千禧年始自耶稣的第一次降世之时，而将要在祂第二次再临之时结束。对他而言，约翰在启示录20:1－3中所见"天使捆绑撒但"之异象，乃与耶稣所说"除非先捆绑壮士（撒但），人就无法抢夺其财物"之教训（太12:29），彼此平行，互相解释；因此千禧年就始自基督的第一次降世。换句话说，当教会藉其所传福音，将人从撒但的手下释放出来，并将人带进了教会之时，撒但即被捆绑，而新耶路撒冷也就被建立了起来。和当时"基督即将再临"之见解相较，奥古斯丁则是本于耶稣"只有父才知道末时日期"的教训（徒1:7），拒绝预测"基督再临"的时间。此一见解，因其主张"千禧年已经降临"，也就是说，在"世界末了"之时将无"千禧年"，因此在学界中，这个见解就被称为"无千禧年派"。此一名词其实并不妥当，因为它给人"无"千禧年的印象。比较好的说法，应是"已实现的千禧年论（realized eschatology）"，或是"已启动的千禧年论（inaugurated eschatology）"。

从奥古斯丁以降，无千禧年论就成为西方教会对启示录20:1－10的主要看法，而此现象，也在希腊正教的范围中出现；因为安德烈主教（Andreas of Caesarea；6－7世纪）的无千禧年论，也在东方教会中，成为主流。但就西方教会而言，奥古斯丁之无千禧年论独霸教会论坛的形势，到了十二世纪中，有了改变。因为在其时，意大利修道士约雅斤（Joachim；AD 1135－1202）主张，启示录所言乃教会历史，因此启示录20章中的千禧年，就成了那将要在世纪末了时，才要发生的事。对他而言，回教禁止基督徒到耶路撒冷朝圣的举措（兽的第五个头），以及神圣罗马帝国之皇帝（兽的第六个头），在任命神职人员一事上，和教皇之间的争斗（参，启17:9－10），都显示末日已经快要到了。

对约雅斤来说，启示录虽然是"教会历史"，但他依旧持守者奥古斯丁对启示录"重复"特色的主张。也就是说，约翰在启示录中，乃是从不同的角度，重复的描述教会历史。但此一主张，却被十三世纪方济会的修道士亚历山大（Alexander the Minorite；AD 1271）所彻底放弃。他认为启示录2－3章反映了早期教会的现况，而6－9，10－14和17－20章，则分别是一至五，五至十，以及十一至十二世纪的教会历

① 泰空纽斯乃属北非多纳徒派（Donatists）。

史。此一以“历史”角度来理解启示录的主张,成为十二至十八世纪的“显学”,特别是在改革宗(Protestent)的阵营中,因为此说为他们提供了一个将“教皇等同于巴比伦”的理论基础。

但此一主张其实是把“两刃剑”,因为在天主教阵营中的某些人,为反制改革宗抹黑教皇的举动,也依样画葫芦地把改革宗视为邪恶势力的代表,并在马丁路德和海兽之间,加上了一个等号。但在天主教的阵营中,并非所有的人都采取了“以其人之道还治其人”的策略。举例来说,耶稣会的修士瑞贝拉(Francisco Ribera)就主张,启示录第六章之后所言,除了前五印之外,①乃未来之事。和奥古斯丁一样,瑞贝拉也认为我们应以象征的方式,来理解“千禧年”,因为约翰藉之所表达的,是一个属灵的真理。

以“未来观点”来回应“历史派”对教皇之指控,是一个不错的途径,因此这个主张就在天主教的阵营中大受欢迎。但除此之外,也有人以“过去的观点”,来回应改革宗的挑战。举例来说,葡萄牙的耶稣会修士阿卡萨(Luis de Alcazar, AD 1554 - 1613)就认为,启示录 4 - 11 章的主题,是犹太人对教会的逼迫,以及他们的受审判;12 - 19 章则是教会的建立;异教罗马是巴比伦;捆绑撒但的是康士坦丁大帝;而千禧年已在基督教成为罗马国教之时,开始实现。此说和“未来派”之见相当不同,但由于它也具有反制作用,因此在天主教之内,也相当受到欢迎。

在十六至十七世纪,我们除了看见改革宗以“历史的观点”来解读启示录,并藉之来攻击对手之外,我们也看见天主教的阵营以“未来的”和“过去的”两种解读启示录之方式,作为他们的回应。但当我们来到了十八世纪时,“后千禧年派”的主张却也悄悄地在“末日的市场”中出现。和“历史派”一样,此派人士也认为启示录所言,乃教会历史。但和“历史派”所不同的是,他们主张“千禧年”并非藉由神超自然地介入(基督第二次再临)而来到,而是教会努力传福音的结果。也就是说,当这个世界中大部分的人,都成为基督徒,而各样政治,经济和司法制度,也都依照圣经的原则而建立起来之后,千禧年就要在这个世界中实现了。在文艺复兴、工业革命领军的时代中,这个末日观可说是当时乐观气氛的反映。不论对那些想要将福音传遍世界的教会而言,或是对那些想要借着科技文明来改变世界的人来说,这个主张当然是受到欢迎的。但此一主张,虽然在十九世纪中大行其道,但在二十世纪里,却因着两次世界大战对其所反映之“乐观主义”的斫伤,而逐渐地失去了它的影响力。此时此刻,它当然还有支持者,但在学界和教会中,它的地位却完全不能和一两个世纪之前的情

① 对瑞贝拉而言,一至五印乃罗马皇帝图拉真(Trajan; AD 53 - 117)之前的历史。

况相比。

正如前述,以"未来观点"来解读启示录的主张,乃是天主教阵营为了应对改革宗之攻击而产生的。但在十九世纪中,此一主张却也在其相对应的阵营中出现。而在其中,达比(Nelson Darby, AD 1800-1882)可说是此一主张的代表人物,因为他将圣经历史分为不同时期的主张,使得此一见解,有了"时代主义"的名号。达比所属的宗派(Plymouth Brethren)并不算大,但因着司可福(C. I. Scofield)将此概念,引进了他所出版的司可福圣经中,这个见解就大行其道了,特别是在北美的教会中。在"未来派"的阵营中,当然也有人不认同将历史切割为不同时代的作法,但就影响范围而言,在几个"末世论"中,"时代主义"拥有最多跟随者的事实,却不容否认。① 而此现象,在华人教会中,大致上也是一样的,只是最近一二十年来,情况已渐渐有所改变。

上述有关教会曾如何解读启示录的历史,是十分简短的,但从这个短短的回顾中我们已经可以看见,就释经方法而言,教会历史留给我们"过去的"、"重复的"、"历史的"和"未来"的四条路;而就"千禧年"的议题而论,先圣先贤们则是给了我们"无千禧年"、"前千禧年"和"后千禧年"的三个选择。但在如此丰富的遗产面前,我们应该如何理解启示录中的"千禧年"呢?何者是比较可能的解释呢?

启示录中的千禧年问题

对如何解读整卷启示录的问题,我们在前面已经多次提及,"重复"乃是启示录的文学特色之一。而此特色,在千禧年经文所属的段落中(19:11-21:8),也一样出现。举例来说,(1)构成这个段落的四个异象,就是由两个关乎审判和两个关乎复兴的小段落所组成:骑白马者的审判(19:1-11)和白色大宝座的审判(20:11-15);以及千禧年的复兴(20:1-10)和新天新地的复兴(21:1-8)。除此之外,(2)这四个小段落都以"硫磺火湖"的主题为结尾的现象(19:20-21;20:10,14-15;21:8),也再次凸显了此一文学特色。再者,(3)我们在附录十三中也已经晓得,约翰在19:17-21中所提及的"飞鸟大筵席",以及他在20:7-10中所看见的"末日歌革玛各大战",都是以先知以西结所论及的末日歌革之战(结38-39),为其蓝本,因此从这个重复暗引同一段旧约经文的现象来看,约翰显然也有意要其读者留意这个文学特色。(4)若我们将范围再扩大一点,并以"主题"为准,启示录最后六章的经文,可以用如下的方式来编排:

① 上述历史回顾,乃根据 A. W. W. Wainwright 而来(*Mysterious Apocalypse* [Nashville: Abingdon Press, 1993],21-87)。类似的历史回顾,亦见 Beckwith, *Apocalypse*, 318-36。

A 大淫妇巴比伦的审判(17:1-19:6)

B 新妇婚筵的举行(19:7-10)

C 骑白马者的审判(19:11-16)

D 兽和假先知的受审(19:17-21)

E 撒但被捆绑一千年(20:1-3)

E' 圣徒和基督一同做王一千年(20:4-6)

D' 歌革玛各的受审(20:7-10)

C' 坐白色大宝座者的审判(20:11-15)

B' 羔羊婚筵的举行(21:1-8)

A' 新妇耶路撒冷的复兴(21:9-22:9)

此一结构显示,这六章经文的编排原则,并不是"时间顺序",而是以主题,或是以神学议题上的需要,为其主要考量。① 在 ABCDE 和 A'B'C'D'E'的对应中,同一个主题不是出现了两次(例如,B-B'[羔羊婚筵]),就是以彼此互补(C-C'; D-D'),或是彼此对应(A-A'; E-E')的型态,重复出现。

从这几个我们所观察到的现象来看,启示录的文学特色之一,的确是"多元重复"(或是多方重复)。但如是观察和推论,只表示 20:1-10 中的千禧年,就时间顺序而言,并不必然就在跟在基督第二次再临(前千禧年派),或是跟在"世界基督化"(后千禧年派)之后。如是观察和推论,只显示我们有可能以"话说从头"的方式,来理解此段经文。换句话说,要厘清千禧年和前段"骑白马者异象"之间的关系,或是要提出"约翰在 20:1,带我们回到了基督第一次降临之时"的主张(无千禧年派),我们还需要其他的证据(详下)。

启示录 12 章和 20:1-10 之间的对应

启示录 12 章	启示录 20:1-10
1 羔羊男孩的降世和被提(1-6) 2 男孩得胜的意义—撒但被赶出天庭(7-12) 3 撒但对妇人和她其余儿女的逼迫(13-18)	1 撒但被捆绑(1-3) 2 圣徒和基督在天上一同做王一千年(4-6) 3 撒但迷惑并招聚世人来攻击教会,但被彻底击败(7-10)

① 此乃 B. W. Snyder 的观察('How Millennial is the Millennium? A Study in the Background of the 1000 Years in Revelation 20,' *EJ* 9[1991],71),但笔者也在其上做了一些调整。

就结构来看，这两段经文都由三个段落所组成，而其内容，也互相对应：(1)羔羊男孩的被提，显示了祂的得胜，而撒但的被捆绑，也具有同样意义；(2)在第一个段落中所发生之事的意义，都成为第二个段落中的主题（撒但被逐出天庭；圣徒和基督在天上做王）；(3)撒但后续的动作，也都是第三个段落的主题，只是在20章中，约翰也在这个项目之上，加上了撒但之军的败亡。此一新增元素，并不令人意外，因为他在此所言，乃末日之事。

事实上，这两段经文除了在结构和内容上彼此呼应之外，也在如下的几个方面彼此对应：(1)在12章中，第一个和第三个段落的联系，乃是借着12:6的"伏笔"——"妇人就逃到旷野"和12:13的"回溯"——"龙就逼迫妇人"，这两个语句来达成的；而此文学设计，也在20:1－10的段落中出现，因为在20:3那里，我们所读到的，是"等到一千年完了，撒但要被释放"；而在20:7那里，约翰则是告诉我们，"那一千年完了，撒但就被释放了"。(2)在12章中，第一和第三个段落之间，也借着妇人（教会）受苦"1260天"(12:6)和妇人被神养活"一载两载半载"(12:14)，而连接在一起。如是现象，也正是20章的文学特色，因为千禧年经文中的三个段落，也是借着"一千年"的语句而被连结在一起(20:2,3,4,5,6,7)。(3)在启示录中，以"龙＋古蛇＋撒但＋魔鬼"之方式来描述撒但的经文，只出现在12:9和20:2，而其"迷惑人"的特色，也正是这两段经文所要凸显的重点(12:9;20:3,8)。

综上所述，启示录12章和千禧年经文，不单在结构和内容上彼此平行，也在文学设计和主题上彼此呼应。因此若约翰在启示录12章，"话说从头"的论及羔羊男孩之第一次降世，那么在这两段经文如此密切呼应的情况下，他在20章之始，也十分可能有意要带我们回到基督第一次降世的时间点上。在12章中，他借着"话说从头"的方式要其读者明白，他们今日之所以会遭遇苦难，乃因他们是羔羊的跟随者。他要他们明白隐含在受苦中的正面属灵意义，因为只有借着甘心受苦，他们也才能和羔羊一样的得胜。此一真理，在20章中，不单是以"在天上与基督同坐宝座"之方式来呈现(20:4－6)，也在"撒但和其军团，将要在末日完全被击败"的图画中(20:7－10)，更进一步地被彰显出来。在"妇人（教会）要在地上（现实层面）受苦1260天/一载两载半载"，而"圣徒要在天上（属灵层面）与基督做王一千年"的对比中，藉受苦而得胜的真理，就再清晰不过的了。基督已然降临，并且得胜(12:5,7－9;20:1－3)，因此至死不渝跟随祂的圣徒，不单也已经得胜(12:10－11;20:4－6)，更要看见他们仇敌的败亡(20:7－10)。①

在16:12－16,19:19和20:8中的末日之战

在附录十三中我们已经看见,因着约翰暗引同一个旧约预言的缘故(歌革之战;结38－39),再临弥赛亚所要带来的末日战争(启19:11－21),和撒但所要兴起的末日歌革玛各之战(20:7－10),乃是同一个争战。而在19:19那里我们也已经指出,兽和假先知聚集众王要和再临弥赛亚之军争战的描述,其实也只是第六碗中,邪灵军团聚集于哈玛吉多顿之事件的重述而已。而如是联系,可从这三处经文之间的相似性上面,得着印证:

16:14b 他们出去(ἐκπορεύεται)到普天下众王那里,叫他们在全能上帝的大日子,聚集争战(συναγαγεῖν αὐτοὺς εἰς τὸν πόλεμον)

19:19 我看见那兽和地上的众王,并他们的众军,都聚集了(συνηγμένα),要与骑白马者和祂的军队作战(ποιῆσαι τὸν πόλεμον)

20:8 (撒但)要去(ἐξελεύσεται)迷惑地上四方的列国,就是歌革和玛各,叫他们聚集争战(συναγαγεῖν αὐτοὺς εἰς τὸν πόλεμον)

事实上,这三节经文的关联,不单在它们都呈现了"邪灵军团聚集争战"的相同画面,也在约翰于启示录中,只在这三个"战争(πόλεμον)"之前,加上了定冠词(τὸν)的现象上,得着证实。② 换句话说,此一定冠词指向一个众所周知的"末日之战"。③

从这三处经文的平行关系来看,启示录20:1－10中的千禧年,就时间的角度而

---

① 有关启示录12章和20:1－10之间平行对应关系的分析,见Rissi, *The Future of the World*, 30; J. A. Hughes, 'Revelation 20:4－6 and the Question of the Millennium,' 35(1973),283－86; Beale, *Revelation*, 992－93; W. H. Shea, 'The Parallel Literary Structure of Revelation 12 and 20,' *AUSS* 23(1985),37－54。Shea确认这两段经文之间的平行关系,但他却依旧认为12章和20章所言,乃两个不同的阶段。但如是结论,却和他所观察到的现象,完全相反。就20:7－10的末日大战而言,他的推论是笔者也同意的,因为此一元素并未出现在12章中。但这并不表示20:1－6也只属"末日"。在这两段经文彼此平行,互相呼应的现象之下,"撒但的被捆绑"所对应的,最可能是12章中,基督的得胜被提(12:5),和撒但的被逐出天庭(12:7－9)。

② R. F. White, 'Reexamining the Evidence for Recapitulation in Rev 20:1－10,' *WTJ* 51(1989), 328－29. White的论点曾被H. Hoehner所质疑('Eidence from Revelation,' in *A Case for Premillennialism*: *A New Consensus*, eds. D. K. Campbell and Townsend [Chicago: Moddy, 1992], 235－62),但Hoehner之见却相当成功的被White所反驳。详见,R. F. White, 'Making Sense of Rev 20:1－10? Horold Hoehner Versus Recapitulation,' *JETS* 37(1994),539－51。有关这三处启示录经文之间关系的讨论,亦参,M. G. Kline, 'Har Magendon: The End of the Millennium,' *JETS* 39(1996),207－22; Beale, *Revelation*, 835,980。

③ Beale, *Revelation*, 835.

论，显然不是跟在19:11－21的弥赛亚末日之战的后面。因此约翰在20:1那里，是有可能"话说从头"的。

"宇宙倾覆"在6:12－17;16:17－21;19:17－21和20:9－11中的重复出现

在第六印的分析中我们已经指出，(1)借着"地、日、月、星辰、天、山岭和海岛"等七个构成整个宇宙之元素的变色，震动和移位(6:12－14)，并(2)借着"地上的君王、权贵、将军、富户、壮士和一切为奴的、自主的"等七组人马的参与其间(6:15－17)，约翰就凸显了第六印审判的宇宙性和末日性。而在那里我们也已经晓得，借着"大地震"(6:12a; 16:18)，"海岛被挪移/山岭消失"(6:14;16:20)和"神(忿怒)的大日子"(6:17;16:14)等类似的语句或画面，约翰也就将第六印之灾和"第六到第七碗"的审判(16:12－21)连结在一起了。不单如此，在6:15－17的分析中，我们也看见因着受审判对象的相似性，像是"君王、将军、壮士、一切为奴的、自主的"(6:15;19:18)，约翰也让第六印和骑白马者的审判彼此关联。因此在这些经文彼此对应的现象面前，我们恐怕得下一个"约翰在这些段落中，重复论述了同一个审判"的结论。不单如此，在20:9－10那里，我们也看见神从天降火，烧灭龙和属它之人的画面，而在20:11中，我们更看见"天地在神审判中的逃避(消失)"(参,6:14)，因此前文所说的"末日审判"，也一样在白色大宝座的审判中出现。换句话说，20:9－10和20:11也都是末日审判的"再述"。准此，"多元重复"的原则，也在这些关乎"末日审判"的经文中出现。再者，在15:1那里，约翰已经清楚告诉我们，借着七碗之灾，"神的烈怒在这七灾中已经发尽了"。因此若我们坚持以"时间顺序"的方式来读启示录的话，那么19:17－21的再临弥赛亚之审判，20:9－10的歌革玛各之审判，以及20:11－15的白色大宝座审判，都一致显示神的忿怒在七碗之灾中，尚未发尽。也就是说，15:1要求我们不以"时间顺序"的方式，来看待约翰所见异象。①

在19:11－21和20:1－3中的"列国"

正如15:1"神发尽烈怒"之于后面的三个"末日审判"(详上)，19:11－21和20:1－3中的"列国"，也显示末日弥赛亚的审判，在时间上，不能先于20章中的千禧年。此话怎讲？在19:18的注释中我们已经晓得，借着呼召飞鸟来吃"君王和将军，壮士和骑马者，一切自主的和为奴的，以及大小人民"的肉，再临弥赛亚末日审判的全面

---

① 相关论述，亦参，R. F. White, 'Reexamining the Evidence for Recapitulation in Rev 20:1－10,' *WTJ* 51(1989),330－36;以及他对H. Hoehner之质疑的响应。

性,已有了充分的表达;因为不论是和第六印之灾中,要受到审判的"七组人马"相较(6:15),或是和兽所能统管的"六组人马"对比(13:16),此处经文所列举的"四组八匹"人马,是项目最多的一个。因此这个审判的全面性,殆无疑义。但当我们来到了20:1－3之时,约翰却告诉我们,天使捉拿撒但并将之关进无底坑的目的(ἵνα;20:3),是使它不能再迷惑列国。因此若依"时间顺序"的方式来读启示录,我们在此就有了逻辑上的困难:在列国都已经在弥赛亚末日审判中灭亡之后,为何神还要捆绑撒但,免得它再迷惑列国?换句话说,当列国都已不存在时,此一举措是否还有必要?为解决此一逻辑上的困难,有学者就从19:18下手,将这节经文中的"四组八匹人马",等同于"邪灵",或是"军人(非所有的人)";而有人则是将20:3中的"列国",解释为"圣徒"(因圣徒乃神从列国中呼召而来),并以此来回应这个困难。① 但这些解释其实都带着"强解经文"的意味。若参照13:16－17,在弥赛亚末日审判中所要受到刑罚的这四组八匹人马(19:18),是那些跟随海兽,并在他们额上或是手上受了兽记号的人;而在19:18和6:15的呼应对比之下,这些人乃是在末日中,将要面对神烈怒审判的人。上述这些解释之所以会出现,乃因他们都以"时间顺序"来理解这两段经文之间的关系。但若以"多元重复"的方式来读启示录,这个"困难"其实是根本不存在的。②

20:1中的"然后我看见"

若"多元重复"乃是启示录的文学特色,那么我们要如何来理解20:1中的"然后我看见(Καὶ εἶδον)"呢?难道"然后"的意思,不是"接下来"吗?③ 对"然后＝接下来"的解释,笔者完全同意,但"接下来"所指的,是"时间上的",还是约翰所见之"异象"?也就是说,"千禧年"有可能是接续"弥赛亚再临"之后才要发生的事,但"然后＝接下来"所指的,也有可能是约翰在看见了"弥赛亚再临异象"之后,又再看见了"千禧年异象"。意即,这两个异象的内容,是否是依其所见顺序发生,并不能由"然后我看见"来决定,因为这个词组的作用,也可能只是要告诉我们,异象的顺序乃是如

① 详见19:18的注释。

② 相关讨论,亦见R. F. White, 'Reexamining the Evidence for Recapitulation in Rev 20:1－10,' *WTJ* 51(1989),321－325;以及他对H. Hoehner之质疑的响应;'Making Sense of Rev 20:1－10? Horold Hoehner Versus Recapitulation,' *JETS* 37(1994),539－41。

③ 此乃那些以"时间顺序"之方式来读启示录之人的理由。例如,Walvoord, *Revelation*, 289; Mounce, *Revelation*, 352; J. S. Deere, 'Premillennialism in Revelation 20:4－6,' *BSac* 135(1978), 62; J. L. Townsend, 'Is the Present Age the Millennium?' *BSac* 140(1983),213; H. Hoehner, 'Eidence from Revelation,' in *A Case for Premillennialism: A New Consensus*, eds. D. K. Campbell and Townsend (Chicago: Moddy, 1992),252; D. J. MacLeod, 'The Third "Last Thing": The Binding of Satan (Rev. 20:1－3),' *BSac* 156(1999),472－73。

何如何。

但在19:11－21中的三个“然后我看见”(19:11,17,19),以及20:1－10中的另一个“然后我看见”(20:4),不都具有“时间顺序”的含义吗？就19章中三个标示新段落开始的“然后我看见”而言,我们在前面的分析中已经指出,前两个异象(骑白马者的出现;呼召飞鸟赴宴),是彼此平行的,是为第三个异象“做准备”的,因为在第三个段落中,我们才看见白马之军显现的目的(审判;19:19－20)及其结果(飞鸟大啖仇敌尸首;19:21)。换句话说,19:17的“然后我看见”,并不必然表示“呼召飞鸟赴宴”,就必定得在“时间上”,后于“白马之军的出现”。约翰将此“飞鸟赴宴的异象”(19:17－18),放在“白马之军异象”的后面的原因,乃是基于文脉逻辑的考量。因此在19:17那里,我们甚至可以将“然后我看见”,译为“在此同时,我又看见”。至于20:4的“然后我看见”,其含义恐怕也是如此,因为就经文顺序来看,“圣徒与基督做王一千年”(20:4－6),是可以发生在“撒但被捆绑”之后(20:1－3),但就文脉逻辑来看,圣徒做王之事,也可以是“撒但被捆绑”一事的“正面/属灵意义”(详见该处经文注释)。一言以蔽之,“然后我看见”一语,并不必然要求我们以“线性时间”的方式,来理解两个一前一后的异象。

事实上,若我们从整卷启示录来看,当约翰在异象中,看见一位天使从天而降(或出现)之时,该异象之内容,都不发生在前面经文之后。在7:2那里(Καὶ εἶδον),因着天使出现而使得十四万四千人受了印记之事,乃是与前六印之灾(特别是第五印)彼此平行,甚至是发生在这六印揭开之前的;因为“受印”不单有反面保守(属灵的)圣徒不受各印灾之害的含义,也同时具有正面“征召”他们成为羔羊之军的意思。而类似的情况,也一样发生在10:1那里,因为在那里天使的降临,是要将象征福音使命的小书卷,授予以约翰为代表的教会;而此事,是发生在七号之灾的前面的。① 因此从这些彼此平行的例子来看,约翰在20:1中所见“天使从天而降”之异象,与前面经文的关系,恐怕也是如此。②

在神和兽之“时间三重语法”的对照下来看千禧年的议题

在1:4那里我们已经晓得,③约翰借着“昔在,今在,并将要再临”的时间三重语

① 有关7:1－17和10:1－11:13分别与其前文之间的关系,见附录五的讨论。

② 此乃R. F. White的观察(‘Reexamining the Evidence for Recapitulation in Rev 20:1－10,’ *WTJ* 51 [1989],321－325);亦参,Beale, *Revelation*, 975。

③ 亦参,1:8;4:8。在11:17和16:5的末日文脉中,“将要再临”的元素就成了“执掌大权作王了/你的审判是公义的”。

法，已然将神的能力和权柄，做了清楚明白的交代。而在论及兽之权柄之时，他也以类似的“时间三重语法”，来显示它意欲自比为神，但却还差了那么一点点的窘境，因为在“你所看见的兽，是先前有，如今没有，将要从无底坑里上来，但又要走向毁灭”(17:8)，或是在“那先前有，如今没有的兽，就是第八位；它和那七位同列，并要走向灭亡”(17:11)的语句中，兽不单是“如今没有的”，也是“再来但要灭亡的”。① 因此若我们将神和兽的“时间三重语法”照如下方式排列，并将千禧年的经文放在其间，那么我们就有了下列的图表：

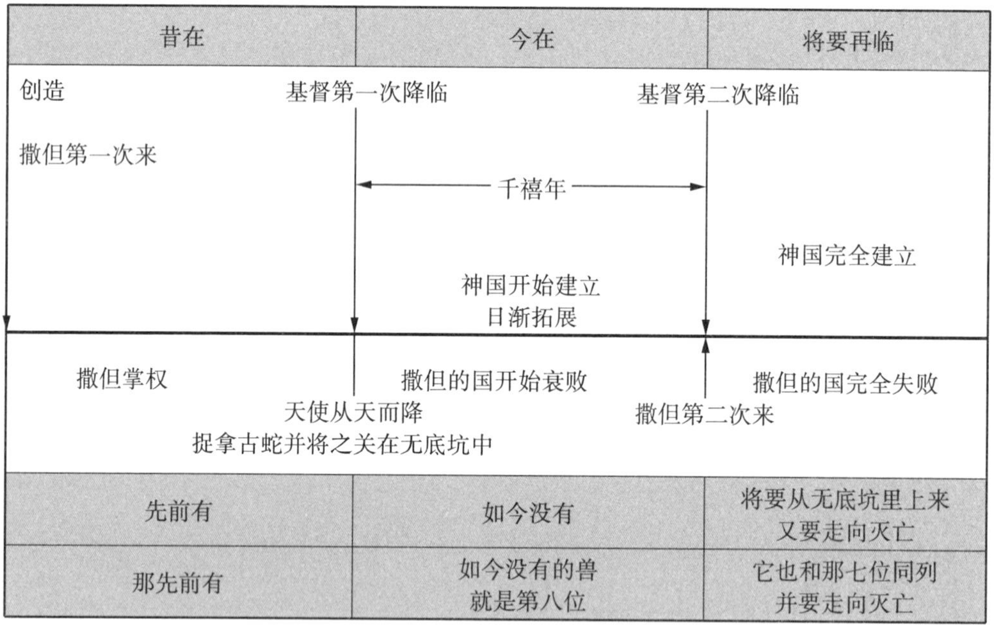
昔在
今在
将要再临
创造
基督第一次降临
基督第二次降临
撒但第一次来
千禧年
神国完全建立
神国开始建立
日渐拓展
撒但掌权
撒但的国开始衰败
撒但的国完全失败
天使从天而降
捉拿古蛇并将之关在无底坑中
撒但第二次来
先前有
如今没有
将要从无底坑里上来
又要走向灭亡
那先前有
如今没有的兽
就是第八位
它也和那七位同列
并要走向灭亡

从上表来看，兽的“先前有”，乃因撒但在伊甸园中，借着诱惑人类始祖亚当和夏娃而成为管辖这个世界的王。但此一情况，却因着基督第一次降世，和其死以及复活的事，而有了改变。因为神的国在此事件之后，已经闯入了世界之中，并藉教会受苦的见证，一天天地茁壮。在千禧年的经文中，这件事乃是借着“天使捆绑撒但，并将之关在无底坑中”(20:1－3)，以及“圣徒与基督一同做王一千年”(20:4－6)的方式来呈现的。在此段时间之内，神国日渐兴盛，而撒但之国则是日渐衰败，因此在兽的时间三重语法中，它乃是“如今没有的”；而在神的时间三重语法中，祂乃是“今在的”。但此神国和撒但之国互相争战，此涨彼消的情况，却不会永远继续下去，因为当那些名字记在羔羊生命册上的人，都进入了神的国之后，神就要将撒但从无底坑中释放出来(撒但的第二

① 亦参，17:10 的“五位已经倾倒了，一位还在，另一位还没有来到。他来的时候，必须存留片时”。

次来),好让它面对它最后的审判(17:8;11;20:7-10)。因此从千禧年经文和时间三重语法之间的对应来看,“千禧年”所指的,并非世界末了之前的一段特定时间,而是从基督第一次降世到第二次再来之间,教会借着福音建立神国的时日。

综上所述,不论是从约翰在此两次暗引同一段旧约经文的现象来看,或是从启示录本身的文学特色,以及从其文脉逻辑的角度来看,我们都没有理由因着经文的先后顺序,就假设千禧年乃要在基督第二次再来之后,才要来临。毕竟经文的顺序,并不必然等同于经文内容的次序。① 在启示录的前面我们已经看见,当一个天使带着神的印章出现(7:2),或是拿着小书卷现身之时(10:1,8-10),他所做之事和其意义,都和教会有关,也在时间上,先于前面的经文;因此20:1的情况,也应如此。不单如此,这个“话说从头”的见解,也一样在20章和12章的平行对应中,得着证实。因此基于上述的这些理由,我们将以“无千禧年”的观点,来解读20:1-10的经文。这个主张并非完全没有困难,而在以下的逐节释经中,我们也会遇见它们,但在上面所论及的各样证据面前,“无千”之见,或者更准确的说,“已实现的千禧年”之见,恐怕是最符合启示录文学特色的一个主张了。

20:1 我又看见一位天使从天降下,手里拿着无底坑的钥匙,和一条大锁链(Καὶ εἶδον ἄγγελον καταβαίνοντα ἐκ τοῦ οὐρανοῦ ἔχοντα τὴν κλεῖν τῆς ἀβύσσου καὶ ἅλυσιν μεγάλην ἐπὶ τὴν χεῖρα αὐτοῦ)

正如前述,在启示录中,当一个天使从天而来,并带来某一样东西时,其任务总是和属神的子民有关。就7:2-8而言,带神印章而来的天使,乃是要在圣徒的额上,盖上印记,好让他们成为羔羊之军;而在10:1-11:13中,带着小书卷而来的天使,则是要将此象征神永恒计划的物件,交给教会来执行(两个见证人)。因此这两个异象的内容虽然不同,但它们的含义却是一样的。和这两个异象相较,此处天使以铁链“捆绑撒但”,并以钥匙将之“锁在无底坑”的做为,乃是要彰显教会这支军队,与世界争战的真象。因为在20:4-6那里,约翰明白告诉我们,教会虽然是一支只能以受苦为兵器的军队,但她却是在这个战争中,真正得胜的一方(与基督同坐宝座)。

但此天使究竟是谁,而他手拿“无底坑的钥匙和大锁链”的含义,又是什么?在9:1的注释中我们已经指出,在约翰的笔下,“无底坑”和“阴间”是同一个“地方”,而在1:18那里,约翰也曾以“手中握有死亡和阴间之钥匙”的方式,来凸显复活人子所拥有那“超乎一切幽暗势力”之权柄;因此这个手拿无底坑钥匙而来的天使,就有可能

① 在导论有关“启示录的结构”的部分,我们曾以创世记为例,对此概念有了清楚的说明,若读者有兴趣,可参见页85-86。

是人子了。① 但由于约翰惯于将“人子”放在父神的那一边,并让祂成为一切受造物(包括灵界活物)敬拜的对象(5:7-14),因此这个见解并不可行。从1:1开始,约翰就已经借着两个彼此平行的启示传递过程,来突显基督与神同等的地位:(1)父神—基督—众仆人;(2)基督—天使—约翰。② 不单如此,在天庭异象中,当复活人子从父神手中拿了书卷之后,所有天庭活物也就臣服在祂脚下,成为祂可以差遣的使者(参,前四印中的四活物;6:1-8)。因此这里的天使不是基督,而是领祂之命,为祂所授权(无底坑的钥匙)的灵界活物。

但他和9:1中,那从天而落,并且也拥有“无底坑钥匙”的“星辰”,是同一位吗?在该处经文的注释中我们已经指出,此一“星辰”不是撒但,而是奉神之命而来的天使,因此本节经文中的天使,和9:1中的“星辰”,有可能是同一位。但不论他们是否是同一个天使,他们所领受的使命,却都和“无底坑”有关。在9:1那里我们已经晓得,该段经文(即,第五号;9:1-11)和此处千禧年异象之间(20:1-10),都包含了“天、无底坑和地”的三个元素(9:1,3,4;20:1,3,8,9);而这两个异象的内容,也都和“无底坑之开和关”,有密切关系,因此我们在此所必须回答的问题是,这两段经文之间的关系,究竟如何?

从第九章来看,第五号之灾的起因,乃是因着无底坑的被打开,而其结果,则是蝗虫(邪灵)之军,对额上没有神印记之人所带来五个月的苦难(9:3-6),以及“毁灭,死亡和阴间”的在地上的横行(亚巴顿=亚坡伦=无底坑的使者=撒但;参,9:11)。但与此相较,我们在20章中却有一个完全相反的画面,因为当天使将撒但捆绑,并将它关在无底坑之后(20:1-3),其结果是那些额上没有兽印记之人的复活,以及他们与基督一同掌权做王一千年(20:4-6)。从上述“额上没有神印记—额上没有兽印记”,以及“死亡/毁灭—复活/做王”的对比中,我们晓得约翰的确有意要将这两个异象并排,但他为何会在前面以“打开”,而在这里以“关上”无底坑的方式,作为这两个异象的开场呢?我们要如何来理解这“一开和一关”之间的差异呢?

就第五号之灾而言,它乃是复活人子对祭坛下殉道者呼吁伸冤的回应(第五印;6:9-11),③因此在祂的授权之下(ἐδόθη;9:1),天使就打开无底坑,容许撒但和其军旅上到地面上,以其“邪说(烟;9:2)”来迷惑人,并因此就带他们进入了一个“不见真

① Kraft, *Die Offenbarung des Johannes*, 255.
② 详见该处注释。
③ 有关“七号之灾”与第五印之间关联的分析,见8:2的注释。

光，求生不成，求死不能”的悲惨情况中。① 换句话说，借着第五号之灾，约翰要其读者明白，在末日审判之前（第六印；6:12－17），人子对那些逼迫他们的人，并非是全然放任不管的；因为在祂的容许之下，属邪灵的蝗虫之军要从无底坑而出，并在祂所容许的时间之内（五个月），来伤害（属灵的）那些逼迫他们的人。

但在20章中，约翰却是从一个相反的角度，来显示同一个真理。在此他借着天使捆绑撒但，并将之拘禁在无底坑的方式，显示了圣徒虽然要经历苦难，但他们却是得胜的一方；因为那些殉道者和拒绝在手上接受兽记号的信徒，都要复活（属灵的），②并与基督一同做王一千年（20:4－6）。换句话说，在世人“看似得胜，但却要在蝗虫之军手下受苦五个月”的对比之下，圣徒“看似失败，但却是在天上与基督做王一千年”的真理，就有了最好的说明。因此从这个角度来看，无底坑之所以会“开”，乃是要刑罚逼迫圣徒的世人；而无底坑之所以要“关”，不单显示了邪灵势力无法及于圣徒，也显示了他们乃是属人子的，是真正得胜做王的一方。事实上，正是在这“一开和一关”的两个动作中，人子拥有“死亡和阴间之钥”的权柄（1:18），才得以完全彰显。也难怪祂会在非拉铁非教会书信中，以手拿大卫之钥（神国之钥），“开了就没有人能关，关了就没人有能开”的语句（3:7），作为祂的“自称/自我介绍”。③

就释经而言，上述的分析至少具有两方面的意义。第一，在分析第五号之意义时，我们已经晓得，蝗虫之军的出处、蝗虫之军的形象、蝗虫之军横行的时间（五个月），以及他们对人所能带来的伤害（对真理的盲目）等等，都不能以其字面意义来理解，因此与之对照的千禧年异象，也应如此。换句话说，在此异象中所出现的物件，例如，钥匙、铁链；以及在此异象中所发生的事件，像是撒但的“被捆绑”和它的“被关在无底坑”（20:1－3），以及圣徒的“复活”和他们与基督“同做王一千年”（20:4－6）等等，也都不能以字面含义来解释。这些乃约翰在“异象中”所见之“事”和所见之“物”，是不能和这些“事物”所指向的“象征含义”，混为一谈的。④

第二，在“千禧年”的问题中，一个最具有指导性意义的议题是：我们要如何来理解“撒但被关在无底坑中一千年”的事呢？对此问题，“前千禧年派”，以及许多“后千禧年派”的学者都认为，由于新约其他经文清楚显示，作为空中掌权者之首领（弗2:

---

① 详见该处注释。

② 参20:4的注释。

③ Beale也认为20:1－6和9:1－10是彼此对应的经文，但他却没有深入探究此一呼应对解释千禧年问题的意义（*Revelation*, 986）。

④ 有关如何解释“象征”的分析，见页136－44。亦参，V. S. Poythress, ‘Genre and Hermeneutics in Rev 20:1－6,’ *JETS* 36（1993），41－54。在这节经文中，最明显的例子就是“锁炼”— 有怎样的“铁链”，能绑的住只有“灵体”而无肉身的撒但呢？

2),和这个世界之神和王的撒但(约 12:31;林后 4:4),至今依旧如同吼叫的狮子,在世上寻找它可以吞吃的人(彼前 5:8;亦参,提前 3:7; 提后 2:6),因此撒但被关在无底坑一千年之事,是要在未来才会发生的。① 但对此议题,“无千禧年派”,以及一些“后千禧年派”的支持者却认为,“撒但被关在无底坑一千年”的意思,不是它“武功的尽失”,而是它“迷惑列国”的能力,受到了限制。从 12 章它被赶出天庭之叙述来看(12:7-9),此事是已经在基督从死里复活,升上高天之时(12:5),就已经发生的了。②

就“前千”(和部分“后千”)对相关新约经文的理解而论,我们完全同意。因为在撒但被扔进硫磺火湖之前(20:10),它在这个世界中,依旧满有活动力:在启示录第 9 章中(第五号),祂乃是那叫世人受痛苦五个月之蝗虫之军的首领(9:11);在启示录 11 章中,它也曾借着那从无底坑上来的兽,而将那两个见证人(教会)给杀害了(11:7);不单如此,在 13 章中,它更借着海陆二兽,迷惑了那些属它的人(受了兽记号),并且也苦待,甚至杀害了那些拒绝拜兽的圣徒。因此对于撒但依旧在世横行的事实,应该没有人会否定;但这却不是约翰在这里所见千禧年异象的焦点。在约翰的设计中,此一异象乃是和第五号之灾互相对应。因此就“撒但—世人”的角度来看,人子允许它迷惑他们,并带给他们“不见真光”的痛苦和刑罚(9:1-11);但就“撒但—圣徒”的关系而言,人子虽然允许它逼迫他们,但祂却要保守他们,叫他们的苦难,不单成为他们得胜的兵器(启 12:11;13:10;14:5,13),也成为他们得以与祂同做王一千年的途径(启 20:4-6;亦参,启 7:1-17;11:1-2;3-13;14:1-5;彼前 1:5)。在人子的允许之下,撒但可以杀害他们的身体,但它对他们的灵魂,对他们属神儿女的身份,对他们与基督同做王的事实,却完全无能为力(参,太 10:28;路 12:4;启 11:1-2)。正如人子在世之时所说,“我赐给他们(属祂的人)永生;他们永不灭亡,谁也不能从我手里把他们夺去”(约 10:28);更遑论祂在这一句话之后所加上的保证:“我父把羊赐给我,他比万有都大,谁也不能从我父手里把他们夺去”(约 10:29)。

20:2 他捉住那龙,那条古蛇,就是魔鬼,撒但,把它捆绑一千年(καὶ ἐκράτησεν τὸν δράκοντα, ὁ ὄφις ὁ ἀρχαῖος, ὅς ἐστιν Διάβολος καὶ ὁ Σατανᾶς, καὶ ἔδησεν αὐτὸν χίλια ἔτη)

领人子之命而来的天使,“就捉住了那龙,那条古蛇,就是魔鬼和撒但,把祂捆绑一千年。”在启示录中,让撒但以如是“四重名号”之方式出现的,只有此处经文和 12:

① 例如,Walvoord, *Revelation*, 292-93(前千); Osborne, *Revelation*, 702(前千);D. S. Clark(后千;资料出处,S. Gregg, ed., *Revelation: Four Views*, 463)。

② 例如,Hendriksen, *More than Conquerors*, 186-88(无千); Beale, *Revelation*, 984-91(无千);Chilton, *Days of Vengeance*, 483-98(后千)。

9。而在那里我们已经晓得，借着“那条古蛇”，约翰就将羔羊男孩在十字架上所成就的（参，12:5），和创世记3:15的预言，即，“他（女人的后裔）要伤你（蛇）的头”，连结在一起了。① 也就是说，撒但在天庭中的失势，或者说，它之所以会被赶出天庭（启12:9），无法在那里继续它控告圣徒的工作（启12:10），乃因羔羊男孩已然得胜，成就了神的应许。因此从本节经文和12:9之间的联系来看，此处天使所为，即，捆绑并拘禁撒但于无底坑，乃是与基督第一次降临之事，紧紧相连的。

在学界中有人认为，此处“天使捆绑撒但，并将之锁在无底坑”的画面，乃出于以赛亚书24:21－22：“到那日耶和华在高处必惩罚高处的众军，在地上必惩罚地上的列王。他们必被聚集，像囚犯被聚在牢狱中，并要囚在监牢里，多日之后便被讨罪”。此一见解具有高度的可能性，因为先知以赛亚所论及的末日审判，不单包括了神将灵界势力（高处的众军）拘禁在监牢里的元素，也有多日之后才要刑罚的时间表（＝启示录中千年之后撒但要被释放，并被毁灭）。不单如此，在这两节经文所属的段落中（赛24－27），我们也看见（1）神掌权/弥赛亚筵席（赛24:23；25:6－9；启19:9；20:4－6），（2）圣徒复活（赛26:14－19；启20:4－6），（3）世人因着攻击圣徒而被从天而来之火所灭（赛26:11，20－21；27:2－4；启20:7－8），以及（4）神刑罚海蛇/古蛇（赛27:1；启20:10）等主题，在启示录中的出现。② 再者，在以赛亚书24－27章的结构中，约翰所暗引的以赛亚经文，即，灵界势力在监狱中等候审判的段落（赛24:21－23），乃是和“圣徒在患难中得享属灵平安，等候神刑罚仇敌之日来到”的段落（赛26:7－21），彼此对应（见脚注中的D^1和D^2）。③ 而此现象，也在此处启示录经文中出现，因为

---

① 就本节经文而言，“龙（τὸν δράκοντα）”乃受格，而与之平行的“古蛇（ὁ ὄφις ὁ ἀρχαῖος）”却是主格，因此这个文法不一致的现象，不单显示“古蛇”乃是撒但的称号，也显示约翰意欲带其读者回到创世记的意图。

② J. W. Mealy, *After the Thousand Years*, 100。亦参，Aune, *Revelation* 17－22, 1078; Beale, *Revelation*, 990－91。

③ 根据J. A. Motyer（*The Prophecy of Isaiah*, 194－95），此段通常被人称为“小启示录（little apocalypse）”的以赛亚经文，其结构如下：

A^1 神从毁坏了的世界中收割（24:1－13）
　B^1 世界余民之歌（24:14－16a）
　　C^1 罪恶世界的倾覆（24:16b－20）
　　　D^1 在等待审判的世界（24:21－23）
　　　　E^1 倾覆之城的歌（25:1－5）
　　　　　F 锡安山（25:6－12）
　　　　E^2 坚固之城的歌（26:1－6）
　　　D^2 在等待中的神子民（26:7－21）
　　C^2 灵界势力的倾覆（27:1）
　B^2 属神余民之歌（27:2－5）
A^2 神从毁坏了的子民中收割（27:7－13）

20:1－3(撒但被捆绑一千年)之于20:4－6(圣徒做王一千年),正是如此。

此一“捆绑邪灵,关在监狱中等候审判”的题目,也在当代的犹太文献中现身。例如,以诺一书10:4－9告诉我们,①在以洪水毁灭世界的前夕,神差遣了天使拉斐耳(Raphael)去捆绑阿萨赛(Azazel;撒但的别名),并将之关在一个黑洞之中,好在末日叫它接受那从神而来的火刑。而在此行动之后,神也要拉斐耳向这个被阿萨赛错误教训所污染的世人宣告,他们将不会随阿萨赛灭亡,而要得着生命。学界对阿萨赛是否是撒但之别名,以及此文献所言,是否就是撒但末日审判的问题,有不同的意见,②但在此文献中“捆绑邪灵等候火刑”的概念,以及捆绑邪灵之后的结果——得生命,却和启示录20:1－10之内容,十分相近。再举一例,在以诺于其天庭之旅的第二站中(第二层天),他所看见的乃是那些因违背神之命令,被关在那里,终日哭泣,等候审判的邪灵(以诺二书7:1－2)。因此从这些文献,以及类似的记录来看,③约翰在此除了以以赛亚书24章为其蓝本之外,他的千禧年异象,也与当代的启示文学作品,有彼此平行之处。但和这个,以及其他具有类似主题的启示文学作品相较,约翰的启示录却有其特别之处,因为借着“那条古蛇(ὁ ὄφις ὁ ἀρχαῖος)”,他不单把我们带回到伊甸园,也将以赛亚书24章中,神在末日要刑罚灵界势力的预言,与基督第一次降世之事件,连结在一起。换句话说,对约翰而言,神在人类始祖犯罪堕落之后,向蛇所发“救赎性(对人类而言)审判”的预言(他要伤你的头;创3:15),以及祂藉先知以赛亚之口,对此预言的“再确认”(赛24:21－22),都已经在耶稣从死里复活的事上,开始应验了。

如是认知,应不令人意外才是,因为耶稣基督从死里复活之事的意义(胜过阴间权势),在彼得所传讲,教会的第一篇讲章中,就早已出现了(徒2:24－32),也在保罗和希伯来书作者的笔下,成为他们劝勉信徒昂首挺胸,活出信仰的理由(弗1:20－21;西2:15;来2:14)。事实上,如是在教义和实践上都具有重大意义的概念,并非约翰保罗等新约作者所发明的,而是源出耶稣自己;因为在祂“人若不先捆绑壮士(撒但),如何能抢夺其家财(人)”的讲论中(太12:28－29;可3:27;路11:17－23),此一概念已经十分清楚;而在祂差遣70个门徒出去传福音,并使“撒但如闪电般从天坠落”的事件中(路10:17－20),此一概念也已彰显。难怪耶稣在论及祂将要死亡之

① E. Isaac认为,此书乃在主前2世纪到主后第一世纪之间写成(*OTP* 1:6－7)。

② 例如,S. Thompson认为以诺一书10:4－6所言,并非神对撒但的末日审判,而是对邪恶势力的限制(‘The End of Satan,’ *AUSS* 37[1999],258－60)。

③ 亦参,Aune, *Revelation* 17－22,1078。类似的说法,亦见,以诺一书10:11－13;13:1－2;18:12－16;19:1－2;88:1;禧年书5:6;10:7－11;彼得后书2:4;犹大书6。

事，并祈求父荣耀祂自己的名之时，父神要从天上发声回应说，“我已经荣耀了我的名（藉耶稣在世时所行的一切事），还要再荣耀（藉耶稣的复活，撒但的被赶出世界，和万人被吸引来归耶稣；约 12:28－33）。”①

但为何撒但要被捆绑“一千年”呢？而这个“一千年”的概念，又是从何而来的呢？在约翰所暗引的以赛亚书 24:22 中，邪灵被捆绑等候审判的时间长短，乃是不确定的“多日（וּמֵרֹב יָמִים）”，而七十士译本则是将之译为“许多世代（πολλῶν γενεῶν）”；但这两者和“一千年”之间，都还有不小的差距。因此回答此一问题的线索，恐怕不在这个旧约经文中。在启示录后面 20:4－6 的部分，由于撒但被捆绑并关在无底坑的一千年，也是圣徒和基督同做王的一千年，因此学界中就有人从当时犹太人对未来弥赛亚国度之理解中，来寻找可能的答案。

此一对未来弥赛亚国度的盼望，是本于旧约，因为在其中神曾应许祂的百姓，祂将要从他们中间，兴起一位像大卫的王，而他将要复兴以色列国，并要重建圣殿。此一复兴的国度，乃以锡安山/耶路撒冷为中心，而其福祉，也是属这个世界的（五谷丰收，牛羊满圈）。但在旧约中，我们也同时看见神应许他们，将来的复兴，乃是一个宇宙性的更新，是新天新地的新创造（例如，赛 65－66）；因此对某些犹太人来说，为显示神应许的一致性，将这两种不同应许调和在一起，就成了一件必须要做的事了。

在兼顾“现世复兴”和“来世复兴”的考量之下，犹太人就有了“末日弥赛亚国度（现世）将要引进永恒国度（来世）”的概念。举例来说，在以诺一书 91－103 章中，世界的历史是分为十个“星期”的：(1) 1－7 是现今的时代，(2)第八个“星期”则是弥赛亚制伏恶人，建立其国的时间（91:12－13），(3)在第九个和第十个“星期”中，恶人和天使则要分别受到审判（91:14，15）。而在第十个星期的末了，旧的世界将要成为过去，而新的世界也将出现（91:16）。因此在这个文献中，弥赛亚国度乃从第八个“星期”开始，而在第十个“星期”结束。而跟在其后的，是永世的复兴。

再以写于第一世纪中叶的以诺二书为例（25－33），其世界史观乃是：正如神以六日创造世界，而在第七日安息，这个世界也将要有七千年（一日 = 千年）。不单如此，在这七千年之后，还有第八个“无年无月无星期也无日”的千年（永恒）。而在此“六日创造—第七日安息”的结构之下，虽然这份文献没有明言，但“前六千年乃属世界

① R. E. Brown, *The Gospel According to John I－XII*, 476－77; G. R. Beasley-Murray, *John*, 212.

的,而第七个安息千年则是弥赛亚国度"的概念,似乎也是呼之欲出的。①

从以上的例子可知,在约翰写启示录的当下,犹太人对"末日弥赛亚国度(现世)将要引进永恒国度(来世)"的概念,并不陌生,但对这个未来弥赛亚国度究竟有多长的问题,他们之间的意见,就相当不一致了。(1)以斯拉四书的作者认为,那些和弥赛亚一起显现的人,将要与他一同欢乐400年(但在弥赛亚国度的末了,弥赛亚和其百姓都要死亡);(2)若邪灵被捆绑于"无底坑(empty place)",并在火刑中等候末日审判的日子,是等同于弥赛亚国度之时间长短的话,那么以诺一书的作者就主张,此一国度将要持续一千万年,因为这正是邪灵被捆绑的时间长短(21:6);(3)犹太拉比们对此问题也是兴趣浓浓,但他们的建议,则从40,60,70,400,600,1000,2000,4000,再到7000年等等,不一而足。②

在此背景的对照之下,约翰的"一千年",是否是当时观念的反映,我们不能完全确定,因为"1000"这个数目,只是众多见解中的一个。但不论约翰是否依循当时见解,他的"一千年",却是和耶稣基督第一次降世之事,紧紧连结在一起的。在本节经文中我们已经看见,撒但(那条古蛇)的被捆绑,是在耶稣复活升天之后,开始发生的,而这也是神在创世记3:15之预言的实现。而若从20:4-6来看,这一千年显然也和那些为了持守羔羊见证而殉道之人,以及那些拒绝接受兽记号之圣徒有关。也就是说,他们得以与基督一同做王一千年,乃因他们曾借着受苦,而与基督"同死同复活了"。因此约翰的"千禧年",并非完全是未来式的,而是已经开始实现的。

但他为何要选择"1000"这个数目呢?对某些释经者而言(早期教父和部分前千禧年派学者),此处的"一千(年)"应以其字面含义来理解,③但我们在导论的部分已经晓得,启示录中的"数目",都具有象征的意义(例如,"两个"见证人=具有法律效

---

① 有关弥赛亚国度的情况,见,所罗门诗篇17(弥赛亚要以其言击打世界,刑罚恶人);禧年书23:26-31(人的寿命将达千年);西卜神谕篇3:46-62,741-61,767-84(弥赛亚国度乃是末日之前的暂时国度);巴录二书30:1-5;39:3-8;40:1-4;72-74(义人要在弥赛亚国度中复活,而恶人将要灭亡;此一国度将要持续到世界末了之日;而在其时,罗马帝国也将灭亡);以斯拉四书7;11:37-12:34;13:3-14:9(弥赛亚要显现,以其口中之火毁灭恶人,并带来400年的欢乐);以诺三书45:5(弥赛亚要与歌革玛各争战)。

② 40年乃参照申命记8:4和诗篇95:10而得;70年由以赛亚书23:17而来;600年是根据以赛亚书65:22而有的;而4000年则是依据申命记11:21所得(从创造之日到第一世纪)。上述有关弥赛亚国度之讨论,乃由如下资料综合而来:J. W. Bailey,'The Temporary Messianic Reign in the Literature of Early Judaism,' *JBL* 53(1934),170-87;Ford, *Revelation*, 352-54;Beasley-Murray, *Revelation*, 287-89;J. H. Charlesworth,'Introduction for the General Reader,' in *OTP* 1:xxxi-xxxii;B. W. Snyder,'How Millennial is the Millennium? A Study in the Background of the 1000 Years in Revelation 20,' *EJ* 9(1991),51-74。

③ 例如,Walvoord, *Revelation*, 294-95;Thomas, *Revelation* 8-22,408-09。

力之见证的人数），①因此“一千年”所指，当然就不是一千个“三百六十五天”了。对约翰而言，圣徒的确活在平面的历史时空之中，并在其中被红龙集团所逼迫，但因着他们所具有“属天/属神”的身份，因此他们自然就要聚集在天庭中（7:9－17）和属神的锡安山上了（14:1－4）。准此，他们的数目，除了有代表新旧约圣徒的 12×12 之外，还必须要有那能表达他们属天身份的立体数目，$10 \times 10 \times 10 = 10^3$（$12^2 \times 10^3$ = 144,000）。此一概念，其实也在由他们所建构而成的新耶路撒冷城中，完全表达了出来；因为以“12 支派”和“12 使徒”为“城门”和“根基”的城墙，其厚有 144 肘（启 21:12,14），但此城的特别之处，不单在其长宽高都是一样的，也在其数值，因为在 12000 浔之中（和合本作 4000 里），也包含了立体的 10^3（$12000 = 12 \times 10^3$；21:16－17）。②

由此角度来看，“1000 年”所要表达的，不是线性时间的长短，而是弥赛亚国度的“属灵/属天”特质。毕竟此一国度之所以可能在人类历史时空中出现，乃因神子（羔羊男孩）已经闯入了世界，并在其死亡之时，下到了阴间，但却又在三天之后复活，并在云彩中，被父神给接到了天上。在此“天—地—阴间—地—天”的旅程中，祂完成了父神的托付，因此也就在人类历史中，开创了一个新的国度（参，腓 2:6－11）。和犹太人所期盼之“未来”，“属地”和“居间/暂时”的弥赛亚国度相较，约翰的千禧年是“已经”和“属天”的。此一国度当然还没有完全成就，因此她自然也就具有“未来”的成分。但由于她是已经开始实现的，因此她就不是“暂时的”，也不是居间于旧世界和新世界之间的，因为当神子复活升天之时，永恒之钟已然启动。我们对这个真理容或不能完全掌握，但被捆绑的撒但，却深知此事的意义，因为当它被赶出天庭时，它就立即明白，“自己的时日不多了”（启 12:12）。

20:3 天使把它扔在无底坑里，将之关闭，并用印封上，使它不能再迷惑列国，直到那一千年完了。以后，必须短暂的释放它（καὶ ἔβαλεν αὐτὸν εἰς τὴν ἄβυσσον καὶ ἔκλεισεν καὶ ἐσφράγισεν ἐπάνω αὐτοῦ, ἵνα μὴ πλανήσῃ ἔτι τὰ ἔθνη ἄχρι τελεσθῇ τὰ χίλια ἔτη. μετὰ ταῦτα δεῖ λυθῆναι αὐτὸν μικρὸν χρόνον）

在上一节经文中我们已经提及，天使之捆绑撒但，并将之拘禁在无底坑中，等候末日审判的概念，乃本于以赛亚书，并也与当时犹太人的观念，有其平行之处。但在

① 参，11:3 的注释。

② 在 21 章里我们将要看见，此一新耶路撒冷城，乃由以西结书 40－48 而来。但和先知的“平面蓝图”相较，约翰的“立体城”却是他的“创新之举”。此一动作，应该是他刻意所为。详见该处注释。不单如此，在 2:10 那里，人子要求在患难中的士每拿教会，要继续持守信仰，乃因他们所要受的患难，只有“十日”；因此在“受患难十日”和“做王一千年”的对照之下，“受苦 = 得胜”之属灵真理，就不说自明了；因为从属天的眼光来看，圣徒受患难的“十一日”，其实正是他们做王的“千（10^3）—年”（参，M. G. Kline, ‘The First Resurrection,’ *WTJ* [1975], 373－74）。

这里,天使又有了进一步的动作:扔撒但于无底坑,将之关闭,并用印封上。对此一连串的动作,有释经者认为此处经文,乃是和当时犹太文献玛拿西祷词彼此平行;①因为在论及神的创造时,该书作者对神的颂赞是:祂捆绑了海洋……关闭了无底坑,并以祂满有能力和荣耀之名,将之封上。② 此说有其可能,因为在古人的观念中,"海"乃是邪恶势力(海怪)的居所;而无底坑、关闭和封上的字眼,也都在这两个文献中出现。至于这两个文献之间差异所造成的困难,即,一个论及创造而另一个关乎末日,其实也不难跨越;因为在古人的观念中,末日和起初有其类似的地方;③而此概念,也反映在接下来的启示录经文中:新天新地的创造(21:1)。

但不论约翰是否以此为本,他在这里却清楚地告诉我们,此一天使所做这一连串的动作,即,从捆绑撒但到将它扔进无底坑,再将之关上并贴上封条,其目的(ἵνα)乃是要"使它不能再迷惑列国"。但这句话的意思又是什么呢?对前千禧年论者而言,这句话的意思当然是,在基督第二次再临(19:11-21)之后所引进的千禧年国度中(20:1-6),撒但的能力,是完全被限制住的。它即便想要有所作为,但被关在无底坑中的它,却和被压在五行山之下的孙悟空一样,完全动弹不得。④ 从天使对撒但所行之一连串动作看来,这个见解似乎没有什么问题,但正如我们在前面已经提及的,约翰所见,乃异象中之事,而其意义,并不能只以字面含义来理解(例如,"千年"),因此"捆绑、扔进、关上和封上"等动作的意思,就不必然是"绝对,百分之百"行为能力的丧失,或是受到限制。举例来说,在当时的一个咒文中,我们就读到了如下咒语:现在你被征服了,你被捆绑,你被捆绑和用印封住了。⑤ 换句话说,在此"捆绑和用印封住"的意思,是"被征服"。和此当时咒语相较,约翰的"捆绑、扔进、关上和封上",虽然也具有广义"征服"的意思,但他却借着"使它不能再迷惑列国",让天使的一连串动作,有了更明确的目标和意义。此话怎讲?

从约翰随后所说,即,撒但在被捆绑和关在无底坑一千年后,将要被释放,并要"迷惑"地上四方列国,好兴兵攻击教会(圣徒的营与蒙爱的城;20:3,7-8),我们晓得它被捆绑的目的,乃是要让它消灭教会的意图,在这"一千年"之内,不能照它的意

---

① 根据 J. H. Charlesworth 之见,此书在公元前第二世纪到公元第一世纪之间写成(*OTP* 2:627)。

② Charles, *Revelation II*, 143; Aune, *Revelation* 17-22,1083; Beale, *Revelation*, 990.

③ Charles, *Revelation II*, 143.

④ 例如,Charles, *Revelation II*, 143; Walvoord, *Revelation*, 290-95; Mounce, *Revelation*, 353;庄逊,《启示录》,页213; H. Hoehner, 'Evidence from Revelation,' in *A Case for Premillennialism: A New Consensus*, eds. D. K. Campbell and Townsend, (Chicago: Moddy, 1992),250; Thomas, *Revelation* 8-22,410; D. J. MacLeod, 'The Third "Last Thing": The Binding of Satan (Rev. 20:1-3),' *BSac* 156(1999),479-82; Osborne, *Revelation*, 701。

⑤ 咒文出处,见 Aune, *Revelation* 17-22,1083。

思来发生。在前面我们已经指出，此一千年乃教会时期，也就是在基督第一次降世和祂第二次再临之间的时期，①因此撒但的被捆绑，乃是要让祂除灭教会的计划，在此时期之内，不能成就。事实上，在12章那里我们已经看见，因着羔羊男孩的被提，撒但就已经被赶出天庭了（12:7－9），而败下阵来的它，也就立即以生下羔羊男孩的妇人，以及她其余的儿女（12:13－17），作为它攻击的目标。不单如此，在13章中，我们更看见它以海陆二兽为其爪牙，来攻击教会，并要杀害*所有*不拜兽像的人（13:15）。因此它对教会的态度，并非是"打打谈谈，谈谈打打"，而是想要"一举消灭，将她置之死地而后已"的。但在此同时，约翰却也让我们看见，死亡的阴影虽然常常笼罩在教会的头上，但她却能因着神的保守，而站在锡安山上，在宝座和天庭活物之前，唱诗事奉神（14:1－5；亦参，7:9－17）。不单如此，蒙神保守的教会，还能更进一步的，将永远的福音传给住在地上的人（14:6；亦参，徒2:5ff）。因此撒但之被捆绑，其目的不单在使它迷惑并聚集列国来消灭教会之计划，不能成就，②也使它迷惑列国的作为，在这一千年内，因着福音的传扬，因着人悔改归入神国，而受到了限制。

事实上，此一"使它不能再（ἔτι）迷惑列国"的正面意义，也可以从约翰在上文中所放下的线索来理解。在上节经文中，借着"那条古蛇"，约翰已经带我们回到了伊甸园，回到了那让整个人类都落在撒但权下的事件中。从整卷旧约来看，在那个事件之后，列国乃是属撒但的，而那蒙拣选的以色列，虽然有着属神百姓之名，但他们在"地上的万族都要因你得福"（创12:3），以及"作为外邦人救恩之光"的使命上，③却因着撒但的迷惑，而大大失败了。但此一叫人悲伤的情况，却在第二个亚当以死践约，并因此得以从死里复活的事件中，全然翻转了过来。背道的以色列，因着祂的工作，得着复兴（属灵的），而在撒但手下的列国，也因着祂的救赎，而得以进入神国，并与那些接受祂为弥赛亚之以色列人，共同组成一个新的祭司国度（启1:6；5:10）。因此那因着第一个亚当之犯罪堕落，而使列国都落在撒但权下的情况，在第二个亚当的死和复活中，有了180度的转变；因为那曾迷惑始祖亚当和列国的它，如今已"不能再迷惑列国了"。在教会持守"羔羊见证"，向这个世界传福音的行动中，那些原本在撒但手下的人，就一个个的归入了神的名下；而它掌控世界的权势，在第二个亚当降世之后，也就开始败落了。它的审判和末日，当然还没有来到，而它的能力，也因此就还没有完全消失（彼前5:8），但那原本在它"魔咒"之下，只能处在黑暗之中的列国，却因着真光的来到（参，约1:4，9－14；3:19－21；8:12；9:5），而有了"出黑暗入光明"的机会和

① 详见，附录十四的讨论。
② 亦参启示录12:16——"但地却帮助了妇人，开口吞了从龙口而出的河水。"
③ 参，王上8:41－43；代下6:32－33；赛11:10；42:6；49:6。

可能。①

但为何撒但在被捆绑千年之后,又"必须要(δεῖ)短暂的释放它",并让它迷惑列国,好兴兵攻击教会呢(参 20:7-8)? 对此问题,前千禧年学派,也就是那些主张千禧年乃末日基督与圣徒(教会或是复兴了的以色列)在地上管治世界的学者们,给了我们许多不同的答案:(1)有人认为在千禧年国度中被基督管治的"列国",并非真正的信徒,而是名义上的基督徒,因此在永恒来临之前,这些"稗子"就必须从"麦子"中区隔出来。而为达此目的,神就以撒但为工具,将它从无底坑中释放了出来。② (2)对此问题,也有学者主张,在基督统治世界千年之后,释放撒但并让其迷惑列国,乃是要显示"人性根深蒂固之恶",以及撒但的"无药可救",因此神末日审判的公义性,就在此对比中得着彰显。③ (3)除了上述的两个答案之外,也有释经者认为,由于约翰没有告诉我们千禧年之后释放撒但的原因,因此我们没有做任何揣测的必要。此事乃属奥秘。④

在这些见解之中,最后一个是比较"明智和安全"的,但即便以"不可知"为答案,前千禧年派还是无法逃避一个最根本的问题,那就是,在基督做王一千年之后,为何人的心性还是像千禧年前一样,完全没有发生任何的改变? 以"人性之恶乃根深蒂固",作为此一现象的解释,或许可行,也反映了事实,但此一解释却"折损"了基督的权柄、能力和荣耀;因为隐含在这个解释中的意涵是:基督,做王,一千年,这三者都不能改变什么。

但若我们从无千禧年派的观点来看,这个问题就变得没有那么难以回答了。在无千禧年派的理解中,撒但的被捆绑,乃是为了要使它消灭教会的计划和行动,不能达成,也在使教会能在基督第二次再来之前,能借着福音,使列国归向神。因此在基

---

① 类似的见解,亦见,Hendriksen, *More than Conquerors*, 185-90; Lenski, *St. John's Revelation*, 575-76; Wilcook, *Revelation*, 188-90; A. A. Hoekema, *The Bible and The Future*(Grand Rapids: Eerdmans, 1979),228-29(亦见同一作者在柯楼士所编辑之《千禧年四观》,页 131-34 中所论); Beale, *Revelation*, 986-89; R. B. Strimple, 'Amillennialism,' in *Three Views of the Millennium and Beyond*, ed. D. L. Bock (Grand Rapids: Zondervan, 1999), 121-24; K. Riddlebarger, *A Case for Amillennianism: Understanding the End Times*(Grand Rapids: Baker Books, 2003),208-13。正如前述,如是理解"捆绑撒但"之含义,立即就让 19:17-21 中"列国全然灭亡",和本处经文"还有列国可以迷惑?"的矛盾,消失无形。

② Swete, *Revelation*, 261.

③ Charles, *Revelation II*, 143; Walvoord, *Revelation*, 303; Beasley-Murray, *Revelation*, 291-92; Thomas, *Revelation* 8-22,411; Osborne, *Revelation*, 703.

④ Mounce, *Revelation*, 354(不过在 20:7 的注释中,Mounce 也指出上述第二种看法,也许是"撒但必须被释放"的最可能原因,见页 361)。部分后千禧年派论者,例如,Chilton 也持此"不可知"的见解(*Days of Vengeance*, 507-08)。

督两次降临之间，教会和撒但之间的争战，乃是"现在进行式"的。但在世界的末了，此一战争将要来到一个高峰，而在神所预定之时刻来到时，神对撒但除灭教会计划之限制，将要除去，好叫它以为它即将得逞。但在其时，神将要以其所行（迷惑列国，攻击教会），来审判它（20:9）。它的被释放，是短暂的，因为它被释放的目的，不是要叫它能"遂其所愿"，而是要叫它面对神的审判。①

以此方式来理解"撒但的被释放"，其实也被启示录的下文所支持，因为在白色大宝座的异象中，我们也看见类似概念的出现：在末日审判之时，那些已经死了的世人，也一样要"复活"，即，从海，死亡和阴间中"被释放出来"（20:13；亦参，20:5；约5:29）；而神叫他们短暂复活的目的，也照样是要使他们接受审判，进入第二次的死亡，即，"硫磺火湖"（20:14－15）。

事实上，在约翰的设计中，撒但在末日的被释放和被审判，乃是要让它和基督之间的"恩怨"，在末日之时，做一个总结。此话怎讲？在上一节经文中，借着"那条古蛇"，约翰就已经带我们回到了伊甸园中，也就是"那条古蛇"第一次"显露"的地方。但在12章那里，约翰也借着羔羊男孩的出生、死亡和复活，明白地告诉我们，"那条古蛇"对人类所造成的伤害，已在基督第一次降世之时，有了决定性的弥补和医治。但神为了让此胜利，能扩大战果，因此那条古蛇迷惑世人的权柄和能力，就在基督两次降临之间，受到了限制。但在末日之时，神却容许它"再现/显露"，好让它也能"第二次再来"；但此回它将不能再动圣徒一根寒毛，因为此时伴随圣徒而来的，是那曾在加略山上，彻底击败它的基督（19:11－21；20:9－10）。"那条古蛇"终日所思，乃是"我要如何篡夺神的位置，并自立为神"，因此在约翰的笔下，它就成了"邪恶三一（红龙—海兽—陆兽）"的头头，而它也的确在某一个程度上，有这么点像（参，12:3－4）。但它若不能"再临"，它欲意自立为神的企图，就还差了那么一点，因此为了凸显它"旺盛的企图心"，也为了显示它"扮虎不成反类犬"的滑稽，更为了显示神掌控一切

① 保罗在帖撒罗尼迦后书2:1－12中，曾劝勉该教会的信徒，不要轻信"主的日子即将来到"的说法，因为那"不法之人"的"隐意"虽然已经发动，但他的计划却受到拦阻。此一拦阻将要在基督再临之前被除去，而这个"不法之人"也要在其时显露。但他显露的日子，却正是他面对基督审判的时刻。学界对保罗在此所说的，不论是"不法之人"、"不法之人的隐意"、"拦阻"等人事物，有许多不同的看法（参，冯荫坤，《帖撒罗尼迦后书注释》[香港：天道，1990]，页159－212；C. A. Wanamaker, *The Epistles to the Thessalonians* [Grand Rapids: Eerdmans, 1990]，242－57），但在（1）"敌对神之人或势力"，（2）如今在"限制之中"，而（3）"此限制将要在末日被除去"，并（4）要因此"引进末日审判"等项目上，这段保罗书信和约翰在此所说，却是十分相似的。因此若这两段经文所说的是同一件事，那么前千禧年派的见解，就有了保罗的背书了。相关讨论，见Wilcook, *Revelation*, 190；S. H. T. Page, 'Revelation 20 and Pauline Eschatology,' *JETS*（1980），40－41；Beale, *Revelation*, 989。

的权柄,它就有了它所想要的“第二次再来”。只是当它“第二次来临”时,等在它前面的,却是硫磺火湖。它和羔羊男孩都要“再临”,但这两个同时发生的“第二次降临”,其结果却完全相反。古蛇要和那些被它所迷惑的列国,一起进入永死之中;而羔羊男孩则是要率领着跟随祂而来的圣徒,进入神在创世之前,就已经预备好的永恒安息之中。

20:4－5 我又看见一些宝座和坐在上面的;有审判的权柄赐给他们。我又看见那些为了持守耶稣之见证,并为了神之道而被斩者的灵魂。他们没有拜过兽和兽像,也没有在额上或是手上受过兽的记号。他们都复活了,与基督一同作王一千年。[5] 其余的死人还没有复活,直等那一千年完了。这是头一次的复活(Καὶ εἶδον θρόνους καὶ ἐκάθισαν ἐπ᾽ αὐτούς καὶ κρίμα ἐδόθη αὐτοῖς, καὶ τὰς ψυχὰς τῶν πεπελεκισμένων διὰ τὴν μαρτυρίαν Ἰησοῦ καὶ διὰ τὸν λόγον τοῦ θεοῦ καὶ οἵτινες οὐ προσεκύνησαν τὸ θηρίον οὐδὲ τὴν εἰκόνα αὐτοῦ καὶ οὐκ ἔλαβον τὸ χάραγμα ἐπὶ τὸ μέτωπον καὶ ἐπὶ τὴν χεῖρα αὐτῶν. καὶ ἔζησαν καὶ ἐβασίλευσαν μετὰ τοῦ Χριστοῦ χίλια ἔτη. [5]οἱ λοιποὶ τῶν νεκρῶν οὐκ ἔζησαν ἄχρι τελεσθῇ τὰ χίλια ἔτη. αὕτη ἡ ἀνάστασις ἡ πρώτη)

在看见撒但被被关在无底坑中一千年的异象之后(20:1－3),并在论及它将要从无底坑中被释放出来之前(20:7),约翰又看见了另外一个异象。而此异象,乃是在教会历史中大大有名,并引起许多讨论的“圣徒与基督做王一千年之异象”。换言之,所谓“千禧年异象”,所指的就是约翰在20:4－6中所看见的人事物;而造成教会和教会之间,信徒和信徒之间,在末世论之议题上,彼此意见相佐的,也是这段经文。但约翰在此所看见的,究竟是什么呢?

在此异象中,约翰所看见的,是“一些宝座,和坐在上面的”,以及“那些为了持守耶稣之见证,并为了神之道而被斩者的灵魂”,即,殉道者。但这些“坐在宝座上的”和“殉道者”,是不是同一组人马呢?在启示录4:4和11:16中,坐在宝座上的,是24位长老,而若约翰在此乃是以先知但以理所见,亘古常在者在其天庭中进行审判之异象(但7:9－10),为其背景的话,那么“坐在宝座上的”,就应该是天庭中之活物,而他们和殉道者就不是同一组人马了。① 此一见解有其可能和理据,但在启示录的前面我们已经晓得,为了要强调某一个行动所带来的结果,约翰常常将结果,放在产生该结果之动作的前面,而此即所谓“前后颠倒(*hysteron-proteron*)”的文学手法。例如,在3:3那里(遵守—悔改),悔改的结果,即,遵守(人子的教训),就被放在悔改之

① 例如,Charles, *Revelation II*, 182。

前;而在3:19中(发热心—悔改),悔改的结果也一样被放在悔改之前。① 因此若从此角度来看,约翰在此并无区隔"坐宝座的"和"殉道者"的意图,他之所以会先提及"宝座和坐在其上的"之原因,乃是要凸显"殉道"所能带来的结果。② 事实上,在约翰不以"我看见一些坐在宝座上的人",而选择以"我看见一些宝座,和坐在上面的"作为此一异象之"开场",就已经显明他想要强调"宝座(殉道行动所要带来结果)"的企图了。

事实上,此一理解也可以从本节经文和6:9之间的呼应中,得着支持。因为在那里,当第五印揭开之时,约翰所看见的,是"在祭坛底下,有为神的道,为他们所持守之见证,而被杀害之人的灵魂",但在此他所看见的,则是"宝座和坐在上面的……那些为了持守耶稣之见证,并为了神之道而被斩者的灵魂"。也就是说,就其所必须经历的苦难而言,殉道者乃在"祭坛下",但就其苦难所能成就的,他们乃是在"宝座上"。不单如此,在迫害他们之人的面前,他们乃是被审判的对象(被杀害),但从属灵的层面来看,他们则是审判世界的人(有审判的权柄赐给他们)。③ 将"受苦"和"得胜"划上等号的,约翰并非第一人。早在但以理的异象中,先知就已经看见,在末日之时,圣徒要在第四兽(小角)的手下受苦,但在其时,亘古常在者也要来为圣民伸冤,而他们得国的时候也就到了(但7:21－27)。不单如此,在耶稣上十字架的前夕,祂也以"这个世界要受到审判",来看待祂所将要面对的苦难(约12:31)。因此约翰在这里以"坐宝座"的方式,来理解殉道者之死,其实只是跟随着先知和耶稣之脚步而已(亦参,路22:29－30;林前6:2)。

但在千禧年的国度中(教会时期),只有"殉道者"才与基督一同做王吗?当然不。在6:9的注释中我们已经晓得,那些在祭坛下向神发出"何时伸冤"之呼吁的殉道者,乃是众圣徒的代表(详见该处注释),因此在千禧年中做王的,是所有的圣徒。毕竟圣徒为信仰所要经历之苦难,并不只有"殉道"一途而已。事实上,将"殉道者"等于"所有圣徒"的见解,也在约翰对他们更进一步的描述中,即,他们是没有拜过兽和兽像,也没有在额上或是手上受过兽的记号之人,得着证实;因为在13章中,如是描述所指的,乃是那些属羔羊,"名字记在羔羊生命册上的人"(13:8,12,15;亦参,14:

---

① 类似的例子还有,4:11的"万物存在—创造"和6:4的"夺去太平—大刀的赐与"。相关讨论,见Aune, *Revelation* 1－5,221; A. T. Robertson, *A Grammar of the Greek New Testament*, 423。

② 亦参,Aune, *Revelation* 17－22,1084－85。

③ 若以"有利间受(dative of advantage)"的方式来理解"给他们(αὐτοῖς)",那么这一句话的意思,就可以是"(神)下了一个对他们有利的判决"(亦参,约翰所暗引的但以理书7:22——神"为圣民伸冤[וְדִינָא יְהִב לְקַדִּישֵׁי עֶלְיוֹנִין]")。但从"他们与基督同做王一千年"的下文来看,此处经文的意思,比较可能是"审判权柄的授予"。

11;16:2)。①

但约翰为何又要不厌其烦地以“持守耶稣之见证和神之道”,以及“没有拜过兽和兽像,也没有在额上或是手上受过兽的记号”的方式,来描述这些代表众圣徒的“殉道者”呢?就这两个描述的内容来看,前者是“殉道者”对神正面积极的态度,而后者则是他们向着世界,反面消极的“不合作”;②因此在这一体两面的两个动作中,他们属神和不属世界的身份,就有了最好的说明。换句话说,正是在他们向神说“是”,并向这个世界说“不”的动作中,他们显示了他们的确拥有从神而来的“做王权柄”,并藉此而审判了世界;因为拒绝世界错误教训的意义,正是“定世界的罪”。

借着向神说“是”和向世界说“不”,圣徒在世为王掌权的事实,已然显明。但就现实面观之,在“属兽集团”之下生活的他们,却是一群受到打压,逼迫,甚至要被杀害的人。因此我们要如何理解“他们坐在宝座上”的含义呢?对此问题约翰早有答案:“他们都复活了。”但这又是什么意思呢?对这个在千禧年议题中,最具关键性意义的问题,学界有两个不同的答案。

第一,前千禧年派的学者指出,在许多新约经文中,“复活(ἔζησαν)”一语所指的,是“身体的复活”。例如,在马太福音 9:18 那里,那个管会堂的求耶稣去医治他刚死去的女儿,因为他相信若耶稣按手在他她身上,她就要从死里复活(亦参,可 5:23)。再举一例,在罗马书 14:9 中,保罗论及基督之时,他所说的是,“基督死了,又活了,为要作死人和活人的主”(亦参,太 27:63;约 4:50;11:25;徒 1:3;9:41;25:19)。③ 不单如此,在启示录 1:18 和 2:8 人子“死了又活了”的自称中,“又活了”所指的显然是祂“身体的复活”;而相同的含义,也在海兽“受了死伤但又活过来”的语句中出现。更重要的是,就在 20:5 中,(1)“其余的死人还没有复活(ἔζησαν)”所指的,也是末日属兽之人“身体的复活”;而(2)“这是第一次的复活”中的“复活(ἡ ἀνάστασις)”一词,在新约中也多指身体的复活。④ 因此在这些考量之下,本节经文中的“复活”,乃是圣

① 学界对“没有拜过兽和兽像,也没有在额上或是手上受过兽的记号之人”,是否是等同于“殉道者”的问题,有不同见解(例如,Beale 认为在本节经文中有“殉道者”和“拒绝兽”的两匹人马[*Revelation*, 1001];亦参,和合本和思高圣经的翻译)。但不论我们采取“殉道者 = 众圣徒的代表”,或是“殉道者 + 其余的圣徒”的立场,其结果并无差异,因为这两个见解都指向同一个结论:在千禧年中与基督一同做王的,是所有的圣徒。

② Aune, *Revelation* 17 - 22, 1088.

③ 亦参那些论及“死人复活”的旧约经文:赛 26:19(死人要复活,尸首要兴起);结 37:1 - 14(枯骨复生);但 12:2(睡在尘埃中的,必有多人复醒;其中有得永生的,有受羞辱永远被憎恶的)。

④ 相关讨论,见 J. S. Deere, ‘Premillennialism in Revelation 20:4 - 6,’ *BSac* 135(1978),71。在新约中,“复活(ἡ ἀνάστασις)”一共出现了 42 次,除了路加福音 2:34 和约翰福音 11:25 之外,此一语词都指“身体的复活”。在这 40 节经文中,“复活”多指耶稣的复活,或是出现在耶稣(以及保罗)与法利赛人讨论将来复活的文脉中。

徒身体的复活。换句话说,前千禧年派论者认为,当基督第二次再来时,圣徒将要从死里复活,并在地上与基督一同做王一千年;而其他不属羔羊的世人,则要在千禧年之后,才要复活,并接受审判(20:12-13)。①

第二,对此问题,无千禧年派则主张,此处的"复活"所指,并非"末日身体的复活",而是"殉道者"在其殉道之时,"属灵的复活"。而此属灵的复活,就殉道者所代表之众圣徒的情况而言,则是他们的"重生/洗礼"。换句话说,此处的"复活",乃是保罗所说,信徒在洗礼中与基督的"同死和同复活"(罗 6:4;亦参,西 3:1;约壹 5:11-12);而此事的意义,不单是圣徒从"死在罪恶过犯中"的复活,也是与基督"一同坐在天上"(弗 1:4-6;2:5-6;亦参,腓 1:21,23)。②

前千禧年派论者对无千禧年派的看法,是完全无法认同的。他们认为若我们分别以"属灵的"和"身体的"的方式,来理解这节经文和下一节经文中的"复活",那么所有的释经逻辑和原则,就完全没有必要了。③ 这个指控相当严重,因此不能等闲视之。不单如此,对无千禧年派所提出之论证,即,"圣徒因与基督联合而有了属灵的复活,并因此就与基督在天上一同做王,乃新约一致教训",前千禧年派论者也表同意,但他们却认为,这些经文和启示录 20:4 无关。④ 准此,在我们面前的问题有两个,第一个是释经原则的问题,第二个则是启示录 20:4,和其他新约相关经文之间关系的问题。

让我们从第二个问题开始。正如前述,学者们对有关"千禧年"之性质(属地还是属天),时间(末日的还是"教会时期的")等问题之看法,是与他所采取"线性时

---

① Alford, *Apocalypse*, 732; Ladd, *Revelation*, 265-67; Mounce, *Revelation*, 365; R. L. Saucy, *The Case for Progressive Dispensationalism* (Grand Rapids: Zondervan, 1993), 274-76; Thomas, *Revelation* 8-22, 416-17; Aune, *Revelation* 17-22, 1090; C. A. Blaising, 'Premillennialism,' in *Three Views on the Millennium and Beyond*, ed. D. L. Bock (Grand Rapids: Zondervan, 1999), 222-27. 亦参,贺依德(H. A. Hoyt)在柯楼士编著的《千禧年四观》中(页 158-59)的见解。

② B. B. Warfield, *Biblical Doctrines* (N. Y.: Oxford University Press, 1929), 653; Hendriksen, *More than Conquerors*, 192; Wilcook, *Revelation*, 192; A. A. Hoekema, *The Bible and The Future* (Grand Rapids: Eerdmans, 1979), 228-29; P. E. Hughes, 'The First Resurrection: Another Interpretation,' *WTJ* 39 (1977), 315-18(亦见同一作者之 *Revelation*, 212); Beale, *Revelation*, 1004-05; K. Riddlebarger, *A Case for Amillennianism: Understanding the End Times* (Grand Rapids: BakerBooks, 2003), 216-17。对后千禧年派而言,殉道者之复活,所指的是末日千禧年中,殉道之事或是殉道之精神的再现(见,S. Gregg, ed., *Revelation: Four Views*, 465-67)。此见解在今日少有跟随者,因此我们就不将之列入讨论了。

③ Alford, *Apocalypse*, 732; Ladd, *Revelation*, 267; Mounce, *Revelation*, 356。

④ Ladd, *Revelation*, 266. 亦参同一作者在柯楼士编著的《千禧年四观》中(页 27-28)的论述。R. L. Saucy, *The Case for Progressive Dispensationalism* (Grand Rapids: Zondervan, 1993), 275; C. A. Blaising, 'Premillennialism,' in *Three Views on the Millennium and Beyond*, ed. D. L. Bock (Grand Rapids: Zondervan, 1999), 220, note 92。

间”,或是“多元重复”之释经原则,有密切的关系。对采取“时间顺序”的学者而言(前千),“千禧年”是在“现世”和“来世”之间的一个“居间(interim)”时代,因此在这个“千年”中所发生的事(复活),是与“现世”中之情况,完全无关。但对无千论者来说,“千禧年”既是“基督两次降临之间的教会时代”,那么新约其他经文中,有关“属灵复活”的教训,就自然和启示录20章有关,并彼此解释。换句话说,此处经文中的“复活”,是否与其他新约经文相关,并不取决于经文本身,而是由释经者在进入这段经文之前,就已经采取的立场来决定的。因此这第二个问题,对无千禧年派而言,并不构成真正的困难。因为我们在前面已经看见,“多元重复”乃是启示录的文学特色之一(详见附录十三和十四);①而此特色在此问题上的意义是,启示录20:1－6所言乃关乎教会在基督两次降临之间的事,因此新约其他有关“复活”的经文,与此处启示录经文,彼此关联,并可以互相解释。

但若是如此,我们又要如何来面对“释经原则错乱”的指控呢?也就是说,我们有可能将20:4中殉道者的“复活(ἔζησαν)”和20:5中其余死人的“复活(ἀνάστασις)”,做不同的解释吗?(“现在属灵的”和“将来身体的”)对此指控,无千禧年派曾以约翰福音5:25－29作为他们的回答,因为在那里耶稣一方面说,“死人听见神儿子的声音就要活了”(5:25),但在另外一方面也说,在末日之时,那些在坟墓里的,都要因着听见祂的声音而复活(5:28－29)。换句话说,在耶稣的这个教训中,前面的“活了(ζήσουσιν)”,乃是现在属灵的复活(重生);而后面的“复活(ἀνάστασιν)”,则是末日身体的复活。② 因此这两个“复活”在这段经文中,是不同的。③ 对此论证,有前千禧年派的学者指出,在约翰福音5:26－29的经文中,有清楚的线索告诉我们(像是25节中的“现在就是了”和28节中的“坟墓”),这两个“复活”是不一样的;但如是线索,却没有出现在启示录20章中,因此这个“一词两意”的例子,并不适用于此。④

但情况果真是如此的吗?约翰在启示录20章中,真的没有给我们任何可以将这两个“复活”,做不同解读的线索吗?在20:5中,约翰就为“殉道者的复活”,下了一个定义:“这是头一次的复活。”在新旧约中,将“第一次”和“复活”连结在一起的,只有此处经文,因此在理解此处“复活”之含义时,我们就必须考量它所具有之特别性

① 亦参,前面“启示录的释经学”中的讨论和分析。

② 参,R. E. Brown, *The Gospel According to John I－XII*, 215,220; L. Morris, *The Gospel According to John*, 318,321。

③ 类似的情况也在约翰福音6:49－50中出现,即,你们的祖宗在旷野吃过吗哪,还是死了。这是(耶稣自己)从天上降下来的粮,叫人吃了就不死。也就是说,前一个“死了”是身体的死亡,而后面的则是“灵性的不死亡”。

④ 此乃赖德(Ladd)之见,参,柯楼士编著,《千禧年四观》,页27－28。

质。而同样的情况，其实也在“第二次的死”（20:6）之个案中出现。因此借着“第一次”和“第二次”的使用，约翰就已经要求我们，以他所下的定义，来理解他在这段经文中所提及的“复活和死亡”。

那么他所说的，究竟是什么呢？在殉道者之灵魂复活了的文脉中，“第一次的死”所指的，应是“殉道者之死”；而若以此定义为准，那么他在第五节所说，“其余的死人还没有复活”，就应该是“第二次的复活”（参，20:12－13）。不单如此，在第六节中，约翰又告诉我们，“有分于第一次复活的，有福了，圣洁了；第二次的死在他们身上没有权柄”，而若参照20:14的“这火湖就是第二次的死”，那么“第二次的死”所指的，就是末日的审判了。为了让我们能清楚理解约翰在此所说“第一次和第二次的死死活活”，我们就将之图表化如下：①

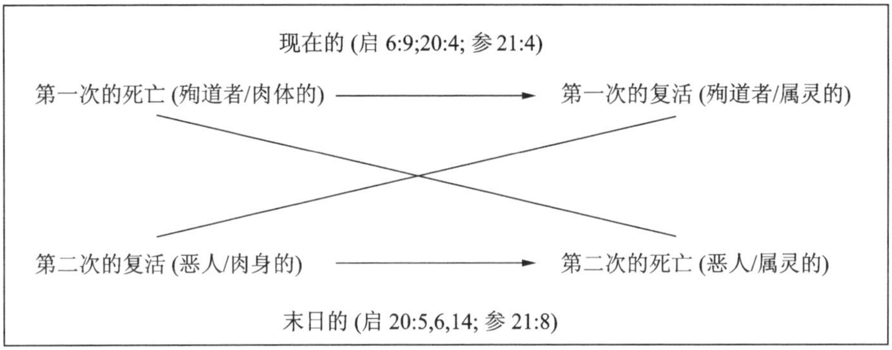

从这个图表来看，约翰显然有意要让殉道者（圣徒的代表）和“恶人（其余的人）”做清楚的对比，因为（1）殉道者之死（肉体的），乃是他们的复活（属灵的），恶人的复活（末日肉体的），乃是他们“灵性永远的死亡”；（2）殉道者所经历的死亡和复活，乃是现在的，而那要发生在恶人身上的事，乃是末日的。因此在启示录20章中，约翰其实是给了我们许多的线索，而顺着这些线索，我们晓得20:4的“第一次复活”，乃“殉道者”所经历的灵性的复活；而此“复活”，与20:5中所提及之“其余的人”，在末日所要经历之“肉身的复活”，是完全不一样的。前者乃是殉道者在末日来临之前，所要得着的“奖赏”（因其持守信仰至死），而恶人虽要在末日复活，但神让他们活过来的目的，乃是要他们面对并进入永远的刑罚和死亡。“受苦＝得胜”和“得胜的却将要面

① 此乃 M. G. Kline 的观察（‘The First Resurrection，’ *WTJ* 37［1975］，366－75）。亦见 J. M. Michaels 对 Kline 的评论（‘The First Resurrection：A Response，’ *WTJ* 39［1977］，100－09），以及 Kline 的响应（‘The First Resurrection：A Reaffirmation，’ *WTJ* 39［1975］，110－19）。相关讨论，亦参，Beale，*Revelation*，1005－08，1008－17；K. Riddlebarger，*A Case for Amillennianism：Understanding the End Times*（Grand Rapids：BakerBooks，2003），218－23。

对神的审判”,是我们在启示录的前面已经多次看见的真理,而此带着吊诡性质的真理,在约翰所呈现的“两个死亡和两个复活”之对比中,就变的十分清晰了。①

综上所述,约翰在20:4-5中所看见的,乃是殉道者(教会)在基督第一次和第二次再来之间,“属灵的复活并与基督一同做王一千年”的异象。这些殉道者之所以能复活并做王,乃因他们已经借着持守信仰和拒绝世界,这两个一正一反的动作,显示了他们已经和“基督同死”了。而与基督同死的,自然也就要与基督同活,并同坐宝座了。他们所能经历的“复活”,和他们所能得着“与基督同做王一千年”的特权,当然与他们为信仰所付上的重大代价有关,但这并不表示他们乃是靠着这些“苦行”,而能臻此境界。在20:1-3中约翰已清楚地告诉我们,“千禧年”之所以可能发生,乃因羔羊男孩已在十字架上,彻底地击败了红龙撒但。因此在祂所开创“又新又活”的路上(来10:20),我们才能看见那一大群跟随祂脚踪而行,不以自己性命为念的羔羊之军了(参,7:1-17;14:1-5)。他们所行走的,是羔羊受苦之路,但正是在他们“向神活,向世界死”的举措中(参,罗6:1-14),他们显示了他们乃是与羔羊同坐宝座的。这个世界在他们的身上,完全没有任何权柄;因为在肉身受过苦的,就已经与罪断绝了(彼前4:1b)。但圣徒只能与基督同做王一千年吗?现实世界中的苦难,只能带来“属灵复活和做王”的结果吗?当然不,因为在接下来的经文中,约翰还告诉我们,“有份于第一次复活的,有福了……”

20:6 有份于第一次复活的,有福了,圣洁了;第二次的死在他们身上没有权柄。他们必作神和基督的祭司,并要与基督一同作王一千年(μακάριος καὶ ἅγιος ὁ ἔχων μέρος ἐν τῇ ἀναστάσει τῇ πρώτῃ· ἐπὶ τούτων ὁ δεύτερος θάνατος οὐκ ἔχει ἐξουσίαν, ἀλλ᾽ ἔσονται ἱερεῖς τοῦ θεοῦ καὶ τοῦ Χριστοῦ καὶ βασιλεύσουσιν μετ᾽ αὐτοῦ [τὰ] χίλια ἔτη)

对那些至死跟随羔羊的人而言,撒但,即,灵界势力中的大头头,被捆绑并被关在无底坑中的立即性意义(20:1-3),乃是他们得以经历灵性的复活,并与基督一同做王一千年(20:4-5)。但对这些属羔羊的人而言,“第一次复活”的意义,并不止于此;因为他们与之“同死”的基督,不单已从死里复活,也将“不再死”(罗6:9-10),并且还要救拔那些属祂的人,“脱离将来的忿怒”(帖前1:10)。而如是概念在启示录中的反映,正是约翰在此所说:“有份于第一次复活的,有福了,圣洁了;第二次的死在他

① 前千禧年派之主张对此处经文的理解,即,圣徒要在千禧年时复活,而非圣徒要在千禧年之后复活,是与圣经其他论及“一次末日身体复活”的经文,彼此冲突的(但12:2;约5:28-29;徒24:15;林前15:51-54;林后5:10;帖后1:7-10;亦参,巴录二书50:2-4;以斯拉四书7:32;以诺一书51:1-2)。但在无千禧年派的理解中,这个问题却完全不存在,因为20:4的复活,并不是末日肉身的复活。

们身上没有权柄。”

在启示录的“七福”中，①这个“福论（有福了）”排名第五。和其他六个“有福”之说相较，此处的“福论”不单是“有福了（μακάριος）”一语，也包含“圣洁了（ἅγιος）”的元素。在当代犹太人和基督徒的文献中（包括启示录），如是“双重福论”的形式，只出现在这里，因此这个“福论”应是为了应对“第一次复活”而特别设计的。② 怎么说呢？从前面两节经文来看，圣徒“第一次复活”的结果，是“与基督一同做王一千年”，而此福分，也在本节经文的最后重复出现，并成为“千禧年经文”的结语（20:4－6）。但正如我们在上一个段落中所提及的，“与基督同死”的结果，不单是“同活”，也包括“脱离将来的忿怒”的面向。因此在这个“福论”中，我们就有了“圣洁了＝分别出来的＝第二次的死在他们身上没有权柄”的元素。换句话说，“第一次复活/属灵复活”不单包括了“现在做王”的面向，也带着“将来不受刑罚”的含义。“按着定命（亚当犯罪的结果），人人都有一死，死后且有审判（＝第二次的死；来9:27）”，但因着基督所献上一次永远的赎罪祭，那些“在基督里”的人，就可以免去那原本无法逃避的末日审判了。和他们的主一样，他们也只死一次，但那些不在羔羊生命册上的人，“第二次的死”，就要成为他们无能面对，也无法逃避的命运了（启13:8；17:8；20:15）。

信徒与基督同死的“洗礼/重生”，除了具有叫人与基督“同活/做王”，并使人免去“第二次的死之害”的意义以外，也还包括了“作神和基督的祭司”。但这三者之间的关系是如何的呢？若“第二次的死在信徒身上没有权柄”的重点在“盼望”；而凭借着这个盼望，信徒就能向这个世界说“不”，并因此而彰显了他们“与基督同做王”的事实，那么“作神和基督的祭司”的意义，就在他们能正面积极的服事神了。在1:6和5:10那里约翰已经告诉我们，基督藉其宝血所买赎回来的，是一个服事神的祭司国度，但由于此处的殉道者（圣徒的代表），已经以其殉道之行，显示了他们真是羔羊的跟随者，因此约翰在这里就进一步的明示，他们所事奉的，除了父神之外，也包括了基督。就基督与父神之关系而论，祂藉受苦所能成就的，是一个祭司国度的出现；但就圣徒与父和子的关系而言，此一祭司国度所事奉的，当然就是那拯救他们的主，和那差基督来到世间的神了。

从用词遣字的观点来看，保罗的“与基督联合”，与约翰的“有份于第一次的复活”，是不一样的；而保罗对“与基督联合”之应用，即，“不再做罪的奴仆，反要成为义的仆人”（罗6:1－23），与约翰的“作神和基督的祭司，并要与基督一同作王一千年”

① 1:3；14:13；16:15；19:9；20:6；22:7，14.

② Aune, *Revelation* 17－22，1091.

之间,也有差异,但就实质含义来说,保罗和约翰对"与基督同死同复活"之真理的理解,其实并无差别。换句话说,对保罗和约翰而言,"与基督联合 = 有份于第一次的复活",是人进入信仰的第一步(参,罗 6:8 - 11),而此事的含义,不单显明在"与基督同活(义仆) = 做王"的事上,也是"永生的得着 = 不在第二次之死的权下"(参,罗 6:21 - 23)。

如是真理,肯定不是在时空和罪性限制之下的人类,所能想象和盼望的,因此它的源头,就绝对不是这两位新约作者。那么它究竟是从何而来的呢?答案其实很明显,因为在耶稣叫拉撒路复活的事件中,马大原先对"复活"的概念,是只有"末日"的(约 11:23 - 24)。但对如是信念,耶稣的回应却是:"复活在我;生命也在我。信我的人虽然死了,也必复活。"(约 11:25)在人类历史的平面上,此一宣告的意义,可以局限在耶稣叫拉撒路从死里复活的事件之中;但这个叫死人复活之事的真正意义,在耶稣接下来所说的话里面,才完全显明:"凡活着信我的人,必永远不死"(约 11:26)。换句话说,耶稣在此所关切的,不是肉身的从死里复活,而是灵性的复生。① 因为只有这个"复活",才具有永恒意义。这是耶稣给刚刚才经历丧失亲人之马大的安慰,而在启示录中,这也是约翰给那些在困苦逼迫中之信徒,所打的"强心针"。他藉此异象要他们看见,圣徒,即便是经历了斩首之刑的殉道者,虽然受苦,但却与基督同享王权,并拥有事奉祂和父神的特权。

20:7 - 8 当那一千年满了,撒但就要从监牢里被释放出来;[8] 它出来要迷惑地上四方的列国,就是歌革和玛各,叫他们聚集争战;他们的人数多如海沙(Καὶ ὅταν τελεσθῇ τὰ χίλια ἔτη, λυθήσεται ὁ Σατανᾶς ἐκ τῆς φυλακῆς αὐτοῦ [8]καὶ ἐξελεύσεται πλανῆσαι τὰ ἔθνη τὰ ἐν ταῖς τέσσαρσιν γωνίαις τῆς γῆς, τὸν Γὼγ καὶ Μαγώγ, συναγαγεῖν αὐτοὺς εἰς τὸν πόλεμον, ὧν ὁ ἀριθμὸς αὐτῶν ὡς ἡ ἄμμος τῆς θαλάσσης)

在 20:1 - 3 中,约翰已借着"撒但被捆绑和被关在无底坑"的异象,显明了基督之死和复活,对邪灵势力所带来的影响;而在 20:4 - 6 中,他也透过"圣徒与基督做王一千年"的画面,显示了这同一个事件对教会的含义。但撒但的败落和圣徒的得胜做王,还只是一个开始而已,因为基督之复活所指向的,还包括了神最终的胜利,和神国最后的完成;由是在 20:7 - 10 中,约翰就给了我们那将要在"千年"之后,也就是在世界末了之时,所要发生的末日之战。

在 20:3 那里我们已经提及,神容许撒但在一千年之后的被释放,并让它能迷惑

---

① R. E. Brown, *The Gospel According to John I - XII*, 425; L. Morris, *The Gospel According to John*, 550 - 51; B. Lindars, *The Gospel of John*, 395; G. R. Beasley-Murray, *John*, 190 - 91.

列国,好兴兵攻击教会,并不是要显示它和世人的"顽梗悖逆",并据此来审判它和跟随它的人;因为撒但和属它之人的恶,在伊甸园中,就早已显明了(创3:8－21)。在神的计划中,撒但的被捆绑,是要让羔羊男孩在十字架上所成就的救恩,能普及万民。在这一千年之中,也就是在基督第一次和第二次降临之间,教会将要继续在撒但(藉海陆二兽)的手下受苦,但正是在如是的情况之下,福音就因着圣徒受苦的见证,得以传开,而神的国也就因此日渐茁壮。但如是情况,却不会永远继续下去,因为公义的神,不会永远坐视邪恶势力的嚣张而袖手不管。因此当"殉道者的数目满足了"之后(6:11),当那些从创世以来,名字记载在羔羊生命册上的人(启13:8;17:8;20:15;21:27),都进入了神国之后,祂就要来审判它了。

为了这个目的,因着羔羊男孩之复活升天而被关在无底坑中的撒但,就要从它的监牢中被释放出来了。在此约翰并没有告诉我们,是谁释放了它,但在"被释放(λυθήσεται)"的被动语态中,我们却看见神的允许。① 在离开监狱之后,撒但当然要纾解它与羔羊男孩之争战中所受到的挫折,以及因着被关在无底坑中,无法完成它消灭教会之目的而有的郁闷。因此它就"重整旗鼓"、"老店新开"地继续它迷惑世人的工作。

但要被它所迷惑的是谁呢?在19:17－21中约翰已经清楚地告诉我们,那些跟随海陆二兽的军旅,已被骑白马者所杀。因此若我们以"时间顺序"的方式,来理解启示录各个异象之间关系的话,那么约翰在这里若不是忘记了他在前一个异象中所说的,②就是此处被迷惑之"地上四方的列国",是"邪灵",③或是"在末日将要从死里复活之世人",④甚或是"没有参与弥赛亚之战的平民百姓"。⑤ 但这些解释其实都没有必要,因为若我们不以"时间顺序",而以"多元重复"的方式,来看待这两个异象,那么"列国被杀,而后列国又被迷惑"的矛盾,就完全不存在了。在附录十三我们已经指出,弥赛亚之战(19:11－21)和此处的歌革玛各之战(20:7－10),都是本于以西结书38－39章中之"末日歌革大战";因此它们只是约翰从不同的角度,对同一个"末日之战"的描述而已。

在附录十三那里我们也已经晓得,"地上四方列国"乃是以西结书的反映,因为歌

---

① Osborne, *Revelation*, 710.

② Aune, *Revelation* 17－22, 1093.

③ E. Schüssler-Fiorenza, *Priester für Gott* (Münster: Verlag Aschendorff, 1972), 311－12; Rissi, *The Future of the World*, 34－36, 99; Kraft, *Die Offenbarung des Johannes*, 259; Swete, *Revelation*, 290－91.

④ J. W. Mealy, *After the Thousand Years*, 140－42. Mealy之见就让"末日复活"成为三阶段:圣徒在千禧年之前复活,非圣徒在千禧年之后复活,和白色大宝座前的复活(20:12)。

⑤ 例如,Mounce, *Revelation*, 349, 353; Beasley-Murray, *Revelation*, 297(亦参,19:18的注释)。

革之军乃是由极北(米设、土巴、歌篾和陀迦玛)和极南(波斯、古实、弗)的七个种族所组成(结38:2-3,5-6);而跟随他们而来的商人,除了有位在极东的示巴和底但之外,也有位在极西的他施(38:13)。不单如此,这个涵盖了"地上四方"的歌革之军队,其人数之多,是有如"密云遮盖地面"(结38:9,15-16);而此特色在启示录中的反映,则是"他们的人数多如海沙"(20:8)。① 因此若我们从这些联系来看,约翰藉"地上四方的列国"和"人数多如海沙"这两个词组,不单带我们回到了以西结书38-39章,也凸显了此一末日之战的"全面性"。

当然在启示录和以西结书之间的联系,也在约翰对此"地上四方列国"的定义中——"歌革玛各",最为明显,因为在以西结书中,那将要在末日领军前来攻击属神百姓的(结38:8,12;39:2;参,启20:9),正是由歌革王所率领的"七国联军"。此一联军,在约翰的笔下,并非"歌革",而是"歌革玛各"。此一更动并不难解释,因为在约翰写启示录的当下,以西结书中之"玛各地的歌革王",不单成为"歌革玛各",也已成为"末日之战中,敌对神势力的象征"了。②

从"歌革"到"歌革玛各"的变化,并不算大,也不难理解。但我们要如何解释,为何约翰要让"撒但"这号完全没有出现在以西结末日异象中的"人物",在启示录中"担纲演出"呢?再者,以西结书中是神使歌革起意兴兵攻击那已经得着复兴的以色列(结38:4,10;39:2),但为何在启示录中迷惑歌革玛各、并叫他们起来攻击教会的却是撒但呢?就后面的这个问题而论,若我们考量"是神先让撒但从无底坑中被释放出来"的前提,那么启示录和以西结书之间的差异,就不是那么大了,因为在这两个新旧约的异象中,"末日之战"的主导者,都是神。但我们要如何来理解"撒但"在启示录中的现身呢?

这个看似不易回答的问题,其实正显示出新约作者约翰,和旧约作者以西结,在有关"末日"议题上的差异。怎么说呢?在前面我们已经多次提及,先知以西结的"末日歌革异象",是约翰"骑白马者异象"和此处"末日歌革玛各之战"的蓝本。而在19章的分析中我们已经晓得,约翰因着羔羊男孩之死和复活,就明白了神在末日对列国所要施行的审判,是要由耶稣基督来执行的。由是在19章中,他就将旧约众先知所预言,那要击败列国并带来复兴的弥赛亚,加入了先知以西结的"歌革末日之战"中。此一因着新启示而有的"加增",也一样出现在这里;因为当基督进入了末日之战

① 在旧约和当代犹太文献中,以"人数多如海沙"来描述"军旅之庞大"的,有约书亚记11:4;士师记7:12;撒母耳记上13:5;玛加比一书11:1。因此约翰在此也有可能是以这个惯用语词,来反映以西结书中歌革之军的特色。

② Kuhn, *TDNT* 1:790-91;亦参,Aune, *Revelation* 17-22,1093-95。

的战场中,祂在十字架上所击败的头号敌人撒但,就不可能在这个关键的战事中缺席了。神在伊甸园中对古蛇所发,它将要受到审判的预言(创3:15),已在各各他的十字架上,有了初步的应验;而在此,约翰则是借着撒但的现身,显明它在末日之战中,所要扮演的角色,并随后显示它所无法逃避的命运。从这个角度来看,“千禧年经文”从撒但的被捆绑和被关在无底坑为始(20:1-3),而以撒但的被释放和被击败为结(20:7-10),正是“十架新启示”的反映。在撒但的“被一收和一放”之中,它和羔羊之间的强弱胜负,就有了最清楚的说明。

20:9 他们上来遍满了全地,并围住圣徒的营,与蒙爱的城;就有火从天降下,烧灭了他们(καὶ ἀνέβησαν ἐπὶ τὸ πλάτος τῆς γῆς καὶ ἐκύκλευσαν τὴν παρεμβολὴν τῶν ἁγίων καὶ τὴν πόλιν τὴν ἠγαπημένην, καὶ κατέβη πῦρ ἐκ τοῦ οὐρανοῦ καὶ κατέφαγεν αὐτούς)

在20:3那里约翰已经告诉我们,天使将撒但关在无底坑中的目的,乃是要叫它不得再迷惑列国。但在上节经文和本节经文中,约翰则是进一步的告诉我们,“迷惑列国”只是撒但工作的第一步,因为它迷惑并聚集列国的最终目的,并不只是要“阅列国之兵”,好彰显它的权柄;而是要攻击圣徒,并将他们消灭。因此从这个角度来看,神将撒但关在无底坑中一千年的目的,在阻却它除灭教会的计划和企图。神的确容许它逼迫甚至杀害圣徒(殉道者),但神却也在同时,让教会借着她所经历的苦难(殉道者的血),一天天地茁壮起来。

但神永恒计划之奥妙却不止于此,因为在20:3那里,约翰也同样告诉我们,在千禧年结束之际,神将要短暂的释放撒但。但此“短暂释放”的目的何在?在前文中约翰并没有明说,因此就留下了一个引人好奇的伏笔,但当我们来到了千禧年经文的末了(20:9-10),我们就明白了,原来前文中所说“撒但将要短暂地被释放”,不是要让它出来透透气,而是要带它上“刑场”。

但这是从神的角度来看的。作为一个有限的受造物,撒但以为它的被释放,是它绝地大反攻的最佳机会,于是在上一节经文中,它就尽其所能的,“迷惑了地上四方的列国”;而在本节经文中,它则是更进一步的,率领了它遍满了全地的军兵上来,并以圣徒的营和蒙爱的城,为其攻击目标。

在整本圣经论及人去耶路撒冷的经文中,不论他从哪一个方向而来,圣经的作者总是说他“上耶路撒冷去”。① 究其原因,不单因为耶路撒冷城位在锡安山上(约六七

---

① 例如,拉1:3;诗122:4;赛2:3;耶31:6;俄1:21;弥4:2;太20:17 = 可10:32 = 路18:31;路2:4,41;19:28;约2:13;5:1;11:55;徒11:2;15:2;21:12;24:11;25:1,9;加2:1。亦参,以斯拉三书2:5;4:63;玛加比一书6:48;13:2。

百公尺高),也因为“上耶路撒冷”的动作,带着“朝圣”的宗教意涵(圣殿在耶路撒冷城中)。不单如此,在旧约论及战争的经文中,“上去(ἀναβαίνω)”也是描述“军事行动”的固定用词之一,①因此借着“上来(ἀνέβησαν)”以及随后之“围住蒙爱的城”,约翰已经让这个末日事件,充满了属灵争战的气息。

但这个末日战争要发生在什么地方呢?若我们将“蒙爱的城”视为耶路撒冷,并以字面的方式来理解它,那么末日之战就要发生在巴勒斯坦一地了。② 但“遍满了全地”③以及前一节经文中的“地上四方的列国”,都显示此一末日之战的范围,是全世界。毕竟在千禧年(教会时期)结束之际,福音已传遍天下,而教会也已经在世界的各个角落中,建立了起来(参,太 24:14)。因此这个末日争战,将会是属撒但之阵营,对属神阵营全面性的开战和攻击。由是我们就看见他们“围住圣徒的营,与蒙爱的城”。

在启示录的前面,约翰已经在“十四万四千人受印”(7:1-8),以及“十四万四千人在宝座前唱救恩之歌”(7:9-17)等等异象中(亦参,15:1-4),以旧约以色列人出埃及的事件为蓝本,来描述新约教会的情况;因此这里的“圣徒的营”,恐怕也是出自该事件;因为当年以色列人在旷野飘流(参,启 12:6,14),迈向迦南应许之地的路上,正是以围绕会幕之“野战军营”,作为她身分地位,以及她所肩负之任务的表征(民 1-2;亦参,出 29:14)。④ 此一见解也可从当时昆兰团体对自己之认知中,得着支持;因为他们认为他们乃是那要与黑暗之子争战的“光明之子”,是当代(=末日)有神在其间居住之“以色列的营”(1QM 3:5-9;4:9;10:1-8)。⑤

但“蒙爱的城”呢?在旧约中锡安(或是耶路撒冷)乃是神所爱之城,⑥而新耶路撒冷也要到了 21:10 才从天而降,因此歌革玛各之军所围困的,有可能是地理上的耶

---

① 例如,士 12:3;撒上 7:7;撒下 11:10;王上 20:1;赛 36:10(此乃 J. G. Eichhorn 的观察,资料出处,Aune, *Revelation* 17-22,1096)。

② Bullinger, *Revelation*, 638; Walvoord, *Revelation*, 304; Thomas, *Revelation* 8-22,425.

③ “遍满了全地”一语出自哈巴谷书 1:6(לְמֶרְחֲבֵי־אֶרֶץ;LXX ἐπὶ τὰ πλάτη τῆς γῆς)。此一段落(哈 1:5-11)乃是旧约中,诸多“从北方而来之敌人”的经文之一;而约翰在此所暗引的以西结书 38-39 章,也属此类经文;因此约翰在这里乃是以一个不着痕迹的方式,将那论及“末日战争”之旧约经文,融合在一起。而如是手法,正反映出他“将旧约类似主题经文加总在一起”的文学习惯(相关讨论,见页 64,72-73)。

④ Swete, *Revelation*, 269; Beckwith, *Apocalypse*, 746; Ford, *Revelation*, 357; Beale, *Revelation*, 1027. 在学界中有人将“圣徒(圣者;τῶν ἁγίων)的营”解释为“天使之军”(J. G. Eichhorn;资料出处,Aune, *Revelation* 17-22,1097),但从 5:8 来看(众圣徒;τῶν ἁγίων),此说是有问题的。

⑤ Ford, *Revelation*, 357; Aune, *Revelation* 17-22,1098; Beale, *Revelation*, 1026-27.

⑥ 例如,诗 78:68;87:2;122:6;132:12-14;耶 11:15;12:17;亚 1:17。

路撒冷城。① 但在启示录的前面，约翰已经因着人子借着圣灵而居住在教会中的启示（人子在七个金灯台中；启 1:12－13），而将旧约中，神借着圣殿而住在其中的耶路撒冷，转化为教会了（参，启 3:12—得胜的要在神的殿中作柱子；而在他的身上则是写着“新耶路撒冷”之名）。因此此处被围困的“蒙爱之城”，也是“圣徒的营”所指向的教会。毕竟旧约的“野战营”之所以可以被称为“圣徒的营”，耶路撒冷之所以可以被称为“蒙爱之城”，而新约的教会之所以可以同时拥有这两个称号，都因神在其间居住。

事实上，站在“圣徒的营”和“蒙爱之城”背后的，更是先知以西结所看见的“新耶路撒冷的异象”。何以见得？在先知所见以色列将来复兴的异象中（结 40－48），他不单看见“新的圣殿”（40－44），“新的国土规划”（45:1－48:29），也看见“新的耶路撒冷城”（48:30－35）。而此新城的特色，不单在她有一个叫人难以置信的新名—“耶和华的所在”（48:35），也在她有 12 个按以色列 12 支派为名的城门。不论就这 12 个支派的分组方式（四组）而言，或是他们如何被分配到城的某一个方向的原则而论，这个“新耶路撒冷城”乃是以民数记 1－2 章中之“野战营”为蓝本的。因此从如是呼应中，我们晓得先知以西结在他所见复兴异象的最后，对“耶路撒冷城”下了一个新的定义。怎么说呢？在被掳前的“旧耶路撒冷”，的确因着圣殿，而成为一个宗教中心，但以色列人却在其上，加上了政治和军事的元素（政治上的首都），因此神就让不单单依靠祂，而想要脚踏两条船的他们，经历了被巴比伦掳掠的刑罚。但复兴了的“新耶路撒冷”却不是如此的；圣殿已不在其内，她是神亲自居住在其内的“新以色列”。她有如当初以色列人离开埃及时，神藉会幕所居住在其中的“野战营”，因为在神原始的设计中，祂的国乃是一个以祭司为中心的神权国度。②

但这些和启示录又有什么关系呢？在前面我们已经晓得，借着各样的方式和象征，例如，金灯台，约翰就让教会成为旧约应许的承受者，因此在这里，他也依同样的逻辑，将民数记中之“圣徒的营”，和以西结书中之“蒙爱的城”，等同于教会了。不单如此，由于这两个旧约中的“神国模型”，其特色都是“以祭司为中心的神权国度”，因此约翰在 1:6 和 5:10 中，就早已用“祭司国度”作为教会之名字了。此其一。

第二，以西结书对启示录的影响，也在“众军围困圣徒的营和蒙爱之城”的画面中，显示出来；因为在以西结书 38－39 章中，先知所见异象，正是歌革联军上来攻击以色列人所居住的“无墙之地”（结 38:11－12），而此“无墙之地”，乃位居“世界的中

---

① Thomas, *Revelation* 8－22, 425; Aune, *Revelation* 17－22, 1098－99.

② 相关讨论，见 21:9 之后的注释；亦见笔者博士论文 Ezekiel in Revelation: Literary and Hermeneutic Aspects (Univ. of Edinburgh, 1999), 140－59。

间"(结38:12)。换句话说,在论及末日之战时,先知以西结和约翰都一致地以一个"众军围城"的画面,来显示此一末日事件的全面性和危急性。但以西结书对启示录的影响只止于此吗?应该不是。在以西结书中,复兴了的以色列,乃是居住在一个"无墙之地"。但为何会如此呢?难道从巴比伦回归之后,他们马上就忘记了那曾带给他们极大痛苦的被掳事件吗?从尼希米记中我们清楚看到(尼1-6),重建那能带给他们安全和保障的城墙,是尼希米所念兹在兹的事,因此耶路撒冷的城墙,就在他和其同僚的努力之下,于极短的52天之内,全部完工(尼6:15)。此事当然出自尼希米对神国的热心,也蒙神祝福,但先知以西结透过"复兴的以色列人居住在无墙之地"的异象,所要凸显的真理是:复兴了的以色列,并不需要借着城墙而得着保障,因为那唯一能护卫他们的,是耶和华神(亦参,亚2:5-9)。因此借着"居住于无墙之地"的画面,先知就强调了"复兴的以色列将会是一群百分之百信赖神的子民"。①

但这个以西结的异象,和启示录的关联在那里呢?在前面七封教会书信中我们已经看见,人子对受苦圣徒之期待,乃是"忍耐的持守羔羊见证";而在13章中,在海兽得着权柄能任意与圣徒争战并且得胜的情境中,约翰对信徒的劝勉,则是那几乎叫人难以下咽的:"要被掳掠的,就被掳掠!要被刀杀的,就被刀杀!圣徒的忍耐和信心,就是在此。"因此在如是期待和劝勉中,我们就看见"复兴的以色列人居住在无墙之地"的反应。也因着如此,在19章骑白马者的异象中,随弥赛亚而来的白马之军(众圣徒;19:14),在此末日战争中,就成了"旁观者"(出手击败敌人的,乃弥赛亚),而在此处经文所论及的末日歌革玛各大战中,"圣徒的营和蒙爱的城",也一样扮演着被动的角色。② 究其原因,不单是因为他们的争战,已在他们忍受苦难的过程中打完,也更是因为他们已经学会将他们的安危,全然的交托给信实的主和神。

对如是守约忠心的仆人,与他们立约的神,在此危急时刻,当然要出手相救了;于是"有火从天降下,烧灭了他们(歌革玛各之军)"。在旧约中,自从神从天降火焚烧所多玛和蛾摩拉之后(创19:24-28),火就成了神审判的记号。③ 而此处的画面,虽然与先知以利亚"从天降火烧灭仇敌"(王下1:10,12)的情境有些类似,但其真正根源,恐怕还是以西结所见之末日歌革异象;因为在那里,从地的四方上来围住以色列民的歌革大军,正是被那由天而来的火与硫磺所烧灭(结38:22;39:6)。在这里我们

---

① W. Zimmerli, *Ezekiel II*, 310; D. I. Block, *Ezekiel* 25-48,447.

② Aune, *Revelation* 17-22,1098. 此一特色在与昆兰团体积极参与末日之战的对比中,特别明显。

③ 例如,申29:23[22];撒下22:9;诗11:6;赛30:33;34:9-10;结38:22;亦参,西卜神谕篇3:53-61;路17:19;革利免一书11:1。

虽然不必以字面的方式,来理解"火",①但神的审判之可畏却是无庸置疑的。正如神藉先知西番雅之口向祂的子民所说:"你们要等候我,直到我兴起掳掠的日子;因为我已定意招聚列国,聚集列邦,将我的恼怒,就是我的烈怒,都倾在他们身上。我的忿怒如火,必烧灭全地"(番3:8;亦参,番1:18)。

20:10 那迷惑他们的魔鬼,被扔进硫磺火湖里,就是兽和假先知所在的地方。他们必昼夜受痛苦,直到永永远远(καὶ ὁ διάβολος ὁ πλανῶν αὐτοὺς ἐβλήθη εἰς τὴν λίμνην τοῦ πυρὸς καὶ θείου ὅπου καὶ τὸ θηρίον καὶ ὁ ψευδοπροφήτης, καὶ βασανισθήσονται ἡμέρας καὶ νυκτὸς εἰς τοὺς αἰῶνας τῶν αἰώνων)

在上一节经文中约翰已经让我们看见,那些被撒但所迷惑,并在它的支使之下,前来围攻教会的列国,即,歌革玛各,已被神从天所降之火给烧灭了。因此在这个末日之战中,唯一尚未处分的,乃歌革玛各之军的元帅,魔鬼撒但。

从它在启示录中的现身之始,约翰就清楚地指出,魔鬼乃是那"迷惑普天下的"(12:9);而在其后,它的爪牙,不论是陆兽或是大淫妇巴比伦,也都以"迷惑人"为其特色(13:14;18:23;19:20)。因此在它最后现身的千禧年经文中,约翰不单在20:3,8中,两次提及它乃"迷惑列国的",也在论及它受审的本节经文中,不厌其烦的再次以它"迷惑他们(列国)"的"罪名",带它进入神的审判之中。它的罪行确凿,并且也是个"现行犯",因此神"就地正法",将它扔进硫磺火湖中了。

在19:20那里我们已经指出,"硫磺火湖"的旧约背景,可能是(1)但以理书第七章中,从神面前所流出的火河(第四兽受刑罚的所在;7:10-12),或是当年犹大王亚哈斯和玛拿西(代下28:3;33:6),献儿女之祭给外邦偶像的所在地,欣嫩子谷(=陀斐特=地狱)。② 但在启示录中,此一"硫磺火湖"所对应的,乃是天庭中,象征神和其子民得胜的"玻璃海",因此不论"硫磺火湖"的出处为何,它的含义是十分清楚的,那就是,"失败和灭亡"。此一含义,已在19:20中清楚显示,因为在与骑白马者之战中,败下阵来的"海陆二兽",其结局就是"被扔进烧着硫磺的火湖中";因此在末日歌革玛各大战中,一样败下阵来的魔鬼撒但,自然也要以"硫磺火湖"作为它的终点。

但海陆二兽和魔鬼撒但是相隔着千禧年,一前一后进入硫磺火湖中的吗?③ 应

---

① 举例来说,若我们完全以字面的方式来理解"火",那么在下一节经文中,我们就必须解释"火要如何让只有'灵体'之魔鬼永远受痛苦"的问题了。

② 详见该处注释。

③ 此乃那些以"时间顺序"之方式,来理解启示录异象之间关系的人,所持见解(例如,Walvoord, *Revelation*, 304; Thomas, *Revelation* 8-22,426)。

该不是,因为我们在前面已经提及,在 19:11 - 21:8 中的四个异象,①并非依时间顺序来发生,而是约翰对同一个"末日战争/审判",从不同角度的叙述。因此就经文顺序而言,"海陆二兽"和"魔鬼撒但"的确是一前一后地进入了硫磺火湖中,但就"时间"而论,他们是同时面对它们失败之命运的。此一见解其实也可从那些跟随它们之人的结局,得着证实。怎么说呢?在 19:17 - 21 那里,跟随海兽而来的"君王、将军……大小人民",即,一切不属羔羊的人,都已被那从骑白马者口中所出之剑所杀;而在 20 章中,跟随撒但而来的"地上四方/歌革玛各"之军,也已被神从天所降之火所灭(20:9)。但这些"名字不在羔羊生命册上的人",却也在白色大宝座的审判中,被扔进硫磺火湖中(20:15);而在新天新地异象末了,约翰又再次的告诉我们,这些人的分,乃是硫磺火湖(第二次的死;21:8)。换句话说,若这四个异象的内容,是依时间顺序发生的话,那么这些敌对神国,不属羔羊的人,就要在神的审判中,重复地死好几次了。

但海陆二兽和魔鬼撒但所要同受的硫磺火湖之刑,其性质为何?从"昼夜受痛苦,直到永永远远"来看,教会传统见解似乎是准确的,即,末日刑罚乃是有意识的,永远的,无止尽的受苦。但这节经文是否支持此一看法呢?对持教会传统见解的人而言,这节经文当然指支持他们的主张,②但在不假思索的就接受此一见解的同时,我们也必须留意,这节经文所具有的"象征含义",以及这节经文中所适用对象的问题。

第一,就"象征含义"的问题而言,当约翰让一个灵界活物,魔鬼撒但,在一个以物质材料(硫磺)为燃料之火湖中受痛苦时,他就已经放下"不能全按字面意义来理解经文"的线索了。再者,当约翰将一个灵界活物撒但(红龙乃其象征),和那象征政治强权和虚假宗教的海兽和陆兽/假先知(两个人间的组织),放在一起,并让它们都在硫磺火湖中受痛苦之时,他又再一次提醒我们,小心解经。③ 因此在这些暗示和线索中,我们恐怕不能立即就望文生义的,将硫磺火湖之刑罚,视为一个"没有止境,永不结束"的审判。

第二,就"昼夜"而言,其字面的意义是"白天和夜晚",而其象征含义,乃是"从白天到晚上 = 不止息";就"直到永永远远"而论,其字面意义是"直到世世代代(εἰς τοὺς αἰῶνας τῶν αἰώνων)",因此它所要凸显的意思,是"永远 = 没有止境的"。准此,在这两个有关时间之词组的相加之下,"硫磺火湖"的刑罚,就可以是"永远

① 骑白马者的异象(19:11 - 21);千禧年的异象(20:1 - 10);白色大宝座的异象(20:11 - 15);新天新地和新耶路撒冷的异象(21:1 - 8)。

② 例如,Hailey, *Revelation*, 398 - 99; Beale, *Revelation*, 1028 - 30; Osborne, *Revelation*, 715 - 16。

③ Swete, *Revelation*, 270.

的”。但在此值得注意的是,如是刑罚,乃以“魔鬼撒但”和“海陆二兽”为其对象。① 在20:15和21:8那里,约翰的确告诉我们,那些不属羔羊的人,也将要被扔进“硫磺火湖中”;但和此处经文所不同的是,在那里约翰两次都明确提及,硫磺火湖乃第二次的死(20:14;21:8),也就是永远的灭亡。因此从这些观察中,我们可以得着两个推论:(1)即便我们以“永远=没有止境的”之方式,来理解“直到永永远远”,在本节经文中所提及之“永远的刑罚”,是针对撒但和海陆二兽而有的。换句话说,要在硫磺火湖中永远受刑罚的,是“邪恶三一”。在启示录中,与此相对的,乃是启示录4-5章中,圣父圣子和圣灵在天庭中,永远做王的画面,因此“邪恶三一永远受刑罚”,应是为了要衬托“神圣三一永远掌权做王”之真理而有的。(2)至于“不属羔羊之人”是否也要和它们一样的“永远受刑罚”,我们则不能从此节经文中得知。在启示录中我们所能知道的,是他们将要在末日,被弥赛亚口中之剑所杀(19:21),也要被神从天所降之火所烧灭(20:9),并要被丢在烧着硫磺的火湖之中(20:15;21:8),不复再寻。

20:11　我又看见一个白色的大宝座,和坐在上面的那一位。天地都从祂面前逃避,再也没有它们的位置了(Καὶ εἶδον θρόνον μέγαν λευκὸν καὶ τὸν καθήμενον ἐπ᾽ αὐτόν, οὗ ἀπὸ τοῦ προσώπου ἔφυγεν ἡ γῆ καὶ ὁ οὐρανός καὶ τόπος οὐχ εὑρέθη αὐτοῖς)

在骑白马者和千禧年的两个异象之后(19:11-21;20:1-10),约翰又看见(καὶ εἶδον)19:11-21:8之段落中的第三个异象,也就是白色大宝座的异象(20:11-15)。此一异象乃由两个部分所组成:审判官的现身(20:11),被审判者的出现和他们的刑罚(20:12-15)。

正如约翰在启示录前面所做的一样,他在此也以“宝座—坐在宝座上的”之次序,来开始这个异象(参,4:2,4;20:4;亦参,19:11)。但和其他经文中的“宝座”相较,此处之“宝座”的特色,在其“白”和“大”。(1)就“白色”而言,它在启示录中的象征含义,乃是“圣洁和公义”,②因此借着“白色”,末日审判的“区隔性(圣洁)”和“公平性(公义)”,就有了最好的说明。从下文来看,此一“区隔性”乃表现在“两种案卷”的图画中;而“公平性”则是在“照他们所行的受审判”之语句中,显示了出来(20:12)。(2)就此白色宝座之“大”而论,约翰恐怕是要将它和20:4中,殉道者所坐的“众宝座”,有所区隔;并且也让此宝座之“大”,与坐宝座者所要进行审判的“宇宙性”(天地

---

① E. W. Fudge, *The Fire that Consumes: A Biblical and Historical Study of the Doctrine of Final Punishment*(Fallbook: Verdict, 1982),304-07.

② 参,人子的白发(1:14),祂的驾白云而来(14:14)和祂的骑白马再临审判(19:11);以及得胜圣徒所穿的白衣(3:4-5;6:11;7:9,13);和他们与基督同来时所骑的白马(19:14)。6:2中的“白马”恐怕是个例外,因为它乃属“四马”之一(6:1-8)。

逃避/无论大小[20:12]),互相配合。

但坐在这个白色大宝座上的,究竟是谁呢?在约翰福音5:22那里,耶稣曾说:“父不审判什么人,乃是将审判的事全交与子”;而保罗在哥林多后书5:10那里也指出:“我们众人必要在基督的台前显露出来,叫各人按着本身所行的,或善或恶受报”;①因此在这里“坐宝座的”,就有可能是基督了。但在启示录中,“坐在宝座上的”,乃一贯是父神(4:2,9;5:1,7,13;6:16;7:10,15;19:4;21:5),而若约翰在此乃以但以理书第7章中的“宝座”为蓝本(亘古常在者;但7:9-10),②那么“是谁坐在宝座上”的问题,就不再有任何的疑义了。

但我们要如何解释“父将审判的事全交与子”的问题呢?以“我与父原为一”(约10:30),即,“父审判=子审判”,来回答这个问题,是可行的,③但却不够准确。在启示录中,“圣子将要审判世界”的教训,已在19:11-21的“骑白马者”之异象中,已有了清楚明白的交代;但这并不表示在此“白色大宝座的审判”中,子就可以缺席了。在马太福音10:32那里,耶稣曾说:“凡在人面前认我的,我在我天上的父面前也要认他”(亦参,可8:38)。因此在末日审判之时,圣子也必要参与其间。但祂在这段经文中可曾“现身”?约翰没有明说,但他却告诉我们,在宝座前,“有另一卷,就是生命册,也展开了”(20:12)。从整卷启示录来看,此一书卷无他,乃“羔羊生命册”(3:5;13:8;17:8;20:12,15;21:27);因此借着这卷“生命册”,羔羊事实上也参与在这个末日审判中。也难怪祂会在撒狄教会的书信中,以如下的应许来鼓励那些名存实亡的信徒:“得胜的……我也必不从生命册上涂抹他的名;且要在我父面前,和父的众天使面前,认他的名”(3:5);而约翰自己在启示录的后面也将要两次提及,宝座乃是“神和羔羊的”(21:1,3;亦参,21:2 2-23)。④

以父神为中心,并有圣子参与其间的审判,当然是威严可畏的,因此“天地都从祂面前逃避,再也没有它们的位置了”。在论及神显现之时,旧约和当时的犹太文献通

---

① 类似的说法,亦参,太7:22-23;25:31-46;徒17:31;提后4:1;启22:1-3;以诺一书45:3;51:3;55:4;61:8。

② Swete, *Revelation*, 271; Charles, *Revelation I*, lxxvi; S. Moyis, *The Old Testament in the Book of Revelation*(Sheffield: Sheffield, 1995), 54; Beale, *Revelation*, 1031. Moffatt(*Revelation*, 475)和Aune(*Revelation* 17-22,1100)则认为,约翰所见之宝座,乃是从以赛亚书6:1而来。但不论何者为是(前者较可能),在这两段旧约经文中坐宝座的,都是父神。

③ Swete, *Revelation*, 271; Mounce, *Revelation*, 364.

④ 亦参,Beasley-Murray, *Revelation*, 299。以“时间顺序”来理解启示录,我们就不可避免的,要将末日审判分为“几个阶段”(有在千禧年前的;有在天上的,有末日的;Thomas *Revelation* 8-22,428-29),但以此方式来理解此处经文,如是解读就变得完全没有必要了。

常都包括了两个元素:神的显现和自然界的反应;①而这也是我们在这里所看见的。此一依循旧约模式的手法,是我们在第六印和第七碗那里就已经看见的了,因为当约翰论及末日审判之时,他总是以旧约中的语言图像,比如地震或是日月变色等等,来表达神审判的可畏(详见6:12-14和16:18-21的注释)。而就此处的"天地都从祂面前逃避"而论,其出处很可能是以赛亚书51:6——"天必像烟云消散,地必如衣服渐渐旧了";②而"再也没有它们的位置了",其出处应是但以理书2:35(Theod.)——"[巨大雕像被砸得粉碎]……无处可寻。"③

但约翰借着这两句话,所要表达的是什么呢?若参照21:1的"先前的天地已经过去",那么此处经文的重点,便是"旧宇宙的过去和消失";因为若不如此,新天新地就无法降临了。④ 此一依字面含义来理解经文的主张是可能的,而耶稣以及新约其他作者所说"天地将要废去",或是"天地将要被火焚烧"的教训,⑤似乎也支持如是看法。但就启示录的这段经文来看,此一见解却有其困难;因为若整个宇宙(天地)在神于末日显现之时就已瓦解消失,无处可寻,那么为何在20:13那里,"海"依旧存在呢?

事实上,在6:14和16:20中,约翰就已经使用"自然界在神显现之时消失"的旧约概念,来凸显神末日审判之威严可畏了(山岭和海岛,都从原处被挪开了;各海岛都逃避了,众山也不见了)。而在那里我们也已经知道,如是语言图像,不能只以其字面含义来理解。⑥ 因此从此合参对照的角度来看,约翰在此借着"天地消失"之图画所要强调的,是神末日审判的严肃性和全面性。

但若是如此,我们又要如何理解圣经中,有关"末日天地将要消失"的说法呢?就时间的角度而论,在"新天新地"来临之际,"旧天旧地"当然要"过去/消失",好让路

---

① 士5:4-5;诗18:7-15;68:7-8;摩1:2;弥1:3-4;哈3:4-15;便西拉智训16:18-19;43:16-17;犹滴书16:15;摩西遗训10:3-6;利未遗训3:8;西卜神谕篇3:669-81;1QH3:32-36(资料出处,Aune, *Revelation* 17-22,1101)。

② Swete, *Revelation*, 271; Mounce, *Revelation*, 365; Osborne, *Revelation*, 720. 此处启示录经文的另一个可能的出处是诗篇114:3,7(沧海看见[神]就奔逃……大地因见神的面就震动;C. G. Ozanne, The Influence, 188; Thomas, *Revelation* 8-22,430)。类似的说法,亦见,赛13:10,13;34:4;诗102:26;结32:7-8;珥2:10。

③ Charles, *Revelation I*, lxxxi; Aune, *Revelation* 17-22,1101; Beale, *Revelation*, 1032.

④ Charles, *Revelation II*, 193; Walvoord, *Revelation*, 305-06; Roloff, *Revelation*, 231; Thomas, *Revelation* 8-22,429-30.

⑤ 参,太24:35=可13:31=路21:33(亦参,路16:17);来1:10-12;彼后3:10。

⑥ 详见6:12-14的注释。亦参,Lenski, *St. John's Revelation*, 602-03; Ladd, *Revelation*, 271-72; Beasley-Murray, *Revelation*, 300-01。许多早期教父亦持此见解,例如爱任纽(Irenaeus),皮玛西乌斯(Primasius)和阿瑞萨斯(Arethas;详见,Swete, *Revelation*, 271)。

给神新的创造;但这并不表示旧的世界就要完全消失,归于无有。就本质而言,神新的创造乃是"旧创造的更新",因此保罗就可以说"万物虽在虚空之下叹息劳苦,但却在等候得赎日子的来到"(罗 8:18 - 25),并且也能以"种子长成树"的比喻,来说明"旧的身体"和"新的身体"之间的差异性和延续性(林前 15:35 - 49)。① 事实上,"新创造 = 更新旧创造"的概念,在新约中可说是随处可见的。举例来说,(1)在"道藉圣灵成了肉身,并死在十字架上,又在三天之后从死里复活"的事件中,我们看见此一概念最清晰的表达;(2)在"新以色列人(教会) = 信主的犹太人 + 信主外邦人"的历史发展中,我们也看见此一观念的踪影;(3)而在保罗所说的话里面,即,"若有人在基督里,他就是新造的人,旧事已过,都变成新的了"(林后 5:17),我们也看见此一观念在个人层面的应用。毕竟"救赎"的意思,乃是"神国(新的)闯入世界(旧的)之中",是"将旧人变为新人",而不是"另起炉灶";因为隐含在"另起炉灶"中的思想,不单是"神无能也无力解决亚当堕落所带来的问题",也是"第一个创造的全然失败"。不,整本圣经的启示是,神乃"创造主"和"救赎主";因为正是在这两个角色的相加之下,神的"全知全能和全善"才得以完全呈现。因此当祂以"创造主"之姿在末日审判中现身时,"天地就要从祂面前逃避了",而死人也就无可避免地要站在宝座前接受审判(20:12)。但在此同时,祂也是"救赎主",因此在这个叫人心生畏惧的审判中,"展开的生命册"就可以也必须出现(20:12);而名列其上的人,更可以不经过"第二次的死",就直接进入永恒荣耀安息之境了;因为他们乃是神"新的创造",是属于"新世界"的。

20:12 我又看见死了的人,无论大小,都站在宝座前。案卷都展开了;并且有另一卷,就是生命册,也展开了。死了的人都凭着这些案卷所记载的,照他们所行的受审判(καὶ εἶδον τοὺς νεκρούς, τοὺς μεγάλους καὶ τοὺς μικρούς, ἑστῶτας ἐνώπιον τοῦ θρόνου. καὶ βιβλία ἠνοίχθησαν, καὶ ἄλλο βιβλίον ἠνοίχθη, ὅ ἐστιν τῆς ζωῆς, καὶ ἐκρίθησαν οἱ νεκροὶ ἐκ τῶν γεγραμμένων ἐν τοῖς βιβλίοις κατὰ τὰ ἔργα αὐτῶν)

在上一节经文中,约翰已经将一个法庭的场景铺陈在我们的眼前,而在此法庭中,父神审判官也已坐在祂白色的大宝座上。但单有审判官而无被告,恐怕还不足以建构一个完整的法庭;因此在这节经文中,约翰再次借着"我看见(καὶ εἶδον)",将他们带入法庭,并让他们站在宝座前。

在天庭异象中我们已经晓得,被杀之羔羊的"站立(ἑστηκὸς)"在天庭中(5:6),其含义乃是祂的"复活";因此此处死人之"站在(ἑστῶτας)"宝座前,也具有相同的意思。

① G. D. Fee, *The First Epistle to the Corinthians*(Grand Rapids: Eerdmans, 1987),779.

但这些从死里复活了的人,究竟是谁呢? 在20:5有关"头一次复活"的讨论中我们已经提及,若依"时间顺序"之方式来解读启示录中的异象,那么在20:5中复活了的,就是"殉道者"(或是所有的圣徒);而此处的"死人复活",就是那些在千禧年之始,没有从死里复活的"其余的死人",即,恶人(或是"恶人"+除了殉道者之外的圣徒)。① 但在那里我们也已经指出,此一见解的困难,在它主张末日有两次的"身体的复活";而如是概念,与圣经其他经文中,"末日只有一次复活(身体的)"之教导,彼此冲突(参,但12:2;约5:28－29;徒24:15)。不单如此,此一见解的困难,也在它没有审慎考量约翰在"复活"和"死"之前,所分别加上的"第一次"和"第二次"。在20:5的分析中我们已经晓得,"第一次的复活",并非"圣徒肉身的从死里复活",而是"圣徒属灵的复活";而"第二次的死",并非"恶人肉身的死亡",而是他们"灵性的死亡＝与神永远的隔绝"。因此在如是的理解之下,此处"死人复活"所指的,乃是"恶人末日肉身的复活"。

此一见解并不否定"圣徒在末日要经历肉身复活"的教训(例如,林前15:52),只是约翰在此的焦点,并不在此。为什么呢? 因为对他而言,真正具有永恒意义和价值的,是"圣徒属灵的复活",也就是他在20:5中所提及的"第一次的复活"。此一"复活",在耶稣的口中,乃是"那听我话,又信差我来者的,就有永生,不至于定罪,是已经出死入生了"(参,约5:24)。而这个"复活",不单保证了"末日身体的复活",也立即让圣徒,即便在逼迫患难中,与基督一同做王。② 在殉道者以其生命,而其余的圣徒以其恒忍来见证信仰时,神已经以"与基督同做王"作为他们的奖赏了(审判的正面意义);因此在这个末日法庭中,审判的焦点自然就不在他们身上。借着"展开的生命册",他们和他们的主,羔羊,都参与在这个末日的审判中,但他们却不是神末日审判的对象。③ 若参照11:18所说,此时乃是圣徒得着永生奖赏之时(参,不经历第二次的死;20:6),也是神忿怒彰显,审判"死人"的日子。

但神要依据什么来审判世人呢? 在旧约和当时的犹太文献中,论及那记录了"恶人

---

① 例如,Charles, *Revelation II*, 193; Ladd, *Revelation*, 271; Thomas, *Revelation* 8－22, 430－31; Michaels, *Revelation*, 230.

② 在论及"死"之事时,约翰在20:4－6中乃以"殉道者"作为圣徒的代表,因为他们的"死",是具有属灵意义的。但在这段经文中,约翰却对"恶人肉身之死"的事,完全没有提及,只有论及他们所要经历之"第二次的死",因为这个"死亡",才具有属灵的、永恒的含义。因此我们在此所主张的论点,也可以从这个"反面的现象"中,得着进一步的支持。

③ 亦参,Beale, *Revelation*, 1037。在学界中,有人认为本节经文和下两节经文,分别是神对圣徒和神对罪人的审判(例如,Mulholland, *Revelation*, 312; Osborne, *Revelation*, 721－22),但若我们在此所言属实,那么这个见解恐怕就站不住脚了。

恶行和善人善行”之书的经文和论述,可说是多如牛毛。① 但约翰在此所看见之“案卷和生命册”,其出处应该是但以理书:在该书第七章中,“亘古常在者”据以审判末日第四兽的,乃是在宝座前“展开的书卷”;而在 12:1 那里,要在末日之艰难中得着拯救的,乃是那些“名字被记录在册上的人”。② 换句话说,约翰在此乃是将这两处但以理书的经文,因其主题的类似,而将之融合在一起。

神依据“书卷”来审判,并不表示神无法记得人所行之事,乃是要彰显“神审判的公义性”;因为祂乃是照记录在其中,人所行之事来审判他们(κατὰ τὰ ἔργα αὐτῶν)。在启示录中,“世人之行为”所指的,并不只是人所行的“善事或恶事”,而更是他们“敬拜偶像,不将神当得之荣耀归给祂”的行为(9:20;16:11;亦参,18:6;罗 1:18 - 32)。换句话说,世人在末日之所以要受到审判的根本原因,乃是因为被神所创造的他们,不以神为父,凡倒认贼(撒但)做父了。正如耶稣所说,不站在我这一边的,就是反对我的(新译本;太 12:30 = 路 11:23)。在末日审判之时,人若不属乎神,就是属乎撒但。在末日审判台前,没有“以上皆非”的可能或是选择;因为在其时,坐在审判宝座上的,乃是祂。

20:13 于是海交出其中的死人;死亡和阴间也交出其中的死人。他们都照着各人所行的受审判(καὶ ἔδωκεν ἡ θάλασσα τοὺς νεκροὺς τοὺς ἐν αὐτῇ καὶ ὁ θάνατος καὶ ὁ ᾅδης ἔδωκαν τοὺς νεκροὺς τοὺς ἐν αὐτοῖς, καὶ ἐκρίθησαν ἕκαστος κατὰ τὰ ἔργα αὐτῶν)

在犹太人的传统观念中,“地,阴间或是亚巴顿(原意作毁灭)交出其中的死人”的意思,乃是“死人的复活”。③ 因此约翰在本节中所看见的,正是此事。但就逻辑而言,此事应发生在上一节经文之前,也就是在“死人站在宝座前受审判”之前;因此学界中就有人主张,我们应将本节和上节经文的次序对调。④ 对此显而易见的逻辑矛盾,一个可能的解释是,此乃启示文体的特色,⑤或是“本节经文乃上节经文所提及之

---

① 诗 56:8;赛 4:3;65:6;耶 22:30;但 7:10;12:1;玛 3:16;以诺一书 47:3;81:4;89:61 - 67;90:17,20;98:7,8;104:7;以斯拉四书 6:20;巴录二书 24:1;禧年书 30:22;36:10;以赛亚升天记 9:22; *Lev. Rab.* 26; *Gen. Rab.* 81; *b. Taan.* 11a。亦参,斯 6:1 - 3;太 12:37。

② Swete, *Revelation*, 272; Charles, *Revelation II*, 194; L. P. Trudinger, The Text, 90 - 91; C. G. Ozanne, The Influence, 80; Aune, *Revelation* 17 - 22, 1102; Beale, *Revelation*, 1032.

③ 有关此一题目的讨论和分析,详见 R. Bauckham, 'Resurrection as Giving Back the Dead: A Traditional Image of Resurrection in the Pseudepigrapha and the Apocalypse of John,' in *The Pseudepigrapha and Early Biblical Interpretation*, eds., J. H. Charlesworth and C. A. Evans (Sheffield: Sheffield Academic Press, 1993), 269 - 291。

④ Charles, *Revelation II*, 196。除此之外,Charles 也因着此处“海”的出现,和 20:11 之“天地消失”彼此矛盾,而认为“海”的原文,应是当代犹太人观念中,人死后灵魂所暂时居住的“库房(τὰ ταμεῖα)”。此一见解不单没有任何手抄本的支持,也是在我们以“字面含义”来理解“天地消失”的情况下,才会产生的。但在 20:11 那里我们已经晓得,“天地消失”不是“旧世界的瓦解/归于无有”,而是为凸显末日审判之威严可畏而有的说法。

⑤ Kiddle, *Revelation*, 405 - 06; Osborne, *Revelation*, 723.

复活的详细说明"。① 但更可能的情况是,约翰在此乃是再次使用了所谓"前后颠倒"的文学手法(*hysteron-proteron*)";②而其目的,则在强调那在逻辑上发生于后面的事情。准此,约翰在这里所要告诉我们的是,"世人将要在末日受到审判,而正是为了这个目的,他们在末日就复活了"。

但为何死人要从"海"和"死亡和阴间"中复活呢?在犹太人的传统中,"亚巴顿(毁灭)和阴间",③或是"死亡和阴间",④乃是人死后的去处;因此"死亡和阴间"在此的出现,并不令人意外。因此我们的问题是,为何约翰在此也要提及"海要交出其中的死人"呢?

就当时人的观念来看,人在陆地之上死亡,是"正常"的,而若死在"海上",则是"不正常",也是少有的情况。不单如此,他们也认为在海里之人,只能在深海中游荡,而无法下到"地底下的阴间",与其已死亲友相聚。因此从此背景来看,约翰在这里也提及"海",乃是要显示"所有的人",都要从死里复活,并且接受审判(参,20:12 的"无论大小")。⑤ 此一将"海"视为中性的,自然界中一部分的见解,是有其可能的,因为在某些启示录经文中,"海"只是神所创造之宇宙中的一部分(例如,5:13;10:6;14:7;18:17,19)。但由于在启示录中,"海"也是海兽的出处(13:1;亦参,4:6 和 15:2 的"玻璃海"),因此此处的"海",就有可能是"邪恶势力的所在"了。

在这两个对"海"的理解中("中性的"和"负面的"),后者的可能性比较高。何以见得?第一,在旧约的某些经文中,"海"乃是"阴间"的同义词(例如,撒下 22:5-6;伯 26:5;诗 69:15;拿 2)。⑥ 第二,"海"在本节经文中,乃是和"死亡和阴间"平行;而在启示录中,"死亡和阴间"乃是"邪恶势力"的所在和源头(1:18;6:8);因此"海"就可以具有负面的意义了。第三,在三节经文之后,约翰特别以"海也不再有了"(21:2)作为新天新地和"旧天旧地"之别,因此从下文来看,"海"在的含义,也比较可能是"负面的"。⑦ 第四,在启示录的前面我们已经晓得,神的国乃是由天庭中的三一神,

---

① Swete, *Revelation*, 272; Thomas, *Revelation* 8-22,432; Beale, *Revelation*, 1033.

② Aune, *Revelation* 17-22,1102. 在启示录中,类似的例子还有许多;详见 3:17;5:5;6:4;10:4,9;20:4-5,12-13;22:14 等处的分析。

③ 伯 26:6;箴 15:11;27:20;1QH3.19。

④ 何 13:14;便西拉智训 14:12;28:21;48:5;51:6;亚撒利亚祷词 1:66。

⑤ Swete, *Revelation*, 273; Kiddle, *Revelation*, 406; Caird, *Revelation*, 260; Aune, *Revelation* 17-22,1102-03. 此说乃建立于第五世纪作家 Achiller Tatius(5.16.2)的论述之上:死在海中之人的灵魂并未死亡,也没有进入阴间,他们只能在海里游荡(笔者的翻译)。

⑥ R. Bauckham, 'Resurrection as Giving Back the Dead: A Traditional Image of Resurrection in the Pseudepigrapha and the Apocalypse of John,' in *The Pseudepigrapha and Early Biblical Interpretation*, eds., J. H. Charlesworth and C. A. Evans (Sheffield: Sheffield Academic Press, 1993),282.

⑦ Beale, *Revelation*, 1034.

和那些在地上但具有属天身分之圣徒所组成,而撒但之国的成员,则包括了那从天被赶到地上的红龙撒但,它在地上的爪牙海陆二兽,以及那些住在地上跟从它们的人。换句话说,这两个国度的组成,分别是“神圣三一+圣徒”(天上的)和“邪恶三一+世人”(地上的)。从此角度来看,此处经文所论及的“阴间国度”(地底下的),则是和那两个国度有着相同的结构,即,“海—死亡—阴间”,再加上属它们的子民,“死人”。因此在这个平行对比之下,“海”所具有的“邪恶”意涵,就更进一步的得着支持了。

但若是如此,约翰在本节经文中所要呈现的真理是什么呢?在上一节经文“无论大小都要站在宝座前受审”的图画中,神对这个世界的权柄已经显明,但借着“海,死亡和阴间都交出其中之死人”的论述,约翰则是更进一步地凸显了“阴间权势”也要伏在神权柄之下的真理。它以为“死人”乃其所拥有的财产,是它所能统管,属它的子民;但在末日审判中,神却要它交出它所拥有的一切,因为即便是“死人”,也不属于它。他们乃神所创造的,因此也只有神有资格能“照他们各人所行的”,①来审判他们。“恶的权势”的确存在;灵界的撒但和其在地上的爪牙“海陆二兽”,也对整个人类有着既重且深的影响(迷惑世人,攻击教会),而从无底坑而出的它们,也的确掳掠了许许多多的人,并将他们带进了阴间国度(海,死亡和阴间);但在约翰的启示录中,这个宇宙却从来不是“二元”的。在末日审判之中,它们以及它们的国度(19:20;20:10,13-14),都要落在神的审判之下,面对硫磺火湖的刑罚。

20:14-15 死亡和阴间也被丢进火湖里;这火湖就是第二次的死。[15]若有人没有被记在生命册上,他就被扔进火湖里(καὶ ὁ θάνατος καὶ ὁ ᾅδης ἐβλήθησαν εἰς τὴν λίμνην τοῦ πυρός. οὗτος ὁ θάνατος ὁ δεύτερός ἐστιν, ἡ λίμνη τοῦ πυρός. [15]καὶ εἴ τις οὐχ εὑρέθη ἐν τῇ βίβλῳ τῆς ζωῆς γεγραμμένος, ἐβλήθη εἰς τὴν λίμνην τοῦ πυρός)

在上节经文中我们所看见的是,在神末日白色大宝座之前,邪恶权势(海,死亡和阴间)无法再拥有其属下子民(死人),而必须将他们交出,并接受神的审判。而在这两节经文中,约翰则是进一步地告诉我们,邪恶权势的本身,也要受到审判(14);而属它之子民,所要面对的,是怎样的刑罚(15)。像两根“棺木钉”般的,这两节经文就将幽暗国度和其子民,都一起钉在棺木之中,并将她们都送进了焚化炉(硫磺火湖)。

但“死亡和阴间也被丢进火湖里”的意思,究竟是什么呢?第一,“不再有死亡”(参,21:4),是一个可能的答案;而先知以赛亚所说,“祂[耶和华]已吞灭死亡,直到永远”(赛25:8;亦参,何13:14),以及保罗的宣告,“尽末了,[基督]所毁灭的仇敌,

① 有关此一词组的含义,见上节经文的注释。

就是死”（林前15:26），就成了让这个见解能够站立的两条腿。① 第二，“死亡和阴间”乃是邪恶权势的象征，因此“死亡”之进入“硫磺火湖中”所要表达的，是幽暗王国不再掌权。② 第三，若以“换喻（metonymy）”之方式来解读这两节经文（例如，冠冕＝王），那么“死亡和阴间”在此就等于15节中的“名字不在生命册上之人”了。③ 第四，在论及末日之事时，以斯拉四书的作者指出：死亡要隐藏，阴间要逃避；义人将要复活，进入乐园，而罪人也将复活，但等在他们面前的，却是地狱之火和折磨（7:36－38；8:53－54）。因此若我们将此书和启示录对照，那么启示录的“死亡和阴间”，就可以是“死人（第一次肉身的死）”现今所在的地方，而这个“监牢”，将要在末日之时，成为那在永恒中，监禁罪人灵魂，并使之受苦的“地狱”（第二次的死）。④ 第五，若我们将“死亡和阴间”视为“撒但和邪灵”的代名词（参，启6:8），那么在此要进入硫磺火湖中的，则是这些“灵界的活物”了。⑤

上述的五个见解都各有理据，但并不都具有相同的说服力。（1）就第五个见解而言，我们是否能将“死亡和阴间”，与“灵界活物”画上等号，是见仁见智的事；而约翰在20:10中，已交代了“撒但”之结局的上文，也使这个解释的力道减弱了许多。（2）就第四个看法而言，其困难在于它必须将“死亡和阴间”，以及其后的“硫磺火湖”，都视为一前一后，两个彼此关联的“空间”；并且假设后者（硫磺火湖）的刑罚，是只以“灵魂”为其对象。因此我们在前面所提及的困难（20:10），即，“物质的火要如何对灵魂带来痛苦？”，也在此出现。（3）至于那将“死亡和阴间＝恶人”的第三种看法，则必须面对约翰在下一节经文中，特别提及“不属羔羊之人也要受刑罚”的事实。换句话说，此说让这两节经文百分之百的重叠在一起。（4）在这几个看法中，第一种和第二种见解，恐怕是比较可行的；因为圣经其他的经文，以及启示录的文脉逻辑，都是它们的支持。事实上，这两种看法并没有太大的差异，因为前者是以比较实际的“死亡之事”，而后者则是以比较抽象的“邪恶权势/国度”，来理解“死亡和阴间”。就实际的层面来看，“不再有死亡”（21:4）可以是“死亡之事不再发生”；但在新天新地的文脉逻辑之中（21:1－8），这句话的意思，也可以是“幽暗国度不复存在”。

---

① 例如，Lilje, *The Last Book of the Bible*, 256；Beasley-Murray, *Revelation*, 303；Mounce, *Revelation*, 367；Krodel, *Revelation*, 341；Fiorenza, *Revelation*, 108；Michaels, *Revelation*, 233。

② 例如，Swete, *Revelation*, 273；Caird, *Revelation*, 266；Morris, *Revelation*, 235。

③ Aune, *Revelation* 17－22, 1103；Beale, *Revelation*, 1035.

④ 此乃Stuart（*Apocalypse II*, 372）所提及的一个可能的理解。但Stuart本人则采“死亡和阴间＝阴间权势”的看法。

⑤ 此乃Beale所提及的可能解释之一（*Revelation*, 1035）。上述归纳乃由Beale而来（1034－35）；类似归纳，亦参，Osborne, *Revelation*, 723。

在“硫磺火湖 = 第二次的死”之中,象征“幽暗国度”的死亡和阴间已不复存在,因此它们的子民也要随之进入硫磺火湖中。在骑白马者前来争战的异象中,他们是跟随海陆二兽的“众军”(19:19);在教会和世界彼此相对的千禧年异象里面,他们是被撒但迷惑了的“地上四方的列国 = 歌革玛各”(20:8);在“新天新地”的异象中,他们是那些与新天新地之特色格格不入的“胆怯的,不信的,可憎的……”(21:8);而在神要灭绝死亡和阴间的白色大宝座异象中,他们当然就要是那些“名字没有记载在生命册上之人”了。换句话说,由于他们属乎死亡和阴间,因此他们和羔羊生命册所象征的永恒的生命,就完全无关了。

和其主子撒但和海陆二兽,以及其所属国度“死亡和阴间”一样,他们也要以“硫磺火湖”作为他们的结局。而此结局,乃是“第二次的死”。在前面我们已经晓得,在约翰的设计中,“第二次的死”所相对的,乃是“圣徒肉身第一次的死(殉道)”(参,20:5),因此此处之“死”,乃是“恶人末日灵性的死亡”。前者之“死”,即,圣徒在现今世代中肉身的死亡,其意义乃是“永生的得着/不受第二次死的害”(2:10-11;20:6);因此这里“非圣徒第二次的死”,其含义就应该是“得不着永生 = 永死”。

但“得不着永生 = 永死”的确切含义,是“永远在硫磺火湖中受苦”呢?还是“永远地灭绝”呢?在教会的历史中,持前者之见的人是比较多的,①但近日支持后者见解的人也有增加的趋势。② 就此议题而言,我们当然还得考察许多其他相关经文,才能得着一个比较完整的画面和答案,但就我们前面对启示录的理解而论,“硫磺火湖 = 第二次的死”的意思,是比较倾向“永死 = 永远的灭绝”。从反面来说,若“硫磺火湖之刑罚”等于“在硫磺火湖中永远受苦”,那么这个见解就和约翰对“硫磺火湖”之定义,即,“第二次的死”,有所冲突了;因为隐含在“永远受苦”中的前提是,“他还活着,还有知觉”。名字不在羔羊生命册上的人,怎能拥有“永恒/永存”的生命呢?若白色大宝座的审判,乃是一个没有止境的刑罚,它怎么能够是“末日,最后”的审判呢?③

21:1 我又看见一个新天新地,因为先前的天和地都已过去;海也不再有了(Καὶ εἶδον οὐρανὸν καινὸν καὶ γῆν καινήν. ὁ γὰρ πρῶτος οὐρανὸς καὶ ἡ πρώτη γῆ ἀπῆ-

---

① 举例来说,在 1998 年以英国教会为对象的调查中,79.6% 的教会(675 个)持“恶人永远受苦”的传统看法,而有 14.2% 的教会(121 个)持“永死 = 灭绝”的见解。资料出处,Evangelical Alliance, *The Nature of Hell*(London: Acute, 2000),6, note 13。有关此一议题在教会历史中的发展,见该书页 53-67。

② *The Nature of Hell*(见上注,页 70,脚注 2)提及,美国富勒(Fuller)神学院之学生在就学时,采传统看法的学生有 86%;但在毕业了一段时间之后,约有 20% 的人改变其立场。

③ 有关启示录在此议题上的意义,亦见 14:10 和 20:10 的注释。

λθαν καὶ ἡ θάλασσα οὐκ ἔστιν ἔτι)

随着约翰所看见的(Καὶ εἶδον)新天新地，我们来到了19:11－21:8之段落中，最后的一个异象(21:1－8)。在前面经文结构分析的部分我们已经指出，这个关乎新天新地和新耶路撒冷的异象，不单在其所属的段落中位居最后，也扮演着连结其后"新耶路撒冷异象"的角色(21:9－22:9)；因为在此新天新地之中短暂出现的新耶路撒冷，将要成为下一个异象中的主角。①

此一"新天新地异象"乃由两个部分所组成：(1)异象的内容(21:1－2)和其解释(21:3－4)；以及(2)坐宝座者的七个"宣告"(21:5－8)。② 在前面我们已经多次看见，约翰所惯常使用的文学手法之一，是让他在异象中所听见的声音(话语)，来解释他所看见的人事物。③ 而此特色，也在这个异象中出现，因为在约翰看见了"新天新地和新耶路撒冷(1－2)"之后，他随即听见那"从宝座而出之声音(3－4)"。但在此异象中，约翰还在如是结构之上，再加上了坐宝座者所发的"七个宣告"(5－8)，因此单就文学形式而言，此一异象的特殊性和重要性，就已经相当明显了。

文学形式的特殊，的确引人注意，但异象的内容，相对而言，恐怕还是比较重要的。因此为了让"内容"也能与"形式"同步，约翰在这个异象的头四节经文中，不单三次的将"新(καινὸς)"一词，加在他所看见的"天，地和耶路撒冷"之上(21:1－2)，④ 也三次的以"先前的(πρῶτος)"形容词，来描述"旧天旧地和其中之事"(21:1，4)。⑤ 换句话说，在"新的"和"过去的"两相对照之下，此一异象所具有"划时代"的意义，就有了最清晰的表达。但此异象内容，究竟"新"在那里？约翰在此所看见的"新天新

---

① Wilcook(*Revelation*, 199)和Fiorenza(*Revelation*, 109)的见解虽然都还有改善的空间，但他们的观察却明白显示本段经文和其后经文的密切关联：

Wilcook		Fiorenza
21:2＝21:10－21	——第一层启示：神的城	21:1＝22:1－5
21:3＝21:22－27	——第二层启示：神的同在	21:2＝21:9－11
21:4－5a＝22:1－5	——第三层启示：属神世界的更新	21:3＝21:22f＝22:3
21:5b＝22:6－10	——第四层启示：神话语的可信	21:4＝22:2
21:6a＝22:11－15	——第五层启示：神工作的完成	21:6＝22:1
21:6b－7＝22:16－17	——第六层启示：神最后的祝福	21:7＝22:4
21:8＝22:18－19	——第七层启示：神最后的咒诅	21:8＝21:26f＝22:3

② Aune, *Revelation* 17－22, 1114.

③ 例如，12:9，10；14:6，7；15:1－2，3－4；17:1－6，7－18等等。当然约翰也惯以他在异象中看见的，来解释他所听见的(例如，7:4－8，9－17等等)。

④ 在21:5－8的七个宣告中，"新"一词也在第一个宣告中出现：看哪，我将一切都更新了。此一现象也显示"新"在这个异象中的重要性。

⑤ 事实上，"先前的"一语在21:1和21:4中的出现，也让这四节经文成为一个独立的段落(*inclusio*；Aune, *Revelation* 17－22, 1113)。

地”,与现今我们所赖以生存的“旧天旧地”之间,有何差别?

对此关乎未来,意义重大的问题,学界有两个答案。第一,若我们以字面含义来理解约翰在20:11中,对末日审判的描述:“天地都从祂面前逃避”;并参照此处“先前的天和地都已过去”的论述,那么我们似乎就无法避免地下结论说,新天新地是一个“全新的创造”,是类似于当初神创造世界之时(创1),所进行“从无到有”的创造。[1]第二,若我们参照神在21:5所做的宣告:“看哪,我将一切都更新了”,那么此处的“新天新地”,就不是“从无到有”的全新创造,而是“旧天旧地”的“更新”了。[2]

在这两个见解之中,因着如下的理由,笔者认为第二个见解的可能性是比较高的。第一,就字义而言,约翰在此所使用的“新(καινὸς)”,虽然与那表示时间上较后的“新(νέον)”,在某些经文中可以是同义词,[3]但此一语词的基本意涵,是“品质上”的新,而非在时间上的“新”。在新约中,此一“新”乃与基督的救赎之功密切相连。举例来说,由于祂和人所立的,乃新约(太26:28;路22:20;林前11:25;林后3:6;来8:8;9:15);因此祂所给我们的,乃新的命令(约13:34;约壹2:7,8)。祂所做的,是新的创造(林后5:17;加6:15),因此我们就成了一个新人(弗2:15;4:24;亦参,林后4:16;西3:10),而我们所拥有的,乃是新生新灵(罗6:4;7:6)。[4] 此一因着羔羊而有的“新”,其实也正是启示录的思想:“得胜者”所要得着的奖赏之一,就是拥有基督的“新名”(2:17);而在天庭中,四活物和24位长老因此也要开口唱羔羊的“新歌”(5:9)。不单如此,在锡安山上,那得胜的十四万四千人,因着羔羊的缘故,也就要大唱“新歌”,好与天庭活物互相应和(14:3)。因此从“新(καινὸς)”的基本意涵,并从新约其他经文,以及从启示录本身来看,此处的“新天新地”和下节经文中的“新耶路撒冷”,其意思应是旧天旧地和旧耶路撒冷在“本质上的更新”,而非“全新的创造”。

---

① 例如,Stuart, *Apocalypse II*, 373–74; Charles, *Revelation II*, 204–05; M. Rissi, *The Future of the World*, 54–57; Ladd, *Revelation*, 275–76; Beasley-Murray, *Revelation*, 306–07; Roloff, *Revelation*, 235; J. Fekkes, *Isaiah and Prophetic Traditions in the Book of Revelation*, 229–30; Thomas, *Revelation* 8–22, 439; Aune, *Revelation* 17–22, 1117; Osborne, *Revelation*, 729–30。

② 例如,Swete, *Revelation*, 275; Hendriksen, *More than Conquerors*, 198–99; Lenski, *St. John's Revelation*, 614–15; Caird, *Revelation*, 262–63; Ford, *Revelation*, 364–65; Sweet, *Revelation*, 297; Prigent, *Apocalypse*, 325–25; Fiorenza, *Revelation*, 109; R. Bauckham, *The Theology of the Book of Revelation*, 49–50; Metzger, *Breaking the Code*, 98; Beale, *Revelation*, 1039–41。在学界中,也有人认为现有资料不足,所以无法决定何者为是;例如,Beckwith, *Apocalypse*, 750; Mounce, *Revelation*, 369。

③ 例如,耶稣在马可福音2:22所说,新(νέον)酒要装在新(καινούς)皮袋里。

④ 有关这两个“新”之语意的讨论,见 *DNTT* II, 669–76。

第二，在当时的犹太人文献中，我们的确看见有关“将来的世界＝新创造”之论述，①但在此同时，我们也读到那些以“更新”之方式，来理解“新天新地”的文字。②因此当代犹太人之思想背景，并不特别支持这两个见解中的某一个。换句话说，若我们将“更新”之见，放在第一世纪的环境之中，其实并不奇特，因为这也是许多当代人对将来和现今世界之间关系的看法。

第三，许多释经者都准确地指出，约翰在此所论及的“新天新地和新耶路撒冷”，乃是本于先知以赛亚的预言：“看哪，我造新天新地，从前的事不再被记念，也不再追想。你们当因我所造的永远欢喜快乐；因我造耶路撒冷为人所喜，造其中的居民为人所乐”（65:17－18；亦参43:18；66:22）。③ 因此我们在此的问题是，究竟此一旧约背景，是支持“全新”还是“更新”之见？④ 单就此处经文来看，与“新天新地”所相对，“不再被记念，也不再追想”的“从前的事”，似乎是“旧天旧地”，因此“全新创造”之见似乎可以从此经文中得着支持。但若参照以赛亚书的上文，“从前的事”所指的，是“从前的患难”（65:16），而此“患难”，乃是以色列人因着偶像崇拜（背约），所经历的被掳之刑（赛41:21－29；42:6－9；43:8－21；44:6－8；48:3－8等等）。⑤ 因此在65:18中，先知就对此“新天新地”之创造，有了更明确的定义，那就是，新耶路撒冷的重建，和其百姓因此事而有的欢乐。换句话说，“新天新地”的创造，乃是神和其子民之关系的和好，是过去“背道＋刑罚”之关系的复原；因此这个“新天新地”的创造，其本质乃是“更新”。此一见解其实也可以从先知接下来所说的话中，得着证实。因为不论是“哭泣哀号之声的止息”（65:19b），或是“人不再经历非自然性的死亡（即，能自然老死；65:20）”，甚或是“能住在自己的房子里，并吃自己所栽种的”（65:21－24）等等，都是与当初他们所经历之“被掳之刑”，完全相反的。一言以蔽之，“新天新地”的

① 例如，以诺一书72:1；91:16；伪腓罗书3:10；以利亚启示录5:38。至于西卜神谕篇5:212则不是那么明显。

② 例如，禧年书1:29；4:26；以诺一书45:4－5；巴录二书32:6；44:12；57:2；伪腓罗书3:10；以斯拉四书7:75；耶利米书（他尔根）23:23；弥迦书（他尔根）7:14；*b. Sanhedrin* 92b, 97b; 1QS 4:25; 1QH 11:13; *Midr.* Pss. 104.24。

③ 有关这个暗引旧约案例的详细分析，见 L. P. Trudinger, The Text, 91; C. G. Ozanne, The Influence, 142; J. Fekkes, *Isaiah and Prophetic Traditions in the Book of Revelation*, 227－30; S－J. T. Wu（吴献章）, A Literary Study of Isaiah 63－65 and Its Echo in Revelation 17－22, 256－60; Aune, *Revelation* 17－22, 1116; Beale, *Revelation*, 1040－41。

④ J. Fekkes认为（*Isaiah and Prophetic Traditions in the Book of Revelation*, 229），此一旧约背景无法在此议题上提供太多线索，但以下的分析将显示，以赛亚书的文脉逻辑，其实对此问题是有所助益的。

⑤ 有关“先前之事”的讨论，见 S－J. T. Wu（吴献章）, A Literary Study of Isaiah 63－65 and Its Echo in Revelation 17－22, 115－23; J. N. Oswalt, *The Book of Isaiah* 40－66, 655－57。

创造,乃是神人关系的"更新",而其结果,则是由"咒诅"变成"祝福"。

事实上,以赛亚书有关"新天新地"的思想脉络,也一样反映在启示录中。怎么说呢?若我们将那在21:1-8中,具有"转折"角色的21:5a也列入考量的话,那么21:1-5a就具有如下的结构:①

a 新天新地的出现(1a)
　b 先前的天地过去了(1b)
　　c 海也不再有了(1c)
　　　d 圣城新耶路撒冷由天而降(2)
　　　d' 神与人同在(3)
　　c' 不再有眼泪,死亡,哭号和痛苦(4a)
　b' 先前的事都过去了(4b)
a' 神将一切都更新了(5a)

在此结构之中,"新天新地的出现"乃是与"神将一切都更新了"(a和a')彼此相对,也互相解释。因此从20:5a来看,"更新"显然是这段经文的焦点。不单如此,在这个结构中的中心部分(d和d'),我们也看见"圣城新耶路撒冷由天而降",与"神与人同在"的彼此对应和互相解释,因此这个新天新地之异象的焦点,也和以赛亚书的经文一样,在神人关系的"更新"。因此不论从以赛亚书或是启示录来看,"新天新地和新耶路撒冷"之"新",并非"全新的创造",而是"更新"。在启示录的文脉之中,此一见解其实也是最合理的,因为在神处置了"海陆二兽"(19:20),和他们的主子红龙撒但(20:10),以及那些跟随它们的人(19:21;20:9;20:15)之后,经文的焦点当然就要落在"神与其子民"的关系上了。②

第四,我们在20:11中所论及的例证,像是(1)耶稣基督的"肉身(旧的)复活(新的)";(2)"新以色列(教会)=信主的犹太人(旧子民)+信主外邦人(新子民)";以及(3)保罗所说(a)"在基督里旧人变新人(林后5:17);(b)"在虚空之下叹息劳苦的万物等候得赎"(罗8:18-25),和他以(c)"种子长成树"之比喻,来说明"旧的身体"和"新的身体"之间的差异性和延续性(林前15:35-49),都指向"新天新地之创造=旧天旧地之更新"。

第五,但若是如此,我们又要如何解读那似乎暗示"全新创造"的彼得后书3:10-

① 此乃Aune(*Revelation* 17-22,1113-14)根据J. van Ruiten而有的观察('The Intertextual Relationship between Isaiah 65,17-20 and Revelation 21,1-5b,' *EstBib* 51[1993],475-77)。但笔者也在其上,做了一点的调整和修正。

② 有关此启示录和以赛亚书对"更新"之议题的差异,我们将在下一节经文中才会有所交代。

13;特别是彼得所说,“有形质的都要被烈火销化,地和其上的物都要烧尽了”的论述呢?(3:10)对此段经文,学界有不同的解读。有一说是,在世界的末了,这个世界将要瓦解,而一个全新的世界将要诞生;而另一个看法则是,彼得在此所说,并不能完全以字面含义来理解,他的重点在神末日审判的洁净和更新,而非旧世界的消失。就此议题而言,笔者倾向采纳后者的看法:(1)由于彼得在此暗引了旧约中那些论及神末日以火审判的经文(申32:22;赛34:4;66:15－16;番1:18;玛4:1);而如是经文多以“象征之使用”为其特色,因此我们在面对彼得后书时,也应如此。(2)就我们上面所引述的彼得后书3:10而言,“有形质的(στοιχεῖα)”的原意是“一个系列”,例如,ABCDE……等等。而在此上下文中,其含义最可能是“天上的星宿(日月星辰等系列)”。① 不单如此,“烧尽了”的原文,若从经文鉴别学的角度来看,应是“被发现(εὑρεθήσεται)”,②而“地和其上(中)之物(工作;ἔργα)”的意思,应是“住在地上之人和其作为”。因此这句经文的原意应该是:天上的星体都要被烈火销化,地和其上之人的作为都要被发现。但这又是什么意思?对第一世纪的人而言,天上的星体乃灵界活物所居住的地方(参,赛34:4;加4:3,9;西2:8,20),③因此当那阻挡在神和人之间的“星体/邪灵”被审判(火)了之后,人就必须面对神的审判了(被发现)。④ 换句话说,彼得的焦点并不在“末日宇宙的裂解和消失”,而是在“人必定要面对末日审判”。此一理解其实也正反映在这段经文之中,因为彼得之所会以洪水审判作为鉴戒(3:5－7),并论及“末日有火的审判”,乃是要劝诫“亲爱的弟兄/姐妹(3:8)……该当怎样圣洁,怎样敬虔”(3:11;亦参,3:14－15a);并要他们预备自己,好进入“有义居住在其中的新天新地”(3:13)。⑤ 换句话说,彼得之所以会论及“末日火的审判”,其目的并不是要探究“末日审判的性质如何(重新创造或是更新)”,而是要藉此真理,来鼓励信徒敬虔度日。就这个角度来说,彼得与约翰之间是没有太大差异的,因为对他们而言,“末日审判—新天新地”之教训的焦点,并不在“这个宇宙将要如何”,而是“神和人之关系”在现今和将来的更新。

事实上,以如是观点来理解“新天新地”之“新”,也被接下来“海也不再有了”的

---

① J. N. D. Kelly, *The Epistles of Peter and of Jude* (Peabody: Hendrickson, 1969), 364; R. J. Bauckham, *Jude*, 2 *Peter*(Waco: Word Books, 1983),315－16.

② 详见 *TCGNT*, 705－06。

③ 和合本在以弗所书和歌罗西书中,都将此处的“系列/星体(στοιχεῖον)”译为“(世上的)小学”。

④ R. J. Bauckham, *Jude*, 2 *Peter*(Waco: Word Books, 1983),319－20.

⑤ 相关讨论,除了见上注中 R. J. Bauckham 的分析之外,亦见 G. Z. Heide, ‘What is New About the New Heaven and the New Earth? A Theology of Creation from Revelation 21 and 2 Peter 3,’ *JETS* 40 (1997),37－56; 特别是 46－55。

文句所证实。对这个新天新地中的特色,有学者认为由于在启示录中,“海”具有如下的五种含义,因此海的消失就是这“五样东西”的灭绝:(1)邪恶势力的源头(12:18;13:1;15:2);(2)带给圣徒苦难逼迫的列国(12:18;13:1;17:2,18;亦参,赛 57:20);(3)死人的居所(20:13);(4)大淫妇巴比伦藉之为自己创造属人国度的海(18:9-19);(5)自然界中的海(5:13;7:1-3;8:8-9;10:2,5-6,8;14:7;16:3)。① 此说有其可能,但约翰是否要让“海”在此同时具有这五种含义呢?从我们前面所提及之经文结构来看,“海也不再有了”(c),所对应的是 21:4a“不再有眼泪,死亡,哭号和痛苦”(c')。因此“海”在此所包括的,应是那些曾带给圣徒“眼泪,死亡,哭号和痛苦”的“邪恶权势 = 红龙撒但 + 海陆二兽 + 大淫妇巴比伦 + 他们所统管的列国”。这些敌对神国的权势,在启示录的前面,已经一个个的受到了神的审判,因此在新天新地中,“海”也自然不再有其位置;而它们灭亡的结果,对圣徒而言,自然也就是“不再有眼泪,死亡,哭号和痛苦”了。

但此事和“神人关系”之间,又有何关联呢?神人关系的更新,当然包括了正面的“神与人同在”(21:3),但神人关系的更新和重建,也涵盖了反面“神刑罚仇敌 = 神为圣民伸冤”的角度。就逻辑而言,此事应在“神与人同在”之前发生,因此在接下来的经文中,我们也就看见“圣城新耶路撒冷”的从天而降了。当一切敌对神国之权势都被消灭尽净之后,在天地之间所剩下的,或者用约翰的话来说,在“新天新地”中所能看见的,就只有神和其子民了。

21:2 我又看见圣城新耶路撒冷由神那里从天而降,预备好了,好像新妇盛妆等候丈夫(καὶ τὴν πόλιν τὴν ἁγίαν Ἰερουσαλὴμ καινὴν εἶδον καταβαίνουσαν ἐκ τοῦ οὐρανοῦ ἀπὸ τοῦ θεοῦ ἡτοιμασμένην ὡς νύμφην κεκοσμημένην τῷ ἀνδρὶ αὐτῆς)

新天新地的确令人向往,也在教会历史中,引发不少的揣测和想象。但若从这段经文的结构来看(参,上节经文注释),新耶路撒冷恐怕才是新天新地异象的焦点。因为本节经文和下一节,也就是解释新耶路撒冷从天而降之意义的经文,在 21:1-5a 的交错结构中,正位居中间(d 和 d';见上节经文注释)。也难怪约翰会在下一个段落中(21:9-22:9),以 28 节之长的经文(28/405 = 7%),②来详细描述在新天新地中,这唯一的存在。事实上,此一耶路撒冷的重要,也已经在本节经文中,有了清楚明白的交代。怎么说呢?

第一,在启示录里面,约翰惯以“然后我看见(καὶ εἶδον)”来引介一个新异象,或

① Beale, *Revelation*, 1042. 亦参,Osborne, *Revelation*, 730。

② 在希腊文圣经中,和合本 12:17 中的最后一句(那时,龙就站在海边的沙上),是被列为“12:18”。依此,启示录就有 405 节的经文了。

是在一个异象中，介绍一个新的人事物出场（约40次）。但只有在这里和21:22中，他有些“反常的”，将他所看见，或是没有看见的物（依序是新耶路撒冷和圣殿），放在“然后（καὶ）”和“我看见（εἶδον）”之间。此一违常手法当然带着强调的目的，也因此就立即让人对“新耶路撒冷”刮目相看。①

第二，自先知以赛亚以降，特别是从玛加比之后（公元前第二世纪中叶），“圣城（τὴν πόλιν τὴν ἁγίαν）”就成了“耶路撒冷城”的代名词。② 但在这些为数众多的文献中，只有此处经文和但遗训（*T. Dan*）5:12，将“新”与“耶路撒冷”结合。③ 因此就“圣城＋耶路撒冷＋新”的组合而言，启示录是相当独特的。而此现象，也立即叫人注目于约翰在此异象中所看见的“新耶路撒冷”。

第三，若上述组合还不足以引人注意，约翰还进一步告诉我们，“圣城新耶路撒冷”乃“从天由神（ἐκ τοῦ οὐρανοῦ ἀπὸ τοῦ θεοῦ）”那里而降（καταβαίνουσαν）。“天”乃神的居所（启4－5），因此“从天由神”似乎有些重复和累赘，④但情况果真是如此的吗？当代犹太文献论及将来的耶路撒冷时，多以“来”，“出现”或是“显现”来描述她的到来，⑤但只有约翰让她以“从天而降”的方式出场。何以致之？因为此一新耶路撒冷，在希伯来书作者的笔下，是那在天上之锡安山上，“诸长子所共聚的总会＝被成全义人之灵魂＝所有属神的子民”（来12:22－23）；⑥而在约翰的异象中，则是那些聚集于天上/锡安山上，大唱羔羊救赎之歌的十四万四千人（7:9－17;14:1－5）。因此当一切敌对神之势力都被除灭之后，在“新天新地”之中，此一新耶路撒冷就要从天而降了；而其含义，自然也就是“神的帐幕在人间”了（21:3）。和古人意欲藉建造巴别塔（＝巴比伦）而通天之举相比（创11:1－5），或是和当时之罗马巴比伦意欲自立为神的企图相较（启13;17），约翰在此陈明，“天人合一”只能透过由上而下的途径来成就。此一真理，其实在启示录的第一句话中，就已经显明了：“耶稣基督的启示”（1:1a）。

---

① Osborne, *Revelation*, 731。亦参，Aune, *Revelation* 17－22,1120.

② 赛48:2;52:1;66:20（LXX）;尼11:1,18;珥4:17（LXX）;多比传13:10;玛加比一书2:7;玛加比二书1:12;3:1;9:14;15:14;玛加比三书6:5;亚撒利亚祷词1:5（＝LXX但3:28）;所罗门诗篇8:4;4Q504 4:12;太4:5;27:53。

③ Aune, *Revelation* 17－22,1121.

④ 同上。

⑤ 同上。有关“当代犹太人对新耶路撒冷之盼望”的讨论和分析，见S. M. Park, More than a Regained Eden. Ph. D. Diss.（Trinity Evangelical Divinity School, 1995）,87－113。

⑥ 冯荫坤，《希伯来书（卷下）》，页401－07。有关这段希伯来书经文和启示录新耶路撒冷之间关系的讨论，见V. S. Poythress, *Understanding Dispensationalists*, 2nd. Ed.（Phillipsburg: P & R Publishing, 1994）,118－25。有关“圣徒＝在天上之耶路撒冷”的概念，亦参，加拉太书4:26。

天乃新耶路撒冷的出处,此理甚明。但为何约翰还要在"从天"之外,再加上"由神"的语句呢?在论及天上耶路撒冷的组成份子时,希伯来书的作者说,那些灵魂乃属"被成全的(τετελειωμένων)义人";而在此约翰提及新耶路撒冷之时,也说她是"预备好了的(ἡτοιμασμένην)"。因此在这个"被动语态"之中,①我们晓得约翰(以及希伯来书的作者)之所以会强调"由神而来"的原因,乃是要突显"天人合一/神人和好",乃是神工作的结果。

但此一工作究竟是如何完成的呢?新妇耶路撒冷要如何"被预备好/被妆扮整齐",来迎接她的丈夫呢?在前面 19:7 和后面 21:9 的经文中,约翰已经并且还要以"婚宴/婚约",来譬喻末日神人相和的关系,因此我们在此所面对的第一个问题是,如是比喻究竟是从何而来的?在旧约中,藉"夫妻"来比拟耶和华神和其子民以色列之间关系的经文,不在少数;②但若从(1)"新娘(כַּלָּה) = 以色列",(2)"新郎(חָתָן) = 耶和华",并(3)"在正面关系中来使用如是譬喻(神给以色列妆扮并喜悦她)"等三个角度来看,启示录中的"婚约",恐怕是本于以赛亚书(参,赛 49:18;61:10;62:5)。③

但正如我们在前面已经多次看见的,约翰在使用此一旧约譬喻之时,也一定不会忘记他所身处的"新时代"。因此在这里他虽然没有明言,但在 19:7 和 21:9 中,他却将此"耶和华丈夫—以色列妻子"的譬喻,因着基督在十字架上所完成的救赎,而将之转化为"羔羊新郎—教会新妇"了。对约翰而言,神在旧约中向其子民所发的应许,是藉人子羔羊的救赎之功来成就的。换句话说,"新天新地"之所以能够出现,乃因神子耶稣基督已在十字架上,彻底地击败了那迷惑整个世界的红龙撒但(19:11 - 21;20:7 -10);而"新耶路撒冷"之所以能"从天由神"那里降临,也因神子羔羊已藉其宝血,从各族各方各民各国中,买了人来,并将他们归给神(启 5:9 - 10)。因此是透过基督的救赎,新妇才得以出现,并也是因着祂所赏赐的救恩和义,新妇也才得以妆扮整齐,成为羔羊之妻。

此一理解显示,"新耶路撒冷"乃"羔羊的妻 = 新妇教会"(21:9);而非那在将来

---

① 在他以"新娘盛装等候丈夫"为喻,来表明"新耶路撒冷由天而降"之意义时,约翰也同样使用了被动语态的"被妆扮好(κεκοσμημένην)"。在 19:7 那里,约翰所说的是,新妇也预备好自己。此一论述,似乎与此处之"被动语态"互相抵触,但若我们参照 19:8 新妇所得着"洁白光明细麻衣的赏赐",此一"矛盾"其实是完全不存在的(详见该处注释)。

② 例如,何 2:19,21 - 22;耶 2:2;3:1;结 16:32;23:1 - 4 等等。

③ 在 19:8 那里我们已经晓得,新妇所穿的"光明洁白的义袍",乃从以赛亚书 61:10 而来。有关启示录和以赛亚书在此议题上的呼应,详见 J. Fekkes, *Isaiah and Prophetic Traditions in the Book of Revelation*, 231 - 38; S - J. T. Wu(吴献章), A Literary Study of Isaiah 63 - 65 and Its Echo in Revelation 17 - 22, 260 - 66。

的时代中，圣徒所要居住的地方。① 对此见解，有学者提出三个疑问。② 第一，在本节经文中，约翰将"新耶路撒冷"与"新妇"对比，因此新妇就不是那城。此一质疑的本身其实是有问题的，因为约翰在此所对比的，不是新耶路撒冷和新妇。他在此所真正对比的，是新耶路撒冷之"被预备好了"，与新妇的"被妆饰整齐"。③ 而在此对比之下，新耶路撒冷就等于新妇了，因为她们都已妆扮整齐，可以赴羔羊婚筵了。第二，约翰在21:7说，圣徒要承受"新耶路撒冷"为业，因此这两者就不能是同一个个体了。此一质疑，和上一个质疑一样，都是对经文之误解而有的。因为在21:7那里，约翰所说的是，她们要承受"这些（ταῦτα）"为业；而"这些"在其上下文中所指的，乃是与神同在的一切福分（生命之水，得儿子名分等等）。

第三，在21:24－26中，"圣城"被描述为一个圣徒所居住的"地方"，因此圣城就不等于圣徒了。此一质疑，若参照21:27的论述，就更具有正当性了，因为约翰在那里明白的说，"不洁净的……不能进（οὐ μὴ εἰσέλθῃ εἰς）那城；只有名字写在羔羊生命册上的，才得进去。"在这三个质疑之中，这个挑战恐怕才真正具有"正当性和杀伤力"。但"不能进去"和"进去"（原文无此字，但其义隐含在其中），是否只能以"空间"的方式来理解呢？在许多新约经文中，"进去"或是"不能进去"所指的，的确是一个人在空间中的活动（例如，耶稣进耶路撒冷或是圣殿；太21:10，12）；但在许多其他的经文中，我们也看见此一动词所指的，乃是"非空间性的活动"。举例来说，进入神的国（太5:20；可9:47；路18:17）；进入永生（太18:8；可9:43－44）；进入安息（来3:11；4:1）；进入基督的荣耀中（路24:26）；以及进入别人劳苦的成果中④ = 享受别人所劳苦的（约4:38）。⑤ 因此"进入/不能进入"一语的含义，要由其上下文来决定。在启示录21:24－27的上下文中，"不能或是能进入"的含义，当然是空间性的"不能或是能进城"；但正如我们在前面已经多次提及的，此乃约翰"在异象中"所见之事，因此这两个"动作"的意义，就不必然是字面上的了。⑥ 约翰在这里所使用"不能进入她

---

① Swete, *Apocalypse*, 277; Kiddle, *Revelation*, 415－16; Mounce, *Revelation*, 370, 386; Ford, *Revelation*, 222－23; Boring, *Revelation*, 219－21; R. H. Gundry, 'The New Jerusalem: People as Place, not Place for People,' *NT* 29 (1987), 254－64; Harrington, *Revelation*, 209; Metzger, *Breaking the Code*, 100; Beale, *Revelation*, 1064.

② E. Schüssler-Fiorenza, *Priester für Gott* (Münster: Verlag Aschendorff, 1972), 348－50; Aune, *Revelation* 17－22, 1122.

③ Ἰερουσαλὴμ καινὴν…ἡτοιμασμένην ὡς νύμφην κεκοσμημένην.

④ εἰς τὸν κόπον αὐτῶν εἰσεληλύθατε.

⑤ BAGD, 233; Aune, *Revelation* 17－22, 1174.

⑥ 正如红龙撒但"被摔在地上"的事，乃是约翰在异象中所见，但其含义，则是羔羊的得胜（启12:9，10）。

(耶路撒冷)”的语句,乃是以“双重否定词(οὐ μὴ)+动词(εἰσέλθῃ εἰς)+受词(αὐτήν)”为其结构;而此结构和文句,在整本新约中,只出现在耶稣的讲论中:“我实在告诉你们,凡要承受神国的,若不像小孩子,断不能进去(οὐ μὴ εἰσέλθῃ εἰς αὐτήν;可10:15=路18:17)。”因此从合参对比的角度来看,“不能/能够进去”的意思,就是“无份/有份于其中”,或是“不是/是耶路撒冷的一部分”。此一理解其实并不奇特,因为约翰在启示录的最后,向其读者所发的警语正是:“这书上的预言,若有人删去什么,神必从这书上所写的生命树和圣城,删去他的份”(22:19)。①

将“新妇耶路撒冷”视为“教会”的见解,应不令人意外才是,因为约翰早在启示录的前面,就已经放下了两个线索。(1)在3:12那里,人子对非拉铁非教会所发的应许是:得胜的,不单要成为神殿中的柱子,祂也要在他的身上,写上“新耶路撒冷”之名。换句话说,个别圣徒乃圣殿/圣城的一部分,而其总和(教会),乃新耶路撒冷。(2)在启示录的前面我们已经晓得,在约翰的设计中,与“新妇耶路撒冷”所相对的,乃“大淫妇巴比伦”;②而在17:1-19:10中,此一“大淫妇”,乃“管辖地上众王的大城=罗马=逼迫教会的邪恶国度”(17:5,18;18:24)。因此若“大淫妇巴比伦”是敌对神国的世上国度,那么“新耶路撒冷”就是那与之对应,被其逼迫,但至终却被神高举,沉冤得雪的教会了。③ 在“旧天旧地”之中,在大淫妇巴比伦手下受苦的她,恐怕连“小媳妇”都还不如;但在“新天新地”之中,她却要从天由神那里而降,成为“新天新地”中的唯一女主角——羔羊的新妇。

21:3 我听见有大声音从宝座出来说,看哪,神的帐幕在人间;祂要与人同住,他们要作祂的子民;神要亲自与他们同在,作他们的神(καὶ ἤκουσα φωνῆς μεγάλης ἐκ τοῦ θρόνου λεγούσης, Ἰδοὺ ἡ σκηνὴ τοῦ θεοῦ μετὰ τῶν ἀνθρώπων, καὶ σκηνώσει μετ᾽ αὐτῶν, καὶ αὐτοὶ λαοὶ αὐτοῦ ἔσονται, καὶ αὐτὸς ὁ θεὸς μετ᾽ αὐτῶν ἔσται [αὐτῶν θεός])

在21:1-5a的结构中(见21:1的注释),本节经文(d')乃是与上节经文平行(d),因此约翰在此所听见从宝座而来的大声音,就成了“新耶路撒冷从天由神而降”的解释。但此声音是由谁的口中而出的呢?“从宝座而出”似乎指向父神,④但由于在此声音中的神,乃以第三人称的方式出现(祂),而坐宝座者又要在20:5亲自开口

① 此一理解其实也为启示录18:4所证实;因为在“我的民哪,你们要从那城(大巴比伦)出来”的语句中,与“进去”相反之“出来”,其意思乃是“无份于大巴比伦之罪”。

② 详见,页139的分析。

③ 在下一个段落的分析中(21:9-22:9),我们也将看见,“新耶路撒冷城”的结构,乃本于以西结书48:30-35;而在该旧约段落中,“复兴了的耶路撒冷城”,就已经不是一个实际的城市了,而是“神子民”的象征。因此从旧约的背景来看,此处的“新耶路撒冷”也指向教会。

④ Beale, *Revelation*, 1046.

说话,因此在这里发声说话的,就应该不是父神了。① 此声音可能是由位在宝座四角,并成为宝座四脚的四活物之一所发出的(参,启4:6),也有可能是由基督口中而出,但不论其主人是谁,此声音的“权威性”已在“从宝座而来”的语句中,有了保证。

此一声音乃由三个部分所组成:(1)“看哪,神的帐幕在人间”,(2)“祂要与人同住,他们要作祂的子民”,(3)“神要亲自与他们同在,作他们的神”;而后两个则是前者的进一步解释。在旧约中,从神带领以色列百姓出埃及,并借着“会幕/帐幕”而居住在他们中开始(出40),神就与以色列百姓立约(利26:9),并应允他们说,“我要在你们中间立我的帐幕……我要在你们中间行走;我要做你们的神,你们要作我的子民”(利26:11-12)。② 此一应许,因其具有总结神其他应许的角色和功能,③因此在后面先知们的认知中,就成为未来复兴中,具有“指导性”意义的福分。由是(1)在先知耶利米论及神要和以色列另立“新约”时,他说:“我要将我的律法放在他们里面,写在他们心上;我要作他们的神,他们要作我的子民”(31:33[LXX 38:33]);④(2)在谈到神将要与其百姓立“永约”时,先知以西结也一样说:“我的居所必在他们中间;我要作他们的神,他们要作我的子民”(结37:27;亦参,43:7,9);照样,(3)在论及耶路撒冷/锡安将来复兴之事时,先知撒迦利亚也指出:“我要来住在你(锡安=以色列人)中间……那时,必有许多国归附耶和华,作祂的子民,祂要住在你们中间……”(亚2:10b-11)。⑤

就字面和主题而言,本节启示录经文和以西结书37:27最为接近,因为(1)约翰所使用的“帐幕(σκηνὴ)”,以及动词“同住(σκηνώσει)”,与先知以西结之“居所(ἡ κατασκήνωσίς),源出同一字根;而(2)“他们要作神的百姓”,以及“祂要作他们的神”的元素,也一样出现在以西结书中。但就约翰使用复数“子民(λαοὶ)”⑥的角度来看,撒迦利亚书2:10b-11在此恐怕也拥有一定程度的影响力,因为在这些主题相同的旧约经文中,只有这个经文提及“多国归附耶和华”之事。事实上,“万国要成为神

---

① Swete, *Revelation*, 227; Mounce, *Revelation*, Osborne, *Revelation*, 733.

② 亦参,出29:4;耶7:23。

③ J. E. Hartley 指出(*Leviticus* [Dallas: Word Books, 1992],457),利未记26:3-13包括了四个福分:五谷丰收(4-5),四境平安(6-8),生养众多(9-10),神的同在(11-12);而就文学型式而言,最后一个福分是相当特别的(从神赐与到神同在)。除此之外,“神同在”的属天性质,也让它从前三个属地福分中,区隔了出来。因此这最后一个福分,可说是这一系列应许的最高峰(亦参,G. J. Wenham, *The Book of Leviticus*[Grand Rapids: Eerdmans, 1979],329-30)。

④ 亦参,耶31:1[LXX38:1]。

⑤ 此一传统也在禧年书1:17中出现:我要在他们中间设立我的圣所;我要在他们中间居住,我要作他们的神,他们要作我正直公义的子民。

⑥ 有某些手抄本中之“子民”,乃是单数的(λαoς),但就经文鉴别证据而言,复数之“子民”的可能性是比较高的。详见 *TCGNT*, 763; Aune, *Revelation* 17-22,1110; Beale, *Revelation*, 1048。

子民”的议题,已在神向亚伯拉罕所发“地上的万族都要因你得福”的应许中显明了(创 12:3);因此在世界的末了,在“新天新地”之中,如是应许自然是要实现的。

但“新耶路撒冷”之“新”何在?也就是说,“神的帐幕在人间……”等等的描述,究竟有何新意?“万民成为神百姓”是“新事”吗?若参照创世记 12:3,此事当然不是新的。“新耶路撒冷由天而降 = 神的帐幕在人间”之新,在于过去神的百姓只能借着祭司而与神相交的情况(神—祭司—百姓),如今已不复存在(神—百姓;亦参,启 21:22)。① 在启示录的前面,此一“新事”乃以“基督藉其宝血将人买赎回来,并叫他们成为一个事奉神的祭司国度”(1:6;5:10)之方式来呈现的,但在此约翰则是以一个更亲密直接的关系,来显示这个真理的宝贵:“祂要与人同住……神要亲自与他们同在。”②但圣洁的神如何能与有罪的人同住和同在呢?答案当然是“基督”了:是在祂宝血的遮盖之下,或者说,是在我们穿上了祂所赏赐的“义袍”之后,我们才得以与神相近。

此事已在神子第一次降世之时就开始实现了,因为(1)在论及道成了肉身之事时,约翰福音的作者所使用的字眼,“住(ἐσκήνωσεν)[在我们中间]”(约 1:14),正是旧约和此处“神与人同住(σκηνώσει)”的同一个字眼;③而(2)保罗在力劝圣徒保持圣洁,不与世人同流合污之际,也以旧约“神住在我们中间……”之应许已经应验的事实,为其劝勉的基础(林后 6:16);不单如此,(3)在论证耶稣于真帐幕中作大祭司,并成为新约之中保的教义时,希伯来书的作者,也一样以“我要作他们的神,他们要作我的子民”的旧约应许,作为他的支持(来 8:10;引述经文来自耶利米书 31:33)。但尽管新约中充满了神“已经”与人同在的教训,约翰在此所说的,乃是旧约应许最后最终的成就。他在此宣告,神要亲自与人同在的应许,将要在“新天新地”之中完全实现,因为他在此所听见的,乃是从宝座而来的声音。

21:4 神要擦去他们一切的眼泪。不再有死亡,也不再有悲哀,哭号,痛苦,因为先前的事都过去了(καὶ ἐξαλείψει πᾶν δάκρυον ἐκ τῶν ὀφθαλμῶν αὐτῶν, καὶ ὁ θάνατος οὐκ ἔσται ἔτι οὔτε πένθος οὔτε κραυγὴ οὔτε πόνος οὐκ ἔσται ἔτι, [ὅτι] τὰ πρῶτα ἀπῆλθαν)

在上一节经文中,约翰借着“神与人同在”的画面,已将“新耶路撒冷从天由神而

① Beale, *Revelation*, 1047.

② 因着此处经文所论及之“神要与人(类)同住”,也因着约翰在 21:24 中,也提及“列国要在城的光中行走,地上的君王必将自己的荣耀归与那城”,学界中就有人推论出“末日所有的人都要得救(普救论)”,或是“在末日大部分的人类都要得赎”的论点。对此问题,我们暂且按下不表,而会留到 21:24 那里再做处理。有兴趣的读者,可见该处注释。

③ Swete, *Revelation*, 278; Mounce, *Revelation*, 372; Osborne, *Revelation*, 734.

降"的正面意义,做了清楚明白的说明。而在本节经文中,他则是借着"不再有……"的语法,从反面的角度来论述这同一件事的意义。以"不再经历现今世代中,最令人不悦,甚至令人畏惧之事"的手法,来描述未来世代的情况,当然能叫人立即明白,我们现今并不能完全理解之未来,究竟是怎么回事;①但如是"反面论述",也让本节经文和21:1之"海也不再有了",有了平行对比,彼此解释的文学效果(见该节经文注释)。

"神要擦去他们一切的眼泪"一语,已出现在7:17中;而在那里我们也已经指出,如是描述乃出自以赛亚书25:8b:"主耶和华必擦去各人脸上的眼泪。"②从其文脉来看,如是应许,乃是神向那些被掳到巴比伦的以色列百姓所发,但因着在基督里的教会,已经成了真以色列人,因此约翰也就"顺理成章"的,将此应许应用在"新耶路撒冷＝教会"身上了。事实上,约翰在此所暗引的,还不止是这半节以赛亚书的经文而已。在该节经文的上半,神向以色列百姓所发的,还包括了"吞灭死亡,直到永远"(25:8a)的应许;而这正是我们在"神擦去一切眼泪"之后,所看见的:"不再有死亡"。

从整本圣经的启示观之(例如,创3;罗5:12),"死亡"乃因着"罪"而进入了世界,因此"不再有死亡",不单意味着"罪"不再辖制这个世界,也意味着"罪之权势"的消失(海也不再有了;21:1)。因此保罗在论及神的能力之时,可以满有信心的宣告,神"藉耶稣基督的显现……已经把死废去"(提后2:10;亦参,来2:14);并在提及末日之事时可以大胆的说,"尽末了,[基督]所毁灭的仇敌,就是死"(林前15:26)。

但就启示录的上文来看,此处"死亡"所指的,除了是所有世人都必须为罪所付上的"工价"之外(参,启19:21;20:9,15),也特别指向殉道者的"死"(启6:9;14:13;16:6;17:6;19:2)。换句话说,他们在这个世代中,为持守信仰而付上生命代价之事,因着神已除灭那些逼迫他们的敌人,将不会在未来的世代中,再次发生。当然并非所有圣徒都要经历"殉道"的事,因此"不再有悲哀,哭号和痛苦"的宣告,就特别是以那些为信仰而经历各式苦难之信徒为对象的了。正如神当年向被掳之以色列百姓所说,在复兴了的耶路撒冷城中,将"不再听见哭泣的声音和哀号的声音"(赛65:19b);照样,在这里,那从宝座而出的声音,也向那些在罗马巴比伦手下受苦之小亚细亚教会昭告,"悲哀,哭号和痛苦"将不再发生;因为在新天新地之中,先前的事都过去了

---

① Swete, *Revelation*, 278; Lenski, *St. John's Revelation*, 620; Mounce, *Revelation*, 372; Thomas, *Revelation* 8－22,445.

② 有关这个暗引旧约个案的详细分析,见 J. Fekkes, *Isaiah and Prophetic Traditions in the Book of Revelation*, 253－55。以赛亚书35:10和51:11中的"忧愁叹息都逃避",也可能在此启示录经文的背后,但"不再有眼泪和死亡"的两个元素,却清楚指向以赛亚书25:8。

(参,赛43:18;65:17;以及21:1的注释)。

21:5 坐在宝座上的说,看哪,我将一切都更新了。又说,你要写下来.因为这些话是可靠真实的(Καὶ εἶπεν ὁ καθήμενος ἐπὶ τῷ θρόνῳ, Ἰδοὺ καινὰ ποιῶ πάντα καὶ λέγει, Γράψον, ὅτι οὗτοι οἱ λόγοι πιστοὶ καὶ ἀληθινοί εἰσιν)

正如前述(21:1),从本节开始的经文段落(21:5－8),乃由坐宝座者所发出的七个宣告所构成;而其中的第一个,即,看哪,我将一切都更新了,因着与21:1“新天新地”之主题的互相呼应,就成为前一个段落的总结。但在此同时,此一宣告因其所在位置和其内容,也成为它所属段落的“标题”。因此在21:1－8的段落中,“看哪,我将一切都更新了”就扮演着“承先启后”的结构性角色了。

就字面的呼应而言,这个宣告乃本于以赛亚书43:19:“看哪!我(耶和华)要做一件新事。”①从以赛亚书的下文来看,此一“新事”,乃神要在“旷野开道路,在沙漠开江河”,好让其百姓有水可喝(赛43:19b－21);而其意义,则是以色列百姓之罪得着赦免(赛43:25－28),和神的灵(圣灵)的赐下(赛44:1－5)。此一预言,对那些因背道而被掳至巴比伦的以色列人而言(参,赛43:27－28),恐怕是匪夷所思的,因此神就以“我是首先的,我是末后的”之自称(赛44:6－8;特别是44:6b),向他们保证此祂所发应许的可靠性。

在约翰福音中,这个应许乃是在耶稣从死里复活后,于五旬节赐下圣灵之时,就开始应验的(从祂腹中要流出活水的江河[＝圣灵];约7:37－39);②而在保罗所写的书信里面,即,“若有人在基督里,他就是新造的人,旧事已过,都变成新的了”(林后5:17),我们也看见他对此应许“现在面向”的理解。③ 但约翰对这个旧约应许的理解是如何的呢?从他在本节经文的一开始,就暗引了以赛亚书43:19的话,并且也在接下来的21:6里面,也以“我是阿拉法,我是俄梅戛,我是始,我是终”和“生命的泉水”,来反映以赛亚书“我是首先的,我是末后的”和“江河”的现象中,我们晓得他在

① 以赛亚书66:22(我造新天新地)也可能在本节经文的后面(Beale, *Revelation*, 1052);但以下分析显示,约翰在此主要是以以赛亚书43－44章为蓝本的。有关这个暗引旧约案例的分析,亦见C. G. Ozanne, The Influence, 144－45; J. Fekkes, *Isaiah and Prophetic Traditions in the Book of Revelation*, 258－60。Feekes准确的指出以赛亚书43:19对启示录的影响,但他却没有观察到以赛亚书43:19之后的经文,也深深的影响了启示录(详见下文)。

② R. E. Brown, *The Gospel According to John I－XII*, 328－29; L. Morris, *The Gospel According to John*, 424,427.

③ P. E. Hughes, *Paul's Second Epistle to the Corinthians* (Grand Rapids: Eerdmans, 1962),203; V. P. Furnish, *II Corinthians* (N. Y.: Doubleday, 1984),314－15; R. P. Martin, 2 *Corinthians*(Waco: Word Books, 1986),152. 有关保罗对此段以赛亚书经文之理解,亦参,G. K. Beale, 'The Old Testament Background of Reconciliation in 2 Corinthians 5－7 and Its Bearing on the Literary Problem of 2 Corinthians 6:14－18,' *NTS*(1989),550－81。

此的确用以赛亚书之经文为蓝本。但在这个几乎可以用“如影随形”来形容的互动中,我们也看见约翰将以赛亚的“一件新事”,变更为“一切(πάντα)都要更新”。此一更动看似微小,但却显示了他对神之应许的理解。怎么说呢?

在启示录的前面,以及从刚才所提及的两个新约其他经文之中,我们已经晓得,约翰以及其他新约作者在面对旧约应许之时,都很一致地因“耶稣基督所完成的工作”,而大胆地将旧约应许应用在教会身上。① 因此在约翰福音和哥林多后书中,以赛亚的“一件新事”,就可以是“基督的赦罪之死和圣灵的降临”,也可以是“新人的创造”。但对约翰而言,这些标志着新世代已经来临和新创造已然发生的记号,并非基督救赎之功的全部,因此在此“新天新地”的异象中,他就借着“更新一切”的语句,把神藉基督在末日所能成就的,完全地呈现出来。正如保罗在罗马书中,以“受造之物等候得赎”的方式,来论述此一真理(罗8:18-25),约翰在此则是以神“更新一切”的宣告,来突显此一新“创造”所能涵盖的范围。②

对那些在被掳之地受苦的以色列人而言,神藉先知以赛亚所宣告“罪得赦免,并从被掳之地归回”的“一件新事”,是近乎“天方夜谭”的,因此在这段经文中,神也以祂曾宣告要拯救以色列百姓(救赎主),并且在历史中,实践了祂应许的事实(赛44:6-8),来鼓励他们。③ 与此相较,坐宝座者在做了“一切都将更新”的宣告之后,要约翰将其言写下的命令,也具有相同的效果,因为“这些话是可靠真实的”。④ 但为何约翰要以“可靠和真实的”,来描述神的话呢?原因其实无他,因为在启示录中,“可靠/信实(πιστοὶ)”乃人子基督的特色(1:5;3:14);而“真实(ἀληθινοί)”是神子和圣父共有的特点(3:7,14;19:11;6:10;15:3;16:7;19:2),因此那能反映祂们属性的话语,当然也就是“可靠和真实的”了(亦参,19:9;22:6)。

在启示录的结构中,“新妇耶路撒冷异象”(21:9-22:9)乃是此处经文(21:8)的重述和放大;因此若不考量这随后的异象和全书结语(22:10-21),此一“写下来”的命令,就可以涵盖约翰在前面所看见的和听见的了。⑤ 但在此经文的文脉中,我们最

---

① 参,保罗在哥林多后书1:20所说:神的应许,不论有多少,在基督里都是,是的。

② 由于“我使(ποιῶ)……更新”乃现在时态动词,因此有学者就主张,此一“更新之举”,乃是在历史中不断进行的(Mulholland, *Revelation*, 316)。但此“现在时态”应是“预言式的现在”。也就是说,此事尚未发生,但为了强调其“必然发生”,因此就以现在时态的方式来陈述了(参,Beale, *Revelation*, 1052-53; Osborne, *Revelation*, 736)。

③ J. A. Motyer, *The Prophecy of Isaiah*, 344-35; J. N. Oswalt, *The Book of Isaiah* 40-66, 171-73.

④ Beale认为,此处之“可靠真实”乃从以赛亚书65:16而来,因为在那里创造新天新地之神,乃是“阿们的神(信实的神)”。此一建议有其可能,也不能完全排除,但因着此处经文和以赛亚书43-44章之间的绵密关联(如上述),此一语句应是以赛亚书44:6-8的反映。

⑤ Osborne, *Revelation*, 737.

好还是将此命令,局限在约翰在这个异象中所看见的事情(21:1-2)和所听见的话(21:3-8);甚或局限在这节经文之前半,神所做的宣告。但即便如此,此一"局限",其实只具有文学上的意义和效果,因为就整卷书的内容而论,约翰在前面所说的一切,其实都指向神在这里所做的宣告:"看哪!我将一切都更新了。"

21:6 祂又对我说,成了。我是阿拉法,我是俄梅戛,我是始,我是终。我要将生命的泉水,白白赐给那口渴的人(καὶ εἶπέν μοι, Γέγοναν. ἐγώ εἰμι τὸ Ἄλφα καὶ τὸ Ὦ, ἡ ἀρχὴ καὶ τὸ τέλος. ἐγὼ τῷ διψῶντι δώσω ἐκ τῆς πηγῆς τοῦ ὕδατος τῆς ζωῆς δωρεάν)

坐宝座者对约翰以及教会所作的第三个宣告是:"成了(Γέγοναν)"。在论及神"更新一切(ποιῶ)"时(21:5),约翰以"预言式的现在式",来表明神更新万物必然性;而在这里他则是以旧约先知所惯用之"预言式的完成式",即,"在事情还没有发生之时,就把它当做已经成就了"的方式,来显示神必定会完成祂的工作。但祂在此所要完成的工作是什么呢?在16:17那里,当神借着七碗之灾来刑罚"红龙集团"之后,我们也听见那从宝座而出的声音,说,"成了(Γέγονεν)"。与此相较,此处之"成了",不在"审判",而在更新(新天新地和新耶路撒冷)和奖赏(生命泉水)。① 此一"更新和奖赏",其实并非全新之事,因为耶稣在十字架上咽下最后一口气之前,祂所说的话也是"成了(Τετέλεσται;约19:30)"。换句话说,此处的"成了",乃是以耶稣基督所成就的救赎,为其基础。当神的公义得着满足之后,祂的恩典就可以也要源源不绝的流出来了。

"我是阿拉法,我是俄梅戛,我是始,我是终"是神的第四个宣告和"自称"。"阿拉法"(A)和"俄梅戛(Ω)"是希腊文的第一个和最后一个字母,因此这一组宣告和"我是始,我是终",可说是在外观上略有差异的"双胞胎"。但它们的意思是什么呢?在1:8那里我们已经晓得,如是"自称"的重点,并不在神"无时间"的属性,而在"神掌管历史中一切事物的能力和权柄"。在1:8那里我们也已经指出,如是自称,乃源自以赛亚书44:6和48:12中的"我是首先的,我是末后的"(亦参,赛41:4);而我们在上节中的分析,也证实了此一见解。在启示录中,这三组形式略有差异的"自称",乃是约翰用来高举基督,为要将祂与父神并列而使用的"工具";因为他在1:17中,先刻意的把以赛亚书中,耶和华神的自称(我是首先的,我是末后的),放在人子耶稣的口中,而后又在全书的结尾之处,让那只属父神的称号(我是阿拉法,我是俄梅戛,我

① 16:17和此处之"成了",分别是单数和复数;因此后者复数的"都成了",也可能包括前者的"成了"。但由于第七碗,就时间而言,乃与神末日审判平行(19:11-21:8),因此约翰在此使用复数的"都成了",其原因可能是因为他在此所论及的,包括了天地(宇宙),和耶路撒冷(教会)的更新,以及神对其新子民的奖赏(活水)。

是始，我是终；1:8；21:6），也从耶稣基督的口中而出。

但在此处经文的文脉逻辑中，“我是阿拉法，我是俄梅戛，我是始，我是终”又扮演着怎样的角色呢？若考量“新天新地”的上文，那么神藉此自称所要表达的，就具有“我曾创造，也要在世界的末了再创造”的意思了。但若考量“成了”的上文，并参照耶稣在十字架上所说之“成了”，那么这个自称在此的意思，就是“我既曾藉爱子之死开始了救赎的事工，也要在世界的末了，完全的成就这事”。换句话说，前者的焦点在“创造”，而后者的重点在“救赎”。从我们前面的分析来看（21:1－5），此一“新天新地异象”的焦点，在“更新”，而其主角，则是“新耶路撒冷＝教会”，因此神藉此自称所要突显的，是祂救赎事工的开展和完成。此一见解其实也为此处经文的旧约背景所支持，因为在以赛亚书的文脉中（赛44:6－8），“我是首先的，我是末后的”（赛44:6）的意思，也正是“我曾救赎（出埃及；赛44:7），也要再行救赎（从被掳之地归回；赛43:19）”。

事实上，如是理解也被神的第五个宣告所证实：“我要将生命的泉水，白白赐给那口渴的人”。在旧约之中，神应许要赐泉水给以色列喝，或是要引领他们到水旁的经文，不在少数，①但唯有以赛亚书44:3将神应许之水和“神赐下圣灵”之事，连结在一起。此一应许，在耶稣的认知中，乃要在五旬节圣灵降临之时，开始成就（参，路24:49；徒1:4－5；2:17－18，38），②因此在回溯耶稣于住棚节所说的话时（人若渴了，可以到我这里来喝；约7:37），约翰福音的作者也就将此一宣告，解释为“耶稣这话是指信祂之人要受圣灵说的”（约7:39）。在这些经文的对照之下，“生命之泉水”的含义，就十分明显了，那就是，那从耶稣而来，并能带给人永生的圣灵。

在以赛亚书44:3的下文中，那些被神之灵所浇灌的以色列人，不是争着说“我是属耶和华的”，就是抢着“要以雅各或是以色列”自称（赛44:4－5）；因此约翰在此处所提及之“口渴之人”，恐怕也是该旧约经文中，“人渴慕成为属神百姓”之事的反映。不单如此，在该旧约经文的上文里面，神也明白地告诉以色列人，他们虽然完全没有尽上他们的宗教责任（献祭；赛43:22－24），但神因着祂自己的缘故（赛43:25），却要赦免他们的罪孽。因此从此角度来看，此处之“白白的”赏赐，也映照了该段以赛亚书的经文。③

---

① 例如，诗23:2；36:8；46:4；赛12:3；35:7；41:17；44:3；49:10；55:1；结34:13；珥3:18；亦参，所罗门颂诗30:1－2；便西拉智训55:23－25。

② J. N. Oswalt, *The Book of Isaiah* 40－66，167；I. H. Marshall, *The Gospel of Luke*, 907；J. Nolland, *Luke* 18:35－24:53，1220.

③ “白白的”也可能是从以赛亚书55:1而来：你们一切干渴的，都当就近水来。没有银钱的，也可以来（Aune, *Revelation* 17－22，1127；Osborne, *Revelation*, 739）。但在此经文中，“水”所指的，却是神的话（赛55:2b－3）。两相权衡，此处经文恐怕还是比较靠近以赛亚书43－44章。

在启示录的文脉中,此一“赐生命泉水”的宣告,因此就成了“我是阿拉法,我是俄梅戛,我是始,我是终”的最佳说明:祂曾藉先知以赛亚之口,向以色列百姓发出如是应许,而在道成了肉身,完成了祂救赎事工之后,祂就以“圣灵的降临”,让此应许开始成就;而此“应许已开始实现”的历史事实,也就更进一步地保证了“此一应许将要在未来完全成就”。也难怪约翰会在接下来“新妇新耶路撒冷的异象”中(启 21:9-22:9),以那一条从神和羔羊之宝座流出,并能叫生命树终年结果子的生命河,作为这个末日之城的特色(启 22:1-2)。

21:7 得胜的必承受这些为业。我要作他的神,他要作我的儿子(ὁ νικῶν κληρονομήσει ταῦτα καὶ ἔσομαι αὐτῷ θεὸς καὶ αὐτὸς ἔσται μοι υἱός)

在本节和下节经文中,坐宝座者向约翰和教会发出祂第六个和第七个宣告。这两个宣告是彼此对应的,因为前者关乎神子民的福分,而后者则是聚焦在那些不属神国之人,以及他们所要受到的刑罚之上。

就文学形式而言,第六个宣告的首句,即,“得胜的必承受这些为业”,和人子在七封书信中,向各教会所发之应许,是完全一样的。因此借着如是呼应,这个宣告不单成为启示录中,给得胜者的第八个应许,也总结了前七个应许。何以见得?就上下文来看,此处得胜者所要承受为业的“这些(ταῦτα)”,所包含的是前六节经文中所说的一切,例如,成为新天新地中的主角,新耶路撒冷 = 教会(1-2),成为神的子民(3),不再经历死亡,痛苦,哀号和眼泪(4),以及白白得享生命水泉(6)等等。① 但若从一个更宽广的角度来看,“这些”所涵盖的,也及于前面七封书信中人子向得胜者所发的七个应许,因为那七个应许,也都出现在这段经文之中,或是在这个新天新地异象的前后:生命树(2:7 = 22:2);生命冠冕 = 不受第二次死的伤害(2:10-11 = 21:7-8);隐藏的吗哪和白石(2:17 = 19:9);新名 = 圣徒额上有神的名字(2:17 = 22:4);制伏列国的权柄 = 列国的荣耀归新耶路撒冷(2:26 = 21:24-26);晨星(2:28 = 22:16);名在生命册上(3:5 = 21:27);穿白衣 = 圣徒洗净了自己的衣服(3:5 = 22:14);在神的殿中作柱子 = 成为神所居住的殿(3:12 = 21:22);成为神的城(3:12 = 21:2,10);同享基督的权柄 = 在宝座前事奉祂(3:21 = 22:3)。②

事实上,以如是宽广的方式来理解“得胜的要承受这些为业”,也有从这个宣告的后半而来的支持,因为隐含在“我要作他的神,他要作我的儿子”之应许中的,正是“成为儿子,承受一切”。在旧约中,神曾以“父—子”,来譬喻祂和以色列王大卫(诗

---

① Johnson, *Revelation*, 594.

② 参,我们在前面的分析(页 265-66)。亦参,Swete, *Revelation*, 280; Beale, *Revelation*, 1058。

89:27－28[26－27]），或是所罗门（代上22:10;28:6），甚或是祂和以色列百姓之间的关系（耶3:19;31:9）。但约翰在此所听见的，恐怕是以神向大卫所发之应许为本的："我要作他（所罗门）的父，他要作我的子"（撒下7:14;代上17:13）。在神与大卫立"国度永存"之约的当下，此一应许的含义，当然是"王位永续"（撒下7:12,16），但由于此一国度和王位乃是"永远的"，因此这个应许虽然在所罗门的身上，有了初步和部分的应验，但却也指向那真正要为神建殿，并引进永恒神国的"大卫的子孙，耶稣基督"（太1:1）。如是理解，其实并不只反映在新约的头一节经文中，也在路加福音1:32－33,68－70;约翰福音7:42;使徒行传7:46－53;13:22－23等经文中出现。不单如此，在希伯来书1:5中，该书作者甚至引述此节旧约经文，来显示基督的超越和尊贵。①

但此一应许是如何从"耶稣基督"又延伸到"得胜者"身上的呢？在启示录的前面，"得胜者"乃是那些不计代价背负羔羊见证的人，也是"羔羊无论往那里去，他们都跟随祂"的人（14:4b），因此他们也就因着他们与人子羔羊的认同，而可以与祂同坐宝座，"就如我（人子）得了胜，在我父的宝座上与祂同坐一样"（3:21）。或者用保罗的话来说，圣徒因着"在基督里"，就可以得着并分享基督所能成就的一切（罗8:15－17,29）;因此"在基督里"的人，也就可以成为神的儿子。② 此一"藉基督而成为神的儿子"的概念，其实也正"隐藏"在这个应许之中。怎么说呢？在撒母耳记下7:14中，神对大卫的应许是，"我要作他的父，他要作我的子";但在暗引此一经文时，约翰却将第一句中的"父"，以"神"来替换之。此一变更看似微小，但却很可能是刻意所为的;因为在启示录中，约翰只将"父子关系"的譬喻，应用在圣父和圣子之间（1:6;2:28;③3:5,21;14:1）。④ 换句话说，为了文脉逻辑的一致性，也为了凸显"父神—神子羔羊—得胜者（＝羔羊的跟随者＝神的儿子）"的关系，此一更动就成为必须的了。如是"顺序"，和1:1的"启示传承过程（神—耶稣基督—众仆人）"，其实如出一辙，也因此就凸显了耶稣基督在神永恒计划中的核心位置。是因着祂，我们才得以成为神的儿子;而此奖赏，虽在今日已经开始实现（约1:12;罗8:15－16;约壹3:1－2,9－10），但却要在那将来的世代中，才会全然的成就（亦参，罗8:23）。在其时，我们不单是属神的百姓（21:3），也不只是羔羊的妻（19:7;21:2,9），更是神家中的儿子。

① F. F. Bruce, *The Epistle to the Hebrews*（Grand Rapids: Eerdmans, 1964），13－14;冯荫坤，《希伯来书（卷上）》，页70。
② 亦参，Beasley-Murray, *Revelation*, 313－14; Beale, *Revelation*, 1058。
③ 和合本2:27。
④ Swete, *Revelation*, 300; Giesen, *Die Offenbarung des Johannes*, 458.

政治,婚姻和血源的譬喻,都要加总在一起,才足以表达神和我们之间的密切关系,因为祂乃是我们的王,我们的主,和我们的父。

21:8 只是那胆怯的,不信的,可憎的,杀人的,淫乱的,行邪术的,拜偶像的,和一切说谎话的,他们的分就在烧着硫磺的火湖里;这是第二次的死(τοῖς δὲ δειλοῖς καὶ ἀπίστοις καὶ ἐβδελυγμένοις καὶ φονεῦσιν καὶ πόρνοις καὶ φαρμάκοις καὶ εἰδωλολάτραις καὶ πᾶσιν τοῖς ψευδέσιν τὸ μέρος αὐτῶν ἐν τῇ λίμνῃ τῇ καιομένῃ πυρὶ καὶ θείῳ, ὅ ἐστιν ὁ θάνατος ὁ δεύτερος)

在神宣告"得胜者将要在新天新地中,享受一切从祂而来之福分"的异象中(21:1-8),以"恶人将要受刑罚"为焦点的本节经文,似乎显得有点格格不入。但我们在"大淫妇巴比伦受审的异象"中已经看见(17:1-19:10),神末日的审判,不单包括了祂对"敌对势力"的刑罚(17:1-19:4),也有"圣徒得着奖赏"的部分(19:5-8);因此在主题对调的情况下,恶人的刑罚也就要在此出现了。在19:11-21:8之段落中,此一"恶人以硫磺火湖为终点"的设计,也是要让这个段落中的四个小段落,都以此主题为结(19:20;20:10,15;21:8),因此就让这四个异象,有了平行对比的关系。

但这些要进入硫磺火湖中的"恶人",究竟是谁呢?而约翰在此列举这些"罪人和罪行",和新约其他作者一样,①只带着警告圣徒的目的吗?② 还是他主要的目标,在显示世人之恶,并藉此说明为何他们不属新天新地?③ 从以下的分析来看,这两个目的是并存的,因为在此"恶人表"中的八样人马,同时包括了教会内外的"恶人"。

名列"恶人表"榜首的,是"胆怯的"。在启示录的前面,我们已经在别迦摩,推雅推喇,撒狄和老底嘉等教会中,遇见了他们。因为在帝王崇拜的大环境之中,或是在海兽罗马的铁蹄,甚或是在大淫妇罗马的诱惑之下,他们不是服从了"巴兰和耶洗别的教训"(启2:14,20-23),就是成了那"有名无实"(启3:1),甚或是成为"不冷不热",完全没有作用的信徒(启3:15-17)。换句话说,"胆怯的"所指的,乃是那些无法在各样压力和逼迫中,持守"羔羊见证"的人。在启示录的文脉中,他们乃和上一节经文中的"得胜者",完全相反,因此他们就在此"恶人表"中,排名第一了。④

---

① 太15:19;可7:21-23;路18:11;罗1:28-32;13:13;林前5:9-11;6:9-10;林后12:20-21;加5:19-21;弗4:31;5:3-5;西3:5,8-9;提前1:9-10;6:4-5;提后3:2-5;多3:3;雅3:14-16;彼前2:1;4:3,15。相关讨论,见 *DLNT*, 1190-94。

② Boring, *Revelation*, 217; Beale, *Revelation*, 1059.

③ Osborne, *Revelation*, 740-42.

④ Swete, *Revelation*, 300; Chilton, *Days of Vengeance*, 550; Aune, *Revelation* 17-22, 1131; Beale, *Revelation*, 1059; Osborne, *Revelation*, 741.

"不信的(ἀπίστοις)"列名第二。但他们是谁呢?是那些在神所降下的各样灾难中,依旧拒绝悔改的世人呢(启 9:20-21;14:6-7;16:8,10-11)?① 还是那些在各样政经压力之下,胆怯退缩,甚至否认了信仰的"挂名基督徒"呢?② 在新约诸"恶人表/恶行表"中,"胆怯的+不信的"只出现在此处经文中;③但门徒们因着风浪甚大而将耶稣从睡梦中叫醒之后,祂向他们所说的话乃是,"为什么胆怯呢?你们还没有信心吗?"(可 4:40;亦参,太 8:26)因此若与这节经文对照合参,此处"不信的"所指的,就不是"不信的世人",而是在逼迫苦难中,或是在艰难的环境中,不能坚持下去的信徒。换句话说,此一"不信的",是"不能坚守信仰"。在启示录中,基督或是那些"得胜者"的主要特色,是"信实的持守见证(1:5;2:10,13;3:14;17:14;19:11)"。因此约翰在这里特别提及这些"不信的",乃是要将他们和"基督之军"对比,因为他们正是那些以胆怯退缩为始,至终否认羔羊的人。

在启示录的上文中,在此恶人表中名列 3-7 之"可憎的,杀人的,淫乱的,行邪术的,拜偶像的",是那些依陆兽之议而向海兽下拜的人(启 13)。换句话说,这些人之所以会被冠之以如是恶名,乃因他们为了向罗马靠拢,而参与在帝王崇拜之中。在2-3 章的分析中我们已经晓得,当代的帝王崇拜,除了那些在行省级帝王神庙中所举行的之外,常与各个行业所举行的偶像崇拜一起进行。而在这些异教崇拜中,藉由与庙妓的"联合"而达到与神明交往的活动,也不在少数;因此在"可憎的,行邪术的和拜偶像的"之外,④"淫乱的"也自然要名列此"恶人表"中了。但"杀人的"呢?此一指控是否过重?在启示录的一开始,安提帕就已经以殉道者之姿出现了(2:13);而在天庭祭坛之下,我们也听见殉道者的灵魂,向神发出何时伸冤的呼吁(6:10)。不单如此,在关乎海陆二兽的经文段落中,我们更看见陆兽对那些不拜海兽之雕像的人,也是以"杀害"作为它的应对之道(13:15;亦参,17:6;18:24)。因此那些从龙拜兽之人,或许并未个个都动手操刀,但他们肯定在此事上,都有一份。

但"一切说谎话的"呢?和前述恶行相较,"说谎"似乎并没有那么严重。但在启示录的上文中,"撒谎"却总是神所谴责的事项之一(2:2;3:9;16:13-14;19:20;20:10;21:27;22:15)。究其缘由,乃因"虚谎之言",正与"真理"相对。⑤ 在 21:5 那里,神已经明确告诉约翰和我们,祂的话语乃是真实的,因为祂的话不单带给我们永恒生

---

① Osborne, *Revelation*, 741.

② Mounce, *Revelation*, 375; Thomas, *Revelation* 8-22,451; Beale, *Revelation*, 1059.

③ Aune, *Revelation* 17-22,1131.

④ 有关"行邪术"之议题,见 13:13,15 的分析。

⑤ Beale, *Revelation*, 1060; Osborne, *Revelation*, 741.

命(生命的泉水),也叫我们与神相和(21:1-7)。因此借着"一切说谎的",属神的子民和属红龙撒但之人的差异,就有了最明确的对比。在本书结尾之处的另一个"恶行表"中(22:15),"一切喜好并编造谎言的"也名列最后;而其原因,恐怕也是因为此一恶行,正是其他所有"恶行"的根源。喜好"谎言"的,也就是喜好"说谎之人的父=魔鬼撒但"的(约8:44),就因此要和他们的父,一起进入硫磺火湖之中。在那里他们将要经历"第二次的死",那就是,与生命之主永远的隔绝。①

解释和应用

就整卷启示录的结构而言,19:11-21:8所论及的"末日四事",乃是被"大淫妇巴比伦的审判"和"新妇耶路撒冷的复兴"这两个异象(17:1-19:10;21:9-22:9),所前后包夹。因此在约翰的设计中,这个段落所要扮演的角色,就是要显明神在末日要如何进行祂对世界的审判,以及祂如何奖赏圣徒。本于此,从启示录成书之后,教会就对这一段经文,有了极大的兴趣,因为这正是信徒盼望之所在。此一现象,已在前面经文的分析中,有了简单概要的呈现,因此在这里我们就不再多说什么。在教会所留给我们许多不同的看法中,本书所采取的启示录释经原则,乃是"多元重复",而此原则,就自然带我们来到了"无千禧年/已实现千禧年"的立场。此一释经原则,乃是从约翰在启示录中所放下的文学线索和文学特色中,归纳而得。因此不论读者是否也以此方式来解读启示录,我们在前面所提供的一些观察,应该值得我们仔细思量,反复咀嚼。②

学界中有人认为,若有人主张"我们不应该以线性时间之方式来理解启示录",那么他就该负"举证的责任"。③ 对此论点,笔者并不同意,因为隐藏在此论点之后的前提是,"我的见解",或是"主流见解"才是对的。但尽管如此,我们在前面还是提出许多观察,来佐证"多元重复"之原则的可能性和合理性。因为笔者相信,只有"就事论事",才是探究真理的最好途径。在面对圣经中有关未来之事的教训时,保罗所说"我们如今仿佛对着镜子观看"的比喻(林前13:12),当然是最好的提醒;④但如是提醒,

---

① 有关"硫磺火湖=第二次的死"之出处和含义,见19:20;20:10,15等处经文的分析。

② 详见附录十三和十四。

③ 例如,J. W. Mealy, *After the Thousand Years*, 17-18。

④ 此一比喻的重点,不在"模糊不清",而在"间接"。换句话说,我们今日对属神之事的理解,和将来与神面对面之时的差异,就像思念爱人的情侣,见"照片"和与见真人之间的差别(G. D. Fee, *The First Epistle to the Corinthians* [Grand Rapids: Eerdmans, 1987],647-49)。

应对所有的人都一体适用。换句话说,不论我们采取怎样的立场和原则,“谦卑并尊重不同见解”,恐怕是神所求于我们每一个人的。为了这个缘故,在前面论述不同主张之时,笔者已尽力将各家见解,做了公平合理的呈现。其结果肯定不会叫人人都满意,但至少笔者已经做了尝试,也略为问心无愧。

从无千禧年之角度来读这段启示录经文,我们所得到的结果是,在“末日”之时,基督要骑着象征胜利的白马而来,并要审判一切仇敌(19:11-21;20:7-10);而此“末日争战”,是早已在祂第一次降世之时,就已经开始进行的了,因为在“圣徒复活(属灵的)并与基督同做王一千年”的时间之内,教会和世界之间的战争,从未停止(20:1-6)。此一“末日战争”,要在“千禧年=教会时期”结束之际,有一个总结,因为在其时,不单那些名字记载在羔羊生命册上的人,都已因着教会受苦的见证,而进入了神国;也因着神的公义,要在末日得着完全的伸张。由是撒但就从无底坑中被释放出来,好面对硫磺火湖的审判(20:7-10)。

但若从父神的角度来看,此一末日审判乃要在白色大宝座前举行,因为祂乃是这个世界的主。死人活人,无论大小,都要站在祂的面前,依照他们在世之时对祂的态度,来决定他们永恒的命运(20:11-15)。但神的审判所包括的,不单只是祂对恶人的刑罚而已,也有祂奖赏圣徒的部分,因此在这段经文的最后,我们就看见新天新地和新耶路撒冷的出现了(21:1-8)。在那个更新了的永恒世代中,神将要亲自与祂的子民同在,而他们则要因着神的同在,而得以享受一切从祂而来的福分。此一福分,不单是成为神的儿子,并承受永生而已,而是要在永生中,成为事奉神的祭司。

因此在这段经文中,我们不单读到了“子的审判(19:11-21;20:7-10)和复兴(20:1-6)”;也同样看见了“父的审判(20:11-15)和复兴(21:1-8)”。但为何约翰要两次论及“审判和复兴”呢?原因其实很清楚,因为对他以及其他新约作者而言,神永恒计划乃是借着“子”来成就的。是在“子”的十架牺牲中,祂的义先得着了满足,而祂的“慈爱和恩典”,也才能随后流到我们这些原本不配得着之人的身上。纯就文学的角度来看,“重复的论及审判和复兴”,似乎显得有些累赘,但正是藉此“重复”,人子羔羊与神同等的地位(同有属神的位格),才有了最明白的呈现。借着“子行父所行之事”(参,约5:19),约翰就高举了基督。因为对他来说,整个人类历史的中心,乃是在祂的身上;而整个人类历史之意义,也只能在祂死于其上的十字架中寻见。

对许多信徒而言,本段经文的意义,在它提供了一个永世的盼望。在我们家人或是弟兄姊妹的丧礼中,在各样逼迫苦难如海浪般一波波临到我们身上之时,或是在我们眼见义人受苦但恶人却飞黄腾达之际,约翰在此所说,“神要擦去他们一切的眼泪”,或是“不再有死亡,也不再有悲哀,哭号,疼痛”等等的话语(21:4),的确可以带来莫大的安慰。笔者近日在一份宣教通讯上,看见了一篇报道。其主题乃是某些弟兄姊妹因着神的爱,而来到了一个位在极为偏远山区,无人闻问之“麻风村”。在那里他们把福音传给那些麻风病患,而神子在十字架上所显示的牺牲之爱,也感动了他们的心,因此在这个几乎被人所遗忘村庄中,就有了许多属神、专心倚靠神的子民。在此宣教通讯中,有一张照片;其上有几个身着厚重棉袄的垂垂老者,在雪地中,或站或坐。他们个个紧握双手,低头闭目,神情虔诚地祷告着。笔者不晓得他们祷告的内容为何,但是从约翰所写的这卷书中,我知道上述经文,是必然要带给他们盼望的。不单如此,我也晓得在世界末了之时,神也要将这一切都更新(21:5)。因着麻风病而有的疼痛,身体的残缺,人际关系的疏离,自我形象的低落,和物质生活的艰困等等,都要成为过去。在那个永恒的世代中,他们要成为神的儿子,并要在神面前,畅饮生命泉的水。他们的身心灵,都要改变,成为一个能承载神一切恩慈福分,并能反映神荣耀的新人。

这段经文,在教牧上的意义,是很难说尽的。但笔者在此同时也要吁请读者注意,本段经文的重点,并不仅仅在提供一个安慰和盼望。从这段经文中,我们的确可以得着力量,好让我们可以在各样的试炼和压力中,继续走在神所为我们预备的道路中。但除了这件事情之外,约翰也告诉我们,神国的成就,才是这段经文的真正重点。神在旧约之中,向属祂子民所发的一切应许;神在人类历史之中,借着羔羊人子所种下之“神国种子”;创造这个世界之神对这个世界的主权;以及祂全知全善全能之属性;都要在此末日审判中,得着彰显和完成。恶人受刑罚,圣徒得奖赏,的确大快人心;但这些事情之所以会发生,乃因神国降临。因此在以“个人角度”来读这段经文的同时,我们也要从“神和其国度”的观点,来理解这段经文。祂是这段经文中的主角,祂的国才是这段经文的主要关切。在我们一切属灵的活动中,不论是读经、祷告、事奉、以爱彼此相交或是在这个世界中,尽上我们作为世界公民之责任的事上,其焦点总是神和其国度的。和服在虚空之下的万物一样,我们的确也殷切盼望身体得赎之日子,快快来到(罗 8:19-23),但在心存盼望的同时,我们恐怕也要以耶稣“先求神的国和神的义”之教训,来度我们在世每一天的日子(太 6:33)。“现今的苦楚将要成为过去”,是神所给我们的应许,但此关乎我们未来福祉的应许,却要在神国全然成就之时,才会跟着一起实现。

所以你们祷告,要这样说:

我们在天上的父，愿人都尊你的名为圣；
愿你的国降临；
愿你的旨意行在地上，如同行在天上。

我们日用的饮食，今日赐给我们；
免我们的债，如同我们免了人的债；
不叫我们遇见试探，救我们脱离凶恶。

因为国度、权柄、荣耀全是你的，直到永远；
阿们。
（太6:9－13）

插图六：新耶路撒冷异象

Ⅵ 新妇新耶路撒冷的异象(21:9－22:9)

在启示录的诸多异象中,新耶路撒冷异象因着约翰对其“黄金街碧玉城”的描述(21:18),而广为人知。但约翰藉此异象所要传达的信息是什么呢?他是打算以“神要为圣徒预备一个豪华的居所”,来鼓励那些因持守信仰而身陷苦难的弟兄姊妹吗?还是他想要借着这个永世圣城的异象,让其读者明白,他们在永世中,有一个无与伦比的地位?究竟从这个叫人瞠目结舌的异象中,我们可以得着怎样的安慰和盼望呢?更重要的是,新耶路撒冷异象不单是启示录异象中的最后一个,也是全书的最高峰,因此它对我们理解神永恒计划之事,究竟有怎样的帮助呢?它对永恒神国的真理,究竟带来怎样的启示呢?

经文翻译

第二十一章 9－27

9 拿着七个盛满了末后七灾之碗的七位天使中,有一位前来对我说,你来,我要
将新妇,就是羔羊的妻,指示你。10 在灵里天使就带我到一座高大的山,将那从天上
由神那里降下来的圣城耶路撒冷指示我。

11 这城有神的荣耀。城的光辉如同极贵的宝石,好像碧玉,明如水晶。12 有高
大的墙。有十二个门,门口有十二位天使。门上写着以色列十二个支派的名字;
13 东边有三门,北边有三门,南边有三门,西边有三门。14 城墙有十二根基,根基上
有羔羊十二使徒的名字。

15 对我说话的天使拿着一根金芦苇,要测量那城,城门和城墙。16 城是四方形
的,长宽一样。天使用芦苇量那城,共有一万两千浔;长宽高都一样。17 又量了城
墙,共有一百四十四肘,按着人的尺寸,就是天使的尺寸。

18 墙以碧玉为材;城是纯金的,如同纯净的水晶。19 城墙的根基是以各样宝石

为妆饰的:第一根基是碧玉;第二是蓝宝石;第三是绿玛瑙;第四是绿宝石;20 第五是红玛瑙;第六是红宝石;第七是黄璧玺;第八是水苍玉;第九是红璧玺;第十是翡翠;第十一是紫玛瑙;第十二是紫晶。21 十二个门是十二颗珍珠;每个门是一颗珍珠。城内的街道是纯金的,好像明透的玻璃。

22 我未见城内有殿,因主神全能者和羔羊,为城的殿。23 这城不用日月光照,因有神的荣耀光照着她;又有羔羊为城的灯。24 列国要借着城的光行走;地上的君王要将他们的荣耀归与这城。25 城门白昼总不关闭;在那里原没有黑夜。26 人必将列国的荣耀尊贵归与那城。27 凡不洁净的,就是那些行可憎之事与说谎的,断不能进那城;只有名字记在羔羊生命册上的才得进去。

第二十二章1-9

1 天使又向我显示,有一条生命水的河,明亮如水晶,从神和羔羊的宝座而出,
2 流在城的大街之中。在河这边和那边都有生命树,结十二样果子,每月都结果子。树上的叶子乃为医治万民。3 以后再也没有任何的咒诅。在城里有神和羔羊的宝座。祂的仆人都要事奉祂,4 也要见祂的面;祂的名字必写在他们的额上。5 不再有黑夜了,他们也不需要灯光和日光;因为主神要光照他们。他们要作王,直到永永远远。

6 天使又对我说,这些话是可靠真实的。主,就是众先知之灵的上帝,差遣了祂的使者,将那必要快成的事指示祂的众仆人。7 看哪,我必快来。凡遵守这书上预言的有福了。8 这些事是我约翰所听见所看见的。我既听见又看见了,就在指示我的天使脚前俯伏要拜他。9 他对我说,万万不可!我与你,和你的弟兄众先知,并那些遵守这书上话语的人,都是作仆人的;你要敬拜神。

经文结构和形式

6.1 异象序言 21:9-10

6.1.1 天使的出现(9a)

6.1.2 约翰受邀见证新妇耶路撒冷的降临(9b)

6.1.3 在灵里约翰被带到山上(10)

6.2 新耶路撒冷异象 21:11-22:5

6.2.1 新耶路撒冷的构造(21:11-21)

6.2.1.1　整体印象:神荣耀的反映(11)
6.2.1.2　城墙(12－14)
6.2.1.2.1　高大(12a)
6.2.1.2.2　11 个门(12b－13)
6.2.1.2.2.1　12 个门(12b)
6.2.1.2.2.2　门上有天使(12c)
6.2.1.2.2.3　门上有以色列 12 支派之名(12d)
6.2.1.2.2.4　东北南西各有三门(13)
6.2.1.2.3　根基(14)
6.2.1.2.3.1　12 个根基(14a)
6.2.1.2.3.2　根基上有 12 使徒的名字(14b)
6.2.1.3　城墙的尺寸(15－17)
6.2.1.3.1　天使丈量新耶路撒冷(15)
6.2.1.3.2　城是四方的(16a)
6.2.1.3.3　长宽高各有 12000 浔(16b)
6.2.1.3.4　城墙有 144 肘之厚(17)
6.2.1.4　城的建材(18－21)
6.2.1.4.1　碧玉墙,精金城(18)
6.2.1.4.2　城墙的根基:12 样宝石(19－20)
6.2.1.4.3　12 个珍珠门(21a)
6.2.1.4.4　街道乃精金(21b)
6.2.2　新耶路撒冷的特色之一:新的神国(21:22－27)
6.2.2.1　新耶路撒冷与神和羔羊的关系(22－23)
6.2.2.1.1　无圣殿之圣城(22)
6.2.2.1.1.1　城内无圣殿(22a)
6.2.2.1.1.2　神和羔羊为城之殿(22b)
6.2.2.1.2　神和羔羊的荣光照耀(23)
6.2.2.2　新耶路撒冷与世界的关系(24－27)
6.2.2.2.1　列国在其光中行走(24a)
6.2.2.2.2　世上君王归荣耀给她(24b)
6.2.2.2.3　城门永不关闭(25a)
6.2.2.2.4　没有黑夜(25b)
6.2.2.2.5　人要将列国的荣耀尊贵归给她(26)

6.2.2.2.6 不洁净的不得进城(27a)
6.2.2.2.7 属羔羊者才能进城(27b)
6.2.3 新耶路撒冷的特色之二:新的伊甸园(22:1-5)
6.2.3.1 生命河由神和羔羊的宝座流出(1)
6.2.3.2 生命树(2)
6.2.3.2.1 结12样果子(2a)
6.2.3.2.2 叶子医治万民(2b)
6.2.3.3 再无咒诅(3a)
6.2.3.4 神的子民在其中事奉神和羔羊(3b)
6.2.3.5 神子民的特权(4-5)
6.2.3.5.1 见神的面(4a)
6.2.3.5.2 有神的名字在他们的额上(4b)
6.2.3.5.3 在神的光中而活(5a)
6.2.3.5.4 永远做王(5b)

6.3 异象结语 22:6-9

6.3.1 天使之言(6)
6.3.1.1 此异象乃真实可信的(6a)
6.3.1.2 此异象乃由神而来(6b)
6.3.2 人子肯定此异象的真确性(7)
6.3.2.1 我必快来(7a)
6.3.2.2 遵守书上预言者有福了(7b)
6.3.3 约翰和天使的互动(8-9)
6.3.3.1 约翰意欲敬拜天使(8)
6.3.3.2 天使的反应(9)
6.3.3.2.1 拒绝约翰的敬拜(9a)
6.3.3.2.2 因与约翰同为神的仆人(9b)
6.3.3.2.3 导引约翰敬拜神(9c)

在导论中有关启示录结构的部分我们已经提及,借着类似的“序言”(17:1,3;21:9-10)和“结语”(19:9-10;22:6-9),①约翰就将“大淫妇巴比伦异象”(17:1-19:

① 详见页102。

10）和"新耶路撒冷异象"（21:9－22:9），从它们所属的段落中区隔了出来（17:1－22:9）。不单如此，为了让这两个异象反义平行的关系更为明显，约翰也刻意的让这两个异象中的主角，以彼此针锋相对的方式出现。举例来说，（1）在这两个异象中，约翰虽然都以女人作为"城"的象征，并且也都让她们以金饰珠宝为妆扮（17:4；21:11，18－21），但前者乃"大淫妇"，而后者则是"新妇"；（2）这两个女人虽然都有其结盟对象，但前者乃是与兽同国（17:3），并且借着它们的力量，而成为管辖地上众王的大城（17:18）；而后者则是以羔羊为其效忠的对象（21:9），所以她自然就成为神和羔羊的居所（21:22－23），并且因着这个缘故，地上的君王就将要他们的荣耀归给她（21:24）；不单如此，（3）因着她们结盟对象的不同，大淫妇巴比伦就注定要面对神的审判（18:1－24），而新妇耶路撒冷则要得着神的复兴和祝福（21:9－22:5）。一言以蔽之，在约翰的设计中，大淫妇巴比伦乃"人之城"，而新妇耶路撒冷则是"神之城"，因此她们最终的命运，就有了天地之别。

但除了和"大淫妇巴比伦的异象"有着反义平行的关系，"新妇耶路撒冷异象"和前段经文（19:11－21:8）的关系又是如何的呢？因着约翰对新耶路撒冷的论述，像是"列国要在城的光中行走，地上的君王要将自己的荣耀归与那城"（21:24），"不洁净的……不能进城"（21:27），以及"生命树的叶子乃为医治万民"（22:2）等等，学界中就有人主张，这个新耶路撒冷的异象是约翰对千禧年异象的进一步阐述（20:1－6），因为如是描述，比较符合千禧年的情况，而不像将来永恒世代中所要发生的事。① 此说看似合理，但我们在后面将要看见，约翰对新妇耶路撒冷的描述，并非只能以"列国＝不信主的世界"之方式来理解，因为如是描述，乃是要让"新妇耶路撒冷"和"管辖地上众王之大淫妇巴比伦"产生对比（17:18）。② 再者，此说之困难，也在它没有充分考量此段新耶路撒冷的经文，与"新天新地异象（21:1－8）"之间的紧密关系。怎么说呢？在这两个异象中，（1）新耶路撒冷都从天由神那里而降（21:2a，10b）；并且（2）也都是羔羊的新妇（21:2b，9b）。不单如此，在这两段经文中，（3）神都亲自住在耶路撒冷城中（21:3b，22；22:3）；因此此城的特色，就包括了（4）不再有死亡，悲哀，哭号和痛苦＝万民得医治＝不再有咒诅（21:4；22:2－3）；（5）生命泉的水＝生命河（21:6c；22:1）；（6）得胜的要成为神的儿子＝名字写在额上（21:7；22:4）；以及（7）

---

① Charles, *Revelation II*, 146, 157, 172; Preston and Hanson, *The Revelation of Saint John the Divine*, 133－42。Krodel 亦持类似见解（*Revelation*, 346－47），只是他的理由是，约翰在 20:4－6 和 21:3 都暗引了以西结书 37 章的经文，因此 21:1－22:5 就成了千禧年经文的解释和放大。此说有其可能，但我们恐怕不能完全确定，20:4－6 是否真是以"枯骨复生之异象"（结 37:1－14）为背景。

② 详见 21:24 的注释。

恶人不属新耶路撒冷城(21:8,27)。① 因此在约翰的设计中,新耶路撒冷异象所对应的,乃是新天新地的异象,并且是该异象的重述和放大。

就新妇耶路撒冷异象的本身而论,其结构可算是相当清晰:异象前言(21:9-10);异象本身(21:11-22:5);和异象结语(22:6-9)。至于异象本身的部分,则是由三个部分所组成:新耶路撒冷的构造(21:11-21);新耶路撒冷=新的神国(21:22-27);以及新耶路撒冷=新的伊甸园(22:1-5)。在此值得一提的是,约翰在"新耶路撒冷之构造"的段落中(21:11-21),除了依序将城墙结构,城墙尺寸和城的建材等信息告诉我们之外(12-14,15-17,18-21),他也借着他对此城的第一印象,即,神荣耀的反映,作为这个段落的起始点(21:11)。而此第一印象,与21:18-21中城的建材——碧玉、精金、宝石,珍珠等等,可说是彼此呼应的;因此在如是设计中,"荣耀—金银珠宝"就有了前呼后应的文学效果了(*inclusio*)。

经文分析

21:9 拿着七个盛满了末后七灾之碗的七位天使中,有一位前来对我说,你来,我要将新妇,就是羔羊的妻,指示你(Καὶ ἦλθεν εἷς ἐκ τῶν ἑπτὰ ἀγγέλων τῶν ἐχόντων τὰς ἑπτὰ φιάλας τῶν γεμόντων τῶν ἑπτὰ πληγῶν τῶν ἐσχάτων καὶ ἐλάλησεν μετ᾽ ἐμοῦ λέγων, Δεῦρο, δείξω σοι τὴν νύμφην τὴν γυναῖκα τοῦ ἀρνίου)

大淫妇巴比伦异象的起首语是,"拿着七碗的七位天使中,有一位前来对我说:你来,我要将那坐在众水之上的大淫妇所要受的刑罚指示你"(17:1);与此相较,本节经文,除了约翰对"碗"所新增的提醒,即,"盛满了末后七灾",以及他将异象主角从大淫妇替换为新妇之外,几乎可说是该节经文的翻版。不单如此,若我们参照17:3和21:10,它们也在"约翰在灵里被天使带到旷野/高大的山"的部分,互相呼应。因此借着如是设计,约翰在此异象之始,不单要求我们将这两个异象放在一起来看,也将这两个异象,和"七碗之灾"连结在一起。就"大淫妇巴比伦的异象"而言,它乃是"七碗之灾",特别是第七碗之灾的重述和放大(16:17-21);但就"新妇耶路撒冷的异象"而言,它显示在神的审判中,除了有"刑罚仇敌"的部分之外,也有"奖赏圣徒"的面向。

由于约翰没有明言,所以我们无法得知本节经文中的天使,是否就是17:1中的那个天使。但不论情况如何,他的使命却是十分清楚的:"我要将新妇,就是羔羊的

① 此乃 Fiorenza 的观察(*Revelation*, 109),但笔者亦做了一些调整。亦参,Beale, *Revelation*, 1062。

妻,指示你。”在前面经文结构分析的部分我们已经指出,“新妇(τὴν νύμφην)”是连结这个异象和“新天新地异象”的诸多环结之一(参,21:2);而在此约翰则是对此“新妇”,有了更进一步的定义:“羔羊的妻。”在大淫妇的异象中,此处之“妻/女人(τὴν γυναῖκα)”所指,乃是那以其淫行迷惑列国的大淫妇巴比伦(17:3,4,6,7,9,18),因此借着这个语词,约翰也有意将“新妇(教会)”与“淫妇(罗马=敌对神的世界)”做一个对比。① 换句话说,“罗马”之所以是“淫妇”,乃因她藉其所骑之兽(17:3)而与红龙撒但结了盟,并成为它迷惑世人的工具。但在此约翰却借着“羔羊的妻”,显示教会因着她在信仰上的坚持,因此就可以在永世之中,与神有着十分亲近的关系。在19:7那里我们已经晓得,以“夫妻关系”来譬喻“神人关系”的旧约经文,不在少数;但只有约翰在启示录中,将此譬喻应用在“羔羊和教会”之间;究其缘由,乃因神和其百姓,以及神和堕落人类之间关系的更新,是借着十字架来完成的;因此教会自然就要成为“羔羊的妻”了。在启示录中,以“羔羊”表基督的经文,一共有28处,但在此“新耶路撒冷异象”中,“羔羊”就要出现七次,②此一现象显示祂对教会的重大意义:不与祂结盟的,不坚守并活出羔羊受苦见证的,将无份于将来永恒的世界。

21:10 在灵里天使就带我到一座高大的山,将那从天上由神那里降下来的圣城耶路撒冷指示我(καὶ ἀπήνεγκέν με ἐν πνεύματι ἐπὶ ὄρος μέγα καὶ ὑψηλόν, καὶ ἔδειξέν μοι τὴν πόλιν τὴν ἁγίαν Ἰερουσαλὴμ καταβαίνουσαν ἐκ τοῦ οὐρανοῦ ἀπὸ τοῦ θεοῦ)

为了要让约翰能看见新妇,即,“羔羊的妻”,天使就将他带到了一座高大的山上;但正如约翰藉“在灵里”一语所显示的,此事是身在拔摩海岛上之约翰,在异象中所发生的事。

在导论有关启示录结构的部分,我们已经指出,“在灵里”一语除了显示约翰被圣灵掌控之状态,并因此就保证了他所见异象和所得启示的权威性和属天性之外,也在启示录中,扮演着“分段”的结构性角色。因为借着这个词组在1:10;4:2;17:3和本节经文中的出现,启示录就可以大分为拔摩异象(1:9-3:22)、天庭异象(4:1-16:21)、大淫妇巴比伦的异象(17:1-19:10)和此处的新妇耶路撒冷异象(21:9-22:9)。不单如此,在前面我们也已经晓得,约翰以如是含义和方式来使用这个词组的文学手法,并非他自己的发明,而是师法先知以西结,因为在以西结书中,与“在灵里”有相同

① Aune, *Revelation* 17-22, 1151.
② 21:9,14,22,23,27;22:1,3.

含义的“耶和华的手”,[1]也在该书的五个异中,扮演了同样的角色。[2]

在犹太人的传统中,从摩西在西奈山上领受了十诫之后(出 19 – 20),“山”因着其在地势上的“高”,就成为神向人启示真理的地方。因此神为了让摩西能看见应许之地,就叫他上了尼波山(申 34:1 – 4);而以诺一书的作者则告诉我们,他乃是在一个极高的山上,看见了神末日的宝座和那为义人所预备的生命树(24 – 25)。不单如此,耶稣也一样的在一座高山之上,改变了祂的形象(太 17:1 = 可 9:1 = 路 9:28),并且也在橄榄山上,向其门徒启示了关乎末日的预言(太 24:3 = 可 13:3)。再者,在犹太人的传统中,象征神与人同在的末日之城(或是殿),也要座落在山上(参,赛 2:2 – 3;4:1 – 5;25:6 – 26:2;弥 4:1 – 2;以诺一书 18:8;24:1 – 3;25:3;禧年书 4:26);[3]而此传统,在 14:1 – 5 那里,已在约翰将那象征教会的十四万四千人,放在锡安山上的举措中,反映了出来。

但就此处启示录经文而言,约翰在此所本的,不单是这些传统,更是以西结书中的第五个异象(结 40 – 48)。何以见得?第一,除了和先知一样经历了“耶和华的手在我身上 = 在灵里”的经验之外(参,结 40:1),约翰也照样在他的异象中,被带到一座“至高 = 高大”的山上(参,结 40:20),[4]并且也和先知一样的,在那里看见“一座城”(参,结 40:2)。第二,在后面我们将会看见(21:12 – 13),约翰的新耶路撒冷城,其结构乃本于先知以西结在异象中所看见的新耶路撒冷城(结 48:30 – 35)。第三,除了以先知的“新耶路撒冷”为蓝本之外,约翰在这个异象中所看见的“生命河和生命树(22:1 – 2),也是由以西结书 47:1 – 12 而来。

在后面的分析中我们将会看见,此一旧约背景对我们理解“新耶路撒冷之象征意义为何”的事上,扮演着一个相当重要的角色;但在合宜地处理这个问题之前,我们在此所需要注意的是,“新妇 = 羔羊的妻 = 圣城耶路撒冷”的出处:“从天上由神那里降下来的。”此一“从天由神”的描述,已在 21:2 出现;而在那里我们也已经指出,这个在含义上看似有些累赘的语句(天 = 神的居所),其实正凸显了基督教真理一体两面的特色:(1)“从天而降”所显示的是,“救赎,恩典和启示”只能“由上而下”的临到人间。也就是说,在基督教的思想中,“救赎”是人所不能完成的工作;而“天人的合一”,也只能以“天的主动开启”为其前提;(2)而此前提,则是在“由神而来”的语句中,有了最清楚的表达。因为神若不先主动让其爱子降世,并借着爱子在十字架上所开启之“又新又活”的路(来 10:20),人就完全没有任何途径,可以见神的面,并称祂为父。敲响永恒世

---

① 和合本因此就将此词组译为“耶和华的灵”。

② 详见页 112 – 13 的分析。

③ Caird, *Revelation*, 270; Beale, *Revelation*, 1065; Osborne, *Revelation*, 748.

④ הַר גָּבֹהַ; ὄρος μέγα καὶ ὑψηλόν.

代之钟的,是圣城新耶路撒冷(＝羔羊的妻＝教会)的从天由神而降;而在此新天新地中,除了神和灵界活物之外,唯一的存在和“第一女主角”,则是她。

21:11 这城有神的荣耀。城的光辉如同极贵的宝石,好像碧玉,明如水晶(ἔχουσαν τὴν δόξαν τοῦ θεοῦ, ὁ φωστὴρ αὐτῆς ὅμοιος λίθῳ τιμιωτάτῳ ὡς λίθῳ ἰάσπιδι κρυσταλλίζοντι)

在前面两节经文中约翰已两次提及,天使所要指示他的,乃“羔羊的妻”,新耶路撒冷。因此从本节经文开始,他就将此城的性质,结构,尺寸和材料,依序的告诉了我们(11;12－14;15－17;18－21)。

“这城有神的荣耀”是约翰对新耶路撒冷的第一个印象。在旧约中,从神以“形如烈火的云彩”降临在西奈山上之后,“祂的同在”和“祂荣耀的降临”,就成了同义词了(出24:15－18)。[1] 因此在会幕以及圣殿完工之际,象征神荣耀同在的云彩(云柱火柱),都曾充满了这两个神在地上的居所(出40:34－35;王上8:10－11)。不单如此,当神的新圣殿(教会)于五旬节建立之时,在“云彩(密云风暴)”中所必然会有的“响声,大风和火焰”,也照样随着圣灵的降临而出现(徒2:1－4)。[2] 因此在永世之中,当那象征神子民之新耶路撒冷城,从天由神那里而降之时,她当然也要“有神的荣耀”了。和那被“云彩”所充满的会幕和圣殿相较,甚至和那在“响声,大风和火焰”中被创造的教会相较,此一在新天新地中所要出现的“新耶路撒冷”,其特色乃是“云彩不再,而响声大风和火焰也不复出现”,因为在此将来的世代中,神要亲自与人同在(21:3),因此先前显示神同在或是神显现的“媒介”,就成了多余之物了。在永世之中,她所拥有的,是祂直接的同在,是祂荣耀的充满。

如是福分着实令人难以想象,但在先知以赛亚的笔下,此事早已显明:“锡安哪!起来,发光,因为你的光已经来到,耶和华的荣耀已升起来照耀你……耶和华要升起来照耀你,祂的荣耀要彰显在你身上”(新译本;赛60:1－2)。[3] 在被掳的历史情境中,此一预言所指的,是神子民将要从巴比伦回归故土,并在其上重建其国,并重享神的祝福(赛60:4－22);但由于先知已经明言,此事乃要透过“一位救赎主”,并要借着神所赐下之圣灵来成就(赛59:20－21;亦参,49:3),因此对那曾跟随过耶稣,并经历了五旬节之事的约翰而言,这个应许自然就要成就在教会身上了;而其至终完整的应

---

① 事实上,此一概念早已隐含在创世记1:2中,因为这个世界之所以有光(创1:3),乃因“神(荣耀)的灵”运行在渊面黑暗的水面上。有关此一议题的分析,见M. G. Kline, *Images of the Spirit*, 13－34。

② 亦参约翰福音1:1－14中所提及之“来到世界之道＝光”。

③ 认为约翰在此暗引了此一以赛亚书经文的,多有人在。例如,Swete, *Revelation*, 284; Beckwith, *Apocalypse*, 757; Mounce, *Revelation*, 378; Beale, *Revelation*, 1066等等。以西结书43:1－5亦可能是此处经文的背景,但约翰在21:24－25中,再次暗引此处以赛亚书经文的事实(参,赛60:3, 8－9,10－11,19－20),显示了以赛亚书在此段启示录经文中的优先性。

验,乃在末日新耶路撒冷的出现。①

就如摩西因见了神的面而脸皮发光(出 34:29-30),在永世中与神同在的新耶路撒冷(教会),也照样要反映神的荣耀;因此在约翰的异象中,此城就发出了如同极贵宝石所发出的光辉了;而此耀眼的光辉,约翰说,有如碧玉又明如水晶。在启示录中,"碧玉"可说是最珍贵的宝石,因为约翰不单用它(以及红宝石)作为神形象的象征(威严,尊贵,荣耀;4:3),也在接下来的经文中告诉我们,新耶路撒冷城之城墙,以及城墙 12 根基中的第一个,都是以这个宝石为建材(21:18,19)。但就我们所知,"碧玉"乃不透明的宝石,因此"明如水晶"所指的,恐怕不是此一宝石的本质,而是它像水晶般能反映外部光线的特色。② 换句话说,约翰在此所要强调的是,圣城新耶路撒冷乃尊贵的城(碧玉),但她的荣耀和光辉,乃因着神的同在而有(如水晶反映光)。在耀眼的异象中,约翰依旧小心地谨守神人分际,因为他十分清楚,新耶路撒冷之荣耀,只能"从天由神"而来(21:2,10)。在 21:18-21 中,约翰还要再次借着 12 样宝石,珍珠和黄金等物来描述新耶路撒冷的荣耀和尊贵,但在这个异象的一开始,他借着"因神同在而有的荣耀",就为此城在永世中的地位,定下了一个基调。

21:12-14 有高大的墙。有十二个门,门口有十二位天使。门上写着以色列十二个支派的名字;[13]东边有三门,北边有三门,南边有三门,西边有三门。[14]城墙有十二根基,根基上有羔羊十二使徒的名字(ἔχουσα τεῖχος μέγα καὶ ὑψηλόν, ἔχουσα πυλῶνας δώδεκα καὶ ἐπὶ τοῖς πυλῶσιν ἀγγέλους δώδεκα καὶ ὀνόματα ἐπιγεγραμμένα, ἅ ἐστιν [τὰ ὀνόματα] τῶν δώδεκα φυλῶν υἱῶν Ἰσραήλ· [13]ἀπὸ ἀνατολῆς πυλῶνες τρεῖς καὶ ἀπὸ βορρᾶ πυλῶνες τρεῖς καὶ ἀπὸ νότου πυλῶνες τρεῖς καὶ ἀπὸ δυσμῶν πυλῶνες τρεῖς. [14]καὶ τὸ τεῖχος τῆς πόλεως ἔχων θεμελίους δώδεκα καὶ ἐπ' αὐτῶν δώδεκα ὀνόματα τῶν δώδεκα ἀποστόλων τοῦ ἀρνίου)

在上一节经文中,约翰已经借着"有神的荣耀"一语,将新妇耶路撒冷在永世中与神的关系,做了最好的说明。但此城之结构又是如何的呢?为何约翰要让此城之城墙,有着非比寻常的 12 个城门(东北南西各三个)和 12 个根基呢?而为何他又要将以色列 12 支派和 12 个使徒之名,分别放在 12 个城门和 12 个根基之上呢?更重要的是,借着如是结构和特色,约翰所要表明的是什么呢?要合宜的回答这些问题,我们恐怕得回到约翰所本的旧约经文和背景中。

许多释经者都准确地指出,约翰的新耶路撒冷城,乃以先知以西结所见"新耶路

① 有关"神彰显其荣耀"之事,在以赛亚书中的重要性,以及新约作者如何理解这段以赛亚经文的分析,见 J. N. Oswalt, *The Book of Isaiah* 40-66,537-38。

② Mounce, *Revelation*, 378; Beale, *Revelation*, 1067-68.

撒冷异象"为蓝本（结 40－48；特别是 48:30－35）。[1] 但如是见解的依据何在？第一，在 21:10 那里我们已经指出，"约翰在灵里被带到一座高大的山上，并见圣城耶路撒冷"的叙述，不单出于以西结书 40:1－2，也一样在启示录的"新耶路撒冷异象"中，扮演着序言的角色。第二，在此关乎新耶路撒冷结构的经文之后（21:12－14），约翰也接着告诉我们，启示此一异象的天使，就以金苇子为尺，来丈量圣城的尺寸（21:15）。而此动作，也正是以西结天使所行的事（结 40:3－4）。此一关联的证据力看似薄弱，但其实不然；因为在整本圣经中，以"苇子（קְנֵה מִדָּה；[2]μέτρον καλάμον）"作为工具来度量物件的，只有以西结书（40:3，5；42:16，17，18，19）和此处启示录经文。第三，在 22:1－2 那里我们将要看见，约翰在异象中所看见的生命河和生命树，也出现在先知所见的异象中（结 47:1－12）；因此这两段经文之间的联系，就变得更为紧密了。第四，约翰和先知所见之新耶路撒冷城，不单在"东西南北各有三个城门"的方面，完全一致，也在城门上"有以色列 12 支派之名"的特色上，互相呼应。[3] 第五，由于约翰在 21:22 那里明确告诉我们，"我未见城内有殿"，因此他的新耶路撒冷和以西结书 40－48 章的关系，就变得更密不可分了。因为在整本旧约里面，圣殿不在耶路撒冷城中的情况，就只出现在先知以西结所见的异象中。[4]

约翰在此暗引了以西结书的事实，已经十分清楚了。但此旧约背景对理解"新耶路撒冷的异象"，又有何帮助呢？第一，由于新耶路撒冷的 12 个门，和当时人对天上黄道 12 宫（zodiac）的概念有些类似，因此学界中就有人以此背景来理解此处的圣城了。他们认为约翰使用此一星象概念的目的，并不在为此见解背书，而是要藉之凸显圣城属天的面向。[5] 此说有其可能，但此星象学的背景和启示录之间的关联，却十分

---

① 例如，Stuart，*Apocalypse II*，379；Swete，*Revelation*，285；Charles，*Revelation II*，162；Mounce，*Revelation*，379；A. Y. Collins，*The Combat Myth*，229；Hailey，*Revelation*，413；J. M. Vogelgesang，The Interpretation，74－134；C. Deutsch，'Transformation of Symbols：The New Jerusalem in Rv 211－25，' *ZNW* 78（1987），114；Aune，*Revelation* 17－22，1155－56；Beale，*Revelation*，1068。

② LXX 将之译为κάλαμος μέτρου。

③ 先知以西结对城门所在位置的叙述次序是"北—东—南—西"，而约翰的则是"东—北—南—西"。就此角度而言，这两个叙述是有些不同的，但此一差异并非完全无逻辑可寻。对约翰而言，新耶路撒冷因着神和羔羊的住在其间，而成为神的殿（21:22；22:1），因此他就以以西结之天使，丈量圣殿的"东—北—南—西"顺序（结 42:16－20），作为启示录的次序了。有关先知以西结如何将 12 支派分组，并依据何种逻辑而将他们放在某一个方向的讨论，见笔者博士论文 Ezekiel in Revelation：Literary and Hermeneutic Aspects（Univ. of Edinburgh，1999），150－55。

④ 见下页中的图示。

⑤ 例如，Charles，*Revelation II*，158，Beasley-Murray，*Revelation*，310，320－21；Malina，*On the Genre and Message of Revelation*，238－44。

薄弱,是完全无法和以西结书和启示录经文之间的密切连结,相提并论的。① 因此我们对这个新圣城的解释,最好还是以其所来自的旧约经文为准。

第二,若旧约才是解开新耶路撒冷之含义的钥匙,那么先知以西结的异象,对我们理解启示录的意义,又有何助益呢? 为了要完整、合理地回答这个问题,我们恐怕得先回到以西结书,看看先知所见异象的内容究竟是什么。为帮助读者能快速掌握此段经文(特别是,结 45 - 48),我们就将此段经文中,各支派分地的细节图示如下:②

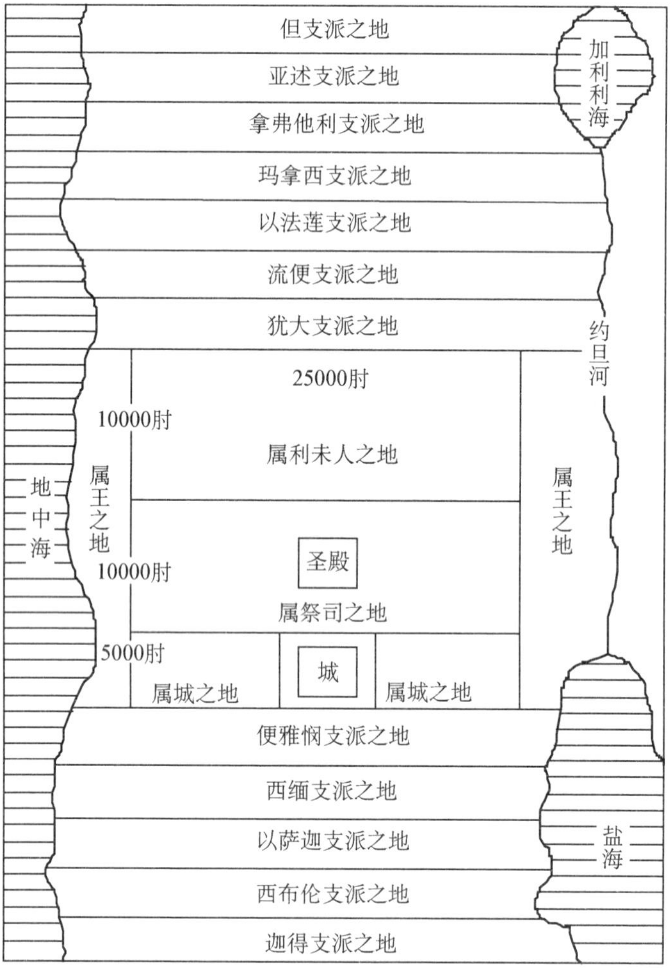

---

① Caird 也曾指出,约翰的"东—北—南—西"之顺序,从来不曾在古人星象学中出现,因此这个现象显示约翰的新圣城,并非该传统的反映(*Revelation*, 271 - 72)。

② 为了节省空间的缘故,在此图示中,以色列所要得着之地的北界(哈马地;结 48:1)和南界(埃及的小河到大海;结 48:28),并未完全依照实际地理位置。若读者想要知道复兴之地所包括的地方,可见 L. C. Allen, *Ezekiel* 20 - 48,282 中的地图。

从此图示可知,先知以西结所见复兴异象的内容,并不能以字面的含义来理解,因为此一分地的方式,只在表达一个“各支派都要得着复兴”的理想概念。何以见得?(1)当年在约旦河东得了产业的两个半支派,即,流便、迦得和半个玛拿西支派(民34:13-15),因着时空情境的变化,在被掳的当下其实已无迹可寻了。因此他们在这里的出现,是为了要表明“以色列全家”都要得着复兴的意思。不单如此,(2)以色列各支派所得之地,不单在面积上不完全一样(海岸线和约旦河都不是直线),也在品质上不一致(山地,河谷,平原并不照此几何图形来分布)。因此单就这两个角度来看,此一分地计划,就不是一个可以“按图实施”的复兴蓝图。①

事实上,此一复兴异象的理想性,更在神要先知以西结在此分地蓝图中特别分出一块“圣供地”的吩咐中,完全地显示出来(结45:1-8;48:8-22;即在上图中,夹在犹大和便雅悯支派中间的那一块地)。怎么说呢?在此圣供地中,我们清楚看见圣殿乃坐落在中间属祭司的土地上,因此从其地理位置来看,此一异象所要强调的真理是,“复兴的以色列乃是一个以神为中心之神权国度”。而此概念,在先知的设计中,也可从许多方面得知。

(1)就结构而言,此一圣供地乃由属祭司、利未人、属王和属城之地所构成。但如是结构所要表明的是什么呢?在12个支派都已各自得着他们的属地之后,为何神还要先知在圣供地中,规划一块属于全以色列的属城之地(结48:15-20),并以12支派为12个城门的名字呢(结48:31-34)?对此问题,曾有学者指出,由于耶路撒冷在以色列的传统中,占有极为重要的位置,因此在先知的复兴异象中,她就必须出现了。② 但如是答案似乎暗示,因着在被掳之地而有的“思乡怀旧之情”,使得先知在望向未来之时,其思绪逻辑就受到了影响,因此也就让12支派,在此圣供地中,再次得着属他们的地。但此解释的困难,在于它没有准确掌握此一复兴异象的性质。在前面我们已经晓得,先知的异象乃在表达一个以神为中心的概念,因此那有着12支派之名的“城”,在此圣供地中所象征的,就不是“耶路撒冷”了,而是以色列百姓;因为他们和祭司、利未人以及王所共同组成的,乃是一个完整的以

① 有关先知以西结用“空间规划”的方式,来显示神权国度之性质的讨论,见 K. R. Stevenson, *The Vision of Transformation: The Territorial Rhetoric of Ezekiel* 40-48(Atlanta: Scholars Press, 1996);亦见笔者博士论文 Ezekiel in Revelation: Literary and Hermeneutic Aspects (Univ. of Edinburgh, 1999),143-50。

② W. Zimmerli, *Ezekiel II*, 547; W. Zimmerli, 'Plans for Rebuilding after the Catastrophe of 587,' in *I am Yahweh*(Atlanta: John Knox, 1982),128. 持类似见解的学者亦有,L. C. Allen, *Ezekiel* 20-48,283,286; K. R. Stevenson, *The Vision of Transformation: The Territorial Rhetoric of Ezekiel* 40-48(Atlanta: Scholars Press, 1996),122。

色列国。①

(2) 圣供地乃神权国度之概念,也在属利未人和属城之地的对比中,清楚地呈现了出来:就性质而言,利未人之地是“圣的”(结48:14),而属城之地则是“俗的”(结48:15);而就面积而论,前者也是后者的两倍。但何以致之?乃因利未人能在圣殿中服事神,虽然他们所能从事的,只是“杂务”而已(结44:11)。换句话说,因着他们与神关系的亲近,他们在此神权国度中,就有了比“城 = 百姓”更重要的位置了。

(3) 圣供地乃神权国度之概念,也照样显明在“属王之地”的设计中。在此圣供地中,属王之地从左右围绕着属祭司、属利未人和属城(= 百姓)之地,因此就显示了王在国中的地位。但若从属王之地与圣殿之间的距离来看,王的地位显然并没有祭司来得重要。因此王虽然依旧在将来复兴的国度中,扮演了一定程度的角色,但在先知的概念里面,他的地位是次于那事奉神之祭司的。

但如是旧约背景对理解启示录有何帮助呢?就整体而论,此一旧约经文让我们更为确定,“新耶路撒冷”并非圣徒在将来的世代中所要居住的地方;而是“圣徒/教会”的象征。此一理解不单和“新妇”之象征含义,完全一致,也同时肯定了我们在21:2那里所论证的。在约翰的时代,如是理解其实并不奇特,因为在一份犹太人的文献中,我们也看见类似的见解:在论述究竟有多少义人,在将来世代中可以直接看见神的面时,曾有一个拉比说,“有18000人”;而其根据,正是先知以西结所见的新耶路撒冷异象(城的四围有18000肘;48:35)。② 从约翰在接下来的经文中所显示之“城的尺寸”来看(21:15-17),我们晓得他的看法,和此拉比之见,有着不小的距离(详见该处注释),但此犹太传统却显示,以象征方式来解读“新耶路撒冷城”,并非是“奇人异想”,而是有其历史背景的。

再举一例,因着对当时祭司体系的不满而隐居在死海边上的昆兰团体(Qumran),就自认为他们是真以色列人,是属灵的“真圣殿”;因此这些将自己与耶路撒冷圣殿隔离的人,就以赞美、祈祷和遵行律法等举措为祭,来取代旧约献祭的规定(4Qflor 1:2-7;1QS 5:5-7;8:4-10;9:3-6)。③ 如是自我认知,也在他们对旧约圣经的解释上,

---

① 事实上,此一有着12支派之名的城,乃由民数记2-3章的“野战营”而来;而此野战营乃由以色列12支派所构成。有关这两段经文之间关系的讨论,以及约翰如何使用这两段经文的分析,见笔者博士论文 Ezekiel in Revelation: Literary and Hermeneutic Aspects (Univ. of Edinburgh, 1999),150-59。

② Tractate Sanhedrin 97b.

③ 相关讨论,见 B. Gärtner, *The Temple and the Community in Qumran and the New Testament* (Cambridge: Cambridge University Press, 1965),4-46; L. Gaston, *No Stone on Another* (Leiden: Brill, 1970),163-76; S. M. Park, More than a Regained Eden. Ph. D. Diss. (Trinity Evangelical Divinity School, 1995),97-106。

反映了出来;因为对他们而言,神藉先知以赛亚所发预言——"我必以蓝宝石立定你的(耶路撒冷)根基"(赛 54:11c),其解释乃是:此根基所指的是那组成"公会",并代表全会众的少数祭司和百姓(4QpIsa[d])。① 换句话说,在昆兰团体的自我认知中,他们乃是那在末日中所要复兴的"耶路撒冷",而其根基,乃是公会。在后面我们将会看见,约翰的新耶路撒冷根基,和此团体之认知是不同的(12 使徒),但就"耶路撒冷 = 一个群体"的角度来看,昆兰团体和约翰之间,并无差异。

在"新耶路撒冷 = 永世教会"的理解中,我们对此城的"细部描述",也就有了更清楚的掌握。(1)"高大的墙"。在古人的观念中,城墙乃城的一部分,并且也是一个城最显著的部分,因此约翰在此最先提及城墙并不令人意外。② 但约翰藉此城墙之"高大"所要表达的是什么呢?若将新耶路撒冷等同于一个建筑物,一个属神子民将来所要居住的地方,那么高大就可以是"永远的保障";③或是"神荣耀的反映(因神居住其间)"。④ 但若"新耶路撒冷 = 永世教会",那么"高大"就可以是"人数众多了"。在 21:16 那里约翰将要告诉我们,此城之高有 12000 浔,也就是约有 2200 公里之高,因此如是"数字"和"形容(高大)"所反映的,显然不是实际的情况。

(2)同样的情况也一样适用于"12 个门"。怎么说呢?若我们将新耶路撒冷视为一个实际的城,那么她所拥有,十分罕见之"12 个城门",其含义,要不是"有许多进出的管道",⑤就是"出入口的重要性",⑥甚或是"人可自由进出此城"。⑦ 但在约翰所本的以西结书中,这 12 个在其上有着以色列 12 支派之名的城门,并不具有上述任何一个说法中的含义,而是先知为了让新耶路撒冷成为"以色列民"之象征而使用的工具。因此在此背景的对照之下,约翰的"12 个有以色列 12 支派之名的城门",其含义也应是如此。但这"12 个城门"所象征的,是"旧约的以色列人",还是"新旧约圣徒的总和"呢?在 7:4-8 中,那从 12 支派而来的"十四万四千人",乃是后者,因此这里的"12 个门",也有可能是"众圣徒"的象征。⑧ 但此说有两个困难。第一,在第 7 章

---

① 此乃 J. A. Draper 所重建和翻译的经文('The Twelve Apostles as Foundation Stones of the Heavenly Jerusalem and the Foundation of the Qumran Community,' *Neot* 22(1988),52-57。

② Swete, *Revelation*, 285; Mounce, *Revelation*, 379.

③ Thomas, *Revelation* 8-22,462。Kiddle(*Revelation*, 415-16,462)和 Beale(*Revelation*, 1064,1068)都认为"耶路撒冷 = 教会",但他们也持"高大 = 保障 = 神人关系坚固"的见解。

④ Osborne, *Revelation*, 750.

⑤ Mounce, *Revelation*, 379; Osborne, *Revelation*, 750.

⑥ Aune, *Revelation* 17-22,1154.

⑦ Thomas, *Revelation* 8-22,462.

⑧ S. M. Park, More than a Regained Eden. Ph. D. Diss. (Trinity Evangelical Divinity School, 1995), 199.

中,那由12个支派而来的十四万四千人,在约翰随后所见之异象中,已经成为那为羔羊从各国各族各民各方中所买赎回来,无法数算的群众(7:9,14),因此约翰在那里对"以色列12支派",曾下了一个新的定义;而如是情况在此并没有发生。第二,在约翰的设计中,此处"12个有以色列支派之名的城门",乃与"其上有12使徒之名的城墙根基"所相对,因此"12个城门"所指的,应是属神的旧约百姓。

(3)若上述所言属实,那么此一"新耶路撒冷",就是由神新旧约百姓所组成的了。① 换句话说,在借用先知以西结之"新耶路撒冷模型"来描述那在永世中的教会时,约翰也因着"耶稣拣选了12个使徒来建立其新子民"的后续历史发展,而把"羔羊12使徒之名"也加了进去。② 此一现象其实应该不令人意外才是;因为在第四章的天庭异象中,约翰已经让那代表"众圣徒"的长老,以"24(12+12)"的数目出现了(4:4);而在7:4-8那里,他也让那从以色列12支派中而出的弥赛亚之军,蜕变为"144000人($12\times12\times10^3$)"。不单如此,在几节经文之后(21:17),约翰也将要再次告诉我们,那有着12个门和12根基的城墙,其厚度乃是"144(12×12)"肘。③ 一言以蔽之,那原本在神国范围之外的列国,因着羔羊宝血的救赎(1:5-6;5:9),就要成为神的百姓了。但"万国来归"的意思,是不是所有的人都要得救呢(普救论)?④ 当然不是,因为虽然"万国"要借着以色列之门而进入神国,但此城乃是建立在"羔羊12使徒"的根基之上。也就是说,人之所以能成为新耶路撒冷城的一部分(参,启3:12),不论他是犹太人或是非犹太人,乃因他属羔羊,并愿意接受12使徒所见证的羔羊之道。⑤ 此一真理并非约翰所独有,而是初代教会的共识,因为在论及教会这个"属灵圣殿"时,保罗不单强调她乃建造在使徒和先知的根基之上,并且也进一步的说,此一圣殿乃以耶稣基督为房角石(弗2:22;亦参,来11:10)。

---

① Charles, *Revelation II*, 162-63; Beasley-Murray, *Revelation*, 321; Morris, *Revelation*, 243; Mounce, *Revelation*, 379; Wall, *Revelation*, 252; R. Bauckham, *The Theology of the Book of Revelation*, 139; Beale, *Revelation*, 1064, 1070.

② 在前面我们已经指出,先知以西结的复兴异象,乃是以民数记2-3的野战营为蓝本。和民数记中的神国相较(祭司,利未人,百姓[12支派]),先知的神国结构中,多了"以色列王"的元素(见分地图中的属王之地);而此新元素的出现,乃是后续历史发展的结果。因此约翰将羔羊12使徒加入新耶路撒冷的手法,其实也是从先知那里学来的。相关讨论,见笔者博士论文 Ezekiel in Revelation: Literary and Hermeneutic Aspects (Univ. of Edinburgh, 1999), 150-59, 174-75。

③ J. M. Ford 认为约翰在此所关切的,只是旧约以色列百姓而已('The Heavenly Jerusalem and Orthodox Judaism,' in *Donum Gentilicium*: *New Testament Studies in Honour of David Daube*. eds. C. K. Barrett, E. Bammel, and W. D. Davies (Oxford: Clarendon Press, 1978), 215-26。但此"12×12"或是"12+12"的现象显示,约翰的焦点在"众圣徒"。

④ 此乃 J. M. Vogelgesang (The Interpretation, 99, 105, 127-28) 和 Boring(*Revelation*, 221)的见解。

⑤ Beale, *Revelation*, 1070.

（4）除了将"羔羊之12使徒"的元素，加进了先知以西结的新耶路撒冷的模型中，约翰也让"12位天使"出现在此城的12个城门口。但此"12天使"究竟从何而来？而他们在此所扮演的角色又是如何？对此问题学界有三个不同的见解。第一，从亚当犯罪，并被赶出伊甸园之后，神就在"伊甸圣殿"东边，设立了基路伯，阻却了人得着永恒生命之路（生命树；创3:24），①直等到那除去世人罪孽之羔羊的来到为止（约1:29）。因此在后续的圣所和圣殿中，也就是在约柜的两边（出37:7－9），以及在所罗门圣殿之内殿外殿，和其门上（王上6:23－36），此一保护圣所的属灵活物基路伯，也就相继出现了。从此背景来看，这"12个天使"在新耶路撒冷城之城门口的出现，其目的就是要保护末日圣城/圣所的洁净（参，21:27中所提及之"不洁净的人"）。② 此说有其可能，但它的困难在于，在一切敌对神之势力都进入了硫磺火湖之后，在永世中的圣城新耶路撒冷（教会），还需要灵界活物的保护吗？而此城之门不是永远敞开的吗？（21:25）若约翰真以基路伯为背景，那么我们至多可说，天使在城门口的出现，只是要凸显此城所具有"圣所/圣殿"的性质（参21:16和19－20的注释）。

第二，在启示录2－3章中，人子向约翰所发的命令，乃是要他写信给那代表教会的七个教会的"使者/天使"；因此若从合参对照的角度来看，这里的"12个天使"就是众教会的代表了，而他们在此的出现，其目的在显示神人关系的更新。③ 这个见解有"以经解经"的优势，但在启示录中，天使并不都是"众教会"的代表（例如，将此异象显与约翰看的天使；21:9）。再者，正如前述，在此异象中"众圣徒"已经以"12支派＋12使徒"的形态出现了；因此若"12天使"也等于"众圣徒"，那么我们就有两群"众圣徒"了。

第三，在论及将来复兴之事时，为了要向以色列百姓保证祂应许的确定性，神（或是先知以赛亚）就向他们说，祂要在耶路撒冷的城墙之上，设立守望的，并要他们昼夜呼吁，直到祂重建了此城为止（赛62:6－7）。而此应许的内容，不单是以色列要重享从神而来的福分（赛62:8－9），也包括了"拯救者的到来"，和"万民的流归耶路撒冷"，因为此城之门已开，而通往耶路撒冷城的大道也已开通（赛62:10－12）。④ 对此经文中的"守望者"，有人认为他们乃神所设立的先知，但由于他们乃"提醒耶和华者（הַמַּזְכִּרִים אֶת־יְהוָה；赛62:6；亦参，但4:13）"，因此他们应该是天庭中，负责管理记录，并

---

① 亦参，结28:14。

② J. Fekkes, *Isaiah and Prophetic Traditions in the Book of Revelation*, 264－65; Aune, *Revelation* 17－22, 1154－55.

③ Beale, *Revelation*, 1068; Osborne, *Revelation*, 750－51.

④ J. A. Motyer, *The Prophecy of Isaiah*, 507－09; J. N. Oswalt, *The Book of Isaiah* 40－66, 583－90.

确保神旨意得着施行的天使。① 此一见解并不奇特,因为约翰当时的犹太人,也都认为此处经文所提及的,乃是天使。②

综上所述,以赛亚书62章和此处启示录经文之间,除了在“复兴耶路撒冷”之主题上彼此平行之外,也在“守望者/天使”,“拯救者的来到/羔羊”,以及“开门”等三方面,有所联系。③ 在几个不同意见中,此一见解的可能性最高。而若从此背景来看,约翰在这里让天使出现在城门口,并随后告诉我们此城之门已开,并永不关闭(21:25),旨在显示神藉先知所发应许,必要成就。在“以色列12支派之名在城门上+羔羊12使徒之名在根基上”的设计中,神对亚伯拉罕所发“万国都要因你得福”的应许(创12:3),已经有了应验;而神的信实,也在天使站在敞开之城门口的画面中,再次得着强调。因此对那些身在罗马铁蹄下的信徒而言,神在此藉约翰所提供的,乃是双重的提醒和保证。在道成了肉身,以及教会随后成立的历史中,神的应许已初步实现;但神在旧约中所发的一切预言,却要在永世之中,才要全部的实现,并达到高峰。属祂和羔羊的人,将要在此未来的世代中,成为神永远的城和羔羊的新妇,新耶路撒冷。

21:15-16 对我说话的天使拿着一根金芦苇,要测量那城,城门和城墙。[16]城是四方形的,长宽一样。天使用芦苇量那城,共有一万两千浔;长宽高都一样(Καὶ ὁ λαλῶν μετ᾽ ἐμοῦ εἶχεν μέτρον κάλαμον χρυσοῦν, ἵνα μετρήσῃ τὴν πόλιν καὶ τοὺς πυλῶνας αὐτῆς καὶ τὸ τεῖχος αὐτῆς. [16]καὶ ἡ πόλις τετράγωνος κεῖται καὶ τὸ μῆκος αὐτῆς ὅσον καὶ τὸ πλάτος. καὶ ἐμέτρησεν τὴν πόλιν τῷ καλάμῳ ἐπὶ σταδίων δώδεκα χιλιάδων, τὸ μῆκος καὶ τὸ πλάτος καὶ τὸ ὕψος αὐτῆς ἴσα ἐστίν)

就文法而言,约翰在21:11-14中对新耶路撒冷的各样描述,乃附属于21:10b(天使将……圣城新耶路撒冷指示我),④因此天使在此丈量圣城的举动,是紧紧跟在他显示耶路撒冷之后的。此一“从显示到丈量”的顺序,其实也是先知以西结所见新耶路撒冷异象的反映,因为当先知被带到一座高山上,并看见一座城之后,天使(颜色如铜的人)就开始他丈量圣殿和圣城的工作了(结40:1-3)。事实上,本段启示录经文和该旧约异象之间的连结,也体现在丈量工具(芦苇)上,⑤只是约翰在此将以西结

① J. N. Oswalt, *The Book of Isaiah* 40-66,583-84.

② 在 *Exod. Rab.* 18.5 和 *Pesiq. Rab Kah.* 6.2 中,“守望者/天使”被认为是米迦勒和加百列。

③ 持此见解的学者有 Swete, *Revelation*, 285; Moffatt, *Revelation*, 483; A. Schlatter, *Das Alte Testament in der johanneischen Apokalypse* (Gütersloh: Bertelsmann, 1912),102; Rissi, *The Future of the World*, 73; Mounce, *Revelation*, 379; Swete, *Revelation*, 304; Roloff, *Revelation*, 243 等等。

④ 借着21:11-14中的几个分词(ἔχουσαν;ἔχουσα)。

⑤ 详见21:12-14的注释。

的"芦苇"，变成了"金芦苇"。此一"升级"的动作，不单与那在永世之中，以"黄金为建材"之新耶路撒冷（21:18，21），互相配合，也是约翰三番两次将以西结之新耶路撒冷"升级"的动作之一（详下）。

但此天使所要测量的标的，究竟是什么呢？若我们将"城，城门和城墙"当成三个不同的物件来看，那么约翰显然忘记告诉我们，或是刻意忽略了"城门"的尺寸。① 但情况是不是如此的呢？应该不是，因为若我们将连结"城"和"城门和城墙"的"和（καὶ）"，视为"解释性的连接词"，并考量"她的（αὐτῆς）城门＋她的（αὐτῆς）城墙"之文法结构，那么约翰在此所说的就是，"要测量那城，就是她的城门和她的城墙"了。②换句话说，约翰在此所关注的，并非"城（城内人所居住之地）＋外郭（城门＋城墙）"，而只有"外郭"。此一理解并非是为了要解"约翰忘记城门尺寸"之套而有，而是本于两个理由。第一，从 12 节开始，不论是"城的结构"（12－14），"城的尺寸"（15－17），或是"城的建材"（18－21），约翰所给我们的资料，大多数都只关乎"门和墙"，③因此对他而言，此城的最大特色，乃在其"城门和城墙"。第二，但为何会如此呢？因为在约翰所本的以西结书中（结 48:30－35），先知所关切的，也只有城的外郭。也就是说，不论对先知或是约翰而言，"新耶路撒冷"并不是圣徒将来所要居住的地方，因此"城内"的部分，就不是那么重要了。对他们来说，此城乃永世圣徒的象征，因此单藉其"外廓/外观"，就足以表达此象征的含义了。④

但此天使丈量圣城的目的何在？在 11:1－2 那里，神的殿、祭坛和在其中礼拜的人，也曾被丈量；而执行此一任务的，乃是约翰，因为他所要丈量的，是属地的教会（详见该处注释）。但在这里出现的，是"从天由神"那里而降的"新耶路撒冷（永世教会）"，因此能丈量她的，也只天使了。⑤ 对许多释经者而言，"丈量"的含义，在表达被丈量之物，乃"属神的"，因此是"被保护的"。⑥ 就 11:1－2 而言，此一见解是可行的，

---

① Aune, *Revelation* 17－22, 1159.

② Beckwith, *Apocalypse*, 760; Thomas, *Revelation* 8－22, 466.

③ 约翰只在 21:21b 和 22:1－2 中，短暂提及"城内街道"，而在这两个地方，他提及"街道"的原因，也只在表达此城的特色（黄金街和生命河）。

④ 死海古卷 5Q15，即，论新耶路撒冷（Description of the New Jerusalem），也本于以西结书 48:30－35。但此文件却对新耶路撒冷城的内部规划，像是街道、房舍和城楼等等的细节，有十分清楚的交代。因此这个文件的作者显然是想要补足先知以西结之异象（或是先知撒迦利亚之异象；参，亚 2:5－9）的"不足之处"（相关讨论，见 M. Chyutin, *The New Jerusalem Scroll from Qumran: A Comprehensive Reconstruction* [Sheffield: Sheffield, 1977], 70－106; J. Licht, 'An Ideal Town Plan from Qumran-The Description of the New Jerusalem,' *IEJ* 29(1979), 45－59）。和此文件的观点相较，约翰显然更靠近以西结书；而此对照，也间接的支持我们在此的论点。

⑤ 亦参，Swete, *Revelation*, 287; Mounce, *Revelation*, 379。

⑥ 例如，Beale, *Revelation*, 1072－73; Osborne, *Revelation*, 752。

但我们在那里已经指出,“丈量”的目的,在区隔圣俗,在显示被丈量之物的特色和所属;而在此之上,“丈量”也才有“因属神而被保护”的延伸意义。但和 11:1-2 相较,此处的圣城,乃“新天新地”中的教会,因此这里的“丈量”,就只有“凸显所属或是特色”的意思了。① 毕竟在永世之中,所有属撒但之邪恶权势,都已消失(参,21:1 的“海也不再有了”)。

若是如此,此一天使藉“丈量”所得到的信息,其含义又是什么呢?为何约翰要先说,城是四方形的,②长宽都一样,而后才又告诉我们,此城乃立体的,而其长宽高都各有 12000 浔?换句话说,就其所能提供的信息而论,21:16a 可说是有些“多余”的。但情况真是如此的吗?在约翰所暗引的以西结复兴异象中,(1)测量圣殿和各支派所分得之地的“长和宽”,乃是该异象的重点,③而(2)在先知异象中所出现的“新耶路撒冷城”,也是四方形的(48:30-35);因此约翰借着 21:16a 所要达到的目的,在带其读者回到以西结书中。④ 但在此同时,约翰却也将先知所见,长宽各有 4500 肘(约 2 公里),平面的新耶路撒冷城,转化为长宽高各有 12000 浔(约 2200 公里)的立体之城。

如是巨大之城是叫人无法想象的,⑤因此有学者就试图借着(1)除去“千(χιλιάδων)”,(2)将 12000 浔 = 城四边的加总,或是(3)将“浔 = 肘”的方式,来使新耶路撒冷缩小。⑥ 但如是主张,不单没有任何根据,也完全忽视启示录中,数字所具有的象征意义。

那么我们要如何理解约翰在此对旧约所做的更动呢?在 21:14 那里我们已经晓得,当约翰将“羔羊12 使徒”加进了以西结的“新耶路撒冷”时,他就已经将此象征神旧约子民之城(复兴了的以色列),因着羔羊救赎的缘故,而转化为一个代表“新旧约圣徒”的城了。而在 22:1-2 那里我们也将看见,原先那只能医治以色列地和以色列

---

① 亦参,Ladd, *Revelation*, 282; Krodel, *Revelation*, 358; Roloff, *Revelation*, 243.

② “四方形(τετράγωνος)”可以是“四方形的石头”(BAGD, 821),但“长宽都一样”显示此乃平面的“四方形”。

③ 参,结 40:7,11,20,25,29,33,36,42;42:2,7,11;43:16;45:1,3,5;48:8,9,10,13 等等。

④ 巴比伦和尼尼微也都是四方形的,而希腊罗马对“理想之城”的概念,也是四方形的,因此 J. M. Vogelgesang 在主张以西结书对启示录有其影响之际,也认为约翰的耶路撒冷亦受到了这些概念的影响(The Interpretation, 112-126)。此说有其可能,但本段经文和以西结书 40-48 章之间的密切关系显示(详见 21:12-14 的注释),影响约翰最深的还是旧约。再者,Vogelgesang 因着这个背景(巴比伦),而将“新耶路撒冷 = 被救赎的巴比伦”,并据此而得到“普救论”的结论,就因此有了困难。有关 Vogelgesang 对此暗引旧约个案之见的分析和其值得商榷之处,见笔者博士论文 Ezekiel in Revelation: Literary and Hermeneutic Aspects (Univ. of Edinburgh, 1999),170-72。

⑤ 是世界最高之山(圣母峰)的两百倍。

⑥ M. Topham, ‘The Dimensions of the New Jerusalem,’ *ExpT* 100(1989),417-19.

民的生命河和生命树(参,结 47:1－12),也因着羔羊的救赎,就可以从神和羔羊的宝座流出,并医治万民。因此在这里,此一新耶路撒冷之所以能从一个平面的城,蜕变为一个立体的城,也一样是因着羔羊所为;因为当人借着洗礼而归入祂的“死,复活,和升天”之后,他的生命就具有了属天的性质。换句话说,此一垂直立体面向的出现,乃是要显示教会属天的特性。

但羔羊之死所能成就的,只是“质”的改变吗？当然不。在“*羔羊12 使徒*”成为新耶路撒冷的根基,并在“生命树的叶子能医治*万民*”的论述中,神子民的范围(量),因着羔羊救赎,也照样发生了改变(参,启 1:5－6;5:9)。因此先知“4500 肘(2 公里)”的城,就要成为“12000 浔(2200 公里)”的新耶路撒冷了。此一数字,不单包含了那象征完全的“12”,也有那显示立体面向的“10^3”。事实上,若我们将一个立方体有 12 个边的事实也列入考量的话,那么此一新耶路撒冷的总周长,就是 144000 浔了(12 × 12000);而此数目,正是 7:4－8 中,羔羊之军的总数。①

此一理解显示,新耶路撒冷的形状和尺寸,乃是要显示永世教会的特色。她是属神的,是神的居所(参,启 21:3,22;22:1),因此就如所罗门圣殿中,象征神所在,以“20 肘立方”为规格的至圣所那样(王上 6:20),此一圣城也是立体的;而由于她乃永世中,新旧约圣徒的总和,因此她也就有 12000 浔的尺寸了。由此观之,新耶路撒冷就不是永世圣徒的居所,而她“12000 浔”的立方规格,其含义就不在表达“她能容纳众多的人数”了。②

在当时犹太人的揣测中,将来的新耶路撒冷城,若不是以“32 ×23 公里”为其规模(5Q15),就是以约帕(在地中海边上;西卜神谕篇 5.252),甚或是以大马士革(巴勒斯坦的最北边;*Cant. Rab.* 7.5.3),为其疆界。③ 和此相较,约翰的“12000 浔(2200 公里)”,可说是大得多了,并且也远远越过了神所应许给以色列人的地。究其原由,乃因建构此永世圣城的圣徒,不再只是以色列这单一族群,而是包括了羔羊从各族各方各民各国中所买赎回来的人(启 5:9)。④

① 以“象征”之方式来理解“12000”这个数目,也有从以西结书而来的支持,因为在先知的异象中,不论是圣殿内院,或是圣供地的尺寸,都是 25(禧年[50]之半),或是 25 的倍数。换句话说,此一数目在约翰所本的旧约经文中,也具有象征意义。相关讨论,见 W. Zimmerli, *Ezekiel II*, 346－47; D. I. Block, *Ezekiel* 25－48,512。在启示录中,“浔(一个竞技场的长度)”也在 14:20 那里出现(血流 1600 浔);而在那里,我们也已经看见这个数字的象征意义了($4^2 \times 10^2 = 1600$ = 神审判的全面性)。

② Walvoord, *Revelation*, 324; Osborne, *Revelation*, 753.

③ 资料来源,Swete, *Revelation*, 289; Charles, *Revelation II*, 164; Aune, *Revelation* 17－22,1161。

④ 在他勒目中(*b. Meg.* 6b),罗马城也被描述为一个大约有 1650 公里见方的城(Aune, *Revelation* 17－22,1161－62)。但约翰是否受到了这个传统的影响,我们就不得而知了。

21:17 又量了城墙,共有一百四十四肘,按着人的尺寸,就是天使的尺寸(καὶ ἐμέτρησεν τὸ τεῖχος αὐτῆς ἑκατὸν τεσσεράκοντα τεσσάρων πηχῶν μέτρον ἀνθρώπου, ὅ ἐστιν ἀγγέλου)

在丈量了耶路撒冷城的形状和尺寸之后,天使又丈量了城墙,而他所得到的尺寸,乃144肘。但这是城墙的高度,①还是城墙的厚度呢?② 若是前者,在高达“12000浔(2200公里)”之城的对照之下,“144肘(约80公尺)”实在不能以“高大的墙”来称之(21:12)。再者,我们在前面已经提及,“城”所指的,乃“城的外郭 = 城墙 + 城门”(见21:15-16的注释),因此在提及城墙高12000浔的情况下,“144肘”所指的,应是城墙的厚度。此一理解也有从以西结书而来的支持,因为在那里丈量末日圣殿的天使,其所进行的工作中,除了测量圣殿外墙的高度之外,也丈量了此墙的厚度(结40:5)。不单如此,在测量圣殿之墙,以及圣殿旁屋和圣殿之后的“西屋”时,“厚度”也是测量工作的重点(41:5,9,12)。事实上,“厚度”在先知复兴蓝图中的重要性,也可从下列的几个观察中得知:(1)在各样属圣殿建筑的物件中,只有界定圣殿边界的“外墙,圣殿本身,和西屋”,有“厚度”。(2)圣殿外墙之厚乃“六肘(约三公尺)”,是与此外墙的高度,完全一样(41:5)。如是比例,不单少见,也给人“不可侵犯”的印象。(3)此一印象,在圣殿建筑的本身,更为明显,因为圣殿本身之墙,不单也厚达六肘,而与之相连的旁屋之墙,也有五肘的厚度(比旁屋内部之四肘还占去了更多的空间)。③ 换句话说,若从圣殿50肘的横切面来看,其中有22肘的空间,就被墙给占用了。

综上所述,启示录本身的资料,以及本段经文的旧约背景,都显示约翰的“144肘”所指,应是墙的厚度。但不论此一数目所指为何,约翰的重点,和“12000浔”一样,应在“144”的象征意义。④ 在“12支派之名在城门上,而羔羊12使徒之名在根基上”的设计中(21:12,14),此一“数目”其实已经隐含在其中,因为“144”正等于“12×12”。因此借着“城墙(=城的外郭=城)”之厚有“144肘”的论述,约翰就再次显明,永世教会乃由(1)那些承认耶稣为弥赛亚的犹太人,和(2)那些因着相信耶稣而照样成为亚伯拉罕后裔的外邦人,所共同组成。此一数目和7:4-17中的144,000人之间(亦参,14:1-5),有着1000倍的差异,但其含义却是相同的;因为他们虽然分属不同

① Stuart, *Apocalypse II*, 882; Swete, *Revelation*, 289; Roloff, *Revelation*, 243; Beale, *Revelation*, 1076-77.

② Beckwith, *Apocalypse*, 761; Thomas, *Revelation* 8-22, 468; Aune, *Revelation* 17-22, 1162; Osborne, *Revelation*, 753.

③ 相关建筑物的图示,见 D. I. Block, *Ezekiel* 25-48, 508;541。

④ Mounce, *Revelation*, 381; Beale, *Revelation*, 1076; Osborne, *Revelation*, 753-54.

的世代(现今和永世),但他们却都属羔羊(7:13,17;14:1,4;21:14,22;22:1)。①

"144 肘"的象征含义已相当清楚了,但为何约翰又要说,144 肘乃"按着人的尺寸,就是天使的尺寸"?② 对这个令人有些困惑的说明,学界提出了几个不同的解释:③(1)由于 144 肘(城墙之厚度或是高度)和 12000 浔之间完全不成比例,因此约翰在此就借着"天使的尺寸"(天使比人高大),来显示 144 肘可能比实际的数值要长了许多。(2)"肘"乃手肘到指尖的长度,因此这个单位乃是属人的;但由于此一丈量的动作乃是天使所为,所以在经文中,我们就有了这两句话(以"就是天使所用的"之方式来理解第二句话)。④ (3)由于 144 肘的本身具有象征意义,因此为显明此一角度的真理,约翰就借着"天使的尺寸",来显明"144 肘(按着人的尺寸)"是不能依其字面意义来理解的。⑤ 换句话说,"人的尺寸 = 天使的尺寸"乃约翰为其读者所放下的释经线索。(4)在约翰所暗引的以西结异象中,丈量圣殿和圣城的,乃是一个"颜色(原文作"形状")如铜"的人(结 40:3)。但此人究竟是谁呢?先知并没有告诉我们,但借着"人的尺寸 = 天使的尺寸",约翰不单带我们回到了以西结书中,更藉之解释了"此人是谁"的问题。⑥

在这四个见解中,第一个是以"字面含义"来理解经文时,才必须要有的解释。但我们在前面已经指出,数目在启示录中,多具有象征意义,因此这个见解其实是没有必要的。第二个见解,则有着简单明白的优势,特别是在第三个见解的对照之下;因为后者的确给人"将过多意思读进经文"的印象。至于第四个见解,则有着从旧约背景而来的支持,但约翰是否在此意欲对其所暗引旧约经文的细节,提出如是叫人几乎无法察觉的批注,则不能完全确定。就我们所知,约翰所关切的,多在那些关乎神永恒计划的人事物,例如,神的百姓如何由以色列一族,成为"各民各族各方各个的国度";而如是变化又要如何达成(藉着羔羊)等等,因此对"人或天使丈量圣城"的细节问题,约翰恐怕没有太大兴趣。

---

① 1000 倍的差异(10^3),恐怕是约翰为了要显示那在今世以受苦为兵器的羔羊之军(教会),所拥有垂直属天之身份而产生的。

② "尺寸"在后一个句子中并无出现,但此乃省略语法,因此其含义是"天使的尺寸"。

③ 学界意见之归纳多由 Aune(*Revelation* 17-22,1163)而来,但笔者亦在其上加入了更多的资料。

④ 参,思高圣经和新译本的翻译,以及 Swete, *Revelation*, 290; Beckwith, *Apocalypse*, 761; Osborne, *Revelation*, 754。

⑤ M. Topham 因此就主张,"144"乃是"神子(בן אלוהים = 40 + 10 + 5 + 6 + 30 + 1 + 50 + 2)"的数值;而在启示录中,它乃是与 13:18 中"兽的数目 666",彼此相对('A Human Being's Measurement, Which is an Angel's,' *ExpT* 100[1989],217)。R. Bauckham 亦持类似见解:当人(罗马皇帝)降到了兽的地位时,他的数目就是 666;而若人被提升至天使的位置,他就有了"12 平方"的数目了(*The Climax*, 399)。类似的见解,亦参,Beale, *Revelation*, 1077-78。

⑥ J. M. Vogelgesang, The Interpretation, 61,96-97.

对这半节经文的确切含义和作用,我们也许无法完全确定,但就整体而言,约翰借着"12000 浔"和"144 肘"所要传达的信息,却十分明确。在这两个数值中,永世教会的出现,不单显示了神应许已然成就(12 支派 +12 使徒),也在新天新地中,臻于完全(12×10^3)";因为所有属羔羊,名字记载在生命册上的人,都已成为永世圣城的一部分。

21:18 墙以碧玉为材;城是纯金的,如同纯净的水晶(καὶ ἡ ἐνδώμησις τοῦ τείχους αὐτῆς ἴασπις καὶ ἡ πόλις χρυσίον καθαρὸν ὅμοιον ὑάλῳ καθαρῷ)

就"族群"而言,新耶路撒冷乃由"以色列 + 列国"所组成(144),因此就数量而论,她就有了"12000 浔"的长宽高。但永世中的耶路撒冷城,并不只有"多族和大量"而已。由是从本节经文开始,约翰借着"耶路撒冷的建材",显示了她的另一个面向:荣耀。

"墙以碧玉为材"是约翰对此永世圣城的第一个描述。① 在 21:11 那里,约翰已经以"明如水晶之碧玉"的语句,来论述此城之荣耀了;而在那里我们也已经提及,以"明如水晶之碧玉"为喻,乃是要显示"此圣城之光辉乃神荣耀之反映",因为在启示录 4:3 中,那在天庭中坐着为王的父神,其荣耀形象只能以"碧玉和红宝石"来比拟。换句话说,在论及新耶路撒冷的建材之始,约翰不单借着"以碧玉为材",来确认她和父神之关系,也借着如是联系,来显示她的美丽和荣耀,乃出自神。

若"碧玉"指向圣城和神之间的关系,那么"纯金之城"的意思又是什么呢?而约翰为何又要以"如纯净的水晶",来描述"纯金"呢?在神向摩西所颁布的律法里面,会幕中的约柜,陈设桌和灯台,以及祭司所穿戴的胸牌以弗得等等,都必须以纯金来包裹或是打造;②而所罗门所建立的圣殿中,至圣所和祭坛都以纯金包裹(王上 6:20 -21),因此有学者主张,约翰在此对永世圣城的描述,是这些传统的反映。③ 此说十分可能,因为在众多的金属之中,金乃最贵重的,也只用在那些与神有直接关系的

---

① "材料(ἐνδώμησις)"所指的可以是"内部结构"或是"嵌进去之物"(Mounce, *Revelation*, 381),因此碧玉可能只是如磁砖般的,浮贴在城墙之上。但在论及"建材"的文脉中(21:18 - 21),以"材料"来理解此一语词是十分合理的;参,LSJ, 260; Louw-Nida, § 7.77; BAGD, 264; Osborne, *Revelation*, 755。

② 出 25:11,24,28 - 29,31,36,38;28:13,14,22,26。

③ Swete, *Revelation*, 290; S. M. Park, More than a Regained Eden. Ph. D. Diss. (Trinity Evangelical Divinity School, 1995),214 - 15; Beale, *Revelation*, 1079. 希律所建造的圣殿,其中有些部分也以金覆之(Jos. *J. W.* 5.201,205,207 - 8; *m. Mid.* 2:3; Aune, *Revelation* 17 - 22,1164),但约翰是否以此为本,我们不得而知。若从下两节经文(12 样宝石)和祭司胸牌(出 28:17 - 20)之间的关系来看,约翰在此以出埃及记为本的可能性最高。

人事物之上（至圣所，其中的物件和祭司）；①而在本段经文中，新耶路撒冷也正是神直接显现的所在（21:3,22;22:1－2）。换句话说，借着“城是纯金的”，约翰就彰显了新耶路撒冷乃属神的，是与神有直接关联的特色。

但建构此城之金，又为何是“纯净如水晶”的呢？在前面论及神和新耶路撒冷（永世教会）之间的关系时（21:11），约翰已经以“明如水晶之碧玉”的方式，来表明她所能发出的光辉，乃是神荣耀的反映，因此对“纯金”的形容，也应是如此。② 事实上，如是画面和描述，也将要在 21:21 中再次出现，因为永世圣城中的“黄金街”，也有如“透明的玻璃”。从此角度观之，约翰在三番两次的以“碧玉或是黄金”来描写新耶路撒冷城的荣耀时，他总不忘记在其上加上“明如水晶”之类的描述；而其目的，恐怕是要凸显她的光辉荣耀地位，乃本于神。一言以蔽之，永世中的圣城教会容或有如高挂星空中的皎洁明月，但其光辉，却都只能是太阳大光的反映而已；她或许是将来世代中的唯一女主角，但她所拥有的一切璀璨妆扮，却都是来自于神。

21:19－20 城墙的根基是以各样宝石为妆饰的：第一根基是碧玉；第二是蓝宝石；第三是绿玛瑙；第四是绿宝石；[20]第五是红玛瑙；第六是红宝石；第七是黄璧玺；第八是水苍玉；第九是红璧玺；第十是翡翠；第十一是紫玛瑙；第十二是紫晶（οἱ θεμέλιοι τοῦ τείχους τῆς πόλεως παντὶ λίθῳ τιμίῳ κεκοσμημένοι· ὁ θεμέλιος ὁ πρῶτος ἴασπις, ὁ δεύτερος σάπφιρος, ὁ τρίτος χαλκηδών, ὁ τέταρτος σμάραγδος, [20]ὁ πέμπτος σαρδόνυξ, ὁ ἕκτος σάρδιον, ὁ ἕβδομος χρυσόλιθος, ὁ ὄγδοος βήρυλλος, ὁ ἔνατος τοπάζιον, ὁ δέκατος χρυσόπρασος, ὁ ἑνδέκατος ὑάκινθος, ὁ δωδέκατος ἀμέθυστος）

借着“碧玉和纯金”，约翰在上节经文中已经告诉我们，他对新耶路撒冷之荣耀的整体印象，而从本节经文开始，他则是对此荣耀之城，有更详细的描述。在论及“圣城结构”时，约翰的顺序是“城门—城墙根基”（21:12－14），而在此“圣城建材”的段落中，他的顺序则是“城墙根基—城门”（21:19－20,21）；因此借着顺序的对调，约翰就让此描述圣城的段落（21:12－21），有了“城门/城墙根基（圣城结构）—圣城尺寸—城墙根基/城门（圣城建材）”的文学形式。③ 而如是工整对称的文学形式，和此城本身的完美对称（立方体，城墙厚 144［12×12］肘等等），彼此呼应，因此也就更加深了人对此城平衡完美的印象。

事实上，此一“平衡对称”的现象，也在那建构城墙 12 根基的宝石排列顺序中，显

① J. I. Durham, *Exodus*, 354；赖建国，《出埃及记（卷下）》，页 238。

② Stuart, *Apocalypse II*, 379; Hailey, *Revelation*, 412; Beasley-Murray, *Revelation*, 324; Thomas, *Revelation* 8－22, 469; Beale, *Revelation*, 1079; Osborne, *Revelation*, 755.

③ 正如前述，21:11 是本段落的“前言”；在其中约翰点出此城之主要特色，即，荣耀，乃从神而来。

示了出来。怎么说呢?就我们今日所知,这12样宝石的颜色,包含了绿、蓝、红、黄、紫等等,而其价值,也各有差异,但约翰是以这两个原则(颜色和价值),来排列它们的吗?我们无法确定,因为我们现今对古代珠宝的知识,不单远远地不足以让我们做任何合理的判断,甚至连"这些名字所指向的宝石为何"的问题,也不能百分之百地确定。但尽管有这些限制,约翰的"宝石排行榜",却不是随机排列的;因为他的十二样珠宝,有九个是以所谓的"齿擦音(ς/ξ)"为字尾,有三个则是以"鼻音(ν)"为结;①而这三样珠宝正出现在第三、第六和第九的位置。② 因此借着"字型/音韵"的不同,这12样珠宝就可以分为四组了;而如是现象,和"东北南西各有三个城门"的设计,彼此呼应。

但约翰借着这12样珠宝所要表达的是什么呢?对此问题学界提出了许多不同的答案,但我们可以将之化约为两大类。③ 第一,本于埃及和阿拉伯人所留下的铭文,有一位十七世纪的古埃及学者曾经指出(A. Kircher),约翰的12样珠宝所对应的,乃"天道十二宫"的星宿。因此学界中就有人认为,约翰的珠宝表列,乃以此为背景。但由于约翰将这12样珠宝,以相反于12宫的次序来陈列,因此他的目的,在表明永世中的圣城,是与12宫所象征的"神明之城",完全无关。④ 换句话说,约翰的"12珠宝表",带着"护教"之目的。此说有其可能,因为当时的犹太作家斐罗(Philo)和约瑟夫(Josephus)等人,也曾将旧约大祭司胸牌上的12样珠宝,与"天道12宫"连结在一起。⑤ 但此一见解的最大困难在于,这个十七世纪学者所依据的"珠宝星宿对应表",并不见于现存的文献和铭文中,也无法由其中归纳而出,因此这个见解的基础,令人质疑。⑥

---

① ς = s = ㄙ; ξ = ks = ㄎㄙ; ν = n = ㄋ

② 此乃 Farrer 的观察(*Revelation*, 219)。

③ M. Wojciechowski 认为('Apocalypse 21.19 - 20: Des Titres Christologiques cachés dans la Liste des Pierres Précieuses,' *NTS* 33[1987],153 - 54),约翰的12样珠宝乃基督的暗语,因为若将这12样珠宝的第一个字母(第六个除外),依"IC XC CC / XBC / XYA"的方式分组,我们就有了"耶稣基督是救主/基督是王和终点/基督是人子",这三个称号的缩略了。准此,Wojciechowski 之见就不属于下列的两类见解。此主张的困难,不单在它没有将第六样珠宝的头一个字母列入考量,也很主观地将其他11个字母以如上方式分组,因此这个主张,因其给人"揣测过分"的印象,在学界中就没有得着接纳。

④ Charles, *Revelation II*, 167 - 69. 跟随 Charles 之见的学者,不在少数,例如 Kiddle, *Revelation*, 433 - 34; Caird, *Revelation*, 274 - 77; Beasley-Murray, *Revelation*, 324 - 25; Roloff, *Revelation*, 244 等等。但他们或多或少的,都对 Charles 之见做了部分的修正(12珠宝表的目的,或是与大祭司胸牌之间关系等等)。

⑤ 相关文献索引,见 Beale, *Revelation*, 1082。

⑥ 相关讨论,见 T. F. Glasson, 'The Order of Jewels in Revelation XXI. 19 - 20: A Theory Eliminated,' *JTS* 26(1975),95 - 100。

第二,除了从古代星象学来寻找答案之外,学界中也有人从旧约中寻找线索;而其结果,则有两个。[①] (1)在论及将来复兴时,先知以赛亚曾说:“受困苦,被风飘荡,不得安慰的啊!你看,我要用彩色的石头安置你的基石,以蓝宝石奠定你的根基;又用红宝石做你的城楼,用红玉做你的城门,用各种宝石造你四周的围墙”(新译本;赛54:11－12)。在此经文中,那受困苦的,乃经历被掳之苦的“耶路撒冷/锡安(以色列人之喻)”,[②]因此她将来的复兴,就是根基,城墙,城楼和外墙(护卫墙)的重建了。但为了显示将来复兴的美善和完全,先知就以各样宝石,取代石头而作为重建的材料。和此处启示录的经文相较,这两节经文不单在主题上(耶路撒冷城的复兴),互相对应,也在城门,城墙,根基,和“以各样宝石为建材”的部分,彼此呼应。不单如此,在这两节经文的前面(赛54:1－10),先知也以“丈夫(耶和华神)重新接纳的妻子(以色列百姓)”,来比喻将来的复兴;而此譬喻,也在启示录前文中出现(19:7－8;21:2,9)。因此本于文脉逻辑和主题的联系,学界中就有人主张,此处启示录经文乃以这段以赛亚经文为背景。[③] 而若从此背景来看,约翰让12样宝石成为城墙根基的目的,在显示永世教会因神同在而有的“安全”,或是“美丽和荣耀”。

(2)除了以赛亚书之外,许多释经者也指出,站在约翰之12样珠宝背后的,是“大祭司的胸牌”,因为在其上所镶着的,也是12颗宝石(出28:17－20;39:10－13)。为方便说明起见,我们将启示录和出埃及记的12样宝石排列如下:

新耶路撒冷城墙的12根基			**大祭司胸牌上的12样宝石**			
次序	中文翻译	希腊文	次序	中文翻译	七十士译本	希伯来文
1	碧玉	ἴασπις	6	红宝石	σάρδιον	אֹדֶם
2	蓝宝石	σάπφιρος	9	红璧玺	τοπάζιον	פִּטְדָה
3	绿玛瑙	χαλκηδών	4	红玉	σμάραγδος	בָּרֶקֶת
4	绿宝石	σμάραγδος		绿宝石	ἄνθραξ	נֹפֶךְ
5	红玛瑙	σαρδόνυξ	2	蓝宝石	σάπφειρος	סַפִּיר

① 除了下列的两处旧约之外,以西结书28:18－21也曾被人认为是此处启示录经文的旧约背景之一。但就主题而论,启示录的“耶路撒冷的复兴”,和以西结书的“推罗王受审判”之间,委实有着不小的差距,因此我们就不将这个建议列入考量了。对此问题有兴趣的读者,可见Beale, *Revelation*, 1087－88。

② J. A. Motyer, *The Prophecy of Isaiah*, 444.

③ J. Fekkes, *Isaiah and Prophetic Traditions in the Book of Revelation*, 238－53; S－J. T. Wu(吴献章), A Literary Study of Isaiah 63－65 and Its Echo in Revelation 17－22, 266－70; Beale, *Revelation*, 1082－85。

续 表

新耶路撒冷城墙的12根基			大祭司胸牌上的12样宝石			
次序	中文翻译	希腊文	次序	中文翻译	七十士译本	希伯来文
6	红宝石	σάρδιον	1	金钢石	ἴασπις	יָהֲלֹם
7	黄璧玺	χρυσόλιθος		紫玛瑙	λιγύριον	לֶשֶׁם
8	水苍玉	βήρυλλος		白玛瑙	ἀχάτης	שְׁבוֹ
9	红璧玺	τοπάζιον	12	紫晶	ἀμέθυστος	אַחְלָמָה
10	翡翠	χρυσόπρασος	7	水苍玉	χρυσόλιθος	תַּרְשִׁישׁ
11	紫玛瑙	ὑάκινθος	8	红玛瑙	βηρύλλιον	שֹׁהַם
12	紫晶	ἀμέθυστος		碧玉	ὀνύχιον	יָשְׁפֵה

从七十士译本和启示录的对照中可知,约翰和摩西的宝石表列,除了有8样是相同的之外,其余的4个,以及宝石排列顺序,都不一样。因此从表面上看起来,这两者之间似乎没有太大的关联,但情况可能不是那么简单。

第一,由于约翰在暗引旧约之时,并不依据七十士译本,而是以希伯来经文为准,①因此那四个不在七十士译本中的宝石,可能是约翰自行由希伯来文旧约翻译而来。②

第二,单就这两个表列来看,其中宝石的次序的确不同,但此差异恐怕没有那么重要,因为与约翰同时代的犹太史学家约瑟夫(Josephus),在两次提及大祭司胸牌时,也给了我们两个次序不同的"宝石表"。③

第三,在出埃及记的文脉中,胸牌制作蓝图(出28:15－30)乃跟在"约柜,陈设桌,和灯台蓝图"之后(出25:10－40);而这些物件,乃以精金为材料。与此相较,约翰在启示录中,也先论及"城乃纯金的"(21:18),而后才给了我们这12样宝石;因此就文脉顺序而言,这两段经文也彼此对应。

第四,在前面我们已经指出,启示录的12样珠宝,因着第三、第六和第九样宝石,都以"鼻音字母(ν)"为结,因此它们就以四组的方式出现了。而此"分组手法",也在出埃及记的经文中现身:在大祭司之胸牌上,位居第三、第六和第九的"红玉,金钢石

① 相关讨论,见导论"在启示录中的旧约"。

② Caird, *Revelation*, 274－75; Beale, *Revelation*, 1080; Osborne, *Revelation*, 757.

③ *J. W.* 5.5.7; *Ant.* 3.7.5.资料出处,W. W. Reader, 'The Twelve Jewels of Revelation 21:19－2: Tradition History and Modern Interpretations,' *JBL* 100(1981),433－457。有关这个问题的讨论,亦见U. Jart, 'The Precious Stones in the Revelation of St. John xxi. 18－21,' *ST*(1970),150－81; Beale, *Revelation*, 1080－88。

和紫晶”，在希伯来文中是“三音节的字”；而其余九个珠宝，都是“两音节”的；①因此这两个宝石表，在“以音韵作为分组方式”的部分，也彼此呼应。就我们今日所知，在诸多论及珠宝的希腊文献中，没有任何一个以“音韵”作为排列原则的，因此如是对应，在确定“启示录和出埃及记之间是否有关联”的问题上，恐怕具有“棺盖论定”的重量和意义。

但“大祭司胸牌”的背景，对理解启示录又有什么意义呢？在出埃及记中，“胸牌上的12样珠宝”，乃“12支派的代表”，因为在其上，刻着以色列12支派的名字（出28:21,29）；而此胸牌，乃穿戴在大祭司的身上。因此当约翰将此象征旧约百姓的胸牌，与那名字亦刻在城墙根基之上的“羔羊12使徒”连结在一起时，他不单把“新约圣徒”也包括在“属神百姓”的范围之内，更将那原本只有大祭司才享有的特权，即，进到至圣所中服事神，扩大为“万民皆祭司”了。因着12使徒所传扬的福音（羔羊所见证之神的道），所有属羔羊的，所有被祂的血所买赎回来的人，都要成为事奉神的祭司，因为祂为父神所建立的，乃是一个祭司国度（启1:5－6;5:9－10）。在将来的世代中，新耶路撒冷城（永世教会）将要因着神和羔羊的居住其间（21:3,22;22:1－2），而成为至圣所；而如是真理，也早已隐藏在她有着相同长宽高（立方体）的画面中了（21:16）。

但约翰在此究竟是以出埃及记，还是以先知以赛亚书的预言为蓝本的呢？在犹太人的传统中，先知以赛亚之预言所指的，乃以色列人。举例来说，对主前第二世纪的昆兰团体而言，以赛亚书54:11－12中的“彩色的石头”，乃以色列民族；“蓝宝石的根基”则是神所拣选的会众；“红宝石的城楼”乃12个祭司；而“红玉的城门”则是以色列12支派的领袖。但如是理解的根据何在？乃因出埃及记中，大祭司胸牌上的12样宝石，是“以色列民”的象征。② 换句话说，因着“宝石＝人”，这两段经文就被连结在一起了；而前者（胸牌）就成了后者的解释线索。因此从这个角度来看，站在启示录12样宝石背后的，同时有这两段旧约经文。

但约翰和昆兰团体对这两段经文的理解，是一样的吗？对昆兰团体而言，先知有关耶路撒冷复兴的预言，依旧是关乎以色列一族的；但约翰的新耶路撒冷，却是“万民皆祭司”的；而此变化，乃因羔羊所为。但如是变化，只因耶稣曾拣选了12个使徒，并借着他们建立了教会吗？的确，但在约翰也同时暗引了的以赛亚书中，耶路撒冷之所

---

① W. W. Reader 指出，此乃 B. Beit-Hallahmi 所观察到的（‘The Twelve Jewels of Revelation 21:19－20: Tradition History and Modern Interpretations,’ *JBL* 100［1981］,437, note 8；亦参，页455中的脚注56）。

② Beale, *Revelation*, 1085. 相关讨论，亦见21:12－14的注释。

以可能复兴,乃因耶和华的仆人所为(赛53)。① 学界对此受苦仆人是谁的问题,有许多辩论,但在新约中,他乃基督。② 换句话说,约翰和昆兰团体之间的差异,在于约翰有从羊羔而来的启示(参,启示录的起首语——耶稣基督的启示)。而本于此,他就可以将大祭司胸牌上的12样宝石,和那似乎毫不相干的"羔羊12使徒"连结在一起;因为借着"受苦的仆人",神透过先知所发的预言,就要应验;而在新天新地中,属祂的百姓,也就要像旧约中的大祭司那样,在永世中的至圣所里面(新耶路撒冷),服事敬拜神。

在启示录中,能和新耶路撒冷一样以黄金,宝石和珍珠为妆饰的,只有大淫妇巴比伦(启17:4)。但她拥有这些金银珠宝的目的,只为迷惑列国,好叫他们敬拜她和站在她背后的红龙撒但。与此相较,新耶路撒冷的黄金,虽然珍贵,但它只显示她是神荣耀的反映(明如水晶/玻璃);而新耶路撒冷的宝石和珍珠,③虽然耀眼,但它们只显示"教会乃事奉神的祭司群体"。以黄金、宝石和珍珠来建构"人之城"的巴比伦,虽然看来十分美丽迷人,但最终她却要面对神的审判(启18);但被世人视为"万物中的渣滓"(林前4:13),并为了信仰而饱受逼迫的教会,却要在神之城中,成为站立在神面前,永远服事祂的"12样珠宝"。

21:21 十二个门是十二颗珍珠;每个门是一颗珍珠。城内的街道是纯金的,好像明透的玻璃(καὶ οἱ δώδεκα πυλῶνες δώδεκα μαργαρῖται, ἀνὰ εἷς ἕκαστος τῶν πυλώνων ἦν ἐξ ἑνὸς μαργαρίτου. καὶ ἡ πλατεῖα τῆς πόλεως χρυσίον καθαρὸν ὡς ὕαλος διαυγής)

当约翰以"12样宝石"来描述城墙根基之后(21:19-20),他在此以"珍珠"作为12城门的建材,就让新耶路撒冷城的两个主要结构(城墙和城门),有了文学上的平衡。但此"珍珠门"的含义是什么呢? 在18:12-13中的"货物清单"中,珍珠也名列宝石之后;而在那里我们也已经指出,在第一世纪的当下,珍珠的价值,只次于钻石;而那最大最完美的珍珠,其价格更高过任何的珠宝。④ 因此在耶稣"天国有如人寻找珍珠"的比喻中,我们自然就要看见那个买卖珍珠的商人,在寻见了一颗上好的珍珠(天国)之时,就变卖了他一切所有的,去买了那颗珠子(太13:45-46)。⑤ 从此背景

---

① 有关以赛亚书53章和54章之间关系的讨论,见J. A. Motyer, *The Prophecy of Isaiah*, 449-52; J. N. Oswalt, *The Book of Isaiah* 40-66, 427-32。亦参, J. F. A. Sawyer, 'Daughter of Zion and Servant of the Lord in Isaiah: A Comparison,' *JSOT* 44(1989), 89-107。

② 例如,太8:17;12:18-21;27:57-66;路22:37;24:26; 徒8:32; 彼前2:22-25。

③ 有关珍珠门的讨论,见下节经文的注释。

④ R. Bauckham, *The Climax*, 353. 亦参Pliny所说:就价格而论,在所有的东西中,珍珠独占鳌头(*H. N.* 9.54[106])。

⑤ 罗马攻打并征服英国的原因之一,也因罗马人听说英国有采珠的行业(Thomas, *Revelation* 8-22, 473)。

来看,“珍珠门”的含义,就具有“贵重”的意义了。也就是说,在永世中,其名篆刻在城门之上的以色列 12 支派,也和“新约子民 = 12 个使徒 = 12 样珠宝”一样,有着荣耀尊贵的地位。

但约翰为何要将“珍珠”和以色列 12 支派连结在一起呢? 从大祭司胸牌的旧约背景来看(出 28:17－20;39:10－13),“12 样宝石”和以色列人的关联,要比“12 使徒”更为直接;但在前面两节经文的注释中我们已经指出,因着羔羊的救赎,万民皆已成为事奉神的祭司,因此约翰就将“12 宝石”和“羔羊 12 使徒”,藉城墙根基而结合在一起了。准此,我们在此的问题是,当“12 样宝石”被“移作他用”之后,约翰为何要以“珍珠”取而代之? 珍珠在第一世纪中的贵重,当然是其原因;但在当时犹太人的观念中,隐隐含光的“贵重珍珠”,乃天上之光的象征。由是他们认为在鱼腹中的约拿,就是以珍珠之光来照明的,而在“亚伯拉罕的城中”,珍珠甚至取代了太阳和月亮,成为该城的光源。① 在一切东西,像是碧玉和黄金,都可以如水晶般反映神荣耀的上下文中,此一“珍珠发光”的背景,似乎颇能回答我们的问题。此其一。

第二,在约翰所暗引的以赛亚书中,复兴的耶路撒冷城,其城门乃以“红玉(לְאַבְנֵי אֶקְדָּח[石头])”为建材(赛 54:12)。但此“红玉”所指的,究竟是什么呢? 若以希伯来文的“光照(קדח)”为“אֶקְדָּח”一字的根源,那么“发光的石头”就可以译为“红玉”或是“蓝宝石”了。但若以亚兰文的“钻孔(קדח)”为“אֶקְדָּח”的字根,那么此一建材就可以是“钻了孔的石头”;而在第一世纪的背景中,此一建材也就可以等于珍珠了(钻了孔好串成项链)。事实上,在解释以赛亚书 54:12 时,犹太人就以珍珠来理解“红玉”了。举例来说,拉比约哈难(Johanan)就曾说,在末日神要以 30 × 30 肘之珍珠,来建造耶路撒冷的城门,并要在其上切出一个 10 × 20 肘的洞作为出入口(*b. B. Bat.* 75a = *b. Sanh.* 100a)。② 因此若参照此传统,约翰的“珍珠门”应是从以赛亚书而来的。就接近度而言,约翰的“珍珠门”,是比较靠近犹太人对以赛亚书 54 章之理解的;因此“珍珠门”显示,复兴了的以色列(在羔羊 12 使徒根基之上的),在神的眼中,将要有尊贵的地位。

约翰对新耶路撒冷之建材的描述,以“城内的街道是纯金的,好像明透的玻璃”作为结束。在 21:18 节那里,也就是“圣城建材”段落之始(21:18－21),约翰已经告诉我们,永世圣城乃“黄金城”;而在 21:11 那里,也就是“圣城构造”的段落之始(21:11－21),他也曾以“明如水晶”之语来描述碧玉;因此借着“黄金街”和“好像透明的

---

① 资料出处,E. Burrows, ‘The Pearl in the Apocalypse,’ *JTS* 43(1942),177－79。

② 上述资料出处,J. Fekkes, *Isaiah and Prophetic Traditions in the Book of Revelation*, 242－44。亦参,上注中 E. Burrows 的文章。

玻璃”之语句,他就分别为“圣城建材”和“圣城构造”,这两个一小一大的段落,创造了“前呼后应(inclusion)”的文学效果。

正如“碧玉明如水晶”(21:11),“黄金如同透明玻璃”的论述,其目的在强调永世圣城的光辉,只能是神荣耀的反映;但就约翰将“黄金城”(21:18)变更为“黄金街”的手法而论,他恐怕是要让此段落和两个见证人的异象,产生对比。怎么说呢?在11:8那里,约翰借着“两个见证人死在大街上”的画面,显示教会要在这个世界中,公开地被羞辱,甚至经历殉道之事。但在这个段落中,那曾经历苦难逼迫的教会,却成了“永世圣城”,而其“街道/大街”,①却是纯金所造。不单如此,在几节经文之后约翰还要告诉我们(22:1),在此城大街之中所流的,是从神和羔羊宝座而出的生命河。因此在如是对比之中,“圣徒之死是极其宝贵的”,“受苦乃得荣耀之途”,或是“死亡乃新生之始”的真理,就有了间接的阐明。②

21:22　我未见城内有殿,因主神全能者和羔羊,为城的殿(Καὶ ναὸν οὐκ εἶδον ἐν αὐτῇ, ὁ γὰρ κύριος ὁ θεὸς ὁ παντοκράτωρ ναὸς αὐτῆς ἐστιν καὶ τὸ ἀρνίον)

借着新耶路撒冷的构造(21:11－21),约翰不单清楚显示此一永世圣城是由哪些人所组成的,他也明白地告诉我们,他们要在将来的世代中,成为祭司。但单有祭司还不足以建构一个祭司国度,因此在本节经文,他们所要事奉的对象,自然就要出现了。正如前述(经文结构和形式),从本节经文开始一直到这章经文的结束,是关乎永世圣城的第一个特色,那就是,新神的国。而为显示此一神国之“新”,约翰在这段经文中,正如他在21:4所为,就以“旧世界之物不再出现”的反面表述方式(21:22,23,25,27),来论述新的神国。③ 新的神国是百分之百属神的,因此她和神的关系就成为本节经文和下节经文的主题;但新的神国之所以是新的,也在她与列国之间,有了和从前不一样的关系,因此在24－27节中,约翰也就针对此一差异,多所着墨。

但约翰为何要以“我未见城内有殿”,作为此一新神国段落的开场白呢?在启示录中,约翰总是以“我看见”作为他所见异象的起首语,因此这里的“我未看见”就显得十分特别了。不单如此,他在此也特别点名,他所没有看见的,乃是“圣

---

① 单数的“街道(ἡ πλατεῖα)”可以是“多数的集合”,因此就指向“城中所有的街道”,但在11:8那里我们已经晓得,此一语词指向“城的最宽阔之处＝广场”。亦参,Aune, *Revelation* 17－22, 1166; Mounce, *Revelation*, 383, note 47。

② Beale, *Revelation*, 1089; Osborne, *Revelation*, 759.在启示录中,“街道(ἡ πλατεῖα)”一词只出现在这三处经文中,因此我们有足够的理由,让它们彼此参照。

③ Osborne, *Revelation*, 759.

殿”，①因此约翰在此所要强调的是，他所看见的，乃是一个“无圣殿在其内的新耶路撒冷”。

但为何他要强调此一特色呢？在旧约关乎未来的预言中，除了极少数的经文之外（详下），新耶路撒冷城的复兴和重建，总是包括了圣殿；②而当时的犹太人，也持相同见解。③ 因此约翰的“新耶路撒冷无圣殿论”，是否显示他和“反圣殿”的昆兰团体（见21:12－14的注释），④站在同一阵线？更有甚者，有些学者本着耶稣“圣殿将要被拆毁”的言论（太21:12－13＝可11:15－19＝路19:45－48），并从司提反因着“神不住人手所造之殿”的言论而被杀害的历史事件（徒7:48－51），推论出“初代教会有反圣殿倾向”的结论；因此约翰的“无圣殿论”，是否也是此一倾向的反映？⑤ 应该不是，因为在启示录的一开始，约翰就以圣殿物件之一——金灯台，作为教会的象征（1:12）；而在七封书信中，也以“成为圣殿”作为得胜者的奖赏（启3:12）。⑥ 再者，在这个段落中，他也先让圣城以至圣所的形态出现（立方体；21:16）；而后更是不厌其烦的，将大祭司之胸牌（圣殿的物件之一）和“12使徒”连结在一起（21:19－20）。因此单就这些例子，就足以显示约翰并不真的有“反圣殿”的情结。毕竟圣殿乃神所设立，是祂与人同在和同住的象征。

那么约翰借着“无圣殿的新耶路撒冷城”，所要表明的是什么呢？而此概念，又是从何而来？在论及未来复兴时，神曾藉先知耶利米之口说：“当那些日子，人必不再提说耶和华的约柜，不追想、不记念、不觉缺少、也不再制造。那时，人必称耶路撒冷为耶和华的宝座；万国必到耶路撒冷，在耶和华立名的地方聚集”（耶3:16b－17a）。因此这段经文显示，以约柜为核心的以色列信仰，在将来的复兴中，将要发生改变。在其时，整个耶路撒冷城，要如约柜般的，成为神的宝座；而此复兴之耶路撒冷城，也要如约柜之于以色列般的，成为整个世界的“约柜”。⑦ 就我们所关心的议题而言，此一经文暗示，圣殿将不再重建（约柜不再），因此学界中就有人认为，约翰的“无圣殿论”

---

① “圣殿（ναὸν）”在“我未看见（οὐκ εἶδον）”之前的句型，显示约翰所要强调的是什么。

② 参，赛2:2－3；44:28；56:5－7；60:7；66:6，20；耶33:11；结40－48；珥3:18；弥4:1－2；该2:7，9；亚1:16；4:7－9；6:12－15；8:9；14:20－21；玛3:1。

③ 参，禧年书1:17－29；以诺一书90:28－29；多比传13:13－18；14:5；利未遗训18:6；便雅悯遗训9:2；西卜神谕篇3:286－94；以赛亚他尔根53:5；撒迦利亚他尔根6:12－15（资料出处，Beale, *Revelation*, 1092）。

④ 昆兰团体虽然对当代的圣殿（特别是祭司体系）采取了一个敌对的立场，但耶路撒冷城依旧在他们关乎未来的盼望中，扮演着一个重要的角色。

⑤ Aune, *Revelation* 17－22，1166。圣殿已无或是将无存在必要的主张，也分别在希伯来书9:1－28和约翰福音4:21－24中出现。

⑥ 在约柜中的“吗哪”，也是人子应许要给得胜者的奖赏之一（2:17）。

⑦ J. A. Thompson, *Jeremiah*, 202－03; Craigie, Kelley and Drinkard, *Jeremiah* 1－25，60－61.

乃以此经文为背景。① 此说有其可能,而若我们考量两节经文之后的“列国和地上的君王”(启 21:24),和此处“万国要在耶路撒冷聚集”之间的呼应,这个见解的可能性就更高了。但就“圣殿不再”的论述而言,此一经文只给了我们一个暗示而已。

在旧约中,“圣城无圣殿”的另一个可能的出处,乃以西结书 40 – 48。此段旧约经文对启示录“新耶路撒冷异象”的影响,已在 21:12 – 14 的注释中,有了清楚的交代,因此我们就不再重复了。从这段旧约经文来看,先知的确花了大量的篇幅,来描述圣殿要如何重建(结 40:1 – 44:5),而祭司制度和献祭之事,又要如何的进行(44:6 – 31;46:1 – 24)。但此一复兴异象的特别之处,在它清楚地将圣殿从耶路撒冷城中,区隔了出来(见图示)。

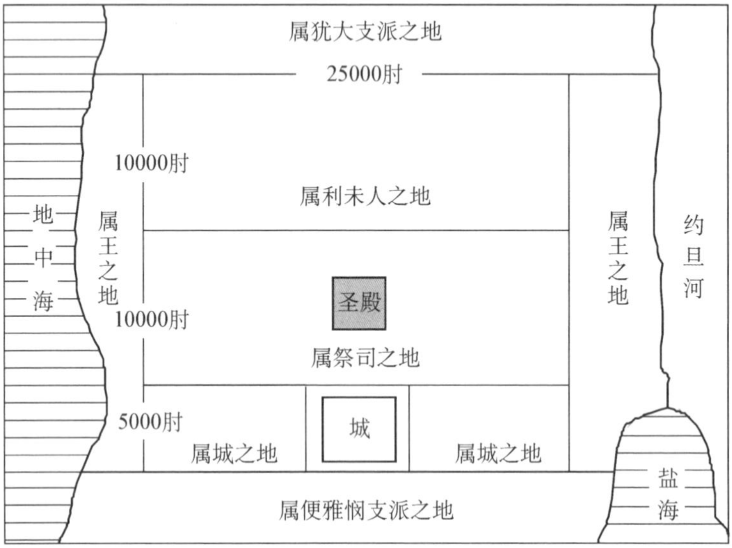

圣供地

但何以致之?乃因过去的圣殿,因着位在耶路撒冷城中,而被各样偶像崇拜的活动,以及君王的葬尸其间(政治中心)所污染了(结 43:6 – 9;亦参,结 8 – 11)。因此为了要“更正过去的错误”,并不让此事再度发生,在此复兴的异象中,圣殿就不再与耶路撒冷城有任何关联,而要从坐落在“属祭司之地”的中间。② 但是当先知将那象征神同在的圣殿,从耶路撒冷城中移出来之后,是否就意味着神将不再与祂的百姓同在了呢?当然不,因为就在这个复兴异象的最后,神藉先知之口,清楚明白地告诉以色列人,这个代表以色列百姓的新耶路撒冷,将要有一个新的名字:“耶和华的所在”

① Aune, *Revelation* 17 – 22, 1167; Beale, *Revelation*, 1090 – 91; Osborne, *Revelation*, 760.

② 有关此复兴异象所具有“更正过去错误”之特色的分析,见 R. M. Hals, *Ezekiel*, 344 – 45。

(יְהוָה שָׁמָּה;结48:35)。换句话说,将来复兴的以色列国,将会是一个以神为中心的神权国度,因为圣殿乃坐落在整个圣供地的中间;但和先前的以色列国所不同的是,神要亲自与祂的子民同在。

从此旧约背景来看,启示录的“无圣殿之耶路撒冷城”,的确是由以西结书而来,因为(1)和先知的“新耶路撒冷”一样,约翰的圣城也是“属神百姓的象征”(详见21:12－14的注释),而(2)此城的特色,也正是“神直接住在其中”(结48:35;启21:3,22－23;22:1－5)。① 对21世纪的信徒而言,此一新耶路撒冷的特色,因着耳熟能详,有时就变得“稀疏平常”了,但对第一世纪的教会来说,却完全不是如此。在马太福音中,当羔羊耶稣即将诞生之前,神藉天使向约瑟(以及这个世界)所宣告的大好信息是,这个孩子将要被称为“以马内利”——“神与我们同在”(太1:23);而在希伯来书中,祂“降世—受死—升天”的含义,则是替整个人类向神献上了“一次永远赎罪的祭”(来9－10等等)。因此在如是的认知中,约翰在此暗引以西结复兴异象之时,自然就要将那论及圣殿和献祭法规的“长篇大论”(结40－46)给“舍弃”了,而将其焦点,专注在“圣城新耶路撒冷”之上。但此“新圣城”乃神的居所,因此她也就自然要拥有“至圣所/圣殿”的特色了(圣的/属神的＝12样宝石＝立方体)。

但约翰“舍旧圣殿而就新圣城”之变妆工程,其根据何在?或者更准确地说,他是根据什么理由,而将先知所见之“圣殿和圣城”,融合为一个“新耶路撒冷”的呢?和其他新约作者,以及他自己在启示录前面多次所做的一样,约翰在此也点明,永世中的新耶路撒冷之所以会没有“圣殿(旧的/属地的)”,乃因“神和羔羊”已成此一圣城中的圣殿。换句话说,是因着羔羊所为,神藉先知以西结所发的预言,才得以成就。对那被掳于巴比伦的先知以西结而言,复兴的意义是“故土的回归和神国的重建”,但对约翰(以及其他新约作者)而言,羔羊耶稣所要成就的复兴,就不只限于一时一地的以色列;因为神子在十字架上所击败的,乃红龙撒但,因此祂的复兴,不单关乎全人类,也涵盖整个人类的历史。② 从天使向约瑟所做“以马内利”的宣告中,我们晓得先知所见异象,已开始起动;而当圣殿中,区隔圣所和至圣所的幔子,因着耶稣之死而从上到下裂为两半时,③我们也看见这事的进一步发展。但约翰借着“我未见城内有殿,因主神全能者和羔羊,为城的殿”,却也清楚显示,先知所论及的复兴,却要在永世之中,才会完全实现。

---

① 由此观之,Mounce的主张,即,约翰在此暂时脱离了他所暗引的以西结书(*Revelation*, 383),是不正确的。

② 参,启1:5,用祂的血把我们从我们的罪中释放出来。

③ 参,太27:51;可15:38;路23:45;来10:20。

21:23 这城不用日月光照,因有神的荣耀光照着她;又有羔羊为城的灯(καὶ ἡ πόλις οὐ χρείαν ἔχει τοῦ ἡλίου οὐδὲ τῆς σελήνης ἵνα φαίνωσιν αὐτῇ, ἡ γὰρ δόξα τοῦ θεοῦ ἐφώτισεν αὐτήν, καὶ ὁ λύχνος αὐτῆς τὸ ἀρνίον)

在旧约中,不论是在创造世界之时,或是在会幕和圣殿建造完成之际,神的显现,都为世界、会幕和圣殿带来光(创 1:3;出 40:34-38;王上 8:11;代下 5:13-14)。因此当神子耶稣来到世间之时,祂就可以明白地宣告,我是世上的光(约 8:12;亦参,1:4-9);而当圣灵在五旬节降临于耶路撒冷城中之时,如火焰(光)般的舌头,也就要出现在教会降生的那个历史时刻之中了(徒 2:3)。准此,当约翰在上节经文中,借着"圣殿在圣城中"的画面,界定了神和属祂子民的关系之后,"光"的元素,也就自然要成为本节经文的主题了。

就概念而言,上述新旧约事件和经文,都是本节启示录经文的背景;但就接近度而论,以赛亚书 60:19 恐怕才是约翰在此所本的:"日头不再作你白昼的光,月亮也不再发光照耀你;耶和华却要作你永远的光,你的神要成为你的荣耀"(亦参,60:1-2)。① 从上下文来看,这节旧约经文所言,乃锡安/耶路撒冷城(=以色列)将来的复兴,因此在这里我们再一次看见,约翰因着主题的类似,就将分散在旧约各处的相关经文,融合在一起的文学习惯。事实上,此一文学习惯也在接下来的经文中,接二连三的出现,因为在 24-26 节中,约翰还要再次暗引以赛亚书 60:3,5,11 和 13 等等的经文(详下)。

但约翰为何要从此节经文开始暗引以赛亚书呢?在此之前,以及在 22:1 之后(详下),约翰的新耶路撒冷异象,基本上都是以先知以西结的复兴异象为蓝本(结 40-48)。因此我们的问题是,约翰在此引用以赛亚书,其目的何在?在前面我们已经指出,先知以西结的复兴,其性质的确是属灵的,因为其土地规划的方式,旨在表达"神权国度"的概念(详见 21:12-14 的注释)。但不论如是概念如何正确,先知以西结的复兴计划,依旧是以巴勒斯坦一地和以色列一族为其范围。② 但由于约翰在前面已经清楚指出,羔羊所带来的复兴是包括了"各族各方各民各国"(5:9-10),因此

① 此乃学界共识,例如 Swete, *Revelation*, 295; Charles, *Revelation II*, 171; Mounce, *Revelation*, 384; Beasley-Murray, *Revelation*, 327; J. Fekkes, *Isaiah and Prophetic Traditions in the Book of Revelation*, 266-68; S-J. T. Wu(吴献章), A Literary Study of Isaiah 63-65 and Its Echo in Revelation 17-22, 258; Aune, *Revelation* 17-22, 1168-69; Beale, *Revelation*, 1093-94 等等。M. Wilcox 也持相同见解,但他更进一步地指出,约翰的"不用/不需要(οὐ χρείαν ἔχει)"乃是从以赛亚他尔根而来('Tradition and Redaction of Rev 21:9-22:5,' in *L'Apocalypse johannique et l'Apocalyptique dans le Nouveau Testament*, ed. J. Lambrecht[Gembloux: Duculot, 1980], 207-08)。

② 外邦人虽曾出现在此复兴计划中(结 47:21-23),但他们乃附属于以色列 12 支派的。

先知的复兴计划,就有其不足之处了。为了“补强”,也为了完整呈现人子羔羊之救赎的广度,以赛亚书60章的预言,就在这几节启示录经文中出现了;因为从这章旧约经文的一开始,先知就已经明白地指出,神荣耀之光重新照耀的结果,不单是以色列得着复兴(60:1-2),也是“万国要来就你的光,君王要来就你发出的光辉”(赛60:3;亦参先知在60:4-18中对此事的解释和放大)。①

约翰暗引以赛亚书的理由已经十分清楚了,但和他在上节经文中,暗引以西结书之手法一样,他在此也将“羔羊”加入了他所暗引的经文中:“又有羔羊为城的灯”。此一“加增”,当然有高举基督的目的和效果,但若从以赛亚书的文脉来看,此一动作其实一点也不突兀,因为就在此复兴预言之后,先知所给我们的,正是“受膏者职分”的论述:“耶和华用膏膏我,叫我传好信息给谦卑的人……”(赛61:1-3);而此经文,正是耶稣说明祂所要进行之事工时,所引用的旧约(路4:16-20)。换句话说,约翰之所以胆敢将以赛亚之言加以“扩充”,乃因耶稣已经将此经文,应用在祂自己身上了。②

事实上,具有相同见解的,也包括了西面,因为在怀抱着婴孩耶稣时,他向神所发的颂赞正是:“我已经看见你的救恩,就是你在万民面前所预备的;是照亮外邦人的光,又是你民以色列的荣耀”(路2:30-32;亦参,赛60:1-3)。③ 因此从此角度来看,先知的预言,已在耶稣降世之时,开始应验(亦参,太4:16;约1:4-9;3:19-21;8:12;来1:3),但其至终的实现,却要在永世之中,才会完全成就。

但约翰在本节经文中,是否有意暗示,在将来的世界中,日月之光,甚至日月本身都要消失?④ 应该不是。在上节经文中,约翰乃以“旧圣殿不再,神和羔羊为城之殿”的方式,来论述永世中的神人关系;而在本节经文中,他则是以“旧光源不再,神和羔羊为新光源”的方式,再次阐释此一永世中的神人关系。换句话说,这两节经文中的

---

① 有关以赛亚书60章对启示录的影响和贡献,见S-J. T. Wu(吴献章)的分析(A Literary Study of Isaiah 63-65 and Its Echo in Revelation 17-22,272-79)。事实上,约翰之所以会暗引以赛亚书60章,乃因这章经文,总结了并全然专注于先知在前面不断论及之“万民流归耶路撒冷”的主题(参,赛2:2;9:2;18:7;42:6;45:14-24;49:6,23;51:4;亦参,66:23)。

② D. Flusser指出,在一份犹太文献中,会幕中之灯(出27:20),因着以赛亚书60:19和诗篇132:17(为我的受膏者预备明灯),就曾被认为是末日弥赛亚的预表。此一文献在时间上比启示录要晚,但却和此处启示录经文有平行之处,因此Flusser认为,约翰之“羔羊为城之灯”的概念,和这个文献对会幕之灯的见解,有可能是来自同一个传统(‘No Temple in the City,’ in *Judaism and the Origins of Christianity* [Jerusalem: Magnes, 1988],454-65)。此说有其可能,但我们在此的分析显示,约翰并不需要诗篇132:17,就可以从耶稣曾引用以赛亚书60:1-3的历史中,得着如是概念。

③ I. H. Marshall, *The Gospel of Luke*, 121; J. Nolland, *Luke* 1-9:20,120.

④ 此乃Walvoord之见(*Revelation*, 326-27),Thomas也持类似见解(*Revelation* 8-22,475)。

画面虽然不同,但它们的重点却是一致的:在永世中,神曾藉之居住在其百姓中的属地圣殿,将要为祂自己所取代;照样,那反映了神"是光"之属性,并照亮黑暗世界的日头和月亮(创1:3,16),也要在永恒中,因着"本尊"的出现而黯然失色。在其时,所有属祂和羔羊的圣徒,都要活在祂的光中,被祂的荣耀所环绕。从前神人关系的破裂和隔绝,以及人际关系中的黑暗,像是尔虞我诈,互相倾压和彼此攻讦等等,都要因着神荣耀之光的照耀,而成为历史。在永世中,在神和羔羊之光中,我们所将要经历和活出来的,乃是爱,而其中所包括的,有赦免,和好,接纳,彼此服事和互相帮补等等(参,弗5:8-14;约壹1:5-7);因为在神荣耀光中,属于祂的我们,也必要反映出祂荣耀之光(启21:18,21)。①

21:24-26 列国要借着城的光行走;地上的君王要将他们的荣耀归与这城。[25]城门白昼总不关闭;在那里原没有黑夜。[26]人必将列国的荣耀尊贵归与那城(καὶ περιπατήσουσιν τὰ ἔθνη διὰ τοῦ φωτὸς αὐτῆς, καὶ οἱ βασιλεῖς τῆς γῆς φέρουσιν τὴν δόξαν αὐτῶν εἰς αὐτήν, [25]καὶ οἱ πυλῶνες αὐτῆς οὐ μὴ κλεισθῶσιν ἡμέρας, νὺξ γὰρ οὐκ ἔσται ἐκεῖ, [26]καὶ οἴσουσιν τὴν δόξαν καὶ τὴν τιμὴν τῶν ἐθνῶν εἰς αὐτήν)

在上节经文中我们已经晓得,借着暗引以赛亚书60:19(以及60:1-2),约翰就向其读者保证,神向其子民所发"祂必要再次光照他们"的应许,必要成就。但以色列的复兴,在先知的预言中,只是第一步而已,因为他们的复兴,还将要带来"万国得见神"的结果(赛60:3);因此在这三节经文中,约翰就继续暗引以"万民流归锡安/耶路撒冷"为主题的以赛亚书60章。

启示录21章	以赛亚书60章
24 列国要借着城的光行走;地上的君王要将他们的荣耀归与这城。	3 万国要来就你的光,君王要来就你发出的光辉。 5b 大海丰盛的货物必转来归你,列国的财宝,也必来归你。
25 城门白昼总不关闭;在那里原没有黑夜。 26 人必将列国的荣耀尊贵归与那城。	11 你的城门必时常开放,昼夜不关,使人把列国的财物带来归你,并将他们的君王牵引而来。 13 利巴嫩的荣耀,就是松树,杉树,黄杨树,都必一同归你,为要修饰我圣所之地;我也要使我脚踏之处得荣耀。

① 亦参,Beale, *Revelation*, 1095。

上表清楚显示，不论是“万国流归耶路撒冷”的主题，或是“列国＋君王”的角色，以及“城门不关闭”的画面，启示录都反映了以赛亚书。但在某些细节方面，约翰却也做了必要的调整。（1）以赛亚的“万国就光（וְהָלְכוּ……לְאוֹרֵךְ）”，在约翰的笔下，成了“列国藉光而行（περιπατήσουσιν……διὰ τοῦ φωτὸς）”。此一“微调”显示约翰有意将“万国被光吸引而来”的画面，进一步的阐释为“万国藉光（神的）而为人行事”。①

（2）以赛亚书之“城门昼夜不关”，在启示录中成了“城门白昼总不关闭”。此一变更，乃因约翰在上节经文中已经提及，神和羔羊将要永远成为新耶路撒冷城的光和灯。因此对此变更，他也附加了“在那里原没有黑夜”的进一步说明。②

（3）在以赛亚书中，将来复兴的结果，不单是列国和王被以色列之光所吸引，也是世上财宝，像是骆驼、黄金、乳香、公羊、金银和各样木材，聚集在此一复兴了的圣城中（60:5－14）；但和此详细的论述相较，约翰在启示录中却只简单的以“人必将列国的荣耀尊贵归与那城”，来总结这段经文。但约翰以“荣耀和尊贵”来取代财物的目的何在？若从上列的以赛亚书60:13来看，“荣耀/丰富（כְּבוֹד）”可以等于利巴嫩的物产，但在这章经文中，列国除了将其财物带到耶路撒冷之外，也“要传说耶和华的赞美”（60:6），③并要来服事以色列人，因为他们晓得神住在他们中间（60:10－14；亦参，赛45:20，22，24）。因此借着“荣耀和尊贵”，约翰所要凸显的，是列国因着神复兴了以色列人，而归顺他们，并因此而认识了以色列的神。④ 事实上，将“献上荣耀和尊贵”等同于“属灵的归正和悔改”，其实也已经隐藏在列国所归给耶路撒冷的物品中了，因为“尼拜约的公羊”（60:7）和“黎巴嫩的木材”（60:13）之所以会被带到耶路撒冷，乃因献祭和建造圣所之所需。不单如此，在启示录中，“荣耀和尊贵”也只出现在天庭异象中，而在那里，这两样是所有的天庭活物，即，四活物，24位长老和众天使，在赞美神时所一致归给祂的（4:9，11；5:12，13）。说到底，在约翰已经让新耶路撒冷城（永世教会），以黄金街碧玉城的形态出现之后，圣徒所能献给神的，除了“荣耀和尊贵”之外，还能有其他的东西吗？在其时，我们除了俯伏在祂面前，将一切荣耀和尊贵都归给祂之外，还能做些什么呢？

但为何列国和君王能出现在永世之中呢？若这两者所指的，是那些与大淫妇巴

① הָלַךְ本身已经有“行”的意思，但约翰在“光”之前所加上的“借着（διὰ）”，就显示了他的意图。

② J. Fekkes认为（*Isaiah and Prophetic Traditions in the Book of Revelation*, 271），此一附加说明是从撒迦利亚书14:7那里而来的，因为在论及末日时，先知所说的是：那将是独特的一天，只有耶和华知道；那天不再分白昼黑夜，因为在晚上仍有光明（新译本）。此说有其可能，但该经文所言乃“审判日”，而非“永世中”的情况。有关“城门不关闭”的含义，见21:12的注释。

③ LXX作“他们要传扬神施行拯救的好消息”（τὸ σωτήριον κυρίου εὐαγγελιοῦνται）。

④ Aune, *Revelation* 17－22, 1173; Beale, *Revelation*, 1095; Osborne, *Revelation*, 764.

比伦结盟(17:2,10－18;18:3),并且也已经在末日审判中,进入硫磺火湖中的列国和君王(19:19－21;20:7－10,11－15;21:8),那么我们恐怕就必须下结论说,在永世中所有的人(普救论),①或是“大部分的人”②都要得救。③ 但情况是不是如此的呢?

在旧约先知书中,论及“末日以色列复兴”的经文,可说是多如牛毛,但若从“列国在其中扮演了什么角色”的观点来看,这些经文可以大致分为三类:在以色列复兴之时,(1)列国将要被剪除;(2)列国将要臣服于以色列的手下,并要上耶路撒冷城,并贡献其财物;(3)列国将要与以色列一起复兴,并和以色列一起敬拜神。④ 因此我们在此的问题是,约翰所暗引的以赛亚书60章,究竟属哪一类,而此背景,对理解启示录“列国得救”的问题,又有怎样的帮助?

从表面上看起来,以赛亚书60章显然属于第二类的经文,因为先知曾不厌其烦地详述了末日列国要将哪些财物带到耶路撒冷城。但正如我们前面的分析所显示的,万国被以色列之光吸引而来的意思,也包括了他们对神的认识和在献祭中的参与,因此这章圣经其实也属第三类的经文。换句话说,以赛亚书中列国和君王的“上耶京进贡”,其含义乃是他们的“归正”。而这也是约翰为何会以“人必将列国的荣耀尊贵归与那城”,来总结以赛亚书60章的原因。再者,在这章旧约经文中,我们也看见两组人马,其一乃是那些要来就以色列之光的万国和君王(60:3);其二则是那些不

---

① Rissi, *The Future of the World*, 77－79; J. M. Vogelgesang, The Interpretation, 99,104－06;巴克莱,《启示录注释 II》,页266－69; Boring, *Revelation*, 221; Harrington, *Revelation*, 218; Aune, *Revelation* 17－22,1172。

② R. Bauckham, *The Climax*, 313; D. Mathewson, ‘The Destiny of the Nations in Revelation 21:1－22:5,’ *TynB* 53(2002),121－42.这两个学者都一致主张,约翰刻意让“全面性的审判”和“全面性的拯救”,同时出现在启示录中;只是前者认为,“救赎”至终压过了“审判”,而后者则认为,我们应该让这两个彼此冲突的主题保持平衡,因为约翰让这两个概念同时出现的目的,在叫列国知所选择。有关Bauckham之见的困难,见Beale, *Revelation*, 596－608。

③ 除了“普救论”(或是类似的观点)之外,为解决此一“列国出现在永世中”的问题,学界中也有人将本节经文,与“千禧年”连结在一起,视“列国”为千禧年国度中,未参与歌革玛各之军的人。他们未随撒但而亡,而其身体也经过某一个程度的转变,使他们能在永恒中存活;而他们在永世中的角色,乃是要成为圣徒所管辖的子民(Thomas, *Revelation* 8－22,478,480)。此一见解纯属揣测,毫无经文根据;而本段经文与21:2的连结也显示,新妇耶路撒冷乃属“新天新地”;因此其中所论述的事,乃永世中的情况(详见前面“经文结构和型式”的分析)。

④ 各类相关经文如下:(1)赛11:10－16;(2)诗72:8－11;赛18:7;49:22－26;55:5;60:1－22;61:5－6;66:18－21;耶3:17－18;番3:9－19;该2:7－9;亚2:11－12;8:20－23;14:16－19;(3)诗22:27－28;86:9;138:4－6;赛2:2－4;54:15(LXX);56:6－8;摩9:12(LXX);弥4:1－4。资料来源,Aune, *Reve-lation* 17－22,1172。为求简洁,犹太文献索引就没有列在这里了。对此分类,笔者并不完全同意。举例来说,如按着我们前面的分析,以赛亚书60:1－22,也就是约翰在此所暗引的旧约经文,应属第三类。再举一例,归属于第一类的以赛亚书11:10－16,的确提及列国的被剪除,但在“耶西之根”的上文中,如是语言是否只能以“毁灭”来理解,其实是十分值得商榷的(参,J. A. Motyer, *The Prophecy of Isaiah*, 126)。

归顺和事奉以色列，因此就要遭遇灭亡命运的邦国（60:12）。① 因此从此旧约背景来看，启示录21章中的“列国和君王”，就不是那些与大巴比伦结盟，并已在硫磺火湖中受到审判了的“世界”了。

事实上，约翰让“列国和君王”，在此处经文和大淫妇巴比伦异象中都出现的原因，不单是因着以赛亚书的缘故，也是要让“大淫妇巴比伦”和“新妇耶路撒冷”产生对比。② 因为这两个城虽然都有列国和君王与之结盟，但前者乃以财富的诱惑为手段，来达到她“管辖”他们的目的（17:2,18）；而后者则是以“神的光（真理）”来吸引列国，好叫他们心甘情愿的，将其财宝献上。换句话说，借着如是对比，约翰就清楚的显示，“人之城”和“神之城”，在本质和她们与列国的关系上，究竟有何差别。对细心的读者而言，“列国和君王”在这里的出现，应该不令人意外才是。在启示录的一开始，约翰已经告诉我们，人子羔羊为神所建立的，乃是一个祭司国度（1:5－6），而此国度的组成分子，则是由“各族各方各民各国”中而来（5:9－10;7:9），因此“列国和君王”在此的出现，就十分自然了。

此处经文和大淫妇异象中的“列国和君王”，不是同一个群体的理由，也已经在“新耶路撒冷城之结构”的部分（21:12－14），有了暗示。因为当约翰以“12支派＋12使徒”来表明永世教会的结构时，他也同时让“羔羊12使徒之名”，出现在城墙的根基上。而此设计之目的，正在显明人，包括了“列国和君王”，之所以能成为“新圣城”的一部分（参，启3:12），乃因他接受了12使徒所传扬的羔羊福音。而如是现象，完全没有出现在那些与大淫妇结盟之君王和列国身上。

再者，在约翰同样暗引了的以西结书40－48章中，新圣城乃是新以色列的象征（详见21:12－14的注释）。但此“新以色列”之“新”何在？从43:6－11观之，新以色列乃是那些从偶像敬拜中，回转归向神，并为其过去所行感到羞耻的人（亦参，结36:26－27）。在启示录中，“新耶路撒冷”的确因着“12使徒”的加入，而成了“新旧约圣徒的总和”。但正如前述，当约翰将“羔羊”也随着“12使徒”一起加进了圣城结构中时，他事实上也重新解释了先知以西结的异象。那就是，将来的复兴乃要由“羔羊”来成就。此一观察显示，新耶路撒冷城的特色，乃是“羔羊的”，因此人若不接受祂，并成为跟随祂的羔羊之军（启14:4），就不能成为此城的一部分。由此观之，此处经文中的列国和君王，也必须是属羔羊的，而不是那些属大淫妇的。事实上，此一新耶路撒

① Beale, *Revelation*, 1097.

② Kiddle, *Revelation*, 439; R. Gundry, 'The New Jerusalem: People as Place, Not Place for People,' *NovT* 29(1987),263－64; Beale, *Revelation*, 1096. 有关大淫妇巴比伦和新妇耶路撒冷之间的对比，见页114。

冷的特色,也被下一节经文所阐明(21:27)-只有得胜的,才属新耶路撒冷;而那些属大淫妇的,就是不洁净,行可憎与虚谎之事的,都要和此新圣城完全无关(亦参,22:11,15)。①

从教会历史观之,先知以赛亚的预言,已在教会成立之后,就开始应验了(参,西1:12)。历世历代中,不晓得有多少的君王将相,也不晓得有多少的民族,因着福音的广传,而进入了神的家中。② 此事不单是过去的,也是现在进行式的,但它却要在永世来到之际,才会完全成就(参,启6:11)。在其时,从君王将相到普罗大众,所有属羔羊的人,都要在神的光中而行,并要将一切的荣耀和尊贵都归给那城,因这个永世之城,乃神和羔羊设立宝座的所在。

21:27 凡不洁净的,就是③那些行可憎之事与说谎的,断不能进那城;只有名字记在羔羊生命册上的才得进去(καὶ οὐ μὴ εἰσέλθῃ εἰς αὐτὴν πᾶν κοινὸν καὶ [ὁ] ποιῶν βδέλυγμα καὶ ψεῦδος εἰ μὴ οἱ γεγραμμένοι ἐν τῷ βιβλίῳ τῆς ζωῆς τοῦ ἀρνίου)

在前面的经文中,约翰已经借着(1)新耶路撒冷和至圣所在"立体形状"上的相同,(2)12样宝石和大祭司胸牌上的联系(21:19-20),以及(3)神和羔羊成为圣城之殿(21:16,19-20,22)等等手法,充分凸显了新耶路撒冷城"属神"的特性,因此在论及此城与世界之关系的经文中(21:24-27),他自然要清楚地区隔"谁能属此永世圣城"。

属圣洁之神的,当然就不能是"不洁净的"。在旧约中,此一概念所指的,多半是在宗教礼仪上不完全的人事物,④但在新约中,由于物质圣殿和献祭礼仪等等,已经因着基督一次永远有效的献祭而被废去,因此"不洁净的"就可以具有"道德上不完全"的意思了。⑤ 此一道德,并非"人间"的,而是要以神的标准来界定;因此新约的教训乃是,属神的人,就要在其行事为人上,显出他"属光"的品性。而在此,约翰则是以"行可憎之事"和"说谎的"作为标准。

但为何是这两者呢?在启示录的前面,(1)"可憎的"只出现在约翰描述大淫妇巴比伦的段落中,即,她藉之迷惑列国的金杯,其中所装满的,乃是"可憎之淫乱的污

---

① 某些抄经者在21:24的"列国"之后,加上了"得救的",而使得经文成为"得救的列国要借着城的光行走"。此一经文传统应不属原始经文,但却反映出早期教会对此节经文的理解;因此我们对"列国和君王"的见解,也可以从这些手抄本中得着支持(参,Beale, *Revelation*, 1097)。

② J. N. Oswalt, *The Book of Isaiah* 40-66,539.

③ 在此我们将"和(καὶ)"视为解释性的连接词(Aune, *Revelation* 17-22,1139,1175)。若"行(ποιῶν)"(而非"ὁ ποιῶν")乃原始经文(A fam 1006 fam 1611 等等),那么此一主张就更可能了(参,Beckwith, *Apocalypse*, 767)。

④ *TDNT* 3:797.

⑤ 例如,太15:11,18,20;可7:15,18,20,23;徒10:14-15,28;11:9;来10:29。

秽”；而在她头上所写的，则是“可憎之物的母亲”（17:4－5）。因此借着这个语词，约翰清楚告诉我们，喝了大淫妇金杯（拜金主义）的人，就不能进入新耶路撒冷。那么“说谎的”呢？此一“不道德”，有这么严重吗？在启示录的前面，撒但，和属它之邪灵及假教师，其特色正是以“虚假的真理”来吸引人与之结盟，因此“说谎的”之所以严重，乃因它显示出一个人“属撒但”的本质。①

由此观之，“行可憎之事和说谎的”之所以不能进入新耶路撒冷，乃因他们以撒但为父，且以大淫妇巴比伦为母。从约翰所用“不能进入”的语言来看，他似乎暗示在永世之中，这些属撒但的人，依旧存活（普救论也因此就有了可能性）。但我们在21:2那里已经提及，“不能进入”并不只能以“空间”的观念来理解。在约翰分别以两个建筑物——圣城和圣殿，作为“永世圣徒和神”之象征的文脉逻辑中，我们恐怕只能以“不能进入神国”的含义，来理解他在这里的陈述。② 换句话说，“不能进入”所表明的，是这些属撒但之人，乃“不属永世圣城＝不是新耶路撒冷的一部分”。

能“进入＝成为”新耶路撒冷城的，只有那些名字记在羔羊生命册上的人。在前面我们已经晓得，名在羔羊生命册上的人，乃是属羔羊，并跟随祂的人。他们为着持守信仰的缘故，拒绝了大淫妇巴比伦的金杯，并因此就为她所逼迫（17:6；18:20）；但也正是如此，“在他们口中就没有谎言；他们是没有瑕疵的”（14:5）。因此借着“名字记在羔羊生命册上”的语句，约翰就再次强调了永世圣城属光明之神，全然圣洁的特色。

约翰藉“谁不属，谁又属圣城”的论述，当然能带来警告世人和劝勉圣徒的结果，③但我们前面的分析显示，本节经文除了在“新耶路撒冷城＝新神国”之段落中（21:22－27），扮演了小结的角色之外，也具有厘清“列国和君王是谁”的意义（21:24－26）。在神荣耀光照永世圣城的文脉中，约翰在此清楚指出，只有名字记载在羔羊生命册上的人，也就是那些被祂宝血从各族各民各方各国中所买赎回来的人（5:9－10；7:9），才属此城。那些不洁净的，也就是属大淫妇和红龙撒但的，早已随着她和它进入了硫磺火湖之中，不复再寻。

22:1－2 天使又向我显示，有一条生命水的河，明亮如水晶，从神和羔羊的宝座而出，[2] 流在城的大街之中。在河这边和那边都有生命树，结十二样果子，每月都结果

---

① 参，启2:20；12:9；13:14；18:23；19:20；20:3，8，10。

② 亦参，Beale有关“如何理解先知预言”的论述（*Revelation*，1098－99）；以及Aune，*Revelation* 17－22，1174，1222。

③ Harrington，*Revelation*，218；Thomas，*Revelation* 8－22，479；Beale，*Revelation*，1102.

子。树上的叶子乃为医治万民(Καὶ ἔδειξέν μοι ποταμὸν ὕδατος ζωῆς λαμπρὸν ὡς κρύσταλλον, ἐκπορευόμενον ἐκ τοῦ θρόνου τοῦ θεοῦ καὶ τοῦ ἀρνίου ἐν μέσῳ τῆς πλατείας αὐτῆς καὶ τοῦ ποταμοῦ ἐντεῦθεν καὶ ἐκεῖθεν ξύλον ζωῆς ποιοῦν καρποὺς δώδεκα, κατὰ μῆνα ἕκαστον ἀποδιδοῦν τὸν καρπὸν αὐτοῦ, καὶ τὰ φύλλα τοῦ ξύλου εἰς θεραπείαν τῶν ἐθνῶν)

在21:12－20中,约翰借着"圣城的结构",显示了新耶路撒冷乃由新旧约圣徒所组成,而在21:21－27那里,他则是借着"列国和君王归荣耀与圣城"的方式,凸显了"新妇耶路撒冷＝新神国"的特色。但从本节经文开始,他则是以"新伊甸园"的图画,来描述永世圣城的内部特色,那就是,神和其子民之间的关系。

在旧约中,伊甸园乃是神在创造世界之后,为祂自己所设立的第一个"圣所",而亚当则在其中,职任祭司。① 但由于人类的始祖,未能善尽职责,因此亚当和其妻子夏娃,就被神给赶出了出去;伊甸园因此也就成了"失乐园",而人此后要与神往来,也就必须经过一个繁复的手续——献祭,和一个中介者——大祭司。对那些被赶出伊甸园的人而言,此一现况着实令人懊恼和泄气,因此"重回伊甸"就成了约翰当时犹太人的共同期盼。举例来说,利未遗训的作者就指出,"弥赛亚将要重启乐园之门,除去那在伊甸门口,因亚当之罪而设立的剑[参,创3:24];他要将生命树赐给圣徒作食物,而圣洁的灵也将要降在他们的身上"(18:10－11)。再举一例,在论及将来的复兴时,但遗训的作者也曾说,"神要从比列[撒但别名]的手中,夺回圣徒的灵魂。神要使他们的心回转归向祂,并将永远的平安赐给凡呼求祂名字的人。为了神荣耀的缘故,圣徒要在伊甸园中重新得力,义人将要以新耶路撒冷为乐"(5:11－12)。②

但以"重回伊甸"作为将来复兴模型的,并不只有第一世纪前后的犹太人而已。③ 在主前第六世纪之时(结40:1),被掳于巴比伦的先知以西结,就已经如此行了,因为在他所见的复兴异象中(结40－48),从圣殿门槛下就有水涌出,向东而去,直流到死海(盐海;47:1－12)。此河不单养活各样动物,繁殖鱼群,更使植物生长:"在河这边,与那边的岸上,必生长各类的树木;其果可作食物,叶子不枯干,果子不断绝。每月必结新果子,因为这水是从圣所流出来的。树上的果子,必作食物;叶子乃为治病"(47:

① 有关"伊甸园＝圣所"的讨论,见2:7的注释。亦参,G. J. Wenham, 'Sanctuary Symbolism in the Garden of Eden Story,' in *Proceedings of the World Congress of Jewish Studies. Division A: The Period of the Bible* (Jerusalem: World Union of Jewish Studies, 1986),19－25。

② 类似的见解,亦参,以斯拉四书8:52;以诺一书24:1－4。

③ 利未遗训,但遗训,以及上注中所提及的二卷书,其写作时间介乎公元前第二世纪到公元第一世纪之间(*OTP* 1: vi-vii)。

12)。①

对此旧约经文,学者们都曾十分准确地指出,②先知以西结的异象,乃是以创世记中的伊甸园为蓝本。③ 但和这两段关系密切的经文相较,约翰的“每月都结果子”,以及“叶子乃为医治”,却都是从以西结书而来,因为这两个元素,都不曾在创世记中出现。不单如此,约翰所呈现“树生长在河这边和那边(ποταμοῦ ἐντεῦθεν καὶ ἐκεῖθεν)”的画面,也显然是从先知那里借来的(וְעַל־הַנַּחַל...מִזֶּה וּמִזֶּה)。④ 因此约翰在此以先知之异象为本,殆无疑义。但在暗引此一旧约经文时,约翰也做了必要的调整。第一,约翰从一开始就明白的宣告,此河乃生命水的河。也就是说,此河的特色,在它所能带来的结果,即,生命。在以西结所见异象中,此一特色乃反映在“两岸树木生长”和“河中鱼群滋生”的画面中(结 47:7,9-10)。对那被掳在巴比伦,渴望回道故土的先知而言,以如是“属地”之语言来描述“复兴”是十分自然的,并且也是完全可以理解的。但对约翰而论,“复兴”的范围和性质,却不只于此,因为在耶稣与撒玛利亚妇人论道的过程中,耶稣自己就曾以“活水(=永生)”为喻,来表明祂所能带来的是什么(约 4:1-30,特别是 14 节)。⑤ 因此在暗引这个旧约异象时,约翰一方面就以“明亮如水晶”的语言,来描述这条“生命河”,并在同时也将“羔羊”不着痕迹地加了进去。就“明亮如水晶”而言,此一描述可以是“波光粼粼”,⑥但若从“碧玉明如水晶”和“黄金有如透明玻璃”的角度来看(启 21:11,21),如是画面旨在凸显这条生命河“属神”的特性。事实上,此一理解也正是约翰接下来所告诉我们的:此一生命河乃从神和羔羊的宝座而

---

① 在以西结书 36:35 那里,先知已经也以类似语言,来描述未来的复兴了:他们(外邦人)必说,这先前为荒废之地,现在有如伊甸园;这荒废凄凉毁坏的城邑,现在坚固有人居住。而在先知以赛亚的笔下,未来的复兴也是如此:耶和华已经安慰锡安,和锡安一切的荒场,使旷野像伊甸,使沙漠像耶和华的园囿(赛 51:3a)。但就接近度而论(详下),约翰的“新伊甸园”比较靠近以西结书 47 章。

② 例如,G. A. Cooke, *Ezekiel*, 520; W. Zimmerli, *Ezekiel* 2, 514; J. D. Levenson, *Theology of the Program of Restoration of Ezekiel* 40-48 (Missoula: Scholars Press), 28-29; W. Eichrodt, *Ezekiel*, 583; M. Fishbane, *Biblical Interpretation in Ancient Israel*. Reprinted with Corrections (Oxford: Clarendon Press, 1985), 370, note 131。

③ 在(1)有丰富的水资源,(2)其果可作食物(创 2:9;结 47:12),(3)“各从其类”语句的使用(创 1;结 47:10),以及(4)“好(ל)悦人眼目;好(ל)作食物”(创 2:9)和“果子好作(ל)食物;叶子好(ל)治病”(结 47:12)的文法结构上,先知的复兴异象显然是伊甸园的反映。相关讨论,详见笔者博士论文 Ezekiel in Revelation: Literary and Hermeneutic Aspects (Univ. of Edinburgh, 1999), 195-97。

④ 亦参,结 47:7 中的“在河这边和那边(מִזֶּה וּמִזֶּה)”。

⑤ 在约翰福音 7:38-39 中,“活水的江河”所指的,乃圣灵;因此 Swete 就认为,此“生命河”乃“圣灵”的象征(*Revelation*, 298)。从“神以灵重生我们,并使我们得着永恒生命”的角度来看,此说是可以接受的,但若从约翰将以西结之“河”,变更为“生命河”的手法来看,此河所象征的,更可能是“永生”。

⑥ A. T. Robertson, *Word Pictures*, 6:479; Thomas, *Revelation* 8-22, 482.

出。和先知所见"水从圣殿而出"的画面相较,约翰的"神+羔羊"自然是带着高举基督的目的。而此手法,是我们在前面已经多次看见的了。

第二,在先知的异象中,"生命河"乃以复兴了的以色列地为其流域,但约翰的生命河却流在城的大街之中。① 此一变更当然也是因着"羔羊"而有的;因为当羔羊藉其宝血将神的百姓,从"以色列一族"扩大为"各族各方各民各国"时(启5:9;7:9),生命河也就必须流在那以"12支派+12使徒"为结构的新耶路撒冷城中了。但为何约翰要让此河流在城的"大街(τῆς πλατείας)"之中呢?难道"流在城中"还不够吗?在第一世纪的背景中,"大街"所指的,乃是城中最宽阔之处(市中心),因此"生命河流在城的大街中",就有了"此城的主要特色,乃在其拥有永生"的意思。但正如我们在21:21那里所指出的,约翰在这个异象中,两次提及"城的大街",恐怕也有让此"大街"和"巴比伦之大街"对比的意图,因为那象征教会的两个见证人,正是死在"人之城"的大街上(启11:8)。换句话说,在这两条大街的对比中,"死亡乃生命"的吊诡真理,就自然浮现了。

第三,除了上述的两个更动之外,约翰在此也将以西结所见,那些生长在河边的树(47:7,12),冠以"生命树"之名。② 从以西结书来看,此一更动似乎顺理成章,因为先知所见之树,其果实可作食物,而其叶又可治病,因此称之为"生命树",是一点儿也不过分的。但若我们参照创世记2:9a,即,耶和华神使各样的树从地里长出来,可以悦人眼目,其上的果子,好做食物;知所见的树,乃是生长在伊甸园各处,亚当夏娃赖以生存的果树。③ 这些为数众多的果树,在伊甸园和先知的异象中,是"神丰富供应"的具体呈现,但对约翰而言,如是概念却是不够的。因此在暗引先知异象之时,他就以创世记2:9下半,那棵神特别安置在伊甸园当中,并能带来永恒生命的"生命树",

① 就文法而言,这个词组也有可能属其后的经文。若是如此,我们就必须在第一节经文之后,划下一个句点,而以"在城的大街中,在河这边和那边……"的方式来翻译经文(Swete, *Revelation*, 299; Thomas, *Revelation* 8-22, 483; KJV)。但不论我们采取哪一个见解,都不会影响"河流在城中大街上"的事实。

② 在原文中,"树"乃单数,而在使徒行传(5:30;10:39;13:29)和彼得前书中(2:24),"树"所指的乃十字架;因此有学者就主张,此处的"生命树"乃十字架(Chilton, *Days of Vengeance*, 567-68)。但正如先知以"单数之树"表"众树的集合"(结47:7,12;先知所暗引的创世记2:9a亦如是),约翰在此也依样画葫芦的,让生长在生命河两岸的树,以单数的方式出现。

③ 正如前述,以西结书47:12中的"好做食物+好治病(ל+ל)"的文法结构,乃是创世记2:9a的反映(悦人眼目,好作食物)。在暗引创世记之时,先知的确做了一些调整,因为他显然将"医治"的元素,加了进去。此举其实十分合理,因为他所暗引的"伊甸经文",乃亚当犯罪之前的情况,因此人要能重回伊甸园,不论是因罪被赶出伊甸园的亚当,或是因百姓之罪而被放逐在巴比伦的先知,医治(罪得赦免)就成为一个必要的元素了。但对约翰而言,此一先知所"新增"的元素,乃是在羔羊身上成就的(详见下文)。

取而代之（亦参，创3:22）。此一更动，正如约翰一贯所行，乃是基于“羔羊所为”，因为当祂以其身体为我们开了一条又新又活的路之后（来10:20），至圣所之门就此打开，而人重回“伊甸圣所”之路也就再次开启了（亦参，“圣城之门总不关闭”的论述；21:25）。换句话说，因着羔羊的宝血，进到生命树的途径已经重新打通（参，创3:24），而永世圣城也要以此树所象征的永恒生命，作为她的旌旗。人子向教会所发的应许——“得胜的，我必将神乐园中生命树的果子赐给他吃”（启2:7），要在永世圣城中得着应验，因为“那些洗净自己衣服的有福了，可得权柄进到生命树那里，也能从门进城”（启22:14）。

第四，就神预定人所要得着的福分而言，“羔羊所为”的结果，的确是伊甸园的重新开启和永生的实现；但就神国范围的角度来看，“羔羊之血”所能买赎回来的，就不只是以色列一族而已了。因此为了要显示这个新的特色，约翰在暗引先知复兴异象之时，不单保留了“每月都结果子”的元素，也将生命树要“结12样果子”语句，①加了进去。此一“加增”的本身，也许还不足以凸显“新神国/新耶路撒冷”所具有“各族各方各民各国”的特点，但当约翰更进一步的，将先知之“叶子乃要治病”，变更为“树上的叶子乃为医治万民”之后，永世圣城的“国际化”，就不再有任何可以让人怀疑的空间了。此一“医治”元素的出现，并不意味着“在永世之中，救恩之门依旧敞开”，而旨在显示永世圣城乃是一个“被医治/被买赎回来”的群体。②

一言以蔽之，在暗引以西结异象之际，约翰所做的一切更动和加增，都是本于“羔羊所为”，因为是在祂的牺牲中，神的义先得着满足，而后伊甸圣殿之门才得以重新开启；而神原先预备要在亚当胜过蛇之试探后，才赐给亚当之奖赏，即，永恒的生命，③也因着第二个亚当的得胜，才得以实现。此一以“羔羊所为”来重新诠释旧约的手法，是我们在前面已经多次看见的了。而这是约翰在下笔之始，就以“耶稣基督的启示”（1:1）来开场的原因，也是天庭异象中，唯有“被杀羔羊”能从父神手中领受书卷的缘由（启5:6－7）。对第一世纪的世界而言，耶稣只是一个名不见经传的犹太人，而他死于十字架上的事，也只是一个历史的错误和偶然；但对约翰以及新约教会而论，神

---

① “结12样果子（ποιοῦν καρποὺς δώδεκα）”也可以译为“结12次果子”（Beckwith, *Apocalypse*, 765），但其后“每月都结果子”的语句，使“12样”成为比较可能的选择（Thomas, *Revelation* 8－22, 484; Aune, *Revelation* 17－22, 1178; Osborne, *Revelation*, 772）。

② 此一特色其实也正是先知在其复兴异象中所要凸显的，因为（1）天使四次要先知涉水过河，并以“你看见了吗？”来询问先知的目的（结47:1－6），乃是要让他晓得，神的恩典，已洗去以色列民过去所犯的罪（参，结8:6,12,15,17）；而（2）河水使盐海“变甜”的原文，乃是“得医治”（结47:8）。相关讨论，见笔者博士论文 Ezekiel in Revelation: Literary and Hermeneutic Aspects（Univ. of Edinburgh, 1999），190－92。

③ 相关讨论，见 M. G. Kline, *Kingdom Prologue*, 58－60。

永恒计划的实现和成就,人类历史的意义,以及神和其子民在永世中的关系等等,全都系于羔羊。

22:3-4 以后再也没有任何的咒诅。在城里有神和羔羊的宝座。祂的仆人都要事奉祂,[4] 也要见祂的面;祂的名字必写在他们的额上(καὶ πᾶν κατάθεμα οὐκ ἔσται ἔτι. καὶ ὁ θρόνος τοῦ θεοῦ καὶ τοῦ ἀρνίου ἐν αὐτῇ ἔσται, καὶ οἱ δοῦλοι αὐτοῦ λατρεύσουσιν αὐτῷ, [4]καὶ ὄψονται τὸ πρόσωπον αὐτοῦ, καὶ τὸ ὄνομα αὐτοῦ ἐπὶ τῶν μετώπων αὐτῶν)

借着"生命河"和"生命树"的画面,约翰在上两节经文中就让新耶路撒冷穿上了"新伊甸园"的外衣。而从本节经文开始,他则是两度以"反正对比(不再有—有)"的方式,来描述在此新伊甸园中的神人关系(21:3-4,5)。

"以后再也没有任何的咒诅"和"在城里有神和羔羊的宝座……"是这两组对比中的第一个。但"再也没有咒诅"之语出自何处呢?在论及末日之事时,先知撒迦利亚曾指出,神要聚集列国来攻击耶路撒冷城,好洗涤她的罪恶,但在其时,神也要出面,击败列国,好显示祂乃全地之主。而神为祂自己以及属祂子民争战的结果,是耶路撒冷城仍在高位,"人必住在其中,不再有咒诅;耶路撒冷人必安然居住"(亚14:1-11;经文引句出自11节)。因此不论就主题(末日),角色(耶路撒冷),或是"字面联系"的角度来看,这个语句的确是从撒迦利亚书而来。① 但若我们考量上两节经文中的"伊甸"画面,和约翰以"羔羊"来重新诠释旧约的手法,那么他在此所暗引的,就不只是撒迦利亚书而已了;因为在创世记第3章中,人类始祖亚当夏娃犯罪之后的结果,就是受到了神的咒诅(3:8-24)。换句话说,因着"羔羊所为",神对亚当和整个人类的咒诅,将要永远除去。神要除去以色列人因着背道而有的咒诅,那就是"耶路撒冷城的被毁灭"(亚14),但因着羔羊的缘故,祂也要除去所有属羔羊之人,因着亚当堕落而有的咒诅。而这恐怕是约翰在其所暗引的旧约经文中,加上"任何的/所有的(πᾶν)"一词的原因。

从神的角度观之,"所有咒诅"不再的结果(罪的赦免),是神可以重新在祂的子民中间,设立祂的宝座(亦参,结43:7),因此在新耶路撒冷城中,就有了"神和羔羊的宝座"。正如前述,羔羊和父神同坐宝座是约翰高举基督的一贯手法(参,启3:21;22:1),而为了达到这个目的,约翰也就在这短短的三节经文中(22:1-3),重复地提及这事。

但从人的角度来看,"所有咒诅"被除去之后的结果,是"人神破裂关系的复原",

① Swete, *Revelation*, 300; L. P. Trudinger, The Text, 94; C. G. Ozanne, The Influence, 151; Hughes, *Revelation*, 233; Beale, *Revelation*, 1112; Aune, *Revelation* 17-22, 1178-79; Osborne, *Revelation*, 772.

因此人就要重新的归属于神（祂的名字在他们的额上），得以见神的面，并在祂的面前事奉祂。就逻辑而言，此一顺序似乎是比较合理的，但约翰却将之颠倒了过来。何以致之？其原因恐怕是约翰要强调“神—人”的次序。神藉其爱子之牺牲而使神人关系得以复原，对人来说的确是个天大的好消息，但追根究底，神做的这一切事的最终目的，在彰显祂的荣耀（参，弗1:3－14）。因此正如神创造亚当，并将之安置在伊甸园中的目的，在让他成为事奉祂的祭司，①照样，在永世之中，当一切咒诅和罪都除去之后，人就要再次的以神为中心的来事奉祂。此一“神优先”的真理，是约翰在启示录的前面，就早已陈明的了，因为羔羊救赎的目的和结果，正是要为神建立一个事奉祂的祭司国度（启1:5－6；5:9－10；7:9－10，14－17；14:1－5；19:5－8；20:4－6）。当然此事并不是要等到永世来临之时，才要发生，因为当教会在五旬节成立之时，属神的祭司国度就已经在这个世界中被建立起来了；而就个人层面来看，当我们借着洗礼而与基督同死和同活之后，我们就不再做罪的奴仆，而要成为服事神的义仆了（罗6:1－14）。此事的确是“现在进行式”的，但它却也还要等到永世中，才会全然成就。在其时，祂的仆人，无论大小，都要享有事奉祂的权利和荣耀。

事实上，“已经开始实现但尚未全然成就”的，也包括“得见神的面”。在亚当夏娃因犯罪而被赶出伊甸园之后，人就无法和从前那样的，与神面对面但却不致死亡。因此即便如“神人摩西”（申33:1），在蒙了神的恩，并要从祂那里领受启示之时，也依旧只能看见神的背影（出33:17－23）。但此情况，在道成了肉身之时，就就开始有了改变，因为虽然从来没有人看见神，但在父怀里的独生子，却将祂表明了出来（约1:18）。因此那些在基督里的，也就是在圣灵里认识了基督的，就要敞着脸，反映出主的荣光；因他们的生命已有了变化（林后3:18）。但这件因着在灵里而发生的事，却只是一个起点而已，因为只有在永恒中，在一切咒诅都被除去了之后，我们才能真正地与神面对面的相见。在其时，“透过基督，借着圣灵”的日子已经过去。那时，我们已经全然改变，也已回到父的家中。祂的名字写在我们的额上；因我们乃是属祂的儿女，也是事奉祂的祭司国度。

如是“以父神为中心”的概念，在保罗的笔下是：“再后末期到了，那时，基督既将一切执政的，掌权的，有能的，都毁灭了，就把国交与父神”（林前15:24）。但在约翰的手中，此一概念却是以一个比较不着痕迹的方式来呈现的：永世圣城所拥有的是“神和羔羊”的宝座，但（1）仆人之所属和他们事奉的对象，（2）他们所要面见

① M. G. Kline, *Kingdom Prologue*, 52－56; S. M. Park, More than a Regained Eden. Ph. D. diss. (Trinity Evangelical Divinity School, 1995), 242－44.

的那一位,以及(3)写在他们额上之名字的主人,却都是第三人称单数的"祂"。此一现象当然反映了耶稣所说"我与父原为一"的真理(约10:30),①但此一现象也显示,永世神国,正如约翰在天庭异象中所看见的(启4-5),是百分之百以神为中心的国度。

22:5 不再有黑夜了,他们也不需要灯光和日光;因为主神要光照他们。他们要作王,直到永永远远(καὶ νὺξ οὐκ ἔσται ἔτι καὶ οὐκ ἔχουσιν χρείαν φωτὸς λύχνου καὶ φωτὸς ἡλίου, ὅτι κύριος ὁ θεὸς φωτίσει ἐπ᾽ αὐτούς, καὶ βασιλεύσουσιν εἰς τοὺς αἰῶνας τῶν αἰώνων)

在"不再有黑夜了"和"他们也不需要灯光和日光……"的对比中,永世伊甸圣城中的神人关系,有了更进一步的说明。怎么说呢?和上两节经文中,以神为中心的论述相较,本节经文则是以"神仆人之福祉"为焦点。此一"神先人后"的原则,其实正是耶稣教训的主旨:"你们要先求祂的国和祂的义,这些东西都要加给你们了"(太6:33),也是祂要我们向神祷告时,所应具备的态度:三愿神国降临+我们物质,人际和属灵所需(太6:9-13;路11:2-4)。因此约翰在此不单反映了这个神国法则,也在同时告诉我们,若现今人生的总纲乃"神先人后",那么在将临的永世中,更是如此。

但约翰为何要以"黑夜不再,因为神要光照他们"的对比,来总结"新耶路撒冷构造"的段落呢(21:11-22:5)?难道他不是在21:22-23中,已经将圣城这方面的特色,告诉了我们吗?的确,但约翰在此再次论及"神的光照耀永世圣城"的原因,恐怕是要强调"新耶路撒冷城"乃神荣耀的所在;因为在这个段落的一开始,约翰就已经明白昭告:"城中有神的荣耀"(21:11)。换句话说,借着这一前一后"神荣光照耀新圣城"的论述,约翰不单为此段落创造了一个"前后包夹"的文学形式,也藉此显示永世圣城,从头到尾的,乃荣耀之神的居所,也是祂荣耀的反映。荣耀之神所要创造和成就的,自然是荣耀之城;而作为服事祂之仆人的我们,在永世中,也将要成为这荣耀之城的一部分。

因此黑夜自然就不再有了,而他们当然也就不需要灯光和日光。在21:23-26的注释中我们已经指出,如是语言是有可能以字面含义来理解的,但在"神和羔羊=圣殿","圣徒=圣城","新耶路撒冷城=伊甸园",以及"生命河=生命树=永恒生命"的文脉中,"黑夜"恐怕是和"咒诅"平行(22:3),指向那阻却人见神的面,蒙神光

① Thomas, *Revelation* 8-22, 486-87; Beale, *Revelation*, 1113.

照的罪。① 同样的，“他们不再需要灯光和日光”的含义，恐怕也是如此；因为在现今的世代中，人只能靠人为的灯光和自然界的日光，②来驱除黑暗，但在永世中，主神的荣耀，却要光照他们，成为他们的生命之光。因罪而有的妒忌、恼恨、毁谤和凶杀等等，都要在神的光中，消失殆尽；而因神之光而生的宽容，接纳，肯定和彼此相爱等等，却要弥漫并充满在新耶路撒冷城中。因此正如神以如是法则来建立祂的国度，也依循这些原则来管治祂的子民；照样，在永世中被神之光所环绕的我们，也要以此彼此相待，并以此来管治我们自己，和那不再因罪而叹息劳苦，并在永世中被神更新了的万物（参，罗 8:18－25）。在神的光中，我们要做王，直到永永远远。在神的光中，我们一切所行，都会是神之光的反映，直到万世。

在旧约中，神要祭司向其百姓所发的祝福，即，“愿耶和华赐福给你，保护你；愿耶和华使祂的脸光照你，赐恩给你；愿耶和华向你仰脸，赐你平安”（民 6:24－26），将要在永世中，完全实现；③神藉先知但以理所发“圣民将要得国”的预言（但 7:18，27），也要在将来的世代中应验；④而人子在七封书信中，向教会所发“得胜者要与祂同坐宝座，同享王权”的应许（启 3:21），也要在永恒中，完全的成就。创始的神，当然也是成终的上帝。

附录十五　启示录的结语段落从何开始？

对启示录结语从何开始的问题，学界给了我们两个答案：“22:6”⑤和“22:10”。⑥但为何会有这两个不同的主张呢？其原因乃是因为 22:6－9 的四节经文，同时扮演了“全书结语之始”和“总结新耶路撒冷异象”的两个角色（详见下文）。

---

① 亦参，Beale，*Revelation*，1115；Osborne，*Revelation*，775。

② Swete，*Revelation*，301.

③ Charles，*Revelation II*，211；Beale，*Revelation*，1115－16；Osborne，*Revelation*，775. 相同或是类似的祝福，亦参，诗 4:6；31:16；44:4；67:1；80:3，7，19；119:135。

④ Chilton，*Days of Vengeance*，573；Aune，*Revelation* 17－22，1181；Beale，*Revelation*，1116；Osborne，*Revelation*，775－76.

⑤ 例如，Swete，*Revelation*，302；Moffatt，*Revelation*，488；M. C. Tenney，*Interpreting Revelation*，33；Ladd，*Revelation*，17；Mounce，*Revelation*，388－89；Collins，*Apocalypse*，151；Harrington，*Revelation*，220；Beale，*Revelation*，1122；Osborne，*Revelation*，777。

⑥ 例如，E. S. Fiorenza，*The Book of Revelation：Justice and Judgment*，175；R. Bauckham，*The Climax*，5；Aune，*Revelation* 17－22，1144－46。对这三位学者而言，22:6－9 虽是 21:9－22:9 的结语，但也同时是全书结语的开始。因此这个段落就同时扮演了“开始和结束”的角色。而此现象，也让 Giblin 以 22:7，12－21 这两段经文，作为启示录的结语（*Revelation*，214）。

1:1a 耶稣基督的启示,就是神赐给他,叫他将必要快成的事指示他的众仆人。

1:3 宣读这书上先知之言的,和那些听见又遵守其中所记载的,都是有福的!因为时候近了。

19:9－10 天使对我说,你要写下来:凡被召赴羔羊之婚筵的,有福了!他又对我说,这是神真实的话。我就俯伏在他脚前要拜他。他说,千万不可!我和你,以及那些和你一同持守耶稣之见证的弟兄,都是作仆人的。你要敬拜神!因为预言的灵,乃是为耶稣作见证。

22:6 天使又对我说,这些话是可靠真实的。主,就是众先知之灵的上帝,差遣了祂的使者,将那必要快成的事指示祂的仆人。

22:7 看哪,我必快来。凡遵守这书上预言的有福了。

22:8 这些事是我约翰所听见所看见的。我既听见又看见了,就在指示我的天使脚前俯伏要拜他。

22:9 他对我说,千万不可。我与你,和你的弟兄众先知,并那些守这书上言语的人,同是作仆人的。你要敬拜神。

22:10 他又对我说,不可封了这书上的预言。因为日期近了。

22:12 看哪,我必快来。

22:16 我耶稣差遣我的使者为众教会将这些事向你们证明。

22:18 我向一切听见这书上预言的作见证……。

22:19 这书上的预言,若有人删去什么……

从上列图示中,我们可以观察到几个现象。第一,不论在字面(例如,这是神真实的话;19:9;22:6)或是在“情境”上(约翰欲拜天使但被拒绝),19:9－10和22:6－9之间,多有彼此平行之处;因此若19:9－10乃“大淫妇巴比伦异象(17:1－19:10)”的结语,那么22:6－9也照样在“新妇耶路撒冷异象(21:9－22:9)”中,扮演了“总结异象”的角色。①

第二，在1:1－3和22:6－9之间，我们也看见它们(1)在“将必要快成的事指示他的众仆人”的语句上(1:1;22:6)，彼此平行；也(2)在“神差遣使者赐下启示给他的众仆人”(1:1;22:6)，以及“遵守书上预言是有福的”(1:3;22:7)之主题上，互相呼应。因此若1:1－3乃全书的序言，那么22:6－9也就可以是全书结语的起头部分了。

第三，说22:6－9是全书结语的起头部分，乃因这段经文中的主题，像是，(1)神差遣使者启示真理(22:6)，和(2)“必要快成”(22:6)，也在其后的经文中再次出现(22:6,10,12)。不单如此，“这书上预言”的语句(22:7)，也在22:10－21中，三番两次的重复现身(22:10,18,19)。因此22:6－9，在其上下文中，也具有连结“全书结语”(22:10－21)和“新耶路撒冷异象”的作用。

这三个观察显示，若我们从整卷启示录的角度来看，22:6－9可以是全书结语的一部分，因此学界所给我们的第一个答案，是可行的。但由于约翰也让此一段落，在新耶路撒冷异象的段落中，扮演了“结尾”的角色，并且也让这个段落中的诸多元素，在22:10－21中重复出现，因此他也有意将此四节经文，从“全书结语”之中区隔出来，而连结于“新耶路撒冷”的段落。准此，学者们所给我们的第二个答案，也有其充分理由。在这两个选择之中，笔者之所以会采取后者的主张，乃因“大淫妇巴比伦”和“新妇耶路撒冷”这两个异象，不单都以“约翰欲拜天使但被拒绝”之情事(19:9－10;22:8－9)，作为结束，也都以“在灵里”一语，作为这两个异象的“起头”(17:1－3;19:9－10)。换句话说，在约翰的设计中，新妇耶路撒冷之异象，是要到22:9那里，才正式结束的。因此以此方式来切割经文，比较符合约翰让这两个异象彼此对应之设计和目的。

上述观察也显示，22:6－9和8:1－5，以及15:1－5一样，也是约翰在启示录中，为了连结前后经文段落而放下的“文学连环锁”。就8:1－5和15:1－5而论，它们所连结的，分别是七印和七号系列(6:1－8:4;8:2－11:19)，以及“妇人红龙和男孩”和七碗之灾的两个段落(12:1－15:4;15:2－16:21)。但和这两个“文学连环锁”相较，22:6－9不单借着22:8－9和19:9－10的联系，而将全书的结语(22:6－21)，和17:1－22:9的段落，结合在一起，也借着这段经文和1:1－3，以及和22:10－21之间的联系，而将整本启示录给绑在一起了。

正如前述，如是手法并非约翰所独创的，因为至少在诗篇90篇中，我们已经看见

① 这两个异象在起头的部分(17:1－3;21:9－10)，以及在主题上，也都彼此对应。详见页102。

这个文学设计的使用;①而在当代辩论家的著作中,我们也看见他们对此文学手法的讨论。② 因此从这个角度来看,在这些段落中重复出现的词组,概念和场景,并非是“约翰的一个愚笨徒弟,因不了解师父的逻辑,而将经文错置之后的结果”;③反倒是约翰刻意所为,是他文学造诣的极致表现。从文脉逻辑来看,这四节经文是紧紧跟着21:9-22:5的,也十分自然地总结了“新耶路撒冷异象”的段落。但在细究之下,这四节经文和其他经文,却都有所联系。④ 因此约翰显然是经过了一番的深思熟虑之后,才下笔写下这短短四节经文;而他的目的,不单是要为新耶路撒冷异象,画下一个完美的句点,也是要为这卷书,打上一个漂亮的结。

22:6 天使又对我说,这些话是可靠真实的。主,就是众先知之灵的上帝,差遣了祂的使者,将那必要快成的事指示祂的众仆人(Καὶ εἶπέν μοι, Οὗτοι οἱ λόγοι πιστοὶ καὶ ἀληθινοί, καὶ ὁ κύριος ὁ θεὸς τῶν πνευμάτων τῶν προφητῶν ἀπέστειλεν τὸν ἄγγελον αὐτοῦ δεῖξαι τοῖς δούλοις αὐτοῦ ἃ δεῖ γενέσθαι ἐν τάχει)

正如前述,从本节开始的四节经文,虽然是全书结语的一部分,但这个段落在其文脉中所扮演的主要角色,却是“新耶路撒冷异象”的结语。因此虽然下一节经文中的说话者乃人子,此处第三人称的“他[说](εἶπέν)”,所指的应是那从21:9就开始向约翰说话的天使(亦参,21:15)。⑤ 但他藉“这些话是可靠真实的”一语,所要表达的是什么呢? 而“这些话”的范围又有多大?

就本节经文所属的段落而言,“这些话”所指的是“新耶路撒冷异象”(21:9-22:9)。但由于22:6-9也同时是全书结语的一部分,因此“这些话”的范围,就可以是整卷启示录了。从“可靠真实”来看,天使向约翰说话的目的,在证实并强调约翰所看见和听见的启示,是具有权柄的。在启示录的前面,这两个形容词的主角,是“羔羊人子”(1:5;3:7,14;19:11),⑥因此就程度而论,约翰在本书中所见异象,其权威性和“人子之见证”,不相上下。毕竟在本书的一开始,约翰就已经告诉我们,他所领受的启示,乃从耶稣基督而来(1:1)。

---

① 详见 M. E. Tate, *Psalms* 51-100,437。

② B. W. Longenecker, '"Linked Like a Chain": Rev 22.6-9 in Light of an Ancient Transiton Technique,' *NTS* 47(2001),105-17.

③ 此乃 Charles 的见解(*Revelation I*, xviii; l-lv; *Revelation II*, 144-54)。

④ 在上表列中,唯一没有划线的“这些事是我约翰所听见所看见的。我既又听见看见了”(22:8a),也和1:2——“约翰就将神的道和耶稣基督的见证,凡他所看见的,都见证出来”——互相对应。

⑤ 若21:9中的天使,和17:1中之天使(七碗天使之一)是同一位,那么此处之“他”就已在17:1那里现身了。对此天使,Aune 甚至将他视为是1:1中,传递并解释启示的天使,但此见解有推论过度的嫌疑(详下)。

⑥ 在2:13和17:14中,殉道而死的安提帕,和那些跟随羔羊而行的,也被称为“信实的/可靠的”。

但“耶稣基督的启示”,却也是“神赐给祂”的(1:1),因此这些话之所以会是“可靠真实的”,也因它们是从“主,就是众先知之灵的上帝”那里而来。但约翰在此为何要以“众先知之灵”的语句,来描述上帝呢?就“灵”而言,它在原文中乃复数,因此“灵”所指的,应是先知们的“受感之灵”(参,林前14:32)。也就是说,众先知之所以可能受感说话,乃因神之灵的感动。① 但约翰在此的重点,是在“神拥有掌管先知之权柄”吗?的确,但为何他在此要“突然的”提及此事呢?他提及“众先知”的目的,是要将其所见异象,和众先知在灵感下所说的神谕并排,并因此就保证了他所领受之启示的“属天”特性吗?有可能,但更可能的是,由于约翰在启示录的前面,已经多次暗引旧约,并借着如是方式显示,神藉先知们所发应许,已在耶稣基督身上得着应验,因此这些话之所以会是“可靠真实的”,乃因神的应许,已经在人类的历史中,开始应验了。而本于此,祂藉“新耶路撒冷异象”所应许的“神人相合”,也必要在永世中成就。一言以蔽之,神既是“众先知之灵的上帝”,那么祂藉“众先知(包括约翰)”所应许的“新圣城/新伊甸”,也必要实现。

以此方式来理解此处经文,也为启示之内容,即,那必要快成的事,所证实。在1:1那里我们已经晓得,这个语句也出现在1:19;4:1和此处经文中;而此语句则是从但以理书第二章而来(2:28－29,45)。在但以理书那里,“那必要快成的事”所指的,是“神将要审判世上之国,并建立祂永世之国”。此事,在1:19的文脉中,是已经开始实现的了,因为“手拿七星(＝七教会的天使)”的人子(1:16),已在七个金灯台(＝七教会)中出现(1:13),并以教会(＝新神国)之主的身份,向属神的子民发出谴责,鼓励,安慰和应许(2－3章)。在4:1的文脉中,也是如此,因为当人子从父神手中拿了书卷,并揭开七印之后(5:8;6:1),神对这个世界的末日审判,就此展开(七印七号和七碗系列)。② 而在此处经文的文脉中,约翰则是先借着“大淫妇巴比伦的异象”(17:1－19:10),显示了神在世界终了之时,将要审判巴比伦所象征的世界,而后则是借着“新妇耶路撒冷的异象”告诉我们(21:9－22:9),永世神国必要在世界的末了,完全地建立起来。对先知但以理而言,此事是“必要成就的”(2:28－29,45),但对约翰而论,这事乃是“那必要快成的事”;因为若我们站在神永恒计划的角度来看,当末日之钟已在基督第一次降世之时敲响,那么神国成就之日自然就不远了。而若从神的观点来看,在基督第一次降世之后所要发生的下一件事,乃是祂爱子的第二次再临;③

---

① Swete, *Revelation*, 303; Aune, *Revelation* 17－22,1182.

② 在此我们将“末日之始”＝耶稣基督第一次降临(参,来1:2)。因此末日＝基督两次降临之间的日子;而末日之终就等于祂的第二次再临。

③ Beale, *Revelation*, 1135; Osborne, *Revelation*, 782.

因此“新耶路撒冷异象”的实现之日,也当然就是“快要成就的事”了。

但领受此一启示的“众仆人”,究竟是谁呢?是教会中一小群像约翰那样的先知吗?① 有可能,但在1:1的分析中我们已经指出,“众仆人”所指的,是教会中,每一个属神的子民。在启示录中,特别是在两个见证人的异象中(参11:3-4的注释),这“两个见证人=众弟兄姊妹”并不只是“平信徒”而已,而是具有先知身份,并且为了持守他们所领受之羔羊见证,而甘愿受苦的“弟兄和姊妹们”。因此借着“神要将那必要快成的事(永世圣城的成就),指示祂的众仆人”的语句,天使不单向约翰以及其读者保证了新耶路撒冷异象的真确性,也藉此语句安慰了在患难中的他们,因为他们日夜所期盼的,必快要发生。

22:7 看哪,我必快来。凡遵守这书上预言的有福了(καὶ ἰδοὺ ἔρχομαι ταχύ. μακάριος ὁ τηρῶν τοὺς λόγους τῆς προφητείας τοῦ βιβλίου τούτου)

新耶路撒冷城要从天由神那里而降的确定性,已在上节经文中,有了交代。但此关乎神永恒计划之事,并不能等闲视之,因此在天使的确认之后,约翰在本节经文中,又加上了耶稣自己的保证:“看哪,我必快来。”我们不清楚这句话是人子藉天使之口而说的,还是在异象中人子亲自向翰开口说了话;但不论何者为是,在启示录其他的地方,“我必快来”或是“我要降临”的宣告,都由人子口中而出;②因此这句话的主人究竟是谁的问题,应无疑义。

在七封教会书信的文脉中(2:5,16;3:11),“我必快来/降临”所指的,可以是“人子藉圣灵而在教会中施行刑罚或是带来奖赏”,③但在16:15,以及此处经文的文脉中(亦参,22:12,20),祂的再临则是末日的,因为在其时,祂所要进行的工作,不单是审判(16:15),也是羔羊婚筵的举行(21:9;亦参19:7-9;21:2),即,永世圣城/神国的完全成就。

此一“快来”,正如上述(见上节经文的分析),是站在神永恒计划角度的“快来”。也就是说,当神已经借着耶稣之降世,而让祂的永恒计划进入了末日的阶段,那么永世神国的成就之日,也就不会太远了;因此,“凡遵守这书上预言的有福了。”如是“末日论述+儆醒遵行主道”的模式,在新约中可说是一个“常态”,④而约翰在此让此模式以“福论”的形态出现,也带着让此经文,和启示录“七福”中的第一个(1:3),彼此

① Charles, *Revelation II*, 218; Aune, *Revelation* 17-22, 1183;亦参同一个作者的‘The Prophetic Circle of John of Patmos and the Exegesis of Revelation 22.16,’ *JSNT* 37(1989),103-16。

② 2:5,16;3:11;16:15;22:7,12,20.

③ 详见那三处经文的注释。

④ 参,太24:1-46;林前15:35-57,58;林后5:6-9,10;帖前5:1-7,8;帖后2:1-14,15(此乃Osborne的观察[*Revelation*, 783])。

呼应的目的。① 和1:3相较（宣读，听见又遵行书上预言的，是有福的），约翰在此显然省略了“宣读和听见”的两个元素，因为如今他的读者已经经过了“宣读和听见”的步骤，而来到了全卷启示录的最后部分。在此时刻，人子和约翰所求于读者的，只剩“遵行”而已。

此一前后呼应的现象也显示，启示录存在的目的，或者说，人子之所以要约翰将启示录写下来（1:11,19），并要教会宣读并遵行此书的目的，在为圣徒带来福分。而此福分，乃是在永世之中，我们可以成为神和羔羊所居住的圣城，并因此得以拥有一切从神和羔羊而来的恩典。此一恩典很难尽述，但凡举罪疚全消；与创造之父相和；浪子归家并重新成为天父所爱儿女；被神和羔羊之光所环绕；整个生命的更新和改变；不再受到物质身体的限制（得荣耀）；可以享有在神面前服事敬拜祂的特权；并能在爱中和其他的弟兄姊妹们彼此往来等等，都包括在其中。简言之，在永世之中，从神而来的平安，将要成为我们与神，与人，与自己，以及与世界之间关系的主调。旧世界中的混乱，失焦，茫然，争竞和不安，都要成为过去；而秩序，和谐，方向，意义和平静安稳，将要完全的取而代之。

22:8－9 这些事是我约翰所听见所看见的。我既听见又看见了，就在指示我的天使脚前俯伏要拜他。[9] 他对我说，万万不可！我与你，和你的弟兄众先知，并那些遵守这书上话语的人，都是作仆人的；你要敬拜神（Κἀγὼ Ἰωάννης ὁ ἀκούων καὶ βλέπων ταῦτα. καὶ ὅτε ἤκουσα καὶ ἔβλεψα, ἔπεσα προσκυνῆσαι ἔμπροσθεν τῶν ποδῶν τοῦ ἀγγέλου τοῦ δεικνυόντός μοι ταῦτα. [9]καὶ λέγει μοι, Ὅρα μή· σύνδουλός σού εἰμι καὶ τῶν ἀδελφῶν σου τῶν προφητῶν καὶ τῶν τηρούντων τοὺς λόγους τοῦ βιβλίου τούτου· τῷ θεῷ προσκύνησον）

在天使的确认（22:6）和人子的背书（22:7）之后，约翰也为他所领受的启示，签名盖章：“这些事是我约翰所听见所看见的。”从整卷启示录的上文来看，约翰的确是在异象中，看见一些人事物，并听见天使或是天庭活物的话，因此“看见和听见”在此的出现，并不令人意外。从此角度观之，约翰和旧约的见解，即，看见和听见乃人接收信息之管道，并无不同。② 但在整本圣经之中，我们也看见圣经的作者，以“我看见和听见”之类的语言，来保证他们所领受之启示的真确性和权威性，③因此在约翰“在灵

① 启示录中的七福：1:3；14:13；16:15；19:9；20:6；22:7，14。

② 参，创24:30；诗48:8；箴20:12；歌2:14；赛29:10；42:20；耶4:21等等。在旧约中，看见和听见也是神垂听人祷告的管道；参，出3:7；申26:7；王下20:5；赛38:5；尼9:9；但9:18等等。

③ 参，民24:15－16；申4:36；18:16；29:4；赛6:9；徒22:14；约壹1:1－2；Jos. *Ant.* 4.43。此乃Aune的观察（*Revelation* 17－22，1185），但笔者亦在其上加上了其他的经文索引。

里见异象”的文脉逻辑中(21:9－10),此处的“听见和看见”,也具有相似的效果和作用。

但约翰在“听见并看见”了新耶路撒冷异象之后,为何会在那向他启示异象的天使脚前下拜呢? 是新耶路撒冷的耀眼亮丽,以及此一异象所能带来的深沉安慰,让约翰心生敬畏而自然仆倒在地呢? 还是人子在前节经文中的发声说话(我必快来),而使约翰俯伏的呢? 我们不清楚,但此处经文,在“约翰欲拜天使,但为天使所拒绝”的情节上,和19:9－10之间的平行类比,显示约翰除了要引导其读者到“单单敬拜神”的结论之外,还别有所图。怎么说呢? 第一,在前面我们已经提及,这两段经文在字面和情境上的平行,乃是约翰为了让“大淫妇巴比伦异象”,和“新妇耶路撒冷异象”彼此对应的设计。第二,在启示录中的四个主要异象,因着它们都是约翰“在灵里”所看见的(1:10;4:2;17:3;21:10),其权威性就而有了从天而来的背书。但和那以人子为主角的拔摩异象(1:9－3:22),以及那以宝座为中心的天庭异象相较(4:1－16:21),“大淫妇巴比伦”和“新妇耶路撒冷”的两个异象,却是由七碗天使中之一位所带来的(17:1;21:9),因此借着“天使要约翰敬拜神”的结尾,这两个异象的源头和权柄,也就有了进一步的保证。换句话说,以相同情节来总结这两个异象,除了有文学结构上的考量之外,也带着神学上的目的。①

“我与你,和你的弟兄众先知,并那些遵守这书上话语的人,都是作仆人的”,则是天使拒绝约翰敬拜他的理由。单就这句话来看,天使拒绝约翰之敬拜的原因,乃是他将他自己,和约翰,约翰的弟兄众先知,以及那些遵守书上话语的人,都放在同一个地位:服事神的仆人。而本于此,学界中就有人认为,在初代教会中,曾有着一个先知群体的存在。② 但若我们将此经文,和天使在19:10中,天使拒绝约翰敬拜他之理由相较——“我和你,以及那些和你一同持守耶稣之见证的弟兄,都是作仆人的”,那么这个推论就不太站得住脚了。因为在那里,约翰的弟兄乃是那些和约翰一同持守耶稣见证之人,也就是此处经文中的“众先知”。换句话说,在这两处经文的对照之下,我们晓得在约翰的观念中,那些持守耶稣见证的人不单是弟兄,也是先知,因为他们所行,即,向这个世界见证基督,在本质上,和旧约先知所为并无二致。事实上,在11章那里我们已经提及,当圣灵于五旬节降临之后,教会之于世界,就成了神所膏立的先知了。而为凸显如是特色,约翰不单让教会以“两个见证人”之姿出现,也将旧约两个具有代表性之先知的能力(摩西和以利亚),加在他们的身上。也难怪约翰会在天庭

---

① 相关讨论,亦见19:9－10的注释。

② Thomas, *Revelation* 8－22,500－501; Osborne, *Revelation*, 784.

异象中,以“奉差遣往普天下去的”,来描述那在宝座前,并为人子羔羊所拥有的七灵(圣灵;4:5;5:6)。因为从五旬节那天开始,被圣灵浇灌了的教会,其使命就是要往普天下去传福音。而从此角度来看,这恐怕是我们“敬拜神”的最佳途径了。

解释和应用

和2-3章中的七封书信一样,新耶路撒冷异象的段落,在整卷启示录中,恐怕是在教会的讲台上,最经常被传讲的经文之一;因为对那些在苦难中的信徒而言,这个异象所能带来的安慰和鼓励,是十分真实和深沉的。在丧失亲人和弟兄姊妹之时,在我们为病痛所苦,为疾病所折磨之际,或是在遭遇了人生重大挫折的当下,甚或是在为福音的缘故,放弃了人生中许多美好的机会而心中隐隐作痛的时候,细读这段经文,总会让我们重燃盼望,并叫我们下垂的手能重新举起,发酸的腿能重新站立。像一盏明灯般的,新耶路撒冷异象总能让身处在黑暗中的我们,抬起头来,望向未来。

但神以及约翰借着这个异象,所要带给我们的盼望是什么呢?对许多信徒(包括了过去的笔者)而言,新耶路撒冷异象所应许的,是神为我们预备了一个“黄金街碧玉城”的住处,而此新耶路撒冷城,若以二十一世纪的语言来说,至少在我们的想象中,是有点类似于“五星级大饭店”的。我们也许不若保罗,彼得或是约翰这些大使徒们,能住进一间各样设施一应俱全,景观优美的总统级套房,但神所要给我们的,至少会比我们今天所居住的斗室,在面积上和品质上,要好得多。毕竟新耶路撒冷城乃是一个以黄金碧玉,和各样宝石珍珠所打造的城,而其规模,也有2200立方公里之大。

但神的应许果真是如此的吗?在旧约中,先知们因着他们所身处的历史时空情境,也因着神新启示之阶段尚未来到,他们所发有关将来复兴的预言,的确都带着“现世和物质”的色彩。但即便如此,在他们关乎未来复兴的异象中,“神超自然作为”的元素,以及复兴“属灵”的面向,却也从未缺席;因为他们晓得,“重归故土,重享丰富物产”之祝福,所指向的是那在永恒中,涵盖了物质层面的属灵福分。对先知们而言,他们所不完全清楚的(相对于新约作者),不是福分的性质,而是这事要在何时,以及以怎样的方式来成就(参,彼前1:10-12)。因此在新耶路撒冷异象中,当约翰以旧约先知之预言为本,来论述将来的新圣城时,他在耶稣基督之启示的影响下,就要把这个成就神诸多应许的新元素,即,羔羊,给加了进去。

相对于旧约中的前辈们,约翰将羔羊加入未来复兴应许的手法,当然有着“后事之师”的意味,但如是确认,却也只有“在圣灵里”的人(1:10;4:2;17:3;21:10),才能完成;因为许多当时与约翰同属犹太族裔的人,因其硬着颈项,刚硬其心,虽然看见那无法叫人否认的神迹,但却无法将耶稣和弥赛亚画上等号。对我们目前所关注的议题而言,此一“在圣灵中认出羔羊乃弥赛亚”之意义,在让我们晓得,羔羊所要成就的复兴,并不只以这个物质世界为范围。服在虚空之下的万物,在人子再临之时,当然要得着更新,但如是更新,却是以“人可以得着神儿子名分”,为其焦点和前提(罗 8:19 - 25)。因此当我们的身体得赎,并从“会朽坏,带着羞辱和软弱”之情况,变成“不会朽坏,并满有荣耀和强壮”的灵体之后(林前 15:42 - 44),我们还会需要一个以黄金和碧玉为建材的城,来作为我们在永世中的居所吗?在现今的世代中,这个世界的荣华富贵,容或对我们还有吸引力,也三不五时的,叫我们的眼目转离我们的主;但在将来的世代中,当我们进入了荣耀之境以后,这些东西还会吸引我们的心吗?或者说,在能够畅饮生命河之水,并能自由吃生命果的情况中,我们还会在意今生所看重的东西吗?当“拥有永恒生命”不再是个遥远的梦,而是一个已经实现的事实之时,我们还会在乎黄金和碧玉之类的财富吗?

不,神藉新耶路撒冷异象所应许我们的,是我们要成为新的圣城,而祂和羔羊要成为这个圣城中的圣殿。祂要亲自与我们同在,做我们的神。在约翰的笔下,我们就是那建构永世圣城的材料:黄金、碧玉、12 样珠宝和珍珠。如是描述的意思,当然不是说我们要变成金属和贵重的石头,而是要表达一个永世不变的真理,那就是,在神的眼中,我们乃是最宝贵,也是最贵重的。在神让羔羊降世,并为我们死在十字架上的历史中,此一真理已有了清晰的表达;在神以大祭司胸牌上的 12 样宝石,作为以色列 12 支派之代表的设计中,此一真理也有了一定程度的展现;但在启示录中,当约翰以圣城表圣徒时,如是真理恐怕就只能藉黄金、碧玉、宝石和珍珠来呈现了。

我们的确要成为神所居住的黄金碧玉之城,但永世圣城却也是一个反映神荣耀的城,因此她的碧玉和黄金,要明如水晶,也要如透明的玻璃。也就是说,作为这个神之城基本建材的我们,将要在永世之中,没有丝毫折扣的,反映出神的荣光。在今世之中,我们虽然尽力的遵行人子的命令,那就是,“你们是(要做)世上的光”(太 5:14a),也尝试成为那“造在山上不能隐藏的城”(太 5:14b),但在许多的时候,我们至多也只能是一盏冒烟的油灯。但与此相较,在永世之中,我们却已完全脱离了罪的辖制;因此在其时,我们就可以全心、全意、全力地来爱主我们的神,也能以百分之百无私的爱,来与弟兄姊妹们相处往来。在行走天路之时的软弱和跌倒,在遵行神命令时的胆怯和小信,在事奉神之事上的保留和推脱,都要成为历史。在永世之中,被神荣耀之光所环绕的我们,将要成为一群同心合意、以神之喜悦和笑脸为目标、尽心事奉祂的仆人。祂是永世圣城的中心,而我们则是环绕在祂和羔羊宝座四围,俯伏在地,敬拜事奉祂,属祂的子民。

如是应许,是必要成就的。但这并不表示我今天只要安静等候,就自然的在那个应许成就之时,有我的一份。因为约翰在此令人心向神往的异象中,也同时告诉我们,那些不洁净的,也就是那些依旧恋眷这个世界,依附大淫妇巴比伦拜金主张的人,不属永世圣城。相反的,只有属羔羊的,也就是遵守这书上话语的人,才能在永世圣城中,有他的位置(21:27;22:7,9)。因此我们今天所面对的问题依旧是,我今日所为,是否显示我乃属羔羊之人?

我的羊听我的声音,我也认识他们,他们也跟着我。

(约10:27)

Ⅶ 结语(22:10—21)

在启示录1:1那里,约翰就已经告诉他的读者,这卷书的内容,乃是“耶稣基督的启示”;而此启示,则是神所赐给祂,并透过神的天使借着约翰之笔而传给了祂的众仆人(教会)。因此在这卷书的最后,约翰自然就要让耶稣基督亲自开口说话,来保证这卷书的可靠性和神圣性。但正如旧约中我们所看见的,神说话,祂的子民就必须有所回应;因此在启示录的结语中,我们也就看见被圣灵所掌管的教会,以及传递此一信息之约翰,都开口回应人子羔羊的启示。但祂是如何向教会发出祂的保证的呢?而教会和约翰又是以怎样的言语和方式,来回应那向他们说话的主呢?

经文翻译

10 他又对我说,不可封了这书上的预言;因为时候近了。11 让不义的,仍行不
义;让污秽的,仍旧污秽!让行义的,仍旧行义;让圣洁的,仍旧圣洁!

12 看哪,我必快来。赏罚在我,要照各人所行的报应他。13 我是阿拉法,我是俄
梅戛,我是首先的,我是末后的,我是始,我是终。14 那些洗净自己衣服的有福了!他
们拥有到生命树那里的权利,也可以从门进城。15 城外有那些犬类,行邪术的,淫乱
的,杀人的,拜偶像的,并一切喜好并编造谎言的。16 我耶稣差遣了我的使者,为众教会
向你们见证这些事。我是大卫的根,又是他的后裔。我是明亮的晨星。17 圣灵和新妇都
说,来!听见的人也该说,来!口渴的人也当来;愿意的都可以白白的领受生命的水。

18 我向一切听见这书上预言的作见证,若有人在这预言上加添什么,神必将写
在这书上的灾祸加在他身上;19 若有人删去这书上的预言,神必从这书上所记载的
生命树和圣城,删去他的份。20 见证这事的说,是的,我必快来。阿们。主耶稣啊,
我愿你来。

21 愿主耶稣的恩惠,常与众人同在。

经文结构和形式

7.1 天使的警语 22:10－11

7.1.1 关乎这卷书的(10)

7.1.1.1 不可封上书中预言(10a)

7.1.1.2 原因:日子近了(10b)

7.1.2 关乎世人和圣徒的(11)

7.1.2.1 任凭世人依旧行其所行(11a)

7.1.2.2 鼓励圣徒继续行其所行(11b)

7.2 人子的警语和教会的回应 22:12－17

7.2.1 人子的警告(12－16)

7.2.1.1 破题:祂要再来,并要审判(12)

7.2.1.1.1 祂要快来(12a)

7.2.1.1.2 按各人所行审判(12b)

7.2.1.2 阐释(13－15)

7.2.1.2.1 祂必再临(13)

7.2.1.2.1.1 祂是阿拉法,俄梅戛(13a)

7.2.1.2.1.2 祂是首先的,末后的(13b)

7.2.1.2.1.3 祂是始,祂是终(13c)

7.2.1.2.2 按各人所行审判(14－15)

7.2.1.2.2.1 义人之福(14)

7.2.1.2.2.2 恶人之祸(15)

7.2.1.3 人子对本书权柄的确认(16)

7.2.1.3.1 祂的认证(16a)

7.2.1.3.2 祂的身份(16bc)

7.2.1.3.2.1 大卫的根/后裔(16b)

7.2.1.3.2.2 明亮的晨星(16c)

7.2.2 教会的回应(17)

7.2.2.1 向人子的回应:来(17a－b)

7.2.2.2 向世界的呼吁:来(17c－d)

7.3 人子的警语和约翰的回应 22:18-20

7.3.1 人子的警告和保证(18-20a)

7.3.1.1 禁止加增此书内容(18)

7.3.1.1.1 禁止加增(18ab)

7.3.1.1.2 加增者之祸(18c)

7.3.1.2 禁止删减此书内容(19)

7.3.1.2.1 禁止删减(19a)

7.3.1.2.2 删减者之祸(19b)

7.3.1.3 人子的保证:祂要快来(20a)

7.3.2 约翰的回应:我愿你来(20b)

7.4 全书结语 22:21

在附录十五中我们已经指出,①从22:6那里,启示录一书的结语段落就已开始。但在约翰的设计中,22:8-9乃是和19:9-10彼此呼应,并分别是大淫妇巴比伦异象和新妇耶路撒冷异象的结尾,因此在如是考量之下,我们就将22:6-9归属于新耶路撒冷异象的段落了。在附录十五的分析中我们也已经指出,为了让启示录的结语,和其前经文,特别是全书序言,有所联系,约翰就在结语的部分,让前面所论及的许多议题重复出现。但为了达到这个目的,这些重复出现的主题,就以许多看似彼此独立,互不相属的语句,出现在全书结语的部分。具体的来说,这12节的经文乃是由如下的九个小段落所组成:(1)一个以“*他对我说*”为始的小段落(10-11),(2)四个以第一人称之“*我*”作为主角的宣告(12-13;16;18-19,20a),(3)一个关乎福分和咒诅,但不十分清楚是由谁口中而出的论述(14-15),(4)圣灵和教会之言(17),(5)一个不知是由谁所发出的呼吁(20b),以及(6)书信结语(21)。

对此现象,学界有不同的解读。有人认为启示录之结语之所以会有如此“不规则”的现象,是因此结语,反映了初代教会崇拜中,主事者和会众之间“应和”的仪式;②而有人则将之归疚于约翰的徒弟,也就是将约翰手稿做最后整理和编辑,但却

---

① 见页1203-06。

② M. A. Kavanagh, *Apocalypse* 22:6-21 *as Concluding Liturgical Dialogue*(Rome: Pontifical Gregorian University, 1984; U. Vanni, 'Liturgical Dialogue as a Literary Form in the Book of Revelation,' *NTS* 37(1991),348-72.

不甚聪明的那一位。① 这些见解，虽然颇能解释启示录结语的文学特殊性，但却都属揣测。②

从我们前面所建立的结构来看，启示录的结语并非完全没有文脉逻辑可寻，因为若我们将（1）22:10 中的“他”视为新耶路撒冷异象中的天使，（2）22:18－19 中的警告，与 22:20a 中之“我（人子）”连结，并将（3）22:20b 的“我愿你来”，视为约翰的回应（详下），那么这段经文，除了 22:21 的“书信制式结语”之外，就是由天使的警语（10－11），人子的警语和教会的回应（12－17），以及人子的警语和约翰的回应（18－20），这三个段落所组成的。在此三个段落中，第一个段落将此结语和新耶路撒冷异象连结在一起；而其后的两个段落，则是人子对启示录之可靠性的保证，以及教会与约翰对启示录全书信息的回应。

不单如此，在 22:18－20 节和 22:6－7 之间，我们也看见它们彼此呼应：（1）22:6 之“这些话是可靠真实的”，在语意上和 22:18 的“我见证”并无差异；（2）22:7 和 22:20 都有“我必快来”的语句；（3）在 22:7，10，18 和 19 中，启示录都被称为“预言之书”；（4）22:18b－19 的两个“咒诅”，与 22:7 中的“祝福”，也彼此对应。③ 因此若我们从 22:6－20 的角度来看，约翰显然有意让这两个小段落，因着如是呼应，而成为包夹启示录结语的头和尾；但若我们从一个更宽广的角度来看，22:6－9 之于 21:9－22:9，也正如 22:18－19 之于 22:6－20，因为它们在其各自所属的段落中，都扮演着结语的角色。

事实上，我们还可以再退一大步，从全卷启示录的角度来理解 22:10－21 所具有的结构性角色。怎么说呢？在启示录 1:1 那里我们已经晓得，“耶稣基督的启示”，乃是透过神的使者（天使）和约翰，而到了众仆人（教会）的手中，因此（1）人子在结语中的出现，并保证启示录一书的权柄，（2）将异象带给约翰之天使的在此出现，以及（3）约翰和教会对启示录一书信息的回应，都与 1:1 遥遥呼应，并为此书画下了一个完美的句点。基督的必要再临，保证了启示录一书的权柄（1:3；22:12，20），而约翰以及教会，也因此就必须在“义和圣洁”中（22:11），持守“主必要再临”的盼望（22:17，20）。

经文分析

22:10 他又对我说，不可封了这书上的预言；因为时候近了（καὶ λέγει μοι, Μὴ

① 例如，Charles, *Revelation II*, 211－15。

② Aune, *Revelation* 17－22, 1204－08; Osborne, *Revelation*, 777.

③ 此乃 Aune 的观察（*Revelation* 17－22, 1208）。

σφραγίσῃς τοὺς λόγους τῆς προφητείας τοῦ βιβλίου τούτου, ὁ καιρὸς γὰρ ἐγγύς ἐστιν)

正如前述,启示录22:6-9不单是新耶路撒冷异象的结语,也是全书结语的"起头部分",因此本节经文中向约翰(我)发声说话的"他",应是把异象带给约翰的天使(21:9,15;22:1,6)。在22:8-9中我们已经看见,此一天使因着他乃是与约翰同为神仆的缘故,不单拒绝了约翰的敬拜,也将约翰引导到神的面前。而在本节经文中,他为了要完成他传递启示的使命,则是更进一步地要求约翰,不可封了这书上的预言。

对此要求,许多释经者都准确地指出,约翰在此暗引了但以理书12:4,9(亦参,但8:26),因为在那里,将末日之事启示给但以理的天使,向先知所发的命令乃是:"你要隐藏这话,封闭这书,直到末时。"①但与此相较,启示录之天使所给约翰的命令,却恰恰相反。因此我们的问题是,约翰将此旧约背景,翻转过来,并应用在启示录一书之上的原因和目的何在?若从天使所给的理由来看(γὰρ),即,"时候近了",那么启示录和但以理书之别,乃在他们对"末日何时来到"的见解,有所出入:对先知但以理而言,末日乃在遥远的未来,但对约翰而论,末日则是近在咫尺。②

概括而言,如是见解是可以接受的,但我们要如解释"在两千年后,为何末日依旧未到"的问题呢?对此问题,学界中有人认为,每一个世代,都像第一世纪的教会一样,在世界的手下受苦,因此对每个世代中的教会和信徒来说,末日都是近在咫尺的。③ 此说有其可能,但它却没能真正回答"初代教会是否对末日即临之期盼有误"的问题。在1:3;5:1;10:6b-7和22:6的注释中,我们已经多次指出,但以理书中之天使之所以要先知"隐藏这话,封闭这书"的缘由,乃因神向先知所发的启示,即,"末日圣徒将要受苦,但神却要刑罚他们的仇敌,并建立其永世国度之事",还未成就,因为末期还未来到。但就约翰而言,此一"隐藏和封闭"之事,已在基督第一次降世,死和复活,并升上高天的历史事件中,开始应验;因此神国完全成就的日子已近,而显明此一真理的启示录,自然也就不可封上了。④ 换句话说,在耶稣基督的启示中(1:1),圣徒为何要受苦,世界为何要逼迫教会并将要如何受到审判,以及神国要如何成就等等的问题,都有了答案,因此承载并解释如是真理的启示录,不单不可封上,更要在教会中宣读,并被遵行,因为此乃信徒蒙福的唯一途径(1:3;22:7,14)。

---

① 例如,Swete, *Revelation*, 304; Moffatt, *Revelation*, 490; Aune, *Revelation* 17-22, 1216; Beale, *Revelation*, 1129-30; Osborne, *Revelation*, 785。

② Thomas, *Revelation* 8-22, 501-02.

③ Ladd, *Revelation*, 291-92; Mounce, *Revelation*, 392.

④ 亦参,Beale, *Revelation*, 1129-30。

22:11　让不义的，仍行不义；让污秽的，仍旧污秽！让行义的，仍旧行义；让圣洁的，仍旧圣洁（ὁ ἀδικῶν ἀδικησάτω ἔτι καὶ ὁ ῥυπαρὸς ῥυπανθήτω ἔτι καὶ ὁ δίκαιος δικαιοσύνην ποιησάτω ἔτι, καὶ ὁ ἅγιος ἁγιασθήτω ἔτι）

将耶稣基督之启示带给约翰的天使，借着本节经文总结了他所带来的信息。但这句话的意思又是什么呢？就形式而论，天使的结语乃是以两组彼此对称之命令语句所组成的；而就内容而言，他的结语似乎给人“万事早已预定”印象。也就是说，这节经文似乎暗示，人在末日的命运，即，面对神的审判或是被神拯救，是已经预定的了。此一印象和观感恐怕不容易消除，因为若我们将本节经文，和约翰在此所暗引的但以理书 12:10 相较，预定论的可能性只会更高。① 怎么说呢？在先知异象中所出现的天使，对末日所发的预言乃是：“必有许多人使自己清净洁白，且被熬炼；但恶人仍必行恶，一切恶人都不明白，唯独智慧人能明白。”也就是说，但以理书所言，乃是对末日情况的中性描述，但在约翰的笔下，如是描述却是以“命令语句”的方式出现。若以现代神学语言来说，约翰在此不单暗引了但以理书的“预知”，更让此旧约预言以“预定”的形式出现。

在“个人自由意志”大行其道的今天，“预定论”是不受欢迎的。因此为了要软化此一印象，学界就有了不同的解决之道。其一是，本节经文的焦点，不在“预定”，而在强调神预言必要成就。也就是说，人之行为（行恶或是行善），不会影响神永恒计划的实现。② 此说强调了神的权柄，因此理当受到欢迎，但它的最根本问题，在于它太轻忽本节经文的主要特色，即，四个“命令（让/叫）”。

第二，若以“任凭”的方式来理解“让不义的，仍行不义；让污秽的，仍旧污秽”，那么神就没有主动的“叫”恶人继续行恶了，而只是被动地容忍他们行其所行，直到末日的审判为止。③ 此说是可能的，但却恐怕只对了一半，因为在此理解之下，“让义人和圣洁的依旧行义和持守圣洁”，就不是神的命令，而成为神的容许了。

第三，若从“时候近了”和“我必快来”的上下文来看（22:10，12），本节经文乃因“末日即将来到”而有的。也就是说，由于人过去所行已经定型，因此在末日即将到来的情况下，他改变主意的机会也就不再有了。④ 此一解释看似合理，但却和 22:17 中，

---

① 以但以理书 12:10 为启示录 22:11 之旧约背景的，大有人在。例如，Swete, *Revelation*, 305; Moffatt, *Revelation*, 490; Beckwith, *Apocalypse*, 775; Harrington, *Revelation*, 222; Aune, *Revelation 17－22*, 1217; Beale, *Revelation*, 1131; Osborne, *Revelation*, 785。约翰在上节经文中暗引了但以理书 12:9 的事实（详上），也更强化了此一主张。

② Wall, *Revelation*, 264－65.

③ Hendriksen, *More than Conquerors*, 208.

④ Mounce, *Revelation*, 393; Thomas, *Revelation 8－22*, 502.

圣灵和教会依旧向这个世界发出“来”之邀请的事实,彼此矛盾。

第四,若我们以“神要人反省其所行所是”之方式来理解本节经文,那么“预定”的色彩就没有那么浓厚了。① 但此见解,和第一个解释一样,没有容许本节经文中的四个命令,充分展现它们的力道。

第五,若我们参照但以理书的背景,并从约翰对此旧约经文之理解的角度来看(详见上节经文的注释),那么这节经文的意思就是,神既已借着人子羔羊显示了祂公义和慈爱的属性(审判恶人,拯救义人),那么那些对祂之启示(耶稣基督)没有反应的人,就让他继续行恶,并依旧污秽吧;但让那些认出羔羊乃弥赛亚,并跟随祂脚踪而行的人,继续的以其义行(受苦忍耐),来显示他们乃是被祂所分别出来的人(圣洁)。② 换句话说,当神已经做了祂所可能做的一切之后(差遣爱子降世,并叫祂死而复活,升上高天),人就必须对他自己的决定负责了。拒绝羔羊,并打压跟随羔羊之教会的,就再也没有得着恩典的可能了;但若甘心受苦,以羔羊为师,那么就让他们继续的行其所行吧,因为他们所做的,将要在永世中得着奖赏。

在此五个见解中,最后一个应是比较合理的;因为如是看法让本节经文,十分自然地成为新耶路撒冷异象的结语:你对羔羊新妇耶路撒冷的态度(打压或是成为其中一分子),将要决定你永恒的命运。事实上,以类似“警语”来总结一段经文的情况,也在七封书信中出现,因为人子对七个教会所说的话,也都以“凡有耳的,就应当听”为结(2:7,11,17,29;3:6,13,22)。此一“警语”,在以赛亚书的背景中(参 2:7 的注释),乃是神对那些拥有旧约启示,但却多次背道之以色列人所发,也是耶稣对当时犹太人,也就是那些不能认出祂乃是弥赛亚之同胞,所发出的警告(太 12:22 – 30,38 – 45)。一言以蔽之,对拥有旧约启示但却背道的以色列,神的警告和刑罚是叫他们“有耳不能听,有眼不能看”(赛 6:9 – 10),因此他们也就只能继续在黑暗中;但对看见了羔羊以及见证羔羊之教会的世界,神的警告和刑罚则是,让其继续行不义,也让她依旧污秽吧!因世人所行,已证实他们不属羔羊,而是以红龙撒但为父。

22:12 看哪,我必快来。赏罚在我,要照各人所行的报应他(Ἰδοὺ ἔρχομαι ταχύ, καὶ ὁ μισθός μου μετ' ἐμοῦ ἀποδοῦναι ἑκάστῳ ὡς τὸ ἔργον ἐστὶν αὐτοῦ)

“让恶人依旧作恶污秽,并让义人继续行义和圣洁”,是天使对其所传递之启示的

---

① Beasley-Murray, *Revelation*, 337; Osborne, *Revelation*, 786.

② Beale, *Revelation*, 1132 – 33. Beale 认为此节经文的主要对象,乃教会,因此“恶人”所指的,就是教会中背道的人。此一见解是准确的,因为启示录乃是以教会为其对象(1:1,11,19;2:1 等等)。但在启示录中,教会乃是藉其甘心受苦而向这个世界做羔羊见证的金灯台,因此世人在见此见证,但依旧继续打压教会之时,就显示了他们是不属羔羊的。因此天使也才会在此说,让他们继续行其所行吧!

结语和警告(22:11),但如是语言着实不易消化,因此从本节经文开始,人子就亲自开口发声说话,为天使之警告背书。

和21:7那里一样,人子在此也以祂必要快来的宣告,来保证此书启示和预言的可靠性。但祂并不单单快要再来而已,而是要以一个审判官的身份出现:“赏罚在我,要照各人所行的报应他。”①就“看哪……赏罚在我”而言,其旧约出处乃是以赛亚书40:10,“看哪!主耶和华必像大能者临到,他的膀臂要为他掌权;看哪!他给予人的赏赐在他那里,他施予人的报应在他面前”(新译本;亦参,赛62:11)。② 和此相较,约翰将此旧约预言中的拯救者耶和华,变更为人子;因为成就此事的,乃羔羊(参,启5:9－10;7:9)。此一高举基督的手法,是我们已经十分熟悉的了;但在暗引此一旧约预言之际,约翰却也将“快(ταχύ)”一语,加了进去。何以致之?正如前述,此一预言,是已在人子第一次降世之时就已开始发生,因此在神永恒计划中的下一件事,就是耶稣基督的第二次再临。换句话说,当此预言已开始应验,其完全成就的日子,自然就*快*要到了。

就“要照各人所行的报应他”的语句而论,其旧约主要出处则是箴言24:12d:“他(耶和华)岂不按各人所行的,报应各人吗?”③在旧约,新约以及犹太人的文献中,论及“神依照人所行的报应他”之概念的,可说是俯拾皆是,④但只有启示录和第二世纪下半叶的革利免一书,将此箴言和以赛亚书40:10连结在一起(34:3－看哪!主,赏罚在他,要照各人所行的报应各人)。我们不清楚革利免一书是否受到了启示录的影响,还是这两者都本于一个共同的释经传统,⑤但和革利免之言相较,约翰将这两节旧约经文直接应用在基督身上(我),并将之放在末日情境中的手法(快来),都要比教父革利免来得更为直接和“大胆”。⑥ 何以致之?恐怕是因为启示录乃“耶稣基督的启示”(1:1)。也就是说,祂既是荣耀之神的具体显现(参,赛40:5),并且也是将神

---

① 在原文中,“赏罚(ὁ μισθός)”可以是正面的“奖赏”,反面的“刑罚”,或是中性的“工价”;但在此论及末日审判的文脉中,此一语词就可以有“赏和罚”的意思了(参,BAGD, 523)。

② Charles, *Revelation II*, 221; L. P. Trudinger, The Text, 144; C. G. Ozanne, The Influence, 151; Thomas, *Revelation* 8－22,505; Aune, *Revelation* 17－22,1218; Beale, *Revelation*, 1136; Osborne, *Revelation*, 787.

③ Charles, *Revelation II*, 221; Aune, *Revelation* 17－22,1218; Beale, *Revelation*, 1137; Osborne, *Revelation*, 788.

④ 例如,代下6:23;伯34:11;诗28:4;62:12;耶17:10;结18:20;何12:2;太16:27;罗2:6;14:12;林前3:12－15;林后5:10;11:15;提后4:14;彼前1:17;以诺一书41:1－2;所罗门诗篇2:16,34;17:8等等。

⑤ 相关讨论,见Aune, *Revelation* 17－22,1218。

⑥ 在其上下文中,革利免的“他”乃耶和华神,而革利免之所以会引用这两节旧约圣经的原因,乃是要劝勉信徒谨慎行事。换句话说,在革利免一书中,末日并非重点。

永恒计划付诸实现的那一位(参,启 5:7),因此祂不单必要快来,也要依各人所行的来报应各人。

但如是"依各人所行"的标准,是否暗示了"人要因行为而称义/得着救恩"?应该不是,因为在上节经文中我们已经提及,恶人之所以要继续行恶,而义人之所以要继续行义,乃因他们已经在面对神之启示时(羔羊),做了一个"拒绝"或是"接受"的决定。因此和雅各书一样(雅 2:14-26),此处启示录经文所说的,并非"因信称义"之事,而是那能显现出人是否真是"羔羊跟随者"的后续动作(参,启 14:4-5)。一时的软弱和跌倒,虽然令人懊悔,也实在需要神的怜悯和赦免,但人子在此所说的,恐怕不是这类"偶然被过犯所胜"的情况(加 6:1),而是长时间对属灵之事的冷淡,和持续在罪中,不愿意认真面对神的状态。因为人若长期缺少积极追求信仰的态度,也无消极对付罪恶的习惯,那么他恐怕就得十分严肃地问问他自己:究竟羔羊于我,有什么意义?我是否真属羔羊之军?

22:13 我是阿拉法,我是俄梅戛,我是首先的,我是末后的,我是始,我是终(ἐγὼ τὸ Ἄλφα καὶ τὸ Ὦ, ὁ πρῶτος καὶ ὁ ἔσχατος, ἡ ἀρχὴ καὶ τὸ τέλος)

羔羊将要以审判官之身份再来,是上节经文的主调;而此事所具有的严肃意义,也在本节经文中,有了进一步的阐释。但人子借着"我是阿拉法,我是俄梅戛,我是首先的,我是末后的,我是初,我是终"的三重"我是"语句,所要表达的是什么呢?第一,就整卷启示录而言,(1)"阿拉法和俄梅戛"已在 1:8 和 21:6 中,由父神的口中而出;(2)"首先的和末后的"则是基督的自我称号(1:17;2:8);而(3)"始和终"也已经在 21:6 中,从父神口中而出了。因此当人子将这些在旧约中,都属耶和华神之称号,加在自己身上时,"我与父原为一"的真理(约 10:30),就不言而喻了。

第二,除了"教义性"的含义之外,人子在此所发三重"我是"之宣告,也具有"教牧"意义。在 1:8 那里我们已经指出,不论是"阿拉法和俄梅戛","首先的和末后的",或是"始和终",其含义都是一样的,那就是,如是宣告者因着同时"站在"时间的头和尾,因此祂就是掌管人类历史进程和方向的那一位。准此,人子借着本节经文中的三重"我是",就保证了祂在前节经文中的宣告,即,祂要以审判官身份快来。事实上,此一三重"我是"所保证的,也包括了下两节经文,因为在那里人子所宣告的,是祂要如何赐福给那些洗净自己衣服的(22:14),以及祂要如何对待那些不属于祂的"犬类"等人(22:15)。换句话说,祂之所是,是祂过去,现在和将来所行之事的保证;因此若祂已在人类历史中,进行了祂的审判和拯救,那么在人类历史的终点,祂也将要行同样的事。

22:14 那些洗净自己衣服的有福了!他们拥有到生命树那里的权利,也可以从门进城(Μακάριοι οἱ πλύνοντες τὰς στολὰς αὐτῶν, ἵνα ἔσται ἡ ἐξουσία αὐτῶν ἐπὶ τὸ ξύλον τῆς ζωῆς καὶ τοῖς πυλῶσιν εἰσέλθωσιν εἰς τὴν πόλιν)

“掌控人类历史和命运之主(22:13),将快要再临,并要按各人所行的审判各人(22:12)”的主题,在本节经文和下节经文中,有了更清楚的说明。首先是关乎那些洗净自己衣服的人。① 但他们究竟是谁？若从7:14来看,即,这些人是从大患难中出来的,曾用羔羊的血,把衣裳洗白净了,这些人就有可能是殉道者,②但若从2:7观之,即,“得胜的,我必将神乐园中生命树的果子赐给他吃”,那么这些拥有到生命树那里之权利的人,就可以是所有跟随羔羊的人了。③ 在末日人子要来进行祂赏罚工作的文脉中,将启示录七福中的最后一个,局限在殉道者身上,是太过狭窄的。在前面约翰早已明示,名字在羔羊生命册上的,都得以进城(21:27),并可以畅饮生命河的水,大啖生命树的果子(22:1－2)。

但“洗净自己衣服”的意思又是什么？是“洗礼”,“定意要过一个圣洁生活的态度”,还是“殉道”？④ 在启示录的前面,人子曾以“污秽了自己衣服”的语句,来描述撒狄教会的属灵情况(3:4),因为这个教会中大部分信徒的行为,在我神面前,没有一样是完全的(3:2);而对那充满了物欲,叫人摇头叹息的老底嘉教会,人子也曾向她发出“你要向我买白衣穿上,叫你赤身的羞耻不露出来”的劝诫(3:18)。不单如此,在启示录中,“白衣”也总是得胜圣徒的“制服”,因为他们不单借着羔羊之血,洗净了他们的衣服(7:9,13－14),也借着他们所行的义,显示出他们真是跟随羔羊脚步而行的军队(19:7－8;亦参,6:11;16:15)。因此不论从反面“污秽衣服”和正面“洗净衣服”的角度来看,上述三种解释中的第二个,即,“定意要过一个圣洁生活的态度”,是最合理的。此一“白衣”乃是羔羊的赏赐,但得着如是恩典的人,也有借着“跟随祂脚步而行”的态度和行动,来保持其洁白的责任。⑤

但要跟随羔羊受苦脚步而行,并非一件容易的事;而在某些情况中,殉道甚至可

---

① 在某些手抄本中(𝔐 046 1611 gig 等等),“洗净自己衣服的(οἱ πλύνοντες τὰς στολὰς αὐτῶν)”是“那些遵行祂命令的(οἱ ποιοῦντες τὰς ἐτολὰς αὐτοῦ)”;因此学界中就有人认为,有福的乃是那些遵行祂命令的人(S. Goranson, ‘The Text of Revelation 22.14,’ *NTS* 43[1997],154－57)。但在此我们跟随 B. M. Metzger(*TCGNT*, 765)和 Aune 之见(*Revelation* 17－22,1197－98),以“洗净自己衣服的”为原始经文。

② Lohmeyer, *Die Offenbarung des Johannes*, 180; Caird, *Revelation*, 285; Rist, *Revelation*, 546－47; R. Bauckham, *The Climax*, 312.

③ Charles, *Revelation II*, 177; Thomas, *Revelation 8－22*,506; Beale, *Revelation*, 1138－39; Osborne, *Revelation*, 789.

④ 此乃 Aune 对学界主张的归纳(*Revelation* 17－22,1220)。

⑤ 亦参,Osborne, *Revelation*, 789－90。

能是一个不可避免的结果(6:9－11)。为此人子在这里就一方面以"福论"的形式,来肯定"洗净自己衣服"的价值,也在另外一方面明确地指出,这些人拥有到生命树那里的权利,也可以从门进城。就前文来看,生命树乃在城中的大街之上(22:1－2),因此按逻辑而言,"从门进城"应在"拥有到生命树那里的权利"之前。但正如前述,此一"前后颠倒"的文学手法,不单是启示录的文学特色之一,①也是约翰用来强调"B—A"结构中的"B"。换句话说,定意要跟随羔羊受苦脚步而行的人,其福分不单是"得以进入新耶路撒冷＝成为神所居住的永世圣殿",②也更是"得着永恒的生命"。和此福分相较,"洗净衣服＝定意跟随羔羊"之苦,不单显得短暂,也变得微不足道。

22:15 城外有那些犬类,行邪术的,淫乱的,杀人的,拜偶像的,并一切喜好并编造谎言的(ἔξω οἱ κύνες καὶ οἱ φάρμακοι καὶ οἱ πόρνοι καὶ οἱ φονεῖς καὶ οἱ εἰδωλολάτραι καὶ πᾶς φιλῶν καὶ ποιῶν ψεῦδος)

"成为神所居住的圣殿,并得着永恒生命"乃是人子对那些洗净自己衣服(定意跟随羔羊)之人,所应许的奖赏(22:14);因此祂对那些不属于祂之人的刑罚,也就自然是如是祝福的相反,即,不能进城＝在城外。正如当年神要摩西将那些亵渎祂名字,或是不遵守律法之人,带到营外,并用石头打死,好彻底将他与以色列民隔绝(利24:14,民15:36);③人子对那些不属于祂之人的刑罚,也照样是"让他们在城外",即,不属永世教会,也无份于永恒的生命。

人子在这里所列举的六种恶人中,除了第一个"犬类"之外,其余的五个都曾出现在21:8的"恶人表"中。在那里,这些恶人的命运,是被扔进硫磺火湖中,也就是第二次的死。从此观之,上述旧约背景也与此画面相合;只是在启示录中,约翰所论及的,不是"肉身"之死(被石头打死),而是永远的死亡,即,第二次的死＝永远与生命之主隔绝。换句话说,人子在末日所要带来的,是最终的刑罚,而其效果,则是永远的。若祂在第一次降世之时,所带来的是"永恒的生命",那么人若拒绝此一恩典,他自然就与此永生的恩赐完全无关;也无缘参与永恒。

但"犬类"的意思又是什么呢?在申命记23:18那里,摩西所颁布的禁令是:"娼妓所得的钱、或娈童〔原文作狗〕所得的价,你不可带入耶和华你神的殿还愿;因为这两样都是耶和华你的神所憎恶的。"从此角度来看,"犬类"所指的,就可以是那些在异教神庙中供职的男性庙妓/娈童。④ 但由于(1)当代犹太人在习惯上都将没有摩西

---

① 参,3:17;5:5;6:4;10:4,9;20:4－5,12－13等处的注释。

② 相关讨论,见21:2,27的注释。

③ 亦参,王上21:13。此乃Osborne的观察(*Revelation*, 790)。

④ Charles, *Revelation II*, 178; Ford, *Revelation*, 345,347; Aune, *Revelation* 17－22,1223.

五经（创出利民申）的外邦人，以“犬类”称之（太 15:26－27；可 7:27－28），（2）保罗和彼得也曾将假教师和假先知，譬喻为“犬类”（腓 3:2；彼后 2:1－2，22），而（3）耶稣自己也曾将那些拒绝接受祂所带来之启示的人，比拟为“狗”（太 7:6）；因此“犬类”在此的含义，恐怕要比“男性庙妓”来得更为宽广。事实上，在“行邪术的，淫乱的，杀人的，拜偶像的”之文脉中，此一理解也比较合理，因为这些“恶人”，正如我们在 21:8 之注释中所指出的，乃是那些拒绝羔羊见证，而附从于大淫妇巴比伦淫威之下的人（拜金主义）。就启示录的前文来看，耶洗别、巴兰和尼哥拉党等人，恐怕都属“犬类”，因为他们都是“见世上之利而忘却神之义”的人物（启 2:6，14，20－23）。

“犬类”等人因其“唯利是图”而不见容于永世圣城，并不叫人意外，因为他们之所行，的确和那以“牺牲奉献”为标记的永世神国，完全不相容。但为何约翰在 21:8，27 和此处经文中都列出了“说谎的”，并以如是恶行，来总结这三个“恶人表”呢？也就是说，“谎言”有这么严重吗？正如我们在前面所指出的，“撒谎”是神所多次谴责的事项之一；[1]而其缘由，不单因为“虚谎之言”，乃与“真理”相对，也更是因为在启示录中，撒但和属它之邪灵和假教师，都以虚谎之言来吸引人与之结盟。[2] 因此人若“喜好并编造谎言”，那么他就是喜好“说谎之人的父＝魔鬼撒但”的人了（约 8:44）。向撒但输诚，并向它下拜的，怎能进入永世圣城之中呢？他怎能在永恒中有份呢？和他的主子一样，神和人子所为他预备的，乃是象征永死的硫磺火湖（21:8）。在“喜好（内在倾向）＋编造（外在行动）”的动作中，不属羔羊的人就显示出他们真是属撒但的，如假包换。

22:16 我耶稣差遣了我的使者，为众教会向你们见证这些事。我是大卫的根，又是他的后裔。我是明亮的晨星（Ἐγὼ Ἰησοῦς ἔπεμψα τὸν ἄγγελόν μου μαρτυρῆσαι ὑμῖν ταῦτα ἐπὶ ταῖς ἐκκλησίαις. ἐγώ εἰμι ἡ ῥίζα καὶ τὸ γένος Δαυίδ, ὁ ἀστὴρ ὁ λαμπρὸς ὁ πρωϊνός）

在 22:12－15 中，人子不单将“祂要以审判官之姿再临的事实”（22:12，14－15），与此书信息的真确性，连结在一起，也以祂之所是（我是始和终等等；22:13），为启示录一书的权威性挂上了保证；但这些显然还不够，因此祂在本节经文中，就签上了祂自己的名字：“我耶稣差遣了我的使者，为众教会向你们见证这些事。”

在启示录以及整本新约中，人子羔羊以“我耶稣（Ἐγὼ Ἰησοῦς）”为自称的经文，

---

① 启 2:2；3:9；16:13－14；19:20；20:10；21:27；22:15。
② 参，启 2:20；12:9；13:14；18:23；19:20；20:3，8，10。

只有此处;①因此祂在这里不单将此书和历史中的耶稣,连结在一起,也因着如此个人性的表白,而使得启示录和当代假使徒和假先知所发的预言之间(参,2:2,20),有了强烈的对比。② 在启示录的一开始,约翰就已经开宗明义地告诉我们,本书乃"耶稣基督的启示"(1:1),而在这里,人子也开口说话,亲自为此书的真确性,画押盖章。因此借着这一前一后的"定金和尾款",启示录的权威性就有了双重的保证。

但耶稣差遣其使者(天使),向谁见证了这卷书中所提及的一切事呢?也就是说,在这节经文中的"众教会"和"你们",是一个还是两个群体呢?对此问题,学者们各有其主张。以"两组人马"视之的,认为"你们"所指的,有可能是(1)那些将要殉道之人,(2)将启示录一书带到各教会中的信差,或是(3)在各教会崇拜中宣读此书的"读经者",甚或是(4)早期教会中的"先知群体"。③ 也就是说,人子在此所说的是,祂乃是透过约翰之笔,并借着"殉道者/信差/读经者/先知群体(你们)",而向教会见证本书所论及之事。就文法结构而言,此说有其优势,因为在原文中,"你们"比"众教会"要更靠近"见证"一词。但此说的困难,在于"殉道者/信差/读经者/先知群"的这个传递启示的"媒介",并未在1:1所提及之启示传递过程出现,即,"神—耶稣基督—使者—约翰—众仆人"。换句话说,若我们将"众仆人=殉道者……先知群",那么1:1的启示传承,就没有以教会为终点;而若我们将"众仆人=教会",④那么在"约翰和众仆人"之间,就多了"殉道者……先知群"的阶段了。在启示传承已经十分清楚的前提之下,人子似乎没有必要在此忽然将"殉道者……先知群"加入启示传承的顺序中。⑤

若是如此,我们又要如何来理解人子耶稣在此所提及的"你们"和"众教会"呢?在七封书信中,我们看见每一封书信都是针对个别的教会所发,但在每一封书信的结尾,人子也都同样提及,"圣灵向众教会所说的话,凡有耳的,就应当听"(2:7,11,17,29;3:6,13,22)。因此在这里,我们也有可能以如是方式来理解"你们"和"众教会"。

---

① 在耶稣呼召保罗的经文中,路加所给我们的是"我是耶稣(Ἐγώ εἰμι Ἰησοῦς),就是你所逼迫的"(徒9:5)。和此相较,约翰的"我耶稣(Ἐγὼ Ἰησοῦς)"更形简洁。

② Thomas, *Revelation* 8-22,508-09.

③ 此乃Aune对学界意见的归纳(*Revelation* 17-22,1225)。亦参同一个作者的论文,'The Prophetic Circle of John of Patmos and the Exegesis of Revelation 22.16,' *JSNT* 37(1989),103-16。

④ 有关"众仆人=教会"的见解,详见1:1的注释。

⑤ 有关"早期教会中是否有先知群体(先知学校)"的问题,在学界中有许多讨论,但我们在此并不打算进入这个议题中。我们在此所关心的只是,究竟启示录22:16是否支持"早期教会中有先知群体存在"的见解。单就本节经文而言,如是可能性的确存在,但从整卷启示录来看,这节经文所能提供的支持力道,其实是十分薄弱的。

也就是说,人子耶稣在此乃是“为了众教会的好处而向你们(七教会)见证这些事”,① 或是“向你们,就是在众教会中的,见证这事”。② 就文法而论,这两个略有差异的见解都有其可能,也难分高下;但不论何者为是,人子耶稣在此发声说话的目的,却是十分确定的,那就是,启示录乃是从我耶稣而来的启示。

但耶稣自己不是也曾说过,“我若为自己作见证,我的见证就不真”(约 5:31)。的确,因此在为启示录一书挂上了祂自己的保证之后,祂也附上了那从父神而来的背书:“我是大卫的根,又是他的后裔。我是明亮的晨星。”就“大卫的根和其后裔”而言,其旧约出处乃是以赛亚书 11:1,10。在启示录 5:5 那里我们已经晓得,在以赛亚书的背景中,“大卫的根”乃是神所应许那满有能力,要来复兴神国的那一位;而在启示录中,约翰借着天庭长老之口,就将他和受苦的羔羊人子划上了等号(启 5:5－6)。也就是说,神所应许的,已在人子死于十字架上之时,开始应验了。

就“明亮的晨星”而论,我们在 2:28 那里也已经指出,人子的这个称号乃是从民数记 24:17 而来;而在其文脉中,人子自比为“晨星”的目的,是要凸显祂胜过仇敌的权柄。③ 因此当耶稣在全书末了,以“我是大卫的根/后裔;我是明亮的晨星”来自称时,祂事实上是藉此告诉启示录一书的读者,祂乃是神在旧约中所应许的那一位;也就是那要来拯救神子民,并要来审判世界的那一位。祂不单已在人类的历史中降世,并在十字架上击败了祂的仇敌,成就了救赎之功,更在此基础之上,差遣了圣灵,建立了教会(启 5:6)。此事既已如神所应许的发生了,因此其完全成就之日,也就是这卷书所预言的,也必要来到。像胜过漫漫长夜的明亮晨星,神藉祂所要成就的永恒神国,也必要完成。换句话说,启示录的信息之所以是真实的,启示录这卷书之所以是可信的(启 19:9;22:6),乃因神的应许,已经在人类的历史中开始应验了。一言以蔽之,是“神已经成就的”,保证了“那将要完全实现的”。

22:17 圣灵和新妇都说,来!听见的人也该说,来!口渴的人也当来;愿意的都可以白白的领受生命的水(Καὶ τὸ πνεῦμα καὶ ἡ νύμφη λέγουσιν, Ἔρχου. καὶ ὁ ἀκούων εἰπάτω, Ἔρχου. καὶ ὁ διψῶν ἐρχέσθω, ὁ θέλων λαβέτω ὕδωρ ζωῆς δωρεάν)

由于在 22:12－16 和 18－19 中发声说话的,乃人子耶稣,因此学界中就有人认

---

① 以“利益间受(dative of advantage)”或是以“指涉间受(dative of reference)”之方式来理解“ἐπὶ”。亦参,Swete, *Revelation*, 309; Charles, *Revelation II*, 219; Beasley-Murray, *Revelation*, 342; Sweet, *Revelation*, 315,317; A. Y. Collins, *Crisis and Catharsis* (Philadelphia: The Westminster Press, 1984),39; Roloff, *Revelation*, 212; R. Bauckham, *The Climax*, 85。

② 此乃 Beale 之见(*Revelation*, 1145)。在页 1143－45 中,Beale 还提及了其他的见解,但由于其他主张和此处所提及的两个见解之间,差异不大,因此为行文简洁起见,我们就不多说什么了。

③ 相关讨论,详见 2:28 和 5:5 的注释。

为,夹在这两段经文中的本节经文,依旧是祂所说的话。也就是说,人子耶稣在此是要促请圣灵、新妇(教会)和听见启示录的人,都同声向祂发出"来"的邀请。[①] 此一见解是可能的,但正如我们在前面所提及的(见经文结构和形式的部分),启示录的结语乃是由许多个别的小段落所组成,因此人子在本节经文前后都开口说话的事实,并不必然成为祂也在此发声的根据。再者,若 22:20b 中的"阿们。主耶稣啊,我愿你来!"是约翰对 22:18-20a 中耶稣之言的回应,那么本节经文就可以是"圣灵+教会"对人子在 22:12-16 所言之事的回应。说到底,约翰在此所明白告诉我们的是,"圣灵,教会和听见的人,说……"

但他们又是向谁发声说话的呢?若从本节经文的后半来看,即,"口渴的人也当来……",那么"圣灵+教会+听见启示录的人"乃是向这个世界,或是教会中背道的信徒,发出"来就生命水"的邀请。[②] 但若参照人子宣告祂要快来的上文(22:12),"圣灵+教会+听见启示录的人"在此所发之"来",乃是以人子为对象的。[③] 祂说话,被祂之灵(圣灵)所掌管的教会,自然要发声回应;而听见启示录,并被圣灵开通其属灵耳朵之人(参,2:7,11,17,29;3:6,13,22),也当然要有所回应。

但单单以"主耶稣啊,我愿你来"作为回应,却还是不够的。在 5:6 那里,约翰已经借着"神的七灵",就是"奉差遣往普天下去的"之语词,显示那满有能力的圣灵,其使命乃是要带领祂所建立和充满的教会,走向世界,并在其中成为羔羊的见证。因此在一心期盼"耶稣再来"之时,教会也同时要向这个世界发出"来"的邀请,作为她对基督之宣告的回应。[④] 换句话说,教会既然明白了祂将要以审判官的身份再临,那么她也就责无旁贷的,必须向这个世界发出"来就生命水"的邀请和见证。

但"生命之水"是从何而来的?在先知以赛亚有关将来复兴的预言中,"干渴之人要白白得水喝"是神对被掳之以色列人的应许(55:1)。此一应许乃以神和大卫所立的永约为基础(赛 55:3;参前节经文中耶稣的自称——我是大卫的根);而人要得着如是恩典,则必须就近耶和华,并侧耳听祂的话(赛 55:3;参本节经文中的"听见的

---

① Thomas, *Revelation 8-22*, 511; Michaels, *Revelation*, 256-57.

② 例如, Morris, *Revelation*, 254; Ladd, *Revelation*, 294-95; Mounce, *Revelation*, 397; Beale, *Revelation*, 1149; Osborne, *Revelation*, 793。

③ Swete, *Revelation*, 310; Beckwith, *Apocalypse*, 778; Chilton, *Days of Vengeance*, 579; R. Bauckham, *The Climax*, 167-68; Aune, *Revelation 17-22*, 1227. 学界中也有人认为,此处经文所反映的,除了有对未来的盼望之外,也是以教会圣餐为背景的(耶稣在圣餐中降临;Krodel, *Revelation*, 378; Roloff, *Revelation*, 252)。但启示录结语的焦点,并不在圣餐;而在这卷书的可靠性。

④ R. Bauckham, *The Climax*, 167-68.

人”）。① 不单如此，在这节以赛亚经文中，神对以色列人所发出的呼吁，乃是以三个“来”为结构的：“来就近水，贫穷的人也要来，不花分文的来买酒和奶”；而如是结构，也正和本节启示录中的三个来，完全一致。因此本节启示录应是此一以赛亚经文的反映。② 但在暗引此一旧约经文时，约翰也做了一些调整。第一，由于此一旧约应许已经在基督第一次降世之时，开始应验（圣灵＋教会），因此在“已然”的情况下，“圣灵和新妇”，以及那些“听见启示录的人”，自然就要以盼望基督之“再来”，作为他们整个生命的主轴和方向。

第二，除了将神对以色列人之呼召（来），转化为“教会”对人子再临之盼望以外，约翰也因着教会所肩负的使命，即，在此世界中成为羔羊的见证，而将以赛亚书中的第三个“来”，变更为教会向世界所发之“来（就生命水）”。严格地说，此一“更动”并非真正的变更，因为在以赛亚书中，神不单立大卫为“万民的见证”，更借着他召来“素不认识的国民”（赛 55:4－5）。因此在参照了“圣灵＋教会”向世界传福音的后续历史（参，使徒行传），约翰自然就要让“听见启示录的人＝羔羊的见证”，向世界发出“来”的邀请了。因为正是借着他们所传的福音，神藉先知以赛亚书所发的预言，才得以应验和成就。他们曾白白的领受了生命的水，因此也要遵循耶稣“白白得来，白白舍去”的教训（太 10:8），将此福音传扬出去。

在等候基督再临的热切期盼中，还有什么东西可以叫我们紧紧地抓在手中，不能放下的呢？若我们依旧一心想要脚踏两条船，那么我们真的听见了祂在启示录中，向我们所说的话了吗？在世界的喧嚣声中，祂的话真的进入了我们的耳中，并在我们的心中生了根吗？我们向祂所说的，是“等一会儿吧”，还是“我愿你来”呢？我们向世人所说的，是“平平安安的去吧”，还是“请来就生命水”呢？说到底，我们是常常让圣灵担忧，还是心甘情愿的，让祂来引领我们每一天的生活呢？

22:18－19 我向一切听见这书上预言的作见证，若有人在这预言上加添什么，神必将写在这书上的灾祸加在他身上；[19]若有人删去这书上的预言，神必从这书上所记载的生命树和圣城，删去他的分（Μαρτυρῶ ἐγὼ παντὶ τῷ ἀκούοντι τοὺς λόγους τῆς προφητείας τοῦ βιβλίου τούτου· ἐάν τις ἐπιθῇ ἐπ᾽ αὐτά, ἐπιθήσει ὁ θεὸς ἐπ᾽ αὐτὸν τὰς πληγὰς τὰς γεγραμμένας ἐν τῷ βιβλίῳ τούτῳ, [19]καὶ ἐάν τις ἀφέλῃ ἀπὸ τῶν λόγων τοῦ βιβλίου τῆς προφητείας ταύτης, ἀφελεῖ ὁ θεὸς τὸ μέρος αὐτοῦ ἀπὸ τοῦ ξύλου τῆς ζωῆς καὶ ἐκ τῆς πόλεως τῆς ἁγίας τῶν γεγραμμένων ἐν τῷ βιβλίῳ τούτῳ）

① J. A. Motyer 指出，“神的话”乃是以赛亚书 55:1－13 的焦点（*The Prophecy of Isaiah*, 452）。

② 亦参，Lange, *Revelation*, 391－92; J. Fekkes, *Isaiah and Prophetic Traditions in the Book of Revelation*, 260－64; Beale, *Revelation*, 1149。

为了保证这卷书的可靠性和真实性,人子在22:16那里,就以“我耶稣……向你们见证这事”的方式,签上了祂的名字;因此在22:20那里,祂也就以“见证这事的”,来称呼自己了。从这两处经文来看,本节经文中的“我”,也就是“向一切听见这书上预言做见证的”,恐怕就不是约翰,①而是人子耶稣了。②

但祂所要见证的是什么呢?或者更准确地说,祂向这卷书之“读者/听见的人”所发出的警告是什么?而此警告的目的何在?许多释经者都十分准确的指出,③此一警告乃以申命记4:1－2;12:32和29:19－20为蓝本:

> 以色列人哪!现在我(摩西)所教训你们的律例、典章,你们要听从遵行,好叫你们存活,得以进入耶和华你们列祖之神所赐给你们的地,承受为业。所吩咐你们的话,你们不可加添,也不可删减,好叫你们遵守我所吩咐的,就是耶和华你们神的命令(4:1－2)。
>
> 凡我所吩咐的,你们都要谨守遵行;不可加添,也不可删减(12:32)。
>
> 人若听见这咒诅的话,心里仍是自夸,说,我虽然行事心里顽梗,连累众人,却还是平安。耶和华必不饶恕他;耶和华的怒气与愤恨,要向他发作,如烟冒出,将这书上所写的一切咒诅,都加在他身上;耶和华又要从天下涂抹他的名(29:19－20)。

在申命记中,摩西之所以要向以色列百姓发出“不可加添,也不可删减”之禁令,不单因为他向他们所颁布的,是叫他们得以存活的律例和典章,也是耶和华神的命令。换句话说,神在此向以色列百姓所立下的,乃是一个“约”,是界定他们和祂之间权利义务的一个条约。④ 因此这个条约的本身,就是神圣而不可侵犯的。而为了突显这个神圣的面向,“不可加添,也不可删减”的禁令,以及背约者的刑罚,就成了约中所不可或缺的一部分。

---

① 例如,Alford, *Apocalypse*, 748; Lohmeyer, *Die Offenbarung des Johannes*, 181; Caird, *Revelation*, 287; Roloff, *Revelation*, 253。

② Swete, *Revelation*, 311; Charles, *Revelation II*, 218; Mounce, *Revelation*, 396; Chilton, *Days of Vengeance*, 580; Aune, *Revelation* 17－22,1229; Osborne, *Revelation*, 797.

③ 例如,Swete, *Revelation*, 311; Charles, *Revelation II*, 223; L. P. Trudinger, The Text, 145; C. G. Ozanne, The Influence, 152; Mounce, *Revelation*, 395－96; Chilton, *Days of Vengeance*, 580; Thomas, *Revelation* 8－22,513; Beale, *Revelation*, 1150－51; Osborne, *Revelation*, 797 等等。

④ 相关讨论,见 M. G. Kline, *The Structure of Biblical Authority*(Grand Rapids: Eerdmans, 1972),27－38,45－53;亦参同一个作者的 *Treaty of the Great King. The Covenant Structure of Deuteronomy: Studies and Commentary*(Grand Rapids: Eerdmans, 1963); Aune, *Revelation* 17－22,1209－10。

由此观之,人子耶稣在这卷书的结尾之处所加上的禁令和罚则,也带着相同的目的。在启示录的前面,约翰已经清楚的告诉我们,人子藉其宝血,已将属祂百姓从撒但手下救赎出来,并将他们建立为一个事奉神的祭司国度(1:5-6;5:9-10;7:9),因此正如父神乃救赎以色列,并与他们立了"旧约"的主一样,人子乃是与教会立了"新约"之主。而祂所求于他们的,是他们对祂的效忠。在启示录中,这事的含义不单包括了正面的,不计代价的跟随祂而行,①也包括了反面的,拒绝那从红龙,海陆二兽,以及那从大淫妇巴比伦而来的诱惑(12-13;17:1-19:10)。若以启示录2-3章的词汇来说,人子在这卷书之结尾,借着"不可加添,也不可删减"的警告,乃是要属祂的圣徒,借着拒绝巴兰、耶洗别和尼哥拉党所倡导"脚踏两条船"的虚假教训,而成为一个得胜者。事实上,若我们从文学形式的角度来看,这两节经文在全卷书中所扮演的角色,其实是和"凡有耳的就应当听"一语,②在七封书信中所具有的作用,是完全一样的;因为它们都在促请读者遵行人子向他们所说的一切话。

以"约"的概念来理解这两节经文,不单有从旧约而来的支持,也与约翰在启示录中,将人子耶稣描述为那与神新子民立约之主的手法,彼此相符。③ 但如是理解具有什么意义呢?第一,就文体而言,启示录和那以"律例典章"为表达真理工具的申命记之间,有很大的差距,但它却也是神与教会所立"新约"中的一部分。它所要传达的信息是,耶稣基督乃是救赎教会之主,和审判世界的王。因此在面对如是真理时(听见的人),人就必须有所回应。而这恐怕正是约翰在前节经文中,让那在圣灵掌管之下的新妇教会,以及那些在崇拜中听见启示录的人,都以"请来"作为他们回应的原因(22:17;参,出19:8;申34:9);也是他自己在下一节经文中,以"阿们,主耶稣啊,我愿你来",来回应耶稣之启示的缘由。简言之,启示录乃神和其子民所立之"约",因此一切听见,阅读以及研究它的人,就不能只停留在加增知识,或是满足对未来之好奇的层面,而必须以遵循书中之真理,来作为他的回应。

第二,在论及其著作时,教父爱任纽(Irenaeus)曾说:"若有人想要抄录此书,我以主耶稣基督之名……劝你,你要小心谨慎地将你所抄录的,和原稿对照,并更正之。你也要照样地将此警告,抄录在你的手抄本中。"④再者,公元前第二世纪的阿立斯体亚(Aristeas),在论到七十士译本完成翻译之事的时候,曾在其书信中写着:"当这些

① 参,启2-3;6:9-11;7:14;11:3-13;13:10;14:1-5;16:15;20:4-6。

② 启2:7,11,17,29;3:6,13,22。

③ Beale 认为,约翰在此所使用的"我见证(Μαρτυρῶ)",乃法律用语(*Revelation*, 1154),而此见解,也支持我们将启示录视为"约"的主张。有关启示录所具有"约"之形式的讨论,见 K. A. Strand, 'A Further Note on the Covenantal Form in the Book of Revelation,' *AUSS* 21(1983),251-64。

④ Eusebius, *Hist. Eccl.* 5.20.2.

书卷被宣读了之后,祭司和长老等人就说——既然旧约已被准确的,并在敬虔中被翻译了出来,那么我们就应该让此书保持现状,不再修改。此言随即获得众人的同意,而他们也就依照他们的习俗,在此书上加上了'若有人更动,加增或删减此书必要遭报'的咒诅。"①若从此背景来看,启示录"不可加添,也不可删减"的警告,以及其罚则(降灾等等),就有可能是以抄经者为对象了;而其目的,则在确保经文在传承的过程中的准确性。② 此一主张有其可能,但约翰在此所明白指出的是,此一警告的对象并非抄经者,而是那些"听见这书上预言的人";③因此"加添和删减"所指的,就不能局限在经文的本身了。

从我们前面所分析的来看,本书读者所"不可加添和删减"的,是这卷书的内容和主题,也就是,羔羊乃教会之主和世界之王。换句话说,若人在试图效忠耶稣的同时,也想要以曲解"偶像在世上算不得什么"(林前 8:4),或是以曲解耶稣"该撒的归该撒,神的归神"之教训的方式(太 22:21;可 12:17;路 20:25),来合理化他参与异教活动,并从中得利的行为,那么他显然就违犯了此处的禁令。④ 以"耶稣基督是否是主和王"作为"不可加添和删减"的对象和内容,其实也为耶稣自己在此所定的"罚则"所证实。怎么说呢? 在"人若加上什么,就加上灾祸",和"人若删去什么,就删去他在生命树和圣城之分"的两个条件子句中,我们清楚看见"罪罚对等"的原则,⑤因此"不可加添和删减"所指的,就不是人对启示录一书所持不同见解(例如,前/后/无千禧年论;或是过去/历史/未来/理想的解经观点等等),而是人在听见启示录之后,对羔羊的反应;因为只有在这件事上,他的决定才会让他落在人子审判之下(灾祸),或是无分于永世圣城。⑥ 不尊祂为主和王的,不按着启示录之真理而行的,不向祂和父神说"是(阿们)",反倒向红龙撒但屈膝下拜的,当然就要经历人子的刑罚了。若我们不以"主耶稣啊,我愿你来"作为我们人生的方向,若我们不以"耶稣必要再临"的真理,来界定并安排我们一生的内容,那么当永恒来临之时,我们怎么可能有分于其中呢?

---

① *Ep. Aris.* 310 - 11。Eusebius 和 Aristeas 之言乃笔者的翻译。有关如是禁令在当时文献中如何被使用的讨论,详见 Aune, *Revelation* 17 - 22,1208 - 16。

② Charles 因此也就认为,22:18b - 19 不在原始经文中,而是抄经者所加(*Revelation II*, 223)。

③ Beckwith, *Apocalypse*, 778 - 79; Morris, *Revelation*, 254 - 55; Ladd, *Revelation*, 295; Mounce, *Revelation*, 395; Thomas, *Revelation* 8 - 22,515 - 16; Beale, *Revelation*, 1154.

④ 详见我们在前面对巴兰、耶洗别和尼哥拉党等异端的分析(2:6,14,20)。亦参,Beale, *Revelation*, 1151 - 53。

⑤ 此一原则亦在下列启示录经文中出现,2:4 - 5;11:17 - 18;14:8 - 10,20;18:6,7 - 8;19:11;22:12。

⑥ 在启示录中,以"主 + 耶稣"为人子称号的,只有下两节经文;而此现象,就间接地支持了我们的论点。也就是说,在启示录结尾之处,耶稣和约翰所关切的,乃是"人子羔羊是否是主"的切身问题,也就是启示录一书之于其读者的意义。

第三，若将“书上的预言”窄化为“未来之事”，并将这两节经文中的警语，视为“正典化”的标记，那么我们似乎就无可避免地必须下结论说：从启示录之后，新约预言的恩赐已然止息，而正典也已完成。[①] 就“书上的预言”而论，我们前面的分析显示，启示录的焦点，并不完全在那些关乎未来之事。对约翰而言，“书上的预言”所指的，是“神在旧约中所应许的，是如何已经在耶稣基督身上开始应验，并在这个基础之上，要如何在现在以及在永恒中成就”。而教会，也就是那要向这个世界见证羔羊的金灯台，就成了传扬“书上预言”的两个见证人/先知了。换句话说，约翰在此所关心的，不是“新约预言恩赐是否止息了”的问题，而是具有先知职分之教会，是否向这个世界，准确和完整地见证了“耶稣基督是主和王”的信息。

至于“正典已然完成”的论点，则有过度推论的嫌疑。“不可加增和删减”，的确强调了启示录一书的“神圣性”，但这个显示“启示录乃人子和教会所立之约”的警语，是否带着为整本新约画上句点的目的，就不得而知了。至少在启示录成书之时，“新约正典”的概念和事实，都还未成形，因此这个论点的最大问题，在于它将后面历史的发展，读进了启示录。[②] 人子耶稣在启示录结尾之处所关切的，不是“预言的恩赐”，也不是“正典是否完成”，而是—你这听见这书上预言的，对我的反应是什么？你要成为跟随我的羔羊之军呢？还是要站在红龙撒但的那一边呢？在永生和永死之间，你的选择是什么？

22:20　见证这事的说：是的，我必快来。阿们，主耶稣啊，我愿你来（Λέγει ὁ μαρτυρῶν ταῦτα, Ναί, ἔρχομαι ταχύ. Ἀμήν, ἔρχου κύριε Ἰησοῦ）

在22:7，12那里我们已经指出，人子“我必快来”之宣告，乃是要为天使所带来之异象，以及这卷书的真实性和可靠性，挂上保证之用的。而此处的“我必快来”，其作用也是如此。但约翰为何要在启示录的结语中，三次论及祂的“我必快来”呢？在22:7那里，人子之“我必快来”，乃是为了要鼓励信徒遵守这书上预言（福论）；在22:12那里，“我必快来”的焦点，则在凸显祂要以审判官之姿来临的事实（照各人所行的报应各人）；但在此处经文中，“我必快来”的重点，则在祂必要刑罚那些在启示录一书之上，加上或是删减什么（＝拒绝人子是主）之人（22:18－19）。从此角度来看，这三个“我必快来”不单各有所司，也构成一个完整的论述：祂将要以审判官之姿再临（22:12），因此遵守书上预言的，就是有福的（22:7）；反之，祂的审判就要临到那些在此书之预言上，加上或是删减什么的人（22:18－19）。此事是如此确定，因此人子也

① 此乃 Thomas 之见（*Revelation* 8－22，516－18）。亦参同一个作者的‘The Spiritual Gift of Prophecy in Rev 22:18，’ *JETS* 32（1989），201－16。

② Stuart，*Apocalypse II*，394.

就在这里将祂自己的名声,押了下去(见证这事的),并且也在"我必快来"的宣告之前,以"是的(Ναί)"来加重分量。对活在时间限制之下的人类来说,"我必快来"的语言,在多数的情况下,只能是个空洞的保证。但对"我是阿拉法/俄梅戛;我是首先的/末后的;我是始/终"的那一位而言(22:13),"我必快来"的宣告,其意义就非比寻常了。祂是时间的创造者,祂也是掌管人类历史走向的那一位,因此祂的宣告,虽然关乎未来,但却因着它的真确性,就可以以"现在式(ἔρχομαι)"的方式来呈现了。借着祂在启示录中所发第七个"我必快来"的宣告,①人子藉天使透过约翰向教会所见证的启示(1:1;22:16),就画下了一个完美句点。在此宣告声中,启示录也来到了它的最高峰。

对如是见证,信息和宣告,为圣灵所掌管的教会,已在22:17那里,做了"请来"的回应;而代表教会承受此一启示的约翰,也在此宣告之后,以"阿们,主耶稣啊,我愿你来"作为他的回应。在启示录的前面,人子的称号是"耶稣基督"(1:1,2,5),"耶稣"(22:16),"基督/弥赛亚"(11:15;12:10;20:4,6),"人子"(1:13;14:14),甚或是"羔羊"(5:6,8,12等等);但唯有在本节经文和下节经文中,约翰却以"主+耶稣"来称呼祂。此一现象所反映的是,他,以及他所代表的教会,对耶稣基督之启示的"认信"和顺服。对那因着福音而被放逐在拔摩海岛上的约翰而言,祂乃教会的主,也是他的主。祂的启示,是真实可信的(19:9;22:6),而祂"必要快来"的宣告,也是如此;因此除了以"阿们"和"我愿你来"来回应之外,约翰(以及我们)还能说些什么呢?②

22:21 愿主耶稣的恩惠,常与众人同在(Ἡ χάρις τοῦ κυρίου Ἰησοῦ μετὰ πάντων)③

对一本以"异象"为结构的启示文学作品而言,以如是"祝福语"为结的情况,是绝无仅有的。但我们在1:4-6那里已经看见,启示录虽然是一部启示文学作品,但它却也有着书信的开头和结尾。就其内容而论,它乃是"耶稣基督的启示"(1:1),就其结构而言,它乃是以异象为主体的一卷书,而就其性质来说,它则是关乎神国如何

---

① 2:5,16;3:11;16:15;22:7,12,20。

② 由于在十二使徒遗训中(10:6),"主啊,我愿你来(μαράνα θά)"一语,乃出现在圣餐的情境中,因此有学者认为,此处启示录经文的情境也是如此。准此,此处的"我要快来",就是"耶稣基督在圣餐中的临在"(Sweet, *Revelation*, 318; Krodel, *Revelation*, 378; Harrington, *Revelation*, 226),或是"耶稣基督在圣餐中之临在所指向的末日再临"(Beale, *Revelation*, 1155)。但我们前面的分析显示,启示录结语的焦点,并不在"圣餐",而是在叫人对启示录一书有所响应;因此约翰即便使用了"圣餐中的用语"(对此我们其实也无法完全确定),他也将之做了不同的应用(亦参,C. F. D. Moule, 'A Reconsideration of the Context of *Maranatha*,' *NTS* 8[1959-60],307-10; Caird, *Revelation*, 288; Aune, *Revelation* 17-22,1234-36; Osborne, *Revelation*, 797-98)。

③ 在许多手抄本中,启示录最后一节经文的形式和长短都不同,在此我们跟随 UBS[4] 和 NA[27],以最短的为原始经文。相关讨论,详见 *TCGNT*, 767; J. M. Ross, 'The Ending of the Apocalypse,' in *Studies in New Testament Language and Text*. ed. J. K. Elliott (Leiden: E. J. Brill, 1976),338-44; Aune, *Revelation* 17-22,1239。

被建立和成就的“预言”（1:3;22:7,10,18,19）;但在此同时,它也是神所写给人的一封书信。

和保罗的众多书信一样,此一书信祝福语的目的,在吁请读者于各样艰困的环境和压力之下,依旧能持守信仰,恒忍敬虔。① 因为正是在这样的情况之中,他们所最需要的,乃是“主耶稣的恩惠”。说到底,是在祂流血的恩惠之中,我们众人才得以从撒但和罪恶的权下,得蒙救赎（1:5;5:9）;也是在祂的恩惠之中,我们也才得以进一步被建立为一个事奉永生神的祭司国度（1:6;5:10;7:14－15）。不单如此,我们也照样是在祂于创世之前,就已经将我们的名字记载在生命册上的恩惠之中（3:5;20:12;21:27;亦参13:8;17:8;20:15）,才得以被盖上属祂印记,并成为跟随祂的羔羊之军（7:3－8,9－17;14:1－5）。因此在与红龙之军对阵,并与其大将海陆二兽争战之时,甚至在抵挡那大淫妇巴比伦的诱惑之际（12－14;17－19:19）,我们都在在需要祂的恩惠。就我们得着称义地位之事而论,我们乃从信开始,也要以信为结（参,罗1:17）;②但若从我们得着救恩之事的角度来看,此事乃是由神和人子的恩典开始（1:5）,也要以祂们的恩典为结（22:21）。全知（预定）和全能（拣选,保守,成就）的主神和羔羊,也是全善的,因为以赏赐恩典为始的祂,也要以成就其恩典为结。准此,在祂恩典完全成就的日子来到之前,我们也只能以“依靠祂的恩典”,来度过我们每一天在世争战的日子。在顺境中如是,在逆境中更要如此;因为祂对保罗所说的话,也一体适用在我们的身上:“我的恩典是够你用的”（林后12:9）。

解释和应用

在教会历史中,启示录所受到的待遇,可说是相当两极化的。从其成书之后,因其表达真理之方式的特殊（象征）,也因着某些异端对它的特别青睐,③而使得这卷书在教会历史的头六七百年间,或是很快地被某些教会接纳为正典（西方教会）,又或是被另一些教会拒绝于正典的门外（东方教会）。④ 此一“冷热两极”现象,并没有随着

---

① Beale, *Revelation*, 1156; Osborne, *Revelation*, 798.

② 相关讨论,见冯荫坤,《罗马书注释I》,页258－62。

③ 例如,在第二世纪中,强调异象经验,反对教会组织,并宣告耶稣基督即将降临于贝布查城（Pepuza）的孟他努派（Montanism）。有关此一教派的源起,发展,教义,以及它对启示录一书进入正典的影响,见B. M. Metzger, *The Cannon of the New Testament: Its Origin, Development, and Significance*（Oxford: Clarendon Press, 1987）,99－106。

④ 相关历史,见Swete, *Revelation*, cvii-cxix; D. A. Carson, D. J. Moo and L. Morris, *An Introduction to the New Testament*（Grand Rapids: Zondervan, 1992）,480－81; Osborne, *Revelation*, 23－24。

时间的过去而消失,只是人对它的态度,不再围绕在"正典"的议题上,而是在"它是否在新约中,占有一个重要的位置"。举例来说,改教之父马丁路德,就因这卷书没有教导并确认有关耶稣基督之事(?),而将之与雅各书,并列为新约中的"次等书信"。在今日,此一见解已少有人跟随,但21世纪教会,在面对启示录一书的事上,恐怕还是与历史中之教会,相差不远。

对某些教派和个人而言,启示录是解开人类历史之谜的钥匙,也是今日时事的"批注";因此为了要在此动荡不安的世界中,寻找一个安身立命的角落,也为了要对这个世界中所发生众多无法叫人理解之事,提出一个合理的解释,他们就转向圣经中的最后一卷书了。借着"时事"和"启示录"之间的对应,他们就以各种方式,理论和图表,显示"现今的世界",乃是"末日的前夕";而眼前的各式动乱和不义,也正是末日来临前的"征兆"和"必要的阵痛"。他们热切关心时事,也以无比的热情,详细地考查启示录,因为当这两者之间彼此对应时,时间和空间对人类所带来的限制,就此除去;而神藉启示录所彰显的"奥秘",也就清楚明白地解开了。

但对另一些教会和信徒来说,启示录则是一本只能束之于高阁中的书卷。此一态度,有可能是出于对上帝话语的敬畏,但更多的时候,是因着启示录实在难以理解而产生的;"敬而远之"也因此就成为许多基督徒对启示录的基本态度。在主日的崇拜中,除了启示录2-3章的"七封书信"之外,我们甚少看见有牧者以启示录的某一个段落,作为主日讲道的题材。即便有人勇敢为之,这卷书在主日讲台中所占的比重,也远远地少于它所该得到的待遇。在某些研讨会中,我们的确看见启示录成为主角,但若和那些以"复兴"、"方言"、"医病"、"教会增长"、"小组策略"、"夫妻/家庭/亲子关系"和"内在医治"为主题的特会和培训相较,启示录一书所受到重视的程度,也十分低落。

但"一热+一冷",不也等于"刚刚好"吗?为什么笔者还要在此为启示录叫屈呢?就物理学来说,这个论点是可以成立的,但若我们将此理论,用来安慰那忽而发热,忽而打颤的疟疾病人时,"但愿你也得得这病",恐怕是我们从患者那里,所能得着的唯一回应了。在面对启示录这卷书时,"一热+一冷"不能等于"刚刚好",因为"或冷或热"都显示一种不健康的状态。在面对"耶稣基督之启示"(1:1)时,"冷"当然不是一个正确的态度。从我们前面的分析来看,神和人子所求于我们的,乃是要我们为祂的国大发热心;而此要求,在某些情况中,甚至是达到了"要命"的程度(6:9-11;13:10等等)。此一要求是太过分了吗?当然不,因为我们的命,原本就是属祂的,是祂以祂自己的性命所买赎回来的(1:5;5:9;7:14)。不单如此,站在如是强烈要求背后的,也是那十分吊诡的属灵真理:"一粒麦子若不落在地里死了,就不能结出许多子粒来”（约12:24）。

再者，神和人子要我们对启示录一书大发热心的缘由，也是因为在这卷书中，神的国要如何成就；神在旧约中所应许的要如何应验；这个世界将要如何对待教会；教会在这个世界中又要如何来回应这个世界的敌意；以及在末日来临之时，这个世界和它所逼迫的教会，将要面对怎样的命运等等重大问题，都在这卷书中，有了交代。因此若我们以“冷处理”的方式来对待启示录，那么在此乌烟瘴气，充满了各样似是而非之理论的世界中，我们要如何走下去呢？当我们将神所赐下的明灯，长期冷冻在冰箱里面时，我们要怎样踏出我们的步伐呢？在大淫妇巴比伦以“繁荣，安全，和平”为旗，要我们拜倒在她石榴裙下之时，若无此书所提供的真理和洞见，我们有可能识破她的诡计和真面目吗？更有甚者，在“撒但如同吼叫的狮子，遍地游行，寻找可以吞吃的”的情况中（彼前5:8），若无本书对圣徒所提供的保障（盖上印记；11:1－2），我们要如何昂首挺胸、勇往直前呢？

对启示录一书大发热心是好的，但在此同时，我们也要热其所该热。什么意思？若我们研读启示录，只是为了要满足我们对现世以及来世的好奇，那么我们即便“听见”了启示录，却离“遵行”启示录一事，还有好大的一段距离（参，1:3；22:7，14）。这卷书的确论及现在以及未来之事，但现世和来世之所以有意义，乃是因着人子羔羊已在人类历史中，按着神的计划和时间，死在十字架上，一次永远地成就了救赎。因此我们今天所要做的每一件事情，我们人生的内容和方向，我们的人际关系，以及我们对未来的盼望，都与这个历史事件相连。神没有因着赐与启示录，而要我们做一个“圣经时事评论家”，也没有要我们因着“末日已迫在眉睫”的启示，而要我们放弃一切的属世责任，躲在一个山洞或是旷野中，等候祂的再来。不，神赐下启示录的目的，是要让我们晓得，我们乃跟随羔羊的军队，是祂在这个世界中所设立的金灯台；而祂所赋予我们的责任，乃是要向这个世界，以甘心受苦的心志和行动，来见证人子的救赎之道。此一责任诚属重大，也十分沉重，但我们却责无旁贷；因为唯有透过这个途径，神的国才得以建立，祂永恒的计划也才得以实现，而祂的荣耀，也才能得着彰显。

要明白启示录的信息，是需要下功夫的，①因为约翰在这卷书中，使用了我们所不十分熟悉的语言和工具（异象，象征和启示文体）；而他大量以旧约之人事物，来呈现新约真理的手法，也对那些不十分熟悉旧约的读者，带来了更多的挑战。但这也正是约翰的高明之处，也是启示录令人着迷的地方。在他于旧的素材之上，加上了新的元素之后，我们不单打从心中发出“原来旧约所指向的是这件事”的赞叹，也对神永恒

---

① 有哪一卷圣经不是如此的呢？

的计划,以及祂信实的属性,有了更完全的认识。不单如此,在"神已在人类的历史中,开始应验祂的应许"的释经现象和观点中,我们对未来的盼望,也就得着了进一步的保证。从启示录来看,人类的历史不是循环的;我们的存在,也不是偶然发生的;而我们因着持守信仰而经历的苦难,也有了全新的意义。自我的提升和救赎,听来十分动人,也相当高尚,但在启示录所显示的真理中,这些也只能是捕风和捉影。在这个看得见的世界之外,还有一个看不见的,属灵的世界;而这个世界之所以有意义,乃是因为这个世界乃是由那个世界而来,并且那个世界,也曾在人类的历史中,闯入了这个世界之中。由是借着这个具有划时代意义的事件(人子的第一次降世),我们才完全明白,我们之所从,我们之所是,和我们之所去。

你们心里不要忧愁。你们信神,也当信我。
在我父的家里,有许多住处。若是没有,我就早已告诉你们了。
我原是为你们预备地方而去。
我若去为你们预备了地方,就必再来接你们到我那里去。
我在那里,叫你们也在那里。
(约 14:1-3)

主耶稣啊,我愿你来!
(启 22:20b)

参考文献[①]

Adamson, J. B. *The Epistle of James*. Grand Rapids: Eerdmans, 1976.

Aland, K. and B. Aland. *The Text of the New Testament*. Translated by E. F. Rhodes. Leiden: Brill, 1987.

Aland, K., M. Black, C. M. Martini, B. M. Metzger, and A. Wikgren, eds. *The Greek New Testament*. 4th edition. New York: United Bible Society, 1994[①].

Alford, H. 'Apocalypse.' In *The Greek Testament*. Vol. IV. Cambridge: Deighton, Bell, and Co., 1871.

Allen, L. C. *The Books of Joel, Obadiah, Jonah and Micah*. Grand Rapids: Eerdmans, 1976.

———. *Psalms 101 – 150*. Waco: Word Books, 1983.

———. *Ezekiel 20 – 48*. Dallas: Word Books, 1990.

———. *Ezekiel 1 – 19*. Dallas: Word Books, 1994.

Allo, E.-B. *Saint Jean: L'Apocalypse*. Paris: Lecoffe, ²1921.

Altink, W. '1 Chronicles 16:8 – 36 as Literary Source for Revelation 14:6 – 7,' *Andrews University Seminary Studies* 22(1984), 187 – 96.

———. 'Theological Motives for the Use of 1 Chronicles 16:8 – 36 as Background for Revelation 14:6 – 7,' *Andrews University Seminary Studies* 24(1986), 211 – 21.

Anderson, A. A. *The Books of Psalms*. 2 vols. Grand Rapids: Eerdmans, 1972.

Armstrong, H. 'Who or What is the Prophetic Beast?' *The Good News of World Tomorrow* Oct. – Nov. (1985), 3 – 6, 21 – 22 and Dec. (1985), 3 – 6, 29.

Ashley, T. R. *The Book of Numbers*. Grand Rapids: Eerdmans, 1993.

Aune, D. E. *Prophecy in Early Christianity and the Ancient Mediterranean World*. Grand Rapids: Eerdmans, 1983.

———. 'The Influence of Roman Imperial Court Ceremonial on the Apocalypse of John,' *Biblical Research* 28(1983), 1 – 26.

———. 'The Apocalypse of John and the Problem of Genre,' *Semeia* 36(1986), 65 – 95。

———. *The New Testament in Its Literary Environment*. Philadelphia: The Westminster Press, 1987.

———. 'The Prophetic Circle of John of Patmos and the Exegesis of Revelation 22.16,' *Journal for the Study of the New Testament* 37(1989), 103 – 16.

---

① 在此我们只列出那些在本注释书中曾被引用的书籍和文章。若读者想要得着更多的文献索引，可见 D. Aune，G. K. Beale 和 G. R. Osborne 的注释书。当然从 ATLA RDB 中我们亦可轻易地得着与启示录有关的论文资料。

———. *Revelation 1 – 5*. Dallas: Word Books, 1997.

———. *Revelation 6 – 16*. Nashville: Thomas Nelson Publisher, 1998.

———. *Revelation 17 – 22*. Nashville: Thomas Nelson Publisher, 1998.

Aus, R. D. 'The Relevance of Isaiah 66_7 to Revelation 12 and 2 Thessalonians 1,' *Zeitschrift* für *die neutestamentliche Wissenschaft* 67(1976),252 – 68.

Bailey, J. W. 'The Temporary Messianic Reign in the Literature of Early Judaism,' *Journal of Biblical Literature* 53(1934),170 – 87.

Bakker, W. F. *Pronomen Abundans and Pronomen Coniunctum: A Contribution to the History of the Resumptive Pronoun with the Relative Clause in Greek*. Amsterdam: North-Holland, 1974.

Bandstra, A. J. 'A Kingship and Priests: Inaugurated Eschatology in the Apocalypse,' *Calvin Theological Journal* 27(1992),10 – 25.

Barnard, L. W. 'Clement of Rome and the Persecution of Domitian,' *New Testament Studies* 10(1964), 251 – 60.

Bauckham, R. 'The Delay of the Parousia,' *Tyndale Bulletin* 31(1980),3 – 36.

———. 'The Lord's Day.' In *From Sabbath to Lord's Day: A Biblical Historical and Theological Investigation*. Edited by D. A. Carson, 211 – 50. Grand Rapids: Zondervan, 1982.

———. *Jude*, 2 *Peter*. Waco: Word Books, 1983.

———. 'Early Jewish Visions of Hell,' *Journal of Theological Studies* 41(1990),355 – 85.

———. 'The List of the Tribes in Revelation 7 Again,' *Journal for the Study of the New Testament* 42 (1991),99 – 115.

———. 'Resurrection as Giving Back the Dead: A Traditional Image of Resurrection in the Pseudepigrapha and the Apocalypse of John.' In *The Pseudepigrapha and Early Biblical Interpretation*. Edited by J. H. Charlesworth and C. A. Evans, 269 – 91. Sheffield: Sheffield Academic Press, 1993.

———. *The Climax of Prophecy: Studies on the Book of Revelation*. Edinburgh: T & T Clark, 1993.

———. *Theology of the Book of Revelation*. Cambridge: Cambridge, 1993.

———. *James*. London: Routledge, 1999.

Beagley, A. J. *The 'Sitz im Leben' of the Apocalypse with Particular Reference to the Role of the Church's Enemies*. Berlin: Walter de Gruyter, 1987.

Beale, G. K. 'The Influence of Daniel upon the Structure and Theology of John's Apocalypse,' *Journal of the Evangelical Theological Society* 27(1984),413 – 23.

———. *The Use of the Daniel in Jewish Apocalyptic Literature and in the Revelation of St. John*. N. Y.: University Press of America, 1984.

———. 'The Origin of the Title "King of Kings and Lord of Lords" in Revelation 17:14,' *New Testament Studies* 31(1985),618 – 20.

———. 'The Old Testament Background of Reconciliation in 2 Corinthians 5 – 7 and Its Bearing on the Literary Problem of 2 Corinthians 6:14 – 18,' *New Testament Studies*(1989),550 – 81.

———. 'The Interpretative Problem of Rev 1:19,' *Novum Testamentum* 34(1992),360 – 87.

———. ed. *The Right Doctrine from the Wrong Texts? Essays on the Use of the OT in the New*. Grand Rapids: Baker, 1994.

———. *John's Use of the Old Testament in Revelation*. Sheffield: Sheffield, 1998.

———. *The Book of Revelation: A Commentary on the Greek Text*. Grand Rapids: Eerdmans, 1999.

Beasley-Murray, G. R. *Revelation*. Revised edition. Grand Rapids: Eerdmans, 1978.

———. *Jesus and the Kingdom of God*. Grand Rapids: Eerdmans, 1986.

———. *John*. Waco: Word Books, 1987.

Beckwith, I. T. *The Apocalypse of John*. Reprinted. Grand Rapids: Baker, 1967.

Bell, A. A. Jr. *A Guide to the New Testament World*. Scottdale: Herald Press, 1994.

Bertram, G. 'ὁρμή, ὅρμημα, ὁρμάω, ἀφορμή,' in *Theological Dictionary of the New Testament* 5:467–74.

———. 'ὠδίν, ὠδίνω,' in *Theological Dictionary of the New Testament* 9:667–74.

Birdsall, J. N. 'The Text of the Revelation of Saint John: A Review of its Materials and Problems with Especial Reference to the Work of Joseph Schmid,' *Evangelical Quarterly* 33(1961),228–37.

Blaising, C. A. 'Premillennialism.' In *Three Views on the Millennium and Beyond*. Edited by D. L. Bock, 157–227. Grand Rapids: Zondervan, 1999.

Blass, F. and A. Debrunner. *A Greek Grammar of the New Testament and Other Early Christian Literature*. Translated and revised by R. W. Funk. Chicago: The University of Chicago Press, 1961.

Blenkinsopp, J. *Ezekiel*. Louisville: John Knox Press, 1990.

Blocher, H. *In the Beginning: The Opening Chapters of Genesis*. Translated by D. G. Preston. Downers Grove: Inter-Varsity, 1984.

Block, D. I. 'Gog in Prophetic Tradition: A New Look at Ezekiel XXXVIII 17,' *Vetus Testamentum* 42 (1992),154–72.

———. 'Gog and Magog in Ezekiel's Eschatological Vision.' In '*The Reader must Understand*': *Eschatology in Bible and Theology*. Edited by K. E. Brower and M. W. Elliott, 85–116. Leicester: Apollos, 1997.

———. *The Book of Ezekiel Chapters 1–24*. Grand Rapids: Eerdmans, 1997.

———. *The Book of Ezekiel Chapters 25–48*. Grand Rapids: Eerdmans, 1998.

Böcher, O. 'Das Verhältnis der Apokalypse des Johannes zum Evangelium des Johannes.' In *L'Apocalypse johannique et l'Apocalyptique dans le Nouveau Testament*. Edited by J. Lambrecht, 295–301. Gembloux: Duculot, 1980.

Boling, R. G. *Joshua*. New York: Doubleday, 1982.

Boring, M. E. 'The Apocalypse as Christian Prophecy.' In *Society of Biblical Literature Seminar Papers* 1974. Vol. 2. Edited by W. MacRae, 43–62. Missoula: Scholars Press, 1974.

———. *Revelation*. Louisville: John Knox, 1989.

Bornkamm, C. "Die Komposition der apokalypishen Visionenin der Offen-barung Johannis, *Zeitschrift für die neutestamentliche Wissenschaft* 36(1937),132–49.

Botterweck, G. J. and J. Bergman, 'יָדַע,' in *Theological Dictionary of the Old Testament* 5:448–81.

Bousset, W. *Die Offenbarung Johannis*. Göttingen: Vandenhoeck und Ruprecht, [6]1906.

Bowersock, G. W. 'The Mechanics of Subversion in the Roman Provinces.' In *Opposition et Résistancs a l'Empire d'Auguste a Trajan*, 291–320. Geneva: Fondation Hardt, 1987.

Bowles, G. 'Does Revelation 14:11 Teach Eternal Torment? Examining a Prooftext on Hell,' *Evangelical Quarterly* 73(2001),21–36.

Bowling, A. 'זָכַר,' in *Theological Wordbook of the Old Testament* 1:241–43.

Bowman, J. W. 'The Revelation to John: Its Dramatic Structure and Message,' *Interpretation* 9(1955),

436 - 53.

Boyer, J. L. 'Are the Seven Letters of Revelation 2 - 3 Prophetic?' *Grace Theological Journal* 6(1985), 267 - 73.

Bratcher R. G. and H. A. Hatton. *A Hand Book on the Revelation to John.* New York: United Bible Societies, 1993.

Bratcher, R. G. *A Translator's Guide to the Revelation to John.* London: United Bible Societies, 1984.

Brewer, R. R. 'Revelation 4.6 and Translations Thereof,' *Journal of Biblical Literature* 71(1952), 227 - 31.

Brooks, J. A. and C. L. Winbery. *Syntax of New Testament Greek.* Lanham: University of American Press, 1979.

Brown, R. E. *The Gospel According to John I - XII.* New York: Doubleday, 1966.

———. *The Gospel According to John XIII - XXI.* New York: Doubleday, 1970.

Brown, S. 'The Hour of Trial (Rev 3:10),' *Journal of Biblical Literature* 85(1966), 308 - 14.

Bruce F. F. *The Epistle to the Hebrews.* Grand Rapids: Eerdmans, 1964.

———. 'The Revelation to John.' In *A New Testament Commentary.* General editor, G. C. D. Howley, 629 - 66. Grand Rapids: Zondervan, 1969.

———. *New Testament Development of Old Testament Themes.* Grand Rapids: Eerdmans, 1970.

———. *The Epistles to the Colossians, to Philemon, and to the Ephesians.* Grand Rapids: Eerdmans, 1984.

———. *The Book of the Acts.* Revised edition. Grand Rapids: Eerdmans, 1988.

———. 'Laodicea,' in *Anchor Bible Dictionary* 4:229 - 31.

Bruns, J. E. 'The Contrasted Women of Apocalypse 12 and 17,' *Catholic Biblical Quarterly* 26(1964), 459 - 63.

Buchanan, G. W. *The Book of Revelation: Its Introduction and Prophecy.* Lewiston: Mellen Biblical Press, 1993.

Budd, P. J. *Numbers.* Waco: Word Books, 1984.

Buis, H. 'Hell,' in *Zondervan Pictorial Encyclopedia of the Bible* 3:114 - 17.

Bullinger, E. W. *The Apocalypse.* 3rd edition, revised and corrected. London: Eyre and Spottiswoode, 1935.

Burrows, E. 'The Pearl in the Apocalypse,' *Journal of Theological Studies* 43(1942), 177 - 79.

Butler, T. C. *Joshua.* Waco: Word Books, 1983.

Caird, G. B. *The Revelation of St. John the Divine.* London: A. & C. Black, 1966.

Cansdale, G. S. 'Scorpion,' in *The Zondervan Pictorial Encyclopedia of the Bible* 5:297.

Caringola, R. *The Present Reign of Jesus Christ: A Historical Interpretation of the Book of Revelation.* Springfield: Reformed Press, 1995.

Carr, G. L. *The Song of Solomon.* Leicester: IVP, 1984.

Carrington, P. *The Meaning of the Revelation.* London: SPCK, 1931.

Carroll, R. P. *Jeremiah.* Philadelphia: Westminster, 1986.

Carroll, S. T. 'Caligula,' in *Anchor Bible Dictionary* 1:820 - 21.

Carson, D. A. *The Gagging of God: Christianity Confronts Pluralism.* Grand Rapids: Zondervan, 1996.

Carson, D. A., D. J. Moo and L. Morris, *An Introduction to the New Testament.* Grand Rapids: Zondervan, 1992.

Casey, J. S. Exodus Typology in the Book of Revelation. Ph. D. diss. , Southern Baptist Theological Seminary, 1981.

Charles, J. D. 'An Apocalyptic Tribute to the Lamb (Rev 5:1 – 14),' *Journal of the Evangelical Theological Society* 34(1991),461 – 73.

Charles, R. H. *The Revelation of St. John I & II.* Edinburgh: T. & T. Clark, 1920.

Charlesworth, J. H. 'Introduction for the General Reader.' In *The Old Testament Pseudepigrapha.* vol. 1. Edited by J. H. Charlesworth, xxxi-xxxii. New York: Doubleday, 1983.

———. ed. *The Old Testament Pseudepigrapha.* 2 vols. New York: Doubleday, 1983.

———. 'The Jewish Roots of Christology: The Discovery of the Hypostatic Voice,' *Scottish Journal of Theology* 39(1986),19 – 41.

Charlesworth, J. H. and C. A. Evans, eds. *The Pseudepigrapha and Early Biblical Interpretation.* Sheffield: JSOT Press, 1993.

Childs, B. S. *Myth and Reality in the Old Testament.* London: SCM, 1960.

Chilton, D. *The Days of Vengeance: An Exposition of the Book of Revelation.* Tyler: Dominion Press, 1987.

Christensen, D. L. *Deuteronomy 21:10 – 34:12.* Nashville: Thomas Nelson Publishers, 2002.

Chyutin, M. *The New Jerusalem Scroll from Qumran: A Comprehensive Reconstruction.* Sheffield: Sheffield, 1977.

Clements, R. E. *Isaiah 1 – 39.* Grand Rapids: Eerdmans, 1980.

Clouse, R. G. , ed. *The Meaning of the Millennium: Four Views.* Downers Grove: InterVarsity, 1977.

Cohen, G. *Understanding Revelation.* Chattanooga: AMG, 1987.

Collins, A. Y. 'Book of Revelation,' in *Anchor Bible Dictionary* 5:694 – 708.

———. *Combat Myth in the Book of Revelation.* Montana: Scholars Press, 1976.

———. 'The History-of-Religions Approach to Apocalypticism and the "Angel of the Waters" (Rev 16:4 – 7),' *Catholic Biblical Quarterly* 39(1977),367 – 81.

———. *The Apocalypse.* Wilmington: Michael Glazier, 1979.

———. 'Revelation 18: Taunt-Song or Dirge?' In *L'Apocalypse johannique et l'Apocalyptique dans le Nouveau Testament.* Edited by J. Lambrecht, 185 – 204. Gembloux: Duculot, 1980.

———. 'Persecution and Vengeance in the Book of Revelation.' In *Apocalypticism in the Mediterranean World and the Near East.* Edited by D. Hellholm, 729 – 49. Tübingen: J. C. B. Mohr, 1983.

———. *Crisis and Catharsis: The Power of the Apocalypse.* Philadelphia: The Westminster Press, 1984.

———. 'Review of *The Use of Daniel in Jewish Apocalyptic Literature and in the Revelation of St. John* (N. Y.: University Press of America, 1984), by G. K. Beale,' *Journal of Biblical Literature* 105 (1986),734 – 75.

———. 'Introduction: Early Christian Apocalypticism,' *Semeia* 36(1986),1 – 11.

———. 'Reading the Book of Revelation in Twentieth Century,' *Interpretation* 40(1986),229 – 42.

———. 'The Influence of Daniel on the New Testament.' In *Daniel*, J. J. Collins, 90 – 112. Minneapolis: Fortress, 1993.

Collins, J. J. 'Early Jewish Apocalypticism,' in *Anchor Bible Dictionary* 1:282 – 88.

———. 'Pseudonymity, Historical Reviews and the Genre of the Revelation of John,' *Catholic Biblical Quarterly* 39(1977),329 – 43.

———. 'Introduction: Toward the Morphology of a Genre,' *Semeia* 14(1979),1 – 20.

———. 'The Place of Apocalypticism in the Religion of Israel.' In *Ancient Israelite Religion: Essays in Honor of Frank Moor Cross*. Edited by P. D. Miller, P. H. Hanson, and S. D. McBride, 539 - 58. Philadelphia: Fortress, 1987.

———. *Daniel*. Minneapolis: Fortress, 1993.

———. *The Apocalyptic Imagination: An Introduction to Jewish Apocalyptic Literature*. 2nd edition. Grand Rapids: Eerdmans, 1998.

Collins, R. F. 'Beatitudes,' in *Anchor Bible Dictionary* 1:629 - 31.

Conzelmann, H. 'Miszelle zu Apk 18:17,' *Zeitschrift für die neutestamentliche Wissenschaft* 66(1975), 288 - 90.

Cooke, G. A. *Ezekiel*. Edinburgh: T. & T. Clark, 1936.

Court, J. M. *Myth and History in the Book of Revelation*. London: SPCK, 1979.

Craigie, P. C. *The Book of Deuteronomy*. Grand Rapids: Eerdmans, 1976.

———. *Psalms* 1 - 50. Waco: Word Books, 1983.

Craigie, P. E., P. H. Kelley, and J. F. Drinkard Jr. *Jeremiah* 1 - 25. Dallas: Word Books, 1991.

Cullmann, O. *Christ and Time*. Translated by F. V. Filson. Philadelphia: Westminster, 1950.

Cuss, D. *Imperial Cult and Honorary Terms in the New Testament*. Fribourg: The University Press, 1974.

Davids, P. H. *The Epistle of James*. Grand Rapids: Eerdmans, 1982.

———. *The First Epistle of Peter*. Grand Rapids: Eerdmans, 1990.

Day, J. 'Baal,' in *Anchor Bible Dictionary* 1:545 - 49.

———. 'God's Conflict with Dragon and Sea,' in *Anchor Bible Dictionary* 2:228 - 31.

———. 'Rahab,' in *Anchor Bible Dictionary* 5:610 - 11.

Debrunner, A. and others, 'λέγω, λόγος, ῥῆμα, λαλέω, λόγιος, λόγιον, ἄλογος, λογικός, λογομαχέω, λογομαχία, ἐκλέγομαι, ἐκαλογή, ἐκλεκτος,' in *Theological Dictionary of the New Testament* 4:69 - 192.

Deer, D. S. 'Whose Faith/Loyalty in Revelation 2.13 and 14.12?' *The Bible Translator* 38(1987), 328 - 30.

Deere, J. S. 'Premillennialism in Revelation 20:4 - 6,' *Bibliotheca Sacra* 135(1978), 58 - 73.

Dehandschutter, B. 'The Meaning of Witness in the Apocalypse.' In *L'Ap-ocalypse johannique et l'Apocalyptique dans le Nouveau Testament*. Edited by J. Lambrecht, 283 - 88. Gembloux: Duculot, 1980.

Deissmann, A. *Bible Studies*. Edinburgh: T. & T. Clark, 1901.

DeSilva, D. A. 'The "Image of the Beast" and the Christians in Asia Minor: Escalation of Sectarian Tension in Revelation 13,' *Trinity Journal* 12(1991), 185 - 208.

———. 'Honor Discourse and the Rhetorical Strategy of the Apocalypse of John,' *Journal for the Study of the New Testament* 71(1998), 79 - 110.

Deutsch, C. 'Transformation of Symbols: The New Jerusalem in Rv 21_1 - 22_5,' *Zeitschrift für die neutestamentliche Wissenschaft* 78(1987), 106 - 26.

DeVries, S. J. 1 *Kings*. Waco: Word Books, 1985.

Dieterich, A. *Abraxas, Studien zur Religionsgeschichte des spaetern Altertums*. Leipzig: B. G. Teubner, 1891.

Dillard, R. 'Joel.' In *The Minor Prophets*. Vol. 1. Edited by T. E. McComiskey, 239 - 313. Grand Rapid: Baker, 1992.

Dodd, C. H. *According to the Scriptures*. New York: Scrubber, 1953.

———. *The Parables of the Kingdom*. Revised edition. London: Collins, 1961.

Draper, J. A. 'The Heavenly Feast of Tabernacles: Revelation 7.1 – 17,' *Journal for the Study of the New Testament* 19(1983),133 – 47.

———. 'The Twelve Apostles as Foundation Stones of the Heavenly Jerusalem and the Foundation of the Qumran Community,' *Neotestamentica* 22(1988),41 – 63.

Du Rand, J. A. 'The Imagery of the Heavenly Jerusalem (Revelation 21:9 – 22:5),' *Neotestamentica* 22 (1988),65 – 86.

Dumbrell, W. J. *The End of the Beginning: Revelation* 21 – 22 *and the Old Testament*. Homebush West: Lancer Books, 1985.

Dunn, J. D. G. *The Epistles to the Colossians and to Philemon*. Grand Rapids: Eerdmans, 1996.

Durham, J. I. *Exodus*. Waco: Word Books, 1987.

Dyer, C. H. 'The Identity of Babylon in Revelation 17 – 18,' *Bibliotheca Sacra* 144(1987),433 – 49.

Edgar, T. R. 'Babylon: Ecclesiastical, Political, or What?' *Journal of the Evang-elical Theological Society* 25(1982),333 – 41.

Edwards, D. L. and J. Stott, *Evangelical Essentials*. Downers Grove: Inter-Varsity, 1988.

Ehrman, B. D. 'A Problem of Textual Circularity: The Alands on the Classifi-cation of New Testament Manuscripts,' *Biblica* 70(1989),377 – 88.

Eichrodt, W. *Ezekiel*. Translated by C. Quin. Philadelphia: Westminster, 1970.

Eising, H. 'זָכַר,' in *Theological Dictionary of the Old Testament* 4:64 – 82.

Ellingworth, P. *The Epistle to the Hebrews*. Grand Rapids: Eerdmans, 1993.

Elliott, S. M. 'Who is Addressed in Revelation 18:6 – 7,' *Biblical Research* 40(1995),98 – 113.

Ellul, J. *Apocalypse: The Book of Revelation*. New York: Seabury Press, 1977.

Enroth, A. – M. 'The Hearing Formula in the Book of Revelation,' *New Testament Studies* 36(1990), 598 – 608.

Erickson, M. J. *Christian Theology*. Grand Rapids: Baker, 1983.

Evangelical Alliance, *The Nature of Hell*. London: Acute, 2000.

Evans, C. A. *Luke*. Peabody: Hendrickson, 1990.

———. *Mark 8:27 – 16:20*. Nashville: Thomas Nelson Publishers, 2001.

Ezell, M. D. A Study of the Book of Revelation with Special Reference to Its Jewish Literary Background. Ph. D. diss., Southwestern Baptist Theological Seminary, 1970.

Farrer, A. *A Rebirth of Image: The Making of St John's Apocalypse*. West-minster: Dacre Press, 1949.

———. *The Revelation of St. John the Divine*. Oxford: Clarendon, 1964.

Fee, G. D. and D. Stuart, *How to Read the Bible for All Its Worth: A Guide to Understanding the Bible*. Grand Rapids: Zondervan, 1982.

———. *New Testament Exegesis*. Philadelphia: Westminster Press, 1983.

———. *The First Epistle to the Corinthians*. Grand Rapids: Eerdmans, 1987.

Fekkes, J. 'His Bride Has Prepared Herself: Revelation 19 – 21 and Isaian Nuptial Imagery,' *Journal of Biblical Literature* 109(1990),269 – 87.

———. *Isaiah and Prophetic Traditions in the Book of Revelation: Visionary Antecedents and their Development*. Sheffield: Sheffield, 1994.

Ferguson, E. *Backgrounds of Early Christianity*. 2nd edition. Grand Rapids: Eerdmans, 1993.

Feuillet, A. *Johannine Studies*. Translated by T. E. Crane. New York: Alba House, 1964.

———. *The Apocalypse*. Translated by T. E. Crane. New York: Alba House, 1964.

Filson, F. V. 'The Omission of Ezek. 12_{26-28} and 36_{23b-38} in Codex 967,' *Journal of Biblical Literature* 62 (1943), 27 - 32.

Fiorenza, E. S. *Priester für Gott*. Münster: Verlag Aschendorff, 1972.

———. 'The Quest for the Johannine School: The Apocalypse and the Fourth Gospel,' *New Testament Studies* 23 (1976 - 77), 402 - 27.

———. 'Composition and Structure of the Book of Revelation,' *Catholic Biblical Quarterly* 39 (1977), 344 - 66.

———. *The Book of Revelation: Justice and Judgment*. Philadelphia: Fortress, 1985.

———. *Revelation: Vision of a Just World*. Minneapolis: Fortress, 1991.

Fishbane, M. *Biblical Interpretation in Ancient Israel*. Reprinted with Corrections. Oxford: Clarendon Press, 1985.

Fitzmyer, J. A. *The Gospel According to Luke I - IX*. New York: Doubleday, 1981.

———. *The Gospel According to Luke X - XXIV*. New York: Doubleday, 1985.

Flusser, D. 'No Temple in the City.' In *Judaism and the Origins of Christianity*, 454 - 65. Jerusalem: Magnes, 1988.

Foerster, W. 'θηρίον,' in *Theological Dictionary of the New Testament* 3:133 - 35.

Foerster, W. and G. von Rad. 'διαβάλλω, διάβολος,' in *Theological Dictionary of the New Testament* 2:71 - 81.

Follis, E. R. 'Daughter of Zion,' in *Anchor Bible Dictionary* 6:1103.

Ford, J. M. 'The Meaning of "Virgin,' *New Testament Studies* 12 (1966), 293 - 99.

———. *Revelation*. New York: Doubleday, 1975.

———. 'The Heavenly Jerusalem and Orthodox Judaism,' in *Donum Gen-tilicium: New Testament Studies in Honour of David Daube*. Edited by C. K. Barrett, E. Bammel, and W. D. Davies, 215 - 26. Oxford: Clarendon Press, 1978.

———. 'The Structure and Meaning of Revelation 16,' *Expository Times* 98 (1986 - 87), 327 - 30.

Fox, K. A. 'The Nicolaitans, Nicolaus, and the early Church,' *Studies in Religion* 23/24 (1994), 485 - 96.

Freedman, D. N., M. P. O'Connor, and H. Ringgren. 'יהוה,' in *Theological Dictionary of the Old Testament* 5:500 - 21.

Friberg, J. 'Numbers and Counting,' in *Anchor Bible Dictionary* 4:1139 - 46.

Friedrich, G. 'σάλπιγξ, σαλπίζω, σαλπιστής,' in *Theological Dictionary of the New Testament* 7:71 - 88.

Friesen, S. J. *Imperial Cults and the Apocalypse of John: Reading Revelation in the Ruins*. New York: Oxford University Press, 2001.

Froom, Le Roy E. 'Rome's Counterattacks,' in *The Prophetic Faith of Our Fathers: The Historical Development of Prophetic Interpretation*. vol. 2, 464 - 83. Washington D. C.: Review and Herald, 1948.

Fudge, E. W. and R. A. Peterson. *Two Views of Hell: A Biblical and Theological Dialogue*. Downers Grove: InterVarsity, 2000.

Fudge, E. W. *The Fire that Consumes: A Biblical and Historical Study of the Doctrine of Final Punishment*. Fallbook: Verdict, 1982.

Fuller, J. W. 'I Will Not Erase His Name from the Book of Life (Revelation 3:5),' *Journal of the Evangelical Theological Society* 26(1983),297 – 306.

Furnish, V. P. *II Corinthians*. New York: Doubleday, 1984.

Gaechter, P. 'The Original Sequence of Apocalypse 20 – 22,' *Theological Studies* 10(1949),485 – 521.

Garnegie, D. R. 'The Hymns in Revelation.' In *Christ the Lord: Studies Presented to D. Guthrie*. Edited by H. H. Rowden, 243 – 56. Downers Grove: InterVarsity, 1982.

Gärtner, B. *The Temple and the Community in Qumran and the New Testament*. Cambridge: Cambridge, 1965.

Gasque, W. W. 'Philadelphia,' in *Anchor Bible Dictionary* 5:304 – 05.

Gaston, L. *No Stone on Another*. Leiden: Brill, 1970.

Gaventa, B. R. 'Cornelius,' in *Anchor Bible Dictionary* 1:1054 – 56.

Geldenhuys, N. *Commentary on the Gospel of Luke*. Grand Rapids: Eerdmans, 1951.

Gentry, K. L. 'A Preterist View of Revelation.' In *Four Views of the Book of Revelation*. Edited by C. M. Pate, 37 – 92. Grand Rapids: Zondervan, 1998.

———. *Before Jerusalem Fell: Dating the Book of Revelation*. Revised edition. K. L. Gentry, 1998.

Georgi, D. 'Die Visionen vom himmlischen Jerusalem in Apk 21 und 22.' In *Kirche: Festschrift für Günther Bornkamm zur* 75. Edited by D. Luhrmann and G. Strecker, 351 – 72. Tübingen: J. C. B. Mohr, 1980.

Giblin, C. H. 'Structural and Thematic Correlations in the Theology of Revelation 16 – 22,' *Biblica* 55 (1974),487 – 504.

———. 'Revelation 11. 1 – 13: Its Form, Function and Contextual Integration,' *New Testament Studies* 30(1984),443 – 59.

———. *The Book of Revelation: The Open Book of Prophecy*. Collegeville: The Liturgical Press, 1991.

———. 'Recapitulation and the Literary Coherence of John's Apocalypse,' *Catholic Biblical Quarterly* 56(1994),81 – 95.

Giesen, H. *Die Offenbarung des Johannes*. Regensburg: Friedrich Pustet, 1997.

Glasson, T. F. *The Revelation of John*. Cambridge: Cambridge, 1965.

———. 'The Order of Jewels in Revelation XXI. 19 – 20: A Theory Eliminated,' *Journal of Theological Studies* 26(1975),95 – 100.

Goldingay, J. E. *Daniel*. Dallas: Word Books, 1989.

Goppelt, L. 'πίνω, πόμα, πόσις, πότος, ποτήριον, καταπίνω, ποτίζω,' in *Theological Dictionary of the New Testament* 6:135 – 60.

———. *Typos: The Theological Interpretation of the Old Testament in the New*. Translated by D. H. Madvig. Grand Rapids: Eerdmans, 1982.

Goranson, S. 'The Text of Revelation 22. 14,' *New Testament Studies* 43(1997),154 – 57.

Gordon, R. P. 'Loricate Locusts in the Targum to Nahum III 17 and Revelation IX 9,' *Vetus Testamentum* 33(1983),338 – 39.

Goulder, M. 'Already?' In *To Tell the Mystery*. Edited by T. E. Schmidt and M. Silva, 21 – 33. Sheffield: Sheffield, 1994.

Goulder, M. D. 'The Apocalypse as an Annual Cycle of Prophecies,' *New Testament Studies* 27(1980 – 1),342 – 67.

Gourgues, M. 'The Thousand-Year Reign (Rev 20:1-6): Terrestrial or Celestial?' *Catholic Biblical Quarterly* 47(1985), 676-81.

Grant, M., trans. and ed. *The Myths of Hyginus*. Lawrence: University of Kansas Press, 1960.

Grassi, J. 'Ezekiel xxxvii 1-14 and the New Testament,' *New Testament Studies* 11(1964-65), 162-64.

Gray, G. B. 'The List of the Twelve Tribes,' *Expositor* ser. 6, 5(1902), 225-40.

Greenberg, M. 'Idealism and Practicality in Numbers 35:4-5 and Ezekiel 48,' *Journal of the American Oriental Society* 88(1968), 59-66.

———. 'The Design and Themes of Ezekiel's Program of Restoration,' *Interpretation* 38(1984), 181-209.

———. *Ezekiel* 1-20. New York: Doubleday, 1983.

———. *Ezekiel* 21-37. New York: Doubleday, 1997.

Gregg, S., ed. *Revelation: Four Views*. Nashville: Thomas Nelson Publishers, 1997.

Griffin, M. T. 'Nero,' in *Anchor Bible Dictionary* 4:1076-81.

Guelich, R. A. *Mark* 1-8:26. Dallas: Word Books, 1989.

Gundry, R. H. *The Church and the Tribulation*. Grand Rapids: Academic Books, 1973.

———. 'The New Jerusalem: People as Place, not Place for People,' *Novum Testamentum* 29(1987), 254-64.

Gundry, S. N., ed. *Three Views on the Rapture: Pre-, Mid-, or Post-Tribulational*? Grand Rapids: Zondervan, 1996.

Guthrie, D. *The Relevance of John's Apocalypse*. Grand Rapids: Eerdmans, 1987.

———. *New Testament Introduction*. 4th edition. Downers Grove: Inter-varsity Press, 1990.

Haarbeck, H., H.-G. Link, and C. Brown, 'New,' in *The New International Dictionary of New Testament Theology* 2:669-76.

Habel, N. 'The Form and Significance of the Call Narratives,' *Zeitschrift für die alttestamentliche Wissenschaft* 77(1965), 297-323.

Hagner, D. A. *Matthew* 1-13. Nashville: Thomas Nelson Publishers, 1993.

———. *Matthew* 14-28. Nashville: Thomas Nelson Publishers, 1995.

Hailey, H. *Revelation*. London: The Wakeman Trust, 1979.

Hall, R. G. 'Living Creatures in the Midst of the Throne: Another Look at Revelation 4.6,' *New Testament Studies* 36(1990), 609-13.

Hals, R. M. *Ezekiel*. Grand Rapids: Eerdmans, 1989.

Hamilton, V. P. *The Book of Genesis: Chapters* 1-17. Grand Rapids: Eerdmans, 1990.

Handy, L. K. 'Tiamat,' in *Anchor Bible Dictionary* 6:546-47.

Hanson, P. D. 'Introductory overview,' in *Anchor Bible Dictionary* 1:280-82.

———. *The Dawn of Apocalyptic: The Historical and Sociological Roots of Jewish Apocalyptic Eschatology*. Revised edition. Philadelphia: Fortress, 1979.

Harrington, W. J. *Revelation*. Collegeville: The Liturgical Press, 1993.

Harris, G. H. 'The Wound of the Beast in the Tribulation,' *Bibliotheca Sacra* 156(1999), 459-68.

Harris, R. L. 'שְׁאֹל,' in *Theological Wordbook of the Old Testament* 2:891-93.

Hartley, J. E. *The Book of Job*. Grand Rapids: Eerdmans, 1988.

———. *Leviticus*. Dallas: Word Books, 1992.

Hartman, L. F. and A. A. Di Lella. *The Book of Daniel*. New York: Doubleday, 1978.

Hartman, L. *Prophecy Interpreted: The Formation of Some Jewish Apocalyptic Texts and of the Eschatological Discourse Mark* 13 *Par*. Lund: Gleerup, 1966.

Hauck, F. 'κοινός, κοινωνός, κοινωνέω, κοινωνία, συγκοινωνός, συγκοινωνέω, κοινωνικός, κοινόω,' in *Theological Dictionary of the New Testament* 3:789–809.

Hauck, F. and G. Bertram. 'μακάριος, μακαρίζω, μακαρισμός,' in *Theological Dictionary of the New Testament* 4:362–70.

Haufe, G. 'δεσπότης,' in *Exegetical Dictionary of the New Testament* 1:290–91.

Heard, Jr. W. J. 'Sparta,' in *Anchor Bible Dictionary* 6:176–77.

Hedrick, W. K. The Sources and Use of the Imagery in Apocalypse 12. Ph. D. diss., Graduate Theological Union, 1970.

Heide, G. Z. 'What is New About the New Heaven and the New Earth? A Theology of Creation from Revelation 21 and 2 Peter 3,' *Journal of the Evangelical Theological Society* 40(1997), 37–56.

Heil, J. P. 'The Fifth Seal (Rev 6, 9–11) as a Key to the Book of Revelation,' *Biblica* 74 (1993), 220–43.

Hellholm, D. 'The Problem of Apocalyptic Genre and the Apocalypse of John,' *Semeia* 36(1986), 13–64.

Helmbold, A. 'A Note on the Authorship of the Apocalypse,' *New Testament Studies* 8(1961–62), 77–79.

Hemer, C. J. *The Letters to the Seven Churches of Asia in Their Local Setting*. Sheffield: JSOT, 1986.

Hendriksen, W. *More than Conquerors*. Grand Rapids: Baker, 1944.

Hill, D. *The Gospel of Matthew*. Grand Rapids: Eerdmans, 1972.

———. 'Prophecy and Prophets in the Revelation of St John,' *New Testament Studies* 18(1971–72), 401–18.

Hillers, D. R. 'Revelation 13:18 and a Scroll from Murabba'at,' *Bulletin of the American Schools of Oriental Research* 170(1963), 65.

Hillyer, N. 'The Lamb in the Apocalypse,' *Evangelical Quarterly*, 39(1967), 228–36.

Himmelfarb, M. *Ascent to Heaven in Jewish and Christian Apocalypse*. New York: Oxford University Press, 1993.

Hobbs, T. R. *2 Kings*. Waco: Word Books, 1985.

Hodges, Z. C. 'The First Horseman of the Apocalypse,' *Bibliotheca Sacra* 119(1962), 324–34.

Hoehner, H. 'Evidence from Revelation 20.' In *A Case for Premillennialism: A New Consensus*. Edited by D. K. Campbell and Townsend, 235–62. Chicago: Moody, 1992.

Hoekema, A. A. *The Bible and the Future*. Grand Rapids: Eerdmans, 1979.

Hoeksema, H. *Behold, He Cometh! An Exposition of the Book of Revelation*. Grand Rapids: Reformed Free Publishing Association, 1969.

Hoffmeier, J. K. 'Plagues in Egypt,' in *Anchor Bible Dictionary* 2:374–78.

Holladay, W. L. *Jeremiah 1*. Philadelphia: Fortress, 1986.

———. *Jeremiah 2*. Minneapolis: Fortress, 1989.

Hollander, H. W. 'θυμός,' in *Exegetical Dictionary of the New Testament* 2:159–60.

Holtz, T. 'ἀποκαλύπτω, ἀποκάλυψις,' in *Exegetical Dictionary of the New Testament* 1:130–32.

Holwerda, D. 'The Church and the Little Scroll (Revelation 10,11),' *Calvin Theological Journal* 34 (1999), 148 – 61.

Hort, F. A. J. *The Apocalypse of St. John* 1 – Ⅲ. London: Macmillan, 1908.

Hoskier, H. C. *Concerning the Text of the Apocalypse*. London: Quaritch, 1929.

Hoste, W. *The Visions of John the Divine*. Kilmarnock: John Ritchie, 1932.

Hughes, J. A. 'Revelation 20:4 – 6 and the Question of the Millennium,' *Westminster Theology Journal* 35(1973), 281 – 302.

Hughes, P. E. *Paul's Second Epistle to the Corinthians*. Grand Rapids: Eerdmans, 1962.

———. 'The First Resurrection: Another Interpretation,' *Westminster Theology Journal* 39(1977), 315 – 18.

———. *The True Image*. Leicester: InterVarsity, 1989.

———. *The Book of the Revelation*. Leicester: InterVarsity, 1990.

Hurtado, L. W. *Mark*. Peabody: Hendrickson, 1983.

———. 'Revelation 4 – 5 in the Light of Jewish Apocalyptic Analogies,' *Journal for the Study of the New Testament* 25(1985), 105 – 24.

Hyatt, J. P. *Exodus*. Grand Rapids: Eerdmans, 1971.

Ironside, H. A. *Lectures on the Book of Revelation*. London: Pickering & Inglis Ltd., 1920.

Janzen, E. P. 'The Jesus of the Apocalypse Wears the Emperor's Clothes.' In *Society of Biblical Literature Seminar Papers* 1994. Edited by E. H. Lovering, 637 – 61. Atlanta: Scholars, 1994.

Jart, U. 'The Precious Stones in the Revelation of St. John xxi. 18 – 21,' *Studia Theologica* 24(1970), 150 – 81.

Jauhiainen, M. 'The Measuring of the Sanctuary Reconsidered (Rev 11,1 – 2),' *Biblica* 83(2002), 507 –26.

Jenkins, F. *The Old Testament in the Book of Revelation*. Grand Rapids: Baker, 1972.

Jeremias, J. 'ἀμνός, ἀρήν, ἀρνίον,' in *Theological Dictionary of the New Testament* 1:338 – 41.

———. ''Αρ Μαγεδών,' in *Theological Dictionary of the New Testament* 1:468.

———. 'γέεννα,' in *Theological Dictionary of the New Testament* 1:657 – 58.

———. 'νύμφη, νυμφίος,' in *Theological Dictionary of the New Testament* 4:1099 – 1106.

Johnson, A. F. 'Revelation.' In *The Expositor's Bible Commentary*. vol. 12. Edited by F. E. Gaebelein, 397 – 603. Grand Rapids: Zondervan, 1981.

Johnson, L. T. 'The New Testament's Anti-Jewish Slander and the Conventions of Ancient Polemic,' *Journal of Biblical Literature* 108(1989), 419 – 41.

Johnson, S. E. 'Laodicea and Its Neighbors,' *Biblical Archaeologist* 13(1950), 1 – 18.

Johnston, R. M. 'The Eschatological Sabbath in John's Apocalypse: A Reconsideration,' *Andrews University Seminary Studies* 25(1987), 39 – 50.

Jones, A. H. M. *The Cities of The Eastern Roman Provinces*. New York: Oxford University Press, 1937.

———. 'The Economic Life of the Roman Towns.' In *The Roman Economy*. Edited by P. A. Brunt, 35 – 60. Totowa: Rowman & Littlefield, 1974.

Jones, B. W. 'Domitian,' in *Anchor Bible Dictionary* 2:221 – 22.

———. 'Titus,' in *Anchor Bible Dictionary* 6:580 – 81.

———. 'More About the Apocalypse as Apocalyptic,' *Journal of Biblical Literature* 87(1968), 325 – 27.

Jones, G. H. 1 *and* 2 *Kings*. Vol. I & II. Grand Rapids: Eerdmans, 1984.

Judge, E. A. 'The Mark of the Beast, Revelation 13:16,' *Tyndale Bulletin* 42(1991),158 – 60.

Kaiser, W. C. 'לילית,' in *Theological Wordbook of the Old Testament* 1:479.

Kaiser, W. C. and M. Silva. *An Introduction to Biblical Hermeneutics: The Search for Meaning*. Grand Rapids: Zondervan, 1994.

Kallas, J. 'The Apocalypse-An Apocalyptic Book?' *Journal of Biblical Literature* 86(1967),69 – 80.

Kalmin, R. 'Leviathan,' in *Anchor Bible Dictionary* 4:295 – 97.

Katzenstein, H. J. and D. R. Edwards, 'Tyre,' in *Anchor Bible Dictionary* 6:686 – 92.

Kavanaugh, M. A. *Apocalypse* 22:6 – 21 *as Concluding Liturgical Dialogue*. Rome: Pontifical Gregorian University, 1984.

Keil, C. F. and F. Delitzsch, *Minor Prophets*. Peabody: Hendrickson, 1989.

———. *Ezekiel, Daniel*. Peabody: Hendrickson, 1989.

———. *Isaiah*. Peabody: Hendrickson, 1989.

Kelly, B. H. 'Revelation 7:9 – 17,' *Interpretation* 40(1986),290 – 91.

Kelly, J. N. D. *The Epistles of Peter and of Jude*. Peabody: Hendrickson, 1969.

Kempson, W. R. Theology in the Revelation of John. Ph. D. diss., Southern Baptist Theology Seminary, 1982.

Keown, G. L., P. J. Scalise and T. G. Smothers. *Jeremiah* 26 – 52. Nashville: Thomas Nelson Publishers, 1995.

Kerkeslager, A. 'Apollo, Greco-Roman Prophecy, and the Rider of the White Horse in Rev 6:2,' *Journal of Biblical Literature* 112(1993),116 – 21.

Kettner, E. G. 'Time, Eternity, and the Intermediate State,' *Concordia Journal* 12(1986),90 – 100.

Kiddle, M. *The Revelation of St. John*. London: Hodder and Stoughton, 1940.

Klauck, H.-J. 'Do They Never Come Back? *Nero Redivivus* and the Apocalypse of John,' *Catholic Biblical Quarterly* 63(2001),683 – 98.

Klein, M. L. trans. *The Fragment-Targums of the Pentateuch According to their Extant Sources*. Vol. II. Rome: Biblical Institute Press, 1980.

Klien, B. D. 'Baraita of 32 Rules,' in *Encyclopedia Judaica*. vol. 4,194 – 5.

Kline, M. G. *Job*. Chicago: Moody, 1963.

———. *Treaty of the Great King-The Covenant Structure of Deuteronomy: Studies and Commentary*. Grand Rapids: Eerdmans, 1963.

———. *The Structure of Biblical Authority*. Grand Rapids: Eerdmans, 1972.

———. 'The First Resurrection,' *Westminster Theology Journal*(1975),366 – 75.

———. 'The First Resurrection: A Reaffirmation,' *Westminster Theology Journal* 39(1975),110 – 19.

———. *Images of the Spirit*. Grand Rapids: Baker, 1980.

———. 'Double Trouble,' *Journal of the Evangelical Theological Society* 32(1989),171 – 79.

———. *Kingdom Prologue*. S. Hamilton: M. G. Kline, 1991.

———. 'Har Magendon: The End of the Millennium,' *Journal of the Evangelical Theological Society* 39 (1996),207 – 22.

———. 'Space and Time in the Genesis Cosmogony,' *Perspectives on Science and the Christian Faith* 48 (1996),2 – 15.

———. *Glory in Our Midst: A Biblical-Theological Reading of Zechariah's Night Visions*. Overland Park: Two Age Press, 2001.

Koester, C. R. *Symbolism in the Fourth Gospel*. Minneapolis: Fortress Press, 1995.

Koester, H. *Introduction to The New Testament*. Vol. 2, *History and Literature of Early Christianity*. Philadelphia: Fortress, 1982.

Kraft, H. *Die Offenbarung des Johannes*. Tübingen: Mohr, 1974.

Krämer, H. 'ἐνώπιον,' in *Exegetical Dictionary of the New Testament* 1:462.

———. 'μυστήριον,' in *Exegetical Dictionary of the New Testament* 2:446 – 49.

Kraybill, J. N. *Imperial Cult and Commerce in John's Apocalypse*. Sheffield: Sheffield, 1996.

Krodel, G. A. *Revelation*. Minneapolis: Augsburg Publishing House, 1989.

Kuhn, K. G. 'Γώγ καὶ Μαγώγ,' in *Theological Dictionary of the New Testament* 1:789 – 91.

Kuyper A. *The Revelation of St. John*. Translated by J. H. de Vries. Grand Rapids: Eerdmans, 1935.

Lacey, T. A. 'The Two Witnesses,' *Journal of Theological Studies* 11(1910),55 – 60.

Ladd, G. E. 'Why not Prophetic-Apocalyptic?' *Journal of Biblical Literature* 76(1957),192 – 200.

———. *A Commentary on the Revelation of John*. Grand Rapids: Eerdmans, 1972.

Lambrecht, J. 'A Structuration of Revelation 4,1 – 22,5.' In *L'Apocalypse johannique et l'Apocalyptique dans le Nouveau Testament*. Edited by J. Lambrecht, 77 – 104. Leuven: University Press, 1980.

Lane, W. L. *The Gospel According to Mark*. Grand Rapids: Eerdmans, 1974.

———. *Hebrews* 9 – 13. Dallas: Word Books, 1991.

Lange, J. P. *The Revelation of John*. Edited by E. R. Craven. Grand Rapids: Zondervan, 1968.

LaRondelle, H. K. 'The Etymology of *Har-Magedon* (Rev 16:16),' *Andrews University Seminary Studies* 27(1989),69 – 73.

Laughlin, T. C. *The Solecisms of the Apocalypse*. Princeton: Princeton University, 1902.

Lee, W. 'The Revelation of St. John.' In *The Holy Bible*. Vol. 4. London: John Murray, 1881.

LeFrois, B. J. *The Woman Clothed with the Sun (Ap. 12), Individual or Collective? An Exegetical Study*. Rome: Orbis Catholicus, 1954.

Lenski, R. C. H. *The Interpretation of St. John's Revelation*. Columbus: Lutheran Book Concern, 1935.

Levenson, J. D. *Theology of the Program of Restoration of Ezekiel* 40 – 48. Missoula: Scholars Press, 1976.

Lewis, T. J. 'Abode of the Dead,' in *Anchor Bible Dictionary* 2:101 – 05.

Licht, J. 'An Ideal Town Plan from Qumran: The Description of the New Jerusalem,' *Israel Exploration Journal* 29(1979),45 – 59.

Liddell, H. G. and R. Scott. *An Intermediate Greek-English Lexicon*. Oxford: Clarendon Press, 1889.

Lightfoot, J. B., tr. *The Apostolic Fathers*. Edited by J. R. Harmer. London, 1926.

Lilje, H. *The Last Book of the Bible: The Meaning of the Revelation of St. John*. Translated by O. Wyon. Philadelphia: Muhlenberg, 1957.

Lindars, B. *New Testament Apologetic: The Doctrinal Significance of the Old Testament Quotations*. London: SCM, 1961.

———. *The Gospel of John*. Grand Rapids: Eerdmans, 1972.

Lindsey, H. *The Late Great Planet Earth*. Grand Rapids: Zondervan, 1970.

Lo, Wei (罗伟). Ezekiel in Revelation: Literary and Hermeneutic Aspects. Ph. D. diss., University of

Edinburgh, 1999.

———. The Remnant Motif in the Old and New Testaments: Some Examples. M. Th. Thesis. Gordon-Conwell Theological Seminary, 1994.

Loasby, R. E. '"Har-Magedon" According to the Hebrew in the Setting of the Seven Last Plagues of Revelation 16,' *Andrews University Seminary Studies* 27 (1989), 129 – 32 (Abstracted by L. G. Running).

Lohmeyer, E. *Die Offenbarung des Johannes*. Tübingen: Mohr, 1970.

Longenecker, B. W. '"Linked like a Chain": Rev 22. 6 – 9 in Light of an Ancient Transition Technique,' *New Testament Studies* 47(2001),105 – 117.

Longman III, T. 'The Divine Warrior: The New Testament Use of an Old Testament Motif,' *Westminster Theology Journal* 44(1982),290 – 307.

———. 'Nahum.' In *The Minor Prophets: An Exegetical and Expository Commentary*. vol. 2. Edited by T. E. McComiskey, 765 – 829. Grand Rap-ids: Baker, 1993.

———. *The Book of Ecclesiastes*. Grand Rapids: Eerdmans, 1998.

Longnenecker, R. N. *Galatians*. Dallas: Word Books, 1990.

Lund, N. W. *Chiasmus in the New Testament: A Study in the Form and Function of Chiastic Structures*. Chapel Hill: University of North Carolina Press, 1942.

Lust, J. 'A Gentle Breeze or a Roaring Thunderous Sound?' *Vetus Testamentum* 25(1975),110 – 15.

———. 'The Order of the Final Events in Revelation and in Ezekiel.' In *L'Apocalypse johannique et l'Apocalyptique dans le Nouveau Testament*. Edited by J. Lambrecht, 179 – 83. Leuven: University Press, 1980.

———. 'Ezekiel 36 – 40 in the Oldest Greek Manuscript,' *Catholic Biblical Quarterly* 43(1981),517 – 33.

MacLeod, D. J. 'The First"Last Thing": the Second Coming of Christ,' *Bibliotheca Sacra* 156(1999), 203 – 20。

———. 'The Third"Last Thing": The Binding of Satan (Rev. 20:1 – 3),' *Bibliotheca Sacra* 156 (1999),469 – 86.

Maier, J. *The Temple Scroll: An Introduction, Translation and Commentary*. Sheffield: JSOT Press, 1985.

Malina, B. J. *On the Genre and Message of Revelation: Star Visions and Sky Journeys*. Peabody: Hendrickson, 1995.

Marshall, I. H. *The Gospel of Luke*. Exeter: Paternoster, 1978.

Martin, Jr. H. M. 'Hermes,' in *Anchor Bible Dictionary* 3:155 – 56.

Martin, R. P. 2 *Corinthians*. Waco: Word Books, 1986.

———. *James*. Waco: Word Books, 1988.

Martindale, S. J. C. C. '*The Apocalypse*.' In *A Catholic Commentary on Holy Scripture*. Edited by D. B. Orchard et al., 1193 – 1208. London: Thomas Nelson and Sons, 1953.

Mathewson, D. 'The Destiny of the Nations in Revelation 21:1 – 22:5,' *Tyndale Bulletin* 53(2002),121 – 42.

Mays, J. L. *Hosea*. Philadelphia: Westminster, 1969.

Mazzaferri, F. D. *The Genre of the Book of Revelation from a Source-critical Perspective*. Berlin: Walter de

Gruyter, 1989.

McComiskey, T. E. 'Hosea.' In *The Minor Prophets.* vol. I. Edited by T. E. McComiskey, 1 – 237. Grand Rapids: Baker, 1992.

———. 'Alteration of OT Imagery in the Book of Revelation: Its Hermeneutical and Theological significance,' *Journal of Evangelical Theological Society* 36(1993),307 – 16.

———. 'Zechariah.' In *The Minor Prophets.* vol. III. Edited by T. E. McComiskey, 1003 – 1244. Grand Rapids: Eerdmans, 1998.

McGinn, B. 'Revelation.' In *The Literary Guide to the Bible.* Edited by R. Alter and F. Kermode, 523 – 44. Cambridge, MA: Belknap Press, 1987.

McIlraith, D. A. '"For the Fine Linen is the Righteous Deeds of the Saints": Works and Wife in Revelation 19:8,' *Catholic Biblical Quarterly* 61(1999),512 – 29.

McIlvaine, J. H. *The Wisdom of the Apocalypse.* New York: Anson D. F. Randolph, 1886.

McKelvey, R. J. *The New Temple: The Church in the New Testament.* London: Oxford University Press, 1969.

McKenzie, J. L. 'The Elders in the Old Testament,' *Biblica* 40(1959),522 – 40.

Mealy, J. W. *After the Thousand Years: Resurrection and Judgment in Revelation* 20. Sheffield: JSOT, 1992.

Melton L. D. A Critical Analysis of the Understanding of the Imagery of City in the Book of Revelation. Ph. D. diss., Southern Baptist Theological Seminary, 1978.

Mendenhall, G. E. and G. A. Herion, 'Covenant,' in *Anchor Bible Dictionary* 1:1179 – 1202.

Metzger, B. M. *A Textual Commentary on The Greek New Testament.* New York: UBS, 1971.

———. *The Cannon of the New Testament: Its Origin, Development, and Significance.* Oxford: Clarendon Press, 1987.

———. *Breaking the Code: Understanding the Book of Revelation.* Nashville: Abingdon Press, 1993.

Meyer, R. 'Μάννα,' in *Theological Dictionary of the New Testament* 4:462 – 66.

Meyer, R. and P. Katz. 'ὄχλος,' in *Theological Dictionary of the New Testament* 5:582 – 90.

Michaels, J. R. 'The First Resurrection: A Response,' *Westminster Theology Journal* 39(1977), 100 – 09.

———. 1 *Peter.* Waco: Word Books, 1988.

———. 'Revelation 1:19 and the Narrative Voices of the Apocalypse,' *New Testament Studies* 37 (1991),604 – 20.

———. *Interpreting the Book of Revelation.* Grand Rapids: Baker, 1992.

———. *Revelation.* Downers Grove: InterVarsity, 1997.

Milik, J. T. *Discoveries in the Judaean Desert* 1 *Qumran Cave* 1. Oxford: Clarendon, 1955.

Milns, R. D. 'Vespasian,' in *Anchor Bible Dictionary* 6:851 – 53.

Min, P. B.-S. *I Due Testimoni di Apocalisse* 11,1 – 13: *Storia-Interpretazione-Teologia.* Rome: Pontificia Universitate Gregoriana, 1991.

Minear, P. S. 'The Wounded Beast,' *Journal of Biblical Literature* 72(1953),93 – 101.

———. 'Ontology and Ecclesiology in the Apocalypse,' *New Testament Studies* 12(1966),89 – 105.

———. *I Saw a New Earth: An Introduction to the Visions of the Apocalypse.* Washington D. C.: Corpus Books, 1968.

———. 'Far as the Curse is Found: The Point of Revelation 12:15 – 16,' *Novum Testamentum* 33 (1991),71 – 77.

Moffatt, J. 'The Revelation of St. John the Divine.' In *The Expositor's Greek Testament*. Edited by W. R. Nicoll, 279 – 494. London: Hodder & Stoughton, 1910.

Moo, D. J. 'The Case for the Posttribulation Rapture Position.' In *Three Views on the Rapture*. Edited by S. N. Gundry, 169 – 211. Grand Rapids: Zondervan, 1996.

Moore, A. L. *The Parousia in the New Testament*. Leiden: E. J. Brill, 1966.

Morris, C. L. *Revelation: An Introduction and Commentary*. Revised. Grand Rapids: Eerdmans, 1987.

Morris, L. *The First and Second Epistles to the Thessalonians*. Grand Rapids: Eerdmans, 1959.

———. *The Gospel According to John*. Grand Rapids: Eerdmans, 1971.

———. *Apocalyptic*. London: IVP, 1973.

———. *Luke: An Introduction and Commentary*. Leicester: IVP, 1974.

Motyer, J. A. *The Prophecy of Isaiah: An Introduction and Commentary*. Downers Grove: InterVarsity, 1993.

———. 'Zephaniah.' In *The Minor Prophets*. Vol. III. Edited by T. E. McComiskey, 897 – 962. Grand Rapids: Eerdmans, 1998.

Moule, C. F. D. *An Idiom Book of the New Testament Greek*. 2nd edition. Cambridge: Cambridge, 1959.

———. 'A Reconsideration of the Context of *Maranatha*,' *New Testament Studies* 8(1962),307 – 10.

Moulton, J. H. and G. Milligan. *The Vocabulary of the Greek Testament*. London: Hodder and Stoughton, 1930.

Mounce, R. H. *The Book of Revelation*. Grand Rapids: Eerdmans, 1977.

———. *Matthew*. Peabody: Hendrickson, 1985.

Mowry, L. 'Revelation 4 – 5 and Early Christian Liturgical Usage,' *Journal of Biblical Literature* 71 (1952),75 – 84.

Moyise, S. *The Old Testament in the Book of Revelation*. Sheffield: Sheffield, 1995.

———. ed. *Studies in the Book of Revelation*. Edinburgh: T&T Clark, 2001.

Mulholland, M. R. *Revelation*. Grand Rapids: Zondervan, 1990.

Müller, H. P. Formgeschichtliche Untersuchung zu Apc Joh. 4 – 5. Ph. D. diss., Heidelberg University, 1962.

Mussies, G. 'Antipas,' *Novum Testamentum* 7(1964),242 – 24.

———. 'ΔYO in Apocalypse IX 12 and 16,' *Novum Testamentum* 9(1967),151 – 54.

———. *The Morphology of Koine Greek as Used in the Apocalypse of St. John: A Study in Bilingualism*. London: Brill, 1971.

———. 'The Greek of the Book of Revelation.' In *L'Apocalypse johannique et l'Apocalyptique dans le Nouveau Testament*. Edited by J. Lambrecht, 167 – 77. Gembloux: Duculot, 1980.

Newell, W. R. *The Book of Revelation*. Chicago: Grace Publications, 1935.

Niles, D. T. *As Seeing the Invisible*. London: SCM, 1962.

Nolland, J. *Luke* 1 – 9:20. Dallas: Word Books, 1989.

———. *Luke* 9:21 – 18:34. Dallas: Word Books, 1993.

———. *Luke* 18:35 – 24:53. Dallas: Word Books, 1993.

O'Brine, P. K., general editor. *Atlas of World History: From the Origins of Humanity to the Year* 2000. Revised edition. New York: Oxford University Press, 2002.

O'Rourke, J. J. 'The Hymns of the Apocalypse,' *Catholic Biblical Quarterly* 30(1968),399 – 409.

Olson, D. C. '"Those Who Have Not Defiled Themselves with Woman": Revelation 14:4 and the Book of Enoch,' *Catholic Biblical Quarterly* 59(1997),492 – 510.

Olson, M. J. 'Parthians,' in *Anchor Bible Dictionary* 5:170 – 71.

Osborne, G. R. *The Hermeneutical Spiral: A Comprehensive Introduction to Biblical Interpretation*. Downers Grove: InterVarsity Press, 1991.

———. *Revelation*. Grand Rapids: Baker Academic, 2002.

Oster, Jr. R. E. 'Ephesus,' in *Anchor Bible Dictionary* 2:542 – 49.

Oswalt, J. 'The Myth of the Dragon and the Old Testament Faith,' *Evangelical Quarterly* 49(1977), 163 –72.

———. *The Book of Isaiah: Chapters* 1 – 39. Grand Rapids: Eerdmans, 1986.

———. *The Book of Isaiah: Chapters* 40 – 66. Grand Rapids: Eerdmans, 1998.

Otzen, B. 'גּוֹג; מָגוֹג,' in *Theological Dictionary of the Old Testament* 2:419 – 25.

Ozanne, C. G. The Influence of the Text and Language of the Old Testament on the Book of Revelation. Ph. D. diss., University of Manchester, 1964.

———. 'The Language of the Apocalypse,' *Tyndale Bulletin* 16(1965),3 – 9.

Page, S. H. T. 'Revelation 20 and Pauline Eschatology,' *Journal of the Evangelical Theological Society* (1980),31 – 43.

Park, S.-M. More than a Regained Eden. Ph. D. diss., Trinity Evangelical Divinity School, 1995.

Parunak, H. van D. Structural Studies in Ezekiel. Ph. D. diss., Harvard University, 1978.

Paulien, J. 'Armageddon,' in *Anchor Bible Dictionary* 1:394 – 95.

———. *Decoding Revelation's Trumpets: Literary Allusions and the Interpretation of Revelation* 8:7 – 12. Berrien Springs: Andrews University Press, 1987.

Peachey, B. F. 'A Horse of a Different Colour: The Horses in Zechariah and Revelation,' *Expository Times* 110(1998 – 99),214 – 16.

Peake, A. S. *The Revelation of John*. London: The Holborn Press, 1920.

Pedley, J. G. 'Sardis,' in *Anchor Bible Dictionary* 5:982 – 84.

Pentecost, J. D. *Things to Come*. Grand Rapids: Zondervan, 1958.

Pesch, W. 'ὀργή,' in *Exegetical Dictionary of the New Testament* 2:529 – 30.

Petersen, D. L. *Haggai and Zechariah* 1 – 8. Philadelphia: Westminster, 1984.

Peterson, R. A. 'A Traditionalist Response to John Stott's Arguments for Annihilationism,' *Journal of the Evangelical Theological Society* 37(1994),553 – 68.

Pinnock, C. H. 'The Conditional View.' In *Four Views on Hell*. Edited by W. Crockett, 135 – 70. Grand Rapids: Zondervan, 1996.

Pippin, T. *Death and Desire: The Rhetoric of Gender in the Apocalypse of John*. Louisville: Westminster, 1992.

Porter, S. E. 'Why the Laodiceans Received Lukewarm Water (Revelation 3:15 – 18),' *Tyndale Bulletin* 38(1987),143 – 49.

———. 'Language of the Apocalypse in Recent Study,' *New Testament Studies* 35(1989),582 – 603.

———. *Verbal Aspect in the Greek of the New Testament with Reference to Tense and Mood*. New York: Lang, 1989.

———. *Idioms of the Greek New Testament*. 2nd edition. Sheffield: Sheffield, 1994.

Potter, D. S. 'Pergamum,' in *Anchor Bible Dictionary* 5:228 – 30.

———. 'Smyrna,' in *Anchor Bible Dictionary* 6:73 – 75.

Poythress, V. S. 'Johannine Authorship and the Use of Intersentence Conjunctions in the Book of Revelation,' *Westminster Theology Journal* 47(1985),329 – 36.

———. 'Genre and Hermeneutics in Rev 20:1 – 6,' *Journal of the Evangelical Theological Society* 36 (1993),41 – 54.

———. *Understanding Dispensationalists*. 2nd edition. Phillipsburg: P & R Publishing, 1994.

Preston R. H. and A. T. Hanson. *The Revelation of Saint John the Divine*. London: SCM, 1949.

Price, S. R. F. *Rituals and Power: The Roman Imperial Cult in Asia Minor*. Cambridge: Cambridge, 1984.

Prigent, P. *Apocalypse et Liturgie*. Paris: Delachaux et Niestle, 1964.

———. *L'Apocalypse de Saint Jean*. Paris: Delachaux et Niestlé, 1981.

Provan, I. *Lamentations*. London: Marshall Pickering, 1991.

———. 'Foul Spirit, Fornication and Finance: Revelation 18 from an Old Testament Perspective,' *Journal for the Study of the New Testament* 64(1996),81 – 100.

Quispel, G. *The Secret Book of Revelation: The Last Book of the Bible*. Translated by P. Staples. London: Collins, 1979.

Ramsay, W. 'BISELLIUM.' In *A Dictionary of Greek and Roman Antiquities*. By W. Smith, 1014 – 16. London: John Murray, 1875.

———. *The Letters to the Seven Churches of Asia and their Place in the Plan of the Apocalypse*. London: Hodder & Stoughton, 1904.

Rappaport, U. 'Mattathias,' in *Anchor Bible Dictionary* 4:615 – 16.

Reader, W. W. 'The Twelve Jewels of Revelation 21: 19 – 20: Tradition History and Modern Interpretations,' *Journal of Biblical Literature* 100(1981),433 – 57.

Reddish, M. G. 'Martyr Christology in the Apocalypse,' *Journal for the Study of the New Testament* 33 (1988),85 – 95.

———. 'Wormwood,' in *Anchor Bible Dictionary* 6:973.

———. ed. *Apocalyptic Literature*. Peabody: Hendrickson, 1995.

Riddlebarger, K. *A Case for Amillennialism: Understanding the End Times*. Grand Rapid s: BakerBooks, 2003.

Rissi, M. 'The Rider on the White Horse: A Study of Revelation 6:1 – 8,' *Interpretation* 18(1964), 407 – 18.

———. 'Die Erscheinung Christi nach Off. 19,11 – 16,' *Theologische Zeitschrift* 21(1965),81 – 95.

———. *Time and History: A Study on the Revelation*. Richmond: John Knox, 1966.

———. *The Future of the World: An Exegetical Study of Revelation* 19: 11 – 22: 15. London: SCM, 1972.

Rist, M. 'The Revelation of St. John the Divine.' In *The Interpreter's Bible*. Vol. XII. Edited by G. A. Buttrick, et al., 347 – 551. Nashville: Abingdon, 1957.

Roberts, J. J. M. *Nahum, Habakkuk and Zephaniah*. Louisville: Westminster, 1991.

Robertson, A. T. *Word Pictures in the New Testament*. 6 vols. Nashville: Broadman, 1933.

———. *A Grammar of the Greek New Testament in the Light of Historical Research*. Nashville:

Broadman, 1934.

Robinson, J. A. T. *Redating the New Testament*. Philadelphia: Westminster, 1976.

Roloff, J. *The Revelation of John*. Translated by J. E. Alsup. Minneapolis: Fortress, 1993.

Ross, J. M. 'The Ending of the Apocalypse.' In *Studies in New Testament Language and Text*. Edited by J. K. Elliott, 338 – 44. Leiden: E. J. Brill, 1976.

Rowland, C. C. *The Open Heaven: A Study of Apocalyptic in Judaism and Early Christianity*. London: SPCK, 1982.

———. 'The Book of Revelation.' In *The New Interpreter's Bible*. vol. XII, 501 – 736. Nashville: Abingdon, 1998.

Rudwick, M. J. S. and E. M. B. Green. 'The Laodicean Lukewarmness,' *Expository Times* 69(1957 – 58), 176 – 78.

Rühle, O. 'ἀριθμέω, ἀριθμός,' in *Theological Dictionary of the New Testament* 1:461 – 64.

Ruiten, J. van. 'The Intertextual Relationship between Isaiah 65, 17 – 20 and Revelation 21, 1 – 5b,' *Estudios biblicos* 51(1993), 473 – 510.

Ruiz, J. – P. *Ezekiel in the Apocalypse: The Transformation of Prophetic Language in Revelation* 16, 17 – 19, 10. Frankfurt am Main: Peter Lang, 1989.

Russell, D. S. *The Divine Disclosure: An Introduction to Jewish Apocalyptic*. Minneapolis: Fortress, 1992.

Ruthven, J. 'Ezekiel's Rosh and Russia: A Connection?' *Bibliotheca Sacra* 125(1968), 324 – 33.

Salter, T. B. '*HOMOION HUION ANTHRōPOU* in Rev 1. 13 and 14. 14,' *The Bible Translator* 44 (1993), 349 – 50.

Sanders, H. A. 'The Number of the Beast in Revelation,' *Journal of Biblical Litera-ture* 37(1918), 95 – 99.

Sanderson, G. V. 'In Defense of Dan,' *Scripture* 3/4(1948), 114 – 15.

Sarna, N. M. *Exodus: The Traditional Hebrew Text with the New JPS Translation*. Philadelphia: JPS, 1991.

Saucy, R. L. *The Case for Progressive Dispensationalism*. Grand Rapids: Zondervan, 1993.

Sawyer, J. F. A. 'Daughter of Zion and Servant of the Lord in Isaiah: A Comparison,' *Journal for the Study of the Old Testament* 44(1989), 89 – 107.

Schaff, P. *History of the Christian Church*. 8 vols. Grand Rapids: Eerdmans, 1910.

Scherrer, S. J. Revelation 13 as a Historical Source for the Imperial Cult under Domitian. Th. D. diss., Harvard, 1979.

———. 'Signs and Wonders in the Imperial Cult: A New Look at a Roman Religious Institution in the Light of Rev 13:13 – 15,' *Journal of Biblical Literature* 103(1984), 559 – 610.

Schlatter, A. *Das Alte Testament in der johanneischen Apokalypse*. Gütersloh: Bertelsmann, 1912.

Schlier, H. 'ἀμήν,' in *Theological Dictionary of the New Testament* 1:335 – 38.

Schmid, J. *Studien zur Geschichte des Griechischen Apocalypse-Texts*. Munich: Zink, 1955 – 56.

Schmidt, D. D. 'Semitisms and Septuagintalisms in the Book of Revelation,' *New Testament Studies* 37 (1991), 592 – 603.

Schmitz, O. 'θρόνος,' in *Theological Dictionary of the New Testament* 3:160 – 67.

Schneider, C. 'μέτωπον,' in *Theological Dictionary of the New Testament* 4:635 – 37.

Schneider, J. 'βάσανος, βασανίζω, βασανισμός, βασανιστής,' in *Theological Dictionary of the New Testament* 1:561 – 63.

Schramm, T. 'σφάζω,' in *Exegetical Dictionary of the New Testament* 3:315 – 16.

———. 'σφαγίς,' in *Exegetical Dictionary of the New Testament* 3:316 – 17.

Scott, E. F. *The Book of Revelation*. London: SCM, 1939.

Scott, J. M. 'Restoration of Israel.' In *Dictionary of Paul and His Letters*. Edited by G. F. Hawthorne, R. P. Martin and D. G. Reid, 796 – 805. Downers Grove: InterVarsity, 1993.

Scott, R. B. Y. *The Original Language of the Apocalypse*. Toronto: University of Toronto, 1928.

———. *Proverbs*, *Ecclesiastes*. New York: Doubleday, 1965.

Seiss, J. A. *The Apocalypse: Exposition of the Book of Revelation*. Reprint. Grand Rapids: Kregel, 1987.

Selwyn, E. C. *The Christian Prophets and the Prophetic Apocalypse*. London: Macmillan, 1900.

Shea, W. H. 'The Location and Significance of Armageddon in Rev 16:16,' *Andrews University Seminary Studies* 18(1980),157 – 62.

———. 'Chiasm in Theme and by Form in Revelation 18,' *Andrews University Seminary Studies* 20 (1982),249 – 56.

———. 'The Covenantal Form of the Letters to the Seven Churches,' *Andrews University Seminary Studies* 21(1983),71 – 84.

———. 'The Parallel Literary Structure of Revelation 12 and 20,' *Andrews University Seminary Studies* 23(1985),37 – 54.

Shea, W. H. and E. Christian, 'The Chiastic Structure of Revelation 12:1 – 15:4-the Great Controversy Vision,' *Andrews University Seminary Studies* 38(2000),269 – 92.

Shepherd, M. H. *The Paschal Liturgy and the Apocalypse*. Richmond: John Knox Press, 1969.

Silberman, L. H. 'Farewell to O AMHN: a Note on Rev 3. 14,' *Journal of Biblical Literature* 82(1963), 213 – 15.

Skehan, P. W. 'King of Kings, Lord of Lords (Apoc. 19:16),' *Catholic Biblical Quarterly* 10(1948),398.

Slater, T. B. '"King of Kings and Lord of Lords" Revisited,' *New Testament Studies* 39(1993),159 – 60.

Smalley, S. S. *Thunder and Love: John's Revelation and John's Community*. Milton Keynes: Nelson Word Ltd., 1994.

Smith, C. R. 'Reclaiming the Social Justice Message of Revelation: Materialism, Imperialism and Divine Judgment in Revelation 18,' *Transformation* 7 no. 4(1990),28 – 33.

Smith, C. R. 'The Book of Life,' *Grace Theological Journal* 6. 2(1985),225.

———. 'Revelation 1: 19: An Eschatologically Escalated Prophetic Convention,' *Journal of the Evangelical Theological Society* 33(1990),461 – 66.

———. 'The Portrayal of the Church as the New Israel in the Names and Order of the Tribes in Revelation 7. 5 – 8,' *Journal for the Study of the New Testament* 39(1990),111 – 18.

———. 'The Tribes of Revelation 7 and the Literary Competence of John the Seer,' *Journal of the Evangelical Theological Society* 38(1995),213 – 18.

Smith, J. B. *Revelation of Jesus Christ*. Scottdale: Herald, 1961.

Smith, R. L. *Micah-Malachi*. Waco: Word Books, 1984.

Snyder, B. W. 'How Millennial Is the Millennium? A Study in the Background of the 1000 Years in Revelation 20,' *Evangelical Journal* 9(1991),51 – 74.

———. Combat Myth in the Apocalypse: The Liturgy of the Day of the Lord and the Dedication of the Heavenly Temple. Ph. D. diss., Graduate Theological Union, 1991.

Stählin, G. 'μῦθος,' in *Theological Dictionary of the New Testament* 4:762 – 95.

Stambaugh, J. E. 'Thyatira,' in *Anchor Bible Dictionary* 6:546.

Staples, P. 'Rev. XVI 4 – 6 and its Vindication Formula,' *Novum Testamentum* 14(1972), 280 – 93.

Stauffer, E. '666,' *Coniectanea neotestamentica* 11(1947), 237 – 44.

———. *Christ and Caesars: Historical Sketches*. Translated by K. and R. Gregor Smith. London: SCM Press, 1955.

Stevenson, G. M. 'Conceptual Background to Golden Grown Imagery in the Apocalypse of John (4:4,10; 14:14),' *Journal of Biblical Literature* 114(1995), 257 – 72.

Stevenson, K. R. *The Vision of Transformation: The Territorial Rhetoric of Ezekiel* 40 – 48. Atlanta: Scholars Press, 1996.

Strand, K. 'Chiastic Structure and Some Motifs in the Book of Revelation,' *Andrews University Seminary Studies* 16(1978), 401 – 08.

———. 'Two Aspects of Babylon's Judgment Portrayed in Revelation 18,' *Andrews University Seminary Studies* 20(1982), 53 – 60.

———. 'The Two Olive Trees of Zechariah 4 and Revelation 11,' *Andrews University Seminary Studies* 20(1982), 257 – 61.

———. 'A Further Note on the Covenantal Form in the Book of Revelation,' *Andrews University Seminary Studies* 21(1983), 251 – 64.

———. 'Some Modalities of Symbolic Usage in Revelation 18,' *Andrews University Seminary Studies* 24 (1986), 37 – 46.

Strathmann, H. 'μάρτυς, μαρτυρέω, μαρτυρία, μαρτύριον, ἐπιμαρτυρέω, συμμαρτυρέω, συνεπιμαρτυρέω, καταμαρτυρέω, μαρτύρομαι, διαμαρτύρομαι, προμαρτύρομαι, ψευδομαρτυρέω, ψευδομαρ-τυρία,' in *Theological Dictionary of the New Testament* 4:474 – 514.

Strimple, R. B. 'Amillennialism.' In *Three Views of the Millennium and Beyond*. Edited by D. L. Bock, 81 – 129. Grand Rapids: Zondervan, 1999.

Stuart, D. *Hosea-Jonah*. Waco: Word Books, 1987.

———. *Ezekiel*. Dallas: Word Books, 1989.

Stuart, M. *The Apocalypse*. Vol. II. Reprinted. Eugene: Wipf and Stock Publishers, 2001.

Stuckenbruck, L. T. *Angel Veneration and Christology: A Study in Early Judaism and in the Christology of the Apocalypse of John*. Tübingen: J. C. B. Mohr, 1995.

Summers, R. *Worthy is the Lamb*. Nashville: Broadman, 1951.

Swanson, D. C. 'Diminutives in the Greek New Testament,' *Journal of Biblical Literature* 77(1958), 134 – 51.

Sweet, J. P. M. *Revelation*. Philadelphia: Westminster, 1979.

Swete, H. B. *The Apocalypse of St. John*. London: Macmillan, ^{2}1907.

Tate, M. E. *Psalms 51 – 100*. Dallas: Word Books, 1990.

Tenney, M. C. 'The Importance and Exegesis of Revelation 20:1 – 8,' *Bibliotheca Sacra* 111(1954), 137 – 48.

———. *Interpreting Revelation*. Grand Rapids: Eerdmans, 1957.

Thiering, B. E. 'The Three and a Half Years of Elijah,' *Novum Testamentum* 23(1981), 41 – 55.

Thomas, R. L. 'The Spiritual Gift of Prophecy in Rev 22:18,' *Journal of the Evangelical Theological*

Society 32(1989),201 – 16.
———. *Revelation 1 – 7*. Chicago: Moody, 1992.
———. *Revelation 8 – 22*. Chicago: Moody, 1995.
Thompson, J. A. *The Book of Jeremiah*. Grand Rapids: Eerdmans, 1980.
Thompson, L. L. *The Book of Revelation: Apocalypse and Empire*. New York: Oxford, 1990.
Thompson, S. *The Apocalypse and Semitic Syntax*. Cambridge: Cambridge University Press, 1985.
———. 'The End of Satan,' *Andrews University Seminary Studies* 37(1999),257 – 68.
Topham, M. 'Hanniqola'ītēs,' *Expository Times* 98(1986 – 87),44 – 45.
———. 'A Human Being's Measurement, Which is an Angel's,' *Expository Times* 100(1989),217 – 18.
———. 'The Dimensions of the New Jerusalem,' *Expository Times* 100(1989),417 – 19.
Torrey, C. C. 'Armageddon,' *Harvard Theological Review* 31(1938),237 – 48.
———. *The Apocalypse of John*. New Haven: Yale University, 1958.
Townsend, J. L. 'The Rapture in Revelation 3:10,' *Bibliotheca Sacra* 137(1980),252 – 66.
———. 'Is the Present Age the Millennium?' *Bibliotheca Sacra* 140(1983),206 – 24.
Trench, R. C. *Commentary on the Epistles to the Seven Churches in Asia: Revelation II. III.* London: Parker, Son, and Bourn, 1861.
———. *Synonyms of the New Testament*. Grand Rapids: Baker, 1989.
Trilling, W. 'ἁρπάζω,' in *Exegetical Dictionary of the New Testament* 1:156 – 57.
Trites, A. A. 'Μάρτυς and Martyrdom in the Apocalypse,' *Novum Testamentum* 15(1973),72 – 80.
Trudinger, L. P. The Text of the Old Testament in the Book of Revelation. Ph. D. diss., Boston University, 1963.
Trudinger, P. O. "O AMHN" (Rev. III: 14), and the Case for a Semitic Original of the Apocalypse,' *Novum Testamentum* 14(1972),277 – 79.
Tuell, S. 'The Temple vision of Ezekiel 40 – 48: A Program for Restoration?' *Proceedings of the Eastern Great Lakes Biblical Society* 2(1982),96 – 103.
Turner, N. '*Syntax*,' in *A Grammar of New Testament Greek*. Vol. III. J. H. Moulton. Edinburgh: T&T Clark, 1963.
———. '*Style*,' in *A Grammar of New Testament Greek*. Vol. IV. J. H. Moulton. Edinburgh: T&T Clark, 1976.
van de Water, R. 'Reconsidering the Beast from the Sea (Rev 13:1),' *New Testament Studies* 46 (2000),245 – 61.
van den Bergh van Eysinga, A. 'Die in der Apokalypse bekämpfte Gnosis,' *Zeitschrift für die neutestamentliche Wissenschaft* 13(1912),293 – 305。
van der Horst, P. W. 'Jews and Christians in Aphrodisias in the Light of Their Relations in Other Cities of Asia Minor,' *Nederlands theologisch tijdschrift* 143(1989),106 – 7.
van Groningen, G. 'זָרַק,' in *Theological Wordbook of the Old Testament* 1:254.
Van Hartingsveld, L. *Revelation*. Translated by J. Vriend. Grand Rapids: Eerdmans, 1985.
van Unnik, W. C. 'A Formula Describing Prophecy,' *New Testament Studies* 9(1962 – 63),86 – 94.
Vanhoye, A. 'L'utilisation du livre d'éze? chiel dans l'Apocalypse,' *Biblica* 43(1962),436 – 76.
Vanni, U. 'Liturgical Dialogue as a Literary Form in the Book of Revelation,' *New Testament Studies* 37 (1991),348 – 72.

Vassiliadis, P. 'The Translation of *MARTYRIA IESOU* in Revelation,' *The Bible Transtor* 36(1985),129 - 34.

Vawter, B. 'Apocalyptic: Its Relation to the Prophecy,' *Catholic Biblical Quarterly* 22(1960),33 - 46.

Vogelgesang, J. M. The Interpretation of Ezekiel in the Book of Revelation. Ph. D. diss., Harvard University, Cambridge, MA., 1985.

Vos, L. A. *The Synoptic Traditions in the Apocalypse*. Kampen: J. H. Kok, 1965.

Wainwright, A. W. *Mysterious Apocalypse: Interpreting the Book of Revelation*. Nashville: Abingdon, 1993.

Wall, R. W. *Revelation*. Peabody: Hendrickson, 1991.

Wallace, H. N. 'Tree of Knowledge and Tree of Life,' in *Anchor Bible Dictionary* 6:656 - 60.

Waltke, B. 'Micah.' In *The Minor Prophets*. Vol. II. Edited by T. E. McComiskey, 591 - 764. Grand Rapids: Eerdmans, 1993.

Walvoord, J. F. *The Revelation of Jesus Christ*. London: Marshall, Morgan & Scott, 1966.

———. 'The Prophecy of the Ten-Nation Confederacy,' *Bibliotheca Sacra* 124(1967),99 - 105.

Wanamaker, C. A. *The Epistles to the Thessalonians*. Grand Rapids: Eerdmans, 1990.

Warfield, B. B. 'The Millennium and the Apocalypse.' In *Biblical Doctrines*, 643 - 64. New York: Oxford University Press, 1929.

Watson, D. F. 'Gehenna,' in *Anchor Bible Dictionary* 2:926 - 28.

———. 'Michael,' in *Anchor Bible Dictionary* 4:811.

Watts, J. D. W. *Isaiah* 1 - 33. Waco: Word Books, 1985.

———. *Isaiah* 34 - 66. Waco: Word Books, 1987.

Weiser, A. *The Psalms*. Translated by H. Hartwell. Philadelphia: Westminster, 1962.

Weiss, J. *Die Offenbarung des Johannes*. Göttingen: Vandenhoeck & Ruprecht, 1904.

Wengst, K. 'Babylon the Great and the New Jerusalem: The Visionary View of Political Reality in the Revelation of John.' In *Politic and Theopolitics in the Bible and Postbiblical Literature*. Edited by H. G. Reventlow, Y. Hoffman and B. Uffenheimen, 189 - 202. Sheffield: Sheffield, 1994.

Wenham, D. 'The Kingdom of God and Daniel,' *Expository Times* 98(1986 - 87),132 - 34.

Wenham, G. J. *The Book of Leviticus*. Grand Rapids: Eerdmans, 1979.

———. 'Sanctuary Symbolism in the Garden of Eden Story.' In *Proceedings of the World Congress of Jewish Studies. Division A: The Period of the Bible*, 19 - 25. Jerusalem: World Union of Jewish Studies, 1986.

———. *Genesis 1 - 15*. Waco: Word Books, 1987.

Wenham, J. W. *The Enigma of Evil*. Leicester: Inter-Varsity, 1985.

Westcott, B. F. and F. J. A. Hort. *The New Testament in the Original Greek*. 2 vols. Cambridge: Cambridge, 1881.

Westcott, B. F. *The Gospel According to St. John*. London: Murray, 1880.

Westermann, C. *Isaiah 40 - 66*. Translated by D. M. G. Stalker. Philadelphia: Westminster.

Wevers, J. W. *Ezekiel*. Grand Rapids: Eerdmans, 1969.

Whale, P. 'The Lamb of John: Some Myths about the Vocabulary of the Johannine Literature,' *Journal of Biblical Literature* 106(1987),289 - 95.

White, R. F. 'Reexamining the Evidence for Recapitulation in Rev 20:1 - 10,' *Westminster Theology Journal* 51(1989),319 - 44.

———. 'Making Sense of Rev 20:1 – 10? Horold Hoehner Versus Recapitulation,' *Journal of the Evangelical Theological Society* 37(1994),539 – 51.

Whybray, R. N. *Isaiah* 40 – 66. Reprinted. Grand Rapids: Eerdmans, 1987.

Wilcock, M. *The Message of Revelation: I Saw Heaven Opened.* Downers Grove: Inter-Varsity, 1975.

Wilcox, M. 'Tradition and Redaction of Rev. 21,9 – 22,5.' In *L'Apocalypse johannique et l'Apocalyptique dans le Nouveau Testament.* Edited by J. Lambrecht, 203 – 15. Gembloux: Duculot, 1980.

Wilkinson, R. H. 'The ΣΤΓΛΟΣ of Revelation 3:12 and Ancient Coronation Rites,' *Journal of Biblical Literature* 107(1988),498 – 501.

Williams, D. J. *Acts.* Peabody: Hendrickson, 1985.

Wilson, G. B. *Revelation.* Herts, England: Evangelical Press, 1985.

Wilson, G. H. *The Editing of the Hebrew Psalter.* Chico: Scholars Press, 1985.

Wilson, J. C. 'The Problem of the Domitianic Date of Revelation,' *New Testament Studies* 39(1993), 587 – 605.

Wilson, S. G. *Luke and the Law.* Cambridge: Cambridge, 1983.

Winkle, R. E. 'Another Look at the List of Tribes in Revelation 7,' *Andrews University Seminary Studies* 27(1989),53 – 67.

Winter, B. W. *After Paul Left Corinth: The Influence of Secular Ethics and Social Change.* Grand Rapids: Eerdmans, 2001.

Wojciechowski , M. 'Apocalypse 21.19 – 20: Des Titres Christologiques cachés dans la Liste des Pierres Précieuses,' *New Testament Studies* 33(1987),153 – 54.

Wolf, H. 'יָקָר,' in *Theological Wordbook of the Old Testament* 1:195.

Wolf, H. W. *Joel and Amos.* Philadelphia: Fortress, 1977.

Wong, D. K. K. 'The First Horseman of Revelation 6', *Bibliotheca Sacra* 153(1996),212 – 26.

———. 'The Two Witnesses in Revelation 11,' *Bibliotheca Sacra* 154(1997),344 – 54.

———. 'The Tree of Life in Revelation 2:7,' *Bibliotheca Sacra* 155(1998),211 – 26.

———. 'The Hidden Manna and the White Stone in Revelation 2:17,' *Bibliotheca Sacra* 155(1998), 346 – 54.

Wood, P. 'Local Knowledge in the Letters of the Apocalypse,' *Expository Times* 73(1961 – 62),263 – 64.

Woudstra, M. H. *The Book of Joshua.* Grand Rapids: Eerdmans, 1981.

Wu, Peter Jung-chu (吴荣滁). Worthy is the Lamb: The New Song in Revelation 5:9 – 10 in Relation to Its Background. Ph. D. diss., Westminster Theological Seminary.

Wu, San-Jarn T. (吴献章). A Literary Study of Isaiah 63 – 65 and Its Echo in Revelation 17 – 22. Ph. D. diss., Trinity International University, 1995.

Yamauchi, E. *New Testament Cities in Western Asia Minor.* Eugene: Wipf and Stock Publishers, 1980.

———. *Foes from the Northern Frontier: Invading Hordes from Russian Steppes.* Grand Rapids: Baker, 1982.

———. 'The Scythians: Invading Hordes from the Russian Steppes,' *Biblical Archaeologist* 46 no. 2 (1983),90 – 99.

Yee, G. A. 'Jezebel,' in *Anchor Bible Dictionary* 3:848 – 49.

Zahn, T. *Die Offenbarung des Johannes.* vol. 1. Leipzig: Deichert, 1924.

———. *Introduction to the New Testament.* 3 vols. Translated by J. M. Trout, et al. Grand Rapids: Kregel, 1953.

Zerwick, M. *Biblical Greek: Illustrated by Examples*. Translated by and adapted J. Smith. Rome: Biblical Institute Press, 1987.

Zimmerli, W. 'The Special Form-and Tradition-Historical Character of Ezekiel's Prophecy,' *Vetus Testamentum* 15(1965),515 - 27.

———. 'The Message of the Prophet Ezekiel,' *Interpretation* 23(1969),136 - 38.

———. 'Plans for Rebuilding After the Catastrophe of 587.' In *I am Yahweh*. Edited by W. Brueggemann, translated by D. W. Stott, 111 - 60. Atlanta: John Knox, 1982.

———. *Ezekiel* 1. Translated by R. E. Clements. Philadelphia: Fortress, 1969.

———. *Ezekiel* 2. Translated by J. D. Martin. Philadelphia: Fortress, 1983.

Zorn, J. R. 'Epistles of Ignatius,' in *Anchor Bible Dictionary* 3:384 - 87.

丁立介。《启示录的研究》。香港:种籽,1989。

巴克莱。《启示录注释》上下册。香港:基督教文艺出版社,1986。

戈登·费依和道格乐思·史督华。《读经的艺术》。魏启源和饶孝榛译。台北:华神,1999。

戈登费依。《新约解经手册》。颜添祥译。台北:华神,1991。

王瑞珍,"从圣经看'圣徒永蒙保守'",《中国与福音季刊》1:3(2001),77 - 102。

包衡。《启示录神学》。邓绍光译。香港:基道,2000。

刑义田编译。《古罗马的荣光:罗马史资料选译》I & II。台北:远流,1997。

艾利克森。《基督教神学(卷一)》。郭俊豪,李清义译。台北:华神,2000。

艾基新。《旧约概论》。梁洁琼译。香港:种籽,1985。

艾伦·罗斯。《创造与祝福》。孙以理,郭秀娟合译。台北:校园,2001。

庄逊。《启示录》。聂锦勋译。香港:天道,1989。

何凌西。《启示录》。黄嘉丽,林梅云译。香港:种籽,1993。

何赓诗。《耶稣基督的启示》。香港:证道,1953。

李群。《启示录注释》。香港:天道,2005。

周联华。《启示录》。香港:基督教文艺,2001。

柯楼士编著。《千禧年四观》。李经寰译。台北:华神,1985。

胡理昂。《圣经与末世事件》。褚永华译。香港:天道,1980。

倪柝声。《默想启示录》上下册。台北:台湾福音书房,1982。

唐佑之。《十二先知书注释(四):哈该书,撒迦利亚书,玛拉基书》。香港:天道,1988。

格兰·奥斯邦。《基督教释经手册:释经螺旋的原理与应用》。刘良淑译。台北:校园,1999。

惠甘等著。《威克里夫神经注释(卷三)—以斯拉记至以赛亚书》。任敏儿等译。香港:种籽,1989。

曾思瀚,吴莹宜。《启示录的刻划研究——英雄、女性与国度的故事》。香港:基道,2009。

曾思瀚。《启示录——狂波浪涛唱凯歌》。香港:明道社,2007。

蔡彦仁。《天启与救赎》。台北:立绪,2001。

霍志恒。《圣经神学:旧约卷一》。李保罗译。香港:天道,1988。

冯荫坤,《罗马书注释(卷贰)》。台北:校园,1999。

冯荫坤。《希伯来书》卷上/卷下。香港:天道,1995。

冯荫坤。《帖撒罗尼迦后书注释》。香港:天道,1990。

冯荫坤。《帖撒罗尼迦前书注释》。香港:天道,1989。

冯荫坤。《真理与自由》。香港:证主,1982。

冯荫坤。《罗马书注释(卷壹)》。台北:校园,1997。

冯荫坤。《罗马书注释（卷叁）》。台北:校园,2001。
吴献章。《启示录导论》。香港:基道,2003。
孙宝玲。《启示录——万主之主》。香港:明道社,2007。
张永信。《但以理书注释》。香港:宣道,1994。
张永信。《启示录注释》。香港:宣道,1990。
杨牧谷。《基督书简》。台北:校园,1990。
杨浚哲。《启示录讲义》。三藩市:灵水,1983。
毕维廉。《但以理书讲解》。沉其光译。台北:华神,2002。
汉米尔顿。《希腊罗马神话故事》。郑思宁译。台北:桂冠,2004。
约翰司徒德。《从启示录看基督的教会观》。宗教教育中心,1999。
赖建国。《出埃及记（卷下）》。香港:天道,2005。
邓绍光主编。《认知解读启示录》。香港:基道,2002。
邝炳钊。《但以理书注释》。香港:天道,1989。
邝炳钊。《创世记：卷一》。香港:天道,1997。
陈玉玲。《启示录浅释》。香港:陈伟昆,1962。
陈嘉式。《启示录:其历史,文学与神学》。台北:永望,2002。
陈济民。《未来之钥——启示录注释》。香港:中国神学研究院,1995。
马有藻。《最后的启示:启示录诠释》。台北:天恩,1997。
鲍会园。《启示录》。香港:天道,2004。
鲍维均等著。《圣经正典与经外文献导论》。香港:基道,2001。
麦子格。《新约经文鉴别学》。康来昌译。台北:华神,1981。
黄仪章。《但以理书文学注释:活出盼望》。香港:天道,2002。
黄仪章。《旧约神学:从创造到新创造》。香港:天道,2003。
黄锡木编著。《四福音与经外平行经文合参》。香港:国际圣经协会,2000。
罗伟。《承先启后——从文学与释经面向探究启示录和以西结书的关系》。香港:汉语圣经协会,2014。

图书在版编目(CIP)数据

启示录注疏(上下卷)/罗伟著. —上海:上海三联书店,
2024.4 重印
ISBN 978-7-5426-4513-5

Ⅰ.①启… Ⅱ.①罗… Ⅲ.①圣经—注释
Ⅳ.①B971.2

中国版本图书馆 CIP 数据核字(2014)第 006573 号

启示录注疏(上下卷)

著　　者/罗　伟

责任编辑/邱　红
特约编辑/徐　艳
整体设计/周周设计局
监　　制/姚　军
责任校对/张大伟

出版发行/上海三联书店
(200041)中国上海市静安区威海路 755 号 30 楼
邮　　箱/sdxsanlian@sina.com
联系电话/编辑部:021-22895517
发行部:021-22895559
印　　刷/上海展强印刷有限公司

版　　次/2015 年 9 月第 1 版
印　　次/2024 年 4 月第 7 次印刷
开　　本/710mm×1000mm　1/16
字　　数/1500 千字
印　　张/80.5
书　　号/ISBN 978-7-5426-4513-5/B·323
定　　价/158.00 元(上下卷)

敬启读者,如发现本书有印装质量问题,请与印刷厂联系 021-66366565